Geschichte der Philosophie im Überblick

Geschichte der Philosophie im Überblick

Franz Schupp

Antike

Jokers edition

Lizenzausgabe für Jokers edition, Augsburg 2012
ISBN 978-3-86800-512-7 (3 Bände)

Druck und Bindung: C. H. Beck, Nördlingen
Printed in Germany

Inhalt

Vorwort XI

I. Einleitung 1

1. Mythologischer Hintergrund: Ägypten und Mesopotamien 2
2. Die Welt der Griechen 15
3. Die Überlieferung der vorsokratischen Philosophie 37

II. Die ionischen Naturphilosophen 40

Vorbemerkungen 40
1. Thales 42
2. Anaximander 51
3. Anaximenes 57
4. Grundbegriffe der ionischen Naturphilosophie 59

III. Pythagoras und die Pythagoreer 61

Vorbemerkung zur historischen Einordnung 61
1. Leben und Persönlichkeit des Pythagoras 62
2. Das Philosophieverständnis des Pythagoras 68
3. Philolaos von Kroton 69
4. Die Pythagoreer im 5. Jahrhundert 72

IV. Xenophanes, Parmenides und Heraklit 80

1. Xenophanes 80
2. Parmenides 90
3. Zeno und Melissos 102
4. Heraklit 105

V. *Empedokles, Anaxagoras und Demokrit* 116
Vorbemerkungen 116
1. Empedokles 118
2. Anaxagoras 128
3. Demokrit 136

VI. *Die Sophisten* 146
1. Der gesellschaftliche und kulturelle Rahmen 146
2. Rhetorik, Sprachtheorie und Erkenntnistheorie 150
3. Gesellschaftstheorie und Ethik 154
4. Religionskritik 161

VII. *Sokrates* 165
Vorbemerkungen 165
1. Die Verurteilung des Sokrates 168
2. Die Suche nach dem Glück 177
3. Erkenntnis und Tugend 180
4. Ethischer Rigorismus und Vernunft 181
5. Die Suche nach der Wahrheit 184

VIII. *Die sokratischen Schulen* 192
1. Die Kyniker 192
2. Die Kyrenaiker 196
3. Die Megariker 198

IX. *Platon* 202
1. Veränderungen im 4. Jahrhundert 202
2. Leben und Werke 205
3. Der Philosoph und die Philosophie 208
4. Die erscheinende und die wahre Wirklichkeit 213
5. Die beste Verfassung 223
6. Die Kunst 237
7. Der Kosmos 242
8. Die Sprache 246

X. *Aristoteles* ... 254
1. Leben und Schriften ... 254
2. Die Topik ... 265
3. Die Syllogistik ... 274
4. Naturwissenschaft ... 285
5. Metaphysik ... 298
6. Ethik ... 307
7. Politik ... 312

XI. *Die Philosophie des Hellenismus und der Römer* ... 322
1. Periodeneinteilung ... 322
2. Das »philosophische Bedürfnis« im Hellenismus und im römischen Reich ... 325
3. Die Wissenschaft in Alexandrien ... 335

XII. *Die Stoiker* ... 343
Vorbemerkungen ... 343
1. Logik ... 345
2. Physik und Ethik ... 349

XIII. *Die Epikureer* ... 359
1. Historische und literarhistorische Vorbemerkung ... 359
2. Die Physik der Glückseligkeit ... 362
3. Das Kriterium der Erkenntnis: Die Wahrnehmung ... 369

XIV. *Die Skeptiker* ... 372
1. Historische Vorbemerkung ... 372
2. Der Ausgangspunkt ... 374
3. Die Handlungslehre ... 381

XV. *Die Neupythagoreer* ... 386

XVI. *Die Mittelplatoniker* ... 388
1. Plutarch ... 388
2. Apuleius ... 391
3. Attikos ... 397
4. Numenios ... 405

XVII. Die Neuplatoniker 409

1. Plotin 410
2. Porphyrios 418
3. Jamblichos 420
4. Proklos 425

XVIII. Die Aristoteleskommentatoren 429

Literaturverzeichnis 437

Richard Meiner
gewidmet

Vorwort

Die vorliegende *Geschichte der Philosophie im Überblick* basiert auf den Skripten meiner *Vorlesungen zur Geschichte der Philosophie*, die ich seit 1979 jeweils in einem Drei-Jahres-Zyklus an der Universität Paderborn gehalten und in den Jahren 1999 bis 2002 in der zuletzt gefundenen Fassung für meine Studenten in Kopien vervielfältigt habe. Für die Drucklegung im Felix Meiner Verlag habe ich sie neu durchgesehen, um kleinere Fehler zu beheben, aber in Anlage und Form nicht verändert. Am Beginn dieser Vorlesungen stand eine – von beiden Seiten wohlwollend geführte – Diskussion mit Studenten für das Lehramt der Philosophie. Sie erklärten mir, in der Schule werde später von ihnen erwartet, daß sie einen Überblick über die Geschichte der Philosophie hätten, aber keiner ihrer Dozenten an der Universität traue sich zu, | XI
ihnen diesen Überblick zu bieten. Die Studenten schlossen daraus, daß die Dozenten selbst keinen solchen Überblick hätten – eine Ansicht, die ich ihnen nicht verübeln konnte. Also beschloß ich, den Versuch zu wagen und begann diese *Vorlesungen zur Geschichte der Philosophie*.

Es war mir dabei von Anfang an klar, daß mich einige Autoren sehr interessierten, andere hingegen nur wenig. Ich meinte allerdings, daß ich mit der Zeit die von mir bevorzugten Autoren genauer kennenlernen und ich mir hinsichtlich der weniger geschätzten Autoren eine annehmbare Kenntnis erarbeiten würde – doch daraus wurde nichts: Einige wenige der von mir geschätzten Autoren lernte ich mit der Zeit tatsächlich etwas besser kennen, die Unkenntnis der von mir weniger geschätzten Autoren blieb indes konstant. Diese Situation hat sich bis jetzt, zum Zeitpunkt der Veröffentlichung der Vorlesungen, nicht geändert. Dies mußte in irgendeiner Form auch den Teilnehmern der Vorlesung klar gemacht werden. Faktisch ergab dies eine nicht unerhebliche Veränderung der gesamten Vorlesungen. In den ersten Jahren versuchte ich, meinen Hörern nicht mitzuteilen, welche Autoren mehr auf meiner Linie lagen und welche weniger, ich versuchte also, eine »objektive« Darstellung zu bieten. Im Unterschied dazu machte ich später aus meinen »Sympathien« kein Hehl mehr. Bei der Auseinandersetzung etwa zwischen Aristoteles und Platon wußten meine Hörer genau, daß ich auf der Seite des Aristoteles stand. Und damit war schon die Linie vorgezeichnet, die mich auf die Seite von Abaelard, Ockham, Leibniz und Wittgenstein stellten, während ich etwa Bonaventura, Spinoza oder Hegel ziemlich reserviert gegenüberstand. Diese Parteinahmen

waren meinen Hörern natürlich bald bekannt und haben auch in den Vorlesungen ihren Niederschlag gefunden, geben also auch dem mit den Vorlesungen nicht vertrauten Leser die Möglichkeit, genau zu wissen, wo meine »Sympathien« liegen und wo entsprechend, wenn überhaupt, meine Kompetenz liegt und wo sie sich auf eher dünnem Eis bewegt. Denn faktisch habe ich mich mit den Autoren, die mich mehr interessieren, weil sie meinen eigenen Ansichten näher liegen, doch etwas intensiver beschäftigt als mit solchen, von denen ich mir weniger erwartete. Natürlich kann man sich auch intensiv mit »Gegnern« beschäftigen, hat man jedoch 2500 Jahre Geschichte vor sich, die irgendwie zu bearbeiten sind, bleibt dann eben doch für die Beschäftigung mit den Gegnern nur verhältnismäßig wenig Zeit. Allerdings blieb auch für die Autoren, die mich interessierten doch nur weniger Zeit als ich mir erhofft hatte. *De brevitate vitae.* Es sei noch hinzugefügt, daß diese Vorlesungen nicht mein Forschungsgebiet darstellten. Meine Forschungsarbeiten lagen bei der Edition von Texten zur Logik vom 10. bis zum 17. Jhd. sowie bei der Übersetzung und Kommentierung dieser Texte. Es wäre daher ganz und gar unangemessen und entspricht auch in keiner Weise meiner Intention, diese Vorlesungen zur Geschichte der Philosophie als Ergebnis einer Forschungsarbeit vorzulegen. Das Hauptziel dieser Vorlesungen war es, einem Publikum, das sich bis-
XII | her noch nicht mit Philosophie beschäftigt hatte, Grundlinien von Problemstellungen und Argumentationsformen vorzulegen, es ging nicht um die Präsentation von Forschungsergebnissen.

Hinsichtlich des *Zuhörerkreises* hat die Vorlesung einschneidende Modifikationen erfahren. Ursprünglich waren Studenten der Philosophie meine Hörer, dann brachten diese Freundinnen und Freunde aus anderen Fachbereichen mit, die mehr oder weniger regelmäßig teilnahmen. Dies war möglich, da ich bei dieser Lehrveranstaltung – im Unterschied zu den Seminaren – nie einen geschlossenen Teilnehmerkreis anstrebte. Schließlich kamen auch Zuhörer dazu, die gar nicht an der Universität studierten, häufig Ältere, lange bevor es das sogenannte »Seniorenstudium« gab. So hatte ich also unter meinen Hörern Studenten der Informatik, der Physik, der Wirtschaftswissenschaften, der Musik und vieler anderer Fächer, aber auch Ärzte, Chemiker, Steuerberater, Hausfrauen und viele andere. Entsprechend der ansteigenden Hörerzahl und dem fächer- und interessensmäßig breit gefächerten Publikum änderten sich auch die Vorlesungen selbst, da ich rasch bemerkte, daß die Erwartungen der Studenten anderer Fächer und die der Teilnehmer, die eigentlich gar keinem Fach zuzuordnen waren, nicht mit denen der Fachstudenten gleichzusetzen waren. Ich hatte mich also auf ein nicht fachspezifisches Publikum einzurichten. Wer hier abschätzig meint, die Vorlesung sei schließlich zu einer »Volkshochschulvorlesung« geworden, der sei auf den Abschnitt über die Sophisten oder auf den über die französische Aufklärung verwiesen. Ich betrachte »Popularisierung« der Philosophie, vorausgesetzt der sachliche Gehalt und die Genauigkeit der Argumentation bleibt erhalten, in keiner Weise als Vorwurf.

Um die *Form dieser Vorlesungen* zu verstehen, ist etwas zu der Art und Weise zu sagen, in der sie konkret durchgeführt wurden. Eines ihrer Ziele war, die Teilnehmer weg von der Lektüre der philosophiegeschichtlichen Darstellungen und hin zum Lesen der Texte der Philosophen selbst zu führen. Die Vorlesungen zur Geschichte der Philosophie hatten also auch den Zweck, sich überflüssig zu machen. Um zum Studieren von Primärtexten hinzuführen, brachte ich – aus Kostengründen verhältnismäßig kurz gehaltene – Texte einzelner Autoren mit, anhand derer einige der zentralen Grundthesen eines Philosophen erklärt werden sollten. Eine solche Textauswahl ist immer problematisch und angreifbar. Es war jedoch nie intendiert, alle möglichen relevanten Texte zu einem Thema zu berücksichtigen, dies wird auch in dieser Veröffentlichung in keiner Weise nachgeholt. Die Darstellung stützt sich auf einige wenige, ausgesuchte Texte, und dies hängt nicht nur mit der begrenzten Textkenntnis des Verfassers, die an keiner Stelle verheimlicht werden soll, zusammen, sondern eben auch mit der besonderen Form der Vorlesungen. Ich möchte aber auch behaupten, daß es sich als didaktisch besser erwiesen hat, die Teilnehmer mit einem oder zwei Texten etwas intensiver zu konfrontieren, als sie mit Zitaten aus den verschiedensten Werken zu überschütten.

Ein damit zusammenhängender und von manchen als heikel angesehener Punkt ist die *Auswahl der verwendeten Textausgaben und Übersetzungen*. Es sei gleich ganz | XIII
offen gesagt, daß ich niemals der Frage nachgehen wollte, was denn nun die besten Ausgaben und Übersetzungen sind. Bei Leibniz kenne ich diese Frage ziemlich gut und weiß, daß man dabei nur sehr schwer zu eindeutigen Ergebnissen kommt. Als ehemaliger Mitarbeiter der Akademieausgabe der *Sämtlichen Schriften* von Leibniz weiß ich, daß selbst eine Akademieausgabe keine absolute Garantie für einen »sicheren« Text ist. Es bleiben eben unsichere Lesungen, und die Editoren müssen irgendwie zu einer Entscheidung kommen, wobei aber diese schwierigen und mühsamen Entscheidungsprozesse nirgendwo im kritischen Apparat ihren Niederschlag finden, also dem Leser verborgen bleiben. Ähnliches gilt für die Übersetzungen. Als Übersetzer mehrerer Texte aus dem Mittelalter und von Leibniz weiß ich, daß die Frage, was eine gute Übersetzung ausmacht, kaum mittels einer klar definierten Reihe von Kriterien beantwortet werden kann. Die Auswahl der in der Vorlesung verwendeten Ausgaben wurde so sehr oft einfach dadurch bestimmt, welche Ausgaben ich selbst gerade zur Verfügung hatte, oder welche rasch in unserer Universitätsbibliothek zu beschaffen waren. Ich wählte auch sehr oft einfach die Ausgaben, die für die Teilnehmer der Vorlesung nicht nur leicht zugänglich, sondern möglichst auch preislich erschwinglich waren. Während der vielen Jahre dieser Vorlesungen sind auch immer wieder neue und sicher bessere Textausgaben erschienen. Bei dem Umfang dieser Vorlesungen war es mir aber unmöglich, alle diese Neuerscheinungen zu verfolgen und jeweils die Zitate nach den neuesten Ausgaben zu verändern. Dafür hätte ich ein Institut mit mehreren Mitarbeitern gebraucht, das ich aber nicht zur Verfügung hatte. Und nun als Emeritus bin ich überhaupt nur auf mich allein angewiesen und

kann einer solchen Aufgabe nicht nachkommen. Die Auswahl der herangezogenen Übersetzungen bietet also ohne Zweifel zahlreiche Angriffspunkte, ich bin allerdings der Meinung, daß relevante Texte sich auch in weniger guten Übersetzungen behaupten können.

Auch im Literaturverzeichnis werden *Quellentexte* in möglichst leicht zugänglichen Ausgaben aufgeführt. Zwischen einem Literaturverzeichnis und einer Bibliographie besteht ein wesentlicher Unterschied. Mein Literaturverzeichnis stellt eine Dokumentation der verwendeten Literatur dar, sonst nichts. Ich biete Literaturverzeichnisse, keine Bibliographien. Für Bibliographien, die ohnedies nur für Fachleute interessant sind, gibt es ausreichend Material, das die Fachleute auch kennen. Für umfassende Text- und Literaturverzeichnisse kann ich auf die Bibliographien von W. Totok in dessen *Handbuch der Geschichte der Philosophie* hinweisen, für gute Auswahlbibliographien auf die entsprechenden Artikel in der von J. Mittelstraß herausgegebenen *Enzyklopädie Philosophie und Wissenschaftstheorie*. Erfreulicherweise erscheinen immer wieder neue Editionen und Übersetzungen wichtiger Texte. Da ein Emeritus aber weder studentische Hilfskräfte, noch einen Assistenten noch auch ein Sekretariat zur Verfügung hat, war es mir unmöglich und schien mir auch nicht sinnvoll, ständig neue Ausgaben heranzuziehen und meinen Text entsprechend zu überarbeiten. Die Angabe von Büchern, die nur in wenigen Bibliotheken vorhanden sind und auch dort meist nur von Forschern eingesehen werden dürfen, scheint mir dem Zweck dieser Vorlesungen nicht zu entsprechen. Auch habe ich nur dort die großen Gesamtausgaben angegeben, wo ich sie auch wirklich verwendet habe. Es handelt sich hier um die Dokumentation einer Vorlesung, und in den Angaben dazu soll nichts vorgetäuscht werden.

Besonders problematisch ist die Frage der *Sekundärliteratur*. Die Angaben zur Sekundärliteratur dienen eigentlich nur dazu, meine Gewährsleute anzugeben bzw. einfach dazu, zu dokumentieren, worauf sich diese Vorlesungen außer den Quellentexten stützen. Dies geschieht allerdings nur, soweit ich mich eben erinnern kann, habe ich im Verlauf der Jahre doch vieles in diese Vorlesungen eingearbeitet und vieles möglicherweise fast wörtlich abgeschrieben, ohne es heute im einzelnen genau nachkonstruieren zu können. Ich kann nicht ausschließen, daß einer meiner geschätzten Kollegen eine besonders schöne seiner Formulierungen, die ich mir irgendwann und irgendwo herausgeschrieben habe, bei mir ohne Quellenangabe wiederfindet. Da ich nie an eine Veröffentlichung der Vorlesungen dachte, habe ich aber keinen Wert auf die Verzeichnung der Fundorte gelegt, und dies läßt sich jetzt auch nicht nachholen. Wie bei den Quellentexten gilt auch hier, daß es mir unmöglich war, zu überprüfen, ob nicht inzwischen zu Werken der Sekundärliteratur neue Auflagen erschienen sind.

In diesen Vorlesungen gibt es keinen *Anmerkungsapparat*. Ich habe nur an ganz wenigen Stellen in Klammern auf Publikationen aus der Sekundärliteratur verwiesen, und zwar dann, wenn ich den Eindruck hatte, daß eine bestimmte These entweder mit einem bestimmten Namen eindeutig verbunden ist oder sich sehr deutlich von der übereinstimmenden Auffassung der Fachleute abhebt. Eine gründliche Auseinandersetzung mit der Sekundärliteratur, wie sie gewöhnlich in den Anmerkungen durchgeführt wird, war mir schon aus dem Grunde völlig unmöglich, daß ich sie fast überhaupt nicht kenne. Eine Ausnahme meiner (Un-)Kenntnis der Sekundärliteratur liegt dabei nur bei zwei Punkten der Geschichte der Philosophie vor, bei der Lehre von den Folgerungen in der mittelalterlichen Logik und bei der Logik von Leibniz. Das ist sehr wenig, bereitete aber ausreichend Material für viele Jahre Studium.

Im Mittelalter stellte ein Autor einen »neuen« Text her, indem er die Schriften anderer Autoren mit einigen – mehr oder weniger guten – Kürzungen oder Erweiterungen verarbeitete und gelegentlich, aber ziemlich selten, eigene Gedanken hinzufügte, man nannte dieses Verfahren »Kompilation«. Ich verstehe mich als *Kompilator*, und da zahlreiche Hörer Gefallen am Ergebnis dieser Kompilationen gefunden und den Wunsch geäußert haben, eine Nachschrift davon zu erhalten, kam ich am Ende meiner Lehrtätigkeit diesem Wunsch zunächst mit der Veröffentlichung der Skripten dieser Vorlesung zur Geschichte der Philosophie nach. Mehrere Leser der Skripten meinten, daß diese Vorlesungen auch für andere, die nicht selbst an den Vorlesungen teilgenommen haben, interessant sein könnten, und daß ich sie daher | XV als Buch veröffentlichen sollte. Etwas, das als Vorlage für gesprochen Vorgetragenes diente, als Buch zu veröffentlichen, ist ein problematisches Unternehmen. Sokrates wollte mit solchen Dingen nichts zu tun haben, und vielleicht hatte er recht. Wir leben aber in einer anderen Periode, und als der Verlag Meiner mir die Publikation dieser Vorlesungen anbot, stimmte ich zu. Diese Vorlesungen sollen aber so bleiben, wie sie gehalten wurden. Sie sind das Resultat einer Lehrtätigkeit, immer kontrolliert durch die Reaktion meiner Zuhörer, und jetzt, da ich diese Zuhörer und deren für mich immer wichtig gewesene Kontrolle nicht mehr habe, will und kann ich an diesen Vorlesungen nichts mehr ändern. Die Arbeit wurde also nur auf Druckfehler, Satzzeichen und gelegentliche erforderliche kleine sprachliche Verbesserungen oder Verdeutlichungen durchgesehen.

Es gibt gegenwärtig auf dem deutschen Buchmarkt zahlreiche Darstellungen der Geschichte der Philosophie. Es stellt sich daher die berechtigte Frage, warum diesen Darstellungen noch eine weitere hinzugefügt wird. Diese verschiedenen Darstellungen werden im Literaturverzeichnis aufgeführt, soweit ich sie verwendet habe. In den vielen Jahren meiner Lehrtätigkeit konnte ich jedoch eines feststellen: Bei diesen Darstellungen handelt es sich fast ausschließlich um Arbeiten, die von Autorengruppen verfaßt wurden, deren Anzahl von 30 bis zu an die 100 gehen konnte. Es besteht kein Zweifel daran, daß dabei die jeweils kompetentesten Spezialisten zu den einzelnen Philosophen herangezogen wurden. Die Beiträge dieser Fachleute sind daher für den, der selbst in diesem Gebiet arbeitet, auch sofort zugänglich und aufschlußreich, stellen sie doch oft die Zusammenfassung einer langjährigen Forschungstätigkeit

dar. Es bleibt allerdings ein nicht unerhebliches Problem: Die Zusammenstellung von Beiträgen von noch so kompetenten Spezialisten, die gewöhnlich bei der Vorbereitung solcher Publikationen synchron arbeiten, ergibt noch keinen für den Nicht-Fachmann ersichtlichen und überschaubaren Zusammenhang. Dies kann auch durch eine, gewöhnlich erst nach Vorliegen aller einzelnen Beiträge erstellte, Einleitung nicht wettgemacht werden, denn faktisch sehen die einzelnen Bearbeiter jeweils »ihren« Philosophen aus einer sehr verschiedenen Perspektive. Gerade diese Perspektiven sind aber dem Nicht-Fachmann überhaupt nicht bekannt, und sie kommen in der Darstellung nur ganz indirekt zur Sprache. Und dies heißt ganz einfach: Der Nicht-Fachmann sieht die Zusammenhänge von verschiedenen philosophischen Auffassungen, gebrochen durch die Perspektiven der sie vorstellenden Spezialisten, überhaupt nicht mehr. Diese Darstellungen der Geschichte der Philosophie, die ich auch häufig mit Gewinn gebraucht habe, sind also sicher für ein bestimmtes Fachpublikum von großem Nutzen, nicht jedoch für ein allgemein interessiertes, nicht fachspezifisches Publikum, also für jenes Publikum, an das ich mich, besonders in den letzten zehn Jahren meiner Tätigkeit, wandte. Und für ein solche Publikum seien diese Vorlesungen nun auch veröffentlicht. Ich habe in keiner Weise die Absicht, in eine Konkurrenz mit den genannten Darstellungen der Philosophie zu tre-
XVI | ten. Die Spezialisten zu einzelnen Philosophen werden auch kaum Schwierigkeiten haben, mir Unkenntnis der Sekundärliteratur oder sogar der Primärtexte nachzuweisen. Nur: Das ginge an der Absicht dieser Publikation vorbei. Die in diesem Zusammenhang entscheidende Frage ist nur die: (1) Ist es gelungen, bei allen Fehlern im Detail, einem allgemein interessierten Publikum dazulegen, daß in der Geschichte der Philosophie auch für die Gegenwart wichtige Fragen gestellt wurden und dort durchaus auch heute noch interessante Lösungsvorschläge vorgelegt wurden? (2) Ist es gelungen zu zeigen, daß es in Wirklichkeit gar nicht unzählige Philosophien gibt, wie uns heute manchmal suggeriert wird, sondern es im Prinzip nur einige wenige systematische Positionen gibt, auch wenn diese sich historisch gesehen in sehr verschiedenen Formen präsentieren?

In dieser Sicht sind Zusammenhänge gefragt, die hoffentlich deutlich werden. Dem dienen auch die zahlreichen Querverweise innerhalb der Vorlesungen. Ich möchte aber aus der Darstellung von Zusammenhängen auch keine Ideologie verfertigen. Der Versuch, Zusammenhänge darzustellen, soll kein Hindernis dafür darstellen, daß jemand einfach ein Kapitel über einen Autor, der ihn aus irgendeinem Grund interessiert, einfach aufschlägt, um nachzulesen, was über diesen dort gesagt wird. Während meiner Vorlesungen gab es immer wieder Hörer, die aufgrund persönlicher Auffassungen z. B. bei Hegel fortblieben und bei Schopenhauer wieder kamen. Ich habe dem nie Hindernisse in den Weg gelegt, jeder konnte kommen und gehen, wie er wollte, und dasselbe soll auch für die Leser dieser Publikation gelten. Niemand soll durch den doch großen Umfang abgeschreckt werden, es steht jedem frei und ist durchaus möglich, bei einem Kapitel zu beginnen, das jemanden gerade interssiert, und von dort aus vielleicht weitere damit zusammenhängende Kapitel zu lesen. Dem dienen auch die Querverweise.

Eine Frage könnte sich aus der als Ende gesetzten *Zeitgrenze* ergeben: Die Vorlesung geht bis zur Zeit des frühen Wittgenstein – warum nicht weiter? Dies sollte eine Vorlesung zur Geschichte der Philosophie sein, nicht aber eine Darstellung der Philosophie der Gegenwart. Was nun für jemanden Geschichte und was Gegenwart ist, hängt einfach vom jeweiligen Geburtsdatum ab. Zu meiner Gegenwart gehören Heidegger, Popper, Adorno und viele andere, deren Lebenszeit sich – jedenfalls teilweise – mit der meinen überschneidet. Für mich geht die Geschichte bis zum Ende des Ersten Weltkriegs, alles nachher war für mich gegenwärtig und ist für mich noch nicht zur Geschichte geworden. Die Philosophie des 20. Jhd.s nach 1920 ist in den Vorlesungen zwar nicht dargestellt, aber dennoch in der Beurteilung vieler Sachverhalte und Zusammenhänge präsent. Dies wird auch an verschiedenen Stellen deutlich gemacht. Diese Vorlesungen gehen zwar nur bis etwa 1920, sind aber eben doch nicht 1921, sondern in den Jahren 1980 bis 2000 entstanden.

Ich übergebe dieses Buch der Öffentlichkeit im klaren Bewußtsein, daß es nichts anderes als die »unwissenschaftliche Nachschrift« einer Vorlesung ist. Ich hoffe, daß es Leser wie die finden wird, die mit Interesse an der ursprünglichen Vorlesung teilgenommen haben.

Merzhausen/Freiburg, Juni 2003 *Franz Schupp*

- I -

Einleitung

»Es wäre vielleicht ein einleuchtender Anfang, wenn ich Ihnen sagen könnte: »Philosophie« = »Def. ...« und nun beschreibe ich Ihnen die Geschichte des von dieser Definition erfaßten Gebietes. Leider ist dieser Weg nicht gangbar, denn schon die Frage, was »Definition« bedeutet, kann nur *innerhalb* einer Philosophie beantwortet werden. Und da nicht einmal bei repräsentativen Philosophen des 20. Jhd.s, etwa bei Popper und Adorno, eine Übereinstimmung über die Bedeutung von »Definition« vorliegt, wie sollte es dann möglich sein, von einer allgemein akzeptierten Definition von »Philosophie« auszugehen? Wir müssen also zur Kenntnis nehmen, daß zu einer Vorlesung über die Geschichte der Philosophie auch die Behandlung der Geschichte des Verständnisses und der Definition von »Philosophie« gehört. Ob und | 1
inwiefern hier ein Zirkel vorliegt, soll dabei offen bleiben, denn auch die Frage zirkulären Verständnisses gehört schon zur Philosophie und ihrer Geschichte: Ein Verstehenszirkel kann als Denkfehler oder aber als unumstößliche Denkvoraussetzung angesehen werden.

Ein akzeptabler Ausgangspunkt dürfte der folgende sein: Vertreter der verschiedensten Positionen stimmen darin überein, daß das Wort »Philosophie« von den Griechen stammt und daß auch das Verständnis von »Philosophie« einen überprüfbaren historischen Ausgangspunkt bei den Griechen, genauer: bei den Vorsokratikern, hat. Ob und inwieweit Philosophie bei fernöstlichen Völkern (etwa den Indern und Chinesen) vorgefunden werden kann, ist zwar ein interessantes und wichtiges Gebiet der Forschung, übersteigt jedoch den Rahmen der vorliegenden Aufgabe. Wie sich an verschiedenen Punkten zeigen wird, kann und darf man indes auch hier nicht ganz ohne Rückgriff auf solche Denkbewegungen auskommen.

Wenn man sich entschieden hat, bei der griechischen Philosophie einzusetzen, kann man seine Betrachtungen jedoch nicht unmittelbar mit den Griechen beginnen, ist doch ihre Philosophie entstanden aus einem intensiven Kontakt mit den Hochkulturen des nahen Orients (Ägypten, Kreta, Babylonien, Phönizien). Wenn im folgenden einige Bemerkungen zur Kultur der Ägypter und Babylonier gemacht werden, geschieht dies in Form einer schematischen Simplifizierung, die allein dazu dient, die Entwicklung der Griechen besser zu begreifen, und zu zeigen, worin z. B. das Spezifische des Übergangs vom Mythos zum Logos besteht, aber auch, wo die Grenzen dieses Übergangs fließend werden. Der Übergang vom Mythos zum Logos muß dann aus der griechischen Entwicklung selbst verstanden werden. Eine einfache Gegenüberstellung von ägyptischem, babylonischem oder griechischem (z. B. homerischem oder hesiodischem) Mythos und vorsokratischem Logos kann keine phänomenologisch und historisch hinreichende Auskunft über diesen Übergang geben. In dieser Übergangsperiode und auch später bleiben Elemente und Strukturen des Mythos gegenwärtig, so daß der Blick auf den Mythos keineswegs nur »Vorgeschichte« oder »Motivgeschichte« bedeutet. Wohl aber ist es richtig, daß die Philosophie in einem bewußten Spannungsverhältnis von Mythos und Logos entstanden ist. Da die griechische Philosophie mit der Naturphilosophie und der Kosmologie begann, wird vor allem ein Blick auf die kosmologischen Vorstellungen der Ägypter und Babylonier nützlich sein.

Schon jetzt sei darauf hingewiesen, daß ich die Geschichte der Philosophie bei den Griechen nicht einfach als eine Entwicklung vom Mythos zum Logos konstruiere. Der Mythos blieb in der Geschichte der Philosophie viel stärker gegenwärtig als es die Vertreter der Philosophie wahrhaben wollten. Es wird sich zeigen, daß an einigen – und historisch ganz entscheidenden Stellen – ein Rückgriff zumindest auf formale Strukturen des Mythos stattgefunden hat. Und am Ende der Geschichte der Philosophie bei den Griechen wird ein ganz ausdrücklicher Rückgriff auf den Mythos, ja
2 | sogar die Behauptung stehen, die Philosophie habe eigentlich alles aus dem Mythos erhalten und sollte daher wieder mythologisch und sogar kultisch werden. Mit der Negierung des Spannungsverhältnisses von Mythos und Logos wird die Periode der griechischen Philosophie zu Ende sein. Das Problem des Verhältnisses von Mythos und Logos jedoch wird auch weiter bestehen bleiben, und ganz am Ende der vorliegenden Darstellung der Geschichte der Philosophie wird es sich nochmals ganz explizit stellen.

1. Mythologischer Hintergrund: Ägypten und Mesopotamien[1]

a) Ägypten

Die Kosmologie von Heliopolis

Das ägyptische Denken entwickelte sich aufgrund der geographischen Gegebenheiten in einer verhältnismäßig großen Isolation gegenüber anderen Völkern. Trotz starker konstanter und stabilisierender Faktoren gab es eine große Verschiedenheit von Auffassungen. Für uns auffallend ist dabei, daß die Ägypter keinen Anstoß an dem nahmen, was wir als *Inkonsistenzen* bezeichnen würden. Dies hing vor allem mit

[1] Die folgenden Abschnitte decken sich teilweise mit: Schupp, F.: *Schöpfung und Sünde.* Düsseldorf 1990. S. 55–96.

einer schon früh entwickelten toleranten und zur Pragmatik neigenden Lebensauffassung zusammen: Es bestand kein Interesse an theoretischer Einheitlichkeit. Andererseits gab es ein sehr stark entwickeltes Denkgesetz, nämlich die Forderung nach *Symmetrie* und *Balance*. Eine Entsprechung dazu findet sich in den ägyptischen Lebensbedingungen, das Land und das Leben in ihm war aufgebaut auf Symmetrien: Kulturland und Wüste sind klar und scharf getrennt, es gibt einen raschen Wechsel von Licht und Dunkelheit am Morgen und Abend, und es gibt die Regelmäßigkeit des Ablaufes der Nilüberschwemmungen. So hatte die Vorstellung von der Regelmäßigkeit symmetrischer Gegensatzpaare eine Anschauungsevidenz, oder umgekehrt: Diese Anschauungsevidenz führte zu einer universell vorausgesetzten Denkform, und eine solche Denkform, in abstrakterer Weise konzipiert, führte zur *Geometrie*. Die Geometrie war die Anschauungsform des Lebens und der Phantasie. Nach den Überschwemmungen z. B. mußte das Land an vielen Stellen neu vermessen werden, seine Ordnung, die Ordnung des Lebens-Raumes der Menschen, mußte geo-metrisch (=erd-vermessend) wiederhergestellt werden. Das Gesetz *symmetrischer Proportion* war maß- und richtunggebend. So finden wir etwa Gebäude, die an allen vier Seiten ein Hauptportal aufweisen. Maß und Proportion werden schließlich geometrisch-kosmologisch universalisiert: Ägypten ist das Zentrum der Welt. | 3

Form ist entscheidend für die ägyptische Kultur, und Form ist erfahrbar in Proportionen. Die Welt hat Bestand, solange die Formen bewahrt werden. Die verschiedenen Mythen der Weltentstehung haben daher nicht einfach die Funktion, zu erzählen, wie der Ursprung der Welt vorgestellt werden soll, sondern, wie der Bestand der Welt, ihre Ordnung, ihre Form und ihre Proportionen bewahrt und gesichert werden können. Der Mythos ist gleichzeitig ein Erklärungsschema und eine Handlungsanweisung. Ein Mythos *erklärt*, warum etwas so ist, wie es ist, und er *sagt voraus*, wie etwas sein wird (ganz ähnlich wie das Schema der Parallelität von Erklärung und Prognose in der heutigen Wissenschaftstheorie), vorausgesetzt, daß bestimmte Vorschriften eingehalten werden. Und in beiden Hinsichten ist der Mythos immer heilige Rede, d. h., er steht nicht zur Diskussion (darin unterschieden von der heutigen Wissenschaftstheorie).

Die älteste Kosmogonie/Kosmologie ist die von Heliopolis (nordöstlich des heutigen Kairo), die bis auf die Zeit von 3000 v. Chr. zurückgeht. Nach dieser Kosmogonie steht am Anfang, vor aller Zeit, ein unendliches Wasser, ein *Urwasser*, das auch den Götternamen Nun trägt. Über dieses Urwasser sagt eine Glosse in einem Totenbuch aus der Zeit nach 1500 v. Chr.:

Ich bin der große Gott, der von selber entstand. [Glosse]: Was bedeutet es? – Der große Gott, der von selber entstand, das ist das Wasser; das ist das Urgewässer, der Vater der Götter. (Eliade: *Schöpfungsmythen*. S. 68)

Aus diesem Urwasser erhebt sich Atum, der Sonnengott. In einem der ältesten Texte, der aus den sogenannte Pyramidentexten (2500–2300 v. Chr.) stammt, heißt es:

Dieser König wurde im Nun geboren, als der Himmel noch nicht entstanden war, als die Erde noch nicht entstanden war, als noch nichts errichtet worden war, als selbst die Unordnung noch nicht entstanden war, als jener Schrecken, der aus dem Auge des Horus entstehen sollte, noch nicht entstanden war. (Ebd. S. 66)

Aus dem Urwasser tritt der *Urhügel* hervor – dies ist das Entstehen des Kulturlandes, so wie nach der Nilüberschwemmung das fruchtbare Land aus dem Wasser hervortritt.

Gruß dir, Atum; Gruß dir Chepri, Selbstentstandener! Du bist hoch in deinem Namen: »Hügel«. Du entstehst in diesem deinem Namen: »Entstehender« (Chepri). (Ebd. S. 66)

In Atum sind bereits alle Grundeigenschaften und somit auch alle späteren Götter oder göttlichen Manifestationen enthalten: Atum ist »der Entstehende« und von dort geht alles weitere aus, Götter und Manifestationen des Göttlichen sind dabei oft

kaum unterscheidbar. In einem späteren (4. Jhd. v. Chr.), aber auf alte Quellen zurückgehenden Text wird der Weltenschöpfer mit Heka, der Wortmagie, identifiziert. Hier treffen wir schon auf so etwas wie philosophische Sprache:

Als ich sichtbar geworden war in der Existenz, existierte die Existenz. Ich entstand in der Gestalt des Entstehenden, der beim Ersten Mal entstand. Da ich in der Existenz des Entstehenden entstanden war, existierte ich also. Und so entstand das Entstehen; denn ich war früher als die früheren Götter, denn mein Name war früher als der ihre, denn ich schuf das Vorzeitalter ebenso wie die Göttervorfahren. Ich schuf alles, was ich wünschte in dieser Welt, und ich dehnte mich darin aus. (Ebd. S. 69 f.)

Besonders deutlich wird hier der Charakter der »Leichtigkeit«, der Problemlosigkeit des widerstandslosen Hervorgehens, gleichzeitig aber auch die sprachliche Schwierigkeit oder die »Widerständigkeit« der Sprache: Das eigentliche Problem dieses Autors (wie das aller späteren, die sich mit diesem Problem beschäftigten) ist es, das »Erste«, den Ursprung selbst, in irgendeiner Weise auszusagen – alles weitere ist dann »einfach«, »Werden« ist nichts anderes als Ausdifferenzierung.

Dann erwies sich mein Herz als wirksam, der Schöpfungsplan lag klar vor mir, und ich schuf alles, was ich schaffen wollte, als ich allein war. Ich ersann Pläne in meinem Herzen, und ich erschuf eine neue Existenzweise, und der aus dem Entstehenden hervorgehenden Existenzweisen waren viele. Ihre Kinder taten sich kund in ihrer Existenzweise als Kinder. (Ebd. S. 70)

Aus Atum gehen in symmetrischer Form die verschiedenen anderen Götter hervor. So ergibt sich die kosmische Dimension des Mythos, wobei nach der untersten Ebene dieser Dimension, also nach Erde (=Ägypten) und Himmel, die herrschaftliche, politische Dimension des Mythos einsetzt. (Nebenbei: Im ägyptischen Mythos wird die Erde als männlich, der Himmel aber als weiblich gedacht, also genau das Umgekehrte der sonst häufig im Mythos vorgefundenen Bestimmungen.) Uns interessiert hier nur das allgemeinste Schema (vgl. Hart, S. 22 f.). Die Natur ist göttlich, und daher sind die grundlegenden Kategorien der Naturbeschreibung immer auch Götternamen.

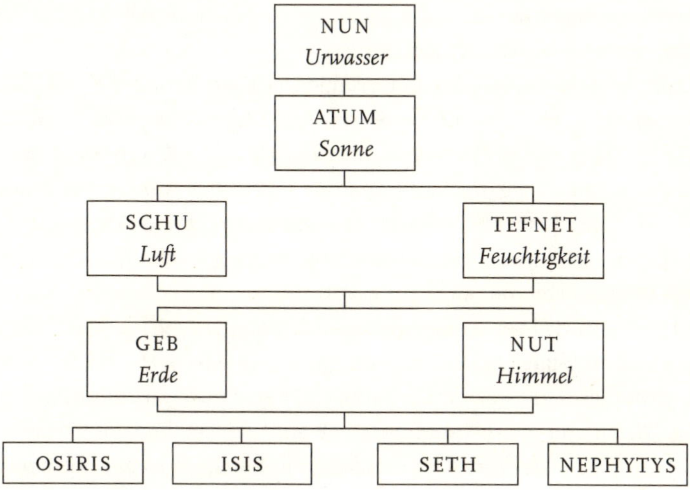

Was soll mit solchen Worten ausgesagt werden? Sie bezeichnen nicht »etwas«, kein »Sein« und schon gar nicht bestimmte »Seiende«, keine Urelemente und eigentlich auch keine Götter, sondern Maßstäbe, Gesichtspunkte des Sprechens und »Definierens«, d. h. des Ab- und Eingrenzens innerhalb des Redens von Welt. Es werden Linien gezogen, Orientierungsschemata entworfen; es werden nicht einfach Merkmale von Gegenständen der Erkenntnis angegeben, sondern vielmehr die Bedingungen angezeigt, die über das mögliche Sprechen von Gegenständen »innerhalb« der Welt entscheiden. In den einzelnen kosmologischen Bildern sind keine eindeutigen Zuordnungen zu diesen Grundstrukturen möglich, da dies nicht als entscheidende Aufgabe angesehen wurde. Sinn bedeutete Ordnung, und wo die Ordnung als allgemeine, als strukturelle, ausgezeichnet wurde, erhielt sie das Prädikat »göttlich«.

Ordnung besagt im Kontext der Kosmologie der Ägypter, daß die Welt in ihrem Ursprung *nach Zwecken* ist; wird dies kosmologisch interpretiert, so bedeutet dies, daß die Welt *aus Zwecken* ist. Die Ägypter begriffen die Welt zunächst kosmo-logisch als Zweck an sich, dann erst wird dieses »An-sich« durch ein kosmo-gonisches »Woher« modellhaft interpretiert. Die Vermittlung des Begriffes »Zweck« in dieser doppelten Dimension wird durch den Begriff »Ordnung«, »Richtigkeit/Rechtheit« *(maat)*, geleistet. Dieser Begriff stammt zunächst aus der sinnlichen Erfahrung, wird jedoch dann ebenso im ethischen Kontext verwendet; er steht daher nicht nur für die natürliche, sondern auch für die sittliche und politische Ordnung. Für die Ägypter waren dies jedoch keine verschiedenen Ordnungen, die Unterscheidung in theoretische und praktische Vernunft gehört erst einer viel späteren Zeit an. Dieser ständige Bezug aller Dinge auf den Begriff der Ordnung zeigt, daß mit keiner »reinen« Erfahrung gerechnet wurde: Die Dinge als einzelne, als Gegebene »sind« nicht für sich, sondern »sind« nur, insofern sie in jene Grundstrukturen und -ordnungen eingeordnet werden können. Erst der Mythos gibt also der Erfahrung das Raster, das Netz, in dem etwas erfahren werden kann.

Wer schon spätere Kapitel der Vorlesungen gelesen hat oder Kants Philosophie von anderswo her kennt, könnte an dieser Stelle fragen, ob hier nicht ägyptische Mythologie kantisch interpretiert wird. Wie immer sich das verhalten mag, im vorliegenden Zusammenhang reicht es aus, zu sagen, daß Erfahrung immer durch mentale, jedoch geschichtlich variable Schemata geprägt ist. Dies bedeutet auch, daß das Schema der Ägypter mit »Urwasser« *(Nun)*, »Sonne« *(Atum)* und nachfol-
6 | genden »Göttern« nicht von vornherein »primitiver« ist als etwa das kantische von Raum und Zeit und das seiner Kategorientafel; und die Anschauungsformen Kants und seine Kategorientafel sind nicht prinzipiell »aufgeklärter« als das Schema des ägyptischen Mythos. Und was für die kantischen Schemata gilt, gilt natürlich ebenso für die hegelschen und für viele andere. Die Frage, ob man sinnvollerweise von »Fortschritt« bei solchen Schemata sprechen kann, und die, ob es eine überzeitliche Bewertungsinstanz von Schemata gibt, wird uns noch öfter beschäftigen.

Im ägyptischen Mythos zeichnen sich die obersten Einteilungsgesichtspunkte der Sprache von »Welt« vor allem durch ihre Beziehungen aus, d. h., diese Gesichtspunkte bestehen nicht »an sich«, sondern nur innerhalb eines Gefüges von Beziehungen. Dies gilt sogar für die Urmaterie, das »Chaos«: Das Urwasser kann nicht »an sich« gedacht werden, sondern nur als Bedingung empirischer Differenzierung, als Grund von Beziehungen. So sondert sich auch in ägyptischen Weltentstehungsberichten das »empirische«, »innerweltliche« Wasser vom Urwasser. Um diesem – gegenständlich repräsentierten – Hervorgang seine Begründung zu geben, muß die Bedingung der Differenzierung schon im Urwasser selbst liegen, dies wird durch den Begriff eines in ihm liegenden »Verlangens« geleistet. Dieses »Verlangen« ist der Grund von Hervorgang und Entwicklung (wenn wir später vom *Eros* der Griechen sprechen, sollten wir uns daran erinnern!). Die Bedingung solchen Hervorgehens ist die *Zeit*, sie entfaltet sich in und an dem Urwasser. So gibt es auch keine »leere« Zeit und kein »vorher« der empirischen Zeit, sondern Zeit »ist« durch die Verwirklichung jenes Verlangens, das im Urwasser liegt. Das »Chaos« ist daher auch nicht »etwas«, sondern ist der Grenzbegriff gegenüber der empirischen Welt. Ordnung besteht, ist aber nicht schlechterdings unbedroht: Bei den Ägyptern bestand eine Grundangst vor dem Herunterstürzen des alles zerstörenden Urwassers, ebenso gab es die Grundangst, daß die Sonne, das Ur-Ordnungsprinzip der Welt, eines Tages nicht mehr am Horizont erscheinen könnte. Und so ist auch in Atum, dem Schöpfungsprinzip, eine innere Dualität enthalten, die sich in der Ausfaltung dadurch offenbart, daß aus ihm neben dem in Isis repräsentierten Prinzip der Erhaltung auch Seth hervorgeht, der das zerstörerische Prinzip darstellt. Am Ende wird – wie am Anfang – der Urozean stehen.

Die Kosmogonie von Hermopolis

In Hermopolis (heute El-Aschmunen) entwickelte sich eine kompliziertere Variante der Kosmogonie von Heliopolis. In Heliopolis war allein Nun die gestaltlose Urmaterie, in Hermopolis wurde diese Urmaterie weiter strukturiert: Neben Nun gehören auch Huh (eher »Überschwemmung« als, wie früher angenommen, »Unendlichkeit«), Kuk (»Finsternis«) und Amun (»Luft«, »Dynamik«) zu diesem Ursprung. Zudem wird diesen Prinzipien und Göttern jeweils ein weibliches Komplement hinzugefügt, so daß sich die heilige Achtheit ergibt: Nun – Naunet, Huh – Hauhet, Kuk – Kauket, Amun – Amaunet. In dieser komplexen Urmaterie kommt es zu einer Art Urbewegung, bei der der Urhügel aus dem Urstoff herausgeschleudert wird und der Sonnengott entsteht. Im weiteren Verlauf spielt jedoch nur noch Amun (mit Amaunet) eine Rolle, während die anderen drei bzw. sechs Grundprinzipien oder Götter wieder in den Nun zusammenfallen. Das alles ist nicht immer sehr klar, die Mythologen von Hermopolis waren weniger begabt als die von Heliopolis und weniger scharfsinnig als die von Memphis oder Theben, die noch zu erwähnen sind.

Interessant ist hier ein Strukturproblem: Warum diese Verkomplizierung? Die Antwort lautet vermutlich: Der Hervorgang des Amun, des Prinzips aller Differenzierung aus dem völlig undifferenzierten Nun war nicht recht plausibel. Also mußten schon in den Urstoff Nun Spannungen und Gegensätze hineingetragen werden, die männlich-weiblich Verdoppelung ist ein solches ursprüngliches Differenzierungselement. Die Mythologen von Hermopolis wollten also mit ihrer Differenzierung hinter die Kosmologie von Heliopolis »zurückdenken«, eine »Erklärungslücke« schließen, den Übergang aus dem Undifferenzierten zum Differenzierten irgendwie erklären. Dieses Modell ist recht interessant, auch wenn dahinter sicher keine bewußte Strategie gestanden hat. Hier wird deutlich, daß auch im Mythos »Plausibilitätsdefizite« erkannt und zum Anlaß für »bessere« Theorien genommen werden können. In dieser Hinsicht besteht also zwischen Mythos und Logos kein so großer Unterschied, die Vorsokratiker werden in ähnlicher Weise kosmogonische Theorien aufstellen. Es wird sich indes zeigen, daß dabei in formaler Hinsicht doch ein recht erheblicher Unterschied bestehen bleibt. Es gehört zur Struktur des Mythos, Weiterentwicklungen oder Modifikationen zu »verschleiern«. Es wird nicht an einer Version Kritik geübt, um eine bessere zu entwickeln, vielmehr soll stets der Eindruck entstehen, daß hier lediglich weitere Erläuterungen vorgenommen werden. So kommt es, daß häufig die Version *A* eines Mythos neben der »verbesserten« Version *B* steht, beide aber in der Darstellung zu einer Einheit verbunden werden – eine der Ursachen dafür, daß uns in Mythen oft Dinge begegnen, die uns als Ungereimtheiten, als Widersprüche erscheinen. Im vorliegenden Zusammenhang geht es jedoch zunächst nur darum, zu sehen, daß Mythen keine starren Systeme sind, sondern daß in ihnen Erklärungsmängel entdeckt werden können, und daß es möglich ist, diesen Mängeln durch neue mythische Elemente zu begegnen.

Mit dem ägyptischen Mythos ist ein prinzipielles Problem aufgeworfen: Wie kann ein immanenter Übergang vom Einen zum Vielen gedacht werden? Woher kommt die Bewegung, der Differenzierungsprozeß, wenn der Urstoff undifferenziert und bewegungslos ist? Die Mythologen von Hermopolis legten eine Antwort nahe, die auch bei einigen Vorsokratikern wieder auftauchen wird: »Irgendwie« muß alles schon im Ursprung enthalten sein. Man kann sich das Problem durch Zahlen verdeutlichen. Die Frage lautet, wie aus der 1 eine 2 werden kann. Man kann nicht einfach sagen: Ich zähle zu der 1 nochmals die 1 hinzu, denn dann habe ich mit dem »Hinzuzählen« schon die Lösung vorweggenommen, denn in der 1 ist nichts von Hinzuzählen enthalten. Also beseitigt man das Problem, indem man an den Anfang nicht 1, sondern gleich 1+1 stellt. Also Nun + Naunet – ein identischer Name, unterschieden nur durch die Feminin-Endung. Dies scheint plausibel, denn auch in der Menschenwelt finden wir immer schon zwei Menschen, männlich und weiblich, vor. Die Vorstellung einer weiteren Reihe stellt dann kein besonderes Problem mehr dar – wobei das komplexere Problem des Übergang von der 0 zur 1 sich hier noch gar nicht stellt, denn Nun ist ja gerade nicht 0, sondern immer schon 1.

Die Kosmogonie von Memphis

Im Unterschied zu diesem eher naturmythischen Denken liegt in der Theologie von Memphis eine eher gesellschaftsmythische Interpretation des Weltwerdens vor. Dabei muß jedoch betont werden, daß es, wenn von »naturmythisch« und »gesellschaftsmythisch« die Rede ist, immer nur um Akzente geht, nicht um die Behauptung, einer der Faktoren sei der alleinige Erklärungsgrund. Es gab in Memphis also zumindest auch einen politischen Hintergrund der Mythologie: Memphis wurde Hauptstadt des Reiches (vgl. im folgenden Zitat »Zusammenfüger der beiden Länder«), hatte aber mit Ptah (von dessen Namen sich »Ägypten« ableitet) schon einen obersten Gott. Also mußte Ptah in irgendeiner Weise Atum übergeordnet werden, und so erscheint Ptah in der Kosmogonie von Memphis als Schöpfer der Sonne wie auch der anderen Götter.

Wenn wir uns aber an die eben kurz erwähnten Probleme der Erklärung des Hervorgangs der geordneten Welt erinnern, so sehen wir, daß neben dem politischen auch ein wirklich kosmogonisches Problem zur Diskussion stand, und daß die Mythologen von Memphis dafür eine durchaus andere und echt alternative Lösung fanden: Während in Heliopolis der kosmogonische Prozeß in einem immanenten Weltwerden bestand, wird hier von *Weltschöpfung* gesprochen. Der höchste Gott Ptah ist der Gott dieser Schöpfungstätigkeit. In einem Hymnus aus der Zeit um 1100 v. Chr. wird er wie folgt angerufen:

> Gegrüßt seist du, o Ptah, angesichts deiner Urgötter,
> die du gemacht hast, nachdem du entstanden warest als Gott.
> Leib, der seinen Leib selbst gebaut hat,
> bevor der Himmel entstand, bevor die Erde entstand,
> als die wachsende Flut noch nicht anstieg.
> Du hast die Erde geknotet,
> Du hast dein Fleisch zusammengefügt,
> du hast deine Glieder gezählt,
> Du hast dich als Einziger gefunden, der seine Stätte geschaffen hat.
> Du Gott, der die beiden Länder geformt hat.
> Du hast keinen Vater, der dich gezeugt hat, als du enstandest,
> Du hast keine Mutter, die dich geboren hat,
> Du, dein eigener Chnum!
> Du Gerüsteter, der gerüstet hervorkam!
> Du bist aufgestanden auf dem Lande während seiner Müdigkeit [...]
> in dem du warst in deiner Gestalt des,
> der-die-Erde-hebt (des Ta-tenen),
> in deinem Wesen des Zusammenfügers der beiden Länder.
> Was dein Mund gezeugt hat und deine Hände geschaffen haben,
> Du hast es aus dem Urwasser herausgenommen.
> Das Werk deiner Hände ist deiner Schönheit angeglichen.
> Dein Sohn, alt in seiner Gestalt (die Sonne),
> Du hast die Dunkelheit und Finsternis vertrieben,
> durch die Strahlen deines Augenpaars. (Ebd. S. 85 f.)

Von einer Schöpfung aus dem Nichts kann man hier indes nicht sprechen, denn Ptah steht – allerdings in nicht ganz klarer Beziehung – der Urhügel gegenüber, der nicht von Ptah hervorgebracht ist. (Ptah ähnelt hier Jahwe, der in der Genesis bei seiner Schöpfungstätigkeit ebenfalls schon etwas, nämlich das »Wüste und Leere«, vorfindet.) Als Bild des Hervorbringens der Welt wird die Zeugung oder die Arbeit an der Töpferscheibe gebraucht, wo die Lebewesen aus Lehm gestaltet werden. Neben diesem ist auch ein Bild wichtig, mit dem der erste Schritt zur Schöpfung interpretiert wird: das *Wort*. Die Welt ist durch das Wort geworden, die Dinge existieren nicht, solange sie keinen Namen haben. Der Ausspruch des Wortes ist wirksames Hervorbringen, so wie der Befehl des Königs selbstverständlich und zwangsläufig zur Ausführung kommt.

Die Kosmogonie von Theben

Im Neuen Reich wurde Theben zum religiösen Zentrum Ägyptens. Hier wurde nun Amun, dem wir schon in der Kosmogonie von Hermopolis begegnet sind, zur zentralen Gottheit und somit auch zur maßgeblichen Gestalt des Weltentstehungsmythos. Allerdings wurden in diesem Mythos wiederum alle bisherigen Mythen verarbeitet, so daß Amun in verschiedenen Funktionen auftreten kann. Es ergibt sich eine recht komplexe Struktur, deren Grundgedanke sich wie folgt zusammenfassen läßt: Amun hat sich selbst hervorgebracht, er ist Ursache seiner selbst – eine recht schwierige Vorstellung, die u. a. an Spinoza erinnert. In einem aus der Zeit zwischen 1300 und 1200 v. Chr. entstandenen Text wird Amun angesprochen:

Du, dein eigener Urheber, dessen Gestalten niemand kennt, vollkommene Schönheit, die sich in erhabenem Ausgehen offenbarte, der seine Abbilder gestaltete, sich selber erschuf. (Ebd. S. 89)

Amun kann in seinem innersten Wesen nicht erfaßt werden, daher haben wir eigentlich auch keinen Namen für ihn. In demselben Text heißt es:

Der zuerst im Uranfang Entstandene, Amun der Erstentstandene, dessen Gestalt man nicht kennt. Kein Gott entstand vor ihm, kein anderer Gott war mit ihm zusammen, der seine Gestalten genannt hätte. Er hatte keine Mutter, nach der sein Name genannt werden konnte, er hatte keinen Vater, der ihn erzeugte und sagen konnte: »Das bin ich«. (Ebd. S. 89 f.)

Die ganze Welt ist eine Manifestation Amuns (Dionysios Areopagita, Scotus Eriugena und andere hätten – wie später noch deutlich werden wird – den Amun-Tempel in Karnak aufsuchen sollen, dies ist ihr eigentliches Heiligtum). Amun steht zunächst ganz und gar jenseits der Welt, nachdem er aber durch Selbstverursachung Gestalt gewonnen hat, erschafft er die Urmaterie, jetzt kann die Achtheit von Hermopolis beginnen: Amun macht sich selbst zu einem Bestandteil der Welt, der transzendente Gott wird zum Element des Weltprozesses, er ist der Geist und der die Urmaterie bewegende Lufthauch, welcher den Urhügel entstehen läßt.

Die Gelehrten von Theben waren eindeutig keine mythologischen Dunkelmänner, und an anonyme und überindividuelle Prozesse der Mythenbildung kann ich in diesem Fall nicht recht glauben. Das ganze macht eher den Eindruck intensiver Denkarbeit und ausgedehnter Diskussionen, um so verschiedene Vorstellungen der Vergangenheit zusammenzubringen und eine halbwegs plausible Konzeption zu entwickeln. Das ganze war dann allerdings für das »Volk« zu abstrakt, und so hatte man ihm einen Schlangenkult anzubieten: Die Schlange ist ein Bild Amuns wegen ihrer Schnelligkeit und ihrer Häutung, einem Symbol der ewigen Erneuerung. Auch diese Doppelung der Vorstellungskreise wird uns noch oft begegnen: »aufgeklärte« Metaphysik für die »Gebildeten«, kultische Bilder für das »Volk«. Eine solche Doppelung setzt indes eine Gruppe von Menschen voraus, die in bestimmter Hinsicht bereits an die Grenze mythologischer Kultur gelangt ist.

Die Entstehung der Welt wird in Ägypten in den verschiedenen Mythen ohne jeden Kampf von Göttern oder Prinzipien gedacht. Die Welt ist eine Einheit der Gegensätze, eine *complexio oppositorum*. Die Ordnung innerhalb der Welt muß ständig die Ordnung der Weltentstehung wiederholen (vgl. die Struktur der Tempel und den Kult dort); die Finsternis muß ständig überwunden werden, so wie die Sonne jeden Tag aus der Nacht auftaucht. Der Pharao ist der Garant dieser Ordnung, er ist das Mittelglied zwischen dem göttlichen und dem weltlichen Bereich, seine Funktion der Bewahrung der Ordnung hat zugleich kosmologische und politische Dimension.

b) Mesopotamien

Der Lebensraum der Menschen in Mesopotamien war von dem in Ägypten von seinen äußeren Bedingungen her sehr verschieden: Während der Nil den Eindruck einer sicheren Unveränderlichkeit des jährlich sich wiederholenden Ablaufs vermittelte, waren die beiden das Land organisierenden Flüsse Mesopotamiens, Euphrat und Tigris, unberechenbar. Auch die klimatischen Bedingungen der Jahreszeiten waren grundlegend andere: In Ägypten gaben sie die Möglichkeit sicherer Berechnungen, während in Mesopotamien unvorhersehbare Gewitter das fruchtbare Land in Schlamm verwandeln oder Stürme die Ernte plötzlich verwüsten konnten. Der unter solchen Bedingungen lebende Mensch steht der scheinbar willkürlichen Gewalt der Natur ohnmächtig gegenüber; es war in Mesopotamien unmöglich, den Kosmos – wie in Ägypten – als sicher gegründet zu denken. Die Welt bot sich zwar nicht prinzipiell als Chaos oder Anarchie dar, die vorhandene Ordnung mußte jedoch immer wieder durch die Integration verschiedener, häufig gegensätzlicher Kräfte neu erzeugt werden. Der Mensch gelangte dabei oft an die Grenze der möglichen Bewältigung der Lage, die Vorstellung von »Katastrophe« hatte für ihn einen präzisen Sinn. Auch die Ägypter kannten die Angst vor der Katastrophe, sie sahen ihre Aufgabe jedoch darin, die Ordnung zu *bewahren*, also zu verhindern, daß die – dann endgültige – Katastrophe eintrat. In Mesopotamien hingegen ging es darum, die immer wieder auftretenden Einbrüche zu *überwinden*, der Unordnung immer wieder die Ordnung abzuringen. Dazu kam, daß es in der frühen Kultur der Sumerer und Akkader (5.-2. Jahrtausend v. Chr.) zunächst keine Zentralgewalt gab, sondern oft konkurrierende Städte, in denen es eine Art primitiver Demokratie mit oft unsicheren Verhältnissen und gewaltsamen Konflikten gab. Gewalt nicht nur in der Natur, sondern auch in der Gesellschaft gehörte zur geschichtlich prägenden Erinnerung. Dabei wußte man allerdings jedenfalls in Hinsicht auf den gesellschaftlichen Bereich, daß Gewalt nicht nur Ordnung zerstören konnte, sondern auch zur Herstellung von Ordnung erforderlich war. Gewalt gehörte in den Vorstellungen der Menschen Mesopotamiens zur »Natur« der Welt wie zu der des Menschen.

In der Kosmogonie Mesopotamiens wie schon in der Ägyptens geht es darum, das Bestehen der Welt durch sein Entstehen zu erklären, d. h. es wird versucht, sich in der Welt zu orientieren und damit auch Verhaltensmuster für die »richtigen« Reaktionen in dieser Welt zu finden. Diese Kosmo-logie (d. h. »Sinn« der Welt) soll dadurch gefunden werden, daß man eine Kosmo-gonie (d. h. »Entstehung« der Welt) erzählt. Das »Fehlen« der Vorstellung von *Strukturen* wird also kompensiert durch das *Erzählen* von universell Gültigem, weil Ursprünglichem.

Die Kategorien solcher Kosmologien/Kosmogonien werden an den realen Lebensbedingungen ausgebildet. Im gesellschaftlichen Bereich der Sumerer und Akkader gab es stets Spannungen, *Streit* verschiedenster Willensmächte. Die erreichte Ordnung durch gemeinsame Willensbildung und Übertragung von Autorität war häufig gefährdet, ebenso wie das gewaltsame Ansichreißen von Macht und Autorität immer von potentiellen oder aktuellen Konkurrenten bedroht war, genauso wie die Ordnung des Kulturlandes stets durch Naturkatastrophen gefährdet war.

Der »Grund« einer solchen Welt wurde in einer Götterversammlung gesehen, die voll von Spannungen und Auseinandersetzungen ist. Die Frage nach der Herkunft der – auch die Götter umfassenden – Wirklichkeit ist vor allem durch das Schöpfungsepos *Enuma Elis* bezeugt. Dieses Epos wurde im 9. Jhd. v. Chr. redigiert, geht aber auf Material aus der Zeit von 1900–1700 v. Chr. zurück. Schon der Anfang von allem liegt nicht in Einem, sondern in Zweien, Apsu und Tiamat, die das Süß- und das Salzwasser repräsentieren, so wie das Land am persischen Golf durch das Zusammentreffen von Fluß- und Meerwasser gebildet wurde. Diese Zwei sind nicht wie die ägyptischen Nun und Naunet lediglich die Verdoppelung des Einen, sondern sind durch die gegensätzlichen Eigenschaften »süß« und »salzig« charakterisiert. Hier der Beginn des Epos:

Als droben die Himmel nicht genannt waren.
Als unten die Erde keinen Namen hatte,
Als selbst Apsu, der uranfängliche, der Erzeuger der Götter,
Mummu Tiamat, die sie alle gebar,
Ihre Wasser in eins vermischten,
Als das abgestorbene Schilf sich noch nicht angehäuft hatte,

Rohrdickicht nicht zu sehen war,
Als noch kein Gott erschienen,
Mit Namen nicht benannt, Geschick ihm nicht bestimmt war,
Da wurden die Götter aus dem Schoß von Apsu und
Tiamat geboren. (Eliade: *Schöpfungsmythen.* S. 134)

Nach einigen Zwischengöttern wird Anu geboren. Er ist der oberste Gott, der Vorsitzende der Götterversammlung, der Himmelsgott, er hat die höchste *Autorität.* Der Himmel ist das Nicht-Erreichbare, die Grenze der Welt. Die Entfernung zwischen Himmel und Erde ist groß, der Raum zwischen diesen Bereichen wird von Enlil beherrscht, dem Abbild der *Gewalt*, der die Götter in Krisensituationen anführt. Aber Gewalt ist ambivalent, und so zeigt Enlil auch die dunkle Seite der Gewalt, die unvorhersehbar hervorbrechen kann wie ein Sturm oder ein Gewitter. Die dritte Gottheit ist Ki, die die *Erde* repräsentiert und daher als »Mutter Erde« bezeichnet wird. Sie drückt die unerschöpfliche Fruchtbarkeit aus, den Ursprung des sich stets erneuernden Lebens. Die Grundprinzipien sind hier also Autorität, Gewalt und Fruchtbarkeit; die verschiedenen anderen Götter entstanden mit der weiteren Ausdifferenzierung.

Jedes Werden, jede Entwicklung ruft nach Vorstellung der Mesopotamier eine Krise hervor: Die neuen, jungen Götter stören die Alten, die trägen Urwasser Apsu und Tiamat. Die Störung der Ordnung beginnt also im Götterhimmel.

Es kamen zusammen die Brüder, die Götter,
Zu stören Tiamat durch ungeordnetes Treiben.
Sie verwirrten tatsächlich Tiamats Gemüt,
Da sie tanzend umhersprangen inmitten der Himmelswohnung.
Sie dämpften ihr Geschrei nicht einmal inmitten der Apsu.
Tiamat schwieg angesichts ihrer Ausschweifung,
Doch ihr Treiben war Apsu peinlich,
Ihr Wandel mißfiel ihm, denn sie waren erwachsen. (Ebd. S. 135)

Einer der Götter, Ea, tötet Apsu. Am Ort des Sieges wird von Eas Gemahlin Marduk, der eigentliche Held des Epos, geboren. Er führt die jungen Götter im Kampf gegen Tiamat an, Tiamat wird besiegt und aus den beiden Hälften seines zerteilten Körpers entstehen Himmel und Erde. Jene Götter, die auf Seiten Tiamats gekämpft haben, werden bestraft: Stellvertretend wird Kingu, in dem die zerstörerischen Kräfte personifiziert sind, getötet, und aus seinem Blut werden die Menschen geschaffen.

Kingu war's, der den Krieg erregt,
Tiamat zur Revolte aufgereizt, den Kampf begonnen hat.
Als sie ihn gebunden hatten, brachten sie ihn vor Ea.
Sie ließen ihn seine Strafe erleiden,

seine Adern durchschnitten sie.
Aus seinem Blute schuf er die Menschheit.
Er schrieb ihr den Dienst der Götter vor,
um diese davon zu befreien. (Ebd. S. 145 f.)

Der Mensch ist also in seinem Ursprung kein unschuldiges Wesen, er hat das Blut eines Gottes in sich, aber das Blut eines rebellischen und bestraften Gottes. Auf der göttlichen wie auf der menschlichen Ebene ist also Vollkommenheit wie auch Verfehlung gegenwärtig. Die dunkle Seite der menschlichen Existenz spiegelt die dunkle Seite des Kosmos wieder, Mensch und Kosmos können sich nicht aus dieser Verflechtung in die Dualität der Grundkräfte lösen. Der Kampf des Lichtes gegen die Finsternis ist ein bleibender und sich ständig wiederholender: Zu jedem Jahreswechsel wurde die Thronbesteigung Marduks und der damit einhergehende Sieg über die chaotische Urflut gefeiert, diese rituelle Vergegenwärtigung sicherte das Weiterbestehen der Welt.

c) Zusammenfassung

In Kosmologien wird versucht, sich in schöpferischer Vorstellungskraft mit den realen Bedingungen des Lebens auseinanderzusetzen. Sie spiegeln daher diese Bedingungen nicht einfach wieder, sondern sind der Versuch einer Kommunikations- und Traditionsgemeinschaft, diese Bedingungen auf einen einheitlichen Grund oder mehrere Grundprinzipien hin zu erhellen. Die Benennungen und Prinzipien, die uns in diesen Kosmologien vorliegen, stellen den jeweils erreichten Abschluß des Diskurses dar, die vorläufig erreichte »Definition«, also die Eingrenzung von »Welt«.

Der Mythos verbindet in Ägypten wie in Mesopotamien die Ordnung des Kosmos mit der Ordnung der Gesellschaft, eine echte Unterscheidung von Natur und Gesellschaft war nicht möglich. In beiden Hochkulturen war die Monarchie die gültige Herrschaftsform, die Aufgabe des Mythos war daher nicht zuletzt die Legitimation der Herrschaft. Neben dem Monarchen gab es jeweils eine mächtige Tempelpriesterschaft, die Tempel waren der einzige Ort, an dem Wissen gehortet wurde. Dies gilt auch für das Wissen, welches wir heute unter Wissenschaft einordnen, vor allem für Geometrie und Astronomie – dieses Wissen war immer heiliges Wissen, Wissen im Kontext des Mythos. Es wurde bewacht, gehütet und stand nicht zur freien Verfügung. Es war gleichzeitig ein Instrument der Macht, denn zumindest der richtige Augenblick des politischen Handelns hing von der korrekten Interpretation der kosmischen Konstellationen ab.

Die Ordnung des Lebens in einem System von Gegensätzen – Licht-Finsternis, Leben-Tod – führt bei den Ägyptern zu einer klaren Abgrenzung dieser Bereiche.

Ordnung ist für dieses Leben unbefragt garantiert und spiegelt sich im Leben jenseits der Grenze schattenhaft wieder. Im Unterschied dazu ist die Dualität der Prinzipien in Mesopotamien in das Leben, die Existenz des Menschen und des Kosmos selbst hineingenommen worden, nur hier können wir wirklich von einem Dualismus sprechen. Die beiden Grundmodelle

Harmonie	einheitliche Ordnung	Symmetrie	Monismus

Dialektik	Kampf der Prinzipien	Gegensatz	Dualismus

werden uns auch weiterhin begegnen. Auch wenn sie nicht immer geschichtlich von der beschriebenen Herkunft her vermittelt sind, repräsentieren sie doch zwei Grundmodelle, sich mit der Welt und den Bedingungen menschlichen Lebens auseinanderzusetzen. Man kann sich gleichwohl fragen, ob es wirklich nur ein Zufall ist, wenn Parmenides und die Eleaten in Süditalien, also in der geographischen Nähe Ägyptens, eine Metaphysik nach dem ersten Modell entwickelten, während Heraklit in Kleinasien eine Metaphysik nach dem letzteren Modell konzipierte. Wie immer es sich im einzelnen damit verhalten mag, man sollte jedenfalls in Erinnerung behalten, was nicht ein Ägyptologe und auch nicht ein Orientalist, sondern der Althistoriker Christian Meier gesagt hat: »Man kann sich kaum ein übertriebenes Bild der Einflüsse machen, denen die Griechen, zumal im achten und siebten Jahrhundert, von den orientalischen Kulturen her ausgesetzt waren. Und sie waren gelehrige Schüler.« (Meier, Ch.: *Athen. Ein Neubeginn der Weltgeschichte.* Berlin 1993. S. 118)

2. Die Welt der Griechen

a) Die Welt der Helden

Etwa von 2500 bis 1400 v. Chr. bestand auf Kreta eine bedeutende Kultur, die ihren Höhepunkt in der Zeit von 2100–1400 v. Chr. fand. Die Kreter beherrschten den Handel im gesamten östlichen Mittelmeer, ihr Einfluß erstreckte sich bis auf das griechische Festland, wo sie nicht nur an den Küsten Handelsniederlassungen besaßen, sondern auch in das Innere vordrangen. Griechenland war dabei gar nicht das hauptsächliche Ziel der kretischen Händler, ihre Tätigkeit erstreckte sich bis Kleinasien, Ägypten und Sizilien. Durch den Handel waren die Kreter – besser: die kretische Oberschicht – äußerst wohlhabend geworden und leisteten sich einen recht luxuriösen Lebensstil. Um 1700 v. Chr. wurden die Paläste von Knossos und dessen Umgebung, wahrscheinlich durch ein Erdbeben, ein erstes Mal zerstört, aber man baute die Paläste noch großartiger wieder auf. Um 1450 v. Chr. wurden die Paläste mit Ausnahme von jenem in Knossos ein zweites Mal zerstört – die Ursachen sind nicht ganz geklärt. Eine recht wahrscheinliche Erklärung lautet, die Achaier, einer der griechischen Stämme, die zu diesem Zeitpunkt vom Festland aus eine Invasion von Kreta unternahmen, hätten Knossos eingenommen und von dort aus ihre zerstörerische Herrschaft über andere Gebiete ausgedehnt. Nach dieser Periode verlor Kreta seine Vorherrschaft an das griechische Festland, genauer: an Mykene.[1]

Um 2000 v. Chr. wanderten aus Anatolien in aufeinanderfolgenden Bewegungen verschiedene Stämme nach Griechenland ein. Zunächst kamen die Ionier, die die kretische Kultur fast zur Gänze übernahmen, später die Achaier und schließlich die Dorer. Seit 1400 v. Chr. finden wir in Griechenland mit Mykene ein bedeutendes Zentrum der Macht und der Kultur. Die Frage der ethnischen Zugehörigkeit der Mykener ist nicht endgültig geklärt, es ist aber anzunehmen, daß sie griechisch sprechende Einwanderer waren, die die kretische Kultur übernahmen. Im Unterschied zu den Kretern, die keine Befestigungsanlagen errichteten, war Mykene auf solche angewiesen. Um 1250 war Agamemnon König der Mykener, dieser ist eine der Hauptgestalten des Trojanischen Krieges. Dieser Krieg setzte sich im Gedächtnis der folgenden Generationen fest und lieferte, in – vielfach ver- und überarbeiteter Form – den Stoff für die *Ilias* Homers und für die verschiedenen anderen Sänger und Dichter, die dieses Epos bearbeiteten. Etwa um 1200 brachen aus dem Norden die Dorer ein, die anders als die Ionier keine kulturellen Interessen zeigten und so für den Untergang der mykenischen Kultur verantwortlich sind. In der folgenden Zeit setzte ein kultureller Rückschritt ein, z. B. wurde die Schrift nicht mehr verwendet. Die einzelnen Städte mit ihrem kleinen Umland lebten unter der Herrschaft eines Stadtkönigs in einem von den anderen Städten getrennten, isolierten Bereich. Ab dem 8. Jhd. belebt sich die kulturelle Szene erneut, es wird mehr Schiffahrt betrieben und so werden Kontakte zu anderen Kulturen hergestellt, auch die Schrift wird wieder verwendet. Die Redaktion und schriftliche Niederlegung der homerischen Epen in der überlieferten Form erfolgte indes erst im 6. Jhd.

Platon sagt im Staat (606e)[2], daß Homer der Erzieher der Griechen gewesen sei und hatte hier ohne Zweifel recht. Damit ist natürlich nicht gesagt, daß die Griechen alles von Homer gelernt hätten, und schon gar nicht, wie viel und was die Philosophen und ihre Schüler (eine verschwindende Minderheit unter den Griechen) von

1 Die Schreibung der griechischen Eigennamen ist etwas problematisch. Ich gehe nach folgender – unpräziser – Regel vor: Namen, die im Deutschen verhältnismäßig bekannt und geläufig sind, wie z. B. Euklid oder Plotin, gebrauche ich in dieser Form, weniger geläufige Namen hingegen in der griechischen Form.

2 Bei Zitaten aus den Werken Platons werden die üblichen Standardangaben aus der Stephanus-Ausgabe von 1587 verwendet, die in fast allen Platon-Ausgaben am Seitenrand aufgeführt werden. Zu den verwendeten Übersetzungen vgl. das Literaturverzeichnis zu Platon.

Homer gelernt haben. Der Beginn der Philosophie bei den ionischen Naturphilosophen, der im nächsten Kapitel behandelt werden soll, war durch Fragen der Naturphilosophie, der Kosmogonie, gekennzeichnet. Diese Fragen haben die Menschen, die in Homers Epen zur Sprache kommen, sicher nicht besonders bewegt, aber wer waren überhaupt diese Menschen, denen das Wort der Dichter, die über einen Zeitraum von zwei Jahrhunderten diese großen Epen bearbeiteten, eine sprachliche Form verliehen hat? Es waren keinesfalls »primitive« Menschen mit »arachaischen« Vorstellungen, es handelte sich vielmehr um eine schon recht *späte Kultur*, spät jedenfalls im Verhältnis zu der für uns nur bruchstückhaft rekonstruierbaren »archaischen« Kultur der verschiedenen Stämme, die ursprünglich in Griechenland eingewandert waren.

Diese Epen erzählen also von einer eigentlich schon späten, vor allem aber von einer recht elitären Kultur, der Welt einer Oberschicht. Auch der Götterhimmel spiegelt jene aristokratische Welt mit ihren Sitten (und Unsitten) wieder: Zeus hat immer wieder Probleme mit den anderen Göttern, seine Herrschaft ist nicht gefestigter als die des Herrschers eines ionischen Stadtstaates; und seine Gattin ist sich der Treue ihres göttlichen Gemahls nie sicher. Später wird Xenophanes diese weithin unsittliche Götterwelt kritisieren, man darf aber nicht übersehen, daß schon bei Homer Menschen das Verhalten der Götter kritisieren, und daß auch die Götter untereinander Kritik üben. Ein Ansatzpunkt von *Aufklärung* ist also bereits vorhanden. Aber auch in anderen Hinsichten stellt die homerische Religion bereits ein verhältnismäßig aufgeklärtes Stadium dar: Es gibt bei Homer keine Dämonen, keine Magie, keine Astrologie und auch keine Ekstasen. Daß aber eine so aufgeklärte Haltung ganz und gar nicht die bei den Griechen allgemein vorherrschende war, zeigt die spätere Kritik des Heraklit an Formen enthusiastischer Religion. In der homerischen, schon etwas aufgeklärten Welt hatte der Götterhimmel nur einen eingeschränkten Erklärungswert, auch bei Homer ist er nicht das Letzte, keine höchste Instanz. Diese ist vielmehr die *moíra*,[3] das Schicksal, die Notwendigkeit, der niemand entrinnen kann, auch die Götter nicht. Schon die homerische Kultur kannte also die beiden Ebenen des Faktischen sowie des Notwendigen und Unabänderlichen, die später u. a. in der Logik eine so große Rolle spielen sollten. Dabei war die Suche letztlich immer auf die Ergründung des Notwendigen ausgerichtet, mit dem Kontingenten mußte man sich irgendwie arrangieren, zu viel Vernunft war in diesem Bereich nicht zu erwarten.

Der Odysseus Homers kommt der Orientierung der späteren Philosophie schon etwas näher, sein Verhältnis zu Göttern und Göttinnen spielt, soweit es überhaupt vorhanden ist, für seine Entscheidungen kaum eine Rolle. Bestimmend für die Handlungen des Odysseus ist vor allem seine weitgehend *rationale Analyse* der verschiede-

3 Auch für jene, die kein Griechisch können, werden griechische Worte angeführt, da viele dieser Worte in irgendeiner Form als Fremdworte auch im Deutschen existieren.

nen Situationen, in denen er sich vorfindet, auch wenn zu diesen Situationen Kyklopen und Sirenen gehören. Aber gegen Sirenen schützt man sich nicht mit Gebeten oder Beschwörungen, sondern mit Wachs in den Ohren, also mit Ohropax. Das ist philosophische Einsicht und beweist eine rationale, aufgeklärte Haltung.

Man sollte solche Beobachtungen indes nicht zu hoch einschätzen, denn wer meint, daß die Philosophie bei einem Volk entstanden sein müßte, in dem die *Wahrheitsliebe* besonders stark entwickelt war und eine lange Tradition hatte, wird von Homer rasch eines Besseren belehrt. Achill lobt einmal die Wahrheitsliebe (*Ilias* IX, 312 f.), dies ist aber nicht mehr als eine gelegentliche Bemerkung. Feinde zu täuschen ist ohnedies eine Selbstverständlichkeit; und wenn es nützlich ist, täuscht man auch jemanden, der einem gar nicht feindlich gesinnt ist, auch die Täuschung von Freunden und Angehörigen kann nützlich und somit lobenswert sein. Als Odysseus heimkehrt, verkleidet und verstellt er sich, bekommt dann jedoch eine entsprechende Antwort: Seine Frau Nausikaa bewundert den Fremden, den sie nicht als ihren Mann erkennt, und sagt ganz offen, daß sie sich einen solchen Gemahl wünscht (*Odyssee* VI, 239–246). Lüge und Täuschung werden also keineswegs verurteilt, die homerischen Helden hielten offensichtlich nicht viel von Wahrheitsliebe. Beachtenswert dabei ist aber, daß zwar viel Lüge und Täuschung betrieben wurde,

daß Heuchelei jedoch kaum vorkam, und so könnte man sich fragen, ob das spätere und bis heute hochgehaltene Wahrheitspathos vielleicht etwas mit der Entstehung der Heuchelei zu tun hat. In diesem Zusammenhang fällt auch auf, daß *understatement* etwas bei den Großen Homers völlig Unbekanntes ist: Wer sich für den Besten hält, verkündet dies lautstark.

Die Wahrheitsliebe hat also kaum eine homerische Vergangenheit aufzuweisen. Aber auch die *Bildung*, die später so bedeutsame *paideía*, spielt in der homerischen Gesellschaft keine große Rolle. Bildung ist sekundär, denn der Charakter ist ohnedies angeboren und kann durch Bildung nicht geändert werden. Die These lautet in etwa: Wo der genetische Code nicht stimmt, nützt auch die Schule nichts. Zum Helden kann man nur geboren werden, was natürlich die vornehme Abkunft von Helden und ansehnlichen Gemahlinnen voraussetzt. Niemand kann zum Helden erzogen werden. Die einzig wichtige Erziehung ist die zum Waffengebrauch, wobei die Waffe jedoch eigentlich nur die naturgemäße Fortsetzung des Helden ist: Er ist immer ein Waffenheld.

Man könnte vielleicht auch erwarten, daß es dort, wo die Philosophie entstanden ist, eine lange Tradition des ruhigen, distanzierten Betrachtens gegeben habe. Die Suche nach einer Vorgeschichte des *bíos theoretikós*, der betrachtenden Lebensweise (oder wie es noch stärker der lateinische Ausdruck der *vita contemplativa* wiedergibt), ist in den homerischen Schriften jedoch vergeblich: Wir befinden uns dort in einer Welt der reinen Taten, einen Sinn für Ruhe gibt es ebensowenig wie einen für distanziertes Betrachten. Das Leben, das uns dort begegnet, ist immer laut, entweder gibt es Waffenlärm oder das Geschrei bei Festen. Etwas ruhiger wurde es nur, wenn die

Sänger auftraten, die zu den Schlachten wie zu den Festen dazugehörten, doch diese hatten wiederum nichts mit distanziertem Betrachten im Sinn, Übertreiben gehörte zu ihren Berufspflichten. Es bestand ein gegenseitiges Abhängigkeitsverhältnis von Helden und Sängern: Die Helden brauchten die Sänger, damit ihre Taten – mit der entsprechenden Ausschmückung natürlich – überall und auch noch in späteren Zeiten verkündet werden, und die Sänger brauchten die Helden, da sie ja sonst nichts zu besingen hätten. Und außerdem wurden sie ja auch von diesen Helden bezahlt. (Wir kennen bis heute solche Komplizität: Die Journalisten brauchen die Politiker ebenso wie die Politiker die Journalisten brauchen.) Der schöne und ausdrucksvolle Gesang und der Ruhm des Helden ist dabei wichtiger als eine genaue und wahrheitsgetreue Berichterstattung. Den Helden entsprechen auch die Frauen: Sie sind natürlich anmutig, sonst würden sie ja nicht zu den Helden passen; sie sind (mit beschränkter Haftung) sittsam, und sie werden uns im übrigen als recht naiv vorgestellt. Ob sie das wirklich waren, läßt sich bezweifeln, es wird jedoch den Tragödiendichtern vorbehalten bleiben, Hintergründiges und Dämonisches an den Frauen zu entdecken. Positiv zu vermerken ist, daß die Frauen am gesellschaftlichen Leben noch richtig teilnahmen, was ihnen in der späteren Stadtkultur nicht mehr zugebilligt werden wird.

Tüchtigkeit lohnte sich also, Helden wurden nicht nur besungen, sondern erhielten auch reichlich Beutegut. Der Begriff *areté* bedeutete zunächst *Tüchtigkeit*, Durchsetzungsvermögen (erst viel später wurde daraus »Tugend« im heutigen, moralisierenden Sinn). In der *Ilias* steht dieses Wort zudem im Zusammenhang mit *Gewalt*, in der *Odyssee* gehört in verstärktem Maß dann auch *Schlauheit*, Überlegung, dazu. Daß solche Tüchtigkeit mit Ansehen und Wohlstand verbunden sein mußte, versteht sich von selbst. Der Beste zu sein und Erfolg zu haben, war also wichtig, aber schon zur Zeit des Hesiod wird dies mit Rationalität in Verbindung gebracht:

Der ist von allen der beste, der alles selbst einsieht und bedenkt, was schließlich und endlich Erfolg bringt; tüchtig ist aber auch, wer guten Rat von anderen annimmt. (Hesiod: *Werke und Tage*. Vers 292–294)

Das *Volk*, der *dêmos*, taucht nur am Rande auf. Es gibt Bauern, Hirten, Jäger, Ärzte, Weissager und natürlich das Dienstpersonal der Helden; was es nicht gibt, sind Beschäftigungen, die auf ein städtisches Leben hinweisen. Daß es in dieser Gesellschaft aber nicht nur Tüchtige und Wohlhabende gegeben hat, wird durch die häufige Präsenz von Bettlern deutlich. Nahm deren Zahl überhand, behalf man sich mit einem einfachen Rezept: Sie mußten einen Faustkampf austragen, dadurch wurde der eine eliminiert, der andere erhielt etwas. Es ging also auch hier allein darum, sich durchzusetzen. Nichts in dieser Gesellschaft gibt einen Hinweis darauf, daß sich später bei den Griechen die Demokratie entwickeln würde. Das Wort für Herrschen bei den Griechen ist *krátein*, in der Welt der Helden haben jedoch die Worte *dêmos* und *krá-*

tein schlicht nichts miteinander zu tun, ganz im Gegenteil schließen sie einander aus. *Herrschaft* hat etwas von *Natur* an sich: Es gibt Menschen, die von Natur aus die Besten, die Stärksten sind, die *áristoi*. Es geht darum, »nicht der Väter Geschlecht zu entehren, welche die Besten waren« sagt der Held und fährt fort: »Wahrlich, solchen Geschlechts und Blutes zu sein, rühme ich mich« (*Ilias* VI, 209–211). Herrschaft ist ein Naturvorgang und als solcher steht er nicht zur Diskussion. Dies bedeutet auch, daß Herrschaft nichts mit dem zu tun hat, was später bei den Griechen als »Politik« bezeichnet und theoretisch reflektiert werden wird. Die homerische Gesellschaft ist prä-politisch.

Wir sollten jedoch nicht übertreiben, denn in mancher Hinsicht sind uns die Menschen der homerischen Zeit besser verständlich als die späterer Perioden. Ein starkes Handlungsmotiv, das einer Eindämmung durch das Maßhalten bedurfte, war der Ehrgeiz, oder besser: die Ehrsucht. Seit der durch Homer bezeugten Periode, welche durch die homerische Dichtung weiter propagiert wurde, war es für die Griechen ein Ziel, »immer der Beste zu sein und hervorzuragen vor anderen« (*Ilias* VI, 208). Es herrschte eine selbstverständliche Selbstsucht und ein Sich-in-Szene-Setzen, verbunden mit großzügigen Geschenken gegenüber Freunden, was auch wieder dem eigenen Ansehen diente. Über seine Verhältnisse zu leben war eine auch den späteren griechischen Aristokraten sehr vertraute Handlungsweise. Auch der Neid dem Überlegenen gegenüber war allgemein ein starkes Motiv. Schurkereien konnten den Ruhm eines Helden kaum gefährden, solange er erfolgreich war. Außerdem gab es Entsühnungsriten, die allerdings z. B. auch bei gerechtfertigter Tötung durchgeführt wurden.

Es ist nicht verwunderlich, daß die Olympischen Spiele bei den Griechen entstanden, der »olympische Geist« dort lautete jedoch: »Nicht auf die Teilnahme, ausschließlich auf den Sieg kommt es an.« Es gab keine zweiten und dritten Plätze, sondern nur Erste, d. h. Sieger, und Besiegte. Edelmut gegenüber den Besiegten gehörte nicht zum Verhaltenskanon, gelegentlich gab es einen Trostpreis. Die Wettkämpfe bei Homer sind indes literarische Elemente, die schon in die nächste Epoche gehören und von den Dichtern zurückdatiert wurden. Der Kampf der Helden ist immer echt, der Wettkampf dagegen, eigentlich ohne weiteren Zweck, wurde erst in der im folgenden zu besprechenden Periode zu einem wichtigen Element des Lebens der Griechen.

Für die spätere Entstehung der Philosophie ist natürlich besonders interessant zu sehen, ob und welche Möglichkeiten von *Abstraktion*, d. h. von Allgemeinbegriffen jedweder Form, es schon in der homerischen Welt gab. Dies ist eine Frage zur homerischen Sprache, die allerdings rund zwei Jahrhunderte jünger ist als die homerische Welt. Eine der wichtigsten Vorstellungen der griechischen Kultur war die *díke*, die Gerechtigkeit, welche allerdings – wie wir später noch öfter sehen werden – eine andere und vor allem viel weitere Bedeutung hatte als unser Begriff »Gerechtigkeit«. Die *díke* ist eine unpersönliche, universelle und daher Götter wie Menschen gleicherweise übergreifende Macht. Universelles ist aber nicht schon Abstraktes. Die *díke* war schon den Menschen der homerischen Zeit in gewisser Weise bekannt, das abstrakte Substantiv *dikaiosýne*, das der Sprachform nach unserem Abstraktum »Gerechtigkeit« entspricht, kommt in der *Ilias* jedoch noch nicht vor, und auch von der *Odyssee* kann man höchstens sagen, daß Schritte in die Richtung eines solchen Abstraktums gemacht wurden. Dementsprechend kann man nicht erwarten, daß es in der homerischen Welt eine Vorstellung abstrakter sittlicher Werte gegeben habe, und entsprechend gab es auch nicht die Vorstellung sittlichen Fehlverhaltens. Die homerischen Helden kannten nichts, was irgend etwas mit unserem »schlechten Gewissen« zu tun hätte. Kritik am Verhalten anderer, der Menschen wie der Götter, gab es durchaus, diese orientierte sich aber nicht an abstrakten sittlichen Werten »an sich«, sondern einfach an den Verhaltensregeln der aristokratischen Gesellschaft. In diesem Kontext kann es Fehlverhalten und Mißlingen, nicht aber »Schuld« geben, ebensowenig wie die Vorstellung einer sittlichen Entscheidung. Auch die Götter sind der *díke* unterworfen. Die moralische Begründung von Verhaltensregeln (von »Ethik« sollte man in diesem Zusammenhang besser nicht sprechen) spielt hier keine Rolle. Die homerische Religion hat mit Sittlichkeit nichts zu tun. Dieser historische Sachverhalt kann uns vor allem eines lehren: Die Behauptung eines unlösbaren Zusammenhanges von Religion und Ethik kann nur eine postulierte sein, d. h. sie stellt eine Forderung und keine allgemeine Aussage über Tatsachen dar, weil sie sich nicht auf eine historisch durchgängige Phänomenologie berufen kann. Es gab eben Religionen ohne Ethik und Ethik ohne Religion, und oft standen die beiden beziehungslos nebeneinander. Die häufig vertretene Auffassung, nur religiöse Menschen könnten wirklich sittlich handeln, und sittlich handelnde Menschen seien immer, vielleicht ohne es zu wissen, »letztlich« religiös, ist eine unbegründete Behauptung.

Aufschlußreich sind auch Beobachtungen über die Ausdrücke, mit denen die Menschen sich selbst beschrieben. B. Snell hat in einer aufschlußreichen Untersuchung (*Die Auffassung des Menschen bei Homer*. In: *Die Entdeckung des Geistes*. S. 13–29) gezeigt, daß in der Sprache Homers keine Abstrakta für »Körper«, »Seele« oder »Geist« gebraucht werden. Das später für »Körper« verwendete Wort *sóma* wird für den toten, unbeweglichen Körper, für die Leiche, verwendet. Am lebendigen Körper wurden nur die einzelnen Körperteile, besonders die bewegten Glieder bezeichnet. Eine Vorstellung des Körpers als Einheit war nicht vorhanden, und dementsprechend gab es auch keinen sprachlichen Ausdruck dafür. Dasselbe gilt für die Seele: Die *psyché* ist bei Homer keine denkende, fühlende oder gar individuelle Seele, sondern einfach das, was den Menschen am Leben hält. Eine Vorstellung, wie das funktionieren könnte, gibt es bei Homer indes nicht. Das Wort *psyché* hängt mit »hauchen«, d. h. mit Atmen, zusammen, mit dem also, was der Tote beobachtbar nicht mehr tut. Außer *psyché* wird noch das Wort *thýmos* gebraucht, womit das bezeichnet wird, was die Glieder bewegt und anregt. Gleichzeitig bestimmt *thýmos* auch die emotionalen Regungen. Schließlich wird noch von *noós* gesprochen (ein Wort, das später als *noús* eine große Bedeutung in der Philosophie erhalten sollte), womit die Fähigkeit ausgedrückt wird, klare Vorstellungen zu haben. Es wäre jedoch nicht richtig, die Ausdrücke *psyché, thýmos* und *noós* als Worte für »Seelenteile« anzusehen, denn Teile kann es nur geben, wo es ein Ganzes gibt, und ein solches Ganzes gibt es in Homers Vorstellungswelt weder bei der Seele noch beim Körper. Wir können also sagen: Die Menschen der homerischen Welt hatten weder das, was wir »Körper« noch das, was wir »Seele« nennen. Wir sollten uns aber hüten zu sagen, sie hätten natürlich einen Körper gehabt (bei der Seele sind wir inzwischen wieder vorsichtiger geworden), sie hätten das nur »noch nicht« richtig erkannt, denn damit setzen wir wiederum unbegründet eine Entwicklung, eine Zielgerichtetheit auf bestimmte Vorstellungen hin voraus. Wir sollten einfach zur Kenntnis nehmen, daß innerhalb der Geschichte unserer eigenen Kultur die Menschen ganzer Epochen völlig andere, eigentlich unvergleichbare Vorstellungen hatten, die in unserer Sprache nur mühsam wiedergegeben werden können. Dies sollte zu größter Vorsicht anregen, besonders dann, wenn es sich um fremde Kulturen handelt. Auch das später so bedeutende und vieldeutige Wort *lógos* taucht bei Homer im Sinne von Wort oder Rede nur ganz am Rande auf.

Abschließend können wir feststellen, daß die Sprache und die Vorstellungswelt der Helden Homers in keiner Weise »philosophischer« ist als die der ägyptischen Sargtexte oder die des mesopotamischen Schöpfungsepos. Auch die Sprache der homerischen Epen, die ja im Vergleich zu der der Helden selbst eine spätere ist, ist

nicht »philosophischer« als die der genannten Texte, im Vergleich zu manchen ägyptischen Texten ist sie sogar weit weniger »philosophisch«. Homer läßt sich in Hinsicht auf die sprachlichen Möglichkeiten der Griechen nicht als »Vorgeschichte« der Philosophie konstruieren. Fragt man nach einer rationalen und aufgeklärten Haltung, sieht die Sache anders aus: Hier ist bei Homer, besonders in seiner Darstellung des Odysseus, schon so etwas wie Rationalität im späteren Sinn beobachtbar. Wir hörten bereits, daß Platon sagte, die Griechen hätten alles von Homer gelernt, und andere äußerten ähnliches. Nach Aristophanes (*Frösche*, 1034–1036) z. B. lehrte der göttliche Sänger Homer den Griechen die Stellung der Heere, der Helden Kraft und die Waffen der Männer. Wir bleiben immer im selben Umkreis: Dichtung, Heldentum und Waffen. Was auch immer die Griechen von Homer sonst noch gelernt haben mögen, man muß die Aussage Platons in dem Sinne einschränken, daß sie von Homer alles gelernt haben mögen außer Philosophie und Demokratie, und diese hängen irgendwie zusammen.

b) Die Welt der Städte und Kolonien – Voraussetzungen für die Philosophie

Eine Wettkampf-Gesellschaft

Städte und deren Organisation waren im nachhomerischen Griechenland schon vor der Auswanderung und der Gründung von Kolonien strukturell maßgebend, übernahmen die Kolonien doch nur das, was die Aussiedler an Strukturen mitbrachten (vgl. zum gesamten folgenden Abschnitt Burckhardt, J.: *Griechische Kulturgeschichte.* Bd. IV, Kap. III. S. 59–159). Die Städte waren immer an das umgebende Land und damit an die Bauernbevölkerung gebunden. Grundbesitz war, auch für die Städter, später das entscheidende Merkmal dafür, jemand zu sein. Die Auswanderung wurde nicht durch Abenteuerlust hervorgerufen, sondern vor allem durch den Bevölkerungsdruck, d. h. durch den Mangel an bebaubarem Land. Gelegentlich waren auch andere Faktoren Anlaß zur Auswanderung, etwa ein verlorener Krieg oder die zu harte Herrschaft von Adeligen, manchmal auch persönliche Gründe wie Verschuldung oder Familienzwist. Es ist aber anzunehmen, daß nicht immer Not das entscheidende Motiv für die Gründung von Ansiedlungen außerhalb Griechenlands war, sondern daß schon von Anfang an in nicht wenigen Fällen der Handel, also das Streben nach Gewinn, ausschlaggebend war. Manche Neugründungen waren zu Beginn eigentlich nichts anderes als Ansiedlungen von Händlern bzw. Seeräubern, deren Bewohner diese beiden – fast ununterscheidbaren – Berufe den jeweiligen Gegebenheiten entsprechend ausübten. Auffällig bei der Gründung der Kolonien ist, daß Athen dazu keinen nennenswerten Beitrag leistete. Im Vergleich zu anderen griechischen Städten war die Bevölkerung Athens bis ins 6. Jhd. hinein nicht sonderlich unternehmungslustig.

Falls Hesiod die Haltung der griechischen Bauern richtig wiedergibt, hatten diese eher Scheu vor der Seefahrt. Die Ägäis war aber besonders günstig, um diese Scheu zu überwinden, denn dort gibt es so viele Inseln, daß der von Griechenland Ausfahrende praktisch immer Land vor sich sieht. Der Prozeß der erwähnten Neugründungen geht etwa von der Mitte des 8. Jhd.s bis zur Mitte des 6. Jhd.s vor sich, wobei vor allem die erste Phase eher im Dunkeln liegt. In seiner geographischen Reichweite war dieser Prozeß sehr ausgedehnt: Die Kolonisten kamen an die Küsten Kleinasiens und in Kleinasien bis ans Schwarze Meer, zudem nach Süditalien, Sizilien, Nordafrika und Südfrankreich (Marseille). Der Ausdruck »Kolonie« für diese Neugründungen ist in unserem modernen Verständnis eigentlich irreführend, da es mit wenigen – nicht sonderlich geglückten – Ausnahmen keinerlei Herrschaftsbeziehung zwischen den Herkunftsorten und den neuen Niederlassungen gab. Auch flossen (ganz anders als bei den karthagischen Kolonien) keinerlei Steuern in die Ursprungsorte zurück – die Neugründungen waren daher oft binnen kurzem wesentlich wohlhabender als die Städte, aus denen die Ansiedler stammten. Die Aussiedler wollten es besser machen als die Städte ihrer Herkunft, alles, z. B. die Tempel, sollte daher etwas größer und etwas schöner sein als im Mutterland. Noch heute findet man die größten Tempel nicht in Griechenland, sondern in Sizilien. Trotz dieser politischen Unabhängigkeit hielten die Aussiedler an der griechischen Sprache fest, was ganz und gar keine Selbstverständlichkeit ist. Der Zusammenhang mit dem Herkunftsland bestand also zunächst vor allem in der Sprache, aber auch in der Teilnahme von Repräsentanten der Aussiedlerstädte an den panhellenischen Spielen, und nicht zuletzt im Delphischen Orakel, das so etwas wie eine Oberaufsicht über die Kolonien innehatte (was gute geographische und gesellschaftliche Kenntnisse der Orakelverwalter voraussetzte). Die griechische Sprache war also eine Weltsprache (der damals bekannten Welt), schon bevor die Griechen eine Weltkultur entwickelten, und wahrscheinlich konnte die griechische Philosophie nur deshalb jene große Bedeutung erlangen, weil Griechisch eine Weltsprache war.

Die Kolonien waren primär Hafenstädte, denn der Handel war eine ihrer wichtigsten Einnahmequellen. Dies prägte die Bewohner der Städte: Sie waren neugierig auf das, was anderswo geschah, offener für neue Ideen und leichter bereit, alte aufzugeben. Dieser Zusammenhang war schon in der Antike bekannt. Diese örtliche und kulturelle Beweglichkeit war ein wichtiger Faktor für das Entstehen der Philosophie. Cicero, besorgt um die damals noch existierenden Römertugenden, gefällt so etwas natürlich gar nicht:

Es haftet aber auch den Seestädten eine Verderbnis der Sitten an, die zugleich einer dauernden Wandlung ausgesetzt sind. Es gesellen sich neue Sprachen und Lehren hinzu, und es werden aus dem Ausland neben den Waren auch Sitten importiert, was zur Folge hat, daß die überkommenen Einrichtungen in keinem Punkt sich rein erhalten. Vollends sind die Einwohner solcher Städte mit ihren Wohnsitzen nicht verwurzelt, sondern flüchtige Hoffnungen und Erwägungen entführen sie weit weg von ihrer Heimat und, selbst wenn sie mit ihrer Körperlichkeit dableiben, so sind sie doch mit ihrem Geist auf Irrfahrten in der Fremde. [...] Auch viele Lockmittel zu einem ausschweifenden Lebenswandel strömen den Staaten über See zu, entweder in Form von Beutegut oder sonstiger Importwaren. Zudem bringt die liebliche Lage viele sinnlichen Verlockungen zu einem kostspieligen oder auch müßigen Lebenswandel mit sich. [...] Und dies gilt, wie ich oben gesagt habe, von dem alten Griechenland. Betrachten wir vollends die Kolonien! (Cicero: *Über den Staat.* II 4–5. Übers. von W. Sontheimer. Stuttgart 1995. S. 64)

Unter den Auswanderern waren mehr Männer als Frauen, was bedeutet, daß die Ansiedler in den griechischen Kolonien häufig Frauen aus den neuen Gebieten heirateten. Dies ergab eine Mischung der Bevölkerung, einen unmittelbaren Kontakt mit anderen Kulturen sowie eine entsprechende Relativierung der eigenen Traditionen. Auch waren in den Neugründungen oft Bürger verschiedener griechischer Städte ansässig, so daß die spezifischen Traditionen der einzelnen Herkunftsstädte in den Hintergrund traten. Ebenso war die gesellschaftliche Stellung, die ein Ansiedler in seiner Stadt innegehabt hatte, in den Kolonien nicht wichtig, hier setzten sich die Tüchtigsten durch, die neuen griechischen Städte waren gesellschaftlich mobiler als die ursprünglichen, bei denen es indes auch nie eine wirklich starre Gesellschaftsschichtung gegeben hatte.

Sowohl im Mutterland als auch in den Kolonien gab es in zunehmendem Maß Sklaven, auch durch diese kamen die Griechen in Kontakt mit anderen Kulturen, in diesem Fall allerdings mit Kulturen in einer relativ einfachen Form. »Fremde« Weisheit drang z. B. über die Tierfabeln ein: Der bekannte Fabelredaktor Äsop war nichtgriechischer Herkunft, vielleicht Thraker, Phryger oder Äthiope, genau weiß man das nicht. In vielfacher Weise also hatten die Kolonisten, schon bevor sie als Händler das östliche Mittelmeer durchfuhren, Kontakt mit *Fremdem*.

Die Städte erbten aus der Welt der Helden das Agonale, den Kampfgeist. Die Bewohner der Kolonien waren jedoch keine Helden und wollten dies auch gar nicht sein, ihre Ansiedlungen waren keine Militärkolonien und hatten nur selten Befestigungsanlagen. Allerdings wird der *Wettkampf* nun zum Selbstzweck, wir haben eine stark kompetitive Gesellschaft vor uns: Den anderen (den einzelnen oder die andere Stadt) auszustechen, erfüllte mit Stolz; Preisverleihungen waren wichtig. Das Bestreben der Griechen, als einzelne etwas besonderes zu leisten und sich vor den anderen auszuzeichnen, hat vor allem mit der politischen Struktur zu tun. In Ägypten und Mesopotamien war es klar, daß die Herrscher und die Hohenpriester die Besten, Obersten und Maßgebenden, und entsprechend auch die Reichsten waren; Prachtentfaltung und Feste waren in ihrer Hand, Auszeichnungen und Ehrenplätze hingen von ihrer Gunst ab. Anders bei den Griechen in den Städten: Dort gab es keine Monarchen und keine herrschende Priesterklasse, es gab daher einen gesellschaftlich offenen Raum, in dem ein Wettstreit um Reichtum, Ansehen, Einfluß und Ehrenplätze stattfinden konnte. Man kann annehmen, daß diese Situation auch bei der späteren Ausbildung der Philosophie eine Rolle spielte: Es ging darum, sich durch Wissen auszuzeichnen und den anderen überlegen zu sein. Auf diesem Hintergrund wird Wissen nicht als anonyme, erhabene Tradition verstanden, sondern bezieht sich immer auf Einzelne, die Wert darauf legen, daß ihr Name bekannt ist. Und es geht immer darum, zu zeigen, daß man »bessere« Theorien als die anderen aufweist – hier ist Wissen schon relativiert, weil immer überbietbar.

Mit dieser Wettkampfsituation hängt auch der Charakter der Öffentlichkeit zusammen. In anderen Kulturen waren der für das Volk unzugängliche Herrscherpalast sowie der Tempelbezirk, der strengen Regeln unterworfen war, die Mittelpunkte von Macht und Wissen. Bei den Griechen hingegen war dieser Mittelpunkt die *Agora*, der zentrale Platz der Polis und ein Ort der Öffentlichkeit, wo man z. B. Neues erfuhr, Geschäfte oder Hochzeiten abschloß; auch hier war es wichtig, Ansehen zu erlangen und zu bewahren. Was die Agora im Großen war, war das *Symposion* im Kleinen. Natürlich war hier nicht jeder geladen, es gab jedoch keine strengen Regeln, wer einzuladen und wer nicht einzuladen war. Das Symposion war eine kleine Öffentlichkeit und es wurde Wert darauf gelegt, vor allem wichtige oder interessante Leute einzuladen, etwa Sänger und Dichter. Hier sind wir schon sehr weit von der Zeit Homers entfernt, bei Homer gab es ein Festmahl der Krieger, aber kein Symposion. Diese raffinierten Veranstaltungen der Aristokratie – und diese *áristoi* sind einfach die »Besten« – kamen erst mit dem orientalischen Einfluß auf, den die griechische Kultur in der Zeit von 750 bis 650 v. Chr. erlebte. Das Symposion war neben dem Wettkampf – auch im Symposion waren indes musische Wettkämpfe möglich – das, was den Griechen das Leben lebenswert machte. Gelegentlich wurde das Trinken selbst in einem Symposion zum Gegenstand des Wettkampfes (Platon: *Symposion* 176b–c), und das Schlimmste, was man von einem Toten sagen konnte, war, daß er an keinem Symposion mehr teilnehmen und keine Musik mehr hören konnte.

Die zahlreichen Wettkämpfe haben einer ruhmreichen Einrichtung zur Existenz verholfen: dem *Gymnasium*. Ursprünglich war dies eine Sportschule, jede auch noch so kleine Stadt hatte eine solche Einrichtung. Die Lehrer, oder besser: die Trainer (manchmal frühere Olympiasieger), waren gesellschaftlich höchst einflußreiche Persönlichkeiten. Gelegentlich waren in den Gymnasien auch Sophisten oder Philosophen für »Nebenfächer« wie Grammatik oder Kenntnis der Werke der Dichter angestellt, ein Konflikt derselben mit dem Sportlehrer hatte aber immer einen klaren Ausgang: den Sieg des Sportlehrers.

Die Wettkämpfe, vor allem natürlich die olympischen, hatten eine wichtige Kommunikationsfunktion. Es kamen Teilnehmer aus vielen Städten und weit entfernten Kolonien zusammen, und bei dieser Gelegenheit fand eine Art gesamtgriechischer *Ideenaustausch* statt. Es gab auch musische Wettkämpfe, und auch in die Dichtung

flossen neue Ideen ein. Von Empedokles wissen wir, daß er einen guten Sinn für Spektakel hatte und sich dieser Öffentlichkeit bediente: Er beauftragte den Sänger Kleomenes mit dem Vortrag einiger seiner Sprüche und Lieder bei Olympischen Spielen (DL VIII 63). Noch attraktiver mußten panhellenische Spiele für die Sophisten sein, die schließlich ja geradezu die Lehrer des Wort-Wettkampfes waren: Von Hippias und Gorgias z. B. ist bekannt, daß sie ihre Fertigkeiten bei solchen Spielen unter Beweis stellten. Panhellenische Wettkämpfe waren damit so etwas wie eine gesamtgriechische Agora. Da es neben den olympischen auch unzählige lokale Feste mit Wettkämpfen gab, gab es Berufssportler, die von einem Wettkampf zum anderen zogen, und Berufsdichter, die von einem Fest zum anderen zogen, beide um die entsprechenden Kränze zu erringen.

Die Wettkämpfe, wiederum vor allem die olympischen, waren auch für die Entwicklung der Künste maßgebend: Die griechische *Plastik* mit ihren die Bewegung genau wiedergebenden Darstellungen ging aus Auftragsbestellungen für die Verherrlichung von Sportlern hervor. Die Verehrung von siegreichen Sportlern mittels zu ihren Ehren aufgestellter Statuen ließ die Grenzen zur Theologie unscharf werden, auch in umgekehrter Richtung: Ein Gott wie Herakles wird zum Dauerkämpfer, Apoll zum hauptberuflichen Kampfrichter. Für die Aufklärung in Richtung eines freien Umgangs mit der Götterwelt war diese Entwicklung vermutlich nicht ungünstig.

Im eng verknüpften Bereich von Dichtung und Musik waren allerdings die Pythischen Wettkämpfe in Delphi wichtiger als die Olympischen. Dort hörte man von der Kithara begleitete Sänger, später auch Musiker nur mit der Kithara, also reine Instrumentalvirtuosen. Eine Zeitlang trug man zudem Wettkämpfe im Aulosspiel, also im

Flötenspiel aus, diese wurden allerdings später wegen ihres »Charakters« wieder abgeschafft. Das ist interessant, denn die Kithara war das Instrument des Apoll, also des Delphischen Gottes, während der Aulos das Instrument des Dionysos war und diese Musik in Delphi suspekt erscheinen ließ. Wir sehen in diesen musischen Wettkämpfen, wie sich Dichtung und Musik aus dem kultischen Bereich lösten, ein in antiken Kulturen einmaliger Vorgang. Die Wettkampfsituation stand in der Musik indes bald so stark im Vordergrund, daß die Griechen nicht mehr ohne Kampfrichter singen, Kithara oder Aulos spielen wollten. Auch Chöre, die in der Tragödie eine entscheidende Rolle haben, stellten sich den Kampfrichtern; Chorsingen gehörte, gleich nach dem Sport, zu den wichtigsten Elementen bürgerlicher Erziehung. Später wird sich Platon über die vielen Chöre und ihre seiner Ansicht nach verweichlichende Musik beklagen: »Wer die Gemeinde am ehesten und am stärksten zu Tränen rührt, der trägt den Preis davon« (*Gesetze* 800d) – überall ging es um Wettkampf und Preise.

Diese fast allgegenwärtige Wettkampfsituation, auf die Jacob Burckhardt so nachdrücklich hingewiesen hat, ist nicht nur für die vorsokratische Philosophie mit ihren konkurrierenden Theorien wichtig, sondern spielt auch in die Sprachform der Platonischen Philosophie hinein, ist doch der Dialog jedenfalls der frühen Dialoge Platons nichts anderes als die literarische Form eines mit der Sprache geführten Wettkampfes. Platon war sich dieses Ursprungs bewußt: In seinem frühesten Dialog, dem *Protagoras*, läßt er den Sophisten, der diesem Dialog den Titel gegeben hat, sagen, daß er schon viele Redewettkämpfe bestanden habe (*Protagoras* 335a). In demselben Dialog macht Hippias den Vorschlag, für ein Streitgespräch einen Kampfrichter zu wählen, »der darüber wachen soll, daß jeder von euch beiden das rechte Maß der Rede einhalte« (Ebd. 338a–b), und auch im *Phaidon* spricht Platon noch von den »Helden der Streitreden« (*Phaidon* 101e), wobei mit dem Ausdruck »Helden« der Bezug zum früheren Heldenwettkampf noch sehr deutlich erhalten ist.

Die griechische Gesellschaft war jedoch auch von Gewalt geprägt, eine Tatsache, die sich aus der Geschichte ebenso ablesen läßt wie aus der griechischen Tragödie. Das Theater hatte in Griechenland – anders als die Philosophie – ohne Zweifel einen sehr großen Einfluß auf die Haltung und Meinungsbildung der Menschen; es war der Ort, wo sich eine Art kommunikativer Konsens herausstellen oder herausbilden konnte. In der griechischen Tragödie war die *Rache* ein durchweg legitimer Grund des Handelns (vgl. etwa *Elektra* oder *Antigone*), sie wurde sogar als »edle Pflicht« gefordert. Ein »moralischer« Einspruch gegen die Rache ist weder literarisch, noch politisch oder philosophisch bezeugt. Im Jahre 431 v. Chr., kurz vor Beginn des Peloponnesischen Kriegs, wurde die *Medea* des Euripides uraufgeführt, die ganz dem Thema der Rache gewidmet ist. Daß Euripides mit der *Medea* im Tragödien-Wettbewerb des Jahres nicht siegte, hat nichts mit dem Thema und seiner Behandlung zu tun. Rache galt als Pflicht. Dichter, Schauspieler und Zuhörer waren in diesem Punkt also einer Meinung, fraglich war nur das richtige Maß der Rache.

Die Rache ist ein Extremfall für die Frage nach dem rechten Maß, eine Frage, die sich in einer vom Wettkampf beherrschten Gesellschaft indes fast überall stellte. Eine zentrale Tugend war daher die *sophrosýne*, d.h. die *Mäßigung* oder das Maßhalten, wir würden sagen: eine den Extremen gegenüber skeptische Pragmatik, wie sie etwa in der Gesetzgebung Solons ihren Niederschlag gefunden hat. Solch ausgleichende Mäßigung war allerdings höchst notwendig, denn was die einzelnen Menschen wie auch das Verhältnis der Städte untereinander angeht, so war deren Haltung zunächst alles andere als maßvoll. Maßhalten bedeutete, sich selbst und vor allem seine Grenzen zu erkennen, und wird dies auf Weisheit und Wissen angewandt, ergibt sich daraus die Forderung eines »Wissens innerhalb der Grenzen der menschlichen Vernunft«. Hier sind wir wieder bei einem wichtigen Hintergrund der späteren Philosophie. Wie schwierig jedoch das Maßhalten im Bereich der Philosophie war, wird sich spätestens bei Platon zeigen. Mythen repräsentieren häufig Offenbarungswissen, Wissen jenseits der Grenzen menschlicher Vernunft. Platon liebte Mythen und war selbst ein vortrefflicher Mythenerzähler.

Der Wert der Muße

Die Leute – oder genauer: die Männer, denn die Frauen waren davon ausgeschlossen – die auf der Agora diskutierten, den Wettkämpfen zusahen und sich abends an Symposien erfreuten, *arbeiteten nicht*, sondern lebten von den Einkünften aus ihrem Landbesitz. Sie waren deshalb jedoch nicht immer reiche Leute: Schon ein kleiner Grundbesitz mit wenigen Sklaven war ausreichend, um sich ein arbeitsfreies Leben leisten zu können, denn die meisten Griechen waren verhältnismäßig bescheiden in ihren Ansprüchen. Das Ideal des arbeitsfreien Lebens war indes noch recht jung. Bei Hesiod, der etwa seit 720 v. Chr. als Sänger auftrat, hieß es: »Arbeit bringt keine Schande, Nichtstun aber ist Schande« (*Werke und Tage*. Vers 310); auch das Motiv für Arbeit war klar: »Arbeit macht Männer reich an Herden und Habe« (Ebd. Vers 307). Mit der Zeit ergab sich dann, daß der, der Herden und Weideland, d.h. Grundbesitz, hatte, mit der Verwaltung des Besitzes schon genug zu tun hatte oder meinte, damit eigentlich schon genug zu tun zu haben. Also arbeitete er nicht mehr im Sinne der Hesiodschen Bauernregel, woraus letztlich eine Lebens- und Weltanschauung wurde: Sich durch Arbeit sein Leben verdienen zu müssen, galt als eines freien Mannes unwürdig, als »banausisch«. Das hatte zur Folge, daß auch die Arbeit des Bauern, die bei Hesiod noch Würde besitzt, immer mehr abgewertet wurde. Platon, ein typischer Sproß dieser nichtarbeitenden und nicht arbeiten wollenden Aristokratie, schließt die Bauern von allen politischen Funktionen im Staat aus: Die Bauern sollen Bauern sein und sonst nichts (vgl. z.B. *Staat* 420e). Die jungen Männer, die die Zuhörerschaft und die Diskussionspartner in den Platonischen Dialogen stellen, sind allesamt nichtstuende Söhne von nichtstuenden, von Landrenten lebenden Vätern. Diese Lebensauffassung drückte sich auch in der *paideía*, der Erziehung, aus: Alles, was mit Arbeit oder gar mit Geldverdienen zu tun hatte, wurde aus der Schule ausgeschlossen, es diente nicht zur Bildung eines freien Mannes. (Wir sehen, daß wir heute genau an dem entgegengesetzten Extrem stehen, nach altgriechischer Auffassung sind wir also Banausen in Reinform.) Auch Philosophie und Wissenschaft werden sich hier einordnen, was nicht ohne Folgen bleiben wird, sperrt sich die Vorstellung von Wissen als Wert eines freien, d.h. nicht-arbeitenden Mannes doch gegen jede praktische Anwendung. Daß die griechische Wissenschaft keine technische Anwendung finden wird, hat letztlich hier seinen Grund, denn Wissen technisch anwendbar und möglicherweise so zum Geldverdienen hilfreich zu machen, wäre wieder »banausisch« gewesen.

Diese Auffassung führte zu der auf uns paradox wirkenden Haltung, die Kunstwerke zu verehren, den produzierenden Künstler, vor allem den Bildhauer und den Musiker aber gering zu schätzen; allein Maler kamen etwas besser davon, weil deren Tätigkeit weniger »anstrengend« zu sein schien. Die Musik, die zum Grundbestand der Bildung gehörte und die später zu den sieben »freien Künsten« (= Künste des »freien Mannes«) gehören wird, wurde immer stärker zu einer rein theoretischen Wissenschaft, die mit konkreter Musikpraxis kaum noch etwas zu tun hatte. Auch hier gilt: Man hörte gerne die Musik eines Kithara- oder Aulosvirtuosen, den Virtuosen selbst, der täglich viele Stunden üben muß, schätzte man indes kaum. Der kennerhafte Zuhörer ist der Theoretiker, der dem Praktiker gegenüber die höhere Wertung genießt. Dies galt in allen Bereichen und hatte Folgen für die entstehende Philosophie.

Den bisher geschilderten Charakteristika entsprechend schätzten die Griechen vor allem die Jugend und den Genuß. Der *heitere Genuß*, die *hedoné*, wurde ausdrücklich zu dem gerechnet, was das Leben lebenswert macht. Dabei wird empfohlen, so zu leben, wie sich das Leben gerade bietet, d.h. den Augenblick zu ergreifen. Das Maßhalten lag nicht aus sittlichen Gründen, sondern einzig aus Klugheitsüberlegungen nahe, denn zu viel Glück könnte den Neid der Mitmenschen und der Götter erregen. Ziel der Griechen war ein erfülltes, nicht aber unbedingt ein langes Leben (hier könnten wir durchaus von den alten Griechen lernen). Diese Lebenshaltung darf indes nicht mit Optimismus verwechselt werden – ein Wort, das es erst seit dem 18. Jhd. gibt – und darf uns schon gar nicht das Bild der »heiteren Griechen« nahelegen. Schon die homerischen Menschen wußten sehr wohl um die Kürze des Lebens und um das Leid. Sie beklagten beides, sahen dies aber auch als notwendige Bestandteile des Lebens an. Unsterblichkeit war ein Privileg der Götter und ewige Glückseligkeit besaßen nicht einmal diese, denn zumindest Ärger gab es im homerischen Olymp häufig. Menschen dürfen keine ewige Seligkeit ersehnen, der Tod ist ein natürlicher Vorgang. Die Griechen kannten zwar die Verehrung toter Helden, aber nichts, was mit Seelenkult oder der Vorstellung des In-Kontakt-Tretens mit den Seelen Verstorbener vergleichbar ist. Die Vorstellungen über eine Welt der Toten, den Hades, waren unscharf und nicht allgemein anerkannt. Das dortige Leben war sicher nicht selig, glich aber andererseits auch nicht einer Hölle. In Bezug auf ein »Jenseits« gab es bei den Griechen einfach keine allgemein verbindliche Auffassung, jeder konnte es halten, wie er dachte. Es gibt Zeugnisse, die von einer Jenseitshoffnung sprechen, aber ebenso Zeugnisse, die diese Vorstellung verspotten (*Frösche* des Aristophanes) oder kritisieren (Demokrit). Auch der Sokrates der *Apologie* läßt diese Frage offen.

Zu betonen ist auch, daß die Griechen das Leben als prekär und ungesichert ansahen, gab es doch viele Menschen, deren Glück plötzlich oder langsam aufhörte. Der Grund dafür wurde weniger in sittlichen Verfehlungen gesucht, als vielmehr in Unklugheit, d. h. Unmäßigkeit, die den Neid der Mitmenschen oder der Götter erregte. Vor allem aber wurden Unglück und Leid auf das Schicksal *(moíra)* zurückgeführt; ein typisches Beispiel für ein solches Opfer des Schicksals ist Ödipus. Da sich das Schicksal der rationalen Berechnung entzieht, blieb den Griechen nur die Zuflucht zum Orakel, zu den »Sehern«, die vielleicht etwas von diesem Schicksal wußten. Es gibt also bei den Griechen einen durchaus irrationalen kulturellen Hintergrund, einen Bereich, der sich deutlich der rationalen Analyse entzieht. Orphik und andere Mysterienkulte waren gerade zur Zeit des Entstehens der Philosophie sehr verbreitet. Wir sollten uns daher hüten, die Griechen einfach als »Rationalisten« anzusehen.

Die Griechen waren dem »Schönen« des Lebens in Form von Kunst, Dichtung und Musik wie kaum ein anderes Volk zugetan. Sie genossen das Leben, besaßen aber auch eine tiefe Skepsis gegenüber dem Wert des Lebens: Das Schöne und Angenehme war stets bedroht durch das blinde Schicksal und am Ende – das schon mit dem Ende der Jugend angesetzt wurde – wartete Mühsal und Leid. Dies war auch die Interpretation des Lebens, die der Mythos lieferte: Das Dionysische, Lebensbejahende, wirkte vor einem dunklen, chaotischen Hintergrund, das Apollinische der Kunst hatte nicht zuletzt die Funktion, dem Leben eine Aura bleibender Schönheit und durchsichtiger Ordnung abzuringen, etwas Bleibendes, das durch das Dionysische indes wieder relativiert wurde. Dieser Kontrast im griechischen Leben ist vor allem für das Verständnis der griechischen Philosophie und Kunst wichtig, waren die Griechen doch früher als andere Völker zu Individualisten geworden, die sich nicht in die Gesellschaft (d. h. das Fortbestehen der Familie und des Volkes) hinein transzendieren konnten, sondern selbst und als einzelne mit dem »Schicksal« fertig werden mußten. Die Grenzen der Vernunft waren ihnen dabei deutlich bewußt.

Dabei soll aber nicht bestritten werden, daß es bei den Griechen Heiterkeit gab, Abbildungen auf Gefäßen geben davon ebenso Zeugnis wie die Komödien des Aristophanes. Es kommt zudem nicht von ungefähr, daß Aristoteles auf der Suche nach einem spezifisch menschlichen Kennzeichen (lat. *proprium*) kaum ein anderes als die Fähigkeit des Lachens findet. Die Griechen wußten aber, daß aus der Tatsache, daß das Lachenkönnen ein Kennzeichen des Menschen ist, noch nicht folgt, daß den

Menschen nicht oft das Lachen vergeht. Die griechische Heiterkeit ist kein Naturphänomen, sondern stellt bereits die Verarbeitung des dunklen Hintergrundes des Lebens dar. Auch hier ergab sich die Forderung des Maßhaltens bei der Suche nach rationaler Erklärung.

Die spezifische Struktur des griechischen Mythos

Der Mythos bezieht sich nicht nur auf die Vergangenheit, sondern ragt überall in die Gegenwart und damit in den tatsächlichen Lebensraum herein. Auf Schritt und Tritt begegnet man in Griechenland Orten, die sich auf den universellen griechischen Mythos (vgl. Homer, Hesiod) oder auf einen lokalen Mythos beziehen. Jede Stadt, jedes Dorf hatte seinen Gründungsmythos: Hier hatte die Liebesgeschichte eines Gottes mit einer Hirtentochter begonnen, dort hatte der göttliche Gründer eine Quelle gefunden und deshalb gerade hier die Stadt gebaut usw. Obwohl der Mythos in Ägypten und Mesopotamien das gesamte Leben beherrschte, war seine Präsenz nicht so unmittelbar wie in Griechenland: Hier begegnete z. B. der Hirte dem Mythos schon beim Frühstück an der Quelle oder am Weg in einer Höhle. Wie zahlreiche Orte so waren auch viele Menschen in unmittelbarer *Nähe zum Göttlichen*, Persönlichkeiten wie Familien rühmten sich der Abstammung von Göttern. Auch die »aufgeklärte Umgebung« eines Platon oder Aristoteles hielt es für selbstverständlich, diese mit einer göttlichen Abkunft zu versehen. Das »Gottmenschentum« war für die Griechen keineswegs unerhört, sondern ein Teil ihrer normalen Umgebung; jeder kannte einen, der unter seinen Vorfahren irgendwo einen Gott hatte. Lokal wie gesellschaftlich (durch ihre Abkömmlinge) waren also die Götter und der Mythos allgegenwärtig, und doch konnten die Griechen mit ihrem Mythos recht locker und frei umgehen.

Der griechische Mythos war *gesellschaftlich-institutionell*, aber auch in seiner Interpretationskraft schwächer als der in Ägypten und Mesopotamien. Anders als bei den meisten Völkern der Antike gab es in Griechenland keine gesellschaftliche Gruppe, die den Mythos »verwaltete«. Zwar war die staatliche Anklage der *asébeia*, der Gottlosigkeit, eine gelegentlich auftretende Gefahr (vgl. Sokrates), im allgemeinen kümmerten sich der Staat und seine Funktionäre aber nicht um die Interpretation des Mythos. Eine Priesterschaft, die den Mythos offiziell interpretierte und gesellschaftlich verteidigte, gab es nicht. In Ägypten war Wissenschaft streng mit Religion verbunden, z. B. Geometrie mit Kultbauten und Anatomie mit Mumienkonservierung. Ebenso war in Mesopotamien Astronomie streng im Kultraum, im Zusammenhang der Vorhersagen, angesiedelt. Sowohl in Ägypten als auch in Mesopotamien wachte die Priesterschaft über das Monopol von Wissen, in Griechenland gab es kein solches gesellschaftlich strukturiertes Monopol auf den Mythos, er konnte also relativ problemlos »aufgeweicht« werden.

Der griechische Mythos hatte – gerade durch das Fehlen einer Priesterschaft – nie eine doktrinäre Fixierung erhalten. Das bedeutet auch, daß man nicht auf bestimmte Anschauungen festgelegt war, die verschiedensten Auffassungen, Auslegungen und Weiterentwicklungen wurden zugelassen. Damit war eine gewisse Toleranz gegeben, die ihre Grenze nur an der *asébeia*, der Gottlosigkeit, fand. Soweit diese Grenze beachtet wurde, war es möglich, kritische Fragen gegenüber den mythischen Vorstellungen zu erheben, wie dies bei den Vorsokratikern deutlich wird, und auch Sokrates konnte sein kritisches Befragen selbst anerkannter mythologischer Vorstellungen recht lange betreiben, ehe die staatliche Autorität auf ihn aufmerksam wurde. Die »Gottlosigkeit« des Sokrates hätte die Stadtväter im übrigen kaum zum Einschreiten bewogen, wenn Sokrates sich nicht mit der Jugenderziehung befaßt hätte, und wenn ihnen seine Art der Unterweisung der Jugend nicht als wenig förderlich für die Landesverteidigung erschienen wäre.

Der griechische Mythos gab *kein Referenzsystem für die beginnende Wissenschaft* ab. In Ägypten wie in Mesopotamien gab es sehr hoch entwickelte Kosmogonien, die mit geographischen und klimatischen Bedingungen in Beziehung standen (sie waren also »empiriegesättigt«). Dadurch wurden diese Mythen zu einem allgemeinen Rahmen, in den – erleichtert durch die gebildete und organisierte Priesterschaft – Einzelbeobachtungen eingeordnet werden konnten. Bei den Ägyptern entwickelte sich die Geometrie und bei den Babyloniern die Astronomie so in Zusammenhang mit der Pflege des Mythos. Dies aber hatte auch zur Folge, daß sich aus Beobachtungen, die wir heute als naturwissenschaftlich bezeichnen würden, keine vom Mythos unabhängige Wissenschaft ausbilden konnte, und schon gar keine Wissenschaft, die sich außerhalb des Mythos etablieren oder die ihm gar als kritische Instanz hätte gegenübertreten können. Anders in Griechenland: Dort gab es keine Gruppe, die sich damit befaßte, Wissen in den Zusammenhang des Mythos hinein zu organisieren, und vom Mythos selbst her war eine solche Integration gar nicht erfordert oder vorbereitet. Es konnte sich also eine »unabhängige« Wissenschaft entwickeln, die zunächst neben dem Mythos bestand, aber nach und nach auch als gegen den Mythos stehend deutlich werden konnte. – Dies muß historisch, nicht systematisch verstanden werden. Einen prinzipiellen Gegensatz von Wissenschaft und Mythos nehme ich nicht an, wohl aber muß der Mythos dort, wo er sich als Quasi-Wissenschaft etabliert, kritisiert werden.

Es besteht natürlich nicht der geringste Zweifel daran, daß der griechische Mythos ungemein reichhaltig und vielschichtig ist. In einem Punkt ist er allerdings recht arm, jedenfalls im Vergleich zum ägyptischen und mesopotamischen: Seine Kosmogonie ist wenig entwickelt und beschränkt sich auf einige mit der Weltentstehung verbundene Göttergenealogien bei Hesiod. Dies ist erstaunlich, denn die Griechen meinten, daß mit den Vorsokratikern der Übergang vom Mythos zum Logos stattgefunden habe, und die Vorsokratiker begannen mit *einem* Thema: der Kosmologie. Im griechischen Mythos gab es jedoch gar keine wirklich brauchbare Kosmologie, war der (vermeintliche) Übergang vom Mythos zum Logos also ein »Themenwechsel«, die »Neuerfindung« einer Kosmologie? Das wäre eine historisch sehr unwahrscheinliche Annahme. Es liegt daher die Vermutung nahe, daß die mythologischen Konzeptionen vom Grund und Ursprung der Welt kosmologische Vorstellungen waren, die zumindest teilweise schon vorhanden, aber »importiert« waren, und dafür gibt es auch stichhaltige historische Hinweise. Diese Frage wird uns beim »ersten« Philosophen, Thales, ebenso wie bei den Pythagoreern etwas näher beschäftigen müssen.

Beim »Übergang vom Mythos zum Logos« spielten die Anfänge empirischer Wissenschaft eine nicht unerhebliche Rolle. Dabei muß man aber sehen, daß die Griechen den Ägyptern und Babyloniern hinsichtlich wissenschaftlicher Kenntnisse zunächst weit unterlegen waren und von deren Wissen profitierten. Das Besondere bei den Griechen aber war, daß dieses Wissen in einen anderen, nämlich außermythologischen Bezugsrahmen gestellt und auch in gesellschaftlicher Hinsicht nicht von einer Priesterkaste verwaltet wurde, sondern in einen »profanen« Rahmen gehörte. Der »Logos« der Philosophie bestand also vermutlich nicht in einem anderen, neuen Inhalt, sondern primär in einem *neuen Verwendungszusammenhang* von vorhandenem Wissen. Wir könnten auch sagen: Das Wissen wurde in eine andere »Sprache« aufgenommen und dadurch transformiert. Faktisch war dieser Zustand jedoch auch ein Hindernis für die Entwicklung der Wissenschaft in Griechenland, da es keine um die Tempel konzentrierte und gleichzeitig monopolisierte Wissenschaft, damit aber auch keine Orte der Akkumulation von Wissen gab. In Griechenland forschte jeder, der wollte und genügend Geld hatte, um sich diese »Freiheit« erlauben zu können, auf eigene Faust. Formen der Zentralisierung und Akkumulation von Wissen entwickelten sich spät, eigentlich erst, als die »große« Zeit der griechischen Philosophie vorbei war.

Profane Bildungsforderungen

Die griechische Polis forderte von ihren Bürgern außer Übung in Gymnastik – wichtig für Sport und Krieg – lediglich ein Minimum an Wissen über Grammatik und Musik. Im 5. Jhd., zur Zeit des Sokrates und der Sophisten, waren, wie uns Platon berichtet, für eine »höhere Bildung, wie sie einem selbständigen und freien Manne wohl ansteht« nur der Schreiblehrer, der Musiklehrer und der Turnlehrer erforderlich (*Protagoras* 312a–b), was der einzelne darüber hinaus bei Philosophen oder Weisen lernen mochte, war seine Sache. Ein solches Wissen war z. B. die Naturphilosophie der Vorsokratiker. Im allgemeinen hielten die Griechen Wissen wie das der Philosophen für nicht besonders wichtig, es gab jedoch eine gewisse Toleranz, ja fast Gleichgültigkeit gegenüber solchen Fragen. Die Griechen waren also keineswegs ein Volk von »Philosophen« im engeren Sinn des Wortes (so wenig wie die Deutschen ein Volk der »Dichter und Denker« sind). Die Griechen hörten sich sehr viel an, aber noch Paulus mußte erfahren, daß seine Zuhörer ihn in einer sehr ernsten Rede über den »unbekannten Gott« unterbrachen und sagten: »Darüber wollen wir Dich ein anderes Mal hören.« Auch den Philosophen und Wissenschaftlern einige Jahrhunderte früher scheint es oft nicht anders ergangen zu sein. Die günstigen Bedingungen für das Entstehen der Philosophie waren also nicht identisch mit einem fruchtbaren Boden, auf den philosophisches Denken treffen konnte: Philosophen fanden zwar genügend Leute, die eine ausreichende Grundausbildung hatten, um sie zu verstehen, was günstig war, das Interesse an ihren Gedanken hielt sich jedoch in Grenzen. Dieses geringe öffentliche Interesse hatte allerdings auch Vorteile. Im Unterschied etwa zu babylonischen Astronomen standen die griechischen Philosophen, jedenfalls in der frühen Periode, unter keinem »Leistungsdruck«, niemand erwartete von ihnen, daß sie die »großen Probleme ihrer Zeit« lösen konnten oder wollten. Die Philosophen fanden also keine besonderen Hindernisse vor, es war aber auch ganz und gar nicht klar, ob sie für irgend etwas sonderlich nützlich wären. Ein Bildungsfaktor jedenfalls wurden sie in der frühen Zeit nicht, und dies gilt für die gesamte Periode der Vorsokratiker. Etwas anders wurde dies erst zur Zeit der Sophisten, wo Philosophie zwar weiterhin nicht zu den allgemein angestrebten Bildungsgütern gehörte, die rhetorischen und dialektischen Fähigkeiten, die die Sophisten lehrten, sich aber als als nützlich für das Durchsetzen oder das Verteidigen politischer und rechtlicher Interessen erwiesen und so eine gewisse öffentliche Anerkennung erlangten.

Verfassungen und Gesetze

In den griechischen Städten des Ursprungslandes – vor allem in Athen, aber auch in Städten Ioniens – entwickelten sich erste Formen der Demokratie, als neue Verfassungen und Gesetze zur Ordnung des gesellschaftlichen Zusammenlebens eingeführt wurden. Gesetze, und das heißt hier nicht nur traditionelle Verhaltensgewohnheiten, sondern schriftlich niedergelegte Regeln, gab es auch in anderen Kulturen, so bei den Ägyptern, Babyloniern und in Israel. Überall dort standen die Gesetze jedoch in einem mythologischen Kontext und wurden auf göttlichen Willen zurückgeführt, vermittelt durch einen Gottkönig oder einen Offenbarungsträger. Wir kennen das vom *Codex Hammurabi* (2. Hälfte des 3. Jahrtausends v. Chr.) in Mesopotamien und vom *Deuteronomium* (redigiert etwa im 7. Jhd. v. Chr. aufgrund alten Materials) in Israel. Die Griechen im 7. Jhd. v. Chr. kamen auf einen anderen Gedanken, als wieder mal alles drunter und drüber ging. Natürliche wie gesellschaftliche Katastrophen wurden bei den Griechen wie bei anderen Völkern zunächst als göttliche Strafen interpretiert. Die Athener aber suchten nun nicht bei den Göttern Hilfe, sondern wählten jemand aus, dem sie zutrauten, brauchbare Regeln für die Bürgerschaft zu finden. Und so kam es zu dem ganz und gar profanen Gesetzeswerk des Solon, der nicht als Prophet oder Götterbote angesehen wurde, sondern einfach als »Weiser« *(sophós)*. Die Bürger der Polis nahmen, vermittelt durch den von ihnen Beauftragten, ihre innere Ordnung selbst in die Hand, für Zeus blieb das Wetter mit Blitz und Donner. Auch die griechische Kolonisten erfanden Gesetze, die nicht von der Willkür eines göttlichen, gottähnlichen oder gottnahen Willens abhingen, sondern die sie selbst in freier Übereinkunft festlegten. Daß dabei auch Machtkämpfe sozialer Gruppen und einzelner Aristokraten eine Rolle spielten, ist selbstverständlich. Die Menschen in diesen Städten gewöhnten sich bald daran, die Ordnung ihrer Gemeinwesen nicht auf göttlichen Willen, sondern auf vernünftige Überlegung zu gründen, und dies wird wichtig werden, wenn sie ihren Blick auf die Ordnung der Welt richten werden.

Die Prinzipien der Ordnung der Gesellschaft sollten also nicht mehr in einem göttlichen Urgrund oder einem göttlichen Willen gesucht werden, dessen Kenntnis durch den Mythos vermittelt wurde, sondern sollten, wenn schon nicht *erfunden*, so doch durch eigene Überlegung *aufgefunden* werden. Für dieses Auffinden von Prinzipien und Gesetzen brauchte man jedoch die Fähigkeit des Analysierens und Überlegens. Mit der Erfordernis, Gesetze »aufzufinden«, war also die Notwendigkeit verbunden, so etwas wie Vernunft aufzufinden oder zu »erfinden«. Man kommt also zu der – nur auf den ersten Blick paradoxen – Feststellung, daß die griechischen Verfassungen und Gesetzgebungen nicht aus politischer Stärke, sondern gerade aus politischer Schwäche hervorgingen: Herrschaft mußte irgendwie legitimiert werden, die theologische Legitimierung der Nachbarkulturen mit theokratischen Strukturen war für die Griechen nicht verfügbar, also entdeckten oder »erfanden« sie die Vernunft für diesen Bereich. Die *Erfindung der Vernunft* war kein heroischer Akt, sondern eher eine Notlösung. Das frühe Entstehen einer Philosophie der Politik bei den Sophisten, bei Platon und Aristoteles ist auf dem Hintergrund dieses Vakuums einer mythologischen, theologischen Legitimation der Macht zu sehen. Die griechischen Verfassungen und Gesetze wurden auf dem Hintergrund des Bewußtseins um die große Unsicherheit aller menschlichen Gesellschaftsordnungen entworfen, und der Übergang vom Mythos zum Logos wurde zumindest mitbedingt durch die Schwäche der politischen, theologisch nicht abgestützten Institutionen. Mit anderen Worten: Die Schwäche der politischen Institutionen führte die Griechen zur Entdeckung der Vernunft.

Die Griechen haben mit der Legitimation von Herrschaft durch Vernunft zwar Maßstäbe gesetzt, die historische Entwicklung der folgenden zweitausend Jahre wurde dadurch indes nicht entscheidend gestaltet: Schon bei den Römern war das Bedürfnis nach religiöser Legitimierung wieder maßgebend und das gesamte Mittelalter wird von solchen Vorstellungen bestimmt sein.

Die Entwicklung demokratischer Verfassungen erforderte es, Ordnungsschemata zu erfinden, die mit den empirischen Gegebenheiten in Übereinstimmung standen. Man mußte also annehmen, daß es möglich sei, die verschiedenen Kräfte der Gesellschaft in einen vernünftigen Zusammenhang zu bringen, ohne auf irgendeine

»Übermacht« wie einen Monarchen zu rekurrieren. Zudem mußte versucht werden, die Menschen von der Vernünftigkeit solcher Ordnungen zu überzeugen. Die Philosophen werden an die Fragen der Erklärung des Kosmos mit einer ganz ähnlichen Haltung herangehen: Es wird eine Ordnung, ein Gefüge von Kräften, postuliert, das durch vernünftige Überlegung erfaßt werden kann. Der Beginn der *Philosophie* und der griechischen *Wissenschaft*, der Übergang von Mythos zum Logos – wie immer man diesen dann im einzelnen beurteilt –, steht in einer engen Beziehung zur Entwicklung der *Demokratie*.

Kein Expansionswille

Es ist auffällig, daß – mit Ausnahme von Sparta in einem einzigen Fall – die griechischen Städte keine Expansionsinteressen hatten und daß es dementsprechend kaum zu größeren kriegerischen Auseinandersetzungen kam. Die großen militärischen Operationen gehörten der mythischen Geschichte an. Auch die griechischen Siedlungen außerhalb des Ursprungslandes behielten dieses Desinteresse an territorialer Expansion bei. Das bedeutet, daß die Interessen der Griechen sich in die Weite der Länder und Meere richten konnten, ohne daß sie von anderen als Bedrohung empfunden wurden. Die Griechen der Kolonien sahen andere Völker nicht als potentielle Untertanen an, sondern schlicht als potentielle Käufer, und das hieß, daß sie deren Interessen und Lebensart kennenlernen mußten. Expansionswille und Streben nach militärischer Überlegenheit sind nur selten gepaart mit besonderer Lernfähigkeit und Offenheit für fremde Ideen, auch hier liefert bei den Griechen Sparta wieder das einzige negative Exempel. Sich ohne Militärmacht in der Welt durchsetzen zu wollen, macht erfinderisch, und als die Griechen sich gegen die Perser verteidigen mußten, waren sie erfindungs- und siegreich. Als Athen jedoch eine Großmacht werden wollte, scheiterte es und seine »große Zeit«, das 5. Jhd., war vorbei. Sokrates gehört dem 5. Jhd. an und war das Gegenteil eines Machtmenschen, Platon entstammt dem 4. Jhd., träumte der vergangenen Größe und Macht Athens nach, und war das Gegenteil von Sokrates. Zu dieser Zeit kündigte sich indes schon eine ganz anders strukturierte Machtpolitik an: die Alexanders des Großen. Die Städte und ihre spezifische Kultur waren an ein Ende gelangt, die hellenistische Welt und auch die Philosophie wird bald eine andere sein.

c) Zusammenfassung

Sicher ließen sich noch weitere Faktoren aufführen, die zur Entstehung der Philosophie beigetragen haben – irgendwo gelangt man jedoch an eine Grenze der Erklärungen. Man kann Bedingungen aufzeigen, die zur Entstehung der Philosophie beigetragen haben, ohne damit zu behaupten, daß sich aus diesen Bedingungen kausal die Entstehung der Philosophie erklären ließe. Dann zu sagen, die Griechen seien quasi genetisch für die Philosophie begabt gewesen, hilft nicht weiter. Die Griechen gingen die Dinge einfach etwas anders an als andere Völker. In den meisten Gesellschaften der Antike mußten Herrscher gelegentlich dem öffentlichen Druck nachgeben oder wurden umgebracht und von Herrschern abgelöst, die besser auf die Bedürfnisse des Volkes eingingen. Die Griechen aber fragten sich, ob man nicht auch ohne Herrscher im Sinne von Monarchen auskommen könne, und erfanden so etwas wie die Demokratie. Oder sie fanden heiliges Wissen vor und fragten sich, ob man dieses Wissen nicht ohne den sakralen Rahmen denken könne, und erfanden so die Wissenschaft. Auch andere – oder eigentlich alle anderen Völker – kannten Wettkämpfe, diese ließen sich jedoch meist die Herrscher vorführen. Die Griechen indessen kamen auf die Idee, den Wettkampf zu einem Lebenselement von allem und für alle zu machen, und so erfanden sie den Wettstreit in der Dichtung und ganz allgemein den Wettstreit von Ideen. Auch bei anderen Völkern wurden Mythen den neuen Verhältnissen, etwa neuen Reichszentren, angepaßt; solche Vorgänge sind indes nur heute rekonstruierbar, sie wurden nicht offen diskutiert. Die Griechen aber kamen auf den Gedanken, ihren Götterhimmel zu analysieren, Defizite bei den Göttern zu diskutieren und kamen so zu ganz offen abgehandelten Veränderungen. Vielleicht waren sie einfach ein wenig freier, vorurteilsloser, respektloser oder auch streitsüchtiger als andere.

3. Die Überlieferung der vorsokratischen Philosophie

Die Quellenlage bei den Vorsokratikern gehört zu den schwierigsten Textbefunden der Philosophiegeschichte: Wir besitzen von den Vorsokratikern keine größeren zusammenhängenden Texte und kennen ihre Aussprüche nur auf indirektem Weg, als Zitate oder als freie Wiedergabe ihrer Auffassungen. Die Zitate stammen zudem aus einem sehr großen Zeitraum von ca. 1000 Jahren: Die frühesten Zitate sind bei Platon im 4. Jhd. v. Chr. überliefert, die spätesten stammen von Simplikios aus dem 6. Jhd. n. Chr. Es wäre jedoch ein Irrtum anzunehmen, daß die frühesten Texte immer die zuverlässigsten sind, gerade der späteste Zeuge, Simplikios, ist in vieler Hinsicht zuverlässiger als viele ganz frühe Textzeugen. Historisch steht Platon den Vorsokratikern am nächsten, er verfolgte jedoch keine historiographische Absicht, so daß seinen Berichten gegenüber Vorsicht geboten ist: Platons Äußerungen zu den Vorsokratikern sind häufig ironisch, im ganzen hält er nicht allzuviel von ihnen. Historisch wesentlich genauer dürfte Aristoteles sein, bei ihm ist allerdings anzumerken, daß er nicht zitiert, sondern frühere Philosophenmeinungen in seiner eigenen Terminologie und im Rahmen seiner eigenen Fragestellungen wiedergibt. Die Tendenz des Aristoteles ist klar: Die Vorsokratiker sind die Vorstufen dessen, was nun bei ihm zur vollen, die Vergangenheit kritisch sichtenden Reife gelangt. Bei Platon und Aristoteles finden sich nur verhältnismäßig wenig wörtliche Zitate der Vorsokratiker.

Maßgebend für die weitere Überlieferung der Vorsokratiker war der Aristoteles-Schüler Theophrast. Zumindest in Hinsicht auf die Überlieferung war Theophrast wirklich Schüler des Aristoteles, war die aristotelische Sicht auf die Geschichte doch richtungsweisend für seine eigene Darstellung. Nach Diogenes Laertius hat Theophrast sechzehn Bücher über die *Meinungen der Naturphilosophen* verfaßt (DL V 48, N. 171), die jedoch nicht erhalten sind; Auszüge daraus finden sich bei Simplikios. Darüber hinaus verfaßte Theophrast auch Schriften zu einzelnen Philosophen, etwa zu Anaximenes, Empedokles, Anaxagoras und Demokrit, auch diese Schriften sind nicht überliefert. Aus Zitaten, die bei anderen Autoren erhalten sind, können wir indes die Tendenz seiner Darstellung erfassen. Theophrast entwickelte ein Verfahren, das für die gesamte Philosophiegeschichte (bis heute) richtungsweisend werden sollte: Philosophen werden in »Schulen« zusammengefaßt, außerdem werden Linien von Lehrern zu Schülern aufgestellt. Dabei kann ein Schüler *B* von Lehrer *A* selbst eine neue Schule gründen, und so kommt es, daß z. B. Leukipp aus der Schule der Eleaten hervorgeht, dann aber zum Gründer der Atomistenschule wird. Vor

allem in der späteren Tradition ergaben sich auch erhebliche Datierungsprobleme, da oft ohne Rücksicht auf historische Nachrichten (soweit überhaupt welche vorhanden waren) angenommen wurde, daß ein Lehrer den Höhepunkt seiner Tätigkeit *(ákme)* immer mit vierzig Jahren erreicht und ein Schüler stets vierzig Jahre jünger als sein Lehrer ist. Die Chronologie der Vorsokratiker ist verständlicherweise in vielen Details ein unlösbares Problem.

Fast die gesamte doxographische (*dóxa* = Meinung) Tradition der Antike zu den Vorsokratikern leitet sich von Theophrast ab. Aus dem umfangreichen Werk des Theophrast wurden bereits in der Antike kürzere Zusammenfassungen hergestellt, an denen sich dann nachfolgende Autoren orientierten. Außerdem wurden solche Zusammenfassungen in späterer Zeit erweitert, so enthalten z. B. die (von Diels so genannten) *Vetusta Placita* bereits Berichte über stoische, epikureische und peripatetische (d. h. aus der »Schule« des Aristoteles stammende) Lehrmeinungen. Außer dieser Schrift sind noch zwei ähnliche erhalten, eine des sogenannten Pseudo-Plutarch und eine des Stobaeus (5. Jhd. n. Chr.), die in dem Pionierwerk *Doxographi Graeci* von Hermann Diels aus dem Jahre 1879 zusammengestellt sind. Weitere Quellen für Texte der Vorsokratiker sind die Werke Plutarchs (2. Jhd. n. Chr.) und die des Sextus Empiricus (2./3. Jhd. n. Chr.), die Kirchenväter Klemens von Alexandrien (2. Jhd.) und Hippolyt von Rom (3. Jhd.). Schließlich ist noch Diogenes Laertius (3. Jhd. n. Chr.) mit seiner Schrift *Leben und Meinungen berühmter Philosophen* zu nennen. Dieser werden wir häufig begegnen, da sie zahlreiche nützliche Nachrichten, aber auch viele auf reiner Phantasie beruhende Geschichten liefert – leider wissen wir nicht immer, was zur einen und was zur anderen Gruppe gehört –, und zudem ist das Ganze mit Epigrammen (Gedenkgedichten) ausgeschmückt, die häufig ein Zeugnis schlechtester Dichtung sind. Amüsant ist die Lektüre von Diogenes Laertius aber in jedem Fall und sein Werk ist ein Zeugnis dafür, wie man sich in der späten Antike allgemeines Bildungswissen vorstellte.

Die vorsokratische Philosophie ist uns also eigentlich nur als *Geschichte* der Philosophie zugänglich, d. h. wir sprechen nie über die Vorsokratiker selbst, sondern immer nur über Berichte *über* die Vorsokratiker, mit eingestreuten, mehr oder weniger sicheren Zitaten. Vieles muß bei dieser Quellenlage umstritten bleiben. Der obige kurze Überblick zeigt uns aber auch, daß es in der Antike – jedenfalls seit Theophrast – ein starkes historisches Interesse gab: Die Philosophie wurde bereits als geschichtliche Erscheinung erfaßt, ganz und gar im Unterschied zum Mythos, in dem versucht wurde, zu behaupten, er sage nur das, was immer schon gesagt wurde. Etwas formelhaft verkürzend ausgedrückt: Eine Geschichte der Philosophie der Antike wurde schon in der Antike geschrieben, während es eine Geschichte der Mythologie erst seit der Neuzeit gibt, und das ist ein entscheidender Unterschied.

Grundlegend für das Quellenstudium ist das große Werk *Die Fragmente der Vorsokratiker* von Hermann Diels, das 1903 in 1. Auflage erschien und in dem Diels versuchte, aus dem gesamten eben aufgezählten Material die authentischen Fragmente herauszufiltern. Daß dabei bei einzelnen Fragmenten bis heute die Authentizität umstritten ist, ist verständlich; ebenso gibt es aber auch Fragmente, die von Diels nicht in seine Sammlung aufgenommen wurden, bei denen die spätere Forschung aber Argumente für die Authentizität fand. Diels Werk von wurde später von Walther Kranz fortgesetzt und ist bis heute das Standardwerk zu den Texten der Vorsokratiker.

- II -

Die ionischen Naturphilosophen

Vorbemerkungen

Die »klassische« griechische Philosophie hat versucht, ihre eigene Geschichte zu rekonstruieren, dieser Versuch wird vor allem durch die Stichworte »Mythos« und »Logos« gekennzeichnet. Herodot (ca. 490/480–420 v. Chr.) hatte dafür eine einfache Erklärung:

> Es ist ja nicht erst seit heute, daß sich das Hellenentum von dem barbarischen Volkstum dadurch unterscheidet, daß es sowohl klüger ist wie auch törichter Beschränktheit ferner steht. (*Historien* I 60)

Die Behauptung, die Griechen seien einfach klüger als andere Völker gewesen, ist natürlich recht einfach und erklärt eigentlich gar nichts. Sie sagt nicht mehr, als daß die Griechen die Philosophie entwickelten, weil sie für Philosophie begabt waren. In der Einleitung war demgegenüber versucht worden, Faktoren aufzufinden, die das Phänomen der Entstehung der Philosophie in verschiedener Hinsicht erklären können. Dort war deutlich geworden, warum sich bei den Griechen zunächst so etwas wie ein Nebeneinander von traditionellem Mythos und davon unabhängiger »Weisheit« entwickeln konnte, welches sich mit der Zeit zu einer Gegenüberstellung von Mythos und Logos ausbildete, was jedoch nicht unbedingt einen Gegensatz bedeutete.

Zur Zeit der Sophisten dürfte die Gegenüberstellung von Mythos und Logos bereits ein allgemein verbreiteter Topos gewesen sein. Platon kommt in seinem vermutlich frühesten Dialog *Protagoras* auf die berühmte Frage zu sprechen, ob Tugend lehrbar sei. Bei der Beantwortung läßt Sokrates seinem Gesprächspartner Protagoras die Wahl zwischen den Alternativen, ob er einen Mythos oder eine begriffsmäßige Erörterung vorlegen soll (*Protagoras* 320c). Dieser entscheidet sich dann für den Mythos, weil dies »verlockender« oder »anmutiger« ist (Ebd.). In demselben Dialog berichtet uns Platon von der vermutlich schon sophistischen These, daß die Früheren, also Homer, Hesiod, Orpheus und andere, »eigentlich« auch schon Sophisten gewesen seien, daß sie aber aus Furcht, ihre Auffassungen könnten anstößig erscheinen, diese in Poesie oder Sehersprüche als »Deckmantel« eingekleidet hätten (*Protagoras*

316d–e). Damit wird behauptet, daß nun, zur Zeit der Sophisten, der Schritt von der poetischen und mythologischen Einkleidung der philosophischen Wahrheit zur »offenen« Darstellung derselben getan werde. Wir haben es also mit einem Fortschrittsmodell zu tun. Später, im *Staat*, wird Platon den Trennstrich noch schärfer ziehen und vor einem »Rückfall in jene kindische und von der großen Menge gepflegte Liebe« zur poetischen Einkleidung warnen, und selbstbewußt behaupteten:

> Wir verzichten also auf sie, da man sich nicht ernstlich mit einer solchen Art von Poesie befassen soll als hätte sie mit der Wahrheit etwas zu tun und als wäre sie eine ernstliche Sache. (*Staat* 608a)

Platon wollte diesen Vorgang somit als Ablösung einer Periode durch eine neue verstehen. Diese Konstruktion stimmt jedoch *historisch* nicht, weder in Hinsicht auf die Gesellschaft und die Kultur Griechenlands, noch in Hinsicht auf die Philosophie. Besonders durch die Sophisten gab es in Griechenland eine auch in die breitere Gesellschaft, zumindest in die Athens, hineinwirkende rationale Aufklärung. Der alte, homerische und hesiodische Mythos als gesellschaftlich prägendes Element wurde jedoch nicht von der Philosophie oder von rational aufgeklärter Bildung abgelöst, ihm folgten zunächst wiederum zwei Mythen: Der orphische und dionysische, die beide, nicht genau unterscheidbar, prägenden Einfluß auf die Philosophie gewannen, noch später dann der des Christentums. Von »Ablösung« kann man hier nur in einem eingeschränkten Sinn sprechen, da das Christentum selbst wieder eine Reihe älterer mythologischer Vorstellungen in sich aufnahm, die entweder im gesamten Bereich Kleinasiens und Griechenlands verbreitet oder aber spezifisch griechisch waren. Auch innerphilosophisch waren mythologische Elemente weiter anzutreffen.

An diesem Punkt müßte eine ausführliche Besprechung des Phänomens Mythos und dessen immer wieder diskutierte Begriffsbestimmung erfolgen; darauf wird gelegentlich zu verweisen sein. Es soll aber schon hier auf das grundlegende Problem der Bestimmung des Verhältnisses von Mythos und Logos hingewiesen werden, welches sicher eine historische Dimension besitzt: In den verschiedenen historischen Abschnitten wird das Verhältnis in wechselnder Weise als Problem gesehen, und wiederum in wechselnder Weise wird eine Beziehung und eine Abgrenzung von beiden versucht. Der Vorschlag der klassischen griechischen Philosophie, das historische und das systematische Problem durch eine Periodenkonstruktion der Ablösung des Mythos durch den Logos zu verstehen (wie es noch Auguste Comte dachte), wird heute niemand mehr vertreten. Eher wird man von einer ständigen Auseinandersetzung zwischen Mythos und Logos sprechen, die in verschiedenen Perioden der Geschichte eine verschiedene Form und Intensität annimmt, nicht aber von einem und prinzipiell für alle Mal geschehenen Übergang. Am Ende der Periode der griechischen Philosophie, im Neuplatonismus, wird die Philosophie wieder sehr stark zum Mythos und sogar zu kultischen Formen zurückkehren.

An den ionischen Philosophen ist nun bedeutsam, daß sie diese Auseinandersetzung tatsächlich zum ersten Mal aufgenommen haben, sie in diesem Sinn also (wenn auch ohne spezifische Begrifflichkeit) die Problemstellung von Mythos und Logos erst »geschaffen« haben. Sich dies klar zu machen, ist wichtig. »Logos« als »Vernunft« ist nicht etwas, was dem Menschen »natürlicherweise« mitgegeben wäre. Ohne Zweifel hatten die Menschen immer schon die Fähigkeit, sich in ihrer Welt zu orientieren, d. h. sich Handlungsmodelle zu entwerfen. Daß man dies aber mit »Vernunft«, d. h. unter anderem mit Abstraktionen, mit Versuchen einheitlicher Theoriebildung, mit Argumentationsformen und Logik unternimmt, ist ein *historisches* und *kein natürliches* Phänomen, es ist ein Ereignis der Geschichte, das bis heute seine ungeheuren und manchmal auch ungeheuerlichen Auswirkungen zeigt. Diese Periode seit der historischen Herausbildung des Menschen als *zôon logikón*, als vernünftiges Lebewesen, ist aber im Vergleich zur Geschichte der Menschheit verschwindend kurz. Wer sich daher in der Gegenwart darüber wundert, daß der Mythos an vielen Stellen verstärkt wieder auftaucht, geht von einer naiven und verkürzten Sicht aus. Wenn wir die Geschichte dieser kurzen Periode, die bisher erst 2500 Jahre beträgt, näher betrachten, so werden wir immer wieder sehen können, daß das Phänomen »Vernunft«, »Logos«, nur eine ganz dünne Schicht auf einem großen

mythischen Untergrund darstellt. Reißt diese Schicht irgendwo, ist sofort der Mythos wieder an der Oberfläche. Wie man diesen Sachverhalt beurteilt, ist eine andere Frage, ihn zu vernachlässigen kann allerdings vom rationalen Denken her zu folgenschweren (auch politisch weittragenden) Fehleinschätzungen führen. Problematisch ist nicht die Gegenwärtigkeit des Mythos – es gibt schließlich auch einen vernünftigen und vielleicht sogar sehr nützlichen und heilsamen Umgang mit dem Mythos –, problematisch ist nur die manchmal mit der Gegenwärtigkeit des Mythos verbundene Selbstaufgabe des vernünftigen Denkens.

1. Thales

a) Historische Hinweise

Im 7. und 6. Jhd. v. Chr. spielten sich in Griechenland und in den griechischen Siedlungen Kleinasiens große Veränderungen ab. Die Griechen hatten seit der Mitte des 8. Jhd.s an verschiedenen Orten die *Schrift* wieder eingeführt, eine Kunst, die seit etwa 400 Jahren verloren gewesen war. Die frühere kretisch-mykenische Schrift kannten sie nicht mehr, Grundlage war jetzt das phönizische Alphabet. Dieses Alphabet war ein reines Konsonantenalphabet, so wie es die Alphabete der semitischen Sprachen bis heute sind. Die wichtigste Neuerung des griechischen Alphabets war nun die Einführung der Schreibung der Vokale, wofür die Griechen Halbvokale des phönizischen Alphabets verwendeten (z. B. *alef* → *alpha* = A, α). Von den verschiedenen Schriftarten, die an verschiedenen Orten entwickelt worden waren, setzte sich das Alphabet von Milet durch, ein deutliches Zeichen für die Bedeutung dieser Stadt. Auch den sozialen Kontext der Schrift hatten die Griechen von den Phöniziern übernommen: Die Schrift diente vor allem den Händlern, im Unterschied zu Ägypten und Babylonien, wo die Schrift ein Privileg der Priester und der Schreiber des Königs war.

Auch im *gesellschaftlichen* Bereich kam es zu weitreichenden Veränderungen: Bisher hatten die Familien der Großgrundbesitzer die Macht innegehabt, nun verlangten die neuen, aufstrebenden Gruppen der Kaufleute und Handwerker nach Mitbeteiligung an der Macht. Im Unterschied zu früheren Perioden war es jetzt für einzelne möglich, rasch zu verhältnismäßig großem Reichtum zu gelangen und damit an der Macht teilzuhaben. Das politische Leben wurde dadurch wesentlich beweglicher, da immer wieder neue Einzelpersonen und Gruppen in den Raum politischer Entscheidungsprozesse eintraten.

Die wichtigste griechische Siedlung in Kleinasien war Milet. Diese Stadt war durch ihre geographische Lage sehr begünstigt und nutzte sie vor allem durch weitreichende *Handelsverbindungen*, die ihr im 7. und 6. Jhd. v. Chr. großen Reichtum einbrachten. Milet entwickelte zu dieser Zeit selbst eine weitreichende Kolonisationsaktivität am Schwarzen Meer und am Mittelmeer und besaß auch in Ägypten Handelsniederlassungen. Diese griechischen Kolonien in Kleinasien waren reich und die Menschen dort lebten gut, was etwas mit dem Entstehen von Philosophie zu tun hatte, wie Aristoteles nüchtern und mit sicherem Blick für die Tatsachen feststellte. Für Aristoteles steht *Verwunderung* am Beginn der Philosophie; und Verwunderung schließt die Erkenntnis ein, etwas nicht zu kennen. Dies führt zu dem Versuch, der Unwissenheit zu entgehen, ohne deshalb schon einen über das Wissen selbst hinausgehenden Nutzen zu erwarten (*Metaphysik* I 2, 982b 11–21)[1]. Eine solche »nutzlose« Beschäftigung ist jedoch erst dort möglich, wo die Probleme des täglichen Lebens zufriedenstellend gelöst sind:

Denn als so ziemlich alles zur Annehmlichkeit und (höheren) Lebensführung Nötige vorhanden war, da begann man diese Art von Einsicht zu suchen. (*Metaphysik* I 2, 982b 22–24)

Wir sollten also festhalten, daß sowohl das Philosophieverständnis des Aristoteles als auch jenes, das er – wohl zu Recht – bei seinen Vorgängern annahm, nichts mit dem der späten Antike zu tun hat, in dem von einer »Tröstung durch Philosophie« *(Consolatio Philosophiae)* gesprochen werden konnte, wie der Titel eines berühmten Bu-

[1] Die Werke des Aristoteles werden nach den üblichen Standard-Angaben der Ausgabe von Bekker, Berlin 1831–1870, zitiert, die in fast allen Aristoteles-Ausgaben am Rande angeführt werden. Zu den verwendeten Übersetzungen vgl. das Literaturverzeichnis zu Aristoteles.

ches des Boethius lautet. Aristoteles will niemanden trösten. Philosophie gehört für ihn zu den Tätigkeiten des freien Mannes, der die Muße zu solcher Beschäftigung hat. Ein solcher freier Mann erwartet nicht, daß die Philosophie ihm irgendwelche Probleme löst außer jenen, die ihm durch die Verwunderung über nicht Erklärliches entstehen können.

In Milet also war so ziemlich alles zur Annehmlichkeit und zu einer höheren Lebensführung Erforderliche vorhanden. Dies bedeutete auch, daß die Einwohner, oder jedenfalls ein guter Teil der Einwohner dieser Stadt, viele nützliche Kenntnisse und auch Geld besaßen. Im östlich von Milet gelegenen Lydien waren im 6. Jhd. v. Chr. die ersten *Münzen* der westlichen Welt geprägt worden, offizieller Erfinder des Geldes ist der lydische König Kroisos (regierte 550–546 v. Chr.). Dafür wurden zunächst Goldbarren verwendet, auf die bestimmte Zeichen aufgeprägt waren, die das Gewicht und damit den Wert garantierten. Die milesischen Händler erkannten sofort den Wert dieses Münzwesens und übernahmen es, die Athener folgten dem erst 50 Jahre später. Damit wurde für die Griechen in Milet auch die *merkantile Arithmetik* aktuell, allerdings haben sie diese nicht erfunden. Vor ihnen hatten schon die Phönizier unter Rückgriff auf babylonische Traditionen eine solche für den Handel geeignete Arithmetik entwickelt und diese Fertigkeit dann nach Ägypten, Kleinasien, auf die Inseln der Ägäis und bis nach Kreta gebracht. Diese Kenntnisse gehörten zu den wesentlichen Voraussetzungen aller Händler von Milet, als Wissen wurden sie jedoch nicht angesehen. Die Arithmetik selbst wurde aber durch die Verschiedenheit der verwendeten Zahlensysteme nicht gerade erleichtert. Das später gebräuchliche griechische Zahlensystem (Buchstaben) wurde erst später, um 450 v. Chr., eingeführt; die griechischen Mathematiker mußten sich bis dahin mit einer recht unpraktischen Zahlenschreibweise behelfen. Den Zahlen (Einer, Zehner, Hunderter usw.) entsprachen Buchstaben, es war ein Dezimalsystem, aber ohne die Null. (Auch die Kreter und die Ägypter verwendeten ein Dezimalsystem, im Unterschied zu den Babyloniern, die ein Sechsersystem gebrauchten.) Da die Händler fast immer auch Seeleute waren, brauchten sie neben der Mathematik weitere Fertigkeiten, sie mußten z. B. Grundkenntnisse in *Astronomie* und *Meteorologie* besitzen, und mit der Astronomie war ein – zumindest intuitives – Verständnis geometrischer Formen gegeben. Die astronomischen Kenntnisse stammten ursprünglich allerdings fast ausnahmslos aus Mesopotamien.

Solche Kenntnisse waren also wichtige Faktoren der Bildung des Händlers Thales (ca. 625–547). Von seinem Leben wissen wir nichts Genaues. Er soll aus einer phönizischen Familie stammen, wahrscheinlich aus einer jener Mischfamilien, wie sie in Ionien häufig waren. Thales wurde zu den Sieben Weisen gezählt, und so ist es verständlich, daß man sein Leben einer Schematisierung unterwarf: Er soll zunächst *Händler*, dann *Politiker* und schließlich *Philosoph* gewesen sein. Was von Thales überliefert ist, ist eher anekdotenhaft als historisch. Für die nicht sehr hohe Wertschätzung des philosophischen Denkens bei seinen Mitmenschen ist etwa folgende Ge-

schichte kennzeichnend (Platon: *Theaitetos* 174a): Thales soll einmal nachts bei Betrachtung des Sternenhimmels in eine Grube gefallen sein, da er nicht auf den Weg achtete. Eine hübsche (woher wußte man das, oder gilt auch hier die griechische Annahme, daß intelligente Menschen auch schön sein sollten?) Magd verspottete ihn, weil er so eifrig den Himmel betrachtete und dabei nicht beachtete, was ihm zu Füßen lag. – Platon hat diese Geschichte schon übernommen, und wie immer sich dies historisch verhalten haben mag, zeigt sie jedenfalls, daß der Vorwurf der »Weltferne« der Philosophen gleich am Beginn der Geschichte der Philosophie geäußert wurde. Wenn Thales also »praxisferne Theorie« zum Vorwurf gemacht wurde, so sieht man daraus aber auch, daß jedenfalls die spätere Geschichte ihn als den ansah, der sich erstmals »reiner Theorie« zuwandte. Zu seiner Zeit wurde indes auch die Verwertbarkeit von Wissen hoch eingeschätzt, wie eine andere Anekdote zeigt. Aristoteles berichtet von Thales (*Politik* I 11, 1259a), daß man ihn wegen seiner Armut, die als Beweis der Nutzlosigkeit philosophischer Überlegungen angesehen wurde, belächelt habe. Als Thales nun aufgrund seiner sachkundigen Beobachtungen die nächste Olivenernte als sehr gut voraussah, soll er fast alle Olivenhaine Milets und der Umgebung, die in diesem Moment sehr wenig wert waren, gemietet und nach der tatsächlich eingetroffenen guten Ernte wieder zu guten Preisen weitervermietet haben. So habe Thales – wie Aristoteles absichtsvoll mitteilt – »einen Haufen Geld | 45
verdient zum Beweise, daß es für die Philosophen ein Leichtes wäre, reich zu werden, daß das aber nicht das Ziel sei, dem ihre Bestrebungen gälten« (Ebd.). Wiederum wissen wir nichts über die Historizität der Anekdote, aber sie gibt uns einen Hinweis auf die Art und Weise, wie Philosophie in der Antike von »Außenstehenden« betrachtet wurde, und wie jedenfalls ein Aristoteles darauf zu antworten wünschte. Und daß gerade Aristoteles diese Anekdote berichtet, kommt nicht von ungefähr: Er faßt Philosophie und Wissenschaft als theoretische Beschäftigungen auf, ist aber überzeugt, daß sie durchaus praxisrelevant sein können.

In *politischer* Hinsicht soll Thales einen Bund der ionischen Städte Kleinasiens vorgeschlagen haben, um diese gegen Lydien zu verteidigen (Herodot: *Historien* I 170), ein Rat, der aber von Milet, das sich vertraglich gegen Lydien absicherte, nicht befolgt wurde.

Ob Thales ein schriftliches Werk hinterlassen hat, wissen wir nicht, dies ist eher unwahrscheinlich. Jedenfalls zur Zeit des Aristoteles und schon lange vor ihm war keines mehr bekannt.

b) Mathematik und Astronomie

Iamblichos (ca. 250–330 n. Chr.) berichtet, daß Thales die Zahl als ein System von Einheiten definiert habe. Diese Definition führt nicht sehr weit, interessant daran ist jedoch, daß Thales vielleicht in den Zahlen mehr suchte als nur Handelsarithmetik. Besondere Entdeckungen im Bereich der Arithmetik wurden Thales nicht zugeschrieben, ohnehin war die *Geometrie* wichtiger. Die Griechen hatten in den Jahrhunderten vor der Zeit des Thales in zunehmendem Maße geometrische Formen schätzen gelernt, was sich z. B. deutlich am geometrischen Stil der Dekoration der Vasen erkennen läßt, der im 8. Jhd. v. Chr. seinen Höhepunkt erreichte. Die Geometrie war die prägende Anschauungsform der Griechen, auch wenn sie zunächst bei den Ägyptern entwickelt worden war. Etymologisch bedeutet Geometrie »Landvermessung«, hinter ihrer Entwicklung standen zu Beginn tatsächlich ganz praktische Fragen: Die häufigen Nilüberschwemmungen machten die sichtbaren Abgrenzungen der Felder sehr unsicher, sie mußten immer wieder von neuem abgemessen werden. Felder waren nicht immer viereckig, sondern konnten auch dreieckig, trapezförmig oder rund sein. Diese Formen sind interessant, weil sich dafür in den Papyri – die oft nicht einfach zu interpretieren sind – Flächenberechnungen finden. Für rechtwinklige Dreiecke kannten die Ägypter die korrekte Lösung der Berechnung der Fläche, bei anderen Dreiecken hatten sie Verfahren für brauchbare Näherungswerte. Besonders schwierig war natürlich die Berechnung der Fläche eines runden Feldes, die Lösung der Ägypter dafür war gar nicht so schlecht: Sie nahmen das Quadrat von 8/9 des Durchmessers des Kreises, was $\pi = 3{,}1605$ ergibt (wir verwenden 3,1416). Auch Volumina, sogar die von Pyramiden, wurden berechnet, wobei oft wiederum praktische Zielsetzungen vorlagen, etwa die Frage: Wie viel enthält ein Getreidespeicher? All dies waren Fragen auf ganz praktischem Hintergrund, eine Erforschung der Zahlenwelt als Zweck an sich gab es in Ägypten nicht. Dies hat wahrscheinlich eine recht einfache Erklärung: Die Ägypter kannten im Unterschied zu den Babyloniern keine Zahlenmystik, es gab also kein Interesse, über die praktischen Belange hinaus näher in die »Geheimnisse« der Zahlenwelt einzudringen. Ein berühmter, Arithmetik und Geometrie umfassender Text ist der Papyrus Rhind (British Museum), der auf einen Text um etwa 1850 v. Chr. zurückgeht. Auch wenn dort im Titel von »dunklen Geheimnissen« die Rede ist, hat dies nicht sehr viel zu bedeuten: Für manche Menschen ist die Mathematik bis heute voller Geheimnisse, einfach deshalb, weil sie sie nicht verstehen. Wir würden also heute sagen, die Geometrie war in Ägypten eine ganz praktische Angelegenheit, die keinerlei theoretisches Interesse hervorrief.

Von Thales wird berichtet, er habe Ägypten besucht, und für einen Händler war es nichts Außergewöhnliches, die griechische Handelsniederlassung Naukratis in Ägypten zu besuchen. Proklos (5. Jhd. n. Chr.) berichtet von einem solchen Besuch in Ägypten und fügt hinzu, daß Thales die Geometrie von Ägypten nach Griechenland gebracht habe. Beides ist glaubwürdig. (Die Nachrichten über Thales als Mathematiker gehen weithin auf den Aristotelesschüler Eudemos, 4. Jhd. v. Chr., zurück.) Proklos schreibt in seinem *Euklid-Kommentar* Thales auch verschiedene Sätze aus der Geometrie zu. Bei Euklid ist der Fall ganz klar: Spätestens bei ihm liegt der Schritt von der Geometrie als praktischer Fertigkeit zur Geometrie, die in reinen

Linien besteht und auf die ein abstrakter Beweis angewandt werden kann, vor. Dies bedeutet einen kulturgeschichtlichen Einschnitt und den Beginn einer Wissenschaft. Daß Thales aber diesen Schritt schon getan hat, wurde und wird von vielen bezweifelt. Die ihm zugeschriebenen Sätze scheinen schon in Ägypten bekannt gewesen zu sein. Es gibt keinen Bericht über Beweise der Sätze der Geometrie, die Thales zugeschrieben werden. Beweise im Sinn des euklidischen logisch-axiomatischen Verfahrens hat er ohne Zweifel nicht geliefert und ist wohl eher von »intuitiv evidenten« geometrischen Beziehungen ausgegangen. Interessant ist dabei, daß ihm von Wissenschaftshistorikern vor allem Symmetriebetrachtungen zugeschrieben werden, und auf die Bedeutung der Symmetrie in der ägyptischen Kultur ist in der Einleitung hingewiesen worden. Mittelstraß spricht in diesem Zusammenhang von den Beweisen des Thales als einem »Stück logikfreier Elementargeometrie« (*Die Möglichkeit von Wissenschaft*. Frankfurt 1974. S. 38). Eine »Entdeckung« hat in der Antike offenbar besonderen Eindruck hervorgerufen: Es wird berichtet, daß Thales die Höhe einer Pyramide berechnet habe, indem er ihren Schatten mit dem eines Menschen in ein Verhältnis brachte (vgl. DL I 27). Dies setzt folgenden, dem Thales zugeschriebenen Lehrsatz voraus: Die Seiten ähnlicher Dreiecke sind proportional.

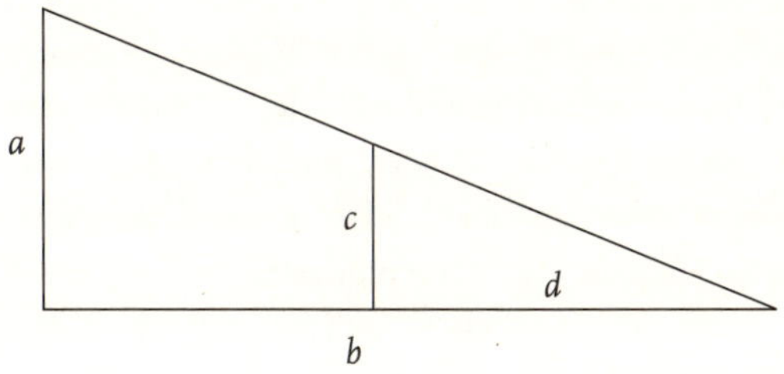

$$a : b = c : d$$
$$a = (c \times b) : d$$

Aber auch dieser Satz findet sich bereits als praktisches Problem in der ägyptischen Mathematik (Pichot, S. 196): Wenn man eine ordentliche Pyramide bauen wollte, und keinen Winkelmesser zur Verfügung hatte, mußte man, um die Steine der Außenseiten richtig herzustellen, bei gegebener Länge des Steines (= *b*) die Höhe berechnen, von wo aus die Schräge beginnen mußte (= *a*). Wie viel und welche Mathematik Thales betrieben hat, bleibt eine offene Frage. Es fällt auch auf, daß in der sogenannten »Schule« von Milet nach Thales die Mathematik keine weitere Beachtung gefunden hat. Von Anaximander wird zwar berichtet, er habe ein Buch über geometrische Lehrsätze geschrieben, von diesem Buch ist aber weder ein entsprechendes Fragment erhalten, noch auch wird irgendein Lehrsatz von einem späteren Mathematiker dem Anaximander zugeschrieben.

Es wird von Thales auch berichtet, daß er große astronomische Kenntnisse besessen habe. So wird erzählt, er habe eine Sonnenfinsternis (vermutlich die vom 28. Mai 585 v. Chr.) vorhergesagt, was den Ioniern zu einem Sieg in einer Schlacht gegen die Lyder und Meder verholfen habe (Herodot I 74, vgl. auch DL I 23). Zu dieser Prognose kam Thales aber vermutlich nicht aufgrund eigener astronomischer Berechnungen, sondern unter Verwendung babylonischer Tabellen, die sich auf die Beobachtung wiederkehrender Sonnenfinsternisse stützten. In Babylonien standen solche Beobachtungen in einem rein religiösen und kultischen Zusammenhang, entsprechende Vorhersagen waren jedoch nicht auf den Tag genau, sondern umfaßten viel gröbere Zeitmaße. Sollte der Bericht über die Sonnenfinsternis während der Schlacht zutreffen, hatte Thales außer den babylonischen Tabellen auch noch eine sehr große Portion Glück. Hervorzuheben ist, daß Thales seine Vorhersage nicht als Weissagung einer späteren willkürlichen göttlichen Handlung ausgab, was in einer Zeit, in der solche Ereignisse gewöhnlich als plötzliches göttliches Eingreifen aufgefaßt wurden, doch zumindest einige Verwunderung hervorgerufen haben dürfte und so etwas wie eine aufgeklärte Mentalität anzeigen könnte.

Alles, was hier aufgezählt wurde, ist legendär, aber dennoch aufschlußreich in Hinsicht auf das Selbstverständnis, das die griechische Philosophie und Wissenschaft von ihrer eigenen Geschichte hatte: Die griechische Philosophie wollte einen wissenschaftlichen Anfang haben, und den symbolisierte Thales.

c) Naturphilosophie

48 |

Aristoteles nennt die ionischen Philosophen ganz einfach »Natur-Lehrer« oder »Natur-Denker«. Wenn Aristoteles von natürlichen Dingen und deren wissenschaftlichem Begreifen spricht, so denkt er sofort an eine Analyse dieser Dinge unter der Hinsicht der vier Ursachen (Form, Materie, Bewirktsein, Ziel). Blickt er von da her auf seine Vorgänger zurück, so muß er feststellen, daß diese meist ausschließlich von der materiellen, d. h. stofflichen, Ursache sprechen:

> Von den ersten Philosophen hielten die meisten nur die stoffartigen für die Prinzipien von allem; denn dasjenige, woraus alles Seiende ist und woraus es als Erstem entsteht und worein es als Letztem untergeht, indem das Wesen bestehen bleibt und nur die Eigenschaften wechseln, dies, sagen sie, ist Element und Prinzip des Seienden. Darum nehmen sie auch kein Entstehen und Vergehen von etwas an, da ja eine derartige Natur stets erhalten bleibe. (*Metaphysik* I 2, 983b 7–13)

In dieser Feststellung ist die Grundvoraussetzung ionischer Naturphilosophie enthalten: Es ist allen natürlichen Dingen gemeinsam, daß sie aus einem letzten »Stoff« bestehen, der selbst ewig ist. Die dahinterstehende Frage lautet: Gibt es angesichts all der ständig wechselnden Zustände und Vorgänge in der Natur ein Bleibendes, ein Beständiges? Die ionischen Naturphilosophen beantworteten diese Frage positiv und gingen noch einen Schritt weiter, wenn sie meinten, daß das Bleibende, Ewige, auch *Eines* sein müßte. Vielleicht ist dieser Schluß etwas vorschnell, man sollte ihn ihnen aber nicht übel nehmen, da er bei Philosophen sehr häufig ist. Entstehen und Vergehen sind also innerweltliche Vorgänge, die Kategorien »Entstehen« und »Vergehen« können aber nicht auf die Welt als ganze angewandt werden. Diese Grundvoraussetzung, die als solche nicht zur Diskussion stand, ließ jedoch verschiedenste Interpretationsmöglichkeiten, also Theoriebildungen, offen, die sehr wohl diskutiert werden konnten. Aristoteles berichtet weiter:

Doch über die Menge und die Art eines derartigen Prinzips stimmen nicht alle überein. Thales, der Urheber solcher Philosophie, nennt es Wasser (weshalb er auch erklärte, daß die Erde auf dem Wasser sei), wobei er vielleicht zu dieser Annahme kam, weil er sah, daß die Nahrung aller Dinge feucht ist und das Warme selbst aus dem Feuchten entsteht und durch dasselbe lebt (das aber, woraus alles wird, ist das Prinzip von allem); hierdurch also kam er wohl auf diese Annahme und außerdem dadurch, daß die Samen aller Dinge feuchter Natur sind, das Wasser aber dem Feuchten Prinzip seiner Natur ist. (*Metaphysik* I 2, 983b 18–27)

Aristoteles sagt also nicht, Thales habe diese Überlegungen angestellt, sondern überlegt selbst und nimmt dann an, auch Thales könnte ebenso gedacht haben. Die Überlegung des Aristoteles ist durchaus begründet und es ist gar nicht so unwahrscheinlich, daß Thales selbst auf diesem Weg zu seiner These gekommen war. Aristoteles verwendet allerdings in diesem Bericht über Thales schon den Begriff *arché* (Prinzip), den Thales in diesem technischen Sinn noch nicht verwendet haben dürfte. Dies ist jedoch nicht entscheidend. Wichtiger ist, daß Aristoteles – als Historiker vorsichtig vermutend – annimmt, Thales sei zu seiner Vorstellung vom Wasser als Urstoff aufgrund von Verallgemeinerungen empirischer Beobachtungen gelangt. Aristoteles gibt damit zu erkennen, daß seiner Auffassung nach damit eine entscheidende *Distanzierung formaler Art gegenüber dem Mythos* vorliegt. Die mythische Tradition der Theologen kann sehr wohl auch das Wasser als Urstoff gedacht haben, die Denkform dort ist aber orientiert am Ältesten und Ehrwürdigsten, nicht am empirisch Verallgemeinerungsfähigen:

Manche meinen auch, daß die Alten, welche lange vor unserer Generation und zuerst über die göttlichen Dinge geforscht haben (die ersten Theologen), ebenso über die Natur gedacht hätten; denn den Okeanos und die Tethys machten sie zu Erzeugern der Entstehung und den Eid der Götter zum Wasser, das bei den Dichtern Styx heißt; denn am ehrwürdigsten ist das Älteste, der Eid aber ist das Ehrwürdigste. Ob nun dies schon eine ursprüngliche und alte Meinung über die Natur war, das möchte wohl dunkel bleiben; Thales jedoch soll sich auf diese Weise über die erste Ursache ausgesprochen haben. (*Metaphysik* I 2, 983b 27–984a 3)

Wenn Aristoteles hier sagt »auf diese Weise«, so bezieht er sich auf die – vermuteten – empirischen Verallgemeinerungen, die im vorausgegangenen Zitat aufgeführt worden sind. Aristoteles ist sehr vorsichtig, wenn es darum geht, eine Beziehung zwischen der Annahme des Wassers bei Thales und den mythologischen Gestalten des Okeanos und Thethys zu beurteilen. Er legt sich selbst nicht fest, sondern teilt nur die Meinung von »manchen« mit, eine begründete Vorsicht, denn die Rolle des Okeanos im griechischen Mythos lieferte keine Grundlage für naturphilosophische Spekulationen. Schon in der Antike äußerten Simplikios und Plutarch die Vermutung, Thales habe diese Lehre aus Ägypten übernommen, und diese Vermutung wird auch von Forschern der Gegenwart als korrekt angesehen. An diesem Punkt kann man also mit guten Gründen annehmen, der Übergang vom Mythos zum Logos sei vom nichtgriechischen Mythos zum Logos erfolgt, wobei der hier auftretende Logos allerdings wirklich griechisch ist: Mythologisches Material wird in einen Zusammenhang mit einer rationalen und physikalischen Betrachtungsweise gebracht.

»Natürliche Dinge« und »Natur« ergeben sich überhaupt erst dort, wo auf allgemeine, wiederkehrende Regelmäßigkeiten zur Erklärung rekurriert wird. Das Alternativmodell dazu sind die »künstlichen Dinge«, zu deren Erklärung man auf die Absicht des sie Hervorbringenden zurückgreifen muß. Dieses Modell wurde im Mythos weithin auch für die Erklärung natürlicher Phänomene herangezogen, was aber heißt, daß es dort keine »natürlichen Dinge« im eben genannten Sinn gibt. Thales

distanziert sich von dieser Sichtweise. Daß er bei der Erklärung natürlicher Phänomene tatsächlich aufgrund empirischer Verallgemeinerungen und In-Beziehung-Setzen verschiedener Phänomene in allgemein geltenden Kausalbeziehungen gedacht haben dürfte, zeigt der Bericht über seine Erklärung der jährlichen Nilüberschwemmung (Herodot: *Historien* II 20): Thales nahm dabei eine Beziehung von Passatwinden bzw. -stürmen und Überschwemmung an, wobei seine Hypothese einer durch die Stürme hervorgerufenen Stauung an der Mündung des Nil zwar nicht zutrifft, der kausale Zusammenhang (d.h. Regenfälle im Quellgebiet verursacht durch Passatwinde) aber durchaus richtig angesetzt wird. Vor allem aber wird hier *kausales Denken* bei Erscheinungen eingesetzt, die bisher nicht mit anderen Phänomenen der Natur in Beziehung gesetzt wurden. Entscheidend für den vorausgesetzten Naturbegriff ist das Denken in Kausalkategorien, durch die empirische Phänomene in eine Gesetzes-Beziehung gesetzt werden.

Thales setzte also nach Aristoteles Wasser als den »Urstoff« an, aus dem alles entstanden ist. Dies ist eine Hypothese, die so nicht zutrifft (man könnte es statt mit Wasser mit Wasserstoff versuchen). Dennoch handelt es sich hier um eine diskutierbare Hypothese, und die nachfolgenden ionischen Philosophen werden ihr andere Hypothesen gegenüberstellen. Der entscheidende Unterschied zum Mythos besteht eben darin, daß hier überhaupt eine *diskutierbare Hypothese* vorliegt, wohingegen etwa der Hervorgang der Götter aus dem Chaos bei Hesiod keinerlei Anhaltspunkte für eine derartige Diskussion lieferte.

Wasser ist für Thales der Urstoff. Wir müssen dabei jedoch mit unserer Vorstellung von »Stoff« oder »Materie« sehr vorsichtig sein, um Fehldeutungen zu vermeiden. Wasser ist für Thales der Grund des Lebens, der Urstoff der Welt ist somit immer schon belebt, und die Natur ist damit von Anfang an als belebte vorgestellt. Das Wort für Natur ist bei den Griechen *phýsis* und dieses Wort ist von »wachsen« abgeleitet. Die frühen griechischen Philosophen gehen also vom Lebendigen, Wachsenden aus, die Frage eines Entstehens von Lebendigem aus unbelebter Materie lag völlig außerhalb ihres Fragehorizonts. Auf diesem Hintergrund ist es zu verstehen, daß von Thales in einem Atemzug berichtet wird, daß er das Wasser als Prinzip von allem angesehen und den Kosmos als voll von Göttern seiend betrachtet habe (Aristoteles: *Über die Seele* I 5, 411a 8). Dies sind im Grunde nicht zwei Aussagen, sondern ein und dieselbe, nur daß sich die zweite traditionellen mythologischen Sprachmaterials bedient: Götter stellte man sich als lebendig und unsterblich vor, auch die Welt des Thales ist als lebendig und ewig gedacht.

Die Erde stellte sich Thales als auf dem Wasser schwimmend vor (vgl. das Aristoteleszitat weiter oben), und dabei kann die ägyptische Vorstellung des aus dem Urwasser auftauchenden Urhügels eine Rolle gespielt haben. Es gibt keinen Bericht darüber, ob und wenn ja, wie Thales sich das Hervorgehen der Erde aus dem Wasser vorgestellt hat, aber: Thales ist eben nicht wichtig für einzelne Theorieelemente, sondern für sein *Erklärungsprogramm*, für seinen methodischen Ausgangspunkt.

2. Anaximander

Vom Leben Anaximanders (ca. 610–546) wissen wir praktisch nichts. Ebenso wie schon von Thales wird auch von ihm erzählt, er habe am politischen Leben Milets aktiv teilgenommen. Er soll z. B. die milesische Siedlung Apollonia am Schwarzen Meer gegründet haben. Historisch nachgewiesen ist das nicht. Anaximander wird von verschiedenen antiken Autoren, z. B. von Theophrast, als Schüler des Thales bezeichnet, ob das zutrifft, läßt sich allerdings kaum feststellen. Zumindest ein Kontakt mit Thales ist anzunehmen, und die später berichtete Lehrer-Schüler-Beziehung zeigt jedenfalls das Interesse der antiken griechischen Historiker an einer kontinuierlichen Geschichte. Dies wird auch bei Diogenes Laertius deutlich, der darauf hinwies, daß Anaximander *nicht* das Wasser als Prinzip annahm (DL II 1), womit er vermutlich einen Theorienunterschied zu Thales feststellen wollte. Wie Thales dürfte sich auch Anaximander mit praktischen Fragen befaßt haben, die mit seinen wissenschaftlichen Interessen zusammenhingen. Diogenes Laertius berichtet außerdem, Anaximander habe die Sonnenuhr erfunden (Ebd.), dies trifft jedoch nicht zu, denn die Sonnenuhr war bei den Babyloniern schon lange bekannt, Anaximander hat sie also höchstens bei den Griechen eingeführt. Weiter wird von ihm berichtet, er habe die erste geographische Karte der (damals bekannten) Welt erstellt (DL II 2). Soweit wir von dieser Karte Nachricht haben, ergibt sich, daß sie eine Zusammenfügung von geographischen Mitteilungen und mythologischen Vorstellungen war.

Anaximander ist der erste griechische Philosoph, von dem uns der Titel einer Schrift bzw. das Thema derselben bekannt ist: *Perí Phýseos (Über die Natur)*. Daß Anaximander tatsächlich eine Schrift verfaßt hat, ist ziemlich wahrscheinlich, der Titel ist aber möglicherweise einfach der Standardtitel, den man den Büchern der frühen Philosophen zuschrieb. Es gibt Gründe für die Annahme, daß Aristoteles und Theophrast diese Schrift noch gekannt haben könnten.

a) Die allgemeine Naturphilosophie

Von Anaximander stammt der erste im Wortlaut überlieferte Satz der europäischen Philosophie, der von Philosophen daher häufig mit Ehrfurcht und Pathos vorgetragen wird:

> Anfang und Ursprung der seienden Dinge ist das Apeiron. Woraus aber das Werden ist den seienden Dingen, in das hinein geschieht auch ihr Vergehen nach der Schuldigkeit; denn sie zahlen einander gerechte Strafe und Buße für ihre Ungerechtigkeit nach der Zeit Anordnung. (Fragm. 1)

Dieser Satz wirft philologisch und interpretativ allerdings große Schwierigkeiten auf. *Ápeiron* enthält den Wortstamm *péras*, was »Grenze« oder »Bestimmtheit« bedeutet. Die Negation durch das *α-privativum* besagt »un-begrenzt«, »un-bestimmt«, es dürfte hier also sowohl die Negation quantitativer Eingrenzung als auch die Negation qualitativer Bestimmung gemeint sein. Aristoteles interpretiert *ápeiron* nur im Sinn quantitativer Unbegrenztheit, also als »indefinit«, aber schon sein Schüler Theophrast scheint auch die Negation qualitativer Bestimmtheit einbezogen zu haben. Mit »räumlich unbegrenzt« trifft Aristoteles wohl den alten Sprachgebrauch von *ápeiron* richtig (vgl. *Physik* III 4, 202a 30–33). Man muß dabei allerdings das »indefinit« bei Anaximander in einem noch ziemlich vagen Sinn auffassen, da erst später, mit den Parmenides-Verteidigern Zeno und Melissos, begrifflich schärfere Überlegungen zur »Unendlichkeit« angestellt wurden. Theophrast hingegen hat vermutlich mit seiner Interpretation des *ápeiron* als eher qualitativer Unbestimmtheit der Sache nach auch recht, da Anaximander etwas ausdrücken wollte, was *vor* bestimmten Elementen wie Feuer, Wasser, Luft oder Erde liegt (DL II 1). Wahrscheinlich ist es aber auch schon zu viel gesagt, von Negation, sei es qualitativer, sei es quantitativer Bestimmungen, zu sprechen: Um Bestimmungen zu negieren, müssen zuvor zunächst Bestimmungen irgendwelcher Art angenommen werden, und mit einem solchen logischen Verfahren sind wir schon zu stark im Denkrahmen der Gegensatzlehre des Aristoteles. Bei Anaximander muß man wohl die weiterwirkende Präsenz des Mythos berücksichtigen: Das *ápeiron* Anaximanders steht vermutlich der unbegrenzten, umfassenden »Tiefe« der orientalischen Mythen ziemlich nahe, jedenfalls näher als der aristotelischen Prinzipienlehre. Es handelt sich um den vor aller Bestimmtheit und Begrenzung liegenden Urgrund, bei dem auch die Frage Unendlichkeit-Endlichkeit eigentlich unangemessen ist. Es geht hier um das Denken eines Grenzbegriffs, der im mythischen Vorstellen häufig als »noch nicht« auftaucht. Erinnern wir uns an den schon in der Einleitung zitierten Beginn des mesopotamischen *Enuma Elisch*:

> Als droben die Himmel nicht genannt waren.
> Als unten die Erde keinen Namen hatte [...]
> Als noch kein Gott erschienen,
> Mit Namen nicht benannt, Geschick ihm nicht bestimmt war [...].
> (Eliade: *Die Schöpfungsmythen*. S. 134.)

Und in den ägyptischen *Pyramidentexten* lesen wir:

> Dieser König wurde im Nun geboren, als der Himmel noch nicht entstanden war, als die Erde noch nicht entstanden war, als noch nichts errichtet worden war, als selbst die Unordnung noch nicht entstanden war [...]. (Ebd. S. 66)

Der Grund, der Anaximander dazu geführt haben könnte, ein solches Unbegrenztes-Unbestimmtes als den Ursprung aller seienden Dinge anzunehmen, ist nur versuchsweise rekonstruierbar. Bei der Annahme eines mythologischen Hintergrundes muß man zudem auch zwischen den Fragen, *ob* ein mythologisches Motiv übernommen wird, und *warum* es übernommen wird, genau unterscheiden. Wir können annehmen, daß Anaximander die Vorstellung des Thales über das Wasser als Ursprung von allem kannte, demgegenüber nahm er selbst jedoch antiken Berichten zufolge drei Grundelemente der erfahrbaren Welt an: Wasser, Erde und Feuer. Diese drei Grundelemente begrenzen einander gegenseitig, keiner – auch das Wasser nicht – kann für sich genommen der Ursprung von allem sein; wenn eines von ihnen das Übergewicht erhält, fordert die Gerechtigkeit einen Ausgleich. Der Ursprung mußte deshalb in einem Bereich gesucht werden, der jenseits der sich gegenseitig in Schranken haltenden Begrenzten liegt. Ob ein solcher Reflexionsweg bei Anaximander tatsächlich vorlag, wissen wir nicht – Aristoteles jedenfalls schreibt ihm in einem Text einen ganz ähnlichen Gedanken zu (*Physik* III 4, 203b 15–26). In zeitlicher Hinsicht muß für Anaximander gelten, daß die Ursubstanz immer war, oder besser: einfach zeitlos ist.

> Das Apeiron ist ohne Alter. (Fragm. 2)
> Das Apeiron ist ohne Tod und ohne Verderben. (Fragm. 3)

Anaximanders Vorstellung der qualitativen Bestimmungslosigkeit der *arché* besagt nur, daß der Urgrund der Dinge mit keinem empirischen Ding zusammenfällt, eine Immaterialität des Urgrundes ist damit jedoch keineswegs ausgesagt, falls man dieses Problem überhaupt in eine Periode zurückprojizieren kann, in der noch nicht mit einem Gegensatz »materiell-immateriell« gearbeitet wurde. Anaximander dachte – in unserer Begrifflichkeit – das *ápeiron* als materiell; besser als »materiell« ist jedoch die Bezeichnung »physisch« im Sinn von »natürlich«, »belebt«.

Man kann zudem fragen, was die »Anordnung der Zeit« im Text des Fragments aussagen soll. Anaximander denkt dabei wohl in gesellschaftlichen wie auch in natürlichen Kategorien. Wahrscheinlich war er der Überzeugung, daß Natur- und Gesellschaftsordnung nach denselben Gesetzen der Gerechtigkeit (= Richtigkeit) gelenkt werden. In der Naturordnung gibt es Zeitgrenzen, etwa für Winter und Kälte gegenüber Sommer und Hitze; auch in der Gesellschaftsordnung gibt es Grenzen, etwa für das Maß der Strafe für eine Ungerechtigkeit. Die Ordnung der Zeit ist nicht metrisch, sondern dem jeweiligen Gegensatz, der entstandenen Ungerechtigkeit, angepaßt.

In antiken Berichten wird auch gesagt, Anaximander habe eine Vielzahl von Welten angenommen. Entsprechend wurde diskutiert, ob er die *gleichzeitige* Existenz oder die *Aufeinanderfolge* verschiedener Welten angenommen habe. Es gibt aber auch Gründe dafür, daß die Vorstellung vieler Welten gar nicht von Anaximander stammt, sondern von Theophrast, auf den diese Mitteilung zurückgeht: Theophrast tendierte dazu, allen, die ein unendliches Weltall annahmen oder von denen er meinte, daß sie dies annahmen, eine Vielzahl von Welten zuzuschreiben.

Anaximanders *ápeiron* hat immer wieder das Interesse der Metaphysiker hervorgerufen. Von Aristoteles aber wird Anaximander in die Gruppe der Naturdenker eingereiht, vermutlich ganz zu recht. Dann aber ist mit dem *ápeiron* etwas gemeint, das zur Naturerklärung gehört, also ist es eher als Bestandteil einer wissenschaftlichen Theorie gemeint. Genau ist das alles nicht auszumachen. Schon Aristoteles hatte mit dem Begriff des *ápeiron* seine Probleme:

> Nun hat die Lehre *(theoría)* vom Unbegrenztheitsbegriff aber auch Schwierigkeiten *(aporía)*: Ob man ansetzt, ein Unendliches gebe es nicht, so folgen daraus viele Unmöglichkeiten, ebenso wenn man ansetzt, es gebe das. Weiter, auf welche von beiden Weisen kommt es vor: Entweder als Ding oder als eigentümliche Zusatzbestimmtheit an einem Naturding? Oder auf beide Weisen nicht, und trotzdem gibt es nichtsdestoweniger ein Unbegrenztes oder unbegrenzt Vieles. Besondere Aufgabe des Natur-Forschers ist es zu untersuchen, ob es eine sinnlich wahrnehmbare Größe von unbegrenzter Ausdehnung gibt. (*Physik* III 5, 203b 30–204a 2)

Aristoteles vermutete also Aporien in der Theorie eines Begriffes vom Unbegrenzten, jedenfalls wenn dieses als Naturding angesehen wird, was eine wichtige Vermutung darstellt. Die weitere Geschichte der Philosophie, jedenfalls bis Kant, wird sich mit solchen Aporien immer wieder beschäftigen müssen, wenn dieser Begriff verwendet wird. Aristoteles hat jedenfalls richtig gesehen, daß hier die Frage auftaucht, ob dieses Unbegrenzte bei Anaximander – der in diesem Punkt von seinem Vorgänger Thales ebenso verschieden ist wie von seinem Nachfolger Anaximenes – zur wissenschaftlichen Erklärung von Naturphänomenen gehören kann, oder anders ausgedrückt: Ist es in der Wissenschaft erlaubt, Begriffe zu verwenden, die nicht-empirischer Art sind, ohne deshalb schon metaphysische Begriffe zu sein? Dies ist ein Problem, das bis in die Wissenschaftstheorie der Gegnwart hinein diskutiert wird.

b) Die spezielle Naturphilosophie

Aristoteles berichtet, nach Anaximander »sonderten« sich aus dem *ápeiron* die *Gegensätze* »aus« (*Physik* I 4, 187a 20–21). Deshalb darf man jedoch nicht annehmen, daß Anaximander die Gegensätze als schon im *ápeiron* gegeben dachte: Nur der Ursprung des Hervorgehens der Gegensätze ist dem *ápeiron* immanent, nicht die Gegensätze selbst. Eine klare Auskunft, wie sich Anaximander den Übergang aus dem Einen zu der Vielheit der Gegensätze vorstellte, finden wir in den Quellen nicht. Vielleicht aber lag bei Anaximander selbst schon keine klare Auskunft vor. Auch dies ist ein wiederkehrendes Motiv der Philosophiegeschichte, wie schon im Zusammenhang der ägyp- | 55
tischen Mythologie angedeutet wurde: Alle, die von dem Einen ausgehen, geraten in Schwierigkeiten, wenn sie den Hervorgang einer Vielheit erklären sollen.

Nach Anaximander ruht die Erde und hält sich an ihrem Ort, da sie zu allen Teilen des Weltalls den gleichen Abstand hat (Aristoteles: *Über den Himmel* II 13, 295b 11). Wie diese Auffassung mit dem Gedanken eines Unbegrenzten in Einklang zu bringen ist, ist mehr als unklar. Nichtsdestoweniger ist diese These für sich betrachtet interessant. Der Ort der Erde und ihre Ruhe wird dadurch begründet, daß sie sich im Gleichgewicht in bezug auf alle Außenpunkte befindet. Diese geometrische Ortsbestimmung der Erde macht die Distanzierung vom Mythos deutlich. Die mythologischen Weltbilder liefern gewöhnlich ein wertendes Oben und Unten, eine Erde mit gleichem Abstand nach allen Richtungen kann jedoch nicht mehr in Richtung auf Unten und Oben bestimmt werden. Das Unten des Mythos ist dabei oft zweideutig: Es stellt die »Unterwelt« dar, den Bereich des Todes oder des Bösen, aber auch den »Untergrund« des Lebens, den feuchten, Leben hervorbringenden »Grund«, die »unteren Wasser«. Anaximander löst sich vollständig von einem solchen mythologischen Unten und Oben, und nicht nur das: In seiner Kosmologie gibt es streng genommen überhaupt kein Oben und Unten. Damit ist nicht gesagt, daß die Theorie des Anaximander zutrifft, wohl aber, daß es eine kritisierbare Theorie ist. Aristoteles kann sie dann auch durch eine einzige Gegeninstanz widerlegen: »Diese Theorie ist sehr scharfsinnig, aber unrichtig. Denn nach ihr müßte alles, was in die Mitte gebracht wird, beharren, so daß auch das Feuer ruhen wird.« (*Über den Himmel* II 13, 295b) Dies ist wissenschaftliche Hypothesendiskussion im besten Sinn.

Anaximander stellte sich die Erde als flachen Zylinder, als »Steinsäule« (Fragm. 5) mit einem Verhältnis von Durchmesser zu Höhe gleich 3:1 vor. Die Erde umgeben feurige Ringe, vorgestellt als Dunströhren mit Öffnungen und bezeichnet als »Glutwindröhren« (Fragm. 4), die die Fixsterne, Mond und Sonne ergeben. Auch die Durchmesser dieser Ringe sind durch mathematische Proportionen bestimmt; sie betragen 9mal, 18mal und 27mal den Erddurchmesser. Die Privilegierung der Zahl 3 hat hier keine auf empirische Beobachtungen gestützte Bedeutung, möglicherweise spielen mythische Reminiszenzen eine Rolle, dies ändert jedoch nichts daran, daß sie einbezogen ist in ein mathematisch-physikalisches Modell.

Anaximander beschäftigte sich auch mit meteorologischen Fragen. Die Einzelheiten sind in unserem Zusammenhang nicht wichtig, entscheidend ist jedoch, daß er so wie vielleicht schon Thales bei den Nilüberschwemmungen nach empirischen Erklärungen sucht, meist mit dem Hauptfaktor Wind. Hier schleudert kein Zeus mehr Blitze, hier gibt es nur Winde, leichtere und dichtere Wolken. – Die Entstehung des Menschen bindet Anaximander – in etwas phantastischer Weise – in einen universalen Entwicklungsprozeß ein. Die ersten lebenden Wesen entstanden durch die Wärme der Sonne im Schlamm, der Mensch soll sich aus einem fischähnlichen Wesen entwickelt haben. Dies ist noch keine Evolutionstheorie, wohl aber der
56 | Beginn einer Betrachtungsweise, die den Menschen innerhalb einer Reihe natürlicher Phänomene zu erklären sucht.

Der sogenannte Übergang vom Mythos zum Logos läßt sich bei Anaximander klar aufzeigen. Die Vorstellungen sind im Mythos und in der beginnenden Philosophie gar nicht so sehr verschieden, der *Gebrauch* dieser Vorstellungen, ihre Pragmatik also, verändert sich jedoch grundlegend. Dies wird vor allem an der Sprache und der Sprachform deutlich: Im Mythos wird erzählt, und eine Erzählung braucht Eigennamen. Anaximander dagegen spricht vom Ursprung *(arché)* der Dinge *(ónton)* in einem Unbegrenzt-Unbestimmten *(ápeiron)*, welches ein ewiger Vorgang in der Zeitordnung *(táxis)* ist, d. h. er braucht keine Eigennamen und kann keine solchen brauchen. Den Gebrauch einer solchen Sprache erleichterte der schon vorphilosophische Sprachgebrauch des Griechischen, der mit einer gewissen Leichtigkeit solche Abstrakta bilden kann. Dies schmälert jedoch keineswegs die Leistung Anaximanders, denn es ist ja eben auch entscheidend, die Möglichkeiten einer Sprache zu entdecken und sie für einen bestimmten Zweck, hier also zur Entwicklung einer Wissenschaftssprache, zu verwenden und weiter zu entwickeln. Nach antiken Quellen geht auf Anaximander eine der weitreichendsten Begriffsübertragungen bzw. Begriffsbildungen zurück: Er soll als erster den Begriff »*Kosmos*« im Sinne von «Weltganzes« gebraucht haben. Das Wort gab es schon in der Umgangssprache: Zunächst bezeichnete es eine zweckvolle, menschliche Ordnung, dann aber auch jede schöne, kunstvolle Ordnung: Kosmos ist etwas, das »schmuck« ist. Die Übertragung dieses Wortes auf das Weltganze enthielt ein ganzes wissenschaftstheoretisches Programm. Anaximander suchte Ordnungsprinzipien, die die Welt und den Menschen erklären konnten, und faßte den ganzen Kosmos als ein Ordnungsgefüge auf, dessen Erklärung nicht nur wissenschaftlich, sondern auch ästhetisch befriedigend sein sollte.

3. Anaximenes

Vom Leben des Anaximenes (ca. 586–527 v. Chr.) wissen wir nichts, außer daß er in Milet gelebt hat und als Schüler des Anaximander galt.

Von den Philosophiehistorikern wird Anaximenes verschieden eingeschätzt. Historiker, die an der Entwicklung der Metaphysik interessiert sind, sehen bei Anaximenes gegenüber Anaximander einen Rückschritt: Im Unterschied zu dem Grenzenlosen und Unbestimmten – also etwas dieser Interpretation nach Transempirischem – nahm Anaximenes »wieder«, wie Thales, einen empirischen Stoff als *arché*, als Urgrund der Welt, an: die *Luft*. Die eher an der Entwicklung der Philosophie im Zusammenhang mit der Wissenschaft interessierten Historiker hingegen meinen, das *ápeiron* des Anaximander sei zwar kein empirisch nachweisbarer Stoff, aber eben doch ein physisches Substrat oder jedenfalls etwas, das durch einen Begriff, der zu einer empirischen Theorie gehört, ausgedrückt wird und keine metaphysische Konstruktion. Somit bestehe in dieser Hinsicht eine Kontinuität zwischen Anaximander und Anaximenes, wobei aber bei Anaximenes neue und wissenschaftlich-philosophisch weiterführende Aspekte in die Diskussion eingebracht werden. Die letztere Sicht lag auch der antiken Geschichtsschreibung der Philosophie zugrunde, und sie ist wahrscheinlich die richtige. Anaximenes ging von einem extrem dunklen Punkt innerhalb der Theorie des Anaximander aus und fand für diesen eine für seine Zeit einleuchtende Antwort, die noch dazu einen für die weitere Entwicklung der Wissenschaft entscheidenden methodologischen Aspekt enthielt. Anaximander hatte unklar gelassen, *wie* aus dem *ápeiron* die Gegensätze hervorgegangen sind bzw. hervorgehen können. Indem Anaximenes die Luft als physischen Urgrund anstelle des *ápeiron* annahm, konnte er das Erklärungsdefizit in der Auffassung des Anaximander vermeiden. Anaximenes scheint, um das Hervorgehen der Gegensätze zu erklären, auf eine einfache *empirische Beobachtung* hingewiesen zu haben (wir sollten dabei vorsichtig sein und nicht schon von »Experiment« sprechen): Blase ich die Luft bei fest geschlossenem Mund auf die davor gehaltene Handfläche, so empfinde ich sie als kühl; blase ich sie hingegen bei geöffnetem Mund auf die Hand, so empfinde ich sie als warm. Dies ergibt die Vermutung eines Zusammenhanges von Dichte und Temperatur:

Das sich Zusammenziehende und Verdichtende der Materie ist das Kalte, das Dünne und Schlaffe dagegen das Warme. (Fragm. 1)

Der Unterschied liegt also nicht im Stoff, sondern im Druck oder in der *Dichte* des Stoffes, wobei die Dichte einer verschiedenen Intensität der Bewegung entspricht. Der entscheidende Gedanke dabei ist folgender: Es ist möglich, die aus ein und demselben Stoff hervorgehenden, *qualitativ* verschiedenen Eigenschaften durch *quantitative* Verschiedenheit der Beschaffenheit des Stoffes zu erklären. Diese Transformation qualitativer in quantitative Bestimmungen wurde entscheidend für die Entwicklung der Naturwissenschaft und ermöglichte erst ihre spätere Mathematisierung. Damit greifen wir natürlich weit über das bei Anaximenes historisch Vorliegende hinaus. Vielleicht wollte er nur darauf hinweisen, daß die verschiedene Dichte *ganz andere* Wirkungen, nämlich kalt und warm, hervorrufen kann, daß sie also die Erklärung für alle möglichen, sich aus Luft ergebenden Zustandsformen liefern kann. Entscheidend war für Anaximenes nach antiken Berichten die These, daß alle Dinge durch Verdichtung und Verdünnung der Luft entstanden sind. Eine klare Vorstellung einer generellen Reduktion der Physik von qualitativen auf quantitative Bestimmungen kann Anaximenes aber kaum gehabt haben, denn es geht ihm um die Erklärung verschiedener Qualitäten, nicht um deren prinzipielle Wegerklärung, also um die Entfernung derselben aus der wissenschaftlichen Erklärung. Dennoch ist historisch festzuhalten, daß Anaximenes einen entscheidenden Schritt über Anaximander hinaus tat: Das Problem der Verwandlung des Zugrundeliegenden, des »Urstoffs«, des Hervorgehens weiterer Bestimmungen aus demselben, wird zum ersten Mal als physikalisches Problem gefaßt und in den Zusam-

menhang quantitativer Veränderungen gestellt. Die Frage ist jedoch, wie weit die Beobachtung der Verdichtung und Verdünnung der Luft trägt, d. h. bis in welche Bereiche sie als Begründung angenommen werden kann. Anaximenes ist überzeugt, daß eine universelle Anwendbarkeit vorliegt, denn Luft ist der allgemeine Urgrund:

Wie unsre Seele, die Luft ist, uns beherrschend zusammenhält, so umfaßt auch die ganze Weltordnung Hauch und Luft. (Fragm. 2)

Wir begegnen hier der alten mythologischen Vorstellung einer Entsprechung von Mikro- und Makrokosmos, man sollte daher vorsichtig sein, wenn man von dem Anaximenes-Ausspruch als einer Schlußfolgerung sprechen will. Auch handelt es sich bei dieser Mikro-Makrokosmos-Vorstellung Anaximanders nicht um eine axiomatische Voraussetzung, ein theoretisches Grundprinzip, wie es dies ein Jahrhundert später in der Medizin sein würde. Der Grundgedanke einer Korrespondenz von Mensch und Welt indes ist bei Anaximenes wohl vorhanden, allerdings nicht in der Form eines Arguments, sondern eher in der Weise eines exemplifizierenden Hinweises. Die Implikationen sind schließlich mehr als unklar, denn wenn die Parallele durchgezogen würde, müßte Anaximenes die ganze Welt als großen Organismus aufgefaßt haben, und für diese Meinung gibt es bei Anaximenes keine Anhaltspunkte. Anaximenes versuchte vielmehr, ausgehend von seiner Annahme der Luft in verschiedener Dichte als kosmogonischem Grundprinzip, zu weiteren Erklärungen zu gelangen, ging aber auf diesem Weg nur erste tastende Schritte. Er erklärte Kalt und Warm durch größere und geringere Kompression der Luft und beschrieb im nächsten Schritt – nun mit Hilfe von Kalt und Warm – die Aggregatzustände (luftartig, flüssig, fest): Wolken (fast luftartig) gehen erst in Regen (flüssig) über, daraus bildet sich (bei größerer Kälte) Eis. Die Erde ist nach Anaximenes eine dünne Scheibe und wird wie ein Blatt von der Luft getragen, ganz ähnlich stellte er sich auch die Sonne vor.

Um all dies annehmen zu können, ohne auf etwas der Luft Transzendentes zurückgreifen zu müssen, mußte Anaximenes die Luft als immer schon, d. h. »wesensmäßig«, bewegt ansehen. Auch hier begegnen wir wieder dem Ursprünglichen als Bewegt-Lebendigem. Diese wesentliche Bewegtheit der Luft konnte Anaximenes um so leichter annehmen, als für ihn folgende Analogie bestand: So wie die Seele als der – materiell aufgefaßte – Lebenshauch die Lebewesen zur Einheit macht, so ist auch die Luft das – bewegte – Prinzip der Einheit der Dinge (vgl. oben Fragm. 2).

4. Grundbegriffe der ionischen Naturphilosophie

1. *Das Seiende* – die *seienden Dinge (ta ónta)*. Der Begriff »das Seiende« war bis in die späte Zeit des Griechischen Ausdruck für das, was zum unmittelbaren Lebensbereich des Menschen gehörte: Haus, Familie, Tierherden, Geräte usw. Bei den mile- | 59
sischen Naturphilosophen, insbesondere bei Anaximander, wird *ta ónta* nun zu einem Begriff für alle wahrnehmbaren Dinge, zu einem umfassenden Begriff. Damit ist eine Neuordnung des Lebensraums gegeben. Darin ist die – schließlich nicht selbstverständliche – Voraussetzung enthalten, daß sich auch anderswo, d. h. wo wir jetzt nicht sind, die Dinge ebenso verhalten wie hier. Dem entspricht nicht ein erweiterter, sondern ein neuer Begriff. Die Griechen hatten jetzt also ein sprachliches Mittel zur Verfügung, um über die Gesamtheit der Welt, d. h. über alle Dinge, allgemeine Aussagen zu machen, und sie hatten damit auch die Möglichkeit, Abstand von der mythologischen Sprache zu gewinnen, in der vom Kosmos meist als singulärem Ding gesprochen, d. h. von ihm als *einem* Ding erzählt wurde.

2. Die *Physis (phýsis)*. Dieses Wort ist eine der Abstraktbildung auf *-is*, die seit dem jüngeren Epos häufiger wurden. »Natur« bedeutet zunächst einmal den Grund, die Ursache dafür, daß ein Ding so ist, wie es ist. »Physis« ist von dem Stamm »wachsen« abgeleitet, d. h. ein Ding hat eine bestimmte Natur, weil es eben so, wie es ist, gewachsen ist. Und ein bestimmtes Ding muß so gewachsen sein, wie es ist, weil wir solches Wachsen an anderen, ähnlichen Dingen beobachten können. »Natur« ist bei den Ioniern also der weiteste Begriff, der alle Phänomene umfaßt, die einer beobachtbaren *Regelmäßigkeit* unterworfen sind. Die Begriffe »Physis«, »Regelmäßigkeit« und »Ordnung« gehören zusammen. Es kann angenommen werden, daß zu dieser Zeit »Mythos« jenen negativen Sinn anzunehmen begann, den wir später bei Thukydides allgemein vorfinden: Er ist ein Gegenbegriff geworden, der das Unverbürgte, *nicht Überprüfbare*, keiner Regel Unterworfene ausdrückt. In diesem Begriff der Physis, der rationale, sich auf beobachtbare Regel-

mäßigkeiten stützende Theorienbildung ermöglicht, liegt das Neue der Weltansicht der milesischen Naturphilosophen. Sie haben mit dem Wort »Natur« und dem Verständnis von Wissen als Kenntnis beobachtbarer Regelmäßigkeiten die Grundlagen von Wissenschaft gelegt. Sie *erzählen* nicht mehr, d. h. sie versuchen nicht mehr, einzelne Ereignisse durch ebenso einzelne Geschehnisse zu erklären, sondern sie suchen nach *allgemeinen Strukturen*, nach Gesetzen, und dafür mußte erst ein geeigneter Begriff gefunden werden. Dieser Begriff war »Physis«, aus dem später in einem engeren Sinn, nach der Einführung der bei den Ioniern grundsätzlich nicht vorhandenen Unterscheidung »belebt-unbelebt«, der Begriff »Physik« in seinem eingeschränkten Sinn wurde.

3. *Ursprung, Urgrund, Prinzip (arché).* In der Frage nach der *arché* wird die Überzeugung ausgesprochen, daß es ein Zugrundeliegendes, Bleibendes geben muß, das den wechselnden Dingen gegenüber gleichbleibt. Die *arché* in diesem Sinn ist dadurch ausgezeichnet, daß ihr gegenüber die Ursprungsfrage sinnlos wird.

4. *Kosmos.* In der Verwendung des Begriffs *kósmos* für das Ganze der Welt drückt sich die Voraussetzung aus, daß es sich bei der Welt um etwas Sinnvolles, Geordnetes, Schönes handelt. Vielleicht drückt sich darin auch schon aus, daß diese Ordnung in geometrischen Figuren und mathematischen Proportionen abgebildet, dargestellt werden kann.

Bleibende Ordnungsbegriffe können mit verschiedenen Sachbegriffen kombiniert werden, d. h. ein rationales Grundschema kann in verschiedenen, untereinander konkurrierenden Theorien seinen Ausdruck finden. Wissenschaftliches wie philosophisches Denken wird dort möglich, wo die Diskussionsteilnehmer von gleichen Ordnungsbegriffen ausgehen, innerhalb derselben aber verschiedene Gruppen von Sachbegriffen entwickeln. Eine rationale Diskussion hat daher ihre Grundlage in den gemeinsamen Ordnungsbegriffen, die als solche nicht zur Diskussion stehen. Ein bestimmtes wissenschaftliches und/oder philosophisches Paradigma weist daher nur eine begrenzte Zahl von Ordnungsbegriffen auf, während die Variationsbreite der Sachbegriffe beinahe unbegrenzt ist. Es wird gesagt, daß sie »beinahe« unbegrenzt sei, denn wenn Sachbegriffe auftauchen, die nicht mehr innerhalb der vorliegenden Ordnungsbegriffe dargestellt oder definiert werden können, ist das Ende eines wissenschaftlichen oder philosophischen Paradigmas gekommen. Das folgende Kapitel über Pythagoras und die Pythagoreer stellt einen solchen Paradigmenwechsel dar.

Ordnungsbegriffe
Ursprung *(arché)*
Natur *(physis)*
Ordnung *(táxis)*
die Dinge *(ta ónta)*
Welt *(kósmos)*

Sachbegriffe
Wasser
das Unbegrenzte
Luft
Erde, Wasser, Luft, Feuer
usw.

- III -

Pythagoras und die Pythagoreer

Vorbemerkung zur historischen Einordnung

Im folgenden Abschnitt werden Pythagoras und die Pythagoreer in einer zusammenhängenden Darstellung behandelt, obwohl dies die chronologische Reihenfolge der Kapitel etwas stört. Pythagoras lebte im 6. Jhd. v. Chr. (ca. 570/560–480), er ist also ein jüngerer Zeitgenosse des Anaximenes, des letzten Vertreters der ionischen Naturphilosophie. In historischer und – schon wegen seines bedeutenden Einflusses auf Platon – auch in systematischer Hinsicht gehört Pythagoras also in die »Gründerzeit« der Philosophie. Schüler des Pythagoras waren weiterhin tätig, wo und warum, werden wir noch erfahren. Für uns historisch greifbar ist im 5. Jhd. | 61
Philolaos von Kroton, etwa ein Zeitgenosse des Sokrates. Zudem gibt es noch die Pythagoreer, von denen Aristoteles berichtet. Der Abschnitt über Pythagoras und die Pythagoreer umfaßt also historisch die Periode vom 6. bis zum 4. Jhd., bei Beibehaltung der chronologischen Darstellung müßte man somit Pythagoras und die Pythagoreer in zwei oder drei Teile untergliedern und an verschiedenen Stellen einfügen, was aber für das Verständnis des Phänomens Pythagoreismus nicht hilfreich wäre.

Für die Periode nach dem 4. Jhd. gibt es für lange Zeit keine Nachrichten mehr über die Pythagoreer. Erst in den Jahrhunderten n. Chr. begegnen wir wieder Schriften, die als pythagoreische ausgegeben werden (vgl. dazu auch Kapitel XV). Diese Schriften wurden unter dem Namen früherer Pythagoreer an die Öffentlichkeit gebracht, wurden also z. B. als solche des Archytas bezeichnet. Bei diesen heute sogenannten Pseudoepigrapha ist es schwer zu entscheiden, ob es sich dabei um bewußte Fälschungen handelt oder um Schriften, die von Pythagoreern in gutem Glauben, es handle sich dabei um authentische Lehren, verfaßt wurden, und denen dann nur der Name eines bekannten Autors gegeben wurde. Es handelte sich dabei aber um vereinzelte Schriftsteller, für eine Wiederbelebung der pythagoreischen Bünde, wie es sie in der frühen Zeit gegeben hat, gibt es keinerlei Hinweise.

1. Leben und Persönlichkeit des Pythagoras

Die Berichte vom Leben des Pythagoras sind so stark legendenhaft geprägt, daß es fast unmöglich ist, über den ganz allgemeinen Rahmen hinaus Sicheres über das Leben oder die Person des Pythagoras zu ermitteln. Ähnliches gilt für viele Punkte seiner Lehre. Die späteren Pythagoreer schrieben beinahe alles, was bei ihnen gelehrt wurde, Pythagoras selbst zu. Dadurch ist sehr schwer zu unterscheiden, was auf Pythagoras selbst und was auf seine Nachfolger zurückgeht. Hier bergegnet uns der autoritative Gründer einer Schule und – jedenfalls im Sinne seiner Schüler bzw. Nachfolger – einer autoritativen »Doktrin, was es bei den ionischen Philosophen nicht gegeben hatte. Eine Schrift des Pythagoras ist nicht überliefert, und soweit man sehen kann, hat er auch gar keine verfaßt. Seine Lehre war ausdrücklich mündlich formuliert und sollte mündlich weitergegeben werden.

Die berühmteste Pythagoras-Biographie der Antike wurde von Jamblichos verfaßt. Hier sind wir aber schon im 3. und 4. Jhd. n. Chr., und über wie viel authentische Nachrichten Jamblichos verfügt hat, ist nur schwer zu sagen. Außerdem ist das Interesse des Jamblichos sehr deutlich: Er will für Pythagoras, den großen Vorläufer Platons, der somit gleichzeitig eine Gründerfigur seines eigenen religiösen Platonismus darstellt, eine Lebensbeschreibung im Stil eines Evangeliums oder einer Heiligenlegende verfassen. Wir erfahren aus dieser Biographie daher wohl mehr über Jamblichos und seine Idealvorstellung eines Verkünders der Wahrheit als über Pythagoras.

Pythagoras wurde auf der Insel Samos geboren. Diese Stadt hatte – besonders unter der Herrschaft des Tyrannen Polykrates – einen wirtschaftlichen und kulturellen Aufschwung erlebt. »Tyrannis« bedeutet hier: Zurückdrängung der Macht des Landadels und somit eine anti-aristokratische Verfassung, die dem Mittelstand, d. h. den Vertretern von Handel und Gewerbe, mehr Rechte gab. Wenn von Pythagoras berichtet wird, er habe Samos verlassen, da er mit der Tyrannis nicht einverstanden war, so bedeutet dies daher nicht – wie auch aus seinem weiteren Leben und Wirken sowie aus dem seiner Anhänger deutlich wird –, daß Pythagoras einer Tyrannei in unserem modernen Sinn entfliehen wollte, sondern genau umgekehrt, daß er Vertreter einer aristokratisch-elitären und entsprechend autoritären Verfassung und Politik war. Er begab sich nun – laut verhältnismäßig zuverlässigen Berichten – auf Reisen.

Jung und wißbegierig, wie er war, machte er sich dann auf in die Fremde und ließ sich in alle griechischen und barbarischen Mysterien einweihen. So kam er nach Ägypten zur Zeit des Polykrates, der ihn durch ein Schreiben dem Amasis empfahl. Er erlernte die ägyptische Sprache, wie Antiphon berichtet in seinem Buch über die hervorragendsten Geisteshelden; auch bei den Chaldäern weilte er und bei den Magiern. Dann besuchte er in Kreta mit Epimenides die Idäische Grotte, ja in Ägypten erhielt er sogar Zutritt zu den heiligsten Stätten und machte sich bekannt mit den geheimnisvollen Lehren über die Götter. (DL VIII 2–3)

Ob all das, was Diogenes Laertius hier berichtet, wirklich zutrifft, ist nicht ganz so sicher. Es geht aber aus diesem Bericht ebenso wie aus der Biographie des Jamblichos hervor, daß jedenfalls in der späten Antike Pythagoras primär als an Mysterien und Götterlehren interessierter Mann angesehen wurde, und auch die Mathematik, soweit davon berichtet wird, als in diesem Zusammenhang stehend betrachtet wurde. Von einem Kontakt mit den Magiern, also mit Zoroaster-Priestern oder Zoroaster-Anhängern berichtet auch Aristoxenos, ein Schüler des Aristoteles. Möglicherweise wirkten auf ihn aber Einflüsse, die von noch weiter herkamen: Ein aus inhaltlichen Gründen angenommener Kontakt mit fernöstlichen Kulturen, deren Einfluß ja möglicherweise bis nach Persien reichte, ist aber bei modernen Interpreten umstritten.

Später ließ sich Pythagoras in Kroton nieder, einer griechischen Siedlung in Süditalien, die durch den Handel mit Produkten aus Ionien reich geworden war. Möglicherweise siedelte sich Pythagoras gerade hier an, weil er in dieser reichen Stadt eine gut funktionierende aristokratische Ordnung vorfand. Dikaiarchos, ein Schüler des Aristoteles, berichtet von der Tätigkeit des Pythagoras in Kroton, er habe zunächst die Mitglieder des Rats durch eine schöne Rede überzeugt, und diese hätten ihn dann gebeten, die jungen Männer zu belehren; danach habe er sich auch dem Unterricht der Kinder und Frauen gewidmet. Die Nachricht über den Unterricht der Frauen ist interessant, da sie eindeutig aus dem kulturellen Umfeld der damaligen Zeit herausfällt. Bleibend war wohl nur die Einrichtung einer Art Bruderschaft, einer Gruppe junger Männer also, die unter der Verpflichtung lebten, allen Besitz gemeinsam zu haben. Pythagoras hatte in dieser Bruderschaft eine unumstrittene Autorität: Der Satz »Er selbst hat es gesagt« (DL VIII 46) wurde in der weiteren Überlieferung der Pythagoreer zum unbestreitbaren Abschluß jeder »Argumentation«, was einen entscheidenden Unterschied zum Sprach- und Argumentationsstil der ionischen Naturphilosophen darstellt, die die kritische Diskussion schätzten. Gegen Ende des 6. Jhd.s v. Chr. wurden – vermutlich aufgrund der Machtübernahme durch eine demokratisch orientierte Partei – Pythagoras und die Pythagoreer aus Kroton vertrieben. Pythagoras flüchtete nach Metapont, wo er wenig später starb.

Die Einschätzung des Pythagoras in den seiner eigenen Lebenszeit nahe stehenden Perioden war ziemlich gespalten. Heraklit soll von Pythagoras gesagt haben (die Zuschreibung des Fragments ist zweifelhaft, auf jeden Fall stellt es aber eine alte Meinung über Pythagoras dar):

Pythagoras, des Mnesarchos Sohn, hat von allen Menschen am meisten Erkundung getrieben, und nachdem er sich diese Schriften herausgesucht hat, machte er sich daraus eine eigene Weisheit: Vielwisserei, Betrügerei. (Heraklit: Fragm. 129)

Hier wird also Pythagoras abgesprochen, eigene und neue Erkenntnisse geliefert zu haben, zudem wird ihm so etwas wie Scharlatanerie vorgeworfen. Völlig verschieden davon ist das Urteil des Empedokles, der von Pythagoras sagt:

Doch es lebte unter jenen ein Mann von überragendem Wissen, der wahrlich den größten Gedankenreichtum erwarb, allerlei kluger Werke am meisten mächtig. Denn wann er mit allen seinen Geisteskräften sich reckte, schaute er leicht jedes einzelne von allem Seienden in seinen zehn und zwanzig Menschenleben. (Empedokles: Fragm. 129)

Die hohe Einschätzung des Pythagoras durch Empedokles ist nicht verwunderlich, gehörte Empedokles selbst doch in eine phänomenologisch ganz ähnliche Kategorie wie Pythagoras.

Nebenbei erfahren wir in dem Fragment des Empedokles, daß dieser dem Pythagoras verschiedene Leben zuschrieb, daß er also annahm, Pythagoras habe die Lehre von der Seelenwanderung vertreten. Was aber hat Pythagoras wirklich gelehrt? Irgendeine Art der *Seelenwanderung* hat er wohl vertreten, und es scheint auch, daß er das bleibende Element dieser Wanderung tatsächlich mit dem Wort Seele *(psyché)* bezeichnet hat. Hier sind wir also am Ursprung jener Seelenvorstellung, die in der europäischen Philosophie eine ganz wichtige Rolle spielen wird, und dieser pythagoreische Ursprung gilt auch für jene Seelenvorstellungen, mit denen keine Seelenwanderungslehre verbunden ist. Eine andere Frage ist, ob dies eine eigene »Erfindung« des Pythagoras war. Die Nähe mancher Lehren und Praktiken des Pythagoras zu denen der Orphiker ist schon antiken Autoren wie Herodot und Klemens von Alexandrien aufgefallen, und sie wird auch von Diogenes Laertius festgestellt (DL VIII 8). Damit verschiebt sich jedoch das Problem des Ursprungs nur, da auch die Herkunft der Orphik unklar ist, ihre wichtigste historisch faßbare Erscheinung ist jedoch der Dionysoskult. Homer kennt Dionysos nur wenig, auch Hesiod berichtet von ihm nur ganz allgemein, Aischylos und Euripides aber sehen in ihm einen neuen und fremden Gott, und daran dürfte kulturgeschichtlich etwas Richtiges sein. Jedenfalls sind die grundlegenden Auffassungen der Orphiker von der bei den Griechen vorherrschenden und im Epos dargestellten Lebensauffassung recht weit entfernt, wenn nicht dieser gegenüber sogar gegensätzlich. Dies gilt ganz besonders auch von der Seelenlehre des Pythagoras und somit auch von der Platons, soweit dieser die Vorstellung der Seele von Pythagoras übernommen hat. Eine Einschätzung der Verbreitung des Dionysoskultes, der Orphik und des Pythagoreismus ist schwierig. Auch wenn der direkte Einfluß des Pythagoras bei den Griechen als begrenzt eingeschätzt werden sollte, darf er doch in seiner weiteren Wirkung nicht unterschätzt werden; ebenso kann auch der Einfluß der Orphik und des Dionysoskultes kaum überschätzt werden. Die griechische Tragödie und die ihr zugeschriebene reinigende Wirkung ist nur auf dem Hintergrund dionysischer Kulte zu verstehen. Dies gilt auch, wenn festgestellt werden muß, daß die Auffassung vom Menschen in der Tragödie nicht pythagoreisch ist. Vermittelt durch Pythagoras und dann vor allem durch Platon hat die orphische Seelen- und Erlösungslehre einen ungeheuren Einfluß auf frühchristliche Schriftsteller ausgeübt, und damit sind wir eigentlich schon bei dem Weiterwirken bis in unserer Gegenwart hinein.

Bei der Seelenlehre gibt es gute Gründe anzunehmen, daß sie tatsächlich schon bei Pythagoras vorlag und nicht auf spätere Pythagoreer zurückgeht. Die *Seele* ist ihrem Wesen nach *dem Leib* (der Materie) gegenüber *fremd*, sie entstammt dem Bereich des Göttlichen. Diogenes Laertius berichtet, Pythagoras habe gelehrt, »die Seele sei unsterblich, da auch das, wovon sie losgerissen ist, unsterblich ist« (DL VIII 28). Die Seele wird durch den Kontakt mit der Materie in ihrem wahren Wesen getrübt (*sôma-sêma*-Lehre); das Ziel muß daher sein, die Seele von der Materie wieder zu befreien (vgl. Platon: *Kratylos* 400b–c). Diese *Erlösung der Seele* geschieht durch »Reinigung« (*kátharsis*). Die Orphiker wollten diese Reinigung durch die Befolgung bestimmter sittlicher Vorschriften und kultischer Handlungen erreichen. Nach Pythagoras gehörte zur Reinigung vor allem eine bestimmte asketische Lebensform, aber auch die Einhaltung von Regeln, die man heute als Tabu-Vorschriften bezeichnen würde. Es wird von einer ganzen Reihe solcher Vorschriften berichtet, z. B. keine Bohnen essen, einen weißen Hahn nicht berühren, Brot nicht brechen, u. ä. Die Begründungen für diese Vorschriften waren unklar, oft gab es verschiedenartige (vgl. DL VIII 34–35). Vermutlich hielten sich die späteren Pythagoreer an diese Regeln, ohne noch eine wirkliche Begründung dafür liefern zu können, und vermutlich hielten sie eine solche auch für überflüssig. Durch diese Bemühungen sollte sich die Seele durch eine Reihe von Wiedergeburten hindurch von dem Einfluß der Materie lösen und so »erlöst« werden.

Wie fremd aber die Seelenwanderungslehre den Griechen war, können wir aus der spöttisch gedachten Anekdote ersehen, die Xenophanes, ein in der ionischen Kultur aufgewachsener Sänger und Dichter, von Pythagoras erzählt:

Und es heißt, als er einmal vorüberging, wie ein Hündchen mißhandelt wurde, habe er Mitleid empfunden und dieses Wort gesprochen: »Hör auf mit deinem Schlagen. Denn es ist ja die Seele eines Freundes, die ich erkannte, wie ich ihre Stimme hörte.« (Xenophanes: Fragm. 7)

Die Vorstellung einer individuellen, dem Körper gegenüber selbständigen, von diesem »metaphysisch« grundlegend verschiedenen und somit immateriellen Seele, die das eigentliche »Wesen« des Menschen ausmacht, hat also – innerhalb der europäischen Geschichte – hier ihren Ursprung, wobei dieser Ursprung möglicherweise aus Europa in den Dualismus des Orients hinausweist. »Eigentlich griechisch« ist sie nicht, auch Aristoteles wird diese Vorstellung nicht übernehmen. Jedenfalls: Die bis heute wirksame Vorstellung einer »Seele« stammt weder aus der ursprünglichen griechischen Philosophie noch aus der *Bibel*, sondern von den Pythagoreern, wobei unklar ist, woher diese sie übernommen haben.

Pythagoras wird eine besondere – auch für die Seelenlehre nicht unwichtige – Nähe zur *Mathematik* zugeschrieben. Vermutlich werden einige schon etwas ungeduldig fragen, wo denn der berühmte Lehrsatz des Pythagoras bleibe, die Antwort muß allerdings mehr als vorsichtig ausfallen. Fragen wir allgemeiner: Hat Pythagoras der Mathematik – und zusammenhängend damit: der Musik – überhaupt eine wichtige Rolle in seiner Botschaft zugeschrieben? Mehr noch: Hat er sich überhaupt mit Mathematik beschäftigt? Die späteren Pythagoreer waren sich über die Herkunft und die Rolle solcher wissenschaftlicher Erkenntnisse in ihrer Lehre ganz und gar nicht einig. Iamblichos (3./4. Jhd. n. Chr.) berichtet, daß die späteren Pythagoreer, die sich mit wissenschaftlichen Fragen befaßten, *Mathematiker* genannt wurden, denen die *Akusmatiker* gegenüberstehen. Die Bezeichnung »Akusmatiker« leitet sich vom griechischen Wort für »hören« ab; die *akúsmata* waren gehörte und mündlich weitergegebene Sprüche, die auf Pythagoras zurückgeführt wurden. Viele Akusmatiker erkannten aber die Mathematiker, also die »wissenschaftlichen Pythagoreer«, gar nicht als Pythagoreer an, was bedeutet, daß es Pythagoreer gab, die mit Wissenschaft und Mathematik nichts zu tun haben wollten. Die Mathematiker ließen die Akusmatiker hingegen als echte Pythagoreer gelten, meinten aber, sie selbst seien eine Art »höherer« Pythagoreer. Es war also bei den Pythagoreern umstritten, ob die Beschäftigung mit Mathematik überhaupt zu ihrer Tradition gehörte. Allerdings geht schon eine gewisse Beschäftigung mit Zahlen auf Pythagoras selbst zurück.

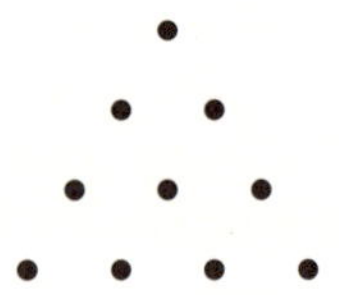

Die Lehre von der *tetráktys*, d. h. von den ersten vier natürlichen Zahlen, gehörte vermutlich zum Bestand seiner Lehren, auch wenn sie nicht von ihm er- oder gefunden wurde. Diese *tetráktys* ergibt die vollkommene Zahl 10, denn 1 + 2 + 3 + 4 = 10. Daraus kann man das vollkommene Dreieck bilden, bei dem allerdings zu fragen ist, ob es mehr mathematische oder mehr rituell-magische Bedeutung hatte, man konnte ja ein solches Dreieck auch als Amulett verwenden.

Dasselbe gilt für die Beziehung der Zahlen zur Musik: 1:2 für die Oktave, 2:3 für die Quint, 3:4 für die Quart, also für die »vollkommenen«, »harmonischen« Intervalle. Auch diese Verhältnisse waren schon bekannt, glaubwürdige Zeugnisse dafür, daß erst Pythagoras diese Zahlenverhältnisse entdeckt hat, gibt es nicht. Wohl aber hat Pythagoras der *tetráktys* und den Zahlenverhältnissen der Intervalle eine zentrale Rolle in seiner Lehre zugeordnet und sie mit einer universalisierten Harmonievorstellung verbunden. Ob dies viel mit Wissenschaft zu tun hat, kann man bezweifeln, es läßt sich aber auch nicht bestreiten, daß dies zu Wissenschaft führen kann. Und so hatten vielleicht doch beide, Akusmatiker wie Mathematiker, ein Recht, sich auf Pythagoras zu berufen: Die Akusmatiker waren im Recht, als sie den Mathematikern die Bezeichnung »Pythagoreer« aberkennen wollten, denn eine wissenschaftliche Beschäftigung mit Mathematik lag wohl tatsächlich nicht in der Absicht des Meisters. Und die Mathematiker waren im Recht, wenn sie die Beschäftigung mit Mathematik als eine legitime Weiterentwicklung innerhalb des Interesses betrachteten, das Pythagoras an den Zahlen manifestierte. Die Frage lautet dann: Was ist wichtiger, die ursprüngliche Intention eines Meisters, oder das, was sich aus seiner Lehre entwickeln läßt?

Wir sollten nicht übersehen, daß wir mit dem Akusmatiker-Mathematiker-Schema einem weit verbreiteten Paradigma der Religionsgeschichte begegnen: Bei Gnostikern wie bei Christen gab es die Unterscheidung in »Pistiker«, d. h. einfache Gläubige, die nur bestimmte Dinge zu glauben und bestimmte Regeln zu befolgen hatten, und »Gnostiker«, die behaupteten, eine höhere Erkenntnis von all dem zu haben. Und immer wieder gab es Pistiker (heute nennen wir sie »Fundamentalisten«), die den Gnostikern das Recht absprachen, den »wahren Glauben« zu haben und die »wahre Lehre« zu vertreten. Ebenso gab es immer wieder Gnostiker, die die Pistiker als die »einfachen Menschen« von oben herab ansahen, der Konflikt zwischen den Pistikern (= Akusmatikern) und den Gnostikern (= Mathematikern) ist also sehr alt. Die ersteren halten die letzteren eigentlich für ungläubig, während die letzteren die ersteren für etwas beschränkt halten. Da die ersteren gewöhnlich die Macht innehaben, bringen sie ihre Meinung sehr deutlich zum Ausdruck, während die letzteren oft gezwungen sind, ihre Meinung zu verschlüsseln, was den Vorwurf der Heuchelei oder den Verdacht der Annahme einer »doppelten Wahrheit« mit sich bringt. Wir werden dieser Frage noch häufig begegnen: bei Origenes, Averroes, Siger von Brabant usw.

Zum antiken Image des Pythagoras gehörten auch zahlreiche Berichte über wunderbare Ereignisse, die gleichzeitig legendär und aufschlußreich sind: Während eines Wettkampfes in Olympia erhob sich Pythagoras und zeigte, daß einer seiner Schenkel golden war. Ein andermal wird berichtet, daß er an zwei Orten, Kroton und Metapont, gleichzeitig gesehen wurde, also ein Fall von Bilokation. Was diese Geschichten genau bedeuten sollen, wird nicht berichtet, der Unterschied zu Thales ist jedoch nicht zu übersehen. Auch von Thales werden verblüffende Dinge berichtet, wie z. B. die Vorhersage der Sonnenfinsternis. Aber was Thales zugeschrieben wird, wird in der Überlieferung auf seine wissenschaftlichen Erkenntnisse zurückgeführt, während bei Pythagoras jede Verbindung der von ihm erzählten wunderbaren Geschichten zu wissenschaftlicher Erkenntnis fehlt. Er ist einfach der Wundertäter, der Heilbringer. E. R. Dodds (*Die Griechen und das Irrationale.* Darmstadt 1991. S. 79–82) hat Pythagoras in eine Verbindung mit dem Schamanentum gebracht: Nach der Auffassung des Pythagoras sollte nicht ein rationales, sondern ein magisches Ich gereinigt und von den Fesseln des Körpers befreit werden; ebenso war für Schamanen eine Folge verschiedener Leben, also Reinkarnation, eine gängige Annahme; auch war es kein Problem, an verschiedenen Orten gleichzeitig zu erscheinen. Die historische Begründung der These, die Griechen hätten Kontakte mit den Skythen (so nannten die Griechen die Völker nördlich des Schwarzen Meers und des Kaukasus) und Thrakern – also mit Völkern, die unter dem Einfluß schamanischer

Kulturen standen – gehabt, bedarf noch weiterer Forschung. Pythagoras als Schamane oder Medizinmann paßt aber phänomenologisch recht gut zu den – wenigen – glaubwürdigen Nachrichten über Pythagoras sowie zu dem Bild des Pythagoras, oder jedenfalls zu bestimmten Zügen desselben, das uns in den späteren Legenden und Lebensbeschreibungen entgegentritt.

2. Das Philosophieverständnis des Pythagoras

Bei den Philosophen Milets war theoretische Erkenntnis, die reine Freude an weitreichenden Erklärungsversuchen, das entscheidende Motiv für Philosophie und Wissenschaft. Thales, Anaximander und Anaximenes sollen auch im praktisch-politischen Bereich tätig gewesen sein, diese Tätigkeit besaß aber keinen direkten Zusammenhang mit ihren wissenschaftlichen und philosophischen Theorien. Die ionischen Naturdenker standen allerdings demokratischer Politik nahe, und damit eben auch einer freien Konkurrenz der Auffassungen sowie wissenschaftlicher und philosophischer Theorien. In diesem Sinn betrieben sie »ideologiefreie« Wissenschaft. Bei Pythagoras findet sich nun ein ganz anderer Zusammenhang: Das gesamte Wissen wie auch das Streben nach Erkenntnis wird im Kontext ethisch-religiöser Ziele gesehen. Auf dem Hintergrund der pythagoreischen Anthropologie handelte es sich bei allem Wissen, auch und gerade bei Wissen um Zahlen oder um Musik, um *Heilswissen*. Und es ist gleichzeitig heiliges Wissen, autoritativ übermittelt und unkritisierbar (vgl. das »Er selbst hat es gesagt«). Daß Pythagoras einer anti-demokratischen Politik nahestand, paßt in diese Gegenüberstellung zu den Ioniern.

Wissen

⇓

Erlösung der Seele

Erkenntnis erscheint hier also in einem religiösen und asketischen Kontext. Der in diesem Zusammenhang verwendete Begriff der *theoría*, der Schau, ist entsprechend anders als der später in der griechischen und abendländischen Philosophie und Wissenschaft angewandte. Bei Pythagoras geht es nicht um eine einfache Suche nach Wissen oder um Erkenntnis empirischer Zusammenhänge, sondern um eine Erkenntnis, die für die Seele Voraussetzung ihrer Erlösung ist. Nicht aus theoretischer Neugierde wird nach den Prinzipien einer Ordnung des Kosmos gesucht, sondern in der Erwartung, daß diese Ordnung auch die der Seele ist und somit Prinzipien für die rechte Entfaltung der Seele gefunden werden könnten. Wenn die schrittweise Erkenntnis dieser Ordnung von der rechten Askese begleitet wird, entspricht ihr die schrittweise Reinigung *(kátharsis)* der Seele.

Was immer sonst von Pythagoras stammt oder nicht stammt, diesen prinzipiellen Zusammenhang von Wissen und Erlösung hat er in die europäische Philosophie eingebracht, auch wenn er ihn vielleicht von anderswo her übernommen hat. Und daß Wissen die Erlösung bringen soll, wirkt selbst dort noch nach, wo statt »Wissen« später »Wissenschaft« gesetzt wurde, und nicht mehr von Erlösung der Seele, sondern von der Erlösung des Menschen gesprochen wird.

3. Philolaos von Kroton

Nach Pythagoras' Tod organisierten sich nach dem Vorbild seiner Schule (= Bruderschaft) in Kroton Gemeinschaften von Pythagoreern, die sogenannten pythagoreischen Bünde, und zwar sowohl in Süditalien als auch in Griechenland. Die bedeutendsten waren die Gruppe um Philolaos in Theben (ca. 470–390 v. Chr.) und die um Archytas von Tarent (Anfang des 4. Jhd.s v. Chr.), die auch die politische Herrschaft in Tarent innehatte. Archytas war mit Platon befreundet und wenn Aristoteles von den »sogenannten Pythagoreern« spricht, meint er diese Gruppe um Archytas. Mit Archytas endete die organisierte Form der Pythagoreer, ausdrückliche Vertreter des Pythagoreismus traten erst im 1. Jhd. vor und nach Chr. wieder auf (vgl. Kap. XV).

Vermutlich war Philolaos, der ursprünglich aus Kroton kam, einer der Führer der pythagoreischen Bruderschaft in Theben. Von seinen Schriften sind einige Fragmente erhalten. Er lehrte schon vor dem Tod des Sokrates (399 v. Chr.), seine Lebenszeit dürfte also vor allem in das 5. Jhd. zu verlegen sein. Philolaos war Pythagoreer, vermutlich aber auch in irgendeiner Weise beeindruckt von der ionischen Wissenschaft und begann daher, die pythagoreische Weisheit in der Denkform ionischer Wissenschaft zu präsentieren. Bei ihm finden wir daher auch die Grundbegriffe ionischer Naturphilosophie: Natur, Kosmos, Prinzip *(arché)*, Seiendes. Der *Pythagoreismus als Philosophie* ist also wahrscheinlich eine Erfindung des Philolaos, denn erst hier begegnen wir bei einem Pythagoreer so etwas wie philosophischer Argumentation. Pythagoras sprach, aber er argumentierte nicht. Dies bedeutet, daß Philolaos den Pythagoreismus in einen methodologischen Rahmen stellte, der ursprünglich nicht vorgesehen und möglicherweise der Lehrweise des Pythagoras ganz und gar fremd, wenn nicht sogar widersprechend war. Ein für diese Neuinterpretation wichtiges Begriffspaar war »Begrenzendes-Unbegrenztes«, auch dies eine Neueinführung, die bei Pythagoras selbst keinerlei Anhaltspunkt hat. Die Grundthese des Philolaos ist ganz im Stil ionischer Naturphilosophie formuliert:

Die Natur aber ward in der Weltordnung aus grenzenlosen und grenzebildenden Stükken zusammengefügt, sowohl die Weltordnung als Ganzes wie alle in ihr vorhandenen Dinge. (Fragm. 1)

Das Grenzenlose bezeichnet Philolaos mit dem schon bekannten Begriff *ápeiron*. Die Begründung dieser These liest sich wie eine kritische Auseinandersetzung mit Anaximander:

Notwendig müssen die vorhandenen Dinge alle entweder grenzebildend oder grenzenlos oder beides zugleich sein. Dagegen nur grenzenlos [oder nur grenzebildend] können sie wohl nicht sein. Da sie also offenbar weder aus lauter Grenzebildendem bestehen noch aus lauter Grenzenlosem, so ist doch klar, daß die Weltordnung *(kósmos)* und, was in ihr ist, aus grenzebildenden und grenzenlosen Stücken zusammengefügt wurde. Das beweist auch die Beobachtung in der Wirklichkeit. (Fragm. 2)

Begrenzendes und Unbegrenztes treten hier eher als Sachbegriffe auf, wie es auch schon beim *ápeiron* Anaximanders der Fall gewesen war. Eine Grundlage für die Forderung von Begrenzendem wird auch in der Erkenntnistheorie gesucht, und die Begründung ist durchaus korrekt:

Von vornherein wird es nicht einmal ein Objekt der Erkenntnis geben können, wenn alles grenzenlos wäre. (Fragm. 3)

Erkenntnis wird bei Philolaos sofort verbunden mit der Zahl:

Denn erkenntnisspendend ist die Natur der Zahl und führend und lehrend für jeglichen in jeglichem, das ihm zweifelhaft oder unbekannt ist. Denn nichts von den Dingen wäre irgendwem klar weder in ihrem Verhältnis zu sich noch zu einander, wenn die Zahl nicht wäre und ihr Wesen. (Fragm. 11)

Hier treffen wir auf jene These der Verbindung von *Erkenntnis*, dem *Wesen der Dinge* und der *Zahl*, die für die allgemeine, bis heute geltende Vorstellung von Pythagoreismus kennzeichnend ist. Diese Vorstellung ist für den Pythagoreismus natürlich zutreffend, auch wenn man in Hinsicht auf Pythagoras dabei Zweifel haben kann. Auch bei Philolaos spielen vermutlich noch alt-pythagoreische, magisch-mystische Zahlenspekulationen eine große Rolle: Zahlen haben eine »Kraft«, die höchste liegt in der 10. Die Zahl 10 ist »groß, allvollendend, allwirkend und göttlichen und himmlischen sowie menschlichen Lebens Anfang und Führerin« (Fragm. 11). Wie an vielen anderen Stellen stehen hier mystische und magische Vorstellungen am Ursprung streng rationalistischer Vorstellungen. Bei Philolaos ist die Bedeutung der Zahl für die Konstitution des Kosmos und für die Erkenntnis allerdings ein reines Postulat, seine einzige empirische Basis sind die bekannten mathematischen Verhältnisse der Intervalle in der Musik. Die These von der *mathematischen Struktur der Welt* ist daher zunächst einmal eine letztlich völlig *unbegründete Verallgemeinerung*, eine Extrapolation von der Musik auf den Kosmos:

Du kannst aber nicht nur in den dämonischen und göttlichen Dingen die Natur der Zahl und ihre Kraft wirksam sehen, sondern auch überall in allen menschlichen Werken und Worten und auf dem Gebiet aller technischer Verrichtungen und auf dem der Musik. (Fragm. 11)

Die bis heute gängige These von der Mathematisierbarkeit der Welt geht somit von der Vorstellung aus, die Welt sei eine durch Gesetze der Harmonie bestimmte musikalische Komposition. Hinter der Vorstellung von der mathematisch strukturierten Welt steht demnach eine ästhetische, aus der Musik stammende These (im 20. Jhd. hat Werner Heisenberg, mit Berufung auf Pythagoras und Platon, darauf hingewiesen, daß ohne eine ästhetische These die Vorstellung der Mathematisierbarkeit der Welt völlig unbegründet ist). Alles ist also zahlenhaft, die *Mathematik* ist der Schlüssel zur Erkenntnis des Kosmos, Mathematik wird zur *Metaphysik* und zur Erkenntnistheorie:

Und in der Tat hat ja alles was man erkennen kann Zahl. Denn es ist nicht möglich, irgend etwas mit dem Gedanken zu erfassen oder zu erkennen ohne diese. (Fragm. 4)

Die grundlegende Rolle der Zahlen für die Konstitution und die Erkennbarkeit des Kosmos ist bei Philolaos mit seiner Lehre vom Begrenzenden und Unbegrenzten verbunden. Er hat Begrenzendes mit ungeraden und Unbegrenztes mit geraden Zahlen verbunden, ohne daß aus den Fragmenten klar wird, wie es zu dieser Zuordnung kommt. Damit der durch Zahlen bestimmte Kosmos ein geordneter ist, muß noch ein Zu- und Zusammenordnungsfaktor hinzukommen: die *Harmonie*. Auch Begrenzendes und Unbegrenztes sind von sich aus gänzlich verschieden, müssen also irgendwie zu einer Ordnung gestaltet werden, auch hier muß somit wieder eine Harmonie vorhanden sein, damit überhaupt etwas aus diesen Prinzipien hervorgehen kann.

Mit Natur und Harmonie verhält es sich so: Das Wesen der Dinge, das ewig ist, und die Natur gar selbst erfordert göttliche und nicht menschliche Erkenntnis, wobei es freilich ganz unmöglich wäre, daß irgend etwas von den vorhandenen Dingen von uns auch nur erkannt würde, wenn nicht das Wesen der Dinge zugrunde läge, aus denen die Weltordnung zusammentrat, sowohl der grenzebildenden wie der grenzenlosen. Da aber diese Prinzipien als ungleiche und unverwandte zugrunde lagen, so wäre es offenbar unmöglich gewesen, mit ihnen eine Weltordnung zu begründen, wenn nicht Harmonie dazu gekommen wäre, auf welche Weise diese auch immer zustande kam. Das Gleiche und Verwandte bedurfte ja durchaus nicht der Harmonie, dagegen muß das Ungleiche und Unverwandte und ungleich Geordnete notwendigerweise durch eine solche Harmonie zusammengeschlossen sein, durch die sie imstande sind in einer Weltordnung niedergehalten zu werden. (Fragm. 6)

»Harmonie« ist also ein pythagoreischer Schlüsselbegriff. Wenn es keine Harmonie in dem durch Zahlen bestimmten Kosmos gäbe, gäbe es überhaupt keinen Kosmos. Mit dieser Rolle der Harmonie entspricht Philolaos vermutlich echter pythagoreischer Tradition. Unklar bleibt dagegen, wie er sich folgendes Verhältnis genau vorstellt:

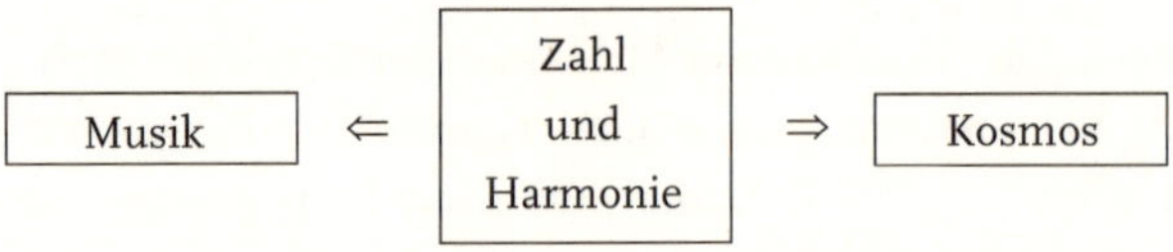

Sind der Kosmos und die Musik durch Zahlen darstellbar, denkbar und erkennbar, oder sind sie selbst Zahlen oder zahlenhaft? Diese Frage wird in der Interpretation des Aristoteles eine Rolle spielen: Er schreibt den Pythagoreern an einer Stelle ausdrücklich die Auffassung zu, daß die Körper aus Zahlen bestehen, was er natürlich ablehnt, da Zahlen keine räumliche Größe haben (*Metaphysik* XIII 8, 1083b 11–13). Es ist jedoch sehr unwahrscheinlich, daß die Pythagoreer tatsächlich diese Auffassung vertreten haben, und auch Aristoteles war sich seiner Sache nicht ganz sicher. An anderer Stelle sagt er, es sei bei den Pythagoreern gar nicht eindeutig, in welcher Weise die Zahlen Ursachen des Wesens und des Seins der Dinge seien (*Metaphysik* XIV 5, 1092b 8).

Im übrigen war Philolaos ein rechtgläubiger Pythagoreer. Die Auffassung von der Seele und der Notwendigkeit ihrer Erlösung, d. h. der Loslösung der Seele vom Leib, ist die übliche:

Es bezeugen aber auch die alten Gotteskünder und Seher, daß infolge bestimmter Strafanordnungen die Seele mit dem Körper zusammengejocht und wie in einem Grabe in ihm bestattet ist. (Fragm. 14)

4. Die Pythagoreer im 5. Jahrhundert

a) Die Pythagoreer bei Aristoteles

Aristoteles setzt sich an verschiedenen Stellen darstellend und kritisch mit den Pythagoreern auseinander. Er spricht also nicht von Pythagoras, sondern immer von den Pythagoreern. Er war sich wohl darüber im klaren, daß ganz und gar nicht alles, was die Pythagoreer lehrten, auch tatsächlich auf Pythagoras zurückgeführt werden kann. Nach den Angaben des Aristoteles kann man die von ihm beschriebenen Lehren auf die zweite Hälfte des 5. Jhd.s datieren, was natürlich nicht ausschließt, daß einige davon auch älter sein können. Aristoteles liefert u. a. eine berühmte Tafel der Gegensätze, die die Pythagoreer angenommen haben sollen (*Metaphysik* I 5, 986a 22–26):

Grenze	Unbegrenztes
Ungerades	Gerades (bei Zahlen)
Einheit	Vielheit
Rechtes	Linkes
Männliches	Weibliches
Ruhendes	Bewegtes
Gerades (bei Linien)	Krummes
Licht	Finsternis
Gutes	Böses
gleichseitiges Viereck	ungleichseitiges Viereck

Zu dieser Tafel ist zu sagen, daß die Pythagoreer nie eine definitive Zuordnung von Begrenzendem-Unbegrenztem und Ungeradem-Geradem vorgenommen haben, auch die Zuordnung, von der Aristoteles berichtet, macht den Eindruck einer gewissen Willkürlichkeit: Warum soll Begrenztes eigentlich Ungerades sein? Da ist die Zuordnung von Begrenztes-Unbegrenztes zu Männliches-Weibliches und zu Licht-Finsternis kulturgeschichtlich schon etwas verständlicher. Aristoteles selbst sagt, daß diese Liste auf den Arzt Alkmaion von Kroton zurückgeht, der etwa im frühen 5. Jhd. tätig gewesen sein dürfte. Von den ursprünglichen pythagoreischen Ideen ist in dieser Tafel wenig zu finden, sie hat vermutlich andere Ursprünge und wurde mit einigen Ideen späterer Pythagoreer wie der von Begrenzendem und Unbegrenztem verbunden. Alkmaion selbst war vermutlich kein Pythagoreer, auch wenn er seine Schrift an Pythagoreer richtete. Aufschlußreich an dieser Liste ist jedenfalls, daß das Unbegrenzte auf die Seite der Finsternis und des Bösen, also auf negativ Bewertetes, gestellt wird. Dies bringt eine wiederum recht griechische Grundüberzeugung zum Ausdruck: Das Unbegrenzte, Maßlose, Unendliche und Formlose schien den Griechen immer als das Bedrohliche, dem die Grenze und die Form gegenübergestellt wird. Dies in einen metaphysischen Dualismus einzuspannen, ist aber ganz und gar ungriechisch.

b) Mathematik

Für die Zeit seit dem 5. Jhd. ist nachweisbar, daß die Pythagoreer sich tatsächlich mit Mathematik befaßten und dabei zu durchaus korrekten und überprüfbaren Ergebnissen gelangten. Einer der bekanntesten pythagoreischen Mathematiker war Archytas im 4. Jhd. v. Chr., der auch für die Musiktheorie wichtig wurde, und der auf Platon einen bedeutenden Einfluß hatte. Ihr zahlentheoretischer Ansatzpunkt führte die Pythagoreer – im Unterschied zur sonstigen griechischen Mathematik – dazu, die Geometrie über die Arithmetik zu erforschen. Dies wird natürlich wieder auf Pythagoras selbst zurückgeführt. Diogenes Laertius findet es berichtenswert, daß Pythagoras sich »vor allem« mit der Arithmetik beschäftigt hat (DL VIII 12). Die Pythagoreer suchten für Zahlenverhältnisse anschauliche Formen, oder entdeckten – auf dem umgekehrtem Weg – arithmetische Gesetzlichkeiten an anschaulichen Basisschemata. Die Pythagoreer interessierten vor allem die abstrakten Eigenschaften der Zahlen, da sie meinten, damit die Konstruktionsprinzipien der Wirklichkeit selbst zu besitzen. Hier wurde die Arithmetik abgelöst von dem Ziel, praktische Rechenregeln, z. B. für den Handel, zu finden. Allerdings liegt hier auch kein »rein wissenschaftliches« Interesse vor, denn das eigentliche Ziel bleibt für die Pythagoreer immer, durch Wissen die Reinigung der Seele zu erreichen. Hier setzte sich ein Vorurteil fest, daß uns bis heute erhalten blieb: Ein Mathematiker soll der Vorstellung eines »edlen Menschen« entsprechen. Einen kleinen, dicken, biertrinkenden Mathematiker empfinden wir als unpassend, daß Leibniz hingegen Gott als Mathematiker sieht, finden viele höchst treffend. – Doch jetzt zu den Eigenschaften der Zahlen. Als Beispiel soll ein Theorem mit bildlicher Darstellung dienen: »Die Summe der aufeinander folgenden ungeraden Zahlen ergibt eine Quadratzahl« (ein »Punktequadrat«).

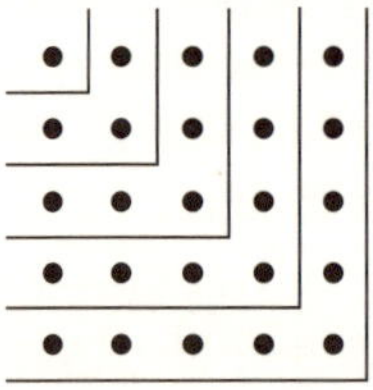

$1 + 3 = 4$

$1 + 3 + 5 = 9$

$1 + 3 + 5 + 7 = 16$

$1 + 3 + 5 + 7 + 9 = 25$

usw.

Hier gelangen wir irgendwo auch zum sogenannten Lehrsatz des Pythagoras. Diogenes Laertius sagt:

Der Mathematiker Apollodor berichtet, er (d. h. Pythagoras) habe eine Hekatombe geopfert nach Entdeckung des Satzes, daß das Quadrat der Hypothenuse im rechtwinkligen Dreieck gleich sei den Quadraten der beiden Seiten. (DL VIII 12)

Dies ist natürlich eine spätere Zuschreibung. Mehr als das Stieropfer würde uns interessieren, ob, und wenn ja, welchen Beweis für diesen Lehrsatz die Pythagoreer ihrem Gründer zugeschrieben haben, leider erfahren wir darüber aber nichts. Es kann vermutet werden, daß sie zunächst gar keinen geometrischen Beweis hatten, sondern eher auf arithmetischem Weg dazu gelangt waren. Folgende Punktedarstellung war z. B. bekannt:

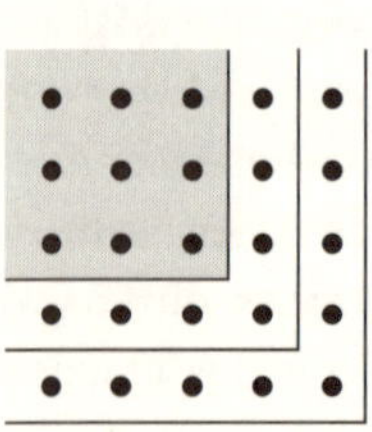

$9 = 5^2 - 4^2$

Man kann daher vermuten, daß die Pythagoreer eine geometrische Darstellung suchten, die der arithmetischen Beziehung entsprach und dafür ein rechtwinkeliges Dreieck mit den Seiten 3, 4, 5 fanden – ohne deshalb schon einen geometrischen Beweis für den sogenannten Satz des Pythagoras gefunden zu haben.

Fest steht, daß die Pythagoreer seit dem 5. Jhd. wichtige Beiträge zur griechischen Mathematik geleistet haben. Vor allem der schon erwähnte Archytas (frühes 4. Jhd.) kann als bedeutender Mathematiker angesehen werden. Als Begründer der griechischen Mathematik können die Pythagoreer jedoch nicht gelten. Die griechische Geschichtsschreibung der Mathematik, vor allem die des Proklos, führt die Grundlegung der Mathematik auf die ionischen Philosophen zurück, worüber wir jedoch nur wenig präzise Mitteilungen besitzen. Etwas anderes ist die Universalisierung der Mathematik als kosmologischer Grundstruktur, diese damals wie heute empirisch unbegründbare These geht tatsächlich auf die Pythagoreer zurück. Im Kreise der pythagoreischen Mathematiker bildete sich auch jene Gruppe von Wissenschaften heraus, die später als »Quadrivium« ein Grundbestandteil des Bildungskanons bis ins späte Mittelalter werden sollte:

Arithmetik	Astronomie
Geometrie	Musik

Archytas von Tarent sagt:

Treffliche Erkenntnisse scheinen mir die Mathematiker gewonnen zu haben und es ist gar nicht sonderbar, daß sie über die Beschaffenheit der einzelnen Dinge richtig denken. Denn da sie über die Natur des Alls treffliche Erkenntnisse gewonnen haben, mußten sie auch für die Beschaffenheit der Dinge im einzelnen einen trefflichen Blick gewinnen. So haben sie uns denn auch über die Geschwindigkeit der Gestirne und über ihren Auf- und Untergang eine klare Einsicht überliefert und über Geometrie, Zahlen (Arithmetik) und Sphärik und nicht zum mindesten auch über Musik. Denn diese Wissenschaften scheinen verschwistert zu sein. (Archytas: Fragm. 1).

c) Zahlenlehre und Krisis des Pythagoreismus

Eine Grundthese der Pythagoreer lautete, die Zahlen seien die »Bausteine« des Kosmos. Diese Funktion konnten sie nur als ganze Zahlen oder als genau kalkulierbare (d. h. rationale) Teile derselben ausüben. Nun entdeckten die Pythagoreer aber die irrationalen Zahlen (richtiger: die irrationalen Proportionen), und zwar – wie Proklos (5. Jhd. n. Chr.) berichtet – im Zusammenhang mit dem Lehrsatz des Pythagoras: Sie fanden die Inkommensurabilität von Diagonale und den Seiten des Quadrats, die geometrische Seite der Irrationalität von $\sqrt{2}$.

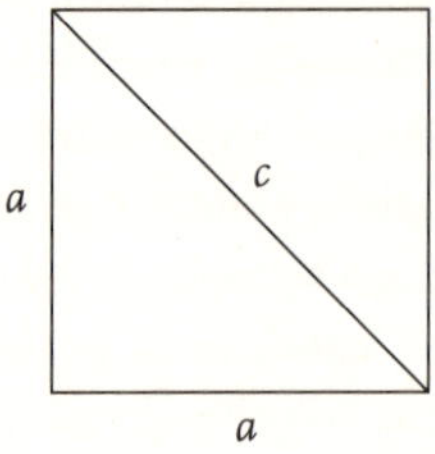

$$c^2 = a^2 + a^2 = 2a^2$$
$$c = a\sqrt{2}$$

$\sqrt{2}$ ist damit eine Zahl, die sich nicht als Verhältnis zweier anderer Zahlen ausdrücken läßt. »Irrational« ist die Übersetzung des griechischen *álogos* und bezeichnet eine Zahl, die sich dem *lógos*, der Rede, entzieht; »irrational« bedeutet also eigentlich »unaussprechbar«. Die Römer übersetzten später *lógos* mit *ratio*, also mit »Vernunft«, und so wurden aus »unaussprechbaren« Zahlen »unvernünftige« Zahlen, was selbst unvernünftig ist. Die Entdeckung der unaussprechbaren Zahlen bedeutete für die Pythagoreer eine »Grundlagenkrise«: Die Zahlen und ihre Beziehungen, die sich so schön in Punkte-Darstellungen abbilden ließen und die den ganzen Kosmos durchwalten sollten, waren nicht einmal in der Lage, das Verhältnis der Seiten und der Diagonale eines Quadrats »aussprechbar« zu verwalten! Mathematisch gesehen ist die ganze Angelegenheit völlig unbedenklich, und es gibt keinen Grund, solche Zahlen als »irrational« zu beschimpfen, es sei denn, diese Zahlen (das heißt hier: die rationalen Zahlen) sind die Grundlage einer ganzen Weltsicht und die Kenntnis der Zahlenverhältnisse soll noch dazu die Seele läutern. Bezeichnend für die Denk- und Handlungsweise der Pythagoreer ist ihre – nur über Legenden übermittelte, trotzdem aber aufschlußreiche – Reaktion auf diese Entdeckung: Sie wurde nicht zum Anstoß für weitere mathematische Forschung über die Natur der Zahlen, ganz im Gegenteil versuchte man, sie geheimzuhalten, sie »nicht auszusprechen«. Eines der Mitglieder des Bundes, Hippasos, soll diese Entdeckung jedoch nach außen weitergegeben haben und daraufhin von den Pythagoreern ausgestoßen worden sein, welche für ihn sogar ein Grab wie für einen Toten errichtet haben sollen. Auch wird erzählt, er sei bei einem Schiffsunglück ertrunken.

Hier kann ein entscheidender Unterschied rationaler Haltung aufgezeigt werden: Wie die Pythagoreer gingen auch die milesischen Philosophen von allgemeinen Annahmen über die Ordnung des Kosmos als Ganzem aus, bei beiden wurden unüberprüfbare Konzeptionen vorgelegt. Die Ionier versuchten jedoch, die Schwierigkeiten in den Theorien ihrer Vorgänger zu korrigieren und setzten sich auch in Opposition zu ihnen. Die kritische Diskussion ursprünglich rein spekulativer (oder mythologischer) Vorstellungen wurde gerade dort in Gang gesetzt, wo Schwierigkeiten auftauchten. Anders die Pythagoreer: Auch sie gingen von einer allgemeinen Annahme über das Ganze aus und versuchten, diese im einzelnen durchzukonstruieren. Als jedoch theoretische Schwierigkeiten auftauchten, versuchten sie nicht, die Konzeption durch kritische Diskussion zu modifizieren, sondern bemühten sich, die Schwierigkeiten zu verheimlichen und jene, die auf ihnen insistierten, zu eliminieren. Daß sich bei den Griechen für Zahlen wie $\sqrt{2}$ der Begriff *álogos* eingebürgert hat, ist nicht auf dem Hintergrund ionischer, sondern nur auf dem pythagoreischer Philosophie zu verstehen. – Nicht eine Theorie als solche ist rational, sondern erst die Methode, sie zu diskutieren. Kopernikus, Kepler und Galilei gingen von der mathematischen Vollkommenheit und Einfachheit des Kosmos aus. Erhard Weigel, Leibniz' Lehrer, ging bei der Entwicklung seines Zahlensystems von pythagoreischer Zahlenspekulation aus. Leibniz erstellte sein duales Zahlensystem im Wissen um die pythagoreische Tradition und meinte noch, in Zahlen – d.h. nun in 0 und 1 – Prinzipien der Wirklichkeit zu finden. Keiner dieser Nachfahren der Pythagoreer ideologisierte aber die Mathematik. Alle waren bereit, andere Formen der Mathematik zu erfinden, wenn es zur Darstellung von Erfahrungsdaten erforderlich schien, und in dieser Hinsicht waren sie den Ioniern näher als den Pythagoreern. – Die Entdeckung der irrationalen Zahlen bewirkte bei den Griechen wieder eine stärkere Hinwendung zur Geometrie. Dort war die Diagonale eines Quadrats durch eine Konstruktion klar definiert, auf dieser Grundlage ließen sich weitere Konstruktionen errichten. Auch bei Platon ist Gott als Mathematiker Geometer und nicht Arithmetiker, und es wird lange dauern, bis Gott sich wieder mit Arithmetik wird beschäftigen dürfen.

d) Die Sphärenharmonie und die Harmonie der Seele

Von der Sphärenharmonie, für die er keine große Sympathie hatte, sagt Aristoteles, daß diese zwar »in eleganter und künstlerischer Weise« angenommen wird, daß es aber unsinnig sei, von Klängen zu reden, die wir gar nicht hören können (*Über den Himmel* II 9, 290b). Die Auffassung, auf die sich Aristoteles bezieht, stammt möglicherweise von Philolaos oder aus dessen Umgebung, viel mehr wissen wir nicht. Nichtsdestoweniger sollte die Vorstellung einer Sphärenharmonie eine lange und recht bedeutende Wirkung haben: Boethius nahm sie in seine Musiktheorie auf und machte die *musica caelestis* zum festen Bestandteil der Musiktheorie im Mittelalter und bis hinein in die Renaissance. Von erheblichen Schäden des Musikbetriebs durch diesen Hintergrund ist indes nichts bekannt, noch Joseph Strauß inspirierte die Sphärenmusik zu einem wunderbaren Walzer. Auch für Forschungen im Bereich mathematisch-akustischer Zahlenverhältnisse war dieser Hintergrund anregend, und in musiktherapeutischer Hinsicht erleben wir heute eine Wiedergeburt pythagoreischer Vorstellungen.

Offensichtlich beeindruckt hat die antiken Philosophen die pythagoreische Seelenlehre in Verbindung mit der Harmonievorstellung. Platon schreibt im *Phaidon*:

> Denn mit bestrickender Macht wirkt auf mein Gemüt jetzt wie schon immer dieser Satz, daß unsere Seele eine Art Harmonie sei und jetzt, da er vorgetragen ward, klang es mir wie eine Mahnung, daß es mir selbst früher schon so vorgekommen sei. (88d)

Die Seelenharmonie ist natürlich ebensowenig wie die kosmische Harmonie ein akustisch wahrnehmbares Phänomen. Das Schema der Zahlenverhältnisse im Kosmos wird hier um den Bereich der Seele erweitert, ohne aber das vorher aufgeführte Element der Zahl ausdrücklich einzubauen. Das ganze ist einfach eine metaphysische und erlösungstheorethische Konstruktion.

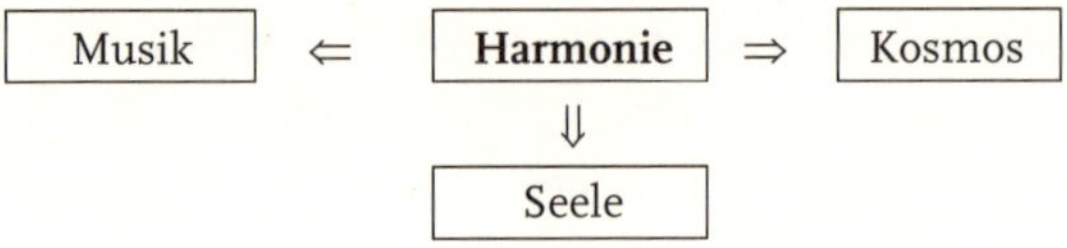

Auch Aristoteles berichtet von der pythagoreischen Vorstellung der *Seele als Harmonie* (*Über die Seele* I 4, 407b 27–30). Allerdings ist diese von Platon und Aristoteles den Pythagoreern zugeschriebene Auffassung von der Seele kaum die ursprünglich pythagoreische, seit wann diese Lehre aber vertreten wurde, läßt sich kaum feststellen.

Nachweisbar ist im 5. Jhd. eine weitere und äußerst wichtige Lehre, die vermutlich zum ursprünglichen Bestand pythagoreischer Auffassungen gehörte: Die Auffassung, die Seele sei im *Körper* wie in einem *Kerker* gefangen.

> Was nun in den Geheimlehren gesagt wird, nämlich daß wir Menschen in einer Art Kerker leben, aus dem wir uns nicht selbst befreien und entweichen dürfen, erscheint mir bedeutungsschwer und nicht leicht zu erklären. (*Phaidon* 62b).

Platon wird von solchen pythagoreischen Vorstellungen ausgehen und eine, wenngleich indirekte, Beziehung von Zahlenlehre und Seelenlehre herstellen und damit eine »Lücke« im pythagoreischen System schließen.

Aus dem pythagoreischen Erbe bildet sich also eine für die gesamte europäische Philosophie folgenreiche Kette von Vorstellungen heraus: (1) Aus der Mathematik wissen wir um die Existenz ewiger, unveränderlicher, absoluter Wahrheiten. (2) Diese ewigen und absoluten Wahrheiten sind gänzlich unabhängig von Sinneswahrnehmungen, mehr noch: Nur im Bereich der von allen Sinneswahrnehmungen und somit auch vom Körper unabhängigen Erkenntnis gelangen wir in den Besitz dieser absoluten Wahrheiten. (3) Die vernünftige Seele bzw. der Vernunftteil der Seele hat Anteil an diesen absoluten Wahrheiten. Damit sie diese aber erlangen kann, muß sie selbst ein ewiges, unsterbliches »Gefäß« sein, in dem diese Wahrheiten enthalten sein können. Dieses »Gefäß« muß jedoch getrennt von allem Körperlichen sein, nur so kann es als »Gefäß« der ewigen, unveränderlichen Wahrheiten vorgestellt werden. Daraus ergibt sich die Aufgabe, die Seele von allem Einfluß des Körperlichen und Sinnlichen fernzuhalten, und, wenn erforderlich, von diesem Einfluß zu reinigen. Damit sind wir bei Platon. (4) Die Seele hat jedoch nur Anteil an den ewigen Wahrheiten, es muß also einen ursprünglichen »Sitz« dieser Wahrheiten geben, einen selbst ewigen, unveränderlichen, von allem Körperlichen streng getrennten Geist. Also gibt es einen Gott, der diese ewigen Wahrheiten schon immer und ursprünglich denkt. Damit sind wir bei Augustinus. Damit ist der Weg der europäischen Metaphysik vorgezeichnet: Ewige Wahrheiten – unsterbliche Seele – Gott. Man sollte dabei den Ausgangspunkt, nämlich die Mathematik, nicht aus dem Auge verlieren und sich fragen, ob hier nicht aus 2 + 2 = 4 und Ähnlichem Argumente abgeleitet werden, die dieser Ausgangspunkt, so interessant er ist, einfach nicht tragen kann.

Der Ausgangspunkt der ionischen Naturphilosophen mußte gegenüber solchen Gedanken an Bedeutung verlieren, jedenfalls für einige Zeit: Die Frage, ob eher Wasser oder eher Luft der Urstoff des Kosmos war, mußte angesichts der wunderbaren Einsichten in die Eigenschaften der Zahlen, der wunderbar vorgestellten kosmischen Musik und der Hoffnung, durch solch wunderbare Erkenntnisse eine Reinigung der Seele zu erreichen, primitiv erscheinen. Selbst die Berechnung der Höhe der Pyramiden wirkte banal gegenüber solchen, letztlich auch von Zahlenverhältnissen ausgehenden, aber viel weitreichenderen Vorstellungen. Aber auch hier sollte man vorsichtig mit einem Urteil sein: Die Auffassungen der Pythagoreer waren in sehr problematischer Weise mythologischer als die der Ionier, denn sie setzten Wissen wieder instrumentell für religiöse Ziele ein, waren also im Vergleich zu den Ioniern »unwissenschaftlicher«. Damit bleibt eine sehr interessante Frage für spätere Überlegungen zurück: Ist es vielleicht so, daß die für die Wissenschaft grundlegende These von der Mathematisierbarkeit der Welt ein höchst »unwissenschaftliches« Fundament hat – oder jedenfalls ein Fundament, das ganz und gar außerhalb der Wissenschaft liegt?

- IV -

Xenophanes, Parmenides und Heraklit

Schon mit Pythagoras, der ursprünglich aus Ionien stammte, waren wir ins zweite Kolonisationsgebiet der Griechen, nämlich nach Süditalien, gelangt. Mit Xenophanes gehen wir jetzt nochmals diesen geographischen Weg der griechischen Philosophie von den ionischen zu den süditalienischen Kolonien. Parmenides ist der erste griechische Philosoph, der aus Süditalien stammt, und da er von antiken Historikern als Schüler des Xenophanes angesehen wurde – eine Angabe, deren Richtigkeit allerdings von modernen Historikern auch bezweifelt wird –, ist es naheliegend, Parmenides gleich im Anschluß an Xenophanes zu behandeln. Damit soll allerdings in keiner Weise behauptet werden, Xenophanes sei der Begründer der eleatischen

Metaphysik, was eine fast unhaltbare These ist. Wohl aber läßt sich aus der Gegenüberstellung von Xenophanes und Parmenides ein interessanter kulturgeschichtlicher Aspekt der Entstehung der Metaphysik des Parmenides gewinnen. Unmittelbar im Anschluß an Parmenides werden dessen Verteidiger Zeno und Melissos behandelt, wobei wir mit letzterem bereits in der Zeit des Anaxagoras sind, also in jener Periode, die erst im nächsten Kapitel behandelt werden wird.

Die Einordnung von Heraklit ist etwas schwierig: Heraklit wird häufig vor Parmenides behandelt, als Ionier im Anschluß an die Milesier. Da bei dieser Darstellung aber der sachliche Zusammenhang von Xenophanes und Parmenides weniger leicht ersichtlich ist, nehmen wir hier die Abfolge Xenophanes – Parmenides – Heraklit, wobei man sich nur deutlich machen muß, daß wir mit Heraklit geographisch wieder nach Kleinasien zurückkehren und daß wir zeitlich in ein und derselben Periode wie der des Parmenides bleiben.

1. Xenophanes

a) Der gesellschaftliche Hintergrund

Xenophanes (ca. 570–475 v. Chr.) stammte aus den ionischen Siedlungen in Kleinasien. Zu seiner zeitlichen Einordnung kann man sagen, daß er etwa zu der Zeit lebte, als Anaximander schon alt gewesen sein muß, er war also ein Zeitgenosse des Anaximenes und des Pythagoras, von dem er aber in seiner Jugend sicher keinerlei

Kenntnis hatte. In seiner skeptischen Mentalität und auch in seinen wissenschaftlichen Auffassungen steht er den ionischen Naturphilosophen sehr nahe. Xenophanes verließ nach dem Einbruch der Perser um 545 Ionien und verbrachte viele Jahre auf Reisen, bis er später nach Süditalien kam. Anders als die ionischen Naturphilosophen kam er nicht von der Naturwissenschaft, sondern von der *Dichtung* her, zudem von einer Dichtung mit besonderem Charakter: Nicht das Epos, das in der griechischen Kultur immer eine große Rolle spielte, sondern die Elegie, also eine lyrische Sprachform, und Silloi, also Spottgedichte, gehören zu Xenophanes Repertoire. Die ionische Naturphilosophie war, soweit wir von ihrer sprachlichen Form etwas wissen, Prosa, bei Xenophanes hingegen begegnen wir Philosophie in Form von Dichtung. Dies ist in keiner Weise abwertend gemeint, der in »Dichtung und Wahrheit« implizierte Gegensatz stammt erst aus viel späterer Zeit. Im Mittelalter gab es Philosophen, die ganz hervorragende Dichter waren (z. B. Abaelard und Thomas von Aquin), es gab aber auch solche, die sich durch ein ausgesprochen schlechtes Prosa-Latein auszeichneten. Die Sprachform sagt also noch nichts über die Qualität von Gedanken aus. Auch die seit dem 19. Jhd. zu beobachtende Tendenz, daß Philosophen häufig durch einen schlechten und schwer verständlichen Sprachstil gekennzeichnet sind, ist nicht unbedingt als Errungenschaft zu betrachten. Vielleicht kommt es auch nicht von ungefähr, daß Nietzsche, dessen hervorragende Sprache außer Zweifel steht, ein an der griechischen Literatur geschulter Denker war.

Xenophanes schrieb also u. a. lyrische Gedichte. Lyrik ist eine Form der Dichtung, die – stärker als das traditionsgebundene Epos – aus der Freiheit im Umgang mit dem Inhalt lebt und daher öfter mit der Tradition in Konflikt gerät. Lyrische Dichtung hatte schon vor Xenophanes ihren festen Ort in der Kultur der Griechen (vgl. Sappho), vor allem in Form von Liedern, die bei profanen Festen oder im kleinen Kreis vorgetragen wurden. Dies ist auch der Rahmen, in dem Xenophanes seine Werke vortrug, ein Rahmen, den schon das erste Fragment anzeigt:

Denn nun ist ja der Fußboden rein und aller Hände und Becher. Gewundene Kränze legt uns einer ums Haupt, und ein anderer reicht duftende Salbe in einer Schale dar. Der Mischkrug steht da angefüllt mit Frohsinn, auch noch anderer Wein ist bereit in den Krügen, der nimmer zu versagen verspricht, ein milder, blumenduftender. In unsrer Mitte sendet heiligen Duft der Weihrauch empor, kaltes Wasser ist da, süßes, lauteres. Bereit liegen rötlich-blonde Brote, und der würdige Tisch beugt sich unter der Last des Käses und fetten Honigs. Der Altar steht in der Mitte ganz mit Blumen geschmückt, Gesang umfängt das Haus und Festesfreude. (Fragm. 1)

Dies ist nicht die Umgebung des großen Volksfestes, sondern die der Symposien der Oberschicht oder der gehobenen Mittelschicht. Die Teilnehmer sind Grundbesitzer mit größeren Latifundien und Händler, die Geld gemacht haben. Dieselbe Atmosphäre begegnet uns auch in einem weiteren Fragment:

Beim Feuer ziemt solch Gespräch zur Winterszeit, wenn man auf weichem Lager, gesättigt daliegt und süßen Wein trinkt und Kichern (= Kichererbsen) dazu knuspert. (Fragm. 22)

Der Hinweis auf das Milieu ist wichtig, weil er uns sagt, was wir von Xenophanes erwarten und was wir von ihm nicht erwarten können. Zumindest ein Teil der Teilnehmer dieser Feste und Zusammenkünfte war schon weit gereist und war dabei den verschiedensten Auffassungen begegnet. Diese Leute waren vermutlich von jedem Dogmatismus weit entfernt, können also als »aufgeklärt« gelten, und in ihrer Umgebung konnte sich ein Sänger ziemlich frei ausdrücken und manchen Spott vorbringen, den er beim Vortrag auf Volksfesten eher unterließ. Andererseits stellte dieses Publikum weder die wissenschaftliche noch auch die kulturelle oder philosophische Avantgarde dar, gerade diese »aufgeklärte Durchschnittlichkeit« ist aber für uns historisch interessant. Bei Thales, Anaximander und Anaximenes müssen wir uns fragen, ob wir es bei ihnen nicht mit Einzelnen zu tun haben, von denen beinahe alle schriftlichen Zeugnisse verlorengegangen sind, und zwar vielleicht gerade deshalb, weil sie einfach von fast niemandem gelesen wurden. Wir können also bei Xenophanes testen, wie viel Rationalität in einer gehobenen Oberschicht tatsächlich akzeptiert wurde.

Xenophanes war jedoch nicht einfach der angepaßte Modesänger der liberalen und bequemen Reichen, er wollte schon so etwas wie eine Botschaft mitbringen:

Jetzt will ich wieder zu anderer Rede mich wenden und den Pfad weisen. (Fragm. 7)

Hinter diesem Versuch, einen Weg zu weisen, steckt vermutlich unter anderem auch so etwas wie eine Identitätskrise der Rhapsoden. Sie standen – wie ihr Publikum der Oberschicht – unter dem Einfluß von Aufklärung, die auch der eigenen Tradition kritisch gegenüberstand. Was der Sänger dieser Tradition gegenüber vorbringt, war nicht revolutionäre Kritik, sondern wahrscheinlich inzwischen allgemein Akzeptiertes. Dazu zählte z. B.:

Alles haben den Göttern Homer und Hesiod angehängt, was nur bei Menschen Schimpf und Tadel ist: Stehlen und Ehebrechen und einander Betrügen. (Fragm. 11)

Eine solche Aussage stellte wahrscheinlich in dieser Umgebung keine unerhörte Behauptung mehr dar. Für jemand, der sich mit Gesängen bei privaten und öffentlichen Festen sein Geld verdienen wollte, ist die Angelegenheit indes problematisch, denn er nimmt sich dadurch schließlich das Material seines Lebensunterhalts weg: Wenn nicht Homer, was sollte er dann vortragen? Auch stellte sich die Frage, was ein Dichter-Sänger seinem Publikum überhaupt bieten konnte. Dieses Publikum stellte inzwischen Fragen, die nicht einfach auf der Linie der Tradition beantwortet werden konnten. Dies ist jedoch gleichsam eine »Lücke«, in der ein Dichter-Philosoph seinen Platz finden konnte: Er mußte Fragen, die vorhanden waren, besser formulieren und versuchen, Antworten zu liefern. Also: Er will einen Weg weisen. Vorherrschend war vor allem die Frage nach der Tugend *(areté)*: Wer ist der »Tüchtige«, woran erkennt man ihn, wodurch zeichnet er sich aus?

Nach der Spende aber und nach dem Gebet, uns Kraft zu verleihen, das Rechte zu tun – denn dies zu erbitten, ist ja das Gemäßere (das uns näher Angehende) –, ist's kein Übermut so viel zu trinken, daß sich ungeleitet nach Hause finden kann, wer nicht ganz altersschwach ist. Von den Männern aber ist der zu loben, der nach dem Trunke Edles ans Licht bringt, so wie ihm das Gedächtnis und das Streben um die Tugend ist, wobei er nicht etwa Kämpfe der Titanen durchgeht oder der Giganten oder auch der Kentauren – Erfindungen der Vorzeit – oder tobenden Bürgerzwist, denn darin ist nichts Nützliches; aber der Götter allzeit fürsorglich zu gedenken, das ist edel. (Fragm. 1)

Früher, in der aristokratischen Gesellschaft, hatte man sich an den Tugenden orientiert, die im Epos besungen wurden, dies waren primär Tugenden des Kampfes. Jene Tugendkataloge waren in der Handelsgesellschaft ebenso wie bei den großen Grundbesitzern problematisch geworden, und damit natürlich auch die literarische Tradition des Homer und des Hesiod selbst. Die Tradition als literarisches Vermächtnis war nicht abgeschafft, aber es stellte sich die Frage, wie man damit umgehen sollte, wie sie zur Aufklärung in eine Beziehung gebracht werden konnte. Ebenso wie sein Publikum dürfte Xenophanes dabei allerdings nicht weit über ein Nebeneinander hinausgelangt sein. Nach der Schilderung der Vorbereitung des üppigen Festes folgt das Lob des Gottes oder der Götter, ohne ein solches war ein griechisches Fest nicht denkbar. Da ein solches Lob Aufgabe eines Dichters war – Priester gab es bei den Griechen nicht –, mußte ein solcher bei dieser Gelegenheit Farbe bekennen – bei Xenophanes begegnet uns dabei ein Nebeneinander von literarischem Vermächtnis und »Aufklärung«:

Da ziemt's zuerst wohlgesinnten Männern dem Gotte lobzusingen mit frommen Geschichten *(mýthoi)* und reinen Worten *(lógoi)*. (Fragm. 1)

Mythos und *Logos* stehen nebeneinander, auch wenn wir hier noch nicht ganz den späteren, fast technischen Sinn dieser beiden Begriffe voraussetzen dürfen. Angewandt auf die Frage der Tugend: Für die Zuhörer war es gar nicht mehr klar, worin denn die Tugend, die Tüchtigkeit, liege, wenn sie nicht mehr im alten Kampf gefunden werden konnte, und für den Sänger war es noch nicht klar, welche *lógoi* er denn erzählen sollte, wenn die alten *mýthoi* nicht mehr ausreichten. Xenophanes versuchte, einen Weg, einen Logos, aufzuzeigen: In dieser Situation des Wertewandels stellt er *Wissen* gegen physische Leistung.

Aber, wenn einer mit der Schnelligkeit der Füße den Sieg gewönne oder im Fünfkampf, dort wo des Zeus heilige Flur ist am Pisaquell in Olympia, oder im Ringen oder auch weil er die Kunst des schmerzensreichen Faustkampfes besitzt oder eine gewisse schreckliche Kampfart, die sie Allkampf benennen, so wäre er zwar für die Bürger glorreicher anzuschauen als zuvor, er erwürbe den weithin sichtbaren Ehrensitz bei den Kampfspielen und die Speisung auf öffentliche Kosten von der Stadt und eine Gabe, die ihm ein Kleinod wäre; und auch wenn er mit seinen Rossen (den Sieg gewönne), so erhielte er alle diese Ehren; und doch wäre er nicht (= keiner) so würdig wie ich. Denn besser als Männer- und Rossekraft ist doch unser Wissen. Vielmehr ist das eine gar grundlose Sitte, und es ist nicht gerecht die Stärke dem tüchtigen Wissen vorzuziehen. Denn wenn auch ein tüchtiger Faustkämpfer unter den Bürgern wäre oder wer im Fünfkampf oder in der Ringkunst hervorragte, oder auch in der Schnelligkeit der Füße, was ja den Vorrang hat unter allen Kraftstücken, die sich im Wettkampfe der Männer zeigen, so wäre doch um dessentwillen die Stadt nicht in besserer Ordnung. Nur geringen Genuß hätte die Stadt davon, wenn einer an Pisas Ufern den Wettsieg gewönne; denn das macht die Kammern der Stadt nicht fett. (Fragm. 2)

84 | Die Begründung einer solchen neuen Wertordnung und die Kritik an der bisher geltenden gewinnt Xenophanes durch den Rückgriff auf die Polis: Die Ehre, die ein Sieger im Sport einer Stadt einbringt, bedeutet nicht, daß diese Stadt sich in besserer rechtlicher oder ökonomischer Ordnung befindet. Das Kriterium von Weisheit wird somit bei Xenophanes keineswegs in reiner Theorie gesucht, vielmehr verlangt er dessen Verankerung im praktischen Bereich: Es geht um ein *Wissen*, das der *Stadt* eine *bessere Ordnung* verschafft. Dies ist ein praktisch-vernünftiger Logos, ein durchaus gangbarer »Pfad«; sein Erfolg ist allerdings fraglich, damals wie heute. Gerade die Politik verweigert sich ihm immer wieder, und das Volk reagiert nicht viel anders: Ist die Ordnung der Polis nicht zum besten bestellt und sind die »Kammern der Stadt nicht fett«, so wird oft versucht, durch Organisation sportlicher Großveranstaltungen und durch Siege bei Sportwettkämpfen von der politischen und wirtschaftlichen Misere abzulenken. Xenophanes war ein aufgeklärter, kritischer Intellektueller, doch mehr als einen Pfad weisen, einen Logos verkünden konnte auch er nicht; das war immer schon das Elend der machtlosen Intellektuellen. All dies ist von heute aus betrachtet nicht sonderlich originell, aufschlußreich ist jedoch der Anspruchs des Sängers, eine *sophía*, eine Weisheit, mitzubringen, die sich kritisch mit der traditionellen Ordnung auseinandersetzt. Dies zeigt, daß die Mythenkritik Kreise gezogen hatte. Der Rhapsode, der Mythensänger, suchte also nach einer »Aufbesserung« seines Repertoires, die ihm, jedenfalls in der Umgebung der aufgeklärten Oberschicht, mehr Glanz, Würde, Prestige und Geld einbringen konnte als die Rezitation einer brüchig gewordenen epischen Überlieferung, die er auf den Festen des Volkes weiterhin darbot. Und er meinte, dies mit einer *sophía* leisten zu können, die

Aufklärung und kritische Rationalität bringt, und zwar nicht nur für die Vorstellung von Tugend, sondern auch im Bereich der Religion.

b) Religionskritik und metaphysische Gotteslehre

Auf seinen Reisen war Xenophanes mit den verschiedensten Religionen und Mythologien in Kontakt gekommen, und als Kenner der eigenen Traditionen fühlte er sich zu etwas herausgefordert, was wir heute »vergleichende Religionswissenschaft« nennen würden. Der vielfältige Kontakt der Händler und Siedler mit fremden Kulturen und fremden Menschen wird hier erkenntnistheoretisch und so mythenkritisch relevant. Dies führte Xenophanes zu einer bestimmten Form der Religionskritik:

Die Äthiopen behaupten, ihre Götter seien stumpfnasig und schwarz, die Thraker, blauäugig und rothaarig. (Fragm. 16)
Doch wenn die Ochsen und Rosse und Löwen Hände hätten oder malen könnten mit ihren Händen und Werke bilden, wie die Menschen, so würden die Rosse roßähnliche, die Ochsen ochsenähnliche Göttergestalten malen und solche Körper bilden, wie jede Art gerade selbst ihre Form hätte. (Fragm. 15)

Was Xenophanes hier aufgreift, ist die zu seiner Zeit bereits verbreitete Kritik anthropomorpher Gottesvorstellungen. Dies wird deutlich im folgenden Fragment:

Doch wähnen die Sterblichen, die Götter würden geboren und hätten Gewand und Stimme und Gestalt wie sie. (Fragm. 14)

Interessant hier ist der Ausdruck »wähnen« *(dokéin)*, ein Wort, das auch bei Parmenides für das verwendet wird, was nicht der Wahrheit entspricht. Darauf kommen wir noch zurück. Die Kritik, die Xenophanes hier zur Sprache bringt, sucht die Wurzel dieser Irrtümer aufzudecken: Es geht um ein Analogiedenken in der Form anthropomorpher Vorstellungen. Aus der Erkenntnis der *Genese* wird ein Instrument der *Kritik*. Dieses Instrument ist, wie die spätere Geschichte (bis heute) zeigt, nicht so selbstverständlich, wie es auf den ersten Blick aussieht: Analogiedenken ist nicht von vornherein falsch, selbst anthropomorphe Vorstellungen sind nicht automatisch unrichtig. Es war jedoch wichtig, daß dieses Argument erst einmal in die Diskussion eingeführt wurde. Zu einem Argument, das zur Kritik bestimmter Vorstellungen führen konnte, wurde die Aufdeckung der Genese eigentlich erst durch den Vergleich: Wenn eine verschiedene Genese der Gottesvorstellung ganz verschiedene Vorstellungen hervorbringt, dann sind alle diese Vorstellungen gleich gültig und somit gleichgültig. Hinter dieser Kritik, die alle bestimmten Vorstellungen vergleichgültigt, stand jedoch bei Xenophanes ein allgemeiner und verhältnismäßig *abstrakter Gottesbegriff*:

Ein einziger Gott, unter Göttern und Menschen am größten, weder an Gestalt den Sterblichen ähnlich noch an Gedanken. (Fragm. 23)
Gott ist ganz Auge, ganz Geist, ganz Ohr. (Fragm. 24)
Doch sonder Mühe erschüttert er alles mit des Geistes Denkkraft. (Fragm. 25)

Der Ansatzpunkt für diesen Gottesbegriff liegt im Wissen. So wie in der Tugendlehre nicht mehr physische Kraft, sondern Wissen entscheidend ist, so ist hier auch für den Gott das Wissen maßgebend, zu dem dann problemlos die Macht hinzutritt, alles dem Wissen entsprechend durchführen zu können. Ob hinter dieser Behauptung der Einzigkeit Gottes eine philosophische Argumentation steht, ist nicht ganz klar, primäre Absicht des Xenophanes war es wohl, der homerischen Götterwelt *einen* einzigen Gott gegenüberzustellen. Sonderbar ist jedoch seine weitere Bestimmung dieses Gottes:

Stets aber am selbigen Ort verharrt er sich garnicht bewegend, und es geziemt ihm nicht hin- und herzugehen bald hierhin bald dorthin. (Fragm. 26)

Diese Lehre folgt keineswegs aus der ersten, also der Annahme eines einzigen, allmächtigen Gottes. Das »Gehen« könnte noch als eine der homerischen Götterwelt zugehörige und als anthropomorphe zu kritisierende Vorstellung identifiziert werden, aber warum soll dieser Gott schlechthin verharrend, bewegungslos sein? Wir kennen zahlreiche Kulturen, die einen einzigen, allmächtigen Gott annahmen, ohne daß sie auf den Gedanken gekommen wären, diesen Gott als bewegungslos ansehen zu müssen. Auf griechischem Hintergrund ist diese Vorstellung besonders merkwürdig. Ägyptische Götter können vielleicht, jedenfalls vom heutigen Betrachter aus gesehen, als bewegungslos angesehen werden, gerade die griechische Kunst aber hatte Bewegung als etwas »Göttliches« erkannt und dargestellt. Auffällig ist jedoch die Ähnlichkeit dieser Bewegungslosigkeit mit Seinsbestimmungen, die wir bei Parmenides finden. Dort heißt es vom Sein:

Aber unbeweglich-unveränderlich liegt es in den Grenzen gewaltiger Bande ohne Ursprung, ohne Aufhören; [...] und als Dasselbe und in Demselben verharrend ruht es für sich und so verharrt es standhaft an Ort und Stelle. (Fragm. 8)

Daß hier eine Beziehung von Xenophanes und Parmenides vorliegen muß, ist natürlich den Interpreten seit der Antike aufgefallen. Xenophanes hat wahrscheinlich Elea besucht, wo Parmenides zu Hause war, es ist also durchaus vorstellbar, daß Xenophanes einfach einige Elemente der Lehre des Parmenides aufgenommen hat, ohne sich zu fragen, ob sie innerhalb seiner sonstigen Annahmen zwingend sind. Interessant ist auch der Ausdruck »geziemend«: Xenophanes nimmt hier wiederum kritische Vernunft in Anspruch, es werden kritisch Regeln dafür aufgestellt, was sich für einen Gott nicht geziemt (etwa Stehlen und Ehebrechen) und was sich für ihn geziemt, nämlich stets an einem Ort zu verharren. Auch wenn wir nicht so recht verstehen, was denn »unziemlich« daran sein soll, bald hierhin, bald dorthin zu gehen, so ist es doch für den Übergang vom Mythos zum Logos aufschlußreich, daß hier in durchaus autonomer Weise metaphysische Verhaltensregeln aufgestellt werden. Es liegt eine Art »gesetzgebende Vernunft« vor: Nicht die Götter bestimmen, was sich für den Menschen ziemt, sondern die Menschen bestimmen, was sich für einen Gott ziemt.

c) Fortschritt und Grenzen der Erkenntnis

Xenophanes als kritischer und etwas skeptischer Rationalist weiß um die Schwierigkeit, zu halbwegs brauchbaren Ergebnissen im Bereich der Erkenntnis zu gelangen, zweifelt aber doch nicht daran, daß es Erkenntnisfortschritte geben kann:

Wahrlich nicht von Anfang an haben die Götter den Sterblichen alles enthüllt, sondern allmählich finden sie suchend das Bessere. (Fragm. 18)

Wenn Xenophanes hier von »Göttern« spricht, so steht das nicht unbedingt in Widerspruch zum bisher Gesagten. »Götter« ist vielleicht einfach ein literarischer Ausdruck, auch wir sagen »das wissen nur die Götter«, ohne deshalb schon Polytheisten zu sein. Wichtiger aber ist etwas anderes: Wenn Xenophanes von einem allmählichen Fortschritt spricht und davon, daß wir, wenn wir suchen, das Bessere – nicht schon das Wahre! – finden, so hören wir daraus fast eine erkenntnis- und geschichtstheoretische Überlegung in Bezug auf die ionische Naturphilosophie heraus. Es geht um einen langsamen und mühsamen »Forschungsprozeß«, und auch hier ist der Abstand zum Mythos wiederum überdeutlich: Der Mythos sucht nichts, er hat immer schon alles gefunden, es gibt keine Verbesserungsmöglichkeit. Natürlich wissen wir heute von den großen internen Anpassungsvorgängen in den verschiedensten Mythen, die ja sehr wandlungs- und anpassungsfähig sind. Diese distanzierte, analytische Erkenntnis ist dem Mythos jedoch völlig fremd, der Mythos spricht immer apodiktisch und definitiv, er ist einfach »wahr« und kann keinerlei Fortschritt in sich selbst zugeben. Ganz anders der kritische und etwas skeptische Logos-Anhänger Xenophanes: Hier ist uns endgültige Wahrheit, definitives Wissen überhaupt nicht zugänglich.

Und das Genaue freilich erblickte kein Mensch und es wird auch nie jemand sein, der es weiß (erblickt hat) in bezug auf die Götter und alle Dinge, die ich nur immer erwähne; denn selbst wenn es einem im höchsten Maße gelänge, ein Vollendetes auszusprechen, so hat er selbst trotzdem kein Wissen davon: Schein (meinen) haftet an allem. (Fragm. 34)

Auch hier wieder eine höchst aufschlußreiche Bemerkung des Xenophanes: Was wäre, wenn jemand auf seinem Such- und Forschungsprozeß wirklich einmal etwas ganz und gar Wahres fände? Ausschließen kann man dies schließlich nicht. Die Antwort des Xenophanes bleibt skeptisch: Wir verfügen über kein Kriterium definitiver Wahrheit, und somit würde uns auch der Zufallstreffer einer definitiven Wahrheit nichts nützen, weil wir gar nicht wissen könnten, daß wir einen solchen Fund gemacht haben. Der Vergleich, der uns sagt, daß wir etwas Besseres gefunden haben, wird immer nur mit dem weniger Zufriedenstellenden der vorangegangenen Theorie durchgeführt und vermag nicht, das Vorliegende einer absoluten Wahrheit gegenüberzustellen. Xenophanes wollte weg von dem Absolutheitsanspruch der Mythen und hin zu einer such- und somit *forschungsorientierten Erkenntnis*, die auf den Begriff einer endgültigen Wahrheit in Hinsicht auf die menschliche Erkenntnis verzichtet: Wir erreichen nicht mehr als Meinungen. »Meinung« hat hier nichts mit Beliebigkeit zu tun, wie das in unserem modernen Sprachgebrauch mitschwingt, sondern bedeutet eher so viel wie »Hypothese« im modernen Sinn. »Meinung« bezeichnet somit eine durchaus wohlbegründete Annahme, von der aber nicht behauptet werden soll, sie stelle eine definitive, nicht mehr überholbare Aussage dar. Und da wir gar nicht mehr als eine solche Meinung erreichen können, dürfen wir solche Aussagen als »wahrheitsähnlich« (vgl. lat. *verisimilis*) bezeichnen, auch dann, wenn wir sie mit der »eigentlichen« Wahrheit gar nicht tatsächlich vergleichen können.

Dies soll zwar der bloßen Meinung nach gelten als gleichend dem Wahren, (aber...). (Fragm. 35)

Xenophanes zieht also einen scharfen Trennungsstrich zwischen menschlichem und göttlichem Erkennen und Wissen. Auf der einen Seite stehen die Meinungen, das Wahrheitsähnliche, das Wahr-Scheinende und Wahrscheinliche, auf der anderen das Wissen, die Wahrheit:

XENOPHANES	**göttliches Wissen**	**menschliches Wissen**
	Wahrheit	*Meinung*

Da Xenophanes an keine Offenbarung glaubt, bleibt ihm für den Menschen als erreichbares Wissen nur die Meinung. All unser Wissen ist hypothetisch, überholbar. Dies ist die Haltung eines aufgeklärten Rationalisten, der die »Wissenschaftsentwicklung« bis auf seine Zeit herauf beurteilt. Dabei war Xenophanes nicht der einzige seiner Zeit, der diese aufgeklärte Haltung vertrat. Ein weiteres Beispiel ist der Arzt Alkmaion, der in Kroton, also ebenfalls in Süditalien, tätig war; wir sind ihm im Zusammenhang mit der Gegensatzlehre bei Pythagoras bereits begegnet. Von Alkmaion sind nur minimale Textfragmente erhalten, in unserem Zusammenhang ist vor allem eines bedeutsam, welches u. a. zeigt, daß Alkmaion unmöglich ein echter Pythagoreer gewesen sein kann:

Über das Unsichtbare wie über das Irdische haben Gewißheit die Götter, uns aber als Menschen ist nur das Erschließen gestattet. (Fragm. 1)

Die Übersetzung »Erschließen« ist schon zu stark interpretierend, vor allem, wenn wir dabei an aristotelische Schlüsse denken, was aber ein Anachronismus wäre. »Vermutung« wäre die bessere Übersetzung, liegt hier doch das Verfahren des Arztes vor, der von Symptomen auf die Krankheit »schließt«, der eine Vermutung, eine Hypothese über die Ursache aufstellt.

	göttliches Wissen	menschliches Wissen
ALKMAION	*Gewißheit*	*Vermutung*

Die beiden Schemata werden uns zur Verdeutlichung der Position des Parmenides hilfreich sein.

d) Naturwissenschaftliche Thesen

Eine detaillierte Kosmologie lag nicht im Interesse des Xenophanes und seiner Zuhörer. Verglichen mit den Milesiern sind seine Vorstellungen »einfacher«, sein physikalisches Weltbild entspricht dem »gesunden Menschenverstand«. Vielleicht liegt darin auch eine Reaktion auf die gegenüber dem Beobachtungsmaterial zu weit greifenden Theorien der Milesier, gegen die Xenophanes die tatsächlich beobachtbaren Phänomene stellt:

Erde und Wasser ist alles, was da wird und wächst. (Fragm. 29)
Denn wir alle wurden aus Erde und Wasser geboren. (Fragm. 33)

Xenophanes erinnert sich noch daran, daß versucht worden war, alles aus einem einheitlichen Grund zu erklären, es gelingt ihm jedoch nicht, mit Erde und Wasser zu einer solchen einheitlichen Erklärung zu gelangen. Wahrscheinlich versuchte er dies auch gar nicht, sondern stellte einfach zwei Grundelemente nebeneinander:

Denn aus Erde ist alles, und zur Erde wird alles am Ende. (Fragm. 27)

Daneben aber steht:

Das Meer ist Quell des Wassers, Quell des Windes. (Fragm. 30)

Darüber befindet sich die Sonne, die alles erwärmt (Fragm. 31), das untere Ende dagegen erstreckt sich ins Unermeßliche (Fragm. 28). Wie dies alles zusammenhängen soll, konnte auch die spätere antike Überlieferung nicht erklären.

Vielleicht war der Aufstieg anspruchsvoller Theorien einfach zu rasch vor sich gegangen, es sollte mit ihnen mehr geleistet werden, als wirklich möglich war. Xenophanes war nicht unkritisch, und vielleicht meinte er gerade aus diesem Grund, daß die empirischen Grundlagen für so weitreichende Theorien nicht ausreichten. Er mußte seine Zuhörer mit einer *sophía* überzeugen, die besser war als die mythologische Tradition, und dafür war es zunächst einmal besser, im Zusammenhang von Wasser und Erde auf Tropfsteinhöhlen zu verweisen (Fragm. 37). Die Bedeutung empirischer Beobachtung zur Stützung von Theorien hatte Xenophanes richtig erkannt: Um den Hervorgang der Erde aus dem Wasser zu erklären, verwies er auf Fossilien, z. B. auf Abdrücke von Fischen in Steinen, die im Landesinneren Siziliens gefunden worden waren, woraus er richtig schloß, daß dort einmal Meer gewesen sein mußte. Letzteres zumindesten ist eine empirisch gut begründete Theorie, die eine begrenzte Reichweite hat.

Die physikalischen und astronomischen Theorien des Xenophanes hatten in der Antike keinen großen Einfluß, zudem ist nicht ganz klar, ob er sie wirklich als wis-

senschaftliche Theorien aufstellen wollte. Möglicherweise wollte Xenophanes zunächst populär-religiösen Auffassungen, wie z. B. der, daß die Sterne Götter seien, irgend etwas »Wissenschaftliches« entgegenstellen nach der (auch nicht ganz unproblematischen) Devise: Besser irgend etwas Wissenschaftliches als etwas Mythologisches. Ziemlich deutlich wird diese Absicht in seiner Erklärung des Regenbogens, die er der populären Auffassung gegenüberstellt: Was in der Mythologie als die Göttin Iris bezeichnet wird, ist in Wirklichkeit nur eine Wolke.

Und was sie Iris benennen, auch das ist seiner Natur nach nur eine Wolke, purpurn und hellrot und gelbgrün zu schauen. (Fragm. 32).

In der Periode nach Xenophanes legten Physik, Kosmologie und wissenschaftliche Rationalität zunächst einmal eine Pause ein. Die von den ionischen Naturphilosophen und von Xenophanes aufgestellten Rationalitäts-Standards waren ja noch keineswegs gesichert und trafen auch auf Widerstand.

2. Parmenides

Bei der Darstellung der bisher besprochenen frühen griechischen Philosophen gibt es zwar größte Interpretationsprobleme, aber eigentlich keine »ideologischen« Diskussionen. Dies wird bei Parmenides anders. Zu Parmenides finden wir bis in die Gegenwart hinein kontrastierende, einander beinahezu feindlich gegenüberstehende Einschätzungen. Zwei schon klassische Beispiele seien hier angeführt. Hegel sagt in der *Logik*:

Den einfachen Gedanken des reinen Seins haben die Eleaten zuerst, vorzüglich Parmenides als das Absolute und als einzige Wahrheit, und in den übergebliebenen Fragmenten von ihm, mit der reinen Begeisterung des Denkens, das zum ersten Male sich in seiner absoluten Abstraktion erfaßt, ausgesprochen: nur das Sein ist, und das Nichts ist gar nicht. [...] Das Denken oder Vorstellen, dem nur ein bestimmtes Sein, das Dasein, vorschwebt, ist zu dem erwähnten Anfange der Wissenschaft zurück zu weisen, welchen Parmenides gemacht hat, der sein Vorstellen und damit auch das Vorstellen der Folgezeit zu dem reinen Gedanken, dem Sein als solchem, geläutert und erhoben und damit das Element der Wissenschaft erschaffen hat. – Was das Erste in der Wissenschaft ist, hat sich müssen geschichtlich als das Erste zeigen. Und das eleatische Eine oder Sein haben wir für das Erste des Wissens vom Gedanken anzusehen. (Hegel: *Wissenschaft der Logik*. Ausg. H. Glockner. Stuttgart 1965. S. 89 f. und S. 96. Orthographie modernisiert.)

Dagegen sagt Nietzsche:

| 91

Parmenides hat, wahrscheinlich erst in seinem höheren Alter, einmal einen Moment der allerreinsten, durch jede Wirklichkeit ungetrübten und völlig blutlosen Abstraktion gehabt; dieser Moment – ungriechisch wie kein andrer in den zwei Jahrhunderten des tragischen Zeitalters –, dessen Erzeugnis die Lehre vom Sein ist, wurde für sein eigenes Leben zum Grenzstein, der es in zwei Perioden trennte: zugleich aber zerteilt derselbe Moment das vorsokratische Denken in zwei Hälften, deren erste die anaximandrische, deren zweite geradezu die parmenideische genannt werden mag. (Nietzsche: *Werke*. Ausg. K. Schlechta. München 1966. III, S. 381.)

Der »reinen Begeisterung des Denkens, das zum ersten Mal sich in seiner absoluten Abstraktion erfaßt«, steht also die »durch jede Wirklichkeit ungetrübte und völlig blulose Abstraktion« gegenüber. Sieht man diese völlig gegensätzlichen Einschätzungen, wird man verstehen, daß auch jede Darstellung der Philosophie des Parmenides stark vom Standpunkt des Interpreten gefärbt ist.

Parmenides wurde etwa 515 v. Chr. geboren. Seine Heimatstadt, für die er auch als Gesetzgeber tätig gewesen sein soll, war Elea in Unteritalien. Sonst wissen wir nichts von seinem Leben. Diogenes Laertius berichtet (IX 21), Parmenides habe engen Kontakt mit dem Pythagoreer Ameinias gehabt. Diese Bemerkung diente manchen Forschern als Stützung ihrer Auffassung, Parmenides sei vom Pythagoreismus beeinflußt worden, ja möglicherweise früher selbst Pythagoreer gewesen. In der Gegenwart wird zwar immer noch angenommen, Parmenides habe die pythagoreischen Lehren gekannt, darüber hinaus wird jedoch kein engerer Kontakt des Parmenides mit den Pythagoreern vermutet. Weiterhin gibt Diogenes Laertius an (Ebd.), Parmenides sei Hörer des Xenophanes gewesen, was hier »Hörer« heißt, wissen wir nicht. Aus inhaltlichen Gründen ist anzunehmen, daß Parmenides mit den Gedanken des Xenophanes vertraut war und umgekehrt. Aufschlußreich ist vor allem aber die Bemerkung des Diogenes Laertius, daß Parmenides, obwohl Schüler des Xenophanes, diesem nicht folgte und weiter, daß er den Seelenfrieden nicht durch Xenophanes erlangte (Ebd.). Daß ein grundsätzlicher Unterschied zwischen Xenophanes und Parmenides bestand, war der antiken Geschichtsschreibung also durchaus bewußt.

Umstrittener ist bis heute das Verhältnis von Parmenides und Heraklit. In der früheren Geschichtsschreibung wurde fast immer angenommen, daß Parmenides sich direkt mit Heraklit auseinandergesetzt habe. Dabei wurde jedoch oft zu leicht von einer inhaltlichen Polarität auf eine Gegensätzlichkeit als historisches Faktum geschlossen, von einem solchen Faktum haben wir indes keine historische Kenntnis. Wo Parmenides sich mit jenen auseinandersetzt, die eine Lehre des Werdens vertreten, kann man annehmen, daß er sich in einem ganz allgemeinen Sinn in Gegensatz sehen wollte zu all jenen, die von den Gegebenheiten der unmittelbaren Sinneserfahrung ausgehen, in der sich ohne Zweifel eine Erfahrung von Werden und Vergehen manifestiert. Eine Kenntnis der Lehren Heraklits ist dafür jedoch nicht erforderlich.

92 | Von Parmenides sind größere, oft auch zusammenhängende Teile seiner Schrift *Perí Phýseos*, d. h. *Über die Natur*, erhalten, die eine relativ zuverlässige Rekonstruktion seiner Philosophie gestatten. Dies bedeutet allerdings nicht, daß bei Parmenides keine größeren Probleme der Interpretation vorliegen. Der Form nach legt Parmenides – wie Xenophanes – seine Gedanken in Form von Dichtung vor, Sprache und Stil des Parmenides wirken jedoch archaischer als bei Xenophanes. Über seine Dichterqualitäten läßt sich streiten, es kann aber selbst aus der Übersetzung entnommen werden, daß er manchmal in einer etwas gezwungen wirkenden, feierlichen Sprache schreibt.

a) Wissen und Meinung

Das größte Interpretationsproblem hängt mit der zentralen Frage des Verhältnisses von *Wissen* und *Meinung* zusammen. Das Lehrgedicht des Parmenides enthält zwei Teile, der erste ist dem Wissen, der zweite der Meinung gewidmet. Dieser zweite Teil beginnt mit den Worten:

Damit beschließe ich für dich mein verläßliches Reden und Denken über die Wahrheit. Aber von hier ab lerne die menschlichen Meinungen kennen. (Fragm. 8. Anstelle von »Schein-Meinungen« bei Diels-Kranz setze ich hier für *dóxa* nur »Meinung«)

Es ist daher nicht verwunderlich, daß viele Interpreten meinten, Parmenides gebe hier Meinungen wieder, von denen er sich selbst distanzierte. Störend bei dieser

Interpretation ist jedoch – und dies war den Interpreten auch durchaus bewußt –, daß Parmenides den Meinungen der anderen seine eigene Meinung gegenüberstellt. Dies scheint inkonsistent, wenn Parmenides – im Besitz des Wissens – dem Wissen *alle* Meinungen als nichtig gegenüberstellen wollte. Der Gegensatz von Wissen und Meinung wird gleich zu Beginn in unüberhörbarer Schärfe aufgestellt:

Nun sollst du alles erfahren, sowohl der wohlgerundeten Wahrheit unerschütterlich Herz wie auch der Sterblichen Meinungen, denen nicht innewohnt wahre Gewißheit. (Fragm. 1)

Schon hier werden die Meinungen nicht einfach kategorisch zurückgewiesen, denn:

Doch wirst du trotzdem auch dieses kennen lernen und zwar so, wie das ihnen Scheinende auf eine probehafte, wahrscheinliche Weise sein müßte, indem es alles ganz und gar durchdringt. (Fragm. 1)

Daß dieser Weg der Meinungen jedoch niemals zu Wissen führen kann, bezweifelt Parmenides nicht, denn er sagt weiter:

Vielmehr halte du von diesem Wege der Forschung den Gedanken fern, und es soll dich nicht vielerfahrene Gewohnheit auf diesen Weg zwingen, walten zu lassen das blicklose Auge und das dröhnende Gehör und die Zunge, nein mit dem Denken bring zur Entscheidung die streitreiche Prüfung, die von mir genannt wurde. (Fragm. 7)

Noch kategorischer klingt das Urteil, wenn von dem undenkbaren, unsagbaren und nicht zur Wahrheit führenden Weg gesprochen wird und dieser dem anderen Weg, der »richtig und wirklich vorhanden« ist, gegenübergestellt wird (Fragm. 8, 1. Hälfte). Um jedoch diese Gegenüberstellung beurteilen zu können, muß zunächst einmal betrachtet werden, zu welchen Ergebnissen die beiden Wege führen.

b) Sein und Nichtsein

Die beiden Wege der Forschung sind deutlich:

Wohlan, so will ich denn sagen (nimm du dich aber des Wortes an, das du hörtest), welche Wege der Forschung allein zu denken sind: der eine Weg, der IST ist und daß Nichtsein nicht ist, das ist die Bahn der Überzeugung (denn diese folgt der Wahrheit), der andere aber, das NICHT IST ist und daß Nichtsein erforderlich ist, dieser Pfad ist, so künde ich dir, gänzlich unerkundbar; denn weder erkennen könntest du das Nichtseiende (das ist ja unausführbar) noch aussprechen. (Fragm. 2)

Ganz ähnlich lautet das Fragment 6. – Was Parmenides hier sagt, scheint in seinem Ausgangspunkt trivial: »Nicht-Sein ist nicht« geht in seiner kritischen Konklusion ins Leere, denn wer sollte schon behaupten: »Es gibt auch Nicht-Sein, notwendig muß es dies geben«? So einfach ist der Fall allerdings nicht, denn dahinter verbirgt sich ein schwieriges sprachphilosophisches – bei Parmenides erkenntnismetaphysisch formuliertes – Problem: das Problem der *negativen Prädikate*. Hatte Anaximander gesagt: »Der Ursprung der Dinge ist das *ápeiron*», »das Nicht-Begrenzte», so kann die Genese dieses Satzes so gedeutet werden: Zunächst wurde gesagt »Der Ursprung der Dinge *ist nicht* begrenzt« – hier wird die Kopula negiert. Im Zusammenhang mit der Suche nach einfachsten Strukturen hätte man dann alle Sätze als affirmative Subjekt-Kopula-Prädikat-Formen aufgefaßt, wobei aus der negierten Kopula ein negiertes Prädikat und eine nicht negierte Kopula wurde, also: »Der Ursprung der Dinge ist *nicht-begrenzt.*« Diese Transformation könnte zur Hinzusetzung des Artikels geführt haben, so daß sich die Form »das Nicht-Begrenzte« ergab. In diesem Fall ist die Behauptung von Nicht-Seiendem keineswegs mehr trivial und die Behauptung, dies sei ein Irrweg, gleicht der Forderung, Sätze mit negativen Prädikaten überhaupt zu vermeiden, bzw. zu fragen, ob und wie diese Sätze in solche mit positiven Prädikaten und negierter Kopula umgeformt werden können. Logisch

betrachtet wird nämlich mit *»A ist nicht-B«* mehr behauptet als mit *»A ist nicht B«*; letzteres folgt aus ersterem, nicht aber gilt das Umgekehrte: Mit letzterem wird ein Prädikat von einem Subjekt negiert, z. B. *»Tiere sind nicht Menschen«*, wogegen in ersterem von einem Subjekt etwas positiv behauptet wird, nämlich *»Tiere sind Nicht-Menschen«* – wobei allerdings nicht klar ist, was ein *»Nicht-Mensch«* ist. Tatsächlich läßt sich bei Parmenides eine – allerdings nicht durchgängige – Tendenz zur Setzung positiver Prädikate des Seins feststellen, ebenso wie eine sprachphilosophische Tendenz der Kritik der negativen Prädikate, so etwa, wenn gesagt wird, daß das Nicht-Seiende sich nicht aussprechen läßt (Fragm. 2, Ende). Mit der Unmöglichkeit des Aussprechens ist möglicherweise wirklich eine Grenze korrekten Sprechens gemeint. Bei Parmenides wird »undenkbar« immer mit »unsagbar« zusammengebracht. Die Tendenz, die Prädikate des Seins positiv zu setzen, zeigt sich an verschiedenen Stellen, so werden etwa *negative Prädikate* durch *positive Metaphern* interpretiert:

Aber unbeweglich-unveränderlich liegt es in den Grenzen gewaltiger Bande ohne Ursprung, ohne Aufhören; denn Entstehen und Vergehen wurden weit in die Ferne verschlagen. (Fragm. 8)

Hier wird das negative Prädikat »unbeweglich« durch die Metapher »in den Grenzen gewaltiger Bande« positiv umschrieben, im weiteren (vgl. das folgende Zitat weiter unten) wird das negative Prädikat »unvergänglich« durch die Metapher »ganz in seinem Bau« erläutert. Wir begegnen bei Parmenides also vielleicht einer logischen und sprachphilosophischen Überlegung, es ist jedoch fraglich, ob es ihm wirklich nur um die Unterscheidung positiver und negativer Prädikate ging: Parmenides scheint eine ganz massiv metaphysische Theorie angezielt zu haben, allerdings eine Metaphysik, die in der Sprache bzw. in der Sprachkritik enthalten ist.

Das Sein ist zeitlos, es ist nicht entstanden, kann nicht werden und auch nicht vergehen, denn alle diese Bestimmungen müßten Nicht-Sein enthalten. Hier begegnen wir zum erstenmal der Vorstellung einer Ewigkeit, die nicht endlose Dauer, sondern eine Art Fülle, ein Ganzes in sich, darstellt und mit Zeit eigentlich gar nichts zu tun hat. Eine »gereinigte« philosophische Sprache müßte also nicht nur ohne negative Prädikate, sondern auch ohne Zeitbestimmungen wie Vergangenheit und Zukunft auskommen, denn diese drücken ein Nicht-mehr-Jetzt und ein Noch-nicht-Jetzt aus, also wiederum negative Bestimmungen. Diese Sprache würde nur ein zeitloses Jetzt kennen (man sollte sich dabei daran erinnern, daß das Griechische über den Aorist verfügt, eine eigentlich »zeitlose« Form des Verbs). Entsprechend sagt Parmenides vom Sein:

Auf diesem sind gar viele Merkzeichen: weil ungeboren ist es auch unvergänglich, denn es ist ganz in seinem Bau und unerschütterlich sowie ohne Ziel und es war nie und wird nie sein, weil es im Jetzt zusammen vorhanden ist als Ganzes, Eines, Zusam-
menhängendes (Kontinuierliches). Denn was für einen Ursprung willst du für dieses ausfindig machen? Wie, woher sein Heranwachsen? (Fragm. 8)

Folglich muß Parmenides auch sagen, daß das Sein keine Teile hat, denn verschiedene Teile wären durch Nicht-Sein getrennt. So gelangt Parmenides zur Auffassung der Kontinuität des Seins:

Auch teilbar ist es nicht, weil es ganz gleichartig ist. Und es gibt nicht etwa hier oder da ein stärkeres Sein, das seinen Zusammenhang hindern könnte, noch ein geringeres; es ist vielmehr ganz von Seiendem erfüllt. Darum ist es ganz zusammenhängend; denn Seiendes stößt dicht an Seiendes. (Fragm. 8).

Für dieses Sein führt Parmenides einen Beweis, den man in späterer Terminologie als typisch apriorisch bezeichnen kann. Das Sein kann keinen Ursprung haben, denn sonst wäre es aus dem Nicht-Sein entstanden:

Denn unaussprechbar und undenkbar ist, daß NICHT IST ist. Welche Verpflichtung hätte es denn auch antreiben sollen, später oder früher mit dem Nichts beginnend zu entstehen? So muß es also entweder ganz und gar sein oder überhaupt nicht. Auch wird ja die Kraft der Überzeugung niemals einräumen, aus Nichtseiendem könnte irgend etwas anderes als eben dieses hervorgehen. (Fragm. 8)

Ein solcher apriorischer Beweis setzt die Auffassung voraus, daß Bestimmungen des Seins, die als notwendig im Begriff gedacht werden, auch notwendig dem Sein zukommen, ohne daß für diese Einsicht oder für deren Überprüfung irgendwelche Erfahrungsgegebenheiten herangezogen werden müßten. Diese Auffassung setzt eine *strukturelle Identität von Denken und Sein* voraus, eine Auffassung, die sich tatsächlich bei Parmenides und zwar ganz ausdrücklich findet:

Denn dasselbe ist Denken und Sein. (Fragm. 3)

Es ist ein und derselbe Grund, der das Denken und das Sein bestimmt, nämlich das Sein selbst, und so kann das Nicht-Sein nicht gedacht werden, da es eben kein Grund von Denken ist. Über die These der Identität von Denken und Sein ist schon viel geschrieben worden, und dies wird vermutlich auch so bleiben. Für jeden, der dem Deutschen Idealismus nahe steht, gehört dieser Satz des Parmenides zu den Grundsätzen der Philosophie, ja, er stellt sogar eine Art Meta-Grundsatz aller Philosophie überhaupt dar. Auch die »klassischen« Rationalisten des 17. Jhd.s nahmen letztlich irgendeinen Grundsatz dieser Art an. Für einen kritischen Rationalisten ebenso wie für einen Empiristen (im logischen Empirismus kommen beide zusammen) da-

gegen stellt dieser Satz einen der verhängnisvollsten Irrtümer der Menschheit dar. Dies hier zu diskutieren ist weder möglich noch erforderlich, da diese Diskussion an den entsprechenden Stellen der Darstellung der weiteren Geschichte der Philosophie fortgeführt werden wird.

Parmenides wußte natürlich, daß die Menschen stets von Werden und Vergehen sprechen und deshalb auch meinen, daß etwas einmal war und jetzt nicht mehr ist, oder früher so und so beschaffen war und jetzt nicht mehr so und so beschaffen ist. Gegenüber dem Denken des Einen ist dies alles jedoch nur Wahn, Worte und »bloße Namen«, denen im Sein nichts entspricht:

Darum wird alles bloßer Name sein, was die Sterblichen in ihrer Sprache festgesetzt haben, überzeugt, es sei wahr: Werden sowohl als Vergehen, Sein sowohl als Nichtsein, Verändern des Ortes und Wechseln der leuchtenden Farbe. (Fragm. 8, 38–41)

Eigentlich würde man jetzt eine generelle und kategorische Ablehnung all dieser Meinungen erwarten, aber Parmenides geht nun daran, die Meinungen der Menschen nicht nur zu erforschen und zu kritisieren, sondern sie auch zu verbessern, d. h. er betreibt selbst Naturphilosophie.

Ich will zu reden beginnen, wie die Erde und die Sonne sowie der Mond, auch der all-gemeinsame Äther und auch die himmlische Milchstraße und der äußerste Olympos sowie der Sterne warme Kraft strebten zu entstehen. (Fragm. 11)

Von der Kosmologie des Parmenides liegen jedoch nur ganz wenige und noch dazu unklare Mitteilungen aus der Antike vor. Obwohl angesichts der metaphysischen Einsicht all diese Meinungen naturphilosophischer oder naturwissenschaftlicher Art für nichtig gelten müssen, hat Parmenides also doch die Möglichkeit zugelassen, empirische Theorien über Werden und Vergehen systemimmanent, d. h. im Rahmen der Bezeichnungen, sinnvoll zu diskutieren. Wie immer nun der zweite Teil des Lehrgedichts, der viel bruchstückhafter erhalten ist als der erste, im einzelnen ausgesehen haben mag, es steht jedenfalls fest, daß Parmenides dort mit einer Theorie der Gegensätze und des Werdens arbeitete: Die Welt ist aus zwei Stoffen entstanden, dem lichten, leichten – dem Feuer; und dem dichten, dunklen – der Erde. Die Mischung der Stoffe ist das Grundprinzip des Werdens, die Vermischung aber erfolgt aufgrund der Wirkung des Eros. Der Eros ist der allererste der Götter (Fragm. 13). Auch das Denken der Menschen ist bestimmt durch eine Mischung der Stoffe:

Denn je nachdem wie ein jeder besitzt die Mischung der vielfach irrenden Glieder, so tritt (oder steht) der Geist den Menschen zur Seite. Denn dasselbe ist es, was denkt, die innere Beschaffenheit der Glieder bei den Menschen allen und jedem: nämlich das Mehr (vom Licht- oder Nachtelement) ist der Gedanke. (Fragm. 16) | 97

Dieser Text ist dunkel. Der Grundgedanke aber scheint zu sein, daß das Denken durch ein Mehr oder Weniger seiner Gebundenheit an das Körperliche, an die Glieder, ein Mehr oder Weniger an Einsicht, an Gedanken, hat.

Der zweite Teil des Gedichts scheint eine ausführliche und detaillierte Theorie des Werdens und der Sprache über dieses Werden geliefert zu haben. Der Abschluß dieses Teils lautete möglicherweise:

So also entstand dies nach dem Schein und ist noch jetzt und wird von nun an in Zukunft wachsen und dann sein Ende nehmen. Und für diese Dinge haben die Menschen einen Namen festgesetzt, einen bezeichnenden für jedes. (Fragm. 19)

Die Erkenntnis, die hier erreicht wird, ist die empirischer Theoriebildung aufgrund von Bezeichnungen und Kombinationen von Bezeichnungen. Eine Frage bleibt jedoch: Was nimmt einmal ein Ende, das Werden der Welt oder der Wahn vom Werden der Welt, also die empirische Theoriebildung? Wohl doch der Wahn vom Werden der Welt, also die empirische Theoriebildung mit ihren Festsetzungen der Namen, denn für Parmenides liefert eben nur der eine Weg die Wahrheit.

c) Nochmals: Wissen und Meinung, die zwei Wege der Erkenntnis

Den beiden Arten der Erkenntnis entsprechen also verschiedene Sprachformen: In der Sprache der »Meinungen« gibt es »Namen«, auch für Bewegung und Nicht-Sein. Diese Sprache ist nach Parmenides diskutierbar und verbesserungsfähig. Die Sprache der »Wahrheit« jedoch ist nicht diskutierbar, sie ist apodiktisch und stammt aus dem »Vernehmen«, dem Sich-Zeigen des Seins. Es wird manchmal angenommen, daß zwischen den beiden Teilen des Lehrgedichts ein innerer Zusammenhang bestehe, dies würde aber dann auch bedeuten, daß man in der Darlegung der Theorien des Scheins und Meinens eine positive Funktion sehen müßte. Eine letztlich überzeugende Antwort auf die Frage, welche Funktion diese ausführliche Diskussion der Theorien der Meinung, also des Scheins, haben soll, wurde jedoch bis jetzt noch nicht gefunden.

Stellen wir noch einmal die beiden Arten bzw. Wege der Erkenntnis einander gegenüber, und zwar mit den Ausdrücken, die wir aus den Zitaten im ersten Abschnitt der Überlegung über Wissen und Meinung entnehmen können:

	Weg 1	Weg 2
PARMENIDES	*Wahrheit*	*Wahrscheinlichkeit*
	Wissen, Gewissheit	*Meinung*

Stellt man dieses Schema den weiter oben für Xenophanes und Alkmaion aufgestellten Schemata gegenüber, so fällt folgendes auf: (1) Die beiden Spalten sind identisch, wobei die rechte Spalte bei Parmenides jedoch eindeutig negativ bewertet wird, was bei Xenophanes und Alkmaion in keiner Weise der Fall ist. (2) Die zwei Erkenntnisweisen sind bei Parmenides nicht wie bei Xenophanes und Alkmaion auf die göttliche und die menschliche Erkenntnis aufgeteilt, sondern sind beide innerhalb der Erkenntnis des Menschen angesiedelt. (3) Der Trennungsstrich zwischen den beiden Erkenntnisweisen ist immer noch systematisch streng und stark, jedoch nicht mehr so stark trennend wie bei Xenophanes und Alkmaion, da beides Erkenntnisweisen des einen Menschen sind.

Besonders die beiden ersten Punkte bedürfen einer kurzen Erläuterung, beginnen wir mit dem zweiten Punkt. Beides, Wahrscheinlichkeit und Wahrheit sind für Parmenides menschliche Erkenntnisweisen, aber gelangt der Mensch wirklich selbst zu Wahrheit und Gewißheit? Nimmt man die Einleitung des Gedichts wörtlich und nicht als dichterische, allegorische Einleitung zu einer philosophischen Darlegung, so ergibt sich, daß die Erkenntnis der Wahrheit und ihre Unterscheidung von der Meinung nur in einem sehr bedingten Sinn eine menschliche Erkenntnis darstellt: Die menschliche Kraft geht diesen Weg, »der außerhalb von der Menschen Pfade« ist und den Parmenides nur aufgrund einer »Fügung« *(moîra)* betreten hat, nicht selbst:

Die Rosse, die mich dahintragen, zogen mich fürder, soweit nur die Lust mich ankam, als mich auf den Weg, den vielberühmten, die Dämonen (die Göttinnen) führend gebracht, der über alle Wohnstätten hin trägt den wissenden Mann. Auf dem wurde ich dahingetragen, auf dem nämlich trugen mich die vielverständigen Rosse, den Wagen ziehend, und die Mädchen wiesen den Weg. (Fragm. 1)

Die Weisheit wird von einer Göttin verkündet, es handelt sich also um ein *Wissen*, das den Charakter einer *Offenbarung* trägt. Über die Verwendung des Ausdrucks »Offenbarung« in diesem Zusammenhang kann man streiten, aber Offenbarung und Rationalität stellen ja nicht einen prinzipiellen Gegensatz dar. Ein rationales Element ist auch bei Parmenides durchaus vorhanden, etwa wenn die Göttin fordert: »mit dem Denken bring zur Entscheidung die streitreiche Prüfung, die von mir genannt wurde« (Fragm. 7). Dennoch ist die Offenbarungssymbolik ganz und gar gegenwärtig: Parmenides wird »über alle Wohnstätten hin« getragen zu dem Tor mit seinen »reich mit Erz beschlagenen Pfosten« und seiner »steinernen Schwelle«, über das die Dike, die Göttin der Gerechtigkeit, wacht. Von diesem Tor wird der »verpflöckte Riegel« entfernt, dann nimmt die Göttin den Parmenides »huldreich« auf und ergreift seine rechte Hand (Fragm. 1). Aus all dem spricht religiöse Ergriffenheit, ein Erlebnis geschenkter, gnadenhafter, Erkenntnis, das sich nur in mythologischen Bildern wiedergeben läßt. Selbst die Erkenntnis des Irrtums, das Wissen darum, daß die Sterblichen nur Schein-Meinungen haben, ist etwas, das die Göttin dem Parmenides aufzeigt: Es ist nicht Parmenides selbst, der, nachdem er die Unzuverlässigkeit aller menschlichen Meinungen erkannt hat, sich auf den Weg zu einer höheren Gewißheit aufgemacht hätte – nein, von Anfang an wird er »geführt«, »getragen«, »auf den Weg gebracht«.

Ob Parmenides diese Einleitung als realistische Beschreibung von »Tatsachen« angesehen hat oder als symbolisch-mythologische Darstellung einer religiös-mystischen Erfahrung – was sich für den modernen Leser nahelegt –, ist schwer zu entscheiden, und es ist vielleicht auch gar nicht unbedingt erforderlich, diese Frage zu entscheiden. Parmenides will jedenfalls zum Ausdruck bringen, daß ihm nicht *eine*, sondern *die* Wahrheit eröffnet wurde, was z. B. durch die Symbolik des Tors zum Ausdruck gebracht wird, dessen Schlüssel die »vielstrafende« Göttin Dike verwaltet (Fragm. 1). Die Erkenntnis, die ihm geschenkt wird, ist ein »Schauen mit dem Geist« (Fragm. 4). Ist dies wirklich die Auffassung des Parmenides, so bedeutet dies, daß er damit eine recht problematische Auffassung in die Geschichte des Denkens eingebracht hat, die zumindest folgendes besagt: Es gibt eine *philosophische Intuition* des wahren Wesens der Dinge, die durch keine empirische Erfahrung in Frage gestellt werden kann. Diese Intuition hat das einzige Kriterium der Wahrheit in sich selbst bzw. in der Erfahrung, hier einer »göttlichen« Wahrheit zu begegnen. Dieses Wissen ist ein »höheres« Wissen gegenüber empirischem Wissen, es hat mehr Wahrheit in sich als irgendein Wissen über empirische Zusammenhänge, letzteres kann immer nur Meinung, immer nur wahrscheinlich sein. Empirisches Wissen ist systemimmanent diskutierbar und verbesserbar, kann aber nicht direkt mit dem »höhren Wissen« konfrontiert werden, zwischen diesen beiden Arten des Wissens können also kontradiktorische Gegensätze bestehen, die jedoch wegen der grundsätzlichen Verschiedenheit der Wissensarten, der »Wege«, weder beseitigt werden können noch sollen. Während sich auf dem einen Weg, dem der Wahrscheinlichkeit, eine Welt mit ständigen Veränderungen darbietet, »weiß« der, der den anderen Weg, den der Wahrheit, beschreitet, daß das Sein unveränderlich ist. Der Wissende lebt also sozusagen nur nebenbei in der Welt der Veränderung und diskutiert dort gelegentlich auch über interne Fragen mit, eigentlich zu Hause aber ist er in der anderen Welt, die »über allen Wohnstätten« liegt, dazwischen liegt ein »Schlund«, ein Abgrund (Fragm. 1).

Wir kommen zum ersten der oben aufgeführten Punkte. Woher kommt die negative Wertung der »Meinung«, die letztlich begründet ist in der Überzeugung, ein »höheres« Wissen erlangt zu haben? Was steht hinter dieser Verschiebung der Wertungen gegenüber Xenophanes und Alkmaion? Eine Möglichkeit, diese Entwicklung zu interpretieren, ist die folgende: Der *Mythos* bot *Sicherheit*, er ließ keine Fragen zu, sondern sprach einfach aus, was ist. Die ionischen Naturphilosophen hatten mit dieser Sicherheit gebrochen, sie hatten begonnen, Hypothesen und Vermutungen aufzustellen, und zwar über das Ganze des Kosmos, genau so wie der Mythos über die Gesamtheit gesprochen hatte. Aber die Milesier hatten den Absolutheitsanspruch des mythologischen Wissens aufgegeben, sie konnten also auch keine Sicherheit mehr vermitteln. Xenophanes bringt diese Konsequenz am deutlichsten zum Ausdruck und trägt sie hinein in die Festveranstaltungen der Vermögenden, das Ende der Sicherheit wird zum Thema gehobener Unterhaltung. Aber damit ist das alte Sicherheitsbedürfnis noch in keiner Weise entfernt oder gar überwunden, ganz im Gegenteil: Der *Verlust der Sicherheit*, der Gewißheit, der unverbrüchlichen Wahrheit, hatte bei vielen Menschen einen *Kulturschock* hervorgerufen. Die Vorstellung, nur noch mit Vermutungen und »Wahrscheinlichkeitskalkülen« leben zu müssen, rief Angst hervor, eine tiefgehende Verunsicherung. Für den Weisen, den Sophos, eröffnete sich hier eine verführerische »Marktlücke«, besonders dann, wenn er selbst unter dem Verlust der Sicherheit litt. Anstatt zu lehren, daß man mit Vermutungen und Wahrscheinlichkeiten leben muß und kann, konnte man auch lehren, daß es eine »höhere« Sicht der Dinge gibt, die die verlorene Sicherheit wiederbringt. Dies ist der Weg des Parmenides, der eine Art *rationalen Mythos* bietet. Die Philosophie übernimmt hier den absoluten Wahrheitsanspruch des Mythos, also gerade das, was die milesischen Naturphilosophen als erkenntnishemmend und kritikhemmend aufgegeben hatten. Gleichzeitig wird der bei den Milesiern als einziger verfügbare Erkenntnisbereich mit deutlich negativer Wertung als nur »wahrscheinlich« abqualifiziert. Die Philosophie soll also durch ein Wissen, das unerschütterlich ist, die Erschütterung auffangen, die durch die kritische Distanz zum formalen Selbstverständnis des Mythos – absolutes Wissen und absolute Sicherheit – hervorgerufen worden war. In formaler Hinsicht soll also der Übergang vom Mythos zum Logos, kaum daß er begonnen hat, rückgängig gemacht werden, die Philosophie soll den mythologischen Heilswissens-Anspruch erben, um die Unsicherheit des wissenschaftlichen, immer kritisierbaren und veränderlichen Wissens erträglich zu machen. Auf diesem Hintergrund erklären sich vielleicht auch die sonderbaren Seinsprädikate in der Metaphysik des Parmenides: Sie stellen jenes »IST« dar, nach dem sich die verunsicherten Menschen sehnen. Dies soll nicht ein milesisches oder xenophantisches *hypothetisches* »möglicherweise ist es so, möglicherweise ist es aber ganz anders« ausdrükken, sondern soll ein *apodiktisches* »so ist es, und anders kann es nicht sein« zum Ausdruck bringen: »unbeweglich«, »unveränderlich«, »unvergänglich«, »unerschütterlich«, »im Jetzt vorhanden«, »ein Ganzes«, ohne Zwischenräume und ohne Lükken. Dieses »IST« soll eine Wahrheit zur Sprache bringen, die nicht zur Diskussion steht, die einfach sagt: »Es ist so«. Dies ist die Sprache über eine Welt und aus einer Welt, die nichts mit der alltäglichen Erfahrung, dem ständigen Wechsel, dem Entstehen und Vergehen zu tun hat, von der her unsere »normale« Erfahrung als Nichts erscheint, ja ver-nichtet, aufgehoben werden soll. Das Sein *soll* unerschütterlich sein, weil nur ein Sein, das als »ganz in seinem Bau« angenommen wird, eine unumstößliche Wahrheit liefert, und die Wahrheit *soll* eben unumstößlich sein. Das Sicherheitsbedürfnis postuliert gegenüber der milesischen Verunsicherung ein gesichertes, in sich ruhendes »IST«. Formal kehrt hier der Mythos zurück, auch wenn er nun ein »philosophischer« Mythos ist. Die Sprache des Parmenides ist nicht milesische Prosa, nicht xenophantische Lyrik oder Spottgedichte, sondern ein etwas gespreizter, archaisch wirkender, feierlicher Hexameter.

Man kann hier den Weg zu Platon sehen: Bei diesem bleibt der Gegensatz von Wissen und Meinung bestehen, methodisch handelt es sich also um dasselbe Modell. Der Unterschied ist graduell: Die beiden Seiten in unserem Schema werden in ihrem Inhalt nicht mehr einander entgegengesetzt, sondern in eine gewisse Korrespondenz gebracht, also das »Schattenmodell« (vgl. Kap. IX, 4). Eine »höhere« Erkenntnisart braucht Platon ebenso wie Parmenides, aber er beruft sich nicht mehr auf eine Göttin, sondern holt sich den »Beweis« dafür, daß es eine solche höhere Erkenntnisart gibt, die ganz und gar unerschütterlich ist wie das Sein des Parmenides, zunächst von den Pythagoreern und deren Mathematik, und dann aus der dialektischen Erkenntnis der unveränderlichen Ideen. All dies zusammengenommen lieferte eine krisenresistente Philosophie, die immer dann, wenn nach einem Mythosersatz gesucht wird, der dem metaphysischen Sicherheitsbedürfnis vieler Menschen entspricht, ein Erfolgsrezept darstellt. Die Versuchung, einen rationalen Mythos zu bieten, der die Unsicherheiten hyothetischen Denkens auffängt, ist in der Philosophie bis heute gegeben.

3. Zeno und Melissos

a) Zeno

Manchmal wird Parmenides als der eigentliche Begründer der Logik angesehen, die von ihm erhaltenen Fragmente sind jedoch nicht ausreichend, um dies eindeutig zu begründen. Eigentlich muß man sich fragen, ob Parmenides überhaupt etwas beweisen oder lediglich etwas apodiktisch behaupten wollte. Ganz anders sieht es bei Zeno, einem Schüler des Parmenides, aus. Zeno dürfte um 490–485 v. Chr. geboren sein und verbrachte sein Leben in Elea. Ob er ein Buch oder mehrere verfaßt hat, ist nicht klar, obwohl Diogenes Laertius von Büchern berichtet, die es noch zu seiner Zeit gegeben habe (DL IX 25). Ebensowenig ist klar, nach welchen Gesichtspunkten er seine Argumente anordnete, hatten doch schon die antiken Interpreten einige Schwierigkeiten, die eigentliche Intention des Zeno zu bestimmen. Möglicherweise ging es ihm gar nicht darum, bestimmte Punkte der Lehre des Parmenides argumentativ abzustützen, sondern um den Beweis, daß sich schon aus der Analyse der alltäglichen Erfahrung *Paradoxien* ergeben, sodaß es nicht begründet ist, diese normale Erfahrung gegen eine philosophische These wie die des Parmenides, die diese Erfahrung in ihrer Relevanz in
102 | Frage stellt, ins Feld zu führen. Die Verteidigungslinie Zenos bestand also vielleicht darin, daß er gegen den Einwand, die Lehre des Parmenides widerspreche dem »gesunden Menschenverstand«, aufzuzeigen versuchte, daß dieser »gesunde Menschenverstand« gar nicht so gesund ist. Diese Stützung der Lehre des Parmenides durch die Argumente Zenos ist indirekt und eher allgemein, sodaß es auch nicht erforderlich ist, in jeder von Zenos Paradoxien die Verteidigung eines bestimmten Seinsprädikats zu suchen. Dieser Hinweis ist nützlich, denn wenn man die Argumente Zenos ansieht, so ist manchmal nicht klar, ob sie nicht auch die Position des Parmenides in Frage stellen müßten. Wie immer sich dies verhalten mag, seine Argumente sind für die Geschichte der Argumentationsformen ungewöhnlich interessant.

Ob diese Argumentationsformen alle von Zeno stammen oder schon vorher verwendet wurden, ist nicht sicher auszumachen. Zenos Methode war die des *indirekten Beweises*. Eine der so bezeichneten Beweisarten hat folgende Form (vgl. Platon: *Parmenides* 127d–e): Angenommen ein Satz a, z. B. »Es gibt nur Eines«, soll bewiesen werden. Nehmen wir nun $\neg a$ (= nicht a) an, also »Es ist nicht der Fall, daß es nur Eines gibt«, bzw. »Es gibt vieles«. Können wir nun zeigen, daß sich aus $\neg a$ widersprüchliche Konsequenzen ergeben, d. h. Unmögliches (**U** = »unmöglich«), so ist $\neg a$ als falsch und somit a als wahr bewiesen. Formalisiert bedeutet dies:

$$a \vee \neg a$$
$$\neg a \rightarrow (b \wedge \neg b)$$
$$\mathbf{U}(b \wedge \neg b)$$
$$\mathbf{U}(b \wedge \neg b) \rightarrow a$$

In dieser Form soll Zeno zahlreiche Beweise für die Lehre des Parmenides vorgelegt haben. Auch wenn dies nicht die einzige Form des von ihm verwendeten Beweises ist, scheint es sich prinzipiell dabei stets um eine *reductio ad absurdum* gehandelt zu haben, also eine Rückführung der gegenteiligen Annahme auf Absurdes, d. h. Unmögliches. Besonderes Interesse haben schon in der Antike, so auch bei Aristoteles, die sogenannten Bewegungsparadoxien hervorgerufen. Der Anknüpfungspunkt an Parmenides ist dabei, daß Bewegung nicht wirklich ist, also nur zur Welt des Scheins gehört. Diese Behauptung widerspricht eindeutig der normalen Erfahrung. Ein Beispiel: Bewiesen werden soll der Satz a der Lehre des Parmenides »Es gibt keine reale Bewegung.« Nehmen wir also $\neg a$ an: »Es gibt eine reale Bewegung«, was die Annahme des »gesunden Menschenverstandes« darstellt. Können wir dann zeigen, daß sich aus $\neg a$ Aporien, also Ausweglosigkeiten, ergeben, dürfen wir mit Recht sagen, die Behauptung der Realität der Bewegung sei falsch, und somit sei die Behauptung, es gebe keine reale Bewegung, bewiesen. Der entscheidende Beweis liegt also im Aufweis des aporetischen Charakters der Behauptung der Realität der Bewegung, wozu Zeno z. B. die berühmte Überlegung »Achilles und die Schildkröte« vorlegt (vgl. Aristoteles: *Physik* VI 9, 239b 14–20): Achilles und die Schildkröte vereinbaren einen Wettlauf, dabei gewährt Achilles der Schildkröte einen Vorsprung L. Angenommen, Achilles läuft zehnmal schneller als die Schildkröte, so hat die Schildkröte – wenn Achilles am Ausgangspunkt der Schildkröte angelangt ist – immer noch $L/10$ Vorsprung, wenn Achilles diese Strecke zurückgelegt hat, immer noch $L/100$ usw. in geometrischer Reihe. Die Differenz wird immer kleiner, dennoch gelingt es Achilles nie, die Schildkröte einzuholen. Zeno argumentiert also wie folgt: Bei Annahme der Realität der Bewegung zeigt die Beobachtung, daß Achilles die Schildkröte einholt, andererseits zeigt die auf der Realität der Bewegung beruhende Überlegung, daß Achilles die Schildkröte nie einholen kann – also liegt eine Aporie vor, weshalb die Voraussetzung der Realität der Bewegung als unhaltbar aufzugeben ist. Aristoteles weist selbst darauf hin, daß »Achilles und die Schildkröte« nur die ausgeschmückte Version der grundlegenden Bewegungsparadoxie ist, die besagt: | 103

> [...] es sei nicht möglich, das Unendliche durchzugehen oder das unendlich Viele Punkt für Punkt einzeln zu packen in begrenzter Zeit. (*Physik* VI 2, 233a 22–25)

Um am Ziel anzulangen, müßte ein Läufer daher die Strecken 1/2, 1/4, 1/8 usw. durchlaufen; da es aber unmöglich ist, unendlich viele Strecken (oder Streckenpunkte) in endlicher Zeit zu durchlaufen, kommt er nie an. Die Annahme realer Bewegung führt also in eine Aporie. Aristoteles meinte, die Schwierigkeit durch die Unterscheidung des in der Wirklichkeit (also physikalisch) unendlich Teilbaren und des potentiell unendlich Teilbaren (also der mathematischen Gegenstände wie Strecken usw.) lösen zu können:

Wer eine *fortlaufende* Bewegung macht, hat *nebenbei* auch Unendliches durchlaufen, im eigentlichen Sinne aber nicht. Es trifft der Linie doch nur nebenbei zu, unendlich viele Halbstücke zu sein, ihr wesentliches Sein ist ganz etwas anderes. (*Physik* VIII 8, 263b 6–9)

Damit war aber die Schwierigkeit noch nicht beseitigt, die Diskussion wurde fortgeführt. In der weiteren Geschichte des Denkens haben diese Paradoxien eine Rolle gespielt, die unabhängig ist von ihrem ursprünglichen Ziel der Verteidigung der Lehre des Parmenides. Sie wiesen der griechischen Mathematik den Weg, sich mit Infinitesimal-Problemen zu beschäftigen, und stellten der Logik die Aufgabe, sich mit dem Problem der Paradoxien als solchem zu beschäftigen.

b) Melissos

Melissos hatte in Samos eine wichtige politische Funktion inne. Ihm wird der Sieg über die Athener im Jahre 441 v. Chr. zugeschrieben; dies ist das einzige sichere Datum seiner Lebenszeit. Die antiken Historiker sehen ihn als Schüler des Parme-
104 | nides an, er soll aber auch die Lehren Heraklits gekannt haben (DL IX 24). Melissos war ein Zeitgenosse des Anaxagoras und des Empedokles, er kannte möglicherweise deren Schriften. Leukipp wiederum, mit Demokrit der Hauptvertreter der sogenannten Atomisten, soll der Schüler des Melissos gewesen sein. Wir sind also zeitlich bereits in der Periode, die hauptsächlich im folgenden Kapitel behandelt werden wird.

Wie Zeno versuchte Melissos, die Lehre seines Meisters zu verteidigen, anders als Zeno legte er jedoch direkte Beweise vor. In seiner Argumentation für die Ewigkeit des Seins macht er allerdings ein Zugeständnis an den »normalen Menschenverstand«: Während Parmenides diese Ewigkeit als zeitloses Jetzt verstanden hatte, nimmt Melissos wieder die unendliche Zeitreihe an.

Immerdar war, was da war, und immerdar wird es sein. Denn wäre es entstanden, so müßte notwendigerweise vor dem Entstehen nichts sein. Wenn nun nichts war, so könnte unter keinen Umständen etwas aus nichts entstehen. (Fragm. 1)

Dies ist das bekannte Argument »Aus Nichts wird nichts«, angewandt auf die Entstehung in der Zeit. Dieses Anpassungsverfahren ist interessant: Der Haupteinwand gegen Parmenides lautete vermutlich, daß seine Theorie dem natürlichen Menschenverstand ganz und gar widerspreche. Wenn Melissos in diesem Punkt dem »natürlichen« Verständnis entgegenkommt, so steht er in einem anderen Punkt doch deutlich in Gegensatz dazu. Mit seiner Behauptung der räumlichen Unbegrenztheit des Seins ging Melissos nicht nur über Parmenides hinaus, sondern stellte sich auch gegen den »normalen Menschenverstand« der Griechen, die normalerweise einen begrenzten Kosmos annahmen. Melissos schließt aus der Ewigkeit des Seins auf seine Grenzenlosigkeit:

Sondern gleich wie es immerdar ist, so muß es auch der Größe nach immerdar unendlich sein. (Fragm. 3)

Hierfür würden wir gern den Beweis des Melissos kennen, denn aus der Unendlichkeit der zeitlichen Existenz auf die Unendlichkeit des Raumes zu schließen, ist alles andere als unbedingt einleuchtend. Melissos bietet die extremste Form der Lehre des Parmenides.

Wenn das Seiende geteilt ist, dann bewegt es sich auch. Wenn es sich aber bewegt, dann hört sein Sein auf. (Fragm. 10)

Hier wird also die Bewegung beinahe definitorisch als nicht-seiend behauptet. Dies ist eine Auffassung, die uns heute befremdet, aber auch schon in der Antike nicht anders wirkte: Platon, der durchaus zu den Bewunderern des Parmenides zählte, nannte Melissos und seine Jünger die »Weltlaufanhalter«. Aristoteles bezeichnete sie als »Nicht-Natur-Denker« im Gegensatz zu den ionischen »Natur-Denkern«, Melissos hielt er außerdem für einen ganz miserablen Logiker (*Physik* I 3, 186a 8–10). Daß sie »Nicht-Natur-Denker« sind, hängt mit der Abwertung empirischer Erfahrung bei Parmenides und seinen Nachfolgern zusammen. Da die Bedeutung des empirischen Bereichs jedoch auf die Dauer nicht unterdrückt werden konnte, ging schon die Philosophie der Zeitgenossen des Melissos in eine ganz andere Richtung (vgl. Kap. V).

4. Heraklit

a) Leben und philosophischer Ausgangspunkt

Wichtiger als die Kenntnis genauer Lebensdaten (ca. 550–480 v. Chr.) wäre es für die Geschichte der Philosophie zu wissen, in welcher zeitlichen und auch sachlichen Beziehung Heraklit zu Parmenides steht. Daß Heraklit seine Lehre als Gegenposition zu der des Parmenides entwickelte, ist nicht anzunehmen, denn sonst wäre es verwunderlich, daß er, der sonst mit scharfen Bemerkungen über frühere Philosophen nicht spart, Parmenides unerwähnt läßt. Dies bedeutet natürlich nicht, daß bei Heraklit keine echte sachliche Alternativposition zu der des Parmenides vorliegt. Es wird sich jedoch zeigen, daß Heraklit – in einem größeren Zusammenhang gesehen – mit Parmenides in einer bestimmten Hinsicht übereinstimmt, insofern auch sein Erkenntnisanspruch am absoluten Wissen, also einem mythologischen Paradigma, orientiert ist.

Die Anzahl der überlieferten Fragmente Heraklits ist verhältnismäßig groß. Fraglich jedoch ist, ob sie aus einem ursprünglich zusammenhängenden Text stammen, oder ob sie als eine Sammlung von Sprüchen anzusehen sind, die später unter verschiedenen Gesichtspunkten zusammengestellt wurden. Diogenes Laertius berichtet von einem Buch mit dem üblichen Titel »Über die Natur«, welches in drei Teile, nämlich Kosmologie, Politik und Theologie, aufgegliedert gewesen sei (DL IX 5). Diese Teile machen jedoch den Eindruck einer stoischen Einteilung, und die Stoiker wiederum waren an Heraklit besonders interessiert, insofern sie ihn, allerdings mit wenig guten Gründen, für ihre Naturphilosophie in Anspruch nahmen.

Heraklit stammte aus Ephesus und dürfte auch zunächst in dieser Stadt gelebt haben. In seine Lebenszeit fällt die Besetzung der ionischen Städte Kleinasiens durch die Perser (Cyrus, Xerxes). Nach einem Aufstand wurden die meisten Städte der Ionier zerstört (499–494), in den folgenden Jahren jedoch wieder aufgebaut. In der Zeit nach dem Aufstand gestanden die Perser den Griechen Kleinasiens etwas mehr politische Selbständigkeit zu, was auch hieß, daß die einzelnen Städte nach einer von ihnen selbst festgelegten Verfassungsform leben durften. Ephesus erhielt
 daraufhin eine demokratische Verfassung. Heraklit, selbst aus aristokratischer Familie stammend, hatte der aristokratischen Partei angehört und akzeptierte die demokratische Ordnung auch später nicht. Er soll sich ganz zurückgezogen und in der Einsamkeit gelebt haben. Die Verbitterung angesichts der politischen Entwicklung drückt sich bei Heraklit in folgendem Ausspruch aus:

Recht täten die Ephesier, sich Mann für Mann aufzuhängen allesamt und den Nicht-Mannbaren ihre Stadt zu hinterlassen, sie, die Hermodoros, ihren wertvollsten Mann, hinausgeworfen haben mit den Worten: Von uns soll keiner der wertvollste sein oder, wenn schon, dann anderswo und bei andern. (Fragm. 121)

Heraklit scheint jedoch von dieser *anti-demokratischen* politischen Auffassung zu einer prinzipiell *elitären Theorie* vom Menschen übergegangen zu sein, bzw. erstere durch letztere gestützt zu haben. Der elitäre Affekt ist ganz deutlich:

Einer gilt mir zehntausend, falls er der Beste ist. (Fragm. 49)

Gegenüber den vielen der Menge, die nicht nach dem »ewigen Ruhm« streben, drückt Heraklit seine Verachtung sehr klar aus:

(Denn) eins gibt es, was die Besten allem andern vorziehen: den ewigen Ruhm den vergänglichen Dingen; die Vielen freilich liegen da vollgefressen wie das Vieh. (Fragm. 29)

Das Streben nach ewigem Ruhm gehört klar in den Verhaltenskodex der traditionellen Aristokratie. Heraklit konstatiert zudem das Faktum, daß die meisten Menschen völlig gedankenlos ihr Leben verbringen (hier könnte man Heraklit zustimmen):

Denn es verstehen solches viele nicht, soviele auch darauf stoßen, noch erkennen sie es, wenn sie es lernen; aber sie bilden es sich ein. (Fragm. 17)
Leute, die weder zu hören verstehen noch zu reden. (Fragm. 19)

Die Möglichkeit des Begreifens spricht Heraklit den Menschen jedoch nicht prinzipiell ab. In diesem Punkt dürfte er sich also von der alten aristokratischen Vorstellung, daß einige von Natur aus tüchtiger seien als andere, entfernt haben, denn:

Gemeinsam ist allen das Denken. (Fragm. 113)
Den Menschen ist allen zuteil geworden, sich selbst zu erkennen und gesund zu denken. (Fragm. 116)

Die Gedankenlosigkeit der Menge ist also nur eine faktische Gegebenheit, keine Naturgegebenheit. Das Problem liegt nach Heraklit jedoch darin, daß man, um der Vernunft entsprechend zu leben, dem *Gemeinsamen* folgen muß, wogegen die meisten Menschen sich so verhalten, als ob sie eine »private« Vernunft hätten: | 107

Darum ist es Pflicht, dem Gemeinsamen zu folgen. Aber obschon der Sinn gemeinsam *(koinós)* ist, leben die Vielen, als hätten sie eine eigene *(idían)* Einsicht. (Fragm. 2)

Das Gemeinsame wären die allgemeinen Einsichten, die jeder erreichen könnte und müßte, sofern er nur die eigenen Interessen und Vorurteile zurückstellt. Wer nur dieser eigenen Meinung folgt, ist also ein »Idiot«; dieser moderne Ausdruck ist abgeleitet von der »eigenen« *(idían)*, nur privaten Meinung. Heraklit ist der Überzeugung, daß die Menschen eigentlich ständig der allgemeinen Vernunft begegnen, daß sie sich ihr aber verweigern:

Mit dem Sinn *(lógos)*, mit dem sie doch am meisten beständig verkehren, dem Verwalter des Alls, mit dem entzweien sie sich, und die Dinge, auf die sie täglich stoßen, die scheinen ihnen fremd. (Fragm. 72)

Auf diesem Hintergrund ist es begreiflich, daß es Heraklit nicht nur um »Wissen als Wissen« ging, sondern daß bei ihm auch ein praktisches Interesse am Werk ist: Er wollte Aufklärung in praktischer Absicht leisten. Die Menschen sollten ihrer Unvernünftigkeit überführt werden: Entweder würden sie dadurch zur Vernunft gebracht oder öffentlich als Unvernünftige von den wichtigsten Entscheidungen ausgeschlossen. Heraklit läßt jedoch kaum einen Zweifel daran, daß er wenig Anlaß für die Annahme sieht, daß sich die Vernunft durchsetzen wird: Prinzipiell könnten zwar alle Menschen vernünftig sein, faktisch ist die Mehrheit, die Menge, aber eben immer unvernünftig.

b) Was Heraklit ablehnt

Bedeutet die »Menge« für Heraklit Unvernunft, so sind doch die »Größen« der Vergangenheit noch lange keine Garantie für Vernunft, und so unterzieht er z. B. Hesiod, Pythagoras und Xenophanes einer scharfen Kritik:

Vielwisserei lehrt nicht Verstand haben. Sonst hätte sie's Hesiod gelehrt und Pythagoras, ferner auch Xenophanes und Hekataios. (Fragm. 40)
Pythagoras, des Mnesarchos Sohn, hat von allen Menschen am meisten Erkundung getrieben, und nachdem er sich diese Schriften herausgesucht hat, machte er sich daraus eine eigene Weisheit: Vielwisserei, Betrügerei. (Fragm. 129)

108 | Besonders auffällig ist die Kritik an Xenophanes, war dieser doch ein durchaus vernünftiger und aufgeklärter Mann. Auch Hekataios ist eine erwähnenswerte Persönlichkeit: Er stammte aus Milet und war politisch erfolgreich tätig, so etwa gewann er nach der Niederlage gegen die Perser durch Verhandlungen die weiter oben erwähnte relative Autonomie der ionischen Städte zurück. Zudem verfaßte er eine Erdbeschreibung mit einer Erdkarte, die später von Herodot benutzt wurde. Hekataios war also ein Vertreter systematischer Sammlung empirischer Daten, doch auch ihm wirft Heraklit Vielwisserei vor. Es ist interessant, daß *Vielwisserei* schon zu dieser frühen Zeit, in der die Akkumulation des Wissens noch kaum fortgeschritten war, zum Problem wurde. Auch Hesiod wird von Heraklit als unwissend hingestellt (vgl. auch Fragm. 57), obwohl Heraklit wußte, daß Hesiod gerade wegen seines großen Wissens sehr geschätzt wurde. Hier taucht schon bei Heraklit somit die Frage auf, wie sich Quantität und Qualität des Wissens, Akkumulation und Begreifen, zueinander verhalten, auch wiederum ein Problem, das durch den enormen Zuwachs von Faktenkenntnissen in späteren Zeiten immer drängender wurde. In unserer Zeit hat J. Mittelstraß dies auf eine einprägsame Formel gebracht: Wir sind Informationsriesen, aber Wissenszwerge.

Heraklit war kein Freund milesischer wissenschaftlicher Rationalität, wenn er »kosmologische« Sprüche verkündet, haben sie nichts mit milesischer wissenschaftlicher Rationalität zu tun:

Diese Weltordnung, dieselbige für alle Wesen, schuf weder einer der Götter noch der Menschen, sondern sie war immerdar und ist und wird sein ewig lebendiges Feuer, erglimmend nach Maßen und erlöschend nach Maßen. (Fragm. 30)

Auch wenn dies schon in der Antike manchmal falsch verstanden wurde, geht es hier doch um etwas anderes als um eine milesische Urstoff-Lehre. Heraklit setzt an die Stelle des Wassers oder der Luft nun nicht das Feuer, sondern an die Stelle beginnender wissenschaftlicher Theoriebildung die Sinnsprüche eines Weisen. »Feuer« ist bei Heraklit kein Begriff einer empirischen Theorie, sondern ein metaphysisches Symbol, und dies setzt eben eine ganz andere Sprach- und Denkform voraus als jene der ionischen Naturphilosophen. Will Heraklit zurück in die »vorwissenschaftliche« Periode? So einfach verhält es sich aber nicht, stellt er der aufkommenden Wissenschaft doch nicht einfach die »traditionellen Werte« gegenüber, sondern steht vielmehr auch dieser Tradition selbst kritisch gegenüber:

> Man soll es ferner nicht tun als Kinder der Erzeuger, d. h. schlicht ausgedrückt »wie wir es überkommen haben«. (Fragm. 74)

Heraklit will also doch so etwas wie Aufklärung, kritische Auseinandersetzung mit überkommenen Auffassungen. Dies zeigt sich auch an einem anderen Punkt: Auch jene, die weder mit der Meinung der Menge noch mit der Meinung der Überlieferung operieren, die jedoch das Heil in Mysterien und Kulten suchen, die zu dieser Zeit weit verbreitet waren und viel Anklang fanden, bleiben von der Kritik Heraklits | 109
nicht verschont.

> Wem prophezeit Heraklit? Den Nachtschwärmern, Magiern, Bakchen, Mänaden und Mysten. Diesen droht er mit der Strafe nach dem Tode, diesen prophezeit er das Feuer. Denn die Weihung in die Mysterienweihen, wie sie bei den Menschen im Schwange sind, ist unheilig. (Fragm. 14)

Mysterienreligionen fanden im 6. Jhd. v. Chr. zahlreiche Anhänger, diese Zeit war also alles andere als wissenschaftlich aufgeklärt, auch wenn erstmals das auftrat, was später zu wissenschaftlichem Denken und Aufklärung führte. Die Frage ist nur: Hatte Heraklit eine Methode der Kritik, so wie wir bei den Milesiern eine ansatzweise naturwissenschaftliche Methode und bei Xenophanes eine ansatzweise religionsvergleichende Methode gefunden haben? Mancher wird da sagen: Heraklit ist eben der Erfinder der Dialektik, und das ist doch auch eine Methode. Man sollte jedoch sehr vorsichtig sein, eine heraklitische Dialektik, ein »Umschlagen der Gegensätze in eine Einheit«, als Methode zu betrachten. Aber: Welches Wissen suchte Heraklit überhaupt?

c) Heraklit der Weise

Heraklit reiht sich also nicht in die Entwicklung der milesischen Naturphilosophie ein, will sich aber vermutlich auch von der damaligen »Modereligion«, der Orphik, fernhalten. Welche Art Philosophie betreibt er überhaupt? Genau dies ist der schwierigste Punkt: Wir sind zwar gewohnt, Heraklit in der Geschichte der Philosophie zu behandeln, ohne jedoch letztlich zu wissen, ob er wirklich in diese Geschichte gehört, auch wenn wir eine sehr weite Vorstellung von Philosophie voraussetzen. Vielleicht sollten wir sagen, Heraklit ist kein Philosoph, sondern ein *sophós*, ein Weiser, jemand, der eher zur »Vorgeschichte« der Philosophie gehört. Von daher erledigt sich wahrscheinlich auch die weiter oben gestellte Frage nach der Methode des Heraklit, sie ist so sinnvoll wie die nach der Methode des Orakels. Ob die Sprache des Heraklit die des *Orakels* ist, ist unter den Interpreten umstritten, diese These hat aber einiges für sich. Schon in der Antike wurde er als »Herakleitos, der Rätselsinner« (DL IX 5), bezeichnet. Heraklit selbst sagt vom Orakel:

Der Herr, dem das Orakel in Delphi gehört, sagt nichts und birgt nichts, sondern er bedeutet. (Fragm. 93)

Das, was Heraklit selbst vorbringt, wirkt so ähnlich – auch er »bedeutet«. Man kann das Orakel fragen, nicht aber mit ihm diskutieren; das Orakel antwortet, aber die Antworten haben oft eine Form, die wir aus dem Rätsel kennen. Die Interpretation eines solchen rätselhaften Orakelspruchs ist eine Herausforderung, der Sinn liegt nicht offen zu Tage, und es kann durchaus gefährlich sein, sich um die Auslegung zu bemühen. Heraklit kündet von etwas, das den meisten verborgen ist:

Von allen, deren Worte ich vernommen, gelangt keiner dazu zu erkennen, daß das Weise etwas von allem Abgesondertes ist. (Fragm. 108)

Es gibt bei Heraklit so etwas wie ein »Pathos des Verborgenen« (vgl. Colli: *Die Geburt der Philosophie.* S. 55–64). Die Verborgenheit ist in der Natur der Sache, d.h. in der Natur selbst, begründet. Die Wahrheit liegt nicht schon an der Oberfläche der Wahrnehmungen, denn:

Die Natur liebt es sich zu verbergen. (Fragm. 123)
Wenn er's nicht erhofft, das Unerhoffte wird er nicht finden, da es unaufspürbar ist und unzugänglich. (Fragm. 18)

Dies wäre nun unproblematisch, wenn man annimmt, daß weitere Forschung – im Sinne der milesischen Naturphilosophen – die Geheimnisse der Natur aufdecken oder die Vernunft wenigstens auf diesen Weg führen könnte. Es ist allerdings ziemlich fraglich, ob Heraklit einen solchen Weg für gangbar hält. Man hat den Eindruck, daß er von einem langsamen Fortschritt der Erkenntnis durch Kritik nicht viel hält, sondern einen »Umschlag« erwartet, eine völlige Umkehr des Denkens, die jedoch nicht gelehrt werden kann. Die Lehre des Heraklit kündet vom Verborgenen und bleibt den Menschen verborgen wie ein Rätsel, das aufzulösen sie nicht imstande sind:

Für der Lehre Sinn *(lógos)* aber, wie er hier vorliegt, gewinnen die Menschen nie ein Verständnis, weder ehe sie ihn vernommen noch sobald sie ihn vernommen. Denn geschieht auch alles nach diesem Sinn, so gleichen sie doch Unerprobten, so oft sie sich erproben an solchen Worten und Werken, wie ich sie erörtere, nach seiner Natur ein jegliches zerlegend und erklärend, wie es sich verhält. Den anderen Menschen aber bleibt unbewußt, was sie nach dem Erwachen tun, so wie sie das Bewußtsein verlieren für das, was sie im Schlafe tun. (Fragm. 1)
Sie verstehen es nicht, auch wenn sie es vernommen haben; so sind sie wie Taube. Das Sprichwort bezeugt's ihnen: »Anwesend sind sie abwesend.« (Fragm. 34)

Gleich zu Beginn des ersten Zitats stoßen wir hier auf den Begriff *Logos*, ein Begriff – aber auch »Begriff« ist hier eigentlich nicht gut anwendbar –, der nicht durch ein | 111
einziges Wort wiedergegeben werden kann, und der so allen Übersetzern beinahe unüberwindliche Schwierigkeiten bereitet, wovon auch noch Goethes *Faust* Zeugnis ablegt. Dieser Logos des Heraklit ist eher das Wort, der Spruch der verborgenen Weisheit. Entsprechend sind auch die berühmten Fragmente über den Logos zu interpretieren: Es handelt sich hier nicht um Sätze empirischer Beobachtungen oder um deren Extrapolationen, sondern um Bilder, Chiffren, Symbole einer verborgenen Wahrheit, die überall anwesend ist und die nur von denen entschlüsselt werden kann, die die geeigneten Voraussetzungen mitbringen:

Schlimme Zeugen sind den Menschen Augen und Ohren, sofern sie Barbarenseelen haben. (Fragm. 107)

Nur einer »gereinigten« Seele also eröffnet sich die Weisheit des Logos:

Gesund Denken ist die größte Vollkommenheit, und die Weisheit besteht darin, die Wahrheit zu sagen und zu handeln nach der Natur, auf sie hinhörend. (Fragm. 112)

Die Wahrheit wird also nicht erforscht, sondern hinhörend »gesagt«. Was ist nun jene Erkenntnis, die Heraklit aus dem Hinhorchen gewinnt? Im Grunde ist es nur *eine* Einsicht, die Heraklit immer wieder von verschiedenen Seiten her beleuchtet, die immer neue Anwendungen findet, es ist die Einsicht in die Gegensätze: Leben-Tod, Wachen-Schlafen, Jugend-Alter, Unsterblich-Sterblich, Tag-Nacht, Winter-Sommer, Krieg-Frieden. Es handelt sich hier jedoch nicht um eine Wahrheit, die abstrakt und nur für sich gilt, und die dann an Beispielen expliziert wird, ebensowenig um eine Wahrheit, die *über* oder *jenseits* all dieser Sinnsprüche für sich gegeben wäre, sondern um eine Wahrheit, die nur *in* diesen Sprüchen enthalten ist.

Das widereinander Strebende zusammengehend; aus dem auseinander Gehenden die schönste Fügung. (Fragm. 8)
Verbindungen: Ganzes und Nichtganzes, Einträchtiges Zwieträchtiges, Einklang Zwieklang, und aus Allem Eins und aus Einem Alles. (Fragm. 10)
Man kann nicht zweimal in denselben Fluß steigen. (Fragm. 91)
In dieselben Flüsse steigen wir und steigen wir nicht, wir sind und wir sind nicht. (Fragm. 49a)
Der Weg hinauf hinab ein und derselbe. (Fragm. 60)

Es wäre naheliegend, hier eine Metaphysik abzuleiten, also zu sagen: Es geht Heraklit um die Einheit der Gegensätze, oder: Es geht Heraklit um einen ewigen Wandel. Damit hätten wir eine Art Gegen-Metaphysik zu der Metaphysik des Parmenides. Die schon ausgesprochene Warnung soll jedoch aufrechterhalten werden: Metaphysik ist
 ein System von Sätzen über Prinzipien, formuliert in abstrakter Sprache, dies ist aber kulturgeschichtlich eine spätere Sprachform. Heraklit lebte in einer Zeit, in der sich diese Sprachform schon andeutete, er selbst will dieser Zeit aber nicht angehören. Wenn Heraklit z. B. im Fragm. 50 sagt, es sei weise, zu sagen, alles sei eins, dann fällt uns sofort das Stichwort »Monismus« ein. Sprachlich ist dieser Spruch jedoch nicht anders als der folgende:

Gott ist Tag Nacht, Winter Sommer, Krieg Frieden, Sattheit Hunger. Er wandelt sich aber gerade wie das Feuer, das, wenn es mit Räucherwerk vermengt wird, nach dem Duft eines jeglichen heißt. (Fragm. 67)

Welches Stichwort aus unserer Metaphysiktradition sollte einem hierzu einfallen? Diese Sprüche sind eher wie Vexierbilder aufzufassen: Man kann eines derselben oft ansehen und »sieht« doch eigentlich nichts (vgl. oben Fragm. 72). Schließlich »sieht« man plötzlich das Verborgene, dann scheint es ganz offensichtlich; vorher konnte nichts erklärt werden, und nachher gibt es nichts mehr zu erklären, der ganze Sinn ist entweder da oder nicht da. Doch schon der nächste, dem man dasselbe Bild zeigt, sieht vielleicht nichts, obwohl man versucht, ihn auf das Verborgene hinzuweisen, und man selbst sieht beim nächsten Bild dieser Art vielleicht ebenfalls wieder nichts von dem Verborgenen.

Die Sprach- und Denkform des Heraklit ist die einer »anderen«, einer früheren Kultur. Schon für Platon und Aristoteles gehörte Heraklit einer früheren, nur mehr schwer verständlichen Zeit an, und auch schon in der Antike wurde er als »der Dunkle« bezeichnet, weil er sich in einer dunklen Sprache ausgedrückt habe. Daß diese Sprache nur eine persönliche Eigenheit gewesen sei, ist kaum zutreffend. Aber auch die antike Vermutung, er habe diese Sprache gewählt, damit nur die wirklich Berufenen sich damit beschäftigen (DL IX 6), gehört schon einer späteren Welt an, in der zwischen Alltagssprache, wissenschaftlicher Sprache und »Geheimsprachen«, also Arkansprachen, unterschieden wird. Vielleicht kann uns aber Aristoteles einen Hinweis zu Heraklit liefern, auch wenn er ihn in diesem Zusammenhang nicht erwähnt. In der *Poetik* sagt er:

Denn das Wesen des Rätsels besteht darin, unvereinbare Wörter miteinander zu verknüpfen und hiermit gleichwohl etwas wirklich Vorhandenes zu bezeichnen. Dies läßt sich nicht erreichen, wenn man andere Arten von Wörtern zusammenfügt, wohl aber, wenn es Metaphern sind. (*Poetik* 22, 1458a 25–29).

Dies ist die Sprache Heraklits: Sie verknüpft Unvereinbares, um etwas Vorhandenes, aber Verborgens zu bezeichnen, und sie erreicht dies einzig durch den Gebrauch von Metaphern. Aristoteles verteidigt den Gebrauch einer solchen Sprache als poetisches Mittel; hier sind wir natürlich schon in einer späteren Zeit, in der es die Metapher als poetisches Mittel geben kann, das von anderen Formen der Sprache unterschieden ist.
Für Heraklit war diese Sprachform die einzige, die ihm für die Verkündung seiner »Weisheit« bzw. der Weisheit, die durch ihn zur Sprache kommt, zur Verfügung stand; sie war in keiner Weise ein poetisches Mittel. Wir sollten nicht vergessen, daß in der archaischen Kultur, die auch im 6. Jhd. v. Chr. noch ganz und gar gegenwärtig war, das Rätsel wie das Orakel eine gewaltige Macht besaß, was auch Heraklit wußte:

Die Sibylle, die mit rasendem Munde Ungelachtes und Ungeschminktes und Ungesalbtes redet, reicht mit ihrer Stimme durch tausend Jahre. Denn der Gott treibt sie. (Fragm. 92)

Die Rätselworte richtig zu verstehen, ist kein intellektuelles Spiel (dazu wurden sie erst im 4. Jhd.), sondern eine Frage von Leben und Tod. Wir haben ferne Spuren davon noch in manchen Versionen der Rätselantworten in Märchen: Wer die richtige Antwort findet, der gewinnt alles, wer die richtige Antwort verfehlt, verliert oft auch das Leben. Solche Rätsel tragen einen Zug der Grausamkeit an sich. Rätselworte sind dabei nur eine von vielen Formen, solche Weisheit auszudeuten oder zu bedeuten. Auch Handlungen, die wir heute – in einer späteren Kultur – als Symbolhandlungen bezeichnen würden, können dieser Funktion entsprechen. Von Heraklit wird folgende Begebenheit berichtet:

Er wich dem Verkehre aus und spielte im Artemistempel mit den Knaben Würfel, und als sich die Ephesier dort an ihn herandrängten, rief er ihnen zu: »Was wundert ihr euch, ihr heilloses Gesindel. Ist dies nicht eine anständigere Beschäftigung als mit euch die Staatsgeschäfte zu führen?« (DL IX 3)

Auch der berühmte Satz vom Krieg als Vater aller Dinge ist keine empirische Verallgemeinerung und stellte keine politische Theorie (etwa als »Vorläufer des Hobbes«) dar:

Krieg ist aller Dinge Vater, aller Dinge König. Die einen erweist er als Götter, die anderen als Menschen, die einen macht er zu Sklaven, die anderen zu Freien. (Fragm. 53)

Aus diesem Spruch kann man ebensowenig eine politische Theorie ableiten wie aus folgendem eine anthropologische:

Die Lebenszeit ist ein Knabe, der spielt, hin und her die Brettsteine setzt: Knabenregiment! (Fragm. 52)

Ich bin mir bewußt, daß ich Sie bei Heraklit etwas ratlos zurücklasse. Wir möchten gerne fragen: Hat Heraklit nun recht mit dem, was er sagt? Hat er vielleicht eine »bessere Metaphysik« als Parmenides zu bieten? Mit solchen Fragen setzen wir jedoch ein Rationalitätsverständnis voraus, das bei Heraklit gar nicht vorliegt. Wie Parmenides so steht auch Heraklit an jener Grenze, in der über Mythos und Logos noch nichts entschieden ist. Der Logos des Heraklit ist nicht der der aristotelischen Logik. Heraklit steht an jener Grenze, an der das Hinausdrängen über den Mythos ebenso gegenwärtig ist wie die Selbstbehauptung des Mythos, so wie Ernst Cassirer diesen Prozeß beschrieben hat: »Dem stetigen *Aufbau* der mythischen Bildwelt entspricht das stete *Hinausdrängen* über sie: derart jedoch, daß beides, die Position wie die Negation, der Form des mythisch-religiösen Bewußtseins selbst angehören und sich in ihm zu einem einzigen unteilbaren Akt zusammenschließen. Der Prozeß der Vernichtung erweist sich, tiefer betrachtet, als ein Prozeß der Selbstbehauptung, wie der letztere sich nur kraft der ersteren vollziehen kann: beide vereint fördern erst in ihrem ständigen Zusammenwirken das wahre Wesen und den wahren Gehalt der mythisch-religiösen Form zutage.« (*Philosophie der symbolischen Formen. 2. Teil: Das mythische Denken.* 5. Aufl., Darmstadt 1964. S. 283) Wie schon für Platon und Aristoteles ist für uns heute diese Grenze nur sehr indirekt verstehbar, an ihr werden gleichzeitig und untrennbar mythologische Bilder in Formen verwendet, die uns ganz und gar rational erscheinen. »Das Entscheidende liegt vielmehr darin, daß er [d. h. der Mythos] auch in dieser Rückwendung noch in sich selbst verbleibt und beharrt. Er tritt nicht schlechthin aus seinem Kreise heraus, er geht nicht zu einem völlig anderen »Prinzip« über – aber indem er seinen eigenen Kreis vollständig erfüllt, zeigt es sich, daß er ihn zuletzt sprengen muß. Diese Erfüllung, die zugleich Überwindung ist, ergibt sich aus der Stellung, die der Mythos gegenüber der eigenen

Bildwelt einnimmt. Er kann sich nicht anders als in ihr offenbaren und äußern – aber je weiter er fortschreitet, um so mehr beginnt für ihn diese Äußerung selbst zu etwas »Äußerlichem« zu werden, das seinem eigentlichen Ausdruckswillen nicht völlig adäquat ist. Hier liegt der Grund eines Konflikts, der allmählich immer schärfer hervortritt und der, indem er das mythische Bewußtsein in sich selbst spaltet, doch in eben dieser Spaltung zugleich seinen letzten Grund und seine Tiefe erst wahrhaft aufdeckt.« (Ebd. S. 282)

An diesem Punkt sehen wir nochmals, daß Heraklit kulturgeschichtlich eigentlich vor Xenophanes und Parmenides einzuordnen ist. Er ist nicht »aufgeklärt« wie Xenophanes und will auch nicht – wie Parmenides – die Folgen der Aufklärung »auffangen«. Er steht wie der letzte Weise *vor* dieser Bewegung, er ragt herein aus einer Zeit, die inzwischen im Vergehen begriffen ist, deren Sprache schon eine Generation nach ihm nicht mehr richtig vernommen werden konnte. Ich sage ausdrücklich »vernommen werden konnte« und nicht »verstanden werden konnte«, denn zu sagen, daß sie nicht mehr »verstanden werden konnte«, setzt schon Analyse und rationales Verstehen voraus – und damit ist man schon jenseits der Grenze, auf der Heraklit steht und über die er selbst schon hinausdrängt.

- V -

Empedokles, Anaxagoras und Demokrit

Vorbemerkungen

Das 5. Jhd. v. Chr. brachte für Griechenland und seine Siedlungen einen später nicht mehr erreichten Höhepunkt, war aber auch eine Periode, die schon jene Gegensätze in sich enthielt, die erst gegen Ende dieses Jahrhunderts klar hervortreten sollten. Die Grundlage für die wirtschaftliche, politische und kulturelle Entwicklung dieser Periode bestand in der äußeren Sicherheit: In der entscheidenden Schlacht bei Salamis im Jahre 480 v. Chr. waren die Perser besiegt worden und in der ebenso entscheidenden Schlacht bei Imera im selben Jahr die Karthager. Eine weithin demokratische Verfassung der meisten Städte, allen voran Athens, sicherte die Teilnahme breiter Schichten des Volkes am politischen und kulturellen Leben. Die Entwicklung und Spezialisierung der *téchnai* – der Medizin, der Mathematik und der Architektur – ließ die Probleme der typisch »humanistischen« Bereiche stärker als bisher hervortreten. Dies wird später bedeutsam sein, da die *téchnai* mit der Zeit eine eigene, von der Erklärung der *phýsis* verschiedene, theoretische Erklärung fordern werden (vgl. Kap. VI, 3).

Trotz des Einflusses, den die Lehren der Pythagoreer und des Parmenides ausübten, war das philosophische Denken dieser Periode stärker als letztere aus der griechischen Lebenswelt erwachsen. Eine strenge Grenze zwischen Denken und erscheinender Wirklichkeit, wie sie Parmenides vorgeschlagen hatte, wurde nicht gezogen, eine im Widerspruch zur Erfahrungswelt stehende Ontologie war hier nicht denkbar: Die Physis in ihrer Erscheinung gab den Ausgangspunkt und den Rahmen des Denkens ab, das immer konkret blieb. Auch der Mensch galt als Teil dieser Physis. Das Verständnis der Physis als normativem Denkrahmen ließ die Unterscheidung »materiell-immateriell« nicht zu, auch geistige Phänomene wurden als Teil der Physis begriffen: Denken ist ein natürlicher Vorgang, ein Naturphänomen.

Ein Bereich der Natur, der besonders erforscht wurde, war der menschliche Körper. Die Medizin entwickelte sich seit dem bereits erwähnten Alkmaion (Ende 6./Anfang 5. Jhd. v. Chr.) in einer Weise, die für die griechische Wissenschaft an sich kennzeichnend ist: Sie begann mit einem Wissensbestand, der in der Heilkunde der Tempel in und außerhalb Griechenlands bekannt war. Während dort die Therapie offiziell auf eine – im Traum oder sonstwie erfahrene – Anordnung des Gottes zurückgeführt wurde, werden jetzt empirische und rationale Gründe angeführt, d. h.

die Medizin wird aus dem religiösen und kultischen Zusammenhang gelöst und zu einer Erfahrungswissenschaft. Hier wiederholt sich ein Vorgang, der sich ganz ähnlich im Bereich der Kosmologie bei den ionischen Naturphilosophen abgespielt hatte. Ob und inwieweit die Philosophie bei dieser Entwicklung eine Rolle spielte, läßt sich kaum feststellen. Gesundheit wird jedoch nun nicht mehr als Geschenk der Götter, sondern als Gleichgewicht zwischen Gegensätzen angesehen, ebenso gilt Krankheit nicht mehr als Strafe, sondern als Störung dieses Gleichgewichtes. Die große Bedeutung der Gegensatzlehre in der Philosophie, welche die Gegensätze als qualitative und konträre auffaßt, geht in erheblichem Maß auf die Medizin als paradigmatischer und fortgeschrittener Wissenschaft zurück. Es ist daher kein Zufall, daß die Medizin später, innerhalb der Entwicklung der modernen, auf Quantifizierung beruhenden Wissenschaft, am meisten und am längsten Widerstand leistete und so richtig erst im 19. Jhd. in die allgemeine Wissenschaftsentwicklung eintrat (ob ihr dies nur Nutzen gebracht hat, ist eine ganz andere Frage). – Nach der Ärzteschule von Kroton wurde die Medizin in der – angeblich von Empedokles begründeten – Ärzteschule von Sizilien weiter gepflegt, im 5. Jhd. wurde in Ionien, in Knidos, eine solche Schule errichtet, schließlich wird dann Hippokrates von Kos seine berühmte Schule begründen. Von Hippokrates wird berichtet, er habe Demokrit kennengelernt, die Kontakte zwischen Ärzten und Philosophen waren wahrscheinlich | 117
ziemlich rege. Auch der Ursprungsort der griechischen Medizin ist – wie der der Philosophie – in den Kolonien zu suchen, der Weg geht hier allerdings in umgekehrter Richtung: Die Medizin wurde in Süditalien entwickelt und von dort aus nach Ionien gebracht. Auch noch die älteste Schule der Medizin im Mittelalter ist in Salerno, also in Süditalien im Bereich der Magna Graecia, zu finden.

Das Denken dieser Periode besitzt eine gewisse, kulturgeschichtlich schon sehr späte, *Geschlossenheit* und *Vitalität*, die uns vielleicht archaisch anmutet, die aber der Geschlossenheit und Vitalität des politischen Lebens und der Selbstbewußtheit der Menschen dieser Zeit vollkommen entsprach und für die der Staatsmann Perikles ebenso repräsentativ ist wie die Philosophen Empedokles, Anaxagoras und Demokrit oder die Tragödiendichter Sophokles und Aischylos. Selbst wenn mit Sokrates und Euripides eine neue Richtung des Denkens einsetzen wird, so gehören diese eigentlich noch zur ungebrochenen Welt des 5. Jhd.s.

Dennoch war dieses große Jahrhundert politisch nicht ohne Zweideutigkeiten. So war die führende Macht Athen zwar der Verfassung nach eine Demokratie mit den entsprechenden Institutionen, in der Realität indes hing das Funktionieren des Systems fast ausschließlich an der Person eines Mannes, nämlich Perikles. Hier lag ein potentieller Konflikt zwischen Demokratie und Demagogie. Gegen Ende des 5. Jhd.s zeigten sich schließlich Spannungen zwischen demokratischer Politik im Inneren Athens und seiner Großmachtpolitik nach außen. Spannungen gab es auch zwischen politisch-demokratisch und wirtschaftlich-handelsmäßig orientierten Städten wie Athen auf der einen und oligarchisch-agrarisch-großgrundbesitzerischer Struktur von Städten wie Sparta oder Theben auf der anderen Seite. Ebenso gab es Spannungen zwischen philosophischer Aufklärung und der zunehmenden Bedeutung orphischer und dionysischer Kulte. Diese und andere Spannungen führten zu jenem Komplex von Konflikten, der als Peleponnesischer Krieg bezeichnet wird. Gegen Ende dieses Krieges oder kurz danach sterben Perikles, Protagoras, Thukydides, Sokrates, Hippokrates, Sophokles, Euripides und Demokrit – das Kriegsende bedeutete also gleichfalls einen Generationswechsel. Das 4. Jhd. wird für die griechische Kultur tiefgreifend veränderte Strukturen bringen, in einer wieder stärker aristokratisch strukturierten Gesellschaft wird es dann darum gehen, das Erbe des 5. Jhd.s weiterzugeben. Die bedeutende Gestalt Platons kann nicht darüber hinwegtäuschen, daß Vitalität und Kreativität des Denkens im Vergleich zum 5. Jhd. keine breite kulturelle und soziale Grundlage mehr besaßen.

1. Empedokles

a) Philosoph und Wunderarzt

 In seiner kleinen Schrift *Die Lehre vom Ähnlichen* sagt W. Benjamin: »Die Gabe, Ähnlichkeit zu sehen, die wir besitzen, ist nichts als nur ein schwaches Rudiment des ehemals gewaltigen Zwanges, ähnlich zu werden und sich zu verhalten. Und das verschollene Vermögen, ähnlich zu werden, reichte weit hinaus über die schmale Merkwelt, in der wir noch Ähnlichkeit zu sehen imstande sind.« (*Gesammelte Schriften* II, 1. Frankfurt 1977. S. 210) Diese Fähigkeit, *Ähnlichkeit* zu sehen, charakterisiert das Denken und das synthetische Vorstellen des Empedokles (ca. 495–435 v. Chr.). Die Natur beschrieb er durch ein umfassendes System von Analogien, die ihrerseits in Analogie zum Bereich des Menschlich-Gesellschaftlichen stehen. Auch seine Erkenntnis erlangt der Mensch nach Empedokles durch eine tiefe, ontologische Ähnlichkeit mit der Welt der Natur, deren Teil er ist:

> Denn durch Erde schauen wir die Erde, durch Wasser das Wasser, durch Äther den göttlichen Äther, aber durch Feuer das vernichtende Feuer; die Liebe ferner durch unsere Liebe und den Haß durch unseren traurigen Haß. (Fragm. 109)

Empedokles verstand sich selbst als jemand, der in einem Schnittpunkt solcher universeller Ähnlichkeiten steht und der mit dieser *Kenntnis* nicht nur über theoretisches Wissen, sondern zudem über praktische, medizinische und magische *Kräfte* verfügt. Vor diesem Hintergrund erklärt sich der zwiespältige Eindruck, den die Gestalt des Empedokles auf uns heute macht. Allerdings müssen wir uns dabei im klaren sein, daß uns hier in der griechischen Geistesgeschichte erstmals ein Mann begegnet, von dessen Persönlichkeit wir uns so etwas wie ein individuelles Bild machen können, daß wir also zwischen Empedokles und Früheren, z. B. Pythagoras, keine wirklichen Vergleiche anstellen können, obwohl sie vielleicht ganz ähnliche Erscheinungsbilder aufwiesen.

Empedokles lebte und wirkte in Sizilien, vor allem im heutigen Agrigent. Agrigent hatte eine oligarchisch-aristokratische Verfassung, Empedokles stammte selbst aus einer aristokratischen und wohlhabenden Familie, sein Großvater besaß einen Rennstall und war sogar Olympiasieger im Pferdesport gewesen (DL VIII 51). Trotzdem stellte sich Empedokles gegen die oligarchische Herrschaft, Aristoteles berichtet von ihm, er sei ein freier und jeder Herrschaft abgeneigter Mann gewesen (DL VIII 63). Doch hier beginnt schon die Zweideutigkeit der Persönlichkeit des Empedokles: Während er im politischen Bereich Herrschaft von Einzelnen ablehnte, übte er selbst eine starke Herrschaft über das Volk aus, was ihm zudem, wie berichtet wird, großen Reichtum einbrachte. Um seine Wirkung zu erhöhen, trat er in pompöser Weise auf. Diogenes Laertius berichtet, »daß er ein Purpurgewand angelegt und eine goldene Kopfbinde getragen habe, [...] ferner eherne Sandalen und einen delphischen Kranz. Sein Haar trug er lang und hatte Knaben zum Gefolge. Er selbst trug eine finstere Miene zur Schau und blieb sich darin immer gleich. So zeigte er sich vor seinen Mitbürgern, die ihm begegneten und dies Auftreten als eine Art Anzeichen von königlicher Würde auffaßten« (DL VIII 73). Der hinterlassene Eindruck war so groß, daß man ihm in Agrigent eine Statue errichtete, noch Jahrhunderte später gab es von ihm zahlreiche Bilder. Offenbar zog er in *auffälliger Aufmachung* und mit einer *Jüngerschar* durch das Land, als Prophet, Arzt, Magier und Wohltäter in einem, so daß ihm das Volk zu Füßen lag. Die authentischen Fragmente, von denen wir eine recht große Zahl besitzen, vermitteln diesen Eindruck ebenso wie die antiken Berichte über ihn. Wie ein solcher Auftritt begann, berichtet er selbst:

Ihr Freunde, die ihr die große Stätte bewohnt, die am gelblichen Akragas sich hinabzieht, oben auf der Höhe der Stadt, ihr Pfleger trefflicher Werke, der Fremdlinge ehrfurchtsvolle Zufluchtstätten, in Schlechtigkeit unerfahren, seid mir gegrüßt! Ich aber wandle euch daher als ein unsterblicher Gott, nicht mehr als Sterblicher, unter allen geehrt, so wie ich ihnen dünke (so wie es geziemt), mit Tänien umflochten und mit grünenden Kränzen. Wenn ich zu ihnen komme in die prangenden Städte, zu den Männern und Frauen, so werde ich von ihnen verehrt; sie aber ziehen mit, Tausende, um zu erkunden, wo zum Gewinn der Pfad führe, die einen der Orakelsprüche bedürfend, die anderen fragen nach bei mannigfachen Krankheiten ein heilbringendes Wort zu erfahren, lange schon von schweren Schmerzen durchbohrt.

Doch was liege ich diesem (diesen) ob, als ob ich etwas Großes vollbringe, wenn (daß) ich mehr bin als die sterblichen, vielfachem Verderben geweihten Menschen!

Ihr Freunde, ich weiß zwar, daß Wahrheit bei den Worten ist, die ich künden werde; aber sehr mühsam ist sie nun einmal für die Menschen und unbequem das Drängen der Überzeugung an die Seele. (Fragm. 112–114)

An Selbstbewußtsein mangelte es also Empedokles keineswegs, ebenso verstand er es, sich in Szene zu setzen. Es steht jedoch ebenso fest, daß Empedokles ein hervorragender Dichter war, der seine ganze Redekunst einsetzte, um den gewünschten Eindruck hervorzurufen – nicht umsonst gilt er für Aristoteles als Erfinder der Rhetorik. Empedokles war jedenfalls eine der ersten großen Gestalten der Philosophie, die bewußt rednerische Elemente einsetzte, d. h. Sprache bewußt instrumentell verwandte. Dies hatte einem Parmenides – der Dichter, nicht aber Rhetoriker war – durchaus fern gelegen, und selbst bei Heraklit und seinen geschliffenen Sprüchen kann man wohl kaum von einem bewußten und gezielten Einsatz sprachlicher Mittel ausgehen. Empedokles dagegen wußte um die Wirkung und *Macht der Sprache*. Aber auch im ganz Konkreten hat Empedokles wunderbare Wirkungen hervorgerufen, wobei es natürlich nicht leicht ist, den Wahrheitsgehalt dieser Legenden herauszufinden. Wenn etwa berichtet wird, er habe armen Bürgerinnen Agrigents aus eigenen Mitteln eine Mitgift zur Verfügung gestellt (DL VIII 73), so ist die wunderbare Wir-

kung leicht erklärlich. Viel schwieriger ist es, seine Tätigkeit als Arzt und Wunderarzt zu beurteilen. So wird etwa berichtet, er habe eine Tote nach dreißig Tagen wieder zum Leben erweckt (DL VIII 61), wobei das Verfahren, mit dem er das zustandegebracht hat, leider nicht genannt wird. War er einfach ein Scharlatan? Dieser Schluß wäre sicher falsch. Soweit wir wissen, war Empedokles wirklich als Arzt, und zwar erfolgreich, tätig und wurde zudem als Gründer einer sehr geschätzten medizinischen Schule angesehen, die bis in die Zeit Platons bestand. Dabei ging Empedokles – ganz im Unterschied zu Wundertätern – gelegentlich nicht nur Symptomheilungen sehr radikal an, sondern bezog selbst weit entfernte Ursachen ein: Etwa, wenn er die Ursache einer Seuche in schlechtem Wasser fand und die Heilung dadurch bewirkte, daß er das Wasser von zwei anderen Flüssen – auf eigene Kosten, wie hervorgehoben wird – in den Fluß leitete, und auf diese Weise das Wasser reinigte und ungefährlich machte (DL VIII 70).

Allgemein kann man somit vielleicht sagen, daß Empedokles – soweit wir bei ihm von »Methode« sprechen können – eine »ganzheitliche« Methode anwandte, die psychosomatische Beziehungen ebenso berücksichtigte wie Fragen der Umwelt und gesellschaftliche Bedingungen. Dies alles umgab er mit einer suggestiv wirksamen Sprache, die durch eine effektvoll in Szene gesetzte Präsentation der eigenen Person noch unterstrichen wurde. Empedokles ging es eben um Heilung in einem viel weiteren Sinn, nämlich in dem von »Heil«.

Von Empedokles sind recht umfangreiche Fragmente aus zwei Gedichten erhalten, einem *Über die Natur* und einem über die *Reinigungen (Katharmoí)*. Der Inhalt des ersten wirkt empirisch und an manchen Stellen geradezu materialistisch, das zweite liefert eine sehr mythologische, in manchem pythagoreische Erlösungslehre. Empedokles äußert sich nirgends über den inhaltlichen Zusammenhang der beiden Gedichte, die zeitliche Reihenfolge ihrer Abfassung ist dagegen klar: Das Werk über die Natur wurde vor dem über die Reinigungen abgefaßt, wie zahlreiche Verweise in letzterem auf Vorstellungen des ersteren beweisen. Einige Interpreten meinten, daß Empedokles zunächst Naturphilosophie beinahe im Sinn ionischer Naturwissenschaft betrieben habe, sich dann jedoch »bekehrt« habe, sei es zu einer Form des Pythagoreismus, sei es zu einer Mysterienreligion. Diese Annahme ist nicht zwingend. Man kann, wofür allerdings keine direkten Zitate anführbar sind, ebenso annehmen, daß beide Werke für Empedokles gleichzeitig Geltung hatten, daß er aber nicht in der Lage war, eine überzeugende Einheit der beiden Lehren herzustellen, und daß er deshalb die Frage des Zusammenhanges offen ließ. Kulturgeschichtlich macht eine solche Interpretation Sinn: Die ionische Naturphilosophie hatte ihre Wirksamkeit gehabt, es gab daher so etwas wie eine wissenschaftliche Haltung. Auf der anderen Seite entsprachen im 6. Jhd. v. Chr. Mysterienreligionen offensichtlich dem Bedürfnis vieler Menschen, und vielleicht versuchte Empedokles, beiden Bedürfnissen zu entsprechen. Da er die beiden Bereiche dagegen nicht genügend auseinanderhielt, erhielten Vorstellungen aus dem Bereich des menschlichen Verhaltens wie Liebe und Haß auch kosmologische Bedeutung. Bei den Pythagoreern war der kulturelle Hintergrund ein ganz ähnlicher, im Unterschied zu den Pythagoreern versuchte Empedokles aber nicht, Wissenschaft den Zwecken einer Erlösungslehre zu unterwerfen, sondern ließ beide, Logos und Mythos, letztlich nebeneinander stehen – so wie noch heute manche Menschen Wissenschaft und Mysterienreligion unvermittelt nebeneinander stehen lassen, während der Arbeitstage sind sie strenge Wissenschaftler, am Sonntag Adepten einer Mysterienreligion.

b) Die Naturlehre

Ein Ausgangspunkt für Empedokles ist die Lehre des Parmenides, und zwar in einem solchen Maß, daß man fast den Wortlaut des Parmenides zu hören glaubt:

Denn aus garnicht Seiendem kann unmöglich etwas entstehen und ebenso ist, daß Seiendes ausgetilgt werde, unvollziehbar und unerhört; denn jedesmal wird es da sein, wo es einer jedesmal hinstellt. (Fragm. 12)

Innerhalb dieses ewigen und unentstandenen Seins aber gibt es ein zweifach-eines Prinzip, das nach Empedokles Werden und Vielheit erklärt: *Liebe* und *Streit*. Dieses Prinzip in seiner zweifachen Funktion ist ewig wie das Sein selbst, bzw. ist es die Struktur desselben:

Denn wie diese beiden Kräfte *(Streit und Liebe)* vordem waren, so werden sie auch sein, und nimmer, glaube ich, wird von diesen beiden leer sein die unendliche Lebenszeit. (Fragm. 16)

Streit und Liebe sind die Kräfte der Bewegung, die die Elemente des Seins durch ständig wechselnde Verhältnisse zu neuen Gestalten ordnen. Hier wird also die Metaphysik des Parmenides mit der Welt der wechselnden Erscheinungen in Einklang gebracht. Empedokles will zeigen, daß trotz des ständigen Wechsels im Ganzen eine grundlegende Stabilität herrscht. Bei der Vorstellung der Einheit trotz des dauernden Wechsels spielte vermutlich auch die Spruchweisheit Heraklits eine gewisse Rolle. Daß Empedokles, der in Sizilien lebte, nicht nur die Lehren des aus Unteritalien stammenden Parmenides, sondern auch die Aussprüche des Ioniers Heraklit kannte, zeigt, daß zwischen den griechischen Kolonien ein rascher Kulturaustausch herrschte.

Bei der Aufzählung der Grundelemente oder Stoffe greift Empedokles auf die gesamte Tradition zurück und bringt die dort genannten Stoffe in eine Synthese (Fragm. 71): Wasser, Erde, Äther (Luft), Sonne (Feuer). Daß diese Stoffe in der Überlieferung eine ganz verschiedene theoretische Herkunft besitzen, beunruhigt Empedokles nicht. Ein wichtiger und gegenüber den Milesiern weiterführender Gedanke war jedoch, nicht mehr von *einem* Grundbegriff, von *einem* Urstoff, auszugehen, sondern von einer begrenzten Vielzahl von Grundstoffen, d. h. Elementen, die gleichzeitig die Grundlage der wichtigsten Qualitäten sind. Durch verschiedene – von Liebe und Streit bewirkte – Mischung entsteht die Vielheit der Dinge im Inneren des Seins, das als Ganzes immer identisch bleibt. Naturphilosophisch wichtig wurde die damit gegebene Unterscheidung von *Grundelementen* und *Grundkräften*:

Abwechselnd aber gewinnen die Elemente und Kräfte die Oberhand im Umschwung des Kreises und vergehen ineinander und wachsen im Wechsel der Bestimmung. Denn eben nur diese Elemente *sind*, doch durcheinander laufend *werden* sie zu Menschen und anderer Tiere Geschlechtern, indem sie sich bald in Liebe vereinigen zu *einer* gefügten Ordnung, bald auch wieder die einzelnen Dinge sich trennen im Hasse des Streites, bis sie, zum All-Einen zusammengewachsen, wieder unterliegen. Insofern nun so Eines aus Mehrerem gelernt hat zu entstehen und wiederum aus dem zergangenen Einen Mehreres hervorgeht, insofern *werden* sie, und das Leben bleibt ihnen nicht unverändert; sofern aber ihr ständiger Tauschwechsel nimmer aufhört, insofern *sind* sie stets unerschütterte Wesen während des Kreislaufes. (Fragm. 26)

Die Härte der durch Paradoxien hervorgerufenen und wieder Paradoxien hervorrufenden »Logik« des Parmenides ist hier einem »sowohl-als auch« gewichen, das seine Evidenz nicht aus der aller Erfahrung widersprechenden metaphysischen Stringenz – oder scheinbar erforderten Stringenz – bezieht, sondern aus der Analogie zum biologischen und gesellschaftlichen Erfahrungsbereich.

Dieser Wettstreit der beiden Kräfte liegt klar vor an der menschlichen Glieder Masse: bald vereinigen sich durch Liebe alle Glieder, welche die Leiblichkeit erlangt haben, auf des blühenden Lebens Höhe, bald wieder zerschnitten durch die schlimmen Mächte des Zwistes irren sie einzeln voneinander getrennt am Gestade des Lebens. Ganz ebenso ist es mit den Sträuchern, den im Wasser hausenden Fischen, den bergbewohnenden Wildtieren und den fittichwandelnden Tauchvögeln. (Fragm. 20)

Das Grundschema des Empedokles ist also das folgende:

<table>
<tr><th>Elemente</th><th>Kräfte</th></tr>
<tr><td>Wasser</td><td rowspan="4">Liebe/Haß</td></tr>
<tr><td>Erde</td></tr>
<tr><td>Luft</td></tr>
<tr><td>Feuer</td></tr>
</table>

Vergleichen wir dieses Schema mit dem der Ionier (vgl. Kap. II, 4), so können wir feststellen, daß alle bei Empedokles als Elemente und Kräfte aufgeführten Begriffe | 123 im Schema der Ionier auf die Seite der Sachbegriffe gehören, also auf die rechte Seite des dortigen Schemas. Daher die Frage: Warum die Aufspaltung in Elemente und Kräfte? Vermutlich führte die Position des Parmenides, in der die Realität von Bewegung und Veränderung geleugnet wurde, dazu, innerhalb der Natur ein Prinzip – bei Empedokles ein zweifaches Prinzip – anzunehmen, das für die Veränderung und die Bewegung »zuständig« ist. Dies stellte den Beginn einer höchst folgenreichen Theorieentwicklung dar: *Stoff* und *Bewegung*, Elemente und Kräfte werden *getrennt*, während bei den Ioniern der Stoff immer schon bewegt und belebt gewesen war, eine solche Trennung also gar nicht möglich war. Die Konsequenzen dieser Trennung werden bei Anaxagoras noch deutlicher werden.

Mit Hilfe der vier Grundstoffe und der zwei Grundkräfte entwickelte Empedokles eine sehr detaillierte, wenn auch im einzelnen nicht immer genau rekonstruierbare Naturphilosophie. Besonders interessant ist dabei seine Evolutionstheorie im Rahmen der Biologie. Empedokles rechnete offensichtlich mit *Zufallsprodukten* der Entwicklung, von denen sich viele als nicht lebensfähig erwiesen haben:

Ihr (der Erde) entsproßten viele Kinnbacken ohne Hälse, nackte Arme irrten hin und her sonder Schultern, und Augen allein schweiften umher bar der Stirnen. (Fragm. 57)

Geschöpfe schleppfüßige mit nicht zu sondernden (zahllosen) Händen. (Fragm. 60)

Von diesen Zufallsprodukten erwiesen sich jedoch einige als überlebensfähig, und so kam es zu Lebewesen, die nicht zugrunde gingen, sondern sich reproduzieren konnten. Diese auf zufälligen Versuchen der Elemente und Kräfte beruhende Evolutionstheorie erregte natürlich das Mißfallen des Aristoteles, der Entstehen und Vergehen ohne Zwecke für unvorstellbar hielt:

> So sagt etwa Empedokles, nicht immer werde die Luft als oberstes ausgesondert, sondern (das gehe) wie es sich halt fügt. Er sagt jedenfalls in seiner »Welterschaffung«: »So stieß er (scil. der Äther) eilend jetzt an, vielmals aber anders.« Und von den Teilen der Tiere behauptet er ja auch, sie entstünden meistenteils aus zufälliger Fügung. (Aristoteles: *Physik* II 4, 196a 20–24)

Es ist also zumindest eine historische Tatsache, daß die Vorstellung einer *Evolution durch Zufall*, in der die lebensfähigsten Zufallsprodukte sich durchsetzen, die ältere Vorstellung ist und die einer zielgerichteten Evolution die jüngere Vorstellung darstellt. Die Entrüstung mancher Leute in unserer Zeit gegenüber Darwin gibt manchmal vor, hier sei eine ganz »moderne« Vorstellung am Werk, die den »alten« teleologischen Vorstellungen widerspreche – dies ist aber jedenfalls historisch ein Fehler. In der Naturphilosophie des Empedokles gibt es *keine Teleologie:*

> 124 | Jene *Elemente und Kräfte* nämlich sind alle gleichstark und gleichalt von Abstammung, doch jedes von ihnen hat ein verschiedenes Amt, jedes seine besondere Art, und abwechselnd gewinnen sie die Oberhand im Umlauf der Zeit. Und außer diesen kommt eben weder etwas hinzu – doch es hört auch nicht auf. Denn wenn sie bis zu Ende zugrunde gingen, so wären sie nicht mehr. Was sollte denn aber dies Ganze vermehren? Und woher gekommen? Wie sollte es auch zugrunde gehen, da nichts leer von diesen ist? Nein, eben nur diese *sind*, doch indem sie durcheinander laufen, *wird* bald dieses bald jenes und so fort und fort immer ähnliches. (Fragm. 17)

Das Hervor- und Wiedereingehen in den ewigen Kreislauf der Natur ist somit eine Lehre, die nach Empedokles aus der Philosophie der Natur gezogen werden kann. In diesem Kontext ist so auch die Legende kennzeichnend, die von Empedokles berichtet, sein Leben habe dadurch ein Ende gefunden, daß er sich in den Krater des Ätna gestürzt habe – allerdings »in der Absicht, den über ihn verbreiteten Glauben, er sei zum Gott geworden, zu bestärken« (DL VIII 69). Empedokles strebte also – so jedenfalls in der Meinung der antiken Historiker – nicht nur nach Wirkung, sondern ach nach Nachwirkung. Der Ort des Todes hatte Symbolkraft: Die Natur selbst war etwas Göttliches, und das Naturphänomen des Vulkans wurde schon immer als besondere Manifestation des Göttlichen angesehen. Empedokles verähnlichte sich mit dieser göttlichen Natur an einem privilegierten Ort.

c) Die Lehre von der Reinigung

Bei der Frage nach der Lehre des Empedokles ist eine Bemerkung über deren formalen Charakter vorauszuschicken. Diese Lehre ist synthetisch oder vielleicht sogar synkretistisch, d. h. sie stellt eine Zusammensetzung aus verschiedensten Lehren der Vergangenheit dar. Empedokles kannte die Lehren der Milesier, des Pythagoras, des Parmenides sowie des Heraklit und stellte Elemente aus diesen Lehren – manchmal mit recht großer Unbedenklichkeit – zu einem Ganzen zusammen, in dem er als Eigenes nur die Grundprinzipien »Liebe-Streit« als universelle Klammer anwandte. Diese Synthese war eindrucksvoll und übte in der Antike eine lang anhaltende Wirkung aus. Weder die Kohärenz noch die Originalität einer Theorie ist schon Garantie für ihre Wirksamkeit, manchmal erzielen recht sonderbare Zusammenfügungen die größte Wirkung. Und die Zusammenfügung, die Empedokles vorlegte, war ja gar nicht sonderbar, sondern, jedenfalls auf den ersten Blick, gerade aufgrund ihrer Ähnlichkeit mit der alltäglichen Lebenserfahrung der Menschen, die erheblich durch Liebe und Streit geprägt ist, durchaus einleuchtend.

Ein Grundgedanke der Erlösungslehre des Empedokles ist die pythagoreische Lehre von der *Seelenwanderung*. Der Ursprung der irdischen Existenz liegt in einem »Fall«, und dieser »Fall« geht selbst schon auf sittliche Verfehlung zurück: | 125

Es ist der Notwendigkeit Spruch, ein Götterbeschluß, alt, urewig, mit breiten Schwüren versiegelt: wenn einer in Schuldverstrickung mit Mordblut seine eigenen Glieder befleckte, wer ferner im Gefolge des Streites (?) einen Meineid schwor aus der Zahl der Dämonen, die ein sehr langes Leben erlost haben, die müssen dreimal zehntausend Horen fernab von den Seligen umherschweifen, wobei sie im Laufe der Zeit als alle möglichen Gestalten sterblicher Geschöpfe entstehen, die des Lebens mühselige Pfade wechseln. (Fragm. 115)

Empedokles sagt von sich selbst:

Denn ich wurde bereits einmal Knabe, Mädchen, Pflanze, Vogel und flutenttauchender, stummer Fisch. (Fragm. 117)

Durch Reinigung sollen die Menschen von dem Kreislauf der Geburten wieder frei werden. Ähnlich wie bei Pythagoras die Mathematik hat an dieser Stelle bei Empedokles das System der Naturphilosophie seinen »existentiellen Ort«: Sie ist Hintergrund einer *Heilslehre*. Anders als bei Pythagoras hat jedoch die theoretische Lehre selbst bei Empedokles keine Heilsfunktion: Nicht das Annehmen einer bestimmten Lehre vermittelt schon das Heil, sondern nur die Befolgung des dort Gelehrten. Daher treten ethische Anweisungen, aber auch medizinisch-magische Reinheitsvorschriften hier stärker in den Vordergrund: Man soll weder Lorbeerblätter noch

Bohnen essen, bestimmte Formen des Fastens befolgen, verschiedene Waschungen vornehmen usw. Warum aber muß es überhaupt eine Reinigung geben? Weil die Menschen »gefallen« sind – klarer wird Empedokles nicht. Einen generellen Ursprung der Menschheit in einem »Fall«, eine Vorstellung, der wir im Zusammenhang der Diskussion der Gosis begegnen werden (vgl. z. B. Kap. XVII, 1, c), scheint Empedokles jedoch nicht angenommen zu haben, wohl aber eine Urzeit, in der offensichtlich die Liebe die Vorherrschaft hatte:

Da waren alle Geschöpfe zahm und den Menschen zutunlich, die wilden Tiere wie die Vögel, und die Flamme der freundlichen Gesinnung glühte. (Fragm. 130)

Die gegenwärtige Periode, also jene, in die auch Empedokles in seiner jetzigen Existenzform »hineingeboren« wurde, wird allerdings nicht von Liebe, sondern von Haß und Streit bestimmt:

Bei der Geburt weinte und jammerte ich, als ich den ungewohnten Ort erblickte. (Fragm. 118)
[...] den freudlosen Ort, wo Mord und Groll und Scharen anderer Unglücksgeister und
 ausdörrende Krankheiten und Fäulnisse und das Wirken des Rheuma auf der Wiese des Unheils im Düster hin und her schweifen. (Fragm. 121)
Ach wehe, wehe, du armes Menschengeschlecht, wehe du jammervoll unseliges: aus solchen Zwisten und Seufzern seid ihr entsprossen! (Fragm. 124)

Geht man von einem friedvollen Anfang aus und betrachtet man den jetzt gegebenen unheilvollen Zustand, so muß man zu der Auffassung gelangen, daß irgendwann in der Zwischenzeit von einem Zustand des Vorherrschens der Liebe ein Übergang, ein »Fall« zu dem Vorherrschen des Hasses stattgefunden hat. Dann aber ist es möglich, durch eigenes Handeln diesen Zustand zu beenden, und dem entsprechen auch die Aufforderungen, die Empedokles an seine Zuhörer richtet:

Wollt ihr nicht aufhören mit dem mißtönenden Morden? Seht ihr denn nicht, wie ihr einander zerfleischt in Unbedachtheit des Sinnes? (Fragm 136)

Ziel wäre die durch kultische und sittliche Reinheit erwirkte Rückkehr, wobei die Gereinigten, etwa Empedokles selbst, vor ihrer endgültigen Rückkehr anderen den heilenden Weg vermitteln:

Zuletzt aber werden sie Seher und Sänger und Ärzte und Fürsten den irdischen Menschen, woraus sie emporwachsen als Götter, an Ehren reichste, den anderen Unsterblichen Herdgenossen, Tischgefährten, menschlicher Leiden unteilhaft, unverwüstlich. (Fragm. 146/147)

Nimmt man diese verschiedenen Fragmente zusammen, so gewinnt man den Eindruck, daß Empedokles hier mit der Vorstellung einer idealen *Urzeit* und einer idealen *Endzeit* arbeitet. Dies bildet ein nicht unerhebliches Problem, wenn man annimmt, daß er die Naturphilosophie als Grundlage seiner Erlösungslehre verwenden wollte Die Naturphilosophie lieferte ihm gerade nicht jene Teleologie, die er in der Reinigungslehre gebraucht hätte. Es gibt nach der Naturphilosophie kein Ausbrechen aus dem »ewigen Kreislauf«, so wie auch Liebe und Streit zwei gleichwertige Prinzipien sind bzw. ein innerlich doppeltes Prinzip darstellen. In der Naturlehre des Empedokles gibt es keinerlei Vorrang des Prinzips »Liebe«, und somit gibt es auch für eine durch Liebe bestimmte ideale Urzeit keinen Grund. Und ebensowenig liefert seine Naturlehre einen Ansatzpunkt für die Annahme eines wiederum durch Liebe bestimmten Endzustandes. In der Erlösungslehre setzt Empedokles aber voraus, daß der Mensch seinem Leben durch kultische und sittliche Reinigung ein Ziel setzen könne, hier gibt es also eine Teleologie. Die einzig mögliche alternative Interpretation wäre die Annahme, diese kultische und sittliche Reinigung diene nur der Rückkehr in den »richtigen« Zustand der Natur, in dem dann aber eben Liebe und Haß gleichberechtigt sind. Nimmt man irgend einen Vorrang des Prinzips »Liebe« an, so bleiben letztlich bei Empedokles Naturphilosophie und Erlösungslehre zwei getrennte Vorstellungskreise, in denen zwar mit ähnlichen Bausteinen gearbeitet wird, die jedoch in den beiden Teilen seiner Lehre in verschiedener Weise zusammengesetzt werden. Ein solches Auseinanderfallen von Bereichen gehört jedoch vielleicht auch zum Übergang vom Mythos zum Logos. Nicht alle Bereiche lassen sich rational durch ein und dieselben Prinzipien und deren identische Anwendung bearbeiten. Kants rigorose Trennung in theoretische und praktische Vernunft ist nur die letzte Konsequenz eines solchen Auseinanderfallens der Bereiche (vgl. 3. Teil, Kap. XV, 6). Es ist daher Empedokles fast als Verdienst anzurechnen, daß er in seine Naturphilosophie nicht »unwissenschaftliche«, religiösen Interessen oder Bedürfnissen entsprechende Prinzipien hineingetragen hat. In dieser Hinsicht war er »aufgeklärter« als die Pythagoreer. Es kündigt sich hier indes bereits an, daß die Lehre vom Menschen nicht einfach mit der Lehre von der Natur zusammenfällt, Anthropologie ist nicht einfach nur Naturwissenschaft. Wir sind hier noch nicht bei den Sophisten, wohl aber bei der Vorgeschichte der Gegenüberstellung von Natur und Kultur.

Vieles an der Erlösungslehre des Empedokles wirkt und ist tatsächlich pythagoreisch. Der entscheidende Unterschied liegt jedoch darin, daß Empedokles zwar wie Pythagoras die Erlösung in einer Katharsis ansetzt, daß er aber anders als Pythagoras mit dieser Katharsis kein Freiwerden von der Materie fordert. Dieser Unterschied ist erheblich. Der gereinigte Mensch ist nach Empedokles einer, der sich auf den richtigen Gebrauch der Natur versteht. In diesem Punkt gehört Empedokles völlig dem traditionellen griechischen Verständnis von Natur und Materie an.

2. Anaxagoras

a) »Reine Wissenschaft«

Mit Anaxagoras begegnen wir zum ersten Mal einer bedeutenden Philosophengestalt in Athen. Damit ist aber nicht gesagt, daß die Philosophie zunächst in der »Provinz« entstand und erst später in die »Hauptstadt« gelangte, schließlich wurde Athen ja erst im 5. Jhd. v. Chr. zu dem, was wir heute mit Athen verbinden, also zu der wichtigsten Stadt Griechenlands. Besser sagt man ganz allgemein, daß die Griechen des Festlandes wirtschaftlich, kulturell und somit auch philosophisch weniger weit entwickelt waren als die Griechen der Kolonien, und daß dieser Rückstand erst im 5. Jhd. aufgeholt wurde.

Anaxagoras lebte ca. 500–428 v. Chr. und stammte nicht aus Athen, sondern aus Klazomenai in Ionien, und mit ihm übersiedelt die Philosophie erstmals aus den Kolonien nach Athen. Es handelt sich um jene Glanzperiode Athens, die mit dem Namen Perikles verbunden ist, und von Anaxagoras wird berichtet, er habe mit Perikles in Kontakt gestanden, Perikles soll sogar sein Schüler gewesen sein (Platon: *Phaidros* 270a), dies stellt aber wahrscheinlich nur eines der üblichen hitstoriographischen Schemata dar. Anaxagoras wurde in Athen wegen Gottlosigkeit *(asébeia)* angeklagt, weil er die Sonne für einen Stein angesehen habe (DL II 12), dies war aber vermutlich – wie bei den meisten athenischen Anklagen wegen Gottlosigkeit – nicht der wahre Grund. Es wird nämlich zudem berichtet, daß während der Zeit, in der Perikles mit einer starken inneren Gegnerschaft zu kämpfen hatte, etliche seiner Freunde angeklagt wurden, u. a. auch der Bildhauer Phidias. Diogenes Laertius berichtet schließlich, Anaxagoras sei nicht nur wegen Gottlosigkeit, sondern von den politischen Gegnern des Perikles auch wegen Landesverrats angeklagt worden, außerdem sei Perikles im Prozeß für Anaxagoras eingetreten (DL II 12–14). Es ging also bei der Anklage eher um politische als um religiöse Fragen. Die Athener waren aber bei der Verfolgung solcher Anklagen ziemlich großzügig und ließen dem Angeklagten genügend Zeit, sich einen anderen Aufenthaltsort zu suchen. Anaxagoras verließ also Athen, kehrte nach Ionien zurück und verbrachte den Rest seines Lebens in Lampsakos. Als man ihm sagte: »Du mußt auf Athen verzichten«, antwortete er souverän: »Nein, umgekehrt, Athen auf mich« (DL II 10).

Anaxagoras hat vermutlich nur eine einzige Schrift verfaßt, die als ganze nicht erhalten ist. Es kann jedoch angenommen werden, daß uns mit den erhaltenen Fragmenten die gesamte Grundlage seines Systems überliefert wurde. Damit sind wir vom Textbestand her in einer weit besseren Lage als dies bei den Philosophen, die bisher behandelt wurden, der Fall ist. Auch wenn Anaxagoras in Kontakt mit Perikles stand, hielt er sich selbst, so weit wir wissen, von der Politik fern. Beeinflußt wurde er von den Milesiern und von Empedokles, ist jedoch in seiner philosophisch-wissenschaftlichen Ausrichtung von diesen verschieden. Mit Anaxagoras begegnen wir zum ersten Mal dem Typ des *reinen Naturforschers* und Naturphilosophen. Diogenes Laertius berichtet, er habe sich, obwohl reich und aus aristokratischer Familie stammend, von all dem getrennt.

(Anaxagoras) widmete sich ganz der Betrachtung der Natur, ohne sich um öffentliche Angelegenheiten zu bekümmern. So sagte er zu einem, der ihn fragte: »Hast du denn gar kein Herz für dein Vaterland?« »Laß das gut sein, nichts liegt mir mehr am Herzen als mein Vaterland,« wobei er auf den Himmel wies. (DL II 7)

Mit dem »Himmel« ist selbstverständlich ganz einfach ein physikalisch-astronomisches Beobachtungsobjekt gemeint. – Während bei den Milesiern der Zusammenhang bzw. die Einheit von Wissenschaft und Praxis noch eine Selbstverständlichkeit war, und während Pythagoras und Empedokles die Wissenschaft im Zusammenhang religiöser Heilslehren entwickelten, bildete sich hier der Typus eines Wissenschaftlers heraus, der seine Wissenschaft aus diesen Zusammenhängen löst. Wir sind heute – mit guten Gründen – der Vorstellung einer »wertfreien« Wissenschaft gegenüber skeptisch, müssen jedoch in historischer Perspektive sehen, daß die Vermengung der Aspekte, wie sie etwa bei Pythagoras vorgelegen hatte, ebenfalls äußerst problematisch war: Hier wurde Wissenschaft mit einem Erlösungsanspruch
versehen, der von der Wissenschaft nicht eingelöst werden konnte, und der faktisch bei den Pythagoreern auch zu wissenschaftshemmenden Konsequenzen geführt hatte. Die Distanzierung des Anaxagoras von solchen Konzeptionen hat zur Klärung der verschiedenen Aspekte Entscheidendes beigetragen. Anaxagoras unterscheidet sich aber auch von Empedokles. Während Empedokles mit Ähnlichkeiten *im* Bereich des Erfahrbaren arbeitete, setzte Anaxagoras eine grundsätzlich theoretische Betrachtungsweise voraus, in der Erklärungsgründe für die Phänomene *hinter* denselben gesucht werden:

Sicht des Nichtoffenbaren: das Erscheinende. (Fragm. 21a)

Wie Parmenides steht auch Anaxagoras der Sinneserkenntnis mit Zurückhaltung gegenüber:

Infolge ihrer (der Sinne) Schwäche sind wir nicht imstande das Wahre zu unterscheiden. (Fragm. 21)

Anaxagoras geht jedoch nicht von einem metaphysischen Dogma aus, das ihn zwingt, den Bereich der Erfahrung zur Täuschung zu erklären. Vielmehr wird für ihn das Erscheinende, das für alles Erfahrbare steht, zum Ansatzpunkt für theoretische *Erklärungsversuche, die über diese Erscheinungen hinausgehen*. Damit kam er zu recht guten empirischen Theorien: So erklärte er z. B., daß der Mond sein Licht von der Sonne hat (Fragm. 18), oder er erklärte, daß die dunklen Flecken, die wir im Mond sehen, in Wirklichkeit Berge und Schluchten seien (DL II 8). Weiter erklärte er, wie schon gesagt, die Sonne sei eine feurige Eisenmasse; Anhaltspunkt dafür war ein zu seiner Zeit herabgestürzter großer Meteor (DL II 8–10). Anaxagoras stellte noch eine ganze Reihe solcher Theorien auf, blieb jedoch – sicher unter dem Eindruck seiner Vorgänger – nicht bei solchen Einzelklärungen stehen (vgl. weiter unten c).

b) Die unendliche Teilbarkeit

Anaxagoras hat sich mit Parmenides, aber auch mit dessen Verteidiger Zeno auseinandergesetzt. Die Schriften Zenos dürften in etwa derselben Periode (470 bis 460 v. Chr.) entstanden sein, Anaxagoras setzte sich hier also mit einem Zeitgenossen auseinander. Zeno hatte die Vorstellung einer unendlichen Teilbarkeit entwickelt, allerdings nur in der Absicht, daraus Paradoxien zu konstruieren, also letztlich in der Absicht zu zeigen, daß diese Annahme zu Absurditäten führt und zugunsten der parmenideischen Lehre von der Unteilbarkeit des Seins aufgegeben werden

muß. Anaxagoras stellt demgegenüber einfach fest, daß die Vorstellung einer unendlichen Teilbarkeit überhaupt nichts Paradoxes enthält, sondern geradezu denknotwendig ist; dasselbe gilt für Größen, zu denen immer eine weitere Größe denkbar ist. Dies ist im Prinzip, jedenfalls für uns heute, eine Banalität, denn die Reihe der natürlichen Zahlen ist dadurch definiert, daß es zu jeder natürlichen Zahl einen Nachfolger gibt (1, 2, 3, ...), und dasselbe gilt für die Brüche (1/2, 1/3, 1/4, ...). Darin liegt weder etwas Paradoxes noch etwas Mysteriöses. Niemand ist ernsthaft darüber beunruhigt, daß er die Reihe der natürlichen Zahlen nicht »bis zu Ende zählen« kann, da sie u. a. einfach dadurch definiert ist, daß sie immer weiter geht. Anaxagoras blieb bei dieser mathematischen Einsicht jedoch nicht stehen, sondern wandte dies auf die Realität an, d. h. er nahm eine unendliche Teilbarkeit der Dinge an:

Denn weder gibt es beim Kleinen ja ein Kleinstes, sondern stets ein noch Kleineres (denn es ist unmöglich, daß das Seiende [durch Teilung?] zu sein aufhöre) – aber auch beim Großen gibt es immer ein Größeres. Und es ist dem Kleinen an Menge gleich; für sich ist aber jedes Ding sowohl groß wie klein. (Fragm. 3)

Dies zeigt, daß zu seiner Zeit der Unterschied mathematischer und physikalischer Theorien noch nicht zureichend deutlich war. Aus der mathematischen Annahme der unendlichen Teilbarkeit einer Strecke folgt keineswegs die Annahme der physikalischen unendlichen Teilbarkeit realer Dinge. Anaxagoras geht den Schritt von der Mathematik zur Physik ohne weitere Überlegung. Vielleicht wirkt hier aber auch die These des Parmenides von der Identität von Denken und Sein nach, und unter dieser Voraussetzung gibt es tatsächlich keinen Unterschied von Mathematik (Denken) und Physik (Sein).

Die radikale Gegenthese gegen die unendliche Teilbarkeit der Dinge lieferten die Atomisten (vgl. den folgenden Abschnitt über Demokrit), die kleinste, nicht weiter teilbare Elementarteile, d. h. Atome, annahmen. Hier begegnen wir wieder einer der »Urfragen« der Wissenschaft, und wir wissen bis heute nicht, ob Anaxagoras oder Demokrit »recht hat« – vorsichtige Physiker, die nicht von der nächsten Generation widerlegt werden wollen, sind sicherheitshalber »Anaxagorianer«. Wahrscheinlich wird diese Frage einmal so »gelöst« werden, daß man sagt, die Frage könne in dieser Weise weder gestellt noch beantwortet werden, da man für die Beschreibung der Welt mit einem ganz anderen theoretischen (und somit auch mathematischen) Rahmen arbeiten muß.

Bei dieser Gelegenheit gelangte Anaxagoras auch zu andern wichtigen Einsichten, z. B. zu der, daß »groß« und »klein« gar keine Eigenschaften, sondern Relationen bezeichnen. Man kann sich dies durch eine einfache Überlegung klar machen: Jemand kann die Eigenschaft haben, blond zu sein, und es ist dabei völlig irrelevant, ob es irgend jemand gibt, der schwarzhaarig ist. Demgegenüber hat niemand eine Eigenschaft, die mit »groß« gekennzeichnet werden könnte, denn niemand ist wirklich »groß« oder »klein«, sondern immer nur »größer als *X*« oder »kleiner als *X*». 131
Dies bedeutet, daß es sich bei Ausdrücken wie »groß« und »klein« nicht um absolute Eigenschaften, sondern um relative Eigenschaften handelt. Das will Anaxagoras sagen, wenn er in dem oben angeführten Fragment feststellt: »für sich ist aber jedes Ding sowohl groß wie klein». Wie schwierig das Begreifen des Unterschiedes »absoluter« und »relativer« Eigenschaften ist, kann man daran ersehen, daß Platon mit dieser Frage Probleme hatte und erst Aristoteles in seiner Kategorienlehre die erforderlichen Unterscheidungen einführt.

Die Vorstellung einer unendlichen Teilbarkeit war schon bei Zeno gegeben, bei Anaxagoras wurde sie jedoch zu einem physikalischen Postulat. Anaxagoras arbeitete jedoch auch im rein mathematischen Bereich weiter: Er setzte sich bereits mit einigen theoretischen Problemen auseinander, die sich aus der Verwendung des Begriffs der unendlichen Teilbarkeit ergaben. So erkannte er die Gleichmächtigkeit unendlicher Mengen, was er so ausdrückte: dem Großen ist das Kleine an Menge gleich (Fragm. 3), oder: es sind gleich viele Teile vom Großen und vom Kleinen vorhanden (Fragm. 6). Ebenso sah er, daß unter solchen Voraussetzungen kein absoluter Maßstab für »klein« und daher auch nicht für »groß« gegeben war, (»für sich ist aber jedes Ding sowohl groß wie klein«) (Fragm. 3). Mit seinen Überlegungen zur Infinitesimalproblematik blieb Anaxagoras jedoch lange ohne Nachfolger.

c) Die Urmischung und der Geist

Anaxagoras ging bei seiner Kosmologie zunächst von einer Vorstellung aus, mit der er sich, wie schon Empedokles, von Parmenides unterscheiden wollte: Es gibt in Wirklichkeit gar kein Entstehen und Vergehen – darin gibt er Parmenides recht –, sondern nur Mischung und Trennung von schon Vorhandenem:

Vom Entstehen und Vergehen aber haben die Hellenen keine richtige Meinung. Denn kein Ding entsteht oder vergeht, sondern aus vorhandenen Dingen mischt es sich und es scheidet sich wieder. Und so würden sie demnach richtig das Entstehen Mischung und das Vergehen Scheidung nennen. (Fragm. 17)

Anaxagoras will also sagen, daß das, was gewöhnlich »Entstehen« genannt wird, in Wirklichkeit nur eine neue »Mischung« ist, und daß entsprechend »Vergehen« in Wirklichkeit nur eine »Scheidung« ist. Bei der Entwicklung der Theorie des Anaxagoras sind wir wieder im Schema des Theorienwandels, wie wir es bei den ionischen Naturphilosophen kennengelernt haben. Auch Aristoteles arbeitet mit dem Schema des Theorienwandels: Die Geschichte der Philosophie ist eine Geschichte von Proble-

men, Problemlösungen, Kritik dieser Problemlösungen, neuen Problemlösungen usw. Die für Aristoteles entscheidende Frage ist daher die nach der Wahrheit und Konsistenz von Problemlösungsversuchen, und er sieht die Geschichte seiner Vorgänger als eine solche kritische Diskussion an. Vor diesem Hintergrund wird verständlich, daß die kritischen Rationalisten im 20. Jhd. eine besondere Vorliebe für die Vorsokratiker zeigten, ganz deutlich wird dies z. B. bei Karl Popper (*Back to the Presocratics.* In: *Conjectures and Refutations.* 3. Aufl., London 1969. S. 136–165). – Zurück zu dem Punkt der Geschichte, an dem wir stehen. Empedokles hat ein Problem, das er von Parmenides übernommen hat: Es soll ausgeschlossen werden, daß etwas völlig Neues entsteht, da dies voraussetzt, daß etwas aus nichts entsteht, was nach griechischer Auffassung eine unsinnige Annahme darstellt. Trotzdem soll Veränderung erklärt werden. Anaxagoras hat den Eindruck, daß es Empedokles durch seine Annahme von nur vier Elementen nicht geglückt ist, eine adäquate Erklärung des Entstehens der Dinge zu liefern, daher nimmt er an, daß es *unzählige Grundstoffe* gebe und daß *jedes Ding alle möglichen Bestandteile* enthält. Zu Anaxagoras und dessen Anhängern sagt Aristoteles:

Daher kommen sie zu der Aussage, alles sei in allem gemischt, weil sie doch alles aus allem hervorgehen sahen; die Dinge erschienen allerdings als unterschiedlich und würden als verschieden von einander angesprochen auf Grund des Bestandteils, der in dieser Mischung zahlloser Stoffe wegen seiner bloßen Menge das Übergewicht besitzt. (Aristoteles: *Physik* I 4, 187b 1–4)

Der Prozeß von Mischung und Scheidung beginnt nach Anaxagoras mit einer *Urmischung*:

Beisammen waren alle Dinge, grenzenlos nach Menge wie nach Kleinheit; denn das Kleine war grenzenlos. Und solange alle beisammen waren, war nichts deutlich erkennbar infolge der Kleinheit. Denn alles hielt Dunst und Äther nieder, beides grenzenlose Stoffe. Denn dies sind die größten Stoffe, die in der Gesamtmasse enthalten sind, ebenso an Menge wie an Größe. (Fragm. 1)

Die einzelnen Dinge bestehen jedoch nicht aus einer *Mischung* aus einzelnen dieser Grundstoffe, sondern immer *aus allen*: In jedem Ding sind alle enthalten, wenn auch einzelne in ganz minimaler Proportion – dafür benötigt Anaxagoras die Vorstellung äußerst kleiner Quantitäten. Zunächst sei das Prinzip »Alles in Allem« erläutert:

Und da gleichviel Teile vom Großen und vom Kleinen vorhanden sind, auch so betrachtet dürfte in allem alles enthalten sein. Auch kann es kein Sonderdasein geben, sondern alles hat an allem seinen Anteil. Da kein Kleinstes sein kann, so könnte es sich nicht absondern, auch nicht für sich sein, sondern wie anfangs so auch jetzt muß alles beisammen sein. In allen Dingen aber sind viele Stoffe enthalten und von den (aus der | 133
Urmischung) sich abscheidenden Stoffen die gleiche Menge in den größeren wie in den kleineren Dingen. (Fragm. 6)

Zum Zitatende: Statt »Menge« müßte man besser »Anzahl« sagen, wenn ausgedrückt werden soll, daß in allen Dingen dieselbe Anzahl von Stoffen enthalten ist. Die Annahme, daß in allen Dingen alle Grundelemente vorhanden sind, wenn auch vielleicht in minimaler Menge, ist bei Anaxagoras nicht eine metaphysische Theorie, sondern dient ihm zur Erklärung verschiedener empirischer Phänomene, unter denen die Ernährung eines der wichtigsten ist: Wir nehmen bestimmte Nahrung zu uns, z. B. Brot und Wasser, die dazu dienen, den menschlichen Körper zu erhalten. Also müssen die Nahrungsmittel und der Körper in irgendeiner Weise schon von Anfang an verwandt sein:

Denn wie sollte aus Nicht-Haar Haar entstehen können und Fleisch aus Nicht-Fleisch? (Fragm. 10)

In einem weiteren Fragment sagt Anaxagoras, daß selbst Eigenschaften, die wir als gegensätzlich ansehen, in Wirklichkeit in den Dingen immer zugleich vorhanden sind:

Nicht gesondert von einander sind die in dieser einen Weltordnung vorhandenen Stoffe (Bestandteile), auch nicht mit dem Beile von einander abgehauen, weder das Warme vom Kalten noch das Kalte vom Warmen. (Fragm. 8)

Es stellt sich dann jedoch die Frage, wie es von der undifferenzierten Urmischung zu den proportionsmäßig differenzierten Mischungen gekommen ist. Diese Frage hat schon Empedokles beschäftigt: Woher kommt Veränderung, woher kommt Bewegung? Anaxagoras kann zwar die Tatsache der Verschiedenheit der Dinge durch verschiedene Proportionen der Zusammensetzung erklären, nicht aber die Herkunft der verschiedenen Zusammensetzungen. Anaxagoras meinte also, daß die Ausdifferenzierung durch *immanente* Kräfte unter diesen Voraussetzungen nicht möglich sei; die den Stoffen immanenten Kräfte Liebe und Haß, die Empedokles angenommen hatte, schienen ihm nicht ausreichend. Nach Anaxagoras können solche Kräfte erst wirken, wenn einmal Bewegung in die Stoffbestandteile hineingekommen ist, deshalb setzt er am Beginn des Prozesses den *Nous* an, was im Deutschen mit »Geist« nur ungenau und beinahe mißverständlich wiedergegeben wird. Dieser Geist bringt eine Rotationsbewegung in den Stoff, einen *Urwirbel*, aus dem dann in weiterhin immanent mechanistischer Weise die Ausdifferenzierung hervorgeht:

Und als der Geist die Bewegung begann, sonderte er sich ab von allem, was da in Bewegung gesetzt wurde; und soviel der Geist in Bewegung setzte, das wurde alles voneinander geschieden. Während der Bewegung und Scheidung aber bewirkte die Umdrehung eine noch viel stärkere Scheidung voneinander. (Fragm. 13)

Vom Urwirbel nimmt Anaxagoras an, daß er eine ungeheure Geschwindigkeit aufweist. Es stellt für ihn dabei kein Problem dar, sich physikalische Vorgänge vorzustellen, die in Größenordnungen vor sich gehen, die jenseits des normalen Erfahrungsbereichs liegen.

... während diese Stoffe sich so umdrehen und sich abscheiden infolge der Wucht und Schnelligkeit. Wucht aber schafft die Schnelligkeit. Ihre Schnelligkeit aber läßt sich mit der Schnelligkeit keines der jetzt unter Menschen vorhandenen Dinge vergleichen, sondern ist durchaus ein Vielfaches davon. (Fragm. 9)

Die weitere Bewegung erfolgt also *immanent*. Wir müssen diese Entwicklung hier im einzelnen nicht näher darstellen, sie folgt weithin der Lehre des Anaximenes. So heißt es z. B.:

Das Dichte und Feuchte und Kalte und das Dunkle drängte sich hierher zusammen, wo es jetzt ist (wo jetzt die Erde ist?), dagegen das Dünne und das Warme und das Trockne drang hinaus in das Weite des Äthers. (Fragm. 15)

Aus diesen sich abscheidenden Mengen (ver)festigt sich die Erde. Denn aus den Wolken scheidet sich das Wasser ab, aus dem Wasser die Erde, aus der Erde festigen sich die Steine unter Einwirkung des Kalten, diese aber drängen sich noch mehr heraus als das Wasser. (Fragm. 16)

Anstoß der Bewegung und damit der Ausdifferenzierung ist demzufolge der *Nous*. Wissenschaftstheoretisch betrachtet ist dieser *Nous* ein ***theoretisches Sinnpostulat***, das notwendig ist, um die Bewegung zu erklären. Die Bezeichnung dafür ist eigentlich sekundär. Der *Nous* ist jenes nicht-mechanistische Minimum, das erforderlich ist, wenn der Stoff nicht mehr als ursprünglich belebt bzw. bewegt angesehen wird. Die Struktur dieses Erklärungspostulats läßt sich deutlich in folgendem Fragment ablesen:

Das Übrige hat Anteil an allem, Geist aber ist etwas nicht durch Grenze Bestimmtes und Selbstherrliches und ist vermischt mit keinem Dinge, sondern ist allein, selbständig, für sich. Denn wenn er nicht für sich wäre, sondern vermischt mit irgend etwas anderem, so hätte er an allen Dingen teil, wenn er vermischt wäre mit irgend etwas. Denn in allem ist von allem ein Teil enthalten, wie ich im Vorigen gesagt habe; auch würden ihn die beigemischten Stoffe hindern, so daß er über kein Ding die Herrschaft in gleicher Weise ausüben könnte wie wenn er allein für sich ist. Denn er ist das feinste aller Dinge und das reinste und er besitzt von allem alle Kenntnis und hat die größte
Kraft. (Fragm. 12)

Anaxagoras hält somit daran fest, daß auch der Geist zu den Dingen gehört, selbst wenn er das »feinste und reinste« aller Dinge ist. Anaxagoras benötigt etwas »Anderes«, um die Bewegung in ihrem Ursprung zu erklären, wollte aber dieses »Andere« wiederum nicht ganz als »Anderes« ansehen, der Geist bleibt daher ein Ding unter den Dingen, wenn auch ein von den anderen Dingen strukturell unterschiedenes. Sicher ist, daß Anaxagoras ihm außer dem ersten In-Bewegung-Setzen keinerlei weitere Funktion zusprechen wollte, im weiteren ist der *Nous* nur Beobachter, wie es die Fortsetzung des Fragments deutlich macht:

Und zuerst fing diese Umdrehung von einem gewissen kleinen Punkte an, die Umdrehung greift aber weiter und wird noch weiter greifen. Und das was sich da mischte und abschied und voneinander schied, alles erkannte der Geist. (Fragm. 12)

Daß Anaxagoras hier tatsächlich ein Erklärungspostulat einführte, dem er nur das unbedingt nötige Minimum zugestehen wollte, geht ebenso aus der Kritik Platons (*Phaidon* 97c–99d) hervor. Sehr deutlich weist zudem Aristoteles auf diesen Sachverhalt hin:

Anaxagoras nämlich gebraucht bei seiner Weltbildung die Vernunft als Kunstgriff (wie den Maschinengott im Theater), und wenn er in Verlegenheit kommt, aus welcher

Ursache denn etwas notwendig sein soll, dann zieht er ihn herbei; im übrigen aber sucht er die Ursache eher in allem anderen Entstehenden als in der Vernunft. (*Metaphysik* I 4, 985a 18–21)

Beide kritisierten, daß der *Nous* nur die Funktion des Anstoßes hätte, also aristotelisch: nur die einer ersten Wirkursache, nicht aber die einer alles durchdringenden Zweckursache, d.h. er begründet keine Teleologie. Genau eine solche Teleologie schien aber Anaxagoras im Bereich der Naturerklärung – und von einer anderen spricht er nicht – als nicht erforderlich. Dies verhinderte jedoch nicht, daß diese Theorie auf die aristotelische Konzeption des »unbewegten Bewegers« eingewirkt hat, ebenso wie später auf die Theologie der christlichen Apologeten und frühen Kirchenväter. Die minimale Interpretation eines nicht-mechanistischen Prinzips bei Anaxagoras wurde so immer mehr erweitert – sicher nicht im Sinn ihres Urhebers.

3. Demokrit

Wenn wir an die Philosophie der Antike denken und dabei jene Autoren hervorheben wollen, die die größten Werke hinterlassen und den größten Einfluß ausgeübt haben, so nennen wir unwillkürlich Platon und Aristoteles. Dies ist jedoch eine spätere Perspektive, ein gebildeter Mann der Antike hätte ebenso unwillkürlich drei genannt: Demokrit, Platon und Aristoteles. Die Zeugnisse der Antike zeigen ganz klar, daß Demokrit ebenso geschätzt wurde wie Platon und Aristoteles. Diogenes Laertius berichtet von einer großen Zahl von Schriften zu folgenden Themen: Ethik, Physik, Mathematik, Musik, Medizin. Diese Schriften waren in der Antike weit verbreitet, es stellt sich daher die Frage, wieso uns nur so wenige Fragmente überliefert wurden. Die Antwort ist recht einfach: Die Vertreter der christlichen Antike, die die meisten uns heute zugänglichen antiken Texte überliefert haben, hatten an den Schriften Demokrits, jedenfalls an denen zur Naturphilosophie, nicht nur kein Interesse, sondern hatten sogar die gegenteilige Absicht, seine Werke nicht zu überliefern und zu verbreiten, warum, wird gleich deutlich werden. Dasselbe Schicksal wird den Schriften Epikurs zuteil werden, die mit denen Demokrits zusammenhängen. Allerdings hatten die Christen dabei einen illustren Vorgänger: Platon. Von ihm berichtet Diogenes Laertius er »habe die Absicht gehabt, alle Schriften des Demokrit, die er überhaupt aufbringen könnte, zu verbrennen, doch die Pythagoreer Amyklas und Kleinias hätten ihn davon abgehalten als von einem nutzlosen Unternehmen, denn die Bücher seien bereits weithin im Publikum verbreitet. Soviel ist klar: Während Platon fast aller älteren Philosophen gedenkt, erwähnt er Demokrit nirgends, selbst da nicht, wo er Einwendungen gegen ihn anbringen müßte. Offenbar war er sich bewußt, daß er es mit dem besten aller Philosophen zu tun haben würde.« (DL IX 40) Der Zusammenhang ist deutlich genug, wenn derselbe Diogenes Laertius wenig vorher von der Kritik Demokrits an der Lehre von der Weltordnung und der Annahme des *Nous* des Anaxagoras berichtet (DL IX 35). Während Platon den Wirkungskreis des »nicht-mechanistischen Minimums« des Anaxagoras ausweiten und auf dieser Basis eine universelle Teleologie aufbauen wollte, verfolgte Demokrit in seinem mechanistischen Modell genau das Gegenteil, nämlich die Ausschaltung des »nicht-mechanistischen Minimums«. Und was schon für Platon ein Ärgernis war, mußte es in noch stärkerem Maß für die christlichen Philosophen der ersten Jahrhunderte sein. Diese mußten jedoch keine Schriften Demokrits verbrennen, dafür sorgten die Kriege, sie brauchten einfach nur nichts dafür zu tun, daß die Werke Demokrits gerettet, dh. abgeschrieben, wurden – und so kennen wir von Demokrit nur wenige Fragmente.

Gewöhnlich sprechen wir von den Atomisten Leukipp und Demokrit als einer Einheit. Dies beruht darauf, daß es sehr schwierig ist, den jeweiligen Beitrag der beiden bei der Ausarbeitung des Atomismus zu unterscheiden; schon Aristoteles spricht meist einfach von »Leukipp und Demokrit«. Von Leukipps Biographie wissen wir nichts. Das war schon in der späten Antike so, und Diogenes Laertius berichtet sogar, daß manche behaupteten, Leukipp habe gar nicht existiert (DL X 13) – dies ist jedoch sehr unwahrscheinlich. Aristoteles äußert keine solchen Zweifel und führt Leukipp gelegentlich auch unabhängig von Demokrit an, so daß Leukipp sogar als der eigentliche Begründer des Atomismus erscheint. Dies dürfte der historischen Wahrheit recht nahe kommen. Möglicherweise ist auch die Nachricht, daß Leukipp aus Milet stammte, korrekt, liegt doch die Philosophie der Atomisten durchaus auf der Linie der rationalistischen und gleichzeitig empiristischen, aber nicht metaphysischen oder religiösen Philosophie der milesischen Naturphilosophen.

Demokrit (ca. 470–370 v. Chr.) stammte aus Abdera (Thrakien). Er hat Reisen nach Ägypten und Persien unternommen, kehrte dann jedoch nach Abdera zurück und blieb dort. Von seiner Biographie wissen wir sonst nichts. Vermutlich war er der wissenschaftlich am besten ausgebildete Philosoph vor Aristoteles. Er widmete sein Leben ganz der Wissenschaft und beschäftigte sich nicht mit der Tagespolitik. Dafür ist das folgende Fragment kennzeichnend:

Demokrit sagte, er wolle lieber eine einzige ursächliche Erklärung finden, als daß ihm das Perserreich zueigen werde. (Fragm. 118)

Ursächliche Erklärungen finden zu wollen, die »hinter« die unmittelbar beobachtbaren Phänomene führen, lag damals in der Luft. Hippokrates, dessen Lebensdaten (ca. 460–370 v. Chr.) mit denen Demokrits in etwa zusammenfallen, suchte hinter den Symptomen der Krankheiten die eigentlichen Ursachen. Die genaueste, also »akribisch« durchgeführte Beobachtung ist dabei Voraussetzung – das Wort »Akribie«, das ursprünglich aus der Sprache der Handwerker kam, wurde zu dieser Zeit häufig in anderen Zusammenhängen gebraucht. Auch Thukydides, der »akribische«

Historiker des Peloponnesischen Krieges (um 460 geboren, also ein Zeitgenosse Demokrits), war von der medizinischen Schule von Kos, deren Begründer Hippokrates war, sehr beeindruckt. Auch er versuchte nicht nur den konkreten Anlaß, sondern die eigentlichen Ursachen von Ereignissen aufzudecken und meinte, die letzten Motive in Furcht, Verlangen nach Ehre und Streben nach Vorteil gefunden zu haben. Thukydides suchte damit so etwas wie eine naturgesetzliche Erklärung der Ereignisse der Geschichte. Demokrits Erklärungshypothesen gehören also in einen kulturellen Kontext, in dem bei den besten Köpfen genaueste Beobachtung der Phänomene verbunden war mit der Suche nach den dahinterliegenden, oft nicht sichtbaren Ursachen.

a) Die Lehre von den Atomen

Demokrit ging, ähnlich wie Anaxagoras, von zwei Erkenntnisweisen aus, einer empirischen und einer theoretischen:

> Von der Erkenntnis aber gibt es zwei Formen, die echte und die dunkle (unechte); und
> 138 | zur dunklen gehören folgende allesamt: Gesicht, Gehör, Geruch, Geschmack, Getast, die andere aber ist die echte, von jener abgesonderte. *Im Folgenden setzt er den Vorrang der echten vor der dunklen Erkenntnis auseinander und fügt die Worte hinzu:* Wenn die dunkle nicht mehr ins Kleinere sehen oder hören oder riechen oder schmecken oder in der Berührung wahrnehmen kann, sondern [die Untersuchung] ins Feinere [geführt werden muß, dann tritt an ihre Stelle die echte, die ein feineres Erkenntnisorgan besitzt]. (Fragm. 11)

Demokrit kann sich bei diesem Ausgangspunkt in erkenntnistheoretischer Hinsicht schon zunutze machen, was durch die Parmenides-Diskussion erreicht wurde: Die Struktur der Wirklichkeit muß sich nicht mit der Welt decken, die uns durch die normale Sinneserfahrung gegeben ist. Im Unterschied zu Parmenides liefert Demokrit jedoch eine Erklärung dafür: Wir kommen in der Sinneserfahrung an eindeutige Grenzen; es besteht jedoch kein Grund anzunehmen, daß die kleinsten Teile der Wirklichkeit mit den kleinsten Teilen, die wir wahrnehmen können, identisch seien. Ebenso liegt ein – und zwar entscheidender – Unterschied zu Parmenides darin, daß die weitere, die »echte« Erkenntnis sich auf die Sinneserkenntnis beziehen muß, deren Gegebenheiten sie ja gerade erklären soll. In dieser Hinsicht arbeitet Demokrit also ausschließlich in jenem Bereich, der von Parmenides abwertend als der der »Meinungen« bezeichnet wird. Die Theorie hat für Demokrit die Aufgabe, das Nicht-Sichtbare hinter dem Sichtbaren aufzufinden und eben keinen scharfen Schnitt zwischen Sein und erfahrener Wirklichkeit zu machen. Auf diesem Weg tat Leukipp, auf den vermutlich die Basis des Atomismus zurückgeht, einen für die weitere Entwicklung wichtigen Schritt: Er entwarf eine Theorie, deren *Grundbegriffe* selbst *unanschaulich* waren, nämlich »Atome« und »Vakuum«. Demokrit, der sich vermutlich mehr mit den erkenntnistheoretischen Fragen, die mit dem Atomismus verbunden waren, beschäftigte, tat einen ebenso wichtigen Schritt: Er versuchte, ein *anschauliches Modell* jedenfalls für »Atom« zu finden (vgl. Buchstabenmodell weiter unten).

Die Theorie der Atomisten ist in eigenartiger Weise mit der des Parmenides verknüpft. Parmenides hatte gesagt: Bewegung und Vielfalt kann es nur geben, wenn es das Leere gibt. Und: Da es das Leere nicht geben kann, kann es keine Vielfalt und keine Bewegung geben. Leukipp übernimmt die Prämisse und sagt ebenfalls: Bewegung und Vielfalt kann es nur geben, wenn es das Leere gibt. Dann fährt er jedoch genau umgekehrt fort und sagt: Und da es Bewegung und Vielfalt gibt, gibt es das *Leere*. Interessanterweise kann er dennoch einige der wesentlichen Eigenschaften des Seins des Parmenides beibehalten: Es ist ewig, ungeworden und unteilbar. Auch dieses Argument hat schon der Parmenides-Verteidiger Melissos ausgesprochen:

Wäre eine Vielheit von Dingen, so müßten sie gerade so beschaffen sein wie das Eins. (Melissos: Fragm. 8)

Das nun umgekehrte Argument lautet bei den Atomisten jetzt also: Da es eine Vielheit gibt, müssen die Einzelelemente so sein wie das Eine des Parmenides; die Gesamtmenge des Seins ist auch hier unveränderlich. Bildlich gesagt: Demokrit zertrümmert das ewige und ungewordene Sein des Parmenides in einzelne Stücke, jedoch so, daß die wesentlichen Eigenschaften des Seins erhalten bleiben. Es gibt somit nur das Leere und die Atome. – Leukipps und Demokrits Theorie liefert ein interessantes Beispiel für einen bestimmten Fall »revolutionären« Theorienwandels: Aus gleichen Prämissen entstehen durch eine logisch radikal andere Anordnung gegensätzliche Konklusionen, so daß konsequenterweise weitere Elemente der früheren Theorie »umgebaut« werden müssen. Es genügt eigentlich eine einzige von der früheren Theorie verschiedene Anordnung, um die ganze Theorie umzubauen.

Die einzelnen Bestandteile der Gesamtmenge sind die *Atome* (*átomos* = ungeteilt). Die Atome sind nicht qualitativ verschieden wie die letzten Bestandteile des Anaxagoras, sondern nur verschieden durch *Gestalt*, *Ordnung* und *Lage*. Demokrit nennt diese Atome *stoicheía*. Das Wort *stoicheía* stammt aus dem Bereich der Analyse der Sprache und deren schriftlicher Darstellung, deren letzte Bestandteile die Buchstaben sind. Die Buchstaben liefern auch das Modell für Demokrits Atom-Theorie, von dem Aristoteles berichtet (*Metaphysik* I, 4, 985b 16–19): Eine verschiedene Gestalt liegt z. B. vor bei den Buchstaben A und N; eine verschiedene Ordnung bei AN und NA; und eine verschiedene Lage bei N und Z (d. h. N quergestellt). Eine bestimmte Art von Atomen ist kugelförmig, diese sind durch ihre Form sehr beweglich und können in verschiedenste Körper eindringen. Aristoteles berichtet, daß die Atomisten diese Atome als diejenigen ansahen, aus denen das Feuer und die Seelen bestehen (*Über die Seele* I 2, 405a 8–13). Zwischen den Atomen »ist« nach Demokrit leerer Raum, Vakuum. Damit macht er jedoch keine Aussagen über ein »Nichts«, da das Vakuum nur durch die Lage und den Ort der Atome bestimmt ist, während über es selbst keine Aussagen gemacht werden und daher auch keine negativen Prädikate gelten. Wir sollten uns aber bewußt sein, daß der durch spätere naturwissenschaftliche Theorien bestimmte Begriff »Vakuum« zur Erklärung von Demokrits Auffassung problematisch bleiben muß.

Was wir als verschiedene Qualitäten erfahren und konventionell so benennen, geht also letztlich nur auf verschiedene Kombinationen qualitätsloser Atome zurück.

Der gebräuchlichen Redeweise nach gibt es Farbe, Süßes, Bitteres, in Wahrheit aber nur Atome und Leeres. (Fragm. 125)

Ebenso sind nach Demokrit die vier Elemente des Empedokles, also Feuer, Wasser, Luft und Erde, nicht schon die letzten Bestandteile, sondern vielmehr nichts anderes als Zusammensetzungen von Atomen (DL IX 44). Die Frage ist natürlich, wie die verschiedenen Kombinationen zustandekommen. Um nicht in die Schwierigkeit des nicht-mechanistischen Minimums wie Anaxagoras zu gelangen, nahm Demokrit

an, die Bewegung der Atome sei selbst anfangslos, immer schon von einem Urwirbel hervorgerufen. Diogenes Laertius berichtet wie folgt über den Urwirbel, der die Ursache der verschiedenen Kombinationen der Atome sein soll:

Alles geschieht gemäß der Notwendigkeit, denn die Wirbelbewegung ist die Ursache von allem Geschehen, und diese heißt eben Notwendigkeit. (DL IX 45)

Die Frage, woher dieser Wirbel kommt, bleibt natürlich bestehen. Aristoteles hat – zwar unter seinen eigenen Voraussetzungen, aber eben doch richtig – erkannt, daß man für diese Notwendigkeit genauso gut »Zufall« sagen kann (*Physik* II 4, 196a 24–28). Denn gesagt wird ja nur, *daß* etwas geschieht, nicht aber, *warum* es geschieht. Hier wird die Schwierigkeit der griechischen Naturphilosophie deutlich, die sich von der ursprünglichen Vorstellung der Natur als belebter und bewegter entfernte, nun jedoch das Problem hat, die Herkunft der Bewegung zu erklären. Demokrit kann zwar alle einzelnen Bewegungen mechanistisch und deterministisch durch Druck und Stoß erklären, die Bewegung selbst aber bleibt bei ihm unerklärt. Es gibt allerdings Hinweise darauf, daß die Atomisten auch mit der Denkmöglichkeit gespielt haben, die Bewegung schon von Anfang an in die Atome hineinzulegen. Dies geht aus einer von Aristoteles gestellten Frage hervor:

Darum müssen auch Leukippos und Demokrit, welche lehren, die ursprünglichen Körper würden sich immer im Leeren und im Unbegrenzten bewegen, erklären, was für eine Bewegung dies ist und welches die naturgemäße Bewegung jener Körper ist.

Wenn nämlich ein Element durch das andere mit Gewalt bewegt wird, so muß es auch für jedes irgendeine naturgemäße Bewegung geben, der jene gewaltsame entgegenläuft. Und das erste Bewegende darf nicht mit Gewalt bewegen, sondern naturgemäß. Denn sonst verläuft es ins Unbegrenzte, wenn es kein erstes naturgemäß Bewegendes gibt, sondern immer nur das frühere Bewegende gewaltsam bewegt wird. *(Über den Himmel* III 2, 300b 8–16)

Die Frage nach einer »naturgemäßen Bewegung« ist wiederum ganz aristotelisch. Die Auseinandersetzung mit Demokrit zeigt jedoch, daß die oben zitierte Nachricht des Diogenes Laertius von der Wirbelbewegung nicht ganz so sicher ist, denn Aristoteles erwähnt diese nirgends. Die Bemerkung des Aristoteles, daß nach den Atomisten die ersten Körper immer schon bewegt seien, ist aber doch wohl ein Hinweis darauf, daß man ihnen nicht eine an Anaxagoras abgelesene Theorie zuschreiben sollte, die von drei Bestimmungsstücken ausgeht – unbewegte Atome + Leeres + Wirbel –, sondern eine, die nur von zweien ausgeht, nämlich:

bewegte Atome + Leeres

Die Frage, warum die Atome immer schon bewegt sind, aber das In-Bewegung-Sein | 141
nicht unter ihren Eigenschaften angeführt wird, bleibt bei Demokrit unbeantwortet. Als Vorstellungsbild für die demokritische Welt könnte man am ehesten die Staubteilchen im Sonnenlicht nehmen, die sich scheinbar regellos in alle Richtungen bewegen, doch auch dieses Bild läßt die Bewegung unerklärt. Vielleicht sollte man es jedoch Leukipp und Demokrit nicht zum Vorwurf machen, daß sie dort, wo sie keine Antwort wußten, folgerichtig keine gegeben haben und nicht gleich nach einem *Deus ex machina* gerufen haben. Zudem sollte man nicht vergessen, daß Physik als Naturwissenschaft Erklärungen von Veränderungen *innerhalb* eines bewegten Systems liefert, ohne den Ursprung der Bewegung selbst zu erklären. Epikur meinte durchaus zu Recht, daß hier eine Erklärungslücke besteht, und versuchte, an diesem Punkt eine Zusatzhypothese einzuführen – diese ist allerdings eher mißglückt. Darauf kommen wir noch zurück (vgl. Kap. XIII, 2).

Nimmt man nicht an, daß die Bewegung schon zur Bestimmung der Materie selbst gehört, dann ist die Erklärung des Anaxagoras, die sie auf ein von der Materie verschiedenes »Etwas« zurückführt, unausweichlich. Genau diesen Weg wird auch Aristoteles gehen. Weniger problematisch ist die Schwierigkeit, die mit der Unteilbarkeit der Atome gegeben scheint: Die Atome sind nach Demokrit ausgedehnt, was mit ihrer Gestalt mitgegeben ist. Gleichzeitig sollen sie jedoch als die kleinsten Bestandteile der Welt ihrer Definition nach nicht weiter teilbar sein. Dies hinderte Demokrit jedoch nicht daran, in der Mathematik die unendliche Teilbarkeit einer Strecke anzuerkennen. Es besteht kein Widerspruch zwischen der mathematischen Annahme der indefiniten Teilbarkeit einer Strecke und der physikalischen Annahme kleinster, ausgedehnter, und doch nicht weiter teilbarer Elemente. – In den erhaltenen Fragmenten Demokrits ist nirgends von einem Gewicht der Atome die Rede. Aristoteles hingegen schreibt ihm ausdrücklich die Meinung zu, daß Atome um so schwerer seien, je größer sie sind (*De generatione et corruptione* I 8, 326a 9–11). Andere Berichte aus der Antike sprechen indes gegen eine solche Ansicht: Sie schreiben die Auffassung, daß die Atome ein Gewicht hätten, erst Epikur zu, der seine Naturphilosophie von Demokrit herleitete. Wahrscheinlich hat Aristoteles also eine (mögliche) Konsequenz aus der Auffassung Demokrits gezogen. Eine Alternative wäre, nicht den Atomen, sondern erst den Körpern ein Gewicht zuzuschreiben, welches dann durch die variierende Dichte der Atome bestimmten wäre. Dann müßte man allerdings bei Demokrit die Auffassung voraussetzen, daß sich aus Elementen ohne Gewichte Agglomerate mit Gewicht herausbilden, was bedeuten würde, daß sich etwas »Neues« ergibt. Genau dies will Demokrit aber nicht zugeben, also hat Aristoteles vielleicht doch recht.

Die Atomisten sind die ersten Naturphilosophen, denen mit Sicherheit die Theorie einer *Vielzahl von simultanen Welten* zugeschrieben werden kann. Neben Diogenes Laertius (DL IX 31) berichten auch andere Autoren der Antike von dieser Theorie: Hippolyt von Rom (2./3. Jhd. n. Chr.) berichtet (*Philosophoumena* I, 13), Leukipp habe unbegrenzt viele Welten angenommen, die in ihrer Größe unterschiedlich seien und

voneinander verschieden große Abstände hätten. In einigen gebe es keine Sonne und keinen Mond, in anderen hingegen mehrere Sonnen und mehrere Monde, und außerdem gebe es Welten mit und Welten ohne Lebewesen. Falls diese Nachricht tatsächlich zutrifft, war eine solche Theorie bei den Atomisten rein spekulativ, schon deshalb, weil sie nicht angegeben haben und auch gar nicht angeben konnten, wie groß denn der Abstand zwischen zwei Atomagglomeraten sein müsse, um von zwei verschiedenen Welten sprechen zu können. Nichtsdestoweniger hat diese Theorie späteren Naturphilosophen Anregungen gegeben; die Theorie einer Vielzahl von Welten ist wiederholt aufgenommen worden.

Die antiken Atomisten gehören zu den meistzitierten Philosophen des Altertums im Bereich der modernen Wissenschaften. Waren sie deren Vorläufer? Dies ist nicht einfach mit ja oder nein zu beantworten. Die Atomtheorie Demokrits kann nicht als naturwissenschaftliche Theorie im modernen Sinn angesehen werden, da durch eine solche bestimmte empirische Phänomene erklärt werden sollen. Dies leistet Demokrits Theorie aber nicht, denn durch sie wird für keinen einzigen Fall erklärt, wie die Zusammensetzung eines Dinges aus seinen Atomen tatsächlich aussieht, und wie man dies nachweisen könne. Es handelt sich jedoch ebenso nicht um eine metaphysische Theorie wie etwa die des Parmenides, die ja prinzipiell keine Erklärung für empirische Gegenstände liefern will. Es handelt sich also bei Demokrit um eine *naturphilosophische* Theorie, die zwar nicht selbst eine *naturwissenschaftliche* Theorie ist, wohl aber einen geeigneten *Rahmen* abgibt, innerhalb dessen solche wissenschaftlichen Theorien entwickelt werden können. Genau diese Funktion hat sie später auch ausgeübt.

b) Praktische Philosophie

Es ist kein Zufall, daß eine große Zahl von Fragmenten Demokrits zur praktischen Philosophie überliefert ist. Gerade sie mußten späteren Generationen oft als anstößig erscheinen und wurden daher in Auseinandersetzungen zitiert, andererseits erschienen einige aber auch wiederum so »weise«, daß sie deshalb zitiert wurden. Schon in der späten Antike gab es Sammlungen von Aussprüchen Demokrits, wobei es auffällig ist, daß vier Fünftel davon der praktischen Philosophie zuzurechnen sind. Zahlreiche Aussprüche stehen in so großer Nähe zu Auffassungen des Sokrates und der Stoa, daß ihre Authentizität in Frage gestellt wurde, die leitenden Vorstellungen Demokrits sind jedoch unschwer zu erkennen. Für Demokrit kann aufgrund seiner Naturphilosophie der Tod nur Auflösung in die Elemente bedeuten, da die Seele des Menschen auch wiederum nur aus Atomen – allerdings den kleinsten und ganz runden – besteht, die nach dem Tod wie die Atome des Körpers auseinanderfallen. Seine *Ethik* mußte daher *autonom* aufgebaut sein, sie konnte nicht auf Lohn oder Strafe nach dem Tod Bezug nehmen. Demokrit war dieser Zusammenhang ganz klar, und so sagte er:

> Manche Leute, die von der Auflösung der menschlichen Natur nichts wissen, aber im | 143
> Bewußtsein ihrer schlechten Handlungsweise im Leben sind, mühen sich ihre Lebenszeit in Unruhen und Ängsten ab, indem sie erlogene Fabeln über die Zeit nach dem Ende erdichten. (Fragm. 297)

Wird auf solche Fabeln verzichtet, so ergibt sich die Forderung, sittliches Leben autonom und immanent zu begründen, d. h. sittliche Regeln dürfen einzig mit Bezug auf nachweisbare natürliche Güter des Lebens gerechtfertigt werden. Demokrit sieht in der Gemüts- oder *Seelenruhe* das wichtigste dieser Güter und leitet damit eine Entwicklung ein, die später von der Stoa aufgenommen wird.

> Denn den Menschen wird Wohlgemutheit zuteil durch Mäßigung der Lust und des Lebens rechtes Maß. Mangel und Überfluß dagegen pflegt umzuschlagen und große Bewegungen in der Seele zu verursachen. Die in großem Pendelschlag sich bewegenden Seelen sind weder wohlbeständig noch wohlgemut. Auf das Mögliche muß man also den Sinn richten und sich mit dem Vorhandenen begnügen. (Fragm. 191)

Ohne die dahinterstehende Naturphilosophie erscheinen viele dieser Fragmente den meisten Lesern als durchaus »erbaulich«. Ohne diesen Hintergrund sind sie jedoch nicht denkbar, denn Demokrit sagt selbst, daß die Medizin die Krankheiten des Leibes heilt, die Philosophie aber die Leidenschaften der Seele beseitigt (Fragm. 31), und unter »Philosophie« ist im Sinne Demokrits primär die Naturphilosophie zu verstehen. Sittliches Verhalten besteht in der Hauptsache in der Anerkennung der

Natur, die Unterordnung unter die natürlichen Bedürfnisse führt zur Mäßigung. Wer sich dahinein schickt, daß die Natur dem Menschen als solchem und jedem einzelnen Menschen deutlich erkennbare Grenzen setzt, der ist weise geworden und erreicht Seelenruhe:

Zufall ist freigebig, aber unzuverlässig, Natur dagegen auf sich selbst ruhend; und darum trägt sie mit ihrer geringeren aber zuverlässigen Kraft doch den Sieg davon über das größere Versprechen der Hoffnung. (Fragm. 176)

Die Auffassung, daß »die Natur sich selbst genug ist«, war für viele spätere Philosophen, etwa für Platon, natürlich unannehmbar. Dies änderte allerdings nichts daran, daß viele der Konsequenzen, die Demokrit aus dieser Lehre zog, späteren und sogar noch christlichen Generationen als höchst annehmbar schienen. Hier einige Beispiele:

Für die Menschen ist es passend, mehr auf die Seele als auf den Körper Rücksicht zu nehmen. Denn der Seele Vortrefflichkeit richtet des Leibes Schwäche auf, des Leibes Stärke aber ohne Verstandeskraft macht die Seele in nichts besser. (Fragm. 187)

 Von schlimmen Werken muß man auch nur zu reden vermeiden. (Fragm. 190)

Die Bildung ist den Glücklichen Schmuck, den Unglücklichen Zuflucht. (Fragm. 180)

Niedriges sollst du, auch wenn du allein bist, weder sprechen noch tun. Lerne aber weit mehr als vor den andern dich vor dir selber schämen. (Fragm. 244)

Diese Reihe schöner Aussprüche ließe sich noch fortsetzen, und damit stellte sich und stellt sich bis heute für manche die Frage: Wie kann ein »Materialist« so schöne ethische Auffassungen vertreten? Von einem »Materialisten« erwartet man sich Eigenschaften wie Geldgier und Rücksichtslosigkeit, nicht aber Maßhalten, Bescheidenheit usw. Hier zeigt sich die große Ambivalenz in der Haltung gegenüber Demokrit, die erst in der Neuzeit richtig deutlich werden wird, wo Demokrit auch mit seiner Naturphilosophie wieder aufgenommen wird (vgl. z. B. 3. Teil, Kap. I, 7). Empedokles gründete seine Ethik auf eine Seelenwanderungslehre, die Demokrit ablehnte, für ihn gibt es keine Vergeltung nach Ablauf des Lebens, er vertritt eine strikt immanente Ethik. Diese war jedoch so anspruchsvoll, daß sie wieder sehr leicht mit einem transzendenten Überbau, also im Sinn Demokrits mit »Fabeln«, versehen werden konnte. Es war und ist für manche Menschen einfach unmöglich, eine anspruchsvolle Ethik ohne irdische oder himmlische Sanktionen oder ohne irgendeinen irdischen oder himmlischen Ausgleich für durchführbar zu halten. Für Demokrit aber war es möglich:

Nicht aus Furcht, sondern aus Pflicht soll man sich von fehlerhaften Handlungen fernhalten. (Fragm. 41)

Dies klingt beinahe kantisch (vgl. 3. Teil, Kap. XV, 7). Die Pflicht aber folgt einzig der Einsicht in das, was getan werden soll und muß, und das bewirkt nach Demokrit die Seelenruhe. Das Paradigma für Pflicht sind die Notwendigkeiten in der Natur. Demokrit findet dabei in der Natur die gleiche Begründung für den zentralen Begriff des »Maßhaltens«, wie sie die Griechen früher in der Vorstellung des Neides der Götter gefunden hatten:

Überschreitet man das richtige Maß, so kann das Angenehmste zum Unangenehmsten werden. (Fragm. 233)

Hier wird also eine traditionelle Tugen einfach »naturalistisch« begründet. Es ist klar, daß Platon, der eine Ethik »von oben« wollte, diese autonome Ethik als die größte Herausforderung auffassen mußte; er lehnte Demokrit ab, erwähnte ihn einfach nicht – und die Zeit arbeitete für Platon.

Sowohl in Hinsicht auf die Naturphilosophie wie in Hinsicht auf die Ethik bleibt sich Demokrit der Grenzen der Erkenntnis bewußt:

In Wirklichkeit aber wissen wir nichts; denn in der Tiefe liegt die Wahrheit. (Frag. 117)

Demokrit versuchte jedoch nicht, diese Tiefe mit »tiefen Sprüchen« auszuloten, sondern blieb an der erkannten Grenze stehen. Die von ihm als ethische Regel geforderte Selbstbeschränkung galt infolgedessen auch im Bereich der Erkenntnis, was nicht den Bedürfnissen der Menschen einer Kultur entsprach, die sich, wenn sie an die Grenzen der Erkenntis gelangten, immer noch an etwas wenden wollten: an ein Orakel oder an eine orakelnde Philosophie.

- VI -

Die Sophisten

1. Der gesellschaftliche und kulturelle Rahmen

Die nun zu besprechende Periode umfaßt die zweite Hälfte des 5. Jhd.s und den Beginn des 4. Jhd.s. Zu dieser Periode sind zuvor einige allgemeine Merkmale festzuhalten.

1. Im Bereich empirischer Beobachtung und Erklärung waren in den vorausgegangenen Jahrzehnten – vor allem auf dem Gebiet der Medizin – beachtliche Fortschritte erzielt worden. Daher wandte sich nun das Interesse solcher induktiven Forschung zu, deren Erkenntnisse über die Strukturen der Natur besser gesichert waren als die der
146 | spekulativen Systeme. Es gab nun schon eine Vielzahl spekulativer naturphilosophischer Systeme, die immer neue Theorien über die *arché*, den Ursprung, vorgelegt hatten, ohne daß klar gemacht werden konnte, wie über die Wahrheit der einen und die Falschheit einer anderen Theorie entschieden werden könnte. Wie sollte man zwischen den Lehren des Parmenides und denen des Heraklit zu einer überprüfbaren Entscheidung gelangen? Hatte Demokrit Parmenides widerlegt? Grundsätzliche Schwierigkeiten wie diese ließen die Frage über den Nutzen derartiger Unternehmungen überhaupt aufkommen. Der Unbeantwortbarkeit dieser »großen« Fragen standen die sichtbaren Erfolge bei der Erforschung »überschaubarer« Bereiche gegenüber. Die entstehende ausdrücklich induktive Erforschung der Natur wurde nun das Gebiet von Einzelwissenschaften, denen sich Spezialisten widmeten.

Die *Abwendung* selbst gebildeter Griechen *von der Naturphilosophie* ist verständlich, erklärte doch gerade die »fortschrittlichste« Theorie, die des Demokrit, die Alltagserfahrung für nur sehr begrenzt gültig. Dies ist auch in modernen naturwissenschaftlichen Theorien der Fall. Anders als bei diesen modernen Theorien gab es jedoch bei Demokrits Theorie keinerlei technische Anwendbarkeit. Die moderne Atomtheorie ist ebenfalls »unanschaulich«, aus ihr sind jedoch Anwendungen ableitbar, deren anschauliche und praktische Relevanz unbestreitbar ist. Dies war eben bei den antiken »großen« naturphilosophischen Theorien nicht der Fall, die Menschen waren somit durch nichts gezwungen, ihr Interesse solchen Theorien zuzuwenden.

2. Ein wichtiger Faktor (der vielleicht den Punkt 1. noch näher erläutert) ist folgender: Die politische Entwicklung des 5. Jhd.s hatte das Ende der Herrschaft des Adels und den Übergang zu demokratischen Regierungsformen gebracht. Dies hatte brei-

teren Schichten die Teilnahme am politischen und kulturellen Leben ermöglicht. Gerade durch die rasche Entwicklung des kulturellen Bereichs drängte sich die Frage auf, ob die bisherige Betrachtung des Menschen, die ihn beinahe ausschließlich als Teil der Natur gesehen hatte, nicht unzureichend war. Mit anderen Worten: Der Mensch als *Träger der gesellschaftlichen und kulturellen Entwicklung* trat ausdrücklich als Problem in das Blickfeld. Auch hier konnte wieder die Medizin, in der der Mensch ohnedies schon im Mittelpunkt der Forschung stand, das Paradigma abgeben. Dazu kam noch das, was wir heute als »Ethnologie« bezeichnen, also die Beschreibung von Lebensgewohnheiten verschiedener Völker oder verschiedener griechischer Städte.

Die Frage nach dem Menschen und der Gesellschaftsordnung, in der er lebte, waren eigentlich ein und dieselbe, denn der Mensch wurde primär als politisches Lebewesen angesehen. Dies ist jedoch nicht nur eine theoretische Definition, insofern darin schon unmittelbar praktische Fragen enthalten sind. Der einzelne sah sich einer rasch komplizierter werdenden politischen, ökonomischen und kulturellen Welt gegenüber, die alles andere als immer harmonisch geordnet war. Thrasymachos z. B. bringt sehr deutlich zum Ausdruck, daß die Fähigkeit zu politischen Reden eine neue, aber unübersehbar gewordene Notwendigkeit für jeden geworden war, der seine Rechte in der Stadt durchzusetzen wünschte. Die Gestaltungsmöglichkeiten des Menschen hatten sich erweitert. Geschichte und deren gegenwärtiges Resultat in der Gesellschaft wird nicht mehr als von einem göttlichen Willen bestimmt oder durch Schicksals-Zufälle determiniert aufgefaßt, sondern als Bereich menschlichen Handelns, auf den Einfluß genommen werden kann und muß:

Ich wünschte freilich, ihr Athener, ich hätte jener alten Zeit angehört, als es den Jüngeren verstattet war zu schweigen, weil die Verhältnisse nicht zum öffentlichen Reden zwangen und die Älteren den Staat auf rechte Weise verwalteten. Da uns nun aber die Gottheit für eine so späte Zeit aufgespart hat, daß wir zwar [auf andere als Führer] des Staates hören, die unglücklichen Ereignisse aber selbst [durchmachen] müssen, wovon das Schlimmste nicht Werk der Götter, auch nicht des Zufalls, sondern der Regierenden ist, so ist es denn unumgänglich zu reden; denn stumpfsinnig oder übergeduldig ist, wer sich selbst noch länger zu fehlerhaften Handlungen beliebigen Leuten überläßt und die Schuld für der anderen Partei Hinterlist und Schlechtigkeit selbst auf sich nehmen will. (Thrasymachos: Fragm. 1)

Die Nachfrage nach Hilfestellungen, sich in dieser Welt zu behaupten, wuchs. Das bisherige – aristokratische – Modell der Erziehung zu körperlicher Tüchtigkeit, begleitet durch Erwerb einiger Kenntnisse der Werke der Dichter, der Musik und der Grammatik erwies sich als unzureichend. Die Philosophie hatte bisher nicht mehr als eine unverbundene und unverbindliche Ergänzung zu dieser Erziehung geleistet: Sie war eine »Weisheit«, in die sich einige Interessierte aus der politischen und wirtschaftlichen Oberschicht hatten einführen lassen, zum Kanon der Erziehung gehörte sie nicht. Die Philosophen hatten ihre Lehre kaum als Hilfe für die Fragen des konkreten Lebens angesehen, mit Ausnahme des Pythagoras, dessen autoritäre politische und gesellschaftliche Ausrichtung jedoch gerade nicht in die Diskussions- und Streit-Demokratie der Agora, des Marktplatzes, paßte. Philosophen konnten politisch tätig sein, waren dies jedoch nicht als Philosophen. Niemand wäre es eingefallen – wie es in der späten Antike häufig der Fall sein wird –, einen Philosophen als Lehrer seiner Kinder anzustellen. Jetzt aber änderten sich die Bedürfnisse aufgrund der durch den Übergang von aristokratischer zu demokratischer Verfassung veränderten Verhältnisse. Dahinter verbarg sich allerdings auch eine ganz prinzipielle anthropologische Problematik: Nach aristokratischer Auffassung gab es eine natürliche, in der vornehmen Herkunft begründete Bildungsfähigkeit des Menschen, die daher entsprechend der gesellschaftlichen Stellung verschieden war. Solange die Aristokraten die politische und wirtschaftliche Macht besessen hatten, konnte diese falsche Voraussetzung nicht offensichtlich werden, da sich faktisch eben nur sie Bildung leisten konnten. Notwendig war Bildung aber keineswegs, denn politische Macht und Reichtum hingen in keiner Weise von Bildung ab. In der neuen demokratischen Verfassung dagegen zählte vorwiegend das, was sich jemand »angelernt« und was er durch seine Kenntnisse erworben hatte, in der Volksversammlung wie vor Gericht zählte jetzt das wirksam vorgetragene Argument und nicht die Herkunft. Dies galt jedenfalls der Verfassung nach, die Wirklichkeit sah wohl damals wie heute etwas anders aus. Die Vorstellung, daß manche »von Natur aus« zum Herrschen bestimmt waren, verlor an Überzeugungskraft. So wurde das traditionelle Physis-Verständnis in Hinsicht auf den Menschen grundsätzlich in Frage gestellt und bedurfte einer neuen Begründung. Kein Mensch war »von Natur aus« reich oder einflußreich.

Die Bereiche, die daher beherrschend in den Vordergrund traten, waren: Rhetorik (darin enthalten: Grammatik und Sprachkritik), Gesellschaftstheorie und Ethik. Der allgemeine Rahmen, innerhalb dessen diese Bereiche bearbeitet und vermittelt wurden, war der der *paideía*, der Bildung oder Erziehung. Diese Bildung wurde aber nicht als abstraktes Wissen konstruiert, sondern wurde von Anfang an als konkrete *Hilfe für konkrete Probleme des Bürgers* der Polis entworfen.

Dem Erfordernis der Bildung in diesen Bereichen versuchten die Sophisten zu entsprechen. Von den früheren Philosophen unterschieden sie sich dabei außer durch den Gegenstand ihrer Untersuchungen und ihrer Lehre durch den Zweck ihrer Tätigkeit: *Erkenntnis* ist hier nicht Selbstzweck, sondern *pragmatisch orientiert*. In dieser Hinsicht der praktischen Orientierung des Wissens greifen die Sophisten auf die älteste Tradition griechischer Rationalität zurück, wie sie schon bei Odysseus präsent gewesen war. Insofern diese »Weisheit« jedoch als von »Spezialisten« betreut und weitergegeben angesehen wird, zeigt sich die veränderte Lebenswelt am Übergang vom 5. zum 4. Jhd. Die Sophisten wollten ihre Schüler nicht zu Sophisten erziehen, sondern zu gebildeten, selbständigen Bürgern, und entsprechend ist der Sophist wesentlich Lehrer. In der *Apologie* Platons werden die Sophisten Gorgias, Prodikos und Hippias als berufsmäßige Lehrer vorgestellt (Platon: *Apologie* 19e). Wissen, das jetzt primär als *verwendbares Wissen* auftritt, erscheint so in einem gesellschaftlich und ökonomisch völlig neuen Rahmen: Es wird zur »Ware«, die Produzenten, Händler und interessierte Käufer hat. Für die Gesellschaft Griechenlands war es zunächst überraschend und befremdlich, daß für solche »Weisheit« Geld verlangt wurde. Diese neue Bedingung wurde allerdings schnell akzeptiert, da die Nützlichkeit solchen erworbenen Wissens unübersehbar war. Wir verfügen sogar über äußerst präzise Preisangaben: Prodikos verlangte für eine eigentliche Vorlesung 50 Drachmen, während er für eine populäre Vorlesung über dasselbe Thema nur eine Drachme verlangte (Platon: *Kratylos* 384b). Diese Proportion ist interessant: Für die allgemeine Bildung des Volkes wurde unverhältnismäßig wenig verlangt, fast nur eine symbolische Entlohnung, wogegen die intensive und gründliche Bildung offensichtlich sehr kostspielig und somit nur den Söhnen der Begüterten zugänglich war. Die Angelegenheit wurde von manchen aber auch ironisch kommentiert: So wird von Sokrates berichtet, er habe gesagt, er hätte sich nur den billigen Kurs des Prodikos leisten können, und er sei daher nicht besonders gut ausgebildet (Ebd.). Gorgias hatte sich recht großen Reichtum erworben, aber zu seiner Zeit war dies bereits so weit akzeptiert, daß Sokrates, der ja von vielen seiner Zeitgenossen als Sophist angesehen wurde, darauf, daß er für seinen Unterricht kein Entgelt verlangte, als eine auffallende Tatsache hinweisen konnte.

Die Sophisten boten also zwei Arten von Kursen an: (1) Vollständige Kurse (Dialektik, Grammatik, Rhetorik, Ethik und Politik), die vor allem für Jugendliche gedacht waren. Diese Kurse waren kostspielig, doch wird auch berichtet, daß die Sophisten auf die wirtschaftliche Lage ihrer Schüler Rücksicht nahmen. (2) Allgemein zugängliche öffentliche Vorträge für geringe Beiträge. Dabei wurden nur einzelne Themen in allgemein verständlicher Weise ausgeführt. Diese Vorträge wurden in kunstvoll vorbereiteter Rede dargeboten bzw. vorgelesen und hatten in dieser Form manchmal auch die Funktion einer »Autorenlesung« neuer Werke. Oder die Themen wurden vom Publikum gestellt und frei behandelt, in dieser Form hatten sie die Funktion konkreter Argumentationshilfe für Fragen der unmittelbaren Gegenwart.

Ihre Rolle war den Sophisten war durchaus klar. So sagt z. B. Prodikos, der selbst zu den Sophisten gehörte, von ihnen:

Die Sophisten sind Zwischenstücke zwischen dem Philosophen und dem Politiker. (Prodikos: Fragm. 6)

Bei den Sophisten wurde damit erstmals die Frage der Simplifizierung aktuell, und sie wurde von ihnen in durchaus positivem Sinn beantwortet. Wissen ist für sie nie

Selbstzweck, sondern immer eingebunden in einen pragmatischen, d. h. dem Leben dienenden Kontext. Und dieser Aufgabe kann der Unterricht nur dann entsprechen, wenn das Wissen in allgemein verständlicher Weise dargeboten wird. Wissen erhält hier seine Legitimation durch die erfolgreiche Anwendung, und die Anwendung durch Nicht-Spezialisten ist kaum möglich ohne erfolgreiche Vereinfachung und Handhabbarmachung. Der *anti-elitäre* Zug der *sophistischen Aufklärung* zeigte sich so nicht nur in den Adressaten, sondern konsequenterweise auch in der Form der Wissensvermittlung. Es ist daher nicht verwunderlich, daß die Sophisten selbst im Unterschied zur Mehrzahl der bisherigen Philosophen nicht aus aristokratischen Familien stammten, sondern »bürgerlicher« Herkunft waren. Soweit wir sehen können, waren sie, trotz mancher Vorbehalte traditioneller Kreise, in Athen und in den meisten anderen Städten – mit Ausnahme Spartas – gesellschaftlich durchaus anerkannt. Sie wurden einfach ein Berufszweig wie andere auch. Obwohl sie sich selbst nicht als Politiker verstanden, sondern als Lehrer des – auch politisch – richtigen Verhaltens, wurden sie gelegentlich für politische oder diplomatische Aufgaben herangezogen. Gorgias und Prodikos waren Gesandte in Athen, Hippias wurde nach Sparta gesandt, und Protagoras erhielt von Perikles politische Aufträge für die Stadt Thuroi.

2. Rhetorik, Sprachtheorie und Erkenntnistheorie

Ohne dies beabsichtigt zu haben, hatte die Philosophie der Eleaten das problematische *Verhältnis von Sprache und Wirklichkeit* offengelegt. Als die Eleaten die Form des Denkens und der Sprache mit der Form der Wirklichkeit gleichgesetzt hatten, waren sie in einen unübersehbaren Konflikt mit der Erfahrung geraten. Besonders Zeno hatte – ohne dies zu intendieren – gezeigt, daß es eine Autonomie der sprachlichen Ebene bzw. der Ebene von Zeichen, z. B. der Zahlen, gibt, deren Zuordnung zu der Ebene der Erfahrung durchaus problematisch oder sogar antinomisch sein kann. Auch die Möglichkeit, in der Mathematik die unendliche Teilbarkeit, in der Physik aber letzte unteilbare Atome anzunehmen, wies in die Richtung der deutlicheren Unterscheidung der Ebene von Operationen mit Zeichen und von Operationen mit Dingen. Solche Resultate deuteten auf die Problematik der Sprache und der Argumentationsformen hin, die innerhalb des wissenschaftlichen und des alltäglichen Gebrauchs einer eigenen Analyse bedürfen. In der Terminologie der Sophisten hieß eine solche Analyse »Grammatik« und »Rhetorik«, was hier nicht nur schöne und wirkungsvolle, sondern vor allem korrekte Rede bedeutete. Die Sprache, die bisher weithin als unreflektiertes Mittel von Darstellung und Kommunikation vorausgesetzt worden war, wurde jetzt selbst zum Gegenstand der Untersuchung. Ohne die Entdeckung dieser *Autonomie der sprachlichen Ebene* und der Argumentationsformen ist die spätere Entwicklung der Logik bei Aristoteles undenkbar.

Als zentrale Frage mußte für die an der Sprache interessierten Sophisten das Problem auftreten, in welchen Bereich denn nun die Sprache selbst gehört. Platon gibt die verschiedenen von Sophisten vertretenen Positionen wieder, wenn er Kratylos in dem gleichnamigen Dialog die ältere Auffassung vertreten läßt, die Sprache sei »natürlich« *(phýsei)*, d. h. die Wörter hätten eine natürliche Richtigkeit, wogegen Hermogenes die neuere Auffassung vertritt, die Worte seien rein konventionell *(thései)*. Noch Platon läßt diese Diskussion der Sophisten offen. Das Problem war indes eingebettet in ein allgemeineres: Gibt es überhaupt natürliche Regeln, oder ist alles regelgerechte Verhalten – sprachlicher oder nichtsprachlicher Natur – nur konventionell? Darauf kommen wir gleich noch zurück (vgl. weiter unten 3.).

Der freie Gebrauch der Sprache ermöglichte und erforderte es, eine Sache von verschiedenen Seiten zu sehen und zu beurteilen. Um dies zu erlernen, war eine der beliebtesten Übungen, die Schüler zu einem vorgelegten Prozeßfall zunächst eine Anklagerede und dann eine Verteidigungsrede vortragen zu lassen. Dies war einer der – mißverstandenen – Ansatzpunkte für den schlechten Ruf der Sophisten in späterer Zeit, bei dem behauptet wurde, die Sophisten seien Leute, die Beliebiges vertreten und verteidigen. In diesem Zusammenhang wird oft ein berühmter Ausspruch des Protagoras zitiert:

| 151

Es gilt die schwächere Meinung zur stärkeren zu machen. (Protagoras: Fragm. 6b)

Einen solchen Ausspruch sollte man jedoch nicht überbewerten. Jeder Lehrer kennt die Taktik des *advocatus diaboli*: Um seinen Schüler herauszufordern, die bestmögliche Begründung für eine These zu liefern, versucht der Lehrer, die entgegengesetzte These, die normalerweise die schwächere ist, möglichst gut zu begründen. Auch von einem Rechtsanwalt erwartet man sich nicht salomonische Gerechtigkeitssprüche, sondern maximale Verteidigung der Rechtsansprüche des Klienten. – Wiederum von Protagoras stammt ein weiterer Ausspruch:

Über jede Sache gibt es zwei einander entgegengesetzte Aussagen (Meinungen). (Protagoras: Fragm. 6a)

Das entscheidende Wort des Fragments ist *lógos*, und dies kann ebenso »Aussage« wie »Begründung« bedeuten – ob Protagoras dieser wichtige Bedeutungsunterschied klar war, muß bezweifelt werden. Möglicherweise will er hier einfach nur sagen: Bei jeder Aussage kann man auch das Gegenteil behaupten, und man muß dann eben sehen, wer seine These besser begründen kann. Wiederum auf den Rechtsbereich angewandt: Selbst der offenkundigste Verbrecher hat ein Recht auf einen Anwalt. Die praktische Umsetzung der Auffassung, daß man bei jeder These auch die entgegengesetzte behaupten kann, sieht man z. B. bei Gorgias, wenn dieser die These des Parmenides (vgl. Kap. IV, 2, b) einfach umdreht:

Es existiert nichts; und wenn etwas existiert, so ist es für den Menschen unbegreiflich; wäre es aber auch begreiflich, so könnte man es doch einem andern nicht mitteilen oder erklären. (Nestle, S. 186)

Wie ernst Gorgias diese Behauptung nahm, läßt sich nur schwer sagen. Schließlich behauptete er auch von sich, daß ihm der Redestoff nie ausgehe (Fragm. 17), und damit das klappt, muß man sich schon einiges einfallen lassen. Und wenn einem nichts einfällt, dreht man die These eines anderen einfach um und versucht, sie zu begründen. Auch darf man nicht vergessen, daß ein Sophist wie Gorgias weiß, daß es verschiedene Formen der »Auseinandersetzung« gibt:

Den Ernst der Gegner muß man durch Gelächter zunichte machen, ihr Gelächter durch Ernst. (Gorgias: Fragm. 12)

Vielleicht wollte er also gar nicht zeigen, daß man ebenso genau das Gegenteil der Parmenides-These behaupten und begründen könne, sondern wollte so etwas wie die Parmenides-Metaphysik überhaupt *ad absurdum* führen – und seine Zuhörer damit zudem noch erheitern. Es wäre jedoch zu einfach, die Argumente, die Gorgias in

diesem Zusammenhang vorbringt, als wertlos zu bezeichnen: So wie bei dem Parmenides-Verteidiger Melissos, sind auch bei dem Parmenides-Kritiker Gorgias einige logisch und sprachphilosophisch durchaus weiterführende Einsichten vorhanden. Manche Elemente der Analysen des Gorgias von »ist« und »ist nicht« wurden von Platon aufgenommen. Im Rahmen des Beweises der Parmenides-Gegenthese wird auch die Einsicht in die Autonomie der Sprache sehr klar expliziert. Die Ebene der Dinge ist klar von der des Wortes unterschieden:

Das Organ der Mitteilung aber ist das Wort; dieses ist jedoch nicht das, was zugrunde liegt und existiert. Wir teilen also einem andern Menschen nicht das Seiende mit, sondern ein Wort, das von dem, was zugrunde liegt, verschieden ist. Wie nun das Sichtbare nicht hörbar gemacht werden kann, oder umgekehrt, so ist es auch bei unserem Worte, da das Seiende draußen liegt. (Nestle, S. 188)

Wir können hier den Abstand der Sophisten von jedem magischen Gebrauch der Sprache beobachten. Beim magischen Gebrauch des Wortes meint der Sprecher, über das Ausgesagte Macht zu besitzen. Der Name oder das Bild eines Menschen, eines Tieres oder eines Gegenstandes vertrat diesen selbst, sie können also auch Gegenstand eines heil- oder schadenbringenden Handelns sein. Magie z. B. mit figürlichen Darstellungen war im 5. Jhd. in Griechenland durchaus noch üblich, bei den Sophisten ist davon indes nichts mehr zu spüren, das Wort ist einfach Mittel der Mitteilung. Wenn es eine Macht des Wortes gibt, so liegt sie nicht in einer ihm eigenen magischen Kraft, sondern in geschicktem, erlernbarem Gebrauch der Rede.

Bei der Analyse der Sprache muß die Problematik von »ist« auftauchen, wie sie seit Parmenides diskutiert worden war. Auf dem Hintergrund der Entdeckung der Autonomie der Sprache konnte daher die Konsequenz auftauchen, »ist« nur noch sprachimmanent als Kopula zu gebrauchen, jede metaphysische oder naturphilosophische Bedeutung von »ist« aber zu leugnen. Die Problematik, daß »ist« einmal als Kopula des Satzes fungiert, dann aber ebenso zur Existenzbehauptung im Urteil verwendbar ist, und daß so Anlaß zu ständigen Verwechslungen besteht, war vielen Sophisten deutlich. Die Schwierigkeiten, die mit »ist« verbunden sind, veranlaßten Lykophron, einen Schüler des Gorgias, zu dem Versuch, den Gebrauch von »ist« überhaupt zu vermeiden (Fragm. 2) – daß dies nicht durchgehalten werden konnte, ist evident. Extreme Konsequenzen zu ziehen, um zu sehen, was in einer These wirklich enthalten ist, gehörte auch zur Strategie mancher Sophisten.

Die Sophisten lieferten aber auch bleibend wichtige Beiträge zur Beschreibung und Theorie der Sprache. So kann Protagoras als der Begründer einer systematisch aufgebauten Grammatik angesehen werden, während Prodikos die systematische strukturelle Untersuchung von Begriffsinhalten bzw. den lexikalisch korrekten Gebrauch von Wörtern begründete.

Eine skeptische Haltung vieler Sophisten in Hinsicht auf die Erkenntnis ist nicht zu übersehen. Sie sollte nicht folgenlos bleiben, denn manches an der Wahrheitsauffassung bei Platon und Aristoteles ist nur unter diesen Voraussetzungen verständlich. Aristoteles berichtet von einigen, die die Auffassung vertreten haben, daß sich über die veränderlichen Dinge der Welt überhaupt keine wahren Aussagen machen lassen (*Metaphysik* IV 5, 1010a 7–9). Wie Aristoteles berichtet, gelangte Kratylos schließlich zu der extremen Auffassung, man solle überhaupt keine Aussagen machen: »Kratylos, der zuletzt gar nichts mehr glaubte sagen zu dürfen, sondern nur den Finger zum Zeigen bewegte« (Ebd. 12–13). Dies ist die extreme sprachphilosophische Konsequenz aus der Lehre des Heraklit, daß alle Dinge in ständigem Wandel sind. Dann entfällt allerdings jeder sinnvolle Satz »*A ist B*«, denn während er ausgesprochen wird, ist *A* ja schon nicht mehr *B*. Um dies ganz deutlich zu machen, spitzte Kratylos die Heraklit-These, daß man nicht zweimal in denselben Fluß steigen könne, zu, indem er sagte, man könne dies nicht einmal ein einziges Mal tun (Ebd. 13–15). Platon erkannte die Voraussetzung, daß es über veränderliche Dinge keine wahren Aussagen geben könne, an, stellte aber die Kratylos-Konsequenz auf den Kopf und sagte, daß es dann eben unveränderliche »Gegenstände« geben müsse, sonst hätte die Vorstellung von Wahrheit überhaupt keinen Sinn. Dann sind wir bei den Ideen (vgl. Kap. IX, 4).

3. Gesellschaftstheorie und Ethik

Zu Beginn des Abschnitts über die Sophisten war gesagt worden, daß der Mensch als Bürger, d.h. als Mitglied der Gesellschaft, im 5. Jhd. ins Zentrum der Überlegung rückte. Dies warf notwendigerweise die Frage nach der Begründung der Gesetze und Gebräuche auf, die das Leben des Menschen als Bürger bestimmten. Die bei Xenophanes erstmals auf die Religionen angewandte Methode des Vergleichs verschiedener Ausdrucksformen wurde nun auf den Bereich von Gesetz und Gebrauch übertragen. Die gesellschaftlichen Ordnungen, die in Städten Griechenlands und seiner Siedlungen recht unterschiedlich waren, und sich noch mehr von den Sitten, Gebräuchen und Gesetzen anderer Völker unterschieden, traten durch die beginnende Geschichtsforschung (Herodot), die selbst ein Resultat dieser neuen Interessen war, in ihrer Relativität und Bedingtheit deutlich ins Bewußtsein. Wenn z. B. ein Sophist wie Protagoras in einer Kommission Mitglied war, die eine Verfassung für die Stadt Thuroi erstellen sollte, so konnte er kaum noch annehmen, daß Verfassungen auf göttlichen Willen oder auf eine unverrückbare Naturordnung zurückgehen.

Die Sophisten zogen durch verschiedene Städte und sahen sich so mit dem Problem konfrontiert, Schüler und Bürger für jeweils verschiedene Rechtsordnungen »tüchtig« zu machen – ein *pragmatischer Relativismus* war unvermeidlich. Damit wurde die Verbindlichkeit von Gesetz und Brauch als Problem deutlich. Bei den Sophisten wurde daher erstmals ausdrücklich das Problem der spezifischen Argumentationsmöglichkeiten im Bereich der Kultur und des Rechts formuliert, was eine Einsicht in die Verschiedenheit der Bereiche von *Natur* und *Kultur* erforderte. Die Gesetze der Natur waren offensichtlich in allen Gegenden gleich, dies galt jedoch nicht für die Gesetze der verschiedenen Städte, Verfassungen sind eben nicht naturgegeben. Diese Unterscheidung setzte voraus, daß sich die Menschen nicht mehr einfach nur als Teil des Kosmos, der als Physis aufgefaßt wurde, verstanden. Die Sophisten fanden überdies die Terminologie, um diese Problematik zu fassen, indem sie der *phýsis* die *thésis*, d.h. die konventionelle Setzung, gegenüberstellten. Problematisch war dabei allerdings die Abgrenzung dieser beiden Bereiche. Eine radikale Lösung war die, anzunehmen, daß wir letztlich in allem, also auch bei aller Erkenntnis der Naturphänomene, eigentlich nur von unseren Setzungen ausgehen. Hier verschwindet die Physis hinter der Thesis. Nehmen wir dazu das berühmte und in seiner Interpretation recht schwierige Fragment des Protagoras:

> Aller Dinge Maß ist der Mensch, der seienden, daß (wie) sie sind, der nicht seienden, daß (wie) sie nicht sind. – Sein ist gleich jemandem Erscheinen. (Fragm. 1)

Jeder von uns hat schon sagen gehört oder selbst gesagt: »X (z. B. ein Politiker, ein Professor) hält sich für das Maß aller Dinge.« Dies ist nie ein Kompliment. Protagoras, der Urheber des Satzes, hat ihn sicher nicht in diesem negativ bewertenden Sinn gebraucht. Allerdings war man sich schon in der Antike über die Interpretation nicht einig: Sextus Empiricus sah darin Subjektivismus ausgedrückt, Platon hingegen meinte, daß damit die These des Relativismus ausgesprochen war. In jedem Fall wurde und wird gegen die Protagoras-These eingewandt, daß sie selbst nicht subjektivistisch oder relativistisch verstanden werden darf, um sich nicht selbst in ihrem weder subjektivistisch noch relativistisch verstandenen Geltungsanspruch aufzuheben. Man muß allerdings in Betracht ziehen, daß wir unsere Nachrichten über Protagoras weithin aus Platons Dialogen beziehen und daß Platon daran interessiert war, seiner objektiven und absoluten Wahrheitsauffassung eine subjektivistische und relativistische Wahrheits- und Wertauffassung der Sophisten gegenüberzustellen. Protagoras hat aber trotz des *Homo-mensura*-Satzes »Der Mensch ist das Maß aller Dinge« jedenfalls im Bereich des Rechts keine subjektivistische Auffassung vertreten, sondern eher eine konventionalistische. Das bedeutet, daß Normen und Gesetze aufgrund einer allgemein akzeptierten Meinung gelten, also keineswegs subjektivistisch interpretiert werden können. Denn von Protagoras und dessen Anhängern wird auch folgender Ausspruch berichtet:

> Bei den eben genannten Begriffen dagegen, dem Gerechten und Ungerechten, dem Heiligen und Unheiligen behaupten sie zuversichtlich, nichts von ihnen habe eine wirkliche Wesenheit, sondern die allgemeine Meinung würde zur Wahrheit, sobald sie hervorträte und für so lange, als sie bestünde. (Platon: *Theaitetos* 172b)

Zu dieser Übersetzung ist anzumerken, daß man *koiné dóxa* richtiger durch »gemeinsame Meinung« anstelle von »allgemeine Meinung« wiedergeben sollte. Man kann eine »hervortretende« gemeinsame Meinung sehr wohl als einen jedenfalls impliziten Konsens der Beteiligten interpretieren, der eben so lange gilt, wie er besteht. Damit gibt es eine konventionalistisch, also intersubjektiv auf diese Gesellschaft bezogene Wahrheit, auch wenn dies selbstverständlich keine absolute Wahrheit sein kann. Protagoras nahm zwar keine absolute Geltung der Gesetze an, ging jedoch (nach Platons *Protagoras*) von einer Theorie der Entwicklung der menschlichen Gesellschaft aus, in der der Mensch vom Recht des Stärkeren weg zum sittlichen Bewußtsein und zum Recht geführt wurde. Er verband also Konventionalismus mit der Vorstellung eines Fortschritts sittlicher Konventionen. Woher aber die Maßstäbe der Beurteilung dessen kommen sollten, was das sittlich Bessere sei, bleibt bei Protagoras unklar.

Die Sophisten haben vermutlich eine bestimmte Krise der Demokratie oder besser des demokratischen Bewußtseins aufgegriffen, die vor allem in der athenischen Gesellschaft latent vorhanden war. Es war als große Errungenschaft der Demokratie angesehen worden, daß die Gesetze nun einzig von der Volksversammlung ausgingen, daß sie ihren einzigen Geltungsanspruch aus dieser bezogen. War dies aber einmal zur Selbstverständlichkeit geworden, konnten vor allem Jüngere, die die Demokratie nicht als Errungenschaft, sondern vor allem als Bevormundung empfanden, fragen, warum denn nicht alles anders sein könne. Die Väter der Demokratie sahen sich plötzlich Söhnen gegenüber, die der Meinung waren, wenn die Demokratie auf Übereinkunft bestehe, dann könnte man ja ebenso die Übereinkunft treffen, die Demokratie wieder abzuschaffen. Daß die Übereinkunft so getroffen wird, wie es die Mächtigsten der Gesellschaft wünschen, war den Söhnen der Demokratie inzwischen empirisch erwiesen worden, vor allem der Ziehsohn des Perikles, Alkibiades, hatte diese Lektion gelernt.

Die Sophisten waren im allgemeinen gute Beobachter ihrer Zeit. Die Beurteilungen, die sie ihren Beobachtungen zuteil werden ließen, wichen jedoch stark voneinander ab. Die eigentliche Position des Thrasymachos etwa ist wegen der wenigen Zeugnisse kaum mit Sicherheit zu rekonstruieren. So haben wir von ihm den Ausspruch überliefert:

Das Gerechte ist nichts anderes als der Vorteil des Stärkeren. (Fragm. 6a)

Damit ist vermutlich nichts anderes als eine resignative Situationsbeschreibung gegeben. Platon schreibt dem Thrasymachos die Meinung zu, daß das, was in einer Gesellschaft als Gerechtigkeit gilt, faktisch immer zum Vorteil der Regierenden eingerichtet sei und den Untergebenen zum Schaden gereiche (Platon: *Staat* I 343c). Wenn Thrasymachos andererseits sagt, daß die Menschen von Gerechtigkeit keinen Gebrauch machen (Fragm. 8), so könnte dies darauf hindeuten, daß er eine Idealvorstellung von Gerechtigkeit gehabt hat, aber feststellen mußte, daß die tatsächliche Situation immer so geartet ist, daß das, was als gerecht gilt, den Herrschenden und Mächtigen dient, daß also dort, wo Gerechtigkeit konkret wird, gleichzeitig immer Ungerechtigkeit existiert. Es könnte jedoch auch so sein, daß er »gerecht« eher als »in Übereinstimmung mit den Gesetzen« interpretiert hat, was dann ohne weiteres mit einer prinzipiell rechtspositivistischen Auffassung in Einklang stehen könnte. Jedenfalls spiegelt die Position des Thrasymachos die Resignation eines scharfen Beobachters wieder. Und wie seine Position im einzelnen auch immer ausgesehen haben mag, seine These findet sich als Beschreibungssatz bei dem Historiker Thukydides wieder. Dieser stellt fest, »daß im menschlichen Verhältnis Recht gilt bei Gleichheit der Kräfte, doch das Mögliche der Überlegene durchsetzt, der Schwache hinnimmt« (*Geschichte des Peloponnesischen Krieges.* V 89. Übers. von G.P. Landmann. Zürich 1976, S. 433). Empirisch gesehen gilt die Regel, daß der Stärkere sich durchsetzt und bestimmt, was als gerecht gelten soll. Die Frage nach dem immer problematischen *Verhältnis von Recht und Macht* war also erst einmal gestellt.

Eine rationale Begründung von Gerechtigkeit gegenüber den Fakten schien schwierig. Es ist verständlich, daß bei einer Problemlage, in der Gesetz und Brauch in ihrer Verbindlichkeit nur durch eine scheinbar jederzeit veränderbare Vereinbarung begründet werden konnten, von manchen Sophisten ein Ausweg gesucht wurde, um eine neue Begründung von Ethik und Recht zu finden. Antiphon versucht es mit folgender Lösung: Er läßt zwar die *staatlichen Gesetze* weiterhin gelten, relativiert sie aber gegenüber den *Geboten der Natur*.

Gerechtigkeit besteht darin, die gesetzlichen Vorschriften des Staates, in dem man Bürger ist, nicht zu übertreten. Es wird also ein Mensch für sich am meisten Nutzen bei der Anwendung der Gerechtigkeit haben, wenn er vor Zeugen die Gesetze hoch hält, allein und ohne Zeugen dagegen die Gebote der Natur; denn die der Gesetze sind willkürlich, die der Natur dagegen notwendig; und die der Gesetze sind vereinbart, nicht gewachsen, die der Natur dagegen gewachsen, nicht vereinbart. (Antiphon: Fragm. 44)

Hier haben wir das Problem: In der Öffentlichkeit, d. h. »vor Zeugen«, sollen die Vorschriften des Staates gelten, »ohne Zeugen« hingegen die Gesetze der Natur. In diesem Zitat wird die Gegenüberstellung von »gewachsen« und »vereinbart« ganz deutlich. Begründet wird diese Unterscheidung und Aufteilung durch den »Nutzen«, den der einzelne davon hat. Die Haltung des Antiphon entspricht einer ganz modernen: Es ist nützlich, die Gesetze des Staates zu respektieren und dies öffentlich zu bekunden. Dies hat seine Grenze indes in der Reichweite der Präsenz des Staates, wo diese endet, endet
auch die Befolgung der Gesetze des Staates. Modern und beispielhaft ausgedrückt: Steuerehrlichkeit geht so weit wie Steuerkontrolle, aber eben nicht weiter, denn jeder ist überzeugt, daß es »unnatürlich« ist, dem Staat die Hälfte seines Einkommens zu geben. Wir werden im nächsten Abschnitt sehen, in welcher fast zynischen Weise Kritias die Schwäche dieser Position sieht und die Religion als Waffe betrachtet, die erfunden wurde, um diesen »Geheimbereich« unter Kontrolle zu bringen.

Es findet hier also ein *Rückgriff auf die Natur* statt, um zu sittlichen Regeln zu gelangen, die über die Verbindlichkeit »gesetzter« Regeln hinausgehen. Dieser Rückgriff auf die Natur führte zu Aussagen, die durchaus unser Gefallen finden. So sagt Antiphon etwas weiter in demselben Fragment:

Die von vornehmen Vätern abstammen, achten und verehren wir, die dagegen nicht aus vornehmem Hause sind, achten und verehren wir nicht. Hierbei verhalten wir uns zueinander wie Barbaren, denn von Natur sind wir alle in allen Beziehungen gleich geschaffen, Barbaren wie Hellenen. (Antiphon: Fragm. 44)

Hier wird die Gleichheit aller Menschen unter Rückgriff auf die Natur behauptet. Ganz in diesem Sinn versuchte auch Hippias, dem veränderlichen Brauch und Gesetz ein unveränderliches Natur- und Vernunftrecht gegenüberzustellen:

Ich bin der Meinung, daß wir alle stammverwandt, zusammengehörig und Bürger eines Reiches sind, nicht nach der Sitte zwar, aber von Natur. Denn gleich und gleich ist von Natur stammverwandt; die Sitte aber, die die Menschen tyrannisiert, setzt mit Gewalt vieles Naturwidrige durch. (Ausg. Nestle. S. 186)

Die Kritik von Gesetz und Brauch dient dazu, mehr Freiheit und Frieden zu bringen, »Natur« wird den »herkömmlichen Gesetzten« normativ gegenübergestellt. Wenn, wie schon gesagt, die Gesetze ohnedies vor allem den Mächtigen dienen, kann die Natur als letzter Maßstab gegenüber den positiven Gesetzen zur Geltung gebracht werden. So heißt es bei Alkidamas:

Gott hat alle Menschen freigelassen; die Natur hat niemand zum Sklaven gemacht. Gesetz und Brauch sind die herkömmlichen Könige der Staaten. (Ebd. S. 194)

Somit ist auch der zunächst befremdlich erscheinende Satz des Alkidamas verständlich:

Die Philosophie ist ein Angriffswerk gegen Gesetz und Brauch. (Ebd.)

Die Philosophie ist hier als Anwalt natürlicher Rechte gegen das »herkömmliche Gesetzte« gedacht. Alkidamas, Hippias und anderen ging es dabei vor allem um die Kritik der mit Gesetz und Brauch häufig verbundenen Vorurteile und Machtansprüche.

Diese Verwendung von »Naturrecht« ist vielleicht manchen ganz sympathisch, aber wir sollten bei dieser Frage nicht naiv sein. Verdeutlichen wir uns zunächst das Schema der Argumentation. Die Sophisten machten zunächst eine klare Unterscheidung zwischen Physis, dem natürlich Gewachsenen, und Thesis, dem von Menschen durch Übereinkunft Gesetzten:

Lösung 1

Physis	**Thesis**
Naturgesetze	*Verfassungen, staatliche Gesetze*

Die Probleme, die die Sophisten bei der Begründung der Rechte – und Unrechte – der durch Übereinkunft hervorgebrachten Gesetze angetroffen hatten, führten einige von ihnen dazu, zwischen gesetzten Gesetzen, denen weniger Verbindlichkeit zukommen sollte, und natürlichen Gesetzen, denen die größere Verbindlichkeit zukommen sollte, zu unterscheiden. Dies hatte jedoch grundlegende Konsequenzen für die Unterscheidung von Natur und Kultur, von Physis und Thesis. Wiederum schematisch dargestellt:

Lösung 2

Physis		**Thesis**
Naturgesetze hinsichtlich der nichtmenschlichen Natur und des Menschen als Naturwesen	*Naturgesetze hinsichtlich der gesellschaftlichen Natur des Menschen*	*Verfassungen, staatliche Gesetze*

Diese Lösung 2 wirkt auf den ersten Blick tatsächlich weiterführend. Hier wird die Möglichkeit geboten, den positiven Gesetzen ein von menschlicher Übereinkunft unabhängiges Naturgesetz gegenüberzustellen. Trotzdem ist diese Lösung nicht haltbar. Wenn wir mit Berufung u.a. auf die genannten Sophisten von natürlichen Rechten des Menschen, von der Gleichheit aller Menschen als Naturrecht und ähnlichen Rechten, die sich angeblich aus der Natur des Menschen ergeben, sprechen, sollten wir auch eine weitere Lektion der Sophisten akzeptieren. Der Rückgriff auf Natur gegenüber Gesetz und Brauch erwies sich als äußerst ambivalent. Neben den Konsequenzen, die ein Hippias oder Alkidamas daraus zog, waren auch ebenso jene möglich, die ein Kallikles zog: Die Natur beweist das Recht des Stärkeren, Gesetz und Brauch hingegen sind eine Erfindung der Schwachen.

> Meiner Ansicht nach sind es eben die sich schwach Fühlenden unter den Menschen und die große Masse, die die Gesetze geben. In ihrem eigenen Interesse und zu ihrem Nutzen geben sie die Gesetze und teilen Lob und Tadel aus. Um die kraftvolleren Menschen, die imstande sind sich Vorteile zu verschaffen, einzuschüchtern, und um selbst nicht ins Hintertreffen zu kommen, sagen sie, das Übervorteilen sei häßlich und ungerecht; und darin eben bestehe das Unrechttun, in dem Streben die anderen zu übervorteilen. [...] Die Natur selbst aber, denke ich, gibt deutlich zu erkennen, daß es gerecht ist, wenn der Bessere gegen den Schlechteren und der Fähigere gegen den Unfähigen im Vorteil ist. Daß dem so ist, zeigt sich in mannigfacher Weise nicht nur bei den übrigen Geschöpfen, sondern auch bei den Menschen in den Verhältnissen ganzer Staaten und Geschlechter: es gilt nämlich da als ausgemachtes Recht, daß der Stärkere über den Schwächeren herrsche und gegen ihn im Vorteil sei. (Platon: *Gorgias* 483c–d)

Kallikles geht hier weit über das hinaus, was Antiphon gesagt hatte: Er hält die Gesetze geradezu für naturwidrig. Den unverbesserlichen Vertretern des Naturrechts sei das gesagt, was Kallikles von Platon (vermutlich ganz korrekt) in den Mund gelegt wird:

> Kein Zweifel: diese Leute handeln nach der Natur und, beim Zeus, nach dem Gesetz der Natur, aber freilich nicht nach jenem von uns willkürlich aufgestellten Gesetz, auf Grund dessen wir auf die Besten und Kraftvollsten unter uns gleich von Jugend auf die Hand legen, und sie wie Löwen zu zähmen und zu sänftigen suchen, um sie unterwürfig zu machen, unter dem Vorgeben, es müßte Gleichheit herrschen und diese sei das Schöne und Gerechte. Aber laßt nur den rechten Mann erstehen, eine wirkliche Kraftnatur; der schüttelt all das ab, zerreißt die Fesseln und macht sich frei, tritt all unsere Paragraphen, unsere Zähmungs- und Besänftigungsmittel und den ganzen Schwall widernatürlicher Gesetze mit Füßen und steigt so vom Sklaven empor zum glänzenden Herrn über uns: da leuchtet denn das Recht der Natur aufs hellste hervor.
> (*Ebd.* 483e–484b)

Dies ist vielleicht nicht ganz das helle Leuchten des Naturrechts, das sich manche wünschen. Hier zeigt sich uns eine grundsätzliche Problematik der sogenannten Naturrechtslehren: Vertreter dieses Naturrechts meinen, aus deskriptiven Sätzen – also aus Beschreibungen der Natur – normative Sätze gewinnen zu können. Faktisch ziehen sie sich dann aber immer dort zurück, wo die Beschreibungssätze den von ihnen gewünschten normativen Sätzen nicht entsprechen, oder bestreiten, was noch schlimmer ist, die Korrektheit der beschreibenden Sätze. Das Argument lautet vereinfacht so: Die Natur ist so und so beschaffen (= Deskription), folglich sollen wir uns so und so verhalten (= Norm). Wendet man dies strikt an, so ist man in der »Falle« des Kallikles. Denn dann muß man mit Kallikles sagen: Faktisch haben die Stärkeren die Schwächeren immer unterdrückt (= leider ein korrekter deskriptiver Satz), also sollen die Stärkeren die Schwächeren unterdrücken (= ein normativer Satz). Will man dies vermeiden, muß man diese Form des Naturrechts einfach aufgeben. Modern gesagt: Man muß sagen, daß sich aus deskriptiven Sätzen keine normativen Sätze ableiten lassen. Sich jedoch immer dann, wenn es einem zufällig paßt, bei der »Begründung« sittlicher Normen auf die Natur zu berufen, dann aber, wenn das nicht gelingt, auf andere Quellen sittlicher Normen zurückzugreifen, ist nicht seriös und philosophisch unhaltbar. Dies bedeutet nicht, daß wir bei ethischen Überlegungen nicht empirische Daten einbeziehen sollen. Wir werden bei Aristoteles sehen, daß es sehr wohl möglich ist, Beschreibungen der Natur in die Ethik aufzunehmen, ohne daraus eine Naturrechtslehre zu machen.

Ganz illusionslos sollte man sich außerdem folgendes klar machen: Zahlreiche sittliche Imperative sind nur kontrafaktisch behauptbar, das heißt, sie erhalten durch die Empirie, also durch soziologisch oder historisch erhebbare Daten, häufig keine Bestätigung. Man braucht sich dabei nur an das Problem der Rache zu erinnern, das im nächsten Kapitel weiter verfolgt werden wird: Das Bedürfnis nach Rache wirkt wie ein empirisch psychologisch-soziologisch nachweisbares Naturgesetz. Für die Griechen des fünften Jahrhunderts, so auch für ihre Dichter, galt Rache nicht nur als Recht, sondern als heilige Pflicht, und die Blutrache wird bis heute in den Ländern rund um das Mittelmeer als natürlich gegebenes Recht angesehen. Der Verzicht auf persönliche Rache ist also in diesem Sinne ganz und gar »unnatürlich«, und doch beruht auf diesem Verzicht und der Übertragung des Gewaltmonopols auf den Staat unsere gesamte Rechtsordnung. Dort spricht man dann allerdings nicht von »Rache«, sondern höchstens von »Vergeltung«, ob dies nur eine semantische Variante darstellt, ist ein anderes Problem.

Es sei noch nachgetragen, daß Platon uns berichtet, die Auffassung des Kallikles habe bei vielen Jugendlichen, aber auch bei Dichtern und Schriftstellern, großen Beifall gefunden (Platon: *Gesetze* X 890a). Dies ist nicht verwunderlich, denn nach dem Niedergang Athens ersehnten so manche eine aristokratische Erneuerung, in der wieder die »Stärkeren« herrschen sollten.

Historisch muß festgestellt werden, daß die sophistische Aufklärung auf der einen Seite zwar Bildung, vernünftige Skepsis gegenüber der Macht der Tradition, Kritik am unreflektierten Gebrauch der Sprache usw. brachte, daß sie aber nicht von sich aus die Kraft besaß, ihre Anänger von neuer Gewalt abzuhalten, ja daß sie sogar in ihrem Rückgriff auf »Natur« gegen »Recht« eine Größe einführte, die in ihrer Ambivalenz geradezu wieder Gewalt legitimieren konnte. Dies geschah z. B. in der sogenannten Schreckensherrschaft der dreißig Tyrannen, an der mit Kritias einer der begabtesten Sophistenschüler leitend teilnahm. Gebildet und aufgeklärt rationalistisch, vertrat er eine von einigen Sophisten ins Auge gefaßte Möglichkeit, nämlich das unbedingte Recht des Stärkeren. Die »Dialektik der Aufklärung« führte zum Verbot des Unterrichts der Rhetorik, und damit zum Verbot sophistischer Lehrtätigkeit während der Herrschaft der dreißig Tyrannen – eine sophistische These führte zum Verbot der Sophistik. Die Bildung endete in Barbarei: Innerhalb von acht Monaten wurden 1500 Bürger Athens ermordet.

4. Religionskritik

So wie der Rückgriff auf Natur, so wurde manchmal auch der Rückgriff auf Religion versucht, um die gesetzliche Ordnung zu rechtfertigen. In der Tradition wurden schließlich gelegentlich Halbgötter, also Gottmenschen, als Stadtgründer und damit gleichzeitig als die angesehen, die die ersten Gesetze gegeben hatten. Die Verbindung von gesetzlicher Ordnung und Religion war zwar bei den Griechen nie so stark ausgeprägt wie etwa in Ägypten oder in Babylonien, sie war aber doch auch nicht ein schlechterdings fremder Gedanke. Die Sophisten konnten also die Möglichkeit in Erwägung ziehen, die Gesetze durch Religion abzusichern, wenn schon der Rückgriff auf die Natur nicht weiterführte. Daß die Religion im Rahmen sophistischer Aufklärung indes keine Sicherheit bringen konnte, ist klar. Die Gedanken des Xenophanes (vgl. Kap. IV, 1, b) waren den Sophisten durchaus bekannt. Protagoras ging noch etwas weiter und erklärte:

Über die Götter allerdings habe ich keine Möglichkeit zu wissen (feststellen?), weder daß sie sind, noch daß sie nicht sind, noch, wie sie etwa an Gestalt sind; denn vieles gibt es, was das Wissen (Feststellen?) hindert: die Nichtwahrnehmbarkeit und daß das Leben des Menschen kurz ist. (Fragm. 4)

In mancher Hinsicht dürfte also die von Xenophanes begonnene Religionskritik Folgen gehabt haben, die ganz und gar nicht auf der Linie dessen lagen, was er eigentlich vorgehabt hatte. Er kritisierte das unsittliche Verhalten der traditionellen Götter – also waren die Götter etwas versittlicht worden. Zeus, der einstmals unverbesserliche Ehebrecher und Lügner, wurde gar zum Hüter des Rechts. Daß die Götter in menschlichen Angelegenheiten mitwirkten, war eine Vorstellung traditioneller Art, die durch die Kritik des Xenophanes noch nicht betroffen war. Waren die Götter jetzt versittlicht worden, so konnte man konsequenterweise erwarten, daß sie in den menschlichen Angelegenheiten dort mitwirkten, wo es um das Durchsetzen der Sittlichkeit ging. Daß die Götter dies indes nicht tun, war damals wie heute auffällig. Auf diesem Hintergrund ist die skeptische Resignation des Thrasymachos verständlich:

Die Götter haben das menschliche Treiben nicht im Auge; denn sonst hätten sie nicht das größte unter den Gütern der Menschen außer acht gelassen, die Gerechtigkeit; denn wir sehen die Menschen diese nicht anwenden. (Fragm. 8)

Man kann also vermuten, daß zumindest einige Sophisten einen Zusammenhang von Religion und Ethik im Rahmen eines Bildungsprogramms diskutiert haben, dann aber einsahen, daß Ethik durch Religion nur schwer begründbar ist. Von Diagoras von Melos wird berichtet, daß er den Glauben an Götter überhaupt aufgegeben habe, als er feststellen mußte, daß jemand einen Meineid leistete und kein Gott ihn strafte. Das ist vielleicht etwas kurzschlüssig, aber verständlich.

Xenophanes hatte die Frage nach den Entstehungsgründen bestimmter religiöser Vorstellungen aufgeworfen. Jetzt bei den Sophisten wurde jedoch gelegentlich auch die Frage nach den Entstehungsgründen der Religion selbst gestellt. Da gab es z. B. die Theorie des Prodikos, die ethnologisch und soziologisch orientiert war. Prodikos meinte, die Gründe für die Entstehung der Religion in Ängsten und Hoffnungen zu finden, die mit der Landwirtschaft, also mit grundlegenden Bedürfnissen des Überlebens, in Verbindung stehen (Prodikos: Fragm. 5). Hieran ist jedoch problematisch, daß diese Beziehung zwar die besondere Form und Funktion bestimmter Göttervorstellungen erklären kann – auch moderne Erklärungen gehen oft in diese Richtung –, nicht aber die der Göttervorstellung überhaupt. Möglicherweise spiegelt sich in dieser Kritik des Prodikos auch so etwas wie die Arroganz des sophistischen Stadtbewohners gegenüber der »primitiveren« Landbevölkerung wieder. Die traditionellen Religionen gehen bekanntlich in den Städten rascher zurück als in ländlichen Gebieten, woraus dann schnell der (Fehl-)Schluß gezogen werden kann, Religion sei eher ein Phänomen der mit Landwirtschaft, mit der »Natur« befaßten, »unkultivierteren« Bevölkerung, und weniger eines der zivilisierteren und aufgeklärteren Bewohner der Städte. Auch hier wäre also wieder der Unterschied von »Natur« und »Kultur« als Hintergrund zu berücksichtigen.

Man konnte die Entstehungsgründe von Religion aber auch im Rahmen einer allgemeinen Theorie der Kulturentstehung suchen. Theorien, die die Entstehung der Kultur erklären, waren allem Anschein nach bei den Sophisten beliebt. So wie man früher nach den *archaí*, den Ursprüngen des Kosmos und der Natur gefragt hatte, so suchte man im Grunde jetzt nach den Ursprüngen der Kultur, vor allem dem der Gesetze und der Religion. Auch Kritias, der ehrgeizige, rücksichtslose und brutale Onkel Platons, der 403 im Kampf mit demokratisch gesinnten Bürgern getötet wurde (was uns freut), beschäftigte sich damit. Kritias geht von einem primitiven »Naturzustand« des Menschen aus, einer Periode, in der es noch keine Gesetze gab:

Es gab eine Zeit, da war der Menschen Leben ungeordnet und tierhaft und der Stärke untertan, da gab es keinen Preis für die Edlen noch auch ward Züchtigung den Schlechten zuteil. (Kritias: Fragm. 25)

Also wurden nach Kritias in einer zweiten Phase der Kulturentwicklung Gesetze erfunden (Ebd.), um die Menschen davor zu schützen, daß sie sich gegenseitig umbringen. Da Sanktionen nicht ausreichten, wurde in einer weiteren Phase die Religion erfunden, um diese Lücke zu schließen:

Dann als zwar die Gesetze sie hinderten, offen Gewalttaten zu begehen, sie aber im Verborgnen solche begingen, da, scheint mir, hat (zuerst) ein schlauer und gedankenkluger Mann die (Götter)furcht den Sterblichen erfunden, auf daß ein Schreckmittel da sei für die Schlechten, auch wenn sie im Verborgnen etwas täten oder sprächen oder dächten. Von dieser Überlegung also aus führte er das Überirdische ein. (Ebd.)

Nach dieser Auffassung wurden die Götter erfunden, um die Menschen dort, wo die staatlichen Ordnungskräfte nicht präsent sein können, unter Kontrolle zu halten. Eine solche Theorie für die Entstehung der Religion setzt aber bei dem Erfinder derselben ein analytisches und strategisches Vermögen voraus, das in archaischen Perioden kaum vorhanden gewesen war. Nichtsdestoweniger vermochte eine solche Theorie sehr wohl zu zeigen, daß Religion instrumentell für politische Zwecke gebraucht werden kann. Kritias war, wie gesagt, der Onkel Platons, und sein Neffe hatte ein offenes Ohr für solche Vorstellungen. Mythen konnten also erfunden und für politische Zwecke eingesetzt werden, und so übernahm oder erfand Platon einen solchen nützlichen Mythos, der die Ungleichheit der Menschen erklärte und rechtfertigte (*Staat* III 414b–415d). Die Religion, die solche Mythen zu propagieren hatte, mußte entsprechend geschützt werden, und das heißt auch: Abweichler müssen bestraft werden, ganz gleich, ob es sich um sittlich gute oder schlechte Menschen handelt (*Gesetze* X 907d–908e). Das war eine gefährliche und geistesgeschichtlich höchst folgenschwere Umkehrung sophistischer Aufklärung (vgl. Kap. IX, 5).

Die Sophisten, die mit dem ernstgemeinten Interesse aufgetreten waren, zur Bildung und Humanisierung des Bürgers beizutragen, um ihm zur Wahrung seiner Rechte in der Polis zu verhelfen, die tatsächlich viel an Aufklärung geleistet hatten und die gerade die praktische Anwendbarkeit des Wissens zum Angelpunkt ihrer Tätigkeit gemacht hatten, verloren sich schließlich in Wortgefechten und überließen im praktischen Bereich der Willkür den Platz. Die Philosophie mußte – durchaus unter Anerkennung der Verdienste der Sophistik – neue Wege gehen, um wieder festen Boden zu gewinnen. Bleibendes Verdienst der Sophisten war es, daß nach ihnen Philosophie nicht mehr mit Naturphilosophie identisch war, sondern immer auch Kultur- und Rechtsphilosophie als eigene Bereiche enthalten mußte. Ebenso war es eine bleibende Wirkung, daß die Frage der Argumentationsweisen nicht mehr nur implizit behandelt, sondern zum expliziten Thema der Philosophie wurde. Genau hier reiht sich die Methode des Sokrates, die »Hebammenkunst«, ein, allerdings in wesentlich vertiefter, radikalisierter, aber auch mehr formalisierter Weise.

- VII -

Sokrates

Vorbemerkungen

Wie im nächsten Abschnitt gezeigt werden wird, gab es schon in der Antike sehr verschiedene Interpretationen der Absichten des Sokrates. Das Mittelalter verstand ihn dann als einen hervorragenden Vorläufer des Christentums, während er in der Renaissance als Modell des klassischen Gleichgewichts der geistigen und affektiven Kräfte galt. Die Aufklärung sah in Sokrates das Vorbild strenger, allen Spekulationen abgeneigter Rationalität. Hegel wiederum meinte, in Sokrates jenen Philosophen zu finden, der als erster, ausdrücklich von der Subjektivität ausgehend, die Objektivität der Wahrheit erkannt habe. Ganz im Gegenteil dazu war Sokrates für Kierkegaard | 165
der subjektive existentielle Denker, der jede universelle Objektivität kritisierte. Nietzsche dagegen erblickte in Sokrates gerade den Zerstörer subjektiv-vitalen Lebens, den Konstrukteur trockener Rationalität und Moralität (außer dort, wo er vom »musiktreibenden Sokrates« spricht). Alle diese Positionen sind philosophisch systembezogen, zur Klärung dessen, was der »wahre« Sokrates ist, ist jedoch ein Rückgriff auf Schriften des Sokrates nicht möglich, da er bekanntlich keine schriftlichen Werke hinterlassen hat. Man könnte auf den ersten Blick meinen, historisch sinnvoll könne man eigentlich nur mit der Annahme arbeiten, es gebe Vorsokratiker und Nachsokratiker, wobei Sokrates selbst ein nicht-identifizierbarer Schnittpunkt bliebe. So einfach ist die Angelegenheit aber auch wieder nicht. Sokrates ist nicht ausschließlich ein idealer Schnittpunkt, sondern jemand, den es wirklich gegeben hat, von dem wir – jedenfalls indirekte – Zeugnisse haben, und der ohne Zweifel eine tatsächliche Wirkung auf tatsächlich existierende Menschen ausgeübt hat, nicht zuletzt auf Platon, der davon in seinen Schriften Zeugnis ablegt. Bei dem Sokrates der platonischen Dialoge beginnt die Diskussion jedoch von Neuem, da wir in den platonischen Dialogen zwei ganz verschiedenen Sokrates-Figuren begegnen, deren Thesen nicht nur verschieden, sondern in ganz entscheidenden Punkten unvereinbar sind. Es liegt somit die Vermutung nahe, daß der Sokrates der mittleren und späten Dialoge eine platonische Erfindung ist, während der der frühen Dialoge der »echte« Sokrates ist, wenn auch in platonischer Einkleidung. So einfach ist aber auch dies wiederum nicht. Denn wenn Platon sich in den späteren Dialogen einen Sokrates erfunden hat, warum sollte er sich in den früheren nicht auch einen er-

funden haben? Platon trauen wir ja einiges zu. Man könnte an diesem Punkt die Überlegung erneut abbrechen und sagen, historisch wirksam sei nur der platonische Sokrates – bzw. die beiden platonischen Sokrates-Figuren – geworden, so daß die Frage nach einem »historischen Sokrates« eigentlich irrelevant sei. Auch Robinson Crusoe ist eine literarische Fiktion, nichtsdestoweniger steht er für die Ideale eines ganzen Jahrhunderts und wurde wirksam, ohne je existiert zu haben. Obwohl man mit der Vorstellung eines bzw. zwei Sokrates als historisch wirksamen literarischen Fiktionen leben könnte, ist diese Auffassung doch unbefriedigend. Schließlich hat es Sokrates wirklich gegeben, und wir möchten diesem so wirksam gewordenen Menschen gerecht werden, was im übrigen selbst schon unter die für Sokrates so wichtige Frage der Gerechtigkeit fällt. Die Frage nach dem »historischen Sokrates« läßt uns also nicht los, ebensowenig wie die nach dem »historischen Buddha« und dem »historischen Jesus«. Dann müssen wir aber doch wieder von der Vermutung ausgehen, der junge Platon gebe die Auffassungen seines Lehrers, literarisch eingekleidet, wieder. Ein Vertrauensvorschuß gegenüber Platon ist, trotz begründeter Verdachtsmomente, zwar nicht von vornherein unzulässig, wenn wir für diese Vermutung eine Bestätigung suchen, brauchen wir allerdings nicht-platonische Zeugnisse. Und solche gibt es tatsächlich, so vor allem bei Aristoteles und Xenophon. Zwischen Xe-

nophon und Aristoteles bestehen allerdings erhebliche Unterschiede: Aristoteles ist um eine Generation jünger als Xenophon und hat Sokrates nicht persönlich gekannt, war also auf die Zeugnisse anderer angewiesen. Dafür gehörte er aber zu einer Gruppe von Leuten, unter denen etliche Sokrates noch gekannt hatten, und vor allem: Er verfügte über einen kritischen Intellekt und ein Interesse an historischen Zusammenhängen. Bei Xenophon hingegen begegnen wir einem Mann, der philosophischen Problemen eigentlich fern stand, und bei dem wir uns die Frage stellen müssen, inwieweit er sie wirklich verstand. Auch ist nicht klar, welche Kontakte er wirklich zu Sokrates hatte, und in den letzten beiden Lebensjahren des Sokrates war Xenophon gar nicht mehr in Athen, sondern bei Cyrus und dessen Feldzug (vgl. die *Anabasis* Xenophons). Andererseits war er ein durchaus gebildeter Mann mit großen praktischen Fähigkeiten, der zweifellos über das verfügte, was die Griechen »Klugheit« nannten. Ohne seine Kenntnisse und Fähigkeiten wären Tausende Griechen beim Rückzug in Kleinasien umgekommen. Das Zeugnis eines klugen Mannes soll also nicht gering geschätzt werden.

Die Zeugnisse von Xenophon und Aristoteles sind also ziemlich verschieden einzuschätzen, nichtsdestoweniger begegnet uns bei beiden ein Sokrates, der ausschließlich an ethischen Fragen interessiert ist und bei dem erkenntnistheoretische Fragen oder metaphysische Überzeugungen nur als Voraussetzungen der ethischen Fragen erscheinen, nie aber für sich selbst thematisiert werden. Die *Konzentration auf ethische Fragen* war bei Sokrates ein ganz bewußt gemachter Schritt weg von den früheren Fragen der Naturphilosophie. Wenn wir der biographischen Notiz Platons Vertrauen schenken dürfen, hatte Sokrates in jungen Jahren »ein unbezwingliches

Verlangen nach jener Weisheit, die man Naturkunde nennt«, war aber dann zu der Einsicht gekommen, daß er »für diese ganze Betrachtungsweise absolut untauglich« sei (*Phaidon* 96a–c). Über die Untauglichkeit des Sokrates wollen wir besser nicht spekulieren, eher müssen wir vermuten, daß Sokrates sich – wie viele Sophisten – von den Problemen der Naturphilosophie ab- und den drängenderen Fragen der Gesellschaft und der Ethik zuwandte. Für Sokrates ist die wichtigste Frage die nach der richtigen Lebensweise (*Gorgias* 500c), Diogenes Laertius berichtet gar, daß Sokrates der erste war, »der sich als Lehrer über Lebensgrundsätze vernehmen ließ« (DL II 20). Ebenso sagt er von Sokrates, »er habe aber erkannt, daß die Naturphilosophie für uns nichts tauge und habe sich der Sittenlehre zugewandt« (DL II 21) – wir haben es also mit einem ethisch höchst interessierten, erkenntnistheoretisch und metaphysisch aber desinteressierten Sokrates zu tun. Wir können daher zu Recht vermuten, daß die Auffassungen, die Platon dem Sokrates in seinen frühen Dialogen in den Mund legt, tatsächlich den Auffassungen des Sokrates entsprechen dürften. Die Zeugnisse des Aristoteles, Xenophons und des Diogenes Laertius gehen in eine ganz ähnliche Richtung wie die des frühen Platon. Die Dialoge Platons, die bei dieser Annahme für eine Rekonstruktion der Auffassungen des Sokrates wichtig werden, sind: *Protagoras*, die *Apologie, Charmides, Kriton, Eutyphron, Gorgias* (außer den orphischen Schlußkapiteln), *Hippias Minor, Ion* und *Laches*. Damit wird eine weitere Frage | 167
wichtig: Was waren die Gründe, die Platon bewogen haben, sich in so radikaler Weise von den Auffassungen seines Lehrers nicht nur zu entfernen, sondern abzuwenden? Waren es nur »philosophie-interne« Fragen, oder gab es für Platon historische Ereignisse, die ihn dazu führten, den »historischen« Sokrates aufzugeben, als überwunden zu betrachten, und einen »neuen« Sokrates zu erfinden? Das wird eine wichtige Frage für das Platon-Kapitel sein (vgl. Kap. IX, 3). Ehrlicherweise muß ich dazu etwas zugeben: Da ich sehr viel gegen den späteren Platon einzuwenden habe, habe ich ein gewisses Interesse daran, einen wirklichen Sokrates gegen die platonischen Auffassungen ins Feld führen zu können, und nicht nur einen platonischen frühen gegen einen platonischen späten Sokrates. Zum Abschluß sei Diogenes Laertius zitiert, der über eine, wenn nicht wahre, so doch gut erfundene Stellungnahme des Sokrates zu Platon berichtet:

Man erzählt auch, Sokrates habe nach Vorlesung des Platonischen Lysis gesagt: »Beim Herakles, was der junge Mensch doch alles über mich zusammenlügt.« Der Verfasser nämlich hat mancherlei zu Papier gebracht, was Sokrates nie gesagt hat. (DL III 35)

1. Die Verurteilung des Sokrates

Ein Ausgangspunkt der Interpretation kann aus der historischen Situation gewonnen werden, die zur Verurteilung des Sokrates im Jahre 399 geführt hat. Manchmal wurde Sokrates als derber und ungebildeter Mann dargestellt, als Sittenprediger wie Johannes der Täufer, um ihn gegenüber den kulturell ambitionierten Sophisten als den »einfachen Mann des Volkes« hinzustellen. Diese Sicht ist unrichtig: Sokrates war philosophisch sehr gut gebildet und hatte die großen Philosophen seiner Zeit, soweit sie nach Athen gekommen waren, selbst gehört (vgl. DL II 19). In der Anklage wurde nun folgender Vorwurf erhoben: »Sokrates frevelt wider die Gesetze und treibt Unfug, indem er dem nachspürt, was unter der Erde ist und was am Himmel sich zeigt, und die schlechte Sache zur guten macht, zudem auch andere in ebendiesen Dingen unterweist.« (*Apologie* 19b) Dies entspricht, wie dort ebenfalls gesagt wird (Ebd. 19c), dem Sokrates, wie er in den *Wolken* des Aristophanes gezeichnet wird, und vor allem im zweiten Teil entspricht es dem Erscheinungsbild des Sophisten, mit dem – sicher damals auffälligen – Unterschied, daß Sokrates kein Geld nahm. Xenophon stellt ausdrücklich fest, daß kosmologische Spekulationen im Sinne des ersten Teils der Anklage von Sokrates nicht vorgelegt wurden (Xenophon: *Erinnerungen an Sokrates* I 2, 31). Waren also Unterschiede zu den Sophisten vorhanden, so wurden diese von den Zeitgenossen als innersophistische betrachtet, womit diese Zeitgenossen wahrscheinlich zwar Wesentliches nicht in den Blick bekamen, aber in ihrer Einschätzung phänomenologisch auch nicht ganz daneben trafen: Für die Gesellschaft Athens gehörte Sokrates zur Gruppe der Sophisten. Platon zeigt uns Sokrates in ständiger Auseinandersetzung mit den Sophisten, wobei er sich aber nicht mit den Sophisten als Gruppe auseinandersetzte, sondern immer mit einzelnen Sophisten, was von den Zeitgenossen als ganz normaler innersophistischer Streit angesehen wurde. Der Wettstreit der Meinungen gehörte zu der Bewegung der Sophisten, und Sokrates wurde als jemand angesehen, der zu dieser Bewegung gehörte. Wenn Platon daraus einen Gegensatz des Sokrates zur ganzen Bewegung der Sophisten konstruiert, legt er hier seine eigene Ablehnung der Sophisten in die Tätigkeit des Sokrates hinein. Sokrates lehnte nicht die sophistische Bewegung und deren Orientierung auf die Praxis hin ab, sondern wollte nur – und das hebt ihn tatsächlich von den anderen Sophisten ab – eine über unmittelbare Effizienz hinausgehende Begründung für das Handeln finden.

Was waren die politischen Kräfte, die einen so eingeschätzten Sokrates beseitigen wollten? Der peloponnesische Krieg war mit der endgültigen Niederlage Athens in der Seeschlacht von Aigospotamoi im Jahre 405 zu Ende gegangen. Auf Druck des spartanischen Feldherrn Lysander wurde 404 die demokratische Regierung durch die Herrschaft der dreißig Tyrannen ersetzt – Sparta gab also die Regeln vor. 403 gelang es einer Gruppe von Exilanten unter Trasibulos, die Dreißig zu vertreiben und ein gemäßigt-demokratisches System zu etablieren sowie eine entsprechende

Regierung zur Herrschaft zu bringen. Genau diese gemäßigte Regierung klagte Sokrates an und verurteilte ihn – warum? Diese neue, gemäßigt-demokratische Regierung wurde hauptsächlich von aristokratischen und konservativen Gruppen gestützt, die der vergangenen Größe Athens nachtrauerten. Ihrer Meinung nach waren die alten Strukturen politisch-gesellschaftlicher Art, wie sie *vor* der sophistischen Bildungsrevolution gegolten hatten, der Garant der Macht und des Reichtums Athens. Platon gibt im 7. Brief ein wohl zutreffendes Bild der Sicht dieser Gruppen:

[...] denn unser staatliches Leben bewegt sich nicht mehr in den Formen der altväterischen Sitten und Einrichtungen, und neue zu gewinnen war auch nur unter Überwindung großer Schwierigkeiten möglich – anderseits war es schon vorbei mit strenger Einhaltung von Gesetz und Herkommen, eine Erscheinung, die sich in erstaunlichem Maße steigerte. War ich also anfänglich auch ganz erfüllt von dem Drang nach staatsmännischer Betätigung, so wurde mir bei Betrachtung dieser Zustände und dieses wirren Durcheinanders der Dinge schließlich ganz schwindelig zumute. Dabei fuhr ich zwar fort darüber nachzudenken, wie sich in dieser Hinsicht und im gesamten staatlichen Leben überhaupt ein Umschwung zum Besseren finden ließe, für das eigene praktische Eingreifen wollte ich aber auf den günstigen Zeitpunkt warten. (325d–326a)

Andere warteten nicht, sondern versuchten, den »Umschwung zum Besseren« dadurch herbeizuführen, daß sie zu den aristokratischen Sitten und Einrichtungen der Väter zurückkehrten. Das Paradigma dafür war Sparta – allerdings weniger das wirklich existierende, sondern eher ein mythologisch konstruiertes und verklärtes Sparta, so wie es uns viel später im *Lykurg* des Plutarch (1./2. Jhd. n. Chr.) begegnet. Über das zeitgenössische Sparta sind wir durch Xenophons *Verfassung der Spartaner* recht gut unterrichtet: In Sparta hatte man nie etwas für die sophistische Bewegung übrig gehabt. Auch die Dreißig meinten, einen wichtigen Schritt in die richtige Richtung dadurch zu tun, daß sie die Lehrtätigkeit der Redekunst, also die Tätigkeit der Sophisten, unter ein gesetzliches Verbot stellten (Xenophon: *Erinnerungen an Sokrates* I 2, 31). Daß damit Sokrates im Visier stand, stellt Xenophon (Ebd.) ausdrücklich fest. Auch die Nachfolger der Dreißig wollten solchen »zersetzenden« Kräften keinen Raum geben und dafür mußte die ganze sophistische Bewegung zurückgedrängt, verurteilt werden: Mit Sokrates, dem bedeutendsten Vertreter der »bürgerlich-demokratischen Intelligenz«, sollte die gesamte kulturelle Bewegung des demokratischen Athen seit Perikles getroffen werden. Diogenes Laertius berichtet, daß Sokrates ein Vertreter der Demokratie war, der Kritias und dessen Genossen Widerstand leistete (DL II 24). Dies zeigt, daß hier zum ersten Mal in der Geschichte der griechischen Kultur und Gesellschaft eine philosophische Bewegung weit über die Wirkung auf einzelne oder auf kleinere Gruppen hinausgereichte hatte, daß sie tatsächlich »öffentliches Bewußtsein« geprägt hatte. Denn nur eine öffentlich einflußreiche Bewegung muß durch eine öffentliche, paradigmatische Verurteilung eingeschüchtert und zurückgedrängt werden. Philosophie als ein politisches Problem ist jedenfalls ein neues und auch in der späteren Geschichte nicht allzu häufig anzutreffendes Phänomen.

Nicht einkalkuliert hatte man die Reaktion des Sokrates, und dies beweist, daß der Einschätzung der Politiker eine unzureichende Kenntnis nicht nur der Persönlichkeit des Sokrates, sondern auch des Unterschiedes seiner Auffassungen von jenen der anderen Sophisten zugrunde lag. Seine Ankläger hatten gemeint, ihn – wie früher etwa Anaxagoras oder Protagoras – dazu bringen zu können, Athen zu verlassen, und damit ein Exempel zu statuieren: Die ganze Bewegung der sophistischen Aufklärung sollte diskreditiert und zum Schweigen gebracht werden. Der Beginn des *Kriton* zeigt, daß es für Sokrates durchaus eine Möglichkeit zur Flucht gegeben hatte, und es ist unwahrscheinlich, daß seine Richter davon nichts gewußt haben. Im übrigen hatten die Athener es immer vorgezogen, wenn Dissidenten die Stadt verließen (vgl. *Kriton* 51d), außerdem hätte die Gesetzeslage es Sokrates noch während des Prozesses zugestanden, einen Antrag auf Verbannung zu stellen (Ebd. 52c). Daß es Sokrates durchaus möglich gewesen wäre, aus dem Gefängnis zu fliehen, war auch den antiken Historikern klar (vgl. DL II 24). Sokrates hat diesen Plan vereitelt, und durch seine Haltung wurde er – wie er selbst es vorausgesehen zu haben scheint – zum Opfer und damit zum Ankläger seiner Ankläger. Was war die Haltung, die Sokrates zu dieser nicht erwarteten Reaktion bewegte? Diese Frage führt uns gleichzeitig ins Zentrum des sokratischen Programms.

In bestimmter Hinsicht setzte Sokrates das sophistische Programm fort, entwikkelte es aber so weiter, daß er schließlich – auch wenn dies nicht sofort sichtbar wurde – das Programm selbst überwand. Der Ausgangspunkt des Sokrates in methodischer Hinsicht war die Redeführung, sein Ziel die bessere Selbsterkenntnis des Menschen und damit dessen besseres Handeln. Hier tritt bereits ein entscheidender Unterschied zu den Sophisten auf: In methodischer Hinsicht unterwiesen diese ihre Schüler durch Lehrvorträge – Sokrates hingegen *lehrt nicht, er fragt.* Eine zur Diskussion stehende These ist bei ihm nicht schon zuvor bestimmt oder erwiesen, sie wird auch nur in den seltensten Fällen durch längere Reden expliziert, und wenn, dann sind diese nur als Zusammenfassung, als Resultat des jeweils Vorhergegangenen zu begreifen. Es ist anzunehmen, daß der schein-dialogische Charakter, der uns gelegentlich auch schon in den frühen platonischen Dialogen vorgeführt wird, mehr den anti-dialogischen Charakter des platonischen Denkens wiedergibt als die Diskussionsform des Sokrates. Im Grunde gibt es nur eine These, die Sokrates mit dem Dialog beweisen wollte: die ständige Notwendigkeit kritischer Selbstprüfung.

Derjenige unter euch, ihr Menschen, ist der weiseste, der wie Sokrates erkannt hat, daß seine Weisheit in Wahrheit keinen Heller wert ist. (*Apologie* 23b)

Xenophon weist darauf hin, daß diese *kritische Selbstprüfung* bei Sokrates keinen Selbstzweck darstellte, sondern in einem Lebenszusammenhang steht:

Glaubst du, daß sich ein solcher selber kennt, welcher nur seinen eigenen Namen weiß, oder meinst du nicht vielmehr, daß nur der seinen Wert und Unwert erkannt hat, welcher sich selbst daraufhin geprüft hat, wie es um seine Brauchbarkeit für das menschliche Leben steht? [...] Denn die, welche sich selber kennen, wissen was für sie gut ist, und sie können unterscheiden, was sie bewältigen können und was nicht. Indem sie sich mit dem befassen, was sie verstehen, befriedigen sie ihre Bedürfnisse, und es geht ihnen gut; indem sie auf das verzichten, was sie nicht verstehen, unterlaufen ihnen keine Fehler und sie geraten nicht in eine mißliche Lage. (*Erinnerungen an Sokrates* IV 2, 25–26)

Allerdings faßt Sokrates das, was für jemanden gut ist, radikaler auf als die Sophisten. Er zeigte an sich selbst, daß eine bestimmte Tätigkeit für jemanden gut sein kann, selbst dann, wenn sie den Tod zur Folge hat. Eine solche These findet sich bei keinem Sophisten.

Die Weigerung des Sokrates, die Möglichkeit zur Flucht wahrzunehmen, beruht letztlich darauf, daß er das pragmatische Effizienzkriterium der Sophisten-Kollegen | 171
als unzureichend ansieht; Flucht wäre die Bestätigung dafür gewesen, dieses Kriterium als das letzte anzusehen, was gesagt werden konnte. Ein »Normalsophist« hätte angenommen, daß der der Weiseste ist, der die Regeln der Sprache, die Gesetze usw. am besten kennt und in der Lage ist, dies wirksam seinen Schülern zu vermitteln. Das Kriterium der Gültigkeit des vom Sophisten Vorgelegten lag darin, daß es zum Erfolg verhilft, das Scheitern ist ein Scheitern des Lehrers. Wenn ein Sophisten-Schüler seinen ersten Prozeß verlor, konnte er vom Sophisten-Lehrer das Schulgeld zurückfordern. Sokrates hingegen ist in keiner Weise bereit, sein öffentliches Scheitern als Argument gegen das von ihm Gelehrte zu akzeptieren. Was er wollte, war eine kritische Überprüfung der Meinungen, und so prüft er kritisch die gegen ihn vorgebrachten Anklagepunkte, ohne auf sein persönliches Schicksal Rücksicht zu nehmen. Sokrates mißt seine Lehre und seine Tätigkeit nicht am »Marktwert«.

Nicht Kritik als solche ist für ihn jedoch das Ziel, sondern die Suche nach der bestmöglichen Begründung für das durch die Kritik Untersuchte. Durch die »was ist«-Frage konnte Sokrates später als Begründer der attischen Begriffsphilosophie angesehen werden. Die konkrete historische Situation, in die hinein Sokrates seine »was ist«-Fragen stellte, war indes eine ganz andere als die der späteren platonischen Philosophie. Sokrates lebte in einer von den Sophisten geprägten Umgebung, und er sah die Folgen des Ethos-Relativismus ebenso wie die Problematik des Rückgriffs auf eine Physis-Rechtfertigung. Er versuchte, dem einzelnen gegenüber dem Staat, der Tradition und der Religion eine Autonomie zu geben, ohne in Formen individualistischer Willkür zu verfallen. Er war überzeugt, daß es gegenüber den Gesetzen die

Frage nach der Gerechtigkeit gibt, auch wenn er sie (noch) nicht beantworten konnte. Er wollte zunächst einmal – zusammen mit anderen – lernen, Fragen richtig zu stellen, während die Sophisten sogleich, ohne sich diesem Problem gestellt zu haben, daran gingen, Antworten in »verwendbarer« Form zu liefern. Dieser Unterschied in der Zielsetzung ergab sich aus einer unterschiedlichen Auffassung dessen, *was nützlich ist.* Dies macht Platon im *Hippias Maior* deutlich, wenn dem Sokrates dort vorgehalten wird:

Aber sage, Sokrates, was ist denn nun alle diese deine Weisheit, wenn du dir's recht überlegst? Nichts als Brocken und Splitter von Reden, zerstückelte Teilchen, wie ich sie eben erst nannte. Dagegen imstande zu sein durch eine gut und schön angelegte Rede vor Gericht oder in der Ratsversammlung oder vor sonst einer Behörde, vor der man zu reden hat, die Hörer für sich zu gewinnen und als Sieger nicht die kleinsten sondern die größten Kampfpreise davonzutragen, die Rettung nämlich der eigenen Person mitsamt dem Vermögen, sowie auch der Freunde – das nenne ich schön und schätzenswert. Darauf also muß man sein Trachten richten und diesen Wortklaubereien den Abschied geben, um nicht gar zu töricht zu erscheinen, indem man sich mit solchen Nichtigkeiten und Albernheiten abmüht wie den vorliegenden. (*Hippias Maior* 304a–b).

Gegenüber solchem Erfolgsdenken mußte die »Fragerei« des Sokrates als alberne Tätigkeit erscheinen. Sokrates hatte aber eben ein anderes Verständnis dessen, was mit »Rettung der eigenen Person« gemeint ist, und nicht zuletzt dieser Zusammenhang erklärt, warum Sokrates immer wieder ironisch sagte, daß er eben »nichts wisse« und von den anderen lernen wolle. So ging Sokrates etwa, nachdem er Politiker und Dichter befragt hatte, auch zu den Handwerken, zu denen er selbst seiner Herkunft nach gehörte:

Schließlich machte ich mich an die Handwerker. Daß ich selbst nämlich so gut wie nichts wisse, das war mir völlig klar, bei diesen aber war ich meiner Sache ganz sicher: ich durfte auf viele schöne Kenntnisse bei ihnen rechnen. Darin täuschte ich mich denn auch nicht, denn sie wußten in der Tat Dinge, die ich nicht wußte; sie waren also insofern weiser als ich. Allein, meine Mitbürger, die guten Handwerker schienen mir an demselben Fehler zu leiden wie die Dichter: weil ein jeder von ihnen ein vortrefflicher Vertreter seiner Kunst war, machte er zugleich den Anspruch, auch sonst auf den wichtigsten Gebieten allen anderen an Weisheit überlegen zu sein, eine Kurzsichtigkeit, die einen tiefen Schatten auf jene ihre Weisheit warf. (*Apologie* 22c–d)

Neben der Kritik an dem zu weiten Anspruch des Wissens wird jedoch deutlich, daß Sokrates durchaus eine »Tüchtigkeit« anerkennt, denn die Handwerker wissen »etwas«: Sie wissen, wozu ein Ding gut, d. h. tauglich, ist, und sie wissen, wie das Material bearbeitet werden muß, damit das Ding tauglich ist. Wenn Sokrates sich an die

Handwerker wendet, so nicht nur deshalb, weil er selbst Handwerker, nämlich Steinmetz, war (sehr viel hat er sich allerdings kaum in seinem Beruf betätigt), sondern auch, weil deren Fähigkeiten in den zwei letzten Generationen und bis zu seiner Zeit in Athen besonders sichtbar waren. Ob, wie Diogenes Laertius (II 19) mitteilt, die Charitinnen auf der Akropolis wirklich von Sokrates stammen, läßt sich nicht feststellen, jedenfalls ist es ihm nicht geglückt, einen Platz in der Kunstgeschichte zu erhalten – was er auch gar nicht wollte. Die Bedeutung des Handwerks für die Größe Athens war Sokrates jedenfalls bewußt und das meiste an Architektur und Plastik, das wir heute noch in Athen bewundern, ist in dieser Periode entstanden. Auch das Handwerk der Schiffsbauer hatte große Erfolge gebracht, die Überlegenheit Athens auf See und somit seine militärische Überlegenheit waren nicht zuletzt ein technischer Erfolg. Sokrates wandte sich also an jene, deren Tüchtigkeit unübersehbar und öffentlich anerkannt war, und er wandte sich somit an jene, die das »große Athen« hervorgebracht haben, auch wenn die Zeit der Größe Athens schon sichtlich dem Ende zuging. Aber gerade dies, die Größe Athens in den handwerklichen, technischen und künstlerischen Leistungen seiner Bürger bei der gleichzeitigen Unfähigkeit dieser Bürger, die Frage nach der Gerechtigkeit zu beantworten, beunruhigte Sokrates. Im Jahre 406 hatten die Athener unter größten finanziellen Opfern nochmals eine Flotte aufgebaut, selbst Geschenke an die Tempel wurden eingeschmolzen. Es war ihnen sogar gelungen, bei den Arginusen-Inseln (in der Nähe von Lesbos) einen Sieg über die Spartaner zu erringen, wegen schlechten Wetters konnten sie aber ihre eigenen Schiffbrüchigen nicht bergen und verloren deshalb viele ihrer Soldaten und ihrer Schiffsmannschaften. Wie üblich wurden die Feldherrn vor Gericht gestellt und die – einigermaßen chaotische und hin und her gerissene – Volksversammlung verurteilte, ohne auch nur die vorgeschriebene Rechtsordnung einzuhalten, die Feldherrn zum Tode. Sokrates war der einzige, der erklärte, er werde nichts tun, was nicht dem Gesetz entspräche (*Apologie* 32b–c; vgl. DL II 24). Die Sorge des Sokrates um die Gerechtigkeit in den öffentlichen Angelegenheiten war also nicht unbegründet. Es mußte sich daher folgende Frage aufdrängen: Wieso waren all diese tüchtigen und geschickten Bürger unfähig, über gerecht und ungerecht zu entscheiden? Sokrates ging aus, um die Bürger zu befragen, befragte aber gleichzeitig seine Stadt und ihre Kultur, und kam zu dem Ergebnis, daß die Stadt, ihre Bürger, ihre Verfassung und ihre Kultur auf einem sehr frag-würdigen Boden standen. Also fragte er weiter und kam dabei zu der für ihn wie für die Befragten höchst beunruhigenden Einsicht, daß sich hier eine grundsätzliche Problematik auftat: Die Frage nach der Gerechtigkeit ist eine, für die es zwar in Hinsicht auf das *formale* absolute Verbot jeder ungerechten Handlung eine abschließende Antwort gibt, wogegen es für die *inhaltliche* Frage nach dem, was nun gerecht ist, in vielen Fällen keine abschließende Antwort gibt. Wir habe also sowohl ein *Wissen* als auch ein *Wissen des Nicht-Wissens*. Vor allem die raschen Antworten der Sophisten erwiesen sich bei genauerem Nachfragen als oft recht unbegründet. An die Stelle des

Kriteriums der pragmatischen Effizienz, die der *Rhetorik* entsprach, sollte das Kriterium der Wahrheit treten, das der *Dialektik* entsprach. Sokrates wirft einem seiner sophistischen Gesprächspartner vor:

Gleich zu Beginn unserer Unterredung, mein Polos, lobte ich dich, daß du meinem Dafürhalten nach für die Rhetorik trefflich vorgebildet seist, wogegen du die Dialektik vernachlässigt habest. (*Gorgias* 471d)

Damit wird aus dem pragmatisch gerechtfertigten Wissen der Sophisten *(sophía)* die Liebe zum Wissen, das Streben nach Wissen, die Philosophie *(philosophía)*, und deren eigentliches und charakteristisches Instrument ist die *Dialektik*. Philosophieren ist eine Tätigkeit, die aufs ganze gesehen keinen Abschluß finden kann. Deshalb ist für Sokrates auch die Tätigkeit des Philosophierens kein Schulgegenstand, also nicht etwas, was zu einer bestimmten Zeit des Lebens gehört und dort seinen Abschluß findet, so wie dies z. B. Kallikles zum Ausdruck bringt:

Von Philosophie soviel zu verstehen, als die Bildung fordert, ist eine löbliche Sache und in jungen Jahren sich mit Philosophie zu beschäftigen ist keine Schande. Wenn

der Mensch aber schon älter wird und immer noch Philosophie treibt, so macht er sich, mein Sokrates, allmählich lächerlich. (*Gorgias* 485a)

Die Tüchtigkeit in diesem Bereich besteht gerade darin, in ständiger Prüfung die Begrenztheit des Wissens einzusehen. Überlieferte sittliche Normen wie auch Gesetze, die das Handeln des Menschen bestimmen, müssen immer wieder auf ihre Tragfähigkeit hin überprüft werden. Insofern dies im Dialog geschieht, wird bei Sokrates eine Subjektivierung, wie sie vielleicht bei Protagoras in seinem *Homo-mensura*-Satz vorgelegen hatte, überwunden: Ein Ergebnis ist um so brauchbarer, je mehr es aus einem rationalen Konsens der Gesprächspartner hervorgeht. Für Sokrates ist der Dialog entscheidend: Es kommt nicht darauf an, dem anderen nachzuweisen, daß er nichts weiß, vielmehr kommt es darauf an zu begreifen, daß es entscheidend ist, im Dialog *konsensfähige Übereinstimmung* herzustellen. Auf Platon bezogen heißt dies: Nicht primär durch die Ideenlehre hat Platon sich von Sokrates getrennt, sondern dadurch, daß er nicht versucht hat zu zeigen, daß die Ideenlehre ein Diskussionsresultat ist, das sich immer wieder der intersubjektiven Überprüfung stellen muß.

Beruft sich aber nicht Sokrates selbst an verschiedenen Stellen auf eine nur ihm zur Verfügung stehende, nicht aus dem Dialog stammende Instanz? Man könnte den Eindruck gewinnen, daß Sokrates mit dem *daimónion* einen Faktor einführt, der außerhalb rationaler Kritik steht. Vor allem in der *Apologie* kommt er auf dieses *daimónion* zu sprechen:

Mich hat diese Erscheinung schon gleich von Kindheit auf begleitet: es ist eine Stimme, die sich immer nur in abmahnendem Sinne vernehmen läßt, um mich von einem Vorhaben abzubringen, niemals aber in zuredendem Sinne. (*Apologie* 31d)

Beruft sich Sokrates hier auf eine unkontrollierbare »Eingebung«? Fest steht zunächst einmal, daß es kaum möglich sein dürfte, dieser »Stimme« als psychologischem Faktum eine klare Interpretation zu geben – schließlich stehen wir heute Leuten, die »Stimmen hören«, ziemlich skeptisch gegenüber. Man sollte auch vorsichtig sein, das *daimónion* gleich mit der »Stimme des Gewissens« zu identifizieren, da letztere in ihrer konkreten Gestalt sehr stark von der Tradition, also von überlieferten Normen, abhängig ist, und es ist ganz und gar nicht klar, inwieweit die »Stimme des Gewissens« nur internalisiertes regelgerechtes Verhalten repräsentiert – fragen wir also besser, wie Sokrates mit dieser Stimme umgeht. Im Anschluß an die eben zitierte Stelle sagt Sokrates, daß das *daimónion* ihn von politischer Tätigkeit abgehalten habe. Er bleibt aber dabei keineswegs stehen, sondern gibt dafür, daß er keine politische Tätigkeit ausüben wolle, eine klare und rationale Begründung:

Wer wirklich ein Vorkämpfer des Rechtes sein will, der muß, um auch nur kurze Zeit sein Leben zu fristen, schlechterdings sich auf den Einzelverkehr beschränken und auf die Beteiligung an den öffentlichen Angelegenheiten verzichten. Für diese Behauptungen will ich euch schlagende Beweise anführen, nicht Worte, sondern, worauf ihr so großes Gewicht legt, Tatsachen. (*Apologie* 31e–32a)

Dies bedeutet, daß Sokrates zwar mit dem *daimónion* auf irgendeine Intuition hinweist, daß er aber für das, was ihm auf diese Weise »gesagt« wird, eine rationale Begründung entweder schon besitzt oder zumindest sucht. Das *daimónion* hat also bei Sokrates keine Funktion in einem Argument. Dies ist wichtig. Die Berufung auf das »Gewissen« enthebt niemanden der Pflicht, seine Handlungen intersubjektiv und argumentativ zu begründen.

Es wird manchmal eingewendet, daß radikales Fragen ohne die Annahme, in einem überschaubaren Zeitraum zu definitiven Antworten zu gelangen, keinen Sinn mache. Das ist etwas kurzsichtig. Kehren wir zurück zur Situation der Jahre am Ende des 5. Jhd.s, also in die Zeit, in der Sokrates in Athen tätig war. Die Situation des Peloponnesischen Krieges war für Athen aussichtslos. Bei radikaler Fragestellung wäre diese Einsicht erreichbar gewesen, und damit wäre ein – sicher nicht besonders ehrenvoller – Friede möglich gewesen. Die Athener verweigerten sich dieser radikalen Einsicht, und so ging die endgültige Katastrophe ihren Lauf. Bei radikaler Fragestellung wäre auch hier nur eine vorläufige Antwort herausgekommen, nämlich Friedensschluß angesichts einer aussichtslosen Situation. Das wäre vernünftig gewesen. Eine endgültige Antwort hätte dies nicht geliefert, denn die nächste Frage, die Thukydides so sehr beschäftigt hat, wäre gewesen: Warum hat der Peloponnesische Krieg überhaupt stattgefunden? Antwort: (Unter anderem) um die Frage der Vorherrschaft in Griechenland mit militärischen Mitteln zu lösen. Die nächste Frage wäre: Warum Vorherrschaft? oder: Warum überhaupt Krieg? Mit solchen Fragen käme man vermutlich in einen sokratisch endlosen Dialog, ohne den Mut zu solchen radikalen Fragestellungen gibt es jedoch auch keine vernünftigen Antworten auf die »Zwischenglieder«. Mit anderen Worten: Nur radikale Fragen können »Zwischenkatastrophen« verhindern oder brauchbare »Lösungen auf Zeit« hervorbringen. Nehmen wir ein Beispiel aus unserer Gegenwart: Nur die radikale Frage, ob die Existenz der Menschheit überhaupt sinnvoll ist – eine Frage, auf die es wahrscheinlich keine Antwort gibt –, läßt uns die Frage, ob wir der nächsten Generation noch brauchbare Lebensbedingungen hinterlassen sollen und müssen, in aller Dringlichkeit in den Blick bekommen. Oder anders: Nur die radikale und in einem sokratischen Dialog nicht leicht zu beantwortende Frage, ob es Ungerechtigkeit gegenüber (noch) nicht existierenden Menschen gibt, kann verhindern, daß wir unmittelbarem Nutzen gegenüber langfristigem und uns selbst wahrscheinlich nicht mehr betreffendem Schaden den Vorzug geben.

Sokratisches Fragen ist aber nicht bodenlos. Es wird oft übersehen, daß alles »Nichtwissen«, von dem Sokrates spricht und von dem er die anderen überzeugen
 will, auf einem *Fundament* unerschütterlichen und *zweifelsfreien Wissens* beruht, in dem Sokrates auch seine Überlegenheit begründet weiß:

Wäre es da nicht unverzeihlich, wenn ich gegenüber der Weisung des Gottes, der, wie ich glaubte und annahm, mich aufforderte, mein Leben der Wahrheitsforschung sowie der eigenen Prüfung und der der anderen zu widmen – wenn ich da aus Furcht vor dem Tode oder vor wer weiß welchen anderen Schrecknis meinen Posten hätte verlassen wollen. (*Apologie* 28e–29a)

Wiederum gilt: Die Forderung der Prüfung der eigenen Meinungen sowie der der anderen hat Sokrates stets begründet, wie immer es auch mit der »Weisung des Gottes« bestellt sein mag. Deshalb ist Sokrates überzeugt, daß dieses Forschen nach der Wahrheit und diese Prüfung auch in der Situation des Gerichts weitergeht – was bedeutet, daß der Angeklagte Sokrates zu dem wird, der seine Ankläger einer Prüfung unterzieht, und daß er sich dieser Tätigkeit nicht durch Flucht entziehen darf. Nur auf solche Weise wird sichergestellt, daß die öffentliche Suche nach der Wahrheit weitergeht und nicht politisch verhindert wird. So sagt er zu den Richtern:

Denn jetzt habt ihr das getan in dem Wahn, ihr würdet nicht Rechenschaft geben müssen über euer Leben; es wird aber so behaupte ich, sich ganz das Gegenteil davon für euch ergeben. Die Zahl derer, die von euch Rechenschaft fordern, wird größer werden: bisher habe ich sie zurückgehalten, ohne daß ihr es gewahr wurdet. (*Apologie* 39c–d)

Sokrates wußte, daß er durch Flucht die Unbedingtheit seines Anspruchs in Frage gestellt hätte, durch das Verbleiben und die Verurteilung aber gerade das Fortwirken dieses ethischen Anspruchs sicherstellen konnte; er wußte also, daß er von seinem Prinzip her keine Wahl hatte:

Allein weder bei der Verteidigung selbst glaubte ich mir irgend etwas Unehrenhaftes erlauben zu dürfen zur Abwendung der Gefahr, noch auch gereut es mich jetzt, mich so verteidigt zu haben; nein, weit lieber will ich durch eine solche Verteidigung dem Tode geweiht sein als mir durch eine Verteidigung von jener Art das Leben erkaufen. (*Apologie* 38e)

Die Verteidigung des Sokrates war eben nicht rhetorisch-sophistisch, d. h. einzig auf die Effizienz, also in diesem konkreten Fall auf einen Freispruch hinarbeitend, aufgebaut, sondern dialektisch-philosophisch, d. h. bedingungslos auf Wahrheitssuche ausgerichtet, ganz gleich, welche Konsequenzen dies haben könnte. Das alles ist bei Sokrates aber nicht moralisierend fanatisch, denn Sokrates suchte das Glück.

2. Die Suche nach dem Glück

Wie wahrscheinlich alle Menschen, hatte Sokrates sich aufgemacht, das Glück *(eudaimonía)* zu suchen und zu finden. Darüber hinaus wollte er jedoch wissen, und zwar dialektisch begründet wissen, worin das Glück besteht. Persönlich fand er das Glück schon in den Gesprächen und sagte noch nach seiner Verurteilung, daß er in seiner Tätigkeit – genau jener, die zu seiner Verurteilung geführt hatte – das Glück gefunden habe, das seine Gegner nicht verstehen können:

Sage ich aber, daß es das größte Glück für den Menschen ist, sich Tag für Tag über die Tugend zu unterhalten und über die weiteren Fragen, über die ihr mich reden hört als einen Prüfer und Erforscher sowohl meiner selbst wie anderer, und daß ein Leben ohne Prüfung und Erforschung nicht lebenswert sei, so werdet ihr dieser meiner Rede weniger Glauben schenken. (*Apologie* 38a)

Sokrates will damit zweifellos nicht sagen, daß sein Ratschlag, wie man das Glück finden könnte, darin bestehe, fragend umherzuziehen, sondern will vielmehr zum Ausdruck bringen, »daß ein Leben ohne Prüfung und Erforschung nicht lebenswert« ist, daß also die Frage des Glücks und die Frage der Erforschung der Tugend eng zusammengehören. An diesem Punkt allerdings beginnt wieder ein Problem der Interpretation, und es ist wohl klar, daß es hier um mehr geht als um die Frage der Interpretation von Texten: Wie verhalten sich Tugend und Glück zueinander? Es legt sich an vielen Stellen – vor allem der *Apologie*, des *Gorgias* und des *Kriton* – nahe, anzunehmen, daß Sokrates Tugend und Glück identifiziert habe (ich folge hier wie auch in den folgenden Punkten 3 und 4 der Auffassung von: Vlastos: *Socrates*. S. 179–232). Eine solche These wurde vermutlich auch von den Kynikern mit Berufung auf Sokrates vertreten; man könnte sie etwa in dem finden, was Diogenes Laertius als Auffassung des Antisthenes berichtet: »Die Tugend sei ausreichend zur Glückseligkeit und bedürfe außerdem nichts als die Sokratische Willenskraft« (DL VI 11). Dies war auch die Standardversion der Sokrates-Interpretation der Stoiker, wie wir sie z. B. bei Cicero finden (*Tuskulanische Gespräche* V 35–36). Aber so einfach verhält es sich nun doch nicht.

Bei Sokrates findet sich in ganz eindeutiger Weise eine hierarchische Ordnung der Werte. Daß die Tugend, vor allem die Gerechtigkeit, an oberster Stelle steht, ist völlig klar, wobei Tugend *(areté)* bei Sokrates – jedenfalls unter anderem – wirklich das bedeutet, was wir heute unter sittlichen Tugenden verstehen. Diese *eindeutige Wertordnung* auch in ihren radikalen Folgen wiederholt und bestätigt Sokrates in seiner Verteidigung während des Prozesses:

Du irrst gewaltig, mein Bester, wenn du meinst, ein Mann, der auch nur etwas auf sich hält, solle ängstlich mit Leben oder Tod rechnen statt bei seinem Tun und Handeln darauf zu sehen, ob er gerecht oder ungerecht handelt und ob seine Taten die eines edeln oder eines ehrvergessenen Mannes sind. (*Apologie* 28b)

Das sittliche Handeln, hier die Gerechtigkeit, hat also einen eindeutigen Vorrang vor dem physischen Gut des Lebens – und wer sittlich handelt, der ist glücklich. Also stellt sich folgende Frage: Spielen die anderen Güter und deren höchstes, nämlich das Leben selbst, dann hinsichtlich des Glücks keine Rolle, so wie es die kynische und die stoische Lesart der sokratischen Auffassung will? Das dürfte nicht zutreffen. Sokrates erkennt durchaus an, daß es auch andere Güter gibt; es geht ihm jedoch stets darum, daß die richtige Ordnung gewahrt wird:

Besteht ja doch meine ganze Tätigkeit darin, daß ich in beständiger Wanderung euch mahne, jung und alt, weder das körperliche Wohl noch die Sorge für Hab und Gut höher zu stellen und eifriger im Auge zu haben als das Wohl der Seele und ihre möglichste Besserung. Denn, so lautet meine Rede, nicht aus Reichtum geht die Tugend hervor, sondern aus der Tugend der Reichtum und alle anderen menschlichen Güter im persönlichen wie im öffentlichen Leben. (*Apologie* 30a–b)

Um falsche Assoziationen zu vermeiden, ist hier eine Zwischenbemerkung erforderlich: Für Sokrates ist »Seele« einfach das Wort für das bewußte, vernünftige, verantwortliche Ich des Menschen. Die Seele stellt hier in keiner Weise eine – im platonischen oder christlichen Sinn – abtrennbare Realität dar, die für sich existieren könnte. Sokrates spricht nur, vermutlich bewußt unbestimmt, über »denjenigen wie auch immer zu benennenden Teil unseres Innern, der die Heimstätte der Ungerechtigkeit und Gerechtigkeit« ist (*Kriton* 47e–48a). – Kommen wir zurück zur Wertordnung. Sokrates sagt nicht: »Kümmert euch einzig um das Wohl der Seele, alles andere ist für das Glück irrelevant«, sondern insistiert nur auf der Wertordnung dessen, was *höher* steht. Deshalb die Komparative im Zitat: »höher zu stellen und eifriger im Auge zu haben als ...«. *Reichtum* und die *anderen Güter* sind wirkliche Güter und tragen daher zum *Glück* bei, aber eben dann und nur dann, wenn ihr Erwerb unter dem höchsten Kriterium der Gerechtigkeit steht. Tugend und Glück stehen in einem eindeutigen Bedingungsverhältnis: Glück ohne Tugend gibt es für Sokrates nicht – woraus aber nicht folgt, daß Tugend der einzige Faktor für Glück ist. Tugend ist der wesentliche und entscheidende Faktor, wenn aber andere Faktoren wie die genannten Güter hinzukommen, dürfte Sokrates durchaus angenommen haben, daß sie etwas zum Glück beitragen. Im *Euthydemos* fragt Sokrates: »Was für Dinge sind es denn eigentlich, die den Wert eines Gutes für uns haben?« (279a). Als Antwort werden zunächst Reichtum, Gesundheit, Schönheit, hohe Abkunft, Macht und Ehre aufgeführt, dann aber werden auch Besonnenheit, Gerechtigkeit und Tapferkeit, also sittliche Tugenden, als Güter bezeichnet, schließlich wird auch die Weisheit unter die Güter gezählt. Zum Schluß sagt Sokrates:

Wahrlich, beim Zeus, irre ich nicht, so haben wir gerade das größte aller Güter übergangen. – Und das wäre? – Das Glück und den richtigen Treffer dafür, mein Kleinias; das erklärt doch jedermann, auch der allbeschränkteste, für das größte aller Güter. (Ebd. 279c).

Die Weisheit ist aber nicht einfach eines der Güter, sondern ist die Bedingung für das Erlangen und den rechten Gebrauch aller Güter – erst dies macht das Glück aus:

Da wir alle nach Glückseligkeit streben, als Bedingung dafür aber sich der Gebrauch und zwar der richtige Gebrauch der Dinge herausstellte, die Richtigkeit aber des Gebrauches und das glückliche Gelingen von der Einsicht abhing, so muß, wie ersichtlich, jedermann all sein Sinnen und Trachten darauf richten so einsichtig und weise wie möglich zu werden. (*Euthydemos* 282a)

Und damit sind wir beim nächsten Problem der Sokrates-Interpretation: Einmal kommen wir zur Tugend als dem obersten ethischen Prinzip des Glücks, und jetzt wird die Weisheit, also die vernünftige Einsicht, als der entscheidende Faktor für das Erreichen des Glücks hingestellt – sind Tugend und vernünftige Einsicht ein und dasselbe? Und: Folgt aus der richtigen Einsicht gleichsam automatisch das richtige, also das sittlich gute Handeln?

3. Erkenntnis und Tugend

Der *rationalistische* Zug des sokratischen *ethischen Programms* ist tatsächlich nicht zu übersehen, Tugend und Wissen stehen offenkundig in einem engen Zusammenhang. Dies stellte keine allgemein anerkannte Auffassung seiner Zeit dar: Platon läßt Sokrates ausdrücklich feststellen, »daß die meisten Menschen von dieser unserer Ansicht nichts wissen wollen« (*Protagoras* 352d). Es liegt hier somit vermutlich eine echt sokratische These vor, wenn gesagt wird:

Denkst du nun auch ähnlich über sie, oder ist die Erkenntnis in deinen Augen etwas Schönes und berufen zur Herrschaft über den Menschen dergestalt, daß wer das Gute und Böse richtig erkennt, schlechterdings durch keine Gewalt dazu gebracht werden kann etwas anderes zu tun als was die Erkenntnis gebietet, da es eben keine bessere Gehilfin für den Menschen gibt als die Einsicht. (*Protagoras* 352c)

Sokrates war der Meinung, daß vernünftige Überlegung den Menschen sittlich gut mache, ja, daß in der vernünftigen Überlegung und Selbstprüfung schon die eigentliche Tugend des Menschen bestehe. Die richtige Darlegung der Gründe sittlichen

Handelns *ist* selbst sittliches Handeln; daß es aber seine sittliche Wirkung haben *muß*, scheint nicht realistisch zu sein. Gibt es nicht die Willensschwäche *(akrasía)*? Das hat Aristoteles mit gutem Blick für die Realität gesehen:

Sokrates kämpfte nämlich überhaupt gegen den Begriff der Unbeherrschtheit und erklärte, es gebe sie gar nicht; denn keiner, der richtige Überzeugungen habe, würde gegen das Beste handeln, sondern nur aus Unwissenheit. Diese Behauptung widerspricht offensichtlich den Phänomenen; man müßte vielmehr nach dem Affekt fragen, und welche Art von Unwissenheit es sein soll, wenn er aus Unwissenheit entsteht. Es ist klar, daß der Unbeherrschte erst dann seine falsche Meinung erhält, wenn er schon im Affekt ist. (*Nikomachische Ethik* VII 3, 1145b 25–30)

Aristoteles will also einfach sagen, daß es sehr wohl möglich ist, daß jemand zwar das Richtige einsieht, aber dennoch nicht danach handelt (Ebd. VII 3, 1146b 1–2), weil er unter dem Einfluß von Leidenschaften steht. Genau gesehen handelt es sich hier indes nicht um eine Kritik in dem Sinn, daß Aristoteles Sokrates vorwirft, etwas nicht gesehen zu haben. Sokrates kannte die These, »der Mensch wolle das Gute nicht tun trotz Erkenntnis desselben, weil er sich der Lust des Augenblicks gefangen gebe« (*Protagoras* 355a) sehr genau, aber er stimmte ihr nicht zu. Man muß jedoch sehen, daß bei Sokrates und Aristoteles eigentlich nicht zwei entgegengesetzte Thesen zu ein und demselben Problem vorliegen, sondern zwei ganz verschiedene Zielrichtungen der Überlegungen zur Ethik. Aristoteles fragt nicht, »um zu wissen, was die Tugend sei, sondern damit wir tugendhaft werden, da wir anders keinen

Nutzen von ihr [d.h. der Überlegung] hätten« (Ebd. II 2, 1103b 26–28). Sokrates hingegen vertritt die Auffassung, daß die theoretische Frage nach dem, was die Tugend sei, die einzige und entscheidende ist. Die Menschen müssen also nur zur Vernunft gebracht werden, damit sie gut handeln, »denn des Verstandes beraubt zu werden, darauf allein geht jede schlechte Handlungsweise zurück« (*Protagoras* 345 b). Wir sind leicht geneigt, mit Aristoteles zu sagen, daß dies nicht den Phänomenen entspricht – wissen wir doch aus eigener Erfahrung, daß wir manchmal zwar erkennen, daß eine Handlung nicht gut ist, daß wir sie aber wegen eines unmittelbaren Gewinnes doch durchführen. Ein Beispiel: Jemand geht zu einem Symposion im antiken Sinn des Wortes. Er weiß auch genau, daß Mäßigkeit nicht nur eine Tugend ist, sondern daß sie zudem für seine schlanke Linie – die auch im alten Griechenland als ein Gut angesehen wurde – gut ist und daß er also nicht zu viel essen sollte. Er tut es trotzdem. Die Analyse dieses Handelns ist nun, wie auch die moderne Psychologie uns zeigt, gar nicht so einfach. Unsere Standarderklärung, die auch die der seinerzeitigen Gegner des Sokrates war, ist folgende: Wir handeln trotz besseren Wissens. Sokrates analysiert anders. Er sagt: Der so Handelnde konstruiert sich rasch eine, allerdings falsche, »Vernunfteinsicht«, die etwa so lautet: »Im allgemeinen ist Mäßigkeit das Richtige, es gibt aber Gelegenheiten, wo es erlaubt ist, über die Stränge zu schlagen«. Der so Handelnde konstruiert sich demzufolge eine Maxime – etwa in der Art »Einmal ist keinmal« – und rechtfertigt gleichsam die Handlung im vorhinein vor sich selbst. Sokrates sagt also: Der Mann folgt in seiner Handlung einer Vernunfteinsicht, allerdings einer, die einer späteren kritischen Überprüfung nicht standhält. Es ist tatsächlich gar nicht so einfach zu sagen, welche der beiden Analysen, die des Sokrates oder die des Aristoteles, die richtige ist.

4. Ethischer Rigorismus und Vernunft

Der ethische Rigorismus des Sokrates, der es ihm letztlich unmöglich machte, aus dem Gefängnis zu fliehen, stellte eine Provokation für die damalige (und heutige) Gesellschaft dar – dessen war sich Sokrates deutlich bewußt. Er verbat sich sogar jedes Rachegefühl und wenn er sagt, daß seine Ankläger später doch zur Rechenschaft gezogen werden, so erwartet er keine späte Rache, sondern wünscht nur, daß diese doch noch vernünftig, und das heißt: sittlich gebessert werden. Das Sprichwort »Rache ist süß« galt damals noch mehr als heute, Rache gehörte zu dem, was gefordert schien, und was auch ein bestimmtes Glücksgefühl hervorrief. Wenn jemand »Genugtuung leisten« muß, so entspricht dem ein »Genugtuung fühlen« bei demjenigen, der Schaden erlitten hat. Die Rache des Achilles an Hektor war fürchterlich und rief auch noch später einen Schauer der Bewunderung, gemischt mit Grauen, hervor. Rache war ein akzeptierter Wert, nur das richtige Maß stellte ein Problem dar. Man dachte am ehesten nach dem Grundsatz »Auge um Auge, Zahn um Zahn«, so wie wir heute noch sagen: »Das werde ich ihm heimzahlen«. Dem liegt ein Prinzip der Zahl, ein quantitatives Prinzip der Gleichheit zugrunde, das aber alles andere als unproblematisch ist: Was ist das gerechte Maß der Vergeltung bei Untreue, bei Verrat und ähnlichen Taten? Dem Problem des »rechten Maßes« der Rache sind wir schon bei Medea begegnet. Aber ist Rache schon dasselbe wie gerechte Strafe? Die beiden Begriffe waren sehr schwer auseinanderzuhalten. Ist Bestrafung nur der etwas zivilisiertere und gesellschaftlich kontrolliertere Nachfolger der Rache? Bei manchen Stammtischdiskussionen über Fragen des Strafrechts kann man sich dem Eindruck nicht entziehen, daß diese Vorstellung im Grunde maßgebend ist. Auch Politiker, die aus irgendwelchen Gründen eine Verschärfung des Strafrechts herbeiführen wollen, appellieren, wenn sie eine »breite Zustimmung« für ihre Gesetzesvorlagen wünschen, nicht selten sehr unverhohlen an Rachegefühle und meinen damit, dem »gesunden Volksempfinden« Rechnung zu tragen. Archaische Racheinstinkte sind also durchaus weiter lebendig.

Doch die griechische Gesellschaft – besonders die Athens – war nicht mehr archaisch, die sophistische Bewegung hatte einiges bewirkt. Es mußte erst einmal eine Unterscheidung von Rache und Strafe gefunden werden. Platon schreibt die Einführung dieser Unterscheidung – vermutlich historisch zu recht – dem Sophisten Protagoras zu:

Straft ja doch niemand den Missetäter im Hinblick darauf und um deswillen, weil er sich vergangen hat – denn das Geschehene kann er nicht ungeschehen machen – sondern um des künftigen willen, auf daß weder der Täter selbst wieder Unrecht tue noch ein anderer, der Zeuge seiner Züchtigung war. Und wenn er so denkt, so hält er die Tugend für ein durch Erziehung erlangbares Gut; denn er straft der Abschreckung wegen. Dieser Ansicht sind nun alle, welche Strafen verhängen, sei es im eigenen Hause oder im Staate. (*Protagoras* 324b)

Dies ist sicher noch keine ausreichende Theorie für den Strafprozeß, dennoch stellt sie einen wichtigen Schritt in diese Richtung dar. Wir sollten uns indes nicht der Illusion hingeben, daß die Menschen unserer Zeit im Durchschnitt sehr weit darüber hinaus gelangt sind: Wenn man mit Vertretern der Todesstrafe diskutiert (wozu man in den USA immer wieder Gelegenheit hat) und sie darauf hinweist, daß sie einfach einem Rachebedürfnis folgen, erhält man gewöhnlich als »rationale« Begründung oder Rechtfertigung lediglich den Hinweis darauf, daß die Strafe auch Abschreckungswirkung haben soll.

Sokrates bestreitet das Recht auf Vergeltung, und das war für seine Zeit fast unvorstellbar:

Also weder erlittenes Unrecht vergelten noch Böses zufügen darf man irgendeinem Menschen, mag man auch noch so schwer von ihm zu leiden haben. Und sieh dich wohl vor, Kriton, ehe du zustimmst, auf daß du nicht gegen deine Überzeugung einstimmst: denn ich weiß: nur ganz wenige denken so und werden so denken. Für die Anhänger dieses Glaubens nun und ihre Gegner gibt es kein gegenseitiges Verständnis, sondern unvermeidlich nur gegenseitige Verachtung angesichts ihrer beiderseitigen Grundsätze und Entschließungen. Darum überlege denn auch du dir's recht genau, ob du dich mir anschließen kannst und meine Ansicht teilst und ob wir zum Ausgangspunkt unserer Beratung den Satz machen, daß es niemals zulässig ist unrecht zu tun, noch auch Unrecht zu erwidern, noch wenn einem Böses widerfährt, sich durch Erwiderung des Bösen zur Wehr zu setzen, oder ob du diesem Grundsatz nicht beitreten und ihn nicht teilen kannst. Mir allerdings steht dieser Satz wie schon früher so auch jetzt noch fest, aber du bist vielleicht anderer Ansicht. (*Kriton* 49d–e)

Dieser Text stellt einen *Trennungsstrich in der Geschichte der Menschheit* dar, und Sokrates war sich dessen bewußt, wenn er sagt, daß zwischen jenen, die diese These annehmen, und jenen, die sie nicht annehmen, eine unüberbrückbare Kluft besteht. Zudem zeigt er uns, daß Sokrates keineswegs nur der ständig Fragende war, der nur weiß, daß er nichts weiß. Sokrates konnte durchaus zu bestimmten Fragen Antworten geben, an denen er unerschütterlich festhielt, weil er sie für bewiesen ansah – das unbedingte Verbot der Rache gehört dazu. Rache, und somit schon Rachegefühle, sind moralisch verwerflich. Die gerechte Strafe ist von der Rache allerdings zu unterscheiden, wozu aber dient Strafe? Zur Begründung der Strafe setzt Sokrates auf die erzieherische Wirkung bei dem bestraften Menschen selbst (heute würden wir von »resozialisierender Wirkung« sprechen):

Denn die rechtliche Strafe weckt den Sinn für Besonnenheit und Gerechtigkeit und bewährt sich als heilkräftig gegen die Schlechtigkeit. (*Gorgias* 478d)

Wie die meisten Vernunftoptimisten war Sokrates in diesem Punkt etwas naiv. Man sollte sich aber im klaren darüber sein, daß ohne diesen naiven Vernunftglauben, der auf die erzieherische Wirkung der Strafe setzt, eine rachefreie Begründung von Strafe kaum möglich ist. Den Schutz der Gesellschaft vor dem Übeltäter als potentieller Gefahr für die Zukunft hatte schließlich schon Protagoras als Argument eingeführt, dies hat aber von sich aus eigentlich noch nichts mit Strafe zu tun: Die Gesellschaft muß auch jemanden mit einer ansteckenden Krankheit absondern, sich also vor ihm schützen, ohne daß dies etwas mit Strafe zu tun hat.

Wenn Sokrates sagte, daß Böses nicht mit Bösem vergolten werden dürfe, wahrte er bestimmte Grenzen – selbstverständlich nicht bei dem Verbot der Wiedervergeltung, wohl aber bei der Beurteilung der vorliegenden Situation. Bei Sokrates gibt es für ein pathetisches »dem Angreifer die andere Wange hinhalten« keinen Raum, er sieht im Unrecht-Erleiden keinerlei positiven Sinn oder Gewinn. Er möchte diese Situation vernünftigerweise möglichst vermeiden, und sich danach zu drängen wäre für Sokrates nicht nur unvernünftig, sondern seinen Prinzipien nach auch unsittlich. Nur dann wenn die Wahl zwischen Unrecht-Tun und Unrecht-Erleiden unausweichlich ist, fordert er die Entscheidung für das Annehmen des Unrecht-Erleidens. Als er im *Gorgias* gefragt wird: »Du also möchtest lieber Unrecht leiden als Unrecht tun wollen?«, antwortet er zunächst: »Wollen möchte ich keines von beiden.« Dies ist die einzig vernünftige Antwort. Aber er fügt sofort hinzu: »Wenn ich aber unweigerlich wählen müßte zwischen Unrechttun und Unrechtleiden, so würde ich mich lieber für das letztere entscheiden als für das erstere.« (*Gorgias* 469b–c) Dies sollte man sich klar machen, auch um zu sehen, daß Ausdrücke wie »Sokrates, der Märtyrer für die Wahrheit« ganz und gar unpassend sind, da ein Märtyrer, wie wir ihn kennen, in seiner Situation des Leidens einen Gewinn für die Erlangung der Vollkommenheit sieht. Sokrates hingegen, dem die Situation des Unrecht-Erleidens höchst unangenehm ist, sieht darin keinerlei sittliche Vervollkommnung außer in dem Sinn, daß durch das Vermeiden des Unrecht-Tuns sittliche Verschlechterung vermieden wird.

5. Die Suche nach der Wahrheit

184 |

Sokrates war überzeugt, daß Erkenntnis immer nützlich ist, eine Überzeugung, die er mit den Sophisten teilte, er nahm aber nicht an, daß Wissen als solches lehrbar sei, worin er sich von den Sophisten unterschied. Daher lehnte Sokrates es ab, von »Schülern« zu sprechen:

Ich aber bin niemals jemandes Lehrer gewesen. Wohl aber habe ich, wenn jemand Verlangen trug mich reden zu hören, in Ausübung meines eigenartigen Berufes mich niemals jemandem, gleichviel ob jung oder alt, versagt. (*Apologie* 33a)

Das Ziel der Tätigkeit des Sokrates war die Einsicht, die beim Gesprächspartner hervorgerufen werden sollte, zudem oft seine eigene, neue Einsicht und der sich daraus ergebene kommunikative Konsens. Wir verbinden Sokrates vielleicht zu rasch mit dem »Erkenne dich selbst« und konzentrieren so das Ziel seines Fragens zu sehr auf das einzelne Subjekt. Es gibt aber genügend Hinweise darauf, daß Sokrates die Kontrolle der Gemeinschaft geradezu suchte. Im *Protagoras*, also einem frühen Dialog, berichtet Platon, daß bei einem Streitgespräch vorgeschlagen wurde, einen Schiedsrichter zu bestellen. Sokrates ist damit nicht einverstanden, »denn dazu ist es nicht nötig, einen Einzelnen zum Aufseher zu ernennen, sondern ihr werdet alle gemeinsam dieses Amtes walten« (*Protagoras* 338e). Sokrates erhebt für die Wahrheit immer einen Öffentlichkeitsanspruch, auch dort, wo er sich von dem *daimónion* angetrieben fühlt. Der Dialog, und zwar der von der Öffentlichkeit kontrollierte Dialog, ist somit für ihn nicht bloß ein Wettkampf in Redeform, sondern ein unabdingbares Mittel der Suche nach Wahrheit. Sokrates sagt zu Protagoras:

Mein Protagoras, glaube nicht, daß, wenn ich mich mit dir unterrede, dies in anderer Absicht geschieht als der, dasjenige zu ergründen, worüber ich selbst gegebenen Falles in Unklarheit bin. Denn mir scheint Homer ganz recht zu haben mit seinem Spruche

Wo zween wandeln zugleich, da bemerket der Ein' und der Andre.

Denn so vereint sind wir Menschen alle schlagfertiger zu jeglichem Werk wie auch zu Rede und Entschluß.

Doch der Einzelne, wenn er bedacht hat,

sucht alsbald allenthalben nach einem, dem er die Sache mitteilen und mit dem er zu einem festen Ergebnis gelangen kann; und er ruht nicht eher, als bis er einen solchen trifft. (*Protagoras* 348c–d)

Wenn die Suche nach der Wahrheit öffentlich sein soll, so bedeutet dies für Sokrates jedoch in keiner Weise, daß Wahrheit durch Abstimmung der Menge ermittelt werden könne. Wahrheit kann nur durch Begründung erfaßt werden:

Denn ich weiß für meine Behauptungen nur einen als Zeugen zu stellen, nämlich eben den, mit dem ich die Unterredung führe, mit der großen Menge dagegen befasse ich mich gar nicht; und nur einen verstehe ich zur Abstimmung zu bringen, mit der großen Menge dagegen lasse ich mich überhaupt auf keine Unterredung ein. (*Gorgias* 474a)

Oder ganz ähnlich und vielleicht noch deutlicher an anderer Stelle:

Was richtig entschieden werden soll, das muß ja, denk ich, auf Grund von Sachkenntnis entschieden werden und nicht durch Stimmenmehrheit. (*Laches* 184e)

Dies ist ganz und gar nicht undemokratisch, da das demokratische System nicht als Ersatz für vernünftige Begründungen angesehen werden darf. Die Öffentlichkeit hat also für Sokrates einen Kontrollcharakter, ohne daß ein quantitatives Element der »Menge« in irgendeiner Weise in eine Begründung eingeht. Eine funktionierende Öffentlichkeit ist für ihn eine notwendige Voraussetzung rationaler Begründung, ein Argument mit der Meinung der Menge ist aber für Sokrates überhaupt kein Argument. Wie schon im letzten Abschnitt bei der Frage der Ablehnung der Rache deutlich wurde, ist Sokrates ganz und gar davon überzeugt, daß auch eine Minderheit recht haben kann. Hier bleiben natürlich etliche Fragen offen, etwa die, ob es nicht doch Fälle gegeben kann, wo ein quantitatives Prinzip der »Menge« zur Geltung gebracht werden kann. Diese Frage wird von Aristoteles aufgegriffen werden (vgl. Kap. X, 7, c).

Der Öffentlichkeitscharakter der Wahrheitssuche des Sokrates war vermutlich einer der wichtigsten Gründe, die zur Anklage führten. Platon läßt Sokrates sagen:

Denn den Athenern macht es meines Erachtens nicht viel aus, wenn sie von einem glauben, er besitze ein außergewöhnliches Wissen, habe aber nicht die Absicht, seine Weisheit andere zu lehren; von wem sie aber meinen, er übertrage seine Ansichten auch auf andere, dem zürnen sie, sei es nun aus Neid, wie du meinst, oder aus irgendwelchem anderen Grunde. (*Eutyphron* 3c–d)

Eben dieses Übertragen seiner Ansichten, wenn auch dialektisch vermittelt, hatte sich Sokrates zum Programm gemacht. Auch wenn er von sich behauptet, niemandes Lehrer gewesen zu sein, haben die Athener seine Tätigkeit – und eigentlich nicht zu Unrecht – als Lehrtätigkeit aufgefaßt, obwohl Sokrates weniger Inhalte gelehrt, als vielmehr eine Methode weitergegeben hat. Es war also kein bestimmter Inhalt, den die Athener dem Sokrates übelnehmen konnten, sondern seine Methode.

Diese Methode beruhte indes auf der Voraussetzung einer ethischen Autonomie des Menschen gegenüber Staat und Religion, die den restaurativen Kräften seiner Zeit radikal entgegengesetzt war: Diese suchten gerade im Rückgriff auf die »Werte der Tradition« eine integrierende Kraft. Sokrates besteht auf dem Recht, Gesetze auf die Frage der Gerechtigkeit hin zu überprüfen, und besteht ebenfalls darauf, daß seine Nachfolger die Gesetzmäßigkeit und Gerechtigkeit seiner eigenen Verurteilung überprüfen sollen. Er widersetzte sich also dem Versuch der Regierenden, solche Fragen beiseitezuschieben.

Damit hat Sokrates eine tiefgreifende Wandlung des griechischen Denkens eingeleitet. Dieses war zuvor auf die Dinge *(ta ónta)* gerichtet gewesen: Nicht das »wie« und »warum« der Erkenntnis war maßgebend gewesen, sondern immer das »was«. Erst die Sophisten hatten – bis zu einem gewissen Grad – nach dem »wie« der Begründung gefragt, bei Sokrates wird die Begründungsproblematik dann explizit gemacht, gegenüber den Sophisten radikalisiert, und erhält eine für die Philosophie als ganze zentrale Funktion. Die Frage nach dem »was« geht dabei nicht verloren, jedoch kann keine Antwort auf eine »was«-Frage, die ohne Begründung geliefert wird, im sokratischen Sinne Bestand haben. Sokrates kritisiert nicht direkt – wie Xenophanes oder Heraklit – das Überkommene, er relativiert nicht vergleichend wie die Sophisten, sondern befragt hergebrachte Überzeugungen staatlicher, künstlerischer, religiöser Art so lange, bis sie – seiner Überzeugung nach – mit dem sittlich autonomen Anspruch des einzelnen im dialoghaften Konsens entweder als vernünftig erkannt oder aufgegeben werden müssen.

Ein solcher Gesprächsabschluß kommt z.B im *Laches* gut zum Ausdruck. Unter anderem fragt Sokrates dort nach dem, was Tapferkeit ist. Seine Gesprächspartner sind vor allem Laches und Nikias, zwei erprobte Feldherrn, deren Tapferkeit allgemein anerkannt war; daß es also Dinge – hier: Menschen – gibt, denen Tapferkeit zukommt, steht somit außer Zweifel. Die Frage hat auch einen ganz konkreten Sinn, es geht nämlich um eine Frage der Erziehung:

Gehen wir also zunächst daran, mein Laches, zu sagen, was denn Tapferkeit ist. Sodann wollen wir im Anschluß hieran auch betrachten, auf welche Weise sie den Jünglingen zu eigen werden kann, soweit dies durch Übung und Unterricht möglich ist. (*Laches* 190d-e)

Es wird dann u. a. erläutert, daß zur Tapferkeit auch ein bestimmtes Wissen gehört (Ebd. 194d), nicht zuletzt, um zwischen Tapferkeit und Verwegenheit unterscheiden zu können, denn Verwegenheit ist Furchtlosigkeit zusammen mit Unbesonnenheit und daher sicher keine Tugend (Ebd. 197b). Man kommt zu einem vorläufigen Abschluß des Gesprächs, wobei Sokrates sagt:

Ich aber meine, über die Gegenstände unserer Erörterung habe ich jetzt gar nicht übel gesprochen, und sollte etwas davon nicht vollkommen genügend dargelegt sein, so
werde ich es später verbessern, sei es im Verein mit Damon [...] oder auch mit anderen. (*Laches* 200b)

Man verabschiedet sich dann freundlich voneinander und kommt überein, am nächsten Tag weiterzudiskutieren. Vorher aber sagt Sokrates noch folgendes zu Laches – wobei deutlich wird, daß Sokrates durchaus annimmt, daß eine Diskussion einmal einen Abschluß finden und er selbst über einen Gegenstand zu voller Gewißheit gelangen kann:

Und wenn ich über diese Gegenstände zu voller Gewißheit gelangt bin, dann werde ich auch dich belehren und werde dir nichts vorenthalten, denn du scheinst es mit Recht sehr nötig zu haben, noch zu lernen. (Ebd. 200b).

Auch ein anerkannt tapferer Mann kann also durchaus noch etwas in Hinsicht auf das rechte Verständnis von Tapferkeit lernen. Bei diesen Untersuchungen geht es aber nur darum zu verstehen, was eigentlich mit »Tapferkeit« gemeint sei, niemals jedoch darum, was denn »Tapferkeit« – als Begriff aufgefaßt – überhaupt sei. Mit anderen Worten: Die Frage, welche Eigenschaften dieser Begriff als Begriff habe, wird nicht diskutiert; Sokrates vermied konsequent die erkenntnistheoretische und metaphysische Frage nach dem »Sein« dieses Allgemeinen. Und da Sokrates alle Fragen, die ihm sinnvoll und wichtig erschienen, auch stellte, muß man annehmen, daß für ihn diese erkenntnistheoretische und metaphysische Frage gar keine Frage war. Strenggenommen »vermied« er eigentlich gar nichts. Aristoteles kam erst ca. 30 Jahre nach dem Tod des Sokrates nach Athen, hat aber vermutlich noch genügend authentische Nachrichten in der platonischen Akademie erhalten, um sich ein zutreffendes Bild über die historischen Zusammenhänge machen zu können. Daraus geht zumindest eindeutig hervor, daß Sokrates mit der Ideenlehre Platons nichts zu tun hat:

Nun beschäftigte sich damals Sokrates mit den sittlichen Tugenden und suchte zuerst über sie allgemeine Begriffe aufzustellen. (*Metaphysik* XIII 4, 1078b 17–19).

Sokrates aber setzte das Allgemeine und die Begriffsbestimmungen nicht als abgetrennte, selbständige Wesen; die Anhänger der Ideenlehre aber trennten es ab und nannten dieses Ideen der Dinge. (Ebd. 1078b 30–32)

Laut Aristoteles hat Sokrates also nach Allgemeinbegriffen gesucht. Daß Sokrates noch nicht über die Logik eines Aristoteles verfügte, hat letzterer selbst festgestellt, wenn er sagt, daß damals die Dialektik noch nicht genügend ausgebildet war (Ebd. XIII 4, 1078b 25). Aristoteles bemerkt jedoch ausdrücklich, daß Sokrates dennoch bestimmte logische Verfahren gebrauchte:

Zweierlei nämlich ist es, was man mit Recht dem Sokrates zuschreiben kann: die Induktionsbeweise und die allgemeinen Definitionen; dies beides nämlich geht auf das Prinzip der Wissenschaft. (Ebd. 1078b 27–30)

Auch in dieser Übersetzung wird leider *epaktikós lógos*, also die *epagogé*, durch »Induktion« wiedergegeben, was ein anscheinend unausrottbarer Fehler ist. Unter »Induktion« versteht man heute einen Schluß von einzelnen Fällen auf eine allgemeine Aussage, die zwar durch weitere positive Instanzen besser bestätigt werden kann, die aber nur wahrscheinlich ist, da nicht ausgeschlossen werden kann, daß sich eine Gegeninstanz findet. Dieses Verfahren hat aber nichts mit der *epagogé* zu tun, die von Aristoteles in der folgenden Weise beschrieben wird:

Die Induktion aber ist der Aufstieg vom Besonderen zum Allgemeinen, z. B.: wenn der beste Steuermann ist, wer seine Sache versteht, und Gleiches von dem Wagenlenker gilt, so ist auch der Beste überhaupt, wer seine jeweilige Sache versteht. (*Topik* I 12, 105a 13–16)

Es ist klar, daß die Aussage, daß der der Beste ist, der seine jeweilige Sache versteht, nicht als eine Aussage verstanden wird, die durch eine Gegeninstanz widerlegt werden könnte, ebensowenig, wie sie durch Heranziehen weiterer Instanzen besser bestätigt werden könnte. Das Allgemeine, zu dem hier »hinaufgeführt« wird, ergibt sich nicht als Verallgemeinerung der einzelnen aufgezählten Fälle, sondern ist in jedem einzelnen Beispiel ganz enthalten. Dieses Allgemeine liefert zudem keine bloß wahrscheinliche Erkenntnis, sondern wird zu Recht als unumstößlich verstanden. Es handelt sich somit um eine Erkenntnis, die für sich selbst überzeugend ist, zu der jedoch durch Beispiele hingeführt wird, da auf diese Weise das Ausgesagte, wie Aristoteles richtig bemerkt, überzeugender, sinnlich faßbarer und der Menge vertrauter ist (*Topik* I 12, 105a 16–19). Genau dies ist das Verfahren des Sokrates: Er will nicht das Allgemeine *aus* den Beispielen herausholen, sondern zeigen, wie *in* den einzelnen Fällen das – unumstößlich sichere – Allgemeine enthalten ist. Zum Beispiel sagt Sokrates im *Gorgias*, daß wir Medizin einnehmen, um gesund zu werden, und daß wir zur See fahren, um reich zu werden (*Gorgias* 467c–d), und stellt dann fest:

Und gilt das nicht ganz allgemein? Wenn einer etwas tut um eines Zweckes willen, so will er doch wohl nicht das, was er gerade tut, sondern das, um des willen er es tut? (*Gorgias* 467d)

Es ist offensichtlich, daß hier nicht aus einzelnen Fällen etwas »induziert« wird, sondern daß eine allgemeine Einsicht – nämlich die, daß wir immer um eines Zweckes willen handeln – an Beispielen exemplifiziert wird, bzw. daß die Beispiele den Gesprächspartner zu dieser allgemeinen Einsicht hinführen sollen. Die Einsicht selbst wird weder als statistisches Ergebnis noch als wahrscheinlich wahrer Satz angesehen, sondern als sichere und streng allgemeine Aussage.

Es gibt also bei Sokrates sehr wohl *allgemeingültige Aussagen* – darauf wurde schon weiter oben hingewiesen. Wie verhält sich das aber zu der weit verbreiteten Sicht des Sokrates, nämlich, daß dieser behauptete, nichts zu wissen? Es gibt zu dieser Behauptung mindestens zwei nicht zutreffende Interpretationen. Die eine versteht sie wie das berühmte Lügnerparadaxon, so daß die Lösung des so aufgefaßten Wissen-Nichtwissen-Paradoxons in der Unterscheidung verschiedener Sprachebenen läge: Auf der Ebene der normalen Aussagen wüßte Sokrates nichts, auf der Meta-Ebene könnte er die Erkenntnis dieses Nicht-Wissens hingegen als Wissen bezeichnen. Dem widerspricht jedoch, daß Sokrates sehr wohl auch Wissen auf der ganz normalen Aussagen-Ebene behauptete. Eine zweite Interpretation, die mir lange als brauchbar erschien, könnte man als »romantische« Interpretation bezeichnen. Sie würde besagen, daß Sokrates auf einer unendlichen, nie ans Ziel gelangenden Suche nach der Wahrheit gewesen wäre. Er wäre also ein Vertreter der »Dauerreflexion« – auch diese Interpretation hält aber der Überprüfung an den Texten nicht stand. Es gibt in den Dialogen durchaus definitive Gesprächsabschlüsse: An einer Stelle im *Gorgias* z. B. fragt Sokrates: »Waren dies nicht meine Behauptungen?« Die Antwort des Gesprächspartners ist »Ja«. Und Sokrates fragt weiter: »Ist nicht der Beweis für ihre Richtigkeit geliefert worden?« Und die Antwort ist wiederum: »Ja« (*Gorgias* 479e). Für Sokrates war somit ständiges *Fragen kein Selbstzweck*; er fragte vielmehr, um zu

Antworten, und das heißt: zu Wissen zu gelangen, und er war überzeugt, daß dies möglich sei. Damit ist allerdings nicht gesagt, daß Sokrates meinte, daß für jede Frage ein definitiver Gesprächsabschluß möglich sei. Was bedeutet aber dann die Behauptung des Wissens des Nichtwissens? Um zu verstehen, was mit dem *Wissen des Nichtwissens* gemeint sein dürfte, sollten wir uns daran erinnern, daß Platon einmal sagt, daß Sokrates »höchst ironisch und ganz nach seiner Weise und Gewohnheit« antwortete (*Gastmahl* 218d). Im griechischen Sprachgebrauch hatte »Ironie« zunächst etwas mit Verstellung zu tun, während das, was Sokrates faktisch praktizierte, häufig identisch ist mit dem, was *Ironie* im späteren Sprachgebrauch bedeutet, und dieser ist in die modernen Sprachen eingegangen. Die Behauptung des Wissens des Nicht-Wissens ist vermutlich an vielen Stellen als solche Ironie zu verstehen (Vlastos. S. 32). Dann würde Sokrates also etwa folgendes sagen wollen: »Ihr meint zu wissen, was Wissen ist, und meint, solches Wissen zu besitzen. Ich aber weiß, daß euer Wissen in Wirklichkeit Nicht-Wissen ist, und dies ist mein entscheidendes Wissen. Genau dies treibt mich an, nach echtem Wissen zu suchen. Also: Wenn man Wissen so wie ihr versteht, dann weiß ich, daß ich nichts weiß.« Man sollte auch nicht vergessen, daß die Behauptung des Wissens des Nichtwissens im Zusammenhang mit dem delphischen Orakel zu sehen ist, das sagte, niemand sei weiser als Sokrates. Sokrates versteht diesen Spruch als Rätsel:

Was mag der Gott wohl meinen und was für ein Rätsel gibt er da auf? Denn von Weisheit kann ich nicht die geringste Spur in mir finden. Was meint er also damit, wenn er mich für den Weisesten erklärt? (*Apologie* 21b)

Vielleicht interpretiert Sokrates das Rätsel, welches das Orakel aufgibt, selbst wieder mit einem Spruch, der für seine Zuhörer ein Rätsel aufgibt und dessen Lösung etwa in der weiter oben aufgeführten Paraphrase läge. Wahrscheinlich liegt bei Sokrates aber nicht nur *eine* Gebrauchsweise des Spruches vom Wissen des Nicht-Wissens vor, sondern mehrere – gibt es doch eine Gebrauchsweise, in der Sokrates ganz und gar nicht ironisch spricht, sondern sich eher wie ein ganz nüchterner kritischer Rationalist verhält. An einem bestimmten Punkt der Diskussion im *Gorgias* angelangt, sagt Sokrates:

Diese Sätze, wie sie sich uns oben in der früheren Unterredung klar ergaben, werden, wie ich behaupte, mag es auch etwas derb klingen, durch eiserne und stählerne Beweise gesichert und festgehalten, wie es wenigstens hiernach scheinen muß. (*Gorgias* 508e–509a)

Es gibt somit für Sokrates durch Beweise gesichertes Wissen und nicht daran festzuhalten, wäre unvernünftig. Nichtsdestoweniger fährt er fort:

Denn ich bleibe immer bei derselben Rede, daß ich nicht weiß, wie es sich damit verhält, daß aber von allen, mit denen ich zusammengetroffen bin, keiner, wie auch jetzt wieder, imstande ist eine andere Ansicht zu vertreten, ohne sich lächerlich zu machen. Ich also halte meine Ansicht für die richtige. (*Ebd.* 509a).

In diesem Gebrauch der Rede vom Nicht-Wissen ist nichts paradox, nichts ironisch und nichts orakelhaft. Er bringt die klare Überzeugung eines kritischen Rationalisten zum Ausdruck, der sich um möglichst gute Beweise für seine Theorien bemüht, dies aber auf dem Hintergrund der Überzeugung tut, daß keine Theorie als unwiderlegbar beweisbar ist. Auch wenn bisher noch jeder, der versucht hat, sie zu widerlegen, »sich lächerlich gemacht hat«, bleibt bestehen, daß es kein Wissen der Unmöglichkeit einer Widerlegung gibt. Also: Ich halte eine Theorie für richtig, weil sie gut bewiesen ist (ich habe also wirkliches Wissen); ich brauche sie daher nicht weiter zu überprüfen (keine Dauerreflexion); ich weiß aber auch, daß keine Theorie prinzipiell unwiderlegbar ist. Dieser Gebrauch des Spruches vom Wissen des Nichtwissens ist der, in dem das sokratische Verständnis von Philosophie vermutlich am besten zum Ausdruck kommt.

Sokrates hat ein Methoden-, Sprach- und Begründungsbewußtsein als wesentliche, sittliche Aufgabe des Menschen so sehr ins Zentrum gestellt, daß eine unreflek- | 191
tierte, vor-methodische Seins- oder Sollens-Lehre nach Sokrates nicht mehr möglich war. Damit ist Sokrates zwar nicht im technischen Sinn der Begründer der Logik, wohl aber hat er aller Logik ein Fundament gegeben, ohne das sie eigentlich funktionslos wird. Begründung ist selbst eine ethische Forderung. Es wird häufig zu wenig beachtet, daß in der Logik und allen Formen der Argumentationstheorie ein entscheidendes ethisches Postulat der Philosophie enthalten ist – genau darin dürfte das »Sokratische« aller Philosophie, die sich auf Begründung verpflichtet weiß, bestehen.

- VIII -

Die sokratischen Schulen

Gleich nach dem Tode des Sokrates bildeten sich – entgegen dessen Intention – Schulen, die versuchten, die Lehre ihres Meisters weiterzuführen. Sokrates wollte eine Denkweise, eine Methode, weitergeben, wollte, daß weiter »sokratisch« gefragt wurde, wollte aber sicher keine Schule mit Lehr-Monopol-Anspruch gründen. Schon bald begannen aber heftige Streitigkeiten zwischen den verschiedenen Schulen bzw. deren Schulhäuptern, besonders zwischen Antisthenes und Plato. Für die Einschätzung dieser Schulen ist folgende Beobachtung wichtig: Die Antike hielt keineswegs Platon für den authentischen Erben der Lehre des Sokrates, ganz im Gegenteil meinten nicht wenige, daß gerade er die Lehre des Sokrates verlassen habe. Von den sokratischen Schulen war nicht einfach Platon für die folgenden Jahrhunderte maßgebend: Im griechisch-römischen Bereich wurden vielmehr die Kyniker in der Stoa und die Kyrenaiker im Epikureismus bedeutsam, welche die eigentlich wirksamen geistigen Bewegungen des Hellenismus darstellten, während erst die Mittelplatoniker und dann vor allem die Neuplatoniker wieder größere Bedeutung erlangten – bei letzteren kann man sich allerdings fragen, ob platonische oder außerplatonische Elemente für diese Bedeutung maßgebend waren.

1. Die Kyniker

Die Schule der Kyniker geht vermutlich auf Diogenes (400/390–328/323 v. Chr.) zurück, der seine wesentlichen Auffassungen von seinem Lehrer Antisthenes übernommen hatte. Antisthenes (ca. 455–360 v. Chr.) war beim Tode des Sokrates anwesend (Platon: *Phaidon* 59b) und schon die Antike sah ihn als den wohl treuesten Schüler des Sokrates an. Aristoteles hielt nicht viel von den philosophischen Qualitäten des Antisthenes, er bezeichnet ihn als »einfältig« (*Metaphysik* V 29, 1024b 32). Nichtsdestoweniger ist Antisthenes in Hinsicht auf seine ethischen Auffassungen ein echter Schüler des Sokrates, auch wenn er extreme Positionen vertrat und Konsequenzen zog, denen Sokrates wahrscheinlich nicht zugestimmt hätte. In seiner Ablehnung der Ideenlehre Platons vertritt er aber einen Standpunkt, der ganz und gar auf der Linie sokratischer Auffassungen liegt.

a) Das Universalienproblem

Mit der Kontroverse zwischen Antisthenes und Platon über die »Universalien« begegnen wir dem Ursprung eines der »ewigen« Probleme der Philosophie: dem Streit über Universalienrealismus und Nominalismus. Dabei müssen wir allerdings in historischer Hinsicht vorsichtig sein: Die spätantiken Aristoteles-Kommentatoren sahen Antisthenes als Nominalisten an, ob das aber wirklich zutrifft, läßt sich bei der vorliegenden Textlage nicht mit Sicherheit sagen. Vielleicht lehnte er den Platonismus ab, ohne deshalb schon selbst eine nominalistische Position einzunehmen. Dies würde seiner Haltung, logischen Fragen im weiteren Sinne überhaupt wenig Interesse entgegenzubringen, entsprechen.

Sehen wir uns aber die Sachproblematik selbst an. Im Platonismus wird gut sokratisch der Ausgangspunkt von Prädikatsausdrücken genommen: »ist gut«, »ist schön«, »ist ein Mensch«, »läuft« usw. Wird dann im Rahmen der Analyse gefragt »Was ist das Wesen des GUT-SEINS«, »des MENSCH-SEINS«, »des LAUFENS« usw., so faßt der Platonist, nun nicht mehr gut sokratisch, mit einer gewissen naiven Selbstverständlichkeit die Prädikatsnomen als Namen auf, also als Zeichen, deren Designate Gegenstände sind. Bei Namen kann gefragt werden, *wofür* sie stehen, oder *was* sie benennen. Diese Frage ist nicht mehr die nach dem Prädikat eines individuellen grammatischen Subjekts, sondern die nach einem eigenen Designat des Prädikats. Die Antwort des Platonisten lautet also, daß solche Ausdrücke keinen konkreten Gegenstand, sondern einen abstrakten, idealen Gegenstand benennen: »das GUTE«, »das MENSCH-SEIN« usw. Dagegen wendet der Nominalist ein »Ich sehe ein Pferd, aber keine Pferdheit« (vgl. Antisthenes: Fragm. 44), d. h. »Es gibt ein Pferd, es gibt aber keine Pferdheit«. Der Nominalist akzeptiert also nicht, daß Prädikate Namen von Gegenständen sind. Das Prädikat drückt eine Gruppe von Merkmalen an Subjekten aus, nicht aber einen allgemeinen Gegenstand, ein »etwas«, an dem mehrere Individuen teilhaben. Es ist nach Ansicht der Nominalisten der Grundfehler der Platonisten, daß sie Ausdrücke, die Eigenschaften von Subjekten bezeichnen, und Namen von Subjekten verwechseln. Ganz ähnlich reagierte Diogenes. Die Antwort Platons und der Platonisten ist bekannt und kennzeichnend: Sie halten den Nominalisten für beschränkt.

Als Platon sich über seine Ideen vernehmen ließ und von einer Tischheit und einer Becherheit redete, sagte er [d. h. Diogenes]: »Was mich anlangt, Platon, so sehe ich wohl einen Tisch und einen Becher, aber eine Tischheit und Becherheit nun und nimmermehr.« Darauf Platon: »Sehr begreiflich; denn Augen, mit denen man Becher und Tisch sieht, hast du allerdings; aber Verstand, mit dem man Tischheit und Becherheit erschaut, hast du nicht.« (DL VI 53)

Kritik am Platonismus wurde also schon zur Zeit Platons erhoben. Allerdings gab es bei den Kynikern keinerlei unmittelbares Interesse an logischen Fragen (vgl. Antisthenes: Fragm. 50), sondern eher die Absicht, von überflüssigen metaphysischen Fragen frei zu werden. Solche sahen sie vor allem bei Platon diskutiert. So bedienten sie sich dann, wie Diogenes, nicht nominalistisch-logischer, sondern recht anschaulicher kritischer Mittel:

Als Platon die Definition aufstellte, der Mensch ist ein federloses zweifüßiges Tier, und damit Beifall fand, rupfte er einem Hahn die Federn aus und brachte ihn in dessen Schule mit den Worten: »Das ist Platons Mensch«; infolgedessen ward der Zusatz gemacht: »mit platten Nägeln«. (DL VI 40)

b) Ethik

Die Kyniker waren einzig an der ethischen Vollkommenheit des einzelnen Menschen interessiert. Auch Sokrates war an der Tugend des einzelnen interessiert gewesen, hatte aber den einzelnen gleichzeitig immer als Bürger gesehen – seine eigene Tätigkeit verstand er, auch wenn er selbst ausdrücklich nicht Politiker sein wollte, dabei durchaus als politisch. Sokrates hatte gesagt:

Ich glaube allein oder nur mit wenigen Athenern mich der wahren Staatskunst zu befleißigen und allein unter den Lebenden dem Staate wahrhaft zu dienen. (Platon: *Gorgias* 521d)

Vielleicht wurde Antisthenes durch die Verurteilung und den Tod des Sokrates zu der Annahme bewogen, daß der Staat nicht verbesserungsfähig sei, daß also die einzig wahre Sokratik sich auf die Besserung des einzelnen konzentrieren müsse. Bei den Kynikern beginnt damit schon etwas, das in der hellenistischen Philosophie ganz zum Durchbruch kommen wird: der Rückzug aus der Politik. Wir werden diese Entwicklung bei den Stoikern weiter verfolgen können (vgl. Kap. XII, 2).

Selbstgenügsamkeit wird bei den Kynikern zum leitenden Prinzip: Abkehr vom raffinierten Leben der griechischen Städte, Leben mit der Natur und Handarbeit. Auch dieses Prinzip fand wieder extreme Vertreter und wurde vor allem durch Diogenes, der Hörer des Antisthenes gewesen war, sehr bekannt. Schon Antisthenes hatte gesagt:

Man muß seinen Reisebedarf so einrichten, daß er sich auch mit dem schwimmenden Schiffbrüchigen retten kann. (DL VI 6)

Unabhängigkeit war für Antisthenes entscheidend, hier wirkte Sokrates vermutlich stark nach:

Die Tugend ist ausreichend zur Glückseligkeit und bedarf außerdem nichts als die Sokratische Willenskraft. [...] Der Weise ist sich selbst genug, denn alles, was andere haben, hat er auch. Die Ruhmlosigkeit ist ein Gut und steht auf der gleichen Stufe mit der Mühsal. Der Weise wird sich in Sachen der Staatsverwaltung nicht nach den bestehenden Gesetzen richten, sondern nach dem Gesetz der Tugend. (DL VI 11; Text aus der indirekten in die direkte Rede übertragen)

Daß Tugend die notwendige Bedingung für Glückseligkeit ist, ist sicher sokratisch; daß zur Glückseligkeit nicht auch andere Dinge etwas beitragen können, so etwa Gesundheit oder ausreichende materielle Güter, stellt die Zuspitzung des Antisthenes dar: Sie geht wahrscheinlich nicht nur über Sokrates hinaus, sondern stellt auch keine Konsequenz aus der sokratischen Auffassung dar.

Schon in der Antike wurde Diogenes als der eigentliche Begründer der Stoa angesehen. Dies ist erklärlich z. B. aus folgendem Bericht, der zeigt, daß Diogenes die Philosophie als Weg zur Erlangung der Gemütsruhe angesehen hat:

Auf die Frage, welchen Gewinn ihm die Philosophie gebracht hätte, sagte er, wenn sonst auch nichts, so doch jedenfalls dies, auf jede Schicksalswendung gefaßt zu sein. (DL VI 63)

Diogenes hatte eigenwillige Methoden, um seine Gedanken zu vermitteln. Viele seiner Handlungen waren gewollt provokativ, wenn man will, kann man sie als kulturkritische Symbolhandlungen bezeichnen. Um etwa darzulegen, daß man mehr Gewicht auf die Gesetze der Natur als auf die des Staates legen solle, verfälschte er das Gewicht der Münzen (DL VI 71). Dies ging deutlich über die sophistische Einteilung in Naturgesetz und positives Gesetz hinaus (vgl. Kap. VI, 3) und kann auch kaum als Konkretisierung sokratischen Fragens nach Gerechtigkeit angesehen werden. Er scheint es darauf angelegt zu haben, zum Fragen herauszufordern und es ist anzunehmen, daß die athenischen Gerichte ihn dann auch sehr deutlich befragt haben. Der Einfallsreichtum des Diogenes und die Freude an der Provokation scheinen unerschöpflich gewesen zu sein:

Einmal bettelte er eine Bildsäule an (um eine milde Gabe). Und als man ihn fragte, was er damit bezwecke, sagte er: »Ich übe mich in der Kunst, mir etwas abschlagen zu lassen.« (DL VI 49)

Es ist schwer zu sagen, ob Diogenes der radikalste Sokratiker war, der nicht einmal mehr sprachlich fragen, sondern durch sein Handeln zur Frage herausfordern wollte, oder ob er eine Karikatur des Sokratikers war – im Ergebnis lief es wohl nicht selten auf dasselbe hinaus. Als Platon einmal gefragt wurde, wofür er Diogenes halte, sagte er: »Ein verrückt gewordener *(mainómenos)* Sokrates« (Diogenes: Fragm. 183; DL VI 54).

Die radikale Bedürfnislosigkeit wie auch die Aufforderung, sich von Politik und Machtstreben fernzuhalten, ist bei den Kynikern ganz offenkundig. Gleichzeitig waren sie Nominalisten oder jedenfalls Kritiker der platonischen Ideenlehre – sind diese beiden Positionen, die ethische und die erkenntnistheoretische, nur zufällig in ein und derselben Schule vorhanden, oder gibt es doch einen Zusammenhang zwischen Ethik und Erkenntnistheorie? Es ist jedenfalls ein kulturgeschichtlich auffälliges Phänomen, daß Nominalisten häufig Vertreter der Anspruchslosigkeit und Bescheidenheit sind, während Platonisten zu Geld und Macht oft ein recht ungebrochenes Verhältnis haben. Es dürfte der Mühe wert sein, diese auffällige Affinität nicht aus dem Auge zu verlieren.

2. Die Kyrenaiker

Diese Schule wurde von Aristipp (ca. 435–350) in Kyrene, einer Stadt im heutigen Libyen, gegründet; er begann mit seiner Tätigkeit schon zu Lebzeiten des Sokrates. Aristipp kehrte wieder zur Tradition der bezahlten Schule zurück. Als er aber einmal, sicher in bester Absicht, Sokrates mit Geld unterstützen wollte, sandte dieser das

Geld zurück, da der Daimon ihm verbot, Geld für Unterweisung anzunehmen. Zudem wird berichtet, daß Sokrates über die Aktion Aristipps ungehalten war (DL II 65) – zu Recht, denn auch eine gute Absicht ist kein Entschuldigungsgrund für das Mißverstehens des Lehrers. In der Schule Aristipps vereinigten sich Lehren des Sokrates und des Protagoras, woraus sich ein radikales Mißtrauen gegenüber aller wissenschaftlichen und spekulativen Erkenntnismöglichkeit ergab. Schon antike Quellen vermuten, daß die erkenntnistheoretischen Auffassungen, die Platon im *Theaitetos* als Konsequenzen aus der Lehre des Protagoras zieht (der *Homo-Mensura*-Satz wird von Platon an dieser Stelle, *Theaitetos* 152a, angeführt), die Position des Aristipp wiedergeben. Hier wird jede Möglichkeit objektiver Weltbeschreibung und objektiver Welterkenntnis bestritten:

Wollen wir nun dann den Wind an und für sich kalt oder nicht kalt nennen, oder sollen wir mit Protagoras sagen, daß er für den Frierenden kalt, für den anderen aber es nicht sei? – Das letztere. – Und so erscheint es doch auch jedem von beiden? – Ja. – Das »erscheint« ist aber doch so viel wie »er nimmt wahr« – So ist's. – Also bei dem Warmen und allen Ähnlichen ist Erscheinung und Wahrnehmung dasselbe. Denn wie jeder etwas wahrnimmt, so scheint es auch für jeden zu sein. (Platon: *Theaitetos* 152b)

Wir können also nur über unsere Empfindungen sprechen; diese sind aber nicht intersubjektiv, und geben auch keinerlei Auskunft über die Beschaffenheit der Welt – damit wird selbstverständlich jegliche Naturphilosophie hinfällig. Daraus ergab sich zunächst eine ausschließliche Hinwendung zu den praktischen Problemen menschlicher Lebensführung. Unter den Voraussetzungen der Lehre des Protagoras mußte aber im Bereich der Ethik die sokratische Forderung der Universalität der Begriffe aufgegeben werden, und damit wurde die gesamte Methode sokratischer Dialektik problematisch und die sokratische Voraussetzung der Möglichkeit eines universellen Konsens in Hinsicht auf Erkenntnisse wurde schließlich praktisch aufgegeben. Das Universalienproblem wurde somit durch Verneinung der Voraussetzung »gelöst«. In den Mittelpunkt rückte nun der einzelne und seine *eudaimonía*, d. h. sein Wohlbefinden. Protagoras hatte keineswegs einfach das Gute mit dem gleichgesetzt, was Wohlbefinden hervorruft, er nimmt jedoch im Zusammenhang der Überlegung um Gut und Böse eben doch das Wohlbefinden, die Lust, die *hedoné* – in eine komplexe Analyse einbezogen – als letztes Handlungsmotiv an (vgl. Platon: *Protagoras* 355a–b). Das Streben nach individuellem Wohlbefinden war verbunden mit einem Rückzug ins Private, einem Desinteresse am Problem der Polis. Die sokratische Selbstprüfung und Überlegung wurde jetzt allein in den Dienst dieses Wohlbefindens gestellt, verlor also ihren ethischen Eigenwert und ihre gesellschaftliche Relevanz. Maßstab des Wohlbefindens waren nunmehr Lust und Unlust, in einem sehr direkten, aber durch Raffinement verfeinerten Sinn. Diogenes Laertius schildert Aristipp so:

Er wußte sich mit Glück in Ort, Zeit und Person zu schicken und jede Rolle den jeweiligen Umständen gemäß zu spielen [...]. Denn er genoß die Lust, die der Augenblick bot, ohne ängstlich nach Genüssen zu jagen, die in dunkler Ferne liegen. (DL II 66)

Spätere Nachfolger verfeinerten diese Lehre weiter, insofern sie nicht mehr momentanes Wohlbefinden, sondern dauernde »Heiterkeit« anstrebten. Das Raffinement dieser Lehren schlug jedoch um: Die Erkenntnis der Schwierigkeit, ständige Heiterkeit und Gemütsruhe zu erlangen, führte zur Forderung, die Ruhe wenigstens durch völlige Gleichgültigkeit gegenüber der Realität des Lebens zu gewinnen. So wurde etwa gesagt:

Der Weise werde sich nicht so sehr auszeichnen durch die Wahl des Guten wie durch das Meiden des Schlimmen, indem er sich ein nicht von Mühsal und Leid beschwertes Leben zum Ziel setze. (DL II 95–96)

An diesem Punkt ist die Nähe zur späteren Stoa größer als die zu Epikur.

Wir finden also bei Aristipp eine ausdrückliche Theorie des Hedonismus. Mit dem Ausdruck »Theorie« müssen wir allerdings in diesem Zusammenhang sehr vorsichtig sein: Mit »Theorie« sind in irgendeiner Weise allgemeine Aussagen angesprochen, solche aber gibt es nach der Auffassung des Aristipp in Nachfolge jener des Protagoras nicht. Eigentlich kann also jeder Kyrenaiker nur seine eigenen Erfahrungen mit Lust und Unlust erzählen, schon eine Konfrontation mit den Erfahrungen eines anderen Kyrenaikers ist strenggenommen unmöglich, da keiner der beiden wissen kann, ob seine Empfindungen denen des anderen entsprechen.

Es bleibt indes bestehen, daß Aristipp, der Begründer der Schule der Kyrenaiker, Lust in das Zentrum seiner quasi-ethischen Überlegungen stellte, während Antisthenes, der Begründer der Schule der Kyniker, die Lust aus jeder ethischen Überlegung radikal ausschloß. Beide verstanden sich als Schüler des Sokrates – das muß Erstaunen hervorrufen. Tatsächlich waren schon Autoren in der Antike über diese großen Unterschiede der Auffassungen der Sokratiker verwundert, bekannt ist die diesbezügliche Bemerkung des Augustinus:

So weit wichen die verschiedenen Ansichten der Sokratiker über dies Höchstziel voneinander ab – man sollte es bei Schülern eines Meisters nicht für möglich halten –, daß einige wie Aristipp die Lust für das höchste Gut erklärten, andere wie Antisthenes die Tugend. (*Gottesstaat* VIII 3. Übers. von W. Thimme. Zürich 1978. I, S. 376)

Vielleicht können wir uns diesen auffallenden Gegensatz auf folgende Weise erklären: Sokrates hatte eine differenzierte Theorie des Verhältnisses von »Gutem« und »Angenehmem« aufgestellt. Diese ließ sich zwar auf griffige Formeln bringen – so heißt es z. B. im platonischen *Gorgias* (500a): »Also des Guten wegen muß man, wie alles andere, so auch das Angenehme tun, nicht aber das Gute um des Angenehmen willen« –, eine genaue und anwendungsbezogene Analyse dieser Maxime erfordert aber doch einiges an dialektischer Anstrengung. Es war »einfacher«, einen der beiden Faktoren allein zu nehmen, man konnte so ohne viel Dialektik auskommen. Faktisch zeigten diese beiden Schulen tatsächlich kaum Interesse an Fragen der Logik, oder allgemeiner: an Argumentationstheorie.

3. Die Megariker

Diese Schule, die sich in Megara, einer Stadt nicht weit nördlich von Athen, das ganze 4. Jhd. über hielt, stand im Unterschied zu der Schule des Antisthenes mit Platon in guter Beziehung. Die wichtigsten Vertreter der Megariker sind: Euklid von Megara (nicht zu verwechseln mit dem Mathematiker Euklid, der ein Jahrhundert später lebte), Eubulides, Diodoros Kronos (ein Zeitgenosse des Aristoteles), Stiplon und Philon von Megara. Der Gründer der Schule war Euklid, von dem Platon berichtet, daß er beim Tod des Sokrates anwesend war (*Phaidon* 59c). Neuere Forschungen haben ergeben, daß man bei der genannten Gruppe wohl kaum zu Recht von einer »Schule« sprechen kann, da in ihr eigentlich drei verschiedene Gruppen enthalten sind, die keine wirklich gemeinsamen Auffassungen vertraten und sich nur alle in einem sehr allgemeinen Sinn auf Euklid beriefen. Wir müssen also wohl zwischen den Megariker im engeren Sinn, den Eristikern und den Dialektikern unterscheiden (vgl. DL II 106). Die eigentlichen Megariker wären dann Stiplon und sein Kreis, während die Eristiker Eubulides und seine Schüler wären, die Dialektiker schließlich hätten als Hauptvertreter Diodoros Kronos und Philon. Von den verschiedenen genannten Schulen hat die der Dialektiker am längsten bestanden, sie erlosch um 250 v. Chr.

So wie in den bisher besprochenen sokratischen Schulen wurde auch bei den Megarikern den Allgemeinbegriffen ein eigenes Designat abgesprochen, was auch wieder mit Bezugnahme auf Stiplon berichtet wird (DL II 119). Man muß sich somit ganz klar machen, daß alle sokratischen Schulen in diesem Punkt gegen Platon standen. Während dieser Gegensatz zu Platon im Bereich der Metaphysik und der Erkenntnislehre offenkundig und den gegensätzlichen Gruppen auch bewußt war, ist es keineswegs sicher, ob der tatsächlich vorhandene Unterschied der megarischen Logik gegenüber der aristotelischen von den Vertretern beider Formen klar gesehen wurde. Die weitere Geschichte dieser beiden Formen der Logik, die bis in die späte Antike (Boethius) reicht, zeigt auch, daß man sie kaum als alternative Modelle angesehen hat.

Die Megariker, Eristiker und Dialektiker sind wichtig, weil sich bei ihnen Ansätze der zweiten großen Wurzel der antiken Logik finden, die später von der stoischen Logik ausgebaut wurden (vgl. Kap. XII, 1). Die Textlage ist aber leider sehr schlecht, | 199
wir kennen die Ansichten dieser Gruppen, außer schon schulbuchartig verarbeitet bei späten Stoikern, fast nur durch Sextus Empiricus, also einem Gegner, der die Probleme oft nur unzureichend verstanden zu haben scheint. Daß Fragen der Logik für die Verteter dieser verschiedenen Gruppen kennzeichnend waren, fiel schon den antiken Berichterstattern auf. Von Stiplon wird berichtet: »Er übertraf die anderen an Erfindsamkeit und Disputierkunst in einem solchen Grade, daß nahezu ganz Griechenland die Augen auf ihn richtete und sich zur megarischen Philosophie bekehren zu wollen schien« (DL II 113).

Der wichtigste Unterschied zur aristotelischen Logik scheint folgender zu sein: Die megarische Logik – genauer gesagt: die der dialektischen Schule – dürfte eher eine Aussagenlogik sein, während die aristotelische Logik eine Termlogik ist. In dieser Hinsicht ist Aristoteles echter Schüler Platons, die Megariker dagegen erweisen sich als echte Nachfolger der Sophisten. Aristoteles formulierte Platons Frage nach dem Wesen der Dinge logisch: »Kommt *B* dem *A* zu?«. Demgegenüber fragten die Dialektiker nach der Art der Sophisten: »Wie kann man die Behauptung *a* widerlegen?« Damit konzentriert sich die Aufmerksamkeit der Megariker auf ganze Aussagen, während Aristoteles sich auf Begriffe konzentriert.

Es ist immer gefährlich, moderne Vorstellungen in antiken Texten wiederfinden zu wollen. Trotzdem kann die Vermutung geäußert werden, daß sich die Dialektiker mit dem beschäftigten, was wir heute als »Aussagenfunktoren« bezeichnen, wobei es besonders über die beste Definition der Implikation heftige Auseinandersetzungen gab. Sextus Empiricus jedenfalls berichtet:

Philon nämlich nennt eine richtige Implikation eine solche, die nicht mit Wahrem beginnt und mit Falschem endet, z. B. (wenn Tag ist und ich mich unterhalte) die Implikation »Wenn Tag ist, unterhalte ich mich«. Diodor dagegen nennt sie eine Implikation, für die es weder möglich war noch möglich ist, daß sie mit Wahrem beginnt und mit Falschem endet. Nach ihm scheint die genannte Implikation falsch zu sein, da sie, wenn Tag ist, ich aber schweige, mit Wahrem beginnt und mit Falschem endet. [...]. Diejenigen ferner, die den »Zusammenhang« einführen, nennen eine Implikation richtig, wenn der kontradiktorische Gegensatz ihres Nachsatzes mit ihrem Vordersatz unverträglich ist. [...] Die nach dem »impliziten Sinn« Urteilenden schließlich sagen, eine Implikation sei wahr, deren Nachsatz im Vordersatz dem Sinne nach enthalten sei. [...] Diesen Widerstreit nun zu entscheiden, scheint vielleicht unmöglich zu sein. (Sextus Empiricus: *Grundriß der Pyrrhonischen Skepsis* II 110–113. Übers. v. M. Hossenfelder. Frankfurt 1968. S. 181 f.)

Man darf also vielleicht vermuten, daß Philon das vertrat, was wir heute »materiale Implikation« nennen. Diodor dagegen definierte die Implikation so, daß sie vielleicht der modernen strikten Implikation entspricht.

200 | Philon: $a \rightarrow b =_{\text{def}} \neg(a \wedge \neg b)$.
Diodor: $a \rightarrow b =_{\text{def}} \mathbf{U}(a \wedge \neg b)$.

Es ist aber ebenso möglich und eigentlich wahrscheinlicher, daß Diodor mit »weder möglich war noch möglich ist« weniger an eine modale Bestimmung einer Aussage, sondern eher an eine Zeitbestimmung im Sinne von »niemals« dachte. Dann ergäbe sich eher die folgende Definition:

Diodor: $a \rightarrow b =_{\text{def}}$ es gilt für jede Zeit: $\neg(a \wedge \neg b)$.

Diese beiden Interpretation sind im Grunde aber doch sehr verschieden, denn zwischen einer logischen Unmöglichkeit und einem faktischen niemals Zutreffen besteht ein ganz erheblicher Unterschied, der letztlich nur ontologisch explzierbar ist. Diese Probleme sollten die Logiker bis heute beschäftigen. Was die Dialektiker selbst genau meinten, können wir wahrscheinlich nicht mehr mit Sicherheit festellen. Auch bei den Nachrichten, die uns Sextus Empiricus liefert, der sich ja eigentlich mit den Stoikern auseinandersetze und also deren Auffassungen referiert, ist es möglich, daß die Mitteilungen über die Dialektiker schon stoische Interpretationen darstellen.

Aus der sophistischen Tradition stammte auch ein ausgeprägtes Bewußtsein um semantische Probleme. So wissen wir, daß von dem Eristiker Eubulides die berühmte semantische Antinomie vom Lügner stammt, obwohl wir nicht wissen, in genau welcher Form Eubulides sie formulierte (DL II 108). Eine der überlieferten

Formulierungen (von denen es sehr viele gibt) lautet: »Wenn ich lüge und sage, daß ich lüge, lüge ich, oder sage ich die Wahrheit?« Welche Wirkung diese Antinomie hatte, zeigt außer den drei Büchern, die Theophrast darüber geschrieben haben soll, und den 28 (?) Büchern, die Chrysipp, der bedeutendste Logiker der Stoa, zu dieser Antinomie verfaßt haben soll, folgende Grabinschrift vom Grab des Philetas von Kos (4.–3. Jhd. v. Chr.): »Wanderer, ich bin Philetas, das Argument, das lügende, hat mich getötet, und das tiefe nächtliche Nachdenken« (zit. nach Bochenski. 1970. S. 151).

Die hohe Wertschätzung der Logik in der Öffentlichkeit dieser Zeit zeigt sich auch an folgender Geschichte: Eubulides hatte einen Schüler namens Apollonios. Dieser »wurde während seines Aufenthalts bei Ptolemaios Soter von Stiplon aufgefordert, gewisse dialektische Aufgaben zu lösen; da er dies aber nicht gleich im Augenblick vermochte, ward der König ungnädig gestimmt, ja nannte ihn sogar spottend Kronos (d. i. Dümmling). Da verließ er die Tafel, schrieb eine Abhandlung über die vorgelegte Frage und gab sich aus Unmut selbst den Tod« (DL II 111–112).

- IX -

Platon

1. Veränderungen im 4. Jahrhundert

Der Peloponnesische Krieg war zu Ende gegangen, und die Zeit danach war entsprechend eine Nachkriegszeit. Sparta hatte zwar die Vorherrschaft errungen, war aber nicht in der Lage, daraus einen wirklichen Nutzen zu ziehen. Es folgte keine große Zeit Spartas. Athen erhielt nach der Schreckensherrschaft der Dreißig mit Duldung des Spartanerkönigs Pausanias wieder eine relativ demokratische Verfassung. Sparta und Athen mußten sich von den Kriegsfolgen erholen. Hingegen erlebte Syrakus in Sizilien, das ja von dem Kriegsgeschehen nur am Rande betroffen gewesen war, eine
202 | Glanzperiode. Dionysos I. war es gelungen, sich gegen die Karthager, die schon einen Teil Siziliens eingenommen hatten, durchzusetzen. Dionysos gehörte zwar in die Kategorie der Tyrannen, war aber realpolitisch klug, was bei den griechischen Tyrannen nicht selten der Fall war. Er ließ Sklaven frei, gab ärmeren Bevölkerungsgruppen Land, und holte aus dem Ausland Söldner für sein Heer, in dem aber die Griechen die Leitungsfunktionen innehatten. Unter seiner Herrschaft wurde Syrakus zur größten Stadt der griechischen Welt und zur wichtigsten Stadt im Mittelmeerraum. Dionysos war wie alle Gewaltherrscher skrupellos, aber daneben war er auch Dichter und soll sich in seinen Tragödien Euripides zum Vorbild genommen haben. Obwohl sein Sohn und Nachfolger Dionysos II. nicht über die Fähigkeiten seines Vaters verfügte, versuchte doch Platon – in Zusammenarbeit mit Dion, dem Onkel des Dionysos II. – in Syrakus seinen Idealstaat zu verwirklichen, was bekanntlich nicht gelang. Es ist aber doch aufschlußreich, daß Platon nicht in irgendeine griechische Stadt ging, sondern in jene, die damals tatsächlich das Zentrum und das Vorbild eines Staates abgab.

Platon und Aristoteles lebten also in einem Jahrhundert, in dem die Menschen in verschiedener Hinsicht dem vorangegangenen Jahrhundert – oder besser: der vergangenen Größe Athens – nachtrauerten. In den Reden des Demosthenes (383–322 v. Chr.) kommt immer wieder die Klage über das zum Ausdruck, was er als Niedergang und Verfall seines Zeitalters betrachtete. Isokrates (436–338 v. Chr.), der durch seine Schule großen Einfluß hatte, versuchte, durch seine schon von Anfang an literarisch und politisch konzipierten Reden am Wiederaufstieg Athens mitzuwirken, wobei er den Athenern die Rückkehr zur alten Verfassung Solons empfahl. Auch im

Bereich der Dichtung trauerte man der Vergangenheit nach. Bei den Tragödien und Komödien, die im Zusammenhang mit öffentlichen Festen gesehen werden müssen, entwickelte sich so etwas wie eine »Klassik«, und dies ist fast immer ein Zeichen dafür, daß man der Vergangenheit mehr zutraut als der Gegenwart. Erstmals wurden Tragödien und Komödien wiederaufgeführt, um 330 wurde sogar ein Gesetz abgefaßt, das praktisch einer Klassiker-Festschreibung gleichkommt. Dort wird für die Tragödien des Aischylos, Sophokles und Euripides festgelegt, daß diese Werke in einer definitiven und vom Staat überwachten Form offiziell aufgeschrieben und aufbewahrt werden sollen und daß bei den Aufführungen kontrolliert werden soll, daß die Schauspieler sich auch genau an diesen Text halten (Plutarch: *Moralia* 841 f.). Dies bedeutet nicht, daß keine neuen Tragödien und Komödien verfaßt und aufgeführt wurden, aber von diesen ist – vermutlich zu Recht – nicht viel erhalten geblieben. Die große Zeit dieser Literaturgattungen war vorbei. Vielleicht hängt dies damit zusammen, daß das Theater überhaupt die Funktion verlor, der Ort zu sein, an dem die großen Probleme diskutiert wurden.

Rationales Denken scheint im 4. Jhd. eine breitere Basis gewonnen zu haben. Dies bedeutet natürlich nicht, daß die Menschen oder die Gesellschaft dieses Jahrhunderts schon »vernünftiger« geworden seien, gerade Platons Denken kann schließlich als Versuch gewertet werden, der Last der Rationalität wieder zu entkommen. In mancher Hinsicht war die Konkurrenzschule zur platonischen Akademie, die Schule des Isokrates, rationalem Denken gegenüber aufgeschlossener als die Platons. Isokrates stellte sich entschieden auf die Seite der Vernunft und gab den Mythen keinen Raum bei der Suche nach der Wahrheit.

Rationalität bedeutete aber nicht immer genau das, was wir uns darunter vorstellen. Für Xenophon etwa ist ein Mann ebenso wie eine Frau dann vernünftig *(sophrón)*, wenn sie sich darum kümmern, daß das Vermögen der Familie erhalten und vermehrt wird. Im übrigen war dies aber der einzige Bereich, in dem man von den (legitimen Ehe-)Frauen *sophrosýne* erwartete. Das öffentliche Leben und so auch das der Philosophie war reine Männersache. Bildung von Frauen erwartete man höchstens bei Hetären.

Ein Hinweis darauf, daß rationales Denken auch auf Widerstand stieß, läßt sich daraus ablesen, daß im 4. Jhd. ein verstärktes Eindringen neuer Gottheiten und somit auch neuer Kulte zu beobachten ist. Dies bedeutete nicht einfach eine Abwendung von traditionellen Gottheiten, brachte aber zumindest eine Verbreiterung des »Angebots« mit sich, und dies wiederum liefert einen Hinweis darauf, daß eine »Nachfrage« nach »neuen« Göttern bestand. Andere versuchten, Rationalität und Religiosität in Verbindung zu bringen und gebrauchten Abstraktionen wie »Freundschaft, die Mutter der Götter«, was eine Art philosophischer, unmythischer Religion ergab. Beliebter und wirksamer waren jedoch die konkreten Mythen, das 4. Jhd. war also alles andere als mythenfeindlich. Wenn Platon versuchen wird, einen philosophisch-religiösen Mythos mit politischer Anwendbarkeit zu schaffen, so ist dies in seiner Zeit keineswegs eine Abnormität, sondern kam vermutlich den Wünschen – zumindest einer bestimmten Oberschicht – entgegen. Die Thesen des Aristoteles entsprachen wesentlich weniger dem Interesse des Publikums.

Auch in einem anderen wichtigen Punkt war für Athen die große Zeit vorbei. Im 5. Jhd. des Perikles hatten die Abgaben der Verbündeten Athen reichhaltige Finanzquellen eröffnet. Dies war jetzt nicht mehr der Fall, und die öffentlichen Mittel Athens waren ständig knapp. Für Kriege waren überhaupt keine Finanzreserven vorhanden. Inzwischen waren bezahlte Söldnerheere zur Normalität geworden und das war kostspielig. Platons Wächter, für die nur der Lebensunterhalt gesichert sein sollte, die also keinen Sold erhielten, waren ebenso illusorisch wie ihr unbestechlicher Philosophen-Herrscher, war doch die Korruption der Politiker ein ständiges und häufig erwähntes Problem.

Die Finanznöte der Stadt bedeuteten allerdings nicht, daß kein Kapital vorhanden war. Aus überlieferten Verträgen können wir uns sogar ein verhältnismäßig gutes Bild vom Kapitalmarkt Athens machen: Bei Risikogeschäften – z. B. beim Fernhandel – konnte man mit Gewinnen von 20 bis 30 Prozent rechnen, mußte aber natürlich auch mit Verlusten rechnen, die bis zum Totalverlust des eingesetzten Kapitals bei Schiffsuntergang gehen konnten. Dies sind Gewinnchancen und Risiken wie am

heutigen Aktienmarkt. Geringere, aber dafür sicherere Erträge konnte man z. B. bei folgendem Kreditgeschäft erwirtschaften: Man gab seinem Sklaven einen Kredit, damit dieser sich freikaufen und ein kleines Unternehmen gründen konnte. Faktisch mußte ein solcher Sklave diesen Kredit über einen sehr langen Zeitraum zurückzahlen. Ein solcher Vertrag lieferte also langfristige und ziemlich sichere Zinseinnahmen, auch wenn diese geringer waren als jene, die man im Handel erreichen konnte. Das Abschätzen von Gewinnchancen und Risiken bei Investitionen war also schon in der griechischen Antike eine wichtige Frage für alle Kapitalanleger. Daß allerdings nicht alle Kapital besaßen, braucht nicht eigens erwähnt zu werden. Privates Kapital war also durchaus da, und die recht umfangreiche Bautätigkeit im 4. Jhd. wurde weithin aus solchen privaten Mitteln finanziert. Für die, die Geld hatten, bedeutete die *philotimía*, also die Freude an Ehre und Ruhm, mehr als die *philosophía*. Die *philotimía*, die schon im 5. Jhd. eine wichtige Rolle gespielt hatte, bedeutete eine Art Sponsor-Aktivität in Hinsicht auf Bautätigkeit, Theater, Sport und Feste. Damit war natürlich diesen privaten Kapitalträgern, die für das öffentliche Leben sehr wichtig waren, ein erheblicher politischer Einfluß nicht zu verwehren. Platons Vorstellung, jene, die die ökonomische Grundlage des Staates liefern, von allen politischen Rechten auszuschließen, wirkt wie eine Art Steinzeit-Spartanismus. Da war ein Mann wie Xenophon schon viel pragmatisch-rationaler: Er machte sich Gedanken darüber, wie man Kapital nach Athen bringen könnte, indem man Anreize für Kapitalträger schuf, sich in Athen niederzulassen.

Die politische Macht in Athen wurde zunehmend zersplittert, d. h. aufgeteilt auf eine Vielzahl von Gremien und Institutionen. Machtkonzentration sollte verhindert werden. Faktisch wurde dadurch aber auch verhindert, eine kontinuierliche und zielgerichtete Politik zu gestalten, was eigentlich dem übergeordneten Interesse, also der Wiederherstellung der Größe Athens zuwiderlief.

Die sehr entwickelte Gesellschaft Athens lieferte häufig Gelegenheiten für Konflikte, was wiederum Anlaß zu zahlreichen Prozessen im öffentlichen wie im privaten Bereich gab. Die Freude der Griechen am Streit war zwar günstig für die Ausbildung der Philosophie, die ja vom Streit um Theorien lebt, hatte aber im politischen Bereich ziemlich ungünstige Auswirkungen. Im politischen Leben kann man beobachten, wie sich politischer Streit zunehmend von der Volksversammlung auf die Gerichte verlagerte – dies kennen wir auch aus modernen Demokratien. Wichtig waren vor allem – wegen der mit der Bürgerschaft verbundenen Rechte – Prozesse um die Legitimität des Bürgerstatus, daneben gab es noch eine Unzahl privater Rechtsstreite. Die Zahl der Richter in Athen war sehr groß und entsprechend wichtig waren die Rechtsberater. Die Bürger mußten zwar ihre Rechte vor Gericht selbst verteidigen, es gab aber doch viele, die sich die entsprechenden Reden von anderen, also von Fachleuten, schreiben ließen. All dies brachte es mit sich, daß die Rhetorik eine ganz zentrale Disziplin des Unterrichts in den verschiedenen Schulen war. Auch die Zurückdrängung der sophistischen Bewegung brachte keineswegs eine Verminderung der Bedeutung der Ausbildung rhetorischer Fähigkeiten. Die bedeutende Schule des Isokrates ist dafür das beste Beispiel. Es ist auch nicht verwunderlich, daß Demosthenes, der trotz schwacher Stimme der bedeutendste Redner der Antike wurde, in Athen eine entscheidende, wenn auch politisch letzlich erfolglose, Rolle spielte. Dieser kulturelle und gesellschaftliche Hintergrund sollte uns vorsichtig machen bei der Einschätzung der »Bedeutung« von Werken aus dieser Zeit: Gesellschaftlich gesehen war z. B. die *Rhetorik* des Aristoteles sicher wichtiger als seine *Analytiken*.

2. Leben und Werke

Platon wurde 428/427 v. Chr. geboren und stammte aus der reichen Aristokratie Athens. Sein Onkel Kritias war der Anführer der berüchtigten Dreißig Tyrannen, die nach dem Ende des Peloponnesischen Krieges die Demokratie in Athen beseitigt hatten, auch ein weiteres Mitglied der Familie gehörte zu dieser Gruppe. Platon wuchs also in einer Familie auf, die zutiefst antidemokratisch geprägt war. Mit etwa zwanzig Jahren schloß er sich Sokrates und dessen Kreis an und gehörte bis zum Tod des Sokrates zu diesem lockeren Schülerverband. Nach dem Tod des Sokrates ging Platon zunächst zu Euklid nach Megara, später begab er sich auf Reisen, die ihn nach Ägypten und Kyrene geführt haben sollen. Auch soll er in Tarent gewesen sein, wo er mit dem Philosophen-Herrscher Archytas, einem bedeutenden Pythagoreer, in Kontakt trat. Historisch gesichert sind drei Reisen Platons nach Sizilien, die zweite und dritte dieser Reisen brachten ihn an den Hof in Syrakus, wo zunächst Dionysios I.

und dann dessen Sohn Dionysios II. herrschte. Platon war besonders mit einem Verwandten der Herrscherfamilie, Dion, befreundet und erhoffte sich dort eine Verwirklichung seiner politischen Ideen oder wenigstens eine Entwicklung in Richtung auf eine solche Verwirklichung hin – alle diese Versuche sollten jedoch scheiterten. Zwischen der ersten und der zweiten Reise nach Sizilien, also nach 387, gründete Platon die sogenannte Akademie, die ihren Namen von dem Ort der Gründung, einem dem Heros Akademos gewidmeten Park, erhielt. Platon starb in Athen 348 oder 347.

Die Akademie wurde zu einem der wichtigsten kulturellen Zentren der Antike. Sie wurde erst 529 n. Chr. von Kaiser Justinian geschlossen, zu einer Zeit also, in der der Platonismus längst autoritativ ins Christentum übernommen worden war (vgl. 2. Teil, Kap. IV, 2, b).

Die platonischen *Schriften* sind vollständig überliefert, dennoch verbinden sich mit ihnen zwei Probleme. (1) Die Frage der *Echtheit*: Nicht alle der unter Platons Namen überlieferten Schriften sind echt. Die Echtheit einiger Dialoge war schon in der Antike umstritten, Diogenes Laertius führt eine ganze Liste von Dialogen auf, die zu seiner Zeit als unecht angesehen wurden (DL III 62). Heute kann jedoch der Bestand der echten Schriften als im wesentlichen gesichert angesehen werden, nur bei wenigen Dialogen des platonischen Corpus werden noch immer Zweifel angemeldet. Von den Briefen wird der wichtige 7. Brief heute von der Mehrzahl der Forscher als echt angesehen. (2) Die Frage der *Chronologie*: In der Antike wurden die platonischen Schriften nicht nach chronologischen, sondern nach sachlichen Gesichtspunkten geordnet (DL III 58–62), auch fehlen außer für Platons letzte Schrift, die *Gesetze*, Nachrichten über die chronologische Reihenfolge der Entstehung. Seit dem 19. Jhd. wurde jedoch durch philologische, vor allem stilistische und wortstatistische, und innere, also inhaltliche, Kriterien eine Einteilung in drei bzw. vier Gruppen getroffen, die heute weithin anerkannt ist. Diesen Gruppen entsprechen Perioden der Entstehung, es ergibt sich also eine relative Chronologie. Dennoch ist bei einzelnen Dialogen nicht eindeutig, zu welcher der drei bzw. vier Gruppen sie gehören. Zur ersten Gruppe gehören jene Dialoge, die noch deutlich unter sokratischem Einfluß stehen. Die zweite Gruppe wird durch jene Dialoge gebildet, in denen Platon beginnt, seine Ideenlehre zu entwickeln. Die dritte Gruppe umfaßt die Dialoge, in denen die Ideenlehre in ihren verschiedenen metaphysischen, erkenntnistheoretischen und anthropologischen Aspekten ausgebaut wird. Die beiden letzteren Gruppen werden manchmal in eine zusammengefaßt. Die letzte Gruppe umfaßt schließlich jene Dialoge, in denen vor allem die politische Problematik im Vordergrund steht, in denen aber auch eine stärkere Hinwendung zu mythologisch-theologischen Fragen zu beobachten ist.

Die *Textgeschichte* der Werke Platons ist unmittelbar mit der *Wirkungsgeschichte* derselben verbunden. Diogenes Laertius berichtet von verschiedenen Platon-Ausgaben, die in der Antike bekannt waren. Diese Ausgaben ordneten die Dialoge in verschiedener Weise nach thematischen Gesichtspunkten an, wiesen aber auch teilweise voneinander abweichende Texte auf. Schon in der Antike gab es eine Ausgabe der Werke Platons, in der neben verschiedenen Zeichen, die der Interpretation dienten, auch mehrere Zeichen für Lesarten, also Textabweichungen, und deren Bewertung verwendet wurden (DL III 65–66). Durch die Kirchenväter, besonders durch Augustinus, wurde Platon zum Philosophen des Christentums, wobei allerdings in der Antike und im Mittelalter nicht zwischen Platonismus und Neuplatonismus unterschieden wurde. Der Einfluß dieses Platonismus-Neuplatonismus im Mittelalter stellt ein eigenes großes Problem der Geistesgeschichte dar, das auch noch keineswegs ausreichend erforscht ist. Für die Textgeschichte ist es wichtig zu wissen, daß die Philosophen und Theologen des Mittelalters gewöhnlich kein Griechisch konnten und griechische Textausgaben im lateinischen Westen nicht existierten. Sie waren also auf Übersetzungen angewiesen, die ihnen größtenteils aber nur in Auszügen in der Form von Florilegien, also Textsammlungen, zugänglich waren. Im Unterschied zu dem Interesse, das den Texten des Aristoteles – welche den christlichen Philosophen erst im späteren Mittelalter vollständig zugänglich wurden – entgegengebracht wurde, zeigte sich im Mittelalter sonderbarerweise und aus nicht recht geklärten Gründen kein Interesse an einem vollständigen Platon-Text. Im Mittelalter war nur der erste Teil des *Timaios* im vollständigen Text bekannt (zusammen mit dem Kommentar des Calcidius zu diesem Dialog), dem gesamten Platon-Text wandte man aber erst in der Renaissance Aufmerksamkeit zu. Entscheidend wirkte hier Marsilio Ficino und seine »platonische Schule« in Florenz (vgl. 3. Teil, Kap. I, 3). Ficino übersetzte in den Jahren 1463–1469 alle Werke Platons ins Lateinische; die Übersetzung erschien 1483–1484 im Druck. 1513 schließlich erschien bei dem berühmten Verleger Aldo Manuzio die erste griechische Ausgabe im Druck. Der Deutungsrahmen blieb jedoch weiterhin der Neuplatonismus. 1578 erschien in Paris die sogenannte Stephanus-Ausgabe, deren Seitenzählung in allen modernen Ausgaben zu finden ist. Das Interesse am »authentischen Platon«, also Platon im Unterschied zum Neuplatonismus, wurde erst im 19. Jhd. durch Schleiermacher und Friedrich Creuzer geweckt. Mit der Entwicklung der klassischen Philologie wandte man sich auch der Aufgabe zu, einen kritischen Text der Werke Platons zu erstellen. Die beste kritische Ausgabe wurde zu Beginn unseres Jahrhunderts von J. Burnet erarbeitet (Oxford-Ausgabe).

Ein besonderes Problem stellt Platons sogenannte »ungeschriebene Lehre« dar. In der platonischen Schule, also der Akademie, wurden unter der »Lehre Platons« nicht die Dialoge verstanden, vielmehr verstand man dort darunter das, was Platon in mündlichen Vorträgen gelehrt hatte. Im 7. Brief, der heute von den meisten Forschern als authentisch angesehen wird, schreibt Platon selbst, daß er seine eigentliche Lehre nicht schriftlich verfaßt habe. Dies hat in unserem Jahrhundert zu der Diskussion über Platons »ungeschriebene Lehre« geführt (vgl. im Lit.-Verz.: J. Wippern). Diese Vorlesungen sollen den Titel »Über das Gute« getragen haben, wir kennen davon nur wenige Bruchstücke. Nach den bisherigen Forschungen scheint es jedoch nicht der Fall zu sein, daß Platons »ungeschriebene Lehre« dem Inhalt nach von der »geschriebenen« verschieden gewesen ist. Allerdings dürfte er am Ende seines Lebens eine skeptisch-mystische Lehre vertreten haben, welche aber eigentlich nicht nur eine »ungeschriebene«, sondern eine »unschreibbare«, weil »unsagbare« ist. Einige Hinweise darauf werden im letzten Abschnitt, der sich mit dem Problem der Sprache befaßt, gegeben werden (vgl. weiter unten 8, c).

Die Auseinandersetzung mit Platon bereitet uns größere Schwierigkeiten als die mit irgendeinem anderen Philosophen, einfach deshalb, weil wir alle mehr oder weniger Platoniker sind. Und wir sind dies deshalb, weil wir in einer Kultur leben, deren »Raster« in ganz entscheidender Weise platonisch geprägt sind: Wir denken den Menschen als »Leib und Seele«, »Körper und Geist«, »materiell und immateriell«, und wir können selbst die Ablehnung eines solchen Dualismus nur wiederum innerhalb genau dieser Kategorien formulieren. Ein weiteres: Wir meinen, jeder Mensch müsse »Ideale« haben. Die Menschen z. B. Homers und die Vorsokratiker hatten indes keinerlei Ideale, einfach deshalb, weil es »Ideen« und somit »Ideale« noch gar nicht gab. Ebenso meinen wir, daß »geistige« Tätigkeit »höher«, »wertvoller« sei als handwerkliche Arbeit, ohne daß wir dafür andere Gründe haben als unsere platonisierende Erziehung. Diese Liste ließe sich noch lange fortsetzen und besteht aus – wenn auch durch das Christentum verbreiteten – platonischen Vorstellungen. Und so setzen wir uns bei der Beschäftigung mit Platon immer auch mit unserem eigenen Denk-, Sprach- und Vorstellungsraster auseinander, welcher allerdings derselbe bleibt, ganz gleich, wie wir dazu stehen. Man kann Anti-Platoniker sein, kaum aber Nicht-Platoniker.

3. Der Philosoph und die Philosophie

Der Dialog *Phaidon* gehört zu der Gruppe von Dialogen, in denen Platon seine ganze Lehre konzentriert um die Ideenlehre anordnet. Wie deutlich hier eine wirklich neue Konzeption auftritt, läßt sich an einem Punkt zeigen, an dem Platon eine Frage aufgreift, die er auch schon in der noch echt sokratischen *Apologie* behandelt hatte. Wie in der *Apologie* führt Platon im *Phaidon* nochmals Sokrates in einer Diskussion ein, die dieser im Gefängnis vor seinem Tod mit seinen Freunden führt. Es ist jedoch nun ein ganz platonischer Sokrates, der hier spricht. Dem »sokratischen« Sokrates der *Apologie* war es um das »richtige und wahre Leben« gegangen, vor die Konsequenz des Todes gestellt, blieb Sokrates ruhig: Denn entweder ist der Tod wie ein Schlaf, in dem der Schlafende nicht einmal einen Traum hat – und dies wäre ein wunderbarer Gewinn; oder der Tod ist eine »Auswanderung von hier nach einem anderen Ort«, wo die wahren Richter anzutreffen sind – was ebenfalls ein Gewinn wäre (*Apologie* 40e). Ob letzteres allerdings zutrifft, weiß Sokrates nicht, er referiert nur das, was ein weit verbreiteter Volksglaube ist:

Denn wie in anderer Beziehung so sind auch darin die dort Weilenden glücklicher als die Erdenkinder hier, daß sie die ganze weitere Zeit hindurch unsterblich sind, wenn der Volksmund recht hat. (*Apologie* 41c)

Was Sokrates hier in einem nur wenige Seiten umfassenden Text sagt, ist das beste, was ein Philosoph jemals zum Problem der »Seele« und deren Sterblichkeit oder Unsterblichkeit gesagt hat. Es ist genau das, was eine endliche, kritische Vernunft sagen kann, und was Sokrates sagt, ist völlig ausreichend für ein vernünftiges und ethisch verantwortbares Leben. Eine Entscheidung zwischen den beiden genannten Möglichkeiten ist somit gar nicht erforderlich. In der weiteren Geschichte der Philosophie, die schon mit Platon beginnt, ist dieses Problem unzählige Male weiter diskutiert worden, ohne daß man durch diese Diskussionen in irgendeiner Hinsicht einer »Lösung« auch nur einen kleinen Schritt näher gekommen wäre.

Die Entscheidung des Sokrates, die Verurteilung auf sich zu nehmen und die Möglichkeit der Flucht nicht zu nutzen, ist von einer Entscheidung hinsichtlich der genannten Alternative völlig unabhängig. Von irgendeiner Form von Todessehnsucht ist der Sokrates der *Apologie* völlig frei. Ganz anders spricht und argumentiert der »platonische« Sokrates im *Phaidon*:

Alle, die sich in rechter Weise mit Philosophie befassen, haben es im Grunde auf nichts anderes abgesehen als darauf, zu sterben und tot zu sein; aber den übrigen Menschen bleibt das verborgen. Ist dieses nun wahr, so wäre es doch offenbar widersinnig, sein Leben lang nach nichts anderem zu streben als eben hiernach, wenn es dann aber wirklich eintritt sich zu sträuben gegen das, was man immer erstrebte und betrieb. (*Phaidon* 64a)

»Einübung ins Sterben« als Zielvorstellung ist ein Gedanke, der nicht nur der gesamten griechischen philosophischen Tradition, sondern auch der literarischen und künstlerischen Tradition widerspricht. Woher diese radikale Umorientierung, die man fast als Kehrtwendung bezeichnen möchte? Es geht Platon jetzt nicht mehr – wie Sokrates – um das richtige Handeln des *ganzen Menschen* und um die seinem Handeln zugrundeliegende Erkenntnis, vielmehr geht es ihm um das richtige Tun und Erkennen der *Seele*. Platons Seelenvorstellung ist eingebettet in einen radikalen anthropologischen und noch dazu wertbesetzten *Dualismus* von Leib und Seele. Die Philosophie ist ausschließlich in der Seele angesiedelt, und für diese Seele ist die Gemeinschaft mit dem Körper nur ein Hindernis:

Zeigt es sich also nicht zuvörderst in dieser Beziehung, daß der Philosoph bemüht ist, seine Seele so viel wie möglich von der Gemeinschaft mit dem Körper zu lösen, weit mehr als die anderen Menschen? (Ebd. 64e-65a)

Die Seele soll sich also vom Körper befreien, dies setzt eine strenge Trennung von Seele und Körper voraus. Dem anthropologischen Dualismus entspricht ein erkenntnistheoretischer Dualismus. Die körperlichen Sinne, also die Grundlage empirischer Erfahrung, liefern uns keine unbezweifelbaren Ergebnisse, ihre Wahrnehmungen sind nicht genau und sicher. Erkenntnis bedeutet daher *Abwendung von den Sinnen*:

Wird das nicht am unbestrittensten auf denjenigen zutreffen, der am meisten mit dem bloßen Verstand an ein jedes herantritt, ohne das Gesicht zum Gehilfen des reinen Denkens zu machen oder irgendeine andere Sinneswahrnehmung zur Begleiterin des überlegenden Verstandes zu machen, der also mit ausschließlicher Verwendung des reinen Denkvermögens ein jegliches Seiende rein für sich zu erfassen sucht, möglichst unabhängig von Auge und Ohr und überhaupt von allem Körperlichen als einer störenden Beigabe, die durch ihre Einmischung die Seele nicht in den Besitz der Wahrheit und Vernunfterkenntnis gelangen läßt? (Ebd. 65e–66a)

Dies war nun eine Auffassung, die zumindest seit Parmenides und den Eleaten einen Ausgangspunkt philosophischer Überlegung bildete. Sich von der Erfahrung ab- und dem reinen Denken zuzuwenden, lag also durchaus auf der Linie eleati-

scher Philosophie, es war die Abwendung vom Bereich des Wahr-Scheinenden zu dem der Wahrheit, eine Abwendung von der Meinung hin zum wahren Wissen: Nur im reinen, erfahrungsfreien Denken ist Wahrheit anzutreffen. Dieser erkenntnistheoretische Apriorismus, wie ihn auch die Eleaten gelehrt hatten, wird bei Platon jedoch verbunden mit einem anthropologischen Dualismus, der Körper und Seele, Materie und Immaterielles nicht nur einander gegenüberstellt, sondern in Gegensatz zueinander sieht. Bei Platon wird jetzt *Denken* (= von der Erfahrung frei) mit der *Seele* (= abgetrennt von der Materie) in eine unlösliche Verbindung gebracht, das Streben nach Weisheit (Philosophie) muß hier zum Streben nach Reinigung (*kátharsis*) vom Einfluß des Materiellen, zur Abtrennung der Seele vom Leib, werden.

Als Reinigung aber hat doch wohl das im Verlaufe des Gesprächs schon so oft erwähnte Streben zu gelten, die Seele so viel wie möglich von dem Körper zu trennen und sie zu gewöhnen sich allerseits aus dem Körper in sich selbst zurückzuziehen und zu sammeln und sich nach Möglichkeit sowohl in dem jetzigen wie in dem zukünftigen Dasein ganz auf sich selbst zu beschränken, sich loslösend vom Leibe wie aus Fesseln. (Ebd. 67c)

Mit diesem Dualismus sind wir nun deutlich innerhalb der Tradition des Pythagoreismus, in der *Philosophie als Erlösung* aufgefaßt wurde (vgl. Kap. II, 2). Bei Platon wird dies radikal zur Forderung der Ablösung vom Körperlichen als zentraler Aufgabe des Philosophen. Insofern richtiges Denken sich nur aufgrund der Absonderung der Seele vom Leib ergibt, kann diese asketische Aufgabe als die philosophische schlechthin aufgefaßt werden, und genau dies ist die Forderung Platons:

[...] die ganze Arbeit der Philosophen ist ja eben nichts anderes als Lösung und Trennung der Seele vom Leibe. (Ebd. 67d)

Die Konsequenz, daß Philosophieren – als Absonderung der Seele vom Leib – sterben heißt, ergibt sich hier ohne weiteres. Echte *Philosophie* im Sinne Platons steht *im Zeichen des Todes*:

Beim Betrachten mittels des reinen Denkens scheint uns gewissermaßen die Todesgöttin mit sich davon zu führen; denn solange wir mit dem Körper behaftet sind und unsere Seele mit diesem Übel verwachsen ist, werden wir niemals in vollem Maß erreichen, wonach wir streben; es ist dies aber, wie wir behaupten, die Wahrheit. (Ebd. 66b)

Die Konsequenz daraus ist, daß wahre Erkenntnis erst nach dem Tod möglich ist:

Denn wenn es unmöglich ist, in Gemeinschaft mit dem Körper eine reine Erkenntnis zu erlangen, so gibt es nur zwei Fälle: entweder ist es überhaupt unmöglich ein Wissen zu erlangen oder erst nach unserem Tode. (Ebd. 66e)

Dies hat nun mit Sokrates überhaupt nichts mehr zu tun und ist nicht nur *un-sokratisch*, sondern ganz und gar *anti-sokratisch*. Sokrates ging es um wahre Erkenntnis im und für das Leben, über das, was »nach« diesem Leben kommt oder nicht kommt, hat Sokrates kein Wissen, und schon gar nicht will er behaupten, daß wir erst »nach« diesem Leben überhaupt zu echtem Wissen gelangen können. Hier liegt also eine radikale Wendung Platons vor, die mit dem Begriff der »Seele« zu tun hat. Was hat Platon bewogen, eine solche abtrennbare Seele anzunehmen? Platon braucht diese als »Ort« der reinen Erkenntnis, an dem wir, frei von allen körperlichen Einflüssen, »allein mit der Seele die Dinge an sich betrachten« (Ebd. 66e), da er erst dort zu dem immer sich Gleichbleibenden, Ewigen, Unwandelbaren gelangt:

Wenn sie aber ganz auf sich beschränkt eine Betrachtung anstellt, dann wendet sie sich nach jener Seite hin, nach dem Reinen und Ewigen und Unsterblichen und immer sich Gleichen, und als verwandt damit weilt sie, sobald sie für sich allein ist und die Umstände es ihr gestatten, immer bei ihnen, läßt alles Schwanken hinter sich und bleibt, solange sie sich mit ihnen beschäftigt, sich selbst immer durchaus gleich, da sie es mit Dingen von gleicher Natur zu tun hat. Und dieser Vorgang in ihr heißt Vernunfterkenntnis. (Ebd. 79d)

Fast alle Platon-Interpreten finden sich an irgendeinem Punkt ihrer Überlegungen mit der Frage konfrontiert, was eigentlich Platon zu der Einführung seines anthropologischen, erkenntnistheoretischen und metaphysischen Dualismus bewogen hat. Die Lehren des späten Platon können einfach nicht als philosophieinterne Fortentwicklung der Fragen verstanden werden, die Sokrates aufgeworfen hatte; dagegen sprechen schon die Auffassungen der anderen sokratischen Schulen, aber auch die spätere Kritik des Aristoteles. Man muß also eine »äußere« Motivation annehmen, die Platon zu seiner Auffassung von Vernunfterkenntnis und Seelenform geführt hat. Die Frage ist dann allerdings, ob er zunächst eine bestimmte Seelenauffassung anstrebte und dann eine dieser Seele entsprechende Vernunfterkenntnis aufbaute, oder ob er zunächst einmal eine bestimmte Vernunfterkenntnis wollte, und dann einen entsprechenden Träger dieser Erkenntnis suchte. Dieses »zunächst ... dann« ist selbstverständlich nicht zeitlich, sondern logisch und systematisch zu verstehen. Ich vermute, daß die zweite Annahme zutrifft: Platon braucht eine solche Seele, weil er eine solche Vernunfterkenntnis will. Platon braucht also zunächst einmal eine absolute Wahrheit. Philosophiegeschichtlich ausgedrückt: Weil Platon eine Vernunft à la Parmenides will, nimmt er eine Seele à la Pythagoras an. Dies läßt biographisch bei Platon durchaus die Möglichkeit offen, daß er sich zuerst zum Pythagoreismus
212 | bekehrte und erst dann die Möglichkeiten gesehen hat, die ihm diese Lehre als Systemstück für das ihn bewegende Problem einer absoluten und ewigen Wahrheit bot. Warum aber braucht er eine Parmenides-Vernunft? Wir haben früher gesehen, daß sich die Konzeption des Parmenides als Versuch interpretieren läßt, den Kulturschock, der sich aus der Aufklärung der ionischen Naturphilosophie und der Religionskritik des Xenophanes ergeben hatte, aufzufangen, also die Probleme von hypothetischer und wahrscheinlicher Erkenntnis, die sich aus dem Übergang vom Mythos zum Logos ergeben hatten, durch einen »philosophischen Mythos« zu immunisieren (vgl. Kap. IV, 2, c). Dies war also der Kulturschock I. Inzwischen war jedoch die Aufklärung weitergegangen und hatte nicht nur die Auffassung von der Natur, sondern auch die von der Gesellschaft radikal verändert, wie es bei den Sophisten und bei Sokrates deutlich geworden ist. Dazu kam die politische Katastrophe der Niederlage Athens. Einige – zu denen auch Platon gehörte – sahen nun in ersterem, also der sophistischen Aufklärung, eine der Ursachen oder sogar die eigentliche Ursache von letzterem, also der politischen Katastrophe. Das Heilmittel für diesen komplexen Kulturschock II sah Platon in der Annahme einer absoluten, unveränderlichen, ewigen Wahrheit, der Rückgriff auf Parmenides bot sich dabei wie selbstverständlich an. Allerdings mußte diese absolute Wahrheit jetzt – nach der gesellschaftlich »zersetzenden« sophistischen Aufklärung – auch gesellschaftlich geschützt werden, hier legte sich der Rückgriff auf das autoritäre und elitäre Philosophieverständnis der Pythagoreer-Gruppen nahe. Der metaphysische Mythos mußte durch einen Staatsmythos ergänzt werden. Die Wahrheit darf nicht dem »Volk« zur Verfügung stehen, und darf nicht auf der Agora von allen frei diskutiert werden. –

Damit ergibt sich der Zusammenhang von Platons späteren Schriften, also *Phaidon* (Seelenlehre), *Theaitetos* (Erkenntnislehre), *Parmenides* (Metaphysik) und *Staat* (Gesellschaftslehre). Und da freie sophistisch-sokratische Diskussion schädlich ist, wird bei Platon aus dem echten Dialog der sokratischen Dialoge der Scheindialog der späteren Dialoge. Wiederum biographisch und ironisch formuliert: In der späteren Philosophie Platons setzte sich das antidemokratische, autoritäte Elternhaus Platons gegen die demokratische, argumentierende Schule des Sokrates durch.

Der Weg, den die Philosophie der Griechen in Hinsicht auf die Anthropologie bis einschließlich der Philosophie Platons gegangen ist, läßt sich grob so beschreiben:

1. Der Mensch als Teil der *Natur* (ionische Naturphilosophie bis Demokrit).
2. Der Mensch als *Bürger* mit seiner spezifischen Selbständigkeit Kultur, Recht, Politik (Sophisten, Sokrates).
3. Die *Seele* als das Eigentliche des Menschen (Pythagoras, Platon).

Der orphisch-pythagoreische Hintergrund der Seelenlehre bei Platon ist ganz deutlich, er verschleiert hier nichts (vgl. *Phaidon* 69–70). Diese Seelenvorstellung weist deutlich religiöse Implikationen auf, und dem entspricht dann auch ein in entscheidender Hinsicht religiös gefärbter Philosophiebegriff: Es geht darum, die Seele rein zu halten, »bis der Gott uns völlig erlösen wird« (Ebd. 67a). Die Auffassung Platons stellt troz der »Vorläufer« für die einzelnen Elemente in seiner Geschlossenheit einen Einschnitt in der Kultur- und Philosophiegeschichte dar, und dies schon wegen des ungeheuren Einflusses, den sie erhielt. Dieser Dualismus von Leib und Seele wird später, weiterentwickelt und vermittelt durch den Neuplatonismus und die Kirchenväter, zu einem Grundelement der gesamten abendländischen Kultur werden – allerdings in oft historisch nicht deutlicher Form, insofern diese pythagoreisch-platonische Lehre von vielen für einen Grundbestandteil christlicher Anthropologie gehalten wird.

4. Die erscheinende und die wahre Wirklichkeit

Das Problem des Verhältnisses von Denken und empirischer Erfahrung war seit den Eleaten ein zentrales Problem der Naturphilosophie und wurde vor allem unter den Stichworten »Wissen« und »Schein« (Meinen) diskutiert. Mit dem Zurücktreten der naturphilosophischen Problematik bei den Sophisten wurde aber dieses Problem als naturphilosophisches nicht mehr diskutiert. Die Frage nach »Wissen« und »Schein« war indes weiter gegenwärtig, etwa in der Frage nach dem wahren Wesen der Gerechtigkeit gegenüber der nur scheinbaren, weil relativen, Gerechtigkeit der Bräuche und Gesetze. Platon nimmt die Frage nach dem wahren Wissen auf, allerdings in einer Weite und Grundsätzlichkeit, die die Teilung von Wissenschaft von der Natur und Wissenschaft vom Menschen hinter sich läßt. Der Weg, den Platon hier geht, ist durchaus interessant, könnte man doch auf den ersten Blick den Eindruck haben, daß hier philosophieimmanent ein Weg »weitergedacht« wird, während es sich bei genauerem Hinsehen zeigt, daß bei Platon etwas ganz anderes daraus wird. »Unter der Hand« bringt Platon auf einmal ganz andere Elemente herein. Gehen wir aus vom Parmenides-Schema (vgl. Kap. IV, 2, c):

	Weg 1	**Weg 2**
PARMENIDES	*Wahrheit*	*Wahrscheinlichkeit*
	Wissen, Gewißheit	*Meinung*

Platon nimmt nun zwei Operationen vor: (1) Die Norm des Parmenides für *wahres Wissen* und ebenso für wahres Sein bleibt bestehen: Dieses muß ewig und unveränderlich sein. Anders als Parmenides setzt Platon jedoch den Bereich des Wissens und den der empirischen Erkenntnis in eine Beziehung der *Ähnlichkeit*, wobei Ähnlichkeit natürlich immer auch Unähnlichkeit besagt (»Ähnlichkeit + Unähnlichkeit« wird im folgenden Schema symbolisiert durch »≈«). Dies ist eine entscheidende Modifikation, stellt aber nicht unbedingt eine radikale Änderung dar, da die Trennung

der Bereiche doch auch bei Platon erhalten bleibt. (2) Bei Parmenides bezogen sich Wissen und Meinung auf die *eine* Wirklichkeit, bei Platon werden plötzlich *zwei* Wirklichkeiten oder zwei Wirklichkeitsbereiche daraus: eine wahre, helle Wirklichkeit und eine Schattenwirklichkeit. Überdies wird die eine Wirklichkeit als unsichtbar und *immateriell*, die andere als sichtbar und *materiell* angesehen – dafür lag bei Parmenides nicht der geringste Anhaltspunkt vor, eher könnte man im *Nous* des Anaxagoras einen Ausgangspunkt finden. Am wahrscheinlichsten ist jedoch, daß Platon an diesem Punkt den Seele-Körper-Dualismus der Pythagoreer universalisiert. Das wird schon daraus deutlich, wie Platon diese Unterscheidung im *Phaidon*, in dem die pythagoreische Seelenlehre eine ganz zentrale Rolle spielt, einführt. Bereich 1 wird in folgender – ganz dem Sein bei Parmenides entsprechender – Weise beschrieben:

Bleibt nicht vielmehr alles was wirklich ist als an und für sich durchaus einfach immer in dem nämlichen und gleichen Zustand ohne je irgendeinen Wechsel zuzulassen. (*Phaidon* 78d)

Der Bereich 1 ist also charakterisiert durch Unveränderlichkeit. Bereich 2 betrifft die Welt der Erfahrung, der Empirie:

Wie steht es aber mit der Menge der sinnlichen Dinge, wie z. B. Menschen, Pferde, Kleider oder was sonst dergleichen [...]. Beharren sie immer in dem gleichen Zustand oder bleiben sie ganz im Gegensatz zu jenen Dingen niemals weder mit sich selbst noch miteinander auch nur einen Augenblick gleich? – Das letztere ist der Fall. (Ebd. 78d–e)

Der Bereich 2, also der der empirischen Erfahrung, ist charakterisiert durch Veränderlichkeit. Bereich 2 entspricht der Sinneserkenntnis, Bereich 1 der Vernunfterkenntnis:

Kann man diese Dinge nicht befühlen oder mit den Augen oder mit sonst einem Sinne wahrnehmen, während man jene sich immer gleichbleibenden Dinge nicht anders als mit dem überlegenen Verstand erfassen kann, da sie unsinnlich und nicht sichtbar sind? (Ebd. 78e–79a)

So gelangt Platon zu »zwei Arten von Dingen«: Die einen sind unsichtbar und immer gleichbleibend, die anderen sind sichtbar und niemals gleichbleibend (Ebd. 78e–79a). Dies entspricht, wie Platon in demselben Zusammenhang feststellt, dem Körper, der sichtbar ist, und der Seele, die unsichtbar ist (Ebd. 79b). Zudem ist es für Platon klar, daß der Körper vergänglich, die Seele aber unvergänglich ist, was schon der Ausgangspunkt der ganzen Überlegung gewesen war (Ebd. 78b). Damit sind wir bei Platons Schema:

PLATON

Seinsbereich 1	≈	**Seinsbereich 2**
immateriell	≈	*materiell*
unveränderlich	≈	*veränderlich*
ewig	≈	*vergänglich*
Erkenntnisbereich 1	≈	**Erkenntnisbereich 2**
vernunftmäßig	≈	*sinnenhaft*
Wahrheit	≈	*Wahrscheinlichkeit*
Wissen, Gewißheit	≈	*Meinung*

Dieses platonische Schema ist sehr problematisch. Platon faßt hier zwei Schemata zusammen, die aus völlig verschiedenen Fragestellungen hervorgegangen waren, die also im Grunde überhaupt nichts miteinander zu tun haben:

Pythagoras	*Seele*	*Körper*	} Platon
Parmenides	*Wahrheit*	*Meinung*	

Man sollte vorsichtig sein, hier von der »synthetischen Kraft« des platonischen Denkens zu sprechen. Synthesen von Begriffsschemata, die ganz verschiedenen Problemen entsprechen, können vielleicht im ersten Augenblick beeindrucken oder verblüffen, zeigen jedoch häufig in der Folgezeit, daß dabei Heterogenes zusammengefügt wurde, das leicht wieder auseinanderfällt. Da dieses platonische Schema zu einer grundlegenden Matrix des europäischen Denkens geworden ist, sollte man sich der Problematik seines Ursprungs bewußt sein, zumindest wird man sich dann nicht wundern, wenn aus derselben Matrix so verschiedene Lehren wie die von der *res cogitans* (Seele) und der *res extensa* (Körper) des Descartes (vgl. 3. Teil, Kap. V, 4), aber ebenso die von der *vérité de raison* (Vernunftwahrheit) und der *vérité des faits* (Tatsachenwahrheit) des Leibniz (vgl. 3. Teil, Kap. XI, 6) hervorgehen können. Ist aber die *res cogitans* auch schon der Ort der *vérité de raison*? Der Zusammenhang solcher Lehren bleibt oft recht unklar, und nicht selten muß auf Gott rekurriert werden, um all dies irgendwie zusammenzuhalten. Platon hat jedoch auch systemimmanent mit erheblichen Schwierigkeiten zu kämpfen, dies betrifft vor allem die durch » ≈ « symbolisierte Beziehung. Platon will die beiden Bereiche in eine Beziehung setzen – ontologisch durch die Teilhabe, erkenntnistheoretisch durch einen Aufstiegsweg –, will aber gleichzeitig die Bereiche auch wiederum getrennt halten.

216 | Das berühmte Höhlengleichnis aus dem *Staat* interpretiert dieses Verhältnis als das Sehen der Dinge selbst im Lichte der Sonne und das Sehen des Schattens der Dinge (514a–518b). Der Weg der Erkenntnis, der hier bildlich als ein Herauf- und Hinaussteigen aus der Höhle gedeutet wird, ist daher wesentlich ein *Aufstieg*, der – entsprechend dem vorher Gesagten – eine Entmaterialisierung der Erkenntnis bedeutet. Platon nennt diesen Aufstieg in anderem Zusammenhang auch »Eros«, womit deutlich ist, daß es sich dabei nicht um eine rein theoretische Bemühung und Bewegung handelt, sondern ebenso um eine praktische, von einer Willensbewegung getriebene, ebenso wie auch die Gegenstände der vom Eros bewegten Erkenntnis den theoretischen wie den praktischen Bereich umfassen. So heißt es im *Gastmahl*:

> […] denn das ist der richtige Weg, um selbständig oder von einem anderen geleitet das Ziel der Liebe zu erreichen: beginnend mit dem sinnlich Schönen hienieden muß man dem Schönen zuliebe Schritt für Schritt immer weiter emporsteigen, als ginge es eine Stufenleiter hinauf, von einem einzelnen Schönen zu zweien und von zweien zu allen schönen Körpern, von den schönen Körpern sodann zu den schönen Lebensberufen und von diesen zu den schönen Wissensgebieten und von diesen Wissensgebieten aus gelangt man schließlich zu jenem Wissensgebiet, das nichts anderes zu seinem Gegenstand hat als eben jenes Schöne selbst, das er nun schließlich in seiner Reinheit erkennt. (211b–c)

Die Voraussetzung ist dabei immer, daß es neben – oder besser: über – den einzelnen schönen Dingen ein »Schönes selbst« gebe. Diese Vorstellung eines

»Schönen an sich« und somit auch einer »Idee des Schönen« war jedoch nicht einfach Platons Erfindung, sondern entsprach einem Bedürfnis, welches in der Periode des perikleischen Athen bestand. Der Bildhauer Polyklet etwa versuchte, mit Hilfe von Messungen und unter Heranziehung mathematischer Vorstellungen das »ideale Maß« des Menschen zu finden. Seine theoretische Schrift *Kanon* hatte einen maßgebenden Einfluß im wahrsten Sinn des Wortes, sein Speerträger war nicht mehr das Bild eines bestimmten Olympiasiegers, sondern das Bild des »idealen Speerträgers«. Und als sein Kollege Zeuxis im Tempel von Kroton Malereien herstellen sollte, veranstaltete die Stadt auf seinen Wunsch hin eine Schönheitskonkurrenz, bei der die fünf schönsten Mädchen ausgewählt wurden, und von da aus suchte der Maler dann die »ideale Schönheit« herauszufinden und herauszubilden. Die Vorstellung dahinter war eben, daß keines der Mädchen die »wahre Schönheit« darstellt, daß aber alle irgendwie daran teilhaben, und so im Aufstiegsweg, mit Zuhilfenahme idealer Proportionen, diese ideale Schönheit gefunden werden könne.

Die Idee wäre also das »Schöne selbst«. Über den Status der Ideen werden wir jedoch durch diese bestimmte Idee etwas in die Irre geführt: Obwohl niemand sich unter dem »Schönen selbst« irgendetwas Genaues vorstellen kann, meint man doch leicht, von »DER SCHÖNHEIT« im Sinne von »Schönheit pur« sinnvoll reden zu können. Vielleicht funktioniert diese Täuschung auch noch bei der »Idee des Menschen« im Sinne einer Vorstellung dessen, was der Mensch mit all seinen Vollkommenheiten sein könnte. Solche Täuschungen funktionieren jedoch nicht mehr bei dem von Platon sehr ausdrücklich eingeführten Begriff der »Idee des Bettes«: Vom Tischler wird ausdrücklich gesagt, »er mache nicht die Idee des Bettes, in unserer Sprechweise ausgedrückt das Bett *an sich*, sondern ein beliebiges Bett, eines von vielen« (*Staat* 597a). Hier könnte man denken, Platon habe eben noch keine genügend klare Vorstellung eines Allgemeinbegriffes und verwechsle Allgemeinbegriffe mit Gegenständen. Das stimmt aber nicht – Platon hat eine sehr genaue Vorstellung dessen, was er erreichen will, und verwechselt gar nichts. Im *Parmenides* bringt er selbst den Einwand:

Es könnte doch sein, daß eine jede Idee ein bloßer die Dinge zusammenfassender Gedanke wäre und seine zuständige Stätte nirgend anderswo als in der Seele hätte. (132b)

Dies wären also Allgemeinbegriffe »normaler« Art, aber genau dies ist für Platon zu wenig. Die Ideen sollen eine eigene Wirklichkeit haben, nicht bloß eine in der Seele:

Die Ideen stehen gleichsam als Musterbilder in voller Wirklichkeit da, die Einzeldinge aber sind ihnen ähnlich und sind Abbildungen von ihnen und die Teilnahme der Einzeldinge an den Ideen besteht eben in nichts anderem als in dieser Nachbildung. (Ebd. 132d)

Angewandt auf das Bett ergibt dies, wenn man auch noch ein gemaltes Bett als Möglichkeit der Nachahmung einführt:

Es ergeben sich uns also folgende drei Arten von Betten: erstens das in voller Wirklichkeit vorhandene, als dessen Schöpfer uns doch wohl Gott gilt. [...] Zweitens dasjenige Bett, das der Tischler herstellt. [...] Drittens dasjenige, das der Maler anfertigt. [...] Also Maler, Tischler, Gott, das sind drei Meister für drei Arten von Betten. (*Staat* 597b)

Platon läßt also keinen Zweifel daran, daß jeder einzelnen *Idee* ein *wirkliches Sein* zukommt (vgl. auch: *Phaidon* 102b). Sprachphilosophisch gerät er dabei allerdings in einige Schwierigkeiten: Daß die Idee des Bettes nicht selbst ein Bett ist, ist verhältnismäßig klar, bei Ideen wie der der Schönheit hat man hingegen den Eindruck, daß Platon nicht nur meint, daß schöne Dinge schön seien, sondern daß auch die Idee der Schönheit selbst schön sei: »Denn wie könnten wir denn die Kühnheit haben zu leugnen, daß das Schöne schön sei? (*Hippias Maior* 288c). Dies wäre eine unzulässige Selbstprädikation – da diese Sache jedoch textinterpretatorisch nicht ganz eindeutig ist, wollen wir sie dahingestellt sein lassen.

Der Stufenweg der Erkenntnis ist jedoch in seinem Verfahren nicht so kontinuier-
218 | lich, wie es die oben angeführte Stelle aus dem *Gastmahl* nahelegen könnte, ist also nicht ein fließender *Übergang*. Die Bereiche sind eben doch getrennt, sind verschiedene »Welten«, und das Sich-Erheben von der einen in die andere Welt ist immer auch ein *Absprung*. Den eigentlichen Anstoß des Erkennens, sich über das Empirische zu erheben, findet Platon in der *Mathematik*. Hier sucht er eine modellhafte Brücke zwischen der empirischen Welt und der Welt der Ideen, da seiner Ansicht nach in der Mathematik bereits ein Übergang von einer empirischen Form, z. B. einem gezeichneten oder gemessenen Rechteck, zu einer nicht-empirischen, rein konstruierbaren bzw. als konstruierbar in der Seele vorgefundenen Form stattfindet sowie gleichzeitig der Übergang vom Vielen zum Einen und der mögliche Abstieg vom Einen zum Vielen: Was an *einem* empirischen Rechteck bewiesen wird, gilt vom *Rechteck selbst* und somit von jedem beliebigen Rechteck, und das heißt: von beliebig *vielen* Rechtecken. Im *Staat* beschreibt Platon dies so:

Und also wohl auch, daß sie [d. h. die Mathematiker] sich der sichtbaren Gestalten bedienen und immer von diesen reden, während den eigentlichen Gegenstand ihres Denkens nicht diese bilden, sondern jene, deren bloße Abbilder diese sind. Denn das Quadrat an sich ist es und die Diagonale an sich, um derentwillen sie ihre Erörterungen anstellen, nicht aber dasjenige, welches sie durch Zeichnung entwerfen, und so auch in den weiteren Fällen; eben die Figuren selbst, die sie bildend oder zeichnend herstellen, von denen es auch wieder Schatten und Bilder im Wasser gibt, dienen ihnen als Bilder, mit deren Hilfe sie eben das zu erkennen suchen, was niemand auf andere Weise erkennen kann als durch den denkenden Verstand. (Ebd. 510d–e)

Hier haben wir die Einübung in jenes Verhältnis, das nach Platon entscheidend für die Ideenlehre ist. Die reine geometrische Form ist das nicht-empirische Urbild, und die Gesetze, die von ihr ausgesagt werden, sind ewig und unveränderlich. Jede empirische Form ist nur ein approximatives, durch Materie getrübtes Abbild der reinen Form. Die Mathematik, besonders die Geometrie, hat somit nach Platon modellhaften Charakter für Erkenntnis überhaupt. Auch hier ist der pythagoreische Einfluß unübersehbar, auch wenn Platon, gut griechisch, von der Geometrie und nicht von der Arithmetik ausgeht. Diese *heuristische Bedeutung der Mathematik* kann bei Platon kaum überschätzt werden, denn nur an diesem Punkt konnte Platon eine gewisse Evidenz dafür in Anspruch nehmen, daß einer Idee eine empirische Erscheinung gegenübersteht, eine Beziehung, die als Urbild-Abbild-Verhältnis gedeutet werden kann, als Teilhabe des einen am anderen (*methéxis*). Die Formen der Mathematik können zwar als heuristisches Modell für das Verhältnis von Idee und empirischer Wirklichkeit dienen, sind aber kein adäquates Modell für die Struktur der Ideen selbst. Aristoteles beschreibt diesen Unterschied wie folgt:

Ferner erklärt er [d. h. Platon], daß außer dem Sinnlichen und den Ideen die mathematischen Dinge existierten, als zwischen ihnen liegend, unterschieden vom Sinnlichen durch ihre Ewigkeit und Unbeweglichkeit, von den Ideen dadurch, daß es der mathematischen Dinge viele gleichartige gibt, während die Idee selbst nur je eine ist. (*Metaphysik* I 987b 14–18)

Dies bedeutet folgendes: Im Bereich der Zahlen wie auch im Bereich der geometrischen Formen besteht eine Gleichordnung, insofern sie addiert oder subtrahiert werden können. Auch geometrische Formen können ja »addiert«, also zusammengefügt werden, so z. B. Dreiecke mit einer gleichen Seitenlänge, oder »subtrahiert«, so wenn man z. B. ein Rechteck durch eine Diagonale teilt und so zwei Dreiecke erhält, von denen man eines »abziehen« kann. Demgegenüber stellen die Ideen für sich jeweils eine solche Einheit dar, so daß jede wesensmäßig verschieden ist von allem, was sie nicht ist. Empirische Dinge können an verschiedenen Ideen teilhaben, es kann jedoch prinzipiell keine zusammengesetzte Idee geben. Der Gegenstand der Erkenntnis in der Mathematik und in der Ideenerkenntnis ist also ein verschiedener, und das wußte Platon ganz genau. In der Mathematik kann jedoch – nach Platon – der »Absprung« von der Erkenntnis des einzelnen empirischen Gegenstandes zur reinen Form »eingeübt« werden. Es bleibt aber bestehen, daß die Erkenntnisform im Bereich der Mathematik und im Bereich der Ideen eine jeweils verschiedene ist. Platon bezeichnet die eine mit *diánoia* (Erkenntnis in der Mathematik), die andere mit *nóesis* oder *epistéme* (Erkenntnis der Ideen). In der dianoetischen Erkenntnis der Mathematik werden nach Platon bestimmte Voraussetzungen gemacht – also etwa Zahlen, Linien, Gleichheit usw. – und aufgrund dieser werden ihre Beweise entwickel. Platon hat den Formalismus der Mathematik also recht genau erkannt, aber auch seine Problematik, nämlich die undefinierten, also vorausgesetzten Grundbegriffe:

Sie setzen das Ungerade und Gerade und die Figuren und die dreierlei Arten der Winkel und was damit verwandt ist, bei ihrem jeweiligen Beweisverfahren voraus und machen, als wären sie vollständig darüber im klaren, es einfach zur Grundlage ihrer Beweise, ohne sich irgend verpflichtet zu fühlen sich selbst oder anderen noch Rechenschaft darüber zu geben, da es ja für jeden von selbst einleuchtend sei; vielmehr schreiten sie von diesem Ausgangspunkt alsbald zu der weiteren Ausführung fort und erreichen schließlich folgerecht denjenigen Punkt, auf dessen Klarstellung sie es abgesehen hatten. (*Staat* 510c–d)

Die Mathematiker arbeiten also mit Voraussetzungen, über die sie keine Rechenschaft ablegen können (Ebd. 533b–c). Die vorausgesetzten Grundbegriffe dürfen allerdings im platonischen Schema nicht willkürlich definiert sein. Platon sagt, daß sich die Mathematiker dabei auf eine Evidenz für ihre Definitionen der Grundbegriffe berufen, was für die Mathematiker seiner Zeit sicher zutrifft. Er macht es aber auch deutlich, daß diese Evidenz nicht mehr bedeutet als daß die Mathema-
220 | tiker sich nicht verpflichtet fühlen, über diese Grundgebgriffe weiter Rechenschaft abzulegen.

Es ist klar, daß sich bei einem methodisch so deutlich ausformulierten hypothetisch-deduktiven Modell, gerade wenn es von der Mathematik her entworfen wird, die Frage nach den Gesetzen und Regeln der Ableitung der Folgesätze aus den Voraussetzungen hätte stellen müssen. Platon geht jedoch auf solche Fragen der Ableitung von Sätzen aus anderen Sätzen, Fragen also, die bei den Megarikern/Dialektikern eingehend diskutiert wurden, gar nicht ein. Genau hier ist der Ort, an dem Aristoteles ansetzen wird, um seine Logik zu entwickeln (vgl. Kap. X, 3, a), wobei Aristoteles aber nicht sagt, daß die Voraussetzungen wahr sein müssen, sondern nur, was notwendig folgt, *wenn* sie wahr sind. Daß Platon nicht in diese Richtung ging, lag daran, daß es ihm eigentlich nicht auf diese logisch ableitende oder rückschließende Erkenntnis ankam, sondern darauf, über das Denken mit diesen »bloßen Voraussetzungen« hinauszugelangen.

Dieses bezeichnete ich zwar als eine Art des Denkbaren, aber so, daß die Seele dabei gezwungen ist, die Untersuchung auf bloße Voraussetzungen zu stützen, indem sie nicht auf den Anfang zurückgeht – denn sie kann über ihre Voraussetzungen in der Richtung nach oben hin nicht hinaus – sondern sich der sinnlichen Gegenstände, deren Abbilder die unteren Dinge sind und die auch ihrerseits nach allgemeiner Meinung vor jenen unteren Dingen (d. i. den Schatten usw.) den Vorzug deutlicher Erkennbarkeit besitzen, als Bilder bedient. (*Staat* 511a)

Es handelt sich hier bei den Gegenständen des mathematischen, mit Voraussetzungen arbeitenden Denken also um eine Art des Denkbaren, aber eben nur um eine, die nicht bis an den Anfang vordringt. So heißt es im *Staat* weiter:

So verstehe denn auch folgendes: unter dem zweiten Abschnitt des Denkbaren meine ich das, was der denkende Verstand unmittelbar selbst erfaßt mit der Macht der Dialektik, indem er die Voraussetzungen nicht als unbedingt Erstes und Oberstes ansieht, sondern in Wahrheit als bloße Voraussetzungen, d. h. Unterlagen, gleichsam Stufen und Aufgangsstützpunkte, damit er bis zum Voraussetzungslosen vordringend an den wirklichen Anfang des Ganzen gelange, und wenn er ihn erfaßt hat, an alles sich haltend was mit ihm in Zusammenhang steht, wieder herabsteige ohne irgendwie das sinnlich Wahrnehmbare dabei mit zu verwenden, sondern nur die Begriffe selbst nach ihrem eigenen inneren Zusammenhang, und mit Begriffen auch abschließe. (Ebd. 511b–c)

Diese »Macht der Dialektik« stellt uns allerdings vor erhebliche Probleme: Was ist diese Dialektik? Platon antwortet in sehr metaphorischer Weise:

Nun ist aber die dialektische Methode die einzige, die, mit den bloßen Voraussetzungen aufräumend, zum Anfang selbst vordringt, um diesen völlig sicher zu stellen; sie zieht das in Wahrheit in einem wahren Brei von Barbarei vergrabene Auge der Seele mit sanftem Druck ans Licht hervor und führt es aufwärts, wobei sie sich der genannten Künste als Mithelferinnen und Mitarbeiterinnen am Werke der Seelenumwendung bedient. (Ebd. 533c–d).

Der Dialektiker ist derjenige, »der den Wesensbegriff eines jeden Dinges erfaßt« (Ebd. 534b). Das »Auge der Seele«, die »Seelenumwendung«, der »sanfte Druck«, all dies sind Metaphern, die uns keinen Hinweis auf ein methodisches Verfahren in irgendeiner Hinsicht liefern. Letztlich läuft die Sache auf irgendeine Form intellektueller Anschauung hinaus, ohne daß gesagt wird, wie der Weg, die Methode, um zu dieser Anschauung zu gelangen, aussehen könnte. Platon hat für die Vernunftüberlegung, die den Bereich der Ideen eröffnen soll, einen Namen, nämlich »Dialektik«, gefunden und spricht von einer entsprechenden Methode, ohne diese aber unabhängig von Metaphern zu beschreiben. Er kann letztlich nicht mehr tun, als es den Dialektikern »zur Pflicht machen, den Lichtstrahl ihrer Seele nach oben zu richten und unmittelbar in den Urquell alles Lichts zu schauen« (Ebd. 540a). Eigentlich ist aber auch schon der Name »Dialektik« irreführend, denn von Rede und Gegenrede ist nichts mehr übriggeblieben: Es geht hier vielmehr um eine »Unmittelbarkeit«. Auch die Sprachwurzel des *lógos* in »Dialektik« gibt nicht die wirkliche Richtung an: Platon intendiert ein Schauen, also hätte er eher »Dioptik« sagen sollen. Im Grunde kann Platon daher dann »dialektisch« nicht überzeugen, sondern nur überreden.

Sein Stil wird jetzt auch – und dies in schroffem Gegensatz zur Redeform des Sokrates – wirklich monologisch. Der Gesprächspartner hat nur noch einfach »ja« zu sagen, und das heißt: zu gehorchen. Eine Folge von »Antworten« im *Staat* lautet z. B.: »Gewiß«, »Ohne Zweifel«, »Ohne Zweifel«, »Nicht anders«, »Ja«, »So ist es«, »Durchaus nicht«, »Zweifellos«, »Ja, gewiß«, »Ohne Zweifel« (Ebd. 433d–434c) – dies ist ein rein fiktiver Dialog. Bestenfalls könnte man sagen, daß die Dialektik ein mystagogisches Hinführen darstellt. Der Dialektik entspricht der apodiktische Stil. Polemisch gesagt: Die Ideenlehre, die intellektuelle Anschauung, die platonische Dialektik, liquidiert sokratisches Suchen nach Erkenntnis und setzt an dessen Stelle autoritative Verkündigung.

Im Bereich der Ideen liegt eine doppelte Bewegung vor: eine aufsteigende zu immer höheren Ordnungen von Ideen sowie eine absteigende von der höchsten Idee zu den Ideen niedrigerer Ordnung. Dies bedeutet, daß Platon eine hierarchische Ordnung der Ideen annimmt, obwohl er diese Ordnung selbst nirgends systematisch und im Zusammenhang dargelegt hat. Worauf es ihm ankommt, ist, jeweils von einem bestimmten, einzelnen Bereich aufzusteigen zur höchsten Idee. Diese höchste Idee als der letzte Einheitspunkt des Seins und Erkennens transzendiert auch das Sein selbst noch:

Also mußt du auch sagen, daß dem Erkennbaren nicht nur das Erkanntwerden von dem Guten zuteil werde, sondern daß es sein Sein und Wesen von ihm habe, so daß das Gute nicht das Sein ist, sondern an Würde und Kraft noch über das Sein hinausragt. (Ebd. 509b)

Wie dieses Hinausragen des Guten über das Sein genau zu verstehen ist, ist umstritten. Spätere Neuplatoniker haben es im Sinne einer negativen Theologie gedeutet, und manche moderne Interpreten folgen dieser Interpretation. Zumindest für die Lehre, die Platon im *Staat* vorträgt, geht diese Interpretation jedoch vermutlich zu weit. Platon will hier wahrscheinlich doch nur zum Ausdruck bringen, daß das Gute nicht einfach eine Idee unter anderen ist – so daß es also eine einfache Teilhabe an der Idee des Guten gäbe –, sondern daß das Gute überall dort, wo eine Teilhabe an irgendeiner Idee vorliegt, auch – gleichsam ontologisch fundierend – mitgegeben ist. Um dies zu verdeutlichen, bringt Platon ein Bild:

Du wirst, denke ich, sagen, die Sonne verleihe dem, was gesehen wird, nicht nur das Vermögen gesehen zu werden, sondern auch Werden, Wachstum und Nahrung, ohne doch selbst ein Werden zu sein. (Ebd. 509b)

Daß Platon in diesem wie in vielen anderen Zusammenhängen Bilder, Analogien, Metaphern, heranzieht, kommt nicht von ungefähr: Platons »Methode« ist die des Aufdeckens von Ähnlichkeiten. Wir erinnern uns dabei an das Verfahren des Empedokles (vgl. Kap. V, 1, a). Aber: Diese Ähnlichkeiten sind für Platon nur eine heuristische Brücke, die er zunächst gebraucht, die er aber am entscheidenden Punkt hinter sich läßt – besser: hinter sich abbricht –, weil sie letztlich nicht zur Schau der Ideen führt. Wie der Sprung nach dem Abbruch der Brücke aber geschehen soll, kann Platon letztlich nicht erklären, seine Dialektik liefert keine Methode.

Zusammenfassend (vgl. *Staat* 511 und 533–534) läßt sich sagen: Es gibt bei Platon drei bzw. – in Hinsicht auf die Gegenstände der Erkenntnis – vier Arten der Erkenntnis, die vom Sichtbaren und Hörbaren, sowie ganz allgemein vom sinnlich Erfahrbaren zur wahren Wirklichkeit führen, so daß von der einen zur nächsthöheren Weise zwar kein kontinuierlicher Übergang angenommen wird, wohl aber diese Erkenntnisweisen durch ein System von Ähnlichkeiten untereinander verbunden sind. Die Ausgangseinteilung (erste Spalte) ist schon bei Platon selbst in ein Aufzählungsschema gebracht (vgl. vor allem *Staat* 534a).

Erkenntnisart	**Erkenntnisqualität**	**Erkenntnisgegenstand**	
Vernunfterkenntnis *(epistéme)*	unbedingte Wahrheit	Sein	Ideen
Verstandeserkenntnis *(diánoia)*	bedingte Wahrheit		mathematische Formen
Glaube, Meinen *(pístis, dóxa)*	Wahrscheinlichkeit	Werden	Sinneserfahrung der Dinge
Bildliches Erkennen *(eikasía)*			Bilder der Dinge

5. Die beste Verfassung

Die Ideenlehre lieferte Platon den Ausgangspunkt, um unter Berufung auf die wahre, ideale Verfassung alle in seiner Gegenwart vorgefundenen Verfassungen und somit alle Staaten zu verurteilen. Wenn wir in diesem Zusammenhang von »Staat« sprechen, sollten wir größte Vorsicht walten lassen und immer Anführungszeichen hinzudenken: »Verfassung« wäre das bessere Wort für *politeía;* unser moderner Begriff von »Staat« ist auf die Antike im allgemeinen nicht anwendbar. Dies ist im folgenden immer zu berücksichtigen, wenn trotzdem das Wort »Staat« gebraucht wird.

Platons Vorstellung vom Staat kommt schon in dem primären *Adressaten* zum Ausdruck, an den sich seine Staatslehre wandte: die *Herrscher.* Alles Nachdenken über Gesetze und politisches Handeln war in der bisherigen Geschichte der Griechen auf die Erziehung hin ausgerichtet gewesen, und auch Platons Ziel ist die Erziehung der Menschen. Während aber Sokrates und die Sophisten sich direkt an den Bürger als solchen wandten – ganz gleich, ob dieser nun zu den politisch Herrschenden gehörte oder nicht –, wollte Platon nur indirekt auf den Bürger wirken, wer eigentlich erzogen werden sollte, waren die Herrscher. Erst dann und nur dann, wenn diese wirklich verstehen, worin das Glück des Menschen besteht, wird durch ihre Vermittlung auch das Glück für alle hergestellt werden können. Da nur der Herrscher-Philosoph über die Einsicht in die Ideen verfügt, kennt auch nur er den Zusammenhang von Gerechtigkeit und Glück. Dies bedeutet, daß in Platons Staat die Menschen zu ihrem Glück nicht nur gezwungen werden dürfen, sondern sogar gezwungen werden müssen:

Dies Wohlergehen soll dem Staat als Ganzem zukommen; darauf wirkt das Gesetz hin, indem es die Bürger durch Überredung und Zwang zur Einheit zusammenfaßt und sie dazu bringt einander wechselseitig zugute kommen zu lassen, was ein jeder förderliches für das Gemeinwesen zu leisten vermag. (Ebd. 519e–520a)

Die ideale Gesellschaftsordnung Platons, wie sie im *Staat* dargestellt wird, spiegelt
 deutlich die Ideale der aristokratischen Partei wieder, der Platon selbst angehörte. Diese Gesellschaftsordnung soll gegründet sein auf einer strengen Teilung der Menschen in drei Klassen:

1. Das *Volk* (Bauern, Handwerker, Kaufleute).
2. Das *Heer* (Schutz nach außen), gleichzeitig die *Wächter* (Schutz nach innen: Durchsetzung der Gesetze).
3. Die *Regierenden* (Gesetzgebung, Erziehung).

Platon erzählt zur Erläuterung einen Mythos:

Ihr seid nämlich – so werden wir als Märchenerzähler zu ihnen sagen – nun zwar alle, ihr Bürger unserer Stadt, Brüder untereinander, aber der Gott, der euch bildete, hat denen unter euch, die zum Herrschen berufen sind, bei ihrer Geburt Gold beigemischt, daher sind sie die gediegensten; den Beihelfern aber Silber, und den Ackerbauern und sonstigen Handarbeitern Eisen und Erz. (Ebd. 415a)

Platon wußte also noch von der sophistischen These der Gleichheit, die besagt, daß alle Bürger der Stadt Brüder seien, er akzeptiert dies aber nicht, und deshalb erzählt er den Bürgern ein Märchen, das sie von der Ungleichheit überzeugen soll. Der platonische Sinn dieses Mythos – den Platon ganz offen als »wohlgemeinte Lüge« bezeichnet, die die Herrscher dem Volk erzählen sollen – wird von Platon durch einen Orakelspruch mitgeliefert, demzufolge »die Stadt dann untergehen werde, wenn das Eisen oder das Erz über sie Obhut führt« (Ebd. 415c). Platon kleidet also seine antidemokratische Auffassung in eine »wohlgemeinte Lüge« plus einen erfundenen Orakelspruch ein, das Weitere ergibt sich gleichsam von selbst. »Und das mag dann den Verlauf nehmen, den der Glaube an unser Märchen mit sich bringt.« (Ebd. 415d) Platon kann natürlich nicht auch sich selbst Märchen erzählen, d. h.: Philosophisch ist dieser Mythos für Platon nicht ausreichend, er benötigt eine metaphysische Begründung. Die Erklärung für die im Mythos erzählte Klasseneinteilung gewinnt Platon dann aus der »Natur des Menschen«, genauer: aus der Natur der Seele. Der »niedrigste« Teil der Seele ist auf die Befriedigung der vitalen Interessen aus; der »höhere« Teil liegt in der Willenskraft, dem Mut; und der »höchste« Teil der Seele schließlich zielt auf die Ideenkenntnis ab, liegt also im vernünftigen Wollen und Erkennen. Das Ergebnis sieht wie folgt aus:

So hätten wir denn nach mühsamer Fahrt dies Ziel erreicht, und es entspricht durchaus dem wahren Sachverhalt, wenn wir im Einverständnis miteinander behaupten, daß die nämlichen Elemente, die sich in dem Staat finden, auch der Seele jedes Einzelnen innewohnen, und in der gleichen Zahl. (Ebd. 441c)

Entsprechend dem Metall-Mythos – die metaphysische Seelenlehre liefert dafür schließlich keinerlei Begründung – ergibt sich, daß sich bei den Menschen von | 225
Natur aus ein jeweiliges Überwiegen eines bestimmten Seelenteils findet und damit verbunden das Überwiegen einer bestimmten Tugend bzw. Tüchtigkeit. Den drei – hierarchisch geordneten – Seelenteilen entsprechen dabei die ebenso geordneten drei Haupttugenden Mäßigung, Tapferkeit und Weisheit. Dieses Schema ist nicht unmittelbar überzeugend: Während man eine besondere Beziehung von Regierenden/Philosophen zur Weisheit, und von Wächtern zur Tapferkeit verstehen kann, ist die besondere Beziehung von Bauern und Handwerkern zur Mäßigung nicht leicht ersichtlich. Was Platon damit will, ist jedoch deutlich: »Mäßigung« ist als »Gehorsam« zu verstehen. Diese Begriffsverbindung ist auf den ersten Blick kaum verständlich. Um zu dem gewünschten Ziel zu gelangen, unternimmt Platon einen seiner sprachlichen Gewaltakte:

Die Mäßigung aber besteht für die große Masse doch wohl hauptsächlich darin, daß man einerseits den Vorgesetzten Gehorsam leistet, anderseits sich selbst zu beherrschen weiß hinsichtlich der Freuden des Trankes, der Liebe und des Mahles.
(Ebd. 389d–e)

Dafür, daß die Mäßigung *(sophrosýne)* im Gehorsam den Vorgesetzten gegenüber bestehe, gibt es in der griechischen Sprachgeschichte nicht den geringsten Anhaltspunkt. Hier bringt Platon sein eigenes vordringliches Interesse, die »Masse« unter Gehorsam zu stellen, völlig willkürlich mit dem traditionellen Tugendschema in Verbindung. Es ist klar, daß durch die Begründung der Klasseneinteilung aus dem

Wesen der Seele jede Möglichkeit genommen werden sollte, diese Ordnung in Zweifel zu ziehen. Daß das »Volk« unter der Herrschaft der niedrigeren Kräfte der Seele steht, und daß nur wenige sich zu vernünftigem Wollen erheben, war für Platon so selbstverständlich, daß er es gar nicht einer Begründung für wert hielt. Genau dies ist das gängige aristokratische Vorurteil. Platon läßt jedoch eine gewisse Durchlässigkeit der Schichten zu. Es war ihm doch aufgefallen, daß es auch in der Aristokratie, und zwar vermutlich gar nicht so selten, mißratene Söhne gab. Und auf der anderen Seite konnte er nicht übersehen, daß auch aus der »unteren« Schicht gelegentlich recht fähige Herrscher hervorgegangen waren. Es kann also, »wenn auch in der Regel eure Nachkommen euch selbst gleichen werden, doch vorkommen, daß aus Gold ein silberner Nachkomme und aus Silber ein goldener Nachkomme entstehe, und so auch die übrigen Fälle von Gegenseitigkeit sich finden« (Ebd. 415a–b). In diesem Fall ist Platon rigoros und weist jedem seinen Platz gemäß seinen Fähigkeiten zu (Ebd. 415b–c).

Platon beschäftigt sich ausführlich mit der Frage der Erziehung der Gruppen, allerdings nur mit der der Wächter und der Herrscher. Es ist auffällig, daß er zur Bildung der Bauern, Handwerker und Händler nichts zu sagen weiß oder es einfach als nicht erforderlich ansah, etwas dazu zu sagen. Sein Interesse erwacht aber sofort, wenn es um die Wächter geht, auch hier zeigt sich sofort die Absicht Platons: Alle griechischen Stadtstaaten hatten ein Heer, in dem die Bürger Militärdienst zu leisten hatten, zur Zeit Platons gab es aber außerdem schon zahlreiche Söldner. Dieses Heer hatte, jedenfalls der allgemeinen Auffassung nach, die Aufgabe der Verteidigung nach außen. Bei Platon erhalten die Wächter jedoch eine neue und für Platon wohl entscheidende Aufgabe: die *Überwachung der Bevölkerung*. Sie sind »Wächter sowohl gegenüber den auswärtigen Feinden wie in bezug auf die heimischen Genossen« (Ebd. 414b). Mit dieser neuen Aufgabe verbindet Platon eine neue Sozialstruktur. Das Leben dieser Wächter ist rigoros kollektivistisch, denn es soll gelten:

> Daß diese Frauen alle diesen Männern allen gemeinsam angehören und keine mit keinem für sich zusammenwohne, und daß auch die Kinder gemeinsam seien, und weder der Vater sein Kind kenne noch das Kind seinen Vater. (Ebd. 457c–d)

Familieninteressen sind der Kampfkraft der Truppe hinderlich (dies gehörte auch zu den Prinzipien der *Légion étrangère*), und Familienbindungen könnten für die Tätigkeit der Kontrolleure hinderlich sein – die Gesellschaftsstruktur der Wächtergruppe darf durch keinerlei partikuläre Beziehungen behindert werden. Es ist nur konsequent, wenn Platon dann auch von der »Herde« der Wächter spricht. Die Aufzucht dieser Herde geschieht nach streng eugenischen Prinzipien, »sofern die Herde auf voller Höhe bleiben soll« (Ebd. 459d; vgl. auch 460b). Die Prinzipien stammen dabei aus der griechischen Pferdezucht (vgl. Ebd. 459b), wo für die Wettkämpfe die besten Pferde systematisch gezüchtet wurden. Zur Weisheit des Herrschers gehören also auch die

Fachkenntnisse eines aristokratischen Rennstallbesitzers. Die Herde selbst, also die Wächtergruppe, braucht und soll von all dem nichts wissen: »Und von allen diesen Maßnahmen darf niemand etwas wissen außer die Herrscher selbst« (Ebd. 459e).

Die Wächter müssen in einfachen und sparsamen Verhältnissen leben, nur so sind sie in der Lage, auch anderen Beschränkungen aufzuerlegen. Platon führte den Abstieg Athens nicht zuletzt auf die Verweichlichung der Bürger der Stadt zurück, und dem mußte entgegengesteuert werden. In Athen wurden längst Luxusgüter hergestellt, viele wurden auch importiert. Dies sollte eingeschränkt werden. Wir sind in Platons Staat also nicht in Sparta, aber auch nicht ganz woanders, da auch der Luxus wieder unter strengste Kontrolle gestellt werden soll. Platons Ziel ist es, »die Stadt wieder gründlich zu säubern, die wir vorher als eine der Üppigkeit verfallene bezeichneten« (Ebd. 399e). Schon dies ist sicher nicht in demokratischem Konsens, sondern nur autoritär durchführbar. Auch dafür braucht es einen starken Herrscher und Wächter, die nicht von solchen bürgerlichen Untugenden infiziert sind.

Der bzw. die Herrscher sind die, die von Natur aus die Besten sind. Dies ist für Platon selbstverständlich eine Minorität. Das Prinzip der Herrschaft der wenigen, die von Natur aus die Besten sind, war indes nach einer – nun schon Generationen andauernden – Bemühung um eine demokratische Verfassung nicht leicht auszusprechen. Platon äußert diese Schwierigkeit auch:

Eine gewisse Scheu nämlich, mein Freund, hielt mich ab das zu sagen, was nun doch kühn herausgesagt worden ist; nunmehr sei denn auch dies kühn herausgesagt, daß die vollendeten Hüter, die wir bestellen, Philosophen sein müssen. [...] Bedenke nun, daß du begreiflicherweise nur wenige dieser Art haben wirst. Denn was die Naturanlage anlangt, die wir in unserer Darstellung als unerläßlich für sie bezeichneten, so wollen die einzelnen Bestandteile derselben sich nur selten zur Einheit zusammenschließen, in den meisten Fällen zeigt sich die Natur gespalten. (Ebd. 503b)

Es ist somit klar, wer die Herrschaft innehaben soll: Die wenigen, die von Natur aus weise sind, die also zu herrschen verstehen. Vernunft ist hier ganz und gar elitär, sie ist nur in wenigen vorhanden, und diese haben die Vernunft von Natur aus:

Durch die kleinste Klasse also und den kleinsten ihrer Bestandteile, den leitenden nämlich und herrschenden, und durch das Wissen, das diesem innewohnt, wird die ganze Stadt, falls sie der Natur gemäß gegründet worden ist, weise sein; und, wie es scheint, will es die Natur nicht anders, als daß demjenigen Teil, der am wenigsten zahlreich ist, es zukommt derjenigen Wissenschaft teilhaftig zu werden, die unter allen Wissenschaften allein den Namen Weisheit verdient. (Ebd. 428e–429a)

Solche Sätze sind für uns schwer verständlich. Niemand bestreitet, daß es mehr oder weniger begabte Menschen gibt, daß es aber Menschen geben soll, die von Natur aus gleichzeitig zum Herrschen begabt und vernünftig nicht nur sein können (gelegentlich kommt ja auch dies vor), sondern sein müssen, ist eine reine Behauptung oder – was schlimmer ist – ein reines Vorurteil jener, die entweder tatsächlich herrschen oder jener, die gerne herrschen möchten. Bei Platon hat diese Theorie die Funktion, den Herrscher prinzipiell vor jeder möglichen Kritik zu immunisieren: Da der Herrscher definitionsgemäß die höchste Vernunft und somit die höchste Gerechtigkeit besitzt, wäre jede Kritik an ihm sowohl unvernünftig als auch unsittlich.

Platon hatte allen Grund, diese Auffassung mit einer gewissen Scheu vorzubringen, besteht der Zweifel daran, daß die Herrschenden immer weise und gerecht sind, doch nicht nur für uns heute. Platon selbst berichtet im ersten Buch des *Staates* von der – meines Erachtens resignativen – Auffassung des Thrasymachos, daß die Herrscher nur ihren eigenen Nutzen und Vorteil im Auge hätten und eben dies als Gerechtigkeit dekretieren. Die Vorstellung, daß die Herrscher immer weise und gerecht seien, wurde von Thrasymachos als Naivität angesehen, ganz im Gegenteil sei das Streben nach Gerechtigkeit eher bei den gesellschaftlich Schwachen vorhanden. Ein gerechter Mensch ist gegen den Ungerechten fast immer faktisch im Nachteil – das muß man sich klar machen, wie Thrasymachos es dem »einfältigen« Sokrates beizubringen sucht (*Staat* 343a–344c).

228 | Brauchen wir aber überhaupt Herrscher? Platon führt im *Staat* die Notwendigkeit des Herrschers schrittweise ein. Zunächst geht er aus von einer Stadt, in der – so wie im Athen seiner Zeit – eine große Spezialisierung der Berufe stattgefunden hat. Platon will aber nicht einfach hinter die durch Spezialisierung gekennzeichnete Gesellschaft zurück, da die Effizienz dieses schon fortgeschrittenen Staatswesens auf der Spezialisierung beruht. Wie Platon jedoch mit dieser Spezialisierung arbeitet, ist schon vorentscheidend:

> Dadurch steigert sich also die Größe der Leistung in jedem Fach und alles gelingt besser und leichter, wenn der einzelne nach seiner Anlage und zur rechten Zeit es verrichtet und von allem anderen die Hand fernhält. (Ebd. 370c)

Hier liegt ein explizites und ein implizites Prinzip vor. Das explizite lautet: Die Stadt funktioniert am effizientesten, wenn der Bauer nur Bauer ist und der Handwerker nur Handwerker und der Arzt nur Arzt usw., wenn die Vertreter einzelner Berufsgruppen sich also nicht mit anderem beschäftigen. Das implizite Prinzip lautet: Sich nicht mit anderem beschäftigen heißt auch, sich nicht mit Politik beschäftigen. Genau dies heißt dann bei Platon »Gerechtigkeit«:

> Was wir nämlich von Anfang an als unerläßliche durchgängige Forderung hinstellten, als wir die Gründung der Stadt unternahmen, das, oder eine Art davon, ist, wie mir scheint, die Gerechtigkeit. Wir nahmen aber doch an und wiederholten es, wenn du dich erinnerst, immer wieder, daß jeder Einzelne nur *eines* der auf die Stadt bezügli-

chen Geschäfte treiben dürfe, nämlich das, wozu er von Natur besonders beanlagt sei. (Ebd. 433a)

Die Vorstellung, daß Gerechtigkeit, also sittliches Handeln, einfach in der Erfüllung der Standes- und Berufspflichten besteht, fällt völlig aus allen Diskussionen heraus, die bei den Griechen über »Gerechtigkeit« geführt worden waren. Sokrates hatte den Handwerkern und anderen gerade zeigen wollen, daß die kompetente Erfüllung der spezialisierten Tätigkeit nicht ausreicht, um etwas von Gerechtigkeit zu verstehen, daß es aber eben nicht ausreicht, sich auf diese spezialisierte Tätigkeit zu beschränken. Jeder Bürger hat die Pflicht, sich mit den Angelegenheiten der Stadt zu beschäftigen, und deshalb muß er sich mit den Fragen der Gerechtigkeit befassen. Bei Platon bedeutet Gerechtigkeit jetzt: Erfüllung der Berufspflichten im Interesse des Staates und *nur* das, d. h. Sich-Enthalten von jeder politischen Tätigkeit. Gerecht ist eigentlich gar nicht der einzelne, sondern der Staat, in dem er als einzelner aufgeht. Dementsprechend geht es Platon auch nicht um das Glück des einzelnen Menschen, sondern um das des Staates: »Die ganze Stadt« muß glücklich sein (Ebd. 420b). In moderner Terminologie kommen wir nicht umhin, eine solche Auffassung als »kollektivistisch« zu bezeichnen, zudem ist eine solche Auffassung nach der »Erfindung« des Individuums eine rückwärtsgerichtete: Sie gehört Gesellschaften an, die vor der griechischen Kultur, wie wir sie seit dem 8. Jhd. v. Chr. kennen, liegen. Dabei müssen wir sehen, daß es keinen Sinn macht, von archaischen Kulturen und deren Mythologien als »kollektivistisch« auszugehen, obwohl in diesen nicht vom Glück des einzelnen gesprochen wird – solche Kulturen liegen eben vor der Gegenüberstellung von Individuum und Staat. Ist aber einmal diese Gegenüberstellung eingeführt, so wie dies bei den Griechen der Fall war, dann ist eine Auffassung, die Glück und Gerechtigkeit einzig vom Staat her konzipiert, als »kollektivistisch« zu bezeichnen. Eine solche Auffassung führt dann notwendig zu der schon genannten Maxime, daß die Menschen zu ihrem Glück gezwungen werden müssen: Das Volk, zu dem im weiteren Sinn auch die Wächter gehören, versteht eigentlich nichts vom Glück des Staates. Auch steht es dem Herrscher ziemlich frei, auf welchen Wegen er das Volk zu seinem Glück bringt. Platon ist mit den dafür zur Verfügung stehenden Mitteln nicht zimperlich:

Unsere Herrscher werden, wie es scheint, mancherlei Trug und Täuschung anwenden müssen zum Heile der Beherrschten. Und wir sagten doch, alles dergleichen sei nützlich als eine Art Arznei. (Ebd. 459c)

Diesen Satz Sokrates in den Mund zu legen, ist purer Hohn. Platon hat Sokrates schon mit einem einzigen solchen Satz auf viel gründlichere Weise umgebracht als seine Richter des Prozesses von 399. Philosophiegeschichtlich ist es unhaltbar, den späteren Platon unter die sokratischen Schulen einzureihen, seine spätere Philosophie ist in eminentem Sinn anti-sokratisch. – Das Prinzip ist somit sehr einfach: Der Herrscher bestimmt, was zu geschehen hat und die Wächter überwachen die Durchführung, wobei der oder die Herrscher selbst dann nach den Worten Platons die »vollendeten Wächter« sind (Ebd. 428d).

Wenn Platon eine solche Gesellschaft für »gerecht« ansah, kann man ihn nicht damit entschuldigen, daß er einfach vorherrschende Auffassungen übernahm. Wenn für ihn »gerecht« bedeutet: »was im Interesse des Staates ist«, und wenn dieser Staat in klar definierte Klassen eingeteilt ist, war dies eine Auffassung, die sich nicht auf die seit den Sophisten und Sokrates gängigere Theorie der Gerechtigkeit berufen konnte: Sokrates konzipierte Gerechtigkeit eindeutig ohne jede normierende Einteilung der Gesellschaft. Platon kannte sehr wohl die Theorie der Gleichheit und die ihr entsprechende Theorie der Gerechtigkeit, davon gibt der *Gorgias*, eine frühe Schrift Platons, Zeugnis. Und im *Menexenos* läßt Platon Sokrates eine Rede des Perikles referieren (zu der Rede vgl. Thukydides: *Geschichte des Peloponnesischen Krieges* II 40), in der es heißt:

Denn die anderen Staaten haben sich gebildet aus Menschen verschiedener Abkunft und ungleichartiger Natur, so daß auch ihre staatlichen Ordnungen ungleichartig sind, teils Tyrannenherrschaften teils Oligarchien. Diese staatliche Lebensordnung bringt es mit sich, daß ein Teil der Bevölkerung die anderen für Knechte, diese aber die anderen wiederum für Herren ansehen. Wir dagegen und die Unsrigen, allesamt Brüder als von *einer* Mutter abstammend, wollen nichts wissen von Knechten und Herrn in unserm gegenseitigen Verhältnis, sondern die natürliche Gleichheit unserer Abkunft führt uns auch notwendig zur Gleichheit vor dem Gesetz und zu dem Grundsatz, bei der gegenseitigen Schätzung und bei der Rangordnung keinen anderen Maßstab anzuerkennen als den des Rufes der Tüchtigkeit und Einsicht. (*Menexenos* 238e–239a)

In diesem System des Perikles – wie Platon also wußte und referierte – war es so:

Die eigentliche Gewalt im Staate hat überwiegend die große Menge. Sie legt aber die Ämter und die Gewalt in die Hand derer, die jeweilig in dem Rufe stehen die tauglichsten zu sein, und niemand ist etwa ausgeschlossen wegen Körperschwäche oder Armut oder geringer Herkunft, wie denn umgekehrt das Gegenteil nicht wie in anderen Staaten einem zu bevorzugter Stellung verhilft, sondern es gilt nur *eine* Bestimmung: wer einsichtig oder tüchtig scheint, der kommt in den Besitz der Gewalt und herrscht. (*Ebd.* 238d)

Ganz ähnlich läßt Platon den Protagoras sagen, daß die Fähigkeiten, die für den Bestand der Staaten erforderlich sind, nicht nur wenigen, sondern allen zukommen müssen. Gerade dadurch unterscheiden sich diese Fähigkeiten von jenen der einzelnen Künste, also der Berufsfähigkeiten (*Protagoras* 322a–323c). Dieses »Volk«, das für das Bestehen des Staates verantwortlich ist und das darüber befinden kann und zu befinden hat, wer die Besten sind, hat allerdings überhaupt nichts mit jener »Menge« im *Staat* Platons zu tun, die von jeder vernünftigen politischen Entscheidung ausgeschlossen ist und ausgeschlossen sein muß: Im *Staat* bestimmt nicht das Volk, wer die »Besten« sind, sondern die »Besten« bestimmen, wer zur »Menge« gehört – und wenn Platon diese Menge auch als Bürger bezeichnet, ändert dies nichts an dem reinen Sachverhalt.

Es ist auch nicht zu übersehen, wo Platon seinen Staat geschichtlich ansiedelt: Nicht in der Tradition Athens, das von den »anderen Staaten« prinzipiell durch seine demokratische Ordnung unterschieden war, sondern gerade in der Tradition dieser »anderen Staaten«, den Tyrannenherrschaften und den Oligarchien. Mit den letzteren wären wir wieder bei Sparta, von dem Platon ausdrücklich sagt, daß es durch Lykurg zu »besseren Einrichtungen« gekommen ist (*Staat* 599d). Man muß dabei allerdings sehen, daß die Zeiten des Perikles vorbei waren und die reale Demokratie in Athen schon seit längerer Zeit weit von allen Idealvorstellungen entfernt war. Ein Bild davon liefern uns die *Ritter* des Aristophanes, die 424 uraufgeführt worden waren: Die Ritter, d. h. die jungen Adeligen, überreden einen Wursthändler, sich um die Macht zu bewerben. Daß er ungebildet ist, spielt keine Rolle, denn Menschen mit Charakter und Bildung sind ohnedies für das Regieren untauglich, man müsse nur lauter schreien können als die anderen, und ein Händler vom Markt kann das. Die Selbstdarstellung vor dem Volk besteht darin, daß jeder versucht, dem Herrn Demos, dem Volk, zu Gefallen zu sein, viel zu versprechen und Geschenke zu machen. Der vorläufige Sieger (gemeint ist Kleon) ist bestechlich, füllt seine eigenen Taschen mit Geld aus öffentlichen Mitteln, lügt und verleumdet, wo immer es ihm nützt, und betrügt in allem den Herrn Demos, dem er gleichzeitig schmeichelt. Schließlich aber setzt sich der Wursthändler durch und führt alles zum Guten: Der Demos wird gekocht, so daß er wieder jung wird, und die Ordnung kehrt wieder ein. – Aristophanes hoffte in seiner Art auf einen Neubeginn und setzte auf einen Wursthändler. Platon hoffte in seiner Art auf einen Neubeginn und setzte auf einen Philosophen-Herrscher.

Ebenso muß man sehen, daß sich in den zwei letzten Jahrzehnten des 5. Jhd.s die Demokratie in Athen nicht als sonderlich wirksames politisches Instrument zur Bewältigung der Situation im Krieg mit Sparta erwiesen hatte. Ob die Demokratie wirklich der beste Rahmen ist, um aus der allgemeinen politischen Ratlosigkeit herauszukommen, war eine damals ganz und gar berechtigte Frage. Die Demokratie der »großen Zeit« der Jahrzehnte vor dem Peloponnesischen Krieg hatte nicht zuletzt durch die überragenden Fähigkeiten des Perikles gut funktioniert, ein Perikles war aber jetzt weit und breit nicht zu sehen. Der Friedensschluß, den der biedere Nikias ausgehandelt hatte, bot keine politische Perspektive. Das Vormachtstreben Athens war ungebrochen, und das Volk spendete dem verschwenderischen Rennstallbesitzer Alkibiades Beifall für seine Siege in Olympia, da ihm vorläufig keine anderen Siege geboten wurden. Wie ein solcher anderer Sieg aussehen könnte, demonstrierte derselbe Alkibiades: Er ließ die Athener beschließen, die kleine Inselstadt Melos zu annektieren, wobei der Bevölkerung von Melos als einzige Begründung dafür der Nutzen Athens und die Tatsache, daß Neutralität einer Großmacht gegenüber inakzeptabel sei, geliefert wurde. War ein guter und noch dazu schöner Redner da, ließ sich das Volk für alle möglichen militärischen Unternehmungen (z. B. den Sizilienfeldzug) begeistern. Es zeigte sich also, daß die Demokratie keinerlei Garantie für eine vernünftige Politik war, auch war sie an eine heikle Grenze gelangt: Das Volk war einfach nicht in der Lage, die weltpolitische Rolle Athens und die sich daraus ergebenden kriegspolitischen Konsequenzen richtig einzuschätzen. Es war den Volksführern, griechisch: den Demagogen, ausgeliefert. Modernen Demokratien geht es an diesem Punkt allerdings kaum besser: In Wahlkämpfen konzentriert man sich auf Gesundheits- und Steuerpolitik; in Fragen der Außen- und Sicherheitspolitik beschwört man einen Konsens, und zwar aus zwei Gründen: Erstens, weil man dem Volk hier eine richtige Einschätzung nicht recht zutraut, und zweitens, weil die Politiker sich selbst nicht zutrauen, dem Volk die »Rolle der Nation« überzeugend klar zu machen (falls sie dies für sich selbst können, was oft gar nicht so

sicher ist). Die einzigen Staaten Europas, wo die Bevölkerung zu der Frage der Rolle ihres Staates in der Welt eine klare Vorstellung hat, sind vermutlich San Marino und Andorra.

Platon war nicht der einzige, der Zweifel daran hatte, daß die Demokratie funktionieren könne: Der eher pragmatisch eingestellte Isokrates sah z. B. sehr deutlich die Probleme der athenischen Demokratie. Die im Jahresrhythmus wechselnden Amtsträger waren schon wieder aus dem Amt, ehe sie es richtig zu verwalten gelernt hatten. Auch versuchte jeder Amtsträger, in der ihm zur Verfügung stehenden kurzen Zeit das meiste für sich, jedenfalls für seine Ehre, herauszuholen. Besonders Krisen wie Kriege wurden von der Volksversammlung kaum richtig in ihren Voraussetzungen und Konsequenzen eingeschätzt. Isokrates war kein Gegner der Demokratie, sah aber ihre Schwächen. Platon war weniger unvoreingenommen: Sein antidemokratischer Affekt zeigt sich auch daran, daß er die demokratische Verfassung überhaupt nur als Karikatur kennt (*Staat* 557–563). Der demokratische Mensch, also ein – wie Platon richtig sagt – »Vertreter gleicher Rechte für alle«, wird so geschildert:

> Weder Ordnung noch Pflichtzwang regelt sein Leben, sondern er lebt so in den Tag hinein fort bis an sein Ende und nennt das ein liebliches und freies und seliges Leben. (Ebd. 561d)

Platon hatte gemeint, in Dion, dem Schwiegersohn des Dionysos von Syrakus – der sich zeitweilig als Propagator platonischer Ideen am Hof in Syrakus betätigt und später gewaltsam die Herrschaft an sich gerissen hatte – einen Philosophen-Herrscher gefunden zu haben. Später war er allerdings von diesem enttäuscht, nichtsdestoweniger brachten schon die antiken Historiker die Ansichten der beiden in Verbindung. Plutarch berichtet, daß Dion beabsichtigte, die Demokratie abzuschaffen, »die er mit Platon nicht für eine Staatsform, sondern für einen Kramladen von Staatsformen ansah« (*Große Griechen und Römer* IV, *Dion* 53). Platon hielt die Demokratie also für ein unvernünftiges System, und hatte dabei als Gleichgesinnten einen ebenso illustren wie berüchtigten Zeitgenossen aus der früheren Sokrates-Umgebung: Alkibiades. Als dieser wegen Götterfrevel in Athen angeklagt wurde, lief er zu den Spartanern über und erklärte diesen, daß die Demokratie ein Unsinn sei, in dem es dem »Haufen« nur um Zuchtlosigkeit gehen könne:

Zudem war es in einer vom Volk beherrschten Stadt oft nötig, sich nach den Umständen zu richten. Gegen die herrschende Zuchtlosigkeit versuchten wir aber, den Staat besonnener zu machen; es waren andere, in den früheren Zeiten und jetzt, die den Haufen zu Unmaß und Schlechtigkeit verleiten – die haben auch mich vertrieben. (Thukydides: *Geschichte des Peloponnesischen Krieges* VI 88)

411 erklärte sich Alkibiades bereit, nach Athen zurückzukehren, »falls der Adel herrsche und nicht die Gemeinheit und das Volk« (Ebd. VIII 47). Eine Gesandtschaft aus Samos (mit Alkibiades im Hintergrund) versuchte, den Athenern zu erklären, daß es eine Rettung für die Stadt nur geben könne, wenn es gelänge, eine »vernünftigere Verfassung« zu bekommen und die Ämter auf wenige zu beschränken (Ebd. VIII 53) – hier wird »vernünftig« mit Abschaffung der Demokratie in Verbindung gebracht. Es gab in den folgenden Jahren in Athen tatsächlich Gruppen, die auf eine Änderung der Verfassung bzw. auf eine Oligarchie hinarbeiteten. Platon und mit ihm andere der aristokratischen Oberschicht meinten, es wäre besser, wenn einer oder nur ganz wenige herrschten, und daß ein solches Herrschaftssystem eine starke Kontrolle nach innen brauchen würde, hat Platon sehr genau gesehen. Deshalb finden wir im *Staat* die sehr detaillierten Bestimmungen über Ausbildung und Lebensform der Wächter.

Über all dem steht der Herrscher-Philosoph oder die wenigen Herrscher-Philosophen. Nur ein solcher Herrscher-Philosoph sieht als der wahre Dialektiker das Urbild des Guten, des Wahren, des Staates, nur er sieht das Urbild des Menschen, daher ist auch nur er fähig, dieses Urbild einzusetzen, um die Abbilder ihm möglichst ähnlich zu machen. Für Platon ist der Entwurf des Staates von oben, durch den Herrscher, erforderlich, denn für ihn ist klar,

[...] daß ein Staat nun und nimmermehr zur Glückseligkeit gelangen könne, wenn nicht diese dem göttlichen Musterbild folgenden Maler den Entwurf zu ihm gemacht haben. (*Staat* 500e)

Da der Herrscher-Philosoph diese entscheidenden Ideen kennt, während die anderen sie gar nicht oder nur dunkel kennen, kann niemand eine Berechtigung haben, sich den Anordnungen des Herrschers zu widersetzen. Dieser Herrscher-Philosoph ist nicht mehr der suchende, selbstkritische, sokratische Philosoph, sondern der Besitzer der Wahrheit, der Unterwerfung fordert. Und so ist hier nicht Wissen das höchste Ziel, sondern in Wirklichkeit das Instrument und die Legitimation von Macht.

Wir sind vielleicht geneigt, Platons Staat als »Utopie« zu bezeichnen. Diese Bezeichnung trifft aber nicht ganz zu, denn »Utopie« – jedenfalls im modernen Sinn des Wortes – ist ein Staat, den es weder gegeben hat noch geben wird. Er ist gedacht als Idealstaat, von dem her gegenwärtige Staaten kritisch beurteilt werden können. Letzteres trifft auch auf Platons Staat zu, ersteres jedoch nicht, schließlich hat es die beiden entscheidenden Elemente seines Staates tatsächlich gegeben: Die Gesellschaftsordnung des platonischen Staates entspricht ziemlich genau jener Spartas, so wie sie uns später – in etwas idealisierter Form – Plutarch (1./2. Jhd. n. Chr.) im *Lykurg* geschildert hat. Und der Herrscher-Philosoph konnte in dem Weisen Solon oder in dem Pythagoreer Archytas, der in Tarent die Herrschaft innegehabt hatte, einen tatsächlich schon existiert habenden Vorläufer finden. Die beiden Elemente waren zudem in keiner Weise einander entgegengesetzt. Platon war somit vermutlich überzeugt, daß sein Staat realisierbar ist, und daß die eigentliche Lösung der Probleme der Gesellschaft nur in einer solchen Realisierung zu finden sein wird. Er vertritt ausdrücklich die Auffassung, »daß die von uns beschriebene Verfassung bestanden hat und besteht und bestehen wird, wenn die Philosophie die herrschende Göttin in der Stadt geworden ist« (*Staat* 499d), obwohl er an anderer Stelle sagt, daß sich dieser Staat nirgends auf der Erde findet, wohl aber als Musterbild im Himmel (Ebd. 592b), aber auch das Musterbild enthält die Möglichkeit einer größtmöglichen realen Annäherung.

Die Problematik, die mit Platons *Staat* verbunden ist, ist nicht nur eine Problematik Platons, sondern – und vielleicht vor allem – eine der Wirkungsgeschichte Platons. In seiner Ideenlehre – als ethisch-religiösem Programm – lehrte Platon die Abwendung vom Materiellen, Sinnlichen, und die Hinwendung zum Reich des Ideellen, Immateriellen, Ewigen. Ein aus ähnlichen Wurzeln stammender Dualismus wurde von einigen Gruppen des frühen Christentums aufgegriffen. Diese Strömung war vor allem im kulturellen Zentrum der hellenistischen Welt des 1. Jhd.s n. Chr., in Alexandrien, vorherrschend, hier erschien Platon vielen als eine Vorstufe des Christentums (vgl. 2. Teil, Kap. I, 3). Aus diesem Grund ging Platon mit all seinen Konsequenzen fast ungeprüft in das Christentum und die durch es bestimmte Kultur ein, obwohl der Text des *Staates* später gar nicht mehr bekannt war. Es bleibt ein schwerwiegendes Faktum, daß die Christen meinten, sich auf dem Weg über den *Phaidon* in der überzüchteten hellenistischen Kultur einen Platz sichern zu können, ohne zu sehen, daß sie damit auch das »Reich Gottes« für den *Staat* eintauschten.

Popper spricht in diesem Zusammenhang eine geschichtlich begründete Warnung aus, die zumindest einiges in der späteren Geschichte erklärlich macht, auch wenn dort von Platon oft gar nicht mehr gesprochen wurde: »Aber wir müssen uns auch darüber klar werden, daß alle Denker, die [...] seinen [d.h. Platons] Ruf als Sittenlehrer in den Himmel heben und seine Ethik als die nächste Annäherung an das Christentum anführen, die vor Christus erreicht worden sei, daß sie alle den totalitären Ideen und insbesondere einer totalitären antichristlichen Interpretation des Christentums den Weg bereiten« (Popper: *Die offene Gesellschaft und ihre Feinde*. 2. Aufl. Bern–München 1970. I. S. 149).

An diesem Punkt sei eine kurze hermeneutische Bemerkung angefügt: Platon ist ein systematischer Denker, und dies bedeutet, daß es nicht möglich ist, zu sagen: Ich akzeptiere das Höhlengleichnis und die Ideenlehre Platons, aber ich lehne das System der Aufzucht der Wächter und den Herrscher mit seinen nützlichen Lügen ab. Es gibt einen frühen und einen späten Platon, diese beiden sind unterschieden und lassen sich trennen; der spätere Platon hingegen ist einer und läßt sich nicht teilen. Es bleibt jedenfalls überlegenswert, daß Platon in seiner Entwicklung nach den ersten »sokratischen« Dialogen vor allem zwei Linien verfolgte: die Ideenlehre und eine autoritäre Staatslehre. Dies dürfte nicht ganz von ungefähr kommen: War einmal die Methode selbstkritischer Prüfung aufgegeben und die durch keine Methode überprüfbare Dialektik und Wesensschau an deren Stelle getreten, so genügte es, wenn einer oder wenige die Wahrheit erkannten. Die Erziehung konnte nun von oben beginnen, der Konsens in kritischer Prüfung war überflüssig geworden, er bedeutet reine Zeitverschwendung, und war außerdem schädlich für die »Menge«. Der Konsens war dann nicht einmal mehr Ziel, da ihm die Voraussetzung des Dialogs entzogen war. Die Herstellung der Übereinstimmung mit der »Wahrheit« war nicht mehr Aufgabe des fragenden und helfenden Philosophen und Pädagogen, sondern die des Wächters.

Platon hat die Problematik seines unfehlbar weisen und gerechten, mit absoluter Macht herrschenden Herrscher-Philosophen durchaus gesehen. Dazu bedurfte es nicht allzuviel theoretischer Überlegungen: Die Geschichte Athens im 5. Jhd. hatte gezeigt, daß die *Korruptheit* der politisch Verantwortlichen eigentlich der Normalfall war, so daß, wie etwa bei Perikles, Ehrlichkeit und Unbestechlichkeit als etwas Außergewöhnliches angesehen wurden. Auch die Sophisten hatten eindringlich auf die Tatsache hingewiesen, daß die Mächtigen häufig die Gesetze für ihren eigenen Nutzen mißbrauchen. Vielleicht war dies das Motiv, einen »zweitbesten Staat« zu entwerfen, wie er in den *Gesetzen* beschrieben wurde. Dort gelangt Platon zu der Erkenntnis,

> [...] daß, entsprechend unserer eigenen früheren Ausführung, kein menschliches Wesen, wenn es in die Lage gebracht ist mit unbeschränkter Machtvollkommenheit über alle menschlichen Angelegenheiten zu verfügen, davor bewahrt werden könne dem Frevelmut und der Ungerechtigkeit anheimzufallen. (*Gesetze* 713c)

Damit war natürlich die gesamte Konstruktion des *Staates* kompromittiert, als Alternative jedoch die Demokratie in Erwägung zu ziehen, kam für Platon nicht in Frage. Die einzige Möglichkeit, die Platon in diesem Dilemma sah, war, nicht das Gesetz von der Macht des Herrschers abhängig zu machen, sondern den Herrscher selbst unter die Macht des Gesetzes zu stellen:

Denn dem Staate, in dem das Gesetz abhängig ist von der Macht des Herrschers und nicht selbst Herr ist, dem sage ich kühn sein Ende voraus; demjenigen dagegen, in dem das Gesetz Herr ist über die Herrscher, und die Obrigkeiten den Gesetzen untertänig sind, dem sehe ich im Geiste Heil beschieden und alles Gute, was die Götter für Staaten bereit halten. (Ebd. 715d)

Infolgedessen braucht Platon Institutionen, die den *Herrscher überwachen* und Amtsmißbrauch verhindern. Diese – im einzelnen nicht immer ganz klar durchschaubare – Konstruktion einander kontrollierender Institutionen soll hier nicht behandelt werden. Als oberstes Kontrollgremium sieht Platon eine Art permanenten Ältestenrat mit Nachwuchskräften vor, der eigenartigerweise vor Tagesanbruch – daher der sogenannte »nächtliche Rat« – tagen soll:

Diese Versammlung soll sich zusammensetzen aus Jüngeren und Älteren, die Tag für Tag vom ersten Morgengrauen bis zum Sonnenaufgang sich zusammenzufinden haben. Es sind dies erstens die mit den höchsten Tugendpreisen ausgezeichneten Priester, ferner die je zehn ältesten Gesetzeswächter, ferner nicht nur der amtierende oberste Aufseher des gesamten Erziehungswesens, sondern auch seine noch lebenden Vorgänger. Diese aber sollen nicht nur selbst erscheinen, sondern jeder soll auch noch einen jüngeren Mann mitbringen im Alter von dreißig bis vierzig Jahren, dessen Wahl seinem Gutdünken überlassen bleibt. Ihre Zusammenkünfte und Verhandlungen aber sollen stets den Gesetzen gelten, und zwar so, daß dabei neben dem eigenen Staatswesen auch alles in Betracht kommt, was ihnen etwa aus anderen Staaten als besonders bemerkenswert in dieser Beziehung zu Ohren kommt; und dabei spielen auch wissenschaftliche Kenntnisse eine Rolle, soweit sie bei dergleichen Betrachtungen von Nutzen zu sein scheinen, Kenntnisse, die denen, die sie sich aneignen, zu größerer Klarheit verhelfen, während die, welche sich ablehnend dagegen verhalten, nur einen getrübten und unsicheren Blick für die Fragen der Gesetzgebung haben. Was also die Älteren davon billigen, das sollen die Jüngeren mit allem Eifer sich aneignen. (Ebd. 951d–952a)

Die genaue Funktion dieses Gremiums ist nicht recht klar. Sollte es nur beratende Funktion haben, oder hatte es Sanktionen zur Verfügung? Eine eigentlich gesetzgebende Funktion hatte es allem Anschein nach nicht. Vor allem aber löst die Einführung dieser Versammlung das eigentliche Problem der Gesetze nicht: Im *Staat* ist der Herrscher-Philosoph der absolute und autonome Gesetzgeber, während der Herrscher in den *Gesetzen* dem Gesetz unterworfen ist und in dieser Hinsicht auch kontrolliert werden soll. Dabei bleibt aber folgende entscheidende Frage offen: Woher kommt das Gesetz? Platon gibt uns zu dieser Frage keine klare Auskunft. Man hat jedoch den Eindruck, daß er – anstelle des suspekt gewordenen absoluten Herrschers – nun ein *absolutes Gesetz hypostasiert*, daß er also eine Art göttliches Gesetz annimmt, das über allen positiven Gesetzen steht und an das appelliert werden kann, das aber selbst nicht in Frage gestellt werden kann. Eigentlich verschiebt sich die Problematik vom *Staat* zu den *Gesetzen* nur: Im *Staat* haben wir einen unfehlbaren Herrscher, in den *Gesetzen* haben wir ein unfehlbares Gesetz. Aber so wie im *Staat* ungeklärt bleibt, wer denn nun den unfehlbaren Herrscher als solchen erkennt, so bleibt in den *Gesetzen* unklar, wer denn nun das unfehlbare Gesetz erkennt. Platon bleibt sich treu: Es muß in jedem Fall für den Staat eine Verfassung gefunden werden, die verhindert, daß das Volk sich selbst die Gesetze gibt. Dafür braucht Platon eine absolute Norm, die einer absoluten Wahrheit entspricht – und dafür braucht er die Ideen. Die Wahrheit ist immer einer Elite vorbehalten, das Volk muß zu seinem Glück gezwungen werden.

6. Die Kunst

Der Dualismus Platons trug fanatische Züge: Die Forderung der Erhebung der Seele weg von allem Materiellen und Körperlichen und hin zum Ewigen, Unveränderlichen und Unsichtbaren, machte ihn blind für vieles, auch für die Kunst. Die Kunst fällt unter die Zerstreuung der Seele, ihr Sich-Verlieren im Bereich der Sinne. Der fanatisch strenge Zug dieser Haltung trieb Platon dazu, selbst seine eigenen Gedichte, die er in seiner Jugend geschrieben hatte, zu vernichten. Daß seine Dialoge als literarische Produkte Meisterwerke waren, sah er nicht, und es lag ganz außerhalb seiner Interessen, solche literarisch wertvollen Werke zu liefern. Kunst war für Platon Verweichlichung, was bedeutet, sich den Gefühlen hinzugeben und letztlich, sich nicht der Herrschaft der Vernunft zu unterwerfen. Auch dieses Urteil stammt wieder aus Platons Theorie der Geschichte, welche im Grunde eine Theorie des Verfalls ist. In den *Gesetzen* schreibt er:

> Da wir in gewisser Weise dieselbe Entwicklung durchgemacht haben wie die Perser, indem jene das Volk der vollen Knechtschaft zuführten, wir unserseits umgekehrt der großen Masse die Wege zur völligen Freiheit wiesen [...]. (699e)

Der Ausdruck »Wege zur völligen Freiheit weisen« ist hier eindeutig negativ besetzt, insofern es mit der »Masse« in Verbindung gebracht wird. Wie so oft geht es also um die Frage des Niedergangs Athens. Früher – das heißt: vor der perikleischen Demokratie – war alles ganz anders:

Nicht so, meine Freunde, stand es zur Zeit der alten Gesetze bei uns, daß das Volk etwa Herr gewesen wäre über irgend etwas; vielmehr ließ es gleichsam freiwillig die Gesetze über sich herrschen. – Was meinst du für welche? – Zunächst diejenigen, welche sich auf die Musik in ihrer damaligen Gestaltung beziehen, um von Grund aus die Entwicklung des Lebens zu ungebührlicher Freiheit zu verfolgen. (Ebd. 700a)

Schon im *Staat* hatte Platon eindringlich darauf hingewiesen, daß neue Kunst subversiv für den Staat ist:

Denn eine neue Art von Musik einzuführen muß man sich hüten, da hierbei das Ganze auf dem Spiele steht. Werden doch nirgends die Tonweisen verändert ohne Mitleidenschaft der wichtigsten staatlichen Gesetze [...]. (*Staat* 425c)

Platon muß aber zu seinem größten Bedauern feststellen, daß zu einem bestimmten Zeitpunkt Dichter und Sänger kamen, die sich nicht mehr an die alten Gesetze hielten:

Indem sie nun solche Werke schufen und zudem auch noch solche Ansichten in Umlauf setzten, erzogen sie die große Masse zu einer gesetzwidrigen und dreisten Haltung in Bezug auf die Musik, als ob sie das Zeug dazu hätte über sie zu richten. (*Gesetze* 700e)

Das Ergebnis ist für Platon klar:

So aber hat bei uns der Wahn, jeder sei weise und sachverständig für alles, und der gesetzwidrige Sinn seinen Anfang von der Musik genommen und die Freiheit stellte sich als Folge davon ein. [...] Aus dieser Art von Freiheit entwickelt sich dann folgerecht die, daß man den Behörden sich nicht mehr unterordnen will. (Ebd. 701a)

Das Gesellschaftsmuster der Interpretation ist einfach: Von der Diskothek in die Kriminalität. Dies sind Stammtischargumente in gehobenem Griechisch. Daß er die Künste nicht einfach abschaffen oder verbieten kann, weiß Platon. Bei prinzipieller Reserve gegenüber den Künsten ist er bereit, ihnen, besonders der Musik, eine gewisse Rolle zuzubilligen, vorausgesetzt, daß sie sich den alten Gesetzen der Musik unterwerfen und sich so in das gesamte – bei Platon eben rückwärtsgewandte – Erziehungsprogramm einbauen lassen. So spielt die Musik schon im *Staat* eine gewisse Rolle, in den *Gesetzen* aber, in denen Platon schließlich zahlreiche Zugeständnisse macht, wird sie ausdrücklich als Mittel der Volkserziehung eingesetzt. So heißt es, daß es den Sängern, die sich genau an die Regeln der Musik halten, nicht versagt sein soll, »jungen Leuten durch den Zauber des Gesanges die Liebe zur Tugend einzuflößen« (Ebd. 671a). Die *instrumentelle Funktion der Kunst* für die

Ethik, d. h. für das vom Staat geforderte Verhalten, wird klar ausgesprochen. Platon sah zur Zeit der Abfassung der *Gesetze* deutlich, daß sich Musik und Dichtung sehr gut zu propagandistischen Zwecken eignen:

Ich stelle nämlich die Forderung auf, daß alle drei Chöre – denn so viel sollen es sein – die noch jungen und zarten Seelen der Kinder mit dem Zauber ihrer Gesänge erfüllen und ihnen alle die herrlichen Lehren beibringen müssen, die wir erörtert haben und weiter noch erörtern werden, unter ihnen aber als obersten Grundsatz den, daß nach dem Ausspruch der Götter das angenehmste und das sittlich beste Leben das nämliche ist, ein Satz von unleugbarer Wahrheit, der zugleich überzeugender auf diejenigen wirken wird, auf die er wirken soll, als irgend ein Ausspruch, der einer davon abweichenden Meinung Ausdruck gibt. (Ebd. 664b–c)

Platon bleibt aber nicht bei allgemeinen Festlegungen stehen, sondern will ganz konkret die Musikpraxis regulieren. Er greift dabei auf die griechische Lehre der Tongeschlechter und die Interpretation derselben in der sogenannten Ethos-Theorie der Musik zurück. Tongeschlechter sind nicht Tonarten in unserem Sinn (ein Vergleichspunkt ist höchstens die Unterscheidung von Dur und Moll), da die verschiedenen Intervallfolgen (Ganzton, Halbton, Viertelton) entscheidend für das jeweilige Tongeschlecht sind. Es handelt sich also um verschiedene Tonreihen, die als Konstruktionsprinzipien für Melodien verwendet wurden und denen in der Ethos-Theorie bestimmte »Stimmungen« bzw. »Haltungen« zugeschrieben wurden: z. B. dorisch = gefaßt, mutig, mixolydisch = traurig, gedrückt, phrygisch = ekstatisch. Die Zuordnung war allerdings nicht einheitlich, es gab dabei verschiedene Varianten. Eine ähnliche Theorie gab es für die verschiedenen Rhythmen. Diese Ethos-Theorie ist für Platon politisch relevant. Im Zusammenhang der Erziehung der Wächter sagt Platon entsprechend:

Gibt es nun ferner für Wächter etwas Unziemlicheres als Trunkenheit und Weichlichkeit und Müßiggang?
Gewiß nicht.
Welches sind nun die weichlichen und für Trinkgelage geeigneten Tonarten?
Es gibt ionische und lydische Tonarten, die unter dem Namen der »schlaffen« bekannt sind.
Findest du diese für kriegerische Männer irgend verwendbar?
Nun und nimmermehr; es scheinen vielmehr nur die dorische und die phrygische Tonart übrig zu bleiben. (*Staat* 398e–399a)

Der legitime Gebrauch bestimmter Tongeschlechter wird also nach politischen und militärischen Gesichtspunkten geregelt. Wenn Platon in diesem Zusammenhang die Ethos-Lehre aufgreift, so kann er sich auf eine zwar weit verbreitete, aber nicht schon auf eine allgemein akzeptierte Auffassung berufen. Aus einem von der Wende des 5. zum 4. Jhd. stammenden Fragment, geht hervor, daß vermutlich gerade von Berufsmusikern die Ethos-Theorie der Musik und ihre ideologische Verwendung durch Nicht-Musiker in Frage gestellt wurde (Nestle: *Die Vorsokratiker*. S. 235 f.). Bei Platon soll dann auch die Verwendung von Musikinstrumenten eingeschränkt werden. Die Föte (Aulos), traditionell das Instrument des Dionysos-Kults, soll keinen Platz im Staat erhalten, nur die Kithara, das Instrument des Apoll, darf gebraucht werden (*Staat* 399c–e).

Die deutlich ideologische Funktion der Kunst ist bei Platon begründet durch die *Theorie der Ähnlichkeit*, die ja auch den theoretischen Hintergrund der Ethos-Lehre der Musik darstellt. Kunst kann bei Platon selbstverständlich nichts anderes bieten als eine Versinnlichung der Ideen, wobei die höchste Idee die des Guten ist. Der Philosoph sieht diese Idee als solche ein, bei den jüngeren und »weicheren« Gemütern hingegen legt es sich nahe, die Musik dafür einzusetzen, daß sie ihnen vorsingt, daß das ethisch beste Leben auch das angenehmste ist. Platon polemisiert dabei gegen ein nicht anderen Werten untergeordnetes ästhetisches Wohlgefallen – woraus hervorgeht, daß es eine solche Theorie zu seiner Zeit gegeben hat.

240 | Wenn also einer das bloße Lustgefühl als ausschlaggebend für die Beurteilung der musischen Kunst hinstellte, so werden wir dieser Ansicht keine Berechtigung einräumen und werden eine solche Musenkunst, auch wenn es vielleicht eine gibt, nicht als einen Gegenstand ernstlichen Bemühens gelten lassen, sondern nur diejenige, die in der Nachahmung des Schönen ihr Ziel – die volle Ähnlichkeit – erreicht. (*Gesetze* 668a–b)

Eine *Autonomie der Kunst* darf es somit nach Platon nicht geben, Kunst steht unter dem Kriterium der Nützlichkeit für das Wohlverhalten im Staat. Das Schöne kann nur der erkennen, der Gut- und Schlechtsein im ethisch-politischen Sinn unterscheiden kann, was gute und was schlechte Musik ist, weiß daher einzig der Herrschende und seine Ratgeber, der legitimierte Kunstkritiker ist also der Politiker. Daß Kunst sich indes nicht so leicht instrumentalisieren läßt, wußte Platon, und so schlug er Zwangsmaßnahmen vor, um die Künstler auf seine ethisch-politische Linie zu bringen:

Und als Gesetzgeber würde ich die Dichter sowie alle Bürger zwingen sich zu dieser Ansicht zu bekennen, und würde so ziemlich die höchste Strafe darauf setzen, wenn einer im Lande sich dahin vernehmen ließe, daß es überhaupt Menschen gebe, die dem Laster ergeben sind und dabei doch ein angenehmes Leben führen, oder daß, was nützlich und gewinnbringend ist, nichts zu tun habe mit dem, was den Vorzug der Gerechtigkeit für sich hat. (Ebd. 662b–c)

Wären alle Dichter und Musiker einmal durch Zwang und Strafanordnung auf die Linie des dem Staat Förderlichen gebracht, könnten sie richtig eingesetzt werden, den »Menschenverein« zu betören – so wird aus Kunst der politische Kunstgriff. Auch hier lernt Platon aus der Geschichte der Kunst: Mit der Kunst konnte manchmal eine völlig unwahrscheinliche Geschichte als wahr hingestellt werden, und durch diese Verzauberungskünste konnten die Menschen dazu überredet werden, die Geschichte für wahr zu halten. So manchen anderen, wie z. B. Xenophanes, hatte dies zu Kritik und Aufklärung herausgefordert, nicht so Platon: Er sieht, daß diese Macht der Kunst politisch funktionalisiert werden kann.

Das ist doch wahrhaftig ein starkes Zeugnis dafür, daß es dem Gesetzgeber möglich ist den jugendlichen Seelen alles beizubringen was er ihnen beibringen will; er muß also sein ganzes Sinnen und Trachten darauf richten, was er ihnen zur Überzeugung machen soll, um dadurch dem Staate den größten Nutzen zu schaffen, und muß jedes erdenkliche Mittel aufsuchen, das in irgend welcher Weise dahin führt, daß ein derartiger Bürgerverband ausnahmslos über diese Dinge das ganze Leben hindurch stets durchaus ein und dieselbe Ansicht vernehmen lasse in Liedern, Dichtungen und Erzählungen. (Ebd. 663e–664a)

Platon kommt es somit vor allem darauf an, daß »ausnahmslos« alle nur »ein und dasselbe« sagen – die Wiederholung und die Einübung in dies ist die Funktion der Kunst. – Was sich in der Theorie der Kunst in den späteren Dialogen im Unterschied zu jener der frühen Dialoge, vor allem im *Ion*, durchsetzt, ist ein relativ einfacher Vorgang. Die Theorie der Kunst der frühen Dialoge war orientiert am Phänomen der »außer sich seienden«, »göttlich inspirierten« Dichter:

Denn mit dem Dichter ist es ein eigen Ding: leichtbeschwingt und gottgeweiht wirft er die irdische Schwere von sich und ist nicht eher imstande zu dichten, als bis er von Begeisterung ergriffen und von Sinnen ist und aller ruhigen Vernunft bar. (*Ion* 534b)

Es ist so, »daß der Gott selbst der Kündende ist und nur durch sie zu uns redet« (Ebd. 534d), die Dichter sind »Dolmetscher der Götter, jeder im Banne dessen, der ihn sich zum Werkzeug erkoren hat« (Ebd. 534e). Dies war die dionysische Interpretation der Kunst, in der der Dichter-Musiker in seiner ekstatischen Erfahrung über den Bereich der Vernunft hinausgreifen durfte und sollte – dies war göttliche Kunst. An die Stelle des Gottes, dessen Sprecher der Dichter war, tritt nun der göttliche Gesetzgeber, der dem Dichter und Musiker vorschreibt, was er zu besingen habe – die Staatsraison tritt an die Stelle der Inspiration. Beim Tod eines göttlichen Herrscher-Philosophen wird der Staat im Sinne dieses Herrschers nochmals die Künstler, Bildhauer und Dichter inspirieren, wie wir es im *Staat* hören: Die Kunst soll in Denkmälern, Festen und Hymnen die Herrscher, die immer die autoritative Quelle ihre Inspiration gewesen sind, als Quasi-Götter verherrlichen.

Durch Denkmäler aber und Opfer muß die Stadt sie von Staats wegen ehren [...], als göttliche Wesen, wo nicht, als glückselige und göttliche Menschen. (*Staat* 540c)

Die Differenz zu dem, was Sokrates für »gut« und »schön« angesehen hat, ist unüberbrückbar, sein Programm kritischer Selbstprüfung ist definitiv beseitigt und gehört in die Kategorie entarteter Kunst. Ein Sokrates, der auf Staatskosten besungen würde, wäre nur ein geschmackloser Witz, hier wird der Herrscher-Philosoph das Objekt staatlich verordneter Verherrlichung.

Sowohl in der Theorie der Politik wie in der der Kunst spielt bei Platon – zwangsläufig – die Ideenlehre eine zentrale Rolle: Sie dient gegen-aufklärerischen und totalitären Konzeptionen. Platon wollte damit die sophistische Aufklärung und somit letztlich das sokratische Programm rückgängig machen, und daß er all dies Sokrates in den Mund legt, entbehrt nicht der Pikanterie.

7. Der Kosmos

Platon ist – neben vielem anderen, das ihn auszeichnet, – ein wunderbarer Geschichtenerzähler, dies macht nicht zuletzt den literarischen Reiz seiner Schriften aus. Wenn er Geschichten erzählt, verbindet er damit allerdings stets philosophischen Hintersinn: Wenn er z. B. im *Gastmahl* (189c–193d) den Mythos erzählt, daß die Menschen ursprünglich Doppelmenschen, männlich-männlich, weiblich-weiblich, männlich-weiblich (androgyn) waren, die von Zeus in zwei Hälften geschnitten wurden und von denen dann die eine immer die andere Hälfte sucht, will er damit sagen, daß Homosexualität und Heterosexualität gleich natürlich sind, daß es immer um eine »Rückkehr zur alten Natur« geht (Ebd. 193c). Im *Phaidon* (107b–114c) liefert er eine recht phantastische Beschreibung von Welt, Unter- und Überwelt, von der er selbst sagt, daß sie eine »erdichtete Schilderung« ist, bei der er jedoch verweilt, denn »der Geist verlangt zur Beruhigung dergleichen Vorstellungen, die wie Zaubersprüche wirken« (Ebd. 114d). Der Sinn dieser Erzählung ist es, die jenseitigen Wohnstätten der unreinen und der reinen Seelen auszumalen. – Solche Geschichten sind interpretatorisch verhältnismäßig »harmlos«, wesentlich schwieriger ist die Sachlage im *Timaios*, der die sogenannte Kosmologie Platons behandelt. Mehr als die »sogenannte Kosmologie« kann man nicht sagen, da schon bei der Frage, ob es im *Timaios* überhaupt um Kosmologie geht, die Probleme beginnen. Platon beginnt, ungewöhnlich bescheiden, mit der Feststellung, daß wir bei solchen Überlegungen nicht vergessen dürfen, daß wir nur Menschen sind (*Timaios* 29c–d), und sagt dann:

Wenn wir also über diese Dinge eine Dichtung *(mýthos)* zu hören bekommen, die auf Wahrscheinlichkeit Anspruch hat, so können wir ganz zufrieden sein und brauchen nichts weiter zu verlangen. (Ebd. 29d)

Platon spricht von »Mythos«, sagt aber ebenfalls, daß »unsere Darstellung es an Wahrscheinlichkeit mit der jedes anderen aufnehmen kann« (Ebd. 29c), womit wir bei Platons »Meinung« wären, die die empirische Wissenschaft kennzeichnet. Kohärenz und empirisch genaues Zutreffen beansprucht er indes nicht, wobei hier die sophistische Skepsis gegenüber aller Naturphilosophie mitschwingt:

Wenn wir nun [...] angesichts der zahlreichen Erörterungen, die von früheren über die Götter und über die Entstehung des Weltalls bereits vorliegen, außerstande sein sollten eine in jeder Beziehung mit sich selber übereinstimmende und genau zutreffende Darstellung zu geben, so wundere dich nicht. (Ebd. 29c)

Hier scheint Platon sich in eine Fortsetzungslinie zu den Vorsokratikern und zu den großen Naturphilosophen zu stellen – dies wäre also Naturphilosophie. Dann erzählt er jedoch einen Mythos – soll dieser vielleicht nur die metaphysische Lehre, daß die sichtbaren Dinge an den Ideen teilhaben, in bildlicher Form ausdrücken, was etwa auf der Linie der Interpretation der Neuplatoniker läge? Was Platon hier im *Timaios* wirklich will, oder welcher literarischen Gattung dieser Dialog eigentlich angehört, ist immer wieder erörtert worden, ohne definitives Ergebnis. Platons Schrift bleibt in einem hermeneutischen Zwielicht.

Wie schon der äußere Interpretationsrahmen, so liefert auch der Inhalt des *Timaios* erhebliche Probleme, sehr vieles ist dunkel und unklar. Nichtsdestoweniger hat Platons *Timaios* in der Geschichte eine sehr große, vielleicht unangemessen große Bedeutung erlangt: Für die Neuplatoniker diente er zur Abwehr der Gnosis; im Mittelalter war er der einzige (zum Teil) als Text bekannte Dialog Platons und wurde dort lange wie ein Buch der Naturwissenschaft gelesen. Aber auch am Beginn der neuzeitlichen Wissenschaft (z. B. bei Galilei) wirkte er inspirierend, und in unserem Jahrhundert war Heisenberg – und nicht nur er – vom *Timaios* beeindruckt. Wir müssen uns also zumindest mit einem ganz groben Themenkatalog zum *Timaios* vertraut machen:

1. Gott ist nicht Schöpfer der Welt im Sinn einer Schöpfung aus Nichts, sondern *Ordner* eines Zustands der – allerdings immer schon bewegten – Ur-Unordnung:

Denn da Gott wollte, daß alles möglichst gut, nichts aber schlecht sei, so führte er das ganze Reich des Sichtbaren, das er nicht im Zustand der Ruhe sondern der an kein Maß und keine Regel gebundenen Bewegung übernahm, aus der Unordnung zur Ordnung über, überzeugt, daß dieser Zustand in jeder Hinsicht besser sei als jener. (Ebd. 30a).

2. Die Welt ist *schön* und somit *gut*, weil sie ein Abbild des Ewigen, der Ideen, darstellt:

> Wenn nun dies Weltall schön und wohlgeraten, und der es bildete ein guter Werkmeister ist, so ist es offenbar, daß er nach dem Ewigen blickte; [...] denn die Welt ist das Schönste von allem Gewordenen, und was die Ursache anlangt, so hält nichts den Vergleich mit dem Meister aus. Steht es aber mit ihrer Entstehung so, dann ist sie nach dem Muster des dem Verstande und der Einsicht Erfaßbaren und sich immer Gleichbleibenden geschaffen. Dies zugegeben ist diese Welt notwendig ein Abbild von etwas. (Ebd. 29a–b).

Genau solche Aussagen dienten den Neuplatonikern zur Abwehr des metaphysischen Dualismus, der die sichtbare Welt als schlecht ansieht und ihren Ursprung auf ein böses Prinzip zurückführte, und in ganz ähnlicher Weise waren sie den Christen hilfreich bei ihrer Auseinandersetzung mit der Gnosis. Wenn die ganze Welt ein Abbild des Ewigen ist, gilt das besonders vom Menschen – dies gefiel den Christen besonders gut, da sie meinten, hier die Lehre vom Menschen als Abbild Gottes zu finden.

3. Die Grundstruktur der Welt ist *geometrisch*. Platon führt die traditionellen
244 | Grundelemente Feuer, Erde, Wasser und Luft auf zugrundeliegende geometrische Formen zurück.

> Zunächst ist es nun wohl jedermann klar, daß Feuer, Erde, Wasser und Luft Körper sind. Jede Art von Körpern hat Tiefe, und die Tiefe ist nicht ohne begrenzende Ebenen denkbar. Jede geradlinige Ebene (als Fläche) aber setzt sich aus Dreiecken zusammen, und allen Dreiecken liegen zwei Arten von Dreiecken zugrunde: beide haben einen rechten und zwei spitze Winkel; die eine Art aber ist gleichschenkelig und hat zu beiden Seiten der Hypotenuse Winkel von der Größe eines halben rechen Winkels, die andere Art ist ungleichseitig. (Ebd. 53c–d)

Nach Platons Auffassung läßt sich also der gesamte Kosmos aus einfachsten geometrischen Formen rekonstruieren – die genaue Durchführung desselben ist kompliziert und soll hier nicht dargestellt werden. Der Grundgedanke der Mathematisierbarkeit des Kosmos ist pythagoreisch, die Grundformen sind bei Platon indes nicht Zahlen, sondern geometrische Formen. Dies inspirierte den Platonismus Galileis: Der göttliche Werkmeister ist Geometer; und bei Leibniz ist Gott zwar eher Algebraiker und Arithmetiker, aber eben auch Mathematiker.

4. Die Welt als ganze hat eine Seele, die *Weltseele*. Die Teile des *Timaios*, die sich mit der Weltseele befassen, sind besonders dunkel. Die primäre Absicht bei der Einführung der Weltseele scheint gewesen zu sein, eine Verbindung zwischen dem Bereich der reinen Ideen und der sichtbaren Welt, die ein Abbild des ersteren sein soll, herzustellen. Die Weltseele ist dann ein »Mittleres«, das Teil hat an beiden:

Er aber räumte der Seele, was Ursprung und Trefflichkeit anlangt, den früheren Platz und höheren Rang ein und bildete sie als künftige Gebieterin und Herrin aus folgenden Bestandteilen und auf folgende Weise. Aus der unteilbaren und immer gleichen Substanz und der körperlich teilbaren anderseits stellte er durch Mischung eine mittlere dritte Art von Wesenheit her, die hinwiederum ihr eigenes Sein hatte neben dem »Selbigen« und dem »Anderen«, und demgemäß bildete er diese Wesenheit als ein Mittleres zwischen dem Unteilbaren und dem körperlich Teilbaren. (Ebd. 34c–35a)

Bei ontologisch radikal Unterschiedenen sind immer die Mittleren problematische Wesenheiten: Es ist schwer vorstellbar, was ein Mittleres zwischen dem Unteilbaren und dem Teilbaren sein sollte. Man könnte also sagen: Die Weltseele ist eigentlich gar keine Lösung, sondern nur die Formulierung eines Problems, was Platon jedoch sicher nicht meinte. Wichtig wurde die Vorstellung der Weltseele in späterer Zeit, weil sie die Möglichkeit gab, den ganzen Kosmos als einen Organismus aufzufassen, so wie es auch in den Schlußsätzen des *Timaios* zum Ausdruck kommt:

Und nunmehr dürfen wir denn auch sagen, daß unsere Erörterung über das All ihr Ende erreicht hat; denn ausgestattet mit sterblichen und unsterblichen Wesen und vollständig erfüllt, ist diese Welt ein sichtbares lebendiges Wesen geworden, das alles Sichbare umfaßt, ein Bild des Schöpfers, ein sinnlich wahrnehmbarer Gott, der mächtigste und schönste – eben diese eine und eingeborene Welt (Ebd. 92c)

Platon selbst stellt die Lehre von der Weltseele als Fortsetzung des vorher Gesagten vor, also der geometrischen Vorstellung des Kosmos. Der Übergang ist aber schon bei Platon kaum verständlich, und später haben diese beiden Vorstellungen begonnen, ein Eigenleben zu führen.

Im Mittelalter hat die Vorstellung der Weltseele eine nicht unerhebliche Rolle gespielt, da manche Philosophen-Theologen meinten, hier ein Modell (oder die Realität) der Vereinigung des Göttlichen und des Weltlichen in Christus zu finden, womit gleichzeitig eine kosmologische Funktion Christi gegeben wäre. Diese theologische Anwendung wurde jedoch gegen Ende des 12. Jhd.s als unbrauchbar aufgegeben. Als kosmologische Vorstellung blieb die Weltseele indes weiterhin in Verwendung, so lange eben die platonische Kosmologie maßgebend war (vgl. 2. Teil, Kap. VIII, 1, c).

Es ist wirklich schwer zu sagen, inwieweit Platon all das, was er im *Timaios* erzählt, für wahr gehalten hat. Aber wiederum: In welchem Sinn von »wahr«? Was soll man etwa von der These halten, daß die um die Leber herum angesiedelten Seelenteile für die Weissagung zuständig sind (Ebd. 71d–e)? Ist es Wissenschaft, magischer Glaube, metaphysische Symbolik, dichterische Phantasie? Wahrscheinlich alles zusammen in einer untrennbaren Mischung, und so eine mögliche Quelle der Inspiration für Wissenschaftler, Theosophen, Alternativmediziner, Dichter usw.

8. Die Sprache

Das Problem der Sprache ist bei Platon vielschichtig, man muß vor allem zwei Problemkreise unterscheiden:

a. Platons Denken aus und in der Sprache.

b. Platons ausdrückliche Philosophie der Sprache.

a) Platons Denken aus und in der Sprache

Platons Philosophie ist der Form nach zunächst ganz aus der Sprache erwachsen, und zwar aus der gesprochenen Sprache. Sokrates hatte seine Philosophie nur im Dialog entwickelt und hat nichts schriftlich niedergelegt. Dies könnte bei Sokrates eine prinzipielle Bedeutung gehabt haben, jedenfalls finden wir bei Platon eine Kritik des schriftlichen Textes, die durchaus sokratische Vorbehalte wiedergeben könnte. Im *Phaidros* heißt es:

> Also wer da meint, in schriftlicher Aufzeichnung eine Kunstanweisung zu hinterlassen
> 246 | und anderseits wer solche annimmt in dem Glauben, es könne etwas Deutliches und Sicheres aus schriftlichen Aufzeichnungen entnommen werden, dürfte mit großer Einfalt behaftet sein und wirklich die Weissagung Ammons nicht kennen, indem er geschriebenen Worten eine weiter gehende Bedeutung beilegt, als die, Wissenden zur Erinnerung zu dienen an die Dinge, worüber die Aufzeichnungen handeln. (*Phaidros* 275c–d)

Diese *Kritik an der Verschriftlichung* basiert auf einem am schriftlichen Wort festgestellten Mangel: Für Sokrates kann Einsicht nur im lebendigen Wort, das *Rede und Gegenrede* enthält, erzielt werden, nur die Rede kann, in der Bewegung des Dialogs, »Deutliches und Sicheres« erreichen. Der kommunikative Konsens ist ein Gesprächsresultat, bei dem es immer möglich und häufig erforderlich ist, nach dem genauen Sinn nochmals nachzufragen, den Dialog also wieder aufzunehmen. Wird dies in der Schrift festgehalten, ist gerade die so hergestellte Eindeutigkeit problematisch, da nicht mehr nachgefragt werden kann. Von den Schriften wird daher gesagt:

> Du möchtest glauben, sie sprechen und haben Vernunft; aber wenn du nach etwas fragst, was sie behaupten, um es zu verstehen, so zeigen sie immer nur ein und dasselbe an. (Ebd. 275d)

Gegenüber der lebendigen Rede ist das Schriftliche nur ein schwaches Abbild, eine Gedächtnishilfe, aber nicht mehr. Philosophie war für Platon in seiner frühen Periode mit Sokrates eben zunächst immer Erziehung, und Erziehung geschieht nach

Sokrates durch das gesprochene, im Dialog hin und her gewendete Wort, nicht durch das Buch.

Aber noch viel schöner, meine ich, ist es, im Ernst sich damit zu beschäftigen: indem ein Mann, der eine geeignete Seele gefunden, nach den Kunstregeln der Dialektik in ihr mit Sachkenntnis Worte pflanzt und sät, die sich selbst und dem der sie gepflanzt zu helfen imstande sind und nicht ohne Ertrag bleiben, sondern Früchte bringen, aus denen immer wieder eine neue Saat an Worten in neuen Herzen sprießt, die das überlieferte Gut immer unsterblich zu erhalten vermag und den Besitzer glücklich macht, soweit es für einen Menschen möglich ist das zu sein. (Ebd. 276e–277a)

Dieses Bild gibt selbstverständlich schon die platonisch-lehrhafte Umformung des sokratischen fragenden und suchenden Dialogs wieder. Daneben aber erklärt diese Auffassung, warum Platon in den frühen Dialogen *im* Dialog philosophiert, und zwar auch dort, wo er diesen Dialog schriftlich fixiert. Nicht eine aus dem Dialog hervorgegangene »Lehre« soll weitergegeben werden, sondern der Dialog selbst soll – soweit dies eben möglich ist – wiedergegeben werden. Der frühe Platon versucht, möglichst nahe an der lebendigen Rede zu bleiben, den Leser gleichsam zu einem Dialogteilnehmer zu machen. Die Dialoge wurden schließlich in der platonischen Akademie auch nicht gelesen, sondern vorgelesen, d.h. primär gehört. Die *Form* des Dialogs gehörte somit zum *Gehalt* des frühen sokratisch-platonischen Denkens, und war nicht einfach »Einkleidung« eines Systems. Aus diesem Grunde schließen auch mehrere Dialoge Platons mit der Aufforderung zu weiterem Gespräch. Platon denkt am Leitfaden der Sprache in einem Maß, welches er dort, wo er ausdrücklich zum Problem der Sprache Stellung nimmt, nicht einholen kann. Und daß er auch später die lebendige Sprache nicht mehr in der Reflexion einholen konnte, lag nicht zuletzt daran, daß er ihr als Medium lebendiger Argumentation nicht mehr traute, da er eine solche offene, demokratische Diskussion als gefährlich ansah. Gerade die Ideenlehre hinderte Platon, die Sprachlichkeit seines Denkens zu durchschauen. Es ist eben etwas ganz anderes, ob man die Definition eines Allgemeinbegriffs als ein vorläufiges Resultat eines Konsens ansieht, so daß dieser Allgemeinbegriff seine Gültigkeit nur unter diesen pragmatischen Bedingungen hat, oder ob man ihn als Abbild eines An-sich-Seienden begreift, dem nur nachträglich ein sprachlicher Ausdruck entspricht. Dieser zweite Ansatz geht letztlich gar nicht vom Sprechen, sondern vom Schauen aus; höchstes Schauen ist aber bei Platon eben Denken, anschauendes Wahrnehmen. Das Denken bleibt beim Platon der Ideenlehre prinzipiell ideell, d.h. anschauend: *eídos*, wovon sich »Idee« ableitet, bedeutet zunächst »Bild«, und Sprache erhält damit die Funktion des Abbildens. Denken und Sprache sind daher für den späten Platon nicht identisch, und Denken geschieht nicht mehr am Leitfaden der Sprache, sondern an dem der Ideenschau.

Die Sprache hat dann bei Platon die Funktion, das Denken zu ordnen, letzteres hat aber nicht im Sprechen, sondern im intellektuellen Schauen seinen Ursprung, und kann nur von dort her seine Geltung haben. Das Denken, das an empirischer Beobachtung orientiert ist, befindet sich in einem Zustand der Unklarheit, wenn nicht gar der Verwirrung, und muß geordnet werden nach dem Vorbild der Ordnung der Ideen. Zu dieser Wiederherstellung der Ordnung dienen in erster Linie die Augen, die Anschauung der Ordnung des Kosmos; dann aber auch die Stimme und das Gehör. Die Rede, vor allem die dialektische Rede, hilft dem Denken, zur Bestimmtheit der Vorstellungen und dann der Ideen zu gelangen. Der Aufstiegsweg der Erkenntnis hat bei Platon etwas mit Entsprachlichung zu tun. Die Sprache bleibt für das Denken *untergeordnet*, wenngleich – und dies ist wichtig im Vergleich zur These des 7. Briefes (vgl. dazu weiter unten) – niemals endgültig überwindbar.

b) Platons Philosophie der Sprache

Ausdrücklich wird das Problem der Sprache bei Platon in zwei Dialogen behandelt: dem *Kratylos* und dem *Sophistes*. Außerdem finden sich noch im 7. Brief wichtige

Stellen zu diesem Problem, die allerdings eine gegenüber den Dialogen andere Einschätzung der Sprache enthalten. Die im *Kratylos* und im *Sophistes* behandelten Fragen entsprechen zwei verschiedenen Problemkreisen: Der *Kratylos* beschäftigt sich mit der Theorie der *Namen* bzw. der Wörter, der *Sophistes* mit der Theorie des *Satzes*.

(1) *Kratylos*

Bei den Sophisten war ein wichtiges Problem in das Blickfeld getreten: Die Ebene der Sprache ist selbständig und gibt nicht einfach die Dinge wieder. Die genaue Lösung des Verhältnisses dieser beiden Ebenen war indes offen geblieben. Im Prinzip begegnen wir hier der sophistischen Diskussion um Physis und Thesis, die zunächst im Bereich der Fragen des Rechts aufgetreten war (vgl. Kap. IV, 3), die aber dann auf das Problem der Sprache angewandt wurde. Platon nimmt diese Frage auf. Die vorsophistische Ontologie, die noch nicht durch die kritische Einschränkung der Paradoxien Zenos hindurchgegangen war, hatte im Sinn Heraklits eine Identität zwischen dem Ganzen der Vernunft, die das Sein adäquat erkennt, und dem Ganzen der Sprache behauptet; diese Identität war später auf das einzelne Wort übertragen worden. Das Ergebnis war, daß man annahm, es gebe für jedes Ding eine ihm entsprechende *natürliche Richtigkeit* des Wortes, also: Richtigkeit durch die *phýsis*. Als philosophisches Programm hatte sich daraus ergeben, durch Etymologien das wahre Wesen der Dinge aus den Worten heraus zu erforschen. Platon referiert diese Auffassung:

> Kennt einer die Natur des Wortes – die ja eben mit der der Dinge übereinstimmt – so wird er gewiß auch die Sache kennen, da sie ja dem Worte gleicht und da es ja immer eine und dieselbe Kunst ist, die alles, was einander gleicht, umfaßt. (*Kratylos* 435d–e)

Dieser These stellt Platon die »modernere« gegenüber, die besagt, daß es keine andere Richtigkeit der Worte gibt als jene, die sich auf Vertrag und *Übereinkunft* gründet (Ebd. 384d), also: Richtigkeit aufgrund einer *thésis*.

> Ich wenigstens kann mir keine andere Richtigkeit eines Namens denken als diese, daß es mir zusteht einem jeden Ding eben den besonderen Namen zu geben, den ich ihm beilegte, wie es auch dir zusteht, ihm wieder einen anderen zu geben, den eben du ihm beilegst. (Ebd. 385d)

Wenn jeder den Dingen einen Namen zuordnen kann, wie er will, ist Kommunikation nur möglich durch – zumindest implizite – Übereinkunft und durch Kenntnis der durch vergangene Konventionen festgelegten Wortbedeutungen. Jedenfalls in der Konsequenz dieser »moderneren« Auffassung liegt also das, was wir als »Konventionalismus« bezeichnen.

Platon selbst entscheidet sich für keine der beiden Positionen. Gegen die These | 249
von der Identität von Wesen des Dinges und Wort kann er sich auf die Empirie berufen: Oft ist aus einem Wort gar nicht mehr zu ersehen, was es »eigentlich« meint; oft geben Wörter verschiedene Hinweise über dieselbe Sache. Andererseits ist eine Diskussion, die sich nur mit dem beschäftigt, was durch die Wortübereinkunft vorliegt, für Platon ebenfalls unzureichend (vgl. z. B. *Theaitetos* 164c–d). Für Platon muß es ein *Kriterium* des Sinnes der Worte *über den Worten* geben:

> Offenbar also muß man sich nach etwas anderem umsehen als nach Worten, nach etwas, was uns ohne Worte erkennen lassen muß [...], indem es uns das wahre Wesen der Dinge kundgibt. (*Kratylos* 438d)

Die Erkenntnis der Ideen ist somit auch hier das Entscheidende. Dann meint Platon jedoch, daß die Worte auch in ihrer Lautgestalt soweit wie möglich ein Typos der Sache sein sollen, auch hier also geht es um ein Abbilden. Dies hat indes Grenzen, und so wird es seiner Meinung nach erforderlich sein, die Übereinkunft zu Hilfe zu nehmen, um zu einer sicheren Bestimmung der Bedeutung des Wortes zu gelangen (Ebd. 435b–d). Platon verbindet also hier die Forderung nach der Erkenntnis des Wesens der Dinge mit der prinzipiellen Forderung, daß schon die Lautgestalt der Worte das Wesen der Dinge anzeige, erkennt aber an, daß selbst die Wesensbegriffe sehr oft konventionell abgesichert werden müssen. Letztlich ist aber für Platon eben doch nicht die Wortgestalt, der Name, entscheidend, sondern die Vernunfterkenntnis des Begriffsinhalts, der Ideen.

(2) *Sophistes*

Im *Kratylos* hatte Platon (außer an einer Stelle: 431b) den Satz als Akkumulation von Namen (Wörtern) aufgefaßt. Im *Sophistes* entwickelt Platon nun eine *Theorie des Satzes*, die über eine solche Akkumulation hinausgeht (*Sophistes* 262b–c), und die daher die Struktur des Satzes in den Blick bekommt: Während im *Kratylos* das Hauptproblem in der Zuordnung von Name und Ding bestanden hatte, wird jetzt nach der Verbindung der Wörter untereinander gefragt. Eine Aneinanderreihung von Substantiven oder von Verben ergibt keinen Satz, sondern erst deren *Verknüpfung*. Platon ist es dabei ganz klar, daß er hier einen Schritt über seine frühere Theorie hinaus tut. Ein so strukturierter Satz

> [...] spricht nicht bloß Worte, sondern stellt eine wirkliche Behauptung auf, indem er die Verba mit den Substantiven verknüpft; daher pflegen wir dann zu sagen, er rede wirklich und gebe nicht bloße Worte von sich, und dieser Verknüpfung geben wir dann den Namen Aussage. (*Sophistes* 262d)

Diese syntaktische Form des Satzes ist bei Platon sofort mit der semantischen Sinn-
250 | konstitution verbunden. Diese Sinnkonstitution ergibt sich aus der Ordnung der Ideen, der die Ordnung der Dinge entspricht:

> Wie nun die Dinge teils zueinander stimmen teils nicht, so verhält es sich auch mit den sprachlichen Bezeichnungen: sie stimmen zum Teil nicht miteinander zusammen, diejenigen aber von ihnen, welche zusammenstimmen, bringen die Aussage zustande. (Ebd. 262e)

Ein Beispiel: »Ein Mensch lernt«. Hier fällt »Mensch« unter »lernfähige Wesen«, die beiden Bezeichnungen können zugleich ausgesagt werden, stimmen also überein. Oder anders gesagt: Bei der Unterteilung *(dihaíresis)* von »lernfähiges Wesen« muß in irgendeiner Unterteilung »Mensch« vorkommen. Allgemein heißt dies bei Platon, »daß die Begriffe teils sich miteinander zu mischen bereit sind, teils nicht« (Ebd. 256b). Damit kommt Platon jedoch nicht zu einer einfach inhaltslogischen Wahrheitstheorie, da er für die Wahrheit singulärer Sätze wie »Theaitetos sitzt« die empirische Verifikation fordert: Die wahre Rede sagt das Sein des Wirklichen über etwas aus (Ebd. 263b). Das Verhältnis von inhaltslogischem »ist«, z. B. »Was Mensch ist, ist lernfähig«, und dem durch empirische Verifikation gekennzeichneten »ist«, also z. B. »Theaitetos sitzt« bzw. »Theaitetos ist sitzend«, ist indes gar nicht so einfach: Es geht hier um zwei ganz verschiedene Bedeutungen von »Wahrheit«. Wird die begriffliche, allgemeine bzw. ideale Ebene von der realen unterschieden, so muß zumindest ansatzweise der Unterschied zwischen dem »ist« der allgemeinen Prädikation und dem »ist« der Existenzbehauptung in der Analyse deutlich werden – dies ist bei Platon auch bis zu einem gewissen Grad der Fall. Zu einer wirklichen Klärung dieser Problematik gelangt er jedoch nicht. Dies beruht darauf, daß bei Platon das »ist« des Existierens als »Anteil am Seienden« interpretiert wird, dieses »Seiende« aber wieder als Eigenes, Abgehobenes, angesehen wird:

Die wichtigsten Gattungsbegriffe, die wir vorher durchgingen, waren doch das Seiende selbst, sowie Stillstand und Bewegung. – Die beiden letzteren sind aber unserer Erklärung zufolge einer Verbindung miteinander unzugänglich. – Aber das Seiende ist mit beiden verbindbar, denn beide *sind* doch wohl. (Ebd. 254d)

Hier arbeitet Platon also mit der Vorstellung der Partizipation, in diesem Fall mit der ontologischen Partizipation am Seienden. Das bedeutet aber, daß die Existenzaussage als Prädikation der Qualität »seiend« aufgefaßt wird. Die Ideen-Ontologie mit der Idee des »Seienden« läßt hier eine klare Unterscheidung von Prädikation und Existenzaussage nicht zu.

X ist ein Pferd = *X* hat Teil an der *Pferdheit* und am *Sein*

	Sein	**Pferdheit**
	⇓	⇓
X	*ist*	*ein Pferd*

Die Problematik dieser platonischen Konzeption wird besonders deutlich an der Analyse von Sätzen wie »*X ist nicht A*« oder »*X ist von A verschieden*». Platon versucht dies auf demselben Weg wie vorher mit »*ist A* « zu deuten, das durch die Partizipation an der Idee des Seienden verständlich gemacht werden soll; hier soll nun »*X ist nicht A*« durch die Partizipation an der Idee der Verschiedenheit erklärt werden:

Denn jeder einzelne Begriff ist von den anderen verschieden nicht durch seine eigene Natur, sondern durch seine Anteilnahme an der Idee der Verschiedenheit. (Ebd. 255e)

Dies ergäbe entsprechend:

X ist nicht ein Pferd = *X* hat Teil an der *Verschiedenheit von Pferdheit*

	Verschiedenheit	**Pferdheit**
	⇓	⇓
X	*ist nicht*	*ein Pferd*

Platon stellt allerdings fest, daß zwischen der Idee des Seienden und der der Verschiedenheit ein »tiefgreifender Unterschied« besteht (Ebd. 255d). Die Vorstellung, daß das »*ist*« als Partizipation am Sein aufzufassen ist, läßt ihm keine Möglichkeit, »*ist*« und »*ist nicht*« in gleicher Weise zu behandeln. Für Worte, die keinerlei semantische Bedeutung haben, die also rein syntaktische Zeichen sind, ist in der platonischen Sprachtheorie kein Ort vorhanden. Worte, die sinnvoll sind, die aber semantisch nichts bedeuten, sind wahrscheinlich für Platon zu sehr in der Nähe einer Idee des »*Nichts*«, die – in der Tradition des Parmenides – auf jeden Fall vermieden werden muß (vgl. Kap. IV, 2, b). Platon gelingt es also nicht, sich von einer Sprachauffassung zu lösen, die im Prinzip jedem Wort »etwas« zuordnen will, wobei die Vorstellung dieses »etwas« am Ding orientiert bleibt, auch wenn dieses Ding eine Idee ist.

(3) *Der 7. Brief*

Hier geht es nicht mehr um Syntax, Semantik und Ontologie, sondern um Reichweite und Tragfähigkeit der Sprache selbst. Im *Sophistes* heißt es – und dies ist die Position aller platonischen Dialoge –, daß wir, wären wir der Rede beraubt, auch der Philosophie beraubt wären (260a). Die Philosophie soll die Vernunfterkenntnis der Ideen zur Sprache bringen, damit bleibt die Darstellung der Ideen der Vernunft (Logos) gebunden an die Rede (Logos), auch wenn die Rede der Vernunfterkenntis
252 | nachgeordnet bleibt. Demgegenüber spricht Platon im *7. Brief* deutlich abwertend von »unzulänglichen sprachlichen Mitteln«, Logos als Vernunft und Logos als Rede treten auseinander. Platon unterscheidet hier den *Namen*, den *Begriff*, das *Abbild* und das mit der *Vernunft Erfaßte*. Auf dieser letzten Ebene – der Erkenntnis – erfaßt der Erkennende zurück- oder hinunterblickend auch die Unzulänglichkeit der Sprache.

> Daher wird kein Vernünftiger es jemals wagen das von ihm mit dem Geiste Erfaßte diesen unzulänglichen sprachlichen Mitteln anzuvertrauen und noch dazu, wenn dieselben ein für allemal festgelegt sind, wie es bei dem in Buchstaben Niedergeschriebenen der Fall ist. (*7. Brief* 343a)

Wie aber soll die jenseits und oberhalb der Sprache liegende Erkenntnis aussehen? Platon kann dies selbstverständlich nicht sprachlich vermitteln, kann somit auch die Gegenstände dieser Erkenntnis nicht durch Worte, Begriffe oder Abbildungen bezeichnen.

> Wenigstens gibt es von mir selbst keine Schrift darüber und wird auch keine geben. Denn es steht damit nicht so, wie mit anderen Lehrgegenständen: es läßt sich nicht in Worte fassen, sondern aus lange Zeit fortgesetztem, dem Gegenstande gewidmetem wissenschaftlichen Verkehr und aus entsprechender Lebensgemeinschaft tritt es plötzlich in der Seele hervor wie ein durch einen abspringenden Funken entzündetes Licht und nährt sich dann durch sich selbst. (Ebd. 341c–d)

Die Sprache ist hier entmachtet und wird als für die letzte Erkenntnis unzureichend aufgefaßt. Damit ist auch die pädagogische Funktion der geordneten Rede, die zur Erkenntnis führen soll, aufgehoben: Aus dem Pädagogen wird der *Mystagoge*, der Hinführer zu mystischer, sprachtranszendenter Erleuchtung. Die Ausdrücke »plötzlich« und »abspringender Funke« sind ein deutlicher Hinweis darauf, welche Richtung hier eingeschlagen wird (vgl. dazu die Neuplatoniker in Kap. XVII). Verbunden damit ist ein ausgesprochen elitärer Charakter der Hinführung:

Aber meines Erachtens bringt ein dahin gerichteter Versuch schwerlich einen Gewinn für die Menschen, höchstens für die wenigen, die auf einen kleinen Wink hin selbst imstande sind es zu finden; die übrigen aber würden dadurch sehr zum Schaden der Sache teils mit einer übel angebrachten Verachtung der Philosophie erfüllt werden teils mit einem ganz übertriebenen und hohlen Selbstbewußtsein, als wären sie im Besitze wer weiß welcher hohen Weisheit. (Ebd. 341e)

Im Zitat vorher war von einer »entsprechenden Lebensgemeinschaft« die Rede gewesen, jetzt werden den »wenigen« die »übrigen« gegenübergestellt, damit rückt der Weg der Philosophie in die Sektengemeinschaft bedenklich nahe, ein Weg, den dann im Neuplatonismus Proklos gehen wird (vgl. Kap. XVII, 4). Es bleibt nur noch eine Gruppe der Eingeweihten, denen plötzlich ein Licht über die höchsten Gegenstände aufscheint. Die Sprache hat in dieser Gruppe kaum noch irgendeine Bedeutung.

Die Behauptung der Schau für sich seiender Ideen führte zum totalitären Anspruch der Durchsetzung der Ideen in der Politik und schließlich zum elitären Anspruch einer sprachlosen Erkenntnis einiger weniger. Der Neuplatonismus wird an diesem letzten Punkt anknüpfen und damit den Kirchenvätern und dem Mittelalter eine – allerdings recht zweischneidige – Waffe gegen dogmatische Fixierung übermitteln: Irrationalismus dogmatischer Fixierung von Sätzen wird durch Irrationalismus sprachtranszendenter Erleuchtung bekämpft werden. Aristoteles wird einen anderen Weg gehen: Durch Kritik der Ideenlehre wird es ihm gelingen, die bei Platon ansatzweise vorhanden gewesene Analyse der Sprache und der Argumentationsformen von ihrem platonisch-ontologischen Hintergrund weitgehend zu befreien; und so entsteht die Logik mit Analytik und Topik, den Grundlagen rationaler und d. h. kritischer Diskussion.

- X -

Aristoteles

1. Leben und Schriften

a) Leben

Aristoteles wurde 384 v. Chr. in Stagira (Chalkidike) geboren. Sein Vater, der Arzt im Dienste des Großvaters Alexanders des Großen gewesen war, starb, als Aristoteles noch sehr jung war – er stammte also aus einer gebildeten Familie, die über einige finanzielle Mittel verfügte. Welchen Einfluß die Kindheit und Jugend in einer empirisch orientierten Arztfamilie auf das spätere Leben und die Arbeiten des Aristoteles
254 | gehabt haben, läßt sich nicht sagen. Mit 17 Jahren kam Aristoteles nach Athen an die Akademie, und von diesem Zeitpunkt an läßt sich sein Leben in drei Perioden einteilen.

Aristoteles an der Akademie (367–347)

Die Wahl dieser Schule war nicht selbstverständlich, gab es neben der Akademie doch u. a. noch das berühmte Gymnasium des Isokrates, in dem nach einem von der Akademie verschiedenen Programm erzogen wurde: Dort standen im Rahmen einer Zweckpädagogik (Erziehung effizienter Bürger und Politiker) Rhetorik und Literaturkunde im Vordergrund. Demgegenüber war das Ziel der Erziehung in der Akademie die Bildung des Menschen als Selbstzweck. Aristoteles verfaßte während seiner Zeit in der Akademie eine Schrift über das Ziel der Bildung, den *Protreptikos*, in der er sich deutlich gegen die Ziele der Schule des Isokrates wandte und sein eigenes, an Platon orientiertes Ziel der philosophischen Arbeit verteidigte. Entsprechend dem platonischen Programm legte die Akademie den Akzent auf das Studium der Mathematik, bevor das eigentliche Studium der Philosophie begonnen werden durfte. Als Aristoteles an die Akademie kam, war Platon eben nach Sizilien abgereist. Die bedeutendste Persönlichkeit der Akademie zu dieser Zeit war Eudoxos von Knidos, ein hervorragender Mathematiker und Geograph.

Der Unterricht an der Akademie war – wie in anderen Schulen Athens – fast ausschließlich mündlich. Aristoteles war also zunächst im strengen Sinn des Wortes

Hörer, und zwar, wie Diogenes Laertius berichtet, ein außergewöhnlich ausdauernder Hörer:

Er ist, wie Favorinus irgendwo sagt, der einzige gewesen, der bei der Vorlesung des Phaidondialoges durch Platon bis zu Ende ausgeharrt hat, während alle übrigen sich entfernten. (DL III 37)

Aber Aristoteles war nicht nur Hörer. Wenn von ihm in antiken Quellen der Spitzname »Leser« berichtet wird, so ist damit schon ein erster Unterschied zum platonischen Modell der Bildung gegeben: Aristoteles las viel und legte sich geordnete Exzerptsammlungen an, wie er selbst später berichtet. Für Aristoteles blieb es während seines ganzen Lebens charakteristisch, sich genau mit den Meinungen anderer auseinanderzusetzen. So beginnt er in vielen Fällen seine Problemexpositionen mit einer Übersicht über frühere oder andere Meinungen. Die Bezeichnung »Leser« und die Tatsache des Exzerpierens zeigt auch, daß Aristoteles im Unterschied zu Platon an einen *Erkenntnisfortschritt durch Akkumulation* von Wissen glaubte, auch dies ist wiederum ein Kennzeichen, das die gesamte Arbeit des Aristoteles charakterisiert. Die Akkumulation von Wissen gilt dabei für den einzelnen wie auch für die wissenschaftliche Gemeinschaft: Jeder Forscher und jeder Philosoph beginnt an einem bestimmten Punkt bereits akkumulierten Wissens, wobei jedoch entscheidend ist, daß der richtige Ausgangspunkt gefunden wird, damit die Forschung fortschreiten kann. Dies ist das berühmte Problem des »Neuansatzes«:

Von allen Erfindungen ist der eine Teil aus der Hand anderer, die zuvor an ihm gearbeitet hatten, übernommen und darnach schrittweise durch ihre Nachfolger weiter entwickelt worden; der andere neuerfundene Teil hat regelmäßig zuerst nur ein geringes Wachstum gehabt, das jedoch um vieles wertvoller war als seine dank den Späteren erfolgte Zunahme. Ist ja doch der Anfang vielleicht das größte Stück des Ganzen, wie man sagt, und darum auch das schwierigste [...]. Ist der Anfang aber gefunden, so ist es leichter das Fehlende zu ergänzen und nachzuholen. (*Sophistische Widerlegungen* 34, 183b 17–26).

Wichtig war auch die *wissenschaftliche Zusammenarbeit*, die Aristoteles selbst mit seinen Schülern betrieben hat, ohne dabei in irgendeiner Weise ideologisch auf seine eigene Meinung fixiert zu sein. Aristoteles geht einfach davon aus, daß in der wissenschaftlichen Gemeinschaft niemand alles richtig sieht, daß aber gleichfalls niemand völlig im Irrtum ist; selbst kleine Beiträge zum wissenschaftlichen Fortschritt haben ihre Bedeutung:

Die Betrachtung der Wahrheit ist in einer Hinsicht schwer, in einer andern leicht. Dies zeigt sich darin, daß niemand sie in genügender Weise erreichen, aber auch nicht ganz verfehlen kann, sondern ein jeder etwas Richtiges über die Natur sagt, und wenn sie einzeln genommen nichts oder nur wenig zu derselben beitragen, so ergibt sich doch aus der Zusammenfassung aller eine gewisse Größe. (*Metaphysik* II 1, 993a 30–b 4)

Niemand kann all dieses akkumulierte Wissen im Kopf behalten. Aristoteles empfahl seinen Schülern, eine Art Kartei von Lehrmeinungen anzufertigen – er wollte »herauslesen« *(eklégein)* in einem ganz positiven Sinn von »Eklektik« – und diese nach Stichwörtern, z. B. »Tiere« oder »das Gute«, zu ordnen (*Topik* I 14, 105b 12–15). Dies war natürlich sein eigenes Vorgehen. Im Unterschied zu diesen systematischen Sammlungen stellte Aristoteles monographische Arbeiten zu einzelnen Autoren zusammen, so z. B. zu Pythagoras, Demokrit und Alkmaion. Diese Arbeiten, die nur in Ausschnitten – überliefert vor allem durch Theophrast – erhalten sind, dienten ihm als Grundlage für seine häufig an den Beginn einer Überlegung gestellten historischen Überblicke. Diese Bibliotheksarbeit des Aristoteles bedeutet aber nicht, daß er das lebendige, gesprochene Wort unterschätzt hätte. Wie sich zeigen wird, ist seine Logik ganz und gar aus der natürlichen, gesprochenen Sprache hervorgegangen. Auch der Lehre der wirksamen Rede, der Rhetorik, ebenso wie der Poetik hat Aristoteles eine eigene Schrift gewidmet. Aristoteles war also vielleicht nicht unbedingt

typisch für die Schüler und späteren Mitglieder der Akademie, andererseits war er aber auch kein Außenseiter.

Aristoteles blieb zwanzig Jahre an der Akademie. Da die Mitglieder der Akademie von einem bestimmten Zeitpunkt an begannen, selbst Vorlesungen zu halten, spricht einiges dafür, daß Aristoteles schon zu dieser Zeit, etwa nach 360, begann, eigene Werke vorzutragen, so daß vermutlich ein Teil der aristotelischen Werke schon während seines ersten Aufenthaltes in Athen und im Rahmen der Akademie verfaßt worden ist. Die erste Auseinandersetzung mit Platon fällt somit noch in die Zeit, zu der Aristoteles Mitglied der Akademie war. Wahrscheinlich ist u. a. ein großer Teil des (später so genannten) *Organons*, also der logischen und wissenschaftstheoretischen Schriften, schon während dieser Periode entstanden. Da Platon zu dieser Zeit z. B. den *Sophistes* verfaßt hat, waren die Probleme verschiedener Argumentationsformen vermutlich ein in der Akademie eingehend diskutiertes Thema. Die aristotelischen Schriften der *Kategorien*, der *Topik*, der *Sophistischen Widerlegungen*, der 1. und 2. *Analytik* und der *Rhetorik* schließen unmittelbar an Fragen an, die Platon im *Sophistes* angesprochen hatte (vgl. Kap. IX, 8, b). Ebenso sind Teile der *Metaphysik* – d. h. eigentlich: Schriften, die später mit anderen zur *Metaphysik* zusammengefaßt wurden –, vor allem diejenigen, die sich mit Platons Ideenlehre auseinandersetzen, vermutlich schon zu dieser Zeit abgefaßt worden ebenso wie Teile der *Physik*.

Von einer politischen Tätigkeit des Aristoteles während dieser Periode wissen wir nichts. Man kann jedoch aufgrund seiner Herkunft aus einer Familie, die mit dem makedonischen Hof in Verbindung stand, annehmen, daß Aristoteles Kontakt zu Kreisen hatte, die mit Makedonien sympathisierten. Im allgemeinen dachte die intellektuelle Oberschicht damals panhellenisch und setzte auf die Politik Philipps von Makedonien. Ein Teil der politischen Oberschicht Athens unter Führung des Demosthenes fürchtete jedoch um die Selbständigkeit und die – allerdings eher angestrebte als tatsächliche vorhandene – Vorherrschaft Athens und steuerte deshalb einen stark antimakedonischen Kurs. Als Demosthenes 347 die Macht vollständig errang, wurde die politische Situation für Anhänger Philipps in Athen sehr ungünstig. Im selben Jahr starb Platon und Speusippos, für den Aristoteles keine große Sympathie hatte, wurde Platons Nachfolger als Leiter der Akademie. Man kann vermuten, daß Aristoteles zu diesem Zeitpunkt Athen verließ, weil er als Nicht-Athener keine einflußreiche Familie hinter sich hatte, die ihn in der für ihn prekär werdenden politischen Situation hätte schützen können, und weil ihm auch die neue Leitung der Akademie nicht sonderlich zusagte.

Assos, Lesbos, Makedonien (347–334)

Aristoteles ging dann zu Hermias, dem Herrscher von Atarneus und Assos. Hermias gehörte zu den Verbündeten Philipps von Makedonien, wurde jedoch bald von den Persern besiegt und getötet. Aristoteles und die Familie des Hermias flohen, wenig später wurde Pythias, die Schwester (oder Nichte) des Hermias, die Frau des Aristoteles. Aristoteles ließ sich dann zunächst in Lesbos, der Heimat Theophrasts, nieder. Entweder schon in Assos oder später in Lesbos begann die Zusammenarbeit mit Theophrast, die bis zum Tode des Aristoteles fortgesetzt wurde. Die Richtung der Arbeiten des Aristoteles änderte sich nun, was aber keinen grundlegenden Wandel seiner philosophischen Auffassungen bedeutete. Zusammen mit Theophrast betrieb er jetzt vor allem die Sammlung und Verarbeitung empirischen Materials. Besonders biologische Beobachtungen wurden gesammelt, darüber hinaus wurden auch historische Dokumente erfaßt, so z. B. die Verfassungen zahlreicher griechischer und nichtgriechischer Staaten.

343/342 erhielt Aristoteles von Philipp von Makedonien die Aufgabe, die Erziehung seines Sohnes Alexander zu leiten oder jedenfalls an dieser mitzuwirken. Dies gab später Anlaß zur Legende der Verbindung des berühmten Philosophen und des großen Welteroberers. Der Grund, warum Aristoteles an den Hof Philipps geholt wurde, lag vor allem in seiner Beziehung zum promakedonisch eingestellten Hof des Hermias, berühmt war Aristoteles zu dieser Zeit nämlich noch gar nicht. Vom Einfluß des Aristoteles auf Alexander haben wir keine sicheren Zeugnisse. Eine Tradition berichtet jedoch, daß Aristoteles Alexander zur Zeit von dessen Eroberungen in Asien den Rat gegeben habe, sich den Griechen als Führer zu präsentieren, den Orientalen gegenüber aber als Herr, d. h. als Herrscher, aufzutreten. Die Absicht Alexanders war jedenfalls das genaue Gegenteil: Er wollte ein einheitliches Reich ohne Unterschiede der Völker und Rassen. Man wird daher die Meinung, Aristoteles sei der eigentliche Erzieher und spätere Ratgeber Alexanders gewesen, zu den historischen Legenden rechnen dürfen, die von Leuten stammten und weitergegeben wurden, die Platons Ideal der Zusammenarbeit von Herrscher und Philosoph gerne verwirklicht gesehen hätten.

Athen (334–322), *Chalkis*

Vermutlich war es die makedonische Besetzung Athens im Jahre 334, die Aristoteles die Rückkehr nach Athen ermöglichte. Zusammen mit Theophrast, der ihn schon nach Makedonien begleitet hatte, begann er am Lykeion, einem öffentlichen Gymnasium, zu unterrichten. Die gängige Erzählung von Aristoteles als dem Gründer einer eigenen Schule findet sich erstmals bei Klemens von Alexandrien, ist also vermutlich nur eine spätere Aufwertung. Historisch gesichert wird erst von Theophrast, dem Schüler des Aristoteles, die Gründung einer Schule berichtet, die man – aufgrund des Wandelgangs – Peripatos nannte.

In diese Periode fallen wieder naturwissenschaftliche und naturphilosophische Studien, das weitere Sammeln von Verfassungen griechischer Staaten und politische

Schriften. Auch zeigt sich in dieser Zeit ein verstärktes Interesse des Aristoteles an psychologischen Fragen, es entstehen weitere Schriften zur *Metaphysik* sowie die *Nikomachische Ethik*.

323 fand in Athen ein Aufstand gegen die makedonische Herrschaft statt, Aristoteles wurde angeklagt, der genaue Grund oder Vorwand der Anklage ist aber nicht mehr sicher feststellbar. Aristoteles entschloß sich, Athen zu verlassen, zog sich nach Chalkis, dem Geburtsort seiner Mutter, zurück und starb dort wenig später (322).

b) Schriften

Als Platon starb, waren seine Dialoge veröffentlicht und seine Schule sorgte für die Überlieferung. Ganz anders lag die Situation bei Aristoteles. Während seines Lebens hatte er nur wenige, aus der frühesten Periode stammende Schriften veröffentlicht: einige Dialoge und den *Protreptikos*, die erwähnte Rede über den Nutzen der Philosophie. Diese Schriften sind verloren gegangen, lassen sich jedoch aus überlieferten Fragmenten ihrem Gehalt nach ziemlich gut rekonstruieren. Der *Protreptikos* preist die Philosophie als die höchste Tätigkeit des Menschen und ist soweit ganz im Sinne Platons, der Gehalt dieser philosophischen Erkenntnis ist jedoch schon ganz aristotelisch: Statt von Ideen spricht Aristoteles von Allgemeinbegriffen *(koiná)*. Der Gegenstand der Philosophie ist die Wahrheit dieser Allgemeinbegriffe, besser: die Wahrheit der Sätze, in denen diese Allgemeinbegriffe verwendet werden. Die wahren

Sätze, die hier gesucht werden, beziehen sich auf die Erkenntnis der Natur. Aristoteles sieht also die *Erforschung der Natur* als höchstes Ziel des Lebens an. Auch seine Ethik setzt hier an. Für die Glückseligkeit *(eudaimonía)* sind drei Dinge erforderlich: theoretische Erkenntnis der Prinzipien der Natur, ein guter Charakter und echte Lust. Ethik und Erkenntnis der Natur werden somit eng verknüpft, denn mit der Erkenntnis der Ordnung in der Natur kann gleichfalls der Zugang zur Ordnung des sittlichen Lebens gewonnen werden.

Abgesehen von diesen wenigen veröffentlichten Werken hatte Aristoteles eine große Anzahl von Materialsammlungen und eigenen Manuskripten hinterlassen, die wohl größtenteils für Vorlesungen hergestellt und nicht zur Veröffentlichung bestimmt waren. An diesen Manuskripten hat Aristoteles immer wieder gearbeitet. So finden wir viele Querverweise in seinen Schriften, die zeigen, daß Aristoteles, wenn er an einem Problem arbeitete, außer den vielen Büchern (Rollen) seiner großen Bibliothek auch seine eigenen Manuskripte, die mit dem entsprechenden Problem irgendwie zusammenhingen, immer wieder zur Hand nahm. Aristoteles hat an seinen Manuskripten sehr viel gearbeitet, ein uns heute vorliegender Text kann daher Überarbeitungsschichten verschiedener Perioden enthalten. Manchmal ließ Aristoteles verschiedene, auch alternative Lösungen offen, so daß Widersprüche im Text nicht ausgeschlossen sind. Dabei konnte es vorkommen, daß er für eine Vorlesung | 259 ein schon vorhandenes Manuskript wieder aufgriff, aber – um den Zusammenhang zu erklären – einige Vorbemerkungen vorausschickte, die eigentlich gar nicht unmittelbar das spezifische Thema betrafen. Auch fügte Aristoteles oft – gleich bei der Abfassung des Textes oder später – eine zweite Argumentation zu demselben Problem hinzu, so daß wir im heutigen Text nicht mehr genau wissen, ob die zweite Form die erste ersetzen sollte oder aber eine weitere, zusätzliche Argumentation darstellt.

Diese Manuskripte umfaßten jeweils eng abgegrenzte Probleme und waren vom Umfang her gewöhnlich recht kleine Schriften, die von Aristoteles selbst im übrigen nicht zu größeren Komplexen zusammengefaßt wurden. Die äußerliche Einheit der Schriften bestand zunächst einfach in ihrem Umfang: Sie fanden alle jeweils auf einer Papyrusrolle Platz. Nur in ganz wenigen Fällen hat Aristoteles einer Art Redaktion vorgenommen, so bei der *Topik,* bei der *Nikomachischen Ethik,* vielleicht auch bei der *Politik.* In dieser Form hinterließ Aristoteles seine Manuskripte, die nun in die Verfügung seiner beiden einzigen wirklichen Schüler, Eudemos von Rhodos und Theophrast, übergingen. Als Eudemos nach Rhodos zurückkehrte, nahm er vermutlich die Abschriften einiger Texte, vor allem der *Physik,* mit. Wahrscheinlich hat Theophrast einige Texte oder Textteile redigiert und veröffentlicht. Epikur jedenfalls kannte einige Schriften des Aristoteles, auch die Stoiker haben vermutlich einige Schriften zu Fragen der Logik gekannt. Im großen und ganzen gilt jedoch, daß Aristoteles in hellenistischer Zeit durch seine Dialoge relativ bekannt war, während es für die Kenntnis auch nur einzelner seiner Lehrschriften nur ganz wenige Zeugnisse gibt.

Als Theophrast starb, vererbte er seine Bibliothek, die auch die des Aristoteles mit dessen Manuskripten enthielt, einem gewissen Neleus, der zu dem kleinen Kreis der Freunde des Aristoteles gezählt zu haben scheint. Als Neleus – vermutlich aus politischen Gründen – in seine Heimatstadt Skepsis zurückgekehrt war, verkaufte er einen kleinen Teil der Schriften des Aristoteles und weitere Bücher aus dessen Besitz an die Bibliothek von Alexandrien, die meisten Manuskripte des Aristoteles blieben jedoch im Besitz des Neleus. Die nach Alexandrien gekommenen Manuskripte des Aristoteles sind wahrscheinlich jene, die Diogenes Laertius (V 22–27) in seiner Liste aufzählt. Die Zuordnung der in dieser Liste aufgeführten Titel zu den Werken von Aristoteles in der Edition des Andronikos von Rhodos ist aber in vielen Punkten unsicher, zudem wurde häufig angenommen, daß diese Manuskripte mit den Bücherrollen der alexandrinischen Bibliothek bei einem Brand im Jahre 47 v. Chr. zugrunde gingen. Diese Angelegenheit ist historisch aber alles andere als sicher. Im Hafen von Alexandrien sind in diesem Jahr tatsächlich ca. 40.000 Bücherrollen verbrannt, aber stammten diese wirklich aus der Bibliothek des Museums? Und außerdem: Die Bibliothek des Museums war um ein Vielfaches umfangreicher als die Anzahl der verbrannten Bücherrollen, auch ging der Betrieb des Museums nach dem Brand ungestört weiter. Doch selbst dann, wenn die Schriften des Aristoteles bei diesem Brand nicht vernichtet wurden, ändert dies für uns kaum etwas, da sie später doch zerstört wurden. Darauf kommen wir noch zurück, wenn die Geschichte des Museums von Alexandrien behandelt wird (vgl. Kap. XI, 3, a).

Die Erben des Neleus waren an Wissenschaft nicht interessiert und verstauten die Manuskripte des Aristoteles im Keller ihres Hauses, wo sie für die nächsten zwei Jahrhunderte verblieben. Dies wirkt etwas unwahrscheinlich, ist aber die einzige Erklärung, die die Lücke in unseren Berichten schließt. Im 1. Jahrhundert v. Chr. hörte der reiche – und etwas suspekte – Antiquar und Bücherliebhaber Apellikon von dieser Bibliothek in Skepsis und kaufte sie auf. Er scheint auch eine Art Edition einiger Texte versucht zu haben, von der jedoch nichts erhalten ist. Apellikon gehörte zum Kreis des damaligen Herrschers von Athen, Mithridates, einem quasi-orientalischen Despoten, und führte in dessen Auftrag kleinere, allerdings erfolglose, diplomatische Missionen durch. Als Sulla 86 v. Chr. Athen eroberte, ließ er eine gewaltige Menge Kunstwerke und Bücher nach Rom transportieren, darunter befand sich auch die Bibliothek des Apellikon. Apellikon, der begriffen hatte, daß alles aus war, hatte die römischen Legionäre in seiner Bibliothek erwartet, in der – unberechtigten – Meinung, einer der letzten Vertreter und Hüter der griechischen Weisheit zu sein. Die römischen Legionäre beendeten sein Leben ohne größeren Schaden für die Geschichte der Philosophie.

In Rom war im Kreise der Gebildeten, denen auch Cicero angehört hatte, das Interesse an Aristoteles gewachsen, und so wurde der aus Rhodos stammende Andronikos mit der Herausgabe der Lehrschriften des Aristoteles betraut. Da die Aristoteles-Handschriften in Rom lagen, wurde häufig angenommen, daß die Editionsarbeiten des Andronikos von Rhodos in Rom durchgeführt wurden, dafür gibt es aber keine Beweise. Es ist eher naheliegend, daß Andronikos von Rhodos in Athen, dafür aber nur mit Abschriften der in Rom liegenden Handschriften arbeitete. In jedem Fall geht die Edition des Andronikos auf die von Aristoteles selbst geschriebenen Texte zurück. Von einigen Lehrschriften gab es allerdings schon frühere Abschriften, z. B. von Eudemos von Rhodos und Theophrast, die Andronikos herangezogen haben dürfte. Die Ausgabe des Andronikos entstand vermutlich in den Jahren von 60 bis 40 v. Chr. oder etwas später. In den Jahrzehnten danach wurde diese Ausgabe bereits von mehreren Autoren kommentiert, sie war also sehr rasch bekannt geworden und in den Bibliotheken von Rom, Athen und Alexandrien greifbar. Die ältesten vorhandenen griechischen Handschriften stammen aus dem 9. Jhd. und hängen wahrscheinlich mit nur zwei oder drei Zwischengliedern von der Edition des Andronikos ab. Die Textgeschichte der Werke des Aristoteles ist also recht »einfach«, der heikle Punkt ist nur, daß wir nicht wissen, in welchem Zustand die Handschriften waren, die Andronikos bzw. der für ihn arbeitende Kopist vor sich hatte, und daß wir nicht wissen, ob und wenn ja wie viel Text Andronikos bei etwa beschädigten Stellen der Handschriften ergänzt hat. Auch kann nicht völlig ausgeschlossen werden, daß Aristoteles-Kommentatoren der folgenden Generationen Ergänzungen eingefügt haben, vor allem an Stellen, an denen sie meinten, Widersprüche beseitigen zu müssen. Dies muß vor allem bei der Interpretation der *Metaphysik* in Erwägung gezogen werden.

Für die weitere Geschichte des Aristotelismus war diese Ausgabe des Andronikos entscheidend. Zunächst hatte sie die nicht beabsichtigte Folge, daß sie im Ansehen der Öffentlichkeit die bekannten Dialoge des Aristoteles verdrängte, so daß diese schließlich ganz verloren gingen. Wahrscheinlich war dies jedoch nicht der einzige Grund für ihren Verlust. Man kann annehmen, daß diese stilistisch noch an Platon orientierten Dialoge dem Vergleich mit Platons Werken nicht standhielten und daß auch aus diesem Grund das Interesse an ihnen schwand. Vor allem aber hatte die Edition des Andronikos eine wichtige Folge für die spätere Interpretation. Wie schon gesagt, hatte Aristoteles eine Vielzahl kleiner Schriften hinterlassen, die von Andronikos für die Ausgabe unter sachlichen Gesichtspunkten zusammengestellt wurden. So entstanden die Einheiten des aristotelischen Corpus, die uns heute geläufig sind: Das *Organon*, eine Bezeichnung, die erst später, möglicherweise in byzantinischer Zeit, eingeführt wurde, die *Physik*, die *Metaphysik*, die *Politik* usw. Auch schuf diese Edition jenes Aristotelesbild, das die weitere Geschichte bestimmte: Aristoteles der »Systematiker«, der »Werke« über bestimmte Sachbereiche verfaßt hat. Dieses Bild wurde zudem in das Lykeion zurückprojiziert, wo Aristoteles der erste »Wissenschaftsorganisator« gewesen wäre. In Wirklichkeit lag bei Aristoteles jedoch kein Systemplan zugrunde, seine Schriften waren Traktate, Einzeluntersuchungen, bei denen er allerdings stets versuchte, sie in einen größeren Zusammenhang einzuordnen. Auch lag seiner Tätigkeit keine einheitliche Methode zugrunde, vielmehr versuchte Aristoteles, die jedem Gegenstand der Untersuchung eigene, d.h. der Sache entsprechende, Methode zu finden. Die im *Organon* zusammengestellten Untersuchungen sind nicht einfach als die allgemeine Methodenlehre des Aristoteles anzusehen, er selbst hatte diese Untersuchungen nicht als Einheit und schon gar nicht als das »universelle Instrument« aller Wissenschaften konzipiert. Aristoteles denkt nicht daran, daß etwa die Ethik nach den Regeln der *1. Analytik* vorangehen solle. Wohl aber gelten die Regeln des *Organon* für die empirischen Wissenschaften. Die Logik stellt aber trotzdem nicht das faktische Vorgehen der Wissenschaft dar, sondern liefert nur die geforderte Form, *falls* ein Beweis in streng wissenschaftlicher Form verlangt wird. Beweise, die nach dem Modell des *Organon* vorangehen, finden sich bei Aristoteles auch tatsächlich nur selten.

Ein Grund dafür, warum die Werke des Aristoteles oft als eine Einheit angesehen wurden, liegt in der immer wieder thematisierten Suche nach den *archaí*, den Ursachen oder Gründen. Wie sich zeigen wird, sind diese aber selbst sehr vielfältig. Der Charakter von »Untersuchungen« prägt auch jene Reihe von Schriften, die Andronikos dann als *Metaphysik* zusammenstellte. Der Buchtitel *Metaphysik* war eine Bezeichnung, die Andronikos einführte, um den Teil der Edition zu bezeichnen, der »nach der Physik« kam, es handelte sich also ursprünglich um eine rein bibliothekarische Bezeichnung, nicht um eine Sachbezeichnung: Der Titel *Metaphysik* stellte also ursprünglich nichts anderes als eine Verlegenheitslösung dar, da Andronikos keinen geeigneten zusammenfassenden Sachtitel zur Verfügung hatte. Es handelt sich hier um Schriften, die während der ganzen Lebenszeit des Aristoteles entstanden sind und die in der späteren Zusammenstellung nicht in der – ja gar nicht bekannten – chronologischen Reihenfolge zusammengefaßt wurden. Man sollte daher sehr vorsichtig sein, wenn man von *der* Metaphysik des Aristoteles spricht. Und schon gar nicht sollte man dabei den spätren und bis heute geltenden Sinn von »Metaphysik« voraussetzen.

Aristoteles war ein *systematischer Denker* in höchstem Maß, insofern er mit einem ausgeprägten Methodenbewußtsein an alle Fragen heranging und insofern er stets versuchte, übergreifende theoretische Zusammenhänge herzustellen. Er war aber *kein Systemdenker*, der von einer universellen Einheit ausgehend alles erklären wollte. Das Streben nach der Allgemeinheit von Aussagen war bei Aristoteles sehr ausgeprägt, entscheidender war für ihn jedoch die Problemstellung und die Methode, die zu einer allgemeinen Aussage führen sollte. Zur Zeit der Edition des Andronikos interessierte sich jedoch ein gebildetes Publikum mehr für Lehrmeinungen als für Problemdiskussionen, zudem sollten diese Lehrmeinungen übersichtlich zusammengestellt sein, und diesen Anforderungen entsprach die Edition. Aus Untersuchungen wurde so eine Enzyklopädie, und das war nicht im Sinne des Aristoteles. Dieses Mißverständnis ist dabei nicht dem durchaus kompetenten Editor Andronikos anzulasten, sondern vielmehr dem gesellschaftlichen und intellektuellen Rahmen, innerhalb dessen diese Edition rezipiert wurde. Dieser Rahmen war dem Charakter der aristotelischen Werke unangemessen, weil er ihnen eine Lehrbuchqualität zusprach, die Aristoteles für seine Werke nie beansprucht hatte. Und da man schon dabei war, aus den Schriften des Aristoteles eine Enzyklopädie zu machen, legte es sich nahe, deren Autor Aristoteles zur »Autorität« zu befördern – auch das war nicht im Sinne des Aristoteles.

Aristoteles hat also keine Enzyklopädie verfaßt, wohl aber hat er einen *Zusammenhang der Wissenschaften* angestrebt und für diesen Zusammenhang grundlegende Einteilungsgesichtspunkte entworfen. Schematisch ergibt sich folgende Einteilung, die vor allem aus *Metaphysik* VI 1 erstellt werden kann:

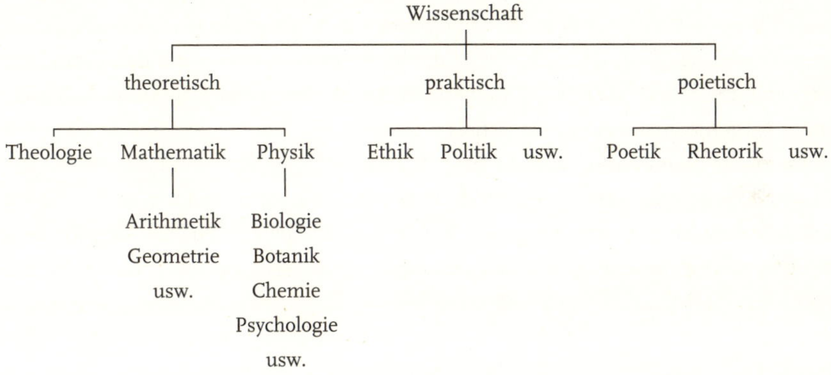

Bei diesem Schema ist zu betonen, daß hier »usw.« angeführt wird, es handelt sich also nur bei der ersten Unterteilung um eine echte Dreier-Einteilung, die weiteren Unterteilungen sind keinesfalls nach einem Dreier-Schema organisiert. Auch ist zu beachten, daß in diesem Schema einige Begriffe verwendet werden, die nicht unserem heutigen Gebrauch entsprechen. So ist in der obersten Einteilung anzumerken, daß »poietisch« ganz allgemein »etwas herstellend« bedeutet. Hierunter fällt dann auch die Dichtung, die ja nach bestimmten Regeln – also Herstellungsvorschriften – durchgeführt wird, darunter fallen aber auch alle anderen Tätigkeiten, bei denen etwas erzeugt wird: der Ackerbau, der ganze Bereich der Technik, aber auch etwa die Kosmetik.

In der weiteren Unterteilung ist der Ausdruck »Theologie« mißverständlich. Aristoteles denkt bei der Unterscheidung von Theologie und Physik primär an den Unterschied unveränderlicher und veränderlicher Dinge. Die Theologie beschäftigt sich mit den unveränderlichen Substanzen, und für Aristoteles sind die Sterne ewig und unveränderlich, in traditioneller Sprechweise nennt er sie daher »göttlich«. Es geht bei der Theologie des Aristoteles also eigentlich vor allem um Astronomie. Der Ausdruck »Physik« wird bei Aristoteles in einem sehr weiten Sinn verstanden: Mit Ausnahme der Astronomie umfaßt er alle Naturwissenschaften. Der entscheidende Schritt von Platon weg oder über Platon hinaus ist aber eigentlich schon mit der

Einführung der Physik als Wissenschaft getan. Aristoteles will in der Physik – genau so wie es die ionischen Naturphilosophen und ebenso Empedokles, Anaxagoras und Demokrit gewollt hatten – eine Wissenschaft des Veränderlichen, des Bewegten, entwickeln, während Platon Wissen nur im Bereich des Unveränderlichen, der Ideen, hatte zugestehen wollen. Aristoteles hingegen hält Wissen und somit Wissenschaft auch überall dort für möglich, wo er Ursachen der Bewegung feststellen kann, für ihn ist sogar die Erklärung empirischer Vorgänge im Bereich der veränderlichen Dinge der ihn besonders interessierende Teil der Wissenschaft.

Logik und Metaphysik lassen sich nur schwer in dieses Schema einreihen. Die späteren Peripatetiker, d.h. die Aristoteliker, verstanden die Logik nicht eigentlich als eine Wissenschaft, sondern als ein *Organon*, d.h. als ein Instrument aller empirischen Wissenschaften. Desgleichen ist die Metaphysik, die sich mit den Grundstrukturen von allem Seienden befaßt, eigentlich nicht eine weitere Wissenschaft mit eigenem Gegenstandsbereich, sie befaßt sich vielmehr mit Gegenständen aller Bereiche unter der besonderen Hinsicht ihrer Wesenheit oder ihres Seins.

Bei der Einteilung der Wissenschaften geht Aristoteles an anderer Stelle von einer sprachtheoretischen Überlegung aus. Es gibt verschiedene *Arten* oder *Klassen von Sätzen*. Eine solche Einteilung von Sätzen und satzhaft formulierten Problemen findet sich in der *Topik* (I 14, 105b 19–21):

Sätze/Probleme		
ethische	*physikalische*	*logische*

Diese Einteilung wurde später vor allem für die stoische Wissenschaftseinteilung maßgebend, wurde aber in der hellenistischen Philosophie ziemlich allgemein verwendet. Dabei ist zu bemerken, daß Aristoteles unter die logischen Probleme auch jene faßte, die wir als erkenntnistheoretische Probleme bezeichnen. Vor allem ist jedoch zu beachten, daß Aristoteles von Sätzen und Problemen spricht, nicht aber von Wissenschaften, in diesem Schema wird also nicht ausgesagt, daß die Logik eine der Ethik und der Physik gleichgeordnete Wissenschaft ist. Diese Einteilung läßt es daher ohne weiteres zu, daß die Sätze der Logik jenen der Ethik und der Physik gegenüber anders strukturierte Arten von Sätzen bilden, daß sie also als ein *Organon* oder Instrument der Wissenschaften, nicht aber als eine eigene Wissenschaft verstanden werden. Diese instrumentelle Auffassung der Logik wurde in der späteren Antike Aristoteles allgemein – und zu Recht – zugeschrieben:

Das theoretische Gebiet umfaßt Physik und Logik, doch bildet die letztere keinen eigentlichen Teil für sich, sondern ist aufs schärfste gekennzeichnet als Werkzeug *(órganon)* für alle Teilgebiete. (DL V 28)

Das Methodenprogramm des Aristoteles, wie es vor allem in der *Topik* niedergelegt ist, ist folgendes: Wir müssen zunächst *Probleme* formulieren und *allgemeine Gesichtspunkte* entwickeln, mit deren Hilfe wir die Ausgangssätze näher bestimmen können. Die weitere Methode der *Begründung* dieser Ausgangssätze kann dann sehr verschieden sein; eine, aber eben nicht die einzige Methode ist das in der *1. Analytik* entwickelte Schlußverfahren. Ein Methodenmonismus liegt Aristoteles ganz fern:

Darum darf man jedoch nicht eine gemeinsame Methode für alle Probleme ohne Unterschied fordern. Einmal wäre eine solche Methode nicht leicht ausfindig zu machen, und dann wäre sie, wenn auch gefunden, ganz unbestimmt und für die vorliegende Aufgabe unverwendbar. (*Topik* I 6, 102b 35–38)

Diese vorsichtige Formulierung des Methodenproblems unterscheidet sich in wohltuender Weise von dem fast gewaltsamen Vorgehen des späten Platon. Die *Topik* des Aristoteles entstand während der Zeit, in der Aristoteles an der platonischen Akademie war, man kann an dieser und anderen Stellen daher eine behutsam formulierte, aber doch deutliche Distanzierung von der platonischen Philosophie sehen, die weit über eine Modifikation derselben hinausgeht.

2. Die Topik

a) Vorbemerkung zur Bezeichnung »Logik«

Was wir heute unter »Logik« verstehen, geht eindeutig auf Aristoteles zurück, auch wenn die aristotelische Logik etwa in der Paradoxienanalyse des Parmenides-Verteidigers Zeno (vgl. Kap. IV, 3, a) und in sprachanalytischen Untersuchungen der Sophisten (vgl. Kap. VI, 2) eine Vorgeschichte hat. Aristoteles selbst gebrauchte die Bezeichnung »Logik« jedoch nicht in der späteren und uns heute geläufigen Bedeutung, sondern zitiert seine eigenen Schriften zum Thema »Logik« unter den jeweiligen Sachtiteln *Kategorien*, *Topik* und *Analytika*, gebraucht also keinen darüber hinausgehenden, diese Gebiete zusammenfassenden Begriff. Die Bezeichnung »Logik« im heutigen Sinn dürfte erstmals von dem Aristoteles-Kommentator Alexander von Aphrodisias (2./3. Jhd. n. Chr.) verwendet worden sein.

Die Stoiker nannten das, was wir heute als »Logik« bezeichnen, »Dialektik«, während Aristoteles eher die Topik als »Dialektik« bezeichnete. Die mittelalterlichen Logiker übernahmen in der früheren Periode die Bezeichnung »Dialektik« und faßten darunter den gesamten Bereich der Logik, die Logik Abaelards im 12. Jhd. z. B. ist zusammengefaßt unter dem Titel *Dialectica*. Erst seit dem 13. Jhd. beginnt sich die Bezeichnung »Logik« durchzusetzen, so z. B. in der Titelbezeichnung *Summulae logicales*, die für den um 1230 entstandenen Traktat des Petrus Hispanus verwendet wurde, ebenso wie im Titel der *Summa logicae* des Wilhelm von Ockham (1. Hälfte 14. Jhd.). Im 16. Jhd. wurde dann nochmals die Bezeichnung »Dialektik« vorherrschend, so z. B. bei Rudolph Agricolas *De inventione dialectica* (1520), Philipp Melanchtons *Erotemata dialectices* (1548) und in der *Dialectique* des Petrus Ramus (1555). Erst im 17. Jhd. setzte sich die Bezeichnung »Logik« durch, so z.B in der *Logica Hamburgensis* des Joachim Jungius und in Antoine Arnaulds *La logique ou l'art de penser*, und auch Leibniz verwendet durchgehend *Logica* für die entsprechenden Untersuchungen. Im deutschen Sprachbereich etablierte sich die Bezeichnung »Logik« endgültig erst mit Hegel, der allerdings gleichzeitig mit der Bezeichnung »Logik« eine folgenschwere Erweiterung des Begriffs im Sinne seiner eigenen *Logik* einführte. Um Mißverständnisse zu vermeiden, wird man am besten daran tun, »Logik« immer mit einem spezifizierenden Beiwort zu versehen, das entweder eine Periode (»aristotelische Logik«, »stoische Logik« usw.) oder eine bestimmte Art der Logik (»transzendentale Logik«, »hegelsche Logik«, »formale Logik« usw.) kennzeichnet.

b) Literarhistorische Einordnung der Topik

266 | Die als *Topik* bekannte Schrift ist aus Einzelteilen zusammengefügt, ihre Entstehung erstreckt sich jedoch vermutlich nicht über einen allzu großen Zeitraum. Das 1. Buch der *Topik* ist am Schluß der Bearbeitung, aber als Einleitung zu der gesamten Schrift, entstanden. Aristoteles selbst plante die *Topik* also als Einheit. Die seit der Spätantike *Sophistische Widerlegungen* genannte Schrift ist in Wirklichkeit der letzte Teil der *Topik* und entstand vielleicht etwas später als die anderen Teile dieses Werkes.

c) Die sachliche Einordnung der Topik

In der philosophischen Überlieferung, auch schon in der des Mittelalters, wurde häufig von folgender Einteilung ausgegangen: Schlüsse entsprechend den *Analytiken* ergeben Wahres, Schlüsse entsprechend der *Topik* ergeben Wahrscheinliches, Schlüsse entsprechend den *Sophistischen Widerlegungen* ergeben Falsches bzw. sind Trugschlüsse, ergeben also möglicherweise auch Wahres, das aber auf nicht-gültigen Schlüssen beruht. Eine solche Betrachtungsweise war schon in der Antike verbreitet. So lesen wir bei Diogenes Laertius über die aristotelische Logik:

Es sind ihr zwei Ziele gestellt: sie hat klaren Aufschluß zu geben einerseits über das Wahrscheinliche, anderseits über die Wahrheit. Für jedes dieser beiden Gebiete hielt er sich an zwei Behandlungsarten: an die Dialektik und Rhetorik für das Wahrscheinliche, an die Analytik und Philosophie (im engeren Sinne) für das Wahre. (DL V 28)

Diese Einteilung schien sich aus der Einleitung zur Topik selbst zu ergeben:

Es ist nun eine Demonstration *(apódeixis)*, wenn der Schluß aus wahren und ersten Sätzen gewonnen wird oder aus solchen, deren Erkenntnis aus wahren und ersten Sätzen entspringt. Dagegen ist ein dialektischer Schluß ein solcher, der aus wahrscheinlichen Sätzen gezogen wird. (*Topik* I 1, 100a 27–30)
Ein eristischer Schluß (Streitschluß) aber ist ein solcher, der auf nur scheinbar, nicht wirklich wahrscheinlichen Sätzen fußt, und ein solcher, der auf wahrscheinlichen oder scheinbar wahrscheinlichen Sätzen zu fußen scheint. (*Ebd.* I 1, 100b 23–25)

Damit schien eine Rangordnung gegeben: Wahrheit *(Analytiken)* – Wahrscheinlichkeit *(Topik)*. Dahinter meinte man die vorplatonische und platonische Unterscheidung von Wissen *(epistéme)* und Schein *(dóxa)* wiederzufinden und hätte damit zwei verschiedene Gebiete, denen zwei verschiedene Methoden entsprechen: das Gebiet der streng wissenschaftlichen, wahren Sätze und Schlüsse und das Gebiet der nicht streng wissenschaftlichen, wahrscheinlichen Sätze und Schlüsse. Diesen Gebieten wären die Methoden der *Analytiken* (für die Wahrheit) und der *Topik* (für die Wahrscheinlichkeit) zugeordnet. Diese auf den ersten Blick vielleicht einleuchtende Ein- und Aufteilung entspricht jedoch nicht der Absicht des Aristoteles, wie sich am | 267
Text selbst zeigen läßt. Der Einsatzpunkt der Topik sind allerdings tatsächlich die wahrscheinlichen Sätze:

Unsere Arbeit verfolgt die Aufgabe, eine Methode zu finden, nach der wir über jedes aufgestellte Problem aus wahrscheinlichen Sätzen Schlüsse bilden können und, wenn wir selbst Rede stehen sollen, in keine Widersprüche geraten. (Ebd. I 1, 100a 18–21)

Was ein Schluß ist, gibt Aristoteles sofort an:

Ein Schluß ist also eine Rede, in der bei bestimmten Annahmen etwas anderes als das Vorausgesetzte auf Grund des Vorausgesetzten mit Notwendigkeit folgt. (Ebd. I 1, 100a 25–27)

Legt man diese Bestimmung von »Schluß« zugrunde, so zeigt sich, daß diese identisch ist mit der, die in den *Analytiken* zugrundegelegt wird. Für die Schlüsse in den *Analytiken* wie für die in der *Topik* gilt in gleicher Weise, daß aus bestimmten Annahmen etwas *mit Notwendigkeit* folgt. Dann wird der vorher angeführte Satz klar: Ist dort von »Demonstration« *(apódeixis)* einerseits und »dialektischem Schluß« anderseits die Rede, handelt es sich *nicht* um zwei *verschiedene Schlußverfahren*. Das Schlußverfahren ist stets ein und dasselbe, nämlich jenes, das Aristoteles in der 1. *Analytik* genauer ausarbeiten wird; verschieden ist nur – entsprechend der Verschiedenheit der Modalität der Voraussetzungen (wahr bzw. wahrscheinlich) – die Modalität des Schlußsatzes (wahr bzw. wahrscheinlich). In der *1. Analytik* (I 1, 24a 25–26) stellt Aristoteles ausdrücklich fest, daß es für das Schlußverfahren selbst keinen Unterschied macht, ob die Voraussetzungen apodiktische oder dialektische Sätze sind. Wir erhalten also folgendes Schema:

Prämissen	**Schlußsatz**	**Schlußfolgerung**
wahr	*wahr*	*immer gültig*
wahrscheinlich	*wahrscheinlich*	*immer gültig*

Damit ergibt sich, daß es sich bei der *Topik* und der *Analytik* gar nicht um verschiedene Verfahren auf ein und derselben Ebene handelt, sondern vielmehr um Verfahren, die einem jeweils anderen Ziel dienen. *Topik* und *Analytik* sind einander nicht nebengeordnet, vielmehr ist letztere in forschungsmethodologischer Hinsicht der ersteren nachgeordnet: Die Logik der *Analytik* kann erst eingesetzt werden, wenn bestimmte Sätze, d.h. die Prämissen, gegeben sind. Sind die Prämissen wahr, so sind auch die durch Schlüsse gewonnenen Schlußsätze wahr, sind die Prämissen (oder wenigstens eine derselben) wahrscheinlich, so ist auch der Schlußsatz wahrscheinlich. Nur wenn die Wahrheit bzw. Wahrscheinlichkeit der Prämissen *und* die Gültigkeit der Schlüsse feststeht, kann aus den Prämissen die Wahrheit (bzw. Wahrscheinlichkeit der Schlußsätze abgeleitet werden. Die Schlüsse selbst sind weder wahr noch wahrscheinlich, sondern einfach gültig, von »ungültigen« Schlüssen zu sprechen, ist genau genommen gar nicht korrekt. Die Syllogistik der *1. Analytik* ist also ein wichtiges Mittel zur Überprüfung der Korrektheit von Ableitungen aus vorgegebenen Sätzen, ob diese vorgegebenen Sätze selbst wahr oder wahrscheinlich sind, kann und soll nicht mit Hilfe der Syllogistik entschieden werden. Das erste und entscheidendere Problem für jede Wissenschaft ist also nicht das der Überprüfung ihrer Satzverknüpfungen, sondern das der Auffindung ihrer Grundlagen, d.h. ihrer Prämissen. Darin sieht Aristoteles die eigentliche Aufgabe der *Topik*:

Sie kann uns aber auch für die Erkenntnis dessen nützlich sein, was bei den Prinzipien der Einzelwissenschaften das Erste ist. Hierüber läßt sich auf Grund der besonderen Prinzipien einer gegebenen Wissenschaft unmöglich etwas ausmachen, weil die Prinzipien das erste von allem sind; man muß hier vielmehr mit Hilfe der wahrscheinlichen Sätze über den jeweiligen Gegenstand der Sache beikommen. Das ist aber die eigentümliche oder doch ihr besonders zukommende Leistung der Dialektik. Sie ist eine Kunst der Erfindung, und darum beherrscht sie den Weg zu den Prinzipien aller Wissenschaften. (*Topik* I 2, 101a 36–101b 4)

Aristoteles spricht hier von einer »Kunst der Erfindung« und einem »Weg zu den Prinzipien *aller* Wissenschaften». Wir sehen an dieser Stelle den Ursprung der Unterscheidung von »Erfindungskunst« *(ars inveniendi)* und »Urteilskunst« *(ars iudicandi)*, die später vor allem Cicero ausarbeitete und die in der gesamten weiteren Geschichte der Logik eine große Rolle gespielt hat. Die *ars inveniendi* entspricht dabei der aristotelischen *Topik*, die *ars iudicandi* den beiden aristotelischen *Analytiken*. Diogenes Laertius bezeugt, daß diese Unterscheidung in der späteren Antike zum Standardwissen gehörte:

Was die Erfindung betrifft, so liefert er mit seiner Topik und Methodik eine Fülle von Sätzen, die uns in den Stand setzen, die Probleme in überzeugender Weise zu behandeln. Was aber die Beurteilung anlangt, so dient ihr die erste und zweite Analytik. (DL V 29)

Damit ist die Aufgabe der Topik im wissenschaftstheoretischen Sinn wichtiger als die der Logik, da die Prinzipien (die Grund-Sätze) der Wissenschaft entscheidend sind. Die Überprüfung des korrekten Zusammenhangs dieser Grund-Sätze mit den daraus abgeleiteten Sätzen ist eine zwar besonders für die Überprüfung und die systematische wissenschaftliche Darstellung notwendige, aber dennoch nachgeordnete Frage, ein eigentlich eher »technisches Problem«. Die meisten Menschen denken logisch korrekt, ohne jemals einen Kurs zur Logik besucht zu haben, und selbst die
Mathematiker sind überzeugt, daß sie zwar immer logisch korrekt denken, daß sie die Logik als technische Disziplin aber höchs selten benötigen. Dies bedeutet keine Abwertung der Logik, aber selbst Aristoteles, der »Erfinder« der Logik, war keineswegs ein Fanatiker der Logik. Ihm ging es eben vor allem um das Auffinden von wahren oder gut begründeten, wahrscheinlichen Sätzen.

Was aber sind diese ersten Sätze, diese Prinzipien? In der *1. Analytik* sagt Aristoteles:

Von diesen Prinzipien sind die meisten den einzelnen Wissenschaften eigentümlich. Was daher die Angabe und Bereitstellung der jeweiligen Prinzipien betrifft, so ist das Sache der Erfahrung; die Prinzipien der astronomischen Wissenschaft z. B. hat die astronomische Erfahrung anzugeben. Denn nach ausgiebiger Feststellung der Erscheinungen sind auf Grund derselben die astronomischen Beweise gefunden worden. Ebenso verhält es sich mit jeder beliebigen anderen Kunst und Wissenschaft. (*1. Analytik* I 30, 46a 17–22)

Im Bezug auf die empirischen Wissenschaften geht es bei diesen Prinzipien also um nichts anderes, als um die Auffindung von Erfahrungssätzen, und zwar jener Erfahrungssätze, die in der jeweiligen Wissenschaft als die ersten angesehen werden müssen. Es kommt daher in jeder Wissenschaft darauf an, die grundlegenden Erfahrungssätze erstmals aufzufinden, festzulegen und zu analysieren. In dieser Analyse besteht die Aufgabe der Topik, und diese Aufgabe stellt sich in ein und derselben Weise für »jede beliebige [...] Kunst und Wissenschaft«. Die Topik ist also nicht auf einige Wissenschaften beschränkt, sondern stellt die Grundlage jeder Wissenschaft dar. Die Logik dient dagegen der systematischen Beweisführung, wie Aristoteles in der *1. Analytik* feststellt:

Nachdem sohin das jeweilige Tatsächliche erhoben ist, fällt uns anschließend die Aufgabe zu, ungesäumt die Beweise ins Licht zu stellen. (Ebd. I 30, 46a 22–24)

Es ist somit klar, daß die Topik nicht eine Methode für bestimmte Bereiche ist, in denen die Syllogistik nicht angewandt werden kann, sondern daß sie jene Methode ist, die am Beginn jeder Wissenschaft steht. Erst dann ergibt sich die Frage, ob und wie weit eine Beweisführung mit logischen Mitteln möglich ist, und daß diese Möglichkeit nicht immer gegeben ist, verdeutlicht Aristoteles in der unmittelbaren Fortsetzung des zitierten Textes:

Denn wenn die Forschung nichts von dem Tatsächlichen an den Dingen übersehen hat, so sind wir imstande, für alles, wofür es einen Beweis gibt, ihn zu finden und zu begründen, und wiederum bei dem, wofür es naturgemäß keinen gibt, dies klarzustellen. (Ebd. I 30, 46a 24–27)

Da Aristoteles keine Ideen und keine Ideenerkenntnis annahm, war das Problem der wissenschaftlichen Erkenntnis in ganz eminentem Sinn in jenem Gebiet angesiedelt, in dem von Erfahrungssätzen ausgegangen wird. Die – nach Aristoteles – wahren metaphysischen Sätze sind, obwohl sie bei ihm systematisch höher bewertet werden, somit eigentlich ein Grenzfall im Bereich der Aussagen, und es wird sich zeigen, daß selbst die wahren metaphysischen Sätze bei ihm auf Erfahrung bezogen, wenn auch nicht durch diese begründet sind. Der Begriff des »Wahrscheinlichen« ist daher bei Aristoteles nicht mehr mit jener abwertenden Konnotation versehen, die ihm bei Parmenides und Platon angehaftet hatte. Wahrscheinliches ist qualifiziertes Wissen:

Wahrscheinliche Sätze aber sind diejenigen, die allen oder den Meisten oder den Weisen wahr scheinen, und auch von den Weisen wieder entweder Allen oder den Meisten oder den Bekanntesten und Angesehensten. (*Topik* I 1, 100b 21–23)

Dieser Bezug auf die Meisten oder die Weisen darf nicht mit einem elitären Standpunkt des Wissens verwechselt werden. Aristoteles will damit zum Ausdruck bringen, daß es für alle Bereiche, in denen keine Evidenz der Ausgangssätze vorliegt, entscheidend darauf ankommt, für die grundlegenden Erfahrungssätze auf einem möglichst *breiten*, aber auch einem möglichst *qualifizierten Konsens* aufzubauen. Wir werden sehen, daß Aristoteles genau unterscheidet, wo es bei diesen wahrscheinlichen Sätzen auf alle oder die meisten ankommt (quantitatives Element der Auszeichnung), und wo es auf die »Weisen« (qualitatives Element der Auszeichnung) ankommt. Die Stringenz logischer Deduktion kann auch von einem einzelnen nachgewiesen werden, die Plausibilität der Basissätze ist jedoch ohne qualifizierten Konsens unerreichbar. Ein solcher Konsens ist für Aristoteles nicht nur synchron, d.h. innerhalb einer Forschergeneration angesiedelt, sondern ebenso diachron, d.h. mit Einbeziehung vergangener Generationen feststellbar. Deshalb greift Aristoteles auch immer wieder auf die Geschichte zurück und beginnt Problemlösungen sogar meist mit einer historischen Übersicht. Eine solche Übersicht stellt nicht bloß historische Einleitungs- und Vorbereitungsbemerkungen dar, sondern hat eine systematische Bedeutung: Es ist jeweils die Aufgabe, an einem bestimmten Punkt der geschichtlich übermittelten Sammlung von Erfahrungssätzen zu beginnen. Auch im weiteren Verlauf der Untersuchung muß der Forscher sich für die Plausibilität zusätzlicher Basissätze des kommunikativen Konsenses versichern, welcher wiederum ein qualifizierter sein muß. Dazu gehört es auch, etwaige Einwände genau zu hören und auf ihre Gültigkeit hin zu überprüfen. Aber auch der Einwand selbst muß ein qualifizierter sein. Deshalb stellt Aristoteles am Ende der *Topik* nochmals fest:

> Man darf aber nicht mit jedem disputieren und sich nicht mit dem ersten besten einlassen; denn je nachdem der Gegner ist, kann aus den Disputationen nichts Rechtes werden. (Ebd. VIII 14, 164b 8–10)

Aristoteles weiß also, daß nicht jeder für jeden Bereich ein so gearteter Teilnehmer an einer Diskussion ist, daß er etwas zur Erreichung eines qualifizierten Konsenses beitragen kann.

d) Zur Methode der Topik

Aus der großen Zahl der Fragen, die Aristoteles in der *Topik* behandelt, sei hier die gleich zu Beginn dieser Schrift besprochene Frage der *Prädikabilien* vorgestellt, da sie einen guten Einblick in die Vorgehensweise von Aristoteles gibt. Eine Theorie geht von *Sätzen* (Prämissen) aus, die zur Diskussion stehen. Ein solcher Satz hat in seiner einfachsten Ausprägung die Form »*A ist B*«. Wird dieser Satz als Frage formuliert, d.h. als »Ist *A B*?«, so ändert dies nichts an der Satzform, denn die Syntax ist ein und dieselbe. Um zu einer klaren Feststellung von Konsens oder Dissens bezüglich der Wahrheit eines solchen Satzes zu gelangen, fordert Aristoteles die Umformung des Satzes in ein *Problem*, das dann die Form »*A ist B*, oder *A ist nicht B*?« bzw. »*Ist A B oder ist A nicht B?*« hat. Hier ist die Syntax durch die Negation eindeutig verschieden. Beim Prädikat muß man wiederum zwei Fragen unterscheiden: (1.) muß geklärt werden, zu welcher Gruppe semantischer Bestimmungen das Prädikat gehört, und erst dann kann man korrekterweise (2.) fragen, ob dieses Prädikat dem Subjekt zukommt. Die erste Frage betrifft die Prädikabilien. Dabei geht es nicht um das Zutreffen des Prädikats auf das Subjekt, sondern um eine metatheoretische semantische Analyse des Prädikatbegriffs. Dies läßt sich sofort an dem Beispiel ersehen, das Aristoteles einführt (*Topik* I 4, 101b 29–33):

Satz: Ist »auf Füßen gehendes zweibeiniges Sinneswesen« die Definition von »Mensch«?

In dieser ersten Analyse wird nicht zur Diskussion gestellt, ob der Mensch ein auf Füßen gehendes zweibeiniges Sinneswesen ist. Was in Frage gestellt wird, ist vielmehr, ob dies seine Definition ist oder nicht. Dies wird dann von Aristoteles als Problem in folgender Weise formuliert:

Problem: Ist »auf Füßen gehendes zweibeiniges Sinneswesen« die Definition von »Mensch« oder nicht?

Es wird also als Problem formuliert, ob von *»auf Füßen gehendes zweibeiniges Sinneswesen«* das metasprachliche Prädikat *»Definition von ...«* ausgesagt werden kann oder nicht. Solche Fragen sind die der Prädikabilien, mit ihrer Hilfe werden Prädikate metasprachlich in vier Gruppen eingeteilt:

272 | (1) Definition
(2) Proprium
(3) Gattung
(4) Akzidenz

Aristoteles sagt also: Bevor man die Frage stellen kann, ob irgendein *A* ein *B* ist, bzw. – wie es Aristoteles gewöhnlich ausdrückt – ob *B* dem *A* zukommt, muß man zunächst einmal die Frage stellen, was mit diesem zukommenden Prädikat eigentlich in ganz formaler Weise gemeint ist. gemeint ist. Die genannten vier Gruppen von Prädikaten sollen im folgenden erläutert werden:

(1) Definition:

Definition ist eine Rede, die das Wesen anzeigt. (*Ebd.* I 5, 101b 38–102a 1)

Aristoteles führt kein Beispiel an, dennoch ist klar, was gemeint ist. Nehmen wir an, *A* stehe für »Mensch«, *B* für »Sinneswesen« und *C* für »vernünftig«, dann ist *BC* die Definition von *A*. Damit eine Definition vorliegt, ist erforderlich, daß *BC* dasselbe ist wie *A*. Aristoteles weist aber darauf hin, daß zur Aufstellung einer Definition der Nachweis der Identität nicht genügt (Ebd. I, 5, 102a 15–17), d. h. Identität ist eine notwendige, nicht aber eine hinreichende Bedingung dafür, daß eine Definition vorliegt. Warum das so ist, läßt sich erst durch die Unterscheidung der Definition vom Proprium erklären.

(2) Proprium:

Eigentümlich (lat. *proprium*) ist was zwar nicht das Wesen eines Dinges bezeichnet, aber nur ihm zukommt, und in der Aussage mit ihm vertauscht wird. (Ebd. I 5, 102a 18–19)

Hierzu führt Aristoteles folgendes Beispiel an: Alles, was zur Grammatik fähig ist, ist gleichzeitig Mensch, ebenso wie alles, was Mensch ist, auch zur Grammatik fähig ist. Aber: Zur-Grammatik-fähig-Sein ist nur ein Merkmal, d.h. ein Charakteristikum, das zwar allen, die Mensch sind, zukommt, das aber nicht das Wesen des Menschen zum Ausdruck bringt. Der Grund der Unterscheidung liegt in der aristotelischen Voraussetzung, daß es wesentliche und nicht-wesentliche Eigenschaften gibt, erstere gehören zur Definition, letztere hingegen nicht. Aber auch bei den nicht-wesentlichen Eigenschaften müssen wir wiederum unterscheiden: Es gibt solche, die einem Subjekt immer zukommen und die nur dieser Klasse von Subjekten zukommen (Proprium), und solche, die ihm nicht immer zukommen und die auch anderen Klassen von Subjekten zukommen (Akzidens). Die moderne Logik kennt die Unterscheidung von Wesensdefinition und Proprium nicht, in ihr gilt für Definition wie für Proprium: $\forall(x)(A(x) \rightarrow B(x))$, d.h., wenn A für »Mensch« steht, kann B gleicherweise für »vernünftiges Sinneswesen« oder für »der Grammatik Fähiges« stehen. | 273

Auf die Problematik der Wesensbegriffe, die mit der der Definition verbunden ist, werden wir im Zusammenhang mit dem Problem des Substanzbegriffs zurückkommen (vgl. weiter unten 5, b). Es sei aber schon jetzt darauf hingewiesen, daß unsere alltägliche Sprechweise immer noch – vernünftigerweise – aristotelisch ist: Wir sagen zwar, daß alle Studenten Immatrikulierte sind und alle Immatrikulierten Studenten sind, wir meinen aber doch mit Aristoteles, daß wir mit »Immatrikuliert-Sein« noch nichts »Wesentliches« über das ausgesagt haben, was mit »Student-Sein« gemeint ist, daß wir also nur ein Kennzeichen der Identifikation angegeben haben, ohne damit aber schon gesagt zu haben, was »Student-Sein« »eigentlich« bedeutet.

(3) Gattung:

Gattung ist was von mehreren und der Art nach verschiedenen Dingen bei der Angabe ihres Was oder Wesens prädiziert wird. (Ebd. I 5, 102a 31–32)

Ein Artbegriff (lat. *species*) setzt sich aus dem Begriff der Gattung (lat. *genus*) und der spezifischen Differenz (lat. *differentia specifica*) zusammen, die Frage des Gattungsbegriffs ist somit die der wissenschaftlichen Klassifikation. Ein Artbegriff bezeichnet eine Teilklasse jener Klasse, die durch den Gattungsbegriff bezeichnet wird:

Haben wir dargetan, daß Sinnenwesen gleichmäßig Gattung von Mensch und Ochs ist, so haben wir dargetan, daß sie in derselben Gattung stehen. (Ebd. I 5, 101a 38–102b 1)

(4) Akzidenz:

Akzidens ist [...] was einem und demselben, sei es was immer, zukommen und nicht zukommen kann. (I 5, 102b 4–7)

Das bedeutet (»**M**« steht für »möglich«): *A* ist ein Akzidenz ≡ **M** *(X ist A)* und **M** *(X ist nicht A)*. Aristoteles nennt ein Beispiel: Nichts hindert, daß dasselbe Ding bald weiß, bald nicht weiß ist.

Zusammenfassend kann man sagen, daß Aristoteles in der Theorie der Prädikabilien zwei Unterscheidungen für die Prädikation einführt, die für sein gesamtes Denken wichtig sind:

(a) *Konvertible* und *nicht-konvertible* Prädikate: Im Fall der Definition und des Proprium gilt: *A ist B* → *B ist A*. Im Fall des Genus und des Akzidens gilt dies nicht.

274 | *(b)* *Notwendige* und *nicht-notwendige* Prädikate: Die als Definition, Proprium und Genus gekennzeichnete Prädikate kommen dem Subjekt mit Notwendigkeit zu, die als Akzidenz verwendeten Prädikate kommen dem Subjekt nicht mit Notwendigkeit zu.

3. Die Syllogistik

a) Der Ausgangspunkt des Aristoteles

Das syllogistische System des Aristoteles wird in unserer Zeit manchmal etwas abschätzig beurteilt, in manchen neueren, auch sehr ausführlichen Darstellungen der Geschichte der Philosophie wird es sogar überhaupt nicht mehr behandelt. Ich halte dies für eine grobe Fehleinschätzung. Meine Erachtens müßte Aristoteles als einer der größten Philosophen der gesamten Geschichte angesehen werden, selbst wenn er nur die ersten sieben Kapitel der *1. Analytik* verfaßt hätte. Es ist wohl richtig, daß in einer späteren Zeit das Festhalten an der Syllogistik als dem *einzigen* und *maßgebenden* System der Logik ein Hindernis für die Weiterentwicklung der Logik dargestellt hat, dieses Festhalten ist jedoch nicht Aristoteles anzulasten. Aristoteles hat als erster gezeigt, was ein System formaler Logik ist, und diese Leistung bleibt auch dann bestehen, wenn wir heute die Syllogistik nur als ein Teilsystem eines viel umfassenderen Systems der Logik auffassen.

Aristoteles hat also die Grundlage für das gelegt hat, was wir heute als »formale

Logik« bezeichnen, seiner »Gründerrolle« war er sich dabei durchaus bewußt. In den *Sophistischen Widerlegungen* stellt er fest, daß er in anderen Bereichen, so z. B. in dem der Rhetorik, schon viel vorgefunden habe, »in der Syllogistik aber hat bis jetzt unsere ganze Kunst darin bestanden, daß wir mit großem Aufwand von Zeit und Mühe planlos herumsuchten« (34, 184b 1–3). Dies darf jedoch nicht so verstanden werden, als wäre die Logik gleichsam aus nichts entstanden. Der prinzipielle Rahmen war von den Sophisten und von Sokrates geschaffen worden, die das Begründungsproblem ganz ins Zentrum ihrer Überlegungen gerückt haben. Eine der sokratischen Schulen, die Megariker/Dialektiker, haben von dieser Basis aus sogar eine eigene Form der Logik geschaffen, die eine gewisse Ähnlichkeit mit dem hat, was wir heute als Aussagenlogik bezeichnen (vgl. Kap. VIII, 3). Aristoteles selbst stammte aus einer weiteren sokratischen Schule, der Akademie Platons. Dort waren die Begründungsprobleme und die damit verbundenen Probleme der Analyse der Sprache offensichtlich in großem Umfang diskutiert worden, wie schon verschiedene platonische Dialoge zeigen (vgl. Kap. IX, 8, b). Die *Topik* des Aristoteles ist als dessen erster und grundlegender Beitrag zum akademischen Problem korrekter und durchschlagender Beweisführung anzusehen. Innerhalb dieser Problematik der Topik entdeckte Aristoteles – auf durchaus platonischem Hintergrund – das spezielle Problem der Syllogistik. Die Begründungslehre platonischer Dialektik hatte primär in der Begriffsaufgliederung *(diaíresis)* von den höchsten Gattungen bis zu den untersten bestanden, von wo aus dann die niedrigeren Gattungen als »erklärt« angesehen worden waren. Aristoteles berichtet selbst, wie er aus der Erkenntnis der Mangelhaftigkeit dieses Verfahrens zu seinem Schlußverfahren gelangt ist:

Die Einteilung ist gleichsam ein schwacher Schluß. Denn was man beweisen sollte, wird postuliert, und was man schließt, ist immer ein Höheres und Allgemeineres als dieses. Das ist es aber vor allem, was die, die sich der Einteilung bedienen, übersehen haben, und so versuchten sie denn ein Beweisverfahren aufzustellen, das auf dem Gedanken beruhte, es sei möglich, für die Wesenheit und das Was eines Dinges eine eigentliche Demonstration zu liefern. Demnach wußten sie bei ihren Einteilungen weder zu schließen was sich schließen läßt, noch wußten sie, daß es so hätte geschlossen werden können, wie wir angegeben haben. Es muß also bei den Beweisen, wenn auf ein Sein oder Zukommen geschlossen werden soll, das Mittlere, wodurch der Schluß geschieht, immer enger als der Oberbegriff sein und darf nicht allgemein von ihm gelten. Die Einteilung will aber das Gegenteil. (*1. Analytik* I 31, 46a 32–46b 2)

Man kann sich dies an dem von Aristoteles selbst gebrachten Beispiel klarmachen. Platon zergliedert den Begriff »Mensch« und gelangt zu dem Höheren und Allgemeineren »Sterbliches« und dann zu dem noch Höheren und Allgemeineren »Sinnenwesen« und behauptet, damit bewiesen zu haben, daß der Mensch ein Sinnewesen ist. Schematisch dargestellt:

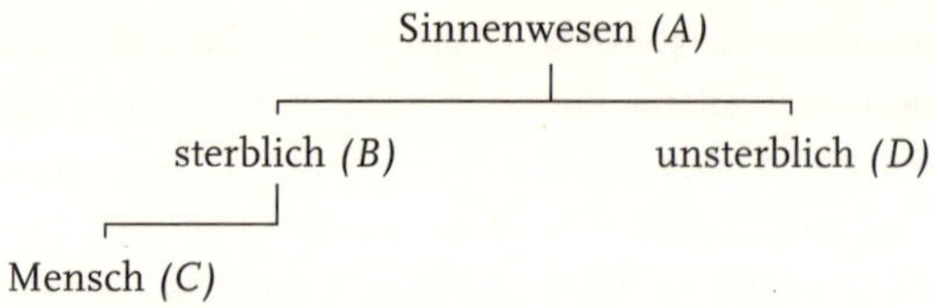

Das Ergebnis platonischer Art lautet: *A und B kommt dem C zu.* Aristoteles sagt dagegen: Wenn *A* dem *C* zukommt, so ist *C* entweder *B* oder *D*. Daß aber der Mensch ein sterbliches Sinnenwesen ist, ergibt sich bei Platon durch keinen Schluß, sondern ist nur Ergebnis der aufsteigenden Begriffsanalyse, d. h., es bleibt ein Postulat. Daher sagt Aristoteles,

[...] muß man es sich gefallen lassen, daß man das Allgemeine als Mittelbegriff und das, wovon etwas bewiesen werden sollte, und die Differenzen als Außenbegriffe nimmt. (Ebd. 46b 20–22)

Hier kann also nur folgendes geschlossen werden:

Wenn *A* von jedem *B* und *B* von jedem *C* ausgesagt wird, muß *A* von jedem *C* ausgesagt werden. (Ebd. I 4, 25b 37–39)

In der gebräuchlicheren Form:

Wenn alle B A sind,	*Wenn alle Sterblichen Sinnenwesen sind,*
und alle C B sind,	*und alle Menschen Sterbliche sind,*
dann sind alle C A.	*dann sind alle Menschen Sinnenwesen.*

Damit hat Aristoteles das Prinzip des Syllogismus entdeckt: Der Schluß ist abgesichert durch den beiden Prämissen gemeinsamen Mittelbegriff »Sterbliche« *(B)*.

b) Begriffs- und Aussagenlogik

Zunächst einmal ist festzuhalten, daß Aristoteles *Buchstaben für Begriffe* einführt. Damit hat er die Möglichkeit, zu sagen: Für diese Buchstaben können beliebige Begriffe eingesetzt werden, der Schluß ist aufgrund seiner Form immer gültig. Dies ist eine der bedeutendsten Erfindungen des Aristoteles, die erst die Entwicklung der Logik als formaler Disziplin ermöglichte. In der weiteren Geschichte der Logik werden aus dieser Erfindung die *Variablen* entwickelt werden. Die spätere Einführung von Symbolen für logische Konstanten, also z. B. »$\wedge$« für »und«, »$\vee$« für »oder«, » $\rightarrow$ « für »wenn ... dann«, » $\neg$ « für »nicht«, ist demgegenüber keinerlei bedeutende Erfindung, sie dient nur der einfacheren Schreibweise, »$\vee$« z. B. ist ja gar nichts anderes als die Abkürzung des lateinischen »*vel*«. Aristoteles dürfte etwa folgendem vernünftigen Prinzip gefolgt sein: So viel Symbolismus wie unbedingt nötig, aber nicht mehr! In der gesamten systematischen Exposition seiner Syllogistik verwendet Aristoteles konsequent solche Buchstaben für Begriffe und scheint dieses Verfahren als selbstverständlich anzusehen, d. h. er führt es ein, ohne weitere Erklärungen dazu abzugeben. Erst Alexander von Aphrodisias (2./3. Jhd. n. Chr.) sagt ausdrücklich, daß Aristoteles seine Lehre in Buchstaben *(stoicheía)* darlegte, um zu zeigen, daß wir den Schlußsatz nicht kraft des *Inhalts* der Prämissen, sondern nur kraft der *Form (schêma)* und der Verbindung *(symploké)* der Prämissen erhalten (*On Aristotle Prior Analytics 1.1–7*. Übers. v. J. Barnes / S. Bobzien / K. Flannery / K. Ierodiakanou. London 1991. S. 116). Genau dies bedeutet »formale Logik«, Aristoteles hat somit die formale Logik geschaffen, obwohl dieser Begriff erst nachträglich gefunden wurde.

Für die Buchstaben können bei Aristoteles nur *Allgemeinbegriffe* (z. B. »Mensch«, »sterblich« usw.) eingesetzt werden, es werden also *nie Individuennamen* (singuläre Begriffe) benutzt. D. h., der schon in der Antike bekannte Syllogismus:

Alle Menschen sind Lebewesen,
Sokrates ist ein Mensch,
Also ist Sokrates ein Lebewesen.

(vgl. z. B. Sextus Empiricus: *Grundriß der pyrrhonischen Skepsis* II. 164. Über. v. M. Hossenfelder. Frankfurt 1968. S.195) kommt bei Aristoteles nicht vor und kann bei ihm auch gar nicht vorkommen. Vermutlich verwendete er deshalb keine singulären Begriffe in Syllogismen, weil er für seine Syllogistik Begriffe forderte, die in gleicher Weise als Subjekt oder Prädikat vorkommen können, und weil er meinte, daß dies bei Individuennamen nicht der Fall sei, oder weil er Begriffe verwenden wollte, die einen Ober- und einen Unterbegriff haben können. Schon in der Antike wurden jedoch Schlüsse mit Individuenbegriffen an Subjektstelle als »peripatetische« eingeführt (Ebd. II 163–165. S. 195).

Aristoteles hat keine Form der Logik entwickelt, in der für ganze Sätze oder Aussagen Buchstaben eingeführt werden. Dies heißt aber nicht, daß Aristoteles nicht faktisch doch mit Gesetzen der Aussagenlogik arbeitet und gelegentlich solche sogar ausdrücklich solche formuliert, so z. B.:

Davon ist der Grund, daß wenn sich zwei Dinge zueinander so verhalten, daß wenn das eine ist, notwendig das andere ist, wenn dieses letztere nicht ist, auch das andere nicht sein kann, wenn es aber ist, nicht notwendig das andere ist. (*1. Analytik* II 4, 57a 40–57b 3; »Dinge« steht nicht im Text bei Aristoteles)

Dies ist gar nichts anderes als der sogenannte *modus tollens* der Aussagenlogik:

$$[(a \rightarrow b) \wedge \neg b)] \rightarrow \neg a.$$

Dies ist ein gültiges Gesetz der Aussagenlogik. Die Ausdrücke »das eine« und »das andere« haben eine ähnliche Form wie die Buchstaben in der Syllogistik. Auch die Megariker/Dialektiker und später die Stoiker haben für Aussagen Ausdrücke wie »das erste« und »das zweite« verwendet (vgl. Kap. XII, 1). Da Aristoteles zwischen den beiden Aussagen eine notwendige Beziehung ansetzt, würden wir diese Folgerungsbeziehung heute eher als strikte Implikation bezeichnen (vgl. Kap. VIII, 3). Aristoteles fügt auch sogleich hinzu, daß, wenn *b* angenommen wird, daraus nicht schon *a* folgt, d. h.: $[(a \rightarrow b) \wedge b)] \rightarrow a$ ist kein logisches Gesetz.

Aristoteles arbeitet auch an anderen Stellen, z. B. bei der sogenannten Rückführung auf das Unmögliche *(reductio ad impossibile*, vgl. weiter unten 4*)*, mit großer Sicherheit mit aussagenlogischen Gesetzen, ohne sie allerdings systematisch zu behandeln. Ich vermute, daß Aristoteles die Aussagenlogik nicht, wie manche Historiker der Logik meinten, »übersehen« oder »noch nicht in ihrer Bedeutung erkannt« hat, sondern daß er sie für so einfach und selbstverständlich ansah, daß er sich nicht mit ihr befaßte. Wenn er Gesetze der Aussagenlogik benötigte, zog er sie heran, so als ob mit ihnen Selbstverständliches gesagt würde. Er hat einfach nicht gesehen, daß in einer streng aufgebauten Logik selbst das, was als Selbstverständlichkeit aufgefaßt werden kann, ausdrücklich formuliert werden muß.

c) Das System der Syllogistik

Aristoteles ging von folgenden Voraussetzungen aus (*1. Analytik* I 1, 24a 16–22):

(1) Jede kategorische Aussage hat die Form *A ist B* oder *A ist nicht B* (bei Aristoteles so formuliert: *B kommt dem A zu, B kommt dem A nicht zu*). Jeder Satz ist also entweder affirmativ oder negativ.

(2) Jede solche Aussage enthält eine Quantifizierung: *Alle A sind B* oder *Einige A sind B* oder nur *A ist B*. Jede Aussage ist also entweder universell, partikulär oder unbestimmt. Da Aristoteles bei der Behandlung der Syllogismen auf die unbestimmten Aussagen wie z. B. »Die Lust ist kein Gut« (Ebd. I, 1, 24a 21–22) nicht weiter eingeht, lassen wir sie hier auch unberücksichtigt.

Daraus ergeben sich vier Kombinationsmöglichkeiten, durch die vier Aussageformen festgelegt sind:

	alle	**einige**
ist	*universell affirmativ (UA)*	*partikulär affirmativ (PA)*
ist nicht	*universell negativ (UN)*	*partikulär negativ (PN)*

Aristoteles hat die Konstanten »ist«, »ist nicht«, »alle« und »einige« nicht symbolisch abgekürzt ausgedrückt, dies tat erst die Scholastik. Wir symbolisieren sie hier nach der mittelalterlichen Kennzeichnung, wobei die Buchstaben »*a*« und »*i*« von den beiden ersten Vokalen von *affirmo* = »ich behaupte (in Hinsicht auf alle bzw. auf einige)«, und die Buchstaben »*e*« und »*o*« von *nego* = »ich verneine (in Hinsicht auf alle bzw. auf einige)« genommen sind. Aus den Konstanten ergeben sich mit den Buchstaben für Subjekt und Prädikat vier verschiedene Aussageformen.

UA:	*A* a *B*	*Alle A sind B*
UN:	*A e B*	*Kein A ist B*
PA:	*A i B*	*Einige A sind B*
PN:	*A o B*	*Einige A sind nicht B.*

Zu einem Syllogismus sind jeweils *drei* Begriffe erforderlich, von denen *einer* in beiden Prämissen vorkommen muß. Jener Begriff der zweiten Prämisse, der nicht der Mittelbegriff ist, ist jeweils das Subjekt der Konklusion, während jener Begriff der ersten Prämisse, der nicht der Mittelbegriff ist, das Prädikat der Konklusion ist. Aristoteles kennt drei Stellungen des Mittelbegriffes, welche die drei Figuren ergeben: 279

	I	II	III
1. Prämisse	*B – A*	*A – B*	*B – A*
2. Prämisse	*C – B*	*C – B*	*B – C*
Schlußsatz	*C – A*	*C – A*	*C – A*

Die vierte Möglichkeit: *A – B*, *B – C*, *C – A*, hat Aristoteles in seiner systematischen Darlegung nicht als eigene Figur aufgenommen (später wird sie allerdings als vierte Figur in dieser Form verwendet werden), sondern zählte sie zur ersten Figur, wobei jedoch die beiden Prämissen vertauscht sind und die Konklusion die umgekehrte Folge der Begriffe aufweist, also: *B – C*, *A – B*, *A –C*. Der Mittelbegriff hat also die gleiche Stellung wie in der 1. Figur.

Diese Figuren kombiniert Aristoteles nun mit den weiter oben aufgeführten vier Aussageformen. Wiederum mit der mittelalterlichen Symbolisierung ergibt sich also z. B.:

B a A
C a B
C a A

Die mittelalterlichen Logiker haben für diese Vokalfolgen der einzelnen Figuren später Merkworte eingeführt, so z. B. für die des eben aufgeführten Syllogismus mit der Folge *a-a-a* das Merkwort *Barbara*. Aus den zahlreichen möglichen Modi sondert Aristoteles die *gültigen* aus, unter Verwendung eines Verfahrens, das wir heute als Anwendung des Falsifikationsprinzips bezeichnen würden: Es genügt ein einziges Gegenbeispiel, um zu zeigen, daß eine Aussage nicht allgemein gültig ist. Angewandt auf den Syllogismus bedeutet dies: Kann für zwei Prämissen und eine (vermeintliche) Konklusion auch nur eine einzige Gruppe von drei Begriffen gefunden werden, für die sich keine wahre Konklusion ergibt, so liegt kein gültiger Syllogismus vor. So zeigt Aristoteles z. B., daß aus den Aussagen *B* a *A* und *C* e *B* kein gültiger Syllogismus gebildet werden kann, auf folgende Weise (»das Erste« = *A*, »das Mittlere = *B*, »das Letzte« = *C*):

> Wenn aber das Erste zwar jedem Mittleren, das Mittlere aber keinem Letzten zukommt, so kann es keinen Schluß für die Außenbegriffe geben. Denn daraus, daß es so ist, folgt nichts mit Notwendigkeit. Denn das Erste kann ebensogut jedem wie keinem Letzten zukommen, so daß weder das Partikuläre noch das Allgemeine sich als notwendig herausstellt. Da aber keine Notwendigkeit vorliegt, so kann es keinen Schluß aus den fraglichen Daten geben. Begriffe für jedem zukommen: Sinnenwesen, Mensch, Pferd; für keinem: Sinnenwesen, Mensch, Stein. (1. *Analytik* I 4, 26a 2–9)

Dieser Text ist schon deshalb interessant, weil er zeigt, mit welch unglaublicher Knappheit und Präzision Aristoteles argumentiert. Wir wüßten gerne, ob und wenn ja, welche »Vorarbeiten« Aristoteles durchgeführt hat, um zu einem Ergebnis wie dem eben zitierten zu gelangen. Leider liefert er uns keinerlei Hinweise darauf. Wir brauchen eine halbe Seite, um uns den Sachverhalt klar zu machen, wollen es aber trotzdem tun. Aristoteles sagt: Wenn ich (1) drei Begriffe für *A*, *B*, *C* finden kann, für die *B* a *A* und *C* e *B* wahr sind, und gleichzeitig der Satz *C* e *A* wahr ist, und ich ebenso (2) drei Begriffe für *A*, *B*, *C* finden kann, für die auch wieder *B* a *A* und *C* e *B* wahr sind, aber gleichzeitig der Satz *C* a *A* wahr ist, dann sind die Sätze *B* a *A* und *C* e *B* keine Prämissen eines gültigen Syllogismus, da ich dadurch gezeigt habe, daß für die Sätze *B* a *A* und *C* e *B* kein notwendiger Schlußsatz vorliegt. Zur Verdeutlichung:

(1) *B a A* *Alle Menschen (B) sind Sinnenwesen (A)*
C e B *Kein Stein (C) ist ein Mensch (B)*
C e A *Kein Stein (C) ist ein Sinnenwesen (A)*

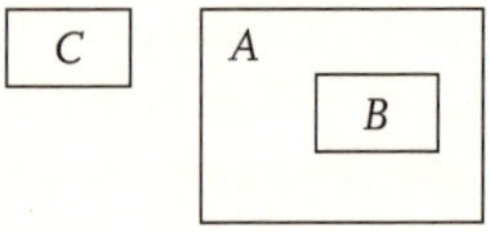

(2) *B a A* *Alle Menschen (B) sind Sinnenwesen (A)*
C e B *Kein Pferd (C) ist ein Mensch (B)*
C a A *Alle Pferde (C) sind Sinnenwesen (A)*

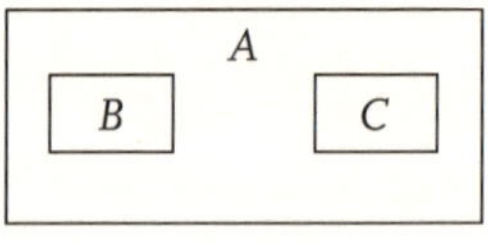

Im zitierten Text spricht Aristoteles auch davon, daß weder das Allgemeine noch das Partikuläre sich als notwendig herausstellt. Das Partikuläre wäre *C* o *A* oder *C* i *A*.

Wäre mit *C* o *A* gleichzeitig *C* e *A* wahr, so ergäbe sich der schon besprochene Fall; dasselbe gilt, wenn mit *C* i *A* gleichzeitig *C* a *A* wahr wäre. Wäre hingegen *C* o *A* wahr, *C* e *A* hingegen nicht wahr, so wären *C* o *A* und *C* i *A* gleichzeitig wahr, und dies würde bedeuten, daß aus *B* a *A* und *C* e *B* wiederum nichts mit Notwendigkeit gefolgert werden könnte.

Durch Kombination aller Möglichkeiten (also: a-a, a-e, a-i, a-o, e-a, e-e usw.) und durch nachfolgende Elimination der nicht allgemeingültigen Schlüsse durch das schon genannte Falsifikationsprinzip gewinnt Aristoteles die vollständige Gruppe der gültigen Schlüsse: In der ersten Figur vier Schlüsse und weitere fünf entsprechend der Form, die später als vierte Figur bezeichnet wurde, vier in der zweiten Figur und sechs in der dritten Figur.

Problematisch blieb für Aristoteles allerdings die Frage, ob nicht bei den Schlüssen, die er als gültig angenommen hatte, weil er faktisch kein Gegenbeispiel entdekken konnte, vielleicht doch ein Gegenbeispiel gefunden werden könnte. Er versuchte daher, eine Art direkten Beweises der gültigen Schlüsse zu finden. Dies führte Aristoteles zu einer Beweisform, die wir heute »axiomatisch« nennen würden.

d) Das axiomatische System | 281

Aristoteles begnügte sich also nicht damit, die gültigen Modi zu erstellen, sondern versuchte zudem, sie systematisch »aufzuweisen«. Dazu nahm er an, daß es »vollkommene«, also »evidente« Syllogismen gäbe, die übrigen führte er dann auf diese »vollkommenen« Syllogismen zurück:

> Man sieht aber auch, daß alle unvollkommenen Schlüsse durch die erste Figur vollendet werden. Denn alle kommen entweder durch direkten Beweis oder durch die Unmöglichkeit zum Abschluß. Auf beide Weisen ergibt sich aber die erste Figur. (1. *Analytik* I 7, 29a 30–32)

Aus der ersten Figur benötigt Aristoteles sogar nur die beiden ersten Schlüsse (*Barbara, Celarent*), denn »man kann alle Schlüsse auf die allgemeinen Schlüsse in der ersten Figur zurückführen« (Ebd. I 7, 29b 1–2). Als vollkommene Schlüsse sah Aristoteles also die beiden ersten der ersten Figur an:

> Wenn A von jedem B und B von jedem C ausgesagt wird, muß A von jedem C ausgesagt werden […]. Wenn A von keinem B, B aber von jedem C ausgesagt wird, wird A keinem B zukommen. (Vgl. Ebd. I 4, 25b 37–26a 2)

Bei den Rückführungen nahm Aristoteles u. a. Gesetze der Negation und der Umkehrung von Aussagen an. Mit den Gesetzen der Negation hatte Aristoteles sich bereits in *Peri Hermeneias* (Kap. 6–8) intensiv befaßt, hier setzt er sie also voraus. Diese Gesetze wurden später (vgl. Apuleius in Kap. XVI, 3) im sogenannten logischen Quadrat zusammengefaßt.

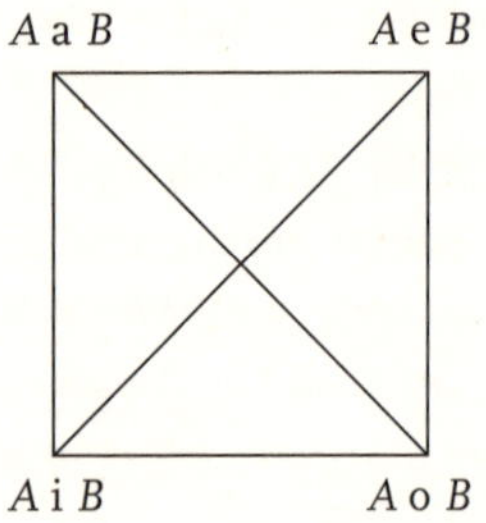

In der klassischen Form stehen an den Ecken Beispielsätze wie: *Omnis homo est animal* (»Jeder Mensch ist ein Lebewesen« usw.) anstelle von *A* a *B*. Weiterhin:

Auf der oberen Seite steht: *contraria,*
auf der unteren Seite steht: *subcontraria,*
auf den beiden Diagonalen steht: *contradictoria,*
auf den beiden vertikalen Seiten steht: *subalternantia.*

282 | Darin sind folgende logischen Gesetze repräsentiert:

(1) Bei den kontradiktorischen Gegensätzen muß immer ein Satz wahr und der andere falsch sein. Ist ein Satz wahr, so ist sein kontradiktorisches Gegenteil falsch. Also:

$$(A\ a\ B) \Leftrightarrow \neg(A\ o\ B) \text{ und: } (A\ e\ B) \Leftrightarrow \neg(A\ i\ B).$$

(2) Bei den konträren Gegensätzen folgt aus der Wahrheit des einen die Falschheit des anderen; aber nicht umgekehrt, da es möglich ist, daß beide falsch sind. Also:

$$(A\ a\ B) \rightarrow \neg(A\ e\ B) \text{ und: } (A\ e\ B) \rightarrow \neg(A\ a\ B).$$

(3) Aus einer universellen Aussage folgt die entsprechende partikuläre Aussage. Dies ist die sogenannte Subalternation. Die (in der modernen Logik, die mit leeren Klassen arbeitet, nicht angenommene) Voraussetzung dafür ist, daß mit einem Ausdruck wie »alle Menschen sind…« immer behauptet wird, daß es auch tatsächlich Menschen – also mindestens einen – gibt, und daß mit »kein Mensch ist…« immer mitgemeint ist, daß es Menschen – also mindestens einen – gibt, für den gilt, daß er dies nicht ist. Also:

$$(A\ a\ B) \rightarrow (A\ i\ B) \text{ und: } (A\ e\ B) \rightarrow (A\ o\ B).$$

Außerdem gilt:

(4) Die einfache Umkehrung der UN und der PA, also:

$$(A\ e\ B) \rightarrow (B\ e\ A) \text{ und: } (A\ i\ B) \rightarrow (B\ i\ A).$$

Der Beweis der letzteren Gesetze bereitete Aristoteles einige Schwierigkeiten, die er mit der »Ekthesis« zu lösen versuchte; diese wollen wir indes nicht behandeln, da die Interpretation nicht eindeutig ist. – Mit Hilfe dieser Gesetze konnte Aristoteles die meisten der Modi der zweiten und dritten Figur auf die der ersten zurückführen. Aristoteles sagt (1. *Analytik* 7, 29a 33–34), daß der direkte Beweis durch die Umkehrung, also durch (4), geschieht. Als Beispiel eines direkten Beweises nehmen wir die Rückführung von *Cesare* aus der zweiten Figur auf *Celarent* aus der ersten Figur, die mit Hilfe der Umkehrung der ersten Prämisse von *Cesare* durchgeführt wird:

Cesare II	$C\,e\,B$	$\Rightarrow$	$B\,e\,C$	*Celarent* I
	$A\,a\,B$		$A\,a\,B$	
	$A\,e\,C$		$A\,e\,C$	

Der Beweis durch die Unmöglichkeit soll an *Baroco* II gezeigt werden. Hier ist kein Beweis durch eine Umkehrung möglich (die PN läßt sich nicht umkehren):

Baroco II	$A\,a\,B$	p
	$C\,o\,B$	q
	$C\,o\,A$	r

Der Beweis hat dann folgende Form: Aus dem kontradiktorischen Gegenteil des Schlußsatzes, d. h. aus *C* a *A*, ergibt sich zusammen mit einer der Prämissen, z. B. mit *A* a *B*, ein Syllogismus der ersten Figur: | 283

$$\begin{array}{c} A\,a\,B \\ C\,a\,A \\ C\,a\,B, \end{array}$$

Der Schlußsatz *C* a *B* ist das kontradiktorische Gegenteil der anderen Prämisse, nämlich von *C* o *B*. Dieser Beweis basiert auf einem aussagenlogischen Gesetz, das Aristoteles hier mit der größten Selbstverständlichkeit, als ob jeder es kennen müsse, voraussetzt. Es lautet:

$$[(p \wedge q) \rightarrow r] \Leftrightarrow [(\neg\, r \wedge p) \rightarrow \neg\, q].$$

Was Aristoteles mit seinen – direkten und indirekten – Beweisen der Rückführung faktisch unternahm, war die Aufstellung eines axiomatischen Systems: Er nahm einige Syllogismen als »vollkommen« an, solche nennen wir heute *Axiome*. Der Unterschied besteht darin, daß Aristoteles solche Axiome als evident ansah, während heute die meisten sie als konventionell gültig betrachten. Mit Hilfe einiger Umformungsregeln führte Aristoteles dann alle anderen Syllogismen auf diese ersten zurück, wobei besonders interessant ist, daß er versuchte, die Zahl der Axiome möglichst zu reduzieren. Das »einfachste« System ist jenes, in dem die zwei Modi der ersten Figur als »Axiome«, d. h. bei Aristoteles als »vollkommene« Syllogismen angenommen werden. Faktisch relativierte Aristoteles die Theorie der »vollkommenen« Syllogismen jedoch, insofern er gleich mehrere dieser axiomatischen Systeme entwarf. Er zeigte, daß die gültigen Modi jeder der drei Figuren als Axiome genommen werden können und daß die übrigen Syllogismen daraus abgeleitet werden können. Unter dieser Voraussetzung sind wir nicht mehr weit entfernt von der Anname, daß die Ausgangssyllogismen nicht »vollkommen« sein müssen, sondern davon abhängen, was jeweils (konventionell) axiomatisch als Ausgangspunkt gewählt wird.

e) Weitere Fragen

Aristoteles hat an der Analyse der kategorischen Syllogismen weitergearbeitet und dabei wichtige Zusammenhänge entdeckt, so z. B., daß in jedem Syllogismus mindestens eine der beiden Prämissen universell sein muß, und daß mindestens eine der beiden Prämissen affirmativ sein muß. Man kann dies auch so ausdrücken: Aus zwei negativen Aussagen und ebenso aus zwei partikulären Aussagen läßt sich kein gültiger Schluß bilden. Außerdem hat sich Aristoteles sehr ausführlich mit modalen Syllogismen befaßt: Mit Modalbegriffen (deren Interpretation in den aristotelischen Texten im einzelnen bis heute umstritten ist), also »notwendig«, »unmöglich«,
284 | »möglich« und »kontingent«, hatte Aristoteles sich schon in *Peri Hermeneias* (Kap. 9) und in Kapitel 3 der *1. Analytik* beschäftigt. Ab Kapitel 8 der *1. Analytik* behandelt Aristoteles die modalen Syllogismen, in diesem Zusammenhang findet er wiederum wichtige Regeln, so z. B. die, daß die Modalität des Schlußsatzes immer der schwächsten Modalität der Prämissen folgt. Im Bereich der modalen Syllogistik ist bis heute im einzelnen noch nicht alles geklärt, die Theorie ist einfach sehr schwierig und kompliziert, was aber in der Sache begründet ist. Dies ergibt sich nicht zuletzt daraus, daß Aristoteles die Modaloperatoren nicht nur, wie wir es heute tun, vor die ganze Aussage setzt (z. B. *Es ist möglich, daß A B ist*), sondern den Modaloperator häufig auf die Kopula bezieht (z. B. *A ist möglicherweise B*). Dies lieferte später den mittelalterlichen Logikern größtes Kopfzerbrechen und ließ sie umfangreiche Traktate darüber schreiben. Es handelt sich hierbei um die Probleme der Modalitäten im Zusammenhang von *De sensu composito et diviso*, was jedoch hier nur erwähnt werden soll, da ich im Zusammenhang der Darstellung der mittelalterlichen Philosophie dieses Problem nicht aufgreifen kann.

Die Grenze der aristotelischen Syllogistik liegt in ihrem Ausgangspunkt, der Subjekt-Kopula-Prädikat-Struktur der Aussagen. Sätze wie *A ist größer als B* bleiben außerhalb der Betrachtung der aristotelischen formalen Logik, und somit auch Argumente wie: *Wenn A größer ist als B, und B größer ist als C, dann ist A größer als C*, ein Argument, das sich nicht auf einen Syllogismus zurückführen läßt, das aber offensichtlich formal völlig korrekt ist. Solche relationslogischen Argumente waren Aristoteles bekannt, dennoch hat er dazu keine systematischen Untersuchungen unternommen.

Wir haben in der Darlegung des syllogistischen Systems stillschweigend vorausgesetzt, daß die Buchstaben *A*, *B* usw. (auch) als Klassen interpretiert werden können. Es sei jedoch darauf hingewiesen, daß es in den Texten des Aristoteles nicht eindeutig ist, ob er darunter Allgemeinbegriffe, Klassen oder beides zugleich meint. Vielleicht verhält es sich hier so wie bei der Frage, ob Aristoteles mit logischen Gesetzen oder mit logischen Regeln arbeitet: Beides sind Unterscheidungen, mit denen wir heute berechtigterweise arbeiten, ob es aber ebenso berechtigt ist, mit diesen Unterscheidungen an die Interpretation von Texten aus der Antike heranzugehen, in denen diese Unterscheidungen noch gar nicht existierten, ist eine andere Frage.

Es gibt im Grunde kein Problem der Logik, das nicht schon in Ansätzen bei Aristoteles vorhanden ist. Um wieder einem Logiker von seinem Format zu begegnen, müssen wir rund zweitausend Jahre warten – bis Leibniz. Und es war Leibniz, der Aristoteles das »Kompliment« machte, daß Aristoteles der erste war, der die Logik in eine mathematische Form gebracht hat (L. Couturat: *Opuscules et fragments inédits de Leibniz*. Paris 1903. S. 338). Dies ist bemerkenswert, weil Aristoteles an der Mathematik selbst nicht sonderlich interessiert war, und es ist ebenfalls bemerkenswert im Vergleich zu Platon: Dieser räumte der Mathematik einen sehr hohen Stellenwert ein, kam aber nicht auf den Gedanken, Argumentationsformen auf dem Hinter-
grund dieses Erkenntnisideals zu analysieren.

4. Naturwissenschaft

a) Die Schriften

Es ist hier nicht erforderlich, alle Schriften im Einzelnen aufzuzählen, die folgenden sind die wichtigsten (es werden dabei die bei uns gebräuchlicheren lateinischen Buchtitel aufgeführt):

Physik: Diese Schrift ist aus verschiedenen Einzelschriften zusammengesetzt, die in verschiedenen Perioden entstanden sind. Die Bücher I–IV sind inhaltlich zusammenhängend, das Buch VIII ist der am spätesten verfaßte Text (2. Athenperiode).

Über die Bewegung der Lebewesen (De motu animalium): In dieser Schrift geht es um das Problem der Selbstbewegung der Lebewesen, in deren Erklärung Aristoteles eines der schwierigsten Probleme überhaupt sah. Diese Schrift ist nach dem VIII. Buch der Physik entstanden.

Über den Himmel (De caelo): Diese Schrift beinhaltet die Kosmologie. Sie entstand in der Akademiezeit.

Über Entstehen und Vergehen (De generatione et corruptione): Diese Abhandlung schließt sich an *De caelo* an und ist zur selben Zeit entstanden. Es geht darin um Entstehen und Vergehen physischer Dinge.

Meteorologie (Metereologica): Das IV. Buch ist in der Akademiezeit entstanden, die Bücher I–III in der Periode Assos-Lesbos-Makedonien.

Über die Geschichte der Lebewesen (Historia animalium): Es handelt sich nicht um Geschichte, sondern um Zoologie im späteren Sinn.

Über die Teile der Lebewesen (De partibus animalium): Steht im Zusammenhang mit der eben genannten Abhandlung.

Über die Seele (De anima): Diese Schrift weist zwei Schichten auf. In einer Überarbeitung ergänzte Aristoteles die ursprünglich überwiegend biologische Analyse der Seelenfunktion durch eine philosophische Analyse. Die Schrift gehört in die zweite Athenperiode und weist besonders große Interpretationsprobleme auf, wie die spätere Geschichte zeigt.

b) Der Fragerahmen

Für die aristotelische Physik wie für die Metaphysik muß man sich den grundsätzlichen Rahmen klarmachen. Aristoteles geht methodisch sehr vorsichtig vor, dennoch gibt es für ihn keine Methode, die von vornherein für alle Gegenstände geeignet sein
286 | kann. Infolgedessen gibt es für ihn keine Universalwissenschaft:

Nach diesen Bestimmungen ergibt sich, daß die Erklärungen über wahr und falsch, welche sich auf einerlei Weise über alles erstrecken sollen, nicht statthaben können. (*Metaphysik* IV 8, 1012a 29–30)

Wir dürfen also bei Aristoteles nicht erwarten, allgemeingültige Aussagen über alles Seiende zu finden, wie manchmal besonders der aristotelischen Metaphysik, aber auch schon der Physik unterstellt wird. Was Aristoteles sucht, sind nicht allgemeine Prinzipien des Seins, sondern zunächst einmal allgemeine *Gesichtspunkte*, unter denen ein geordneter Diskurs über die verschiedensten Probleme durchgeführt werden kann. Der Ausgangspunkt ist *nicht ontologisch* sondern *sprachtheoretisch*, der allgemeine wissenschaftstheoretische Rahmen ist eine durch die Topik bestimmte Diskurstheorie.

Man muß […] das Zugeständnis fordern, nicht daß etwas sei oder nicht sei, sondern daß man mit einem Worte etwas bezeichne; man muß also von einer Begriffsbestimmung ausgehend sich unterreden und zuerst festsetzen, was denn wahr oder falsch bedeute. (Ebd. IV 8, 1012b 5–8)

Dieser sprachtheoretische Ausgangspunkt ist auch bei der aristotelischen Lehre der vier Ursachen maßgebend: Aristoteles ist überzeugt, daß durch vernünftiges, begründendes Reden über die Dinge etwas über die Realität der Dinge ausgesagt wird. Es handelt sich also vom Ausgangspunkt her nicht um eine hintergründige Theorie von metaphysischen Grundprinzipien, die alles Seiende bestimmen, sondern um etwas viel Einfacheres, nämlich um das Ergebnis einer Analyse des Sprachgebrauchs. Was hier zunächst zur Diskussion steht, ist der *vierfache Sinn des Wortes »Ursache«*. Dabei muß man sich allerdings vor Augen halten, daß einzig die aristotelische Wirkursache dem nahe kommt, was wir heute unter »Ursache« verstehen. Die Erkenntnis der Ursachen ist für Aristoteles zentral, insofern Erkenntnis und Ursachenerkenntnis für ihn ein und dasselbe ist, »denn wir sind überzeugt, dann einen jeden Gegenstand zu erkennen, wenn wir seine ersten Ursachen zur Kenntnis gebracht haben« (*Physik* I 1, 184a 2–3). Mit den vier Ursachen formuliert Aristoteles Einteilungsgesichtspunkte, die ihre formale Einheit in der zugrundeliegenden Warum-Frage haben. Die Prinzipien, von denen Aristoteles spricht, sind also zunächst nicht Prinzipien des Seienden, der Dinge, sondern vielmehr *heuristische Gesichtspunkte*, die ihre diskursive und intersubjektive Legitimation durch den konstanten Sprachgebrauch haben. Dabei nahm Aristoteles allerdings an, daß solche Prinzipien auch das beschreiben, woher bzw. warum die Dinge sind und warum sie gerade so sind, wie sie sind. Aristoteles nimmt also an, daß uns die Sprache zum Verstehen der Wirklichkeit führt. Schon das Wort »Prinzip« *(arché)* hat einen mehrfachen Gebrauch, da es sich sowohl auf die Prinzipien der Erkenntnis wie auf die des Seins beziehen kann. In seiner Analyse des Gebrauchs von »Prinzip« führt Aristoteles u. a. an:

Ferner heißt Prinzip dasjenige, von dem aus etwas am besten entstehen kann. (*Metaphysik* V 1, 1013a 1–2)

Aber auch:

Ferner dasjenige, wovon man in der Erkenntnis eines Gegenstandes ausgeht, denn auch dies wird Prinzip des Gegenstandes genannt; z. B. Prinzipien der Beweise sind die Voraussetzungen. (Ebd. V 1, 1013a 14–16)

Bei dieser Analyse ist der Einsatzpunkt nicht »Prinzip *ist*«, sondern »Prinzip *wird genannt*«, es geht hier also um eine sprachliche Analyse des Gebrauchs von »Prinzip«. Genau in diesem Zusammenhang ist die Analyse von »Ursache«, »Grund« *(aitía)* zu sehen, wie Aristoteles selbst feststellt, wenn er sagt, es gehe dabei um den *Gebrauch des Begriffs* »Ursache«:

In gleich vielen Bedeutungen wird auch der Begriff Ursache gebraucht; denn alle Ursachen sind Prinzipien. Allgemeines Merkmal von Prinzip in allen Bedeutungen ist, daß es ein Erstes ist, wovon her etwas ist, wird oder erkannt wird. (Ebd. V 1, 1013a 16–19)

Die vier Ursachen, die Aristoteles immer wieder anführt, sind also zunächst einmal Gesichtspunkte, die sich aus dem allgemeinen und verbindlichen Sprachgebrauch ergeben. Eine ausführliche Darstellung der Lehre von den vier Ursachen findet sich in der *Physik* II 3, 194b 16–195a 3, dort macht Aristoteles nochmals ganz deutlich, daß er von der Verwendung des Wortes »Ursache« in der Umgangssprache ausgeht (*Ebd.* II 3, 195a 3–4). In der *Metaphysik* (V 1, 1013a 24–b 3) wird dieser vierfache Sinn in der folgenden Weise charakterisiert (die nachstehende Aufzählung ist ein Exzerpt aus der genannten Stelle der *Metaphysik*):

Ursache wird genannt:
1. Der immanente *Stoff*, z. B. ist das Erz als Stoff Ursache der Bildsäule. Für Erz kann man auch die allgemeineren Gattungen nehmen, also z. B. Metall.
2. Die *Form*, d. h. der Begriff des Soseins.
3. Das, *wovon die Veränderung oder die Ruhe ihren Anfang nimmt*. So ist das Hervorbringende Ursache des Hervorgebrachten, das Verändernde Ursache des Veränderten.
4. Der *Zweck*, d. h. dasjenige, worumwillen etwas geschieht.

Dasselbe Verfahren liegt in der *2. Analytik* vor, wo Aristoteles die »Ursachen« ausdrücklich als die Antworten formuliert, die auf vier verschiedene Warum-Fragen gegeben werden. Was Aristoteles daran interessiert, ist jedoch nicht die Antwort selbst, d. h. die Antwort für sich genommen, sondern die Antwort in einem Begründungszusammenhang, in dem diese Ursache als Mittelbegriff eines Schlußverfahrens auftritt:

Da wir aber zu wissen glauben, wenn wir die Ursache wissen, und der Ursachen vier sind: eine, der die Frage gilt: was ist es? eine, was muß sein, wenn notwendig dieses sein soll? eine andere, was bewegt zuerst? und die vierte, weswegen? so treten alle diese Ursachen in dem Mittelbegriff auf. (*2. Analytik* II 11, 94a 21–24)

Dieser Begründungszusammenhang mit seiner Frage nach der Ursache und dem Begriff einer Ursache als Mittelbegriff stellt für Aristoteles ein allgemeines Verfahren dar, das nicht erfunden wurde, um metaphysische letzte Gründe zu finden, sondern um ganz allgemein Fragen nach »Was ist?«, »Warum«?, »Woher?«, »Wozu«? zu beantworten. Eine ausführlichere Darstellung der Lehre von den vier Ursachen findet sich in der *Physik* II 3, 194b 16–195a 3. Wie allgemein dieser Fragerahmen und der gelieferte Begründungszusammenhang ist, läßt sich an Beispielen sehen, die Aristoteles anführt. Die bekanntesten stammen natürlich aus der Naturwissenschaft, daneben gibt es aber durchaus Beispiele, die aus Berichten über historische Ereignisse stammen:

Warum hatten die Athener den Krieg mit den Persern? Was war die Ursache, daß die Athener mit Krieg überzogen wurden? Weil sie mit denen aus Eretria die Stadt Sardes angriffen. Denn das gab den ersten Anstoß. Krieg soll A sein, zuerst angreifen B, Athener C. Es kommt also B dem C zu, zuerst angreifen den Athenern, A aber dem B; denn man führt gegen diejenigen Krieg, die zuerst eine Unbilde zugefügt haben. Mithin kommt dem B das A zu, daß man gegen die, die zuerst angefangen haben, Krieg führt, dieses B aber den Athenern, weil sie zuerst angefangen haben. Mithin ist auch hier die Ursache, das erste Bewegende, Mittelbegriff. (2. *Analytik* II 11, 94a 36–b 8)

Hier arbeitet Aristoteles im Bereich der Geschichte mit einem Syllogismus. Dies ist aufschlußreich, da traditionell die Geschichte gar nicht als Bereich der Wissenschaft angesehen wurde. Aristoteles erkennt aber offensichtlich keine solchen wissenschaftstheoretischen Grenzziehungen an. Der von Aristoteles ins Spiel gebrachte Syllogismus ist der erste der ersten Figur, also:

$$[(C\ a\ B) \wedge (B\ a\ A)] \rightarrow (C\ a\ A) \text{ (Mittelbegriff } B = \text{»zuerst angreifen«)}$$

Aristoteles wendet also sein Erklärungsschema auf natürliche wie auf historische Phänomene an. Da im Rahmen der Erklärung historischer Phänomene jedoch nur selten allgemeine Gesetzlichkeiten aufgefunden werden können, hat Aristoteles Geschichte im allgemeinen als Wissenschaft nicht in Betracht gezogen, denn in diesem Bereich müssen zur Erklärung oft »nebenbei eintretende Wirkungen« in Betracht gezogen werden (*Physik* II 5, 196b 23). Er führt folgendes Beispiel an: Jemand geht auf den Markt, um einzukaufen, trifft dort auf einen Schuldner und kann so das Geld einziehen (Ebd. 196b 29–197a 8). Hier liegt durchaus eine Erklärung für das Ergebnis – | 289
das Erhalten des Geldes – vor, dennoch ist dies keine wissenschaftliche Erklärung im Sinn des Aristoteles, da hier nicht auf eine Regelmäßigkeit rekurriert werden kann: das Ergebnis trat nur »nebenbei« auf. »Erklärung« ist also ein weiterer Begriff als »wissenschaftliche Erklärung«. Handelt es sich um natürliche Phänomene, d. h. um Phänomene der Natur, so ergibt das Frageschema der vier Ursachen Naturwissenschaft, z. B. Physik oder Biologie. Das Entscheidende bei der Erklärung in der Naturwissenschaft ist der Rückgriff auf Gesetzlichkeiten, denn »alle naturhaften Ereignisse vollziehen sich entweder *immer* so oder *in aller Regel so*« (*Physik* II 8, 199a 34–36). Auch dies ist vorsichtig formuliert, es läßt durchaus Ausnahmen von der Regel zu.

Die Welt der Erfahrung ist zunächst ein Chaos von sinnlichen Eindrücken, erst unser Denken schafft hier Ordnung, wobei es sich der Sprache bedient. Die Erkenntnis von Prinzipien ist aber bei Aristoteles – anders als bei Platon – kein Selbstzweck, sondern Hilfsmittel für Erklärungen oder Begründungen. Die Vier-Ursachenlehre bzw. die Vier-Fragen-Lehre stellt eine heuristische Methode dar, mit deren Hilfe Aristoteles versucht, die Phänomene zu verstehen: Wir gelangen zur Erkenntnis der Dinge, indem wir die sprachlichen Verknüpfungen analysieren, in denen wir von einem bestimmten Ding sprechen. Der Gegenstand der Naturwissenschaft ist daher nicht die Natur an sich, sondern die Natur, wie sie sich in unseren sprachlich vermittelten Fragestellungen darbietet. Dieser Rahmen der Naturwissenschaft ist gar nicht so fern von unserem heutigen, Aristoteles hat sogar die erforderliche Präzisierung solcher sprachlichen Formulierungen gesehen. Ein Beispiel: In der heutigen Wissenschaftstheorie unterscheidet man *Beschreibung* und *Erklärung*, denn etwas kann in einer Erklärung nur dann verwendet werden, wenn es nicht nur mit einer zutreffenden, sondern mit der richtigen, d.h. zu der Erklärungsfrage passenden, Beschreibung eingeführt wird. Aristoteles weist auf diesen Unterschied hin, wenn er z.B. sagt: »eines Hauses Urheber ist ein Baumeister, im nebenbei eintretenden Sinn kann es aber auch ein Flötenspieler sein« (*Physik* II 5, 197a 14–15). Eine Person *A* ist eben nur als Baumeister Ursache des Hauses, nicht aber als Flötenspieler. Die mittelalterliche Sprachtheorie wird solche Zusammenhänge ausdrücklich als reduplikative Sätze explizieren, d.h. als: *A quatenus B* (vgl. 2. Teil, Kap. XIII, 1).

In anderer Hinsicht ist jedoch der Unterschied zur modernen Theorie der Wissenschaft nicht zu übersehen. Es ist bekannt, daß Aristoteles – im Gegensatz zu Platon – der empirischen Realität eine sehr große Bedeutung zugebilligt hat, auf die große Sammeltätigkeit des Aristoteles in Hinsicht empirischer Daten ist schon hingewiesen worden. In diesem Sinn betrieb Aristoteles wirklich empirische Wissenschaft. Auch versuchte er, diese empirischen Daten in Zusammenhänge größtmöglichen Umfangs zu stellen, womit er wiederum unserem heutigen Vorgehen sehr nahe steht. Selbst die Tatsache, daß Aristoteles wesentlich weniger empirisches Material zur Verfügung hatte, macht nicht den entscheidenden – bis hier her ja immer nur quantitativ relativen – Unterschied aus. Der Unterschied zu den Verfahren in der

Gegenwart besteht vielmehr darin, daß Aristoteles die Aussagen, die in der Erfahrung bestätigt sind, nicht methodisch zur Überprüfung von wissenschaftlichen Theorien eingesetzt hat, d.h. er betreibt zwar *empirische*, aber *nicht* im neuzeitlichen Sinn *experimentelle* Wissenschaft. Dieser Unterschied wird jedoch manchmal überschätzt: Aristoteles war als Empiriker besonders an der Biologie interessiert. In diesem Bereich war – jedenfalls zu der Zeit, zu der er arbeitete – der entscheidende Aspekt die genaue Beobachtung und Beschreibung der Tiere, der Funktion ihrer Organe usw. Dies gilt auch noch heute: Wir müssen zunächst wissen, *was* ein Panda zum Überleben braucht, selbst wenn wir zunächst einmal ganz und gar nicht wissen, *warum* er gerade dies und nichts anderes benötigt. Ähnliches gilt für den gelegentlich herausgestellten »Mangel« quantitativer Bestimmungen in der aristotelischen Wissenschaft: Auch hier ist zu sagen, daß es gerade in der Biologie wichtiger ist, die Gestalt eines Tieres zu beschreiben, als seine Größe. Die Priorität qualitativen Begreifens von Phänomenen gegenüber quantitativen Bestimmunten ist nicht unbedingt negativ zu bewerten. Wir sind in unserer Zeit durchaus bereit, den qualitativen Aspekten des Lebens einen Vorrang vor den quantitativen Aspekten einzuräumen. Daß Wissenschaft einzig dort anzutreffen ist, wo qualitative Bestimmungen in quantitative übersetzbar sind, ist nur ein Vorurteil neuzeitlicher Wissenschaft.

Ein Punkt, der immer wieder Anlaß zu kritischen Fragen bis zur strikten Ablehnung gegeben hat, ist die von Aristoteles bei der Erklärung von Naturphänomenen herangezogene *Finalität*, also die Annahme einer Zielursächlichkeit. Zunächst einmal ist zu sagen, daß Aristoteles es sich keinesfalls leicht macht: Er geht vorerst von der gegenteiligen Annahme aus, nämlich, daß alles adäquat – und das heißt: vollständig – durch kausale Notwendigkeit erklärt werden könne. Aristoteles stellt sich also selbst die Frage, ob die Annahme einer Finalität, eines »wegen etwas«, nicht einfach überflüssig sei: »Es steckt eine Schwierigkeit in der Frage, was denn die Annahme hindern soll, die Natur gehe nicht wegen etwas zu Werke« (*Physik* II 8, 198b 16–17). Ebenso stellt er sich die Frage, ob die Zielgerichtetheit nicht nur scheinbar vorliege (Ebd. 198b 28–29). Aristoteles ist also – im Unterschied zu Platon – nicht schon im Ausgangspunkt Vertreter einer Zielgerichtetheit der natürlichen Phänomene, sondern stellt sich vielmehr ausdrücklich die Frage, ob dies nicht eine ganz überflüssige Annahme sei. Wir könnten auch sagen: Die Finalität ist für Aristoteles eine »Restproblematik«, die sich bei der Erklärung der natürlichen Dinge ergibt. Aristoteles ist sich dabei durchaus bewußt, daß man bei der Annahme von Finalität meinen könnte, es handle sich dabei um eine unerlaubte Übertragung von Zwecken, die bei der Hervorbringung von Handwerkserzeugnissen vorliegen, auf Produkte der Natur, und er sagt daher ausdrücklich, daß es sich bei diesen Zielen um keinerlei »bewußte Kunstfertigkeit« handle (Ebd. 198b 20–21). Aristoteles meint somit keinesfalls, daß mit der Annahme von Finalität irgendein bewußt setzender »geheimer« Zielsetzer mitgemeint wäre. Sein Ausgangspunkt ist eigentlich sehr bescheiden: Er sagt z. B., daß wir von Mißbildungen sprechen und stellt fest, daß dabei eine sprachliche Analogie zur Herstellung künstlicher Dinge vorliege, die nicht sinnlos erscheint:

Wenn es also unter den Erzeugnissen gemäß Kunstfertigkeit welche gibt, bei denen das richtige »wegen etwas« erreicht ist, bei den mißlungenen Dingen aber das »wegen etwas« wohl versucht, aber verfehlt worden ist, dann dürfte sich das bei den natürlichen Dingen ähnlich verhalten, und Mißbildungen sind Verfehlungen jenes »wegen etwas«. (*Physik* II 8, 199b 1–4).

Aristoteles will hier folgendes sagen: Wir sprechen offensichtlich sinnvoll von »Mißbildungen«, und meinen damit, daß ein bestimmter natürlicher Gegenstand – er denkt dabei vor allem an Dinge aus dem biologischen Bereich – nicht dazu taugt, »wofür« er eigentlich gut sein sollte.

Wir wollen die Frage der Finalität hier nicht weiter verfolgen, auch wurde sie ja eigentlich erst innerhalb der neuzeitlichen Naturwissenschaft – oft vermengt mit problematischen theologischen Vorstellungen oder Unterstellungen – zu einem echten Streitpunkt. Mit Bezug auf Aristoteles muß man sich einfach fragen, ob eine vollständige und adäquate Beschreibungssprache aller natürlichen Phänomene ohne Ausdrücke wie »wofür« oder »wegen etwas«, in denen also in irgendeiner Weise Finalität enthalten ist, auskommt, und ob alle diese Ausdrücke adäquat durch »weil« ersetzt werden können. Daß es zahlreiche Bereiche gibt, wo dies möglich ist, weiß Aristoteles, wenn er sagt, daß in vielen Fällen Form-, Wirk- und Zweckursache in eins zusammenfallen (Ebd. II 7, 198a 24–25). Er ist nur der Meinung, daß dies nicht immer möglich ist.

c) Das aristotelische »Weltbild«

Wird der allgemeine Fragerahmen der vier Ursachen auf einzelne Phänomene der belebten Natur angewandt, so ergeben sich für Aristoteles keine besonderen Probleme. Eine Pflanze etwa entsteht aus der Materie des Samens und der Naturstoffe des Bodens. Ihre Entwicklung wird bewirkt durch die dem Samen innewohnende Form, Ziel der Entwicklung ist die vollendete Pflanze, die selbst wieder Ursache ist, wodurch der Kreislauf der Natur aufrechterhalten wird.

Problematisch wird die vierfache Frage, wenn sie auf das Universum als ganzes angewandt wird. Hier tritt wieder die alte, traditionelle Frage im Sinn der *arché* als des Urgrundes der Welt auf, welche die griechische Philosophie seit den Vorsokratikern beschäftigt hatte. In der gesamten Philosophie vor Aristoteles war ein Grundgedanke vorherrschend gewesen: Die Welt ist aus einem präkosmischen Stadium entstanden, in dem ein Urstoff oder eine Anzahl von Urstoffen vorhanden war. Aristoteles ist jedoch der Meinung, daß diese Frage falsch gestellt ist: Das Universum ist für ihn die systematisierte Summe unseres Wissens und die darin zur Sprache kommende Gesamtheit des Seienden. Wie das Wissen, ist das Seiende ein Gesamtzusammenhang, und nur innerhalb dieses Bezugssystems haben Begriffe wie »unendlich«, »Raum«, »Bewegung« und »Zeit« Sinn. Folgerichtig ist bei Aristoteles z. B. das Wort »unbegrenzt/unendlich« *(ápeiron)* nur als Prädikat anwendbar: »Unendlich« kann nur von einem Existierenden ausgesagt werden, etwa als das – zutreffende oder nicht zutreffende – Prädikat »unendlich teilbar« von einem Ding oder das Prädikat »unendlich fortsetzbar« von einer Zahl. Das Universum ist etwas Vollendetes, es hat sein Ziel, seinen Telos, in sich. Prozesse innerhalb dieses Universums können jedoch unendlich sein, können z. B. in einem unendlichen Zeitablauf stattfinden. Es hätte aber keinen Sinn, zu sagen, das Universum *sei* ein Unbegrenztes, ein *ápeiron,* oder sei aus einem solchen hervorgegangen.

Der Begriff *arché* erhält damit bei Aristoteles einen gegenüber seinen Vorgängern verschiedenen Sinn: *arché* ist nicht mehr der Ursprung oder der Anfang, sondern ein Prinzip in dem Sinn, daß es uns die Struktur des Naturgeschehens erkennbar macht. Die letzten, allgemeinsten *archaí* sind daher – so müssen wir Aristoteles interpretieren – die allgemeinsten Mittelbegriffe unseres logischen Nachdenkens über die Struktur des Universums. So ist die erste Materie *(prôte hýle,* lat. *materia prima)* ein *logisches Postulat,* das eine Argumentationsfunktion erfüllt; sie ist also nicht »etwas«, mit ihr wird nur ausgesagt, daß hinter »Materie« nicht nochmals eine *arché* gesucht werden darf. Anders gesagt: Es macht Sinn, nach Prozessen der Veränderung und des Entstehens und Vergehens zu fragen, es hat aber keinen Sinn zu fragen, wo die »Materie überhaupt« herkomme. Wird von Materie als einem Prinzip, einem »Ersten« gesprochen, so ist damit gesagt, daß es keinen Sinn macht, auf dieses Erste eine erneute »erste Frage«, also z. B. die nach einem »Vorher« zu gebrauchen. Ebenso wäre es sinnlos, darauf die weitere Frage des »Woher« oder »Wozu« anzuwenden – im Begriff der »ersten Materie« ist eine Grenze sinnvollen Fragens angezeigt.

Besonders problematisch ist für Aristoteles die Frage nach der *Ursache der Bewegung*. Bei der Materie legten die Phänomene die Annahme nahe, daß sich die materiellen Dinge zwar verändern, während die Materie selbst als letztes Substrat bleibend sei. Bei der Bewegung hingegen legten wiederum die Phänomene die Annahme nahe, daß alles, was in Bewegung ist, von etwas bewegt wurde, hier schien es geboten, zu fragen, wo die »Bewegung überhaupt« herkomme.

Weder die Materie entsteht noch die Form, ich meine nämlich die letzte Materie und die letzte Form. Denn bei jeder Veränderung verändert sich etwas und durch etwas in etwas. Dasjenige, wodurch es sich verändert, ist das erste Bewegende; das, was sich verändert, ist der Stoff; das, worin es sich verändert, ist die Form. Man müßte also ins Unendliche fortschreiten, wenn nicht nur das Erz rund würde, sondern auch das Runde und das Erz würde. Also muß notwendig einmal ein Stillstand eintreten.
(*Metaphysik* XII 3, 1069b 35–1070a 4)

Fragt man auf diese Weise, dann muß logisch postuliert werden, daß es ein »erstes Bewegendes« gibt *(prôton kinoûn)*. Um dieses *logische Postulat* eines *ersten Bewegenden* widerspruchsfrei zu halten, darf dieses erste Bewegende nicht wieder von etwas anderem bewegt sein, sonst wäre es schließlich kein »erstes«. So nimmt Aristoteles im Buch XII der *Metaphysik* über die ewige Bewegung der Himmelskörper hinaus noch eine Ursache der Bewegung, einen »unbewegten Bewegenden«, an. Es handelt sich hier also wieder um ein logisches Postulat, das allerdings nicht ohne weiteres in das physikalische Weltbild eingebaut werden konnte. Dieses Postulat ist aber eigentlich nichts anderes als die Umformulierung des im Zitat angeführten Satzes: »Man müßte also ins Unendliche fortschreiten – also muß notwendig einmal ein Stillstand eintreten.« Aristoteles formuliert hier eigentlich nur die Schwierigkeiten logisch, die sich aus der Trennung von Materie und Bewegung ergeben. Die Vorsokratiker vor Parmenides waren von einem immer schon bewegten Ursprung/Urstoff ausgegangen. Wird – seit Parmenides – der »Stoff«, das »Sein«, von der Bewegung getrennt, wird es möglich, das Sein als bewegungslos zu denken, so ergibt sich dann, wenn man im Gegensatz zur Auffassung des Parmenides die Bewegung als real denken will, die Forderung, dem »Stoff an sich« eine »Bewegung an sich« gegenüberzustellen, wie dies Anaxagoras tat (vgl. Kap. V, 2). Wird dann, wie es bei Aristoteles der Fall ist, »Bewegung« als »bewegt von etwas« verstanden, dann muß schließlich dem ungewordenen/unbewegten Stoff ein unbewegter Beweger gegenübergestellt werden. Zwingend ist diese Argumentation allerdings nicht: Man könnte einer »ersten Materie« als Grenze sinnvollen Fragens auch eine »erste Bewegung« als ebensolche Grenze sinnvollen Fragens gegenüberstellen. Die aristotelische »Lösung« ergibt sich erst dort, wo man die Unmöglichkeit eines *regressus in infinitum* als eine Denknotwendigkeit annimmt. Es sei schon jetzt darauf hingewiesen, daß die Selbstverständlichkeit, mit der Aristoteles mit der Unmöglichkeit eines *regressus in infinitum* (»man müßte also ins Unendliche fortschreiten«) argumentiert, sehr problematisch ist, diese Frage wird bei der Behandlung der Grundvoraussetzungen der Skeptiker wieder aufgegriffen werden (Kap. XIV, 2).

Aristoteles suchte natürlich Anhaltspunkte dafür, daß dieser erste Beweger nicht nur als logisches Postulat, sondern als tatsächlich existierend aufzufassen sei. Die Annahme einer ursprünglichen Tätigkeit dieses ersten Prinzips findet er schon in der Überlieferung. Der wichtigste Zeuge dafür ist Anaxagoras und dessen Annahme eines Geistes, eines Nous, der immer schon Tätigkeit ist (*Metaphysik* XII 6, 1072a 4–5). Konsequenterweise kritisiert Aristoteles die Auffassung Leukipps, nach der angenommen wird, es gebe eine ewige Bewegung, bei der jedoch nicht – wie Aristoteles es fordert – angegeben wird, welcher Art diese erste Bewegung ist (Ebd. XII 6, 1072a 31–37).

Aus der Annahme eines unbewegten Bewegers ergibt sich für Aristoteles aber nicht die Annahme eines zeitlichen Anfangs der Bewegung: Die Bewegung ist ewig.

Unmöglich aber kann die Bewegung entstehen oder vergehen; denn sie war immer. Ebensowenig die Zeit; denn das Früher oder Später ist selbst nicht möglich, wenn es

keine Zeit gibt. (*Metaphysik* XII 6, 1071b 6–9)

Wir gelangen so zu der ewigen Bewegung des Himmels der Gestirne, die selbst wieder Ursache der Bewegung der sublunaren Welt, der Welt unterhalb des Mondes, ist. Die Einzelheiten der Beschreibung dieser Bewegungen am Himmel entnimmt die Philosophie der Astronomie:

Die Anzahl aber der Bewegungen müssen wir aus derjenigen mathematischen Wissenschaft entnehmen, welche mit der Philosophie in der nächsten Beziehung steht, aus der Astronomie. (Ebd. XII 8, 1073b 2–5)

Wir sind also weiterhin durchaus im Bereich dessen, was zur Naturwissenschaft im aristotelischen Sinn gehört. Dies gilt auch für das, was Aristoteles dieser Überlegung hinzufügt, nämlich das, was er als Ursache der ewigen Bewegung annimmt.

Also ist der erste Himmel ewig. Also gibt es auch etwas, das bewegt. Da aber dasjenige, was bewegt wird und bewegt, ein Mittleres ist, so muß es auch etwas geben, das ohne bewegt zu werden, selbst bewegt, das ewig und Wesen und Wirklichkeit ist. (Ebd. XII 7, 1072a 22–26)

Dieses Erste Bewegende wird so genannt, weil es das letzte Ziel von allem ist. Um dies zu erklären, zieht Aristoteles eine Analogie heran: Wir sehen etwas Schönes, und dieses setzt uns in Bewegung, weil wir es erlangen wollen. So wird das *Erste Bewegende* zur *letzten Zielursache*.

Daß aber der Zweck zu dem Unbewegten gehört, macht die Unterscheidung deutlich; denn es gibt einen Zweck für etwas und von etwas; jener ist unbeweglich, dieser nicht. Jenes bewegt wie ein Geliebtes, und durch das (von ihm) Bewegte bewegt er das übrige. (Ebd. XII 7, 1072b 1–4)

So wird das Streben nach dem Guten als letztem Ziel zum Bewegungsgrund des Weltalls. Die gesamte bisherige Überlegung des Aristoteles beruht letztlich auf dem schon genannten – wenn auch nicht unproblematischen – und von ihm oft wiederholten Prinzip, daß ein Fortschreiten der Suche nach dem Ursprung der Bewegung ins Unendliche undenkbar ist (vgl. ebd. XII 8, 1074b 29–30). Wir sind bis zu diesem Punkt der Überlegung bei einem Postulat, einem logisch geforderten Existierenden, das erforderlich ist, um anderes Existierendes kohärent erklären zu können. Aristoteles ging jedoch einen – wiederum recht problematischen – Schritt weiter: Es lag nahe, dieses letzte Bewegungs- und Zielprinzip als »göttlich« zu bezeichnen. Dies darf jedoch nicht überinterpretiert werden, da »göttlich« bei den Griechen alles war, was über die menschliche Sphäre erhoben war: Auch der Himmel der Gestirne war göttlich. Allerdings legt Aristoteles dieses »göttlich« des Ersten Bewegers dann aus als das »reine Denken« (Ebd. XII 7, 1072b 18–19), eine Bezeichnung, die historisch auf den Nous des Anaxagoras zurückgeht und viel diskutiert worden ist. Aristoteles sagt:

Und Leben wohnt in ihm; denn der Vernunft Wirklichkeit (wirkliche Tätigkeit) ist Leben, jener aber ist die Wirklichkeit (Tätigkeit), seine Wirklichkeit (Tätigkeit) an sich ist bestes und ewiges Leben. Der Gott sagen wir, ist das ewige, beste Lebewesen, so daß dem Gott beständige Ewigkeit zukommt, denn dies ist der Gott. (*Metaphysik* XII 7, 1072b 26–30)

Hier verwendet Aristoteles wieder eine Analogie, genommen aus dem menschlichen Leben:

Sein Leben aber ist das beste, und wie es bei uns nur kurze Zeit stattfindet, da beständige Dauer uns unmöglich ist, ist es bei ihm immerwährend. (Ebd. XII 7, 1072b 15–16)

»Von einem solchen Prinzip *(arché)* also hängen der Himmel und die Natur ab« (Ebd. XII 7, 1072b 14). Solche Äußerungen gaben später für die christliche Theologie willkommene Anknüpfungspunkte – allerdings erst nach Bekanntwerden der *Metaphysik* des Aristoteles im 12./13. Jhd., während die arabischen Philosophen diese Stellen schon früher kannten. Dabei wurde jedoch gewöhnlich die Sprach- und Argumentationsstruktur, wie sie bei Aristoteles vorliegt, nicht genügend berücksichtigt. Was Aristoteles in prinzipiellem Zusammenhang sagt, ist nicht mehr, als daß logisch ein Erstes Bewegendes gefordert ist, das unbewegt sein muß. Wird dieses dann zum Ziel, zum *télos*, erklärt, werden ihm jene Eigenschaften anthropomorph zugeschrieben, die Aristoteles als Ziel des menschlichen Lebens ansah, entsprechend also seinen Vorstellungen in Hinsicht auf das Glück, die *eudaimonía.* Denken gehört prinzipiell zur *eudaimonía:*

Die Vernunfttätigkeit an sich aber geht auf das an sich Beste, die höchste auf das Höchste. Sich selbst erkennt die Vernunft in Ergreifung des Intelligiblen; denn intelligibel wird sie selbst, den Gegenstand berührend und erfassend, so daß Vernunft und Intelligibles dasselbe sind. [...] Also ist jenes (das Intelligible) noch in vollerem Sinn göttlich als das, was die Vernunft Göttliches zu haben scheint, und die Betrachtung (theoretische Tätigkeit) ist das Angenehmste und Beste. Wenn sich nun so gut, wie wir zuweilen, der Gott immer verhält, so ist er bewundernswert, wenn aber noch besser, noch bewundernswerter. (Ebd. XII 7, 1072b 18–26)

Die Struktur dieses Arguments ist verhältnismäßig einfach: Aus bestimmten Voraussetzungen ergibt sich ein bestimmtes Postulat, ein abstraktes Prinzip. Anschließend wird dieses letzte und höchste Prinzip mit einer sehr anthropomorphen Gottesvorstellung verbunden, die auf dem Prinzip des Gegensatzes zu erfahrenem Mangel beruht.

Daß diese ganze Konstruktion in der *Metaphysik* nicht unproblematisch ist, war Aristoteles wahrscheinlich selbst klar. Im späten VIII Buch der *Physik* beschränkt er
296 | sich doch wieder auf die rein logische Argumentation. Auch dort geht er wieder von der Lehre des Anaxagoras aus (*Physik* VIII 9, 265b 22–23) und geht auch wiederum über sie hinaus, indem er dem Ersten Beweger nicht nur den *Anstoß* der Bewegung, sondern auch die *Erhaltung* der Bewegung zuschreibt:

Das erste Bewegende setzt aber nun doch immerwährende Bewegung in Gang und (erhält sie) über eine unendliche Zeit. Somit ist einsichtig: Nicht auseinandernehmbar ist es, teillos und hat keine Ausdehnngsgröße. (*Physik* VIII 10, 267b 24–26)

Der quasi-theologische Exkurs des Buches *Lambda,* also des Buches XII der *Metaphysik,* ist hier vorbei, wir sollten aber nicht vergessen, daß auch dieser Exkurs nur ein Exkurs zu einem naturphilosophischen Thema war. Eine Theologie hat Aristoteles nicht geschrieben, tatsächlich hat er eine solche nie im Sinne gehabt, wahrscheinlich haben Spätere ihm genau dies übel genommen und ihm daher eine angedichtet. Darauf werden wir noch zurückkommen (vgl. die *Theologie des Aristoteles* im 2. Teil, Kap. IX, 2, b).

Folgenschwer für die weitere Geschichte der Wissenschaft war das *geozentrische Weltbild* der Kosmologie des Aristoteles. Mit diesem geozentrischen Weltbild lag er dabei auf der Linie der Mehrzahl seiner Vorgänger, im Unterschied zu den meisten seiner Vorgänger suchte er dafür jedoch Beweise, z. B.: Schweres bewegt sich auf den Mittelpunkt der Erde zu, was sich daran zeigt,

[...] daß die schweren Körper, die sich auf sie hin bewegen, nicht parallel, sondern in gleichen Winkeln laufen, so daß sie also zu einem einzigen Mittelpunkt streben, näm-

> lich dem der Erde. Es muß also offensichtlich die Erde im Mittelpunkt sein und unbeweglich, aus den angegebenen Ursachen und weil die senkrecht nach oben geschleuderten Gewichte wieder an denselben Punkt zurückfallen, auch wenn die Kraft sie unbegrenzt weit hinaufschleuderte. Daß die Erde sich also nicht bewegt und sich nicht außerhalb des Mittelpunktes befindet, ist aus dem Gesagten klar. (*Über den Himmel* II 14, 296b 18–22)

Dies ist nicht die einzige Bestätigung, die Aristoteles für seine Ansicht aus der Physik gewinnt, wir wollen dies hier indes nicht weiter verfolgen. Aristoteles beruft sich aber auch auf die Astronomen, und in diesem Zusammenhang führt er einen interessanten Gedanken an:

> Ein Zeugnis dafür ist auch das, was die Mathematiker über die Astronomie sagen. Die Phänomene nämlich ergeben sich mit der Veränderung der Formen, durch die die Ordnung der Gestirne bestimmt ist, unter der Voraussetzung, daß die Erde im Mittelpunkt liegt. (Ebd. 297a 2– 6)

Das Argument lautet also wie folgt: Nehmen wir an, die Erde ruhe im Mittelpunkt
und bewege sich nicht, dann stimmt dies mit allen bekannten Berechnungen der | 297
Astronomie überein. Wir haben es also mit einer Annahme zu tun, die einen bestimmten Erklärungswert in Hinsicht auf empirische Phänomene hat. Für Aristoteles war somit dieses Weltbild keine dogmatische und undiskutierbare Voraussetzung, sondern eine *Theorie*, die mit beobachtbaren *Phänomenen* übereinstimmt, die aber sowohl von der Beobachtung wie von der Theorie her revidiert werden kann. In diesem Sinn gibt es also gar kein aristotelisches Weltbild, sondern nur eine aristotelische wissenschaftliche Theorie der Bewegung der Sterne, für die nicht mehr Geltung beansprucht werden kann als für andere wissenschaftliche Theorien. Die wissenschaftshemmenden Folgen dieser und vieler anderer Theorien des Aristoteles sind nicht Aristoteles anzulasten. Er verband die wenigen Beobachtungsdaten, die er mit unermüdlichem Fleiß zusammengetragen hatte, mit sehr viel Spekulation (z. B.: Es gibt zwei prinzipiell verschiedene Bewegungen: die gradlinige und die kreisförmige) und kam dennoch zu einem Ergebnis, das auf viele Menschen seiner und der folgenden Zeit sehr überzeugend wirkte. Seine – von ihm selbst nie beanspruchte – Autorität verhinderte jedoch später, daß z. B. die schon im Hellenismus vorhandene heliozentrische Theorie ernsthaft diskutiert wurde. Das Problem vieler seiner Nachfolger wird sein, daß sie nicht mehr den Erkenntniswillen des Aristoteles besitzen, sondern anstelle dessen Aristoteles-Texte interpretieren, und genau damit das eigentliche wissenschaftliche und philosophische Anliegen des Aristoteles verfehlen. Aristoteles wollte die Wissenschaft und die Forschung seiner Vorgänger aufgreifen und weiterführen, und er wollte, daß wiederum andere seine Arbeit weiterführen. Aristoteles kritisierte sehr eingehend bestimmte Auffassungen seiner Vor-

gänger und es gibt in seinen eigenen Schriften keinerlei Hinweis darauf, daß er meinte, seine Nachfolger sollten seinen Auffassungen gegenüber anders vorgehen. Wir werden allerdings bei der Behandlung der späten hellenistischen Philosophie der Aristoteles-Kommentatoren sehen, wie sich dort ein Wissenschafts-Paradigma exegetischer Art herausbildete, das den Wissenschaftsinteressen des Aristoteles eigentlich ganz fremd ist (vgl. Kap. XVIII).

5. Metaphysik

a) Problemgeschichtliche Aspekte

In der aristotelischen *Metaphysik*, die schon literarisch keine einheitliche Schrift ist, wird eine ganze Reihe sehr verschiedener Probleme behandelt, die außerdem wiederum von sehr verschiedenen Ansatzpunkten aus analysiert werden. Es gibt jedoch ein Grundproblem, das sowohl zentral ist für den Problemkreis, den Aristoteles die *prôte philosophía*, die Erste Philosophie, nannte, als auch zentral ist für die Problemorientierung, mit der er an die verschiedensten Bereiche der Naturwissenschaft und der Naturphilosophie heranging. Dieses Zentralproblem wird bei Aristoteles unter dem Begriff *ousía* diskutiert. Im Lateinischen wurde dieser Begriff mit *essentia* und *substantia* wiedergegeben. Schon der Übergang vom griechischen Begriff zu den lateinischen Begriffen ist allerdings nicht unproblematisch. Im Griechischen war *ousía* ein Wort der Umgangssprache, im Lateinischen hingegen sind *essentia* und *substantia* ausdrücklich als philosophische Fachbegriffe für die Übersetzung von *ousía* eingeführt worden, wann und von wem, wissen wir nicht genau. Zunächst wurden diese beiden lateinischen Begriffe nicht unterschieden, noch bei Augustinus kann einer für den anderen stehen. Die eigentliche Begriffsgeschichte von »Substanz« beginnt mit dem Kommentar des Boethius (um 480–524/525 n. Chr.) zu den *Kategorien* des Aristoteles. Dieser Punkt ist für das Verständnis der weiteren Geschichte des Substanzproblems wichtig, und zwar in zweifacher Hinsicht: (1) Das Substanzproblem, so wie es in die weitere Denkgeschichte eingegangen ist, orientiert sich weitgehend an der von Boethius eingeschlagenen Richtung, und das heißt: an der Darstellung des Substanzproblems, wie es in der aristotelischen Schrift über die *Kategorien* behandelt wird. Damit nimmt die Geschichte des Substanzproblems ihren Ausgangspunkt in einer Frühschrift des Aristoteles und wird von dort aus selbständig fortgesetzt, ohne die weitere Entwicklung bei Aristoteles, wie sie vor allem in den verschiedenen Teilen der *Metaphysik* repräsentiert ist, zu berücksichtigen. (2) Boethius orientiert sich an der in der Spätantike durchgeführten Interpretation der aristotelischen Kategorienlehre im Rahmen des Neuplatonismus. Diese Uminterpretation zeigt sich besonders in der (weiter unten angeführten) äußerst problematischen Umkehrung des Beziehungsverhältnisses von erster und zweiter Substanz.

b) Der Ansatzpunkt der Substanzlehre in der Kategorienschrift

Die Kategorienschrift kennzeichnet einen wichtigen Schritt in der Absetzung des Aristoteles von Platon. Der Ausgangspunkt von Aristoteles ist dabei die Sprach- und Ideenlehre Platons, wie sie vor allem im *Sophistes* und im *Parmenides* dargestellt ist. Im *Sophistes* vertritt Platon die Auffassung, daß jede wahre Rede, jeder wahre Logos, eine Verknüpfung zweier Ideen zu einer Einheit darstellt. Darin ist enthalten, daß eine allgemeine Ur-Form der Aussage vorausgesetzt wird, die entweder als *A ist B* oder *A ist nicht B* formuliert werden kann. Platon sah eine solche Aussage als die Verbindung bzw. Trennung von zwei Ideen an, wobei Verbindung bzw. Trennung durch die Teilhabe an der Idee des Seins bzw. der Verschiedenheit hergestellt wird (vgl. Kap. IX, 8, b). Aristoteles analysiert die Aussage anders, wodurch eigentlich erst die sprachliche Einheit, die wir Aussage nennen, als solche in den Blick kommt. Aristoteles sagt, daß etwas von etwas prädiziert wird; »prädizieren« geht auf die lateinische Übersetzung von *kategorein* zurück, wovon sich »Kategorie« ableitet. Was tun wir, wenn wir etwas von etwas aussagen, wenn wir also prädizieren? Aristoteles sagt: Wir sagen das eine von dem anderen als von einem Zugrundeliegenden aus (*Kategorien* 3, 1b 10–11). Das »eine« ist das Prädikat, das »andere« ist das Subjekt, das Zugrundeliegende. Aristoteles stellt dann fest, daß bei einer solchen, durch »ist« hergestellten Prädikation, das »ist« in zwei ganz verschiedenen Weisen gebraucht wird. Dies soll an einem Beispiel verdeutlicht werden. Wir nehmen die Aussage *Dies ist ein weißer Tisch*. Die aristotelische Analyse besagt, daß hier »ist« in verschiedener Weise gebraucht wird, daß also bei der Aussage *Dies ist ein weißer Tisch* in Wirklichkeit zwei ganz verschiedene Aussagen vorliegen: | 299

Dies IST ein Tisch,
und: *Dies HAT Weiße.*

An der Subjektstelle steht beidemal dasselbe, nämlich »*dies*«. Etwas, das nur an Subjektsstelle auftreten kann, nennt Aristoteles »erste Substanz«.

Jede Substanz scheint ein bestimmtes »Dieses« zu bezeichnen. Bezüglich der ersten Substanzen ist es zweifellos und wahr, daß jede ein bestimmtes »Dieses« bezeichnet; denn das angezeigte Ding ist individuell und der Zahl nach eins. (*Kategorien* 5, 3b 10–13)

Die moderne Analogie dazu könnte so aussehen: $\exists(x)\ (T(x) \wedge W(x))$. Die erste Substanz ist hier durch das *x* repräsentiert, der ganze Satz würde dann bedeuten *Es gibt ein x für das gilt: x ist Tisch und x ist weiß*. Daß dies aber keine adäquate Interpretation der aristotelischen Analyse liefert, wird sich gleich zeigen.

Die zentrale, logisch-grammatische und metaphysische Bestimmung der ersten Substanz ist:

Die erste Substanz wird weder von einem Zugrundeliegenden ausgesagt, noch ist sie in einem Zugrundeliegenden. (*Kategorien* 5, 3a 8–9)

Anders – und ganz banal – ausgedrückt: Wenn ich Aussagen genügend lange in einfachere zerlege, komme ich irgendwann zu Aussagen, die ein Dieses-da-Subjekt aufweisen, das nicht mehr Prädikat sein kann. Dieses Subjekt heißt immer »dieses da« und wird »erste Substanz« genannt. Dabei muß angemerkt werden, daß Aristoteles diesen einfachen Sachverhalt sehr nachdrücklich hervorhebt:

Substanz aber ist die hauptsächlich und an erster Stelle und vorzüglich genannte, die weder von einem Zugrundeliegenden ausgesagt wird noch in einem Zugrundeliegenden ist, z. B. der individuelle Mensch oder das individuelle Pferd. (Ebd. 5, 2a 11–14)

Für »der individuelle Mensch« kann und muß man eigentlich einen Eigennamen wie »Sokrates« einsetzen, ebenso für »das individuelle Pferd«, wie »Brunellus« (so heißt das individuelle Pferd im Mittelalter). Es *existieren* also *nur* bestimmte *Einzeldinge*, die jeweils mit einem Eigennamen bezeichnet werden können: *Sokrates*,
 Athen, der *Piräus*, der *Olymp* usw. Hinter der fast beschwörenden Feierlichkeit des angeführten Zitats steht die – wie sich rasch zeigen wird – nicht unbegründete Befürchtung, daß sich manche mit dieser Banalität nicht zufrieden geben wollen. Gegenüber dem »dieses da« rücken also alle anderen Ausdrücke grammatikalisch-logisch an die Prädikatstelle. Innerhalb dieser Prädikate gibt es wiederum einen Unterschied: Es gibt Prädikate, die auch Subjekt sein können und es gibt Prädikate, die nur Prädikat sein können. Dieser Sachverhalt ist einfach, man sieht sofort, daß in dem Satz *Dies ist ein schwarzes Pferd* wiederum zwei Sätze enthalten sind:

Dies ist ein PFERD
(im Zitat vorher: »VON einem Zugrundeliegenden«)
und: *Dieses Pferd ist SCHWARZ (= hat Schwärze)*
(im Zitat vorher: »IN einem Zugrundeliegenden«)

Einen Ausdruck, der auch an Subjektstelle stehen kann, nennt Aristoteles »zweite Substanz«, es handelt sich hierbei um *Gattungs-* und *Artbegriffe*:

Zweite Substanzen heißen die Arten, in denen die an erster Stelle Substanzen genannten sind, diese und deren Gattungen. Zum Beispiel gehört der individuelle Mensch zu einer Art, Mensch; Gattung aber der Art ist Lebewesen. (Ebd. 5, 2a 14–17)

Ausdrücke, die nur an der Prädikatstelle stehen können, nennt Aristoteles »Akzidenzien«; für sie sucht er wiederum die allgemeinsten Gesichtspunkte der Einteilung. Da zweite Substanzen (Arten, Gattungen) und Akzidenzien gemeinsam haben, daß sie von den ersten Substanzen ausgesagt – d. h. prädiziert *(kategorein)* – werden können, werden sie »Kategorien« genannt. Es ergibt sich somit folgendes Schema:

X ist A *und* *A ist B*

nur Subjekt	Prädikat und Subjekt	nur Prädikat
⇓	⇓	⇓
Erste Substanz	**Zweite Substanz**	**Akzidenzien**

Kategorien

Gegenüber der ersten (der »eigentlichen«) Substanz sind also *alle* Kategorien gleichgeordnet. Innerhalb der Kategorien unterscheiden sich die zweiten Substanzen, die Gattungs- oder Artbegriffe, von denen nochmals etwas ausgesagt werden kann, von jenen Begriffen, die nur an Prädikatstelle stehen können. Zweite Substanzen sind also *Klassifikationsbegriffe*, sie weisen auf nichts »Reales«, auf kein »dieses-da« hin:

Bezüglich der zweiten Substanzen jedoch hat es zwar durch die Form den Anschein, daß, wenn man von Mensch oder Lebewesen spricht, eine zweite Substanz in gleicher | 301
Weise ein »Dieses« bezeichnet, aber es ist nicht wahr. (*Kategorien* 5, 3b 13–15)

Das heißt ganz einfach: Zweite Substanzen sind Klassenbegriffe, Gattungs- oder Artbegriffe. Zuerst haben wir Einzeldinge wie DIESES-DA, dann können wir die Dinge in Klassen einteilen. Darin ist die Kritik an der platonischen Ideenlehre enthalten. Die Ideenlehre beruht nach Aristoteles ganz einfach auf einem sprachlichen Mißverständnis: Die Form der Benennung der zweiten Substanzen erweckt den Anschein, daß es sich dabei um ein »Dieses« handelt, das ist aber nichts anderes als ein Irrtum, der auf eine unzureichende Analyse der Sprache zurückgeht. Die Kritik des Aristoteles an Platon ist klar, einfach und überzeugend.

Die Liste der obersten Einteilungsgesichtspunkte der Akzidenzien ist die folgende: Quantität (z. B. ein oder zwei Ellen lang), Qualität (z. B. ist weiß), Relation (z. B. doppelt so groß wie), Wo (z. B. im Lyzeum), Wann (z. B. gestern), Lage (z. B. er sitzt), Haben (z. B. er ist bewaffnet), Wirken (z. B. er schneidet), Leiden (z. B. er wird geschnitten). Wie Aristoteles zu dieser Liste (*Kategorien* 4, 1b 25–2a 3) gelangt ist, wissen wir nicht und obwohl sie auf uns den Eindruck einer gewissen Willkürlichkeit macht, ist das Prinzip doch richtig: Ohne eine Kategorienanalyse können wir keine genaue Analyse unserer Sätze betreiben, und Fehler in einer solchen Analyse sind eben *category mistakes*. Wenn ich z. B. sage: *Wir dürfen nicht am Gestern festhalten*, könnte man den Eindruck haben, es gebe ein Dieses-Da, das GESTERN ist, und schon würden wir irrtümlich *Gestern* für eine erste Substanz halten. Wir könnten aber auch meinen, daß damit gesagt wäre *Das Gestern war doch schöner als das Heute*, was wiederum einen Irrtum darstellen würde, denn man würde damit das *Gestern* als eine zweite Substanz auffassen. Der Ausdruck *am Gestern festhalten* ist also im Sinn einer genauen Analyse kein sinnvoller Ausdruck in einer wissenschaftlichen Sprache, was allerdings nicht verhindert, daß er vielleicht als metaphorischer Ausdruck sinnvoll gebraucht werden kann. Man sollte aber immer wissen, wann man beschreibende Aussagen gebraucht, und wann man Metaphern verwendet. Eine solche Sprachanalyse könnte uns unter anderem z. B. von pathetischen Ausdrücken wie *Wir kämpfen für die Wahrheit* befreien, denn Ausdrücke wie *wahr* oder *falsch* kommen nur Aussagen zu, und *Wahrheit* ist weder eine erste noch eine zweite Substanz. Also brauchen wir nicht für die Wahrheit zu kämpfen und können uns darauf konzentrieren, die falschen Behauptungen z. B. unserer Politiker aufzudecken.

Ein wichtiger Unterschied zu der heutigen logischen Analyse dürfte aber darin bestehen, daß in dieser alle Eigenschaften (*Tisch, grau* usw.) als gleichgeordnet aufgefaßt werden, daß es also keine Unterscheidung von zweiten Substanzen und Akzidenzien gibt. Das bringt gewisse Vorteile für die logische Analyse mit sich. Diese moderne Analyse sollte uns aber nicht daran hindern, zu sehen, daß die aristotelische Analyse genau unserer ganz normalen Auffassung und unserem ganz normalen Sprachgebrauch entspricht: Wenn Sie einen vierbeinigen grauen Tisch kaufen

wollen, wissen Sie genau, daß Sie in den Gelben Seiten des Telefonbuches nicht unter »grau« und ebenso nicht unter »Vierbeinern« nachsehen dürfen, sondern daß Sie zunächst von dem Artbegriff »Tisch« zum Gattungsbegriff »Möbel« aufsteigen müssen, und daß Sie damit dann in den Gelben Seiten genau in jene Rubrik gelangen werden, wo Tische angeboten werden. Daß Sie darüber hinaus die Eigenschaften »grau« und »vierbeinig« wünschen, ist zunächst ganz »akzidentell«, d. h. »unwesentlich«.

Aristoteles hatte mit seiner Befürchtung einer platonischen Uminterpretierung recht. Seit dem 3. Jhd. wurden die *Kategorien* des Aristoteles immer zusammen mit der *Einleitung* des Porphyrios gelesen, und in den meisten Textausgaben bis in unsere Gegenwart wird diese *Einleitung* den *Kategorien* vorangestellt. In dieser *Einleitung* heißt es jedoch gleich im 1. Kapitel:

> Was, um gleich mit diesen anzufangen, bei den Gattungen und Arten die Frage angeht, ob sie etwas Wirkliches sind oder nur auf unseren Vorstellungen beruhen, und ob sie, wenn Wirkliches, körperlich oder unkörperlich sind, endlich, ob sie getrennt für sich oder in und an dem Sinnlichen auftreten, so lehne ich es ab, hiervon zu reden, da eine solche Untersuchung sehr tief geht und eine umfangreichere Erörterung fordert, als sie hier angestellt werden kann. (Porphyrios: *Einleitung in die Kategorien* I)

Der Text der *Kategorien* des Aristoteles ist nicht einfach zu interpretieren, und in mancher Hinsicht ist auch die obige Darstellung eine Vereinfachung, bei der zahlreiche kompliziertere Interpretationsfragen übergangen wurden. Nichtsdestoweniger bleibt bestehen, daß die meisten der Fragen, die Porphyrios hier stellt, von Aristoteles in eindeutiger Weise beantwortet worden sind und keine weitere »tiefe und umfangreiche Untersuchung« erfordern: Erste Substanz ist ein Einzelding, auf das ich mit »dieses-da« hinzeigen kann, und zweite Substanz ist ein Allgemeinbegriff, mit dem ich DIESES-DA beschreiben kann, so daß DIESES-DA als zu einer bestimmten Art und Gattung gehörend klassifiziert wird. Aber so war mit Porphyrios das spätere metaphysische »Substanzproblem« geboren: »Was ist die Substanz?«. Die Absicht des Porphyrios – und damit sein eigener philosophischer Hintergrund (vgl. auch Kap. XVII, 2) – wird deutlich, wenn er im 2. Kapitel sagt:

Man spricht von Gattung im Sinne des Prinzips, dem man seinen Ursprung verdankt, sei dieses nun der Erzeuger oder sei es der Ort, in dem man geboren worden ist. So sagen wir, daß Orestes von Tantalus und Hyllus von Herakles sein Geschlecht ableitet [...]. Und den Namen Geschlecht bekam zuerst das Prinzip des Ursprungs für jemanden und erst hernach auch die Menge der aus einem gemeinsamen Prinzip, etwa Herakles, Hervorgegangenen. [...] Noch anders endlich spricht man von Gattung im Sinne dessen, dem die Art untergeordnet ist, eine Bezeichnung, die man vielleicht der vorigen nachgebildet hat. (Porphyrios: *Einleitung in die Kategorien* II)

Das ist eindeutig nicht mehr aristotelisch. Bei Porphyrios wird die Klassifikationskategorie »zweite Substanz« zum Ursprungsprinzip, damit aber auch zum Subjekt, das die erste Substanz des Aristoteles überflüssig macht. Dies ist ganz deutlich am Text abzulesen, wenn die Gattung im Sinne des Ursprungs mit einem Eigennamen bezeichnet wird, z. B. mit Herakles. Hier wird die Analyse des Aristoteles platonisch rückgängig gemacht. Die Tatsache, daß seit der späten Antike und während des ganzen Mittelalters die *Kategorien* des Aristoteles immer »mit Hilfe« der *Einleitung* des Porphyrios studiert und interpretiert wurden, war für das »Substanzproblem«, das eigentlich erst durch diese *Einleitung* in die Welt gesetzt wurde, verhängnisvoll.

c) Das Substanzproblem der »Metaphysik«

Das aristotelische Werk, das heute *Metaphysik* genannt wird, stammt in dieser Form von dem Redaktor Andronikos. Es ist eine Sammlung von Einzelschriften, die Aristoteles in verschiedenen Perioden abgefaßt hat, daher darf in dieser Schrift auch keine systematische Lehre in entwickelter Form erwartet werden. Was wir vor uns haben, sind vielmehr verschiedene Ansätze des Aristoteles, mit jenen Problemen fertig zu werden, die er in ihrer Komplexität und Vielschichtigkeit vor allem in der Kategorienschrift entdeckt hat. In historischer Hinsicht muß man sehen, daß die *Metaphysik* des Aristoteles den mittelalterlichen Philosophen erst im 13. Jhd. bekannt wurde, sie spielte also beim ersten Ausbau der mittelalterlichen Metaphysik keine Rolle, dieser war einzig von den *Kategorien* und von der *Einleitung* des Porphyrios bestimmt.

Aus diesem großen Komplex der Metaphysik soll nur ein wichtiger Punkt herausgegriffen werden, der unmittelbar an das vorher Gesagte anknüpft. Wie schon in der Kategorienschrift deutlich wurde, ist der Leitfaden der Überlegungen des Aristoteles die Sprache. Seine Auffassung von der Sprache knüpft an die Diskussionen der Sophisten und Platons an, und er steht dabei auf seiten jener, die annehmen, daß die Bedeutung der Wörter konventionell bestimmt ist. Die Konvention betrifft aber nur die semantische Ebene, d.h. nur die Frage der Bedeutung der Worte: Diese steht fest durch Übereinkunft. Anders liegt dies im Fall des strukturellen Aspekts der Sprache, also vor allem im Fall der Syntax: Hier ist Aristoteles überzeugt, daß diese Formen nicht in unserer Verfügungsgewalt stehen. Außerdem geht Aristoteles von der Überzeugung aus, daß uns die Sprache einen Weg zur Erkenntnis der Dinge eröffnet. Die formalen Strukturen der Sprache stehen also seiner Auffassung nach in Bezug zum »Sein« und sind somit der einzige Weg, auf dem wir einen Zugang zur Wirklichkeit in ihren allgemeinsten Strukturformen haben. Mit anderen Worten: In der Analyse von »ist« ist das enthalten, was wir über »Sein« wissen können. In der Rede *(lógos)*, in der wir »ist« *(éstin)*, »sein« *(eînai)* oder »Seiendes« *(ón)* gebrauchen, liegt die uns

gegebene Möglichkeit, uns darüber klarzuwerden, was die Wirklichkeit in ihrer allgemeinen Form »ist« (Onto-logie).

Genau an diesem Punkt hatte Aristoteles die Kategorien entdeckt, d.h. die verschiedenen Möglichkeiten, mit denen wir arbeiten, wenn wir sagen, daß etwas »ist«, d.h. daß »dieses« ein »solches«, d.h. etwas Bestimmtes ist. Wie schon gesehen, kann »ist« in verschiedenem Sinn gebraucht werden, und an dieser Frage arbeitet Aristoteles in der »ersten Philosophie«, der Metaphysik, weiter, wenn er sich fragt, wieso Verschiedenes durch dasselbe Wort »ist« ausgesagt wird. Die wichtige Einsicht, die Aristoteles niederlegt, heißt ganz einfach:

Das Seiende wird in mehrfacher Bedeutung ausgesagt. (*Metaphysik* IV 2, 1003a 33)

Dieser verschiedene Sinn von »sein« muß durch irgend etwas zusammengehalten werden:

Wie alles, was gesund genannt wird, auf Gesundheit hin ausgesagt wird, indem es dieselbe nämlich erhält oder hervorbringt, oder ein Zeichen derselben, oder sie aufzunehmen fähig ist [...], ebenso wird auch das Seiende zwar in vielfachen Bedeutungen ausgesagt, aber doch alles in Beziehung auf *ein* Prinzip. Denn einiges wird als seiend bezeichnet, weil es Wesen, anderes, weil es Eigenschaften eines Wesens sind, anderes, weil es der Weg zu einem Wesen oder Untergang oder Beraubung oder Qualität oder das Schaffende und Erzeugende ist für ein Wesen oder für etwas in Beziehung zu ihm Stehendes, oder Negation von etwas unter diesen oder von einem Wesen (deshalb sagen wir ja auch, das Nichtseiende sei nicht-seiend). (Ebd. IV 2, 1003a 34–1003b 10)

Worum es Aristoteles hier geht, ist eine Präzisierung seiner Ist-Lehre, d. h. wir müssen genau sehen, *was* hier prädiziert wird, um nicht logische Fehler zu begehen, weil das Seiende in vielfachen Bedeutungen ausgesagt wird. Es besteht ein wesentlicher Unterschied, ob man sagt »Sokrates ist gesund« oder »Spinat ist gesund«, und der Unterschied besteht nicht zwischen Sokrates und dem Spinat, sondern liegt in dem verschiedenen Gebrauch von »gesund« und dessen Prädizierung durch das »ist«. Hier finden wir zahlreiche jener Elemente, die die spätere – besonders die mittelalterliche – Philosophie zur ausgebauten *Analogielehre* führen wird (vgl. 2. Teil, Kap. XIV, 3, c). Vorgreifend soll schon hier gesagt werden, daß die spätere Analogielehre jedoch nicht einfach die Weiterentwicklung der aristotelischen Ansätze darstellt. Der Grund liegt vor allem in Folgendem: (1) Die spätere Metaphysik hat in vielen Fällen den sprachanalytischen Ansatzpunkt der aristotelischen Seins-Untersuchungen nicht erkannt. Damit hat sich die Metaphysik gegenüber ihrem Sprachhintergrund verselbständigt. Während Aristoteles über die Sprache versuchte, die Struktur unseres Redens und so unserer Erkenntnis der Dinge zu erfassen, ergab sich später eine selbständige Seinslehre. (2) Unter neuplatonischem Einfluß, der sich vor allem in den Kommentaren zur Kategorienschrift niederschlug, wurde – wie schon gesagt – nicht mehr von der individuellen ersten Substanz, sondern von der zweiten Substanz ausgegangen. Damit aber wurde die aristotelische Kritik an der Ideenlehre Platons eingeklammert, wenn nicht überhaupt rückgängig gemacht, und erst so wird die mittelalterliche Wesens-Ontologie möglich. Es ist jedoch nicht zu übersehen, daß sich schon bei Aristoteles Sätze finden, die einer solchen Interpretation Vorschub leisten könnten. So wenn er z. B. sagt:

Es gibt eine Wissenschaft, welche das Seiende als Seiendes untersucht und das demselben an sich Zukommende. (*Metaphysik* IV 1, 1003a 21–22)

Also war es naheliegend, eine Metaphysik aufzubauen, die nicht primär als Sprachlogik, sondern als Seinslehre aufgefaßt wurde. Historisch gesehen ist aber noch ein weiterer Aspekt zu berücksichtigen: Ebenso wie bei dem Wort *ousía* (»Wesen«) ist auch bei dem Wort *to ón* (»das Seiende«) bzw. *ta ónta* (»die Seienden«) festzuhalten, daß es sich dabei im Griechischen um Worte der Umgangssprache handelt, um Worte also, die letztlich unter der Kontrolle der natürlichen Sprache standen. Demgegenüber war *ens* im Lateinischen kein Wort, dem in der Umgangssprache ein bestimmter Sinn zukam, sondern war von vornherein ein philosophischer Fachbegriff, und solche haben oft die Tendenz, ein Eigenleben zu beginnen. Besonders problematisch war dann die Verbindung von *ens* mit *essentia* unter Vorordnung der *essentia*, denn durch eine solche Vorordnung ergab sich doch rasch wieder eine platonisierende Metaphysik.

Der von dieser späteren Uminterpretation ausgehende Denkrahmen von »Substanz« wurde der Ansatzpunkt für den berühmten und bis heute andauernden Universalienstreit des Mittelalters (vgl. 2. Teil, Kap. VII, 3, a). Die Frage war: Sind die Universalien (also eigentlich die 2. Substanzen) *Namen* für wirkliche Seiende, oder handelt es sich (nur) um *Prädikate*? Dieser Streit hat nur Sinn, wenn man von der Priorität der 2. Substanz ausgeht, was aber bei Aristoteles auch in der *Metaphysik* nicht der Fall ist. Dies heißt nicht, daß der Universalienstreit nicht seine große Bedeutung gehabt hat und noch hat, sondern nur, daß er kein Streit um ein Problem aristotelischer Philosophie ist.

Aristoteles hat sich das Problem nicht leicht gemacht, er sah selbst viele Schwierigkeiten im Begriff der Substanz. Sein Grundproblem war jedoch immer ein einziges, und im Grunde auch recht einfaches: Wir sprechen von den Dingen so, daß wir von etwas sprechen, das durch Prädikate bestimmt wird, ohne daß dieses »etwas« selbst von anderen als Prädikat ausgesagt werden kann – das »dieses-da« ist nicht eliminierbar. Es gibt ein »dieses-da«, das ich als *A* beschreibe, das aber so verändert werden kann, daß ich es nicht mehr mit *A* beschreiben und bezeichnen kann, das also *B* wird. Mit anderen Worten: Die Eigenschaften können sich so stark verändern, daß das Ding nicht mehr dasselbe ist, so daß dann auch das erste »dieses-da« nicht mehr

da ist. Dann hat sich die Substanz verändert. – Aristoteles hat sein Grundmodell dessen, was er unter »Substanz« versteht, aus der Naturwissenschaft, und zwar primär aus der Biologie genommen: Es orientiert sich an den Arten der Pflanzen und Tiere. Eine Pflanze ist eine bestimmte Substanz, wird sie jedoch z. B. zur Tiernahrung verwendet, so hört ihr »Substanz-Sein« irgendwann auf, es »vergeht«, und es bleibt nur die Substanz des Tieres. Und wenn ein Tier geschlachtet wird und daraus Steaks zubereitet werden, so hat die Tiersubstanz aufgehört zu existieren.

Für uns als moderne Menschen stellt sich hier folgende Frage: Macht es überhaupt Sinn, von »etwas« zu reden, das auf einmal verschwindet, um einem anderen, plötzlich auftauchenden »etwas« Platz zu machen? Die moderne Wissenschaft macht es tatsächlich fraglich, ob etwas wie einer »Substanz« ein präziser Sinn zugeschrieben werden kann. Doch auch die Bestreitung der Existenz von »Substanzen« bedient sich, allerdings in negierender Form, jener Begriffe, die Aristoteles in der Kategorienschrift und in der Metphysik im Zusammenhang mit dem Begriff von »Substanz« entwickelt hat. Wir werden aus solchen Begriffen heute sicherlich keine Seinslehre aufbauen wollen, als Topik, als allgemeinste Gesichtspunkte unserer Aussagen über die Dinge, sind sie jedoch allem Anschein nach weiter gültig. Einem Bullen kommt heute wie zur Zeit des Aristoteles die Eigenschaft »aggressiv« zu, während einem Rindersteak diese Eigenschaft nicht zukommt, ihm aber dafür die Eigenschaft »schmackhaft« zukommen kann. Im Übergang vom Bullen zum Steak hat sich also irgend etwas »substanziell« verändert.

6. Ethik

In der folgenden Darlegung werden die Problemkreise Ethik und Politik einzeln behandelt. Zu der Aufteilung in solche Bereiche kann man sich unmittelbar auf Schriften des Aristoteles berufen, muß sich aber darüber im klaren sein, daß die heute üblichen Unterscheidungen von Individualethik, Sozialethik und politischer Theorie in dieser Form bei Aristoteles nicht vorhanden sind. Der Mensch als einzelner ist für ihn immer schon Bürger. Aristoteles Schriften zu Ethik sind die folgenden:

Die *Magna Moralia*: Der Titel ist wahrscheinlich buchtechnisch begründet, insofern der Umfang der Buchrollen – entsprechend den sehr langen Kapiteln – ungewöhnlich groß war. Diese Schrift steht in sprachlicher Hinsicht in weitaus größerer Nähe zu Platons Dialogen als spätere Abhandlungen von Aristoteles zur Ethik, die *Magna Moralia* sind daher in die erste Akademiezeit zu verlegen.

Die *Eudemische Ethik*: Der Grund für diese Bezeichnung ist nicht bekannt, wir wissen nur, daß Eudemos von Rhodos einer der frühen Mitarbeiter des Aristoteles war. Diese Schrift ist nicht vollständig erhalten, es fehlen die Bücher IV–VI. Der Stil der Schrift ist sehr unterschiedlich: Neben sehr gut ausgearbeiteten Teilen finden sich solche, die Aristoteles wohl nur als Gedächtnisstützen für Vorlesungen gedient haben.

Die *Nikomachische Ethik*: Diese Schrift gehört zu den späten Werken des Aristoteles, ihren Namen hat sie vermutlich nach dem Sohn des Aristoteles erhalten. Im Unterschied zu den meisten seiner Schriften, die aus verschiedenen Stücken zusammengesetzt sind, stellt die *Nikomachische Ethik* eine einheitliche Schrift dar, die in dieser Form schon von Aristoteles stammt. Die *Nikomachische Ethik* war eine der wenigen Schriften, die schon bald außerhalb des engen Kreises der Schüler des Aristoteles bekannt wurden. Auch Epikur scheint sie gekannt zu haben.

Die aristotelischen Ethiken stellen zwar Abhandlungen darüber dar, wie man richtig handeln sollte, Aristoteles versteht die Aufgabe des Ethikers aber eher als die eines Analytikers, er analysiert vor allem die tatsächlich durchgeführten Handlungen. Trotzdem handelt es sich bei Aristoteles nicht um reine Deskription, da er seine Abhandlungen durchaus im Sinn der Topik als Hinführung zu korrekter Diskussion über ethisch-politische Probleme aufgefaßt wissen will:

> Da nun die gegenwärtige Untersuchung nicht der reinen Forschung *(theoría)* dienen soll wie die übrigen (denn wir fragen nicht, um zu wissen, was die Tugend sei, sondern damit wir tugendhaft werden, da wir anders keinen Nutzen von ihr hätten), so müssen wir die Handlungen prüfen, wie man sie ausführen soll. (*Nik. Ethik* II 2, 1103b 26–30)

Aristoteles erhebt keineswegs die Forderung, alle Menschen sollten sich mit philosophischer Ethik beschäftigen. Er weiß genau, daß die meisten Menschen die Regeln ihres Handelns aus der Überlieferung, aus der Erziehung und aus dem nehmen, was eben in der Gesellschaft gilt, und er sieht dies auch gar nicht als negativ an. Diesem Umstand trägt er auch in seinen Analysen ausdrücklich Rechnung, und dies ist keineswegs ein Zugeständnis, sondern vom kritischen Ausgangspunkt des Aristoteles her sogar methodisch streng erforderlich. So wie er in der Naturphilosophie von den überlieferten Meinungen ausgeht, so setzt er auch bei der Untersuchung ethischer Fragen bei dem an, was traditionell als richtiges Handeln angesehen wird.

Entsprechend der allgemeinen Kritik des Aristoteles an der platonischen Ideenlehre gibt es für ihn kein universelles Gutes und ebenso keine allgemeine und allgemein verbindliche Erkenntnis eines allgemeinen Guten. Wenn hier gesagt wird, daß es für Aristoteles kein allgemeines Gutes gibt, so steht dies nicht im Gegensatz zu der in der Kosmologie aufgeführten Vorstellung des ersten Bewegers als dem Guten, da dieser Beweger ja gerade nicht als Allgemeines vorgestellt ist, sondern als Einzelnes, auch wenn dieses Einzelne selbstverständlich nicht als Individuum im modernen Sinn gedacht ist.

Das von uns gesuchte Gute ist in den verschiedenen Bereichen selbst verschieden, und somit ist das Gute in der Physik, in der Metaphysik und in der Ethik jeweils verschieden. Die *Ethik*, die bei Platon mit der Metaphysik untrennbar verbunden und durch die höchste Idee des Guten letztlich mit der Metaphysik identisch war, wird daher bei Aristoteles *von der Metaphysik getrennt* und als eigenständige Disziplin begründet. Wenn es kein universelles Gutes gibt, dann gibt es gleichfalls keine allgemeine Erkenntnis des Guten. Daher muß der Philosoph nach der allgemeinen Methode der Topik vorgehen und versuchen, *wahrscheinliche Sätze* auffinden, in denen gute Handlungen beschrieben werden. Wichtig wird dabei, welche Handlungen von vielen oder den meisten gelobt werden, und welche von vielen oder den meisten getadelt werden. Aristoteles ist sich ganz im klaren darüber, daß die Methode, die bei Überlegungen über das Handeln eingesetzt werden kann, verschieden von der der anderen Wissenschaften sein muß:

Nur dies sei von vornherein festgestellt, daß jede Untersuchung über das Handeln im Umriß und nicht mit mathematischer Genauigkeit geführt werden darf; wie wir ja auch am Anfang gesagt haben, daß die Untersuchungen sich nach der Materie richten müssen. Im Bereich der Handlungen und des Förderlichen gibt es nichts Stabiles, wie auch nicht beim Gesunden. Dies gilt schon vom Allgemeinen und erst recht vom Einzelnen, wo sich nichts genau festlegen läßt. Weder eine Wissenschaft noch allgemeine Empfehlungen sind dafür zuständig, sondern die Handelnden selbst müssen die jeweilige Lage bedenken, ebenso wie in der Medizin und in der Steuermannskunst. (*Nik. Ethik* II 2, 1103b 34–1104a 10)

Im Vordergrund der Untersuchungen über die relevanten Überlegungen, die zu Handlungen führen, stehen nicht die *Ziele* der Handlungen, sondern die *Mittel*, durch die diese Ziele erreicht werden sollen:

Wir überlegen uns weiterhin nicht die Ziele, sondern das, was zu den Zielen führt. Denn der Arzt überlegt nicht, ob er heilen soll, noch der Redner, ob er überzeugen soll, noch der Politiker, ob er eine gute Staatsordnung schaffen soll, noch überhaupt jemand hinsichtlich des Zieles. Sondern wir setzen das Ziel an und erwägen dann, wie und durch welche Mittel wir es erreichen, und, wenn sich mehrere Wege zeigen, so wird geprüft, welcher der schnellste und schönste sei. (Ebd. III 5, 1112b 11–17)

Dies scheint eine sehr enge Eingrenzung ethischer Überlegungen zu sein. Es ist sicher wichtig für die Ethik, zu sehen, mit welchen Mitteln ein Ziel erreicht werden kann, darüber hinaus erwarten wir uns von der Ethik aber auch Überlegungen zu den Zielen selbst. Wenn ein Krieg geführt werden soll, ist schließlich die erste ethische Überlegung nicht die, mit welchen ethisch gerade noch verantwortbaren Mitteln der Krieg gewonnen werden kann, und wir fragen zunächst auch gar nicht, ob der Krieg das einzige und beste Mittel ist, um das Ziel zu erreichen, vielmehr fragen wir – oder sollten zumindest zuallererst fragen – ob das Kriegsziel selbst ethisch gerechtfertigt ist. Dies stellt aber in Wirklichkeit keinen Einwand gegen Aristoteles dar, sondern bezieht sich eher auf die Terminologie. Die Frage des Zieles wird bei Aristoteles unter dem Stichwort »Wollen« behandelt:

Das Wollen dagegen geht auf das Ziel, wie wir sagten; die einen meinen, es ginge auf das Gute, die anderen, es ginge auf das scheinbar Gute. (Ebd. III 6, 1113a 15–16)

Was aber wollen die Menschen mit ihren Handlungen erreichen? In einem ersten Ansatz finden wir sehr rasch einen durch allgemeine Akzeptation wahrscheinlichen Satz über das Wollen und das darin enthaltene Handlungsziel: Die Menschen sind sich im allgemeinen darüber einig, daß sie die *eudaimonía*, also das Wohlbefinden, das Glück, anstreben. Darüber jedoch, worin diese *eudaimonía* besteht, herrscht unter den Menschen, jedenfalls auf den ersten Blick, eine große Verschiedenheit der Meinungen, die bis zu Gegensätzen gehen kann. Hier kann der Philosoph bestimmte, wenn auch nur sehr allgemeine Klarstellungen einbringen: Der Mensch ist einerseits ein Sinnenwesen, andererseits ein Vernunftwesen, die *eudaimonía* muß also dort gesucht werden, wo sowohl Vernunft als auch Sinneserfahrung zum Wohlbefinden gelangen. Die dabei erfahrene Befriedigung *(hedoné)* ist dann *Kriterium* des Wohlbefindens, nicht aber dieses selbst. Mit dieser Unterscheidung setzte sich Aristoteles von einem in der Antike öfters vertretenen einfachen Hedonismus ab, ohne das legitime Anliegen der Verteidiger der Bedeutung der *hedoné* zu übersehen. Die Klarstellungen, die der Philosoph hier einbringen kann, beruhen auf der Kenntnis der Natur, der *phýsis*. Eine Ethik, die an nachweisbaren Bedürfnissen der sinnlichen und rationalen Natur des Menschen vorbeigeht, hat nach Aristoteles keine Berechtigung. Dabei ist ihm durchaus klar, daß die Natur für die Ethik nur Bedingungen und Grenzen setzen kann, daß die *Ethik* selbst aber *nicht* als *Naturwissenschaft* aufgebaut werden darf:

Hieraus ergibt sich auch, daß keine der ethischen Tugenden uns von Natur gegeben wird. Denn kein natürlicher Gegenstand kann andere Gewohnheiten annehmen: der Stein, der von Natur fällt, wird sich niemals gewöhnen, nach oben zu steigen, auch wenn man es tausendmal übte, ihn nach oben zu werfen; ebenso geht auch nicht das Feuer nach unten, und auch sonst läßt sich kein Wesen anders gewöhnen, als es von Natur ist. Die Tugenden entstehen in uns also weder von Natur noch gegen die Natur. Wir sind vielmehr von Natur dazu gebildet, sie aufzunehmen, aber vollendet werden sie durch die Gewöhnung. (Ebd. II 1, 1103a 18–26)

Hier zieht Aristoteles die Konsequenzen aus der Physis-Thesis-Diskussion der Sophisten. Bestimmte allgemeine Grundlagen für ethisches Handeln sind schon mit der Natur des Menschen mitgegeben, eine konkrete Ausformung derselben erfolgt jedoch erst durch Gewöhnung, wofür die Erziehung der wichtigste Faktor ist. Aus der Natur des Menschen kann eine, allerdings nur sehr allgemeine Struktur ethischen Handelns als formaler Rahmen entnommen werden. Nach Aristoteles geht alles auf ein Ziel zu, einen *télos*, wird dieses Ziel erreicht, so ist auch die Vollkommenheit erlangt. Das Ziel ist jene *eudaimonía*, die durch die vollkommene Entfaltung des Menschen als Vernunft- und Sinneswesen erreicht wird, wobei Glückseligkeit jedoch

nicht ein Gefühlszustand, sondern eher als »geglücktes, erfolgreiches Leben« verstanden wird. Richtiges Handeln besteht dann darin, diesem *Ziel* die richtigen *Mittel* zuzuordnen. Wie aber dieses richtige Handeln konkret aussehen soll, läßt sich nach Aristoteles *nicht* von irgendeinem Prinzip *ableiten, sondern* läßt sich wiederum nur *auffinden.* Und damit sind wir wieder bei der Methode der Topik.

Auf die Frage, wie und wo dieses »richtige Handeln« aufgefunden werden kann, gibt Aristoteles immer wieder, in verschiedenen Formulierungen, dieselbe Antwort: Der *einsichtige Mann,* der durch Nachdenken und Lebenserfahrung geschult ist und der die »Klugheit« *(sophrosýne)* besitzt, ist Richtschnur für richtiges Handeln. Gegen sophistischen Relativismus und platonischen Absolutismus setzt Aristoteles hier eine Auffassung der gesellschaftlichen Akzeptation: Wer ein solcher einsichtiger Mann ist, kann wiederum nicht von einer übergeordneten Regel her beurteilt, sondern nur durch Konsens ermittelt werden. In der Analyse solchen aufgrund allgemeiner Akzeptation paradigmatischen Handelns erscheinen dann bei Aristoteles viele der traditionellen griechischen Wertschätzungen. Ein Beispiel: Das richtige Handeln des erfahrenen und einsichtigen Menschen liegt in der Mitte.

In jedem teilbaren Kontinuum gibt es ein Mehr, ein Weniger und ein Gleiches, und dies sowohl an und für sich wie auch im Bezug auf uns. Das Gleiche ist eine Art Mitte zwischen Übermaß und Mangel. (Ebd. II 5, 1106a 26–29)

Die Mitte ist nicht mathematisch feststellbar, sondern muß »in Bezug auf uns« die Mitte sein:

[...] denn der Abstand zwischen beiden Enden ist derselbe. Dies ist die Mitte in der zahlenmäßigen Bedeutung. Die Mitte im Bezug auf uns darf man aber nicht so nehmen. Denn wenn für jemanden eine Nahrung für zehn Minen viel ist und für zwei Minen wenig, so wird doch nicht der Turnlehrer nun einfach Nahrung für sechs Minen vorschreiben. Denn das kann für den Betreffenden immer noch viel oder wenig sein. Für einen Milon wird es wenig sein, für den, der erst zu turnen beginnt, ist es viel. Dasselbe gilt für Laufen oder Ringen. So wird also jeder Fachmann Übermaß und Mangel meiden und die Mitte suchen und wählen, die Mitte aber nicht der Sache nach, sondern im Bezug auf uns. (Ebd. II 5, 1106a 34–b 7)

Diese Mitte in Bezug auf uns muß durch Vernunft bestimmt sein, und was hier »Vernunft« ist, weiß man wieder nur durch Rückgriff auf den »Verständigen«:

Die Tugend ist also ein Verhalten der Entscheidung, begründet in der Mitte im Bezug auf uns, einer Mitte, die durch Vernunft bestimmt wird und danach, wie sie der Verständige bestimmen würde. (Ebd. II 6, 1106b 36–1107a 2)

So liegt etwa die Tugend der Tapferkeit in der Mitte zwischen Tollkühnheit und Furchtsamkeit. Dabei unterscheidet Aristoteles sehr wohl zwischen *richtigem* Handeln, das faktisch in der Mitte liegt, und *tugendhaftem* Handeln, das durch die Fähigkeit bestimmt ist, diese Mitte zu wählen. Mit anderen Worten: Weder der Zufallstreffer noch ein rein instinktives Treffen der Mitte ist Tugend, sondern nur die aufgrund von Vernunftüberlegung getroffene Entscheidung für das, was als Mitte bestimmt wird. Aristoteles erkennt weiterhin, daß auch die Mitte kein automatisch funktionierender Maßstab ist, daß es Handlungen gibt, die keine Mitte zulassen, da sie immer schon »außerhalb« liegen: | 311

Freilich hat nicht jede Handlung und nicht jede Leidenschaft Raum für eine Mitte. Denn einzelne sind in ihrem Namen schon verbunden mit der Schlechtigkeit, wie die Schadenfreude, die Schamlosigkeit oder der Neid, und bei den Handlungen der Ehebruch, der Diebstahl und der Mord. Alle diese und ähnliche Dinge werden getadelt, weil sie in sich selbst schlecht sind und nicht ihr Übermaß oder ihr Mangel. Man kann bei ihnen also niemals das Rechte treffen, sondern immer nur sich verfehlen.
(Ebd. II 6, 1107a 8–15)

Weiter hält der einsichtige Mensch zudem die rechte Mitte zwischen dem eigenen Nutzen und dem Nutzen der Gemeinschaft. Eine platonische Unterordnung des Einzelnen unter die Gemeinschaft liegt Aristoteles fern, ebenso aber sieht er, daß für die *eudaimonía* des einzelnen Bedingungen in der Gemeinschaft gegeben sein müssen, so z. B. äußerer Frieden, wirtschaftliche Sicherheit, Erziehung. Nur so kann die Muße für den nach Aristoteles höchsten Grad der *eudaimonía*, nämlich für die Theoria, d.h. für die wissenschaftliche Erkenntnis, gegeben sein. Dabei weiß Aristoteles genau, daß diese Theoria faktisch nur wenigen vorbehalten ist, wiederum aber liegt es ihm fern, zu behaupten, daß dies so sein soll.

Dies sind nur einige wenige Beispiele aus der durchaus für jeden gut lesbaren *Nikomachischen Ethik*, deren Lektüre auch für den Nicht-Fachmann möglich ist und zweifellos einen Gewinn darstellt. Allerdings werden für den Leser doch viele Fragen der Ethik, und zwar auch solche, die nicht an unsere heutigen Lebensbedingungen gebunden sind, unbeantwortet bleiben. Ein Prinzip des Aristoteles scheint zu sein, im Bereich der Handlungen, die ethisch verantwortbar und zur *eudaimonía* führend sind, lieber zu wenig als zu viel zu sagen. Das Hauptproblem dürfte jedoch darin liegen, daß Aristoteles in seiner Ethik eine funktionierende Stadt, also eine gut geordnete Polis voraussetzt, die von vornherein einen von den Bürgern akzeptierten und durch die Erziehung weitergegebenen Rahmen ethischen Handelns lieferte. Seine Ethik ist letztlich in der Politik fundiert, und genau diese Grundlegung ist heute nicht mehr gegeben, weshalb wir heute von einer philosophischen Ethik für den Einzelnen in deutlichem Unterschied zu einer Ethik für die Gesellschaft mehr erwarten als dies bei Aristoteles der Fall gewesen war. Die griechische Polis ist heute nicht mehr wiederholbar.

312 | Die Ethik des Aristoteles wurde und wird manchmal als »flach« und »konservativ« beurteilt. Bei all dem muß man sich jedoch zwei Dinge vor Augen halten:

1. Aristoteles wollte, wie schon anfangs gesagt, keine apodiktische und normative Ethik schreiben, sondern wollte analysieren, wie es zu dem kommt, was man »richtiges Handeln« nennt.
2. Im Vergleich zu vielen früheren und späteren Entwürfen der Ethik ist der Ausgangspunkt der aristotelischen Ethik, daß »richtiges Handeln« an einem den anderen gegenüber rücksichtsvollen Streben nach *eudaimonía* des Einzelnen orientiert ist, ein durch Konsens gedeckter Ausgangspunkt, der vor jedem Fanatismus schützt und keinerlei Möglichkeit gibt, Menschen durch Wertabsolutismus zu vergewaltigen.

7. Politik

Aristoteles hat sich schon sehr früh mit Fragen der Politik befaßt. Seine Dialoge *Über die Gerechtigkeit* und *Politikos* sind jedoch vollständig verlorengegangen, ebenso wie seine Sammlung von 158 griechischen Stadtverfassungen sowie seine Sammlung nichtgriechischer Verfassungen und Gesellschaftseinrichtungen fast gänzlich verlorengegangen ist. Erhalten ist die *Politik*. Diese Abhandlung ist kein einheitliches Werk, sondern besteht aus Einzelschriften, deren relative Chronologie umstritten ist. Alle Teile der *Politik* wurden während der zweiten Aufenthaltsperiode in Athen überarbeitet und müssen daher in der uns vorliegenden Form als Spätwerk betrachtet werden. Die Chronologie ist jedoch von untergeordnetem Interesse, da bei der Staatsauffassung des Aristoteles keine wesentliche Entwicklung in prinzipieller Hinsicht anzunehmen ist.

Der Sache nach müßte man eigentlich auch die *Rhetorik* unter die politischen Schriften einreihen, war doch die wirkungsvolle Rede in der Volksversammlung ein wesentliches Mittel, um politische Entscheidungen herbeizuführen. Bemühungen, eine erlernbare Technik für das überzeugende Reden zu entwickeln, gibt es seit den Sophisten. Manche dieser Techniken, so z. B. das Appellieren an Vorurteile der Zuhörer, waren allerdings selbst ein ethisches und politisches Problem. Aristoteles stellt das Ziel der Rhetorik, nämlich die Zuhörer zu überzeugen, nicht in Frage, dennoch mißt er die Methoden der Rhetorik vor allem am Kriterium der Wahrheit: Die Mittel des Überzeugens müssen eine Art Beweis sein. Die Form des rhetorischen Beweises ist vor allem das Enthymem, ein abgekürzter Schluß, in dem die allen bekannten Prämissen nicht eigens aufgeführt werden. Bei Aristoteles unterscheiden sich also rhetorischer und logischer Beweis nicht in der Sache, sondern nur in der Form der Darstellung (vgl. *Rhetorik* I 1, 1354a–1355b).

a) Die biologische Basis der Politik

Es gibt eine berühmte Definition des Menschen von Aristoteles: Der Mensch ist ein *politikón zôon*, ein politisches Lebewesen (*Politik* I 2, 1253a 3). Diese Definition wird gerne zitiert – etwa, um gebildete Wähler an die Wahlurnen zu bringen –, der ursprüngliche Kontext dieser Definition ist aber ein ganz anderer: Sie gehört eigentlich in die Biologie. In der *Geschichte der Tiere* (I 1, 488a 8–14) zählt Aristoteles eine ganze Reihe solcher politischer Lebewesen auf: Menschen, Bienen, Wespen, Ameisen und Kraniche sind alle dadurch gekennzeichnet, daß sie eine Tätigkeit gemeinsam ausüben. Es geht hier also um eine Einteilung im Bereich der Biologie. Es gibt Lebewesen, die alleine leben und es gibt solche, die in Gruppen oder Verbänden leben (z. B. Herden). Unter den Tieren, die in Verbänden leben, gibt es solche, die keine gemeinsame Tätigkeit ausüben, wie Rinder oder Schafe, und solche, die eine gemeinsame Tätigkeit ausüben, wie die Ameisen. Zur letzteren Art von Lebewesen gehören auch die Menschen. Die Definition des Menschen als vernünftiges Lebewesen und die des Menschen als politisches Lebewesen stehen also in keinerlei Konkurrenzverhältnis. Die Definition des Menschen als politisches Lebewesen reiht den Menschen in eine bestimmte Klasse von Lebewesen ein, ohne gleichzeitig eine spezifische Differenz zu liefern, die ihn von allen anderen Lebewesen unterscheidet, dies bewirkt einzig die Bestimmung »vernünftig«. Die Basis dafür, vom Menschen als einem politischem Wesen zu sprechen, liegt zunächst ganz einfach in seiner biologischen Konstitution.

b) Die Politik des Möglichen

Platon hat in seinem Entwurf des idealen Staates den Bereich des Möglichen sehr weit angesetzt und dabei eine Staatsform entworfen, die wir heute als Utopie ansehen, die Platon aber als realisierbar betrachtete. Auch Aristoteles ist auf der Suche nach der Struktur des idealen Staates, hat dabei aber immer den Aspekt des Möglichen, des Realisierbaren, mit einem sehr empirisch ausgerichteten Blick im Auge, weshalb er das Mögliche verhältnismäßig eng ansetzt. Hieraus ergibt sich eine *relativ konservative Staatstheorie* bei Aristoteles, die die zu seiner Zeit immer offenkundiger werdenden Mängel der griechischen Kleinstaatlichkeit, d. h. der Stadtstaaten, nicht in den Blick bekam, obwohl Aristoteles persönlich mit den Groß-Griechenland-Plänen Philipps und Alexanders des Großen sympathisierte. Auch andere, interne Mängel, die Dichter wie Aristophanes sehr deutlich sahen und literarisch kritisierten, hat Aristoteles kaum bemerkt. Er fragte immer nach dem »Machbaren«, und der Spielraum dieses »Machbaren« schien ihm im Bereich der Politik nicht allzu weit zu sein, so verteidigte er etwa sogar die Sklavenwirtschaft, die eine faktische Grundlage der Wirtschaft Athens darstellte.

Im übrigen hielt er von den Politikern nicht allzu viel, wußte er als guter Empiriker doch, was die eigentliche Triebkraft der Politiker seiner Zeit war: das Streben nach Ehre (*Nik. Ethik* I 3, 1095b 22–23). Aristoteles dürfte also die Theorie, daß Politiker dem Gemeinwohl dienen wollen, als empirisch nicht sonderlich bestätigungsfähig gehalten haben. Hat man einmal diese historisch und empirisch konservative Grenze erkannt, kann man jedoch sehen, daß Aristoteles im Bereich des Machbaren eine große Anzahl wichtiger Prinzipien des politischen Lebens erkannt hat.

c) Die beste Verfassung ist ein Kompromiß

Im VII. und VIII. Buch der Politik zeichnet Aristoteles das Bild seines idealen Staates. Daß dieser Staat möglich ist, steht für Aristoteles außer Zweifel, denn: Er *hat* bestanden. Aristoteles denkt hierbei an das, allerdings idealisierte, Bild des kleinen griechischen Stadtstaates, in dem jeder seinen Ort hat und das von ihm für die Gemeinschaft Geforderte tut, ohne daß ein Herrscher ständig Zwang ausüben müßte. Ein Grundprinzip dieser Demokratie ist das ständige Wechseln der politisch Verantwortlichen und der Funktionäre. Die tatsächliche Teilnahme eines großen Teils jedenfalls der athenischen Bürger nicht nur an den politischen Entscheidungen, sondern auch an der Durchführung dieser Entscheidungen übertrifft alles, was sich Basisdemokraten des 20. Jhd.s auch nur vorstellen können. Nach Maßstäben der griechischen Demokratie sind unsere modernen Demokratien überhaupt keine solchen, sondern einfach Oligarchien, bei denen das Volk alle vier oder fünf Jahre entscheiden darf, welche der Oligarchien für die nächsten Jahre die Herrschaft ausüben soll.

Nach Aristoteles garantiert die durch Gewohnheit eingeübte Tugend der Bürger das Fortbestehen der Ordnung. Sein idealer Staat ist *genügend groß um alle ernähren zu können und zugleich genügend klein, um so überschaubar zu sein, daß alle Bürger an den politischen Entscheidungen wirklich teilnehmen können.* Diese Grenzziehung ist schon bei Aristoteles einigermaßen problematisch. Athen entsprach mit seiner Bevölkerungszahl keineswegs den aristotelischen Anforderungen, es gab dafür schon zur Zeit des Aristoteles viel zu viele Bürger. Und obwohl Athen mit Attika landwirtschaftlich nutzbares Hinterland besaß, war Athen seit Jahrhunderten auf Getreideeinfuhren angewiesen, konnte also seine Bürger nicht durch den eigenen Ackerbau ernähren. Trotzdem sollten wir vorsichtig mit dem Vorwurf sein, Aristoteles sei ein Theoretiker der Kleinstaaterei, möglicherweise werden in der Zukunft die realen politischen Einheiten doch eher die Regionen sein, in denen ein Minimum an Überschaubarkeit noch möglich ist.

Um an den vielen politischen Entscheidungen einer Stadt wirklich teilnehmen zu können, ist natürlich Muße erforderlich, d. h. Freiheit vom Zwang ständiger alltäglicher Arbeit. Daß diese Freiheit nur möglich ist, wenn andere mehr arbeiten, scheint Aristoteles »normal«, hier ist der Ort, wo er die Sklavenarbeit legitimiert. Aber auch die Freien, die Bürger, haben nur in sehr verschiedenem Ausmaß Muße und vefügen dementsprechend in sehr verschiedenem Ausmaß über das für die tasächliche Teilnahme an politischen Entscheidungen erforderliche Wissen. Aristoteles wußte allerdings aus Athen, daß durch Entgelt für politische Tätigkeiten nicht nur mehr Bürger in die Verwaltung des Staates einbezogen werden konnten, sondern daß gerade weniger vermögenden Bürgern dadurch eine zusätzliche Einnahmemöglichkeit geboten wurde. Athen war dann allerdings das Gegenteil eines schlanken Staates geworden. Die Zahl derjenigen, die irgendeine politische oder administrative Tätigkeit innehatten, betrug etwa ein Drittel der Bürger. So wie heute, lähmte eine stets anwachsende Zahl von Verwaltungsbeamten mit sich häufig überschneidenden Kompetenzen in vieler Hinsicht das öffentliche Leben, dies war die Kehrseite der aktiven Teilnahme möglichst vieler an den Staatsgeschäften.

Daß in einem Staat faktisch nie alle gleich sind, ergibt sich schon aus den wirtschaftlichen Verhältnissen. Damit ist bereits gesagt, daß Aristoteles nicht der Meinung ist, daß selbst in einem idealen Staat der Unterschied von arm und reich tatsächlich aufgehoben werden könnte. Ebenso ist er sich im klaren darüber, daß der Besitz wirtschaftlichen Potentials auch bedeutet, in größerem Ausmaß und mit mehr Einflußmöglichkeiten an politischen Entscheidungen teilzuhaben. Aristoteles macht jedoch aus dieser Faktizität kein Prinzip, er hält also nicht daran fest, daß Besitz mit Souveränität gleichgesetzt werden darf, sondern behauptet vielmehr – und dies ist bestes Erbe verschiedener griechischer Verfassungen – daß das Volk, d. h. die Gesamtheit der Bürger, souverän ist.

In diesem Zusammenhang erkennt Aristoteles zu Recht die Grenzen dessen, was der »weise Mann« leisten kann. Aristoteles setzt, ohne dies als Gegensatz anzusehen, neben das *qualitative Prinzip der Klugheit und Bildung* das *quantitative Prinzip der Mehrheit*. Dieses Prinzip hat Aristoteles nicht erfunden, sondern vielmehr in schon vorhandenen Verfassungen vorgefunden. Neu ist bei Aristoteles jedoch der Versuch, diesem quantitativen Prinzip eine Begründung in Hinsicht auf qualitative Relevanz zu geben. Dies ist im Grunde wieder eine Anwendung der Topik, die verschiedene Möglichkeiten aufzeigen will, um zu wahrscheinlichen Sätzen zu gelangen. Die Ansicht des klugen, gebildeten Mannes ist *ein* »Ort«, die »*summierte Vernunft*«, der Konsens der Menge, ist ein anderer »Ort«. Dies gilt natürlich nur für politische, nicht für wissenschaftliche Fragen, dort gilt einzig der wissenschaftliche Beweis. Wie so oft, geht Aristoteles auch bei der Überlegung um die summierte Vernunft sehr vorsichtig vor:

Es ist aber eine schwierige Frage, was das Ausschlaggebende im Staate sein soll. Entweder muß es die Menge sein, oder die Reichen, oder die Tugendhaften, oder einer, der von allen der beste ist, oder ein Tyrann. Aber alles dieses hat, scheint's, seine Anstände und Gefahren. (*Politik* III 10, 1281a 11–14).

Eine ideale Form gibt es also nicht, trotzdem hält Aristoteles die Entscheidungsfindung durch die summierte Vernunft für die beste Lösung:

Daß aber vielmehr die Menge als wenige Beste ausschlaggebend sein müßte, dürfte, scheint's, nicht ganz leicht zu widerlegen sein, ja, selbst etwas Wahres enthalten. Die vielen nämlich, von denen jeder einzelne kein tüchtiger Mann ist, mögen trotzdem, vereint, besser sein als sie, nicht als einzelne, sondern als Gesamtheit [...]. Denn da ihrer viele sind, so kann jeder einen Teil der Tugend und Klugheit besitzen, und kann die Gesamtheit durch ihren Zusammentritt wie ein einziger Mensch werden, der viele Füße, Hände und Sinne hat. (Ebd. III 11, 1281a 40–1281b 7)

Selbst im Konfliktfall hält Aristoteles das Majoritätsprinzip aufrecht, und zwar nicht – und das ist das Interessante und Richtungweisende – aufgrund der reinen Quantität, sondern deshalb, weil er überzeugt ist, daß bei politischen und gesellschaftlichen Fragen die summierte Vernunft mehr *qualitative Wahrscheinlichkeit* für ein richtiges Urteil bietet als die noch so gebildete Vernunft eines einzelnen »klugen Mannes«. Wie soll man verfahren, wenn das Gesetz irgendwo versagt? Soll das einer, der Beste, in Ordnung bringen oder alle gemeinsam? Für Aristoteles ist es besser, daß alle gemeinschaftlich beraten und urteilen, denn wenn jeder für sich nur Geringes leistet, urteilen die Vielen zusammen häufig besser als irgendein einzelner:

Daher beurteilt auch die Menge vieles besser als einer allein, mag er sein, wer er will. Auch ist ein großes Quantum weniger der Verderbnis ausgesetzt, und gleichwie vieles Wasser ist auch die Menge nicht so leicht zu verderben als wenige. (Ebd. III 15, 1286 a 30–33)

Der Empiriker Aristoteles wußte, daß die Korruption die größte Gefahr für das Funktionieren eines Gemeinwesens darstellt. Athen bot dafür ausreichend Anschauungsmaterial. Die gesamte Bevölkerung zu korrumpieren, ist aber faktisch nicht möglich. Daher gewähren die Entscheidungen durch die »Menge« eher das Einhalten der Gerechtigkeit. Damit ist schon gesagt, daß für Aristoteles eine durch den Majoritätswillen bestimmte Gesellschaft nicht der zweitbeste Staat ist, demgegenüber im besten Staat eine Elite der klugen Männer allein herrschen würde, sondern wirklich der beste erreichbare, d. h. menschenmögliche und daher vernünftige Staat.

Dieses Streben nach dem besten Gleichgewicht der Kräfte führte Aristoteles auch dazu, die von ihm nicht erfundene, sondern schon vorgefundene *Gewaltenteilung* zur ausdrücklichen politischen Forderung zu erheben. Bei ihm heißen die Gewalten »ratgebend« (wir würden sagen »gesetzgebend«), »regierend« (wir würden sagen »exekutiv«) und »richterlich« (*Politik* IV 14, 1297b 37–1298a 3). Nur die Unabhängigkeit dieser drei Machtbereiche voneinander garantiert jenes Maß von Gerechtigkeit, das menschenmöglich erreichbar ist. Es ist interessant zu sehen, daß Aristoteles die Begründung dafür nicht nur in staatsphilosophischen, sondern in – in heutiger Terminologie – soziologischen und sozialpsychologischen Überlegungen sucht. Historisch gesehen war die Trennung der Gewalten jedoch nur relativ. Im Athen zur Zeit des Aristoteles gab es diese Gewaltenteilung jedenfalls faktisch nicht, insofern die Gerichte so etwas wie Kommissionen der Volksversammlung waren. Aber auch in vielen modernen Demokratien ist die Trennung, jedenfalls in Hinsicht auf Legislative und Exekutive, nur relativ. In den meisten europäischen Staaten sind die Mitglieder der Regierung häufig gleichzeitig Parlamentsabgeordnete, d. h. faktisch macht sich die Exekutive selbst die Gesetze, während sie eigentlich nur für deren Durchführung zuständig sein sollte.

Auch die Frage nach dem Verhältnis von Herrschenden und Beherrschten geht Aristoteles sehr empirisch an. Die Vorstellung einer »herrschaftsfreien Gesellschaft« kommt ihm dabei gar nicht in den Sinn. Für Aristoteles besteht jede Gemeinschaft aus Herrschenden und Beherrschten, dieses Faktum kann selbst die Forderung und die Wirklichkeit der Volkssouveränität nicht aufheben. Worauf es nach Aristoteles jedoch ankäme, wäre, nicht von vornherein eine bestimmte Gruppe vom Herrschen auszuschließen, vielmehr müßte jeder Bürger darauf vorbereitet sein, an den Funktionen der Gesetzgebung, Richtertätigkeit oder der Verwaltung selbst teilzuhaben. Es genügt nicht, nur die Funktionäre zu bestimmen, jeder sollte zeitweilig eine solche Funktion übernehmen. Für Aristoteles ist der Berufspolitiker ein Unding, womit er recht hat.

Da alle an der Führung des Staates teilnehmen sollen, ist für Aristoteles *Erziehung* eine *politische Forderung*. Das letzte Buch der *Politik* des Aristoteles befaßt sich ausführlich mit Fragen der Erziehung und den Gegenständen derselben. Auf die Frage, ob die Erziehung dem Einzelnen oder dem Staat zustehe, antwortet Aristoteles eindeutig: dem Staat, denn nur dieser garantiert, daß die Erziehung für alle einheitlich ist. Privatschulen dienen nicht dem Interesse des Gemeinwohls. Jene, die zuviel des Guten haben, sei es an Macht, Reichtum oder Anhängerschaft, wollen sich nicht der Autorität des Staates unterordnen (*Politik* IV 11, 1295b 13–185), und in ihren privaten Schulen würden sie diese Haltung ihren Söhnen weitergeben. Der Ausgleich im Machtstreben muß schon in der Erziehung beginnen, sonst werden ihn auch die volljährigen Bürger nicht erreichen. Da der *Staat* für Aristoteles *kein Selbstzweck* ist, sondern eine ganz eindeutige Funktion hat, nämlich der *eudaimonía* der Bürger zu dienen, muß die Erziehung dieser Funktion Rechnung tragen. Sie muß dem heranwachsenden Bürger einerseits die Fertigkeiten übermitteln, die für seine Tätigkeiten und für staatliche Funktionen erforderlich sind, andererseits aber, und zwar in keiner Weise nur so nebenbei, soll sie ihn für die Muße, für die Freizeit erziehen. So erhalten bei Aristoteles Kunst und Poesie eine selbstzweckliche Rolle und stellen ein Gebiet freier Betätigung dar. Die möglichst große Reduzierung der erforderlichen Arbeitszeit und ein Maximum an Zeit für freie Betätigungen ist für Aristoteles eine selbstverständliche politische Forderung. Darin ist selbstverständlich eine klare Wertverteilung zwischen Gelderwerb und kultureller Tätigkeit enthalten.

Im Vergleich zu all diesen Fragen nimmt die nach der *Regierungsform* bei Aristoteles einen relativ geringen Raum ein, und Aristoteles legt sich dabei nicht auf die Bevorzugung einer bestimmten Form fest. Entscheidend ist, daß eine Verfassung dem Gemeinwohl dient, ob sie dann monarchisch, oligarchisch oder demokratisch ist, ist eine sekundäre Frage. In allen drei Formen kann dem Gemeinwohl Genüge getan werden, vorausgesetzt die »summierte Vernunft« der Bürger kommt dort ins Spiel, wo nur auf diese Weise die richtigen Entscheidungen gefunden werden können. Aristoteles ist allerdings der Meinung, daß man die rechte Mitte am ehesten in einer Kombination von Elementen der oligarischen und demokratischen Verfassung finden wird: Die beste Verfassung ist ein Kompromiß.

Aristoteles' Buch über die *Politik* mündet in die Diskussion der Fragen der *Erziehung*, und die Fragen der Erziehung münden in die Diskussion der Fragen der *Musik*. Da Aristoteles die *Politik* selbst überarbeitet hat, ist diese Stellung der Frage der Musik im Ganzen des Werkes nicht der redaktionellen Zusammenstellung des Buches zuzuschreiben. Die Musik im Rahmen der Politik zu behandeln, gehörte schon in die platonische Tradition, dennoch sind Stelle und Stellenwert der Musik im Rahmen der Politik durchaus die eigene Konzeption des Aristoteles, er selbst wollte also seine Schrift zur Politik mit der Überlegung zur Musik beenden. Oder sollen wir sagen: ausklingen lassen? Mit anderen Worten: Nicht eine Frage wie »Wer ist der legitime Herrscher?« steht am Ende des Traktats über die Politik, sondern die Frage »Wozu treiben wir Musik?« – welch ein Politikverständnis! Der Zusammenhang ist klar: Wenn es die Aufgabe der Politik ist, dem Menschen Freiraum von der Arbeit zu schaffen, ihm die Möglichkeit zu geben, sich den eines freien Mannes würdigen Beschäftigungen widmen zu können, dann ist die Beschäftigung mit den Musen das, worauf alle Politik letztlich hinausläuft. Dies ist für Aristoteles der Angelpunkt der Politik:

Die meisten treiben die Musik gegenwärtig zum Vergnügen, den Alten dagegen galt sie für ein Bildungsmittel, da die Natur selbst, wie schon oft gesagt, danach verlangt, nicht nur in der rechten Weise arbeiten, sondern auch würdig der Muße pflegen zu können. Denn die Muße, um noch einmal von ihr zu reden, ist der Angelpunkt, um den sich alles dreht. Denn wenn auch beides sein muß, so ist doch das Leben in Muße dem Leben der Arbeit vorzuziehen, und das ist die Hauptfrage, mit welcher Art Tätigkeit man die Muße auszufüllen hat. (Ebd. VIII 3, 1337b 28–35)

Arbeit ist immer zielgerichtet: Wir arbeiten, um etwas herzustellen oder um etwas zu erreichen. Damit zeigen wir jedoch an, daß wir nicht an einem Ziel in uns selbst angelangt sind, und Glück erfährt eben nur der, der weiß, daß er am Ziel angelangt ist:

Die Muße dagegen scheint Lust, wahres Glück und seliges Leben in sich selbst zu tragen. Das ist aber nicht der Anteil derer, die arbeiten, sondern derer, die feiern. Denn wer arbeitet, arbeitet für ein Ziel, das er noch nicht erreicht hat, das wahre Glück aber ist selbst Ziel und bringt, wie allen feststeht, nicht Schmerz, sondern Lust. (Ebd. VIII, 3, 1338a 1–6)

Einzig die Muße trägt das Ziel in sich selbst, ist also nicht mehr Mittel für etwas anderes. Die anderen Bereiche der Erziehung stellen ein Mittel für etwas dar: Grammatik dient zu Tätigkeiten in Wirtschaft, Politik und zu Gelderwerb, Gymnastik wird wegen der Gesundheit und Kraft geübt und ist somit auch Mittel für militärische Tätigkeit. Einzig die Musik dient allein der Muße (Ebd. VIII 3, 1338a 21–22) und der Kultur des Geistes (Ebd. VIII 5, 1339a 25–26). Aristoteles ist jedoch nicht ideologisch fixiert. Er weiß, daß für die Musik verschiedene Ziele angegeben werden können, sie dient nicht nur der freien Geistesbetätigung, sondern ebenso der Unterhaltung und Erholung und nicht zuletzt der Veredlung der Sitten (Ebd. VIII 5, 1139a 11–26). Aristoteles unterscheidet jedoch Unterhaltung und Muße, da Unterhaltung bei ihm als ein Mittel für etwas gedacht ist, nämlich als Erholung von der Arbeit, wogegen Muße ihr Ziel in sich selbst hat. Aristoteles ist allerdings durchaus bereit, der Musik – im Unterschied zu Platon – die Funktion der Unterhaltung zuzugestehen:

Die Unterhaltung nämlich dient einerseits zur Erholung, die, als Heilmittel gleichsam für die Beschwerden und Schmerzen der Arbeit, notwendig Genuß bringt, und die höchste Geistesbefriedigung anderseits, muß eingestandenermaßen nicht nur das Schöne in sich bergen, sondern auch die Lust, da das vollkommene, glückselige Leben sich aus ihnen beiden zusammensetzt. Nun gestehen wir aber alle, daß die Musik zu den genußreichsten Dingen gehört, sowohl allein, als in Verbindung mit Gesang. (Ebd. VIII 5, 1339b 15–21)

Wichtig ist für Aristoteles auch die Einbeziehung der schon von Platon her bekannten *Ethos-Theorie der Musik* (vgl. Kap. IX, 6) und die Auseinandersetzung mit ihr. Es war eine bei den Griechen weitverbreitete, wenn auch nicht von allen akzeptierte Auffassung, daß die Musik die Seele und den Charakter beeinflußt (*Politik* VIII 5, 1340a 5–6). Aristoteles beruft sich dabei nicht auf irgendeine metaphysische Seelenlehre, sondern auf die Erfahrungsgegebenheiten:

> Die Rhythmen und Melodien kommen als Abbilder dem wahren Wesen des Zornes und der Sanftmut, sowie des Mutes und der Mäßigkeit wie ihrer Gegenteile, nebst der eigentümlichen Natur der anderen ethischen Gefühle und Eigenschaften sehr nahe. Das zeigt die Erfahrung. Wir hören solche Weisen, und unser Gemüt wird umgestimmt. (Ebd. VIII 5, 1340a 18–23)

Dies bringt Aristoteles in Verbindung mit der zu seiner Zeit weithin anerkannten Lehre von den Tongeschlechtern, denen bestimmte »ethische Gefühle und Eigenschaften« entsprechen sollen. Vor diesem Hintergrund einer charakterbildenden Wirkung der Musik ergibt sich die Funktion der Musik für die Erziehung:

320 | Hieraus sieht man also, daß die Musik die Fähigkeit besitzt, dem Gemüte eine bestimmte sittliche Beschaffenheit zu geben. Vermag sie das aber, so muß man offenbar die Jünglinge zu dieser Kunst anhalten und in ihr unterrichten. (Ebd. VIII 5, 1340b 10–13)

Wer die verschiedenen Tongeschlechter in ihrer Eigenart kennt, der weiß mit ihnen umzugehen, Ausgrenzungen wie Platon sie vorgenommen hat, gibt es daher bei Aristoteles nicht. Für Aristoteles gilt, »daß man alle Tonarten ohne Ausnahme anwenden darf, aber nicht alle auf gleiche Weise« (Ebd. VIII 7, 1342a 1–2). Diese antike Ethos-Theorie der Musik sollte eine lange Wirkungsgeschichte haben. Wie immer die Wirkung der Musik auch beschrieben werden wird, Aristoteles hat jedenfalls, und dies in deutlicher Absetzung gegenüber Platon, jeden instrumentellen oder ideologischen Gebrauch der Musik abgelehnt. Musik ist ein Ziel, nicht ein Mittel der Politik. In ihrer eigentlichen, andere nicht ausschließenden Funktion, ist die Musik eine Beschäftigung der Muße, der Kultur des Geistes.

Abschließend nimmt Aristoteles nochmals die Frage nach dem Zweck der Musik auf und unterscheidet bei den nützlichen Zwecken zwischen der sittlichen Bildung und der Katharsis. Letztere ist besonders interessant, da man den Eindruck hat, daß Aristoteles, wenn er hier von der »homöopathischen Reinigung der Affekte« durch die Musik spricht (Ebd. VIII 7, 1341b 38–39), gleichsam mit dem Blick eines Arztes und Naturforschers Dionysostänze und andere Musikaufführungen beobachtet und eine möglich Heilwirkung konstatiert hat. Nicht umsonst verweist er in diesem Zusammenhang auf seine *Poetik*, in der die Frage der Wirkung der Tragödie eine wichtige Rolle spielt. Aristoteles ist also in jedem Falle als jemand zu verstehen, der Verständnis für Musiktherapie aufbringt.

Aristoteles betreibt Philosophie hier in einem Rahmen, in dem Philosophie und Musik in enger Beziehung stehen. Er kann ganz unbefangen von Männern sprechen, »die das Studium der Philosophie betrieben haben und zugleich musikalisch gebildet sind« (*Politik* VIII 7, 1342a 31–32), was in einer heutigen Stellenbeschreibung für eine Philosophieprofessur als extravagant angesehen würde. Dieser gesamte Bezugsrahmen ist indes sehr wichtig, um aristotelische Philosophie richtig einordnen zu können: Sie ist logisch, empirisch, politisch und musikalisch orientiert, ihr Ziel ist es, den gebildeten, freien Bürger hervorzubringen, den Menschen, der sich erkennend und handelnd in der Welt der Natur und Gesellschaft kompetent zurechtfindet, und der weiß, wie er seine Freizeit, also seine Muße, mit Wissenschaft, Dichtung, Kunst und Musik ausfüllt.

- XI -

Die Philosophie des Hellenismus und der Römer

1. Periodeneinteilung

Der Zeitraum, der in diesem und in den folgenden Kapiteln behandelt werden soll, ist im Vergleich zu jenem der vorausgegangenen Kapitel ungeheuer groß: Er umfaßt die Zeit vom 3. Jhd. v. Chr. bis etwa zum Ende des 6. Jhd.s n. Chr. Um hier in irgendeiner Weise zu einer Übersicht zu gelangen, wollen wir zunächst die Darstellung der Philosophie im Bereich des Christentums, die sich seit dem 2. Jhd. n. Chr. herauszubilden begann, auf den nächsten Teil, also auf die Geschichte der Philosophie des Mittelalters verschieben, sie kann dort als »Vorgeschichte« der mittelalterlichen Phi-
322 | losophie eingeordnet werden. Schon jetzt sei aber gesagt, daß selbst diese Sicht eigentlich nicht brauchbar ist. Vertreter dieser christlichen Philosophie wie Origenes oder Augustinus gehören noch gänzlich in die Spätantike, sie stehen eindeutig einem Plotin näher als einem Alkuin. Die hier getroffene Einteilung wird somit vor allem aus praktischen Gründen vorgenommen. – Wie unübersichtlich die Situation im Einzelfall ist, läßt sich aus folgenden Beispielen ersehen. Nehmen wir in der Zeit um 250 n. Chr. die Position eines Origenes und eines Plotin. Ihre Auffassungen stimmen in großen Teilen überein – bei Origenes betrifft dies vor allem das systematische Werk *Perí archôn* –, Origenes ist ein neuplatonischer Christ und Plotin einfach ein Neuplatoniker, wo aber genau die Trennlinie verläuft, ist nur schwer auszumachen. Und ein Augustinus im 5. Jh. sagt mit Blick auf die christliche Lehre, daß er bei der Lektüre der Platoniker »zwar nicht mit diesen Worten, aber im Grunde dasselbe und mit vielen und mannigfachen Beweisführungen überzeugend dargestellt«, gelesen habe (*Bekenntnisse* VII 9). Ebenso aufschlußreich ist die *Consolatio philosophiae* des Boethius (um 524 verfaßt): Für die Christen des Mittelalters (und immer noch für viele der Gegenwart) ist sie ein christliches Andachtsbuch, für den Philosophiehistoriker hingegen stellt sie ein spätantikes stoisch-neuplatonisches Werk ohne irgendeine christliche Andeutung dar. Daraus ergibt sich bereits ein wichtiger Hinweis auf den Zusammenhang des »Endes« der antiken, »heidnischen« und des »Beginns« der »christlichen« Philosophie. Wenn die Philosophie im Bereich des Christentums zu Beginn des 2. Teiles der Darstellung der Geschichte der Philosophie behandelt werden wird, darf nicht der Eindruck entstehen, es handle sich hier um einen »Neuanfang«, dem eine »Zeitenwende« entspräche, es gibt weder einen sol-

chen »Neuanfang« noch eine »Zeitenwende«. Das Jahr Eins entspricht keinerlei historischer Realität, sondern nur einer späteren Ideologie und einem späteren historischen Machtanspruch, mit dem die Geschichte in eine neue Zeitordnung eingeschrieben werden soll. Die historische Realität sieht anders aus: Das Christentum gehört in eine Bewegung des Eindringens orientalischer Mysterienreligionen, die in zunehmendem Maß auch philosophischem Interesse begegneten, und diese zunehmenden religiösen Interessen der Philosophie lassen sich genau in der Entstehungszeit des Christentums nachweisen. Eudor von Alexandrien (ca. 64 v. Chr.–ca. 23 n. Chr.) brachte eine folgenschwere Neudefinition des Zieles des menschlichen Lebens in die Philosophie. Während bisher dieses Ziel bei Stoikern wie bei Platonikern als das Leben in Übereinstimmung mit der Natur angesehen wurde, sprach Eudor von der »Verähnlichung mit Gott« *(homoíosis theô)*, und dieser Definition folgten die Platoniker der folgenden Jahrhunderte ebenso wie die christlichen Philosophen. Es wäre also durchaus naheliegend, die gesamte Entwicklung der Philosophie der ersten Jahrhunderte n. Chr. in einem einzigen Zusammenhang darzustellen. Trotzdem gehe ich – wie gesagt, mehr aus praktischen Gründen – den Weg der Zweiteilung.

Jedoch auch die Darstellung der »heidnischen« Philosophie der Zeit vom 3. Jhd. v. Chr. bis zum 6. Jhd. n. Chr. bereitet erhebliche Probleme. Eine konsequent
chronologische Darstellung wäre nicht sinnvoll, da man dabei die verschiedenen Richtungen in relativ kleine Einheiten – etwa jahrhunderteweise – aufteilen müßte, wodurch jeder Zusammenhang verloren ginge. Es liegt daher nahe, die einzelnen Richtungen jeweils für sich darzustellen. Auch dieses Nebeneinander der Darstellung kann jedoch irreführen. Man muß sich in jedem Fall klar machen, daß die Wirkung der verschiedenen Richtungen im Lauf der Jahrhunderte sehr verschieden war. Während der Einfluß der Stoa und des Platonismus, also zunächst des Mittel- und dann des Neuplatonismus, in dieser Periode zunahm, ging der Einfluß des Epikureismus und des Skeptizismus stark zurück. Der Neuplatonismus wiederum übernahm zahlreiche Elemente der Stoa, sodaß diese gegen Ende der Antike als selbständige Richtung kaum noch wahrgenommen werden kann. Dagegen tritt seit dem 1. Jhd. n. Chr. eine Richtung wieder hervor, die zu Beginn der von uns betrachteten Periode gar nicht mehr vorhanden gewesen war: der Pythagoreismus. In den folgenden Jahrhunderten ergibt sich dann eine Richtung, wenn auch mit verschiedenen Akzentuierungen, in der stoische, platonische und pythagoreische Elemente vereint sind. Durch die Einbeziehung pythagoreischer Elemente verstärkte sich bei Platonikern wie bei Stoikern die zu dieser Zeit ohnedies schon erhebliche religiöse Ausrichtung der Philosophie, und genau diese Mischung haben dann die ersten christlichen Philosophen übernommen.

Eine Periodeneinteilung könnte daher am ehesten durch eine Tabelle ähnlich der von Kursen auf dem Aktienmarkt und von Marktanteilen von Unternehmen dargestellt werden. Dies wäre historisch zulässig, betrachteten doch spätantike Autoren die verschiedenen philosophischen Richtungen fast wie Angebote auf dem Markt. Der bekannte Spötter Lukian von Samosata (2. Jhd. n. Chr.) läßt in seinem *Verkauf der philosophischen Sekten* Jupiter zu zwei Bediensteten sagen:

Du, setze die Bänke in Ordnung und mache Platz für die Ankommenden! – Und *du* hole die Waren heraus und stelle sie auf; aber bürste und putze sie vorher tüchtig heraus, damit sie gut ins Auge fallen und recht viele Liebhaber herbeilocken. Du, Merkur, tue den Aufruf und mache mit gutem Glück bekannt, daß sich die Käufer nunmehr einfinden können. Wir haben philosophische Charaktere von allen Arten und Sekten zu verkaufen. Sollte es jemandem nicht gelegen sein, sogleich bar zu bezahlen, so geben wir, gegen Stellung eines Bürgen, auf ein Jahr Kredit. (Lukian von Samosata: *Lügengeschichten und Dialoge*. Übers. von Chr. M. Wieland. Nachdruck Nördlingen 1985. S. 327 f. Orthographie modernisiert)

Anschließend bietet der Handelsgott Merkur als bestes Stück Pythagoras an – auch dies ein Hinweis auf den wiederaufgelebten Pythagoreismus –, indem er ausruft:

Hier, meine Herren, biete ich das beste Stück in unserem ganzen Lager aus; einen
 höchst respektablen und vortrefflichen Charakter. Wer hat Lust zu kaufen? Wer möchte gerne »mehr sein als ein Mensch«? Wer verlangt, »die Harmonie des Ganzen« kennen zu lernen, und »nach seinem Tode wieder aufzuleben?« (Ebd. S. 329)

Auf die hier zum Ausdruck kommenden »Wünsche« der Käufer wird gleich noch bei der Behandlung der philosophischen Bedürfnisse dieser Periode zurückzukommen sein. Bleiben wir aber zunächst noch bei der Marktsituation, nun unabhängig von der Darstellung Lukians. Während die Marktanteile der Epikureer und Skeptiker ständig zurückgingen, setzte sich seit dem 1. Jhd. n. Chr. eine Fusion von Platonismus und Stoa immer mehr durch, in die auch das wieder neu gegründete Unternehmen des Pythagoreismus aufgenommen wurde. Mit der Zeit gingen erhebliche Marktanteile an die Neugründung der Christen über, bis diese schließlich am Ende der Antike marktbeherrschend wurden und die »zukunftsträchtigen« Teile des Unternehmens Platonismus-Stoa-Pythagoreismus vollständig übernahmen. So ergab sich eine Monopolstellung. In Wirklichkeit fand natürlich kein Sieg eines von verschiedenen konkurrierenden Unternehmen statt, sondern eine schrittweise Übernahme bis zu dem Punkt, an dem die »heidnischen« Unternehmen ihre Selbständigkeit völlig verloren, wobei es sich der zunehmend dominierende Marktführer leisten konnte, Teile der früheren Unternehmen, die nicht in seine Marktstrategie paßten, einfach aufzugeben und somit untergehen zu lassen. Es sollte dabei aber nicht verschwiegen werden, daß es eigentlich nur kleine Teile waren, die gänzlich aufgegeben wurden.

Diese manchen wahrscheinlich etwas unangebracht erscheinende Darstellung hat ihre Berechtigung darin, daß es den genannten Richtungen durchaus darum ging, sich auf dem Markt der Weltanschauungen zu behaupten und wenn möglich den jeweiligen Marktanteil zu vergrößern. Auch waren diese Richtungen durchaus bereit, den Marktbedürfnissen Rechnung zu tragen, also Änderungen vorzunehmen oder neue Elemente einzubauen, wenn dies in Hinsicht auf die gewünschte Akzeptanz erforderlich erschien. Die Aristoteliker bewegten sich nicht auf diesem Markt. Sie waren ein Gelehrtenunternehmen, das nicht versuchte, Anhänger zu gewinnen, was allerdings nicht verhinderte, daß verschiedene Lehren des Aristoteles, vor allem jene, die das Ziel des Lebens betreffen, von Platonikern und Stoikern kritisiert wurden. Da jedoch im Bereich der Ethik tatsächlich Überschneidungen zwischen den Auffassungen des Aristoteles und Epikurs vorhanden sind, sollte diese Kritik vermutlich vor allem den Marktkonkurrenten Epikur treffen. Die Aristoteliker waren niemals eine wirkliche »Konkurrenz« für die gernannten Richtungen und wollten dies auch gar nicht sein: Ihre Philosophie entsprach einfach nicht den »Bedürfnissen« des Publikums. Mit all dem sind wir schon bei dem folgenden Punkt.

2. Das »philosophische Bedürfnis« im Hellenismus und im römischen Reich

Durch Alexander den Großen (4. Jhd. v. Chr.) war eine Umstrukturierung der gesamten antiken Welt in Gang gesetzt worden. Große Menschenmengen verschoben sich aus Griechenland nach Kleinasien und Ägypten: Zunächst waren es Soldaten, die in den besetzten Gebieten blieben und dort ansässig wurden, ihnen folgten Politiker (Administratoren), Ingenieure, Handwerker, Händler, Ärzte, Dichter, Schauspieler – und auch Philosophen. Sie alle wurden von den im Vergleich zu Griechenland größeren Gewinnmöglichkeiten angelockt, waren daneben aber auch von den Nachfolgern Alexanders, den Diadochen, ausdrücklich eingeladen oder geholt worden, um den griechischen Bevölkerungsanteil in den eroberten Gebieten zu verstärken. Die Griechen und Makedonen (im folgenden sprechen wir der Einfachheit halber nur von Griechen) stellten in diesen Gebieten die Oberschicht. Alexander der Große hatte zwar eine Verschmelzung mit der einheimischen Bevölkerung angestrebt, diese Politik wurde jedoch von den Herrschern der Nachfolgestaaten nicht fortgesetzt. Dies ergab, daß die Einheimischen aus den wenigen Führungspositionen, die sie innegehabt hatten, hinausgedrängt wurden, und auch später gelang es nur einigen wenigen aus der einheimischen Bevölkerung, in die Führungsschicht einzudringen.

Die Tatsache, daß die einheimische Bevölkerung in Persien, Syrien und Ägypten auf der Basis ganz anderer politischer, rechtlich-gesellschaftlicher und kultureller Traditionen lebte, wirkte sich natürlich in bestimmter Hinsicht auf die Diadochenreiche aus: Die Ptolemäer in Ägypten übernahmen in etwa die Rolle der Pharaonen, die Seleukiden in Persien die des Großkönigs. Dies war allerdings eher eine »Doppelrolle«, denn im Inneren der Gesellschaftsstrukturen der herrschenden griechischen

Oberschicht und der griechisch-militärischen Unterschicht hatten diese Funktionen kaum eine wirkliche Bedeutung und waren nicht mehr als eine nach außen zur Schau getragene Rolle, die Herrscher versuchten kaum, sich mit den Traditionen ihrer nicht-griechischen Untertanen zu identifizieren. Es war jedoch für die für den Herrscher arbeitenden Architekten, Militärs usw. selbstverständlich eine wichtige Aufgabe, sich mit den rechtlichen, religiösen und gesellschaftlichen Traditionen des jeweiligen Volkes vertraut zu machen, aber auch dabei ging es primär um die Außendarstellung der herrschenden Griechen. Dies ergab, daß die Oberschicht unter sich sich griechisch verhielt, nach außen und berufsbezogen aber die Landessitten miteinbeziehen mußte, was eine Art Schizophrenie dieser herumreisenden Griechen ergab. Sie fanden sich sofort an einem anderen Hof innerhalb der griechischen Führungsschicht zurecht, und mußten sich »nur« mit den Landessitten vertraut machen, und eine solche Situation ist nicht unbedingt förderlich für ein interkulturelles Klima.

Für die Philosophie dieser Periode ergab sich somit schon rein gesellschaftlich eine ganz andere Situation als am Beginn ihrer Geschichte, welcher sich eigentlich auch an Schnittstellen mit anderen Kulturen abgespielt hatte. Während die frühen Vertreter der Ionier durchaus bereit und gelegentlich gezwungen gewesen waren, von den anderen Kulturen, besonders Ägyptens und Mesopotamiens, zu lernen, und sich auch ethnisch mit Mitgliedern anderer Völker zu verbinden, blieb der Kontakt der hellenistischen Griechen zu den anderen Kulturen weithin äußerlich, berufsbezogen. (Heute ist dies ganz ähnlich bei Managern in einem weltweit operierenden Großkonzern zu beobachten: Es wird überall englisch gesprochen, die Strukturen des Konzerns sind überall fast identisch, daß die umgebende Kultur etwa in Paris und Tokio sehr verschieden ist, muß zwar produktions- und werbetechnisch berücksichtigt werden, ist aber kaum bewußtseinsprägend für die Manager selbst.) Für die Philosophie bedeutete dies, daß die tatsächlich nicht unerheblichen Veränderungen, die sie erfuhr, aus den veränderten Bedürfnissen der griechischen Hellenisten, nicht aber aus dem Kontakt mit anderen Kulturen resultierten. Dies wird sich erst sehr spät ändern, im sogenannten Mittel- und Neuplatonismus, dann sind wir jedoch schon am Ende der hellenistischen Kultur und in einer Periode, in der nicht wenigen der Vertreter dieser Kultur die Ahnung kam, daß ihre Zeit vorbei war.

Durch die Umsiedlung ergab sich in den neu eroberten und besiedelten Gebieten eine neue soziale Struktur. Der endlose Konflikt der griechischen Städte zwischen Oligarchen und Demokraten, der diese Städte schließlich völlig gelähmt hatte, trat in dieser Form nicht mehr auf, ebenso endete der endlose Wettstreit zwischen den einzelnen griechischen Städten. Die Bindung der Griechen an ihre Herkunftsstädte war nur noch eine gefühlsmäßige, in der neuen Umgebung, in der sie gemeinsam die Privilegien der griechischen Oberschicht verteidigten, traten diese früheren Bindungen völlig zurück. Die bedeutendsten Reiche waren das der Seleukiden, deren Gebiet von Kleinasien bis nach Indien reichte, und das der Ptolemäer in Ägypten. Auch aus militärischen Gründen zogen sich die Seleukiden mit der Zeit aus den östlichen Gebieten zurück, das faktische Zentrum ihres Reiches wurde Antiochien. So umfaßte der hellenistische Bereich schließlich vor allem die Länder am Mittelmeer, was aber nicht bedeutete, daß nicht auch in den entfernten östlichen Gebieten griechische Kultur fortbestand. Es gibt archäologische Zeugnisse aus dem 3. Jhd. v. Chr. aus Orten, die bis an die heutige Grenze Afghanistans reichen und die zeigen, daß es dort funktionierende griechische Siedlungen mit Gymnasium, Theater usw. gab, und daß dort sogar aristotelische Philosophie bekannt war.

Es gab nun mächtige Staatengebilde mit einer starken Zentralgewalt. Das alte Ziel des Bürgers, welches identisch mit dem Ziel der Bildung bei den Sophisten war, nämlich sich in der Versammlung der Stadt Gehör in den politischen Fragen zu verschaffen, fiel in den neuen großen Flächenstaaten mit ihrer mächtigen Bürokratie weg. Auch der Rat der Philosophen war bei den Herrschern nicht mehr gefragt, allerdings war dies auch in Griechenland nur in Ausnahmsfällen der Fall gewesen. Dies bedeutete aber nicht, daß es nicht unter den Ratgebern des Königs, seinen »Freunden«, auch Philosophen geben konnte. Deren Rat war aber dann eben nicht philosophisch, sondern administrativ, militärisch, technisch oder sonst irgend etwas. Unter den kulturell arrivierten Griechen war es ein äußerst beliebtes Diskussionsthema gewesen, sich über die beste Regierungsform zu unterhalten. Diese Diskussion war angesichts der neuen Staatsgewalt obsolet geworden. Auch die politische Rhetorik ging zunehmend zurück, da sie in den monarchisch strukturierten Herrschaftssystemen nicht gebraucht wurde, und damit verschwand auch ein wesentliches Arbeitsgebiet der Philosophen à la Sophisten. Auch das Theater verlor an Niveau, da es seine alte Funktion, in der Komödie Kritik zu üben und in der Tragödie Orientierung zu liefern, angesichts des fraglos mächtigen Staates, der alles regelte und reglementierte, nicht aufrecht erhalten konnte. Das »neue« Theater wurde zusehends psychologischer und beschrieb einzelne, aber nicht typische Gestalten. Die Literaten widmeten sich der Abfassung von Reise- und Liebesromanen. Eine raffiniertere Literatur, die sich jedoch nur an die Gebildeten der Höfe wandte, lieferte Produkte künstlicher Art, voll von Anspielungen auf die Mythologie oder auf die Wissenschaft, Produkte, die mehr in engen Zirkeln der Oberschicht diskutiert als von einem breiten Publikum wirklich gelesen wurden. Es entstand hier somit eine »ästhetische« Kunst, die nichts mehr mit der Stellung der Kunst in der *Politik* des Aristoteles zu tun hatte. Die Kunst war nicht mehr Kennzeichen des freien Bürgers, sondern eine Beschäftigung des Funktionärs, dessen Gattin und deren Freunde in ihrer Freizeit. Diese Kunst war von ihrer kulturellen Umgebung ebenso weit entfernt wie von irgendeiner politischen Funktion.

Diese kurzen Hinweise zeigen, wie tief die Kluft zwischen Individuum und Staat jetzt geworden war. Eine solche Kluft hatte es im griechischen Heimatland nie gegeben. Da die neuen Ordnungen keine Möglichkeit gaben, die alten Traditionen zu integrieren, fiel auch die ethische Orientierung, die diese geliefert hatten, weg. Die neuen, für griechisches Bewußtsein ungeheuer großen Staatsgebilde, die sich in Militär- und Bürokratieordnungen sowie in Machtentfaltung erschöpften, waren in keiner Weise in der Lage, eine neue ethische Ordnung zu schaffen und die für die neuen Staatsgebilde Verantwortlichen wollten dies auch gar nicht. Andererseits boten die neuen Siedlungsgebiete tatsächlich materiell ausgezeichnete Bedingungen für Verdienst und Vergnügen, so daß dieses Vakuum erst langsam ins Bewußtsein trat. Jeder Grieche konnte problemlos überall leben oder sich überall einfügen. Die neuen »Weltbürger« des Hellenismus waren überall und nirgends zu Hause. Sie folgten einfach den besten Aufstiegs- und Gewinnchancen und hatten dafür alle Diadochenstaaten zur Verfügung, da die Sprache generell Griechisch war und die Regierungsstrukturen im großen und ganzen in diesen Staaten einheitlich waren. Diese große Mobilität galt für alle griechische Gesellschaftsschichten, der hochspezialisierte Architekt bediente sich ihrer ebenso wie der einfache Söldner.

Für die meisten Menschen, d. h. hier zunächst für die meisten Griechen, blieb im Grunde nur die Möglichkeit, sich auf sich selbst zu konzentrieren, im »eigenen Ich« eine Erfüllung zu suchen. Die Frage war nur: wie? Diese Problematik war der griechischen Vergangenheit gegenüber neu. Sie stellte auch die Philosophen vor ganz neue Aufgaben, es mußten neue Wege gesucht werden. Der Weg, der dann von der Skepsis, der Stoa, dem Epikureismus und später dem Neuplatonismus gegangen wurde, erlangte eine große Breitenwirkung, und selbst der Pythagoreismus fand jetzt nochmals eine späte Wirkung, wobei allerdings die Heilslehre die Mathematik weit überwog. Diese Bewegungen, die im folgenden einzeln besprochen werden sollen, führten zu einer bedeutenden Vertiefung des Bewußtseins um das *Individuum*, eine Vertiefung, die durch die im Hellenismus eine zunehmend große Rolle spielenden Mysterienkulte noch verstärkt wurde. Dazu kam, daß unter den neuen ortsungebundenen Lebensbedingungen auch die traditionelle griechische Religion, die stark lokal geprägt war, ihre Wirkung verlor. Die früheren Stadtgottheiten hatten keine Funktion mehr. Auch die sophistische Aufklärung hatte ihre Wirkung nicht ganz verfehlt: Viele Menschen waren Agnostiker oder Atheisten geworden, allerdings ohne damit recht froh zu werden. Die in Ägypten bei den Ptolemäern und, allerdings weniger wirksam, in Persien bei den Seleukiden einsetzende Vergöttlichung von Herrschern war sehr stark politisch motiviert und hatte kaum besondere Wirkung auf das Bewußtsein der dort lebenden Menschen. Im übrigen ging aber die rationalistische Tendenz, die die sophistische Aufklärung mit sich gebracht hatte, rasch zurück. Die Periode des Hellenismus war alles andere als eine Zeit rationaler Aufklärung.

Das Bewußtsein, Individuum zu sein, bildete sich erst jetzt richtig heraus, wo die Menschen in keiner überschaubaren Polis mehr lebten, in der der einzelne immer gleichzeitig auch Bürger gewesen war, jetzt erst wird der Mensch dem Staat gegenüber »vereinzelt«. Es wäre nicht ganz falsch zu sagen: Das Individuum, wie wir es heute verstehen, ist eine Erfindung des Hellenismus. Dieser einzelne muß sich allerdings erst gesellschaftliche Bezugspunkte schaffen, er wird nicht in ein soziales System, wie es die alte Polis gewesen war, hinein geboren. Das Bedürfnis nach Gemeinschaft wird nun sehr stark. Da die staatliche Ordnung jedoch keine Gemeinschaft darstellt, muß Gemeinschaft auch wieder außerhalb oder neben der staatlichen Ordnung gesucht werden. Aus dieser Suche entsteht die Freundschaft, selbst die Herrscher umgeben sich mit Freunden. Freundschaft kann dabei sehr verschiedene Formen aufweisen, nicht nur die verfeinerte der Stoiker und Epikureer. Es sind nicht mehr Verfassungen oder Gesetze, die Sicherheit vermitteln, sondern Beziehungen: Die Macht der Könige stützte sich auf die Freunde, die er sich frei aussuchte und die die wichtigsten militärischen und administrativen Entscheidungen fällen. Ein Freund der Freunde zu sein, gab Sicherheit (in südlichen Ländern, aber vielleicht auch in nördlichen, gilt dies auch heute noch). Der Einzelne verbindet sich mit Einzelnen, eine Polis entsteht daraus aber nicht, sie kann und darf, politisch verfügt, auf solcher Basis auch gar nicht entstehen. Dafür aber bilden sich kleine oder größere Gruppen, Vereine, heraus, die dem einzelnen Halt geben. Auch philosophische Lehren oder Lehrer können ein Organisationsprinzip für solche Gruppen werden, selbst wenn sich die philosophischen Thesen ausschließlich an einzelne richten. Man könnte jetzt einwenden, daß es doch immer schon bedeutende Individuen bei den Griechen gegeben hat. Natürlich hatte es in der griechischen Gesellschaft immer schon sehr starke Einzelpersönlichkeiten gegeben. Schon Homer schildert in der *Ilias* wie in der *Odyssee* solche, dasselbe gilt für die griechischen Tragödien. Und ein Perikles in positivem oder ein Alkibiades in negativem Sinn waren, wie allen bewußt war, starke Persönlichkeiten, sie alle waren aber gerade in Auseinandersetzung – in positivem oder negativem Sinn – mit den äußeren und den gesellschaftlichen Bedingungen so stark geworden. Heraklit, der mit Protest aus der Stadt wegzieht, ist ein sprechendes Beispiel: Er will in der Stadt die Frage provozieren, warum er weggezogen ist. Jetzt aber ziehen die vereinzelt gewordenen Menschen »nach innen« aus, und niemand fragt sie, wohin sie gehen, da sie äußerlich ja weiterhin da sind. Das Individuum, das sich einfach *neben* der gesellschaftlichen Ordnung festsetzen kann, ohne in irgendeiner Weise *gegen* diese Ordnung zu sein – es lebt ja ganz und gar regelkonform und integriert –, dieses Individuum gibt es erst seit der Periode des Hellenismus. Bei den großen Persönlichkeiten des Homer, den Helden wie Agamemmnon und anderen, hat man den Eindruck, daß sie alle ihre Heldentaten nur vollbringen, wenn der Dichter-Reporter daneben steht, um ihre Taten für alle Ewigkeit zu singen und zu verkünden. Auch die starken Persönlichkeiten der Polis leben und verwirklichen sich im Nachruhm in ihrer Polis, hier gibt es keine Trennung von Innen und Außen, der einzelne sieht sich genau so wie die anderen ihn sehen oder wenigstens sehen sollen. In der späten Antike wird dies anders: Der Einzelne kann hier seine Arbeit tun, seine Pflicht erfüllen, aber er selbst sieht sich dabei gleichsam von außen an, in seinem Inneren ist er ein anderer. Dieses Individuum, der zum wirklich Einzelnen und Vereinzelten gewordene Mensch des Hellenismus und der nachfolgenden Perioden, hatte sich nicht nur von der Polis abgesetzt, sondern mußte sich auch von dem Staat, in dem er jetzt lebte, absetzen, und eigentlich war dieser Einzelne, bevor er sich selbst absetzte, schon abgesetzt worden und war dem großen Reich und den späteren kleineren Diadochenstaaten mit ihrer mächtigen Verwaltung ohnmächtig ausgeliefert. Er hatte keinerlei Möglichkeit, wie in der früheren griechischen Polis, an der Gestaltung der Polis mitzuwirken, auch dann nicht, wenn er in leitender Verwaltungsstelle tätig war. (Es entsteht hier der Beamte, Macht und Ohnmacht in einem.) Erst das Auseinandertreten von Einzelnem und Polis bzw. Staat hat jenen Einzelnen hervorgebracht, der sich als Individuum begreift, das ein eigenes »Innenleben« führt. Man sollte aber hier nicht um Worte streiten. Wer den Begriff »Individuum« schon auf frühere Perioden ausdehnen will, kann dies ruhig tun, nur muß er dann eben zwei völlig verschieden Typen, ein »Individuum A« und ein »Individuum B« unterscheiden, denen sehr verschiedene bis gegensätzliche Merkmale zuzuschreiben sind.

In diesen Gesellschaften wuchs das Interesse an Bewegungen, die individuelle Erlösung versprachen. Dabei kam eine Seite der griechischen Religion, die schon immer vorhanden gewesen war, stärker zur Geltung: Die Suche nach einer Offenbarung, die das Irrationale und Emotionale betonte, wie es schon im delphischen Orakel und in den Dionysoskulten gegeben gewesen war.

330 | Der Einzelne war also innerlich wie äußerlich *verunsichert, schutzbedürftig*. Die früheren Schutzgötter der Städte konnten hier nicht herangezogen werden und erst der spätere Hellenismus wird eine geradezu geniale Erfindung liefern, um diesem Bedürfnis zu entsprechen: Jeder Seele wird ein individueller Schutz-Dämon zugeordnet, später wurden daraus die Schutz-Engel. Bei Apuleius im 2. Jhd. n. Chr. sind diese Schutzgeister schon in die Philosophie eingedrungen und werden dort recht ausführlich behandelt, sie sind aber keine Erfindung des Apuleius, sondern entsprachen einfach einem weitverbreiteten Bedürfnis vieler Menschen. Und wenn man schon den Bereich zwischen der irdischen Welt – also vor allem dem sublunaren Bereich – und dem göttlichen Bereich mit unzähligen Zwischenwesen bevölkerte, konnte man gleich einen Teil dieser Wesen als individuelle Schutzgeister abordnen.

Der Periode der hellenistischen Diadochenstaaten, die man in ihrer politischen und kulturellen Bedeutung keineswegs unterschätzen darf, folgte wieder eine Reichsgründung: das römische Reich. Seit dem 3. Jhd. v. Chr. dehnten die Römer ihre Herrschaft nach Osten aus, seit der Mitte des 2. Jhd.s v. Chr. hatte Rom die Herrschaft über Griechenland inne. Für Griechenland und die Diadochenstaaten waren die verlorenen Kriege gegen die Römer in wirtschaftlicher Hinsicht katastrophal: Die Römer forderten ungeheure Summen für Kriegsentschädigung und führten dazu noch große Mengen von Beutegütern mit sich fort. Daneben wurden die Berührungspunkte mit den Römern selbstverständlich zahlreicher und intensiver, wobei es Kontakte kultureller Art zwischen Römern und Griechen im Mutterland und in den griechischen Diadochenstaaten selbstverständlich schon früher gegeben hatte, die Griechen hatten schließlich schon mit den Etruskern in Handelsbeziehungen gestanden.

Seit der Herrschaft der Römer über Griechenland wurden die Kontakte intensiviert. In kultureller Hinsicht ergab sich jedoch nicht die Situation von Siegern und Besiegten: Während bei Alexander und den Diadochenstaaten die politischen Machthaber auch »ihre« Kultur mitbrachten, ohne sich die Frage zu stellen, ob sie nicht vielleicht die vorgefundenen Kulturen oder wenigstens Teile von ihnen übernehmen sollten, fanden sich die römischen Machthaber einer in recht deutlich erkennbarer Weise überlegenen Kultur – der hellenistischen – gegenüber, zu der sie erst ihr Verhältnis bestimmen mußten. Die Entscheidung der Römer, der griechisch-hellenistischen Kultur bei sich selbst – und das hieß vor allem: in Rom – Einlaß zu gewähren, war keineswegs selbstverständlich und ging auch nicht ohne Gegenwehr vonstatten. Der erbitterte Widerstand Catos ist bekannt. Vom 3. Jhd. v. Chr. an standen aber praktisch alle Bereiche des Lebens der Römer in irgendeiner Hinsicht unter griechischem Einfluß. Die Kontakte waren in bezug auf die Träger sehr vielfältig. Die Soldaten hatten in den griechischen Ländern ihre Kontakte mit der dortigen Bevölkerung gehabt, aber auch in Rom und im nichtgriechischen Teil Italiens waren zahlreiche Griechen als Sklaven, Häftlinge und Geiseln, aber auch als Händler, Abgesandte von Städten, Ärzte und Lehrer zeitweilig oder ständig tätig. Die Griechen brachten eine »feinere Lebensart« nach Rom, und die Römer fanden Gefallen am Luxus, wie er in Athen, in den griechischen Städten Italiens, vor allem in Syrakus, sowie in Ägypten und den orientalischen Diadochenstaaten gepflegt wurde. Das römische Erziehungssystem wurde nach griechischem Vorbild gebildet, auch die griechische Philosophie fand auf diesem Wege Eingang in Rom. Seit dem frühen 2. Jhd. v. Chr. waren gebildete Römer zweisprachig, und dies sollte für mehrere Jahrhunderte so bleiben.

Für die Akzeptanz griechischer Philosophie bei den Römern hat kaum jemand mehr getan als Cicero (106–43 v. Chr.). Seine eigene Tätigkeit war dabei durchaus als Werbefeldzug gedacht:

> Die Philosophie ist bis zu unserer Zeit vernachlässigt worden und in lateinischer Sprache überhaupt noch nicht hervorgetreten. Es ist also unsere Aufgabe, ihr Ansehen und Leben zu geben, um unsern Mitbürgern, denen wir in unserer staatlichen Tätigkeit vielleicht etwas genützt haben, auch in der Muße zu dienen, so weit wir können. (Cicero: *Gespräche in Tusculum* I 5. Übers. v. O. Gigon. 5. Aufl., München–Zürich 1984. S. 11)

Cicero ist natürlich bemüht, seine eigene Bedeutung als Erster zu unterstreichen, und so ist er gezwungen, das ihm sicher bekannt gewesene große epikureische Lehrgedicht *De rerum natura* des Lukrez einfach zu ignorieren. Auch Cicero geht von einer Situation verschiedener philosophischer Angebote aus, die er nacheinander kritisch betrachtet: So präsentiert er in der Schrift *Vom Wesen der Götter (De natura deorum)* nacheinander die Auffassungen der Epikureer, der Stoiker und der Skeptiker. Wo er selbst steht, bleibt unklar, allerdings war eine selbständige Position gegenüber griechischer Philosophie für die Römer auch schwer zu erreichen. Cicero weiß, daß es zunächst darum ging, sich »mit noch größerem Eifer [zu] bemühen, die Quellen der Philosophie zu erschließen« (*Gespräche in Tusculum* I 6. Ebd. S. 13). Die Philosophie der Römer war wie die Literatur von griechischen Vorbildern abhängig, sogar die Geschichte wurde mit der Troianischen Sage in Verbindung gebracht. Auch der römische Götterhimmel konnte sich dieser Entwicklung nicht entziehen: Die römischen Götter wurden mit griechischen identifiziert, in Rom hielten orientalische Kulte aus Syrien und Kleinasien Einzug. Das römische Kaiserreich brachte zwar mit der Einteilung in Provinzen eine neue politische und administrative Ordnung, die Städte blieben aber weiterhin Zentren griechischer Kultur. Erst im 3. und 4. Jhd. erdrückte die immer stärker werdende Zentralisierung und die Übermacht des bürokratischen Apparats das kulturelle Leben der Städte. Die Situation des Einzelnen änderte sich gegenüber jener der Diadochenstaaten kaum. So wie in letzteren war die überwiegende Mehrheit der Bewohner des römischen Reiches von den die gesamte Gesellschaft betreffenden Entscheidungen ausgeschlossen und somit darauf angewiesen, sich im individuellen Bereich ihre *eudaimonía* zu suchen. Die älteren griechischen Modelle blieben dafür weiterhin in Geltung, es wird sich aber zeigen, daß der Einfluß orientalischer Religionen und der Gnosis in zunehmendem Maß auch in der Philosophie der Römer wuchs.

332 | Bei der Beurteilung dieser Jahrhunderte sollte man aber nicht einseitig auf das wachsende philosophisch-religiöse Bedürfnis verweisen. Es gab ohne Zweifel während dieser gesamten Periode viele Menschen, denen all dies relativ gleichgültig war, und die über all diese Philosophien spotteten. Ein Beispiel dafür ist Athenaios von Naukratis, der an der Wende vom 2. zum 3. Jhd. n. Chr. lebte, und der sich in seinem *Gelehrtenmahl* (Leipzig 1985), einer Parodie auf Platons *Symposion*, über alle Philosophen von Platon bis Aristoteles und ebenso über die Epikureer und Stoiker lustig macht: »Stets also lügen die Philosophen« (Ebd. S. 146) sagt er und ist mit den Spartanern einverstanden, die alle Philosophien verboten, »weil sich deren Vertreter nur ehrgeizig streiten und nutzlose Debatten führen« (Ebd. S. 374). Von einem indischen König berichtet er uns, dieser habe sich an Antiochos, einen syrischen Diadochenherrscher im 3. Jhd. v. Chr., gewandt, um »Traubensirup, Trockenfeigen und einen Professor einzukaufen und zu schicken«, worauf ihm aber Antiochos antwortete, »einen Professor zu verkaufen ist bei den Griechen gegen das Gesetz« (Ebd. S. 400). Diese Geschichte ist sicher nicht als Zeichen der Hochachtung gegenüber dem Professor gedacht – ob es ein solches Gesetz tatsächlich gegeben hat, weiß ich nicht, vermutlich handelt es sich eher um einen Brauch. Im übrigen: Philosophen am Markt zu kaufen, war zur Zeit des Athenaios längst möglich, reiche Römer kauften sich gerne Philosophen-Sklaven für die Erziehung ihrer Söhne. Einer dieser am Markt käuflichen Philosophen-Sklaven aus dem 2. Jhd., Epiktet (gest. um 138), ist als einer der bedeutendsten Stoiker in die Philosophiegeschichte eingegangen. Trotzdem behält die etwas abschätzige Haltung des Athenaios gegenüber den Philosophen kulturgeschichtlich ihren Stellenwert. Eine ähnlich spöttische Darstellung der

Welt der Philosophen finden wir bei dem bereits erwähnten Lukian von Samosata. Weder die Menschen der Welt des Hellenismus, noch die des römischen Reiches waren sämtlich auf der Suche nach der Erfüllung eines »inneren Selbst« in einer »höheren« Welt, trotzdem bleibt bestehen, daß die letzteren schließlich geschichtlich wirksamer wurden, was immerhin beachtlich ist.

Diese ganze lange Periode vom 1. Jhd. v. Chr. bis ins 6. Jhd. n. Chr. ist in Hinsicht auf die Philosophie gekennzeichnet durch folgende Faktoren:

1. Die Philosophie *trennt sich* zunehmend *von den Einzelwissenschaften.* Damit treten auch in zunehmendem Maß Naturphilosophie, Metaphysik und Logik zurück, also jene Gebiete der Philosophie, die die Einzelwissenschaftler immer »mitbetreut« hatten.

2. Die Philosophie wird in zunehmendem Maß als *Lebenshilfe* verstanden (*magistra vitae*), wobei diese Lebenshilfe als eine für das individuelle, und das heißt: für das »private« Leben verstanden wird. Diese Entwicklung geht auf die früheste Periode des Hellenismus zurück. Xenokrates (396–314 v. Chr.), der zweite Nachfolger Platons in der Leitung der Akademie, bestimmte den Ursprung und damit auch das Ziel der Philosophie in folgender Weise:

Die Philosophie ist entdeckt worden, damit sie das beschwichtigt, was Unruhe in unserem Leben hervorruft. (Fragm. 4. In: R. Heinze: *Xenokrates. Darstellung der Lehre und Sammlung der Fragmente.* Leipzig 1892 [Nachdruck Hildesheim 1965]. S. 160) | 333

Dies stimmt historisch gesehen einfach nicht. Die Philosophie ist bei den Griechen nicht entdeckt worden, um das zu beschwichtigen, was Unruhe in unserem Leben hervorruft, vielmehr ist die Philosophie bei den ionischen Naturphilosophen entdeckt worden, um Fragen zu beantworten, die aus theoretischer Neugier entstanden waren. Auch Aristoteles versuchte Fragen zu beantworten, die aus der Verwunderung über das, was ist und was geschieht heraus entstanden waren. Aber er war überzeugt, daß man sich diesen Fragen erst zuwandte, als die Fragen der Lebensführung eine befriedigende Antwort gefunden hatten (vgl. Kap. II, 1, a). Die Beruhigung der Lebensprobleme als zentrale Aufgabe der Philosophie ist hellenistisch und nichts anderes.

3. Eine eigentliche *Staatsphilosophie* gibt es zu dieser Zeit nicht mehr. Mit dem Ende der Mitbestimmung des Einzelnen am politischen Geschehen zogen sich auch die Philosophen von dem Nachdenken über den Staat und die Politik zurück, so daß schließlich selbst Marc Aurel, ein Philosoph auf dem Kaiserthron, seine politische Funktion allein unter individualethischem Gesichtspunkt sah. Die ethischen Probleme bilden jetzt das Zentrum der Philosophie, wobei hier unter »Ethik« ganz allgemein so etwas wie »Sinnfindung« zu verstehen ist.

4. Die ethischen Probleme werden in zunehmendem Maß mit Hilfe *religiöser Vorstellungen* gelöst. Dies korrespondiert mit dem Auftreten und Eindringen verschie-

denster *Mysterien-Religionen*, so z. B. Isis-Osiris, Mithras, Kybele und Christentum, das sich – zu Recht oder Unrecht – als Mysterienreligion präsentierte.

5. Die Philosophien als Lebenshilfe, in denen *Logik* und *Physik/Metaphysik zurücktreten* oder sogar ganz verschwinden, sind in späterer Zeit oft eklektisch, nehmen also Elemente verschiedenster Richtungen auf, ohne sehr ausdrücklich die Frage logischer oder metaphysischer Kohärenz zu stellen.

Die wichtigsten Richtungen, die eine solche Lebenshilfe zu geben versuchten, waren:

(1) Die Stoiker
(2) Die Epikureer
(3) Die Skeptiker
(4) Die Neuplatoniker

Die ersten drei Richtungen sind von der Zeit des Hellenismus bis in die Periode des römischen Reichs vertreten. Die eben angeführte Reihenfolge beinhaltet keine chronologische Ordnung. Auch die Platoniker versuchten im Lauf der Jahrhunderte dieser Periode, den unter 1–5 genannten Faktoren zu entsprechen, dies gilt vor allem für die Jahrhunderte n. Chr. Die heutige Geschichtsschreibung unterscheidet dabei den mittleren Platonismus und den Neuplatonismus, während die antiken Historiker sie einfach als Platoniker verstanden. Der Neuplatonismus trat vor allem durch seine gnostisch-religiöse und schließlich auch kultische Tendenz erfolgreich als Lebenshilfe auf. Eine nicht unerhebliche Rolle spielte seit dem 1. Jhd. v. Chr. auch eine Neubelebung des Pythagoreismus, der aber nicht als eine eigene philosophische Bewegung angesehen werden kann.

Wie immer kann auch diese Periode des Hellenismus und der Philosophie bei den Römern erst von einer späteren Sicht her als eine Periode erfaßt werden, die durch bestimmte Gemeinsamkeiten geprägt ist und in der bestimmte Tendenzen vorhanden sind, welche sich im Lauf der Zeit verstärken. Bei einer Periode von mehr als einem halben Jahrtausend von Einheitlichkeit zu sprechen, ist natürlich äußerst problematisch. Dieser ganzen Sicht liegt letztlich folgende Konstruktion zugrunde: Im 2. und 3. Jhd. n. Chr. tritt eine tiefgreifende Krise im Bewußtsein der Menschen, die im Bereich der griechisch-römischen Kultur leben, offen zutage. Verfolgt man die Zeichen dieser Zeit zurück, so findet man sie schon seit dem 1. Jhd. v. Chr. vor, etwa bei Cicero und Seneca. Verfolgt man sie weiter bis in die spätere Zeit, so findet man sie immer noch deutlich z. B. bei Augustinus vor, der in seinen *Confessiones* deutlich macht, daß er es mit fast allen der angebotenen Lebensanschauungen versucht habe. Wir konstruieren also die Geschichte – wahrscheinlich ohne dies wahrhaben zu wollen – nach einer Art Krankheitsverlauf: Eine Krise mit Vor- und Nachgeschichte, die erst spät eine Überwindung gefunden hat. Diese Konstruktion ist nicht ganz unproblematisch, da gegen sie vorgebracht werden kann, daß sie zum Teil jedenfalls ideologisch bestimmt ist: Es handelt sich hierbei um die Geschichte, wie sie die christlichen Autoren gerne gesehen haben. Dazu ist aber folgendes zu sagen: Die Tatsache, daß christliche Autoren die Geschichte so gesehen haben, ist nicht schon von sich aus ein Argument dafür, daß diese Sicht ideologisch bestimmt oder falsch ist. Vor allem aber: Die Sicht der Christen gibt bei genauerem Hinsehen gerade das nicht her, was sie leisten sollte, nämlich die Begründung für die – nun tatsächlich ideologisch bestimmte – Auffassung, daß diese Geschichte zum Sieg des Christentums führen *mußte*. Dies ist aber sicher nicht beweisbar. Warum das Christentum sich gegen Ende der Antike als die »wahre Philosophie« durchsetzen konnte, ist eine eigene Frage, mit der wir uns noch beschäftigen müssen (vgl. 2. Teil, Kap. I, 1). Zunächst aber reicht die Auskunft, daß der Ausgang – bei einer ganz ähnliche Verlaufskurve der Krise – auch ganz anders hätte aussehen können. Mit anderen Worten: Es gab im 3. Jhd. durchaus Alternativen zum Christentum, und wahrscheinlich lag zumindest einer der Gründe dafür, daß das Christentum sich schließlich durchsetzte, einfach darin, daß es die Alternativen Stoa und Neuplatonismus fast bis zur Aufgabe der eigenen Identität in sich aufnahm und sogar die Skepsis als willkommene Übergangsphase integrieren konnte. Augustinus demonstriert uns all dies vor (vgl. 2. Teil, Kap. III, 1). Die angedeutete Sichtweise des Verlaufs der Geschichte ist philosophiegeschichtlich auch aus einem anderen Grunde nicht unproblematisch: In ihr werden eindeutig bestimmte Schriften privilegiert und andere fast gar nicht berücksichtigt. So werden hier etwa Aristoteleskommentatoren wie Alexander Aphdrodisias kaum erwähnt bzw. in die Einzelwissenschaften abgeschoben, dasselbe gilt für die Arbeiten der Gelehrten am Museum in Alexandrien und auch ein Galenos wird als »eher doch Arzt« bezeichnet usw. Dies ist zwar philosophiegeschichtlich ungerecht, spiegelt aber doch die historische Tatsache wieder, daß diese und ähnliche Schriften wirklich weithin nur für eine kleine Gelehrtengruppe interessant waren, während das breitere und auch das gebildetere Publikum davon kaum Kenntnis nahm. Das heißt: Im allgemeinen Bewußtsein dieser Periode wurde mit »Philosophie« einfach so etwas wie »Lebenshilfe« oder auch »Gottsuche« verbunden, ein nicht-platonisierender Aristoteles-Kommentator hatte hier nichts zu bieten. Wir werden im letzten Kapitel darauf zurückkommen, da sich an diesem Punkt einige Entwicklungslinien auffallend kreuzen.

3. Die Wissenschaft in Alexandrien

a) Das Museum und die Bibliothek Alexandriens

Alexandrien wurde das neue Zentrum der Wissenschaft und war, ganz wie der neue Typ der Wissenschaft, der sich dort entfaltete, ein charakteristisches Produkt der Welt des Hellenismus. Alexandrien wurde nach dem Tod Alexanders das Zentrum des Ptolemäerreiches. Die Stadt selbst wurde so gut wie ganz aus dem Nichts gebaut, d.h. völlig neu gegründet und nach einem Plan konstruiert. Ägypten war damals durch Landwirtschaft und Handel sehr reich. Das Wirtschaftssystem Ägyptens war eine Kombination aus bürokratischem Zentralismus und Förderung des Handels; das Besteuerungssystem war hoch entwickelt, es wurde aber versucht, Grenzen einzuhalten, um die Bauern und Händler bei ihrer Tätigkeit zu halten. Die neue Hauptstadt bot also beste Möglichkeiten, von diesem Reichtum zu profitieren, was sowohl Volksmassen, als auch Ingenieure, Künstler und Wissenschaftler anzog. Die Stadt erhielt so einen echt kosmopolitischen Charakter und am Ende des 3. Jhd.s v. Chr. hatte Alexandrien ca. eine halbe Million Einwohner. Durch eine kluge Politik gelang es den Ptolemäern, sowohl die Ägypter und deren einflußreiche Priesterklasse als auch die zahlreich eingewanderten Juden an sich zu binden. Vor allem aber versuchten die Ptolemäer, das griechische Element, besonders im kulturellen Bereich, zu stärken. Um die Wissenschaftler dauerhaft an Alexandrien zu binden, wurde eine eigene Institution gegründet: das Museum (*Museion* hatten früher einmal die philosophischen Zirkel der Pythagoreer geheißen). Das Museum wurde als eine Versammlung von Gelehrten, als eine Gemeinschaft, gegründet, die Leitung lag in den Händen eines vom König ernannten Priesters. Die Quellen berichten nichts von

Lehrverpflichtungen der Mitglieder des Museums, da wir aber von Lehrern und Schülern hören, ist dennoch mit irgendeiner Art von Lehrbetrieb zu rechnen. Die großen finanziellen Mittel des Reiches ermöglichten es, die Lehrer des Museums gut zu bezahlen und ihnen eine reiche Bibliothek zur Verfügung zu stellen. Irenäus von Lyon (gest. um 202 n. Chr.) berichtet von dem ehrgeizigen Plan des Ptolemaios I. (3. Jhd. v. Chr.), »die von ihm eingerichtete Bibliothek in Alexandrien mit den ernsthaften Schriften aller Menschen auszustatten« (*Gegen die Häresien* III 21, 2). Dieser Plan wurde tatsächlich durchgeführt, die Bibliothek umfaßte schließlich etwa eine halbe Million Papyrusrollen, was auch ein immenses Gebäude erforderte. Die Bibliothek war ausgezeichnet katalogisiert und somit gut verwendbar. Bei ihrer Einrichtung spielte Demetrios, der zunächst in Athen tätig gewesen war, eine wichtige, historisch allerdings nicht genau klärbare Rolle. Von diesem Demetrios sagt Diogenes Laertius (DL V 80): »An Menge der Bücher und Zahl der Zeilen hat er, ein Mann von höchster Bildung und reichster Erfahrung, fast alle Peripatetiker seiner Zeit hinter sich gelassen.« Es kann also vermutet werden, daß schon vom Organisator der Bibliothek her eine gewisse »aristotelische Haltung« auch bei den Gelehrten des Museums vorhanden war. Kulturgeschichtlich bedeutsam, und darin beste Tradition griechischer Aufklärung bewahrend und weiterführend, ist die Tatsache, daß die Bibliothek des Museums wie auch die anderen Bibliotheken der hellenistischen Periode öffentlich war. Es gab also keine geschlossenen und abgesonderten Tempel- oder Palastbibliotheken, sondern solche, zu denen jeder Zugang hatte. Ob allerdings außer den Gelehrten auch andere von dieser Möglichkeit Gebrauch machten, ist schwer auszumachen. Es war aber jedenfalls ein Kennzeichen der hellenistischen Periode, daß sie eine »Zeit des Buches« war, die späteren Bibliotheken des Mittelalters hatten eine ganz andere Struktur und unvergleichlich weniger Bücher. Wir müssen bis zur Zeit der Renaissance gehen, um wieder eine ähnliche öffentliche Buchkultur zu finden.

Etwa um das Jahr 100 v. Chr. schrieb Artemon von Kassandrien Anweisungen zum Sammeln von Büchern und zu deren rechtem Gebrauch, inzwischen waren ja die Buchherstellung und der Buchhandel wichtige und ertragreiche Berufs- und Wirtschaftszweige geworden. Weiterhin gab es im Museum Alexandriens Räume für anatomische Forschungen, ein Observatorium für astronomische Beobachtungen, einen zoologischen und einen botanischen Garten. Es war hier also tatsächlich ein Zentrum wissenschaftlicher Forschung mit großzügiger staatlicher Förderung entstanden. Daß dies auch der Selbstdarstellung der Herrscher dienen sollte, braucht uns dabei nicht zu stören.

Die Blütezeit des Museums lag im 3. und in der ersten Hälfte des 2. Jhd.s v. Chr., unter römischer Herrschaft ging das Niveau der Forschung allerdings zurück. 48 v. Chr. wurde während des Feldzugs Cäsars nach Ägypten ein umfangreicher, wahrscheinlich aber nicht aus dem Museum stammender Bücherbestand, der nach Rom abtransportiert werden sollte, durch einen Brand vernichtet. Die Gebäude des Museums wurden zur Zeit des Kaisers Aurelian (um 270) zerstört, der wissenschaftliche Betrieb wurde indes im nahegelegenen Heiligtum des Serapion fortgeführt. Dieses Heiligtum wurde von den Christen 390 n. Chr. in eine Kirche umgewandelt und ein großer Teil der Bibliothek wurde auf Befehl des christlichen Bischofs Theophilus vernichtet. Auch die folgende Zeit unter der Herrschaft der Christen war für wissenschaftliche Arbeit nicht unbedingt positiv. Im Jahr 415 wurde die, nach dem Ende des Lehrbetriebs noch immer in Alexandrien tätige Wissenschaftlerin und Philosophin Hypatia von Christen ermordet, zu einer Zeit also, als Kyrill von Alexandrien dort Patriarch war, ein bekanntermaßen gewalttätiger Bischof. Hypatia kann Anlaß sein, um auf zwei Fakten hinzuweisen: (1) Die erste Frau, die einen öffentlichen Lehrstuhl innehatte, war nicht im Bereich der Literatur tätig – wie man nach einem weitverbreiteten Vorurteil annehmen könnte –, sondern im Bereich der Mathematik, der Astronomie und der Philosophie. (2) Daß eine Frau einen solchen Lehrstuhl innehatte, stellte zwar auch in der griechischen Spätantike eine Ausnahme dar, wurde aber zur Kenntnis genommen, ohne Aufsehen zu erregen. Auch in den Schulen Epikurs und Plotins waren Frauen als Teilnehmer an den Lehrveranstaltungen eine normale Angelegenheit. Zur gleichen Zeit, in der Hypatia lebte, war aber – auch in Nordafrika – Augustinus schon daran, die ideologischen Grundlagen für eine Kultur zu legen, die es für mehr als ein Jahrtausend unmöglich machen sollte, daß eine Frau wieder einen Lehrstuhl an einer öffentlichen Bildungsinstitution innehaben konnte.

Ähnliche Institutionen wie in Alexandrien gab es auch in Pergamon und Rhodos. Pergamon hatte seine Blütezeit im 2. Jhd. v. Chr., die Schule wurde vor allem durch die Attaliden-Könige gefördert und besaß mit ca. 200.000 Rollen die zweitgrößte Bibliothek der antiken Welt. Das berühmte Relief des Pergamon-Altars (jetzt in Berlin; die Deutschen haben, wie die Franzosen und Engländer, die Raubpraxis der Römer fortgesetzt) stammt aus dieser Zeit. In dieselbe Periode fällt auch die große Zeit von Rhodos, das durch seine Handelsflotte reich geworden war. Die Rednerschule von Rhodos wurde von vielen Römern besucht.

Auch Athen blieb ein Zentrum vor allem im Bereich der Philosophie. Die platonische Akademie existierte, in etwas bescheidenerem Umfang, weiter. Daneben gab es den Peripatos, also die Schule der Aristoteliker, weiterhin die Schule Epikurs, die der Stoa und schließlich die der Skeptiker (aber ohne Schulbetrieb). Athen wurde ein Bildungsziel der antiken Welt, wer in Athen studiert hatte, »war« jemand, oder meinte jedenfalls, jemand zu sein, ganz gleich wie viel er dort gelernt hatte. (So wie heute manche intensiv darauf hinweisen, sie hätten in Oxford oder in Harvard studiert.) Im wissenschaftlichen Bereich konnte Athen aber niemals mit Alexandrien oder Pergamon konkurrieren.

Das Museum Alexandriens war ein charakteristisches Produkt der hellenistischen Kultur: Hier wurde ausschließlich *Einzelwissenschaft* betrieben. Es gab keine großen philosophischen Synthesen, und im engeren Sinn des Wortes gab es dort überhaupt

keine Philosophie, alles war auf die Einzelforschung konzentriert. Philosophie war nur als Hintergrund- und Methodenwissen vorhanden, nicht als eigener Gegenstand (eigentlich eine ganz vernünftige Praxis). Hier entstand nun jene Gestalt, die man den *Gelehrten* nennen kann: Seine Aufgabe bestand primär in der Forschung, und soweit er lehrte, war es Ziel der Lehre, wiederum Gelehrte hervorzubringen. Das Museum war also eigentlich eine Forschungsinstitution, und die spätere Bezeichnung »Alexandrinismus« betrifft erst dekadente Formen der alexandrinischen Gelehrsamkeit zu Recht. Forschung war allerdings weithin Texterforschung: Das Ziel war zunächst nicht, Neues zu finden, sondern das kulturelle, wissenschaftliche und literarische Erbe zu sichern. Dasselbe gilt auch für die Schulen in Pergamon, Rhodos und Athen. Dies bedeutet aber nicht, daß in diesen Schulen, vor allem im Museum, nicht auch ganz bedeutende neue wissenschaftliche Ergebnisse erzielt wurden.

Voraussetzung für solche Hochschulen waren die in allen größeren, manchmal auch in kleineren Städten der hellenistischen Reiche vorhandenen Gymnasien, eine der wichtigsten Institutionen, die die Griechen überall hin mitbrachten. Das Bildungsprogramm dieser Schulen war traditionell und daher vor allem sportlich, musisch und literarisch orientiert. Nicht mehr erforderlich war die praktisch-politische Ausrichtung, die bei den Sophisten und auch noch bei Isokrates eine wichtige Rolle gespielt hatte – es gab ja keine Agora mehr, auf der man seine politischen Ansprüche und Rechte verteidigen oder erkämpfen mußte. Eine wissenschaftliche Ausrichtung hat das hellenistische Gymnasium nie erhalten. Dies bedeutete allerdings nicht, daß nicht die dort gebotene Ausbildung die unbedingt erforderliche Voraussetzung für alle wissenschaftliche Arbeit war.

b) Wichtige Einzelgebiete

(1) *Philologie*: Diese wurde hier in ihrer »modernen« Gestalt geschaffen. Im 3. Jhd. entstand die erste kritische Homerausgabe, die bis heute die Grundlage der Homertexte bildet. Dionysios Thrax schuf die erste *Grammatik*, die die Basis aller späteren Grammatiken darstellte; natürlich griff Dionysios Thrax dabei auf Arbeiten der Sophisten, Platons und vor allem der älteren und mittleren Stoa zurück. Die von Dionysios Thrax eingeführte Terminologie der Grammatik ist jene, die bis heute Anwendung findet.

Auch die Zusammenstellung des *Corpus Aristotelicum* durch Andronikos von Rhodos gehört in diesen Zusammenhang (vgl. Kap. X, 1). Andronikos ist ein gutes Beispiel für der Arbeit der hellenistischen Philologen, insofern er sich nicht auf die Erstellung eines exakten Textes beschränkte, sondern diese Arbeit auch systematisch in Hinsicht auf Chronologie, Textform usw. hin analysierte. Editoren waren gleichzeitig Forscher auf ihrem Gebiet.

(2) *Medizin*: Auch hier lag der weiteren Tätigkeit zunächst einmal ein editorisches Unternehmen zugrunde, nämlich die Sammlung des *Corpus Hippocraticum*. Nicht alle Teile dieser Textsammlung gehen tatsächlich auf Hippokrates (460–370 v. Chr.) zurück. Auch hier war die Arbeit am Text mit Forschung verbunden. Im Museum wurde die medizinische Forschung nochmals in verschiedene Spezialgebiete eingeteilt. Im Bereich der Anatomie ging man von der alten ägyptischen Tradition aus, vor der Einbalsamierung die Eingeweide herauszunehmen, von da aus entwickelten sich systematische anatomische Forschungen. Die Medizin, die früher immer nahe bei der Magie angesiedelt war, erhielt hier ihre für die weitere Entwicklung entscheidende Orientierung: Sie wurde zur empirischen Wissenschaft. In Alexandrien wurde bereits methodisch anatomische Sektion durchgeführt. Auch der bekannteste Arzt der hellenistischen Periode, Galenos (129/130–199/200 n. Chr.), hatte in Pergamon und Alexandrien studiert, arbeitete aber später in Rom. Galenos forderte die Anwendung aristotelischer wissenschaftlicher Beweismethoden im Bereich der Medizin. Die Philosophie erhielt dabei eine wichtige propädeutische Funktion für die Medizin als deren wissenschaftstheoretische Voraussetzung. Das wissenschaftliche Niveau der Arbeiten am Museum selbst ging jedoch mit der Zeit erheblich zurück.

(3) *Mathematik*: Für das hohe Niveau der Forschungstätigkeit des Hellenismus sind die Mathematik, die Physik und die Astronomie die hervorragendsten Zeugnisse, schon deshalb, weil sie die berühmtesten Namen aufweisen können: Euklid und Archimedes. Euklid (um 300 v. Chr.) verfaßte die berühmten *Elemente (Stoicheía)*, darüber hinaus schrieb er Arbeiten zur Optik und Astronomie. Die *Elemente* sind nicht einfach eine Neuschöpfung Euklids, sondern stellen eine weiterentwickelte Zusammenfassung der gesamten griechischen Mathematik dar. Modellhaft wurde vor allem die Methode, die Euklid hier anwandte: das *deduktive Modell*. Euklid unterschied genau zwischen den Ausgangssätzen (die später »Axiome« genannt wurden)

und den logischen Deduktionen. Den Axiomen scheint Euklid eine unmittelbare Evidenz (wie Aristoteles den vollkommenen Schlüssen) zugesprochen zu haben. Das berühmte Parallelen-Axiom (bei Euklid »Postulat« genannt) bereitete schon den antiken Kommentatoren Schwierigkeiten. Bei Euklid ist dies recht kompliziert formuliert, die moderne Standard-Neuformulierung lautet: »In einer Ebene α läßt sich durch einen Punkt A außerhalb einer Geraden a stets eine und nur eine Gerade ziehen, welche jene Gerade a nicht schneidet; dieselbe heißt die Parallele zu a durch den Punkt A.« (In der Moderne ergaben sich aus der Fortführung dieser Diskussion und der Eliminierung dieses Axioms die nicht-euklidischen Geometrien.) Mit Euklid vollzog die griechische Mathematik eine Wende: Jetzt gab nicht mehr, wie bei den Pythagoreern, die Arithmetik das Paradigma ab, sondern die Geometrie – und dies wird bis Newton gelten. Eigentlich wurde dadurch aber nur die ursprüngliche Richtung der griechischen Mathematik, die an der Geometrie orientiert gewesen war, wieder aufgenommen. Trotz starker platonischer Einflüsse bei Euklid liegt in dessen Konzeption der Mathematik ein eindeutiger Unterschied zu Platon vor: Für Euklid ist nur das Gegenstand der Mathematik, was konstruierbar ist. Die seiner (vermutlichen) Auffassung nach unmittelbar einsichtigen Axiome sind für sich allein genommen noch keine Gegenstände der Mathematik. Während für Platon alles auf die

Intuition der Gegenstände ankam, lieferte bei Euklid erst die Konstruierbarkeit ein Kriterium wissenschaftlicher Erkenntnis.

Apollonios (um 240 – um 170 v. Chr.) war der zweite bedeutende Mathematiker des Hellenismus. Er lehrte nach langen Studien in Alexandrien in Pergamon. Apollonios verfaßte ein wichtiges Werk, die *Konika*, d. h. das Studium der Ellipse, Parabel und Hyperbel betreffend. Auch dieses Werk, das an Originalität Euklids Arbeiten übertrifft, wurde maßgebend für das Studium dieser Probleme bis in die Neuzeit, noch Kepler ging von ihm aus.

Der wahrscheinlich letzte große Mathematiker der Alexandriner war Diophantos (um 250 n. Chr.), von dessen *Arithmetik* sechs Bücher in griechischer und vier weitere in arabischer Übersetzung erhalten sind. Die griechisch erhaltenen Teile sind erst seit dem 16. Jhd. bekannt und die darin enthaltenen zahlentheoretischen Probleme waren für Pierre Fermat (1601–1665) Ausgangspunkt wichtiger zahlentheoretischer Fragen. Die berühmte »Fermatsche Vermutung« findet sich in einer Anmerkung Fermats zu der *Arithmetik* des Diophantos: Zu $a^2 + b^2 = c^2$ gibt es für a, b und c unendlich viele ganzzahlige Lösungen, wogegen es nach Fermats Vermutung, wofür er einen Beweis zu haben behauptete, für $a^3 + b^3 = c^3$ und für alle ähnlichen Gleichungen mit höheren Potenzen keine ganzzahligen Lösungen gibt. Dies war eine Herausforderung an die Mathematiker bis in unsere Gegenwart hinein.

(4) *Astronomie*: In diesem Bereich sind die bedeutendsten Vertreter Aristarch und Hipparch. Aristarch (3. Jhd. v. Chr.) ist vor allem berühmt durch seine *heliozentrische* Theorie des Planetensystems. Wie er diese Theorie begründete, ist leider nicht bekannt, es ist jedoch wahrscheinlich, daß er dabei eine ebenso strenge Methode wie

Euklid oder Apollonios anwandte. Diese Theorie fand in der Antike allerdings keine Gefolgschaft. Hipparch (2. Jhd. v. Chr.) der in Rhodos lehrte und als der bedeutendste Astronom der Antike angesehen wurde, vertrat wieder das *geozentrische* System. Dazu muß jedoch gesagt werden, daß er mit seinem System durchaus in der Lage war, alle zu seiner Zeit bekannten Daten der Astronomie zu erklären. Besonders einflußreich wurde Ptolemaios (um 100–170 n. Chr.), dessen *Almagest* die für 1500 Jahre maßgebliche mathematisch-astronomische Darstellung des geozentrischen Weltbilds lieferte. Bedeutende Astronomen gab es noch am Ende der Zeit des Museums im 4. Jhd. n. Chr. Von Pappos, Theon und der Philosophin Hypatia stammen die einzigen erhaltenen Kommentare zum *Almagest* des Ptolemaios, und auch diese Werke waren maßgebend bis zu Kopernikus.

(5) *Geographie*: Dies war der Bereich, der unmittelbar von den Eroberungszügen Alexanders Nutzen ziehen konnte. Jetzt lag ungeheuer viel empirisches Material vor, das bearbeitet werden konnte. Eratosthenes (3. Jhd. v. Chr.), der auch ein ausgezeichneter Mathematiker war, versuchte, den Erdumfang zu berechnen und kam dabei zu einem auf ca. 100 km genauen Resultat. Die Geographie war natürlich ein Bereich, der später auch von den Römern gefördert wurde: Gute Land- und Seekarten waren militärisch und verwaltungstechnisch ein unentbehrliches Hilfsmittel. Seit Ptolemaios setzte sich die Nordung der Landkarten durch, die bis heute erhalten blieb.

(6) *Physik*: Archimedes (3. Jhd. v. Chr.) hatte lange in Alexandrien studiert, ließ sich aber dann in seiner Heimatstadt Syrakus nieder. Außer mit der Physik beschäftigte er sich mit Mathematik und Astronomie, berühmt wurde er vor allem durch seine Arbeiten im Bereich der Geometrie und der Physik. Vor allem aber stellte er das erste bedeutende Beispiel einer Verbindung von Wissenschaft und Technik dar: So erfand er die Spiralpumpe für die Bewässerung der Felder am Nil, die noch heute dort an vielen Stellen in Gebrauch ist, entdeckte aus Anlaß der praktischen Fragestellung, die Reinheit des Goldes der Krone des Herrschers von Syrakus festzustellen, das spezifische Gewicht der Metalle, und vieles andere.

Man kann sich an dieser Stelle fragen, wieso es zu keiner diesem Beispiel entsprechenden Weiterentwicklung einer Verbindung von Wissenschaft und Technik im Bereich der hellenistischen Welt (und zeitlich weit über diese hinaus) kam. Die Antwort dürfte relativ einfach sein und hat einen ideologischen und einen ökonomischen Faktor: Das ideologische Element besteht darin, daß bei den Griechen die theoretische Erkenntnis weit über der praktischen Anwendung stand. Plutarch (ca. 45–125 n. Chr.) liefert zwar ein spätes, deshalb aber nicht schon untypisches Zeugnis, wenn er berichtet, daß

[...] früher einmal der König Hieron seinen Ehrgeiz darein gesetzt hatte, Archimedes zu bewegen, seine Wissenschaft in etwas aus dem Bezirk des Geistigen heraus dem Körperlichen zuzuwenden, die reine Theorie irgendwie mit dem Sinnfälligen zu verknüpfen und sie so praktisch brauchbar und der großen Menge einleuchtender zu machen. Mit dieser hochbeliebten und vielgepriesenen Mechanik und Technik hatten sich nämlich zuerst Eudoxos und Archytas zu beschäftigen begonnen. (Plutarch: *Große Griechen und Römer. Marcellus* 14. Übers. v. W. Wuhrmann / K. Ziegler. Zürich-Stuttgart 1955)

Mit Archytas sind wir bei den Pythagoreern, aber gleichzeitig auch bei jemandem, mit dem Platon in Kontakt gekommen war. Und von Platon her wurde – nach dem weiteren Bericht Plutarchs – natürlich jede Verbindung mit Sinnlichem oder sogar Technischem streng zurückgewiesen:

Als sich aber Platon darüber entrüstete und sie heftig angriff, weil sie den Adel und die Reinheit der Mathematik zerstörten und vernichteten, wenn sie aus der unkörperlichen Sphäre des reinen Denkens ins Sinnliche hinabglitte und sich körperlicher Dinge zu bedienen begönne, die vieler niedrigen, handwerksmäßigen Verrichtungen bedürften, so wurde die Mechanik aus der Mathematik verbannt und von ihr abgetrennt, von der reinen Wissenschaft lange Zeit verschmäht, und war so zu einer bloßen militärischen Hilfswissenschaft geworden. (Ebd.)

Der Zusammenhang ist deutlich: Der Widerstand gegen eine technische Verwertung
342 | der Wissenschaft hat einen klaren ideologisch-platonischen Hintergrund. Archimedes war wahrscheinlich von diesem Hintergrund nicht sonderlich beeinflußt oder jedenfalls von ihm nicht beeindruckt und war durchaus an technischen Anwendungen interessiert. Spätere meinten, diese Haltung korrigieren zu müssen, und so wird diese Tätigkeit von dem Platoniker Plutarch wiederum in die offizielle platonische Ablehnung technischer Verwertung wissenschaftlicher Erkenntnisse eingeordnet:

So stolz war übrigens der Sinn, so tief der Geist und so reich die Fülle der theoretischen Erkenntnisse, die Archimedes besaß, daß er es verschmäht hat, über dasjenige, was ihm den Namen und den Ruf einer schon nicht mehr menschlichen, sondern göttlichen Einsicht verschafft hat, irgendeine Aufzeichnung zu hinterlassen, sondern er sah die Beschäftigung mit der Mechanik und überhaupt jegliche Wissenschaft, die es mit der praktischen Anwendung zu tun hat, für niedrig und gemein an und setzte seinen Ehrgeiz einzig an das, dem das Schöne und Hohe, unvermischt mit allem dem Zwang Unterworfenen, eigen ist. (Ebd. 17)

Auch der ökonomische Faktor ist offenkundig: Die Erfindung von Maschinen, die die Arbeit vereinfachten und den Aufwand von Arbeitskraft verminderten, war keine generelle Aufgabenstellung, die von den Herrschern oder von anderen Kapitalträgern an die Wissenschaft herangetragen wurde, und zwar aus dem einfachen Grund, daß durch die Sklaverei kein Mangel an »natürlicher« und billiger Arbeitskraft bestand. Eine gewisse Ausnahme bildete die offensichtlich nützliche Kriegstechnik, im übrigen aber blieb die hellenistische Wissenschaft weithin rein »theoretisch«.

- XII -

Die Stoiker

Vorbemerkungen

Der Gründer der Stoa ist der aus Zypern stammende Zeno (ca. 335–263 v. Chr.). In Athen besuchte er sowohl Lehrvorträge des Kynikers Krates als auch des Megarikers Stiplon und gründete dann eine eigene Schule in Athen, und zwar in einer Säulenhalle, also einer Stoa, wovon diese Richtung ihren Namen erhielt. Der Einfluß der Megariker und der Kyniker ist bei den Stoikern deutlich sichtbar: Sowohl das Interesse an der Logik wie auch vermutlich einige Lehren der Logik wurden von den Megarikern/Dialektikern übernommen, während die ethischen Auffassungen der Stoa auf der Grundlage kynischer Lehren entwickelt wurden. Als zweiter Gründer | 343
der Stoa gilt dann Chrysipp (ca. 280–207 v. Chr.), der einer der bedeutendsten Logiker der Antike ist, und der der Stoa erst ihre begrifflich und logisch ausgebaute Form gab. Er galt in der Antike als der bedeutendste Logiker überhaupt, wie es Diogenes Laertius bezeugt:

In der Dialektik brachte er es zu solchem Ruhm, daß man allgemein sagte, wenn die Götter es mit Dialektik zu tun hätten, so wäre dies keine andere Dialektik als die des Chrysipp. (DL VII 180)

Die Textgrundlage bei der älteren Stoa ist sehr schlecht. Wenn man die große Anzahl der Schriften des Chrysipp, die in der Antike bekannt waren (vgl. DL VII 189–202), mit dem vergleicht, was wir an Texten von ihm zur Verfügung haben, läßt sich ahnen, wie wenig wir eigentlich von den Lehren des Chrysipp wissen. Wir sind bei Chrysipp wie bei der ganzen älteren Stoa auf Fragmente angewiesen, zudem sehr oft auf unsichere Zitate oder Darstellungen von Gegnern der Stoa. Einer dieser Gegner – und für uns die wichtigste Quelle zur Logik der alten Stoa – ist Sextus Empiricus (3. Jhd. n. Chr.), der das, was er bekämpft, auch recht gut verstanden hat. Die verhältnismäßig gute Wiedergabe stoischer Logik auch bei Gegnern dürfte nicht zuletzt darauf beruhen, daß vermutlich schon bald nach Chrysipp kurze Lehrbücher im Umlauf waren. Diogenes Laertius etwa, der schließlich nicht immer eine besonders sichere Quelle ist, arbeitete bei seiner Darstellung des Lebens und der Lehre Zenos mit einem Buch des Diokles (1. Jhd. v. Chr.), das auf guten Kenntnissen beruhen dürfte, so daß in diesem Fall die in Buch VII bei Diogenes Laertius enthaltenen Nachrichten verhältnismäßig zuverlässig sein dürften. Erst bei der Stoa im Bereich des römischen Reichs haben wir authentische und zusammenhängende Texte von Stoikern zur Verfügung, aber dort ist über Logik nicht mehr viel zu erfahren.

Das Zurücktreten der Logik und in geringerem Maß auch der Physik in der späteren Stoa erklärt sich aus den *primär ethischen Interessen* der Stoiker: Ihnen geht es darum, das Handeln an unverrückbarem und objektiv gültigem Wahrem zu orientieren. Die Glückseligkeit ist ihrer Auffassung nach nur dort garantiert, wo sie in einer objektiven Erkenntnis der Natur gründet. Nach ihnen trägt der Mensch selbst die Verantwortung für seine Glückseligkeit, deshalb muß er alle nur denkbaren theoretischen Anstrengungen unternehmen, um das Wahre zu erkennen. Um die Glückseligkeit zu erlangen, muß der Mensch der *Vernunft* folgen, und ohne Logik ist es nicht möglich, der Vernunft nachzukommen. Der Vernunft folgen bedeutet in inhaltlicher Hinsicht, der *Natur* folgen, und dazu muß die Natur erkannt werden. Dabei meinten die Stoiker aber nicht die wissenschaftliche Einzelerkenntnis, sondern die Erkenntnis der Grundstruktur der Welt, ihre *Physik* ist also *Naturphilosophie*, nicht Naturwissenschaft wie bei den Alexandrinern. Die Naturphilosophie ist dann die *Grundlage der Ethik*. Dies legt den Zusammenhang

$$\text{Logik} \Rightarrow \text{Physik} \Rightarrow \text{Ethik}$$

nahe, so wie ihn auch die Stoiker selbst häufig darstellten. Die Reihenfolge, in der die Disziplinen behandelt werden sollten, war allerdings bei den Stoikern umstritten. Die maßgeblichen Gründer der Stoa folgen allerdings genau dem angegebenen Aufbau:

Andere geben der Logik die erste Stelle, die zweite der Physik, die dritte der Ethik. Zu ihnen gehört Zenon in seinem Buch über den Vortrag, auch Chrysipp, Archedemos und Eudemos. (DL VII 40)

In Wirklichkeit ist aber alles von der schon vorausgesetzten Ethik her bestimmt. Logik und Physik, und entsprechend auch die beiden zugeordnete Theorie der Erkenntnis, stellen den Versuch dar, die Voraussetzungen der Ethik zu liefern. Der Sachzusammenhang geht also eigentlich in der umgekehrten Richtung:

$$\text{Logik} \Leftarrow \text{Physik} \Leftarrow \text{Ethik}$$

Man sollte die Feststellung dieses Zusammenhanges aber nicht in der Weise verstehen, daß – jedenfalls in der alten Stoa – die Logik völlig in dieser Funktion aufgeht. Sie hatte schon bei den Megarikern/Dialektikern durchaus ein Eigengewicht, und dies war auch bei Chrysipp noch der Fall.

Die Zuordnung von Logik, Physik und Ethik, wie sie im zweiten Schema dargestellt wurde, war den späteren Stoikern, bei denen die Ethik ganz im Vordergrund steht, klar. Epiktet (ca. 50–138 n. Chr.) stellt z. B. sehr deutlich den Zusammenhang von Logik und Ethik heraus, auch wenn er selbst im folgenden nur sehr wenig auf die Beweislehre eingeht:

Der erste und wichtigste Punkt ist in der Philosophie der von der Anwendung der Lehrsätze, z. B. das Verbot des Lügens. Der zweite ist der von den Beweisen, z. B. warum man nicht lügen solle. Der dritte ist der von der Begründung und Zergliederung derselben, z. B. wieso dies ein Beweis sei, was denn ein Beweis sei, was eine Folge, was ein Widerspruch, was wahr und was falsch sei. Also ist der dritte Punkt wichtig wegen des zweiten, der zweite wegen des ersten. Der wichtigste aber und der, bei dem man verharren soll, ist der erste. (Epiktet: *Handbüchlein der Ethik* Kap. 52)

Daß die Logik hier sehr deutlich als Beweislehre im Dienste der Ethik aufgefaßt wird, ist vermutlich schon älteste stoische Lehre, die letztlich auf Sokrates zurückgeht. Faktisch spielt die Logik aber ebenso wie die Physik bei Epiktet kaum noch eine Rolle. Auch Marc Aurel ist ein Zeuge für diese Entwicklung der Stoa: Logik und Naturphilosophie treten deutlich zurück, sie werden zwar weiter aufgeführt, letztlich kann aber auf sie sogar beinahe verzichtet werden.

Dessen sei stets eingedenk und denke außerdem daran, daß zu einem glückseligen Leben nur sehr wenig erforderlich ist, und solltest du auch die Hoffnung aufgeben müssen, es in Dialektik und Naturkunde weit zu bringen, du deshalb doch nicht darauf verzichten darfst, ein freigesinnter, bescheidener, geselliger und gegen Gott gehorsamer Menschen zu werden. (Marc Aurel, *Selbstbetrachtungen* VII 67)

Es ist vermutlich ungerecht, aber man kann sich des folgenden Eindrucks nicht erwehren: Je frömmer, »Gott gehorsam«, die Stoiker wurden, um so weniger Logik und Physik meinten sie zu brauchen.

1. Logik

Die Geschichte der Erforschung der stoischen Logik ist ein gutes Beispiel für den Zusammenhang zwischen aktuellen Fragestellungen und historischem Interesse. In der Darstellung der Geschichte der Philosophie bis ins 19. Jhd. spielte die Logik nur eine untergeordnete Rolle, und die Tatsache, daß es sich bei der megarisch-stoischen Logik um eine ganz anders geartete Logik als die von Aristoteles bekannte handelte, war ganz und gar nicht deutlich. Mit den richtungweisenden *Principia Mathematica* B. Russells und A. N. Whiteheads, die in den Jahren 1910–1913 erschienen waren, und dem dort gegebenen Ausgangspunkt von einer Logik der Aussagen stellte sich die Frage, ob diese Logik vielleicht eine »Vorgeschichte« habe. Die These, daß diese »Vorgeschichte« mit der stoischen Logik beginne, wurde 1935 von J. Lukasiewicz vertreten und von B. Mates 1953 im Detail ausgearbeitet. Diese sehr verdienstvollen Autoren »fanden« bei den Stoikern so ziemlich genau den von Russell und Whitehead vorgegebenen Ausgangspunkt. Als jedoch im Laufe des 20. Jhd.s die Diskussion um die Grundlagen der Logik sich verbreiterte (und verkomplizierte), sah man, daß auch schon in der megarisch-stoischen Logik nicht alles so nahtlos in die »Vorgeschichte« hineinpaßte, wie man es sich zunächst vorgestellt hatte – die Arbeit von Frede von 1974 zeigt dies recht deutlich. Sollte es sich tatsächlich als zutreffend erweisen, daß die Stoiker keine extensionale Logik wie die Megariker, sondern eine intensionale Logik vertreten haben, so wäre man eher bei Leibniz als bei Russell und Whitehead. Auf eine intensionale Interpretation der Implikation deutet es z. B. hin, wenn Sextus Empiricus von Stoikern berichtet, die sagen, »eine Implikation sei wahr, deren Nachsatz im Vordersatz dem Sinne nach enthalten sei« (*Pyrrhonische Skepsis* II 112. S. 181). In jedem Fall aber ist es interessant zu beobachten, wie eng systematische Positionen und historische Interpretationen auch noch in einem auf den ersten Blick so unbestechlich objektiven Gebiet wie dem der Logik zusammenhängen.

Die Stoiker forderten also, daß der Mensch der Vernunft folgen solle. Dafür benö-
346 | tigten sie sichere Ausgangssätze und ein unbezweifelbares Ableitungssystem. Bei der Frage, wie die Stoiker zu den sicheren Ausgangssätzen gelangen wollten, bleiben sehr viele Fragen offen. Zunächst mußte ein von den verschiedenen Sprachen unabhängiger Gehalt der Begriffe und Aussagen angenommen werden. Die Stoiker unterschieden bei der Analyse eines sprachlichen Zeichens das *Bezeichnete*, das *Bezeichnende* und das *Ding*. Das Bezeichnende ist der Laut, also das phonetisch Wahrnehmbare. Das durch das Wort Bezeichnete ist aber nicht das von diesem verschiedene Ding, sondern die »Sache selbst«, die durch den Laut klar gemacht werden soll. Dieses Bezeichnete ist unkörperlich, während der Laut und das Ding körperlich sind (vgl. dazu Sextus Empiricus: *Adversus Mathematicos* VIII 11. Zit. bei Bochenski, 1970. S. 126). Das Bezeichnete ist aber ebenfalls nicht das Gedachte als innerlich beobachtbares Phänomen, also etwa als Vorstellung, denn auch diese ist wiederum ein Ding, sondern vielmehr das objektiv Gemeinte. Die Stoiker denken bei dem objektiv Gemeinten immer an Sachverhalte, die durch Aussagen wiedergegeben werden können und als solche wahr oder falsch sein können.

[...] das Wahre aber besteht unkörperlich; und das ist klar, sagen sie, denn das Wahre ist ein Satz *(axíoma)*, ein Satz (ist aber) ein Lekton und das Lekton unkörperlich (Sextus Empiricus: *Adversus Mathematicos* VII 38. Zit. nach Bochenski, 1970, S. 127)

Diese Ebene von objektiv durch die Sprache Bezeichnetem und durch Sätze als Wahres oder Falsches Ausgesagtem bildet den primären Gegenstand der Logik. Was genau jedoch unter dem *lékton*, also diesem objektiv Gemeinten, zu verstehen ist, ist indes bis heute nicht wirklich geklärt. Platonische Ideen nehmen die Stoiker eindeutig nicht an, aber die Frage, wie man dann zu solchen wahren Sätzen gelangt, war auch schon bei den Stoikern offensichtlich sehr umstritten:

> Als Unterscheidungszeichen (Kriterium) der Wahrheit gilt ihnen die ergreifende (begriffliche) Vorstellung, d. h. diejenige, die zur Grundlage das Wirkliche hat, wie Chrysipp im zwölften Buch der Physik sagt, und Antipater und Apollodor. Anders Boethos, denn dieser nimmt eine Mehrzahl von Kriterien an, Vernunft und Wahrnehmung, Trieb und Wissenschaft. [...] Einige andere Vertreter der älteren Stoa stellen den richtigen Verstand als Kriterium auf, wie Poseidonios in seiner Schrift über das Kriterium sagt. (DL VII 54)

Was genau ein objektiv wahrer Satz ist, und was die Kriterien der Erkennbarkeit dafür sind, daß es sich um einen solchen Satz handelt, war also schon bei den Stoikern nicht eindeutig. Anders ist die Situation bei der weiteren Frage nach korrekten Argumenten, wenn einmal wahre Aussagen vorliegen. Die Stoiker versuchten, alle gültigen Aussageverbindungen, die korrekte Argumente ergeben, in ein System zu bringen. Um ein solches System aufzustellen, nahmen sie *fünf unbeweisbare Schlüsse* an, durch welche alle anderen Argumente zustande kommen sollen. Die fünf unbe-
weisbaren Schlüsse sind u. a. bei Sextus Empiricus (*Pyrrhonischen Skepsis* II 157–158. S. 193) und bei Diogenes Laertius (DL VII 79–81) überliefert. Die von Sextus Empiricus überlieferte Formulierung der Regeln ist metalogisch, z. B. hat die erste Regel folgenden Wortlaut:

> Das erste folgert aus einer Implikation und dem Vordersatz den Nachsatz. (Sextus Empiricus: *Grundriß der pyrrhonischen Skepsis* II 157. S. 193)

Die von Diogenes Laertius überlieferte Formulierung der Regeln hingegen ist objektsprachlich, in ihr stehen Zahlen für Aussagen. Die Stoiker verwendeten also *allgemeine Kennzeichnungen* wie Zahlen für *Aussagen* so wie Aristoteles Buchstaben für Begriffe gebrauchte, z.B »das Erste« für das Antezedens (= Vordersatz), den ersten Satz einer Implikation, »das Zweite« für das Konsequens (= Nachsatz), den zweite Satz), z. B.:

> Wenn das erste ist, so ist auch das zweite. Das erste aber ist, also ist auch das zweite. (DL VII 80)

Mit Hilfe der Aussagenkennzeichnungen formuliert ergeben sich folgende fünf Schlußschemata (in der rechten Spalte in moderner Symbolisierung wiedergegeben):

I	Wenn das Erste, so das Zweite.	$a \to b$
	Das Erste.	a
	Also das Zweite.	b
II	Wenn das Erste, so das Zweite.	$a \to b$
	Nicht das Zweite.	$\neg b$
	Also nicht das Erste.	$\neg a$
III	Nicht zugleich das Erste und das Zweite.	$\neg(a \wedge b)$
	Das Erste.	a
	Also nicht das Zweite.	$\neg b$
IV	Das Erste oder das Zweite.	$a \vee b$
	(= exklusive Disjunktion)	
	Das Erste.	a
	Also nicht das Zweite.	$\neg b$
V	Das Erste oder das Zweite.	$a \vee b$
	Nicht das Erste.	$\neg a$
	Also das Zweite.	b

Die Rückführung aller beweisbaren Argumente auf die unbeweisbaren Schlüsse kam durch Regeln zustande. Wir haben jedoch über diese Regeln nur unvollständige historische Nachrichten, so daß dieser Anspruch nicht überprüft werden kann. Trotzdem gingen diese »unbeweisbaren Schlüsse« *(indemonstrabilia)* in das allgemeine Schulwissen der späten Antike ein. Wir finden diese Liste u. a. bei Cicero (106–43 v. Chr.) in dessen *Topica* (XII 53–XIV 56), im Kommentar des Boethius – mit einer interessanten, aber logisch problematischen Alternative zu III – zu dieser Schrift Ciceros (*In Topica Ciceronis Commentaria.* In: *Patrologie Latina* 1129C–1137A), bei Cassiodor (um 485 – um 580) in dessen Schrift *Über die freien Künste (De artibus ac disciplinis liberalium artium.* In: *Patrologia Latina* 70, 1173A–C. Neuere Edition hrsg. v. R. A. B. Mynors. Oxford 1937) ebenso wie noch bei Isidor von Sevilla (560–636) in dessen Werk *Zwanzig Bücher der Etymologien bzw. der Ursprünge (Etymologiarum sive Originum Libri XX.* In: *Patrologia Latina* 82, 148B–C. Neuere Edition hrsg. v. M. Lindsay. Oxford 1911). Diese Traditionsgeschichte, die bis ins 7. Jhd. n. Chr. reicht, liefert uns jedenfalls einen Hinweis auf die weitreichende Bedeutung der Logik der Stoiker. Es muß aber auch festgestellt werden, daß das Niveau der Logik der Stoa in der lateinischen Tradition nicht aufrecht erhalten wurde, es wurde dort zu einem wiederholten, in seinen Grundlagen aber kaum noch verstandenen Schulwissen. Bei den Römern war schon im 1. Jhd. v. Chr. von den logischen Subtilitäten der Stoiker nicht mehr viel bekannt, auch die historischen Zusammenhänge und Zuordnungen waren vermutlich vielen nicht mehr deutlich. Ciceros Freund Trebatius hatte in dessen Bibliothek die *Topik* des Aristoteles gesehen, worauf Cicero ihm sagte, dies sei ein wichtiges Buch, und versprach, eine »Kurzfassung« davon herzustellen. Diese Kurzfassung schrieb Cicero dann auf einer Seereise, bei der er den Text des Aristoteles nicht zur Verfügung hatte. Was dabei herauskam, war allerdings keine Zusammenfassung der aristotelischen Topik, sondern eine in ganz entscheidenden Teilen nicht aristotelische, sondern stoische Lehre. Dort begegnen wir dann den schon erwähnten sogenannten »Unbeweisbaren«. Ciceros Interesse daran hielt sich in Grenzen:

Aus diesen Weisen entstehen unzählige Schlußformen, worin dann so ziemlich die ganze *dialektiké* besteht. Aber nicht einmal die hier aufgezählten sind für diese Aufstellung hier notwendig. (Ebd. XIV 56)

Für die Vollständigkeit der Axiomatik der Logik hatte Cicero also keinen Sinn. Cicero war aber auch nicht mehr in der Lage, die Unterschiede aristotelischer und stoischer Logik zu verstehen. Dies betrifft allerdings nicht Cicero persönlich. Das Nicht-Auseinanderhalten von aristotelischer und stoischer Logik ist nicht etwas, das erst die spätere Geschichtsschreibung betrifft. Schon Cicero konnte hier einfach die Unter-
schiede nicht mehr klar sehen, und er war sicher nicht der einzige. Aus späterer Zeit, nämlich dem 2. Jhd. n. Chr., haben wir ein gutes Beispiel dafür in der *Einführung in die Logik* des Galenos (129/130–199/200 n. Chr.), in der peripatetische und stoische Elemente fast unentwirrbar nebeneinander stehen. Aber auch dies dürfte kaum ein persönlicher »Defekt« des Galenos sein, sondern scheint eher das wiederzugeben, was zu dieser Zeit in solchen beliebten kurzen Einführungsschriften zu lesen war.

2. Physik und Ethik

Die Stoiker setzten eine durchgehend rationale Struktur von Welt und Mensch voraus. Dies ist eine metaphysische Option, die als solche im System der Stoiker nicht bewiesen wird und nicht bewiesen werden kann. Die Stoiker konnten nur erwarten, daß diese Voraussetzung in ihrer Naturphilosophie eine gewisse Bestätigung erfahren würde. In der Erkenntnis und Anerkenntnis der rationalen Struktur der Welt und in dem dieser rationalen Struktur entsprechenden, also vernunftgemäßen Verhalten sollte sich dann von selbst das Glück des Menschen einstellen. Damit erhält der Logos, die Vernunft, hier jene zentrale Rolle, die ihn erst zu dem emphatischen Begriff im Singular macht, als der er in die spätere Geschichte eingegangen ist. Dabei meinten die Stoiker, sich auf die Verwendung von *lógos* bei Heraklit berufen zu können (vgl. Kap. IV, 4), und mit diesem Begriff übernahmen sie gleichzeitig einige damit in Verbindung stehende kosmologische Vorstellungen Heraklits.

Solche Übernahmen von viel älteren Vorstellungen sind problematisch, da sie in einen anderen theoretischen Rahmen hineingestellt werden. Das Denken Heraklits lag noch vor der begrifflichen Entgegensetzung von »materiell« und »immateriell«, es konnte dort also gar nicht die Frage gestellt werden, was denn nun der Logos in Bezug zu diesem Begriffspaar sei, die Stoiker hingegen mußten jetzt zu dieser Frage Stellung nehmen. Da sie die platonische Wesensmetaphysik ablehnten, die Annahme einer Welt getrennter und für sich existierender Ideen also nicht in Frage kam, mußten sie den Logos selbst als materiell ansehen, auch wenn sie dafür in Analogie zum Feuer eine »feinste« und »leichteste« Materie annahmen. Der Logos ist bei den Stoikern daher dann die dem ganzen Kosmos *immanente Vernunft-Kraft*. Um dieses Charakteristikum der Lebenskraft auszudrücken, sprechen die Stoiker auch von dem *pneúma*, dem Lebenshauch, der die Welt zu einem beseelten Ganzen macht. (Die Begriffe *lógos* und *pneúma* spielten auch bei den Mittelplatonikern ein wichtige Rolle und wurden dann schließlich auch in der christlichen Trinitätslehre verwendet.) Die menschliche Vernunft hat Teil am universalen Logos, sie erlangt daher auch die ihr von Natur aus zukommende Vollkommenheit durch die *Übereinstimmung mit der Natur* und so mit dem universalen Logos. So wie die Gesetze der Vernunft, wie sie in der Logik behandelt werden, mit Notwendigkeit gelten, so wirkt

auch der universale Logos in der Natur mit Notwendigkeit. In der stoischen Philosophie wird dabei vorausgesetzt, daß dieser universelle Notwendigkeitszusammenhang der Natur logosbestimmt, also gut und sinnvoll ist. Dabei nehmen die Stoiker aber keine Teleologie des Weltgeschehens als ganzem an, der Kosmos bewegt sich vielmehr in einer ewigen Wiederkehr von Weltentstehung und Weltuntergang, eine Annahme, die sie wiederum auf Heraklit zurückführten.

Die Frage ist dann natürlich, wie man den universalen Logos und damit das, was die Natur fordert, erkennen könne. Epiktet sagt dazu:

Was die Natur fordert, kann man aus dem erkennen, worin wir untereinander nicht verschiedener Auffassung sind. (Epiktet: *Handbüchlein der Ethik* Kap. 26)

Die Forderung, von übereinstimmenden Auffassungen auszugehen, könnte zunächst ähnlich verstanden werden wie die aristotelische Konsenslehre der *Topik*, es handelt sich jedoch um etwas anderes. Die Übereinstimmung ist hier nicht *Grund*, sondern nur *Kriterium* der Erkenntnis. Der wahren Erkenntnis dessen, was die Natur fordert, entsprechen nach Auffassung der Stoiker die *lékta*, d. h. objektiv Gültiges, die Übereinstimmung der Auffassung kann also nur als Anzeichen dafür dienen, daß wir es mit etwas Wahrem, Gültigem, zu tun haben.

Das höchste Ziel des Stoikers der alten Stoa bestand darin, seine Individualität aufgehen zu lassen in der allgemeinen Vernunft, d. h. im Logos des Kosmos. Die vom Stoiker verlangte Überwindung der Leidenschaften bedeutet also kein Ziel in sich selbst, sondern dient nur dem Freiwerden der Vernunft, d. h. der Einsicht in die eigentliche Notwendigkeit. Hat der Weise diese Notwendigkeit eingesehen, kann ihn kein einzelnes Ereignis mehr stören, die erreichte *apátheia*, die *Leidenschaftslosigkeit*, sichert ihm die Seelenruhe und so die Glückseligkeit. Er bleibt zudem frei von politischer Kontingenz, da für ihn letztlich nicht gesonderte Gesetze eines einzelnen Staates gelten können, sondern einzig das allgemeine *Naturgesetz*. An diesem Punkt nehmen die Stoiker die von einigen Sophisten entwickelte Unterscheidung von positiven Gesetzen und Naturgesetz auf (vgl. Kap. VI, 3). Die Philosophie der Stoiker wird so zur Philosophie des Kosmopoliten, den weder ein übermächtiger Staat noch die Heimatlosigkeit in einem Vielvölkerstaat beunruhigen können. Ihn interessiert letztlich weder der Staat noch die Gesellschaft, er sucht also gar nicht mehr einen Ersatz für die verlorene Gemeinschaft der Polis. Was er gesellschaftlich erwartet, findet er nur in der Freundschaft. Auch die Freundschaft ist letztlich im Logos begründet, sie verbindet jene Menschen, die den Logos des Kosmos und so ihren eigenen Logos erkannt haben. Obwohl das Ideal der Freundschaft faktisch bei den Stoikern zur Bildung von Freundeszirkeln führte, war das Ideal selbst universal und ging über solche Gruppenbildung hinaus. Eigentlich ist der Stoiker Freund jedes anderen Stoikers. Die Freundschaft vergleichgültigt auch soziale Gegebenheiten, da der zum Stoiker gewordene Sklave faktisch aufhörte, für seinen Freund-Herrn Sklave zu sein.

Ist der Stoiker ganz weise geworden, darf er freiwillig das Leben aufgeben, um völlig in der allgemeinen Vernunft aufzugehen. Es wird daher von mehreren Stoikern glaubhaft berichtet, daß sie Selbstmord begangen haben, ein Begriff, der mit seinen späteren moralischen Implikationen von »Mord« jedoch ganz und gar inadäquat ist.

Alle diese ethischen Auffassungen übten im hellenistischen und später im römischen Bereich eine große Anziehungskraft besonders auf die Gebildeten aus, sie waren brauchbar für Herrscher wie Marc Aurel ebenso wie für Beherrschte, also z. B. den Sklaven Epiktet. Die meisten waren natürlich Beherrschte, aber gerade für diese lieferte die stoische Philosophie eine ganz konkrete Anleitung zum Erreichen der Seelenruhe, die nicht zuletzt durch die Haltung politischer Indifferenz erlangt wurde, die mit der faktischen politischen Ohnmacht der Mehrzahl bestens übereinstimmte. Gerade die oberen Schichten hingen oft stark von der Willkür oder vom Wechsel des Herrschers und dessen Gunst ab. Die tatsächlichen Verhältnisse spiegeln sich in Epiktets Rat deutlich wieder:

> Wenn du zu einem Vielvermögenden gehst, so stelle dir vor, du werdest ihn nicht zu Hause antreffen, man werde dich nicht zulassen, die Türen werden vor dir zugeschlagen werden, er werde sich nicht um dich kümmern. Und wenn es trotz allem deine Pflicht ist, zu gehen, so geh und ertrage, was kommt, und sage niemals zu dir selbst: »Es lohnt sich nicht der Mühe!« Das wäre nämlich gewöhnlich und hieße äußere Dinge falsch einschätzen. (Ebd. Kap. 33)

Die Haltung der Indifferenz gegenüber Macht, Ehre und Reichtum gab die Möglichkeit oder die Hoffnung, jenseits von Begierde nach Gütern und Ehre und frei von der Furcht, diese zu verlieren, die Seelenruhe zu erlangen. Die Moira, die blinde Macht des Schicksals, wurde ersetzt durch den Logos, der den Vernunftglauben an eine vernünftige Ordnung der Geschehnisse und so an eine – selbstverständlich unpersönlich gedachte – Vorsehung ermöglichte. Von der Moira blieb allerdings das Charakteristikum der Undurchschaubarkeit. Der Vorsehungsglaube lieferte keine Grundlage für eine rationale Konstruktion der Geschichte, und dementsprechend hat auch kein Stoiker eine Geschichtsphilosophie verfaßt.

Die Stoa bot auch gute Anknüpfungspunkte für die neuen Gruppen der römischen Gebildeten. Mit den ursprünglichen »Römertugenden« hatte das allerdings wenig zu tun, aber diese existierten inzwischen ja ohnedies mehr in der Literatur als in der Realität. Die Entwicklung der Stoa ging auch in eine Richtung, die der Aufnahme stoischer Ideale bei den Römern entgegenkam, oder vielleicht umgekehrt: Die römische Kultur beeinflußte den weiteren Weg der stoischen Philosophie. Entsprechend den besonderen Interessen bzw. Desinteressen der Römer traten bei diesen die logischen und naturphilosophischen Fragen noch weiter zurück und die Frage der Ethik wurde das beherrschende Thema. Die Philosophie wurde nun ausdrücklich zur *magistra vitae*. Das mangelnde Interesse an theoretischen Problemen bei den Römern und eine sich im hellenistischen Bereich immer weiter ausbreitende Müdigkeit angesichts doch unlösbarer theoretischer Fragen – was auch ein Argument für die Skeptiker lieferte – führte in der mittleren Stoa in Rom zu einem ausgeprägten Eklektizismus. Nachdem sich die Lateiner der griechischen Kultur gegenüber geöffnet hatten, bot sich dort ein reicher Markt verschiedener Lehren an, man konnte sich frei bedienen. Seneca (4. v. Chr. – 65 n. Chr.) bezieht sich auf diesen freien, der ganzen Geschichte des Denkens gegenüber offenen Markt, wenn er sagt:

Wir haben die Möglichkeit, mit Sokrates zu diskutieren, mit Karneades zu zweifeln, mit Epikur uns in ein ruhiges Leben zurückzuziehen, mit den Stoikern die menschliche Natur zu besiegen, mit den Kynikern sie hinter uns zu lassen. (Seneca: *Die Kürze des Lebens* XIV 2)

Vorwiegend gebildete Römer wie Seneca schlossen sich der Stoa an, übernahmen dabei aber auch Elemente aus anderen Richtungen. Die Stoa lieferte aber den Rahmen, in den diese Elemente eingebaut wurden.

Angesichts eines luxuriösen und raffinierten Lebens machte sich das Bedürfnis nach einem »einfachen Leben« breit. Epiktet bringt dies deutlich zum Ausdruck:

Der Erfordernisse des Leibes wie Essen, Trinken, Kleidung, Wohnung und Bedienung nimm dich an, soweit das einfache Bedürfnis reicht; was aber dem Schein und dem Wohlleben dient, das streiche ganz. (Epiktet: *Handbüchlein der Ethik* Kap. 33)

In diese Richtung weist auch die Bukolik, die Verherrlichung des einfachen Landlebens, wobei die reichen römischen Stoiker, die diesem Ideal wirklich folgten, die Arbeit dann doch lieber den Bauern überließen und sich der Lektüre und den Gesprächen mit Freunden widmeten. Dieser vom politischen Leben entfernte Rahmen philosophischer Diskussionen mit Freunden ist auch der Rahmen, in den man Ciceros *Gespräche in Tusculum* stellen muß. Es sollte aber dabei nicht vergessen werden, woher diese philosophische Muße kam: Cicero schrieb diese Gespräche im Jahre 45 n. Chr., und dies war die Periode, in der Caesar mit aller Rücksichtslosigkeit seine Diktatur durchsetzte. Die Muße war in vielen Fällen nicht freiwillig gewählt, die Stoa lieferte jedoch einen Rahmen, eine solche – von außen aufgezwungene Lage – mit Gelassenheit zu akzeptieren.

Auch in der Kaiserzeit, also der Zeit vom 1. Jhd. nach Christus an, konnte die Stoa ihren Einfluß nicht nur behaupten, sondern noch erweitern. Das riesige Reich der Römer begann, erste Risse zu zeigen. Die Produktivkräfte nahmen während mehrerer Bürgerkriege in Italien ab, das wirtschaftliche Niveau der Mittelschicht sank sehr rasch, der enorme bürokratische Apparat lastete auf allen. Vor allem der Militär-Haushalt wuchs ins Ungemessene und damit die Steuern, das Heer war aber wiederum notwendig wegen der Bedrohung an verschiedenen Grenzen. Der politische Aspekt der wachsenden Krise drückte sich in einer zunehmenden Beschränkung der Freiheit aus, was z. B. zur Aufhebung des Senats unter Cäsar führte. Die stoische Beschränkung der Freiheit auf das »Innen« des Menschen war in dieser Situation verständlicherweise attraktiv, jedenfalls solange die äußere Situation noch irgendwie erträglich war.

Vielen war dies jedoch zu wenig, vielleicht auch zu unsicher, und so hielten die Menschen Ausschau nach einer jenseits dieser Bedingungen liegenden Glückseligkeit. Die Massen suchten ihr »Heil« bei den nun massiv eindringenden orientalischen Mysterienkulten. Die Suche nach Transzendentem war so stark, daß philosophische Richtungen, die sich nicht in dieser Richtung entwickeln konnten – wie der Epikureismus und die Skepsis in ihrer strengen pyrrhonianischen Form – an Boden verloren. Am ehesten hatten die Stoa und der Platonismus solche Entwicklungsmöglichkeiten. Trotzdem muß man sehen: Die letztlich doch rationalistischen Grundprinzipien gaben der Stoa Grenzen vor, während dem im Grunde nicht rationalistischen Platonismus mehr Entwicklungs- oder Anpassungsmöglichkeiten offen standen. Wir werden diese Frage beim mittleren und beim Neuplatonismus weiter verfolgen können (vgl. Kap. XVI und XVII), zuvor geht es aber um die Möglichkeiten, die die Stoiker hatten.

Der kulturelle Hintergrund erklärt die wichtigen Modifikationen, die sich in der späten Stoa vorfinden. Die *monistische* Konzeption der Welt in der älteren Stoa wurde zu einer *pantheistischen* transformiert. Die Lehre von Logos und Pneuma als dem Weltprinzip bot auch die Möglichkeit religiöser Interpretation, die sogar mystischen Charakter annehmen konnte. In die ethisch geforderte Überwindung der Leidenschaften ging jetzt eine Verachtung der Welt ein, die ursprünglich in der Stoa keineswegs vorhanden gewesen war, ja ihr sogar widersprach. Das Gefühl, der Zeit, dem Verfall und dem Tod ständig ausgeliefert zu sein, machte sich breit, so daß das Vertrauen in die Vernunftordnung der Welt einen latent dualistischen Zug annahm, der wiederum religiös-dualistische Interpretationen begünstigen mußte und der die Stoa gegenüber den Mysterienreligionen resistenter und zugleich durchlässiger machte. Diese Tendenzen traten bei den verschiedenen Vertretern verschieden stark auf und führten bei den meisten von ihnen zu uneinheitlichen Auffassungen, was jedoch kaum problematisch war, da ja logische Kohärenz ohnedies nicht mehr das war, was wirklich gefordert wurde. Niemand meinte wirklich etwa in einer Diskussion zwischen Vertretern der Stoa und der Skepsis irgendeine praktisch relevante Entscheidung herbeiführen zu können.

Typisch für diese späte Stoa ist z. B. Seneca (4 v. Chr. – 65 n. Chr.). Als echter Römer wollte er am politischen Geschehen teilnehmen und tat dies auch, als echter Stoiker wollte er dagegen von der Hektik des äußeren Geschehens Abstand nehmen und ein einfaches und zurückgezogenes Leben führen. Seine Schriften sollten Anweisungen zum richtigen Leben sein: *Über die Vorsehung, Über das glückliche Leben, Über die Muße, Über den Frieden der Seele, Über die Kürze des Lebens.* Wo es aber um die

gerade angesichts der ständigen Bedrohtheit dieses Lebens bedrängende Frage nach einem Leben nach dem Tode ging, blieb er unentschlossen, ob er ein solches annehmen sollte oder ob er die alte stoische Lehre weiter vertreten sollte. Erst Erzieher Neros, dann dessen Minister, fiel er schließlich in Ungnade und erhielt den Befehl zum Selbstmord, den Seneca »stoisch« ausführte, ohne die Frage nach dem Fortleben beantwortet zu haben. Letztlich aber brauchte er keine eindeutige Antwort auf diese Frage, er war noch genügend traditioneller Stoiker, um den Sinn immanent zu finden und als prinzipiell immanent erreichbar anzusehen:

Jeder überstürzt sein Leben und leidet an der Sehnsucht nach dem Kommenden. Der hingegen, der jeden Augenblick zu seinem Nutzen verwendet, der jeden Tag so einteilt, als wäre er sein Leben, sehnt sich nicht nach dem folgenden Tag und fürchtet sich nicht davor. Was könnte denn noch irgendeine Stunde an neuer Lust bringen? Alles ist bekannt, alles bis zur Sättigung genossen. Über das andere mag das Glück nach Belieben verfügen – das Leben ist schon in Sicherheit. Diesem Menschen kann man noch etwas dazugeben, wegnehmen nichts. (Seneca: *Die Kürze des Lebens* VII 9–10)

Seneca wurde in der mittelalterlichen Literatur sehr gerne zitiert. Mit einigen leichten Retuschen ergab sich ein sehr erbaulicher Seneca, und so wurden ihm schließlich Aussprüche zugeschrieben, die sich bei dem »wirklichen« Seneca nicht finden und nicht finden können, was aber niemandem auffiel. So lesen wir z. B. bei Bonaventura: »Bereite dir in diesem Leben, solange es währt, jenes Leben, das immer dauert. [...] Beachte, daß nach Seneca der Tor, das ist der Sünder und Verbrecher, den Tod erst im Sterben beginnt, daß jedoch der Weise und Tugendsame den Tod im Sterben besiegt« (Bonaventura: *Soliloquium*. Übers. von J. Hosse. München 1958. S. 162).

Der wohl am meisten gelesene Autor der späten Stoa war Epiktet (um 50 – um 138 n. Chr.). Er vertrat nochmals entschieden, daß der Mensch allein Herr seines Schicksals ist, angesichts der tatsächlichen Situation, die er vorfand, traf er jedoch eine klare Unterscheidung zwischen dem, »was bei uns steht« und »dem, was nicht bei uns steht«. Dies sind Schlüsselworte der Stoa. Epiktets Abhandlung beginnt mit der folgenden Unterscheidung:

Von den vorhandenen Dingen sind die einen in unserer Gewalt, die anderen nicht. In unserer Gewalt sind Meinung, Trieb, Begierde und Abneigung, kurz: alles was unser eigenes Werk ist. Nicht in unserer Gewalt sind Leib, Besitztum, Ansehen und Stellung, kurz: alles, was nicht unser eigenes Werk ist. Was in unserer Macht steht, das ist von Natur frei und kann nicht verhindert oder verwehrt werden; was aber nicht in unserer Macht steht, das ist schwach, unfrei, behindert und fremdartig. (Epiktet: *Handbüchlein der Ethik* Kap. 1)

Daß Besitztum, Ansehen und Stellung als nicht in der Macht des Menschen stehend bezeichnet werden, ist ein deutliches Indiz dafür, in welcher Situation sich viele Menschen dieser Zeit vorfanden. Was in der Macht des Menschen steht, ist seine innere Haltung, in der er frei und indifferent gegenüber den äußeren Dingen werden soll. Diese *Freiheit* ist äußerst abstrakt, war jedoch die letzte noch verfügbare Rückzugsposition. Durch die *völlige Abkehr vom Außen* und die Konzentration auf das Innen des Menschen, den Logos bzw. die Teilhabe am Logos, sollte er die Glückseligkeit und das Göttliche in sich selbst finden. Der Ausdruck »fremdartig« im vorhergehenden Zitat ist aufschlußreich: Die *reale Welt* wird *fremd* – hier ist der Berührungspunkt mit der Gnosis und dem Christentum vorbereitet. Kein Grieche der klassischen Zeit und kein Römer der früheren Zeit hätten ihren eigenen Körper, ihren Besitz und ihre soziale Stellung als »fremdartig« bezeichnet! Trotzdem bleibt Epiktet in diesem Punkt ein echter Stoiker, er wird nicht weltflüchtig.

Die religiöse Tendenz kam schließlich bei Marc Aurel (121–180) deutlich zum Durchbruch. Er verband die Geringschätzung aller äußeren Dinge mit einer auf den stoischen Vorsehungsglauben gegründeten Pflichtethik. Jeder hat an seinem Ort seine Pflicht zu tun, und muß dabei frei sein von jedem Streben nach äußerem Erfolg, dies ist der Weg zur Seelenruhe und zur Gottheit. Der Gedanke der *Pflicht* spielte in der Stoa immer eine große Rolle und leitet sich ab aus der wahren Erkenntnis der Dinge, die von konkreten kontingenten Bestimmungen unabhängig ist. So ist die Pflicht gegenüber dem Vater (vgl. Epiktet: *Handbüchlein der Ethik* Kap. 30) eine, die sich am Begriff *(lékton)* des Vaters mißt, und somit unabhängig ist von dem konkreten Verhalten des Vaters. Kants Vorstellung von Pflicht ist im Prinzip dieselbe. So weit sind wir bei Marc Aurel noch im Rahmen der authentischen Tradition der Stoa. Marc Aurel ist aber dann auch Zeuge dafür, wie in der Stoa in zunehmendem Maß die ursprünglich unpersönliche Weltvernunft persönliche Züge annimmt und gleichzeitig aus der Weltimmanenz herausgerückt wird, also zunehmend transzendent gedacht wird:

Alles, was sich ereignet, geschieht gerecht. Wenn du sorgfältig alles beobachtest, wirst du das erkennen; ich sage: nicht nur der natürlichen Ordnung, sondern vielmehr der Gerechtigkeit gemäß, und wie von einem Wesen ausgehend, das alles nach Würdigkeit verteilt. (Marc Aurel: *Selbstbetrachtungen* IV 10)

Marc Aurel ist in seiner Ausdrucksweise vorsichtig und legt mit der Formulierung »wie von einem Wesen ausgehend, das alles nach Würdigkeit verteilt« eine metaphorische Interpretation nahe. Nichtsdestoweniger ist die Tendenz sichtbar, die später dazu führen wird, dieses »wie« einfach wegzulassen.

Auch eine noch so vornehme ethische Haltung, die immer noch von einer letzten vernünftigen Ordnung der Welt ausging, verlor jedoch ihre Glaubwürdigkeit angesichts der faktischen Bedrohungen und dem drohenden Chaos. Marc Aurel konnte noch sagen:

Mit der Unterdrückung der Klage: »Man hat mir Böses getan« ist das Böse selbst unterdrückt. (Ebd. IV 7)

Es gibt jedoch reale Grenzen, jenseits derer keine Unterdrückung der Klage das Böse selbst mehr unterdrücken kann. Stoiker und Epikureer wollten dies nicht anerkennen. Die Stoiker ebenso wie die Epikureer gelangten letztlich nicht zu der Einsicht, daß ihre Voraussetzung doch eine äußere und somit auch eine staatliche Ordnung war, so defizient diese auch sein mochte. Der von den Germanen gehetzte, verjagte und oft in Todesangst lebende Römer konnte aber schließlich in der Stoa nur noch wenig Lebenshilfe finden. Die stoische Unterdrückung des Bösen leistete hier nur wenig und die Überzeugung, daß die Welt vernünftig geordnet sei, wurde immer brüchiger. Hier hatten jene Richtungen einen größeren Erklärungswert, die offen dualistische Prinzipien in irgendeiner Form einführten, wie es die Gnosis und verschiedene Mysterienreligionen taten: Dort wurde die Welt einfach als unter der Herrschaft eines bösen Prinzips vorgestellt und die Erfahrung jeden Tages schien diese These zu bestätigen. Die Stoiker mit ihrer Vorstellung einer vernünftig geordneten Welt gerieten in die Defensive.

Damit soll jedoch nicht gesagt sein, daß die Stoa in der ausgehenden Antike ihre Wirkung ganz eingebüßt und daß das Christentum in der Stoa keine Konkurrenz mehr vorgefunden hätte. Diese Konkurrenz war für das Christentum sogar bedeutsamer als die des Epikureismus, von dem sich das Christentum leichter abgrenzen konnte. Auf den ersten Blick schien die Stoa sich leicht integrieren zu lassen, manche Sätze der Stoiker könnten gar in der *Bibel* stehen:

Denn es ist besser, Hungers zu sterben, sofern man ohne Kummer und Furcht ist, als im Überfluß ohne Seelenruhe zu leben. (Epiktet: *Handbüchlein der Ethik* Kap. 12)
Willst du Fortschritte machen, so ertrage es, in Hinsicht auf die äußeren Dinge des Lebens einfältig und töricht zu scheinen, und wünsche nicht, für klug zu gelten. Und selbst, wenn du manchen so erscheinst, mißtraue dir selbst. (Ebd. Kap. 13)
Tod und Verbannung und alles, was schrecklich scheint, stehe dir täglich vor Augen, besonders aber der Tod. Dann wirst du niemals etwas Niedriges denken oder irgend etwas gar zu gierig erstreben. (Ebd. Kap. 21)
[...] warum sollten wir uns nicht von dieser kurzen und vergänglichen Übergangszeit mit ganzem Herzen dem zuwenden, was unendlich und ewig ist und uns mit den Besseren verbindet. (Seneca: *Die Kürze des Lebens* XIV 2)
Es ist ein Vorzug des Menschen, auch diejenigen zu lieben, die ihn beleidigen. (Marc Aurel: *Selbstbetrachtungen* VII 22)

Das frühe Christentum hat tatsächlich sehr viel, sowohl an theoretischen Grundbegriffen als auch an praktischen Lebensregeln, von den Stoikern übernommen. | 357
Von den Begriffen *lógos* und *pneúma* war schon die Rede, besonders wichtig wurde aber noch der Begriff der *prónoia* (lat. *providentia*), der Vorsehung. Diese Vorstellung war bei den Stoikern häufig mit einem gesellschafts-resignativen Zug verbunden und wurde zunächst auch mit dieser Bedeutung übernommen (wie sich aber im Mittelalter zeigen wird, konnte sie allerdings ebenso für das Umgekehrte verwendet werden, nämlich für Machtausübung). Die folgende Stelle aus Epiktet könnte ohne weiteres in einer mittelalterlichen Predigt und selbst noch im Prolog eines barocken Dramas stehen:

Gedenke, daß du Darsteller bist eines Stückes, das der Spielleiter bestimmt, und zwar eines kurzen, wenn er es kurz, eines langen, wenn er es lang wünscht. Wenn er wünscht, daß du einen Bettler darstellen sollst, mußt du auch diesen angemessen spielen, und so, wenn du einen Krüppel, einen Herrscher, eine Privatperson darstellen sollst. Denn deine Sache ist es, die zugewiesene Rolle ordentlich zu spielen; sie auszuwählen, ist Sache eines anderen. (Epiktet: *Handbüchlein der Ethik* Kap. 17)

Hier ist schon deutlich und nicht metaphorisch von einem »Spielleiter« die Rede, der den Verlauf des Spieles bestimmt, und die Wünsche dieses Spielleiters machen die Vorsehung aus. Diese später klassisch gewordene »christliche« Lehre einer so ausgelegten Vorsehung ist im Ursprung nicht christlich und ist auch kaum mit biblischen Vorstellungen in wirklichen Einklang zu bringen, sondern ist spät-stoisch, was die meisten jedoch nicht wissen. Das Ende der Stoa als philosophischer Schule war also keinesfalls auch das Ende stoischer Vorstellungen. Allerdings hatten manche dieser stoischen Vorstellungen selbst schon Modifikationen durchgemacht, die mit der ursprünglichen Stoa kaum noch vereinbar waren.

- XIII -

Die Epikureer

1. Historische und literarhistorische Vorbemerkung

Wie bei allen großen philosophischen Richtungen des Hellenismus war die eigentliche Schule Epikurs im Vergleich zum Einflußbereich seiner Lehre verhältnismäßig unbedeutend. Es gab auch nur vergleichsweise wenige Autoren dieser Schule. Diese Tatsache darf aber nicht darüber hinwegtäuschen, daß mit dem Epikureismus eine Weltanschauung gegeben war, die die Lebensrichtung breitester Schichten sowohl im Hellenismus als auch im römischen Bereich bestimmte. Will man sich ein an- | 359
schauliches Bild eines vom Epikureismus geprägten oder zumindest beeinflußten Lebens machen, so genügt es, die Ausgrabungen in Pompei oder Herculanum zu besichtigen und die Fresken in den Häusern zu betrachten. Nicht zufällig wurden 1752–1754 in Herculanum vorher nicht überlieferte Texte Epikurs gefunden, und es ist auch kein Zufall, daß es gerade der römische Epikureer Lucrez (um 96–55/53 v. Chr.) war, der in seinem Lehrgedicht *De rerum natura* ein poetisches und philosophisches Niveau erreichte, das bei den Römern kaum übertroffen wurde. Dies gilt ebenso von den stark epikureisch inspirierten Dichtern Horaz, Vergil und Ovid – die prosaischen Römer erhielten also nur in epikureischem Umkreis dichterischen Schwung. Lukrez liefert uns eine sprachlich außerordentlich schöne Beschreibung der »Welt« eines Epikureers:

> Süß *(suave)*, wenn auf hohem Meer die Stürme die Weiten erregen,
> ist es, des anderen mächtige Not vom Lande zu schauen,
> nicht weil wohlige Wonne das ist, daß ein andrer sich abquält,
> sondern zu merken, weil süß es ist, welcher Leiden du ledig.
> Süß ist es auch, des Krieges gewaltige Schlachten zu sehen
> wohl im Felde geordnet, ohne dein Teil an Gefahren;
> aber süßer ist nichts, als zu wohnen im heitern Gefilde
> hoch in der Höhe und wohlverwahrt durch Lehre der Weisen,
> so daß herabblicken kannst du auf andre und sehen du, wie sie
> überall irren und schweifend suchen die Bahnen des Lebens,

wetteifern mit ihrem Geist, sich streiten um Ansehn und Ehre,
nachts sich mühen und tags in unermüdlichem Ringen,
aufzutauchen zu Reichtums Höhn, sich der Macht zu versichern.
O du kläglicher Sinn der Menschen, verblendete Herzen!
In welchem Dunkel des Lebens und in wie großen Gefahren
wird das bißchen Leben verbracht, was beschieden. Erkennt man
nicht denn, daß die Natur nichts anderes fordert, als daß vom
Körper der Schmerz geschieden und fern sei, im Geist sie sich freue
heitrer Empfindung, weit entzogen Sorgen und Ängsten?
(Lukrez: *De rerum natura* II 1–19)

Epikur (341–270 v. Chr.) hörte in Athen verschiedene philosophische Vorlesungen, wobei er sich besonders für die von Anhängern Demokrits interessierte. Er gründete später eine Schule in Athen, die dadurch charakterisiert war, daß sie für Menschen aller Nationen und jeden kulturellen Niveaus offen war, wobei auch Frauen und Sklaven ihr angehörten. Epikur betrachtete Philosophie als Lebensaufgabe, die an kein Alter gebunden ist:

360 | Weder soll, wer noch ein Jüngling ist, zögern zu philosophieren, noch soll, wer schon Greis geworden, ermatten im Philosophieren. Denn weder ist jemand zu unerwachsen noch bereits entwachsen im Blick auf das, was in der Seele gesunden läßt. Wer aber sagt, zum Philosophieren sei noch nicht das rechte Alter, oder, vorübergegangen sei das rechte Alter, ist dem ähnlich, der sagt, für das Glück sei das rechte Alter noch nicht da oder nicht mehr da. (*Brief an Menoikeus*, DL X 122)

Epikur ging es dabei selbstverständlich nicht darum, Berufsphilosophen hervorzubringen, sondern Menschen zu einem philosophisch, und das heißt von Vernunft geprägten Leben zu führen. Zu diesem Zweck versammelte er Menschen um sich und nur in diesem uneigentlichen Sinn kann bei ihm von einer »Schule« gesprochen werden. Die Mitglieder bildeten eine Gemeinschaft, die stark von der Persönlichkeit Epikurs geprägt war, ohne daß dieser jedoch irgendein nicht auch jedem anderen zugängliches Wissen zu haben beanspruchte. Epikur war ein sehr fruchtbarer Schriftsteller, von seinen Schriften sind aber nur wenige erhalten. Besonders die *Entscheidenden Lehrsätze (kyriaí dóxai)* sowie die – teilweise mit ersteren übereinstimmenden – *Weisungen* ergeben jedoch ein klares Bild seiner Lehre.

Epikur kaufte in Athen einen Hain, den Kepos, der als Versammlungsort diente, zu seinen Lebzeiten gab es etwa zweihundert Anhänger seiner Lehre in Athen. In anderen Städten gab es ähnliche Zentren. Die Leitung der lokalen Zentren wechselte häufig und konnte von Männern wie Frauen, Sklaven wie Hetären wahrgenommen werden. Epikur unterhielt eine umfangreiche Korrespondenz mit diesen Zentren und einzelnen Anhängern, so daß sich eine große Einheitlichkeit der Lehre ergab.

Die Epikureer und ihre Zentren waren im Unterschied zu anderen Schulen unaufdringlich, ihr Prinzip diesbezüglich lautete: »Lebe im Verborgenen!« Die Lebensform der Epikureer war organisiert in Hinsicht auf ihr Ziel. Am Beginn stand die »Einübung« *(áskesis)*, was bedeutete, sich mit den Lehren Epikurs vertraut zu machen und sie praktisch einzuüben. In diesem Zusammenhang wurden kurze Zusammenfassungen wie die *Lehrsätze* verfaßt, ebenso die Lehrbriefe, die als eine kurze Einführung zu verstehen sind. Die theoretische Arbeit wurde dabei den Voraussetzungen des Schülers angepaßt. Dann folgte die eigentliche »Behandlung« *(therápeia)*: Es gab einen Betreuer *(kathegoúmenos)*, der den Schüler schrittweise zur Einsicht in seine Fehler und Irrtümer führte. Dies wurde durch die Zerknirschung *(syntribé)* erreicht. Von diesem Punkt an folgte die Wiederaufrichtung des Schülers, der somit reif geworden war für die Aufnahme in den Freundschaftsbund.

Die Schule Epikurs im Sinn von organisierten Gruppen erhielt sich nur bis ins 1. Jhd. v. Chr., der Einfluß seiner Lehren dauerte jedoch bis ins 4. Jhd. n. Chr. an. Zeugnisse des Weiterwirkens der Lehren Epikurs sind z. B. eine Inschrift mit Epikur-Texten im kleinasiatischen Oioanda vom Ende des 2. Jhd.s n. Chr., ebenso wie die Einrichtung eines Lehrstuhles für epikureische Philosophie in Athen durch Kaiser Marc Aurel gegen Ende des 2. Jhd.s. Eine Weiterentwicklung der Lehre Epikurs bei seinen Nachfolgern läßt sich nicht feststellen. Dies bedeutet zunächst einmal, daß | 361
der Lehre Epikurs einfach nicht viel hinzuzufügen war, es ist aber auch so zu verstehen, daß die Epikureer im Unterschied zu den Stoikern und den Platonikern nicht bereit waren, Zugeständnisse an den Zeitgeschmack zu machen, sondern es vorzogen, in Würde unterzugehen, wenn die Menschen in der Mehrzahl eben eine andere Richtung einschlagen wollten. Dies betrifft jedoch erst die späte Antike. Der Epikureismus stellte in den ersten Jahrhunderten n. Chr. neben der Stoa eine starke und – im Unterschied zur Stoa – sehr offensichtliche und direkte Konkurrenz für das sich ausbreitende Christentum dar. Dies macht es erklärlich, warum die Beschreibungen Epikurs und des Epikureismus aus dieser Zeit ein falsches Bild vermitteln. Es gab sicher Menschen, die ihren ausschweifenden Lebensstil mit epikureischen Lehren zu rechtfertigen suchten, weder aus den Lehrsätzen Epikurs noch auch aus seinem eigenen Leben läßt sich aber eine solche Verwendung rechtfertigen. Authentisch antike Zeugnisse sagen von Epikur:

Die Lebensführung Epikurs dürfte wohl, mit der aller anderen verglichen, wegen der Güte und Selbstgenügsamkeit für ein Märchen gehalten werden. (*Weisungen* 36)

Demgegenüber erfolgte später eine einfache Diffamierung, indem der Epikureismus als platter Hedonismus hingestellt und der ausdrücklich ethische Charakter der Lehren Epikurs nicht anerkannt wurde. Aus dieser Gegnerschaft ergab sich, daß, nachdem sich das Christentum durchgesetzt hatte, die Lehren Epikurs im ganzen Mittelalter so gut wie unbekannt waren. Damit ist natürlich nicht gesagt, daß dem

Mittelalter epikureische Gedanken – allerdings ohne deren ethischen Ernst – unbekannt gewesen wären, nur treten sie dort nicht im Bereich der Philosophie, sondern in dem der Literatur auf, wie es z. B. im *Rosenroman* oder in *El libro del Buen Amor* deutlich der Fall ist. Erst durch Pierre Gassendi (1592–1655), der sich in seiner Rationalismus-Kritik an Descartes auf den Empirismus Epikurs und Demokrits stützte, und der so die erste Rationalismus-Empirismus-Diskussion der Neuzeit einleitete, wurden Epikurs Lehren wieder für eine breitere Lesergruppe bekannt und interessant.

2. Die Physik der Glückseligkeit

Wie für die gesamte Philosophie des Hellenismus und der römischen Periode so war auch für Epikur das zentrale Problem das der Glückseligkeit *(eudaimonía)* des Einzelnen. Die anderen Fragen, die Epikur ähnlich wie die Stoa in Logik bzw. Erkenntnislehre und Physik einordnete, waren dem Problem der Ethik zugeordnet bzw. auf dieses Problem hingeordnet. Nach der Meinung Epikurs war es für das Glück des Menschen entscheidend, die wahre Natur der Dinge sicher zu erkennen, jede Unsi-

cherheit in diesem Bereich mußte seiner Auffassung nach die Seelenruhe *(ataraxía)* stören. Epikur suchte eine neue Lösung für eine geschichtlich schwierige Situation: Auf der einen Seite wußte er um eine lange unterschwellige griechische Tradition, die das Leben, das manchmal von Göttern und immer vom Schicksal bedroht war, nicht für einen Wert hielt. Eine solche Entwertung des Lebens konnte er nicht akzeptieren und er stellte sich ausdrücklich gegen die Auffassung, »es sei gut, nicht geboren zu sein, ›einmal geboren, dann schleunigst des Hades Tor zu durchmessen‹« (*Brief an Menoikeus*, DL 126). Diese Haltung war angesichts des wachsenden Wohlstandes im frühen Hellenismus nicht mehr glaubwürdig. Andererseits aber wußte Epikur um die aktuellen Schwierigkeiten, den Sinn des Lebens in der Polis zu finden, die Wanderjahre in seiner Jugend hatten schließlich in unmittelbarem Zusammenhang mit den nach Alexanders Tod (323 v. Chr.) ausgebrochenen Diadochenkämpfen gestanden. Seine ursprünglich athenische Familie war nach Samos gezogen, wo sein Vater als Lehrer tätig war. Epikur mußte einen zweijährigen Militärdienst leisten und mußte, als er im Jahre 321 nach Samos zurückkehrte, feststellen, daß seiner Familie ihr kleiner Grundbesitz von makedonischen Besatzungstruppen weggenommen worden und die Familie selbst geflohen war. Epikur konnte die Angst und Orientierungslosigkeit vieler Menschen beobachten: Was ihnen geblieben war, waren vage Jenseitshoffnungen, mythologische Reste eines populären Götterglaubens, in dem mit der Rache der Götter gerechnet wurde, womit manche meinten, Katastrophen »erklären« zu können (»wir haben es eben nicht anders verdient …«), oder schließlich ein in Physik transformierter Moira-Glaube, der sich als Glaube an die strikte Notwendigkeit alles Geschehens präsentierte, und der in der beginnenden völligen Ohnmacht des Einzelnen angesichts einer wachsenden Staatsgewalt, die später immer mehr zunehmen sollte, seine gesellschaftliche Korrespondenz erhielt. Zu der Angst trat die Resignation (»es hat keinen Sinn, sich dem Lauf der Dinge zu widersetzen ...«), und die aus Angst und Resignation erwachsende, einzig »vernünftig« scheinende Haltung war ein schrankenloser Opportunismus. Diesen ganzen Komplex diffuser Meinungen wollten Epikur und seine Nachfolger durch eine rationale Physik und eine rationale Ethik auflösen, die dem Einzelnen die Möglichkeit geben sollten, ein ruhiges und glückliches Leben zu führen. Wie die Stoiker, so suchte auch Epikur in der Physik, d. h. in der Naturphilosophie, eine rationale Basis für die wichtigsten Lebensfragen:

> Es ist nicht möglich, die Angst bezüglich der entscheidendsten Gesetzmäßigkeiten zu lösen, wenn man nicht verstanden hat, welches die Gesetzlichkeit des Alls ist, sondern von sich aus irgend etwas auf Grund der Mythen argwöhnt. Es ist also nicht möglich, ohne Naturforschung unbeeinträchtigte Lustempfindungen zu erlangen. (Lehrsatz XII)

Auf den ersten Blick scheint es, als solle hier eine naturalistische Ethik entworfen
werden – nichts liegt jedoch Epikur ferner als ein solcher Naturalismus. Epikurs
Ethik ist nicht Folge seiner Physik, vielmehr sucht er, von der Physik her jenen Frei- | 363
raum zu schaffen, in dem er seine Ethik des Glücks aufbauen kann. Daher kann
Epikur konsequent sagen, daß seine Beschäftigung mit Physik letztlich nur einen
faktisch erforderlichen Notbehelf darstellt:

> Wenn uns nicht Anwandlungen von Argwohn vor den Himmelserscheinungen quälten oder vor dem Tode, er könnte uns irgendwie betreffen, dazu die Tatsache, daß wir die Grenzen der Schmerzen und Begierden nicht erkennen, so bedürften wir der Naturforschung nicht. (Lehrsatz XI)

Die Physik stellte daher für Epikur keinen Selbstzweck dar, und entsprechend legte er es bei seinen Schülern nicht darauf an, sie zu Physikern zu machen, sondern wollte ihnen nur jenes Maß an Naturerkenntnis vermitteln, das für ein glückliches Leben erforderlich schien. Eine theoretische Neugier oder ein wissenschaftliches Interesse im Sinn des Aristoteles oder später der Alexandriner lag Epikur fern. Andererseits kann er dann doch von der »Glückseligkeit bei der Untersuchung der Himmelserscheinungen« (*Brief an Herodot*, DL X 78) sprechen, dies gilt aber eben nur in Hinsicht darauf, daß diese Untersuchungen die theoretische Grundlage für die Befreiung von falschen Auffassungen liefern. Also: Wenn wir nicht aufgrund falscher Ansichten Angst vor Himmelserscheinungen hätten, könnten wir auf Astronomie und Kosmologie ganz verzichten. In diesem Ausspruch wird die ganze Veränderung des Philosophieverständnisses deutlich: Die Philosophie hatte bei den Vorsokratikern als Naturphilosophie begonnen, aus spekulativer Freude an der Theorienbildung, und auch Aristoteles betrieb Naturwissenschaft und Naturphilosophie aus reinem Erkenntnisinteresse. Bei Epikur heißt es nun: Wenn uns nicht die Angst quälte, bedürften wir keiner Naturlehre. Da die Menschen aber Angst haben, brauchen wir die Philosophie, denn diese soll uns »Seelengesundheit« liefern – dem griechischen Text entspricht sogar eher der Ausdruck »Seelenhygiene« (*Brief an Menoikeus*, DL X 122). Überwindung der Angst bzw. Seelengesundheit sind also das Ziel, Naturerkenntnis dagegen nur das Mittel der Philosophie. Bei Epikur ist auch zu berücksichtigen, daß in griechischem Verständnis Astronomie und Theologie immer eng verbunden waren, die Frage nach den Göttern gehört also in gewissem Sinn auch zur Naturerkenntnis.

Die Aufgabe, die sich Epikur stellt, kann daher wie folgt zusammengefaßt werden: Die Menschen müssen davon überzeugt werden, (1.) daß es keinen Grund gibt, warum uns die Götter Furcht einflößen könnten, (2.) daß es keinen Grund gibt, weshalb wir den Tod fürchten sollten, (3.) daß es leicht ist, glücklich zu leben, (4.) daß es nicht schwierig ist, den Schmerz zu ertragen.

Zu (1): Epikur war kein Atheist und nahm durchaus die Existenz von Göttern an, aber: Die Götter wollen dasselbe wie die Menschen, nämlich ihre Glückseligkeit. Die Vorstellung, daß sich die Götter um die Angelegenheiten der Menschen kümmern,
 über die sie als unvergängliche erhaben sind, ist für Epikur nur eine populäre mythologische Vorstellung. Nach seiner Auffassung leben die Götter ihr glückseliges Leben für sich, sie haben mit der Entstehung der Welt und mit dem Weltverlauf nichts zu tun. Eine Beschäftigung mit den Dingen der Welt wäre für die Götter ungöttlich, denn eine solche Beschäftigung müßte – wie es manche Volksmythen auch zeigen – ihre Ruhe und Glückseligkeit stören. Daher sagt Epikur:

Wenn du die Gottheit für ein unvergängliches und glückseliges Wesen hältst, wie die allgemeine Anschauung der Gottheit vorgeprägt wurde, dann hänge ihr nichts an, was ihrer Unvergänglichkeit fremd oder mit ihrer Glückseligkeit unvereinbar ist. (*Brief an Menoikeus*, DL X 123)

Die Vorstellungen des Volkes sind nach Epikur anthropomorph und von Angst bestimmt. Der reine Gottesbegriff des Weisen hält die Götter frei von kleinlichen Einmischungen in das Weltgeschehen, und hält die Menschen somit frei von der Angst vor solchen Einmischungen.

Das glückselige und unvergängliche Wesen hat weder selbst Sorgen, noch bereitet es sie einem anderen. Es wird also weder durch Wutausbrüche noch durch Gunsterweise beansprucht, denn alles Derartige gibt es nur bei einem schwachen Wesen. (Lehrsatz I)

Es ist klar, daß es daher bei Epikur keinen Platz für eine Vorsehung gibt, wie sie die Stoiker annahmen, auch wenn diese – jedenfalls in der alten Stoa – mit keinerlei persönlicher Gottesvorstellung verbunden war. Interessanterweise trifft sich Epikur in diesem Punkt mit Aristoteles, denn auch dieser spricht seinem Ersten Beweger keinerlei Einfluß auf die kontingenten Ereignisse der Menschenwelt zu. Den Aristoteles-Kritikern platonischer Herkunft im 2. Jhd. n. Chr. wird diese Gemeinsamkeit von Epikur und Aristoteles sehr wohl auffallen (vgl. Kap. XVI, 3, a). Die Frage menschlicher *Glückseligkeit hat* also *mit den Göttern* und mit irgendeinem Götterglauben überhaupt *nichts zu tun.*

Zu (2): Der Tod ist nur für jene bedrohlich, die die wahre Naturlehre nicht kennen. In dieser Naturlehre übernimmt Epikur Lehren Demokrits (vgl. Kap. V, 3), die er etwas vereinfacht, die er aber, wenn auch nicht sonderlich erfolgreich, weiterentwikkelt. Die Welt besteht nach Epikur wie nach Demokrit aus letzten, kleinsten Elementen, den Atomen. Diese Atome sind ewig und unveränderlich, was sich verändert, ist nur ihre Zusammensetzung. Die Atome unterscheiden sich lediglich durch Gestalt, Gewicht und Größe, während alle Qualitäten, die die Dinge aufweisen, durch verschiedene Zusammensetzungen der Atome entstehen. Von Ewigkeit her existieren daher nur die *Atome* und der *leere Raum*, in dem sie sich bewegen. Soweit ist alles Gesagte mit Ausnahme der Annahme eines Gewichts der Atome nichts anderes als die Lehre Demokrits. Darüber hinaus versuchte Epikur allerdings zu erklären, woher die Bewegung der Atome kommt. Diese Erklärung hat als Voraussetzung, daß Epikur im Unterschied zu Demokrit den Atomen auch Gewicht zuschrieb, denn damit hat – wieder im Unterschied zu Demokrit – die Bewegung der Atome eine Richtung. Während Demokrit mit der richtungslosen Bewegung der Atome die weitere Entwicklung der Dinge durch den Zusammenstoß von Atomen erklären konnte, auf die Frage nach dem Ursprung oder dem Warum der Bewegung aber keine Antwort geben konnte, versuchte Epikur hier eine »Weiterbildung«. Die Atome waren seiner Auffassung nach schwer und hatten damit eine gerichtete Bewegung nach unten. Die Vielfalt der Erscheinungen des Kosmos konnte aber – worin er Demokrit folgte – nur durch den Zusammenstoß von Atomen hervorgebracht werden. Also nahm Epikur an, daß an irgendeiner Stelle der Atombewegung eine ganz kleine Bewegungsabweichung stattfand, durch die sich ein erster Zusammenstoß ergab. Diese minimale Unbestimmtheit der Bewegung der Atome ist selbst nicht erklärbar, sie stellt somit den Ursprung des vielfältigen Kosmos dar. Alles Weitere, d. h. die gesamte Welt, ist dann nur die Folgeerscheinung solcher Zusammenstöße, welche verschiedene Bewegungen, Gruppierungen usw. hervorrufen. Strukturell handelt es sich bei dieser *minimalen Abweichung* um ein *theoretisches Postulat*, das dieselbe Erklärungsfunktion hat wie der Nous des Anaxagoras. Man sollte diesen »Fortschritt« gegenüber Demokrit aber nicht überbewerten, Epikur verschiebt einfach das Problem: Demokrit erklärt nicht, wie es zu der ersten Bewegung kommt und Epikur erklärt nicht, wie es zu der minimalen Abweichung kommt.

Der Mensch ist für Epikur wie für Demokrit nichts anderes als eine Gestalt, die sich aus diesem Prozeß ergeben hat. Unveränderliche, für sich bestehende Formen oder

Substanzen gibt es nicht. Die Seele besteht gleichfalls nur aus Atomen, allerdings besonders leichten, und ist daher »ein feinteiliger Körper, der in den gesamten Körperkomplex eingestreut ist, am ähnlichsten einem Hauch, der eine gewisse Beimischung von Wärme besitzt« (*Brief an Herodot*, DL X 63). Die Seele ist der Sitz der Wahrnehmung, der Empfindung, sie ist materiell wie der Körper auch. Löst sich die Atommasse des Körpers auf, folgt diesem Vorgang die *Auflösung des* mit dem Körper verbundenen *feinteiligen Körpers der Seele* (Ebd. DL X 65), auch dies entspricht genau der Lehre Demokrits. Wer diese Naturlehre richtig eingesehen hat, ist *befreit von der Furcht vor dem Tod*: Da die Seele nur der Sitz der Empfindungen ist, hört sie mit dem Aufhören der Empfindungen auf zu existieren und löst sich in Atome auf. Daher der Lehrsatz:

Der Tod ist nichts, was uns betrifft. Denn das Aufgelöste ist empfindungslos. Das Empfindungslose aber ist nichts, was uns betrifft. (Lehrsatz II)

Berühmter noch ist eine Formulierung, die sich in einem überlieferten Brief Epikurs an Menoikeus findet und die eine bei den Epikureern oft wiederholte Maxime wiedergibt:

366 | Das Schauererregendste aller Übel, der Tod, betrifft uns überhaupt nicht; wenn wir sind, ist der Tod nicht da, wenn der Tod da ist, sind wir nicht. (DL X 125. In der Übersetzung ebd. ist »wir« jeweils in Anführungszeichen gesetzt, was aber im griechischen Text keinen Anhaltspunkt findet.)

Der wirklich, d. h. aufgrund der Naturlehre Weise weist daher weder das Leben von sich, noch hat er Angst davor, nicht mehr zu leben. Epikur meint somit, daß der Mensch erst durch das Aufgeben des Verlangens nach Unsterblichkeit frei wird, daß er das Leben mit seinen angenehmen Empfindungen erst unter dieser Voraussetzung zu schätzen und mit seinen Schmerzen zu ertragen lernt. Epikur will den *Menschen mit seiner sterblichen Natur versöhnen*. Der letzte Brief Epikurs, der an seinen Schüler Idomeneus gerichtet ist, ist souverän:

Den glückseligen Tag feiernd und zugleich als letzten meines Lebens vollendend schreibe ich euch dies: ihn begleiten Blasen- und Darmkoliken, die keine Steigerung der ihnen innewohnenden Heftigkeit zulassen. Doch all dem widersetzt sich die Freude meines Herzens über die Erinnerung an die von uns abgeschlossenen Erörterungen. Du aber erweise dich würdig deiner von Jugend an vorhandenen Zuneigung zu mir und der Philosophie und sorge für die Kinder des Metrodoros. (DL X 22)

Zu (3) und (4): Die »angenehme Empfindung«, die »Lust« *(hedoné)* ist das Kriterium der Glückseligkeit *(eudaimonía)*. Die Lust wird jedoch von Epikur nicht um ihrer selbst willen angestrebt, sondern deshalb, weil sie die Seelenruhe (*ataraxía*) vermittelt; sie ist für Epikur »Anfang und Ende des glückseligen Lebens«, weil sie als Erstrebenswertes uns angeboren, unserer Natur entsprechend ist. Sie liefert so eine Richtschnur, ein Kriterium unseres Handelns, ohne dabei schon ein bestimmtes Handeln zu diktieren.

Jede Lust also ist, weil sie eine verwandte Anlage hat, ein Gut, jedoch nicht jede ist wählenswert; wie ja auch jeder Schmerz ein Übel ist, aber nicht jeder ist in sich so angelegt, daß er immer vermeidenswert wäre. Doch durch vergleichendes Messen und den Blick auf Zuträgliches und Unzuträgliches ist dies alles zu beurteilen. Denn wir verfahren mit dem Gut zu bestimmten Zeiten wie mit einem Übel, mit dem Übel ein andermal wie mit einem Gut. (*Brief an Menoikeus*, DL X 129–130)

Wir haben es hier also keineswegs mit einem schrankenlosen Hedonismus zu tun, sondern mit einer *Vernunftethik*, die auf »vergleichendem Messen« aufgebaut ist. Epikur spricht wie ein vernünftiger Arzt, der seinen Patienten davon überzeugen will, daß gelegentlich auch »Schneiden und Brennen« ein Gut ist. Hier sind wir tatsächlich gar nicht so weit von Prinzipien der aristotelischen Ethik entfernt, von denen Epikur einiges gewußt haben dürfte. Der Lehrsatz XIX spricht ausdrücklich davon, daß wir die »Grenzen der Lust mit Überlegung« bestimmen müssen. Das Fleisch *(sárx)* würde unendliche Forderungen stellen, die Vernunft sieht jedoch ein, daß es für das Erlangen der Glückseligkeit unabweichlich ist, diesen Forderungen Grenzen zu setzen (Lehrsatz XX). Hier nimmt Epikur den alten griechischen Imperativ des Maßhaltens, des »Nicht zuviel« im Rahmen einer materialistischen Vernunftethik auf. Die Tugend des Maßhaltens wird von Epikur verstärkt zur Forderung nach *Genügsamkeit*. Zu seinen Zielvorstellungen gehören u. a. »einfache und nicht aufwendige Mahlzeiten« (*Brief an Menoikeus*, DL X 131), Einfachheit bis hin zur Anspruchslosigkeit ist für ihn eine grundlegende Maxime. Eine an solchen Regeln orientierte Lebensweise sichert am ehesten das Freisein von Beunruhigung, und in diesem Freisein besteht die eigentliche Glückseligkeit. Die Genügsamkeit erstreckt sich jedoch nicht nur auf die materiellen Bedürfnisse, sondern auch auf jene Güter, die von den meisten als gesellschaftlich wichtig angesehen werden: die Ehre, die Anerkennung im öffentlichen Leben. Der Weise ist daran nicht interessiert, er zieht ein Leben in der *Zurückgezogenheit* vor. Die Politik hat dann keine andere Aufgabe, als die Sicherheit und so das glückliche Leben des Einzelnen zu ermöglichen (Lehrsatz VI), während die Gesellschaft selbst nur einen äußeren Rahmen für die Glückseligkeit liefern kann, nicht aber diese selbst.

Der höchste Wert liegt nach Epikur in jener zwischenmenschlichen Beziehung, die frei ist von jeder Beunruhigung: in der *Freundschaft*. An diesem Punkt begegnen wir wiederum, nun allerdings unter anderer Begründung, der auch bei den Stoikern, aber in der hellenistischen Kultur ganz allgemein verbreiteten Schätzung der Freundschaft, jenem Netz der Solidarität, das der Staat nicht liefern konnte.

Von dem, was die Weisheit für die Glückseligkeit des gesamten Lebens bereitstellt, ist das weitaus Größte der Erwerb der Freundschaft. (Lehrsatz XXVII)

Die Freundschaft verschafft eine Glückseligkeit, die von allem anderen Wohlbefinden unabhängig ist. Freundschaft gehört aber bei Epikur nicht nur in den Bereich der Übereinstimmung von Auffassungen, sondern bedeutet auch konkrete Handlung, und wenn erforderlich, materielle Hilfe. Das wurde bei den Epikureern sehr ernst genommen, so gibt es Berichte über den in den politischen Wirren nicht selten erforderlichen Freikauf von Gefangenen.

Auf der Basis seiner Kriterien kann Epikur auch der *Gerechtigkeit* und dem *Gesetz* ihren ethischen Ort zuschreiben, ohne durch Rückgriff auf platonische Ideen oder ein sophistisch/stoisches Naturgesetz die Autonomie des Menschen zu vermindern:

Das der (menschlichen) Anlage entsprechende Recht ist ein Abkommen mit Rücksicht auf den Nutzen, einander nicht zu schädigen und sich nicht schädigen zu lassen. (Lehrsatz XXXI).

Dies wirkt etwas dürftig, wenn man die großen Diskussionen der Griechen über die
 Gerechtigkeit in Erinnerung hat. Aber man sollte sich nicht täuschen: Was Epikur hier sagt, ist ausreichend für die Aufstellung einer Rechtsordnung, und vor allem: Diese Auffassung von dem, was als gerecht gelten soll, ist konsensfähig, und zwar auch dort, wo ein mythologischer oder theologischer Überbau wegfällt, was bei Epikur der Fall ist (vgl. Lehrsatz XXXIV und XXXV). Die Gerechtigkeit ist funktionalisiert auf das Wohlbefinden hin, das aber im Zusammenleben nur gesichert ist, wenn durch intersubjektive Abmachungen Schädigungen vermieden werden. Wie diese Abmachungen aussehen sollen, läßt sich daraus nicht ableiten, sie sind als Abmachungen eben kontingent und sie werden tatsächlich bei den einzelnen Völkern unterschiedlich sein. Ebenso können und sollen sie auch im Lauf der Zeit bei den einzelnen Völkern eine verschiedene Form annehmen, da sie dann verändert werden sollen, wenn sie nicht mehr dem Wohlbefinden der Menschen förderlich sind (Lehrsatz XXXVI–XXXVIII), allerdings sollen sie auch nur dann verändert werden, wenn dieser Fall eintritt. Solange ein Recht dem Wohlbefinden in einer Gemeinschaft förderlich ist, ist es verbindlich, und das Handeln danach ist sittliche Forderung. Für manche heutige Leser stellt dies einfach Rechtspragmatismus dar, die Frage ist nur, ob wir wirklich brauchbare Alternativen anzubieten haben. Epikur stellt schonungslos fest:

Was sich von dem, was als Recht anerkannt ist, als wirklich nutzbringend bestätigen läßt im Verkehr der wechselseitigen Gemeinschaft, das trägt den Stempel des Rechts, ob es sich nun für alle als dasselbe herausstellt oder nicht. (Lehrsatz XXXVII. In der Übersetzung wird »Recht« in Anführungszeichen gesetzt, was aber keinen Anhaltspunkt im griechischen Text hat.)

Wiederum einfach gesagt: Ein Recht, das von einer Gemeinschaft nicht als nutzbringend anerkannt wird, wird über kurz oder lang aufgegeben werden. Ein Recht läßt sich nicht gegen den *sensus communis* durchsetzen oder aufrechterhalten, und der *sensus communis* richtet sich nach dem, was Epikur als »nutzbringend« bezeichnet. Mancher Moralphilosoph wird dies als »ethischen Zynismus« bezeichnen, während der Historiker hier eher von »vernünftigem Realismus« sprechen wird, nicht zuletzt deshalb, weil als Alternative nur der »ethische Absolutismus« zur Verfügung steht. Das wußte natürlich auch der mit den Ideen Platons vertraute Epikur.

Das Wichtigste ist daher die vernünftige Einsicht, ohne sie gibt es keine Glückseligkeit. Die Philosophie steht im Dienst dieser vernünftigen Einsicht, welche sich nach dem Kriterium des Wohlbefindens und nach dem Kriterium der gegenseitigen Verhütung von Schaden reguliert. Aus dieser Einsicht gehen dann alle Tugenden hervor.

Die vernünftige Einsicht orientiert sich an der Wahrnehmung der Empfindung. Aus dieser geht zweifelsfrei die Lust, die angenehme Empfindung und das Freisein von Schmerz als Kriterium hervor. Die Philosophie, oder genauer: die Einsicht, lehrt daher dann,

> [...] daß es nicht möglich ist, lustvoll zu leben, ohne einsichtsvoll, vollkommen und gerecht zu leben (ebensowenig, einsichtsvoll, vollkommen und gerecht zu leben,) ohne lustvoll zu leben. Denn die Tugenden sind ursprünglich verwachsen mit dem lustvollen Leben, und das lustvolle Leben ist von ihnen untrennbar. (*Brief an Menoikeus*, DL X 132)

Folgendes muß ganz klar sein: Der Graben zwischen diesen Thesen und jenen der Platoniker und der Stoiker ist unüberbrückbar und Aristoteles steht Epikur näher als den Platonikern und den Stoikern. Es geht hier wirklich um Alternativen und auch die Diskussion der Platoniker des 2. Jhd.s mit den Aristotelikern, auf die wir zurückkommen werden (vgl. Kap. XVI, 3, a), weist in eben diese Richtung. Die hier aufgeworfenen Fragen sind nicht nur solche der Geschichte der Philosophie der Antike, sondern solche der Philosophie zu allen Zeiten.

3. Das Kriterium der Erkenntnis: Die Wahrnehmung

Als notwendigen Unterbau der Ethik benötigte Epikur neben der schon erwähnten Physik eine Erkenntnislehre, die ihm die Sicherheit seiner Annahmen verbürgte. Das Kriterium der Erkenntnis konnten entsprechend dem vorher Gesagten nur die Empfindungen sein, d. h. die sinnlichen Wahrnehmungen. Die Vernunft hängt von diesen sinnlichen Wahrnehmungen ab, eine davon unabhängige Vernunft gibt es bei Epikur nicht. Die Vernunft kann von sich aus keine Inhalte hervorbringen, die Begriffe sind nichts anderes als Erinnerungen an frühere Wahrnehmungen oder Erwartungen von Wahrnehmungen, die sich auf diese Erinnerung stützen. Allerdings ist der ursprünglich rein empirische Sinn der Worte später gesellschaftlich, also konventionell festgelegt worden. Die Erfahrung des Vielvölkerstaates spiegelt sich bei Epikur wieder, wenn er auf den »Einfluß der verschiedenen örtlichen Verhältnisse der Völker« hinweist.

Später aber wurden bei dem jeweiligen Volk die besonderen Benennungen gemeinschaftlich festgesetzt, damit ihre gegenseitigen Bekundungen weniger zweideutig und noch knapper gefaßt würden. (*Brief an Herodot*, DL X 76)

Die Dialektik als ein Denken in Begriffen an sich, wie dies die Platoniker als möglich ansahen, wurde von den Epikureern nach dem Bericht des Diogenes Laertius verworfen (DL X 31). Die Wörter haben bei ihnen nur die Funktion, die Erinnerungen an sinnlich Wahrgenommenes festzuhalten. Ihrer Auffassung nach kommt dem Begriff als dem Inhalt des Wortes durch seine Beziehung auf die sinnliche Wahrnehmung unmittelbare Klarheit zu (DL X 33).

Von diesem »empiristischen Sinnkriterium« her ist die gesamte Lehre Epikurs
370 | aufgebaut. Es ist jedoch ein Empirismus, der Einsicht will, nicht bloße Tatsachenfeststellung. Einsicht aber heißt Verstehen des Ganzen, des Zusammenhanges, woraus sich auch die etwas abschätzigen Bemerkungen Epikurs über empirische Einzelforschung, die bei dieser stehenbleibt (*Brief an Herodot*, DL X 79) erklärt, denn nur die Einsicht in den Zusammenhang verleiht die Seelenruhe.

Die Unerschütterlichkeit dagegen besteht darin, von alledem [d.h. den mythologischen Vorstellungen] losgelöst zu sein und eine beständige Erinnerung zu bewahren an die allumfassenden und entscheidendsten Gesetzmäßigkeiten. (Ebd. X 82)

Ist der Mensch nicht auf Einzelnes konzentriert, sondern auf das Ganze, somit auch auf das Ganze des Lebens, ergibt sich die Einsicht in das dem Menschen Mögliche. Epikur vertraute fest auf die Erreichbarkeit der von ihm gesteckten Ziele: Wer über das Endziel der Natur nachgedacht hat, der erkennt, »daß das Höchstmaß der Güter leicht zu erfüllen und leicht zu beschaffen ist« (*Brief an Menoikeus*, DL X 133).

Mit den Epikureern und den Stoikern – vor allem jenen der alten Stoa – ist die griechische Aufklärung und somit auch die sokratische Philosophie an ein Ende gelangt. Es ist klar, daß diese Lehre von der Möglichkeit des autonomen Erreichens des Glücks, eine Grundauffassung, die die Epikureer mit den Stoikern teilten, eine Position darstellte, die keine Grundlage für transzendente Erlösungsreligionen bieten konnte. Als seit dem 2. Jhd. n. Chr. Zweifel an der Vernunft- und Handlungsautonomie des Menschen aufkamen und damit gleichzeitig der Wunsch nach einer »höheren« Weisheit sich bemerkbar machte, war eine Grenze für die Epikureer und die

Stoiker erreicht, wobei diese Grenze für die Epikureer deutlicher war als für die Stoiker. Die Stoiker konnten ihre Weltvernunft latent dualistisch orientieren, ihr also eine gewisse Transzendenz verleihen. Für die Epikureer war eine solche Modifikation kein gangbarer Weg, ihre Philosophie konnte das Ende der Aufklärung nicht überleben.

Im dritten und vierten Jahrhundert versuchten die verschiedenen Philosophien, Weltanschauungen und Kulte jeweils sich gegen die Konkurrenten durchzusetzen. Die Epikureer wollten dies eigentlich viel weniger als alle anderen, ihnen fehlte jegliches missionarische Interesse, trotzdem wurden sie von allen anderen, den Mittel-, den Neuplatonikern wie den Christen, bekämpft. Der Grund dieser gemeinsamen Frontstellung ist einfach zu identifizieren: In der späten Antike versuchten die Menschen immer mehr, ihr Heil in einem transzendenten Gott zu finden. Für die Epikureer war ein solcher Weg ungangbar: In ihrer Philosophie waren Ethik und Götterlehre grundsätzlich getrennt. Genau dies aber widersprach dem Bedürfnis der Menschen dieser Zeit und den gemeinsamen Voraussetzungen der anderen Richtungen. Am schärfsten mußte der Gegensatz zum Christentum auftreten, und zwar nicht wegen des Gehalts der epikureischen Ethik, dieser ist schließlich in vieler Hinsicht genauso wie der der Ethik Demokrits durchaus »erbaulich«, sondern genau wegen dieser Trennung von Ethik und Gotteslehre. Der biblische Gott ist ständig daran, über die Verfehlungen Israels zu zürnen und entsprechende Strafaktionen ins Werk zu setzten, und dies widerspricht der epikureischen Auffassung vom Göttlichen. Der biblische Gott ist allgegenwärtig und allwissend, d. h. er kümmert sich um alles und jedes (der moderne Staat hat diese göttliche Tendenz übernommen), während ein solcher Gott den Epikureern peinlich und kleinlich vorkommt, d. h. er ist gar kein Gott. Durchgesetzt haben sich bekanntlich dann die Christen, aber der Preis war sehr hoch: Sie haben sich das Theodizeeproblem ins Haus geholt, denn ihr Gott ist nun zuständig für alles und jedes. Und damit stehen sie auch immer wieder vor der Frage: Warum hat dieser allwissende und allmächtige Gott zugelassen, daß ein so dummes und bösartiges Geschöpf wie der Mensch entstanden ist, das dann wieder durch Offenbarungs- und Erlösungsunternehmungen so halbwegs auf einen rechten Weg gebracht werden muß? Die Epikureer wollten die Götter mit solchen menschlichen Dummheiten nicht belästigen, die Götter wurden einfach als nicht zuständig für menschliche Handlungen und für das Glück der Menschen erklärt. Die Menschen müssen selbst sehen, wie sie damit zurecht kommen. Für Epikur sind die Menschen auch nur dann dumm und böse, wenn sie sich der Einsicht, also der Vernunft, selbst entziehen und sich ihr entgegenstellen. Mit dieser Situation können und sollen sie aber selbst fertig werden. Dieses Beharren auf der Autonomie des Menschen mußte von jeder Erlösungsphilosophie und jeder Erlösungsreligion abgelehnt und bekämpft werden, was dann auch mit Erfolg geschah.

- XIV -

Die Skeptiker

1. Historische Vorbemerkung

Entsprechend der ausdrücklichen Absicht der Skeptiker, keine Lehre vorzutragen, die wie die der Epikureer oder der Stoa gelehrt werden könnte, kann man bei der Skepsis eigentlich überhaupt nicht von einer Schule sprechen. Weniger eine Schule als eine verbreitete Haltung, hat die Skepsis keine »Lehrer« und keine »Lehre« hervorbringen können. Schon Diogenes Laertius sagt im Zusammenhang mit »Lehre«: »wenn dieser Ausdruck bei ihnen am Platze« ist (DL IX 69). Auch bei dem Ausdruck »Phyrrhoneer« sieht er Probleme bei dessen Anwendung, da ja Pyrrhon »überhaupt
372 | keinen bindenden Lehrsatz« erfunden hat, räumt dann aber ein: »Doch könne man jemanden Pyrrhoneer nennen wegen der Gleichheit der Lebensrichtung« (DL IX 70). Wenn also Diogenes Laertius von »Schülern« spricht, ist dies nur mit Einschränkung richtig, besser ist der von ihm ebenfalls verwendete Ausdruck »Fortsetzer seiner Lebensrichtung« (DL IX 109). Die Schriftsteller, die sich mit der Skepsis befaßten, kamen meist von außen, waren also nicht selbst Skeptiker und stellten einfach Argumente zusammen, die von Skeptikern gebraucht wurden.

Als Gründer der Skepsis wird gewöhnlich Pyrrhon genannt (ca. 360–270 v. Chr.), der einige Jahrzehnte nach dem Tod des Sokrates lebte und ein jüngerer Zeitgenosse des Aristoteles war. Pyrrhon folgte Alexander auf seinem Feldzug nach Asien und scheint dabei mit der asketischen Tradition Indiens in Berührung gekommen zu sein, für die gerade die »Indifferenz« kennzeichnend ist, d. h. der gleiche Abstand von allen Dingen. Schon in der Antike wurde berichtet, daß Pyrrhon mit den sogenannten Gymnosophisten in Indien in Verbindung gekommen sei (DL IX 61). Wie man sich im 3. Jhd. n. Chr., also zu der Zeit, zu der Diogenes Laertius schrieb, die Gymnosophisten vorstellte, erfahren wir auch aus dem *Alexanderroman*. Dort wird der nicht-philosophische Anspruch der Gymnosophisten deutlich, wenn diese u. a. von sich sagen:

Die Kunst der Wohlredenheit lernen wir nicht, schlicht sagen wir alles, und so kommt es nicht vor, daß wir lügen. Die Schulen der Philosophen besuchen wir nicht, denn strittig ist alles in ihren Lehren, nichts Sicheres gibt es bei ihnen, nichts auch, was feststeht, sondern immerdar Lügen. (*Das Buch von Alexander, dem edlen und weisen König von Makedonien*. Hrsg. von W. Kirsch. Leipzig 1991. S. 154.)

Und den Griechen wird vorgeworfen:

Euer Verstand liegt Euch auf der Zunge, und all Eure Weisheit ist Euer Mundwerk; und wiewohl Ihr in Eurer Sprache viel zu schwatzen wißt, sind die doch viel besser, die zu schweigen verstehen. (Ebd. S. 155)

Der Hinweis auf die Gymnosophisten ist wichtig, denn bei den Skeptikern kommt eine Anspruchslosigkeit zum Ausdruck, die in manchem an die Kyniker erinnern könnte, obwohl die Anspruchslosigkeit der Skeptiker wahrscheinlich ganz andere Wurzeln als die der Kyniker hat. Die theoretische Anspruchslosigkeit der Skeptiker ist keine satzhafte Wahrheit, sondern mündet in Schweigen. Und vermutlich ist es bereits irreführend von einer »theoretischen« Anspruchslosigkeit zu sprechen, man sollte dieses Beiwort eher ganz weglassen. Der Skeptiker will eigentlich nur schweigen, er redet nur, weil ihn die Dogmatiker, womit vor allem die Stoiker gemeint sind, belästigen. Die Kyniker, mit denen die Skeptiker manchmal in Verbindung gebracht werden, können zurecht als eine philosophische Schule verstanden werden, die Skeptiker hingegen wirken eher wie Vertreter einer Lebenshaltung, die sich nur in philosophischer Umgebung »philosophisch« verhalten, die aber eigentlich anti-philosophisch eingestellt sind. Es muß auch beachtet werden, daß schon in der Antike | 373
einige Autoren die Skepsis als eine völlig neue Richtung ansahen, die keine Verbindung mit der philosophischen Tradition der Griechen aufwies, eine Beurteilung, die auch von der modernen Forschung bestätigt wird.

Die wichtigste Quelle für die Anschauungen der Skeptiker liefert uns außer Diogenes Laertius der späthellenistische Autor Sextus Empiricus, über dessen Leben nichts überliefert ist, in seinem *Grundriss der Pyrrhonischen Skepsis* und in seiner Schrift *Gegen die Mathematiker*. Schon die Tatsache, daß Pyrrhon im 4./3. Jhd. v. Chr. lebte, Sextus Empiricus hingegen im 2./3. Jhd. n. Chr., zeigt, daß wir es hier mit einer die ganze hellenistische Periode durchziehenden Bewegung zu tun haben. Auch Diogenes Laertius widmet der pyrrhonischen Skepsis ein ausführliches, kenntnisreiches und den Skeptikern gegenüber wohlwollendes Kapitel (DL IX 61–112), ohne daß aber daraus geschlossen werden könnte, er sei selbst Skeptiker gewesen.

Im folgenden soll nur jene Form der Skepsis behandelt werden, die »pyrrhonische Skepsis« genannt wird. Die Skepsis der mittleren und neueren Akademie ist ein anders geartetes Phänomen: Diese Form der Skepsis, die statt »Wahrheit« nun »Wahrscheinlichkeit« setzte, und die in der neueren Akademie auch wieder aufgegeben wurde, so daß die Akademie wieder zum dogmatischen Denken zurückkehrte, kann nicht mit jener Form der Skepsis in Verbindung gebracht werden, die als »pyrrhonische Skepsis« bezeichnet wird. Die Skepsis der mittleren und neueren Akademie stellt nicht viel mehr als eine abgeminderte Form des Dogmatismus dar. Aus einem in die Defensive gedrängten Dogmatiker wird nie ein gelassener Skeptiker. Kulturgeschichtlich aufschlußreich ist jedoch auch diese Quasi-Skepsis der Platoniker, da sie zeigt, daß eine – vielleicht sehr diffuse – skeptische Haltung weit verbreitet gewesen sein muß, denn wenn ein Platoniker skeptischen Gedanken Einlaß in seine Philosophie gewährt, muß der Druck von außen schon sehr stark sein.

2. Der Ausgangspunkt

Die Skeptiker waren in ihrem Ausgangspunkt an der erkenntnistheoretischen Frage der Wahrheit überhaupt nicht interessiert, diese Frage wurde erst nachträglich eingebracht. Der Ausgangspunkt wird von Sextus Empiricus ganz klar ausgesagt:

Das motivierende Prinzip der Skepsis nennen wir die Hoffnung auf Seelenruhe. (*Pyrrhonische Skepsis* I 12)

Diese Seelenruhe *(ataraxía)* ist die Form der Glückseligkeit *(eudaimonía)*, die die Skeptiker wie auch viele andere Bewegungen der Antike als das Ziel menschlichen Lebens ansahen. Sextus Empiricus will dann allerdings den Leser glauben machen, daß der Skeptiker seine Form der Seelenruhe gleichsam zufällig gefunden habe:

Denn der Skeptiker begann zu philosophieren, um die Vorstellungen zu beurteilen und zu erkennen, welche wahr sind und welche falsch, damit er Ruhe finde. Dabei geriet er in den gleichwertigen Widerstreit, und weil er diesen nicht entscheiden konnte, hielt er inne. Als er aber innehielt, folgte ihm zufällig die Seelenruhe in den auf dogmatischem Glauben beruhenden Dingen. (Ebd. I 26)

Aufschlußreich ist auch die Beschreibung des Ziels der Skeptiker, die Diogenes Laertius in Übereinstimmung mit Sextus Empiricus (Ebd. I 29) gibt:

Als Endziel nehmen die Skeptiker die Zurückhaltung des Urteils an, der wie ein Schatten die unerschütterliche Gemütsruhe folgt. (DL 107)

Dieses »zufällige« Erlebnis, das »wie ein Schatten folgt«, ist beim Skeptiker allerdings als *Lösung* schon *vorausgesetzt*, denn an sich könnte dieses Innehalten schließlich nur eine Unterbrechung sein, die zu um so eifrigerem (oder verzweifelterem) Suchen nach der Wahrheit und so zur Glückseligkeit führt. Dies letztere war ja auch tatsächlich der Weg der mittleren und neueren platonischen Akademie. Das Innehalten der Skeptiker ist demgegenüber etwas ganz anderes. Das Zurückhalten des Urteils ist nicht ein durch Unentscheidbarkeit zwischen Alternativen aufgezwungenes Zwischenstadium, sondern ist das Ziel. Die Form der Einführung des »Innehaltens« *(epoché)*, dem die Seelenruhe wie ein Schatten folgt, hat ihren guten Grund: Der Skeptiker will vermeiden, dem Fehler der Dogmatiker zu verfallen und »Prinzipien«, Anfänge, aufzustellen, von denen aus argumentiert wird, er selbst *argumentiert* also überhaupt *nicht*, er behauptet nichts mit Sicherheit, sondern *erzählt* einfach, was er erlebt hat:

Vorher aber möchte ich bemerken, daß ich von keinem der Dinge, die ich sagen werde, mit Sicherheit behaupte, daß es sich in jedem Fall so verhalte, wie ich sage, sondern daß ich über jedes einzelne nur nach dem, was mir jetzt erscheint, erzählend berichte. (*Phyrrhonische Skepsis* I 4)

Auch das »Innehalten«, die *epoché*, soll für den Skeptiker eine *Erfahrung* sein, nicht ein willensbestimmter Akt wie bei den Platonikern, wo sie als Forderung auftritt, zu nichts die Zustimmung zu geben, was nicht absolut gewiß ist. Nur dort aber, wo wie bei den pyrrhonischen Skeptikern die *epoché* schon der Ausgangspunkt ist, kann die Zustimmung zu ihr mit jener Selbstverständlichkeit eintreten, von der erzählend berichtet wird. So resultiert die *epoché* in der Skepsis in Wirklichkeit nicht aus der Feststellung des Widerstreits aller Meinungen, ist nicht nur die Enthaltung von einem Urteil angesichts des endlosen Streits der Meinungen, sondern ist die schon vorausgegangene und dann vorausgesetzte Erfahrung, daß nur im Innehalten Ruhe gefunden werden kann. Diese Reihenfolge wird deutlich ausgesprochen: | 375

Die skeptische Schule wird auch die »suchende« genannt nach ihrer Tätigkeit im Suchen und Spähen. Sie heißt auch die »zurückhaltende« nach dem Erlebnis, das der Spähende nach der Suche an sich erfährt. Ferner wird sie die »aporetische« genannt, und zwar entweder, weil sie in allem Aporien und Fragwürdigkeiten findet, wie einige sagen, oder, weil sie kein Mittel sieht zur Zustimmung oder Verneinung. (Ebd. I 7) »Zurückhaltung« ist ein Stillstehen des Verstandes, durch das wir weder etwas aufheben noch setzen. »Seelenruhe« schließlich ist die Ungestörtheit und Meeresstille der Seele. (Ebd. I 10)

Das »zurückhaltende« Element liegt aber in Wirklichkeit *vor* dem »aporetischen«, und mit diesem Innehalten und dieser Zurückhaltung tritt die Seelenruhe ein. Auch hier ist der Skeptiker wieder sehr vorsichtig: Er erklärt nur, *daß* mit dem Innehalten die Seelenruhe eintritt, er erklärt dagegen nicht, daß dies so sein *muß*, wiederum wird nur von einem Erlebnis berichtet. Von der Zurückhaltung des Urteils her kann dann der Skeptiker auch den Weg des Dogmatikers beurteilen. Man muß sich aber klar machen, daß der Dogmatiker (»Wer nämlich ...«) dem Skeptiker einfach gegenübergestellt wird (»Wer jedoch ...«), nicht aber etwa die skeptische Position aus dem Scheitern der dogmatischen abgeleitet würde:

Wer nämlich dogmatisch etwas für gut oder übel von Natur hält, wird fortwährend beunruhigt: Besitzt er die vermeintlichen Güter nicht, glaubt er sich von den natürlichen Übeln heimgesucht und jagt nach den Gütern, wie er meint. Hat er diese erworben, gerät er in noch größere Sorgen, weil er sich wider alle Vernunft und über alles Maß aufregt und aus Furcht vor dem Umschwung alles unternimmt, um die vermeintlichen Güter nicht zu verlieren. Wer jedoch hinsichtlich der natürlichen Güter oder Übel keine bestimmten Überzeugungen hegt, der meidet oder verfolgt nichts mit Eifer, weshalb er Ruhe hat. (Ebd. I 27–28)

Entscheidend ist es also für den Skeptiker, keine bestimmten Überzeugungen zu hegen und nichts mit Eifer zu verfolgen. Durch diese Haltung, und nicht durch eine andere »Theorie« unterscheidet er sich von den Dogmatikern. Die Auseinandersetzung mit den Dogmatikern und deren – nach skeptischer Einschätzung – Ausweglosigkeiten haben die Skeptiker in den sogenannten Tropen der Zurückhaltung im einzelnen durchgeführt (Ebd. I 31–163, DL IX 79–88), wobei allerdings bei diesen Aufzählungen bei den Skeptikern keine Übereinstimmung bestand (vgl. *Pyrrhonische Skepsis* I 164–185, DL IX 88–89). Wir brauchen dies nicht im einzelnen zu verfolgen. Einer der Tropen ist jedoch in Anbetracht sowohl der Vor- als auch der Nachgeschichte besonders interessant. Dies ist der Tropus des *unendlichen Regresses*, der bei Sextus Empiricus in der folgenden Weise beschrieben wird (ganz ähnlich bei DL IX 88):

Mit dem Tropus des unendlichen Regresses sagen wir, daß das zur Bestätigung des fraglichen Gegenstandes Angeführte wieder einer anderen Bestätigung bedürfe und diese wiederum einer anderen und so ins Unendliche, so daß die Zurückhaltung folge, da wir nicht wissen, wo wir mit der Begründung beginnen sollen. (*Pyrrhonische Skepsis* I 166)

Um den Tropus aus der Voraussetzung handelt es sich, wenn die Dogmatiker, in den unendlichen Regreß geraten, mit irgend etwas beginnen, das sie nicht begründen, sondern einfach und unbewiesen durch Zugeständnis anzunehmen fordern. (Ebd. I 168)

Eine solche Argumentation, die auf der Ablehnung des unendlichen Regresses beruht, liegt z. B. bei Aristoteles vor. Aristoteles kannte sehr wohl die skeptischen Einwände (vgl. *2. Analytik* I 3, 72b 7–15), akzeptierte sie aber nicht:

Wir dagegen haben angenommen, es sei unmöglich, daß etwas zugleich sei und nicht sei, und haben hieraus erwiesen, daß dies das sicherste unter allen Prinzipien ist. Manche verlangen nun aus Mangel an Bildung, man solle auch dies beweisen; denn Mangel an Bildung ist es, wenn man nicht weiß, wofür ein Beweis zu suchen ist und wofür nicht. Denn daß es überhaupt für alles einen Beweis gebe, ist unmöglich, sonst würde ja ein Fortschritt ins Unendliche *(ápeiron)* eintreten und auch so kein Beweis stattfinden. (*Metaphysik* IV 4, 1006a 3–9)

Die Antwort auf das Problem einer unendlichen Beweiskette ist bei Aristoteles die Annahme von unbeweisbaren, aber nichtsdestoweniger sicheren Prinzipien, bei den Skeptikern hingegen die Aufforderung, auf Beweise überhaupt zu verzichten. Aristoteles als guter griechischer Rationalist kann dies natürlich überhaupt nicht verstehen und hält es für einen »Mangel an Bildung«. Die Bedeutung einer Argumentation, die auf der Unmöglichkeit des *regressus in infinitum* beruht, kann man sich an der Argumentation des Aristoteles für den Ersten Beweger klarmachen. Man könnte sagen: Jede Bewegung *B* wird durch einen Beweger *A* verursacht. Aristoteles muß dann sagen: Daher muß es einen Ersten Beweger geben, sonst würde ein Fortschreiten ins Unendliche eintreten, man müßte also bei jedem Bewegten auf eine bewegende Ursache zurückgehen, ohne jemals an ein Ende zu gelangen. Damit aber bliebe – so das Argument – die Bewegung unerklärt (vgl. Kap. X, 4, c). Wir wollen dieses (später auch von Thomas von Aquin verwendete) Argument hier nicht diskutieren, es kann jedoch darauf hingewiesen werden, daß die Frage des *regressus in infinitum* auch in der modernen Diskussion um die Grundlagen des kritischen Rationalismus eine wichtige Rolle gespielt hat und noch immer spielt. Für die Skeptiker ist der *regressus in infinitum* gar kein Problem, das sie wirklich beschäftigt, es ist für sie nur in der Auseinandersetzung mit den Dogmatikern als Symptom für die Probleme relevant, die sich die Dogmatiker selbst schaffen.

Außer dieser wissenschaftstheoretischen Frage gibt es jedoch auch eine kulturgeschichtliche: Aristoteles verwendet in dem Zitat weiter oben beim »Fortschritt ins Unendliche« für letztere den Ausdruck *ápeiron*, also eigentlich das »Unbegrenzte«. Es wurde schon früher darauf hingewiesen, daß im Rahmen griechischer Rationalität immer ein Unbehagen gegenüber dem Unbegrenzten vorlag, wurde Rationalität doch durch Grenzen-Setzen bestimmt (vgl. Kap. III, 4, a). Daher sagt Aristoteles: »Wo Werden und Bewegung ist, muß auch eine Grenze *(péras)* sein« (*Metaphysik* III 4, 999b 8–9). Für Aristoteles ist Rationalität bestimmt durch begriffliches Denken, Begriffe aber müssen definiert werden, und »Definition« bedeutet so viel wie eine Grenze setzen, so wie diese dann auch im lateinischen Wort *definitio* enthalten ist, das eigentlich »Abgrenzung« bedeutet. Selbst das lateinische Wort *terminus* für »Begriff« bedeutet eigentlich »Grenzstein/Grenzzeichen«. Rationalität besteht somit im Grenzen-Ziehen, und in diesem Rahmen hat die Abweisung des *regressus in infinitum* durchaus seine Plausibilität. Die pyrrhonischen Skeptiker dachten jedoch nicht in diesem Rahmen, für sie hatte ein solcher *regressus* nichts Bedrohliches, sondern war nur ein Hinweis darauf, daß Beweisen zu nichts führt:

Auch hoben sie jeden Beweis auf und ließen nichts gelten, weder ein Kriterium, noch ein Anzeichen, noch einen Grund, noch Bewegung, noch Belehrung, noch Werden, noch den Satz, daß es etwas gebe, was von Natur gut oder übel sei; denn jeder Beweis, sagen sie, besteht entweder aus bewiesenen Dingen oder aus unbewiesenen. Besteht er aus erweislichen, so bedürfen auch diese eines Beweises, und so fort ins Unendliche;

wenn aber aus unbewiesenen, so wird, sei es nun, daß alles oder daß einiges oder daß auch nur eines zweifelhaft bleibt, auch das Ganze unbewiesen sein. (DL IX 90)

Hier ist sehr deutlich zu sehen, daß die Skepsis nicht einfach *eine Richtung* der hellenistischen Philosophie ist, sondern – wie im nächsten Punkt noch deutlicher werden wird – eigentlich die *Ablehnung aller* im Hellenismus vertretenen und wirksamen *Philosophien* (Stoa, Epikureismus, mittlere und neuere Akademie). Die Philosophie, die von den Skeptikern als »dogmatische« gekennzeichnet wird, hatte sich im Grunde *eine* Aufgabe gestellt: Es sollte die Natur der Dinge erkannt werden, nicht weil diese Erkenntnis einen Wert an sich darstellt, wie das bei Aristoteles der Fall gewesen war, sondern weil nur diese Erkenntnis eine sichere Einschätzung der Dinge in ihrer Beziehung zur Glückseligkeit ermöglicht. Die Erkenntnisse sollten *objektiv* und *absolut* gültig sein, da nur so die wahren Bedingungen der Glückseligkeit erkannt werden können. Die von diesen Richtungen angestrebte Ruhe setzte also das *»eifrige« Streben* nach objektiver Welterkenntnis voraus und war ohne ein solches nicht zu erlangen. Demgegenüber setzt die Skepsis die Ruhe *(ataraxía)* als (faktische) Folge genau des Abstandnehmens von solchem Erkenntniswillen an und sieht sie als Erlebnis, das sich beim Anhalten eines solchen Strebens einstellt, sie diagnostiziert also den

Grund der Unruhe gerade in diesem »Eifer«, in diesem Streben nach sicherer und objektiver Erkenntnis. Um jetzt nicht selbst wieder als dogmatische Philosophie aufzutreten, darf die Skepsis die Seelenruhe nicht als objektiven und erkennbaren Wert ansehen und auch das Innehalten und das Sich-vom-Urteil-Enthalten nicht als objektive, notwendige Bedingung der Seelenruhe erklären. Deshalb folgt dem Innehalten die Seelenruhe »zufällig«, »wie der Schatten dem Körper«.

Daher behaupteten die Skeptiker auch nicht die prinzipielle Unerkennbarkeit der Dinge, schließlich wäre auch dies schon wieder eine objektive Aussage über das objektive Verhältnis des Menschen zu den Dingen. Die radikale Skepsis, wie sie von der pyrrhonischen Skepsis vertreten wird, behauptet daher gerade *nicht*, wie es von Kritikern oft unterstellt wurde, eine These von der Unerkennbarkeit der Dinge, der Werte und der daraus folgenden Bedingungen der Glückseligkeit, sondern stellt die *Gleich-Gültigkeit* sowohl der Behauptung einer solchen Erkennbarkeit wie auch der Behauptung einer solchen Unerkennbarkeit fest. Nur der Akzeptanz dieser Gleichgültigkeit folgt die Ruhe der Seele.

Dabei behaupteten die Skeptiker nicht, hier die einzig gültige Bedingung zur Glückseligkeit gefunden zu haben, sondern lassen offen, ob eine andere – natürlich nicht-dogmatische – Bedingung gefunden werden könnte, die dasselbe leistet. Daher lieferte Sextus Empiricus auch keine prinzipielle Kritik des Dogmatismus – dies würde wiederum ein absolut gültiges Kriterium der Kritik voraussetzen –, sondern wies jeweils zu einer vorgelegten These des Dogmatismus eine ihr entgegengesetzte auf – und zeigte so, daß es zwischen ihnen zu keiner Entscheidung über Gültigkeit und Wahrheit kommt. Dieser Aufweis dient aber eben lediglich der *verteidigenden*

Rechtfertigung der Skepsis und stellt *nicht* ihre *logische Grundlage* dar: Die Skeptiker haben keine logische Grundlage und wollen auch gar nicht über eine solche verfügen. Den Aufweis des »gleichwertigen Widerstreits« der Meinungen, die Isosthenie, betrachteten die Skeptiker nur als wichtig für ihre Verteidigung gegenüber den Dogmatikern, allerdings konnte dies von außen betrachtet als Weg zur Seelenruhe aufgefaßt werden, so daß dies beinahe eine Definition der Skepsis lieferte:

Die Skepsis ist die Kunst, auf alle mögliche Weise erscheinende und gedachte Dinge einander entgegenzusetzen, von der aus wir wegen der Gleichwertigkeit der entgegengesetzten Sachen und Argumente zuerst zur Zurückhaltung, danach zur Seelenruhe gelangen. (*Pyrrhonische Skepsis* I 8)

Für die wirklichen Skeptiker war aber der Weg über das Aufzeigen von Gegensätzen in keiner Weise wichtig, dies läßt sich aus ihrer Abwehr gegen die Einwände der Dogmatiker klar ersehen. Die Kritiker – vor allem die Stoiker – meinten jedoch, den Skeptikern vorwerfen zu können, daß sie schließlich doch wieder dogmatisch vorgingen. Dies ist das bekannte Argument, mit dem versucht wird, dem Gegner zu beweisen, daß seine Argumentation einen Selbstwiderspruch aufweist:

Ihnen treten die Dogmatiker mit dem Vorhalt entgegen, daß sie ja doch selbst sich auf ein verstandesmäßiges Erfassen und auf ein dogmatischer Verfahren verlegten. Denn indem sie bloß zu widerlegen scheinen, gehen sie doch auf eine verstandesmäßige Erfassung der Dinge aus, und eben dabei stellen sie auch feste Behauptungen auf und verfahren dogmatisch. Denn wenn sie sagen, sie gäben keine bestimmten Erklärungen und jedem Satze stünde ein gegenteiliger Satz gegenüber, so geben sie eben damit feste Bestimmungen und dogmatisieren. (DL IX 102)

Die Strategie der Gegner ist klar: Man will die Skeptiker auf die eigenen, also die gegnerischen, Voraussetzungen festlegen, von wo aus man sie mit den eigenen Waffen bekämpfen kann. Die Skeptiker akzeptierten diese Vorgaben jedoch nicht und ließen sich nicht darauf ein, daß der Beweis von gegenteiligen Auffassungen für sie maßgebend sei: Sie sagten einfach, wir »beschränken uns mit unserer Erkenntnis auf das, was wir unmittelbar erfahren« (DL IX 103). Von »festen Bestimmungen«, die die Dogmatiker meinen, festgestellt zu haben, ist keine Rede:

Was ferner unsere Redewendung »Ich gebe keine feste Bestimmung über irgend etwas« und ähnliche anlangt, so haben sie für uns nicht die Bedeutung von festen Lehrsätzen [...], während unsere Wendungen bloße Einräumungen sind. Wenn wir also sagen »wir bestimmen nichts«, so ist diese Wendung auch selbst keine feste Bestimmung. (DL IX 104)

Die »Vernunft« der Skeptiker entzieht sich den Rahmenbedingungen griechischer Rationalität. Von außen gesehen ist die Skepsis rein destruktiv, d.h. ein rein kritisches Unternehmen, scheinbar ohne eigene Position. Diogenes Laertius beschreibt dies recht gut:

Die Skeptiker sahen ihre Aufgabe ununterbrochen darin, den Lehren der Sekten sämtlich den Garaus zu machen, ohne selbst etwas lehrsatzmäßig (dogmatisch) festzustellen; sie beschränken sich darauf, die Lehren der anderen vorzuführen und durchzusprechen, ohne selbst sich auf bestimmte Erklärungen einzulassen, ja nicht einmal darüber, daß sie dies nicht taten. (DL IX 74)

Die Skeptiker betreiben also die Kritik der anderen Richtungen in einer Weise, daß sie die Kritik selbst nochmals kritisieren. Diogenes Laertius liefert uns dafür einen guten Vergleich: Ihr Verfahren ist »ganz ähnlich den Purgierungsmitteln, die, nachdem sie den schädlichen Stoff aus dem Leibe herausgeschafft haben, auch selbst mit ausgeschieden und vernichtet werden« (DL IX 76). Der Aufweis der Gleich-Gültigkeit aller Thesen ist den Skeptikern ebenfalls eigentlich gleichgültig.

In welcher Weise die Skeptiker außerhalb griechischer Traditionen stehen, läßt sich
 auch aus ihrer Ablehnung der Möglichkeit, etwas zu lernen, ersehen. Es heißt ganz kategorisch: »Auch das Lernen hoben sie auf« (DL IX 100). Die Überzeugung, daß die Menschen etwas lernen können, gehörte zu den Grundlagen griechischer Kultur, die Möglichkeit der Paideia, der Erziehung, wurde bei den Griechen nie in Frage gestellt. Man konnte Diskussionen darüber führen, ob Tugend lehrbar sei oder nicht – solche Diskussionen kennen wir von den Sophisten, von Sokrates und von Platon –, vorausgesetzt war aber stets, daß Lehren und Lernen möglich ist. Die Behauptung der Skeptiker, die darauf hinausläuft, daß man überhaupt nichts lernen kann, ja, daß man nicht einmal lernen kann, daß man nichts lernen kann, sondern daß man einfach erfahren muß, daß man nichts lernen kann, sprengt deutlich den Rahmen, innerhalb dessen sich griechische Kultur und Philosophie trotz aller internen Diskussionen abgespielt hatte. Dies wird sich auch im folgenden Punkt zeigen, und dies ist das für uns geistesgeschichtlich Wichtige: Wir begegnen hier einem grundsätzlich anderen Verständnis von »Vernünftigkeit«, wobei man wiederum einschränkend sagen müßte: soweit hier das Wort »Vernünftigkeit« überhaupt am Platz ist. Es handelt sich hier um ein einfach anders geartetes Verständnis von menschlicher Vernunft, das weder mit ionisch-wissenschaftlicher und aristotelischer Rationalität noch auch mit parmenideisch-platonischer Quasi-Rationalität etwas zu tun haben will, das sich vielmehr in einem tatsächlich alternativen Paradigma ansiedelt. Im Zusammenhang mit dem zu Beginn Gesagten: Die Gymnosophisten haben mit den Sophisten schlechterdings nichts zu tun, es gibt für sie kein übergreifenden Verständnis von *sophía*. Dies ist beunruhigend für die Vorstellung von der griechischen und europäischen Rationalität als maßgeblichen Paradigmen und wir müssen uns diesem Problem im folgenden noch stellen.

3. Die Handlungslehre

Die *epoché*, die Zurückhaltung, gilt im theoretischen wie im praktischen Bereich. Die Skeptiker stellten fest:

Der Tropus aus dem Widerstreit besagt, daß wir über den vorgelegten Gegenstand einen unentscheidbaren Zwiespalt sowohl im Leben als auch unter den Philosophen vorfinden, dessentwegen wir unfähig sind, etwas zu wählen oder abzulehnen und daher in die Zurückhaltung münden. (*Pyrrhonische Skepsis* I 165)

Selbstverständlich stellte sich für die Skeptiker die Frage, die auch von ihren Kritikern an sie gerichtet wurde, wie bei einer solchen Feststellung der Gleichgültigkeit aller Dinge und alles Tuns überhaupt noch Handeln möglich sein sollte. Dieser Einwand wurde vor allem von Seiten der Stoiker erhoben. In der Schrift *Gegen die Mathematiker* (XI 162–164) berichtet Sextus Empiricus von diesem Einwand: Der Skeptiker wird zur völligen Untätigkeit verurteilt, da er sich weder für das eine noch für das andere entscheiden kann und dies auch gar nicht will. Es gibt aber immer wieder Situationen, in denen die Menschen eine Entscheidung zu fällen gezwungen sind, und in solchen Fällen muß sich selbst der Skeptiker für eine der Alternativen ent- | 381
scheiden, damit aber zeigt er, daß er doch überzeugt ist, daß es Dinge gibt, die man erstreben und solche, die man meiden muß. Hier wird allerdings wiederum von der stoischen Position her argumentiert und eine Situation konstruiert, die sich nur von dieser, nicht aber von der pyrrhonischen Haltung aus ergibt. Die Skeptiker kamen nämlich tatsächlich ohne »dogmatischen Rest« aus: Sie lehnten ja nicht jedes Streben überhaupt ab, sondern nur jenes »eifrige« Streben, das die Dogmatiker charakterisierte. Sextus Empiricus spricht von einem »Kriterium des Handelns, an das wir uns im Leben halten, wenn wir das eine tun und das andere lassen« (*Pyrrhonische Skepsis* I 21):

Wir sagen nun, das Kriterium der skeptischen Schule sei das Erscheinende, wobei wir dem Sinn nach die Vorstellung so nennen; denn da sie in einem Erleiden und einem unwillkürlichen Erlebnis liegt, ist sie fraglos. (Ebd. I 22)

Das Kriterium der für den Einzelnen »fraglosen« Evidenz der Phänomene ist jedoch, weil es genau nur für den Einzelnen gilt, eben nicht jenes Kriterium objektiver Gültigkeit, von dem die Stoiker sprechen. Die Frage, ob diesem unmittelbaren Erlebnis eine objektive Wahrheit entspricht, wird gemäß der Grundhaltung des Skeptikers behandelt, die nicht die eines gescheiterten Dogmatikers der objektiven Gültigkeit ist, der sich nun als dogmatischer Gegen-Dogmatiker, als dogmatischer Relativist etabliert, und das heißt: Die Frage nach Wahrheit oder Nicht-Wahrheit wird überhaupt *nicht beantwortet*, einfach deshalb, weil sie gar nicht gestellt wird. Ob dem unmittelbaren Erlebnis eine objektive Gültigkeit entspricht oder nicht, interessiert den Skeptiker nicht, angesichts der Argumente für und gegen hält er inne und findet darin seine Ruhe. Genau nach diesem Modell verfährt er auch in Übertragung des genannten Kriteriums im Bereich der Handlung. Der Skeptiker, der über kein Kriterium der Entscheidung über Gut und Böse verfügt, kann sich nur an das halten, was ihm unmittelbar gegeben, d.h. vorgegeben ist, er handelt damit nicht nach einer philosophischen Theorie, sondern aufgrund einer »alltäglichen Lebenserfahrung«:

Wir halten uns also an die Erscheinungen und leben undogmatisch nach der alltäglichen Lebenserfahrung, da wir gänzlich untätig nicht sein können. Diese alltägliche Lebenserfahrung scheint vierteilig zu sein und teils aus Vorzeichnung der Natur, teils aus Erlebniszwang, teils aus Überlieferung von Gesetzen und Sitten, teils aus Überlieferung in Techniken zu bestehen. (Ebd. I 23)

Da der Skeptiker über kein Handlungskriterium verfügt, er aber handeln muß, handelt er einfach entsprechend den vorgefundenen Normen, schließlich hat er ja keinen Grund, andere Normen zu wählen. Und woher sollte er die Kriterien für einen solchen Wechsel nehmen? Daß diese vorgegebenen Normen an sich gültig

seien, behauptet er dadurch keineswegs, sie sind lediglich relativ auf die jeweils zeitlich und örtlich gegebene Situation. Die Skeptiker hatten natürlich keinerlei Probleme, aus der Kenntnis sehr verschiedener ethischer Normen, Gesetze und Bräuche, die in den verschiedenen hellenistischen Staaten galten, die faktische Relativität aller Normen aufzuzeigen (vgl. Ebd. I 145–161), und gelangten zu dem Ergebnis:

Wenn sich aber auch durch diesen Tropus eine so große Ungleichförmigkeit der Dinge zeigt, dann werden wir nicht sagen können, wie der zugrundeliegende Gegenstand seiner Natur nach beschaffen ist, sondern nur, wie er erscheint, bezogen auf diese und diese Lebensform oder dieses und dieses Gesetz oder diese und diese Sitte usw. (Ebd. I 163)

Damit hat der Skeptiker eine Richtschnur des Handelns für ein »normales«, »alltägliches« Leben, ohne über die über eine konkrete Lebenssituation hinausgehende Geltung der Normativität dieser jeweiligen Normalität irgend etwas auszusagen. Der Einwand der Stoiker, der Skeptiker unterlege implizit seiner Handlung eine ethische Theorie, trägt also nicht: Der Skeptiker handelt entsprechend dem ihm in seiner Erfahrung Vorgegebenen, ohne damit irgendeinen Anspruch auf normative Geltung zu verbinden. Dieser Ausgangspunkt führte faktisch dazu, daß die Skeptiker kritiklos die vorgegebenen Werte übernahmen. Der – damals aber natürlich nicht erhobene – Vorwurf, eine »konservative Theorie« zu vertreten, hätte die Skeptiker jedoch in keiner Weise getroffen, da sie sofort hätten zeigen können, daß der Begriff einer »konservativen Theorie« selbst unter die unüberprüfbaren Gegensätze »konservativ«-»progressiv« fällt. Die *epoché* ist das Innehalten und das Sich-des-Urteils-Enthalten gegenüber allen solchen Theorien, was bleibt, ist die faktische »Normalität« der Gegenwart, in der ein »ungestörtes Leben« *(ataraxía)*, frei von solchen Ideologien geführt, wiederum faktisch die Seelenruhe gewährt.

Wenn es also einen »dogmatischen Rest« der Skepsis gibt, so kann ein Nachweis davon nicht durch das Aufzeigen einer vorausgesetzten Philosophie bzw. der Selbstwidersprüchlichkeit der skeptischen Position geführt werden, sondern nur durch den Hinweis auf die Voraussetzung der Skeptiker, das Heil, die Seelenruhe, nur in der Gleich-Gültigkeit zu finden. Sie meinten, daß es aussichtslos sei, durch eigene theoretische und praktische Anstrengung die Glückseligkeit erlangen zu können. Damit kommen wir an eine deutliche Grenze griechischen Denkens. Die Stoiker hatten wie die Epikureer gemeint, daß zwar die äußere Welt unverfügbar sei, daß es aber doch einen inneren Bereich gebe (den man auch »Seele« nennen kann), in dem der Mensch Autarkie besitzt, in dem er also selbständig und autonom verantwortbar handeln und so seine Unerschütterlichkeit, seine Ruhe, erlangen könne. Für diesen inneren Bereich sollte es daher sichere Kriterien des Handelns geben. Diese Voraussetzung wird bei den Skeptikern aufgegeben, oder besser: Sie wird von Anfang an gar nicht in Erwägung gezogen. Für die Skeptiker gilt, daß nur das Aufgeben der Suche nach solchen Kriterien die Seelenruhe vermitteln könne, und dahinter stand keine | 383
Theorie, die sie als philosophisch im Sinn von begründbar ausgeben wollten. Für das konkrete Handeln blieb nur der Rahmen des faktisch Vorgegebenen übrig. Der »dogmatische Rest«, daß die Gleichgültigkeit zur Seelenruhe führen würde, enthielt aber die unbegründete Voraussetzung, daß die Normalität des Gegebenen so geordnet ist, daß ein ungestörtes Leben möglich ist. Die zunehmende Auflösung der Ordnungen der Staaten des Hellenismus mußte die faktische Erfahrung mit sich bringen, daß diese Voraussetzung auch relativ, gleich-gültig war. Das Resultat, das nicht eine »Theorie«, sondern ein breites gesellschaftliches Phänomen darstellte, war folgendes:

1. Der Glaube an eine philosophische Theorie, die sichere und überzeugende Anweisungen dafür geben könnte, wie die Glückseligkeit zu erlangen wäre, war zersetzt.
2. Die Hoffnung, durch ein unphilosophisches Sich-normal-Verhalten die Glückseligkeit erlangen zu können, verlor durch die äußeren gesellschaftlichen, politischen und wirtschaftlichen Bedingungen zunehmend an Überzeugungskraft.
3. Da die Skepsis theoretisch nicht widerlegbar, die skeptische Haltung des Akzeptierens der Faktizität aber die Glückseligkeit zunehmend nicht mehr vermitteln konnte, suchten nicht wenige Menschen nach einer Faktizität außerhalb dieser Normalität, die also Glückseligkeit versprach, ohne einen nicht mehr gangbaren Weg in die Einsicht oder in den Glauben in die Vernünftigkeit dieser Faktizität zu fordern.

Damit war der Weg für die Mysterienreligionen offen, die in verschiedenster Form, z. B. Mithraskult, Gnosis und Christentum, auftraten, und auch die Entwicklung im

Neuplatonismus wird dies bestätigen. Noch wirksamer aber wird die spätere christliche Lehre der ungeschuldeten, rein geschenkhaften Gnade, der *gratia gratuita*, mit ihrer Voraussetzung der Unfähigkeit des Menschen, von sich aus die Glückseligkeit zu erlangen (Augustinus), diesen historisch-gesellschaftlichen Bedingungen entsprechen. Die Skepsis wird bestenfalls zur Vorstufe, zur Vorbereitung auf diese ganz andere, außerhalb aller rationalen Erwartung und außerhalb aller Normalität liegende Erfahrung.

Für die Verbreitung einer skeptischen Haltung zur Zeit des Hellenismus ist es symptomatisch, daß sich auch unter den hellenistischen Juden eine solche Haltung herausbildete. Das *Predigerbuch (Kohelet)*, das vermutlich im 3. Jhd. v. Chr. entstanden ist, ist dafür der beste Zeuge: Kohelet findet sich in einer regellosen Welt, der Mensch hat sein Schicksal nicht in der Hand. Kohelet verläßt auch die Tradition der jüdischen Weisheitslehrer, er will gar nicht mehr weise sein, er will keinerlei Grundsätze vertreten. Der Prediger kann seinem Hörer oder Leser keinen Rat geben außer dem, das Leben zu genießen, soweit die Situation es zuläßt. Dies ist aber kein wirklicher Rat, sondern nur eine Aufforderung zur Erfahrung, Sinn ist auch darin nicht zu finden. Kohelet bricht mit allen Grundvoraussetzungen des Judentums, so wie Pyrrhon mit denen der Griechen. Da alles Tun des Menschen »unter der Sonne«

erfolglos ist, bleibt nur die wie ein Leitmotiv wiederholte Feststellung des Predigers: »Alles ist eitel!«, »Alles ist Wind und Haschen nach Luft«.

Als letzte Frage bleibt die nach dem unphilosophischen oder eher außerphilosophischen Charakter der pyrrhonisch-skeptischen Lebenshaltung. Weiter oben war auf den Bericht des Diogenes Laertius hingewiesen worden, in dem von einem Kontakt Pyrrhons mit den Gymnosophisten die Rede ist. Die Forschung ist diesem Hinweis in historischer wie auch in sachlicher Hinsicht nachgegangen und kam zu dem Ergebnis, daß es zu dieser Zeit tatsächlich Kontakte von Griechen mit Vertretern des Buddhismus gegeben hat, und daß auch in sachlicher Hinsicht eindeutige Ähnlichkeiten vorliegen (vgl. Colpe, S. 65 f., Conze, S. 132–135). An diesem Punkt ist sicher noch einiges an Forschungsarbeit zu leisten, sollte aber diese Annahme weitere Bestätigung finden, so wäre damit erklärt, wieso die »Philosophie« der Skeptiker gegenüber der der Stoiker und Epikureer eigentlich so unvergleichbar ist, so daß der Eindruck entsteht, die Skeptiker seien gar nicht, wie es die Berichte über sie manchmal nahelegen, aus einer Auseinandersetzung vor allem mit den Stoikern hervorgegangen, sondern stammten aus ganz anderen Wurzeln, und ihre Diskussion mit den Stoikern sei nur ein ihnen aufgedrängtes – und ihnen selbst eigentlich lästiges – Unterfangen. Epikureer wie Stoiker versuchten, ein »Selbst« zu bewahren und zu sichern, was ganz unabhängig ist von der Frage der Annahme der Unsterblichkeit dieses »Selbst«, während die Gymnosophisten, die vermutlich Buddhisten waren, auf die Auslöschung dieses Selbst abzielten. Dies sind schlicht unvergleichbare Paradigmen, die kaum unter den gemeinsamen Oberbegriff »Philosophie« einzuordnen sind.

Diese Hinweise zeigen uns auch, wie problematisch es ist, von einer »europäischen Philosophie« zu sprechen. Bei den Pythagoreern waren wir zum ersten Mal mit der begründeten Vermutung konfrontiert worden, daß dort ein fernöstlicher Einfluß zu identifizieren ist (vgl. Kap. III, 2). Bei der Skepsis liegt wieder eine solche Vermutung nahe, und beim Neuplatonismus werden wir sehen, daß dort u. a. der Einfluß iranischer Vorstellungen bemerkbar ist, was auch für die Gnosis gilt. Porphyrios berichtet von Plotin, dem Begründer des Neuplatonismus, daß er bei seinem Lehrer Ammonios Sakkas »auch die bei den Persern und bei den Indern gebräuchliche und angesehene Philosophie kennenzulernen trachtete« (Porphyrios: *Das Leben Plotins* 3, 15). Man sollte diesen Hinweis nicht überinterpretieren, aber auch nicht vernachlässigen (vgl. Kap. XVII, 1, c). Von all dem ist wieder sehr viel in die »christliche Philosophie« eingegangen. Auch der für die Ausbildung der christlichen Philosophie wichtige Klemens von Alexandrien (2./3. Jhd. n. Chr.) wußte von der Philosophie der Brahmanen und sah dort große Ähnlichkeiten zu den christlichen Asketen. Der Lehrer des Klemens war der zum Christentum bekehrte Stoiker Pantänus gewesen, von dem berichtet wird, daß er sich einige Zeit in Indien aufgehalten habe (Eusebius: *Kirchengeschichte* V 10). Wir müssen also damit rechnen, daß es in der »europäischen« Philosophie eine Unterströmung gibt, die auf fernöstlichen Gedanken beruht. Unter solchen Voraussetzungen werden manche Erscheinungen wie z. B.
Meister Eckhart, der sicher nichts vom Buddhismus wußte, der aber doch »Lehren« vertreten hat, die diesem auffällig nahe kommen, leichter verständlich (vgl. 2. Teil, Kap. XVIII, 1). Auch bei der Behauptung der Nicht-Kenntnis bestimmter Texte und Lehren in späterer Zeit sollte man vorsichtig sein: Was von fernöstlichen Texten in der Bibliothek in Alexandrien vorhanden war, wissen wir nicht, daß aber nichts davon vorlag, ist sehr unwahrscheinlich. Und selbst im Mittelalter war die Nicht-Kenntnis nicht so groß, wie man manchmal annimmt. Es ist kaum bekannt, daß der *Grundriss der pyrrhonischen Skepsis* schon im 13. Jhd. direkt aus dem Griechischen ins Lateinische übersetzt wurde – wobei allerdings Aristoteles als Autor angegeben wird –, und die einzige bisher bekannte Handschrift (bereits eine Abschrift) dieses Textes ausgerechnet aus der Mystikerhochburg St. Viktor bei Paris stammt.

- XV -

Die Neupythagoreer

Die Neupythagoreer unterscheiden sich sowohl von den bisher besprochenen Schulen wie auch von den im weiteren folgenden Mittel- und Neuplatonikern, insofern bei ihnen keine Schulbildung stattfand und man auch von keinen Pythagoreergruppen sprechen kann. Sie wurden selbst von ihren Zeitgenossen nicht als eine bestimmte Gruppe aufgefaßt. Die Neupythagoreer, die in der Zeit vom 1. bis zum 4. Jhd. angetroffen werden, haben keine einheitliche Lehre entwickelt, ebenso ist keine Lehrentwicklung festzustellen. Da sie, wie es dem Stil der Zeit entsprach, zahlreiche Elemente aus anderen Philosophien, vor allem aus der Stoa und dem Platonismus, übernahmen, ist es manchmal kaum möglich und auch gar nicht wirklich erheblich, ob man einen
386 | Autor, z. B., eher als platonisierenden Neupythagoreer oder als pythagoreisierenden Platoniker bezeichnen soll. Wir begegnen dem Neupythagoreismus eigentlich auch mehr durch seinen Einfluß auf die Platoniker als durch eigene Vertreter. Neupythagoreischer Einfluß auf die Platoniker wird bereits im 2. und 1. Jhd. v. Chr. bemerkbar. Im vorliegenden Zusammenhang soll nicht auf die verschiedenen und oft recht wirren Gedanken einzelner Neupythagoreer eingegangen werden, vielmehr genügt es, auf ein Element aufmerksam zu machen, das eine entscheidende Neubildung sein dürfte, und das dann wichtig für die Entwicklung des Neuplatonismus wurde: Es handelt sich um die Ausbildung eines metaphysischen Dreier-Schemas. Alexander Polyhistor (1. Jhd. v. Chr.) berichtet von folgenden Auffassungen der Pythagoreer:

> Der Anfang von allem sei die Einheit (Monade); aus der Einheit aber stamme die unbestimmte Zweiheit, die gleichsam als Materie der Einheit, ihrer Ursache, zugrundeliege. Aus der Einheit ferner und der unbestimmten Zweiheit stammen die Zahlen; aus den Zahlen die Punkte, aus diesen die Linien, aus diesen die Flächengestaltungen, aus den Flächen die stereometrischen (mathematischen) Körper, aus diesen die sinnlich wahrnehmbaren Körper, deren Elemente, vier an der Zahl, folgende sind: Feuer, Wasser, Erde, Luft. (DL VIII 25)

In unserem Zusammenhang ist besonders wichtig, daß hier nur von einer Einheit und einer unbestimmten Zweiheit ausgegangen wird, dies ist noch traditionelle pythagoreische Lehre. Bei Moderatus von Gades, der vermutlich im 1. Jhd. n. Chr. gelebt hat, finden wir nun – allerdings nur im indirekten Zeugnis des Simplikios (6. Jhd. n. Chr.)

– die Auffassung, daß es ein *erstes Eines*, ein *zweites Eines* und ein *drittes Eines* gebe. Das *erste Eine sei jenseits allen Seins und aller Wesenheit*, das zweite Eine sei das aktuell Seiende und Intelligible (die Ideen), das dritte Eine sei das Seelische, das an dem Einen und den Ideen teilhat. Diesen folgt der Bereich der Physis (der Text im griechischen Original und in englischer Übersetzung aus: *In Aristotelis physica* bei Merlan, S. 91–92). Der Text ist schwer zu interpretieren, da Simplikios bereits Porphyrios zitiert. Angenommen, die genannte Auffassung gehe wirklich auf Moderatus zurück, hätten wir also bei ihm das Grundgerüst des Systems Plotins vor uns.

Der oben angeführte Bericht über die kosmologischen Auffassungen der Pythagoreer findet dann noch eine, allerdings nicht besonders erhellende, Fortführung über die weiteren Stufen des Entwicklungsprozesses und gelangt schließlich zur »Erklärung« der Herkunft der Seelen:

Es sei aber die Seele ein losgerissenes Stück sowohl des warmen wie des kalten Äthers, da sie auch Anteil am kalten Äther habe. Und es sei ein Unterschied zwischen Seele und Leben; denn die Seele sei unsterblich, da auch das, wovon sie losgerissen ist, unsterblich (unvergänglich) sei. (DL VIII 28)

Auch diese Vorstellungen vom warmen und kalten Äther sind nicht leicht zu interpretieren. Bei den frühen Pythagoreern finden wir diese Vorstellung nicht. Daß bei den Neupythagoreern solche Vorstellungen auftauchen, ist jedoch geistesgeschichtlich aufschlußreich: Wir sind jetzt bereits in einer Periode, in der die Seele als ein »losgerissenes Stück« aus einem höheren Bereich verstanden wird, und diese Seele ist unsterblich, weil der Bereich, aus dem sie losgerissen wurde, unvergänglich ist. Dies sind Vorstellungen, die wir aus der Gnosis kennen und denen sich offensichtlich auch die Neupythagoreer nicht entziehen konnten und offensichtlich auch gar nicht wollten.

Interessant ist auch, daß bei den Pythagoreern dieser Zeit angenommen wurde, »die Reinheit erlange man durch Sühnungen, Bäder, Besprengungen«, und daß von Priestern berichtet wird, die »in den Tempeln die mystischen Weihen vollziehen« (DL VIII 33). Dies ist ein Hinweis darauf, daß kultische Handlungen gefordert wurden, was später im Neuplatonismus eine große Rolle spielen wird.

Erwähnt sei noch Nikomachos von Gerasa, der im 2. Jhd. n. Chr. lebte. Er verfaßte außer einer *Einleitung in die Arithmetik* auch eine *Theologie der Arithmetik*. Letztere ist nur in Auszügen erhalten und insofern interessant, als in ihr Zahlen mit bestimmten Gottheiten verbunden werden, ein Gedanke, der bei Proklos wieder verwendet werden wird. Außerdem ist von Nikomachos ein *Handbüchlein der Musik* erhalten, das in der weiteren Geschichte eine große Rolle spielen sollte, da es eine der wichtigsten Quellen für *De institutione musica* des Boethius darstellt, und dieses wieder die Grundlage der mittelalterlichen Musiktheorie wurde. Die pythagoreische und neupythagoreische Musikauffassung blieb dann normierend bis ins 14. Jhd., also bis ans Ende des Mittelalters.

- XVI -

Die Mittelplatoniker

1. Plutarch

Plutarch (ca. 45 – ca. 125 n. Chr.) war kein origineller Denker, auch seine geschichtliche Wirkung war im Bereich der Philosophie nicht sehr groß, obwohl sich verschiedene spätere Platoniker auf ihn beriefen. Der Grund für seinen recht geringen Einflusses ist relativ klar: Bei späteren »heidnischen« Platonikern bestand gegenüber etlichen seiner Auffassungen eine Zurückhaltung, da sie bei ihm eine Nähe zu christlichen Auffassungen meinten feststellen zu können. Sachlich hatten sie dabei nicht unrecht, nur stimmte die Herkunftsrichtung nicht: Bei Plutarch ist nichts christlich, wohl aber ist bei verschiedenen christlichen Autoren des 2. Jhd.s mehr Mittelplatonismus als biblische Religion vorhanden. Für uns ist Plutarch aufschlußreich um zu sehen, was die verbreiteten Auffassungen der Platoniker in der zweiten Hälfte des ersten und zu Beginn des zweiten Jahrhunderts waren.

Plutarch verfügte über ausreichende finanzielle Mittel, die es ihm ermöglichten, zahlreiche Reisen zu unternehmen und einige Leute um sich zu versammeln, mit denen er sich philosophischen Diskussionen im Stil einer platonischen Akademie widmen konnte. Er war ein sehr fruchtbarer Schriftsteller, es ist jedoch nur ein Teil seiner Schriften erhalten. Besonders bekannt wurde Plutarch durch seine sogenannten Doppelbiographien, d. h. vergleichende Biographien berühmter Griechen und Römer, z. B. Alexanders des Großen und Cäsars. Plutarch arbeitete in diesen Lebensbildern weniger als Historiker, obwohl sich bei ihm viele wichtige historische Nachrichten finden, sondern eher als Moralist, er wollte also Beispiele *(exempla)* für »gutes« oder »schlechtes« Leben liefern. Diese Literaturgattung war im Hellenismus beliebt, es ging dabei nicht zuletzt um Philosophie als *magistra vitae*, jetzt aber eben in der Form quasi-biographischer Erzählungen. Auch die Pythagoras-Biographie des Jamblichos (vgl. Kap. XVII, 3) gehört in diese Literaturgattung. Philosophie in literarischer Einkleidung, auch dies ist ein Produkt hellenistischer Kultur.

a) Verbindung von Philosophie und Religion

Plutarch lebte in Chaironeia, nicht weit entfernt von Delphi, wo er als leitender Priester tätig war und sich dafür einsetzte, daß der Apollokult wieder besser organisiert wurde und daß die Orakel in geordneter Form stattfanden. Die Verbindung von platonischer Philosophie und religiöser Praxis wurde also zu dieser Zeit bereits als völlig unproblematisch angesehen. Der höchste Gott war für Plutarch Apollo, und als Ziel des menschlichen Lebens sah er mit anderen Platonikern die Verähnlichung mit Gott an. Im übrigen war er verhältnismäßig liberal und sah auch andere (aristotelische) Güter innerhalb dieses Lebenszieles als erstrebenswert an. Der stoische Tugend-Rigorismus war also nicht Plutarchs Gebiet.

b) Metaphysischer Dualismus

Plutarch war in Athen Schüler des aus Ägypten stammenden Ammonios gewesen. Alles was wir von Ammonios wissen, ist von Plutarch überliefert, und aus diesen Nachrichten scheint es klar, daß die Einführung des persischen *Dualismus* in den Platonismus Ammonios zuzuschreiben ist. Ammonios dürfte einen Dualismus in | 389
etwas abgemilderter Form vertreten haben, nach der die Welt zwar unter der Herrschaft eines vom höchsten Gott verschiedenen, aber nicht unbedingt bösen Wesens steht. Bei Plutarch hingegen finden wir die Annahme eines bösen Wesens, das von Anbeginn der Gegenspieler des guten Gottes ist. Der Einflußbereich dieses bösen Wesens beschränkt sich auf den sublunaren Bereich, in dem sich die Auseinandersetzung der beiden Prinzipien abspielt. Daß es sich bei Plutarch tatsächlich um dualistische Vorstellungen handelt, geht aus seinem Kommentar zu *Isis und Osiris* hervor. An diesem Text können typische Züge abgelesen werden, die für den Mittel- wie für den Neuplatonismus kennzeichnend sind: (1) Die Bedeutung »uralter Lehren« sind für Philosophen relevant geworden. (2) Es handelt sich um »universelle« Wahrheiten, denn sie sind bei Griechen wie bei Nichtgriechen verbreitet. (3) Diese Lehren sind nicht nur im Wort, sondern auch in kultischen Handlungen enthalten.

> Deshalb dringt von Gottgelehrten und Gesetzgebern sowohl zu Dichtern als auch zu Philosophen die uralte Lehre, die zwar hinsichtlich ihres Ursprungs unverbürgt, dagegen von starker und schwer zu erschütternder Glaubhaftigkeit und nicht nur in Worten und Gerüchten, sondern auch in Weihe- und Opfergebräuchen bei Nichtgriechen und Griechen weitverbreitet ist, daß nämlich das All weder von selbst und ohne Vernunft, Verstand und Leitung im Gleichgewichte kreist, noch auch, daß nur eine einzige Vernunft es ist, die darüber gebietet und es wie durch Steuerruder oder Leitzügel lenkt, sondern Vieles und zwar aus Gutem und Schlechtem Gemischtes. [...] Leben und Weltall sind vielmehr von zwei entgegengesetzten Prinzipien und zwei gegnerischen Kräf-

ten her gemischt, von denen die eine zum Rechten und Geraden führt, die andere aber widerstrebt und entgegenlenkt, und wenn auch nicht das ganze Leben und Weltall, so doch dies irdische hier unter dem Monde, das ungleichartig, bunt und allen Veränderungen unterworfen ist. Denn da nichts ohne ursächliches Prinzip entstehen, das Gute aber unmöglich das Prinzip des Bösen darbieten kann, muß die Natur einen eigenen Ursprung und ein eigenes Prinzip sowohl des Guten als auch des Bösen enthalten. (*Über Isis und Osiris* Kap. 45)

Im darauffolgenden Kapitel 46 sagt Plutarch dann mit einer gut aristotelischen Formel und ausdrücklichem Bezug auf Zoroaster: »Und dieser Meinung sind auch die Meisten und Weisesten«. Spätere Vertreter des Mittelplatonismus wie etwa Attikos und Numenios werden sich in diesem Punkt weniger explizit äußern, der Dualismus blieb, obwohl vorhanden, auch noch im Neuplatonismus eher ein Hintergrundphänomen.

Der Text Plutarchs ist aufschlußreich für den Denkrahmen im 2. Jhd., der gleichfalls für die weiteren Jahrhunderte der Spätantike gilt: Ein Platoniker legt mit aristotelischer Terminologie eine abgeschwächt zoroastrische Metaphysik dar.

c) Dreiteilige Anthropologie

Der Mensch ist nach Plutarch metaphysisch dreigeteilt: Geist – Seele – Körper. Diese Dreiteilung war zwar durch Platon und Aristoteles schon vorbereitet, in so klarer Form findet sie sich aber erst bei Plutarch. Auch diese Teilung zwischen Geist und Seele wird noch wichtig werden: Durch die Annahme des Geistes wird es möglich sein, einen »ganz anderen« Teil im Menschen zu finden, der auch über eine »ganz andere« Erkenntnis verfügt, wir sind hier auf dem Weg zur Unterscheidung von Verstand und Vernunft (vgl. Kap. XVII, 4).

d) Verkündigungsinteresse

Plutarchs zahlreiche populärphilosophischen Schriften zeugen von seinem Interesse, seine Lehre »unter das Volk« zu bringen. Daß er dabei einen gewissen Erfolg hatte, dürfte daraus hervorgehen, daß gerade von diesen Schriften viele erhalten blieben, während andere, »wissenschaftlichere«, verloren gingen. Man kann vermuten, daß die Überlieferung gerade der populärwissenschaftlichen Schriften dem eigenen Interesse von Autoren wie Plutarch entsprach, kam es den Vertretern des Mittelplatonismus doch in erheblichem Maß darauf an, Anhänger zu gewinnen. Es ging eben nicht zuletzt um Marktanteile auf dem Makt der Philosophien/Weltanschauungen. Vermutlich war nicht zuletzt dieses populärphilosophische Interesse ein Grund dafür, daß die Mittelplatoniker, auch Plutarch, in oft nicht ganz konsistenter Weise bestimmte Auffassungen übernahmen, und zwar nicht nur die anderer Philosophenschulen wie der Stoiker, der Peripatetiker, der Pythagoreer und sogar der Epikureer, sondern auch fremder Religionen, wie der des Zoroaster. Die eben gemachte Unterscheidung ist aber schon wieder unsere heutige, für die späte Antike ist es ja ein Kennzeichen, daß eine Unterscheidung zwischen Philosophie und Religion kaum noch auszumachen ist.

2. Apuleius

a) Leben und Werke

Auch Apuleius (ca. 123/125 – nach 169 n. Chr.) war populärwissenschaftlich orientiert. Seine Schrift *Platon und seine Lehre (De Platone et eius dogmate)* umfaßt nicht einmal dreißig Druckseiten und ist eine Schrift im Stil von »Platon für jedermann in 26 Lektionen« (daß man in unserer Zeit eher 30 Lektionen wünscht, ist nebensächlich). Auf diese Schrift komme ich gleich zurück. Weiterhin verfaßte er eine Schrift *Über den Gott des Sokrates (De Deo Socratis)*, in der er auf das damals beliebte Thema der Dämonen, also Zwischenwesen zwischen Gott und der menschlichen Welt, eingeht. Je mehr Gott in eine unerreichbare Transzendenz gesetzt wurde, um so mehr wurden Mittlerwesen erforderlich. Für die weitere Geschichte wurden besonders zwei seiner Schriften wichtig. Die eine ist der Traktat *Peri hermeneias (De interpretatione)*, eine Abhandlung zur Logik, vor allem über die Syllogismen. Ob Apuleius wirklich der Autor dieser Schrift ist, ist bis heute umstritten. Diese nicht sehr umfangreiche Schrift war ein beliebtes und weit verbreitetes Lehrbuch, was wahrscheinlich der Grund dafür ist, daß diese Schrift eine der wenigen Abhandlungen zur Logik darstellt, die dem frühen Mittelalter überliefert wurden. Nicht die »großen« Werke waren breit auf dem Markt und in den Schulen vertreten, sondern die leicht faßlichen Kurzfassungen. Schließlich ist Apuleius auch durch seinen Roman *Der goldene Esel* und vor allem durch die darin enthaltene Erzählung *Amor und Psyche* in die Weltliteratur eingegangen.

Apuleius war also ein vielseitiger Mann. Er stammte aus Madaura in Nordafrika, seine Muttersprache war das Punische. Er lernte sehr gut Griechisch und Latein, seine Quellen sind alle griechisch, er selbst schrieb aber lateinisch, und dadurch lieferte er wichtige und nicht ungeschickte Beiträge zur Herausbildung einer lateinischen philosophischen Begrifflichkeit. Vielseitig war er nicht nur in seiner schriftstellerischen Tätigkeit: Als er das ganze Geld seines Erbes auf Reisen aufgebraucht hatte, arbeitete er eine Zeit lang als Rechtsanwalt in Rom und heiratete dann eine vermögende Witwe. Als deren Sohn starb, kam er vor Gericht, angeklagt auch wegen Zauberei, in Wirklichkeit ging es aber um das zukünftige Erbgut. Er verteidigte sich jedoch vor Gericht sehr geschickt – seine Verteidigungsrede *(Über die Magie)* hat er aufgezeichnet –, wurde freigesprochen und ging nach Karthago. Dort war er in verschiedenen öffentlichen Ämtern tätig, unter anderem auch als Funktionär des Kaiserkultes. Also wieder ein Platoniker in kultischen Funktionen.

Die Schrift des Apuleius über Platons Lehre ist aufschlußreich über den Zustand des Platonismus im 2. Jhd. Es gab zu seiner Zeit sicher bessere und scharfsinnigere platonische Philosophen, es ist aber fraglich, ob sie dem Markt so entsprachen wie Apuleius. Apuleius nimmt es in seiner Darstellung nicht allzu genau mit der platonischen Philosophie, die aristotelische Tugendauffassung hat darin ebenso Platz wie die Vorstellung einer stoisch anmutenden göttlichen Vorsehung. Platon lieferte eine Fülle von Interpretationsschwierigkeiten, viele davon waren auch antiken Autoren durchaus bekannt, Apuleius scheint die Mehrzahl dieser Probleme aber nicht bemerkt zu haben, und wenn er sie bemerkte, war er rasch mit einer vereinheitlichenden und vereinfachenden Antwort bei der Hand. So stellt er z. B. eine Kurzfassung, oder eher eine Mini-Fassung, von Platons *Staat* einfach neben eine Kurzfassung der *Gesetze*, so als handle es sich um zwei gleichberechtigte Teile einer Staatslehre.

Zunächst aber liefert Apuleius eine Kurzbiographie Platons. Diese Biographie ist in historischer Hinsicht kaum zuverlässig, ist aber jedenfalls dafür interessant, was
392 | man sich im 2. Jhd. von Platon erwartete. Es wird uns zunächst berichtet, daß Platon Ägypten besucht hat, wo er die »Künste der Wahrsager« lernte, dann aber wird noch hinzugefügt, daß Platon sich auch mit den Lehren der Inder und der persischen Magier beschäftigt hätte, wenn ihn nicht Kriege daran gehindert hätten (*Platon und seine Lehre* I 4). Woher die Nachrichten über die »eigentlichen« Interessen Platons stammen, wird natürlich nicht mitgeteilt, diese Bemerkung des Apuleius zeigt aber, daß die Platoniker dieser Zeit daran interessiert waren, ihren Meister in irgendeiner Weise mit den Lehren des Ostens in Verbindung zu bringen. Die »Lehren der Magier« stehen faktisch einfach für metaphysisch-ethischen Dualismus. Wir erfahren weiterhin, daß Platon als erster die Philosophie in eine Einheit gebracht hat, wobei er nach Apuleius die Physik von den Pythagoreern, die Dialektik von den Eleaten und die Ethik von Sokrates übernommen hat (Ebd.). Das Schema einer Einteilung in Physik, Logik und Ethik stammt allerdings nicht von Platon selbst, sondern von Xenokrates, einem der Nachfolger Platons in der Akademie. Aber wir sind ja inzwischen in einer Periode, in der die platonischen Dialoge in Sachgruppen eingeteilt wurden. Unter Physik versteht Apuleius wie alle Platoniker das, was wir unter spekulative Gotteslehre und Kosmologie fassen würden. Die Physik wird dann mit Hilfe der drei Prinzipien Gott, Materie und Ideen erklärt. Was Apuleius zu diesem Gebiet sagt, findet sich auch bei anderen Mittelplatonikern, auffällig ist nur, daß Apuleius im Unterschied zu den anderen Mittelplatonikern die Ideen nicht als Gedanken Gottes auffaßt, womit er eine bei Platon offen gebliebene Frage gleichfalls offen läßt. Im Rahmen der Darstellung der Physik schreibt Apuleius Platon folgende Definition der Vorsehung zu:

Die Vorsehung sei das göttliche Denken, welches für das Gedeihen dessen Sorge trägt, um dessentwillen es diese Aufgabe übernommen hat; das Schicksal aber sei ein göttliches Gesetz, durch das die Gedanken und Pläne Gottes, denen man nicht entgehen kann, erfüllt werden. (*Platon und seine Lehre* I 12)

Eine solche Definition von »Vorsehung« sucht man bei Platon allerdings vergebens. Die Frage der Vorsehung war vor allem von den Stoikern in die philosophische Diskussion eingebracht worden, übernahmen Platoniker diese Lehre, so ergab sich dabei für sie allerdings das heikle Problem der menschlichen Freiheit. Das zu seiner Zeit mit einiger Subtilität behandelte Problem des Zusammenhanges von Vorsehung und menschlicher Freiheit scheint Apuleius aber nicht sonderlich zu beunruhigen, was schon erstaunlich ist, wenn man die in etwa zeitgenössischen Überlegungen zu diesem Thema in der Schrift *De fato* des Ps.-Plutarch zum Vergleich heranzieht. Problematisch offen bleibt bei Apuleius auch die Frage des Übels:

Alles aber, was naturgemäß und eben deshalb ordnungsgemäß geschieht, wird gelenkt von der Obhut der Vorsehung; und die Ursache keines Übels kann Gott zugeschrieben werden. (Ebd.)

Auf die Frage nach der Ursache des Übels gibt Apuleius also keine Antwort. Alles »Ordnungsgemäße« stammt von Gott, daß es aber Übel, also »Nicht-Ordnungsgemäßes« gibt, kann Apuleius indes auch nicht bestreiten. Gott kommt für ihn als Ursache nicht in Frage, wer aber dann? Plutarch nahm, um diese Frage beantworten zu können, einen Dualismus an, also ein böses Prinzip als Ursache des Übels. Auch andere Mittelplatoniker werden in diese Richtung gehen. Apuleius scheute, diesen Weg zu gehen, wußte aber keine Alternative.

b) Das Ziel des menschlichen Lebens

Als zweiter Teil folgt die Ethik, die bei Apuleius »Moralphilosophie« *(moralis philosophia)* genannt wird. Die Zielbestimmung dieser Moralphilosophie ist ganz traditionell:

Das Hauptstück der Moralphilosophie besteht darin [...], daß Du weißt, auf welche Weisen man zum glücklichen Leben *(ad beatam vitam)* gelangt. (Ebd. II 1)

Die Darlegung der Moralphilosophie bei Apuleius ist nicht sonderlich originell. Es ist jedoch durchaus aufschlußreich, und zwar gerade, weil es nicht originell ist, wie Apuleius das Bild des idealen Menschen zeichnet. Um dieses Bild dem Leser möglichst eindrucksvoll zu schildern, geht er vor wie so mancher Kirchenvater oder mittelalterliche Bußprediger: Zunächst einmal wird der Bösewicht und der Halb-Bösewicht, d. h. der moralisch Mittelmäßige, dargestellt (Ebd. II 16–19), um schließlich zum vollendeten Menschen zu gelangen:

> Ein vollendet Weiser muß, wie Platon lehrt, von höherer Sinnesart als die anderen Menschen sein, vollendet in den Künsten und in den verschiedensten Wissensgebieten, und zwar darin schon von Jugend an geübt, gewöhnt in Tat und Wort übereinzustimmen, mit einem gereinigten und starken Willen, befreit von Unbeherrschtheit und Ungeduld, durch Enthaltsamkeit und Geduld und durch alle die Lehren, die aus Sachkenntnis und Beredsamkeit entspringen. Derjenige, der als ein hierin Fortgeschrittener mit entschlossenem und unbesorgtem Schritt den Weg der Tugend beschreitet, im Besitz einer sicheren Art und Weise zu leben, wird schnell vollkommen, erreicht schnell die äußersten Enden des Vergangenen und Zukünftigen und ist gewissermaßen zeitenthoben. Nach diesem dann meint der Weise mit Recht, daß nach der Befreiung von den Lastern und den ungewissen Dingen alles, was zu einem glücklichen Leben führt, nicht von den anderen abhängt, sondern daß es in seiner eigenen Hand liegt. Deshalb ist er im Glück nicht überheblich und im Unglück nicht niedergeschlagen, da er sich mit diesen Eigenschaften in einer Weise ausgestattet sieht, daß er von
> 394 | ihnen durch keine Macht getrennt werden kann. Ein solcher Weiser darf nicht nur kein Unrecht tun, sondern nicht einmal ein Unrecht erwidern. Er hält nämlich das Unrecht, das ein übler Mensch ihm antut, nicht für eine Schmach, da ja durch ein Naturgesetz ihm (der Gedanke) eingeprägt ist, nichts von dem, was die anderen für schlecht ansehen, könne den Weisen schaden. Platon lehrt, daß in der Tat der Weise im Vertrauen auf sein Gewissen sein ganzes Leben lang sorgenfrei und zuversichtlich sein werde, weil er nachdenkt und dabei alle Ereignisse auf höhere Gründe zurückführt, weil er nichts ärgerlich oder schwer nimmt und davon überzeugt ist, seine Angelegenheiten lägen in der Hand der unsterblichen Götter. Auch erwartet er den Tag seines Todes froh und nicht unwillig, weil er fest an die Unsterblichkeit der Seele glaubt. Denn die Seele des Weisen kehrt, befreit von den Fesseln des Körpers, zu den Göttern zurück und als Lohn für ein besonders rein und lauter verbrachtes Leben vereinigt er sich durch diesen Aufschwung mit der Seinsweise der Götter. (Ebd. II 20)

Dieser vollkommene Mensch ist mehr Stoiker als Platoniker, und im übrigen braucht man in dieses stoisch-platonische Idealbild nur statt »Platon« »Jesus Christus« einsetzen, um einen Text früher Kirchenschriftsteller zu erhalten. Darauf werden wir im nächsten Teil zurückkommen, auf die Beinahe-Ununterscheidbarkeit der Auffassungen von Mittelplatonikern und frühen christlichen Schriftstellern, der wir schon bei Plutarch begegnet waren, sei aber schon jetzt hingewiesen.

Apuleius reichte es jedoch nicht aus, ein Weiser zu werden, er strebte nach anderem, nach Höherem, nach etwas, das über all das bisher Gesagte hinausführt. Im eben zitierten Text kann man noch eine weitere Grundauffassung nicht nur der Stoiker, sondern auch der Platoniker finden, die eine geradezu axiomatische Funktion hatte: »Alles, was zum glücklichen Leben gehört, liegt in seiner [d. h. des Weisen] Hand *(in sua manu)*«. Die Sache ist bis zu diesem Punkt, also bis zu *Platon und seine Lehre,* durchaus traditionell platonisch-rational, in den *Metamorphosen (= Der goldene Esel)* verändert sich aber die Situation: Dort richtet ein Priester der Göttin Isis den »verklärten und wahrhaft erdenfernen Blick« auf ihn (*Der goldene Esel* XI, S. 240) und erklärt ihm die Wirren seines bisherigen Lebens und den Weg zur wahren Erlösung. Weder seine Herkunft, noch sein Stand oder sein ausgezeichnetes Wissen waren ihm eine Hilfe gewesen, denn das Leben ist eine Irrfahrt und die ruchlose Fortuna bereitet tägliche Todesangst (Ebd. S. 240 f.). Er soll »aus freiem Willen das Joch des Gehorsams« auf sich nehmen (Ebd. S. 241), denn:

> Er hat sich durch die Unschuld und Reinheit seines früheren Lebenswandels die so hohe Gunst des Himmels gewonnen, daß er nun nach seiner Wiedergeburt sogleich in die heilige Gefolgschaft aufgenommen wurde. (Ebd. S. 241)

Dies ist etwas ganz anderes als das, was die Stoiker oder frühere Platoniker anstrebten: Der vollkommene Weise ist jetzt bei Apuleius ganz und gar nicht schon der Vollkommene, er muß erst noch »zu einem neuen Dasein wiedergeboren werden« (Ebd. S. 245) – wir können nicht umhin, dabei an die christliche »Wiedergeburt« in der Taufe erinnert zu werden. Der vollkommene Weise ist auch nicht autark, sondern soll sich in Gehorsam frei unterwerfen. Apuleius als derjenige, der in das Neue einzuführen ist, zögert zunächst, da er seinen eigenen Angaben zufolge gehört hatte, »daß die Glaubensgefolgschaft unbedingten Gehorsam, Enthaltsamkeit und Entbehrungen aller Art auferlegte« (Ebd. S. 243). In diesem Zusammenhang ist Ethik mit asketischen Übungen nicht mehr auf das Ziel der Seelenruhe hingeordnet, sondern dient als Vorbereitung auf etwas anderes, nämlich eine Wiedergeburt. Was dabei erwartet wird, sagt Apuleius ganz deutlich: Es handelt sich um eine »Erlösung aus Gnade« (Ebd. S. 245), zu der er nur durch »geheime Weisungen«, »zehntägiges Fasten« und die »Enthaltung von allem Fleisch und Wein« gelangen kann (Ebd. S 247). Auf diesem Weg erreicht der Geläuterte das Ziel und wird dort Osiris, also den Gott, von Angesicht zu Angesicht schauen (Ebd. S. 253). Dies ist genau der Rahmen, in dem die christlichen Apologeten und die frühen Kirchenväter den christlichen Glauben interpretieren werden (vgl. 2. Teil, Kap. 1, 3 und 4).

Apuleius äußert sich nicht über die Beziehung seiner beiden Werke *Die Lehre Platons* und die *Metamorphosen.* Der Übergang vom Platoniker zum Mitglied einer Mysterienreligion ging im 2. Jhd. offensichtlich völlig problemlos vor sich, im Bewußtsein der Menschen dieser Zeit handelte es sich dabei um keine Alternative, sondern um eine Fort- oder Höherentwicklung. Offensichtlich sah sich auch kein Mitglied eines Mysterienkultes gezwungen oder veranlaßt, seine stoischen und platonischen Überzeugungen aufzugeben. Von keinem wurde erwartet, daß er seiner Philosophie »abschwört«. Andererseits wurde aber von keinem Mitglied eines Mysterienkults gefordert, Platon und seine Lehre zu studieren. Darin lag indes doch ein Konfliktpotential, insofern hier zwei Gruppen innerhalb einer Kultgemeinde bestanden: Wie verhielt sich der platonische Mysterieneingeweihte zu dem, der »nur« in die Mysterien eingeweiht war? Und umgekehrt: Wie verhielt sich der »reine« Mysterieneingeweihte zu dem Auch-Platoniker? Im Mittelplatonismus des 2. Jhd.s traten diese Probleme jedoch noch nicht offen zutage.

c) Die Logik

Das philosophische Niveau der Schrift *Peri hermeneias* ist in erstaunlicher Weise höher als jenes von *Platon und seine Lehre*, schon dies kann ein Grund sein, an der Autorschaft des Apuleius zu zweifeln. Man sollte aber nicht vergessen, daß es sich bei beiden Werken um Arbeiten handelt, in denen der Autor das verarbeitet, was er in der Schule, also vor allem in Athen, gelernt hat, und wovon er sich Aufzeichnungen hergestellt hatte: Es handelt sich also um Zusammenstellungen von Exzerptwissen. Dabei gilt bis heute, daß eher rezeptiv veranlagte Studenten sehr wohl in der Lage

sind, aufgrund eines guten Seminars auch eine gute Klausur zu schreiben, wogegen sie nach Besuch eines schwachen Seminars nur eine schwache Klausur verfassen. Vielleicht war daher nicht der Apuleius des *Peri hermeneias* scharfsinniger als der des *Platon und seine Lehre*, vielleicht war einfach der Unterricht, aufgrund dessen er seine Exzerpte in den beiden Fächern herstellte, von sehr verschiedener Qualität. Die Gründe für und gegen die Autorschaft des Apuleius in der Sekundärliteratur sind etwa gleich gut, wir können die Frage also offen lassen. Jedenfalls handelt es sich bei dem Autor dieser Schrift um einen Philosophen des 2. Jhd.s, der seine Ausbildung vermutlich in Athen erhalten hat.

Die Schrift *Peri hermeneias* behandelt die gleichnamige Schrift des Aristoteles sowie den Inhalt der Kapitel 1–8 der *1. Analytik*. Es handelt sich bei dieser Darstellung aber nicht um Exzerpte aus den aristotelischen Schriften, sondern um eine schulbuchartige Verarbeitung derselben, die vermutlich nicht auf Apuleius, sondern schon auf seine Lehrer zurückgeht. Eine Besonderheit, die wahrscheinlich schon aus dem athenischen Schulbetrieb stammt, verdient, hervorgehoben zu werden: Wir finden in *Peri hermeneias* das später so berühmt gewordene *logische Quadrat* (vgl. dieses in Kap. X, 3, d), das hier als *formula quadrata* eingeführt wird. Dabei begegnen wir aber wieder einmal einem Rätsel der Geschichte der Handschriftenüberlieferung: Das logische Quadrat selbst findet sich nämlich in keiner der erhaltenen Handschriften, und da die erhaltenen Handschriften sehr zahlreich sind, kann dies kaum ein Zufall sein. Es bleibt also nur die Möglichkeit, daß entweder die Handschriftenüberlieferung auf eine oder ganz wenige Abschriften zurückgeht, in denen das logische Quadrat nicht als Diagramm erscheint, oder daß dieses

Diagramm schon bei Apuleius selbst nicht ausgeführt war. Auch diese Frage müssen wir offen lassen.

Terminologisch interessant ist die lateinische Wiedergabe des Begriffs für »Gegensatz«: Im griechisch-stoischen Gebrauch wird er durch »Kampf« *(máche)*, im Lateinischen entsprechend durch das Wort *pugna* wiedergegeben; wir haben hier noch ein Echo der Logik als Mittel des Wortkampfes vor uns. Dabei entspricht die *pugna perfecta* dem später (seit Boethius) »kontradiktorisch« genannten Gegensatz, der bei Apuleius jedoch als *quantitate et qualitate contraria* bezeichnet wird, während die *pugna dividua* dem später »konträr« genannten Gegensatz entspricht. Die *pugna perfecta* besteht zwischen zwei Aussagen, von denen die eine wahr sein muß *(alterutra)*, die *pugna dividua* hingegen zwischen Aussagen, die unvereinbar *(incongrua)* sind (*Peri hermeneias*, S. 266). Während die letztere Begrifflichkeit sich nicht erhalten hat, wird *pugna* auch im Mittelalter weiterverwendet, und findet sich besonders in dem in der Logik sehr häufig gebrauchten Ausdruck *repugnat*, d. h. »widerstreitet« wieder, der sowohl den kontradiktorischen wie den konträren Gegensatz umfaßt.

3. Attikos

| 397

a) Der Antiaristoteliker

In Hinsicht auf die Bestimmung dessen, was das Ziel des menschlichen Lebens ist, standen die Mittelplatoniker insgesamt im Gegensatz zu Aristoteles, machten diesen Gegensatz jedoch nicht immer in gleicher Weise explizit. Der schärfste Gegner war wohl Attikos (geb. um 136 n. Chr.). Was diesen zu seiner weithin unsachlichen Polemik gegen Aristoteles bewogen hat, ist nicht klar, es ist jedoch interessant, daß sich die Schriften des Attikos, von denen nur ein ganz geringer Teil erhalten ist, bei den Christen – so bei Origenes und Eusebius – großer Beliebtheit erfreuten.

Der Ausgangspunkt der philosophischen Überlegungen ist bei Attikos ganz mittelplatonisch traditionell:

Die Philosophie im ganzen beansprucht nach der übereinstimmenden Ansicht der Philosophen die menschliche Glückseligkeit zu vermitteln. (*Über den Gegensatz zwischen Platon und Aristoteles*. S. 297)

Daß es zahlreiche Philosophen gegeben hat, die mit dieser Ansicht nicht übereinstimmten, war offensichtlich nicht mehr bekannt, daß aber Aristoteles hier irgendwie nicht hineinpaßt, war doch nicht zu übersehen und wird gleich deutlich werden. Zunächst stellt sich natürlich die Frage, was mit »Glückseligkeit« gemeint ist. Der christliche Autor Eusebius (um 265–339), der diesen Attikos-Text überliefert hat, ist interessanterweise überzeugt, daß die Bestimmung dessen, was »Glückseligkeit« ist, von den biblischen Autoren in Übereinstimmung mit Platon vorgenommen worden sei:

Moses und die Propheten der Hebräer haben das Wesen des glückseligen Lebens in der Erkenntnis des Gottes des Alls sowie in der Liebe zu ihm, die sich in der Frömmigkeit erfüllt, gesehen, und haben ferner gelehrt, die wahre Frömmigkeit bestehe darin, daß man Gott in jeder Tugend wohlgefällig sei (denn dies sei die Ursache alles Guten; denn bei Gott allein stehe alles und von ihm her werde Alles denjenigen, die ihn lieben, zur Verfügung gestellt). Platons Definitionen stimmen damit überein, und als Inbegriff der Glückseligkeit bezeichnet er die Tugend. (Ebd. S. 296).

Nehmen wir also zunächst zur Kenntnis, daß der Christ Eusebius meint, Moses und Platon hätten ein und dasselbe gesagt. Diese These hatte schon eine gewisse Tradition: Der Jude Philon von Alexandrien (gest. um 45/50 n. Chr.) hatte die Ansicht vertreten, Pythagoras hätte vom Philosophen Moses gelernt, während Platon wiederum von Pythagoras gelernt hätte (vgl. 2. Teil, Kap. I, 2), die These des Eusebius war also zu der Zeit, in der er schrieb, durchaus nicht abwegig.

Ist einmal die Gleichsetzung von Glückseligkeit und Tugend vorgenommen, muß der Unterschied zu der Lehre des Aristoteles ins Auge springen, wenn die verschiedenen Theorien verglichen werden. Attikos ist dies nicht entgangen:

398 | Aristoteles dagegen schlägt einen anderen Weg ein und erklärt, man könne auf keine andere Weise glückselig werden, als wenn man auch das Wohlergehen des Leibes und die Fülle der äußeren Güter dazunehme; ohne sie nütze auch die Tugend nichts. Wie sich gegen ihn die Freunde Platons zur Wehr setzten und seine irrige Meinung widerlegten, läßt sich aus dem Nachfolgenden entnehmen. (Ebd. S. 296 f.)

Attikos macht also deutlich, daß es hier um einen Kampf geht, in dem zwischen Platonikern und Aristotelikern kein Kompromiß möglich ist, daß andere Platoniker wie Philon oder Plutarch in diesem Punkt etwas kompromißbereiter waren, will er nicht anerkennen. Attikos vertritt einen Standpunkt als platonischen, der auch in den Frühdialogen Platons gar nicht so eindeutig ist, und der auch in den späteren sokratischen Schulen so streng nur von den Kynikern, zu seiner Zeit dagegen vor allem von den Stoikern vertreten wurde. Attikos nimmt also an, daß Platon die Auffassung vertreten habe, die Tugend allein bringe die Glückseligkeit hervor. Die daraus resultierende Kritik an Aristoteles läßt an Deutlichkeit nicht zu wünschen übrig:

Erstens ist er in der allgemeinsten, größten und entscheidendsten Frage von Platon abgewichen. Er hat nicht das rechte Maß der Glückseligkeit festgehalten und nicht zugegeben, daß die Tugend die Glückseligkeit für sich allein hervorzubringen vermöge; er hat vielmehr die Fähigkeit der Tugend reduziert und die Meinung vertreten, sie bedürfe der Glücksgüter, um mit diesen zusammen zur Glückseligkeit zu gelangen. Wird die Tugend für sich allein genommen, so sei, wie er tadelnd erklärt, die

> Glückseligkeit weder zu verwirklichen noch zu erlangen. Es ist hier nicht der Ort zu zeigen, wie sein Denken in diesem wie in den andern Punkten niedrig und verfehlt ist. Das eine scheint mir jedoch klar zu sein, daß das Ziel der Philosophie und die Glückseligkeit bei Aristoteles mit demjenigen bei Platon weder gleich noch identisch ist. Der eine ruft und verkündigt immer wieder, daß der Gerechteste auch der Glücklichste sei; der andere dagegen gestattet der Glückseligkeit nicht, der Tugend nachzufolgen, wenn nicht auch edle Geburt und Schönheit dabei sind, ja sogar Gold. (Ebd. S. 297)

Aristoteles wird daher beschuldigt, »eine ganz abweichende Auffassung nicht bloß vom Ziel des Lebens, sondern auch von der Philosophie, die auf dieses Ziel hinführt«, zu haben (Ebd. S. 298). Wie wir hören, ist ein solches Denken »niedrig und verfehlt«. Von Argumenten ist bei Attikos nichts zu lesen, was er vorbringt, ist einfach Polemik. Letztlich will er sagen: Aristoteles ist gar kein Philosoph, und ist überzeugt, damit der übereinstimmenden Meinung der Philosophen zu entsprechen. Wir werden später bei dem Christen Justin sehen, daß dieser mit dieser Einschätzung übereinstimmt (vgl. 2. Teil, Kap. I, 3), und auch Eusebius zitiert diese Attikos-Stelle zustimmend. Die Platoniker und die Christen dieser Zeit waren sich in ihrem Urteil über Aristoteles einig und ihr Urteil über die aristotelische Ethik ist vernichtend: Sie
redet »dürftig, spießbürgerlich und banal über die Tugend, und (sagt) gerade das, | 399
was auch ein ungebildeter Laie, ein junger Mensch oder eine Frau sagen würde« (*Über den Gegensatz*. S. 299). Zu dieser letzten Feststellung ist zu bemerken, daß schon die Epikureer, die ja wie Aristoteles von den Platonikern »niedrigen Denkens« beschuldigt wurden, in ihren Gruppen die Frauen als völlig gleichberechtigt und »vernünftig« angesehen hatten. Selbst Platon war hier etwas großzügiger gewesen: Er wollte wenigstens beim Wächterdienst Frauen genauso einsetzen wie Männer.

Attikos blieb aber bei seiner Ablehnung der Lehre des Aristoteles nicht stehen, sondern meinte, ohne auch nur den geringsten Grund dafür anzugeben, daß die Lehre des Aristoteles sogar ein »Ansporn zur Ungerechtigkeit« sei (Ebd. S. 303). Der Hintergrund dieser Auffassung ist jedoch leicht rekonstruierbar und aufschlußreich. Die Platoniker waren mit den Stoikern der Meinung, daß der Glaube an die *Vorsehung* ein ganz entscheidendes Element der *Ethik* sei. Die Vorsehung garantiert, daß auch die Handlungen, die im Verborgenen geschehen, letzlich nicht verborgen bleiben, eine Überzeugung, die auch Attikos teilt (Ebd. S. 302 f.). An diesem Punkt sehen wir die Verbindung von mittelplatonischem Vorsehungsglauben und der Ablehnung aristotelischer Ethik, die mit einem solchen Vorsehungsglauben nicht in Verbindung gebracht werden kann. Die Vorsehung wurde bei den Stoikern zunächst nur in einem ganz allgemeinen Sinn als der überall waltende Logos verstanden, inzwischen wurde die Vorsehung aber auch als Strafinstanz angesehen – und dies ist der Hintergrund des oben zitierten Vorwurfs an Aristoteles: Eine Ethik, die wie die des Aristoteles mit überhaupt keiner und somit auch mit keiner strafenden Vorsehung rechnet, wird in diesem Kontext als Aufforderung zum Unrechttun interpretiert. Hier sind wir natürlich schon sehr weit vom Sokrates der platonischen Frühdialoge entfernt. Die Mittelplatoniker brauchen also für ihre Ethik das Auge Gottes, das auch ins Verborgene sieht (Ebd. S. 303). Diese ganze Entwicklung ist schon kurios – so wird etwa von dem Sophisten Kritias die folgende These berichtet, auf die schon früher hingewiesen wurde (vgl. Kap. VI, 4):

Dann als zwar die Gesetze sie hinderten, offen Gewalttaten zu begehen, sie aber im Verborgenen solche begingen, da scheint mir, hat zuerst ein schlauer und gedankenkluger Mann die Götterfurcht den Sterblichen erfunden, auf daß ein Schreckmittel da sei für die Schlechten, auch wenn sie im Verborgnen etwas täten oder sprächen oder dächten. Von dieser Überlegung also aus führte er das Überirdische ein: »Es ist ein Daimon, in unvergänglichem Leben prangend, mit dem Geiste hörend und sehend, denkend im Übermaß, sich selbst gehörend, göttlich Wesen in sich tragend, der alles unter Sterblichen Gesprochene hören, alles Getane schauen kann.« [...] Mit diesen Reden führte er die lockendste der Reden ein, mit lügnerischem Wort die Wahrheit verhüllend. (Diels-Kranz: *Die Fragmente der Vorsokratiker. Kritias* Fragm. 25)

Dieses »lügnerische Wort« wird nun umgekehrt und positiv zu einem der »bedeu-

tendsten und wichtigsten« Elemente im Rahmen der Lehre der Platoniker (Attikos: *Über den Gegensatz.* S. 302). Man muß sich eines ganz klar machen: Hier wird die autonome sokratische und aristotelische Ethik abgeschafft und durch eine Ethik ersetzt, in der die Furcht vor Strafe ein wesentliches und unaufgebbares Element darstellt. Auch dies ist also keine Erfindung des Christentums: Die Christen fanden dieses Element schon bei den Neuplatonikern mit der dazugehörenden Polemik gegen Aristoteles vor. Tatsächlich hat Aristoteles in dieser Umgebung nichts zu suchen, und daß bei ihm ein Vorsehungsglaube überhaupt nicht möglich war, hatte – wie Attikos wußte (Ebd. S. 302) – Gründe in der Kosmologie: Aristoteles teilte den Kosmos in einen Bereich oberhalb des Mondes und einen unterhalb des Mondes, letzterer stellt den irdischen Bereich dar, jenen also, in dem sich die menschlichen Handlungen abspielen. Über die Sinnhaftigkeit dieser Aufteilung wollen wir jetzt nicht streiten, denn es geht jetzt nur um die Beziehung Gottes zu den menschlichen Handlungen. Im oberen Bereich herrscht nach Aristoteles strenge Notwendigkeit, während es im sublunaren Bereich auch zufällige Ereignisse gibt. Der Gedanke einer durchgehenden Vorsehung in diesem Bereich ist für Aristoteles unmöglich, weil es darin Ereignisse gibt, für die keine Erklärungen aus notwendigen Prämissen geliefert werden können. Mit der Annahme einer göttlichen Vorsehung müßte aber auch hier eine Notwendigkeit der Ereignisse angenommen werden. Für Aristoteles ist dieser irdische Bereich also jener, in dem es zufällige Ereignisse, aber eben auch freie Handlungen geben kann, und beides wird ermöglicht durch das Nicht-Vorhandensein eines durchgängigen Notwendigkeitszusammenhanges. Die entgegengesetzte Annahme, also die eines durchgängigen Zusammenhanges mit Notwendigkeit, ermöglichte zwar den Gedanken der Vorsehung, schien aber die Vorstellung der Freiheit auszuschließen. Die Stoiker waren konsequent und nahmen einen solchen Determinismus an. Die Epikuräer hielten den Gedanken, daß sich die Götter um solche Lächerlichkeiten menschlicher Handlungen kümmern, für unwürdig der Götter, und damit hatten sie den Raum offen für menschliche Selbstbestimmung. Und auch Aristoteles war der Auffassung, daß der Gott nur mit Allgemeinem, Notwendigem, nicht aber mit Kontingentem befaßt ist. Und auch Aristoteles hatte somit einen Raum für freie menschliche Handlungen. Die Mittelplatoniker hingegen, die einerseits an der Freiheit des Menschen festhalten wollten, andererseits aber eine universelle und detaillierte göttliche Vorsehung annehmen wollten, hatten große Probleme mit dem Versuch, Vorsehung und Freiheit als vereinbar aufzuweisen. Auch diese Problematik haben die Christen übernommen, und sie haben während des ganzen Mittelalters und bis weit in die Neuzeit hinein – vergeblich – gesucht, eine Lösung zu finden. Selbst die leibnizsche *Theodizee* ist noch genau von dieser Problematik bestimmt, und ob sie wirklich eine Lösung bringt, ist mehr als fraglich (vgl. 3. Teil, Kap. XI, 5). Zurück zu Attikos. Auch diesem war es nicht entgangen, daß er in diesem Punkt mit seiner Polemik eigentlich die Lehre des Aristoteles mit der des Epikur gleichsetzte.

| 401

> Denn nicht so sehr die Bemühung um die Lust wie vor allem der Zweifel an der göttlichen Fürsorge stärkt das Unrecht. Doch nun wird man einwenden: Stellst du wirklich Aristoteles und Epikur auf dieselbe Ebene? Gewiß, mindestens, was das vorliegende Problem angeht. Denn was macht es uns für einen Unterschied, ob wir das Göttliche überhaupt aus dem Kosmos aussiedeln und uns keine Gemeinschaft mit ihm mehr übriglassen oder ob wir die Götter im Kosmos so absperren, daß sie mit den Dingen der Erde keinen Kontakt mehr haben? In beiden Fällen kümmern sich die Götter nicht um die Menschen, und in beiden Fällen haben die Übeltäter von den Göttern nichts zu fürchten. (Attikos: *Über den Gegensatz.* S. 304)

Attikos hatte durchaus recht mit der Annahme, daß eine Ähnlichkeit der Auffassung des Aristoteles und der Epikurs besteht: Keiner der beiden nahm so etwas wie eine göttliche Vorsehung an, wenn auch die Gründe dafür verschieden waren. Beide konnten dann jedoch die menschliche Freiheit mit Selbstverständlichkeit annehmen und mußten diese Frage nicht eigens thematisieren.

Die Quellen des Vorsehungsglaubens sind jedoch sehr komplex. Attikos bezieht sich bei seiner Vorstellung einer Vorsehung auf eine Formel, die aus der hermetischen Tradition stammt:

> Platon bezieht alles auf Gott und läßt alles von ihm ausgehen. Denn er sagt, daß Gott Anfang, Mitte und Ende der seienden Dinge innehat und auf geradem Wege alles vollendet, im Kreise umherwandelnd. (Ebd. S. 302 f.)

Was genau Platons Philosophie mit dieser hermetischen Vorstellung zu tun hat, wird nicht deutlich, die Grenzen zwischen *Platonismus* und *Mysterienreligion* werden im Mittelplatonismus zunehmends unscharf. Es ist kein Zufall, daß die als *Corpus Hermeticum* bekannte Textsammlung in den ersten Jahrhunderten unserer Zeitrechnung zusammengestellt wurde: Dort offenbart der Gott Hermes Trismegistos verborgene Wahrheiten. Diese konnten im Kosmos oder im Menschen liegen, entzogen sich aber immer der »normalen« rationalen Einsicht. Das Interesse an solchen Texten war offenbar groß, und die Mittelplatoniker teilten dieses Interesse, und wir werden es noch verstärkt bei dem nächsten zu besprechenden Platoniker, nämlich bei Numenios, antreffen.

Die Fronten im Mittelplatonismus waren also prinzipiell klar: Platon (in Auswahl) + Stoa + Pythagoras + Offenbarungsreligion gegen Aristoteles und Epikur. Die Christen haben sich genau in diese Konstellation eingefügt, und da zunächst die Mittelplatoniker und später die Christen den Ton angaben und den Buchmarkt bestimmten, war damit auch gegeben, daß die Schriften des Aristoteles und die des Epikur nur wenig abgeschrieben wurden, und viele – so vor allem im Falle von Epikur – ganz verloren gingen. Bei den Mittel- und Neuplatonikern hielten sich nur die *Kategorien* und *Peri hermeneias* des Aristoteles, die allerdings – vor allem die *Kategorien* – eine folgenschwere Uminterpretation erhielten, worauf schon im Zusammenhang der Darstellung der Philosophie des Aristoteles hingewiesen worden ist (vgl. Kap. X, 5).

b) Der Platoniker

Attikos war aber weit mehr als ein reiner Polemiker, er war ein durchaus kenntnisreicher und subtiler Platoniker, der ganz andere philologische und philosophische Qualitäten aufzubieten hatte als etwa Apuleius. Andererseits steht er für eine Entwicklung, die man auch als »platonische Scholastik« bezeichnen kann. Es waren zahlreiche Probleme der platonischen Philosophie bekannt, und man versuchte jetzt, diese Probleme so zu lösen, daß sie wiederum mit den platonischen Texten übereinstimmten. Dies ergab manchmal Interpretationsschwierigkeiten, die innerhalb der sich nun herausbildenden »platonischen Orthodoxie« zu subtilsten Konstruktionen führten, so wie wir später bei den Christen bis in die Neuzeit subtilste Interpretationsunternehmungen finden, die versuchen, alles irgendwie mit der *Bibel* in Übereinstimmung zu bringen. Philosophie wird immer mehr zur Exegese, zur Textauslegung, mit der gleichzeitig der autoritative Autor verteidigt werden soll. Bei dieser Exegese wird dann auch viel in die platonischen Texte hineingelesen, was dort eigentlich kaum einen Anhalt hat, was aber den damals gegenwärtigen Bedürfnissen entspricht. Das Ergebnis ist: Philosophie = Exegese + Apologie.

Hier soll nur ein Beispiel aus der platonischen Philosophie des Attikos angesprochen werden. Platon vertrat einen klaren Dualismus von Ideenwelt und empirischer

Welt, ohne diesen Dualismus in irgendeiner Weise mit einem Gut-Böse-Dualismus metaphysischer Art zu verbinden: »Gerecht« und »ungerecht« hat bei Platon keine metaphysische Dimension, es gibt ein Urgutes, aber kein Urböses. Der Ursprung des Bösen blieb dabei eine offene Frage. Der einzige Anhaltspunkt, den die Platon-Texte für diese Denkrichtung boten, war die schon von Plutarch herangezogene, alles andere als klare Stelle aus den *Gesetzen*, in der damit gerechnet wird, daß es neben der vernünftigen Seele, die den Kosmos beherrscht, auch eine »schlechte« Seele geben könnte:

> Die nächste Folge nun davon, daß uns die Seele als Ursache von *allem* gilt, ist doch wohl die, daß wir sie nicht nur als Urheberin des Guten, Schönen, Gerechten und was dahin gehört, sondern auch des Schlechten, Häßlichen und Ungerechten und was dahin gehört, betrachten müssen.
> Unzweifelhaft.
> Und wenn demnach die Seele als ordnende Macht in allem, was sich irgendwie bewegt, waltet, ist sie dann nicht notwendigerweise auch die ordnende Macht im Himmelsgebäude?
> Zweifellos.
> Eine oder mehrere? Darauf laßt mich in eurem Namen antworten. Mindestens müssen | 403
> wir zwei annehmen, eine Gutes wirkende und eine, die die Kraft hat die gegenteilige Wirkung auszuüben. [...]
> Welche von beiden Arten von Seelen sollen wir also für die Leiterin des Himmels und der Erde und des ganzen umschwingenden Weltalls erklären? Die ganz der Vernunft und der Tugend hingegebene, oder die, welche weder von der einen noch von der anderen etwas wissen will? Darf ich euch diese Frage folgendermaßen beantworten?
> Nun, wie?
> Wenn, mein Trefflicher, der gesamte Gang und Verlauf der Himmelsbewegung sowie die Bewegung aller Himmelskörper von ähnlicher Art ist wie die Bewegung und der Kreisumlauf und die Berechnungen der Vernunft, und sich in verwandten Bahnen hält, so müssen wir offenbar behaupten, daß die beste Seele über dem Weltall waltet und daß sie es ist, auf die dieser geordnete Gang zurückzuführen ist.
> Gewiß.
> Wenn aber der Gang ein verworrener und ordnungswidriger ist, dann auf die schlechte Seele. (Platon: *Gesetze* 896d–897d)

Dieser Text ließ verschiedene Möglichkeiten der Interpretation zu. Es hat sich schon bei anderen Autoren des Mittelplatonismus gezeigt, daß sich im 2. Jhd. ein *Gut-Böse-Dualismus* metaphysischer Art zunehmender Beliebtheit erfreute. Es legte sich daher nahe, diese Platon-Stelle im gewünschten Sinn auszulegen. Bei Attikos wird dies aber noch weiter entwickelt. Bei Attikos finden wir einmal den Demiurgen, der mit der Idee des Guten identifiziert wird und der gleichzeitig auch die Ideen als göttliche

Gedanken denkt (was nicht platonisch ist), die allerdings dann wiederum eine gewisse Selbständigkeit erhalten. Dann aber gibt es nach Attikos auch eine Urmaterie, die von einer in Unordnung befindlichen Urseele bewegt wird (was auch wieder nicht platonisch ist). Proklos berichtet von Plutarch und Attikos:

Sie sagen, daß vor der Schöpfung nicht nur eine ungeordnete Materie existierte, sondern auch eine übeltätige *(kakergétin)* Seele, die dieses Chaos bewegte. Woher nämlich käme die Bewegung, wenn nicht von einer Seele. Und wenn diese Bewegung ungeordnet ist, kommt sie von einer ungeordneten Seele. (Attikos: *Fragments*. Fragm. 23. Übers. von F. S.)

Wir haben hier also mit einer »ungeordneten Materie« zu rechnen, die von einer »ungeordneten Seele« bewegt wird. Hier sind wir nicht mehr fern von einem »ungeordneten Gott« oder einem »Gegen-Gott«, der das Prinzip der Unordnung, des Bösen, des Übels, ist. Bei Attikos bleibt diese Frage aber noch unentschieden. Durch die formgebende Wirkung des Demiurgen wird nach bestimmten Aussagen des Attikos die Weltseele geordnet und vernünftig (Ebd. Fragm. 10). Ähnlich dürfte er auch eine zunächst ungeordnete menschliche Seele angenommen haben. Von Attikos und anderen Platonikern wird die folgende Auffassung überliefert:

Immer auf dieselbe Weise nämlich und bei jeder Einkörperung der Seelen, nehmen sie zunächst eine unvernünftige *(álogon)* und ungeordnete und in die Materie eingeschlossene Seele an, und wenn diese Seele geordnet ist, führen sie eine Vereinigung mit der vernünftigen Seele herbei. (Ebd. Fragm 11. Übers. von F. S.)

Ob diese Vereinigung dann nach Attikos tatsächlich eine und nur eine Seele ergibt, ist nicht eindeutig. Es gibt auch Aussagen, die den Eindruck vermitteln, Attikos nehme doch an, daß zwei Prinzipien erhalten bleiben, was für die Weltseele und auch für die Seelen der einzelnen Menschen gilt. Attikos soll gelehrt haben, daß eine unvernünftige Seele der vernünftigen vorausexistiert, und daß aus diesen beiden die vernünftige entsteht (Ebd. Fragm. 35). Daß diese unvernünftige Seele aber dann aufhört zu existieren, wird nirgends gesagt, und daraus dürfte sich ergeben, daß in der Einzelseele neben der vernünftigen irgendwie eine unvernünftige Seele wirksam ist. Der metaphysische Dualismus, den Attikos anzunehmen scheint, wird bei ihm durch – interpretatorisch problematische – Stellen aus Platon wie die oben zitierte »gestützt«, man kann aber nicht sagen, daß es sich dabei um eine echte innerplatonische Fortentwicklung handle. Ohne die Anregungen aus seiner Umgebung, die in die Richtung der Annahme eines metaphysich + ethischen Dualismus wiesen, wäre Attikos kaum auf diese Platonstellen und deren Auslegung gestoßen. Der Schon-Dualist findet dualistische Andeutungen bei Platon, die kein Noch-Nicht-Dualist so gesehen hat, und dies bedeutet, daß es sich um keine systemimmanente Weiterentwicklung handelt.

4. Numenios

Numenios lebte in der zweiten Hälfte des 2. Jhd.s, und zwar hauptsächlich in Apameia, was nicht unbedeutend ist. Apameia war eine Stadt, in der zwar griechisch gesprochen wurde, die aber syrischen Einflüssen offen stand. Sie lag an einer wichtigen Handelsstraße, die von Syrien an das Mittelmeer im Westen und nach Kleinasien im Norden führte. Das angrenzende Gebiet Syriens ist das Land, in dem wir der frühen Gnosis begegnen und es ist auch das Gebiet, in dem zu Beginn des 2. Jhd.s das *Johannes-Evangelium* entstanden ist, in dem die gnostische Umwelt auch gegenwärtig ist. Im 3. Jhd. wird Apameia mit Jamblichos ein Zentrum neuplatonischer Philosophie werden, bei der der orientalische Einfluß unübersehbar ist.

Numenios kann dem Mittelplatonismus zugerechnet werden, ebenso aber dem Neupythagoreismus, auch steht er dem Neuplatonismus Plotins in vielem näher als andere Mittelplatoniker.

a) Die »alte Weisheit«

Numenios war ausdrücklich antirationalistisch eingestellt und wollte über alle Schul- | 405
weisheit hinausgelangen. Sein Ziel war es, eine ursprüngliche und, wie er meinte, einheitliche Weisheitslehre zu finden, die vor allen einzelnen Philosophien liegt. Diese eine Weisheit ist bei den »Alten« zu finden, den »alten Theologen«, das philosophische Suchen muß daher den Weg immer weiter zurück in die Vergangenheit gehen. Die Philosophie, wie sie in den Schulen gelehrt wird, ist für Numenios ein geschichtlich spätes und bereits »verderbtes« Wissen. Das Echte ist nicht die Schulweisheit, sondern das Ursprüngliche, die *vorphilosophische Weisheit*, die sich die Menschen nicht erarbeitet haben, sondern die ihnen *geschenkt* wurde. In dieser Suche kommt die Sehnsucht nach einer *Offenbarung* deutlich zum Ausdruck. Es wurde schon darauf hingewiesen, daß diese Sehnsucht eine weitverbreitete Tendenz der Kultur des 2. Jhd.s darstellte, die auch in den folgenden Jahrhunderten verstärkt anhalten wird. Numenios, der auf der Suche nach der Weisheit der Vergangenheit ist, ist daher gleichzeitig der, der am meisten in die Zukunft hinein wirken sollte. Er bringt eine zu seiner Zeit weit verbreitete Auffassung zum Ausdruck: Pythagoras und somit auch Platon haben ihre wichtigsten Lehren aus viel älteren, sämtlich über Griechenland hinausweisenden Quellen übernommen, sie führen uns nach Ägypten, nach Indien, zu den Persern, den Chaldäern und den Juden. Der christliche Schriftsteller Eusebius zitiert (*Praeparatio Evangelica* IX 7) eine Stelle aus dem nicht erhaltenen Werk *Über das Gute* des Numenios:

Diesbezüglich [d. h. zur Frage der Gotteserkenntnis] muß, nachdem die Zeugnisse Platons herangezogen und als Siegel verwendet wurden, weiter zurückgegangen werden, und diese müssen an die Lehren *(lógoi)* des Pythagoras angeknüpft werden, und dann muß man sich auf die geachtetsten Völker berufen, indem man deren Einweihungsriten, deren Dogmen und deren kultische Handlungen, die sie in Übereinstimmung mit Platon verrichtet haben, mitteilt, und all das, was die Brahmanen, die Juden, die Magier und die Ägypter gelehrt haben. (*Fragments*. Fragm. 1. Übers. von F. S.)

In mancher Hinsicht bewegen wir uns dabei – vom heutigen historisch-kritischen Standpunkt aus gesehen – allerdings im Kreis. Numenios zieht häufig die *Chaldäischen Orakel* als Quelle »alter Weisheit« heran, welche als literarisches Werk aber aus dem 2. Jhd. n. Chr. stammen. Darin findet sich neben Texten, die auf älteres Material zurückgehen, auch vieles, das selbst wieder aus neupythagoreischen und mittelplatonischen Vorstellungen stammt. Auch unter den sogenannten pythagoreischen Texten, die Numenios verwendete, gab es eine ganze Anzahl von Schriften, die erst zu dieser Zeit entstanden sind und die wir heute als »Pseudo-Pythagorica« bezeichnen (vgl. auch Kap. XV). Die *Chaldäischen Orakel* waren aber nicht die einzige Anregung, die auf das Denken des Numenios einwirkte. Was genau bei ihm an gnostischen und hermetischen Einflüssen wirksam wurde, ist im einzelnen jedoch nicht leicht zu sagen, und selbst Bezugnahmen auf prophetische Sprüche der jüdischen Tradition
 fehlen nicht.

Numenios suchte tatsächlich nach einer ursprünglichen und somit seiner Meinung nach unbezweifelbaren Weisheit. Dies ist ein »systematisches« Interesse, Numenios hat dies jedoch auch als historische These, also als Ursprungstheorie vorgetragen. Zumindest in dieser Hinsicht verdient diese These mehr Aufmerksamkeit, als ihr manchmal in der Darstellung der Geschichte der Philosophie zugestanden wird: Die Philosophie lebt gerade dort, wo sie Metaphysik im Sinne eines Parmenides, eines Heraklit oder eines Platon betreibt, aus mythischen und oft verdeckten Quellen. Auf Aristoteles trifft dies nur in viel geringerem Maß zu, und wahrscheinlich war nicht zuletzt dies ein Grund dafür, daß viele Mittelplatoniker Aristoteles gar nicht als Philosophen anerkennen wollten. Die Entwicklung der Philosophie, jedenfalls der Antike und des Mittelalters, ist ohne Bezugnahme auf die Mythenforschung und die Religionsgeschichte nicht recht verständlich. Eine rein »immanente« Darstellung der Philosophiegeschichte, die sich auf eine Unterscheidung von »philosophisch« und »außerphilosophisch« beruft, kann letztlich selbst als Ideologie oder Mythologie aufgezeigt werden. Mit seinem Verweis auf die mythischen und religiösen Quellen der Philosophie ist der antirationalistisch eingestellte Numenios als Historiker wesentlich rationalistischer als soundsoviele Vertreter einer autonom gedachten Philosophie, die letzlich nicht durchschaut haben, daß der Übergang vom Mythos zum Logos eben doch nicht so stattgefunden hat, wie es die griechischen Philosophen gedacht haben.

Jetzt, gegen Ende der Darstellung der Geschichte der Philosophie der Antike, ist damit vielleicht auch der – sehr oberflächliche und simplifizierende – Ausgangspunkt dieser Darstellung bei der ägyptischen und babylonischen Mythologie gerechtfertigt. Und vielleicht ist auch gerechtfertigt, daß Philosophen wie Parmenides, Heraklit und nicht zuletzt auch Platon von »außerphilosophischen« Motivationen her interpretiert wurden. Diese Würdigung des Numenios als Philosophiehistoriker ist unabhängig davon, daß ich mich »philosophie-intern« aus der Sicht der Mittelplatoniker zu jenen zählen muß, die der »unphilosophischen« Denkweise des Aristoteles folgen. Dem entspricht auch, daß Numenios sich mit Fragen der Logik überhaupt nicht beschäftigt, und er diesem Bereich keinerlei Bedeutung zugemessen zu haben scheint, während ich mit Aristoteles die Auffassung vertrete, daß das *Organon*, also die Logik, die Sprachphilosophie und die Wissenschaftstheorie die entscheidende Voraussetzung alles Philosophierens ist.

b) Dualismus

Bei Numenios finden wir wie bei den Neuplatonikern ein oberstes und erstes Prinzip, das primär als Einheit, als »Erster Nous« charakterisiert ist, dann ein zweites Prinzip, das der »Nous« genannt wird. Letzterer ist zunächst ein sich selbst Denkender, dann aber auch jener, der das Prinzip der Schöpfung ist, das dann die Funktion der Weltseele übernimmt, es handelt sich also in Wirklichkeit um eine Dreiheit. Bei der Schöpfung steht dem göttlichen Prinzip des Nous ein anderes Prinzip gegenüber: die Materie. Daß die Materie von Gott herkommen könne, ist für Numenios undenkbar, schon aus dem einfachen Grund, daß diese Materie bei ihm eindeutig negativ definiert ist. Calcidius (um 400 n. Chr.) berichtet von Numenios:

Numenios lobt Platon, weil er zwei Seelen der Welt annimmt, eine wohltätige und eine andere, böse. (Numenios: *Fragments*. Fragm. 52, CCXCVII. Übers. von F.S.)

Daß Platon in dieser Hinsicht eine nicht eindeutig interpretierbare Quelle darstellt, haben wir schon bei Plutarch und Attikos gesehen. Numenios denkt allerdings sehr deutlich in die Richtung eines Dualismus, wie er in der persischen Religion Zoroasters vorliegt, und wie wir ihn auch in den radikalen Formen der Gnosis wiederfinden: Die *Materie* ist böse und *Ursache von allen Übeln und allem Bösen*. Der Einfluß des göttlichen, formgebenden Prinzips kann diesen Einfluß nicht beseitigen. Dieser Konzeption der Materie entspricht die Seelenauffassung: Geht eine Seele in die Materie ein, so handelt es sich dabei um einen *Abstieg*, das Eintreten einer Seele in einen Körper ist immer ein Übel (Ebd. Fragm. 48 und 60); befreit sich eine Seele aus der Materie, liegt ein *Aufstieg* vor. Hier findet sich das Ab- und Aufstiegsschema, das wir aus allen gnostischen Systemen kennen: Die »*Einkörperung*« ist ein *Fall*, die *Erlösung* besteht in der »*Entkörperung*« (vgl. Kap. XVII, 3). Da dieser Weg nicht immer im Rahmen eines Lebens abschließbar ist, gibt es bei Numenios eine Lehre der Seelenwanderung. Das menschliche Leben als körperlich-seelisches ist somit etwas, was eigentlich gar nicht sein sollte. Philosophie wird zur *asketischen Lehre*, die den Menschen zur Befreiung von der Körperlichkeit verhelfen soll. In all dem können Anklänge an platonische Texte gefunden werden (vgl. Kap. IX, 3), die Struktur, in die diese Anklänge eingebaut werden, ist allerdings eher gnostisierend als platonisch. Philosophie als Erlösungslehre ist bestes pythagoreisches Erbe, Philosophie als Lehre der Befreiung von der materiellen Welt ist bestes platonisches Erbe, aber daß diese materielle Welt und damit die Körperlichkeit als böse angesehen wird, kommt aus der Religion Zoroasters oder der radikalen Gnosis. Dazu kommen Einflüsse aus dem *Corpus Hermeticum* und aus den *Chaldäischen Orakeln*. Spätere Platoniker haben Numenios vorgeworfen, daß er ein übertriebenes Interesse an okkulten Gottheiten *(occulta numina)* gezeigt habe (Numenios: *Fragments.* Fragm. 55), dieses Interesse war aber genau das, was dem Bedürfnis vieler Menschen entsprach. Numenios war wahrscheinlich der Mittelplatoniker, der am besten »erfühlte«, in welcher Richtung die Menschen, er selbst eingeschlossen, Erlösung suchten. Spätere Neuplatoniker nach Plotin werden noch rituelle und magische Praktiken hinzufügen, eine fast vorhersehbare Entwicklung.

- XVII -

Die Neuplatoniker

Es wurde schon mehrmals erwähnt, daß in den hellenistischen Reichen und später im römischen Reich die Menschen sich immer mehr veranlaßt sahen, die äußeren, politischen Ereignisse, denen sie ausgeliefert waren und auf die sie keinen Einfluß hatten, einfach auf sich zukommen zu lassen, und sich vor allem auf ihre individuelle Glückseligkeit zu konzentrieren. Die Philosophie der Stoa und des Epikureismus konnte als sicheres Fundament einer solchen inneren Lebensgestaltung aufgenommen werden, sowohl die wachsend prekärer werdenden Lebensbedingungen als auch die unphilosophische und die philosophische Skepsis hatten aber diese sicheren Fundamente erschüttert. Das Volk hatte ohnedies nur an der äußeren Wohlfahrt teilgenommen, und war nun, da diese in ihrer Zuverlässigkeit zunehmend fraglich wurde, auf andere | 409
Hilfen angewiesen. Die Stoiker wie die Epikureer hatten zwischen dem Unverfügbaren, also dem Äußeren und dem Verfügbaren, also dem Inneren unterschieden, wobei das Unverfügbare, also die äußeren Lebensumstände, aus dem Bereich dessen, das für die Glückseligkeit relevant ist, ausgeschieden wurde und die Glückseligkeit im Verfügbaren, d.h. im Inneren *(apátheia, ataraxía)* gefunden werden sollte (vgl. Kap. XII, 2). In der letzten Periode der antiken Philosophie tritt jedoch eine andere, weitergehende Auffassung auf: Auch das Eigentliche, das *Innere*, ist *nicht verfügbar*. Das »Innerlichste«, der »Kern« der Seele gehört nun einer ganz anderen Welt an, die Glückseligkeit muß daher aus diesem anderen Bereich kommen und in ihn hineinführen. Diese andere Welt aber steht nicht in der Verfügung des Menschen. Diese verbreitete Suche nach der Hilfe durch etwas ganz Anderes war der Boden für die neue Religiosität der ersten Jahrhunderte unserer Zeitrechnung. Die Stoiker hatten versucht, diesem religiösen Bedürfnis entgegenzukommen, sahen aber durch ihre autonome Vernunftorientierung Grenzen gezogen, die sie nicht überschreiten konnten, ohne sich selbst aufzugeben. Das Bedürfnis ging jedoch in jene Richtung, in der eine radikale Entfremdung des Menschen erklärlich gemacht werden konnte, immer verbunden mit dem Versprechen einer Erlösung durch etwas »ganz Anderes«. Das Eindringen von Mysterienreligionen wird auf diesem Hintergrund erklärlich, ebenso wie die letzte philosophische Bewegung der Antike: der Neuplatonismus. Es gab eine ganze Reihe von Versuchen, den Platonismus mit dem Erbe ägyptischer Weisheit, babylonischer Magie und jüdischer Religion zu verbinden, am stärksten wirkten jene Theorien, die einen radikaleren Dualismus von Gott und Welt, und so entsprechend

von Göttlichem und Weltlichem im Menschen selbst vertraten. In beider Hinsicht lieferte Numenios entscheidende, vielleicht sogar *die* entscheidenden Anstöße. Numenios wurde in den Lehrveranstaltungen Plotins behandelt, und der treue Schüler Plotins, Porphyrios, behauptete, Plotin habe die wichtigsten Ideen seiner Lehre von Numenios übernommen.

1. Plotin

Plotin (um 205–270) stammte aus einer griechischen Familie in Süditalien. Sein Lehrer war Ammonios Sakkas, von dem keine Schriften überliefert sind, vermutlich weil er gar keine hinterlassen bzw. verfaßt hat. Wirklich Gesichertes wissen wir von der Lehre des Ammonios daher nicht. Zu seinen Schülern gehörte neben Plotin auch Origenes, der als der erste große Vertreter einer christlichen spekulativen Theologie angesehen werden kann (vgl. 2. Teil, Kap I, 5). Die Schriften Plotins wurden von Porphyrios herausgegeben. Dieser ordnete sie nach systematischen Gesichtspunkten und teilte sie nach pythagoreischer Zahlenspekulation in sechs Teile mit jeweils neun Unterteilungen, daher der Name *Enneaden* (*ennéa* = neun). Wir haben durch

die Ausgabe des Porphyrios nicht nur eine gesicherte Textgrundlage, Porphyrios liefert auch Angaben über die Chronologie der Entstehung der Schriften, die bis heute außer in unwesentlichen Punkten anerkannt ist.

a) Das Eine, das Viele und der Ursprung des Materiellen

Gott ist für Plotin das Eine *(hén)*, das Einzige *(mónas)*, das Einfache, das wesensjenseitig von aller Materialität ist. Dieses Eine ist aber nicht das ontologische Eine des Parmenides, da für Plotin auch das Prädikat »Sein« vom Einen nur in uneigentlichem Sinn ausgesagt werden kann. Die Kluft zwischen diesem Einen und der erfahrbaren Welt der Vielheit und Verschiedenheit scheint unüberbrückbar, es *muß* jedoch ein Übergang hergestellt werden, da von diesem Einen und ganz Jenseitigen die Erlösung erwartet bzw. erhofft wird. Der *Übergang vom Einen zum Vielen* wird hier *das* Problem: Vom Einen aus muß erklärt werden, wie es zur Welt, zur Materie, kam. Hier ergibt sich ein metaphysischer Erklärungszwang, wie er nicht einmal bei Platon vorgelegen hatte. Dies macht verständlich, woher der ungeheure Systemwille Plotins und aller Neuplatoniker kommt. – Das Eine ist erhaben über alles Sein und alles Denken. Dann aber stellte sich für Plotin die Frage, wie aus diesem Einen das Viele und schließlich sogar das Materielle hervorgehen konnte, ohne daß es seine Einheit verliert:

Das EINE ist alles und doch kein einziges, denn der Ursprung von allem ist nicht alles, sondern alles ist aus Ihm, da es zu ihm gleichsam hinaufgeeilt ist, oder besser: es ist noch nicht bei ihm, sondern wird es sein. Aber wie kann es aus dem einfachen Einen kommen, da in diesem sich keinerlei Vielfältigkeit, keine Zusammenstückung von irgendetwas zeigt? Nun, eben deshalb weil nichts in ihm war, kann alles aus ihm kommen; gerade damit das Seiende existieren könne, ist Jener selbst nicht Seiendes, ist aber dessen Erzeuger. (*Enneaden* V 2, 1, 1–2)

Plotin greift für die Erklärung des Hervorgehens zu einem ästhetisch-metaphysischen Bild: Das Licht strahlt aus (*eklámpsis*, lat. *emanatio* = Ausfließen), ohne etwas von seiner Kraft zu verlieren. Genau genommen ist dies aber lediglich ein Bild und keine Erklärung, es sei denn, man sagt, das Eine sei Licht, wofür es bei Plotin auch Anhaltspunkte gibt. Letzlich kann er aber das Eine nicht mit dem Licht gleichsetzen, da dies wiederum ein positives Prädikat wäre, das Eine ist also höchstens das »Über-Licht«. Dann aber bleibt das Ausstrahlen doch wieder nur ein Bild. Wird dieses Bild allerdings zur Erklärung herangezogen, dann erhält die *Ästhetik* eine *ontologische Funktion* und die Ontologie wird ästhetisch, und dies scheint bei Plotin tatsächlich der Fall zu sein: Die Vorstellungen von Erkenntnis und Schauen rücken hier ganz nahe aneinander, bis die höchste Erkenntnis schließlich Visionscharakter (*visio* = Schau) annehmen wird.

Das aus dem Einen durch Ausstrahlung als erstes Hervorgehende ist der Nous, der Geist. Dieser ist zugleich Erkennender und Erkannter (Ebd. V 2, 1, 3–4), so wie auch das Licht nicht schon Erkenntnis ist, aber alle Erkenntnis, alles Schauen, nur durch es möglich ist. Im Geist bildet sich das Bild seiner selbst, und dieses Bild ist die Seele. Von da aus folgt die Vielheit aller Dinge, die jedoch durch die Einheit der universalen Seele zusammengehalten und geordnet wird.

Und diese aus der Wesenheit des Geistes hervorgehende Wirksamkeit ist die SEELE; sie ist das geworden indem jener beharrte, wie ja auch der Geist wurde indem das vor ihm beharrte. Die Seele dagegen schafft nun ohne zu beharren, sie zeugt vielmehr ihr Nachbild indem sie sich bewegt. Solange sie zu dem hinaufblickt aus dem sie entstand, erfüllt sie sich mit ihm; aber wenn sie fortschreitet zu einer andern, entgegengesetzten Richtung, so zeugt sie als Abbild ihrer selbst die Wahrnehmungsseele (der Tiere) und die Wachstumsseele die in den Pflanzen wirkt. Nichts aber ist von dem was vor ihm ist abgetrennt und abgeschnitten. (Ebd. V 2, 1, 4–6)

Die Annahme der Weltseele ist bei Plotin ein auf platonischer Grundlage beruhendes (vgl. Kap. IX, 7), jetzt aber weniger kosmologisch, sondern zentral ontologisch konzipiertes metaphysisches Postulat: Er muß sie annehmen, um etwas anderes, nämlich die Einheit des Kosmos, erklären zu können. So sagt Plotin dann:

Die Allseele im Universum ist eine, nicht der Masse nach geteilt, sondern überall identisch. [...] Wenn wir jene Annahme nicht machen, dann kann das All nicht eins sein

> und es läßt sich kein einheitlicher Ursprung der Seelen mehr finden. (Ebd. IV 9, 1, 2–3)

Die verschiedenen Hervorgänge in einer ununterbrochenen Reihenfolge sind dann geordnet: Jedes einzelne Wesen hat seine bestimmte Stelle, und diese Stelle ist definiert durch den größeren oder kleiner Abstand vom Einen. So entsteht ein hierarchisch geordneter *Stufenkosmos*:

> So läuft also dieser Prozeß vom Urgrund her bis zum Untersten hin, und jede einzelne Stufe verbleibt dabei immer auf dem ihr eigenen Sitz, während das Erzeugte eine andere Stelle, und zwar eine niedrigere erhält. (Ebd. V 2, 2, 7)
> Alle diese Stufen aber sind Jener und nicht Jener: Jener, weil sie aus ihm stammen, nicht Jener, weil Jener indem er sie dargibt bei sich selbst beharrt. Es ist wie ein lebendiger Lebensvollzug, welcher sich in die Weite erstreckt, jeder der hintereinander liegenden Abschnitte ist ein anderer, das Ganze ist ein in sich Zusammenhängendes, jedes Stück aber ist vom andern verschieden, und das frühere geht im späteren nicht verloren. (Ebd. V 2, 2, 12)

Die *Materie* als das Form- und *Bestimmungslose* ist der äußerste Gegenpol des jenseits
412 | aller Bestimmbarkeit liegenden Ureinen. Dieses Bestimmungslose hat keine eigene Kraft, da jede Kraft aus einer Form hervorgeht. Während Plotin also das Ureine wie die Gnosis in absolute Transzendenz setzt, spricht er der Materie nicht wie die Gnosis eine Gegen-Mächtigkeit zu, sie wird nur völlig entwertet, ist eigentlich Nichts. Daher heißt es bei Plotin von der Materie:

> Der Begriff des Unbestimmten ist natürlich bestimmt, aber das Hinblicken auf es muß unbestimmt sein […]. Und vielleicht hat Platon das im Auge gehabt, als er sagte, die Materie sei nur durch ein »unechtes Denken« zu erfassen. (Ebd. II 4, 10, 30–31)

Die Materie besitzt kein Sein – oder besser: ihr Sein ist das Nicht-Sein (Ebd. I 8, 4, 31). Nur in diesem gegenüber der Gnosis abgeschwächten Sinn kann Plotin dann sagen, daß die Materie böse und das Erste Böse (Ebd. I 8, 14, 101), die Anwesenheit von etwas Fremdem, dem Einen gegenüber Fernen ist. Je materieller etwas ist, um so ferner und fremder ist es dem Einen gegenüber. Im Sichtbarmachen der Entfernung vom Einen liegt jene Bedingung, die das Böse genannt werden kann. Was dem Materiellen zugewandt ist, ist vom Ureinen abgewandt. Das Gute ist das, was Form hat, je weiter etwas vom Urguten entfernt ist, desto weniger Form hat es. Die Materie ist das ganz Formlose, und in dieser Hinsicht daher das Nicht-Gute.

Die Befreiung, die *Erlösung der Seele* muß dann konsequenterweise als Rückkehr zum Ureinen gedacht werden, die Ethik ist hier vollständig in die Metaphysik eingebettet. Der Anfang der Erlösung muß in der *Befreiung vom Materiellen* gesucht werden und wird »Läuterung« oder »Reinigung« *(kátharsis)* genannt. Selbstverständlich geht es dabei nicht nur um ein Abstand-Nehmen von der äußeren materiellen Welt, sondern auch von dem Materiellen, das der Mensch selbst ist, also von seinem Körper und allen seelischen Regungen, die mit dem Körper irgendwie verbunden sind. Der Mensch muß sich vom gesamten Bereich der materiellen Dinge abwenden, um zum Ureinen zurückzukehren, nur so wird das Selbst »rein«.

Weil denn das was wir suchen, Eines ist und wir den Urgund aller Dinge ins Auge fassen wollen, nämlich das Gute und Erste, so dürfen wir uns auch nicht von der Region des Ersten entfernen und zum Allerletzten herabfallen, sondern es gilt im Hinstreben nach dem Ersten sein Ich von den Sinnendingen, welche das Letzte sind, hinaufzuführen, losgelöst zu sein von jeglicher Schlechtigkeit, da man ja zum Guten eilt, hinaufzusteigen zu dem Uranfang im eigenen Selbst und aus der Vielheit Eines zu werden, da man Schauer des Ursprungs und des Einen werden soll. (Ebd. VI 9, 3, 18)

Die Ethik wird aber nochmals überwunden durch die *ékstasis*, denn das Streben zum Guten ist nur eine Stufe des Weges der Rückkehr der Seele. Dieser findet erst im Schauen der Schönheit, der Ekstase – vgl. »Erschütterung« im folgenden Zitat – seinen Abschluß:

| 413

Bis man dann, beim Aufstieg an allem, was Gott fremd ist, vorübergehend, mit seinem reinen Selbst jenes Obere rein erblickt, ungetrübt, einfach, lauter, es, von dem alles abhängt, zu dem aufblickend alles ist, lebt und denkt, denn es ist Ursache von Leben, Denken und Sein [...]. Wer es nämlich noch nicht gesehen hat, strebt zu ihm als zum *Guten*; wer es aber erblickt, der darf ob seiner Schönheit *staunen* er ist voll freudigen Verwunderns, einer Erschütterung, die ohne Schaden ist, er liebt wahre Liebe, er lacht des peinigenden Begehrens, überhaupt aller anderen Liebe und verachtet was er früher für schön hielt. (I 6, 7, 33–34)

Diese *Ekstase* steht jedoch nicht *in der Verfügung des Menschen*, sie gehört nicht in den Bereich der Autonomie des Menschen, sondern wird – in wenigen Momenten des Lebens – wie ein Geschenk erfahren, für das der Mensch nur äußere Bedingungen schaffen kann. In diesem entscheidenden Punkt trifft sich der Neuplatonismus genau mit der Gnosis. In Hinsicht auf das eigentliche und letzte Ziel der Seele ist der Mensch *nicht autonom*, sondern ohnmächtig, er kann sich zwar vorbereiten, auf den seligen Zustand des Schauens kann er aber nur warten.

Der mystische Charakter dieser Philosophie ist klar erkennbar, die *Philosophie* wird der als *Erlösung* gedachten *Mystik untergeordnet*, da die letzte, entscheidende Erkenntnis jenseits aller philosophischen Bemühungen, jenseits aller rationalen Möglichkeiten, jenseits alles autonomen Strebens des Menschen liegt. Bei Plotin ist diese Konzeption noch relativ »philosophisch« – es ist aber klar, daß hier der Punkt liegt, von dem aus verschiedenste religiöse Formen, die den Menschen jenseits autonomer Tätigkeit transportieren sollen, wie z. B. Glaubensgehorsam, Gebet und kultische Handlungen, Eingang finden können. Tatsächlich wird diese Richtung von Plotin aus über Porphyrios, Jamblichos bis zu Proklos konsequent verfolgt und ausgebaut werden.

b) Die Relativierung von Philosophie und Wissenschaft

Das im vorhergehenden Abschnitt Gesagte bedeutet eine Selbstbeschränkung der Tragweite philosophischer Reflexion. *Philosophie* und Wissenschaft werden im Neuplatonismus *als* etwas *Vorletztes* angesehen, als etwas, das der Mensch letztlich hinter, oder besser: unter sich lassen sollte. Dies gilt nicht nur für die Philosophie, sondern zuvor auch schon für die Wissenschaft, denn auch diese gehört zum Bereich dessen, wo ein Abfall der Seele, ein Zerstreutsein in das Viele, vorliegt.

> Es beruht aber diese Schwierigkeit hauptsächlich darauf, daß man des Einen gar nicht auf dem Wege des wissenschaftlichen Erkennens, des reinen Denkens wie der übrigen Denkgegenstände inne werden kann, sondern nur vermöge einer Gegenwärtigkeit wel-
> 414 | che von höherer Art ist als Wissenschaft. Die Seele erleidet ja einen Abfall vom Einssein und ist nicht völlig eines, wenn sie die wissenschaftliche Erkenntnis einer Sache gewinnt; denn Wissenschaft ist Begriff, der Begriff aber ist ein Vieles; so verfehlt sie das Einssein da sie in Zahl und Vielheit gerät. So muß sie also über die Wissenschaft hinauseilen, darf in keiner Weise aus dem Einssein heraustreten, sondern muß ablassen von der Wissenschaft und dem Wißbaren, ja von jedem andern Gegenstand der Schau wenn er auch schön sein mag; denn alles Schöne ist später als das Eine und kommt von ihm so wie alles Tageslicht von der Sonne. (Ebd. VI 9, 4, 24–25)

Philosophie und wissenschaftliche Erkenntnis werden hier in die Eingangshalle verwiesen, sie stellen etwas Vorübergehendes dar, von dem die Seele letztlich Abstand nehmen muß. Erstrebt wird eine höhere Erkenntnis, es ist aber prinzipiell unmöglich, die Tür zu dieser Schau durch eigene Kraft aufzustoßen. Jede Form von Belehrung, und somit auch der Paideia, der Erziehung, ist hier in ihrer Reichweite begrenzt, und zwar nicht nur faktisch, sondern prinzipiell. Entsprechend heißt es in der Textstelle, welche der eben zitierten unmittelbar folgt:

> Darum läßt sich von ihm »weder reden noch schreiben«, wie es heißt: sondern wir reden und schreiben nur davon, um zu ihm hinzuleiten, aufzuwecken aus den Begriffen zum Schauen und gleichsam den Weg zu weisen dem der etwas erschauen will; denn nur bis zum Wege, bis zum Aufbruch reicht die Belehrung, die Schau muß dann selbst vollbringen wer etwas zu sehen gewillt ist. (Ebd. VI 9, 4, 26)

An diesem Punkt verläßt Plotin den Weg, den die griechische Philosophie von den ionischen Naturphilosophen bis zu Demokrit, Epikur und der Stoa gegangen war. Gleichzeitig damit werden gerade jene Elemente der Tradition, die auf ein Verlassen dieses Weges hingedeutet hatten, besonders relevant: Parmenides und der späte Platon, insbesondere der Platon des 7. Briefes (vgl. dazu Kap. IX, 8, c), und damit jene Formen des Philosophierens, mit denen versucht worden war, im Rückgriff auf formale Strukturen des Mythos auf Kulturschock I und Kulturschock II zu antworten. Genau diese Formen der »Philosophie« werden jetzt herangezogen, um auf den letzten Kulturschock der Antike – den Verlust der Überzeugung, durch eigene Anstrengung die Probleme des menschlichen, nun ganz und gar individuell gewordenen Lebens bewältigen zu können – Antworten zu geben. Das Eine des Parmenides, jetzt allerdings ganz anders als bei Parmenides in absolute Transzendenz gesetzt, soll die Rettung bringen, und durch Platons Unsagbares soll es aus aller rationalen Verfügbarkeit herausgenommen werden. Alle diese Versuche sind geprägt von einer Integration religiöser und mythologischer Denkformen. In der späten Antike, also zur Zeit Plotins, war die Religionsform, die am ehesten diesen Erfordernissen entsprach, die Gnosis, die daher für den Neuplatonismus wie auch für das zu dieser Zeit bereits konkurrierende Christentum entscheidende Vorgaben lieferte.

c) Plotin und die Gnosis

Man kann Plotin in verschiedener Weise zu verstehen versuchen. Einmal kann man ihn in die Entwicklung des Platonismus einordnen, und dabei vor allem auf Numenios verweisen. Man kann jedoch auch fragen, woher die im vorherigen Abschnitt dargestellte Selbstentmachtung und Selbstrelativierung der Philosophie kommt, und gelangt dann dazu, die Philosophie Plotins auf dem Hintergrund der politisch-gesellschaftlichen Verhältnisse zu interpretieren. Damit soll nicht gesagt werden, daß der gesellschaftliche Hintergrund die einzige Ursache dieser Philosophie ist, wohl aber, daß das damalige philosophische Bedürfnis der Gesellschaft einen nicht unwichtigen Faktor darstellte, und daß dieser bei den Anfängen und bei der Fortentwicklung des Neuplatonismus eine erhebliche Rolle spielte. Als Erklärungsschema von Welt und menschlicher Existenz zeigte sich damals jenes Modell am wirksamsten, das wir mit dem Sammelbegriff »Gnosis« bezeichnen. Die Gnosis stammte aus dem vorderen Orient und stellt *eine dem griechischen Denken fremde Bewegung* dar. Die Griechen hatten versucht, sich in der Welt heimisch zu fühlen und suchten seit den *arché*-Fragen der Vorsokratiker immer nach einer *immanenten Gesetzlichkeit* der Welt, und dem entsprach der Versuch, die Polis nach vernünftigen Gesetzen zu ordnen. In Hinsicht auf die Forderung von Autonomie und Rationalität des Menschen stellt Aristoteles den Höhepunkt griechischer Philosophie dar, aber auch die Stoiker und Epikureer waren diesbezüglich echt griechische Denker. Der Kosmos war für die

Griechen das, was sie als werthaft empfanden, auch wenn sie diesbezüglich immer schon gewisse Zweifel hegten, sie waren aber zumindest überzeugt, daß sie, wenn überhaupt, nur in einer solchen Affirmation des Wertcharakters des Kosmos Glückseligkeit finden konnten. In der Gnosis kommt nun ein anderes Lebensverständnis zur Geltung: Hier ist die *Welt* der *Raum der Finsternis*. Eine Gleichung, die schon bei den Orphikern und Pythagoreern aufgetreten war – die Gleichung *sôma* = *sêma* (Leib = Grab) – wird in der Gnosis auf die gesamte Welt hin erweitert, so daß sich ergibt: *kósmos* = *skótos* (Welt = Finsternis). Die Menschen in der Gnosis waren geprägt von der Angst vor der Welt und vor dem Welthaften in ihnen selbst. Es läßt sich nur vermuten, daß sich in der Gnosis das Schicksal großer Gruppen ausdrückt, die in ihren natürlichen Lebensbedingungen einer unberechenbaren Natur gegenüberstanden und in ihren gesellschaftlichen Lebensbedingungen einer absoluten und willkürlich wirkenden Herrschaft unterworfen waren. Diese doppelten Lebensbedingungen konnten ihnen nur den Eindruck der Feindseligkeit der Welt sowie ihrer eigenen *Fremdheit* und Heimatlosigkeit *in dieser Welt* vermitteln. Das Licht und die Wahrheit sind welt-jenseitig, jede welt-immanente Suche nach Wahrheit und Erleuchtung gelangt an unüberwindbare Grenzen. Um zur Wahrheit zu gelangen, bedarf es daher einer *Offenbarung*, einer aus dem Jenseits dieser Welt zum Menschen

gelangenden Wahrheit. Die erfahrbare Welt wird damit gleichzeitig negativ bestimmt, und eben dies ist *ungriechisch*. Entsprechend ihrer ursprünglichen Lebens- und Denkform hatten die Griechen bis zu den Stoikern und Epikureern versucht, sich das Göttliche als das Urbild, bei den Stoikern sogar als die Garantie, welthafter Glückseligkeit vorzustellen, und diese Vorstellung entsprach im Prinzip auch der römischen Auffassung. In der Gnosis hingegen vollzieht sich die prinzipielle Entgegensetzung von Gott und Welt. Der radikalen Ohnmacht des Menschen als Weltwesen steht eine Erlösung durch das Göttliche gegenüber, die gerade in der Negation von Welt besteht. Die Welt erscheint als Gegenmacht, wobei »Welt« hier zuerst und vor allem »Materie« bedeutet. Das Göttliche muß jetzt in einer Jenseitigkeit, einer radikalen Transzendenz, auftreten, die bei den Griechen undenkbar gewesen war, denn das Göttliche ist in der Gnosis geradezu definiert durch die Negation von Welt. Dies zeigen auch die dem Göttlichen zugesprochenen Prädikate: Sie sind durchweg verneinend: »nicht-materiell«, »un-sichtbar«, »un-zeitlich«, »un-begreiflich« usw. Es wäre aber im Denkrahmen Plotins noch zu wenig, hier Negationen von Welt-Begriffen anzusetzen, da es letztlich darum geht, das Eine als *jenseits aller Gegensätze* wie »zeitlich-unzeitlich« usw. anzusetzen, es also als »über-zeitlich« usw. zu verstehen. Auch diese Tendenz wird bei späteren Neuplatonikern bis hin zu Dionysios Areopagita noch gesteigert werden, soweit hier eine Steigerung überhaupt möglich ist (vgl. 2. Teil, Kap. II, 2).

Zwischen dieser Welt und dem Göttlichen herrscht ein radikaler Gegensatz, Licht und Leben ist dem Bereich jenseits von Welt vorbehalten. Will der Mensch Licht und Leben erreichen, so ist dies nur möglich, indem er *aus dieser Welt* hinaustritt, *über sie hinaus* geht, was in der kultisch oder intellektuell-asketisch vermittelten oder wenigstens vorbereiteten Ekstase erreicht wird. Damit wird der Mensch seinem innersten Wesen nach als *gegenweltlich* bestimmt: Dort, wo der Mensch mit der Welt verwandt ist, ist er nicht er selbst und dort, wo er bei sich ist und er selbst wird, ist er der Welt fremd. Der Mensch kann nicht durch eigene Anstrengung er selbst werden, da Licht und Leben bei dem »ganz Anderen« *(állos)*, dem »ganz Andersartigen« *(héteros)*, dem »Fremden« *(xénos)*, dem »Neuen« *(kainós)* ist. Das Eine Plotins nimmt alle diese Kennzeichen an, die aber nicht dieses selbst, sondern nur die Beziehung, oder besser Nicht-Beziehung des Menschen zu diesem ganz jenseitigen Einen betreffen.

Die Seele, die nach diesem ganz Anderen strebt, befindet sich in der Welt und im Körper in einem eigentlich nicht-sein-sollenden Zustand. Die Gnostiker versuchten, dies durch einen Urfall der Seele zu erklären, wobei dieser Fall schon vor der Einschließung der Seele in die Materie liegt und die Einschließung eigentlich nur die Folge des Falls ist. Diese Vorstellung ist ungriechisch und findet auch bei Platon keinen Anhaltspunkt, dennoch finden wir sie bei Plotin. Plotin spricht davon, daß »die Seele bereits, ehe sie ins Reich des Werdens eintrat, ein Stück Niederes von sich aus mitbrachte« (Ebd. II 3, 10, 54). Und er sagt noch expliziter, daß »der Teil in ihr die Oberhand hat, der auf Grund des früheren Lebens ihr zur Hand liegt«, und »dann 417
entsteht der Gute oder Schlechte nicht erst hier auf Erden« (Ebd. III 4, 5, 16). Was ist aber der Ursprung dieser Ursünde? In den gnostischen Systemen besteht diese Ursünde in dem Willen, sich selbst zu behaupten, also sich als Anderes vom Einen abzusetzen. Dies bedeutet letztlich: Der Wille, *Individuum* zu sein, ist die *ursprünglichste Verfehlung*. Wiederum finden wir genau dies bei Plotin:

> Der Anfang des Übels bei den Seelen sind die freche Kühnheit, d.i. die Tatsache der Entstehung, und die erste Andersheit, d. i. der Wille, sich selbst zuzugehören. An dieser Eigenmächtigkeit hatten sie Freude [...], liefen den Gegenweg und gerieten in einen weiten Abstand. (Ebd. V 1, 1, 1)

Entsprechend der Ursünde wird in der Gnosis die Rückkehr der Seele zu ihrem Ursprung in der *Aufhebung der Individualität* angesetzt: Der verstreute Lichtfunke kehrt in das Urlicht zurück und löst sich in diesem auf. Dies entsprach in keiner Weise der griechischen Auffassung vom Menschen. Für die Griechen seit der Zeit Homers galt es als Ziel, sich auszuzeichnen, seinen Namen zu verewigen. Die Namen der Sieger bei Olympischen Spielen wurden für alle Ewigkeit in Stein gemeißelt, ebenso wie die der Sieger eines Wettkampfes im Gymnasium einer Kleinstadt. Dichtung und Kunst standen im Dienst der Verherrlichung solcher Helden und sollten deren Namen unsterblich machen. Die Gnostiker hingegen strebten auf die *Negation des Namens* hin, auf seine Auslöschung. Plotin folgt diesem Weg. Der Eigenname wie der Eigenwille ist die Ursünde, das Vergessen des eigenen Namens bedeutet die Erlösung, die Aufhebung des Selbst.

Wie aber erinnert es sich seiner selbst? Es hat überhaupt keine Erinnerung an sich selbst, auch nicht daran, daß es selber, also z. B. Sokrates, das Schauende ist, oder daß es der Geist oder die Seele ist. (Ebd. IV 4, 2, 8)

Mit der Forderung nach der Aufhebung der Welt und des Individuums sind wir tatsächlich an der *Grenze der griechischen Philosophie* angelangt. Eigentlich sollten wir hier einen dicken Trennungsstrich einfügen, um uns klar zu machen, daß wir an diesem Punkt, oder eigentlich genau *vor* diesem Punkt am Ende der griechischen Philosophie angelangt sind. Was hier gesagt wird, ist aber nichts, was der Sache nach nicht auch den antiken Autoren bewußt gewesen ist, auch wenn sie es nicht als Grenze der griechischen Philosophie wahrgenommen haben. Aber solche historischen Grenzziehungen können eben immer erst dann erfolgen, wenn etwas zur Geschichte geworden ist. Plotin hat viel von Numenios übernommen und Numenios kannte auch die Lehren der Brahmanen (vgl. Kap. XVI, 4, a), womit ganz allgemein die fernöstlichen Philosophien gemeint sind, zu denen auch der Buddhismus gehört. Und der christliche Neuplatoniker Klemens von Alexandrien (145/150–216/217) zählt ausdrücklich auch die Lehren Buddhas zu der Weisheit, aus der die Philosophen geschöpft haben (vgl. 2. Teil, Kap. I, 4). Wird jetzt bei Plotin von der ganz ungriechischen Aufhebung des Namens und so des Individuums gesprochen, so muß darauf verwiesen werden, daß dies einen zentralen Punkt der Lehre des Buddhismus darstellt. In der bekannten *Rede Buddhas zur Uposathafeier* sagt dieser zu seiner Mönchsgemeinde:

Und wiederum, ihr Mönche, wenn die großen Flüsse, die Gangâ, die Yamunâ, die Aciravatî, die Sarabhû, die Mahî, in das große Weltmeer einmünden, so lassen sie ihre einstigen Namen und Geschlechter hinter sich zurück und werden allein nur noch großer Ozean genannt. Daß so bei dem großen Ozean alle Flüsse, die in ihn münden, Name und Geschlecht in dem Namen »großes Weltmeer« aufgeben, das ist die vierte erstaunliche, wunderbare Eigenschaft, an welcher die Asuras, wenn immer sie im Ozean sie schauen, sich freuen. (*Die Reden Buddhas.* Übers. von I.-L. Gunsser. Stuttgart 1998. S. 59)

2. Porphyrios

Porphyrios (233 – nach 301) wurde vor allem bekannt durch seine *Isagoge,* also die Einleitung zu den *Kategorien* des Aristoteles, die die historisch weitreichende neuplatonische Interpretation (vgl. Kap. X, 5) dieser Schrift zwar nicht begründete, aber doch historisch wirksam machte. Porphyrios war also jedenfalls interessiert an aristotelischer Philosophie, was bei den Platonikern keinesfalls eine Selbstverständlichkeit war (vgl. Kap. XVI, 3, a). Innerhalb der platonischen Schule wurde Porphyrios daher dann wichtig für die Akzeptanz aristotelischer Philosophie, für die er in deutlichem Gegensatz zu seinem Lehrer Plotin mit der Schrift *Daß die Schulen Platons und Aristoteles' Eins sind* warb. Der Versuch, eine Harmonie der Lehren von Platon und Aristoteles nachzuweisen, war, so fragwürdig er sachlich gesehen ist, entscheidend für die weitere Beschäftigung der Platoniker mit der Philosophie des Aristoteles. Die Annahme einer solchen Harmonie wurde dann auch tasächlich Schulgut der Platoniker. Porphyrios verfaßte mit den *Sentenzen* auch eine kleine Schrift, die eine Zusammenfassung der *Enneaden* Plotins sein soll. Es stellt wieder eines der in der Spätantike beliebten Handbüchlein dar.

Die Bedeutung des Porphyrios in historischer Hinsicht reicht jedoch viel weiter: Er war der Schüler Plotins, der Lehrer des Jamblichos und außerdem der wahrscheinlich gelehrteste und scharfsinnigste Gegner der Christentums. Er stammte aus Syrien und konnte Hebräisch und Aramäisch, was eine nicht unwesentliche Voraussetzung für eine solche Auseinandersetzung war. Höchstens Kelsos, mit dem sich dann Origenes intensiv auseinandersetzte, kam ihm in dieser Hinsicht gleich. Porphyrios verfaßte 15 Bücher gegen die Christen, die allerdings im Jahre 448 symbolträchtig und höchst wirksam von den christlichen Autoritäten verbrannt wurden – keines blieb erhalten. Dieser Schnittpunkt ist historisch gesehen wichtig. Die Platoniker nehmen mit Porphyrios erstmals das Christentum als Gegner und Konkurrenten wahr und entwickeln selbst – vielleicht teilweise auch in Reaktion darauf – eine verstärkt religiöse Interpretation des Platonismus. »Religiös« ist hier im Sinne der religiösen Bedürfnisse und Tendenzen der späten Antike zu verstehen, d. h. im Sinne von »jenseitsorientiert« und zunehmend »glaubens-« und »kultorientiert«.

Die eigenen philosophischen Interessen des Porphyrios kommen vor allem in der Schrift *Das Leben Plotins* deutlich zum Ausdruck. Der weltabgewandte Philosoph des Porphyrios ist nur wenig an Mathematik und den anderen wissenschaftlichen Gegenständen der pythagoreisch-platonischen Tradition interessiert, dafür wendet er sich der Mystik zu. Porphyrios sagt von Plotin,

> [...] daß er ferner alles tat um loszukommen, »zu entrinnen der beißenden Woge« des »blutig mordenden« irdischen Lebens. So ist denn gerade diesem daimonischen Manne »schon oft«, wenn er sich hinaufhob zum Ersten, Jenseitigen Gott mit seinem Denken auf den Wegen welche Platon im »Gelage« gewiesen, Jener Gott erschienen welcher keine Gestalt und keine Form hat und oberhalb des Geistes und der ganzen geistigen Welt thront, und von dem ich, Porphyrios, bekenne, daß ich ihm nur einmal nahe kommen und mich einen konnte: und ich stehe im achtundsechzigsten Jahr. (*Leben Plotins* 23, 129–130)

Wie Numenios versuchte Porphyrios, die platonische Philosophie in einen *Zusammenhang mit Mysterien* zu bringen, vor allem mit solchen aus Ägypten, Philosophie soll also auf Offenbarungen zurückgeführt werden. Dies wird vor allem in seinem nicht erhaltenen, aber aus der Antwort des Jamblichos *(Über die Geheimlehren)* in seinem Inhalt rekonstruierbaren *Brief an Anebo* deutlich. Porphyrios zog auch die *Chaldäischen Orakel* heran, in denen für *Theurgie*, also für kultische Praktiken mit dem Ziel der Erlösung des Menschen, geworben wird. Im Wort »Theurgie« sind die Wurzeln »Gott« *(theós)* und »Werk« *(érgon)* enthalten, und dieses Werk sollte noch wichtiger sein als das Wort, wichter also als die Theo-Logie. Theurgische Handlungen sind *Gebete* und *kultische Verrichtungen* wie z. B. Sühneopfer, aber auch Verehrung von Bildern – die Nähe zu christlichen Sakramenten ist unübersehbar. Porphyrios folgte dem nicht ganz und wollte diese theurgischen Handlungen nur für jene Menschen als erforderlich zur Verähnlichung mit Gott akzeptieren, die nicht die Voraussetzungen für die Philosophie mitbringen. Sein Schüler Jamblichos wird in diesem Punkt den Wünschen der Menschen seiner Zeit noch mehr entgegenkommen und solche Handlungen auch für den Philosophen als förderlich ansehen, wir gelangen dort zu dem betenden und Kulthandlungen verrichtenden gnostisierenden Platoniker, der sich phänomenologisch kaum noch von dem gnostischen und platonisierenden Christen unterscheidet. Es blieben Lehrdifferenzen zwischen Christen und Platonikern, wie z. B. die Frage der Menschwerdung Gottes und der Auferstehung des Leibes (deren Interpretation durch einen »geistförmigen Körper« allerdings auch ziemlich viel offen ließ), wie es Porphyrios selbst scharf gesehen hat. Man kann aber von der Sache her gesehen kaum von einer Auseinandersetzung zwischen heidnischer Philosophie und christlicher Religion sprechen, es geht eigentlich um die Auseinandersetzung zweier spätantiker Religionen, die beide aus einer Verschmelzung von orientalischen Religionen und Platonismus hervorgegangen waren. Weder Platon noch Jesus hätten sich in diesen Formen wiedererkannt.

3. Jamblichos

Ein Schüler des Porphyrios war der aus Syrien stammende Jamblichos (ca. 240–330 n. Chr.). Es ist auffällig, daß die späten Neuplatoniker meist aus Kleinasien oder Syrien stammten, und daß sie alle eine ausgeprägte Neigung zu orientalischen Religionen besaßen, und es ist, wie schon erwähnt, ebenso auffällig, daß auch das gnostisiernde Johannesevangelium in diesem syrischen Raum entstanden ist. Jamblichos studierte bei Porphyrios in Rom oder in Sizilien, ging dann aber nach Syrien zurück, wo er sich in Apameia, wo auch Numenios gewirkt hatte, niederließ und eine eigene Schule gründete. Jamblichos war von einer Anzahl Jünger umgeben, die ihn geradezu verehrten. Er wurde in der Antike als »berühmter Seelenarzt« gekennzeichnet und zeigte sich als ein Erleuchteter, der in Seelengemeinschaft mit den

Göttern lebte und feierliche Opfer zelebrierte. Politisch einflußreich wurde Jamblichos durch Kaiser Julian, der von 361–363 regierte und sich vom Neuplatonismus eine Alternative zum Christentum erhoffte. Das Scheitern dieses Versuches ist bekannt. Obwohl Jamblichos keine bedeutenden Schüler gehabt hat, blieben seine Lehren maßgebend für den athenischen wie den alexandrinischen Platonismus der folgenden Jahrhunderte. Er verfaßte einen Kommentar zu der *Einleitung in die Arithmetik* des Neupythagoreers Nikomachos von Gerasa (vgl. Kap. XV) und eine Abhandlung über *Die allgemeinen mathematischen Wissenschaften*. In diesen Schriften finden sich zahlreiche wertvolle Nachrichten über die antike Mathematik. Innerhalb der Entwicklung des Platonismus der Spätantike hat Jamblichos jedoch in anderer Hinsicht maßgebende Bedeutung gewonnen, was hier nur in Stichworten angedeutet werden soll.

a) Exegese, Kanon und Orthodoxie

Jamblichos hat zahlreiche Kommentare zu platonischen Dialogen *(Parmenides, Phaidros, Timaios)* verfaßt, aber auch zu Schriften des Aristoteles *(Kategorien, 1. Analytik, De anima)*. Von all diesen Werken sind nur Fragmente erhalten, die überlieferten | 421
Textteile sind nichtsdestoweniger aufschlußreich: Sie zeigen eine ständig zunehmende begriffliche Differenzierung, ein philologisches und philosophisches Arbeiten an einzelnen Begriffen und Begriffsunterscheidungen. Es wird hier *Exegese*, Textauslegung, im wahrsten Sinn des Wortes betrieben, auch wenn dabei vieles, um das gewünschte Ziel zu erreichen, mit Hilfe von Allegorien aus- oder weggedeutet wird. Es bildete sich auch – ganz ähnlich wie schon mehr als ein Jahrhundert vorher bei den heiligen Schriften der Christen – ein *Kanon* der offiziellen Texte des Platonismus heraus, zu dem neben den platonischen Dialogen auch pseudo-pythagoreische Schriften und die *Chaldäischen Orakel* zählten. Damit verbunden ist die Tendenz, größten Wert auf *Orthodoxie* zu legen und diese zu überwachen: Abweichende Auslegungen, wie Jamblichos sie bei Porphyrios meinte feststellen zu können, wurden scharf angegriffen. Jamblichos war also überzeugt, zu wissen, was die »wahre Lehre« des Platonismus sei. Auch die Christen waren zu dieser Zeit bereits intensiv mit der Frage der Orthodoxie, also der Rechtgläubigkeit, beschäftigt, der Streit um die Lehren des Arius, d. h. um die Frage der Göttlichkeit Christi, war im Gange und führte schließlich zum ersten Konzil in Nicäa im Jahre 325, auf dem genau festgelegt wurde, was orthodox und was häretisch sein sollte. Das Sicherheitsbedürfnis, das ein Kennzeichen der hellenistischen Philosophie ist, und das z. B. bei Stoikern und Epikureern maßgeblich für die Suche nach Sicherheit im Innen gewesen war, wird also jetzt zunächst einmal in einem Außen, einem Kanon, und dann in sicherer, »wahrer« Auslegung und Sicherheit bei Glaubensüberzeugungen gesucht. Und dies soll dann selbstverständlich der Sicherheit im Innen des Men-

schen dienen. Während die Menschen den politischen Autoritäten immer weniger zutrauten, waren sie bereit, philosophische und religiöse Autoritäten anzuerkennen. Und die Autoritäten wieder stützten sich auf autoritative Texte. Was wahr ist, wurde nicht mehr durch freie und kritische Diskussion herausgefunden, sondern mußte an Texten nachgewiesen werden. Wie wir gesehen haben, konnten sich auch die aristotelischen Wissenschaftler dieser Tendenz nicht ganz entziehen, auch sie suchten zunächst einmal den authentischen Text (vgl. Kap. XI, 3, a). Gemeinden mit einem Gemeindeleiter, die alle um einen autoritativen Text versammelt waren und die gemeinsame Kulte verrichteten, entsprachen dem Bedürfnis der Menschen in einer Gesellschaft, die nur mehr wenig Halt bot. Die Platoniker mit ihrer Akademie-Tradition konnten diesem Bedürfnis problemlos entgegenkommen.

b) Das Hypostasenschema

Durch Jamblichos wurde der Neuplatonismus zu einer wirklichen Religion, die sich in Konkurrenz zu anderen spätantiken Religionen wie dem Christentum und der Gnosis befand. Diese religiöse und an alten mythologischen Texten orientierte Form

des Neuplatonismus führte allerdings auch zu Veränderungen im metaphysischen System. Es galt nun, die traditionellen Götter, aber auch die zahlreichen Zwischenwesen aus den *Chaldäischen Orakeln* in die Metaphysik hereinzunehmen. Dies geschah durch die Ausarbeitung eines differenzierten Schemas von Hypostasen, die unterhalb des Einen liegen und die bis in die menschliche und materielle Welt hineinreichen. Plotin war in dieser Hinsicht noch sehr vorsichtig gewesen und hatte gesehen, daß diese Konstruktionen ein Kennzeichen der gnostischen Systeme waren, das er nicht aufnehmen wollte. Bei Jamblichos fallen diese Bedenken jedoch weg, jetzt beginnt der neuplatonische Ausbau des Hypostasenschemas, das dann bei Proklos nur noch geringfügig ergänzt werden mußte. Ein solches komplettes Schema wird dann auch von Dionysios Areopagita aufgestellt und später ganz und gar in die christliche Lehre aufgenommen werden. Der »heidnische« Lehrer Olympiodoros in Alexandrien wird dann im 6. Jhd. seine christlichen Schüler ganz einfach darauf hinweisen können, daß das, was er »Schutzgeister« nennt, das ist, was die Christen »Engel« nennen – eine Verschiedenheit bestand nur im Namen, nicht der Sache nach. Die »Chöre der Engel« erhielten also einen Platz im philosophischen System. Der Ausbau des Systems von Mittelwesen wurde nicht zuletzt durch die extreme Transzendenz, in die das Eine, der Gott des Neuplatonismus gesetzt worden war, erforderlich. Für den »Durchschnittsplatoniker«, der für die mystische Einigung mit diesem Einen nicht geeignet oder noch nicht ausreichend vorbereitet war, mußten vermittelnde Wesen zur Verfügung gestellt werden, an die er sich um Hilfe wenden konnte.

c) Theurgische Handlungen

Jamblichos war ein traditioneller Platoniker, der das seit dem Mittelplatonismus angenommene Ziel des menschlichen Lebens in der Verähnlichung mit Gott sah. Ebenso war er traditioneller Neuplatoniker, insofern er Philosophie in Offenbarung begründet sein ließ. In seiner Pythagoras-Biographie schreibt er:

Alles was sie [d. h. die Pythagoreer] über Tun und Lassen bestimmen, hat sein Ziel in der Übereinstimmung mit dem Göttlichen. Dies ist der Ursprung, und jedes Leben ist darauf hin angelegt, Gott zu folgen, und dies ist der Sinn dieser Philosophie: die Menschen tun etwas Lächerliches, wenn sie das Heil sich von anderswoher erwarten als von den Göttern. [...] Dies zu wissen ist aber nicht leicht, wenn man nicht auf jemanden, der einen Gott vernommen hat oder auf einen Gott selbst hört oder aber sich dieses Wissen durch göttliche Kunst verschafft. (*Leben des Pythagoras* XXVIII 137–138)

Schon der zuletzt gebrauchte Ausdruck »göttliche Kunst« *(téchne theía)* besagt mehr als ein Wissen durch Offenbarung. Es geht hier um Handlungen, und tatsächlich ist Jamblichos kein traditioneller Platoniker mehr, wenn er die höchste Stufe der Befreiung der Seele aus dem Kerker des Körpers, der Materie, und des Kosmos nicht durch philosophische Einsicht oder etwa durch plotinische gnostisierende Mystik, sondern in Gebeten und Riten zu finden meinte, also in theurgischen Handlungen. Dies wird dann, wie zu erwarten, in die Biographie des Pythagoras hineingetragen, und das heißt: durch diese legitimiert. So »berichtet« Jamblichos von Pythagoras:

Bei jeder Gelegenheit gedachte er der Götter und ehrte sie: auch beim Mahle brachte er ihnen Trankopfer dar und gebot, Tag für Tag die höheren Mächte durch Gesänge zu preisen. Er achtete auch auf zufällige Äußerungen, auf Weissagungen und Götterstimmen, überhaupt auf alle Zeichen, die sich von selbst einstellten. Er opferte den Göttern Weihrauch, Hirse, Kuchen, Waben, Myrrhe und anderes Räucherwerk. (Ebd. XXVIII 149–150)

Auch die Verbindung von Philosophie und kultischen Handlungen wird also in das Leben des Pythagoras eingeschrieben – vielleicht gar nicht zu Unrecht. Darüber hinaus aber gibt Jamblichos auch Nachrichten über die Herkunft der kultischen Praktiken der Platoniker seiner Zeit:

Weiter soll er die göttliche Philosophie und den Kult als Synthese gestaltet haben, indem er das eine bei den Orphikern lernte, das andere bei den ägyptischen Priestern, wieder anderes bei den Chaldäern und Magiern, manches auch aus den Mysterien in Eleusis, Imbros, Samothrake und Lemnos und einzelnes bei den Mystenvereinigungen und bei den Kelten und Iberern. (Ebd. XXVIII 151).

Es geht Jamblichos also um eine *Synthese von Philosophie und Kult*. Man muß sich dabei klar machen, daß es aber doch etwas anderes ist, wenn – wie bei Plotin – die Philosophie als vorletzte Stufe zur Mystik angesehen wird, oder wenn die Philosophie in eine Einheit mit Kult gebracht werden soll und schließlich als vorletzte Stufe vor Gebeten und Kulthandlungen betrachtet wird. Ein kulturgeschichtlich aufschlußreiches Zeugnis dafür ist die umfangreiche Schrift des Jamblichos *Über die Geheimlehren*, die sich wie ein Lehrbuch der Gnosis liest, und das mit einem Gebet schließt, die Götter mögen dem Menschen die wahren Gedanken eingeben. Programmatisch wird in dieser Schrift alle Philosophie auf ägyptische Weisheit zurückgeführt:

Wenn du aber eine philosophische Frage vorlegst, werde ich dir auch diese auf Grund der alten Schriftsäulen des Hermes (Toth) beantworten, durch deren Studium dereinst schon Plato und vor ihm Pythagoras die Philosophie (unter den Griechen) begründeten. (*Über die Geheimlehren* I 2)

Die Philosophie soll also – soweit sie überhaupt noch erhalten bleiben soll – auf alte Mysterien und Kulte zurückgeführt werden. Daß er sich dabei gegen die kulturelle und philosophische Tradition der Griechen stellt, weiß Jamblichos ganz genau:

Denn das ist so ziemlich der Grund, warum jetzt alles wirkungslos geworden ist, sowohl die Namen als auch die Gebete, weil nämlich ihre Veränderung infolge der Neuerungssucht und Unvernunft der Griechen kein Ende findet; denn die Griechen sind ihrer Natur nach neuerungssüchtig und beständig in stürmischer Bewegung, haben nichts Festes in sich und bewahren nichts so, wie sie es von irgendwem erhalten haben, sondern lassen es sogleich wieder fahren und bilden es ihrer unsteten Geschicklichkeit im Neuern entsprechend um. (Ebd. VII 5)

Wenn wir uns an den Beginn der Philosophie bei den ionischen Naturphilosophen erinnern, so können wir tatsächlich feststellen, daß der Übergang vom Mythos zum Logos, so sehr dieser auch – von heute her gesehen – zu relativieren ist, durch die intellektuelle Beweglichkeit und Unvoreingenommenheit der griechischen Siedler ermöglicht wurde. Die Bereitschaft, Theorien zu kritisieren und neue Theorien aufzustellen, war ein Kennzeichen dieser Philosophen, und Ähnliches kann auch von den großen Naturphilosophen wie Empedokles, Anaxagoras und Demokrit gesagt werden. Diese gesamte intellektuelle Bewegung wird jetzt als »Unvernunft« und »Neuerungssucht« bezeichnet – hier wird die Tradition griechischer Philosophie verlassen, wie dies schon bei Plotin der Fall gewesen war. Die wahre Erkenntnis soll jetzt nach Jamblichos in der Ekstase zustandekommen, im »göttlichen Wahnsinn«. Dort aber ist – wie Jamblichos ausdrücklich feststellt – das Eigenbewußtsein, die Eigentätigkeit und das Verstandesbewußtsein völlig ausgeschaltet (Ebd. III 8). Wenn die Philosophen selbst die Philosophie für unzureichend halten und ihre Zuhörer auffordern, zu beten, zu opfern, und sich auf höhere Erkenntis in Mystik oder Exstase vorzubereiten, dürfen sie sich nicht wundern, wenn eine vitalere Religion sich dieser Aufgabe annimmt und die platonische Philosophie – soweit brauchbar – einfach übernimmt.

4. Proklos

Was eben angedeutet wurde, trat im 4. Jhd. tatsächlich ein. Das Christentum hatte sich im Westen wie im Osten durchgesetzt, die Kaiser im Westen wie im Osten stützten sich auf die neue Religion und die neue Religion stützte ihrerseits die Kaiser. Es handelt sich bei diesem historischen Vorgang um keinerlei Notwendigkeit des Ablaufs der Geschichte und ebensowenig um einen historischen Beweis der Wahrheit des Christentums. Es ging einfach darum, daß das Christentum den faktisch vorhandenen seelischen Bedürfnissen vieler Menschen der ausgehenden Antike besser entsprach als andere Gruppen, und daß außerdem die Staatsmacht eine neue und vitale ideologische Stütze benötigte. Auf diese Faktoren wird im nächsten Teil zurückzukommen sein (vgl. 2. Teil, Kap. I, 1). Zu Beginn des 5. Jhd.s war es bereits weithin gesellschaftlich normal, Christ zu sein. Wenn jemand sich also ausdrücklich und öffentlich zur »heidnischen« Philosophie bekannte, so erforderte dies zunächst einmal eine wirkliche Entscheidung in diese Richtung und außerdem einige Standfestigkeit in einer inzwischen christlich gewordenen Umgebung.

Dieser Fall liegt bei Proklos (412–485) vor, womit wir nun allerdings wirklich am Ende der »großen« antiken Philosophie angelangt sind. Um sich die Jahreszahlen klar zu machen: Proklos beginnt seine Tätigkeit *nach* dem Tod des Augustinus (430), also zu einer Zeit, in der die christliche platonisierende Theologie bereits einen Weg über mehr als zwei Jahrhunderte hin zurückgelegt hatte und bedeutende Kirchenversammlungen auf kaiserliche Initiative hin stattgefunden hatten, auf denen sich die platonisierenden Theologen immer durchgesetzt hatten. Proklos stammte aus Kleinasien und studierte zunächst in Alexandrien, ging dann aber nach Athen, wo es immer noch die Platonische Akademie gab (diese wurde erst 529 geschlossen). Vor allem von Syrianus, dem Leiter der Akademie, dürfte Proklos viel übernommen haben. Daß er sich der »heidnischen« Philosophie verschrieben hat, führt sein Biograph Marinos – ganz im Stil der Heiligenlegenden – auf die Einwirkung der Göttin Athene zurück. Proklos wirkte als Lehrer und war etwa seit 438 Leiter der Platonischen Akademie in Athen. Sein Leben war asketisch und beinahe monastisch streng geregelt, eingeteilt in Lehre, Gespräche mit Schülern und Kollegen, Meditation, Gebete und rituelle Handlungen. Von seinen Schriften sind neben einigen kleineren Abhandlungen vier Kommentare zu platonischen Dialogen, der *Kommentar zum 1. Buch von Euklids Elementen*, die *Physik* und die *Elemente der Theologie* erhalten. Die wissenschaftlichen Arbeiten des Proklos zeigen, daß er die Mathematik und

Astronomie seiner Zeit vollkommen beherrschte, wobei aber aus seinen anderen Werken deutlich wird, daß seine eigentlichen Interessen nicht auf diesem Gebiet lagen. Verlorengegangen ist u. a. ein Kommentar zu den *Chaldäischen Orakeln.*

In den *Elementen der Theologie* legt Proklos etwas vor, das man mit Recht ein »System« nennen kann. Plotins Schriften sind eher Abhandlungen zu einzelnen Themen, die, obwohl aus einem durchaus systematischen Denken hervorgegangen, nicht in systematischer Form dargestellt sind. Demgegenüber liefert Proklos eine *systematische Form* in geradezu extremer Weise: Er hatte einen Kommentar zum ersten Teil der *Elemente* Euklids geschrieben und verfaßte dann die *Elemente der Theologie,* die in ihrer Form tatsächlich den *Elementen* Euklids ähneln, jedenfalls der Intention des Proklos nach. Proklos betreibt philosophische Theologie *modo geometrico* (daß wir dabei an Spinoza und dessen *modo geometrico* erinnert werden, ist eine Assoziation, die durchaus berechtigt ist, vgl. dazu 3. Teil, Kap. VII, 2 und 3). Dieses Werk des Proklos hat keinerlei Ähnlichkeit mit den verschiedenen Handbüchern der Periode, so wie Porphyrios mit seinen *Sentenzen* eines für den Neuplatonismus verfaßt hat. Es ist ein rein akademisches Werk, das keinerlei Zugeständnisse an das Publikum macht, und es ist systematisch in dem Sinne, daß tatsächlich versucht wird, alles aus einem Prinzip abzuleiten. Letzlich geht alles auf die Grundfrage von
426 | Einheit und Vielheit zurück. – Das Werk macht also einen ungeheuer stringent logischen Eindruck, die Frage ist nur, ob nicht alles, was bewiesen wird, schon vorausgesetzt ist. Damit wird auch die Relevanz der logisch-dialektisch strengen Darstellung problematisch. Proklos sagt selbst ganz unmißverständlich, daß Dialektik, die immer ein durch Negationen bestimmendes Denken bedeutet, an eine unüberwindbare Grenze stößt:

Die Negationen oder die ganze Dialektik führen uns nur bis zum Vorhof des Einen, dadurch, daß sie alles Geringere fortnehmen und die Hemmnisse, die der Schau des Einen im Weg liegen, so entfernen, wenn man das so sagen kann. Nachdem man dies alles durchlaufen hat, sollte man alles ablegen, die ganze Beschäftigung mit dem Prinzip der Negation und die Gebundenheit an es, damit soll man das nun nicht mehr zusammenbringen. Das reine Denken kann nicht die ihm unterlegenen Formen des Denkens so sehen, wie sie wirklich sind, und auch die Seele wird nicht durch Überlegungen über das hinter ihr Liegende abgelenkt, wie es ja überhaupt unmöglich ist, durch Überlegung zu einer vollkommenen Einsicht zu gelangen. (*Kommentar zu Platons Parmenides*, S. 75)

Durch Überlegung kann man also zu keiner vollkommenen Einsicht gelangen. Damit ist klar, daß es eine Fähigkeit zur Einsicht geben muß, die über alle Möglichkeiten der Überlegung hinausgeht. Auch Platon hatte schon eine Hierarchie der Erkenntnisvermögen angenommen, aber erst hier im Neuplatonismus wird ein aller »normalen« Erkenntnis gegenüber radikal anderes, *höheres Erkenntnisvermögen* im

Menschen angenommen. An diesem Punkt etabliert sich somit eine wichtige Unterscheidung der Erkenntnisvermögen:

Verstand *(ratio)*	**Vernunft** *(intellectus)*
Logik, Wissenschaft	intuitives Sehen, Schau

An diesem Punkt muß wiederum der Gegensatz zu Aristoteles offenkundig werden: Für Aristoteles gibt es nur *eine* Erkenntnisart, nicht eine niedrigere und eine höhere Erkenntnis. Proklos stellt diesen Unterschied deutlich heraus:

Das ist auch der Punkt, an dem sich Aristoteles von Platon unterscheidet, denn er gibt keine über dem Denken liegende Erkenntnis zu (Ebd. S. 73)

Wir sollen also nach Proklos über alle Wissenschaft und über alle Verstandesphilosophie hinaus gelangen. Dies bedeutet, daß wir uns nicht nur sittlich von aller Schuld und aller Anhänglichkeit an sinnlich erfahrbare Dinge befreien müssen, sondern daß wir uns letztlich auch von aller Wissenschaft und aller Dialektik des Verstandes »reinigen« müssen. Die Katharsis reicht in die Erkenntnis hinein:

Wie also dort das Tun von der Überlegung gereinigt werden muß, soviel sie auch zu dessen Vollendung beitragen mag, so muß auch hier alles von jeder Dialektik gereinigt werden. Sie ist nämlich nur die Vorbereitung für das Streben zum Einen, und nicht das Streben selbst. Doch muß nicht nur von ihr gereinigt werden. Auch das Streben selbst muß verlöschen. Am Ende ist die Seele zusammen mit dem Einen und in ihm eingeschlossen. Wenn sie so allein und schlechthin eins geworden ist, begehrt die Seele nur noch das Schlechthin-Eine allein. (Ebd. S. 75 und 77)

Rationalität wird hier radikal entmachtet, und das heißt in diesem Zusammenhang: Die Philosophie *selbst* schränkt sich in ihrer Relevanz und Reichweite prinzipiell ein, definiert sich selbst als *Vorhof* einer höheren, nicht mehr in ihrer Kompetenz stehenden Erkenntnis – dies ist der Weg, den die Philosophie des Neuplatonismus von Plotin zu Proklos gegangen ist. Es ist daher nicht verwunderlich, daß eine *Philosophie*, die sich als *Propädeutik* mit nur sehr relativer Bedeutung einschätzt und die auf eine höhere Wahrheit nur negativ, reinigend, vorbereiten kann und will, dann tatsächlich auf diese Stelle festgenagelt wird, sobald eine genügend mächtige Instanz auftritt, die beansprucht, jene höhere Wahrheit zu besitzen bzw. zu vermitteln. Die Rolle, die der Philosophie im Mittelalter von vielen Vertretern der Kirche zugeordnet wurde, ist somit *nicht* von diesen selbst erfunden und der Philosophie aufgezwungen worden, sondern beruht darauf, daß sich die Philosophie als autonomes und im Erkenntnisbereich ausreichendes Unternehmen schon selbst aufgegeben hatte: Eine

Philosophie, die sich der Gnosis gebeugt hatte, kann sich problemlos jeder Offenbarung beugen. Die Philosophie des Mittelalters wird diese Rolle nicht kritiklos übernehmen, wird dabei jedoch immer mit der Schwierigkeit zu kämpfen haben, daß sie sich nicht nur mit der Autorität auseinandersetzen muß, sondern ebenso mit einer philosophischen Tradition, die Rationalität gegenüber Mystik entwertet hat.

- XVIII -

Die Aristoteleskommentatoren

Die Geschichte der Kommentatoren der Werke des Aristoteles in der späteren Antike, d. h. etwa seit der Edition des Andronikos von Rhodos im 1. Jhd. v. Chr. bis ins 7. Jhd. n. Chr., liegt auf der einen Seite etwas quer zur Geschichte der Philosophie der Spätantike, andererseits fügt sie sich wiederum ganz in diese Geschichte ein. Sie liegt quer, insofern die Philosophie des Aristoteles den philosophischen Bedürfnissen der Spätantike ganz und gar nicht entsprach: Was Aristoteles als Ziel des »glücklichen Lebens« ansah, erschien, wie wir gesehen haben (vgl. Kap. XVI, 3), vielen als platt und oberflächlich. Daraus erklärt sich der Widerstand gegen Aristoteles bei den Mittelplatonikern, der manchmal einfach in Polemik ausartete. Auch der logische und empirisch-wissenschaftliche Duktus der aristotelischen Philosophie | 429
lag nicht im Trend der Zeit. Andererseits fand das strenge methodologische Denken des Aristoteles in dem für Wissenschaft sehr aufgeschlossenen Umfeld in Alexandrien starkes Gehör (vgl. Kap. XI, 3, a). Von da her erklärt es sich, daß Alexandrien immer stärker aristotelisch orientiert war, wogegen Athen, wo es keine wissenschaftliche Interessensrichtung gab, eher platonisch ausgerichtet war. Hier einen Gegensatz konstruieren zu wollen, wäre aber wiederum zu einfach. Faktisch verlief die Entwicklung nämlich so, daß es am Ende, eigentlich aber schon während der ganzen Periode des Neuplatonismus, eine – und zwar durchaus ernstzunehmende – Aristoteles-Kommentierung gab, die den Zielen der Neuplatoniker jedoch unter- und eingeordnet war. In Umkehrung der historischen Folge wurde Aristoteles zum »Vorläufer« Platons, d. h. die Philosophie des Aristoteles wurde – in einer schulisch strengen Ordnung des Studiums der einzelnen Werke – zur »Einleitung« zur »höheren« Philosophie Platons. Dies galt für Athen wie für Alexandrien und wurde schließlich auch nach Konstantinopel weitergegeben.

Dies ist aber nur die eine Seite der Geschichte: Seit dem 2./3. Jhd. waren die Christen in den Umkreis der Platoniker eingetreten, und damit standen sie zunächst unter dem Einfluß der anti-aristotelischen Polemik. Später aber glichen sie sich der »Eingliederung« der aristotelischen Schriften in das neuplatonische Curriculum an und konnten so problemlos selbst als Kommentatoren aristotelischer Schriften auftreten. Boethius ist dann der erste lateinisch schreibende Kommentator aristotelischer Schriften, der dabei selbstverständlich auf griechische Vorlagen zurückgreift. Es waren dann auch die christlichen Kommentatoren, die die Tradition griechischer

Aristoteles-Kommentare nach Konstantinopel brachten und so die Voraussetzungen für die späten Aristoteles-Kommentare im 11. und 12. Jhd. in Byzanz schufen.

In der Antike können wir drei Perioden der Aristoteles-Kommentierung unterscheiden. Die *erste Periode* ist jene, die unmittelbar auf die Edition der Werke des Aristoteles durch Andronikos von Rhodos folgt. Aus dieser Periode haben wir aber nur indirekte Zeugnisse, ganze Schriften sind nicht erhalten. Die Schriften des Aristoteles zogen in sehr verschiedenem Ausmaß das Interesse der Kommentatoren auf sich, sonderbar ist dabei folgendes: Die ersten Schüler des Aristoteles, also Theophrast und Eudemos, scheinen den *Kategorien* keine besondere Aufmerksamkeit gewidmet zu haben, während diese Schrift nach der Andronikos-Edition an eine ganz hervorragende Position bei allen Kommentatoren rückt. Die Gründe dafür sind nicht wirklich geklärt. Es waren auch nicht nur die Peripatetiker, die dann großes Interesse an dieser Schrift zeigten, sondern auch die – der Kategorienschrift wohlgesinnten – Platoniker und die – sie ablehnenden – Stoiker. In den folgenden Jahrhunderten schrieb jeder Aristoteliker von Rang einen Kommentar zu den *Kategorien*, dasselbe gilt für zahlreiche Neuplatoniker. Von den Peripatetikern sei Boethos von Sidon (1. Jhd. v. Chr.) erwähnt, der faktisch für die weiteren Kommentatoren maßgebend wurde, insofern er die Methode der genauen Textinterpretation und des Heranziehens von Stellen aus anderen aristotelischen Schriften zur Ergänzung von »Lücken« einführte. Die Aristoteles-Interpretation wird also schon hier »scholastisch«. Von den platonischen Aristoteles-Interpreten ist vor allem Eudor zu erwähnen, der im 1. Jhd. v. Chr. in Alexandrien lebte. Von Eudor ist aus späteren Berichten bekannt, daß er die Kategorienlehre des Aristoteles in sehr polemischer Weise kritisierte, das Niveau dieser Auseinandersetzung dürfte jedoch nicht besonders hoch gewesen sein. So setzte er die aristotelischen Kategorien des »Wo« und »Wann« einfach gleich mit »Zeit« und »Ort«, die aristotelische »Relation« scheint er ganz weggelassen zu haben. Wichtig jedoch wurde seine Auffassung, die aristotelischen Kategorien seien nur für die empirische Welt, nicht aber für den Bereich des wahrhaft Seienden, also für die Welt der Ideen zutreffend. Dies läuft der Intention des Aristoteles ganz zuwider, denn Aristoteles läßt mit seinen Kategorien keine solchen »höheren« Seinsbereiche zu. Nichtsdestoweniger hat gerade diese Einschränkung der Reichweite der Kategorienlehre dann den Weg für die Platoniker geöffnet, die Kategorienlehre zu übernehmen. Von den Stoikern sei hier Athenodoros erwähnt, der um die Mitte des 1. Jhd.s n. Chr. tätig war. Er hat ein Buch *Gegen die Kategorien des Aristoteles* verfaßt, das nicht erhalten ist, einiges ist aber durch Zitate und spätere Auseinandersetzungen bekannt. Wir können daraus ersehen, daß die Stoiker, im Unterschied zu den Platonikern, keinerlei Interesse zeigten, aristotelische Lehren in ihr System aufzunehmen. Und auch die Auseinandersetzung mit aristotelischen Lehren beschränkte sich fast ausschließlich auf die für die frühen Stoiker wichtige Frage der Philosophie der Sprache. Die Epikureer, die aber schon vor dem Ende der Antike als Schule zu existieren aufhörten, sahen die Schriften ihres Gründers als für ihre

Zwecke ausreichend an und haben sich nie mit den Schriften anderer Schulen auseinandergesetzt, obwohl etwa die aristotelische Ethik für sie durchaus interessant hätte sein können. Andere philosophische Schulen aber gab es in der späten Antike nicht mehr. Dies bedeutet, daß fast alle spätantiken Kommentatoren der Werke des Aristoteles Platoniker waren. Auf Ausnahmen wie Alexander von Aphrodisias oder Themistios komme ich gleich zurück.

Für die Aristoteles-Interpretation ist die eben erwähnte Diskussion um den Gegenstand der Kategorienlehre aufschlußreich. Für Athenodoros handelt es sich bei den Kategorien um eine Frage der Analyse der Sprache, deshalb kritisierte er, wie auch andere Stoiker nach ihm, daß Aristoteles formale Redeteile wie die Konjunktionen nicht unter die Kategorien aufnahm. Die Platoniker vertraten gegenüber den Stoikern die Auffassung, daß es sich bei den Kategorien um Klassifizierung von Dingen handle. Im Aristoteles-Kapitel (vgl. Kap. X, 5, b) wurde versucht, zu zeigen, daß Aristoteles bei der Aufstellung der Kategorien tatsächlich primär von einer Analyse der Sprache ausgegangen ist, dies entspricht dem Ausgangspunkt der Stoiker. Geht man von dieser Voraussetzung aus, fallen sprachliche Ausdrücke wie »und«, »oder«, »wenn ... dann« usw. tatsächlich nicht unter die aristotelischen Kategorien, nichtsdestoweniger ist ihre Analyse im Rahmen der Untersuchung der Struktur von Sätzen und der Zusammensetzung von Sätzen unerläßlich. In der mittelalterlichen Logik wird man daher zwischen »kategorematischen« Ausdrücken, die also in entferntem Sinn den 2. Substanzen und Akzidentien der aristotelischen Kategorien entsprechen, und »synkategorematischen« Ausdrücken, die nur im Zusammenhang mit kategormeatischen Ausdrücken einen Sinn ergeben, sprechen. Um diese Frage nur anzudeuten: Wenn man fragt »Ist dies ein Hund oder eine Katze?«, haben wir ein Problem im Sinne des Aristoteles vor uns. »Hund« und »Katze« sind 2. Substanzen oder Gattungsbegriffe, die somit innerhalb der Kategorienlehre behandelt werden können, hingegen ist »oder« ein sprachlicher Ausdruck, der mit der Kategorienlehre gar nichts zu tun hat. Insofern war der Einwand der Stoiker unberechtigt. Andererseits ist der Einwand der Stoiker aber doch wieder berechtigt. Geht man wie Aristoteles sowohl in den *Kategorien* wie in der *Topik* von einem sprachanalytischen Ansatzpunkt aus, so muß man innerhalb der Systematik der sprachlichen Ausdrücke auch für formale Ausdrücke wie »und«, »oder«, »wenn ... dann« usw. einen systematischen Ort finden. Dieser Frage hat Aristoteles tatsächlich zu wenig Aufmerksamkeit gewidmet. Aber auch die Platoniker waren nicht ganz im Recht, denn etwa die Relationen, die bei Aristoteles zu den Kategorien zählen, können – und dies durchaus im Sinne der aristotelischen Analyse – nicht zu den Dingen gerechnet werden.

Die *zweite Periode* umfaßt die Zeit des 2. und des frühen 3. Jhd.s. Dies ist die Zeit, in die die Polemik gegen Aristoteles von Seiten der Mittelplatoniker und der diesen folgenden frühen christlichen Autoren fällt. Den Aristoteles-Kommentatoren war der Unterschied der Auffassungen von Platon und Aristoteles deutlich bewußt. Der bedeutendste Kommentator dieser Periode war Alexander von Aphrodisias, der im

Jahre 198 (oder etwas später) den Lehrstuhl für aristotelische Philosophie in Athen erhielt, den Mark Aurel mit anderen Lehrstühlen für Philosophie dort eingerichtet hatte. Alexander ist der bedeutendste Kommentator der Schriften des Aristoteles zur Logik. Ihm war der Unterschied der peripatetischen Logik gegenüber den anderen, vor allem gegenüber den stoischen Schulen durchaus bewußt, ein Unterschied, der späteren Kommentatoren wie z. B. Boethius durchaus nicht mehr so deutlich war. Alexander und seine klare Sicht der Zusammenhänge und Unterschiede hat indes kaum Schule gemacht. Von Schülern des Alexander von Aphrodisias ist nichts bekannt, so daß vermutet werden muß, daß mit ihm eine eigenständige peripatetische Tradition zu Ende ging.

Der Sache nach gehört noch Themistios (um 317–384/385) zu dieser Gruppe der »nicht-vereinnahmten« Kommentatoren der aristotelischen Schriften. Themistios war eine sehr selbständige Persönlichkeit. Er befaßte sich nicht nur mit Philosophie, sondern war auch, und zwar in wichtigen Positionen, politisch tätig. Obwohl er Platon schätze, ist er doch als echter Peripatetiker zu bezeichnen. Dies zeigt sich vor allem in seiner streng aristotelischen Seelenlehre: Die Seele wird als Form des Körpers aufgefaßt, ohne daß ihr platonische Selbständigkeit zugesprochen wird. Er verfaßte umfangreiche Paraphrasen zu verschiedenen Schriften des Aristoteles.

432 | Die *dritte Periode* ist die der neuplatonischen Kommentatoren. Sie ist gekennzeichnet von dem – vor allem seit Porphyrios – unternommenen Versuch, die Lehren von Platon und Aristoteles zu harmonisieren, wobei natürlich Platon das Übergewicht hatte. Was letzlich diese verschiedene Haltung gegenüber den aristotelischen Schriften hervorgerufen hat, ist nicht ganz klar. Das Interesse der Neuplatoniker an den *Kategorien* des Aristoteles war schon im Mittelplatonismus vorhanden, von diesem Interesse ist es aber doch ein großer Schritt dazu, das gesamte aristotelische Werk zumindest als Einleitung zum platonischen Werk zu akzeptieren. Ganz erheblichen Einfluß hat sicher Porphyrios gehabt (vgl. Kap. XVII, 2), damit verschiebt sich aber das Problem nur, denn letzlich wissen wir auch nicht wirklich, was den überzeugten Neuplatoniker zu seiner Beschäftigung mit den Schriften des Aristoteles bewogen hat. Porphyrios verfaßte außer der *Einleitung* noch einen kleinen und einen großen Kommentar zu den *Kategorien* sowie einen Kommentar zu *Peri hermeneias (De interpretatione)*. Nur der kleinere Kommentar zu den *Kategorien* ist erhalten, es kann aber angenommen werden, daß beide Kommentare von späteren Kommentatoren ausgiebig benutzt worden sind und so deren wesentlicher Inhalt in diese späteren Schriften eingegangen ist. Wie immer dies also motiviert gewesen sein mag, faktisch wurde dann der ganze Aristoteles in das neuplatonische Curriculum aufgenommen, und so wurde Aristoteles zu einem Autor der Schule. Schon bei Syrianus, dem Lehrer des Proklos scheint dies die normale Praxis gewesen zu sein. Unter der Leitung des Syrianus gestaltete sich das Curriculum des Proklos in folgender Weise:

Und so studierte er mit ihm in einem Zeitraum von weniger als zwei Jahren genau *(perlegebat)* alle Werke des Aristoteles zur Logik, Ethik, Politik, Physik, und ebenso die theologische Wissenschaft. Nachdem er in diesen genügend unterrichtet war, gleichsam in einer gewissen Vorschule *(tirociniis)* und in den kleinen Mysterien *(parvis mysteriis)*, führte er ihn zu Platons heiliger Disziplin *(sacram disciplinam)* selbst.
(Marinus: *Vita Procli* XIII. Übers. von F. S.)

Selbstverständlich machten sich bei allen Kommentatoren die ausdrücklich platonischen Interessen bemerkbar, allerdings wurde dieses Übergewicht in den einzelnen Gebieten der Interpretation verschieden deutlich. Es ist klar, daß es in Hinsicht auf die Interpretation von *De anima* stärker wirkte als in Hinsicht auf die Kommentierung der logischen Schriften oder jener Teile der *Physik*, die keinerlei theologische Implikationen aufwiesen. Man sollte aber nicht meinen, der neuplatonische Interpretationsrahmen habe die Auslegung der Aristoteles-Texte ständig »verfälscht«. Die griechische Philologie hatte zu dieser Zeit bereits eine lange Geschichte und viele Standards waren gut etabliert. Und wie nicht selten entwickelte die Philologie ihre Eigendynamik, die sich weltanschaulichen Vorgaben auch gelegentlich widersetzte, und so ist in diesen Kommentaren sehr viel an echter Aristoteles-Interpretation enthalten, das bis heute Geltung und Bedeutung hat.

Die Geschichte der spätantiken Philosophie ist also nicht nur die des Neuplatonismus, wie es manche Darstellung der Geschichte der Philosophie nahelegt. Nicht zu übersehen ist auch, daß die Aristoteleskommentierung ein neutrales Gebiet bot, in dem sich Vertreter der alten »heidnischen« Religion und solche der »neuen« christlichen Religion treffen konnten, die sich sonst heftig bekämpften. Dies erklärt, daß z. B. in Alexandrien der Übergang von den »heidnischen« zu den »christlichen« Aristoteles-Kommentatoren relativ undramatisch vor sich ging. Der letzte »heidnische« Aristoteleskommentator in Alexandrien war Olympiodoros (495/505 – nach 565), und unter seinen Hörern fanden sich bereits viele Christen, die er ausdrücklich auf Parallelen neuplatonischer und christlicher Lehren aufmerksam machte. Der Übergang zu seinem christlichen Nachfolger Elias auf dem Lehrstuhl der Philosophie ging offenbar ohne große Probleme vor sich, auch die weiteren Nachfolger waren Christen. Stephanos, der auf Elias folgte, wurde im Jahre 610 in das neue Kulturzentrum Konstantinopel berufen. Diese Berufung ist kennzeichnend für die Entwicklung: Die griechische philosophische Tradition fand einen neuen Ort im Zentrum der griechisch-politischen Macht. Die Weitergabe der Tradition wird aber nicht mehr von den alten Trägern durchgeführt, sondern von Christen – die Wachablöse hatte bereits stattgefunden. Der neue Ort wurde jedoch trotzdem zu keinem Standort der Aristoteles-Forschung, weder die byzantinischen Kaiser noch auch die Theologen der orthodoxen Kirche waren besonders an Philosophie interessiert. Nach Stephanos hören wir für mehrere Jahrhunderte nichts mehr über Aristoteles-Kommentare in Byzanz (vgl. 2. Teil, Kap. V, 5)

Die historischen Zusammenhänge sind in diesen Jahrhunderten nicht genau rekonstruierbar. Ein sicheres Datum ist das Jahr 529, in dem die platonische Akademie in Athen durch Kaiser Justinian geschlossen wurde, die Bedeutung dieser Schließung ist aber nur schwer einzuschätzen. Als spektakuläres Ereignis ist diese Schließung kaum zu betrachten. Es ist bekannt, daß die letzten Vertreter dieser Schule nach Ktesiphon in Persien (heute im Irak) zogen, wobei wahrscheinlich ist, daß dieser Aufenthalt nach wenigen Jahren, etwa 532, zu einem Ende kam. Die Schließung der Platonischen Akademie in Athen im Jahre 529 hat aber keinerlei Auswirkungen auf die Tätigkeit der »heidnischen« Philosophen in Alexandrien gehabt. Sie kann also historisch gesehen kaum als »Sieg« einer Richtung angesehen werden. Der oben erwähnte Übergang von »heidnischen« zu christlichen Lehrern ging in Alexandrien ohne staatliche Intervention vor sich. Als die muslimischen Eroberer im Jahre 642 Alexandrien einnahmen, fanden sie dort noch eine philosophische Schule und eine Bibliothek vor, beendeten aber deren Existenz.

Mit Themistios ist in der zweiten Hälfte des 4. Jhd.s der Peripatos als ein *eigenständiger Aristotelismus zu Ende*. Dieser Zeitpunkt ist vermutlich nicht zufällig: Mit dem 4. Jhd. ist der christliche Platonismus fest etabliert, für einen selbständigen Aristotelismus war kulturell kein Platz. Im 4. Jhd. wurde die neuplatonische Aristoteles-Interpretation auch in dem traditionell eher etwas aristotelischer ausgerichteten Alexandrien maßgebend, die Schriften des Aristoteles waren aber inzwischen in den Lehrplan der Platoniker fest eingebaut. Die Schließung der Schule in Athen hat in den Aristoteles-Kommentaren jedenfalls keine Spuren hinterlassen. Die Kommentare zu Aristoteles wurden in keiner Weise weniger platonisch. Eher fraglich sind die Orte, an denen weiterhin die Schriften des Aristoteles außer in Alexandrien kommentiert wurden. Wo z. B. Simplikios, der zu den athenischen neuplatonischen Kommentatoren der Schriften des Aristoteles gehört hatte und der nach 529 wirkte, seine Kommentare geschrieben hat, bleibt unklar. Einiges spricht dafür, daß er nach Harran (heute in der Türkei) ging, sicher ist das aber ganz und gar nicht. Jedenfalls gab es dort im 10. Jhd. (das ist natürlich ein langer Zeitabstand) eine neuplatonische Schule, die für die Weitergabe griechischer Philosophie an die Araber wichtig werden sollte. Hier gibt es viele Lücken in unserem Wissen um die historischen Zusammenhänge. Die Araber waren später überzeugt, daß sie sich auf eine Tradition stützten, die sie über Alexandrien mit der spätantiken Philosophie verband (vgl. 2. Teil, Kap. IX, 2, d). Daß dabei der syrisch-christliche Raum eine wichtige Vermittlerrolle gespielt hatte, wußten sie (vgl. 2. Teil, Kap. IX, 2, a). Wie immer dies im einzelnen ausgesehen haben mag, wir müssen jedenfalls feststellen, daß die westliche Sicht der Geschichte der Philosophie, die nach dem »Ende« der griechischen Philosophie einen Übergang auf die lateinische Philosophie konstruiert, zwar nicht unrichtig ist, aber doch nur eine Seite der Geschichte wiedergibt. Die griechische Philosophie wurde über die Aristoteles-Kommentatoren einerseits direkt nach Byzanz gebracht und hat dort noch im 11. und 12. Jhd. eine Aristoteles-Renaissance bewirkt, anderseits führte sie seit dem 9. Jhd. zur Entwicklung der arabisch-islamischen Philosophie.

Wir haben also – wenn wir nur die Antike und nicht die späteren arabischen und byzantinischen Kommentare in Betracht ziehen – vom 2. bis zum Beginn des 7. Jhd.s eine ununterbrochene Folge von Aristoteles-Kommentaren vor uns, und können uns somit, obwohl viele Texte nicht erhalten sind, einen guten Überblick über die Entwicklung machen. Wir bekommen durch diese Texte auch einen Einblick in die Methode des Philosophiestudiums der späten Antike, und können daran erkennen, daß die spätere Methode der mittelalterlichen Philosophen und Theologen nicht zuletzt aus diesem spätantiken Schulbetrieb stammt. Die Aristoteles-Kommentare sind zu einem großen Teil Niederschriften von Studenten, die sie aufgrund des mündlichen Unterrichts verfaßten. Die Verfasser dieser Niederschriften hatten – oder nahmen sich – einen erheblichen Spielraum der Gestaltung. Sie konnten einzelne Teile straffen oder Ergänzungen hinzufügen, d. h. bestimmte Teile weiter ausarbeiten – Lehrer wie Schüler waren bei der Frage »intellektuellen Eigentums«, jedenfalls was die Kommentierung anging, sehr großzügig, oder besser: die Frage »intellektuellen Eigentums« ist überhaupt erst eine moderne Frage, die man nicht zurückdatieren darf. Die Kommentare zeigen uns einen »scholastischen« Weg des Philosophierens: Philosophie wird im Rahmen der Textauslegung betrieben. Im Unterschied zu Alexander von Aphrodisias und Themistios, die einfach nur dem Text folgen, findet bei den neuplatonischen Kommentatoren eine strenge »schulische« Aufarbeitung statt. Der Textauslegung werden allgemeine Fragen biographischer Art, Probleme der Stoffeinteilung, Reihenfolge der Behandlung der Aristoteles-Traktate, Nutzen des Studiums usw. vorangestellt. Diese allgemeinen Fragen wurden seit Ammonios (5. Jhd.) in einem Zehn-Punkte-Programm regelrecht standardisiert. Der Unterricht hatte zwei Teile: Im ersten Teil wurde das zentrale Thema eines Buches erörtert und in einen größeren Zusammenhang gestellt, im zweiten Teil folgte dann die genaue, am Wortlaut orientierte Auslegung des Textes. Daneben gab es noch die Aufarbeitung des Stoffes in Dialog-Form, die sowohl eine bestimmte Form des Unterrichts wie auch eine Vorbereitung für mündliche Prüfungen widerspiegelt. Letzteres sind Dialoge mit einem Frage-Antwort-Schema – etwa, wie wir dies aus alten Katechismen kennen. Wir sind hier nicht weit von einem Schema mit allgemeinen Überblicksvorlesungen, textorientierten Seminaren und prüfungsvorbereitenden Tutorien entfernt, und in den mittelalterlichen Schulen und später in den Universitäten werden wir einem Unterrichtsbetrieb begegnen, der aus dieser spätantiken Tradition herkommt.

Literaturverzeichnis

Abgekürzt zitierte Werke

DL = Diogenes Laertius: *Leben und Meinungen berühmter Philosophen*. Hamburg 1967.

Nachschlagewerke

Mittelstraß, J. (Hrsg.): *Enzyklopädie Philosophie und Wissenschaftstheorie*. 4 Bde. Mannheim–Wien–Zürich 1980–1996.

Ritter, J. (Hrsg.): *Historisches Wörterbuch der Philosophie*. 11 Bde. (noch nicht vollständig). Darmstadt 1971–2001.

Totok, W.: *Handbuch der Geschichte der Philosophie*. 6 Bde. Frankfurt 1964–1997.

Gesamtdarstellungen der Geschichte der Philosophie der Antike

Die Aufstellung erfolgt in mehr oder weniger chronologischer Reihenfolge der Entstehung der Werke. Alle im folgenden aufgeführten Werke wurden bei der Herstellung der Vorlesungen verwendet. Handelt es sich um Sammelwerke, werden in den Bibliographien zu den einzelnen Kapiteln die einzelnen Beiträge nicht nochmals gesondert aufgeführt.

Kranz, W.: *Die griechische Philosophie*. 5. Aufl., Bremen 1962.

Vorländer, K.: *Philosophie des Altertums*. Hamburg 1963.

Guthrie, W. K. C.: *The Greek Philosophers from Thales to Aristotle*. London–New York 1991.

Wieland, W.: *Geschichte der Philosophie in Text und Darstellung*. Bd. 1: *Antike*. Stuttgart 1978.

Armstrong, A. H. (Hrsg.): *The Cambridge History of Later Greek and Early Medieval Philosophy*. Cambridge 1967.

Speck, J. (Hrsg.): *Grundprobleme der großen Philosophen. Philosophie des Altertums und des Mittelalters*. 2. Aufl., Göttingen 1978.

Höffe, O. (Hrsg.): *Klassiker der Philosophie I: Von den Vorsokratikern bis David Hume*. München 1981.

Röd, W. (Hrsg.): *Geschichte der Philosophie*.
- Bd. 1: Röd, W.: *Die Philosophie der Antike 1. Von Thales bis Demokrit*. München 1976.
- Bd. 2: Graeser, A.: *Die Philosophie der Antike 2. Sophistik, Sokratik, Platon und Aristoteles*. München 1983.
- Bd. 3: Hossenfelder, M.: *Die Philosophie der Antike 3. Stoa, Epikureismus und Skepsis*. München 1985.
- Bd. 4: Gombocz, W. L.: *Die Philosophie der ausgehenden Antike und des frühen Mittelalters*. München 1997.

Erler, M./Graeser, A. (Hrsg.): *Philosophen des Altertums*. Bd. 1: *Von der Frühzeit bis zur Klassik*. Darmstadt 2000.
- *Philosophen des Altertums*. Bd. 2: *Vom Hellenismus bis zur Spätantike*. Darmstadt 2000.

Literatur zu den einzelnen Kapiteln

Die Quellentexte der Antike werden mit den Standardabkürzungen zitiert, die Seitenzahlen der verwendeten Übersetzungen werden gewöhnlich nicht angegeben, da sie ohne Schwierigkeit aufgrund dieser Abkürzungen aufgefunden werden können. Durch die Standardabkürzungen ist es möglich, sowohl beliebige Ausgaben in der Orginalsprache als auch beliebige andere Übersetzungen heranzuziehen. Die verwendeten Übersetzungen werden im Literaturverzeichnis angegeben.

Eine Ausnahme wird nur an den wenigen Stellen gemacht, wo in einem Kapitel der Verweis auf einen Text gemacht wird, der nicht im Literaturverzeichnis zu diesem Kapitel aufgeführt wird.

I. Einleitung

Ägypten und Mesopotamien

Quellen

Eliade, M.: *Die Schöpfungsmythen.* Darmstadt 1980.

Sekundärliteratur

Assmann, J.: *Ägypten. Theologie und Frömmigkeit einer frühen Hochkultur.* Stuttgart 1984.

Frankfort, H. u. a.: *Before Philosophy.* Chicago 1946.

Hart, G.: *Ägyptische Mythen.* Stuttgart 1993.

McCall, H.: *Mesopotamische Mythen.* Stuttgart 1993.

Die Welt der Griechen

Quellen

Hesiod: *Werke und Tage.* Übers. von O. Schönberger. Stuttgart 1996.

– *Theogonie.* Übers. von O. Schönberger. Stuttgart 1999.

Homer: *Ilias.* Übers. v. R. Hampe. Stuttgart 1979.

– *Odyssee.* Übers. v. R. Hampe. Stuttgart 1979.

Aischylos: *Tragödien.* Übers. v. O. Werner. München 1990.

Sophokles: *Tragödien.* Übers. v. W. Willige. München 1990.

Euripides: *Tragödien.* Übers. v. H. v. Arnim. München 1990.

Sekundärliteratur

Boardman, J.: *Kolonien und Handel der Griechen.* München 1981.

Burckhardt, J.: *Griechische Kulturgeschichte.* München 1977 (nach der Erstausgabe 1898–1902).

Dodds, E. R.: *Die Griechen und das Irrationale.* 2. Aufl., Darmstadt 1991.

Kerényi, K.: *Antike Religion.* Wiesbaden 1971.

Rosenberger, V.: *Griechische Orakel. Eine Kulturgeschichte.* Darmstadt 2001.

Die Überlieferung der vorsokratischen Philosophie

Quellen

Diels, H./Kranz, W.: *Die Fragmente der Vorsokratiker.* Griechisch–deutsch, 3 Bde. 17. Aufl., Dublin–Zürich 1974. (Alle nicht anders gekennzeichneten Texte stammen aus dieser Ausgabe. Die einzelnen Fragmente werden als Fragm. + Nr. gekennzeichnet; diese Texte entsprechen den bei Diels/Kranz unter B aufgeführten.)

Nestle, W.: *Die Vorsokratiker.* Düsseldorf–Köln 1956. (Zitiert als Nestle + Seite)

Diogenes Laertius: *Leben und Meinungen berühmter Philosophen.* Hamburg 1967.

Herodot: *Die Bücher der Geschichte* (Auswahl). Übers. von W. Sontheimer. Stuttgart 1997. (Nicht alle zitierten Stellen finden sich in dieser Auswahl.)

Hippolyt von Rom: *Widerlegung aller Häresien (Philosophoumena).* Übers. von K. Preysing, München 1922.

Sekundärliteratur

Colli, G.: *Die Geburt der Philosophie.* Frankfurt 1981.

Gadamer, H.-G. (Hrsg.): *Um die Begriffswelt der Vorsokratiker.* Darmstadt 1968.

Guthrie, W. K.: *A History of Greek Philosophy. I. The earlier Presocratics and the Pythagoreans. II. The Presocratics from Parmenides to Democritus.* Cambridge 1978.

Hölscher, U.: *Anfängliches Fragen. Studien zur frühen griechischen Philosophie.* Göttingen 1968.

Kirk, G. S./ Raven, J. E./ Schofield, M.: *Die vorsokratischen Philosophen.* Einführung, Texte und Kommentare. Stuttgart–Weimar 1994.

Nestle, W.: *Vom Mythos zum Logos. Die Selbstentfaltung des griechischen Denkens.* 2. Aufl., Stuttgart 1975.

Pichot, A.: *Die Geburt der Wissenschaft. Von den Babyloniern zu den frühen Griechen.* Darmstadt 1995.

Reinhardt, K.: *Parmenides.* 4. Aufl., Frankfurt 1985.

Snell, B.: *Die Entdeckung des Geistes. Studien zur Entstehung des europäischen Denkens bei den Griechen.* 6. Aufl., Göttingen 1986.

II. Die ionischen Naturphilosophen

Vgl. die Literaturangaben zu den Vorsokratikern in Kap. I.

III. Pythagoras und die Pythagoreer

Quellen

Vgl. die Literaturangaben zu den Vorsokratikern in Kap. I.

Sekundärliteratur

Vgl. die Literaturangaben zu den Vorsokratikern in Kap. I. Weiters:

Burkert, W.: *Weisheit und Wissenschaft. Studien zu Pythagoras, Philolaos und Platon.* Nürnberg 1962.

Van der Waerden, B. L.: *Die Pythagoreer. Religiöse Bruderschaft und Schule der Wissenschaft.* Zürich–München 1979.

IV. Xenophanes, Parmenides und Heraklit

Vgl. die Literaturangaben zu den Vorsokratikern in Kap. I.

V. Empedokles, Anaxagoras, Demokrit

Vgl. die Literaturangaben zu den Vorsokratikern in Kap. I.

VI. Die Sophisten

Quellen

Vgl. die Literaturangaben zu den Vorsokratikern in Kap. I.

Sekundärliteratur

Classen, C. J. (Hrsg.): *Sophistik.* Darmstadt 1976.

VII. Sokrates

Quellen

Platon: *Sämtliche Dialoge.* Bd. I *(Protagoras, Laches, Eutyphron, Apologie, Kriton, Gorgias).* Hamburg 1988.

Xenophon: *Erinnerungen an Sokrates.* Übers. von R. Preiswerk. Stuttgart 1992.

– *Die Verfassung der Spartaner.* Übers. von St. Rebenich. Darmstadt 1998.

Aristophanes: *Die Wolken.* In: Aristophanes: *Komödien.* München 1978. S. 109–170.

Sekundärliteratur

Maier, H.: *Sokrates.* Tübingen 1913.

Taylor, A. E.: *Socrates.* New York 1956.

Vlastos, G.: *Socrates. Ironist and Moral Philosopher.* Cambridge 1991.

VIII. Die sokratischen Schulen

Kyniker

Quellen

Mullach, F. W. A.: *Fragmenta philosophorum graecorum.* Bd. II. Paris 1867 (Nachdruck Aalen 1968). S. 260–330.

Megariker

Quellen

Döring, K.: *Die Megariker. Kommentierte Sammlung der Testimonien.* Amsterdam 1972.

Sekundärliteratur

Bochenski, I. M.: *Ancient Formal Logic.* Amsterdam 1968. S. 77–102.

– *Formale Logik.* 3. Aufl., Freiburg 1970. S. 121–166.

IX. Platon

Quellen

Platon: *Sämtliche Dialoge.* In Verbindung mit K. Hildebrandt, C. Ritter u. G. Schneider herausgegeben und mit Einleitungen, Literaturübersichten, Anmerkungen und Registern versehen von O. Apelt. Hamburg 1988.

Thukydides: *Geschichte des Peloponnesischen Krieges*. Übers. von G. P. Landmann. Zürich–München 1991.

Textgeschichte

Klibansky, R.: *The Continuity of the Platonic Tradition during the Middle Ages*. London 1939 (Nachdruck New York-London 1982).

Saffrey, H. D.: *Recherches sur la tradition platonicienne au moyen âge et à la Renaissance*. Paris 1987.

Historischer Hintergrund

Davies, J. K.: *Das klassische Griechenland und die Demokratie*. 5. Aufl., München 1996.

Meier, Chr.: *Athen. Ein Neubeginn der Weltgeschichte*. Berlin 1993.

Sekundärliteratur

Cornford, F. M.: *Plato's Cosmology*. London 1937.

Derbolav, J.: *Platons Sprachphilosophie im Kratylos und in den späteren Schriften*. Darmstadt 1972.

Graeser, A.: *Kritische Retraktationen zur esoterischen Platoninterpretation*. In: *Archiv für Geschichte der Philosophie* 56 (1974). S. 71–87.

Mittelstraß, J.: *Theaitetos fliegt. Zur Theorie wahrer und falscher Sätze bei Platon*. In: *Archiv für Geschichte der Philosophie* 48 (1966). S. 113–152.

Müller, G.: *Studien zu den platonischen Nomoi*. 2. Aufl., München 1969.

Patzig, G.: *Platons Ideenlehre. Kritisch betrachtet. In: Antike und Abendland*. 16 (1970). S. 113–126.

– *Platons politische Ethik*. In: Mittelstraß, J./ Riedel, M. (Hrsg): *Vernünftiges Denken*. Berlin 1978. S. 447–464.

Popper, K. R.: *Die offene Gesellschaft und ihre Feinde*. Bd. I: *Der Zauber Platons*. 2. Aufl., Bern 1970.

Rijlaarsdam, J. C.: *Platon über die Sprache. Ein Kommentar zum Kratylos*. Utrecht 1978.

Röd, W.: *Absolutes Wissen oder Kritische Rationalität: Platos Auseinandersetzung mit der Sophistik*. In: Poser, H. (Hrsg.): *Wandel des Vernunftbegriffs*. München 1981. S. 67–106.

Taylor, A. E.: *Plato. The Man and his Work*. 7. Aufl., London 1963.

Vlastos, G.: *Platonic Studies*. 2. Aufl., Princeton 1981.

Weizsäcker, C. F. v.: *Ein Blick auf Platon*. Stuttgart 1981.

Wippern, J. (Hrsg.): *Das Problem der ungeschriebenen Lehre Platons*. Darmstadt 1972.

X. Aristoteles

Quellen

Aristoteles: *Protreptikos*. Übers. von I. Düring. 2. Aufl., Frankfurt 1993.

– *Kategorien*. Übers. u. erl. von K. Oehler. 3. Aufl., Darmstadt 1997. (Die Übersetzungen entstammen dieser Ausgabe.)

– *Kategorien, Lehre vom Satz, Porphyrius, Einleitung in die Kategorien*. Übers., mit einer Einleitung und erklärenden Anmerkungen versehen von E. Rolfes. 2. Aufl., Hamburg 1925 (Neuausgabe 1974).

– *Peri hermeneias*. Übers. v. H. Weidemann. Darmstadt 2002.

– *Topik*. Übers. von E. Rolfes. Hamburg 1968.

– *I Topici*. Übers. v. A. Zadro. Neapel 1974.

– *Lehre vom Schluß oder Erste Analytik*. Übers. von E. Rolfes. Hamburg 1975.

– *Lehre vom Beweis oder Zweite Analytik*. Übers. von E. Rolfes. Hamburg 1975.

– *Sophistische Widerlegungen*. Übers. von E. Rolfes. Hamburg 1968.

– *Metaphysik*. Übers. v. H. Bonitz. Einl. u. Kom. v. H. Seidl. Bücher I–VI: Hamburg 1978, , Bücher VII–XIV: Hamburg 1980.

– *Nikomachische Ethik*. Übers. und hrsg. von O. Gigon. 3. Aufl., München 1978.

– *Physik*. Übers., mit einer Einleitung und Anmerkungen herausgegeben von H. G. Zekl. Bücher I–IV: Hamburg 1987. Bücher V–VII: Hamburg 1988.

– *Poetik*. Übers. und hrsg. von M. Fuhrmann. Stuttgart 1994.

– *Politik*. Übers. von E. Rolfes. Mit einer Einleitung von G. Bien. Hamburg 1981.

– *Rhetorik*. Übers. von F. G. Sieveke. München 1980.

– *Über die Seele*. Übers., eingeleitet und kommentiert von H. Seidl. Hamburg 1995.

– *Vom Himmel, Von der Seele, Von der Dicht-*

kunst. Eingeleitet und neu übertragen von O. Gigon. Zürich 1950.

Sekundärliteratur (Einführungen)

Ackrill, J. L.: *Aristoteles.* Berlin–New York 1985.

Barnes, J.: *Aristoteles. Eine Einführung.* Stuttgart 1992.

Ausführliche Gesamtdarstellungen

Düring, I.: *Aristoteles. Darstellung und Interpretation seines Denkens.* Heidelberg 1967.

Barnes, J. (Hrsg.): *The Cambridge Companion to Aristotle.* Cambridge 1995.

Einzelfragen

Frede, M.: *Aristotle's Rationalism.* In: Frede, M./Striker, G. (Hrsg.): *Rationality in Greek Thought.* Oxford 1996. S. 157–173.

Hamlyn, D. W.: *Aristotelian Epagogé.* In: *Phronesis* 21 (1976). 167–184.

Hintikka, J.: *Time and Necessity. Studies in Aristotle's Theory of Modality.* Oxford 1975.

Lukasiewicz, J.: *Aristotle's Syllogistic. From the Standpoint of Modern Formal Logic.* Oxford 1957.

Wiesner, J. (Hrsg.): *Aristoteles. Werk und Wirkung.* Bd. 1: *Aristoteles und seine Schule.* Berlin–New York 1985.

Neubecker, A. J.: *Altgriechische Musik.* 2. Aufl., Darmstadt 1994.

Patzig, G.: *Die aristotelische Syllogistik.* 3. Aufl., Göttingen 1969.

Sainati, V.: *Storia dell' „Organon" Aristotelico I.* Florenz 1968.

Tugendhat, E.: *Ti kata tinos. Eine Untersuchung zu Struktur und Ursprung aristotelischer Grundbegriffe.* 3. Aufl., Freiburg–München 1982.

Wieland, W.: *Die aristotelische Physik. Untersuchungen über die Grundlegung der Naturwissenschaft und die sprachlichen Bedingungen der Prinzipienforschung bei Aristoteles.* 2. Aufl., Göttingen 1970.

XI. Die Philosophie des Hellenismus und der Römer

Das „philosophische Bedürfnis" im Hellenismus und im römischen Reich

Droysen, J. G.: *Geschichte des Hellenismus.* Darmstadt 1998 (Nachdruck der Ausgabe 1952/1953).

Schneider C.: *Die Welt des Hellenismus. Lebensformen in der spätgriechischen Antike.* München 1975.

Walbank, F. W.: *Die hellenistische Welt.* 4. Aufl., München 1994.

Die Wissenschaft in Alexandrien

Canfora, L.: *Die verschwundene Bibliothek.* Berlin 1990.

Lloyd, G. E. R.: *Greek Science after Aristotle.* London 1973.

Pfeiffer, R.: *Geschichte der Klassischen Philologie. Von den Anfängen bis zum Ende des Hellenismus.* München 1978.

XII. Die Stoiker

Quellen

Arnim, J. v.: *Stoicorum veterum fragmenta.* Bde. I–IV. Leipzig 1903–1924.

Cicero: *Topik.* Übers. von G. Zekl. Hamburg 1983.

– *Gespräche in Tusculum.* Übers. von O. Gigon. 5. Aufl., München–Zürich 1984.

– *Über die Ziele des menschlichen Handelns.* Übers. von O. Gigon/L. Straume-Zimmermann. München 1988.

– *Vom Wesen der Götter.* Übers. von O. Gigon/L. Straume-Zimmermann. München–Zürich 1996.

Epiktet: *Handbüchlein der Ethik.* Übers. von E. Neitzke. Stuttgart 1980.

Galen: *Einführung in die Logik.* Kritisch-exegetischer Kommentar mit dt. Übers. von J. Mau. Berlin 1960.

Seneca: *Die Kürze des Lebens.* Übers. von F. P. Waiblinger. München 1979.

Sextus Empiricus: *Grundriss der Pyrrhonischen Skepsis.* Übers. von M. Hossenfelder. Frankfurt 1968.

Sekundärliteratur

Bochenski, I. M.: *Ancient Formal Logic.* Amsterdam 1968. S. 77–102.

– *Formale Logik.* 3. Aufl., Freiburg 1970. S. 121–149.

Forschner, M.: *Die stoische Ethik. Über den Zu-*

sammenhang von Natur, Sprach und Moralphilosophie im altstoischen System. Stuttgart 1981.
Frede, M.: *Die stoische Logik.* Göttingen 1974.
Gould, J.: *Deduction in Stoic Logic.* In: Corcoran, J. (Hrsg.): *Ancient Logic and its Modern Interpretations.* Dordrecht–Boston. 1974. S. 151–168.
Kneale, W./Kneale M.: *The Development of Logic.* Oxford 1975. S. 113–176.
Lukasiewicz, J.: *Zur Geschichte der Aussagenlogik.* In: *Erkenntnis* 5 (1935). S. 111–131.
Mates, B.: *Stoic Logic.* Berkeley–Los Angeles 1953.
Pohlenz M.: *Die Stoa. Geschichte einer geistigen Bewegung.* 2 Bde. Göttingen 1948/1949.
Schmidt, R. T.: *Die Grammatik der Stoiker.* Braunschweig–Wiesbaden 1979.

XIII. Die Epikureer

Quellen

Epikur: *Briefe, Sprüche, Werkfragmente.* Übers. von H.-W. Krautz. Stuttgart 1982. (Die Übersetzungen folgen dieser Ausgabe und nicht der sonst verwendeten Ausgabe des Diogenes Laertius. Die *Lehrsätze* (römische Ziffern) und die *Weisungen* (arabische Ziffern) werden nur mit der entsprechenden Nummer zitiert.)
Lukrez: *De rerum natura (Welt aus Atomen).* Übers. von K. Büchner. Stuttgart 1994.

Sekundärliteratur

Cresson, A.: *Epicur. Sa vie, son oeuvre, avec un exposé de sa philosophie.* 3. Aufl. Paris 1958.
Merlan, Ph.: *Studies in Epicurus and Aristotle.* Wiesbaden 1960.
Rist, J. M.: *Epicurus. An Introduction.* 2. Aufl., Cambridge 1977.

XIV. Die Skeptiker

Quellen

Sextus Empiricus: *With an English Translation.* Übers. v. R. G. Bury. 4 Bde. London–Cambridge/Mass. 1933–1949 (Nachdruck 1960/1961).
– *Grundriss der Pyrrhonischen Skepsis.* Übers. von M. Hossenfelder. Frankfurt 1968.

Sekundärliteratur

Baeumker, Cl.: *Eine bisher unbekannte mittelalterliche lateinische Übersetzung der Pyrroneioi Hypotyposeis des Sextus Empiricus.* In: *Archiv für Geschichte der Philosophie* 4 (1891). S. 574–577.
Colpe, C.: *Heidnischer und christlicher Hellenismus in ihren Beziehungen zum Buddhismus.* In: *Jahrbuch für Antike und Christentum.* Ergänzungsband 11 (1984). S. 57–81.
Conze, E.: *Der Buddhismus.* 8. Aufl., Stuttgart 1986.
Hossenfelder, M.: *Einleitung zu Sextus Empiricus' Grundriß der Pyrrhonischen Skepsis.* Frankfurt 1968. S. 9–90.
Robin, L.: *Pyrrhon et le scepticisme grec.* Paris 1944.

XV. Die Neupythagoreer

Sekundärliteratur

Van der Waerden, B. L.: *Die Pythagoreer. Religiöse Bruderschaft und Schule der Wissenschaft.* Zürich–München 1979. S. 267–320.
Bower, C.: *Boethius and Nicomachus, an Essay Concerning the Sources of De Institutione Musica.* In: *Vivarium* 16 (1978). S. 1–45.

XVI. Die Mittelplatoniker

Quellen (in der Reihenfolge der Darstellung)

Hermetische Schriften: *Hermetica.* The Greek Corpus Hermeticum and the Latin Asclepius in a new English translation with notes and introduction by B. P. Copenhaver. Cambridge 1992.
Plutarch: *Über Isis und Osiris.* Text, Übersetzung und Kommentar von Th. Hopfner. I. Teil: *Die Sage.* Prag 1940. II. Teil: *Die Deutungen der Sage.* Prag 1941 (Nachdruck Hildesheim 1991).
– *Moralphilosophische Schriften* (Auswahl). Übers. v. H.-J. Klauck. Leipzig 1997.
– *Große Griechen und Römer.* 5 Bde. Übers. von W. Wuhrmann/K. Ziegler. Zürich–Stuttgart 1955.

Apuleius: *Platon und seine Lehre.* Hrsg. von P. Siniscalco. Übers. von K. Albert. St. Augustin 1981.
– *Der goldene Esel.* Übers. von C. Fischer. München 1990.
– *De philosophia rationali sive Peri Hermeneias qui Apuleio falso tribuitur.* In: *L. Apuleii Opera omnia.* Hrsg. von G. F. Hildebrand. Leipzig 1842. S. 261–278.
– *Über die Magie.* Übers. v. J. Hammerstaedt / P. Habermehl / F. Lamberti / A. M. Ritter / P. Schenk. Darmstadt 2002.
Attikos: *Fragments.* Texte établi et traduit par E. des Places. Paris 1977.
– *Über den Gegensatz zwischen Platon und Aristoteles.* In: Gigon, O.: *Aristoteles. Einführungsschriften.* Zürich 1961. S. 293–321.
Numenios: *Fragments.* Texte établi et traduit par E. des Places. Paris 1973.

Sekundärliteratur
Dillon, J. M.: *The Middle Platonists. A Study of Platonism 80 B.C. to A.D. 220.* London 1977.
Merlan, Ph.: *From Platonism to Neoplatonism.* 3. Aufl., Den Haag 1968.
Theiler, Ch. W.: *Die Vorbereitung des Neuplatonismus.* 2. Aufl., Zürich–Berlin 1964.
Zintzen, Cl. (Hrsg.): *Der Mittelplatonismus.* Darmstadt 1981.

XVII. Die Neuplatoniker

Quellen (in der Reihenfolge der Darstellung)
Plotin: *Schriften.* Übers. von R. Harder. 6 Bde. Hamburg 1956–1971. (Die Schriften Plotins werden nach der Zählung der Enneaden, Kapitel und Paragraphen zitiert. In der Ausgabe Harders findet sich in jedem Band am Ende ein Zählungsschlüssel, mit dessen Hilfe die Texte in dieser Ausgabe unschwer aufgefunden werden können.)
Porphyrios: *Die Sentenzen.* Handschriftliche Überlieferung. Übers. von Marsilio Ficino, dt. von C. L. Larrain. Frankfurt 1987.
– *Einleitung in die Kategorien.* In: Aristoteles: *Kategorien, Lehre vom Satz.* Übers. von E. Rolfes. 2. Aufl., Hamburg 1925 (Nachdruck Hamburg 1974).
– *Über Plotins Leben und über die Ordnung seiner Schriften.* Übers. von R. Harder. Hamburg 1958.
Jamblichos: *In Platonis Dialogos commentariorum fragmenta.* Edited with Translation and Commentary by J. M. Dillon. Leiden 1973.
– *Les mystères d'Egypte.* Texte établi et traduit par E. des Places. Paris 1966.
– *Über die Geheimlehren.* Übers. von Th. Hopfner. Leipzig 1922 (Nachdruck Hildesheim 1987).
– *Pythagoras. Legende, Lehre, Lebensgestaltung.* Hrsg., übers. und eingel. von M. v. Albrecht. 2. Aufl., Zürich 1985.
Proklos: *A Commentary on the First Book of Euclid's Elements.* Translated with Introduction and Notes by G. R. Morrow. Princeton 1970.
– *The Elements of Theology.* A Revised Text with Translation, Introduction and Commentary by E. R. Dodds. 2. Aufl., Oxford 1963.
– *Kommentar zu Platons Parmenides 141e–142a.* Eingel., übers. und erläutert von R. Bartholomai. Sankt Augustin 1990.

Marinus: *Vita Procli.* Hrsg. v. I. F. Boissonade. Leipzig 1814 (Nachdruck Amsterdam 1966).

Sekundärliteratur
Dodds, E. R.: *Heiden und Christen in einem Zeitalter der Angst. Aspekte religiöser Erfahrung von Marc Aurel bis Konstantin.* Frankfurt 1992.
Ebbesen, St.: *Porphyry's Legacy to Logic: a Reconstruction.* In: Sorabji, R. (Hrsg.): *Aristotle Transformed. The Ancient Commentators and their Influence.* London 1990. S. 141–171.
Elsas, Chr.: *Neuplatonische und gnostische Weltablehnung in der Schule Plotins.* Berlin–New-York 1975.
Hadot, P.: *The harmony of Plotinus and Aristotle according to Porphyry.* In: Sorabji, R. (Hrsg.): *Aristotle Transformed. The Ancient Commentators and their Influence.* London 1990. S. 125–140.
Jonas, H.: *Gnosis und spätantiker Geist.* Band 1: *Die mythologische Gnosis.* 4. Aufl., Göttingen 1988. Band 2: *Von der Mythologie zur mystischen Philosophie.* Göttingen 1993.

Nasemann, B.: *Theurgie und Philosophie in Jamblichs De Mysteriis.* Stuttgart 1991.
Rudolph, K. (Hrsg.): *Gnosis und Gnostizismus.* Darmstadt 1975.
– Die Gnosis. 3. Aufl., Göttingen 1994.
Zintzen, Cl. (Hrsg.): *Die Philosophie des Neuplatonismus.* Darmstadt 1977.

XVIII. Die Aristoteleskommentatoren

Quellen

Für alle in Frage kommenden Autoren stehen vorzügliche Ausgaben zur Verfügung. Besonders hervorzuheben ist das 1874 von der Berliner Akademie der Wissenschaften begonnene große Unternehmen der *Commentaria in Aristotelem Graeca*, das mit 23 Bänden nach nur wenigen Jahrzehnten kurz nach 1900 abgeschlossen wurde. Einzelne Texte sind inzwischen auch in englischer Übersetzungen zugänglich: *Ancient Commentators on Aristotle* im Verlag Duckworth, London.

Johannes Philoponos: *Über die Erschaffung der Welt (De opificio mundi).* Übers. von Cl. Scholte. Freiburg 1997.

Sekundärliteratur

Hadot I.: *The Role of the Commentaries on Aristotle in the Teaching of Philosophy according to the Prefaces of the Neoplatonic Commentaries on the »Categories«.* In: *Oxford Studies in Ancient Philosophy.* Supplementary Volume 1991: *Aristotle and the Later Tradition.* Oxford 1991. S. 165–189.
Moraux, P.: *Der Aristotelismus bei den Griechen von Andronikos bis Alexander von Aphrodisias.* Bd. 1 Berlin 1973. Bd. 2 Berlin 1984.
Praechter, K.: *Die griechischen Aristoteleskommentare.* In: *Byzantinische Zeitschrift* 18 (1909). S. 516–538.
Sorabji, R. (Hrsg.): *Aristotle Transformed. The Ancient Commentators and their Influence.* London 1990.
Tae Soo, L.: *Die griechische Tradition der aristotelischen Syllogistik in der Spätantike. Eine Untersuchung über die Kommentare zu den Analytica priora von Alexander Aphrodisiensis, Ammonius und Philoponus.* Göttingen 1984.

Wörterbuch der philosophischen Begriffe

Begründet von Friedrich Kirchner und Carl Michaëlis, bearbeitet von Johannes Hoffmeister. Vollständig neu herausgegeben von Arnim Regenbogen und Uwe Meyer. PhB 500. 1998. X, 895 Seiten. 978-3-7873-1325-9. Gebunden

Dieses Standardwörterbuch schlüsselt die philosophischen Begriffe von der Antike über das Mittelalter bis hin zum deutschen Idealismus auf. Arnim Regenbogen und Uwe Meyer haben das Wörterbuch vollständig überarbeitet und um die Grundbegriffe der Philosophie der Gegenwart erweitert. Es bleibt dabei – wie der Name sagt – ein reines Wörterbuch der Begriffe und verzichtet auf die Einordnung von Philosophennamen ebenso wie auf allgemeine philosophiegeschichtliche Exkurse.

Auf knappem Raum und in verständlicher Form werden die Bedeutung und Funktion, die sprachliche Herkunft und die historische Ausdifferenzierung der Stichworte erklärt und unter Angabe genauer Belege in den Originalwerken aufgezeigt. Indem dieses Wörterbuch die Herkunft und Zusammensetzung, den Wortsinn und die ursprüngliche Bedeutung sowie den Wandel und die Nuancen der Termini auch durch präzise etymologische Angaben erläutert und durchgängig auf die jeweiligen Nachbar- und Gegenbegriffe verweist, gibt es nicht nur Aufschluß über das richtige Verständnis, sondern auch über den verständigen Gebrauch philosophischer Begriffe.

Das »Wörterbuch der philosophischen Begriffe« ist somit nicht nur für Studium und Lehre, sondern für alle Leser philosophischer Texte ein unentbehrliches und zugleich handliches Nachschlagewerk zur Einführung in die Welt des philosophischen Denkens.

Seit 1886 gehört das einbändige »Wörterbuch der philosophischen Begriffe« zum Bestand der 1868 begonnenen Philosophischen Bibliothek. Begründet von Friedrich Kirchner und Carl Michaëlis und später fortgeführt von Johannes Hoffmeister, hat es einen festen Platz in den Handbibliotheken aller Dozenten und Studenten der Philosophie.

»Diese sicherlich nicht leichte Aufgabe der doppelten Integration von Vergangenem und Gegenwärtigem ist [...] den Bearbeitern des neuen Lexikons gelungen. [...] Deutlichkeit und distanzierende Wissenschaftlichkeit bürgen in der Neubearbeitung für Qualität. [...] Das von Regenbogen und Meyer bearbeitete Lexikon ist in dieser Form derzeit das beste Informationsmedium seiner Kategorie. Es beinhaltet fast alle wichtigen Begriffe, die Artikel sind klar und deutlich formuliert, die Verweise prägnant und hilfreich. Der Leser wird schnell in die Kernproblematik eingeführt und kompetent informiert. [...] Es ist ein Nachschlagewerk, das die Fragen eines Philosophiestudenten nicht unbeantwortet läßt und derzeit nicht überboten wird.«

Philosophischer Literaturanzeiger

Geschichte der Philosophie im Überblick

Geschichte der Philosophie im Überblick

Franz Schupp

Christliche Antike
Mittelalter

Jokers edition

Lizenzausgabe für Jokers edition, Augsburg 2012
ISBN 978-3-86800-512-7 (3 Bände)

Druck und Bindung: C. H. Beck, Nördlingen
Printed in Germany

Inhalt

DIE PHILOSOPHIE DER CHRISTLICHEN ANTIKE

I. Die Anfänge ... 3

1. Allgemeine Vorbemerkungen ... 3
2. Philon von Alexandrien ... 10
3. Justinus ... 15
4. Klemens von Alexandrien ... 19
5. Origenes ... 27

II. Die Kappadokier und Dionysios Areopagita ... 39

1. Der etablierte Platonismus ... 39
2. Die negative Theologie ... 45
3. Der Geist und die Materie ... 54

III. Augustinus ... 57

1. Eine problematische Biographie ... 57
2. Gott und die Seele ... 67
3. Die Sprache als Vorletztes ... 74
4. Zeit und Ewigkeit ... 77
5. Möglichkeit und Unmöglichkeit sittlichen Handelns ... 80
6. Die Geschichte als Ort des Kampfes ... 85
7. (K)ein Schlußwort ... 92

IV. Das Ende der Antike ... 95

1. Boethius ... 95
2. Cassiodor, Benedikt, Gregor der Große und Isidor von Sevilla ... 105

DIE PHILOSOPHIE DES MITTELALTERS

V. *Die Philosophie des frühen Mittelalters* 113

1. Der Neubeginn im 8. und 9. Jahrhundert 113
2. Scotus Eriugena 127
3. Neue Texte in der Philosophie des 10. Jahrhunderts 138
4. Christentum und »heidnische« Philosophie 143
5. Die Philosophie in Byzanz 150

VI. *Anselm von Canterbury* 158

1. Veränderungen in der Welt des 11. Jahrhunderts 158
2. Anselms gläubiger Rationalismus 160
3. Der (ontologische) Gottesbeweis Anselms 165
4. Kritik und Zustimmung 167

VII. *Abaelard* 174

1. Die städtische Kultur des 12. Jahrhunderts 174
2. Funktion und Aufgaben der Logik 179
3. Einzelfragen der Logik 183
4. Die Ethik 194

VIII. *Neuansätze des 12. Jahrhunderts* 197

1. Interesse an der Natur 197
2. Der Beginn der *logica nova* 210
3. Neue Wissenschaftssystematik 212
4. Abgrenzungsprobleme der Theologie 216
5. Staatstheorie 219

IX. *Die Philosophie im islamischen Bereich* 223

1. Historische Vorbemerkung 223
2. Einzelne Vertreter 229
3. Die Bewegung der Sufis 265

X. *Die jüdische Philosophie des Mittelalters* 272

1. Die jüdische Philosophie des Mittelalters als historische Besonderheit 272
2. Einzelne Vertreter 276
3. Die Kabbala 306

XI. *Die Rezeption der Schriften des Aristoteles und der arabischen Wissenschaft* 314

1. Die Universitäten ... 315
2. Die Übersetzungen ... 321
3. Die Rezeption der Übersetzungen und deren Folgen ... 327

XII. *Robert Grosseteste und Roger Bacon* ... 337

1. Robert Grosseteste ... 339
2. Roger Bacon ... 343

XIII. *Bonaventura und Albertus Magnus* ... 352

1. Dualisten und Bettelmönche ... 352
2. Bonaventura ... 358
3. Albertus Magnus ... 369

XIV. *Thomas von Aquin* ... 380

1. Das schiefe Bild von Thomas von Aquin ... 380
2. Philosophie und Zeitgeschichte ... 382
3. Erkenntnis und Wissenschaft ... 388
4. Ethik und Politik ... 402

XV. *Die Dekrete von 1277: Ursachen und Folgen* ... 406

1. Die Vorgeschichte ... 406
2. Die Verurteilungen ... 409
3. Die Folgen ... 418

XVI. *Raymundus Lullus und Duns Scotus* ... 424

1. Raymundus Lullus ... 427
2. Duns Scotus ... 435

XVII. *Ockham und die Wissenschaft des 14. Jahrhunderts* ... 442

1. Zerfall und Kritik der Universalien ... 442
2. Erkenntnis und empirische Wissenschaft ... 446
3. Logischer Formalismus ... 465
4. Das Nominalistenstatut ... 474
5. Ethischer Positivismus ... 477
6. Der autonome Staat ... 481
7. Widerstand in Avignon ... 485

XVIII. *Eckhart, Seuse und die devotio moderna* 489

1. Eckhart 491
2. Heinrich Seuse und Johannes Tauler 505
3. Ruysbroeck und die *devotio moderna* 510

XIX. *Nikolaus von Kues* 513

1. Krise, Umbruch und System 513
2. Die *coincidentia oppositorum* 517
3. Die unbegrenzte Welt 523
4. Epilog 526

Literaturverzeichnis 529

Die Philosophie der christlichen Antike

- I -

Die Anfänge

1. Allgemeine Vorbemerkungen

Unsere Zeitrechnung mit ihrer Einteilung »vor Christus« und »nach Christus« legt uns eine Periodisierung mit einem Einschnitt nahe, was häufig wie ein Faktum, wie eine Selbstverständlichkeit hingenommen wird. Es ist jedoch offensichtlich, daß diese Chronologie bereits eine ganz präzise Ideologie enthält, d. h. das Interesse, einem bestimmten geschichtlichen Faktum – der Geburt Christi – eine permanente Bedeutung zu geben, dieses Faktum als das Unvergleichbare mit dem Vorhergegangenen und als einen weltgeschichtlichen Neubeginn hinzustellen. Auch dies ist jedoch kein einmaliger Vorgang. Die bis heute in den islamischen Ländern geltende | 3
Zeitrechnung setzt das Jahr 1 mit der Hidschra an, d. h. mit der Übersiedlung Mohammeds von Mekka nach Medina im Jahre 662 n. Chr. (unserer Zeitrechnung nach). Die Tatsache, daß sich in der westlichen Welt die Zeitrechnung mit »vor Christus und »nach Christus« durchgesetzt hat, weist also zunächst einmal einfach darauf hin, daß zu einer bestimmten Zeit eine bestimmte Ideologie die herrschende wurde und daß es ihr gelang, der Zeitrechnung ihren »Stempel« aufzudrücken.

Das Studium der Kultur- und Denkgeschichte darf sich jedoch nicht schon an solchen Konstruktionen orientieren. Es stellt sich daher die Frage, ob es sich beim Christentum, das ohne Zweifel einen ungeheuer weitreichenden Einfluß gewann, wirklich um einen solchen eindeutigen Einschnitt handelt. Mit anderen Worten: Wie ist das Verhältnis des Christentums zu der Kultur zu beurteilen, in die es eintrat, also zur hellenistischen Kultur? Eine klare Antwort mit »ja« (Umbruch) oder »nein« (Fortentwicklung) wird man nicht erwarten dürfen, da es sich hier ohne Zweifel um einen sehr vielschichtigen Prozeß handelt. Die These, die hier – in Fortsetzung der Darstellung der spätantiken Philosophie im 1. Teil dieser Vorlesungen – aufgestellt werden soll, ist folgende: Es handelt sich beim Christentum um eine Bewegung, die sich ganz und gar in die Entwicklung der verschiedenen Weltanschauungen der späten Antike einfügt. Die Wirkung des Christentums erklärt sich aus der Tatsache, daß das Christentum den orientalisierenden Bedürfnissen vieler Menschen dieser Zeit entsprach und daß es gleichzeitig in der Lage war, die zeitgenössische Kultur zu integrieren. Damit soll natürlich nicht behauptet werden, daß es im Christentum nicht Elemente gab, die wichtige Unterscheidungsmerkmale abgeben können. Diese wurden indes erst später als solche erkannt, nämlich dann, wenn es sich zeigte, daß diese Elemente nur schwer oder gar nicht in die begrifflichen Formen einzubringen waren, die vom hellenistischen Denken vorgegeben wurden.

Beginnen wir also mit jenen Elementen, die das Christentum als ein Phänomen des Hellenismus verstehen lassen, welches zwar seine Besonderheiten aufweist, das sich aber durchaus im Rahmen der Denkbewegungen des Hellenismus verstehen läßt. Das *religiöse Interesse*, vor allem bezogen auf den Einzelnen, ist ein allgemeines Kennzeichen der hellenistischen Periode (vgl. 1. Teil, Kap. XI, 2), das sich im Laufe der ersten Jahrhunderte unserer Zeitrechnung sehr verstärkt hatte. Zum Problem war aber in der Spätantike – etwa seit dem 2. Jhd. n. Chr. – die *Immanenz-Frömmigkeit* geworden, d. h. eine Frömmigkeit oder Religiosität, die ihre Erfüllung in dieser Welt und in diesem Leben (also »immanent«) suchte. Diese Problematisierung läßt sich kaum auf philosophische Bewegungen zurückführen. Wichtiger war: Die Götter hatten gegen die absolutistischen Ausschreitungen von Diadochenherrschern, gegen die finanziellen Erpressungen römischer Stadthalter sowie gegen den sinnlosen Tod im Militärdienst an den Grenzen des Reiches nicht geholfen. Und schon vorher war durch das riesige Reich Alexanders des Großen mit seiner Umbürgerung vieler Griechen der Boden (im wahrsten Sinn dieses Wortes) der Immanenz-Frömmigkeit – zu
4 | der auch die Bindung an Städte, Quellen, Gärten usw. gehörte – verloren gegangen: Die »natürlichen« Örter göttlicher Gegenwart in der Welt waren nicht mehr vorhanden. Dem schwindenden Vertrauen in die Wirkkraft der Immanenz-Frömmigkeit hatte in vorsichtiger und eingeschränkter Weise die Stoa und dann – in immer stärker ausgeprägter Form – der Neuplatonismus Rechnung getragen: Jenseits dieser Welt, also transzendent, herrscht das Göttliche, das Eine, das im Neuplatonismus das *ganz Andere* wird. Dies ist ein Gott, der mit jenem der Mysterienkulte in Verbindung gebracht werden konnte. Der logischen und rationalen Betrachtung ist dieser Gott im letzten entzogen, was in der Fülle der *negativen Gottesprädikate* bei den Gnostikern und Neuplatonikern seinen Ausdruck fand (vgl. 1. Teil, Kap. XVII, 1, c). Der Ort, an dem sich Göttliches und Weltliches trafen, war einzig die *Seele* des Einzelnen geworden. Die Seele konnte jedoch nicht – hier wirkte die Transzendenz zu stark – unvermittelt am Göttlichen teilhaben, und so hielt man sie etwa im Neuplatonismus zunächst für teilhabend am Logos, der ersten Emanation, dem ersten aus dem Göttlichen Hervorgegangenen, ebenso aber für teilhabend am Pneuma, dem wieder aus dem Logos hervorgegangenen Lebensprinzip der Welt, das als Weltseele alles durchherrscht. Bei den Stoikern waren Logos und Pneuma noch eng an die Welt gebunden bzw. als deren innere Prinzipien in diese eingebunden gewesen, in immer stärkeren Abstufungen aber waren sie in der Gnosis und im Neuplatonismus von der Welt abgehoben und getrennt worden. Und die Welt war unter Einfluß des persischen Dualismus in immer stärkerem Maß als materielle Welt angesehen worden. Zur Welt gehörte auch die Seele als Lebensprinzip des Körpers, der eine davon verschiedene Geistseele gegenübergestellt wurde, der Mensch selbst war

gespalten, mit seiner Geistseele war er sich in seiner Körperlichkeit fremd, ja feindlich, geworden.

Das Erlebnis von Armut, Unterdrückung und Leid bildete den Boden für das Eindringen und Wirksamwerden von *Eschatologie* und *Apokalyptik*. Die Griechen hatten in diesem Bereich seit Jahrhunderten von den Ägyptern, Babyloniern und Persern gelernt, hatten sich aufgrund ihrer Diesseitsorientierung aber nie recht mit diesen Vorstellungen anfreunden können. Aber schon die Orphik hatte von einem Kreis der Wiedergeburten gesprochen und auch in der griechischen Naturphilosophie war gelegentlich mit vagen Vorstellungen von einer idealen Ur- und Endzeit experimentiert worden (vgl. z. B. bei Empedokles: 1. Teil, Kap. V, 1, c). So waren Endzeiterwartungen und Hoffnungen auf ein neues Paradies kein Monopol biblischer Vorstellungen. Vergil ist ein Zeuge dafür, wenn er ein goldenes Zeitalter vom Gottessohn Augustus erwartete. In der griechischen wie in der römischen Philosophie aber waren solche Vorstellungen eher Randerscheinungen. Erst im Neuplatonismus wurde auch philosophisch eine ideale Urweisheit einer ebenso idealen Urzeit relevant, der gegenüber alle Philosophien verderbt erschienen, so daß man wohl an eine ideale Endzeit denken konnte, in der die alte Weisheit wieder zum Durchbruch kommen würde. So wie die Seele sollte die Philosophie aus ihren gegenwärtigen weltlichen Verstrickungen gelöst werden und in ihre ursprüngliche, gottgeschenkte Reinheit zurückkehren, | 5
ohne daß damit allerdings die Realität der Welt verändert würde. Jedenfalls aber machte sich allenthalben eine *Erlösungssehnsucht* breit.

Diese Erlösungssehnsucht steht in Beziehung zur Erfahrung von *Leid*, aber auch zu der von *Schuld*. Die Griechen hatten diesen Begriff nicht unter ethischem, sondern unter – auf Glückseligkeit bezogenem – pragmatischem Gesichtspunkt betrachtet. Schuld wurde bei ihnen in einem Übermaß an Glücksgütern und der damit verbundenen *hýbris*, dem Hochmut, angesetzt, der den Neid der Götter und somit Unheil hervorrufen konnte. Aber schon bei den Kynikern und bei den Stoikern hatte sich dieser Begriff dem moralischen Sinn genähert, was im römischen Bereich unter dem Einfluß der alten Idealvorstellung der Tugend, der *virtus*, noch verstärkt wurde. Bei den Griechen war jedoch Schuld immer gebunden an die Vorstellung der *Unvernunft*. Sie hegten die Hoffnung, durch Vernunft zu richtigem Handeln zu gelangen, wobei Voraussetzung war, daß die Welt vernünftig geordnet ist und somit Einsicht in die Weltordnung und entsprechendes Handeln ein schuldfreies und damit glückseliges Leben bringen müßte. Schuld konnte aber auch ein Problem der Herrschafts- oder der Gesellschaftsform sein, d. h. ein schlechter Herrscher oder die unfähige Regierung einer Stadt konnten »schuld daran« sein, daß es den Bürgern der Stadt schlecht ging. Die Griechen meinten aber auch hier, daß durch vernünftiges Denken und entsprechendes Handeln Ordnung und damit ein glückliches Leben zu erreichen wäre. In der Zeit vom 1. Jhd. v. Chr. bis zum 2./3. Jhd. n. Chr. war dieser Glaube jedoch erschüttert worden. Der römische Bereich dieser Perioden mit Willkürmord, Bürgerkriegen, Proskription, Korruption usw. ließ ein Schuldgefühl entstehen, welches diese Welt verurteilte und nach einer anderen, besseren Welt Ausschau halten ließ, was dann von der Gnosis und den sich als Erlösungsreligionen verstehenden Mysterienkulten aufgefangen werden konnte. Entsprechend bildeten sich Gemeinden von Anhängern verschiedener gnostischer Konzeptionen und verschiedener Kulte, manchmal von beidem zusammen, die sich als *Alternativ-Gesellschaften* verstanden, in denen sich die ideale Gesellschaft – *gegenweltlich* – verwirklichen sollte. In den Mysterienkulten kam das Heil nicht durch Selbstdisziplin und Selbstüberwindung, dafür schien die Schuld, in die alle verstrickt waren, zu groß, zu sehr über jeden einzelnen hinausgehend. Vielmehr kam das Heil durch das Göttliche selbst, durch den göttlichen Heilsbringer, der als der »Reine« für die anderen kämpfte, eventuell auch litt und so den neuen Weg zur neuen Epoche nicht nur zeigte, sondern tatsächlich eröffnete. So leidet Herakles in dieser neuen Interpretation als Stellvertreter für die Menschheit, und die Freundlichkeit der Isis erlöst auch die Dirne von ihrer Schuld – hier wird der *Gott* selbst zum *Erlöser*. Der Weg zu diesem, nur von ihm selbst ermöglichten, gnadenhaft geschenkten Heil geschieht in Kult oder in Ekstase, im Mysterion oder in der Gnosis, oder in beidem zusammen.

Ein echter, struktureller Unterschied von Philosophie und Religion bestand hier nicht mehr (vgl. z. B. Jamblichos: 1. Teil, Kap. XVII, 3, c). In diesem, d. h. in einem
6 | historisch-präzisierten Sinn, ist es daher auch nur relativ richtig, zu sagen, das Christentum sei zunächst *nur* als Religion aufgetreten. Es trat als Erlösungsbotschaft auf, aber genau das wollten auch die Mysterienreligionen, die Gnosis, der Neuplatonismus, und genau das wollte auch schon die Stoa in ihren späten Formen. Und auch die Christen, oder wenigstens einige von ihnen, verstanden ihre Lehre schon sehr früh als die *»wahre Philosophie«*. Die Frage der Darstellungsform war eine der Bildung und der sozialen Schicht, in der ein solches Erlösungswissen formuliert wurde. Insofern das Christentum, wie die Mysterienreligionen, zunächst bei der ärmeren und ungebildeteren Schicht Eingang fand, war es dort zunächst »rein« religiös. Sobald es aber – etwa seit dem 2. Jhd. – in Gruppen der Bürokratie und der Offiziersränge Eingang fand, stellte sich die Frage nach seiner Bildungsform. Das Problem war nicht neu und die Christen konnten dabei auf den kulturellen Kontext zurückgreifen, aus dem sie selbst hervorgegangen waren, d. h. auf die jüdischen Gemeinden, vor allem auf jene in den Zentren der hellenistischen Kultur. Darauf wird weiter unten bei der Darstellung der Philosophie Philons näher eingegangen werden. Die Möglichkeit, die biblische Religion als die »wahre Philosophie« darzustellen, war also in jüdischen Gemeinden bereits gegeben, wurde aber dort nicht von allen akzeptiert. Auch bei den Christen war es nicht von vornherein klar, ob sie dem Weg eines Philon folgen sollten. Paulus – ein Zeitgenosse Philons – stand der Auffassung der Rabbiner, die eine solche philosophische Darstellung sehr skeptisch beurteilten, näher als der Philons. Und auch Tertullian wird sich vehement gegen die hellenisierenden Tendenzen bei Christen wenden. Im Bereich des Christentums hat sich jedoch die Linie, die auch Philon vertreten hat, durchgesetzt. Im 2. Jhd. scheint Philon bei den Christen noch

kaum bekannt gewesen zu sein, aber bei Klemens von Alexandrien und bei Origenes ist der Einfluß schon deutlich erkennbar und dokumentiert.

Wir haben also vom 2. bis etwa zum 5./6. Jhd. eine recht parallele Entwicklung vor uns: Der Neuplatonismus entwickelte sich immer stärker – ohne große innere Auseinandersetzungen – zur Religion, während die Christen – nach nicht unerheblichen inneren Auseinandersetzungen – beanspruchten, die »wahre Philosophie« zu besitzen, wobei sie große Teile des stoisch geprägten Platonismus und Neuplatonismus übernahmen. Man könnte daher die Geschichte dieser Periode nicht aufgeteilt auf »heidnische« und »christliche« Philosophie darstellen, sondern sie parallel behandeln, und sachlich wäre dies sogar richtiger: Die Geschichte der Philosophie bei den Christen der Spätantike ist weithin die des Platonismus dieser Periode. Es ergäbe sich etwa folgende Gegenüberstellung:

Heidnische/Christliche Platoniker

2. Jhd.	PLUTARCH APULEIUS	JUSTINUS
2./3. Jhd.	NUMENIOS	KLEMENS VON ALEXANDRIEN
3. Jhd.	PLOTIN	ORIGENES
4./5. Jhd.		AUGUSTINUS
5./6. Jhd.	PROKLOS	DIONYSIOS AREOPAGITA

Als die Christen sich dafür entschieden hatten, sich eine Bildungsform zu geben, waren zunächst – und großenteils auch später noch – die *Populärphilosophien* ihr *Anknüpfungspunkt*. Justins Kenntnis der Philosophie entspricht dem, was die beliebten kleinen Handbüchlein vermittelten, dasselbe gilt auch für die anderen Apologeten. Dieser Bildungsstand wird sich bei Klemens von Alexandrien und vor allem bei Origenes entscheidend verbessern. Dies gilt aber nicht durchgängig und stellt auch keinen Entwicklungsprozeß dar, auch noch ein Augustinus wird weithin auf Handbuchwissen aufbauen. – Bei der Übernahme platonischer Philosophie-Religion hatten die Christen einen eindeutigen Vorteil: Als die Platoniker alte religiöse Texte benötigten, mußten sie sich auf die Suche bei den Ägyptern, Chaldäern usw. begeben und waren dabei zudem noch recht unsicher, wo wirklich solch altes und unverfälschtes Wissen aufzufinden war. Die Christen hingegen hatten ihren Kanon heiliger Schriften bald festgelegt, zu dem dann – nach einigen Auseinandersetzungen – auch das von ihnen so genannte *Alte Testament* gehörte. Damit hatten sie jedenfalls eine »alte Weisheit« zur Verfügung. Dazu hatten sie von den Juden – schließlich waren sie in der Gründerzeit selbst Juden – den Anspruch übernommen, eine *absolute* und *ausschließliche Wahrheit* zu besitzen. Das ist zwar nicht unbedingt

positiv zu beurteilen, historisch gesehen muß man aber feststellen, daß dies auf die unsicher gewordenen Menschen, denen auch eine unsicher gewordene Philosophie begegnet war, Eindruck machte. Der hellenisierte Judenchrist Paulus tritt mit einer Selbstsicherheit auf, dem die skeptisch angehauchten Philosophen wenig gegenüberzustellen hatten. Ein solcher Wahrheitsanspruch ermöglichte ein »hermeneutisches Prinzip« des Eklektizismus. Eklektizismus wurde seit langem und bei vielen Philosophen der späten hellenistischen Periode angewandt, dieser Vorgang wurde aber nur selten deutlich gemacht. Die Christen hingegen traten nun mit dem Anspruch auf, ganz klar auswählen – »eklektizieren« – zu können, was in den verschiedenen Philosophien wahr und was eben nicht wahr sei. Die – ursprünglich stoische – Theorie der *lógoi spermatikoí*, der »verstreuten Wahrheitsgehalte« des Justinus legt Zeugnis davon ab. Nicht nur die Philosophie, auch die Mythen konnten hier eingearbeitet werden. Schon in der stoischen Mytheninterpretation waren moralisierende Allegorien vorgelegt worden, und so war es nicht schwierig, christliche Allegorien aufzubauen. Christus wird zum wahren Orpheus, zum wahren Weinstock (Dionysos), usw. Antike Mythen in christlicher Deutung waren ein unerschöpfliches Feld der Auslegungskunst, und die Menschen hatten den Eindruck, etwas Neues zu bekommen, ohne das Alte aufgeben zu müssen. Das erwies sich als äußerst wirksam für die
 Verbreitung der »neuen« Botschaft. Dasselbe galt für viele Kultformen.

Noch ein weiteres ist zu sehen. Die spätantiken Philosophie-Religionen hatten sich an den Einzelnen gewandt – später sogar nur noch an seinen höheren Seelenkern – und hatten die »Welt« und die Gesellschaft sich selbst überlassen. Hier trat nun eine Gruppe von Verkündern einer neuen Religion auf, die zwar behauptete, genau dasselbe, d. h. die *Erlösung der Seele*, zu bringen, die aber darüber hinaus beanspruchte, die *Gesellschaft neu zu ordnen*. Während sich die Philosophen seit langer Zeit aus allen Fragen des »normalen« Lebens heraus hielten, nehmen ein Tertullian, ein Klemens von Alexandrien und viele andere zu allen Fragen der Gesellschaft bis hin zur Mode Stellung. Daß dabei viel altes stoisches Material, vor allem aus Seneca, verwendet wurde, ist nicht zu übersehen, aber die Ethik wurde wieder konkret, löste sich nicht in Sinnfindung auf. Dabei war diese Ethik einfach und überschaubar – so wie wir es etwa in der Bergpredigt lesen können – und noch dazu bewirkte sie sichtbares soziales Handeln. Der Kappadokier Basilios schrieb nicht nur Traktate neuplatonischer Seelen- und Gotteslehre, sondern richtete auch Krankenhäuser ein. Es sollte zwar die Seele aus dem Kerker des Körpers erlöst werden – dieses platonische Programm war von den Christen kritiklos übernommen worden – aber in der Zwischenzeit sollte auch für den Körper etwas getan werden, wenn es not tat. Gegenüber dem welt- und gesellschaftsgestaltenden Elan der Christen, der sich nach dem zunächst schon für die nahe Zukunft erwarteten, dann aber doch nicht eingetretenen Ende der Welt herausgebildet hatte, hatte die im ganzen welt- und gesellschaftsresignativ gewordene Philosophie, die höchstens etwas elitäre Freundschaft empfahl, nicht viel zu bieten. Auch eine *politische Philosophie* hatte es schon seit Jahrhunderten nicht mehr gegeben, demgegenüber entwarfen jetzt Eusebius und, recht verschieden von diesem, Augustinus ganz massive Theorien der Geschichte und der Gesellschaft. Auf eine wiederum andere Weise tut dies Dionysios Areopagita, der eben nicht nur Mystiker, sondern auch Gesellschaftstheoretiker ist. Die Leistung und zeitgeschichtliche Relevanz dieser Entwürfe bleibt auch dann bestehen, wenn wir mit diesen verschiedenen Gesellschaftskonzeptionen nichts zu tun haben möchten.

Damit war natürlich für die Christen von den ersten Anfängen an die Frage des *Verhältnisses zum Staat* gestellt, ebenso aber mußten umgekehrt auch die Vertreter des Staates sich die Frage stellen, wie sie sich gegenüber dieser neuen Bewegung verhalten sollten. Die Analyse dieses Verhältnisses gehört in den Bereich der Geschichtsforschung. Die Unsicherheit und das Schwanken der römischen Kaiser bei der Bestimmung dieses Verhältnisses ist bekannt. Je mehr aber die Christen um öffentliche Anerkennung kämpften – dies begann schon im 2. Jhd. –, um so mehr waren sie gezwungen, sich im Rahmen der antiken Kultur und Gesellschaft zu legitimieren. Dies bedeutete mit Notwendigkeit, daß sie sich auch im Rahmen der antiken Philosophie(n) eine Bildungsform gaben. Nach der politischen Anerkennung durch Kaiser Konstantin kehrte sich das Verhältnis um: Die spätantike Philosophie wurde in die Defensive gedrängt. Sie hatte tatsächlich nicht mehr viel anzubieten, hatten doch ihre Vertreter selbst die Philosophie als Vorschule der Religion verstan- | 9
den, und inzwischen hatten die Christen so gut wie alles aus dieser Vorschule übernommen. Konstantin konnte das Buch des Neuplatonikers Porphyrios gegen die Christen einfach verbrennen lassen (vgl. 1. Teil, Kap. XVII, 2). Auch christliche Gruppen Ungebildeter, von denen es nicht wenige gab, beteiligten sich an der Vernichtung antiker »heidnischer« Philosophie, wenn nötig mit Ermordungen, so im Fall der Philosophin Hypatia im Jahre 415 in Alexandrien (vgl. 1. Teil, Kap. XI, 3, a). Und Kaiser Justinian schließlich schloß die athenischen Schulen der Philosophie und die platonische Akademie. Natürlich gab es auch Versuche, das antike »Heidentum« und seine Philosophie zu retten oder erneut zur Geltung zu bringen. Das bekannteste Beispiel ist Kaiser Julian, der von 361 bis 363 regierte. Er erhielt Unterricht vom Neuplatoniker Maximos von Ephesus und ließ sich in die Eleusischen Mysterien einweihen, dann versuchte er es mit dem Mithraskult. Wenn man aber genau hinsieht, so kann man erkennen, daß er in Wirklichkeit bereits sehr viel weniger griechisch-antik gebildet war als seine christlichen Gegenüber, so vor allem die Kappadokier, die viel bessere und konsequentere Neuplatoniker waren (vgl. Kap. II). Ein solcher Revisionsversuch hatte keine Basis mehr; alles, was wieder eingeführt werden sollte, war bei den Gegnern längst eingeführt. Dieser Versuch mußte scheitern.

Es wird oft gesagt, die weitere Geschichte Europas (und später auch die Amerikas) sei bestimmt worden durch eine Synthese von Antike und Christentum, dies ist aber als Formel ziemlich unscharf. Erstens erwartet man sich von »Synthese« zu viel. Es handelte sich eher um eine »Koalition«, also um ein interessegeleitetes Bündnis und um einen Verschmelzungsprozeß, bei dem es ganz und gar nicht klar war, wie leistungsfähig das Resultat dieses Prozesses sein würde, wie es ja bei Koalitionen nicht selten der Fall ist. Und zweitens ist die Rede von einer Synthese von Antike und Christentum zu ungenau. Schon etwas besser ist die Formel des Zusammengehens von Paulus und dem (späten) Platon bzw. dem Neuplatonismus, welches jedenfalls seit Augustinus das frühere Zusammengehen von Johannes und Platon in den Hintergrund drängte. Diese formelhafte Präzisierung ist erforderlich, da man sich schließlich auch ein Zusammengehen von Christentum und Antike in der Form von Markus und Aristoteles vorstellen könnte – dies hätte möglicherweise ein toleranteres, humaneres und rationaleres Europa ergeben. Ganz zu schweigen von einer Synthese von Sokrates und Jesus, die wir uns aber mangels genauer Nachrichten nur schwer vorstellen können. Faktisch hat sich indes eine Koalition von Platon und Paulus durchgesetzt, und dies war auch tatsächlich die zeitgeschichtlich gesehen attraktivste Koalition. Über das, was gewesen wäre, wenn ... kann der Historiker nichts Verbindliches aussagen.

2. Philon von Alexandrien

10 | Zahlreiche Juden waren schon seit einigen Jahrhunderten in erheblichem Maß hellenisiert, sprachen Griechisch und konnten oft entweder gar nicht mehr oder nur noch sehr mangelhaft Hebräisch. Ihre heiligen Schriften, also das später von den Christen so genannte *Alte Testament*, waren ihnen daher nur in der griechischen Übersetzung, der *Septuaginta*, zugänglich, die in der Zeit vom 3. bis zum 1. Jhd. v. Chr. hergestellt wurde. Die Frage nach der Beziehung dieser heiligen Schriften zu der hellenistischen Kultur, in die die meisten Juden sprachlich und kulturell fest eingebunden waren, war also drängend.

Ein Beginn der Hellenisierung spielte sich bereits innerhalb der heiligen Schriften der Juden ab. Das Buch der *Weisheit Salomons* wurde etwa in der Mitte des 1. Jhd.s v. Chr. in Alexandrien abgefaßt, und zwar auf Griechisch. Es gab dafür vermutlich nicht einmal teilweise eine hebräische Vorlage, deshalb wurde es auch nicht in den jüdischen Kanon der heiligen Schriften aufgenommen; wohl aber findet es sich in der *Septuaginta*, also der griechischen Übersetzung des *Alten Testaments*. Das gesamte Buch ist deutlich an hellenisierte Juden gerichtet und arbeitet mit einer platonisch-stoischen philosophischen Terminologie, die sich hauptsächlich an Poseidonios (135–50 v. Chr.) orientiert. Ein philosophisches oder theologisches System ist in der *Weisheit Salomons* nicht enthalten, wohl aber wird versucht, Glaubensgehalte der Juden in hellenistisch-philosophischer Sprache zu präsentieren. Die Tendenz dabei ist es, dem hellenisierten Juden zu zeigen, daß bestimmte philosophische Thesen bei den Juden bereits bekannt waren. Dies ist jedoch nicht zu genau zu nehmen. Nicht nur die Terminologie von »Materie« und »Seele« ist dem ursprünglichen biblischen Denken fremd, sondern ebenso der mit diesen Begriffen in platonischer Verwendung verbundene metaphysische Dualismus von Körper und Seele. Und auch die Schöpfungsgeschichte der *Genesis* läßt sich nicht ohne weiteres in der Terminologie von »Materie« und »Form« wiedergeben. In jedem Fall aber ist das Buch der *Weisheit Salomons* ein Zeugnis dafür, daß unter den hellenisierten Juden ein Interesse vorhanden war, den jüdischen Glauben mit griechischer Philosophie in Verbindung zu bringen.

Dazu kam noch, daß sich die jüdische Gemeinde dieser Zeit – im Unterschied zu den jüdischen Gemeinden späterer Perioden – missionarisch verstand. Alle Völker sollten zu Zion kommen, die Offenbarung der Heiligen Schriften sollte das Licht der Welt werden. Die Juden strebten also danach, neue, nicht-jüdische Mitglieder zu gewinnen, die sogenannten Proselyten. Die kamen aber selbstverständlich aus der hellenistischen Kultur und man mußte somit für diese einen Übergang von dieser Kultur zum biblischen Offenbarungsglauben schaffen. Dabei sollte nicht verlangt werden, daß diese neuen Mitglieder ihre Kultur aufgeben, ebensowenig wie die hellenisierten Juden die Kultur ihrer Umgebung, die längst ihre eigene geworden war, aufgeben wollten. Es gab schon im 2. und 1. Jhd. v. Chr. verschiedene Versuche, sich diesen Problemen zu stellen. So kennen wir zumindest den Namen des Aristobul, der im 2. Jhd. v. Chr. gelebt hat. Von Aristobul wird die etwas abenteuerliche These berichtet, Platon und Pythagoras seien von Moses beeinflußt worden, eine These, die aber später auch von Nicht-Juden aufgegriffen wurde. Um eine Übereinstimmung von *Bibel* und griechischer Philosophie zu erweisen, dürfte er das Verfahren der stoischen allegorischen Interpretation angewandt haben. Vermutlich gab es nach Aristobul Vertreter der jüdisch-hellenistischen Gemeinde, die diese Versuche fortsetzten. Historisch gut greifbar wird dies aber erst in einem recht ausgearbeiteten Stadium, nämlich bei Philon von Alexandrien. Philon gewann allerdings für die christliche Philosophie eine sehr viel größere Bedeutung als für das Judentum. Normativ für das Judentum im 2. und 3. Jhd. n. Chr. wurde die rabbinische Exegese, die kaum etwas mit der hellenisierenden Exegese eines Philon gemeinsam hatte und mit dieser auch nichts gemeinsam haben wollte.

Die spätere rabbinische Tradition hat, soweit sie Philon überhaupt erwähnt, kein gutes Wort für ihn. Der Grund für diesen Abbruch der Beziehung des Judentums zur Philosophie liegt vor allem in äußeren Ursachen. Im Jahre 70 wurde der Tempel in Jerusalem zerstört und die Juden verloren ihren eigenen Staat, viele Juden zogen in andere Länder, und damit wurde der Zusammenhalt des Volkes zum Problem. Nicht mehr Assimilierung der umgebenden Kultur war gefragt, sondern innerer Zusammenhalt der verstreuten Gemeinden und somit auch Abgrenzung von der übrigen Gesellschaft. Das Studium der jüdischen Gesetze und ihre genaue Auslegung wurde das zentrale Anliegen der Rabbiner, und dies führte dann zu den verschiedenen Formen des *Talmud*. In diesem Kontext war kein Raum mehr für eine philosophische Interpretation der *Bibel*, wie sie Philon erfolgreich versucht hatte. Und als etwa seit dem 9. Jhd. das Judentum sich wieder um einen Kontakt mit der Philosophie bemühte (vgl. Kap. X), hatte es nur eine ganz geringe und nicht sehr tiefgehende Kenntnis der Philosophie Philons. Es gibt also von der zweiten Hälfte des 1. Jhd.s bis ins 9. Jhd. keine jüdische Philosophie.

Philon (erste Hälfte des 1. Jhd.s n. Chr.) war jüdischer Herkunft, aber ganz und gar hellenistisch geprägt. Er stammte aus einer reichen Familie in Alexandrien und hatte eine sehr gute Ausbildung innerhalb griechischer höherer Schulbildung genossen. Die für ihn wichtige Frage war, wie er diese Bildung mit seinem jüdischen Glauben vereinbaren konnte. Wir würden daher heute sagen: Sein hermeneutischer Ausgangspunkt war hellenistisch, nicht biblisch. Er führte sein Unternehmen jedoch nicht als ein von der jüdischen Gemeinde abgehoben lebender und schreibender Intellektueller durch, sondern als aktives Mitglied dieser Gemeinde; vermutlich waren viele seiner Schriften ursprünglich Vorträge in der Synagoge. Sein Anliegen war es dabei, die *biblische Weisheit* als die *wahre Philosophie* zu erweisen. Daß er von diesem Ausgangspunkt aus an Texte heranging, die wir heute als weithin mythologische bezeichnen würden, stellte kein besonderes Problem dar. Die philosophische Auslegung mythologischer Texte hatte in Alexandrien bereits eine lange, an der Homer-Interpretation orientierte Tradition. Auch dort ging es um einen hellenistischen Ausgangspunkt: Wie ist hellenistische Bildung mit den alten, autoritativen Schriften Homers vereinbar? Aber auch das Interesse von Philosophen an mythologischen Texten war in der Zwischenzeit ständig gewachsen. Man braucht sich nur an Plutarchs *Isis und Osiris* zu erinnern (vgl. 1. Teil, Kap. XVI, 1). Plutarch gehört zwar der Generation nach Philon an, ist aber sicher nicht der Urheber dieses Interesses an Mythen gewesen. Auch die pseudo-pythagoreischen Texte dieser Periode legen Zeugnis von diesem Interesse ab. Sich in philosophischer Absicht mit mythologischen Texten zu beschäftigen, lag also durchaus im Trend der Zeit. Die zentrale Frage war nun eigentlich nicht, ob solche heiligen Texte allegorisch und philosophisch interpretiert werden konnten – das wurde einfach vorausgesetzt –, sondern die, ob auch nachgewiesen werden konnte, daß die Verkünder der in diesen Texten enthaltenen Botschaft dies auch schon gewollt hatten. Für diesen Nachweis wurden allerdings keine besonders großen Anstrengungen unternommen, denn welcher »vernünftige« Weise sollte nicht die Absicht gehabt haben »philosophisch« ausgelegt zu werden, auch wenn seine Zeit dafür noch nicht »reif« war? Richtige Philosophen sind eben immer ihrer Zeit voraus! Philon war der Überzeugung, daß eine solche philosophische Auslegung schon in der ursprünglichen Absicht der Autoren der heiligen Schriften der *Bibel* gelegen hatte, was sicher eine recht problematische Annahme darstellt. Moses wird hier als Philosoph verstanden, der seine philosophischen Wahrheiten nur deshalb in Bilder kleidete, um sie dem Volk verständlich zu machen. Diese These, angewandt auf die verschiedensten Offenbarungsträger bis hin zu Mohammed, sollte eine große Zukunft haben.

Philon konnte, wie viele Juden seiner Zeit, nur sehr wenig Hebräisch. Sein Versuch war es, sich seine jüdisch-biblische Tradition anzueignen, und zwar so weit, als diese mit seiner griechischen Bildung vereinbar war. Im Unterschied zu vielen Kirchenvätern kannte er die griechische Philosophie nicht nur aus Florilegien, also aus Zitatensammlungen, und auch nicht nur aus den bekannten Handbüchlein, sondern aus den Originaltexten. Die allegorische Interpretation von Texten hatte Philon aus der stoischen Homerexegese gelernt, Philons eigener philosophischer Hintergrund war allerdings mehr platonisch als stoisch. Um nur ein Beispiel seiner *Allegorese* zu bringen: Der eigentliche, »höhere« Sinn der biblischen Geschichte von der Gefangenschaft Israels in Ägypten und des Auszugs, des Exodus aus Ägypten, wird bei ihm zum platonischen Weg der Seele aus der Gefangenschaft im Körper, zur Befreiung der Seele aus diesem Kerker. Dies ist also die Vorgehensweise Philons, wobei der »höhere« Sinn der Texte – wie oft bei solchen Exegesen bis zu jenen Hegels und darüber hinaus – nur mit mehr oder weniger Gewaltanwendung gefunden werden konnte.

An einem Punkt dachte er allerdings ganz und gar nicht allegorisch, sondern meinte es historisch ernst: Er verlängerte – wie Aristobul – die Geschichte der Philosophie von Platon über Pythagoras bis zu Moses, dem ersten Philosophen. Dieser *Philosoph Moses* vertritt dann eine Lehre, die etwa dem Mittelplatonismus des 1. Jhd.s n. Chr. entspricht. Diese Interpretation ist natürlich sehr zirkulär: Man interpretiert Moses allegorisch-mittelplatonisch und »findet« dann einen Moses, der ein guter Platoniker ist. Aber auch eine solche These war zu seiner Zeit nicht extravagant, sondern durchaus vertretbar, schließlich verfolgte auch Plutarch die Lehre des Pythagoras zurück zu den Mythen der Ägypter, und im Neuplatonismus wird das Interesse, Philosophie auf mythologische Grundlagen zurückzuführen, ganz allgemein werden.

Daß das Ziel des menschlichen Lebens und somit die Glückseligkeit in der Verähnlichung mit Gott besteht, wußte Philon schon von Eudor her (vgl. 1. Teil, Kap. XI, 1). Gewisse Zugeständnisse in Hinsicht darauf, daß auch äußere Güter zum Glück gehören, legten sich aufgrund der biblisch eindeutigen Zeugnisse in dieser Richtung nahe, sie waren aber auch manchen Platonikern – trotz aller Polemik in diesem Punkt gegen die aristotelische Lehre – nicht ganz fremd. Neu sind bei Philon jedoch Aussagen, die ganz deutlich in die Richtung dessen weisen, was später als *negative Theologie* bezeichnet werden wird: Gott ist »unbegreifbar«, »unbenennbar« usw. Wenn man also von einem Ursprung der negativen Theologie sprechen will, so muß man ihn am ehesten bei Philon ansetzen. Wir müssen uns daran erinnern, daß wir hier drei Jahrhunderte vor Plotin sind! Wie auch bei den meisten späteren Vertretern negativer Theologie, so gelangt schon bei Philon die Philosophie – und dies heißt eben auch: der philosophisch interpretierte jüdische Glaube – schließlich zur Mystik. Die Verbindung von negativer Theologie und den Texten der biblischen Offenbarung ist natürlich problematisch, denn eigentlich dürfte dann die Offenbarung auch nichts anderes als negative Gottesprädikate enthalten. Dies nimmt aber Philon doch nicht an, vielmehr spricht er Gott auch alle positiven Vollkommenheiten zu. Dies legte sich durch die Texte der *Bibel* nahe. Von jeder Form eines Offenbarungspositivismus ist Philon aber weit entfernt, d. h. er erwartet nicht, daß irgend etwas einfach deshalb akzeptiert wird, weil es in den Heiligen Schriften steht, und dies ist letztlich auch der Grund dafür, warum die Talmudisten keinerlei Verständnis für Philon aufbringen konnten. Auch bei den positiven Gottesprädikaten läßt er aber nicht alle gelten. Was philosophisch nicht erklärbar oder nicht gut annehmbar ist, wird bei Philon dann allegorisch interpretiert. An der Möglichkeit und sogar der Notwendigkeit von Offenbarung hält Philon aber fest: Offenbarung ist eine – geschichtlich notwendige – Hilfe für die Vernunft. Die Verteidigung der Möglichkeit von Offenbarung ist für Philon wegen der Bedeutung von Moses und den Propheten selbstverständlich zentral. Die Verteidigung selbst liegt indes ganz auf der Linie dessen, was in den frühen Dialogen Platons gefunden werden konnte: Moses und die Prophet werden interpretiert wie der göttlich inspirierte Dichter Platons:

Darum bedient sich der Gott auch, indem er sie der Überlegungskraft beraubt, ihrer sowie auch der Wahrsager und göttlichen Seher als seiner Diener, auf daß wir, die Hörer, erkennen, daß nicht sie, die der Vernunft Baren, diese kostbaren Offenbarungen verkünden, sondern daß der Gott selbst der Kündende ist und durch sie zu uns redet. (*Ion* 534c–d)

Offenbarung ist für Philon primär Selbstoffenbarung Gottes und in nur ganz untergeordneter Hinsicht Offenbarung des Gesetzes. Auch dies war eine Auffassung, die bei den Rabbinern, die eigentlich mehr an Gesetzesauslegung als an Theologie interessiert waren, keine Zustimmung finden konnte. Für Philon ist der Logos die eigentliche Offenbarung Gottes. Die platonischen Ideen werden von Philon als Gedanken Gottes aufgefaßt und im Logos lokalisiert. Philon ist der erste für uns greifbare Zeuge dieser Vorstellung der *Ideen als Gedanken Gottes*, einer Vorstellung, die im weiteren Platonismus und dann bei Augustinus eine wichtige Rolle spielen wird. Auch solche Logos-Spekulationen sind dem Judentum seiner Zeit nicht fremd, finden sich solche doch schon im Buch der *Weisheit Salomons* angelegt. Faktisch sind Philons Logos-Spekulationen aber doch mehr platonisch und stoisch als biblisch geprägt. Sie weisen den Weg zu ähnlichen Spekulationen im mittleren Platonismus und im Neuplatonismus, wo verschiedene Ebenen des Göttlichen angenommen werden, sie weisen aber auch in die Richtung der frühen christlichen (arianischen) Logosauffassung, wo der Logos als eine dem höchsten Gott nach- und untergeordnete göttliche Hypostase aufgefaßt wird. Der Logos ist der Mittler zwischen Gott und Mensch, und diese Funktion kann er vor allem deshalb ausüben, weil er bereits das Schöpfungsprinzip ist: Gott schafft die Welt nicht unmittelbar, sondern durch Vermittlung des Logos.

In diese im großen und ganzen recht mittelplatonische Welt treten jedoch Elemente ein, die deutlich *dualistische* Züge tragen, so wie wir sie dann in der Gnosis wiederfinden werden. Die Welt – gemeint ist hier die sublunare Welt – ist in ihrer Herkunft wie in ihrem Beherrschtwerden nicht vom höchsten Gott, sondern von einem anderen, unteren Wesen abhängig. Im kosmologischen Bereich geht Philon nicht so weit, dieses weitere Wesen als böses Prinzip zu bezeichnen, im anthropologischen Bereich aber findet sich doch ziemlich deutlich die Vorstellung zweier Mächte, die um die Herrschaft im Menschen kämpfen. In diesem Dualismus ist auch der platonische Leib-Seele-Dualismus mit der entsprechenden Abwertung des Körperlichen enthalten. Solche Vorstellungen waren aber bereits im Buch der *Weisheit Salomons* enthalten, brauchten also gar nicht mehr eigens gerechtfertigt zu werden. Der Mensch stammt nach Philon in seinem Ursprung aus einem Fall, zu dessen Erklärung er den platonischen Mythos heranzieht, der von einer Seele berichtet, die die Kraft ihrer Flügel verloren hat und die sich jetzt nicht mehr erheben kann (Platon: *Phaidros* 248a–e). Es ist also anzunehmen, daß in der jüdischen Gemeinde Alexandriens gnostische Vorstellungen durchaus akzeptiert waren, und solche auch philosophisch bei den Platonikern nicht auf großen Widerstand stießen, wenn sie nur genügend vorsichtig formuliert waren. Und all dies war nach der Auffassung Philons die wahre, durch Moses begründete Philosophie.

| 15

3. Justinus

Es war also keineswegs auffällig, wenn eine Religion sich als die »wahre Philosophie« bezeichnete. Selbstverständlich war dies aber wiederum auch nicht, es gab zahlreiche Mysterienkulte und -religionen, die keine solchen Ambitionen hatten. Auch innerhalb der christlichen Gemeinden war es zunächst nicht klar, in welche Richtung die Entwicklung gehen sollte. Daß der beste Anknüpfungspunkt für eine philosophische Interpretation der christlichen Lehre im *Johannesevangelium* lag, war offensichtlich. Dort war die Nähe zur Gnosis ganz deutlich, und die Gnosis war auch für den Mittelplatonismus der Beziehungspunkt zur Religion. Es ist aber bezeichnend, daß das *Johannesevangelium* erst spät in den Kanon der christlichen Lehrschriften aufgenommen wurde, noch gegen Ende des 2. Jhd.s wurde es ebenso wie die *Apokalypse* von Vertretern der Kirche als gnostische Schrift abgelehnt. Im 3. Jhd. zählt Origenes das *Johannesevangelium* aber bereits zu den anerkannten Schriften. Möglicherweise hängt diese Anerkennung schon mit der Tendenz zusammen, die christliche Lehre als »wahre Philosophie« zu verstehen, ein Verständnis, das sich seit der Mitte des 2. Jhd.s zahlreiche Christen wünschten.

Diese Tendenz zeigt sich sehr deutlich bei Justinus (Mitte 2. Jhd.), dem bedeutendsten der sogenannten Apologeten. Justinus stellt das Christentum als die »wahre Philosophie« dar. Durchaus im Sinne des hellenistischen Synkretismus, der es immer zuließ, Elemente anderer Schulen in die eigene hinein zu nehmen, setzte er diese »wahre Philosophie« nicht einfach in Gegensatz zu »falschen Philosophien«, sondern gesteht auch den anderen Philosophien einzelne verstreute Wahrheitsgehalte, *lógoi spermatikoí*, zu. Damit war eine leistungsfähige Theorie aufgestellt, die es Justinus ermöglichte, vor allem bei Sokrates, Platon und den Stoikern solche Logos-Keime zu finden. Die ideale Anknüpfungsmöglichkeit ergab sich für Justinus in der von ihm schon in den biblischen Schriften vorgefundenen Bezeichnung Jesu als des »Logos«. Dies baute Justinus nun zum hermeneutischen Prinzip aus: Wenn es irgendwo eine Wahrheit gäbe, die vom Christentum nicht als ein Element seines eigenen Denkens aufgenommen werden könnte, so wäre Jesus nicht der universale Logos; insofern aber Jesus als der universale Logos anerkannt wird, kann es *per definitionem* keine in das Christentum nicht-integrierbare Wahrheit geben. Und um den Logos richtig zu erfassen, müssen alle irgendwo vorhandenen Logos-Keime aufgefunden werden, aus der Möglichkeit der Integration der Philosophie wird also die Notwendigkeit dieser Integration.

Einen aufschlußreichen Hinweis, wie man sich diesen Zusammenhang vorstellen konnte, erfahren wir aus dem *Dialog mit dem Juden Tryphon* des Justinus. Schon der Philosophiebegriff, der dort vorausgesetzt wird, führt uns in die Welt des mittleren Platonismus:

16 | Sprechen die Philosophen denn nicht immer von Gott und stellen sie nicht ständig Untersuchungen an über seine Einheit und Vorsehung? Oder ist es nicht Aufgabe der Philosophie, über das Göttliche nachzuforschen? (*Dialog mit dem Juden Tryphon* I 3)

Damit ist die Frage nach der Einheit von Philosophie und Offenbarung schon beantwortet:

Dürftest du denn aus der Philosophie den großen Nutzen ziehen, den du von deinem Gesetzgeber und den Propheten hast? (Ebd.)

Justinus, der im Philosophenmantel spazieren geht, stimmt der Beschreibung der Aufgabe der Philosophie, »immer von Gott zu sprechen«, und der Einheit von Philosophie und Heiligkeit ohne jeden Einwand zu:

Es ist nämlich in der Tat die Philosophie ein sehr großes Gut, das auch vor Gott sehr viel gilt, zu dem sie allein uns führt, und mit dem sie allein uns verbindet, und wirklich heilig sind diejenigen, welche sich der Philosophie hingeben. (Ebd. II 1)

Es stellt sich dann natürlich die Frage, *welche* Philosophie dieser Aufgabe richtig entspricht. Justinus, ein »professioneller« Philosoph, weiß genau, daß das Angebot auf dem philosophischen Markt groß ist: Platoniker, Stoiker, Peripatetiker, Pythagoreer und andere bieten dort ihre Lehren an. Justinus machte sich daher auf seinen – echt oder typisiert biographischen – Weg, die echte und ursprüngliche Wahrheit

zu finden. Er wendet sich zunächst an einen *Stoiker*, ist aber enttäuscht, da dieser seine Kenntnisse von Gott nicht bereichern kann und ein solches Wissen auch gar nicht für notwendig hält (Ebd. II 3). Das Mißgeschick des Justinus ist philosophiegeschichtlich leicht zu erklären: Er war auf einen Stoiker getroffen, der noch ein echter traditioneller Stoiker war, der zwar eine unpersönliche Weltvernunft annahm, aber keinerlei Erfordernis dafür sah, diese in einen persönlichen Gott zu verwandeln. Die Schilderung der Begegnung mit dem Peripatetiker ist von vornherein polemisch und unsachlich: Dieser *Aristoteliker* sah sich für geistreich an, so Justinus, und forderte für seinen Unterricht Geld, woraus Justinus rasch schloß, daß dieser gar kein Philosoph ist (Ebd. II 3). Daß damals jemand für seinen Unterricht bezahlt wurde, war in keiner Weise ungewöhnlich, und daraus ein Argument gegen die Wahrheit des Unterrichtsgegenstandes zu bilden, ist einfach unsachlich. Auch Sokrates, der im Unterschied zu anderen keine Bezahlung für seinen Unterricht nahm, hat daraus kein Argument für die Wahrheit seiner Lehre gemacht. Im übrigen vermittelten die Aristoteliker zur Zeit des Justinus eher Wissen als Weisheit, und sogar elementares Schulwissen war zu dieser Zeit nicht kostenlos. Und womit Justinus seinen Lebensunterhalt bestritt, teilt er uns auch nicht mit. Justinus hat sich offensichtlich gar nicht ernsthaft mit aristotelischer Philosophie befaßt und was hinter dieser Abneigung der Mittelplatoniker gegen Aristoteles steht, konnten | 17
wir schon bei Attikos deutlich sehen (vgl. 1. Teil, Kapitel XVI, 3). Justinus wendet sich dann an einen *Pythagoreer*. Als dieser ihn darauf aufmerksam macht, daß er sich zunächst einmal mit Musik (= mathematische Musiktheorie), Astronomie und Geometrie beschäftigen müsse, Justinus aber eingestehen muß, davon nichts zu wissen, wird er von dem Pythagoreer weggeschickt (*Dialog mit dem Juden Tryphon* II 4 f.), wohl nicht einfach deshalb, weil Justinus nichts von Wissenschaft versteht, sondern deshalb, weil er sich damit auch nicht beschäftigen will: »Ich achtete auf die Zeit, welche ich mit jenen Wissenschaften hätte verbringen müssen, und wollte mich deshalb nicht lange hinhalten lassen.« (Ebd. II 5) Auch diesem Trend der Zeit, dem Desinteresse an der Wissenschaft, waren wir schon bei den Mittelplatonikern begegnet. Dabei konnte sich Justinus in diesem Fall nicht beklagen, er hatte hier einen Pythagoreer vor sich, der dem Trend seiner Zeit durchaus entgegenkam: Er versprach, gut mittelplatonisch, die Schau des Guten und Schönen, wenn sich jemand erst einmal durch das Studium der Wissenschaften für das Geistige empfänglich gemacht hat (Ebd. II 4). Aber über Studien der Mathematik und Astronomie war mit Justinus nicht zu reden, er suchte den kurzen und direkten Weg. Also wandte sich Justinus an einen *Platoniker*, d. h. hier natürlich an einen Vertreter des mittleren Platonismus. Diese waren den Bedürfnissen ihrer Zeit schon sehr stark entgegengekommen und hatten einen zweiten Bildungsweg erfunden, in dem von den Wissenschaften nur noch einige ganz allgemeine Sätze einer metaphysischen Naturphilosophie übrig geblieben waren, die niemandem ein langwieriges Studium abverlangten (vgl. 1. Teil, Kap. XVI, 2). Es handelte sich um ein gegenüber dem authentisch plato-

nischen Weg arg verkürztes und auf religiöse Bedürfnisse zugeschnittenes Programm. Hier findet nun Justinus beinahe das, was er suchte:

Sehr interessierte mich die Geistigkeit des Unkörperlichen, das Schauen der Ideen gab meinem Denken Flügel, in kurzer Zeit wähnte ich, weise zu sein, und in meiner Beschränktheit hegte ich die Hoffnung, unmittelbar Gott zu schauen; denn dies ist das Ziel der Philosophie Platos. (*Dialog mit dem Juden Tryphon* II 6)

Daß es das Ziel der Philosophie ist, unmittelbar Gott zu schauen, ist allerdings nicht die Auffassung Platons, sondern die der Philosophie der Mittelplatoniker. Justinus zieht sich also zurück, um seinem Ziel näher zu kommen will er »der Menschen Pfade meiden« (Ebd. III 1). Auch dies stellt nichts Außergewöhnliches dar. Der Rückzug aus der Geschäftigkeit des täglichen Lebens wurde zu dieser Zeit in den verschiedensten philosophischen Schulen als eine wichtige äußere Bedingung für philosophische Meditation angesehen. Da begegnet ihm wieder jemand, diesmal ein *alter Mann*, der sich mit Justinus in ein Gespräch über – nun hauptsächlich platonische – Philosophie einläßt. Justinus fällt es auf, daß er »zufällig« an einem Ort, an dem er niemanden erwartete, diesen alten Mann trifft (Ebd. III 2). Dies ist natürlich nichts anderes als der literarische Topos der »Fügung«, des unerwarteten Geschenkes, der »Gnade« einer schicksalhaften Begegnung. Die beiden sprechen über Philosophie, und sie stimmen darin überein, daß Philosophie Glückseligkeit verleiht und daß daher alle Menschen sich mit Philosophie befassen sollten (Ebd. III 3 f.). All dies ist in keiner Weise originell, für uns ist es aber aufschlußreich zu sehen, daß der spätere Christ Justinus von den *allgemein verbreiteten Erwartungen* ausging. Der alte Mann legt Justinus auch eine weitere These vor, durch die auf eine alte, noch vor Pythagoras und Platon liegende Weisheit hingeführt werden soll. Und daß dieser Mann von Justinus als »alt« beschrieben wird, erhält dabei seine symbolische Bedeutung, denn was die Mittelplatoniker suchten, war eine solche »alte«, unverdorbene Weisheit:

Es ist schon lange her, da lebten Männer, älter als alle diese sogenannten Philosophen. Sie waren glücklich, gerecht und von Gott geliebt. Sie predigten im Geiste Gottes, sie sagten die Zukunft voraus, das nämlich, was nun tatsächlich eintritt. Propheten nennt man sie. Sie allein sind es, welche die Wahrheit gesehen und sie den Menschen, ohne dieselben zu fürchten und ohne ihnen zu schmeicheln, frei von Ruhmsucht verkündet haben. Sie haben ja nur das gelehrt, was sie, vom Heiligen Geiste erfüllt, gehört und gesehen hatten. (Ebd. VII 1 f.)

Der Ausdruck »Heiliger Geist« ist hier ganz allgemein – also nicht im Sinne der späteren Trinitätslehre – zu verstehen als *pneúma*, so wie dieser Ausdruck auch von Stoikern und Platonikern gebraucht wurde. Der Rückgriff auf die Männer, die vor allen Philosophen gelebt haben und bei denen die Weisheit noch nicht verdorben war, ist uns schon im Mittelplatonismus bei Plutarch und Numenios begegnet (vgl. 1. Teil, Kap. XVI, 4). Ihre Weisheit war eigentlich nicht ihre eigene: Sie hatten sie als Gabe empfangen. Die Philosophie ist auch nach Justinus nicht eigene Leistung, sondern den Menschen ursprünglich »geschickt worden« und sie ist ein hohes Gut, das »der Menge verborgen« ist (*Dialog mit dem Juden Tryphon* II 1). Die ursprüngliche Weisheit ist dann später – und das ist nach Auffassung der Mittelplatoniker eine Verfallserscheinung – in den Schulbildungen »vielköpfig« geworden (Ebd. II 2).

Der alte Mann gibt Justinus noch einen Rat mit auf den Weg:

Bete aber, daß dir vor allem die Tore des Lichtes geöffnet werden! Denn niemand kann schauen und verstehen, außer Gott und sein Christus gibt einem die Gnade des Verständnisses. (Ebd. VII 3)

Auch dies war zu dieser Zeit kein »unphilosophischer« Rat, denn inzwischen hatten auch mittelplatonische Philosophen um Erleuchtung zu beten gelernt. Das Ende der Geschichte folgt wieder literarischer Topik: Der alte Mann geht weg und Justinus hat ihn nie mehr gesehen (Ebd. VIII 1), ist aber ergriffen und findet nun seine »Philosophie«:

Ich dachte bei mir über die Lehren des Mannes nach und fand darin die allein verlässige und nutzenbringende Philosophie. Dies ist der Weg und dies sind die Gründe, welche mich zum Philosophen gemacht haben. (Ebd. VIII 1 f.)

Justinus ist also überzeugt, erst dort richtig »Philosoph« geworden zu sein, wo er sich einer Offenbarung und einer Mysterienreligion zuwendet. Der Weg des Justinus ist gar nicht so sehr von dem eines Apuleius verschieden. Beide sind erst einmal Platoniker, dann erklärt ein Priester der Göttin Isis dem Apuleius mit »verklärtem Blick« den Weg zur Wiedergeburt, und ganz ähnlich erscheint Justinus ein Greis und zeigt ihm den Weg zurück zur Weisheit der Alten, die über Platon und Pythagoras hinausführt. Der Weg zur wahren Philosophie hat hier immer etwas Mysteriöses an sich, die wahre Philosophie kommt zum Menschen, nicht er kommt zu ihr.

4. Klemens von Alexandrien

Die Interpretation der christlichen Lehre als der wahren Philosophie, die somit alles das, was in anderen Philosophien als wahr erkannt wird, in sich aufnehmen kann und muß, wurde vor allem in Alexandrien, dem Zentrum antiker Bildung, intensiv ausgebaut. Die Entscheidung gebildeter Christen, eine solche Verbindung mit der Philosophie einzugehen, war nicht unumstritten. Hinter vielen Äußerungen des

Klemens von Alexandrien (um 140/150–216/217) steht nicht nur seine Auseinandersetzung mit anderen Philosophien, um die wahre Philosophie zu verteidigen, sondern auch seine Auseinandersetzung mit jenen Christen, denen philosophische Bildung als unnütz und schädlich, ja als Teufelswerk erschien. Etwa zur gleichen Zeit wie Klemens lebte in Nordafrika Tertullian (um 160 – nach 220), der erste bedeutende lateinische Schriftsteller der Kirche. Tertullian versuchte, dem Christentum eine entscheidend antigriechische und antiphilosophische Richtung zu geben. Von ihm stammt die berühmte Frage:

Was hat Athen mit Jerusalem zu schaffen? Was die Akademie mit der Kirche?« (Tertullian: *Die Prozeßeinreden gegen die Heiden* 7)

Es ist ziemlich deutlich, daß es hier nicht nur um das Verhältnis von Christentum und Philosophie, sondern auch um das römisch/lateinischer und griechischer Kultur ging. Nichtsdestoweniger: Tertullian wollte ganz ausdrücklich keine Verbindung von christlichem Glauben und Philosophie. Er hatte allerdings einen besonderen Grund für diese Ablehnung:

Auch die Häresien selbst empfangen durch die Philosophie ihre Ausrüstung. [...] Dieselben Gegenstände werden bei Häretikern und bei Philosophen behandelt, dieselben verwickelten Verhandlungen werden angestellt: Woher das Böse und warum ist es da? Woher der Mensch und wie ist er beschaffen? und woher Gott? [...] Du armer Aristoteles! Du hast die Dialektik gelehrt, die Meisterin im Aufbauen und Zerstören, die so verschmitzt ist in ihren angeblichen Schlüssen, so hart in ihren Beweisen, so geschäftig im Wortstreit, die sogar sich selbst zur Last fallend, alles behandelt, um schließlich gar nichts behandelt zu haben. [...] Mögen sie meinethalben, wenn es ihnen so gefällt, ein stoisches und platonisches und dialektisches Christentum aufbringen! Wir indes bedürfen seit Jesus Christus des Forschens nicht mehr, auch nicht des Untersuchens, seitdem das Evangelium verkündet worden. Wenn wir glauben, so wünschen wir über das Glauben hinaus nichts mehr. Denn das ist das erste, was wir glauben: es gebe nichts mehr, was wir über den Glauben hinaus noch zu glauben haben. (Ebd.)

Interessant ist, daß durch dieses Zeugnis Tertullians deutlich wird, daß sich die Christen seiner Zeit offensichtlich auf dem Markt der Weltanschauungen und Philosophien umgesehen hatten: Tertullian rechnet mit der Möglichkeit eines stoischen, eines platonischen und eines dialektischen (aristotelischen) Christentums. Er selbst will von all dem nichts wissen, denn »wir bedürfen des Forschens nicht mehr«. Dies ist schon eine eigenartige – aber auch später immer wieder auftretende – »Dialektik des Glaubens«: Es wird zunächst gar nicht gefordert, *etwas* zu glauben, sondern zu glauben, daß man außer dem Glauben nichts mehr zu glauben braucht. Modern nennt man so etwas eine »Immunisierungsstrategie«. Dies bedeutete nicht, daß bei

Tertullian faktisch keine philosophischen Einflüsse bemerkbar sind. Zu Seneca spricht er sich sogar positiv aus. Einfache stoische Lehren, vorausgesetzt sie stammen von einem lateinischen Autor, läßt er somit durchaus zu. Seine prinzipielle Haltung gegenüber allem Philosophischen und allem Griechischen aber war fanatisch ablehnend, und vermutlich stand er damit unter den lateinischen Christen nicht allein. Für ihn ist es klar, daß der Glaube auch den Ungebildeten in den Besitz von Wahrheiten versetzt, die die Reichweite jeder Philosophie übersteigen. Besonders störte es ihn, daß in den von ihm festgestellten Häresien mit philosophischen Argumenten gearbeitet wurde, woraus er rasch den Schluß zog, daß Philosophie für den Christen nicht nur überflüssig, sondern sogar schädlich und gefährlich sei, denn für ihn ist der Glaube gerade deshalb glaubhaft, weil er »ungereimt« (*ineptum*, nicht *absurdum*, wie es manchmal falsch wiedergegeben wird) ist. Philosophie kann hier nichts ausrichten, der »arme Aristoteles« mit seiner Logik behandelt schließlich doch gar nichts!

Klemens von Alexandrien wußte um die Berührungsängste vieler Christen mit der griechischen Philosophie:

Die meisten aber fürchten sich vor der griechischen Philosophie wie die Kinder vor Gespenstern, und sie haben Angst, sie könnte sie mit sich fortnehmen. (*Stromata* VI 80, 4)

Klemens hält aber diese Angst nicht nur für unbegründet, sondern sogar für schädlich, da sie dem Auffinden der Wahrheit hinderlich ist. Bei der Verteidigung der Philosophie greift Klemens von Alexandrien auf den gemeinsamen Nenner zurück, der das Christentum mit der Philosophie des Hellenismus verband: das Streben nach Tugend, und fügt als weiteres Motiv den Vorsehungsglauben hinzu, der, wie wir gesehen haben, im Mittelplatonismus auch sehr verbreitet war.

Die Philosophie kann also, da sie die Menschen tugendhaft macht, kein Werk der Schlechtigkeit sein. So bleibt denn nur übrig, daß sie Gottes Werk ist, dessen einzige Tätigkeit das Gutestun ist, und alles, was von Gott gegeben wird, das wird zum Guten gegeben und empfangen. Tatsächlich ist die Beschäftigung mit der Philosophie nicht Sache schlechter Menschen; aber wenn sie den Besten unter den Griechen gegeben ist, dann ist auch offenbar, von wem sie gegeben ist, nämlich ohne Zweifel von der Vorsehung, die jedem einzelnen das ihm Zukommende nach Gebühr zuteilt. Mit Recht haben also die Juden das Gesetz, die Griechen die Philosophie bis zu der Erscheinung des Herrn. (Ebd. VI 159, 6–9)

Wo es um das Gute und das richtige Streben nach dem Guten geht, erhält die Erziehung eine große Bedeutung. Der Begriff der *Erziehung* (ein zentraler Begriff der Philosophie seit der Zeit der Sophisten) wird aber von Klemens auch *geschichtstheoretisch* zur Anwendung gebracht: Die Philosophie war – ebenso wie das jüdische Gesetz – ein Element der Vorsehung, sie wird hier nun auch als *Erziehung des Menschengeschlechts* aufgefaßt. Die Philosophie wird angesehen als eine Erziehung auf Christus hin, sie findet daher ihre Fortsetzung im Christentum, aber so, daß im Christentum die Philosophie nicht aufhört, sondern in ihm weiter bestehen bleibt. Damit war ein weiteres theoretisches Element gegeben, das die Interpretation der Philosophie ermöglichte. So wie schon Justinus will auch Klemens von Alexandrien den Wahrheitsgehalt der Philosophie in die christliche Lehre aufnehmen, und zwar nicht als etwas ihr Fremdes, sondern als etwas, was ihr innerlich zugehört. Dies könnte so erscheinen, als würde von Klemens alles, was ihm als wahr erscheint, einfach für das Christentum vereinnahmt, das ist aber nicht der Fall. Klemens ist durchaus bemüht, »wahrheitsliebend und bescheiden auch hinsichtlich des bei den Andersdenkenden trefflich Gesagten die Wahrheit [zu] bezeugen« (Ebd. VI 154, 1). Aufgrund dieser Bescheidenheit und Aufmerksamkeit für den Wahrheitsgehalt bei den Andersdenkenden wurde – so nebenbei gesagt – Klemens von Alexandrien mit seinen *Teppichen (Stromata)* eine für uns unschätzbare Quelle für philosophiegeschichtliche Nachrichten sowie für zahlreiche Zitate aus Schriften, die als ganze nicht mehr erhalten sind (*Teppich* soll hier sagen: zusammengefügte Stoffteile, also

kein systematisches Werk, sondern Einzelstücke).

Ähnlich wie Numenios bettet Klemens von Alexandrien die Philosophie in einen Strom alter, nichtgriechischer Weisheit ein:

Demnach war die Philosophie, ein überaus wertvolles Gut, in alter Zeit bei Barbaren zur Blüte gelangt, indem sie wie ein Licht unter den Völkern aufging, und erst später kam sie auch zu den Griechen. (Ebd. I 71, 3)

Thales und Platon haben von den Ägyptern gelernt; Thales noch dazu von den Chaldäern und den persischen Magiern. Demokrit hat Ägypten, Babylonien und Persien besucht, wo er Schüler der Magier gewesen sein soll; Pythagoras hat von den Ägyptern und den persischen Magiern gelernt, wobei auch Zoroaster sowie die Gymnosophisten, die Brahmanen und Buddha erwähnt werden (Ebd. I 66–70). Und so kann Klemens von Alexandrien mit Zustimmung Platon zitieren, der im *Timaios* (22 b) einen Barbaren zu Solon sagen läßt:

O Solon, Solon, ihr Griechen seid immer Kinder, und unter den Griechen ist keiner ein Greis; denn ihr habt kein altersgraues Wissen. (*Stromata* I 69, 3)

Alle die griechischen Weisen haben also von anderen gelernt, und jedenfalls sind sie alle »jünger« als Moses (Ebd. I 60, 1). Die Philosophen lieferten unvollkommene Bilder, durch die die Wahrheit nur hindurchschimmert (Ebd. I 94, 7), und so kann die Philosophie nur eine »Vorschule des Gnostikers« sein (Ebd. I 99, 1). Als solche

Vorschule läßt Klemens die Philosophie aber durchaus gelten, mehr noch: Er hält eine solche Vorschule sogar für erforderlich.

Wiederum ganz ähnlich wie Justinus und Numenios faßt Klemens von Alexandrien die ursprüngliche Wahrheit als nur *eine* auf, die später in viele Teile zerfallen ist und sich so von der authentischen Wahrheit entfernt hat.

Während es nur *eine* Wahrheit gibt (die Lüge hat ja viele Abwege), haben die verschiedenen Richtungen der barbarischen und der griechischen Philosophie sie in viele Teile zerrissen, wie die Bakchen die Glieder des Pentheus, und nun erklärt jede einzelne Richtung das Stück, das sie zufällig erhalten hat, prahlend für die ganze Wahrheit. Durch den Aufgang des Lichtes wird aber, meine ich, alles erleuchtet. (Ebd. I 57, 1)

Klemens von Alexandrien war ein gebildeter Mann, der keinerlei Probleme in der Verbindung von Philosophie, Wissenschaft und Christentum sah. Der Gnostiker, wie er ihn wollte, mußte dann allerdings all die wissenschaftlichen Anstrengungen auf sich nehmen, vor denen noch Justinus zurückgescheut war. Klemens von Alexandrien fordert ausdrücklich eine »eifrige Beschäftigung« mit Musik, Arithmetik, Geometrie und Astronomie, und auch mit der Dialektik (Ebd. VI 80, 1–4). Er weiß natürlich, daß eine solche Forderung nicht unumstritten war, hält aber Befürch- | 23
tungen für unbegründet. Immer wieder scheint bei Klemens die Auseinandersetzung mit jenen durch, die – wie schon weiter oben angemerkt – meinen, der Glaube allein reiche aus:

Einige Leute aber, die sich für besonders begabt halten, erklären es für richtig, daß man sich weder mit Philosophie noch mit Dialektik beschäftigt, ja daß man nicht einmal die Naturwissenschaft erlernt, und fordern einzig und allein den Glauben. Das ist gerade so, wie wenn sie, ohne irgendwelche Mühe auf die Pflege des Weinstocks verwendet zu haben, gleich von Anfang an die Trauben ernten wollten. (Ebd. I 43, 1)

Weder der Glaube allein (vgl. Tertullian), noch auch der rasche Weg »ohne irgendwelche Mühe« (vgl. Justinus) führt also zum Ziel. Das *Ziel*, das Klemens vor Augen hat, ist die *wahre Gnosis*. Die aber kann nicht erreicht werden, wenn sie nicht durch die *Vorschule der Philosophie* und der Wissenschaften gegangen ist. Bei Klemens wird also die Auffassung von der Philosophie und der Wissenschaft, die im mittleren Platonismus vorbereitet und im Neuplatonismus ausgearbeitet wurde, aufgenommen, nämlich daß die Philosophie die »Eingangshalle« zur höheren Erkenntnis ist. »Gnosis« und »Gnostiker« sind bei Klemens Ausdrücke, die noch keineswegs eine negative Bedeutung haben. Die Ablehnung der Gnostiker und damit die abwertende Bedeutung von »Gnostiker« tritt erst später auf, zu einem Zeitpunkt, als die Christen selbst schon Gnostiker geworden waren und sich gegenüber jenen, die sich selbst als »Gnostiker« bezeichneten, abgrenzen mußten. Bei Klemens ist ein Gnostiker derjenige, der die »wahre Philosophie« voll und ganz erfaßt hat, der sich aber auch alle erforderlichen Vorkenntnisse angeeignet hat.

Der Gnostiker wird also nicht hinter denen zurückbleiben, die in der allgemeinen Bildung und in der griechischen Philosophie gute Fortschritte machen; aber er wird das nicht als die um ihrer selbst willen zu betreibende Hauptsache ansehen, sondern nur als etwas Nötiges und als etwas, das erst an zweiter Stelle kommt und durch die Umstände bedingt ist. (*Stromata* VI 83, 1)

Hier liegt natürlich eine Einschränkung vor, ein Studium der Wissenschaften um seiner selbst willen, wie es im Museum Alexandriens betrieben wurde (vgl. 1. Teil, Kap. XI, 3), das Klemens, der ja in dieser Stadt lebte, ohne Zweifel kannte, läßt der christliche Philosoph nicht zu, wobei er sich allerdings mit der Auffassung der Mittelplatoniker in völliger Übereinstimmung befand. Aber auch Klemens von Alexandrien läßt keinen Zweifel daran aufkommen, daß für ihn – ganz wie für die Platoniker – gilt:

Der Gnostiker muß vielmehr die Beschäftigung mit den verschiedenen Wissenschaften als eine Vorübung verwenden, die einerseits mit dazu hilft, daß die Wahrheit, soweit das erreichbar ist, genau richtig und ungestört überliefert wird, und andererseits ein Schutz gegen die Reden ist, die mit ihren verderblichen Künsten die Wahrheit ausrotten wollen. (*Stromata* VI 82, 4)

Neben der Funktion der Philosophie als Vorschule kommt hier bereits das zweite wichtige Element der Verwendung der Philosophie zur Sprache, nämlich ihr Nutzen für die *Apologetik*, also für die Verteidigung der Wahrheit. Auch dieses letztere Element wurde in der Folgezeit bedeutsam für die Aufnahme der griechischen Philosophie im Bereich des Christentums. Schon zur Zeit des Klemens von Alexandrien galt es nicht nur, sich mit der »heidnischen« Philosophie auseinanderzusetzen, sondern es ging auch darum, die »wahre« Lehre von der »falschen« der Häretiker abzugrenzen. So wie dann im Neuplatonismus, so wird auch für das Christentum die Frage der *Rechtgläubigkeit*, der Orthodoxie, zu einem wichtigen Problem.

Keinesfalls darf das Christentum hinter den höchsten Anforderungen des hellenistischen Denkens zurückbleiben: der Tugend als Bedingung der Glückseligkeit und der Erkenntnis Gottes als der Glückseligkeit selbst oder als der unmittelbaren Folge der Erkenntnis Gottes. Nach Klemens von Alexandrien erreicht der christliche *Gnostiker* beides in höchstem Maß. Er gelangt u.a. an jenes Ziel, das die Stoiker in der *apátheia*, der Leidenschaftslosigkeit, angestrebt hatten. Der Gnostiker kennt kein »leidenschaftliches Streben« (Ebd. VI 71, 5), »er unterliegt also weder einer Begierde oder irgendeinem Verlangen« (Ebd. VI 71, 6), sondern besitzt eine »unwandelbare Haltung« (Ebd. VI 73, 5).

> Wir müssen also unseren Gnostiker und Vollkommenen frei von jeder seelischen Erregung denken. Denn die Erkenntnis *(gnôsis)* bewirkt Selbstbeherrschung, die Selbstbeherrschung aber eine Haltung oder einen Zustand, eine solche Beschaffenheit aber Leidenschaftslosigkeit *(apátheia)*, nicht nur Mäßigung in den Leidenschaften; denn Leidenschaftslosigkeit ist die Frucht der vollständigen Ausrottung der Begierden. Aber auch mit jenen vielgerühmten guten Trieben, nämlich mit den guten Regungen, die den Leidenschaften zur Seite stehen, hat der Gnostiker nichts zu tun. (Ebd. VI 74, 1 f.)

Bis hierher unterscheidet sich der Gnostiker kaum von dem vollendeten Weisen, wie ihn Apuleius schildert (vgl. 1. Teil, Kap. XVI, 2). Dieser vollendete Weise ist in Wirklichkeit ein guter Stoiker. Apuleius blieb aber dabei nicht stehen, sondern forderte eine noch höhere Erkenntnis, eine, die in die Schau des Gottes Osiris mündete. Ganz ähnlich soll der christliche Gnostiker zu einer Schau gelangen. Dafür ist allerdings eine »gnostische Entscheidung« erforderlich, die zu dem »unzugänglichen Licht« führt (*Stromata* VI 75, 2).

> Denn es ist unmöglich, daß jemand, der durch die Liebe einmal zur Vollendung gelangt ist und für alle Zeit und ohne je dessen überdrüssig zu werden, die nie stillbare Freude des Schauens genießen darf, sich noch an den geringen und irdischen Dingen | 25
> ergötzen könnte. Denn welcher vernünftige Anlaß, wieder zu den weltlichen Gütern zurückzukehren, könnte für den bestehen, der zu dem unzugänglichen Licht gelangt ist, wenn auch noch nicht der Zeit und dem Ort nach, so doch vermittelst jener gnostischen Liebe, deretwegen auch die Erbschaft und die vollständige Wiedereinsetzung erfolgt [...]? (Ebd. VI 75, 1–2.)

Daß all dies auf einer gnostischen *Entscheidung* beruhen soll, ist aufschlußreich. In philosophisch-gnostischem Kontext bedeutet dies, daß nicht die Einsicht, die Erkenntnis für das Erreichen der höchsten Stufe entscheidend ist, sondern die Entscheidung, der *Wille*. Auch dies war schon bei den Platonikern vorbereitet, so etwa wenn Apuleius von einer Forderung des Gehorsams spricht. Bei Klemens von Alexandrien ist dieses Element des Willens zwar noch nicht zentral, es wird aber doch öfters betont. Der Wille war aber bei den Griechen immer der Erkenntnis nachgeordnet. Erhielt nun der Wille, die Selbstbestimmung, eine letztlich entscheidende Bedeutung, so lag hier ein so großer Unterschied gegenüber dem griechischen Denken vor, daß ein Konflikt unvermeidlich war. Dieser Konflikt erforderte eine systematische Aufarbeitung, was eine immer neue Aufgabe der späteren christlichen Philosophie wurde, die bis zur Kritik ihrer selbst führen konnte, denn diese zentrale Stellung von Wille und Freiheit mußte konsequenterweise auch in die Gottesproblematik hineingetragen werden, und damit wurde die Frage des Ursprungs des Bösen und des menschlichen Leidens zu einer unübersehbaren und unübergehbaren. Bei den Griechen waren die Götter ursprünglich alles andere als allmächtig, selbst Zeus hatte große Probleme, wenn er seinen Willen durchsetzen wollte. Platoniker und Neuplatoniker setzten das EINE ganz an die Spitze der Seinshierarchie und über diese eigentlich noch hinaus. Wird dieses EINE dann aber mit der auch für den Menschen nun als entscheidend angesehenen Willenskraft ausgestattet, so ergibt sich der *allmächtige Gott*, so wie dies auch in der biblischen Gottesvorstellung enthalten ist. Dann aber stellt sich folgende Frage: Wieso wollte dieser allwissende und allmächtige Gott eine Welt mit Leiden und Bösem? Konnte oder wollte er keine andere, bessere Welt schaffen? Der auch im mittleren Platonismus gegenwärtige persische Dualismus bot hier eine plausible Lösung: Der gute Gott ist gar nicht allmächtig, denn ihm steht ein böser Gott gegenüber, so wie auch im Menschen eine gute einer bösen Seele oder zumindest ein guter Seelenteil einem bösen Seelenteil gegenübersteht. Die Christen wollten dem nicht folgen, und so blieben die Fragen bestehen. – Weiter stellte sich mit der Betonung des Willens die Frage nach dem Verhältnis von menschlicher Freiheit und göttlicher Allmacht. Bei Klemens von Alexandrien, der noch vorwiegend an einer erkenntnis- und schau-bestimmten Gnosis interessiert ist, tauchen diese Fragen nur am Rande auf, auf längere Sicht hin aber mußten diese »ungriechischen« Fragen drängend werden. Sie brachten dann die beiden ersten großen Systementwürfe christlicher Philosophie hervor, den des Origenes und den des Augustinus. Beiden ist eines gemeinsam: Indem sie diese Fragen ernst nahmen, kamen sie zu Konsequenzen, die für die Kirche unannehmbar waren. Bei Origenes wurde das schon bald sichtbar, bei Augustinus – vor allem dem späten Augustinus – und in dem von ihm ausgehenden und ihn konsequent zu Ende denkenden Ausgustinismus wurde dies erst später deutlich, was dann letztlich zur Reformation am Beginn der Neuzeit führte. Dies provoziert folgende Hypothese: Die »Lösung« der Kirche war eher jene unverbindliche des Justinus. Wird jedoch die vom Christentum selbst gestellte philosophische Frage bis zu Ende gedacht, so geht sie über die Grenzen jener unverbindlichen Harmonisierung hinaus, sprengt aber dadurch die gesellschaftliche Identität der Kirche, die die göttliche Allwissenheit und Allmacht sowie die unbedingte Notwendigkeit der Gnade für die Erlösung des Menschen ebenso festhalten will wie die Freiheit und somit die Verantwortlichkeit des Menschen. Dies bedeutet: Schon in den ersten entscheidenden Fragen der »christlichen Philosophie«, die zur Philosophie des Mittelalters führten, ist jenes Konfliktpotential gegenwärtig, das das Ende der mittelalterlichen Philosophie hervorrufen wird.

5. Origenes

a) Leben und Werke

Origenes (um 185–254) lebte, dachte und wirkte in einer Periode, in der der weitere Weg des Christentums noch sehr offen war. Es gab noch Fragen um den definitiven Kanon der Schriften des *Neuen Testaments*, es hatten noch keine Konzilien stattgefunden und man konnte noch von keiner Zentralgewalt sprechen. Dies bedeutete aber auch, daß es noch keine klaren Aufgabenstellungen für die Philosophie im Christentum gab, auch Klemens von Alexandrien hatte nur eine generelle Aufgabe der Philosophie aufgestellt, ohne schon in die Diskussion der einzelnen Probleme einzutreten. Es war immer noch, trotz Justinus und Klemens von Alexandrien, keineswegs unumstritten, daß sich Christen von der Philosophie einen Nutzen erwarten konnten. Sich mit Philosophie zu beschäftigen, war also für einen Christen auch in Alexandrien, dem damligen kuturellen Zentrum der hellenistischen Welt, nicht selbstverständlich. Origenes ging diesen Weg, obwohl man ihm, der aus christlicher Familie stammte, keineswegs nachsagen kann, daß er den christlichen Glauben intellektualistisch verharmloste oder einebnete. Origenes wurde Schüler des Ammonios Sakkas, der später als Begründer des Neuplatonismus bezeichnet wurde. Einige Jahre nach Origenes war auch Plotin, der erste Systematiker des Neuplatonismus, Schüler des Ammonios Sakkas. Dies erklärt, warum Origenes und Plotin ähnlichen Fragestellungen nachgingen und auch in ihrem Verfahren der Philosophie als Auslegung autoritativer Texte ähnliche Züge aufweisen. Die Nachrichten über den Ammonios-Schüler Origenes stimmen allerdings bei dem antiken Kirchenhistoriker Eusebius (um 265–339) und dem Plotin-Schüler Porphyrios nicht überein, so daß es sich bei dem Schüler des Ammonios auch um einen anderen Origenes gehandelt haben könnte. Nimmt man jedoch die Ähnlichkeit der Auffassungen des Plotin und des Origenes, so erscheint diese Annahme doch als eher unwahrscheinlich.

Aus einem späteren Brief des Origenes geht hervor, daß seine Hinwendung zur Philosophie nicht nur persönlichen Interessen entsprungen ist, sondern auch aus einer gesellschaftlichen Anforderung, wobei es für uns ganz gleich ist, ob dieser Bericht biographisch oder eher literarisch ist:

> Während ich dem Studium des Wortes [der Heiligen Schrift] oblag und der Ruf unserer Schule sich weithin verbreitete, kamen zu mir bald Häretiker, bald Männer, die der griechischen Wissenschaften sich beflissen, und vor allem Philosophen. Daher entschloß ich mich, sowohl die Lehren der Häretiker zu untersuchen als auch die Lösungen, die die Philosophen in der Frage nach der Wahrheit zu geben versprachen. (Eusebius: *Kirchengeschichte* VI 19, 12)

Origenes kam also von den Heiligen Schriften zur Philosophie. Er beruft sich dabei auf Vorgänger, die Ähnliches unternommen hatten, u.a. auf Herakles, der Presbyter in Alexandrien war und den Origenes bei seinem Lehrer Ammonios kennengelernt hatte. Dieser Herakles trug, obwohl Amtsträger der Kirche, immer noch den Philosophenmantel und beschäftigte sich auch weiter mit Philosophie (Ebd. 19, 13–14). Aus diesem Brief des Origenes ist die Verteidigung seiner philosophischen Studien herauszuhören, und Eusebius, der diesen Brief in seine *Kirchengeschichte* aufgenommen hat, berichtet selbst, daß es sich dabei um eine Antwort auf jene handelte, die ihm diese Tätigkeit zum Vorwurf machten (Ebd. 19, 11). – Damit war folgender Ausgangspunkt für Origenes gegeben: *Philologie und Philosophie*. Beschäftigung mit dem Wort der Schrift bedeute in alexandrinischer Umgebung genaue Bearbeitung des Textes. In diesem Rahmen sind seine eigenen großen Werke zu sehen: die *Hexapla* (= hebräischer Text des *Alten Testaments* + die vorhandenen griechischen Übersetzungen) und *Peri Archôn*, die philosophische Darlegung der Grundprinzipien des christlichen Glaubens. Dazu kamen noch die Schriften des *Neuen Testaments*, die er in vielen Kommentaren erörterte. In welcher Weise er Philologie und Philosophie zusammenzubringen suchte, wird gleich noch erörtert werden.

Der Eindruck, den Origenes auf seine Schüler machte, muß sehr groß gewesen
 sein. Die philosophische Gestalt, die er dem Christentum gab, ließ und läßt bis heute verschiedene Interpretationen offen und schon seine Gegner taten sich mit einer Einschätzung schwer. Porphyrios, ein Gegner des Christentums, schreibt über Origenes:

Er war Schüler des Ammonius, des verdientesten Philosophen unserer Zeit. Wissenschaftlich hatte Origenes von seinem Lehrer sehr viel gewonnen, doch schlug er – was die rechte Entscheidung fürs Leben anbelangt – einen entgegengesetzten Lebensweg ein. Ammonius nämlich wandte sich, obwohl von seinen Eltern als Christ im Christentum erzogen, sobald er zu denken und zu philosophieren anfing, sofort der den Gesetzen entsprechenden Lebensweise zu. Origenes aber irrte, obwohl als Grieche unter Griechen erzogen, zu barbarischer Dreistigkeit ab. Ihr zuliebe verkaufte er sich und seine Bildung. Sein Leben war das eines Christen und widersprach den Gesetzen. In seiner Auffassung von der Welt und von Gott dachte er wie ein Grieche und schob den fremden Mythen griechische Ideen unter. Ständig beschäftigte er sich nämlich mit Plato. Er war vertraut mit den Schriften des Numenius, Kronius, Apollophanes, Longinus, Moderatus, Nikomachus und der berühmten Männer aus der pythagoräischen Schule. Er benützte aber auch die Bücher des Stoikers Chäremon und des Kornutus, von welchen er die allegorische Auslegung der heidnischen Mysterien erlernte, und wandte diese Methode auf die jüdischen Schriften an. (Ebd. 19, 6–8)

Wir begegnen hier also wieder den typischen Elementen der Philosophie des 2. und 3. Jhd.s: Platon, der Stoa, den Neupythagoreern und Numenios. Die breite und gründliche Bildung des Origenes in stoischer und platonischer Philosophie anerkennt also auch der Gegner. Daß Porphyrios, der selbst ein umfangreiches Werk gegen die Christen verfaßt hatte, kein Verständnis für den Lebensweg des Origenes aufbringen konnte, ist verständlich. Mit seinem Urteil, Origenes schiebe den fremden Mythen griechische Ideen unter, traf er allerdings durchaus etwas Richtiges. Als Vorwurf eignete sich diese Feststellung aber im Munde des Porphyrios kaum, denn Porphyrios tat genau dasselbe, nur verwandte er anstelle der jüdischen Mythen eben ägyptische (vgl. 1. Teil, Kap. XVII, 2). Und bei Numenios, der nach dem eigenen Urteil des Porphyrios größten Einfluß auf Plotin gehabt hatte, war ein solcher Rückgriff auf die »alte Weisheit« geradezu zum philosophischen Programm erhoben worden (vgl. 1. Teil, Kap. XVI, 4, a). Die Kritik des Porphyrios wendet sich also eigentlich gar nicht gegen die philosophische Methode des Origenes, sondern nur gegen die spezifische Mythologie, die dieser heranzieht. Vor allem steht dahinter die Befürchtung des Porphyrios, die »wahre Philosophie« der Christen könnte der »wahren Philosophie« der Heiden den Rang ablaufen (ich verwende hier »Heiden« und »Christen« völlig wertungsfrei als Kurzformeln).

Im Jahr 217 wurde Origenes durch den Bischof von Alexandrien zum Leiter der dortigen Katechetenschule ernannt, wodurch diese eigentlich erst ins Leben gerufen wurde. Origenes hatte bei seiner Arbeit ideale Bedingungen. Er hatte in Ambrosius, | 29
einem von ihm zum »wahren Glauben« Bekehrten, einen Sponsor gefunden, der ihm ein Schreibbüro finanzierte, das jeden Professor des 20. oder 21. Jhd.s vor Neid erblassen läßt:

Es standen nämlich Origenes beim Diktieren mehr als sieben Schnellschreiber zur Verfügung, welche sich zu bestimmten Zeiten ablösten; nicht geringer war die Zahl der Reinschreiber nebst den im Schönschreiben geübten Mädchen. Die für dieses ganze Personal notwendigen Ausgaben bestritt Ambrosius in reichlichem Maße. (Eusebius: *Kirchengeschichte* VI 23, 2)

Obwohl Origenes bald eine anerkannte Autorität war, kam es zum Konflikt mit dem Alexandriner Bischof Demetrios, als dieser die Schule des Origenes unter seine Kontrolle bringen wollte. Origenes war zwar ein treues Mitglied der christlichen Gemeinde von Alexandrien, vertrat jedoch die Überzeugung, daß die Amtsträger die »wahre Gnosis« nicht reglementieren durften. Dies führte zum ersten großen Konflikt zwischen Amt und »Geist«. Den pragmatisch durchaus möglichen Ausweg für den Bischof, Origenes selbst zum Amtsträger zu machen, wollte Demetrios nicht gehen. Als Origenes um 230 in Cäsarea (Palästina) war, wurde er aber vom Ortsbischof von Jerusalem zum Presbyter geweiht, was den Bischof von Alexandrien so erzürnte, daß er Origenes aus der Gemeinde ausschloß. Origenes sah sich gezwungen, Alexandrien zu verlassen. Er ging daher nach Cäsarea und gründete dort erneut eine Schule, die bald großen Zulauf erhielt. Dieser Schule des Origenes lag ein

Programm zugrunde, das die platonischen Schulen ebenso vertraten: Die Schüler sollten lernen, sich intellektuell und sittlich dem Logos anzugleichen; alles andere – Grammatik, Mathematik, Geometrie und Astronomie – sollte diesem Ziel dienen. Das Grundlegende aber war: Die Schüler sollten die *Selbständigkeit des Geistes* üben, die in der Überwindung alles Unvernünftigen liegt. All dies ist gute griechische Tradition: Überall sollte das aufgesucht werden, was wahr und somit förderlich ist, dies galt für die *Bibel* ebenso wie für die Schriften der Philosophen und der Dichter. – Origenes gewann schon zu Lebzeiten einen außergewöhnlichen Bekanntheitsgrad. Als die Mutter des Kaisers Alexander, Mamäa, sich in Antiochien aufhielt, ließ sie Origenes unter Militärschutz an ihren Hof kommen, um einige Vorträge, »Proben seines Könnens«, von ihm zu erleben (Ebd. 21, 3–4). Während der ersten allgemeinen Christenverfolgung im Jahre 249 wurde Origenes gefangengenommen und gefoltert. Er kam jedoch wieder frei und starb im Jahre 254.

Die philosophisch wichtigste Schrift des Origenes ist *Peri Archôn*. Die Interpretation dieses Werkes bereitet einige Schwierigkeiten, die unter anderem mit der Textüberlieferung zusammenhängen. Gegen Ende des 4. Jhd.s begann die Diskussion darüber, ob die Lehren des Origenes als »rechtgläubig« anzusehen seien oder nicht. Wortführer war dabei Hieronymus (um 347–420), der zunächst die Schriften des Origenes bewunderte, dann aber deren scharfer Kritiker wurde. Im 4. Jhd. waren die Griechischkenntnisse ganz allgemein bereits zurückgegangen, für eine Diskussion der Lehren des Origenes war also eine Übersetzung erforderlich. Ein Verteidiger des Origenes, Rufinus, stellte im Jahr 398 eine Übersetzung von *Peri Archôn* her. In seinem Vorwort bezieht er sich auf frühere Übersetzungen von Texten des Origenes und auf die »Grundsätze seiner Vorgänger« und sagt von einem derselben (womit Hieronymus aus seiner Origenes-Anhänger-Periode gemeint ist):

> [...] und da sich im Griechischen eine Anzahl von kleinen Anstößen findet, glättete und reinigte der alles beim Übersetzen derart, daß der lateinische Leser nichts in ihnen findet, was von unserem Glauben abwiche. Ihm schließen auch wir uns an, soweit wir können, wenn auch nicht in der Kraft der Beredsamkeit, so doch in den Grundsätzen der Methode. (*Peri Archôn*. Rufinus: *Praefatio* 2).

Die hier zum Ausdruck kommende Absicht des Rufinus ist zwar durchaus verständlich und auch ehrenwert, ob sie aber als Grundsatz der Methode des Übersetzens angewandt werden soll, ist doch etwas fraglich. Es besteht der begründete Verdacht, daß Rufinus einige Textstellen entschärft hat. Dies wird auch dadurch bestätigt, daß Hieronymus nun seinerseits eine Übersetzung anfertigte, die er dann nach Rom sandte. Diese Übersetzung ist nur in Teilen, die in einem Brief enthalten sind, überliefert. Der Streit um die Lehren des Origenes ging weiter, verschärfte sich im 6. Jhd. und führte schließlich zu zwei Verurteilungen in den Jahren 543 und 553. Dabei ergibt sich die Frage, ob die dort verurteilten Thesen tatsächlich von Origenes stammen oder solche der Origenisten des 6. Jhd.s sind. Für die Interpretation bedeutet dies: Inwieweit können die verurteilten Sätze zur Rekonstruktion der Lehre des Origenes herangezogen werden, also auch zur Ergänzung bzw. sogar zur »Verschärfung« des Rufinus-Textes? Die Forschung war früher eher der Meinung, daß diese Frage bejahend beantwortet werden kann, in den letzten Jahrzehnten gibt es jedoch auch Arbeiten, die zwischen der Lehre des Origenes und der Origenisten strenger unterscheiden wollen. Ich schließe mich eher der älteren Forschung an, da ich meine, daß die meisten der verurteilten Thesen so sehr in der Konsequenz der Lehren von *Peri Archôn* liegen, daß ich nicht recht sehe, warum sie Origenes nicht selbst hätte vertreten sollen. Wenn sie teilweise nicht genau so in der Übersetzung des Rufinus zu finden sind, so ist dies eher auf die »Glättung« zurückzuführen, von der Rufinus ja selbst spricht.

Die Streitigkeiten um die Lehre des Origenes führten in den folgenden Jahrhunderten dazu, daß auch der Text von *Peri Archôn* seltener wurde. Der letzte Zeuge für das Vorhandensein des vollständigen griechischen Textes ist der Patriarch Photios im 9. Jhd. Der griechische Originaltext ist also nicht mehr überliefert. Eine Anzahl von Textteilen ist in der im 4. Jhd. von Basilios und Gregor von Nazianz zusammengestellten *Philokalia* enthalten (vgl. weiter unten Kap. II, 1), sie enthält aber leider keine Texte, die die umstrittenen und angegriffenen Thesen erläutern. Der lateinische Text von *Peri Archôn* wurde im Mittelalter zwar weiter kopiert, aber nicht auch gelesen. Gelesen wurden nur die Homilien und Bibelkommentare des Origenes. Die Auffassungen des Origenes aus *Peri Archôn* waren nur durch die Weitergabe allgemeiner Schulmeinungen bekannt.

b) Die Einheit von Bibel und Philosophie

Origenes hat weder die Prinzipien philologischer Arbeit noch die Methode allegorisierender Textinterpretation erfunden: Beides war stoische und alexandrinische Tradition. Und auch die Vereinigung philologischer und philosophischer Verfahrens- und Denkweisen ist keineswegs neu, sondern stammt aus dem Platonismus seiner Zeit. Bei der Textinterpretation konnte man an eine alte Tradition anknüpfen: an die Homerexegese. Die *Ilias* und die *Odyssee* waren immer noch ein maßgeblicher Bildungsfaktor der griechischen Welt. Der Hellenismus kannte viele heilige Schriften und viele Offenbarungsurkunden, aber auch die Schriften Homers stellten für die Griechen eine ehrwürdige und autoritätsreiche Offenbarung des Göttlichen dar. An ihr hatte sich jede Philosophie, die sich auf alte Weisheit berief, zu bewähren, und so wurden alle Formen philologisch genauer wie »höherer« Auslegung an den Texten Homers eingeübt. Die Christen lernten alle Formen der Auslegung der *Bibel* von dieser Exegese, und der erste, der innerhalb christlicher Philosophie dieses Erbe systematisierte, war Origenes. Er folgte dabei dem Weg der Exegese, die auch schon die Auslegung des *Alten Testaments* durch Philon bestimmt hatte. Diese Methode, die vor allem durch das Stichwort »Allegorie« gekennzeichnet ist, ist schon von ihrer Homer-exegetisch geprägten Herkunft her »entmythologisierend« in dem Sinn, daß in ihr von vornherein damit gerechnet wurde, daß der »wissenschaftlich Gebildete« in den alten Texten vieles zunächst als inakzeptabel betrachten wird. Deshalb muß man nach Origenes »sorgfältig prüfen, wo der Wortlaut wahr ist und wo er unmöglich ist, und nach Kräften aus den ähnlichen Worten den überall in der Schrift verstreuten Sinn des wörtlich Unmöglichen aufspüren« (*Peri Archôn* IV 3, 5). Schon die Selbstverständlichkeit, mit der Origenes von »wörtlich Unmöglichem« spricht, kennzeichnet ihn als vorurteilsfreien und philosophisch aufgeklärten Mann und man hat den Eindruck, daß es sich bei ihm nicht um eine Einzelerscheinung handelt. Philosophierende Christen hatten also im 3. Jhd. noch ziemlich viel Spielraum. Es stellt sich dann natürlich die Frage, woher dieser »Sinn des wörtlich Unmöglichen« genommen werden soll. Die Antwort lautet:

Da nun aber, wie den Lesern klar sein wird, der durchgehende Zusammenhang des Wortsinnes unmöglich, der des Hauptsinnes aber nicht unmöglich, sondern vielmehr wahr ist, muß man ernstlich danach streben, den ganzen geistigen Sinn zu erfassen. (Ebd.)

Damit ist gesagt, daß der eigentliche Sinn nur aus dem Zusammenhang heraus begriffen werden kann: Es gibt einen tieferen Sinn, der nirgends an der Oberfläche des Textes liegt, der aber dann erfaßt werden kann, wenn der gesamte *Text als Einheit* aufgefaßt wird. Man muß also erst einmal dieses Prinzip der Einheit herausfinden. Wo dieses liegt, wird sich gleich noch zeigen. Der philosophische Ausgangspunkt dieser Hermeneutik wird von Origenes deutlich angesprochen, wenn er sagt,

[...] daß es Dinge gibt, deren Bedeutung im eigentlichen Sinn mit Worten menschlicher Sprache überhaupt nicht ausgedrückt werden kann, sondern sich eher durch bloßes Denken als durch irgendwelche unmittelbaren Wortbedeutungen klarmachen läßt. An diese Regel muß man sich auch beim Verständnis der göttlichen Schriften halten, um das [in ihnen] Gesagte nicht nach der Niedrigkeit des Ausdrucks, sondern nach der Göttlichkeit des heiligen Geistes einzuschätzen, durch dessen Eingebung sie abgefaßt worden sind. (Ebd. IV 3, 15)

Die platonische Zwei-Ebenen-Theorie von Sinnlichem und Geistigem wird also hier ganz im Sinne der stoischen Hermeneutik als die Ebene des unmittelbaren Textsinnes und die des »höheren«, »pneumatischen« Sinnes eines Textes gedeutet. Hier haben wir also sehr deutlich die Lehre vom *zweifachen Schriftsinn* vor uns. Erst durch diese Methode erlangte die Philosophie im christlichen Raum eine eigentliche, über Propädeutik hinausgehende Rolle. Bei Origenes muß man allerdings eigentlich von einem dreifachen Schriftsinn sprechen, der auch wieder der – nun neuplatonischen – Anthropologie entspricht. So wie wir im Menschen Leib, Seele und Geist unterscheiden, so müssen wir an einem Text eine »leibliche« (somatische), eine »seelische« (psychische) und eine »geistige« (pneumatische) Bedeutung unterscheiden; faktisch fallen aber die beiden letzteren bei Origenes häufig zusammen. Diese Lehre vom mehrfachen Schriftsinn ging als festes Element in das spätere mittelalterliche Denken ein. Oft wurde es ausgebaut zu einem vierfachen Sinn, bei dem auch noch ein ekklesiologischer, also ein auf die Kirche bezogener Sinn angesetzt wurde. Dem heutigen historisch-kritischen Bewußtsein ist ein solches Verfahren fremd, es wurde auch später von den humanistisch-exegetisch geschulten Reformatoren angegriffen. Dies soll jedoch nicht darüber hinwegtäuschen, welche enorme geistesgeschichtliche Funktion dieses Verfahren hatte (und hat): In ihm wird versucht, den Übergang vom Mythos zum Logos in ein hermeneutisches Verfahren umzuwandeln. Daß mit diesem Verfahren, welches unter dem Stichwort »Allegorie« gerade auch im Mittelalter Tür und Tor zur Beliebigkeit »tieferer Sinnfindung« geöffnet hat, sehr viel Unhaltbares produziert wurde, soll nicht bestritten werden. Es hatte aber auf jeden Fall zwei Dinge zur Folge, die wichtig wurden: (1) Es verhinderte das ganze Mittelalter hindurch, daß ein primitiver Fundamentalismus die Herrschaft übernahm, da immer wieder versucht wurde, rationale Erkenntnis mit der *Bibel* in einen Zusammenhang zu bringen. (2) Es verhinderte, daß die Rationalität den Mythos als »Vergangenes« abstieß. Es zwang also jene, die sich für Rationalität einsetzten, diese Arbeit als Ab- und Aufarbeitung des Mythos zu verstehen. – Im Grunde arbeitet jede Philosophie, die nicht rein formal bleiben will, origenistisch, d. h. sie sucht den rationalen Gehalt mythologischer, religiöser, künstlerischer, politischer usw. Komplexe aufzufinden. In diesem Sinn ist der Deutsche Idealismus besonders bei Hegel und in der Spätphilosophie Schellings Origenes ebenso verpflichtet wie die sogenannte existentiale oder transzendentale Interpretation der Theologen des 20. Jhd.s.

Origenes sah auch ganz klar die *gesellschaftlichen Implikationen* seiner Theorie. Auch hier konnte er auf griechische Traditionen zurückgreifen. Einige Stoiker hatten bereits eingeräumt, daß es für die Menge besser sei, etwas zu glauben, als dem Skeptizismus zu verfallen. Und die Pythagoreer hatten damit gerechnet, daß es verschiedene Grade bei den Anhängern ihrer Lehren geben könne: Solche, die die ganze Lehre verstünden, die sogenannten Mathematiker, und solche, die bestimmte Verhaltensregeln befolgten, aber nur eine ganz einfache Kenntnis der Lehre ohne ein wirkliches Verständnis hätten, die sogenannten Akusmatiker (vgl. 1. Teil, Kap. III, 1). Origenes übernahm solche Thesen, weil er sah, daß viele über den bloßen Glauben nicht hinaus gelangten und er gestand zu, daß diese, die *Pistiker*, also die nur Glaubenden, durch den Glauben sittlich besser und schließlich glückselig werden können. Er gab jedoch nicht zu, daß dies der einzig mögliche oder gar der beste Weg sei. Die Stufe der Pistiker ist eine, die im Grunde überwunden werden sollte, und zwar von allen. Das eigentliche Ziel wird nur vom *Gnostiker* erreicht, d. h. von jenem, der alle Heteronomie des Autoritätsglaubens überwunden hat und zum autonomen, rationalen Verständnis des Christentums gelangt ist. Letztlich war es dieser Anspruch des Gnostikers, der Origenes in Konflikt mit dem Amtsträger in Alexandrien brachte. – Es ist klar, daß Origenes hier von den Vorstellungen griechischer Bildungsaristokratie her denkt – aber er verbindet diese mit griechisch-demokratischen und sophistischen Bildungsidealen und er kann sich sogar auf biblische Aussagen berufen, die in die Richtung einer Aufhebung gesellschaftlicher Rangordnungen gehen, wenn er den prinzipiellen Übergang vom Pistiker zum Gnostiker fordert. Bildung des Geistes ist und darf nach Origenes kein Privileg sein: Er fordert, daß alle zu Gnostikern werden. Die Seinshierarchie neuplatonischer Art, die er voraussetzt und übernimmt, ist bei ihm nicht gleichzeitig eine ontologische Gesellschaftstheorie. Im System des Origenes gibt es keine festen, von Gott gewollten Positionen, er kennt keinen gesellschaftlichen Stufenkosmos. Die gesellschaftliche Stufentheorie des Mittelalters konnte also nicht von Origenes übernommen werden, weil es sie bei ihm eben gar nicht gibt. Sie stammt vielmehr von Dionysios Areopagita (vgl. Kap. II, 2). Es gibt bei Origenes keine ontologische und gesellschaftliche Rangbestimmung, der eigene Wille ist entscheidend, und das heißt: der autonome Wille des Einzelnen. Bildung und somit Gnosis sind weder ontologisch noch gesell-

schaftlich festgelegt, sondern sind Möglichkeiten, die jedem offenstehen. Gnosis ist an keinerlei Zugehörigkeit zu irgendeiner gesellschaftlichen Gruppe gebunden. Gerade dieser antiautoritäre Zug bei Origenes, der bis zur Apokatastasis-Lehre durchgezogen wurde (vgl. dazu die Bemerkungen weiter unten) rief später die autoritäre Reaktion der auf Machtprinzipien Beharrenden hervor: Daß schließlich alle zur Gnosis gelangen würden, war mit dem kirchlichem Gnaden- und Wahrheitsmonopol nicht vereinbar, wie es seit Augustinus beansprucht wurde.

c) Die Einheit des Systems: die Geistigkeit Gottes

Der »höhere Sinn«, der die eigentliche Wahrheit der *Bibel* ausmachen soll, ist nach Origenes die Geistigkeit Gottes, das Hervorgehen der geschaffenen Geister aus Gott und die Rückkehr der geschaffenen Geister zu Gott. Es ist sofort sichtbar, daß hier ein eindeutig neuplatonisches Verständnis maßgebend ist. Origenes selbst muß zugeben, daß das Wort »körperlos« *(asomáton)* nicht nur beim Volk, sondern auch in der Schrift unbekannt ist (*Peri Archôn* I Praefatio 7). Die Herkunft dieses Begriffs ist unzweifelhaft neuplatonisch.

Gott ist also nicht als ein Körper oder als in einem Körper wohnend anzusehen, sondern als einfache geistige Natur, die keinerlei Beifügung in sich zuläßt; sonst müßte man etwas Größeres und etwas Geringeres in ihm annehmen, so aber ist er in jeder Hinsicht eine Einheit *(monás)* und sozusagen eine Einsheit *(henás)*, sowie Vernunft und die Quelle, aus der jegliche geistige Natur, jede Vernunft ihren Ursprung hat. (Ebd. I 1, 6)

Mit diesem *neuplatonischen intellektualistischen* Einsatzpunkt wird jedoch bei Origenes der *biblisch voluntaristische* Einsatzpunkt in eine äußerst interessante Verbindung gebracht. Gott hat – nach dem Hervorgehen des Logos und des Pneuma – die Vernunftwesen durch seinen Willen geschaffen, d. h. sie sind keine notwendige Emanation aus dem Wesen Gottes. Gott hat jedoch nach Origenes keine Vielzahl verschiedener Wesen geschaffen, sondern alle gleich, »da es für ihn keinen Grund für Verschiedenheit und Mannigfaltigkeit gab« (Ebd. II 9, 5). Den eigentlichen Grund der Verschiedenheit setzen erst die Vernunftwesen selbst, wiederum durch ihren Willen:

Aber da die Vernunftgeschöpfe selbst [...] mit der Fähigkeit der freien Entscheidung beschenkt sind, regte die Willensfreiheit einen jeden entweder zum Fortschritt durch Nachahmung Gottes an oder zog ihn zum Abfall durch Nachlässigkeit. Dies wurde für die Vernunftwesen [...] zur Ursache der Verschiedenheit; sie hat ihren Ursprung also nicht im Willen und der Entscheidung des Schöpfers, sondern im eigenen freien Entschluß. (Ebd. II 9, 6) | 35

Einige dieser Wesen entschieden sich dazu, sich von ihrem Ursprung zu entfernen, was einem »Fall« gleichkommt. Origenes scheint angenommen zu haben, die Materie sei dann durch die »Schwere« des Falls entstanden, sei also die Folge der Verfehlung bestimmter Vernunftwesen. In den *Anathematismen* findet sich folgende Verurteilung:

Wenn einer sagt oder dafürhält, die Seelen der Menschen seien präexistent gewesen, insofern sie früher Intelligenzen und heilige Mächte gewesen seien; es habe sie aber Überdruß ergriffen an der Schau Gottes und sie hätten sich zum Schlechteren gewendet; darum seien sie abgekühlt von der Liebe zu Gott, hätten davon den Namen »Seelen« bekommen und seien zur Strafe in Körper hinabgeschickt worden – so sei er im Banne. (*Anathematismus* 1 von 543. Texte im Anhang zu *Peri Archôn*.)

Diese Konstruktion kommt uns zunächst sonderbar vor. Sie ist auch nicht so sehr als Konstruktion selbst interessant, sondern in der Problemstellung, die diese, in manchem gnostischen Systemen sehr ähnliche Konstruktion hervorgebracht hat. Gott ist nach christlich-biblischer Auffassung persönlich und willenshaft, außerdem ist er der Schöpfer der Welt, die er frei geschaffen hat. Bei dieser Annahme bestand die Gefahr, alles Übel und Leid auf Gott zurückzuführen, was den »reinen« Gottesbegriff beeinträchtigen konnte. Daher verlegte Origenes die Gesamtheit der konkreten Existenzbedingungen des Menschen in dessen eigene Entscheidung, bzw. in eine seiner jetzigen körperhaften Existenz vorausliegende Entscheidung. Dies bedeutet, daß die Welt als Um-Welt des Menschen genau der Willensentscheidung der Menschen entspricht. Die »Welt« wird hier nicht zum Bösen selbst, wohl aber zur Manifestation des Vorhandenseins des Bösen. Wird so dem Willen eine zentrale, über Existenzbedingungen entscheidende Rolle zugesprochen, so war es schwer, die Urverfehlung in die *hýbris*, den Stolz, die prometheische Selbstbehauptung zu verlegen, wie dies die *Bibel* nahelegte, denn das »Sein wollen wie Gott« ist ja nach Origenes das genau richtige, höchste Ziel der Vernunftwesen. Wenn sie dies gewollt hätten, wäre es gar nicht zum »Fall« gekommen. Origenes kennzeichnete daher *Schuld* als *mangelnde Aktivität*:

Doch Trägheit, Überdruß an der Mühe, das Gute zu bewahren, und Abwendung und Nachlässigkeit gegenüber dem Besseren gaben den Anstoß zur Entfernung vom Guten. (Ebd. II 9, 2)

Die spätere offizielle Auffassung wird sich Origenes nicht anschließen, Trägheit *(acedia)* erschien ihr weniger gefährlich als *hýbris*, das Über-sich-Hinauswollen. – Ursprünglich bildeten alle Vernunftwesen eine Einheit und waren nicht verschieden, deshalb hatten sie auch keinen Namen. Erst die Trägheit, der Überdruß, also der »Fall« machte sie schwer, und erst hier erhalten sie entsprechend der »Schwere« einen *Namen* (*Anathematismus* 2 von 553). Der Eigenname wird also zum Zeichen des Falles. Entsprechend ist auch der Weg der Rückkehr bei Origenes konzipiert:

Ausgangs- und Endpunkt von alledem ist die Vernunft (Nus). Der Nus wird durch seinen Fall zur Seele, und die Seele wiederum wird, wenn sie mit Tugenden ausgestattet ist, zum Nus. (Ebd. II 8, 3)

Es ist klar, daß hier in strenger Korrespondenz zum Abstieg auch der Aufstieg der Seele zum Einen autonom konzipiert ist. Der Gedanke einer Erlösung, in der Gott faktisch in das irdische Geschehen eingreift, hat nur auf der Ebene der Pistis einen Platz, nur dort kann auch von etwas wie »Sühneleiden des Sohnes Gottes« gesprochen werden. Auf der Ebene der Gnosis ist klar, daß es beim *Logos* nur um den Erzieher, den *Paidagogos*, geht, der als Vorbild den Weg der Seele vorzeichnet. Der Gnostiker hat letztlich die Aufgabe, selbst logos-gleich zu werden. Diese These findet sich wiederum sehr präzise ausgedrückt in den verurteilten Sätzen:

Wenn einer sagt: Christus werde sich in gar nichts unterscheiden von irgendeinem Vernunftwesen, sei es im Wesen, in der Erkenntnis oder der Macht und Wirksamkeit zu allem; sondern alle würden zur Rechten Gottes sein wie der Christus, den sie lehren, ebenso wie es in der von ihnen erdichteten Präexistenz war – so sei er im Banne. (*Anathematismus* 13 von 553)

So wird, nach dem Durchgang durch viele Welten und Existenzen

[Gott] alles in allem sein, was bedeutet, daß Gott auch in jedem einzelnen »alles« ist. In dem einzelnen aber wird er auf folgende Weise »alles« sein: Wenn der vernünftige Geist gereinigt ist von aller Hefe der Sünde, wenn alle Trübung der Bosheit gänzlich beseitigt ist, dann wird alles, was er empfinden, erkennen und denken kann, Gott sein; er wird nichts anderes mehr denn Gott empfinden, Gott denken, Gott sehen, Gott haben; Gott wird das Maß all seiner Bewegung sein; und so wird Gott für ihn alles sein. (*Peri Archôn* III 6, 3)

Als Bedingung dafür wird – in wieder strikter Parallele zum Abstieg – angegeben, daß dann die Vernunftwesen in keiner Weise durch eine Gemeinschaft mit der Körpersubstanz »weggezogen« werden (Ebd.). Dies widersprach der Lehre der Auferstehung des Leibes und wurde später verurteilt. Man muß dazu allerdings sagen, daß die Christen des 3. Jhd.s, also in der Zeit des Origenes, zu dieser Frage noch keine ganz klaren und einheitlichen Vorstellungen hatten.

Wenn einer sagt: Das kommende Gericht bedeute eine völlige Aufhebung der Körper,
und am Ende dieser erdichteten Ereignisse stehe die immaterielle Natur, und in der | 37
Zukunft werde nicht Materielles bestehen, sondern bloß der Nus – so sei er im Banne.
(*Anathematismus* 11 von 553)

Was wir an diesem System des Origenes sehen können, ist die Schwierigkeit, dem Willen, der Selbstbestimmung oder der Freiheit eine positive Rolle zuzuschreiben. Das Christentum forderte Freiheit als Grundbestimmung des Menschen und Gottes, und hier folgte Origenes dem biblischen Denken. Die Gnosis forderte die Negation der Welt und des Materiellen als Wert, und hier folgte Origenes der Gnosis. Er versuchte dann, beides in Eins zu bringen. Da jedoch die Erkenntnis, gut griechisch, das Höchste blieb, konnte die Freiheit nur die Bedingung von nicht-sein-sollender Vielheit, von Welt und Materie sein, und der höchste Akte der Freiheit war dann folgerichtig ihre eigene Aufhebung, d. h. das freiwillige Eingehen in das Eine, das Alles ist. In diesem Endzustand werden die *Namen*, also die Kennzeichnungen für Individuen, wieder *aufgehoben*. Auch diese Aufhebung der Individualität im Endzustand kennen wir von Plotin (1. Teil, Kap. XVII, 1, c). In voller Schärfe finden wir diese These allerdings wiederum nur unter den verurteilten Sätzen:

Wenn einer sagt: Es werde eine einzige Einheit *(henás)* aller Vernunftwesen geben; gesondertes Dasein und zahlenmäßige Verschiedenheit werde gleichzeitig mit dem Körper aufgehoben; der Erkenntnis bezüglich der Vernunftwesen folge die Zerstörung der Welten, die Ablegung der Körper, die Aufhebung der Namen, und es werde Identität der Erkenntnis ebenso wie des Daseins geben, und in der erdichteten Wiederherstellung würden nur die bloßen Intelligenzen existieren, wie sie es auch in der Präexistenz taten, von der sie schwatzen – so sei er im Banne. (*Anathematismus* 14 von 553)

Der Kreislauf ist damit vollendet, gnostisch gesprochen: Das Pleroma ist wiederhergestellt, oder, wie es die Verurteilungen dem Origenes zusprechen, »daß der Anfang gleich dem Ende ist und das Ende das Maß des Anfangs« (*Anathematismus* 15 von 553).

Was an Origenes, der wohl der intelligenteste uns bekannte Christ des 3. Jhd.s gewesen ist, sehr deutlich wird, ist folgendes: Das Christentum sah Erlösung in der Befreiung von Ungerechtigkeit und von Schuld, die Gnosis und der Neuplatonismus sahen Erlösung in der Befreiung vom Materiellen und von der Welt. Beide kamen darin überein, daß die bestehende Welt zu verneinen war. Da dies auch dem Bewußtsein breiter Massen entsprach, rief gerade die Kombination dieser beiden Negationen eine ungeheure Faszination hervor. Das Problematische daran war jedoch, daß hier *Schuld* und *Materie* zwar nie offiziell identifiziert wurden, daß sie aber doch in ein Beziehungsverhältnis gebracht wurden, das der Philosophie im Rahmen des Christentums eine positive Bewertung des gesamten materiellen Bereichs ungeheuer erschweren mußte. Für die Lehre vom Menschen mußte dies zur Folge haben, daß die philosophierenden Christen immer mit schlechtem Gewissen körperlich waren. Bei Augustinus wird diese Tendenz noch verstärkt hervortreten und erhält dort in der späten Lehre des Augustinus eine Richtung, die den Grundsätzen des Origenes direkt entgegengesetzt ist.

Am Ende des Mittelalters wird daher die Renaissance genau dagegen auftreten: Sie interessierte sich nicht für die Antike als solche, sondern für die Antike als Repräsentanten eines sinnenfreudigen Menschen. Die durch die Gnosis und das Christentum verursachte Abwertung der Körperlichkeit sollte im Rückgriff auf die griechisch-römische Antike überwunden werden. Damit soll nicht gesagt sein, daß aus der Kombination von Christentum und Gnosis-Neuplatonismus nicht eine materielle Kultur hervorgehen konnte, und faktisch ist ja auch eine solche hervorgegangen, sondern nur, daß diese Kultur immer eine immaterielle Rechtfertigung materieller Kultur brauchte, materielle Kultur immer als das Zweitbeste, als der Abglanz begriffen werden mußte, was allerdings wieder eine Symbol-Kunst hervorbrachte, wie sie später nie mehr erreicht wurde.

- II -

Die Kappadokier und Dionysios Areopagita

1. Der etablierte Platonismus

Ein Jahrhundert nach Origenes war die äußere und innere Situation des Christentums wesentlich verändert. Zwei Jahreszahlen kennzeichnen diese neue Situation des 4. Jhd.s. Im Jahre 313 wurde von Kaiser Konstantin das Edikt von Mailand erlassen, das es jedem freistellte, seine Religion zu wählen. Praktisch bedeutete dies die Anerkennung des Christentums durch den Staat, was auch das eigentliche Ziel des Edikts gewesen war. Die Kirche wurde als juristische Person anerkannt und der Klerus erhielt jene Privilegien, die die heidnischen Priester besessen hatten. Erst jetzt konnte sich eine kirchliche Verfassung und eine organisierte kirchliche Hier- | 39
archie ausbilden. Gleichzeitig war auch das kirchliche und staatliche Interesse vorhanden, der christlichen Lehre eine einheitliche Form zu geben, und so berief derselbe Kaiser Konstantin 325 das erste allgemeine Konzil nach Nikaia ein, um die strittige Frage der Gottheit Christi zu klären. Die Tendenz, Orthodoxie, d.h. die »wahre Lehre«, in Formeln festzuschreiben, war auch bei den Mittel- und Neuplatonikern vorhanden, Orthodoxie ist also keine Erfindung der Christen. Da inzwischen das Christentum ein politisch bedeutsamer Faktor geworden war, wurde es auch wichtig, in strittigen Fragen der Lehre offizielle Sprachregelungen zu treffen, um zu verhindern, daß aus strittigen Fragen gesellschaftliche Probleme entstehen. Es lag also durchaus im politischen Interesse des Kaisers, für entsprechende Lehrentscheidungen zu sorgen. Auch die Kaiser Konstantinopels werden später in ähnlicher Weise versuchen, durch politischen Einfluß Entscheidungen, also Konzilsdekrete, in strittigen Lehrfragen herbeizuführen. Für die Kaiser war es dabei gar nicht entscheidend, was, sondern daß entschieden wurde. Nur die Einheit der Lehre der Kirche sicherte auch die Stabilität des Reiches.

Was die Christen letztlich bewogen hat, am Konzil von Nikaia die Annahme einer göttlichen Natur Christi als verbindliche Glaubenslehre festzuschreiben, ist schwer zu sagen. Für die ältere griechische Tradition ist die Annahme eines in Menschengestalt auftretenden Gottes nichts Ungewöhnliches, anders sieht allerdings die Situation in der platonischen Philosophie des Hellenismus aus: Dort wurde die Transzendenz Gottes so stark betont, daß eine solche Vorstellung eigentlich nicht mehr möglich war. Eine vorurteilslose Lektüre der Schriften des *Neuen Testaments* zwingt auch keineswegs zu dieser Annahme, sie legt vielmehr die arianische These einer Unterordnung des Logos unter den höchsten, ganz transzendenten Gott nahe, was sich auch besser in das neuplatonische Schema der verschiedenen Hypostasen einordnen ließ. Theologisch nennt man diese Auffassung »Subordinatianismus«, eine Auffassung, die auch Origenes vertreten hatte. Wie diese Frage im einzelnen behandelt wurde, welche Machtgruppen von Bischöfen dahinterstanden, und welche Folgeprobleme die Festlegung des Konzils von Nikaia hervorrief, gehört in die Geschichte des christlichen Dogmas und braucht hier nicht behandelt zu werden. Was daran jedoch für die weitere Entwicklung der Philosophie im Bereich des Christentums entscheidend ist, ist folgendes: Am Konzil von Nikaia waren fast nur Vertreter der Kirchen des griechischen Ostens und des griechischen Ägyptens anwesend. Diese Kirchen hatten unter dem Einfluß vor allem des Origenes, aber auch unter dem Einfluß des allgemeinen, weithin neuplatonischen Bildungsdenkens der griechischen Philosophie breiten Raum gewährt und so erfolgte auch die Formulierung des Dogmas am Konzil von Nikaia in philosophischer Sprache. Mit dem Begriff »gleichwesenhaft« *(homooúsios)* – womit ausgedrückt werden sollte, daß Jesus Christus die gleiche Wesenheit wie Gott besitzt – wurde ein zentraler Begriff platonisch-aristotelischer Tradition, nämlich »Wesenheit« *(ousía)*, in das erste zentrale Dogma der Kirche hinein genommen. Damit hatte sich die philosophisch interessierte Gruppe, die auch bildungsmäßig und gesellschaftlich maßgebend war, durchgesetzt. Für die Geschichte der Philosophie ist also gar nicht so sehr die am Konzil formulierte Glaubenslehre wichtig, sondern vor allem die Tatsache, daß durch diese mit philosophischer Fachterminologie arbeitende Formulierung faktisch die Entscheidung gefallen war, daß fortan an philosophisch-begrifflicher Arbeit nicht mehr vorbeizukommen war. Neben und mit der inhaltlichen Entscheidung war also faktisch eine formale, den *Gebrauch philosophischer Sprache* legitimierende und erfordernde Entscheidung gefallen. Die Christen konnten jetzt, wo sie politisch und gesellschaftlich als Machtfaktor anerkannt waren, dem philosophischen Denken, das für sie, d. h. im Bewußtsein der Menschen damals, kein ernsthafter gesellschaftlicher Konkurrent mehr war, auch freier gegenübertreten. Das Verhältnis von griechisch-philosophischem Denken und Christentum wurde dadurch jedoch keineswegs unproblematischer, in vieler Hinsicht wurde es sogar wesentlich problematischer. Die Auseinandersetzung des Christentums mit der Philosophie war jetzt nicht mehr eine mit etwas, das ihm von Außen entgegentrat, sondern wurde in es selbst hineingetragen. Gerade dies brachte die besondere sachliche Problemsituation der späteren mittelalterlichen Philosophie hervor. Durch die faktische Entscheidung für die Verwendung philosophischer Begrifflichkeit war die Frage des Verhältnisses von Philosophie und christlichem Glauben in keiner Weise gelöst, sondern eigentlich erst ausdrücklich gestellt. Dies stellt sich allerdings erst für uns historisch rückblickend so dar, die griechischen Konzilsväter von Nikaia, überzeugt, im Christentum die »wahre Philosophie« gefunden zu haben, waren sich der Tragweite ihrer Entscheidung nicht bewußt.

Die günstigen äußeren Umstände ermöglichten es, daß bedeutende christliche Denker des griechisch-christlichen Bereichs sich erneut den Fragen stellen konnten, die Origenes aufgeworfen hatte. Von diesen Denkern sollen drei bzw. vier kurz behandelt werden: Die sogenannten »großen Kappadokier« – Basilios (ca. 330–379), dessen Bruder Gregor von Nyssa (um 334–394) und deren Freund Gregor von Nazianz (330–390), sowie Makrina (gest. 379), mit der man eigentlich die Aufzählung beginnen sollte. Sie war die älteste Tochter der Familie, aus der auch Basilios und Gregor von Nyssa stammten und spielte bei der Erziehung der Brüder die entscheidende Rolle. Makrina besaß eine ausgezeichnete philosophische Bildung, wie das kurz vor ihrem Tod von Gregor von Nyssa aufgezeichnete *Gespräch mit Makrina über Seele und Auferstehung* beweist, in dem Makrina der führende Gesprächspartner gewesen sein dürfte. In Kappadokien gab es für Frauen die Möglichkeit, eine »philosophische Rolle« zu spielen, die so gar nicht mit dem übereinstimmte, was Paulus als Rolle der Frau ansah und was mit den Lateinern und vor allem mit Augustinus zur vorherrschenden Auffassung der katholischen Kirche werden sollte. Makrina leitete später, als sie nicht mehr die Sorge für ihre zahlreichen Geschwister hatte, eine klösterliche Gemeinschaft, in der nicht nur Frauen ihres Standes, sondern auch frühere Sklavinnen und Frauen einfacher Herkunft lebten. Gregor von Nyssa hat ihr eine kulturgeschichtlich aufschlußreiche Lebensbeschreibung gewidmet (Gregor von Nyssa: *Schriften*. S. 337–368).

Die drei Kappadokier und die Kappadokierin stammten aus dem reichen Landadel, waren aus christlichen Familien hervorgegangen und hatten beste griechisch-hellenistische Bildung genossen. Basilios und Gregor von Nazianz hatten in Athen studiert. Für entsprechend reiche Christen war es inzwischen eine Selbstverständlichkeit geworden, sich das gesamte literarische und platonisch-philosophische Wissen ihrer Zeit anzueignen und darin nicht nur zu denken, sondern auch zu leben. Gregor von Nazianz betont, daß die platonische Philosophie jene ist, die dem Christentum am nächsten kommt (*Oratio* XXXI 5; PG 36, Sp. 137B), und diese Nähe war ihm wichtiger als die Herausarbeitung der Unterschiede. In dieser Haltung stimmte er mit den anderen Kappadokiern überein. Alle betrachteten sich als Philosophen, und Gregor von Nyssa war überzeugt, in Basilios geradezu das Idealbild eines Philosophen gefunden zu haben. Gregor von Nazianz äußert sich in einer anläßlich des Todes des Basilios gehaltenen Rede sehr scharf gegenüber jenen, die das heidnische Wissen ablehnen: Sie sind »dumm und inkompetent« *(stulti atque imperiti)*, wie er selbstsicher und im Sinne des Basilios betont (*Oratio* XLIII 11; PG 36, Sp. 510A). Eher wurde ein Problem in der äußeren, gesellschaftlichen Verweltlichung des Christentums gesehen, welches sich von dieser »wahren Philosophie« entfernt hatte, weshalb das Mönchtum, in dem man die authentische Form des Christentums erblickte, an Attraktivität gewann. Die Kappadokier waren vom Ideal des zurückgezogenen, apolitischen Lebens als dem »wahren christlichen Leben« fasziniert, sahen aber auch die Erfordernisse des faktischen christlichen Lebens,

d. h. der politischen, mit Lehrstreitigkeiten belasteten Probleme der Gemeinden. Basilios widmete sich vor allem kirchlichen Verwaltungsaufgaben und der Verteidigung der Lehre von Nikaia. Gregor von Nazianz glänzte durch zahlreiche Reden in klassischer Form, war aber bei der Durchführung praktischer Aufgaben eher erfolglos. Gregor von Nyssa verfügte über das beste und breiteste philosophische Wissen der drei: Vermutlich hat er sowohl Philon als auch Plotin gelesen. Vor allem hatte er aber Origenes studiert und zusammen mit Basilios die *Philokalia*, eine Sammlung von Texten des Origenes, herausgegeben, in die allerdings keine der problematischen Stellen aufgenommen wurde. Gregor von Nyssa steht in mancher Hinsicht allerdings Plotin näher als Origenes. Letztlich werden bei ihm Philosophie und Theologie ununterscheidbar zusammengenommen zu einem großen gnostischen System, das die Grundlage einer mystischen Frömmigkeit liefert, die den Lehren des Dionysios Areopagita schon sehr nahe kommt. Gregor von Nyssa vertrat auch ganz offen die origenistische Lehre von der Rückkehr aller Wesen in den göttlichen Urgrund *(apokatástasis)*.

Die Übernahme des Platonismus war bei den drei Kappadokiern verschieden intensiv. Basilios ist der selektivste, d. h. er verwendet platonische Auffassungen dort, wo es ihm für die Erklärung von Glaubenswahrheiten dienlich erscheint. In

viel allgemeinerer Weise wird bei Gregor von Nazianz der Platonismus zum eigentlichen Schlüssel für das Verständnis der Wahrheiten des Christentums. Unter den platonischen Dialogen erhält bei ihm der *Timaios* eine hervorragende Rolle: Implizit wird der Demiurg Platons zum Schöpfergott, wird also mit dem höchsten Gott identifiziert. Bei der Harmonisierung der Schöpfungslehren des *Timaios* und der *Genesis* der *Bibel* gab es natürlich einige Probleme, die von den Kappadokiern nicht immer einheitlich behandelt wurden. In seinen Homilien zum *Hexaemeron* (= Sechstagewerk der Schöpfung) versuchte Basilios eine größtmögliche Übereinstimmung herzustellen, wobei er die Auffassung vertrat, daß die natürliche Erkenntnis der Phänomene des Kosmos nicht verschieden sein könne von der in der Heiligen Schrift vorgelegten Lehre. Er zieht daher zur Interpretation der *Genesis* den platonischen *Timaios* ebenso heran wie naturwissenschaftliche Theorien des Hellenismus. Basilios war der wissenschaftlichste der drei Kappadokier und auffallenderweise war er auch derjenige, der als Politiker und Administrator mit den empirisch gegebenen gesellschaftlichen Verhältnissen am besten zurechtkam, der beste Empiriker erwies sich also auch als der beste Politiker. Auch Gregor von Nyssa verfaßte eine Schrift zur *Genesis*, die *Apologia in Hexaemeron*, in der er aber nicht mit wissenschaftlichen Daten arbeitete, sondern die *Genesis* ganz und gar allegorisch interpretierte. Die *Genesis* als Weg der Schöpfung vom Licht bis zu den untersten Dingen wird dabei in umgekehrter Richtung zu einem Bild für den Aufstieg der Seele, die den Rückweg zu ihrem Ursprung sucht.

Die große Nähe von Platonismus und platonisierendem Christentum, aber auch die Zweideutigkeiten, die sich aus dieser Nähe ergeben konnten, lassen sich gut am

Beispiel des Synesios von Kyrene (um 370–413), einem Zeitgenossen der Kappadokier, beobachten. Synesios war kein Christ, aber mit einer Christin verheiratet, er selbst verstand sich als platonischer Philosoph. Er stammte wie die Kappadokier aus dem reichen Landadel. Studiert hatte er in Alexandrien bei der heidnischen Philosophin Hypatia (vgl. 1. Teil, Kap. XI, 3, a), die er sehr verehrte und mit der er zeitlebens in Kontakt blieb. Später besuchte er auch Athen, war aber von dem Niveau der dortigen Philosophie enttäuscht. Er selbst, der Tradition entsprechend mit dem Philosophenmantel bekleidet, vertrat eine Form des Platonismus ähnlich der des Porphyrios, die ja auch schon sehr stark religiös geprägt war (vgl. 1. Teil, Kap. XVII, 2). Im Unterschied zu Porphyrios sah er seine Philosophie jedoch nicht als in Gegensatz zum Christentum stehend, und so verwendete er in seinen Schriften und Hymnen auch Bilder aus dem christlichen Mythos. Synesios war aber auch ein Mann der konkreten Politik. Er hielt sich mehrere Jahre als Vertreter seiner Provinz am Kaiserhof in Konstantinopel auf, um dort Steuererleichterungen zu erreichen. Dieser hochgebildete und politisch fähige Mann wurde 410 zum Bischof von Ptolemais, der wichtigsten Stadt der Kyrenaika, gewählt, und dies obwohl er kein Christ war. Synesios verfaßte nun eine Art offenen Briefes an seinen Bruder, in dem er klar machte, daß er auch in Zukunft seiner Philosophie treu bleiben wolle, daß er aber bereit sei, als Bischof die christliche mythologische Sprache zu gebrauchen:

So daß ich zu Hause freilich philosophiere *(philosophôn)*, außerhalb aber Mythen erzähle *(philomythôn)* [...]. Was kann denn das Volk mit der Philosophie gemeinsam haben? Es ist passend, daß die Wahrheit der göttlichen Dinge verborgen ist, das Volk muß auf andere Weise angeregt werden. (*Epistula* 105; PG 66, Sp. 1488A. Übers. v. F. S.)

Dies stellt eine interessante Variante zum Gnosis-Pistis-Problem dar. Christliche Platoniker wie Origenes hatten gemeint, daß es eine philosophische und eine populäre Form des Christentums gebe, während hier bei Synesios der Philosophie des Platonismus einfach der christliche mythologische Glaube des Volkes gegenübergestellt wird. Synesios war der Überzeugung, daß es eine für einen christlichen Bischof mögliche Position sei, »privat und zu Hause« strikt Platoniker zu sein, öffentlich und predigend aber einen christlichen Mythos zu vertreten. Von den diesbezüglichen Verhandlungen mit Teophilos, dem zuständigen Metropoliten von Alexandrien, den Synesios schon von früher her kannte, sind leider keine Nachrichten überliefert. Nach einem längeren Aufenthalt in Alexandrien wurde Synesios Christ und Bischof, ohne aber irgend etwas widerrufen zu haben. Dieser Vorfall ist aufschlußreich, weil er zeigt, daß die christlichen Autoritäten, ohne darin ein besonderes Problem zu sehen, bereit waren, einen politisch einflußreichen Platoniker einfach zum Amtsträger der Kirche zu machen, und daß auf der anderen Seite ein Platoniker ruhig Platoniker bleiben und gleichzeitig eine herausragende Funktion in der christlichen Kirche übernehmen konnte; er mußte nur in der Öffentlichkeit den gewünschten Mythos verkünden. Synesios war vermutlich nicht ein Einzelfall im 4. Jhd.

Sachlich gehört in diesen Zusammenhang auch Dionysios Areopagita, jener unbekannte Autor des 5. oder beginnenden 6. Jhd.s, der heute Pseudo-Dionysios Areopagita genannt wird. Von ihm stammen die Schriften *Über die himmlische Hierarchie*, *Über die kirchliche Hierarchie*, *Über die göttlichen Namen* und *Über die mystische Theologie*. Die Person, letztlich aber auch die Schriften des Dionysios und ihre Rezeption stellen ein bis heute historisch nicht völlig geklärtes Rätsel dar. Der Autor stellt sich selbst als Paulus-Schüler Dionysios vor, die Echtheit dieser Schriften wurde jedoch gleich bei ihrem Auftauchen bestritten. Anfang des 6. Jhd.s weist Bischof Hypatios von Ephesus (gest. nach 537/38) die Berufung auf sie zurück, mit dem Hinweis, daß sie, wären sie authentisch, auch der Tradition bekannt gewesen wären. Das sollte heißen: Die Schriften sind *Fälschungen*. Bald aber hört man nichts mehr von diesen sehr berechtigten Einwänden. Schon Papst Gregor der Große (gest. 604) war von ihrer Authentizität überzeugt. Im 7. Jhd. begann mit Maximus Confessor, der den ersten Kommentar zu den Schriften des Dionysios verfaßte, die Auslegung dieser Schriften. Und durch Maximus Confessor wurde Dionysios im östlichen Bereich in den Rang einer *Autorität* erhoben. Aber auch im lateinischen Mittelalter war die Wirkung der

Schriften des Dionysios sehr groß. Zahlreiche Autoren verfaßten Kommentare zu seinen Schriften, so z. B. Albertus Magnus und Thomas von Aquin, um nur zwei bekannte Autoren unter einer Vielzahl zu nennen. Die Bedeutung dieser Schriften für die Philosophie und Mystik des Mittelalters kann überhaupt nicht überschätzt werden. Abaelard erhob Zweifel am Alter der Schriften sowie an der Meinung, Dionysios Areopagita sei der Gründer der Abtei St. Denis in Paris, in der er zu dieser Zeit selbst Mönch war. Diese Bedenken hatten aber keine Folgen, kritische Stimmen erhoben sich erst wieder zur Zeit des Humanismus (Lorenzo Valla, Erasmus von Rotterdam).

Dionysios hat sicher viel von den Kappadokiern übernommen, besonders von Gregor von Nyssa. Eindeutig ist auch die Nähe seiner Auffassungen zu denen des Proklos (412–485), so daß sich eine direkte Abhängigkeit nahelegt. Mit Dionysios wird die letzte Stufe des Neuplatonismus in der christlichen Philosophie wirksam. Das triadische Prinzip, das auch von Proklos her bekannt ist, wird hier zum entscheidenden Konstruktionselement. Eine bedeutende Rolle erhält bei Dionysios auch die Theurgie, d. h. kultische Handlungen, die für die Einigung mit Gott hilfreich sein sollen, und damit wird ein wichtiges Element des Neuplatonismus auch im Bereich des Christentums wirksam. Bei den Platonikern war die Theurgie seit Jamblichos (3./4. Jhd.) stark in den Vordergrund des Interesses getreten (vgl. 1. Teil, Kap. XVII, 3, c), während die christlichen Platoniker diesem Bereich bisher keine Beachtung geschenkt hatten, jedenfalls hatten sie nicht versucht, die kultischen Handlungen, die auch bei ihnen vorhanden waren, als theurgische Praktiken zu erklären. Dionysios tut diesen Schritt, der evidenterweise folgenschwer für die Entwicklung der christlichen Sakramentenlehre und Sakramentenpraxis wurde.

2. Die negative Theologie

Für den Mittel- und Neuplatonismus wie für Origenes war die Philosophie, begleitet von der Askese, die Vorbereitung auf die »überphilosophische«, mystisch-ekstatische Gotteserkenntnis, der jener Gott, jenes Eine entspricht, das jenseits aller Kategorien rationaler Erkenntnis liegt: Gott ist letztlich unbegreiflich, wie Origenes gleich zu Beginn von *Peri Archôn* (I 1, 5) ausdrücklich gesagt hatte. Alles, was von Gott ausgesagt werden kann, hat also die Form negativer Prädikate wie »un-ermeßlich«, »unendlich«, »un-körperlich« usw., die aber eben nur sagen, *was Gott nicht ist, nicht aber, was er ist.* Dies ist der Ausgangspunkt, der schon bei Philon von Alexandrien vorliegt, der dann bei Klemens von Alexandrien und bei Origenes weiter ausgebaut, bei den Kappadokiern noch gesteigert wird und bei Dionysios Areopagita einen nicht mehr überbietbaren Höhepunkt erreicht.

Der Grund der Unerkennbarkeit Gottes liegt nach dieser Auffassung in der Materialität des Menschen, der die reine Geistigkeit und Unkörperlichkeit Gottes gegenübergestellt wird. Der körperhafte Mensch kann Unkörperliches und Immaterielles nicht erkennen. Der Leib ist der Grund unserer geistigen Beschränktheit. Wir sehen, wie hier ein *gnostischer* metaphysischer *Dualismus* eine beherrschende Schlüsselstellung einzunehmen beginnt. Über die anthropologischen Konsequenzen dieser Auffassung wird gleich noch etwas zu sagen sein. Man muß sich natürlich fragen, wieso dieser Dualismus im Bereich des Christentums eine solche Bedeutung erlangen konnte. In den Schriften des *Alten Testaments* gibt es mit Ausnahme der ganz späten, schon während des Hellenismus verfaßten Schriften (vgl. Kap. I, 2) dafür keinen Ansatzpunkt. Im *Neuen Testament* ist ein gnostischer Einfluß vor allem im *Johannesevangelium* und in anthropologischer Hinsicht in den *Briefen des Paulus* zu spüren, wobei es für unseren Zusammenhang keine Rolle spielt, welche Briefe authentisch von Paulus stammen und welche von späteren Autoren. Im *Johannesevangelium* wird vom Kosmos als der Finsternis gesprochen, in die das Licht kommt, allerdings ging es bei Johannes eher um einen ethischen als um einen metaphysischen Dualismus. Die Nähe der frühchristlichen Autoren zum Mittel- und Neuplatonismus, wo starke dualistische Elemente vorgelegen hatten, verstärkte die dualistischen Tendenzen bei christlichen Autoren, im großen und ganzen fügten sich die christlichen Autoren des 2. und 3. Jhd.s aber in die weithin verbreiteten, mehr oder weniger deutlich formulierten dualistischen Tendenzen der Zeit ein. Hinter der im 4. Jhd. spürbaren Anziehungskraft dualistischer Konzeptionen steht jedoch auch ein bei den Kappadokiern deutlich erkennbares kulturkritisches Element. Sie und viele auch weniger bekannte Einsiedler und Mönche hatten den nicht unberechtigten Eindruck, daß das Christentum auf dem Wege war, sich der »Welt« anzupassen und der weltlichen Macht auszuliefern. Sie zogen sich in die Wüste, in die Einsamkeit zurück, da sie meinten, nur mit einer solchen Lebensform Christen bleiben zu können. Um eine solche, als radikal gedachte Trennung von der »Welt« zu interpretieren, legten sich gnostisierende dualistische Modelle nahe. Daß solche Modelle jedoch auch im genau umgekehrten Sinn interpretiert werden konnten, wird sich bei Augustinus zeigen. Hier liegt eine Doppeldeutigkeit vor, die das ganze Mittelalter begleiten wird: Wenn die Welt ein Raum der Finsternis ist, konnte es als Aufgabe und Pflicht angesehen werden, die Welt, und dies heißt vor allem: die Menschen, wenn nötig auch mit Gewalt, auf den Weg des Lichts zu bringen. Dies ist die Auffassung des Augustinus, den Kappadokiern lag eine solche Folgerung aber fern.

Der Mensch, der den Weg zu Gott sucht, findet sich nach der Auffassung der Kappadokier letztlich einem »Abgrund« und einer undurchdringlichen »Finsternis« gegenüber, so wie zu starkes Licht nicht zum Sehen hilft, sondern den Menschen blendet und ihn gar nichts mehr sehen läßt. Gott ist das Grenzenlose, wir sagen daher von ihm die *Grenzenlosigkeit*, die Unendlichkeit, aus (worin das alte kosmische Prädikat des *ápeiron* enthalten ist, vgl. 1. Teil, Kap. II, 2, a). Damit wird dieses Prädikat, das ursprünglich im Griechischen einen Mangel der Bestimmtheit ausdrückte, zu einem Prädikat, das zwar immer noch ein Nicht-Gegebensein von Bestimmung zum Ausdruck bringt, das aber werthaft positiv besetzt ist. Hier liegt der Beginn jener Entwicklung, in der Gott als das reine, *unendliche Sein* bezeichnet wird, wobei diese Bezeichnung schon bei Gregor von Nazianz – in exegetisch unhaltbarer Weise – mit dem biblischen Gottesnamen »Jahwe« in Verbindung gebracht wird. Bei Dionysios Areopagita werden jedoch auch Begriffe wie »Sein« und »Wesen« der Negation unterzogen. So heißt es gleich im ersten Kapitel der Schrift *Die Namen Gottes*:

Man darf demnach überhaupt nicht wagen, irgendetwas über die überwesentliche und verborgene Gottheit zu sagen oder gleichwohl zu denken mit Ausnahme dessen, was uns durch göttliche Eingebung in der Heiligen Schrift geoffenbart worden ist. Es besteht nämlich Unkenntnis ihrer Verstand, Vernunft und Sein übersteigenden Überwesenheit. Dieser müssen wir die überwesentliche Erkenntnis überlassen, indem wir nur soweit nach oben schauen, wie sich uns der Lichtstrahl der erzgöttlichen Orakel selbst zeigt, und wir uns somit in bezug auf jene noch herrlicheren Strahlen mit der gegenüber dem Göttlichen angezeigten Enthaltsamkeit und Gottesfurcht beschränken. (*Die Namen Gottes* I 1)

Hier übersteigt alles, was von Gott gesagt werden kann, nicht nur den Verstand, sondern auch die Vernunft. Damit wird auch der Neuplatonismus noch überboten, der dem Verstand die Erkenntnis des Göttlichen zwar verweigert hatte, aber doch der höheren Kraft der Vernunft noch intuitive Möglichkeiten offengelassen hatte. Davon ist hier nun nicht mehr die Rede. Es wäre jedoch auch verfehlt, zu meinen, daß Dionysios Areopagita nach dieser philosophisch negativen Gotteserkenntnis wie Philon eine positive biblische anfügen könnte: Seiner Meinung nach sagt die Offenbarung dasselbe, Gott hat sich also selbst als der Unzugängliche geoffenbart:

Wie sie [d. h. die überwesentliche und verborgene Gottheit] selbst nämlich über sich in der Schrift auf gütige Weise überliefert hat, sind ihre Kenntnis und Anschauung, was auch immer sie nur ist, allen Wesen unzugänglich, weil sie von allem überwesentlich entrückt ist. Du wirst auch viele biblische Schriftsteller finden, die jene nicht nur als unsichtbar und unbegreiflich gepriesen haben, sondern auch als unerforschlich und unaufspürbar, weil es keine Spur von dem gibt, was zu ihrer verborgenen Unendlichkeit hindurchgedrungen ist. (Ebd. I 2)

Dionysios Areopagita betont ausdrücklich, daß die Ursache allen Seins, »weil sie über alles Sein erhaben ist ohne Sein«, sich selbst auch ohne Sein »gründlich und kenntnisreich zeigen würde« (Ebd. I 1). Die negative Theologie setzt also sehr deutliche Grenzen für die Möglichkeiten einer Selbstoffenbarung Gottes, aber auch für eine Offenbarung Gottes in und durch die Welt. Die Gnosis hat hier eine radikale Lösung zur Verfügung: Es gibt keine Brücke von der Welt zu Gott, die Welt ist gottlos, sie verweist auf nichts. Die negative Theologie kann trotz aller Nähe zur Gnosis diesen Weg nicht gehen. Die christliche Philosophie hatte sich, durchaus in der Folge griechischer Philosophie, immer in irgendeiner Weise als »Spurenlesen« auf der Suche nach dem Ursprung, sei es der *arché*, sei es Gottes, verstanden. Auch die Heiligen Schriften verwenden positive Gottesprädikate und selbst das Urbild-Abbild-Schema ist nicht nur platonisch, sondern auch biblisch verankert. Es soll daher nach Dionysios Areopagita auch eine zusprechende (kataphatische) Rede von Gott geben. Wenn dies allerdings mit der dominierenden absprechenden (apophatischen) Rede, die gleichsam eine metasprachliche Regel abgibt, in Einklang gebracht werden soll, so kann Dionysios nur zu *paradoxen Formulierungen* greifen:

Sowohl durch Kenntnis als auch durch Unkenntnis erkennen wir Gott. Es gibt von ihm geistiges Begreifen, Verstehen, Wissen, Berührung, Sinneswahrnehmung, Meinung, Vorstellung, Benennung und alles andere, und dennoch wird er weder begriffen, noch erklärt, noch genannt. Er ist nichts des Seienden, aber er wird auch in keinem Seienden erkannt. (*Die Namen Gottes* VII 3)

Dionysios Areopagita ist daher gezwungen, zu dem bekannten Ausspruch, daß Gott »alles in allem« ist (1 Kor. 15, 28) hinzuzufügen, daß er »doch nichts irgendworin« ist: »Er wird aus allem von allem erkannt und doch wieder aus nichts von irgendwem« (Ebd. VII 3). Das bleibt paradox, es gibt aber eben immer wieder Philosophen, die gerade an solchen paradoxen Formulierungen besonderes Gefallen finden. Die beiden Pole dieser Paradoxie hatten zur Folge, daß Dionysios einerseits zum Lehrer einer *Mystik der Dunkelheit* und andererseits zu einem Lehrer der *Ästhetik des Lichts* werden konnte, in der die ganze Welt zu einer Theophanie, zu einem Erscheinen Gottes wird, in der die ganze Welt mit allen ihren einzelnen Gegenständen also zu einem Symbol transformiert wird. Dies liegt an der Wurzel aller Theorie der Kunst im Mittelalter, wie es dann vor allem bei Scotus Eriugena deutlich werden wird (vgl. Kap. V, 2, c). Letztlich geht es aber doch darum, alles Materielle und sogar auch alles Symbolische zu »übersteigen«, zu transzendieren. Zu dieser Einsicht will uns Dionysios wiederum mit einem Paradox führen: Das unvergleichlich Dunkle ist das unvergleichlich Helle.

Denn die Lichter des Seienden verdecken das dunkle Urlicht des Schöpferischen, das doch das unvergleichlich hellere ist. (*Mystische Theologie* II)

Als einzig echte Möglichkeit, zu der gesuchten »überwesentlichen Erkenntnis« zu gelangen, bleibt daher die Mystik, die auf dieselbe »pneumatische Kraft« zurückgeführt wird, die auch die Autoren der Offenbarung inspiriert hat.

Es sei uns jedoch auch hier von allem Anfang an die Weisung der Heiligen Schrift eine Richtschnur, daß wir die Wahrheit der Aussagen über Gott »*nicht in überredenden Worten menschlicher Weisheit*« ehren, »*sondern im Erweis der Macht*« [1 Kor. 2, 4], die die biblischen Schriftsteller inspirierte. Durch diese werden wir mit dem Unaussprechlichen und dem Unerkennbaren auf unaussprechliche und unerkennbare Weise vereinigt gemäß jener Einigung, die unserer Verstandes- und Vernunftfähigkeit und Tätigkeit überlegen ist. (*Die Namen Gottes* I 1)

Es bleibe dem Leser überlassen, die Häufung der »un«-Vorsilben zu beurteilen. Hier bleibt dem Verstand und auch der Vernunft, wie wir sie aus der griechischen Philosophie kennen, kein Raum mehr. Bei Dionysios liegt nicht nur bei der sinnesbedingten Erkenntnis eine Grenze vor, auch der Verstand und sogar die Vernunft werden als begrenzt aufgefaßt:

Gerade wie nämlich für das Sinnliche das in Gedanken Faßbare, für das Geformte und Gebildete das Einfache und Bildlose, für die Wesen mit körperlicher Gestalt die unberührbare und ungeformte Gestaltlosigkeit des Körperlosen unbegreiflich und unsichtbar ist, so überragt nach demselben Gesetz der Wahrheit die überwesentliche Unendlichkeit die Seinsstufen und die Einheit jenseits des Verstandes die Vernunftwesen. Es ist das Eine jenseits des Denkens für jegliches Denkvermögen unbegreiflich, unaussprechlich auch jeglicher Rede das den Verstand übersteigende Gute, eine Einheit, die die gesamte Einheit eint, ein überwesentliches Sein, ein nicht gedanklich faßbarer Gedanke, ein unaussprechliches Wort, Wort- und Gedanken- und Namenlosigkeit, beschaffen nach keinem der Wesen, zwar Ursache des Seins für alles, selbst aber, weil sie über alles Sein erhaben ist, ohne Sein [...]. (Ebd. I 1)

Das Ziel ist eine mystische Einigung, und damit etwas, das jenseits aller rationalen Möglichkeiten des Menschen, ja jenseits aller Möglichkeiten überhaupt liegt, die in der Verfügung des Menschen liegen: Der Strahl, das Licht, kann sich nur selbst mitteilen. Es wäre jedoch verfehlt anzunehmen, daß in dieser mystischen Einigung ein Schritt über die negative Theologie hinaus getan würde, denn auch dieser Weg führt letztlich in ein mystisches Dunkel der Erkenntnis, in der Gott wiederum als der »Über-erkennbare« erfaßt wird (Ebd. I 1). In der *Mystischen Theologie* sagt Dionysios:

Jetzt erst dringt er in das wirkliche mystische Dunkel des höchsten unkennbaren Lichtes. Dort endlich bringt er alles auf irdische Gegenstände gerichtetes Wissen zum Schweigen und entgeht so erst gänzlich dem Trug des Faßbaren und Schaubaren. Jetzt erst gehört er gar nicht mehr sich, auch nicht mehr einem anderen, Nahen oder Fernen, sondern nur noch ganz Dem, der über allem ist. Jetzt erst ist das Wahrhafte in ihm beim Schöpfer, der auch ihm unkenntlich bleibt – aber er hat ja auf alles Wissen verzichtet, und dank diesem Verzicht, dank diesem Nichtwissen, tritt er ein in jene Erkenntnis, die alles Wißbare sprengt. (*Mystische Theologie* I 3)

Das eigentliche Problem ist hier – und dies gilt für die ganze mittelalterliche Philosophie – letztlich gar nicht die Verhältnisbestimmung von Philosophie und Theologie, sondern die von rationaler und »überrationaler« Erkenntnis, dem also, was bei Dionysios »jene Erkenntnis [ist], die alles Wißbare sprengt«. Dionysios steigt auf »in Richtung auf die unfaßbaren Höhen« bis zur »absoluten Urdunkelheit«, »bis wir an einen Punkt unseres Anstiegs gelangen, wo wir ganz und gar verstummen müssen, um uns still dem Unsagbaren einzufügen« (Ebd. III). Argumentation gibt es hier selbstverständlich nicht mehr, denn »Ja und Nein erreichen ihn nicht« (Ebd. V). Aber auch dieses Problem der »Über-Erkenntnis« ist weder von Dionysios noch von irgendeinem der früheren christlichen Schriftsteller erfunden worden, es handelt sich hier vielmehr um die Übernahme jener *Entmachtung des rationalen Denkens*, die sich seit den Mittelplatonikern stets verstärkt, bei Proklos ihre definitive Form gefunden hatte (vgl. 1. Teil, Kap. XVII, 4) und bei Dionysios Areopagita nur noch überstegert wird. Es könnte jetzt allerdings jemand einwenden, diese ganze Frage gehöre in die Geschichte der Mystik und betreffe die Philosophie überhaupt nicht. So einfach ist dies aber nicht. Die Vorstellung einer Erkenntnis, die alles Wißbare sprengt, ist in die Vorstellung von »Erkenntnis« auch dort eingegangen, wo von Mystik – zumindest ausdrücklich – gar nicht die Rede ist. Manchmal wird dies aber auch ausdrücklich gemacht. Als Beispiel hierfür nehme ich Adorno, der bisher kaum als Klassiker der Mystik aus der Geschichte der Philosophie entfernt worden ist. Adorno sagt, »daß gänzlich ohne Sprung, in eigener Bewegung, die Philosophie aus ihrem Traum nicht erwacht; daß sie dazu dessen bedarf, was ihr Bann fernhält, eines Anderen und Neuen« (Adorno: *Negative Dialektik*. Frankfurt 1966. S. 182). Und weiter heißt es: | 49

Ganz ohne Wissen von außen freilich, wenn man will ohne ein Moment von Unmittelbarkeit, eine Dreingabe des subjektiven Gedankens, der übers Gefüge von Dialektik hinausblickt, ist keine immanente Kritik fähig zu ihrem Zweck. [...] Es bedarf des Anstoßes von außen, der Weisheit der Gans Mimi [d.h. aus Hauffs Märchen]. Solcher Anstoß ist der Philosophie, und der Hegelschen am meisten, Ketzerei. Immanente Kritik hat ihre Grenze daran, daß schließlich das Gesetz des Immanenzzusammenhanges eins ist mit der Verblendung, die zu durchschlagen wäre. Aber dieser Augenblick, wahrhaft erst der qualitative Sprung, stellt einzig im Vollzug der immanenten Dialektik sich ein, die den Zug hat, sich zu transzendieren, nicht durchaus unähnlich dem Übergang der Platonischen Dialektik zu den ansichseienden Ideen; [...] Dies Interesse hat Schelling gegen Hegel wahrgenommen, und damit dem Spott über die Abdikation des Gedankens sich dargeboten, der zur Mystik flüchte. (Ebd. S. 181 f.)

Wir wollen hier die oft gestellte Frage, ob und inwieweit die Negative Dialektik eigentlich eine Negative Theologie darstellt, nicht weiter verfolgen. Die Sprache Adornos in diesem Text ist jedoch aufschlußreich: »Verblendung«, »Durchschlagen«, »Traum«, das »Andere«, das »Neue« usw. Die Gnostikergemeinde freut sich über jedes neue Mitglied, auch wenn es von »links« kommt, für sie ist nicht »links« und »rechts« maßgebend, sondern nur »oben« und »unten«.

Die Problematik dieser alle Grenzen sprengenden Dialektik und Mystik bei Dionysios Areopagita wird jedoch sofort deutlich, wenn man sieht, daß niemand in der christlichen Antike den metaphysischen *ordo*-Gedanken so betont hat wie Dionysios Areopagita: Dem ganz und gar unfaßbaren Gott steht hier eine sehr genau erfaßte Engel- und Menschenwelt gegenüber. Bei Augustinus ist der *ordo*-Gedanke zwar auch sehr stark entwickelt, er wird bei ihm aber kaum metaphysisch, sondern ethisch und kirchenorganisatorisch begründet. Bei Dionysios hingegen haben wir einen streng geordneten Kosmos vor uns, in dem alles seinen Ort hat durch den Abstand vom Einen, obwohl das Eine dem Vielen gegenüber immer das alles transzendierende Über-Eine bleibt oder jedenfalls bleiben sollte. Alles in der Welt ist definiert, in seine Grenzen gesetzt durch seine Distanz vom Einen, und so ergibt sich zunächst eine himmlische und dann eine irdische *Hierarchie*. Die Titel von zwei Schriften des Dionysios Areopagita lauten dann auch *Die himmlische Hierarchie* und *Die kirchliche Hierarchie*, und darin ist diskussionslos impliziert, daß der Bereich des Irdisch-gesellschaftlichen und des Kirchlichen zusammenfallen, denn außer diesen beiden Hierarchien gibt es keine anderen. Einen weiteren Machtbereich kann und darf es gar nicht geben, außerhalb liegt nur das Böse, welches aber keinen eigenen Machtbereich hat. Zunächst wird die Engelwelt, die – weil unkörperlich – dem Göttlichen näher ist, in Triaden eingeteilt; dann wird entsprechend der himmlischen Hierarchie auch die kirchliche Hierarchie eingeteilt. Ontologisch bedeutet dies, daß alles aus dem Einen in einer Stufenordnung hervorgeht, wie dieser Hervorgang *(emanatio)* mit der völligen Transzendenz des Einen jedoch in Einklang gebracht werden soll, ist ein letztlich unlösbares Problem aller neuplatonischen Philosophie.

Dieses Problem war für die heidnischen Platoniker allerdings weniger bedrängend als für die christlichen Platoniker. Für einen heidnischen Platoniker waren pantheistische Konsequenzen systematisch störend, weil es dann kaum möglich war, gleichzeitig die Ganz-Jenseitigkeit des Einen zu behaupten, pantheistische Konsequenzen als solche aber waren nicht automatisch bedrohlich. Auch der stoische Logos war durchaus in einem solchen Sinn verstanden worden. Anders sah die Situation für die christlichen Platoniker aus, die meinten, an einem strengen Schöpfungsbegriff festhalten zu müssen. Für sie waren pantheistische Konsequenzen, die sich aus ihrer Lehre ergeben konnten, fatal. Sie mußten daher verbal an einer solchen Schöpfung festhalten, so wie dies auch Dionysios tat – überzeugend wirkt das allerdings nie. Man kann das Problem aber auch als eines ansehen, das die Platoniker tatsächlich von Platon übernommen haben, allerdings durch eine leichte, aber nicht unwesentliche »hermeneutische Verschiebung«. Platon erzählt im *Timaios* einen Mythos, wobei er ausdrücklich darauf aufmerksam macht, daß es sich um einen Mythos handelt (vgl. 1. Teil, Kap. IX, 7), in dem von einem Demiurgen als Schöpfer der Welt die Rede ist. Dieser Demiurg eignete sich gut als Interpretationsmodell für den Schöpfergott und faktisch wurde die Erzählung im *Timaios* dann auch nicht mehr als Mythos, sondern als Metaphysik aufgefaßt. Wie eine Identifikation dieses Demiurgen mit der ganz und gar unpersönlich konzipierten Idee des Guten, an der alles partizipiert, aussehen könnte – was Platon indes nicht anvisiert hatte – muß aber mehr als unklar bleiben. Bei den Neuplatonikern erhält das Problem dann die Form der unlösbaren Frage, wie der Hervorgang des Vielen aus dem Einen, also die Emanation, mit einer Schöpfertätigkeit im Sinn des *Timaios* in Einklang gebracht werden kann, sie gehen auf diese Frage aber kaum ein. Bei den christlichen Neuplatonikern, bei Dionysios und dessen vielen Nachfolgern, bleibt es dann immer bei verbalen Versicherungen, daß diese beiden Vorstellungen in Übereinstimmung stehen. Deren Gegner haben aber nicht selten – so später z. B. bei Scotus Eriugena (vgl. Kap. V, 2, c) und Eckhart (vgl. Kap. XVIII, 1) – vermutet, daß letztlich eben doch eine pantheistische Konzeption vorliegt.

Zurück zum Stufenkosmos des Dionysios. Mit der ontologisch-soziologischen Hierarchie des Hervorgangs, also einer Abstiegslehre, verband Dionysios eine Aufstiegs- und Erleuchtungslehre: Die Erleuchtung jedes einzelnen folgt der Stufenordnung der *hierarchischen Seinsordnung*. Das Eine, der Ur-Anfang, erleuchtet nicht unmittelbar die einzelne Stufe, sondern teilt sich nur der ersten, der obersten Stufe der Hierarchie mit, die dann jeweils die nächstniedrigere erleuchtet. Umgekehrt gesagt: Jeder wird auf seiner Stufe durch die nächsthöhere erleuchtet. Das heißt konkret: Jeder kann und soll jenen Grad der Erleuchtung erlangen, der seinem *Grad in der Hierarchie* entspricht, und jeder ist in seiner Erleuchtung unmittelbar abhängig von dem ihm unmittelbar Höherstehenden. In der *Kirchlichen Hierarchie* erfahren wir,

[...] daß eben der Hierarch, so wie es die ihm zugemessene Seinsstufe und seine Stellung im Verhältnis zu den andern ergeben, in den göttlichen Diensten und Lehren vollkommen und gottähnlich geworden ist und den ihm Unterstellten, jedem nach seiner Stellung, an der ihm von Gott her eingegebenen Vergöttlichung Anteil gewährt, und daß ebenso die Unterstellten einerseits den Höheren folgen, die niedriger Gestellten dagegen nach oben ziehen und daß die letzteren wiederum ihrerseits voranschreiten und gleichzeitig nach ihren Kräften anderen den Weg weisen, und daß somit durch diese gotterfüllte hierarchische Harmonie jeder, soweit er kann, an dem wahrhaft Schönen, Weisen und Guten teilhat. (*Über die kirchliche Hierarchie* I 2)

Jeder hat also seinen von Gott *bestimmten Ort* in der hierarchischen Ordnung. Gegenüber Origenes läßt sich hier deutlich ein Unterschied ausmachen, der nicht im Modell selbst liegt, sondern in seiner Interpretation. Auch bei Origenes gibt es ein Aufstiegsschema, auch in diesem gibt es Ordnungen, aber diese geben nur Stellen, d.h. *mögliche Orte* an (es gibt in *Peri Archôn* keine Eigennamen!), für kein einzelnes Wesen, für kein Individuum, ist die Stelle schon vorgezeichnet, an der es sich befinden soll. Im Prinzip kann und soll jeder die höchstmögliche Stelle, also die Stelle des Logos, einnehmen, er soll also selbst logoshaft werden. Das Schema des Ori-

genes ist eines von Modalitäten, von Stellen der Möglichkeit, die vom Einzelnen nur durch autonome *Selbstbestimmung* aktualisiert, aber auch immer aufgehoben und überschritten werden können und auch sollen. Bei Dionysios Areopagita hingegen ist das System vergegenständlicht, es wird zur Seins- und Gesellschaftslehre und ist nicht mehr reine Möglichkeitslehre, jetzt ist also jedem ontologisch/gesellschaftlich seine Stufe in der Ordnung der Welt zugeordnet. Die Überschreitung, das ständige Streben nach dem Höheren und dem Höchsten, das also, was bei Origenes die wesentliche Aufgabe des Menschen ist, wird hier zur Sünde. Dionysios' Lehre konnte so zur Ideologie einer starren Gesellschafts- und Gnadenordnung werden, in der jeder seinen Ort haben soll, und in der jeder von der ihm übergeordneten Stufe abhängig ist und sein soll. Vielleicht ist dies der Grund, warum im 6. Jhd. gleichzeitig Dionysios Areopagita zunehmend anerkannt und Origenes posthum verurteilt wurde: Ende des 6. Jhd.s zerfiel das Römische Reich endgültig, der Senat verschwand und Papst Gregor der Große übernahm auch die politische Führung in Rom. Die politisch-organisatorische Arbeit Gregors des Großen ist grundlegend geworden für die kirchliche Ordnung des Mittelalters, die ihm entsprechende spiritualisierte Ideologie fand diese Institution in den Schriften des Dionysios Areopagita zu den Hierarchien.

Die Frage des *Bösen* stellte Dionysios vor erhebliche Probleme. Im Rahmen seiner Hierarchien-Ontologie ist die Angelegenheit noch verhältnismäßig einfach. Das Böse ist selbst überhaupt nichts, es ist nur der Versuch eines einzelnen, das ihm entsprechende Maß, d.h. seine Stufe, in Frage zu stellen und nach einer höheren zu streben: Es ist also ein Ordnungs-Defekt, das Zentrum des Bösen wird in der *hýbris* angesetzt. Auch in der Metaphysik ganz allgemein arbeitet Dionysios Areopagita mit der Defekt-Vorstellung. Dem Bösen kann kein Sein zugesprochen werden, aber die negativen Prädikate stehen im System der negativen Theologie nicht einfach zur Verfügung, denn schließlich ist ja das »Nicht-Seiende« letztlich das »Über-Seiende«. Das Böse läßt sich also nicht als das »Nicht-Gute« usw. definieren, aber auch nicht einfach als eine Seins-Beraubung, als ein purer Seins-Mangel (*Die Namen Gottes* IV 29), wie dies später häufig geschehen wird. Dionysios versuchte daher, mit der Unterscheidung Eines-Vieles das Problem zu überwinden:

Das Gute stammt aus einer einzigen und aus der totalen Ursache, das Böse indessen aus vielen und teilweise vorhandenen Defekten. (*Die Namen Gottes* IV 30)

Und in diesem Zusammenhang bringt er dann – auch dies wiederum in der Nachfolge des Proklos – eine These vor, die noch viele Vertreter finden wird:

Daher besitzt das Böse keine eigene Realisierung, sondern nur eine Realisierung durch anderes, weil es eben lediglich um des Guten willen und nicht um seiner selbst willen entstanden ist. (Ebd. IV 31)

Und so wird das Böse auch zur Vervollkommnung des Universums beisteuern und durch sich dem Weltall die Vollendung verschaffen. (Ebd. IV 19)

Dies wird auch noch die Antwort von Leibniz sein: Zur besten aller möglichen Welten gehört eben auch die Sünde und das Böse. Die Antwort des Dionysios Areopagita ist gut griechisch, sie lebt letztlich doch noch aus der Grundüberzeugung, daß wir uns trotz sichtbarer Mängel und Defekte, die wir an der Welt und an den Menschen feststellen können, die Freude an der Welt und an deren Schönheit und Ordnung nicht nehmen lassen sollten:

Laßt uns nun den göttlichen und höchst verbindenden Frieden in Lobpreisungen des Friedens laut verkünden! Er nämlich eint alles und erzeugt und bewirkt die Eintracht und Verbindung von allem. Deswegen strebt auch alles nach ihm, weil er ihre zerteilte Menge zur totalen Einheit zurückwendet und den inneren Kampf des Universums zum gleichartigen Beieinandersein eint. (Ebd. XI 1)

Das Eine ist also die Ursache der gänzlichen Überwindung von Vielheit, es bringt alles zu endgültiger Schönheit und Harmonie. Das Böse ist eine *quantité négligable*, der noch dazu aus höherer Sicht ein durchaus positiver Sinn zugeschrieben werden kann.

Dionysios Areopagita schrieb sein Werk irgendwann um die Wende vom 5. zum 6. Jhd. Viele Menschen im Westen wie auch im Osten glaubten nicht mehr so recht, daß diese Welt letztlich harmonisch sei und fanden auch in sich selbst diese Harmonie nicht. Schon lange vor Dionysios Areopagita hat im Osten der Perser Mani (216–276/277) und im Westen Augustinus dieser anderen Erfahrung von Welt und Mensch einen Ausdruck verschafft: die Welt und der Mensch sind aufgeteilt in Gut und Böse. Auch bei den Mittel- und Neuplatonikern waren uns ja bereits immer wieder dualistische Tendenzen begegnet. Historisch gesehen kam Dionysios Areopagita einfach zu spät, aber schließlich hat er sich ja selbst als angeblicher Apostelschüler um vier Jahrhunderte vordatiert! Und mit seinen Schriften über die Hierarchien paßte er wiederum sehr gut in eine immer chaotischer werdende, nach Ordnung suchende Zeit.

3. Der Geist und die Materie

Mit dem Neuplatonismus und den in ihm enthaltenen gnostischen Elementen hatte das Christentum den *Dualismus* von Materie und Geist übernommen, anthropologisch ausgedrückt den von Leib und Seele. Nachdem Gott als der reine Geist eingeführt worden war und unsagbar durch die reine Negation alles Körperlich-Sinnlichen bestimmt worden war, war konsequenterweise auch der Mensch in zwei Bereiche zerfallen: den materiellen und den geistigen. Materie und Geist werden geradezu durch ihren Gegensatz bestimmt. Wenn dann der Mensch als bestehend aus Materie und Geist oder als Körper und Seele angenommen wird, so muß unter diesen Voraussetzungen die *Vereinigung* von beiden als ein *Rätsel* erscheinen, das unlösbar ist, so wie dies z. B. Gregor von Nyssa zum Ausdruck bringt:

> Denn wenn wir auch glauben, daß die ganze körperliche und geistige Schöpfung durch die unkörperliche und ungeschaffene Natur ihre Existenz empfangen habe, so lassen wir uns durch diesen Glauben keineswegs dazu verleiten, das Woher oder das Wie zu durchforschen, sondern wir nehmen die Tatsache an, lassen aber die Art und Weise der Erschaffung des Universums unerörtert, weil sie unaussprechlich und nicht erklärlich ist. (Gregor von Nyssa: *Große Katechese* XI 2)

Das einzige, was Gregor von Nyssa daher versuchen kann, ist, gewisse Eigentümlichkeiten der Beziehung von Seele und Leib aufzuzeigen. Hier werden schon viele der Probleme zur Sprache gebracht, die das spätere mittelalterliche Denken und das der Neuzeit in der Erkenntnistheorie und der Seelenlehre beschäftigen werden: Offensichtlich ist (wenn man keine angeborenen Ideen annimmt, deren Annahme eigentlich die konsequenteste Lösung unter diesen Voraussetzungen ist) der Geist auf die Sinneswahrnehmungen angewiesen – wie aber ist er dann vom materiellen Bereich getrennt? Ist der Geist bzw. die Seele ein selbständiges Prinzip? Gregor von Nyssa – oder richtiger: seine Schwester Makrina – gibt schon viele der Antworten, die später im Mittelalter und dann sogar noch in der Neuzeit weitergeführt werden. Sie im einzelnen aufzuführen, ist hier nun nicht erforderlich, sie sind letztlich alle nach dem Schema geformt, daß sich etwas Höheres (der Geist, die Seele) etwas Niedrigeren (der Materie, des Körpers) »bedient«, ohne daß klar würde, wie bei der vorausgesetzten strengen Trennung der beiden Bereiche dieses Sich-Bedienen denn eigentlich funktionieren soll.

Siehst du also, in welch bedeutenden Dingen das Auge ein Lehrmeister für dich wird? Freilich könnte es dir niemals eine solche Anschauung durch sich selbst verschaffen, wenn nicht etwas wäre, das sich des Auges als eines Mittels bedient, um zu sehen, und dem die sinnliche Wahrnehmung nur der Wegweiser ist, um durch das Sichtbare zum Unsichtbaren vorzudringen. (Gregor von Nyssa: *Gespräch mit Makrina* IV 2)

Wichtig dabei ist, daß in dieser Seele eine oberste »Schicht«, ein geistiger Seelenteil existiert, der von allen materiegebundenen Sinneseindrücken unabhängig ist. Es gibt für Gregor von Nyssa für die Seele die Möglichkeit, »daß sie bei der Untersuchung jede körperliche Bedingtheit für die Begriffsbestimmung ausscheidet [...], weil sie ja auch das Abbild einer geistigen Substanz ist« (Ebd. VI 3). Modern ausgedrückt: Die Seele als Geist ist Abbild Gottes genau dort, wo sie apriorisch, d. h. ganz und gar unabhängig von der – aposteriorischen – Sinneserfahrung denkt. Dieser oberste Seelenteil gibt die Möglichkeit des Absprungs der Seele zu Gott bzw. gibt die Möglichkeit, daß Gott in der Seele »wohnt«. Letztlich wiederholt sich im Inneren der Seele nochmals die Trennung von Geist und Materie; so bleibt auch der Aufstiegsweg an diese Wertontologie gebunden. Ziel ist die Emporführung in einen »geistigen, leidenschaftslosen Zustand« (Ebd. VIII 3). Es wird deutlich, daß hier das Leben der Mönche zugleich als Annäherung an den idealen Urzustand und als Vorwegnahme des Endzustandes wirksam ist – und Makrina, mit der Gregor von Nyssa diese Fragen erörtert, ist inzwischen Leiterin einer klösterlichen Gemeinschaft.

All dies haben die Kappadokier nicht erfunden, es sind Auffassungen, die sich aus dem Zusammentreffen von Gnosis, Neuplatonismus, Stoa und Christentum ergaben; Auffassungen, die auch schon in der spätantiken heidnischen Kultur sehr verbreitet waren und die von den Christen mit einer gewissen unkritischen Selbstverständlichkeit übernommen wurden. Dies ist eigentlich nicht verwunderlich. Die Christen hatten in der Zeit vom 2. bis 4. Jhd. missionarische Interessen und meinten, in diesen vorgefundenen Auffassungen gute Anknüpfungspunkte zu finden. In diesen Anknüpfungspunkten war nun häufig ein latenter oder offenkundiger metaphysischer Dualismus mitgegeben, und diesem versuchten die Kappadokier zu entgehen, da sie den richtigen Eindruck hatten, daß dies in einer christlichen Philosophie nicht annehmbar sei. Hätte Gott die Materie schon vorgefunden, so wäre er in der Schöpfung nicht allmächtig, damit setzte sich die christliche Philosophie in diesem Punkt deutlich von der griechischen Materieauffassung ab. Wenn aber auch die

Materie von Gott erschaffen wurde, darf sie nicht als böse angesehen werden; da sie jedoch auch nicht als gut angesehen werden sollte, mußte sie neutralisiert werden. Basilios formulierte diese »menschlicher Zunge ganz unaussprechliche Macht« sehr klar:

Gott aber hat, ehe die jetzt sichtbaren Dinge wurden, in dem Augenblicke, da er sich entschloß und sich daran machte, das Nichtseiende ins Dasein zu rufen, und zugleich erwog, wie die Welt gestaltet sein sollte, mit der Form zugleich auch die ihr entsprechende Materie geschaffen (*Hexaemeron* II 2).

Diese Formulierung ist interessant: Hier wird in aristotelischer Terminologie eine nichtaristotelische Schöpfungslehre vertreten. (Genau diese Lehre werden wir im Mittelalter bei Thomas von Aquin auch wieder antreffen.) Diese Auffassung hätte eigentlich den materieflüchtigen Tendenzen entgegenwirken und zu einer Naturbeobachtung und Naturwertung führen können, wie dies bei dem wissenschaftlich gebildeten Basilios in seinem Kommentar zum *Hexaemeron* auch der Fall ist. Dieser Weg wurde jedoch nicht fortgeführt. Die anderen Kappadokier waren an solchen Fragen nicht interessiert und der spätere große Einfluß des Dionysios Areopagita, der solchen Fragen noch ferner stand, verhinderte bei den Griechen jede Verbindung der Schöpfungslehre mit empirischen Wissenschaften. Die griechischen Christen waren eben in die Schule des Mittel- und des Neuplatonismus gegangen, nicht in die des Museums von Alexandrien.

- III -

Augustinus

Ohne eine gewisse Kenntnis von Augustinus ist die gesamte europäische Denk- und Kulturgeschichte nicht verständlich. Im Mittelalter beriefen sich in allen größeren Diskussionen jeweils beide Seiten auf Augustinus, was schon einen Hinweis darauf gibt, daß die Lehren des Augustinus keineswegs eindeutig sind. Ebenso wie Augustinus im Mittelalter als die größte Autorität aufgefaßt wurde, so wurde er auch von den Reformatoren, mit guten Gründen, als Autorität in der Auseinandersetzung mit der katholischen Kirche eingesetzt, deren Verteidiger sich aber ebenso auf ihn beriefen, und auch dies nicht zu Unrecht. Augustinus hat aber auch die Philosophie der frühen Neuzeit tiefgehend beeinflußt, und auch hier wieder in Hinsicht auf gegensätzliche Richtungen. So sind Pascal und Descartes, aber auch Leibniz nicht ohne | 57
augustinischen Hintergrund zu verstehen, dasselbe gilt von Spinoza, für alle bedeutete Augustinus aber recht Verschiedenes. Und auch der Deutsche Idealismus muß vor dem Hintergrund augustinischen Denkens gesehen werden, ebenso wie der vom Idealismus sich absetzende Existentialismus, der genauso, und zwar in noch stärkerem Maß, augustinisch geprägt ist. Selbst Wittgenstein hat sich mit Augustinus auseinandergesetzt. Eine ähnlich weit gestreute Präsenz augustinischen Denkens ließe sich in der Literatur aufzeigen, wobei – um nur auf die jüngere Vergangenheit hinzuweisen – Dostojewski ebenso wie Bernanos oder Camus als Beispiele aufgeführt werden können. Inwiefern Augustinus die Kunst des Mittelalters beeinflußt hat, müßte eigens behandelt werden. Ebenso kann nicht übersehen werden, daß Augustinus in seinen *Bekenntnissen* eine – tatsächliche oder fingierte – psychologische Analyse vorgelegt hat, wie sie erst von der Psychoanalyse wieder aufgenommen wurde, wobei Augustinus auch die literarische Gattung der psychologisch orientierten Autobiographie geschaffen hat.

1. Eine problematische Biographie

Daß bei Augustinus die Biographie und die von ihm vertretenen Lehren in einem inneren Zusammenhang stehen, ist unumstritten. Auf diesen Zusammenhang weist schon Augustinus selbst in seinen *Bekenntnissen* hin, und dies gilt auch dann noch, wenn man dieses Werk selbst als nicht einfach biographisch, sondern als lehrhaft konzipiert auffaßt. Bei Augustinus ist aber nichts rein lehrhaft und nichts rein biographisch, für ihn spielt die Erinnerung *(memoria)* stets eine wichtige Rolle: Er philosophiert, indem er sich erinnert und gleichzeitig das Erinnerte zu verstehen sucht. Die angedeutete Vieldeutigkeit der Interpretation der Schriften des Augustinus muß daher auch Rückwirkungen auf die Interpretation seiner Biographie haben. Tatsächlich ist die Biographie des Augustinus zwar nicht in Hinsicht auf Daten oder offizielle Ämter, die er innehatte, wohl aber in Hinsicht auf die darin zur Sprache kommende geistige Entwicklung bis heute in oft sehr gegensätzlicher Weise ausgelegt worden. Es ist vermutlich unumgänglich, daß in jeder Auseinandersetzung mit dem Leben des Augustinus eine Stellungnahme zum Augustinismus enthalten ist. Man kann sich an dieser Stelle gut verdeutlichen, daß Biographien in der Geschichte der Philosophie eine sehr verschiedene Rolle spielen, daß sie also mehr oder weniger relevant für die Interpretation der Schriften eines Autors sein können. Und es kann, wie es bei Pseudo-Dionysios Areopagita der Fall ist, für die Interpretation besonders aufschlußreich sein, wenn ein Autor seine wirkliche Biographie bewußt nicht preisgibt und sich dafür eine Biographie – oder wenigstens eine zentrale biographische Angabe – frei erfindet.

Die Entwicklung Augustinus' ist nicht nur biographisch interessant, sie gibt auch

einen Einblick in die allgemeine Situation der späten Antike: Augustinus bestätigt in vieler Hinsicht das, was früher über die Stoa, die Skepsis, die Gnosis und den Neuplatonismus als Erklärungsgründe für die Ausbreitung des Christentums gesagt wurde. Augustinus ist zugleich höchst individuell und höchst typisch.

Augustinus wurde 354 in Thagaste in Nordafrika (im heutigen Algerien) und damit in einer Randprovinz des römischen Reichs geboren. Den stärksten Einfluß während seiner frühen Jugend übte seine Mutter aus, die eine eifrige Christin war. Die Mutterbindung war bei Augustinus geradezu extrem, trotzdem wurde der junge Augustinus nicht Christ. Die Kindertaufe, die eine persönliche Entscheidung vorwegnimmt, war damals noch nicht üblich, und es wird Augustinus selbst sein, der später die theoretisch sehr fragwürdigen Grundlagen für diese ebenso fragwürdige Praxis legen wird. Augustinus ging zunächst in Thagaste und dann im nahegelegenen Madaura zur Schule. Die *Schulbildung* des Augustinus war ausschließlich *literarisch*, d.h. auf Grammatik und Rhetorik basierend. Griechisch lernte er zwar, allerdings nicht gut; Augustinus blieb immer römisch-lateinisch geprägt. Der Bildungsstand des Augustinus, auch der der späteren Zeit, wird verschieden beurteilt: Die ältere Forschung (z.B. H. I. Marrou 1938/1949) meinte, daß Augustinus nur über eine der Zeit entsprechende oberflächliche Bildung verfügte, während die jüngere Forschung (z.B. Ch. Horn 1995) in diesem Punkt milder urteilt. Ob dies an einer veränderten Forschungslage oder an einem veränderten Begriff von »oberflächliche Bildung« beruht, vermag ich nicht zu beurteilen. Nach der Grundschulausbildung ging Augustinus zum weiteren Studium in die nächstliegende Provinzhauptstadt Karthago. Was Augustinus von seinem »ausschweifenden Leben« während seiner

Studienzeit schreibt, ist stark übertrieben, in Wirklichkeit hatte er einfach ein festes Verhältnis mit einer Frau, aus dem sein Sohn Adeodatus stammte. Den Namen der Frau hat uns Augustinus verschwiegen. Nebenbei: Er blieb dieser Frau mehr als zehn Jahre treu und trennte sich von ihr erst auf Drängen seiner »frommen« Mutter, die für ihn eine andere Frau wollte, die seiner Karriere nützlich sein sollte.

Die Lektüre von Ciceros (nicht erhaltener) Schrift *Hortensius* konfrontierte ihn mit der zentralen Frage des hellenistischen und spätantiken Denkens: Wie finde ich die wahre *Glückseligkeit*, und: Was ist jene *Wahrheit*, die mich die wahre Glückseligkeit lehrt und die somit – nach spätantiker Auffassung – auch diese Glückseligkeit selbst ist? Augustinus wird Zeit seines Lebens daran festhalten, daß die einzige Ursache dafür, daß die Menschen philosophieren, das Streben nach Glück ist (*Gottesstaat* XIX 1), die Suche nach der Wahrheit steht also im Dienst der Suche nach dem Glück. Zu diesem Zeitpunkt begann sich Augustinus mit der *Bibel* zu beschäftigen, weit kam er dabei jedoch nicht, da er zu keiner Auseinandersetzung mit Sachproblemen gelangte. Er fand schon den Stil der Schriften, vor allem des *Alten Testaments*, nicht dem entsprechend, was er von Cicero her gewohnt war (*Bekenntnisse* III 5, 9). Diese Bemerkung ist aufschlußreich, da sie zeigt, daß Augustinus zunächst einmal nach sprachlicher Gewandtheit Ausschau hielt und daß die Sachfragen für ihn nachgeordnet waren. Vielleicht meinte er auch später, daß er dann, wenn er eine sprachlich geglückte und einprägsame Formel gefunden hatte, die Sachfrage auch schon adäquat im Griff habe. Augustinus wandte sich dann dem *Manichäismus* zu, der eine rationale Erklärung für das Böse anbot. Das Böse war ein Problem, das Augustinus immer, bis an sein Lebensende, beschäftigt hat. Im Manichäismus waren Elemente persischer Religion (Zoroaster) mit bestimmten Formen der Gnosis verbunden. Die Zentralthese des Manichäismus bestand in einem strengen Dualismus: Zwei gegensätzliche Prinzipien geben die Erklärung für die Wirklichkeit ab, das eine begründet das Gute, das Immaterielle und so die Seele des Menschen, das andere das Böse, die Materie und so die Leiblichkeit des Menschen, den Körper. Entsprechend ist die Heilslehre des Manichäismus konzipiert: Der Mensch – d. h. dann allerdings nur: die Seele – muß aus dem Bereich der Finsternis, der Materie befreit werden. Nicht alle sind jedoch in der Lage, den Weg der Vollkommenheit in gleicher Weise zu gehen, so daß uns hier wiederum – wie bei den Pythagoreern – eine Zweiteilung, nämlich die in »Erwählte« und »Hörer«, begegnet. Die Erwählten, die Vollkommenen, mußten ein streng asketisches Leben führen (Ehelosigkeit, kein Essen von Fleisch usw.), um den Lichtfunken in sich, also die Seele, zu befreien. Den Hörern wurde ein weniger strenges Leben gestattet. Das Ziel der Vollkommenen war es, zu einer Identifikation mit dem Licht-Geist zu gelangen.

Um zu verstehen, daß und warum sich Augustinus den Manichäern zuwandte, muß man sich zunächst deren damalige Bedeutung vor Augen führen. Im heutigen Geschichtsbewußtsein vieler sind die Manichäer eine kleine Bewegung der späten Antike, die bald erloschen ist – dies trifft historisch gesehen aber nicht zu. Der Manichäismus war im 4. Jhd. eine Weltreligion, ein durchaus ernstzunehmender Konkurrent des Christentums. Begründet durch den Perser Mani (216–276/277), der den Kreuzestod starb, präsentierte sich der Manichäismus als moderne und rationale Lehre, welche die »vernünftigen« Inhalte anderer Religionen durchaus gelten ließ, die also auch etwa Jesus zu ihren bedeutenden Lehrern zählte. Augustinus weist selbst darauf hin, daß er von der Rationalität der manichäischen Lehre beeindruckt war (*Bekenntnisse* V 3, 4 und 6). Die Ausbreitung des Manichäismus ging rasch und wirkungsvoll vor sich und hielt lange an. Im persischen Sassanidenreich war der Manichäismus eine Zeit lang Staatsreligion, so wie das Christentum im West- und Oströmischen Reich. Über die (später) sogenannte Seidenstraße breitete sich der Manichäismus bis nach Zentralasien aus, schon gegen Ende des 7. Jhd.s finden wir Manichäer am Kaiserhof in China. Dort begegneten sie allerdings der Konkurrenz von Buddhisten, christlichen Nestorianern und Taoisten. Ihre schärfsten Gegner waren aber die Konfuzianer und noch im 14. Jhd. bereiteten die Manichäer den Ming-Kaisern einige Probleme. Im Jahre 762 wurde der Manichäismus Staatsreligion im Reich der Uiguren (heute größtenteils chinesisches Staatsgebiet) und hielt sich dort auch nach dem Ende des Uigurenreiches bis zum Mongoleneinfall im 13. Jhd. Auch im islamischen Bereich waren Manichäer wirksam und arabische

Quellen berichten noch im 10. Jhd. von Auseinandersetzungen mit Manichäern. – Die genaue Darstellung der manichäischen Lehren war lange Zeit aufgrund der Quellenlage ziemlich problematisch, da sie sich hauptsächlich auf die Berichte der Kirchenväter, also von Gegnern, stützen mußte. In Dunhuang und Turfan (im heutigen China) wurden aber zu Beginn des 20. Jhd.s Originalschriften der Manichäer aus dem 6.–10. Jhd. auf persisch, türkisch und chinesisch gefunden. Diese Funde veränderten die Forschungslage grundlegend. Im Jahre 1930 wurden manichäische Schriften in Koptisch in der Nähe der Oase Faijum (Ägypten) entdeckt, die aus dem 3. und 4. Jhd. stammen, also aus einer der Entstehungszeit des Manichäismus sehr nahen Periode. Trotz dieser Originalquellen ist die Interpretation von Einzelheiten in der Lehre des Manichäismus nicht viel leichter geworden. Die Manichäer waren offensichtlich – ebenso wie ihre Konkurrenten, die Christen – äußerst anpassungsfähig, was nicht unbedingt für eine »kohärente« Lehrentwicklung sorgt. – Augustinus blieb zwar während des Jahrzehnts seiner Zugehörigkeit zu den Manichäern (zu der eine feste Bindung an eine Gemeinde gehörte) nur »Hörer«, versuchte aber auch, Freunde für die manichäischen Lehren zu gewinnen, er war also ohne Zweifel ein aktiver Manichäer. Es wird sich zeigen, daß auch der spätere Christ Augustinus weiterhin von Grundauffassungen der Manichäer beeinflußt blieb, selbst dort noch, wo er diese bekämpfte.

Inzwischen war Augustinus Lehrer der Rhetorik in Karthago geworden. 383 übersiedelt er wegen besserer beruflicher Möglichkeiten als Lehrer der Rhetorik nach Rom, das aber damals nicht der Sitz des kaiserlichen Hofes war, dieser befand sich in Mailand. Zu dieser Zeit hatte er bereits Zweifel an der manichäischen Lehre,

Zweifel, die vor allem an dem Gegensatz zwischen der mythologischen Kosmologie der Manichäer und der Astronomie griechischer Prägung ansetzten, wobei letztere von einer vernünftigen und wissenschaftlich erforschbaren Ordnung des Kosmos ausging. Die Kenntnisse im Bereich der griechischen Astronomie waren jedoch bei Augustinus eher dürftig, sein Eintreten für Wissenschaft war rein rhetorisch. Da Augustinus jedoch auch später prinzipiell den Wert der Wissenschaft anerkannte, konnte sich in seinem Gefolge keine Wissenschaftsfeindlichkeit breitmachen, wohl aber, wie sich noch zeigen wird, ein Desinteresse an wissenschaftlichen Fragen. Dieses Desinteresse teilte Augustinus allerdings mit vielen Gebildeten seiner Zeit, was sich im allgemeinen Rückgang der Beschäftigung mit Physik und Logik zu seiner Zeit zeigte (vgl. 1. Teil, Kap. XI, 2), solches Wissen gehörte bestenfalls in die Vorhalle des eigentlichen, höheren Wissens. Augustinus widmete aber jedenfalls in der früheren Periode auch dieser Vorhalle seine Aufmerksamkeit. Augustinus hat in der Schrift *Über die Ordnung (De ordine)* ein Bildungsprogramm entwickelt, das an den sieben freien Künsten orientiert ist. Er selbst hat davon die Musik *(De musica)* und möglicherweise – die Authentizität ist umstritten – die Logik *(De dialectica)* behandelt. Auch die Schrift *Über den Lehrer (De magistro)*, welche Fragen der Grammatik behandelt, gehört in diesen Umkreis. Die augustinische Konzeption läßt aber doch für ein Eigeninteresse an diesen Bereichen kaum einen Raum, wie am Problem der Sprache noch gezeigt werden wird. Später stand Augustinus der Bildung seiner Zeit kritischer gegenüber, was in den *Bekenntnissen* an vielen Stellen deutlich wird.

Die philosophische Konsequenz, die sich für Augustinus aus seinem bisherigen Weg nahelegte, war die *Skepsis*. Auch hier ist er wiederum ein Repräsentant für viele Gebildete seiner Zeit, die zwar eine Wahrheit suchten, die zur Glückseligkeit führen sollte, die aber keine der vorgelegten Lehren überzeugend fanden. Augustinus wandte sich jedoch nicht der radikalen pyrrhonischen Skepsis zu, sondern jener Form, die in der mittleren platonischen Akademie vertreten wurde (*Bekenntnisse* V 10, 19). Wahrscheinlich kannte er aber die Schriften der akademischen Skeptiker, also des Arkesilaos und des Karneades (3./2. Jhd. v. Chr.) gar nicht, sondern stützte sich nur auf Cicero. In der Skepsis der Akademie wurde nicht bestritten, daß es überhaupt eine unbezweifelbare Wahrheit gebe, sondern nur, daß sie für uns erreichbar wäre (Augustinus: *Contra academicos* II 7, 16). Diese Form der Skepsis war – im Unterschied zur pyrrhonischen – die Skepsis *enttäuschter Dogmatiker*, die immer geneigt waren, eine neue dogmatische Auffassung anzunehmen, wenn diese nur genügend ausgewiesen schien. Auch die Platoniker kehrten später, und zwar in geradezu extremer Form im Neuplatonismus, zum Dogmatismus zurück. In dieser Hinsicht stellte für Augustinus die Skepsis nur die negative Voraussetzung für die Annahme eines neuen dogmatischen Systems dar. Augustinus wird sich des bekannten (transzendentalen) Einwandes gegen die Skepsis bedienen: Die Möglichkeit des Zweifelns setzt die Annahme von Unbezweifelbarem voraus.

Aber wenn du nicht einsiehst, was ich sage, und zweifelst, ob es wahr sei, so sieh zu, ob du auch daran zweifelst, daß du es bezweifelst. Und wenn es gewiß ist, daß du zweifelst, so forsche, woher diese Gewißheit kommt. Da wird dir nicht, ganz gewiß nicht, das Licht dieser unserer Sonne begegnen, sondern »das wahre Licht, das alle Menschen erleuchtet, die in diese Welt kommen«. (*Über die wahre Religion* XXXIX 73)

Augustinus wiederholt dieses Argument öfter (vgl. z. B. *De Trinitate* X 10). Man muß sich allerdings fragen, ob dieses Argument wirklich eine Widerlegung der Skepsis liefert. Eigentlich besagt es nur, daß skeptische Aussagen nicht selbstreflexiv angewandt werden dürfen. Also: Alle Gegenstandsaussagen *a, b, c* usw. dürfen bezweifelt werden, nicht aber die Aussage, daß *a, b, c* usw. bezweifelt werden. Es handelt sich also eigentlich nicht um eine Widerlegung der Skepsis, sondern um die Präzisierung derselben. Im Prinzip ist die Struktur ganz ähnlich jener der Antinomie des lügenden Kreters: Wenn ein Kreter sagt, »Alle Kreter sind Lügner«, lügt er dann oder sagt er die Wahrheit? Diese Antinomie kann mittels der Unterscheidung von Objekt- und Metasprache aufgelöst werden: Versteht man die fragliche Aussage metasprachlich, d.h. als zu einer von der Objektsprache verschiedenen Sprachebene gehörend, so kann sie durchaus wahr sein. Vermutlich stammt das von Augustinus verwendete Argument aus einem mit Antinomien arbeitenden Angriff der Stoiker gegen die Skeptiker, auf jeden Fall ist dies jedoch ein Argument, daß vielleicht gegen die akademische Skepsis vorgebracht werden konnte, nicht jedoch gegen die pyrrhonische (vgl. 1. Teil, Kap. XIV, 2). Es ist ein Argument, das von denen vorgebracht wird, die »eifrig« nach unbedingter Wahrheit und Sicherheit streben, die also die Skepsis überwinden wollen, ein Streben, welches den pyrrhonischen Skeptikern jedoch ganz fern lag. Diese waren der Überzeugung, daß gerade dieses »eifrige« Streben das größte Hindernis der Seelenruhe sei. Augustinus hingegen war immer ein im echten Sinn so »eifriger« Wahrheitssucher, daß er gar nicht wirklich zum Skeptiker werden konnte.

384 wurde er Lehrer der Rhetorik in Mailand, und zwar sogar im Zentrum der politischen Macht, dem Kaiserhof. Zu dieser Zeit begegnete er auch dem bedeutenden Bischof Ambrosius (339–397). Ambrosius war ein Meister der allegorischen Bibelauslegung, die er nicht zuletzt dafür einsetzte, um Stellen vor allem aus dem *Alten Testament*, die für Gebildete unnehmbar waren, einen tieferen Sinn zu geben, wodurch die Oberflächen-Anstößigkeit beseitigt wurde. Die allegorische Schriftauslegung hatte inzwischen bei den Christen schon eine lange, im griechischen Osten wie im lateinischen Westen fest etablierte Tradition. Der persönlich und rednerisch eindrucksvolle Ambrosius beseitigte für Augustinus die Bildungsvorbehalte gegenüber den Schriften des *Alten Testaments*.

Die Skepsis ließ bei Augustinus jedoch auch – und dies ist häufig die Vorbedingung für die Annahme einer Offenbarung – den Wunsch nach Autorität wachsen, einer Autorität, die jene Sicherheit praktisch bot, die theoretisch nicht erreichbar schien. Nicht das Christentum wurde jedoch für Augustinus zu jener Offenbarung, die ihn über die Skepsis hinausführte, sondern der *Neuplatonismus*, dem er in christlich-neuplatonischen Gruppen Mailands begegnete, wo er mit Schriften Plotins und Porphyrios' bekannt wurde. Dabei handelte es sich aber nur um die Lektüre einzelner Schriften, keinesfalls hat Augustinus so etwas wie das neuplatonische Curriculum durchlaufen, das alle Schriften des Aristoteles zumindest als Vorübung und Vorschule enthielt (vgl. 1. Teil, Kap. XVIII). Da er, wie gesagt, nur geringe Griechischkenntnisse besaß, war es für ihn wichtig, daß es bereits einige lateinische Übersetzungen von Schriften Plotins gab, die von Marius Victorinus (281/291 – nach 365) hergestellt worden waren. Augustinus spricht zwar sehr anerkennend über Plotin (Augustinus: *Über das Glück* 4), es dürfte sich aber eher um Schriften des Porphyrios handeln, wenn Augustinus von den »Büchern der Platoniker« *(Platonicorum libri)* spricht, bei denen es sich seiner eigenen Angabe nach um lateinische Übersetzungen handelt (vgl. z. B. *Bekenntnisse* VII 9, 13). Porphyrios wird auch von Augustinus besonders gelobt (*Gottesstaat* X 32) und dieser Sachverhalt entbehrt nicht einer gewissen Ironie: Augustinus hatte offensichtlich keine Kenntnis mehr von den 15 Büchern, die Porphyrios gegen die Lehren der Christen verfaßt hatte. Für Augustinus liegen Platonismus – wir würden heute sagen: Neuplatonismus – und Christentum ganz nahe beieinander:

Dann brauchten sie nur wenige Worte und Ansichten zu ändern, um selbst Christen zu werden *(paucis mutatis verbis atque sententiis Christiani fierent)*. So haben es ja die meisten Platoniker unserer jüngsten Zeit gemacht. (*Über die wahre Religion* IV 7, 23)

Dies gibt sicher nicht einfach die persönliche Auffassung des Augustinus wieder, sondern entsprach dem, was damals viele Gebildete meinten. Simplicianus, ein christlicher Neuplatoniker des Mailänder Kreises, hatte ihn auf die Ähnlichkeit hingewiesen, die zwischen der Logos-Spekulation im *Johannesprolog* und den Nous-Spekulationen Plotins bestehen. Die häufig gestellte und heftig diskutierte Frage, ob Augustinus sich 386 eigentlich zum Christentum oder zum Platonismus bekehrt hat, verliert damit an Schärfe: Augustinus bekehrte sich zu dem damals bereits etablierten platonisierenden Christentum, und er selbst sah bei dem Übergang vom Platonismus zum Christentum nur geringen Korrekturbedarf der platonischen Auffassungen, wie das eben angeführte Zitat zeigt. Trotzdem stellt sich die Frage, ob nicht vielleicht Porphyrios, der Gegner der Christen, Unterschiede zwischen Christentum und Platonismus schärfer gesehen hat als die christlichen Platoniker des Mailänder Kreises. Genau feststellen können wir dies nicht, da die 15 Bücher des Porphyrios im Jahre 448 von den Christen öffentlich verbrannt wurden und kein Exemplar dieser Schriften erhalten geblieben ist. Wir kennen aber die Einwände des Porphyrios gegen das Christentum so weit, daß sich der Eindruck nicht von der Hand weisen läßt, Porphyrios habe wichtige Unterschiede sehr deutlich erfaßt. Daß

Augustinus keine ausreichende Unterscheidung von Platonismus und christlichem Glauben vorgenommen hat – ein Vorwurf, der philosophisch ebenso relevant ist wie theologisch – und daß bei ihm der Platonismus den Vorrang hatte, hat Thomas von Aquin als erster recht deutlich ausgesprochen (*Quaestiones disputatae de spiritualibus creaturis*, art. X, ad 8): »Bei Augustinus aber, indem er Platon folgte, kam der Glaube einigermaßen zu Schaden *(Augustinus autem, Platonem secutus quantum fides catholica patiebatur)*.« Nach Augustinus brauchte ein Platoniker also nur einige Vokabeln zu ändern, und schon war er Christ! Verständlich, daß nach der Meinung des Augustinus dann bei einem Platoniker, der nicht gleich Christ wurde, sittliche Mängel vorliegen mußten. Die Fortsetzung des obigen Augustinus-Zitats wirft kein gutes Licht auf denselben, und sie zeigt auch, daß seine Kenntnis des Platonismus letztlich oberflächlich war. Es gab sehr wohl gute philosophische Gründe für Platoniker, nicht Christen zu werden, und dies galt auch noch Jahrzehnte nach Augustinus, wenn wir z. B. an Proklos denken (vgl. 1. Teil, Kap. XVII, 4). Hier also die Zitat-Fortsetzung über die lasterhaften (*vitium* steht bei Augustinus) Platoniker:

> Oder wenn sie das nicht zugeben und daraus die nötige Folgerung ziehen wollen, sondern in Hochmut und Neid verharren, so weiß ich nicht, ob sie, mit solchem Schmutz und Leim behaftet, sich noch zu dem, was sie doch selbst begehrens- und erstrebenswert nannten, aufschwingen können. (*Über die wahre Religion* IV 7, 24)

Man muß sich wirklich fragen, ob Augustinus sich ernsthaft mit den Gründen auseinandergesetzt hat, die Platoniker gegen das Christentum vorbrachten. Ein solches Studium hätte Augustinus auch zu einer genaueren Kenntnis des Platonismus führen können.

Augustinus wurde also unter dem Einfluß der Mailänder Platoniker und der Lektüre einiger neuplatonischer Schriften selbst platonisierender Christ, was ganz undramatisch zugegangen sein dürfte. Dieser Sachverhalt muß betont werden, da Augustinus in den *Bekenntnissen* (VIII 12, 29–30) eine andere Version vorlegt, nämlich die »Gartenszene«. In dieser erzählt er von einer Kinderstimme, die ihm zuruft: »nimm und lies«, was er als göttlichen Hinweis versteht und die *Paulusbriefe* – irgendwo (!) – aufschlägt. Dabei stößt er auf Röm. 13, 13 f., wo nichts anderes zu lesen ist als ein ganz allgemeiner Aufruf zum sittlichen Leben, worauf bei Augustinus plötzlich (!) alle Zweifel verschwinden. Dies ist natürlich kein biographischer Bericht, sondern eine spätere literarische Einkleidung, deren stilistische und motivgeschichtliche Vorbilder bestens erforscht sind. Das Buchorakel, d. h. das willkürliche Aufschlagen eines Buches, um dort eine Erleuchtung zu finden, ist ebenso wie die Kinderstimme, in der die Wahrheit selbst zu Worte kommt, ein bekanntes Motiv.

Im platonisierenden Christentum fand Augustinus also zu jener Gewißheit, die er immer gesucht hatte: der *unmittelbaren Gewißheit Gottes in der Seele*. Worauf es ihm zentral ankam, war die Überzeugung, daß in Wahrheit nur das »ist«, was unveränderlich verharrt (*Bekenntnisse* VII 11, 17). Das ist sicher guter Platonismus, ob es aber eine für den christlichen Glauben spezifische und charakteristische Auffassung ist, läßt sich mit guten Gründen bezweifeln. Im Neuplatonismus fand Augustinus auch die Möglichkeit, das, was er im Manichäismus als Erlösung akzeptiert hatte, nämlich die Weltverneinung, wieder voll aufzunehmen ohne die manichäische These halten zu müssen, die Welt, das Böse, das Materielle sei von einem göttlichen Gegenprinzip hervorgebracht. Für Augustinus war das Böse und seine Herkunft, also sein »metaphysischer Status«, immer ein zentrales Problem gewesen und im Neuplatonismus Plotins erhielt er nun einen akzeptablen Lösungsvorschlag angeboten: Das *Böse* hat kein Sein, sondern ist der *Mangel an Sein*, ist reine Beraubung, also das reine Fehlen von etwas *(privatio)*. Diese für Augustinus ganz entscheidende neuplatonische These nimmt er schon in den Frühschriften auf (vgl. z. B. *Über das Glück* 26–30), und sie bleibt maßgebend für alle späteren Stellungnahmen zu diesem Thema. Auch die Sünde ist »nichts Substanzhaftes«:

Und als ich mich fragte, was die Sünde sei, ergab sich mir keine Substanz, sondern eine Verkehrtheit des Willens, der sich von der höchsten Substanz, von Dir, Gott abwandte, sein Innerstes verwarf und draußen anschwoll. (*Bekenntnisse* VII 16, 22)

Darüber, wie etwas, das nichts Substanzhaftes ist, »draußen anschwellen« kann, gibt uns Augustinus keine Auskunft – Hauptsache, die Rhetorik stimmt.

Einen nicht unwichtigen Eindruck haben auf Augustinus Berichte über die radikale Form des Christentums, die von bestimmten Mönchsgruppen gelebt wurde, gemacht (*Bekenntnisse* VIII 6, 15). So weit gehen, sich also in die Wüste zurückzuziehen, wollte Augustinus allerdings nicht: Er selbst zieht die – ihrerseits gut stoische – Konsequenz (die auch durch Gesundheitsprobleme mitbedingt war), seine Stellung als Lehrer der Rhetorik aufzugeben und sich mit einigen Freunden auf das Landgut Cassiciacum (Norditalien) zur Meditation und zum Studium zurückzuziehen. Dort verfaßt er die (später überarbeiteten) Schriften mit den spätantiken Titeln *Über das Glück*, besser eigentlich: *Über das glückselige Leben (De beata vita)*, d. h. über die *eudaimonía*, *Über die Ordnung (De ordine)* und die *Selbstgespräche (Soliloquia)*.

387 wird Augustinus getauft. Zunächst kehrte er von Cassiciacum nach Mailand zurück, wo die Schriften *Über die Musik (De musica)*, *Über die wahre Religion (De vera religione)* und *Über den freien Willen (De libero arbitrio)* entstehen. Augustinus ging dann nach Nordafrika zurück und lebte in Thagaste mit einigen Freunden auf dem geerbten Landgut. Der stoische Freundschaftsgedanke bekommt zwar eine stärker asketische Wendung, im Grunde aber war es eine philosophisch und bescheiden lebende Gruppe, wie es viele gab, von der Radikalität des Lebens der Mönche, die ihn beeindruckt hatte, war sein eigenes Leben weit entfernt. Die radikalen Lösungen lieferte Augustinus immer in seinen Schriften, nicht in seinem Leben.

391 wurde Augustinus zum Presbyter ordiniert und begann daraufhin, die *Bibel* etwas genauer zu studieren. Diese etwas eigenartige Reihenfolge sollte man Augustinus nicht allzu übel nehmen, er war damals keineswegs der einzige, der zunächst ein kirchliches Amt übernahm und erst dann begann, sich mit der kirchlichen Lehre genauer zu befassen. (Schließlich kommt es auch in unserer Gegenwart nicht selten vor, daß jemand zunächst einmal zum Minister ernannt wird, und er es erst dann unternimmt, sich einige Sachkenntnis in seinem Bereich zu erwerben.) 395 wurde Augustinus Bischof der nordafrikanischen Stadt Hippo. In den folgenden Jahrzehnten war Augustinus mit der Auseinandersetzung zunächst mit den Donatisten und dann mit den Pelagianern beschäftigt. Die *Donatisten* waren radikale Christen, die die Auffassung vertraten, daß Christen, die während der Verfolgungen abgefallen waren, strengen Prüfungen unterworfen und erneut getauft werden müßten, bevor sie wieder in die Gemeinde aufgenommen werden könnten. Weiterhin vertraten sie die These, daß die Gültigkeit der Handlungen eines Amtsträgers, also z. B. der Spendung der Taufe, von der Würdigkeit des Amtsträger abhängt. Außerdem wollten sie eine strenge Trennung von Kirche und Staat. Solche Auffassungen mußten für eine Kirche, die seit einem halben Jahrhundert zur staatstragenden Kraft geworden war, verheerend sein: Die Bischöfe hatten inzwischen öffentlich-rechtliche Funktionen, und es hätte schlimme Folgen gehabt, wenn die Gültigkeit ihrer Amtshandlungen von ihrem Lebenswandel abhängen sollte. Und wer sollte überhaupt darüber urteilen? Etwa der übergeordnete Metropolit? Bei diesem konnte sich dieselbe Frage stellen. Oder die Gemeinde? Dann aber waren die hierarchischen Autoritätsstrukturen in Gefahr. Augustinus stellte sich energisch gegen solche Thesen und kam bei dieser Auseinandersetzung sogar auf den zwar naheliegenden, aber nichtsdestoweniger fatalen Gedanken, man müßte die, die vom rechten Glauben abweichen, also die Häretiker, notfalls auch mit Gewalt zur Wahrheit zurückführen (*Briefe* XCIII, II, 5 f. und LXXXIX, 1–2). Damit war das Fundament für schlimme Entwicklungen gelegt: Entweder mußte die Kirche selbst Instrumente der Gewalt einführen, oder sie mußte den Staat für Gewaltanwendung zu Hilfe rufen, womit jedenfalls eine Trennung von Kirche und Staat nicht mehr denkbar wäre. Augustinus hat die Verbindung von Kirche und Römischem Reich schon vorgefunden und hat sich auch gegen die Vorstellung einer Staatskirche gestellt (vgl. weiter unten 6). Andererseits hat er aber auch vorgeschlagen, in der Auseinandersetzung mit Gruppen, die für eine strenge Trennung von Kirche und Staat eintraten, gewaltsame Disziplinierungs-Maßnahmen einzusetzen, er wollte also eine theoretische Diskussion mit dem Einsatz staatlicher Gewalt lösen. Damit war der Beginn der Theorie des »weltlichen Arms« in der Häretiker-Bekämpfung gemacht, es wurde aber auch eine Interessenverbindung von Kirche und Staat geschaffen, die nicht nur beiden nützliche Machtpositionen sicherte, sondern auch die Möglichkeit eines Konflikts der beiden Gewalten vorprogrammierte. – Auf die Diskussion um den *Pelagianismus* wird weiter unten noch eingegangen werden. Die

Auffassung, die Augustinus in diesem Streit entwickelte, ist allerdings ebenso problematisch wie die im Streit mit den Donatisten.

Augustinus wurde in seinen späten Jahren, in denen er auch das große, zwischen 413 und 427 entstandene Werk *Der Gottesstaat (De civitate Dei)* verfaßte, zunehmend verbittert. 426/427 verfaßte er die *Retractationes,* in denen er sich von einigen seiner früheren Auffassungen – und eigentlich vom »frühen« Augustinus – distanziert. Augustinus starb 430 während der Belagerung durch die Vandalen. Die Antike ging dem Ende zu, ganz gleich, wo man die Grenze zwischen Antike und Mittelalter zieht. Nicht einmal ein halbes Jahrhundert nach dem Tod des Augustinus tritt im Jahre 476 der letzte (west)römische Kaiser ab. Augustinus zog sich altersstarr und verbittert zurück. Als er starb hinterließ er ein umfangmäßig ungeheures und, wie aus der Biographie verständlich, uneinheitliches Schrifttum in lateinischer Sprache. Zudem hinterließ er es einer Epoche, in der kaum noch jemand Griechisch konnte und in der somit die griechische Philosophie nur noch in ausgedünnten Handbüchlein in lateinischer Übersetzung weitervegetieren konnte, und in der es, rein sprachlich und umfangmäßig gesehen, keine Konkurrenz zu den Werken des Augustinus gab. Boethius wird zwar wichtige lateinische Schriften liefern, aber in »ideologischer« Hinsicht wurde doch nur dessen *Tröstung der Philosophie* maßgeblich, und die ließ sich auch ganz gut »frühaugustinisch« lesen.

2. Gott und die Seele

In dem Moment, als Augustinus meinte, in den Büchern der Platoniker *(Libri Platonici)* die Antworten auf seine Fragen gefunden zu haben, waren wichtige Vorentscheidungen gefallen, die ihm später nur wenig Spielraum ließen. Ganz im Rahmen der weithin verbreiteten und von den Neuplatonikern pointiert aufgenommenen Auffassung ging es bei der Frage nach der Glückseligkeit nicht mehr um die Glückseligkeit des Menschen, sondern einzig um die *Glückseligkeit der Seele*. Die Erkenntnis der *Wahrheit,* die dafür erforderlich war, konnte daher nur *in der Seele* gefunden werden, in vollendeter Form jedoch nicht allein durch die eigene Tätigkeit der Seele, sondern nur durch *göttliche Hilfe*. Dies gilt für Plotin wie für Porphyrios, und es gilt – mit ihnen – ebenso für Augustinus. Die Notwendigkeit einer göttlichen Hilfe ist bei Augustinus noch zwingender als bei anderen Neuplatonikern, da er im Unterschied zu diesen die Seele nicht selbst als etwas Göttliches ansah. Augustinus formuliert genau die Ausgangsposition der damaligen Frage nach der Glückseligkeit, wenn er sagt:

Im Grunde ist das selige Leben die Freude an der Wahrheit, denn das ist die Freude an Dir, der Du die Wahrheit bist, o Gott meine Erleuchtung, Heil meines Angesichts, mein Gott. Dieses selige Leben wollen alle, dieses Leben, das allein selig ist, wollen alle, die Freude an der Wahrheit wollen alle. (*Bekenntnisse* X 23, 33)

Die Frage nach der Glückseligkeit ist also die nach der Wahrheit, und diese wiederum ist die nach der Erleuchtung der Seele durch Gott, der die Wahrheit selbst ist. Dies ist schon der Ausgangspunkt in der frühen Philosophie des Augustinus in Cassiciacum:

Gott und die Seele will ich erkennen.
Weiter nichts?
Gar nichts. (*Selbstgespräche* I 7, 1)

An anderer Stelle sagt Augustinus ausdrücklich, daß mit diesen beiden Fragen der gesamte Bereich der Philosophie umschrieben ist:

Das Forschen der Philosophie teilt sich in zwei Fragen, eine nach der Seele und eine nach Gott. Die erste bezweckt, daß wir uns selbst, die andere, daß wir unseren Ursprung kennenlernen. (*Über die Ordnung* II 18, 47).

Dies stellt natürlich eine ungeheure Engführung der philosophischen Fragestellung dar, die Augustinus nicht erfunden, aber einfach und unbefragt von den Neuplatonikern übernimmt. Daß hier Gott und die Seele zusammen auftreten und daß genau dies letztlich alles umfaßt, was die Philosophie zu betrachten hat, ist in der Kultur der Spätantike keineswegs die äußerliche Zusammenfügung von zwei Wirklichkeiten, sondern ist dort von Anfang an im Grunde schon ein und dasselbe. Darin zeigt sich der Unterschied zur frühen griechischen Kultur und Philosophie. Dort hatte man Gott bzw. die Götter in der Welt gefunden, die Götter also, die überall in der äußeren Welt gegenwärtig waren, oder man hatte Gott als letztes Prinzip der empirisch gegebenen Welt angenommen, so bei Aristoteles und auch in der späten Stoa. Immer aber ging es um eine Erkenntnis der Welt und um die Erkenntnis dessen, was der Mensch als Teil dieser Welt ist. Der Mensch verstand sich also primär als der Welt gegenüberstehend, in der es dann auch Götter gab. Zeus blitzte in der erfahrbaren Welt, nicht in der Seele des Menschen. Und der Mensch stand der Welt gegenüber als einer, der mit allen seinen Sinnen diese Welt betrachtete und zu verstehen suchte. Mysterienreligionen, Manichäismus und Neuplatonismus aber richteten den Blick einzig auf das Innere, auf die Seele, denn die Seele ist selbst nichts anderes als der Lichtfunke des unzugänglichen Lichts des Göttlichen, von dem die Seele durch Teilhabe erleuchtet wird. Jetzt beginnt es in der Seele zu blitzen. Bei Augustinus ist die Seele nicht selbst ein solcher Lichtfunke, wohl aber der einzige Ort, in den ein solcher Lichtfunke eintreten kann. Hier und nur hier kann auch die Skepsis überwunden werden, Gewißheit kann es nur dort geben, wo *unveränderliche Wahrheit* gefunden wird. Daß die Wahrheit ewig und unveränderlich sein muß, ist eine von Augustinus mit den Neuplatonikern immer und undiskutiert angenommene Voraussetzung. Gerade eine solche unveränderliche

Wahrheit aber kann die Sinneserfahrung, die Erfahrung der äußeren Welt, nicht liefern, diese spiegelt nur die Welt des Veränderlichen wieder. Die sinnliche Erkenntnis ist nicht notwendig falsch, ihr entspricht aber nur ein Glaube an die Zuverlässigkeit, gesucht wird jedoch ein Wissen.

Doch ich suche ein Wissen, keinen Glauben. Zwar sagen wir wahrscheinlich mit Recht, daß wir alles, was wir wissen, auch glauben; aber nicht alles, was wir glauben, wissen wir auch. (*Selbstgespräche* I 8, 4)

Es geht hier natürlich nicht um die moderne Frage von »Glaube und Wissen«, sondern um die antike Fragestellung, in der seit Parmenides und Platon die durch die Sinne vermittelte empirische Erkenntnis als Glaube und Wahrscheinlichkeit *(dóxa)*, das reine Denken jedoch als Wissen und Wahrheit *(epistéme)* bezeichnet worden war (vgl. 1. Teil Kap. IX, 4). So verwirft Augustinus das Zeugnis der Sinne, weil es eben letztlich, also in Hinsicht auf das entscheidende Wissen, irrelevant ist:

Verwirfst du also in diesem Falle jedes Zeugnis der Sinne?
Ja, vollständig.
Gut. Wie ist es aber mit deinem Freund? Du sagtest, du kenntest ihn noch nicht. Willst du ihn sinnlich oder geistig erkennen?
Was ich sinnlich bei ihm erkennen konnte (wenn es wirklich sinnliche Erkenntnis gibt), das ist belanglos und genügt mir vollständig. Aber jenen Teil seines Wesens, mit dem er mir Freund ist, das heißt seine Seele, wünsche ich geistig zu erfassen. (Ebd. I 8, 5)

Der Weg, durch den man Gott und die Seele erkennen kann, ist damit für Augustinus klar: Die Seele muß sich von allem Äußeren abwenden und zu sich selbst zurückkehren. Das *Äußere*, das mit den Sinnen Erkennbare, ist *belanglos*, das gilt für den Umgang mit dem Freund, gilt aber ebenso für den Umgang des Menschen mit sich selbst. Erst wenn die Seele aus dem Äußeren zu sich selbst zurückgekehrt ist, findet sich die Vernunft in einem Bereich, der nicht mehr dem Zweifel unterworfen ist, denn in der Seele findet die Vernunft den letzten Grund aller Erkenntnis: Gott. Gott ist allerdings nicht erst dann in der Seele, wenn sie ihn gefunden hat, sondern war und ist immer schon in der Seele, nur sieht ihn die dem Äußeren zugewandte Seele nicht. Um diesen Gott in der Seele zu finden, ist daher der entscheidende Schritt die *Umkehr*, d.h. die Abkehr von allem Äußeren, wie Augustinus in einer berühmten Stelle der *Bekenntnisse* sagt:

Und siehe, Du warst innen, und ich außen, und ich suchte nach Dir draußen und stürzte mich in meiner Mißgestalt auf das Wohlgebilde Deiner Schöpferhand. Du warst bei mir, und ich war nicht bei Dir. Weit von Dir abgehalten haben mich die Dinge, die nicht wären, wenn sie nicht in Dir wären. Du riefst mich, und Dein Schrei brach meine Taubheit; Du leuchtetest mir, und Dein Blitz vertrieb meine Blindheit [...]. (*Bekenntnisse* X 27, 38).

Dies ist die Grundvoraussetzung alles Denkens bei Augustinus: die erleuchtende Gegenwart Gottes in der Seele, die *illuminatio*. Die Interpretation dieser Lehre von der *illuminatio* hat in der Geschichte eine große Diskussion ausgelöst, die bis heute andauert. Diese Diskussion kann und braucht hier nicht wiedergegeben zu werden. Es soll nur darauf hingewiesen werden, daß bei Augustinus zwei Elemente aus der platonischen Überlieferung zusammengefügt werden, die kaum auf einen Nenner zu bringen sind und die auch nicht auf verschiedene Entwicklungsstufen der Lehre bei Augustinus aufgeteilt werden können: Auf der einen Seite sagt Augustinus, daß Gott »geblitzt« und seine »Blindheit vertrieben« hat (vgl. das Zitat oben); oder er spricht von einem einzigen »Herzschlag« (Ebd. IX 10, 24). Dies ist nicht die Sprache Platons und nicht die der Bibel, sondern die der Gnosis, die Plotins und des Porphyrios. Ein solches »Blitzen« aber hat den Charakter von etwas Plötzlichem, etwas Vorübergehendem, einem »Ereignis« wie jenes, von dem Porphyrios berichtet, daß es ihm nur einmal in seinem Leben widerfahren war, während Plotin es öfter, aber eben doch nicht ständig, erleben durfte (vgl. 1. Teil, Kap. XVII, 2). Gegenüber diesem ekstatischen Aspekt gibt es aber auf der anderen Seite bei Augustinus eine Gegenwart Gottes in der Seele, die ständig und erkenntniskonstitutiv ist.

Der Geist hat nämlich sozusagen auch seine Augen: im Empfindungsvermögen der Seele; die allersichersten Wahrheiten der Wissenschaften gleichen aber den Objekten, welche von der Sonne beleuchtet werden, so daß man sie sehen kann, zum Beispiel die Erde und alles Irdische; Gott selber aber ist's, der beleuchtet. (*Selbstgespräche* I 12, 1–2)

Oder ganz ähnlich:

Also wird man auch bei dem, was in den Wissenschaften überliefert wird und was jeder, der es erkennt, unbedenklich als höchste Wahrheit ansieht, glauben müssen, man könne es nicht erkennen, wenn es nicht von einem anderen, sozusagen von seiner Sonne beleuchtet wird. Wie man also hier bei unserer Sonne drei bestimmte Dinge beobachten kann: daß sie ist, daß sie leuchtet, daß sie beleuchtet, so gibt es auch bei jenem so tief verborgenen Gott, den du erkennen willst, drei bestimmte Dinge: daß er ist, daß er erkannt wird, daß er das übrige erkannt werden läßt. (Ebd. I 15, 2–3)

Für unseren Zusammenhang entscheidend ist das letztgenannte, also daß Gott »das übrige erkannt werden läßt«. Genau dies ist die These der Illuminationslehre des Augustinus. Der Hintergrund für diese ständige göttliche Erleuchtung, welche Erkenntnis überhaupt erst ermöglicht, ist Platons Sonnen- und Höhlengleichnis. Nur ist für Augustinus selbstverständlich Gott der Grund aller Erkenntnis, ohne die göttliche Erleuchtung gibt es überhaupt keine Erkenntnis. Augustinus faßt diese Erleuchtung aber, obwohl sie für jede Erkenntnis der Wahrheit erforderlich ist, nicht als (kantische) allgemeine formale Bedingung der Möglichkeit von Erkenntnis auf, sondern als tatsächliches ständiges Wirken Gottes, durch das inhaltliche Wahrheiten vermittelt werden. Dies ist auch im Rahmen des augustinischen Denkens durchaus verständlich. Augustinus will schließlich gar nicht bei der Erkenntnis der Wahrheiten stehenbleiben, die durch diese Erleuchtung ermöglicht sind, sondern will zum letzten Grund der Wahrheit selbst vordringen:

Geh nicht nach draußen, kehr wieder ein bei dir selbst! Im inneren Menschen wohnt die Wahrheit. Und wenn du deine Natur noch wandelbar findest, so schreite über dich selbst hinaus! Doch bedenke, daß, wenn du über dich hinausschreitest, die vernünftige Seele es ist, die über dich hinausschreitet. Dorthin also trachte, von wo der Lichtstrahl kommt, der deine Vernunft erleuchtet. (*Über die wahre Religion* XXXIX 72)

Daß der Mensch dabei nie zu einer vollen Erkenntnis dieses letzten Grundes gelangen kann, nimmt Augustinus ebenso wie die Neuplatoniker an, er soll aber wenigstens danach streben (vgl. im Zitat vorher »dorthin also *trachte*« = *illuc ergo tende*). | 71
Dieser Lichtstrahl ist aber eben prinzipiell immer vorhanden, er ist kein Blitz!

Die Neuplatoniker und auch die Kappadokier waren Vertreter einer negativen Theologie, die schließlich in Mystik mündete. Und Augustinus? Es gibt bei Augustinus Elemente einer negativen Theologie, etwa, wenn er sagt, daß Gott besser durch Nichtwissen gewußt wird (*scitur melius nesciendo* [*Über die Ordnung* II 16, 44]). Ob aber Augustinus als echter Vertreter einer negativen Theologie und einer Mystik angesehen werden kann, läßt sich jedoch bezweifeln. Es ist bei Augustinus oft nicht leicht zu unterscheiden, wo er nur bestimmtes Sprachmaterial übernimmt und wo er auch den Sachgehalt tatsächlich vertritt und in seine Konzeption einbaut. Im Falle der aus der negativen Theologie und der mystischen Tradition stammenden Ausdrücke schließe ich mich eher der Meinung an, Augustinus arbeite hier mit dem Sprachmaterial einer Konzeption, die letztlich nicht die seine ist (vgl. Lossky 1954). Dies zeigt sich z. B. darin, daß er versuchte, die Lehre von der Dreifaltigkeit Gottes durch Analogien im menschlichen Geist verständlich zu machen (vgl. z. B. *Gottesstaat* XI 26); und auch in der Ethik spricht Augustinus von einem handelnden, erwählenden, begnadenden, bestrafenden Gott usw., ohne daß er solche Redeweisen als Anthropomorphismen von einer negativen Theologie her kritisiert. Allerdings vertritt Augustinus im *Gottesstaat* schließlich dann eine ganz andere Art negativer Theologie, die mit der neuplatonischen, die immer an der für uns unfaßlichen reinen Geistigkeit Gottes orientiert gewesen war, gar nichts zu tun hat: Es ist eine negative Theologie, die in einen für uns unbegreiflichen und unergründlichen göttlichen Ratschluß mündet (vgl. weiter unten 5) – dies wäre also eine negative Theologie des

Willens. Aber: Es ist doch wiederum keine wirkliche negative Theologie, denn wir können dort zwar nichts mehr verstandesmäßig nachvollziehen, aber Augustinus schildert diesen Ratschluß mit seinen Folgen doch wieder sehr anschaulich. D.h.: Wir können zwar nicht wissen, *warum* Gott den Entschluß zu einer *massa damnata* getroffen hat, *daß* er ihn aber getroffen hat, meint Augustinus ganz sicher zu wissen, und so etwas ist im Rahmen einer konsequent gedachten negativen Theologie nicht durchführbar.

In vielen Formulierungen variierte Augustinus immer wieder dasselbe Thema: Gott ist uns innerlich gegenwärtiger als wir selbst uns gegenwärtig sein können. Der Weg zu einer klaren Erkenntnis dieser Gegenwart ist schwierig und erfordert eine Reinigung der Seele, aber er ist möglich und wird auch vom späten Augustinus nicht als eine Gnade verstanden, die einigen Menschen geschenkt und anderen nicht geschenkt wird. Augustinus findet also in sich, in der Seele, Gott selbst – ist dies nur die emphatische Aussage eines religiösen Schwärmers, die Begeisterung eines Neubekehrten? Sie mag auch das sein, es liegt jedoch bei Augustinus noch anderes vor: Augustinus nahm an, daß der menschliche Geist fähig ist, rein geistige Wahrheiten, die unveränderlich und ewig sind, zu erkennen, wie dies vor allem in der Mathematik der Fall ist. Hier treffen wir bei Augustinus auf pythagoreisches und platonisches Erbe.

So birgt das Gedächtnis auch die unzähligen Berechnungen und Gesetze der Zahlen und Maße in sich, von denen keines der Körpersinn eingeprägt hat, weil sie weder farbig sind, noch tönen, weder riechen oder schmecken, noch berührbar sind. [...] Ich habe wohl Linien gesehen, von Künstlern gezeichnet, so fein wie Spinnfäden; aber jene Linien sind etwas ganz anderes, sind nicht Sinnbilder solcher, wie sie mir das körperliche Auge angibt: der kennt sie, der sie jenseits jeder körperlicher Erwägung in seinem Inneren wahrgenommen hat. Ich habe auch Zahlen empfunden, und zwar mit allen Körpersinnen, soweit sie sich zählen ließen; aber jene sind ganz anders, mit denen wir zählen, auch sie sind keine Sinnbilder von solchen, und deshalb haben sie ihr starkes Sein. (*Bekenntnisse* X 12, 19)

Um solche Erkenntnisse ganz frei von empirischer Erfahrung zu halten, werden diesen »Abbildzahlen« die »intelligiblen Zahlen« gegenüber gesetzt (vgl. *Über die Ordnung* II 16, 44). Diese Unterscheidung hat allerdings keinerlei Bedeutung etwa für eine Theorie der Mathematik, es geht hier vielmehr einzig darum, die mathematischen Gesetzmäßigkeiten, die nach Augustinus und der Mathematik seiner Zeit notwendige Wahrheiten zum Ausdruck bringen, ganz und gar von aller sinnlichen Erkenntnis abzusetzen. Von solchen Wahrheiten meinte Augustinus sagen zu müssen, daß sie »ewige Wahrheiten« seien, die ganz unabhängig von der Existenz der Welt und somit unabhängig von der Zeit sind. Im Zusammenhang der (pythagoreisch-mathematischen) Theorie der Musik stellt Augustinus fest:

Aber eins zu zwei oder zwei zu vier bilden doch ein wahres Verhältnis der Harmonie! Das war gestern nicht wahrer als es heute ist, und morgen oder nach einem Jahr wird es auch nicht wahrer sein, und selbst wenn diese ganze Welt zusammenfällt, kann dieses Verhältnis nicht aufhören zu sein. (*Über die Ordnung* II 19, 50)

Es ist jedoch klar, daß für Augustinus solche Wahrheiten selbst nicht das eigentlich Bedeutsame sein können, sie sind bedeutsam nur, insofern sie uns zur ewigen Wahrheit selbst hinführen. Zunächst einmal aber führt die Erkenntnis notwendiger und somit ewiger Wahrheiten zu ethischen Konsequenzen. Auch dies ist kennzeichnend für Augustinus: Ihn interessieren die ewigen bzw. Vernunftwahrheiten eigentlich gar nicht, es geht ihm letztlich nur darum, daß die Seele dadurch gereinigt wird. Augustinus kann sich weder an Musik als solcher erfreuen, noch kann er sich über die Schönheit und Eleganz eines mathematischen Beweises freuen, all dies sind nicht seine Probleme. Sein eigentliches Problem ist immer, wie er von den Verlokkungen der Sinnlichkeit befreit werden kann, alles andere wird diesem ethischen Interesse untergeordnet.

Denn im Gegensatz zum Weg des bloßen Glaubens führt die sichere Vernunfterkenntnis die Seele stufenweise zur Sittlichkeit und zum vollkommenen Leben! Wenn sie Vermögen und Macht der Zahlen von Grund auf erkennt, wird es ihr zu unwürdig und beklagenswert erscheinen, daß zwar mit Hilfe ihres Wissens das Versmaß gut läuft und die Harfe gut klingt, ihr Leben aber und das, was ihr Wesen als Seele ausmacht, einem abschüssigen Weg folgt, und daß sie, von der Begierde beherrscht, den abscheulichen Mißton der Laster hervorbringt. (Ebd.)

Erst wenn also die Seele durch den Reinigungsprozeß, den die notwendigen Wahrheiten in ihr hervorrufen, selbst geordnet ist, eröffnet sich der Blick auf den Grund aller Wahrheit. Der Verweischarakter aller einzelnen Wahrheiten auf die eine letzte Wahrheit ist ein permanentes Motiv in den Schriften des Augustinus.

Wenn sie [d. h. die Seele] sich aber gesammelt und geordnet, damit aber Harmonie und Schönheit verschafft hat, wird sie es wagen, Gott und die Quelle, aus der alles Wahre hervorquillt, und den Vater der Wahrheit selbst zu schauen. (Ebd. II 19, 51).

Augustinus sieht sowohl die empirische Wissenschaft, die immer nur Glauben im Sinne von Meinung hervorbringen kann, wie auch die mathematische Wissenschaft, die zu notwendigen Vernunftwahrheiten und so zu Gewißheit gelangt, immer unter ethischem und religiösem Blickwinkel. Erkenntnis bedeutet immer auch Teilhabe, und diese legt er so aus, daß Erkenntnis immer auch Liebe ist: Hier ist der platonische Eros als ein der Erkenntnis inneres Element aufgenommen. Aber auch dies wird sofort in den bei Augustinus unvermeidlichen ethischen Zusammenhang gebracht: Wer versucht, die materielle Welt zu erkennen, liebt sie auch und hat Teil an ihr, dies bedeutet jedoch, daß er von der Erkenntnis der höchsten, unveränderlichen Wahrheit abgehalten wird, denn er ist mit seinem Interesse, seiner Liebe außerhalb seiner selbst. Und das heißt: er ist nicht in der Wahrheit. – Hier treffen wir auf den eigentlichen Grund, warum im Gefolge des Augustinus im Mittelalter kein Boden für ein Interesse an Naturwissenschaft gegeben war. Eine Konzeption, die von der Auffassung her kam, die Erkenntnis des Materiellen sei nur der Bereich der Wahrscheinlichkeit, nicht der der Wahrheit, erreichte höchstens eine Neutralisierung der Materie, d.h. sie konnte die Materie im Gegenzug zum Manichäismus bestenfalls wertfrei machen. Das hieß aber auch: Die materiellen Dinge konnten und durften kein Interesse für sich beanspruchen. Materie war für sich genommen belanglos und interessant nur insofern, als sie auf das Göttliche hin gerichtet wurde. Der Weg dazu aber war nicht die Erkenntnis der materiellen Welt in der Wissenschaft oder der Gebrauch derselben in der Technik, sondern die »vergeistigende« Umgestaltung der Materie, d.h. die *Kunst*, die Symbole des Unsichtbaren und Ewigen hervorbringt. Augustinus folgt in seiner Philosophie der Kunst Platon *(Symposion)* und Plotin (*Enneaden* I 6): Die Kunst muß der Wahrheit, der Erleuchtung, dienen. Dies gilt nicht nur für die Architektur oder die bildende Kunst, sondern ebenso für die Musik. Auch dies war folgenreich: Der Gedanke einer »zweckfreien Kunst« konnte im Mittelalter gar nicht auftauchen. Alle Kunst hat einen Zweck, nämlich das Materielle durchsichtig zu machen, es gleichsam als Materielles aufzuheben. Der Künstler muß, und hier folgt Augustinus Plotin, über ein inneres Licht verfügen, das ihn befähigt, die materiellen Gegenstände oder Töne auf das Intelligible hin transparent zu machen. Ein Gegenstand ist schön, weil er Ordnung, Proportion, Harmonie und vor allem Einheit repräsentiert (*Über die Ordnung* I 2, 3). Ein Kriterium, aber nicht der letzte Grund dieser Einheit, ist die Zahl. Einheit begründet Form, und die Kunst hat die Aufgabe, zu immer höheren Formen, und somit zu immer höherer Einheit voranzuschreiten. Dies bedeutet aber, daß sie letztlich an dem anlangen muß, wo reine Einheit ohne Vielheit gegeben ist, also bei Gott. Die Kunst hat somit für Augustinus immer die Aufgabe einer Hinaufführung, letztlich soll sie sich selbst transzendieren in eine rein intelligible Schönheit. Die Philosophie der Kunst des Augustinus (bzw. die Plotins) ist nicht mehr die unserer Zeit, wir sollten aber anerkennen, daß sie große Kunst hervorgebracht hat.

3. Die Sprache als Vorletztes

Die im vorausgehenden Abschnitt aufgeführten metaphysischen und erkenntnistheoretischen Grundannahmen des Augustinus sind auch für seine Sprachtheorie maßgebend. Augustinus hat diesem Problem außer der frühen Arbeit *Über die Dialektik (De dialectica)* – falls er tatsächlich deren Verfasser ist – eine eigene Schrift,

Der Lehrer (De magistro), gewidmet, die im Jahre 389 entstanden und damit noch zu seiner frühen Philosophie zu zählen ist. In dieser Schrift arbeitet Augustinus weithin im Rahmen einer stoischen Sprachtheorie, die ihm vermutlich durch die Vermittlung von Schriften neuplatonischer Autoren bekannt gewesen ist. Augustinus kennt die wichtigen Unterscheidungen zwischen den Zeichen, die Dinge bezeichnen und damit also für sich allein bezeichnen (die später »kategorematische Zeichen« genannt werden) und den Zeichen, die nur im Zusammenhang mit anderen etwas bedeuten (später »synkategorematische Zeichen« genannt). Ebenso kennt er den Unterschied zwischen Zeichen erster und zweiter Ordnung: Es gibt Namen von Dingen *(nomen rei)*, die wir heute zur Objektsprache zählen, und es gibt Namen von Namen *(nomen nominis)*, den wir heute zur Metasprache zählen (*Der Lehrer* IV 9 und VIII 24). Außerdem hat Augustinus klar gesehen, daß die Theorie der Sprache nur ein Teil einer umfassenderen *Zeichentheorie* ist, wir nennen das heute die Einbettung der Sprachtheorie in die Semiotik. Innerhalb dieser Semiotik arbeitet er mit dem heute so genannten semiologischen Dreieck, also den Beziehungen zwischen Zeichen, Bezeichnetem (Bedeutung) und Zeichenrezipient (vgl. 3. Teil, Kap. XXIV, 4). Inwieweit Augustinus dies alles aus ihm zugänglichen Quellen übernommen hat, oder ob er tatsächlich neue Aspekte in die Zeichen- und Sprachtheorie eingebracht hat, ist eine Frage, an der die Forschung weiter arbeitet. Trotz der im einzelnen sehr guten Analysen wird bei Augustinus die Sprache als ganze – wie alle sinnlichen Zeichen überhaupt – in ihrem Wert für Wahrheitserkenntnis grundsätzlich nicht nur eingeschränkt, sondern letztlich ganz aufgehoben. Augustinus läßt nicht den geringsten Zweifel daran, daß er dies beweisen möchte:

Mit all dem versuche ich, so gut ich kann, dich zu überzeugen, daß wir mit Hilfe der Zeichen, die wir Wörter nennen, nichts erlernen, denn, wie schon gesagt, wir lernen eine bestimmte Sache niemals durch ihre wörtliche Bezeichnung kennen, sondern erfassen den Wert eines Wortes, das heißt die im Ton der Stimme verborgene Bedeutung erst dann, wenn die dadurch bezeichnete Sache bereits bekannt ist. (*Der Lehrer* X 34)

Damit werden auch die an sich durchaus interessanten sprachtheoretischen Überlegungen des Augustinus in ihrem Stellenwert zur Beurteilung seiner Philosophie sehr relativiert. Es ist nicht leicht zu sehen, wie jemand, der geradezu verzweifelt die Wahrheit sucht und dann die These vertritt, daß wir durch die Vermittlung der Sprache überhaupt nichts lernen können, ein echtes Interesse an Syntax, Semantik oder allgemeiner Semiotik aufbringen kann. Daß Augustinus der Sprache nicht viel zutraut, geht zunächst auf sein allgemeines Mißtrauen gegenüber allem, was sinnlich vermittelt ist, zurück. Es gibt aber noch einen weiteren Grund. Augustinus meint, daß Gott ursprünglich, d.h. vor der Sünde, direkt mit dem Geist der Menschen kommunizierte (*De genesi contra Manichaeos* II 4), die Sprache wird also hier in irgendeiner Weise mit der Sünde in Verbindung gebracht. Die ideale, sündenfreie Kommunikation ist nicht-sprachlich. Sprache kann höchstens ein äußeres Hilfsmittel sein, die Erkenntnis von Wahrheit muß dagegen sprachtranszendent sein. Dieser Zusammenhang ist ganz ähnlich jenem, den Augustinus in der Ethik und Gnadenlehre vertritt (vgl. weiter unten 5): Die Tugend kann nur eine äußerliche Vorbereitung für die Gnade sein, bewirken kann sie die Vermittlung der Gnade nicht. So auch bei der Sprache: Sie kann äußerlich anleiten, wahre Erkenntnis kann sie aber nicht vermitteln.

Über die Dinge in ihrer Gesamtheit aber, die wir verstehen sollen, befragen wir nicht eine von außen her zu uns dringende, sondern die von innen her unsern Geist regierende Wahrheit, und Worte können uns höchstens zu dieser Befragung anleiten. Jener aber, der da befragt wird, lehrt, und das ist der, von dem es heißt, daß er im inneren Menschen wohnt, ist Christus, das ist die unwandelbare Kraft Gottes und ewige Weisheit. (Ebd. XI 38)

Bei »Christus« denkt Augustinus wahrscheinlich vor allem an den göttlichen Logos, womit wir wiederum nicht allzu weit von der Illuminationslehre wären. Die Richtung ist jedenfalls klar: Um etwas zu verstehen, müssen wir uns vom Außen ab- und dem Innen der Seele zuwenden. Ein menschlicher Lehrer aber stellt immer ein Außen dar, daher wird die Möglichkeit des Lehrens im Prinzip aufgehoben, jeder kann nur durch die innere Erfahrung belehrt werden:

Wenn ich ihm [d. h. dem Hörer] also Wahres sage, lehre ich ihn schon nicht mehr die Wahrheit, denn er betrachtet sie ja selbst; er wird daher nicht durch meine Worte zu belehren sein, sondern durch die Dinge selbst, die er sieht, weil sie ihm Gott innerlich enthüllt hat. (*Der Lehrer* XII 40)

Mit dieser Einschränkung des Wertes der Worte und des Lehrens ist natürlich auch jede äußere *Lehrautorität* stark *relativiert*. Im Jahre 395 wurde Augustinus aber Bischof von Hippo und somit rasch in Lehrstreitigkeiten verwickelt, in denen er auch durchaus als Lehrautorität auftreten wollte. Es ist daher nicht verwunderlich, daß Augustinus in der in den Jahren 396/397 verfaßten Schrift *Über die christliche Lehre (De doctrina christiana)* den Worten eine ungleich größere Bedeutung zumaß (der letzte Teil dieser Schrift wurde 426/427 abgefaßt). Hier wird auch Schriftauslegung – und das heißt eben nicht zuletzt: gute Sprachkenntnis – ziemlich wichtig. Aber auch kirchliche Lehräußerungen werden für ihn relevant. Schließlich kommt er sogar zu dem *sprachregelnden Kriterium*, daß eine Auffassung, die die »frommen Ohren« verletzt, abgelehnt werden müsse (*Retractationes* I 4, 3). Dies ist ein äußerst problematisches Kriterium, es wurde auch in späteren Jahrhunderten immer wieder gegenaufklärerisch eingesetzt. Wie diese spätere Auffassung vom Wert und Nutzen der Sprache mit der früheren vereinbar sein soll, ist allerdings nicht zu sehen. Im Rahmen einer neuplatonischen Philosophie, die sich in diesem Punkt auf Platons 7. Brief berufen kann (vgl. 1. Teil, Kap. IX, 8, 2, c), ist die frühe Sprachphilosophie des Augustinus die einzig konsequente. – Die Schrift *Der Lehrer* hat im Mittelalter keine sehr große Verbreitung gefunden. Es gab jedoch genügend andere auf neuplatonischer Philosophie beruhende Konzeptionen, die im Mittelalter wirksam waren. So werden wir immer wieder Vertretern einer philosophischen Mystik begegnen, die alle sprachlichen Vermittlungen und so auch alle satzhaft verfaßte dogmatische Wahrheit als höchstens Vorletztes gelten lassen, die also auch allen autoritativen Sprachregelungen keine letzte Geltung zuerkennen wollen (vgl. z. B. Eckhart). Hier hätte der frühe Augustinus herangezogen werden können. Es gab aber auch die andere, entgegengesetzte, Seite, die überzeugt war, daß nur eingeübte Sprachformeln, die die »frommen Ohren« nicht verletzen, eine Garantie der Wahrheit darstellen, was dem späten Augustinus entspricht.

4. Zeit und Ewigkeit

Das Buch XI der *Bekenntnisse*, das die Überlegungen des Augustinus zum Problem der Zeit enthält, ist ein Text, der im 20. Jhd. die besondere Aufmerksamkeit der Philosophen auf sich gezogen hat, etwa die Husserls, Heideggers und Wittgensteins. Es ist aber wahrscheinlich irreführend, diesen Text aus dem Zusammenhang der *Bekenntnisse* herauszunehmen und in den Kontext einer Diskussion um Objektivität oder Subjektivität der Zeit hineinzustellen. Aber auch bei antiken Bezugspunkten ist Vorsicht geboten. Die Analyse der Zeit bei Augustinus zielt weder auf die Lösung der Bewegungsparadoxien des Zeno noch auf die der Probleme des Zeitbegriffs in der Physik des Aristoteles. Die *Bekenntnisse* sind durchgehend in der Absicht geschrieben, den Menschen aus dem Außen zurückzuholen und in das Innen der Seele zu führen. Es geht Augustinus um das Problem der Sorge um die Seele, die aus der Zerstreuung in die Sammlung geführt werden soll, Augustinus äußert sich also vor allem als »Seelsorger« zum Problem der Zeit. Auch wenn das vorausgehende Buch X möglicherweise erst später eingefügt wurde, macht es den Zusammenhang doch sehr deutlich: Es geht um den Aufstieg der Seele von den körperlichen Dingen der Außenwelt über das Innen der Seele hin zu Gott, und so zielt das Interesse des Augustinus bei der *Analyse der Zeit* nicht auf diese selbst, sondern auf eine endgültige, *zeitenthobene Glückseligkeit*. Das Ende des Buches XI macht dies wieder deutlich: Unser Leben ist eine Zerstreuung, bei der uns jeder Durchblick fehlt. Augustinus sagt von sich (und so vom Menschen): | 77

Jetzt freilich gehen meine Jahre noch im Jammer unter [...], denn ich bin zerspalten in Zeiten, deren Ordnung ich nicht kenne, und durch stürmische Wechselfälle werden meine Gedanken zerrissen, die innersten Fasern meiner Seele zerfetzt [...]. (*Bekenntnisse* XI 29, 39)

Aus dieser Zerrissenheit sollen wir uns befreien und unsere Seele hinwenden zu dem Zeitlosen des ewigen Jetzt, welches das einzig Wahre ist. Auf diesem Weg wendet Augustinus sich aber tatsächlich einer Analyse des Zeitbewußtseins zu. Bei dieser Analyse zieht er Elemente aus verschiedenen antiken Zeittheorien heran (Aristoteles, Plotin). Dies verhält sich indes ganz ähnlich wie beim Problem der Sprache im *Lehrer*: Auch dort bringt er durchaus Bemerkenswertes zur Theorie der Sprache vor – aber eigentlich kommt es ihm nur auf den »inneren Lehrer« an. So jetzt bei der Zeit: Augustinus gewinnt durchaus bemerkenswerte Einsichten in Sachprobleme, aber letztlich stellen diese Sachprobleme nicht das dar, worauf sein eigenes Interesse gerichtet ist. Man könnte es auch so sagen: Das seelsorgerische Interesse des Augustinus, das selbstverständlich zunächst einmal seiner eigenen Seele galt, hinderte ihn daran, dort, wo er auf wirklich wichtige philosophische Probleme stieß, diese genau und konsequent zu verfolgen. Augustinus selbst sah das natürlich anders.

Dabei muß man auch sehen, daß die Analyse des Augustinus gar nicht so neu ist, wie es manche Interpreten sehen möchten. Der Ausgangspunkt des Augustinus ist

die Frage nach der Schöpfung, es geht also um eine Frage der Auslegung der *Genesis*. Augustinus nimmt keine Ewigkeit des Kosmos an und wendet sich damit gegen die antike Kosmologie. Man darf dabei aber auch nicht übersehen, daß der platonische *Timaios* seit längerer Zeit bei Platonikern wie bei Christen nicht mehr, wie Platon dies wollte, als Mythos aufgefaßt wurde, sondern als Kosmologie. Im *Timaios* ist die Problematik des Verhältnisses von Schöpfung und Zeit bereits vorgebildet, und es ist schon dort klar, daß Gott nicht mit der Zeit in Verbindung gebracht werden darf, d.h. daß »Ewigkeit« zeitfrei gedacht werden muß (*Timaios* 37c–39d). Damit gewinnt Augustinus auch schon die Antwort auf die Frage: Was tat Gott vor der Weltschöpfung? Eine solche Frage hat keinen Sinn, weil es in Gott kein vorher und nachher gibt: Die Zeit ist mit der Schöpfung entstanden und stellt somit ein Kennzeichen der Endlichkeit dar. Der Hinweis im *Timaios*, daß die Zeit ein »bewegliches Abbild der Ewigkeit« (Ebd.) ist, ist also genau im platonischen Urbild-Abbildschema gedacht. Es mußte jedoch weiter gefragt werden, was denn mit diesem Ausdruck gemeint ist, es ist nämlich ganz und gar nicht klar, was mit einem »beweglichen Abbild« einer Ewigkeit gemeint sein kann, die ganz und gar ohne Bewegung gedacht ist. Damit waren die Platoniker schon vor Augustinus auf die Forderung der Analyse der Zeit gestoßen. Augustinus übernimmt dabei das Zeitmodell Plotins, wie dieser es in den *Enneaden* (III 7) entwickelt hat, möglicherweise hatte Augustinus aber eine etwas leichter lesbare Kurzfassung des Porphyrios zur Verfügung.

Wir sollten uns also von der literarischen Komposition des Augustinus nicht in die Irre führen lassen. Wenn Augustinus die berühmte Frage nach dem »fast unlösbaren Rätsel« der Zeit stellt:

Was ist die Zeit? Solange mich niemand fragt, weiß ich es; wenn ich es einem auf seine Frage hin erklären will, weiß ich es nicht. (*Bekenntnisse* XI 14, 17)

dann hat er das Handbuch, mit dessen Hilfe er diese Frage beantworten wird, schon auf dem Schreibtisch liegen. Augustinus gelangt so zu der Feststellung, daß es in der Seele zunächst einmal nur die Gegenwart eines unteilbaren Augenblicks gibt:

Nur was von der Zeit erfaßt wird, das bereits in keine noch so winzige Teile von Augenblicken geteilt werden kann, das allein ist es, was gegenwärtig genannt werden kann. (Ebd. XI 15, 20)

Die Vorstellung unteilbarer Zeitatome war seit der Auseinandersetzung mit den Bewegungsparadoxien Zenons (vgl. 1. Teil, Kap. IV, 3, a) ein bekannter Bestandteil verschiedener Zeittheorien, etwa der des Aristoteles, und auch Plotin hatte dem schon Rechnung getragen. Die Frage ist dann allerdings, wie wir von einer solchen unteilbaren *Gegenwart* zu der Vorstellung von *Vergangenheit* und *Zukunft* gelangen. Augustinus greift hier auf die Tätigkeit der Seele zurück, in der es *Erinnerung (memoria)* und *Erwartung (expectatio)* gibt. Wenn wir also von Zeit sprechen, so Augustinus weiter, sprechen wir in Wirklichkeit von drei verschiedenen Modi der Gegenwart: | 79

Es gibt drei Zeiten, die Gegenwart vom Vergangenen, die Gegenwart vom Gegenwärtigen und die Gegenwart vom Zukünftigen. Denn diese drei sind in der Seele, und anderswo sehe ich sie nicht. (*Bekenntnisse* XI 20, 26)

Wenn aber der Ausgangspunkt die unteilbare Gegenwart ist und es nur verschiedene Modi von Gegenwart gibt, stellt sich zwingend die Frage, wieso wir von »langer« oder »kurzer« Zeit sprechen können. Faktisch teilen wir die Zeit also doch wieder ein, d. h. wir messen die Zeit. Aristoteles war dabei von der Beobachtung der Bewegung ausgegangen und hatte die Zeit definiert als das Maß der Bewegung hinsichtlich des »davor« und »danach« (*Physik* IV 11, 219b 1). In der antiken Zeitauffassung war in diesem Zusammenhang natürlich die Bewegung der Himmelskörper von besonderer Bedeutung, eine solche Abhängigkeit von Sinneswahrnehmungen kann Augustinus allerdings nicht zugeben. Der Grund für diese Ablehnung liegt natürlich – wie schon aus den vorangegangenen Abschnitten über die Wahrheitserkenntnis und die Sprache klar ist – ganz woanders als bei Problemen der Zeitauffassung. Allerdings hatte auch Aristoteles, ohne der Frage dann weiter nachzugehen, auch für die Zeitmessung eine Tätigkeit der Seele angenommen: »Ob andrerseits, wenn es ein Bewußtsein (davon) nicht gäbe, die Zeit vorhanden wäre oder nicht, das könnte man wohl fragen« (*Physik* IV 14, 223a 21–22). Augustinus löst nun die Zeitmessung nicht nur von astronomischen Vorgängen, sondern von aller Bewegung überhaupt ab und kehrt die Richtung um: Er fragt also, was die Zeit ist, mit der wir den Sonnenumlauf messen (*Bekenntnisse* XI 23, 30), weiter geht Augustinus nicht. Eigentlich hätte es dann nahe gelegen zu sagen: Also gehört es zu den ursprünglichen Ordnungsfunktionen der Seele, zu messen und Maßeinheiten zu setzen – dann wäre man tatsächlich in der Nähe von Husserls Zeitanalyse. Aber Augustinus geht es eben um etwas anderes: Er will die Seele vom Außen, hier also der astronomischen Beobachtung, abwenden und zu sich selbst führen, aber so, daß die Analyse dann eben nicht in einer Ordnung und Einheit stiftenden Tätigkeit der Seele zu ihrem Schlußpunkt kommt. Am Schluß muß bei Augustinus stehen, daß die Seele keine letzte einheitsstiftende Funktion hat, daß sie vielmehr nur vom göttlichen Einen, gut neuplatonisch, zur Einheit zurückgeführt werden kann. Damit sind wir wieder bei dem zu Beginn des Abschnitts zitierten Text: Es ging Augustinus eigentlich nur darum, an Hand der Analyse der Zeit zu zeigen, daß die Seele solange in sich »zerrissen« ist, bis sie schließlich »gereinigt und geläutert« zu Gott, zu ihrer »Urform« gelangt, wo sie endlich die ersehnte Festigkeit erlangt (Ebd. XI 29, 39–40). Damit hat Augustinus sein seelsorgerisches Ziel erreicht: Er hat die Seele aus der Flüchtigkeit des Augenblicks und der Zerteiltheit in Erinnerung und Erwartung zurückgeführt zum »ewigen Jetzt«, wo die Seele eine zeitenthobene, ewige Ruhe finden soll.

5. Möglichkeit und Unmöglichkeit sittlichen Handelns

Die Frage nach den sittlichen Möglichkeiten des Menschen war für Augustinus ohne Zweifel ein zentrales persönliches Problem. Zu einer eingehenden Erörterung der damit zusammenhängenden Fragen wurde er jedoch vor allem durch seine Auseinandersetzung mit Pelagius und den Pelagianern veranlaßt. Diese Diskussion gehört der späteren Zeit des Augustinus an, jener also, in der er Verantwortung für kirchliche Ordnungen innehatte. Anders als in der Auseinandersetzung mit den Donatisten hatte Augustinus jedoch hier keine große gesellschaftliche Bewegung vor sich, sondern eine eher kleine Gruppe von Andersdenkenden. Es wäre aber völlig verfehlt, deshalb zu meinen, Pelagius sei nur ein einzelner Häretiker, der übertriebenes Vertrauen in die sittlichen Möglichkeiten des Menschen gesetzt hätte, und Augustinus wiederum sei eben aufgrund seines persönlichen, individuellen Charakters pessimistisch in Hinsicht auf die Möglichkeiten autonomen sittlichen Handelns gewesen und hätte gemeint, diese Auffassung im *Römerbrief* des Paulus bestätigt zu finden. In der Kontroverse zwischen Augustinus und Pelagius begegnen wir vielmehr einer entscheidenden Auseinandersetzung zwischen griechisch-hellenistischer und christlicher, oder besser: paulinischer Auffassung vom Menschen. Pelagius hält an jener Auffassung fest, die von den griechischen Philosophen vertreten wurde: Freiheit ist die Fähigkeit der Vernunft, zu überlegen und dann entsprechend dieser Überlegung zu handeln. Dies war bereits die Voraussetzung der sophistischen Aufklärung und der sokratischen Ethik. Und auch wenn die spätere Philosophie, etwa die des Stoikers

Epiktet (vgl. 1. Teil, Kap. XII, 2), die Unterscheidung einbrachte zwischen dem, was nicht in unserer Macht steht – die äußeren Lebensbedingungen –, und dem, was in unserer Macht steht – die innere Haltung des Menschen –, so war damit doch eindeutig gesagt, daß das Innere des Menschen einzig seiner Selbstbestimmung unterliegt. Diese Auffassung galt auch für Pelagius und seine Anhänger, strenge, asketische Mönche, die von der Möglichkeit der sittlichen Selbstverwirklichung des Menschen überzeugt waren. Diese Sichtweise floß auch in ihre Auslegung der biblischen Sünden- und Erlösungslehre ein: Die Sünde Adams, also die erste Sünde, ist dessen persönliche Sünde, wodurch sie wirken kann, ist nur durch ihr schlechtes, d. h. verführendes Beispiel. Gegen dieses schlechte Beispiel gibt es jedoch ein Gegenbeispiel, nämlich Christus, also das Beispiel eines sittlich vollkommenen Menschen. Weder das eine noch das andere hat jedoch irgendeinen kausalen Einfluß auf die Handlungen des einzelnen Menschen. Dieser bezieht zwar solche Beispiele in seine ethischen Überlegungen ein, in seinen Handlungen ist er selbst jedoch nur von seiner eigenen vernünftigen Überlegung und seinem freien Willen abhängig. All dies ließe sich durchaus auch mit aristotelischer Ethik bearbeiten. Aristoteles erkennt nicht nur an, sondern betont geradezu die Bedeutung paradigmatischen, vorbildhaften Handelns, das als Orientierungshilfe herangezogen werden kann. Im Grunde war dies auch, allerdings ohne jede Bezugnahme auf Aristoteles und eher stoisch begründet, die Auffassung des Origenes und des Klemens von Alexandrien: Für den christlichen Gnostiker ist Christus der Paidagogos, der Erzieher, der also, der den richtigen Weg zeigt und zwar so, daß das Gehen dieses Weges einzig in der Verantwortung des einzelnen Menschen liegt. Wir haben es hier also keinesfalls mit einer speziellen theologischen Frage zu tun, sondern mit einer Grundvoraussetzung griechischer, sokratisch-aristotelisch-stoischer Anthropologie und Ethik. Genau dies war auch die Überzeugung der frühchristlichen Schriftsteller gewesen, ebenso die der Kappadokier. Und dies wird auch die Grundvoraussetzung sein, die die Philosophen und Literaten der Renaissance gegen die das ganze Mittelalter beherrschende augustinische Anthropologie wieder – mit Rückgriff nicht nur auf die Antike, sondern ebenso auf »Natur« – betonen werden. Und es ist ebenso eine Grundvoraussetzung, die die Aufklärung sowohl gegen die katholische, augustinische wie gegen die protestantische, noch augustinischere Lehre wieder verteidigen wird.

Augustinus war der Problematik der Freiheit schon vor der Auseinandersetzung mit Pelagius begegnet. Im Zusammenhang der Auseinandersetzung mit den Manichäern hatte er 388 das erste Buch der Schrift *Über den freien Willen (De libero arbitrio)* verfaßt, in dem er ganz klar die Freiheit des Willens verteidigte und den Willen als einzige Ursache des sittlich Bösen annahm (*De libero arbitrio* I 12, 26 und 16, 34). Diesem ersten Buch fügte er aber in den Jahren 391–395 zwei weitere Bücher hinzu, in denen er sich einer weiteren Frage zuwendet: Warum entscheiden sich die Menschen so häufig für das Böse? Dies ist tatsächlich eine Frage, die sich aufgrund unübersehbarer empirischer Tatsachen aufdrängt, und daß Augustinus sich dieser

Frage annahm, war durchaus ein Verdienst. Er stellte dazu folgende Theorie auf: Seit der ersten Sünde, also der Sünde Adams, gibt es eine Tendenz zu bösen Handlungen. Auch diese These ließe sich im Rahmen der griechischen Tradition durchaus verteidigen: Eine wachsende Anzahl von Beispielen böser Handlungen, besonders, wenn diese keine Bestrafung finden, baut Hemmnisse ab und bewirkt eine Tendenz zur Nachahmung. Nimmt man jedoch Vernunft und Freiheit an, so ändert dies nichts an der Schuldfrage, sondern kann höchstens mildernde Umstände einbringen. Augustinus aber zieht einen anderen Schluß: Der Mensch hat seit dieser Sündengeschichte nicht mehr die Möglichkeit, von sich aus sittlich gut zu handeln. In seinen *Retractationes* von 426/427 sah sich Augustinus veranlaßt, zu seinen Ausführungen in der Schrift *Über den freien Willen* präzisierend oder verschärfend folgendes hinzuzufügen:

Wenn aber die Gnade Gottes diesem Willen nicht die Befreiung von jener Knechtschaft zuteilt, durch die er *Knecht der Sünde* [Röm. 6, 17 und 20] wurde, ihm also nicht geholfen wird, die Laster zu besiegen, ist für sterbliche Menschen ein gerechtes und frommes Leben unmöglich. (*Retractationes* I 9, 4)

 Dies bringt jene definitive Lösung zum Ausdruck, zu der Augustinus im Jahre 396 in einer Schrift an seinen alten Neuplatonikerfreund Simplicianus gelangt war: Der Mensch ist von sich aus nicht in der Lage, sittlich gut zu handeln; wenn er den guten Willen und die Kraft, die entsprechende Handlung zu vollbringen, hat, so geht dies einzig auf die göttliche Einwirkung zurück. Die These, daß die *Sünde ohne göttliche Gnade nicht besiegt werden kann (quia peccatum sine gratia dei vinci non posset)* ist jetzt für Augustinus grundlegend (*De diversis quaestionibus ad Simplicianum* I 1, 2). Augustinus bestreitet nicht das Vorhandensein der Freiheit, er bestreitet jedoch, daß der Mensch in der faktischen, d. h. geschichtlich-gesellschaftlichen Situation (mythologisch oder theologisch: als Nachkomme des sündigen Adam mit der Erbsünde behaftet) auch bei richtiger Einsicht richtig handeln kann. Augustinus nimmt also einen geschichtlich vermittelten und weitergegebenen Bruch zwischen dem autonomen Willen und der Verwirklichung des Gewollten an. Für ihn folgt somit nicht, wie Kant dies gut stoisch annehmen wird, daß aus dem *Sollen* das *Können* folgt (vgl. 3. Teil, Kap. XV, 7). Besonders problematisch ist auch die zusätzliche These des Augustinus, daß diese faktische sittliche Unfähigkeit des Menschen durch die Zeugung weitergegeben wird. Eine Erklärung für diese selbst für die Augustinus-These völlig überflüssige biologische Zusatzthese überlassen wir den Tiefenpsychologen. Augustinus nimmt also ein Auseinanderfallen von Wollen, das in unserer Macht steht, und Vollbringen, das nicht in unserer Macht steht, an (*Certe enim ipsum velle in potestate est, quoniam adiacet nobis; sed quod perficere bonum non est in potestate, ad meritum pertinet originalis peccati.* [Ebd. I 1, 11]). Selbst die Notwendigkeit der göttlichen Einwirkung zum Vollbringen einer sittlich guten Handlung ließe sich noch in Fortsetzung neuplatonischer Auffassungen rechtfertigen. Man könnte hier eine Parallelität der ethischen und der erkenntnistheoretischen Frage sehen. Augustinus hatte vom Neuplatonismus die erkenntnistheoretische These übernommen, daß der Mensch die letzte, entscheidende Wahrheit nicht von sich aus erreichen kann, sie muß ihm vielmehr von Gott geschenkt werden. Bei der Übertragung dieses Schemas auf die sittliche Handlung gibt es bei Augustinus jedoch einen entscheidenden Unterschied: Während er annimmt, daß jeder, der sich um die Erkenntnis der Wahrheit bemüht, die intellektuelle *Erleuchtung* auch tatsächlich erhält, nimmt er nicht an, daß jeder, der sich um die sittlich gute Handlung bemüht, auch die erforderliche *Gnade* erhält. Seit der ersten Sünde sind die Menschen zu einer sündigen Masse *(massa peccatorum)* geworden, die in ihrer Gesamtheit die Verurteilung verdient *(massa damnata)*, und aus dieser Masse begnadigt Gott einige in freier Wahl. Bei der Frage, warum Gott die einen begnadigt, die anderen aber nicht, verweist Augustinus nur auf die Unerforschlichkeit der göttlichen Ratschlüsse (*inscrutabilia enim sunt iudicia eius et investigabiles viae ipsius.* [Ebd. I 2, 16]), und damit sind wir bei der *Prädestination*: Die einen sind nach dem unerforschlichen göttlichen Ratschluß dazu auserwählt, aus der Masse der Sünder herausgenommen zu werden, sie werden zum sittlich guten Handeln befähigt und kommen in den Himmel, die anderen sind nicht auserwählt und die kommen in die Hölle. Dies ergab einen Diskussionsstoff für das ganze Mittelalter (vgl. z. B. Gottschalk in Kap. V, 2, a), und die Diskussion zog sich noch weit in die Neuzeit hinein (Konzil von Trient). Thomas von Bradwardine (1249–1349) und der als Vorläufer der Reformation wichtige John Wyclif (um 1330–1384) vertraten mit Berufung auf Augustinus eine doppelte Prädestination, d. h. eine Vorherbestimmung zu sittlich gutem bzw. sittlich verwerflichem Handeln mit den entsprechenden Folgen für das ewige Geschick. Es wurde und wird manchmal behauptet, die Nachfolger hätten die »subtile Dialektik von Freiheit und Gnade« bei Augustinus nicht durchgehalten, oder sie hätten nicht mehr das »spekulative Niveau« eines Augustinus gehabt usw., doch all dies nützt nichts. Daß mit dieser gesamten augustinischen Auffassung der Manichäismus eingedrungen ist, hat schon der Zeitgenosse Julian von Aeclanum behauptet, und das zu recht. Die augustinische Lehre ist nicht nur unannehmbar für jemand, der an der sittlichen Verantwortung des Menschen festhalten will, sie ist auch für alle die unannehmbar, die an dem biblischen Gottesbegriff festhalten wollen. Augustinus kann natürlich Paulus im *Römerbrief* 9 heranziehen (*Retractationes* I 23, 2), wo davon die Rede ist, daß es keinen uns zugänglichen Grund gibt, warum Jakob erwählt, Esau aber verworfen wird und warum von Gott, der das Herz des Pharao verstockt hat, gesagt wird: »Er erbarmt sich also, wessen er will, und macht verstockt, wen er will.« (Röm. 9, 18) Wer aus irgendwelchen, religiösen oder philosophischen, Gründen an jenem Gottesbegriff interessiert ist, den man mit aller Vorsicht bei Jesus von Nazareth vermuten kann, der muß an solchen Stellen die hermeneutischen Prinzipien des Origenes heranziehen, der damit rechnete, daß es in der *Bibel* Stellen gibt, die im wörtlichen Sinn genommen nicht akzeptabel sind (vgl. Kap. I, 5, b). Und er muß sich an Xenophanes erinnern, der sagte, daß man den Göttern nichts zuschreiben darf, was bei den Menschen als schändlich angesehen wird (vgl. 1. Teil, Kap. IV, 1, b), dies stellt bestes Erbe griechischer philosophischer Aufklärung dar. Was sittlich akzeptabel ist und was nicht, kann aber nur die menschliche Vernunft versuchen herauszufinden, hier nützt kein Rekurs auf unerforschliche göttliche Ratschlüsse.

Es wäre aber auch zu einfach, die Lehre des Augustinus als Manichäismus abzutun und dann bloß wieder Pelagius hervorzuholen. Abgesehen von aller Gnadenlehre und der bei Augustinus damit verbundenen unhaltbaren Prädestinationslehre müssen wir Augustinus in seiner Einschränkung des stoisch-pelagianischen Freiheitsbegriffs nämlich teilweise wieder recht geben. In dreifacher Hinsicht sind wir heute über den Freiheitsbegriff »aufgeklärter«: 1. Die Tiefenpsychologie hat es uns wahrscheinlich gemacht, daß es sehr wohl Motive, Antriebe usw. gibt, die sich der »normalen« Einsicht und dem »normalen« Bewußtsein entziehen, die so auch keinerlei Reflexion der Vernunft zugänglich sind, die aber doch unser Handeln in vielfacher Hinsicht nicht nur beeinflussen, sondern sogar bestimmen. Augustinus war ohne Zweifel ein scharfsichtiger psychologischer Beobachter, wenn er Wollen und Vollbringen-Können nicht einfach gleichsetzte. 2. Wir müssen uns darauf gefaßt machen, daß auch die Genforschung uns noch einige Überraschungen in Hinsicht auf das Verständnis von Freiheit bereiten wird. 3. Die Handlungen der Menschen sind durch geschichtlich-gesellschaftliche Bedingungen in vieler Hinsicht präformiert. Hier hat Augustinus (wenn auch durch den mythologischen Topos von der Erbsünde) einen wichtigen Aspekt eingebracht, wenn er von der geschichtlichen Dimension von sittlichem Fehlverhalten spricht und entsprechend mit Einschränkungen der Freiheit rechnet. Er will sagen: Es gibt in unserem Handeln nie einen Punkt 0, an dem wir beginnen, es ist immer schon ein Punkt ... *n*, und dieser ist auch ein Punkt, in den Schuld, Dummheit, Bosheit usw. eingegangen sind, die schon vor unserer gegenwärtigen Handlung liegen. Weiterhin: Dieser Punkt ... *n* ist nicht nur beeinflußt von den eigenen Handlungen, sondern auch von den geschichtlich hergestellten gesellschaftlichen Bedingungen. Wir kommen, gerade nach den Erfahrungen des 20. Jhd.s, nicht darum herum, festzustellen, daß es ein gesellschaftlich bedingtes Absinken des sittlichen Bewußtseins geben kann und faktisch auch gegeben hat. Das hat nichts mit der Annahme einer »Kollektivschuld« zu tun, sondern soll uns nur zu Bewußtsein bringen, daß es nicht nur eine Verantwortung für die eigenen sittlichen Handlungen gibt, sondern auch eine Verantwortung für das gesellschaftlich beeinflußte sittliche Bewußtsein. Der Freiheitsbegriff des Pelagius wie der seiner geschichtlichen Vorgänger Sokrates und der Stoiker – für Aristoteles gilt dies viel weniger – war abstrakt, d. h. er bekam geschichtlich-gesellschaftlich-psychologisch bedingte Einschränkungen nicht in den Blick, was allerdings nicht heißt, daß der konkrete Freiheitsbegriff Augustins richtig war. In seiner bestimmten Konkretheit und mit dem philosophisch-theologischen Rahmen, in den er eingebaut war,

war er nicht nur falsch, sondern sogar äußerst verhängnisvoll. Nichtsdestoweniger bleibt bestehen, daß Augustinus den Blick auf das Böse gerichtet hat in einer Intensität, die vorher unbekannt war. Man kann es deshalb auch so sagen: Selbst eine falsche Lösung ändert nichts daran, daß ein Problem richtig gestellt war. Auch ein Aufklärer wie Kant wird sich in seiner *Religion innerhalb der Grenzen der bloßen Vernunft* die Frage stellen, woher das Element des »radikal Bösen« in der Willensentscheidung kommt. Das Böse kann solche Dimensionen annehmen, daß es schwer fällt, es auf die Summe der einzelnen bösen Willen oder auf die Summe einzelner böser Taten von einzelnen Menschen zurückzuführen, diese Erfahrung ist der Grund der Plausibilität des manichäischen Erklärungsmodells ohne ein Beweis für dessen Richtigkeit zu sein. Es bleibt die Aufforderung, die »Dynamik des Bösen« genauer zu erforschen.

6. Die Geschichte als Ort des Kampfes

Der Anlaß für die Schrift *Über den Gottesstaat (De civitate Dei)* war ein ganz konkreter. Im Jahre 410 nahmen die Westgoten Rom ein und plünderten jene Stadt, von der die römischen Bürger angenommen hatten, sie sei das Zentrum und der Ordnungsgarant der Welt. Im vergangenen halben Jahrhundert war aber die Verbindung des Christentums mit dem römischen Staat sehr eng geworden, Kaiser Theodosius hatte im Jahr 380 das Christentum zur Staatsreligion deklariert. Der Vorwurf, daß der Gott der Christen doch solches Unheil hätte abhalten müssen, lag in der Luft und ebenso die entgegengesetzte Frage, ob die Einnahme Roms nicht das Zeichen eines Strafgerichts der heidnischen Götter sei, die Rom wegen seiner Annahme des Christentums bestrafen wollten. Augustinus hatte einen guten Blick für die gesellschaftlichen Realitäten, obwohl er uns immer wieder einreden will, daß er den Sinnen nicht traut und nur in höherer, geistiger Erkenntnis Wahrheit zu finden hofft. Der Niedergang des römischen Reiches war für ihn wie für viele andere offensichtlich. Es mußte also für ihn darum gehen, einerseits das Christentum von diesem Verfall abzukoppeln und ihm eine historische Rolle zuzuschreiben, die nicht wieder an irgendein bestimmtes Staatsgebilde gebunden war; er mußte aber andererseits dem Faktum Rechnung tragen, daß die Kirche faktisch enorm von der Verbindung mit dem Staat profitiert hatte, es ging also auch darum, sich die Option, den Staat für kirchliche Zwecke einzuschalten, für bestimmte Situationen offenzuhalten. Solche Situationen kannte Augustinus selbst aus dem Streit mit den Donatisten. Hier eine irgendwie akzeptable Lösung zu finden, war nicht einfach, und Augustinus hat sich die Arbeit auch nicht leicht gemacht: Er hat an diesem großen Werk von 413 bis 426 gearbeitet. Das Verfahren des Augustinus bei dieser Arbeit ist, wie häufig bei ihm, recht zweideutig. Er nimmt Thesen seiner Gegner auf und verbindet sie dann mit seinem eigenen Verständnis des Christentums und mit seiner Interpretation der konkreten geschichtlich-gesellschaftlichen Bedingungen. Die Donatisten hatten eine Verbindung von Kirche und Staat abgelehnt, und ein Vertreter dieser Gruppe, Tyconius, hatte für den Gegensatz der beiden Institutionen den Ausdruck der »zwei Reiche« *(duae civitates)* eingeführt, den Augustinus dann ebenfalls verwendete. Die Manichäer wiederum, deren Anhänger Augustinus lange Zeit war, bis er zu ihrem Gegner wurde, faßten das ganze Weltgeschehen als einen Kampf von zwei Prinzipien auf, ein Geschehen, das seinen Ursprung im Reich der Geister hat, und das sich in dieser Welt, die aus einer Mischung der beiden Prinzipien besteht, fortsetzt, bis schließlich entweder das Reich des Lichtes den endgültigen Sieg davonträgt oder eine endgültige Trennung der beiden Reiche stattfindet. Auch bei Augustinus finden wir nun eine »gemischte Welt« vor, in der sich *zwei Machtbereiche* – symbolisiert durch »Babylon« und »Jerusalem« – gegenüberstehen, und auch bei ihm liegt der Ursprung der beiden Reiche jenseits der menschlichen Geschichte in einem Sündenfall der Engel. Aber auch in der christlichen Tradition, besonders in der Apokalyptik, gab es ähnliche geschichtsinterpretierende Gegensätze, und vor allem gab es seit der christlichen Urkirche die Vorstellung, daß das Reich Christi »nicht von dieser Welt« ist und sich erst nach weltgeschichtlichen Katastrophen in einem eschatologischen, welttranszendenten Reich verwirklichen würde. Augustinus folgt also weder den Donatisten noch den Manichäern, arbeitet aber mit Vorstellungen, die nur auf dem Hintergrund dieser Bewegungen verstanden werden können.

Das eschatologische Element führte Augustinus dazu, die Geschichte linear aufzufassen. Auch dies ist nicht neu, denn es trifft nicht zu, wie manchmal behauptet wird, daß alle antiken Philosophen und Historiker einen zyklischen Verlauf der Geschichte angenommen haben. Die Auffassung von der *Linearität* des Geschichtsverlaufs bei Augustinus muß daher in ihrer Eigenheit betrachtet werden. Die Geschichte verläuft bei Augustinus zwar linear, hat also einen Anfang und ein Ende, aber genau diese, die Linearität eigentlich erst ermöglichenden Punkte liegen außerhalb dessen, was man als die Geschichte der Menschheit bezeichnen könnte. Der *Ausgangspunkt* liegt in einem geschichts-transzendenten Fall, also einem Absturz, und der *Endpunkt* in einer geschichts-transzendenten endgültigen Erlösung. Aber auch die innere Linearität der Geschichte und damit die Einmaligkeit aller historischen Ereignisse gewinnt Augustinus einzig aus einer theologischen Begründung: »Denn einmal nur ist Christus für unsere Sünden gestorben« (*Gottesstaat* XII 14). Es gibt also für Augustinus einen einmaligen Wendepunkt in der Geschichte, der diese in ein »vorher« und ein »nachher« einteilt. Vor dem Hintergrund dieser Annahme wird verständlich, daß Augustinus, ausgehend von solchen *geschichts-transzendenten Rahmenpunkten*, kein wirkliches Interesse am konkreten Ablauf der Geschichte haben konnte. So wie bei Augustinus in der Sprachphilosophie letztlich der innere Lehrer und nicht die Sprache entscheidend die Wahrheit vermittelt, so ähnlich ist es letztlich eine gnadenhaft vermittelte, welt-transzendente Glückseligkeit, die den Sinn der Geschichte ausmacht. Eine Basis für eine rationale Rekonstruktion der faktisch abgelaufenen Geschichte (falls so etwas überhaupt möglich ist) liefern solche Prämissen nicht, und eigentlich wird eine solche Rekonstruktion von Augustinus auch gar nicht versucht, obwohl in seiner früheren Philosophie durchaus Ansatzpunkte dafür gegeben gewesen waren. Dort hatte er die Geschichte in stoisch-neuplatonischer Tradition als göttlichen, von der Vorsehung geleiteten Erziehungsprozeß gedeutet. Unter den Prämissen seiner später – seit 396 – entwickelten Erwählungs- und Gnadenlehre war eine solche Rekonstruktion jedoch unmöglich. Die göttlichen Entscheidungen, die das menschliche Leben und dessen endgültige Glückseligkeit oder Unglückseligkeit – und somit auch den Sinn der Geschichte – bestimmen, entziehen sich jeder Möglichkeit einer rationalen Nachkonstruktion. Die gesamte Geschichte steht unter der Herrschaft unergründlicher göttlicher Ratschlüsse.

Es ist daher einigermaßen zweifelhaft, ob Augustinus – wie es häufig geschieht – als Begründer der Geschichtsphilosophie angesehen werden kann. Die sogenannte Geschichtsphilosophie des Augustinus ist nichts anderes als die Extrapolation seiner Anthropologie, und diese wiederum ist entscheidend bestimmt von der Erwählungs- und Gnadenlehre. Das bedeutet: Bei Augustinus sind Anfang und Ende der Geschichte durch Elemente bestimmt, die nur theologisch expliziert werden können, und auch der innere Verlauf der Geschichte ist durch Elemente bestimmt, die wiederum nur theologisch bestimmbar sind. Es geht bei Augustinus immer um das sündige Handeln des Menschen und um die – zumindest einige Menschen – gnadenhaft erlösende Tätigkeit Gottes. Die Frage nach dem Sinn der Geschichte wird von vornherein beherrscht von der Gnadenlehre. Dies bleibt auch ein Grundzug fast aller europäischen Geschichtsphilosophie bis in die Gegenwart: Sie tritt immer mit einem Erlösungs-Anspruch auf. Hegel wird dies sehr deutlich aussprechen:

Unsere Betrachtung ist insofern eine Theodicee, eine Rechtfertigung Gottes [...], so daß das Übel in der Welt begriffen, der denkende Geist mit dem Bösen versöhnt werden sollte. In der Tat liegt nirgend eine größere Aufforderung zu solcher versöhnenden Erkenntnis als in der Weltgeschichte. (*Vorlesungen über die Philosophie der Weltgeschichte*. Ausg. Glockner. S. 42).

Die Geschichtsphilosophie der europäischen Tradition, jedenfalls die der idealistischen Linie, zu der nicht nur die Hegels, sondern auch die von Marx gehört, lebt durch und durch von theologischer Semantik: »Versöhnung«, »neuer Mensch« usw. Hegel wußte dies ganz genau (*Vorlesungen über die Philosophie der Weltgeschichte*. S. 41). Schelling wandte sich daher konsequenterweise in seiner Spätphilosophie einer *Philosophie der Mythologie und Offenbarung* zu, und Ernst Bloch verfaßte sein *Prinzip Hoffnung* auf der Grundlage einer säkularisierten Eschatologie. Es konnte daher auch nicht ausbleiben, daß zahlreiche Theologen unserer Zeit, die der Theologie eine »philosophische« Basis geben wollten, sich der Geschichtsphilosophie dieser Linie zuwandten, etwa W. Pannenberg mit seinem Rückgriff auf Hegel oder J. Moltmann mit seinem Rückgriff auf Marx und Bloch. Die Zirkularität dieser Argumentation ist offensichtlich, und paradoxerweise wird der sogenannten »Befreiungstheologie«, die gerade dieses theologische Erbe der Geschichtsphilosophie als authentisch christlich für sich beansprucht, der katholisch-kirchliche Segen verweigert.

Die Konzeption eines einmaligen, unwiederholbaren Geschehens der Geschichte wie des einzelnen Menschenlebens ist bei Augustinus letztlich nicht bestimmt von dem Versuch einer Erklärung der Geschichte, sondern dient primär der Beantwortung der zentralen Frage spätantiker Philosophie: Wie findet der Mensch die Glückseligkeit? Augustinus ist der Meinung, daß nur das Christentum die wahre Philosophie bietet. Er lehnt die Zirkularität der Geschichte einfach deshalb ab, weil sie seiner Vorstellung von »ewigem Glück« entgegensteht:

> Da wir nunmehr mit jenen Kreisläufen aufgeräumt haben, die, wie man meinte, die Seele mit Notwendigkeit stets in dasselbe Elend zurückführen sollten [...]. (*Gottesstaat* XII 21)

Es geht Augustinus um das Erreichen einer »ewigen Glückseligkeit«, also wiederum um ein geschichts-transzendentes Ziel, das qualitativ etwas anderes als die Geschichte ist, nämlich etwas Neues, das einmalig ist und in keinerlei Verlauf hinein gehört:

> Wenn nämlich die Seele erlöst, und zwar zum ersten und einzigen Mal erlöst wird, ohne noch einmal in das Elend zurückkehren zu müssen, geschieht ihr etwas Neues, was es noch nie zuvor gab, etwas gewaltig Großes: die ewige Glückseligkeit, die kein Ende nimmt, wird ihr zuteil! (Ebd.)

Nichtsdestoweniger ist die Geschichte der Rahmen, in dem dieses qualitativ Neue seine äußeren Bedingungen hat. Da sich in endlicher Zeit unendliche Glückseligkeit erlangen oder verlieren läßt, erhält die individuelle Geschichte des Einzelnen wie die universelle Geschichte der Menschheit jene ethische Dramatik, die für die augustinische Geschichtsauffassung kennzeichnend ist. Diese Dramatik steht allerdings im Gegensatz zu der Sicht der Dinge von Gott her: Da Gott den einen die Gnade richtigen Handelns gibt, den anderen aber nicht gibt, ist von Gott her schon alles gelaufen, da wir jedoch immer nur Bruchstücke erkennen, bleibt für uns die Dramatik bestehen.

Man sollte die Geschichtsphilosophie innerhalb der Systematik des augustinischen Denkens nicht überschätzen. Sie steht, wie alles bei Augustinus, unter einer negativen Wertung: Die endgültige Erlösung des Menschen besteht auch in einer *Erlösung von der Geschichte*. Die ganze Geschichte ist ein von Gott geplanter Kampf zwischen dem Reich Gottes, der *civitas dei*, und dem irdischen Reich, der *civitas terrena*. Der Kampf der beiden Reiche bestimmt die gesamte Geschichte, Augustinus nimmt aber *nicht* an, daß es dabei einen *Fortschritt* in Richtung auf eine Zunahme des Gottesreiches gibt. Es gibt bei Augustinus keine innerhistorische Eschatologie. Die beiden Reiche dürfen auch nicht mit Kirche und Staat identifiziert werden. Sie stellen keine gesellschaftlichen Institutionen dar, sondern sind die Gesamtheit von einzelnen Menschen, die eine bestimmte Willenshaltung haben, d.h. die entweder durch die Liebe zu Gott *(amor dei)* oder durch die Selbstliebe *(amor sui)* bestimmt sind (Ebd. XIV 28). Dabei ist auch zu beachten, daß dann, wenn Augustinus von »Kirche« oder »Staat« spricht, nicht wie es später üblich wurde vor allem die institutionellen und hierarchisch geordneten Amtsträger gemeint sind, sondern immer primär die jeweilige Gemeinschaft der Menschen. Die faktische Kirche ist ein *corpus mixtum*, d.h. eine Gesellschaft, in der sich solche befinden, die Gott als das höchste Gut anerkennen, und solche, die dies nicht tun. Dasselbe gilt für den faktischen Staat bzw. die faktischen Staaten. Die augustinische Auffassung vom Kampf der beiden Reiche darf also nicht als Voraussetzung der mittelalterlichen Auseinandersetzung zwischen Papst und Kaiser angesehen werden. Die Position des Augustinus ist aber auch in diesem Punkt nicht eindeutig bzw. hat eine gewisse Entwicklung durchgemacht. In der spätesten Phase der Abfassung des *Gottesstaates* ist eine Tendenz spürbar, das Reich Gottes näher an die sichtbare Kirche heranzurücken und ebenso das irdische Reich stärker durch bestimmte historisch faßbare Reiche wie Babylon und Rom zu exemplifizieren, zu einer Identifikation kam es aber bei Augustinus nie. Von hier aus gesehen liefert er so schließlich doch zumindest Voraussetzungen für die Interpretationen des Machtkampfes von Papst und Kaiser im Mittelalter. Dort konnte Otto von Freising (ca. 1112–1158) in seiner *Geschichte von den beiden Reichen (Historia de duabus civitatibus)* aus dieser Konzeption einen methodologischen Leitfaden zur Darstellung der Geschichte machen. Das ist weder augustinisch noch nicht-augustinisch.

Im Grunde gibt es bei Augustinus beide, Kirche und Staat, nur deshalb, weil die Menschen gesündigt haben. Wegen der Sünde brauchen die Menschen eine Gesellschaftsordnung, die ihnen den Weg zum Heil weist, also eine Kirche, und auch nur im Zustand des Gefallenseins brauchen die Menschen eine äußere Ordnung, also einen Staat. Dies heißt natürlich, daß es für Augustinus eine eigentliche *Staatsphilosophie* gar nicht geben kann. Der Staat wird ausschließlich im Zusammenhang der Sünden- und Gnadenlehre thematisiert, er liefert somit keine ihm spezifische Problematik. Eine Begründung des Staates aus der Natur des Menschen, wie es die griechische Philosophie bei Platon, Aristoteles, den Stoikern und den Epikuräern versucht hatte, die aber auch in der lateinischen Philosophie bei Cicero noch maßgebend war, ist ein Weg, der Augustinus in seiner Spätphilosophie nicht mehr offen steht. Herrschaft ist eine Folge der Sünde und sonst nichts (*Gottesstaat* XIX 15), damit hat auch die alte Grundsatzfrage der Staatsphilosophie, die nach dem Sinn von »Gerechtigkeit«, keinen gesellschaftlichen oder politischen Ort mehr, von dem aus sie auch nur gestellt werden könnte. Die wahre Gerechtigkeit können prinzipiell nur die kennen, die zum Gottesstaat gehören, und außerdem ist die wahre Gerechtigkeit primär eine gegenüber Gott und nur sekundär eine gegenüber den anderen Menschen. An diesem sekundären Aspekt ist Augustinus somit auch nur wenig interessiert. Auch die staatliche Rechtsprechung findet bei Augustinus keine positive Beurteilung, jedoch nicht wegen institutioneller Mängel, sondern deshalb, weil der Richter dem, über den er urteilt, »nicht ins Herz sehen« kann (Ebd. XIX 6). Augustinus kann eben nicht anders, als immer nur an Moralität zu denken. Daß eine staatliche Ordnung etwas Schützenswertes darstellt, ganz unabhängig von der Moralität der Gesinnung seiner Bürger, ist ein Augustinus ganz fremder Gedanke. Auch das Grundpostulat der griechischen politischen Theorie, die Polis diene dazu, die Bedingungen für die Glückseligkeit der Bürger herzustellen, kann bei Augustinus nicht mehr aufrecht erhalten werden. Die einzig wahre Glückseligkeit des Menschen liegt für Augustinus völlig außerhalb der Kompetenz des Staates. Eine wichtige Aufgabe des Staates ist nach Augustinus trotzdem die Sicherung des äußeren Friedens, aber auch dieser wird sofort wieder in den Dienst des »himmlischen Friedens« gestellt, der der einzig wahre Friede ist (Ebd. XIX 17). In den *Retractationes* aus den Jahren 426/427 weist Augustinus nochmals nachdrücklich darauf hin, daß das Erreichen

des Friedens im irdischen Leben unmöglich ist (*Retractationes* I 19, 1 f.). Allen chiliastischen Bewegungen, die auf ein neues Zeitalter, das Zeitalter des Geistes nach dem des Logos hofften, stand Augustinus kritisch gegenüber. Das Reich Gottes kennt keine irdische Verwirklichung, und es ist in einem solchen Maß der realen Geschichte transzendent, daß es auch nicht einmal als kritischer Maßstab gegenüber irdischen Reichen eingesetzt werden kann.

Augustinus kann und will daher keine konkrete Ordnung des Staates entwerfen, und so kann er nicht viel mehr leisten, als von einer gewohnten Ordnung zu sprechen. Besonders fatal war sein Gedanke, Gott könne auch etwas anordnen, das in Widerspruch zu dieser Ordnung steht (*Bekenntnisse* III 8, 15). Dies wird vor allem dort problematisch, wo Augustinus doch wieder vom christlichen Herrscher erwartet, daß er sich für die Rechte der wahren Religion einsetzt, also auch etwa Zwangsmaßnahmen gegen Häretiker ergreift. Solche Zwangsmaßnahmen dienen aber allein der Kirche, sie haben nicht die Aufgabe, einen »christlichen Staat« herzustellen, einen solchen kann es in der Konzeption des Augustinus nicht geben. Es war schließlich ein entscheidender Ausgangspunkt der gesamten Überlegungen des *Gottesstaates*, das Christentum von allen Folgen, die sich aus dem Niedergang eines »christlichen Reiches« ergeben konnten, abzutrennen. Eine Reichskirche, wie sie Konstantin angestrebt und wie sie der am Hof des Kaisers tätige Kirchenschriftsteller Eusebius als Ziel vertreten hatte, kann es bei Augustinus nicht geben. Wenn von einem »christlichen Herrscher« gesprochen wird, so wird dieser als Christ unter rein religiösen, nicht unter politischen Aspekten beurteilt. Auch dies ist nicht unbedingt neu, selbst Kaiser Marc Aurel hatte sich selbst unter rein individualethischen

Gesichtspunkten betrachtet, nicht unter politischen. Die Frage ist dann allerdings, wo denn überhaupt die Gerechtigkeit im Staat herkommen könne. Im Mittelalter wurde manchmal die Auffassung vertreten, dem irdischen Staat fehle eigentlich die Gerechtigkeit, diese müsse ihm daher von der Kirche verliehen werden. Diese Position vertrat u.a. der im 13. Jhd. sehr einflußreiche Aegidius von Rom (um 1243–1316). Sie ist nicht die des Augustinus, es ist aber verständlich, daß sie als »augustinisch« vertreten werden konnte. Die Haltung des Augustinus gegenüber dem Staat – Distanz und gleichzeitig Indienstnahme – bleibt zweideutig. Im Mittelalter wird erst die Beschäftigung mit der *Politik* des Aristoteles zur Überwindung der augustinischen Konzeption des Staates führen (vgl. Kap. XIV, 4).

Es ist Augustinus also nicht gelungen, besser gesagt: es konnte ihm nicht gelingen, dem Staat eine positive und rationale Begründung zu geben. Diese Position gab Augustinus allerdings die Möglichkeit, den Staat bzw. dessen institutionelle Vertreter sehr scharf zu beurteilen. Dabei kritisiert er den Staat aber eben nicht von einer Vorstellung eines, vielleicht nie realisierbaren, Idealstaates her, sondern von der Position der Auffassung, der Staat gehöre zu den Sündenfolgen. Der Staat hat kein ideales Urbild und auch kein ideales Zielbild. Es wurde an früherer Stelle (1. Teil, Kap. XI, 2) darauf hingewiesen, daß sich die Philosophie der späten Antike in zunehmendem Maß auf das Heil der individuellen Seele konzentrierte, was mit sich brachte, daß es dort keine Philosophie des Staates oder der Politik mehr gab. Trotz seines umfangreichen Werkes über den Gottesstaat, in dem sehr viel auch über die irdischen Staaten gesprochen wird, gehört Augustinus in diese spätantike Tradition hinein. Das Heil der Seele, die endgültige Glückseligkeit, hat mit der Existenz des Menschen als Bürger eines Staates nichts zu tun. Augustinus spricht von den »Finsternissen, die über dem Gemeinschaftsleben lagern« (*Gottesstaat* XIX 6). Die augustinische Seele zieht sich aus diesen Finsternissen zurück, sie kann dort weder Glück noch Gnade finden, sie ist entpolitisiert und staatenlos wie die der Stoiker und der Neuplatoniker. Allerdings darf man auch hier die Prädestinationslehre Augustins nicht vergessen. Die spätantike Philosophie hatte versucht, gegenüber den äußeren wirtschaftlichen und politischen Lebensbedingungen, die kaum noch für eine Selbstbestimmung Raum ließen, in der Seele einen letzten Ort solcher Selbstbestimmung zu finden. Bei Augustinus spiegelt sich in der Erwählungslehre nochmals, aber unantik radikalisiert diese äußere Unsicherheit wieder: Auch das ewige Heil, die ewige Glückseligkeit, hängt letztlich nicht ab von einer autonomen Selbstbestimmung, sondern von einem unergründlichen göttlichen Ratschluß.

Die Konzeption, die dem Staat keine in der Natur des Menschen liegende Begründung zu geben vermag und ihn primär als Strafinstanz betrachtet, wirkte in sehr fragwürdiger Weise lange nach: Noch im 19. Jhd. war besonders in der Frühphase der idealistischen Philosophie (so bei Fichte, Schelling und später noch bei Marx) der Gedanke weiter gegenwärtig, daß es in der idealen Gesellschaft keinen Staat mehr geben würde, ja keinen Staat mehr geben dürfe (vgl. 3. Teil, Kap. XVI, 4). Die augustinische Staatsauffassung wirkt aber anderseits auch überall dort nach, wo man meint, der Staat habe sich nicht nur um die Regeln des Zusammenlebens zu kümmern, sondern habe auch die Aufgabe, den einzelnen Menschen zu moralischem Verhalten zu führen, wo man also meint, die Menschen seien nur beschränkt autonom und bedürften zu ihrem Glück der »weisen Führung von oben«, und da der Staat über keine Prinzipien der Moralität verfügt, müssen sie ihm von der Kirche vorgegeben werden, und damit sind wir bei der Problematik der Einmischung der Kirche(n) in die Politik und in die staatliche Gesetzgebung.

7. (K)ein Schlußwort

In den vorausgehenden Abschnitten wurden viele Fragen behandelt, die dem heutigen Leser als theologische Probleme erscheinen. Dies ist aber eine historisch unangemessene Sicht: Augustinus stand durchaus in der Tradition der frühchristlichen Autoren, die das Christentum als die wahre Philosophie betrachteten.

Wir Christen glauben und lehren ja, und unser Heil hängt daran, daß Philosophie, das

heißt Weisheitsstreben *(sapientiae studium)* und Religion nicht voneinander verschieden sind. (*Über die wahre Religion* V 8, 26)

Die Trennung philosophischer und theologischer Fragen bei Augustinus ist also unangemessen. Da Augustinus das Christentum als die wahre Philosophie ansah, strebte er immer – auch dies wieder ganz im Sinne der Tradition – neben dem Schriftbeweis auch eine rationale Begründung an. Es ist daher auch wiederum durchaus angemessen, die Thesen des Augustinus auf ihre rationale Begründung hin zu befragen. Wenn wir Augustinus nur als Prediger und kirchlichen Propagandisten betrachten, bleiben wir hinter dem Anspruch, den er selbst erhebt, zurück.

Zu Beginn des Kapitels wurde darauf hingewiesen, daß Augustinus in sehr verschiedener Weise interpretiert werden kann. Dies liegt nicht nur daran, daß es einen frühen und einen späten Augustinus gibt, worauf er selbst hinwies, wenn er sich gegen Ende seines Lebens dazu veranlaßt sah, *Retractationes* abzufassen, also manche Thesen aus früheren Schriften zu widerrufen. Es liegt vor allem daran, daß er auch oft in ein und demselben Werk versuchte, letztlich widersprüchliche Thesen gleichzeitig zu verteidigen – gelegentlich hat er das auch selbst gesehen. Daß Logik nicht die Stärke des Augustinus war, ist offensichtlich, er kannte die diesbezüglichen Abhandlungen des Aristoteles außer der Kategorienschrift überhaupt nicht. Wahrscheinlich hätte aber das Studium der Schriften des Aristoteles zur Logik kaum etwas an der Argumentationsweise des Augustinus verändert. Auch die Neuplatoniker betrachteten eine solche Logik nur als Regeln, die in die Vorhalle der wahren Erkenntnis gehören. Augustinus geriet in viele seiner Schwierigkeiten nicht deshalb, weil er auf klar gestellte Probleme keine klaren Antworten fand, sondern dadurch, daß er nicht selten von Anfang an versuchte, widersprüchliche Positionen gleichzeitig zu verteidigen. Die Lösungen konnten dann nur widersprüchlich sein, oder es kamen nicht recht überzeugende Kompromisse heraus. Aber auch an diesem Punkt sollte man in der Beurteilung vorsichtig sein. Die Inkohärenz vieler Positionen des Augustinus ist offensichtlich, aber woher kamen, falls überhaupt vorhanden, in der späten Antike kohärente Positionen? Sie hatten ihren Ursprung und ihre Plausibilität in einer selektiven Wahrnehmung der Wirklichkeit. Die spätantiken Philosophen hatten sich von der Politik und von den konkreten Fragen der Ethik verabschiedet, und dort, wo ein Politiker philosophierte, betrachtete er sich selbst in apolitischer Hinsicht. Augustinus war engagierter Kirchenpolitiker – ob immer auf der richtigen Seite, kann dabei offen bleiben – und er versuchte, seiner Tätigkeit eine rationale Begründung zu geben. Die gesellschaftliche Wirklichkeit, auf die er sich bezog, war aber selbst in höchstem Maß widersprüchlich und verunsichert. Und auch die Rolle der Kirche war in dieser Gesellschaft ganz und gar nicht eindeutig. Ein weiteres: Augustinus war sich durchaus bewußt, daß eine Periode zu Ende ging: Während er den *Gottesstaat* schrieb, rückten die Vandalen gegen seinen Bischofssitz vor. Was wir – ethnologisch sauber und deskriptiv – als »Völkerwanderung« bezeichnen, war in der Wahrnehmung des römischen Bürgers Augustinus das, was es noch heute im Italienischen ist: der »Barbareneinfall« *(l'invasione dei barbari)*, an dessen siegreichem Ausgang er von Tag zu Tag weniger zweifeln konnte und in dem er ein Problem für seine »wahre Philosophie« sah, insofern diese ja den Sieg der Barbaren überleben sollte. Aber: Wie sollte ein kohärentes »System« in einer im Zerfall begriffenen Kultur und Zivilisation aussehen? Es sollte überzeitlich-unangreifbar und abgehoben von aller geschichtlichen Kontingenz und gleichzeitig eine wirksame historische Kraft sein, dies ließ sich einfach nicht kohärent konstruieren. Beim letzten großen Neuplatoniker Proklos (412–485) – eine Generation später, als die Entwicklung schon um einiges weiter war – suchen wir vergeblich nach einer ähnlichen Wahrnehmung der historischen Wirklichkeit. Der große Systematiker Proklos systematisierte eine Metaphysik, die keinen Bezug zur historischen Realität hatte. Augustinus nahm dagegen die Wirklichkeit seiner Zeit in ihrer ganzen Breite und Widersprüchlichkeit, in ihrem Zerfallszustand wahr, und das eigentliche Problem seiner Schriften und Thesen liegt dann darin, daß er unbedingt daran glaubte, seine »wahre Philosophie« müsse auf alle sich stellenden Fragen eine und nur eine Antwort liefern. Augustinus konnte nicht mit Widersprüchen leben, und er konnte sich nie mit vorläufigen, revisionsbedürftigen und hypothetischen Antworten zufrieden geben. Augustinus wollte schon argumentieren, aber wenn dies nicht funktionierte, sprach er eben ein – rhetorisch wirksames – Machtwort.

Die Wirkung der Schriften des Augustinus auf die gesamte weitere Geschichte Europas war ungeheuer. Dies beruht zunächst darauf, daß es nur wenige lateinische Schriftsteller von einigem Rang gab: Tertullian, Ambrosius und Hieronymus, außerdem noch Cyprian und Lactanz sind – wenn auch in verschiedenem Ausmaß – philosophisch eher zweite Garnitur. Griechisch konnte inzwischen kaum noch jemand, Augustinus eingeschlossen; der Kontakt mit der griechischen Kultur war abgebrochen. Was blieb, war Augustinus. Aber dennoch gilt: Auch eine noch so große Wirkungsgeschichte ist kein Kriterium für die Qualität des Ausgangspunktes, und außerdem betreiben wir hier nicht Kirchengeschichte, sondern Philosophiegeschichte. Obwohl auch in dieser letzteren Hinsicht Augustinus ohne Zweifel eine ganz bedeutende Wirkungsgeschichte hervorgerufen hat, bleiben doch in Hinsicht auf seine philosophischen Leistungen große Zweifel bestehen. Für das zentrale philosophische Problem seiner Zeit, das Verhältnis von Christentum und Philosophie, hatte er auch keine bessere Antwort als die Populärphilosophie, d. h. eine ungenaue und unkritische Annäherung von Platonismus und Christentum bis zur naiven Gleichsetzung. Und dort, wo er authentisch christliche Thematiken aufnahm, so wie bei der Frage der moralischen Schuld des Menschen und der nach der Erlösung von dieser Schuld, fand er nicht die philosophische Kraft, diese Probleme zu lösen. Eine solche Lösung ist zwar nicht unbedingt erforderlich, aber er fand auch nicht – und dies ist philosophisch sehr fragwürdig – die Kraft, sie richtig zu fassen und dann vielleicht einzugestehen, daß auf so gestellte Fragen keine kohärente Antwort möglich ist. Die vernünftigste Folgerung wäre hier wahrscheinlich das Eingeständnis, daß schon die Frage falsch gestellt ist. Da Augustinus sich aber nie eingestehen wollte, daß er einfach falsche Fragen stellte, erfand er schlimme Mythologeme wie die Erbsünde oder die (faktisch) doppelte Prädestination.

- IV -

Das Ende der Antike

1. Boethius

Im Jahre 410 besetzten die Westgoten Rom. Dieses Ereignis hatte politisch wie auch psychologisch eine ungeheure Wirkung. Das Ende einer Epoche war unübersehbar geworden. Diese Erschütterung alles Bisherigen war der Anlaß für Augustinus gewesen, den *Gottesstaat* zu schreiben. 430 starb Augustinus während der Belagerung Hippos durch die Vandalen. Seit 493 herrschten die Ostgoten unter der Führung Theoderichs in Italien. Die Eroberer sahen sich einer überlegenen Kultur gegenüber und versuchten, sich diese zumindest teilweise anzueignen. Am Beginn dieses langen und mühsamen Vorganges begegnen wir Boethius. Boethius ist einerseits noch ganz in der antiken Welt des römischen Reichs aufgewachsen und besaß eine vorzügliche, zu dieser Zeit selten gewordene, griechische Bildung, andererseits aber stand er in seinen letzten Lebensjahren im Dienst der neuen Herrscher am Hof Theoderichs in Ravenna. Wie riskant eine solche Position war, mußte Boethius selbst erfahren, er wurde schließlich von seinen neuen Herren als politischer Verräter hingerichtet (524/25). Der Grund war, daß vermutet wurde, Boethius hätte Kontakte mit dem oströmischen Kaiserhof, der von den Goten als Konkurrent der Herrschaftsansprüche in Italien und somit als Gegner angesehen wurde.

Boethius gehört gesellschaftlich und kulturell in eine ganz andere Kategorie als die bisher besprochenen Autoren. Diese waren – jedenfalls seit Origenes – in irgendeiner amtlichen kirchlichen Funktion tätig gewesen, waren also Kirchenschriftsteller im echten Sinn des Wortes. Boethius dagegen hatte nie ein kirchliches Amt inne und auch sicher niemals ein solches angestrebt. Boethius war ein gebildeter Römer aus einer vornehmen Familie mit Grundbesitz, der seine Fähigkeiten in den Dienst des Staates, also der *res publica*, stellen wollte. Wissenschaftlicher Arbeit widmete er sich nur in seiner Freizeit, wir kennen Boethius als Übersetzer und Autor wichtiger philosophischer Schriften, aber er war dies eigentlich nur nebenberuflich. Boethius ist ein Mann, der in die Tradition Ciceros gehört. Mit diesem teilte er das Interesse, den Römern die griechische Philosophie zu übermitteln, eine Aufgabe, die seit der Zeit Ciceros noch viel wichtiger geworden war, schon aus dem einfachen Grund, weil in der Zwischenzeit die Griechischkenntnisse in erheblichem Maß zurückgegangen waren. Wenn Boethius Schriften verfaßte, wandte er sich an seinesgleichen, er hatte also sicher nicht die zukünftige Ausbildung des Klerus im Auge, der in den folgenden Jahrhunderten seine Schriften faktisch dienten. Selbst wenn er theologische Schriften verfaßte, etwa die *Opuscula sacra*, tat er dies gleichsam als auswärtiger Gutachter. Aber auch diese Schriften hatten einen politischen Hintergrund: Es ging um den Versuch der Beseitigung von Lehrstreitigkeiten, die nach dem Konzil von Chalkedon (451) zu großen Problemen in der Ost- und Westkirche geführt hatten. Boethius selbst hielt sich bei der Frage, ob seine vor allem aristotelisch angelegte Interpretation der Trinitätslehre mit der kirchlichen Lehre übereinstimme, zurück und überließ die Entscheidung darüber seinem Freund, dem Diakon Johannes.

a) Die logischen Schriften

Das Werk des Boethius zeigt eine umfassende Kenntnis der griechischen Philosophie, in den historischen Nachrichten über das Leben des Boethius fehlen jedoch Angaben, wo er sich diese Kenntnisse erworben hat. Nimmt man ein Studium in einer griechisch-hellenistischen Stadt an, so kommen eigentlich nur Athen oder Alexandrien in Frage. Die Art und Weise, in der Boethius seine wissenschaftliche

Tätigkeit betreibt, weist recht eindeutig auf Alexandrien hin (vgl. 1. Teil, Kap. XVIII): genaues Textstudium, Kommentare, zusammenfassende Handbücher. Boethius arbeitet jedenfalls wie ein alexandrinischer Gelehrter, ob er sich diese Arbeitsweise durch ein Studium in Alexandrien oder durch eigenes Studium aufgrund von Texten, die in den reichhaltigen Bibliotheken Roms zur Verfügung standen, erworben hat, ist demgegenüber von untergeordneter Bedeutung. Es ist immer wieder die Frage gestellt worden, ob nicht vieles von dem, was Boethius in seinen Kommentaren und Handbüchern wiedergibt, einfach von griechischen Autoren abgeschrieben ist, es wurde sogar die Vermutung geäußert, Boethius habe bei einzelnen Schriften weithin einfach inzwischen verlorengegangene Quellen ins Lateinische übersetzt. Dieser Verdacht geht jedoch an der historischen Wirklichkeit vorbei. Originalität war bei den Alexandrinern kein angestrebtes Ziel, es ging vielmehr darum, Wissen »fortzuschreiben«. Dies war besonders wichtig beim Verfassen von *Handbüchern*, bei denen es ja darum ging, schon vorhandenes Wissen zusammenfassend und didaktisch brauchbar aufzuarbeiten. Und es läßt sich auch nachweisen, daß Boethius bei der Abfassung seiner Schriften nicht einfach jeweils eine einzige Quelle verwendet, sondern vielmehr immer mit verschiedenen Quellen gearbeitet hat, auch wenn ihm die Schriften bestimmter Autoren als Leitfaden gedient haben. Wie etwa sollte Boethius ein Handbuch *Über die Musik (De musica)* schreiben, das sich mit der griechischen Musiktheorie befaßt, zu einer Zeit, zu der man diese Musik gar nicht mehr hören konnte, weil sie eben die Musik einer viel früheren Zeit war? Man kann sich natürlich die Frage stellen, welchen Sinn denn dann ein solches Handbuch haben soll, dies war jedoch nicht die Fragestellung des Boethius. Er wollte das Wissen über die Musik fortschreiben und griff dabei auf entsprechende Texte, z. B. die des Nikomachos von Gerasa (2. Jhd. n. Chr.) zurück. Ganz ähnlich liegt der Fall bei seinem Handbuch *Über die Arithmetik*, mit dem Unterschied, daß diese Arithmetik natürlich zu seiner Zeit noch genauso galt wie früher. Die Herstellung von Handbüchern entsprach einem gerade im römischen Bereich vorhandenen und sehr berechtigten Bedürfnis; aber auch diese Handbuch-Tradition haben die Römer schon aus dem griechisch-hellenistischen Bereich übernommen.

Bevor jedoch mit dem Textstudium begonnen werden konnte, mußten diese Texte erst einmal für ein römisches Publikum, bei dem nur noch ganz geringe Griechischkenntnisse vorausgesetzt werden konnten, in lateinischer Sprache zur Verfügung gestellt werden. Die Vermittlungstätigkeit des Boethius bedeutete also zunächst einmal *Übersetzung*. Boethius hatte richtig erkannt, daß die Bildungssprache der Zukunft das Lateinische sein würde, er übersetzte aber sicher zunächst einmal für seine eigenen Landsleute, nicht für jene, die, wie die germanischen Stämme, Latein als Bildungssprache verwenden würden. Diese Arbeit darf man nicht unterschätzen. Früher hatten die philosophisch Interessierten meist jedenfalls noch so viel Griechisch gekonnt, daß griechische Fachbegriffe verwendet werden konnten. Es bestand also noch keine Notwendigkeit einer eigentlichen philosophischen *lateinischen Fachterminologie*. Aber schon ein Jahrhundert vorher, bei Augustinus, hatte sich gezeigt, daß auch jemand, der eine ordentliche Schulbildung genossen hatte, kaum oder vermutlich überhaupt nicht in der Lage war, griechische Texte zu lesen. Damit fiel die Möglichkeit weg, bei Fachbegriffen den genauen Sinn aus dem ursprünglichen Zusammenhang im griechischen Text zu ermitteln. Da aber noch keine standardisierte lateinische Terminologie vorhanden war, ist es auch nicht verwunderlich, daß z. B. bei Augustinus – abgesehen davon, daß dies überhaupt nicht seine Stärke war – die Terminologie oft unpräzise blieb. Es handelt sich letztlich eher um ein literarisches als um ein philosophisches Latein, das wir bei Augustinus vorfinden, außer dort, wo er, wie z. B. bei der Darstellung der stoischen Grammatik, eine schon fachspezifisch geprägte Terminologie vorfindet. Boethius arbeitet hier auf einem ganz anderen Niveau. Aber auch in sachlicher Hinsicht unterscheidet er sich von Augustinus und zahlreichen anderen, weniger bekannten Vertretern einer Kultur, die philosophisches (Halb-)Wissen in literarischem und rhetorischem Gebrauch aufgehen ließen. Dem stellte Boethius seine Prinzipien alexandrinischer Gelehrsamkeit entgegen. Die genaue Arbeit an Begriffen, die später manchmal als ein Element des »Alexandrismus« unverdienterweise negativ beurteilt wurde, gehörte dort zu den Berufsstandards eines Wissenschaftlers. Boethius hat in vielen Fällen erst eine Zuordnung griechischer und lateinischer Begriffe suchen müssen, so gehen etwa die terminologischen Festlegungen von »Subjekt«, »Prinzip«, »Person«, »Ewigkeit«, »Definition« und viele andere auf Boethius zurück. Dennoch war er aber kein Gegner einer literarischen Verwendung philosophischen Wissens – das beste Zeugnis dafür ist seine *Consolatio*, in der Boethius unter anderem zeigt, in welch meisterhafter Weise er nicht nur die lateinische Prosa, sondern auch die Metrik beherrschte.

Boethius hatte vor, das gesamte Werk Platons und Aristoteles' zu übersetzen. Von diesem Plan konnte er jedoch nur die Übersetzung des aristotelischen Organon verwirklichen, möglicherweise hat er aber die *2. Analytik* nicht übersetzt. Von diesen Übersetzungen sind im Mittelalter allerdings nur die der *Kategorien* und von *De Interpretatione* wirksam geworden. Boethius stand in seiner Verhältnisbestimmung von Platon und Aristoteles jener Auffassung näher, die eine Übereinstimmung der Lehren der beiden nachzuweisen versuchte. Dies war eine Auffassung, der wir z. B. bei Porphyrios bereits begegnet sind (vgl. 1. Teil, Kap. XVII, 2) und die auch der Tendenz der Alexandriner Gelehrten näherlag. Im Prinzip bedeutete dies eine Minderung der systematischen und kritischen Perspektive, wie diese noch bei den Mittelplatonikern – wenngleich in oft unsachlicher Weise (vgl. 1. Teil, Kap. XVI, 3, a) – vorhanden gewesen war, die Auffassungen von Platon und Aristoteles lassen sich in vielen Punkten einfach nicht harmonisieren. Aber auch in diesem eingeschränkten Sinn handelt es sich bei Boethius um eine Problemsicht, die bei Augustinus überhaupt nicht vorhanden war.

Außer diesen aristotelischen Texten übersetzte Boethius die *Einleitung* des Porphyrios zu den *Kategorien* des Aristoteles. Zu mehreren dieser Schriften verfaßte er auch Kommentare, so zur *Einleitung* des Porphyrios (in zwei Fassungen), zu *De interpretatione* (auch wieder in zwei Fassungen), zur *Topik* des Aristoteles (verloren seit der Antike) und zu Ciceros *Topik*. Weiterhin verfaßte Boethius handbuchartige Zusammenfassungen zur Lehre *Über die kategorischen Syllogismen (De syllogismis categoricis)*, *Über die hypothetischen Syllogismen (De syllogismis hypotheticis)* und *Über die Topik (De differentiis topicis)*. Die Hauptquelle bei seinen Arbeiten waren die Schriften des Porphyrios, manches an historischem Wissen war jedoch in der Zeit zwischen Porphyrios und Boethius in Vergessenheit geraten. Porphyrios vergleicht in seinen Schriften an verschiedenen Stellen z. B. die Zielsetzung der stoischen Logik und deren Terminologie mit jener des Aristoteles, eine wirkliche Kenntnis stoischer Logik gab es jedoch zur Zeit des Boethius nicht mehr. In diesem Punkt spiegelt Boethius den Kenntnisstand seiner Zeit wieder. Schon in der *Einführung in die Logik* des Galenos (2. Jhd. n. Chr.) stehen Elemente der beiden Formen der Logik einfach nebeneinander. Porphyrios konnte mit beiden Formen noch irgendwie umgehen, Boethius hatte dazu schon keinen wirklichen Zugang mehr. Diese Problematik zeigt sich besonders in der Schrift des Boethius *Über die hypothetischen Syllogismen* sowie in seinem Kommentar zu Ciceros *Topik*, zwei Traktate, die also aus stoischer Tradition kommen, sowie in der Schrift *De differentiis topicis*, wo aristotelische und stoische Auffassungen nebeneinandergestellt werden und Boethius den, allerdings nicht sonderlich erfolgreichen, Versuch unternimmt, die beiden Listen der logischen Örter *(tópoi)* zusammenzufassen. Ein solches Nebeneinander zeigt sich bei Boethius schon bei der Frage der wissenschaftstheoretischen Einordnung der Logik. Er referiert sowohl die peripatetische Auffassung, daß die Logik ein Instrument der Wissenschaft sei, das nicht wie die theoretische oder die praktische Philosophie einen eigenen Gegenstand hat, als auch die stoische Auffassung, daß die Logik einen eigenen Gegenstand habe, es also die drei Gebiete Physik, Ethik und Logik gebe (*Kommentar zur Einleitung des Porphyrios*. 2. Fassung, I 2 und 3). In mancher Hinsicht war Boethius aber konsequenter als sein Quellenautor Porphyrios. Boethius versucht, die Logik von metaphysischen Spekulationen, und das heißt hier: von neuplatonischer Metaphysik, freizuhalten. Wenn es im Mittelalter den Logikern gelingen wird, eine Autonomie für ihr Gebiet zu behaupten, so wird dies vor allem auf die Stellung der Logik zurückgehen, die Boethius ihr zu geben vermocht hatte.

Boethius hat nicht nur Schriften zur Logik bearbeitet und selbst hergestellt, sondern war davon überzeugt, daß es ohne Logik keine saubere wissenschaftliche oder theologische Argumentation geben könne. Wie im letzteren Bereich eine solche aussehen kann, hat er in den *Opuscula sacra* paradigmatisch aufgezeigt.

Die Übersetzungen und Schriften des Boethius zur Logik lieferten, obwohl sie im frühen Mittelalter nur teilweise rezipiert wurden, eine solide Grundlage, um von einer eigenen Aufgabe der Philosophie sprechen zu können, die keiner Autorität und keiner Offenbarung unterworfen ist, und gleichzeitig lieferten sie die Möglichkeit, andere Bereiche, und dies betraf zunächst vor allem die Theologie, auf rationale Argumentation zu verpflichten. Wenn es in der mittelalterlichen Philosophie und Theologie eine durchaus eigenständige Rationalität gab, und zwar auch schon vor der Aristotelesrezeption des 12. und 13. Jhd.s, so ist dies vor allem dem Weiterwirken der Schriften des Boethius zu verdanken. Abaelard wußte dies ebenso wie Thomas von Aquin. Die Wertschätzung des Boethius wurde im Mittelalter nie in Frage gestellt, auch nicht von jenen, die ihn in seiner *Consolatio* zu Recht als »heidnischen« Philosophen identifizierten (vgl. Kap. V, 4).

b) Die Tröstung der Philosophie

Das Auseinanderhalten von Logik und Metaphysik ist bei Boethius ein um so größeres Verdienst, als er selbst ohne Zweifel vom Neuplatonismus zutiefst beeindruckt und beeinflußt war. Im Gefängnis schrieb Boethius jenes Buch, das ihn im Mittelalter zu einem der meistgelesensten Autoren machen sollte: die *Tröstung der Philosophie (Consolatio philosophiae)*. Die Antwort, die Boethius hier auf die Frage nach dem Sinn des Lebens angesichts des drohenden gewaltsamen Todes gibt, ist die der späten Antike, d. h. der Stoa und vor allem des Neuplatonismus. Das Verständnis von Philosophie, das der *Consolatio* zugrunde liegt, stellt gleichsam eine Zusammenfassung dessen dar, was von der Philosophie in der späten Antike erwartet wurde. Boethius stellt sich den Menschen vor wie einen Kranken, der nach einem Arzt Ausschau hält.

Tröstung ist gleich Heilung, und die Philosophie zeigt sich in der Gestalt dessen, der die *Heilung der Seele* bringt. Die Philosophia tritt als Ärztin an das Krankenbett, gekleidet in ein Gewand aus unzerstörbarem Stoff *(indissolubili materia)*, »doch hatten dieses selbe Kleid die Hände einiger Gewalttäter zerfetzt, und jeder hatte die Stückchen, die er gerade fassen konnte, an sich gerissen« (*Tröstung der Philosophie* I 1.p. 14 und 22–24). Wir begegnen hier wieder dem Motiv von der ursprünglich einen Weisheit, die durch Nachfolger zerteilt wurde, so daß daraus die philosophischen »Sekten« entstanden sind, ein Motiv, das bei Mittel- und Neuplatonikern allgemein verbreitet war (vgl. 1. Teil, Kap. XVI, 4, a). Ausdrücklich erwähnt Boethius den »epikureischen und stoischen Pöbel« *(Epicureum vulgus ac Stoicorum)*, der das Gewand der Philosophie zerrissen hat (*Tröstung der Philosophie* I 3.p. 22), was auch wieder zeigt, wie wenig sich die Neuplatoniker darüber im klaren waren, daß viele ihrer Auffassungen aus der Stoa stammten. Besonders scharf wendet sich Boethius gegen den literarischen Gebrauch bzw. Mißbrauch der Philosophie: Diese »Dirnen« dürfen keinen Zutritt zum Lager des Kranken haben, sie, »die seinen Schmerz nicht nur mit keiner Arznei lindern, sondern ihn obendrein mit süßem Gift nähren möchten« (Ebd. I 1.p. 28–31). Boethius hatte nichts übrig für den rhetorischen und literarischen, häufig recht oberflächlichen Gebrauch der Philosophie. Das Gewand der

Philosophia hat am unteren Rand den griechischen Buchstaben »Π«, am oberen Rand aber »θ« eingewebt, »und zwischen beiden Buchstaben schienen wie an einer Leiter etliche Stufen eingezeichnet, die von dem unteren zu dem oberen Schriftzug emporstiegen« (Ebd. I 1.p.17–22). »Π« und »θ« stehen für »Praxis« und »Theoria«, also für die grundlegende Einteilung der Philosophie, und durch ihre Stellung am unteren bzw. oberen Rand wird deutlich die traditionelle Rangordnung des Vorrangs der Theorie vor der Praxis bestätigt. Boethius verwendet den Ausdruck »Aufstieg« *(ascensus)*, womit wir wieder bei dem klassisch platonischen Motiv des Aufstiegs der Seele als Rückkehr in ihren Ursprung sind. Auch die Tatsache, daß die Philosophie in der Spätantike eine »Buchwissenschaft« geworden war, wird zum Ausdruck gebracht: Die Philosophia trägt in ihrer rechten Hand Bücher (Ebd. I 1.p. 24). Die spätantike Philosophie suchte im Inneren der Seele eine letzte, unangreifbare Sicherheit zu finden, und auch dieses Motiv wird bei Boethius in deutlicher Weise aufgenommen: Der Mensch ist »auf der hohen See dieses Lebens von Stürmen umbraust und umgetrieben« (Ebd. I 3.p. 37 f.). Boethius führt die Beispiele des Anaxagoras, des Sokrates, des Seneca und anderer auf, um zu zeigen, daß die Philosophia häufig angegriffen wurde (Ebd. I 3.p. 31–37). Die Strategie der Philosophia dagegen ist der Rückzug in die uneinnehmbare Festung der Seele, die alle äußeren Güter hinter sich läßt:

So oft dieser [Gegner] seine Reihen gegen uns aufstellt, uns kräftiger bedroht, zieht unsere Führerin ihre Truppen in die Burg zusammen, und jene geben sich mit der Plünderung unnützen Gepäcks ab. Wir aber lachen von oben über sie, wenn sie das erbärmliche Zeug mit Gier rauben, und sicher sind wir vor dem Getümmel der Wütenden; denn uns schützt ein Wall, gegen den die übermütige Dummheit nichts auszurichten vermag. (Ebd. I 3.p. 43–49).

Diese »Burg« ist unabhängig von allen äußeren Bedingungen (eine Vorstellung wie die der augustinischen Erbsünde ist bei Boethius völlig undenkbar). Die Philosophia fordert dann dazu auf, all äußeren Güter, also Geld, Ehre, Macht, Ruhm und Lust, aufzugeben. Es ist das Thema des ganzen dritten Buches der *Consolatio*, aufzuzeigen, wie wenig Sicherheit diese Güter bieten, Boethius schreibt im Gefängnis und weiß, wovon er spricht.

Wenn aber jene Dinge nicht das zu leisten vermögen, was sie versprechen, und der meisten Güter entbehren, ertappt man sie dann nicht offenkundig auf einem falschen Schein von Glückseligkeit? (Ebd. III 3.p. 12–15)

Dem Schein der Glückseligkeit, der in diesen »sterblichen und hinfälligen Dingen« *(in his mortalibus caducisque rebus)* liegt (Ebd. III 9.p. 97), ist die wahre Glückseligkeit gegenübergestellt, von der die Menschen nur eine schwache Ahnung haben:

Auch ihr, irdische Geschöpfe, träumt, wenn auch unter einem dürftigen Abbild, von eurem Ursprung, und mögt ihr auch dieses wahre Ziel der Glückseligkeit durchaus nicht erkennen, so ahnt ihr es doch irgendwie in euren Gedanken. Die Absicht eurer Natur führt euch dorthin und zum wahren Guten, und nur der vielgestaltige Irrtum lenkt euch davon ab. (Ebd. III 3.p. 1–6)

Die Philosophia hat daher die Aufgabe, dem Kranken die Augen zu öffnen und seinen Blick abzuwenden von seinen individuellen Problemen hin auf die *universelle Ordnung*. Die Lösung des Boethius ist zwar neuplatonisch, aber doch noch ganz der klassischen griechischen und nicht zuletzt der stoischen Philosophie verpflichtet. Es gibt hier keine persönliche Zuwendung Gottes, keine Gnade, keine theurgischen Hilfsmittel und keine Ekstase, alles ist hingerichtet auf die Erkenntnis der alles übergreifenden Ordnung und auf die Einordnung des Menschen in dieses Ganze. Und dann folgt, genau in der Mitte des Buches über die *Tröstung der Philosophie*, das zentrale Gedicht *O qui perpetua*, eigentlich ein Hymnus:

Der du lenkest die Welt nach dauernden, festen Gesetzen,
Schöpfer des Himmels, der Erden, der du von Ewigkeit ausgehen
Hießest die Zeit, selbst nimmer bewegt, bewegend das Weltall!
Keine äußere Macht trieb dich, aus wogenden Massen
Deine Schöpfung zu formen; in dir nur trägst du des höchsten
Guten Gestalt, bist frei von Mißgunst. Das All vom Urbild

Leitest du her; die herrliche, Herrlichster selber,
Trägst du im Geiste, die Welt, und formst sie zu ähnlichem Bilde,
In der vollendeten schafft dein Befehl vollkommene Teile.
Bindest mit Zahlen die Elemente, daß Hitze und Kälte,
Regen und Dürre ihr Maß einhalten; die reinere Flamme
Nicht emporflieh, die Last nicht abwärts ziehe die Erde.
Aus der Mitte der Drei-Natur entläßt du die Seele,
Die das Weltall bewegt, hüllst sie in harmonische Glieder.
Wenn sie getrennt, ballt sie das Bewegte in zwiefache Kreise,
Kehrt sie wieder in sich zurück, umschreitet des Geistes
Tiefen sie und verwandelt nach ähnlichem Bilde den Himmel.
Auch die geringeren Wesen und Seelen aus gleichem Grunde
Führest hervor du; und die in der Höhe fügend an leichte Gefährte,
Teilst du sie aus in Himmel und Erde; nach gütgem Gesetze
Rufst sie wieder dir zugewandt mit rückführendem Feuer.
Vater, verleih meinem Geist, den himmlischen Sitz zu ersteigen,
Gib ihm zu schauen die Quelle des Guten, gib du ihm wieder
Licht des Geistes, daß er auf dich nur richte die Augen.

Scheuche die irdischen Nebel, zerstöre die wuchtenden Lasten.
Leuchte du auf mit deinem Glanz; denn du bist die Helle,
Du besel'gende Ruh den Frommen, dich schauen ist Ende,
Ursprung, Führer, Erhalter und Weg und Ende du selber.

(Ebd. III 9.c.)

Ganz allgemein sei gesagt, daß man bei der Lektüre der *Tröstung der Philosophie* auch den in Gedichtform verfaßten Teilen die gebührende Aufmerksamkeit widmen sollte, sie sind philosophisch ebenso relevant wie die Prosatexte. Dieser großartige Schöpfungshymnus wird allerdings bei scharfsinnigen Lesern im Mittelalter erhebliche und berechtigte Zweifel an der Christlichkeit der Schöpfungs-Vorstellung des Boethius hervorrufen (vgl. Kap. V, 4).

Der gesamte Text der *Consolatio* kann wie eine neuplatonische Lektüre von Platons Höhlengleichnis interpretiert werden, bei der auch gnostische Elemente, die schon bei den Neuplatonikern vorhanden waren, nicht fehlen: Die Seele ist im Körper wie in einem Gefängnis, sucht der Mensch die Glückseligkeit im Außen, so kann er nur in die Irre gehen. Es gibt aber ein »Samenkorn der Wahrheit« im Inneren der Seele und einen »Funken« des Heils (Ebd. III 11.c. 11 und 14). Nur eine radikale Umkehr kann die Seele wieder auf den richtigen Weg der Rückkehr zum Licht, zum Einen und zum Guten bringen, und darin gelangt die Seele auch zur Glückseligkeit. Der gesamte Weg der Seele ist hingerichtet auf das, was mittel- und neuplatonisch das letzte Ziel aller Philosophie ist, nämlich die Verähnlichung mit Gott (Ebd. I 4.p. 141). Daß die Philosophie dabei an Grenzen stößt, nimmt Boethius mit den Neuplatonikern an, da nur »Weniges« *(pauca)* über die »Tiefe der Gottheit« *(de profunditate divina)* angedeutet werden kann (Ebd. IV 6.p. 128 f.).

Eine wichtige Fragestellung in der *Consolatio* ist jedoch nicht mehr platonisch, nämlich die nach der Vereinbarkeit des göttlichen Vorherwissens und der menschlichen Freiheit. Deshalb ist dies aber nicht schon eine Frage, die auf einen christlichen Hintergrund der *Consolatio* hindeutet, es handelt sich vielmehr um eine Frage, die schon bei den Mittelplatonikern gestellt, allerdings nie in irgendeiner zufriedenstellenden Weise beantwortet worden war (vgl. 1. Teil, Kap. XVI, 3, a). Aber auch die Antwort des Boethius bleibt auf einer verhältnismäßig schmalen Ebene: Das Vorherwissen einer Handlung ist kein kausaler Faktor für diese Handlung, also stehen göttliches Vorherwissen und Freiheit in keinem Widerspruch (*Tröstung der Philosophie* V 4.p. 29–34). Das ist zwar richtig und bei den guten Handlungen eine ganz sinnvolle Erklärung, wird aber problematisch angesichts des Bösen, sobald man nämlich annimmt, daß der vorherwissende Gott auch gleichzeitig die Allursache sein soll. Man kann die Antwort des Boethius aber auch historisch verstehen. Der vornehme Römer Boethius mit guter griechischer Bildung hatte nichts übrig für die dualistischen Gut-Böse-Tendenzen der Mittelplatoniker und der Neuplatoniker, der Manichäismus war für ihn keine mögliche Option. Er lebte ganz und gar innerhalb des platonischen Dualismus von Seele und Körper, er akzeptierte die neuplatonische Form der Welt des Lichtes und der Welt der Finsternis, sah aber mit der klassischen griechischen Tradition keinen Grund für die Einführung eines Gut-Böse-Dualismus. Voraussetzung für die Ablehnung eines solchen Dualismus war es, daß dem Bösen im Menschen nur ein geringes Gewicht gegeben wurde, von irgendeiner Art paulinischer oder augustinischer Schuld-Dramatik ist bei Boethius nicht die geringste Spur zu finden. Für ihn reicht es völlig aus zu sagen, daß es der Lohn der Guten ist, »Götter zu werden« (*deos fieri* [Ebd. IV 3.p. 31]). Dies ist aber nur ein anderer Ausdruck dafür, daß, gut stoisch, die sittliche Rechtschaffenheit den Lohn in sich selbst trägt *(probitas ipsa fit praemium)*; und zur Frage, was der Lohn der Bösen sei, will Boethius nicht mehr sagen, als daß für die Bösen die Schlechtigkeit selbst die Strafe ist *(improbis nequitia ipsa supplicium est* [Ebd. IV 3.p. 37–39]). Sittlichkeit und Unsittlichkeit tragen alle Folgen schon in sich selbst, Boethius hat weder für einen Himmel noch für eine Hölle Verwendung. Die Vorstellung einer augustinischen »verdammten Masse« kann Boethius gar nicht in den Sinn kommen, dafür ist er ein zu guter Logiker und eine solche Vorstellung wäre logischer und theo-logischer Unsinn.

Viele moderne Interpreten haben sich die Frage gestellt, ob der Boethius im Gefängnis und angesichts des drohenden Todes eigentlich Christ war, und sie sind dabei zu extrem divergierenden Auffassungen gelangt. Die Frage, ob Boethius am Ende seines Lebens Christ war oder nicht, ist aber eine, die nur ihn selbst angeht, der Philosophiehistoriker braucht diese Frage nicht zu stellen, er muß nur fragen, wie der Text als solcher zu interpretieren ist. Darauf hat die Forschung allerdings eine recht eindeutige Antwort geliefert: Die *Consolatio* des Boethius ist ganz und gar aus spätantiken »heidnischen« Quellen her zu verstehen; es ist wirklich eine »Tröstung« durch die Philosophie, die keinen Rückhalt in einem Glauben oder in einer göttlichen Gnade sucht. Und es gibt keinerlei Anhaltspunkt dafür, daß Boethius wie Augustinus die (falsche) Auffassung vertreten habe, daß ein (neu)platonisch-philosophischer Text mit nur ganz geringfügigen Änderungen zu einem christlichen werde. Nichtsdestoweniger müssen wir feststellen, daß genau dies, und zwar sogar ohne auch nur geringfügige Änderungen, ziemlich schnell geschah. Die *Tröstung der Philosophie* wurde rasch zu einem »Andachtsbuch«, zu einer »geistlichen Lesung«, und die sehr große Anzahl der Handschriften aus der Zeit vom 8. bis zum 15. Jhd. zeigt die große Verbreitung dieser Schrift gerade auch im monastischen Bereich. Vermutlich hat so gut wie jeder Mönch, soweit er eben lesen und ein wenig Latein konnte, die *Consolatio* gelesen. In der zweiten Hälfte des 9. Jhd.s wurde im Auftrag von König Alfred eine englische Übersetzung hergestellt, und Notker Labeo (gest. 1022) stellte eine deutsche Übersetzung her. Wahrscheinlich zeigt diese Wirkungsgeschichte wiederum genau das, was schon wiederholt gesagt wurde: Die Christen hatten in der Antike so viel stoische und neuplatonische Elemente übernommen, daß sie im Mittelalter meinen konnten, in einem rein mit solcher Philosophie arbeitenden Text die christlichen Auffassungen wiederzufinden. Boethius, ein begrifflich sehr genau denkender Mann, wußte vermutlich um die Unterschiede.

Die *Consolatio* des Boethius ebenso wie die *Confessiones* des Augustinus sind nicht nur Bücher der Philosophie, sondern gehören gleichzeitig zur Weltliteratur und werden deshalb bis in unsere Gegenwart auch außerhalb der philosophischen Fachwelt gelesen. Dabei finden in der Gegenwart nicht selten die *Bekenntnisse* des Augustinus mehr zustimmende Leser als die *Tröstung* des Boethius: Es wird gesagt, daß in den *Bekenntnissen* der »moderne Mensch«, die »moderne Sensibilität« zum Ausdruck komme. Das mag richtig sein, es stellt sich aber dann die Frage, ob man dieser »modernen Sensibilität« zustimmen will oder nicht. In den *Bekenntnissen* breitet der Autor, jedenfalls so, wie er sich dem Leser präsentieren will, ständig gequält und selbstquälerisch sein Inneres aus, »existentiell« verzweifelt und ratlos. In der *Tröstung* tritt uns ebenfalls ein verwirrter Mensch entgegen, der sich jedoch sogleich in Gestalt der Philosophia zur Ordnung ruft und zur Vernunft bringt, hier finden wir uns einer objektiven und kühlen Rationalität gegenüber. Bleiben wir bei der Metapher des Kranken und des Arztes. Die Philosophia der *Tröstung* sagt im Prinzip: »Ich kann dir helfen, aber gesund werden mußt du selbst, und wenn du dies nicht willst, kann ich dir auch nicht helfen!« Dem Kranken der *Bekenntnisse* hingegen wird gesagt: »Du bist heillos krank, wirf dich bedingungslos in die Arme des Arztes und hoffe, daß dieser eine wunderbare Heilung vollbringt. Verstehen kannst und sollst du das Ganze nicht. Entscheidend ist nur, daß du am Ende zu den Geretteten gehörst.« Vielleicht hat dies etwas mit dem Verhältnis von Rhetorik und Logik zu tun, auch wenn natürlich sowohl die *Bekenntnisse* wie auch die *Tröstung* von Anfang an als literarische Produkte gedacht sind: Augustinus will sich selbst (rhetorisch) überreden, Boethius will sich selbst (logisch) überzeugen. Und dies ist ein Unterschied, den man hoffentlich nicht auf »modern« und »antik« verteilen kann.

2. Cassiodor, Benedikt, Gregor der Große und Isidor von Sevilla

a) Cassiodor und die frühmittelalterliche Bibliothek

Weder die staatlichen noch die kirchlichen Autoritäten waren im 6. und in den folgenden beiden Jahrhunderten in der Lage, Bildungsarbeit weiter zu verfolgen, die politischen Wirren machten solche Absichten zunichte. Cassiodor (um 485 – um 580), ein etwas jüngerer Zeitgenosse des Boethius, erkannte dies genau. Cassiodor stammte aus einer vornehmen sowie reichen Familie und war in verschiedenen politischen Funktionen tätig, u.a. auch in der des Magister officiorum, einem ganz hohen Rang am Hof in Ravenna, die auch Boethius innegehabt hatte. Im Auftrag Theoderichs schrieb er eine *Geschichte der Goten* – die nur in den von Jordanes (gest. 522) hergestellten Exzerpten erhalten ist –, in der er etwas opportunistisch die Goten als die Nachfolger der Römer darstellte. Er erkannte jedoch richtig, daß die Zukunft in Italien nicht den Goten gehören würde, und trennte sich vom Hof in Ravenna; später hielt er sich auch mehrere Jahre in Byzanz auf. Sein Plan, in Rom in Zusammenarbeit mit Papst Agapet I. (535–536) eine Schule nach dem Vorbild der platonischen Akademie und des alexandrinischen Museums zu gründen, war zum Scheitern verurteilt. Cassiodor verläßt diese politische Welt und nimmt seine umfangreiche Bibliothek in das von ihm im Jahre 555 gegründetes Kloster Vivarium in Süditalien mit. Dieser Aus- und Rückzug ist kennzeichnend. Für mehrere Jahrhunderte wird nun Bildungsarbeit, falls überhaupt, vor allem in den Klöstern stattfinden. Im Vergleich mit den Plänen des jungen Augustinus und des Boethius sind die Ziele, die Cassiodor sich und dann seinen Mönchen stellte, verhältnismäßig bescheiden. Aber Cassiodor wirkte zu einer Zeit, zu der in Italien die Goten in Kriege verwikkelt waren und die Zukunft nicht besonders kulturförderlich wirkte. Im Jahre 468 begann die Invasion der Langobarden in Italien, die die Goten verdrängten. Das kulturelle Leben versank in den Kriegswirren, unzählige Kodizes wurden vernichtet, an Weiterentwicklung der Wissenschaften und Forschungsarbeit im Sinne der Alexandriner war nicht mehr zu denken. Cassiodor wollte *bewahren* und das Bewahrte für die Ziele einer religiös bestimmten Kultur zur Verfügung stellen. Allerdings ging aus dem Kloster Vivarium keine Ordensorganisation hervor, Cassiodors Weiterwirkung geht also vor allem auf seine programmatischen Schriften *Institutiones divinarum et saecularium litterarum* und *De ortographia* zurück. Er ging dabei von der Auffassung aus, daß die Freien Künste schon in den Heiligen Schriften grundgelegt seien. Dies stimmt zwar nicht, war aber für die Akzeptanz seines Programms nicht unerheblich. Er wandte dann die Freien Künste auch tatsächlich zur Auslegung der

Bibel an. In seinem *Psalmenkommentar* z. B. verwendet er das Trivium als Grundlage der Exegese. Dieser Kommentar fand im frühen Mittelalter weite Verbreitung. Auch in ganz praktischer Hinsicht setzte sich Cassiodor für die Bewahrung des Kulturgutes ein. In der Bibliothek in Vivarium wurde die Praxis und Theorie der Abschreibtätigkeit in den Klöstern begründet, wofür Cassiodor u.a. die Regeln für Kalligraphie und Interpunktion festlegte. In den *Institutiones* liefert er eine Art Katalog für die Grundausstattung einer Klosterbibliothek:

- Bibel
- Theologische Werke (vor allem Augustinus)
- Kirchengeschichte
- Kosmographie, Geographie
- Klassische Literatur
- Die sieben Freien Künste *(artes liberales)*.

Zur Zeit Cassiodors gab es in Rom und in anderen Städten des römischen Bereichs noch große Bibliotheken. Diese gaben aber nicht das Modell für seine Zielvorstellungen ab, und tasächlich überlebten diese Bibliotheken nicht die folgenden Jahrhunderte. Cassiodor dachte bei der von ihm ins Auge gefaßten Grundausstattung vermutlich vor allem an die enzyklopädischen Handbücher oder eher Handbüchlein zu den verschiedenen Gebieten. Die »konservativen«, d. h. auf Bewahrung ausgerichteten, Ziele Cassiodors erwiesen sich als zukunftsweisend. Für den weiteren Einfluß des Programms und der Schriften Cassiodors kann man auf die Evidenz von Handschriften verweisen. So finden sich z. B. die *Institutiones* in Katalogen der Bibliotheken von Reichenau und St. Gallen aus dem 9. Jhd.

b) Benedikt und Gregor der Große

Manche Historiker lieben »markante Jahre«, die einen historischen Einschnitt kennzeichnen sollen, so wie manche Politiker gerne von einem »Schicksalsjahr« oder einem »historischen Augenblick« sprechen, in der Hoffnung, später einmal mit diesem »historischen Augenblick« in den Geschichtsbüchern einen festen Platz zu erhalten. Gewöhnlich wird daraus nichts, aber auch den Historikern geht es nicht viel besser. Ein Jahr, das sich für einen solchen »historischen Wendepunkt«, einen »Wechsel des Schauplatzes« gut zu eignen scheint, ist das Jahr 529. In diesem Jahr wurde auf Anordnung des Kaisers Justinian die platonische Akademie in Athen geschlossen, eine Institution, die während 900 Jahren ein Zentrum griechischer Kultur und Philosophie gewesen war. Im selben Jahr 529 gründete Benedikt mit Montecassino das erste Benediktinerkloster – also: Das alte Kulturzentrum wird geschlossen, das neue wird eröffnet! Bedauerlich ist nur, daß diese historische Konstruktion bei näherem Hinsehen nicht standhält. Die platonische Akademie in Athen wurde zwar tatsächlich 529 geschlossen, der akademische und philosophische Betrieb in Alexandrien wurde aber von diesem Ereignis überhaupt nicht betroffen und ging ungehindert weiter (vgl. 1. Teil, Kap. XVIII). In Alexandrien war noch Jahrzehnte nach 529 der heidnische Aristoteleskommentator Olympiodoros tätig, und auf ihn folgte, ohne daß dies als ein Einschnitt betrachtet wurde, ein christlicher Aristoteleskommentator. Wenn man von einem Übergang von der »heidnischen« platonischen Akademie Athens zu einer »christlichen« Akademie sprechen wollte, so müßte man den vorher erwähnten Plan Cassiodors einer Akademiegründung in Rom heranziehen – aber dieser Plan fand keine Verwirklichung und konnte keine finden, weil dafür alle Voraussetzungen fehlten. Also: Die Schließung in Athen und die Gründung in Montecassiono fallen zwar in ein und dasselbe Jahr, diese Ereignisse gehören aber in völlig verschieden Zusammenhänge. Für die nächsten Jahrhunderte wurden die Benediktiner allerdings tatsächlich der einzige stabile Bildungsfaktor bis dann die Kathedralschulen hinzukamen. Ebenso ist es richtig, daß die wie Burgen auf Berggipfeln strategisch gesicherten Benediktinerklöster die einzigen Orte waren, an denen Handschriften vor Zerstörung gesichert werden konnten. Man darf aber auch nicht vergessen, daß der Ordensgründer Benedikt (um 480–547) selbst keineswegs die Absicht gehabt hatte, seine Klöster zu Zentren der Bildung zu machen. Er war eher skeptisch gegenüber dem Wert »weltlicher« Bildung für seine Mönche, und wie wenig Wert er selbst auf »weltliche« Bildung legte, beweisen seine ausgesprochen schlechten Lateinkenntnisse. Er selbst, der aus einer vermögenden Familie stammte und zum Studium nach Rom gegangen war, hat, als er sich zum religiösen Leben bekehrte, sein Studium abgebrochen. Seine Klostergründungen waren nicht als Orte des Studiums gedacht. Auch die Regel, die Benedikt schrieb, war nicht das Resultat von Studien zum Thema religiösen Zusammenlebens. Die reiche Literatur griechischer Autoren zu diesem Thema konnte Benedikt gar nicht lesen, und die von ihm vorgelegte Regel beruht zum großen Teil auf der Regel des sogenannten Magister, der diese Anfang des 6. Jhd.s verfaßt hatte.

Die Wirkung der Gründung Benedikts war zunächst gar nicht besonders groß. Die immense Bedeutung, die die Benediktiner erhielten, beruht in der Hauptsache darauf, daß Papst Gregor der Große (590–604) die Regel des Benedikt für Klostergründungen empfahl. Und auch Gregor der Große war keineswegs ein Förderer weltlicher Bildung. Diese Klöster waren auch kaum Kulturzentren. Um das Jahr 600 waren in einem Durchschnittskloster nur die *Bibel* und einige liturgische Bücher zu finden, und Bildungsarbeit in den Klöstern war kaum mehr als Alphabetisierung. In solchen klösterlichen Elementarschulen wurden nicht selten auch Kinder erzogen, die nicht zum klösterlichen Leben bestimmt waren, womit eine gewisse über den klösterlichen Bereich hinausgehende, aber eben inhaltlich nicht sehr weitreichende Bildungstätigkeit gegeben war. Gelegentlich soll es auch sogenannte »äußere Schulen« für Laien gegeben haben. Dies wurde erforderlich, seit der »zweite Gründer« des Ordens, Benedikt von Aniane (um 750–821), es durchgesetzt hatte, daß sich im

Inneren der Klöster nur Mönche aufhalten durften; also mußte eine Alternative für die Söhne einflußreicher und vermögender Förderer gefunden werden, die sonst nirgends in eine Schule gehen konnte, weil es einfach keine gab. Aber auch Benedikt von Aniane, der von Ludwig dem Frommen den Auftrag erhalten hatte, das Mönchswesen im ganzen Reich zu reformieren, hatte bei seiner Reform keineswegs das Studium als besonderes Ziel im Auge. Seit der *Admonitio generalis* und der *Epistola de litteris colendis* Karls des Großen (vgl. dazu Kap. V, 1) waren die Klöster aber, ganz gleich, ob sie damit einverstanden waren oder nicht, fest auf das karolingische Schulprogramm verpflichtet, und jedenfalls bestimmte große Klöster folgten diesen Anordnungen. Nicht zu übersehen ist dabei, daß sie dieses Programm manchmal vermutlich nur deshalb durchführten, weil die – durch eben diese Dekrete ebenso zum Schulunterricht verpflichteten – Bischofskirchen für sie nicht selten Konkurrenz-Institutionen waren, hinter denen sie nicht zurückstehen wollten. Es muß also festgehalten werden, daß die eigentlichen Impulse für die Klöster, sich der Bildungsarbeit zu widmen, von außen kamen und nicht gerade mit Enthusiasmus aufgenommen wurden. Auch später gehörte in den Reformbewegungen von Cluny und Hirsau Bildungsarbeit weder im Inneren der Klöster noch in einer angezielten Außenwirkung zu den Programmpunkten. Von Philosophie war in den Klöstern der Benedik-

tiner nur selten die Rede, und selbst im 12. Jhd. war die benediktinische Reformbewegung der Zisterzienser mit Bernhard von Clairveaux an der Spitze keineswegs bildungs- oder gar philosophiefreundlich (vgl. dazu Kap. VI, 1). Weder die Schließung der platonischen Akademie noch die Gründung von Montecassino stellen also für die Geschichte der Philosophie einen historischen Einschnitt dar. Ein solcher Einschnitt kann hingegen an einem anderen Punkt gefunden werden: im *Bücherschwund* dieser Periode. Statt Bibliotheken mit Hunderttausenden von Bücherrollen und später Tausenden von Kodizes finden wir jetzt in den Klöstern einige bescheidene Bücherregale vor. Eher müssen wir sagen: Büchertruhen, denn Bücher wurden lange Zeit meist in Truhen aufbewahrt, die dann auch verschlossen waren. Die philosophischen Texte fanden dabei problemlos in zwei oder drei Kodizes Platz. In den meisten Klöstern war aber nicht einmal diese Minimalausstattung vorhanden.

Der wichtigste Bildungspolitiker des frühen Mittelalters war Gregor der Große. Aber nicht jeder Bildungspolitiker ist auch ein Förderer der Bildung. Seiner Auffassung nach sollten die Freien Künste nur studiert werden, um die *Bibel* besser zu verstehen. Er wurde selbst Standardautor durch seine Schrift *Moralia in Hiob*, eine moralische Bibelauslegung ohne Philosophie und Philologie. Der theologische Hintergrund Gregors war ein, allerdings recht simplifizierter, Augustinismus. Gregor der Große wurde auch wichtig durch seine Entsendung von Mönchen nach Irland. In diesem abgelegenen und relativ geschützten Land entwickelte sich dann eine ganz selbständige und von den Benediktionern ganz unabhängige Klosterkultur mit einer bedeutenden Schrift- und Bildkunst, aber auch mit einem großen Interesse an Bildung – ohne päpstlichen Auftrag.

c) Isidor von Sevilla

Wenn im frühen Mittelalter trotz des fast völligen Fehlens von Texten bzw. Übersetzungen der griechischen und römischen Philosophie doch einige Kenntnisse dieser Philosophie vorhanden waren, so ist dies vor allem das Verdienst Isidors von Sevilla (560–636). Isidor folgte seinem Bruder als Bischof von Sevilla nach und übte eine wichtige politische Funktion als maßgeblicher Ratgeber des wisigothischen Königs aus. In Spanien bestand zu dieser Zeit eine politisch verhältnismäßig günstige Situation. Die Spannungen zwischen »Eindringlingen« und Römern, die die Zeit des Boethius und des Cassiodor in Italien beherrscht hatten, waren im 7. Jhd. in Spanien kaum noch vorhanden. Gegenüber weltlicher Bildung war Isidor wesentlich aufgeschlossener als etwa Benedikt oder Gregor der Große. Bildung war allerdings auch sehr nötig, sowohl in Hinsicht auf den Klerus als auch in Hinsicht auf die wisigothische Führungsschicht. Isidor hatte also eine klare Aufgabe vor sich und er hatte ein echtes Interesse an der Weitergabe von antikem Wissen, vornehmlich in der damals einzig möglichen Form des enzyklopädischen Handbuches. In seinem Werk *Zwanzig Bücher der Etymologien bzw. der Ursprünge (Etymologiarum sive Originum Libri XX)* versuchte er, eine solche Enzyklopädie des Wissens zusammenzustellen. Wie es schon der Titel des Werkes zeigt, war der Ausgangspunkt Isidors die Etymologie, d. h. er ging aus von der Erklärung des Wortes des gerade behandelten Gegenstandes, und versuchte herauszufinden, was dies über den Gegenstand selbst aussagt. Die etymologischen Ableitungen Isidors sind weithin abenteuerlich, spiegeln aber immer noch etwas wieder, was die spätantike Kultur ganz im Unterschied zu Platon und Aristoteles stark geprägt hatte: Wissen war so viel wie Bücherwissen, und das Wort enthielt schon die ersten Informationen zur Sache, und so begann Isidor eben jeweils mit Erklärungen zur Ableitung eines Wortes.

Die ersten drei Bücher geben eine Kurzdarstellung der Freien Künste. Im 2. Buch werden im Zusammenhang des Teils über die Logik bereits einige Nachrichten über antike Philosophenmeinungen aufgeführt. Im 7. Buch werden Häresien aufgezählt, die dann mit philosophischen Meinungen in Parallele gesetzt werden. Diese Vorgangsweise ist zwar traditionell, schon Irenäus von Lyon (gest. um 202) hatte sie in seinem wichtige Quellen enthaltenden Werk *Gegen die Häresien (Adversus haereses)* verwendet, sie ist hermeneutisch allerdings mehr als zweifelhaft, denn die sicher manchmal tatsächlich vorhandene Verbindung von Häresien und griechischer Philosophie läßt sich nicht durch einfache Parallelisierungen darstellen. Nichtsdestoweniger ergab sich aber dadurch doch, daß die Meinungen *(sententiae)* antiker Philosophenschulen in irgendeiner Weise weitergegeben wurden. Auch in weiteren Abschnitten kommt Isidor auf bestimmte anthropologische und kosmologische Theorien aus der antiken Philosophie zu sprechen, diese »Meinungen« werden aber weithin ohne jede Bezugnahme auf ihren theoretischen Hintergrund berichtet, und ebenso fehlt jeder historische Zusammenhang. Mit einer kritischen Beurteilung von unserem heutigen Standpunkt aus sollten wir aber vorsichtig sein. Das Verfahren des Isidor entsprach dem, was das normale gebildete oder das zu bildende Publikum zu wissen wünschte, und es entsprach auch dem, was dieses Publikum aufzufassen imstande war. Schon zwei Jahrhunderte vor Isidor kann man sich bei Augustinus, der sicher eine der Zeit entsprechend gute Ausbildung genossen hatte, fragen, ob seine philosophiehistorischen Kenntnisse und seine Sicht oder Nicht-Sicht der Geschichte der Philosophie der Isidors wirklich überlegen war. Die *Etymologiae* Isidors bewirkten jedenfalls, daß in späteren Jahrhunderten ein Interesse wach werden konnte, mehr über solche philosophische Meinungen zu erfahren. Im Bereich der Geschichte der Logik ist es auffällig, daß Isidor von Sevilla wie auch Cassiodor die stoische Lehre von den hypothetischen Syllogismen mit den berühmten fünf unbeweisbaren Schlüssen (*indemonstrabilia* [vgl. 1. Teil, Kap. XII, 1]) kurz darstellt, dieses wichtige Lehrstück aber bei den an Logik sehr interessierten Magistri des 13. und 14. Jhd.s offensichtlich überhaupt nicht mehr bekannt war. Dies hängt vermutlich damit zusammen, daß seit der Aristoteles-Rezeption im 12. und 13. Jhd. die *Etymologiae* von den neu bekannten und wesentlich gehaltvolleren Schriften verdrängt wurden. Außer mit diesen philosophisch interessanten Nachrichten beschäftigte Isidor sich tatsächlich enzyklopädisch mit den verschiedensten Gebieten. Medizin, Biologie, Botanik, Zoologie, Mineralogie, Recht, Geschichte, Familie, Sprache, Architektur und vieles andere wird behandelt. Isidors *Etymologiae* fanden in den folgenden Jahrhunderten eine weite Verbreitung, es sind mehr als tausend Handschriften erhalten.

Die Philosophie des Mittelalters

- V -

Die Philosophie des frühen Mittelalters

1. Der Neubeginn im 8. und 9. Jahrhundert

a) Karl der Große und Alkuin

Gegen Ende des 8. Jhd.s war eine relativ stabile politische Ordnung entstanden. Mit Karl dem Großen regierte ein König, der nicht nur ungewöhnliche Fähigkeiten als Herrscher besaß, sondern der auch über eine nicht geringe Bildung verfügte. Leider wissen wir nicht, wo und wie er sich seine Kenntnisse erworben hat. Bei allen Vorbehalten, die man mittelalterlichen Biographien entgegenbringen muß, ist doch vermutlich etwas Richtiges an dem, was uns Karls Biograph Einhard berichtet: | 113

Karl war ein begabter Redner, er sprach fließend und drückte alles, was er sagen wollte, mit äußerster Klarheit aus. Er beherrschte nicht nur seine Muttersprache, sondern erlernte auch fleißig Fremdsprachen. Latein verstand und sprach er wie seine eigene Sprache. Griechisch konnte er allerdings besser verstehen als sprechen. Er war rednerisch so begabt, daß er manchmal beinahe zu weitschweifig erschien. Die Sieben Freien Künste pflegte er mit großem Eifer, achtete seine Lehrer sehr und erwies ihnen große Ehrbezeugungen. Der Diakon Peter von Pisa, der schon ein alter Mann war, lehrte ihn Grammatik. Ein anderer Diakon, Albinus, genannt Alcuin, ein Mann sächsischer Abstammung aus Britannien, der der größte Gelehrte seiner Zeit war, unterrichtete ihn in den übrigen Wissenschaften: der König verwendete viel Zeit und Mühe auf das Studium der Rhetorik, Dialektik und besonders der Astronomie. Er lernte Rechnen und verfolgte mit großem Wissensdurst und aufmerksamem Interesse die Bewegungen der Himmelskörper. Auch versuchte er sich im Schreiben und hatte unter seinem Kopfkissen im Bett immer Tafeln und Blätter bereit, um in schlaflosen Stunden seine Hand im Schreiben zu üben. Da er aber erst verhältnismäßig spät damit begonnen hatte, brachte er es auf diesem Gebiet nicht sehr weit. (Einhard: *Vita Karoli Magni*. Kap 25. Übers., mit Anm. u. Nachw. vers. v. E. Scherabon Firchow. Stuttgart 1996)

Nebenbei erfahren wir aus diesem Text eine für das Mittelalter sehr allgemein geltende Regel: Lesen und Schreiben waren Fähigkeiten, die verschiedenen Lehrgängen angehörten; das Erlernen des Schreibens war ein eigenes Lehrgebiet, welches das Lesen-Können schon voraussetzte. Und es gab offensichtlich recht gebildete Menschen, die aber nicht in der Lage waren, ein Dokument mit ihrem Namen zu unterschreiben. Jedenfalls war bei Karl dem Großen ein echtes *Interesse an Bildung* vorhanden, außerdem wußte er um die *kulturelle Unterlegenheit seines Landes*. Nicht zu vergessen ist dabei ein weiteres Motiv der Politik Karls: Er wollte sein wie der Herrscher in Byzanz, und Byzanz war inzwischen das einzige noch vorhandene Zentrum griechischer Bildung. Karl hatte von seinen Reisen nach Italien bleibende Eindrücke mitgebracht. Dort konnte er in Pavia, Verona und in anderen Städten einen Neubeginn des Schulwesens für Kleriker und adelige Laien beobachten. Schon während seiner erste Italienreise hatte Karl der Große einige Gelehrte angeworben, vor allem Grammatiker, und bei einem Aufenthalt in Parma im Jahre 781 begegnete er Alkuin, der auf die Bildungspolitik Karls großen Einfluß gewinnen sollte. Das maßgebende Ziel von Karls Bildungsbemühungen war ohne Zweifel ein religiöses: Karl der Große wußte, daß im Volk weiterhin nichtchristliche Gebräuche und Vorstellungen weit verbreitet waren. Zur Christianisierung des Volkes war aber ein Klerus erforderlich, der über eine minimale Bildung verfügte, und die primäre Zielgruppe seiner Reformen war daher der Klerus. Dies leitete eine entscheidende

Entwicklung ein. Der *Klerus* wird im Mittelalter tatsächlich der *Träger der Bildung* sein, und Philosophie wird daher in diesem gesellschaftlichen Kontext ihren faktischen Ort erhalten; erst im späten Mittelalter werden wieder Laien in diesem Bereich hervortreten. Schon in der *Admonitio generalis* wird jedoch dem Klerus und den Klöstern eine über den kirchlichen Bereich hinausgehende allgemeine Bildungsaufgabe zugesprochen, d. h. es wird die Einrichtung von Schulen gefordert. Dies bedeutete in Hinsicht auf die Klöster eine neue Aufgabe, da diese bisher die Bildung des Volkes in keiner Weise als ihre Aufgabe angesehen hatten. Karl der Große versuchte, ein allgemeines Bildungsprogramm zu entwerfen, das seinen Niederschlag in der *Epistula de litteris colendis* fand, die zwischen 794 und 800 verfaßt wurde. Den tatsächlichen Erfolg dieser Reform sollte man allerdings nicht allzu weitreichend ansetzen. Schon lokal reichte er kaum weiter als auf das Gebiet zwischen Tours, Reims, Paris und Auxerre, wobei Paris damals noch völlig bedeutungslos war. Der König selbst und einige bildungsinteressierte Bischöfe mußten ein und dieselbe Mahnung zur Einrichtung von Schulen immer wieder aussprechen, was ein Hinweis darauf ist, daß sie kaum befolgt wurden. Dabei war das Ziel dieser einzurichtenden Schulen sehr bescheiden: Lesen, Schreiben und Psalmensingen, von Schulen nach dem Aufbauprinzip der sieben Freien Künste konnte hier nicht die Rede sein. Nichtsdestoweniger brachten die Bildungsbemühungen Karls eine eigentlich überhaupt nicht beabsichtigte »Aufklärung« mit sich. Für die religiöse Bildung war das erste Erfordernis die Kenntnis der lateinischen Sprache, da die Heiligen Schriften in lateinischer Übersetzung ebenso wie die lateinischen liturgischen Texte maßgeblich waren. Der erste Schritt mußte also im Erlernen der korrekten Sprachregeln des Lateinischen bestehen. Schon von seiner ersten Italienreise hatte Karl die Grammatiker Petrus von Pisa und Paulinus von Aquileia mitgebracht. In den antiken lateinischen *Grammatiken*, die jetzt Verwendung fanden, vor allem also der des Donatus in seinen beiden Versionen, wurden jedoch die Beispielsätze aus der antiken und somit nichtchristlichen Literatur genommen. Dadurch wurden die Lehrer wie auch ihre Schüler mit der antiken nichtchristlichen Kultur konfrontiert und dies weckte dann manchmal die Neugierde, mehr aus dieser Literatur kennenzulernen. Aus einem Bibliothekskatalog, der sich mit großer Wahrscheinlichkeit auf einen Teil der Hofbibliothek Karls des Großen bezieht, kann man ersehen, daß dort tatsächlich eine beeindruckende Anzahl lateinischer Klassiker vorhanden war. Während also das Bildungsziel die Beseitigung heidnischer Reste im Volksglauben und die Etablierung der »wahren« christlichen Lehre war, kam durch die Beschäftigung mit dem »wahren« Latein durch die Hintertür bei den Lateinlehrern ein ganz anderes und für diese Lehrer viel attraktiveres Heidentum wieder herein. Mehr als im Bereich der Philosophie zeigt sich die Wirkung allerdings in der Kunst, in der während der sogenannten karolingischen Renaissance eine gute Kenntnis antiker Motive dokumentiert ist. Möglicherweise waren auch Buchmaler aus dem italienischen und byzantinischen Bereich bei der Herstellung einzelner Kodizes beteiligt. Es läßt sich hier jedenfalls sehr anschaulich nachweisen, daß auf diesem Weg antikes, was jetzt heißt: nichtchristliches, Lebensgefühl zur Sprache kommen konnte, das nicht nur auf die Buchmalerei beschränkt war.

Für die weitere Überlieferung auch der Texte der Antike wurden die karolingischen Bemühungen um eine gute *Textform* wichtig: Hier wurde versucht, die besten Abschriften, die am besten erhaltenen Versionen, aufzufinden und diese durch Abschreiben zu erhalten. Einen durchgreifenden Erfolg hatten diese Bemühungen allerdings nicht. Auch die Schrift selbst wurde vereinheitlicht. In den vorangegangenen Jahrhunderten hatte es außer den merowingischen Schriften in Frankreich, von denen vor allem die Luxeuil-Schrift bekannt ist, in Spanien die westgotische, später die mozarabische Schrift gegeben, in Irland und England die insulare Minuskel sowie in Italien verschiedene Schriftarten, von denen die Beneventana die bekannteste ist. Es gab also eine Vielzahl von Schriften, die recht unterschiedlich und teilweise schwer lesbar waren. Seit dem Beginn des 9. Jhd.s wurden nun einfachere Schriftarten entwickelt, aus denen dann die *karolingische Minuskel* hervorging. Seit Beginn des 9. Jhd.s setzte sich ausgehend von der Gegend um Torurs die karolingische Minuskel immer mehr durch, auch in England, Spanien und Deutschland.

Die in der karolingischen Minuskel geschriebenen Texte sind gewöhnlich sehr sorgfältig bearbeitet und, wie man an dem abgebildeten Beispiel sehen kann, ohne große Schwierigkeit gut lesbar. Allerdings wird in diesen Texten ein Abkürzungs-Verfahren verwendet (vgl. z.B. das zweite Wort: »ů« = *vero*), das bei Kopisten auch Anlaß zu Mißverständnissen und Fehlern sein konnte.

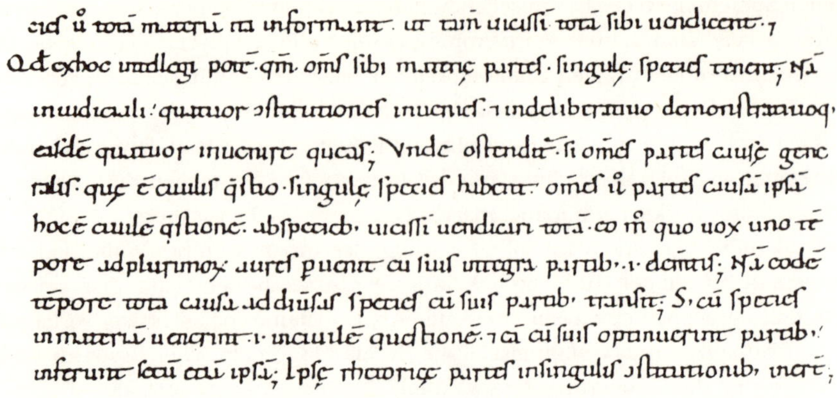

Boethius: *De differentiis topicis*. St. Gallen, Stiftsbibliothek, Codex 830, fol. 348. 11. Jhd.

Man sollte nicht vergessen, daß es für die Herausbildung einer übernationalen Philosophie des Mittelalters nicht nur entscheidend war, daß das Lateinische überall verstanden wurde, sondern auch, daß es eine einheitliche Schrift gab, die überall gelesen werden konnte. Hinter der Herausbildung der karolingischen Minuskel steht kein ausdrücklicher politischer Impuls, faktisch bestand jedoch bei Karl auch ein Interesse daran, die Gesetzgebung zu »verschriftlichen«, wofür eine einfache, klare, und in den verschiedensten Gebieten des Reiches gut lesbare Schrift ein wichtiger Faktor war.

Die karolingische Reform brachte also zwar keinen höheren Bildungsstand des Volkes, erreichte aber doch, daß in den Schulen einiger Klöster und einiger Bischofssitze zumindest wieder einige Lehrbücher spätantiker Philosophie vorhanden waren. Der für die Weiterentwicklung, oder besser: für die Wiederaufnahme philosophischer Studien wichtigste Mann war Alkuin (um 730–804). Dieser war zunächst an der Kathedralschule in York Lehrer. York war zu dieser Zeit die berühmteste und tatsächlich beste Schule in Europa, und Alkuin war der bedeutendste Gelehrte seiner Epoche. Wahrscheinlich verfügte York auch über die umfangreichste Bibliothek Europas. Seit 781 war Alkuin am Hof Karls des Großen tätig, 796 wurde er Abt von St. Martin in Tours, einer sehr reichen Abtei. Gelegentlich wird von der *Hofschule* Karls des Großen und von Alkuin als deren Leiter gesprochen. Darunter darf man sich jedoch keinen geregelten Schulbetrieb vorstellen. Es gab vermutlich schon eine Art Schule am Hof. Jugendliche, die für bestimmte Berufe wie Schreiber, Notar oder Sänger vorgesehen waren, erhielten hier eine elementare Ausbildung in diesen Gebieten, mehr war auch in dieser Schule nicht zu erlernen. Die höhere Bildung am Hof war in keinerlei Organisation eingebaut, es handelte sich vielmehr um gelegentliche Gespräche, Diskussionen, Gedichtlesungen und ähnliches. Die Gelehrten, die daran teilnahmen, waren nicht ständig an den Hof gebunden, die meisten erhielten nach einigen Jahren der Tätigkeit am Hof reiche Abteien oder Bischofssitze. Die am

Hof diskutierten philosophischen Fragen waren von eher gelegentlich und unsystematisch auftretenden Problemen bestimmt. So ist z. B. die Antwort des Fridugisius (Fredegisius), eines Schülers Alkuins, auf die Frage nach dem Nichts unter dem Titel *De substantia nihili et tenebrarum* erhalten, in der er seiner Auffassung der realen Existenz des Nichts Ausdruck verlieh. Da diese Antwort Karl den Großen nicht recht überzeugte, bat er Dungal, einen wohl irischen Mönch, der sich damals in St. Denis aufhielt, um eine Stellungnahme. Ein systematischer philosophischer Kontext dieser Diskussion ist nicht auszumachen. Das Niveau der philosophischen Studien, die am Hof betrieben wurden, müssen wir als sehr bescheiden ansetzen, es handelte sich schließlich beinahe um einen Neubeginn, um einen Versuch, die überlieferten Schriften einigermaßen zu verstehen und sich darin zu orientieren. Als Beispiel nehmen wir Alkuins Schrift *De dialectica.* Das Verfahren, das Alkuin anwendet, ist die Dialogmethode, d. h. wir haben dabei wahrscheinlich Texte vor uns, die direkt aus dem Unterricht stammen. Möglicherweise eher literarische Fiktion ist dabei die Rollenverteilung auf den Lehrer Alkuin (A) und den Schüler Karl der Große (C). Der erste Abschnitt von Alkuins *De dialectica* befaßt sich mit der Begriffsbestimmung der Philosophie und mit ihren Teilen.

C: Sage zunächst, woher die Philosophie ihren Namen hat.
A: Von der Liebe zur Weisheit. Die Griechen nennen *philon* die Liebe, *sophia* die Weisheit.
C: Sage mir auch ihre Definition.
A: Die Philosophie ist die Erforschung der Naturen, die Kenntnis der menschlichen und göttlichen Dinge, so weit es dem Menschen möglich ist, dies zu ermessen. Die Philosophie ist auch die Ehrenhaftigkeit des Lebens, der Eifer, gut zu leben, die Betrachtung des Todes, die Verachtung der Welt, was für die Christen besonders passend ist, die ja nach Verachtung des weltlichen Strebens in geschulter Angleichung an die zukünftige Heimat leben. (PL 101, Sp. 952A. Übers. v. F. S.)

Der letzte Abschnitt zeigt deutlich, daß Alkuin versuchte, die Philosophie in die religiösen Bildungsziele Karls des Großen einzuordnen, dies war aber durchaus auch die eigene Auffassung Alkuins. Alkuin hat genau Rechenschaft darüber abgelegt, was er unter Philosophie versteht und welchem Ziel die Philosophie dienen soll: Die Philosophie ist die »Lehrerin aller Tugenden« (*omnium virtutum magistra* [PL 101, Sp. 849C]). Diese Tugenden umfassen die weltliche Weisheit *(saecularis sapientia)* ebenso wie die geistliche (*coelestis sapientia* [Ebd. Sp. 852D]), wobei die weltliche Weisheit durch die sieben Freien Künste erschlossen wird. Daß die Zusammenfügung weltlicher und geistlicher Weisheit nicht ganz unproblematisch ist, war auch schon Alkuin durchaus bewußt. Er sah, daß das Studium der Freien Künste es mit sich bringen konnte, daß der Student ganz von diesen gefangengenommen wird und er somit bei der weltlichen Weisheit stehen bleibt, sich also aus dem Zusammenhang des Strebens nach *allen* Tugenden zu lösen versucht. Für Alkuin selbst wie für das Bildungsprogramm Karls bestand in augustinischer Tradition an der Einheitlichkeit des Ziels keinerlei Zweifel. Die Problematik der relativen Autonomie der Freien Künste dürfte sich aber schon am Beginn der mittelalterlichen Philosophie andeuten. – Die Methode, die Alkuin anwendet, ist also der Dialog, das Gespräch zwischen Lehrer und Schüler. Dies stellt aber nicht nur eine literarische Form dar, sondern spiegelt die Wirklichkeit wieder: Es handelt sich bei der mittelalterlichen Philosophie um *scholastische Philosophie* im genauen Sinn des Wortes, d.h. es geht immer um die Philosophie der Schule *(schola)*, die als Dialog zwischen Schüler und Lehrer angesehen wird. Auch im folgenden Textbeispiel aus der *Dialectica* werden in Dialogform sehr einfache Definitionen zum Abschluß mit religiösen Bildungszielen in Verbindung gebracht. Der Schüler (C = Carolus, Karl der Große) stellt einfache Fragen, der Lehrer (A = Alkuin) gibt ebenso einfache Antworten.

C: In wie viele Teile wird die Philosophie eingeteilt?
A: In drei: in die Physik, die Ethik, die Logik.
C: Drücke dies auch in lateinischer Sprache aus.
A: »Physik« bedeutet »natürlich«, »Ethik« [bedeutet] »moralisch«, Logik [bedeutet] »vernünftig«.
C: Lege die Aufgaben der einzelnen Arten dar.
A: In der Physik wird die Ursache des Forschens, in der Ethik die Ordnung des Lebens, in der Logik der Grund des Einsehens überlegt.
C: In wie viele Arten wir die Physik eingeteilt?
A: In vier: in die Arithmetik, die Geometrie, die Musik, und die Astronomie.
C: In wie viele Arten wird die Ethik eingeteilt?
A: Auch in vier: in die Klugheit, die Gerechtigkeit, die Tapferkeit, die Mäßigung.
C: In wie viele Arten wird die Logik eingeteilt?
A: In zwei: in die Dialektik und die Rhetorik. In diesen drei Arten der Philosophie bestehen auch die göttlichen Mitteilungen.
C: Auf welche Weise?
A: Denn entweder pflegen sie über die Natur zu disputieren, wie in der Genesis oder im Buch des Predigers; oder über die Sitten, wie im Buch der Sprüche und verstreut in allen Büchern; oder über die Logik, für die die unsrigen die Theologie beanspruchen, wie im Hohen Lied oder im heiligen Evangelium. (Ebd. Sp. 952B–C. Übers. v. F. S.)

Sehr weit führt das alles nicht und mehr wird dazu auch nicht gesagt. Die Beziehung des Trivium zur Heiligen Schrift ist natürlich etwas weit hergeholt. Um sich etwa das *Hohe Lied* als Abhandlung zur Logik vorzustellen, braucht man schon einige Phantasie. In irgendeiner Weise mußte aber eben philosophisches und religiöses Wissen in eine Beziehung gesetzt werden, um den Bildungszielen Karls und Alkuins zu entsprechen. – In diesen Dialogen wird deutlich, wie in Alkuins Schule vorgegangen wurde: Die Schüler lernten einfache Begriffsbestimmungen auswendig, so wie wir es noch aus alten Katechismen kennen. Diese Dialogform hat eigentlich nichts mit der antiker Dialoge zu tun, wie wir sie etwa aus platonischen Dialogen kennen. Letztere sind eine literarische Kunstform, die zwar vom gesprochenen Wort ausgeht, die aber nicht an das Gedächtnis appelliert. In der frühmittelalterlichen *Schule* aber haben wir eine Kultur vor uns, die vor allem *über das Gedächtnis* funktioniert, das wiederum unmittelbar an das gesprochene Wort anknüpft: Wissen hat hier die Form kurzer, im Dialog eingeübter und im Gedächtnis gespeicherter Antworten. Auch diese Lernform ist aber nicht neu, sondern wurde schon in der späten Antike verwendet (vgl. 1. Teil, Kap. XVIII), also genau dort, wo die Philosophie zur Schulphilosophie wurde. Ein regelrechter philosophischer Katechismus ist noch aus viel späterer Zeit, nämlich aus der zweiten Hälfte des 10. Jhd.s, aus der Schule des Notker Labeo (um 950–1022) in St. Gallen erhalten. Dort werden z. B. zur Ethik vom Schüler (D = *Discipulus*) folgende Fragen gestellt, die dann vom Lehrer (M = *Magister*) beantwortet werden:

D: Was ist die Ethik?
M: Die Moralwissenschaft *(moralis scientia)*.
D: Wieso »Moral«?
M: Weil sie sich mit den Sitten der Menschen (*de moribus hominum*) beschäftigt.
D: In wie viele Arten wird sie eingeteilt?
M: In die Klugheit, die Gerechtigkeit, die Tapferkeit und die Mäßigung.
D: Was ist die Klugheit?
M: Die Anerkennung der Wahrheit.
D: Was ist die Gerechtigkeit?
M: Die Gottesliebe und die Nächstenliebe.
D: Was ist die Tapferkeit?
M: Die Verachtung von Teufel und Tod.
D: Was ist die Mäßigung?
M: Die Ehrenhaftigkeit oder die Mäßigung des Lebens.
D: Was ist das Ziel von diesen?
M: Die Sitten (*mores*) schmücken [die Seele], häufen Verdienste an, besiegen den Teufel, eröffnen den Himmel. Die erste vermittelt Einsicht, die zweite die Liebe, die dritte gibt den Sieg, die vierte auferlegt das Maß. (*Die Schriften Notkers und seiner Schule*. I, S. 624. Übers. v. F. S.)

Damit ist der Punkt Ethik abgeschlossen. Bei der Prüfung wurde dasselbe mit umgekehrten Rollen abgefragt, die Antworten sind durchaus erlernbar. Auf die Probleme, die sich schon bei der Sprache, also dem Lateinischen, für die Schüler ergaben, wird noch weiter unten kurz eingegangen werden. Alkuin hatte sicher nicht nur traditionelle, sondern auch gute aktuelle Gründe, um nicht nur die Grammatik des Lateinischen, sondern auch die Orthographie zu behandeln (PL 101, Sp. 849A–902B und 902D–920A).

Für die weitere Entwicklung war es wichtig, daß in Fortsetzung spätantiker Tradition die *Logik*, wenn auch in sehr rudimentärer Gestalt, als die *Grundlage* aller weiteren philosophischen und theologischen Arbeit angesehen wurde. Logik wurde fast gleichbedeutend mit Philosophie überhaupt. Die auch später nie ernsthaft angreifbare Stellung der Logik geht auf den festen Platz zurück, den sie schon in der karolingischen Zeit innehatte, und auch die wichtige Stellung, die die Logik dann im Bereich der Theologie erhielt, geht auf Alkuin zurück. Vermutlich war dieser Verwendungszusammenhang nicht für alle am Hof Karls an solchen Fragen Interessierten unbedingt einleuchtend. In einem Brief an Karl den Großen schreibt Alkuin, daß er jene überzeugen müsse, die die hohen Absichten Karls, die Grundlagen der Logik zu erlernen, für wenig nützlich halten *(ut convincerem eos, qui minus utile aestimabant vestram nobilissimam intentionem dialecticae disciplinae discere velle rationes)*, und beruft sich dabei – wie zu erwarten – auf die Autorität des Augustinus, der bei der Erklärung der Trinitätslehre die Heranziehung der Kategorienlehre für notwendig erachtet hatte (MGH *Epistolae selectae* IV. S. 415). In seinem eigenen Werk *De Trinitate* beschränkt sich dieser Gebrauch allerdings weithin auf die Übernahme von Argumenten aus Augustinus, ein selbständiger Gebrauch der Logik ist noch kaum festzustellen. Dies wird sich aber schon in der nächsten Generation bei Scotus
 Eriugena deutlich ändern.

Die Gelehrten der Karolingerzeit beschäftigten sich aber auch mit dem Quadrivium: In der Bibliothek Karls des Großen war eine Handschrift der *Institutio musica* vorhanden, außerdem sind aus dem 9. Jhd. Kodizes mit glossierten Abschriften dieses Boethius-Textes erhalten. Zum Verständnis dieses Traktats benötigten die Autoren der Glossen gute mathematische Kenntnisse, und der Grad dieser Kenntnisse ist vor allem deshalb beachtlich, weil sehr deutlich wird, daß sie dabei überhaupt nicht an irgendeine praktische Verwendung der Mathematik dachten. Die erforderlichen mathematischen Kenntnisse holten sie sich aus der Schrift des Boethius *Über die Arithmetik*. Philosophie stand für diese Gelehrten in einem Kontext, der immer mit Mathematik und mathematischer Theorie der Musik in Verbindung stand.

Mit der Ankunft des Spaniers Theodulf (750/760–821)und der Iren – die *Scoti*, also eigentlich »Schotten« genannt wurden – dürfte sich das Niveau der Studien um einiges gehoben haben. Alkuin hatte für Theodulf keine besonderen Sympathien und auch die Iren, die zahlreich auf den Kontinent kamen und überall ihre Dienste anboten, waren zu dieser Zeit nicht besonders beliebt, an den karolingischen Höfen spielten die dort tätigen Iren aber zu Recht eine bedeutsame Rolle.

Ein aufschlußreiches Dokument aus der Regierungszeit Karls des Großen sind die *Libri Carolini*. An seiner Entstehung waren vermutlich Alkuin und vor allem Theodulf beteiligt. Anlaß war der Bilderstreit in Byzanz (vgl. dazu weiter unten 5, a). Eigentlich war dies eine Frage, die für Karl den Großen weitab hätte liegen müssen, es gab jedoch einen ganz konkreten politischen Anlaß, der Karl den Großen zu einer Stellungnahme herausforderte. Die byzantinische Kaiserin Irene hatte sich in der

Frage der Bilderverehrung an Papst Hadrian gewandt, der sich dann auf die Seite der Bilderverehrer stellte. Faktisch aber stand der Papst völlig unter dem politischen Einfluß Karls, und Hadrian hatte Karl den Großen in dieser für die Rolle des Papstes in Byzanz auch politisch wichtigen Frage in keiner Weise einbezogen. Karl der Große beauftragte also seine Hoftheologen mit einer Stellungnahme, was zu den *Libri Carolini* führte. Die byzantinische Rechtfertigung der Bilderverehrung stützte sich letztlich auf die platonische Vorstellung der Teilhabe, also einer Gegenwart des Göttlichen im Bild. Theodulf verstand diese Theorie nur unzureichend oder überhaupt nicht, er billigte sie jedenfalls in keiner Weise. Dies ist ein deutlicher Hinweis darauf, daß bei den Gebildeten des Frankenreichs im 8. Jhd. neuplatonisches Denken mit dessen sublimer Symbolauffassung unbekannt und unverständlich war. Bilder sind nach der Auffassung Theodulfs rein menschliche Schöpfungen und dürfen daher nicht verehrt werden. Darüber hinaus können sie kein sittliches Verhalten lehren – die »Versittlichung« des Volkes war ein wichtiges Anliegen der Politik Karls – und können somit für die christliche Glaubensverkündigung nur eine untergeordnete Bedeutung haben. Nicht ganz konsequent ist dann allerdings die deutliche Unterscheidung von Bildern und Reliquien, wobei eine Verehrung der Reliquien erlaubt wird, was ein klares Zugeständnis an die Volksfrömmigkeit darstellt. Die ganze Diskussion hatte aber eben einen politischen Hintergrund. Sie war ein willkommener Anlaß, das letztlich auch wieder auf der platonischen Teilhabe-Lehre basierende »überhöhte«, quasi-sakrale Selbstverständnis der byzantinischen Kaiser zu kritisieren. Diesem wird das fränkische Königtum gegenübergestellt, in dem der Unterschied zwischen Mensch und Gott auch für den König gilt. Dieser ist nur der Beauftragte Gottes, etwa wie die Könige, von denen das *Alte Testament* berichtet. Diese Auffassung vom Bild und die ganz entsprechende vom Königtum könnte uns als rational und aufgeklärt erscheinen, wahrscheinlich beruhte sie aber nur darauf, daß Theodulf und auch der König noch nicht mit dem Zauber neuplatonischen Denkens in Berührung gekommen waren. Um die Mitte des folgenden Jahrhunderts wird mit Scotus Eriugena dieser Zauber am Königshof Einzug halten, und mit der Zeit wird sich auch die Vorstellung von der Würde des Kaisers der byzantinisch-neuplatonischen Auffassung angleichen. Bei den Salischen Kaisern wird dies schon sichtbar sein, und die Ottonische Buchmalerei schließlich wird ein ästhetisch überaus beeindruckendes Zeugnis davon ablegen.

b) Die logica vetus *in den karolingischen Schulen*

Die Aufforderung, sich mit Logik zu beschäftigen, kam von Augustinus, der z. B. in *De doctrina christiana* (II 31) feststellt, daß die »Disputations-Disziplin« *(disputationis disciplina)* sowohl für die Erklärung der Heiligen Schriften als auch zur Lösung von dort auftretenden Problemen erforderlich ist. Es war also eigentlich der theologische

Verwendungs-Zusammenhang der Logik, der das Interesse an ihr hervorrief. Zunächst mußte aber die Logik selbst studiert werden, ein wirksamer Gebrauch derselben auch im theologischen Kontext wird erst in der nächsten Generation, so vor allem bei Scotus Eriugena, zu erkennen sein. Alkuin hat die feste Verankerung der Logik im karolingischen Bildungsprogramm begründet. Dazu mußte er selbst wie auch die weiteren Lehrer zunächst einmal in die Schule der ihnen vorliegenden Schriften gehen und versuchen, sich deren Inhalt anzueignen. Auch die Textgrundlage war nicht immer unproblematisch. Alkuin hat erst einmal eine korrigierte Fassung der *Categoriae decem* des Pseudo-Augustinus herstellen müssen. Der Wissensstand logischen Gehalts zur Zeit Alkuins läßt sich an der ältesten erhaltenen Logikhandschrift der Karolingerzeit ersehen, die um 817 entstanden ist. Diese Handschrift geht auf Leidrad, einen Gelehrten-Kollegen Alkuins, zurück, der diesen Kodex für seine Kathedralbibliothek in Lyon herstellen ließ. In diesem Kodex finden sich außer der *Dialectica* Alkuins die folgenden Texte: Porphyrios *Eisagoge*, die *Categoriae decem*, Apuleius *Peri Hermeneias* sowie Boethius 1. Kommentar zu *Peri Hermeneias.*

Diese Arbeit der Aneignung der Logik ging in einer ersten Phase vom 8. bis zur Mitte des 10. Jhd.s vor sich. Durch einige wenige erhaltene Dokumente dieser Periode (es gab aber kaum viel mehr) können wir uns eine Vorstellung von diesen Bemühungen machen. Alkuin kannte den Text der Übersetzung der *Kategorien* des Aristoteles noch nicht, sondern nur die *Categoriae decem* und Martianus Capellas *De nuptiis*, einer Handbuch-Enzyklopädie zu den sieben Freien Künsten. Erst seit etwa 820 stand die von Boethius stammende lateinische Übersetzung der *Kategorien* zur Verfügung, der Text wurde aber weiterhin nicht verwendet, sondern vielmehr die leichter zu verarbeitende Paraphrase in den *Categoriae decem* oder jene, die sich bei Martianus Capella zu Beginn des 4. Buches von *De nuptiis* findet.

Die bedeutendsten *Schulen* des 9. Jhd.s befanden sich in Laon (Kathedralschule) und in Auxerre (Schule des Klosters Saint-Germain). Auch diese Schulen können ebenso wie die sogenannte Hofschule der Karolinger nicht als Institutionen angesehen werden, und sie waren in höchstem Maß von der Persönlichkeit des Lehrers abhängig. Starb ein bedeutender Lehrer oder ging er an einen anderen Ort, so bedeutete dies meist das Erlöschen der Schule. Die Schule von Laon stand in enger Beziehung zur Hofschule Karls des Kahlen, dessen Hof selbst häufig in Laon anwesend war. In Laon können wir auch eine starke Präsenz von Iren, die damals kulturell führend waren, feststellen, der bekannteste von diesen ist Scotus Eriugena (vgl. dazu den folgenden Punkt 2). Ein weiterer ist Martin von Laon (819–875). Von ihm stammt, in Weiterführung des entsprechenden Kommentars des Scotus Eriugena, ein Kommentar zu *De nuptiis* des Martianus Capella, der früher Dunchad, einem weiteren irischen Gelehrten des 9. Jhd.s, zugeschrieben und unter diesem Namen veröffentlicht wurde. Dieser Kommentar besteht fast ausschließlich aus Glossen, die Worterklärungen betreffen. Die Schrift des Martianus Capella erfreute sich, seit Eriugena sie in den Lehrbetrieb eingeführt hatte, besonderer Beliebtheit. Die Form des *Glossen-Kommentars* ist kennzeichnend für die Phase der Aneignung eines für diese Gelehrten schwierigen Stoffes. Es geht zunächst darum, den genauen Sinn der Worte eines Textes zu verstehen. Wenn hier Glossen-Kommentare verfaßt wurden, so ist dies allerdings keineswegs etwas Neues, sondern stellt vielmehr die Fortsetzung eines Verfahrens dar, das schon den Schulbetrieb der spätantiken Kommentatoren beherrscht hatte (vgl. 1. Teil, Kap. XVIII). Gegen Ende des 9. Jhd.s verlor die Schule von Laon an Bedeutung, wahrscheinlich bedingt durch die politischen Verhältnisse der Instabilität am Königshof, die sich durch die rasche Folge der Könige nach dem Tod Karls des Kahlen (gest. 877) ergab: Ludwig II (gest. 879), Ludwig III (gest. 882), Karlman (gest. 884). Für kulturelle Initiativen blieb hier keine Zeit, erst viel später, am Ende des 11. Jhd.s, wird die Schule von Laon wieder an Bedeutung gewinnen.

Die zweite bedeutende Schule war in Auxerre, ihre Blütezeit liegt zeitlich nach der von Laon. Die Namen verschiedener Lehrer sind überliefert, alle waren Mönche der Abtei Saint-Germain. Von Heiric von Auxerre stammen wieder Glossen zu den *Categoriae decem*. Bei ihm sind, auch in anderen Schriften, Einflüsse des Scotus Eriugena zu bemerken, ein Hinweis darauf, daß letzterer doch nicht so isoliert ist, wie früher angenommen wurde. Der bedeutendste Lehrer in Saint-Germain war Remigius von Auxerre (nach 841–908). Im Jahr 883 wurde Remigius nach Reims berufen, wo die dortige Schule den Normanneneinfall nicht überstanden hatte. Sein Wirken war nicht erfolglos. Auch wenn wir über die Jahrzehnte nach seinem Tod wenig von Reims wissen, war dort in der zweiten Hälfte des 10. Jhd.s die bedeutendste Kathedralschule Frankreichs angesiedelt, woraus man vielleicht schließen kann, daß dort auch nach Remigius eine Schule weiterbestand. Schließlich ging Remigius nach Paris. Von Remigius von Auxerre sind zahlreiche Werke erhalten. Neben mehreren theologischen Kommentaren sind in unserem Zusammenhang Kommentare zu folgenden Werken wichtig: zur *Ars minor* und *Ars maior* (Grammatik) von Donatus, zur *Consolatio* des Boethius und zu *De nuptiis* von Martianus Capella. Im Kommentar zu *De nuptiis* verwendete Remigius die Kommentare von Martin von Laon (= Dunchad) und Scotus Eriugena. Wir können also beobachten, daß während des ganzen 9. Jhd.s die Schrift *De nuptiis* des Martianus Capella den *Leitfaden* für die *Einführung in die Freien Künste* lieferte und daß sich eine zusammenhängende und anwachsende Glossen-Tradition zu diesem Werk herausbildete. Der Kommentar des Remigius ist, wie die entsprechenden seiner Vorgänger, vor allem lexikographisch, d. h. er erklärt schwer verständliche Ausdrücke. Das 4. Buch des Kommentars, das sich mit der Dialektik befaßt, ist ebenso wie die anderen Bücher orientiert, also worterklärend. Sachlich weiterführende Erklärungen gibt es hier noch nicht, auch ein Jahrhundert nach Alkuin waren die Lehrer noch immer damit beschäftigt, den Text des Martianus Capella erst einmal zu verstehen. Die große Zahl von Abschriften des Kommentars des Remigius (oft nur eines oder einiger Bücher) beweist den Einfluß dieses Kommentars, zeigt aber auch, daß an anderen Orten keine besseren Kenntnisse vorhanden waren. Einem Kommentar zu einer der beiden damals bekannten Schriften des Aristoteles, den *Kategorien* und *Peri Hermeneias*, sind wir bisher noch nicht begegnet, auch nicht einer Verwendung der Kommentare des Boethius zu diesen Schriften. Die Grundlage der Studien der Logik blieben im 9. und beginnenden 10. Jhd. die inhaltlich sehr bescheidenen *Categoriae decem*. Selbst die Schrift *Peri hermeneias* des Apuleius wurde nur zur Kommentierung jener Teile von *De nuptiis* des Martianus Capella herangezogen, die selbst nichts anderes als ein Exzerpt aus dem Text des Apuleius darstellen.

Uns interessiert hier natürlich besonders, was in einer, allerdings sicher schon überdurchschnittlich gut ausgestatteten *Bibliothek des Frühmittelalters* an *philosophischen Texten* vorhanden war oder wenigstens vorhanden sein konnte. Dieser Bestand kann zum einen aus dem, was in der Zeit vom 8. bis zum 11. Jhd. von den wenigen Autoren dieser Periode zitiert wird, erhoben werden, zum anderen aus den Bibliothekskatalogen dieser Periode. Es ist dabei zu beobachten, daß der ohnedies schon sehr dürftige Bibliotheksbestand doch erst sehr langsam auch tatsächlich genutzt wurde. Interessant ist in diesem Zusammenhang der schon weiter oben zitierte Fragenkatalog aus der Schule Notker Labeos aus St. Gallen aus der zweiten Hälfte des 10. Jhd.s. Dort lautet die Antwort auf die Frage, in wie viele Arten die Logik eingeteilt wird:

M: In die Einleitungen *(ysagogas)*, in die Kategorien, in die Formeln *(formulas)* der Syllogismen, in die Definitionen, in die Topik, in Periermenias. (*Die Schriften Notkers und seiner Schule*. I, S. 624 f.)

Dies stellt keine echte Sacheinteilung dar – wie etwa vorher bei der Ethik, wo zumindesten die vier Kardinaltugenden aufgeführt werden –, sondern liefert nur eine Aufzählung der wichtigsten Texte der Logik. Diese Aufzählung betrifft einen Teil der maßgeblichen Texte der *logica vetus*. Äußere Bestätigung für diesen Bestand liefern Bibliothekskataloge, so z. B. der der Bibliothek von Bobbio in Norditalien (gegründet 612), der von Ripoll in Katalonien (gegründet 9. Jhd.), von dessen Bibliothek ein früher Katalog erhalten ist, oder der Katalog von St. Gallen, dessen Bibliothek seit dem 8. Jhd. eine bis zur Gegenwart ununterbrochene Tradition aufweisen kann. Die Schriften, die uns in den Bibliotheken dieser Zeit begegnen, sind immer dieselben. Der Bibliotheksbefund ergibt das Vorhandensein folgender Schriften, bei denen das Überwiegen der Texte zur Logik sofort ersichtlich ist:

GRUNDLAGENTEXTE
- Porphyrios: *Isagoge* zu den *Kategorien* (in der Übersetzung des Boethius)
- Aristoteles: *Kategorien* (in der Übersetzung des Boethius)
- Aristoteles: *De interpretatione* (in der Übersetzung des Boethius)
- Cicero: *Topica*

KOMMENTARE
- Boethius: Zwei *Kommentare* zur *Isagoge* des Porphyrios
- Boethius: *Kommentar* zu den *Kategorien*
- Boethius: Zwei *Kommentare* zu *De interpretatione*
- Boethius: *Kommentar* zu Ciceros *Topik*

EINZELSCHRIFTEN IN ERGÄNZUNG ZU DEN GRUNDLAGENTEXTEN
- Marius Victorinus: *De definitione*
- Boethius: *De divisione*
- Boethius: *De differentiis topicis*
- Pseudo-Augustinus: *Categoriae decem* (3./4. Jhd.)
- Augustinus (?): *De dialectica*
- Apuleius: *Peri hermeneias*

KOMPENDIUM
- Martianus Capella: *De nuptiis Philologiae et Mercurii, libri quatuor* (5. Jhd.)

NICHT-LOGISCHE SCHRIFTEN
- Calcidius (um 400): *Kommentar* zur lateinischen Übersetzung von Platons *Timaios* (bis 53c)
- Macrobius (4. Jhd.): *Kommentar* zu Ciceros *Somnium Scipionis*.

Tatsächlich verwendet wurden aber, wie schon gesagt, zunächst nur die *Categoriae decem* und das vierte, die Logik behandelnde Buch von *De nuptiis*, und teilweise Apuleius *Peri hermeneias*. Die anderen Texte, die in den Bibliotheken vorhanden waren, waren für die Gelehrten des 8. und 9. Jhd.s noch zu schwierig. Die Übersetzungen der Aristoteles-Texte des Boethius finden erst im 10. Jhd. Verwendung, ebenso der Kommentar des Boethius zu Ciceros *Topik*. Die zusammenfassenden Schriften des Boethius *De syllogismis categoricis* und *De syllogismis hypotheticis* wurden im gesamten lateinischen Westen erst im letzten Drittel des 10. Jhd.s bekannt (vgl. weiter unten 3). Man kann sich fragen, wie es zu dieser Auswahl kam, die letztlich auch dazu führte, daß Schriften des Boethius wie der Kommentar zur *Topik* des Aristoteles überhaupt verloren gingen. Man kann dazu die Vermutung äußern, daß sich im lateinischen Westen in der späten Antike ein vom griechischen Osten verschiedenes Schulprogramm herausgebildet hatte, in dem die beiden *Analytiken* des Aristoteles durch die Schrift *Peri hermeneias* des Apuleius und die *Topik* des Aristoteles durch die *Topik* Ciceros ersetzt worden waren. Mit seinen beiden Monographien zu den Syllogismen hätte dann Boethius versucht, einen adäquateren Ersatz für den Wegfall der aristotelischen *Analytiken* zu schaffen, was aber ohne Erfolg geblieben wäre (Ebbesen 1984. S. 105). Die oben aufgeführte Liste, die zunächst die Grundlage der mittelalterlichen Logik bildete, wäre dann also der Kanon der Schulschriften dieses lateinischen Curriculums. Bleibt noch die Frage, wie es zu diesem Curriculum gekommen ist: Warum wurden die aristotelischen *Analytiken* ausgeschlossen? Dafür könnte eine

Mitteilung aus dem späteren arabischen Bereich einen Hinweis geben: Al-Farabi (um 870–950) wurde von seinem christlichen Lehrer Yuhanna ben Hailan in das Werk des Aristoteles eingeführt und erhielt auch von diesem bestimmte historische Informationen. Daraus stellte al-Farabi in der Schrift *Über das Auftreten der Philosophie* eine eindrucksvolle Kulturtheorie zusammen, die unter dem Stichwort »Von Alexandrien nach Bagdad« in die Geschichte eingegangen ist (vgl. dazu Kap. IX, 2, d). Ich führe hier eine Stelle in der Übersetzung von Meyerhof an, der dieser These eine ausführliche Studie gewidmet hat:

Somit befand sich die (philosophische) Lehre an zwei Orten [d.h. Alexandrien und Rom], und so blieb es, bis das Christentum kam. Da hörte die Lehre in Rom auf und verblieb in Alexandrien, bis der Christenkaiser sich damit befaßte und sich die Bischöfe versammelten und darüber berieten, was von der Lehre belassen und was abgeschafft werden sollte; da entschieden sie, daß von den Büchern der Logik nur bis zum Ende der Figuren des Wirklichen unterrichtet werden sollte, und nicht über das, was danach kommt, weil sie der Meinung waren, daß darin ein Schaden für das Christentum läge, und daß in dem, was sie zum Unterricht zuließen, eine Hilfe für den Sieg ihres Glaubens enthalten sei. Das Öffentliche (Exoterische) der Lehre blieb also auf dieses Maß beschränkt, während das Studium des übrigen insgeheim (esoterisch) betrieben wurde, bis lange Zeit danach der Islam erschien. (Meyerhof, M.: *Von Alexandrien nach Bagdad. Ein Beitrag zur Geschichte des philosophischen und medizinischen Unterrichts bei den Arabern*. In: *Sitzungsberichte der Preußischen Akademie der Wissenschaften, phil.-histor. Klasse*. Berlin 1930. S. 394)

Wenn gesagt wird, daß die Logik nur »bis zum Ende der Figuren des Wirklichen unterrichtet werden sollte«, so bedeutet dies, daß nur die ersten sieben Kapitel der *1. Analytik* des Aristoteles in das Curriculum aufgenommen werden sollten. Worin der Schaden des übrigen Teils der *1. Analytik* und der ganzen *2. Analytik* für den christlichen Glauben bestehen soll, wird uns leider nicht mitgeteilt. Auch gibt es außer diesem Bericht keine Nachricht über eine entsprechende Synode, auf der diese Bestimmungen erlassen worden wären. Es müßte sich jedenfalls um einen byzantinischen Kaiser gehandelt haben, so daß diese Synode im Bereich der byzantinischen Kirche zu suchen wäre. Das dann für Alexandrien maßgebliche »christliche« Logik-Curriculum hätte Auswirkungen auch auf den Lehrbetrieb in Rom haben können. Die Frage ist, wann dieses Verbot in Kraft getreten sein könnte. Da Johannes Philoponos noch zwischen 520 und 540 Kommentare zur *1.* und *2. Analytik* des Aristoteles verfaßte, müßte das Verbot später erlassen worden sein. Da weder Boethius noch Cassiodor in irgendeiner Weise auf ein solches Verbot anspielen, könnte es erst gegen Ende des 6. Jhd.s erlassen worden sein, und somit wäre der Kanon der *logica vetus* erst zu dieser Zeit entstanden. Was in der Aufstellung weiter oben als Grundlagentexte und ergänzende Einzelschriften aufgeführt wurde, könnte also das römische Schulprogramm zur Logik am Ende der Antike darstellen.

Mit den oben genannten Schriften haben wir die frühmittelalterliche philosophische Bibliothek fast vollständig (man könnte noch Isidors *Etymologiae* dazuzählen) aufgezählt. Es handelt sich bei den logischen Schriften um kleine Handbücher, wobei wahrscheinlich auch die beiden umfangmäßig kleinen Schriften des Aristoteles, allerdings ganz zu Unrecht, als solche kurzen Handbücher angesehen wurden. An diesem Punkt wird tatsächlich ein Bruch unübersehbar: Wenn man sich vergegenwärtigt, was Boethius im 6. Jhd. an philosophischen Texten zur Verfügung hatte, und dies mit der eben angeführten Liste vergleicht, die das darstellt, was Alkuin im 8. Jhd. – bestenfalls – in seiner Bibliothek vorfinden konnte, so ist es kaum möglich, von einer Kontinuität zu sprechen. Um es zu wiederholen: Für die Geschichte der Philosophie ist die Grenze zwischen Antike und Mittelalter durch diesen Bücherschwund markiert.

2. Scotus Eriugena

a) Gottschalk und Eriugena

Augustinus war in allen weltanschaulichen und theologischen Fragen im Mittelalter eine übermächtige Autorität. Das Vorhandensein solcher Autoritäten ist gewöhnlich verhängnisvoll für die späteren Autoren, denen nur die Rolle von Epigonen übrigbleibt. Daß dies bei Augustinus nicht eintraf, lag einfach daran, daß es nicht *eine* Lehre des Augustinus gibt, sondern mindestens zwei: Eine aus der Zeit vor 396 und eine aus der Zeit danach. Augustinus hat es selbst für erforderlich angesehen, in den *Retractationes* Korrekturen an seinen früheren Auffassungen vorzunehmen. Obwohl dies oft bestritten wurde, legt es sich doch nahe, diese beiden Auffassungen des Augustinus mit seiner Position in Verbindung zu bringen: Ein früher Augustinus, der als Rhetoriklehrer eher liberal und philosophisch offen ist, und ein Augustinus seit seiner Ernennung zum Bischof, der dann die strenge Gnadenlehre vertritt und auch autoritär wird. *Zwei entgegengesetzte Positionen*, vereinigt in einer Person, die als *eine Autorität* angesehen wird, bedeuten für Interpreten immer ein Problem. Entweder muß die eine Seite der Alternative einfach vernachlässigt oder sie muß irgendwie weginterpretiert, d. h. hermeneutisch verharmlost werden. Es kommt daher nicht von ungefähr, daß die erste große philosophische Diskussion des Mittelalters genau an der Frage der »richtigen« Interpretation des Augustinus ansetzte.

Wir machen nun einen kleinen Umweg über die Geschichte. Karl der Große hatte in einem mit Unterbrechungen sehr langen Krieg (772–804) die Sachsen zur Unterwerfung und zur Annahme des Christentums gezwungen. Beides war eigentlich ein und dasselbe: Die Sachsen lernten das Christentum als eine Macht kennen, die mit

Gewalt Unterwerfung forderte. Bei den Sachsen riefen diese Feldzüge mit dem Widerstand gegen die Unterwerfung den Widerstand gegen das Christentum hervor. Bekannt ist in diesem Zusammenhang der Aufstand Widukinds 782 und die Reaktion Karls des Großen, nämlich das Blutbad von Verden. Nun sollten die Sachsen christianisiert werden. So gebot ein Reichstag zu Paderborn im Jahre 785 bei Androhung der Todesstrafe im Falle der Weigerung die Annahme des Christentums und die Entrichtung des Zehnten, d. h. die Abgabe des zehnten Teils der erwirtschafteten Erträge an die Kirche. Nach 800 nahm der Widerstand gegen das Christentum dank einer intensiven Organisierung durch Bischofssitze und Klöster ab. Wie rasch die Erinnerung an Gewalt schwindet, ist jedoch eine andere Frage.

In dieser Umgebung wurde um 806 Gottschalk als Sohn eines sächsischen Grafen geboren. Als Kind wurde er dem Kloster Fulda übergeben, man nannte solche Kinder, die später Mönche wurden, »Oblaten«, d. h. »Dargebotene«. Die Absicht der Eltern bei einer solchen Oblation war nicht selten die, daß diese Kinder als Mönche für die Sünden der Eltern Buße tun und durch ihre Gebete das Seelenheil derselben sichern sollten. So wie die Sachsen ohne ihre Zustimmung Christen geworden waren, so war Gottschalk ohne seine Zustimmung Mönch geworden. Als er von seinem Abt, dem berühmten Hrabanus Maurus (um 780–856), die Freilassung aus dem Mönchsstand erbat, wurde ihm dies verweigert – historisch und persönlich erfahrene Gewalt, all dies im Namen des Christentums. Suchte jemand im 9. Jhd. in seiner Klosterbibliothek eine Hilfe, um all dies zu verstehen, so fand er eine solche bei der größten Autorität, die ihm bekannt war, also bei Augustinus. Genauer gesagt: Bei dem späten Augustinus, der faktisch eine *doppelte Prädestination* – einfach gesagt: zu Himmel oder Hölle – lehrte (vgl. Kap. III, 5). Seit 848 vertrat Gottschalk nachweisbar diese radikale Lehre des Augustinus, wahrscheinlich hat er sie aber schon früher für richtig gehalten. Von Fulda war er zunächst in die Abtei Corbie und dann in die von Orbais (in der Nähe von Soissons) gegangen. Von dort aus begab Gottschalk sich auf eine Pilgerreise nach Rom und war dann als Wanderprediger in Oberitalien tätig, wo er bereits über die Prädestination sprach. Seine Reise führte ihn dann auf den Balkan und bis nach Bulgarien. Die Balkanreise stand im Zusammenhang mit politischen Interessen des Grafen Eberhard von der Friaul (Norditalien), in dessen Gebiet Gottschalk gepredigt hatte. Welche Tätigkeit Gottschalk am Balkan ausübte, wissen wir nicht. Tatsache ist jedoch, daß Bulgarien außer dem nahen Byzantinischen Reich das einzige Land Europas im 9. Jhd. war, in dem mit den Paulikianern ausdrücklich dualistische Lehren vertreten wurden, und im 10. Jhd. wird sich dort mit den Bogomilen eine einflußreiche dualistische Bewegung herausbilden (vgl. Kap. XIII, 1). Es kann nicht ausgeschlossen werden, daß Gottschalk sich durch den Kontakt mit solchen dualistischen Lehren in seiner Augustinus-Interpretation bestätigt fühlte. Nach Orbais zurückgekehrt, trat er mit einer extremen Lehre der doppelten Prädestination *(gemina praedestinatio)* im Anschluß an den späten Augustinus an die Öffentlichkeit. Diese Lehre Gottschalks wurde 848 auf einer Synode in Mainz unter dem Vorsitz des

Hrabanus Maurus, seines früheren Abtes, als häretisch verurteilt. Der Grund dafür, daß Hrabanus Maurus und etwas später Hinkmar von Reims (Erzbischof seit 845, gest. 882), also die beiden bedeutendsten Kirchenmänner des fränkischen Reiches, durch Gottschalks Thesen irritiert waren, lag darin, daß eine strenge Prädestinationslehre eigentlich jeder vom Menschen geplanten Reformbewegung den Boden entzog, beide aber verstanden sich als Kirchenreformer. Gottschalk wurde nun dem Erzbischof Hinkmar von Reims übergeben, der ihn in Klosterhaft setzte. Gottschalk ließ sich jedoch nicht beirren und vertrat weiter seine Lehre. Daraufhin bat Hinkmar Scotus Eriugena um ein Gutachten zu dieser Frage, das 851 verfaßt und unter dem Titel *De praedestinatione* erhalten ist. Darin vertritt Eriugena die Auffassung, daß es nicht nur keine doppelte, sondern *überhaupt keine Prädestination* gibt. Dies ist praktisch die Auffassung des frühen Augustinus, und die Begründung ist ebenso einfach wie zwingend: Da – nach Augustinus – die Sünde als Böses ein Nichts ist, Gott aber ein Nichts weder erkennen noch wollen kann, kann er das Böse weder vorhersehen noch vorherbestimmen. Auch eine Hölle als Ort gibt es nicht, die Strafe für die Sünde ist dieser immanent, d. h. das Sündenbewußtsein ist die einzige und ausreichende Strafe, äußere Strafen gibt es nicht und kann es nicht geben. Aber auch eine positive Vorherbestimmung kann es nicht geben, denn Gott will den Menschen als freies Wesen, und dem widerspricht jede Form der Vorherbestimmung. Kommen in der *Bibel* Ausdrücke wie »Vorherbestimmung« oder »Hölle« vor, so sind diese Ausdrücke nach Eriugena bildlich zu verstehen. Eriugena greift also auf eine Hermeneutik verschiedener Sprachbedeutungen zurück, wie sie schon von den Kirchenvätern verwendet worden war. Diese These war allerdings für die Auftraggeber ebenso befremdlich wie die des Gottschalk, und Hinkmar distanzierte sich sofort davon. Der Grund dafür ist ziemlich einfach: Für einen Kirchenfürsten wie Hinkmar war der Gedanke, nicht mehr mit Höllenstrafen drohen zu können, unannehmbar, da damit ein wichtiges Mittel der Disziplinierung weggefallen wäre. Eriugena wurde also als Pelagianer angeklagt und er wurde auf einigen Synoden verurteilt, konnte aber unter dem Schutz des Königs ungestört weiterarbeiten. Die Diskussion fand also den Abschluß, der zu erwarten war: Beide Auffassungen, die sich, die eine wie die andere, auf Augustinus beriefen, wurden verurteilt. Das heißt: Augustinus diente sowohl zur Aufstellung einer These wie zu ihrer Ablehnung, in der Sache aber war man keinen Schritt weitergekommen.

b) Die Rolle der Logik bei Eriugena

Hinkmar von Reims hatte sich ohne Zweifel mit seiner Bitte um die Widerlegung der Thesen Gottschalks an den Mann gewandt, den er als den fähigsten für eine solche Aufgabe ansah, und dies war eben Scotus Eriugena. Von diesem wissen wir, daß er bei Karl dem Kahlen als Lehrer der Freien Künste tätig war, erste Nachrichten über diese Tätigkeit stammen aus den Jahren 845/46. Die Grundlage dieser Lehrtätigkeit Eriugenas war die Schrift *De nuptiis Philologiae et Mercurii* des Martianus Capella. Der Text des Martianus Capella war schon in den Bibliotheken vorhanden, Eriugena war aber der erste, der diesen »heidnischen« Autor heranzog. Er verfaßte auch einen Kommentar dazu, die *Annotationes in Martianum*. Dieser Kommentar besteht weitgehend »nur« aus Worterklärungen, zeigt aber eine intensive Beschäftigung mit diesem Text.

Eriugena hatte die Bedeutung der Logik klar erfaßt. Dies zeigt schon die eben besprochene Schrift Eriugenas über die Prädestination. Die Logik ist für ihn ein unbedingt erforderliches Mittel der Beweisführung. Recht klug stellt er in der Einleitung zu seiner Schrift über die Prädestination fest, daß die Bischöfe zwar mit der Redekunst *(eloquentia)* Irrlehren bekämpfen können, daß es aber doch auch sehr nützlich sei, die Irrlehren mit Vernunftüberlegungen *(ratiocinationes)* zu widerlegen, was er als seine Aufgabe ansieht. Indirekt ausgedrückt sagt Eriugena damit, daß er den Bischöfen zwar Predigten, aber keine Vernunftüberlegungen zutraut. Ausdrücklich sagt er im ersten Kapitel der Schrift über die Prädestination, daß er diese Frage als philosophische diskutieren wolle, er unterwirft sich hier also keiner Glaubensautorität. Daß er zwischen den *Autoritäten und* dem *Vernunftgebrauch* aller-
130 | dings überhaupt keinen Gegensatz sieht, wird in seinem Hauptwerk eine Grundthese darstellen. Faktisch arbeitet er bei der Diskussion der Prädestination auch mit Schriftzitaten, er versucht jedoch nicht, seine These durch Zitate von Autoritäten zu stützen, sondern durch ein logisches Verfahren. Wenn für ein durch Vernunftbeweis erreichtes Ergebnis auch Autoritäten der kirchlichen Tradition aufgeführt werden, so dient dies seiner Auffassung nach nicht zur weiteren Stützung der These, sondern nur dem Nachweis, daß es sich dabei auch um eine kirchliche Lehre handelt.

In der Logik sieht er die hypothetischen Syllogismen als wichtiger als die kategorischen an. Hier ein Beispiel, wie er damit in der Diskussion über die Vorherbestimmung arbeitet:

Wo Vernünftigkeit vorhanden ist, da ist mit Notwendigkeit Freiheit vorhanden. Der menschliche Wille ist aber wesentlich vernünftig. Er ist also wesentlich frei. (*De praedestinatione* VIII 5. S. 51, 106–108. Übers. v. F. S.)

Diesem Argument liegt ein hypothetischer Syllogismus der Form: $[(a \rightarrow b) \wedge a] \rightarrow b$ zugrunde. Von den hypothetischen Syllogismen hatte Eriugena aus der Schrift des Martianus Capella Kenntnis (vgl. auch 1. Teil, Kap. XII, 1 [I]). Und auch das »mit Notwendigkeit« der ersten Prämisse ist korrekt gesetzt, denn die Konditionalaussagen, von denen Martianus Capella spricht, stellen einen notwendigen Zusammenhang von *a* und *b* fest, wir würden heute sagen: es liegt eine strikte Implikation vor, also $\mathbf{N}(a \rightarrow b)$. Eriugena interpretiert dies so: Eine Konditionalaussage ist »konnatural« *(connaturalis)*, d. h.: *a* und *b* drücken Sachverhalte aus, die sich auf etwas beziehen, das in der Natur zusammen vorhanden ist (*Annotationes in Martianum*. S. 89), was also nicht anders sein kann. Dies ist nur ein Beispiel des generellen Vorgehens Eriugenas. Wir würden heute sagen: Scotus Eriugena geht den *Schritt vom vorwissenschaftlichen zum wissenschaftlichen Argumentieren*. Wahrscheinlich war er hier seiner Zeit voraus, eine solche Methode wird sich erst später durchsetzen. Es ist aber zu beachten, daß auch Gottschalk in seinen Argumentationen nicht nur mit der Anführung von Autoritäten arbeitete, sondern sehr bewußt Gebrauch von logischen Formen, besonders von Syllogismen, machte und diesen Gebrauch ausdrücklich verteidigte.

Eriugena kommt das Verdienst zu, veranlaßt zu haben, daß die Schrift des Martianus Capella im Schulbetrieb der folgenden Zeit häufiger verwendet wurde, wie dann besonders die weite Verbreitung des Kommentars des Remigius von Auxerre zu derselben Schrift zeigt, die dieser unter Verwendung des Kommentars des Eriugena verfaßt hat. Wir sehen, wie sich hier die Kommentierung herausbildet: Es werden Anmerkungen *(annotationes)* zu einer Schrift verfaßt, die zunächst nicht viel mehr als Glossen sind, dann wird damit weitergearbeitet, es ergeben sich also *annotationes* zu *annotationes*, und so entstehen schrittweise umfangreiche Kommentare, die aber zunächst nichts anderes darstellen als das Ergebnis des mühsamen Weges der Philosophen des frühen Mittelalters, sich das bescheidene Handbuchwissen der späten Antike zu erarbeiten.

c) Die Welt als Theophanie

Die Bedeutung des Scotus Eriugena liegt aber auch auf einem anderen Gebiet und weist in eine ganz andere Richtung: Er brachte die lateinische Philosophie des Mittelalters in Kontakt mit der *griechischen Tradition des Neuplatonismus*. Scotus Eriugena stammte aus Irland, und dort, gleichsam auf einer kulturellen Insel, gab es Leute mit Griechischkenntnissen, was zu dieser Zeit eine sehr große Seltenheit war. Ludwig der Fromme hatte 827 vom byzantinischen Kaiser einen Kodex mit den Schriften des Dionysios Areopagita als Geschenk erhalten, und hatte Hilduin, den Abt von St. Denis, beauftragt, eine Übersetzung dieser Schriften herstellen zu lassen. Eigentlich wäre eine Übersetzung auch schon früher möglich gewesen, denn die französischen Könige hatten bereits im vorausgegangenen Jahrhundert von den Päpsten Kodizes mit diesen Texten erhalten, wahrscheinlich gab es aber einfach niemanden, der diese Bücher auch nur hätte lesen können. Das Ergebnis der Übersetzung Hilduins war jedoch nicht zufriedenstellend. Deshalb gab nun Karl der Kahle Scotus Eriugena um 860 den Auftrag, eine neue Übersetzung herzustellen. Das Interesse der Könige an den Schriften des Dionysios Areopagita hatte natürlich nichts mit einem Interesse an griechischer Philosophie zu tun, sondern beruhte einfach darauf, daß Dionysios Areopagita (irrtümlicherweise) als Gründer der Abtei St. Denis, also des mit dem

Königshaus engstens verbundenen Klosters, angesehen wurde. Der schwierige Text stellte allerdings auch Eriugena vor erhebliche Probleme. Er übersetzte später auch die *Ambigua* des Maximus Confessor (7. Jhd.), eine Schrift, in der versucht wird, schwierige Stellen des Dionysios Areopagita und des Gregor von Nazianz zu erläutern. Im weiteren übersetzte er eine Schrift des Gregor von Nyssa unter dem Titel *De imagine*. Während bisher im lateinischen Westen der Neuplatonismus nur vermittelt durch die Schriften des Augustinus und des Boethius präsent war, findet jetzt eine Begegnung mit der »authentischen« Form des späten östlichen Neuplatonismus statt. Die Wirkung dieser Begegnung zeigt sich dann in allen Aspekten des systematischen Hauptwerks des Eriugena *Über die Einteilung der Natur (Periphyseon)* oder, wie der lateinische Titel lautet, *De divisione naturae*.

Scotus Eriugena wollte mit diesem Werk ohne Zweifel ein System christlicher Philosophie entwerfen. Für ihn ist ein solches System allerdings unmittelbar die wahre Philosophie, so wie dies für die spätantiken neuplatonischen Autoren des Christentums gegolten hatte. Die wahre Philosophie ist für ihn die wahre Religion, und umgekehrt die wahre Religion die wahre Philosophie (*De praedestinatione* I 1. S. 5, 16–18). Hier wird zum ersten Mal das sichtbar, was man den *mittelalterlichen Rationalismus* nennen kann, dieser stellt also keineswegs eine Spätform mittelalterlichen Denkens dar, sondern steht gleich an dessen Beginn. Eine Philosophie, die sich einfach der Autorität unterwirft, hat es im Mittelalter nicht gegeben. So heißt es bei Scotus Eriugena:

Auch dies lehrt uns die Vernunft, sintemal [= besonders, da] die Autorität aus der wahren Vernunft hervorgegangen ist, nicht aber umgekehrt die Vernunft aus der Autorität. Denn jede Autorität, die nicht durch wahre Vernunft gebilligt wird, erscheint als schwach; dagegen hat die wahre Vernunft, weil sie sich sicher und wandellos auf ihre eigenen Kräfte stützt, keine Bekräftigung durch Zustimmung irgend einer Autorität nötig; denn die wahre Autorität scheint mir nichts Anderes zu sein als die durch Vernunft gefundene Wahrheit, welche von den heiligen Vätern zum Nutzen der Nachwelt schriftlich überliefert worden ist. Denkst du darüber vielleicht anders? (*Über die Einteilung der Natur* I 69. S. 104)

Dies ist eine eindeutige Stellungnahme, die keinerlei Spielraum für Interpretation läßt. Außerdem ist diese Stellungnahme völlig unabhängig von der Philosophie, mit der dann gearbeitet wird, es handelt sich somit in keiner Weise um eine spezifische These des Neuplatonismus. Mit solchem Vernunftanspruch angetreten, muß Scotus Eriugena all das erklären, was für wahr angenommen wird. Daher entwickelte er ein System, das versucht, jene Dialektik aufzufinden, die in der Natur der Dinge liegt – der Begriff »Dialektik« wird bei ihm ausdrücklich in diesem Sinn gebraucht –, jene reale Dialektik also, die erklärt, wie die Vielheit der Dinge von Gott ausgeht und wieder zu Gott zurückkehrt. Eriugena hat dabei einige Probleme, von dem ursprünglichen Sinn von »Dialektik« als »Wissenschaft, gut zu streiten« zu jenem ganz anderen Sinn von »Dialektik« als Selbstentfaltung des Seins, bei dem es um eine »reingeistige Bewegung des Umkreisens« geht, zu gelangen.

Handelt nicht jene Kunst, welche von den Griechen Dialektik genannt wird und als die Wissenschaft, gut zu streiten gilt, vor Allem von der Wesenheit als ihrem eignen Lebensgrunde, von welchem die ganze Mannigfaltigkeit dessen ausgeht, was den Inhalt dieser Kunst bildet, um durch die allgemeinsten Gattungen und besonderen Arten zu den einzelnen Formen und Gestalten herabzusteigen und wiederum nach den Regeln der Begriffsentwicklung durch dieselben Stufen bis zur Wesenheit selber emporzuklimmen, von welcher ausgegangen wurde? Unablässig also kehrt sie zu dieser zurück, in welcher sie immer zu ruhen strebt, um sie in reingeistiger Bewegung zu umkreisen. (Ebd. V 4. S. 183)

Nicht umsonst werden wir hier an Hegel erinnert, der in ganz ähnlicher Weise einen dialektischen Prozeß von Sein und Werden zu beschreiben versuchte, und der ebenso überzeugt war, gerade dadurch den christlichen Glauben auf den Begriff bringen zu können. Bei Hegel ist – verkürzt gesagt – die Welt Gott im anderen seiner selbst, und von dieser Auffassung ist Eriugena zwar zeitlich, jedoch nicht sachlich allzuweit entfernt. Diese Nähe zu Hegel – oder besser, die Nähe Hegels zu Scotus Eriugena – läßt sich auch an folgendem historischen Faktum ablesen: Als die Theologen im 19. Jhd. unter dem Eindruck der Philosophie Hegels nach »neuen« Wegen suchten, griff der spekulativste und deutlich hegelianisch denkende Kopf der sogenannten Tübinger Schule, Franz Anton Staudenmaier (1800–1856), auf Eriugena zurück mit einem 1834 erschienenen Werk, das den aufschlußreichen Titel trägt: *Johannes Scotus Erigena und die Wissenschaft seiner Zeit. Mit allgemeinen Entwicklungen der Hauptwahrheiten auf dem Gebiete der Philosophie und Religion, und Grundzügen zu einer Geschichte der speculativen Theologie.*

Erstaunlich ist bei Eriugena schon der Ansatzpunkt: Er geht aus von einem Begriff, der alles umfassen soll, was ist und was nicht ist. Das bedeutet: Gott, Mensch und Welt sollen von einem übergeordneten, allen gemeinsamen Begriff her bestimmt werden, und dieser Begriff lautet »*Natur*«. Bei Scotus Eriugena ist Gott die *natura creans, non creata* – die Natur, die schafft und nicht geschaffen ist; die Welt ist die *natura creata, non creans* – die Natur, die geschaffen ist und nicht schafft. Verbunden sind beide durch den Logos, den Inbegriff der göttlichen Ideen: die *natura creata et creans* – die Natur, die geschaffen ist und schafft. Das vierte Glied der Konstruktion ist die *natura non creans, non creata* – jene Natur also, die nicht schafft und nicht geschaffen wird. Die ersten drei bezeichnen somit das, was ist, die vierte das, was nicht ist (*Über die Einteilung der Natur* I 1. S. 3 f.). Dieser vierte Aspekt liefert Eriugena einige Probleme: In einem »geschlossenen System« des Hervorgehens, das durch Notwendigkeit bestimmt ist, darf es nicht etwas geben, das nur einfach nicht ist.

Was nicht existiert, muß das sein, was nicht existieren kann. Eriugena gelangt tatsächlich zu dieser Folgerung:

Aber die vierte fällt unter Unmögliches, da ihr Unterscheidendes darin besteht, dass sie nicht sein kann. (Ebd. I 1. S. 4)

Damit sind wir letztlich bei einer zweigliedrigen Seins- oder Modalitätenlehre: Alles was ist, ist notwendig, und alles, was nicht ist, ist unmöglich. Alles, was ist, und somit alle drei der ersten Aspekte, werden auf das eine Prinzip zurückgeführt,

[...] weil eine solche Naturgestalt nur von Gott richtig ausgesagt wird, welcher als der All-Schöpfer auch allein als anfangslos gedacht wird, weil er allein die Anfangsursache von Allem ist, was aus ihm und durch ihn selber geworden ist, und weil er deshalb auch das Ziel alles dessen ist, was von ihm stammt; denn Alles strebt nach ihm hin, und Er ist also Anfang, Mitte und Ende. Anfang: weil aus ihm Alles stammt, was am Sein Teil hat; Mitte: weil es in ihm und durch ihn selber besteht und sich bewegt; Ende: weil zu ihm selber sich dasjenige hinbewegt, was für seine Bewegung Ruhe und für seine Vollendung Festigkeit sucht. (Ebd. I 11. S. 17)

Der Grund dafür, daß die Welt geschaffen wird, ist die Selbstmanifestation Gottes, bei Scotus Eriugena heißt dies: die Theophanie, das In-Erscheinung-Treten Gottes.

Wir dürfen somit Gott und Kreatur nicht als von einander verschiedene Zwei denken, sondern als eins und dasselbe. Denn auch die Kreatur ist in Gott bestehend, und Gott wird in der Kreatur auf wunderbare und unaussprechliche Weise geschaffen, indem er sich selber offenbart, unsichtbar sich selber sichtbar, unbegreiflich sich selber offenbar und unbekannt sich selber bekannt macht, indem er sich ferner aus einem Form- und Gestaltlosen zu etwas Schönem und Anziehendem [...], allschaffend zu etwas in Allem Geschaffenen macht. (Ebd. III 17. S. 330)

Für Gott ist diese Selbstmanifestation – jedenfalls im Bereich der Ideen, den Urbildern der Welt – notwendig, da Gott erst in ihnen sich selbst erkennt. Die gesamte Welt wird damit zu einer *Theophanie*, d. h. einem Durchscheinen Gottes. Wiederum begegnen wir hier also einem Begriff von Welt – diesmal sogar ausdrücklich von Natur –, der weniger zur Wissenschaft hinführt, als vielmehr zur *Kunst*, die jenes Durch- und Aufscheinen Gottes in der Welt sichtbar machen soll. In dieser Hinsicht theoretisierte Scotus Eriugena die höchsten kulturellen Anstrengungen des Mittelalters und wirkte wiederum auf sie ein. Diese lagen eben nicht im Bereich der Philosophie, nicht in dem der Theologie und auch nicht in dem der Wissenschaft, sondern in dem der Kunst, in der Materielles als Theophanie gestaltet werden sollte, Materielles also auf Göttliches hin transparent werden sollte. In diesem Prozeß wird der Gegenstand als materieller Gegenstand »aufgehoben« und zum Symbol des Nicht-Darstellbaren. Kunst ist hier nichts anderes als der Versuch, aus einem Form- und Gestaltlosen etwas Schönes und Anziehendes zu gestalten, und zwar so, daß dieses Schöne über sich hinaus auf das Urschöne verweist. Die *Kunst* erhält hier *paradigmatische Funktion* für Erkenntnis und kann dies, weil auch Gott die Welt so geschaffen hat, wie der Künstler sein Werk schafft. Gott tritt in seiner Schöpfung in Erscheinung und das heißt: Er macht sich selbst auf sich selbst hin transparent.

Von sich selber also empfängt Gott die Veranlassungen zu seinen göttlichen Erscheinungen; denn aus ihm und in ihm, durch ihn und für ihn ist Alles. (Ebd.)

Die Welt und der Mensch als geschaffene Natur sind somit die Selbstmanifestation der ungeschaffenen Natur, also Gottes. Die wahre Erkenntnis besteht dann im richtigen Blick auf die Welt und auf sich selbst. Der Weg der Rückkehr zur ungeschaffenen Natur ist bei Scotus Eriugena wieder in Begriffen des *Schauens* angegeben, der *visio*, einer rein intellektuellen Anschauung. Es ist der Weg von den Bildern zu den Ideen und schließlich zur *unio mystica*, der mystischen Vereinigung des Abbildes mit dem Urbild. Aber so wie es im erreichten Endzustand ein Schauen jenseits des sinnlichen Schauens gibt, so gibt es auch ein *Hören* jenseits des sinnlichen Hörens. Aber
auch schon die hörbare Musik wird zur Einübung in das Begreifen der »vollendeten Schönheit des geschaffenen Alls« (Ebd. V, 36. S. 329), denn der Verstand begreift, daß die hörbare »Lieblichkeit des Einklangs« auf Verhältnissen beruht, die nur der Verstand begreifen kann (Ebd. V, 36. S. 330). Auch hier wieder begegnen wir der schon im vorausgegangenen Abschnitt erwähnten Beziehung von Philosophie, Mathematik und Musik. Dieser Zusammenhang ist in der mittelalterlichen Philosophie immer wieder feststellbar und wird eigentlich erst am Ende des Mittelalters aufgelöst.

Die ganze Welt wird auf diesem Weg zu dem, was sie eigentlich ist: zur göttlichen Metapher. Die Affirmation der Welt ist nur möglich durch die gleichzeitige Negation, die »Aufhebung«, in der die *Welt* als Gegenstand *in ein Symbol transformiert* wird. Durch die *Negation* nähert sich der denkende und anschauende Geist dem göttlichen Grund, der dann selbst als das »Nichts« bezeichnet werden kann:

Bei dem theologischen Verfahren, welches zur Erforschung der Erhabenheit und Unbegreiflichkeit der göttlichen Natur in Anwendung gebracht wird, gilt mehr die Bedeutung der Verneinung als der Bejahung. Wer dies beachtet, wird sich nicht wundern, dass Gott oftmals mit dem Worte »Nichts« bezeichnet wird. (Ebd. III 20. S. 338/339)

Dies gibt Scotus Eriugena auch die Möglichkeit einer eigenartigen Interpretation der Schöpfung aus Nichts:

Das Wort Gottes ist das Nichts, worin der Vater Alles machte. (Ebd. III 14. S. 308)

So macht er Alles aus Nichts, indem er aus seiner Überwesentlichkeit die Wesenheit hervorbringt, aus seiner Überlebendigkeit lebendige Wesen, aus der Vereinigung von Allem, was ist und nicht ist, die Bejahung von Allem, was ist und nicht ist. Dies lehrt auch deutlich die Rückkehr aller Dinge in die Ursache, aus der sie hervorgegangen sind, wann Alles in Gott zurückkehrt. (Ebd. III 20. S. 336)

Die Methode, die hier angewendet wird, die Denk- und Sprachform, in der der Gegenstand der Überlegungen zum Ausdruck kommt, ist sehr weit entfernt von jener, die Scotus Eriugena selbst in seinen *Annotationes in Martianum* dargelegt hatte. Die Dialektik, mit der hier gearbeitet wird, ist letztlich nichts anderes als der Nachvollzug der dialektischen Selbstentfaltung der *natura non creata*, also Gottes:

Man begreift hieraus, dass die sogenannte dialektische Kunst, welche die Gattungen in Arten teilt und die Arten auf ihre Gattungen zurückführt, nicht durch menschliche Bestrebungen gemacht worden, sondern vom Urheber aller wahren Künste in der Natur der Dinge geschaffen und von den Weisen nur entdeckt und durch scharfsinnige Erforschung der Dinge nutzbar gemacht worden ist. (Ebd. IV 4. S. 12f.)

Es ist dann verständlich, daß Eriugena bei der Entwicklung dieser inneren Logik des Seins nicht mit der Kategorienlehre des Aristoteles arbeiten kann, in der ja die obersten Einteilungsgesichtspunkte festgestellt werden sollen. Im ersten Buch *Über die Einteilung der Natur* finden sich deshalb ausführliche Überlegungen zu der Frage, warum die aristotelischen Kategorien hier nicht zur Anwendung gebracht werden können. Eine der aristotelischen Kategorien ist z. B. »Tun und Erleiden«. Bei der *natura creans, non creata* ist die Kategorie »Erleiden« natürlich nicht anwendbar, aber auch das »Tun« kann in Gott nichts Akzidentelles sein, da es solches in Gott nicht geben kann, also sind für Eriugena in Gott Sein und Tun ein und dasselbe. Aber auch Tun und das Ergebnis des Tuns können nicht verschieden sein. Und so sagt Eriugena:

Für Gott ist also Sein und Tun nicht verschieden, sondern beides ein und dasselbe?
Ich wage diesem Schlusse nicht zu widerstehen.
Wenn wir also hören, dass Gott Alles mache, so haben wir nichts anders zu verstehen, als dass Gott in Allem sei, d. h. dass er als die Wesenheit von Allem bestehe. Ist er doch allein wahrhaft durch sich selbst und in allem Seienden das wahrhafte Sein selber. (Ebd. I 72. S. 111)

Man wird es späteren Interpreten und Kritikern des 13. Jhd.s, die sich mit der Schrift *Über die Einteilung der Natur* beschäftigten werden, nicht übel nehmen dürfen, wenn sie hier Pantheismus vermuteten. Moderne Interpreten versuchen manchmal, dies zu entkräften, man hat aber den Eindruck, daß sie dabei von apologetischen Interessen geleitet sind, d.h. sie wollen Eriugena doch noch als »rechtgläubig« verteidigen. Für den Historiker der Philosophie gibt es aber kein solches Interesse, wenn jemand ein pantheistisches System entwerfen will, so soll er dies tun. Eine ganz andere Frage ist, ob ein solches System zu Recht als Auslegung des christlichen Glaubens verstanden werden kann, und an diesem Punkt sind aus rein historischer Sicht durchaus Bedenken angebracht. Solche Bedenken gelten aber auch schon für frühere Systeme, vor allem natürlich für das des Origenes in *Peri Archôn* und ebenso für das des Dionysios Areopagita, also der unmittelbaren inspirierenden Quelle des Scotus Eriugena.

Die Menschen im 9. Jhd., auch die am Hofe Karls des Kahlen, die gerade dabei waren, Lesen und Schreiben zu lernen, konnten natürlich für die Lehren des Scotus Eriugena kaum besonderes Verständnis oder Interesse aufbringen. Der Einfluß seines Werkes war daher zunächst nicht sehr groß, früher hat man sogar angenommen, Scotus Eriugenas Hauptwerk sei in den folgenden Jahrhunderten gar nicht gelesen worden. Dies stimmt so jedoch nicht. Es hat sich gezeigt, daß in Glossen zu Schriften des Boethius, des Martianus Capella und zu den *Categoriae decem* durchaus auch Elemente aus dem Werk *Über die Einteilung der Natur* enthalten sind. Zu Beginn des
12. Jhd.s hat sich Honorius von Autun (um 1080 – um 1137) mit dem Werk befaßt. Besonders interessant ist es, daß sein Werk auch bei den Katharern verbreitet war. Metaphysischen Dualismus konnten sie bei Eriugena sicher nicht finden, eher ist anzunehmen, daß sie von dem gnostischen Charakter des Werkes angezogen wurden. Eindeutig abhängig von Eriugena ist aber Amalrich von Bena (gest. 1206), dessen Lehre erwartungsgemäß, allerdings erst nach seinem Tod, auf einer Synode in Paris im Jahre 1210 verurteilt wurde, bei welcher Gelegenheit man auch einige seiner Anhänger verbrannte. Der Zusammenhang der Lehren Amalrichs mit denen Eriugenas war Verurteilern wie Verurteilten ganz deutlich, wesentlich schwieriger ist es zu erklären, woher am Beginn des 13. Jhd.s, also mehrere Jahrhunderte nach Eriugena, das Interesse an seinen Werken kam. Dazu kommt noch, daß wieder hundert Jahre später eine andere Bewegung auftrat, die Beginen, die fast genau dieselben Lehren vertraten wie die Almarikaner und die 1311 auf dem Konzil von Vienne ebenfalls verurteilt wurden. Dies gab Anlaß zu der Vermutung, daß der gesellschaftliche Hintergrund der »Irrlehren« des Amalrich ein ähnlicher gewesen ist wie der der Beginen, eine These, die tatsächlich Bestätigung in den Quellen gefunden hat. Daraus dürfte sich ergeben, daß die Anhänger des Amalrich nicht in den akademischen Kreisen von Chartres zu suchen sind, sondern viel eher in Gruppen religiös-enthusiastischer Frauen, und damit wären wir in einem sozialen Umfeld, das auch dem der Beginen entspricht. Auffällig ist, daß schon bei den Amalrikanern eine Verbindung der Lehren Eriugenas mit der Geschichtsphilosophie Joachims von Fiore (1131–1202) vorlag. Dort wurde die Erwartung eines Zeitalters des Geistes ausgespro-

chen, also einer neuen und endgültigen Epoche, in der eine letztgültige Einheit von Erkenntnis und Offenbarung erreicht werden sollte. Die Philosophie Eriugenas entsprach genau den Vorstellungen einer solchen Vernunftreligion, also einer höheren, pneumatischen Gnosis. Nehmen wir an, daß diese These zutrifft, so ergibt sich daraus, daß zumindest die Wirkung des Systems des Eriugena nicht aus ihrer philosophischen Stringenz stammt, sondern daraus, daß sie mystisch-enthusiastischen Bewegungen, die eine Zeitenwende mit einer Umwertung aller Werte erwarteten, die gesuchte theoretische Stütze bot. Diese These ist problematisch, was auch gar nicht verschwiegen werden soll. Sie besagt, daß unterdrückte Schichten, zu denen gerade die Frauen dieser Jahrhunderte gehörten, sich von diesem mystisch-metaphysischen Denken Eriugenas und Joachims von Fiore angezogen fühlten. Bei Eckhardt wird sich eine ähnliche Affinität von Frauenbewegungen und pantheismusnaher Metaphysik zeigen (vgl. Kap. XVIII, 1). Das Gemeinsame in all diesen Bewegungen ist eine Zurückweisung der bislang geltenden offiziellen gesellschaftlichen Formen, wie z. B. der Sakramente, der Priesterherrschaft usw., einhergehend mit einer Berufung auf den »Geist« und eine entsprechende Vernunftreligion. Und damit wären wir bei einer Beziehung von Mystik und »revolutionären« Bewegungen.

Im 13. und 14. Jhd. verdrängte das Interesse an den neuentdeckten aristotelischen Schriften solche »alten« Werke. Der Neuplatonismus war jedoch auch in diesen Jahrhunderten weiter gegenwärtig, vor allem durch den Standardautor Dionysios Areopagita und durch den *Liber de causis* (vgl. dazu Kap. IX, 1). Systematisch wirksam wird Scotus Eriugena aber eigentlich erst wieder bei Nikolaus von Kues. Wir sollten die folgende Linie nicht aus dem Auge verlieren: Plotin – Proklos – Dionysios Areopagita – Scotus Eriugena – Nikolaus von Kues – Hegel. Dies ist die idealistische Tradition der europäischen Philosophie.

3. Neue Texte in der Philosophie des 10. Jahrhunderts

Das 10. Jhd. war in seiner ersten Hälfte eine Periode, in der den Studien nicht viel Aufmerksamkeit geschenkt werden konnte. Durch Invasionen der Normannen waren viele Schulen zerstört worden. In der ersten Hälfte des 10. Jhd.s tat sich daher auch im Bereich der Philosophie nicht besonders viel, jedenfalls nichts Aufsehenerregendes. Den Ottonen-Kaisern gelang es jedoch, wieder gesichertere Verhältnisse herzustellen, und sie waren auch an Bildungsaufgaben interessiert.

Irgendwann in der zweiten Hälfte des 10. Jhd.s tauchten zwei Texte des Boethius im lateinischen Westen wieder auf, es handelt sich dabei um die zwei zusammenfassenden Schriften *De syllogismis categoricis* und *De syllogismis hypotheticis*. Diese beiden Schriften waren in den Bibliotheken des Westens seit der Zeit des Boethius, also seit dem 6. Jhd., nicht mehr vorhanden gewesen. Im 10. Jhd. kamen sie, wie es scheint aus Byzanz übermittelt, in Nordfrankreich wieder in Umlauf. Auf welchen

Wegen und warum sie überhaupt zu dieser Zeit aus Byzanz in die Gegend von Reims und Orléans gelangten, ist völlig unklar. Daß sie jemand bestellt hätte, ist unwahrscheinlich, da sie vorher in anderen Schriften nirgends erwähnt werden, die Gelehrten im Westen also von ihrer Existenz vermutlich gar nichts wußten. Man könnte allerdings daran denken, daß sie in einem Kodex mitenthalten waren, in dem irgendeine andere, den französischen König interessierende Handschrift enthalten war. Wir wissen von dem Gebrauch dieser Schriften durch zwei bekannte Persönlichkeiten. Die eine ist Gerbert von Aurillac (940/950–1003), ein äußerst bemerkenswerter Mann. Er war Mönch in Aurillac, begab sich dann für einen Studienaufenthalt nach Nordspanien, wo er sich hauptsächlich mit Mathematik und Astronomie beschäftigte. In Nordspanien gab es Kontakte zur arabischen Wissenschaft, die – worauf noch zurückzukommen sein wird (vgl. Kap. XI, 2) – der lateinischen Wissenschaft weit überlegen war. Gerbert war vermutlich der erste lateinische Magister, der die arabischen Ziffern verwendete. Er war eigentlich mehr am Quadrivium interessiert, und es gab zu seiner Zeit im lateinischen Bereich niemand, der dieses auf einem ähnlichen Niveau wie Gerbert unterrichten konnte. Sein Wissen hat er jedenfalls teilweise aus Quellen, die aus dem arabischen Bereich stammten. Solche Kenntnisse waren damals allerdings suspekt, und er wurde deshalb – genauso wie der gleich noch zu erwähnende Abbo von Fleury – der Zauberei beschuldigt. Gerbert kam 970 mit Hatton, dem Bischof von Vich (Katalonien), nach Rom und wurde dort dem Papst vorgestellt. Als Hatton kurz darauf ermordet wurde – daß ein Bischof ermordet wurde, war zu dieser Zeit in Rom kein besonders aufsehenerregendes Ereignis –, blieb Gerbert in Rom. Im Jahre 972 fand die großartige Hochzeit Ottos II. mit Theophanu statt, und Gerbert wurde dem Kaiserpaar vorgestellt. Inzwischen war auch eine französische Gesandtschaft in Rom eingetroffen und Gerbert wurde als Lehrer für Reims angeworben. Aus der Zeit seiner Tätigkeit in Reims (972–980) wissen wir aus dem Bericht seines Schülers Richer, daß er in seinem Unterricht unter anderem auch die beiden genannten Texte verwendete, in welcher Weise er sie jedoch in seiner inzwischen berühmt gewordenen Schule gebrauchte, wissen wir nicht, da er keine Schrift zu diesen Themen verfaßt hat. Ihn interessierte aber die Mathematik und die Astronomie mehr als die Logik, noch mehr interessierte ihn jedoch seine Karriere. Er wurde tatsächlich nach recht unerfreulichen Intrigen, an denen er nicht unbeteiligt war, Erzbischof von Reims. 996 traf Gerbert in Rom mit Otto III. zusammen, der ihn aufforderte, sein Berater zu werden. 997 ist Gerbert in Deutschland und wird dann durch kaiserliche Einsetzung Erzbischof von Ravenna, zwischendurch war er noch Abt des bedeutenden Klosters Bobbio, und schließlich wurde er durch einen Machtspruch Ottos III. Papst (= Silvester II.). Man muß anerkennen, daß sich Gerbert als der bedeutendste Gelehrte der lateinischen Christenheit seiner Zeit einen Namen gemacht hatte, und er stellt somit den einzigen Fall in der Geschichte dar, in dem der gelehrteste Christ Papst wurde.

Schon 981 hatte Gerbert in Ravenna in einer aufsehenerregenden Disputation vor Kaiser Otto II. gegenüber dem Magister Ohtrich, dem Leiter der Magdeburger Kathedralschule, einen glänzenden Sieg davongetragen. »Diskussionsleiter« war dabei Kaiser Otto II., wobei man festzuhalten hat, daß der Kaiser außergewöhnlich gebildet war. Worum ging es bei dieser, einen ganzen Tag dauernden Diskussion? Um eine Frage im Anschluß an den ersten Kommentar des Boethius zu der *Einleitung* des Porphyrios über die Einteilung der Philosophie; unter anderem wurde die Zuordnung von Mathematik und Physik behandelt. Bei dieser Diskussion waren Fragen offen geblieben, und Gerbert hat sich mit diesen in seiner Schrift *De rationali et ratione uti* befaßt, die Otto III. gewidmet ist. In der Vorrede weist er darauf hin, daß Logik ein wichtiges Element am kaiserlichen Hof sein sollte, was eine etwas extravagante Forderung darstellt. Die Begründung dafür ist allerdings weniger philosophisch als politisch: Er weist den Kaiser auf seine griechische Mutter – Theophanu – hin, um damit zu bedeuten, der Kaiserhof dürfe an Bildung nicht hinter dem Hof von Byzanz zurückstehen. Die öffentliche Diskussion zeigt, daß auch der Kaiser die Bedeutung der Bildung erkannt hatte. Man darf aus dieser öffentlichen Diskussion natürlich nicht ableiten, daß zu jener Zeit Philosophie sogar auf höchster politischer Ebene relevant gewesen wäre. Außer dem Unterhaltungswert für den Hof bot eine

solche Diskussion für einen Magister aber die Möglichkeit, in aller Öffentlichkeit auf sich aufmerksam zu machen. Und die Stellung eines Magisters einer Kathedralschule oder des Scholasters einer großen Abtei war immer ein Sprungbrett für höhere Positionen, so eben auch für Gerbert.

Man sieht dies auch an dem zweiten Philosophen des 10. Jhd.s, der sich mit den beiden Texten des Boethius beschäftigte, nämlich Abbo von Fleury (940/945–1004), von dem neben anderen Schriften ein Traktat zur Grammatik und kleinere Schriften zur Mathematik erhalten sind. Anders als bei Gerbert ist von Abbo eine Schrift *Über die kategorischen Syllogismen* und eine *Über die hypothetischen Syllogismen* erhalten, die zeigt, daß Abbo mit diesen für ihn ganz neuen Texten in durchaus kompetenter Weise umgehen konnte. Er sah auch ganz richtig, daß zwischen den hypothetischen Syllogismen, die Boethius in dem sie eigens behandelnden Traktat betrachtet und jenen, die sich in dessen Kommentar zur *Topik* Ciceros finden, ein Zusammenhang besteht (was später sogar Abaelard nicht aufgefallen ist). Es geht dabei um die berühmten, aus der stoischen Tradition stammenden sogenannten »unbeweisbaren Schlüsse« (*indemonstrabilia*; vgl. 1. Teil, Kap. XII, 1). Wir müssen allerdings annehmen, daß er bei seiner Bearbeitung außer den Texten des Boethius über eine weitere, nicht mehr erhaltene Quelle verfügte. Ob er in seiner Schule Zuhörer hatte, die diese gar nicht einfachen Texte verstehen konnten, ist eher zu bezweifeln. Nichtsdestoweniger bleibt bestehen, daß in der Schule der königlichen Abtei Fleury mehr Interesse an philosophischen Fragen vorhanden war als im berühmten Cluny. Abbo befaßte sich sogar noch als Abt weiter mit wissenschaftlichen Fragen, vor allem mit Astronomie, die zur Kalenderberechnung diente, und wurde deshalb der Magie beschuldigt. Als Abt des königlichen Klosters Fleury war Abbo auch als Abgesandter des französischen Königs beim Papst tätig, allerdings erfolglos. Abbo wurde im Jahre 1004 als Abt dieses Klosters von den Mönchen eines anderen Klosters, La Réole, über das er als Abt von Fleury das Aufsichtsrecht beanspruchte, ermordet.

Eine Bemerkung noch: Gerbert war der Papst des Jahres 1000, Abbo war zu dieser Zeit der mächtigste Abt Frankreichs. Hat das Jahr 1000 die Bedeutung gehabt, die ihm manchmal zugeschrieben wird: Weltuntergangsängste, Massenhysterie usw.? Die Geschichtsforschung kann dies nicht bestätigen, es gibt nur wenige Vorkommnisse, die darauf hinweisen, daß dieses Jahr als etwas Besonderes angesehen wurde. Bei Gerbert etwa findet sich in seinem Briefwechsel keinerlei Hinweis darauf, daß er diesem Datum irgendeine Bedeutung zugeschrieben hätte. In der von Aimon, einem Schüler Abbos, verfaßten Biographie seines Lehrers und Abtes wird hingegen eine interessante Episode berichtet: Während seiner Studienzeit in Paris, so um das Jahr 975, hörte Abbo in einer Kirche einen Prediger, der die Ankunft des Antichrist für das Jahr 1000 vorhersagte. Abbo machte sich sofort daran, die Unhaltbarkeit dieser These aufzuzeigen. Im ganzen aber wurde diesem Datum wenig Aufmerksamkeit gewidmet, die Menschen dachten in den Jahren vor dem Jahr 1000 nicht in Katastrophen- und Untergangskategorien, sie waren auf dem besten Weg zu einem wirtschaftlichen Aufschwung, der sich im 11. Jhd. weiter durchsetzen wird, und Angst vor dem Weltuntergang paßt nicht in eine Zeit wirtschaftlicher Prosperität.

Es gab im 10. und 11. Jhd. natürlich neben Reims und Fleury noch andere Zentren, an denen Bildungsarbeit mit philosophischer Relevanz geleistet wurde. Ein solches wichtiges und in verschiedener Hinsicht aufschlußreiches Zentrum war St. Gallen. In der Zeit vom 9. bis zum 11. Jhd. gab es in St. Gallen eine innere Schule für die Mönche und eine äußere für die Laien. Dies gab, nebenbei gesagt, Anlaß zu meinen, diese äußere Schule auch im berühmten St. Galler Klosterplan auffinden und lokalisieren zu können, was aber nicht möglich ist. – Eine besonders interessante Periode liegt am Ende des 10. und Beginn des 11. Jhd.s vor, als Notker Labeo (um 950–1022) als Lehrer in St. Gallen tätig war; von ihm und aus seiner Schule sind zahlreiche Texte überliefert. Bei Begriff und Zielsetzung der Philosophie waren die St. Galler zu dieser Zeit noch ziemlich unsicher, wie aus folgendem Text deutlich wird, in dem verschiedene Definitionen einfach aneinandergereiht werden (das »oder« in [2] – [4] steht so im Text):

[1] Die Philosophie ist die wahrscheinliche [oder: beweisende?] Wissenschaft *(probabilis scientia)* der göttlichen und menschlichen Dinge, soweit diese dem Menschen möglich ist.

[2] Oder: Die Philosophie ist die Erkenntnis *(cognitio)* der menschlichen und göttlichen Dinge, verbunden mit dem Eifer, gut zu leben *(cum studio bene vivendi)*.

[3] Oder: Die Philosophie ist die Kunst der Künste und die Disziplin der Disziplinen *(ars artium et disciplina disciplinarum)* und die vollständige Ausführung *(consumatio)* aller Tugenden.

[4] Oder: Die Philosophie ist die Verachtung der Welt *(contemptus mundi)*, die Betrachtung des Todes, die Leitung des Lebens, die Wegweiserin *(indicatrix)* der Tugenden und die Vertreiberin *(expultrix)* der Laster, welche Definition am meisten den Christen entspricht, die bei Verachtung des Strebens nach der Welt durch unterrichtendes Gespräch *(conversatione disciplinali)* gemäß der Ähnlichkeit der zukünftigen Heimat leben. (*Die Schriften Notkers und seiner Schule*. S. VII. Übers. v. F. S.)

Die offensichtliche Unsicherheit in der Bestimmung dessen, was das Ziel der Philosophie ist, war sicher nicht auf die Schule in St. Gallen beschränkt. Mit Definition [1] und [2] soll – ganz im Sinne der von Alkuin weitergeführten spätantiken Auffassung – eine Einheit der weltlichen und der religiösen Weisheit angestrebt werden. Mit Definition [3] hingegen sind wir schon fast bei der bekannten Definition der Logik als der »Kunst der Künste und der Wissenschaft der Wissenschaften« *(ars artium et scientia scientiarum)*, die dann durch eine einfache Aneinanderreihung mit dem tugendhaften Leben verbunden wird. In Definition [4] hingegen wird für »Philosophie« ein rein christlich religiöses Ziel vorausgesetzt. Definition [3], die eine Verselbständigung der Philosophie und eine für alle Wissenschaften maßgebliche Ordnungsfunktion derselben ermöglicht, steht die Definition [4] mit ihrer rein religiösen Zielsetzung gegenüber – es ist deutlich, daß hier ein nicht ausgetragenes Spannungsverhältnis vorliegt. Vielleicht kommt es nicht von ungefähr, daß, wie es aus der Chronik Ekkehards (980/990–1056), eines Schülers Notkers, klar hervorgeht, zu dieser Zeit in St. Gallen erhebliche Probleme in Hinsicht auf die »geistliche« Zielsetzung des Klosters und unübersehbare Tendenzen der »Verweltlichung« vorlagen. Auch bei der Bestimmung von »Philosophie« war es offensichtlich unklar, ob man eher eine »weltliche« oder eher eine »geistliche« Definition zugrundelegen sollte.

Notker Labeo erhielt schon von Zeitgenossen den Beinamen »Teutonicus«, also »der Deutsche«, wodurch auf seine Tätigkeit als Übersetzer hingewiesen wurde. Außer der *Consolatio* des Boethius übersetzte er u.a. auch dessen Kommentar zu den *Kategorien* des Aristoteles, die Boethius-Übersetzung von *Peri Hermeneias* des Aristoteles sowie Buch I und II von *De nuptiis Philologiae et Mercurii* ins Althochdeutsche. Weiterhin übersetzte er einen kleinen Traktat über die Syllogismen ins Deutsche und in diesem Traktat finden wir auch einen verhältnismäßig ausführlichen Abschnitt über die hypothetischen Syllogismen (Ebd. S. 605–613), also wiederum jenes Gebiet der Logik, mit dem sich auch Gerbert von Aurillac und Abbo von Fleury auseinandergesetzt hatten. Daß die Texte zur Logik einen Großteil der Arbeiten Notkers ausmachen, zeigt erneut die Bedeutung, die die Logik in der mittelalterlichen Philosophie schon zu jener Zeit spielte. In diesen Übersetzungen folgt jeweils auf einen lateinischen Satz die althochdeutsche Übersetzung. Als Beispiel nehmen wir den ersten Satz aus der Schrift über den Syllogismus:

Syllogismus grece . latine dicitur ratiotinatio. Teutonice autem possumus dicere . geuuârrahchunga . *uel pluribus uerbis* . éinis tíngis irrâtini . unde guuísheit fóne ánderên. (Ebd. S. 596)

Die Form dieses Satzes ist in zweifacher Hinsicht aufschlußreich. Zunächst zeigt sie, daß auch den Schülern, die bereits die sieben Freien Künste studierten, das Lateinische noch größte Schwierigkeiten bereitete, so daß Notker eine Hilfestellung durch eine Übersetzung zu geben suchte. Die ständige Nebeneinanderstellung von lateinischem und deutschem Text zeigt aber weiterhin, daß Notker nicht die Absicht hatte, den deutschen Text für sich allein stehen zu lassen. Notker der Deutsche kann also nicht als Vorläufer einer Philosophie in der Muttersprache angesehen werden, wohl aber als einer der wenigen Philosophen des Mittelalters, die sich ganz bewußt der Problematik des Philosophierens in einer reinen Bildungssprache stellten und versuchten, hier eine didaktische Hilfestellung zu leisten, die über lateinische Grammatiken hinausgingen. Wir erhalten dadurch jedenfalls einen Hinweis darauf, daß wir mit der Behauptung, Latein sei die Bildungssprache des Mittelalters gewesen, vorsichtig umgehen sollten. Wir kennen ja nur die Texte derer, die – mehr oder weniger gut – Latein konnten, wie viel oder wenig Latein die »normalen« Mönche des 10. Jhd.s konnten, können wir kaum feststellen. Vermutlich gilt ähnliches auch noch für die »normalen« Studenten der Kathedralschulen und der späteren Universitäten.

4. Christentum und »heidnische« Philosophie

a) Bovo von Corvey

Im 10. und 11. Jhd. wurde die Frage des Verhältnisses der christlichen zur »heidnischen« Philosophie, eigentlich ein ganz altes Problem, ausdrücklich thematisiert. Ausgangspunkt war der bekannte Schöpfungshymnus aus dem 3. Buch der *Consolatio* des Boethius (vgl. den Text oben in Kap. IV, 2). Vergleichstexte zu diesem Hymnus waren nur wenige vorhanden, nämlich die teilweise Übersetzung des *Timaios* durch Calcidius mit dessen Kommentar sowie der *Kommentar* des Macrobius zum *Somnium Scipionis*. Aber auch dieses sehr dürftige Material reichte dazu aus, daß Bovo (gest. 916), Abt von Corvey in Sachsen, erkannte, daß dieser Text des Boethius platonisch ist und vieles enthält, das mit dem christlichen Glauben nicht vereinbar ist. Er sah, daß die Vorstellung einer Weltseele, die den Kosmos organisiert, innerhalb der christlichen Weltauffassung keinen Platz hatte. Bovo kam zu diesem Urteil bei der Arbeit zu Anmerkungen, die er zum Text des Boethius verfassen wollte.

Bovo gehörte selbstverständlich zu den Bewunderern dieses Textes und lehnte den Text als solchen nicht ab, aber er begriff, daß es eigentlich kein christlicher Text war. Bovo hatte also ein Problem formuliert, und dabei blieb es zunächst, die Anmerkungen Bovos, die nur geringe Verbreitung fanden, hatten keinen Einfluß auf die unverminderte Wertschätzung der *Tröstung der Philosophie.*

b) Adalbold von Utrecht

Auch Adalbold (gest. 1026), Bischof von Utrecht, erkannte, daß der Hymnus des Boethius sich nicht problemlos in christliche Glaubensvorstellungen einfügte, er versuchte aber, den Text des Boethius mit dem christlichen Glauben zu harmonisieren. Er verwandte dabei den Gedanken der Theophanie, wie er sich auch bei Scotus Eriugena findet, was sachlich allerdings nicht viel weiter führt, denn bei der Schrift des Eriugena stellt sich genauso das Problem der Vereinbarkeit von Neuplatonismus und christlichem Glauben, was später auch erkannt wurde. Interpretationsversuche Adalbolds wie der, daß mit der Weltseele Christus als Exemplarursache der Welt gemeint sei, stießen auf Kritik. Das Problem der Verhältnisbestimmung des Christentums zur heidnischen Philosophie war also weiterhin auf der Tagesordnung, ohne daß durch Adalbold eine brauchbare Lösung geliefert worden wäre.

c) Manegold von Lautenbach

In der zweiten Hälfte des 11. Jhd.s lieferte die platonische Kosmologie den Anlaß zu einem heftigen Streit, von dem wir durch die Schrift *Liber contra Wolfelmum* des Manegold von Lautenbach (gest. nach 1103) unterrichtet sind. Der Streit hatte auch politische und territoriale Hintergründe. Manegold von Lautenbach war im Elsaß tätig und gehörte im Investiturstreit der päpstlichen Partei an, während sein Gegenspieler Wolfhelm, ein Mönch in Köln, der kaiserlichen Partei angehörte. Manegold war einer der engagiertesten und auch mit Polemik nicht sparenden Anhänger der kirchlichen Reformpläne von Papst Gregor VII. (um 1020/1025–1085, Papst seit 1073), und in diesem Kontext setzte er sich für die »Reinheit der Lehre« ebenso ein wie für die Reform der Institutionen. Manegold war zu Beginn seiner Laufbahn Magister der Freien Künste und besaß eine gute Bildung. Die von ihm zum Vergleich platonischer Kosmologie und christlicher Schöpfungslehre herangezogenen antiken, also »heidnischen« Texte waren wiederum – andere diesbezügliche Texte hatte man schließlich nicht zur Verfügung – der *Kommentar* des Calcidius zum platonischen *Timaios* sowie der *Kommentar* des Macrobius zum *Somnium Scipionis.* Manegold von Lautenbach hielt zu Recht die Philosophie des Macrobius für nicht vereinbar mit dem christlichen Glauben. Darüber hinaus aber fand er die Beschäftigung mit dieser

Philosophie schädlich, weil in ihr ein seiner Ansicht nach ungebührliches Interesse an der Natur zum Ausdruck kommt. Hier hört man natürlich Augustinus heraus. Aber aus der Polemik Manegolds wird auch deutlich, daß zu seiner Zeit eine recht unaugustinische Platon-Interpretation an Boden gewann, in der der »religiöse« Platon in den Hintergrund und ein »physikalischer« und »wissenschaftlicher« Platon in den Vordergrund trat. Diese Tendenz knüpfte besonders an den Kommentar des Calcidius an, in dem zumindest einige Bruchstücke antiker Wissenschaft enthalten waren. Diese Interessenrichtung wird im 12. Jhd. verstärkt bemerkbar sein (vgl. Kap. VIII, 3). Außerdem hatte Manegold den Verdacht, daß das Studium heidnischer Philosophen dazu führt, daß der Gehorsam gegenüber kirchlichen Autoritäten abnimmt. Ganz ablehnen wollte er die Philosophie aber doch nicht, da er wußte, daß einiges der bei den Christen geltenden Tugendlehre aus der »heidnischen« Philosophie stammte und darauf wollte er bei seiner Unterstützung der Reform nicht verzichten. Es waren also nicht nur philosophische Interessen, die Manegold bewegten. Dies ändert jedoch nichts daran, daß er mit seiner Betonung der Verschiedenheit der platonischen und der christlichen Weltsicht sachlich recht hatte. Demgegenüber hatte Wolfhelm versucht zu harmonisieren, war also sachlich im Unrecht, allerdings vor dem Hintergrund der Annahme, es gäbe ein legitimes Interesse an der Natur, womit er wiederum sachlich im Recht war.

An diesen Beispielen sieht man, daß die Vertreter der Unvereinbarkeit von christlicher Lehre und platonischer Kosmologie zwar sachlich im Recht waren, daß sie aber manchmal von da aus zu einer Ablehnung der Philosophie überhaupt gelangten, während jene, die der Philosophie positiv gegenüberstanden, dazu tendierten, sachlich nicht haltbare Harmonisierungsversuche zu unternehmen. Dies gibt Anlaß zu einer Warnung in hermeneutischer Hinsicht. Es wird bei der Darstellung der Geschichte der Philosophie, gerade der des Mittelalters, öfter von »Synthesen« gesprochen, so z. B. später bei Maimonides oder Thomas von Aquin, was nicht selten mit einem lobenden Unterton vorgetragen wird. Man sollte hier stets genau hinsehen. Häufig verbergen sich hinter diesen Synthesen auf der einen Seite zwar durchaus legitime Anliegen und manchmal auch bedeutende Leistungen, auf der anderen Seite häufig aber auch nicht ausgetragene Probleme oder gewaltsame Harmonisierungen, die dann in der nächsten Generation deutlich hervortreten, so bei Maimonides in den Konflikten um 1232 und bei Thomas in den Verurteilungen von 1277 (vgl. Kap. X, 2, i und Kap. XV). Hermeneutisch gesehen haben oft die »radikalen« Vertreter, die auf einer Seite der Alternative stehen und keine Möglichkeit der Harmonisierung sehen, bei der Interpretation der Texte eher recht als die Vertreter der Synthese oder der Harmonisierung.

In seinen politischen Schriften wandte Manegold ganz bewußt Methoden der Dialektik an und seine Gegenspieler von der kaiserlichen Partei taten dasselbe. Es kann nicht übersehen werden, daß die Auseinandersetzung zwischen Papst Gregor VII. und König Heinrich IV. beiden Seiten die Bedeutung guter Argumentationsverfahren deutlich ins Bewußtsein gerückt hatte, aufs ganze gesehen nahm dadurch die Wertschätzung der Dialektik, also der Logik, zu. Damit war das Interesse an einem zentralen Bereich der Philosophie gesichert und konnte sogar auf institutionelle Unterstützung von seiten der Anhänger der gregorianischen Reform setzen. Logik war im Trivium auch eine Voraussetzung für Rhetorik; und diese Disziplin diente neben der Grammatik primär dazu, zu lernen, lateinische Briefe zu verfassen, was die wichtigste Aufgabe der Notare und Kanzlisten war, und bei dieser Tätigkeit wurde jetzt auch die praktische Relevanz der Logik deutlich. Logik wurde somit in einem praktischen und politischen Kontext als nützlich anerkannt, womit wir bei einem der Entstehungsgründe der scholastischen Philosophie sind. Die Vertreter der Logik ließen sich auf lange Sicht hin aber nicht instrumentalisieren und bestanden auf dem Eigenwert und der Autonomie ihres Bereichs, und damit war wiederum ein Konfliktpotential gegeben. Neben Dialektikern gab es immer wieder auch Antidialektiker.

d) Petrus Damiani

146 | Petrus Damiani (1007–1072) gilt als Antidialektiker, zumindest aber als jemand, der von der Anwendung der Logik im Bereich der Theologie nicht viel hielt. Er kannte die Logik gut und hatte sie auch selbst unterrichtet. Plötzlich aber hatte er sich »bekehrt«, war Einsiedler geworden – das Eremitentum war damals in Italien sehr verbreitet – und begann gegen die profane Kultur zu polemisieren. Nichtsdestoweniger war er weiter mit politischen Fragen beschäftigt und in wichtigen politischen Missionen tätig. Etwa um 1057 wurde er sogar zum Kardinal ernannt. Petrus Damiani war ohne Zweifel eine widersprüchliche Persönlichkeit. Ihm wird manchmal die These zugeschrieben, daß er mit Berufung auf die göttliche Allmacht das *Widerspruchsprinzip* geleugnet habe. Dies trifft aber nicht zu. Die Frage geht zurück auf ein Gespräch des Petrus Damiani mit den Mönchen in Montecassino, das um 1064 stattgefunden hat. Dort wurde die Frage aufgeworfen, ob man aufgrund der Allmacht Gottes nicht die These vertreten müsse, Gott könne ein geschehenes Ereignis rückgängig machen. Dieser Frage widmete Petrus Damiani dann etwas später die Schrift *Über die göttliche Allmacht (De divina omnipotentia)*. Sein Argument lautet im Prinzip so: Gott kann durch ein Wunder erreichen, daß etwas, was zu einem bestimmten Zeitpunkt der Fall war, zu einem späteren Zeitpunkt nicht mehr der Fall ist. Damit ist aber nicht etwas zugleich wahr und falsch, und nur dies wäre eine Leugnung des Kontradiktionsprinzips. Das Argument des Petrus Damiani lautet nicht, daß etwas zugleich sein und nicht sein könne, sondern daß ein Ereignis *A* zu einem bestimmten Zeitpunkt der Fall ist, während zu einem späteren Zeitpunkt *nicht-A* der Fall sein kann, auch wenn diese Veränderung den Naturgesetzen widerspricht. Ein Beispiel: Ein Feigenbaum ist zum Zeitpunkt t_1 verdorrt und zum Zeitpunkt t_2 blüht

er. Die Allmacht Gottes wird also von Petrus Damiani nicht mit der Logik, sondern mit der Naturwissenschaft konfrontiert. Die Argumentation für die Geltung des Kontradiktionsprinzips ist allerdings eigentümlich und hat tatsächlich dazu Anlaß gegeben, zu meinen, es gelte der Ansicht des Petrus Damiani nach für Gott nicht:

Wenn also Gott alles kann, warum zweifelst du daran, daß Gott dies könne, daß etwas zugleich ist und nicht ist, wenn es gut ist, daß dies eintritt? Anderseits: Wenn es unnütz ist, daß irgendwelche Dinge zwischen sein und nicht-sein durcheinander gebracht werden *(confundi)*, Gott aber nicht Unnützes *(inutilia)*, sondern alles gut macht, dann gilt umso mehr, daß, wenn es [d.h., daß sein und nicht-sein durcheinandergebracht werden] schlecht und deshalb ein Nichts ist, Gott es überhaupt nicht tut. (PL 145, Sp. 608D. Übers. v. F. S.)

Petrus Damiani sagt hier nicht mehr, als daß es ganz und gar kein Zeichen der göttlichen Allmacht wäre, gegen das Kontradiktionsprinzip zu verstoßen, da dies etwas Unnützes und ein Übel wäre. Daß Gott aber kein Übel schaffen kann und nichts Unnützes tut, stellt keine Einschränkung der Allmacht Gottes dar. Daß Petrus Damiani das Kontradiktionsprinzip für allgemein gültig hält, sagt er ganz ausdrücklich: »Nichts kann zugleich sein und nicht sein.« (*Nihil enim simul potest esse et non esse.* [Ebd. Sp.
608C]). Eigentlich geht es ihm also gar *nicht* um einen *Kampf gegen die Logik*, sondern um einen *Kampf für die Wunder* als Zeichen der göttlichen Allmacht. Und da es seiner Auffassung nach Wunder gibt, sind eben Prämissen aus der Naturwissenschaft, die für gültige Schlüsse verwendet werden, hier keine wahren Prämissen. Nehmen wir ein Beispiel seiner Polemik, in dem der *modus ponens* verwendet wird:

Höre den Syllogismus: Wenn Holz brennt, dann verbrennt es; es brennt aber; also verbrennt es auch *(si lignum ardet, profecto uritur; sed ardet; ergo uritur)*. Aber siehe da *(sed ecce)*: Moses sieht den Dornbusch brennen und sieht, daß er nicht verbrennt. (Ebd. Sp. 610D. Übers. v. F. S.)

Petrus Damiani bestreitet also nicht die Gültigkeit der logischen Form des hypothetischen Syllogismus, er bestreitet aber, daß hier eine brauchbare Prämisse vorliegt, da Gottes Allmacht etwas gegen die Ordnung der Natur *(contra naturae ordinem)* bewirken kann (Ebd. Sp. 611A). Gottes Allmacht setzt also nicht die Gesetze der Logik außer Kraft, wohl aber kann er durch Wunder beliebige, als allgemeingültig angenommene Prämissen, d.h. Naturgesetze, in Einzelfällen außer Kraft setzen. Damit wird allerdings die Anwendung der Logik auf der Basis so unsicherer Prämissen zu einem ziemlich unnützen Unternehmen.

Von da her kommt es, daß die göttliche Kraft häufig die gut ausgerüsteten Syllogismen der Dialektiker und deren Verschlagenheit vernichtet, und die Argumente aller Philosophen, die bei ihnen schon als notwendig und unausweichlichlich beurteilt werden, in Verwirrung bringt. (Ebd. Sp. 610D. Übers. v. F. S.)

Auch hier ist es wieder dasselbe: Nicht die Syllogismen als solche werden außer Kraft gesetzt, es wird vielmehr nur das Vertrauen der Dialektiker in die universale Geltung ihrer auf empirischen Gesetzmäßigkeiten beruhenden Prämissen angegriffen. Bei Petrus Damiani handelt es sich nicht um einen Kampf gegen die Dialektik und vielleicht auch letztlich nicht um einen Kampf um die Verteidigung der göttlichen Allmacht, sondern um den Kampf um die *Rechtfertigung des Wunderglaubens*. Und damit wird nicht wirklich die Logik getroffen, sondern der Glaube an allgemeingültige Naturgesetze, wodurch allerdings der Logik jeder sinnvolle Verwendungs-Zusammenhang genommen wird. Im Ergebnis ist es trotzdem Obskurantismus: Logik ist für den Gläubigen kein brauchbares Instrument. Wir können bis in die Gegenwart hinein beobachten, daß Menschen, die unbedingt an Wunder glauben möchten, ein gestörtes Verhältnis zur Logik haben, obwohl dies von der Sache her eigentlich gar nicht erforderlich ist. – Im späten Mittelalter wurde mit Berufung auf die göttliche Allmacht von einigen allerdings wirklich angenommen, Gott könne vergangene Fakten ungeschehen machen. Dann sind wir tatsächlich bei der Konsequenz, die bei

Petrus Damiani noch nicht vorliegt.

Petrus Damiani war nicht der einzige, dem die weltliche Kultur als Verführung erschien. Dem etwas unruhigen Mönch Radulfus Glaber (gest. um 1047), der das eher unzuverlässige Geschichtswerk *Historiarum libri quinque* verfaßt hat, erschienen Vergil und Horaz in Gestalt von Teufeln, die ihn verführen wollen. Auch die Klostermauern schützten also nicht vor den Gefahren der weltlichen Kultur, wurden die Texte derselben doch gerade in den monastischen Skriptorien eifrig kopiert.

e) Berengar und Lanfrank

Die Diskussion um *Vernunft* und *Autorität* nahm im Lauf des Mittelalters an Schärfe zu. Eine der Ursachen dafür lag darin, daß die Logik, damals »Dialektik« genannt, auf ein wesentlich höheres Niveau als vorher gebracht wurde. Während bisher die *Categoriae decem* der einzige Grundlagentext der Logik gewesen war, wurden seit dem 10. Jhd. die anderen zur Logik vorhandenen Texte zunehmend mehr herangezogen, also die *Kategorien* und *De interpretatione* des Aristoteles sowie die Kommentare und Monographien des Boethius. Die Logik wird zu einer selbständigen Disziplin, deren Anwendungsbereich durch nichts eingeschränkt werden darf, auch nicht durch den Glauben. Mit der großen Aufwertung der Bedeutung der Logik, die als formale Disziplin auch dem Glauben oder der Theologie gegenüber als neutral aufgefaßt werden konnte, war jedoch oft ein Rationalismus verbunden, der als solcher die Gegnerschaft von Vertretern autoritativer Offenbarung hervorrief. Die Diskussion, die oft um theologische Fragen ging, ist interessant wegen der prinzipiellen Frage des Verhältnisses von Vernunft und Autorität, die gerade bei radikalen Vertretern beider Seiten deutlich zu Tage tritt.

Als Beispiel dieses Problemkreises sei die Diskussion zwischen Berengar von Tours (gest. 1089) und Lanfrank (um 1010–1088), dem Prior von Le Bec und späteren Erzbischof von Canterbury, angeführt. Für Berengar gilt das Prinzip, daß rationale Überlegung keine äußere Beschränkung erfahren darf. Er berief sich bei der Verteidigung unbeschränkter rationaler Argumentation auch auf Augustinus, allerdings wie zu erwarten auf den jungen Augustinus und dessen Schrift *Über die Weltordnung (De ordine)*. Berengar war überzeugt von der Kraft der Logik als Instrument der genauen Analyse von Texten, außerdem war er davon überzeugt, daß niemand dies so gut könne wie er selbst. Lanfrank wirft in einem schon fast klassisch gewordenen Zitat Berengar vor:

Unter Außerachtlassung der heiligen Autoritäten nimmst du Zuflucht zur Dialektik. – Um freilich von den Geheimnissen des Glaubens zu hören und Antwort zu geben, was wirklich dazu gehören soll, ziehe ich es vor, die heiligen Autoritäten zu hören und ihnen zu entsprechen anstatt den dialektischen Überlegungen. (PL 150, Sp. 416D. Übers. v. F. S.)

Die Auseinandersetzung zwischen Berengar und Lanfrank wurde mit stark polemischen Akzenten ausgetragen. Der konkrete Anlaß war ein Streit um die Eucharistie, bei der einige annahmen, daß nach der Verwandlung in den »Leib Christi« die Akzidenzien von Brot und Wein ohne eine ihnen entsprechende Substanz erhalten blieben. Berengar hielt so etwas für unvereinbar mit der aristotelischen Auffassung des Verhältnisses von Substanz und Akzidenzien: Die Annahme von Akzidenzien ohne eine ihnen entsprechende Substanz, an der sie anhaften, ist für ihn logischer Unsinn. Wie immer in der Philosophie des Mittelalters ist dabei zu beachten, daß die Kategorienlehre des Aristoteles als zur Logik gehörend betrachtet wurde, also manche Fragen, die wir heute als metyphysische ansehen, damals im Rahmen der Dialektik analysiert wurden. Berengar entwickelte dann ein symbolisches Verständnis der Eucharistie, das von diesen logisch-metaphysischen Fragen gänzlich unabhängig war, während Lanfrank mit dem Hinweis auf die göttliche Allmacht antwortete: Gott könne eben Akzidenzien auch ohne Substanz in der Existenz erhalten. Die theologische Frage brauchen wir hier nicht zu verfolgen, aber: Argumentativ hatte Berengar in jeder Hinsicht recht, allerdings steht hier nicht einfach ein Dialektiker gegen einen Anti-Dialektiker. Der Gegensatz von Autoritäten und Dialektik, der in dem oben angeführten Zitat aufgestellt wird, läßt sich nicht auf die beiden Kontrahenten aufteilen. Lanfrank war nämlich ganz und gar kein Antidialektiker. Er stammte aus Pavia, hatte eine sehr gute dialektische Ausbildung erhalten und war Lehrer der Freien Künste in Burgund und in der Normandie gewesen. 1042 trat er in die Abtei von Le Bec ein und errichtete dort eine sehr gute Schule, aus der auch Anselm von Canterbury (vgl. Kap. VI) hervorging. In seiner Schule wurde großer Wert auf Logik gelegt und auch er selbst arbeitete bei der Erklärung von Bibeltexten mit den Mitteln der Dialektik, wobei er sogar manche Argumente des Paulus in syllogistische Form brachte. Sein Angriff richtet sich daher weniger gegen die Dialektik in theologischer Verwendung als ganze, sondern gegen den besonderen Gebrauch, den Berengar davon macht:

Daß du dir aber solche Mühe gibst, dialektische Ausdrücke, *Behauptung, Prädikat, Subjekt*, und die übrigen, auf diese Weise in eine Behandlung eines so bedeutenden Gegenstandes einzufügen, das scheinst du aus keinem anderen Grund zu tun als aus dem, dich bei dieser Gelegenheit den in der Disputation Unerfahrenen als Fachmann zu empfehlen. (Ebd. Sp. 418D. Übers. v. F. S.)

Es handelt sich hier natürlich um ein *argumentum ad hominem*, das, wie solche Argumente ganz allgemein, keine Gültigkeit hat. Die ganze Diskussion wurde aber eben von beiden Seiten polemisch geführt, und in diesem Zusammenhang dürfte der gegenüber Berengar ausgesprochene Vorwurf nicht ganz ungerecht sein. Bei Berengar ist es tatsächlich nicht immer leicht zu sehen, ob es ihm um die Stringenz der dialektischen Argumente oder um seinen Sieg im dialektischen Argumentieren ging. Ein genereller Angriff auf die Verwendung dialektischer Verfahren liegt bei Lanfrank nicht vor, aber er wußte auch, daß die zu offensichtliche Verwendung dialektischer Methoden bei manchen Mißtrauen weckte, und er dachte, es sei dann das beste, zwar logisch zu argumentieren, ohne aber durch logische Formalismen Unbehagen bei jenen, die damit nicht vertraut waren, zu provozieren (*nisi imperitorum talium doctrinarum murmur timeretur* [Ebd. Sp. 163B]). Lanfranks Rat ist durchaus vernünftig: Es kommt darauf an, gute Argumente in guter Form zu bringen, ob der »Gegner« gleichzeitig davon überzeugt wird, daß man der bessere Logiker ist, ist für die Diskussion nicht nur unerheblich, sondern oft eher hinderlich. Die Logik soll – gut aristotelisch – Instrument der Sachargumentation sein. Ein Streit über den besseren Logiker spielt sich auf einer ganz anderen Ebene ab. In pragmatischer Hinsicht war Lanfrank der bessere Logiker als Berengar, obwohl Berengar in logischer Hinsicht recht hatte.

5. Die Philosophie in Byzanz

a) Der Bilderstreit

Der Bilderstreit war das herausragende und alles bestimmende kulturelle Ereignis des 8. und 9. Jhd.s im byzantinischen Reich, und dieser Streit rief eine gesellschaftliche Krise hervor, deren Ausmaß wir uns kaum vorstellen können. Träger der bilderfeindlichen Bewegung waren Vertreter des höheren Klerus und die an die Macht gekommenen isaurischen, d.h. syrischen, Kaiser. In den Jahren 726–730 zwang Leon der Isaurier seine bilderfeindliche Haltung der orthodoxen Kirche auf. Wir dürfen dabei nicht vergessen, daß Kaiser Leon aus Syrien stammt, das zu dieser Zeit bereits unter islamischer Herrschaft stand, und im Islam war jede bildliche Darstellung des Göttlichen streng untersagt. In der byzantinischen Kultur hingegen hatte die Bilderverehrung eine lange Tradition. Die Ikonoklasten (*eikón* = »Bild«, *kláo* = »zerstören«) konnten sich allerdings auch auf das alttestamentliche Bilderverbot berufen. Im Jahre 754 verurteilte die Synode von Hiereia die Verehrung der Ikonen, genau entgegengesetzt dazu verteidigte unter Kaiserin Irene das 2. Konzil von Nikaia 787 die Bilderverehrung. Der Streit war damit jedoch nicht beendet, verschiedene Synoden beschäftigten sich weiter mit der Frage, so noch 815 eine Synode, die sich gegen, und 843 eine, die sich für die Bilderverehrung aussprach.

In Byzanz versuchten beide Seiten, alles aufzubieten, was die eigene Haltung rechtfertigen konnte. Da die offizielle Doktrin zunächst die des Ikonoklasmus war, lag die Argumentationslast auf Seiten der Verteidiger der Bilderverehrung. Ihr bedeutendster Vertreter zu Beginn des 8. Jhd.s war Johannes Damaskenos (um 650 – um 750). Die von ihm entwickelte Bildauffassung war natürlich platonisch, da nur eine platonische Partizipationslehre eine Bilderverehrung rechtfertigen konnte. Die erforderlichen Argumente holte er sich aus der Tradition der Kirchenväter, seine weiter unten aufgeführte *Dialectica* war in diesem Bereich kaum hilfreich. Die Bilder werden bei Johannes Damaskenos neuplatonisch eingebaut in die Abstiegs- und Aufstiegslehre. Bilder haben teil am Urbild, zwar in symbolisch vermittelter, aber doch in metaphysisch realer Form, und sie verweisen ihrerseits wieder auf dieses Urbild, führen also die Seele hinauf zu dem, was, obwohl Urbild, jenseits aller Bilder liegt. Der Goldhintergrund der Ikonen symbolisiert das reine, eigentlich unanschaubare Licht des Göttlichen. Bei der Verteidigung der Bilder ging es aber vermutlich nicht nur um neuplatonische Ästhetik und Symboltheorie, sondern auch um die ganz und gar unplatonische, magische Verwendung von Ikonen, die in der Volksfrömmigkeit und in Mönchskreisen der orthodoxen Kirche eine große Rolle spielte.

Im 9. Jhd. versuchte dann die Gegenseite, d.h. die der Bilderstürmer, eine Argumentationsbasis aufzubauen. Kaiser Leo V. (813–820) gab dem Johannes Grammatikos den Auftrag, sich dieser Aufgabe zu widmen, und dies bedeutete zunächst, daß in der Hofbibliothek alle relevant erscheinenden Werke zusammengetragen wurden und eine Beschäftigung mit aristotelischer und platonischer Philosophie einsetzte. Mit Kaiserin Theodora und deren Sohn Kaiser Michael III. (842–867) war der Bilderstreit zugunsten der Bilderverehrer zu Ende. Jedenfalls als Nebeneffekt hatte er somit bewirkt, daß das Interesse an philosophischen Argumentationen zugenommen hat, eine nachhaltige Wirkung für eine Beschäftigung mit der Philosophie hatte er jedoch nicht. Der Streit war eben gar kein philosophischer gewesen.

b) Aristoteles-Studien in Byzanz

Auch im oströmischen Reich waren philosophische Studien in der Spätantike nicht unabhängig von der Entwicklung der christlichen Kirche. Während die frühen Kirchenväter in Alexandrien (Klemens, Origenes) eindeutig Platon bevorzugt hatten, war die stärker textkritisch und empirisch ausgerichtete Schule von Antiochien mehr an Aristoteles orientiert. Etwas schematisiert gesagt: Die Alexandriner waren philosophisch Platoniker und theologisch Monophysiten, d. h. sie nahmen *eine* vergöttlichte Natur in Christus an, während die Antiochener philosophisch Aristoteliker und theologisch Nestorianer waren, d. h. sie nahmen eine menschliche und eine göttliche Natur in Christus an. Da man allgemein die »Irrlehren« des Origenes mit dem Platonismus in Verbindung brachte, verstärkte sich im Gegenzug der Einfluß aristotelischer Philosophie. Faktisch findet sich bei den griechischen Theologen vom 6. bis zum 11. Jhd. mehr aristotelische als platonische Philosophie. Dies bedeutete jedoch nicht notwendigerweise ein echtes Studium der Schriften des Aristoteles, ein solches fand eher im syrischen Edessa statt als in Byzanz, das inzwischen offiziell Konstantinopel hieß. Die Theologen, so z. B. Leontios von Byzanz (6. Jhd.), zogen eigentlich nur die neuplatonischen Kommentare zu den *Kategorien* des Aristoteles heran. Im Jahre 610 wurde der Aristoteles-Kommentator Stephanos aus Alexandrien nach Konstantinopel berufen (vgl. 1. Teil, Kap. XVIII), von ihm ist ein Kommentar zu *Peri Hermeneias* des Aristoteles erhalten. Es ist jedoch bezeichnend, daß er in Konstantinopel keine Nachfolger fand. Aus der Zeit zwischen Stephanos und Photios (9. Jhd.) sind keine Aristoteles-Kommentare überliefert. Interessant ist aber, daß der Einfluß des Stephanos bei den syrischen Christen nachweisbar ist. Weiter oben (Kap. V, 1, b) war darauf hingewiesen worden, daß es seit etwa dem Ende des 6. Jhd.s ein Verbot gegeben haben dürfte, sich mit den aristotelischen *Analytiken* weiter als bis zu Kapitel VII der *1. Analytik* zu beschäftigen, es ist daher bemerkenswert, daß die syrischen Übersetzungen des 7. Jhd.s tatsächlich an dieser Stelle haltmachen (Friedmann 1898. S. 9).

In Byzanz war kein besonderes Interesse an Philosophie vorhanden. Auch bei den Vertretern der Kirche war von der Begeisterung für Philosophie, wie wir sie bei den drei großen Kappadokiern vorgefunden hatten, nichts mehr zu spüren, manche Mönchskreise im 7. und beginnenden 8. Jhd. waren sogar ausgesprochen philosophiefeindlich. Im 7. und 8. Jhd. wurde in der Theologie des Ostens nichts Erhebliches geleistet und dasselbe gilt auch für die griechische Philosophie dieser Zeit. Es ist die Zeit der Florilegien, der Handbücher, in denen das Bekannte auszugsweise zusammengestellt wird, größtenteils aber so, daß sein theoretischer Hintergrund gar nicht mehr oder kaum noch sichtbar wird. Philosophiegeschichtlich kann man also auch im griechischen Osten den Beginn des Mittelalters in das 7. bis 8. Jhd. verlegen, obwohl dort in keiner Weise der für den lateinischen Westen einschneidende Bücherschwund stattgefunden hat. Die Bücher waren da, wurden aber nicht mehr gelesen.

Nichtsdestoweniger liegt eine Parallele zum Westen vor, insofern in beiden Sprachbereichen am Ende der Antike philosophisches Wissen nur noch in Auszügen und Handbüchern verbreitet war – entschuldbar im Wesen, unentschuldbar im Osten.

Der sehr dürftige Bestand philosophischer Kenntnisse kann bei dem bedeutendsten Schriftsteller der östlichen Kirche des 7. und 8. Jhd.s, bei Johannes Damaskenos, festgestellt werden. Von ihm ist eine *Dialectica* erhalten, die im 13. Jhd. von Robert Grosseteste ins Lateinische übertragen wurde, was allerdings angesichts der zu dieser Zeit schon vorhandenen Schriften zur Logik ein ganz überflüssiges Unternehmen war. Der sachliche Ort, den die Dialektik bei Johannes Damskenos einnimmt, ist schon dadurch gekennzeichnet, daß sie den ersten Teil der *Darlegung des orthodoxen Glaubens (Expositio de fide orthodoxa)* darstellt. Mit dieser Stellung an den Anfang wird dem – inzwischen nicht mehr rückgängig machbaren – Sachverhalt Rechnung getragen, daß die christliche Theologie ohne Rückgriff auf philosophische Terminologie nicht auskommen kann. Johannes Damaskenos knüpft in seiner *Dialectica* an die alexandrinischen Aristoteles-Kommentatoren an, ohne aber deren Kommentare selbst studiert zu haben. Da Johannes Damaskenos aus Syrien stammte, könnte man eine Kenntnis syrischer Arbeiten zu den *Kategorien* des Aristoteles vermuten, aber auch dies trifft nicht zu. Er besaß keine gründliche philosophische Bildung, und wenn etwas von früheren Kommentatoren in seiner *Dialectica* enthalten ist, so hat er es in seinen Vorlagen vorgefunden. Der Inhalt der *Dialectica* stammt aus Texten, möglicherweise nur aus einem einzigen, in denen die Logik schon für den kirchlichen Gebrauch aufgearbeitet war. So finden sich darin Abschnitte über »Person«, »Hypostase« und »Individuum« (Kap. 10 und 11), die in der aristotelischen Kategorienlehre überhaupt nicht vorkommen, und es gibt sogar einen Abschnitt über »Hypostatische Union« (Kap. 50), der eindeutig der theologischen Lehre von den zwei Naturen in Christus zugeordnet ist. Die Vorlage(n) des Johannes Damaskenos dürfte(n) ziemlich jung sein, etwa aus der Zeit gegen Ende des 7. Jhd.s. Sie stellt die kirchliche Überarbeitung eines Einführungstextes zu den *Kategorien* dar, der seinerseits auf entsprechenden Einführungen beruht, wie sie im neuplatonischen Curriculum üblich waren. Wenn in der *Dialectica* doch ein gewisses philosophisches Eigeninteresse zur Sprache kommt, so ist es nicht das des Damaskeners, sondern das des Autors seiner Vorlage. In seiner theologischen Arbeit ist bei Johannes Damaskenos gar keine Verwendung der Dialektik feststellbar, wo eine solche Verwendung vorliegt, hat er sie auch wieder schon in seinen Vorlagen vorgefunden. All dies ist nicht als Kritik an Johannes Damaskenos zu verstehen, sondern als Situationsbeschreibung der Philosophie seiner Periode, deren bedeutendster Vertreter er immerhin war.

Erst im 9. Jhd. kam es im oströmischen Reich zu einer Renaissance der Philosophie, die wahrscheinlich in Zusammenhang mit dem Bilderstreit steht. Die Anfänge dürften eher mühsam gewesen sein, dies zeigt z. B. die interessante Gestalt des Mathematikers Leon, der in Konstantinopel keine geeigneten Lehrer und Bücher fand und sich deshalb auf eine Bibliotheksreise durch viele Klöster des Reiches begab. Schließlich kehrte er nach Konstantinopel zurück und erhielt eine Stellung bei dem philosophisch interessierten Kaiser Theophilos, dem letzten ikonoklastischen Herrscher. Unter Kaiser Michael III. entwickelt sich dann allerdings seit der zweiten Hälfte des 9. Jhd.s eine bedeutende Schule im kaiserlichen Palast, wo vor allem auch wissenschaftliche Werke des Ptolemaios, des Archimedes und Euklids studiert wurden, aber auch platonische Schriften herangezogen wurden.

Die weitere Verbreitung von Büchern und die Forderung nach schnellerer Produktion führte seit dem 9. Jhd. zur Entwicklung der *griechischen Minuskel*, es entstanden auch zahlreiche nichtkirchliche Skriptorien. Es ist möglich, daß dieses allerdings nicht nachhaltige wiedererwachte Interesse an der Herstellung von Abschriften der klassischen Texte der griechischen Philosophie auch etwas mit der Nachfrage nach solchen Texten aus dem islamischen Bereich zu tun hat. Es ist jedenfalls auffällig, daß es zahlreiche Handschriften aus dem 9. Jhd. aus Byzanz gibt, die ziemlich genau das enthalten, was zur gleichen Zeit in Bagdad aus dem Griechischen ins Arabische übersetzt wurde (vgl. dazu Kap. IX, 2), während in Byzanz selbst kaum ein Interesse an diesen Texten feststellbar ist.

Im 9. Jhd. bildete sich in Byzanz eine intellektuelle Elite heraus, deren hervor-

ragendster Vertreter der Patriarch Photios (um 810–893/94) war. Er dürfte auch Kommentare zu aristotelischen Schriften verfaßt haben. In seinen letzten Lebensjahren zeigte er allerdings Besorgnis über die anwachsende Bedeutung der Philosophie, interessanterweise sah er aber eine Bedrohung des christlichen Glaubens von Seiten des Platonismus und stellt sich selbst ganz klar auf die Seite der aristotelischen Philosophie. Dies zeigt jedenfalls, daß die von den lateinischen Christen fast undiskutiert akzeptierte Annahme der größeren Nähe Platons zum Christentum keineswegs so evident ist. Auch die griechischen Christen hatten eine und noch dazu ältere und viel reichere theologisch-platonische Tradition, sie verhielten sich aber seit dem 9. Jhd. dieser Tradition gegenüber ziemlich frei. Ein Schüler des Photios, der – weniger philosophisch, wohl aber philologisch bedeutende – Bischof Arethas von Kaisareia (um 850–944), verstand sich ausdrücklich als Anhänger der aristotelischen Philosophie. Dieser Bischof beschäftigte sich mit der philologischen Textverbesserung zahlreicher Werke, und an der Wende vom 9. zum 10. Jhd. veröffentlichte er die Gesamtausgabe der Schriften des Platon und des Aristoteles. Wenn man sich demgegenüber den minimalen Textbestand platonischer und aristotelischer Schriften vergegenwärtigt, der im lateinischen Westen zur Verfügung stand, so ist der Abstand überdeutlich, allerdings muß man auch feststellen, daß im griechischen Bereich dieses reiche Textmaterial zwar vorhanden war, aber doch nur verhältnismäßig wenig verwendet wurde. Es ist allerdings hinzuzufügen, daß die Geschichte der Philosophie bei den Griechen nach dem Ausgang der Antike nur unzureichend erforscht ist, möglicherweise muß also dieses Urteil revidiert werden.

Eine Breitenwirkung hatte diese kulturelle Renaissance allerdings nicht, der Großteil des Volkes bestand aus Analphabeten, der Anteil der Analphabeten im lateinischen Westen war allerdings noch größer. Es gab jedoch im 10. Jhd. eine zunehmende Anzahl von Schulen, die vor allem für die zukünftigen Beamten eingerichtet wurden. Eine philosophische Ausbildung gehörte aber nicht zu diesem Schulbetrieb, höchstens drangen einige Begriffe auf dem Weg über die beliebten kleinen Enzyklopädien in das Schulwissen ein. Das Interesse der Herrscher an Bildung nahm nun wieder ab, philosophische Tätigkeit war nicht mehr so relevant wie zur Zeit des Bilderstreits. Die Schule des Palastes verlor entsprechend an Bedeutung. Die Beschäftigung mit philosophischer und wissenschaftlicher Literatur hörte zwar nicht auf, fand jedoch jetzt im engen Kreis einer Bildungselite statt, die gelegentlich auch so etwas wie private Hochschulen ins Leben rief. Die Ausrichtung war literarisch, auch medizinische Fragen wurden behandelt, Naturwissenschaften aber fehlten fast vollständig.

Im 11. Jhd. setzte sich diese Entwicklung fort. Höhere Bildung blieb der Privatinitiative überlassen. Auch die Vertreter der griechische Kirche hatten kein Interesse an solchen Fragen, sie meinten nach dem Ende des Bilderstreits ohne Philosophie auskommen zu können. Es gab aber immerhin auch im 11. Jhd. private und ganz ausgezeichnete Schulen; in einer unterrichtete Michael Psellos (1018 – um 1078),
der eigentlich Richter und auch als Sekretär und Berater der Kaiser tätig war. Obwohl er als Lehrer des Thronfolgers Konstantins X. eingesetzt wurde, war doch auch seine Schule eher ein Privatunternehmen. Psellos war zwar Neuplatoniker, betonte aber die Notwendigkeit des Studiums des gesamten physischen Kosmos, und so wurden in seiner Umgebung die sieben Freien Künste ebenso studiert wie Geschichte, Recht und Medizin. Psellos verfaßte selbst zahlreiche Werke, so z. B. Kommentare zum *Timaios* Platons und zu *Peri Hermeneias* des Aristoteles, ebenso wie zu dessen *Physik*. Eine vollständige Edition der Werke des Psellos liegt noch nicht vor. Mit Psellos setzt also die Aristoteles-Kommentierung, die seit dem 7. Jhd. in Byzanz unterbrochen worden war, wieder ein. Man muß allerdings sagen, daß Psellos zwar Schüler hatte, daß er aber nicht Schule gemacht hat. Soweit man bis jetzt sieht, handelt es sich bei den Philosophen in Byzanz immer um Einzelgestalten.

Ein weiterer Aristoteles-Kommentator begegnet uns in Eustratios von Nikaia (um 1050 – nach 1117), der Kommentare zur *Nikomachischen Ethik* sowie zur 2. *Analytik* verfaßte. Eustratios war zwar in Hinsicht auf Fragen der Metaphysik Platoniker, erkannte aber sehr klar, daß der Platonismus im Bereich des Christentums einer Uminterpretation bedurfte. In seinen Schriften arbeitete er methodisch ganz und gar aristotelisch im Sinn der beiden *Analytiken*. Aufgrund innertheologischer Fragen wurde er auf einer Synode im Jahre 1117 als Bischof von Kaisareia abgesetzt, unter den verurteilten Sätzen findet sich die folgende ihm zugesprochene These:

Daß Christus in all seinen heiligen und göttlichen Reden in Syllogismen nach der Art des Aristoteles spricht. (Zit. nach: LdM IV. Sp. 118)

Diese These ist zwar kaum häretisch, aber sicher falsch, sie zeigt jedoch, welche Bedeutung für Eustratios strenge aristotelische Argumentation gewonnen hatte. In der folgenden Generation finden wir mit Michael von Ephesus einen weiteren Aristoteles-Kommentator, der seine Schriften um die Mitte des 12. Jhd.s verfaßte. Er schrieb Kommentare zu aristotelischen Texten aus allen Bereichen, besonders zu solchen aus der Biologie, was auf medizinische und wissenschaftliche Interessen hinweist. Er verfaßte auch einen Kommentar zur *Politik* des Aristoteles, ein Werk, das von keinem griechischen Kommentator vor ihm behandelt worden war. Diese Kommentare sind veröffentlicht in den *Commentaria in Aristotelem Graeca* und können durchaus noch in unserer Gegenwart eine interpretatorische Hilfe liefern.

In der kulturellen Elite des 11. und 12. Jhd.s wurde ein klassisches, an den antiken Autoren geschultes Griechisch gesprochen, das tatsächliche Griechisch des Volkes hatte sich aber sehr stark weiterentwickelt. Es bildete sich also eine ähnliche Situation wie im Westen heraus, wo sich die Vulgärsprachen seit Jahrhunderten entwikkelt hatten und die Gelehrten mit der Verwendung des Lateinischen selbst in romanischen Ländern in einer kompletten Zweisprachigkeit lebten. Im 12. Jhd. verstand niemand aus dem Volk mehr den Patriarchen von Konstantinopel, wenn dieser in »reinem« Griechisch eine Predigt hielt, was er aber durchaus noch tat. Entsprechend bildete sich kompensatorisch eine Volksliteratur in der Vulgärsprache heraus, so z. B. die beliebten Heiligenleben. Die philosophische Sprache blieb, soweit man überhaupt eine solche gebrauchte, weiterhin das klassische Griechisch.

Die von einzelnen unternommene intensivere Beschäftigung mit der Philosophie – hier hatte man schließlich alle Texte im Original und in guten Ausgaben zur Verfügung – war nicht mehr wie zur Zeit des Bilderstreits von apologetischen Interessen getragen und konnte sich somit den eigentlichen Schwerpunkten der Philosophie selbst zuwenden. Und damit kündigte sich ein Konflikt mit der Orthodoxie an, der im 11. Jhd. auch tatsächlich eintrat. Psellos vermied den Konflikt mit der alten Auskunft der Nähe von Platonismus und Christentum, ohne sich auf allzuviele Details einzulassen, die Frage des Verhältnisses von Christentum und aristotelischer Philosophie blieb dabei unberührt. Sein Schüler Johannes Italos (geb. um 1025, gest. ?) beschäftigte sich zwar primär mit Fragen der aristotelischen Logik, zu der er auch Kommentare verfaßte, nahm jedoch auch zu metaphysischen Fragen vor aristotelischem Hintergrund Stellung, so etwa zu der Frage der Unsterblichkeit der Seele und der Auferstehung des Leibes. Es folgten sofort Verurteilungen (1076/77, 1082) durch die orthodoxe Kirche. Dies war eine neue Situation, denn anders als im Westen hatten die höheren Schulen in Konstantinopel keinerlei institutionellen Kontakt mit der Kirche. Faktisch aber setzte sich die Kirche durch. Die Schulen verloren, ohne ersichtlichen Widerstand zu leisten, ihre Autonomie und gerieten unter den Einfluß der orthodoxen Kirche. Die Entwicklung verlief also genau umgekehrt wie im Westen: Im Westen erkämpften sich die Schulen, die ursprünglich kirchlich waren, langsam eine gewisse Autonomie; im Osten hatten sie diese Autonomie ursprünglich, verloren sie aber dann. Entsprechend werden die Universitäten im Westen zunehmend an Einfluß und Bedeutung gewinnen, während die höheren Schulen im Osten – die eigentlich alle textlichen Voraussetzungen besaßen, die dem Westen fehlten – in Bedeutungslosigkeit aufgingen. Dies bedeutet aber nicht, daß es nicht später noch philosophisch bedeutsame Arbeiten einzelner gegeben hat, was dann am Ende des Mittelalters für die italienische Renaissance wichtig werden sollte (vgl. 3. Teil, Kap. II).

- VI -

Anselm von Canterbury

1. Veränderungen in der Welt des 11. Jahrhunderts

Im späten 10. Jhd. hatten verschiedene Entwicklungen eingesetzt, die sich im 11. Jhd. fortsetzten und eine Dynamik hervorbrachten, die auch im 12. Jhd. noch ungebrochen war. An vielen Orten läßt sich eine Aufbruchstimmung feststellen: Die Welt soll ihre alten und veralteten Formen verlassen und sich ein neues Gewand geben. Ein wichtiger Faktor war der *Bevölkerungszuwachs*, für den die Historiker noch keine wirklich überzeugende Erklärung gefunden haben. Mit der zunehmenden Bevölkerungszahl war eine größere Produktion von Nahrungsmitteln erforderlich, und entsprechend

wurden große *Waldrodungen* durchgeführt, um neues Ackerland zu gewinnen. Neue *Gesetze* wie gänzliche oder auf bestimmte Zeiträume befristete Abgabenfreiheit, Verbesserungen des Erbrechts u. ä. dienten dazu, Anreize zur Bewirtschaftung des Bodens zu liefern. Die Verwüstungen, die die Einfälle der Ungarn und der Skandinavier hervorgerufen hatten, wurden beseitigt, obwohl die Schäden die Bevölkerung an vielen Orten an die Grenze der Überlebensmöglichkeit gebracht hatten. Bei der *Bodenbearbeitung* wurden neue Methoden eingesetzt, viele Geräte, die früher aus Holz hergestellt worden waren, wurden jetzt durch widerstands- und leistungsfähigere aus Eisen ersetzt. Techniken, die schon bekannt, aber nur wenig verwendet worden waren, fanden jetzt Verbreitung, so der Pflug auf Rädern und die Wassermühle. Durch die Einführung des Kummets konnte die Arbeitskraft der Tiere besser ausgenützt werden. In der Landwirtschaft gab es wichtige Neuerungen, so z. B. die Einführung der Dreifelderwirtschaft, die höhere Erträge ermöglichte, so daß sich ein Überschuß ergab, der den Städten zugute kommen konnte. Der demographische Zuwachs und die Vergrößerung der Anbauflächen brachte allerdings nicht allen gleichen Nutzen. Viele blieben ohne eigenes Land und konnten nur ihre Arbeitskraft anbieten, die bei einem Überangebot nicht viel wert war, in dieser wachsenden Wirtschaft gab es daher auch sehr viel Armut. Trotz Rodungen wurde der Boden bei anwachsender Bevölkerungszahl in Frankreich knapp, und dies betraf auch den Adel. Einige versuchten, in Spanien Land von den Muslimen zu gewinnen, woraus dann die Reconquista wurde, andere suchten ihr Glück in Süditalien, woraus später die Normannenherrschaft dort und in Sizilien wurde – und auch der Aufruf zu den Kreuzzügen wird gerade bei bodensuchenden Adeligen gerne gehört werden.

Auch die *Städte*, deren Einwohnerzahl nach dem Zerfall des römischen Reiches sehr zurückgegangen war und die in einer fast nur bäuerlichen Welt wenig Bedeutung gehabt hatten, wurden neu belebt, was nicht zuletzt mit dem wieder in Schwung gekommenen *Handel* zusammenhängt. An vielen Orten entwickelte sich, vor allem im Textilbereich, eine *arbeitsteilige Industrie*. Auch in den Städten gilt allerdings dasselbe wie auf dem Lande: Neben einer wohlhabenden Schicht, also den Bürgern mit allen Rechten, gab es eine große Anzahl von Menschen, die ständig an oder unterhalb der Armutsgrenze lebten (zur Stadtkultur vgl. auch Kap. VII, 1).

Der wirtschaftliche Aufschwung brachte aber auch problematische Entwicklungen mit sich. Seit der zweiten Hälfte des 11. Jhd.s wandte sich der lateinische Westen mit erhöhtem Selbstbewußtsein und nicht ohne Aggressivität den beiden anderen bekannten und angrenzenden Kulturen zu, d. h. Byzanz und den islamischen Staaten, jenen Kulturen also, deren Reichtum und deren raffinierte Lebensweise Bewunderung, aber auch Neid hervorrief. Wir sollten in diesem Zusammenhang zwei Jahreszahlen nicht vergessen: 1054 kommt es zu dem von Rom bewußt herbeigeführten Bruch zwischen der römischen und der orthodoxen, d. h. primär der griechischen Kirche, und dies hieß gleichzeitig: zum *Bruch mit Byzanz*. Und ein weiteres Datum: 1085 wird im Rahmen der sogenannten Reconquista Toledo eingenommen. Als Papst Urban II. (1088–1099) wurde der Clunyazenser Mönch Odo Hauptträger der Reform und der Machtansprüche des Papsttums. Es war dieser frühere Mönch, der 1095 in Clermont zur Eroberung von Jerusalem aufrief, was dann zu den *Kreuzzügen* führte. Und es war gleichzeitig dieser frühere Mönch, der die päpstliche Finanzverwaltung auf eine moderne Basis stellte – er fand sich also sehr rasch in der Welt von Macht und Geld zurecht, oder hatte er dies schon in Cluny gelernt? Die kriegerische Auseinandersetzung mit den islamischen Staaten war in Spanien bereits im Gange, am Ende des 11. Jhd.s wird sie mit den Kreuzzügen ausgeweitet werden. 1099 wurde Jerusalem besetzt. Aber auch innerhalb der westlichen Gesellschaft waren starke Spannungen und Gegensätze spürbar. Im letzen Drittel des 11. Jhd.s beginnt der *Investiturstreit*, bei dem es letztlich auch um die Abgrenzung religiöser und profaner Autorität ging. Das Amt des Kaisers und in der Folge davon auch das der Könige wurde eigentlich erst in diesem Streit entsakralisiert.

Im kirchlichen Bereich hatte mit Gregor VII. (1073–1085) eine *Reformbewegung* eingesetzt, die auch auf die Klöster übergriff. Diese Entwicklung hatte jedoch ein Doppelgesicht. Während die Reformer ein authentischeres monastisches Leben forderten, wurden sie häufig in die weltlichen Angelegenheiten und Probleme sehr intensiv hineingezogen. Cluny, von wo eine bedeutende monastische Reformbewegung ausgegangen war, fand sich bald in politische Probleme verwickelt. Bekannt ist die Szene in Canossa vom Jahre 1077, in der der Abt Hugo von Cluny (1024–1109, Abt seit 1049) für seinen Patensohn, König Heinrich IV., Bürgschaft leistete. Auf den Mönch Odo, der als Urban II. Papst wurde, wurde schon hingewiesen. Und auch die Biographie Anselms ist ein weiteres gutes Beispiel dafür, wie aus dem philosophisch meditierenden Mönch – wider Willen – der in Macht- und Kompetenzstreitigkeiten verwickelte Politiker wird.

Für Urban II. waren die islamischen Staaten vor allem militärische Gegner. Inzwischen war aber der islamische Bereich auch in seiner kulturellen Überlegenheit und als Wissensquelle ins Bewußtsein getreten, und es war in einem Benediktinerkloster, diesmal in Montecassino, daß eine erste Vermittlung solchen Wissens stattfand, wobei es allerings nicht die Philosophie, sondern die ganz weltliche Wissenschaft der Medizin war, die das Interesse hervorrief. In Montecassino begann mit dem Mönch Konstantin (um 1020–1080), der der Afrikaner genannt wurde, die Übersetzungstätigkeit auf der Grundlage arabischer Versionen von Schriften des Hippokrates und Galenos sowie weiterer arabischer medizinischer Traktate (vgl. Kap. VIII, 1, a). In Cluny, einem anderen großen und inzwischen ungeheuer reichen und mächtigen Zentrum der Benediktiner, wurde unter dem Abt Petrus Venerabilis (1092/1094–1156) eine Paraphrase des Korans hergestellt, die maßgebend wurde für das, was die Gebildeten des Mittelalters vom Koran wissen konnten.

Seit dem 11. Jhd. wurde auch der *Bücherbestand* in Abteien wie in Kathedralen erheblich vergrößert. So wurde z. B. die Bibliothek von Montecassino während der Zeit des Abtes Desiderius, der 1087 als Viktor III. Papst wurde, so gut wie verdoppelt, wobei auch zahlreiche Abschriften weltlicher antiker Literatur hergestellt wurden. Eine berühmte Darstellung in einem Kodex zeigt Desiderius, wie er dem heiligen Benedikt seine Leistungen darbietet: Kirchenbauten und Bücher.

Im Rahmen dieser Reformbewegungen strebten die Klöster auch nach *Autonomie*, sie wollten u.a. ihre Äbte selbst wählen. Dafür mußten sie Selbständigkeit gegenüber den weltlichen Herrschern wie gegenüber den Bischöfen erlangen, was auch ein Hauptanliegen von Cluny war. Autonomie war ein heißumkämpfter politischer Wert. Es ist nicht verwunderlich, daß mit Anselm im Bereich der Philosophie die Autonomie der Vernunft gegenüber den Autoritäten einen von den Mönchen der Abtei Le Bec eingeforderten Anspruch darstellt: Auch hier geht es um Selbstbehauptung.

2. Anselms gläubiger Rationalismus

Dafür, daß strenge Rationalität im Einflußbereich der mittelalterlichen Kirche durchaus möglich war, auch frei zur Anwendung gebracht und keineswegs immer verurteilt wurde, ist Anselm von Canterbury (1033–1109) der beste Beweis. Die Bezeichnung »von Canterbury« ist allerdings irreführend: Weder stammte er aus Canterbury noch hielt er sich gerne dort auf. Er sollte also besser nicht »Anselm von Canterbury« genannt werden, wie das bei uns üblich ist, sondern »Anselm von Aosta«, wie er bei den Italienern heißt. Es ist nicht unwichtig zu wissen, daß Anselm aus Savoyen, also dem französischen Bereich, stammt und zunächst auch in Frankreich, in der Benediktinerabtei Le Bec, tätig war. Le Bec war unter der Führung Lanfranks zu einem kulturellen Mittelpunkt geworden, in deutlichem Unterschied zu den Klöstern, die im Einflußbereich der Reformbewegung von Cluny standen, in der für Philosophie kaum Raum gegeben war. Zu dieser Zeit begannen die Normannen, mit Gewalt England der französischen Herrschaft und Kultur zu unterwerfen. Für drei Jahrhunderte wird Französisch die Sprache der Oberschicht in England sein. Im Zuge dieser Bewegung wurde Lanfrank Erzbischof von Canterbury und Anselm als dessen Nachfolger Prior von Le Bec. 1093 wurde Anselm gegen seinen Willen Nachfolger Lanfranks als Erzbischof von Canterbury, eine Funktion, die er auch später nur ungern ausfüllte. Die eigentliche Macht in der Kirche hatte allerdings nicht der Primas von England inne, sondern der König, der die Bischöfe und Äbte nach seinem Willen einsetzte, weshalb die Reformpläne von Papst Gregor VII. in England nicht greifen konnten. Anselm wurde von den auf Gregor folgenden Reformpäpsten unterstützt, wurde aber dadurch in Auseinandersetzungen mit den englischen Königen verwickelt. Zweimal mußte er ins Exil flüchten. Auch im Inneren der englischen Kirche hatte Anselm mit seinen Reformversuchen nur sehr geringen Erfolg.

Der französische Hintergrund Anselms ist deshalb interessant, weil uns hier zum ersten Mal eine Form des Rationalismus begegnet, die eher in Frankreich als in England zu Hause ist. Anselms Rationalismus entsprach aber keinesfalls nur seiner persönlichen Auffassung, sondern war auch ein Anliegen seiner Mönche in Le Bec
(allein während seiner Zeit waren immerhin 180 Mönche dort eingetreten). Anselm sagt in der Vorrede zum *Monologion*, daß er »oft und dringlich« gebeten worden sei, seine Betrachtungen niederzulegen (was natürlich auch ein literarischer Topos ist):

Für die Abfassung dieser Betrachtung schrieben sie mir, mehr ihrem Willen gemäß als der Leichtigkeit der Sache oder meinem Können gemäß, diese Form vor: daß in ihr gar nichts mit dem Ansehen der Schrift glaubhaft gemacht würde, sondern daß das, was durch die einzelnen Untersuchungen hindurch der Schluß behauptet, sich so verhalte, in klarer Schreibart und mit gemeinverständlichen Beweisen und in schlichter Erörterung sowohl die Notwendigkeit der Vernunftüberlegung in Kürze zwingend mache als auch die Klarheit der Wahrheit offen aufzeige. (*Monologion. Prolog*. S. 27)

In der Schrift *Cur Deus homo (Warum Gott Mensch wurde)* geht Anselm sogar an das Problem der Menschwerdung Gottes in der Weise der Einklammerung des durch die Offenbarung vermittelten Wissens heran. Die Denkmöglichkeit »mit Beiseitesezung Christi, so als ob niemals etwas von ihm gewesen wäre« ist in der Kultur des Mittelalters tatsächlich unerhört und einmalig. Das Argument soll folgende Form haben:

Und schließlich, mit Beiseitesetzung Christi, so, als ob niemals etwas von ihm gewesen wäre, beweist es mit zwingenden Gründen *(rationibus necessariis)*, daß es unmöglich sei, daß ein Mensch ohne ihn gerettet werde. (*Cur Deus homo. Praefatio*. S. 3)

Bleiben wir kurz bei Anselms Argument, weil es auch einen Hinweis auf die historische Bedingtheit dessen liefert, was als »zwingende Gründe« angesehen wird. Die Annahme, »daß kein Mensch ohne Sünde durch dieses Leben geht« (Ebd. Kap. X. S. 39), ist zwar nicht eine zwingend notwendige Vernunfteinsicht, kann aber doch als höchst wahrscheinlich angenommen werden und kann somit Anselm konzidiert werden. Auf die unhaltbare augustinische Erbsündenlehre, die der sonst so rationale Anselm einfach übernimmt, brauchen wir hier gar nicht mehr einzugehen (vgl. dazu Kap. III, 5). Für den vorliegenden Zusammenhang der Frage nach »notwendigen Gründen«, auf denen die Vernünftigkeit des Arguments aufbauen soll, ist jedoch das folgende interessant. Nach Anselms Vorstellung wird durch die Sünde Gott die Ehre geraubt, woraus sich dann folgendes ergibt:

So muß also jeder, der sündigt, Gott die geraubte Ehre einlösen, und das ist die [Genugtuung], die jeder Sünder Gott leisten muß. (Ebd. Kap. XI. S. 41)

»Genugtuung« *(satisfactio)* war ein Fachbegriff der politischen Sprache. War jemand, vor allem natürlich ein Mächtiger, beleidigt worden, so gab es nur zwei Möglichkeiten: Genugtuung oder gewaltsame Bestrafung (bei Mächtigen: durch Krieg). In den

meisten Fällen wurde durch Vermittler eine Genugtuung ausgehandelt. Genugtuung-Fordern und Genugtuung-Leisten waren also Instrumente vernünftigen Handelns, denn durch sie sollte die Anwendung von Gewalt vermieden werden. Kein Mächtiger, weder Kaiser noch Papst noch sonst irgend jemand, wollte oder konnte aber eine Beleidigung einfach verzeihen, Genugtuung-Fordern wurde als sittliche Pflicht angesehen. Dann wird die Überlegung fortgeführt:

Wenden wir uns zurück und sehen wir, ob es Gott geziemt *(deceat)* durch bloßes Erbarmen, ohne alle Abzahlung der ihm genommenen Ehre, die Sünde nachzulassen. [...] So die Sünde zu erlassen ist nichts anderes als nicht bestrafen. [...] Also ziemt es sich für Gott nicht, die Sünde so ungestraft zu lassen. (Ebd. Kap. XII. S. 41 u. 43)

Daß Gott nichts zugeschrieben werden darf, was sich nicht »geziemt«, ist der alte Grundsatz des Xenophanes (vgl. 1. Teil, Kap. IV, 1, b) und dies stellt ein allgemein akzeptables Prinzip dar. Es wird allerdings durch historischen Vergleich deutlich, daß das »Geziemende« ein geschichtlich sehr variabler Begriff ist. Genau dies ist aber jenen, die mit dieser Vorstellung arbeiten, oft nicht ausreichend bewußt. Dies gilt auch für Anselm, der den Ehrenkodex seiner Zeit zwar nicht schon als Vernunftwahrheit, wohl aber als das einzig »Geziemende« ansieht: »Nichts wahrt also Gott gerechter als die Ehre seiner Würde« (*suae dignitatis honorem* [*Cur Deus homo.* Kap. XIII. S. 47]). Für jede Beleidigung ist nach diesem Ehrenkodex Genugtuung oder Strafe gefordert. Die mittelalterlichen Rechtsgepflogenheiten der Adeligen hatten verschiedenste Formen der Genugtuung zur Verfügung (Kniebeugung, Fußfall, Zahlungen, wobei letztere allerdings gewöhnlich mit irgendwelchen äußeren Symbolhandlungen verbunden waren), und nur wenn diese nicht geleistet wurden, griff man zur Gewalt, also zur Bestrafung. Es ist daher klar, »daß sich nach dem Maße der Sünde die Genugtuung richten muß« (Ebd. Kap. XX. S. 71). Es folgt dann aber noch etwas weiteres, das die Größe der Schuld ergibt: Auch wenn die böse Handlung etwas »ganz Geringfügiges« ist *(levissimum quiddam)*, so ist sie doch – als Wegnahme der Ehre Gottes – »etwas sehr Schweres und mit keinem Schaden Vergleichbares« (*gravissimum quiddam et nulli damno comparabile* [Ebd. Kap. XXI. S. 77]). Die »Vernunftgründe«, die Anselm hier vorbringt, sind nur vor dem Hintergrund des germanischen Rechts verständlich, nach dem sich die Größe einer bösen Tat nach dem Rang dessen bemißt, dem sie zugefügt wird. Dieses Prinzip galt aber, wiederum in historischem Vergleich, z. B. im römischen Recht nicht (in der Praxis mag das etwas anders ausgesehen haben). Aufgrund dieser germanischen Rechtsvoraussetzung ergibt sich dann für Anselm: Auch eine endliche Person kann – dem unendlichen Gott gegenüber – eine unendlich große Beleidigung vollführen, für die eine endliche Person dann aber keine entsprechende Genugtuung leisten kann (Ebd. Kap XXIV. S. 81–87). Wenn also eine solche erfolgen soll und die Menschen dadurch gerettet werden, muß die Genugtuung durch eine unendliche, also eine göttliche Person geschehen. Damit hat Anselm »bewiesen«, daß die Genugtuung, sollen die Menschen überhaupt von der Strafe befreit werden, durch eine göttliche Person erfolgen mußte, womit er durch notwendige Gründe »bewiesen« hat, warum Gott Mensch geworden ist. Hier können wir folgendes sehen: Die *Logik* Anselms ist sicher *korrekt*, das ganze Argument, von dessen Gültigkeit Anselm überzeugt war, funktioniert aber nur dort, wo die Vorstellung Gottes als mittelalterlichem Herrscher und die Regeln des germanischen Rechts als vollkommen einsichtig und »geziemend« erscheinen, und das heißt: Die *Prämissen* stellen keine Vernunftgründe dar, sondern sind *historisch kontingent*.

Man würde jedoch der Absicht Anselms nicht gerecht, wenn man meinte, er wolle mit dem Suchen nach Vernunftgründen einfach den Glauben beiseite schieben und eine unabhängige Philosophie neben dem Glauben erstellen. Was er vielmehr wollte, ist eher, die Vernünftigkeit dessen, was im Glauben angenommen wird, erkennbar zu machen. Sein berühmtes Programm ist die *Fides quaerens intellectum*, d. h. der *Glaube, der ein rationales Verstehen sucht*. Dieses Programm ist nicht neu, sondern stammt aus der Spätantike. Anselm kannte die Schriften des Augustinus sehr gut, und bei diesem wird die christliche Weisheit als identisch mit der wahren Philosophie aufgefaßt und muß somit den Kriterien strenger Argumentation genügen. Anselm nimmt eine methodische Einklammerung der Glaubensüberzeugungen vor, um zu überprüfen, ob diese Wahrheiten nicht auch auf einem von der schon vorhandenen Überzeugung verschiedenen Vernunftweg gewonnen werden können. Diese methodische Einklammerung ist der Sinn des »als ob ich von ... nichts wüßte« und was Anselm hier unternimmt, ist nur die strengere Fassung eines traditionellen Anspruchs. Hinter diesem Unternehmen steht die bereits bei Origenes, den großen Kappadokiern und dem frühen Augustinus vorhanden gewesene Überzeugung, das Christentum sei die »wahre Philosophie«. Anselm stellt dieses Programm allerdings auf eine höhere und methodologisch wesentlich schärfere Ebene und bringt damit auch bestimmte Schwierigkeiten erst ans Licht. Gerade mit dieser methodisch strengen Rationalität hat Anselm ein Argument in die Diskussion eingebracht, das bis heute Stoff für Analyse und Kritik gibt: den Beweis der Existenz Gottes aus seinem Begriff (später »ontologisches Argument« genannt), der gleich noch genauer besprochen werden soll.

Diese Rolle der Vernunft bei Anselm zeigt, welche Rolle die Dialektik (= Logik) im 11. Jhd. erlangt hat. Daß sich Anselm dieser Rolle bewußt gewesen ist, zeigt seine kleine Schrift *De Grammatico*, die in ihrer Problematik durchaus typisch ist für die mittelalterlichen Fragestellungen in diesem Gebiet, auch wenn sie kaum Einfluß auf die weitere Entwicklung erlangt hat. Für das 11. Jhd. ist kennzeichnend, daß noch keine breitere Auseinandersetzung mit der Syllogistik (den Fragen der *1. Analytik*) stattfindet, sondern Logik primär aus der Auseinandersetzung mit den *Kategorien* und *Peri Hermeneias* hervorgegangen ist. Dabei mußte die Frage nach dem Verhältnis von Grammatik und Logik auftreten, wobei aber gleich betont werden muß, daß die mittelalterlichen Logiker niemals Grammatik und Logik als zwei streng getrennte Bereiche aufgefaßt haben. Bei Anselm finden wir in seiner Schrift *De grammatico* die erste ausführliche Diskussion über das Verhältnis von logischer Sprache und Umgangssprache (normaler Sprache), d.h. über das Verhältnis von grammatischer und logischer Form. Anselm erkennt dabei, daß zwischen einem grammatisch korrekten und einem logisch richtigen Satz nicht immer eine strenge Korrespondenz besteht. Daraus zog er jedoch nicht die Konsequenz, daß eine von der natürlichen Sprache abgekoppelte ideale Sprache konstruiert werden solle, sondern nur die, daß eine genauere Analyse der natürlichen Sprache vorgenommen werden müsse. Die strengen Anforderungen Anselms an die logische Form der Sätze in Argumenten berechtigen uns jedenfalls, seinen berühmten Gottesbeweis sehr genau zu analysieren.

Anselm war ein hervorragender Editor seiner Texte. Er stellte für seine wichtigen Schriften eine Endredaktion mit Vorwort und Inhaltsverzeichnis her, so daß wir in diesen Fällen von einer Art autorisierter Ausgabe sprechen können. Beim *Prosologion* fügte er selbst in der Endredaktion die Einwände seines Kritikers, des Mönches Gaunilo aus der Abtei Marmoutier sowie seine Erwiderung bei. Anselm glaubt man es durchaus, wenn er seinem Kritiker dankt (*Proslogion. Quid ad haec respondeat.* S. 154. Vgl. auch PL 158, Sp. 64A) und daß er sich, wie sein Biograph Eadmer berichtet, über diese Einwände gefreut habe (*gavisus est* [Ebd.]). Am Ende der Vorrede zu *Cur Deus homo* schreibt Anselm:

> Diese kurze Vorrede samt den Kapiteln des ganzen Werkes mögen, so wünsche ich, alle, die das Buch werden abschreiben wollen, vor seinen Anfang setzen, damit ein jeder, in dessen Hände es kommt, gleichsam an seiner Stirne ersehe, ob etwas im ganzen Körper sich findet, das er nicht verachtet. (*Cur Deus homo. Praefatio.* S. 3)

Leider hat die editorische Praxis Anselms im Mittelalter nicht Schule gemacht.

3. Der (ontologische) Gottesbeweis Anselms

Im *Monologion* entwickelt Anselm einige Gottesbeweise, ausgehend von den Dingen der Erfahrung. Diese Beweise finden sich in etwas abgewandelter Form bei Thomas von Aquin wieder. Das eigentlich Anselmsche Argument jedoch findet sich im Kapitel II des *Proslogion*. In Kapitel III findet sich ein ganz ähnlicher Beweis, die Diskussion darüber, ob dies ein und derselbe Beweis wie der im Kapitel II ist oder ob es sich um einen zusätzlichen Beweis handelt, soll hier jedoch nicht verfolgt werden. Ich nehme hier den Text aus Kapitel II (*Proslogion*. S. 85 f.), wobei ich die Sätze des Beweises, die der Ausgangspunkt aller Diskussionen waren, in der lateinischen Form der besseren Übersichtlichkeit halber aufgliedere:

Also, Herr, der Du die Glaubenseinsicht gibst, verleihe mir, daß ich, soweit Du es nützlich weißt, einsehe, daß Du bist, wie wir glauben, und das bist, was wir glauben. Und zwar glauben wir, daß Du etwas bist, über dem nichts Größeres gedacht werden kann.

Gibt es also ein solches Wesen nicht, weil »der Tor in seinem Herzen gesprochen hat: es ist kein Gott«? Aber sicherlich, wenn dieser Tor eben das hört, was ich sage: »etwas, über dem nichts Größeres gedacht werden kann«, versteht er, was er hört; und was er versteht, ist in seinem Verstande, auch wenn er nicht einsieht, daß dies existiert.

Denn ein anderes ist es, daß ein Ding im Verstande ist, ein anderes, einzusehen, daß das Ding existiert. Denn wenn ein Maler vorausdenkt, was er schaffen wird, hat er zwar im Verstande, erkennt aber noch nicht, daß existiert, was er noch nicht geschaffen hat. Wenn er aber schon geschaffen hat, hat er sowohl im Verstande, als er auch einsieht, daß existiert, was er bereits geschaffen hat.

So wird also auch der Tor überführt, daß wenigstens im Verstande etwas ist, über dem nichts Größeres gedacht werden kann, weil er das versteht, wenn er es hört, und was immer verstanden wird, ist im Verstande.

Und sicherlich kann »das, über dem Größeres nicht gedacht werden kann«, nicht im Verstande allein sein. Denn wenn es wenigstens im Verstande allein ist, kann gedacht werden, daß es auch in Wirklichkeit existiere – was größer ist. Wenn also »das, über dem Größeres nicht gedacht werden kann«, im Verstande allein ist, so ist eben »das, über dem Größeres nicht gedacht werden kann«, über dem Größeres gedacht werden kann. Das aber kann gewiß nicht sein. Es existiert also ohne Zweifel »etwas, über dem Größeres nicht gedacht werden kann« sowohl im Verstande als auch in Wirklichkeit.

(a) Et certe id quo maius cogitari nequit, non potest esse in solo intellectu.
(b) Si (b') enim vel in solo intellectu est,
(b'') potest cogitari esse et in re; quod maius est.

(c) Si ergo (c') id quo maius cogitari non potest, est in solo intellectu: (c'') id ipsum quo maius cogitari non potest, est quo maius cogitari potest.
(d) Sed certe hoc esse non potest.
(e) Existit ergo procul dubio aliquid quo maius cogitari non valet, et in intellectu et in re. (b'') potest cogitari esse et in re; quod maius est.

Es stellt sich zunächst einmal die Frage, ob es überhaupt legitim ist, den Beweis so aus dem gesamten Text des *Proslogion* und dann nochmals aus dem des II. Kapitels »herauszuschneiden«, wie dies durch den aufgegliederten lateinischen Text angedeutet ist und wie es faktisch in fast allen Diskussionen seit der Zeit Anselms geschieht. Mit anderen Worten: Darf dieser Text kontextfrei, als für sich allein stehender Beweis analysiert werden? Dafür sprechen zwei gute Gründe. Zunächst: Eadmer, der Schüler und Biograph Anselms, berichtet, daß Anselm lange und intensiv, ja bis zur körperlichen Erschöpfung nach jenem Argument gesucht habe, von dem Anselm sagt, es sei jenes *eine Argument (unum argumentum), das ganz und gar auf sich selbst beruht (quod nullo alio ad se probandum quam se solo indigeret* [*Proslogion. Prooemium.* S. 68]). Weiterhin: Anselms Kritiker Gaunilo hat das Argument genauso isoliert, also »herausgeschnitten« (Ebd. S. 138–143), und Anselm hat in seiner Antwort (Ebd. S. 144–154) diese Isolierung akzeptiert. Man kann also berechtigterweise eine solche Isolierung durchführen. Daß diese Vorgangsweise trotzdem nicht unproblematisch ist, sei schon jetzt gesagt. Gehen wir dem Text entlang, so steht hier («**U**« = »unmöglich«):

(1) a

(2) $b' \rightarrow b''$
(3) $c' \rightarrow c''$
(4) $d = \mathbf{U}c'', \neg c''$
(5) e

Wie man leicht sieht, soll *a* bewiesen werden, welches also gleich dem Schlußsatz *e* ist. Daß in *a* der Subjektbegriff *id* lautet, während in *e* der Subjektbegriff *aliquid* lautet, kann hier unberücksichtigt bleiben. Desweiteren sieht man, daß eine Aussage mehrmals vorkommt, nämlich $b' = \neg a = c'$. Und schließlich sieht man, daß in der dritten Zeile, setzt man $\neg a$ für c' ein, somit $\neg a \rightarrow c''$, vorausgesetzt wird: $[(\neg a \rightarrow b'') \wedge (b'' \rightarrow c'')] \rightarrow (\neg a \rightarrow c'')$. Und da $\neg a \rightarrow b''$ bereits als der Schritt der zweiten Zeile angenommen wurde, liegt also in $b'' \rightarrow c''$ der eigentlich relevante Beweisschritt, den wir im folgenden als Schritt (3) annehmen. Der besseren Übersichtlichkeit halber, legen wir daher fest:

A (= *a* = *e* = ¬*b*): *Aliquid quo maius cogitari nequit existit et in intellectu et in re.*
B (= *b''*): *Potest cogitari aliquid quod maius est quam id quo maius cogitari non potest.*
C (= *c''*): *Id ipsum quo maius cogitari non potest est aliquid quo maius cogitari potest.*

Bei diesem Beweis handelt es sich eindeutig um einen *indirekten Beweis*: Bewiesen werden soll *A*, und dies geschieht, indem die Annahme von ¬*A* als ein Widerspruch aufgezeigt wird, so daß *A* bewiesen ist. Der Beweis kann nun in folgender Weise dargestellt werden (vgl. Morschner 1991):

(1) $\neg A$
(2) $\neg A \rightarrow B$
(3) $B \rightarrow C$
(4) C ist ein Widerspruch, folglich $\neg C$
(5) A, weil: $\neg C \rightarrow \neg B$ [= Kontraposition von (3)], und $\neg B \rightarrow A$ [= Kontraposition von (2)].

4. Kritik und Zustimmung

Die Kritik hat seit der Zeit Anselms an zwei Punkten angesetzt. Zunächst wird bestritten, daß der Ausdruck »das, über das hinaus nichts Größeres gedacht werden kann« ein genügend klarer Begriff ist, oder es wird sogar gesagt, daß es ein widersprüchlicher Begriff sei. Damit ist die Frage gestellt, ob die Prämisse (1) überhaupt brauchbar ist, und wäre diese erste Prämisse unbrauchbar, würde selbstverständlich der ganze weitere Beweis hinfällig. Nehmen wir jedoch einmal an, es handle sich um einen genügend klaren und nicht-widersprüchlichen Ausdruck, dann stellt sich die Frage, ob die Folgerung von *B* zu *C*, also der Übergang von »dem, über das hinaus nichts Größeres gedacht werden kann« nur *in intel-* | 167
lectu, d.h. nur als Begriff gedacht, zu »dem, über das hinaus nichts Größeres gedacht werden kann« *in intellectu et in re*, d.h. als Begriff, dem etwas in der Realität entsprechen muß, legitim ist, denn nur unter dieser Voraussetzung ergibt sich der Widerspruch, der in (4) behauptet wird. Daß dieser Übergang nicht legitim ist, hat schon der Zeitgenosse Anselms, Gaunilo, ganz klar gesehen (Ebd. S. 141). Er sagt: Auch wenn man das Vorhandensein dieses Begriffs im Verstand zugibt *(si esse dicendum est in intellectu)*, so kann von hier aus die reale Existenz in keiner Weise gewonnen werden *(per hoc esse quoque in re non potest ullatenus obtinere)*. Wer sagt, daß die reale Existenz zum Begriff dessen gehören muß, »über das hinaus nichts Größeres gedacht werden kann«, da es sonst nicht das wäre »über das hinaus nichts Größeres gedacht werden kann« *(quod qui esse dicit hoc quod maius omnibus aliter non erit omnibus maior)*, der gibt nicht genügend acht *(non satis attendit)*, daß durch die Behauptung der realen Existenz dessen, »über das hinaus nichts Größeres gedacht werden kann«, dieses keineswegs zu etwas Größerem wird *(nego vel dubito ulla re vera esse maius illud)*. Mit anderen Worten: Die Behauptung der *Existenz* fügt dem *Begriff* nichts hinzu. Gaunilo bringt dazu das bekannte Beispiel des Begriffs einer Insel mit idealen Lebensbedingungen, aus dem aber nichts über die reale Existenz der Insel folgt (Ebd. S. 141 f.).

Auch Thomas von Aquin hat sich mit diesem Argument befaßt und es prinzipiell in der gleichen Weise wie Gaunilo kritisiert. Thomas läßt jedoch gelten, daß das Nomen »Gott« »etwas, über das hinaus Größeres nicht gedacht werden kann« bezeichnet *(significat)*. Interessant ist dabei eine kleine, aber nicht unwesentliche Modifikation der Form des Ausgangssatzes des Arguments: Während der Text Anselms es nahelegt, »Gott« als Eigennamen zu verstehen, ist »Gott« bei Thomas von Aquin deutlich als Allgemeinbegriff *(nomen)* gekennzeichnet. Nimmt man es genau, so bedeutet dies, daß hier noch ein weiterer Beweisschritt hinzugefügt werden müßte, durch den bewiesen wird, daß es nur ein einziges Individuum geben kann, das mit diesem Nomen bezeichnet wird, d. h.: »Gott« bezeichnet eine Klasse, die jedoch nur ein einziges Individuum enthält. Nachdem Thomas also diese Kennzeichnung (oder dieses Prädikat?) für »Gott« als gültig anerkannt hat, fügt er allerdings – nun gegen Anselms Beweis gerichtet – hinzu:

Dennoch folgt deshalb nicht, daß er einsieht *(intelligat)*, daß das, was durch dieses Nomen bezeichnet wird *(significatur)*, in der Natur der Dinge existiere *(esse in rerum natura)*, sondern nur im Erfassen des Geistes *(sed in apprehensione intellectus tantum)*. (STh I q. 2, ad 2. Übers. v. F. S.)

Auch Kant sagt eigentlich gar nichts anderes als das, was schon Gaunilo gesagt hatte:

Sein ist offenbar kein reales Prädikat, d. i. ein Begriff von irgend etwas, was zu dem Begriffe eines Dinges hinzukommen könne. Es ist bloß die Position eines Dinges oder gewisser Bestimmungen an sich selbst. (*Kritik der reinen Vernunft*. B 626)

Wenn ich also ein Ding, durch welche und wie viel Prädikate ich will (selbst in der durchgängigen Bestimmung) denke, so kommt dadurch, daß ich noch hinzusetzte, dieses Ding *ist*, nicht das mindeste zu dem Dinge hinzu. (Ebd. B 628)

Die abschließende Kritik Kants lautet daher:

Der Begriff eines höchsten Wesens ist eine in mancher Absicht sehr nützliche Idee; sie ist aber eben darum, weil sie bloße Idee ist, ganz unfähig, um vermittels ihrer allein unsere Erkenntnis in Ansehung dessen, was existiert, zu erweitern. (Ebd. B 629).

Auch Kant hat ein passendes Beispiel, allerdings eines, das genommen ist aus einer Welt, die nicht mehr auf der Suche nach der idealen Insel, sondern auf der nach Geld ist:

Und so enthält das Wirkliche nichts mehr als das bloß Mögliche. Hundert wirkliche Taler enthalten nicht das mindeste mehr, als hundert mögliche. (Ebd. B 627)

Kant, dem man manchmal nicht viel Humor zutraut, hat für den ontologischen Gottesbeweis – bei dem er sich auf Descartes und nicht auf Anselm bezieht, was aber sachlich keinen Unterschied macht – nur folgende Schlußbemerkung übrig:

Es ist also an dem so berühmten ontologischen (Cartesianischen) Beweise, vom Dasein eines höchsten Wesens, aus Begriffen, alle Mühe und Arbeit verloren, und ein Mensch möchte wohl ebensowenig aus bloßen Ideen an Einsicht reicher werden, als ein Kaufmann an Vermögen, wenn er, um seinen Zustand zu verbessern, seinem Kassenbestande einige Nullen anhängen wollte. (Ebd. B 630)

Gaunilo, Thomas von Aquin und Kant haben zu diesem Punkt alles gesagt, was zu sagen ist, und ihre Kritik ist für den Beweis Anselms, falls es ein Beweis sein soll, tatsächlich vernichtend. Logiker unserer Gegenwart sind zu genau demselben Ergebnis gelangt. Eine historische Frage bleibt dabei allerdings unbeantwortet. Der entscheidende Einwand Gaunilos, Kants und der modernen Logiker gegen Anselms Argument liegt darin, daß aus einem als möglich gedachten Begriff keine Existenzaussage abgeleitet werden kann. Anselm ging aber auf diesen Einwand Gaunilos gar nicht ein, hat er ihn etwa nicht verstanden? Dies scheint unmöglich, da er im Kap. IX von *De Grammatico* selbst als Einwand – im Zusammenhang einer anderen Frage – formuliert, daß mit der Frage, ob ein Ding etwas sein könne *(utrum possit esse)* noch | 169
nichts über die Existenz ausgesagt ist *(utrum sit)*, so daß für letzeres ein eigener Beweis gefordert wird. Eigentlich sagt er dies auch im oben angeführten Zitat aus dem II. Kapitel des *Proslogion* selbst, wenn er darauf hinweist, daß die Einsicht, daß ein Ding im Verstande ist, und die Einsicht, daß das Ding existiert, etwas Verschiedenes seien. Man könnte hier an den Ausweg denken, der Begriff »Gott« sei von allen anderen Begriffen so verschieden, daß auf ihn diese Logik nicht angewendet werden kann (vgl. weiter unten Hegel). Aber: Bei Anselm findet sich nicht der geringste Hinweis darauf, daß er an einen solchen Ausweg gedacht hat, und ein solcher widerspricht eigentlich auch seinen Vorstellungen von Rationalität. Wenn er also auf den diesbezüglichen Einwand nicht geantwortet hat, muß man annehmen, daß er sich durch die darauf beruhende Kritik Gaunilos gar nicht getroffen fühlte, denn schließlich hat er selbst diese Kritik mit seiner eigenen Antwort veröffentlicht. Dann aber ist zu vermuten, daß er das Argument nicht, oder jedenfalls nicht nur so aufgefaßt wissen wollte, wie es im sogenannten ontologischen Gottesbeweis normalerweise formuliert wird. Darauf wird gleich noch zurückzukommen sein.

Es soll hier noch der Vollständigkeit halber angefügt werden, daß dennoch einige, wenn auch wenige, Philosophen gemeint haben, daß nicht Gaunilo, Thomas von Aquin und Kant, sondern Anselm recht gehabt hat. Der prominenteste dieser wenigen ist Hegel, der die These vertritt, daß der ontologische Beweis Anselms »allein der wahrhafte ist« (*Ausführung des ontologischen Beweises in den Vorlesungen über Religionsphilosophie vom Jahre 1831*. Hamburg 1966. S. 172). Hegel konnte diese Auffassung nur vertreten, weil er meinte, nachweisen zu können, daß Begriff und Sein eben nicht in jener Beziehung stehen, wie Kant dies annahm, sondern in einer realen Beziehung. Und so meinte Hegel, einen grundsätzlichen Mangel im Denken Kants aufzudecken, der sich genau an diesem Punkt des ontologischen Gottesbeweises zeigen muß:

Wenn Kant sagt, man könne aus dem Begriff die Realität nicht herausklauben, so ist da der Begriff als endlich gefaßt. Das Endliche ist aber dies sich selbst Aufhebende, und indem wir so den Begriff als getrennt vom Sein hatten betrachten sollen, hatten wir eben die Beziehung auf sich, die das Sein ist an ihm selber. (Ebd. S. 175)

Nach Hegel ist der Begriff schon ewig die Tätigkeit, das Sein identisch mit sich zu setzen. Der abstrakte Begriff ist nur subjektiv, und somit einseitig, der Begriff des Unendlichen hebt aber in sich diese Einseitigkeit auf und wird so objektiv. Und daher lautet die Interpretation des Anselmschen Arguments dann bei Hegel:

In der Form des Beweises, wie ihn Anselm gibt, besteht die Unendlichkeit eben darin, nicht ein Einseitiges zu sein, ein bloß Subjektives, dem nicht das Sein zukäme. Der Verstand hält Sein und Begriff streng auseinander, jedes als identisch mit sich; aber schon nach der gewöhnlichen Vorstellung ist der Begriff ohne Sein ein Einseitiges und Unwahres, und ebenso das Sein, in dem kein Begriff ist, das begrifflose Sein. Dieser Gegensatz, der in die Endlichkeit fällt, kann bei dem Unendlichen, Gott, gar nicht statthaben. (Ebd. S. 174)

Die Identität von Sein und Begriff wird dann auf der Ebene der Vernunft erreicht. Auch hier wird also wieder die Verstand-Vernunft-Dichotomie relevant; wo »Vernunft« ist, da ist dann »Offenbarung« (Ebd. S. 176), und alles Spekulative ist dem Verstand ein »Mysterium« (Ebd. S. 177). Um dies richtig verstehen zu können bzw. verstehen zu können, warum man es nicht verstehen kann, müßte man ausführlich Hegel studieren. Seine Grundvoraussetzung ist, daß die spekulative Vernunft gerade darin besteht, die Beschränkungen, also die Negationen des Verstandes, aufzuheben und so seine Endlichkeit zu überwinden. Damit wäre auch die auf der Ebene des Verstandes bestehende Beschränkung der Trennung von Begriff und Sein überwunden und die selbst unendliche Vernunft könnte und müßte dann begreifen, daß dem Unendlichen Existenz zukommt.

Wer nun kein Hegelianer ist und sich somit nicht als Moment der unendlichen Vernunft begreift, muß bei Gaunilo stehenbleiben, der den endlichen Verstand verteidigt. Für ihn ist der Weg vom Begriff zur Existenz nicht gangbar, und er meint sogar, gute Gründe dafür zu haben (so wie Kant und die Logiker der Gegenwart). Ob nun jemand die Existenz Gottes annimmt oder nicht (Gaunilo war ein gläubiger Mönch) ist eine Frage, die hier nicht zur Diskussion steht. Die Existenz des Unendlichen aus seinem Begriff heraus zu begreifen ist aber dem, der die Endlichkeit, also die Grenzen der Vernunft, akzeptiert, unmöglich. Er muß dann allerdings in Kauf nehmen, vom Hegelianer als Tor und damit als beschränkt angesehen zu werden. Dies kann er allerdings mit bescheidener Fassung tragen.

Der zweite Kritikpunkt setzt bei dem Ausdruck *id quo maius cogitari nequit* an. Die Frage ist, ob dies überhaupt ein nicht-widersprüchlicher Begriff ist. Schon Leibniz hatte gegenüber der Form des sogenannten ontologischen Gottesbeweises bei Anselm und bei Descartes *(5. Meditation)* festgestellt, daß die Idee Gottes nicht ausreicht und daß Klarheit und Deutlichkeit der Ideen nur ein subjektives Kriterium darstellen, was wir brauchen, ist jedoch ein objektives Kriterium der Möglichkeit des Begriffes Gottes, welches nach der Auffassung von Leibniz darin liegt, daß nachgewiesen wird, daß im Begriff Gottes kein Widerspruch ist (*Monadologie* § 44 und 45; vgl. auch: *Sämtliche Briefe und Schriften* VI, 4. S. 1617, 1–9). Die Frage des Nachweises der Widerspruchsfreiheit des Ausdrucks »etwas, über das hinaus Größeres nicht gedacht werden kann« hat auch Logiker der Gegenwart zu genauen Analysen angeregt, und es scheint sich herausgestellt zu haben, daß bei diesem Ausdruck Parallelen zu bekannten Antinomien der Mengenlehre vorliegen (Vuillemin 1971). Auf die Problematik, daß dieser Ausdruck nicht genügend geklärt ist, hat auch wiederum schon Gaunilo hingewiesen, wenn er zwischen dem Hören eines Wortes *(auditum, secundum vocem)* und seinem Verstehen unterscheidet (*Proslogion.* S. 139 f.). Gaunilo geht dieser Frage nicht weiter
nach. Was aber hatte er oder jemand anderer zu seiner Zeit zur Verfügung, wenn er dieser Frage nachgehen wollte? Einzig die *Decem categoriae* oder vielleicht schon die *Kategorien* des Aristoteles. Bei dem Wort *maius* zog man vermutlich die Kategorien der Quantität und der Relation heran, und dazu konnte man bei Aristoteles nachlesen:

> So wird dem Größeren das, was es ist, im Vergleich zu einem anderen beigelegt: es heißt größer als ein anderes. (*Kategorien* VII, 6a 37–39)

Ein Ding kann also größer als ein anderes sein, und die Quantität eines Dinges muß meßbar sein. Damit aber ist zu jedem Ding, das eine Quantität hat, ein Ding denkbar, das größer ist als dieses, so wie zu jeder (natürlichen) Zahl eine weitere um eins höhere denkbar ist. Für einen Gaunilo mußte ein Ausdruck wie *aliquid quo maius cogitari nequit* als einer vorkommen, mit dem er verständlicherweise keine Kategorie in Verbindung bringen konnte, und der ihm daher nicht recht verständlich erschien. Er selbst führt dann auch eine recht gegenständlich gedachte und ganz und gar nicht antinomien-verdächtige Neuformulierung ein, wenn er von *aliquid omnibus maius* spricht (*Proslogion.* S. 140). Stellt man sich nämlich alle real existierenden Dinge vor, so ist irgendeines im Vergleich zu allen anderen eben das größte, und dieses ist dann das Größte von allen. Das aber ist eben keine Frage eines Begriffs, sondern eine der real existierenden Dinge.

Die Frage ist aber, ob nicht sowohl Gaunilo als auch die modernen Mengentheoretiker an der Intention Anselms vorbeigehen, oder wiederum modern gesprochen:

ob sie nicht die Sprache Anselms falsch interpretieren. Auch dieses Problem ist seit langem bekannt: K. Barth hatte das Argument in einen ausschließlich theologischen Zusammenhang stellen wollen, F. S. Schmitt, der Herausgeber der kritischen Anselm-Ausgabe, hat hingegen auf einen Doppelcharakter hingewiesen, wenn er vom *Proslogion* als von »Spekulation im Gebetskleid« spricht (*Proslogion*. Einleitung. S. 31). Aufgrund der von Eadmer berichteten Entstehungsgeschichte (PL 158, Sp. 63) kommt er allerdings zu dem Ergebnis: »Spekulation und Gebet ineinander verwoben. Das erste Element ist dem Ziel und der Zeit nach das Ursprüngliche, das andere wurde diesem gleichsam aufgepflanzt und mit ihm zu einem organischen Ganzen verwoben.« (*Proslogion*. Einleitung. S. 33) Damit wäre gerechtfertigt, bei dem besprochenen Text von einem – geglückten oder nicht geglückten – Beweis zu sprechen. An dieser Auffassung sind aber doch Zweifel aufgekommen, die sich an die Philosophie des späteren Wittgenstein und an die in deren Folge entwickelte Sprechakttheorie J. L. Austins anschließen (vgl. Wimmer 1991). Austin unterscheidet zwei Grundkategorien von Sprechakten: performative und konstatierende. Konstatierende Äußerungen sind behauptend und beschreibend, z. B.: »Die Katze liegt auf der Matratze«; performative Äußerungen hingegen haben Handlungscharakter, z. B.: »Ich verspreche dir, zu kommen«. Konstatierende Äußerungen sind wahr oder falsch, performative Äußerungen sind geglückt oder mißglückt (vgl. J. L. Austin: *How to Do Things with Words*. London 1962). Ein Problem der Unterscheidung liegt allerdings darin, daß es nicht immer – wie bei den beiden eben genannten Beispielsätzen – möglich ist, aus der sprachlichen Form allein zu entscheiden, zu welcher Gruppe eine Äußerung gehört. Ein und dieselbe Äußerung kann einmal das eine, einmal das andere und schließlich auch beides zugleich sein. Wenn ich sage: »Der See ist tief«, kann dies eine konstatierende Äußerung sein, ich kann dies aber – was ich in geschriebener Form vielleicht durch ein Ausrufezeichen verdeutliche – auch als Warnung an einen Nichtschwimmer einsetzen, und bei der Warnung ist wiederum auch eine konstatierende Äußerung mitgegeben. Die Warnung muß jedoch auch dann als geglückt angesehen werden, wenn der Gewarnte nun tatsächlich nicht ins Wasser geht, selbst wenn die Äußerung als konstatierende falsch ist, d. h. wenn der See gar nicht tief ist. Wenden wir dies auf den Anselm-Text an. Aufschlußreich ist der von mir kursivierte Beginn des Textes, in dem erstmals von dem, »über dem [besser: über das hinaus] nichts Größeres gedacht werden kann«, die Rede ist. Dies ist deutlich in einer *Anrede* gebraucht, und schließlich bedeutet ja der Titel der Schrift, *Proslogion*, selbst schon »Anrede«. Austin nennt performative Sprechhandlungen »illokutionäre« Akte, von »inter-locutionary« (eine Rede zwischen zweien oder mehreren), und eine Anrede ist eben eine solche Sprechhandlung. Es gibt daher in Hinsicht auf den Anselm-Text zwei Möglichkeiten: Entweder es handelt sich dabei nur um eine performative Äußerung, also um ein Gebet, oder es handelt sich um eine performative Äußerung, die in ihrem letzten Teil auch eine konstatierende ist, die also wahr oder falsch sein kann.

In diesem letzteren Fall wäre die konstatierende Äußerung Anselms – mit Gaunilo und Kant – falsch, womit aber nichts darüber gesagt wäre, ob sie als performative geglückt oder nicht geglückt ist. Ein Patient, der den Chefarzt als »Herr Professor« anspricht, um sein Vertrauen in die ärztliche Kunst seines Arztes auszudrücken, vollzieht einen gelungenen Sprechakt auch dann, wenn der Chefarzt gar nicht Professor ist und die Äußerung als konstatierende somit falsch ist. Daß die Äußerung als performative geglückt ist, wird sich vielleicht darin zeigen, daß der Arzt sich dann besonders anstrengt, um diese (falsche) Bezeichnung zu rechtfertigen. Bis auf weiteres vermute ich, daß bei Anselm eine *falsche konstatierende Äußerung* zusammen mit einer *geglückten performativen Äußerung* vorliegt. Wenn dies zutrifft, so findet man im *Proslogion* weitere Aussagen, die das »über das hinaus nichts Größeres gedacht werden kann« entsprechend interpretieren, z. B.:

Jetzt, meine Seele, wecke und richte auf deinen ganzen Verstand und denke nach, soweit du es vermagst, von welcher Art und Größe dieses Gut ist. Denn wenn die einzelnen Güter köstlich sind, denk eifrig nach, wie köstlich das Gut ist, das die Köstlichkeit aller Güter in sich schließt; und nicht so, wie wir sie in den geschaffenen Dingen erfahren haben, sondern so verschieden, wie der Schöpfer vom Geschöpf sich unterscheidet. (*Proslogion*. Kap. XXIV. S. 125)

Anselm spricht hier von einem »köstlichen Gut« *(bonum delectabile)*, also von etwas, das ganz und gar nicht zu der Kategorie der Quantität paßt. Auch an einer anderen Stelle setzt Anselm an Stelle des »größer« *(maius)* den qualitativen Ausdruck »besser« (*melius* [Ebd. Kap. III. S. 86]). Sogar wirklich antinomische Sätze, in denen die bekannte Formulierung nochmals »überstiegen« wird, könnten als performative Äußerungen, also etwa als hymnische Lobpreisung, durchaus sinnvoll sein:

Herr, Du bist also nicht nur, über dem Größeres nicht gedacht werden kann, sondern bist etwas Größeres, als gedacht werden kann *(quiddam maius quam cogitari possit)*. Weil nämlich etwas derartiges gedacht werden kann *(quoniam namque valet cogitari esse aliquid huiusmodi)*: wenn Du das nicht bist, kann etwas Größeres als Du gedacht werden, was nicht geschehen kann. (Ebd. Kap. XV. S. 111)

Das Argument Anselms wird also vermutlich noch weiter Stoff für Diskussionen bieten. Abschließend sei aber gesagt, daß die Aufmerksamkeit, die dieses Argument in der Diskussion von Descartes über Leibniz, Kant, Hegel bis zu dem berühmten Mathematiker und Beweistheorethiker Kurt Gödel (1906–1978) zu Recht erhalten hat, nicht mit der Bedeutung verwechselt werden darf, die es für die Philosophie Anselms selbst und für die weitere mittelalterliche Philosophie gehabt hat. In Hinsicht auf diesen größeren Zusammenhang ist das Argument nicht nur nicht zentral, sondern sogar entbehrlich.

- VII -

Abaelard

1. Die städtische Kultur des 12. Jahrhunderts

Der Übergang von Anselm zu Abaelard (1079–1142) kennzeichnet einen gesellschaftlichen und kulturgeschichtlichen Wandel. Bis zum Ende des 11. Jhd.s waren die oder wenigstens einige Benediktinerabteien die Zentren gewesen, in denen philosophische Fragen auf Interesse stoßen konnten. Der prägende gesellschaftliche Rahmen war das *Kloster* gewesen mit der der damaligen Mentalität der Mönche entsprechenden *meditativen Kultur*. In dieser meditativen Kultur war das Streben nach Einfachheit ein kennzeichnendes Element, und dies bedeutete, bei aller logischen Strenge, eben auch Einfachheit des Gedankens und der Gedankenführung. Die Schriften Anselms sind das beste Beispiel für eine solche Denkweise. Solche meditative Philosophie war, wie es der Titel einer Schrift Anselms zum Ausdruck bringt, ein *Monologion* auch dann, wenn es in Dialogform dargeboten wurde. Es war ein Gespräch der nachdenkenden Seele mit sich selbst oder in andächtigem Gespräch mit Gott. Philosophische Meditation war kein Beruf, sondern eine Berufung. Sicher gab es auch in diesem Rahmen Lehrer, wie Lanfrank und Anselm solche gewesen waren, aber Philosophie gehörte nicht zu irgendeiner Berufsausbildung, sondern zur *Selbstvervollkommnung*. So mancher Lehrer gab das Lehren auf und zog sich zur wortlosen Meditation zurück. Es gab im 11. Jhd. immer wieder bekannte und bedeutende Magistri, die, manchmal schon in jungen Jahren, ihre Lehrtätigkeit aufgaben, um sich in die Einsamkeit einer Einsiedelei oder in die Abgeschiedenheit einer Abtei zurückzuziehen. Petrus Damiani, dem wir schon begegnet sind, stellt hier keineswegs eine Ausnahme dar. So verließ z. B. 1056 der Magister Herimann, Leiter der berühmten Kathedralschule von Reims, seine Stellung, um sich ganz der Meditation zu widmen. Sein Nachfolger wurde Bruno (um 1030–1101), der mehr als zwanzig Jahre lang als geschätzter Lehrer das auch sehr einträgliche Amt des Domscholasters innehatte. Auch er aber zog sich etwa 1081 zurück und wurde zum Gründer der extrem von der Welt abgesonderten und auch voneinander fast gänzlich getrennt lebenden Kartäuser. 1092 verließ Odo, der Domscholaster von Tournay, die Welt und widmete sich dem monastischen Leben. Die Lehrer des 12. Jhd.s hingegen leben in der Welt, genauer gesagt dort, wo das weltliche Leben am deutlichsten zum Ausdruck kommt: in der *Stadt*. Ihnen geht es nicht um die Vervollkommnung der Seele, sondern hauptsächlich um die *Vervollkommnung der Argumente*, um deren Exaktheit.

Die Bürger der Städte, die sich in Berufsgruppen, sogenannte Zünfte, zusammenschlossen, mußten sich ihre *Rechte* gegenüber den geistlichen oder weltlichen Stadtherren häufig erst *erkämpfen*. Eine besondere Neuerung, die allerdings hauptsächlich die italienischen Städte betrifft, waren die *Amtsträger auf Zeit*, die nach Ablauf ihrer Amtszeit Rechenschaft ablegen mußten. Auch die neuen, in dieser Periode entstehenden Orden werden in ihren Organisationsformen auf solche Amtsträger auf Zeit mit Verpflichtung zur Rechenschaftsablegung setzen, und ähnlich wird es in den neugegründeten Universitäten fast durchgehend nur Professoren auf Zeit geben.

Im 12. Jhd. änderte sich das Publikum der philosophisch Interessierten, es veränderte sich die philosophische Kultur und es änderte sich damit auch die Stellung des Lehrers der Philosophie, und nicht zuletzt änderte sich auch der Ort, an dem Philosophie betrieben wurde. Die schon im 11. Jhd. begonnene Verbesserung der wirtschaftlichen Situation der Städte setzte sich im 12. Jhd. fort. In den Städten erhielten Handwerk und Handel große Bedeutung, und damit wuchsen die städtischen Handelszentren. Daraus ergaben sich Konsequenzen in verschiedenster Richtung.
Zunächst brachte diese Entwicklung mit sich, daß die städtischen Bischofssitze gegenüber den im ländlichen Raum angesiedelten Benediktinerabteien an Bedeutung gewannen. Dies zeigt sich schon im äußeren Bild: Die das Stadtbild an vielen Orten bis heute prägende Kirche ist die Kathedralkirche. Die gotische Kathedrale ist ein städtisches Phänomen, obwohl sie im monastischen Bereich, nämlich in St. Denis, begonnen hat. Mit der Kathedrale ist an vielen Orten die *Kathedralschule* verbunden. Die Lehrer, die dort tätig sind, werden häufig von auswärts angeworben, es entsteht Konkurrenz, und die Lehrer werden von den Bischöfen mit entsprechenden Pfründen versehen. Die *Lehrtätigkeit* ist zu einem *Beruf* geworden, mit dem eine gesellschaftlich definierte Stellung und ein entsprechendes Einkommen verbunden ist.

In der differenzierteren, arbeitsteiligen Welt der Städte erhielt Bildung ökonomischen Wert. Man benötigte im kirchlichen wie im staatlichen Bereich Fachleute für die Verwaltung, und das hieß: Rechtskundige. Auch an den Klerus wurden höhere Anforderungen als bisher gestellt. Dies galt vor allem für die am Bischofssitz tätigen Kleriker, jene auf dem Land blieben so ungebildet wie bisher. Die verschiedenen Bereiche der Bildung erforderten eine Grundlage, und diese wurde vom Unterricht der sieben Freien Künste erwartet. Wer diese Kenntnisse besaß, konnte sich bei weiterer Fortbildung gute Berufschancen ausrechnen, aber es galt auch, sich gegen Konkurrenten durchzusetzen, ganz ähnlich wie im Bereich des städtischen Handels. Die Schulen, in denen solche Studenten ausgebildet wurden, entwickelten mit einer gewissen Selbstverständlichkeit eine *Streitkultur*. Die schon traditionell hervorgehobene Stellung der Logik mußte sich in dieser Umgebung noch verstärken. Mit der Logik wurde beansprucht, zwischen wahr und falsch, zwischen gültigen und ungültigen Folgerungen usw. zu unterscheiden, und somit lieferte sie bei Diskussionen Kriterien dafür, wer der Gewinner und wer der Verlierer war. Es war in diesen Schulen gewiß ein unruhigeres Publikum anwesend als dies in den Abteien der Fall gewesen war, und die Fragen, die gestellt wurden, erhielten eine größere Schärfe in logischer wie in »existentieller« Hinsicht. Die Instrumente der Analyse mußten geschärft, ihr Gebrauch mußte geübt werden. Hier konnte sich die Logik über einen unmittelbar philosophischen Anwendungsbereich hinaus entwickeln.

Es wäre jedoch zu wenig, wollte man hier nur städtische Streitkultur am Werk sehen. Fragen, die im 11. Jhd. noch auf einige wenige Gruppen beschränkt waren, die nur in diesem begrenzten Umkreis diskutiert wurden und häufig rasch wieder beiseite gelegt werden konnten, wurden nun in etwas breiter gestreuten Kreisen diskutiert, wenngleich diese immer noch, auf das Ganze der Gesellschaft gesehen, eine kleine Minderheit bildeten. Dies betraf z. B. die Frage des Verhältnisses des Christentums zu anderen Gesellschaften oder gesellschaftlichen Gruppen. Die Frage der Verhältnisbestimmung von Christentum und heidnischer Philosophie blieb auf der Tagesordnung, aber auch die Frage des Verhältnisses zu den Juden trat deutlicher ins Bewußtsein. Seit der Wiederbelebung der Städte spielten die Juden dort wieder ein größere Rolle, da sie über Handelsbeziehungen weit über den christlichen Bereich hinaus verfügten. Gilbert Crispin (um 1045–1117), ein Schüler und Freund Anselms, der schließlich Abt von Westminster wurde, hatte eine *Disputatio Judei et Christiani* verfaßt. Bei Abaelard wird der Gesprächskreis um einen Philosophen erweitert, und dafür verfaßte Abaelard einen *Dialog eines Philosophen mit einem Juden und einem Christen.* Im 11. Jhd. konnte es noch als »Lösung« vorgetragen werden, daß (historisch korrekt) die antike Philosophie (soweit man sie kannte) in wichtigen Punkten nicht mit dem Christentum übereinstimmte, weshalb man sich nicht mit der heidnischen Philosophie zu befassen brauche. Jetzt im 12. Jhd. wurde deutlich, daß diese Frage auch anders bzw. umgekehrt beantwortet werden könnte, nämlich so, daß man sich mit der heidnischen Philosophie befaßte und sich um das Christentum nicht zu kümmern brauche, eine Position, die natürlich in dieser Schärfe nicht ausdrücklich ausgesprochen wurde. Aber immerhin läßt Abaelard seinen Philosophen auf die Frage, wie das Glück definiert werde, sagen:

Glücklich nennen sie den gewissermaßen gut Angepaßten, d. h. den, der sich in allen Lagen gut und geschickt verhält, so daß es offenbar dasselbe bedeutet, glücklich zu sein, wie an guten Sitten, d. h. an Tugenden, reich zu sein. (*Gespräch eines Philosophen, eines Juden und eines Christen.* S. 131)

Worauf der Christ natürlich fragt, ob denn die Philosophen keinen Wert auf die Unsterblichkeit der Seele und auf das Glück des künftigen Lebens legen, wo sie den Lohn für ihre Verdienste erlangen. Der Philosoph antwortet verbindlich, kann aber offensichtlich mit der Frage nicht allzuviel anfangen: »Doch gewiß, aber was folgt daraus?« (Ebd.) Dies ist vermutlich nicht nur literarische Fiktion. Man kannte die offiziellen kirchlichen Antworten und bestritt sie nicht, zumindesten nicht öffentlich, aber manche bezweifelten die Relevanz dieser Antworten und wandten sich Texten der »heidnischen« Philosophie zu. Wie wir noch sehen werden, wurden auch weiterhin Versuche der Harmonisierung von Christentum und heidnischer – d. h. hier platonischer – Philosophie unternommen. Auch Abaelard beteiligte sich in gewisser Hinsicht in seiner *Theologia summi boni* an solchen Versuchen. In diesem intellektuellen Klima wurde aber eben auch die Frage lebendig, ob die heidnischen Philosophen nicht weit mehr zu sagen wußten, als bisher bekannt war. Die dann im 12. Jhd. einsetzende Rezeption griechischer Philosophie war also keineswegs ein Ereignis, das über das Denken der lateinischen Philosophen hereinbrach, sondern war eine Entwicklung, die von den wachesten und unruhigsten Intellektuellen des 12. Jhd.s hervorgerufen wurde. Darauf wird noch zurückzukommen sein.

Nicht alle begrüßten diese Entwicklungen, Vertreter der Erneuerung des monastischen Ideals standen dieser städtischen Kultur sogar recht feindlich gegenüber. Die Zisterzienser gründeten ihre Klöster bewußt in den Wäldern, weit ab von allen Städten. Der schriftstellerisch und politisch bedeutsamste Vertreter der Zisterzienser war Bernhard von Clairvaux (1090–1153), der zwar selbst sehr streitsam war, der aber für die Vertreter der Disputierkunst gar nichts übrig hatte. Hinter der Auseinandersetzung zwischen Bernhard von Clairvaux und Abaelard steht letztlich auch eine Auseinandersetzung zwischen einem radikalisiert weltabgewandten Mönchtum (Zisterzienser) und einer städtischen Bildungskultur (Pariser Schulen).

Die Zentren der Bildung lagen vor allem im Norden Frankreichs (Chartres, Laon), aber schon bald erhielt Paris einen eindeutigen Vorrang. Die Studenten zogen jeweils dort hin, wo ein berühmter Lehrer sie anzog, und zwischen den einzelnen Schulen spielte sich infolgedessen ein harter Konkurrenzkampf ab. Schulen versuchten anderen Schulen die besten Lehrer abzuwerben, und attraktive Lehrer wiederum nahmen ihren Konkurrenten die Studenten weg. Was Abaelard in seiner – in ihrer Authentizität bis heute umstrittenen – Autobiographie von sich berichtet, galt wohl von vielen seiner Studienkollegen:

Von der ganzen Philosophie sagte mir die Logik am meisten zu: für ihre Waffen gab ich die Ritterwaffen dahin, um nur noch im Geistesturnier Ringe zu stechen. Zum Studium der Logik zog ich überall hin, wo man mir Hauptsitze dieser Wissenschaft rühmte, und wurde so ein Wanderphilosoph im Sinn des Altertums. Schließlich kam ich auch nach Paris, dem alten Mittelpunkt der logischen Studien. (*Leidensgeschichte*. S. 9 f.)

Abaelard sagt also selbst, daß Paris schon zu dem Zeitpunkt, an dem er dorthin kam, also um den Beginn des 12. Jhd.s, ein Mittelpunkt der logischen Studien war, und dies bedeutet, daß Abaelard keineswegs der einzige bedeutende Magister dieser Disziplin seiner Zeit und seine Schule keineswegs die einzige dieser Art war. Abaelard stellt für die Logik seiner Zeit nicht den Beginn, sondern den Höhepunkt dar, bzw. den Höhepunkt jener Periode, die vor dem Bekanntwerden der übrigen Texte des Aristoteles liegt – also der *logica vetus*. Eine bedeutende Schule in Paris war z. B. die der Parvipontani, genannt vermutlich nach dem Petit Pont. Ihr Leiter war der Engländer Adam von Balsham (gest. vor 1159), von dem uns mit der *Ars disserendi* ein Lehrbuch überliefert ist, welches als erstes in seinem Aufbau nicht dem überlieferten aristotelischen Schema folgt, das weithin auch bei Abaelard noch maßgebend ist. Der *Streit der Schulen* in Paris muß zu dieser Zeit sehr rege gewesen sein. Durch die recht große Anzahl von erhaltenen Texten (vgl. vor allem die von de Rijk in der *Logica modernorum* edierten Traktate) können wir uns ein gutes Bild von den Diskussionen machen, und mit Johannes von Salisbury (1115/1120–1180), der in Paris studiert hatte, haben wir einen sehr aufmerksamen Zeitzeugen vor uns. In seiner 1159 fertiggestellten Schrift *Metalogicon (Über die Logik)* liefert er anschauliche Beobachtungen der damals in Paris geführten Diskussionen. Johannes von Salisbury, der nie selbst Magister war, verteidigt in dieser Thomas Becket gewidmeten Schrift die Logik und empfiehlt ihr Studium nachdrücklich für die Beamten der königlichen Kanzlei in

England. Er war also durchaus ein Verteidiger des Triviums, macht aber auch kein Geheimnis daraus, daß ihm bei seinen früheren Studien in Paris nicht alles gefiel: Das Streben der Pariser Logik-Magistri nach »Modernität« tadelt er ausdrücklich, was aber eben ein Zeichen dafür ist, daß dieses Streben für den Beobachter auffällig war. Für ihn war vieles, was sich hier abspielte »eitles Zeug« *(nugae)*. In dem Gedicht *Entheticus* schreibt er:

> Früher einmal fand alles, was die Vorfahren gut gesagt hatten, Gefallen,
> Heutzutage finden einzig die Neuheiten Gefallen. [...]
> Diese Schule kümmert sich nicht darum, was das Maß und was die Ordnung ist,
> Welchen Weg der Lehrer und der Schüler verfolgt. [...]
> Wer sich mit den [alten] Texten und den Künsten beschäftigt, disputiert kraftlos,
> Denn ein Anhänger der Früheren *(veterum fautor)* kann nicht Logiker sein. [...]
> Man lobt nur Aristoteles und verachtet Cicero
> Und all das, was das besiegte Griechenland den Latiern [Römern] gegeben hatte.
> Man verachtet das Recht, schätzt die Physik gering, setzt alle Literatur herab,
> nur die Logik findet Beifall *(logica sola placet)*.
> Gleichwohl findet sie nicht deshalb Gefallen, damit jemand sich abmüht, sie zu kennen,
> Das ist schon ausreichend, daß jemand für einen Logiker gehalten wird *(Si quis credatur logicus, hoc satis est)*.
> (*Entheticus* v. 59–60, 63–64, 93–94, 113–118. Übers. v. F. S.)

Die Begeisterung für die Logik und ihre ständigen Neuentwicklungen müssen für den an Bildung Interessierten im Paris des 12. Jhd.s ein tatsächlich auffallendes Phänomen gewesen sein. Johannes von Salisbury, ein praktisch und politisch interessierter Mann (vgl. Kap. VIII, 5), tadelt diese logische Monokultur: Alle reden nur über Logik, alle anderen Bereiche wie z. B. Ethik oder Physik werden geradezu verachtet *(omnia preter logicam dedignantur* [*Metalogicon* II, 6]). Manche kamen überhaupt nicht zur Beschäftigung mit anderen Disziplinen und blieben ihr ganzes Leben lang einzig bei der Logik (Ebd. II, 7). In der Logik nicht auf der Höhe zu sein, führte sogar zu Gesundheitsstörungen. Abaelard hatte seinen Lehrer Wilhelm von Champeaux in Gegenwart vieler Schüler in den Schatten gestellt, und eine eigene Schule gegründet. Die Folgen für seinen Lehrer waren aus der Sicht Abaelards:

Ich leitete das logische Studium noch gar nicht lange, als Wilhelm vor Neid geradezu krank wurde und sich in seinem Schmerz unsagbar verzehrte. Lange hielt er es nicht aus, sein Mißgeschick brannte ihn zu sehr, und so machte er sich mit List und Tücke daran, mich auch jetzt wieder aus dem Sattel zu heben. (*Leidensgeschichte*. S. 12)

Schließlich blieb Wilhelm von Champeaux nach einem kurzen Comeback nichts anderes übrig, als ins Kloster zu gehen, »da er sich von dieser Welt mit ihrem Glanz nichts mehr versprach« (Ebd. S. 14). Der Glanz der Welt war für einen Lehrer der Glanz in der Schule, und in dieser konnte man eigentlich nur durch Leistungen in der Logik glänzen. Aber Abaelard berichtet gelegentlich auch von sich selbst, daß er sich bei seinem Logikunterricht so sehr überanstrengt hatte, daß er krank wurde und lange Zeit fern von Paris leben mußte, wobei er von den »Jungen der Logik« schmerzlich vermißt wurde (Ebd. S. 11). Übertreibung, Selbstgefälligkeit, Selbstmitleid, all dies spielte eine Rolle, ganz gleich ob hier wirklich Abaelard spricht (was ich annehme) oder jemand sonst die Ereignisse darstellt: Wer sich im Disputier-Glanz der städtischen Welt von Paris nicht durchsetzen konnte, wurde krank und zog sich in ein Kloster außerhalb von Paris zurück.

2. Funktion und Aufgaben der Logik

Das Interesse an der Logik hatte sich im frühen Mittelalter im Rahmen der Auslegung von Texten vor allem der Theologie entwickelt, wie sich dies schon bei Alkuin gezeigt hatte. Dadurch erhielt das Interesse an der Logik und die Erwartungen, die an die Logik geknüpft waren, im Mittelalter eine gegenüber Aristoteles verschiedene Ausrichtung. Aristoteles war es zwar um ganz allgemeine Regeln korrekten Sprachgebrauchs und formal gültiger Argumentation gegangen, er hatte dabei aber immer besonders die Sprache empirischer Wissenschaften im Auge und sehr viel weniger die Sprache der Mythologien, der Dichtung oder der Verfassungs- und Rechtsurkunden. Genau solche Sprachformen standen aber jetzt mit Theologie und Rechtslehre im Zentrum des Interesses, was bedeutet, daß die Entwicklung der mittelalterlichen Logik in einem Verwendungs-Zusammenhang steht, den wir heute als »geisteswissenschaftlich« bezeichnen würden. Trotzdem wurden genau in diesem Zusammenhang strenge formale Theorien der Sprache und der Argumentation entwickelt. Dies ist schon deshalb gut zu wissen, um zu sehen, daß die in unserer Gegenwart »neueren«, formaleren Analysemethoden in den sogenannten Geisteswissenschaften in Wirklichkeit die viel ältere Methode textbezogener Wissenschaften darstellen. Erst zu einem Zeitpunkt, als diese Theorien bereits ihre bestimmte und sehr ausgeprägte Form gefunden hatten, wurden sie, ohne in ihrer Entwicklung in besonderer Weise mit Naturwissenschaften in Berührung gewesen zu sein, im 13. und vor allem im 14. Jhd. auch auf Naturwissenschaften angewandt. Es liegt hier also gerade der umgekehrte Weg wie in der Gegenwart vor.

Weshalb in diesem theologischen und juridischen Kontext in der Logik gerade jetzt eine große Entwicklung einsetzte, läßt sich wiederum aus dem Lehrbetrieb verstehen. Wie schon gesagt, hatte die Logik seit Jahrhunderten innerhalb des Triviums zur Einführung in das Studium gedient. Es war aber eine Einführung ohne eigentliche Bedeutung für das spätere, »eigentliche« Studium geblieben, in den wenigsten

Fällen wurde sie für irgendeine Argumentation herangezogen, bestand doch das »eigentliche« Studium einfach in der Kommentierung der *Bibel*. Bei dieser Kommentierung begnügte man sich weithin mit der Erklärung einzelner Worte und der Aufführung von erläuternden Stellen von Kirchenvätern. Seit dem späten 11. Jhd. hatte eine Umstrukturierung in der Hinsicht begonnen, daß man Bibel- und Kirchenväterstellen zu bestimmten Fragen zusammenstellte, somit also ein erster Ansatz einer Systematik auftrat. Dasselbe wurde – zeitlich sogar schon früher – bei *Rechtsquellen* durchgeführt. Bernold von Konstanz (um 1050–1100) hatte Listen widerstreitender Texte aus dem Rechtsbereich aufgestellt und hatte dazu scharfsinnige hermeneutische Regeln zu deren Interpretation vorgelegt. Ähnlich hatte der bedeutende Jurist Ivo von Chartres (um 1050–1115/1116), der bei Lanfrank, also als Studienkollege Anselms, in Le Bec studiert hatte, zahlreiche Rechtsquellen zusammengestellt und sie in der *Panormia* in die Form eines Handbuches gebracht; außerdem hatte er im *Prologus* methodologische Grundsätze zur Behandlung widersprechender Rechtstexte aufgestellt. Abaelard folgte solchen Verfahren im Bereich der Theologie. Sein umfangreiches Werk *Sic et non (Ja und Nein)* ist nichts anderes als ein überzeugendes Plädoyer für die Unumgänglichkeit der Anwendung der Logik auf die Texte der Theologie. In diesem Werk stellt er eine Fülle von einander widersprechenden Zitaten von Autoritäten gegenüber und zeigt dann, daß in vielen Fällen der Widerspruch auf einem unreflektierten, und das heißt bei ihm: auf einem sprachlogisch nicht aufgeklärten Gebrauch der Wörter beruht. Bei anderen einander widersprechenden Texten wiederum kann durch Rückgriff auf weitere, schon feststehende Sätze herausgefunden werden, welcher Satz als wahr anzunehmen ist. Dies aber erfordert eine Klärung dessen, was eine korrekte Ableitung ist (vgl. dazu weiter unten 3, b). In jedem Fall ist Logik für die Behandlung einander widersprechender Aussagen erfordert. Es kommt wohl nicht von ungefähr, daß schon vor Bekanntwerden der aristotelischen *Sophistischen Widerlegungen* die Auflösung von Sophismata, also von Trugschlüssen, eine große Rolle in der Entwicklung der Logik des 12. Jhd.s gespielt hat (vgl. dazu Kap. VIII, 2).

Abaelard unterscheidet verschiedene Möglichkeiten, die dem Interpreten bei unverständlichen Texten zur Verfügung stehen, wobei diese in gewisser Hinsicht durch den Texttypus bedingt werden. Den ersten Texttypus stellt die Heilige Schrift dar:

Wenn uns dort etwas als sinnlos erscheint, ist es nicht möglich zu sagen: Der Autor dieses Buches hat nicht die Wahrheit erfaßt; sondern entweder ist der Kodex fehlerhaft oder der Übersetzer hat sich geirrt oder du verstehst es nicht. (*Sic et non. Praefatio.* Übers. nach K. Flasch [Hrsg.]: *Geschichte der Philosophie in Text und Darstellung. Mittelalter.* Stuttgart 1982. S. 268)

Wer sich an Origenes erinnert, wird feststellen müssen, daß dieser sich gegenüber den Texten der Heiligen Schrift freier verhalten hatte: Er hatte durchaus damit gerechnet, daß dort etwas Unmögliches steht (vgl. Kap. I, 5, b). Eine solche Annahme
kommt für den mittelalterlichen Interpreten nicht mehr in Frage. Eine Aussage der *Bibel* darf nicht unmöglich sein: Ist sie unverständlich, so liegt dies an der fehlerhaften Textüberlieferung oder am fehlerhaften Denken des Interpreten. Den anderen als Autoritäten verstandenen Texten gegenüber ist Abaelard jedoch recht frei, freier als wohl die meisten seiner Zeitgenossen:

Wenn man aber bei den Werken der Späteren, die unzählige Bücher füllen, etwa meint, daß sie deshalb von der Wahrheit abweichen, weil man sie so, wie sie sprechen, nicht versteht, so hat der Leser oder Hörer dort jedoch freies Urteil zu billigen, was ihm gefallen hat, oder zu verwerfen, was bei ihm Unwillen erregt hat, und dazu gehört alles, sofern nicht durch sicheren Beweis oder mit jener kanonischen Autorität beansprucht wird zu zeigen, daß das, was dort erörtert oder erzählt sei, überhaupt nur so sein oder geschehen konnte; wenn es jemand nicht gefällt oder er es nicht glauben will, wird er nicht getadelt. (*Sic et Non.* S. 268).

Bei solchen kritischen Analysen können wir die Ausbildung dessen beobachten, was wir später in der Form der *quaestio*, die immer eine *quaestio disputata* ist, antreffen werden. Dieser textbezogene Anwendungs-Zusammenhang der Logik erklärt auch, warum die Logik des Mittelalters viel stärker als die moderne Logik an die natürliche Sprache gebunden blieb. Das Gegenüber der Logik ist immer die Grammatik, auch und gerade dort, wo in der Logik eine Unabhängigkeit und in vielen Fällen eine Überlegenheit der Logik gegenüber der Grammatik beansprucht wird. Es gab schon zur Zeit Abaelards Tendenzen, die logische und die grammatische Analyse so streng zu trennen, daß ein Satz in diesen zwei Analyseverfahren einen verschiedenen Sinn erhielt. Ein Vertreter einer solchen Trennung scheint Abaelards Lehrer Wilhelm von Champeaux gewesen zu sein (Abaelard: *Super Topica Glossae*. In: *Scritti di logica*. S. 271, 38–272, 1). Einer solchen Trennung wollte Abaelard nicht folgen, obwohl auch er auf einer Eigenständigkeit der logischen Analyse bestand, die in bestimmten Fällen eine Überlegenheit über die Grammatik bedeutete.

Die Autonomie der Logik konnte allerdings Konsequenzen haben, die den Hütern der Autoritäten nicht paßten. Da die Logik zur Analyse widersprechender autoritativer Texte gebraucht werden sollte, beanspruchten die Logiker für ihre Disziplin die Unabhängigkeit von Autoritäten. Damit war eine bestimmte Form des Rationalismus verbunden, der wir schon bei Anselm begegnet sind. Diese Problematik wurde – anders als bei Anselm, der allerdings auch einen von Abaelard sehr verschiedenen Charakter besaß – wiederum bei Abaelard sehr deutlich, dessen Rationalismus die erbitterte Feindschaft des Bernhard von Clairvaux hervorrief, der, allerdings mit sehr bedenklichen Praktiken, erreichte, daß Abaelard auf zwei Synoden verurteilt wurde. Verurteilt wurden allerdings nie die Verfahren der Logik selbst, sondern immer bestimmte Ergebnisse, die zu Recht oder zu Unrecht im Bereich der Theologie mit Methoden der
 Logik erzielt wurden. Abaelard schildert sein Vorgehen in folgender Weise:

> Ich befaßte mich damals zuerst damit, die Grundlagen unseres christlichen Glaubens durch Analogien aus dem Gebiet der menschlichen Vernunft zu erläutern, und verfaßte eine theologische Abhandlung »Über die göttliche Einheit und Freiheit« für meine Studenten. Diese begehrten eine verständliche philosophische Beweisführung und wollten Begreifbares hören, nicht bloße Worte. Die vielen Worte, bei denen man sich nichts denken könne, seien überflüssig, man könne erst etwas glauben, wenn man es zuvor begriffen; es sei eine Lächerlichkeit, anderen etwas vorzupredigen, was Lehrer und Schüler verstandesmäßig nicht fassen könnten. (*Leidensgeschichte*. S. 35)

Wenn Abaelard sagt, daß es seine Studenten waren, die »eine verständliche philosophische Beweisführung« und »Begreifbares« forderten, so ist dies zwar auch ein literarischer Topos, den wir schon von Anselm her kennen, es gibt dies aber doch die tatsächliche Situation in den Schulen wieder. Die Freien Künste und vor allem die Logik bei der Analyse theologischer Fragen einzusetzen, war im 12. Jhd. nichts Auffallendes, sondern eine inzwischen weithin, wenn nicht überhaupt allgemein akzeptierte Vorgehensweise. Man muß allerdings sehen, daß die Logik im 12. Jhd. begonnen hatte, eine Eigendynamik zu entwickeln (vgl. auch Kap. VIII, 2), was man schon aufgrund der Proportionen der Themenverteilung der Schriften Abaelards vermuten kann. Den Schriften zur Logik mit mehr als 1600 Druckseiten steht ein umfangmäßig wesentlich geringerer Teil gegenüber, in dem Fragen der Theologie oder der Ethik behandelt werden. Dies dürfte nicht nur die persönliche Vorliebe Abaelards wiederspiegeln, auch das Interesse der Studenten hatte sich offensichtlich ganz und gar auf die Philosophie, die ja fast ausschließlich aus Logik bestand, verlegt, was auch wieder bei Abaelard nachzulesen ist. Dieser war nach einem etwas wirren Leben selbst Mönch geworden und hatte sich sogar, allerdings erfolglos, als Benediktinerabt in einem ziemlich verlotterten Kloster in der Bretagne versucht. Er nahm aber dann doch wieder seine Lehrtätigkeit auf, von der er berichtet:

Meine eigene Neigung ging jetzt, wie es ja auch meinem neuen Beruf angemessen war, auf die Schriftauslegung. Ich gab aber die philosophische Vorlesung nicht ganz auf, da ich auf diesem Feld eingearbeitet war, und weil meine Hörer mich gerade um diese Vorlesung bestürmten. Ich machte die philosophische Vorlesung gewissermaßen zum Angelhaken, um die Schüler mit ihrer Liebe zur Philosophie zu ködern und dann für die wahre Weisheit, die Weisheit Gottes zu gewinnen. So hatte es ja auch der größte christliche Philosoph, Origenes gehalten, wie die Kirchengeschichte des Eusebius erzählt. (*Leidensgeschichte*. S. 34 f.)

Dies zeigt deutlich, wo die Interessen der jungen Intelligenz dieses Jahrhunderts lagen. Es waren daher vermutlich tatsächlich gar nicht bestimmte einzelne häresieverdächtige Thesen Abaelards, die die verschiedenen Konflikte provozierten, sondern die Befürchtung der Vertreter der »christlichen Weisheit«, daß diese Weisheit überhaupt nicht mehr gefragt sein könnte. Wir sollten auch einbeziehen, wo sich die »Lebensweisheit« der städtischen und höfischen Jugend des 12. Jhd.s ihren Ausdruck verschaffte: in den Liedern der Troubadoure, die seit dem Ende des 11. Jhd.s von Südfrankreich aus ihren Siegeszug angetreten hatten. Auch dies wußte Abaelard aus eigener Erfahrung: Er selbst war ein begabter Dichter und Komponist von Liebesliedern, von denen viele, wie er nicht ganz ohne Selbstgefälligkeit berichtet, auch noch später weit verbreitet waren (Ebd. S. 22). Bedauerlicherweise ist es bis heute nicht geglückt, Lieder Abaelards zu identifizieren. – Nicht vergessen werden soll auch, daß wir mit der *Leidensgeschichte (Historia calamitatum)* Abaelards und seinem *Briefwechsel* mit Heloise nun nach den *Confessiones* des Augustinus und der *Consolatio* des Boethius einen dritten Klassiker der Weltliteratur vor uns haben, der aus der Feder eines Philosophen stammt.

3. Einzelfragen der Logik

Daß die Logik ein selbständiges, autonomes Unternehmen ist, das auch für sich selbst ohne jeden Anwendungs-Zusammenhang Interesse beanspruchen kann, bewies Abaelard, der sich der Logik mit geradezu leidenschaftlichem Interesse widmete. Dieses Interesse, verbunden mit einem streitbaren Charakter, war der Grund der meisten seiner Anfeindungen, die ihn zu einem Leben veranlaßten, das ihm kaum jemals ruhige Arbeit durch einige Jahre hindurch an ein und demselben Ort ermöglichte.

Abaelard hatte seine Karriere sehr jung begonnen. Kaum hatte er seine Studien beendet, eröffnete er schon eine eigene Schule in der Nähe von Paris, die großen Zulauf fand. Mit 34 Jahren war er bereits Lehrer an der Kathedralschule von Paris. Abaelard war damit keineswegs die Ausnahme, sondern bestätigt die Regel, daß viele der mittelalterlichen Philosophen und Theologen schon in jungen Jahren wichtige Posten innehatten. Anselm war mit 30 Jahren Prior von Le Bec, Bonaventura war mit 27 Jahren Lehrer an der Universität, mit 36 Jahren Leiter des gesamten Franziskanerordens, Duns Scotus schrieb sein Hauptwerk mit 35 Jahren, Wilhelm von Ockham beendete sogar schon mit 25 Jahren seine wissenschaftliche Tätigkeit, Petrus Venerabilis, der Cluny, wo vor seiner Zeit kaum wissenschaftliche Interessen maßgebend waren, zu einem Zentrum der Studien machte, war schon mit 28 Jahren Abt dieses Klosters (bei ihm wird Abaelard seine letzte Zuflucht finden). Auch bei Berücksichtigung des im Vergleich zu heute viel niedrigeren durchschnittlichen Lebensalters bleibt bestehen, daß die akademischen Lehrer im Mittelalter viel jünger waren als ihre Kollegen in unserer Zeit. Bei dieser Gelegenheit soll auch darauf hingewiesen werden, daß viele der mittelalterlichen Philosophen auch sehr interessante und

historisch aufschlußreiche Lebensläufe aufzuweisen haben, die nicht selten, so bei Gerbert von Aurillac, bei Anselm, bei Bonaventura, bei Petrus Hispanus, bei Ockham und vielen anderen, in politische und gesellschaftliche Zusammenhänge auf höchster Entscheidungsebene hineinreichen. Demgegenüber wirken viele Biographien neuzeitlicher Philosophen wie die eines Descartes, Leibniz, Kant und Hegel doch eher blaß.

Abaelard studierte zunächst bei dem Nominalisten Roscelin von Compiègne (um 1050 – nach 1120) und später bei dem Realisten Wilhelm von Champeaux (um 1070 – um 1120). Schon von dieser Studienzeit her, die jeweils heftige Auseinandersetzungen mit seinen Lehrern mit sich brachte, war Abaelard mit der Universalienproblematik vertraut. Bei seinen Lehrern wurde die Universalienfrage in hauptsächlich erkenntnistheoretischer und metaphysischer Hinsicht diskutiert, und obwohl Abaelard keiner der beiden Richtungen folgte, blieb er in seinen Fragestellungen doch von ihnen beeinflußt. Es wäre jedoch verfehlt, die Universalienproblematik (vgl. 1. Teil, Kap. VIII, 1, a) als die beherrschende Frage der mittelalterlichen Philosophie anzusehen. Dies war bei Abaelard nicht der Fall und wird es auch später nicht sein. Dennoch darf der Stellenwert dieser Frage nicht unterschätzt werden.

Die Aufgabe der Logik ist nach Abaelard die Unterscheidung gültiger und ungültiger Argumente. In der sogenannten *Logica nostrorum* sagt er:

Es ist aber die Logik gemäß der Autorität des Tullius [Cicero] die genaue Begründung des Erörterns *(diligens ratio disserendi)*, d. h. die Unterscheidung der Argumente, mit denen etwas erörtert wird, d. h. womit disputiert wird. Die Logik ist nämlich nicht die

Wissenschaft vom Gebrauch der Argumente bzw. von deren Aufstellung, sondern [ist die Wissenschaft], diese zu unterscheiden und über sie in wahrer Weise zu urteilen, weshalb nämlich die einen gelten, die anderen aber schwach sind. (*Philosophische Schriften*. S. 506, 24–28. Übers. v. F. S.)

Es ist also für Abaelard klar, daß es nicht Aufgabe der Logik ist, gute Argumente zu finden oder zu erfinden, dies ist die Aufgabe der Wissenschaft der Erfindung *(scientia inveniendi)* bzw. der Wissenschaft, Argumente aufzustellen *(scientia componendi)*, sondern einzig die, vorliegende Argumente auf ihre formale Gültigkeit hin zu überprüfen *(scientia diiudicandi, scientia discernendi composita)* (Ebd. S. 507, 6–17). Diese Aufgabe der Logik unterschied er klar von jener der Physik und der Ethik, deren Aufgabe es ist, die Natur der Dinge, die Sachverhalte, zu erkennen (*Glossae super Porphyrium*. Ebd. S. 1). In Physik und Ethik werden zwar Argumente aufgestellt, wie aber korrekte Argumente aufgestellt werden, lehrt nur die Logik (*Nam etsi physicus argumenta componit, non ad hoc eum physica, sed sola instruit logica* [Ebd. S. 1, 23–25]). Insofern die Logik – die bei Abaelard ohne Bedeutungsunterschied als *logica* und/oder *dialectica* bezeichnet wird – die formalen Vorgaben für die Beurteilung korrekter Argumente liefert, muß auf ihrem Studium insistiert werden *(eius autem doctrine studium precipue est insistendum)*, da sie den Leitfaden der gesamten Philosophie *(omnis philosophiae principatum)* vorgibt (*Dialectica* IV. S. 470, 1–6), wie Abaelard im Vorwort zu einem der Traktate seiner *Dialectica* schreibt, in dem er sich erneut gegen die Angriffe jener wehrt, die die von ihm vorgenommene Verwendung der Logik im Bereich der Theologie kritisieren (Ebd. S. 469–471). 185

Bevor auf einige Sachprobleme eingegangen wird, ist noch kurz zu fragen, welche Schriften des Aristoteles Abaelard, der sich selbst gern »Peripateticus«, also Aristoteliker, nennt, gekannt hat. Abaelard kannte natürlich den Grundstock der *logica vetus* (vgl. Kap. V, 1, b), er dürfte sogar der erste gewesen sein, der *Peri Hermeneias* und die beiden Kommentare des Boethius zu dieser Schrift wirklich herangezogen hat, und er kannte auch die Schrift *De syllogismis hypotheticis* des Boethius. Aus einigen Zitaten läßt sich vermuten, daß Abaelard auch etwas aus der *1. Analytik* des Aristoteles gekannt haben dürfte. Dasselbe gilt für die *Topik* und die *Sophistischen Widerlegungen*, die gesamten Schriften hat er jedoch nicht gekannt. Dagegen findet sich keinerlei Hinweis auf die *2. Analytik* des Aristoteles. Im ganzen arbeitet Abaelard mit der *logica vetus*, und seine Schriften können als der zusammenfassende Abschluß und Höhepunkt dieser Phase der Geschichte der Logik gelten. Die logischen Schriften Abaelards geben schon in ihrer literarischen Gattung Aufschluß über die Situation in der ersten Hälfte des 12. Jhd.s. Abaelard verfaßte in den Jahren 1102–1114 mit den sogenannten *Introductiones dialecticae* (auch *Introcuctiones parvulorum* genannt) Glossen zur *Einleitung* des Porphyrios, zu den *Kategorien*, zu *Peri Hermeneias*, zu *De differentiis topicis* und zu *De divisionibus*. Nach diesem Durchgang durch die Basisschriften versuchte er vor 1118 eine zusammenfassende Darstellung in einer ersten Version der *Dialectica*. Um 1120 ging er aber nochmals an die Basisschriften und deren Kommentierung heran, woraus die sogenannte *Logica ingredientibus* resultierte. Nach 1120 ging er ein drittes Mal an eine solche Kommentierung, deren Ergebnis die sogenannte *Logica nostrorum* war, wovon jedoch nur der Kommentar zur *Einleitung* des Porphyrios erhalten ist. Dann überarbeitete Abaelard 1121–1124 nochmals die *Dialectica*, und um 1137 erfolgte schließlich eine letzte Überarbeitung. Da er aber nicht immer alle Teile überarbeitete, finden sich gelegentlich in den Glossen weiter fortgeschrittene Positionen als in der *Dialectica*. Wir haben also den Versuch Abaelards vor uns, sich über wiederholtes Studium der grundlegenden Texte einen Überblick über die Logik zu verschaffen und diesen dann systematisch darzustellen. Ohne eine vorhergehende Einzelkommentierung hat Abaelard in seine *Dialectica* die beiden Traktate des Boethius über die kategorischen und die hypothetischen Syllogismen eingearbeitet.

a) Das Universalienproblem

Der Ausgangspunkt dieser Diskussion im Mittelalter läßt sich genau angeben: Es ist
186 | das 1. Kapitel der *Einleitung* des Porphyrios zu der Kategorienschrift des Aristoteles, die die mittelalterlichen Logiker in der lateinischen Übersetzung des Boethius kannten. Ich führe hier nochmals ein schon einmal (vgl. 1. Teil, Kap. X, 5, b) aufgeführtes Zitat an:

Was, um gleich mit diesen anzufangen, bei den Gattungen und Arten die Frage angeht, ob sie etwas Wirkliches sind oder nur auf unseren Vorstellungen beruhen, und ob sie, wenn Wirkliches, körperlich oder unkörperlich sind, endlich, ob sie getrennt für sich oder in und an dem Sinnlichen auftreten, so lehne ich es ab, hiervon zu reden, da eine solche Untersuchung sehr tief geht und eine umfangreichere Erörterung fordert, als sie hier angestellt werden kann. (Porphyrios: *Einleitung in die Kategorien*. In: Aristoteles: *Kategorien. Lehre vom Satz*. Übers. v. E. Rolfes. 2. Aufl., Hamburg 1974. S. 11)

Auch für Abaelard war diese Stelle der ausdrückliche Ausgangspunkt, und seine Erwähnung der Frage in der *Leidensgeschichte* zeigt, daß das Universalienproblem schon zu seiner Zeit als ein traditionell wichtiges Problem der Logik betrachtet wurde:

In der Frage der Allgemeinbegriffe war nun aber gerade dieser Punkt von jeher ein höchst bedeutungsvolles Hauptproblem der Logiker; auch Porphyrios in seiner ›Isagogen‹ wagte es bei der Behandlung der Universalienfrage nicht, dies Problem zu entscheiden, sondern schrieb nur: »Dies ist ein sehr schwieriger Punkt.« (*Leidensgeschichte*. S. 12)

Gleichzeitig aber wendet sich Abaelard gegen die Überbewertung dieser Frage, »als sei dieses Universalienproblem der Kernpunkt der ganzen Logik« (Ebd.). Die mittelalterlichen Philosophen neigten zunächst der Auffassung zu, daß Gattungen und Arten etwas Wirkliches sind und nicht nur auf unseren Vorstellungen beruhen. Der philosophische Hintergrund dieses sogenannten Universalienrealismus ist selbstverständlich der Platonismus. Die »Evidenz«, die für diese Auffassung im Mittelalter in Anspruch genommen werden konnte, kam jedoch auch von einer ganz anderen Seite. In der Vorstellung der mittelalterlichen Menschen gab es eine universale und *real existierende Ordnung (ordo)*, an der alles, also auch das menschliche Individuum, teilhatte. Der Einzelne verstand sich nur in zweiter Hinsicht als Individuum und in erster Hinsicht als Repräsentant eines *ordo*. Daher waren auch Insignien, etwa die des Königs, so wichtig. Durch sie wird deutlich, daß er »das Königtum« vertritt. Aber auch der Handwerker oder der Wirt hatte solche Berufsinsignien, die gelegentlich bis heute an alten Häusern sichtbar sind. Übernahm, wie im Freiburger Münster, jeweils eine Zunft die Herstellung eines Glasfensters, dann setzte sie dort als ihr Zeichen das jeweilige Berufskennzeichen ein. Jede Zunft hatte einen nur ihr zugehörigen Heiligen, den Prototyp der Zunft, und jeder Handwerker verstand sich als Repräsentant dieses *ordo* und dieses Prototyps. Dies fand seinen Ausdruck auch in der Kunst. Dort wird nicht ein Individuum dargestellt, sondern ein Typus, z. B. nicht ein bestimmter, individueller König, sonder »der König«, wir könnten also sagen: ein real existierendes Universales. Solche verallgemeinerten Gestalten wurden nicht deshalb dargestellt, weil die Künstler »noch nicht« in der Lage waren, das Individuelle darzustellen, sondern weil eben nur das Allgemeine einer Darstellung wert war. Es war also eigentlich ganz normal, Universalienrealist zu sein. Ein *Universalienrealist* braucht nicht – platonisch – anzunehmen, daß einem Allgemeinbegriff eine getrennt existierende Idee entspricht *(universale ante rem)*, er nimmt aber an, daß einem Allgemeinbegriff, der verschiedenen Individuen zukommt, ein in allen vorhandener gleicher »metaphysischer Kern« entspricht *(universale in re)*. Abaelards Lehrer Wilhelm von Champeaux vertrat einen solchen Universalienrealismus. Abaelard lehnte den metaphysischen Realismus strikt ab, wandte sich aber deshalb nicht schon der Gegenthese, also dem Nominalismus, zu. Im *Nominalismus* wird angenommen, daß einem Allgemeinbegriff in der Realität überhaupt nichts entspricht, daß er also nur ein Name ist, oder, wie später oft gesagt wurde, ein *flatum vocis*, ein Lufthauch. Eine dem Nominalismus nahestehende Auffassung dürfte Abaelards Lehrer Roscelin von Compiègne vertreten haben, von dem aber nur indirekte Nachrichten vorliegen. Die einzige erhaltene Schrift von ihm ist ein Brief an Abaelard, der aber auf einem so niedrigen, polemischen Niveau ist, daß man diesem Roscelin eigentlich einen philosophischen Platzverweis erteilen sollte.

Bei Porphyrios und Boethius war die Frage nach den Universalien eine metaphysische Frage gewesen, es ging darum, ob es allgemeine Wesenheiten gibt, die in den Einzeldingen vorhanden sind. Abaelard geht die Frage jedoch anders an: Er unterscheidet genau die Rede von »universalen Dingen« *(res universales)* und »universalen Wörtern« *(voces universales* [*Logica ingredientium.* S. 10, 8]). Nach der Widerlegung der Ansichten, in denen von »universalen Dingen« gesprochen wird, stellt Abaelard fest:

Nachdem die Gründe gezeigt worden sind, aus denen die Dinge, wenn sie als vereinzelte oder als zusammengefaßte verstanden werden, nicht als universal in der Hinsicht bezeichnet werden können, daß sie über mehrere Dinge prädiziert werden, bleibt übrig, daß wir solcher Art Allgemeinheit ausschließlich den Wörtern zuschreiben *(huiusmodi universalitatem solis vocibus adscribamus)*. (Ebd. S. 16, 19-22. Übers. v. Wöhler. S. 139 f.)

Abaelard ist also eindeutig kein Realist, aber seine Lösung ist nicht einfach die der Nominalisten, denn er sagt:

Das Universale nun ist ein Wort *(vocabulum)*, was auf Grund seiner Erfindung *(ex inventione)* geeignet ist, über mehrere Dinge einzeln prädiziert zu werden – wie zum Beispiel das Nomen »Mensch«, das mit den partikulären Nomina der Menschen verbindbar ist unter Berücksichtigung der Natur der zugrundeliegenden Dinge *(secundum subiectarum rerum naturam)*, denen es beigegeben wurde *(quibus est impositum)*.
(Ebd. S. 16, 25–28. Übers. v. Wöhler. S. 140)

Abaelards »Lösung« ist vielleicht etwas enttäuschend. Er sagt: Die Realisten haben nicht Recht, denn die Allgemeinbegriffe bezeichnen nicht ein universales Ding. Weiter sagt er: Die Nominalisten haben nicht Recht, denn die Allgemeinbegriffe sind nicht nur reine Worte, sondern werden ausgesagt »unter Berücksichtigung der Natur der zugrundeliegenden Dinge«. Anders ausgedrückt: Die Realisten behaupten zu viel, die Nominalisten zu wenig. Es wird daher manchmal gesagt, Abaelard habe zwischen den Realisten und Nominalisten eine mittlere Position bezogen. Aber was sagt er denn positiv? Eigentlich sehr wenig: Wenn wir das Wort »Mensch« von Sokrates und von Platon aussagen, dann eben deshalb, weil beide Menschen sind *(in eo tamen conveniunt, quod homines sunt)* (Ebd. 19, 24 f. Übers. v. Wöhler. S. 143). Vielleicht sind wir aber einfach deshalb enttäuscht, weil wir seit der Porphyrios-Einleitung bei der Frage nach den Allgemeinbegriffen sehr »tiefgehende und umfangreiche Erörterungen« erwarten, während Abaelard uns sagt, daß hier gar nichts besonders Tiefes zu suchen oder zu finden ist.

Es stellt sich hier aber noch eine weitere Frage. In der Logik müssen wir mit Allgemeinbegriffen arbeiten, daher müssen wir uns fragen, wie wir zu diesen Allgemeinbegriffen gelangen. Diese Frage wird bei Abaelard zu einer der Erkenntnispsychologie. Dies ist zwar nicht schon eine aristotelische Fragestellung, aber eine, die in einem aristotelischen Denkrahmen durchaus einen Platz hat. Abaelards Antwort darauf liegt in einer Theorie der *Abstraktion*, die auf der *Aufmerksamkeit* beruht: Beim Betrachten der Dinge stellen wir Bilder *(imagines)* her. Wir nehmen beim Betrachten der Dinge aber nicht nur das jeweils individuelle Ding wahr, sondern auch Ähnlichkeiten mit anderen Dingen und können dann unsere Aufmerksamkeit auf diese Ähnlichkeiten richten.

Von diesen Bildern sind aber die einen *eigentümliche (propriae)* und für *eine* gewisse Substanz hergestellt *(constitutae)*, die anderen sind *gemeinsame (communes)*, die sich nämlich zu mehreren gleich *(aequaliter)* verhalten. Denn durch »Sokrates« wenden wir diesen Namen auf das eigentümliche [Bild] an, durch »Mensch« auf das gemeinsame und gleichsam vage [Bild] aller Menschen *(ad communem omnium hominum et quasi vagam)*. (*Logica Ingredientibus*. In: *Philosophische Schriften*. S. 316, 12–16. Übers. v. F. S.)

Ohne solche Bilder gelangt der Verstand zu keiner Erkenntnis. Bei der Begriffsbildung liegt dann aber eine eigene Tätigkeit des Verstandes vor:

Wenn nämlich der Geist *(animus)* sich zum erstenmal auf das Begreifen *(ad intelligendum)* hinrichtet, dann wird dieses Hinrichten *(applicatio)* und das Beginnen des Denkens *(inchoatio cogitandi)*, bevor er irgendeine Natur des Dinges oder eine Eigentümlichkeit unterscheidet, Vorstellung *(imaginatio)* genannt. Wo er aber irgendeine Natur des Dinges, sei es insofern es ein Ding oder ein Seiendes oder eine Substanz oder ein Körper oder weiß oder Sokrates ist, anzielt *(attendit)*, wird dies Begriffsinhalt *(intellectus)* genannt, wenn er nämlich von der Undeutlichkeit *(de confusione)*, die bei der Vorstellung gegeben ist, durch die Vernunft *(per rationem)* zum Begriffsinhalt *(ad intellectum)* geführt wird. (Ebd. S. 317, 9–15. Übers. v. F. S.)

Wir haben also drei Ebenen zu unterscheiden: die sinnliche Wahrnehmung *(sensus)*, die Vorstellung *(imaginatio)* und das Begreifen des Begriffsinhalts *(intellectus)*, die zwar häufig gleichzeitig vorhanden, aber doch der Struktur nach grundsätzlich verschieden sind (Ebd. S. 317, 21–318, 9). Das Wort *(vox)* repräsentiert zunächst den Laut und ist in seiner Bedeutung ausschließlich auf den Begriffsinhalt bezogen (Ebd. S. 318, 23–25). Worte beziehen sich also nicht auf die Dinge und auch nicht auf die Vorstellung der Dinge, sondern ausschließlich auf den Begriffsinhalt oder Begriffsgehalt. Abaelard hält dies auch bei der Analyse des Satzes durch, was ihn dann zu recht scharfsinnigen Überlegungen zur Bedeutung des Wortes »ist« führt, wozu er in verschiedenen Perioden verschiedene Theorien aufgestellt hat. Was bei all diesen Analysen auffällt, ist der Versuch Abaelards, eine autonome Bedeutungsebene der Sprache herauszuarbeiten, was Abaelards Theorien für die moderne Sprachphilosophie und Wissenschaftstheorie besonders interessant macht. Zusammenfassend kann man sagen, daß Abaelard folgende Auffassung vertritt: Den Allgemeinbegriffen entsprechen keine metaphysischen Wirklichkeiten, sie beruhen aber doch in ihrer Entstehung auf der Erfahrung konkreter Dinge und der durch Aufmerksamkeit an diesen festgestellten Ähnlichkeiten. Im logischen Gebrauch der Bedeutung/Bezeichnung *(significatio)* sind diese Begriffe dann unabhängig von existierenden Dingen. Diese Konzeption soll metaphysikfrei gehalten werden, ohne jedoch zu einer reinen Denkpsychologie zu werden. Die Grenzlinien dieses nichtmetaphysischen aber auch nicht-psychologischen Bereichs sprachlicher Ausdrücke sind bei Abaelard manchmal unscharf. Abaelard – der ein sehr gutes Latein schrieb – war bei seinen eigenen sprachlichen Äußerungen so genau, wie es eben möglich war. Es kommt daher nicht von ungefähr, wenn er bei der Darstellung seiner Theorie, wie wir zu allgemeinen Begriffsinhalten gelangen, nicht selten »sozusagen« *(quasi, quodammodo)* gebraucht, ein deutlicher Hinweis darauf, daß er sich bewußt war, daß er bei der Beschreibung dieser Denkvorgänge in einem Bereich arbeitete, in dem er über Annäherungen nicht hinauskam. Dies spricht aber nicht gegen, sondern für Abaelard.

b) Die Definition der Folgerung

190 |

Eines der ältesten Probleme der Philosophie (vgl. 1. Teil, Kap. VIII, 3), das bis in unsere Gegenwart hinein immer wieder diskutiert wird, ist das einer adäquaten Definition der Folgerung: Unter welchen Bedingungen liefert eine vorliegende »wenn ... dann«-Verbindung die Voraussetzung für ein formal gültiges Argument? Abaelard gibt folgende Antwort:

Eine Ableitung *(inferentia)* besteht daher in der Notwendigkeit einer Folge *(in necessitate consecutionis)*, darin nämlich, daß aus dem Sinn *(ex sensu)* des Antezedens der Gehalt *(sententia)* des Konsequens gefordert ist *(exigitur)*, wie es in der hypothetischen Aussage ausgesagt wird. (*Dialectica* III. S. 253, 28–31. Übers v. F. S.)

Damit ist gemeint, daß der *sensus* des Antezedens die *sententia* des Konsequens erfordert. Bei der weiteren Erläuterung wird deutlich, daß *sensus* und *sententia* hier ein und dasselbe bedeuten, also jeweils den Sinngehalt eines Satzes. Abaelard unterscheidet eine *vollkommene (perfecta)* und eine *unvollkommene (imperfecta) Ableitung*, vielleicht könnte man besser sagen: eine vollständige und eine unvollständige Ableitung.

Eine Ableitung ist vollkommen, wenn aus der Verknüpfung des Antezedens *(ex ipsius antecedentis complexione)* die Wahrheit des Konsequens offenkundig ist *(consequentis veritas manifesta est)* und wenn die Konstruktion des Antezedens so angelegt ist, daß sie auch die Konstruktion des Konsequens in sich enthält, wie dies bei den Syllogismen der Fall ist, oder bei jenen hypothetischen [Aussagen], die die Form von Syllogismen haben. (Ebd. S. 253, 31–254, 1. Übers. v. F. S.)

Bei einer *vollkommenen Ableitung* liegt z. B. folgender Fall vor: Wenn gilt »*Alle A sind B*«, und ebenso »*Alle B sind C*«, dann folgt mit Notwendigkeit: »*Alle A sind C*«. Die Form des Antezedens, die aus den zwei Prämissen eines kategorischen Syllogismus besteht, enthält *(continet)* in sich die Konstruktion des Konsequens, d. h. die Form der Konklusion. Die Vollkommenheit der Ableitung sieht Abaelard darin, daß es rein die Syntax *(complexio)* der beiden das Antezedens ausmachenden Sätze ist, aus der sich der Schlußsatz im Syllogismus und somit das Konsequens der Folgerung ergibt. Es ist in keiner Weise erforderlich zu wissen, was mit *A*, *B* und *C* gemeint ist, also welche Bedeutung diese Begriffe haben: Die Folgerung gilt formal für beliebige Begriffe. Abaelard macht hier nichts anderes – was allerdings eine wichtige Einsicht bedeutet – als daß er die Lehre von den aristotelischen Syllogismen (vgl. dazu 1. Teil, Kap. X, 3) in den übergeordneten Rahmen der Folgerungslehre einbaut.

Für eine *unvollkommene Ableitung* gilt dann negativ abgrenzend, daß die Konstruktion des Antezedens *nicht* die Konstruktion des Konsequens festlegt, aber auch in diesem Fall fordert Abaelard die Notwendigkeit des Zusammenhanges von Ante- | 191
zedens und Konsequens. Dieser Zusammenhang gilt aufgrund der Natur der Dinge *(ex rerum natura)* (Ebd. S. 255, 8), was sich in sprachlogischer Hinsicht dadurch zeigt, daß in diesem Fall eine topische Beziehung vorliegt *(loci valet habitudo)* (Ebd. S. 257, 12). Die *logischen Örter (loci)* nimmt Abaelard aus dem Boethius-Traktat *De differentiis topicis*. Nehmen wir hier zwei Beispiele:

Wenn er weiß ist, ist er nicht schwarz.
Wenn er blind ist, ist er nicht sehend. (Ebd. S. 393, 21 f.)

Eine solche Folgerung gilt aufgrund des logischen Ortes der Gegensätze, der lautet:

Wenn einer der Gegensätze *(aliquid oppositorum)* von etwas ausgesagt wird *(predicatur)*, dann wird dessen Gegensatz von ihm entfernt *(removetur)*. (Ebd. S. 393, 24 f. Übers. v. F. S.)

Die Gültigkeit dieser Folgerung ergibt sich also nicht nur aufgrund der Form der Sätze, weil man hier auch die Begriffe, die in diesen Sätzen verwendet werden, hinzuziehen und diese in eine Beziehung setzen muß, z. B.: »Weiß und Schwarz sind Gegensätze«. Dazu gilt die Regel, daß dann, wenn von etwas der eine Teil des Gegensatzes ausgesagt wird, der andere negiert werden muß. Für alle Folgerungen gilt jedoch eine schon aus der Antike stammende einfache Festlegung, die bei Abaelard ausdrücklich aufgeführt wird:

Die Wahrheit einer Folge *(consecutionis)* wird in der Notwendigkeit festgehalten *(teneatur)*, in jener nämlich, daß das, was im Antezedens ausgesagt wird *(dicitur)*, nicht sein kann ohne das, was im Konsequens vorgelegt *(proponitur)* wird. (Ebd. S. 271, 28–30. Übers. v. F. S.)

Eine Folgerung ist also dann gültig, wenn es nicht der Fall sein kann, daß das Antezedens wahr, das Konsequens aber falsch ist. Dies sieht ganz so aus wie das, was in unserer modernen Formel $p \rightarrow q \Leftrightarrow \neg(p \wedge \neg q)$ ausgedrückt wird, ist aber bei Abaelard nicht wirklich genau dasselbe. Dies läßt sich auf folgende Weise zeigen: In der modernen Logik gilt, daß die in der genannten Formel ausgedrückten Bedingungen der Wahrheit in der bekannten Wahrheitswerttafel festgelegt sind:

p	q	$p \rightarrow q$
w	w	w
w	f	f
f	w	w
f	f	w

192 | Abaelard kannte diese Wahrheitswerttafel zwar nicht, wohl aber den logischen Gehalt, der damit ausgedrückt ist. Er wußte allerdings auch, daß diese Bestimmung der Bedingungen der Gültigkeit einer Ableitung oder Implikation problematische Folgen hatte: Hier folgt nämlich aus Falschem – natürlich noch mehr aus Unmöglichem – Beliebiges (= die beiden letzten Zeilen der Tafel). Dies war den Autoren des 12. Jhd.s durchaus bewußt. Alexander Neckham (1157–1217) spricht von einigen, die solche Ableitungen nicht anerkennen wollen – zu denen auch Abaelard gehörte, ganz gleich ob Neckham sich auf ihn direkt bezieht oder nicht –, und stellt fest:

Ich wundere mich, daß einige die Ansicht jener verurteilen, die sagen, daß aus dem Unmöglichen von sich aus jede beliebige Aussage folgt *(ex impossibili per se quodcunque sequi enuntiabile)*. [...] Gilt denn nicht: Wenn Sokrates Mensch ist, und Sokrates nicht Mensch ist, dann ist Sokrates ein Stein?. [...] Durch eine ähnliche Herleitung *(deductione)* wird bewiesen, daß, wenn Sokrates Mensch ist und Sokrates nicht Mensch ist, dann Sokrates eine Ziege ist, und so von den einzelnen Dingen, z. B. eine Rose, eine Lilie, und so in Hinsicht auf die übrigen Dinge. (*De naturis rerum*. S. 288 f. Übers. v. F. S.)

Also: Eine Folgerung aus einem unmöglichen Antezedens ist immer gültig, ganz gleich ob das Konsequens wahr oder falsch ist, oder: Aus Unmöglichem folgt Beliebiges:

$\mathbf{U}p \rightarrow q$, und $\mathbf{U}p \rightarrow \neg q$, oder ($x$ = eine beliebige Aussage): $\mathbf{U}p \rightarrow x$.

Wenn Up gilt, dann gilt in jedem Fall auch $\neg p$, und somit gilt auch, daß aus Falschem Beliebiges folgt, genau dies wird in den letzten beiden Zeilen der Wahrheitswerttafel zum Ausdruck gebracht. Abaelard will aber solche Fälle ausschließen, seine Lösung sieht daher faktisch so aus: Die Festlegung, wonach es für eine gültige Folgerung erforderlich ist, daß es unmöglich ist, daß das Antezedens wahr und das Konsequens falsch ist, ist eine *notwendige* Bedingung für die Gültigkeit einer Folgerung, aber noch keine *hinreichende* Bedingung. Für diese ist erforderlich, daß zwischen Antezedens und Konsequens entweder eine syllogistische oder eine topisch aufweisbare Begriffsbeziehung besteht. Damit werden die beiden letzten Zeilen der Wahrheitswerttafel ausgeschlossen. Zwischen dem Prädikatbegriff der Aussage »Sokrates ist Mensch und Sokrates ist nicht Mensch« und und jenem der Aussage »Sokrates ist ein Stein« besteht keinerlei Beziehung. In diesen Fällen liegt also im Verständnis von Abaelard überhaupt keine Folgerung vor.

Wie gesagt, wunderte sich Alexander von Neckham darüber, daß einige eine Folgerung, nach der aus Unmöglichem Beliebiges folgt, nicht zugeben wollen, er sieht diese Gruppe also als Minorität an. Dies setzt voraus, daß es zu seiner Zeit eine Majorität gab, die diese Folgerung akzeptierte, und tatsächlich finden wir z. B. in einer der großen Pariser Schulen, nämlich in der des schon genannten Adam von Balsham, also bei den sogenannten Parvipontani, die These vertreten, daß es für eine | 193
gültige Folgerung einzig erforderlich ist, daß es unmöglich ist, daß das Antezedens wahr und das Konsequens falsch ist, so daß auch anerkannt wird, daß aus Unmöglichem Beliebiges und Beliebiges aus Notwendigem folgt (vgl. auch Johannes von Salesbury: *Metalogicon* II, 10. S. 81 f.). Dies wäre – mit »wahr/falsch« anstelle von »notwendig/unmöglich« formuliert – genau unsere moderne wahrheitwertfunktionale Definition der Implikation. Damit war aber die Diskussion keineswegs beendet und wir werden der Frage der exakten Bestimmung des Folgerungsbegriffs später noch einmal begegnen (Kap. XVII, 3). Es sei aber schon hier angemerkt, daß sich verschiedene Versuche innerhalb der modernen Beweistheorie, und zwar ganz unabhängig von irgendwelchen Abaelard-Kenntnissen, wieder der Lösung nähern, die Abaelard vorgeschlagen hatte (vgl. 3. Teil, Kap. XXV, 2).

Fragt man nach der Nachwirkung der Logik Abaelards, so wird man feststellen müssen, daß diese nicht sehr groß war. Es ist bisher nur ein einziges Lehrbuch bekannt, das der *Dialectica* Abaelards folgt: Die *Summa dialectice artis* des Wilhelm von Lucca (gest. vor 1194), die aber ihrerseits keine weitere Wirkung ausübte. Außerdem gibt es einige Handschriften (zwei in München, eine in Orléans, alle nicht veröffentlicht), die die Behandlung der hypothetischen Syllogismen durch Abaelard aufnehmen. Die Handbücher der Logik des 13. Jhd.s werden anders strukturiert sein und überhaupt einen anderen Schwerpunkt erhalten, nämlich die Lehre von den Eigenschaften der Termini. Der wichtigste Grund für diese geringe Wirkung der Logik Abaelards ist darin zu sehen, daß durch die in der zweiten Hälfte des 12. Jhd.s einsetzende Rezeption der bis dahin nicht bekannt gewesenen Schriften des Aristoteles sich eine ganz neue Orientierung ergab, und dies hatte für den Bereich der Fragen, die in der Logik behandelt wurden, auch nachteilige Folgen. Z.B. wurden bei Gerbert von Aurillac und Abbo von Fleury im 10. Jhd., bei Garlandus Compotista (eher 12. als 11. Jhd.), bei Abaelard und Wilhelm von Lucca im 12. Jhd. aufgrund des Traktats des Boethius die hypothetischen Syllogismen ausführlich behandelt, während sie im 13. Jhd. in den Lehrbüchern der Logik nicht mehr aufgeführt werden. Auch die vielen Autoren des 14. Jhd.s, die sich mit der Folgerungslehre in eigenen Traktaten beschäftigen, nehmen auf diesen Boethius-Traktat nur mehr ganz selten Bezug (so z. B. Walter Burleigh), und die im ganzen sehr spärliche Kommentierung dieses Traktats hört mit dem 12. Jhd. überhaupt auf. Dies zeigt uns jedenfalls eines: Die mittelalterliche Philosophie war gar nicht so »traditionalistisch«, wie manchmal angenommen wird. Es gilt dort vielmehr, daß das »Neue« das »Alte« sehr rasch verdrängt und – Johannes von Salisbury hat das für seine Zeit ausdrücklich festgehalten – manches von dem »Alten« rasch völlig in Vergessenheit gerät. Ein Autor wie Abaelard, den wir heute zu den wirklich bedeutenden Logikern zählen, war fünfzig Jahre nach seinem Tod durch die weitere Entwicklung »überholt«, seine Schriften wurden nicht mehr abgeschrieben (es ist nur eine einzige, aus der Mitte des 12. Jhd.s stammende Abschrift erhalten) und, soweit noch vorhanden, nicht mehr gelesen. Sogar einzelne Schriften eines im ganzen Mittelalter so bekannten Autors wie Boethius standen nun nur noch in den Bücherregalen, wurden aber nicht mehr herangezogen – und das ganze fiel niemandem auf.

4. Die Ethik

Von 1126–1136 war Abaelard Abt des Klosters St. Gildas in der Bretagne und er verfaßte seine Schrift zur Ethik entweder während dieser Jahre oder kurz danach. Die Mönche dieser Abtei waren nach der Mitteilung Abaelards »für ihre Schändlichkeit und Unbelehrbarkeit überall verrufen« (*Leidensgeschichte*. S. 57). Abaelard, hierin ganz ähnlich wie Bernhard von Clairvaux, versuchte, die Sitten der Mönche etwas zu bessern, stieß dabei aber auf erbitterten Widerstand: »Vor ihren tagtäglichen Anschlägen der Art [d. h. Versuche, ihn durch Gift zu ermorden] suchte ich mich durch möglichste Vorsicht beim Essen und Trinken zu schützen.« (Ebd. S. 67) Die Zustände in St. Gildas waren kein Einzel-, wohl aber vielleicht ein Extremfall, so wenn Abaelard berichtet: »Sie griffen nicht mehr zum Gift, sie bedrohten mich mit dem Schwert, und nur unter dem Geleit eines Ritters der Gegend konnte ich das nackte Leben retten.« (Ebd. S. 69) Daß Abaelard und andere, die oft mehr Erfolg als er hatten, versuchten, bei solchen Zuständen etwas Ordnung herzustellen, ist verständlich. Im Unterschied zu anderen sah aber Abaelard, daß hier ein – für uns heute nur schwer verständliches – prinzipielles Problem vorlag. Bis zur Zeit Abaelards und über diese Zeit hinaus galt im Mittelalter eine sehr »objektive« Auffassung der

Bewertung von Handlungen. Ein Mönch hatte die Aufgabe, zu beten und liturgische Funktionen zu erfüllen, dies hatte einen »objektiven« Wert. Was er dabei dachte und was er sonst noch tat, war letztlich für die Gesellschaft irrelevant. Ein König hatte u. a. mildtätig zu sein und für Witwen und Waisen zu sorgen, und entsprechend wurden bei öffentlichen Auftritten Situationen inszeniert, in denen eine um Hilfe bittende Witwe auftrat, die ihr Leid klagte, für das dann der König die – standardisiert vorbereitete – Lösung bereit hatte. Dasselbe galt für die Ritter und die Bauern, die »objektive« Handlungen zu leisten hatten. Erfüllte einer die seinen nicht, so wurde er mit »objektiven« Strafen belegt. Bußbücher, die den größtenteils ungebildeten Beichtvätern die entsprechenden Tarife vorgaben, legten die jeweiligen Bußleistungen fest. (Dies verhält sich ganz ähnlich wie bei unseren heutigen Bußgeldern für bestimmte Verkehrsdelikte, auch bei diesen ist es völlig gleichgültig, ob jemand ein Schild übersehen oder es bewußt nicht beachtet hat: Er wird einfach »objektiv« fotografiert und muß zahlen. Übertretung ist Übertretung, und das Bußgeld ist immer »objektiv«, immer gleich.) Die Menschen des Mittelalters – aber vielleicht eben nicht nur sie – waren in erheblichem, wenn nicht entscheidendem Maß aber auch in ihrer Selbsteinschätzung davon abhängig, wie sie von ihrer Umwelt »objektiv« eingeschätzt wurden, d. h. sie betrachteten sich selbst gleichsam von außen. In der christlichen Ethik, wie sie den Menschen des Mittelalters vor allem in den häufig schon aus der Antike stammenden Lebensbeschreibungen der Heiligen entgegentrat, wird zwar öfters von einem »inneren Kampf« gesprochen, es bestehen jedoch erhebliche Zweifel daran, ob dies von den Menschen des frühen Mittelalters so aufgefaßt werden konnte, wie es in der Antike gemeint war. Sie interpretierten solche Kämpfe als »objektive« Kämpfe mit dem Teufel. Im 12. Jhd. läßt sich jedoch beobachten, daß mit dem zunehmenden Bewußtsein der Individualität auch der mögliche Konflikt zwischen *Fremdeinschätzung* und *Selbsteinschätzung* zu Tage tritt, Beispiele dafür lassen sich auch in der Literatur finden. Diese Problematik war Abaelard nicht zuletzt aus ganz persönlicher Erfahrung klar geworden. Er hatte seine frühere Geliebte Heloise zum Eintritt in ein Kloster gezwungen, und diese konnte nun berichten, daß alle ihren gottgefälligen Lebenswandel rühmen, obwohl sie selbst von sich sagen muß: »Dir zu gefallen liegt mir mehr am Herzen als Gott zu gefallen.« (*Briefe*. S. 111) Fremdeinschätzung und Selbsteinschätzung treten hier deutlich auseinander. Vermutlich hatte Abaelard diese Fragen mit Heloise schon früher besprochen, denn sie argumentiert nun genau von jener Position aus, die das Neue in Abaelards Ethik ausmacht. Nicht vom Richter eines Gerichtsverfahrens, sondern vom moralischen Richter, sei es ein Mensch oder sei es Gott, sagt Abaelard:

Nicht der Erfolg der Tat unterliegt der Ahndung, sondern das Fühlen und Wollen des Täters, und ein billig denkender Richter wertet die Gesinnung, nicht den Vorgang. (*Briefe*. S. 83)

Genau dies arbeitete Abaelard in der Ethik *(Scito te ipsum)* aus. Die äußere Handlung wird im Vergleich zur Zustimmung des Willens als weniger entscheidend für die ethische Beurteilung angesehen, die Sittlichkeit oder Unsittlichkeit einer Handlung wird einzig nach der Intention und der Willensentscheidung beurteilt. Abaelard ist aber dabei überzeugt, daß diese Intention nach objektiven moralischen Normen gebildet werden müsse, es geht ihm also nicht um eine Subjektivierung der Ethik, sondern darum, daß bei der Beurteilung der Sittlichkeit einer Handlung die Absicht des handelnden Subjekts den Ausschlag geben muß. In dieser Analyse Abaelards liegt auch eine Auseinandersetzung mit Augustinus und dessen Auffassung von Schuld und Willensentscheidung. Eine geschichtlich vermittelte Neigung zur Sünde darf nach Abaelard nicht als Sünde bezeichnet werden (*Scito te ipsum*. S. 22). Dies bedeutet letztlich, daß der gesamte Komplex von Schwäche, Neigung zur Sünde usw., den Augustinus unter »Erbsünde« gefaßt hatte, von Abaelard zwar nicht geleugnet, wohl aber als vor-ethisch aufgefaßt wird, während Ethik für ihn ausschließlich mit einer Willenszustimmung beginnt. Der Wert einer ethischen Handlung wird daher streng autonom analysiert, weder Erbsünde noch Gnade haben etwas mit dem sittlichen Wert einer Handlung zu tun. Daß eine solche Ethik dem hl. Bernhard mißfiel, war zu erwarten: Bei Abaelard fällt die ganze Dramatik von Sünde und

Gnade weg. Ob Bernhard von Clairvaux die Ethik Abaelards – also *Scito te ipsum* – selber gelesen hat, wissen wir nicht, es ist aber eher unwahrscheinlich. Von den Thesen erfuhr der immer gut informierte Bernhard aber doch etwas. Jedenfalls unternahm er alles, um solche Thesen verurteilen zu lassen, was dann auf der Synode von Sens 1140 auch tatsächlich geschah. Dort wurden neben Thesen aus der Theologie Abaelards *(Theologia summi boni)* auch folgende Sätze verurteilt, die als pelagianisch aufgefaßt wurden:

Die freie Entscheidung *(liberum arbitrium)* genügt für sich für eine gute Handlung. (DS 725)

Wir haben uns durch Adam keine Schuld, sondern nur eine Strafe zugezogen. (DS 728)

Nichts ist als Schuld anzurechnen, was aus Unkenntnis geschieht. (DS 730)

Alles ganz vernünftige Sätze, die aber doch verurteilt wurden. Abaelard appellierte an den Papst gegen die Verurteilung, zunächst ohne Erfolg. Auf der Reise nach Rom verließen ihn in Cluny die Kräfte und der Abt von Cluny, Petrus Venerabilis, nahm ihn auf. Abaelard verbrachte die letzten Monate seines Lebens dort, und Petrus Venerabilis erreichte seine Versöhnung mit der Kirche. Nach Abaelards Tod (1142) sandte Abt Petrus Venerabilis den Leichnam des Mönches der Äbtissin Heloise, also der früheren Geliebten Abaelards, damit sie ihn in ihrer Nähe begraben könne – eine vornehme Geste, die auch nicht so ganz in das übliche Mittelalter-Bild paßt.

- VIII -

Neuansätze des 12. Jahrhunderts

1. Interesse an der Natur

a) Medizin und der wissenschaftliche Aristoteles

Aristoteles war den Philosophen des Mittelalters bisher nur als Logiker und – soweit in den *Kategorien* metaphysische Grundkategorien enthalten sind – als Metaphysiker bekannt. Die Beziehung der aristotelischen Logik zur Naturwissenschaft hingegen war höchstens durch die allgemein bekannte Lehre von den vier Ursachen geläufig. Ein wichtiger Anstoß, den »wissenschaftlichen« Aristoteles zu erforschen, kam aus der Schule der Medizin in Salerno. Die Medizin wurde im lateinischen Mittelalter häufig gänzlich getrennt vom akademischen Lehrbetrieb – also vom Studium der Freien Künste – betrieben. Ebenso wie Handwerker lernten Ärzte ihre Kunst bei einem Meister, Bücher hatten sie kaum, viele konnten gar nicht lesen. Aus einer Vereinigung solcher Praktiker der Medizin scheint die Schule in Salerno im 11., vielleicht schon im 10. Jhd. hervorgegangen zu sein. Bis in die erste Hälfte des 12. Jhd.s wurden in Salerno nur konkrete Fragen der Chirurgie und der Anatomie diskutiert, außerdem wurden Rezepte gesammelt, beides in ganz *praktischer* Absicht. Etwa seit der Mitte des 12. Jhd.s ist jedoch eine wesentliche Erweiterung der Interessen der salernitaner Mediziner zu beobachten. Neben den weiterhin selbstverständlich vorhandenen praktischen Interessen bildete sich nun ein *theoretisches* und mit philosophischen Fragen verbundenes Interesse heraus. Der Anlaß dazu waren die medizinischen Schriften, mit denen gearbeitet wurde. Es hatte sich eine Sammlung von Schriften herausgebildet, die unter dem Titel *Articella* bekannt ist. Für die Geschichte der Philosophie sind davon besonders zwei Texte interessant. Der erste ist die *Ysagoge ad artem Galeni* des Johannitius, ein um das Jahr 1100 bereits bekannter Text. Es handelt sich dabei um die Übersetzung aus dem Arabischen eines Traktats des Hunain ibn Ishaq (vgl. Kap. IX, 2, a). In dieser Einleitung wird in erheblichem Umfang philosophische Terminologie verwendet, wodurch sich für die Ärzte in Salerno die Aufgabe stellte, sich eine gewisse Kenntnis philosophischer Grundbegriffe anzueignen. Der zweite Text ist die *Pantegni* (= *Pantéchne*, d. h. *Die gesamte Kunst*); dieses Buch wurde von dem Mönch Konstantin in Monte Cassino übersetzt. Konstantin stammte aus Afrika und hatte vermutlich in Karthago bei den Arabern studiert, die Übersetzungen fertigte er auf Anregung des salernitaner Mediziners Alfanus (gest. 1085) an. Durch die *Pantegni* wurde erstmals eine lateinische »theoretische« Terminologie für die Medizin hergestellt. Die Vorlage der *Pantegni* stammt aus dem Arabischen und ist eine medizinische Enzyklopädie aus dem 10. Jhd. In der Einleitung zu diesem Buch wird vom Arzt ausdrücklich gefordert, daß er eine Kenntnis der Dialektik und des Quadriviums besitzt. Der erste Teil der *Pantegni* befaßt sich mit theoretischen philosophischen Fragen und wurde somit als Aufforderung an die Mediziner aufgefaßt, sich mit solchen Problemen zu befassen. Der theoretische Teil der Medizin wurde jetzt entsprechend der in diesen Schriften enthaltenen Definition als diejenige Wissenschaft aufgefaßt, die die Natur bzw. die Prinzipien der Natur betrachtet. Die Forderung einer philosophischen und wissenschaftstheoretischen Einleitung in die Medizin geht aber schon auf die alexandrinische Wissenschaft zurück (vgl. 1. Teil, Kap. XI, 3) und war von dort an die arabische Wissenschaft weitergegeben worden (vgl. weiter unten Kap. IX, 2). Außer diesen beiden Schriften gehörten u.a. noch die *Ars parva* Galens (129/130–199/200) und die *Aphorismen* sowie das *Prognostikon* des Hippokrates zum Kanon der *Articella*.

Die salernitaner Mediziner begannen dann, ihre Grundlagentexte genau zu studieren und zu kommentieren, genau so wie es ihre Kollegen aus der Philosophie, der Theologie und der Rechtslehre in den Schulen nördlich der Alpen taten. Es entwikkelte sich somit schon vor 1100 eine Art medizinischer Scholastik, orientiert an der *Articella*-Kommentierung. Für den Gebrauch der praktischen Ärzte wurden Kompendien hergestellt. Die Kommentatoren ihrerseits versuchten, ihre Textgrundlagen zu erweitern. In Kommentaren zur *Ysagoge* des Johannitius wurden bereits Zitate aus der *Physik* des Aristoteles und aus *De generatione et corruptione* verwendet. Selbstverständlich wurden auch die anderen bekannten Texte des Aristoteles, also die *Kategorien* und *Peri hermeneias*, sowie die *Einleitung* des Porphyrios verwendet. Auch die pseudo-aristotelischen *Problemata* waren bekannt. Die philosophisch orientierten Mediziner in Salerno verfügten somit über naturphilosophische Schriften des Aristoteles, die aus dem Griechischen übersetzt waren, zu einer Zeit, als diese den lateinischen Philosophen des Nordens noch nicht bekannt waren. Nach der Phase der Kommentierung schon bekannter und der Aneignung neuer Texte unternahm Urso von Kalabrien (gest. um 1300) die Zusammenfassung verschiedener Lehrbereiche der Medizin, für die er zudem eine naturphilosophische Grundlegung lieferte, wenngleich das vorrangig medizinische Interesse auch bei ihm eindeutig erhalten blieb. Urso war auch an mathematischen Fragen interessiert, und so leitete er eine quantitative Betrachtungsweise in der Pharmakologie ein, was zunächst auf Kritik und Widerstand stieß. Die literarische Form all dieser Texte ist kennzeichnend für die mittelalterliche Wissenschaft: Wir haben hier den Weg vom Kommentar zur Summe vor uns, den wir ebenso in den Schulen des Nordens beobachten werden können.

Wirklich maßgebend blieben für die Medizin die Schriften, die Konstantins der Afrikaner übersetzt hatte, nicht die des Aristoteles. Aristoteles-Texte wurden zwar für bestimmte Probleme herangezogen, eine allgemeine aristotelische Naturphilosophie aber wurde im Rahmen der Medizin nicht entwickelt. Das Ende der Schule von Salerno als bedeutendes Zentrum medizinischer Forschung kam durch Kaiser Heinrich IV., der 1194 Salerno einnahm, ausraubte und teilweise zerstörte. Die salernitaner Schule wirkte aber durch Text-Vermittlung in andere Zentren weiter. Seit 1200 wurde der Kanon der medizinischen Schriften aus Salerno maßgebend für die Schulen in Montpellier und Paris. Die *Pantegni* blieb während des ganzen Mittelalters ein medizinischer Grundlagentext, ein Frühdruck wurde 1515 hergestellt. Nicht zu vergessen ist, daß seit dem Ende des 13. Jhd.s das medizinische Wissen von Salerno auch in vulgärsprachlichen Texten greifbar wurde, bekannt ist etwa das um 1260 verfaßte *Deutsche salernitanische Arzneibuch*, eine Übersetzung der *Pantegni*. Das neue medizinische Wissen ist also viel früher weiteren Kreisen bekannt geworden als das neue philosophische Wissen.

b) »Gallische« und »griechisch/arabische« Wissenschaft

Schon im 12. Jhd. setzte die Suche nach bisher nicht bekannten Texten ein, es begann der Weg in den Süden auf der Suche nach diesen Texten und dem darin enthaltenen »neuen« Wissen. Wir werden dieser Suche und der damit verbundenen Übersetzungstätigkeit in einem eigenen Kapitel nachgehen (Kap. XI, 2). Hier soll zunächst nur festgestellt werden, daß diese Bewegung schon in der ersten Hälfte des 12. Jhd.s einsetzte. Adelard von Bath (um 1070 – nach 1146) studierte zunächst in der Normandie, begab sich dann aber auf eine Studienfahrt nach Salerno, Sizilien und Kleinasien. Nach seiner Rückkehr nach England wies er ausdrücklich darauf hin, daß das, was die Gelehrten in Gallien, d. h. in Frankreich, nicht wissen, jenseits der Alpen zu finden ist, und daß das, was die Lateiner nicht kennen, bei den Griechen gelernt werden kann *(quod apud Latinos non addisces, Graecia facunda docebit)* (*De eodem et diverso*. S. 32). Der somit als mangelhaft bezeichneten lateinischen Wissenschaft wird aber nicht nur die griechische, sondern auch die arabische Wissenschaft gegenübergestellt. Nach der Auffassung Adelards befaßten sich die Lateiner zu sehr mit dem Trivium und zu wenig mit dem Quadrivium, womit er durchaus Recht hatte. Hinter dieser *Verlagerung* des Akzents *vom Trivium zum Quadrivium* steht jedoch mehr als eine reine Interessensverlagerung. Das Trivium als Sprachdisziplin stand traditionsgemäß im Zusammenhang der Auslegung von Texten, vor allem natürlich des Textes der *Bibel*, und stand damit im Dienst des geltenden symbolischen Weltbildes, in dem die Natur wie ein Buch gelesen werden konnte. Wird nun Wissen in fremden Kulturen gesucht, so muß die eigene Buchtradition zurücktreten, und muß, wenn jetzt mit Texten anderer Sprachen und Kulturen gearbeitet wird, die Grammatik der eigenen Sprache als die grundlegende Disziplin der Aneignung dieses Buchwissens an Bedeutung verlieren. Dieser Relativierung der eigenen

Tradition entspricht dann die Bemühung, diese Tradition nicht nur in der Form von Bibelkommentaren hermeneutisch auszulegen, sondern ihr so weit als möglich eine philosophische Grundlage zu geben (vgl. weiter unten 4). Diese philosophische Grundlage soll aber der Voraussetzung gemäß nicht auf eine bestimmte Kultur begrenzt sein. Wir sind hier auf dem Weg zu dem Versuch, das zu begreifen, was verschiedenen Kulturen und Sprachgebieten gemeinsam ist, und dazu gehörte eben vor allem die Erkenntnis einer Natur, die unabhängig von religiösen Traditionen und deren Schriften interpretiert wurde. Als Instrument dafür galt das Quadrivium. Die Konfrontation der *Gallica studia*, womit das Trivium gemeint ist, und der *Arabica studia*, womit das Quadrivium, also Mathematik und Naturwissenschaften, gemeint ist, ist in den *Quaestiones naturales* des Adelard sehr deutlich. Es handelt sich dabei aber vor allem um den Ausdruck des Bewußtseins um ein wünschenswertes Forschungsprogramm, denn in dem genannten Werk ist von einer Verarbeitung arabischer Wissenschaft nichts zu bemerken. Wohl aber liegt bei Adelard bereits ein eigenständiges empirisches Interesse vor, und nicht nur das: er berichtet auch von eigenen empirischen Beobachtungen. In seinen *Quaestiones naturales* werden Fragen der Biologie, Psychologie, Klimatologie und Kosmologie behandelt, alle in der Absicht, natürliche Ursachen festzustellen. Auffallend ist dabei, daß er offensichtlich nur über eine ganz geringe Kenntnis des platonischen *Timaios* verfügte, jener Schrift also, die geradezu den Leitfaden des neuen Naturverständnisses im 12. Jhd. abgeben sollte, obwohl Adelard an vielen Stellen auf »seinen Platon« hinweist. Später wandte er sich dann tatsächlich den »arabischen Studien« zu. Er hatte Arabisch gelernt – über den Grad seiner Kenntnisse wird allerdings gestritten – und begann, Übersetzungen aus dem Arabischen herzustellen, wobei er sich vor allem mit Schriften zur Mathematik beschäftigte. Von ihm stammt u.a. die erste vollständige, nach einer arabischen Vorlage hergestellte, Übersetzung der *Elemente* Euklids und der astronomischen Tafeln des al-Khwarizimi (9. Jhd.). In seiner Schrift *Über das Astrolabium* geht es ihm nicht nur um ein Meßgerät, sondern um ein Instrument für die rationale, konstruktive Erfassung des Kosmos als ganzem. Das Programm überschritt allerdings erheblich die faktisch vorhandenen mathematischen und technischen Möglichkeiten. Ein einheitlicher Begriff der Naturwissenschaft liegt bei Adelard noch nicht vor, er hat dafür noch nicht einmal ein Wort. Obwohl er von *quaestiones naturales* spricht, verwendet er weder den kurze Zeit nach ihm üblich gewordenen Begriff *physica* noch den der *scientia naturalis*. – Eine ähnliche Einschätzung der Mängel der lateinischen Wissenschaft findet sich noch am Ende des 12. Jhd.s bei Daniel von Morley (um 1140 – um 1210). Auch er war mit dem, was in Paris gelehrt wurde, nicht zufrieden und suchte nach neuen Texten. Er reiste daher in das Übersetzerzentrum Toledo (vgl. dazu Kap. XI, 2) und kam 1187 mit einem umfangreichen Bestand von Handschriften der »arabischen Wissenschaft« nach England zurück, wo er dann sein ganz empirisch orientiertes Werk *De naturis inferiorum et superiorum* verfaßte.

In der zweiten Hälfte des 12. Jhd.s war es also den fortschrittlicheren, d. h. auf der Suche nach neuem Wissen befindlichen, Gelehrten schon klar, daß das Pariser Curriculum nicht ausreichend war, und daß die Mängel desselben darin lagen, daß dort zu wenig Kenntnisse der Mathematik und der Naturwissenschaften vermittelt wurden, ganz einfach deshalb, weil dort zu wenig von solchem Wissen vorhanden war. Und es war zu wenig Wissen vorhanden, weil die Texte, in denen dieses enthalten war, nicht bekannt waren. Und man wußte inzwischen auch, daß diese Kenntnisse bei den Griechen und Arabern zu holen waren, und einige machten sich daher auf den Weg dorthin. Wie sich gleich noch zeigen wird, war auch bei den Vertretern des Triviums die Erkenntnis gewachsen, daß sie ebenfalls viele Texte ihres Fachgebiets noch gar nicht kannten, und daß diese Texte bei den Griechen und Arabern vorhanden waren.

c) Der wissenschaftliche Platon

Ende des 10. Jhd.s war Fulbert (um 960–1028) Bischof von Chartres geworden. Fulbert war Schüler des Gerbert von Aurillac, dessen besonderes Interesse dem Quadrivium gegolten hatte (vgl. Kap. V, 3), und Fulbert war es zu verdanken, daß die Kathedralschule von Chartres wiederbelebt wurde. Ob sich dort eine Tradition wissenschaftlichen Denkens auch später fortsetzte, ist historisch nicht feststellbar, eindeutig ist jedoch, daß knapp ein Jahrhundert später Chartres zu einem Ausgangspunkt wissenschaftlichen Denkens wurde. In älteren Publikationen wird häufig von einer »Schule von Chartres« gesprochen, außer Bernhard von Chartres war aber wohl kaum einer der Magistri, die mit Chartres in Verbindung gebracht werden, tatsächlich für längere Zeit dort tätig. Die Magistri hatten zwar dort Pfründen, waren aber hauptsächlich an anderen Orten, besonders in Paris, tätig. Seit ca. 1140 war der Vorrang der Schulen von Paris eindeutig und zahlreiche Magistri, die sich einen Ruf als Lehrer erworben hatten, wurden von Schulen in Paris angeworben bzw. strebten nach einer Stellung in Paris. Magistri, die mit Chartres in Verbindung standen, waren u.a. Wilhelm von Conches, Thierry von Chartres, Bernhard Silvestris, außerdem Clarenbaldus von Arras und Gilbert de la Porrée. Gemeinsam ist diesen Magistri ein deutlich erkennbares Interesse an dem wissenschaftlichen Platon im Anschluß an den Teil des *Timaios* (bis 53c), der damals zusammen mit dem Kommentar des Calcidius bekannt war. Wenn hier also vom »wissenschaftlichen Platon« die Rede ist, so geht es dabei ausschließlich um diesen damals bekannten Teil des *Timaios* und dessen Kommentar, nicht um irgendwelche andere Platon-Texte, von denen ja damals so gut wie nichts vorhanden war. Dieser Text war schon vorher gelegentlich verwendet worden (vgl. Kap. V, 4, a und b), jetzt wird er jedoch anders gelesen: Der augustinische und pseudo-dionysische Platonismus tritt deutlich zurück, während der wissenschaftliche Platonismus, der im Kommentar des Calcidius vorhanden ist, die Oberhand gewinnt. Auch der Kommentar des Macrobius zu Ciceros *Somnium Scipionis*, der eine neuplatonische Interpretation der platonischen Kosmologie enthielt, wurde jetzt als wissenschaftlicher und nicht als religiöser Text gelesen. Das Interesse an diesem wissenschaftlichen Platon zeigt sich schon in der Handschriftenüberlieferung. Vom Kommentar des Macrobius sind aus der Zeit vom 9. bis 11. Jhd. 43 Handschriften erhalten, aus dem 12. Jhd. jedoch 106, während aus dem 13. Jhd. wiederum nur 28 Handschriften überliefert sind. Ähnliche Zahlen gelten für den *Timaios* mit dem Kommentar des Calcidius, der Höhepunkt des Platon-Interesses lag also eindeutig im 12. Jhd. Es ist jedoch recht deutlich, daß nicht eine neue Lektüre des Platon-Textes zu einem neuen Naturverständnis führte, sondern daß umgekehrt ein neues Naturverständnis zu einer neuen, aber durchaus gerechtfertigten Lektüre des Platon-Textes führte. Dieses *neue Naturverständnis* hat seine Wurzeln in einem neuen Weltverständnis, das seinen Ausdruck im 12. Jhd. in den verschiedensten Bereichen gefunden hat (vgl. auch Kap. VII, 1): Die Menschen wollten sich – wie sie jetzt den *Genesis*-Text auslegten – »die Welt untertan machen«. Die materielle Welt sollte nicht mehr als Gefängnis der Seele angesehen werden, sondern als der natürliche Lebensbereich des Menschen, der eine ausdrücklich positive Wertung erhielt. Diese natürliche Welt war gut und konnte und sollte erforscht und genutzt werden. Was wir in der Philosophie verfolgen können, hat seine Parallele auch in der Dichtung, die dann selbst wiederum gerne solche Anregungen aus der Philosophie aufnahm. Richtungsweisend wurde folgende Platon-Stelle:

Alles Werdende aber hat notwendig irgendeine Ursache zur Voraussetzung, denn ohne Ursache kann unmöglich etwas entstehen. (*Timaios* 28a)

Dies wurde ganz »naturalistisch« verstanden: Es geht darum, die natürlichen Ursachen der Dinge zu erforschen (*legitimam, id est rationabilem causam)* (Bernhard von Chartres: *Glosae super Platonem*. S. 159). Von da aus entwickelte sich ein Platonismus, der eine *Rahmentheorie* für beginnende *naturwissenschaftliche Fragestellungen*, also für eine *scientia naturalis*, abgab. Die Neuinterpretation des *Timaios* ging in zwei Schritten vor sich. Dieser Weg der Bearbeitung der Fragen der Naturphilosophie im 12. Jhd. ist ganz ähnlich jenem der Logik, wie wir ihn bei Abaelard gesehen haben: In einer ersten Phase werden in eingehendem Textstudium die Quellentexte erarbeitet, hier also der *Timaios* und der Calcidius-Kommentar. In einer zweiten Phase wird versucht, das Erarbeitete systematisch zusammenzustellen und auf dieser Basis weiterzuarbeiten. Zunächst wurde der damals bekannte Teil des *Timaios* (bis 53c) zusammen mit dem Kommentar des Calcidius in den Schulunterricht eingeführt; dies war das Verdienst des Bernhard von Chartres (gest. 1130), der auch Glossen zum *Timaios* verfaßte. Nach dem Urteil des Johannes von Salisbury war er ein ganz hervorragender Lehrer (*Metalogicon* I, 24) und der »vollkommenste Platoniker des Jahrhunderts« (Ebd. IV, 35). Die Lektüre des *Timaios* ist schon bei Bernhard eine physikalische, sie ist nicht primär am Trivium, also an der sprachlichen Interpretation, orientiert, obwohl auch diese zur Geltung kommt, sondern am Quadrivium, also an dem wissenschaftlichen Gehalt. Theologische Interessen treten ganz zurück. Bernhard hält sich an den Text des *Timaios* und versucht keinerlei christliche Interpretation. In seinem eigenen Wissenschaftsverständnis orientierte sich Bernhard an der bekannten Einteilung Logik-Physik-Ethik. Die Disziplinen des Quadriviums bringt er dann in der Physik unter, wobei er besonderen Wert auf das Studium der Mathematik legte (Ebd. I, 24). In seinen *Glossen zum Timaios* stellt Bernhard sein Interesse an mathematischen Fragen der Naturbetrachtung unter Beweis, auch wenn manches – verständlicherweise – doch recht spekulativ bleibt.

Auf Bernhard von Chartres wird auch folgende, später berühmt gewordene Metapher zurückgeführt: Wir sind wie Zwerge auf den Schultern von Riesen, und wir sehen weiter als unsere Vorgänger, nicht, weil wir eine klarere Sicht oder einen besseren Blick haben, sondern weil wir durch deren Riesengestalt emporgehoben werden und so von dort oben aus in die Ferne blicken können (Ebd. III, 4). In diesem Vergleich kommt gut zum Ausdruck, daß und wie im 12. Jhd. Traditions- mit Fortschrittsbewußtsein zusammen bestand.

Die nächste Stufe wird mit Wilhelm von Conches (um 1080–1154) erreicht. Auch er ging zunächst den Weg der Erarbeitung des Textverständnisses und verfaßte eine *Glosa in Timaeum* und *Glosae super Platonem*, aber auch in diesen ist schon das physikalische Interesse deutlich. Später versuchte er in der *Philosophia* und im *Dragmaticon* die Sachprobleme als solche zu behandeln. Der Platonismus liefert für Wilhelm den theoretischen Rahmen seiner Überlegungen, er ist aber auch – so wie seine Kollegen aus dem Fach der Logik (vgl. weiter unten 2) – auf der Suche nach neuen Texten. In seinem bis heute nicht edierten Kommentar zum *Somnium Scipionis* des Macrobius verwendete Wilhelm von Conches zur Erklärung musikalischer Fragen als einziger Autor des 12. Jhd.s auch den *Micrologus* des Guido von Arezzo (um 992 – nach 1033), was zeigt, daß er versuchte, alles, was an Wissen zu erreichen war, zusammenzutragen. Auch kennt er schon die medizinischen Schriften, die Konstantin der Afrikaner übersetzt hatte und weitere Schriften aus der Schule der Medizin in Salerno. Er verwendet diese Schriften jedoch in einer Weise, die weit über das hinausgeht, was dort gesagt wurde. Die Mediziner hatten den menschlichen Körper als durch natürliche Ursachen erklärbar angesehen, Wilhelm von Conches überträgt dieses Erklärungsmodell auf den gesamten Kosmos. Es gibt jedoch noch einen weiteren und ebenso weitreichenden Unterschied. In der durch Konstantin repräsentierten Medizin war man von qualitativen Grundbestimmungen des Körpers ausgegangen, Wilhelm von Conches hingegen nimmt auf platonischem und boethianischem Hintergrund quantitativ bestimmbare Grundelemente der Körper und des gesamten Kosmos an. Entsprechend wird im Rahmen des Quadriviums die *Mathematik*, wenn auch mehr prinzipiell als faktisch angewendet, zur *Basisdisziplin der Physik und der Kosmologie*. Alle Phänomene der Welt müssen durch Elemente und

Wirkkräfte erklärt werden, die bestimmten Proportionen entsprechen müssen. Wilhelm von Conches faßt die Natur als ein System auf, in dem aus etwas ursprünglich Vermischtem durch einen allmählichen Prozeß der Trennung und Formung die einzelnen Dinge hervorgehen (*Dragmaticon* I, 7. S. 30 f.). Dies gilt für die Kosmologie, also den ursprünglichen Entstehungsvorgang, wie auch für die Erklärung der jetzt beobachtbaren Veränderungen. Wilhelm zieht dabei alle ihm verfügbaren empirischen Daten heran. Solche Daten werden allerdings meist nicht durch eigene Beobachtungen gefunden, sondern werden selbst wieder aus Texten erhoben. Dadurch werden allerdings bekannte antike Texte, die durchaus schon in den Bibliotheken vorhanden waren, aber kaum verwendet wurden, relevant, so z. B. die *Naturales quaestiones* Senecas.

Manches wirkt bei Wilhelm von Conches modern, so z. B. die von ihm hervorgehobene Bedeutung der Mathematik für die Physik, wodurch deutlich wird, daß dies nicht erst eine Errungenschaft der Magistri des 14. Jhd.s darstellt. Es besteht jedoch ein wichtiger Unterschied zu der – jedenfalls vorherrschenden – Auffassung der Moderne, in der Naturwissenschaft und Naturphilosophie getrennt erscheinen. Wilhelm von Conches hingegen betreibt Physik immer im Zusammenhang einer umfassenderen, auch metaphysische Prinzipienfragen nicht umgehenden Philosophie,
 die auch vor der Frage nach der Ursache der Welt als solcher nicht halt macht.

In den Schriften des Wilhelm von Conches begegnen wir einer naturalistischen Sicht der Welt und des Menschen. Der Weltprozeß läuft nach immanenten physikalischen Gesetzmäßigkeiten ab, die von der vernunftgeleiteten Forschung entdeckt werden können. Die Tätigkeit Gottes wird auf den Schöpfungsakt und auf die Erschaffung der menschlichen Seelen beschränkt, in der Beschreibung des Entfaltungsprozesses der Welt spielt der Bericht der *Genesis* keine Rolle. Es war wohl vor allem diese naturalistische Grundtendenz der Naturphilosophie des Wilhelm von Conches, die die Kritik des Wilhelm von Saint-Thierry (1085/1090–1148/1149) hervorrief (*De erroribus Guillelmi de Conchis ad Bernardum*). Wilhelm von Saint-Thierry meinte, daß Wilhelm von Conches Ideen weiterentwickelte, die sich auch bei Abaelard finden, und schickte eine Anklage an Bernhard von Clairvaux, der sich bereits bei der Verurteilung Abaelards als mächtiger Verteidiger der »wahren« Lehre hervorgetan hatte, wir begegnen also einer schon bekannten Konstellation nun im Bereich der Naturphilosophie. Wilhelm von Conches äußerte sich in seinem *Dragmaticon* dann vorsichtiger: Die philosophische Interpretation der Welt und der christliche Schöpfungsglaube stehen einfach nebeneinander. Seine Grundposition bleibt aber auch hier erhalten: Die Vorgänge in der Welt sind naturgesetzlicher Art, und die Vernunft kann die *Weltmaschine*, die *mundi machina* (*Dragmaticon* II, 6. S. 54), in der Wissenschaft nachkonstruieren. Faktisch wurde aber das *Dragmaticon* durch die Eliminierung der Annahme einer platonischen Weltseele, was ein Hauptpunkt der Kritik Wilhelms von Saint-Thierry gewesen war, eigentlich noch naturalistischer als es seine früheren Schriften gewesen waren. Die Angriffe gegen Wilhelm von Conches hatten indes keinen Erfolg, einfach aus dem Grund, weil Wilhelm inzwischen für das Haus Anjou arbeitete, wo er als Lehrer des Henry Plantagenet, des späteren Königs Heinrich II. von England, tätig war und von diesem geschützt wurde. Die Diskussion zwischen Wilhelm von Conches und Wilhelm von Saint-Thierry ist deshalb interessant, weil an ihr deutlich wird, daß das problematische Verhältnis von Naturphilosophie und Theologie nicht erst durch das Bekanntwerden der aristotelischen *Physik* und *Metaphysik* hervorgerufen worden ist, sondern schon in einem durchaus platonischen Kontext im 12. Jhd. allen Beteiligten klar war. An dieser Stelle zeigt sich allerdings auch, daß die bisher vorhandene Metaphysik und Wissenschaftstheorie für die Behandlung solcher Fragen nicht ausreichend war. Der Versuch Wilhelms von Conches im *Dragmaticon*, die Frage durch die Umgrenzung und gegenseitige Abgrenzung verschiedener Bereiche zu lösen, konnte letztlich nicht befriedigen. Auch Wilhelm mußte dies zugeben, wie man im *Dragmaticon* am Beispiel seiner Interpretation des biblischen Berichts über die Erschaffung der Eva aus der Rippe Adams ersehen kann: Er wiederholt hier einfach den Text der *Genesis* und gibt dann eine symbolische Deutung (*Dragmaticon* III, 4. S. 67), wobei unklar bleibt, warum diese Frage nicht in den Bereich der Naturphilosophie gehören sollte.

Auch aus dem Augustinerkloster St. Victor kamen scharfe Angriffe gegen eine solche naturalistische Philosophie. Richard von St. Victor (nach 1141–1173) lehnte diese Art der Naturauffassung *secundum physicam* scharf ab. Der Ausdruck *secundum phisicam* brachte inzwischen ein methodologisches Programm zum Ausdruck. Richard hingegen ging es um eine Einheit von *scriptura* und *natura*, so allerdings, daß wissenschaftliche Erkenntnisse zur Erläuterung der biblischen Texte herangezogen werden sollten, ohne aber eine methodologische Unabhängigkeit zu erlangen. Vernunftfeindlich war er deshalb indes auch wieder nicht. Innerhalb der Theologie ist Richard von St. Victor ein durchaus überzeugter Vertreter der Notwendigkeit der Anwendung der Dialektik. Es gelang ihm so, wichtige Beiträge für die Systematisierung theologischer Begrifflichkeit zu liefern.

Die Tendenz dieser in irgendeiner Weise mit Chartres verbundenen Philosophen ist also deutlich, und es ist hier nicht erforderlich, alle einzeln vorzustellen. Bedeutend war in der folgenden Zeit vor allem Thierry von Chartres (um 1100–1155/1156). Thierry verfaßte u.a. eine Schrift über das Sechstagewerk *(De sex dierum operibus)*, in dem durchweg *secundum physicam* gearbeitet wird. Ebenso wie Wilhelm von Conches distanziert er sich deutlich von den traditionellen »höheren« Interpretationen, also dem allegorischen und moralischen Sinn des *Genesis*-Textes. Die Konzeption Thierrys ist der des Wilhelm von Conches sehr ähnlich, er arbeitete sie jedoch viel detaillierter aus. Gott hat seiner Auffassung nach die Materie geschaffen und ihr Form- und Wirkkräfte in der Weise gegeben, daß der weitere Entwicklungsprozeß einzig nach immanenten Prinzipien vor sich geht. Aus Licht (Feuer) und Wasser entstehen Dämpfe, durch Rotation ergeben sich Verdichtungen, usw. Dies alles ist natürlich etwas »primitiv«, aber selbst moderne Wissenschaftshistoriker wie Pierre

Duhem (1861–1916) haben dem Mut der Theoriebildungen Thierrys ihre Achtung bezeigt.

Die naturphilosophischen Thesen der Magistri im Umkreis von Chartres beeindruckten auch die *Dichter*, was ein Hinweis darauf ist, daß das Interesse an einer Neubewertung der Natur nicht auf die Schulen beschränkt war. Der Einfluß auf die Dichtung blieb sogar noch in der zweiten Hälfte des 12. Jhd.s lebendig, also zu einer Zeit, in der der philosophische Einfluß dieser Magistri bereits im Abnehmen begriffen war. Der bekannteste dieser Dichter ist Bernhard Silvestris (gest. nach 1159), der u.a. das deutlich unter dem Eindruck der Schriften Thierrys von Chartres stehende Lehrgedicht *Cosmographia* verfaßte, das sogar Papst Eugen III. (1145–1153), einem von Bernhard von Clairvaux beeindruckten früheren Zisterziensermönch, während dessen Aufenthalt in Frankreich im Jahre 1148 vorgetragen wurde. In einer interessanten Umkehrung wird in diesem Lehrgedicht die anti-allegorische Naturbetrachtung im Rahmen einer großen Allegorie dargestellt. Die wichtigste Einteilung dieses Werkes ist die in Megakosmos und Mikrokosmos. Die personifizierte *Natura* steht hier der ursprünglichen chaotischen Materie *Silva*, also dem Wald, gegenüber. Die *Natura* wendet sich an den *Noys*, also den *Nous*, den göttlichen Geist, der der *Silva* Gestalt und Schönheit vermitteln soll. *Noys* schafft das Universum, übergibt aber die Ausgestaltung desselben der *Natura*, die dann *Urania*, das personifizierte Prinzip der Ordnung der Gestirne, und *Physis*, das Prinzip des physischen Lebens, herbeiruft, um das Werk zu vollenden. Es ergibt sich also, wenn auch allegorisch dargestellt, ein prinzipiell nachkonstruierbarer Zusammenhang der erfahrbaren Natur. Im ganzen ist aber der Dichter weniger optimistisch als sein naturphilosophischer Inspirator. Die Beziehung von Mensch und Natur ist in seiner Sicht keineswegs die einer ungetrübten Harmonie, und auch bei der Frage, wie viel der Mensch von der Ordnung der Natur erfassen kann, ist Bernhard weniger zuversichtlich als seine naturphilosophischen Kollegen.

Ein weiterer Dichter des 12. Jhd.s, der von der Naturphilosophie seiner Zeit Anregungen erhielt, ist Alanus von Lille (Alanus ab Insulis, um 1125/1130–1203). Er hatte in Chartres studiert und war dort anschließend als Magister tätig, zog sich dann aber in das Zisterzienserkloster in Cîteaux zurück. Er verfaßte die großen Gedichte *Über die Klage der Natur (De planctu naturae)* und *Anticlaudianus*. Auch bei ihm begegnen wir der allegorischen Gestalt der *Natura*, die aber hier eine andere Funktion erhält. Sie ruft alle Tugenden herbei, um jenen vollkommenen Menschen hervorzubringen, der die Welt beherrschen soll. Eine der Tugenden, die Klugheit, *Prudentia*, wird auf ihrer Reise zu Gott, wo sie um die Seele des idealen Menschen bitten will, auf einem Wagen getragen, der die sieben Freien Künste repräsentiert. Die Freien Künste, die Disziplinen des Verstehens der Welt, sind also auch die Grundlage, von der die Seele »getragen« wird. Aber auch bei Alanus ist der Optimismus gebrochen durch die Einsicht, daß der ideale Mensch von vielen Übeln bedroht ist, auch wenn schließlich der Sieg der Tugenden folgt.

Das neu erwachte Interesse an der Natur war also nicht ein auf eine bestimmte Schule begrenztes Phänomen, sondern stellt ein an vielen Stellen der Kultur des 12. Jhd.s beobachtbares Kennzeichen einer sich wandelnden Gesellschaft dar. Dies können wir auch an einem weiteren Beispiel sehen, das geographisch und kulturell aus einem ganz anderen Gebiet stammt. Hildegard von Bingen (1098–1179) ist in verschiedener Hinsicht interessant, so z. B. als Mystikerin, Komponistin (zahlreiche Kompositionen Hildegards sind sogar auf dem heutigen Schallplattenmarkt zu finden) und überhaupt als Beispiel für das, was eine Frau im 12. Jhd. leisten und sich leisten konnte. In unserem Zusammenhang ist bedeutsam, in welch ausdrücklich empirisch orientierter Weise Hildegard von Bingen an die Phänomene der Natur heranging. Eine ihrer ersten Tätigkeiten im Kloster war die Betreuung des Kräutergartens. Kräuter waren nicht nur für die Küche wichtig, sondern auch und möglicherweise vor allem für die Krankenbehandlung. In der Zeit nach 1150 trug Hildegard die Kenntnisse, die sie sich in diesem Bereich erworben hatte, in einer Schrift zusammen, die den Titel *Liber subtilitatum diversarum naturarum creaturarum* trug. Diese Schrift wurde in der weiteren Überlieferung in zwei Teile unterteilt: Der erste, der *Liber simplicis medicinae,* beschreibt Pflanzen, Tiere, Steine, Metalle und deren heilende bzw. schädliche Kräfte; traditionell würden wir sagen, es handelt sich hier um ein Herbarium, ein Bestiarium und ein Lapidarium. In ihren genauen Beobachtungen geht Hildegard aber weit über das hinaus, was in solchen Büchern bisher wiedergegeben worden war. Nicht nur das: Ihre Forschungsrichtung ist eine ganz andere. Sie sucht in diesem Bereich nicht *Symbole* und Allegorien, sondern *Ursachen* von Krankheiten und von Heilungsprozessen. Der zweite Teil ihrer Schrift trägt den Titel *Liber compositae medicinae* bzw. *Causae et curae.* Darin wird der menschliche Körper mit großer Genauigkeit beschrieben, auch werden Heilungsanweisungen für Krankheiten geliefert. Nach 1163 entstand das letzte große Werk Hildegards, *Welt und Mensch (De operatione Dei* oder: *Liber divinorum operum),* das die bekannten, aber noch nicht wirklich ausreichend erforschten Kosmosvisionen entfaltet. Es handelt sich dabei um eine eigentümliche Verbindung eines archaischen und ganz und gar allegorischen Mikro-Makrokosmos-Weltbildes, einer Heilsgeschichte, und ganz empirischer Beobachtungsdaten. In mittelalterlichen Schilderungen von Visionen lesen wir normalerweise keine Texte wie diesen:

> Wenn nun ein Mensch heftig läuft oder einen größeren Marsch macht, dann werden die Sehnen unter seinen Knien und die kleineren Gefäße im Knie übermäßig gedehnt, und sie berühren die Blutgefäße in den Waden, die sich dort wie ein reiches Netz verteilen; sie kehren alsdann infolge Ermüdung zu den Gefäßen in der Leber zurück, rühren über diese an die Gefäße des Gehirns: und auf diese Weise lassen sie den Menschen insgesamt ermatten. (*Welt und Mensch.* S. 63)

Dies stellt eine wissenschaftlich korrekte Theoriebildung dar, auch wenn die Theorie empirisch falsch ist. Gewöhnlich finden wir aber in mystischen Texten keine verifizier- oder falsifizierbaren naturwissenschaftlichen Theorien. Allerdings: Der theoretische Rahmen, in dem diese bei Hildegard stehen, ist weiterhin ein mythisch-allegorischer, und dieser Kombination von Mythos und Naturwissenschaft gehörte im 12. Jhd. nicht mehr die Zukunft. Dies ist einfach eine historische Feststellung, keine Bewertung. Die Lage ist hier nicht unähnlich jener der Naturphilosophen im Umkreis von Chartres: Diese entwickelten empirische Wissenschaft in einem platonisch-mythischen Kontext. Die Suche nach einem anderen philosophischen und wissenschaftstheoretischen Rahmen war eine nicht mehr übersehbare Aufgabe, dies war schon bei den Ärzten der Schule von Salerno deutlich zu beobachten.

Das wachsende Interesse an einer ganz »natürlich« gedachten Natur, die empirisch erforschbar war, führte zur schrittweisen *Auflösung des allegorischen Weltbildes*. Die Allegorese verschwindet im 12. Jhd. noch nicht einfach, sie wird aber deutlich von der Naturbeschreibung unterschieden und abgehoben. Diese unterscheidende Identifizierung einer Form und die Gegenüberstellung zu einer anderen läßt sich gut veranschaulichen. Wir nehmen zunächst den *Physiologus*, ein kleines Büchlein aus der Spätantike, das um die Wende vom 2. zum 3. Jhd. eine erste Redaktion erfahren hat und das später von christlichen Bearbeitern weiter modifiziert und ergänzt wurde. Dieser kleine Text erfreute sich im Mittelalter großer Beliebtheit. Daß einiges in diesen Tiergeschichten nicht wahr im Sinne der Naturbeobachtung ist, war schon in der Antike bekannt. Nichtsdestoweniger blieb im Mittelalter der allegorische und moralische Sinn derselben unbefragt gültig. Daraus ein Beispiel: der Hirsch.

David sagt: Wie der Hirsch schreit nach frischem Wasser, so schreit meine Seele, Gott, zu dir.

Der Physiologus hat vom Hirsche gesagt, daß er gar feindlich sei dem Drachen. Wenn der Drache vor dem Hirsch flieht in die Spalten der Erde, geht der Hirsch hin und füllt sich die Höhle seines Bauches mit Quellwasser, und er speit es aus in die Spalten der Erde, und so bringt er den Drachen heraus und schlägt ihn nieder und tötet ihn.

So hat auch unser Herr getötet den großen Drachen, den Teufel, durch die himmlischen Wasser, nämlich durch die göttlichen Heilslehren. Denn nicht vermag der Drache dem Wasser und nicht der Teufel dem göttlichen Wort standzuhalten. (*Physiologus*. Übers. v. O. Seel. 4. Aufl., Zürich–München 1983. S. 26 f.)

Dem stellen wir einen Text von Alexander Neckham gegenüber. Alexander Neckham war einer der ersten, die lateinische Übersetzungen von neuen Aristoteles-Texten aus dem Bereich der Naturwissenschaft kannten, auch hatte er Kenntnis von Texten, die in Salerno verwendet wurden. In seinem Werk *De naturis rerum*, das die Schöpfungsgeschichte kommentiert, befaßt er sich auch mit den Tieren. Sein Material stammt fast ausschließlich aus antiken Quellen, und er kennt sehr wohl die allegorischen Interpretationen, nimmt aber wichtige formale Unterscheidungen vor: Es gibt zunächst einmal die erste Natur *(prima natura)*, dann gibt es Anwendungen *(adaptio)*, und gelegentlich auch einen moralischen Sinn *(instructio moralis)*. Dies sieht dann beim Hirschen so aus:

Erste Natur des Hirschen.	Der Hirsch – indem er sich jedes Jahr erneuert, insofern seine Hörner abfallen und der Natur überlassen werden – erhält in den einzelnen Jahren neue Hörner, die durch glückliche Zunahme anwachsen, gleichsam als Entgelt für den der Natur gezollten Tribut.
Anwendung.	So wird auch der ehrenhafte Mensch, indem die geistliche Kraft vermehrt wird, durch die Erneuerung des Heiligen Geistes erneuert.
Zweite [Natur].	Weiterhin: Der Hirsch unterstützt den Lauf durch den Sprung.
Anwendung.	So vollbringen auch die Heiligen den Lauf dieses Lebens, indem sie die Dornhecken der Beschwernisse der Welt überspringen.
Dritte [Natur].	Weiterhin: Wenn sich der Zug der Hirsche anschickt, ein Gewässer eines mächtigen Flusses zu überqueren, schwimmt der kräftigere voraus, so daß das Haupt des folgenden sich auf den Steiß des vorausgehenden stützt. Derjenige aber, der in diesem Zug an Kräften geringer ist, ist in der Anordnung der letzte.
Moralische Unterweisung.	Damit werden wir ermahnt, daß ein jeder von uns dem anderen zur Hilfe komme, gemäß dem Ausspruch: »Einer trage des anderen Last«.
Vierte [Natur].	Es ist auch bekannt, daß der Hirsch, der durch das Gift einer Schlange vergiftet ist, zu den Wasserquellen strebt.
Anwendung.	So auch soll der kluge Mensch, wenn er durch das Gift der Einflüsterung der alten Schlange geistlich vergiftet ist, zu den Tränen der Buße Zuflucht nehmen. (*De naturis rerum*. S. 216. Übers. v. F. S.)

Es folgt dann noch ein Abschnitt mit empirischen Beobachtungen, die von dem antiken und von Isidor von Sevilla ausgiebig verwendeten Autor Solinus (3./4. Jhd.) stammen, dessen Schrift *Sammlung von Merkwürdigkeiten (Collectanea rerum memorabilium)* schon seit dem 9. Jhd. bekannt war und bis ins 12. Jhd. gerne herangezogen wurde. Später wurde diese Schrift durch »seriösere« Texte und eigene empirische Beobachtungen verdrängt. An dem Text von Neckham können wir folgendes feststellen: Die allegorische und die moralisierende Auslegung ist weiterhin vorhanden, aber sie wird klar von der naturwissenschaftlichen Darstellung unterschieden, die den maßgeblichen Ausgangspunkt abgibt. Heute würden wir sagen: Die empirische Sprache wird ganz klar von der poetischen und der ethischen Sprache unterschieden, so klar, daß jedem Satz ein entsprechender Index *(natura, adaptio, instructio)* vorangestellt wird. Auch Adelard von Bath hatte deutlich die *Dichtung (fingendo)* von der *Erklärung (naturam rei exprimendo)* unterschieden (*Quaestiones naturales* XXII. S. 26). Genau diese Unterscheidung ist entscheidend, auch wenn die empirischen Beobachtungen weithin noch aus literarischen Vorlagen stammen. Von einem allegorischen Weltbild kann man nur so lange sprechen, als die verschiedenen Sprachen nicht auseinandergehalten werden, und dies ist bei Alexander Neckham und bei Adelard von Bath nicht mehr der Fall. Daß es neben der empirischen Sprache auch eine dichterisch allegorische Sprache gibt, ist dann keineswegs ein nicht aufgearbeiteter Rest, sondern eher ein Zeichen eines reichen kulturellen Bewußtseins – wie arm wäre die Welt, wenn es neben dem Wetterbericht nicht auch die »Vier Jahreszeiten« von Vivaldi gäbe.

2. Der Beginn der *logica nova*

Seit etwa 1120 fanden Logiker, die sich mit den ihnen vorliegenden Texten befaßten, heraus, daß es offensichtlich noch mehr Aristoteles-Texte zur Logik gab als die bisher bekannten. Da Aristoteles *die* Autorität auf dem Gebiet der Logik war, machten sie

sich auf die Suche und fanden tatsächlich die Boethius-Übersetzungen der *1. Analytik*, der *Topik* und der *Sophistischen Widerlegungen*, wo und wann genau diese Übersetzungen aufgefunden wurden, ist allerdings nicht bekannt. Die Übersetzungstätigkeit von Schriften des Aristoteles begann allerdings schon in der ersten Hälfte des 12. Jhd.s mit Jakob von Venedig, der u.a. eine Übersetzung der *Sophistischen Widerlegungen* und der bisher noch nicht übersetzten *2. Analytik* des Aristoteles herstellte. Der Pariser Magister Albericus, der zur Zeit Abaelards lehrte, ging – vermutlich auf der Suche nach solchen Texten – nach Italien und lernte dort die Übersetzungen Jakobs von Venedig kennen. Alle diese neuen Texte fanden rasch Verbreitung und Johannes von Salisbury, der sein *Metalogicon* 1159 verfaßte, kennt sie bereits alle. Dennoch fanden diese Schriften nur langsam Eingang in die Diskussionen der Pariser Magistri, eine Ausnahme bildeten dabei nur die *Sophistischen Widerlegungen*. Es ist eine große Anzahl von Schriften aus dem 12. Jhd. erhalten, die sich mit den Fragen, die sich aus den *Sophistischen Widerlegungen* ergeben, beschäftigen. Die *1.* und *2. Analytik* sowie die *Topik* wurden hingegen zunächst nur wenig herangezogen. Die *1. Analytik* wird erst seit der zweiten Hälfte des 12. Jhd.s zitiert, die von Johannes von Salisbury sehr geschätzte und empfohlene *Topik* des Aristoteles wurde von den Magistri kaum beachtet. Es stellt sich daher die Frage, warum gerade die *Sophistischen Widerlegungen* sofort eine so breite Aufnahme in den Schulen gefunden haben. Der Grund dafür dürfte darin liegen, daß schon vorher in der *logica vetus* Trugschlüsse zu den Bereichen gehört hatten, mit denen sich die Logiker besonders beschäftigt hatten. Es gab bereits Klassifizierungen von Trugschlüssen, und nach einer weit verbreiteten Auffassung mittelalterlicher Philosophen war eine vollständige

Klassifizierung bereits so etwas wie die Lösung eines Problems. Bei Bekanntwerden der *Sophistischen Widerlegungen* bemerkten die Logiker, daß bei Aristoteles bisher nicht bekannte Formen von Trugschlüssen diskutiert wurden, und das rief das Interesse an diesem Text hervor. Im Zuge dieser Diskussionen entwickelte sich auch eine gewisse Eigendynamik, d. h. die Trugschlüsse wurden jetzt als Problem an sich zur Klärung von Fragen der Logik entwickelt. Der Zusammenhang der Logik mit ihrem ursprünglich textinterpretatorisch bestimmten Anwendungs-Zusammenhang wurde also gelockert und es wurden selbständig Probleme der natürlichen Sprache untersucht. Dazu ein Beispiel:

Verum est Socratem currere et ipse movetur.

Es ist wahr, daß Sokrates läuft, und er bewegt sich.
(*Tractatus de univocatione Monacensis*. In: De Rijk: *Logica modernorum* II, 2. S. 350)

Man könnte nun meinen, daß diese Aussage korrekt ist, denn wenn es wahr ist, daß Sokrates läuft, dann bewegt er sich auch. Bei genauerer Analyse zeigt sich aber, daß dieser Satz nicht korrekt ist: Das Prädikat »wahr« bezieht sich auf die Aussage »Sokrates läuft«, und damit hat das Subjekt »er« *(ipse)* der zweiten Aussage überhaupt nichts, für das es steht. Daher wird dann die Regel aufgestellt:

Unde ad nullam dictionem in appellatione dicti positam potest fieri pronominalis relatio extra appelationem dicti posita.

Deshalb kann in Hinsicht auf keinen Ausdruck, der in die Benennung des Ausgesagten gesetzt ist, eine pronominale Beziehung erfolgen, die außerhalb der Benennung des Ausgesagten gesetzt ist. (Ebd. Übers. v. F. S.)

Es wäre also korrekt, zu sagen »Es ist wahr, daß Sokrates läuft und er sich bewegt« *(Verum est Socratem currere et ipsum moveri)*, da in diesem Fall die pronominale Beziehung – also »er« – innerhalb des Ausgesagten – des *dictum* – bleibt, und »wahr« würde sich in diesem Fall auf die gesamte folgende Aussage beziehen, die ein einziges *dictum* darstellen würde. Implizit ist in dieser Analyse die Unterscheidung von Objektsprache („er bewegt sich«) und Metasprache („Es ist wahr, daß Sokrates läuft« bzw. »Es ist wahr: Sokrates läuft«) enthalten. Was hier betrieben wird, ist *Philosophie als Sprachanalyse.* – Daher ist es verständlich, daß dieser von den Humanisten des 15. Jhd.s so verachtete Teil der mittelalterlichen Philosophie in unserer Gegenwart, in der auch wieder von vielen Philosophie als Analyse der Sprache betrieben wird, große Beachtung findet.

In der zweiten Hälfte des 12. Jhd.s wurden jedoch nicht nur spezielle Einzelfragen diskutiert, es entstanden auch zusammenfassende Schultraktate, die in ihrem Aufbau und in ihrem Inhalt schon jenem nahe kommen, den die entsprechenden Traktate des 13. Jhd.s aufweisen. Einer von ihnen ist die *Dialectica Monacensis* (in: De Rijk: *Logica modernorum* II, 2. S. 453–638). Im 13. Jhd. werden die bekannten Schulbücher des Petrus Hispanus und des Wilhelm von Sherwood in etwa diesem Aufbau folgen.

Die Magistri verloren jedoch den theologischen Anwendungszusammenhang nicht aus dem Auge, und so entstanden Traktate, die man als »Grammatik der Theologie« bezeichnen kann. Ein solcher ist z. B. in sehr zahlreichen und offensichtlich weit verbreiteten Handschriften des Petrus Cantor (gest. 1197) unter dem Titel *Tractatus de tropis loquendi* erhalten (Giusberti 1982. S. 87–109). Nehmen wir ein Beispiel, das die Relevanz solcher sprachlogischer Untersuchungen für die Theologie verdeutlicht. Das Wort »gemäß« oder »insofern« *(secundum)* kann in einer Aussage verschiedene Bedeutungen haben. Die christliche Theologie nimmt an, daß es in Christus zwei Naturen gibt, eine göttliche und eine menschliche. Wie kann man Aussagen über die zwei Naturen in Verbindung bringen mit der Aussage: »Christus ist auferstanden«? Wenn Christus Gott ist, kann er nicht gut gestorben und dann wieder auferstanden sein, wir müssen diese Aussage daher irgendwie präzisieren. Petrus Cantor sagt daher: In der Aussage: *Christus secundum humanitatem resurrexit* wird das *»secundum« ratione adiunctionis* gesetzt, also hinsichtlich einer Hinzufügung. Gemeint ist damit, daß wir hier sagen: »Christus ist auferstanden in Hinsicht auf sein Mensch-Sein«, oder: »insofern er Mensch ist«. Ist dann aber die Aussage *Christus secundum deitatem resurrexit* falsch? Petrus sagt: Sie ist nicht falsch; unter der Voraussetzung, daß man das *»secundum«* jetzt ganz anders, nämlich *ratione effectionis* versteht, also etwa im Sinn von »Christus ist auferstanden, weil er – insofern er Gott ist – dies bewirken kann« (Giusberti 1982. S. 94). Damit sind also zwei ganz verschiedene Gebrauchsweisen von *secundum* aufgedeckt, und Petrus Cantor findet noch etliche mehr (Ebd.). Solche sprachlogische Analysen werden in der scholastischen Theologie des 13. und 14. Jhd.s eine große Rolle spielen.

3. Neue Wissenschaftssystematik

In der Antike hatte es verschiedene Wissenschaftseinteilungen gegeben, auch Aristoteles hatte zumindest zwei Schemata entworfen (vgl. 1. Teil, Kap. X, 1) und die Stoiker hatten die bekannte Einteilung in Logik, Physik und Ethik vorgenommen (vgl. 1. Teil, Kap. XII). Die Beziehung dieser Einteilungen zu den seit der Spätantike als die sieben Freien Künste zusammengefaßten Disziplinen war aber unklar geblieben. Die mittelalterliche Philosophie war vor allem seit Alkuin von den sieben Freien Künsten ausgegangen, die faktisch mit der Philosophie gleichgesetzt wurden, obwohl Alkuin auch mit der stoischen Einteilung arbeitete (vgl. Kap. V, 1). Die Freien Künste wurden, identifiziert mit der Philosophie, als Propädeutik für die Theologie angesehen. Dieses Einteilungs- und Ordnungsschema war bis ins 12. Jhd. maßgebend, zu diesem Zeitpunkt aber wurde deutlich, daß es nicht mehr ausreichte.

- Wissenschaften
  - theoretische
    - Theologie
    - Mathematik
      - Arithmetik
      - Geometrie
      - Musik
      - Astronomie
    - Physik
  - praktische
    - Ethik
    - Ökonomie
    - Politik
  - mechanische
    - Textilherstellung
    - Waffenherstellung
    - Schiffahrt
    - Landwirtschaft
    - Jagd
    - Medizin
    - Schauspiel
  - logische
    - Grammatik
    - Dialektik und Rhetorik

In der Nähe von Paris lag das erst 1113 gegründete Augustinerkloster St. Victor, in dem sich auch eine wichtige Schule befand. Die bekanntesten Lehrer dieser Schule waren Hugo und Richard. Obwohl in streng augustinischer Tradition stehend und so primär Theologen, denen es in erster Linie um den Aufstieg der Seele zu Gott ging, hatten die Victoriner auch ein deutliches Interesse an philosophischen Problemen. Da sie sich intensiv mit Klassifikationsproblemen der Wissenschaften befaßten, sahen sie, daß die traditionellen Freien Künste nicht mehr ausreichten, etwa Physik, Wirtschaftslehre oder Politik waren dort nicht unterzubringen. Obwohl sie gut augustinisch annahmen, daß diese Dinge nicht um ihrer selbst willen erforscht werden sollten, sahen sie doch die Schwierigkeiten, die sich ergaben, wenn alle diese Fragen der Theologie subsumiert wurden. Auch innerhalb einer ganz traditionell denkenden Gruppe wurde also anerkannt, daß neue Fragen aufgetaucht waren, die den bisherigen Rahmen sprengten. Eine recht differenzierte Einteilung der Wissenschaften lieferte Hugo von St. Victor (gest. 1141) in seinem um 1127 verfaßten *Didascalicon*, dessen Aufbau das abgebildete Schema zugrundeliegt. Bei diesem wie bei anderen Schemata des 12. Jhd.s ist leicht zu sehen, daß aristotelische und stoische Wissenschaftseinteilungen zu einer Mischform vereinigt werden. Hugo von St. Victor geht zunächst – abgesehen von der Logik – von der Einteilung in theoretische, praktische und mechanische Wissenschaften aus. Dahinter steht natürlich die aristotelische Einteilung in *Theoria*, *Praxis* und *Poiesis*. Diese drei Bereiche ergeben sich dann allerdings nach Hugo von St. Victor, gut augustinisch gedacht, aus drei Übeln *(mala)* des Menschen: der Unwissenheit *(ignorantia)*, der Begierlichkeit *(concupiscentia)* und der Schwäche *(infirmitas)*. Diesen werden drei Heilmittel *(remedia)* gegenübergestellt: die Weisheit *(sapientia)*, die Tugend *(virtus)* und die Erfüllung von Notwendigkeiten *(necessitas)* (*Epitome in philosophiam*. S. 110). Diesen Notwendigkeiten wird durch Herstellung verschiedener Dinge, also durch Technik, Abhilfe geschaffen. Besonders aufschlußreich ist dieser Bereich der mechanischen Wissenschaften, und dabei ist vor allem wichtig, daß diese überhaupt in das System der Wissenschaften aufgenommen werden. Die Aufzählung wirkt demgegenüber etwas willkürlich, dahinter steht aber einfach der Versuch, den sieben Freien Künsten sieben Mechanische Künste gegenüberzustellen. Obwohl die mechanischen Wissenschaften sich deutlich auf Tätigkeiten des Menschen beziehen, werden sie doch in den Umkreis der Erforschung der Natur gestellt, da nach Hugo von St. Victor mit diesen Künsten die Natur nachgeahmt wird *(imitatur natura)* (*Didascalicon* I, 10). Einige Schwierigkeiten hatte Hugo von St. Victor mit der Zuordnung der Logik, wie sich schon an dem Schema zeigt. Sie wird einfach an die anderen Bereiche angefügt, allerdings so, daß man eigentlich eine Logik im weiteren Sinn hat, unter die dann das traditionelle Trivium mit Grammatik, Dialektik (= Logik im engeren Sinn) und Rhetorik

fällt. Allerdings fällt dann wiederum auf, daß dann nicht einfach eine Dreiteilung Grammatik-Dialektik-Rhetorik vorgenommen wird, sondern nur ein Zweiteilung. Dahinter steht eine wissenschaftstheoretische Diskussion seiner Zeit, in der das Trivium verschieden aufgeteilt wurde: Auf der einen Seite wurde die Logik als allgemeinste Sprachdisziplin *(scientia sermocinalis)* aufgefaßt, zu der also auch die Grammatik gehörte, andererseits als allgemeine Argumentationslehre *(ratio disserendi)*, so daß also hier nur Dialektik und Rhetorik einbezogen waren. Solche Detailfragen sind für uns nicht besonders wichtig, sie zeigen aber, daß im 12. Jhd. auch in ganz traditionellen Kreisen anerkannt wurde, daß sich im Bereich der Wissenschaftstheorie und Wissenschaftssystematik neue Fragen ergaben, die mit den überlieferten Schemata nicht mehr ausreichend behandelt werden konnten.

Aber auch innerhalb des traditionellen Schemas der Freien Künste zeigte sich, daß die bisherige Systematik der faktischen Behandlung dieser Disziplinen nicht mehr entsprach. Das Quadrivium war prinzipiell dadurch bestimmt gewesen, daß die dort behandelten Disziplinen – Arithmetik, Geometrie, Astronomie, Musik – einem metaphysischen, an Zahlenspekulationen orientierten Ziel untergeordnet waren. Die *konkrete Praxis* dieser Disziplinen war von untergeordneter Bedeutung gewesen, je mehr jedoch diese konkreten Fragen in den Vordergrund traten, umso mehr mußte dieser *spekulative Rahmen* als *ungeeignet* oder sogar hinderlich erscheinen. Hugo von St. Victor sah sich daher gezwungen, z. B. neben der *geometria theoretica*, wie sie traditionell behandelt worden war, eine *geometria practica* einzuführen, die mit *Meßinstrumenten* arbeitete. Der bisher metaphysisch gebrauchte Begriff der Proportion *(proportio)* erhielt damit einen ganz unmetaphysischen Sinn. Ganz Ähnliches zeigte sich im Bereich der Musik. Die konkrete Musikpraxis hatte sich längst von den auf der Schrift des Boethius *Über die Musik (De institutione musica)* beruhenden Musikspekulationen entfernt. Aribo (11. Jhd.) hatte in seinem Kommentar zum *Micrologus* des Guido von Arezzo (um 992 – nach 1033) deutlich gemacht, daß sich die Komposition an dem zu orientieren habe, was wohlklingend ist, und nicht an einer abstrakten Proportionslehre. So wie in der Geometrie so wird es auch hier bei der Musik deutlich, daß es inzwischen neben der theoretisch-spekulativen Musiklehre *(musica scientia)* eine andere Musiklehre gab, die sich mit der Kompositionslehre der praktisch aufgeführten Musik *(musica activa)* beschäftigte, und für die die traditionellen Begriffe der Musikspekulation wenig hilfreich oder sogar unbrauchbar waren: Für die Kompositionspraxis ist nicht die Metaphysik zuständig, sondern die ganz empirische Beurteilung des *Zusammenklangs (concordantia)* und des *Wohlklanges (dulcis concentus)*. Die Wertungskategorien werden also nicht mehr vom *Musicus*, dem spekulativen Theoretiker, sondern vom *Cantor*, dem praktischen Musiker, erstellt. Wir sehen hier erste Anzeichen dafür, daß praktische Bereiche, die bisher eher dem Handwerksbereich zugeordnet waren, in den Umkreis wissenschaftlicher Überlegungen einbezogen werden.

Besonders wichtig für die weitere Entwicklung wurde die Wissenschaftseinteilung des Dominicus Gundissalinus (um 1110 – nach 1181). Gundissalinus hatte um 1150 in Toledo die Schriften *De scientiis* und *De ortu scientiarum* von al-Farabi übersetzt und dann eine eigene, aber von den genannten abhängige Schrift mit dem Titel *Über die Einteilung der Wissenschaft (De divisione scientiae)* abgefaßt (vgl. auch Kap. XI, 2). In seinem Schema werden zunächst die einführenden Disziplinen Grammatik und Logik aufgeführt, auf die dann die großen Bereiche Physik, Mathematik und Theologie (Metaphysik) folgen. Dahinter steht bei Gundissalinus ein boethianisches Schema, nach dem die Wissenschaften hierarchisch vom höchsten Seienden, Gott, über die reinen Formen der Mathematik zu den in der – sehr weit gefaßten – Physik behandelten körperlichen Dingen herabsteigen. Dieses Schema konnte aber auch unabhängig von diesem neuplatonischen Hintergrund gebraucht werden, so wie das Schema des Hugo von St. Victor auch ohne seine augustinisch moralisierende Interpretation Anwendung finden konnte.

Ergebnisse aus dem Bereich der Wissenschaft, die man für besonders wichtig hielt, faßte man im Mittelalter gerne in *Gedichtform*, um sie einem weiteren, natürlich zahlenmäßig immer noch recht engen Personenkreis zugänglich und leichter verständlich zu machen. Ein solches Gedicht über die Einteilung der Wissenschaft verfaßte Gottfried von St. Victor (um 1130 – nach 1194) unter dem Titel *Fons philosophiae*. Fragen aus der Philosophie werden also langsam auch für ein breiteres Publikum interessant.

4. Abgrenzungsprobleme der Theologie

Das Bekanntwerden der Gesamtheit der logischen Schriften des Aristoteles, also die *logica nova,* ergab auch nicht unerhebliche Probleme für die Theologie. Als letztes Werk dieser Textgruppe des Aristoteles wurde die 2. *Analytik* von Jakob von Venedig übersetzt (vgl. Kap. XI, 2). Johannes von Salisbury zitiert auch schon eine weitere Übersetzung dieses Textes. In der zweiten Hälfte des 12. Jhd.s war also die für die Wissenschaftstheorie grundlegende 2. *Analytik* des Aristoteles bekannt. Bis diese wohl schwierigste Schrift des aristotelischen *Organons* verarbeitet und in ihren Konsequenzen – auch für die Theologie – ganz erfaßt werden konnte, mußten allerdings noch zwei Generationen daran arbeiten. Die Schärfe der Fragestellung »Ob die Theologie eine Wissenschaft ist« *(utrum sacra doctrina sit scientia),* mit der Thomas von Aquin in der ersten *Quaestio* seiner *Summa theologiae* einsetzt (vgl. Kap. XIV, 2), kann daher im 12. Jhd. noch nicht erwartet werden. Eine selbständig werdende Naturphilosophie, für die auch versucht wurde, eine eigene metaphysische Grundlegung zu finden, ergab jedoch gegenüber der Disziplin, die die Heilige Schrift auslegte *(sacra pagina),* die Frage nach dem Kompetenzumfang und der metaphysischen Grundlegung der Theologie. Dies ist die Frage nach dem Ort der Theologie im Bereich der
216 | Wissenschaften. Es ist daher verständlich, daß genau im 12. Jhd. der Begriff »Theologie« jene Bedeutung erhielt, die er bis heute behalten hat. In den vorausgegangenen Kapiteln ist immer wieder darauf hingewiesen worden, daß die Unterscheidung von Philosophie und Theologie für die dort besprochenen Autoren inadäquat ist. Das 12. Jhd. stellt demgegenüber jene Periode dar, in der sich in einem konstant fortschreitenden Prozeß diese Unterscheidung durchsetzt. Die Abgrenzungsfrage war damit als Problem zwar gestellt, aber selbstverständlich in keiner Weise gelöst. Die Frage läßt sich schon bei der Bestimmung des Gottesbegriffs sehen: Wo gehörte die christliche Lehre von der Dreifaltigkeit hin, also die Aussage von drei Personen in Gott? Abaelard vertrat hier eine sehr weitgehende Position, er zieht für den Beweis dieser Lehre »Propheten und Philosophen« heran. In seiner *Theologia summi boni* legt er gleich zu Beginn sein Programm fest:

> Das erste Buch enthält, was die Distinktion der drei Personen in Gott intendiert, resp. was in Ihm die Namen *(nomina)* »Vater«, »Sohn« und »Heiliger Geist« bedeuten, des weiteren die Zeugnisse der Propheten und Philosophen zur Trinität und schließlich die Begründung dafür, daß Gottes Weisheit *(sapientia)* »Wort« und seine Güte *(benignitas)* »Hl. Geist« genannt werden. Dabei wird auch von den Behauptungen der Philosophen betr. die Weltseele gezeigt, daß darunter korrekt der Hl. Geist begriffen wird. (*Theologia summi boni. Introduktion*, S. 3)

Der Versuch, die platonische Weltseele mit dem Hl. Geist gleichzusetzen, findet sich auch bei den Naturphilosophen aus Chartres, wurde aber bald von allen aufgegeben.

Wir brauchen diese Frage also nicht weiter zu verfolgen, die trinitarische Frage ist ohnehin interessanter. Da Abaelard den »Vater« als »Macht« *(potentia)*, den »Sohn« als »Weisheit« *(sapientia)* und den »Geist« als »Güte« *(benignitas)* bestimmt, kommt er zu der Festlegung:

Gott ist drei Personen, d.h. Vater, Sohn und Hl. Geist, bedeutet also: Die göttliche Substanz ist mächtig, weise und gütig, oder noch bestimmter gesagt: Sie ist selber die Macht, die Weisheit und die Güte. (Ebd. I, 2. S. 5)

Die hier auftretende theologische Problematik, daß die göttlichen Personen dabei letztlich »aufgehoben« werden und zu nur für uns geltenden Bezeichnungen werden (Modalismus), ist nicht unser Thema. Die wissenschaftstheoretisch interessante Frage ist vielmehr, was von der traditionellen Gotteslehre denn nun in die philosophische und was in die theologische Kompetenz gehört. Die Abaelardsche Position, welche der Philosophie eine sehr weitgehende Kompetenz zuschreibt, wurde heftig angegriffen und brachte Abaelard in ganz konkrete Schwierigkeiten. Die Lösung des Problems wurde im Laufe des 12. Jhd.s dadurch gefunden, daß die Fragen, die den einen Gott, und jene, die Gott als dreifaltigen betreffen, getrennt wurden; es bildeten sich also die beiden Traktate *De Deo uno* und *De Deo trino* heraus. Man konnte dann sagen, daß die Fragen über den einen Gott der Philosophie und der Theologie gemeinsam sind, während die Fragen der Dreifaltigkeit nur in die Theologie gehören. Daß jede Lösung neue Probleme hervorruft, ist bekannt, und für die Theologie bedeutete der eingeschlagene Weg, daß der geschichtliche Aspekt zurücktrat: Es gab jetzt Fragenkreise, die ohne Rückgriff auf historische Berichte behandelt werden mußten. Die Bedeutung, die die Logik inzwischen erhalten hatte und die eine Entwicklung einer theologischen Prinzipien- und Argumentationslehre erforderte, wirkte in dieselbe Richtung. Logik wurde nicht als geschichtsbezogene Disziplin aufgefaßt und dasselbe ergab sich für die sich jetzt ausdrücklich herausbildende philosophische Theologie. Ein wichtiger Anhaltspunkt für diese Fragen waren die *Opuscula sacra* des Boethius, die im 12. Jhd. häufig kommentiert wurden. Maßgebend für diese Arbeit wurden die Kommentare des Gilbert von Poitiers (um 1080–1154), eines Schülers von Anselm von Canterbury und Bernhard von Chartres. Gilbert legte an theologische Aussagen strenge sprachlogische Kriterien an. Wie nicht anders zu erwarten, wollte Bernhard von Clairvaux eine Verurteilung Gilberts herbeiführen, was ihm aber nicht gelang. Daß traditionell denkende Theologen angesichts der Begeisterung für Dialektik, wie sie im Gefolge Abaelards und Gilberts oft sichtbar wurde, verschreckt werden konnten, läßt sich an dem Gebrauch der Dialektik in dem vermutlich von Alanus von Lille, einem Schüler Gilberts, stammenden Werk *De arte fidei catholicae* ersehen. Alanus versuchte, Theologie so zu betreiben wie Geometrie. Er war sich im klaren darüber, daß die vorausgesetzten Axiome nicht, wie es in der aristotelischen Wissenschaftskonzeption galt, in sich immer evident sind, oft mußte er sich mit dem Anspruch von Wahrscheinlichkeit begnügen. Im übrigen aber sollten alle Sätze aus Definitionen, Axiomen und Postulaten folgen. Das Ziel war im Grunde die in eine *modo geometrico* konstruierte Metaphysik transformierte Theologie. Die historische Dimension verschwindet hier vollständig, daß dies aber nicht durchführbar ist, wurde rasch deutlich.

Einen »Mittelweg« versuchte Petrus Lombardus (1095/1100–1160). Er war nach Studien an verschiedenen Orten Magister an der Kathedralschule von Notre-Dame in Paris geworden und gehörte mit Abaelard und Gilbert von Poitiers zu den bekanntesten Magistri seiner Zeit. Petrus Lombardus kann als gemäßigter Vertreter der Dialektik angesehen werden und seine später berühmten *Libri quattuor sententiarum* sind zunächst einfach eine Zusammenstellung von Bibel- und Kirchenväterstellen, die nach bestimmten Gesichtspunkten – Gott, Geschöpfe, Menschwerdung, Erlösung – zusammengeordnet waren. Dem Aufbau liegt also eine Art geschichtlichen Schemas zugrunde. Die Anwendung der Dialektik beschränkte sich auf den Versuch, den Abaelard in *Sic et Non* schon unternommen hatte, nämlich einander widersprechende Stellen vereinbar zu machen und aus übereinstimmenden Meinungen *(sententiae)* weitere Schlußfolgerungen zu ziehen. Die Zitate in den *Sentenzen* des Petrus Lombardus stammen zu vier Fünfteln aus Augustinus, so daß der prägende Einfluß

des augustinischen Platonismus gleichsam festgeschrieben wurde. Petrus Lombardus war nicht der einzige, der eine solche Sentenzensammlung herstellte. Es sind, gerade auch aus dem weiteren Schülerkreis Abaelards, noch eine ganze Reihe solcher Sentenzen (teilweise noch nicht ediert) erhalten, eine davon von dem Magister Roland, dem späteren Papst Alexander III. (1159–1181). In der weiteren Entwicklung setzten sich jedoch die *Sentenzen* des Petrus Lombardus gegenüber allen anderen – und keinesfalls immer »schwächeren« Texten – durch. Seit Alexander von Hales (um 1185–1245) sind die *Sentenzen* die Grundlage des theologischen Unterrichts. Für die Geschichte der Philosophie war es dabei wichtig, daß Petrus Lombardus eine Gruppe von Wahrheiten unterscheidet, die unabhängig vom Glauben erkannt werden können. Petrus Lombardus fragt sich also (*Sententiae* III, dist. 24, cap. 3), ob es *Wahrheiten* gibt, *die geglaubt, aber auch gewußt* werden *(Si aliqua sciuntur, quae credantur)*. Er beantwortet diese Frage positiv *(Ex his apparet,* [...] *quaedam intelligi aliquando etiam antequam creduntur)*, wenn auch diese Gruppe von Wahrheiten bei ihm noch nicht präzise umschrieben ist. Spätere Kommentatoren der *Sentenzen* werden diese Präzisierung vornehmen und vor allem folgende Wahrheiten als dazu gehörend bezeichnen: die Existenz Gottes, die Schöpfung der Welt durch Gott und die Unsterblichkeit der menschlichen Seele (Gott, Welt, Seele sind die klassischen Themen der Metaphysik bis zu Kant und über diesen hinaus). Insofern es später zum festen Bestandteil der Laufbahn jedes Magisters gehörte, die *Sentenzen* des Petrus Lombardus zu kommentieren, wurde so ein *Kanon philosophischer Probleme* aufgestellt, zu dem wir Kommentare aller wichtigen Vertreter mittelalterlicher Theologie finden (Bonaventura, Thomas, Duns Scotus, Ockham und viele andere). Dies ergibt, daß wir die

Möglichkeit haben, zu einem genau umschriebenen Fragenkanon die jeweiligen Antworten verschiedenster Autoren zu überprüfen. Für die weitere Geschichte der Philosophie des Mittelalters gilt jedenfalls, daß die *Sentenzen* des Petrus Lombardus eine weit größere historische Bedeutung erlangt haben als etwa die *Theologia summi boni* seines Kollegen Petrus Abaelard, obwohl letztere sicher das philosophisch bedeutendere Werk ist.

5. Staatstheorie

Johannes von Salisbury (1115/1120–1180) ist ein geeignetes Beispiel dafür, wozu eine gute Schulbildung im 12. Jhd. dienen konnte. Nicht alle studierten, um selbst Lehrer zu werden, und nicht alle, vermutlich überhaupt nur eine Minderheit, wollten ihr Leben als Mönche verbringen. Viele studierten vielmehr, um dann eine Karriere in einer königlichen, fürstlichen oder bischöflichen Kanzlei zu beginnen, und die Aufstiegschancen für gut Gebildete waren bestens. Nach seinen Studien in Paris fand Johannes von Salisbury 1148 eine Anstellung in der Kanzlei des Erzbischofs Theobald von Canterbury, dessen Sekretär er bald wurde. In dieser Funktion kam er mit vielen Großen seiner Zeit in persönlichen Kontakt. Er war in wichtigen Angelegenheiten bei Papst Eugen III. in Rom, er war persönlich befreundet mit dem späteren Papst Hadrian IV. und hatte auch Gelegenheit, König Heinrich II. von England kennenzulernen, mit dem er allerdings in den Auseinandersetzungen um die Rechte der englischen Kirche in Konflikt geriet. Dies spitzte sich zu, als 1162 sein Freund Thomas Becket (um 1120–1170) Erzbischof von Canterbury wurde. Becket hatte auch zum Kreis um den Erzbischof Theobald gehört, war dann Kanzler des Königs geworden, wurde faktisch durch ihn zum Erzbischof von Canterbury ernannt, vertrat dann aber in ganz extremer Weise die Interessen der Kirche. Aufgrund dieser Verbindung verbrachte Johannes von Salisbury die folgenden Jahre größtenteils im Exil in Frankreich oder in Rom, wo er für die Anliegen Beckets eintrat. Dessen Unnachgiebigkeit billigte er aber ebenso wenig wie die Gegenposition des Königs Heinrichs II. Der Briefwechsel des Johannes von Salisbury mit Becket stellt ein wichtiges historisches Dokument dar, und ist gleichzeitig ein Zeugnis des hervorragenden lateinischen Briefstils der Zeit. 1176 wurde Johannes von Salisbury Bischof von Chartres, scheint dort in den vier ihm noch verbliebenen Lebensjahren jedoch nichts besonderes für die Kathedrale oder deren Schule erreicht zu haben.

Neben dem *Metalogicon*, in dem er historisch ungemein wichtige Berichte über die Pariser Schulen der dreißiger und vierziger Jahre des Jahrhunderts überlieferte, ist sein bekanntestes Werk der *Policraticus*. Johannes von Salisbury begann die Arbeit am *Policraticus* zwischen 1154 und 1156, als er für einige Zeit bei Heinrich II. in Ungnade gefallen war. In dieser Periode entstand der Großteil der Bücher VII und VIII des *Policraticus*, welche eine Art *Tröstung* darstellen. Johannes von Salisbury ließ sich dabei vielleicht von der *Consolatio* des Boethius inspirieren und stellt in diesen Büchern die Frage nach der wahren, Glückseligkeit vermittelnden Philosophie, die bei ihm natürlich eine ausdrücklich christliche Gottesliebe bedeutet und die sich von allen epikureischen Vorstellungen abwendet (*Policraticus* VII, 11). Dies ist schon ein Hinweis darauf, daß man in dieser Schrift nicht eine Staatstheorie in einem Sinn erwarten darf, der vielleicht im 13. und dann vor allem im 14. Jhd. möglich war. Als Johannes von Salisbury nach Canterbury zurückkehren konnte, erweiterte er die Fragestellung. Nun ging es zunächst um allgemeine Überlegungen, gerichtet an seine Kollegen in kirchlichen und weltlichen Kanzleien, wie man in diesen Funktionen Unheil für sich selbst vermeiden kann. Dies führte ihn schließlich zu den am ehesten »staatstheoretisch« zu bezeichnenden Büchern IV–VI, in denen er nach jener Form von Staat und Regierung fragt, in der das Wohlergehen der Bürger am ehesten gesichert wäre. In Hinsicht auf diese Fragen bleibt der *Policraticus* in der Tradition der Fürstenspiegel. Johannes von Salisbury war ein ausgezeichneter Kenner der damals verfügbaren Quellen der Antike, und so zeichnet er das Bild des idealen Herrschers mehr nach dem Bild des antiken römischen Herrschers als nach dem des christlichen Herrschers. Jedenfalls verleiht er dem Herrscher nichts von den sakralen Qualitäten, die die griechischen ebenso wie die karolingischen Kaiser für sich beansprucht hatten, und wenn er den Herrscher von Ratgebern umgeben sehen will, so denkt er weniger an Bischöfe, sondern eher an Gelehrte und Philosophen.

In literarischer Hinsicht gibt der *Policraticus* ein – vermutlich aber schon gelöstes – Rätsel auf. Johannes von Salisbury zitiert natürlich viele Autoritäten, deren Texte er zu einem guten Teil aus Florilegien, also aus schon vorhandenen Exzerptsammlungen, entnehmen konnte. An zahlreichen und gerade besonders relevanten Stellen aber beruft er sich auf eine Schrift *Institutio Traiani* (vgl. z. B. *Policraticus* V, 2), von der er sagt, man meine, sie sei von Plutarch verfaßt worden. Allerdings gibt es von dieser Schrift nirgends außer eben bei Johannes von Salisbury eine Spur, und es ist daher vermutet worden, daß das Ganze seine Erfindung ist. Einige Forscher meinen allerdings, es müsse im 12. Jhd. noch eine pseudo-plutarchische Schrift dieser Art gegeben haben, in der die Ämter des späten römischen Reichs mit den Gliedern des menschlichen Körpers verglichen wurden Die Frage ist bis heute umstritten. Auch die These einer Erfindung wäre aber nicht sonderlich problematisch, sondern sogar ein gutes Beispiel dafür, daß die »Autoritätengläubigkeit« der mittelalterlichen Autoren etwas subtiler zu beurteilen ist, als es mit der häufig polemischen Verwendung dieses Ausdrucks geschieht: Wenn man keinen Riesen zur Verfügung hatte, um auf dessen Schultern sitzend weiter sehen zu können, stellte man sich eben selbst einen solchen Riesen als Unterlage her – entscheidend war eben nur, weiter sehen zu können. Ganz ungewöhnlich wäre ein solches Verfahren nicht, denn auch im Bereich der Urkunden wurden im Mittelalter Dokumente hergestellt – »gefälscht« –, um sich eine autoritative Grundlage für Besitzansprüche oder Rechte zu verschaffen.

Ganz im Rahmen der leitenden Interessen der Autoren des 12. Jhd.s, die wir in der Naturphilosophie feststellen können, geht Johannes von Salisbury, der auch bei Wilhelm von Conches in die Schule gegangen war, bei seiner Auffassung von der Gesellschaft davon aus, daß das staatliche Leben die *Natur* nachahmen sollte, die der beste *Führer im Leben* ist. Er verweist dabei auf den Bienenstaat, ein schon in der Antike häufig verwendetes Beispiel (*Policraticus* VI, 21). Mit der Annahme einer solchen natürlichen Basis von Gesellschaft und Staat ist Johannes von Salisbury schon in einer ganz anderen »Welt« als der des augustinischen *Gottesstaats*, was ihn natürlich nicht daran hindert, Augustinus häufig zu zitieren. Johannes vertritt jene »natürliche« organologische Auffassung vom Staat, die im Mittelalter eine große Rolle spielen sollte. Diese Analogie gibt ihm auch die Möglichkeit einer, allerdings etwas hintergründigen Zuordnung von Kirche und Staat. Der Herrscher, also der König, erhält natürlich die Stelle des Hauptes. Seine engsten Ratgeber stehen an der Stelle des Herzens und die Arbeiter und Bauern an der der Füße. Da ein Organismus aber aus Leib und Seele besteht, erhalten die Vertreter der Religion die Stelle der Seele (Ebd. V, 2). Johannes von Salisbury vertritt also zwar die kirchliche Auffassung einer Überordnung der geistlichen über die weltliche Gewalt, er verleiht dieser Überordnung aber keine institutionelle Funktion, sondern hält sie auf einer moralischen Ebene. Die Herrschaft über den Menschen hat eben doch der Kopf.

Die Frage, die Johannes von Salisbury jedoch besonders beschäftigt, ist aber gar nicht die des Verhältnisses von Kirche und Staat – der Staat repräsentiert durch den Fürsten –, sondern die des Verhältnisses von Fürst und Volk. Die Legitimität eines Herrschers ergibt sich für ihn mehr aus dessen sittlichen Qualitäten und weniger aus dessen Abstammung, wobei die sittlichen Qualitäten sich an der Erfüllung des Gesetzes durch den Herrscher messen. Mit »Gesetz« meint Johannes von Salisbury vor allem die sittlichen Prinzipien, wie sie in der Bibel enthalten sind, anderes war damals gar nicht vorstellbar und eine philosophische Ethik wird erst mit der Rezeption der aristotelischen *Nikomachischen Ethik* beginnen. Dieser Ausgangspunkt gibt ihm die Möglichkeit, in Extremfällen die Legitimität des Herrschers radikal in Frage zu stellen, so daß er die berühmte Frage der Erlaubtheit des Tyrannenmordes affirmativ beantworten kann (*Policraticus* VIII, 20). Dabei macht er sogar die interessante Bemerkung, daß dieser erlaubt sei nicht nur durch das Gesetz, sondern auch durch die Gerechtigkeit. Hier taucht also so etwas wie ein »autonomes«, nicht einfach durch die *Bibel* gerechtfertigtes Prinzip der Gerechtigkeit auf. Ganz eindeutig ist jedoch Johannes von Salisbury nicht, denn er spricht zwar von der Erlaubtheit eines Tyrannenmordes, spricht dann aber auch wieder (gut augustinisch) von der Tyrannenherrschaft als göttlicher Prüfung, wodurch diese zwar nicht gerechtfertigt wird, wohl aber das tatenlose Hinnehmen einer solchen Herrschaft zumindest gerechtfertigt erscheint (Ebd. VIII, 20–21).

Die Staatstheorie des Johannes von Salisbury – wenn wir sie denn so nennen dürfen – steht ähnlich wie vorher die Medizin der Hildegard und die Kosmologie der Chartres-Philosophen an einer Schwelle: Es werden wichtige Schritte in Richtung auf eine »profane«, »entsakralisierte« Betrachtung der Phänomene der Natur und der Gesellschaft unternommen, es fehlt aber noch ein ausreichender theoretische Rahmen, um dieses neue Verständnis systematisch aufarbeiten und darstellen zu können. Wenn man sich dies klar macht, begreift man, warum die *Physik*, die 2. *Analytik* und die *Politik* des Aristoteles einen so raschen und durchschlagenden Erfolg haben werden.

- IX -

Die Philosophie im islamischen Bereich

1. Historische Vorbemerkung

Der geographische und kulturelle Raum, auf den sich unsere Überlegungen bisher bezogen haben, war zunächst der Mittelmeerbereich und Kleinasien. Origenes wirkte in Alexandrien und Cäsarea, Basilius und Gregor von Nyssa in Kappadokien, Augustinus stammte aus Karthago und lebte größtenteils in Nordafrika. Die vorherrschende Sprache dieser Periode war zunächst Griechisch, aber bereits Augustinus hatte damit seine Schwierigkeiten gehabt und fühlte sich nur im Lateinischen zu Hause. Schon im 6. Jhd. war deutlich geworden, daß sich der lateinische und der griechisch-byzantinische Kulturbereich fremd zu werden begannen. Die Krönung Karls des Großen zum Kaiser war von den Griechen als illegitim und als Affront angesehen worden, war aber auch ein Zeichen dafür, daß sich die römische Kirche auf die »neuen« Völker hin orientierte, also auf die Langobarden, die Franken und andere. Die Kulturzentren des frühen lateinischen Mittelalters hatten sich nach Norden verlagert, in das Frankenreich, nach Irland und England. Die Bildungssprache wurde ausschließlich das Lateinische.

Im 7. Jhd. hatte aber inzwischen eine Entwicklung eingesetzt, die im Süden eine völlig neue politische, kulturelle und sprachliche Situation ergab. Diese radikale Veränderung wurde durch das Auftreten des *Islam* hervorgerufen. Die islamischen Herrschaftsgebiete stellten bald die einzige äußere Grenze für die Staaten des christlichen Mittelalters dar, aber auch eine Herausforderung, insofern das Ursprungsland des Christentums, Palästina, jetzt im islamischen Herrschaftsbereich lag. Die politische und militärische Auseinandersetzung mit den islamischen Reichen soll jedoch nicht darüber hinwegtäuschen, daß die geistige Auseinandersetzung mit dem Erbe griechisch-antiken philosophischen Denkens im Christentum und im Islam in vieler Hinsicht parallele Züge aufweist, dies allerdings so, daß diese Auseinandersetzung im Mittelalter zunächst im Bereich des Islam ausgetragen wurde, so daß später eine ganze Reihe von Resultaten dieser Auseinandersetzung von den christlichen Philosophen und Theologen mehr oder weniger kritisch bzw. unkritisch übernommen werden konnten. Dazwischengeschaltet war außerdem die jüdische Philosophie, die ihrerseits in erheblichem Maß von der Philosophie im islamischen Bereich abhängig war, die aber aufgrund ihrer Beziehung zu den biblischen Texten für die spätere

Übernahme bei den Christen besonders wichtig wurde. Wie wir im vorausgegangenen Kapitel gesehen haben, trat die arabische Philosophie und Wissenschaft erstmals im 12. Jhd. deutlich in das Bewußtsein der lateinischen Philosophen. Deshalb wird auch das vorliegende Kapitel über die islamische Philosophie an dieser Stelle eingefügt, obwohl in ihm historisch auf einige Jahrhunderte vorher zurückgegangen wird und dann auf einige Jahrhunderte nachher, d. h. bis zum 14. Jhd., vorgegriffen wird.

Der historische Hintergrund kann hier nur stichwortartig angedeutet werden. Nach dem Tod Mohammeds (632) setzte eine enorme, zunächst rein religiös motivierte politische Ausdehnung des islamischen Herrschaftsbereichs ein. Im Zeitraum eines Jahrzehnts (634–644) wurden unter dem Kalifat Omars Ägypten, Syrien und Persien erobert. Während der Herrschaft der Nachfolger Omars erfolgte der Vorstoß im Osten in Richtung Indien und im Westen über Nordafrika nach Spanien, im Norden drang die islamische Herrschaft beinahe bis Konstantinopel vor. Der Versuch, über die Pyrenäen hinaus vorzustoßen, wurde 732 von Karl Martell in der im lateinischen Bereich berühmten Schlacht bei Poitiers vereitelt. In Wirklichkeit handelte es sich nur um einige schlecht ausgerüstete islamische Abenteurer, die diesen chancenlosen Vorstoß unternahmen. Es handelte sich also in keiner Weise um jene entscheidende Schlacht zwischen Christen und Moslems, zu der sie christlich-westliche Historiker manchmal hochstilisieren. Der islamische Herrschaftsbereich erstreckte sich nun von Spanien und Sizilien über Nordafrika bis nach Indien, und auch das byzantinische Reich geriet immer mehr unter Druck und mußte Gebiete an islamische Staaten abgeben.

Es gibt Forscher, die den eigentlichen Beginn des Mittelalters etwa um diese Zeit, also um die Mitte des 8. Jhd.s ansetzen, in jene Zeit also, in der das Mittelmeer, das *mare nostrum* des römischen Reiches, nicht mehr der selbstverständliche Bewegungsraum der Herrscher und der Menschen des lateinischen Westens war, sondern in weiten Gebieten von muslimischen Staaten (und Piraten) beherrscht wurde. Diese zeitliche Trennlinie trifft sich mit jener, die ich auch für die mittelalterliche Philosophie ansetzen würde. Boethius im 6. Jhd. ist ein antiker und nicht ein mittelalterlicher Philosoph, Alkuin gegen Ende des 8. Jhd.s ist ein mittelalterlicher und nicht mehr ein antiker Philosoph. Dazwischen liegt der schon erwähnte für die Geschichte der Philosophie einschneidende Bücher- und Wissensschwund. Es scheint mir also durchaus sachlich begründet, die Grenze zwischen Antike und Mittelalter um die Mitte des 8. Jhd.s anzusetzen.

Die islamischen Herrscher trafen bei ihren Eroberungen auf bedeutende kulturelle Zentren, die vorwiegend durch die hellenistische Kulturtradition bestimmt waren, so vor allem in Syrien. Die Träger dieser griechischen Kultur waren nestorianische und, in geringerer Zahl, monophysitische Christen, deren Umgangssprache aber das Syrische war. Nestorianer und Monophysiten sind christliche Gruppen, die sich durch verschiedene Interpretationen der Formel »zwei Naturen, (göttliche und menschliche) in einer Person« in Christus unterscheiden. Beide Gruppen wurden von der offiziellen römischen wie auch der byzantinischen Kirche als Häretiker angesehen. Die islamischen Herrscher dieser Zeit zeichneten sich durch religiöse Toleranz aus, und da die syrischen »häretischen« Christen unter der byzantinischen Herrschaft zu leiden gehabt hatten, waren sie zur Zusammenarbeit auf kulturellem Gebiet mit den Vertretern des Islam gerne bereit, da sie in ihrer Religionsausübung von den Muslimen nicht beeinträchtigt wurden. Vor allem die nestorianischen Christen hatten für ihren Schulgebrauch schon verschiedene Texte der griechischen Philosophie ins Syrische übertragen, so z. B. größere Teile des aristotelischen *Organon*. Da das Syrische dem Arabischen nahestand, konnten diese Christen als Vermittler der griechischen Philosophie und Wissenschaft wirken (vgl. weiter unten 2, a).

Die im 8. Jhd. bei den arabischen Muslimen beginnende Herstellung von Übersetzungen muß in ihrer kulturgeschichtlichen Bedeutung richtig eingeschätzt werden, und man kann sich dies vor allem am Unterschied zu der Situation der Römer deutlich machen, als diese in Kontakt mit der griechischen Philosophie kamen. Die Römer lernten einfach Griechisch, welches bis in die Spätantike die Sprache der Gebildeten blieb. Übersetzungen aus dem Griechischen wurden daher erst spät, als die Griechischkenntnisse zurückgingen, angefertigt, eigentlich erst durch Boethius (vgl. Kap. IV, 1). Dies bedeutete, daß mit dem Aufhören griechischer Bildung im lateinischen Sprachbereich auch die Kenntnis der griechischen Philosophie nur in kleinen lateinischen Handbüchern weitervermittelt werden konnte, die Zweisprachigkeit der römischen Gebildeten, die zunächst sicher ein Vorteil war, erwies sich daher am Ende als Nachteil. Die Araber gingen diesen Weg nicht, sondern stellten sofort Übersetzungen her, was dadurch erleichtert wurde, daß, wie schon gesagt, Übersetzungen ins Syrische bereits vorhanden waren. Sie waren aber dadurch gezwungen, sich von Anfang an um eine adäquate arabische philosophische Terminologie zu bemühen, was mit sich brachte, daß die griechische Philosophie viel stärker in die arabische Sprache und Kultur einging, als dies bei den Römern der Fall gewesen war. Umgekehrt wurde auch die griechische Philosophie durch diese Übersetzungen und die darauf folgende Kommentierung viel stärker »arabisiert«. Es entwickelte sich daher bei den Arabern eine assimiliertere und dies heißt auch selbständigere Philosophie, als dies bei den Römern der Fall gewesen war. Bei den Römern hatte die griechische Philosophie eigentlich immer ihre Eigengestalt bewahrt. Auf die Gründe des Interesses an Texten anderer Kulturen bei den arabischen Muslimen wird gleich noch einzugehen sein. Hier soll zunächst nur die Frage gestellt werden, warum die Araber nicht den Weg der Römer gingen, der sich ja eigentlich auch in unserer Gegenwart als der geeignetste darstellt: Wir erwarten heute von jedem, der im Bereich der Wissenschaft arbeitet, daß er englische Texte zumindesten problemlos lesen kann, denn die meisten davon werden überhaupt nicht ins Deutsche übersetzt. Bei den Arabern waren für die Übersetzungen vermutlich nicht nur praktische, sondern auch religiöse Gründe maßgebend. Für die Araber war das Arabische so etwas wie die Sprache Gottes selbst: Gott konnte den Koran in keiner anderen Sprache als in Arabisch offenbaren! Im Koran heißt es:

Das sind die Zeichen des deutlichen Buches. Siehe, wir haben es hinabgesandt als einen arabischen Kanon. (Sure 12, 1f.)

Und demgemäß sandten wir ihn als eine Vorschrift in arabischer Sprache nieder. (Sure 13, 37)

Die Christen haben nie ein so exklusives Sprachverständnis in Hinsicht auf ihre Offenbarungstexte gehabt. Die Übersetzung des *Alten Testaments* aus dem Hebräischen ins Griechische und dann ins Lateinische hatte keine Diskussionen hervorgerufen, und daß das sogenannte »Wort Gottes« des *Neuen Testaments* gar nicht in der Sprache des Verkünders, also Aramäisch, überliefert war, sondern von Anfang an in Griechisch, wurde überhaupt nicht als Problem aufgefaßt. Sicher hat die in der Liturgie verwendete Sprache immer die Tendenz, sakral überhöht zu werden, aber bei den Christen gab es bald eine ganze Reihe liturgischer Sprachen (Griechisch, Latein, Syrisch, Altslawisch). Bei den Muslimen hingegen ist die Bindung der Offenbarung an das Arabische (bis heute) extrem entwickelt. Sollte also irgend etwas als Wahrheit aufgefaßt werden, so mußte es sich an und in dieser Sprache bewähren. Die Übersetzbarkeit war also selbst schon in gewisser Hinsicht ein logisches Kriterium.

Dem Arabischen wurde also so etwas wie eine philosophische und logische Autonomie zugeschrieben und die Regeln, die dieser Sprache zugrunde liegen, sollten die Richtschnur für Wahrheitsfindung abgeben. Die Vorstellung, daß »von außen« dem Arabischen logische Sprachregeln »auferlegt« werden könnten oder sollten, stieß daher auf erheblichen Widerstand. In einer großen öffentlichen Diskussion, auf die wir noch zurückkommen werden (vgl. weiter unten d), stellt der Korangelehrte und Grammatiker al-Sirafi fest:

Grammatik, aus der Hülle der 'Arabiya geschält, ist Logik; und Logik, doch durch die Sprache vernommen, ist Grammatik. (Endress: *Grammatik und Logik. Arabische Philologie und griechische Philosophie im Widerstreit*. S. 249)

Schon im 10. Jhd. war die *'Arabiya* ein syntaktisch und semantisch hoch entwickeltes, aber auch bereits fixiertes Gebiet, also das »klassische Arabisch«, das sich aus der Tendenz heraus ergeben hatte, die Reinheit der Sprache des Koran gegenüber allen Entwicklungen abzuschirmen, die durch den normalen Gebrauch des Arabischen, nicht zuletzt durch viele, die ursprünglich und auch weiterhin andere Sprachen verwendeten, hervorgerufen wurden und die als »Verfall« angesehen wurden. Tatsächlich wurden in der Grammatik sehr hohe rationale Standards entwickelt und die »logische Syntax« dieses klassischen Arabisch konnte von Grammatikern mit einer gewissen Berechtigung als völlig ausreichendes Normensystem korrekten Sprechens und Argumentierens angesehen werden. Faktisch wurde die Sprache der *'Arabiya* zu einer des Kults und der Gelehrsamkeit, und die Grammatiker waren die Hüter dieses Wahrheit mit einem entsprechenden Selbstbewußtsein. Im griechisch-hellenistischen Bereich hatte es nichts Vergleichbares gegeben, und von da her traten die griechischen Texte in arabischer Sprache in einen anderen kulturellen Kontext ein.

So nebenbei gesagt: Die Arabisierung der Philosophie war zunächst ohne Zweifel ein Vorteil und ein kultureller Nutzen, der ideologische Hintergrund dieses Vorteils erwies sich aber später als Nachteil. Die Araber zeigten bis zum Beginn des 19. Jhd.s keinerlei Interesse an europäischen Sprachen und die nicht-arabischen Muslime lernten nur Arabisch. Es gab weder Grammatiken noch Wörterbücher europäischer Sprachen. Entsprechend nahmen sie auch kaum etwas von der Entwicklung der europäischen Philosophie und Wissenschaft wahr.

Seit dem 9. Jhd. gab es in Spanien ein eigenes Kalifat, das viel dazu beitrug vor allem in Südspanien bedeutende kulturelle Zentren, so besonders Sevilla und Cordoba, zu errichten. Die islamische Herrschaft in Südspanien zeichnete sich auch wieder, zumindest in der früheren Zeit, d. h. bis zum Beginn des Vordringens der Christen von Norden her, durch Toleranz aus, so daß dort ein Zusammentreffen islamischer, christlicher und jüdischer Kultur möglich wurde. Die spätere christliche Reconquista zeichnete sich demgegenüber durch zunehmende Intoleranz aus. Dasselbe ergab sich parallel bei den spanischen Muslimen (vgl. dazu weiter unten 2, i).

Da der religiöse und politische Hintergrund der Philosophie im Bereich des Islam entscheidend ist, wäre derselbe hier ausführlich zu besprechen, was aber in diesem Rahmen selbstverständlich nicht möglich ist. Es seien nur kurz die »Pfeiler«, die Grundverpflichtungen des Islam in Erinnerung gebracht: der Glaube an einen persönlichen Gott, der Glaube an die Offenbarung, die im *Koran* niedergelegt ist, der Glaube an die göttliche Vorsehung und an ewige Belohnung bzw. Strafe nach dem Tode. Ebenso wichtig sind die religiös-praktischen Pflichten: Gebet, Waschungen, Almosen, Fasten, Wallfahrt nach Mekka. Der stark praktische Zug des Islam führte vor allem zu einer ausgebauten *Rechtslehre*. Das islamische Recht *(scharia)* wurde schon früh in einem richtigen Lehrbetrieb weitergegeben, dort war auch der Ort weiterer Interpretationen des Rechts. Im Islam bildeten sich verschiedene Rechtsschulen heraus, die gewöhnlich gebietsbezogen waren, d. h. in bestimmten Gebieten herrschte eine bestimmte Rechtsschule vor. Der Ort für diesen Unterricht des Rechts war die Moschee. Seit dem 11. Jhd. wurde dieser Lehrbetrieb nachweisbar institutionalisiert, was zur *madrasa* führte, die häufig, aber nicht immer, in einem Gebäudekomplex mit einer Moschee verbunden war, was an vielen Orten bis heute der Fall ist. Eine *madrasa* war normalerweise finanziell gut abgesichert, vor allem durch Stiftungen, denn eine solche Schule einzurichten wurde als religiös verdienstvoll angesehen. Außer dem Recht wurde dort selbstverständlich und vorrangig der *Koran* studiert und es wurde Grammatik gelehrt, was dann besonders in den nicht arabischsprachigen

Ländern wichtig wurde. Philosophie wurde in diesen Schulen zu keinem Zeitpunkt unterrichtet.

Die Berechtigung, philosophische Begriffe zur Interpretation bestimmter Lehren des *Koran* heranzuziehen, war im islamischen Bereich ähnlich wie im frühen Christentum umstritten. Diese Frage berührte eigentlich zunächst nicht die Philosophen, die in der ersten Generation gar keine Muslime, sondern Christen waren. Als sich aber auch Muslime für die Philosophie zu interessieren begannen, tauchte im Bereich der *madrasa* die Frage auf, ob die Beschäftigung mit Philosophie und die Verwendung derselben für die Koran-Interpretation eine für einen Muslim erlaubte Tätigkeit darstellen konnte. Vor diesem Hintergrund sind manche apologetischen Ausführungen bei arabischen Philosophen verständlich, und in der späteren Entwicklung kam es zu richtigen Konflikten, auf die noch einzugehen sein wird.

Es ist auffällig, daß die Philosophie öfter von Gruppen herangezogen wurde, die von der Mehrheit als nicht-orthodox angesehenen wurden, so etwa bei jenen Muslimen, die später als Schiiten bezeichnet wurden. Gerade bei solchen Gruppen war dann manchmal der Raum für einen Rationalismus gegeben, der nur schwer mit der offiziellen Interpretation des Islam in Übereinstimmung gebracht werden konnte. Als von Seiten der Lehrer des *Koran* sachlich erhebliche Differenzen zur griechischen Philosophie herausgestellt wurden (dazu weiter unten Genaueres), sahen sich Philosophen, die sich zum Islam bekannten, dazu herausgefordert, sich als echte und ordentliche Muslime zu rechtfertigen. Ihre Rechtfertigung war manchmal nicht recht durchsichtig, sie vertraten – jedenfalls in den Augen ihrer »Ankläger« – gelegentlich ein »sowohl-als auch«, weshalb man durchaus den Eindruck gewinnen konnte, die Beteuerungen mancher islamischer Philosophen, daß ihre Auffassungen mit dem *Koran* in Übereinstimmung stehen, könne nur durch die These einer »doppelten Wahrheit« begründet sein. Bei einigen islamischen Philosophen wurde bei solchen Rechtfertigungsversuchen eine Erkenntnisstufen-Theorie entwickelt (ähnlich wie die Pistis-Gnosis-Lehre der frühen Kirchenväter), die so jedenfalls die Annahme eines Neben- oder Übereinander-Stehens von *Offenbarung* und *Vernunft* ermöglichte. Gemeint war dabei allerdings: Vernunft *über*, nicht *unter* der Offenbarung und deren heiligen Schriften. Auch diese Frage wird uns im weiteren noch beschäftigen.

Die islamischen Philosophen waren von ihrem Beruf her gewöhnlich Vertreter empirischer Wissenschaften. Die Verbindung Medizin-Philosophie hatten die Muslime bereits von den christlichen Syrern übernommen (vgl. weiter unten 2, a). Die Fragen der Theologie hatten in den islamischen Ländern ihren festen Ort bereits in den Schulen der Moscheen, vom syrischen Curriculum, in dem Philosophie auch im Zusammenhang mit Theologie betrieben wurde, blieben also nur die beiden empirischen Wissenschaften *Medizin* und *Astronomie* als Bezugspunkte übrig. Philosophie hatte daher in der islamischen Kultur ihren Ort primär im Curriculum dieser beiden Disziplinen, wobei die Medizin besonders wichtig war. Zahlreiche bedeutende Philosophen des islamischen Bereichs waren Ärzte, so z. B. Rhazes, Avicenna und Averroes. Somit waren für sie die Auseinandersetzungen mit den Lehren und den Lehrern des *Koran* etwas, was sie nur »eben auch« unternahmen, weil sie selbst Muslime waren, nicht aber etwas, was ihre eigentliche Tätigkeit betraf. Diese Philosophen-Mediziner hatten also eine ganz andere gesellschaftliche Stellung als die Philosophen des lateinischen Mittelalters. Diese waren bis ins 14. Jhd. so gut wie ausschließlich Kleriker, also Vertreter der Kirche und somit meist Philosophen-Theologen, Philosophen des islamischen Bereichs hingegen hatten mit der *madrasa* unmittelbar nichts zu tun. Die besten Philosophen waren nicht selten auch die besten Ärzte und als solche häufig im Dienste der Kalifen tätig. Sie waren daher zwar nicht unmittelbar von den Vertretern des islamischen Glaubens abhängig, dafür aber von den Höfen der jeweiligen Herrscher, und sie waren daher mit deren oft wechselnden politischen Schicksalen verbunden. Und da die Herrscher auch für die Religion verantwortlich waren und die religiösen Führer entsprechend versuchten, auf sie Einfluß zu nehmen, war im Hintergrund doch das Erfordernis einer Verhältnisbestimmung der Philosophie zum *Koran* gegeben. Liberale Herrscher wurden von den Koran-Gelehrten und den Juristen nicht selten verdächtigt, zu sehr unter dem Einfluß von Philosophen zu stehen.

2. Einzelne Vertreter

a) Die Übersetzer

Der Ausgangspunkt des Kontaktes der islamischen Kultur mit griechischer Philosophie lag, wie gesagt, bei den nestorianischen Christen in Syrien. In den Schulen der Syrer war Philosophie und vor allem Logik eine wichtige propädeutische Disziplin für die Theologie – vgl. z. B. Johannes Damaskenos (Kap. V, 5) – und die Medizin. Die Brücke, über die griechische Philosophie in den Bereich der arabischen Kultur eindrang, war jedoch verständlicherweise die Medizin und nicht die Theologie. Auch wenn später einzelne muslimische Theologen oder Gruppen von solchen wie vor allem die Mu'taziliten Interesse an griechischer Philosophie zeigten, so wurde dieses Interesse nicht von der Mehrzahl geteilt, und in jedem Fall waren diese Theologen im allgemeinen kein treibender Faktor bei der Übertragung von Texten griechischer Philosophie ins Arabische. Dieses Verdienst kam eindeutig den Medizinern und Astronomen/Astrologen sowie den sie fördernden Kalifen zu, ebenso wie einflußreichen Kreisen des Hofes. Dieser Kulturtransport setzte erst unter den Abbasiden ein, die 749 die Umaiyaden in der Herrschaft gewaltsam abgelöst hatten. Dies ist auf den ersten Blick überraschend. Die Umaiyaden in ihrer Hauptstadt Damaskus stützten sich in ihrer Verwaltung hauptsächlich auf die in ihrem Gebiet angesiedelten Griechen. Allerdings waren dies Griechen, die der Kultur des orthodoxen

Byzanz angehörten, und dort war im 7. und 8. Jhd. kein Interesse an Philosophie und Wissenschaft vorhanden (vgl. Kap. V, 5). Die Abbasiden hingegen versuchten, das kulturelle und wissenschaftliche Niveau der arabischen Oberschicht zu heben. Die Hauptstadt wurde von Damaskus ins neu gegründete Bagdad verlegt. Es handelte sich dabei aber nicht nur um eine Verlegung des Ortes der Herrschaft, sondern um eine ganz neue Form eines islamischen Herrscherhofes. Allerdings wurde Bagdad erst im 9. Jhd. zum intellektuellen Mittelpunkt des Reiches, vorher waren Basra und Kufa die eigentlichen intellektuellen Zentren gewesen. Der Gründer der neuen Hauptstadt Bagdad war al-Mansur (754–775), der mit Hilfe der Perser und Araber, die in der ersten Periode der Eroberungen nach Chorasan gekommen waren und sich der persischen Umgebung angeglichen hatten, an die Macht gekommen war. Bei diesen Gruppen war der Zoroastrismus ein wichtiges Element ihrer Tradition und Kultur. Al-Mansur versuchte nun, diese Gruppen an seine Herrschaft zu binden. Dafür entwickelte er die Ideologie, daß er der legitime Nachfolger nicht nur Mohammeds, sondern auch der Sassaniden, also der vorausgegangenen Herrscher Persiens sei. Die ersten wichtigen Übersetzungen waren daher Traktate der Astrologie und der Geschichte aus dem Persischen. Wenn al-Mansur in Bagdad einen orientalischen Hof einrichtete, so stand dahinter ein kalkuliertes Herrschaftsinteresse. Die Legitimation dieser Ideologie ließ er sich von den Astrologen liefern. Astrologie hatte bei den islamischen Arabern bisher kaum eine Rolle gespielt, ganz im Unterschied zu der zoroastrischen Tradition. Al-Mansur präsentierte sich also als der von Gott und den Sternen vorherbestimmte Herrscher. Mit dieser Ideologie übernahm al-Mansur aber auch ein wichtiges Element der zorastrischen Tradition, das folgende »Theorie« enthielt: Alles Wissen stammt von Zoroaster, die Griechen haben jedoch einen Großteil dieses Wissens durch die Raubzüge Alexanders des Großen entwendet, ins Griechische übersetzt, und dann als ihr eigenes Wissen ausgegeben. Die »Rück«-Übersetzung dieser Texte ins Persische brachte also dieses Wissen an seinen ursprünglichen und legitimen Ort zurück. Mit der Übernahme dieser »Theorie« durch al-Mansur war somit von Anfang an eine ideologische Basis für Übersetzungen aus dem Griechischen geliefert.

Die Mitglieder des Hofes des Kalifen mit den wichtigsten Verwaltungsbehörden lebten in Bagdad in einem eigenen, auch räumlich vom Volk abgetrennten Bezirk. Unter den Verantwortlichen der Verwaltung gab es zahlreiche Perser, es war also eine gewisse Internationalisierung im Gange, die mit einem verstärkten Interesse an Wissenschaft zusammentraf und zusammenging. Am Hof des Kalifen bildete sich eine neue gesellschaftliche Gruppe mit entsprechendem Gruppenbewußtsein aus, nämlich die Schreiber oder Sekretäre *(kuttab)*. Dies waren Leute, die berufsmäßig Bildung brauchten, und die auf ihre Bildung stolz waren. In einer Schrift zur Erziehung der *kuttab* führt ibn-Qutayba (gest. 889) eine Liste angewandter Wissenschaften an, unter denen die Mathematik eine wichtige Rolle spielte. Und auch der bedeutende arabische Mathematiker al-Huwarizimi, der Astronom/Astrologe al-

Ma'muns (813–833), fügte in seiner berühmten *Algebra* einem ersten rein theoretisch-mathematischen Problemen gewidmeten Teil einen zweiten Teil an, der sich mit Fragen angewandter Mathematik befaßte, wo es auch um ganz praktische und rechtlich relevante Fragen wie Erbschaft, Handel und vieles mehr ging. Eine gewisse weltoffene Kultur, in der persische wie griechische Elemente mit altarabischen und islamischen verbunden oder oft einfach nebeneinandergestellt waren, war dort tonangebend. Unter diesen Regierungsbeamten waren auch zahlreiche syrische Nestorianer, also Nicht-Muslime, welche eine weltliche Kultur vertraten und sich damit in bewußten Gegensatz zu der religiös und ganz vom Islam geprägten Kultur der Juristen stellten. Damit soll nicht gesagt sein, daß diese Sekretäre schon Träger einer philosophischen Kultur waren oder wurden, wohl aber weist das Vorhandensein dieser städtischen Oberschicht mit ihrer internationalen und multireligiösen Zusammensetzung darauf hin, daß trotz des ausdrücklich religiös orientierten politischen Programms der Abbasiden im Zentrum der Macht in keiner Weise eine alles Nicht-Arabische oder Nicht-Islamische ablehnende Mentalität herrschte. Al-Mansur versuchte geschickt und erfolgreich den Einfluß der verschiedenen Volksgruppen im Gleichgewicht zu halten, und seine Nachfolger behielten diese Politik bei. Ga'far, ein Mitglied der beinahe allmächtigen Familie der Barmakiden, förderte alle, die zur Erweiterung des Wissens beitrugen, und Ga'far war es auch, der den Kalifen Harun ar-Rasid (786–809) dazu anregte, eine Gesandtschaft nach Byzanz zu senden, um dort nach griechischen Handschriften zu suchen, die dann übersetzt werden sollten. Welche Handschriften dort gefunden wurden und welche nach Bagdad gelangten, ist nicht bekannt. Die ganze Geschichte könnte allerdings auch eine Legende sein. Aus dieser Geschichte kann man aber jedenfalls ersehen, daß die immer wieder aktuell werdende kriegerische Auseinandersetzung mit Byzanz die Kalifen in keiner Weise daran hinderte, in wieder ruhigeren Zeitabschnitten einen beinahe freundschaftlichen Kulturaustausch mit Byzanz zu pflegen. Woher die Mehrzahl der griechischen Handschriften, die die Übersetzer ihren Arbeiten zugrundelegten, ist nicht bekannt. Zunächst stammten sie vermutlich aus Klöstern aus früher christlichen Gebieten, die die Araber erobert hatten. Im 9. Jhd. wurden dann möglicherweise in Byzanz auf Bestellung gewünschte und gesuchte Kopien griechischer Handschriften hergestellt (vgl. Kap. V, 5). Bei al-Ma'mun, einem großen Förderer der Übersetzungstätigkeit, standen auch deutlich anti-byzantinische Motive im Hintergrund, er war auch der erste Kalif der gegen Byzanz wirklich Krieg führte. Es ging ihm darum, die Kultur des Islam als der des christlichen Byzanz überlegene zu erweisen: Während die Christen sich von der griechischen Philosophie und Wissenschaft abgewendet haben, nehmen die Muslime sie begierig auf. Dies war zwar für die faktische Situation in Byzanz im 8. und beginnenden 9. Jhd. zutreffend, al-Ma'mun wollte diesem Faktum aber eine grundsätzliche Bedeutung geben: Der Niedergang der griechischen Philosophie und Wissenschaft geht auf den Einfluß des Christentums zurück, während der Islam die Beschäftigung mit Philosophie und Wissenschaft fordert und fördert. Diese Ideologie gab zwar der Übersetzungsbewegung einen wichtigen stützenden Hintergrund, zeigte sich aber auf die Dauer doch nicht tragfähig, wie die weitere Geschichte der Philosophie im islamischen Bereich zeigen wird. Die Überzeugung, daß der Islam dem Christentum und den anderen Religionen gegenüber argumentativ nachweisbar überlegen ist, hatte al-Ma'mun schon von al-Mahdi (775–785) übernommen. Dieser hatte eine gezielte Konversionspolitik betrieben. Der Übertritt zum Islam sollte aber nicht (nur) unter politischem Druck erfolgen, sondern durch Argumente begründet sein. Es ist durchaus interessant, daß der Kalif in diesem Zusammenhang die Übersetzung der aristotelischen *Topik* durch den nestorianischen Patriarchen Timotheus I. herstellen ließ, eine Schrift, die im Lehrgang der syrischen Schulen keine große Rolle spielte. Und der Kalif führte dann selbst mit dem Patriarchen eine öffentliche Diskussion durch. Es entwickelte sich im 8. Jhd. dann auch tatsächlich eine Kontroversliteratur mit logischen Mitteln, die auch die Christen zu entsprechenden Schriften herausforderte. Wichtiger als die Auseinandersetzung mit dem Christentum war jedoch vermutlich die mit den Manichäern (vgl. auch Kap. III, 1), von deren Schriften inzwischen viele ins Arabische übersetzt worden waren, und die vor allem bei jenen, die auf eine Wiederbelebung der persisch-zoroastrischen Tradition hinarbeiteten, viel Anklang fanden. Die beste

Verteidigung gegen den manichäischen Dualismus wurde in der *Physik* des Aristoteles gefunden, deren Übersetzung – es wurden verschiedene, verbesserte Versionen hergestellt – in diesem Kontext ihren Ursprung hat. In der Folge wurden dann auch griechische Kommentare zur *Physik* des Aristoteles ins Arabische übersetzt. Es ist also festzuhalten, daß es auch durchaus spezifisch islamische Gründe gab, die die Übersetzungsbewegung vorantrieben. Ein großer Förderer, wenn auch nicht deren Begründer, war der Kalif al-Ma'mun. Der Kalif al-Ma'mun hatte die, wenn wir so sagen dürfen rationalistische Lehre der Mu'taziliten gefördert und sie als Staatsdoktrin verwendet. Der Hintergrund war durchaus politisch. Es ging ihm bei seinen zentralistischen Staatszielen darum, den Einfluß der verschiedenen Schulen von Koranlehrern zurückzudrängen und die Vernunft – natürlich vor allem seine eigene – als obersten Maßstab anzusetzen. Auf die Dauer konnte sich aber dieser Rationalismus im Bereich des Islam nicht halten, die Mu'taziliten verloren bald wieder an Einfluß (vgl. weiter unten b).

Nicht spezifisch islamisch hingegen ist ein weiterer wichtiger Faktor, der zahlreiche Übersetzungen hervorrief, nämlich die Medizin. In Bagdad gab es eine reiche und luxusorientierte Oberschicht, die rasch erkannte, daß Krankheiten nicht nur dem Schicksal oder den Strafen Allahs zuzuschreiben und somit einfach zu ertragen waren, sondern durchaus heilbar waren. Die Kunst der Medizin war also gefragt. Daß in dieser Umgebung die Ärzte, die am Hof in Bagdad tätig waren, zunächst syrische Christen waren, ist keineswegs verwunderlich. Es wurden einfach Ärzte aus der besten medizinischen Schule berufen, und dies war die von Christen geleitete in Gondesapur (Süd-Iran). So kamen etwa aus der nestorianischen Familie der

Bahtisu seit der Zeit des Kalifen al-Mansur (754–775) während drei Jahrhunderten die Leibärzte der Kalifen und die leitenden Ärzte des Krankenhauses in Bagdad. Besonders wichtig in unserem Zusammenhang ist der zu Beginn des 9. Jhd.s aus Gondesapur berufene Arzt Juhanna ibn Masawaih (gest. 857), der dann in Bagdad das Krankenhaus leitete.

Die Ärzte-Übersetzter aus der Periode der Abbasiden werden häufig mit dem »Haus der Wissenschaft« *(Bait al-Hikma)* in Verbindung gebracht, wo es seit Juhanna ibn Masawaih eine regelrechte Übersetzerschule gegeben haben soll. Die historischen Nachrichten reichen jedoch für eine solche Annahme nicht aus. Das »Haus der Wissenschaft« – eher »Haus der Weisheit« – war die Bibliothek und das Archiv der Herrscher bei den Sassaniden und wurde als solche dann auch bei den Abbasiden eingerichtet. Daß dort aber Übersetzer angestellt waren, ist historisch nicht nachweisbar. Hunain ibn Ishaq (809–877), einer der bedeutendsten Übersetzer überhaupt, der auch wieder Leiter dieses »Hauses der Wissenschaft« gewesen sein soll, berichtet selbst nichts darüber. Es gibt auch keinen Hinweis dafür, daß im »Haus der Wissenschaft« griechische Handschriften gesammelt und aufbewahrt wurden. Die Übersetzer bedurften aber gar keiner offiziellen Institution für ihre Tätigkeit. Das Interesse an Übersetzungen war in den Führungsschichten Bagdads groß und wir verfügen über Mitteilungen darüber, daß die Summen, die dafür ausgegeben wurden, beträchtlich waren. Die Übersetzer konnten also ohne Zweifel freiberuflich gut leben. Es waren zunächst astronomisch/astrologische Texte, in Verbindung damit mathematische und weiterhin medizinische Schriften, die im Mittelpunkt der Übersetzungstätigkeit standen. Die medizinischen Texte erlangten bald den Vorrang. Eine gewisse Kenntnis aristotelischer Philosophie wurde, folgend der syrischen Tradition, als zu den Voraussetzungen der Medizin gehörend allgemein anerkannt. Galen war die größte Autorität der Spätantike auf dem Gebiet der Medizin, und Hunain ibn Ishaq, war der bedeutendste Übersetzer der Werke Galens ins Syrische und ins Arabische. Hunain verfaßte eine Schrift über die seines Wissens übersetzten Bücher Galens und einige der nicht übersetzten, die auch in einer deutschen Übersetzung zugänglich ist *(Über die syrischen und arabischen Galen-Übersetzungen)*. Hunain verfaßte diese Schrift, um dem Bedürfnis nach einem Katalog zu entsprechen, »in dem die Bücher der Alten über die Medizin zusammengestellt würden, die man heutzutage noch braucht« (Ebd. S. 1). Als erstes führt Hunain ein *Pinax (Verzeichnis)* genanntes Werk Galens an, von dem er sagt:

Was das Buch anlangt, das Galen Pinax genannt und in dem er seine Bücher verzeichnet hat, so besteht es aus zwei Teilen; im ersten Teil davon führt er seine Bücher über Medizin auf und im zweiten Teil seine Bücher über Logik, Philosophie, Rhetorik und Grammatik. In manchen griechischen Handschriften aber haben wir diese beiden Teile verbunden gefunden, als wären sie ein einziger Teil. (Ebd. S. 3)

Unter den Werken Galens führt er auch eines mit dem Titel *Darüber, daß der treffliche Arzt Philosoph ist* an. Der für die Medizin wichtigste Teil der Logik war der *Über den Beweis*, dem eine eigene Schrift Galens gewidmet war, von der Hunain allerdings sagt, daß er trotz eifrigen Suchens keine vollständige griechische Handschrift auffinden konnte. Hunain berichtet aber, daß dieses Buch Galens über den Beweis dasselbe Ziel verfolgt wie das vierte Buch der Logik des Aristoteles, also die *2. Analytik* (*Galen-Übersetzungen*. S. 38 f.).

Die Qualität der Übersetzungen, die Hunain und seine Nachfolger anfertigten, kann auch nach heutigen Standards als verhältnismäßig gut angesehen werden. Bei den Sprachen, in die übersetzt wurde, fand im 9. Jhd. eine leicht erklärliche Verlagerung statt. Während in der ersten Hälfte des Jahrhunderts hauptsächlich vom Griechischen ins Syrische übersetzt wurde, wurden in der zweiten Hälfte mehr Übersetzungen entweder aus dem Syrischen ins Arabische oder direkt aus dem Griechischen ins Arabische angefertigt. Der Bericht Hunains *Über die syrischen und arabischen Galen-Übersetzungen* macht diese Verlagerung sehr gut deutlich und zeigt auch, daß dies vor allem durch die Marktlage bestimmt war, d. h. es wurden immer mehr Übersetzungen von arabischen Auftraggebern bestellt. Die Übersetzungstätigkeit setzte ein Suchen und Erwerben griechischer Handschriften voraus, was auch tatsächlich

beinahe systematisch betrieben wurde, und Hunain ibn Ishaq war selbst einmal Mitglied einer solchen Expedition zum Erwerb von Handschriften, die von reichen Auftraggebern finanziert wurde. Hunain versuchte auch, verschiedene Handschriften ein und desselben Textes zu erhalten, um sie zu kollationieren, er wußte also sehr wohl, daß, bevor er an die Übersetzung herangehen konnte, erst einmal eine gesicherte Textgrundlage vorhanden sein mußte. Bei den Übersetzern war auch ein sehr reflektiertes Bewußtsein hinsichtlich der Schwierigkeiten der Übersetzertätigkeit vorhanden. Sie machten gelegentlich deutlich, daß schon die Übersetzung wissenschaftlicher Texte erhebliche Probleme mit sich bringt, daß diese aber bei der Übersetzung religiöser, theologischer oder poetischer Texte fast unüberwindbar werden. Man kann daraus entnehmen, daß es den Übersetzern und ihren Auftraggebern durchaus bewußt war, daß sie mit den wissenschaftlichen und philosophischen Texten nur einen Ausschnitt der griechischen Kultur vor sich hatten. Daß sich die Araber mit griechischen religiösen und poetischen Texten nicht beschäftigten, hatte sicher auch durch den Islam begründete Motive, was aber nichts an der Korrektheit der Feststellung der besonderen Probleme der Übertragung religiöser und poetischer Texte in andere Sprachen ändert. Dies galt auch für die zentrale Schrift des Islam selbst, den *Koran*: Die Vertreter des Islam standen Übersetzungen des *Koran* immer skeptisch gegenüber, und dieser wird bis heute von allen Muslimen immer im arabischen Text gelesen.

Hunain ibn Ishaq wurde schließlich Leibarzt des Kalifen al-Mutawakkil (847–861), wodurch er Gelegenheit hatte, sich direkt am Hof für die weitere Förderung der griechischen Wissenschaft einzusetzen. Politische Wirren während der Regierungszeit von al-Ma'muns Sohn al-Mu'tasim (833–842), die dazu führten, daß der Kalif seine Residenz nach Samarra verlegte, hatten auch negative Rückwirkungen auf die Tätigkeit der Übersetzer gehabt. Al-Mutawakkil kommt das Verdienst zu, die Arbeit an Übersetzungen wieder gefördert zu haben. Während der Regierungszeit Mutawakkils wurden die wichtigsten Übersetzungen hergestellt, die Übersetzungstätigkeit wurde von Hunains Sohn und anderen Mitarbeitern fortgesetzt. Am Ende des 9. Jhd.s hatten die aristotelischen Schriften des *Organon* einen festen Platz im Curriculum des Medizinstudiums. Die Tätigkeit der Übersetzer beschränkte sich aber nicht nur auf die logischen Schriften des Aristoteles. Sehr rasch folgten fast alle übrigen Schriften des Aristoteles sowie viele Texte der spätantiken Aristoteles-Kommentatoren (vgl. 1. Teil, Kap. XVIII); weiterhin wurden fast alle Texte der alexandrinischen Wissenschaft (vgl. 1. Teil, Kap. XI, 3) übersetzt. Auffälligerweise wurde nur sehr wenig von den Schriften Platons übersetzt, bekannt sind Übersetzungen des *Timaios* und des *Phaidon*, möglicherweise gehörten diese die Kosmologie und die Seelenlehre betreffenden Schriften zu dem, was die Syrer als wissenschaftlich angesehen hatten und worauf sich dann auch das Interesse der Araber konzentrierte. Die islamischen Philosophen kannten daher die Auffassungen Platons größtenteils nur durch die zusammenfassenden Darstellungen späterer neuplatonischer Interpreten. Ein gutes Beispiel einer solchen Zusammenfassung liefert uns al-Farabi, dessen Schrift *Über die Philosophie Platons und Aristoteles'* (engl. Übersetzung von Mahdi 1962) auf solchen spätantiken Handbüchern beruhen dürfte. Um die Mitte des 10. Jhd.s, also etwa zur Zeit al-Farabis, war diese Phase der Übersetzungen abgeschlossen. In den darauffolgenden Jahrzehnten wurde bereits die nächste Stufe erreicht, die darin bestand, die schon vorhandenen Übersetzungen zu überarbeiten und zu verbessern. Die Philosophen und Wissenschaftler des islamischen Bereichs verfügten also seit dem 10. Jhd. über einen so reichhaltigen Bestand an Texten, daß sie sich zu Recht als die Erben und Fortsetzer der griechischen Wissenschaft betrachten konnten. In Byzanz, wo alle diese Texte in der Originalsprache vorhanden waren, wurde in dieser Zeit fast nichts in dieser Richtung unternommen (vgl. Kap. V, 5, b). Al-Farabi stellte aus historischen Informationen, die er von seinem Lehrer, dem Christen Yuhanna ben Hailan erhalten hatte, eine Schrift *Über das Auftreten der Philosophie* zusammen, die dieses Bewußtsein zum Ausdruck bringt. Daraus ergab sich eine eindrucksvolle Kulturtheorie, die unter dem Stichwort »Von Alexandrien nach Bagdad« in die Geschichte eingegangen ist, auf die schon früher hingewiesen wurde (vgl. Kap. V, 1, b).

Allerdings muß auf zwei Schriften hingewiesen werden, die fälschlich unter dem Namen des Aristoteles verbreitet wurden: Die *Theologie des Aristoteles*, die in Wirklichkeit ein Auszug aus Buch 4–6 der *Enneaden* des Plotin ist. Diese *Theologie* ist ein ursprünglich griechisches Werk, das im 9. Jhd. ins Arabische übersetzt wurde. Das zweite ist der *Liber de causis*, in Wirklichkeit ein Auszug aus der *Stoicheiosis Theologike* des Proklos. Der schon von den Griechen übernommene neuplatonische Interpretationsrahmen auch der aristotelischen Schriften wurde durch diese Fehlzuschreibungen gleichsam textlich legitimiert.

Schon im 9. Jhd. gab es in Bagdad Schulen, die wir heute in ihrer Gesamtheit als Universität bezeichnen würden. Ein astronomisches Observatorium wurde eingerichtet, dem später an anderen Orten noch weitere folgen sollten; auch zur Geographie und Geschichte wurden wichtige Schriften verfaßt. Diese Schulen bestanden bis zum Einfall der Mongolen im 13. Jhd.

b) Der kalam

Wie das Christentum beruht auch der Islam auf einem Buch, dem *Koran*, das als Offenbarungsurkunde angesehen wird. Der *Koran* ist in keiner Weise eine systematische Schrift, genauso wenig wie das *Alte* oder das *Neue Testament*. Die Sprache des *Koran* hat nichts mit philosophischer Begrifflichkeit zu tun, und solche Texte werfen immer *Auslegungsprobleme* auf. Die Frage, was denn eigentlich die »wahre Lehre« ist, wird besonders dort, wo solche Texte als grundlegend nicht nur für die religiösen Anschauungen, sondern auch für die Gesellschaftsordnung und deren Gesetze angesehen werden, mit der Zeit unumgänglich. Auslegungsprobleme müssen mit Hilfe von irgendwelchen Regeln behandelt werden. Dies bedeutet natürlich nicht, daß diese Regeln schon als solche von Anfang an ausdrücklich formuliert sein müssen, sie werden zunächst einmal einfach verwendet. Der Versuch, mit Hilfe von bestimmten Regeln Lösungen zu finden, wird im islamischen Bereich *kalam* genannt. *Kalam* bedeutet im Arabischen umgangssprachlich zunächst »Rede«, »Äußerung« oder »Gespräch«. Erste Ansätze von *kalam* finden sich bereits im *Koran* selbst, und aus solchen Diskussionen entwickelte sich in Anfängen schon im 7. Jhd. eine eigene Disziplin, also *kalam* in einem spezifischen Sinn. Jene, die sich mit solchen Diskussionen beschäftigten, wurden *mutakallimun* genannt. (*Kalam* wird gelegentlich in Übersetzungen mit »Scholastik« wiedergegeben und entsprechend werden die *mutakallimun* als »Scholastiker« bezeichnet. Diese Übersetzung ist mit Vorsicht zu gebrauchen, da sie die Assoziation der lateinischen christlichen Scholastik hervorruft, was nur sehr bedingt gültig ist. Die Beziehung zur Philosophie ist in der christlichen Scholastik ungleich enger als im *kalam*.) Das wichtigste Thema solcher Diskussionen betraf die Attribute Gottes, aber auch Fragen nach Freiheit und Prädestination oder die nach dem Geschaffensein und der Zeitlichkeit der Welt spielten eine große Rolle. Al-Ghazali sagt vom *kalam*:

> Das Ziel dieser Wissenschaft ist die Bewahrung des sunnitischen Glaubensgrundsatzes und sein Schutz vor der Verwirrung der ketzerischen Erneuerer. (*Der Erretter aus dem Irrtum*. S. 13)

Bei al-Ghazali erscheint *kalam* also in einer primär apologetischen Funktion, dies gilt nicht generell für *kalam,* ist aber jedenfalls eine der Funktionen, die dem *kalam* zugeschrieben werden. Al-Ghazali spricht aber im Zusammenhang des Auftretens »ketzerischer Erneuerer« auch ganz allgemein von »geordneter Redeweise«, womit die eigentliche Bedeutung von *kalam* zum Ausdruck kommt:

Deshalb ließ der erhabene Gott die Gruppe der Scholastiker entstehen, die er bewegte, die Sunna durch geordnete Redeweise zu verteidigen, wodurch offenbar wurde, welche Verwirrung die Anhänger der ketzerischen Erneuerer mit der überlieferten Sunna angerichtet hatten. Dadurch entstand die islamische Scholastik und ihre Anhänger. (Ebd.)

Spätestens seit der zweiten Hälfte des 8. Jhd.s wurde die Frage von Sprachregelungen und Regeln für eine stärker systematische Darstellung der Lehren des Islam als Problem deutlich erfaßt, und zwar aufgrund von rein inner-islamischen Diskussionen: Es ging ganz allgemein um eine »geordnete Redeweise«. Im folgenden 9. Jhd. treffen wir gleichzeitig auf eine intensive Entwicklung islamischer Theologie und eine ausgedehnte Übersetzungstätigkeit von Schriften aus der griechischen Philosophie, zunächst und zumeist solchen der Logik. Es gab also so etwas wie eine »geistige Situation«, die für beide Bewegungen günstig war. Mußte nicht das Bekanntwerden der griechischen Logik für die *mutakallimun* höchst erfreulich sein, da hier ausgearbeitete Argumentationsverfahren geliefert wurden? Die Antwort darauf ist nicht einfach positiv, denn das Interesse an »geordneter Redeweise« führte nicht schon gleichsam automatisch zu einer Übernahme griechischer Logik. Man wird sogar sagen können, daß die *mutakallimun* zwar faktisch Logik gebrauchten, daß sie aber im allgemeinen keine Sympathie für griechische Logik zeigten. Die *mutakallimun* gebrauchten, vermittelt vermutlich über spätantike Rhetorik-Lehrbücher Elemente der stoischen Logik, ohne sich aber dieser Herkunft bewußt zu sein. Es ist daher kaum möglich, im *kalam* einen Faktor zu sehen, der den Eingang der griechischen Logik in die islamische Kultur förderte. *Kalam* als Verfahren der Koranauslegung war auch selbst ganz und gar nicht unumstritten und wurde von Seiten orthodoxer Theologen häufig angegriffen. Unter den Vertretern des *kalam* herrschte auch keineswegs Einstimmigkeit über Grade und Reichweite von Vernunftbegründungen, und so auch nicht über die Berechtigung der Verwendung von griechischer Logik. Am weitesten gingen in der Forderung rationaler Begründung die schon weiter oben angeführten Mu'taziliten (d. h. »die sich absondern«). Die Mu'taziliten waren für kurze Zeit, von 833–848, die Vertreter der offiziellen, politisch verordneten Lehre. Dies ging auf den selbst rationalistisch eingestellten Kalifen al-Ma'mun zurück, der auch, und in diesem Sinn durchaus kohärent, ein bedeutender Förderer der Einführung griechischer Wissenschaft war. Es wäre aber verfehlt, die Mu'taziliten deshalb als Verteidiger der griechischen Logik anzusehen. Sie meinten, daß bestimmte Lehren – z. B. daß die Attribute Gottes nichts zu seinem Wesen hinzufügen, daß der

Mensch frei sei – rational begründbar seien, ohne sich deshalb auf die Form logischer Argumentation, wie es die griechische Logik forderte, verpflichten zu müssen. Bei den Sunniten ging der Einfluß der Mu'taziliten mit der Zeit zurück, während die Schiiten noch lange rationalistischen Gedanken gegenüber aufgeschlossener blieben (woran man heutige Schiiten gelegentlich erinnern sollte). Der Schiit al-Murtada (gest. 1044) z. B. meinte, daß überhaupt alle Wahrheiten der Religion durch Vernunft bewiesen werden können und müssen. Mit dieser Auffassung fand er allerdings nicht viele Anhänger, obwohl dies eigentlich eine Grundüberzeugung der Muslime war. Es besteht aber eben doch ein wesentlicher Unterschied zwischen der Behauptung, alle Wahrheiten eines bestimmten Glaubens seien vernünftig und dem Nachweis, daß dies tatsächlich so ist.

Anfang des 10. Jhd.s setzte sich aber die Lehre al-Ash'aris (873–935) weithin durch, in der nicht gefordert wurde, die Offenbarung des *Koran* durch Vernunftgründe zu rechtfertigen, in der aber doch Vernunftbegründungen bis zu einem gewissen Grad zugelassen wurden. Auch ließ er hermeneutische Überlegungen zu, also etwa die Unterscheidung einer wörtlichen und einer metaphorischen Erklärung bestimmter Texte des *Korans*.

Sicher schon seit frühester Zeit gab es strenge und extreme Traditionalisten, die

den *Koran* als einzige Richtschnur annahmen, und – wo erforderlich – den *Koran* allein durch den *Koran*, d. h. durch Textvergleiche innerer Art, erklären wollten und jede andere Analyse und jede Form von Beweisversuchen als Fremdkörper und als Gefahr für die Reinheit des Glaubens ansahen. Der bedeutendste Vertreter dieses Traditionalismus war der in Andalusien lebende Ahmad ibn Hanbal (780–855), von dem die Richtung der Hanbaliten ihren Namen erhalten hat. Schon *kalam* ist für die Hanbaliten unannehmbar und umso mehr die griechische Logik und Philosophie. Dieser Standpunkt wurde in zahlreichen polemischen Schriften vertreten, aber auch aus Kreisen der Mu'taziliten und Ash'ariten sind richtige, entsprechend entgegengesetzte Kampfschriften bekannt. Es wird sogar von einem Sprichwort berichtet, das lautete: »Wer Logik treibt, gerät in Ketzerei.« (Goldziher 1916. S. 24)

c) Al-Kindi

Al-Kindi (801–866), der als erster Philosoph der Araber gilt, stammte aus Basra und ging dann nach Bagdad, was genau der Ortsverschiebung des kulturellen Zentrums des arabisch-islamischen Bereichs zu seiner Zeit entspricht. Er gehörte noch der Zeit der Übersetzungen an und hat auch selbst einige davon, z. B. die der *Metaphysik* des Aristoteles, in Auftrag gegeben. In der Hauptstadt stand er in engem Kontakt mit dem Kalifen al-Ma'mun, was nicht nur auf seine Bedeutung als Gelehrter zurückgehen dürfte, sondern auch auf die Tatsache, daß er der Sohn des Gouverneurs von Basra war. Al-Kindi kommt das Verdienst zu, die griechische Philosophie in die arabische Kultur eingeführt zu haben, die diesem Wissen zunächst keineswegs immer wohlwollend gegenüberstand. Er hatte am Hof in Bagdad mit einigem Widerstand zu rechnen, denn einerseits lag bei den einflußreichen persischen Hofbeamten eine Tendenz vor, die Araber als Kameltreiber anzusehen, die für höhere Kultur nicht empfänglich waren, und andererseits sehnten sich nicht wenige der Araber aus der Stadt Bagdad in das ungebundene Leben der Wüste und zu einem »einfachen« *Koran* zurück. In einem ganz allgemeinen Sinn traf al-Kindi sich mit Anliegen der Mu'taziliten, zu denen er auch gute Beziehungen unterhielt, und als diese unter dem Kalifen Mutawakkil zurückgedrängt wurden, fiel auch er in Ungnade. Er selbst gehörte jedoch nicht der Gruppe der *mutakallimun* an und setzte sich mit diesen auch kritisch auseinander, vor allem, weil sie alles ausländische Wissen ablehnten. Aber auch inhaltlich sowie bezüglich des allgemeinen Anliegens bestanden wesentliche Unterschiede zu den *mutakallimun,* da al-Kindi nicht einfach philosophische Techniken für die Auslegung des *Koran* verwenden wollte, sondern eine grundsätzliche Übereinstimmung von Philosophie und Offenbarung für gültig und nachweisbar hielt. Von seinen Schriften ist nur ein sehr geringer Teil erhalten, und wegen der noch nicht entwickelten philosophischen Terminologie ist die Interpretation der wenigen erhaltenen Schriften nicht einfach.

In seiner eigenen Konzeption war al-Kindi entscheidend abhängig von den späten | 239
Neuplatonikern, die er vor allem durch die Aristoteles-Kommentatoren, so besonders durch die Schriften des Johannes Philoponos, einen christlichen Neuplatoniker, kannte. So war seine Philosophie schließlich nicht weit entfernt von der des Proklos, und das heißt: von einer negativen Theologie (vgl. 1. Teil, Kap. XVII, 4). Vor dem Hintergrund dieser Kommentatoren ist sein ausgeprägtes Interesse an der Mathematik verständlich, er beschäftigte sich aber zugleich mit empirischen Wissenschaften. Soweit man sehen kann, trat bei ihm der *Koran* gegenüber diesem systematischen und überprüfbaren Wissen doch sehr in den Hintergrund.

d) Al-Farabi

Al-Farabi (um 875–950) kam aus einer vornehmen Offiziersfamilie in Farab (im heutigen Kasachstan). Aus seinen Schriften geht hervor, daß er Türkisch und Persisch konnte, was zu der Vermutung Anlaß gegeben hat, daß er nicht Araber gewesen sein könnte. Sein erster Lehrer war der Christ Yuhanna ben Hailan, der ihn in das Werk des Aristoteles einführte. Besonders wichtig war dabei, daß Hailan ihn entgegen der bei den Christen geltenden Tradition (vgl. Kap V, 1, b) auch mit der *2. Analytik* des Aristoteles bekannt machte. Al-Farabi ist der erste bedeutende Aristoteles-Kommentator der islamischen Philosophie, vor allem sein Kommentar zur Schrift *De Interpretatione* des Aristoteles, in dem er spätantike griechische Kommentare heranzog, setzte Maßstäbe. Al-Farabi kommentierte alle Teile des aristotelischen *Organon* und alle späteren Aristoteles-Kommentatoren der islamischen Kultur sind von al-Farabi abhängig. Nicht alle seine Kommentare sind jedoch erhalten.

Al-Farabi ging aus nicht ganz geklärten Gründen von Bagdad weg nach Syrien an den Hof der schiitischen Hamdaniden in Aleppo, wo er ein bescheidenes, ganz der philosophischen und wissenschaftlichen Arbeit gewidmetes Leben führte. Aufgrund dieses Lebensstils wurde eine Zugehörigkeit zu den Sufis vermutet, die aber nicht erwiesen ist. Obwohl er über ausgezeichnete medizinische Kenntnisse verfügte, übte er den Beruf des Arztes nicht aus, und zwar ganz bewußt: Medizin als Beruf gehörte für ihn zu der Praxis, während er sich allein der theoretischen Wissenschaft widmen wollte. Er liebte die Musik, soll selbst ein guter Musiker gewesen sein und verfaßte mit dem *Großen Buch der Musik* den wohl bedeutendsten Traktat zu diesem Gegenstand, den die islamische Philosophie hervorgebracht hat.

Die Frage des Verhältnisses von *Philosophie* und *Islam* war für al-Farabi kein beherrschendes Thema, dennoch mußte er dazu Stellung nehmen. Die Probleme hatten inzwischen öffentliche Aufmerksamkeit erregt. Dies wird ganz deutlich in einer berühmten öffentlichen Diskussion, die im Jahre 932 vor dem Vizier Ibn al-Furat in Bagdad stattfand. Der Ausgang der Diskussion stand allerdings von vornherein fest. Der Vizier sucht nicht einen Diskussionspartner für den Vertreter der Logik, sondern
240 | jemanden, der ihn widerlegen könnte. Dies macht sehr deutlich, daß der Vizier und so seine geladenen Gäste auf seiten jener standen, die den Einfluß der griechischen Logik mit Befürchtungen verbanden, und die diesen Einfluß ausgeschaltet sehen wollten. Der Vertreter der griechischen Logik war dabei Abu Bishr Matta (870–940), ein nestorianischer Christ. Sein Gegenspieler war Abu Sa'id al-Sirafi (893–979), ein Jurist, Theologe und Grammatiker. In dieser Diskussion ist allerdings so gut wie nichts über Logik und Grammatik als formalen Theorien enthalten. Soweit verschiedene Sprachtheorien, allerdings eigentlich Bedeutungstheorien, auftreten, entspricht al-Sirafis Auffassung einem simplifizierten Platonismus, Mattas Konzeption hingegen dem Aristotelismus neuplatonischer Prägung, wie er ziemlich allgemein von den Aristotelikern der Schule von Bagdad vertreten wurde. Es zeigt sich in der Diskussion jedoch ziemlich deutlich, daß hinter der Gegenüberstellung von Logik und Grammatik eigentlich das Verhältnis der arabischen zur griechischen logisch-philosophischen Kultur als gesellschaftlichem, politischem und religiösem Problem stand. Die Diskussion war kaum wirklich eine solche. Matta kam nur wenig zu Wort, und mußte wiederholt seine Unkenntnis eingestehen. Auch wurde die Auffassung der Logiker mehrmals gar nicht von Matta vorgetragen, sondern von al-Sirafi, und das heißt, sie wurde schon so vorgetragen, wie sie der Logik-Gegner verstand oder mißverstand. Das Problem war aber klar gestellt: Benötigte die arabisch-islamische Kultur überhaupt die griechische? Die negative Antwort war in dieser Diskussion schon vorprogrammiert. Sie war allerdings etwas zweischneidig, insofern as-Sirafi ja gar nicht wirklich die »reine« arabische Kultur des Islam vertrat, sondern eine populär neuplatonische Lektüre des Koran. Ob die Position al-Sirafis die allgemein

geltende würde, war zu diesem Zeitpunkt noch in keiner Weise klar. Die Diskussion über das Verhältnis der arabischen zu den »fremden« Kulturen stand erst am Anfang. Am Ende wird allerdings tatsächlich in philosophischer Hinsicht die neuplatonische, dann noch sufistisch gestütze Interpretation des Islam stehen, wie es bei ibn Arabi deutlich werden wird (vgl. weiter unten 3). Abu Bishr Matta war einer Lehrer al-Farabis und somit war al-Farabi vermutlich schon vor dieser öffentlichen Diskussion mit der Frage der Verhältnisbestimmung von Islam und griechischer Philosophie vertraut.

Neben diesen grundsätzlichen Problemen gab es ganz konkrete Fragen der Auseinandersetzung zwischen den Vertretern des Islam und jenen der griechischen Philosophie. Diese Fragen lagen im Bereich der Metaphysik. Es ging dabei um die Frage der *Ewigkeit der Welt*, wie dies in der aristotelischen *Physik* und *Metaphysik* vorausgesetzt war, gegen die die Annahme einer zeitlichen Schöpfung stand, wie es der *Koran* zu lehren schien. Außerdem ging es um das Problem der *Sterblichkeit der individuellen Seele*, wie es die aristotelische Schrift *Über die Seele* nahe legte, wogegen der *Koran* das Weiterleben des Menschen nach dem Tode mit entsprechender Belohnung und Bestrafung lehrte. Diese beiden Fragen werden die islamische, die jüdische und dann die christliche Philosophie bei der Rezeption der aristotelischen Schriften beherrschen. Al-Farabi nahm kaum zu diesen konkreten Fragen Stellung, sondern versuchte entsprechend der Fragestellung der eben weiter oben erwähnten grundsätzlichen Diskussion, eine prinzipielle Zuordnung von Religion und Philosophie. Seine Lösung bestand darin, Religion und Philosophie verschiedenen »Sprachen« zuzuordnen, die jeweils in der aristotelischen Logik ihren systematischen Ort hatten. Er konnte dabei auf die bei den Arabern vorgenommene – von der westlich-lateinischen Systematik verschiedene – Zusammenfassung der logischen Schriften des Aristoteles zurückgreifen, die außer den üblichen Schriften des *Organon (Kategorien, Peri Hermeneias*, 1. und 2. *Analytik, Topik, Sophistische Widerlegungen)* und der auch im Westen dazugenommenen *Einleitung* des Porphyrios zur Kategorienschrift auch die *Poetik* und die *Rhetorik* des Aristoteles dazuzählte (vgl. *Catalogo de las ciencias*. S. 141–143). Für die Frage der Bestimmung des Verhältnisses von Philosophie und den Lehren des *Koran* ist folgende – für die islamische Philosophie weithin geltende – Voraussetzung entscheidend: Im Bereich der islamischen Kultur nahm niemand an, daß in der Offenbarung des *Koran* Wahrheiten enthalten sind, die der philosophischen Erkenntnis grundsätzlich unzugänglich sind. Dies stellt einen wesentlichen Unterschied zur westlichen lateinischen Auffassung dar, wo weithin angenommen wurde, daß in der christlichen Offenbarung Wahrheiten enthalten sind, die der »natürlichen« Vernunft nicht zugänglich sind (vgl. Kap. XIV, 2). *Religion* und *Philosophie* enthalten also nach der Auffassung al-Farabis *dieselbe Gruppe von Wahrheiten*, in der Religion sind sie aber in eine auch dem Volk verständliche Form gekleidet, die vermittels der Logikbereiche Rhetorik und Poetik analysiert werden kann. Im Prinzip bringt al-Farabi in diesem Zusammenhang seine Auffassung über das Verhältnis von

Logik und Grammatik zur Geltung. So wie es nur *eine* Logik als »universelle Grammatik« gibt, der die Grammatiken der Einzelsprachen (Griechisch, Arabisch usw.) gegenüberstehen, so gibt es nur *eine* Philosophie, der die einzelnen Religionen wie umgangs- und nationalsprachliche Einzelformen gegenüberstehen, die dann nach den Regeln der poetischen und rhetorischen Formen dieser Einzelsprachen analysiert werden müssen. Da nicht alle Menschen zum philosophischen Wissen gelangen, ist eine solche symbolische Vermittlung erforderlich. Dies ist vor allem im Bereich der gesellschaftlichen Organisation wichtig, da in Hinsicht auf die ethischen und gesellschaftlich-rechtlichen Fragen alle Menschen über gewisse Grundkenntnisse verfügen müssen. In dieser These al-Farabis, die zahlreiche Nachfolger bis zu Averroes finden wird, war natürlich einiger Zündstoff gegeben. Der eigentliche Richter über die Wahrheit war hier der Philosoph und nicht der Korangelehrte, und so ist es verständlich, daß die islamische Orthodoxie solchen Thesen nicht gerade begeistert zustimmte. Bei al-Farabi kam es jedoch noch zu keinem Konflikt.

Eine der im islamischen Bereich zwischen Philosophie und Religion umstrittensten Fragen war, wie schon erwähnt, die nach der Schöpfung aus Nichts. Al-Farabi vertrat eine neuplatonische Emanationslehre, war sich aber im klaren darüber, daß es sich dabei nicht um eine aristotelische Lehre handelte. Er führte nirgends die sogenannte *Theologie des Aristoteles* als aristotelische Schrift an. Bei Aristoteles ist Gott nicht die Wirkursache der Existenz der Welt, al-Farabi hingegen nimmt an, daß Gott als das – aristotelische – Denken des Denkens die Ursache von allem ist und daß der Kosmos dann wie in konzentrischen Kreisen aus Gott hervorgeht. Dabei verbindet al-Farabi die Metaphysik des Neuplatonismus mit der Astronomie des Ptolemaios. Diese Konstruktion, die Metaphysik mit Wissenschaft zu verbinden scheint, hatte größten Erfolg in der islamischen und später auch in der jüdischen Philosophie.

Das für Philosophie und Religion beschriebene Verhältnis spielt auch in al-Farabis *Musterstaat* eine Rolle. Die Leitung dieses Staates soll jemand innehaben, der ein Philosophen-Kalif ist, jemand also, der zugleich platonischer Philosophen-Herrscher und Prophet ist. Nur ein solcher kann über die philosophisch richtige Einsicht verfügen und diese gleichzeitig in einer dem ganzen Volk verständlichen symbolischen Form vermitteln. Auch diese politische Konzeption ist also bestimmt von der Zwei-Sprachen-Auffassung. Übergeordnet ist jedoch eine neuplatonische Analogie von Kosmos und Gesellschaft:

Die erste Ursache verhält sich zu allem Vorhandenen wie der König der Vorzugsstadt zu allen Teilen derselben. Denn das Freisein vom Stoff liegt dem ersten nah, darunter kommen dann die Himmelskörper und unter den Himmelskörpern die Stoffkörper. Alle diese gehen in ihrem Lauf dem Ziel des Ersten zu, sie streben dem nach und tut dies ebenfalls alles, was vorhanden ist, je nach seiner Kraft, nur daß es diesem Ziele in verschiedenen Stufen nachstrebt. Nämlich so: das Niedrigste strebt dem Ziele dessen nach, was ein wenig über ihm steht, dies wiederum dem Ziele dessen, was über ihm ist und ebenso das dritte dem Ziele über ihm. Das geht so fort bis zu dem, bei dem es eintritt, daß zwischen ihm und dem Ersten nichts mehr in der Mitte liegt. (*Musterstaat.* S. 89 f.)

Hier sind wir gar nicht so weit von dem entfernt, was in der westlichen Philosophie von einem Pseudo-Dionysios in seiner Hierarchien-Lehre der Gesellschaft vorgetragen wurde (vgl. Kap. II, 2).

In dichterischer Form findet sich al-Farabis Verhältnisbestimmung von Philosophie und Religion in dem bekannten Roman *Hayy ibn Yaqzan* des Ibn Tufayl (gest. 1185/1186), eines Arztes aus Sevilla. Hayy wächst allein lebend auf einer Insel auf und findet dort durch reines Nachdenken alle Wahrheiten der Philosophie. Erst als Erwachsener begegnet er einem anderen Menschen, Absal, einem Einsiedler, der aus einem von einer Schriftreligion beherrschten Land stammt. Absal, der dem »Wilden« Hayy erst die Sprache beibringen muß, will diesen »bekehren«, dabei kehrt sich die Richtung allerdings um: Hayy kennt schon alle Wahrheiten, die in Absals Religion nur unter dem Gewand von Symbolen enthalten sind. Als die beiden in das Ursprungsland Absals ziehen, und Hayy dort den Menschen die eigentlichen, reinen Wahrheiten, die sich in den Symbolen finden, aufdecken will, stößt er auf größten Widerstand und muß einsehen, daß für die meisten Menschen die symbolischen Einkleidungen und die Gesetze die einzig faßbare Form der Wahrheit darstellen. Resigniert kehrt er mit Absal wieder auf seine einsame Insel zurück. Diese romanhafte Darstellung ist aufschlußreich für das Selbstverständnis der islamischen Philosophen: Für diese blieb es kennzeichnend, daß sie sich immer nur an eine intellektuelle Elite wandten und keinerlei Versuche einer »Aufklärung« des Volkes unternehmen wollten, die sie für unmöglich hielten. Dieser Roman spielte sogar in der europäischen Aufklärung eine Rolle, da er 1671 von Edward Pocock unter dem Titel *Philosophus autodidactus* herausgegeben wurde, auch Daniel Defoes *Robinson Crusoe* ist deutlich davon abhängig.

e) Die lauteren Brüder

Vom Ursprung der Lauteren Brüder *(Ikwan al-Safa)*, die manchmal auch die »Brüder der Reinheit« genannt werden, ist nichts bekannt, auch zeitlich kann ihre Bewegung nur ganz allgemein in das 10./11. Jhd. eingeordnet werden. Ein Zentrum war jedenfalls Basra, das ein Mittel- und Knotenpunkt des Handels und der Finanz war, also eine weltoffene Stadt:

Die Menschen zerfallen in Werkleute und Kaufleute, reich oder arm. (Die lauteren Brüder: *Die Philosophie bei den Arabern im X. Jahrhundert. Logik und Psychologie der Araber.* S. 93).

Bei den Lauteren Brüdern wurde in der Form von 52 recht umfangreichen Briefen eine Art Enzyklopädie zu allen Gebieten verfaßt: Mathematik, Naturwissenschaft, Logik, Psychologie, Metaphysik und Theologie. Es handelt sich dabei um eine vereinfachte Zusammenfassung des gesamten damals verfügbaren Wissens. Diese Schriften sind deshalb interessant, weil sie offensichtlich, und ausnahmsweise, nicht für den kleinen Elite-Kreis von Gelehrten und Gebildeten gedacht waren, sondern für ein breiteres Publikum. Sie entsprachen also den Bildungswünschen der sich in einer reichen und kosmopolitisch orientierten Stadt herausbildenden »Mittelschicht«. Der Inhalt ist aristotelisch, pythagoräisch, neuplatonisch und gnostisch, was vermutlich recht genau dem Bildungshorizont dieser Schicht entsprach. Konzipiert ist alles nach der Buch-Vorstellung: Es gibt die Bücher der Philosophen, die geoffenbarten Bücher *(Torah, Evangelien, Koran)* sowie das »Buch der Natur«, und schließlich gibt es die göttlichen Bücher, die nur von den »geläuterten« Seelen gelesen und verstanden werden können. Die Tendenz der Schriften ist aufgeklärt, tolerant und synkretistisch – was hier gar nicht negativ gemeint ist. Die Gebildeten wollten nichts von dem Wissen, das vorhanden war, ausschließen:

Der Zweck aller wissenschaftlichen Abhandlungen ist der: sie müssen den Pfad bezeichnen, welchen die Propheten, die Erwählten, Gelehrten und Weisen betraten. Der Anfang aller Wissenschaft beruht in der Erkenntnis des eignen Selbst, denn der, welcher sich selbst kennt, kennt auch seinen Herrn und wer am besten sich selbst kennt, kennt auch seinen Herrn am besten. (Ebd. S. 17)

Diese Wissenschaft und Philosophie sollte aber nicht reines Bildungsgut sein, sondern auch ganz konkreten Aufgabenstellungen dienen:

Die spezielle Leitung lehrt, wie ein jeder Mensch seine rechte Stelle finde, sein Leben mit seinen Dienern, Burschen, Kindern, Sklaven wohl ordne, mit seinen Verwandten, Nachbarn, Genossen, mit seinen Verbündeten und Brüdern recht verkehre, wie er das Rechte zu suchen und die Angelegenheiten jener für diese und die andere Welt wohl zu regeln habe. (Ebd.)

Die Zielsetzung der Schriften der Lauteren Brüder kann also mit der der griechischen Sophisten verglichen werden. Allerdings spielt bei den Lauteren Brüdern selbstverständlich im Unterschied zu den Sophisten die Religion eine wichtige Rolle. Das letzte Ziel des Menschen wird in einer Kombination aus Gnosis und *Koran*, Rückkehr der Seele und letztem Gericht, gefunden:

Die Lehre von der Rückkehr und dem Entkommen zur anderen Welt zeigt, wie die Geister aus dem finsteren Körper hervorgerufen werden und die Seelen aus sorglosem Schlummer erwachen; wie dieselben am Tage der Rückkehr versammelt den graden

Pfad betreten und zur Abrechnung am Tage des Gerichts vereinigt werden, auf daß sie die Belohnung der Guten und die Strafe der Bösen erkennen. (Ebd.)

Die Schriften der Lauteren Brüder sind philosophisch nicht besonders erheblich. Sie sind aber aufschlußreich für eine interessante Entwicklung, die zeigt, wie die durch die Übersetzungen bekannt gewordene griechische Philosophie und Wissenschaft, die zunächst nur auf eine enge Gruppe von Gelehrten beschränkt war, zu einem Bildungsfaktor einer breiteren Gesellschaftsschicht und für diese prägend wurde, was in der islamischen Kultur eine Ausnahme blieb. – Die Ismaeliten behaupten, daß die Lauteren Brüder ihnen angehört haben, ob das zutrifft, ist aber nicht bewiesen. Fest steht aber, daß diese Schriften gerade von den Ismaeliten besonders stark rezipiert und von ihnen bis heute gelesen werden. Außerdem fällt auf, daß die Ismaeliten bis heute eine weltoffenere Gesellschaft bilden als andere muslimische Gruppen und Staaten.

f) Rhazes

Mit al-Razi (864–932), der den Lateinern des Mittelalters als Rhazes bekannt wurde, begegnen wir einem der Ärzte-Philosophen. Er wurde in Rayy, einer kleinen Stadt in der Nähe von Teheran, geboren, war also Perser. Rhazes war als Chefarzt in Bagdad sowie in Rayy tätig. Bei den Muslimen wurde und wird er als Arzt ungemein hochgeschätzt, während er als Philosoph ebenso entschieden abgelehnt wird. Im Rahmen seiner ärztlichen Tätigkeit legte er sich zu den einzelnen klinischen Fällen Exzerpte aus griechischen und arabischen Schriften an und ergänzte diese durch eigene Beobachtungen von Heilungsergebnissen bzw. -experimenten. All dies war nicht zur Veröffentlichung vorgesehen, wurde nach seinem Tod aber doch so irgendwie geordnet und publiziert und ergab das umfangreichste Werk der arabischen Medizin überhaupt. Ende des 13. Jhd.s wurde dieses Werk unter dem Titel *Liber continens* ins Lateinische übersetzt. Die enorme Bedeutung dieses Werkes für die Medizin kann man daraus ersehen, daß es noch 1486 in zwei umfangreichen Bänden gedruckt wurde. Schon im 12. Jhd. übersetzte Gerhard von Cremona ein kleineres, aber systematischeres Werk, den sogenannten *Liber Almansoris* (das Buch war al-Mansur, dem Gouverneur von Rayy gewidmet) ins Lateinische, dieses Buch wurde für Jahrhunderte ein Klassiker der medizinischen Praxis. Als Arzt war Rhazes ein unerbittlicher Empiriker und ein ebenso überzeugter Vertreter des Fortschritts empirischer Wissenschaft: Er maß die »Autoritäten« an klinischen Erfolgen.

Im übrigen schrieb Rhazes Werke zur Mathematik, zur Logik und zu anderen Disziplinen wie etwa zur Alchemie, die er als ganz empirisches Unternehmen auffaßte, er verkaufte sogar »falsches« Gold. *Philosophie* stellte für ihn zwar ein selbständiges Wissensgebiet dar, fand bei ihm aber eine ganz praktische Anwendung: Er betrachtete die Ethik mit ihren metaphysischen Implikationen auch als eine Art *Seelenheilkunde*, also etwa als klinische Psychologie, ein Gedanke, den später auch der jüdische Arzt und Philosoph Maimonides aufnahm (vgl. Kap. X, 2, h). Die üblichen Vorstellungen der Religionen, auch die meisten des Islam, betrachtete er als Störfaktoren der geistigen Gesundheit der Seele, die somit im Rahmen einer klinischen Pathologie ärztlich zu behandeln wären. Die Tatsache, daß Rhazes während seines Lebens nicht angefeindet wurde, zeigt, daß in der ersten Hälfte des 10. Jhd.s das intellektuelle Klima noch ziemlich offen war, auch al-Farabi blieb ja unbehelligt.

In seiner Philosophie war Rhazes einerseits der größte *Aufklärer*, den es im islamischen Bereich jemals gegeben hat, auf der anderen Seite ein unzweideutiger *Gnostiker*. Als Rationalist hielt er von Sokrates mehr als von Mohammed. Nur durch die Vernunft können wir zu brauchbaren und sicheren Ergebnissen gelangen. Die Behauptung einer besonderen Prophetengabe lehnte er ab, entsprechend kritisierte er auch in einer eigenen Schrift den Unfehlbarkeitsanspruch der schiitischen Imame. Er entwickelte dann aber auch ein gnostisch-metaphysisches System, das von fünf ursprünglichen »Bestandteilen« ausging: Gott, Seele, Raum, Zeit und Materie. Die Welt ist entstanden durch einen präkosmischen, aber durch keinerlei Entscheidung hervorgerufenen »Fall« der Seele in die Materie, wodurch eine ungeordnete Bewegung entstand. Das Ziel der Seele muß es daher sein, sich aus dieser Unordnung zu befreien und in das reine Reich der Seelen zurückzukehren, wo auch die Vereinzelung in individuelle Seelen wieder aufgehoben ist. Wie dieses gnostische System mit dem Vernunftanspruch des Rhazes übereinstimmt, bleibt ziemlich unklar. Ein präkosmischer Fall der Seele ist weder empirisch noch philosophisch überzeugend nachweisbar. Und warum dieses gnostische System keine pathologischen Züge trägt, erklärt Rhazes ebenfalls nicht. Man könnte ja die Vorstellung einer gefallenen Seele auch als Störfaktor seelischer Gesundheit ansehen.

g) Avicenna und al-Biruni

Abu ibn Sina (980–1037), bei den Lateinern Avicenna, war in erster Linie Arzt und als solcher auch Philosoph, darüber hinaus aber repräsentiert er den Typ des islamischen Universalgelehrten. Um dies zu werden, mußte er früh mit dem Lernen beginnen, was ihm sehr leicht fiel, da er das war, was man heute einen »Überbegabten« nennt, worauf er uns auch in seiner Autobiographie gebührend aufmerksam macht. Das Vermögen seiner Familie und die dementsprechend zur Verfügung stehenden Privatlehrer ermöglichten es dem jungen Avicenna, alles, und zwar so schnell, wie er es wollte, zu lernen. Er studierte pausenlos, und wenn er müde wurde, gönnte er sich, ganz entgegen den Weisungen des *Koran*, ein Glas Wein, worauf er, ganz entgegen den Auffassungen unserer heutigen Ärzte, wieder munter wurde. Eine Grenze des Verstehens begegnete ihm erst mit der *Metaphysik* des Aristoteles, die er auswendig kannte, ohne sie zu verstehen. Sie eröffnete sich seinem Verständnis erst durch einen am Markt gekauften Kommentar des al-Farabi, und dies ist kennzeichnend: Al-Farabi war tatsächlich philosophisch scharfsinniger, und Avicenna blieb von ihm abhängig. Wo er in philosophischen Fragen von al-Farabi abwich, »verwässerte« er die Lösungen eher als daß er sie verbesserte. Seine Familie stammte aus Persien, Avicenna schrieb aber die meisten seiner Werke auf Arabisch, da die Verbreitung und somit der Bekanntheitsgrad des Verfassers auf dem arabischen Buchmarkt wesentlich günstiger war als auf dem persischen. Sein recht abenteuerliches Leben verbrachte Avicenna in verschiedenen Städten, hauptsächlich als Hofarzt und Leiter der jeweiligen Krankenhäuser, die für die damalige Zeit manchmal ganz vorzüglich waren, so vor allem das in Isfahan. Gelegentlich versuchte er sich auch in politischen und administrativen Funktionen, allerdings mit weniger Erfolg. Solche Mißerfolge wurden aber durch die Krankheiten der jeweiligen Herrscher, die Avicenna immer rasch heilte, kompensiert.

Avicenna stand in mancher Hinsicht in Gegensatz zu den Philosophen von Bagdad, jedenfalls der Form der Darstellung nach. Er lehnte die in Bagdad übliche Form der Aristoteles-Kommentierung ab und forderte das Verfassen von systematischen Handbüchern. Auch wenn dies wahrscheinlich nicht seine Absicht gewesen war, war doch möglicherweise gerade diese Form der Grund, warum sich die griechische Philosophie im islamischen Bereich noch zu einer Zeit halten konnte, als die Muslime sich allem »Fremden« und somit auch der »fremden« griechischen Philosophie gegenüber zu sperren begannen. In den islamischen Ländern beeinflußte Avicenna das gesamte System der Wissenschaften wie kein anderer. Im christlichen Bereich wurde er vor allem durch zwei Werke bekannt: Sein *Kanon der Medizin* wurde neben dem Werk des Griechen Galen, das er natürlich auch genau kannte, das wichtigste Schulbuch der Medizin, das bis ins 17. Jhd. hinein verbreitet war. Für die Philosophie wurde er wichtig durch sein Hauptwerk, das später in lateinischer Übersetzung den Titel *Sufficientiae (Die Heilung)* erhielt. Dieses Werk stellt eine großangelegte, neuplatonisch inspirierte Paraphrase der Schriften des Aristoteles dar. Avicenna sagte selbst, daß er vor allem von Aristoteles und al-Farabi gelernt hatte, wobei er allerdings zu den aristotelischen Schriften auch die *Theologie des Aristoteles* rechnete, und dies bedeutet, daß er zugleich von Plotin zutiefst beeinflußt war. Mit der neuplatonischen Interpretation der aristotelischen Metaphysik stand er jedoch ganz in der Tradition der spätantiken griechischen Kommentatoren, aber auch in der al-Farabis, der zwar weniger Aristoteles neuplatonisch interpretierte, dafür aber selbst eine neuplatonische Emanationslehre vertrat. Die beiden großen Werke des Avicenna müssen als Einheit gesehen werden, wodurch gleichzeitig Ort und Funktion der Philosophie im islamischen Bereich deutlich werden: Dem *Kanon der Medizin* als Anleitung zur *Heilung des Körpers* stehen die *Sufficientiae*, also die *Heilung der Seele*, gegenüber, letztere gedacht als Wissenschaft, die vom Irrtum befreit, so wie die erstere von den Krankheiten befreit. Dieser Zusammenhang zeigt, daß man mit dem Vorwurf, der mittelalterlichen Philosophie fehle der Bezug zur Praxis, vorsichtig sein sollte (vgl. auch weiter unten al-Biruni). Jedenfalls für den islamischen und jüdischen Bereich ist dieser Vorwurf nicht gerechtfertigt. Der Bezug zur Praxis muß nicht unbedingt über die Technik laufen, bei den arabischen Philosophen lief er eben eher über die Medizin. Die *Sufficientiae* umfassen 9 Bücher zur Logik, 8 Bücher zur Naturwissenschaft, 4 Bücher zur Mathematik und ein Buch zur Metaphysik. Avicenna verfaßte später unter dem Titel *Die Rettung* eine kürzere Fassung dieses Werkes. Und schließlich schrieb er zu demselben Themenkreis die *Beweise und Widerlegungen* (engl. *Remarks and Admonitions*), in denen allerdings interessanterweise an die Stelle der mathematischen Wissenschaften die Mystik getreten ist. Eine Erklärung dafür ist mir nicht bekannt. Alle diese Werke sind arabisch geschrieben.

Für die Philosophie auch im späteren lateinischen Bereich wichtig wurde Avicenna durch den systematischen Ausbau der, nicht von ihm erfundenen und schon bei al-Farabi antreffbaren Unterscheidung von Wesen (lat. *essentia*) und Existenz (lat. *esse*). Bei Aristoteles waren die letzten ontologischen Unterscheidungen die zwischen Substanz und Akzidenz und die zwischen Form und Materie. Im Weltprozeß beziehen sich Entstehen und Vergehen immer nur auf bestimmte Substanzen und bestimmte geformte Materie, nicht auf Form und Materie überhaupt. Ein Schöpfungsbegriff im Sinne einer *creatio ex nihilo* war daher hier nicht denkbar. Avicenna führte nun als letzte ontologische Unterscheidung die von *Wesen* und *Existenz* ein: Die Dinge der Welt sind dadurch gekennzeichnet, daß sie sein und nicht-sein können; die Existenz der Dinge ist möglich, aber nicht notwendig; in ihnen ist daher ein letzter ontologischer Unterschied anzunehmen, und damit sie existieren, müssen sie von etwas anderem hervorgebracht sein. Diese letzte ontologische Unterscheidung ist bei Avicenna nicht ganz klar, es scheint manchmal, daß er die zum Wesen hinzutretende Existenz doch wiederum als Akzidens auffaßt (Thomas von Aquin wird das »korrigieren«, vgl. Kap. XIV, 3). Letztlich aber muß man nach Avicenna etwas annehmen, das nicht nur möglich, sondern absolut notwendig ist, das daher aus sich heraus existiert, in dem also Wesen und Existenz identisch sind. Durch die Unterscheidung des notwendig existierenden Gottes und der kontingenten Welt will Avicenna der vom Islam geforderten strengen Unterscheidung von Gott und Welt entsprechen. Der Hervorgang der Welt aus diesem absolut notwendigen Sein wird von Avicenna allerdings in einer neuplatonischen Emanationslehre gedeutet, und das bedeutet, daß dieser Prozeß als notwendiger und ewiger gedacht wird. Gott, das absolut Notwendige, und so nach Avicenna auch das absolut Gute, muß sich als solches notwendig mitteilen. Diese Mitteilung ist die Emanation, auf deren letzter und unterster Stufe die sichtbare Welt steht. Und in dieser Annahme eines notwendigen Hervorgangs, der kaum anders als ewig gedacht werden kann, lagen Konfliktpunkte mit der islamischen Orthodoxie (vgl. weiter unten al-Ghazali).

Die *individuelle Seele* ist nach Avicenna unsterblich, womit er sich eindeutig von der Lehre des Aristoteles entfernt und einer der Grundvoraussetzungen des Islam entspricht. Für die islamische Vorstellung einer Auferstehung des Leibes war bei Avicenna allerdings kein Platz, und dies ergab den nächsten Konfliktpunkt. Anders bei der Frage der menschlichen Freiheit: Avicenna kann in diesem System notwendigen Hervorgehens und in diesem Universum durchgängiger Determination keine Freiheit annehmen. Dies konnte allerdings von der islamischen Orthodoxie akzeptiert werden, die schon im *Koran* Ansatzpunkte für eine strenge Prädestinationslehre finden konnte. Das Ziel der menschlichen Seele beschreibt Avicenna in einer Aufstiegslehre neuplatonischer Art, die bis zur mystischen Vereinigung mit dem Einen führen sollte.

Im Zusammenhang mit Avicenna sei mit al-Biruni (973–1048) ein weiterer Universalgelehrter genannt. Zwischen den beiden kam es zu einem Briefwechsel über die aristotelischen Schriften *Über den Himmel* und über die *Physik* (vgl. al-Biruni: *In den Gärten der Wissenschaft*. S. 49–65). Dem empirisch und kritisch denkenden al-Biruni tritt dabei allerdings ein ziemlich dogmatisch-aristotelischer Avicenna gegenüber. Al-Biruni stammte aus dem ehemaligen choresmischen Reich mit einer der persischen nahestehenden Sprache und Kultur. Al-Biruni verfaßte aber alle seine Werke auf Arabisch und so wird bei ihm deutlich, wie dominant, geradezu kulturimperialistisch, inzwischen der Gebrauch des Arabischen geworden war:

Die Wahrheit meiner Worte wird der bestätigen, der ein wissenschaftliches Buch betrachtet, das man [aus dem Arabischen] ins Persische übersetzt hat, wie sein Glanz dahin, sein Sinn verdunkelt, sein Antlitz geschwärzt und sein Nutzen aufgehoben ist; denn diese Sprache taugt nun einmal nur für die Geschichten über die alten persischen Könige und für nächtliche Plaudereien. (Ebd. S. 34)

Es ist schon erstaunlich, wie im 11. Jhd. die Erinnerung an die mühsame Geschichte der Übersetzungen aus dem Persischen und Griechischen ins Arabische, die noch bis ins 10. Jhd. mit verbesserten Neueditionen reichte, geschwunden war, und wie auch das Bewußtsein der kulturellen Überlegenheit der Perser gegenüber den Arabern, das noch während der ersten Übersetzungsperiode sehr deutlich war, einem Minderwertigkeitskomplex der Perser in Hinsicht auf ihre Sprache und Kultur gewichen war. Al-Biruni zieht es jetzt vor, »auf Arabisch beschimpft als auf persisch gelobt zu werden« (Ebd.). Später gab es jedoch eine Rückbesinnung auf das Persische und diese Sprache wurde, allerdings mit vielen arabischen Fremdwörtern, auch wieder zur Sprache der Gelehrten.

Al-Biruni war zu seiner Zeit und weit darüber hinaus ohne Zweifel der bedeutendste empirische Wissenschaftler des islamisch-arabischen Bereichs. Entwicklung von *geeigneten Meßgeräten* sowie die *mathematische Verarbeitung* der Beobachtungen waren für ihn eine Selbstverständlichkeit. Er verfaßte jedoch keine nur der Philosophie gewidmeten Schriften, und vielleicht ist dies der Grund, warum er den lateinischen Philosophen unbekannt blieb, von seinen Schriften wurden überhaupt keine

Übersetzungen hergestellt. Bedauerlich ist dies auf jeden Fall für die Entwicklung der späteren europäischen Wissenschaft. Al-Biruni kam mit der *indischen Wissenschaft*, Religion und Philosophie in Kontakt, lernte Sanskrit und übersetzte einige Texte ins Arabische, umgekehrt aber auch die *Elemente* Euklids und den *Almagest* des Ptolemaios ins Sanskrit (diese Übersetzungen sind nicht erhalten). Seine Berichte über Indien sind auch in ihrer Qualität einmalig in der gesamten mittelalterlichen Welt. In diesem Zusammenhang kommt al-Biruni auf interessante Diskussionen auf wissenschaftlichem Gebiet zu sprechen, so vertritt al-Biruni z. B. die traditionelle Lehre der Ruhe der Erde, kennt aber auch Argumente dagegen:

Die Ruhelage der Erde ist auch eines der Prinzipien der astronomischen Wissenschaft, bei denen schwer lösbare Zweifel auftreten. [...] Außerdem würde eine Rotation der Erde die astronomische Wissenschaft überhaupt nicht beeinträchtigen, vielmehr könnte sie damit in der gleichen Weise betrieben werden. Indessen ist sie aus anderen Gründen unmöglich, und deswegen wurde sie zu einem der am schwersten zu lösenden Probleme in dieser Wissenschaft. Die Koryphäen unter den neueren Gelehrten haben sich im Gefolge der alten vielfach auf die Erdrotation und ihre Widerlegung eingelassen. (Ebd. S. 190 f.)

Die Bemerkung, daß die Annahme der Erdrotation den Gang der Wissenschaft der Astronomie »überhaupt nicht beeinträchtigen« würde, ist sehr aufschlußreich. Für eine von metaphysischen und theologischen Vorgaben freie Wissenschaft ist die ganze Frage – die bei der Akzeptanz der Kosmologie Galileis (vgl. 3. Teil, Kap. IV) erhebliche Probleme aufgeben sollte – tatsächlich gar nicht sonderlich erheblich. Die Probleme ergeben sich nicht aus der Astronomie, sondern, wie al-Biruni klar sieht, »aus anderen Gründen«, und einzig deshalb wurde diese Frage »zu einem der am schwersten zu lösenden Probleme in dieser Wissenschaft«.

Al-Biruni betrieb Wissenschaft jedoch nicht nur aus theoretischer Neugierde heraus, sondern stellte sie durchaus in lebenspraktische Zusammenhänge:

Mit seinem ihm angeborenen Hang zum Wissen verlangt der Mensch danach, das Verborgene zu erkennen und die Umstände, auf die er zugeht, im voraus zu wissen, um Vorsichtsmaßnahmen treffen zu können und mit Entschlossenheit daranzugehen, Unglücksfälle im Rahmen des Möglichen abzuwehren. (Ebd. S. 43)

Obwohl al-Biruni dies im Zusammenhang mit klimatologischen Beobachtungen feststellt, kann man doch vermuten, daß bei dieser Bestimmung der Ziele der Wissenschaft der medizinische Kontext, in dem die islamische Wissenschaft ihren Ausgangspunkt gehabt hatte, eine wichtige Rolle gespielt hat. Dort stand Forschung immer in evidentem Zusammenhang mit dem praktischen Ziel der Heilung. Al-Biruni war zwar selbst nicht Arzt, hat aber ein bedeutendes Werk zur Pharmakologie verfaßt. Es geht ihm offensichtlich ganz allgemein darum, Ergebnisse der Wissenschaft wenigstens prophylaktisch für die Verbesserung der konkreten Lebensbedingungen einzusetzen.

Al-Biruni vermied Auseinandersetzungen mit Korangelehrten. Wie er zur Frage der Religion in ihrem Verhältnis zur Philosophie stand, bringt er in einem ganz anderen Zusammenhang zum Ausdruck, wenn er sagt, daß das Volk bei den Griechen wie bei den Indern zunächst einem recht primitiven Götterglauben huldigte. Im Unterschied zu den Indern löste sich aber bei den Griechen eine Elite von solchen Vorstellungen:

> Jedoch erwiesen sich die Griechen als überlegen, weil es in ihrem Lande Philosophen gab, welche gereinigte Prinzipien für die Elite, nicht für die breite Masse, aufstellten, denn nur die Elite ist fähig, einer wissenschaftlichen Untersuchung und Erörterung zu folgen, während die Volksmassen nur zu Leichtsinn und Hartnäckigkeit imstande sind, wenn ihnen nicht genug Furcht und Schrecken eingejagt wird. (Ebd. S. 167)

Dies heißt im Klartext: Vorstellungen wie Himmel und Hölle, Belohnung und Strafe nach dem Tod, Eingreifen der Götter oder des einen Gottes in das irdische Leben usw., wie sie ja auch der *Koran* kennt, sind erforderlich, um das Volk zu disziplinieren, gelten aber selbstverständlich nicht für die Gebildeten, die wissenschaftlich Aufgeklärten. Al-Biruni führt dann auch gleich Sokrates als Beispiel für jemand an, der sich an diese Regel nicht gehalten hat, und der die entsprechenden Folgen zu tragen hatte (Ebd.), was al-Biruni ohne Mitleid einfach feststellt. Volksaufklärung hielten die islamischen Philsophen eben immer für ein undurchführbares und gar nicht anzustrebendes Unternehmen. Das Volk-Elite-Modell, das hier ganz deutlich zugrunde liegt, wurde schon von al-Farabi vertreten und wird von Averroes wieder aufgenommen werden. Al-Biruni unterscheidet sich von diesen jedoch dadurch, daß er eine Übereinstimmung von religiösen Vorstellungen und philosophisch-wissenschaftlichen Erkenntnissen gar nicht in Erwägung zieht.

h) Al-Ghazali

Es ist nicht unproblematisch, al-Ghazali (um 1058–1111) unter der Überschrift »Die Philosophie im islamischen Bereich« einzureihen. Für die Geschichte der Philosophie bei den Muslimen steht al-Ghazali nämlich vor allem als *Kritiker* der Philosophie, besonders des Aristotelismus al-Farabis und Avicennas. Er stand der Metaphysik überhaupt sehr kritisch gegenüber und versuchte, die ihm heterodox erscheinenden Theorien zu widerlegen. Dieser Aufgabe widmete sich al-Ghazali in einem großen zweiteiligen Werk. Im ersten Teil stellt er *Die Lehrmeinungen der Philosophen* dar (Logik und Metaphysik), in einem zweiten Teil kritisiert er die *Irrtümer der*

Philosophen. Über die Metaphysik schrieb er später im *Erretter aus dem Irrtum* rückblickend:

Hier finden sich die meisten Irrtümer der Philosophen. Sie konnten den Beweisen nicht treu bleiben, deren Bedingungen sie in der Logik aufgestellt hatten. Deshalb mehrte sich der Streit unter ihnen. Die Lehre des Aristoteles steht den Lehrmeinungen der Muslime in der Übermittlung durch al-Farabi und Ibn-Sina nahe. Die Summe ihrer Irrtümer liegt in zwanzig Fragen. In drei von ihnen müssen sie für Ungläubige, in siebzehn für ketzerische Erneuerer gehalten werden. Um ihre in diesen zwanzig Fragen zum Ausdruck kommende Lehrmeinung zu widerlegen, haben wir unser Buch *Destructio philosophorum* verfaßt. Die drei Fragen, in denen sie eine andere Meinung als alle übrigen Muslime vertreten, sind: 1. Die Körper würden nicht auferstehen, sondern die reinen Seelen würden belohnt oder bestraft werden. Belohnung und Bestrafung seien nur geistige Zustände, keineswegs körperliche. Sie haben Recht, wenn sie die geistige (Belohnung und Bestrafung) bejahen, denn sie sind auch (in der Offenbarung) vorhanden. Aber sie lügen, wenn sie die körperlichen ableugnen und sind in ihren Aussagen gegenüber der islamischen Offenbarung als Ungläubige zu bezeichnen. 2. Von derselben Art ist ihre Behauptung, Gott kenne nur Universalia, nicht aber Singularia. Dies ist
252 | auch klarer Unglaube. [...] 3. Das Gleiche gilt für ihre Behauptung, die Welt sei ewig, ohne Anfang und Ende. Keiner der Muslime hat eine solche Auffassung je vertreten. (*Erretter aus dem Irrtum.* S. 23 f.)

Damit sind tatsächlich die wichtigsten Differenzpunkte zwischen aristotelischer Metaphysik und muslimischem Glauben präzise angegeben. Und deshalb sind seiner Auffassung nach Avicenna und al-Farabi als Ungläubige zu betrachten (Ebd. S. 18). Genau dieselben Streitpunkte werden sich ergeben, sobald der lateinische Westen mit der *Metaphysik,* der *Physik* und der Schrift *Über die Seele* des Aristoteles bekannt werden wird. Im lateinischen Mittelalter ergab sich allerdings in Hinsicht auf das Werk des al-Ghazali eine sonderbare Verkehrung der Tatsachen: Im 12. Jhd. wurde von Dominicus Gundissalinus nur der erste Teil des kritischen Hauptwerks des al-Ghazali, also *Die Lehrmeinungen der Philosophen* übersetzt, der eine kurze, aber lehrbuchmäßig sehr gute Wiedergabe der Logik und Metaphysik (des Avicenna) darstellt, daher das Interesse des Übersetzers an diesem Werk. Die Vorrede, die die Absicht des Gesamtwerkes deutlich macht, und der kritische Teil hingegen – also die später so genannte *Destructio philosophorum* – wurden nicht übersetzt. Also mußten die westlichen Philosophen al-Ghazali für einen Vertreter der Philosophie Avicennas halten, und entsprechend wird er auch im 13. Jhd. von Aegidius von Rom in der Schrift *De erroribus philosophorum* als Vertreter genau der Lehren aufgeführt, die er selbst im zweiten Teil seiner Schrift aufs schärfste abgelehnt und kritisiert hatte.

Al-Ghazali ging es vor allem um die Ablehnung jener metaphysischen Thesen, die er als Irrtümer ansah, die Philosophie als ganze scheint er, jedenfalls in früherer

Zeit, nicht abgelehnt zu haben. Al-Ghazali war im ganzen ein Vertreter des asharitischen *kalam,* hat aber der Logik eine größere Rolle zugesprochen, als dies bei den Vertretern des *kalam* üblich war. In seiner Darstellung des Nutzens der Logik dürfte, obwohl im ersten Teil seiner Arbeit enthalten, durchaus seine eigene Auffassung zu Wort kommen:

> Wir werden sagen, daß jeder Nutzen gering ist im Vergleich zu der ewigen Glückseligkeit, die die Glückseligkeit des anderen Lebens ist. Diese Glückseligkeit aber hängt von der Vollkommenheit der Seele ab. Die Vollkommenheit der Seele aber besteht in zweien, der Reinheit und dem Schmuck. Die Reinheit der Seele liegt darin, daß sie von häßlichen Sitten befreit und von unreinen Vorstellungen geheilt werde. Der Schmuck der Seele liegt darin, daß in ihr die Gewißheit der Wahrheit abgebildet wird, so daß ihr die göttlichen Wahrheiten geoffenbart werden, ja sogar das Sein des Ganzen seiner Ordnung nach; durch eine wahre Offenbarung, sage ich, die der Wahrheit entspricht, in der kein Irrtum und keine Verbergung vorhanden ist. [...] Und sie [d. h. die Seele] kann zwischen ehrenhaften und unehrenhaften Sitten nicht unterscheiden, es sei denn durch das Wissen. Daß aber die Formen von allem, was in der Seele ist, abgebildet werden, ist nichts anderes, als daß das Wissen von allem in ihr ist. Es gibt aber keinen Weg, um zum Wissen zu gelangen, es sei denn durch die Logik. Folglich besteht der | 253
> Nutzen der Logik im Erfassen des Wissens. Der Nutzen des Wissens ist das Erlangen der ewigen Glückseligkeit. Wenn es also feststeht, daß die ewige Glückseligkeit nur durch die Vollkommenheit der Seele erreicht werden kann, die nur in der Reinheit und im Schmuck besteht, dann ist die Logik in der Tat eine Wissenschaft größten Nutzens. (*Logica Algazelis*. S. 241 f. Übers. v. F. S.)

Was al-Ghazali hier vorbringt, sind Argumente, die schon im 10. Jhd. zur Verteidigung der Logik vorgebracht wurden: Die Logik dient der Reinigung der Seele (ein durchaus interessantes Argument, das in der lateinischen Philosophie zur Verteidigung der Logik aber nicht verwendet wurde). Und al-Ghazali versuchte sogar, gegenüber seinen koranauslegenden Gesprächspartnern nachzuweisen, daß die Formen des Syllogismus schon im *Koran* Verwendung gefunden haben (Goldziher 1916. S. 31). Al-Ghazali behielt aber auch in seiner späteren Zeit, als er sich schon der Mystik zugewandt hatte, eine sehr rationale Haltung bei. Er strebte keinerlei Beschränkung der Wissenschaften durch die Korangelehrten an und wünschte eine strenge Bereichstrennung (wie es später ähnlich auch Albert der Große wünschte, vgl. Kap. XIII, 3):

> Man begeht ein goßes Verbrechen, wenn man glaubt, daß der Islam durch die Ablehnung dieser Wissenschaften zum Sieg gebracht werden kann. Denn das offenbarte Gesetz des Islam geht auf solche Wissenschaften nicht ein, weder positiv noch negativ, und diese Wissenschaften ihrerseits behandeln keine religiösen Themen.
> (*Der Erretter aus dem Irrtum*. S. 21)

Auch die Logik wird selbst in der späteren Phase von al-Ghazali nicht als solche angegriffen. Er sieht Probleme nur dort, wo von Logikern Bedingungen für Beweise in den religiösen Bereich getragen werden, die dort nicht erfüllt werden können, was er als ein »leichtsinniges« Vorgehen betrachtet (Ebd. S. 22). Im ganzen bleibt die Position al-Ghazalis zweideutig: Er bekämpft die Metaphysik, aber er bekämpft sie mit philosophischen Waffen. Wahrscheinlich ging es ihm aber in seiner späteren Phase vor allem darum Grenzen wissenschaftlicher und rationaler Erkenntnis aufzuzeigen, denn »jenseits der Vernunft gibt es ein anderes Stadium, in dem sich ein anderes Auge öffnet« (Ebd. S. 50).

Al-Ghazali war zunächst Lehrer in Bagdad an der berühmten Nizamiiyya-Schule, also in einer intellektuell höchst anregenden und anspruchsvollen Umgebung. 1095 geriet er jedoch in eine schwere intellektuelle Krise, die sich an der Frage entzündete, wie der Mensch zu Gewißheit gelangen könnte. Er verließ daher die Schule und seine Familie, um sich auf die Suche nach der inneren Gewißheit zu machen, und durchzog zehn Jahre lang, gekleidet in das Sufi-Gewand, die islamischen Länder. In den letzten Jahren seines Lebens wandte er sich ganz der sufistischen Mystik zu (zu den Sufis vgl. weiter unten 3).

i) Averroes

Mit ibn Rushd (1126–1198), bei den Lateinern Averroes genannt, sind wir im islamischen Spanien. In Cordoba, dem Zentrum des islamischen Teil Spaniens, geboren, ging Averroes nach Studien der Medizin und des Rechts zunächst in die Dienste des Sultans von Marokko, der ihn mit der Kommentierung der Werke des Aristoteles beauftragte. Dieser Auftrag kam dadurch zustande, daß ibn Tufayl (vgl. weiter oben d), der eigentlich diese Aufgabe hätte übernehmen sollen, dem Kalifen den jungen Averroes als vielversprechenden Gelehrten vorstellte.

Man muß sowohl die Philosophie des Averroes wie auch deren spätere Verurteilung im Kontext der politischen Geschichte jener Zeit sehen. In el-Andalus hatten 1147/1148 die Almohaden die bisher herrschende Almoraviden-Dynastie abgelöst. Die Almoraviden hatten angesichts der christlichen Bedrohung von Norden her auf strenge Bewahrung muslimischer Tradition und enge Gesetzesauslegung gebaut. Traditionsbewußtsein stärkt die Bereitschaft zur Verteidigung. Der *Koran* wurde ganz wörtlich ausgelegt, sogar die Lehren eines al-Ghazali wurden als zu intellektualistisch strikt abgelehnt. Die Almohaden hingegen setzten auf eine intellektuelle Führungsschicht, der sie große rationale Freiheit nicht nur zugestanden, sondern eine solche geradezu forderten. Die Almohadenherrscher wollten sich auf diese Intellektuellen-Elite stützen, der das Volk gegenübergestellt war, das nur sein muslimisches Glaubensbekenntnis zu lernen hatte. Rationalistische Prinzipien gehörten hier geradezu zur Ideologie der Herrscher. Um sich jedoch innerhalb der muslimischen Tradition legitimieren zu können, stützten sie sich auf die schon vorhandene Tradition der Verwendung griechischer Philosophie, der östlichen *falsafa*, die weiter ausgebaut werden sollte. Das Programm war allerdings nicht unbedingt avantgardistisch, sondern wies auch durchaus rückwärtsgewandte Züge auf. Die Wissenschaft in Bagdad, Kairo und anderen Zentren der islamischen Staaten war inzwischen in vieler Hinsicht über Aristoteles und die griechische Wissenschaft hinausgegangen. Schriften wie die al-Razis über *Zweifel über Galen* und al-Haytams über *Zweifel an Ptolemäus* zeigen dies deutlich an. Dem stellten verschiedene islamische Gelehrte das Motto »Zurück zu Aristoteles« gegenüber. Auch die Almohaden, die an die »alte« Bagdader Tradition anknüpfen wollten, vertraten in etwa diesen Standpunkt. Genau innerhalb dieses politisch-kulturellen Programms erhielt Averroes seine Stellung, seine Aufgabe und seine Bedeutung, obwohl seine einflußreiche Familie auf Seiten der Almoraviden gestanden hatte. Da diese östliche aristotelische Philosophie jedoch von al-Ghazali in dessen *Irrtümern der Philosophen (Destructio philosophorum)* scharf kritisiert worden war, mußte dem entgegengetreten werden. Also verfaßte Averroes nun seinerseits eine Schrift über die *Irrtümer der Irrtümer (Destructio destructionis)*, in der er sich mit der Position al-Ghazalis auseinandersetzte.

Averroes war jedoch nicht nur als Philosoph tätig, sondern war zeitweilig auch Kadi, also Richter, und zwar in Sevilla, der damaligen Hauptstadt des Kalifats, sowie
dann auch in Cordoba. Die juristischen Schriften des Averroes sind weniger bekannt als die philosophischen, deshalb aber nicht weniger bedeutend. In einer umfangreichen Schrift verglich er mit streng logischen Verfahren die verschiedenen Schulen des islamischen Rechts. Auch dieses Unternehmen fügte sich in den Rahmen der rationalistischen Politik der Almohaden, die sich nicht an eine partikuläre Rechtsschule binden wollten. Dann war Averroes aber auch wieder als Hofarzt des Kalifen tätig. Als Jurist Chef des obersten Gerichts und zugleich ein von Herrschern gesuchter guter Arzt zu sein ist schon eine Leistung! Ab 1190 geriet der rationalistische Kalif allerdings in Bedrängnis. Die Christen drangen von Portugal aus vor, zusätzlich gab es Aufstände im Herrschaftsgebiet in Nordafrika. Der Kalif brauchte die Unterstützung der Massen, die aber unter dem Einfluß der konservativen Koranausleger und Juristen standen, die für den ihnen liberal erscheinenden Averroes schon seit langem keinerlei Sympathien hatten. Der Kalif mußte diesem Druck nachgeben und opferte dafür politisch seine rationalistische Theorie und einige der intellektuellen Exponenten derselben, darunter auch Averroes. Der Almohadenkalif kehrte also. nicht aus Überzeugung, sondern unter politischem Zwang, zur Praxis der Almoraviden zurück. Damit war wieder jene Richtung der muslimischen Orthodoxie zur Herrschaft gelangt, die an enger Auslegung des *Koran* und strenger Einhaltung der Gesetze orientiert war. 1195 wurde Averroes verbannt und mit Ausnahme der naturwissenschaftlichen Schriften wurden seine Werke verbrannt und ihre Lektüre unter Strafe gesetzt. Averroes ging nach Marrakesch. Kurz vor seinem Tod wurde er indes noch rehabilitiert, konnte jedoch nicht mehr nach Cordoba zurückkehren.

Der Ruhm des Averroes beruht auf seinen *Aristoteles-Kommentaren*. Dies muß man allerdings präzisieren. Sein Ruhm beruht auf der Verwendung seiner Kommentare in der jüdischen und dann in der lateinischen Philosophie des Mittelalters, denn im islamischen Bereich wurden diese Schriften eigentlich gar nicht mehr rezipiert. Für das Weiterexistieren seiner Schriften waren die jüdischen Philosophen, die seit Maimonides an Averroes orientiert waren (vgl. Kap. X, 2, h), von entscheidender Bedeutung. Viele seiner Werke sind nur in hebräischen Übersetzungen oder im arabischen Text, aber mit hebräischen Buchstaben geschrieben, erhalten. Manche Texte sind auch nur in der lateinischen Übersetzung überliefert. Wenn in einem lateinischen Text des Mittelalters ohne irgend eine Namensnennung nur vom *commentator* gesprochen wird, so ist damit fast immer Averroes gemeint. Averroes fand in Cordoba eine Art der Aristoteles-Interpretation vor, die jener der Schule von Bagdad sehr ähnlich war. Schon im 10. Jhd. war durch ibn Abdun, der in Bagdad Medizin studiert hatte, die Logik entsprechend der dort üblichen Weise der Behandlung nach Cordoba gebracht worden. Die Kommentare al-Farabis wurden dann auch in Spanien zum Maßstab. In der Generation vor Averroes hatte ibn Bajjah (gest. 1138) einige Aristoteles-Kommentare dieser Art verfaßt. Letzterer wurde dem lateinischen Westen, wo er Avempace genannt wurde, allerdings nicht durch diese Kommentare, sondern durch die Schrift *Herrschaft des Einsiedlers* bekannt, einer mystischen Schrift, die den Aufstiegsweg der Seele bis zum aktiven Intellekt, der ersten Emanationsstufe nach und aus Gott, beschreibt.

Averroes hat in vielen Fällen zu ein und derselben aristotelischen Schrift mehrere Kommentare verfaßt, allerdings jeweils in verschiedenem Umfang. Seine Kommentierung hatte eine klare methodologische Ausrichtung. Er hatte richtig erfaßt, daß frühere Aristoteles-Kommentatoren aus dem islamischen Bereich die Texte des Aristoteles aufgrund neuplatonischer Voraussetzungen nicht korrekt interpretiert hatten, und versuchte deshalb, den »authentischen« Aristoteles zu erheben. Die Position des Averroes bei seinen Aristoteles-Interpretationen konfrontiert uns mit einer jener sonderbaren realen Paradoxien, die in der Philosophiegeschichte nicht selten sind. Averroes stammte aus einer den Almoraviden ergebenen Familie. Sein Großvater war an der noch heute – als Kirche – zu bewundernden Moschee in Cordoba in wichtigen Positionen tätig gewesen. Und unter den Almoraviden wurde, wie gesagt, der *Koran* ganz textnah und ohne symbolische Deutung, wie die Fatimiden in Kairo sie liebten, interpretiert. Nun wurde Averroes von den aufgeklärten Almohaden mit der Aristoteles-Interpretation beauftragt, die er aber ganz *konservativ-traditionalistisch* und sogar entsprechend den Almoraviden-Regeln der *Koran*-Exegese durchführte, wodurch aber das Ergebnis geradezu *revolutionär aufgeklärt* wurde. Er befreite so nämlich weithin die Aristoteles-Texte von ihrem längst beinahe selbstverständlich gewordenen mystifizierenden neuplatonischen Überbau. Averroes lehnte als korrekter Aristoteliker die *emanatianistische Metaphysik* Avicennas entschieden ab, denn daß eine solche nicht aristotelisch sein konnte, war ihm völlig klar. Das Universum wird bei Averroes aristotelisch als Ordnungsgefüge gedacht, das auf seine inneren Formprinzipien hin zu untersuchen ist. Die Dinge haben eigene, ihnen immanente Formen, Universalbegriffe bildet der Verstand nachträglich, und diesen Universalbegriffen kommt nur Verstandesrealität zu, d. h. es gibt keine allgemeinen Wesenheiten »an sich«. Wenn wir jedoch die Dinge nach ihrer Aktualität und nach ihrer – ihnen immanenten und ihnen nicht vorausliegenden – Potentialität untersuchen und somit auch nach ihren Prinzipien der Bewegung und des Werdens fragen, so gelangen wir schließlich zu einer ersten Ursache und einem unbewegten Beweger. Dieser unbewegte Beweger wird bei Averroes, auch dies im Sinn des Aristoteles, mit Gott identifiziert, der das »sich selbst denkende Denken« ist (vgl. 1. Teil, Kap. X, 4, c). Allerdings wird bei ihm wie bei Avicenna und wie ganz ähnlich schon in der christlichen Antike dieser Gottesbegriff in unaristotelischer Weise – was Averroes selbstverständlich genau weiß – durch eine Willensbestimmung »ergänzt«: Das göttliche Denken ist zugleich Wollen. Und dies bedeutet, daß das göttliche Denken *willenshaft-schöpferisches Denken* ist, womit Averroes der im Koran enthaltenen Gottesvorstellung entgegenkommt. Damit ist allerdings *nicht* angenommen, daß auch ein *zeitlicher Anfang* der Welt gegeben wäre, denn das göttliche Wollen ist eben schöpferisches göttliches Wollen, und das heißt: ewiges Wollen. Die Welt ist also der aristotelisch-averroistischen Auffassung nach ewig. Und hier war ein Konfliktpunkt mit den Vorstellungen des *Koran* gegeben (vgl. schon die Liste der »Irrtümer« bei al-Ghazali weiter oben).

Am meisten Anstoß in der islamischen und später in der christlichen Philosophie erregte Averroes jedoch mit seiner *Seelenlehre*. Er nahm nämlich – wobei er wahrscheinlich Aristoteles richtig interpretierte – an, daß der individuelle Intellekt in seinen höheren Fähigkeiten an einem ewigen Intellekt teilhat, ohne deshalb als individueller selbst ewig, d. h. unsterblich, zu sein. Einfach ausgedrückt: Aus der Tatsache, daß der menschliche Geist unveränderliche und in diesem Sinne ewige Wahrheiten erkennen kann, folgt nicht, daß er selbst als einzelner, individueller Geist unsterblich ist. Averroes behauptete jedoch, mit seinen Auffassungen weder der Lehre von der Schöpfung noch der von der persönlichen Unsterblichkeit, wie sie im *Koran* enthalten ist, zu widersprechen, und das war nicht unmittelbar einsichtig. Man muß allerdings sehen, daß er das Verhältnis von Philosophie und Religion nicht als einschichtiges ansah. Er setzt dieses Verhältnis – ähnlich wie al-Farabi – zu verschiedenen Argumentationsformen des aristotelischen *Organon* und der *Rhetorik* und *Poetik* in Beziehung.

Da der Zweck der Religion die Belehrung über wahre Wissenschaft und wahre Praxis ist, die Belehrung aber zwei Objekte hat, Begreifen und Führwahrhalten, wie das die Scholastiker auseinandersetzen, die Methoden des Führwahrhaltens, die bei den Menschen sich finden, drei sind, die demonstrative, dialektische und rhetorische, die Wege des Begreifens zwei, das Ding selbst und sein Bild, und da nicht alle Menschen vermöge ihrer Naturanlagen der Demonstration fähig sind, auch nicht der dialektischen Sätze, geschweige der demonstrativen, wozu noch kommt, daß die Belehrung über demonstrative Sätze viele Schwierigkeiten darbietet und eine lange Zeit selbst für denjenigen erfordert, der Mannes genug ist, sie zu erlernen, und da die Religion zum Zweck hat, alle insgesamt zu unterrichten, so ist notwendig, daß die Religion alle Arten von Methoden des Führwahrhaltens und die Arten der Methoden des Begreifens in sich enthalte. (*Harmonie der Religion und Philosophie.* S. 20)

Dies ist im Ausdruck vorsichtig, der Sache nach jedoch ziemlich klar. Daraus ergeben sich verschiedene Menschengruppen mit jeweils verschiedenem Koranverständnis: (1) Die meisten Menschen sind nur in der Lage, die Wirklichkeit aufgrund sinnlicher Wahrnehmung zu erfassen. Für diese Menschen sind die *bildlichen Vorstellungen* des *Koran* geeignet, so z. B. die eines Lebens nach dem Tode mit entsprechender Belohnung oder Bestrafung. Um sie den Menschen nahezubringen, muß man die *Rhetorik*, d. h. die Kunst der Überredung, einsetzen. Man arbeitet hier mit Ermahnungen und Versprechungen und appelliert an Gefühle. (2) Eine nächste Gruppe ist in der Lage, *Wahrscheinlichkeitsargumente* zu erfassen und gibt sich mit solchen zufrieden. Hier also wird mit der Dialektik im Sinne der *Topik* gearbeitet,

und dies ist die Weise, in der die Theologen und Juristen den *Koran* verwenden. (3) Schließlich gibt es Menschen, die auf allen Gebieten *wissenschaftliche Argumente* fordern, was bedeutet, daß hier mit demonstrativen Beweisen im Sinne der aristotelischen *Analytiken* gearbeitet wird. Für diese Menschen liefert der *Koran* Material zu philosophischer Durchdringung (Ebd. S. 22). Die Erkenntnisse dieser letzten Gruppe werden von Averroes unter eine Art Arkandisziplin gestellt:

Diese Interpretation darf den Dialektikern, geschweige der großen Masse, nicht ausdrücklich mitgeteilt werden. Teilt man etwas von diesen Interpretationen einem Unwürdigen mit, besonders demonstrative Interpretationen, weil sie den gemeinen Kenntnissen allzu ferne liegen, so führt dies beide, den Mitteiler und den Hörer, zum Unglauben. Der Grund davon ist der, weil sein Zweck auf die Aufhebung des Wortlautes und die Festsetzung des Interpretierten geht: wenn nun der Wortlaut für den, dem eigentlich bloß der Wortlaut zugänglich ist, aufgehoben wird, ohne daß für ihn das Interpretierte feststeht, so führt dies zum Unglauben, wenn die Sache zu den Prinzipien der Religion gehört. Die Interpretationen dürfen der großen Masse nicht ausdrücklich mitgeteilt und nicht in den rhetorischen oder dialektischen Büchern niedergelegt werden, nämlich in den Büchern, worin die Gegenstände nach diesen beiden Methoden behandelt werden. (Ebd. S. 22).

Hier wird also von der »Aufhebung des Wortlauts« des *Koran* gesprochen, und es wird gleichzeitig gefordert, die Interpretationen, die auf dieser obersten Ebene der Wissenschaftlichkeit geliefert werden, streng geheimzuhalten, sowohl vor der Klasse der Korangelehrten als auch vor der großen Masse der Gläubigen. Man wird es den Korangelehrten allerdings nicht ganz übelnehmen dürfen, wenn diese vermuteten, Averroes liefere auf dieser Ebene Interpretationen, die einzelnen Lehren des Islam schlichtweg widersprechen, also etwa, daß er für die Masse und deren Koranlehrer zuläßt, daß diese eine Weltschöpfung und eine zeitliche Welt nach der Vorstellung innerweltlicher Herstellungsvorgänge annehmen, wogegen die Philosophen keine zeitliche, sondern eine ewige Welt annehmen. Und genau eine solche Auffassung wäre eben die Annahme einer »doppelten Wahrheit«, deren Anhänger gesellschaftlich davor geschützt werden sollen, als »Ungläubige« entlarvt zu werden, insofern eine strenge Geheimhaltung der »anderen« Interpretationen gefordert wird. Tatsächlich läßt sich die Frage, wie Averroes es mit bestimmten Sätzen des islamischen Glaubens nun wirklich gehalten hat, nicht eindeutig beantworten, und man kann nicht ausschließen, daß Averroes solche Unklarheiten bewußt stehen ließ. Averroes war sicher nicht der einzige Intellektuelle im Umkreis der Almohaden, die ja zunächst selbst eine auf Aufklärung beruhende Politik betrieben hatten, der eine solche »aufgeklärte« Position vertrat. Die islamischen orthodoxen Theologen erkannten aber deutlich die Gefahr, die von einer solchen Philosophie für die religiösen Vorstellungen des Islam ausging, und als die Herrscher dann die Unterstützung des Volkes und damit die der orthodoxen Theologen benötigten, wurde gesellschaftlich dem griechisch-aristotelischen Rationalismus der Boden entzogen. Dieses Ziel war gegen Ende des 12. Jhd.s erreicht, mit Averroes ist im islamischen Bereich die breite Verwendung aristotelischer Philosophie zu Ende und die muslimische Gesellschaft hat dies zum großen Teil begrüßt. Ein Zeugnis dafür liefert ibn Khaldun (vgl. zu diesem den folgenden Punkt), der im 14. Jhd. rückblickend schreibt:

Es gelang diesen Wissenschaften, auf die islamische Gemeinschaft und ihre Angehörigen Einfluß zu nehmen. Sie beeindruckten viele Menschen, die sich zu ihnen hingezogen fühlten und ihren Anschauungen folgten. Wer so verfuhr, beging eine Sünde. (*Buch der Beispiele*. S. 251)

Ibn Khaldun berichtet dann, daß im Zuge des allgemeinen politischen Niedergangs in Andalusien und in Nordafrika auch die Wissenschaften zurückgegangen sind, und er stellt, wohl mit Genugtuung, für seine eigene Zeit fest:

Man kann auf sie [d. h. die Philosophie] bei einzelnen Persönlichkeiten stoßen, die aber unter der Kontrolle der sunnitischen religiösen Gelehrten stehen. (Ebd. S. 251)

Die Kontrolle der religiösen Gelehrten blieb, und die »einzelnen Persönlichkeiten«, die sich noch mit Philosophie beschäftigten, gaben diese Tätigkeit mit der Zeit auf. Anfang des 14. Jhd.s konnte Ibn Taymiyya (gest. 1328) berichten:

Ein bedeutender Richter unserer Zeit wurde gefragt: »Ist Ibn Sina [= Avicenna] einer der muslimischen Philosophen?« Darauf antwortete dieser: »Der Islam hat keine Philosophen.« (*Against the Greek Logicians*. S. 113. Übers. v. F. S.)

In el-Andalus waren die Herrscher unter dem Druck der Reconquista gezwungen, ihre aufgeklärte und philosophie-freundliche Politik aufzugeben, um die Unterstützung der Koran-Gelehrten und deren Einfluß auf das Volk zu gewinnen. Die Situation in Damaskus und Bagdad im 13. und 14. Jhd. war aber durchaus der in el-Andalus ähnlich. Im 13. Jhd. war das Kalifat in Bagdad von innen durch Machtverfall und von außen durch die Mongolen bedroht. Auch hier also ging es um die Moblisierung aller traditionellen Kräfte. Suhrawardi (vgl. zu diesem weiter unten) ist hier einzuordnen. Letzlich erfolgreich war all dies nicht, 1258 wurde Bagdad von den Mongolen eingenommen. Syrien war im 14. Jhd. ebenso wie el-Andalus unter großer militärischer Bedrohung, sowohl von Seiten der Kreuzfahrer wie von Seiten der Mongolen. Die Traditionalisten hatten also auch dort ihre Anhänger. Ibn-Tamiyya, einer der schärfsten Gegner griechischer Philosophie, lebte in Damaskus und war in den Verhandlungen mit den Mongolen tätig, die 1300 Damaskus belagerten. Der äußere Druck ließ in Cordoba, Damaskus und Bagdad kaum noch Spielraum für die

»fremden Wissenschaften«.

Ibn Khaldun wußte sogar, daß inzwischen der lateinische Westen mit aller Energie die entsprechenden Studien aufgenommen hatte:

Uns ist ferner zu Ohren gekommen, daß diese philosophischen Wissenschaften in den Ländern der Franken auf dem Gebiete Roms und den angrenzenden Gebieten der nördlichen Mittelmeerküste gedeihen. Man hört, daß diese Wissenschaften dort von neuem studiert werden, daß es zahlreiche Klassen gibt, in denen sie gelehrt werden, daß umfassende gesammelte Schriften von ihnen existieren und sie viele Studenten haben. (*Buch der Beispiele*. S. 252)

Die Philosophie im Sinne der *falsafa* war also den Weg von Alexandrien nach Bagdad gegangen, hatte dann in el-Andalus Station gemacht, war dann unter die Kontrolle der Islamgelehrten geraten und hatte sich im 13. Jhd. weiter auf den Weg nach Paris und Oxford gemacht. Dies ist nicht unsere moderne Interpretation, sondern die eines gut informierten islamischen Gelehrten aus dem 14. Jhd. Sie mag stilisiert und ideologisch belastet sein, und sie wird von Historikern inzwischen auch erheblich relativiert, ganz falsch ist sie aber doch nicht.

Eine Abschlußbemerkung: Bei westlichen Historikern läßt sich manchmal die Tendenz feststellen, die Philosophie im Bereich des Islam vor allem in ihrer Vermittlerrolle für die Philosophie des lateinischen Mittelalters zu sehen. Die muslimische Philosophie hat nun tatsächlich diese Rolle gespielt, darauf wird noch zurückzukommen sein (vgl. Kap. XI, 2). Will man sich jedoch mit kulturgeschichtlichen Fragen befassen, so kann dieser Gesichtspunkt nicht ausreichen. Die Aufnahme griechischer Philosophie in der islamischen Kultur war keineswegs ein Prozeß, der spannungsfrei vor sich ging, und sie war schließlich ein Prozeß, der sich aus der Sicht islamischer Philosophen späterer Zeit nur als Übergangsperiode darstellt, als eine Art Reifungsprozeß, an dessen Ende nur sehr wenig von griechischer Philosophie übrigblieb, was aus dieser Sicht keineswegs einen Mangel darstellt. Was sich aus westlicher Perspektive als *Ende* darstellt, ist aus islamischer Perspektive erst der eigentliche *Anfang echt islamischer Philosophie*. Kennzeichnend für eine solche Sicht ist eine Vision des bedeutenden und äußerst einflußreichen persischen Philosophen Suhrawardi (1154–1191): Aristoteles selbst teilt Suhrawardi mit, daß die muslimischen Peripatetiker es nicht geschafft haben, die wirkliche Weisheit zu erlangen, wie es Mystikern wie abu Bistami und al-Halladasch (vgl. dazu auch den folgenden Punkt 3) gelungen ist (vgl. Ziai. In: Nasr/Leaman 1996. S. 444 f. und S. 453 f.). Schon H. Corbin (vgl. Lit. Verz.) hatte nachdrücklich darauf hingewiesen, daß die islamische Philosophie mit Averroes keineswegs zu Ende ist, und auch in einer aus unserer Zeit stammenden repräsentativen Darstellung (Nasr/Leaman 1996) stellt Averroes den Endpunkt einer bestimmten Entwicklung, aber keineswegs das Ende der islamischen Philosophie dar. Mit Suhrawardi beginnt eine neue Periode der islamischen Philosophie, die bis in unsere Gegenwart reicht. Allerdings steht diese Form der Philosophie den Wissenschaften, mit denen sie in der islamisch-aristotelischen Philosophie immer in Verbindung gestanden hatte, fern. Und man kann auch feststellen, daß die islamischen Länder seit dem Ausscheiden der aristotelischen Philosophie und Wissenschaft für lange Zeit den Kontakt mit der modernen Entwicklung der Wissenschaften verloren haben.

j) Ibn Khaldun

Geschichte gehört nach dem aristotelischen und ebenso nach dem arabischen Wissenschaftskanon nicht in den Bereich der Wissenschaften, weil sie nicht mit allgemeinen Aussagen arbeitet. Es gibt keine historischen Gesetze wie es Naturgesetze gibt. Keinesfalls ist die Geschichte nach diesem Verständnis eine philosophische Disziplin, und insofern gehört ibn Khaldun (1332–1406), wohl der bedeutendste mittelalterliche Historiker des islamischen Bereichs, nur in eingeschränktem Sinn zu unseren Autoren. Aber schon im Zusammenhang mit dem eben zu Averroes Ausgeführten ist ibn Khaldun aufschlußreich: Die Geschichtsschreibung lebt aus ganz anderen Wurzeln als die Philosophie, und so wurde sie auch von der Zurückdrängung der Philosophie bei den Muslimen im 13. und 14. Jhd. in keiner Weise betroffen. Ibn Khaldun gehört jedoch trotzdem von unserem heutigen Standpunkt aus in die Geschichte der Philosophie, weil er wie kein anderer innerhalb der islamischen Geschichtsschreibung (von der lateinischen Geschichtsschreibung dieser Zeit reden wir in diesem Zusammenhang besser gar nicht) eine philosophisch äußerst relevante Frage gestellt hat: Sind *Verallgemeinerungen* bei der Beschreibung historischer Vorgänge möglich, und welchen Erklärungswert haben solche Verallgemeinerungen? Diese Terminologie ist unsere heutige, das Sachproblem aber ist das ibn Khalduns. Sein Ziel war nicht eine den Herrscher verherrlichende Chronik, sondern der Versuch, eine *Erklärung für den Abstieg der arabischen Reiche* im Vergleich zu deren glorreicher Vergangenheit zu finden. Unter die Faktoren dieses Abstiegs dürfen wir aber nicht, wie wir es vielleicht aus unserer Perspektive gerne tun würden, die Kreuzzüge rechnen. Diese stellen im Bewußtsein der arabischen Geschichtsschreibung nur eine, und nicht einmal sonderlich relevante Episode dar. Als entscheidender Einschnitt hingegen war die Einnahme und Zerstörung Bagdads im Jahre 1258 durch die Mongolen empfunden worden; ebenso der ständige Gebietsverlust in Spanien, wo im 14. Jhd. nur noch das Emirat Granada übriggeblieben war. Und im Osten wurde der aus Zentralasien eingerückte Timur (1336–1405) und sein Heer zu einer wachsenden Bedrohung der arabischen Kalifen.

Ibn Khaldun stammte aus einer arabischen Familie, die seit Jahrhunderten in Südspanien gelebt hatte, die sich jedoch unter dem Druck der Reconquista nach Nordafrika zurückgezogen hatte. Seine Fragen über den Verlauf der Geschichte waren nicht einfach theoretischer Natur, er war nicht nur Beobachter der Geschichte, sondern selbst Handelnder bzw. Verhandelnder in der realen Politik. Er verstand es, seine juristische Lehrtätigkeit mit diplomatischen Missionen zu verbinden. Während eines nur zwei Jahre dauernden Aufenthalts in Granada wurde er 1364 beauftragt, Verhandlungen mit Pedro dem Grausamen (1334–1369) zu führen, um Möglichkeiten eines Friedensschlusses mit den (sogenannten) christlichen Herrschern des nördlichen Spaniens zu sondieren. Und noch 1401 verhandelte er im Auftrag des Sultans von Damaskus mit Timur – Ibn Khaldun kannte die Sieger.

Ibn Khaldun verfaßte ein großes Geschichtswerk, das die islamische Geschichtsschreibung der folgenden Jahrhunderte geprägt hat. Besonders aufschlußreich ist der erste Band, die *Muqaddima*, eine theoretische Einführung und Einleitung zu den weiteren Bänden. Das Verständnis der Aufgaben der *Geschichtswissenschaft* (ich spreche hier bewußt von »Wissenchaft«) ist bei ibn Khaldun ein ganz und gar »unmittelalterliches«, insofern es bei ihm primär um *Kulturwissenschaft* geht und Herrscher nur als untergeordnete Faktoren des Bereichs »Kultur« aufgefaßt werden:

Wisse, daß der eigentliche Sinn der Geschichte darin besteht, Kunde über den menschlichen Zusammenschluß, der die Kultur der Welt darstellt, zu geben, ferner darüber, was dem Wesen dieser Kultur an Zuständen eigen ist, so z. B. die Wildheit, die Zivilisiertheit, die *asabiyat*, die verschiedenen Formen der Überlegenheit eines Teiles der Menschen über andere und die hieraus resultierende Herrschaft, die Dynastien und ihre Ränge, des weiteren der Erwerb, die Arten, sich den Lebensunterhalt zu erwirtschaften, die Wissenschaften und die menschlichen Fertigkeiten, denen sich die Menschen mit ihren Tätigkeiten und Bestrebungen widmen, sowie alle weiteren Zustände, die aus dem Wesen dieser Kultur hervorgehen können. (*Buch der Beispiele.* S. 39)

Die Auffassung der Geschichte ist bei ibn Khaldun durchaus empirisch und rational. Er stellt ausdrücklich die Frage nach wahr und falsch in der Geschichtswissenschaft und fordert für die Wahrheit als notwendige Bedingung, daß die Ereignisse im Bereich des Möglichen liegen müssen (Ebd. S. 43). Was möglich ist, muß sich aus empirischen Verallgemeinerungen ergeben. Ein Beispiel: Von einer Stadt mit einer Stadtmauer mit zehntausend Toren zu berichten, ist unsinnig, weil eine solche Stadtmauer ihrem Zweck, nämlich Schutz zu bieten, nicht entsprechen könnte (Ebd. S. 42). Eine solche Stadtmauer wäre zwar weder logisch noch auch technisch unmöglich, ist aber im Bereich historischer Verallgemeinerungen eine vernunftwidrige Annahme. Dabei bleibt ibn Khaldun durchaus Muslim und nimmt somit ein direktes Eingreifen Gottes in und durch Mohammed an, allerdings paßt sich bei ibn Khaldun dieses »übernatürliche« Handeln Gottes erstaunlich gut an die natürlichen Gegebenheiten der Stammesverfassung und der weiteren Bildung einer Herrschaft an. Und mit dem Tod der letzten Gefährten Mohammeds kehrt nach ibn Khaldun die Geschichte, die ja außerhalb des Einflußbereichs Mohammeds ohnedies ihren normalen Gang weiterging, definitiv zur »Normalität« zurück. Empirisch verallgemeinert sind also die empirisch feststellbaren Ereignisse der Geschichte trotz Mohammed ganz »normal«.

Ibn Khaldun beansprucht somit, im Bewußtsein, daß dies *neuartig* und ungewöhnlich ist, für die *Geschichtsschreibung* den Charakter einer eigenen, spezifischen *Wissenschaft*:

Es handelt sich um eine selbständige Wissenschaft: Sie besitzt einen eigenen Gegenstand – die menschliche Kultur und den menschlichen Zusammenschluß. Sie hat ferner eigene Fragestellungen – Schritt für Schritt die Aspekte und Zustände aufzuzeigen, die zum Wesen der menschlichen Kultur gehören. (Ebd. S. 44)

Sehen wir uns ein Beispiel seines Vorgehens an. Die Menschen sind nach ibn Khaldun charakterisiert durch Aggressivität, was aus ihrer großen Nähe zum Tierreich herrührt. Aus diesem Grund sind Ordnungssysteme, also Herrschaft, erforderlich. Herrschaft spielt sich dabei in einem Zyklus zwischen Führern von Stämmen und Zentralherrschaft ab. Die Zentralherrscher lösen die rivalisierenden Stammesfürsten ab, sie verfallen dann langsam aber sicher der Trägheit und dem Luxus, erhöhen die Steuern zu sehr, erregen damit den Unmut des Volkes, und dies ist dann wiederum die Stunde der Stammesfürsten. Ganz unsentimental beschreibt ibn Khaldun die Basis der Zentralherrschaft:

Wisse, daß das Fundament königlicher Herrschaft auf zwei Pfeilern ruht, die beide nicht fehlen dürfen. Der erste ist Macht und *asabiya*, die ihren Ausdruck im Heer finden. Der zweite Pfeiler ist das Geld, welches eben jene Soldaten unterhält und alle die für königliche Herrschaft notwendigen Dinge vermittelt. Nimmt die Dynastie Schaden, so geschieht das in Verbindung mit diesen beiden Pfeilern. (Ebd. S. 162)

Asabiya (im Plural *asabiyat*) ist ein zentraler Begriff in der Geschichtstheorie ibn Khalduns, der das Zusammengehörigkeits-Bewußtsein zum Ausdruck bringt, das primär Familien- und Stammeszugehörigkeit betrifft, aber auch andere Gruppierungen umfassen kann. Ibn Khaldun weiß, daß Geld und militärische Macht für eine solche Zusammengehörigkeit ebenso wichtig sein können wie Zugehörigkeit zu einer Familie oder zu einem Stamm. Die wichtigsten Ministerien sind also das Finanzministerium und das Verteidigungsministerium, funktioniert eines dieser beiden nicht, gerät die Herrschaft in Gefahr. Lassen wir einmal die Schäden, die in Verbindung mit dem Heer auftreten können, beiseite und hören wir, was ibn Khaldun zu den Schäden in Hinsicht auf die Finanzen sagt:

Wisse, daß die Dynastie zu ihrem Beginn nomadischer Natur ist, wie bereits ausgeführt wurde. Milde gegenüber den Untertanen, Genügsamkeit bei den Ausgaben und Achtung vor dem Hab und Gut sind die charakteristischen Eigenschaften (in dieser Phase). Die Dynastie vermeidet bei der Steuer Überspitzungen sowie Übertreibungen und Spitzfindigkeiten beim Eintreiben von Geld sowie bei den Berechnungen durch die Staatsbeamten. In dieser Zeit gibt nichts zu maßlosen Ausgaben Anlaß, so daß die Dynastie nicht sehr viel Geld benötigt. Dann erlangt man die Vorherrschaft, und das Königtum wird stark und mächtig. Es beansprucht Luxus, und aus diesem Grunde steigen die Aufwendungen. Die Ausgaben des Herrschers und der Angehörigen der Dynastie wachsen generell an, was Auswirkungen auf die städtische Bevölkerung hat. [...] Der Herrscher muß auf die Preise der Verkaufswaren auf den Märkten Gebühren aufschlagen, um die Einnahmen reichlicher fließen zu lassen. [...] Später werden die Gewohnheiten noch luxuriöser, so daß für sie die (schon erhöhten) Gebühren nicht mehr ausreichen. In der Anmaßung und Gewalt gegenüber ihren Untergebenen erreicht die Dynastie schon ein hohes Maß. [...] Die Politik des Inhabers der Dynastie geht dann dazu über, mit Hilfe von Geld die Lage günstig(er) zu gestalten. Er hält dies für geschickter als die Hilfe des Schwertes. [...] Die Altersschwäche der Dynastie wird überdeutlich, und die Bevölkerung der Provinzen beginnt sich aufzulehnen. (Ebd. S. 165–167)

Damit beginnt dann wieder die Zeit der Stammesfürsten usw. Ibn Khaldun arbeitet also mit empirischen Theorien, die zur kausalen Erklärung von historischen Ereignissen dienen. Darin sind verallgemeinerungsfähige Aussagen soziologischer, psychologischer und kulturgeschichtlicher Art enthalten, die empirisch bestätigt oder auch widerlegt werden können. Da ist nichts von Niederlagen als Strafen Gottes zu hören, da wartet niemand auf die Ankunft eines Gottesreiches. Im Vergleich zu lateinisch-augustinischer Geschichtsphilosophie und zu den Erwartungen eines Joachim von Fiore ist ibn Khaldun in entscheidender Hinsicht empirischer und rationaler. Aber auch im Vergleich zu al-Farabis »Musterstaat« mit seinem idealen Herrscher, der zugleich Philosoph und Imam ist, erweist sich ibn Khaldun als der bessere »Philosoph« der politischen Geschichte. Er weiß genau, daß weder der Musterstaat noch der ideale Herrscher in irgendeiner Weise mit historischen Realitäten in Verbindung gebracht werden kann. Man muß allerdings sehen, daß zwischen der Zeit al-Farabis und der ibn Khalduns ein historisches Ereignis eine grundlegende Änderung in den Voraussetzungen politischer Theorie gebracht hatte. Beim Mongoleneinfall 1258 wurde der Kalif al-Musta'sim getötet und seither war die Vorstellung eines Kalifen nur noch Erinnerung oder Idealbild, aber keine historische Realität mehr. Herrschaft war damit entsakralisiert und man konnte die tatsächlichen Herrscher, die Sultane, mit ganz profanen Augen betrachten. Für ibn Khaldun haben daher Erklärungswert und somit Relevanz für aktuelle politische Entscheidungen nur empirisch überprüfbare Verallgemeinerungen. Der oben angeführte Text liefert ein Beispiel einer empirischen Verallgemeinerung sich folgender Zustände, deren Geltung (leider) bis heute überprüft werden kann.

3. Die Bewegung der Sufis

Es soll in keiner Weise der Eindruck erweckt werden, daß hier auch nur andeutungsweise die Geschichte des Sufismus behandelt werden und dessen Grundanliegen dargestellt werden könnten – wer daran interessiert ist, sei auf die umfangreiche Arbeit von A. Schimmel (vgl. Lit.-Verz.) verwiesen. Eine Deutung des Sufismus ist schwierig, wie es die Deutung der Mystik immer ist. Die islamische Mystik hat ohne Zweifel zahlreiche Anregungen aus anderen – neuplatonischen, christlichen, buddhistischen – Bewegungen aufgenommen, sie hat jedoch ihre ganz eigene Ausrichtung. Die Einzigkeit Gottes und deren von allen rationalen Methoden unabhängige Erfahrung steht im Zentrum. Diese Erfahrung unterscheidet sich aber von anderen – z. B. neuplatonischen – Formen der Mystik, insofern bei den Sufis diese Erfahrung nicht im intellektuellen und letztlich an der Anschauung *(visio)* orientierten Bereich gesucht wird, sondern in einer Erfahrung der *Liebe*, die sich auf die *Beziehung von Schöpfer und Geschöpf* beruft. Diese willensbetonte Form ist durch die islamische Gottesvorstellung begründet, in der Allah als handelnde Person zentral ist. Nichtsdestoweniger gibt es auch in der Sufi-Mystik den intellektualistisch-gnostischen Typ, häufig sind die beiden Formen kaum zu unterscheiden. Im Prinzip wäre in der islamischen, an der individuellen Persönlichkeit Gottes orientierten Mystik auch die Vorstellung des Aufgehens im Einen oder des Eingehens in das Eine, wie wir es aus neuplatonischen Texten kennen, nicht zulässig. Aber auch hier verschwimmen die Grenzen, wenn davon gesprochen wird, daß der Liebende und der Geliebte eins werden. Bei allen Schriften der Sufis stehen wir vor dem fast unlösbaren Problem der Interpretation der Sprache der Mystiker (aller Spielarten), die zu ihren Texten fast immer die hermeneutische Warnung hinzufügen, daß das »Eigentliche« unsagbar ist und nicht in Worte gefaßt werden kann. Nehmen wir als Beispiel für diese Sprache einen Text von einem der berühmtesten Sufi-Meister der frühen Zeit, al-Halladasch, der 922 hingerichtet wurde – was schon zeigt, daß die Sufis innerhalb der islamischen Gesellschaft eine keineswegs unumstrittene Bewegung darstellten. Ein Text von ihm schildert in poetischer Form das Ziel der Sufis:

Das Verständnis der geschaffenen Wesen hat keine Beziehung zur Wirklichkeit,
und die Wirklichkeit hat keine Beziehung zum Geschaffenen.
Die Gedanken sind Bande,
und die Bedingungen der erschaffenen Wesen erreichen nicht die Wirklichkeiten.
Das Erfassen des Wissens von der Wirklichkeit ist schwer –
Das der Wirklichkeit der Wirklichkeit wieviel mehr!
Die Wahrheit liegt hinter der Wirklichkeit,
und die Wirklichkeit diesseits der Wahrheit.

Der Falter fliegt um das Kerzenlicht,
bis der Morgen anbricht,
und kehrt zu seinesgleichen zurück,
berichtet ihnen von des Zustandes Glück
mit lieblichstem Wort –
dann vereint er sich mit der koketten Schönheit,
begierig, zur Vollkommenheit zu gelangen.
Das Licht der Kerze ist das Wissen von der Wirklichkeit, ihre Wärme die
Wirklichkeit der Wirklichkeit,
das Gelangen zu ihr die Wahrheit der Wirklichkeit.
Er begnügt sich nicht mit ihrem Licht,
mit ihrer Wärme nicht,
und wirft sich ganz hinein,
und seinesgleichen erwarten seine Rückkehr,
damit er ihnen von der Schau berichte,
da er nicht mit der Kunde sich begnügt.
Und da entschwindet er, vermindert sich, verflüchtigt sich
und bleibt ohne Spur und Leib, ohne Namen und Zeichen.
Weshalb sollte er zu den Formen zurückkehren,
und in welchem Zustand, nachdem er gewonnen hat?
Wer zur Schau gelangt, bedarf nicht mehr der Kunde;
wer zum Geschauten gelangt, bedarf nicht mehr der Schau.
(*Gärten der Erkenntnis. Das Buch der vierzig Sufi-Meister*. S. 54).

Der Leser wird sich selbst überzeugen können, daß es kaum möglich ist, diesen Text sofort als einen der islamischen Kultur zu identifizieren, die Sprache der Mystik geht über die Grenzen der Kulturen und Religionen hinaus. Damit soll nicht gesagt sein, daß nicht durch den Vergleich verschiedener Texte eines Autors und durch die Gegenüberstellung eines ganzen Textkorpus mit dem eines anderen mystischen Dichters charakteristische Züge herausgearbeitet werden können. Es bleibt aber ein – und eben sachlich zentraler – Rest, in dem sich über alle individuellen Ausprägungen hinaus verschiedene Sprachen, Kulturen und Religionen treffen. Und ebenso wird der Leser begreifen, daß einem solchen Text gegenüber eine »exakt philosophische« Analyse, um festzustellen, ob es sich hier um eine pantheistische Einheitsmystik handelt oder nicht, nicht sehr viel Sinn macht.

Die Sufis erhielten ihren Namen von *suf*, dem Wollgewand, das die Asketen im Irak, in Ägypten und in Ostpersien trugen. Die Sufis selbst führten den Ursprung ihrer Bewegung selbstverständlich auf Mohammed und einige seiner Gefährten zurück. Historisch greifbar wird die Bewegung im 8. Jhd. und ihre Entstehung hat etwas mit den politischen Verhältnissen zu tun. Die Umaiyaden-Kalifen, die bis zum Jahr 750 an der Herrschaft waren, zeichneten sich durch eine recht unreligiöse Haltung aus, was eine herrscherfeindliche Reaktion der »Frommen« provozierte, ein Charakterzug, der bei den Sufis auch später erhalten blieb. Mystische Bewegungen stehen nicht selten in einem gesellschaftskritischen Zusammenhang, und entsprechend standen auch Herrscher verschiedener Kulturen mystischen Richtungen häufig eher feindselig gegenüber (vgl. die Amalrikaner, Kap. V, 2, c, die Beginen und Eckhart, Kap. XVIII, 1). Ein Vertreter dieser frühen, stark asketisch und weltabgewandten Sufi-Bewegung war Hasan al Basri (gest. 728). Nach der Machtübernahme durch die Abbasiden, die ihre Herrschaft mit ausgeprägt religiösen Zielen angetreten hatten, ergab sich ein weiterer Faktor, der eine Gegenbewegung hervorrief bzw. verstärkte. Es bildeten sich jetzt die islamischen Rechtsschulen aus, und die juristische Praxis führte oft zu einem starren Legalismus, der auch wieder die Reaktion der »Frommen« hervorrief. In die Zeit der Abbasiden fällt auch der Kontakt mit christlichen Eremiten im Irak und mit buddhistischen Gruppen, aber auch alte persische, zoroastrische Traditionen wurden wieder lebendig. Schon in dieser frühen Zeit waren die Sufis vor allem unter den Schiiten zu finden. Für die persischen Sufis des 9. Jhd.s war besonders Abu Yazid Bistami (gest. 874) das große Vorbild. Für die Sufis waren die vielen Namen Allahs, die sich im *Koran* finden, ein Anlaß zur Meditation, so wie auch alle islamischen Philosophen über die Einheit und Einzigkeit Gottes nachdachten und versuchten, jeden geringsten Verdacht einer durch Attribute angedeuteten Minderung der Einheit entgegenzutreten. Bistami kommt zur »Lösung« des Problems dadurch, daß er gar *keine Namen* mehr gebraucht:

Dreissig Jahre gedachte ich Gottes. Als ich schwieg, sah ich, daß mein Gedenken mein Schleier war [der mich von Gott getrennt hatte]. (Ebd. S. 33).

Der bekannteste Mystiker der frühen sufistischen Bewegung ist al-Halladasch, der wieder aus Persien stammte. Der persische Anteil an der Sufi-Bewegung ist somit unübersehbar, und die persische Kultur war eben eine andere als die arabische, aus der der Islam ursprünglich stammte. Von al-Halladasch ist schon weiter oben ein Gedicht angeführt worden, seine Schriften haben den Interpreten größte Schwierigkeiten bereitet. Von ihm stammen Aussprüche wie: »Ich bin der, den ich lieb'; Er, den ich liebe, ist ich, zwei Geister, doch in einem Leibe« (Ebd. S. 52). Solche Sätze haben verständlicherweise dazu geführt, von Pantheismus zu sprechen. In der neueren Forschung wird jedoch festgestellt, daß al-Halladasch an der Transzendenz Gottes festgehalten habe, daß er aber die Innigkeit der Beziehung zu Gott in solchen bewußt paradoxen Formulierungen zum Ausdruck gebracht hat. Vermutlich ist ein wenig Apologetik bei dieser »wohlwollenden« Interpretation im Spiel: Ein Pantheist paßt nur schlecht in die islamische Landschaft. Die philosophische Interpretation bleibt schwierig, schon deshalb, weil die frühen Sufis ohne eine ersichtliche Beziehung zur Philosophie einfach ihre Frömmigkeit lebten und diese dichterisch zum Ausdruck brachten. Dies änderte sich im 10. Jhd. mit al-Ghazali, der der Überzeugung war, daß die Mystiker die Antwort auf jene Fragen geben, die die Philosophen eigentlich nicht einmal richtig zu stellen in der Lage sind. Aber auch der philosophisch bestens geschulte al-Ghazali, inzwischen ja selbst Sufi geworden, sah sich genötigt, den eben zitierten Ausspruch von al-Halladasch einschränkend zu kommentieren:

Als sie (die Gnostiker) aus ihrem Rausch erwachten und ihr Verstand, der der Maßstab Gottes auf Erden ist, wieder Besitz von ihnen ergriff, erkannten sie, daß dies nicht die wahrhaftige Identität (mit Gott) ist, sondern ihr lediglich nahe kommt [...]. Dieses wird in bezug auf denjenigen, der sich in diesem Zustand befindet, im metaphorischen Sinne »Identität« oder in der Sprache der Realität »Vereinigung« genannt. Hinter diesen Wahrheiten stehen Geheimnisse, deren Erklärung jedoch sehr weit führen würde. (Al-Ghazali: *Die Nische der Lichter.* S. 24 f.)

Im 13. Jhd., und damit sind wir in der Zeit nach Averroes und am Ende der aristotelisch-islamischen Philosophie, stellte dann ibn Arabi (1165–1240), der Sufi-Mystiker und Philosoph in einem ist, ein System auf, das als das einflußreichste der ganzen folgenden Geschichte des islamischen Denkens jedenfalls bis in das 18./19. Jhd. hinein bezeichnet werden kann. Es ist wahrscheinlich kein Zufall, daß ibn Arabi aus Murcia, also wie Averroes aus dem muslimischen Spanien, stammte, al-Andalus war zu dieser Zeit kulturell sensibler und aktiver als die alten islamischen Länder im Osten. Ob man ibn Arabi als Philosophen bezeichnen kann, hängt selbstverständlich von der Definition von »Philosophie« ab, die man zugrundelegt, und nach der Auffassung der islamischen *falsafa* wäre ibn Arabi kein Philosoph. Wir sind eher wieder im Bereich des »Weisen«, wofür die islamische Tradition das Wort *hakim* verwendete. Eine Kenntnis der früheren islamischen Philosophie war bei ihm so gut wie nicht vorhanden. Ibn Arabi hat zwar in sehr jungen Jahren Averroes persönlich getroffen, hat aber, jedenfalls soweit dies seinen Schriften zu entnehmen ist, nichts von Averroes gelesen. Sein Denkrahmen war allerdings doch die traditionelle islamische Philosophie, wenn auch eher als allgemeines Kulturgut und weniger als textliche Quelle. Daher ist für ihn die Unterscheidung von aristotelischen Philosophen und *kalam* eher unerheblich, von seinem Standpunkt aus gehören sie beide in dieselbe Gruppe, beide vertreten einen Vernunftstandpunkt, der von der Sufi-Meditation übertroffen wird. Ibn Arabi ist kein Gegner der Vernunfterkenntnisse, diese gehören jedoch, so wie es auch die Neuplatoniker gemeint hatten, in den »Vorhof« der eigentlichen Erkenntnis der Wahrheit. Er ist Intellektueller, und darin durchaus der *falsafa* sehr nahe. Aber aus seiner Sicht verlieren die von Unterscheidungen lebenden Philosophen den Blick auf die Einheit, und letztlich ist ihnen diese unzugänglich. Trotzdem ist er eher Philosoph als Mystiker. Ibn Arabi war möglicherweise weniger selbst »erfahrener« Mystiker – das ist aber durchaus umstritten – als vielmehr Systematiker der Erfahrungen früherer Sufi-Mystiker, und das ist jedenfalls unumstritten. Es ist daher nicht verwunderlich, daß bei der Interpretation seiner Schriften die Pantheismus-Diskussion von neuem beginnt.

Wenn du die Göttliche Wahrheit in Ihrer Transzendenz vom Kosmos betrachtest, dann ist Sie hoch erhaben über solche beschränkten Konzepte. Wenn jedoch die Göttliche Wahrheit die Ipseität des Kosmos ist, dann sind alle Determinationen von Ihr und in Ihr manifestiert; das ist Sein Wort: »Zu Ihm kehren alle Dinge zurück« (Sutra 11/123) [wo dies] in Wahrheit und durch geistige Enthüllung [gesagt wird], während es in Seinem Wort: »So dienet Ihm und vertraut auf Ihn« (Sutra 11/123) vom Standpunkt der Verhüllung der Schleier [gemeint ist]. In der Tat, es gibt nichts im Reiche der Möglichkeiten, was wunderbarer ist als dieser Kosmos, weil er nach dem Bilde des Erbarmers [gebildet] ist. Gott hat ihn existenzialisiert, d. h., er zeigt offenkundig Seine Existenz durch Seine offenkundige Erscheinung, so wie der Mensch offenkundig erscheint durch die Existenz in der Natur-Form. Wir sind Seine äußere Form, während Seine Ipseität der Geist dieser Form ist, der sie lenkt. (*Gärten der Erkenntnis. Das Buch der vierzig Sufi-Meister.* S. 138 f.)

Die Probleme der Übersetzung dieses Textes sind schon terminologisch offenkundig. Gibt es im Arabischen wirklich genaue Korrespondenzen für »Transzendenz«, »Determination« und »Ipseität«? Mit Blick auf den von uns bisher zurückgelegten Weg der Philosophiegeschichte könnten wir vielleicht sagen: Das Beste wäre bei solchen Texten eine Nachdichtung in der Sprache des Scotus Eriugena oder Eckharts. Wir »wüßten« dann wahrscheinlich auch nicht viel mehr, würden aber nicht auf irreführende philosophische Gleise geführt. Für ibn Arabi gilt wie für Scotus Eriugena: Die Welt und der Mensch sind eine Theophanie Gottes, und Gott braucht die Welt und den Menschen, um sich selbst zu erkennen. Was wir bei ibn Arabi vor uns haben, ist eine *theosophische Mystik*, eine Gnosis (Schimmel 1985. S. 386 f.), die deshalb so einflußreich werden konnte, weil die Sufis meinten, daß sie genau das, was sie erfahren hatten, in einer systematisierten Form ausdrückte. Warum Mystiker eine solche Vorliebe für Systeme haben, ist eine weitere, und sehr schwer zu beantwortende Frage, denn sie sagen selbst immer wieder, daß sich ihre Erfahrungen allen Systemen entziehen. Aber Plotin, Dionysios Areopagita und Scotus Eriugena waren ebenso wie ibn Arabi in ganz wesentlicher Hinsicht Systematiker: Alles soll aus einem ableitbar sein, und all dies soll noch dazu einer Erfahrung entsprechen. Aber die späteren Sufis wollten auch echte Muslime sein. Ob sie dabei mit Berufung auf ibn Arabi recht hatten, ist gar nicht so sicher, denn dieser legte ein rein kontemplatives System vor, in dem der willens- und gefühlsbetonte Zug der frühen Sufi-Mystiker fast ganz verschwunden ist.

Ibn Arabis Weiterwirkung war ungeheuer groß, obwohl seine Philosophie/Mystik, wie zu erwarten war, von den orthodoxen Muslimen zunächst aufs schärfste abgelehnt wurde (so wie Scotus Eriugena und Eckhart von der offiziellen christlichen Kirche verurteilt wurden). Dies ist aber nicht unser Problem im Rahmen einer Geschichte der Philosophie, was uns hier auffällt, ist etwas anderes. Auch

wenn schlagwortartige Formeln problematisch sind, besonders wenn sie Begriffe aus einer Kultur auf eine andere Kultur anwenden, so drängt sich doch folgende Formel für die Entwicklung der islamischen Philosophie auf: Vom Rationalismus, vermittelt durch die Mystik, zum Idealismus. Ibn Khaldun sprach von historisch-empirischen Regelmäßigkeiten. Stellt vielleicht Rationalismus-Mystik-Idealismus eine solche Regelmäßigkeit dar, die wir auch wieder bei Descartes/Leibniz-Pietismus-Deutscher Idealismus feststellen können?

Da im Kapitel über die Rezeption der islamischen Philosophie im lateinischen Mittelalter auf die Sufis nicht eingegangen wird, sei hier noch eine Bemerkung zu dieser Frage angefügt. Unter den Übersetzungen, die im 12. und 13. Jhd. aus dem Arabischen angefertigt wurden, findet sich nichts aus dem reichen Schrifttum der Sufis. Dieses Fehlen wirkt auf den ersten Blick sonderbar, da den Kreuzfahrern und besonders jenen von ihnen, die ständig im Orient blieben, die Sufis, die seit der Mitte des 12. Jhd.s in institutionellen Organisationen lebten (die sich bis heute erhalten haben), bekannt waren, wie durch Quellen bestätigt wird. Der Grund für dieses Fehlen von Übersetzungen ist allerdings wahrscheinlich ganz einfach: Die Übersetzer und deren Auftraggeber aus dem Bereich der Schulen und Universitäten waren ausschließlich an philosophischen und wissenschaftlichen Texten interessiert. Religiöse Erbauungsliteratur oder mystische Schriften lagen außerhalb dieses Bereiches, und außerdem hatte man von solchem Schrifttum selbst genug. Daß al-Ghazali Sufi-Anhänger war, blieb im ganzen Mittelalter und noch in einem großen Teil der Neuzeit vollständig unbekannt. Interessant hätten aber eigentlich die Werke ibn Arabis sein müssen, die ja in Sprache und Aufbau durchaus philosophisch konzipiert waren. Dessen Schriften wurden jedoch auch bei den Arabern erst im 14. Jhd. in weiteren Kreisen bekannt, und zu diesem Zeitpunkt war die Übersetzungstätigkeit ins Lateinische in Hinsicht auf die philosophischen Texte schon praktisch abgeschlossen.

Die Suche nach Beziehungen der Sufis zur mittelalterlichen christlichen Kultur ist jedoch damit nicht abgeschlossen. Bei Raymundus Lullus im 13. Jhd., der in unmittelbarem Kontakt mit der islamischen Kultur stand, der selbst auch mystische Schriften wie die *Vom Freund und dem Geliebten* verfaßt und in *Die Kunst der Kontemplation* sich auch zu Fragen der Meditation geäußert hat, könnte man eigentlich einen Einfluß der Sufis vermuten. Die genauere Überprüfung seiner Schriften ergab aber, daß in seinen mystischen Schriften kein wirklicher Einfluß der Sufis festgestellt werden kann. Ein Einfluß der Sufis ist bei Lullus hingegen in seiner *Ars*, also der »Allgemeinen Kunst«, feststellbar, worauf noch zurückzukommen ist (vgl. Kap. XVI, 1). Bei Dante (1265–1321) meinten Forscher, Einflüsse von ibn Arabi feststellen zu können, aber auch dies hielt einer genauen Überprüfung nicht stand. Eifrig wurde auch in den Schriften Meister Eckharts (um 1260–1328), dessen Sprache und Denkform mehr als auffällige Parallelen zu Sufi-Vorstellungen aufweist, nach Beweisen für einen vielleicht auch nur indirekten, ihm gar nicht bewußten Zusammenhang mit diesen gesucht – auch hier erfolglos, obwohl Eckhart sonst durchaus die islamisch-jüdische Tradition kannte und Avicenna, Averroes und Maimonides auch namentlich aufführt. Man muß tatsächlich bis ins 16. Jhd. gehen, um zu einem, wenn auch nur sehr hypothetischen, Hinweis eines Kontaktes zur Sufi-Tradition zu gelangen. Die spanische Mystikerin Teresa von Avila (1515–1582) gebraucht Formulierungen und Bilder, die sich genau so in sufistischen Texten finden, so daß hier tatsächlich ein Zusammenhang angenommen werden kann. Die wahrscheinlichste Erklärung dafür dürfte allerdings nicht die Annahme einer direkten Kenntnis von Sufi-Texten sein, sondern eine Vermittlung über die jüdisch-spanische Tradition, in der schon im Mittelalter (vgl. Kap. X, 3) Übernahmen sufistischer Vorstellungen nachweisbar sind. Teresa von Avila stammte aus einer jüdischen, zum Katholizismus bekehrten Familie.

Bei der Beschäftigung mit mystischen Texten aus dem indischen, hellenistischen, islamisch-arabischen, islamisch-persischen, jüdischen und christlichen Bereich des Mittelalters fällt auf, daß sich ganz deutliche Parallelen der Denk- und Sprachform bis hinein in die gebrauchten Bilder feststellen lassen, während der historische Nachweis von Abhängigkeiten auf einer sehr schmalen Ebene bleibt. Ich möchte nicht ausschließen, daß in diesem Bereich die historisch-kritischen Methoden an eine Grenze gelangen. Auch jemand, der – wie ich – der Anwendung von psychologischen Methoden im Bereich der Philosophie sehr skeptisch gegenübersteht, sollte sich fragen, ob vielleicht hier Verfahren wie die der Annahme von Archetypen im Sinn von C. G. Jung weiterhelfen könnten.

- X -

Die jüdische Philosophie des Mittelalters

1. Die jüdische Philosophie des Mittelalters als historische Besonderheit

Wenn man von jüdischer Philosophie spricht, muß man zunächst angeben, was man darunter versteht. Es kann dabei nicht darum gehen, diejenigen Elemente des jüdischen Denkens, wie wir es in dem von den Christen so genannten *Alten Testament* finden, aufzuzeigen, die Einfluß auf das philosophische Denken gewonnen haben. Diese Wirkungsgeschichte, so faszinierend sie auch ist, kann in unserem Zusammenhang nicht besprochen werden. Auch jüdische Philosophen der Neuzeit wie Spinoza, Bergson, Bloch und W. Benjamin haben ihren Platz in dieser Wirkungs-
272 | geschichte. Es dürfte dennoch ziemlich schwer fallen, diese alttestamentlichen Elemente als für diese und nicht für andere Philosophen so charakteristisch herauszudestillieren, daß man diese Philosophen in einem spezifischen Sinn als »jüdische« Philosophen bezeichnen könnte. Faßt man jedoch jüdische Philosophie als eine Auseinandersetzung von Vertretern des Judentums *als solchem* mit der jeweiligen philosophischen Gegenwart auf, so hat es eigentlich mit Ausnahme Philons von Alexandrien (vgl. Kap. I, 2) nur eine einzige Periode jüdischer Philosophie gegeben: das Mittelalter. Es gab dann noch einige Vertreter jüdischer Philosophie in der Zeit der Renaissance, diese gehören aber geistesgeschichtlich gesehen doch eher auch an das Ende des Mittelalters. Dieser Begriff von »jüdische Philosophie« ist etwas enger als der entsprechende von »islamische Philosophie«, da die Philosophen im islamischen Bereich nicht *als Vertreter* des *Koran* philosophierten, sondern eigentlich nur nachträglich eine Verhältnisbestimmung von Philosophie und Koran-Offenbarung gegeben haben. Dieser engere Begriff scheint jedoch der historischen Situation der jüdischen Philosophie des Mittelalters genau zu entsprechen.

Für dieses eigenartige Phänomen, daß es nämlich nur eine einzige Periode jüdischer Philosophie gegeben hat, müßte man die Erklärung in einer differenzierten Geschichte des jüdischen Volkes suchen, was den Rahmen der vorliegenden Arbeit übersteigt. Nichtsdestoweniger sei hier eine Vermutung vorgelegt. Das jüdische Volk lebte von seiner Vertreibung aus Israel an bis zur modernen Staatsgründung (die dies ja auch nur sehr partiell änderte) zwischen zwei Extremen: große kulturelle Angleichung oder Ghetto. Beides ist für eine fruchtbare Auseinandersetzung mit anderen kulturellen und philosophischen Bewegungen keine günstige Basis – im einen Fall wird eine Auseinandersetzung gar nicht gesucht, im anderen Fall tritt an die Stelle einer Auseinandersetzung eine Abkapselung. Die islamischen Herrscher des Mittelalters waren jedoch über längere Perioden hin in kulturellen und religiösen Fragen verhältnismäßig tolerant, so daß sich ausgerechnet unter islamischer Herrschaft, in deren Bereich ja viele Juden ansässig waren, eine jüdische Philosophie entwickeln konnte. So wird auch erklärlich, daß die Schriften dieser jüdischen Philosophie, die weithin unter dem Eindruck arabischer Philosophie entstanden sind, vorwiegend in *arabischer* und *nicht in hebräischer Sprache* abgefaßt sind. Das Arabische war auch für die Juden die Umgangssprache. Allerdings wurde trotz der arabischen Sprache meist die hebräische Schrift verwendet, und das heißt: Diese Schriften philosophischen Inhalts waren nur für die Mitglieder der arabisch sprechenden jüdischen Gemeinde gedacht. Die Einwirkung fand also nur in einer Richtung statt, eine Rückwirkung der jüdischen auf die arabische Philosophie gab es nicht. Erst später wurden für Juden in nicht arabischsprachigen Ländern wie Frankreich, Deutschland und Italien hebräische Übersetzungen von Schriften jüdischer Philosophen, die ursprünglich arabisch abgefaßt worden waren, hergestellt. Die Kreuzzüge und die Reconquista in Spanien beendeten diese günstige äußere Situation, da in Reaktion darauf auch die islamischen Herrscher gegenüber Andersgläubigen intoleranter wurden.

Den Ausgangspunkt ihrer Philosophie haben die jüdischen Philosophen aus ihrer islamischen Umgebung übernommen: Es ist zunächst der *kalam* (vgl. Kap. IX, 2, b) und dann, allerdings fast gleichzeitig, der neuplatonisch gefärbte Aristotelismus, wie er im vorausgehenden Kapitel dargestellt worden ist. Eine direkte Auseinandersetzung mit den Aristoteles-Texten, wie wir sie bei den islamischen Philosophen finden, gab es nur ausnahmsweise, und daher finden wir auch keine den großen Aristoteles-Kommentaren der Araber ähnlichen Werke vor. Größere Aristoteles-Kommentare sind nur von dem in der ersten Hälfte des 14. Jhd.s lebenden französisch-jüdischen Philosophen Levi ben Gerson (Gersonides) verfaßt worden (vgl. weiter unten l). Daß kaum eine direkte Auseinandersetzung mit den Schriften des Aristoteles stattfand, hatte seinen Grund in der verschiedenen Zielsetzung. Die islamischen Philosophen waren zunächst an Aristoteles interessiert, weil sie sich mit medizinischen und astronomischen Fragen beschäftigten, und fragten sich erst dann – oder wurden diesbezüglich von den Vertretern des Islam gefragt –, wie diese aristotelische Philosophie mit dem *Koran* in Übereinstimmung gebracht werden konnte. Bei den jüdischen Philosophen hingegen lag eine eigenständige interpretatorische und eventuell kritische Auseinandersetzung mit aristotelischer Philosophie außerhalb ihres Interesses. Sie beschäftigen sich meist als Vertreter des Judentums mit Philosophie, und ihr primäres Anliegen war die Frage nach dem *Verhältnis von jüdischer Religion und Philosophie*. Die Philosophie selbst aber übernahmen sie, weithin in schon bearbeiteter Form, von islamischen Philosophen. Auch der gesellschaftliche Rahmen war bei den jüdischen Philosophen ein anderer als bei den islamischen. Im Unterschied zum islamischen Bereich erreichte die Philosophie bei den Juden eine breitere Gesellschaftsgruppe von gebildeten Gläubigen. Die islamischen Philosophen hatten immer eine exklusive Elite gebildet, deren Anliegen letztlich auch nicht die Vereinbarkeit von Philosophie und *Koran* war. Im Judentum hingegen waren die philosophischen Bemühungen durch tatsächliche Verwirrung von Gemeindemitgliedern hervorgerufen worden – und dies war nicht nur literarische Form. Von solcher intellektueller Beunruhigung hören wir im islamischen Bereich nichts. Zudem gab es bei den Juden prozentual weniger Analphabeten als bei den Arabern, auch der Anteil der Gebildeten war bei ihnen höher. Es gab unter den Juden eine im Vergleich zu den christlichen und islamischen Bevölkerungen breitere gebildete Mittelschicht. Und da die jüdischen Philosophen in der auch für die Juden geltenden arabischen Umgangssprache schrieben, konnten ihre Schriften problemlos gelesen werden. Diese Faktoren brachten es mit sich, daß die jüdischen Philosophen gesellschaftlich viel stärker in ihre Gemeinden eingebunden waren als ihre islamischen oder christlichen Kollegen. Tatsächlich wollten sie auch in die Gemeinden hineinwirken, der Anlaß ihrer Bemühungen war schließlich von dort her gekommen. Diese verhältnismäßig große Breitenwirkung bedeutete dann aber auch, daß die jüdischen Philosophen unter Erfolgszwang und Erfolgskontrolle standen, und letztlich gelang es ihnen nicht, die Erwartungen, die in sie gesetzt wurden, zu erfüllen. Und daher hörte die jüdische Philosophie dann auch einfach auf.

Die jüdischen Philosophen waren also zunächst gläubige Juden, die dann ihren Glauben mit der rezipierten arabisch-aristotelischen Philosophie konfrontierten. Dabei waren sie allerdings dem Problem begegnet, daß das Judentum traditionell so etwas wie eine jüdische Dogmatik nicht kannte. Das Judentum kannte und kennt auch heute nicht so etwas wie ein offizielles Lehramt, auch wenn es faktisch maßgebende Interpretationen gab und gibt. In bestimmter Hinsicht waren die Philosophen des Judentums somit freier als die im christlichen Bereich. Es war also nicht eindeutig, mit welchen Glaubenslehren denn eigentlich die Lehren der Philosophen konfrontiert werden sollten, auch gab es in bezug auf die Glaubenslehren keinerlei Schultraditionen. Es gab zwar Talmudschulen, diese beschäftigten sich aber mit der Auslegung des Gesetzes und in nur sehr impliziter und unsystematischer Weise mit theoretischen Glaubensfragen. Aber auch bei den jüdischen Philosophen kam es zu keiner Bildung von Schulen und Schultraditionen. Gegenstand und Mittel der Diskussion waren also nicht scharf umrissen, ebenso wie auch der Personenkreis, der an dieser Diskussion teilnahm, keine deutliche Struktur hatte. Es gab in der jüdischen Philosophie nie eine Situation wie in der lateinischen, wo ein Bischof einer Gruppe von Magistri gegenüberstehen konnte (vgl. Kap. XV, 2).

Die jüdischen Philosophen waren in inhaltlicher Hinsicht somit weithin von der islamischen Philosophie abhängig. Dies war angesichts doch unterschiedlicher Lehren in der *Bibel* und im *Koran* für den von den jüdischen Philosophen angezielten Verwendungs-Zusammenhang nicht unproblematisch. Die jüdischen Philosophen waren z. B. bei der Frage der Interpretation der Weltschöpfung in einer weniger günstigen Lage als die arabischen Philosophen. Auch bei den letzteren spielte die Frage der Weltschöpfung eine Rolle, der *Koran* enthält jedoch keine ausgeprägte Schöpfungslehre, und so waren entsprechende Anfragen von Seiten der Korangelehrten auch weniger scharf. In der *Bibel* hingegen steht die *Schöpfungserzählung* gleich zu Beginn des Textes und sie stand im Glaubensbewußtsein der Juden unverrückbar und ausdrücklich fest. Für die jüdischen Philosophen mußten bestimmte neuplatonische Lehren wie die Emanationslehre wesentlich größere Schwierigkeiten hervorrufen als dies im islamischen Bereich der Fall gewesen war. Desweiteren: Für die islamischen Philosophen war die Ausgangsposition im *Koran* in Hinsicht auf den menschlichen Willen nicht unbedingt dramatisch. Der *Koran* betont sehr stark die Allmacht Gottes, so stark, daß auch deterministische Positionen hinsichtlich des menschlichen Willens durchaus denkbar waren. Anders als in der islamischen Philosophie mußten in der jüdischen Philosophie alle Vorstellungen, die die menschliche *Freiheit* beschränkten, auf eindeutigen Widerstand stoßen. Die Freiheit des Menschen, gerade auch ersichtlich an der Möglichkeit der Sünde, war eine unaufgebbare Voraussetzung jüdischen Denkens. Trat diese Voraussetzung aber in einen von der spätantiken Philosophie bestimmten Rahmen ein, so stellte sich die Frage, wie diese Voraussetzung mit dem göttlichen Vorherwissen (der göttlichen Allwissenheit) und der universellen göttlichen Kausalität (Allmacht) vereinbar war. Die Annahme eines *göttlichen Vorherwissens* schien für den jüdischen Glauben auch für die Deutung des prophetischen Wissens unverzichtbar, in der aristotelischen Philosophie aber gibt es keine Grundlage für die Annahme eines Wissen Gottes um kontingente Ereignisse. Gerade aufgrund solcher Problemstellungen konnte die jüdische Philosophie später für die philosophierenden christlichen Theologen richtungsweisend werden, da sie Fragen aufgeworfen hatte, die auch bei den Christen auftreten mußten, als diese mit der Aristoteles-Interpretation der Araber konfrontiert wurden.

Ein entscheidendes Problem für alle jüdischen Philosophen wird die Frage der Interpretation des *Gesetzes* sein. Der jüdische Glaube manifestiert sich vor allem in der Befolgung des Gesetzes und sehr viel weniger in theoretischen Glaubensüberzeugungen. Das von den Rabbinern mit Hilfe der Talmudinterpretation verwaltete Gesetz bedeutete jedoch für viele Mitglieder der Gemeinde eine Last, deren Sinn nicht einsehbar war, die Philosophen mußten also versuchen, dieser Dimension des Glaubens einen Sinn zu vermitteln. Gerade an diesem Punkt werden die Philosophen jedoch an sehr deutliche Grenzen gelangen: Die *Nikomachische Ethik* und der *Talmud* ließen sich nicht auf einen Nenner bringen, auch wenn noch so viele Anstrengungen unternommen wurden.

Der folgende Überblick stellt die jüdische Philosophie in ihren zeitlichen Parallelen zu der Philosophie im islamischen Bereich dar, wobei diese Parallelen oft auch Abhängigkeiten bedeuten:

Jüdische Philosophen	Islamische Philosophen
ISAAK ISRAELI (850–950)	AL-FARABI (870–950)
SAADIA (882–942)	
AVICENNA (980–1037)	
JEHUDA HALEVI (1085–1140)	AL-GHAZALI (1058–1112)
IBN PAQUDA (2. Hälfte 11. Jhd.)	
IBN GABIROL (1020–1058)	
IBN DAUD (1110–1180)	AVERROES (1126–1198)
MOSES MAIMONIDES (1135–1204)	
CRESCAS (1340–1410)	
GERSONIDES (1288–1344)	

2. Einzelne Vertreter

a) Saadia

276 | Saadia (882–942) stammte aus Faijum in Ägypten, wo er auch zunächst lebte. Später ging er nach Palästina und Syrien und war seit 928 als Leiter der Talmudschule in Sura in Babylonien tätig. Zu seiner Zeit gab es bereits Juden, die intensiv von der arabischen Kultur beeindruckt und beeinflußt waren, und vielleicht gehörte Saadia selbst zu ihnen. Obwohl wir von anderen Juden, die vor ihm lebten, Nachrichten haben, daß sie sich mit ähnlichen Problemen befaßten, tritt uns doch erst mit Saadia eine wirkliche jüdische Religionsphilosophie entgegen. An philosophischen Schriften sind von ihm erhalten: der aus dem Jahr 931 stammende Kommentar zum *Buch der Schöpfung (Sefer Jezirah)* und das wenig später im Jahre 933 entstandene Hauptwerk *Das Buch der Meinungen und Glaubenslehren*. Saadia folgt dem *kalam* mu'tazilitischer Prägung, so wie diese in der Schule von Basra vertreten wurde, wir sind also im Bereich einer Religionsphilosophie, die wir in moderner Terminologie als »rationalistisch« bezeichnen würden (vgl. Kap. IX, 2, b). Ein maßgebliches Motiv, sich dieser islamischen Schule anzuschließen, war sicher auch, daß die Mu'taziliten in unzweideutiger Weise die Freiheit des Willens vertraten, was im muslimischen Bereich zwar erhebliche Fragen in Hinsicht auf Lehren des *Koran* aufwerfen konnte, für eine Philosophie, die im Rahmen biblischer Tradition dachte, aber eine selbstverständliche Voraussetzung war.

Es war schon eine der Grundfragen des *kalam*, in welchem Verhältnis *Vernunft und Offenbarung* zu sehen sind. Die Antwort war, daß sie nicht nur nicht in Widerspruch stehen, sondern daß sie sogar *ein und dasselbe sagen*, denn schließlich gibt es ja nur eine Quelle der Wahrheit. Der Wortsinn der Offenbarung kann mit der Vernunft in

Widerspruch stehen, maßgebend ist aber die Vernunft, und es muß daher ein Sinn für diesen Wortsinn gefunden werden, der mit der Vernunft übereinstimmt. Saadia folgt dieser Position des *kalam*, ist aber selbst vorsichtig bei Umdeutungen – später wird das nicht immer so sein. Für Saadia ergibt sich somit die *religiöse Forderung*, sich die Wahrheit auch auf *rationalem* Weg anzueignen. Und diese religiöse Forderung gilt nicht nur für eine intellektuelle Elite, sondern für alle Gläubigen. Wir finden hier am Beginn der jüdischen Philosophie eine *rationalistische Grundtendenz*, die in der jüdischen Philosophie maßgebend bleiben wird. Gibt es aber nur *eine* Wahrheit, so muß sofort folgende Frage auftreten: Wozu dann Offenbarung? Die Antwort wird lauten: Die Offenbarung hat eine pädagogische Funktion.

Auch bei der Frage der Erkennbarkeit der Existenz Gottes und bei der Darlegung der göttlichen Attribute folgt Saadia ziemlich genau den mu'tazilitischen Positionen. So führt er verschiedene Beweise für die Zeitlichkeit der Welt und für die Schöpfung aus Nichts auf (diese beiden Fragen werden sowohl in der islamischen wie in der jüdischen Philosophie nicht streng auseinandergehalten). Bei diesen Beweisen werden wieder wie schon in der islamischen Philosophie die Argumente des spätantiken christlichen Aristoteles-Kommentators Johannes Philoponos (6. Jhd.) herangezogen. Die Lehre von der *creatio ex nihilo* gehört seit Saadia zu den unumstrittenen Grundlagen des jüdischen Glaubens und der jüdischen Philosophie. Aus dem Begriff Gottes als des Weltschöpfers wird zunächst die Einzigkeit Gottes abgeleitet, dann folgen die Grundprädikate Leben, Macht und Weisheit. Bis zu diesem Punkt gibt es keine besonderen Schwierigkeiten. Problematisch ist jedoch die Frage, wie Gott unter der Voraussetzung einer einzigen Wahrheit in Philosophie und Religion als Gesetzgeber aufgefaßt werden soll. Saadia führte dazu zunächst die für die ganze weitere Geschichte der jüdischen Philosophie wichtige Unterscheidung in *Vernunftgebote* und *Gehorsamsgebote* ein. Der Gehorsam gegenüber Gott in einem ganz allgemeinen Sinn kann dann zwar als Vernunftgebot begründet werden, nicht jedoch die spezifischen positiven Gesetze, also vor allem die Kultgesetze und die Zeremonialgesetze – hier bleibt eine Begründungslücke. Gerade die für das jüdische Glaubensbewußtsein so wichtige Einhaltung der positiven Gesetze erhält philosophisch nur eine ganz allgemeine Rahmenbegründung.

b) Isaak ben Salomon Israeli

Isaak ben Salomon Israeli (um 850 – um 950) stammte aus Ägypten und hatte bei einem muslimischen Arzt studiert. Er brachte es sogar bis zum Hofarzt bei den Fatimiden in Ägypten und wurde vor allem durch seine medizinischen Schriften bekannt, aber auch seine philosophischen Schriften fanden weite Verbreitung.

Mit Israeli wird der *Neuplatonismus* in der jüdischen Philosophie wirksam. Die Grundlage dafür waren die arabischen Übersetzungen der beiden bekannten Traktate der *Theologie des Aristoteles* und des *Liber de causis* (vgl. dazu Kap. IX, 2, a). Indirekt kommt also hier wie schon in der islamischen Philosophie der Neuplatonismus von Plotin und Proklos zur Geltung. Isaac Israeli war kein besonders origineller Denker, sein *Buch der Definitionen*, das ursprünglich arabisch geschrieben wurde, das aber nur in hebräischer und lateinischer Übersetzung erhalten ist, ist aber doch interessant, insofern in ihm die Probleme, die sich für das jüdische Denken bei der Übernahme des Neuplatonismus ergaben, recht deutlich werden. Dies zeigt sich schon in der *Definition der Philosophie*. Während die Neuplatoniker die Philosophie durch ihr Ziel, nämlich das Ähnlichwerden oder die *Angleichung an Gott* definierten, spricht Israeli von der *Angleichung an die Werke Gottes*. Dadurch grenzt er sich von der neuplatonischen Mystik ab, die das Ziel des Menschen in einer mystischen Einigung mit Gott sieht, allerdings gelangt er doch zu einer Art sekundärer Mystik, die dann auch für die Kabbalisten des 13. Jhd.s in Gerona (Spanien) wichtig wurde. Israeli hält streng am Schöpfungsbegriff fest: Gott schafft aus Nichts eine erste Materie und eine erste Form, die auch die Weisheit genannt wird, und die wiederum mit dem Licht gleichgesetzt wird. Aus diesen beiden ergibt sich der Intellekt, der die Formen aller Dinge in sich enthält. Das Ziel des menschlichen Lebens ist dann die Vereinigung mit diesem geschaffenen Licht, und hier sind wir bei seiner sekundären Mystik. Von dieser ersten

Form läßt Israeli dann allerdings ganz im Sinne des Neuplatonismus einen Emanationsprozeß ausgehen, der jedenfalls bis zur Himmelssphäre reicht, und durch die Bewegung der Himmelssphäre entstehen dann die vier Elemente. Der Versuch, den Schöpfungsglauben mit der Emanationslehre in Einklang zu bringen, bringt bei Israeli zwar keine geniale Lösung hervor, er zeigt aber jedenfalls deutlich eine Grenze, die sich für den jüdischen Platonismus ergab. Dem Emanationsprozeß wird etwas vorgelagert, nämlich ein göttlicher Schöpfungsakt aus Nichts. Es werden also eigentlich zwei konkurrierende Modelle hintereinandergeschaltet.

Der Unterschied zwischen Israeli und Saadia zeigt sich darin, daß bei Israeli die Frage des Gesetzes und des Kultes praktisch nicht behandelt wird. Israeli nimmt aus der platonischen Philosophie einfach das, was mit entsprechenden Modifikationen für einen Juden annehmbar ist, versucht aber nicht wie der *kalam*-Vertreter Saadia den jüdischen Glauben von innen heraus rational zu begründen, so daß wichtige Gebiete des jüdischen Glaubens bei Israeli gar nicht in den Blick kommen. Damit wird eine Entwicklung eingeleitet, in der nicht selten die jüdische Herkunft philosophischer Systeme ganz erheblich in den Hintergrund tritt bis zu dem Punkt, wo sie unkenntlich wird. Dies zeigt sich ein Jahrhundert später bei ibn Gabirol.

c) Salomo ibn Gabirol

Im Sinne der anfangs gegebenen Begriffsumschreibung dessen, was man unter jüdischer Philosophie verstehen sollte, kann Salomo ibn Gabirol (um 1020 – um

1058) nur in eingeschränktem Sinn zur jüdischen Philosophie gezählt werden. In seinem philosophischen Werk ist schlechterdings nichts enthalten, was auf einen jüdischen Autor schließen läßt, wie dies auch die Geschichte seines Werkes im lateinischen Mittelalter zeigt. Die lateinischen Philosophen des Mittelalters, bei denen er als Avencebrol/Avicebron bekannt war, meinten nämlich, er sei ein Muslim, einige meinten sogar, er sei ein Christ gewesen. Sein philosophisches Werk *Der Lebensquell (Fons vitae)* fand einen breiten Leserkreis bei lateinischen Autoren, und daß er ein spanischer Jude war, wußte und ahnte niemand. Erst im 19. Jhd. wurde es klar, daß es sich bei ibn Gabirol und Avencebrol um ein und dieselbe Person handelt. Das Werk war ursprünglich arabisch abgefaßt, wurde später auch teilweise ins Hebräische übersetzt, hat seine eigentliche Wirkung aber nur durch die lateinische Übersetzung erreicht, die auch als ganze erhalten ist. Diese lateinische Übersetzung wurde von Dominicus Gundissalinus etwa um das Jahr 1150 in Toledo hergestellt. Aus der Tatsache, daß dieses Werk nicht als von einem jüdischen Autor stammend identifizierbar ist, könnte man schließen, daß ibn Gabirol ein Jude war, der sich von dem Glauben seiner Väter entfernt hätte. Dies wäre jedoch ein grober Irrtum. Ibn Gabirol ist einer der größten jüdischen Dichter des Mittelalters, dessen Gedichte, von denen das bekannteste die *Königskrone* ist, bis in unsere Gegenwart in Gebetbüchern enthalten und im Kult der jüdischen Gemeinde verwendet werden. Und diese Gedichte leben aus echter jüdischer Frömmigkeit heraus. Die mittelalterlichen lateinischen Autoren sahen im Verfasser der *Königskrone* und dem des *Fons vitae* zwei verschiedene Personen, und biographisch bleibt hier tatsächlich mehr als eine Frage offen. Lebte ibn Gabirol in zwei ganz verschiedenen Welten? Und: War er der einzige der jüdischen Gemeinde, der dies tat?

Ibn Gabirol verwendete außer neuplatonischen Denkformen auch viele Elemente aristotelischer Philosophie, so vor allem das Begriffspaar »*Materie-Form*«, das zur *durchgängigen Bestimmung* der Zusammensetzung aller geschaffenen Dinge diente. Das heißt: Alles außer Gott besteht aus den Prinzipien Materie und Form, und selbst bei Gott findet sich noch in irgendeiner Weise diese Zweiheit. Auch in den geistigen Dingen wie etwa der Seele ist also Materie vorhanden, auch wenn dort die Materie ganz »fein« ist. Ibn Gabirol nimmt also an, daß alle Dinge durchgehend materiell sind, daß somit allen eine gemeinsame materielle Basis zugrunde liegt, während die Verschiedenheit der Dinge durch die jeweils verschiedenen Formen entsteht: Alles Zusammengesetzte und somit zur Welt Gehörende ist geformte Materie. Unter diesem Aspekt ist also die Materie das Grundlegende, dieser Grundgedanke ist sicher nicht neuplatonisch und er ist auch nicht wirklich aristotelisch. Ob ibn Gabirol dabei mit anderen Quellen arbeitet, oder ob dies einfach seine eigene Konzeption ist, ist unklar. Der innere Aufbau des Kosmos ist aber dann wieder nach dem neuplatonischen hierarchischen Schema gedacht, und hier gewinnt die Form das Übergewicht, insofern diese das Prinzip der Veränderung und des Werdens ist, was wieder gut aristotelisch ist. Wie diese beiden verschiedenen Wertungen des Materie-Form-Verhältnisses – Gleich- bzw. Unterordnung – zusammenstimmen, wird nicht deutlich. Ibn Gabirols Metaphysik ist uneinheitlich und in manchem auch widersprüchlich. So geht er etwa von der Voraussetzung aus, daß etwas nur ein ihm Ähnliches hervorbringen kann. Deshalb nimmt er an, daß die Formen aus dem göttlichen Willen hervorgehen, dies ist die eigentliche göttliche Schöpfungstätigkeit. Dann aber kann das Gegenprinzip, die Materie, nicht auch aus dem göttlichen Willen hervorgehen. Woher kommt sie dann aber? Ein von Gott unabhängiges Prinzip darf sie nicht sein. Ibn Gabirol ist daher zu der Annahme gezwungen, daß die Materie in irgendeiner Weise in Gott ihren Ursprung habe, und tatsächlich meint er, daß die Materie aus dem ruhenden Wesen Gottes hervorgehe. Damit würden Materie und Form entsprechend auf Gottes Wesen und seinen Willen bezogen (Simon 1984. S. 74; Frank/Leaman 1997. S. 158). Aus Materie und Form ergibt sich dann die erste kosmische Substanz, der Intellekt, und das weitere folgt dann einem Emanationsschema.

Solche Vorstellungen mußten für jüdische Leser höchst befremdlich sein. Die *Fons vitae* hat tatsächlich nur geringe Wirkung bei den Juden gehabt und geriet seit dem Vordringen aristotelischer Philosophie überhaupt in Vergessenheit. Ganz anders jedoch war der Einfluß im christlichen Bereich. Abicebrons *Fons vitae* war im Mittelalter weit verbreitet. Vor allem die Philosophie und Theologie der Franziskaner Alexander von Hales und Bonaventura war von dem *Fons vitae* beeinflußt. Diese folgten seiner Auffassung von der durchgängigen Zusammensetzung aller Dinge aus Materie und Form, und nahmen somit auch eine Materie der Seele an. Dadurch hatten sie weniger Probleme bei der Erklärung der Annahme, daß der Mensch auch nach dem Tode aus Leib und Seele besteht.

d) Bachja ibn Paquda

Von Bachja ibn Paqudas Leben (zweite Hälfte 11. Jhd.) ist fast nichts bekannt. Er war Richter, was bedeutet, daß er eine rabbinische Ausbildung durchlaufen hatte, und lebte vermutlich in Saragossa. Bachja folgt eher Saadia als den Neuplatonikern, und seine Schrift *Anleitung zu den Pflichten des Herzens* hat eine primär praktische Ausrichtung. Ursprünglich war dieses Werk arabisch abgefaßt, wurde aber schon bald ins Hebräische übersetzt, später auch in verschiedene Landessprachen, was zeigt, daß es eine große Verbreitung gefunden hat. Das Ziel des Werkes ist, wie es schon der Titel sagt, nicht philosophischer, sondern religiöser Art: Es soll der Förderung der Frömmigkeit dienen. Allerdings gehört für Bachja auch der *Gebrauch des Verstandes* zu den *Pflichten des Herzens*, was ganz und gar im Sinne des *kalam* ist. Eine Gegenübersetzung von Verstand und Herz (wie dies etwa bei Blaise Pascal der Fall ist), kommt diesem frommen Juden gar nicht in den Sinn.

Das eigentlich – jedenfalls im Rahmen jüdischer Kultur – Originelle in Bachjas Werk liegt allerdings nicht in den eben angedeuteten Punkten, sondern im Bereich der Ethik. Wie es schon der Titel seines Werkes anzeigt, stellte er die Pflichten des Herzens in den Mittelpunkt seiner Anweisungen, womit er den ethisch und religiös entscheidenden Faktor der *inneren Gesinnung* im Unterschied zur *äußeren Gesetzeserfüllung*, die er keineswegs aufheben will, hervorhob (Ähnliches finden wir bei Abaelard, vgl. Kap. VII, 4). Diese Forderung haben auch die Propheten des Judentums erhoben, bei Bachja ist aber noch ein anderer Faktor bestimmend: Er steht sehr deutlich unter dem Eindruck der Sufis (vgl. Kap. IX, 3), was er selbst ganz klar ausspricht. Worum es geht, ist die innere Einstellung des Menschen, also eine Form der Ethik, die man heute »Gesinnungsethik« nennt. Dies ist für jüdische Frömmigkeit allerdings nicht ganz unproblematisch. Die verschiedenen rituellen Gebote und Verbote können doch nur in sehr allgemeiner Weise mit der inneren Gesinnung in Verbindung gebracht werden, ihr spezifischer Gehalt läßt sich rational nicht begründen, und so rücken sie an den Rand dessen, was als eigentlich relevant angesehen wird. Es bleibt eigentlich nur der allgemeine Aufruf zum Gehorsam gegenüber Gott und seinem Gesetz (vgl. weiter oben Saadia) und dies ist dasselbe Problem, das auch die Sufis bei den Geboten (Waschungen, Gebet, Wallfahrt usw.) und Verboten des Islam hatten. Und noch in einer weiteren Hinsicht ist diese Lehre der Pflichten des Herzens für das Judentum problematisch: Nicht zuletzt unter neuplatonischem Einfluß richtet sich das Herz des Menschen in erster Linie auf Gott, die Mitmenschen rücken demgegenüber in den Hintergrund, es geht hier primär, so wie im Neuplatonismus, um Gott und die Seele. Die Gottesliebe ist der eigentliche Sinn des menschlichen Lebens, und dies ist kein spezifisch gemeindeförderndes Element. Während die jüdische Ethik in maßgeblicher Weise als gemeinschaftsgestaltend verstanden wurde, trat dies bei Bachja zurück gegenüber der inneren sittlichen Haltung mit der zentralen Forderung, sich ganz auf die Gottesliebe zu konzentrieren. Bachja propagierte keinen Rückzug aus der Gesellschaft – jede Form eremitischen Lebens ist dem Judentum fremd –, aber er wollte den Menschen doch in eine innere Distanz zu diesem gesellschaftlichen Leben setzen, um ihn frei zu machen für die einzig entscheidende Gemeinschaft mit Gott. Damit verbunden ist der asketische Zug der Lehre Bachjas, die Aufforderung, sich von den weltlichen Gütern zu lösen, auch dies nicht eben ein Charakteristikum jüdischer Religiosität. Bachja ist kein professioneller Platoniker, aber der Appell zur Befreiung der Seele aus den Banden der Sinne ist doch mehr platonisch und spätantik als biblisch oder talmudisch. In einem Punkt allerdings bleibt Bachja rigoros jüdisch und folgt nicht dem Neuplatonismus: Er zielt nicht auf eine mystische Einigung mit Gott ab, es gibt bei ihm somit keine mystische Ekstase, keine Gottesschau oder irgendetwas Ähnliches. Bei allen Anleihen bei Neuplatonikern oder Sufis blieb Bachja doch in wesentlichen Punkten der jüdischen Tradition verpflichtet, und dies war auch der Grund seiner weitreichenden Wirkung, die sich später gerade auch dort bewährte, wo die Stütze durch eine Gemeinde weggefallen war. Anders ist die Situation bei den im folgenden zu behandelnden Neuplatonikern.

e) Platoniker des 12. Jahrhunderts

Im 12. Jhd. finden wir Texte, die zeigen, daß die Auffassung von der Übereinstimmung von jüdischer Religion und neuplatonischer Philosophie beinahe eine Selbstverständlichkeit geworden war. Einzig an dem Festhalten an der Vorstellung einer Schöpfung aus Nichts durch den göttlichen Willen zeigt sich ein Unterschied, allerdings ist dieses Festhalten oft mehr verbal als sachlich. Die *Grenzen zu pantheistischen Auffassungen*, in denen ein persönlich wollender Gott nicht mehr angenommen wird, werden nicht selten *unscharf*. In der Seelenlehre und in der Ethik finden wir eine recht unbedenkliche und fast völlige Übernahme neuplatonischer Auffassungen. Das Ziel des menschlichen Lebens wird sehr allgemein in ein ewiges Leben gesetzt, und dieses Ziel wird primär in einer intellektuellen Angleichung der Seele an Gott gesehen, die Dimension von Gesellschaft und Geschichte sowie dem Handeln in diesen Bereichen verschwindet fast zur Gänze. Der Neuplatonismus war eben immer schon apolitisch, ganz im Unterschied zu den Forderungen der *Bibel*. Es bleibt aber in der jüdischen Philosophie, auch dort, wo sie eine mystische Sprache gebraucht, immer bei der *Angleichung* der Seele an Gott, eine mystische *Vereinigung* mit Gott gibt es in der jüdischen Philosophie nicht.

Etwa aus der Zeit der ersten Hälfte des 12. Jhd.s stammt eine Schrift *Vom Wesen der Seele* eines sonst nicht bekannten Autors, der heute Pseudo-Bachja genannt wird. Wir finden in dieser Schrift sogar die Vorstellung der Präexistenz der Seele. Entscheidend ist für diesen Autor eigentlich überhaupt nur die Seele, ihre Verbindung mit dem Körper führt gut platonisch zum Vergessen des ursprünglich in der Seele vorhandenen Wissens. Dies hat mit der jüdischen Auffassung vom Menschen nichts mehr zu tun.

Ebenfalls in der ersten Hälfte des 12. Jhd.s lebte Abraham bar Chija. Dieser wurde eigentlich eher auf einem anderen Gebiet für die jüdische Kultur wichtig. Durch seine mathematischen und naturwissenschaftlichen Schriften, die zwar auf arabischen Quellen beruhten, aber hebräisch abgefaßt und somit auch außerhalb des arabischsprachigen Bereichs gelesen werden konnten, wurden später die Juden in Frankreich und Deutschland erstmals mit der griechisch-arabischen Wissenschaft bekannt. In seiner Seelenlehre finden wir eine Vorstellung, die auch aus der Gnosis bekannt ist, nämlich, daß nur die Seelen der Guten in das ursprüngliche Reich zurückkehren, die Seelen der Unwissenden aber, die die Trennung vom Körper nicht erlangt haben, beim Tod des Körpers einfach vergehen. Auch für ihn ist selbstverständlich die Welt nicht die wahre Heimat der Seele. Welche im Rahmen jüdischen Denkens extreme Formen der Charme des Neuplatonismus hervorrufen konnte, zeigt sich z. B. bei Josef ibn Zadiq, der um die Mitte des 12. Jhd.s rabbinischer Richter in Cordoba war und damit amtlich eigentlich ganz in der jüdischen Tradition stand. In seinem *Mikrokosmos* vertritt er aber eine Ethik, die von allen realen und gesellschaftlichen Problemen absieht, und sich ganz auf das Glück in der jenseitigen Welt konzentriert. Während das Judentum einen innerweltlichen Tun-Ergehen-Zusammenhang für die Folgen guter oder böser Taten immer angenommen und gerade ein Richter an dieser sich verwirklichenden Gerechtigkeit mitzuwirken hatte, liegt bei Josef ibn Zadiq die eigentliche Vergeltung allen Tuns erst in einer ewigen Seligkeit oder einer ewigen Bestrafung.

Die Probleme der Seelenlehre waren damit aber noch nicht gelöst. Bei verschiedenen Autoren wird mit Aristoteles eine vegetative, eine animalische und eine rationale Seele unterschieden. Fraglich ist hier allerdings, ob es sich dabei um drei Seelen oder um drei Seelenteile handelt. Die platonisch konsequenteste Lösung zu dieser aristotelischen Einteilung ist die, tatsächlich drei Seelen anzunehmen, und die beiden ersten mit dem Körper untergehen zu lassen. Hier würde dann nur die rationale Seele als unsterblich angesetzt, und auch nur sie würde in ihre Heimat, die obere Welt, zurückkehren, wenn sie sich einmal durch Erkenntnis und entsprechendes Handeln aus dem Körper befreit hat. Dies stellt die Lösung des Abraham ibn Esra (gest. ca. 1164) dar. Daß solche Annahmen überhaupt nichts mit der Vorstellung zu tun haben, die dem Menschen in der *Bibel*, also dem *Alten Testament*, zugeschrieben werden, braucht nicht hervorgehoben zu werden. In späterer Zeit, so bei Maimonides, werden sie aber nicht aus diesem Grund zurückgewiesen werden, sondern vielmehr, weil sie mit der aristotelischen Auffassung von der Seele nicht in Einklang gebracht werden können. Es bleibt somit auffällig, daß diese Gruppe jüdischer Philosophen sich kaum die Frage gestellt hat, ob die aristotelische und die platonische Seelenauffassung mit den anthropologischen Voraussetzungen der *Bibel* überhaupt in Übereinstimmung gebracht werden kann. Der auch zu dieser Zeit noch gegebene Mangel einer halbwegs klar umschriebenen Glaubenslehre im jüdischen Bereich machte sich hier deutlich bemerkbar.

f) Jehuda ben Samuel ha-Lewi (Jehuda Halewi)

Der Platonismus in der eben besprochenen Form blieb jedoch nicht vorherrschend. Seit der Mitte des 12. Jhd.s hatte sich in der islamischen Philosophie der Aristotelismus, wenngleich verbunden mit doch ziemlich entscheidenden neuplatonischen Elementen, durchgesetzt. Die maßgebliche Form dieses Aristotelismus stellte das Werk Avicennas (ibn Sina) dar. Dessen Metaphysik steht aber in entscheidenden Punkten in Gegensatz zu Grundauffassungen des Islam. Dies hatte im Bereich des Islam die heftige Kritik al-Ghazalis hervorgerufen (vgl. Kap. IX, 2, h), und eine ganz ähnliche, wenn auch wesentlich weniger scharfe Auseinandersetzung mit der aristotelischen Philosophie finden wir in der jüdischen Philosophie bei Jehuda Halewi. Jehuda Halewi (um 1085 – nach 1140) ist für die jüdische Philosophie besonders aufschlußreich, und zwar genau dort, wo er zu keinen kohärenten Lösungen gelangte. Diese besondere Relevanz liegt darin, daß er wie kaum ein anderer versuchte, an den Grundlagen des jüdischen Glaubens ohne Abstriche festzuhalten. Dies hängt schon damit zusammen, daß Halewi in erster Linie ein religiöser Dichter war, der ganz und gar aus der biblischen Tradition heraus dachte, er war und ist bis heute auch vor allem wegen seiner religiösen Dichtung bekannt und geschätzt. Von Beruf aus war er Arzt, und auch in seiner Philosophie zeigt sich ein wissenschaftlicher und geradezu naturalistischer Zug. Jehuda Halewi lebte zunächst in Toledo, sein Leben fiel in eine für das spanische Judentum schwierige Zeit. Von Norden her drangen die Christen gegen den islamischen Teil Spaniens vor. Alfons IV. von Kastilien hatte 1085 Toledo eingenommen und Jehuda Halewi wuchs somit in einer von den Christen beherrschten Stadt auf, was für einen Juden im Vergleich zum islamischen Herrschaftsbereich ungünstigere Lebensbedingungen bedeutete. Halewi ging daher in den islamischen Süden, doch auch dort veränderte sich die politische Lage. Unter dem Druck der militärischen Bedrohung von Seiten der Christen wurden die islamischen Herrscher weniger tolerant gegen Minderheiten, die Situation der Juden verschlechterte sich. Halewi ging daher wieder zurück nach Toledo, wo er als Arzt tätig war. Aber auch Toledo war, obwohl dort weiterhin die arabische Kultur dominierte, für ihn nicht mehr die Heimat, und später ging er wieder in den islamischen Süden nach Cordoba. Aber man kann vermuten, daß es Jehuda Halewi klar geworden war, daß die Zeit des verhältnismäßig guten Zusammenlebens islamisch-arabischer und jüdischer Kultur dem Ende zuging. Begründete Aussichten, daß die Christen auf längere Sicht hin eine Alternative bieten würden, gab es auch nicht. Für das religiöse wie auch das philosophische Bewußtsein Jehuda Halewis wurde die Tatsache, fern vom Heiligen Land leben zu müssen, prägend. Tatsächlich machte er sich in dem für damalige Verhältnisse fortgeschrittenen Alter von über fünfzig Jahren auf den Weg dorthin, erreichte aber wahrscheinlich nur Ägypten.

Philosophisch interessant ist Jehuda Halewis *Kusari*. Mit dem Titel dieses Buches wird auf den Chasarenstaat am Kaspischen Meer Bezug genommen, dessen Herrscher und somit auch das Volk den jüdischen Glauben angenommen hatte, was historisch gesehen ein einmaliges Ereignis in der jüdischen Geschichte darstellt. Zur Zeit Jehuda Halewis bestand dieses Reich allerdings nicht mehr. Das Buch Halewis schildert einen Dialog zwischen dem Chasarenherrscher und einem Juden, in dessen Verlauf die Überlegenheit des Judentums sowohl über die anderen Religionen als auch über die Philosophie gezeigt werden soll. In seiner Kritik der Philosophie trifft Halewi sich in vielem mit der al-Ghazalis. Allerdings hatte al-Ghazali gemeint, er müsse falsche metaphysische Auffassungen wiederlegen, während Jehuda Halewi darauf hinweist, daß es zwar im Bereich der Logik und der Mathematik unbezweifelbare Beweise gebe, während dies im Bereich der Metaphysik nicht der Fall ist, dort gibt es nur verschiedene, einander widersprechende Meinungen, aber keine von diesen ist beweisbar (*Das Buch Al-Chazari.* S. 263). Damit schafft er sich einen Freiraum, der ihm die Möglichkeit gibt, seine aus der *Bibel* stammende Gottesauffassung einzuführen. Diese ist eingebettet in eine Theorie von den Fähigkeiten des Menschen, bei denen er den intellektuellen Fähigkeiten ein ***besonderes religiöses Vermögen*** überordnet. Dieses besondere Vermögen ist jedoch – vor der messianischen Endzeit – nur im jüdischen Volk wirklich entwickelt, und in höchstem Maß auch dort nur bei den Propheten. Jehuda Halewi will damit die in der *Bibel* tatsächlich zentrale Vorstellung der *Erwählung* zur Geltung bringen. Die besonders günstigen Voraussetzungen für die Entwicklung dieses religiösen Vermögens sieht Jehuda Halewi allerdings – ziemlich naturalistisch – in den klimatischen Bedingungen des Heiligen Landes. Der Gott, der frei ein Volk erwählt, also der Gott Abrahams, Isaaks und Jakobs, ist jedoch nicht der Gott, zu dem die Aristoteliker oder Neuplatoniker gelangen können. Jehuda Halewi spricht daher auch ganz unbefangen von dem »lebendigen Gott«, der einen Bund mit dem Volk Israel geschlossen hat, und der ihm spezifische Gesetze gegeben hat, die von nirgendwo her ableitbar sind:

Die gesellschaftlichen und Vernunftgesetze sind die bekannten, die göttlichen aber, welche zum Vorhandensein jener im Volke »des lebendigen Gottes« noch hinzugefügt worden sind, auf daß er es leite, sind nicht bekannt, bis sie von ihm selbst erklärt und zugeteilt werden. (*Das Buch Al-Chazari.* S. 119)

Dieser frei handelnde Gott kann auch frei in die Geschehnisse in der Welt eingreifen. Die Probleme, in die Jehuda Halewi jedoch gerät, wenn er ein solches Handeln Gottes durch das Formgeben einer Materie erklären will, brauchen wir hier nicht zu verfolgen, solche Probleme zu lösen war nicht seine Stärke. Das in unserem Zusammenhang Entscheidende ist, daß Jehuda Halewi klar gesehen hat, daß der biblische Zentralgedanke der Erwählung des Volkes Israels in keiner philosophischen Gotteslehre untergebracht werden kann.

Dann wird der Mensch ein Diener Gottes, denjenigen liebend, den er verehrt, bereit für seine Liebe sein Leben hinzugeben, weil die Süßigkeit des gewonnenen Zusammenhanges eben so groß ist, als der Schaden und der Schmerz im Fernstehen – ganz im Gegensatz zu den Philosophen, welche unter dem Dienste Gottes nichts anderes verstehen, als die höchste Beobachtung des Edlen, das Sprechen der Wahrheit, indem sie ihn über alle übrigen Wesen erheben [...]. (Ebd. S. 209)

Die Auffassung, daß Philosophie und *Bibel* dasselbe sagen, war an eine deutlich sichtbare Grenze gelangt.

g) Abraham ibn Daud

Ibn Daud (um 1110–1180) ist der erste für uns greifbare jüdische Philosoph, der dem inzwischen im islamischen Bereich vorherrschenden Aristotelismus folgt. Der Aristotelismus muß jedoch schon vorher für viele Juden attraktiv gewesen sein, denn die Kritik Jehuda Halewis richtete sich bereits gegen diesen Aristotelismus. Ibn Daud stammt vermutlich aus dem islamischen Teil Spaniens, lebte aber später in dem von den Christen beherrschten Toledo. Der Name ibn Dauds ist eine arabisierte Form, hebräisch hieß er Ben David. Es wurde gelegentlich angenommen, daß er identisch sei mit jenem Avendauth, der im 12. Jhd. als Mitübersetzer des in Toledo tätigen Dominicus Gundissalinus genannt wird, dies ist aber nicht bewiesen, und in der jüdischen Gemeinde von Toledo gab es vermutlich sehr viele Ben Davids (= Sohn Davids). Ibn Daud wendete sich in seiner Schrift *Der erhabene Glaube* an jene, die ihren Glauben durch die Philosophie in Frage gestellt sahen, offensichtlich war dies zu seiner Zeit bereits ein in der jüdischen Gemeinde verbreitetes Phänomen. Diese Schrift ist ursprünglich arabisch verfaßt, es ist jedoch nur die hebräische Übersetzung erhalten, und eine lateinische Übersetzung hat es wahrscheinlich gar nicht gegeben. Das Werk ibn Dauds hat nur geringe Wirkung gehabt, da die Probleme, die sich bei der Behauptung der Übereinstimmung von philosophischer und religiöser Wahrheit ergeben, bei ibn Daud eher umgangen als wirklich beantwortet werden, und da nur wenig später Maimonides diese Fragen konsequenter anging und zufriedenstellender behandelte, verdrängten dessen Schriften das Werk ibn Dauds. Für ibn Daud steht die Übereinstimmung von Philosophie und religiöser Wahrheit nicht zur Diskussion. Der Nachweis für diese Überzeugung nimmt allerdings manchmal recht sonderbare Formen an. Das sieht dann zum Beispiel so aus: Es soll bewiesen werden, daß die aristotelischen Kategorien schon in der *Bibel* gelehrt werden, dazu wird der Psalm 139 herangezogen. Der besseren Übersichtlichkeit halber setze ich die Stellen aus dem Psalm kursiv und die Kategorien in Majuskel:

Schon David erwähnt die SUBSTANZ und die meisten der genannten ACCIDENZIEN und behauptet, daß die göttliche Weisheit sie sämtlich umfasse. Er sagt nämlich: »*Ewiger, Du erforschst mich und kennst mich*«, dieses Mich deutet auf die SUBSTANZ. Hierauf: »*Du kennst mein Sitzen und mein Stehen*«, d. i. meine LAGE; «*Du siehst meine Gedanken von ferne*«, d. i. die Beschaffenheit der Seele, die QUALITÄT; »*Du hast meinen Gang und mein Lager ausgebreitet*«, damit will er sagen: Du übersiehst meine ganze Bestimmung; was zur QUANTITÄT gehört. Ferner: »*Alle meine Wege kennst Du genau*«, d. i. alle Qualitäten, die er bisher nicht ausführlich erwähnt hatte. Ferner: »*Von Rück- und Vorwärts bildetest Du mich und legtest auf mich Deine Hand*«, damit drückt er aus, daß ihm Gott die Gestalt gegeben habe, d. i. etwas aus Qualität und Quantität Zusammengesetztes. Dann: »*Wohin soll ich gehen vor Deinem Geiste usf.: Auch dort wird mich Deine Hand führen, und Deine Recht ergreifen*«, d. h. in allem dem Menschen denkbaren

Räumlichen waltet die Gottheit. Ferner: »*Du bedecktest mich im Leibe meiner Mutter*«, hier haben wir den Begriff der RELATION. Ferner: »*Der ich gebildet worden im Verborgenen, gewebt im Innersten der Erde*«, siehe da! WIRKEN und LEIDEN. »*Das noch Ungestaltete von mir sahen Deine Augen, in Deinem Buche waren alle gezeichnet*«, damit bezeichnet er die unstetige GRÖSSE, nämlich die Zahl der Glieder. »*Die Tage wurden bestimmt, obgleich noch keiner von ihnen da war*«, damit erwähnt er die ZEIT. Die Categorie HABITUS ist vielleicht in dem Satze: »*Und alle meine Wege hast du vorausgewußt*«, enthalten. Also zählt dieser Psalm alle Arten des Seins auf. (Ibn Daud: *Der erhabene Glaube*. S. 11 f.)

Man braucht hier schon einige Phantasie, um ibn Daud folgen zu können. Der Text zeigt jedenfalls, daß ibn Daud für die Frage verschiedener Sprachformen keinerlei Verständnis hatte, im Prinzip ist sein Vorgehen aber nur ein extremes Beispiel eines Verfahrens, das bei manchen jüdischen Philosophen vorlag. Ein so kurzschlüssiges Verfahren hat es bei islamischen aristotelischen Philosophen wie al-Farabi und Averroes nicht gegeben, diese hatten mit ihrer Theorie verschiedener Sprach- und Argumentationstypen (vgl. Kap. IX, 2, d und i) die Sprache der Philosophie und des *Koran* in eine Beziehung gesetzt, die eine so unmittelbare »Übersetzung« nicht zuließ und auch gar nicht wünschenswert machte.

Die für ibn Daud maßgebliche Philosophie ist die Avicennas, der er fast vollständig folgt. Zentrale Probleme jüdischer Philosophie waren immer die Frage der göttlichen, durch den Willen bestimmten Schöpfertätigkeit Gottes sowie die der menschlichen Freiheit des Willens gewesen. In Hinsicht auf die Schöpfungstätigkeit Gottes gelangt ibn Daud jedoch zu keiner überzeugenden Antwort. Er lehnt zwar das Emanationsschema ab, aber nicht, weil es mit der biblischen Vorstellung eines frei handelnden Schöpfergottes unvereinbar ist, sondern weil er es für philosophisch unbewiesen hält und weil er der Auffassung ist, daß die Frage, in welcher Weise die Welt in Gott ihren Ursprung hat, für menschliches Denken überhaupt unbeantwortbar ist. Ibn Daud nahm damit in seine Philosophie Elemente der negativen Theologie auf: Da wir von Gott keine positiven Eigenschaften aussagen können, können wir auch keine Aussagen über seine Tätigkeiten machen. Der Philosoph kann daher zwar erkennen, *daß* die Welt von Gott ihren Ausgang nimmt, nicht aber, *wie* dieser Ausgang zu erklären ist. Damit war die Möglichkeit für einen Schöpfungsglauben gegeben, ohne mit der Philosophie in Konflikt geraten zu müssen. Allerdings kommt den biblischen Ausdrücken, die diese Schöpfungstätigkeit beschreiben, dann nur eine metaphorische Bedeutung zu.

Ibn Daud hält im Unterschied zu seinen islamischen Vorlagen an der Freiheit des menschlichen Willens ohne Abstriche fest. Sein Werk *Der erhabene Glaube* stellt sich sogar in der Form eines Briefes dar, der einem Freund auf die Frage antworten will, ob das Handeln des Menschen determiniert oder frei sei. Damit aber ergibt sich die in der jüdischen philosophischen Tradition bisher nicht ausreichend beantwortete

Frage, wie *göttliches Vorherwissen* und *menschliche Freiheit* in Einklang gebracht werden können, und ibn Dauds Vorschlag hat etwas von einer Gewaltlösung an sich. Er sagt: Gott schränkte selbst, als er sich entschloß, den Menschen als freien zu schaffen, seine Allmacht und sein Allwissen so ein, daß die zukünftigen freien Handlungen des Menschen nicht darunter fallen. Mit einfacheren Worten: Gott hat, und zwar nur, weil er dies so will, weder eine Kenntnis der zukünftigen freien Handlungen der Menschen noch hat er irgendeinen Einfluß auf diese. Durch diese radikale Lösung beseitigt ibn Daud so ganz nebenbei auch das Theodizee-Problem. Allerdings ist die Lösung ibn Dauds sowohl philosophisch fragwürdig als auch für den biblischen Glauben nicht unproblematisch. Es ist nämlich nicht recht zu sehen, wie ein sich selbst in Hinsicht auf Macht und Wissen einschränkender Gott noch als allmächtig und allwissend bezeichnet werden kann. Desweiteren: Gott und Mensch werden hier in ein Konkurrenzverhältnis gesetzt, in dem Macht und Wissen an einem bestimmten Punkt aufgeteilt werden müssen, und wenn der Mensch etwas haben soll – die Freiheit –, dann muß Gott etwas von seiner Allmacht und seiner Allwissenheit abgeben. Dies entspricht eigentlich wieder einer vorphilosophisch anthropomorphen Gottesvorstellung.

h) Moses Maimonides

Moses Maimonides (1135–1204) stammte aus einer gebildeten und angesehenen Familie in Cordoba (Spanien). Als die islamischen Herrscher Spaniens, die Almohaden, unter dem Druck der Vertreter des *Koran* eine den Fremden gegenüber feindliche Politik einschlugen, ging die Familie des Maimonides zunächst nach Fez in Nordafrika, wo sie immer noch unter derselben Regierung leben mußte, und schließlich nach Kairo, wo unter der Herrschaft der Fatimiden günstigere Lebensbedingungen für Juden bestanden. In Kairo war Moses Maimonides als sehr geschätzter Arzt und zugleich als Vorsteher der jüdischen Gemeinde tätig. Medizin war für Maimonides nicht nur eine Quelle seines Lebensunterhaltes, sondern gehörte in den Zusammenhang der Ethik, insofern es neben den Krankheiten des Leibes auch solche der Seele gibt. Dies war auch die Konzeption Avicennas gewesen (vgl. Kap. IX, 2, g). Der Arzt muß daher die philosophische Ethik kennen, um solche Krankheiten heilen zu können, dies war auch die Auffassung des Maimonides (vgl. *Acht Kapitel*). Neben medizinischen Schriften verfaßte Maimonides vor allem zwei Werke, die philosophisch relevant sind. Das erste ist die *Mischne Tora*, also ein Kommentar zur *Mischna*. Dieses Werk wurde zunächst arabisch abgefaßt, ist aber in der weiteren Geschichte vor allem in hebräischen Übersetzungen verbreitet gewesen. Es geht darin um den Versuch, das ursprünglich mündlich tradierte jüdische Gewohnheitsrecht *(mischne)* mit Philosophie und Wissenschaft in Verbindung zu bringen. Maimonides folgte hier der arabischen Methode der

Rechtsauslegung, er arbeitete aber bei seinen Erklärungen auch weithin mit der *Nikomachischen Ethik* des Aristoteles, und gegenüber dem Chaos der bisherigen talmudischen Auslegungen brachte er dadurch Organisation und Kodifizierung in das jüdische Recht. Die Darstellung philosophischer und wissenschaftlicher Thesen in einem Kommentar des jüdischen Gesetzes schien allerdings vielen seiner Zeitgenossen eine provozierende Neuerung, die deshalb eine entsprechende Diskussionen auslöste. Auch außerhalb der jüdischen Kultur bekannt geworden sind vor allem die *Acht Kapitel*, die *Eine Abhandlung zur jüdischen Ethik und Gotteserkenntnis* darstellen. Sein bekanntestes Werk ist der um 1197 entstandene *Führer der Unschlüssigen* (besser eigentlich *Führer der Ratlosen*), ein Werk, das sich an Gemeindemitglieder wendet, die angesichts der Philosophie ihrer Zeit in ihrem Glauben unsicher geworden sind. Dies gilt trotz des Vorwortes, in dem Maimonides sich nur an einen einzigen Schüler wendet, und somit für sein Werk einen esoterischen Charakter beansprucht, also einen nur für wenige bestimmten Inhalt vorzutragen behauptet. Solche Esoterik hatte in der damaligen Kultur etwas mit Verschlüsselung der eigenen Ansichten zu tun, ein Verfahren, dem wir auch bei Averroes begegnet sind (vgl. Kap. IX, 2, i). Diese literarische Form war aber wohl eher eine Schutzmaßnahme, da die jüdische Tradition vorschrieb, daß die »Geheimlehre von der Schöpfung« nicht öffentlich, sondern höchstens vor einem ein-
zigen Schüler erklärt werden durfte. Es gibt auch zahlreiche moderne Interpreten, die meinen, Maimonides hätte seine Auffassungen im *Führer der Unschlüssigen* oft verschlüsselt dargestellt, so daß sie sich nur dem Eingeweihten, der »zwischen den Zeilen« lesen kann, eröffnen, damit geht man aber wahrscheinlich an der Intention des Maimonides vorbei. Eine unvoreingenommene Lektüre des *Führers der Unschlüssigen* ergibt, daß Maimonides verständlich und für alle schreiben wollte. In der Einleitung zum *Führer der Unschlüssigen* wendet Maimonides sich an diesen einen Schüler, Joseph ben Jehuda, mit den Worten:

Als Du aber bei mir die Logik studiertest, knüpfte sich meine Hoffnung an Dich, und ich erachtete Dich als würdig, Dir die Geheimnisse der Bücher der Prophetie in der Weise zu offenbaren, daß Du darin dasjenige schauen könnest, was die Tüchtigen darin schauen sollen. Ich machte Dir anfänglich nur einige Andeutungen, sah aber bald, daß Du eine eingehendere Erklärung von mit fordertest und darauf bestandest, Dir Einiges von den Gegenständen der Metaphysik zu erläutern [...]. (*Führer der Unschlüssigen*. Einleitung, S. 1 f.)

Es war innerhalb der jüdischen Philosophie selten, daß Einführungen in die Logik gegeben wurden, Maimonides hat aber offensichtlich solche Kurse von seinen Schülern verlangt, und er hat sogar selbst, auch dies wieder verhältnismäßig selten bei jüdischen Philosophen, eine *Logik* verfaßt. Es besteht also m. E. kein Grund, daran zu zweifeln, daß Maimonides seine Auffassungen mit all der Strenge des Arguments vorlegen wollte, die ihm zur Verfügung stand, ohne irgend einen anderen Hintersinn damit zu verbinden.

Wo Maimonides ganz allgemein philosophisch steht, ist ziemlich deutlich, da er selbst dazu genügend Auskunft gibt: Von Platon hält er nicht viel, die Werke des Aristoteles hingegen sind für ihn die Grundlage alles wissenschaftlichen und philosophischen Denkens, wobei man zu deren Erklärung auch die Aristoteles-Kommentatoren Alexander von Aphrodisias und Themistios heranziehen sollte. Mit gutem Blick schätzt er in der Logik vor allem al-Farabi, aber auch für den Aristoteles-Kommentator ibn Bajjah findet er ankerkennende Worte. Mit den Kommentaren des Averroes wurde er erst nach Abschluß des *Führers der Unschlüssigen* bekannt, stand aber auch diesen Kommentaren, wie man eigentlich von einem Aristoteliker erwarten muß, sehr anerkennend gegenüber. Maimonides gehörte mit dem nur um wenige Jahre älteren Averroes zu jener Gruppe von Intellektuellen in al-Andalus, die versuchten, sich der authentischen Philosophie des Aristoteles zu nähern, und die somit die (neu)platonischen Elemente, so weit als sie diese eben identifizieren konnten, zurückzudrängen suchten. Entsprechend stehen sie aller mystischen oder mystifizierenden Metaphysik ablehnend gegenüber, und daraus wird verständlich, daß Maimonides dem sonst in der jüdischen Philosophie sehr geschätzten Avicenna sehr zurückhaltend gegenüberstand.

So sehr Maimonides auch Aristoteliker sein wollte, er stand doch ganz in der islamischen Tradition des durchgehend *neuplatonisch gefärbten Aristotelismus.* So ist schon der eindeutig aus der *negativen Theologie* herkommende Gottesbegriff des Maimonides deutlich neuplatonisch. Für Maimonides gilt ganz uneineingeschränkt, daß einzig die verneinenden Aussagen von Gott als wahre Aussagen gelten können (*Führer der Unschlüssigen* I, 58. S. 196).

Da aber jeder Mensch fühlt, daß es unmöglich ist, zur Erkenntnis dessen, was zu erkennen in unserer Macht steht, anders als durch Verneinung zu gelangen, die verneinende Aussage aber uns von dem Wesen desjenigen, dem wir etwas absprechen, nichts erkennen läßt, sind alle Menschen in der Vergangenheit und in der Gegenwart in dem Urteil übereingekommen, daß die Vernunftwesen Gott nicht zu begreifen vermögen, und nur Gott selbst erkennt, was er ist, und daß die Erkenntnis Gottes darin besteht, daß wir unsere Unfähigkeit einsehen, ihn vollständig zu erkennen. (Ebd. I, 59. S. 206)

Es ist klar, daß Maimonides recht gewaltsame hermeneutisch-allegorisierende Verfahren anwenden muß, um die Sprache der *Bibel* auf dieser Linie zu interpretieren, und er muß schon froh sein, daß ihm für den »Nachweis« der Unerkennbarkeit Gottes der König David im Psalm 65, 2 mit dem Satz zu Hilfe kommt: »Dir wird im Schweigen Lob« (Ebd. I, 59. S. 207). Das meiste von dem, was Prediger und Dichter sagen, wird von da aus für Maimonides zu »Unsinn«, »verderbter Phantasie« und

»Gottesleugnung« (Ebd. I, 59. S. 211). Um hier irgendwie zurechtzukommen, muß Maimonides dann mit einer *Stufentheorie* arbeiten. Eine solche wurde auch in der islamischen Philosophie angewandt, während dort aber Stufen von bildlicher Rede und philosophischer Argumentation angenommen wurden (vgl. Kap. IX, 2, d und i), nimmt Maimonides verschiedene Erkenntisstufen innerhalb des Verständnisses der *Bibel* an (steht also eigentlich der Hermeneutik eines Origenes näher, vgl. Kap. I, 5, b).

Und deshalb werden sie, wie wir dargelegt haben, Geheimlehren und Geheimnisse der H. Schrift genannt. Dies ist der Grund, weshalb, wie wir anführten, die H. Schrift in der Sprache der Menschen redet, damit sie für Anfänger geeignet sei und damit man Frauen und Kinder, ja das ganze Volk darin unterrichte, welche die Worte nach ihrem wahren Sinne zu verstehen nicht fähig sind. [...] Erst wenn jemand tüchtig geworden ist, werden ihm die Geheimnisse der H. Schrift entweder von einem anderen überliefert, oder er gelangt von selbst zu ihnen, wenn ein Teil derselben ihn dazu anregt, sich mit den übrigen zu befassen, und er kann zu jener Stufe gelangen, wo er den Glauben an diese Wahrheiten nach den Methoden des wahren Glaubens besitzt, entweder durch Beweise bei dem, was bewiesen werden kann, oder wo nur diese möglich sind, durch starke Argumente. Dann wird er sich diese Dinge, die ihm bisher Gleichnisse und Bilder waren, nach ihrem wahren Sinne vorstellen und ihre wahre Wesenheit verstehen können. (*Führer der Unschlüssigen* I, 33. S. 97 f.)

Es besteht jedoch ein weiterer Unterschied zwischen der Stufentheorie der islamischen Philosophen und jener des Maimonides: Während die islamischen Philosophen damit eine generelle soziologische These verbanden – die bildliche Form für das Volk, die philosophische für die Gebildeten – stellte Maimonides die Forderung auf, daß prinzipiell alle zu der höheren, begrifflich gereinigten Form gelangen sollten (und auch hier steht er wieder Origenes näher). Die Struktur jüdischer Gemeinden ließ eine definitive Grenze zwischen einfachen Gläubigen und Gottesgelehrten nicht zu.

Da Gott und Welt bzw. Gott und Mensch unvergleichbar sind, besteht nach der Auffassung des Maimonides zwischen Gott und der Welt bzw. zwischen Gott und dem Menschen keinerlei Beziehung:

Da also die Beziehung zwischen uns und Gott oder streng genommen zwischen Gott und einem Wesen außer ihm als undenkbar bewiesen ist, so ist folgerichtig auch die Ähnlichkeit mit ihm undenkbar. (Ebd. I, 56. S. 188)

Dahinter steht die neuplatonische Voraussetzung, daß das Eine und das Viele letztlich unvergleichbar sind. Das Viele ist nicht eine Vervielfachung des Einen, sondern streng genommen ein Abfall vom Einen. Daher kann es eigentlich zwischen dem

Einen und dem Vielen keine Beziehung geben, was durch die verschiedenen Emanationsvorstellungen nur verschleiert wird. Eine solche Relationslosigkeit ist aber für die jüdische Philosophie äußerst problematisch. Für den jüdischen Glauben sind Vorstellungen wie die der Erwählung *(bara)* des Volkes Israel durch Jahwe oder des Bundes *(berit)* Jahwes mit Israel zentral und unaufgebbar, solche Vorstellungen setzen aber einen persönlichen Gott und Beziehungen Gottes zum Menschen voraus. Maimonides sucht daher einen Ausweg über die *göttlichen Wirkungen*. Alle Namen Gottes außer »Jahweh«, der nur Gott zukommt, drücken Wirkungen aus (Ebd. I, 61. S. 221), also z. B. »der Richter«, »der Gerechte«, »der Gnädige«, »der Barmherzige« (Ebd. I, 61. S. 223). Man muß jedoch sehen, daß es Maimonides nicht wirklich gelingt, überzeugend zu erklären, was durch diese Wirkungen denn nun eigentlich über den nur durch negative Bezeichnungen kennzeichenbaren, relationslosen Gott ausgesagt wird. Schließlich aber gelangt Maimonides doch zu einer sehr positiven Bezeichnung Gottes als des Denkens des Denkens (Ebd. I 68. S. 253), aber auch damit soll über das Sein hinaus nichts weiteres ausgesagt werden, da Denken als Bewußtsein nur die höchste Stufe des Seins ist. Maimonides kommt zu dieser Bestimmung im Anschluß an Aristoteles *Metaphysik* XII 7. Dieser Text ist allerdings bereits im Zusammenhang der aristotelischen Metaphysik einigermaßen problematisch (vgl. 1. Teil, Kap. X, 4, c). Für Maimonides ist die Bezeichnung Gottes als reinem Denken aber besonders wichtig, da er auch das Ziel des Menschen intellektualistisch versteht. In den *Acht Kapiteln* – also im Zusammenhang der Erklärung des Gesetzes! – sagt Maimonides:

Es ist notwendig, daß der Mensch alle seine Seelenkräfte nach vernünftigem Ermessen [...] wirksam sein lasse und sich Ein Ziel vor Augen setze, nämlich dies: Gott den Allmächtigen und Erhabenen zu erfassen so weit es dem Menschen möglich ist, ich meine: die Erkenntnis desselben zu erlangen. Er muß ferner alle seine Handlungen, sein Tun und sein Lassen und alle seine Reden so einrichten, daß sie zu diesem Ziele hinführen, damit in seinen Handlungen durchaus nichts Zweckloses sei, das heißt etwas, das nicht zu diesem Ziele hinführt. (*Acht Kapitel* V. S. 34)

Erkenntnis ist also ganz eindeutig das, was alles, auch die Beziehung des Menschen zu Gott bestimmt. So wie im Gottesbegriff der ethische Aspekt dann aber recht unvermittelt und letztlich systematisch nicht kohärent eingeführt wird, so geht Maimonides auch beim Ziel des Menschen, das in der Gotteserkenntnis besteht, dann einfach zur Forderung der Gottesliebe über, die wiederum als Endziel bezeichnet wird (Ebd. S. 41). Maimonides versucht jeweils, sowohl der aristotelischen Metaphysik und Ethik wie auch biblischen Grundvoraussetzungen zu entsprechen, und genau dies stößt an deutliche Grenzen. Auch in diesem Fall ist es wohl besser, nicht von »Synthese« zu sprechen – gerade die Brüche und Inkohärenzen sind systematisch aufschlußreich.

Daß Gott das Denken des Denkens ist, erweitert Maimonides über die aristotelische Annahme, daß dieses Denken sich nur auf das Allgemeine bezieht, hinaus auf die kontingenten Ereignisse. Dies stellt jedoch eigentlich keine Erweiterung aristotelischer Vorstellungen dar, sondern ein sehr prinzipielles Abgehen von diesen, es gibt ihm indes die – aber ganz unaristotelische – Möglichkeit, eine auf individuelle Ereignisse und somit auf das Individuum bezogene *Vorsehung* Gottes anzunehmen. Bei der Frage der Vereinbarkeit von göttlichem Vorherwissen und menschlicher Freiheit brauchte Maimonides aufgrund seiner negativen Theologie keine Lösung vorzulegen: Das Wie des Zusammenhangs von göttlichem und menschlichem freiem Willen entzieht sich seiner Auffassung nach menschlicher Erkenntnismöglichkeit. Im *Mischne Tora* schreibt er:

Daher sind wir auch nicht fähig, einzusehen, wie Gott von den Geschöpfen und den Handlungen weiß, aber das wissen wir unzweifelhaft, daß alle Handlungen des Menschen seinem freien Willen überlassen sind und Gott ihn nicht zwingt oder über ihn bestimmt, daß er das und das tue. (*Mischne Tora, Hilchat Teschuba*, Kap. 5. Zit. nach Schoeps: *Jüdische Geisteswelt.* S. 85)

Diese Lösung legt Maimonides auch an anderer Stelle vor (z. B. *Acht Kapitel* VIII), sie ist allerdings sachlich unausgewogen: Maimonides schreibt Gott dadurch auf der einen Seite mit dem Vorherwissen auch der individuellen Handlungen des Menschen ausdrücklich *positive* Prädikate zu, zieht sich dann aber bei der Frage, wie dieses Vorherwissen überhaupt denkbar und dann noch mit der menschlichen Freiheit vereinbar sein soll, auf die Position einer rein *negativen* Theologie zurück, die keine Möglichkeit gibt, über das Wissen Gottes etwas auszusagen. Wenn wir aber nichts über das Wissen Gottes aussagen können, woher wissen wir dann etwas über Gottes Vorherwissen? | 293

Einer der zentralen Diskussionspunkte war schon in der islamischen Philosophie die Frage der *Ewigkeit der Welt*. Bei der Behandlung der Problematik der Weltschöpfung geht Maimonides sehr behutsam vor. Er stellt zunächst fest, daß Aristoteles gar nicht behauptet habe, die Ewigkeit der Welt bewiesen zu haben:

In diesem Kapitel will ich zeigen, daß Aristoteles für seine Meinung, daß die Welt ewig ist, seinem eigenen Geständnis zufolge keinen Beweis erbringen kann. Und hierin ist er nicht im Irrtum, nämlich, daß er sich bewußt ist, keinen Beweis dafür zu besitzen, und daß die Behauptungen und die Argumente, die er vorbringt, nur die Wahrscheinlichkeit für sich haben, so daß sich ihnen die Seele mehr zuneigt. Wie Alexander aus Aphrodisias meint, sind sie nur weniger anfechtbar, und er glaubt nicht, daß Aristoteles diese Aussprüche als Beweise ansieht, da er selbst es war, der die Menschen gelehrt hat, wie man einen Beweis zu führen oder ihn zu entkräften hat und welches die Voraussetzungen eines gültigen Beweises sind. (*Führer der Unschlüssigen* II, 15. S. 103 f.)

Maimonides arbeitet hier also mit der aristotelischen Unterscheidung in strenge Beweise und Wahrscheinlichkeits-Argumente und beruft sich auf den Aristoteles-Kommentator Alexander von Aphrodisias (2./3. Jhd. n. Chr.), der darauf hingewiesen hatte, daß die Argumente des Aristoteles für die Ewigkeit der Welt seinen eigenen Anforderungen an einen Beweis nicht genügen. Daß die Gegenthese, also die eines zeitlichen Anfangs der Welt, auch nicht bewiesen ist, geht für Maimonides daraus hervor, daß Aristoteles gute Gründe gegen die entsprechende These Platons anführen konnte. Also ist weder die eine noch die andere These bewiesen, die Frage somit offen.

Da mir dies nun klar geworden ist und die Frage in betreff der Ewigkeit oder des Erschaffenseins der Welt eine unentschiedene ist, bin ich der Meinung, daß man sie als durch die Prophetie überliefert anzunehmen hat, welche diejenigen Dinge klar macht, die zu erkennen der Forschung die Kraft fehlt, so wie ich dir auch zeigen will, daß die Prophetie selbst nach der Meinung derjenigen, die an die Ewigkeit der Welt glauben, nicht widerlegt werden kann. (Ebd. II, 16. S. 109)

Das heißt: Wenn gilt, daß weder das eine noch auch das andere bewiesen ist, dann kann – aus anderen Gründen – das eine oder das andere angenommen werden. Dies stellt bei Maimonides keine Verteidigungsstrategie dar, denn er ist durchaus bereit, zuzugeben, daß es bestimmte unbestreitbare philosophische Erkenntnisse unmöglich machen, bestimmte biblische Aussagen für wahr anzunehmen. Er rechnet somit mit dem Fall, in dem zutrifft: *A* ist eine biblische Aussage, und es ist philosophisch beweisbar, daß *A* nicht gilt; ist dies der Fall, so gilt: *A* kann nur einen metaphorischen Sinn haben. Dies muß entsprechend dem philosophischen Ausgangspunkt des Maimonides auch für die Frage der Ewigkeit oder Nicht-Ewigkeit der Welt gelten. Die Tatsache, daß etwas *nicht bewiesen* ist, ist schließlich nicht gleichbedeutend damit, daß etwas *unbeweisbar* ist. Letzteres müßte ja selbst wiederum bewiesen werden (was, wie wir aus der Mathematik wissen, keineswegs eine paradoxe Forderung darstellt). Maimonides hat aber nur aufgezeigt, daß die Ewigkeit der Welt nicht bewiesen ist, also muß er hypothetisch damit rechnen, daß sie doch beweisbar sein könnte, was dann unter seinen Voraussetzungen bedeuten müßte: Die biblischen Aussagen müßten in diesem Fall als metaphorische angesehen werden. Tatsächlich vertritt Maimonides diesen für jüdisches Bewußtsein seiner Zeit sicher sehr radikalen Standpunkt:

Unsere Weigerung, an die Ewigkeit der Welt zu glauben, hat nicht darin ihren Grund, daß in unserer H. Schrift geschrieben steht, die Welt sei erschaffen. Denn die Stellen der H. Schrift, die auf das Erschaffensein der Welt hinweisen, sind nicht zahlreicher als diejenigen, die Gott als ein körperliches Wesen erscheinen lassen. Auch sind die Pforten der Auslegung uns in betreff des Erschaffenseins der Welt keineswegs verschlossen oder unzugänglich. Es wäre uns im Gegenteil ebenso möglich gewesen, diese Bibelverse zu deuten, als wir es in betreff der Unkörperlichkeit Gottes vermochten [...]. (Ebd. II, 25. S. 169)

Maimonides sagt hier ganz eindeutig, daß er für den Fall, daß ein Beweis für die Ewigkeit der Welt vorliegen würde, die entgegenstehenden Bibelstellen allegorisch – das sind die »Pforten der Auslegung« – deuten würde. Soweit ist alles eigentlich unproblematisch, und er kann dann berechtigterweise sagen:

Hingegen ist die Ewigkeit der Welt nicht bewiesen und es besteht keine Notwendigkeit, die Schriftverse ihrer wörtlichen Bedeutung zu entkleiden und sie anders zu deuten [...]. (Ebd.)

Bis zu diesem Punkt kann auch der »Ratlose«, an den sich das Werk des Maimonides richtet, beruhigt sein. Maimonides benennt dann jedoch sofort einen weiteren Punkt für die Nicht-Ewigkeit der Welt, der den Ratlosen eigentlich völlig ratlos machen muß. Neben dem eben genannten ersten Grund für die Annahme der Nicht-Ewigkeit der Welt führt Maimonides nämlich einen zweiten Grund an:

Der zweite Grund ist der, daß [...] der Glaube an die Ewigkeit der Welt in dem Sinne, wie Aristoteles sie auffaßt, nämlich in dem Sinne, daß sie notwendig existiert, daß ihre Natur sich schlechterdings nicht verändert und kein Ding aus seinem gewohnten Gang heraustritt, die Religion vom Grunde aus umstürzt, alle Wunder der H. Schrift leugnet und das als nichtig erklärt, was die H. Schrift zusichert oder androht [...]. (Ebd. II, 25. S. 170)

Dies bedeutet im Klartext: Angenommen, es ließe sich die aristotelische Annahme der Ewigkeit der Welt beweisen, womit ein Schritt über Aristoteles hinaus, aber ganz im Sinne des Aristoteles erreicht wäre, und ließe sich ebenso ein durchgängiger Kausalzusammenhang aller Ereignisse, der jedes Wunder für unmöglich erklären müßte, als einzige Vernunftmöglichkeit beweisen, dann wäre der jüdische Glaube wissenschaftlich widerlegt und alle »Pforten der Auslegung«, d. h. alle biblische Hermeneutik, wäre hinfällig. Diesen Klartext müssen wir aber gar nicht hinzufügen, denn er findet sich schon bei Maimonides, wenn er sagt, daß

[...] wenn sie [d. h. die Philosophen] die Meinung Aristoteles' durch einen Beweis bestätigt fänden, unsere H. Schrift in ihrer Gänze zusammenfallen müßte und die Sache zu anderen Glaubenslehren ausginge. (Ebd. II, 25. S. 172)

Daß »die Sache zu anderen Glaubenslehren ausginge« bedeutet nichts anderes, als daß dann der jüdische Glaube widerlegt wäre, und der Jude sich einen anderen

Glauben suchen müßte. Der jüdische Glaube wird damit zu einem »Glauben auf Abruf«, und der jüdische Gläubige müßte eigentlich periodisch die wissenschaftliche Literatur durchlesen, um nachzusehen, ob nicht irgendwo ein Beweis für die Ewigkeit der Welt gefunden wurde und somit »die Sache zu anderen Glaubenslehren ausginge«. Vom Standpunkt des Maimonides aus ist dies ganz konsequent unter der Voraussetzung, daß die Nicht-Ewigkeit der Welt zu den unaufgebbaren Glaubenssätzen des jüdischen Glaubens gehört. Offensichtlich war dies zu seiner Zeit der Fall und in diesem Punkt bestand ja auch eine Übereinstimmung mit den Korangelehrten, die auch für den Islam dasselbe annahmen. Es stellt sich hier aber doch die Frage, ob der *Führer der Unschlüssigen (Dux perplexorum)* die Perplexen nicht noch perplexer zurückließ. Der Streit um Maimonides war vorprogrammiert.

Es wäre aber auch verfehlt, zu meinen, daß hier einfach ein »biblischer« Gottesbegriff gegen einen »aristotelischen« Gottesbegriff steht. Es handelt sich zunächst einmal – ganz undramatisch – um zwei verschiedene Arten, die Geschehnisse der Welt zu beschreiben, oder um zwei verschiedene »Sprachen« der Beschreibung der Geschehnisse der Welt. Dies gilt in ganz allgemeiner Weise und die Frage der Zeitlichkeit oder Ewigkeit der Welt ist nur ein bestimmter Fall dieses Problems. Das

Problem, mit dem uns Maimonides konfrontiert, ist, daß er die Überzeugung vertritt, daß es sich hier um zwei Sprachen handelt, zwischen denen eine Ähnlichkeit bis zu dem Punkt besteht, daß die eine Sprache adäquat in die andere übersetzt werden kann. Er faßt die *Sprache der Bibel* genau so wie die der Wissenschaft *als eine Beschreibungssprache* auf, deshalb auch seine ausdrückliche Bevorzugung der dianoetischen, also der intellektuellen Tugenden. Als eine Beschreibungssprache tritt die Sprache der *Bibel* in genaue Vergleichbarkeit zur Sprache der Wissenschaft und der theoretischen Philosophie. Es wurde im Vorausgehenden darauf hingewiesen, daß es Maimonides nicht gelingt, die primär ethischen Aspekte des jüdischen Glaubensverständnisses mit diesem primär theoretischen Programm in eine überzeugende Verbindung zu bringen. In kantischer Terminologie könnten wir sagen: Das Grundproblem der Philosophie des Maimonides besteht darin, daß er die Glaubensaussagen wie Sätze der *theoretischen* Philosophie auffaßt, also als strukturgleich mit Sätzen der aristotelischen theoretischen Wissenschaft und nicht, wie es eigentlich vom jüdischen Glauben her naheliegend gewesen wäre, als Sätze, die strukturähnlich zu solchen der *praktischen* Philosophie (und vielleicht zu Sprachen der Kunst) sind. Mit ganz ähnlichen Schwierigkeiten wird sich auch die lateinische christliche Philosophie des Mittelalters auseinandersetzen müssen, und die Probleme werden noch weit in die Neuzeit hineinreichen, wenn wir uns an Galilei erinnern (vgl. 3. Teil, Kap. IV, 3).

i) Der Streit um Maimonides

Maimonides und Averroes, zwei arabisch schreibende Philosophen aus al-Andalus, sind beide zu Flüchtlingen geworden, und nach ihnen wird die Philosophie nur noch in einem anderen Rahmen weitergehen können. Für den jüdischen Bereich ist das schon dadurch kulturgeschichtlich deutlich, daß nach Maimonides philosophische Texte kaum noch in arabischer Sprache geschrieben werden. Auch geographisch gesehen verlagern sich die Orte, an denen Philosophie betrieben wird, in den christlichen Teil Spaniens, in die Provence und nach Italien. Die dort lebenden Juden können nicht Arabisch, wohl aber – mehr oder weniger – Hebräisch, es beginnt nun also eine Phase der *Übersetzungen* aus dem Arabischen ins Hebräische. Schon zu Lebzeiten des Maimonides übersetzte Samuel ibn Tibbon (um 1120 – um 1190) den *Führer der Unschlüssigen* ins Hebräische, etwas später legte Jehuda Alcharisi (um 1165 – um 1235) eine weitere, sprachlich zwar bessere, aber begrifflich weniger genaue Übersetzung vor (letztere war dann die Vorlage für die lateinische Übersetzung). Unter den zahlreichen Übersetzungen waren allerdings wiederum (neu)platonische wie z. B. der berühmte *Liber de causis*, der von Hillel ben Samuel (gest. nach 1291) sogar aus dem Lateinischen ins Hebräische übersetzt wurde. Von Averroes-Kommentaren ist eine große Zahl von Handschriften in hebräischer Übersetzung erhalten, was auf das Interesse hinweist, das diese Texte bei gebildeten Juden fanden, und was so nebenbei wegen der teilweise sehr kostbaren Ausstattung der Handschriften auch einen Hinweis auf den Reichtum ihrer Käufer gibt. Es wird von einem italienischen Juden berichtet, der sich mehrere Jahre in Toledo aufgehalten hat und der von dort 180 hebräische und arabische Handschriften mitbrachte. Für die Vervielfältigung der Texte gab es *jüdische Skriptorien*, wer deren Betreiber und Auftraggeber waren und wie sie organisiert wurden, ist leider bisher nur wenig erforscht. Im Unterschied zum christlichen Bereich, wo die Handschriften im 12. Jhd. hauptsächlich in Klöstern und Kathedralschulen aufbewahrt wurden, gab es in den jüdischen Gemeinden keine von diesen unterhaltenen Bibliotheken, in denen philosophische Schriften Platz finden konnten, die Handschriften wurden also in *privaten Bibliotheken*, deren Besitzer manchmal auch Lehrer waren, aufbewahrt, von welchen einige eindrucksvolle Kataloge (u. a. auch von der Bibliothek des Gersonides) erhalten sind. Im Lauf des 13. Jhd.s wurden alle Schriften des Aristoteles samt vielen arabischen Kommentaren und eine große Anzahl wissenschaftlicher Arbeiten der griechisch-arabischen Überlieferung ins Hebräische übersetzt. Der großen Übersetzungswelle ins Lateinische (vgl. Kap. XI, 2) steht eine ebenso große ins Hebräische gegenüber, und in nicht wenigen Fällen basierte die erstere auf letzterer. Im 14. Jhd. wurden dann auch einige Texte der lateinischen Philosophie ins Hebräische übersetzt, deren Einfluß, wie der der lateinischen scholastischen Philosophie auf die jüdische überhaupt, aber gering gewesen zu sein scheint. Nur aufgrund dieses gewaltigen Bücherbestands ist aber die Arbeit eines Gersonides (vgl. weiter unten l) im 14. Jhd. erklärlich.

Trotz dieser Übersetzungen war die Situation gegenüber der früheren jüdischen Philosophie im islamischen Bereich eine wesentlich veränderte. Die jetzt vorliegenden hebräischen Schriften zur Philosophie waren nicht mehr in der Umgangssprache, sondern in einer Bildungs- und Kultsprache verfaßt. Während die Juden im islamischen Bereich also den großen Vorteil hatten, daß sie ihre eigenen philosophischen Texte ebenso wie die der islamischen Philosophen in ihrer arabischen Umgangssprache lesen konnten, gerieten sie jetzt in eine ähnliche Situation wie die christlichen Philosophen, die ihre Philosophie in der lateinischen Bildungs- und Kultsprache schrieben. Allerdings bestand in Hinsicht auf die Rolle und die Bedeutung der Philosophie in den beiden Kulturen ein erheblicher Unterschied: Es gab prozentual gesehen viel mehr Mitglieder der jüdischen Gemeinde, die hebräische Texte lesen und verstehen konnten, als es Christen gab, die Latein beherrschten. Anders gesagt: Die jüdische Philosophie war wesentlich weniger elitär als die christliche. Das Vorhandensein einer rationalistischen Bildungsreligion macht die schweren Erschütterungen der jüdischen, hauptsächlich in Städten angesiedelten, Gemeinden im 13. und 14. Jhd. erklärlich, während die ganz ähnlichen Diskussionen im christlichen Bereich auf Gruppen von Magistri an den Universitäten beschränkt blieben, für die christlichen Gemeinden aber inexistent waren. Schon die durchschnittlichen christlichen Kleriker, jedenfalls in ländlichen Gemeinden, waren viel zu ungebildet, um von diesen Diskussionen auch nur Kenntnis zu haben. Katharische Gedanken drangen bei den Christen bis in Dorfgemeinden vor, die Philosophie eines Anselm oder Abaelard aber hatte keine Kanzel einer Pfarrei zur Verfügung. Die in den jüdischen Gemeinden davon ziemlich verschiedene Problematik kann daraus ersehen werden, daß zahlreiche Gegner des Maimonides den indirekten Weg gingen, indem sie nicht vor der Philosophie selbst, wohl aber vor den Gefahren der Popularisierung der aufklärerischen Philosophie warnten, so mancher philosophisch aufklärerische Gedanke scheint sogar über Predigten in die Gemeinden hineingetragen worden zu sein. Manche Verteidiger des Maimonides wiederum, wie z. B. der Maimonides-Übersetzer ibn Tibbon und Josef Caspi (um 1279 – um 1340), verstärkten den Eindruck, Maimonides habe Lehren vorgetragen, die für Juden unannehmbar seien – vor allem ging es um die Fragen der Auferstehung von den Toten und der Wunder –, wenn sie erklärten, die wahre Lehre des Maimonides sei nur für wenige bestimmt, und damit genauso wie die Gegner vor einer Popularisierung warnten. Die Auseinandersetzung der Juden mit der nun in die neuen Länder, zunächst einmal in die Provence, eindringenden Philosophie war vor allem deshalb verwirrend, weil die Juden dort bisher mit Philosophie noch überhaupt nicht konfrontiert worden waren und vollständig aus dem *Talmud* heraus lebten. Sie sahen daher keine andere Möglichkeit der Auseinandersetzung mit der Philosophie des Maimonides, als seine Schriften unter den Bann zu stellen. Tatsächlich kam es um 1232 zu einer Verurteilung und Verbrennung von Schriften des Maimonides, wobei aber sowohl der genaue Ort wie das genaue Datum unsicher sind. Die Schriften des Maimonides erlitten also einige Jahrzehnte später

dasselbe Schicksal wie die seines arabisch-islamischen Kollegen Averroes. Die Verbrennung wurde durch die Inquisition durchgeführt, was eine ganz besondere Variante christlich-jüdischer Kooperation darstellt. Der Anführer der Bewegung gegen Maimonides und eigentlich gegen Philosophie im Judentum überhaupt ist bekannt, es war Solomon ben Abraham in Montpellier. Es wurde versucht, in der Provence und in Spanien Unterstützung für diesen Bann zu finden, die Reaktionen waren aber unterschiedlich und gingen von Unterstützung bis zum Gegenbann. Eine eigentlich sachliche Diskussion fand nur in Spanien statt, wo philosophisch versierte Maimonides-Gegner wie z. B. Judah Alfakar auf die Kompromisse bei Maimonides hinwiesen. Sie sagten: Wenn man wie Maimonides einige Wunder aus den biblischen Berichten weginterpretiert, sollte man besser gleich alle weginterpretieren, und da man nicht alle weginterpretieren kann, nützt es auch nichts, einige wegzuinterpretieren. Der erste Satz dieses Schlusses, allerdings mit der genau umgekehrten Konklusion, wurde dann von Maimonides-Verteidigern wie ibn Tibbon tatsächlich vertreten. Auch wurde von einigen, so z. B. von Josef Caspi, bezweifelt, daß Maimonides wirklich an der Zeitlichkeit der Welt festgehalten habe, und der Verdacht geäußert, dies sei nur ein Zugeständnis an die Vertreter des traditionellen Glaubens gewesen. Damit aber sind wir wieder einmal bei dem Vorwurf irgendeiner Form von »doppelter Wahrheit« – dem werden wir gleich bei Isaac Albalag begegnen – und gleichzeitig sind wir
damit beim jüdischen Averroismus des 13. und 14. Jhd.s. Diese letzte Phase der Auseinandersetzung wurde durch die Übersetzung der Aristoteles-Kommentare des Averroes eingeleitet. Maimonides selbst hatte diese zwar bei der Abfassung des *Führers der Unschlüssigen* noch nicht herangezogen, hatte aber zu ihrem Studium angeregt. Zahlreiche Schriften des Averroes wurden jetzt aus dem Arabischen ins Hebräische übersetzt, aus letzteren wurden dann vielfach die lateinischen hergestellt. Die jüdischen Philosophen wurden also schon vor den christlichen mit dem Averroismus konfrontiert. Die radikale Form des Averroismus konnte aber nicht ohne Konsequenzen für die jüdische Philosophie bleiben.

Vorausblickend auf die Rezeption der arabischen und jüdischen Philosophie bei den lateinischen Philosophen ist folgende Zeittafel interessant, die zeigt, wie die Entwicklung ganz ähnlich, nur zeitlich etwas versetzt verlief:

MAIMONIDES (1135–1204)	
Verurteilung des Maimonides 1232	THOMAS VON AQUIN (1225–1274)
	Verurteilungen von Paris 1277
	Verurteilungen von Oxford 1284/1286

Nicht zeitlich versetzt, sondern fast gleichzeitig trat sowohl in der jüdischen wie in der christlichen Philosophie der sogenannte radikale Averroismus auf. Während jedoch zwischen Thomas von Aquin und Maimonides ein direkter Zusammenhang besteht, ist die Entwicklung des radikalen Averroismus unabhängig voneinander verlaufen. Sie zeigt aber gerade dadurch, daß es sich um eine »historisch konsequente« Entwicklung handelte:

ISAAC ALBALAG (2. Hälfte 13. Jhd.)	SIGER VON BRABANT (um 1240 – um 1283)

Und selbst bei der letzten Phase der mittelalterlichen Philosophie ist eine deutliche Parallele nicht nur zeitlicher, sondern auch sachlicher Art sichtbar:

GERSONIDES (1288–1344)	WILHELM VON OCKHAM (1285/1290–1348)

j) Isaak Albalag

Genaue Lebensdaten von Isaak Albalag sind nicht bekannt, er lebte gegen Ende des 13. Jhd.s in Katalonien oder in Südfrankreich. Albalag hat eine hebräische Übersetzung von al-Ghazalis *Lehrmeinungen der Philosophen* hergestellt und dazu auch einen

Kommentar verfaßt. Er folgte jedoch dann aber nicht dessen Kritik der Philosophie, sondern wandte sich nur gegen die Darstellung der Philosophie, die auf Avicenna beruht. Albalag selbst vertrat eine Position, in der er sich auf Averroes berief und die er als averroistisch betrachtete. Für Albalag sind allein die Vernunftwahrheiten für den Menschen von Bedeutung, die Offenbarung trägt dazu nichts bei. Bei der Darstellung der Auffassung des Averroes wurde darauf hingewiesen, daß es nicht eindeutig ist, ob dies tatsächlich der Auffassung des Averroes entspricht (vgl. Kap. IX, 2, i). Albalag interpretiert die Auffassung des Averroes jedenfalls so, wie die Islamgelehrten sie meinten verstehen zu müssen. Ob dabei wirklich die Auffassung des Averroes getroffen wird oder ob es sich dabei um Konsequenzen handelt, die von Gegnern wie auch von Anhängern aus der Lehre des Averroes gezogen wurden, bleibt dabei eine offene Frage. Auffällig ist jedenfalls, daß die averroistischen lateinischen Magistri ganz ähnliche Konsequenzen ziehen werden (vgl. Kap. XI, 3 und XV, 2). Zu den nur in der *Bibel* festgelegten Gesetzen des Judentums konnte Albalag dann natürlich überhaupt nichts sagen und er versuchte dies erst gar nicht. Damit verläßt er die Grundvoraussetzung, die die jüdische Philosophie von Saadia bis Maimonides bestimmt hatte, und hat sich von den Fragen verabschiedet, die der Anlaß jüdischer Philosophie gewesen waren. Es gilt aber bei ihm wie bei Averroes, daß man in seiner Haltung einen positiven und weiterführenden Sinn finden kann: Er will einfach mit den oft gekünstelten oder gewaltsamen Anpassungs-Unternehmungen von Philosophie und *Bibel* Schluß machen und stellt daher die religionsphilosophisch durchaus relevante These auf, die Philosophie beschäftigte sich mit der *theoretischen* Wahrheit, die *Bibel* jedoch mit der richtigen Lebensführung, also mit *praktischen* Fragen. Auf diese Weise wollte er allen Aussagen der *Bibel*, die eine metaphysische Bedeutung zu haben schienen, eine praktische Bedeutung geben, hier wird also die biblische Religion rein und exklusiv der Praxis zugeordnet. Eine solche Theorie konnte im Mittelalter natürlich kaum Anhänger finden, zu sehr waren Juden wie Christen überzeugt, in der Offenbarung metaphysische Informationen erhalten zu haben. Wenn man es so sieht, so ergibt sich, daß Albalag eigentlich gar keine These einer doppelten Wahrheit vertreten hat, sondern die, daß Wahrheit in der theoretischen und in der praktischen Vernunft grundsätzlich Verschiedenes betrifft. Daß dies von außen betrachtet dann wie eine Theorie der doppelten Wahrheit aussehen kann, ist durchaus verständlich, wenn auch nicht richtig. – Der Sache nach sind durch die radikale Position Albalags durchaus wichtige Fragen gestellt worden. Eine Gegenüberstellung aristotelischer Naturphilosophie oder Metaphysik, wie sie noch Maimonides versucht hatte, macht hier überhaupt keinen Sinn mehr. Die einzig relevante Konfrontation kann und muß sich auf der Ebene der praktischen Philosophie abspielen, also, um bei den damals bekannten Werken zu bleiben, etwa in einem Vergleich biblischer Ethik mit der *Nikomachischen Ethik* des Aristoteles. Dies ist aber ein Weg, den weder die jüdische noch auch später die christliche Philosophie des Mittelalters gegangen ist. Im Prinzip müssen wir bis zu Kants *Religion innerhalb der Grenzen der bloßen Vernunft* warten, bis diese Fragen klar gestellt werden (vgl. 3. Teil, Kap. XV, 7).

k) Levi ben Gerson (Gershom)

Bei den Lateinern war Levi ben Gerson (1288–1344) als Gersonides bekannt. Er wurde in Südfrankreich geboren und hat in Orange und Avignon gelebt. Sein Bruder war Arzt, über den Beruf des Gersonides hingegen ist nichts überliefert, es ist nur bekannt, daß er auch mit Geldverleih beschäftigt war. Gersonides wurde schon zu Lebzeiten auch von Christen geschätzt. Er hatte Zugang zum päpstlichen Hof in Avignon, wo er u. a. auch für astrologische Vorhersagen zu Rate gezogen wurde. Gersonides ist bekannt geworden – und zwar über den Bereich der jüdischen Gemeinde hinaus – als Mathematiker, Astronom und Philosoph. Bekannt war vor allem sein Traktat über Arithmetik und Algebra und sein Kommentar zu den ersten fünf Büchern der *Elemente* Euklids. Er war der erste, der außerhalb des arabischen Kulturkreises eine – Papst Clemens VI. gewidmete – Abhandlung über Trigonometrie verfaßte. In dem sehr umfangreichen ersten Teil von Buch V der *Gotteskämpfe* befaßte sich Gersonides in äußerst kenntnisreicher und selbständiger Weise mit Fragen der Astronomie. Im Zusammenhang der dort angewandten empirischen Methoden beschreibt er auch ein von ihm erfundenes Gerät zur Winkelmessung, den sogenannten Jakobsstab, das auch in der Schiffahrt Verwendung fand. Er kannte den *Talmud* gut, wie aus seinen Bibel-Kommentaren hervorgeht, und verfaßte einen (nicht erhaltenen) Kommentar zu einem *Talmud*-Traktat.

Seine philosophischen Kenntnisse beruhen fast ausschließlich auf den Werken des Aristoteles, des Averroes sowie des Maimonides, und zwar auf hebräischen Übersetzungen. Was er von der übrigen griechischen Tradition und von al-Farabi und Avicenna wußte, stammt vermutlich aus den entsprechenden Bezugnahmen in den Schriften des Averroes. In der averroistischen Sicht des Gersonides wurde Maimonides alerdings nicht als Philosoph angesehen, sondern als Vertreter des *kalam* – was dieser natürlich streng zurückgewiesen hätte.

Gersonides ist der einzige jüdische Philosoph, der sich mit der Kommentierung aristotelischer Schriften befaßte. Allerdings sind wir bei ihm schon auf der Stufe der Kommentare zu Kommentaren angelangt, da er die Aristoteles-Kommentare des Averroes erläutert. Er betreibt aber eine durchaus kritische Kommentierung und gelangt öfters zu anderen und neuen Ergebnissen. Im philosophischen und wissenschaftlichen Bereich ist er der selbständigste Mann unter den jüdischen Philosophen. Sein Ausgangspunkt ist dabei immer und uneingeschränkt die Wissenschaft und die Philosophie, auch verfaßte er einen eigenen Traktat zur Logik. Gersonides war aber, ganz im Sinne der Tradition jüdischer Philosophie, davon überzeugt, daß die wahre Philosophie und der jüdische Glaube in Übereinstimmung stehen. Seine philosophischen Auffassungen legte er in der Schrift *Gotteskämpfe* nieder, er kämpft dort für Gott und gegen falsche Thesen. In diesem Werk werden u. a. alle großen traditionellen Themen behandelt, die sich aus der Auseinandersetzung mit aristotelischer Philosophie ergeben hatten: Schöpfung, Unsterblichkeit der Seele sowie göttliches Vorherwissen. Wichtig ist die von Gersonides getroffene *Unterscheidung* der Frage der *Zeitlichkeit* der Welt und der *Schöpfung aus Nichts*, zwei Fragen, die in der islamischen wie auch in der jüdischen Philosophie häufig, so auch bei Maimonides, nicht genügend unterschieden worden waren. Gersonides nimmt – gegen Aristoteles – die Zeitlichkeit der Welt an, nicht jedoch vertritt er eine Schöpfung aus Nichts, womit er sich gegen die jüdische Tradition bis Maimonides stellt. In der *Genesis* setzt er ohne nähere Begründung *bohu* als Materie, *tohu* als Form an. Daß diese Wort-Zuweisungen recht willkürlich sind, kann man daraus ersehen, daß Abraham bar Chija (vgl. weiter oben e) es genau umgekehrt angenommen hatte. Diese vorausgesetzte Materie ist ein qualitätsloses Etwas, und da man Sein nur von real existierenden Dingen aussagen kann, ist es eigentlich ein nicht-seiendes Etwas. Das alles ist aber bei Gersonides nicht aporetisch oder mystisch, sondern einfach Ergebnis von Schlußfolgerungen und nicht mehr oder weniger sinnvoll als die berühmte *materia prima* des Thomas von Aquin. Der Schöpfungsakt ist die einzige auf die Welt gerichtete göttliche Tätigkeit, was dann eine recht »naturalistische« Interpretation der Wunder mit sich bringt. Daß die Welt nicht von Ewigkeit her existiert, meint Gersonides beweisen zu können. Sein diesbezügliches Argument geht letztlich auf den christlichen Aristoteliker Johannes Philoponos (6. Jhd.) zurück und ist schon vom *kalam* verwendet worden und besagt, daß die Vorstellung einer unendlichen vergangenen Zeit widersprüchlich ist. Die vergangenen Ereignisse bilden als reale eine Reihe, die in Quantitäten gemessen werden kann, nur Potentielles wie die Reihe der natürlichen Zahlen kann aber Unendlichkeit im Sinne des Indefiniten besitzen, nicht jedoch Reelles. Die Struktur des Arguments innerhalb des Aristotelismus beruht auf der Behauptung, daß die Vorstellung einer realen unendlichen vergangenen Zeit mit den Voraussetzungen der aristotelischen Physik unvereinbar ist. Wirklich bewiesen hat er dies jedoch nicht.

Bei der Behandlung der göttlichen Attribute lehnt Gersonides die negative Theologie des Maimonides ab. In einer rein negativen Theologie werden alle Ausdrücke, die von Gott ausgesagt werden, äquivok, und damit werden, wie Gersonides zu Recht deutlich macht, alle Aussagen über Gott semantisch leer. Gersonides sagt demgegenüber, daß solche Ausdrücke zwar von Gott in einer anderen Weise als von den Geschöpfen ausgesagt werden, daß aber doch eine Ähnlichkeit besteht. Wir sind hier nicht weit entfernt von dem, was Thomas von Aquin mit seiner Analogie-Lehre beabsichtigte (vgl. Kap. XIV, 3, c). Die Auffassung des Gersonides von den Attributen hatte auch Auswirkungen auf die Lehre von der Vorsehung. Das göttliche Wissen muß etwas sein, was wir semantisch sinnvoll interpretieren können, es muß also eine Ähnlichkeit von menschlichem und göttlichem Wissen angenommen werden, wenn wir sinnvoll von »Vorsehung« sprechen wollen. Nach Gersonides bezieht sich das göttliche Wissen aber nur auf das Allgemeine, nicht auf das Einzelne, die freien Handlungen als Individuelles sind somit kein Gegenstand der göttlichen Vernunft. | 303
Diese Lösung entspricht Aristoteles, insofern auch dieser nicht annimmt, daß sich das Denken des Denkens auf kontingente Ereignisse bezieht. Dies beruht auf der Überzeugung, daß eigentliches Wissen immer Wissen vom Allgemeinen, nicht vom Einzelnen und Kontingenten ist. Die göttliche Vorsehung kann sich daher nur auf die Menschheit als Gattung, nicht aber auf einzelne Handlungen von Individuen beziehen. Dem Gottesbegriff des orthodoxen Judentums konnte diese Lösung natürlich nicht genügen.

Mit Gersonides hatte der Rationalismus (und die Wissenschaftsgläubigkeit) im Judentum wahrscheinlich einen Punkt erreicht, in dem die Philosophie für die jüdische Gemeinde kaum noch hilfreich sein konnte. Faktisch hat Gersonides auch nur durch seine Bibel-Kommentare Nachwirkung erreicht – seine *Gotteskämpfe* wurden gelegentlich kritisiert, zumeist aber einfach nicht zur Kenntnis genommen. Seine Werke wurden auch nicht ins Lateinische übersetzt.

l) Chasdai Crescas

Chasdai Crescas (um 1340–1410) stammte aus einer sehr angesehenen und reichen Familie in Barcelona. Seit ungefähr 1390 war er Oberrabbiner in Aragon, sein Hauptwerk *Gotteslicht* verfaßte er gegen Ende seines Lebens. Das Interesse, das die Schriften des Crescas heute finden, kommt aus ganz verschiedenen Richtungen. Im Rahmen der jüdischen Philosophie gilt er als einer, der sich deutlich gegen den Intellektualismus fast der gesamten Tradition jüdischer Philosophie gestellt hat. Im Rahmen der Wissenschaftsgeschichte hingegen finden einige seiner Theorien Aufmerksamkeit, da er sich mit einigen seiner Thesen mit der zu seiner Zeit besonders im Bereich der Physik beginnenden Aristoteles-Kritik trifft.

Es geht Crescas nicht nur um eine vom Judentum her geforderte Abgrenzung gegenüber dem Aristotelismus, sondern um eine sachliche Auseinandersetzung mit diesem. Dazu seien kurz einige Beispiele angeführt. Bei Aristoteles sind die Begriffe von *Raum* und *Körper* untrennbar verbunden. Crescas hingegen hält ein Vakuum, also einen leeren Raum, eine reine Ausdehnung, auch einen unbegrenzten Raum, für denkmöglich (das ist gar nicht so weit von Newtons Auffassung entfernt). Damit ergibt sich auch die Möglichkeit der Vorstellung einer Vielheit von Welten, die untereinander in keiner Beziehung stehen. Ebenso trennt er *Zeit* und *Bewegung*. Zeit existiert allein in der Seele, und damit ist nur die Bewegung real, die Zeit hingegen ist der »Rahmen«, in den wir die Bewegung hineinstellen, und in dem wir die Bewegung dann messen. Da Crescas in einer unendlichen Zahl von Bewegungsursachen keinen Widerspruch sieht, ist für ihn im Unterschied zu Gersonides die Vorstellung einer unendlichen schon abgelaufenen Zeit durchaus denkmöglich. Damit fällt auch die aristotelische Basis des *Gottesbeweises* aus der Bewegung weg, bei der es eine Voraussetzung war, daß die Annahme eines realen unendlichen Regresses als »unvernünftig« angesehen wurde (vgl. 1. Teil, Kap. X, 4, c). Der einzige Gottesbeweis der übrig bleibt, ist der aus der Kontingenz, d. h. der aus dem Verhältnis von Möglichkeit und Wirklichkeit.

Zur Zeit des Crescas war unter den gebildeten Juden Spaniens und Südfrankreichs ein gemäßigter Averroismus maßgebend, der aber sehr intellektualistisch und rationalistisch ausgerichtet war. Bei Crescas finden wir – endlich – eine *Kritik der intellektualistischen Auslegung* des jüdischen Glaubens, und in dieser Hinsicht eine klare Abgrenzung gegenüber der Vorstellung, das höchste Lebensziel sei ein theoretisches. Damit tritt Crescas in ausdrücklichen Gegensatz zu Maimonides, was ihm auch ganz klar bewußt war. Man kann nicht ausschließen, daß Crescas auch beobachtet hatte, daß rationalistisch geprägte Juden im Zusammenhang mit den Judenverfolgungen in Spanien im Jahre 1391 – während der auch sein einziger Sohn getötet worden war – besonders anfällig für »Konversionen« waren. Er hatte also seine Zweifel an der ethischen Zuverlässigkeit der Intellektuellen.

Crescas lehnte ebenso wie Gersonides die negative Theologie ab. Aber auch bei der Frage der positiven Attribute ist für einen Gott, der im Sinne des Aristoteles das reine Denken der Formen ist, hier kein Platz mehr. Crescas macht deutlich, daß diese Vorstellung letztlich im aristotelischen Intellektualismus begründet ist, dieser aber für die Interpretation des jüdischen Glaubens ungeeignet ist. Die Beziehung Gottes zum Menschen, wie sie in der *Bibel* zur Sprache kommt, ist durch Güte, Liebe und Gnade bestimmt, die die charakteristischen Eigenschaften Gottes ausmachen. Nur unter diesen Voraussetzungen ist eine besondere Erwählung des Volkes Israel denkbar. Die Maimonides-These, daß Gott keine reale Beziehung zur Welt habe, kann hier nicht mehr gehalten werden. Ist Gott primär Liebe und nicht Erkenntnis, fällt auch die letzte Begründung des intellektualistisch konzipierten Lebenszieles weg. Nicht das Denken ist daher die zentrale Eigenschaft Gottes und des Menschen, sondern die Güte. Es ist die Freude Gottes am Guten, das er schafft, was die Seligkeit Gottes begründet. Damit ist auch das letzte Ziel der Welt und des Menschen gegeben: das Hervorbringen des Guten.

Recht problematisch ist allerdings die Frage der *Freiheit* bei Crescas. Gersonides hatte gesagt: Gott hat kein Vorherwissen der individuellen Handlungen, und daher kann es eine Freiheit geben. Crescas kehrt die Argumentation um: Es gibt ein göttliches Vorherwissen des einzelnen, also kann es keine Freiheit geben. Dieses Argument ist zwar etwas kurzschlüssig, drängt sich aber dann auf, wenn Gott auch als letzte Ursache von allem angenommen wird. Crescas will aber die Freiheit auch nicht ganz leugnen, also muß er ihr irgendeine Interpretation geben, die mit seinem Determinismus in Einklang gebracht werden kann. Er scheint dann den Versuch unternommen zu haben, die Freiheit nicht in die Handlung selbst zu verlegen, sondern in die Zustimmung zu der Handlung. Dies kann allerdings nicht wirklich überzeugen und reicht auch sicher nicht aus, um das zu erbringen, was aus der Sicht der jüdischen Religionsphilosophie für eine Übereinstimmung von *Bibel* und Philosophie gefordert ist. Auch bleiben natürlich all die Probleme erhalten, die sich für eine Ethik im Rahmen deterministischen Denkens immer ergeben. Aber auch im engeren Bereich der Ethik gelingt es Crescas nicht wirklich, die jüdischen Voraussetzungen philosophisch zu vermitteln. Für ihn ist das sittliche Handeln nur auf die Bedeutung bezogen, das es für die Gemeinschaft besitzt, während die Beziehung zu Gott – daneben und unabhängig davon – allein durch die Gottesliebe hergestellt wird. Die Seligkeit besteht daher in dem Glück, das die Gottesliebe, auch und gerade im Gefühl, vermittelt. Da die Gottesliebe nicht auf Erkenntnis, die nicht für alle erreichbar ist, beruht und auch ohne diese verwirklicht werden kann, ist nach Crescas die Seligkeit für alle erreichbar. Ob »Gefühl« und »Seligkeit« Grundbegriffe des *Alten Testaments* sind, kann allerdings bezweifelt werden.

Mit Crescas ist die jüdische Philosophie des Mittelalters zu Ende. In dem Moment, wo die intellektualistische Sicht des jüdischen Glaubens aufgegeben wurde, wurde auch die Aufgabe der jüdischen Philosophie – der Nachweis der Übereinstimmung von Offenbarung und Philosophie – hinfällig. Es gab auch äußere Gründe für dieses Ende. Spanien war immer das Zentrum der jüdischen Philosophie gewesen, und die Vertreibung der Juden aus Spanien im Jahre 1492 bedeutete auch das Ende der spanischen jüdischen Philosophie. Die in andere Länder Vertriebenen setzten sie nicht fort, sondern wandten sich mystischen Strömungen zu, die schon lange vorher in Spanien vorhanden gewesen waren, und bei den vertriebenen Juden, die sich mystischen Strömungen zuwandten, setzte mit der Zeit sogar eine ausgeprägt philosophiefeindliche Bewegung ein.

3. Die Kabbala

Ein ganz konkretes und offensichtliches Problem für viele Mitglieder der jüdischen Gemeinde war die Frage, wie die rein positiven Gesetze der *Bibel,* die den Hauptgegenstand jüdischer Gesetzesauslegung darstellten, prinzipiell zu verstehen seien. Da die Juden als Minorität in einer nach anderen Regeln funktionierenden Gesellschaft lebten, waren gerade z. B. die Zeremonialgesetze, spezifische Speisegebote und ähnliches sehr wichtig, da sie die Besonderheit und damit auch die Identität dieser Minderheit zum Ausdruck brachten. Anderseits brachte das Leben als Minorität auch wieder die Relativität solcher Gesetze zum Bewußtsein. Für nicht wenige Juden war die Befolgung dieser Gesetze zum Problem geworden. Philosophische Ethik konnte den Dekalog abstützen, auch z. B. das Sabbatgebot in seiner allgemeinsten Form als Tag der Ruhe und des Gebets, aber schon bei den speziellen Sabbatgeboten wurde es unmöglich, eine philosophische Begründung zu liefern. Maimonides, selbst ein hervorragender Gesetzesgelehrter, zog sich auf die Behauptung zurück, es gäbe zwar Gründe für diese positiven Gesetze, diese aber seien für uns wegen der Begrenzung unserer Erkenntnis nicht einsichtig. Liest man ein wenig jüdische Gesetzeskommentare, so wird man sehen, daß diese Behauptung schon das äußerste ist, was ein Philosoph als philosophisches Postulat aufstellen konnte. Jeder Versuch, philosophische Ethik auch nur mit der Thora zu identifizieren, wie das ibn Daud gewollt hatte, mußte in eine Richtung führen, in der eine Fülle von Gesetzesvorschriften irrelevant wurden. Crescas versuchte, einen kleinen, aber bezeichnenden Schritt über Maimonides hinauszugehen: Da Gott für ihn primär nicht Denken, sondern Gutheit ist, ist das Ziel menschlichen Lebens nicht Erkenntnis, sondern Liebe, und die Gottesliebe zeigt sich in der Befolgung des Gesetzes. Die Sinnfrage gegenüber der Fülle von Einzelgesetzen blieb allerdings auch hier unbeantwortet. Die einzige Antwort lag auf einer Ebene, die höchstens die Form »verrückter« Forderungen von Liebesbezeugungen haben konnte, deren modernes Pendant etwa so aussehen könnte: »Wenn du mich liebst, gehst Du morgen mit Frack und Zylinder ins Büro!« Das orthodoxe Judentum insistierte jedoch gerade auf der minutiösen Befolgung dieser Einzelvorschriften. Die Philosophie war an diesem für das Judentum zentralen Punkt zu keiner lebenspraktisch brauchbaren und hilfreichen Antwort gekommen, die jedoch angesichts der Last der Vorschriften mehr gefordert war als die Lösung metaphysischer Antinomien. Obwohl es auch eine Reihe anderer Gründe gab, war doch die Unmöglichkeit, in der Frage des Gesetzes zu einer hilfreichen Antwort zu finden, eine der Ursachen für das Ende der jüdischen Philosophie im Mittelalter – außerphilosophische Bewegungen erwiesen sich bei der Lösung dieser Aufgabe als wirkungsvoller. Die eine war der Talmudismus, d. h. das Studium detaillierter gelehrter Gesetzesinterpretation. Von hier aus gab es selbstverständlich keinerlei Dialog mit der umgebenden Kultur, und ein solcher wurde auch gar nicht mehr gesucht. Es bildete sich eine sich abkapselnde Minoritätenkultur heraus, die sich durch ein extrem entwickeltes Erwählungsbewußtsein aufrechterhielt. Das Gesetzesstudium als solches wurde zu einer Form der Identitätsfindung. Aber auch dies war für etliche Mitglieder der Gemeinde keine ausreichende Hilfe bei der Frage nach der Sinnhaftigkeit der Gesetzeserfüllung.

Eine Reaktion sowohl auf den *Rationalismus* der Philosophie als auch auf den *Talmudismus* war die Kabbala (= »Empfangen durch Tradition«). Hier wurde für alles, also auch für die Gesetze, ein tieferer oder höherer Sinn angeboten. Diese Bewegung entstand im 12./13. Jhd. in Spanien und Südfrankreich unter Aufnahme schon viel älterer mystischer Strömungen des Judentums. Die Kabbala weist entscheidende Elemente *gnostischen Denkens* auf, die manchmal zum Pantheismus tendierten. In der Kabbala wurden zwar eigene Texte verfaßt, sie versteht sich aber in erster Linie als eine Weisheit, die den tieferen, esoterischen, theosophischen Sinn der biblischen Texte erschließt. Für die biblische Exegese wurde ein ausgebreitetes System symbolischer Deutung entwickelt, in dem Zahlensymbolik eine bedeutende Rolle spielte. Einer der Gründe für die Wirksamkeit der Kabbala lag darin, daß sie in der Lage war, gnostische Spekulationen mit mythischem Volksglauben zu verbinden. Diese Seite der Entwicklung der Kabbala braucht im Zusammenhang der Geschichte der Philosophie nicht weiter verfolgt zu werden, so interessant sie auch für die allgemeine Kulturgeschichte ist.

Der zentrale Themenbereich der Kabbala ist das *innere Leben Gottes* und die Beziehungen Gottes zur Welt. Der Mensch »erfährt« dort jedoch nicht nur etwas über dieses innere Leben, sondern nimmt auch gleichzeitig an ihm teil. Das Ziel der Kabbala ist eine besondere religiöse Erfahrung, die auch die Form einer Ekstase annehmen kann. Um zu dieser zu gelangen, wurden auch spezielle Meditationstechniken angewendet, bei denen die Rezitation göttlicher Namen eine wichtige Rolle spielte. Diese Verwendung des wiederholten Sprechens göttlicher Namen ist allerdings oft nur schwer von magischen Praktiken zu unterscheiden. (Texte, die solche Meditationstechniken beschreiben, liegen allerdings erst aus dem 10. Jhd. vor.) Der Abstand zur Philosophie ist hier ganz unübersehbar: Die rationalistische Philosophie hatte die meisten Attribute und Namen Gottes als anthropomorphe Ausdrücke weginterpretiert, während die jüdische Mystik versprach, daß dem Frommen dann, wenn er einen solchen Namen genügend lange wiederholt, ein inneres Licht aufgehen wird, das ihn in das innere Leben Gottes einführt.

In der Kabbala kommen Traditionen des Judentums zum Tragen, die schon seit langem bestanden. Bereits im 1. und 2. Jhd. n. Chr., also in der Periode, in der sich die Gnosis ausbildete, entstand auch eine Form jüdischer Gnosis. Dadurch kam aber nicht etwas wirklich Fremdes in das Judentum hinein, da dieses selbst einiges bereits zum Entstehen der Gnosis beigetragen hatte. Schon in dieser frühen Periode entwickelte sich die *Merkabah-Geheimlehre*, also die Thronwagen-Mystik, die sich auf Ezechiel 1, 15–28, beruft. In der Merkabah-Mystik begibt sich die Seele auf eine Himmelsreise bis in den siebenten Himmel, wo sie zur exstatischen Schau des Thronwagens gelangt. Eine *mystische Vereinigung mit Gott* ist jedoch *ausgeschlossen*, diese biblisch begründete Grenze gilt auch in aller späteren jüdischen Mystik und unterscheidet sie bei allen sonstigen Ähnlichkeiten von der neuplatonischen Mystik (vgl. diese Grenze auch in der Sufi-Mystik, Kap. IX, 3). Der Mystiker wird engelhaft, aber nicht vergöttlicht. Da die Merkabah-Lehre auch in der rabbinischen Exegese eine bedeutende Rolle spielte, hat die Merkabah-Mystik auch Wurzeln in der traditionellen Bibelauslegung. Die Merkabah-Mystik fand zahlreiche Anhänger im 4. und 5. Jhd., vor allem in Babylonien. In der Zeit vom 7. bis zum 12. Jhd. wurden in verschiedenen Ländern, vor allem auch in Deutschland, zahlreiche Texte der Merkabah-Mystik auf der Grundlage älterer Texte redigiert, was auf die Verbreitung dieser Form der Frömmigkeit hinweist.

Es gab daneben auch Beziehungen zwischen der jüdischen Mystik und der islamischen Bewegung der *Sufis*, und zwar in beiden Richtungen. Die jüdische Mystik ist älter als die islamische und hat diese in ihrer Entstehungsphase beeinflusst. Als die Bewegung der Sufis aber ihre Formen gewonnen hatte, wurde sie umgekehrt für Juden attraktiv. In Spanien lassen sich bei ibn Gabirol, ibn Paquda und Jehuda Halewi deutlich sufistische Elemente feststellen. Im allgemeinen aber hatten die Sufis in Spanien wenig Einfluß, da die dort maßgebende malikitische Rechtsschule alles

unternahm, um die Ausbreitung dieser Bewegung zu verhindern. Anders stellte sich die Situation in Ägypten dar. Dort konnte sich die Sufi-Bewegung ungehindert ausbreiten, dort entstanden auch die institutionalisierten Formen der Sufi-Bruderschaften. Seit dem 12. Jhd. waren zahlreiche jüdische Flüchtlinge aus Spanien nach Ägypten gekommen, und es scheint, daß schon zur Zeit des Maimonides, der ja selbst später in Ägypten lebte, nicht wenige Juden sich von der rationalistischen Philosophie abwandten und eine Alternative in einer unmittelbaren Frömmigkeit suchten, die jener der Sufis nachgebildet war. Es sind unter den Ende des 19. Jhd.s entdeckten Kairoer Genizah-Handschriften zahlreiche Texte der Sufis erhalten, die mit hebräischen Buchstaben, also eindeutig für den Gebrauch bei Juden, geschrieben sind, ebenso aber Schriften von Juden, die traditionelle biblische Texte aus dem Geist der Sufis neu interpretieren. Der bedeutendste Autor dieser ägyptischen Bewegung war ausgerechnet Abraham Maimonides (1186–1237), der Sohn des Moses Maimonides. Abraham Maimonides berief sich ausdrücklich auf die Sufis, wies aber auch auf die jüdischen Elemente in der Sufi-Lehre hin. Er unterlegte den Ritualgesetzen eine mystische Deutung, was natürlich viel problemloser vonstatten ging als der Versuch des Moses Maimonides, diesen einen philosophisch relevanten Sinn zuzusprechen. Nachfahren aus der Maimonides-Familie wurden für fast zwei Jahrhunderte die geistlichen Führer einer jüdischen sufi-inspirierten Frömmigkeit. Diese ägyptische Bewegung war aber nicht unumstritten, sie gewann nie allgemeine Anerkennung und verschwand später völlig, als das ägyptische Judentum überhaupt an Bedeutung verlor. Allerdings gab es im Orient auch an anderen Orten, so vor allem in Palästina, enge Kontakte zu Sufis. Im 13. Jhd. waren in Safed jüdische Rabbis mit mystischen

Praktiken, die sufistischer Herkunft sind, beschäftigt. Nach der Vertreibung der Juden aus Spanien bildete sich in Safed mit Moses Cordovero (1522–1570) und Isaac Luria (1534–1572) eine bedeutende Schule der Kabbala aus, doch damit sind wir schon außerhalb der Periode des Mittelalters.

Sehr schwer datierbar ist das in verschiedenen Versionen erhaltene *Sefer Jezirah (Buch der Schöpfung)*. Dieses Buch ist in der Zeit vom 3. bis zum 9. Jhd. aus verschiedenen Quellentexten und in verschiedenen Redaktionsstufen entstanden. Das *Sefer Jezirah* stellt in erster Linie Spekulationen zur Kosmologie und Kosmogonie dar, und nur in geringerem Maß Anweisungen zum Erreichen mystischer Erfahrung. Der Prozeß der Schöpfung wird mit Hilfe der 10 – auf pythagoreische Lehren zurückgehenden – Urzahlen und der 22 Buchstaben des hebräischen Alphabets beschrieben, woraus sich die 32 Wege der Weisheit ergeben. Der gesamte Prozeß der *Weltentstehung* wird als *Zeichenprozeß* interpretiert, und das Schöpfungswerk kann so wie ein Buchtext »gelesen« und meditiert werden. Allerdings konnte diese »Lesart« auch als Grundlage magischer Praktiken dienen. Das *Sefer Jezirah* wurde aber auch häufig von Philosophen kommentiert, so schon von Saadia.

Im 12. und 13. Jhd. bildete sich vor allem im Rheinland der *Chassidismus* (Chassid = »der Fromme«) aus. In dieser Bewegung leben Traditionen der Merkabah-Mystik weiter, auf deren Grundlage die Chassidim dann aber ihre eigene Theosophie entwickelten. Die zentrale Vorstellung war hier die göttliche Herrlichkeit *(kabod)*, das Grundanliegen war die Sichtbarmachung des unkörperlichen Gottes. Gott, die obere Herrlichkeit, manifestiert sich in der anthropomorph sichtbaren Engelwelt, der unteren Herrlichkeit, wobei allerdings die Grenzen zwischen diesen beiden Herrlichkeiten unscharf werden. Die Namen Gottes und der Engel, die in komplizierten Verfahren auch durch Zahlen gedeutet werden, sind dann Gegenstand der Meditation.

Eine sehr ähnliche Bewegung, die als *Kabbala* bekannt ist, bildete sich zu derselben Zeit in der Provence und in Nordspanien aus. In der Provence ist im 12. Jhd. die Sammlung *Sefer Bahir (Das leuchtende Buch)* redigiert worden, in dem die biblische Aussage, daß der Mensch nach dem Bilde Gottes geschaffen ist, in sehr anthropomorpher Weise gedeutet wird, so daß die menschlichen Handlungen und besonders die Erfüllung des Gesetzes in theurgischer Weise Einfluß auch auf das innergöttliche Leben gewinnen können (zu Theurgie vgl. 1. Teil, Kap. XVII, 3, c). Der Anthropomorphismus der älteren mythologischen Tradition wird jedoch etwas zurückgenommen, wenn dann gesagt wird, daß die »Glieder Gottes« nur Bilder für die göttlichen Kräfte *(sefirot)* sind. Die jüdische Religionsphilosophie hatte allen Anthropomorphismen den Kampf angesagt, wogegen der Chassidismus und die Kabbala geradezu ein großes Plädoyer für das Recht anthropomorpher Vorstellungen liefern. Ein Beispiel aus dem Buch *Bahir* sei hier angeführt, das schon deshalb interessant ist, weil hier das *Tohu* aus dem Beginn der *Genesis*, das am Beginn der Schöpfung steht, als das Prinzip des Bösen angenommen wird.

Und was ist das? Das *Tohu*, aus welchem das Böse stammt, das die Menschen verwirrt. Und was ist das? Das ist, wovon es heißt [1. Könige 18,38] »Da fiel ein Feuer Gottes und verzehrte das Opfer, das Holz, die Steine und die Erde«, und es heißt [Deuter. 4, 24]: »Denn der Ewige, dein Gott, ist zehrendes Feuer, ein eifervoller Gott«. Und was ist [das Prinzip der] »Liebe«? Das ist [die] Tora, von der es heißt [Jesaja 55,1]: »Ihr Durstigen alle, kommt zum Wasser, und wer kein Geld hat, geht zu ihm ... ohne Geld, und umsonst.« Und er wird euch mit Tora speisen und auch belehren, denn ihr seid dessen würdig schon durch das Verdienst Abrahams, der Liebe tat nicht um Geld, und Speise und Trank gab »und umsonst Wein und Milch«. (*Das Buch Bahir* § 93. S. 100)

Auch Wein und Milch werden sofort wieder symbolisch und zwar auf die Farben hin gedeutet, nämlich auf rot und weiß, die zwei Eigenschaften oder göttlichen Namen entsprechen, nämlich der Strenge und der Gnade, also der linken und rechten Seite Gottes (Ebd. S. 100 f.). Alles, und somit auch alles, was im Gesetz, in der *Tora* steht, führt also in irgendeiner Weise ein in das innere Leben Gottes. Es ist klar, daß damit auch Gesetzesvorschriften, denen philosophisch keinerlei innerer Sinn abgewonnen werden konnte, als »Speise und Trank« für die Seele gedeutet werden können.

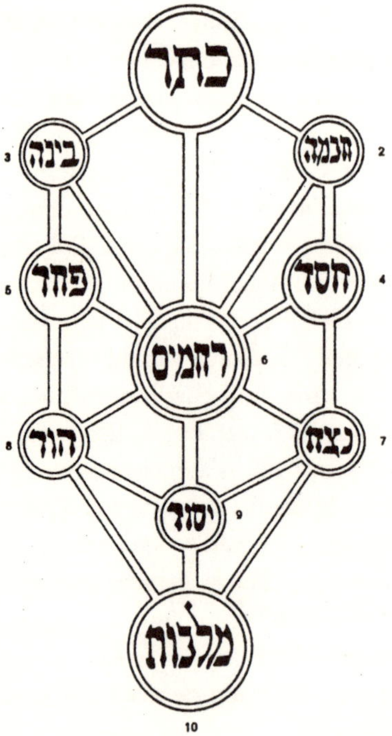

Die zehn Sefira

Die Manifestationen Gottes, in denen er aus seiner Verborgenheit hervortritt.

1. Kether, die »höchste Krone« der Gottheit.
2. Chochma, die »Weisheit« im urschöpferischen Sinn.
3. Bina, die unterscheidende »Vernunft«.
4. Chessed, die göttliche »Liebe«, oder Gedulla, die »Größe«.
5. Gebura, oder Din, die »Macht« Gottes, die sich als strafende Macht und richtende Strenge darstellt.
6. Rachamim, die ausgleichende »Barmherzigkeit«, bzw. Tifereth, die Herrlichkeit, das Herz des Himmels.
7. Nezach, die »beständige Dauer« Gottes.
8. Hod, die »Schönheit« und »Majestät« Gottes.
9. Jessod, das Fundament, der »Grund« aller wirkenden und zeugenden Kräfte Gottes.
10. Malchut, das »Reich« Gottes als geistiges Menschenreich.

(Nach *Sohar. Einleitung*, S. 21)

Einflüsse der provençalischen Kabbala wurden wirksam in Katalonien, wo sich in Gerona ein Zentrum der Kabbala herausbildete. In Spanien ist um 1280 der *Sohar (Buch des Glanzes)* entstanden ist, dessen Verfasser, allerdings unter Verwendung älterer Quellen, Moses de León ist. Deutliches Ziel der Schrift ist es, sich gegen den zu dieser Zeit im spanischen Judentum weithin herrschenden Rationalismus zu stellen. Aber ebenso klar ist die Absicht, gegen den Legalismus eine mystische Deutung des Gesetzes der Torah zu stellen. Im *Sohar* sollen die Manifestationen Gottes in der Welt gedeutet werden, was durch zehn Attribute geschieht, die im sogenannten sephirotischen Baum dargestellt werden (im *Sohar* selbst wird aber der Ausdruck *Sefirot* nicht verwendet): Die dort gebrauchten Ausdrücke sind Worte, mit denen Gott sich selbst benennt, deren Aussprechen dann auch die Welt hervorruft – »hervor-ruft« im eigentlichen Sinn des Wortes –, und die daher dann auch die Grundworte zum Verstehen der Welt sind. Die eigentliche Schöpfung aber findet in Gott selbst statt, auch die »Schöpfung aus Nichts« ist ein innergöttlicher Vorgang: Aus dem (mystischen) »Nichts« treten die sephirotischen Namen als Selbstentfaltung Gottes hervor. Theogonie/Gottwerden und Kosmogonie/Weltwerdung sind somit nur zwei Seiten ein und desselben Vorgangs, der durch das zentrale Moment der Namengebung als sprachlicher gekennzeichnet ist. Die *Schöpfung* wird somit *als Sprachprozeß* gedeutet. Damit verbunden ist eine Licht-Mystik gnostischer oder neuplatonischer Herkunft. Der Hervorgang der *sefirot* wird in einer Weise dargestellt, die sehr stark an die neuplatonische Emanation erinnert, dies wird z. B. deutlich in einem Text aus dem *Sohar* zur Lehre von der Schöpfung, der uns zeigt, wie weit entfernt wir hier von aller aristotelischen Kosmologie und Physik sind, und wie nahe an der Gnosis wir uns befinden.

Merke ferner das Folgende: Als der Allheilige daran war, Welten zu erschaffen, da ließ Er ein verborgenes Licht ausgehen – aus diesem entspringen all jene Lichter, die offenbar werden. Zunächst entfalten sich und schaffen sich aus jenem die übrigen Lichter – sie bilden die *obere* Welt. Aber jenes höchste Licht breitete sich noch weiter aus und bildete eine *Art von Licht, welches nicht leuchtet* – dieser ist der Urgrund der *unteren Welt.* Und dieses nicht leuchtende Licht, wie es der Verbindung mit der oberen Welt bedarf, um zum Leuchten zu kommen, vermag dies nur durch Vermittlung der unteren Welt. Aus der Verbindung mit der oberen Welt aber gibt es Entstehung zahlreichen weiteren Wesensheeren und Scharen, die den höheren dienstbar sind. Darum heißt es: »Wie viel sind Deine Werke, JHWH, sie alle hast Du in Weisheit gemacht, voll ist (auch) die Erde Deines Eigens.« Was auf der *Erde* ist, ist auch in der *Höhe*. Es ist kein noch so geringes Ding in dieser Welt, das nicht abhängig wäre von einem Wesen, das darüber gesetzt ist. Und wird das untere Ding in Bewegung gebracht, dann auch jenes obere, das darüber gesetzt ist, denn alles ist wechselweise miteinander verbunden und geeinigt. (*Der Sohar. Das heilige Buch der Kabbala*. S. 109 f.)

Auffällig ist, daß Kabbala und Chassidismus genau zu jener Zeit und genau an jenen Orten auftraten, wo auch die ersten Bewegungen der *Katharer* (vgl. zu diesen Kap. XIII, 1) bemerkbar werden: in Südfrankreich und im Rheintal. Beiden Bewegungen ist gemeinsam, daß sie dem Bösen in ihrer »Metaphysik« einen weitaus gewichtigeren Platz einräumten, als dies im jüdischen bzw. christlichen Bereich, jedenfalls bei deren offiziellen Vertretern, der Fall war, bei denen das Böse domestiziert, mythologisch Gott untergeordnet (Satan) oder metaphysisch minimisiert wurde (Seinsmangel). Die Antworten auf dieses Problem waren dann allerdings bei den Katharern und in der Kabbala diametral entgegengesetzt. Die Katharer trennten radikal (dualistisch) Gut und Böse, wogegen in der Kabbala, in der es zwar auch dualistische Tendenzen gab, doch vorwiegend – so auch im *Sohar* – versucht wurde, das Böse in irgendeiner Weise in das Göttlich-Gute hineinzunehmen. Als Symbol diente der göttliche Zorn als der göttliche Grund des Bösen (= die fünfte Manifestation Gottes in den zehn *Sefirot*). Schon im Buch *Bahir*, in dem sich die älteste Tafel der zehn *Sefirot* findet, steht der vierten Manifestation, den Wohltaten Gottes, die auch »Gottes Rechte« heißen, in der fünften Manifestation das »große Feuer«, »Gottes Linke«, gegenüber (*Das Buch Bahir*. S. 104). Da die Welt als Entfaltung des göttlichen Urgrunds angesehen wurde, gehörte das Böse zu diesem Prozeß, und all dies ist ein Sprach- und Zeichenprozeß.

Als der Allheilige die Welt erschuf, erschuf Er sie in den Buchstaben der Thora. Jeder Buchstabe stieg vor dem Schöpfer auf, bis sie im Zeichen des Beth zur Ständigkeit kamen, und sie wandelten sich in allen möglichen Verbindungen, wodurch die Weltschöpfung ermöglicht wurde. Als aber hierbei der Buchstabe »Teth« mit dem »Resch« sich paaren sollte, stellte sich Teth zur Seite und mochte sich nicht beruhigen – bis der Allheilige es zurechtwies und sprach: »Teth, Teth, warum stellst du dich zur Seite und bist mit deinem Platze unzufrieden?« Da antwortete der Buchstabe: »Hast Du mich nicht zum Haupte des Wortes »gut« gemacht? Die Thora selbst setzt ja in den Urbeginn die Worte: »denn es ist gut«. Und jetzt soll ich mich jenem Buchstaben, der das Haupt des Bösen bildet, gesellen?« Darauf sprach Gott zu ihm: »Kehre an deinen Platz zurück, denn du bedarfst des »Resch«. Denn der Mensch, den Ich im Begriffe bin zu erschaffen, wird durch euch beide vollendet als Einheit, du aber sollst zu seiner Rechten und das »Resch« zu seiner Linken sein.« Und so kehrten sie beide an ihre Stelle zurück und gesellten sich zueinander. (Ebd. S. 159 f.) [»*Beth*« ist der erste Buchstabe des hebräischen Textes der *Bibel* (im Wort »*Bereschith*«). Mit dem Buchstaben »*Teth*« beginnt das Wort »*tow*«, gut, mit dem »*Resch*« das Wort »*ra*«, böse.]

Die Leidensfähigkeit des jüdischen Volkes zog u. a. auch aus dieser eigentlich häretischen Vorstellung Kraft. In dem selben Text wird erklärt, daß der »Rest Jakobs unter den Nationen, im Inneren der Völkermenge« leben muß unter Herrschern, die nicht von der Herrlichkeit des Herrn wissen, und die so ohne Vernunft leben, bis die »Tage des Bösen« kommen werden und diese Herrscher aus der Welt verdrängt werden (Ebd. S. 159). Auch das Böse gehört in irgendeiner Weise zu den Manifestationen Gottes. Für die Kabbala gibt es daher im Grunde auch kein Theodizeeproblem.

Der Einfluß der Kabbala war sehr groß, die Bedeutung derselben innerhalb des Judentums betrifft aber ein Gebiet, das in der Religionsgeschichte behandelt werden muß. Eine bis heute noch wirksame Einflußsphäre zeigt sich im Chassidismus des östlichen Judentums, dessen Symbolwelt uns im künstlerischen Bereich etwa in den Bildern Chagalls entgegentritt.

Man könnte allerdings fragen, warum die Kabbala überhaupt im Rahmen einer Darstellung der Geschichte der Philosophie behandelt wird. Die Antwort darauf liegt in dem Einfluß, den sie auf die europäische Philosophie ausgeübt hat. Um dies nur anzudeuten: In der Renaissance, so z. B. bei Pico della Mirandola, Giordano Bruno und Jacob Böhme, rief die Kabbala großes Interesse hervor, was ziemlich deutlich ausgesprochen wurde. Viel hintergründiger dürfte die Rolle sein, die die Kabbala in der Philosophie Spinozas spielt (vgl. 3. Teil, Kap. VII, 4). Aber auch noch in der romantischen Naturphilosophie bei Schelling lassen sich Elemente der Kabbala feststellen. In dessen *Philosophische Untersuchungen über das Wesen der menschlichen Freiheit* legt sich ein – wenn auch bisher nicht nachgewiesener – Einfluß der Kabbala nahe, wenn es dort z. B. heißt: »Damit also das Böse nicht wäre, müßte Gott selbst nicht sein.« (Ausg. Schröter IV. S. 295) Neben dieser eher naturphilosophischen Richtung begegnet man der Kabbala aber auch in einem ganz anderen Kontext. Die Buchstaben- und Zahlensymbolik der Kabbala wirkte stark auf Raymundus Lullus ein (vgl. Kap. XVI, 1), der eine auf Buchstaben-Kombination und -Meditation beruhende Logik und Metaphysik aufbauen wollte, die zur Erkenntnis Gottes führen sollte. Die phantastische Form dieser Logik gewann viele Anhänger, so daß sich eine ganze Tradition der Lullisten bildete. Auch Athanasius Kircher (1602–1680) befaßte sich mit dieser Tradition und verfaßte eine ganze Reihe theosophischer Schriften, in denen auch die Kabbala eine wichtige Rolle spielt. Im Frontispiz seines *Oedipus Aegyptiacus* von 1652 findet sich gleichsam programmatisch der sefirotische Baum. Von dieser Tradition her erhielt noch Leibniz wichtige Anregungen, die dann – allerdings unter Voraussetzungen, die mit denen Lulls nichts zu tun haben – zu ersten Anfängen einer Algebra der Logik führten. Kircher war einer der Autoren, die Leibniz zu seiner Zeichensprache der Logik inspirierten und Leibniz brachte allem, was zu seiner Zeit über die Kabbala veröffentlicht wurde, größtes Interesse entgegen. Eine »kabbalistische« Interpretation seiner *Monadologie* könnte vielleicht manches sonst schwer Verständliche erklären. – Auf das Interesse, das gegenwärtig die Kabbala mit anderen ähnlichen Bewegungen (Sufi, Taoismus usw.) findet, braucht nicht eigens hingewiesen zu werden.

- XI -

Die Rezeption der Schriften des Aristoteles und der arabischen Wissenschaft

Das 13. Jhd. brachte einen ungeheueren Aufschwung der Philosophie. Die Gründe dafür können hier nur angedeutet werden. Nur zwei davon, die Aristotelesrezeption und ihre Folgen sowie die Gründung der Universitäten, sollen dann etwas genauer dargestellt werden. Die wichtigsten Faktoren waren die folgenden:

(1) Mit Innozenz III. (1198–1216) war die Auseinandersetzung zwischen Kirche und Staat, d. h. zwischen Papst und Kaiser, vorläufig mit dem – letztlich etwas zweideutigen – Sieg des Papstes beendet. Es folgte eine Periode der Ruhe.

314 | (2) Das Entstehen der Nationalstaaten brachte die innere Einheit mehrerer Länder, besonders Frankreichs. Dies diente auch der wirtschaftlichen Entwicklung. Der materielle Wohlstand kam vor allem den Städten zugute, Paris profitierte besonders.

(3) Die teilweise Zurückeroberung Spaniens brachte Europa in engeren Kontakt mit der arabischen und mit der in Spanien stark vertretenen jüdischen Kultur.

(4) In Sizilien und Unteritalien bestanden seit der Normannenherrschaft mit Roger II. (1130–1154) Kontakte mit der islamischen und der griechischen Kultur, die auch noch unter dem Staufer Friedrich II. (1198–1250) weiterwirkten.

(5) Die Einnahme und Plünderung von Konstantinopel im Jahre 1204 im Rahmen der Kreuzzüge gab den mittelalterlichen Gelehrten erstmals Zugang zu einer Fülle von griechischen Handschriften, die bisher unbekannt gewesen waren.

(6) Die Entstehung der Universitäten.

(7) Die Gründung der Bettelorden, also vor allem der Dominikaner und Franziskaner. Diese hatten sich zunächst die Aufgabe gestellt, durch Predigt und gutes Beispiel – Leben in Armut in den Städten – die Häretiker, vor allem die Katharer, zu bekehren (dazu weiteres in Kap. XIII, 1). Sie wandten sich aber sehr rasch auch der Arbeit an den Universitäten zu, und faktisch kamen aus diesen Orden die meisten der bedeutenden Vertreter der Philosophie des 13. und 14. Jhd.s.

1. Die Universitäten

Gegen Ende des 12. Jhd.s hatten sich in verschiedenen Städten, vor allem in Paris, erhebliche Probleme bei der Struktur und Organisation der Schulen ergeben. Das Niveau der Schulen war durch den häufigen Wechsel der Lehrer nicht gesichert, kirchliche Autoritäten befürchteten, die Kontrolle über die Schulen zu verlieren, städtische Autoritäten wiederum befürchteten, bei der ständig anwachsenden Zahl der Studenten die öffentliche Ordnung nicht mehr sichern zu können. Aber auch innerhalb der verschiedenen Schulen hatten sich Problemen ergeben, da die Konkurrenz der Schulen nicht immer nur positiven Folgen hatte. Die Curricula waren sehr unterschiedlich, die Schulen, die nicht mit einer Kathedrale in Verbindung standen, befanden sich in einer rechtlich ungesicherten Lage. In den Städten hatten sich inzwischen verschiedene Korporationen von Bürgern gebildet, um gemeinsam Rechte zu erwerben oder zu stärken – solche Korporationen wurden von den Juristen *universitates* genannt. Neben der Verteidigung gemeinsamer Interessen nach außen hatten diese *universitates* auch die Funktion, ihre inneren berufsbezogenen Fragen durch Statuten zu regeln, wobei sie darauf bedacht waren, daß diese Regelungen autonom, d. h. ohne Beeinflussung durch irgendwelche Autoritäten, zustande kamen. »Universität« ist also ursprünglich ein Begriff des Körperschaftsrechts. Nach den Vorbildern solcher Korporationen schlossen sich Ende des 12. Jhd.s in Bologna die Studenten, in Paris die Magistri und Studenten zusammen, um korporativ Rechte und Privilegien zu erhalten. Nur wenig später folgten Oxford, Cambridge, Montpellier, Toulouse, Padua, Neapel und Salamanca. Im 14. Jhd. ging die Gründung neuer Universitäten allerdings meist auf die Initiative von Herrschern zurück, die aber die korporative Struktur der schon bestehenden Universitäten mehr oder weniger übernahmen. Die kirchlichen und städtischen bzw. königlichen Autoritäten standen diesen frühen Universitäten zunächst nicht sonderlich wohlwollend gegenüber, sahen aber bald den Nutzen derselben ein und unterstützten sie dann. Die Universitäten hatten eine weitgehende Autonomie in Hinsicht auf die Bestellung von Professoren und auf die Gestaltung der Curricula und der Prüfungen. Allerdings waren Studiengehalte und Prüfungen überall sehr ähnlich, was schon dadurch erforderlich war, daß die akademischen Grade überall gelten sollten. Die Autonomie hatte aber Grenzen, schon deshalb, weil der in den meisten Universitäten von den kirchlichen Autoritäten eingesetzte Kanzler weitgehende Befugnisse innehatte, vor allem in Hinsicht auf die äußerst wichtige Erteilung der Lehrbefugnis *(licentia docendi)*. Auf Interventionen, durch die versucht wurde, auf die Lehrgehalte Einfluß zu nehmen, wird noch hingewiesen werden. Häufig besaßen die Universitäten auch gerichtliche Selbständigkeit, was nicht selten Konflikte mit den städtischen Autoritäten hervorrief.

Die Universitäten strebten danach, in möglichst großer Autonomie ihre inneren Strukturen zu bestimmen und in *Statuten* zu regeln. Faktisch waren sie aber doch von der Approbation der Statuten durch – vor allem kirchliche – Autoritäten angewiesen. Die einzelnen Disziplinen waren in *Fakultäten* zusammengeschlossen: Freie Künste, Recht, Theologie, Medizin. Es gab aber kaum Universitäten, die alle Fakultäten aufwiesen. Die Universitäten hatten in ihrem Ursprung nichts mit der »Universalität des Wissens« zu tun, sie waren vielmehr auf einzelne Wissensbereiche bezogene Interessensgemeinschaften. In Bologna ging es z. B. primär um das Studium des Rechts, in Paris um das der Artes und der Theologie, in Montpellier um das der Medizin. Erst später wurden weitere Fakultäten hinzugefügt, maßgeblich dafür waren aber nicht irgendwelche Ideen der »Vollständigkeit« des Wissens bzw. der Wissenschaften, sondern konkrete Bedürfnisse und Interessen. Die Einheit des Wissens ergab sich eher aus der *Einheitlichkeit der Methode* des Lehrens und Studierens. Alle Fakultäten, auch die der Medizin, waren orientiert an der Auslegung von Texten, die als autoritativ angesehen wurden. In diesem Sinn waren alle Fakultäten »scholastisch«. Die von Hugo von St. Victor (vgl. Kap. VIII, 3) programmatisch in den Umkreis der Wissenschaften eingebrachten mechanischen Künste *(artes mechanicae)* wurden in den Universitäten nicht bearbeitet, d. h. die durchaus interessanten Überlegungen, die im 12. Jhd. zur Einteilung der Wissenschaften unternommen worden waren, wurden nicht als Prinzipien der Wissenschaftsorganisation in den neugegründeten Universitäten aufgegriffen.

316 | Kamen Studenten aus verschiedenen Ländern, so waren diese in *Nationen* zusammengefaßt. Sehr rasch bildeten sich auch Kollegien heraus, in denen bestimmte Studentengruppen wohnten, wo teilweise Unterricht geboten wurde und immer eine Bibliothek vorhanden war. Ein Studium war kostspielig: Die Studenten mußten an vielen Orten für den Lebensunterhalt der Professoren aufkommen, das Leben in den Städten war teuer, und gelegentlich wollten oder sollten auch Bücher angeschafft werden, die wiederum verhältnismäßig hohe Preise hatten, und schließlich sollte noch Geld für Studentenvergnügungen übrig bleiben. Andererseits bot ein abgeschlossenes Studium die Möglichkeit, einträgliche Stellungen zu erlangen und soziale Schranken zu durchbrechen. Es gibt dokumentierte Fälle, wo der Sohn eines Bauern über das Studium der Rechte und eine Stellung als königlicher Kanzler schließlich in den Adelsstand aufgenommen wurde. Petrus Hispanus (um 1226–1277) war zunächst Magister der Artes in Paris, wo er sein berühmtes Lehrbuch, die sogenannten *Summulae logicales*, verfaßte, wurde dann nach dem Studium der Medizin und einer längeren Periode, über die die Historiker keinerlei Auskunft geben können, Hofarzt des Papstes und schließlich selbst Papst als Johannes XXI. Das Einkommen der Professoren hing von der Fakultät ab, an der sie unterrichteten. Theologen, die meist noch Pfründen innehatten, Juristen und Mediziner hatten hohe Gehälter, Professoren der Artistenfakultät hingegen wesentlich niedrigere. Schon dies, abgesehen davon, daß die Artes als Propädeutik für die höheren Fakultäten betrachtet wurden, macht verständlich, daß die Magistri der Artistenfakultät versuchten, rasch ein anderes, höheres Studium zu beginnen, oder eine Stellung außerhalb der Universität zu erlangen. Und dies wiederum brachte es mit sich, daß die Magistri

der Artes verhältnismäßig jung waren. In einem vom päpstlichen Legaten Robert von Courçon erlassenen Dekret von 1215 wurde für die Universität Paris festgelegt, daß ein Lehrer der Artistenfakultät ein Mindestalter von 21 Jahren aufweisen mußte, was zeigt, daß es Studenten gab, die alle für den Magister Artium erforderlichen Studien schon abgeschlossen hatten, bevor sie 21 Jahre alt waren. Es gab also ein eindeutiges Gefälle des Altersunterschieds zwischen den Lehrern der Artes und jenen der höheren Fakutäten, was ein nicht zu unterschätzender Faktor dafür ist, daß in der Fakultät der Artes ein intellektuell wesentlich risikobereiteres Lehrer-Potential vorhanden war als in den übrigen Fakultäten.

Der institutionelle Rahmen der Universitäten brachte gegenüber den Schulen des 12. Jhd.s größere Stabilität, bedeutete aber auch eine gewisse Zurückdrängung der Spontaneität und Experimentierfreudigkeit der Magistri. Nichtsdestoweniger wäre es nicht gerecht, die strenge formale Form des Unterrichts, die sich jetzt an den Universitäten herausbildete, in ihrem Wert zu unterschätzen. Der Lehrbetrieb der Universitäten war durch ein Curriculum genau geregelt. Die Grundlage bildete die *Vorlesung (lectio, lectura)*, also das Vorlesen eines Grundlagentextes sowie die Erklärung desselben. Aus einem Dekret von 1215 läßt sich entnehmen, daß es zwei Formen der Vorlesung gab, also Vorlesungen, die mehr auf das unmittelbare Textverständnis bezogen waren *(cursorie)*, und solche, in denen die Sachfragen im Vordergrund standen, die in Quaestionen behandelt wurden *(ordinarie)*. Die zum adäquaten Verständnis eines Textes erforderlichen beiden Schritte wurden also in zwei verschiedenen Studieneinheiten durchgeführt. Aufschlußreich ist auch, daß gelegentlich für bestimmte Texte gefordert wurde, daß mehrere Vorlesungen *ordinarie* zu besuchen waren, hier war also ein vertieftes oder gründlicheres Studium vorgeschrieben. Die verschiedenen Formen der *lectio* erklären, warum wir aus ein und derselben Periode Kommentare finden, die nicht viel mehr als Glossenanmerkungen sind, andererseits aber auch solche, die sich weit vom Text entfernen und eigentlich nur durch das allgemeine Thema mit dem Text in Verbindung stehen. Vom didaktischen Standpunkt aus ist es bemerkenswert, daß während eines Studienabschnitts nicht gleichzeitig verschiedene Texte studiert wurden, sondern jeweils ein Text einige Wochen lang täglich bearbeitet wurde, bis man den nächsten Text vornahm. Der Student hatte also die Möglichkeit, sich für eine bestimmte Zeit, die manchmal allerdings nur wenige Wochen umfaßte, ganz auf einen Text zu konzentrieren. Die Wahl der Texte war durch die Studienordnung geregelt, ebenso wie die Zahl der Tage bzw. Wochen, die für einen bestimmten Text vorgesehen waren, beides stand also nicht in der Verfügung der Magistri. Bei der Behandlung der Texte hatten die Magistri zumindest bei der Vorlesung *ordinarie* aber ziemlich viel Freiheit. Häufig wurden die Vorlesungen von Studenten aufgezeichnet. Wurden diese Aufzeichnungen vom Magister überarbeitet, so ergab dies eine offizielle und autorisierte Form *(ordinatio)*. Sind hingegen nur die Aufzeichnungen von Studenten erhalten *(reportatio)*, so kommt diesen Nachschriften nur eine bedingte Authentizität zu. Im allgemeinen sind jedoch auch diese Nachschriften verhältnismäßig verläßlich. Das mittelalterliche Abkürzungssystem der Schreibschrift, nicht ganz unähnlich unserer Stenographie, gab die Möglichkeit einer relativ guten Reproduktion eines mündlichen Vortrages. Die Qualität einer solchen Nachschrift hing natürlich sehr von den Qualitäten des Schreibers ab. Jeder Editor mittelalterlicher Texte dieser Periode – Texte etwa vom Ende des 10. oder der ersten Hälfte des 11. Jhd.s sind durchschnittlich wesentlich besser – weiß um die großen Qualitätsunterschiede der Schreiber. Es ist nicht zu übersehen, daß die Vergrößerung der Quantität der Abschrifen mittelalterlicher Handschriften im 13. und besonders im 14. Jhd. nicht selten mit einer Verminderung der Qualität einherging.

Außer den Vorlesungen hatten die Magistri die Aufgabe, mehrmals während des Studienjahres *Disputationen* abzuhalten. Der Magister stellte dabei das Thema, die Disputation hingegen wurde von fortgeschrittenen Studenten durchgeführt. Einer der Studenten mußte eine bestimmte These verteidigen, die von ausgesuchten Studenten angegriffen wurde. Am folgenden Tag legte der Magister eine Zusammenfassung *(determinatio)* vor, in der die Darlegung der These, die Einwände dagegen und die Antworten auf die Einwände in eine geordnete Form gebracht wurden. Disputationen hatte es schon im 12. Jhd. gegeben, die Form der Disputation wurde jedoch
 seit etwa der Mitte des 13. Jhd.s entscheidend durch die 2. *Analytik* des Aristoteles geprägt, durch die strenge Anforderungen an wissenschaftliche Beweisführung eingebracht worden waren. Thomas von Aquin z. B. hielt solche Disputationen alle zwei Wochen ab. Zweimal im Jahr, im Advent und in der Fastenzeit, wurden in Paris außerordentliche Disputationen abgehalten, die dadurch gekennzeichnet waren, daß bei diesen Gelegenheiten nicht nur der Magister, sondern auch die Teilnehmer das Thema bestimmen konnten, so daß sich ein weites Gebiet von Themen ergab, d. h. es wurde »über irgendetwas« *(de quolibet)* disputiert. Eine Voraussetzung dafür, den Magistergrad zu erlangen, war es, zwei Disputationen geleitet zu haben. Neben den hochschulöffentlichen Disputationen wurden auch zur Übung und zum besseren Verständnis des Stoffes in den Kollegien interne Disputationen durchgeführt. Der gesamte Studienbetrieb war also sehr intensiv und kontrolliert, Möglichkeiten etwa für Lektüre von Texten, die außerhalb des Curriculums standen, dürfte es kaum gegeben haben. Was die Studenten der mittelalterlichen Universitäten außerhalb des Curriculums lernten, waren Erfahrungen, die auch außerhalb der Universitäten lagen.

Den Studenten standen gelegentlich gute kurze *Studienführer* zur Verfügung und es wurden auch Sammlungen von Quaestionen zusammengestellt, die den Studenten als Grundlage für die Vorbereitung auf die *Prüfungen* dienten, da dort die am häufigsten bei den Examina gestellten Fragen mit den entsprechenden Antworten übersichtlich aufgelistet waren. Für die Prüfungen zum Magister Artium, dem höchsten in der Artistenfakultät zu vergebenden Grad, wurde 1259 für die Universität Paris festgelegt, daß sich der Kandidat einer Kommission von vier Professoren stellen mußte. Eine gewisse Öffentlichkeit und Objektivität war also garantiert. Die Prüfungen waren ausschließlich mündlich.

In diesem gesellschaftlichen Umfeld von Lernen, Bücherbegeisterung, Autonomiebestrebungen, Anspruch politischer Verantwortung, Privilegien, Hoffnung auf Karriere usw. bildete sich jener Typus von Menschen heraus, die man früher einmal »Intellektuelle« nannte. Die Geschichte dieser Intellektuellen ist seit etwa einem halben Jahrhundert abgeschlossen, es überleben nur noch einige Nachzügler in toleranten Institutionen. Die Intellektuellen waren das Produkt einer gesellschaftlichen und kulturellen Entwicklung, so wie früher einmal die Mönche und die Einsiedler aus bestimmten kulturellen und religiösen Bedürfnissen einer Gesellschaft hervorgegangen waren. Von irgendeiner Kontinuität sollte man allerdings besser nicht sprechen, die Intellektuellen waren nicht die Nachfolger der meditierenden Mönche, und die heutigen Professoren-Wissenschaftsmanager sind nicht die Nachfolger der Intellektuellen. Nichtsdestoweniger sollte man anerkennen, daß es diese Intellektuellen waren, die vom 12./13. Jhd. an bis in die erste Hälfte des 20. Jhd.s nicht nur den wissenschaftlichen, gesellschaftlichen und kulturellen, sondern überhaupt in allen Bereichen den Fortschritt bestimmt und getragen haben. Ob die Manager, die inzwischen die Rolle der Intellektuellen übernommen haben, dies auch zustandebringen werden, ist eine bisher offene Frage.

Zahlreiche Miniaturen des 13. und 14. Jhd.s und Holzschnitte des 15. Jhd.s zeigen uns einen Magister, der auf seiner erhöhten *cathedra* sitzt, vor ihm sitzen die Studenten auf ihren Bänken, wobei jeder ein *Buch* vor sich liegen hat. Dies bringt jedoch eine Idealvorstellung zum Ausdruck, da nicht anzunehmen ist, daß jeder Student für jede der Vorlesungen den entsprechenden Grundlagentext als Buch besaß. Im Vergleich zu den vorangegangenen Jahrhunderten war jedoch seit dem Ende des 13. Jhd.s durch eine technische Revolution die Buchproduktion erheblich erweitert und verbilligt worden – es handelt sich dabei um die Herstellung des *Papiers*. Dieses Verfahren kam ursprünglich aus China, war schon im 9. Jhd. in Bagdad bekannt und gelangte über das islamische Spanien schließlich nach Nordeuropa. Um 1270 gab es erste Papiermühlen in Norditalien, seit etwa 1320 waren solche in Köln, Augsburg und Mainz in Betrieb. Wenn man sich klar macht, daß z. B. für einen Pergamentkodex der *Summa theologiae* des Thomas von Aquin die Häute von ca. 70 Schafen erforderlich waren, während Papier aus Leinenlumpen hergestellt wurde, läßt sich die Bedeutung dieser neuen Technik für die Buchherstellung und für die Buchverbreitung erahnen.

Auch die Skriptorien veränderten sich unter den Bedingungen der Universitäten. Während früher Skriptorien vor allem in großen Abteien und im Umkreis von bedeutenden Bischofssitzen angesiedelt waren, wurden sie jetzt zu städtischen Unternehmen, betrieben meist von Laien, die sich durch diese Tätigkeit den Lebensunterhalt verdienten. Auch gescheiterte Studenten fanden dort eine Verdienstmöglichkeit. Diese kommerziellen Kopisten verfügten häufig nur über sehr unzureichende Lateinkenntnisse und verstanden die Texte überhaupt nicht, dies verbunden mit dem Zeitdruck, unter dem sie standen, erklärt den oft schlechten Zustand der Texte, die nicht von großen Ordensautoren stammten, für deren Schriften bessere Skriptorien zur Verfügung standen.

Und auch die Schrift hatte sich seit dem 11. Jhd. erheblich verändert. In Nordfrankreich und Flandern hatte sich eine gestreckte und zusammengedrängte Schrift, die gotische *Textura* entwickelt. Aufgrund der führenden Stellung der französischen Schulen und der in diesen hergestellten und weit verbreiteten Texten fand diese Schrift rasche Verbreitung. In Italien entwickelte sich die gotische *Rotunda*, die vor allem in der juristischen Universitätsliteratur von Bologna Verwendung fand. Seit dem Ende des 12. Jhd.s hatte sich eine einfachere Kursivschrift herausgebildet, die *Bastarda*, die der seit dem 13. Jhd. steigenden Nachfrage nach zeit- und kostensparender Herstellung von Abschriften entgegenkam.

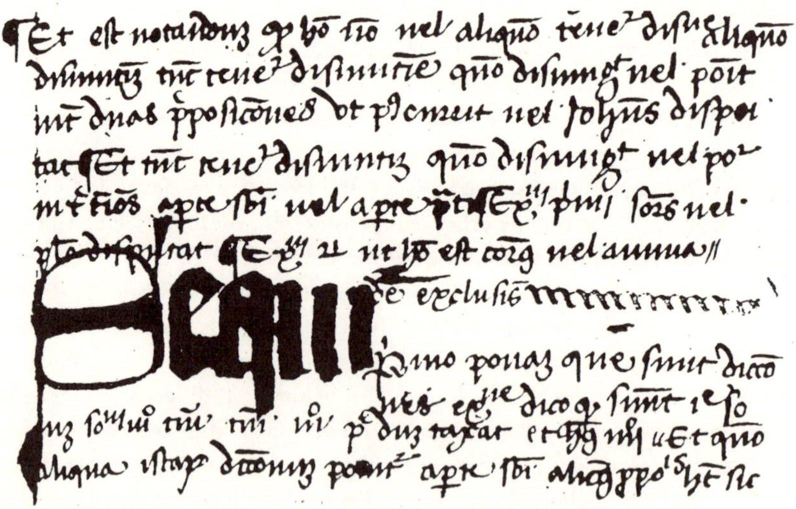

Richard Billingham: *De consequentiis*. Oxford, Bodleian Library, Ms. Lat. misc. e 100, fol. 58r. 14. Jhd.

Die meisten Texte, in denen sich die raschen philosophischen und wissenschaftlichen Diskussionen seit dem Beginn des 14. Jhd.s widerspiegeln, sind in dieser Bastarda und auf Papier geschrieben. Eine große Anzahl dieser Texte ist noch nicht veröffentlicht.

Daß die Universität eine gesellschaftliche Umstrukturierung größten Ausmaßes bedeutete, ist schon Zeitgenossen deutlich bewußt gewesen, und um die Mitte des 13. Jhd.s begann man von den drei Gewalten zu sprechen: Kaisertum, Papsttum und Studium *(imperium, sacerdotium, studium)*. Das war etwas übertrieben, zeigte aber doch in die Richtung der tatsächlichen Entwicklung.

2. Die Übersetzungen

Die Übersetzungen stehen in einem Zusammenhang mit den Schulen des 12. Jhd.s und den Universitäten des 13. Jhd.s. Das Interesse an dem »neuen« griechischen und arabischen Wissen hatte sich im 12. Jhd. herausgebildet (vgl. Kap. VIII, 1, a und 1, b) und setzte sich in den Universitäten fort. Zahlreiche Übersetzer kamen aus dem Norden Europas und arbeiteten auch für einen Markt im Norden. Es handelt sich dabei um eine Bewegung in beiden Richtungen. Aus neuen Fragestellungen war die Suche nach neuen Texten hervorgegangen und die neuen Texte riefen wiederum neue Fragestellungen hervor. Ob von einzelnen Magistri der Universitäten direkte Übersetzungsaufträge ausgegangen sind, wie es gelegentlich im Verhältnis von Thomas von Aquin und Wilhelm von Moerbeke vermutet wurde, ist nicht sicher auszumachen; wohl aber ist anzunehmen, daß die Übersetzer genau wußten, daß die Ergebnisse ihrer Tätigkeit vor allem in den neugegründeten Universitäten ein interessiertes Publikum fanden, und sie wußten auch, welche Themen dort aktuell waren und welche Texte daher dort guten Absatz finden würden. Das Interesse der Übersetzer war ausschließlich auf Texte aus den *Wissenschaften* und der *Philosophie* gerichtet, also auf jenes Wissen, von dem man annahm, daß es interkulturell gültig war. Übersetzungen von Schriften, die das Verständnis der islamischen oder jüdischen Religion und Kultur hätten fördern können, wurden nicht angefertigt. Eine lateinische Paraphrase des *Koran* war allerdings schon in der ersten Hälfte des 12. Jhd.s in Cluny auf die Initiative des Abtes Petrus Venerabilis hin von Robert von Ketton hergestellt worden (vgl. Kap VI, 1). Das Ziel dieser Übersetzung war allerdings nicht das Verständnis der Religion des Islam, sondern war von apologetischen und missionarischen Interessen bestimmt. Kulturgeschichtlich war die Zielrichtung der Übersetzer in Toledo, Sevilla und Sizilien im 12. und 13. Jhd. ganz ähnlich jener im Bagdad des 9. und 10. Jhd.s. Auch dort konzentrierte sich das Interesse auf wissenschaftliche und philosophische Texte, zu denen gelegentlich noch historische Texte kamen, die aber nur den eigenen Herrschaftsbereich betrafen (vgl. Kap. IX, 2, a). An diesem Punkt ist vielleicht festzustellen, daß einiges von der Spontaneität und Offenheit der lateinischen Magistri der ersten Hälfte des 12. Jhd.s verlorengegangen war. Abaelard schrieb noch einen Dialog zwischen einem Juden, einem Christen und einem Philosophen, wobei seine sachlichen Kenntnisse, die für einen solchen Dialog erforderlich gewesen wären, nicht allzu groß waren. Jetzt wäre in Toledo ein solcher Dialog auf einem ganz anderen Niveau möglich gewesen, aber er fand nicht statt, und so schrieb Thomas von Aquin seine *Summe gegen die Heiden* zwar in der Absicht, damit eine Grundlage für die Bekehrung der Muslime zu liefern, wandte sich aber in keiner Weise wirklich an diese, sondern an ein abstraktes philosophisches Publikum und drückte nur sein Bedauern darüber aus, daß er die Lehren der Mohammedaner nicht genügend kennt (*Summa contra gentiles* I, c. 2). Damit soll die Bedeutung der Übersetzer in keiner Weise gemindert werden, wohl soll hier aber die Grenze aufgezeigt werden, die durch die ideologischen Voraussetzungen dieser Tätigkeit mitgegeben war. Die Übersetzungstätigkeit ins Lateinische hörte in dem Moment auf, wo man meinte, die wichtigsten Texte übersetzt zu haben, genauso wie die entsprechende Tätigkeit von Übersetzungen ins Arabische aufhörte, als die wichtigsten philosophischen und wissenschaftlichen Schriften zur Verfügung standen. Die sprachlichen Voraussetzungen, Griechischkenntnisse für die Araber, Arabisch-, Hebräisch- und Griechischkenntnisse für die Lateiner wurden nach Abschluß dieser Übersetzungsperioden nicht weiter gepflegt. Jede dieser Kulturen schloß sich nach diesem Wissenstransfer wieder in sich ab.

Das Zentrum der Übersetzung philosophischer und wissenschaftlicher Texte aus dem Arabischen war Spanien, einige Übersetzungen mathematischer und naturwissenschaftlicher Texte wurden dort schon im 10. Jhd. in Barcelona hergestellt. Im Kloster Ripoll (Katalonien) waren solche Handschriften vorhanden und dort oder in der nahegelegenen Bischofsstadt Vich hat Gerbert von Aurillac solche Texte studiert (vgl. Kap. V, 3).

Im 12. Jhd. wurde Toledo der wichtigste Ort, an dem Übersetzungen aus dem Arabischen hergestellt wurden. Nach der Einnahme Toledos im Jahre 1085 besaß die Stadt einen bedeutenden Anteil an arabischer und jüdischer Bevölkerung, und entsprechend waren zahlreiche Kodizes arabischer und jüdischer Philosophie und Wissenschaft dort vorhanden. Der Escorial besitzt bis heute einen der reichsten Bestände von arabischen Handschriften überhaupt. Die Texte der griechischen Philosophie und Wissenschaft waren in Toledo also in arabischen Übersetzungen jederzeit greifbar. Der Bedarf an lateinischen Übersetzungen war in den nördlichen Ländern groß, und so begann in Toledo eine rege Übersetzertätigkeit, die von Erzbischof Raimundo (Bischof von 1125–1152), der selbst aus Frankreich stammte, unterstützt wurde. Von einer »Übersetzerschule« kann man zwar nicht sprechen, wohl aber von einer in verschiedenen Übersetzergruppen ähnlichen Vorgangsweise. Gewöhnlich wurde zunächst eine Übersetzung aus dem Arabischen oder Hebräischen in das damalige Spanisch hergestellt, dann wurde dieser Text ins Lateinische übertragen. Da die Übersetzer für das lateinkundige Publikum und nicht für das spanisch-vulgärsprachliche arbeiten, ist von den Texten dieser Zwischenstufe nichts erhalten geblieben. Bei dem ersten Schritt waren nicht nur Araber, sondern auch zahlreiche jüdische Übersetzer beteiligt, deren Umgangssprache ja das Arabische war. Möglicherweise waren letztere sogar in der Überzahl. Die meisten Endredaktoren der lateinischen Fassungen kamen aber nicht aus Spanien, sondern aus nördlichen Ländern sowie aus Italien. Einige Übersetzer in solchen Teams, die zunächst auf arabischsprachige Mitarbeiter angewiesen waren, lernten mit der Zeit selbst genügend Arabisch, um selbständig Übersetzungen herstellen zu können. In der ersten Phase handelte es sich weithin um Wort-für-Wort-Übersetzungen, was bei der sehr verschiedenen Syntax des Arabischen und Lateinischen nicht immer befriedigende Ergebnisse lieferte. Es wurden auch arabisch-lateinische Listen korrespondierender Wörter hergestellt, ein solches *Glossarium Latino-Arabicum.* (hrsg. v. C. F. Seybold. Weimar 1899) ist noch erhalten.

Der wahrscheinlich bedeutendste Übersetzer überhaupt war Gerhard von Cremona (1114–1187), der vermutlich nach 1140 nach Toledo kam, wo er dann bis zum Ende seines Lebens blieb. Er übersetzte neben Werken der Logik und Philosophie solche der Mathematik, der Astronomie, der Alchemie, der Physik sowie der Medizin, wobei er gelegentlich auch auf schon vorhandene Übersetzungen zurückgriff und diese überarbeitete. Der Überlieferung nach war es der *Almagest* des Ptolemaios, für dessen Übersetzung Gerhard von Cremona eigentlich nach Toledo gekommen war. Von dieser Übersetzung ist sogar der Name des Bearbeiters des ersten Schrittes, des Mozarabers Galippus, bekannt. Unter den beinahe 80 Übersetzungen Gerhards findet sich die *2. Analytik* des Aristoteles, al-Farabis Kommentar zur *1. Analytik*, die *Konika* des Apollonios und arabische Kommentare zu den *Elementen* Euklids. Besonders rasche Verbreitung fand seine Übersetzung von Avicennas *Kanon der Medizin*, und auch medizinische Schriften von Galen und Rhazes wurden von ihm übersetzt. Sehr wichtig für die weitere Geschichte der Philosophie wurde auch seine Übersetzung des *Liber de causis*. Daniel von Morley hielt sich ca. 1175–1185 in der Umgebung Gerhards von Cremona auf und übte dann scharfe Kritik an der wissenschaftlichen Rückständigkeit der Pariser Philosophen (vgl. Kap. VIII, 1, b).

Der Engländer Robert von Chester war seit etwa 1141 in Toledo tätig und übersetzte 1145 die *Algebra* al-Huwarizimis, wodurch die Grundlage algebraischer Kenntnisse im Mittelalter gelegt wurde. Außer diesem Text übersetzte er weitere mathematische, naturwissenschaftliche und alchemistische Texte. Seine Übersetzung des *Liber de compositione alchemiae* wurde im Mittelalter sehr häufig kopiert und gehört zu den frühesten Drucken (Basel 1559). Am Ende des 12. und zu Beginn des 13. Jhd.s war ein weiterer Engländer in Toledo tätig, Alfred von Sareshel. Neben Übersetzungen verfaßte er eigene Werke auf der Basis arabischer und griechischer Wissenschaft, so die Schrift *Über die Bewegung des Herzens (De motu cordis)*, die er Alexander Neckham widmete. Auch hier ist also die Beziehung der Arbeiten in Toledo mit der neuen lateinischen Naturphilosophie des 12. Jhd.s deutlich.

Für die Philosophie besonders wichtig war Dominicus Gundissalinus (um 1110–nach 1181), der vermutlich der selbständigste Philosoph unter den Übersetzern war. Außer der schon oben genannten Schrift *De divisione philosophiae* (vgl. Kap. VIII, 3) verfaßte er jeweils eine Schrift *Über die Seele* und *Über die Unsterblichkeit der Seele (De anima* und *De immortalitate animae)*, sowie *Über den Hervorgang der Welt (De processione mundi)*, also genau über die Themen, die die zentralen Streitfragen um die aristotelische Philosophie im 13. Jhd. darstellen sollten. In einer der genannten Schriften lieferte Gundissalinus einen Überblick über alle für die Unsterblichkeit der Seele aufgestellten Beweise, womit er für die späteren Diskussionen bis zu Thomas von Aquin das gesamte verfügbare Material bereitstellte. Gundissalinus wußte also, welche Probleme die Übersetzungen hervorrufen würden, dies zu wissen war im übrigen für einen christlichen Kenner der arabischen Philosophie nicht besonders schwierig, da die Grundprobleme gegenüber aristotelischer Philosophie für Muslime und für Christen doch sehr ähnlich sind. Gundissalinus übersetzte mit Hilfe eines Juden (aber nicht des in Kap. X, 2, g genannten Ibn Daud, wie häufig vermutet wurde) den *Fons vitae* ibn Gabirols. Gundissalinus dürfte über genügend Arabischkenntnisse verfügt haben, um auch selbständig Übersetzungen herzustellen.

Toledo war nicht der einzige Ort in Spanien, an dem Übersetzungen hergestellt wurden, auch in Barcelona, Saragossa, Pamplona, Segovia und León waren Übersetzer tätig. Besondere Förderung fanden solche Arbeiten in Sevilla. Dies ging auf König Alfons X. von Kastilien und León (1226–1284) zurück, der besonderes Interesse an wissenschaftlichen, literarisch-musikalischen und historischen Fragen hatte. Alfons X., dessen Beiname »der Weise« die falsche Wiedergabe von »der Gelehrte« *(el sabio)* ist, versammelte an seinem Hof in Sevilla Übersetzer, Kompilatoren, Dichter, Musiker und Historiker, die an verschiedenen großen Werken arbeiteten *(Cantigas de Santa Maria, Estoria de Espana)*. In diesem Umkreis sind auch die *Libros del saber de astronomia* entstanden, wo wir den seltenen Fall vorfinden, daß eine Abhandlung nicht als Zwischenstufe, sondern als Endstufe in eine Vulgärsprache übersetzt wurde. Dieses Werk besteht aus einer Reihe von Übersetzungen arabischer Texte über Astronomie und astronomische Instrumente. Wichtig waren auch die sogenannten *Alfonsinischen Tabellen* der Bewegung der Sonne, des Mondes und der Planeten. Diese Tabellen wurden um 1270 auf der Grundlage eines Werks des arabischen Astronomen Arzachel (um 1030–1090) zusammengestellt und stellten bis in die Zeit der Renaissance eine unentbehrliche Grundlage der Astronomie dar, 1483 wurden sie gedruckt und öfters nachgedruckt.

Auch in Italien wurde an Übersetzungen gearbeitet. Auf die Texte, die im Zusammenhang mit medizinischer Forschung in Salerno und Montecassino hergestellt wurden, wurde schon hingewiesen (Kap. VIII, 1, a). Während in Salerno meist mit arabischen Vorlagen gearbeitet wurde, begegnet uns mit Jakob von Venedig um die Mitte des 12. Jhd.s ein Übersetzer, der ausschließlich auf griechische Texte zurückgreift. Jakob von Venedig war vermutlich ein in Italien tätiger Grieche, die Beziehungen zwischen Venedig und Byzanz waren immer sehr eng gewesen. Er übersetzte die *Sophistischen Widerlegungen*, die 2. *Analytik*, die *Metaphysik* und verschiedene naturwissenschaftliche Werke des Aristoteles ins Lateinische. Da er mit den Texten in der Originalsprache arbeitete und auch gute Resultate lieferte, ist es nicht übertrieben, wenn man ihn als den wichtigsten Aristoteles-Übersetzer des 12. Jhd.s ansieht. Der Pariser Magister Albericus war um die Mitte des 12. Jhd.s mit ihm in Kontakt und führte dessen Übersetzung der *Sophistischen Widerlegungen* in die Pariser Logik-Diskussionen ein (vgl. Kap. VIII, 2).

Zu nennen ist auch Palermo, im Ganzen werden die wissenschaftlichen Arbeiten am Hof in Palermo, besonders zur Zeit Friedrichs II. (gest. 1250), allerdings meist überschätzt. Eigentlich war Palermo ein Treffpunkt islamischer, jüdischer und christlicher Gelehrten zur Zeit des ersten Normannenkönigs Roger (1130–1154), also im frühen 12. Jhd. Roger war vor allem an Naturwissenschaft interessiert, und an seinem Hof war z. B. al-Idrisi tätig, ein aus Nordafrika stammender Gelehrter, der sich hauptsächlich mit Geographie beschäftigte. Gegen Ende des 12. Jhd.s ging die Präsenz und Bedeutung der arabischen Gelehrten in Sizilien sehr stark zurück. Der Christianisierungsdruck schreckte islamische Gelehrte ab, und nicht wenige von ihnen kehrten in muslimische Länder zurück. Die christlichen Herrscher Siziliens distanzierten sich zu dieser Zeit von der arabischen Welt, Friedrich II. war eben nicht so aufgeklärt und weltoffen, wie er gerne dargestellt wird. Auch die Gründung der Universität Neapel im Jahre 1224 durch Friedrich II. war allein von dem politischen Willen getragen, die Kontrolle über die Ausbildung seiner zukünftigen Beamten sicherzustellen. Ganz gegen die sonst übliche Freizügigkeit, die es Studenten normalerweise erlaubte, an verschiedenen Universitäten zu studieren, verbot Friedrich II. seinen Untertanen, an einer fremden Universität zu studieren. Allgemein ist zu sagen, daß die Übersetzungen griechischer Texte, die in Sizilien entstanden sind, meist direkt aufgrund der griechischen Vorlagen hergestellt wurden, also ohne Umweg über das Arabische, die Qualität der Übersetzungen erreicht dennoch nicht die von Toledo. Auch fehlte in Sizilien weithin das wissenschaftliche Umfeld, d. h. es wurden dort keine Kommentare zu den neu übersetzten Texten hergestellt, es gab also keine wissenschaftliche Diskussion, die selbst wieder auf die Verbesserung der Texte hätte hinwirken können, wie dies etwa in Toledo der Fall war, wo sich das wiederholte, was schon im Bagdad des 10. Jhd.s stattgefunden hatte. Zuverlässige griechische Handschriften waren vorhanden, der Hof von Palermo verfügte schließlich über gute Kontakte zu Byzanz. Adelard von Bath (vgl. Kap. VIII, 1, b) war beeindruckt von der Fülle der in Palermo vorhandenen griechischen Texte. Der bekannteste Gelehrte, der am Hof Friedrichs II. tätig war, war Michael Scotus (vor 1200 – um 1235). Dieser Gelehrte, der eine etwas schillernde Persönlichkeit war, hatte sich zunächst lange in Toledo als sehr kompetenter Übersetzer betätigt, nach Palermo ging er vor allem in der Funktion des Hofastrologen. Friedrich II. widmete er eine Übersetzung von Avicennas Schrift *Über die Tiere (Abbreviatio de animalibus)*, das dieser dann für sein berühmtes sogenanntes *Falkenbuch (De arte venandi cum avibus)* verwendete. Michael Scotus ist für die weitere Geschichte vor allem durch zahlreiche Übersetzungen von Aristoteles-Kommentaren des Averroes wichtig geworden, ob er allerdings wirklich der Übersetzer aller der ihm zugeschriebenen Kommentare ist, ist umstritten. Im Mittelalter war er später vor allem als Magier und Astrologe berühmt.

Ein weiterer Ort, an dem Übersetzungsarbeit geleistet wurde, war Rom bzw., wenn der päpstliche Hof sich dort aufhielt, Viterbo. Dort wirkte der Dominikaner Wilhelm von Moerbeke (um 1215–1278), der einige Jahre in Griechenland verbracht hatte und das Griechische ganz vorzüglich beherrschte. Er wurde schließlich Erzbischof von Korinth und stellt eine Ausnahme dar, insofern er auch nach seiner Ernennung zum Bischof noch weiter wissenschaftlich arbeitete. Mit Wilhelm von

Moerbeke begegnet uns ein wichtiger Vertreter der zweiten Phase der Übersetzungen, also der verbesserten Neuausgaben aristotelischer Schriften. Außerdem übersetzte er verschiedene spätantike griechische Kommentare so u.a. von Alexander von Aphrodisias und Themistius zu Werken des Aristoteles. Neben philosophischen Werken übertrug er wissenschaftliche Abhandlungen aus dem Bereich der Medizin, der Mathematik und der Naturwissenschaft ins Lateinische. Seine in ihren Konsequenzen wohl wichtigste Übersetzung eines nicht-aristotelischen Textes war jedoch die der *Elementatio theologica* des Proklos, die dann Thomas von Aquin die korrekte Zuschreibung des *Liber de causis* als nicht-aristotelische und ein Exzerpt aus Proklos darstellende Schrift ermöglichte. Die Nachrichten von den engen Beziehungen zwischen Thomas von Aquin und Wilhelm von Moerbeke stammen aber erst aus späterer Zeit. Die Aristoteles-Übersetzungen Wilhelms von Moerbeke blieben maßgebend bis über die Zeit der Renaissance hinaus.

Im 13. Jhd. wurden Übersetzungen auch in Oxford hergestellt, vor allem von Robert Grosseteste, auf den noch einzugehen sein wird (Kap. XII, 1).

Es muß festgehalten werden, daß – entgegen einer verbreiteten Meinung – die Übersetzungen der Schriften des Aristoteles, die direkt aus dem Griechischen angefertigt wurden, wesentlich zahlreicher waren als jene, die aufgrund arabischer Vorlagen hergestellt wurden, und daß erstere auch eine weitaus größere Verbreitung fanden als letztere. Die lateinischen Philosophen hatten also meist Aristoteles-Übersetzungen aus dem Griechischen vor sich liegen, die sie allerdings mit Hilfe von Kommentaren interpretierten, die von dem arabischen Philosophen Averroes dominiert wurden. – Es ist in unserem Zusammenhang nicht erforderlich, eine genaue Liste der Übersetzer der einzelnen Werke des Aristoteles, seiner griechischen und arabischen Kommentatoren und der Werke der griechischen und arabischen Wissenschaft aufzuzählen. Es muß aber festgehalten werden, daß nicht wenige dieser Übersetzungen für die spätere Zeit die einzige Textgrundlage blieben, da vor allem zahlreiche arabische Texte im Original verlorengegangen sind. Und schließlich sollte man sich auch klar machen, daß die mittelalterlichen Autoren manche Texte in Übersetzungen zur Verfügung hatten, die heute sowohl im arabischen Original wie in der lateinischen Übersetzung verlorengegangen sind. Albertus Magnus, der häufig wegen seiner Weitschweifigkeit und seiner Zitiersucht geschmäht wird, ist in dieser Hinsicht eine unschätzbare und bis heute nur unzureichend erforschte Quelle, aus den Schriften Alberts läßt sich z. B. nachweisen, daß er noch sämtliche Kommentare al-Farabis zur Logik des Aristoteles in lateinischen Übersetzungen zur Verfügung hatte, von denen heute im arabischen Original nur ein Teil erhalten ist.

Die Übersetzungen der zweiten Phase verdrängten die früheren aber nicht von einem Tag auf den anderen. Texte wurden überall gebraucht und so blieben die früher hergestellten ebenfalls in Umlauf. Dies ergab für diejenigen, die im 13. Jhd. mit diesen Texten arbeiteten, eine oft recht unübersichtliche und unsichere Situation. Bei Albertus Magnus z. B. läßt sich feststellen, daß er bei der Herstellung seiner eigenen Kommentare öfter sowohl eine griechisch-lateinische wie eine arabisch-lateinische Übersetzung eines Aristoteles-Textes als Vorlage verwendete. Auch noch Autoren des 14. Jhd.s rechneten mit unsicheren Lesungen und Übersetzungsfehlern, so beklagt z. B. Ockham die Unsicherheit der Übersetzungen (*Logica* I, c. 51. S. 170 f.). Außerdem lag noch keine definitive Liste der aristotelischen Schriften vor. Dazu kam noch, daß zahlreiche heute als nicht-aristotelische Texte identifizierte Schriften unter dem Namen des Aristoteles im Umlauf waren, während man auf der anderen Seite die Existenz noch weiterer aristotelischer Schriften vermutete, die nur noch nicht übersetzt wären (was aber nicht der Fall war). Diese ziemlich komplizierte Textlage ist nicht nur literarhistorisch, sondern auch philosophiegeschichtlich relevant. Es ist mangels eines klar definierbaren textlichen Bezugspunktes ganz und gar nicht eindeutig, was unter einem »Aristoteliker« des 13. Jhd.s überhaupt genau zu verstehen ist, und es wäre keinesfalls historisch korrekt, aus der Sicht unserer heutigen Aristoteles-Kenntnis einen »Aristoteliker« des Mittelalters zu konstruieren. Auch wäre es viel zu einfach, die Philosophen-Theologen des 13. und des beginnenden 14. Jhd.s in Aristoteles-Anhänger und Aristoteles-Gegner einteilen zu wollen. Der Aristotelismus dieser Zeit lieferte ein sehr breites Spektrum möglicher und durch Texte rechtfertigbarer Interpretationen, und für den heutigen Historiker stellt sich die Rezeption der Aristoteles-Texte nicht als ein lineares Geschehen dar, sondern als ein Vorgang von Überlagerungen, Einschüben, Verdrängungen und Verschiebungen von Texten und Textschichten. Wenn also im folgenden doch gelegentlich von »Aristotelikern« bzw. »Aristotelismus« und deren bzw. dessen Gegnern gesprochen wird, so stellt dies nur eine verkürzende Bezeichnung des angedeuteten komplexen und vielschichtigen Sachverhalts dar.

3. Die Rezeption der Übersetzungen und deren Folgen

Die Übersetzungen brachten den Philosophen und Theologen des 13. Jhd.s schrittweise, aber in doch verhältnismäßig kurzer Zeit die Kenntnis des Gesamtwerks des Aristoteles, zahlreicher griechischer und arabischer Aristoteles-Kommentatoren und etlicher pseudo-aristotelischer Schriften. Außer den aristotelischen Schriften waren auch arabische und jüdische Traktate, die zwar im Anschluß an Aristoteles-Texte entstanden waren, die aber doch einen selbständigen und systematischen Charakter aufwiesen, ins Lateinische übersetzt worden. Es ist fast nicht möglich, sich klar zu machen, was es bedeutete, daß nun plötzlich das Gesamtwerk des Aristoteles bekannt wurde, und ohne die spätantiken und arabischen Kommentare wären die lateinischen Magistri überhaupt nicht in der Lage gewesen, diese schwierigen Texte in überschaubarer Zeit zu bearbeiten. Wenngleich in Übersetzungen wie in Kommentaren eine neuplatonische Interpretation vorherrschte, die den authentischen Aristoteles noch einigermaßen überdeckte, wurde es doch bald – vor allem durch die Übersetzungen der einen authentischeren Aristoteles präsentierenden Kommentare des Averroes – unübersehbar, daß hier ein völlig anderes, vom bisher herrschenden augustinischen radikal verschiedenes Verständnis von Welt und Mensch eindrang, das aber in seinen Grundzügen genau dem entsprach, was die Naturphilosophen des 12. Jhd.s gesucht hatten. Die aristotelische Naturphilosophie lieferte das, was auch der »wissenschaftliche« Platon zu bieten nicht imstande war (vgl. Kap. VIII, 1, c). Das »Neue« war genau das, was erwartet worden war – und es war noch um einges mehr.

Aristoteles war an der Erkenntnis der Welt als solcher interessiert gewesen, ohne irgendwelche religiösen Ziele zu verfolgen. Die Naturphilosophie und die Metaphysik des Aristoteles rief daher auf der einen Seite begeisterte Zustimmung hervor, mußte aber gleichzeitig für viele Menschen dieser Zeit und dieser Kultur zutiefst beunruhigend wirken. Philosophie und Wissenschaft erschienen in diesem Rahmen als von Theologie unabhängig konzipierbar, als autonome Disziplinen, für die eigentlich eine wie auch immer geartete Zuordnung zu theologischen Fragen völlig belanglos war und einzig ein Problem der Theologen darstellte. Durch die Schriften vieler Autoren des 12. Jhd.s waren die Magistri auf die neue Situation zwar schon vorbereitet, die Fülle des Materials, das jetzt zugänglich wurde, übertraf jedoch alle Erwar-

tungen. Es spricht für die geistige Beweglichkeit der mittelalterlichen Magistri, daß sie sich geradezu mit Begeisterung auf diese neuen Entdeckungen stürzten, obwohl sie dadurch oft und manchmal sehr radikal in ihrem bisherigen Denken in Frage gestellt wurden. Manche Magistri hatten vermutlich schon vorher nach neuen Wegen des Denkens gesucht und erhielten jetzt von Aristoteles und Averroes genau die Argumentationshilfen, die sie benötigten. Andere Magistri, die der Herrschaft einer sakral dominierten Kultur und Gesellschaft entkommen wollten, fanden plötzlich einen ganz Großen der Philosophie, eine Autorität, die ganz und gar profan dachte, und so erhielt die Entsakralisierung der Welt, die im 12. Jhd. eingesetzt hatte, jetzt einen methodologisch und wissenschaftlich abgesicherten Boden. Die jungen Magistri der Artes brachten dies deutlich und gelegentlich provokativ zum Ausdruck, was natürlich den kirchlichen Autoritäten nicht entging. Es begann also die Phase der *Aristotelesverbote*. Im Jahre 1210 fand in Paris eine Synode statt, die unter Androhung der Strafe der Exkommunikation festlegte, daß weder öffentlich noch privat Vorlesungen über die aristotelische Naturphilosophie oder deren Kommentare abgehalten werden durften, und dabei waren die »schärferen« Averroes-Kommentare zu diesem Zeitpunkt noch gar nicht bekannt. Mit den 1215 in Paris erlassenen Universitätsstatuten wurden diese Verbote auch auf die aristotelische Metaphysik ausgedehnt. Es scheint, daß diese kirchlichen Maßnahmen durchaus mit Einverständnis oder sogar teilweise auf Betreiben der Magistri der theologischen Fakultät ergriffen wurden. Hier begegnet uns zum ersten Mal ein gespanntes Verhältnis zwischen Artistenfakultät und Theologischer Fakultät, das auch weiterhin in der Entwicklung des Selbstverständnisses der Vertreter der Philosophie eine nicht unerhebliche Rolle spielen wird. Die damit gegebenen Probleme werden dann im letzten Drittel des 13. Jhd.s ihre volle Schärfe erreichen, was zu den bekannten Verurteilungen von 1277 führen wird, die später zu besprechen sein werden (Kap. XV). Trotz dieser Aristoteles-Verbote nahm in den folgenden Jahren in Paris auch in der theologischen Fakultät das Interesse an Aristoteles-Texten zu, nur so läßt sich erklären, daß 1228 Papst Gregor IX. die Professoren der theologischen Fakultät ausdrücklich vor dem »Mißbrauch« der Philosophie warnte. Das Problem blieb auf der Tagesordnung. Im Jahre 1229 hatte in Paris ein Studenten- und Professorenstreik nach Streitigkeiten mit der Bevölkerung der Stadt den gesamten Lehrbetrieb zum Stillstand gebracht. Im gleichen Jahr war die Universität von Toulouse gegründet worden, welche nun versuchte, die streikenden Studenten und Professoren von Paris anzulocken, indem ihnen versprochen wurde, daß die in Paris verbotenen Bücher in Toulouse in Vorlesungen und Disputationen frei zum Lehrbetrieb zugelassen würden. Der Erfolg des Angebots blieb allerdings aus. Die zur Häretikerbekämpfung (d. h. der Katharer, vgl. Kap. XIII, 1) gegründete Universität Toulouse war nicht besonders attraktiv, und so wurden die in Paris verbotenen Texte mangels Professoren und Studenten in Toulouse doch nicht studiert. Um den Lehrbetrieb in Paris wieder zu ermöglichen, schränkte Gregor IX. das Pariser Aristotelesverbot 1231 in der Weise ein, daß es nur noch so lange aufrecht erhalten bleiben sollte, bis die aristotelische Naturphilosophie durch eine Kommission überprüft worden sei. Von Ergebnissen dieser Überprüfung wissen wir nichts, falls sie überhaupt stattgefunden hat. Das Mißtrauen gegenüber den Lehren des Aristoteles blieb aber und weitete sich sogar aus. 1245 wurde das Pariser Aristotelesverbot durch Innozenz IV. gleichlautend auch für die Universität Toulouse geltend gemacht. All dies konnte jedoch nichts daran ändern, daß der Aristotelismus sich weiter verbreitete. Seit den Jahren kurz vor 1230 wurden auch die ersten »gefährlicheren«, also die Aristoteles-Texte adäquater auslegenden Kommentare des Averroes bekannt, um 1240 waren sie in Paris vollständig vorhanden. Aus den Jahren vor 1250 gibt es Kommentare zur *Metaphysik* des Aristoteles aus Oxford, die zeigen, daß auch dort zu diesem Zeitpunkt die Schriften des Averroes bereits bekannt waren.

Wenn die Dominikaner Albertus Magnus und Thomas von Aquin als Repräsentanten und Vorkämpfer einer intensiven und vorurteilslosen Beschäftigung mit den Aristoteles-Texten und deren Kommentaren hervorgehoben werden, so sollte nicht der Eindruck entstehen, also ob die Dominikaner von Anfang an diese »moderne« Richtung unterstützt hätten. Auch bei diesen hieß es in den Konstitutionen von 1228, daß sie die »weltlichen Wissenschaften« nicht studieren sollten, was nicht nur die Aristoteles-Texte betraf, sondern sogar auch die Freien Künste. Das Studienziel der Dominikaner war also zunächst nur auf die Theologie, die *sacra pagina*, beschränkt, und dies bedeutet, daß es ganz innerhalb der monastischen Tradition stand. Weder Werke wie die Aristoteles-Kommentare des Albertus Magnus noch die *Summa Theologica* des Thomas von Aquin lagen auf dieser Linie, und erst 1249 wurde aufgrund der Forderung der beiden und einiger weniger anderer eine Öffnung in Richtung philosophischer Studien durchgesetzt. Eine solche war auch dadurch erforderlich geworden, daß die neuen Mitglieder des Ordens zum großen Teil aus den Reihen der Artisten stammten. Diese Entwicklung wurde aber auch von zahlreichen Mitgliedern aus dem Weltklerus nicht begrüßt. In einer Auseinandersetzung mit Wilhelm von Saint Amour (gest. 1272) mußte Thomas von Aquin in einer eigenen Schrift *(Contra impugnantes Dei cultum et religionem)* das Recht der Bettelorden auf solche Studien verteidigen.

Auf diesem Hintergrund wird deutlich, daß der Aristotelismus sich im 13. Jhd. nur mit Hindernissen und nicht ohne Anfeindungen ausbilden konnte, daß die Verbote aber kaum eine wirkliche Verzögerung dieses Prozesses bewirkt haben. Die Aristoteliker standen allerdings gesellschaftlich gesehen unter Legitimationszwang. Die Situation war jedoch ganz und gar nicht eindeutig. Die Gegner hatten keinerlei philosophisches »System« zur Verfügung, sondern agierten innerhalb einer recht diffusen augustinischen Weltanschauung. Die Auseinandersetzung verlief deshalb zunächst eher konturlos, wobei die augustinische Weltanschauung erst in der Auseinandersetzung mit der begrifflich scharfen aristotelischen Wissenschaftsauffassung präzisiert wurde. Eine wichtige Rolle dabei spielte Wilhelm von Auvergne (1180–1249), ein Pariser Magister, der seit 1228 Bischof von Paris und somit in die Konflikte des Jahres 1229 an der Universität unmittelbar verwickelt war. Wilhelm von Auvergne steht durchaus in der Tradition der augustinischen Weltanschauung, hat aber klar erfaßt, daß mit den Schriften des Aristoteles eine die Gesamtheit umfassende alternative – und das heißt hier: profan-nichtchristliche – Weltdeutung auftrat. Wilhelm versuchte, dieses Neue nicht einfach abzulehnen und zu verurteilen, sondern sich ernsthaft und nicht von vornherein defensiv mit ihm auseinanderzusetzen, so daß sich dadurch eine Rückwirkung auf die eigene, d. h. augustinische Weltdeutung ergab. Damit trat letztere erstmals in einen Rahmen ein, in dem sie selbst »wissenschaftstheoretisch« gedeutet wurde. Erst mit Wilhelm von Auvergne beginnt eine Entwicklung, in der man von einer »augustinischen Philosophie« sprechen kann, und erst damit beginnt die Auseinandersetzung zwischen Aristotelismus und Augustinismus Konturen zu gewinnen. Es handelte sich allerdings nur um einen Beginn, da Wilhelm noch ganz und gar innerhalb einer Aristoteles-Interpretation stand, die von Avicenna dominiert war, und dies bedeutete, daß eine erheblich neuplatonisch bestimmte Auslegung der Aristoteles-Texte vorherrschte. Es ist somit klar, daß die Gegenüberstellung Augustinismus-Aristotelismus an Schärfe in dem Maß zunehmen mußte, als die authentischere Aristoteles-Interpretation des Averroes innerhalb der lateinischen Philosophie an Boden gewann. Es deutete sich jedoch bereits an, daß sich im Laufe der Zeit die Legitimationsfrage umkehren würde. Schon bei Wilhelm von Auvergne ist die Überlegenheit der aristotelischen Begrifflichkeit nicht zu übersehen, d. h. der Augustinismus wird mit Hilfe aristotelischer Terminologie dargestellt, und dies bedeutet auf längere Sicht: Der Augustinismus muß sich gegenüber dem Aristotelismus legitimieren. Wilhelm hat auch schon ganz klar erfaßt, daß eine wissenschaftstheoretische Abgrenzung von Philosophie und Theologie erarbeitet werden mußte, und er erkannte auch die systematische Eigenständigkeit der Philosophie an. In dieser Hinsicht konnten später Albert der Große und Thomas von Aquin auf den Arbeiten Wilhelms von Auvergne aufbauen.

Die Aristoteles-Verbote wurden von der Kirche nie aufgehoben, und wurden von den Philosophen und Theologen des 13. Jhd.s daher einfach in einem langsamen, aber stetigen Prozeß unterlaufen, d. h. immer weniger beachtet, woran sich auch so heilige Leute wie Albertus Magnus und Thomas von Aquin tatkräftig und wirksam beteiligten. Dies wurde faktisch auch von den kirchlichen Autoritäten akzeptiert. So erklärt sich, daß Urban IV. die Verbote Gregors IX. der Pariser Universität gegenüber 1263 wiederholte, wobei er allerdings gewußt haben muß, daß Wilhelm von Moerbeke genau zu dieser Zeit an seinem Hof Aristoteles-Übersetzungen anfertigte, die hauptsächlich für Vorlesungen in Paris bestimmt waren. Und schon 1255 hatten die Pariser Universitätsstatuten vorgeschrieben, daß außer den aristotelischen Schriften zur Logik auch dessen *Physik*, die *Metaphysik* und die naturwissenschaftlichen Schriften in Vorlesungen zu behandeln sind. Seit etwa 1240 wurden in Paris alle aristotelischen Schriften kommentiert. In den Jahren von 1230 bis 1240 ist in Paris von einem nicht namentlich bekannten Magister eine Art Studienführer verfaßt worden, der in Wirklichkeit eine Vorbereitung auf die Standardfragen in den Prüfungen darstellt, und der zeigt, daß inzwischen der gesamte durch die Aristoteles-Texte vermittelte Wissensbestand zum normalen Studienbetrieb gehörte. Die Statuten von 1255 stellten daher einen entscheidenden Einschnitt dar, nicht insofern sie etwas Neues in Gang brachten, sondern insofern sie dem schon Gegebenen den entsprechenden Rechtsstatus zubilligten. Dies ist nicht wenig, wenn man bedenkt, wie oft das Recht den Gegebenheiten hinterherläuft, und dies mit nicht selten geradezu katastrophalen Folgen. Die Tatsache, daß also das Recht hier mit der faktischen Entwicklung so halbwegs Schritt hielt, ist ganz und gar nicht zu unterschätzen.

Unsere Kenntnis des Aristotelismus des 13. und des beginnenden 14. Jhd.s ist aufgrund der Forschungslage immer noch eher unzureichend, obwohl in den letzten Jahrzehnten zahlreiche wichtige Ergebnisse von Quellenstudien vorgelegt wurden. Es gab jedoch zahlreiche und sehr verschiedene Aristoteles-Interpretationen, von denen viele in Handschriften erhalten geblieben sind. Da es sich jedoch sehr häufig um Texte wenig bekannter Autoren und in sehr vielen Fällen um anonyme Texte handelt, wurden sie bisher gegenüber denen der »großen« Autoren nur wenig bearbeitet und nur selten ediert. Solche Texte müssen nicht unbedingt ediert werden, sollten aber durchgesehen und auf relevante Punkte hin analysiert werden. Sie könnten unter anderem auch Aufschluß geben über Strömungen, die sich auf der »unteren« Ebene junger Magistri abspielten, die – aus verständlichen Gründen – auch mit der »Volkskultur« in engerer Verbindung standen als die etablierten Lehrer der Theologie. In den Konflikten von 1277 zeigte sich, daß diese jungen Magistri nicht selten den Liedern der Troubadoure näher standen als den ethischen Lehren des Aristoteles.

Mit der neuen Situation, in der die Fakultät der Freien Künste ein eigenes und selbständiges Gebiet erlangte, änderte sich der *Begriff* von »Philosophie«, was Albert der Große und Thomas von Aquin zur Kenntnis nehmen und anerkennen werden (vgl. Kap. XIII, 3, und XIV, 2). Der aus der Antike stammende Gebrauch, in dem das Christentum als »Philosophie« bezeichnet wurde und Christen sich als »Philosophen« betrachteten, wird nicht mehr weitergeführt. Wenn von »Philosophen« gesprochen wird, so sind damit jetzt immer »heidnische« Schulen von Philosophen oder Vertreter von zeitgenössischen Schulen gemeint, die sich mit den Texten dieser heidnischen Schulen befassen. *Philosophus* wird im 13. Jhd. zu der Bezeichnung für Aristoteles schlechthin, die Zeit, da mit *Philosophus* Platon bezeichnet wurde, ist vorbei. Die Magistri der Artistenfakultät werden seit dem 13. Jhd. einfach *philosophi* genannt, und damit wird auch die Gegenüberstellung zur traditionellen christlichen Weisheit deutlicher. Aber auch die Voraussetzung der islamischen und jüdischen Philosophie von einer Identität von philosophischer Wahrheit und Offenbarung, wie sie die christlichen Theologen aus den Übersetzungen kennenlernten, konnte nicht übernommen werden. Auch die Einwände der islamischen und jüdischen Philosophen gegen die christlichen Lehren der Menschwerdung Gottes und der Trinität waren bekannt. All dies forderte eine wissenschaftstheoretische Klärung des *Status der Theologie in Abgrenzung zu dem der Philosophie* in Fortführung der im 12. Jhd. erreichten Positionen (vgl. Kap. VIII, 4), und diese Klärung mußte wiederum Rückwirkungen auf das Verständnis des Kompetenzbereichs und der Grenzen der Philosophie haben. Thomas von Aquin wird deutlich den Unterschied einer rationalen, zur Metaphysik gehörenden Theologie und einer Offenbarungstheologie herausstellen. Die rationale Theologie stellt dann einen Teil der Metaphysik dar, nämlich jenen, der das notwendige Seiende behandelt. Damit war die wichtige Unterscheidung in eine philosophische und eine theologische Gotteslehre gegeben, eine Unterscheidung, die in der spätantiken heidnischen wie christlichen Philosophie nicht vorhanden gewesen war, die auch bis in die Zeit Anselms und Abaelards hinein nicht getroffen wurde und die ebenfalls in der islamischen und in der jüdischen Philosophie ganz ausdrücklich nicht gegolten hatte. Die von Thomas von Aquin getroffene Unterscheidung bedeutete zudem, daß die Kompetenz für Metaphysik und rationale Theologie der Artistenfakultät zugesprochen wurde (vgl. Kap. XIV, 2), was eine Anerkennung der Autonomie der Philosophie auch in dem sensiblen Bereich der Gotteslehre bedeutete.

Die Rolle der aristotelischen Philosophie und der Averroes-Kommentare spielten ohne Zweifel eine überragende Rolle bei der Ausbildung eines ausgeprägten Selbstbewußtseins der Magistri der Artistenfakultät. Wir sollten dabei aber nicht übersehen, daß diese Entwicklung mit ganz ähnlichen Bestrebungen auch in ganz anderen Bereichen vorliegt. Die *Herausbildung* einer *profanen*, von der kirchlichen deutlich unterschiedenen und von dieser abgehobenen *Kultur* ist ein im 13. Jhd. in ganz verschiedenen Bereichen beobachtbares Phänomen. Nehmen wir das Beispiel der Musik: Eine Volksmusik hatte es neben der »höheren« sakralen Musik schon immer gegeben. Auf dem Gebiet der »Kunstmusik« finden wir seit dem 12. Jhd. die Bewegung der Troubadoure, bei denen sich eine selbständige profane Literatur und Musik herausbildet. Im 13. Jhd. setzt sich dann eine ästhetische, der philosophischen ganz parallele Emanzipation der Musik durch. Die Kunstmusik ist nicht mehr ein Privileg der Kirche und der Höfe, sondern wird auch ein Element der bürgerlichen städtischen Kultur. Die Formen der Musik lösen sich deutlich von der liturgischen Musik, und die weltliche Motette wird mit politischen, ethischen und satirischen Texten versehen. Im Gregorianischen Choral hatte die Musik im Dienste der liturgischen Texte gestanden, jetzt entwickelte sich auch eine reine Instrumentalmusik, die keinerlei Verbindung zu kirchlich vorgegebenen Texten hatte. – Dieser Hinweis wurde deshalb gegeben, damit deutlich wird, daß die Unterscheidung von Philosophie und Theologie nicht nur von der Aristoteles-Rezeption provoziert worden ist, sondern ein Problem der Kultur der Zeit darstellte, das in der einen oder anderen Weise auf jeden Fall gelöst werden mußte. Die Bereiche des Sakralen und des Profanen wurden deutlicher unterschieden und die Grenzen mußten bestimmt werden. Es wäre daher verfehlt, die Geschichte der Philosophie des 13. Jhd.s einlinig als die Aristoteles-Rezeption und deren Folgen darzustellen. Die Aristoteles-Texte stellten Mittel zur Lösung verschiedener Probleme dar, nicht aber den Grund der Problemstellungen. Und die Aristoteles-Rezeption ist selbst schon das Resultat bereits vorausliegender Problemstellungen (vgl. Kap. VIII, 1, b).

Weiterhin muß darauf hingewiesen werden, daß es wichtige philosophische Entwicklungen des 13. Jhd.s gibt, die unabhängig von der Aristotelesrezeption sind und die ihre Wurzeln schon in Entwicklungen haben, die vor derselben liegen. Dies gilt vor allem für die sogenannte *terministische Logik*, in der ein sehr präzises logisches Instrumentarium entwickelt wurde, um genau analysieren und festlegen zu können, wofür ein Wort in einem Satz steht. Die entsprechenden Lehrbücher des Petrus Hispanus, die sogenannten *Summulae logicales*, und des Wilhelm von Sherwood, die *Introductiones in logicam*, gehörten zur Standardausbildung der Studenten aller Fakultäten. Interessanterweise hat auch diese Entwicklung ihre Parallele in der Musik. Im 13. Jhd. erfuhr die *Notenschrift* entscheidende Fortentwicklungen, so verfeinerte Johannes von Garlandia (um 1190 – um 1272) in seinem Traktat *De musica mensurabili positio* um 1240 die Notenschrift in der Weise, daß die Länge einer Note durch das Zeichen genau festgelegt war. Später vervollkommnte Franco von Köln (Mitte 13. Jhd.) in seiner um 1280 abgefaßten Schrift *Ars cantus mensurabilis* dieses System, so daß nun auch komplizierte mehrstimmige Kompositionen formal genau bestimmt wiedergegeben werden konnten. Beiden ging es darum, die Mehrdeutigkeiten der früheren Notationen zu beseitigen, und nicht von ungefähr waren die beiden genannten Theoretiker, einer Engländer und der andere Deutscher, zeitweilig in

Paris tätig gewesen. – Die *Entwicklung formal eindeutiger Zeichensysteme* stellte somit ein »Bedürfnis der Zeit« dar, das nicht auf die Philosophie beschränkt war. Dieses Bedürfnis wurde vielleicht durch die Aristoteles-Rezeption verstärkt, geht aber nicht auf diese zurück.

Den größten erneuernden Einfluß erreichte der Aristotelismus des 13. Jhd.s im Gebiet der *Naturphilosophie* und der Metaphysik. Es ist jedoch klar, daß dort, wo das gesamte Schrifttum des Aristoteles studiert wurde, der empirische Ansatzpunkt, der hinter all diesem Denken steht, zur Geltung gelangen mußte. Dieses *empirische Denken* entsprach auch dem Naturverständnis der Philosophen des vorausgegangenen 12. Jhd.s, und so könnte man sich also eigentlich einen Aufschwung der *Naturwissenschaften* im 13. Jhd. erwarten. Tatsächlich aber kam es jedenfalls in Paris, dem damaligen Zentrum der Bildung, zunächst zu keiner entsprechenden Neuorientierung. In Paris war die gesamte Diskussion auf die Fragen, die sich für Philosophie und Theologie ergaben, konzentriert. Die Kritik eines Adelard von Bath und eines Daniel von Morley, die im 12. Jhd. gegenüber dem Pariser Wissenschaftsbetrieb geäußert worden war (vgl. Kap. VIII, 1, b), traf noch immer zu, die Pariser Universität war weiterhin, was die Naturwissenschaft betraf, rückständig. Die beiden Engländer fanden in ihrem eigenen Land etwas mehr Gehör, Vertreter einer Verbindung von Aristotelis-

mus und empirischer Wissenschaft fanden sich tatsächlich vor allem in England, von einem wirklichen Beginn experimenteller Naturwissenschaft kann man jedoch auch dort nicht sprechen (vgl. Kap. XII). Auch Albertus Magnus war in gewissem Ausmaß an empirischer Forschung interessiert, aber er stellte diesbezüglich eher eine Ausnahme dar.

Texte zur Wissenschaft lagen nicht nur in den Schriften des Aristoteles vor, sondern auch in den zahlreichen anderen Schriften der griechisch-hellenistischen Tradition sowie in den Traktaten, die über die Weiterentwicklungen der antiken Wissenschaft im islamischen Bereich informierten. Voraussetzung für die Beschäftigung mit diesen Fragen war auch hier die Übersetzungstätigkeit. Diese fand neben der der philosophischen Schriften statt, zeitlich schon früher beginnend und dann mit dieser zusammen. Eigentlich muß man sagen, daß das ursprüngliche Interesse der Übersetzer vor allem den die Wissenschaft betreffenden Texten gegolten hatte. Diese Übersetzungstätigkeit war weniger spektakulär und ebenso war die diesen Übersetzungen folgende Verarbeitung des entsprechenden Wissens weniger aufsehenerregend. Die Übersetzungen erstreckten sich auf alle Gebiete der Wissenschaft, vor allem auf die Medizin, die Astronomie, die Optik und die Mathematik. Tatsächlich wurde auf längere Sicht dieses Eindringen mindestens ebenso wichtig wie das der Werke des Aristoteles und seiner Kommentatoren. Die Materie war – vor allem in der Astronomie und der Mathematik – schwieriger als im Bereich der Philosophie, die Rezeption ging daher sehr viel langsamer vor sich. Noch zu einer Zeit, in der die Philosophie in der Renaissance und der beginnenden Neuzeit ganz andere Wege gehen wird, also auch die aristotelische Philosophie »überwunden« werden sollte, werden sich die Mathematiker und Astronomen mit diesen Übersetzungen beschäftigen, aus denen sie entscheidende Voraussetzungen und Ansatzpunkte für ihre Weiterarbeit erhalten. Die beiden Rezeptionsprozesse verliefen also mit verschiedener Geschwindigkeit. Während selbständige Weiterverarbeitung im Bereich der Philosophie bereits im 13. Jhd. vor sich ging, kann man in den verschiedenen Gebieten der Wissenschaft erst im 14. und 15. Jhd. entsprechende Entwicklungen beobachten und der Prozeß war auch dann noch keineswegs abgeschlossen. Das Interesse an empirischer Forschung, das aus dem 12. Jhd. stammte, erwies sich als etwas naiv, die Texte, die man gesucht hatte, waren jetzt da, aber sie waren einfach zu schwierig, um rasch verarbeitet werden zu können. Die europäischen Gelehrten mußten noch lange in die Schule der Griechen und Araber gehen, bis sie ihren Wissensrückstand aufgeholt hatten.

Der Einfluß der übersetzten Werke aus den verschiedensten Gebieten der Wissenschaft war nicht immer gleich stark. Verhältnismäßig rasch fanden die Werke al-Huwarizimis zur Algebra, Trigonometrie und Astronomie Verbreitung, ebenso die ersten Bücher der *Elemente* Euklids. Andere Werke wie die des Apollonios oder des Archimedes waren noch für lange Zeit zu anspruchsvoll, das Interesse an schwierigen Werken der Mathematik wuchs erst langsam, vor allem im Zusammenhang mit deren Anwendungsbereich in einzelnen empirischen Wissenschaften, so vor allem der Optik. Die Optik fand in England besonderes Interesse (vgl. Kap. XII), und ein dafür wichtiger arabischer Autor war al-Hazen (al-Haitam, um 965–1040). Seine Schrift *De aspectibus* wurde um 1200 ins Lateinische übersetzt. Dieses Werk wurde auch von dem aus Schlesien stammenden Witelo (um 1230 – nach 1275) in dessen Schrift *Perspectiva* ausgiebig verwendet, ein Werk, an das noch Kepler im 16./17. Jhd. anknüpfte. Nach al-Hazens Auffassung dürfen wissenschaftliche Theorien nicht durch Autoritäten begründet werden, sondern einzig durch Experimente und mathematische Überlegungen. Fragen nach dem Wesen der Dinge treten gegenüber denen der beobachtbaren Eigenschaften und deren mathematischer Berechnung ganz zurück oder verschwinden überhaupt gänzlich. Unter solchen Voraussetzungen trat die Frage des Verhältnisses von Naturwissenschaft und Naturphilosophie – diese wiederum verbunden mit Metaphysik – im 13. Jhd. zwar als Problem schon auf, eine Klärung dieser Frage wurde aber nicht erreicht.

Die Verarbeitung der jetzt bekannt werdenden Werke zur Naturwissenschaft wurde durch die Struktur der eben erst entstandenen mittelalterlichen Universitäten nicht gefördert. Der institutionelle Rahmen für Mathematik und Astronomie war weiterhin die Artistenfakultät, und das bedeutete, daß diese Wissenschaften, so weit sie überhaupt aufgegriffen wurden, irgendwie in den Rahmen der Freien Künste eingebaut werden mußten. Schon dies war ihrer Aufarbeitung nicht gerade förderlich. Mathematik und Naturwissenschaften wurden an einer »Durchgangs-Fakultät« gelehrt, weshalb sich auch die dort tätigen Magistri gewöhnlich nur einige Jahre mit diesen Gebieten befaßten, und dies war für so schwierige Gebiete zu wenig. Die Ausbildung im Bereich der Mathematik und Astronomie war und blieb daher rudimentär: das erste und höchstens das zweite Buch der *Elemente* Euklids, einige Grundlagen der Optik und Astronomie. Für ein gründliches Studium etwa der Mathematik oder der Physik hatten weder die Magistri noch deren Schüler genügend Zeit, und erst am Ende des Mittelalters finden wir Magistri, die sich ausschließlich der Mathematik oder den Wissenschaften widmen. Diese Entwicklung setzte aber erst im 14. Jhd. ein.

Die Verbreitung dieses Wissens lief nur zum Teil über die Universitäten. Medizinische Kenntnisse wurden durch Ärzte auch außerhalb der Universitäten verbreitet, astrologisches und damit verbundenes astronomisches Wissen wurde z. B. an Höfen durch Hofastrologen bekannt. Sogar der Handel trug zur Verbreitung des Wissens etwas bei. Im Zuge der Rezeption der arabischen Mathematik und Astronomie begann das arabische Zahlensystem das römische zu verdrängen. Die älteste lateinische Handschrift mit arabischen Ziffern – aber noch ohne die 0 – stammt vom Ende des 10. Jhd. aus Nordspanien. Im 11./12. Jhd. finden wir dann bereits auch die 0. Die neu eingeführte 0 wird im 12. und 13. Jhd. als *nihil* oder *figura nihilis* bezeichnet. Wann genau *nullus* verwendet wurde, von woher dann unsere »Null« stammt, steht nicht fest, jedenfalls seit dem 15. Jhd. ist dieser Gebrauch nachweisbar. Mit dem Eindringen der arabischen Arithmetik begann sich das Dezimalsystem durchzusetzen und zur Verbreitung dieses Systems trug die Verwendbarkeit desselben im Handel viel bei. Hinderlich dabei war allerdings die uneinheitliche Schreibweise – wiederum ein Problem der Zeichensysteme –, weshalb z. B. noch 1299 den Kaufleuten in Florenz die Anwendung desselben verboten wurde. Aber auch die bessere Verwendbarkeit des Dezimalsystems für Rechenoperationen wurde erst nach langen Auseinandersetzungen sichtbar.

- XII -

Robert Grosseteste und Roger Bacon

Das Interesse an *empirischer Forschung* war in England seit dem 12. Jhd. sehr ausgeprägt, dabei ist vor allem an die bereits erwähnten Adelard von Bath und Daniel von Morley zu erinnern (vgl. Kap. VIII, 1, b). Die aristotelischen Schriften zur Naturwissenschaft wurden seit ihrer Übersetzung häufig zusammen mit ihrer interpretierenden Zusammenfassung in Avicennas *Sufficientiae* studiert. Die ältesten Zitate dieses Werkes finden sich bei dem Engländer Alfred von Sareshel, der sich in Toledo aufgehalten hatte. Alexander Neckham hatte klar die Sprache der Naturwissenschaft von aller allegorischen Naturdeutung unterschieden (vgl. Kap. VIII, 1, c), und mit Michael Scotus treffen wir auf einen Engländer als Übersetzer der meisten Aristoteles-Kommentare des Averroes. Noch während der Arbeit des Michael Scotus an | 337
diesen Übersetzungen finden wir bei Robert Grosseteste in den Jahren 1228–1232 die ersten sicheren Nachweise einer Verwendung dieser Averroes-Kommentare bei einem lateinischen Autor. Die Engländer waren also im Bereich der empirischen Wissenschaft den anderen nicht nur zeitlich immer etwas voraus, sondern übertrafen sie auch in ihrem Interesse daran. Es wäre aber, wie sich gleich zeigen wird, unzutreffend, von einem »Empirismus« der »Oxforder Schule« zu sprechen, zunächst, weil es sich nicht um einen Empirismus moderner Prägung handelte, und dann, weil es eine Oxforder Schule im eigentlichen Sinn gar nicht gegeben hat, sondern höchstens ähnliche Interessen und teilweise Beeinflussungen verschiedener Autoren.

Das *Schulsystem* Englands allerdings war Ländern wie Frankreich und Italien unterlegen. Es gab im 12. Jhd. zwar zahlreiche Schulen in England, sie wiesen aber sowohl auf wirtschaftlichem wie auf wissenschaftlichem Gebiet ein eher bescheidenes Niveau auf. Nirgends in England konnte man die Freien Künste oder die Theologie wie in Paris, oder die Rechte wie in Bologna studieren, und wer es sich leisten konnte, ging an eben diese Orte zum Studium. Johannes von Salisbury war in der ersten Hälfte des 12. Jhd.s nach Paris gegangen und hat später in England für Bildung in den Freien Künsten geworben. Auch Alexander Neckham hatte in Paris studiert, bevor er in den neunziger Jahren des Jahrhunderts in Oxford Theologie lehrte. Zu dieser Zeit hatten sich dort bereits einige Schulen zusammengeschlossen, aber auch jetzt noch wirkte Oxford im Vergleich zu Paris oder Bologna auf Zeitgenossen recht provinziell. Wenn also Adelard von Bath oder Daniel von Morley die Pariser

Universität kritisierten, so konnten sie Paris nicht Oxford, sondern nur die griechische und arabische Wissenschaft gegenüberstellen. Oxford hatte eigentlich gar keine besondere intellektuelle Tradition. Es gab dort keine Kathedrale wie in Lincoln oder York und entsprechend keine Kathedralschule. Dafür aber lag die Stadt an einem Schnittpunkt von Handelsstraßen, ihre Bürger waren wohlhabend, und so konnten sich auch die Schulen gut entwickeln. Als 1209 wegen eines für damalige Verhältnisse nicht gerade besonders aufregenden Zwischenfalls – ein Student hatte seine Geliebte umgebracht – wieder einmal eine der im Mittelalter häufigen Streitigkeiten zwischen Stadtbevölkerung und Universität ausbrach, gingen einige der Magistri aus Oxford in das nahe gelegene Cambridge und gründeten dort eine eigene Schule. Die Oxforder Magistri riefen Papst Innozenz III. zu Hilfe, der 1213 das erste offizielle Dokument für die Universität erließ, das dem Kanzler weitreichende Befugnisse übertrug. Oxford war indes weiter von Rom entfernt als Paris, und die Päpste betrachteten eher Paris als Oxford als »ihre« Universität und kümmerten sich etwas weniger um das, was dort vor sich ging – zum Nutzen von Oxford. Die Magistri der Artistenfakultät von Oxford zeigten von Anfang an ein sehr ausgeprägtes Bewußtsein ihrer Autonomie. Sie legten größten Wert auf eine gründliche Ausbildung in den Artes, und die Statuten der Universität forderte ausdrücklich, daß niemand zu den Abschlußprüfungen der Theologie zugelassen werden durfte, der nicht vorher das Curriculum der Freien Künste abgeschlossen hatte. John Blund (um 1185–1248), einer der ersten Oxforder Magistri, der über die *libri naturales* des Aristoteles Vorlesungen hielt, ließ in seinem Traktat *Über die Seele (De anima)* keinen Zweifel daran, daß alle metaphysischen Fragen der Seele einzig in die Kompetenz der Philosophen gehörten, und daß die Theologen sich auf die Frage beschränken sollten, wie die Seele das ewige Heil erlangt.

Da die Universität von Oxford nicht wie die von Paris über eine akademische, im Studienbetrieb schon weithin streng formalisierte Tradition verfügte, war sie intellektuellen Neuentwicklungen gegenüber sehr offen. Auch waren ihre Magistri nicht wie die Pariser Kollegen durch eine Geschichte von Häresieverdächtigungen (z. B. Abaelard, Wilhelm von Conches) belastet. Die gerade von Engländern geforderte Aufnahme des neuen/alten Wissens der Griechen und Araber konnte daher hier ohne größere Hindernisse aufgenommen werden – an der jungen Universität Oxford gab es keine Aristoteles-Verbote wie die in den ersten Jahrzehnten des 13. Jhd.s in Paris. Außerdem waren die Magistri in Paris und Bologna inzwischen hoch spezialisiert, in Oxford nicht, und dies ließ den Oxfordern mehr Raum für theoretische Neugierde. Dies bedeutete auch, daß gerade die Magistri, die nicht aus den reichen Familien stammten und die daher nicht in Paris oder Bologna studiert und dort vielleicht sogar eine Lehrbefugnis erhalten hatten, unverbildeter und damit aufnahmefähiger für neue Entwicklungen und selbst innovationsfreudiger waren. Einer von ihnen war Grosseteste.

1. Robert Grosseteste

Robert Grosseteste (um 1168–1253) stammte aus armen Verhältnissen, wo er seinen Magister Artium erwarb, ist schwer auszumachen, und wie er sich als Lehrer in irgendwelchen Schulen bis zum Jahre 1220 durchgeschlagen haben mag, ist ebenso unklar. Für ein reguläres Studium in Paris, das manchmal vermutet wurde, gibt es keinen überzeugenden Hinweis. Wohl aber könnte sich Grosseteste um 1225 in Paris aufgehalten und dort einige Studien durchgeführt haben. Aus späteren Stellungnahmen Grossetestes scheint hervorzugehen, daß er einige Pariser Magistri kannte, vor allem den späteren Bischof von Paris, Wilhelm von Auvergne. Erst 1225 erhielt er seine erste kirchliche Pfründe, er war zu dieser Zeit schon über 50 Jahre alt und nur Diakon, hatte also nur einen verhältnismäßig niedrigen kirchlich-hierarchischen Grad inne. Von 1225–1235 war Grosseteste mit Oxford verbunden. Die ersten Dokumente, die eine Lehrtätigkeit an der Universität bezeugen, stammen aus dem Jahre 1231, sagen aber nichts darüber aus, ob er Theologie unterrichtete. Um 1230 wurde er Lektor der Theologie bei den Franziskanern in Oxford, deren Orden er aber nicht angehörte. Das Studienhaus der Franziskaner stand damals allerdings noch ziemlich am Rande der Universität Oxford. Es gibt keine Zeugnisse dafür, daß Grosseteste irgendwo ein reguläres Studium der Theologie absolviert hat. Bei einer theologi-
schen Lehrtätigkeit im Konvent der Franziskaner konnte man allerdings über diesen formalen Mangel eher hinwegsehen als an der Universität, auch hier dürften in Oxford noch nicht die strengen Kriterien von Paris gegolten haben. Aus seinen Schriften ergibt sich, daß er zunächst nur eine sehr begrenzte Kenntnis der damaligen Schultheologie besaß. Er hat sich also vermutlich seine Kenntnisse erst während seiner Lehrtätigkeit erworben. Später dürfte Grosseteste allerdings auch an der Universität Theologie gelehrt haben, er wurde sogar zum Kanzler der Universität gewählt, aber vom Bischof von Lincoln dann nicht in seinem Amt bestätigt, was damit zusammenhängen könnte, daß er eben kein »regulärer« Magister der Theologie war. Die manchmal vertretene Meinung, daß er etwa seit 1230 der bedeutendste Oxforder Magister der Theologie gewesen sei, läßt sich kaum halten. Die Zeit der Abfassung seiner Schriften ist umstritten, seine wichtigsten Werke dürften aber jedenfalls während der Oxforder Zeit von 1225–1235 entstanden sein, einige möglicherweise etwas früher. Etwa seit 1225 beschäftigte Grosseteste sich aus primär theologischen Interessen heraus mit Griechisch, setzte diese Kenntnisse aber auch im Bereich der Philosophie ein und übersetzte später u.a. die *Nikomachische Ethik* des Aristoteles ins Lateinische. 1235 wurde er Bischof von Lincoln. Er nahm 1245 am Konzil von Lyon teil, wo auch – ergebnislos – die Frage der Wiedervereinigung mit der griechischen Kirche diskutiert wurde. Grosseteste, der griechische Kirchenväter im Originaltext lesen konnte, hatte wahrscheinlich eine weniger enge Auffassung von Rechtgläubigkeit und mehr Verständnis für die Auffassungen der griechisch-orthodoxen Kirche als die meisten seiner Konzilskollegen und war vom Scheitern des

Konzils enttäuscht. Er war auch sonst ein aufrechter und genau beobachtender Mann. Im Jahre 1250 überreichte er Papst Innozenz IV. ein Schreiben, in dem er klar machte, daß die römische Kurie durch Fehlbesetzungen für viele Mißstände in der englischen Kirche verantwortlich war. Gegenüber dem damals herrschenden Nepotismus forderte er in jedem Einzelfall eine strenge Prüfung des Bewerbers – dies ist angewandte aristotelische Ethik.

Robert Grosseteste gehört in die oben genannte englische Tradition naturwissenschaftlichen Denkens. Es wird berichtet, daß er über gute medizinische Kenntnisse und deren praktische Anwendung verfügte; weiterhin hat er, wie auch aus seinen Schriften hervorgeht, Pflanzen und Tiere genau beobachtet und studiert. Er beschäftigte sich intensiv mit Aristoteles und verfaßte einen umfangreichen Kommentar zur 2. *Analytik*. Grosseteste ist vermutlich der erste lateinische Autor, der die Bedeutung der 2. *Analytik* voll erfaßt hat, und sein Kommentar zu diesem Werk stellt seine wichtigste philosophische Arbeit dar. Er verfaßte außerdem einen Kommentar zur *Physik* des Aristoteles *(Commentarius in VIII Libros Physicorum Aristotelis)*, der schon sehr früh auch im Druck erschien (Venedig 1500). Bei Grosseteste wird die durch die Aristotelesrezeption hervorgerufene Neuorientierung der Naturphilosophie und Naturwissenschaft ganz deutlich. Während im 12. Jhd. der platonische *Timaios* die Rahmentheorie für die Analyse natürlicher Phänomene geliefert hatte, übernehmen jetzt die 2. *Analytik* und die *Physik* des Aristoteles diese Funktion. Der *Timaios* hatte eigentlich nur einen Rahmen geliefert, in den weitere empirische Daten eingefügt werden konnten, er hatte jedoch keine *Methodologie wissenschaftlichen Arbeitens* enthalten. Genau dieses letztere wurde jetzt von der 2. *Analytik* geliefert, die damit das Methodenbewußtsein und die Reflexion auf die Analyse korrekten wissenschaftlichen Argumentierens auf eine qualitativ höhere Ebene hob. In Weiterentwicklung aristotelischer Beweisarten stellte Grosseteste mit den beiden Verfahrensschritten der *resolutio* und *compositio* eine allgemeine Methodologie der Wissenschaft auf: In der *resolutio* werden die Phänomene aufgrund von festgestellten Ähnlichkeiten beschrieben und klassifiziert, während in der *compositio* ein deduktiver Zusammenhang zwischen allgemeineren und spezielleren Aussagen hergestellt wird. In seiner Auffassung von der Wissenschaft war er aber alles andere als ein »reiner« Aristoteliker. In seinen Schriften spielte vielmehr die Auffassung vom *Licht* (Ausstrahlung des Einen) eine ganz zentrale Rolle, und dies war zunächst einmal eine ihrer Herkunft nach eindeutig neuplatonisch-metaphysische Lehre. Grosseteste setzte jedoch hier einen Zusammenhang mit empirischer Wissenschaft an, schließlich ist das Licht auch ein empirisches Phänomen, und als solches kann es wiederum im Rahmen der schon aufgestellten aristotelischen Wissenschaftstheorie behandelt werden. Das Licht stellt für Grosseteste die grundlegende Form aller Dinge dar:

Jede Form ist eine Art des Lichtes *(Omnis forma aliquod genus lucis est.)*. (*Hexaemeron* I, XVIII, 2. S. 78)

Bei einer solchen sowohl metaphysischen wie empirischen Bedeutung des Lichts ergibt sich für Grosseteste, daß die *Optik* zu einer *Basisdisziplin* wird. Im Anschluß an griechische und arabische Autoren führte Grosseteste die *qualitativen* Eigenschaften des Lichts auf *quantitative* Beziehungen zurück: Das Licht breitet sich linear aus und nimmt den kürzesten Weg. Dies sind meßbare Vorgänge, und gerade Linien sind daher für ihn das Konstruktionsprinzip der Natur. Grosseteste führt damit auch ein »Sparsamkeitsprinzip« ein, das für die Natur wie auch für die Wissenschaft von der Natur gilt:

Die Natur wirkt auf die kürzestmögliche Weise *(natura operatur breviori modo)*. *(Die philosophischen Werke des Robert Grosseteste.* S. 61).

Und da gerade Linien den jeweils kürzestmöglichen Weg repräsentieren, wird die *Geometrie*, die sich in ihrer einfachsten Form mit geraden Linien befaßt, zur Grundlagenwissenschaft. Grossetestes Traktat *Über die Linien, Winkel und Figuren (De Lineis, Angulis et Figuris)* gewinnt damit eine zentrale wissenschaftstheoretische Relevanz. Und dort findet sich die programmatische Aussage:

In der Betrachtung der Linien, Winkel und Figuren liegt der allergrößte Nutzen, da ohne sie die Naturphilosophie nicht verstanden werden kann. Sie gelten ohne Einschränkung *(absolute)* für das Universum als Ganzes und in seinen Teilen. Ihre Geltung erstreckt sich auch auf die damit in Beziehung stehende Eigenschaften wie z. B. die geradlinige und die kreisförmige Bewegung [...]. Denn alle Ursachen der natürlichen Wirkungen können durch Linien, Winkel und Figuren entdeckt werden. Es ist unmöglich das »weshalb« *(propter quid)* in ihnen auf irgendeine andere Weise zu wissen. (*Die philosophischen Werke des Robert Grosseteste.* S. 59 f. Übers. v. F. S.)

Damit ist gesagt: Die Wissenschaft hat als Ziel, die Ursachen natürlicher Phänomene aufzufinden und die entsprechende Forschungsmethode ist durch die Geometrie, also durch Mathematik bestimmt. Es ist daher verständlich, daß Grosseteste bei Wissenschaftshistorikern unserer Gegenwart in hohem Ansehen stand: Bei ihm meinten sie die Anfänge der modernen mathematischen und experimentellen Auffassung der Wissenschaft zu finden, und so wurde er als Gründer einer entsprechend gedachten Schule von Oxford gefeiert. Genauere Untersuchungen haben zu einer erheblichen Modifikation bzw. sogar Revision dieser Auffassung geführt (McEvoy 1982), die Bedeutung Grossetestes wird aber dadurch nicht geringer, ist aber eben anders anzusetzen als dies bisher geschah. Wird sein Wortgebrauch von *experimentum* genau analysiert, so zeigt sich, daß er nichts mit dem modernen Gebrauch von »Experiment« (sei es im Sinn von *corroboration* oder von *crucial experiment*) zu tun hat. Bei Grosseteste kommen Elemente aus Aristoteles, Avicenna und Augustinus zusammen. Wir gelangen Grossetestes Auffassung nach zwar genetisch zu den Prinzipien der Wissenschaft auf induktivem Weg über die Erfahrung, ihre Geltung wird jedoch letztlich in einer göttlichen Erleuchtung begründet. Eine solche onto-theologische Begründung ist jedoch nicht aristotelisch – und noch viel weniger »modern« –, sondern weist auf eine neuplatonische Herkunft hin, sei diese nun bei Avicenna oder bei Augustinus zu suchen. Am ehesten legt sich die Herkunft von der augustinischen Illuminationslehre nahe (vgl. Kap. III, 2). Und sieht man die Beispiele und Ergebnisse seiner »experimentellen Wissenschaft« näher an, so muß man sich fragen, ob Grosseteste überhaupt einen Beitrag zur empirischen Wissenschaft geliefert hat.

Nichtsdestoweniger ist die Bedeutung Grossetestes für den weiteren Gang der Wissenschaft groß, paradoxerweise gerade an dem Punkt, wo er als Theologe und Metaphysiker und noch dazu als ganz unaristotelischer Metaphysiker auftritt: *Gott* in seiner Tätigkeit als Schöpfer wird zum großen *Geometer (mensurator primus et certissimus)*, der das Universum nach Zahl, Maß und Gewicht geschaffen hat *(ipse autem omnia creavit numero, pondere, et mensura)*, wie Grosseteste im Anschluß an die berühmte Stelle aus Weish. 2, 21 sagt (*Commentarius in VIII Libros Physicorum Aristotelis* IV. S. 93). Dies ist eine Vorstellung, die ganz und gar unaristotelisch ist. Zunächst – aber das ist ohnehin selbstverständlich und systematisch in unserem

Zusammenhang nicht entscheidend – gibt es bei Aristoteles keinen Schöpfergott. Wichtiger ist folgendes: In seiner Beweislehre nimmt Aristoteles sehr wohl die Geometrie als Beispiel des allen Ansprüchen gerecht werdenden Beweises an (*2. Analytik* I, 24, 85a 13–86a 30). Wenn er aber auch schwächere Beweisformen zuläßt, so hat dies nichts damit zu tun, daß *wir* eben nicht in der Lage sind, in bestimmten Bereichen strenge Beweise durchzuführen, obwohl solche *an sich* möglich wären, sondern damit, daß es dabei um Wirklichkeitsbereiche geht, die so beschaffen sind, daß ein strenger Beweis vom untersuchten Gegenstand her überhaupt nicht geführt werden kann. Es liegt Aristoteles also ganz fern, aus einer idealen an der Geometrie abgelesenen Beweisform die ontologische Annahme einer ganz allgemein nach mathematischen Prinzipien strukturierten Wirklichkeit abzuleiten. Aristoteles hat an verschiedenen Stellen eine pythagoreisch-mathematisierende Metaphysik abgelehnt (vgl. z. B. *Metaphysik* XIII, 8–9, 1083a 1–1086a 30). Eine Vorstellung eines nach mathematischen Prinzipien strukturierten Kosmos und entsprechend eines Schöpfergottes als Mathematiker stellt eine Kombination christlichen Schöpfungsglaubens und phythagoräisch-platonischer Metaphysik dar, und ist somit in seinen beiden Grundelementen unaristotelisch. Grosseteste wurde also gerade als platonisierender Metaphysiker mit seiner Vorstellung der schon im Ursprung mathematisierten Welt richtungweisend für die weitere Entwicklung der Wissenschaft. Dies zeigt jedenfalls, daß man die Aristotelesrezeption des 13. Jhd.s und ihre Bedeutung für die weitere Entwicklung nicht zu einlinig sehen darf. Manchmal waren pythagoreisch-platonisierende Vorstellungen auf längere Sicht für die Herausbildung der modernen Wissenschaft nachhaltiger wirksam als aristotelische.

2. Roger Bacon

Roger Bacon (um 1215–1292) ging wie alle jene, die es sich leisten konnten, nach Paris zum Studium, ob er aber seinen Magister in Oxford oder in Paris erworben hat, ist nicht klar. Jedenfalls war er in der Zeit zwischen 1237/1241 und 1245/1247 als Magister in Paris tätig und hielt dort Vorlesungen zur *Physik* und *Metaphysik* des Aristoteles, also zu der Zeit, als die Aristoteles-Verbote in Paris gelockert worden waren und diese Texte nur noch kirchlicherseits »überprüft« werden sollten. Etwa 1247 beendete Bacon diese Tätigkeit und beschäftigte sich von nun an ausschließlich mit Naturwissenschaften und Sprachenstudien. Diese Studien könnte er in Oxford durchgeführt haben, historische Zeugnisse dafür gibt es allerdings nicht. In Paris hat er kaum ein Vermögen verdient, Bacon muß also reichliche finanzielle Ressourcen zur Verfügung gehabt haben, um sich in den folgenden ca. zehn Jahren ausschließlich privaten Studien widmen zu können. Er berichtet uns sogar über die erheblichen Beträge, die er für diese Studien ausgegeben hat (*Opus tertium* XVII. S. 59). In inzwischen gut englischer Tradition hielt er die Pariser Magistri für wissenschaftlich rückständig: Für ihn ist, wie er wahrscheinlich von Grosseteste gelernt hat, die *Perspectiva*, also die in der Optik angewandte Mathematik, die Grundlage aller wissenschaftlichen Erkenntnis der »Weltmaschine« *(mundi machina)*, und genau diese Wissenschaft wird in Paris nicht gelehrt, wohl aber in Oxford (Ebd. XI. S. 37 f.). Daran, daß er der gelehrteste Mann seiner Zeit war, hatte er selbst nicht den geringsten Zweifel, und er nahm mit größter Selbstverständlichkeit an, daß auch alle dies wußten: »Es ist bekannt, daß niemand sich mit so vielen Wissenschaften und Sprachen beschäftigt hat, wie ich.« (Ebd. XX. S. 65) Daß er allerdings in Albertus Magnus einen großen Konkurrenten hatte, war ihm deutlich bewußt, weshalb er sich entsprechend negativ über diesen äußerte, schon deshalb, weil dieser eben nichts von der *Perspectiva* verstand (Ebd. XI. S. 37).

Bei all dem darf man nicht vergessen, daß Roger Bacon keineswegs Privatgelehrter war und daß er dies auch gar nicht sein wollte. Nach der Beendigung seiner Pariser Lehrtätigkeit war er nach 1250 und spätestens 1256 Franziskaner geworden und war somit Mitglied einer Institution, die eine der einflußreichsten gesellschaftlichen Kräfte des 13. Jhd.s darstellte. Bacon war wie viele Franziskaner seiner Zeit von den Ideen Joachims von Fiore (1131–1202) beeindruckt, der vor allem durch seine Schriften zur *Apokalypse des Johannes (Expositio in Apocalypsin, Enchiridion super Apocalypsin)* bekannt und sehr einflußreich geworden war. Joachims »Theorie« der Geschichte stellte eine entscheidende Alternative zum Geschichtsbild des Augustinus (vgl. Kap. III, 6) dar: Joachim von Fiore erwartete den Beginn einer neuen, letzten Epoche der Geschichte, des Zeitalters des Geistes, das auf das Zeitalter des Vaters (Altes Testament) und des Sohnes (Neues Testament) folgen sollte. Das Heraufkommen dieses Zeitalters des Geistes wird durch das Erscheinen des ersten Antichrist – ein zweiter kommt vor dem Ende der Geschichte im Weltgericht – eingeleitet, der durch »jemand« überwunden wird. Dieser »Jemand« wird bei Joachim nicht klar identifiziert, wurde aber später mit Franz von Assisi gleichgesetzt und damit gewann Joachim von Fiore verständlicherweise für die Franziskaner besondere Bedeutung. Auch der Antichrist trägt keinen Namen, man sollte aber nicht vergessen, daß die lateinische Christenheit des 13. Jhd.s durch das Eindringen der Mongolen unter ihrem Führer Dschinghis Khan (1175/77–1227) zutiefst verunsichert war. Einer seiner Nachfolger, Khan Güyük (Khan von 1246–1248), erhob ausdrücklich den Anspruch auf die Weltherrschaft und forderte den Papst auf, sich zu unterwerfen. Innozenz IV. und das Konzil von Lyon im Jahre 1245, an dem auch Grosseteste teilgenommen hatte, forderten – ohne irgendwelche realpolitischen Mittel zur Verfügung zu haben – in der üblichen päpstlichen Weise die Mongolen auf, sich taufen zu lassen, was diese aber nicht sonderlich beeindruckte. Die Frage, ob die Periode des Antichrist oder das Zeitalter des Geistes anstand, war also um die Mitte des 13. Jhd.s keineswegs entschieden. Erst gegen Ende des Jahrhunderts gaben die Mongolen den Anspruch auf die Weltherrschaft auf und versuchten, sich mit den Christen zu arrangieren. Auch Bacon wußte von den Erfolgen der Mongolen, führte diese aber auf deren – wie er meinte ganz legitimen – Gebrauch der Astrologie zurück (*Opus Maius* IV, *Mathematicae in divinis utilitas.* S. 399 f.). Gewiß war auch Bacon überzeugt, daß

seine Gegenwart nicht weit von der Zeit des Antichrist entfernt war *(non sumus multum remoti a temporibus Antichristi)*, wie er wiederum aus der Astronomie zu wissen meinte (Ebd. S. 402).

Zur Zeit Bacons standen die Anhänger Joachims von Fiore unter Anklage, sogar der Generalobere der Franziskaner, Johannes von Parma (1208–1289), wurde als Sympathisant der joachimitischen Lehren angeklagt und mußte 1257 von seiner Funktion zurücktreten. Sein Nachfolger Bonaventura stand daher vor der Aufgabe, wieder Ruhe in die Reihen der Franziskaner zu bringen. Bei Bacon finden wir eine eigenartige Kombination von Grosseteste-Vertrauen in die Wissenschaft und deren Fortschritt, sowie Joachim von Fiore-Hoffnungen in ein neues Zeitalter des Geistes. Beides paßte nicht gut in die augustinischen Vorstellungen Bonaventuras (vgl. Kap. XIII, 2) und Bacon bekam 1260 Ärger mit Bonaventura, der verordnet hatte, daß keine Schriften von Franziskanern ohne seine vorherige Genehmigung veröffentlicht werden dürften. Bacon war es jedoch gelungen war, den Kardinal Guy de Foulques für sich zu gewinnen, und als dieser 1265 als Clemens IV. Papst wurde, konnte er für längere Zeit ruhig arbeiten. Auf dessen Anregung hin verfaßte er das *Opus maius*, das *Opus minus* und das *Opus tertium*. Mit diesen Werken wollte er dem Papst und somit, wie er meinte, der Welt und der Wissenschaft den richtigen Weg weisen. In allen diesen Werken geht es um Forschungsprogramme, hauptsächlich im Bereich der Naturwissenschaften. Durch den Tod Clemens IV. (1268) verlor Bacon jedoch seinen Beschützer. Etwa um die Zeit der noch zu besprechenden Verurteilungen von 1277 (vgl. Kap. XV) und wahrscheinlich in Zusammenhang mit diesen wurde er wegen »verdächtiger Neuerungen« in Klosterhaft gesetzt, in der er bis 1289 festgehalten wurde. In Wirklichkeit traf sich Bacon aber mit den Auffassungen der verurteilten Pariser Magistri, denen es vor allem um die Autonomie der Philosophie ging, nur am Rande; seine Interessen und »Neuerungen« gingen in eine andere Richtung als die der »radikalen« Aristoteliker (vgl. dazu weiter unten). Er verfaßte noch das *Compendium studii philosophiae* und dann kurz vor seinem Tod im Jahre 1292 das *Compendium studii theologiae*, das wiederum vor allem ein Aufruf zu Reformen ist.

Bacon war vor allem ein programmatischer Schriftsteller. Es ist nicht einfach, herauszufinden, ob seinem Programm eine einheitliche Konzeption zugrunde lag, und wenn ja, welche. Aus den kritischen Bemerkungen, die Bacon über die Pariser Magistri machte, hört man deutlich die Maßstäbe heraus, denen wir schon bei Grosseteste begegnet sind. Bacon warf den Pariser Gelehrten vor, daß sie nicht genügend Sprachkenntnisse (Griechisch, Hebräisch) besäßen und daß sie nichts von Mathematik und Optik verstünden. Bacon verfaßte selbst eine Grammatik der griechischen und der hebräischen Sprache. Das Inhaltsverzeichnis des *Opus Maius* Roger Bacons ist schon selbst eine Programmschrift. Allerdings ist dieses Programm eines, das er zu einem guten Teil von einem islamischen Philosophen übernahm, nämlich von al-Farabis *De scientiis*. Das *Opus Maius* ist in folgender Weise eingeteilt:

1. Die Ursachen der menschlichen Unwissenheit
2. Die Verbindung von Philosophie und Theologie
3. Das Studium der Sprache
4. Die mathematische Wissenschaft
5. Die Optik
6. Die experimentelle Wissenschaft
7. Die Moralphilosophie.

Der erste »Eingang zur Wissenschaft« *(porta sapientiae)* ist das Studium der *Sprachen*, denn, wie Bacon richtig feststellt, haben die Lateiner sowohl ihre theologischen wie ihre philosophischen Texte aus anderen Sprachen erhalten (*Opus tertium* XXVIII. S. 102). Traditionell und auch in al-Farabis *De scientiis* wird nach der Disziplin, die sich mit der Sprache und deren Grammatik beschäftigt, die Logik aufgeführt. Es fällt daher bei Bacons Einteilung auf, daß er keinen eigenen Teil für die *Logik* vorsieht, und dies ist um so erstaunlicher, wenn man in Betracht zieht, daß Bacon sich als Schüler Grossetestes betrachtet, der schließlich als erster die *2. Analytik* des Aristoteles in ihrer Bedeutung erkannt hat. Bacon kennt natürlich diese aristotelische Schrift ebenso wie die *1. Analytik*, ist aber der Meinung, daß die Logik eine ganz »natürliche« Tätigkeit darstelle – womit er recht hat – und daher eigentlich keine allzu großen Probleme stelle – womit er nicht recht hat –, während die Mathematik jenen Bereich darstellt, der uns nicht von Natur aus gegeben ist:

Der zweite Haupteingang, der uns von Natur aus mangelt, ist die Kenntnis der Mathematik. Bei der Logik nämlich liegt keine so große Kraft vor, da wir sie von Natur aus kennen, wenngleich wir die Worte der Logik in der Sprache, die wir gebrauchen, durch die Lehre *(per doctrinam)* erlangen. Aber die Wissenschaft [der Logik] selbst *(scientiam ipsam)* haben alle Menschen von Natur aus *(ex natura)*. (*Opus tertium* XXVIII. S. 102. Übers. v. F. S.)

An diesem Punkt wird die englische Philosophie Bacon nicht folgen, denn obwohl dort die Mathematik immer eine große Rolle spielen wird, wird doch gerade England ein Zentrum der Studien der Logik werden. Nichtsdestoweniger hat Bacon für die Logik einen Weg aufgezeigt, der auch in England zunächst nicht weiter verfolgt wurde. Bacon hat wie kein anderer mittelalterlicher Denker die Bedeutung der Mathematik für die gesamte Erkenntnis herausgestellt; für ihn ist die *Mathematik der Schlüssel zur Philosophie* überhaupt. Sein Wissenschaftsideal kommt daher nicht von der Logik her, sondern von der Mathematik (*per applicationem mathematicae sciuntur omnia* [*Opus Maius* IV, dist. 1, c. 3. S. 108]), wobei er sich bei der Mathematik vor allem auf die *Elemente* Euklids bezieht (Ebd. S. 106). Das Programm selbst, in dem die Mathematik den Eingang zu allen Wissenschaften darstellt, stammte aus

dem im Mittelalter sehr bekannten 1. Kapitel der Schrift *De arithmetica* des Boethius. Diese Vorordnung der Mathematik vor alle anderen Wissensbereiche und so auch vor die Logik führte Bacon zu einer interessanten, allerdings rein programmatischen Akzentverlagerung im Bereich der Logik gegenüber der in Paris betriebenen Form der Logik. Die mittelalterliche Logik war auf dem Kontinent hauptsächlich als propädeutische Disziplin für Theologie und Jurisprudenz verstanden worden. In diesem Kontext waren in der Logik des 13. Jhd.s die wichtigsten Teile die Semantik mit der Lehre von den Eigenschaften der Begriffe *(proprietates terminorum)* sowie die Topik *(syllogismi dialectici)*, während der Teil der notwendigen Schlüsse, also die Syllogistik, kaum weiterentwickelt wurde. Nach Bacon aber ist gerade dies der zentrale Teil der Logik, den aber seiner Auffassung nach nur derjenige richtig verstehen kann, der mathematische Beweisverfahren beherrscht, in denen immer notwendige Schlüsse zur Anwendung kommen. So kommt er zu der für das Mittelalter singulären Behauptung, daß die Kraft der Logik von der Mathematik abhängt (*virtus tota logicae dependet ex mathematica* [*Opus Maius* IV, dist. 1, c. 2. S. 103]). Dieser Zusammenhang wurde im Mittelalter jedoch nicht weiter verfolgt, und wir müssen bis Leibniz warten, bis in dieser Richtung eine Weiterentwicklung eintritt (vgl. 3. Teil, Kap. XI, 2). Ebensowenig wurde ein zweiter Weg Bacons weiterverfolgt: Für Bacon war es das Ziel der Logik, überzeugende Argumente auch für das praktische Leben zu formulieren. Suchte er jedoch nach dem Grund der Überzeugungskraft, so wandte er sich nicht an die Rhetorik, sondern suchte diesen Grund in der Schönheit, wie er sie in der Musik am besten verwirklicht sah, einer Schönheit also, die durch die Anwendung formaler Regeln begründet ist. So kommt er zu der wiederum singulären Aussage, daß das Ziel der Logik von der der Musik abhängt (*finis logicae pendet ex musica.* [*Opus Maius* IV, dist. 1, c. 2. S. 103]). Bacon bezieht also die Logik nicht auf die übrigen Disziplinen des Triviums, sondern auf die grundsätzlich als mathematisch bestimmten Disziplinen des Quadriviums, und damit wäre der Weg der Logik von der Sprachwissenschaft *(scientia sermocinalis)* zum Kalkül vorgezeichnet. Faktisch hat Bacon indes nichts dazu getan, um seine Konzeption der Logik in diese Richtung zu entwickeln. In seinen – in ihrer Authentizität allerdings etwas umstrittenen – *Summulae logicales* wird der Logik keinerlei mathematische Form gegeben. Dies erklärt sich möglicherweise daraus, daß Bacon eigentlich gar nicht an die konkrete Logik mit ihren Regeln denkt, sondern eher an eine quasi-metaphysische Philosophie der Logik, in der auch praktische Fragen ihren Ort haben. Die Logik hat als Ziel die Bildung von Argumenten, die den Geist auf die Liebe zur zukünftigen Seligkeit (*amorem felicitatis futurae* [Ebd.]) ausrichten. Damit dies aber gelingen kann, müssen diese Argumente dem Kriterium der Schönheit entsprechen. Die höchste sichtbare Schönheit jedoch ist die himmlische Schönheit, und damit sind wir bei Astronomie und Musik im traditionell pythagoreischen Sinn. Daß in der Logik auch ästhetische Gesichtspunkte wie z. B. Symmetrie – so z. B. in den verschiedenen logischen Quadraten – eine nicht unerhebliche Rolle spielen, ist bekannt, aber für einen mathematischen Aufbau der Logik ist durch diese Einsicht noch nicht viel gewonnen. | 347

In Oxford wurde sicher auch in späterer Zeit großer Wert auf das Studium der Mathematik gelegt, wir werden darauf bei der sogenannten Merton-Schule zurückkommen (vgl. Kap. XVII, 2, c). Man sollte dabei aber nicht zu hohe Erwartungen haben. In einer Oxforder Studienordnung aus der Mitte des 14. Jhd.s sind für Geometrie nur fünf Wochen, für Arithmetik gar nur drei Wochen Vorlesungen vorgesehen, wogegen für die Ethik vier Monate zur Verfügung standen. Immerhin wurde auch schon der Algorithmus studiert, womit das Rechnen mit arabischen Ziffern gemeint war, mit einer Vorlesungsdauer von acht Tagen war hier aber vermutlich nicht allzu viel zu erreichen.

Wird in Bacons oben zitierter Einteilung des *Opus Maius* schließlich die *Moralphilosophie* an letzter Stelle genannt, so bedeutet dies nicht, daß zu einem sonst theoretischen Programm am Ende noch ein Anhang über praktische Fragen hinzugefügt würde. Die theoretische Philosophie und die experimentellen Wissenschaften wurden bei Bacon – obwohl als methodisch eigenständig anerkannt – nicht einfach um ihrer selbst willen betrieben, sondern standen im Zusammenhang eines praktischen Programms der bestmöglichen Organisation des menschlichen individuellen Lebens und des gesellschaftlichen Zusammenlebens. Dazu gehört auch die durch Eingreifen in die Natur zu erreichende Verbesserung der Lebensbedingungen; der Begriff des *Nutzens (utilitas)* kommt bei Bacon an zahlreichen Stellen vor. Ohne daß dies durch eine ausdrückliche Gegenüberstellung explizit gemacht würde, liegt bei Bacon doch eine Abkehr vom traditionellen Vorrang des theoretischen Wissens- und Wissenschaftsideals vor.

Auch in der *Experimentalwissenschaft (scientia experimentalis)* betont Bacon die Bedeutung der Mathematik. In diesem Bereich arbeitete Bacon wie Grosseteste vor allem im Gebiet der *Optik*. Die neuen Übersetzungen kommen hier nun ganz zum Tragen: Bacon kennt die Schriften des Euklid und des Ptolemaios ebenso wie die der Araber al-Kindi und al-Hazen. Der Teil zur Optik aus dem *Opus Maius* ist in zahlreichen Handschriften – abgetrennt vom übrigen Werk – überliefert, was auf seine Eigenbedeutung und seine weite Verbreitung hinweist; diese Abhandlung wurde noch im 17. Jhd. für Studien herangezogen. Wie kaum ein anderer Denker des lateinischen Mittelalters erkannte Bacon die Zusammengehörigkeit und den Unterschied von Erfahrung und Theoriebildung – dabei darf man aber selbstverständlich nicht einfach moderne Wissenschaftstheorie in mittelalterliches Denken hineintragen. Bacon machte sich die ihm vorliegende und schon von Grosseteste bearbeitete *2. Analytik* des Aristoteles, aber auch die Werke al-Hazens zur Optik zunutze, und kam so zu einer durchaus weiterführenden beweistheoretischen Konzeption der Wissenschaft. Jedenfalls finden wir bei Bacon erstmals Formulierungen, die dem modernen Begriff des Naturgesetzes nahe kommen. Bacon bleibt aber dabei immer eingebunden in die Kultur des Mittelalters. Spricht er von »Erfahrung«, so ist es für ihn selbstverständlich, der äußeren, auf Sinnestätigkeit beruhenden Erfahrung eine

andere, nämlich innere Erfahrung gegenüberzustellen, die letztlich zur Mystik führen soll. Wissenschaft und Mystik werden bei ihm also als durchaus gleichberechtigte Erfahrungsbereiche gegenübergestellt. *Experimentum* hat bei Bacon ebensowenig wie bei Grosseteste den engen und präzisen Gebrauch von »Experiment«, wie er in der heutigen Wissenschaftstheorie vorliegt, sondern entspricht eher dem bis heute geltenden umgangssprachlichen Sinn von »Erfahrung«. Häufig, aber nicht immer, unterscheidet Bacon zwischen *experientia* und *experimentum*. Erstere bedeutet dann die einfache Sinneserfahrung, letzteres die Wahrnehmung verschiedener Dinge unter dem Gesichtspunkt von etwas Gemeinsamem. Nur *experimentum* in letzterem Gebrauch führt zu Wissenschaft, da es immer das Ziel der Wissenschaft ist, allgemeingültige Wahrheiten zu finden. Wie bei Grosseteste, so geht es aber auch bei Bacon bei *experimentum* nicht um die Frage der Bestätigung oder Überprüfung von Sätzen der Erfahrungswissenschaft, sondern um die des Ursprungs solcher Sätze, d. h. es wird damit ausgedrückt, daß es sich um Sätze handelt, die aus der Erfahrung stammen.

Bacons Programme zu einer Experimentalwissenschaft standen nicht nur im Rahmen rein theoretischer Forschung, sondern sollten als Grundlage einer als *Naturmagie (magia naturalis)* verstandenen Kunst dienen, sich die Natur zunutze zu machen – Wissenschaft und Naturmagie stehen bei Bacon in einem engen Zusammenhang. Die Abgrenzungsprobleme von Wissenschaft und Nicht-Wissenschaft sind immer heikel und diese Probleme waren im Mittelalter nicht geringer, aber auch nicht größer als in unserer Gegenwart. Bacon war besonders beeindruckt von der pseudo-aristotelischen Schrift *Secretum secretorum*. Es handelt sich dabei um eine im

10. Jhd. in Syrien entstandene Schrift, die erheblichen persischen Einfluß aufweist; in ihr wird von Amuletten, medizinisch-theurgischen Praktiken, Giften und Astrologie gesprochen, dann aber auch wieder von praktischen Ratschlägen im Sinn eines Fürstenspiegels. Dieses sonderbare Gemisch wurde nicht nur von Bacon bearbeitet, sondern gewann auch sehr rasch, schon im 13. Jhd., in vulgärsprachlichen Versionen Verbreitung, in denen der quasi-medizinische Gehalt eine besondere Rolle spielte. Es gibt eine deutsche, englische, französische, italienische und kastilische Übersetzung. Bei Bacon paßte die Beschäftigung mit Magie und Astrologie auch in sein missionarisches Konzept hinein. Er hoffte, daß die Kenntnis der verborgenen Kräfte der Natur die christlichen Verkünder der Wahrheit in die Lage versetzen würde, vor den »Heiden« Dinge zu vollbringen, die von diesen als »Wunder« angesehen würden, was, wie er meinte, viel wirksamer sein müßte als rationales Argumentieren. Man kann es ganz un-magisch so ausdrücken: Eine »wunderbar« erscheinende Technologie sollte die Überlegenheit einer Weltanschauung demonstrieren. (Solche Programme waren weit über das Mittelalter hinaus wirksam: Noch im 20. Jhd. wurde ein Wettlauf wissenschaftlicher Forschung zwischen West und Ost veranstaltet mit dem sehr deutlichen Hintergedanken, den wissenschaftlichen Vorsprung als Argument für die Überlegenheit einer Ideologie verwenden zu können.) Die Zweideutigkeit der Interessen, die Bacon leiteten, kommen in seiner Schrift *Über die Geheimen Wirkungen der Kunst und der Natur und über die Nichtigkeit der Magie (De secretis operibus artis et naturae et de nullitate magiae)* deutlich zum Ausdruck. Mit Magie im traditionellen Sinn, bei dem immer der Teufel als Hilfe eingesetzt wurde, will Bacon natürlich nichts zu tun haben, bei ihm steht die Naturmagie in einem wissenschaftlichen Zusammenhang. Bacon will nicht nur theoretische Erkenntnis erreichen, sondern will die Möglichkeiten der Natur künstlich erweitern (*non solum secundum naturae possibilitatem, sed secundum artis complementum* [Ebd. VI. S. 538]), so z. B. durch die künstliche Verlängerung des Lebens (Ebd.). Auch die Astrologie soll eingesetzt werden. In den Jahren um 1260 hatten in Paris heftige Diskussionen über die Astrologie stattgefunden, in denen die Kritiker der Astrologie diese hauptsächlich wegen des darin enthaltenen Fatalismus und der Leugnung des freien Willens ablehnten, und Bacon war sich im klaren darüber, daß er mit seinem Eintreten für Astrologie gegen die Mehrheit der Theologen und Philosophen stand. Die wichtigste Autorität, die Bacon für die Astrologie heranziehen konnte, war Abu Ma'sar (787–886), der bei den Lateinern Albumazar genannt wurde und dessen – in ihrer Authentizität heute teilweise umstrittenen – Schriften im Mittelalter die wichtigste Quelle astrologischer Lehren darstellten. Bacon behauptete, daß bei diesem wie bei anderen Vertretern dieser Wissenschaft nicht behauptet würde, daß zukünftige Ereignisse mit Notwendigkeit eintreten (*Opus Maius* IV, *Mathematicae in divinis utilitas.* S. 246). Die Texte des Abu Ma'sar im Original, in ihren Übersetzungen sowie in ihrer mittelalterlichen Verwendung sind nur wenig erforscht, so daß die Behauptung Bacons bis jetzt nicht überprüft werden kann. Deutlich ist dadurch nur, daß Bacon die Astrologie von fatalisti-

schen Konsequenzen frei halten und sie in die Nähe einer Erfahrungswissenschaft *(scientia expterimentalis)*, nämlich der Astronomie, rücken will (Ebd. S. 246). Wie allerdings ein astrologisch konzpierter Kausalzusammenhang mit der Annahme menschlicher Freiheit in Einklang gebracht werden soll, bleibt bei Bacon unklar. Es gibt bei Bacon Stellen, in denen er deutlich einen von der Himmelssphäre ausgehenden universellen Wirkzusammenhang vertritt (*coelum non solum est causa universalis, sed particularis, omnium rerum inferiorum* [Ebd. S. 379]), und das ist sehr ähnlich dem, was in der Verurteilung in Paris von 1277 in Satz 106 aufgeführt wird: »Die unmittelbare Wirkursache aller Wesensgestalten ist die Himmelssphäre.« (Zu diesen Verurteilungen vgl. Kap. XV, 2)

All dies zeigt, daß Bacon keineswegs als Aristoteliker angesehen werden kann, und auch nicht als Theoretiker und Vorkämpfer reiner empirischer Forschung. Es ging ihm, bei allem Interesse an Naturwissenschaft, doch immer auch darum, solche Erkenntnis für die Glaubensverbreitung zu verwenden. Bacon war kein verfrühter Mann der Neuzeit, sondern ein durch und durch mittelalterlicher Mensch. In dieser Umgebung aber war er ein, wenngleich auch äußerst interessanter und eigenwilliger, Außenseiter. Bacon war ein ausgesprochener und polemischer Gegner des elitären Gelehrtentums, das er vor allem in Paris auch bei seinen eigenen Ordensbrüdern am Werk sah. Bacon äußert sich häufig kritisch zur Autoritätsgläubigkeit, darin liegt bei ihm aber weniger eine Ablehnung von Autoritäten, sondern vielmehr die Kritik einer Haltung, in der jemand die eigene Unwissenheit hinter dem Zitieren von Autoritäten verbergen will. Auch die Forderung eines ständigen Erkenntnisfortschritts durch Forschung ist nicht mit der neuzeitlich ähnlich formulierten Forderung zu verwechseln. Bei Bacon ist diese Aufforderung immer mit dem Aufruf zur Demut verbunden sowie mit dem Hinweis, daß die ganze Weisheit ohnehin nur in der Offenbarung gefunden werden kann. Eine Trennung von Wissensbereichen, wie sie Albertus Magnus und viele Pariser Magistri anstrebten (vgl. Kap. XIII, 3), lag ihm fern, in dieser Hinsicht war er also eher »konservativ«. Nichtsdestoweniger war er – gerade vor dem Hintergrund einer missionarisch-apologetischen Motivation – überzeugt, daß es einen Kern von rein rational erkennbaren Wahrheiten gibt, der unabhängig von jeder Offenbarung erkannt werden kann, und der dann eine Ausgangsbasis der Verkündigung der christlichen Wahrheiten sein sollte. Daran, daß das Christentum aber alle Wahrheit von sich aus besitzt, hatte er nicht den geringsten Zweifel. Er war – ganz wie manche spätantike christliche Philosophen – überzeugt, daß in Wirklichkeit nur die Patriarchen und Propheten die wahren Philosophen waren, die alles wußten, was philosophisch überhaupt erkennbar ist (*qui omnia sciverunt, non solum legem Dei sed omnes partes philosophiae* [(*Opus Maius* II, c. 9. S. 45]). Gott hat von Anfang an eine und nur eine, vollständige Weisheit übermittelt (*una sapientia* [...] *completa et omnibus necessaria* [Ebd.]), um für diese These Aristoteles als Autorität heranziehen zu können, mußte er sich allerdings auf apokryphe Schriften berufen (Ebd. S. 45 f.).

Rationalität, religiöser Eifer und Phantasterei lagen bei Bacon nahe beieinander. So trat er etwa für das Studium der Geographie ein, aber mit dem Ziel, bessere empirische Kenntnisse für die Missionierung zu finden. Bei einer solchen Gelegenheit äußert er die Vermutung, man könne von Spanien aus auf dem Seeweg nach Indien gelangen. Das schrieb im 14. Jhd. Pierre d'Ailly (um 1350–1420) ab, und Ende des 15. Jhd.s war dann Kolumbus von dieser Vermutung beeindruckt. Wenn Bacon gut aufgelegt war, erdachte er Unterseeboote, Flugzeuge, Wagen mit Radantrieb und vieles mehr. Was immer er sonst noch war, fest steht, daß er einer der originellsten Köpfe der Philosophie des Mittelalters war.

- XIII -

Bonaventura und Albertus Magnus

1. Dualisten und Bettelmönche

Wichtige äußere Faktoren der Entwicklung der Philosophie im 13. Jhd. sind schon behandelt worden, so die Gründung der Universitäten und die Übersetzungen. Ein weiterer Faktor wurde ebenfalls bereits erwähnt: die Entstehung der Bettelorden. Schon bei Bacon ist deutlich geworden, welche philosophisch relevante Rolle die »Ideologie« der Franziskaner spielt. Daher soll hier noch kurz auf diese für Kirche, Gesellschaft und Universität wichtigen Neugründungen eingegangen werden. Da die Bettelorden in entscheidender Hinsicht in ihrer Entstehung und in ihrer Zielset-
352 | zung durch die zeitgenössische Häresie der Katharer bestimmt waren, muß zunächst ein Blick auf diese Bewegung(en) und ihre Herkunft geworfen werden.

Um die Mitte des 12. Jhd.s war in verschiedenen Ländern – so in Italien, Deutschland und besonders stark ausgeprägt in Südfrankreich – eine religiöse Bewegung hervorgetreten, die unter dem Namen der »Katharer« (griech. *kátharoi* = »die Reinen«; später wurde daraus das Wort »Ketzer«) bekannt ist. Die Mitglieder dieser Gruppen nannten sich selbst allerdings nicht so, sondern bezeichneten sich als »die guten Christen«. Ihre Auffassungen sind durch dualistische Lehren charakterisiert, die mit verschiedener Schärfe vertreten wurden. Die *radikalen* Gruppen in Albanien und später in Südfrankreich, letztere die Albigenser, nahmen zwei Grundprinzipien, Gott und Satan, an. Die Grundstruktur ihrer Lehre ist gnostisch. Nach vorkosmischen Auseinandersetzungen der beiden Prinzipien entsteht der sichtbare Kosmos, bei dessen Entstehen Satan entweder der einzige oder aber wenigstens der entscheidende Faktor ist. In diesem Kosmos werden die Seelen gefallener Engel zu Menschenseelen und die Erlösung dieser Seelen wird von Christus, dem engelhaften Sendboten Gottes, bewirkt. Dieser hat das *consolamentum* (die »Tröstung«) gebracht, eine Geisttaufe, die der Seele die Rückkehr in das Reich des Guten ermöglicht. In den Formen des *gemäßigten* Dualismus ist zwar Gott das höchste Prinzip, aber ein gefallener Engel, Luzifer, d. h. Satan, ist der Herrscher, also der »Gott« der geschaffenen Welt. Auch hier tritt Christus als der Erlöser auf, und auch hier wird die Erlösung durch das *consolamentum* bewirkt. Die Vorstellungen der einzelnen Gruppen sind allerdings sehr viel komplizierter als hier angedeutet, und die Unterschiede der bei einzelnen Gruppen vertretenen Anschauungen sind gelegentlich recht undurchsichtig. In der späteren Zeit, im 13. Jhd., gab es auch regelrechte Lehrstreitigkeiten zwischen den verschiedenen Gruppen, mit denen wir uns aber im vorliegenden Zusammenhang nicht zu beschäftigen brauchen. Im allgemeinen sind die Nachrichten über die Lehren der Katharer unsicher, da sie zum allergrößten Teil von Gegnern und aus Inquisitionsprotokollen stammen, was nicht unbedingt eine historisch besonders zuverlässige Quelle darstellt. Für die Männer der Kirche, die ihren Augustinus gut gelesen hatten, waren die Katharer einfach Manichäer, und sie wollten dies häufig in den Verhören bestätigt erhalten, was dann auch eintrat oder jedenfalls so protokolliert wurde. Eine der wenigen erhaltenen Originalquellen stellt das um die Mitte des 12. Jhd.s entstanden *Buch über die zwei Prinzipien (Liber de duobus principiis)* dar. Eine sehr lesenswerte Darstellung der Lebenswirklichkeit einer katharischen Gemeinde zu Beginn des 14. Jhd.s in den Pyrenäen hat E. Le Roy Ladurie in seinem Buch *Montaillou* geliefert, das auf Dokumenten der Inquisition in Pamier beruht.

Uns ist der Blick auf die geschichtliche Bedeutung des mittelalterlichen Dualismus durch die Darstellung der kirchlichen Schriftsteller verstellt. Die Situation ist ganz ähnlich der des antiken Manichäismus (vgl. Kap. III, 1). Die Katharer werden wie eine der vielen Häretikergruppen dargestellt, die dann – wenn auch mit Gewalt, Folter und Feldzügen – unterdrückt und beseitigt wurden. Dabei wird die Dimension des Phänomens aber minimalisiert. Der mittelalterliche Dualismus, der häufig in einem gesellschaftlich gut organisierten Rahmen, also als »Alternativkirche«, auftrat, in vielen anderen Fällen aber auch als mehr oder weniger diffuse Bewegung innerhalb der offiziellen Kirchen vorhanden war, stellte im griechischen wie im lateinischen Gebiet eine für die christlichen Kirchen existenzbedrohende Größe dar. Es ging hier keineswegs um sektiererische Randgruppen, sondern um eine Bewegung, die im Prinzip genügend Kraft hatte und die auch genügend günstige Voraussetzungen vorfand, um die traditionellen christlichen Kirchen zurückzudrängen oder sogar abzulösen. In all diesen Bewegungen im Osten wie im Westen waren gesellschaftlich weit verbreitete und sehr wirksame Motivationen am Werk. Viele Menschen sehnten sich nach einem einfacheren Glauben, nach einem authentischeren Christentum, und lehnten den Reichtum und die Machtbesessenheit – beides in ihren Augen »teuflisch« – der kirchlichen Funktionsträger ab.

Seit dem 8. Jhd. fand im Bereich des Byzantinischen Reiches die Bewegung der *Paulikianer*, deren Ursprung in Armenien liegen dürfte, viele Anhänger. Zur Zeit der ikonoklastischen Kaiser (vgl. Kap. V, 5, a) konnten die Paulikianer sich verhältnismäßig frei bewegen, wurden aber dann unter denjenigen Kaisern, die Anhänger der Bilderverehrung waren, verfolgt. Sie gingen daher in islamisches Herrschaftsgebiet und errichteten im 9. Jhd. – als Feinde von Byzanz von den Arabern geduldet – am Euphrat einen eigenen Staat. Die weitere Geschichte dieser Paulikianergruppen ist historisch nicht genau auszumachen. Paulikianische Gemeinden hielten sich aber auch an den östlichen Grenzen des Byzantinischen Reiches. Da diese wegen ihrer guten Beziehungen zu den Arabern für Byzanz eine strategische Gefahr im Grenzgebiet darstellten, wurden viele von ihnen nach Thrakien in Gebiete umgesiedelt, die die byzantinischen Kaiser von den Bulgaren zurückerobert hatten. Damit wurde der Dualismus in die Länder des Balkans gebracht. Der Dualismus der Paulikianer war rigoros, d. h. sie nahmen zwei gleichmächtige Grundprinzipien an.

Im 9. Jhd. bildete sich auf dem Balkan ein starkes bulgarisches Reich heraus, das von Kärnten bis zum Schwarzen Meer reichte. Der Khan Boris (852–899) wurde unter dem militärischen Druck des byzantinischen Kaisers Michael III. zur Annahme des Christentums gezwungen. Es gelang ihm aber, eine eigene Hierarchie aufzubauen und mit der Einführung der kyrillischen Schrift und einer eigensprachlichen Liturgie den byzantinischen Einfluß zurückzudrängen. Diese Hierarchie stand aber selbstverständlich wiederum nur auf Seiten der Machthaber. Die unterdrückten slawischen Bauern fanden die einfachen dualistischen Lehren der Paulikianer wesentlich attraktiver und plausibler, da diese zumindest eine gute Erklärung für ihre miserablen Lebensbedingungen boten. Wirksamer Verkünder dieser Lehren war im 10. Jhd. Bogomil (= »von Gott geliebt«), der mit seinen Angriffen auf den reichen orthodoxen Klerus viele Anhänger fand. Im 11. und 12. Jhd. bildete sich in Bulgarien, Kroatien, Serbien, Bosnien und Dalmatien eine große bogomilische Kirche aus. Auch hier dürfte ein strenger Dualismus vertreten worden sein, die Quellen

sind aber unsicher. Fest steht jedoch, daß die Katharer in Kontakt mit den Bogomilen standen. Auf einer katharischen Synode im Jahre 1167 in Südfrankreich war der bogomilische Bischof Niketas anwesend und erhielt dort eine führende Stellung. Die verschiedenen dualistischen Gruppen oder Kirchen vom Balkan bis nach Frankreich betrachteten sich also als eine internationale Bewegung. Dies gilt, obwohl in Hinsicht auf die Beziehungen und Abhängigkeiten im einzelnen historisch noch viele Fragen offen bleiben.

Seit dem 10. und 11. Jhd. traten in Deutschland, Frankreich und Italien einzelne Vertreter von Lehren auf, die denen Bogomils sehr ähnlich waren. Solche Prediger eines einfachen, bescheidenen und armen Christentums fanden Anhänger nicht nur in der sozialen Unterschicht, sondern auch bei einigen Adeligen Südfrankreichs. Im 12. Jhd. fand die Bewegung der *Patarener* viel Zulauf, der wir vor allem in Mailand und Florenz begegnen. Auch hier war ein wichtiges Motiv die Kritik der politischen und ökonomischen Macht der Kirche.

Im 12. Jhd. begann eine rasche Ausbreitung derjenigen Bewegung, die später unter dem Namen »Katharer« bzw. »Albigenser« zusammengefaßt wurde. Der Boden dafür war längst bereitet. Der Reichtum der Abteien und Kathedralkirchen, der sich auch in den großen Bauunternehmungen manifestierte, stellte für viele eine unchristliche Provokation dar. Im Gegenzug ging es um ein einfaches, »apostolisches« Leben in Armut und Bescheidenheit, getragen von der eigenen Handarbeit, und darüber hinaus ging es auch um die Forderung nach einer einfachen, verstehbaren und überzeugenden Lehre. Die Diskussionen der Pariser Magistri waren in keiner Weise geeignet, solchen Forderungen zu entsprechen, ebensowenig wie die dogmatischen Sätze der Konzilien und Synoden. Das Programm dieser Bewegung wurde sehr deutlich z. B. auf einer Katharer-Synode in Köln im Jahre 1143 ausgesprochen. Etwa zu derselben Zeit mußte Bernhard von Clairvaux mit Entsetzen feststellen, daß es eine weit verbreitete Bewegung gab, die mit ihrer Zielsetzung eines einfachen christlichen Lebens – für die er selbst das Monopol zu haben meinte – viel Zulauf fand und die auch von Adeligen geschützt und unterstützt wurde. Die Katharer-Prediger waren überall.

Schon diese kurzen und nur ganz skizzenhaften Bemerkungen zeigen deutlich, dass es sich hier um eine Bewegung handelte, die im gesamten Bereich des griechischen wie des lateinischen Christentums vertreten war und die vor allem in Frankreich mit ihrer Kritik an der mächtigen und reichen Kirche sowie der Forderung nach einem einfachen Leben und einer verstehbaren Lehre zahlreiche Anhänger fand. Ihre Vertreter traten als »gute Christen« auf und ihr vorbildlicher Lebenswandel verfehlte nicht seine Wirkung. Ihre »häretischen« dualistischen Lehren waren als solche gar nicht so leicht zu erkennen, da in der kirchlichen Verkündigung, vor allem der eines ungebildeten Klerus für ein ungebildetes Volk, ebenfalls ein recht massiver Dualismus gepredigt wurde, und auch bei den Gebildeteren in augustinischer Nachfolge dualistische Schemata in etwas verfeinerter Form durchaus vorhanden waren. Die Frage, ob nicht diese Form sich als »wahres Christentum« durchsetzen würde, war eine durchaus offene.

In dieser auch für die Vertreter der hierarchischen Kirche unübersichtlichen Situation trat in Italien eine kleine Gruppe um einen gewissen Franz von Assisi (1181–1226) auf, die sich ebenfalls um ein einfaches, armes und apostolisches Leben bemühte und die keinerlei kirchliche Ämter übernehmen wollte – eine Laienbewegung also. Als sich diese kleine Gruppe von Bußpredigern 1209 an Papst Innozenz III. wandte, erkannte dieser die Chance, diese Bewegung seinen eigenen Plänen der »Häretikerbekämpfung« einzugliedern. Die »guten Christen« der Katharer und ähnlicher Bewegungen (wie z. B. der Waldenser) sollten durch »gute Christen« – äußerlich ziemlich ununterscheidbar, aber durch ein Gehorsamsgelübde gegenüber dem Papst fest in die Institution eingebunden – bekehrt werden, und so sollte einer weiteren Ausbreitung solcher Bewegungen der Boden entzogen werden. Die Folge der kirchlichen Anerkennung der Anhänger des Franz von Assisi war allerdings eine schrittweise Institutionalisierung und Klerikalisierung dieser inzwischen zahlenmäßig sehr angewachsenen Gruppe. Der Gründer Franz von Assisi distanzierte sich deutlich von dieser Entwicklung, und später wird bei den Spiritualen immer wieder die Forderung nach der ursprünglichen Lebensform auftreten. Die *Franziskaner* wirkten vor allem unter der armen und mittelständischen Bevölkerung der Städte.

Während die Franziskaner also vor allem durch einfache Predigt in der Landessprache und durch beispielhaft armes Leben (was nach den römischen Intentionen den höheren Klerus davon dispensieren sollte, dieses Beispiel selbst zu geben) eher indirekt wirken sollten, hatten die *Dominikaner* von Anfang an die direkte Bekämpfung der Katharer zur Aufgabe. Ihr Gründer Dominikus (um 1170–1221) hatte ein reguläres Studium absolviert und bereits kirchliche Funktionen innegehabt, als er 1206 den päpstlichen Auftrag erhielt, zusammen mit den Zisterziensern im Languedoc die Häretiker zu bekämpfen. Er gründete 1215 eine diesem Ziel gewidmete Gemeinschaft, die schon bald offiziell als »Predigerorden« anerkannt wurde. Da es in Südfrankreich öfter öffentliche Diskussionen mit den Katharern gegeben hatte, war eine gute Schulbildung wichtig, was die Dominikaner sofort begriffen. Ziemlich rasch wurden in den wichtigen Universitätsstädten Bologna und Paris eigene dem Studium dienende Konvente des Ordens gegründet. Ähnliche Studienhäuser wurden in rascher Folge in anderen Städten eröffnet. Aber auch bei den Franziskanern ergab sich bald die Forderung nach Studien. Das Laienelement wurde zurückgedrängt, und die Kleriker mußten wie alle ein Studium absolvieren, die Franziskaner wurden also in das »normale« System integriert und errichteten konsequenterweise dann auch Studienhäuser in den großen Universitätsstädten. Einem solchen sind wir schon in Oxford begegnet, wo auch Grosseteste tätig war. Dort waren sie zunächst – entsprechend ihrem Ursprung – eher am Rande der Universität angesiedelt, aber die Integration in die »Normalität« ging ihren Weg.

Die Franziskaner und Dominikaner waren moderne, städtisch geprägte Institu-

tionen, die auch den sozialen Gegebenheiten Rechnung trugen. Sie waren zentral organisiert, kannten keine Ortsgebundenheit wie die Benediktiner und konnten so rasch auf neue Bedürfnisse reagieren. Ihre Führungskräfte waren nicht nach dem Modell der Bischöfe gebildet wie die Äbte der Benediktiner, sondern eher nach dem der zivilen Amtsträger in den Städten. Im Inneren demokratisch, d. h. ihre Führungskräfte durch Wahl bestimmend, im politischen Bereich aber an die zentrale Leitung gebunden, entsprachen sie ziemlich genau städtischen Organisationen. Da sie dem Papst direkt unterstellt waren, konnten sie sich dem Machteinfluß der Bischöfe entziehen, was letztere nicht sonderlich erfreute. Da sie faktisch die modernste kirchliche Bewegung darstellten, zogen die Bettelorden auch die besten Köpfe an, und diese wiederum wollten mit ihrer Tätigkeit nicht vor den Toren der großen Bildungsinstitutionen der Universitäten Halt machen. Ein signifikantes Beispiel dafür ist Alexander von Hales (um 1185–1245), ein bedeutender Magister der Theologie in Paris, der die Kommentierung der *Sentenzen* des Petrus Lombardus initiierte (vgl. Kap. VIII, 4). Dieser wurde 1236/1237 Franziskaner, wodurch diese faktisch einen Lehrstuhl in der Universität gewannen – der Konflikt mit dem Weltklerus, der bisher dort alle Professuren innegehabt hatte, war unausbleiblich. Der Konflikt um die Medikanten (= Bettelmönche) an der Universität Paris war jedoch mehr als ein Streit zwischen konkurrierenden Gruppen. Die Weltkleriker verteidigten im Prinzip die Autonomie der Universität und waren der Meinung, daß jemand nur *einer universitas* angehören konnte. Die Mitglieder der Bettelorden aber gehörten einem anderen »Verband« an und waren darüber hinaus noch der päpstlichen Autorität in besonderer Weise unterstellt, und dies war systemstörend im Inneren der Universität, die größten Wert auf die Autonomie ihrer inneren Strukturen legte, womit die Weltkleriker eigentlich recht hatten. Das Problem, daß die besten Köpfe der »anderen« Seite angehörten, war damit aber nicht aus der Welt geschafft, und so mußte irgendein Kompromiß zwischen Institution und Realität gefunden werden. Nach großem Widerstand von Seiten der Weltkleriker erhielten dann die Dominikaner zwei und die Franziskaner einen Lehrstuhl an der Pariser Universität. Die gelegentlich sehr heftig geführten Auseinandersetzungen hielten aber bis in die Fünfziger-Jahre des 13. Jhd.s an. Die Angelegenheit hatte auch einen politischen Hintergrund, insofern die französischen Könige den Weltklerus, der »nationalistischer« dachte, unterstützte, während die Päpste die »internationalistischeren« Bettelorden unterstützten. Auch Bonaventura (Franziskaner) und Thomas von Aquin (Dominikaner) wurden in diese Auseinandersetzungen hineingezogen und Thomas hat sich eingehend mit diesen Fragen befaßt. Dabei gelangte er zu ganz interessanten Problemen, wie z. B. zu dem, ob »intellektuelle Arbeit« überhaupt als »Arbeit« anzusehen sei und ob Bücher ebenso zu beurteilen seien wie die Werkzeuge eines Handwerkers, deren Besitz und Gebrauch selbst in ganz traditionellen Mönchsorden gestattet war. Die Anerkennung intellektueller Tätigkeit als »Arbeit« – eine ganz unaristotelische Auffassung – wird in der Neuzeit wichtig werden für das, was alles als »Arbeit« akzeptiert werden wird. Es bleibt jedenfalls ein Faktum, daß fast alle der bedeutenden Philosophen des 13. und 14. Jhd.s aus den Reihen der Bettelorden kamen und daß die entscheidenden philosophischen Probleme des Jahrhunderts von ihnen aufgegriffen wurden.

Dabei darf allerdings auch nicht vergessen werden, daß hauptsächlich die Dominikaner, aber auch die Franziskaner die wichtigsten Träger der seit Innozenz III. eingeführten und 1234 durch Gregor IX. fest institutionalisierten *Inquisition* waren. Die Geschichte ist jedoch nie so einfach, wie man dies gerne hätte. Es gab hier gemeinsame päpstlich-kaiserliche Interessen. Kaiser Friedrich II. – alles andere als ein aufgeklärter Herrscher dreier Kulturen – hatte gute Vorarbeit bei dieser Art Ketzerbekämpfung geleistet, da er schon zwischen 1224 und 1232 durch verschiedene Gesetze zunächst für Sizilien und dann für das ganze Reich die gewaltsame Verfolgung von Ketzern angeordnet hatte. Und die französischen Könige hätten die Albigenser (= Katharer) auch ohne päpstlichen Aufruf zum Kreuzzug umgebracht. Dem französischen König wie dem deutschen Kaiser ging es dabei nicht um den wahren Glauben und ebensowenig um Vernunft, sondern um politische Interessen. Beide wußten, daß die »Häresien« ihrer Zeit eine erhebliche soziale Sprengkraft enthielten und daß diese eliminiert werden mußte, ganz gleich, auf welcher Seite die »wahren Christen« denn nun wirklich waren. Weder die Päpste noch die Kaiser kümmerten sich in irgendeiner Weise um das, was Pariser Magistri unter »Vernünftigkeit« verstanden. Man muß aber auch feststellen, daß die Magistri zwar an der Vorbereitung der kirchlichen Verurteilung des Dualismus am 4. Laterankonzil 1215 (DS 800) und ebenso 1274 an der Formulierung des Schöpfungsglaubens am 2. Konzil von Lyon (DS 851) beteiligt waren, daß sie aber zu der realgeschichtlich großen metaphysischen Frage des 13. Jhd.s, also zu der des metaphysischen Dualismus, kaum etwas zu sagen hatten. Sie beschäftigten sich mit ihren eigenen Fragen der Zeitlichkeit der Welt und der Unsterblichkeit der Seele, die sich aus der Aristotelesrezeption ergeben hatten, aber kaum mit dem gesamtgesellschaftlich so wichtigen Problem des metaphysischen Dualismus und der damit verbundenen Seelenlehre. Sie meinten, mit der augustinischen Manichäerablehnung – von Manichäismuskritik kann man bei Augustinus nicht sprechen – alles Erforderliche schon zur Verfügung zu haben. Und so überließen sie die »Lösung« dieser entscheidenden metaphysischen und gesellschaftlichen Frage der Politik und beteiligten sich an der Inquisition. Auch von der ursprünglich angezielten realen Auseinandersetzung mit den Katharern durch ein beispielhaft einfaches und armes Leben war bei den Bettelmönchen am Ende des 13. Jhd.s nicht mehr viel übrig geblieben – der Spott über ihren Reichtum war zu dieser Zeit bereits weit verbreitet. Eine selbständige Rolle hat das *studium* also in der Auseinandersetzung mit dem metaphysischen Dualismus nicht gespielt – die Dreiteilung von *imperium-sacerdotium-studium* war noch lange nicht eine politische Realität, das *studium* lehnte sich je nach Interessenslage entweder an das *imperium* oder an das *sacerdotium* an.

2. Bonaventura

Die Überlegungen zu Bonaventura und Albertus Magnus sind mit einer geschichtstheoretischen Frage verbunden, die als prinzipielle nicht nur an diesem Punkt des Geschichtsverlaufs deutlich gemacht werden kann, für die aber die Zeit um die Mitte des 13. Jhd.s doch ein sehr gutes Beispiel bietet. Diese Überlegung ist angeregt von der bekannten Schrift *Die Struktur wissenschaftlicher Revolutionen* (Frankfurt/M. 1967 u. ö.) von Thomas. S. Kuhn. Es handelt sich im folgenden um eine Anwendung der dort enthaltenen These, wobei der Grundgedanke folgender ist: Was von wissenschaftlichen Theorien in deren geschichtlichem Prozeß gilt, kann auch seine Anwendung bei der Analyse von historischen Prozessen im Bereich der Philosophie finden. Zunächst ganz kurz die Grundthese Kuhns: Kuhn nimmt an, daß es im Bereich wissenschaftlicher Theorien zwei sich wiederholende Phasen gibt, die gleichzeitig zwei Typen von Wissenschaft darstellen. Der eine Typus ist die *normale Wissenschaft*, der andere die *revolutionäre Wissenschaft*. Die Forschung im Bereich der normalen Wissenschaft beschreibt Kuhn in folgender Weise:

> Bei der Untersuchung der »normalen Wissenschaft« [...] werden wir diese Forschung als einen rastlosen und hingebungsvollen Versuch beschreiben, die Natur in die von der Fachausbildung gelieferten Begriffsschubladen hineinzuzwängen. Gleichzeitig werden wir uns fragen, ob die Forschung ohne solche Schubladen weiterbestehen könnte, welche Rolle auch immer das Element der Willkür bei ihrem historischen Ursprung und gelegentlich noch bei ihrer späteren Entwicklung spielen mag. (Ebd. S. 22)

Dies klingt vielleicht abschätzig, ist aber keineswegs so gemeint, für Kuhn stellt normale Wissenschaft tatsächlich den Rahmen der ganz normalen Tätigkeit der Wissenschaftler dar. Eine solche ist nur möglich, wenn bestimmte Grundannahmen gemacht werden, die für sich genommen durchaus als willkürlich gesetzt erscheinen könnten, die aber allgemein von den Forschern anerkannt werden.

Dieses Element von Willkür deutet aber nicht darauf hin, daß irgendeine Gruppe von Wissenschaftlern ihren Beruf ohne eine Reihe anerkannter Überzeugungen ausüben könnte. Es macht auch die besondere Konstellation, der die Gruppe zu einer gegebenen Zeit tatsächlich verbunden ist, nicht weniger folgenschwer. Eine wirksame Forschungsarbeit beginnt selten, bevor eine wissenschaftliche Gemeinschaft überzeugt ist, auf Fragen wie die folgenden gesicherte Antworten zu haben: Welches sind die fundamentalen Entitäten, aus denen sich das Universum zusammensetzt? Wie wirken sie aufeinander und auf die Sinne ein? Welche Fragen können rechtens über solche Entitäten gestellt und welche Techniken bei der Suche nach Lösungen angewandt werden? Zumindest bei ausgereiften Wissenschaften sind Antworten auf solche Fragen (oder vollwertiger Ersatz dafür) fest in das Ausbildungsritual eingebettet, welches die Studierenden auf ihre Facharbeit vorbereitet und ihnen die Zulassung dafür erteilt. (Ebd. S. 21 f.)

Nun die Anwendung auf unsere Frage. Es gab in der mittelalterlichen Philosophie von der späten Antike bis etwa um die Mitte des 13. Jhd.s – um mit Kuhn zu sprechen – ein solches Raster von Grundüberzeugungen und die entsprechenden »Begriffsschubladen«, die letztlich auf augustinisch-neuplatonischen Grundüberzeugungen beruhten. In diesem Rahmen konnten dann so verschiedene Philosophen wie Scotus Eriugena im 9. Jhd., Anselm von Canterbury im 11., bis zu Abaelard, Hugo von St.-Victor oder Thierry von Chartres im 12. Jhd. ihre im einzelnen oft ganz und gar nicht übereinstimmenden Theorien entwickeln. Zu den bleibenden Grundüberzeugungen gehörte u. a. die Annahme einer *Hierarchie von Erkenntnisstufen*: zunächst die philosophische Erkenntnis, dann die durch die Texte der Offenbarung vermittelte Erkenntnis und schließlich die mystische Erkenntnis. Diese Ordnung wurde nie in Frage gestellt, sie stellte daher auch kein zur Diskussion stehendes Theorieelement dar, sondern war eine Voraussetzung aller einzelnen Theorien. Im Rahmen dieser Erkenntnisordnung wurde die *Welt als symbolischer Zusammenhang* entworfen und entsprechend entziffert, sie wurde gelesen wie ein Buch, das verschiedene Interpretationsebenen zuläßt und erfordert. Die Metapher der Welt als Buch ist genügend bekannt. Alle Wissenschaften, auch die Medizin, waren Buchwissenschaften und die entsprechenden Methoden waren *hermeneutisch*. Auch die Logik wurde als ein hermeneutisches Verfahren verstanden, das der Textauslegung dienen sollte. Das Trivium lieferte daher den methodologischen Rahmen der »normalen« Wissenschaft. Zurück zu Kuhn: Zu einem bestimmten Zeitpunkt, der allerdings genauer erst im nachhinein festgestellt werden kann, treten Anomalien innerhalb der normalen Wissenschaft auf, die jedoch zunächst nicht als Anomalien anerkannt werden. Was tun die Normalwissenschaftler in einer solchen Situation? Wiederum mit Kuhn:

Sie werden sich zahlreiche Präzisierungen und *ad-hoc*-Modifizierungen ihrer Theorie ausdenken, um jeden scheinbaren Konflikt zu eliminieren. (Ebd. S. 111)

Das heißt, es werden Zusatzhypothesen gebildet, größere interne Veränderungen, Erweiterungen usw. vorgenommen. In unserer Anwendung: Es wurden z. B. im 12. Jhd. bereits echte Naturbeobachtungen durchgeführt, die Ergebnisse wurden jedoch häufig in *Genesis*-Kommentare verpackt, oder aber, wenn sie unabhängig davon dargestellt wurden, ließ man die Beziehung zum biblischen Schöpfungsbegriff bewußt unbestimmt vage und formelhaft, so daß ein Konflikt vermieden wurde. Der Normalwissenschaftler kann eine sehr große Flexibilität entwickeln und kann im Prinzip eine fast unbegrenzte Anzahl von Anomalien irgendwie und irgendwo unterbringen, ohne seine Grundvoraussetzungen aufgeben zu müssen, und all dies tut er durchaus im guten und berechtigten Glauben, dem Fortschritt der Wissenschaft zu dienen. Tatsächlich gibt ihm der Erfolg lange Zeit recht. Im

12. Jhd. war der symbolische Weltzusammenhang als *eine* der Sprachen erkannt worden, die *neben* anderen Sprachen, z. B. der der Naturbeobachtung und der kausalen Erklärung von Naturphänomenen steht (vgl. Kap. VIII, 1). Konsequenterweise drängte sich auch eine Unterscheidung in wissenschaftlich-philosophische und theologische Sprache auf. Bonaventura kannte und erfaßte die aufgetretenen Probleme sehr genau, er betrachtete diese Entwicklungen aber als Anomalien, die bei geeigneter Adaptierung durchaus in das bisherige, normale Paradigma einer einheitlichen, umfassenden christlichen Weisheit eingebaut werden konnten. Um die Mitte des 13. Jhd.s ist Bonaventura also der große und bedeutende Vertreter, der versucht, all die aufgetretenen Anomalien noch einmal im Rahmen des alten Paradigmas aufzuarbeiten. Sein großer *Hexaemeron*-Kommentar ist ein eindrucksvolles Zeugnis dieser Arbeit, die nochmals von der Grundannahme her aufgebaut ist, die Welt sei primär als einheitlicher Symbolzusammenhang zu begreifen, als eine Theophanie, die auf den drei verschiedenen Erkenntnisebenen auf ihren Grund hin transparent gemacht werden kann. Dieser Grundgedanke kommt auch in anderen Schriften Bonaventuras immer wieder zum Tragen. Bonaventura versteht die Dinge der Welt als Spuren *(vestigia)*, Abbilder *(imagines)* und Ähnlichkeitsbilder *(similitudines)*:

Die Kreatur nämlich steht zu Gott in Beziehung nach Maßgabe der Spur, des Abbildes und des Ähnlichkeitsbildes. Als Spur befindet sich die Kreatur in einem Verhältnis zu Gott wie zu einem Prinzip, sofern sie Abbild ist wie zu einem Objekt, als Ähnlichkeitsbild schließlich wie zu einer eingegossenen Gnadengabe. Daher ist jede Kreatur Spur, weil sie von Gott ist, Abbild, wenn sie Gott erkennt, Ähnlichkeitsbild, sofern Gott in ihr wohnt. (*Vom Wissen Christi* q. 4. S. 119)

Das Paradigma der Welt als Spuren und Abbilder göttlicher Gedanken läßt einen sehr großen Interpretationsspielraum offen. Und man muß – mit Kuhn – zugeben, daß es tatsächlich keine noch so große Zahl von Anomalien sein kann, die zur Aufgabe eines Paradigmas zwingen könnte. Und das heißt für uns: Bonaventura war weder blind noch uneinsichtig, sondern einfach der letzte große Vertreter des herrschenden Paradigmas, er war also in diesem Sinne ganz vernünftig und »normal«. Hatte nicht noch vor gar nicht allzu langer Zeit der große Hugo von St.-Victor, ein durchaus aufgeschlossener und fortschrittlicher Mann, genau dieses Paradigma vertreten? Auch als Generalminister seines Ordens zeigte Bonaventura sich vernünftig, realistisch, ganz »normal« und ablehnend gegenüber allen Extravaganzen der Armutsfanatiker und Enthusiasten. Er verfaßte auch eine Biographie des Ordensgründers Franz von Assisi, die *Legenda maior*, in der dieser auf »normale« Standards eines Heiligen der Kirche und Ordensgründers gebracht wurde. Bonaventura führte seine Gemeinschaft in die »normalen« Bahnen eines kirchlichen Ordens, und er wünschte eine ganz »normale« Wissenschaft. Für die normale Wissenschaft läuft jedoch irgendwann die Zeit aus. Dazu wiederum Kuhn:

Der Übergang von einem krisenhaften Paradigma zu einem neuen, aus dem eine neue Tradition der normalen Wissenschaft hervorgehen kann, ist weit von einem kumulativen Prozeß entfernt, wie ihn eine Präzisierung oder eine Ausdehnung des alten Paradigmas darstellen würde. Es ist vielmehr der Neuaufbau des Gebietes auf neuen Grundlagen, ein Neuaufbau, der einige der elementarsten Verallgemeinerungen des Gebiets wie auch viele seiner Paradigmamethoden und -anwendungen verändert. (Kuhn: *Die Struktur wissenschaftlicher Revolutionen*. S. 119)

Und genau an diesem Punkt zeigt sich der Unterschied zu Albertus Magnus. Dieser unternimmt einen Neuaufbau auf neuen Grundlagen, wodurch einige der elementarsten Voraussetzungen des bisherigen Denkens verändert wurden. Um es vorwegzunehmen: Er stellt an die Stelle des hierarchischen Aufbaus der Erkenntnisweisen und der entsprechenden Ein- und Unterordnung der Gebiete der Erkenntnis eine *Bereichsstruktur*, d. h. ein Nebeneinander verschiedener Erkenntnisbereiche mit je autonomen Methoden und Resultaten. Damit war er in der Lage, die neuen Wissenschaften, die von Aristoteles und der alexandrinischen und arabischen Wissenschaft eingebracht wurden, einzuordnen, ohne daß sich daraus Anomalien ergaben. Albert betrachtet jeden Gegenstand *insofern (quatenus)* er zu einem bestimmten Erkenntnisbereich gehört. Es kommt sicher nicht von ungefähr, daß in der Logik des 13. und des 14. Jhd.s den sogenannten reduplikativen Sätzen, also »*A insofern es B ist*« besondere Aufmerksamkeit geschenkt wurde. Ebenso wird die Redeweise, die genau den Gesichtspunkt und die Methode bezeichnet, mit der ein Gegenstand behandelt wird, also z. B. »nach der Vernunft« *(secundum rationem)* oder »als Naturphilosoph sprechend« *(loquens ut naturalis)*, eine große methodologische Bedeutung erhalten, wobei hier von Albert Konsequenzen aus Einsichten gezogen werden, die schon im 12. Jhd. gewonnen, aber noch nicht systematisch verarbeitet worden waren (vgl. Kap. VIII, 1 und 2). Im Grunde leben wir noch heute innerhalb dieses Paradigmas der Bereichsstrukturen, wie es die folgende Beispiele zeigen: Kants Trennung der theoretischen und praktischen Vernunft; unsere moderne Trennung von Genese und Geltung; unsere Trennung von Tatsachen und Werten; unsere Unterscheidung von Natur- und Geisteswissenschaften; unsere Trennung von Wissenschaft und Kunst – all dies und vieles andere bedeutet »Bereichsstrukturen«. Anomalien sind durchaus auch schon aufgetreten und Zweifel an der Brauchbarkeit dieser Grundvoraussetzung sind in unserer Gegenwart durchaus vorhanden, ein neues Paradigma ist aber noch nicht gefunden – wir sind also weiterhin »Albertiner«.

Bonaventura (1221–1274) stammte aus einer Arztfamilie in Italien (Bagnoregio, in der Nähe von Viterbo). Zunächst studierte er in Paris von 1236–1242 die Artes, 1243 wurde er Franziskaner und studierte nun Theologie, u. a. bei Alexander von Hales. Dieser hatte als erster die *Sentenzen* des Petrus Lombardus seinen Vorlesungen
 zugrundegelegt und damit eine wichtige Entwicklung eingeleitet (vgl. Kap. VIII, 4). Im Jahre 1236/37 war Alexander von Hales Franziskaner geworden, was den weiter oben erwähnten Streit zwischen den Weltklerikern und den Bettelorden in Gang brachte, denn durch diesen »Parteiübertritt« war plötzlich faktisch ein Franziskaner an der Universität tätig. Möglicherweise hatte das Beispiel Alexanders von Hales Einfluß auf die Entscheidung Bonaventuras, dem Orden der Franziskaner beizutreten. Als Lehrer der *Sentenzen (baccalaureus sententiarum)* hatte Bonaventura 1250–1252 dann selbst die Aufgabe, diese Schrift des Petrus Lombardus zu kommentieren. Daraus ging ein umfangreiches Werk hervor, das sich ganz in die scholastische Tradition einfügt. 1254 wurde Bonaventura Magister der Theologie, seine Aufnahme ins Professorenkollegium der Universität verzögerte sich aber wegen der schon erwähnten Streitigkeiten zwischen Weltklerikern und Bettelorden bei der Besetzung von Professuren in der Universität. Fast gleichzeitig mit der Aufnahme in das Professorenkollegium wurde Bonaventura zum Generalminister der Franziskaner gewählt, konnte also seine Lehrtätigkeit nicht mehr fortsetzen. Obwohl der Kommentar zu den *Sentenzen* eine durchaus beachtliche Leistung eines jungen Magisters darstellt, ist er doch nicht unbedingt charakteristisch für Bonaventura. Seine eigentlichen Anliegen kommen in anderen Werken, vor allem in dem über das *Sechstagewerk (Collationes in Hexaemeron)* zur Sprache. Seine vielleicht bekannteste Schrift, das *Pilgerbuch der Seele zu Gott (Itinerarium mentis in Deum)* gehört einer literarischen Gattung an, die man als mystische Schriften bezeichnen kann. Bonaventura hätte dieser Einteilung seiner Schriften in verschiedene literarische Gattungen (= Bereiche) allerdings nicht zugestimmt, er hätte von Schriften für bestimmte »Stufen« gesprochen.

Damit stellt sich natürlich die Frage, ob Bonaventura mit den für ihn charakteristischen Schriften überhaupt in den Zusammenhang der Philosophiegeschichte gehört. Diese Frage wurde von manchen Forschern ausdrücklich verneint, von anderen ebenso ausdrücklich bejaht. Bonaventura ist wahrscheinlich jener Philosoph, der am meisten Anlaß gegeben hat, die Problematik dessen, was unter einer »Philosophie des Mittelalters« ganz allgemein zu verstehen ist, zu diskutieren, und diese Diskussion ist inzwischen beinahe ein eigener Forschungszweig geworden. In Anbetracht dessen, was zu Beginn des Abschnitts gesagt wurde, kann diese Frage jedoch verhältnismäßig unideologisch behandelt werden: Wenn Augustinus und Scotus Eriugena in die Philosophiegeschichte gehören, dann auch Bonaventura. Er ist eben der letzte große Vertreter eines Paradigmas, das *vor* der Unterscheidung der Bereiche in Philosophie und Theologie steht. Das Problem besteht »nur« darin, daß er dieses Paradigma nicht im 5. oder 9. Jhd. und auch nicht im 12. Jhd., sondern um die Mitte des 13. Jhd.s vertritt. Um 1250, also zur Zeit der Abfassung von Bonaventuras *Sentenzenkommentar*, waren so gut wie alle aristotelischen Schriften in lateinischer Übersetzung zugänglich, ebenso die großen Kommentare des Averroes, desweiteren auch die wichtigsten systematischen Schriften des Avicenna, und schließlich auch viele Werke jüdischer Philosophen – und Bonaventura war durchaus gut informiert. Die Aristotelesverbote, die immer nur einzelne Schriften betroffen hatten, waren längst | 363 faktisch außer Kraft, und so stellte sich für die Magistri der Universität dieser Zeit folgende vordringliche Frage: In welche genaue Beziehung war dieses neue/alte Wissen zu der »christlichen Weisheit« zu setzen? Bonaventura hat dieses Problem ohne Zweifel erkannt und sich ihm gestellt, und zwar wahrscheinlich als erster der großen Magistri des 13. Jhd.s. Am Lösungsversuch Bonaventuras sehen wir jedoch sehr deutlich seine Grenzen. Die erste Grenze liegt gar nicht so sehr in Bonaventuras Kenntnis oder Nicht-Kenntnis der Schriften des Aristoteles und seiner Kommentatoren, sondern vielmehr in der Einordnung aristotelischer Thesen und Argumente in den traditionellen Rahmen. Bonaventura besaß ohne Zweifel zur Zeit der Abfassung seines *Sentenzenkommentars* eine gute Kenntnis der Schriften des Aristoteles und er zitiert auch Averroes. Aber: Er nahm Aristoteles wie eine – wichtige und von ihm offensichtlich hoch geschätzte – *Autorität*, die zu anderen Autoritäten wie vor allem zu Augustinus oder weiteren Kirchenvätern *hinzugefügt* werden konnte. Und so versuchte er, bei den einzelnen Themen (Gotteserkenntnis, Schöpfung usw.) die Meinung des Aristoteles und seiner Kommentatoren, so weit es ging, in sein System einzubauen, und wo dies nicht gelang, entschuldigte er die »Irrtümer« mit dem Hinweis auf die Grenzen der nicht durch den Glauben erleuchteten Vernunft. Auch dies ist eine Möglichkeit der Anomalien-Beseitigung, und erst in der späten Schrift des *Hexaemeron* wird seine Kritik deutlicher und schärfer. Dieses in den früheren Schriften konkordanzähnliche und stark harmonisierende Verfahren hatte in Hinsicht auf das eben genannte Zentralproblem zur Folge, daß die Grundsatzfrage gar nicht in ihrer wirklichen Schärfe in den Blick kam. Bonaventura konnte oder wollte mit seinem Verfahren nicht sehen, daß mit dem aristotelischen Denken ein Welt- und Menschenverständnis vorlag, das sich keineswegs selektiv und konkordanzhaft mit der traditionellen christlichen Weltanschauung in Verbindung bringen ließ. Aristoteles steht hier einfach als der bekannteste Exponent einer alternativen »heidnischen« Weltanschauung, es gab dafür natürlich auch noch andere Autoren. Daß Bonaventura dieses Problem nicht in seiner ganzen Schärfe sah, läßt sich sowohl im Gesamtaufbau seiner Lehre als auch an der Behandlung verschiedener Einzelprobleme sehen. Für Bonaventura gab es in gut augustinischer Tradition nur *eine einzige Weisheit (sapientia)*, die allerdings in sich in einen Aufstiegsweg gegliedert ist. Diese Wahrheit umfaßt die drei großen Teile Philosophie, Theologie und mystische Schau, wobei diesen Teilen auch der Aufstiegsweg der Seele zu Gott entspricht. Da das Ziel der Seele die ewige Anschauung Gottes ist, kann keine der niedrigeren Stufen für sich ausreichend sein, und somit kann für keine eine Autonomie beansprucht werden. Diese Grundthese Bonaventuras ist auch der Leitfaden seiner kleinen, aber wichtigen und aufschlußreichen Schrift über *Die Zurückführung der Künste auf die Theologie (De reductione artium ad theologiam)*:

Mag nun aber auch jede Erleuchtung der Erkenntnis sich im Inneren vollziehen, so
 können wir doch mit Recht unterscheiden und sagen, daß es ein *äußeres Licht* gibt, nämlich das Licht der mechanischen Kunst; ein *niederes Licht*, nämlich das Licht der sinnlichen Erkenntnis; ein *inneres* Licht, nämlich das Licht der philosophischen Erkenntnis; und ein *höheres Licht*, nämlich das Licht der Gnade und der Heiligen Schrift. Das erste Licht erleuchtet in bezug auf die Gestalten der Kunst, das zweite in bezug auf die Naturformen, das dritte in bezug auf die geistig erkennbare Wahrheit, das vierte und letzte in bezug auf die Heilswahrheit. (Ebd. S. 235)

Wir haben hier also eine klare Stufenordnung: ein niederes Licht – ein inneres Licht – ein höheres Licht. Wie gut informiert Bonaventura über die Probleme der Wissenschaftsentwicklung der vorangegangenen Jahrzehnte ist, zeigt sich darin, daß er auch den mechanischen Künsten ein eigenes Licht – das äußere Licht – zuordnet, was immerhin eine interessante Neuerung an »Lichtern« darstellt. Bonaventura folgt hier in deutlich sichtbarer und von ihm auch ausdrücklich angegebener Weise der Wissenschaftseinteilung Hugos von St.-Victor. Diese Einteilung war allerdings aufgestellt worden, bevor die aristotelische und arabische Philosophie in ihrer ganzen Breite bekannt geworden war, auch hatte Hugo die gesamte Wissenschaft nochmals unter die augustinische Prämisse einer Heilung menschlicher Schwächen gestellt (vgl. Kap. VIII, 3). Mit einer solchen Auffassung können noch so viele einzelne Thesen des Aristoteles übernommen werden – der zentrale Punkt der Auseinandersetzung, der mit der aristotelischen Philosophie gegeben ist, wird hier einfach umgangen: Mit aristotelischer Philosophie wird ein *autonomes Erkenntnisinteresse* verfolgt, das *alle erforderlichen Mittel* zu seiner Verwirklichung in sich hat und das *keinerlei »höheres Licht«* benötigt. Ebenso wird das entsprechende Problem der Glückseligkeit behandelt, die nach Aristoteles in Erkenntnis und ethischem Handeln als vollständig erreichbar angesehen wird und bei der für eine Gnade keinerlei Raum übrig bleibt. Demgegenüber ist der Weg der Seele nach Bonaventura – mit Augustinus – auf all seinen Stufen durch das Licht bzw. die stufenweise wachsende Erleuchtung bestimmt. Das Licht aber ist in letzter Instanz das göttliche Licht, von dem ursprünglich alle Erleuchtung stammt.

»Jede gute Gabe und jedes vollkommene Geschenk kommt von oben; es steigt herab vom Vater des Lichtes«; so Jakobus im ersten Kapitel seines Briefes (1, 17). Dieses Wort rührt an den Ursprung jeder Erleuchtung, und zugleich wird damit das freigebige Ausströmen eines vielfältigen Lichtes aus dieser Urquelle des Lichtes angedeutet. (Ebd.)

Bei Aristoteles kommt schlechterdings nichts von oben. Er versteht seine Philosophie als in ihren Prinzipien und ihrer Reichweite vollständig umschrieben, so viel auch weitere Forschung noch hinzubringen kann. Auch sein Erkenntnisziel der *theoría* bedarf keinerlei Ergänzung und kann durch keine Gottesschau überstiegen werden – dies kann Bonaventura nicht anerkennen:

Hier können alle Schwierigkeiten der Philosophie dargelegt werden. Die Philosophen gaben neun Wissenschaften und versprachen auch, eine zehnte zu geben, die Beschauung *(contemplatio)*. Aber da viele Philosophen sich von der Finsternis des Irrtums scheiden wollten, haben sie sich mit großen Irrtümern vermischt, »sie nannten sich weise und sind Toren geworden«, sie blähten sich auf über ihrer Wissenschaft und wurden zu Luziferen. (*Hexaemeron* IV, 1. S. 177)

Auch hier wieder gilt: Aristoteles hat nichts versprochen, was irgendetwas mit der von Bonaventura gesuchten »Beschauung« zu tun hätte. Was Bonaventura hier voraussetzt, ist augustinischer Neuplatonismus. Philosophie soll als »Vorhof« einer quasi-mystischen Beschauung verstanden werden, wie es in der Spätantike Plotin und später Proklos gefordert hatten (vgl. 1. Teil, Kap. XVII, 1 und 4). Bonaventura will Aristoteles »entgegenkommen«, indem er – auch dies genau wie im Neuplatonismus – einen *niederen* und einen *höheren Seelenteil* annimmt. Mit ausdrücklichem Bezug auf die Schrift des Aristoteles *Über die Seele (De anima)* läßt er durchaus die Abstraktion als Erkenntnismittel zu, aber dies gilt eben nur für den niederen Seelenteil (vgl. *Vom Wissen Christi* q. 4, 9. S. 107). Zudem fügt er dann hinzu, »daß die Seele gemäß ihrem niederen Teil erkennt, was unten ist, während desungeachtet der höhere Teil erkennt, was oben ist« (Ebd. q. 4, ad 7–9. S. 125) – oben aber sind die Ideen und letztlich Gott. Für Bonaventura ist der Mensch Abbild Gottes *(imago Dei)* und als solches trifft er auf seinem Erkenntnisweg auf die ewigen Ideen *(rationes aeternas)* oder wenigstens die Spuren derselben:

Aber weil er noch auf dem Wege und folglich noch nicht völlig gottförmig *(deiformis)* ist, erkennt er die ewigen Ideen noch nicht klar, vollkommen und bestimmt. (Ebd. q. 4. S. 121)

Die Abstraktionstheorie hat aber in der aristotelischen Philosophie genau die Funktion, das Entstehen von Allgemeinbegriffen zu erklären, wenn man *keine* platonische Ideenschau annimmt. Bei der Erleuchtungslehre und der Abstraktionstheorie handelt es sich also um *konkurrierende* und *nicht* um *komplementäre* Auffassungen. Ein »Einbau« der Abstraktionslehre in eine Erleuchtungslehre ist aristotelisch unzulässig und geht an deren Grundvoraussetzungen vorbei. Bei Bonaventura wird dann noch die Erkenntnistheorie gut augustinisch unter die Bedingungen der Sünde gestellt:

Da das Abbild im Zustand der gefallenen Natur *(in statu vero naturae lapsae)* aber der Gottförmigkeit ermangelt und vielmehr mißgestaltet ist, so erkennt es sie [d. h. die Ideen] teilweise und nur angedeutet und rätselhaft *(ex parte et in aenigmate)*. (Ebd. q. 4. S. 121)

366 | Es braucht ja wohl nicht eigens gesagt zu werden, daß es für Aristoteles keine »gefallene Natur« *(natura lapsa)* gibt. Bei Bonaventura hingegen ergibt sich, wiederum mit Augustinus, in Wirklichkeit eine Erkenntnistheorie innerhalb der Grenzen der erbsündlichen Vernunft, und dies hat überhaupt nichts mit der 2. *Analytik* des Aristoteles zu tun. Bonaventuras Versuch letztere in erstere einzubauen, bringt die Anzahl der Anomalien im alten Paradigma tatsächlich an eine bedenkliche Grenze. Bonaventura hält an dem Paradigma fest, in dem der Mensch ein sündiger Spurenleser der Dinge in der Welt ist auf der Suche, diese Abbilder auf ihr Urbild hin zu entschlüsseln, was er aber letztlich ohne eine göttliche Erleuchtung nicht zustandebringen kann. Der innere Zusammenhang des Systems ist durch den Begriff der *Exemplarursächlichkeit* gegeben. Und an diesem Punkt bezieht er auch eine klare kritische Stellung gegenüber Aristoteles, d. h. er übernimmt ausdrücklich nicht dessen Kritik an der Ideenlehre und spricht sich für die platonische Konzeption aus. Im folgenden Zitat ist auch die Sprache Bonaventuras verräterisch. Aristoteles kritisiert gelegentlich Ansichten anderer, es ist aber nicht seine Art, sie, wie Bonaventura es darstellt, zu »verfluchen« oder zu »bekämpfen«. Diese Art der »Auseinandersetzung« ist doch eher die des Bonaventura in seiner späten Periode und nicht die des Aristoteles.

Denn einige haben geleugnet, daß in der urbildlichen Ursache die Urbilder der Dinge lägen. Ihr Führer scheint Aristoteles gewesen zu sein, der am Anfang und am Ende seiner Metaphysik und an vielen anderen Stellen die Ideen Platons verflucht *(exsecratur)*. Darum sagt er, daß Gott sich allein kennt und nicht der Kenntnis irgendeines anderen Dinges bedarf und es als ein ersehntes und geliebtes bewegt. Daraus folgern

> sie, daß er nichts oder nichts Geteiltes erkenne. Darum hat vor allem Aristoteles die Ideen bekämpft *(impugnat)*, auch in der Ethik, wo er sagt, das höchste Gut könne nicht eine Idee sein. Aber seine Gründe sind kraftlos, und der Kommentator hat sie gelöst. (*Hexaemeron* VI, 2. S. 245)

Mit dem Kommentator ist hier Eustratios von Nikaia (um 1050 – nach 1117) gemeint, der behauptet hatte, die aristotelische Kritik der platonischen Ideenlehre widerlegt zu haben (vgl. Giocarnis 1964). Bonaventura geht auf die Kritik nicht selbst ein, zeigt sich aber durchaus informiert über neuere philosophische Literatur.

Der stufenweise Abbildcharakter aller Dinge, ihr Teilhaben am Urbild, was natürlich vor allem für die menschliche Seele gilt, ist für Bonaventura das Zentrum und der eigentliche Systemfaktor seiner Metaphysik.

> Alles Seiende nun führt sie [d. h. die Metaphysik] zurück auf den einen Urgrund *(unum primum principium)*, von dem es, seinen idealen Gründen nach, ausgegangen ist *(a quo exierunt secundum rationes ideales)*, also auf Gott, sofern er Ursprung, Ziel und Vorbild ist *(in quantum principium, finis et exemplar)* – mag es auch unter den Philosophen über diese idealen Gründe *(de rationibus idealibus)* einige Meinungsverschiedenheiten *(controversia)* geben. (*Die Zurückführung der Künste auf die Theologie.* S. 245) | 367

Wir wollen auf die Formulierung »einige Meinungsverschiedenheiten« nicht näher eingehen. Bonaventura minimisiert die Problematik in einer Weise, die bei der auch ihm zur Verfügung stehenden Kenntnis alternativer Auffassungen eigentlich nicht erlaubt ist. Die Funktion der Ideen als Exemplarursachen ist im Neuplatonismus eines Avicenna doch sehr verschieden von der bei Maimonides, und sie ist nochmals verschieden von der bei Augustinus. In anderen Zusammenhängen konkretisiert aber Bonaventura seine Auffassung durchaus ausreichend – augustinisch selbstverständlich. Aber selbst die bestimmte Form des Platonismus, die Bonaventura vertritt, ist für das 13. Jhd. problematisch. Die Platoniker des 12. Jhd.s hatten den »wissenschaftlichen« Platon wiederentdeckt und ihr Interesse auf die Entdeckung von *Kausalzusammenhängen* in der Natur gerichtet (vgl. Kap. VIII, 1, c). Bei Bonaventura hingegen wird die Welt, und so auch die Schöpfung in ihrem Ursprung, nicht primär als ein kausaler Vorgang betrachtet, sondern zunächst und primär als künstlerisches Schaffen gedeutet, als ein Schaffen und Hervorgehen im Geist und in der Vorstellung, das dann sekundär in der äußeren Welt Gestalt annimmt. Die *Kunst* ist daher primäres *hermeneutisches Instrument* zum Verständnis der Welt.

> Wenn wir den Ausgangspunkt *(egressum)* betrachten, so werden wir sehen, daß das Kunstwerk vermittels eines im Geist sich vorfindenden Ebenbildes *(similitudine)* vom Künstler ausgeht. Durch dieses Ebenbild erdenkt der Künstler etwas, ehe er es hervorbringt, und danach gestaltet er es, wie er es geplant hat. (Ebd. S. 255)

Die ganze Welt – vor allem wieder der Geist bzw. die Seele des Menschen – erhält in dieser Konzeption eine Symboltransparenz auf das Göttliche hin. Dies heißt aber auch: Die Seele ist primär zur *contemplatio*, zur Schau ihrer selbst und der Dinge aufgefordert, nicht so sehr zur Erforschung der Dinge in Hinsicht auf ihre Ursachen, wie dies z. B. in der Physik oder in der Biologie geschieht, und schon gar nicht zu technischer Praxis aufgrund solcher Erforschung der nächsten Ursachen. Durch die *contemplatio* ihrer selbst und der Dinge findet die Seele den Weg zu Gott, und der äußere Ausdruck, den diese *contemplatio* finden kann, ist die Kunst, die diese Symboltransparenz sichtbar machen kann und soll. Das gesamte Handeln des Menschen ist unter Kriterien gestellt, die ebenso Kriterien der Architektur und der Musik sind: Maß, Schönheit, Ordnung (Ebd. S. 261). Eine solche ausschließlich »erbauliche« und künstlerische Lektüre und Interpretation der Welt bleibt deutlich sowohl hinter der wissenschaftlichen Lektüre des *Genesis*-Textes als auch der des platonischen *Timaios*-Textes zurück, die schon im 12. Jhd. unternommen worden war.

Eine Abschlußbemerkung: Es wird manchmal gesagt, man müsse die Metaphysik Bonaventuras auf dem Hintergrund »franziskanischer Spiritualität« verstehen, wie diese vor allem im *Pilgerbuch der Seele zu Gott* zum Ausdruck kommt. Es ist hier nicht der Ort zu diskutieren, was mit »franziskanischer Spiritualität« denn eigentlich gemeint ist, und die Spiritualität, die Bonaventura vertritt, ist zunächst einmal einfach eine augustinisch-neuplatonische. Ob diese aber »franziskanisch« ist, ist eine ganz andere Frage. Ich würde meinen, daß Franz von Assisi zeitgeschichtlich viel »moderner« war als Bonaventura. Der bekannte *Sonnengesang* (*Schriften des heiligen Franziskus von Assisi*. S. 210 f.) gehört selbstverständlich zu einer religiösen Sprache, in ihr bezieht sich aber Franz von Assisi nicht auf einen symbolhaft verstandenen, sondern auf einen ganz »natürlich« betrachteten Kosmos. Dieses Naturverständnis ist gar nicht so weit entfernt von jenem, in dem die Neuentdeckung der Natur im 12. Jhd. bei zahlreichen Autoren zum Ausdruck gekommen ist. Und ein solches Naturverständnis war auch eine wesentlich bessere Alternative zu den Lehren der Katharer als eine gnostisierende Kosmologie, wie sie Bonaventura nochmals vertritt.

Im Jahre 1257 gab Bonaventura seine eben begonnene Lehrtätigkeit auf und wurde Generalminister der Franziskaner. Die Umstände dieser Ernennung waren dramatisch. Sein Vorgänger Johannes von Parma hatte versucht, die Franziskaner entsprechend den radikalen Ideen des Franz von Assisi zu leiten, der Papst wollte die Bewegung jedoch stärker institutionalisieren und den Strukturen der Kirche integrieren. Johannes von Parma wurde daher zum Rücktritt gezwungen und Bonaventura stand vor der Aufgabe, die Franziskaner in vorgegebene Ordnungen einzufügen, was ihm nicht ganz gelang. Als 1270 und in den Jahre danach die intellektuelle und institutionelle Situation an der Universität in Paris sich krisenhaft zuspitzte, griff Bonaventura nochmals in die Diskussion ein (vgl. Kap. XV, 1).

3. Albertus Magnus

Warum Albertus Magnus (1206/1207–1280) eigentlich den Beinamen »der Große« erhalten hat, ist historisch umstritten, normalerweise erhielten nur Kaiser oder Könige diesen Ehrentitel. Wie immer es sich damit verhalten mag, verdient hat er sich diese Bezeichnung in jedem Fall. Albertus Magnus war Dominikaner, gehörte also jenem Orden an, der sich schon von seiner Gründungszeit an intensiv mit Theologie und Verkündigung befaßt hat. Albert war der erste Deutsche, der einen Lehrstuhl in Paris innehatte. Während dieser Zeit – er war damals etwa 35 Jahre alt – verfaßte er den inzwischen obligatorisch gewordenen Kommentar zu den *Sentenzen* des Petrus Lombardus. Die eigentlichen philosophischen Schriften Alberts fallen aber alle in die Zeit nach seiner Pariser Lehrtätigkeit, und um das immense Werk Alberts – 38 Bände in der nicht-kritischen Ausgabe – würdigen zu können, muß man sich vor Augen halten, daß er nach seiner Tätigkeit in Paris nur noch gelegentlich einige Jahre hauptberuflich als Lehrer wirkte. Die übrige Zeit war er Gründer und Leiter des Studium Generale der Dominikaner in Köln, dann Provinzial der Dominikaner in Deutschland, zwei Jahre lang Bischof von Regensburg und schließlich in verschiedenen Funktionen auf häufigen Reisen in Deutschland und im Ausland (Lyon, Paris, Rom). Der Umfang der Werke erhält zum Teil eine Erklärung aus der Tatsache, daß
viele Textteile im Rahmen dieser Kompilationen einfach von anderen übernommen sind und zum anderen durch die Hilfe, die er von Mitarbeitern *(socii)* erhielt. Dies war eine durchaus übliche Praxis, auch bei Bonaventura, Thomas von Aquin und bei vielen anderen wissen wir von solchen Gehilfen. Oft handelte es sich dabei um regelrechte Equipe-Arbeiten, und solche Gruppen-Arbeiten gehörten besonders bei den städtisch-institutionell organisierten Dominikanern und Franziskanern zum normalen Betrieb. Auch andere, z. B. historische Werke wie das *Speculum historiale* des Vinzenz von Beauvais (vor 1200–1264), Dominikaner wie Albertus Magnus, das die Geschichte vom Weltbeginn bis um die Mitte des 13. Jhd.s beschreiben will, ist das Resultat einer Arbeit mit solchen »Gefährten«. Die Erfindung von regelrecht organisierten Forscher-Teams gehört also spätestens ins 13. Jhd. Im Dominikanerkonvent St. Jaques in Paris gab es seit 1236 eine Arbeitsgruppe, die Exzerpte herstellte, die für die Ordensmitglieder zur Verfügung standen, also eine Art mittelalterlicher Datenbank, von der u. a. auch Thomas von Aquin Nutzen ziehen konnte. Thomas selbst hat dann dort gezielt Texte griechischer Kirchenväter in lateinischer Übersetzung herstellen lassen. Die große Produktivität vieler Autoren des 13. und 14. Jhd.s hat also einen organisatorisch gut strukturierten Hintergrund von Gruppenarbeit, und daß die Mitglieder der Dominikaner und Franziskaner hier gegenüber den Magistri aus dem Weltklerus einen großen Vorteil hatten, liegt auf der Hand.

Albert verfaßte zunächst Kommentare zu dem gesamten Corpus der Schriften des Dionysios Areopagita und dann, etwa in der Zeit von 1254–1270, die für die weitere Geschichte besonders wichtigen Paraphrasen-Kommentare zu praktisch allen Schriften des Aristoteles, zu denen er allerdings auch den *Liber de causis* zählte. Die Werke Alberts werden seit 1950 in einer textkritischen Edition neu bearbeitet *(Editio Coloniensis)*. Zitiert wird im folgenden nach dieser Ausgabe. Bei Teilen, die dort noch nicht vorliegen, wird die Ausgabe von Paris (*Editio Parisiensis* 1890–1899) herangezogen.

Albert war ohne Zweifel der belesenste Philosoph und Wissenschaftler seiner Zeit. Er hat tatsächlich so gut wie alles von den neu übersetzten Werken gelesen, und in seinen eigenen Schriften verwendet er all das, was er gelesen hat, sehr reichlich. Dies macht seine Werke sehr weitschweifig, was ihm auch immer wieder vorgeworfen wurde. Der bekannteste der zeitgenössischen Kritiker ist Roger Bacon, der einige sehr böse Bemerkungen über den Wortreichtum bei gleichzeitig geringem Gehalt der Schriften Alberts hinterlassen hat (*Opus tertium* IX. S. 30 f.). Arbeiten von Zeitgenossen zieht Albert ebenso ausgiebig heran, allerdings, wie es damals allgemein üblich war, ohne Nennung der Namen, wie z. B. bei den logischen Schriften, wo er die Arbeiten seines Ordensbruders Robert Kilwardby (gest. 1279) verwendet. Für heutige Leser geht das ständige Zitieren, das nicht immer wirklich der Erläuterung eines Sachverhalts dient, sondern auch die Gelehrtheit des Verfassers dokumentieren soll, oft an die Grenzen des Erträglichen. Dieser heutige Leser sollte aber

nicht vergessen, daß auch in unserer Gegenwart wissenschaftliche Arbeit nicht selten weithin darin besteht, in einem extrem umfangreichen Anmerkungsapparat die gesamte Sekundärliteratur zu zitieren. Man sollte zudem nicht übersehen, daß Albert doch in sehr selbständiger Weise vorgeht. Im 13. Jhd. haben die meisten Autoren, einschließlich Thomas von Aquin, Kommentare so verfaßt, daß sie dem Aristoteles-Text fast Wort für Wort folgen, also durchaus im Sinn unserer modernen Kommentierung, was durchaus anerkannt werden soll. Albert hingegen schrieb Paraphrasen zu Aristoteles, ähnlich wie Avicenna dies getan hatte, d. h. er stellt den Inhalt der jeweiligen Schrift selbständig unter Heranziehung der Auffassungen vieler anderer Kommentatoren dar. Moderne Interpreten einzelner Textkomplexe bescheinigen Albert, daß er die jeweilige Sachproblematik sehr gut verstanden hat und die »Sekundärliteratur« von ihm meistens in sachlich guter Weise herangezogen wird. Die extrem ausführliche Darstellungsweise Alberts bringt es allerdings mit sich, daß sich seine Schriften nicht recht für Übersetzungen eignen, es bleibt sinnvollerweise nur die Möglichkeit, eine Auswahl von besonders relevanten Textstellen zu übersetzen. Die einzige, allerdings m.E. doch etwas zu knappe, zur Zeit vorliegende Textauswahl dieser Art wurde auch für das vorliegende Kapitel verwendet.

Um sich die Bedeutung der Aristoteles-Kommentare Alberts deutlich zu machen, muß man den geistesgeschichtlichen Kontext sehen, in dem und für den sie abgefaßt wurden. Seit dem Beginn des 13. Jhd.s war das Vordringen des Aristotelismus durch keine Verbote bleibend aufzuhalten, und seit der Mitte des Jahrhunderts waren die Kommentare des Averroes überall vorhanden. Dieses autonome Wissen zog die jüngsten Studenten und jüngsten Professoren, also die Gruppe der Artisten, enorm an.

Aus der Artistenfakultät, die früher außer Logik kaum etwas Besonderes zu bieten gehabt hatte und die in ihrer propädeutischen Funktion fast aufgegangen war, wurde nun eine eigenständige und *selbständige Fakultät.* Damit war die Vorherrschaft der theologischen Fakultät in Gefahr und es ergab sich in Paris ein gespanntes Verhältnis zwischen beiden Fakultäten. Es war natürlich den intelligentesten Köpfen dieser Zeit klar, daß es sich hier nicht nur um einen inneruniversitären Streit handelte, sondern daß sich hier ein die gesamte Kultur und Gesellschaft betreffendes Problem Ausdruck verschafft hatte (vgl. Kap. XI, 3). Man braucht dabei nur an die Fragen der Ethik zu denken: Im Bereich der Freien Künste war die Ethik überhaupt nicht behandelt worden. Alle die Fragen der Lebensführung betreffenden Probleme gehörten faktisch ausschließlich in das Gebiet der Theologie, und obwohl die alte Einteilung der Philosophie in Logik, Physik und Ethik immer wieder wiederholt worden war, war die Ethik als eigene Disziplin bisher so gut wie nicht existent gewesen. Im 12. Jhd. hatte sich neben der Logik eine eigenständige Naturphilosophie herausgebildet, im Bereich der Ethik aber hatte keine entsprechende Entwicklung stattgefunden. Nach Bekanntwerden der aristotelischen Schriften zur Ethik änderte sich diese Situation schlagartig. Es konnte jetzt mit Aristoteles ein eigener Gegenstand der Ethik umschrieben werden: das Glück, also die bekannte *eudaimonía.* Albert trug dem Rechnung:

Um das Glück des Menschen geht es in der Sittenlehre in erster Linie, und alles übrige kommt im Zusammenhang damit zur Sprache: die sittlichen Tugenden. Deshalb sagt Aristoteles am Schluß des 1. Buches der Nikomachischen Ethik: »Das Glück ist ein Selbstvollzug der Seele im Sinn der vollendeten Tugend, d. h. der Klugheit; und so haben wir jetzt über die Tugend zu sprechen; das ist wohl die beste Art und Weise, wie wir schließlich herausfinden, was Glück eigentlich ist.« (*Super Ethica. Prologus.* Ed. Col. XIV. S. 3b. Übers. v. Fries. S. 17)

Eine Vermengung mit theologischen Fragen lehnt Albert strikt ab:

Augustinus macht an diesen Stellen Aussagen über die von Gott verliehenen Tugendkräfte, die aber den Ethiker als solchen nichts angehen. (Ebd. I, lectio 5, ad 1. S. 55b. Übers. v. Fries. S. 17)

Augustinus und Aristoteles sind hier klar gegenübergestellt. Albert spricht nicht von einem Gegensatz der Auffassung der beiden, sondern stellt nur – sehr lapidar – fest, daß den *Ethiker als solchen* eine theologische Tugendlehre »nichts angeht« *(nihil pertinet ad moralem philosophum).* Genau hier liegt der Paradigmenwechsel zwischen Bonaventura und Albertus Magnus: Bonaventura kann einen Ethiker, der erklärt, daß ihn die theologische Tugendlehre nichts angeht, nicht anerkennen, er ist für ihn ein Sünder. Anders Albert: Für ihn gibt es legitimerweise einen Moralphilosophen, der erklärt, was für ihn »pertinent« ist:

Weist nun jemand auf die unmittelbar von Gott geschenkten Tugendkräfte hin, wie sie von den Theologen verkündigt und gepriesen werden, so lautet meine Antwort: Damit haben wir hier nichts zu tun *(dicemus, quod nihil ad nos)*; wir sprechen ja jetzt nicht über die theologischen, sondern über die natürlichen *(de physicis)* Tugenden. (*Ethica* I, tr. 7, c. 5 . Ed. Par. VII. S. 114b. Übers. v. Fries. S. 17)

Dies stellt eine klare Aufteilung der Kompetenzen dar. Man soll die einzelnen Ausdrücke nicht überinterpretieren, es fällt aber doch auf, daß Albert hier verschiedene Sprachformen anzudeuten scheint: Die Theologen »verkündigen« *(praedicant)* und »preisen« *(laudant)*, während die Philosophen »disputieren« *(disputant)*. Albert ist weit davon entfernt, theologiefeindlich zu sein, aber er ordnet die »Begriffsschubladen« (vgl. Kuhn weiter oben in 2) neu. Er ist auch keineswegs traditions- oder autoritätsfeindlich, er erkennt Autoritäten durchaus an, aber fragt genau nach deren Kompetenzbereich:

Festzuhalten ist: In Sachen der Glaubens- und der Sittenlehre ist dem Augustinus eher und mehr *(plus quam)* zu glauben als den Philosophen, falls sie eine von ihm abweichende Meinung vertreten. Spräche Augustinus aber über Medizinisches, so würde
372 | ich dem Galenos und dem Hippokrates mehr *(plus)* trauen. Falls er über naturwissenschaftliche Dinge spricht, glaube ich mehr *(plus)* dem Aristoteles oder einem anderen Fachmann der Naturkunde. (II. *Sent.* d. 13 a. 2. Ed. Par. XXVII. S. 247a. Übers. v. Fries. S. 9)

Für Albertus Magnus gibt es also nicht mehr eine Hierarchie von Autoritäten, sondern, wenn man das so sagen kann, »Bereichsautoritäten«. Aber auch die Autoritäten für ihren jeweiligen Bereich sind für Albert nur relative Autoritäten, er folgt ihnen nicht unbedingt, sondern »eher« *(plus quam)*. Albert sieht keinerlei Problem darin, Aristoteles an bestimmten Stellen zu kritisieren; er kommt dazu aber nicht durch Erkenntnisse von außen oder »von oben«, sondern durch Argumente, die streng innerhalb des jeweiligen Bereichs bleiben.

Aus diesen Gründen stand Albert auch den Vorstellungen von Wissenschaft, die Grosseteste vertrat und die er kannte, ziemlich kritisch gegenüber. Für ihn stellt Grosseteste den typischen Platoniker mit den einen solchen kennzeichnenden, aber nach Albert eben unbegründeten Voraussetzungen dar. Der zentrale Punkt von Alberts Kritik liegt in der Rolle, die in der Konzeption Grossetestes der Mathematik in der Naturwissenschaft zugewiesen wird. Selbstverständlich anerkennt Albert, daß in den empirischen Wissenschaften mit quantitativen Bestimmungen gearbeitet und entsprechend Mathematik angewendet wird, dies ist aber eben etwas ganz anderes als die durch keine Beobachtungsreihe stützbare metaphysische Annahme, das gesamte Universum im Ganzen wie im einzelnen sei mathematisch bestimmt. Dabei ist sich Albert darüber im klaren, daß auch er bei seinen naturwissenschaftlichen

Arbeiten mit metaphysischen Voraussetzungen arbeitet. Die Annahme, daß alle Dinge eine natürliche Ursache haben, ist zwar auch eine metaphysische These, aber eine solche, die für die Naturwissenschaft erforderlich ist, wohingegen für Albert die Annahme eines durchgehend mathematisch bestimmten Kosmos mit der entsprechenden methodologischen Forderung, daß alle natürlichen Phänomene mathematisch erklärbar sein müssen, eine für die Naturwissenschaft keineswegs erforderliche metaphysische These ist, die zudem schon in der Metaphysik nicht beweisbar und innerhalb der Wissenschaft forschungshemmend ist. In der Wissenschaft kann in manchen Bereichen die Mathematik einiges leisten, reicht aber nicht zur Erklärung des Phänomens aus. Als Beispiel kann man Alberts Betrachtung der Musik nehmen: Er kennt selbstverständlich die traditionelle Lehre von den mathematisch bestimmbaren Intervallen und lehnt diese keineswegs ab, stellt aber fest, daß damit noch keineswegs alles über die Musik gesagt ist, was wissenschaftlich gesagt werden kann. Die mathematischen Beziehungen bleiben abstrakt und bekommen die Musik als sinnlich erfahrbaren Gegenstand nicht in den Blick (*non considerant sensibile, sed abstractum a sensibili* [*Analytica Posteriora* I, 3. Ed. Par. S. 85]). Nimmt man die Musik als sinnlich erfahrbaren Gegenstand, so kann man Wirkungen der Musik feststellen, die nicht mathematisch erklärbar sind. Andererseits wurde aufgrund mathematisch-metaphysischer Theorien von den Pythagoreern und von Boethius eine *musica mundana*, also eine Sphärenmusik postuliert. Albert lehnt eine solche Annahme mit Aristoteles ab, da es dafür keinerlei physikalischen, also sinnlich wahrnehmbaren Nachweis gibt (*Politicorum libri* VIII, in c. 3 et 4. Ed. Par. VIII. S. 771–789).

Für Albertus Magnus besteht zunächst einmal das Problem, ob es im Bereich natürlicher Phänomene überhaupt eine den Grundsätzen der *2. Analytik* entsprechende Wissenschaft geben könne. Alberts naturwissenschaftliches Interesse und seine entsprechende Kompetenz lag im Gebiet der Biologie, schon hier ganz ähnlich Aristoteles selbst. Wenn man sich aber vor Augen hält, daß er z. B. mit der pseudoaristotelischen Schrift *Über die Pflanzen (De plantis)* beginnen mußte, wo es die erste Aufgabe sein mußte, einige Ordnung in die Klassifikationen zu bringen und erste Fragen nach Ursachen zu stellen, so kann man verstehen, daß Albert mit wissenschaftstheoretischen Forderungen vorsichtig umgehen mußte. Er rechnet damit, daß bei vielen Erklärungen im Bereich natürlicher Dinge die Argumentation eher, jedenfalls bis auf weiteres, auf der Linie der aristotelischen *Topik* als auf der der *2. Analytik* liegen wird, nichtsdestoweniger hält er daran fest, daß es im Bereich aller natürlichen Phänomene das Ziel sein sollte, Wissenschaft *(scientia)* im strengen Sinn des Wortes, also im Sinn der *2. Analytik*, zu betreiben.

Albertus Magnus ist ein Aristoteliker ganz eigener Art und vielleicht ist er gegenüber anderen Kommentatoren, die sich viel genauer an den Text hielten, sogar der authentischste Aristoteliker. Er nahm in seinen Schriften die aristotelische Intention auf, das verfügbare Wissen zu den jeweiligen Gegenständen zusammenzutragen. Dieses Wissen ist aber seit der Zeit des Aristoteles angewachsen, und er selbst versteht sich als weiterer Mitarbeiter in diesem *Akkumulationsprozeß*. Dies bedeutete aber, daß er gar keine Kommentare im strengen Sinn des Wortes verfassen wollte, so wie dies Averroes gewollt hatte und wie dies auch Thomas von Aquin wieder beabsichtigen wird. Albert legt selbst genau Rechenschaft über sein Vorgehen ab:

In diesem naturphilosophischen Werk gehen wir von der systematischen Ordnung und von den Lehrmeinungen des Aristoteles aus. Hinzu kommen die für seine Ausführungen notwendigen Erklärungen und Begründungen, allerdings ohne daß sein Text kenntlich gemacht wird. Des weiteren fügen wir erläuternde Abschnitte ein; darin stellen wir uns den möglicherweise auftauchenden Zweifeln, um sie zu klären, und suchen die Lücken in der Darstellung des Aristoteles, die manchen Leuten das Verständnis seiner Lehre erschwert haben, etwas aufzufüllen. (*Physica* tr. 1, c. 1. Ed. Col. III. S. 1 f. Übers. v. Fries. S. 11)

Für Albert ist also Aristoteles eine Autorität mit »Lücken« in der Darstellung, die weitere Erläuterungen erforderlich machen. Aristoteles selbst wäre der erste gewesen, der dies zugegeben hätte.

Gelegentlich hat man den Eindruck, daß Albert etwas gereizt auf Vertreter des
374 | alten Paradigmas reagiert, die immer wieder die gleichen Einwände vorbringen. Nehmen wir als Beispiel die immer wieder auftauchende Frage nach Wundern:

In der Naturforschung haben wir nicht zu untersuchen, ob und wie der Schöpfer-Gott nach seinem vollkommen freien Willen durch unmittelbares Eingreifen sich seiner Geschöpfe bedient, um durch ein Wunder seine Allmacht kundzutun. Wir haben vielmehr einzig und allein zu erforschen, was im Bereich der Natur durch natureigene Kräfte auf natürliche Weise alles möglich ist. (*De caelo et mundo* I, 4, c. 10. Ed. Col. V. S. 103. Übers. v. Fries. S. 7)

Es gilt also: Die Annahme von Wundern ist in der Naturwissenschaft illegitim. Es ist daher nach Albertus Magnus unsinnig und methodologisch falsch, sich an Naturwissenschaftler für die Bestätigung eines »Wunders« zu wenden. Was aber »auf natürliche Weise möglich ist«, können wir einzig aufgrund von Erfahrung wissen. Basis aller Erkenntnis im Bereich der Natur ist daher die *Beobachtung*. Deshalb trug Albert auf seinen Reisen ständig Beobachtungsmaterial zusammen und erkundigte sich bei Fischern, Jägern und Bienenzüchtern usw., was diese gesehen, gehört usw. hatten. Solche Erzählungen übernahm er dann jedoch nicht einfach, sonder überprüfte sie, wenn es erforderlich schien, und falsifizierte so bestimmte Thesen. Protokollnotizen davon sehen dann z. B. so aus:

»Carduelis« ist ein kleiner Vogel, der in Disteln sitzt. Bei uns heißt er Distelfink, andere nennen ihn – in Nachahmung seiner Stimme – Stieglitz. Man sagt zwar, er nähre sich von den Spitzen der Dornen und mit Stacheln. Das hat sich jedoch durch unsere Beobachtung als nicht richtig herausgestellt *(experimento probavimus falsum esse)*. Er nährt sich mit dem Samen der Disteln und der Klettenpflanzen, des Hirtenstabs, und ähnlicher Kräuter. Er frißt auch Kerne von Mohn, Raute, Hanf, und andere; er schält mit dem Schnabel die Hülle ab und nimmt nur den Kern zu sich; auch Nüsse frißt er, wobei er ebenso die Schale zerhackt. (*De animalibus*, S. 1451. Übers. v. Fries. S. 65)

Die von ihm selbst gemachten Beobachtungen finden sich vor allem in seinen Schriften über Pflanzen und Tiere *(De vegetalibus et plantis* und *Quaestiones super De animalibus)*. Beobachtung allein macht aber noch keine Naturwissenschaft aus; es muß dort immer auch um den Versuch gehen, *kausale Beziehungen* zu erforschen:

Die Aufgabe der Naturphilosophie besteht darin, für eine bekannte Wirkung die richtige Ursache klar und sicher festzustellen, den Beweis für dieses ursächliche Verhältnis beizubringen, wie auch dafür, daß es gar nicht anders sein kann. (*De vegetalibus et plantis*. S. 139. Übers. v. Fries. S. 11)

Bei der Forderung des Nachweises, daß etwas nicht anders sein kann, was Wunder ausschließt, ergeben sich im Bereich der Naturwissenschaft allerdings doch zahlreiche Probleme, wie Albert wiederum besonders aus seiner Beschäftigung mit Fragen der Biologie wußte. Hier muß mit Häufigkeitsannahmen gearbeitet werden *(id quod est per accidens et improvisum)*, die keine strenge Notwendigkeit ergeben (*Physica* II, tr. 3, c. 2. Ed. Col. IV. S. 135). Eine Mißbildung einer Pflanze oder eines Tieres stellt ja keine Falsifikation einer Aussage darüber, wie diese »eigentlich« sind, dar. Werden aber Häufigkeitsannahmen zur Aufstellung allgemeiner Aussagen verwendet, so bedeutet dies, daß mit topischen Argumenten – im Sinne der aristotelischen, nicht der boethianischen Topik – gearbeitet wird.

Es war die Grundüberzeugung Alberts, daß bei klarem Auseinanderhalten der Geltungsansprüche und der Methoden von Theologie, Philosophie und Naturwissenschaft nicht nur Konflikte vermieden werden können, sondern sogar eine Synthese erreicht werden kann. Albert stand an einem ihm deutlich bewußten historischen Einschnitt und er sah seine Aufgabe darin, die Eigenständigkeit von Philosophie und Naturwissenschaft nachzuweisen, und glaubte, daß dann eine Synthese mit den Glaubensüberzeugungen nicht mehr allzu problematisch sei. Schon aus der Kenntnis der islamischen Philosophie her wußte er natürlich um die besondere Problematik der Fragen der Schöpfung und der Unsterblichkeit der individuellen Seele. Albert kannte sowohl den *Führer der Unschlüssigen (Dux perplexorum)* des Maimonides als auch den *Lebensquell (Fons vitae)* des Ibn Gabirol (Avencebrol). Bei diesen Streitfragen mußte er sich natürlich – hinausgehend über die beiden genannten Schriften – vor allem mit den entsprechenden Kommentaren des Averroes auseinandersetzen. Albert blieb dabei seiner Methodenlehre treu und argumentierte nie mit Gründen, die aus dem Glauben kommen, ob seine Argumente gegen die Ewigkeit der Welt, die er in seinem Kommentar zur aristotelischen *Physik* vorbringt, letztlich überzeugend sind, ist allerdings eine andere Frage. Er will sich aber philosophisch nicht festlegen, da die Frage für ihn im Bereich der Philosophie unentscheidbar ist:

Allerdings schreiben wir unserem Grund nun nicht eine Beweiskraft im strengen Sinne zu, und wir halten weder die eine noch die andere Meinung (Erschaffung mit der Zeit oder Bestand von Ewigkeit) für philosophisch beweisbar. (*Physica* tr. 1, c. 13. Ed. Col. IV, 2. S. 577b. Übers. v. Fries. S. 15)

Das Argument Alberts, das er vorher ausführlich begründet hat, lautet daher: Der Beweis des Aristoteles für die Ewigkeit der Welt hält seinen eigenen Anforderungen an einen wissenschaftlichen Beweis nicht stand. Dies war schon die Argumentationsrichtung des Maimonides (vgl. Kap. X, 2, h) und Albert bleibt dabei stehen, d. h. er hält die Frage für philosophisch unentscheidbar. Etwas anders stellt sich die zweite große Streitfrage nach der Unsterblichkeit der Seele dar. Albert ist der Überzeugung, daß er im Fall der Seelenlehre vor allem die seiner Meinung nach unzutreffende

averroistische Interpretation der entsprechenden Stellen aus dem 3. Buch der Schrift des Aristoteles *Über die Seele* widerlegen bzw. korrigieren muß. – Alberts Behandlung der Frage der Zeitlichkeit der Schöpfung und der Unsterblichkeit der Seele und ebenso seine Interpretation von *De anima* könnten sachgerecht nur monographisch dargestellt werden, was im vorliegenden Zusammenhang weder möglich noch erforderlich ist. Selbst wenn Albert bei keiner der Fragen »recht haben« sollte, so wäre doch zu wünschen, daß die Auseinandersetzung immer mit jener Bemühung um Vollständigkeit der Argumente für und wider und um logische Überprüfbarkeit der Argumente geführt würde, wie sie bei ihm vorliegt. In der Abhandlung *Über die Einheit des Intellekts* (*De unitate intellectus.* Ed. Col. XVII), in der er sich mit der averroistischen Auffassung von der Seele auseinandersetzt, die u. a.besagt, daß alle Menschen eine gemeinsame und keine individuelle, nach dem Tod erhalten bleibende Geistseele besitzen, diskutiert er – für und wider zusammengenommen – 65 Argumente, um schließlich zu seiner These über die individuelle Seele zu gelangen! Viele dieser Argumente sind schon von anderen übernommen – schon Gundissalinus hatte dazu viel Material zusammengetragen (vgl. Kap. XI, 2) –, es bleibt aber bestehen, daß Albert mit größter Genauigkeit versucht, bei einer so wichtigen Fragen kein irgendwo vorhandenes Argument zu übergehen. Daß er schließlich doch die Unsterblichkeit der individuellen Seele annimmt, braucht uns nicht zu überraschen.

Albertus Magnus hat aber nicht nur viele Schriften des Aristoteles kommentiert, sondern auch die des Dionysios Areopagita, wozu ihn niemand gezwungen hat und was zu seiner Zeit auch nicht zu den Pflichtübungen eines Magisters gehörte. Mit diesen Kommentaren ist Albert aber eindeutig im Bereich neuplatonischen Denkens. War Albert nun ein echter Aristoteliker, ein neuplatonisierender Aristoteliker oder einfach ein Eklektiker? Diese Frage führt wahrscheinlich nicht viel weiter. Albert ist der Überzeugung, daß der Philosoph die Auffassungen Platons wie Aristoteles' kennen muß, und formuliert sehr klar den Unterschied zwischen der Philosophie der beiden:

> Für mich liegt der Grund für die Kontroverse zwischen Platon und Aristoteles darin, daß Platon seinen Ausgangspunkt in die allgemeinen Ideen verlegt und von daher absteigend die Seinsbestandteile der Dinge in den Griff zu bekommen sucht. Anders Aristoteles; er setzt bei den einzelnen Naturgegebenheiten selber an und gewinnt so die Einsicht in den Sachverhalt dessen, was das Ding zu dem macht, was es ist. (II *Sent.*, d. 1, a. 4. Ed. Par. XXVII. S. 15a. Übers. v. Fries. S. 13 und S. 15)

In keiner Weise versucht Albert, aristotelische Thesen in eine vorweg platonisch gedachte Metaphysik einzubauen, wie dies bei Bonaventura der Fall war. Was er unternimmt, ist etwas ganz anderes und jedenfalls Überlegenswertes: Er zeigt *empirisch*, daß die Menschen so etwas wie ein »*metaphysisches Bedürfnis*« haben (was von »reinen« Positivisten gern übersehen wird):

| 377

> Alle unsere Erkenntnis setzt beim Sinnfälligen an. Beim Fortschreiten aber, wenn sie tiefer in den ganzen Umfang des Sinnfälligen eindringt, bleibt sie nicht bei dem unmittelbar gegebenen Phänomen stehen und gibt sich nicht damit zufrieden. Der Mensch fühlt sich zum Überstieg über das Sinnlich-Wahrnehmbare gedrängt *(extollitur vehementer)*, sobald er auf etwas stößt, das schwer faßbar und übersinnlich ist, wie die Erstursache, die reinen Geistwesen, und schließlich die eigene Seele. (*De anima* I, 1, c. 1. Ed. Col. VII. S. 2 f. Übers. v. Fries. S. 13)

Auch hier wieder gilt: Ob Albert recht hat und man Metaphysik auf »metaphysischen Bedürfnissen« der Menschen aufbauen kann, ist nicht sicher, aber wenigsten ist der Ausgangspunkt empirisch überprüfbar. Und dann kann man über Genese und Geltung streiten, denn aus dem Vorhandensein eines Bedürfnisses folgt schließlich noch nicht, daß das, was dem Bedürfnis entspricht, auch tatsächlich existiert. Angewandt auf das eben vorher Besprochene: Es gibt ein empirisch nachweisbares Bedürfnis der meisten Menschen, daß der Tod nicht das Ende der menschlichen Existenz bedeute, aber: Was folgt daraus? – Auch Thomas von Aquin wird von einem ähnlichen Bedürfnis, das er »natürliches Verlangen«/„natürliches Bedürfnis« *(desiderium naturale)* nennt, sprechen (vgl. Kap. XIV, 2).

Der Einfluß Alberts war schon während seines Lebens groß; dies gilt jedoch nicht für alle Bereiche. In der Geschichte der Logik scheint er – sachlich durchaus berechtigterweise – kaum Spuren hinterlassen zu haben. Seine wichtigen Impulse für empirische Forschung wurden jedenfalls an der Pariser Universität zunächst überhaupt nicht aufgenommen. Alberts Kenntnisse im Bereich der Naturwissenschaft brachten ihm allerdings – wie im Mittelalter häufig – den Ruf eines Magiers ein, was auch dazu führte, daß ihm entsprechende Texte okkulten Inhalts wie z. B. der *Über die Geheimnisse der Frauen (De secretis mulierum)* fälschlich zugeschrieben wurden. In den Jahren nach 1250 wurden seine philosophischen Schriften in Paris bekannt, vermutlich jeweils bald nach ihrer Abfassung, und nur wenig später wurde er selbst als Autorität zitiert wie Avicenna oder Averroes.

Albert hat einen Paradigmenwechsel eingeleitet, und meiner Auffassung nach wird Albertus Magnus in der Geschichtsschreibung der Philosophie des Mittelalters unterschätzt. Er ist nicht der »Wegebereiter« von Thomas von Aquin, richtiger muß man sagen: Albertus Magnus war der »revolutionäre Wissenschaftler«, der es seinem Schüler Thomas von Aquin ermöglicht hat, wieder »normale Wissenschaft« innerhalb eines neuen Paradigmas zu betreiben. Über die Frage, ob Albert selbst die Tragweite dieses Paradigmenwechsels klar war, kann man verschiedener Ansicht sein – ich meine, daß er sehr genau wußte, daß er einen sehr radikalen Wandel einleitete –, es ist aber gar nicht erforderlich, daß der Urheber eines solchen Wechsels die Konsequenzen in allen Einzelheiten durchschaut. Es reicht zunächst die Annahme, daß Albert von der Fülle und dem Reichtum des neuen philosophischen und wissenschaftlichen Materials so beeindruckt, ja überwältigt war, daß er diesem die Eigenständigkeit einfach nicht streitig machen konnte, und daß er erst nachträglich eine wissenschaftstheoretische Rechtfertigung dafür gesucht hat. Eine gewisse »optimistische Naivität« ist möglicherweise ziemlich allgemein eine Voraussetzung dafür, einen Paradigmenwechsel herbeiführen zu können. Wer alle Konsequenzen und die sich daraus ergebenden neuen Probleme ganz durchschaut, scheut vielleicht vor einem solchen Wandel grundlegender Auffassungen zurück. Wahrscheinlich hat tatsächlich erst Thomas von Aquin sowohl die Tragweite wie auch die sich daraus ergebende Problematik dieser neuen Situation der Wissenschaft ganz erfaßt. Aber es bleibt doch bestehen, daß es Albert war, der auf der Basis dessen, was im 12. Jhd. vorbereitet worden war, und dessen, was an neuem Wissen jetzt vorhanden war, den Schritt tat, der zu einem neuen Paradigma führte, und daß es keineswegs selbstverständlich war, diesen Schritt zu tun, zeigt gerade die Gegenüberstellung zu Bonaventura.

Über die »Modernität« der Wissenschaftsauffassung Alberts hat es viel weniger Diskussionen gegeben als etwa über die Grossetestes oder Bacons. Alberts Auffassung vom akkumulativen Prozeß der wissenschaftlichen Arbeit und deren Ergebnissen, von der Möglichkeit (viele) wahrscheinliche und (einige) wahre Sätze in der Wissenschaft aufzufinden, und seine Überzeugung, empirisch Kausalzusammenhänge feststellen zu können, ließ ihn für strenge Zeichentheoretiker oder radikale Falsifikationisten wenig interessant erscheinen. Man kann jedoch vermuten, daß seine Vorstellungen von Wissenschaft in etwa dem entsprechen, was auch heutige Wissenschaftler empirischer Wissenschaften über ihre Tätigkeit sagen, wenn sie nicht durch wissenschaftstheoretische Vorgaben wie das deduktiv-nomologische Modell Hempel-Oppenheims oder ähnlicher Konstruktionen eingeschüchtert sind. Dabei ist natürlich besonders Alberts Annahme einer Zielursächlichkeit problematisch, die bei ihm wie bei Aristoteles eine zentrale Bedeutung hat (vgl. 1. Teil, Kap. X, 4, b). Wenn Albert Biologie betreibt, so stellt er immer folgende Fragen: Wozu dient ein Organ? Welchen Zweck hat ein bestimmter Reproduktionsvorgang bei Pflanzen usw.? Auch dies sind sicher Fragen heutiger Wissenschaftler, allerdings sind Fragen über Finalität in der heutigen Wissenschaftstheorie nicht gut angesehen, und deshalb sprechen Biologen nicht gerne darüber. Albert hatte noch keine solche Hemmungen. Wenn wir Alberts Intention aufnehmen, könnten wir vielleicht sagen: Wir können empirisch feststellen, daß viele Menschen, zu denen auch ganz seriöse Wissenschaftler zählen, das »Bedürfnis« verspüren, jedenfalls im Bereich der Biologie nicht nur Warum-Fragen, sondern auch Wozu-Fragen zu stellen. Ob dieses »Bedürfnis« irreleitet und zu einer illegitimen Vermengung von Bereichen führt, ist dann nochmals wissenschaftstheoretisch und wissenschaftlich genau zu prüfen.

In unserem historischen Zusammenhang ist auf folgendes hinzuweisen: Die von Albert vorgelegte »Bereichsstruktur« erwies sich äußerst wirksam, und Thomas von Aquin wird versuchen, sie »harmonisch« und »synthetisch« zu interpretieren. Aber, auch wenn man die Verdienste von Thomas von Aquin voll anerkennt, wird man nicht umhin können, festzustellen, daß er manches an der anstehenden Problematik für einige Jahre harmonisierend immunisierte und in dieser Hinsicht hinter Albert zurückblieb. Schon Autoren des 13. Jhd.s waren der Meinung, daß Albertus Magnus der konsequenteste Vertreter der Philosophie des Averroes war. Und dies bedeutet dann – historisch gesehen –, daß wir bei den Krisen, die nach Thomas von Aquin in Paris auftraten, nicht vergessen dürfen, daß Albertus Magnus mit seiner Wissenschaftsauffassung ein ganz wichtiger Faktor der im letzen Drittel des 13. Jhd.s auftretenden Polarisierung von Philosophie und Theologie war (vgl. Kap. XV). Die sogenannten radikalen Aristoteliker werden sich nicht zu Unrecht auf Albertus Magnus berufen können.

- XIV -

Thomas von Aquin

1. Das schiefe Bild von Thomas von Aquin

Das Bild des Thomas von Aquin (1225–1274) ist uns durch Klischeevorstellungen arg verstellt. Thomas von Aquin wird seit mehr als einem Jahrhundert für all das zitiert, was die meisten Menschen für reaktionär halten. Dabei wird die Philosophie des Thomas von Aquin meist sehr rasch mit dem sogenannten Neu-Thomismus identifiziert, und dieser steht eben in der allgemeinen Einschätzung für jene Richtung, die das kritische Denken der Neuzeit nicht anerkennen will. Dabei gehen allerdings verschiedene ideengeschichtliche und ideenpolitische Perspektiven arg durcheinander.

Der Thomismus in dieser Form, gelegentlich auch in eher unglücklicher Weise als »aristotelisch-thomistische« Philosophie bezeichnet, existiert eigentlich erst seit der Mitte des 19. Jhd.s. Im Jahre 1879 wurde Thomas von Aquin durch die Enzyklika *Aeterni Patris* Leos XIII. zum offiziellen Philosophen der katholischen Kirche erklärt. Die Angelegenheit hatte allerdings eine lange Vorgeschichte. Im 16. Jhd. wurde Thomas von Aquin während des Konzils von Trient als *die* Autorität gegenüber allen vernünftigerweise von den Protestanten geforderten Reformen eingesetzt. Mit 1879 aber ist jener Zeitpunkt genannt, seit dem der Neu-Thomismus von der katholischen Kirche ideenpolitisch eingesetzt wurde, um sich gegen das Denken des 19. Jhd.s, vor allem gegen Kants Aufklärung und gegen den Deutschen Idealismus, abzuschirmen. Es wurde daher die Idee einer zeitlos gültigen Philosophie, einer *philosophia perennis* erfunden bzw. wurde das Programm einer solchen, das in der Renaissance aufgetaucht war (vgl. 3. Teil, Kap. I, 3), weiter entwickelt, und Thomas von Aquin wurde zum großen Repräsentanten einer solchen »überzeitlichen« Philosophie erklärt, was wiederum gar nicht dem Renaissance Programm entsprach. Die Philosophie des Thomas von Aquin wurde somit »ent-geschichtlicht«, zeitlos gemacht. Besonders problematisch wurde diese Art der Verwendung thomistischer Philosophie im 20. Jhd. als ideologische Basis für zahlreiche sogenannte Christlich Demokratische Parteien in Deutschland, Österreich, Holland, Italien und mehreren Ländern Süd- und Zentralamerikas, denn Thomas von Aquin wurde so zum Kämpfer gegen Sozialismus und Kommunismus, zum Verteidiger der »traditionellen Werte« und der Klasse, die ihre Privilegien aus diesen Werten ableitete. Wurden bestimmte Anpassungen unumgänglich, so mußten auch diese wiederum in irgendeiner Weise aus thomistischer Philosophie heraus gerechtfertigt werden, und es ist wohl keiner Erläuterung bedürftig, daß diese gesamte Situation einer historischen Erforschung der Philosophie und Theologie des Thomas von Aquin mehr als hinderlich war.

In der weiteren Geschichte wurde die aristotelische Philosophie durch eine unabhängige Forschung aus diesem unsachlichen Verwendungs-Zusammenhang befreit, und heute versucht niemand mehr eine Interpretation aristotelischer Texte im Rahmen dieser »aristotelisch-thomistischen« Philosophie. Etwas anders liegt der Fall bei der Philosophie des Thomas von Aquin. Da die mittelalterliche Philosophie faktisch noch lange eine Domäne katholisch-kirchlicher Philosophie blieb und den genannten Zielen dienen sollte, fand eine historisch- kritische Thomas-Forschung auch in der ersten Hälfte des 20. Jhd.s noch weithin nicht statt. Dadurch entstand der Eindruck, Thomas von Aquin sei der Begründer des Thomismus der Neuscholastik. Damit aber wurde der Thomismus in den Dienst einer Ideenpolitik gestellt, die in genauem Gegensatz zu dem steht, was sich Thomas von Aquin zur Aufgabe gemacht und von wo aus er sein Forschungsprogramm entwickelt hatte. Thomas von Aquin hatte sich wie kaum ein anderer mit allen in seiner Zeit neuesten philosophischen Richtungen intensiv beschäftigt und kritisch auseinandergesetzt, und war damit ein Denker, den man heute zu Recht als »avantgardistisch« bezeichnen würde. Thomas von Aquin war nie Magister der Philosophie, hat sich aber seit seiner ersten Tätigkeit als Magister der Theologie in Paris mit philosophischen Fragen befaßt und dazu auch zahlreiche Schriften verfaßt, die ganz und gar außerhalb seiner offiziellen beruflichen Stellung lagen. In seinen späteren Jahren befaßte er sich sogar vor allem mit der Kommentierung philosophischer Texte. Nicht wenigen seiner Zeitgenossen schien er zu weit zu gehen und zu viele »Zugeständnisse an den Zeitgeist« zu machen. Im Jahre 1277, also nur drei Jahre nach dem Tod des Thomas von Aquin, wurden in Paris von Erzbischof Étienne Tempier eine Reihe von Sätzen verurteilt, von denen man annahm, daß sie an der Artistenfakultät gelehrt wurden. Unter diesen Sätzen waren einige, die auch Thomas von Aquin gelehrt hatte, sein Name wurde allerdings in dieser Verurteilung noch nicht genannt. Ähnliches wiederholte sich einige Jahre später in Oxford, und dort war es eindeutig, daß auch die Lehre des Thomas von Aquin angezielt war. Auf diese Ereignisse wird im nächsten Kapitel ausführlicher eingegangen werden. Wie einschneidend diese Verurteilungen für die Entwicklung der mittelalterlichen Philosophie waren, ist erst der Geschichtsforschung im vergangenen Jahrhundert deutlich geworden, und dadurch ergab sich schon rein aus Gründen der historischen Forschung auch die Notwendigkeit, die Philosophie des Thomas von Aquin in einem anderen Licht zu sehen, was aber erst langsam von einigen eingesehen wurde und von manchen noch immer nicht eingesehen wird.

In unserer Gegenwart stellt es inzwischen eine durchaus legitime Position dar, Thomas von Aquin als einen äußerst interessanten, seiner Zeit gemäßen und für seine Zeit richtungsweisenden Philosophen zu schätzen, und gleichzeitig den Neu-

Thomismus für eine uninteressante und unzeitgemäße Philosophie zu halten. Es geht also darum, Thomas von Aquin dort hin zurückzubringen, wo er hingehört: in das 13. Jhd. Er ist weder Begründer noch Vertreter einer zeitlosen Philosophie und Theologie, sondern ein sehr intelligenter und problembewußter Mann seines Jahrhunderts. Er sah viele Probleme seiner Zeit wesentlich schärfer als die meisten seiner Zeitgenossen, und war – vielleicht zu sehr – zuversichtlich, daß diese Probleme mit den zur Verfügung stehenden philosophischen Werkzeugen lösbar seien. Er fand für verschiedene Fragen recht brauchbare Lösungsvorschläge, und war in mancher Hinsicht von traditionellen Vorstellungen so beherrscht, daß er bei einer ganzen Anzahl von Fragen – monarchische Regierungsform, Sklaverei, Rolle der Kirche, Religionsfreiheit, Stellung der Frau in Familie und Gesellschaft – keinerlei brauchbare Fortentwicklung einleitete.

2. Philosophie und Zeitgeschichte

Thomas von Aquin stammte aus einer Familie des Kleinadels in Süditalien. Er erhielt seine erste Ausbildung in der Benediktinerabtei in Montecassino und studierte dann
 die Freien Künste in Neapel. Neapel gehörte zum Königreich Sizilien. Sizilien wie auch Kalabrien waren früher einmal griechischsprachige Gebiete gewesen und Sizilien hatte längere Zeit unter islamisch-arabischer Herrschaft gestanden. Im Süden Italiens waren also die Beziehungen zur griechischen Vergangenheit und zu der noch nicht allzu lange zurückliegenden arabischen Besetzung noch lebendig und in Palermo und Neapel waren auch einige der neuen Übersetzungen entstanden. Während seines Studiums in Neapel kam Thomas von Aquin zum ersten Mal mit Texten des Aristoteles in Kontakt, auch mit den »neuen« der aristotelischen Naturphilosophie. Als er nach Abschluß dieser Studien dem Orden der Dominikaner beitrat, störte dies seine Familie so sehr, daß seine Brüder ihn entführten und einige Monate lang festhielten. Erst als er wieder freikam, konnte er seine Studien fortsetzen. Die Wahl dieser Ordensgemeinschaft war nicht zufällig. Die Dominikaner waren der erste Orden der Kirche, der sich das Studium zum primären Ziel gesetzt hatte, auch wenn dieses Ziel selbstverständlich im Zusammenhang der Glaubensverkündigung und der Häretiker- d.h. Katharerbekämpfung stand. Thomas von Aquin ging zum weiteren Studium, nun der Theologie, zunächst nach Köln, wo Albertus Magnus tätig war. Ob Thomas von Aquin aber bei diesem mit weiteren Texten des Aristoteles bekannt wurde, ist eher fraglich, denn diese gehörten nicht zum Curriculum der Theologie, und außerdem war Albertus Magnus in diesen Jahren nicht mit Aristoteles-Texten beschäftigt, sondern verfaßte Kommentare zu den Schriften des Dionysios Areopagita.

Zum Werdegang eines Magisters der Theologie gehörte es, daß er gegen Ende seiner Ausbildungszeit selbst Vorlesungen übernahm, und zwar über die *Sentenzen* des Petrus Lombardus, und Thomas von Aquin wurde nun nach Paris gesandt, um dort diese Vorlesungen zu halten. Es waren dies die Jahre 1252 bis 1256, eine sehr unruhige Periode, während der wichtige universitätspolitische Entscheidungen fielen. Es ging vordergründig um die Frage, ob alle aristotelischen Schriften in das Curriculum der Fakultät der Freien Künste aufgenommen werden sollten, in Wirklichkeit stand aber nur zur Diskussion, ob das, was ohnedies schon der Fall war, durch Statuten anerkannt werden sollte. 1255 wurde diese Legalisierung dann durchgeführt. Was sich im vorausgehenden Jahrzehnt schon abgezeichnet hatte, wurde jetzt klar erkennbar: Die *Fakultät der Freien Künste* hatte ihr eigenes und sehr umfassendes Gebiet umschrieben, das so verstanden werden konnte, daß es ein *vollständiges Wissen* um die Welt bot. Es handelte sich bei diesem Gebiet nicht mehr nur um die traditionellen Freien Künste, auch wenn die Fakultät diesen Namen beibehielt, sondern um ein umfassendes Wissen von Logik, Naturphilosophie, Metaphysik, Ethik und Politik. Damit war die frühere Einordnung der Freien Künste als Propädeutik für die anderen Fakultäten, vor allem für die Theologie, unzureichend bis hinfällig geworden, und damit war wiederum der Konflikt zwischen den Vertretern der Philosophie und der Theologie vorprogrammiert. Es war somit für einen noch nicht zum Doktor der Theologie »promovierten« Magister der Theologie wie Thomas von Aquin keineswegs eine Selbstverständlichkeit, die Rechte und Tragweite der Philosophie uneingeschränkt anzuerkennen. Da diese Problematik Thomas von Aquin sein ganzes Leben lang beschäftigte, können wir hier auch Stellungnahmen aus der späteren Zeit seiner Tätigkeit einbeziehen. Der Ursprung der Frage war jedoch zunächst vor allem zeitgeschichtlich bedingt und ist dieser frühen Periode der Lehrtätigkeit des Thomas von Aquin zuzuordnen. Ein auch von den Magistri der Philosophie akzeptierter Ausgangspunkt war folgende Feststellung des Aristoteles gleich zu Beginn der Metaphysik: »Alle Menschen streben von Natur aus nach Wissen. Dies beweist die Liebe zu den Sinneswahrnehmungen.« (*Metaphysik* I, 1, 980a 21–22). Daraus entwickelte Thomas von Aquin eine These, die der *Rechtfertigung der theoretischen Neugierde* gleichkam, wobei er mit Aristoteles und ohne lange Diskussion annahm, daß diese Neugierde sich zunächst einmal auf die Erkenntnis der empirisch vorgegebenen Welt bezieht, d. h. der Welt, wie sie sich der Sinneswahrnehmung darbietet. Damit aber befand er sich in deutlichem Widerspruch zu der augustinischen Tradition, die von Bernhard von Clairvaux im vorausgegangenen Jahrhundert und von Bonaventura zu seiner Zeit kräftig weiterverfolgt wurde, und die eine solche Neugierde *(curiositas)* und eine solche ausdrückliche Hinwendung zu dem, was sich den Sinnen darbot, als eine ganz und gar tadelnswerte Haltung betrachtete. Thomas von Aquin legte seine Thesen aber klugerweise nur positiv vor, ohne sich mit dieser ihm gut bekannten Tradition explizit auseinanderzusetzen. In dieser Tradition galt immer, daß der Mensch zur Erkenntnis einer göttlichen Erleuchtung *(illuminatio)* bedarf, und daß Aristoteles mit guten Gründen nichts dergleichen annahm, wußte Thomas natürlich und er stimmte Aristoteles darin zu. Erkenntnistheoretisch bedeutete das dann, daß es bei Thomas von Aquin für den Bereich des Wissens von den Dingen der empirischen Welt keinerlei Erleuchtung im Sinne des Augustinus bedurfte. Wie aber verhalten sich dann diese Erkenntnisse zu den Glaubenswahrheiten? Auch zur Beantwortung dieser Frage betrieb Thomas von Aquin Studien, die über das hinausgingen, was viele seiner Kollegen heranzogen. Selbstverständlich kannte er die schon sehr deutlichen Äußerungen Alberts des Großen zu dieser Frage, die Problematik des Verhältnisses von philosophischen und wissenschaftlichen Aussagen zu solchen, die aus Texten der Offenbarung, also der *Bibel,* erhoben werden konnten, war aber schon in aller Schärfe von der islamischen und jüdischen Philosophie gestellt worden. Thomas von Aquin studierte daher sehr genau den *Führer der Unschlüssigen* des Moses Maimonides, sah aber rasch, daß dessen Konzeption als ganze nicht übernommen werden konnte, auch wenn er ihr in vielen einzelnen Punkten folgte. Maimonides war von der seit Saadia (vgl. Kap. X, 2, a) für die jüdische wie schon für die islamische Philosophie geltenden Voraussetzung ausgegangen, daß Philosophie und Wissenschaft auf der einen und Offenbarungsreligion auf der anderen Seite eine und dieselbe Wahrheit beinhalten. Thomas von Aquin hatte jedoch die Standards der Wahrheitserkenntnis sehr hoch angesetzt. Für ihn gab die wissenschaftliche Erkenntnis die Kriterien vor für das, was Erkenntnis eigentlich ist, und diese Kriterien entnahm er der *2. Analytik* des Aristoteles, zu der er auch einen eigenen Kommentar verfaßte. Damit aber war Erkenntnis in ihrer höchsten Form durch *demonstrative Beweisverfahren* gekennzeichnet. In der Wissenschaft *(scientia)* ist ein Satz bewiesen, wenn er durch ein korrektes, d. h. hier: syllogistisches Verfahren aus gesicherten Sätzen abgeleitet wird, wobei den höchsten Grad der Gewißheit die evidenten Sätze bieten, bei denen nachweisbar ist, daß ihr Gegenteil einen Widerspruch enthält. Thomas erfaßte klar, daß die Sätze der Theologie in vielen Fällen diesen Kriterien von Wissen und Wissenschaft nicht genügen. Ausgehend von den genannten Kriterien der Wissenschaft konnte es jedoch für ihn dann nicht ausreichen, Wahrheiten der Offenbarung einfach neben die der Philosophie und Wissenschaft zu stellen, er fordert vielmehr zum mindesten den ausdrücklichen Nachweis, daß diese Sätze der Offenbarung der Vernunft nicht widersprechen. Damit ergibt sich eine durch die *Beweistheorie* begründete *Stufenordnung* der Sätze.

Es steht nämlich fest, daß das, was von Natur aus in die Vernunft hineingelegt ist, das im höchsten Grade Wahre ist, und zwar so sehr, daß nicht einmal zu denken möglich ist, es sei falsch. Ebensowenig darf man das, was im Glauben festgehalten wird, als falsch ansehen, da es ja so sichtbar von Gott her bestätigt wurde. Da nun der Gegensatz zum Wahren allein das Falsche ist, wie bei der Prüfung ihrer Begriffsbestimmungen ganz klar wird, ist es unmöglich, daß den Prinzipien, die die Vernunft von Natur aus erkennt, die genannte Wahrheit des Glaubens entgegengesetzt ist. (*Summa contra gentiles* I, c. 7. Bd. 1. S. 25)

Thomas von Aquin verlangt für Glaubenswahrheiten also keinen wissenschaftlichen Beweis, wohl aber den ausdrücklichen Nachweis der Nicht-Unvernünftigkeit. Er folgt in diesem entscheidenden Punkt Albertus Magnus und bricht mit der gesamten Tradition, in der seit den frühen Apologeten immer angenommen worden war, das Christentum sei die wahre Philosophie. Ohne weitere Diskussion nimmt Thomas von Aquin an, daß es einzig in das Gebiet der Philosophie gehört, festzustellen, was die Kriterien wahrer und wissenschaftlicher Erkenntnis sind. Und er sagt dann ganz klar, daß die Wahrheiten des Glaubens nicht den positiven Kriterien der Wissenschaft entsprechen, daß also der Nachweis ihrer Vernünftigkeit nur so weit reicht, daß sie nicht als nicht-vernünftig aufgezeigt werden können. Daraus ergeben sich strenge Beweisforderungen für die Philosophie und strenge kritische Regeln für die Theologie.

Aus dem zuvor Gesagten ist also unmittelbar ersichtlich, daß die Absicht des Weisen sich auf eine zweifache Wahrheit der göttlichen Dinge zu richten hat und auf die Beseitigung der entgegengesetzten Irrtümer; zu der einen kann das Forschen der Vernunft gelangen, die andere aber übersteigt jede Anstrengung der Vernunft. Ich spreche aber von einer zweifachen Wahrheit der göttlichen Dinge nicht von seiten Gottes, der die eine und einfache Wahrheit ist, sondern von seiten unserer Erkenntnis, die sich hinsichtlich der Erkenntnis des Göttlichen verschieden verhält. [...]

Es ist daher zur Darlegung der erstgenannten Wahrheit mit Beweisgründen vorzugehen, durch die der Gegner überzeugt werden kann. Da aber solche Gründe für die zweite Wahrheit nicht beizubringen sind, darf unsere Absicht [hier] nicht darauf gerichtet sein, daß der Gegner durch Argumente überzeugt werde, sondern daß seine Argumente, die er gegen die Wahrheit vorbringt, widerlegt werden, da der Wahrheit des Glaubens die natürliche Vernunft nicht entgegengesetzt sein kann, wie dargelegt wurde. Die einzige Weise aber, einen Gegner dieser Art von Wahrheit zu überzeugen, gründet sich auf die von Gott durch Wunder bekräftigte Autorität der Schrift. Denn was über die menschliche Vernunft hinausgeht, glauben wir nur, weil Gott es offenbart. Jedoch muß man, um eine derartige Wahrheit darzulegen, einige Wahrscheinlichkeitsgründe anführen, und zwar zur Übung und zum Trost der Gläubigen, nicht aber zum Überzeugen der Gegner. Denn eben die Unzulänglichkeit der Gründe würde sie in ihrem Irrtum noch mehr bestärken, wenn sie nämlich glaubten, wir stimmten wegen so schwacher Gründe der Wahrheit des Glaubens zu. (Ebd. S. 29 und S. 31)

Dies ist eine beachtliche Darlegung. Thomas von Aquin nimmt zwar wie alle zu seiner Zeit an, daß die Offenbarung durch Wunder bestätigt sei, nimmt aber nicht an, daß ein Nicht-Gläubiger vom Vorhandensein solcher Wunder überzeugt werden könne. Er führt sie daher nicht als etwas an, das als Beweis für den Gegner der Offenbarung eingesetzt werden könnte. Thomas von Aquin hatte das, was Albertus

Magnus zu dieser Frage gesagt hatte, genau gelesen. Wir dürfen auch nicht vergessen, daß das eben angeführte Zitat aus der *Summe gegen die Heiden (Summa contra gentiles)* stammt, die Thomas als Grundlage einer Diskussion mit Vertretern des Islam verfaßt hat. Vom Islam wußte er zwar kaum sehr viel, was islamische Philosophen für philosophisch beweisbar hielten, wußte er aber ziemlich genau aus seinem Studium der Schriften derselben, von denen inzwischen ja viele übersetzt waren, und nicht zuletzt hatte Albert hier schon sehr viel Vorarbeit geleistet. Es ging Thomas von Aquin also darum, eine rationale – und wir würden sagen: interkulturell gültige – Basis für Argumentationen zu legen, und in einer solchen Diskussion sind strenge Kriterien und pragmatische Zurückhaltung erforderlich. Aber auch für den Gläubigen selbst fordert er einige inhaltliche Überlegungen, die diesem eine gewisse Wahrscheinlichkeit für seine Überzeugungen liefern; auch hier genügt somit nicht der einfache Glaube. Thomas ist sich aber über die Unzulänglichkeit solcher Gründe im klaren: Sie können nicht als Argumente in einer Diskussion eingesetzt werden. Eine solche Haltung ist vernünftig. (Jemand kann durchaus sinnvollerweise Mozarts Musik als »wunderbar« ansehen, als »einmalige und unüberbietbare Offenbarung«, und er wird auch einige Gründe für seine Überzeugung aufführen können, ohne deshalb aber ausreichende Gründe zu haben, einen Wagnerianer davon zu überzeu-

gen.) Das Problem, das sich dann allerdings ergibt, besteht bei Thomas von Aquin darin, daß die wahren Aussagen nicht einfach in zwei Klassen – philosophische beweisbare und theologische nicht beweisbare – eingeteilt werden können, da es seiner Auffassung nach auch noch eine Schnittklasse von Aussagen gibt, die sowohl in der Philosophie wie auch in der Theologie behandelt werden, wie z. B. Aussagen über die Existenz Gottes, über die Schöpfung der Welt und ähnliche. Eine Gruppe solcher Aussagen war schon durch die *Sentenzen* des Petrus Lombardus vorgegeben (vgl. Kap. VIII, 4), die alle Magistri zu kommentieren hatten. Bei solchen Aussagen muß der Theologe dann allerdings Beweise vorlegen, die auch den strengen Kriterien wissenschaftlicher Beweisführung entsprechen. Dies ist das Gebiet einer philosophischen Theologie, die es als solche und in dieser methodologisch präzisierten Form erst seit dem 13. Jhd. gibt.

In einem ganz allgemeinen Sinn versuchte Thomas aber noch ein weiteres zu zeigen: Im Menschen gibt es ein natürliches Verlangen *(desiderium naturale)* nach Erkenntnis, die über das hinausgeht, was durch wissenschaftliche Erkenntnis erfüllt werden kann, dessen Erfüllung aber zur Glückseligkeit gehört. Thomas von Aquin sieht die Erfüllung dieses Verlangens in einer unmittelbaren Gotteserkenntnis (*Summa contra gentiles* III, c. 25. Bd. 3, 1. S. 96–106). Man kann seine These jedoch auch allgemeiner fassen: Angenommen, der Mensch ist keine Fehlkonstruktion, müssen wir einfach feststellen, daß sein natürliches Bedürfnis nach Glückseligkeit über das hinausgeht, was ihm mit wissenschaftlichen Beweisen geliefert werden kann. Wir waren einer ähnlichen These auch bei Albertus Magnus begegnet. Thomas von Aquin nimmt also aufgrund dieses Verlangens ein endgültiges Ziel des

Menschen an, das außerhalb und jenseits dessen liegt, was die Philosophie erreichen kann, und daran läßt Thomas von Aquin keinen Zweifel aufkommen. Dieses Ziel ist nur im Glauben erfaßbar und es kann – nach den wissenschaftstheoretischen Prinzipien des Thomas von Aquin – nicht bewiesen werden, sondern nur als nicht-widersprüchlich aufgezeigt werden. – Mit seiner wissenschaftstheoretischen Konzeption entspricht Thomas von Aquin den berechtigten Ansprüchen der Vertreter der Fakultät der Freien Künste, die die Selbständigkeit von Wissenschaft und Philosophie beanspruchen, und er entspricht auch der historischen Situation einer Gesellschaft, die sich anderen Kulturen öffnet und eine gemeinsame vernünftige Basis für das Gespräch mit diesen sucht, während andere meinten, diese Begegnung kriegerisch durchführen zu müssen. Er entspricht aber auch den Forderungen seiner Kirche und seiner Ordensgemeinschaft, die an einer Gruppe von Wahrheiten festhalten will, die außerhalb des Bereiches der Philosophie liegen. Daß es nur sehr schwer möglich ist, all diesen Forderungen gleichzeitig gerecht zu werden, kann nicht verwundern, aber Thomas von Aquin versucht wenigstens die Probleme nicht zu verharmlosen.

Thomas von Aquin kommentierte zahlreiche Texte des Aristoteles, so *Peri hermeneias*, die *2. Analytik*, Buch VIII der *Physik*, Buch I–III von *De caelo et mundo*, Buch I von *Über Entstehen und Vergehen (De generatione et corruptione)*, die *Metaphysik*, die *Nikomachische Ethik* und Buch I–III der *Politik*. Es ist offensichtlich, daß die natur- philosophischen, die metaphysischen und die ethisch-politischen Schriften einen großen Raum einnehmen, und es waren auch gerade dies die aristotelischen Schriften, die im Zentrum der Diskussion standen. Auch zu dem damals zur Naturphilosophie gezählten aristotelischen Traktat *Über die Seele*, dessen Interpretation seit Averroes und zur Zeit des Thomas auch in Paris heftigste Diskussionen hervorgerufen hatte, verfaßte er einen Kommentar *(Sententia libri de anima)*. Schon die Wahl der Texte zeigt, daß bei Thomas das Sachinteresse an den aktuellsten Fragen für seine Kommentierung maßgebend war. Die Kommentare entsprechen der zu seiner Zeit modernsten Form. Thomas folgte nicht dem Verfahren seines Lehrers Albertus Magnus, der ähnlich wie Avicenna Paraphrasen zu den aristotelischen Texten verfaßt hatte, sondern hielt sich streng an den Text, es ist diese die Art der Kommentierung, die auch Averroes verwendet hatte. Bei der Auslegung des Textes geht Thomas von Aquin von der Voraussetzung aus, daß die Theorien des Aristoteles außer in wenigen Grenzfällen mit den christlichen Auffassungen nicht in Widerspruch stehen. Man kann seine Interpretation also als »wohlwollend« bezeichnen, d.h. er versuchte Aristoteles so zu verstehen, daß dessen Lehren für das traditionelle christliche Verständnis möglichst annehmbar erschienen. Er folgte also formal eher Averroes, der Intention nach eher Maimonides, wobei letzterer allerdings selbst keine solchen Kommentare verfaßt hatte, sondern seine Aristoteles-Auffassung nur im Zusammenhang von Sachfragen erörtert hatte. Aufgrund seiner wohlwollenden Interpretationen gelang es Thomas, aristotelische Philosophie in die Theologie in einem Maß einzubauen, wie dies vorher unvorstellbar gewesen war, vielen seiner Zeitgenossen schien er allerdings dabei viel zu weit zu gehen, was sich in den Konflikten nach seinem Tod rasch zeigte.

Thomas von Aquin legte bei seinen Kommentaren Wert auf genaue, und das hieß damals: möglichst wortgetreue Übersetzungen. Er verwendete die besten ihm erreichbaren Übersetzungen, von denen viele von Wilhelm von Moerbeke stammten. Die Kommentierung von Schriften des Aristoteles beschäftigte Thomas von Aquin neben der Abfassung der *Summa Theologiae* bis an das Ende seines Lebens. Thomas von Aquin war ein kritischer Leser, und dies gab ihm die Möglichkeit, als erster zu erkennen, daß der berühmte *Liber de causis*, der seit Jahrhunderten als aristotelische Schrift weitergegeben wurde, nicht von Aristoteles stammen konnte. Die lateinische Übersetzung der *Institutio theologica* des Proklos, die Wilhelm von Moerbeke angefertigt hatte, gab ihm sogar die Möglichkeit, als erster zu erkennen, daß diese die Quelle des *Liber de causis* darstellte (*Super librum de causis expositio. Prooemium;* auch in: *Prologe.* S. 5). Dies ist – so nebenbei gesagt – ein weiteres Zeugnis dafür, daß die Philosophen und Theologen des Mittelalters gar nicht so blind der Tradition glaubten und gar nicht so unkritische Leser von Autoritäten waren, wie manchmal angenommen wird. Im übrigen aber bedeutete diese historische Identifizierung für Thomas von Aquin keineswegs, daß er nun diese Schrift abgelehnt hätte, er verfaßte

vielmehr auch zu dieser einen Kommentar. Thomas von Aquin war also ebensowenig wie Albertus Magnus ein exklusiver Aristoteliker, auch konsequente Aristoteliker des Mittelalters lehnten nicht automatisch alles Platonisch-Neuplatonische ab. Selbst ein radikaler Aristoteliker wie Siger von Brabant (vgl. Kap. XV, 1) hat den *Liber de causis* kommentiert.

3. Erkenntnis und Wissenschaft

a) Wahrheit

Erkenntnistheorie hat immer etwas mit allgemeinen anthropologischen Voraussetzungen zu tun. Thomas von Aquin geht von der Voraussetzung aus, daß die Menschen zwar eine ganze Menge von Irrtümern hervorbringen, daß sie aber doch die Fähigkeit besitzen, bei genauem Hinsehen solche Fehler aufzudecken, irgendeine Vorstellung einer augustinischen »Vernunft innerhalb der Grenzen der Erbsündlichkeit« hat bei ihm keinen Platz. Er war nicht der Auffassung, daß die Menschen mit ihrer Erkenntnis in allen Gebieten besonders weit kommen, meinte aber doch, daß sie so weit gelangen, daß es für die Erfüllung ihre wichtigsten Bedürfnisse ausreicht. Solche Grundauffassungen haben auch etwas mit seinen Glaubensüberzeugungen zu tun, sind aber auch ohne diese akzeptabel. Thomas von Aquin war überzeugt, daß der Mensch ein endliches Wesen und seine Vernunft somit eine endliche ist, er war aber auch überzeugt, daß Gott diesen Geschöpfen genügend Verstand gegeben hat, um sich in der Welt zurechtzufinden, ohne daß dazu eine dauernde göttliche Erleuchtung oder eingeborene Ideen erforderlich wären. Es geht ihm also nicht darum, zu begründen, daß die Menschen überhaupt etwas erkennen und wissen können, sondern um die Frage, wie es funktioniert, daß sie das können, um gleichzeitig zu begreifen, welche Grade der Gewißheit bei den einzelnen Erkenntnissen vorliegen, denn daß sich die Menschen oft täuschen, d. h., daß sie mehr Sicherheit annehmen als dann gerechtfertigt werden kann, scheint ein oft beobachtbarer Sachverhalt zu sein. Obwohl also wahrscheinlich letztlich von Glaubensüberzeugungen her (mit)motiviert, ist Thomas von Aquin ein Philosoph des natürlich funktionierenden Verstandes, und damit kann er sich mit Grundüberzeugungen des Aristoteles treffen, auch wenn dessen Motivierung dafür eine ganz andere war. Der Optimismus der Welterkenntnis des 12. Jhd.s ist bei Thomas von Aquin durchaus noch vorhanden, aber es ist ein kritisch reflektierter Optimismus. Das Instrumentarium dieser kritischen Reflexion ist bei Thomas von Aquin wiederum aus dem Quellenstudium hervorgegangen. Entscheidend dafür war vor allem die *2. Analytik* des Aristoteles, die im 13. Jhd. als die letzte der logischen Schriften des Aristoteles eine ganz zentrale Rolle zu spielen begann. Thomas von Aquin hat dieser Schrift einen ausführlichen Kommentar gewidmet, und dort finden sich daher seine wichtigsten Ausführungen zu den Problemen der Erkenntnis und der Wissenschaft, die den Hintergrund für viele einzelne Stellungnahmen in anderen Zusammenhängen liefern. Außer der *2. Analytik* spielt bei Thomas von Aquin die Seelenlehre, wie sie bei Aristoteles in der Schrift *Über die Seele (De anima)* dargestellt wird, für die Entwicklung seiner Erkenntnistheorie eine wichtige Rolle.

Sinneswahrnehmung

⇓

allgemeines Bild

(species intelligibilis)

⇓

Aussage

Die Erkenntnis geht nach Thomas von Aquin in drei Schritten vor sich. Die Grundlage aller Erkenntnis ist – wie bei Aristoteles – die *Sinneswahrnehmung*. Der Ausgangspunkt von den »sinnenfälligen Dingen, aus denen die menschliche Vernunft den Anfang der Erkenntnis nimmt« (*Summa contra gentiles* I, 8. Bd. 1. S. 27) ist unhintergehbar. Aber bereits in den Sinneswahrnehmungen liegt ein Ansatzpunkt für die Bildung von Allgemeinbegriffen, also für *Abstraktion* vor. Schon bei den Sinneswahrnehmungen vergleichen wir Dinge, wir stellen also Ähnlichkeiten und Verschiedenheiten fest. Dies liefert dann den Ausgangspunkt für die Tätigkeit des Verstandes, die im Zusammenfassen und Trennen liegt. Abstraktion ist also keine mysteriöse Schau eines in einem Ding verborgenen »Wesens«, sondern ein ganz einfacher und durch Reflexion beobachtbarer Vorgang. Ich sage z. B. »Peter ist ein Mensch«, und dann sage ich »Johannes ist ein Mensch«. Frage ich mich, warum ich von beiden sage, daß sie »Menschen« sind, so ist die Antwort einfach die, daß ich beim Hinschauen Ähnlichkeiten in den beiden erfasse, und diese Ähnlichkeiten ergeben die Vorstellung eines »allgemeinen Bildes« *(species intelligibilis)*, das wir in der Erinnerung aufbewahren. Huscht dann irgendwann z. B. ein Schatten vorbei, können wir dieses allgemeine Bild zum Vergleich heranziehen und fragen: »Habe ich einen Menschen gesehen?« Die Antwort kann »Ja«, »Nein« oder »Die Wahrnehmung war nicht ausreichend für einen Vergleich« sein. Wenn ich sage »Peter ist ein Mensch« und »Johannes ist ein Mensch«, will ich aber auch zum Ausdruck bringen, daß sie neben der Ähnlichkeit auch Unähnlichkeiten aufweisen, daß also der eine etwa blond, der andere aber schwarzhaarig ist usw.; die Anwendung eines Eigennamens setzt etwas bzw. mehreres »Eigentümliches« voraus. Ich sage dann aber, daß diese besonderen, spezifischen Eigenschaften nicht dafür entscheidend sind, ob ich die beiden als »Menschen« bezeichne, und dies liefert die Grundlage für die dann in der Kategorienlehre getroffene Unterscheidung von »Substanz« und »Akzidens«.

species intelligibilis
propositio } *adaequatio intellectus ad rem* ⇒ *veritas*

Thomas von Aquin geht im weiteren davon aus, daß es zwischen dem Bild in meiner Vorstellung und dem Satz, in dem ich dieses Bild zum Ausdruck bringe, eine *Entsprechung* oder *Übereinstimmung (adaequatio)* gibt. Wird eine solche Entsprechung vom Verstand bestätigt, so liegt *Wahrheit* vor. Wenn eine Aussage als »wahr« bezeichnet wird, wird also behauptet, daß zwischen den Elementen, die in dem Bild, das in der *species intelligibilis* vorhanden ist, und den Bestandteilen des Satzes eine Übereinstimmung besteht. Dafür, daß wir von Wahrheit sprechen können, ist nach Thomas von Aquin eine Fähigkeit des Verstandes entscheidend, die »Reflexivität« genannt wird:

Sie [d. h. die geistigen Substanzen] gehen nämlich, indem sie etwas erkennen, das außerhalb ihrer besteht, gewissermaßen aus sich heraus; insofern sie jedoch erkennen, daß sie erkennen, beginnen sie alsbald zu sich zurückzukehren; denn der Erkenntnisakt ist ein Mittleres zwischen dem Erkennenden und dem Erkannten. (*Von der Wahrheit* I, 9. S. 65)

Auch mit dieser *Reflexivität* ist keinerlei mysteriöse Tätigkeit des Verstandes gemeint. Wir können dabei auf ganz einfache und beobachtbare Phänomen hinweisen. Angenommen, ich sehe etwas, das beim Vergleich mit meinem »Vorratslager« an allgemeinen Bildern meiner Vorstellung am ehesten so aussieht wie eine bestimmte *species intelligibilis*, für die ich den sprachlichen Ausdruck »Pferd« verwende. Somit kann ich sagen: »Ich *bin sicher*, ein Pferd zu sehen«, oder: »Ich *bin nicht sicher* über das, was ich da sehe, *ich meine* aber, es sieht so ähnlich aus wie ein Pferd«. Schon in der Form der Aussage, mit der ich meine Wahrnehmung wiedergebe, kommt also zum Ausdruck, ob es sich um eine Behauptung der Wahrheit, um eine Vermutung oder um einen Zweifel handelt. Das heißt: Außer meiner Sinneswahrnehmung liegt noch eine weitere Tätigkeit, nun eine des Verstandes, vor, durch die ich mich auf meine Sinneswahrnehmung und die diese zum Ausdruck bringende Aussage »zurückwende« (Reflexion) und dieses Verhältnis beurteile. Thomas von Aquin sagt nun, daß ein Satz dann wahr ist, wenn sich der erkennende Verstand auf das allgemeine Bild der Wahrnehmung *(species intelligibilis)* und den diese zum Ausdruck bringenden Satz *(propositio)* zurückwendet *(ad se redire)* und eine Übereinstimmung *(adqequatio)* der beiden feststellt. Für Thomas von Aquin sind wir also in der Lage, (1) mit der Sprache ein Bild der Wirklichkeit herzustellen, und (2) mit dem Verstand die Übereinstimmung von Satz und Bild der Wirklichkeit zu beurteilen. Zustimmung zu dieser Übereinstimmung bringt zum Ausdruck, daß ein Satz wahr ist.

In der Philosophie der Neuzeit wurde dieses Wahrheitsverständnis sehr häufig kritisiert, es gilt dort als naiver, vorkritischer Realismus. Dasselbe gilt natürlich schon für Aristoteles, von dessen Auffassungen Thomas ja ausging. Wir wollen hier nicht den schwierigen und selbst sehr umstrittenen Fragen nachgehen, ob nicht in der Bildtheorie in Wittgensteins *Tractatus* oder in Tarskis *Wahrheitsbegriff in den formalisierten Sprachen* ein dem thomistischen ähnliches Wahrheitsverständnis vorliegt, es soll hier genügen, folgendes festzustellen: In einem ganz allgemeinen Sinn – wenn wir einmal von der psychologischen Problematik der *species intelligibilis* absehen – expliziert Thomas von Aquin das, was in der natürlichen Sprache und im normalen Bewußtsein der Menschen unter »Wahrheit« verstanden wird. Faktisch weichen alle Vertreter anderer Wahrheitstheorien nur dann von der des Thomas von Aquin ab, wenn sie dazu wirklich gezwungen sind, bzw. meinen, dazu gezwungen zu sein. Eine Wahrheitsauffassung, die etwa der des Thomas von Aquin entspricht, bleibt dabei immer die mehr oder weniger eingestandene Norm, also das, was man eigentlich gern hätte. Das Problem liegt weniger in der Wahrheitsauffassung des Thomas von Aquin, als vielmehr in der *Explikation* derselben, und das heißt: Das Problem liegt nicht so sehr in dem, was Thomas sagt, sondern in dem, wie er das, was er behauptet, erklärt oder erklären will. Wenn ich sage »Ich bin krank« und behaupte, daß dieser Satz wahr ist, so will ich sagen, daß dieser Satz mit den Tatsachen, wie sie sich in meinem Befinden wiederspiegeln, übereinstimmt. Und ich sage damit auch, daß dann, wenn ich jemand anderem, z. B. einem Arzt, diesen Satz sage, dieser überprüfen kann, ob er mit den Tatsachen übereinstimmt. Die erkenntnistheoretisch schwierige Frage liegt darin, wie erklärt werden kann, daß der Satz »Ich bin krank« mein Befinden und der Satz »Dieser da ist krank« die Beobachtungen des Arztes wiedergeben kann. Es wird vermutlich niemand ernsthaft bestreiten wollen, daß wir unter Wahrheit die Übereinstimmung eines Satzes mit einem Sachverhalt verstehen. Das Problem besteht »nur« darin, daß die Philosophie von Parmenides bis Quine keine überzeugende Antwort auf die Frage gefunden hat, wie erklärt werden kann, wie ein *Satz* einen *Sachverhalt* wiedergeben kann bzw. ganz allgemein, wie das Verhältnis von *Sprache* und *Wirklichkeit* aufzufassen sei und zwar in der Weise, daß beide in ihrer Selbständigkeit erhalten bleiben, aber eben Sprache die Wirklichkeit »abbildet«.

b) Wissenschaft

Die Modellvorstellung von Erkenntnis ist bei Thomas von Aquin von dem geprägt, was er als wissenschaftliche Erkenntnis *(scientia)* ansieht. In dieser Hinsicht ist seine Auffassung sehr modern, und seine Konzeption teilt daher die ganze Problematik, die diese »Modernität« mit sich bringt. Seine Auffassung ist aber nicht »neu«, denn sein Wissenschaftsbegriff ist noch stärker als seine Erkenntnistheorie von Aristoteles, d. h. hier: von der *2. Analytik*, geprägt. Eine wissenschaftliche Aussage ist eine, die nach Regeln der formalen Logik aus anderen Aussagen abgeleitet werden kann, und ein solches Verfahren stellt einen *demonstrativen* Schluß dar. Dies entspricht der
392 | modernen Auffassung von Wissenschaft, nur daß die moderne Logik ein viel umfassenderes System ist als die bei Thomas von Aquin vorausgesetzte Syllogistik. Weiterhin gilt nach Thomas von Aquin, daß die Aussagen, aus denen ein solcher Satz abgleitet ist, selbst wieder aus anderen Aussagen abgeleitet sein müssen, um selbst wissenschaftliche Aussagen darzustellen, und dies bedeutet, daß sich hier ein *regressus in infinitum* zu ergeben scheint. Um dies zu vermeiden (*non sit abire in infinitum* [*In Posteriora Analytica* I, c. 4, 14. S. 275c]), hat Thomas von Aquin keine andere Möglichkeit, als mit Aristoteles anzunehmen, daß wir bei unseren wissenschaftlichen Beweisen schließlich zu Aussagen gelangen, die durch sich selbst als wahr erkannt werden *(ex immediatis)*. Thomas nimmt an, daß solche Aussagen dadurch gekennzeichnet sind, daß wir dann, wenn wir die in einer solchen Aussage verwendeten Begriffe in ihrem Inhalt erfaßt haben *(per cognitionem propriorum terminorum)*, erkennen, daß der Prädikatbegriff notwendigerweise im Subjektbegriff enthalten ist (*praedicatum est de ratione subiecti* [Ebd. I, c. 7, 8. S. 277a]). Beispiele für solche Sätze findet Thomas von Aquin vor allem in der Mathematik – z. B. »Die Summe der Winkel in einem Dreieck ist gleich zwei rechten Winkeln« – und in der mit Begriffsinhalten arbeitenden Logik – z. B. »Das Ganze ist größer als der Teil«. Aber er meint auch, daß unmittelbar einsehbar ist, daß im Begriff »Mensch« der Begriff »Lebewesen« enthalten ist. Damit wäre im Prinzip der Wahrheitsbegriff von Leibniz gegeben – *praedicatum inest subiecto* – und die konsequente Entwicklung einer auf dem Inhalt von Begriffen beruhenden Logik gefordert, eine Entwicklung, die aber bei Thomas nicht stattfand. Im Bereich der Logik hat Thomas von Aquin zwar genau gewußt, was zu seiner Zeit die Standards waren, und er hat diesen Maß-

stäben auch entsprochen, die Logik selbst war aber nicht ein Gebiet, in dem er für sich selbst einen Schwerpunkt seiner Arbeit setzte. Die Logik machte im 13. Jhd. zwar wichtige Entwicklungen durch, stand jedoch zeitgeschichtlich nicht im Zentrum der Auseinandersetzungen, und Thomas widmete sich eben vordringlich den ganz aktuellen Fragen.

Die Forderung, in der Wissenschaft letztlich zu evidenten Aussagen zu gelangen, ist allerdings eindeutig *nicht* die Auffassung, die heute vertreten wird (ich vertrete auch selbst in keiner Weise irgendeine Form des »Essentialismus«). Nur sollte man sich dabei darüber im klaren sein, daß dieser Unterschied nicht die Methode der Wissenschaft betrifft, sondern die erkenntnistheoretische und metaphysische Interpretation der Ausgangsaussagen. Setzt man an die Stelle des metaphysischen Realismus einen Nominalismus, dann werden aus den durch sich wahren Aussagen konventionell angenommene Definitionen und Axiome, am Gang der Wissenschaft ändert sich dadurch nichts.

Es ist unverkennbar, daß für Thomas von Aquin die *Mathematik* das ideale Paradigma der Wissenschaft abgibt, schließlich erwecken dort die Ausgangsaussagen am ehesten den Eindruck, notwendig wahr und unbezweifelbar zu sein. Auch ist dort der deduktive Weg der Bildung der Folgesätze aus solchen Ausgangsaussagen am deutlichsten darstellbar. Thomas von Aquin arbeitet dabei in Nachfolge der griechischen Mathematik mehr mit der Geometrie als mit der Arithmetik. Daß in anderen, und das heißt: in empirischen Wissenschaften dieses Ideal nicht erreicht wird, wußte natürlich auch Thomas von Aquin. Die Idealform der empirischen Wissenschaften wäre entsprechend dem Vorgehen in der Mathematik die Ableitung der Wirkungen aus den erkannten Ursachen. In den empirischen Wissenschaften müssen wir aber meist von Wirkungen ausgehen, deren Ursachen wir noch nicht erkannt haben, und bei der Erforschung der Ursachenkette gelangen wir im Normalfall nie bei Aussagen an, die durch sich wahr sind. Oft können wir nicht einmal *allgemeine Ursachen* anvisieren, da wir nur *Tendenzen* beobachten können, die aber sehr wohl Ausnahmen zulassen. Auch der mit der Biologie besser als Thomas vertraute Albertus Magnus war zu dieser Feststellung gelangt. Thomas von Aquin beurteilt diese Situation wie so gut wie alle nach ihm bis herauf zu Descartes und Leibniz: Er hält an seiner Idealvorstellung von Wissenschaft fest, läßt aber auch solche Verfahren zu, die in der einen oder der anderen Hinsicht »Mängel« aufweisen. Liegen keine notwendig wahren Prämissen vor, dann arbeiten wir mit *dialektisch* ermittelten Sätzen, die aber ebenfalls eine gute Begründung haben können. Thomas von Aquin steht hier ganz und gar innerhalb der Tradition einer auf Aristoteles und die spätantike Wissenschaft zurückgehenden Problematik: Der Begriff der Wissenschaft wird von einer Idealform her genommen, die nur in der Mathematik, also einer nicht-empirischen Wissenschaft verwirklicht ist. Wird diese Idealform auf die empirischen Wissenschaften angewendet, so erscheinen diese immer als »defiziente« Formen. Innerhalb dieses Denkmodells bestünde eine Ausweichmöglichkeit nur in einer Metaphysik, in der –

wie bei Roger Bacon und später bei Leibniz – Gott zum Welt-Geometer und somit zum einzig wahren Wissenschaftler wird. Die »Defizienz« liegt dann nicht auf Seiten der Wissenschaft an sich, sondern nur auf Seiten der menschlichen Wissenschaftler und deren begrenzten Möglichkeiten. Will man diese Ausweichmöglichkeit aus guten Gründen nicht nützen, so müßte man zunächst einen der empirischen Wissenschaft angemessenen Begriff der Wissenschaft entwickeln und dann umgekehrt die Mathematik als Grenz- oder Sonderfall darstellen. Albertus Magnus war durchaus auf dem Weg zu einer solchen Umkehrung, dieser Weg wurde aber nicht konsequent weiterverfolgt; möglicherweise verhinderte das Erbe der pythagoreisch-neuplatonischen Metaphysik, die im Mittelalter unter anderem durch den *Liber de causis* prägend gegenwärtig war, eine solche Umkehrung.

c) Philosophische Gotteslehre

Die christlichen mittelalterlichen Philosophen suchten Gottesbeweise. Dies ist eigentlich nicht selbstverständlich, Aristoteles suchte nämlich keine und auch die antiken christlichen Philosophen suchten keine. Die islamischen (und die jüdischen)
394 | Philosophen hingegen suchten Gottesbeweise. Ob dies damit zusammenhängt, daß sie als Ärzte »Physiker« waren, die in einem ganz natürlichen und profanen Bereich arbeiteten, gleichzeitig aber gläubige Muslime waren und somit die Frage der Verbindung dieser beiden »Welten« dringlich wurde, sei dahingestellt. Die christlichen Philosophen des Mittelalters haben seit dem 13. Jhd. das meiste dieser Beweise übernommen. Die Suche nach solchen Beweisen liegt aber, wie man deutlich bei Anselm sehen kann (vgl. Kap. VI, 3), schon vor der Rezeption der islamischen und jüdischen Philosophie. Eigenartigerweise haben in der späteren Geschichte der Philosophie diese Gottesbeweise mit ihren logischen, erkenntnistheoretischen und metaphysischen Problemen immer Aufmerksamkeit hervorgerufen, während die einfache Tatsache, daß es überhaupt diese Beweise gibt, keiner besonderen Nachforschung wert schien. Die Frage ist deshalb interessant, weil es den »Toren«, von dem Anselm spricht und der sagt, daß es keinen Gott gibt, im Mittelalter vermutlich nur höchst selten gegeben hat, und wenn es einen gab, dann konnte dieser sich mit einer solchen Auffassung kaum an die Öffentlichkeit wagen. Noch einfacher gesagt: Der Atheismus war kein Problem der mittelalterlichen Kultur und Philosophie. Möglicherweise hängt das historische Faktum der Gottesbeweise mit der im Mittelalter fortschreitenden Auflösung der Vorstellung einer »Weisheit« zusammen, also einer Philosophie und Religion umfassenden »Weltanschauung«, wie sie in der Antike von neuplatonischen wie von christlichen Philosophen gleicherweise vertreten wurde. Noch bei Scotus Eriugena (9. Jhd.), der ganz in der Tradition der griechischen Kirchenväter steht, gibt es die Frage der Gottesbeweise überhaupt nicht. Die Gottesbeweise wären somit ein Symptom einer sich langsam durchsetzenden profanen

Auffassung von Natur und Mensch, einer Entwicklung, der wir im 11. und 12. Jhd. begegnet sind, und die sich auch in der fortschreitenden Zurückdrängung des symbolischen Weltbildes, in dem die ganze Welt eine Transparenz auf das Göttliche hin hat, zeigt. Fällt diese Transparenz weg, während der Gottesglaube erhalten bleibt, so muß eine »Brücke« von dieser profanen Welt zu Gott hergestellt werden, und das sind die Gottesbeweise. Es ist daher nicht zufällig, daß Thomas von Aquin jener Philosoph und Theologe ist, bei dem die Vorstellung der Welt als Symbol des Göttlichen eindeutig »überwunden« wird, wir also mit einer »entgöttlichten« und »natürlichen« Welt konfrontiert werden, und er gleichzeitig auch jener ist, der einen letztlich auf Physik beruhenden Weg sucht, diese natürliche Welt auf einen Urheber zurückzuführen.

Obwohl Thomas von Aquin Argumente verwendet, die – schon vorgearbeitet und überarbeitet durch die islamischen und jüdischen Philosophen – strukturell (außer beim 3. Weg) auf Aristoteles zurückführbar sind, ist doch schon aus dem vorher Gesagten deutlich geworden, daß es vergeblich wäre, bei Aristoteles so etwas wie Gottesbeweise zu suchen. Es gibt bei Aristoteles keine Theologie – wenn man einmal von dem problematischen Buch XII der *Metaphysik* absieht – und ganz sicher keine Gottesbeweise. Ein Gottesbeweis liegt ja nur dort vor, wo jemand die Existenz Gottes *beweisen will*, aber Aristoteles wollte dies überhaupt nicht. Die Erfordernis eines unbewegten Bewegers ergibt sich bei Aristoteles in der *Physik* ganz einfach aus zwei Postulaten: (1) Alles was sich bewegt, wird von etwas bewegt, und (2) ein *regressus in infinitum* ist nicht möglich (vgl. 1. Teil, Kap. X, 4). Aristoteles ist an einem unbewegten Beweger – den er auch nicht mit »Gott« bezeichnet – als solchem gar nicht interessiert, dieser ist für ihn einfach ein Postulat, das sich aus vorausgesetzten Definitionen der Physik ergibt. Der aristotelische unbewegte Beweger hat nur die Funktion, eine Restproblematik der Physik zu beseitigen. Bei der Annahme der Möglichkeit eines *regressus in infinitum* fiele die Forderung eines unbewegten Bewegers ersatzlos weg. Für den Menschen würde sich in einer solchen »gottlosen« aristotelischen Welt gar nicht viel ändern, die *Nikomachische Ethik* bliebe davon ebenso unberührt wie die *Politik*, und auch der durch die *2. Analytik* bestimmte Weg der Wissenschaft würde dadurch nicht verändert.

Thomas von Aquin hingegen will die Existenz Gottes beweisen. In einem ganz entscheidenden Sinn mußte daher bei Thomas von Aquin die Welt erst einmal metaphysisch so »eingerichtet« werden, daß dann die Gottesbeweise durchgeführt werden konnten. Aristoteles hatte eine Welt vor sich, die er in ihrem Funktionieren erklären wollte, dies erforderte vor allem Wissenschaft, und dann als deren Fundierung Metaphysik. In der Wissenschaft wie in der Metaphysik war für Aristoteles das Begriffspaar »Möglichkeit-Wirklichkeit« grundlegend für alle Erklärung, denn mit Hilfe dieses Begriffspaars war Aristoteles in der Lage, die beobachtbaren Veränderungen zu erklären. Ein Felsblock hat eine bestimmte Form, und somit haben wir eine geformte Materie vor uns. Der Felsblock hat aber auch die Möglichkeit in sich, eine andere Form in sich aufzunehmen, z. B. die einer Statue. Dieses Möglichkeits-Wirklichkeits-Schema erklärt Entstehen und Vergehen *(generatio und corruptio)*. Die sublunare Welt, also die Umwelt des Menschen, stellte sich dar als ein ständiger Prozeß des Entstehens und Vergehens, den wissenschaftlich und kategorial-philosophisch zu begreifen die große Aufgabe war, die Aristoteles sich gestellt hatte. Kontingenz, d. h. Nicht-notwendigerweise-Existieren, war somit ein Begriff, der zur Erklärung innerweltlicher Phänomene erforderlich war, der aber keine sinnvolle Anwendung auf die Welt als Ganze finden konnte. Daß die Welt überhaupt bestand, war für Aristoteles kein philosophisch relevantes Problem, oder besser gesagt: es war für ihn überhaupt kein philosophisches Problem. Die berühmte »urmetaphysische« neuzeitliche (leibnizsche) Frage: »Warum gibt es überhaupt etwas und nicht nichts« hat in der aristotelischen Metaphysik keinen Platz. Aristoteles hätte sie zumindesten als überflüssige Zeitverschwendung, wahrscheinlich aber überhaupt als unphilosophische Kategorienverwirrung angesehen. Selbst die mythologie-nahen *Arché*-Spekulationen der Vorsokratiker hatte Aristoteles hinter sich gelassen. Anders sah die Situation der Weltbetrachtung für die Neuplatoniker der späten Antike aus, deren Problem es war, wie die Welt aus dem Einen hervorgeht. Und wieder anders sah die Situation für die islamischen und die jüdischen Philosophen aus, die in irgendeiner

Weise einen freien göttlichen Willensakt für die Erklärung der Existenz der Welt heranziehen wollten, und die daher das neuplatonische Emanationsschema, das einen notwendigen Hervorgang der Welt aus dem Einen und somit deren notwendige Existenz ansetzte, nicht einfach übernehmen konnten. In irgendeiner Weise mußte eine Möglichkeit gefunden werden, die Existenz der Welt als nicht-notwendig zu verstehen. Das Eine mußte in ganz radikaler Weise von allem anderen unterschieden werden. Avicenna hatte schon Überlegungen in diese Richtung angestellt, es ist aber bei ihm nicht klar, ob er die *Existenz* bei den weltlichen Dingen nicht als ein zu anderen hinzutretendes *Akzidenz* auffaßte. In diese Diskussionslage trat der junge Lehrer der Theologie Thomas von Aquin ein, und das Ergebnis seiner Überlegungen legte er in einer seiner frühesten Schriften, nämlich in *Über das Sein und das Wesen (De ente et essentia)* vor. Dies ist eine Thematik, die es im üblichen Curriculum gar nicht gab, was ein Hinweis darauf ist, daß Thomas von Aquin hier erst einmal für sich selbst an einem für ihn zentralen Punkt Klarheit schaffen wollte. In diesem relativ kurzen Text wandte Thomas von Aquin die aristotelische Unterscheidung von Möglichkeit und Wirklichkeit auf die Gesamtheit der außergöttlich Seienden an, so daß bei diesen *Wesenheit* und *Existenz* als *real unterschieden* aufgefaßt wurden. Existenz wurde dabei aber im Unterschied zu der Lehre des Avicenna allen Kategorien gegenübergestellt und konnte somit nicht mehr als Eigenschaft aufgefaßt werden, was eine wichtige logische Einsicht darstellt, auch wenn Thomas von Aquin sie eher metaphysisch verwendete. Damit war die Grundlage gelegt für die, bei Thomas von Aquin allerdings erst später vorgenommene, Anwendung dieser Begrifflichkeit auf die Frage der Schöpfung. Umgekehrt war dadurch aber auch die Möglichkeit gegeben, zunächst alle Dinge der Welt und dann die Welt als gesamte als kontingent aufzufassen, also als eine, deren Existenz nicht notwendig ist, und die somit zu ihrer Erklärung die Annahme eines notwendig Existierenden, in dem Wesen und Existenz identisch sind, benötigt. Und genau dies stellt den entscheidenden 3. Gottesbeweis dar. Damit hier keine Unklarheit bestehen bleibt: Diese Konzeption des Thomas von Aquin stellte nicht – wie er selbst es wohl annahm –, eine Weiterentwicklung aristotelischer Metaphysik dar, sondern ist eine mit aristotelischen Begriffen arbeitende *unaristotelische Neuentwicklung*. Der Blick auf die Welt ist ein anderer, nicht-aristotelischer geworden, und erst in einer so betrachteten Welt machen Gottesbeweise einen Sinn. Allerdings wird durch sie dann eigentlich gar nichts Neues bewiesen, sondern es wird nur das expliziert, was in dieser neuen Weltbetrachtung schon definitionsmäßig enthalten ist.

Die übrigen Gottesbeweise seien nur kurz erwähnt. Im ersten wird von der Bewegung ausgegangen, und der Schluß führt zu einem unbewegten Beweger. Im zweiten wird von der Reihe der Wirkursachen ausgegangen, und der Schluß führt zu einer ersten Wirkursache. Im fünften wird von der Zielgerichtetheit der Dinge ausgegangen, und der Schluß führt zu einem ursprünglichen Zielsetzenden. Bei all diesen Beweisen werden aristotelische Begriffe verwendet. Anders beim vierten Beweis: Dieser geht von den begrenzten Vollkommenheiten der Dinge, also von den | 397
Stufen der Vollkommenheit der weltlichen Dinge aus, und gelangt zu einem unbegrenzt Vollkommenen. Dieser Beweis setzt einen durch den Kontingenzbegriff gebrochenen neuplatonischen Stufenkosmos voraus. – Diese Beweise des Thomas von Aquin gehören zu den am meisten diskutierten und kritisierten der Philosophiegeschichte. Das wichtigste und durchschlagendste Gegenargument hat Kant in der *Kritik der reinen Vernunft* geliefert, wo er feststellt, daß wir Kausalität – so wie die anderen Ausgangsbegriffe dieser Gottesbeweise – nur aus der empirischen Welt kennen: Bei der Anwendung solcher Begriffe auf die Gesamtheit der Dinge nehmen wir eine illegitime Ausweitung vor, d. h. wir verfallen dem transzendentalen Schein (vgl. 3. Teil, Kap. XV, 5). Auch wenn im einzelnen vieles in der *Transzendentalen Dialektik* diskutiert werden kann und muß, die Grundlage der Kritik Kants kann wohl kaum erschüttert werden. Man muß aber vielleicht gar nicht so weit in die Geschichte der Neuzeit heraufgehen. Al-Ghazali hatte in seiner *Destructio philosophorum* Argumente vorgebracht, die in die gleiche Richtung wie die späteren Kants gingen. Bedauerlicherweise war den mittelalterlichen Philosophen diese Schrift nicht bekannt, und so können wir nicht wissen, wie Thomas von Aquin darauf geantwortet hätte.

Zurück zu den Beweisen des Thomas von Aquin. In diesen Beweisen setzt Thomas fast gänzlich das physikalische Weltbild der philosophisch Aufgeklärten des 13. Jhd.s voraus und geht dann unter der Voraussetzung der Unmöglichkeit eines *regressus in infinitum* – eine Voraussetzung, die er mit Aristoteles teilt – an eine Analyse dieser Welt heran. Hier liegt ein erhebliches Problem vor, insofern die Unmöglichkeit eines *regressus in infinitum* weder logisch noch wissenschaftlich noch metaphysisch zwingend ist. Etwas polemisch ausgedrückt könnte man sagen: Wenn dieses Prinzip zwingend notwendig und unmittelbar einsichtig wäre, dann könnte man – sogar gegen Kant – die Gültigkeit der Beweise des Thomas von Aquin anerkennen, nur: Es ist eben nicht zwingend notwendig.

Und noch ein letztes ist zu sagen. Wir sprechen von den »Gottesbeweisen« des Thomas von Aquin, obwohl dieser Ausdruck die Sache gar nicht genau trifft. Thomas von Aquin sagt nämlich nirgends, daß er die Existenz *Gottes* beweist oder beweisen will. Wenn man die Struktur seiner Beweise betrachtet, so sieht man: Er gelangt zu einer ersten Ursache, einem unbewegten Beweger, einem Grund der Finalität usw., aber er gelangt nicht zu Gott. Nur jeweils am Ende eines Beweises sagt er dann: »Und das nennen alle Gott« (*omnes Deum nominant; omnes dicunt Deum* [STh I, q. 2, a. 3]). Was Thomas hier unternimmt ist das folgende: Er versucht, verschiedene Ausdrücke eines *physikalischen* bzw. naturphilosophischen oder metaphysischen *Weltbildes* mit der dazugehörigen Sprache einem Ausdruck aus der *religiösen Sprache* zuzuordnen. Daß es sich um ein Problem der Sprache handelt, ist ihm ganz klar: Es geht um etwas, das die Menschen »Gott« nennen. Diese Zuordnung ist wesentlich problematischer als die spezielle Problematik der einzelnen oder aller zur Diskussion stehenden Begriffe des naturphilosophischen Weltbildes. Ganz gleich, ob man die
398 | Beweise für gültig oder ungültig ansieht, und auch angenommen, alle vorgelegten Beweise seien unhaltbar – was eine durchaus begründete Annahme darstellt –, bleibt immer noch die Frage offen, ob die Zuordnung einer naturwissenschaftlichen oder naturphilosophischen Sprache zu einer religiösen Sprache ein sinnvolles Unternehmen ist. Thomas von Aquin ist sich, wie es die Form der Beweise zeigt, ganz im klaren über die Tatsache, daß hier verschiedene Sprachen einander zugeordnet werden: eine wissenschaftliche und eher aristotelische Sprache, eine ästhetische und eher platonische Sprache – die »Vollkommenheit« *(perfectio)* spielt auch in der Ästhetik eine ganz zentrale Rolle – und eine religiöse, aus biblischer Tradition stammende Sprache. Thomas von Aquin suchte nach Korrespondenzen zwischen diesen verschiedenen Sprachen, wir würden heute sagen: Er meinte hier Familienähnlichkeiten feststellen zu können, und Familienähnlichkeiten in genau diesen Sprachen zu suchen, war keine Selbstverständlichkeit. In der traditionellen Auffassung seit Augustinus hatte das Wort »Gott« seine Zuordnungen in ganz anderen Sprachen gefunden: in der Sprache von der Seele, also in einer psychologisch orientierten Sprache, und in der Sprache der Autorität, also der Kirche als Hüterin der Offenbarung als des Wortes Gottes. Beide Zuordnungsschemata, die Erfahrung in der Seele und die traditionelle Autorität der Kirche, aber weisen einen reinen Behauptungscharakter auf, der sich jeder intersubjektiven Überprüfbarkeit entzieht. Die von Aristoteles und seinen Kommentatoren beeinflußten Philosophen im islamischen und im jüdischen Bereich hatten hingegen eine rationale und intersubjektive Überprüfbarkeit aller Argumente gefordert. Was Thomas von Aquin in deren Nachfolge versuchte, war nichts anderes, als das Wort »Gott« aus dem Bereich reiner Behauptungen her-

auszunehmen und es in Beziehung zu Strukturen rational und intersubjektiv überprüfbarer Bereiche zu setzen, und in dieser Hinsicht hat Thomas von Aquin zugleich mit den Beweisen die Voraussetzungen aller späteren Kritik an ihnen erst einmal geschaffen. Dabei darf natürlich der ontologische Gottesbeweis Anselms von Canterbury (vgl. Kap. VI, 3) nicht vergessen werden, wir müssen uns aber daran erinnern, daß dieser später berühmt gewordene »ontologische« Beweis im Verlgleich zu den »physikalischen« Beweisen des Thomas von Aquin historisch gesehen für die mittelalterliche Philosophie nur eine Nebenrolle gespielt hat. Die Kritik der Gottesbeweise ist also ohne die von Thomas von Aquin geforderte Argumentationsform gar nicht möglich, anders ausgedrückt: Die Voraussetzungen der Kritik der thomistischen Gottesbeweise sind selbst thomistisch. Als grundsätzliche Frage bleibt aber bestehen, ob die von Thomas von Aquin – mit der islamischen und jüdischen Philosophie – angenommene Zuordnung von physikalischer/metaphysischer und biblisch/religiöser Sprache angemessen oder unangemessen ist. Dieses Problem läßt sich auch wieder mit Kant explizieren. Es ist nicht die Kritik bestimmter religionsphilosophischer Theoreme in der *Kritik der reinen Vernunft*, die entscheidend ist, sondern die von Kant deutlich gemachte Position, daß das Wort »Gott« in Bereiche theoretischer Disziplinen wie Wissenschaft oder Metaphysik und der entsprechenden Sprachen überhaupt nicht hineingehört, sondern seinen einzig legitimen Ort innerhalb der *Kritik der praktischen Vernunft* hat. Und genau diese kantische Zuordnung trennt uns von Thomas von Aquin. Thomas war sehr optimistisch in Hinsicht auf die Möglichkeit der Zuordnung metaphysischer bzw. naturphilosophischer und religiöser Sprache, daß dies aber so glatt zu funktionieren schien, ergab sich daraus, daß diese naturphilosophische Sprache schon vorher, wie oben kurz dargestellt, auf die religiöse Sprache hin »eingerichtet« worden war. Thomas von Aquin hat die Familienähnlichkeit von wissenschaftlicher und religiöser Sprache zwar angenommen, nicht aber selbst nachgewiesen, er war einfach davon überzeugt, daß wirklich alle mit »erstem Beweger« usw. »Gott« meinen. Das ist jedoch alles andere als selbstverständlich, und selbst im 13. Jhd. hätte eine Umfrage, was unter »Gott« verstanden wird, vermutlich auch ganz andere und davon verschiedene Antworten geliefert. Die Vorstellung einer Umfrage ist zwar anachronistisch, aber es reicht ja völlig aus, die zur Zeit des Thomas von Aquin faktisch gebrauchte religiöse Sprache zu analysieren. Breites Material dazu liefert z. B. die von Jacobus von Voragine redigierte *Legenda aurea*. Jacobus von Voragine war Dominikaner wie Thomas von Aquin und stellte diese Sammlung von Legenden zum Kirchenjahr und zum Leben von Heiligen in den Jahren um 1265 zusammen, also genau zu der Zeit, in der Thomas von Aquin begann, seine *Summa theologiae* abzufassen. Der große und sofort eingetretene Erfolg der *Legenda aurea* und ihre weite, auch gerade von den Dominikanern betriebene Verbreitung – es sind mehr als tausend mittelalterliche Handschriften aus allen Teilen Europas erhalten – zeigt die religiöse Sprache, die »alle« gebrauchten, und dies war nicht die des physikalischen Weltbilds des Thomas von Aquin. Die einzige Zuordnung des Wortes »Gott« zu einem physikalischen Weltbild, die »alle« gebrauchten, war die des Wunders, aber gerade die war im Zusammenhang der von Thomas von Aquin vorgelegen Gotesbeweise, die von Regelmäßigkeiten ausging, unbrauchbar. Wenn Thomas von Aquin also sagt, daß »alle« das, was er in seinen Beweisen gefunden zu haben meint, »Gott« nennen, so stimmt dies einfach nicht. Die »alle« seiner Zeit hatten das durch die Naturphilosophie des 12. und 13. Jahrunderts gebrachten Veränderungen überhaupt nicht wahrgenommen. Dies ändert aber nichts daran, daß Thomas von Aquin jedenfalls erkannt hat, daß er eine Zuordnung verschiedener Sprachen vorgenommen hat, und manchmal ist es wichtiger, eine Frage erst einmal richtig zu stellen, als auch eine gute Antwort darauf zu liefern. Albertus Magnus hatte das Wissen in Bereiche gegliedert, Thomas von Aquin hat diesen Bereichen verschiedene Sprachen zugeordnet und hat gesehen, daß die Behauptung einer Familienähnlichkeit solcher Sprachen ausdrücklich aufgeführt werden muß. Auch hier wieder gilt: Die spätere Bestreitung einer solchen Familienähnlichkeit – so bei Duns Scotus (vgl. Kap. XVI, 2) – geht aus von der thomistischen These der Verschiedenheit der Sprachen.

Auch bei der Frage der Prädikate, die Gott zugeschrieben werden können, ging Thomas von Aquin von dem aus, was er als die normale religiöse Sprache ansah.

Die These der negativen Theologie, daß alle göttlichen Prädikate eigentlich nur das sagen, was Gott nicht ist, akzeptiert er nicht. Damit ist aber bei Thomas von Aquin kein naiver und unkritischer Gebrauch solcher positiver Ausdrücke der religiösen Sprache legitimiert, auch Thomas von Aquin weiß, daß das negative Element der Gottesprädikate ein semantisches Kennzeichen dieser Ausdrücke ist.

> Die alles überragende Weise aber, in der sich die genannten Vollkommenheiten in Gott finden, kann durch von uns gegebene Namen nicht bezeichnet werden, es sei denn entweder durch Verneinung, so wie wir Gott »ewig« oder auch »unendlich« nennen, oder aber durch die Beziehung von ihm zu anderem, wie er »erste Ursache« oder auch »höchstes Gut« genannt wird. Wir können nämlich von Gott nicht erfassen, was er ist, sondern nur, was er nicht ist und wie anderes sich zu ihm verhält.
> (*Summa contra gentiles* I, c. 30. Bd. 1. S. 129)

Thomas stellt sich aber der Frage, ob und inwiefern solche Ausdrücke dann überhaupt noch einen semantischen Gehalt haben. Er knüpft dabei wiederum an die Sprache der Erfahrungswelt an, hält aber eine sprachanalytische Klärung für erforderlich. Ausdrücke aus dem Erfahrungsbereich können auf Gott *nicht univok* (= in ganz gleicher Bedeutung) angewandt werden, darin kommt das von der negativen Theologie hervorgehobene Anliegen der Kritik aller anthropomorphen Ausdrücke zur Geltung. Sie werden aber auch *nicht äquivok* (= in einer völlig verschiedenen Bedeutung) gebraucht, damit schränkt Thomas von Aquin die radikale Bedeutungstheorie der negativen Theologie ein, bei der jedes Reden von Gott letztlich seman-

tisch leer wird. Bei Thomas von Aquin werden die Namen bei ihrer Übertragung aus der Rede über Erfahrungsgegebenheiten auf die Rede über Gott in *analoger* Weise gebraucht. Damit wird aber keineswegs – wie es häufig bei sogenannten »analogen« Ausdrücken der Fall ist – ungenaues Sprechen mit einem gelehrten Terminus versehen: Thomas von Aquin meint, wir können und müssen bei zahlreichen Ausdrücken zwischen dem, *was bezeichnet wird (quod significatum)*, und dem, *wie bezeichnet wird*, also der Art und Weise des Bezeichnens *(modus significandi)* unterscheiden (STh I, q. 13, a. 3). Wir können dann sehen, daß es eine Klasse von Prädikaten gibt, die schon mit dem von ihnen ausgedrückten Bedeutungsgehalt eine Begrenzung enthalten, so z. B. der Ausdruck »Stein«. Des weiteren gibt es eine Klasse von Prädikaten, die eine Begrenzung enthalten, insofern sie andere Vollkommenheiten ausschließen: Ein Ding, das als »Gold« bezeichnet wird, enthält bestimmte Vollkommenheiten nicht, die wir einem Ding zuschreiben, das wir als »Diamant« bezeichnen. Solche Ausdrücke können von Gott nicht in analoger Weise gebraucht werden, auch wenn sie in metaphorischer, d. h. bildhafter und poetischer Sprache durchaus legitim sind. Es gibt jedoch eine weitere Klasse von Eigenschaften, die von sich aus keinerlei Begrenzung aufweisen, die jedoch in ihrer Anwendung im Bereich der Erfahrungswelt immer eine Verwendung erfahren, durch die sie in ihrer Weise des Bezeichnens eine Begrenzung zum Ausdruck bringen: Wenn wir von *X* sagen, er | 401
sei weise oder gerecht, so schließen wir damit nie aus, daß es einen *Y* geben kann, der noch weiser oder noch gerechter ist. Wir bringen in der konkreten Weise des Bezeichnens also immer eine Begrenzung zum Ausdruck, obwohl diese Ausdrücke von sich aus dies nicht fordern. Solche Prädikate können von Gott in analoger Weise gebraucht werden, wobei die Art und Weise des Bezeichnens von Gegenständen aus dem Erfahrungsbereich verneint wird.

Ich sage aber, daß einige der genannten Namen eine Vollkommenheit ohne Mangel in Bezug auf das besagen, zu dessen Bezeichnung der Name gegeben wurde; in Bezug auf die Weise des Bezeichnens ist indessen jeder Name mit Mangel behaftet. Denn durch den Namen drücken wird die Dinge in der Weise aus, in der wir sie mit dem Verstande begreifen. Unser Verstand aber, dessen Erkennen bei den Sinnen beginnt, übersteigt nicht die Weise, die sich bei den sinnenfälligen Dingen findet, bei denen wegen der Zusammensetzung aus Form und Materie Form und Formhabendes zweierlei sind [...].

Es können also, wie Dionysius lehrt, diese Namen bezüglich Gottes bejaht oder verneint werden, und zwar bejaht wegen des Sinngehalts des Namens, verneint dagegen wegen der Weise des Bezeichnens. (*Summa contra gentiles* I, cap. 30. Bd. 1. S. 127 und S. 129)

Dies ist nur ein Beispiel aus der philosophisch-theologischen Sprachlogik des Thomas von Aquin, bei ihm findet dieses Verfahren jedoch durchgängig Anwendung. Im Prinzip betreibt er Theologie wie auch Metaphysik als *Analyse und Kritik der religiösen und metaphysischen Sprache*, wobei er allerdings – und dies ist ein allgemeines Kennzeichen der Philosophie des 13. Jhd.s – von der Überzeugung ausgeht, daß wir mit Hilfe einer genauen Analyse unserer Sprache einen Zugang zur Erkenntnis der Wirklichkeit haben. Dies war auch die Auffassung des Aristoteles. Es ist aber auch deutlich, wie sehr Thomas von Aquin von der Logik, wie sie im 12. Jhd. entwickelt worden war, geprägt ist, einer Logik, die in vieler Hinsicht über das hinausgeht, was in den aristotelischen Texten zu finden war. Die Lehre von den Eigenschaften der Begriffe *(proprietates terminorum)* machte inzwischen einen wesentlichen und umfangreichen Teil der Schullogik aus. In den Jahren um 1240 ist das Lehrbuch des Petrus Hispanus, die sogenannte *Summule logicales* entstanden, das maßgeblich für den Logikunterricht an der Pariser Universität wurde, und Thomas von Aquin wußte, daß seine Theologie auf der Höhe des logischen Instrumentariums der Artistenfakultät sein mußte.

4. Ethik und Politik

Auch bei der Ethik und Politik des Thomas von Aquin ist die zeitgeschichtliche Situation, in die er sich hineingestellt sah, zu berücksichtigen. Dies ist bei der Frage von Ethik und Politik besonders wichtig, da gerade in diesem Bereich die »Anwendungen« im 19. und 20. Jhd. die historische Sicht der Dinge erheblich verstellt haben. Es kommt hier der Begriff des »Naturgesetzes« ins Spiel, und dabei kommen vielen die unerfreulichen Diskussionen z. B. um bestimmte Gesetze (z. B. die Scheidungsgesetze) in Erinnerung, wo versucht wurde, mit Berufung auf ein »Naturgesetz« und seinen prominentesten Vertreter Thomas von Aquin solche Gesetze zu verhindern. Die Erinnerung an solche Diskussionen dient aber nicht einer sach- und geschichtsgerechten Einordnung der Problematik, und auch der Begriff des »Naturgesetzes« muß – obwohl er als übergeschichtlich präsentiert wird – in seinen historischen Kontext gestellt werden.

Beginnen wir mit der Frage der Politik, denn auch die des Naturgesetzes gehört in diesen Zusammenhang. Eine selbständige Staatslehre hatte es trotz Johannes von Salisbury (vgl. Kap. VIII, 5) bisher in der lateinischen Philosophie des Mittelalters überhaupt nicht gegeben, und ebenso fehlte eine selbständige Ethik. Daß diese Bereiche fehlten, hatten schon Wissenschaftssystematiker des 12. Jhd.s deutlich gesehen (vgl. Kap. VIII, 3). Der traditionelle Zugang zu diesen Fragen war augustinisch geprägt, und dies bedeutete, etwas simplifiziert gesagt: Es gibt weder eine eigenständige Theorie des Staates noch eine von der christlichen Lehre unabhängige Ethik. Im Paradies gab es keine staatliche Ordnung und die Menschen verhielten sich dort sittlich richtig, brauchten also keine Morallehren, und mit dem Letzten Gericht wird die christliche Morallehre ihren Anwendungsbereich auch wieder verlieren und dann werden auch alle Staaten zu existieren aufhören. Der Staat ist eine durch die Sündenfolgen notwendig gewordene Organisation, und um sittlich richtig handeln zu können, brauchen die Menschen eine göttliche Hilfe, also die Gnade. Die Behauptung, die Menschen könnten von sich aus die ihnen entsprechende sittliche Ordnung erkennen und wären sogar in der Lage, dieser Ordnung zu entsprechen, galt seit Augustinus als pelagianisch und damit als häretisch (vgl. Kap. III, 5 und 6). Außer diesen lange zurückliegenden Diskussionen, in denen einige Reststücke stoischer Ethik enthalten waren, gab es außerhalb der christlichen Morallehre nichts, woran man eine Überlegung über die Sittlichkeit anschließen konnte. Diese Situation hatte sich seit der Rezeption der antiken Texte grundsätzlich geändert, jetzt standen die aristotelischen Texte der *Nikomachischen Ethik* und der *Politik* zur Verfügung und wurden eifrig gelesen. Hier begegneten die Magistri einer Auffassung, in der von einem durch die Vernunft erkennbaren Ziel des Menschen die Rede war und Gesellschaftsordnungen verschiedener Art diskutiert wurden, die dem Menschen den äußeren Rahmen zur Erlangung dieses Ziels bereit- bzw. herstellen sollten. Thomas von Aquin schloß sich ohne Einschränkung der Auffassung des Aristoteles von einer autonomen Disziplin der Politik an.

Von allem nämlich, was mit der Vernunft erkannt werden kann, muß es eine Lehre *(doctrinam)* geben zur Vervollkommnung *(perfectionem)* der menschlichen Weisheit, die Philosophie genannt wird. Da also dieses Ganze, das der Staat *(civitas)* ist, dem Urteil der Vernunft unterliegt, war es zur Vervollständigung *(complementum)* der Philosophie notwendig, daß vom Staat eine Lehre handle, die Politik genannt wird, das heißt Staatswissenschaft *(civilis scientia)*. (*Sententia libri Politicorum. Prologus.* Übers. aus: *Prologe*. S. 93 und S. 95)

Dies alles war aber nicht bloße Theorie. Thomas von Aquin stammte aus Italien und wußte demnach von den mittel- und norditalienischen Stadtstaaten, in denen sich die Bürger selbst eine Ordnung gaben oder wenigstens zu geben versuchten; auch in Deutschland gab es einige – wenngleich wesentlich weniger weit reichende – Versuche in dieser Richtung. Thomas von Aquin nahm verschiedene Fragen, die jetzt drängend wurden, in einer in den Jahren 1265–1267 entstandenen Schrift *Über die Herrschaft der Fürsten (De regimine principum)* auf, andere und oft prinzipiellere Fragen behandelte er auch in der *Summa theologiae*. Die Fragen, die sich für die Behandlung der Politik stellten, waren strukturell durchaus ähnlich jenen, die sich bei der Bestimmung des Verhältnisses von Philosophie und Theologie ergeben hatten, waren aber etwas schwieriger, da Thomas von Aquin zusätzlich realpolitische Fakten zur Kenntnis nehmen mußte, die durch einige Unterscheidungen nicht einfach wegzudiskutieren waren. Zum Beispiel bei der Frage, ob die Autorität des Papstes sich in Hinsicht auf die Herrscher nur auf diese als Mitglieder der Kirche, also auf deren »Seelenheil«, oder ob sie sich auch auf diese als Herrscher erstreckte, fand Thomas von Aquin keine klare und eindeutige Antwort. Bann und Interdikt waren politisch gedacht, das »Seelenheil« der betroffenen Kaiser, Könige oder Fürsten war faktisch von untergeordneter Bedeutung. Der Streit um die geistliche und weltliche Herrschaft der Päpste war noch keineswegs entschieden, und auch die Stellungnahme der Herrscher gegenüber der politischen Macht der Päpste war keineswegs eindeutig. Die obersten Herrscher wollten vom Papst zum Kaiser gekrönt werden – was genau aber besagte eine solche symbolische Handlung? Wurde in ihnen nicht doch irgendeine Art politischer Unterordnung zum Ausdruck gebracht?

In Hinsicht darauf, daß der *Staat* eine *selbständige und in sich begründete Funktion* hatte, gab es bei Thomas von Aquin aber kein Zögern. Er folgt der aristotelischen Definition des Menschen als eines politischen Lebewesens. Die Menschen sind von Natur aus auf eine gesellschaftliche Ordnung angelegt und benötigen somit zum Erreichen ihrer natürlichen Ziele einen Staat. Es gibt verschiedene menschliche Formen der Gemeinschaft, aber – auf einem Gebiet – nur einen Staat.

> 404 | Und da es bei diesen Gemeinschaften verschiedene Stufen und Ordnungen gibt, ist die höchste die auf die Autarkie des menschlichen Lebens ausgerichtete Gemeinschaft des Staates *(ultima est communitas civitatis ordinata ad per se sufficientia vitae humanae)*. Von allen Gemeinschaften ist diese die vollkommenste *(perfectissima)*. (*Sententia libri Politicorum. Prologus.* Übers. aus: *Prologe.* S. 93)

Das *Ziel* des Menschen ist, wie Thomas mit der antiken Philosophie annimmt, die *Glückseligkeit* (*felicitas vel beatiudo* [STh Ia IIae, q. 2]), und die Gesetze des Staates müssen sich auf die Ordnung beziehen, die dieses Glück ermöglicht (STh Ia IIae, q. 90, a. 2). Der Staat ist für Thomas von Aquin mit Aristoteles eine »vollkommene Gesellschaft« *(communitas perfecta)*, also eine Gesellschaft, die über alles, was zum Erreichen ihres Zieles erforderlich ist, verfügt. Alle Gesetze sind auf das Ziel des »gemeinsamen Gutes« *(bonum commune)* gerichtet (Ebd.), und das Recht, Gesetze für das gemeinsame Gut aufzustellen, hat die Gesamtheit der Mitglieder der Gesellschaft *(tota multitudo)* oder einer, der für die Gesamtheit die Geschäfte führt (*gerens vicem totius multitudinis* [(STh Ia IIae, q. 90, a. 3]). Bei dieser Teilnahme des »Volkes« hatte er jedoch kein demokratisches System im Auge wie es in unseren Köpfen (allerdings nur dort) vorhanden ist, sondern dachte an das Mitspracherecht von Korporationen. Wir würden heute sagen: Die wichtigen politischen Entscheidungen gehen auf den Einfluß der Parteien, der großen Verbände, der Industriellenvereinigung, der Gewerkschaften, der Versicherungsträger usw. zurück, während die einzelnen Mitglieder der Gesellschaft nur vermittels ihrer Mitgliedschaft in solchen Verbänden Einfluß nehmen können.

Um eine solche Selbständigkeit der staatlichen Ordnung gegenüber der augustinischen Tradition begründen zu können, berief Thomas von Aquin sich auf das *Naturgesetz*. Er meint damit aber keineswegs eine Art von sittlichen Normen, die die Menschen als wahre und evidente Sätze in ihrem Verstand vorfinden und aus denen dann syllogistisch Folgerungen gezogen werden könnten wie im wissenschaftlichen Verfahren: Höchstens könnte – ähnlich wie beim Kontradiktionsprinzip der Logik – ein oberstes Prinzip gefunden werden, das besagt, daß das Gute gesucht und das Böse vermieden werden soll. Daraus läßt sich jedoch nichts Konkretes deduzieren. Thomas von Aquin geht vielmehr mit Aristoteles davon aus, daß der Mensch bestimmte natürliche Neigungen hat, die z. B. Gesundheit, Familie und Eigentum betreffen, deren Erfüllung in ihrer Gesamtheit das ausmacht, was »Glückseligkeit« genannt wird. Bei bestimmten Handlungen ebenso wie bei bestimmten positiven Gesetzen kann dann eine Überlegung angestellt werden, ob diese mit diesen natürlichen Neigungen übereinstimmen oder nicht. Bei einer solchen Überprüfung läßt Thomas von Aquin einigen Spielraum offen, der durch Klugheit *(prudentium iudicium)*, die griechische *phrónesis*, bestimmt ist (STh Ia IIae, q. 95, a. 2, ad 2), und aus der *Nikomachischen Ethik* (V 10) übernimmt er das »Prinzip« der Epikie (also der *epikeía*), das einen Spielraum zwischen dem Wortlaut des Gesetzes und dem Sinn des Gesetzes offen läßt (STh IIa IIae, q. 120, a. 1), so daß also eine rigorose Deduktion nicht notwendigerweise die korrekte Auslegung liefert. Da Gesetze menschliche kontingente Handlungen betreffen, die aber faktisch eine unendliche Breite zulassen, kann das Gesetz nicht alle möglichen Fälle vorsehen. Daher stellt die Epikie für Thomas von Aquin eine übergeordnete Regel des menschlichen Handelns dar (*epicheia est quasi superior regula humanorum actuum* [Ebd. a. 2, concl.]), was dem einzelnen Menschen eine beachtliche Eigenverantwortung zuschreibt und gleichzeitig von allen eine gute Vernunfteinsicht erwartet. An diesem Punkt wird deutlich, daß Thomas von Aquin nicht versucht, den ethischen und politischen Diskurs einfach nach dem Modell des wissenschaftlichen Diskurses aufzubauen, daß er deshalb aber nicht zu der Meinung gelangt, der ethische Diskurs sei eben ein »schwächerer« wissenschaftlicher Diskurs. Im Grunde folgt er natürlich auch hier Richtlinien des Aristoteles, der z. B. auch schon festgestellt hatte, daß das Richtige der ethischen Mitte nicht nach dem Modell der mathematischen Mitte gemessen werden dürfte, sondern mit Bezug auf den oder die konkreten Menschen (vgl. 1. Teil, Kap. X, 6).

Weder die Ethik noch die politische Theorie des Thoma von Aquins ist besonders originell. Dies ist aber nicht das Entscheidende, worauf es nämlich um die Mitte des 13. Jhd.s zunächst einmal ankam, war, daß überhaupt eine selbständige Ethik zugestanden und entworfen wurde, und dasselbe gilt von der politischen Theorie. Auf dieser Basis können dann in den ersten Jahrzehnten des 14. Jhd.s weiterreichende Theorien entwickelt werden, wie wir sie z. B. im Bereich der Politik bei Marsilius von Padua und Ockham antreffen werden (vgl. Kap. XVII, 6).

- XV -

Die Dekrete von 1277: Ursachen und Folgen

1. Die Vorgeschichte

Durch die Aristotelesrezeption, die mit der Übernahme der arabischen Kommentatoren und der jüdischen Philosophen in eins gegangen war, hatte die Artistenfakultät ein ungeheuer großes Gebiet für ihre Arbeit erhalten: Metaphysik, Naturphilosophie, Ethik, Politik usw. (vgl. Kap. XI, 3). Die jetzt neu zu bearbeitenden Gebiete sprengten das System der Artes endgültig, und in vielen Bereichen behandelten die Magistri der Artes jetzt Gegenstände, die auch in der theologischen Fakultät behandelt wurden. So wurde es jetzt z. B. offenkundig, daß es nicht nur eine christliche Morallehre, 406 | sondern auch eine philosophische Ethik gibt; ebenso, daß es nicht nur eine christliche Schöpfungslehre, sondern auch eine philosophisch-wissenschaftliche Kosmologie gibt. So war es selbstverständlich, daß die Lehrer dieses rationalen Wissens mit einem früher bei ihnen nie vorhanden gewesenen Selbstbewußtsein auftraten. Albertus Magnus, Thomas von Aquin und andere hatten versucht, diesem neuen Wissen einerseits seine Eigenberechtigung zuzuerkennen, es aber andererseits mit der Theologie in Beziehung zu setzen. Aus verschiedenen Reaktionen kann man jedoch erkennen, daß sie keineswegs die Mehrzahl vertraten. Es gab auf der einen Seite Magistri der Theologie, die an einer solchen Hereinnahme der Philosophie keineswegs interessiert waren, und es gab auf der anderen Seite Magistri der Philosophie, denen die Theologie doch eher gleichgültig war. Die kirchlichen Autoritäten standen dieser ganzen Entwicklung – und zwar der philosophischen wie der theologischen – aus verständlichen Gründen von Anfang an ziemlich ablehnend gegenüber und wurden auch durch einen Albert und einen Thomas nicht beruhigt, sondern eher in ihren Befürchtungen bestärkt.

Was sich in der Artistenfakultät etwa seit 1250 abspielte, hat zwar in der Forschung große Aufmerksamkeit gefunden, ist aber in Hinsicht auf die Interpretation noch immer sehr umstritten. Es handelte sich aber im Ganzen wohl um den Versuch, eine konsequent aristotelische Philosophie aufzubauen, die natürlich vor allem Bezug auf Averroes, den wichtigsten Kommentator des Aristoteles, nahm. Es handelte sich jedoch deshalb nicht schon um einen »Averroismus«, und was im 13. Jhd. als »Averroismus« bezeichnet wurde, war eigentlich nur der sogenannte »Monopsychismus«, und damit lediglich eine einzige bei Aristoteles und Averroes antreffbare Lehre. In dieser Lehre wird behauptet, der aktive Intellekt sei in allen Menschen nur ein einziger und nur dieser sei unsterblich, während der individuelle Intellekt und seine sinnliche Seele als Form der Materie des individuellen Körpers sterblich sei. Es ist klar, daß diese Lehre in Konflikt geraten mußte mit dem Unsterblichkeitsglauben, der wieder mit dem Glauben an ewige Belohnung bzw. Strafe zusammenhängt, was nicht ohne Bedeutung für die Ethik zu sein schien. Vermutlich hatten die beiden bedeutenden Gegner des Monopsychismus, Albertus Magnus und Thomas von Aquin, eine nicht unerhebliche Bedeutung für die Ausbildung dieses sogenannten »Averroismus«. Den Kommentar des Averroes zu Aristoteles *De anima* hatte Michael Scotus übersetzt, wahrscheinlich wurde aber von den Magistri der zweiten Hälfte des 13. Jhd.s weniger der Averroes-Kommentar selbst gelesen, sondern eher der besser lesbare des Albertus Magnus und vor allem die 1270 entstandene Schrift des Thomas von Aquin *Über die Einheit des* Geistes/*der Seele gegen die Averroisten (De unitate intellectus contra averroistas)*. Durch diese Schrift wurde entscheidend das mitgeprägt, was dann unter »Averroismus« verstanden wurde. Einer der wichtigsten Magistri, dem die Verteidigung des Monopsychismus zugeschrieben wird, Siger von Brabant (um 1240 – vor 1284), war ein eifriger Leser der Schriften des Thomas von Aquin. Siger und Boethius von Dacien (= aus Dänemark; gest. vor 1284) waren die führenden Köpfe des sogenannten radikalen Aristotelismus. Diese Lehre Sigers und seiner Schüler war ohne Zweifel für die Theologen anstößig, als solche allein kann sie aber die weiteren Ereignisse nicht erklären.

1272 wurde an der Pariser Universität von der Artistenfakultät ein Dekret erlassen, das besagte, daß keiner der Magistri dieser Fakultät irgendeine rein theologische Frage *(quaestionem pure theologicam)* wie z. B. die Trinitäts- oder Inkarnationslehre behandeln dürfe. Damit waren die »Bereiche« von Philosophie und Theologie offiziell etabliert, d. h. es wurde genau das anerkannt, was Albertus Magnus angestrebt hatte. Allerdings sagte dasselbe Dekret in einem weiteren Punkt, daß dann, wenn eine Frage vorliegt, die gleicherweise von Theologen wie von Philosophen behandelt wird – dies ist die »Schnittklasse«, die Thomas von Aquin im Auge gehabt hatte (vgl. Kap. XIV, 2) –, keine dem Glauben widersprechende philosophische Antwort gegeben werden dürfe, und das war natürlich für die Philosophen nicht unproblematisch. Bonaventura hätte diese Bestimmung als selbstverständlich angesehen und Albertus Magnus sowie Thomas von Aquin hätten mit gewohntem Optimismus gesagt, daß ein solcher Konfliktfall ohnedies ernsthaft nicht vorkommen könne. So einfach war dies aber doch nicht, denn offensichtlich hatten in den Jahren danach manche den Eindruck, daß es solche Konfliktfälle durchaus gebe und daß die Artisten sich nicht an die Regeln dieser Selbstzensur hielten.

In Predigten über das *Sechstagewerk (Collationes in Hexaemeron)* setzte Bonaventura 1273 alle ihm zur Verfügung stehende Redekunst und Polemik ein, um diese Magistri anzugreifen. Von jenen, die eine ewige Welt annahmen, sagte er, daß bei ihnen eine ausschweifende *(luxuriata)* Vernunft am Werk sei (Ebd. V, 21. S. 224), und auch die Logiker werden frontal angegriffen:

So haben auch die Logiker mit ihren Sophismen und falschen Setzungen die Welt um den Verstand gebracht *(logici [...] fecerunt mundum insanire)*. (Ebd.)

Eine solche Polemik ist schon einigermaßen verwunderlich, wenn man überlegt, daß einige Jahrzehnte vorher Petrus Hispanus (um 1226–1277) in Paris tätig gewesen war, dessen *Summulae logicales* inzwischen ein allgemein anerkanntes Lehrbruch der Logik geworden waren, und der in diesen Jahren als einflußreicher Kardinal in Rom tätig war. Nur wenig später, im Jahr 1276, wurde er dann selbst Papst. Die Spannungen dieser Jahre sind spürbar in dem aggressiven Ton Bonaventuras. Selbst die Summen der Meister, von denen er doch selbst eine verfaßt hatte, schienen ihm gefährlich:

Die größere Gefahr besteht darin, zu den Summen der Meister hinabzugehen, weil darin manchmal ein Irrtum liegt. Sie glauben die Urzeugnisse zu verstehen und verstehen sie nicht, ja widersprechen ihnen sogar. [...] Zur Philosophie hinabzugehen, bedeutet jedoch die größte Gefahr. [...] Merke von Hieronymus, der nach der Lektüre Ciceros keinen Geschmack mehr an den prophetischen Büchern fand, daß er vor dem Gerichte gegeißelt wurde. Das aber ist unsretwegen geschehen, darum sollen sich die Meister vor zu großer Erwähnung und Aneignung der Philosophenworte hüten, auf daß bei solcher Gelegenheit das Volk nicht nach Ägypten zurückkehre oder durch ihr Beispiel Siloes Wasser, die hohe Vollkommenheit, verlasse und zu den Philosophenwassern der ewigen Täuschung ziehe. (Ebd. XIX, 11–12. S. 597)

So wie Joachim von Fiore, dessen Lehren Bonaventura ja auch nicht akzeptierte, ein Zeitalter des Geistes prophezeit hatte, so prophezeit Bonaventura eine wunderbare, weil philosophiefreie Periode der Geschichte:

Glaubet mir, daß noch eine Zeit kommen wird, in der gar nichts vermögen die goldenen und silbernen Gefäße, das sind die Beweisgründe, noch wird es eine Verteidigung durch die Vernunft geben, sondern allein durch die Macht der Schrift. (Ebd. XVII 27. S. 553)

Bonaventura sehnte also eine Zeit herbei, in der die Philosophie keine Macht mehr hätte, und zustimmend berichtet er, daß in der Urkirche die Bücher der Philosophie verbrannt wurden (Ebd. XIX, 14. S. 599 f.). Ob er selbst praktische Maßnahmen einleitete, um zu erreichen, daß diese Zeit eintrifft und die entsprechenden Bücher verbrannt werden, wissen wir nicht, aber andere werden dies sehr wohl versuchen.

Bonaventura war nicht der einzige, dem die Situation besorgniserregend schien. Ein Schüler des Thomas von Aquin, Aegidius Romanus (um 1243–1316), selbst Magister und Augustinereremit, verfaßte 1270 eine Schrift *Über die Irrtümer der Philosophen (Errores philosophorum)*, in der er 95 seiner Ansicht nach irrige philosophische Thesen aufführte, die er aus Texten von Aristoteles, Avicenna, al-Ghazali – den er wie alle damals für einen Vertreter und nicht für einen Kritiker der Philosophie hielt –, Maimonides und Averroes zusammengestellt hatte. Aber auch er wird dem Verdacht, selbst Irrtümer zu verbreiten, nicht entgehen können. Davon unabhängig war eine weitere Aktion: Seit 1276 war Simon du Val, der für Frankreich zuständige Inquisitor mit Ermittlungen gegen einige Magistri beschäftigt, unter denen sich wiederum Siger von Brabant befand.

2. Die Verurteilungen

In diesen kritischen Jahren wurde, wie gesagt, Petrus Hispanus 1276 zum Papst gewählt, mit Johannes XXI. stand also ein früherer Pariser Magister der Artes und Logiker an der Spitze der Kirche. Er war, soweit wir informiert sind, an den Pariser Problemen nur am Rande interessiert, und mit ihren Folgen hat er gar nichts zu tun, | 409
da er nur wenige Wochen nach den Verurteilungen in Paris in Viterbo starb, als die Decke des Gebäudes, in dem er seinen medizinischen Studien nachging, – er war ja von Beruf aus eigentlich Arzt gewesen –, einstürzte. Johannes XXI. beauftragte aufgrund vorliegender Nachrichten den Bischof von Paris, Stephan Tempier (Bischof von Paris seit 1268, gest. 1279) eine Untersuchung über möglicherweise an der Pariser Artistenfakultät gelehrte Irrtümer vorzunehmen und dann einen Bericht darüber nach Rom zu senden. Was Johannes zu wissen wünschte, waren – wie es der Tradition solcher Untersuchungen entspricht – Namen von Personen und von Institutionen. Tempier tat aber etwas anderes: Er berief selbst eine Kommission ein und verurteilte am 7. März 1277 219 Sätze. (Genau drei Jahre vorher, am 7. März 1274 war Thomas von Aquin gestorben. War die Wahl des 7. März wirklich nur ein reiner Zufall?) Diese 219 Sätze sind eine offensichtlich hastig zusammengestellte und nicht geordnete Liste. Über diese Liste und den ganzen Vorgang der Verurteilung ist in den letzten Jahrzehnten eine heftige Diskussion entbrannt, die hier nicht wiedergegeben werden soll, daß die Liste der Sätze einen sehr ungeordneten und oberflächlichen Eindruck macht, ist aber unbestreitbar. Genaue Textuntersuchungen haben im übrigen deutlich gemacht, daß die meisten der verurteilten Sätze so, wie sie formuliert sind, bei den anvisierten Autoren, also vor allem bei Siger von Brabant und Boethius von Dacien, nicht zu finden sind. Doch was folgt daraus? Daß kirchliche Gremien, die sich an eine Verurteilung machen, häufig schlampig arbeiten und die Schriften der zu Verurteilenden nicht genau lesen, ist eine alte und bis heute geltende Praxis. Aber daraus ergibt sich keineswegs, daß diese Gremien an der

Sache vorbeigehen. Kirchliche Verurteiler laufen keinen Phantomen nach, sondern haben einen jahrhundertelang eingeübten und sehr sicheren Spürsinn für ihnen gefährliche Bewegungen entwickelt, und so ziehen sie manchmal Konsequenzen, die sich tatsächlich wörtlich gar nicht in den Texten finden, die aber doch die Sache genau treffen. Sie sind nicht nur durch ihren faktischen Machtbesitz, sondern gelegentlich auch durch ihre »Einsicht« ihren Gegnern um einiges voraus, d.h. sie verurteilen schon heute das, was diese morgen sicher sagen würden. Entweder die Drohung funktioniert, dann ist das Ziel erreicht, oder diese Sätze werden wirklich ausgesprochen, dann liegt die Verurteilung schon bereit. In diesem Sinn haben solche Verurteilungen in bestimmten Fällen einen antizipatorischen Charakter (de Libera 1998. S.78 nennt dies vornehm eine »heuristische Funktion der Zensur«). Tempier behauptete genau genommen auch gar nicht, daß diese Sätze alle gelehrt würden, sondern sagt in seinem Vorwort nur, daß sie unter den Magistern disputiert würden (In: Flasch 1989. S.89 u. S.92). Man sollte auch die Kommission, die den Bischof von Paris beriet, nicht unterschätzen. Eines ihrer Mitglieder war Heinrich von Gent (um 1217–1293), ein ganz hervorragender und selbständig denkender Magister. Allerdings muß – leider – beobachtet werden, daß auch Heinrich von Gent seinen Teil dazu geleistet hat, daß in den Disputationen der Universität die Autoritätsposition die Argumentation verdrängt hatte, und ein Dekret wie das des Bischofs Tempier lag durchaus auf dieser Linie. Nimmt man die Gesamtheit der verurteilten Sätze, so ergibt sich trotz der Unordnung und der Oberflächlichkeit der Aufstellung ein durchaus kohärenter Zusammenhang, der im folgenden kurz dargestellt werden soll (die Thesen finden sich in Flasch 1989).

a) Die Autonomie der Philosophie

Die Artisten beanspruchten, ihr Gebiet und die Methoden in diesem Gebiet selbst zu definieren.

Es gibt keine durch Vernunft zu erörternde Frage, die der Philosoph nicht erörtern und entscheiden sollte, weil die Beweisgründe von den Dingen her genommen werden, die Philosophie aber nach ihren verschiedenen Teilen alle Dinge zu betrachten hat.
(These 145. S.213)

Dies war eine Auffassung, die auch von Albertus Magnus und Thomas von Aquin geteilt wurde, und die der Selbstzensur der Artisten von 1272 entspricht. Nichtsdestoweniger meinte die Kommission, diese These verurteilen zu müssen. Daß in der Philosophie nicht Autorität, sondern Argumentation entscheiden muß, ist eine Selbstverständlichkeit, und in diesem Sinn ist auch die folgende These sachlich eigentlich völlig unproblematisch:

Der Mensch darf sich nicht mit der Autorität zufriedengeben, um in irgendeiner Frage zur Gewißheit zu kommen. (These 150. S. 215)

Die Frage der Gewißheit *(certitudo)* war jedoch insofern problematisch, als neben der Vernunftgewißheit von einer Glaubensgewißheit gesprochen wurde. Heinrich von Gent hatte immer wieder auf dieser Glaubensgewißheit bestanden und war fest davon überzeugt, daß dieser Gewißheit eine theologische Wissenschaft im strengen Sinn des Wortes entspricht. Aus dem Bewußtsein einer solchen überlegenen Gewißheit erklärt sich die folgende verurteilte These, die im ersten Teil etwas wiedergibt, was der aristotelischen Auffassung in der 2. *Analytik* entspricht, wie sie auch von Thomas von Aquin vertreten wurde, die aber im zweiten Teil die Allgemeingültigkeit dieser Auffassung eingeschränkt wissen will:

Damit ein Mensch einer Schlußfolgerung [besser: einer Konklusion] gewiß sein kann, muß sie auf evidente Prinzipien gegründet sein. – Dies ist ein Irrtum, weil die These allgemein sowohl von der Gewißheit des geistigen Erfassens wie von der des (gläubigen) Anhangens *(adhesionis)* spricht. (These 151. S. 216 f.)

b) Die Reichweite philosophischer Erkenntnis

Im zweiten Teil der Selbstzensur von 1272 hatten sich die Magistri verpflichtet, bei Fragen, die gleicherweise von Theologen wie von Philosophen behandelt werden, keine dem Glauben widersprechende philosophische Antwort zu geben. Dies war strategisch gegenüber den theologischen Autoritäten gedacht, ob alle Magistri allerdings wirklich so dachten, wissen wir nicht, da es keine historischen Zeugnisse dafür gibt. Es ist aber nicht unwahrscheinlich, daß die in der folgenden These verurteilte Auffassung doch von einigen Magistri vertreten wurde:

Um den Glauben braucht man sich nicht zu kümmern, wenn etwas als ketzerisch bezeichnet wird, weil es gegen den Glauben verstößt. (These 16. S. 112)

Daß die folgenden Thesen sich nicht in den überlieferten Handschriften finden, ist selbstverständlich, daß sie aber wirklich nicht gelegentlich geäußert wurden, ist nicht so selbstverständlich.

Die Reden des Theologen sind in Fabeln begründet. (These 152. S. 217)

Fabeln und Unwahrheiten gibt es im Christentum wie in den anderen Religionen. (These 174. S. 229)

Das theologische Wissen bringt keinen Erkenntnisgewinn. (These 153. S. 217)

Die christliche Religion verhindert den Wissenszuwachs. (These 175. S. 229)

Wie auch immer die historische Frage zu beantworten ist, die aufgeführten Thesen sind in jedem Fall »antizipatorisch« korrekt: Die Kommission der Verurteiler hat hellsichtig erfaßt, in welche Richtung die in ihrer Zeit beginnende Entwicklung gehen würde. Die vollen Konsequenzen werden allerdings erst in der Neuzeit deutlich werden.

c) Philosophie als höchste Lebensform – »Leben jetzt«

Die Beschäftigung mit Philosophie war für viele, wenn nicht für die meisten Magistri mehr als eine Disziplin, die es zu erlernen gab. Die Texte der antiken Philosophie, vor allem die des Aristoteles selbst, enthielten ganz deutlich die Aufforderung, Philosophie als Lebensform zu betrachten, und zwar als die ideale Lebensform. Daß damit ein Konflikt mit der christlichen Lebensanschauung und zudem mit den autoritativen Vertretern derselben unausbleiblich war, ist unübersehbar.

412 | Es gibt keine ausgezeichnetere Lebensform, als sich frei der Philosophie zu widmen. (These 40. S. 137)

Dies ist eine These, die sich auf die *Nikomachische Ethik* des Aristoteles berufen kann, und die tatsächlich das Selbstverständnis nicht nur des Aristoteles, sondern der gesamten griechischen Philosophie zum Ausdruck bringt. In einer Gesellschaft, in der das Mönchtum immer noch als die höchste Lebensform galt, mußte jedoch eine solche These als Provokation erscheinen, die Zeit, in der man »Philosophie« als »christliche Weisheit« interpretieren konnte und in der, wie bei den Kappadokiern, Mönche sich problemlos als »Philosophen« bezeichnen konnten, war ja endgültig vorbei. Schon der eindeutige Sprachgebrauch von »Philosophie«, der sich im 13. Jhd. durchgesetzt hatte, ließ dies nicht mehr zu. In eine ganz ähnliche Richtung ging eine weitere These:

Alles Gute, das dem Menschen möglich ist, besteht in den intellektuellen Tugenden. (These 144. S. 212)

Diese These widersprach ganz ausdrücklich der augustinischen Auffassung, nach der alles Gute, das dem Menschen möglich ist, durch die göttliche Gnade bewirkt ist.

Sehr ausführlich beschäftigen sich die Verurteilungen mit der Ablehnung des monastischen Lebensideals, das mit seinen extremen Forderungen den aristotelischen Vorstellungen von der rechten Mitte widerspricht. So werden z. B. folgende Sätze verurteilt:

Enthaltsamkeit ist nicht ihrem Wesen nach eine Tugend. (These 168. S. 226)

Wer arm ist an äußeren Gütern, kann nicht moralisch gut handeln. (These 170. S. 227)

In weiteren Thesen, die auch mit der averroistischen Bestreitung der Unsterblichkeit der individuellen Seele zusammenhängen, wird das Glück *(felicitas)* einzig in das irdische Leben verlegt:

Die Glückseligkeit gibt es in diesem Leben, nicht in einem anderen. (These 176. S. 230)

Der Mensch verliert nach dem Tod alles Gute. (These 15. S. 111)

Diese Auffassung findet sich recht deutlich ausgesprochen in einem anonymen Traktat *Über die Seele* (In: Giele 1972). Um eine Bestätigung dafür zu finden, daß die Thesen vom »Leben jetzt« tatsächlich vertreten wurden, sollte man aber nicht nur Traktate der Philosophie durchsuchen, sondern auch einen Blick in die Literatur werfen. Einen entsprechenden Hinweis liefern die Verurteilungen selbst, wenn im Prolog die Schrift *Über den Gott der Liebe (De Deo amoris)* des Andreas Capellanus verdammt wird, was natürlich dessen Verbreitung und Übersetzung ins Französische, Deutsche und Italienische nicht verhindern konnte. Diese Schrift ist zwischen dem Ende des 12.
und dem Anfang des 13. Jhd.s entstanden. Der Hinweis auf diese Schrift ist nützlich, auch wenn keine der verurteilten Thesen sich wörtlich darin findet, weil dadurch deutlich wird, daß die Verurteiler sich darüber im klaren waren, daß sie sich nicht nur mit einigen Magistri der Universität, sondern mit Tendenzen der Kultur ihrer Zeit auseinandersetzten. Der *Rosenroman*, dessen erster Teil von Guillaume de Lorris in den Jahren 1225/1230, und dessen zweiter Teil von Jean de Meun zwischen 1270 und 1280 verfaßt wurde, wie auch die *Carmina Burana*, die vor der Mitte des 13. Jhd.s entstanden sind, zeigen uns eine ähnliche Lebensauffassung. In diesem Punkt haben die Mitglieder der Kommission also nichts antizipiert, sondern eine, nicht zuletzt bei vielen Klerikern zu dieser Zeit verbreitete Lebenseinstellung registriert.

d) Schöpfung, Vorhersehung, Seele

Die bisher besprochenen Thesen beziehen sich deutlich auf den kulturellen und zeitgeschichtlichen Hintergrund der Kultur des 13. Jhd.s und der besonderen Situation der Magistri der Artes in Paris. Bei den zentralen Thesen, die sich mit »Irrtümern in der Lehre« befassen, sind wir hingegen genau in dem Kontext, dem wir auch schon in der islamischen und jüdischen Philosophie begegnet waren: Die Punkte die al-Ghazali aufzählte (vgl. Kap. IX, 2, h) – die die mittelalterlichen lateinischen Philosophen allerdings nicht kannten – sind genau jene zentralen Streitpunkte, die auch Aegidius Romanus in seinen *Irrtümern der Philosophen* und Bonaventura in der

6. Collatio seines *Sechstagewerkes* nannten. Ausgangspunkt waren die aristotelische *Physik*, bestimmte Teile der *Metaphysik* sowie der Schrift *Über die Seele (De anima)*. In der zweiten Hälfte des 13. Jhd.s waren zahlreiche Schriften *Über die Ewigkeit der Welt (De aeternitate mundi)* und *Über die Seele* verfaßt worden. In Hinsicht auf die Frage der Schöpfung aus Nichts und der Zeitlichkeit, d. h. der Nicht-Ewigkeit der Welt ist es interessant zu sehen, daß zwar die Texte des Aristoteles von den Autoren mit der größten Genauigkeit studiert und analysiert wurden, daß aber niemand auf den Gedanken kam, erst einmal die Texte der *Bibel* ebenso genau zu studieren und zu analysieren, um festzustellen, ob diese beiden Lehren denn dort wirklich genau so stehen, wie sie vorausgesetzt wurden, was – wie es die heutige Exegese eindeutig bestätigt – gar nicht der Fall ist, und was auch damals unschwer festzustellen gewesen wäre. In diesem Punkt bestimmte eindeutig die augustinische Lehre und nicht der biblische Text das, was als christliche Glaubenslehre angesehen wurde. Die Frage der Ewigkeit oder Nicht-Ewigkeit der Welt war auch in der christlichen Lehre keineswegs so eindeutig festgelegt, wie die Verurteiler dies voraussetzten. Die Schöpfungslehre war erst 1215 vom 4. Laterankonzil festgelegt worden, und dort ging es gar nicht um die Frage der Ewigkeit oder Nicht-Ewigkeit der Welt, sondern um die Ablehnung des manichäischen Dualismus (vgl. Kap. XIII, 1). In diesem Zusammen-

hang wurde gesagt, daß Gott alles, also das Geistige wie das Körperliche »von Anbeginn an« (*ab initio temporis*; DS 800) geschaffen hat. Schon in der islamischen und der jüdischen Philosophie war klar geworden, daß der Schöpfungsglaube nur besagt, daß die Welt von Gott geschaffen ist, ob das Geschaffene selbst dann aber ewig oder nicht-ewig ist, ist eine davon ganz unabhängige und sekundäre Frage. Der Konflikt mit der aristotelischen Philosophie war in diesem Punkt also eigentlich gar nicht zwingend. Einzig die durchgängige Kontingenz aller Dinge und der Welt als ganzer ist gefordert, nicht aber deren Zeitlichkeit. Für die Ewigkeit des Schöpfungsaktes Gottes wurde von den Verteidigern eine metaphysisch ganz vernünftige Begründung vorgetragen, die dann von den Verurteilern abgelehnt wurde:

Gott ist im Handeln ebenso ewig wie in seinem Sein. Sonst würde er von etwas anderem bestimmt, das früher wäre als er. (These 51. S. 151)

Ein Wesen, das sich, wie Gott, selbst bestimmt, handelt entweder immer oder nie. (These 52. S. 152)

Nichtsdestoweniger wurde vom Gläubigen verlangt, die These von der Ewigkeit der Welt zu verneinen (These 90. S. 175; zit. weiter unten). Anders sieht die Frage bei der Vorsehung aus. Schon in der arabischen und jüdischen Philosophie – dort wichtig wegen der Prophetie – hatte die Frage, ob Gott Zukünftiges voraussehen könne, eine bedeutende Rolle gespielt, und dasselbe wiederholte sich nun im christlichen Bereich. Die verurteilte These bestreitet ein solches Vorherwissen:

Die erste Ursache hat kein Wissen von zukünftigen nicht-notwendigen Dingen. (These 42. S. 140)

Interessant an dieser These ist, daß hier die Verurteiler auch die verurteilten Begründungen mitliefern, was zeigt, daß sie doch, jedenfalls in einzelnen Punkten, ziemlich gut informiert waren. Der philosophisch ganz korrekte Ausgangspunkt der Begründungen lautet:

Erster Grund: Die zukünftigen nicht-notwendigen Dinge existieren nicht *(futura contingentia sunt non entia)*. (Ebd.)

Zweiter Grund: Die zukünftigen nicht-notwendigen Dinge sind Einzelheiten *(particularia)*. Gott erkennt aber mit einer geistigen Kraft, die die Einzelheiten nicht erkennen kann. (Ebd.)

Auch dies ist eine bekannte Begründung: Gott erkennt nur das Allgemeine, denn nur die Erkenntnis des Allgemeinen stellt eine Vollkommenheit dar, während das Nicht-Erkennen des Einzelnen keine Unvollkommenheit ist. Die Basis dieser Begründung war gut aristotelisch, die Folgerung, daß es daher keine göttliche Vorsehung geben kann, war für die Kommission des Bischofs selbstverständlich unannehmbar.

Ein besonders heikler Punkt war, wie schon bei Albertus Magnus und Thomas von Aquin erwähnt, die sogenannte averroistische Seelenlehre, da in dieser für eine Unsterblichkeit der individuellen Seele kein Platz ist. Daß diese Thesen verurteilt wurden, versteht sich von selbst (vgl. weiter oben die Thesen 15 und 176).

e) Die doppelte Wahrheit

Schon im Prolog des Dekrets wird der Verdacht, daß bei einigen Magistri faktisch oder ausdrücklich eine doppelte Wahrheit angenommen wird, als ein ausschlaggebender Anlaß für das Einschreiten des Bischofs genannt:

Sie sagen nämlich, diese Irrlehren seien wahr im Sinne der Philosophie *(secundum philosophiam)*, aber nicht im Sinne des christlichen Glaubens *(secundum fidem catholicam)*, als gebe es zwei gegensätzliche Wahrheiten *(due contrarie veritates)*. *(Prolog.* S. 89 und S. 93).

Was mit der »doppelten Wahrheit« gemeint ist, wird von den Verurteilern an Hand eines Beispiels deutlich ausgesprochen:

> Der Naturphilosoph muß schlechthin das Neuwerden der Welt bestreiten, weil er sich auf Naturursachen und natürliche Beweisgründe stützt *(innititur causis naturalibus, et rationibus naturalibus)*. Der Gläubige kann dagegen die Ewigkeit der Welt verneinen, weil er sich auf übernatürliche Ursachen stützt *(innititur causis supernaturalibus)*. (These 90. S. 175)

Daß in verschiedenen Bereichen von verschiedenen Personen gegenteilige Thesen vertreten werden, wäre nicht problematisch. Das Problem liegt aber darin, daß der Naturphilosoph gleichzeitig Gläubiger sein soll, und dies bedeutet, daß der Philosoph in bestimmten Fällen genau das verneint, was er als gläubiger Christ – mit den Theologen – für wahr hält und umgekehrt. Die These von der doppelten Wahrheit wurde in keinem der Texte von Siger von Brabant oder Boethius von Dacien aufgefunden. Allerdings ist damit für das historische Verständnis nicht allzuviel erreicht. Die Trennung der Bereiche von Philosophie und Glaubenswissenschaft, wie Albertus Magnus und Thomas von Aquin sie vorgenommen hatte, stieß an bestimmten Punkten an Grenzen, und an eben diesen Punkten wurde die schon genannte Selbstzensur der Artisten problematisch. Ein ganz klarer Fall tritt uns bei der Frage der Glaubenslehre der Auferstehung von den Toten entgegen:

> Die künftige Auferstehung kann vom Philosophen nicht zugestanden werden, da es unmöglich ist, sie mit der Vernunft zu erfassen. – Dies ist ein Irrtum, weil auch der Philosoph seinen Geist gefangengeben soll *(debet captivare intellectum)* in den Gehorsam Christi. (These 18. S. 114)

Man kann hier natürlich sagen, daß der Bischof nicht zwischen dem Philosophen *als* Philosophen und demselben *als* gläubigem Christen unterscheidet, aber auch dies hilft im Grunde nicht weiter. Man muß einfach sehen, daß die doppelte Wahrheit in religiös oder ideologisch beherrschten Gesellschaften eine notwendige Folgerung für jene ist, die aus philosophischen Gründen einer Glaubenslehre nicht folgen können, die sich aber nicht außerhalb dieser Gesellschaft stellen können oder wollen. Die Problematik hatte sich in der islamischen Gesellschaft bei al-Farabi und bei Averroes deutlich gezeigt, die versucht hatten, mit verschiedenen Sprachformen zu operieren, ohne aber auf die konkrete Durchführung einzugehen (Kap. IX, 2, d und i). Auch in der jüdischen Religionsphilosophie waren wir bei Isaak Albalag einer Auffassung begegnet, die der These der doppelten Wahrheit nahe kommt (Kap. X, 2, j). Aber eigentlich war schon bei Maimonides diese Problematik eindeutig vorhanden. Geht man davon aus, daß es für ein Religionssystem zentrale theoretisch-metaphysische Lehren gibt, die aber von jemandem als philosophisch unhaltbar angesehen werden, so gibt es nur zwei Möglichkeiten: (a) Derselbe gibt diese Religion auf, d. h. – in den Worten von Maimonides – er begreift, daß »die Sache zu anderen Glaubenslehren ausginge« (Kap. X, 2, h). Will er dies nicht oder kann er dies aus z. B. gesellschaftlichen Gründen nicht, so bleibt ihm (b) nur die Lösung der »doppelten Wahrheit« übrig, ganz gleich, ob er diese nun ausdrücklich vertritt oder ihm diese These nur von anderen zugeschrieben wird.

In der Zeit nach 1272 war es zunehmend geläufig geworden, ausdrücklich bereichsbezogen zu sprechen, so in dem häufig gebrauchten Ausdruck »als Naturphilosoph sprechend« *(loquens ut naturalis)*; entsprechend wurden sehr subtile Unterscheidungen eingeführt, wofür z. B. der Traktat *Über die Ewigkeit der Welt (De aeternitate mundi)* des Boethius von Dacien ein gutes Beispiel ist. Auch die zitierte These 90 zieht die Unterscheidung von Überlegungen, die sich auf natürliche bzw. übernatürliche Ursachen beziehen, heran. Nichtsdestoweniger sollte man sich bei dieser Frage nicht zu sehr in Subtilitäten verlieren. In einer modernen Welt, in der die Religionsgemeinschaften nur mehr begrenzte Macht haben, kann jemand sagen: »Ich halte eine Jungfrauengeburt für eine wissenschaftlich unhaltbare These, und ich halte entsprechend den biblischen Bericht für einen Mythos«. Anschließend kann er sich überlegen, ob er die Lehre der Jungfrauengeburt für wesentlich für das Christentum hält, so daß »die Sache zu anderen Glaubenslehren ausginge«, oder ob er meint, Christ sein zu können ohne diesen »Glaubensatz« oder mit einer allegorischen Interpretation desselben. In einer kirchlich beherrschten Gesellschaft – was ja für die Universität des 13. Jhd.s noch zutraf – hatte ein Magister, der einen Glaubenssatz
für unmöglich hielt, aber in der unter bischöflichen Zensuren stehenden Universität verbleiben wollte, nur die Möglichkeit, zu versichern, daß er alles glaubt, was die Kirche zu glauben vorschreibt. Da er aber weiterhin »als Philosoph« eine entgegengesetzte These vertrat, erweckte er den Anschein, die Lehre von der doppelten Wahrheit zu vertreten. Daß die Historiker diese These bei den Magistri nicht auffinden konnten, ist selbstverständlich, weil sie schließlich von den Inkriminierten gar nicht vertreten wurde. Was sie wirklich vertreten haben dürften, ist die Auffassung, daß manche Lehren der Kirche einfach unhaltbar sind, was sie natürlich noch weniger sagen durften, oder besser: Sie durften es nicht schreiben – gesagt haben dürften sie es sehr wohl, wie sich aus einigen der weiter oben zitierten verurteilten Sätze ergibt. Daß es sich dabei nur um böswillige Unterstellungen des Bischofs handelt, kann ich nicht recht glauben, es gab unter den Magistri vermutlich etliche, die tatsächlich so dachten, und Bischof Tempier wußte das. Die These von der doppelten Wahrheit wurde von niemandem vertreten und sie ist tatsächlich erkenntnistheoretischer Unsinn, sie ist nicht erkenntnistheoretisch, sondern allein historisch und soziologisch interessant und aufschlußreich: Dort, wo ihr Vorhandensein vermutet wird, liegt Aufklärung in einer religiös oder ideologisch repressiven Gesellschaft vor, in der die Vertreter der Aufklärung keine Möglichkeit haben, »auszuwandern«, aber auch keine Lust haben, als Märtyrer der Wahrheit zu sterben oder zumindest beruflich und gesellschaftlich isoliert zu werden.

Es gab also so etwas wie »Aufklärung im Mittelalter« und die Verurteilungen von 1277 sind ein klares Symptom einer solchen. Allerdings darf nicht übersehen werden, daß mit der Begeisterung für die Philosophie manchmal auch sehr unaufgeklärte Haltungen verbunden waren. Einige Magistri waren von den Schriften, mit denen sie sich beschäftigten, so beeindruckt, daß sie faktisch die Interpretation von Aristoteles-Texten und die Suche nach der Wahrheit in eins setzten. Selbst bei Siger von Brabant finden sich solche Äußerungen, es gibt bei ihm aber auch zahlreiche Stellungnahmen, in denen er ausdrücklich eine kritische Auseinandersetzung mit Aristoteles fordert. Eigentlich ist nur für unkritische Aristoteles-Anhänger die Bezeichnung »radikale Aristoteliker« berechtigt, und Aristoteles selbst war sicher ein Gegner einer solchen »Radikalität«. Diese Art der Aristoteles-Nachfolge steht auch in eindeutigem Widerspruch zu der autoritätskritischen Haltung, die bei den Artisten ohne Zweifel vorhanden war (vgl. oben These 150). Die Mehrzahl jener, die sich intensiv mit den Schriften des Aristoteles auseinandersetzten, waren aber wie Albertus Magnus und Thomas von Aquin kritische Leser und unterschieden ganz ausdrücklich zwischen der Interpretation von Aristoteles-Texten und einer, wo erforderlich, kritischen Auseinandersetzung mit diesen. Die Meinung, der Aristotelismus vor 1277 sei gegenüber den Thesen des Aristoteles autoritätshörig und unkritisch gewesen und erst die Verurteilungen hätten den Anstoß zu einer kritischen Aristoteles-Interpretation gegeben, ist unhaltbar.

3. Die Folgen

Diese 219 Thesen wurden später oft zitiert, über ihre reale Nachwirkung läßt sich aber streiten. Obwohl ursprünglich für die Universität Paris bestimmt, gewannen sie bald so gut wie universelle Anwendung, da nützten auch die abfälligen Bemerkungen von Duns Scotus und Ockham über diese Verurteilungen, »die doch keine Berge und Meere überqueren können«, nicht viel. Offiziell wurden sie später z. B. an den Universitäten Wien, Bologna und Erfurt eingeführt. Es gibt unzählige Abschriften dieser Thesen, sie fanden in Frühdrucke Eingang und waren umgekehrt der Grund dafür, daß zahlreiche Handschriften, in denen Ansichten vertreten wurden, die durch diese Thesen verurteilt schienen, vernichtet wurden. Nicht zu vergessen ist, daß Tempier alle aufforderte, jene, die die verurteilten Meinungen vertraten, bei ihm oder beim Kanzler der Universität anzuzeigen, die Universität, die ursprünglich als Korporation von Professoren und Studenten entstanden war, erhielt also eine neue und beide Gruppen durchquerende Achse: Spitzel und Bespitzelte. Die Thesen selbst wurden weiter als ideologische Waffe verwendet, sogar noch 1616 in der Auseinandersetzung mit Galilei und 1705 in der mit Descartes.

Wenn die Verurteilungen Tempiers noch gegen Galilei und Descartes eingesetzt wurden, muß hier noch eine weitere, inzwischen ebenso berühmte wie umstrittene, Interpretation der Folgen von 1277 erwähnt werden. Aristoteles hatte die Auffassung vertreten, daß es nur *eine einzige Welt* gibt. Dies hing vor allem damit zusammen, daß

Aristoteles *kein Vakuum* annahm (*Physik* IV, 6–9, 213a 12–217b 28), es aber zwischen zwei Welten ein solches geben müsse. Auch diese Auffassungen wurden von Tempier verworfen, wenn er die folgenden Sätze verurteilt:

Die erste Ursache könnte nicht mehrere Welten machen. (These 34. S. 131)

Gott könnte den Himmel nicht in einer geradlinigen Bewegung bewegen. Der Grund dafür ist, daß er dann ein Vakuum zurückließe. (These 49. S. 147)

Mit diesen Verurteilungen wollte der Bischof einzig die Allmacht Gottes betonen, die an keinerlei Grundsätze aristotelischer Physik und Kosmologie gebunden sein sollte. Manche Wissenschaftshistoriker, so vor allem Pierre Duhem (1861–1916), sahen in diesen Verurteilungen den Ausgangspunkt für die Entwicklung einer neuen, nichtaristotelischen Physik, auch wenn dies von Tempier nicht beabsichtigt gewesen war, und somit stünden die Verurteilungen Tempiers an der Wurzel der modernen Wissenschaft. Tatsächlich wurden die verurteilten Thesen in den folgenden Jahrzehnten von den bedeutendsten Philosophen und Physikern wie Duns Scotus, Ockham, Buridan, Nicolaus Oresme und anderen zitiert, wenn es darum ging, Gedankenexperimente durchzuführen, also über hypothetische Situationen der physikalischen Welt zu diskutieren; und zu diesen gehörte auch der Gedanke der Möglichkeit einer Vielzahl von Welten. Man muß jedoch sehen, daß die Spekulationen über Gottes Allmacht und über die Möglichkeit mehrer Welten ebenso wie die damit zusammenhängenden über das Vakuum schon vor den Verurteilungen begannen, es ist daher gar nicht so sicher, daß die verurteilten Thesen wirklich eine wissenschafts-stimulierende Wirkung gehabt haben. Eher ist anzunehmen, daß die Berufung späterer Autoren auf die Sätze Tempiers in einer Zeit wachsenden Legitimationsdrucks nützlich war, ohne aber irgendeine sachliche oder argumentative Relevanz zu haben. Zitation der verurteilten Thesen wurde einfach zu einem Topos, zu einem akademischen Ritual, und zu behaupten, daß die weitere Entwicklung der spätmittelalterlichen Physik *wegen* der Verurteilungen Tempiers einsetzte, weil sie verstärkt *nach* diesen einsetzte, ist unbegründet. Es gibt hier eine nachweisbare innere Dynamik der Auseinandersetzung mit der Physik und der Kosmologie des Aristoteles, die zu einer Kritik derselben führte, innerhalb derer die früheren Verurteilungen sachlich jedoch nur eine ganz sekundäre Rolle gespielt haben.

Die 219 verurteilten Thesen waren gegen die Magistri der Artistenfakultät gerichtet, aber mit einigen Thesen war auch Thomas von Aquin mitbetroffen. Bischof Tempier begann tatsächlich nach der Verurteilung der Artisten eine Aktion gegen die Theologen, die seiner Ansicht nach zu sehr von aristotelischer Philosophie beeinflußt waren, und darunter waren außer Thomas von Aquin auch Heinrich von Gent und Aegidius Romanus, also Magistri, die durchaus als Kritiker der »radikalen« Aristoteliker aufgetreten waren. In einer von Tempier einberufenen Versammlung der

Magistri der Theologie vom 28. März 1277 sprachen sich diese – verständlicherweise mit Ausnahme der Magistri aus dem Dominikanerorden – gegen verschiedene Lehren des Thomas von Aquin aus. Zu weiteren Folgen scheint es aber nicht gekommen zu sein, und ob Tempier solche plante, ist umstritten. Daß aber Thomas von Aquin bei einigen der 219 Thesen mitgemeint war, geht schon daraus hervor, daß 1325 der Pariser Bischof Stephan von Bourret diejenigen Thesen, die Thomas von Aquin, der kurz vorher (1323) heilig gesprochen worden war, betreffen könnten, widerrief. Es ist auch aufschlußreich, daß nach dem Tod des Thomas von Aquin die Magistri der Artes in Paris sich öffentlich für ihn aussprachen, nicht aber die der Theologie. Thomas von Aquin wurde also von den Philosophen als einer der ihren angesehen.

Einige Tage nach der Verurteilung in Paris folgte am 18. März 1277 Robert Kilwardby (um 1215–1279), der Erzbischof von Canterbury, seinerseits mit einer Verurteilung von 16 Sätzen, die nun allerdings eindeutig und für alle erkennbar auch Lehren des Thomas von Aquin betrafen. Kilwardby war selbst Dominikaner, gehörte also demselben Orden an wie Thomas von Aquin. Obwohl selbst ein sehr guter Kenner der Schriften des Aristoteles, steht er in seinem um 1253 entstandenen *Sentenzenkommentar* eher der augustinischen Tradition wie sie durch Bonaventura repräsentiert ist, nahe, was zeigt, daß es zu dieser Zeit noch keine Festlegungen auf Ordens-

Doktrinen gab. Diese Verurteilung durch Kilwardby wurde von dessen Nachfolger, dem Franziskaner Johannes Peckham (um 1225/1230–1292) 1284 wiederholt, 1286 nahm derselbe nochmals eine Verurteilung von 8 Sätzen vor, die wiederum eindeutig thomistischer Herkunft waren. Wie Kilwardby war Peckham selbst ein bedeutender Magister aus der augustinischen Tradition. Auch die Oxforder Verurteilungen wurden dann im Zusammenhang der Heiligsprechung des Thomas von Aquin widerrufen.

Die implizit oder explizit Thomas von Aquin betreffenden Verurteilungen kamen nicht überraschend. Seit etwa 1270 sah sich Thomas von Aquin mit seinem Versuch, die neue aristotelische Philosophie in die Theologie zu integrieren, Angriffen von Seiten konservativer Theologen ausgesetzt. Thomas reagierte z. B. scharf gegen die Arroganz der Theologen, die entgegen der Meinung der bedeutendsten Philosophen meinten, die Annahme einer ewigen Welt sei schlechterdings absurd. Dem kritischen Thomas von Aquin war solche theologische Arroganz, die sich den offensichtlichen Problemen nicht stellen wollte, einfach unerträglich (vgl. seine Schrift *De aeternitate mundi*), und so kam es, daß Thomas von Aquin, trotz seiner ausdrücklichen Kritik an etlichen Thesen Sigers von Brabant, in den Augen dieser Theologen in eine Reihe mit Siger trat. Seine Theologie galt als rationalistisch und wurde in die Nähe der »gefährlichen Neuerungen« der Artistenfakultät gerückt.

Etwa um diese Zeit setzten die *Schulbildungen* ein, innerhalb deren sich auch die schon erwähnte augustinische philosophische Schule herausbildete (vgl. Kap. XI, 3). Peckham (Franziskaner) war der eigentliche Führer dieser augustinischen Gruppe, wobei er sich natürlich auf Bonaventura berufen konnte. Daß diese Franziskaner-

Gruppe sich als Wächter der Verurteilungen von 1277 verstand, ist leicht erklärlich, hatten ihre Ordens- und Gesinnungsgenossen doch schon einiges zur Entstehung dieses Dekrets beigetragen. Seit 1279 wurden die Franziskaner ordensintern ausdrücklich verpflichtet, keine der verurteilten Thesen zu lehren. Der Meinung Peckhams nach achtete Thomas von Aquin (Dominikaner) die Lehren der Kirchenväter, womit vor allem Augustinus gemeint war, gering und gab der modernen und gleichzeitig alten, heidnischen Philosophie zu viel Raum. Allen diesen Übeln sollte das Programm »zurück zu den Vätern«, und dies hieß vor allem: »zurück zu Augustinus«, gegenübergestellt werden. In der Durchführung dieses Programms sahen die Philosophen und Theologen der Franziskaner ihre Aufgabe. Petrus von Falco (zwischen 1279 und 1281 Magister in Paris) beschwor ganz im Sinne Bonaventuras die Rückkehr zu jener Einfachheit des Denkens, die seiner Auffassung nach durch die Beschäftigung mit den neuen Wissenschaften, die er selbst recht gut kannte, verloren gegangen war. Das eigentlich Bedenkliche an diesem Augustinismus war aber, daß er seinen Ausgangspunkt eigentlich gar nicht bei Augustinus, sondern zunächst in einer Polemik gegen die Philosophie und Theologie des Thomas von Aquin nahm. Dies zeigte sich schon im *Correctorium fratris Thomae* des Franziskaners Wilhelm de la Mare (1271–1272 Magister in Paris), das kurz nach der Verurteilung von 1277 entstanden ist und das eine Art Programmschrift des Augustinismus darstellt. Es ist verständlich, daß nun die Dominikaner ihrerseits sich an die Verteidigung des Thomas von Aquin machten. In ihren Augen war das *Correctorium* ein *Corruptorium*, und so gingen sie nun daran, *Correctoria corruptorii* zu verfassen. Die literarische Gattung solcher Streitschriften ist uns aus dem arabischen Bereich bereits bekannt. Wir erinnern uns an al-Ghazalis *Destructio philosophorum* und an die Antwort des Averroes, die *Destructio destructionis*. Während es aber in diesem letzteren Streit um ganz grundsätzliche Fragen ging und dabei zwei eminente Persönlichkeiten im Spiel waren, ging es im Korrektorienstreit bald nur noch um Nebensächlichkeiten, und die Beteiligten kamen eher aus den hinteren Reihen. Und so entstanden nun die Schulen und die Schulstreitigkeiten, vor allem zwischen Franziskanern und Dominikanern, die Weltkleriker schlossen sich bald hier, bald dort an, mehr jedoch bei den Franziskanern. Diese Schulstreitigkeiten, die sich sehr lange hinziehen sollten, brauchen hier nicht verfolgt zu werden, brachten sie doch nur wenig Bedeutendes hervor. Kulturgeschichtlich interessant ist, daß Remigius von Florenz (gest. 1319), ein Vertreter der italienischen Thomas-Verteidiger, Dante (1265–1321) unter seinen Hörern sitzen hatte, und so versteht man, warum in der *Divina Commedia* Siger von Brabant als Verbündeter des Thomas von Aquin und Alberts des Großen im Kampf für die Autonomie der profanen Wissenschaften auftritt und zum Lohn als einer der zwölf Weisen der Weltgeschichte ins Paradies versetzt wird (*Paradies* X, 136).

Die Schulbildungen hatten einigermaßen ungute Folgen. Bis etwa 1270 hatten Franziskaner und Dominikaner gemeinsam als neue, zukunftsweisende Kräfte zum Aufschwung der jungen Universitäten in Paris und Oxford beigetragen, wobei es zwar durchaus Diskussionen und auch Konkurrenz, nicht aber so etwas wie »Parteidisziplin« gegeben hatte. Jetzt aber wurden die Lehren der verschiedenen Orden zur jeweiligen offiziellen Doktrin mit allen Konsequenzen doktrinärer Maßnahmen, und so wurde auch die Philosophie und Theologie des Thomas von Aquin, die ursprünglich als verdächtige Neuerung, als rationalistischer Ausverkauf gegenüber den Autoritäten der Väter angesehen worden waren, schließlich zur Doktrin, die gegenüber allen »verdächtigen Neuerungen« verteidigt wurde. Die Heiligsprechung des Thomas von Aquin lieferte dann gleichsam die höchstoffizielle Bestätigung dieser Politik, sehr zum Schaden all dessen, was Thomas in Philosophie und Theologie angestrebt hatte. Für eine ziemlich lange Periode beherrschten Schulstreitigkeiten die Universitäten in Paris und Oxford. Die Frage, die Thomas von Aquin eigentlich beschäftigt hatte – wie autonomes, profanes Wissen und christlicher Glaube zu einer vernünftigen Einheit zusammengedacht werden könnten, nachdem sie zuvor methodisch klar unterschieden worden waren –, hatte in dieser Atmosphäre gegenseitiger Verdächtigungen keinen Platz mehr. Man darf sich die Schulbildungen und Schulbindungen allerdings nicht als sehr langanhaltend vorstellen. Schon gegen 1320 waren einerseits die institutionellen Mittel nicht mehr stark genug, um die Bindung an eine offizielle *via Thomae* oder *via Scoti* zu sichern, andererseits war es gar nicht so einfach, festzustellen, ob sich jemand tatsächlich an eine solche *via* hielt, die Trennungslinien verliefen oft quer zueinander. Verkompliziert wurde die Situation auch noch dadurch, daß später gegenüber der *via moderna* Ockhams die Schulen der Thomisten und Scotisten als *via antiqua* zusammengefaßt wurden, was einerseits weiterhin vorhandene wesentliche Unterschiede zu verwischen drohte, andererseits die Nähe der Auffassungen Ockhams zu denen des Scotus nicht ausreichend berücksichtigte. Jedenfalls muß festgehalten werden, daß es eine scotistische Schule bis ins 17. Jhd. gab, und daß es, wenn man – in historisch etwas fragwürdiger Weise – den Neu-Thomismus als Fortsetzung der thomistischen Schule ansieht, es eine solche bis ins 20. Jhd. gegeben hat. Mit Duns Scotus und Ockham werden wir uns in den folgenden Kapiteln beschäftigen, von Thomas von Aquin verabschieden wir uns schon an dieser Stelle. Als Thomas von Aquin 1274 starb, war sein Versuch eines echten Zusammenbestehens von autonomer Vernunft und christlichem Glauben historisch zwar nicht gescheitert, wohl aber historisch am Ende. Dies heißt nicht, daß nicht Wege gesucht werden konnten, Philosophie und Christentum vereinbar zu machen, das »Nebeneinander« war aber historisch nicht mehr rückgängig zu machen. In der Philosophie kam dies auch dadurch zum Ausdruck, daß sich viele Autoren auf eine »puristische« Aristoteles-Interpretation zurückzogen, d. h. sie sprachen ausdrücklich nur »über die Auffassung des Aristoteles« *(de intentione Philosophi)*, ohne offiziell irgend etwas darüber zu sagen, ob sie diese Auffassungen für wahr oder falsch hielten. Ein gutes Beispiel dafür liefert Ockham in seinem Kommentar zu *Peri hermeneias*:

Nichts ist gemäß dem Philosophen *(secundum Philosophum)* eines und vieles, obwohl dies gemäß den Theologen *(secundum theologos)* auf irgendeine Weise *(aliquo modo)* zugestanden werden kann. Aber um diese Weise braucht man sich nicht zu kümmern *(sed de hoc non est curandum modo)*, da ich in diesem Buch und in den anderen Büchern [der Auslegung] des Philosophen nicht beabsichtige, etwas zu behaupten, was falsch ist, sondern einzig beabsichtige, die Auffassung des Aristoteles zu erklären, sei sie nun wahr oder falsch *(tantum intendo explanare intentionem Aristotelis sive fuerit vera sive falsa)*. (Ockham: *Opera Philosophica* II. S. 400f. Übers. v. F. S.)

Dies hinderte Ockham allerdings in keiner Weise, in seinem *Sentenzenkommentar* die Frage der Trinität – also die Frage danach, wie etwas gleichzeitig eines und vieles sein kann – *secundum theologos* zu diskutieren. Ganz ähnlich zieht Ockham sich im Prolog zum Kommentar der *Physik* des Aristoteles auf eine solche neutrale, die eigene Auffassung einklammernde, reine Interpretationsposition zurück, wenn er sagt:

Deshalb schreibe niemand mir die darzustellenden Meinungen zu, denn ich beabsichtige nicht, das darzulegen, was ich als mit dem katholischen Glauben übereinstimmend empfinde, sondern das, wovon ich vermute, dieser Philosoph habe es gebilligt oder es müsse, wie mir scheint, seinen Prinzipien entsprechend gebilligt werden. (Übers. v. R. Imbach: *Ockham: Texte zur Theorie der Erkenntnis und der Wissenschaft*. S. 189)

Das Nebeneinander war etabliert und fand sich oft in ein und derselben Person. Bischof Tempier hatte versucht, die Philosophen unter Kontrolle zu bekommen, der Versuch war jedoch gescheitert. Die Philosophen schrieben nun nicht nur Aristoteles-Kommentare, sondern darüber hinaus selbständige Schriften *secundum philosophiam* oder *secundum phisicam* mit dem gelegentlichen Hinweis, daß sich *secundum theologos* alles ganz anders verhalten könne. Nicht selten schrieben sie dann selbst *secundum theologos* dieses andere, sie waren ganz einfach »zweisprachig« geworden. Nicht zu übersehen ist allerdings auch, daß im 14. Jhd. in zunehmendem Maß Magistri sich erstmals einzig der Philosophie und den Wissenschaften widmen werden, und sie somit das Reden *secundum theologos* einfach anderen überließen.

Historische Prozesse benötigen oft Jahrhunderte, um eine klar umrissene Gestalt zu gewinnen. Daher sind auch die berühmten Diskussionen um Anfang und Ende geschichtlicher Perioden so schwer zu entscheiden. Nichtsdestoweniger sei hier einfach als These hingestellt: Rückblickend können wir vermuten, daß das Ende der Philosophie des Mittelalters 1277 begann. Damit soll nicht gesagt sein, daß nicht mit Scotus, Ockham und Eckhart im 14. Jhd. ganz wichtige Entwicklungen einsetzten. Es handelt sich bei diesen in keiner Weise um einen »Niedergang«, wie dies manchmal dargestellt wird, wohl aber um ein »Ende«. In der Zeit nach ihnen wird die Frage des Verhältnisses von Philosophie und Christentum letztlich zu einem philosophischen Randproblem.

- XVI -

Raymundus Lullus und Duns Scotus

Auf die Situation nach 1277 konnte sehr verschieden reagiert werden. Die Konsequenzen, die sich daraus ergaben, waren nicht eindeutig. Eine der Möglichkeiten bestand darin, den traditionellen – augustinischen – Begriff einer Philosophie als einheitlicher »christlicher Weisheit« festzuhalten, aber die Anforderungen an die Beweise für eine solche wesentlich zu verschärfen. Es müßte also möglichst alles, was der christliche Glaube enthält, nur durch Vernunftgründe und ohne Rückgriff auf biblische Texte oder andere Autoritäten bewiesen werden, auf diesem Weg würde der Konfliktbereich von Wahrheiten, die aus der Offenbarung stammen und solchen, die aus der Philosophie kommen, annäherungsweise oder überhaupt Null werden. 424 | Dies war im Prinzip der Weg, den schon Anselm von Canterbury anvisiert hatte, als er versuchte, die Glaubenswahrheiten einzig durch »notwendige Gründe« *(rationes necessariae)* zu begründen. Allerdings lag dieser Versuch vor der Rezeption der aristotelischen Schriften, d.h. die Anforderungen an Beweise waren weniger streng. Damit soll in keiner Weise gesagt sein, daß Anselm nicht einen strengen Beweis vorlegen wollte, die Frage, was ein strenger Beweis ist, war aber im 11. Jhd. noch nicht genau umschrieben. Wollte jemand jetzt, am Ende des 13. und zu Beginn des 14. Jhd.s diesen Weg einschlagen, mußte er sich sehr rigorosen beweistheoretischen Forderungen stellen. In der Pariser Selbstzensur von 1272 war von Lehren gesprochen worden, zu denen der Philosoph nichts zu sagen hatte, also z. B. die Lehren von der Dreifaltigkeit Gottes und von der Menschwerdung Christi. Auch Albertus Magnus und Thomas von Aquin waren von der Voraussetzung ausgegangen, daß es solche Lehren gab, diese Annahme hatte aber nicht immer gegolten. Anselm von Canterbury hatte immerhin einen Beweis mit »notwendigen Gründen« für die Menschwerdung versucht, »so als ob es Christus nie gegeben hätte« (vgl. Kap. VI, 2). Die Grenze dessen, was durch »notwendige Gründe« beweisbar war und was nicht, war also nicht eindeutig. Für philosophisch gut informierte Magistri legte es sich allerdings durchaus nahe, anzunehmen, daß nicht alles, was der christliche Glaube enthält, auch beweisbar ist. Für diese Auffassung konnte man sich auf die klaren diesbezüglichen Aussagen von Thomas von Aquin beziehen (vgl. Kap. XIV, 2). Aber streng genommen war durch die Verurteilungen von 1277 nur gesagt worden, die Magistri dürften nicht behaupten, daß etwas, was im christlichen Glauben als wahr angesehen wird, als philosophisch falsch bewiesen werden könne, es wurde dagegen nicht gesagt, daß die Annahme verboten sei, daß alles, was der Glaube sagt, auch als philosophisch wahr bewiesen werden könne. Daß ein solcher Weg völlig ungangbar sein sollte, war somit am Ende des 13. Jhd.s noch nicht eindeutig, nur mußte jemand, der diesen Weg versuchte, den inzwischen sehr hoch gesteckten Forderungen wissenschaftlichen Beweisens genügen. Diesen Weg versuchte Raymundus Lullus zu gehen und das Mittel dazu sollte seine *Ars*, also eine *Neue Kunst des Beweisens* sein, in dichterischer Form wird diese Neue Kunst von Lullus als Baum und Blätter bezeichnet. In einem Gespräch zwischen einem Christen, einem Muslim, einem Juden und einem Philosophen sagt Lullus:

Ach Gott! Welch ein hohes Gut wäre es doch, wenn wir uns – alle Menschen dieser Welt – mit Hilfe der Wissenschaft dieser Bäume in einem einzigen Gesetz und einem einzigen Glauben zusammenfinden könnten! Auf diese Weise verschwände Streit und Haß zwischen den Menschen, die wegen der verschiedenen Glaubensüberzeugungen und der gegensätzlichen Gesetze der Völker entstehen. [...] Denn da wir mit Hilfe von Autoritätsbeweisen zu keiner Übereinstimmung gelangen können, sollten wir durch zwingende Vernunftgründe eine Übereinstimmung versuchen. (*Das Buch vom Heiden und den drei Weisen*. S. 16 f.).

Hier haben wir also die »notwendigen Gründe«, mit denen Lullus letztlich bis zum Beweis der Trinität gelangt (Ebd. S. 54–58). Die Frage der »notwendigen Gründe« bei Lullus ist allerdings nicht so einfach, wie es auf den ersten Blick aussieht. Lullus kannte wahrscheinlich die diesbezüglichen Schriften Anselms und wußte zudem etwas von den Pariser Diskussionen über den demonstrativen Beweis im Anschluß an die 2. *Analytik* des Aristoteles – aber dies war letztlich nicht seine Welt. Seine Vorstellung von Beweisen durch »notwendige Gründe« lag mehr auf der Linie des spanisch-arabischen Juristen und Theologen ibn Hazm (994–1064), der gemeint hatte, gegenüber den Christen und Juden »notwendige Gründe« für die Wahrheit des *Koran* beibringen zu können. Lullus orientierte sich somit weniger an den Pariser Diskussionen zur Wissenschaftstheorie und mehr an den öffentlichen spanischen Diskussionen zwischen den Vertretern der verschiedenen Glaubensgemeinschaften. Der Verlauf des Gesprächs bei Lullus macht klar, daß im Sinne des Autors nicht der Philosoph den Glaubensvertretern deutlich macht, wie wenig sie eigentlich beweisen können, sondern der Vertreter des Glaubens dem Philosophen klar macht, wie viel er beweisen kann. Am Ende des Gesprächs wird der heidnische Philosoph durch diese »notwendigen Gründe« überzeugt, »sein Verstand wurde vom Weg des Heils erleuchtet« und folgerichtig beginnt er zu beten (Ebd. S. 65). Die Beurteilung dieser Position des Lullus wird – bis heute – sehr stark von dem abhängen, wo der Interpret selbst steht; vielleicht reicht es aber aus, zu sagen: Wenn man sich (wie ich) auf die Position des Albertus Magnus und des Thomas von Aquin stellt, dann muß man historisch gesehen im Versuch Lulls einen Rückschritt gegenüber dem Problembewußtsein sehen, das am Ende des 13. Jhd.s erreicht worden ist. Dies ist nicht nur eine heutige Interpretation, denn Thomas von Aquin selbst hat dies Lullus schon sehr deutlich gesagt:

Zuerst will ich dich doch daran erinnern, daß du in Disputationen gegen Ungläubige über Glaubensartikel nicht darauf aus sein darfst, den Glauben durch zwingende Gründe *(rationibus necessariis)* zu beweisen; dies würde nämlich der Erhabenheit des Glaubens Abbruch tun, dessen Wahrheit nicht nur den menschlichen Geist, sondern sogar den der Engel überschreitet; wir halten (die Glaubensinhalte) vielmehr für gleichsam *(quasi)* von Gott selbst geoffenbart. Weil aber das, was aus der höchsten Wahrheit hervorgeht, nicht falsch sein kann, und nichts mit zwingenden Gründen widerlegt werden kann, was nicht falsch ist, so kann unser Glaube, ebenso wie er nicht mit zwingenden Gründen bewiesen werden kann, weil er den menschlichen Geist überschreitet, wegen seiner Wahrheit auch nicht mit zwingenden Gründen widerlegt werden. (Thomas von Aquin: *De rationibus fidei.* Übers. v. L. Hagemann/R. Glei. Altenberge 1987. S. 65)

Dies heißt im Klartext: Nach den Wissenschafts- und Beweisstandards des Thomas

von Aquin ist der von Lullus angestrebte Beweis von Glaubenssätzen durch »notwendige Gründe« undurchführbar. Die zweite Möglichkeit geht in die genau entgegengesetzte Richtung: Die Anforderungen an den Beweis werden weiter verschärft, so daß dann in der Philosophie nur noch sehr wenig und in der Theologie gar nichts mehr bewiesen werden kann. Auch auf diesem Weg wird erreicht, daß der Konfliktbereich zwischen Philosophie und Theologie gleich Null wird, und diesen zweiten Weg geht Duns Scotus. Wiederum historisch gesehen liegt dieser Weg in der Konsequenz dessen, was Albertus Magnus und Thomas von Aquin versucht hatten. Faktisch setzte sich allerdings Duns Scotus weniger mit Thomas von Aquin, sondern vor allem mit Heinrich von Gent auseinander, aber dieser war von der Position ausgegangen, die Thomas vertreten hatte, und hatte sie entsprechend der neuen Situation um und nach 1277 kritisch weiterentwickelt. Man müßte also sagen, daß Duns Scotus den Anforderungen seiner Zeit besser entsprach als Raymundus Lullus, und tatsächlich war es Duns Scotus, der in vieler Hinsicht die Grundlage für den weiteren Gang der Philosophie gelegt hat und nicht Raymundus Lullus. Dabei darf man allerdings nicht vergessen, daß jedem, der mit der Geschichte der Logik vertraut ist, der Name Lullus ein Begriff ist und sogar heutige, – historisch mehr oder weniger gut informierte – Informatiker in Lullus ihren Ahnherrn sehen. Leibniz garantiert dabei diese Ahnenreihe, so daß manche, verbürgt durch Leibniz, sich auf Lullus berufen, ohne jemals irgend etwas von Lullus gelesen zu haben. Trotzdem haben sie sachlich durchaus recht. Allerdings muß dabei gesehen werden, daß der Verwendung der Lullschen Kombinatorik, der wir bei Leibniz begegnen, eine systematische Veränderung – aus den inhaltlich bestimmten Begriffen wird etwas wie logische Variable –

zugrunde liegt, die den Absichten Lulls eigentlich widerspricht. Und das heißt: Der bis ins 17. Jhd. und darüber hinaus historisch wirksame Lullus ist ein Lullus, der historisch gesehen gar nicht existiert hat.

1. Raymundus Lullus

Raymundus Lullus (1232/1233–1315/1316) gehört natürlich ganz und gar in seine Zeit hinein, er ist aber auch ein Außenseiter, was schon mit seiner Herkunft und seiner Biographie zusammenhängt. Lullus stammte aus Mallorca, das erst kurz vor seiner Geburt aus islamischer in spanische Herrschaft übergegangen war. Es gab daher auf Mallorca noch zahlreiche Muslime, es lebten dort aber auch viele Juden, die einflußreich und vor allem im Bereich der Finanz und der Medizin führend waren. Lullus wurde also in eine multikulturelle Umgebung hineingeboren, was aber nicht bedeutet, daß bei ihm nicht später durchaus fanatische Züge hervortreten – eine multikulturelle Umgebung ist ja leider nicht selten genau das Gegenteil einer Schule der Toleranz. Über das Leben von Lullus sind wir durch eine Art Autobiographie, die *Vita coetanea*, verhältnismäßig gut informiert. Lullus stilisiert darin allerdings seine Biographie nach den damals geltenden Regeln der Heiligenleben, wobei das großen Vorbild Augustinus – vom Sünder zum Heiligen – natürlich besonders attraktiv war. Etwa bis zu seinem 30. Lebensjahr führte er das Leben eines politisch einflußreichen Mannes an den Höfen Jakobs I. von Aragon und Jakobs II. von Mallorca, war verheiratet und hatte daneben – wie alle Troubadoure – eine Geliebte. Als er einmal gerade ein Gedicht für diese verfaßte, sah er in einer Vision den gekreuzigten Christus, und erblickte darin eine Aufforderung, von nun an sein ganzes Leben der Bekehrung der Muslime zu widmen. Zu diesem Zweck beschloß er, »das beste Buch der Welt« zur Bekämpfung der Irrtümer der Muslime und zur Bekehrung derselben zum wahren Glauben zu verfassen. Daraus sind die verschiedenen Versionen seiner *Ars* hervorgegangen, wobei die früheren Versionen wesentlich komplizierter waren als die späteren. Lullus selbst erzählt, daß er die Vereinfachung deshalb durchgeführt hat, »weil ihm die Gebrechlichkeit des menschlichen Verstandes in Paris [d. h. bei der Vorstellung der *Ars* an der dortigen Universität] so recht zum Bewußtsein gekommen war« (*Das Leben des seligen Raimund Lull* c. 19. S. 41). Lullus war natürlich nicht der einzige, der sich mit der Frage der Bekehrung der Muslime befaßte, da die Bekehrung der Muslime nicht nur ein religiöses, sondern auch ein politisches Ziel der kulturellen Vereinheitlichung der eroberten islamischen Gebiete war. Ein wichtiger Vertreter solcher Versuche war auch Raymund von Peñafort (um 1180–1275), der sogar seine Funktion als Generaloberer der Dominikaner aufgegeben hatte, um sich ganz dieser Aufgabe zu widmen, wobei er als Ratgeber Jakobs I. eine wichtige Rolle spielte. Raymund von Peñafort war es auch gewesen, der Thomas von Aquin dazu angeregt hatte, seine eigentlich ja auch für die Bekehrung der Muslime bestimmte *Summe gegen die Heiden (Summa contra gentiles)* zu verfassen. Derselbe Raymund von Peñafort gab Lullus den Rat, nicht nach Paris zum Studium zu gehen, so daß dieser daran ging, sich autodidaktisch philosophische Kenntnisse zu erwerben; er begann auch, Arabisch zu lernen. 1276 gründete er in Miramar auf Mallorca ein Franziskanerkloster, in dem vor allem das Arabischstudium gepflegt werden sollte, wobei diese Gründung sich aber nur bis etwa 1295 hielt. Später erlangte Lullus durch seinen Einsatz für die Errichtung von Sprachschulen (Hebräisch, Arabisch) einen gewissen Einfluß, und eine entsprechende Bestimmung wurde sogar in die Dekrete des Konzils von Vienne (1311) aufgenommen. Aufgrund seines eigenwilligen Studienganges erklärt es sich, daß Lullus auf der einen Seite durchaus eigenständig dachte, er auf der anderen Seite aber manche Fragen der lateinischen Theologie nicht wirklich begreifen konnte. Sein Latein blieb immer ziemlich unbeholfen, andererseits war er aber mit der traditionellen lateinischen Terminologie nicht zufrieden und schuf eine ganze Reihe neuer, manchmal durchaus interessanter sprachlicher Neubildungen (vgl. dazu weiter unten), die allerdings bei den Pariser Magistri kaum auf Verständnis stoßen konnten. Lullus besuchte Paris mehrmals und nahm u. a. an der dortigen Diskussion über die menschliche Seele teil. Er zeigte sich dabei als Gegner des Averroes, es ist aber nicht ganz klar, ob es dabei mehr um eine philosophische

Auseinandersetzung ging oder um den Kampf gegen einen Philosophen, den er für einen typisch islamischen hielt. Er schrieb seine Werke entweder in der Landessprache Katalanisch oder in Arabisch, letztere sind allerdings in der Orginalsprache nicht erhalten. Nur wenige Schriften wurden ursprünglich Lateinisch abgefaßt, zahlreiche seiner Schriften sind aber nur in lateinischer Übersetzung überliefert. Der Umfang seiner Schriften, die jedoch nicht nur solche zur Philosophie und Theologie umfassen, ist außerordentlich groß. Raymundus Lullus war der erste Philosoph der westlichen Kultur, der in seiner Landessprache philosophische Werke verfaßte, wobei nicht zu vergessen ist, daß Lullus auch als katalanischer Dichter Bedeutung erlangt hat und daß ihm so bei der Entwicklung des Katalanischen eine wichtige Rolle zukam.

Lullus führte ein sehr unstetes Leben. Er besuchte die Päpste in Rom und Avignon, um sie für seine Bekehrungspläne zu gewinnen, womit er allerdings keinen Erfolg hatte. Er reiste nach Sizilien und Zypern, hielt sich zeitweilig in Paris, Montpellier, Lyon, Barcelona, Genua und in anderen Städten auf, zwischendurch war er in Bugia in Nordafrika, um die Muslime zu bekehren, wurde dabei fast gesteinigt und dann für mehrere Monate eingesperrt. Gegen Ende seines Lebens reiste er jedoch wieder nach Nordafrika, diesmal nach Tunis, schließlich war es eines seiner Ziele, als Märtyrer zu sterben. Die ganze Arbeit des Raymundus Lullus muß auf dem Hintergrund seines missionarischen Anliegens gesehen werden. Aber man muß auch sehen, daß Lullus Ritter war und seine Vorstellungen geprägt waren von den Kategorien des Rittertums. Auch wenn er bei seinen Bekehrungsbemühungen Argumente verwenden wollte, dachte er doch immer im Rahmen des Kampfes, er war nicht umsonst ein überzeugter Verfechter der Kreuzzugsidee. Im Zusammenhang der Unternehmungen zur Bekehrung von Muslimen und Juden hatten Raymund von Peñafort und andere öffentliche Diskussionen mit diesen veranstaltet. Lullus ließ sich von solchen Disputationen inspirieren und wollte dafür einen unfehlbaren Disputations-Mechanismus erfinden. Er war dabei fest überzeugt, daß er die Grundlagen für seine *Ars* durch eine göttliche Eingebung – in einer Vision auf dem Berg Randa im Jahre 1274 – erhalten hatte:

Als er dort noch nicht volle acht Tage zugebracht hatte, geschah es eines Tages, während er da weilte und aufmerksam die Himmelssphären betrachtete, daß der Herr plötzlich seinen Geist aufklärte und ihm Art und Weise angab, wie er das Buch gegen die Irrlehren der Ungläubigen, von dem oben die Rede war, abfassen solle. Dafür sagte Raimund dem Allerhöchsten ungemein großen Dank, stieg von jenem Berg herab und kehrte bald zu der oben erwähnten Abtei zurück, wo er begann, den Stoff jenes Buches zu ordnen und in eine Form zu bringen. Er nannte das Buch zuerst *Ars maior* (die »Größere Kunst«), später aber *Ars generalis* (die »Allgemeine Kunst«). (*Das Leben des seligen Raimund Lull* c. 14. S. 38 f.)

Aus diesem Bericht über das Buch gegen die Irrlehren der Ungläubigen ist zunächst festzuhalten: Es handelt sich nicht um irgendeine Art rationaler und philosophischer Überlegung, sondern um eine Vision. Nichtsdestoweniger war Lullus überzeugt, daß

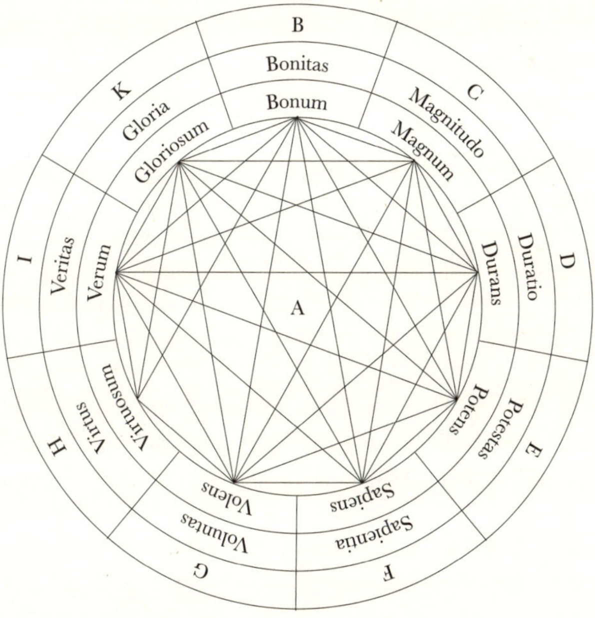

Raimundus Lullus: *Ars brevis*. S. 7.

ihm hier eine rationale Methode »geoffenbart« worden war, mit der er auch die Muslime überzeugen könnte. Weiterhin ist festzuhalten, daß er diese Vision erlebte, als er die Himmelssphären betrachtete, und dies ist deshalb interessant, weil die Anordnung der göttlichen Attribute in der Kreisform auf einen deutlich astrologischen Hintergrund hinweist (vgl. dazu weiter unten). Der Ursprung der Lullschen Ars ist also nicht logisch-rational, sondern mystisch und astrologisch.

Durch diese Vision wurde Lullus klar, in welcher Beziehung das Universum zu Gott, also zu seinem Ursprung, steht, und wie alle Wahrheiten auf diesen Ursprung zurückgeführt werden können. Diese Intuition versuchte er dann in den verschiedenen Versionen seiner *Ars* auszuarbeiten. Wir betrachten hier aber nur die späteste Form. In der ersten Figur werden die Prinzipien von allem aufgestellt, es sind 9 an der Zahl, für die jeweils auch ein Buchstabe steht. Diese Prinzipien werden von Lullus auch »Würden« *(dignitates)* genannt und stellen gleichzeitig die Prädikate Gottes und die Grundstruktur des Universums dar. Da diese Ausdrücke in Sätzen sowohl an Subjektstelle als auch an Prädikatstelle stehen können, werden sie von Lullus in der konkreten Form, z. B. »Gut« *(bonum)* und in der abstrakten Form, z. B. »Güte« *(bonitas)* aufgeführt. Durch die Kombination von z. B. *BC* wird dann gesagt: »Die Güte ist groß« usw. Das »A« im Zentrum steht für den Grund von allem Denkbaren, und das heißt natürlich letztlich: für Gott.

BC	CD	DE	EF	FG	GH	HI	IK
BD	CE	DF	EG	FH	GI	HK	
BE	CF	DG	EH	FI	GK		
BF	CG	DH	EI	FK			
BG	CH	DI	EK				
BH	CI	DK					
BI	CK						
BK							

Ars brevis. S. 16.

Alle diese Prädikate außer ein und dieselben (z. B. *BB*) sind untereinander kombinierbar. Dies wird durch die Verbindungslinien im innersten Kreis angezeigt; es kann aber, wie Lullus selbst zeigt, auch kombinatorisch und tabellarisch durchgeführt werden. Lullus fügt dann eine zweite Figur an, die die 9 relativen Prinzipien darstellt: Unterschied, Übereinstimmung, Gegensätzlichkeit, Anfang, Mitte, Ende, Größersein, Gleichsein, Kleinersein. Die Dreiergruppierung dieser Prinzipien ist offensichtlich. Interessant ist noch ein weiterer Aspekt: Lullus führt eine Methode einer *mechanischen Begriffskombination* ein, wozu er auch ein Schema liefert, das er in folgender Weise erklärt:

Die vierte Figur besitzt drei Kreise, von denen der äußere unbeweglich ist, während die beiden inneren beweglich sind, wie aus der Figur hervorgeht. (*Ars brevis*. S. 21)

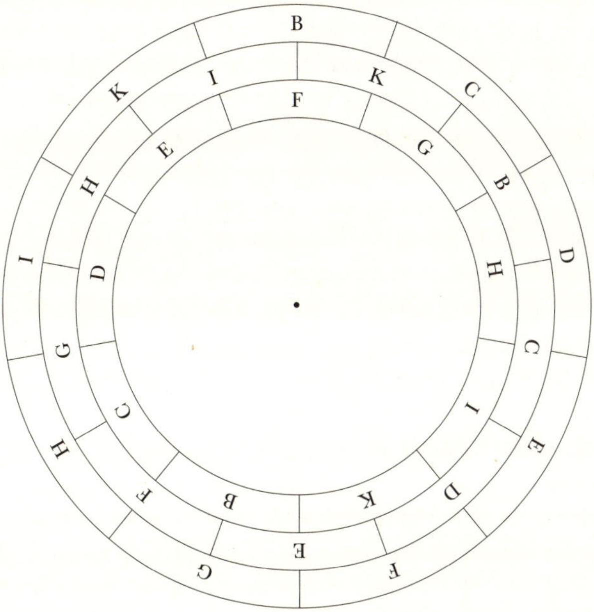

Ars brevis S. 20.

Lullus konzipiert also ein Verfahren mechanischer Begriffskombinationen, und ein solches Verfahren ist wirklich neu. Dieses kombinatorische Verfahren hat zwar nicht in der unmittelbar folgenden, wohl aber in der weiteren Geschichte eine ziemlich große Wirkung erlangt. In der Renaissance und in der folgenden Zeit wurden die Ideen Lulls wieder aufgegriffen, u. a. von Athanasius Kircher (17. Jhd.), der seinerseits wieder einen Einfluß auf Leibniz ausübte. Leibniz wies häufig darauf hin, daß er für seine *characteristica universalis*, in der die Logik das mechanisch anwendbare Instrument einer Begriffskombinatorik sein sollte, wichtige Anregungen von Lullus und Kircher erhalten hatte. Man muß jedoch die grundlegenden Unterschiede der Lullschen zur Leibnizschen wie auch zur Aristotelischen Logik klar sehen. Die beiden zuletzt abgebildeten Schemata könnten den Eindruck erwecken, Lullus hätte ein allgemeines formallogisches Kombinations-Verfahren entwickelt, das dann auf bestimmte theologische Fragen angewandt wurde. Man hätte also zunächst das allgemeine zweite Kreisschema, in das dann im ersten Kreisschema die bestimmten Begriffe wie »*Gloria*«, »*Veritas*« eingesetzt werden. Auch die Anzahl der Buchstaben könnte man dann als beliebig verstehen, d. h. man könnte die Ringe in beliebig viele Segmente einteilen. Diese Interpretation ist aber nicht zutreffend. Die Anzahl der verwendeten Begriffe steht für Lullus von vornherein fest, es sind genau neun, und er denkt dabei sofort an diese bestimmten Begriffe, d. h. die verwendeten Buchstaben sind *keine Variablen*, sondern nur Abkürzungen für konkrete Begriffe. Die Verwendung von Buchstaben für die göttlichen Prädikate geht auf die Sufis zurück, die solchen Buchstaben und der Meditation über sie magische Kraft zuschrieben (Lohr 1984. S. 63 f.). Auch die Buchstabenkombinationen waren zunächst einmal Meditationshilfen der Sufis. Die Zahl der Grundbegriffe wird von Lullus also auf 9, d. h. auf 3 x 3, festgelegt – in früheren Fassungen waren es mehr, aber nie beliebig viele –, und diese Neun-Zahl soll in allen

Grundstrukturen aufgefunden werden. Um dieses Programm durchzuführen, wird Lullus z. B. sogar dazu gezwungen, die traditionelle Zahl der sieben Hauptsünden und -tugenden um zwei zu erweitern (Ebd. S. 73 und 75). Wir haben es also jedenfalls mit einer Logik zu tun, in der von Anfang an inhaltliche Vorgaben bestimmend sind, es ist niemals eine rein formale Logik, sondern zumindesten eine, die zugleich material und formal ist. Es handelt sich somit um eine »Logik«, die zugleich Logik und Metaphysik ist. Noch genauer müßte man sagen, die *Ars* steht vor und über einer Unterscheidung in Logik und Metaphysik. Lullus selbst macht dies – wie auch sonst oft in etwas problematischem Latein – deutlich:

Man muß daher wissen, daß diese Kunst *(Ars)* und die Logik und Metaphysik in gewisser Weise dasselbe behandeln *(quodammodo circa idem versentur)*; in zweifacher Hinsicht unterscheidet sie sich von den beiden anderen, nämlich in der Art, ihr Subjekt zu betrachten und in der Art der Prinzipien; die Metaphysik betrachtet nämlich die Dinge *(res)*, die außerhalb der Seele sind *(extra animam)*, so wie sie kraft des Seins zutreffen *(conveniunt in ratione entis)*; die Logik aber betrachtet die Dinge gemäß dem Sein *(secundum esse)*, das sie in der Seele haben, weil sie von gewissen Intentionen handelt, die dem Sein der intelligiblen Dinge folgen, nämlich von der Gattung, der Art und ähnlichen, und von jenen, die in einer Handlung der Vernunft bestehen, nämlich über den Syllogismus, die Folgerung und ähnlichen; aber diese Kunst als die höchste aller menschlichen Wissenschaften betrifft ohne Unterschied *(indifferenter)* das Sein *(ens)* nach dieser und nach jener Art. (*Introductoria Artis demonstrativae* c. 1. *Opera* III. S. 55. Übers. v. F. S.)

In dieser Hinsicht steht die Logik Lulls der Hegelschen Logik viel näher als der Leibnizschen. Die in den Grundprädikaten der »Würden« *(dignitates)* vorausgesetzte Metaphysik ist die des Neuplatonismus, die Lullus vermutlich vor allem von dem Sufi-Logiker ibn Sab'in (um 1217 – um 1270) aus Murcia übernommen hat, dessen Lehren wiederum auf solche der Lauteren Brüdern und Avicennas zurückgehen (Lohr 1984. S. 71–75). Eine ähnliche Konzeption findet sich auch bei ibn-Arabi, und die kreisförmige Anordnung der göttlichen Grundprädikate mit kombinatorischen Verbindungslinien ist schließlich im Sefirotischen Baum der Kabbala anzutreffen (vgl. Kap. X, 3). Weiterhin fällt auch die Ähnlichkeit der kreisförmigen Anordnung der »Würden« bei Lullus mit solchen der Tier-Sternzeichen in arabischen astronomisch/astrologischen Traktaten auf. Daß Lullus neun Grundprädikate annimmt, erklärt sich wiederum aus den triadischen Strukturen der neuplatonischen Metaphysik und daraus, daß es Lullus darauf ankam, der gesamten Wirklichkeit eine trinitarische Struktur zu geben. In der Intention von Lullus sollten diese Grundprädikate aber nicht nur zu Begriffs-Kombinationen Anlaß geben, sondern ganz ähnlich wie im Sufismus und in der Kabbala der Wort-Meditation dienen, also dem Sich-Versenken in das innergöttliche Leben. Das letzte *Ziel* der *Ars* ist somit *nicht logischer, sondern mystischer Art.*

Lullus legt der gesamten Struktur der Wirklichkeit noch eine weitere trinitarische Struktur zugrunde. Diese ergab sich aus seiner Theorie der *Relation*, die bei ihm wesentlich verschieden ist von der traditionellen Relations-Auffassung, insofern die Beziehungen nicht nur zwischen Verschiedenen angesetzt werden, sondern schon immer in das Innere von allem verlegt werden, so daß alles sich immer schon »dreifaltig« entfaltet: | 433

Die Quantität der Relation ist auf zweierlei Weise, nämlich als Zweiheit und als Dreiheit. Als *Zweiheit*, wie etwa Vater und Sohn, Tätigkeit und Erleiden, Abstraktes und Konkretes usw. Als *Dreiheit*, wie etwa das Erkennende, das Erkennbare und der Akt des Erkennens *(intellectivum, intelligibile, intelligere)*; oder dasjenige, das ermächtigt, dasjenige, das ermächtigt werden kann, und der Akt des Ermächtigens *(possificativum, possificabile, possificare)*; oder auch das Erwärmende, das Erwärmbare und der Akt des Erwärmens *(calefactivum, calefactibile, calefacere)*. (*Logica nova* 3a dist. S. 110 f.)

Diese, im Lateinischen sehr gezwungen wirkenden Wortbildungen erklären sich daraus, daß Lullus hier ganz bewußt mit einem Verfahren arbeitet, das aus dem arabischen Lexikon stammt, in dem jedes Substantiv auf ein Verb zurückgeführt wird (Pring-Mill 1961. S. 249 und 262). Unter solchen Voraussetzungen ließ sich dann die Trinität in Gott leicht »beweisen« (vgl. *Das Leben des seligen Raimund Lull* c. 26. S. 46–48). Solche Relationen dürfen selbstverständlich nicht wie bei Aristoteles akzidentell sein, sonst würden ja Akzidenzien in Gott hineingetragen, sondern müssen als substantiell aufgefaßt werden. Dies stellt bei Lullus aber keine Besonderheit der göttlichen Substanz dar, sondern ist der Struktur von allem innerlich:

Gibt es irgendeine substantielle Relation? Wir sagen: ja. So besteht z. B. in Gott eine substantielle Relation zwischen Vater, Sohn und Heiligem Geist; und so auch in Gottes Vernunft und entsprechend bei seinen anderen Wesenheiten. In seiner Vernunft verhalten sich auf substantielle Weise zueinander die erkennende Vernunft, die erkennbare Vernunft und der Akt des Erkennens.

Entsprechendes gilt von den geschaffenen Dingen. So verhalten sich z. B. in der Substanz des Feuers Form und Materie auf substantielle Weise zueinander, und ebenso in der Vernunft Erkennendes, Erkennbares und der Akt des Erkennens. [...]

Ferner hat die Relation in sich als wesentliche Momente das Sich-Beziehende, das Beziehbare und den Akt des Sich-Beziehens *(relativum, referibile, et referre)*. [...] Und zur Güte gehören dasjenige, das gut macht, dasjenige, das gut gemacht werden kann, und die Tätigkeit des Gut-Machens *(bonificativum, bonificabile et bonificare)*. (*Logica nova* 3a dist. S. 106–109).

Dieses Verfahren wird auch auf die Definition des Menschen angewandt, so daß »Mensch« als ein »Lebewesen, das sich zum Menschen macht« *(animal homificans)* definiert wird (Ebd. 1a dist. S. 22. Vgl. auch *Ars brevis*. S. 96). Daß eine solche zirku-
434 | läre Definition bei den Pariser Magistri nur Kopfschütteln hervorrufen konnte, ist verständlich, der von Lullus intendierte Aspekt, daß der Mensch nicht Mensch *ist*, sondern dies erst durch seine Tätigkeit *wird*, lag völlig außerhalb der Vorstellungswelt dieser Logiker. Die Relationslehre gibt Lullus sogar die Möglichkeit, die Menschwerdung Gottes zu »beweisen«, da in ihr die Beziehung von Gott und Schöpfung einen unüberbietbaren Höhepunkt erreicht. In seiner Autobiographie läßt Lullus, nachdem er auf die Möglichkeit des Beweises der Trinität hingewiesen hat, sich selbst vor islamischen Zuhörern sagen (wobei er auch die »Offenbarung« der *Ars* anonymisierend mystifiziert):

Das kann ich euch auch, wenn's Gott gewährt, mittels einer gewissen Kunst, die, wie man glaubt, vor kurzem von Gott einem christlichen Einsiedler offenbart wurde, beweisen, und zwar mit klaren Einsichtsgründen, wofern Ihr Euch einige Tage hindurch ganz ruhig mit mir hierüber unterhalten wollt. Es wird Euch dann auch durch dieselbe Kunst, wenn's angenehm ist, sehr verständlich vorkommen, inwiefern in der Menschwerdung des Gottessohnes auf Grund der Partizipation, nämlich der Vereinigung von Schöpfer und Geschöpf in der einen Person Christi, die erste und höchste Ursache auf die verständlichste Art und Weise ihrer Wirkung entspricht und mit ihr übereinstimmt. (*Das Leben des seligen Raimund Lull* c. 27. S. 48)

Auch an diesem Punkt drängt sich wiederum die Nähe zur Philosophie Hegels auf (vgl. 3. Teil, Kap. XVII, 4).

Trotz Verständnisschwierigkeiten fanden Lulls Lehren zunächst bei den Pariser Magistri eine ganz gute Aufnahme. Dies änderte sich aber, als einige Jahrzehnte später (1376) der in Katalonien tätige Inquisitor Nicolas Eymerich eine Liste von 100 Irrtümern bezüglich dieser Lehren zusammenstellte und gleichzeitig die Lektüre einer Anzahl von Büchern Lulls verbot. Noch im selben Jahr bewegte er Papst Gregor XI. zu einer entsprechenden Verurteilung. Im Jahre 1390 verbot dann auch die Universität Paris die Verwendung der Lehren Lulls in theologischen Vorlesungen. All dies konnte aber die Verbreitung der Schriften Lulls nicht verhindern und so hob 1419 Papst Martin V. die Verurteilungen wieder auf. Im 15. und 16. Jhd. zeigten u. a. Pico della Mirandola, Nikolaus von Kues und Giordano Bruno großes Interesse an den Schriften Lulls, besonders natürlich an seiner *Ars*. Athanasius Kircher und G. W. Leibniz wurden schon erwähnt. Es ist also jedenfalls festzustellen, daß auch zur Zeit der Renaissance und über diese hinaus, als die scholastische Philosophie also schon von vielen abgelehnt wurde, die Lullsche Kunst weiterhin ihre Anhänger hatte. Die Beurteilung Lulls muß also sicher auf verschiedenen Ebenen und in verschiedenen Richtungen geschehen: Missionar des 13. Jhd.s, Inspirator für Renaissancephilosophen und für die Algebra der Logik von Leibniz, aber auch »Vorläufer« von Hegel. Wie paßt das alles zusammen?

2. Duns Scotus

Johannes Duns Scotus (um 1265–1308) stammte, wie der Name schon sagt, aus Schottland (Duns ist der Geburtsort). Von seinem Leben wissen wir nicht mehr als daß er in Paris, Oxford und Köln, vielleicht auch in Cambridge gelehrt hat. Scotus war Franziskaner und stand somit unter augustinischem und (jetzt) anti-thomistischem Einfluß, er selbst setzte sich allerdings kaum mit Thomas, sondern vielmehr mit dem Thomisten Heinrich von Gent auseinander. Man würde aber Scotus keinesfalls gerecht, wollte man ihn nur als »Gegenspieler« von Thomas und als Begründer einer entsprechenden scotistischen Schule ansehen, Scotus repräsentiert vielmehr eine Umstrukturierung des Denkens, die als Übergang zur Spätscholastik gekennzeichnet werden kann. Und da sich in der Spätscholastik grundlegende Elemente des Humanismus, der Renaissance und der Reformation finden, steht Scotus am Beginn einer tatsächlich neuen, letztlich über das Mittelalter hinaustreibenden Entwicklung. Dies wird sich vor allem an drei Punkten zeigen: an seiner Konzeption des *Seienden als dem Widerspruchsfreien*, an der Bedeutung, die das *Individuum* bei ihm erhält, sowie an seiner Konzeption des *Willens*. All dies steht wiederum im Kontext einer Zuordnung von Glaube und Vernunft sowie von Theologie und Philosophie, wie sie sich nach den Verurteilungen von 1277 ergeben hatte.

Wie schon in vielen Fällen der Diskussion mittelalterlicher Philosophen, so muß auch bei Duns Scotus eine literarhistorische Bemerkung die Geltung der Interpreta-

tion einschränken. Es ist nämlich erst im letzten Jahrhundert klar geworden, daß die Überlieferung – und so die frühere Gesamtausgabe – Scotus einige und nicht gerade unerhebliche Schriften zu Unrecht zugeschrieben hat. Bei der Scotus betreffenden Sekundärliteratur muß man daher unterscheiden zwischen der vor und der nach etwa 1930 entstandenen, erst die nach 1930 bezieht sich nur auf echte Werke des Scotus, während die vorher sich auch auf unechte bezieht und daher eher den Scotismus als die Lehre des Scotus behandelt. Dies betrifft vor allem die – auch heute noch in ihrer Authentizität umstrittene – Schrift *Theoremata*, die sich mit der Frage der Abgrenzung von Philosophie und Theologie befaßt. Der wichtige Kommentar zur *1. Analytik* des Aristoteles stammt nicht von Scotus, hingegen sind die Kommentare zu den *Kategorien*, zu *Peri Hermeneias*, zu den *Sophistischen Widerlegungen*, zur *Metaphysik* und zu *Über die Seele (De anima)* echt. Außerdem ist anzumerken, daß Scotus den Großteil seiner Werke in nicht fertigem Zustand hinterlassen hat, was die ersten Herausgeber zu Eingriffen in den Text veranlaßte, deren Erfolg jedoch oft recht zweifelhaft ist. Dies trifft besonders für die *Reportata Parisiensia* zu, die nur eine Hörernachschrift darstellen, während das sogenannte *Opus Oxoniense* (unvollständig) eine Überarbeitung des Duns Scotus selbst ist – beide Werke sind Kommentare zu den *Sentenzen* des Petrus Lombardus. Erst die Fertigstellung der kritischen Edition der
436 | Werke des Scotus wird eine gesicherte Grundlage für die Interpretation liefern.

Die Interpretation der Schriften des Scotus ist auch für Fachleute (zu denen ich nicht zähle) sehr schwierig. Außerdem lassen sich die scharfsinnigen Überlegungen des Johannes Duns Scotus kaum im Rahmen einer Überblicksvorlesung sachgerecht so simplifizieren, daß sie gleichzeitig verständlich und korrekt bleiben. Scotus wurde *doctor subtilis* genannt, was vor allem darauf beruht, daß sich bei Scotus im Vergleich zu seinen Vorgängern zahlreiche zusätzliche – und nicht immer leicht verständliche – Unterscheidungen finden, und daß seine Beweisgänge in langen und oft schwierig nachzukonstruierenden Schritten aufgebaut sind. Dies ist aber nicht auf seine Freude an Spitzfindigkeiten zurückzuführen, sondern auf die in diesem Punkt durchaus nützlichen Folgen der Verurteilungen von 1277.

Um jeden Konflikt zwischen Philosophie und Theologie zu vermeiden, mußten in der Zu- bzw. Auseinanderordnung der beiden Bereiche Überschneidungen, mit denen Albert der Große und Thomas von Aquin gerechnet hatten, ausgeschlossen werden. Scotus trug diesem Anliegen dadurch Rechnung, daß er mit Avicenna das *Sein als solches (ens inquantum ens)* als den eigentlichen Gegenstand der Metaphysik betrachtete und die Auffassung des Averroes ablehnte, nach der *Gott* der eigentliche Gegenstand der Metaphysik war. Und dies bedeutete: In der Metaphysik wird überhaupt nicht über Gott gesprochen. Diese Auffassung ist aber von Scotus nicht (nur) »strategisch« gedacht, sondern hat gute sachliche Gründe. Auch auf die Metaphysik müssen die strengen Forderungen der aristotelischen Wissenschaftslehre angewandt werden. Scotus ist damit »aristotelischer« als Aristoteles, für den die Metaphysik die Grundlage der Wissenschaftslehre war, auf die aber die Wissenschaftslehre nicht nochmals angewandt wurde. Mit Duns Scotus beginnt die Forderung einer »Metaphysik als strenger Wissenschaft«. Eine »erste Philosophie« muß also wirklich mit einem Ersten beginnen, das durch sich selbst bekannt ist. Dies kann aber sicher nicht Gott sein, der uns zunächst gar nicht bekannt ist, sonder nur – im Sinne Avicennas – das Sein, das das Bekannteste ist, insofern es in allen »ist etwas«-Aussagen verwendet wird. Die Metaphysik wird damit »ent-theologisiert« und die Theologie wird als nicht-metaphysische Disziplin konstruiert. Dabei arbeitete Duns Scotus aber durchaus als Theologe, er versuchte aber in keiner Weise, der Philosophie mit theologischen Mitteln zu begegnen. Vielmehr vertrat er das Anliegen der Theologie gerade dadurch, daß er an die philosophischen Argumentationen sehr hohe – durchaus aristotelische – Anforderungen stellte, und dabei zeigte, daß viele der bisherigen philosophischen Behauptungen nicht begründbar sind. Obwohl er also Metaphysik betreibt, wird er in vieler Hinsicht zum *Kritiker der traditionellen Metaphysik*. Seiner Auffassung nach hält selbst eine der zentralen Lehren der thomistischen Metaphysik, nämlich die von der Analogie des Seins (vgl. Kap. XIV, 3, c), einer genauen Analyse nicht stand. Auch Thomas von Aquin hatte sprachanalytisch gearbeitet, Duns Scotus verschärft dies aber und kommt zu dem Ergebnis, daß wir dann, wenn wir von »Seiendem« *(ens)* sprechen, wir eigentlich nur die Funktion von »seiend« analysieren, also die Funktion des Ausdruck »ist« in einem Satz, und dieses »seiend« bzw. »ist« wird nicht analog, sondern immer in genau demselben Sinn verwendet, ist also *univok*. Wir können von ganz verschiedenen Dingen sprechen, wenn wir aber sagen »*A* ist Seiendes« bzw. »*A* ist« und »*B* ist Seiendes« bzw. »B ist«, so bedeutet »Seiendes« bzw. »ist« immer ganz genau dasselbe, ganz gleich, was *A* und *B* ist. Der Begriff »Seiend« transzendiert somit nicht nur alle Gegenstände, sondern auch alle Kategorien, d. h. er wird auf Substanz wie auf Akzidenzien in gleicher Weise angewandt. In einer Wissenschaft muß mit genau definierten Begriffen gearbeitet werden, diese aber müssen univok sein, eine auf einer *analogia entis* aufgebaute Metaphysik ist der Auffassung des Duns Scotus nach vom Ausgangspunkt aus unwissenschaftlich. Dieser univoke Seinsbegriff – »ist« bedeutet so viel wie »∃« in der Prädikatenlogik, d. h. »Es existiert etwas, das ... ist« – des Duns Scotus stellt die Grundlage der neuzeitlichen Metaphysik dar.

Bei Duns Scotus werden an den philosophischen Beweis höchste Anforderungen gestellt, und schon deshalb mußte sich Scotus in einem entscheidenden Punkt von der Lehre des Augustinus trennen: Die »göttliche Erleuchtung« für die Erkenntnis der »ewigen Wahrheiten« konnte kein brauchbarer Ausgangspunkt philosophischer Argumentation sein. Scotus lehnte allerdings deshalb nicht schon die Möglichkeit der Erkenntnis »ewiger Wahrheiten« selbst ab, sondern gab ihnen eine entscheidend andere Interpretation: Die ewigen Wahrheiten sind analytische Sätze, d. h. ihre Wahrheit gilt rein aufgrund der notwendigen Beziehung zweier Begriffe. Solche Sätze gelten nur aufgrund ihrer Begriffsinhalte, sie brauchen deshalb auch nicht empirisch verifiziert zu werden, haben aber von sich aus auch keine empirische Geltung: Sie sagen eine reine logische Möglichkeit aus, und deshalb wird Duns Scotus zum ersten bedeutenden Theoretiker der *Möglichkeit*. Bevor man irgend etwas als existierend beweisen kann, muß man einen bestimmten Begriff von dem zu Beweisenden haben, zu diesem bestimmten Begriff gehört aber entscheidend der Nachweis, daß dieser Begriff möglich ist. Der Nachweis der Möglichkeit heißt vor allem: der Nachweis der *Widerspruchsfreiheit*. Es handelt sich hier um eine logische Möglichkeit und diese ist auch die Voraussetzung für die Realisierbarkeit, letztere gehört aber nicht zum Begriff derselben. Um solche Beweise der Möglichkeit zu führen, muß Scotus von möglichst inhaltsleeren Begriffen ausgehen, bei diesen sind inhaltliche Assoziationen, die nicht auf notwendigen Beziehungen beruhen, am ehesten ausgeschaltet. Als Beispiel einer solchen Begriffsbestimmung kann etwa die der »reinen« oder »schlechthinnigen« Vollkommenheit genommen werden:

Schlechthinnige Vollkommenheit heißt ein »solches« das in jeglichem besser ist als das, was ein »Nicht-solches« ist. (*Abhandlungen über das erste Prinzip* IV, 53. S. 65)

Mit Hilfe einiger begrifflicher Verbesserungen und Präzisierungen gelangt Scotus zu der definitiven Begriffsbestimmung:

438 | Schlechthinnige Vollkommenheit ist ein solche, welche schlechthin *(simpliciter)* und an und für sich *(absolute)* genommen besser ist als jegliches mit ihr Unvereinbare *(melius quocumque incompossibili)*. (Ebd.)

Es ist sofort ersichtlich, daß solche Überlegungen sich nur auf den Nachweis der abstraktesten Möglichkeiten beziehen. Gerade dies ist aber nach Scotus der Gegenstand der Metaphysik, die sich mit den allgemeinsten Eigenschaften des Seins zu befassen hat.

Es ist klar, daß bei einem so strengen Ansatz philosophischer Begriffsbildung und Argumentation der Bereich des philosophisch Erkennbaren gegenüber der früheren Metaphysik sehr eingeschränkt wird. So kann etwa bewiesen werden, daß der Grund der Denkbarkeit der Möglichkeit von begrenzten und kontingenten Dingen der Begriff der Disjunktion von endlichem und unendlichem Sein ist. Der Philosoph kann von diesem denkbaren unendlichen Sein auch noch einige wenige Prädikate aussagen, gelangt aber keineswegs zu all jenen Prädikaten, die für den christlichen Gottesbegriff bestimmend sind. Das Prädikat »barmherzig« etwa, also »Gott, der die Sünden vergibt«, das wesentlich zum christlichen Gottesbegriff gehört, kann nicht zwingend bewiesen werden. Die Möglichkeit dieses Prädikats ist nicht unbedingt, da man auch einen widerspruchsfreien Gottesbegriff konstruieren kann, der Gott nur das Prädikat »gerecht« zuschreibt. Der Philosoph kann nur allgemein sagen, daß Gott all das tun kann, was nicht widersprüchlich ist; über das, was Gott aber konkret tut oder getan hat – und das ist schließlich der primäre Gegenstand der christlichen Theologie – läßt sich im Rahmen dieser metaphysischen Theorie grundsätzlich nichts aussagen. Damit gewann Scotus einen eigenen Bereich für die Theologie zurück ohne daß ein Konfliktbereich übrigblieb, der sich durch Fragen ergeben könnte, die Philosophie und Theologie gemeinsam sind.

Duns Scotus gelingt es dabei, eine alte Problematik der christlichen Philosophen in erneuter und schärferer Form geltend zu machen und eine »Lösung« dafür zu finden. Es war gleich zu Beginn der Darstellung der Philosophie im Bereich des Christentums darauf hingewiesen worden, daß die Frage des – göttlichen und menschlichen – Willens in seiner Beziehung zum Verstand eine zentrale Schwierigkeit darstellte (vgl. Kap. I, 5, c). Immer wieder war bis zu Thomas von Aquin in Fortsetzung griechischen Denkens versucht worden, den Willen an der rechten Erkenntnis zu messen. Dagegen setzt nun Scotus die These, daß es *nicht möglich ist, nach irgendwelchen theoretischen Gründen für Gottes Wirken zu suchen*. Solche Gründe sind uns nicht wegen unserer begrenzten Einsicht unzugänglich, vielmehr ist die Suche nach ihnen sinnlos, weil es sie eben überhaupt nicht gibt. Dies betrifft auch die grundlegende Tat Gottes, die Schöpfung: Gott schafft, wenn er will und weil er will, und er schafft nicht, wenn er nicht will und weil er nicht will – einen Grund für die Schöpfung »hinter« diesem Willen gibt es nicht. Daß Gott schaffen wollte, wissen wir nur aus der Tatsache der Existenz der Welt. Die Welt als ganze ist aber radikal kontingent, d. h. es kann weder für ihre Existenz noch für ihre bestimmte Form einen notwendigen Grund geben. Die absolute Macht Gottes, die *potentia Dei absoluta*, die philosophisch erkennbar ist, sagt nur, daß Gott alles tun kann, was nicht widersprüchlich ist. Die auf eine bestimmte Weltordnung bezogene Macht Gottes, die *potentia Dei ordinata*, d. h. das, was Gott wirklich getan hat, entzieht sich völlig dem Bereich philosophischer Erkennbarkeit und Analysierbarkeit. Ihre Beschreibung gehört einzig in den Bereich der Physik (Naturordnung) oder der Theologie (Heilsordnung). Metaphysik, Physik und Theologie werden streng getrennt (und das ist nicht zuletzt eine Folge der Verurteilungen von 1277): Nichts was beweisbar ist, ist geoffenbart, und nichts was geoffenbart ist, ist beweisbar. Metaphysisch beweisbar ist sehr wenig, wo aber kein Beweis möglich ist, kann man nicht von Erkenntnis und theoretischer Wissenschaft sprechen. Die Grundsätze der *2. Analytik* werden streng eingehalten. Dies bedeutet für die *Theologie*, daß sie gar nicht als Wissenschaft *(scientia)* angesehen werden darf, und dies kann auch nicht durch irgendwelche topische Argumente, d. h. durch Wahrscheinlichkeitsgründe, geändert werden. Die Theologie ist also überhaupt keine theoretische Disziplin, sie wird von Duns Scotus daher als eine rein *praktische Disziplin* aufgefaßt: Sie gibt uns nichts zu erkennen, sie sagt aber – aufgrund der Offenbarung – was zu tun ist, d. h. was das Ziel des Menschen innerhalb der *potentia ordinata* ist und wie dieses Ziel erreicht werden kann und soll. Die Offenbarung und somit die Theologie liefert also keine metaphysischen Informationen, sondern einzig praktische Normen, und die Philosophie liefert entweder überhaupt keinen Gottesbegriff, oder wenn sie einen liefert, so ist es nicht einer, der irgendeine religiöse Bedeutung hat. Beides ist eine wichtige

Einsicht, und es wird noch Jahrhunderte dauern, bis Philosophen wie Theologen dies begreifen werden (einige haben dies allerdings bis heute nicht begriffen).

Damit sind einige Probleme tatsächlich gelöst. Es kann aber nicht übersehen werden, daß hier einem bestimmten *Positivismus* der Raum eröffnet wurde, der mit einem philosophischen Rückzug in eins ging. Dies läßt sich z. B. im Bereich der Ethik deutlich sehen. Noch eine Generation vor Scotus hatten sich Philosophen wie Theologen bemüht, den Dekalog als vernünftig aufweisbar zu zeigen, für Scotus wird ein solcher Versuch unmöglich. Absolut notwendig ist nur die Gottesliebe, daraus lassen sich jedoch höchstens die ersten drei Gebote herleiten, aber die weitere Diskussion bei Ockham (vgl. Kap. XVII, 5) wird zeigen, daß man mit guten Gründen auch bei der Gottesliebe noch fragen konnte, ob diese Forderung nicht letztlich auch nur auf einem positiven Gebot beruhe. Die anderen Gebote sind deshalb sittliche Forderung, weil Gott es so angeordnet hat, und daß Gott eben diese und keine anderen angeordnet hat, hat seinen Grund nur im göttlichen Willen, der Philosoph kann dazu nichts sagen außer, daß Gott auch anderes anordnen könnte. Entsprechend scheiden philosophische Überlegungen aus der theologische Morallehre aus und diese nimmt Züge an, die wir aus der Gesetzesinterpretation der Talmudlehrer kennen. Diesem Verständnis entspricht dann ein »Begriff« des Gehorsams, der sich

an keiner philosophischen Einsicht in eine sittlichen Ordnung mehr orientieren kann. Dieser Gehorsamsbegriff ist ebenso problematisch wie der ihm korrespondierende des so ausgeweiteten positiven Gesetzes. Zum historischen Verständnis der kulturellen Voraussetzungen dieser Auffassung müßte man vermutlich nicht zuletzt die Rechtstheorien des 13. Jhd.s heranziehen: Bei Friedrich II. bzw. dessen Kanzler und Theoretiker Pietro della Vigna findet sich ein Begriff des Rechts, der dieses exklusiv auf den Willen des Herrschers zurückführt. Recht ist einzig das positiv Gesetzte. Hier stehen wir am Beginn einer bis heute andauernden Entwicklung, in der die Vertreter der philosophische Ethik einzig eine ganz allgemeine Meta-Ethik liefern, aber keine konkreten Normen mehr begründen können und wollen, und in der die Vertreter einer christlichen Morallehre sich einfach auf die *Bibel* berufen, ohne irgendeine überzeugende inhaltliche Begründung liefern zu können. Der prekäre Status aller Naturrechtstheorien ist kennzeichnend für diese Situation. Scotus selbst sind solche Konsequenzen nicht einfach anzulasten, er hat aber Grundlagen dafür geschaffen, die nicht mehr rückgängig zu machen waren.

Mit der Betonung des Willens als dem Primären und vom Allgemeinen Unableitbaren hängt es wahrscheinlich auch zusammen, daß Scotus eine neue Theorie der *Individualität* zu entwickeln versuchte. Thomas von Aquin hatte als das Prinzip der Individuation die Materie angesehen: Materie wurde hier als das reine Prinzip der Quantifizierbarkeit, der Vielheit in Raum und Zeit angesehen. Ein Einzelnes, ein Individuum war in dieser Konzeption gerade dadurch dieses Einzelne und Unverwechselbare, daß es an einer bestimmten, unverwechselbaren Raum-Zeit-Stelle entstanden war und in der ganzen weiteren Dauer seiner Existenz eine jeweils nur ihm allein eigene Raum-Zeit-Stelle einnahm. Hier vermutete nun Scotus, daß das Individuum wieder einem allgemeinen Prinzip untergeordnet bzw. eingeordnet wurde. Nun hatte zwar auch Thomas immer betont, das Individuum sei das eigentlich Unaussagbare *(individuum est ineffabile)*, Scotus meinte aber, dies sei in der thomistischen Individuationstheorie nicht durchgehalten, für ihn läßt sich die Individualität auf nichts Allgemeines zurückführen, sie ist einfach die letzte Bestimmtheit der Form. Das Anliegen des Scotus ist klar, von seinem Theorienansatz her aber mußte sich ergeben, daß er eben nur allgemein sagen konnte, daß das Individuelle nicht von irgendeinem Allgemeinen her erklärbar ist, während er aber eben nicht, ohne denselben Fehler zu begehen, allgemein sagen konnte, wie er das Individuelle erklären wollte. Die späteren Scotisten zogen dazu den bei Scotus selbst in diesem Zusammenhang nur selten verwendeten Ausdruck *haecceitas* heran, der aber eben nichts Allgemeines ausdrücken soll, sondern einfach den Verweis auf »dieses da«, das von »jenem da« verschieden ist, ohne daß daraus ein allgemeines Moment des »Dieses-da-Sein« gemacht werden könnte. Individualität wird dadurch nicht erklärt, sondern nur benannt, ohne daß aber die Benennung durch die *haecceitas* wirklich weiter hilft, denn die Endung *-tas* (z. B. in *veritas*) verweist wie die deutsche Endung »-heit« (z. B. in »Wahrheit«) sprachlich wiederum auf etwas Allgemeines, und genau das sollte eigentlich vermieden werden. Nichtsdestoweniger bleibt bestehen, daß Duns Scotus richtig erfaßt hat, daß zu seiner Zeit gerade für das menschliche Individuum eine Individualität eingefordert wurde, die sich keinem Allgemeinen subsumieren lassen wollte (vgl. das folgende Kap. XVII, 1).

Entsprechend zur Bedeutung des Individuums wertete Scotus auch die Erkenntnis des Individuellen auf. Während Thomas von Aquin ein allgemeines Bild *(species intelligibilis)* innerhalb der sinnlichen Erkenntnis angenommen hatte (vgl. Kap. XIV, 3) – das Ziel der Erkenntnis mußte, gut aristotelisch, etwas Allgemeines sein – nimmt Scotus eine unmittelbare, intuitive Erkenntnis des individuellen Dinges an. Ockham wird dieser Eliminierung der *species intelligibilis* folgen (vgl. Kap. XVII, 2). Wir sind hier auf dem Weg zu einem »empiristischen Sinnkriterium«.

Die Interpretation der Lehren des Scotus bereitet mehr Schwierigkeiten als die anderer Philosophen des Mittelalters, und dies nicht nur, weil er der *doctor subtilis* ist. Die Schwierigkeit beruht auch darauf, daß wir nicht über ausreichende äußere Referenzpunkte verfügen, die uns aus der geschichtlich-kulturellen Situation heraus einige zentrale Anliegen deutlicher machen könnten. In zentralen Punkten, wie z. B. der Bedeutung des Willens als Spontaneität, haben wir bisher keine äußeren, historisch faßbaren Entwicklungen, die uns eine Verständnishilfe liefern können. Die weitere Entwicklung der Philosophie im 14. Jhd. wird jedoch dort dann sehr deutlich solche äußeren Referenzpunkte aufweisen, so daß manches erst auch der weiteren Entwicklung verständlich werden wird, ohne daß wir deshalb bisher schon nachweisen könnten, daß diese kulturellen Faktoren schon bei Scotus eine Rolle gespielt haben.

- XVII -

Ockham und die Wissenschaft des 14. Jahrhunderts

1. Zerfall und Kritik der Universalien

Das 14. Jhd. ist einerseits eine Periode des Übergangs, es weist aber andererseits ein ganz eigenständiges gesellschaftliches und intellektuelles Profil auf. Diese Periode deckt sich selbstverständlich nicht einfach mit den Grenzen des Jahrhunderts. Schon Duns Scotus steht in mancher Hinsicht den Bewegungen des 14. Jhd.s viel näher als der Hochscholastik um die Mitte des 13. Jhd.s. Man hat aus philosophiegeschichtlicher Perspektive das 14. Jhd. auch als die Periode des Nominalismus bezeichnet, genauer muß man jedoch sagen: Kennzeichnend ist, daß der Nominalismus
442 | lismus sich weithin durchsetzte, denn als von einzelnen vertretene Lehre gab es ihn seit mehreren Jahrhunderten, so z. B. im 12. Jhd. bei Roscelin von Compiègne, auch wenn es sich dabei, soweit unsere Kenntnis reicht, um eine eher primitive Form des Nominalismus gehandelt hat. Eine schon sehr subtile Kritik der Gegenposition, also des Universalienrealismus, hatte auch bereits Abaelard durchgeführt (vgl. Kap. VII, 3). Es stellt sich somit folgende Frage: Wieso konnte diese Lehre nun eine Anerkennung und Wirksamkeit erfahren, so daß ein ganzes Jahrhundert davon seinen Namen erhalten konnte? Die Antwort des Philosophiehistorikers ist gewöhnlich die, daß eben erst jetzt, und das heißt vor allem: bei und durch Wilhelm von Ockham, eine wirklich durchschlagende Kritik des Universalienrealismus vorgenommen worden ist. Letzteres soll in keiner Weise bestritten werden, und auf Ockhams Position muß auch noch genauer eingegangen werden, es ist aber möglicherweise zu einfach, das Sich-Durchsetzen einer Theorie nur mit ihren guten Argumenten zu erklären, es gab schließlich immer wieder sehr gut begründete Theorien, die sich, wenn überhaupt, erst nach langer Zeit durchgesetzt haben. Die Theoriendynamik entspricht nicht einfach der Begründungsstärke einer Theorie.

Bei der Abwendung vom Universalienrealismus zum Nominalismus handelt es sich nicht nur um eine innerphilosophische Diskussion, es kommt darin vielmehr ein sehr umfassender und tiefgreifender Wandel des Verständnisses von Gott, Welt und Mensch zum Ausdruck. Man kann die zeichen- und erkenntnistheoretische Grundlage des Nominalismus auch von seinem markanten positiven Einsatzpunkt her sehen: Real ist nur der/das *Einzelne*, das *Individuum*, und erst von dort aus kann das *Allgemeine* konstruiert werden. Dies stellt eine Grundvoraussetzung der Kultur und Gesellschaft des 14. Jhd.s dar, durch die es sich grundsätzlich von den vorausgegangenen Jahrhunderten unterscheidet. In einem früheren Kapitel (Kap. VII, 3) war darauf hingewiesen worden, daß der philosophischen Theorie der Realität der Universalien *(universalia sunt realia)* eine im Mittelalter bis in das 12. Jhd. allgemein verbreitete und wirksame Lebens- und Weltanschauung entsprochen hatte. »Real« war dort nicht der oder das Einzelne gewesen, sondern das Universelle, der Stand, die übergreifende Ordnung. »Wirklich« war nicht der einzelne Künstler, er blieb meist anonym, sondern das »Werk«, der Dom, der ein gemeinsames Werk aller war. »Wirklich« war nicht der einzelne Priester, der ein arger Sünder sein konnte, sondern das »Amt«, kraft dessen er unbeschadet aller individuellen Umstände das »Heil« vermittelte. »Wirklich« war nicht die Frau, die der Minnesänger besang, sondern die »ideale Frau«, die Repräsentantin für die Rittergesellschaft und Madonna in einem war. Jeder mußte durch seine Kleidung zum Ausdruck bringen, welcher Gruppe er angehörte und nur so partizipierte er an den Rechten seiner Gruppe. Als die Templer Ende des 13. Jhd.s in Paris begannen, sich in der Öffentlichkeit ohne den Ordensmantel – weiß mit rotem Kranz – zu bewegen, erließ der König 1290 eine Verordnung, in der sie mit dem Verlust ihrer Privilegien bedroht wurden, wenn sie sich ohne dieses Kennzeichen in der Öffentlichkeit zeigten. Über all dem aber standen die universalen Ordnungen von Papsttum und Kaisertum, wobei bei beiden der ideale Charakter über die reale Macht überwog. Im 14. Jhd. traten nun Entwicklungen, die schon im 12. Jhd. eingesetzt hatten, mit all ihren Konsequenzen deutlich und unübersehbar ins Bewußtsein der Menschen, und damit begannen in einem vielschichtigen und nicht in allen Bereichen simultanen Prozeß all diese realen Universalien ihre Geltung zu verlieren. Die mittelalterliche Gesellschaft hatte in ihrer Struktur auf drei Ständen beruht: den Bauern, den Rittern und dem Klerus. Dieses Gefüge funktionierte nun nicht mehr, da nun in den Städten mit ihren Bürgern zwei neue und wirtschaftlich starke Gruppen auftraten: die Kaufleute und die Handwerker, die sich in neuen Standesorganisationen (Zünften) oder Handelsorganisationen (z. B. die Hanse) zusammentaten. Überall waren es einzelne, die sich in Gruppen frei organisierten, die sich also ihre »Allgemeinheit« schufen, die keiner normativ vorgegebenen Ordnung entsprach. Die Statuten der Korporationen gingen auf die *freie Übereinkunft* ihrer Mitglieder zurück, was auch dort galt, wo solche Regelungen der Approbation durch die traditionellen Autoritäten bedurften. Auch die Universitäten waren eine solche freie Vereinigung und Organisation verschiedener Gruppen. Eine solche *universitas* hatte *kein ideales Urbild* und kein »Wesen«, sie existierte nur durch die von den Mitgliedern aufgestellten und in Statuten niedergelegten Regeln. Wenn man wissen wollte, was eine solche bestimmte *universitas* ist, mußte man die jeweils neuesten und daher nie endgültig feststehenden Statuten derselben nachlesen. Dies galt auch für die Universitäten. Und aus den Universitäten gingen Menschen hervor, die zunächst nicht durch ihren Stand, sondern durch ihre individuellen Fähigkeiten und ihre erworbene Bildung qualifiziert waren. Das »Allgemeine« der Ordnungen der Bürgerschaft, der Zünfte oder der Universität beruhte nicht auf irgendeiner Naturordnung und nicht auf irgendwelchen göttlichen Bestimmungen, sondern wurde durch eine Konvention der Individuen hergestellt. Dementsprechend existiert dieses »Allgemeine« nur so weit und nur so lange, als es im Bewußtsein dieser Individuen existiert. Genau dies ist das gesellschaftliche Korrelat des zeichentheoretischen *Nominalismus*. Existierten aber die traditionellen »realen« Universalien überhaupt noch? Auch an der Spitze der früheren realen Universalien funktionierte nichts mehr. Die Kaiserwürde hing bisher von der Salbung durch den Papst ab. Aber: 1328 ließ sich Ludwig von Bayern (König 1314, gest. 1347) aufgrund einer Vereinbarung mit Vertretern der römischen Stadt von diesen zum Kaiser krönen. Daraufhin erklärte ihn Papst Johannes XXII. für abgesetzt, was Ludwig dazu provozierte, nun seinerseits Johannes XXII. für abgesetzt zu erklären und Peter von Corbara zum (Gegen-)Papst Nikolaus V. zu ernennen. Für den Beobachter der Szene stellte sich die Frage: Waren »Kaiser« und »Papst« nicht auch nur Namen, die der, der gerade die Macht dazu hatte oder zu haben glaubte »auferlegte« (*impositio* – ein bekannter Ausdruck aus der Logik), hinter denen aber keine Realität stand? Dies ist nur ein Beispiel dafür, wie die realen Universalien unglaubwürdig geworden waren.

Auch im Bereich der *Kunst* kam das neue Bewußtsein vom Individuum zum Ausdruck. Jetzt beginnen die Kunstwerke einen namentlich bekannten und somit individuellen Autor zu haben. Aber auch in den Werken selbst findet das Individuelle gegenüber dem Typologischen zunehmend mehr Ausdruck. In der *Malerei* erhält die Beobachtung der Realität größere Bedeutung, die Symbolwelt tritt zurück; bestes Beispiel dafür ist Giotto (1266–1337). In der *Skulptur*, besonders an Grabmälern, setzt sich der Wandel von der typologischen zur individualisierenden Darstellung seit dem letzten Drittel des 13. Jhd.s durch. Das Interesse an der naturgetreuen Wiedergabe der individuellen Gesichtszüge rief die Technik der Totenmaske hervor, die dann als Modell der Skulptur diente. Beispiele dafür sind das Grabdenkmal des Papstes Clemens IV. in Viterbo oder das des Rudolf von Habsburg im Dom von Speyer. Das naturgetreue *Porträt* in der Malerei setzte sich allerdings erst etwas später, gegen Ende des 14. Jhd.s durch, und die große Periode der Porträtmalerei begann dann im 15. Jhd. Auch in der *Musik* spiegelt sich diese Veränderung wieder. Während im 13. Jhd. z. B. Motetten ohne den Namen eines bestimmten Komponisten in Umlauf waren und entsprechend in vielfacher Bearbeitung überliefert sind, begegnet uns jetzt mit Guillaume de Machaut (ca. 1300–1377) ein Komponist, der streng auf *sein Werk* achtete, der genaue Anweisungen zur Aufführung gab und ausdrücklich verbot, eigene Verzierungen hinzuzufügen. Er überwachte auch streng die Herstellung der Handschriften seiner Kompositionen. Hier haben wir das vor uns, was wir als individuelles und vom Schöpfer desselben als solches wahrgenommenes künstlerisches »Werk« bezeichnen können. Und wir sind auf dem Weg zu den »Autorenrechten«.

In diesem Rahmen der Auflösung der alten Ordnungen erhielt auch das größte und eindrucksvollste Ereignis des 14. Jhd.s seine Interpretation: die Pest, die seit

1348 die Bevölkerung Europas um ein Drittel reduzierte. Krieg, Hungersnöte und Krankheiten hatten immer schon Elend mit sich gebracht. Die Menschen hatten sich aber, so als entspräche dies einer Naturordnung, damit abgefunden, daß solche Katastrophen sich entsprechend dem universalen Ordnungssystem – Klerus, Ritter, Bauern – ungleich auf die Stände verteilte. Klerus und Ritter – in dieser Reihenfolge – wurden immer weniger hart getroffen als das gemeine Volk. Die Pest ließ alle solche Vorstellungen einer natürlichen Ordnung hinter sich, sie erfaßte alle gleicherweise ohne irgendwelche Rücksichten auf die Stände. Die naturhaft-ontologische Gesellschafts- und Universalienlehre wurde angesichts des gegenwärtigen Unheils, das jeder philosophischen oder theologischen Ordnung spottete, hinfällig. Boccaccios *Decamerone* gibt deutlich wieder, welche Weltanschauung nun herrschte: Die Menschen – und auch die wohlhabenden – waren auf reine empirische Faktizität zusammengeschrumpft, jeder von ihnen, ganz gleich welchem Stand er angehörte, konnte am nächsten Tag schon nicht mehr existieren, und so versuchte jeder noch rasch etwas vom Leben zu genießen, bevor es aus Gründen, die sich jeder Verallgemeinerung entzogen, aus war. Was galt, war nur noch der Einzelne, solange er lebte, und die einzelnen Erfahrungen positiver oder negativer Art, die er machen konnte. Neben der Möglichkeit, die Individualität und Kontingenz radikal »auszuleben«, gab es dann allerdings noch die alternative Lösung, diese Kontingenz »wegzuleben«, »aufzuheben«, dies war der Weg der Mystik, welche aber ebenso »standesfrei« und außerhalb der bisherigen Ordnungsgefüge konzipiert war (vgl. Kap. XVIII).

Obwohl Wurzel des modernen Individualismus, darf man diese Vorstellung vom Individuum aber nicht einfach mit modernen Konnotationen versehen, da der Individualismus des 14. Jhd.s z. B. keineswegs mit Vorstellungen wie »Fortschritt«, »Emanzipation«, »Aufklärung« usw. verbunden war. Die Individuen fühlten sich vielmehr oft verlassen und desorientiert, lebten in permanenter Angst vor Katastrophen und suchten Hilfe am ehesten bei den Sternen, die vielleicht eine Welt wiederspiegelten, die jenseits der puren Faktizität lag – die Astrologie hatte Hochkonjunktur.

Die Universalien als Realitäten waren seit Jahrhunderten kritisiert worden, wirksam wurde diese Kritik jedoch erst jetzt, in einer Periode, in der durch gesellschaftliche Auflösung und Katastrophen alle real universellen Ordnungsgefüge zerfielen. Der Nominalismus wurde nun mit allem analytischen Rüstzeug, das zur Verfügung stand oder eigens dafür erfunden wurde, theoretisch gerechtfertigt. Er wurde aber plausibel nicht einfach wegen dieser theoretischen Rechtfertigung, sondern auch deshalb, weil seine Gegenposition, der Universalienrealismus, in der Realität keine Anschauungsmomente mehr fand. Das Individuum, der Einzelne, erhielt im 14. Jhd. sowohl angesichts der Möglichkeiten, die ihm der Frühkapitalismus in Handwerk und Handel bot, aber auch angesichts des jederzeit möglichen, unberechenbaren Todes eine Bedeutung, die sich am besten durch pure Faktizität und radikale Kontingenz erklären ließ. Das Bewußtsein von immer mehr Menschen wurde durch die Erfahrung, Individuum, Einzelner, aber auch Vereinzelter zu sein, geprägt, und dieser Erfahrung entsprach philosophisch der Nominalismus. Es ist daher vielleicht nicht verwunderlich, daß es eigentlich gar nicht die theoretisch höchst anspruchsvolle Form des Nominalismus, wie sie Ockham dargelegt hatte, war, die den Siegeszug antrat, sondern eine oft recht vereinfachte Form. Ockham war einer der Nominalisten und vielleicht sogar der bedeutendste – der »Sieg« des Nominalismus geht jedoch nicht auf ihn zurück.

2. Erkenntnis und empirische Wissenschaft

a) Ockham

Wilhelm von Ockham (1285/1290–1348) war ein aus England stammender Franziskaner, der nach philosophischen Studien zunächst eine theologische Lehrtätigkeit in Oxford in den Jahren 1317–1319 begann. Wie alle jungen Magistri, so hielt auch Ockham Vorlesungen über die *Sentenzen* des Petrus Lombardus. Die offizielle Bezeichnung für jemand während dieser ersten Lehrtätigkeit war »*Inceptor*«, d.h. »Beginner«, da Ockham jedoch wegen Irrlehren angeklagt wurde und somit nie die Lehrbefugnis erhielt, wurde aus dieser akademischen Bezeichnung der Titel Ockhams als des »*Venerabilis inceptor*«. Die Anklageschrift stammte von dem früheren Oxforder Kanzler Johannes Lutterell, der von 1317–1322 selbst Magister der Theologie gewesen war. Lutterell legte seine Schrift im Jahre 1323 oder 1324 dem Papst in Avignon vor, Ockham wurde daraufhin 1324 nach Avignon vorgeladen und es begann ein Verfahren, das allerdings nie zu einem Abschluß kam. Diese Anklageschrift beschäftigte sich vorwiegend mit theologischen Fragen, Lutterell hatte jedoch sehr klar begriffen, daß der eigentliche Grund der »Irrtümer« Ockhams in dessen Philosophie lag. Lutterells Anklageschrift ist besser als ähnliche Produkte, die oft nur vage, nicht verifizierte Verdachtsmomente zum Ausdruck bringen. Er vertrat eine traditionelle Grundüberzeugung, die zuletzt auch noch Thomas von Aquin, dessen Erkenntnistheorie Lutterell gut kannte, geteilt hatte: Durch die Wörter der Sprache haben wir einen Zugang zur Wirklichkeit, in irgendeiner Weise bildet die Sprache die Wirklichkeit ab. Dieser Sprach- und Wort-Optimismus ist bei Ockham nicht mehr vorhanden und Lutterell sah darin die Gefahr, daß dann auch fraglich werden mußte, ob das »Wort Gottes« der Offenbarung etwas über die Wirklichkeit mitteilt. Warum es zu keiner definitiven Verurteilung der Lehren Ockams kam, ist historisch nicht geklärt.

Während Ockham sich in Avignon aufhielt, kam auch der Generalminister der Franziskaner, Michael von Cesena (gest. 1342), dort hin, um das radikale Armutsideal der Franziskaner zu verteidigen. Nun hätte eine radikale Auffassung der Franziskaner von ihrer Armut den Papst und seine Kurie kaum gestört, hätten die Spiritualen ihre Lehre nicht auf einen subversiven Satz gegründet: »Jesus und seine Apostel hatten weder als einzelne noch als Gruppe Privateigentum«. Daraus folgerten sie für die Nachfolge und die Nachfolger Jesu die Forderung der Armut. Dies konnte Papst Johannes XXII. (1316–1334) natürlich nicht durchgehen lassen und so hatte er im Jahre 1322 diese Lehre als häretisch verurteilt (DS 930–931). Armut wurde in der Zeit des Frühkapitalismus als Schande betrachtet. Die Mönchsorden hatten einen Ausweg gefunden, um das Armutsgelübde des einzelnen Mönchs mit dem Reichtum der Klöster in Einklang zu bringen, indem zwischen der persönlichen Armut und dem Besitz des Klosters unterschieden wurde. Und auch die Konventualen, also die »gemäßigten« Franziskaner, hatten eine kluge Unterscheidung gefunden, indem sie sagten, daß sie zwar keinen Besitz – aller Besitz sollte dem Papst zugeschrieben werden – wohl aber den Gebrauch der Dinge hätten. Nach Ansicht des Papstes war also die Lehre der Spiritualen eine unnütze und gefährliche Übertreibung. Später wird Ockham die These vertreten, daß das Privateigentum nicht zum göttlichen Recht gehört, sondern zu den von den Menschen geschaffenen Regeln, die ein geordnetes Zusammenleben sichern. Es ist somit ein Recht, auf das der Einzelne auch frei verzichten kann, und dieser Verzicht sei von den »apostolischen« Nachfolgern Jesu gefordert. Die These der Spiritualen lief also darauf hinaus, sich freiwillig mit den Armen zu identifizieren, was gar nichts anderes darstellte als die ursprüngliche Absicht des Franz von Assisi, des Ordensgründers. Die Päpste waren aber gerade daran, in Avignon den gewaltigen Palast zu erbauen, den wir bis heute bewundern können, und Johannes XXII. mußte dafür ebenso gewaltige Geldmittel auftreiben. Eine Idealvorstellung freiwilliger »apostolischer« Armut untergrub alle diese Aktivitäten, sie mußte daher nicht nur verurteilt, sondern radikal bekämpft werden. Als nun Michael von Cesena den ohnedies mit dem Papst schon in Streit befindlichen Wilhelm von Ockham für das Anliegen der Spiritualen gewann, war für die beiden am Hof in Avignon keine Bleibe mehr. Michael von Cesena mußte 1328 fliehen und Ockham begleitete ihn. Da sich die beiden nicht unterworfen hatten, wurden sie einfach exkommuniziert. Michael von Cesena und Ockham gingen zu Ludwig von Bayern – der seinerseits mit dem Papst in Streit war – zunächst nach Pisa und dann mit diesem nach München. Dort dürfte Ockham allerdings eher isoliert gewesen sein. Der Franziskanerkonvent in München war kein Zentrum der Studien, und Ockham hat vermutlich nie deutsch zu sprechen gelernt. Er verfaßte dort seine politischen Schriften, die sich aber auf einer sehr prinzipiellen Ebene bewegten, so daß sie zu seiner Zeit kaum einen realen politischen Einfluß gewonnen haben. Ob eine Aussöhnung Ockhams mit der Kirche stattfand, ist nicht bekannt.

Wir sind in der Zeit des Frühkapitalismus und der beginnenden Industrialisierung. Die erhaltenen Rechnungsbücher des Francesco Datini (um 1335–1410) liefern uns einen guten Einblick in die damalige Produktion von Stoffen, vom Handel mit diesen, und vom internationalen Geldverkehr über das beginnende Bankennetz in Europa (vgl. I. Origo: *Im Namen Gottes und des Geschäfts. Francesco di Marco Datini 1335–1410*. München 1985). Verminderung der Kosten bei Produktion, Transport, Handel und Zahlungen war ein wichtiges Prinzip des Erfolges, überflüssige Kosten verminderten den Gewinn und mußten deshalb eliminiert werden. Ockham arbeitet in der Wissenschaft nach ganz ähnlichen Prinzipien. Er hat ein Prinzip in die Wissenschaftstheorie eingeführt, das heute bezeichnenderweise »*Ökonomieprinzip*«, d. h. »Sparsamkeitsprinzip« genannt wird, und das als »Ockhams (Rasier-)Messer« (engl. *razor*) bekannt geworden ist. Dieses Prinzip wird aber nicht immer richtig wiedergegeben. Zunächst ist zu sagen, daß wir, wenn wir hier von »Prinzip« sprechen, nicht an den sonst in der mittelalterlichen Philosophie häufigen Gebrauch dieses Wortes denken dürfen, bei dem damit entweder ein metaphysischer Grundbestandteil oder ein Satz gemeint ist, aus dem etwas abgeleitet werden kann. Mit »Ockhams Messer« ist nichts solches gemeint, es handelt sich vielmehr um eine *rationale Strategie* bzw. um eine Regel, die nach Ockham zu den wesentlichen Verfahrensvorschriften rationaler Argumentation gehört. Es geht Ockham dabei ganz eindeutig um ein methodologisches Prinzip, durch das überflüssige Annahmen in wissenschaftlichen Theorien und deren Aussagen ausgeschlossen werden sollen. Dieses Prinzip findet sich in Ockhams Schriften in verschiedenen Formen, allerdings nicht in der oft angenommenen: »Die Seienden dürfen nicht vervielfältigt werden« *(entia non sunt multiplicanda)*. Ockham sagt z. B. einmal, daß etwas »absurd ist, weil eine Mehrzahl ohne Notwendigkeit und ohne Grund gesetzt wird« (*absurdum, quia ponitur pluralitas sind necessitate et sine ratione* [*Logica* I, c. 57. S. 185]). Eine ähnliche Formulierung lautet:

Was durch Wenigere geschehen kann, wird überflüssigerweise als durch Mehrere geschehend angenommen *(frustra fit per plura quod fieri potest per pauciora)*. (*Logica* I, c. 12. S. 43. Übers v. F. S.)

Durch dieses Prinzip ist bereits das angezeigt, was dann zur Kritik bestimmter metaphysischer Annahmen verwendet wird. Eine der gesamten Metaphysik bis Thomas von Aquin zugrundeliegende Voraussetzung war gewesen, daß es eine bestimmte – logisch dann zu klärende – Korrespondenz von Sprache und Wirklichkeit gebe. Ockham vertritt hingegen die Auffassung daß diese Voraussetzung weder gerechtfertigt noch auch erforderlich ist. Ockham ist dabei überzeugt, genau die Auffassung des Aristoteles zu vertreten. Ob dies wirklich zutrifft, ist nicht so sicher, es geht hier aber nicht um die Thesen des Aristoteles, sondern um die Ockhams. Für die Ockhams Ansicht nach falsche Wiedergabe der Auffassung des Aristoteles gibt es seiner Meinung nach zwei Wurzeln. Neben der einen Wurzel des Irrtums, die in einem zu großen Vertrauen in die unsicheren Übersetzungen der Aristoteles-Texte besteht – ein für seine Zeit durchaus berechtigter Hinweis –, gibt es eine zweite, sachlich wesentlich wichtigere:

Die zweite Wurzel ist es, die Seienden gemäß der Vielheit der Begriffe zu vermehren *(multiplicare entia secundum multitudinem terminorum)*, und [anzunehmen,] daß jedem Begriff etwas in der Realität entspricht *(quod quilibet terminus habet quid rei)*, was aber einen Mißbrauch darstellt *(quod tamen abusivum est)* und von der Wahrheit in höchstem Maße wegführt. Es ist nämlich nicht zu fragen, was bei allen Begriffen in der Realität vorliegt *(quid rei)*, sondern nur, was in den Vielen im Namen vorliegt *(tantum quid nominis)* [...], da die Worte und die Begriffe täuschen *(quia voces et conceptus decipiunt)*. (*Logica* I, c. 51. S. 171. Übers. v. F. S.)

Metaphysik und Erkenntnistheorie werden damit zur *Sprachanalyse*, dies ist zwar nicht unbedingt neu, in gewisser Hinsicht war dies tatsächlich die Auffassung sowohl des Aristoteles (vgl. 1. Teil, Kap. X, 4, b) als auch des Thomas von Aquin (vgl. 2. Teil, Kap. XIV, 3, c), ist aber in dieser Grundsätzlichkeit bisher nicht vertreten worden. Was Ockham jedoch von Aristoteles und Thomas von Aquin unterscheidet, ist das im letzten Satz des Zitats Ausgedrückte: Ockham will gar nicht mehr von der Sprache zur Wirklichkeit vordringen, sondern bleibt von vornherein und ausschließlich auf der Ebene der Sprache *(tantum quid nominis)*.

Die Anwendung des Sparsamkeitsprinzips hat bei Ockham in der Metaphysik die Konsequenz, daß bestimmte Ausdrücke als solche bezeichnet werden, mit denen Überflüssiges angenommen wird. Dies gilt vor allem für abstrakte Begriffe, so z. B. für »Güte« *(bonitas)* oder »Gerechtigkeit« *(iustitia)*. Es ist daher unsinnig, zu sagen »Gott ist durch die Gerechtigkeit gerecht *(iustus iustitia)*«, oder »Jemand ist Vater durch die Vaterschaft *(pater est pater paternitate)*«, der abstrakte und der konkrete Begriff bedeuten ein und dasselbe (*abstractum et concretum idem significant* [*Logica* I, c. 51. S. 169]). Beim Abstrakten wird nichts anderes erkannt als beim Konkreten: 449

Dasselbe Einzelne, das zuerst vom Sinne erfaßt wird, wird als solches und unter der gleichen Bestimmtheit zuerst vom Intellekt intuitiv erkannt – es sei denn, irgend etwas verhindere dies –, denn es gehört zum Wesen einander zugeordneter Vermögen, daß alles, was ein niedrigeres Vermögen kann – und unter der gleichen Bestimmtheit –, auch in der Macht des höheren steht. [...] Also ist es möglich, daß dasselbe, was zuerst vom Sinne erfaßt worden ist, vom Intellekt erkannt wird – und zwar unter der gleichen Bestimmtheit. [...] Der Sinn erkennt nicht nur das Weiße *(album)*, welches etwas Konkretes ist, sondern die Weiße *(albedinem)* [...]. (*Sentenzenkommentar* I, dist. 3, qu. 6. *Opera Theologica* II. S. 494. Übers. v. Imbach: *Ockham. Texte zur Theorie der Erkenntnis und der Wissenschaft*. S. 177–179)

Es ist also ein Irrtum anzunehmen, daß Begriffsunterscheidungen immer Sachunterscheidungen entsprechen müssen. Die Vorstellung, die Sprache sei ein Bild der Welt, ist daher nach Ockham nicht nur eine nicht gerechtfertigte und überflüssige, sondern eine für die Analyse der Erkenntnis auch schädliche Annahme, sie bringt dauernd neue Entitäten hervor, durch die keine Probleme gelöst, sondern solche eigentlich erst hervorgebracht werden.

<table>
<tr><td colspan="2">Ontologie/Erkenntnistheorie</td><td>Wissenschaft/Sprache/Logik</td></tr>
<tr><td colspan="2">**Ding** *(res ipsa)*
⇓ ⇓
intuitive Erkenntnis: | abstraktive Erkenntnis:</td><td></td></tr>
<tr><td>mögliche oder wirkliche **Existenz**</td><td>**Begriff** *(conceptus)*</td><td>**Term** *(terminus)*:
Subjekt-/Prädikatterm</td></tr>
<tr><td colspan="2"></td><td>⇓
Aussage: wahr/falsch
⇓
Schluß</td></tr>
</table>

Es gilt also bei der Erklärung dessen, wie Erkenntnis vor sich geht, keine überflüs-
450 | sigen Annahmen zu machen. Ausgangspunkt jeder Erkenntnis in den empirischen
Wissenschaften ist die sinnliche Erfahrung von Dingen, und diese Erkenntnis wird bei Ockham als zu der *intuitiven* Erkenntnis gehörend angesehen; »intuitiv« hat dabei nichts mit der modernen Bedeutung des Wortes zu tun, sondern bedeutet ganz einfach genau im Sinne des lateinischen Wortes: »einsehend«. Nur bei dieser Erkenntnis geht es um die Frage der Existenz von Dingen.

Die intuitive Erkenntnis *(notitia intuitiva)* eines Dinges ist eine solche Erkenntnis, kraft deren man wissen kann *(potest sciri)*, ob das Ding existiert oder nicht, so daß dann, wenn das Ding existiert, der Verstand sofort urteilt, daß es existiert, und mit Evidenz erkennt *(evidenter cognoscit)*, daß es existiert, außer er wird wegen der Unvollkommenheit jener Erkenntnis daran gehindert. (*Sentenzenkommentar, Prolog*, q. 1. *Opera theologica* I. S. 31. Übers. v. F. S.)

Die *abstraktive* Erkenntnis betrachtet das einzelne Ding nicht in Hinsicht auf seine Existenz, sondern als Fall unter anderen ähnlichen, und gelangt so zu einem allgemeinen Inhalt *(universale)*, einem Begriff. Ockham erklärt, daß wir dabei von »abstrakt« in zweifacher Weise sprechen, wobei aber in der konkreten Erkenntnis immer beide Weisen vorhanden sind. Die eine Weise bedeutet:

Die abstraktive Erkenntnis *(cognitio abstractiva)* abstrahiert von der Existenz und Nicht-Existenz und von den anderen Bedingungen, die kontingenterweise dem Ding zukommen oder von dem Ding ausgesagt werden. (Ebd. Übers. v. F. S.)

Die andere Weise bedeutet:

Die abstraktive Erkenntnis [ist eine solche], weil sie sich auf etwas Abstraktes bezieht, das von vielen Einzelnen absieht *(est respectu alicuius abstracti a multis singularibus)*, und so ist die abstraktive Erkenntnis nichts anderes als die Erkenntnis von Universellem, das von vielen abstrahierbar ist *(cognitio alicuius universalis abstrahibilis a multis)*. (Ebd. S. 30. Übers. v. F. S.)

Ockham betont aber, daß es sich bei intuitiver und abstraktiver Erkenntnis nicht um die Erkenntnis von Verschiedenem handelt, sondern nur um eine verschiedene Weise des Erkennens ein und desselben (Ebd. S. 31). Die Erkenntnis des Universalen ist also nichts anderes als die Erkenntnis des Einzelnen (*idem totaliter et sub omni eadem ratione cognoscitur per utramque notitiam* [Ebd.]). Die Ockham bei der Frage intuitiver und abstraktiver Erkenntnis leitende Frage war aber eigentlich gar nicht die nach der Erkenntnis des Einzelnen und des Allgemeinen, sondern die, wie eine Erkenntnis von etwas nicht (mehr) unmittelbar in der Sinneserfahrung Gegebenen möglich ist. Dies ist also die Frage nach aktueller Erkenntnis von etwas, das als Existierendes gegenwärtig ist, im Unterschied zur Erkenntnis von etwas, das nur noch als Erinnerung vorhanden ist. Für Ockham gibt es aber auch intuitive Erkenntnis von | 451
»Dingen«, die überhaupt nicht in der (äußeren) Sinneserfahrung gegeben ist, also von *intelligibilia*, wie z. B. wenn ich sage »ich erkenne« *(ego intelligo)* oder »ich liebe« *(ego diligo)* (Ebd. S. 40–41).

Bis hier her geht es nur um die Erkenntnis von Einzeldingen bzw. um das Allgemeine solcher Dinge, und für solche steht ein Begriff. Wird dieser Begriff als Term verwendet, so bedeutet dies, daß er als Subjekt oder Prädikat einer Aussage verwendet wird. Eine solche Aussage kann dann in einem wissenschaftlichen Beweis verwendet werden.

Die Einbildungskraft kann denselben sinnlichen Gegenstand, welchen der Sinn erfaßt hat, vorstellen. Und nicht bloß die Einbildungskraft, sondern auch der Intellekt kann denselben Gegenstand erfassen. Nach der Erfassung dieses Gegenstandes kann der Intellekt einige kontingente Aussagen mit Evidenz erkennen. So z. B. kann der Intellekt, wenn durch den Sinn die Wärme erfaßt worden ist, dieselbe Wärme erkennen und wissen *(cognoscere et scire)*, daß dieses Ding warm ist und daß, wenn dieses Ding einem anderen angenähert wird, es das andere, das nicht warm wäre, würde ihm nicht zuerst jenes Warme angenähert, erwärmt. Und auf diese Weise erkennt der Intellekt mit Evidenz folgende Aussage: »Dieses Warme erwärmt.« Ist diese Aussage aber bekannt und wird gewußt, und wird zusätzlich gewußt, daß wenn etwas einem Individuum zukommt, etwas Ähnliches *(consimile)* auch einem anderen Individuum der gleichen Art zukommen kann, dann anerkennt der Intellekt diese allgemeine Aussage *(propositionem universalem)*: »Jede Wärme erwärmt«. Es gibt nämlich keinen Grund dafür, daß die eine Wärme eher erwärmt als eine andere. Diese durch die Erfahrung bekannte Aussage ist ein Universale, denn es ist eine universale Aussage, die, wenn sie auf keine andere Weise als durch die Sinne erkannt werden könnte, Prinzip der Kunst und der Wissenschaft wäre. (*Logica* III–2, c. 10. S. 522–523. Übers. v. Imbach: *Ockham: Texte zur Theorie der Erkenntnis und der Wissenschaft*. S. 111–112)

Ist eine Aussage wahr, so stehen der Subjektterm und der Prädikatterm für ein und dasselbe, ob dies jedoch der Fall ist, kann nur durch die intuitive Kenntnis sichergestellt werden. Eine Aussage kann einen singulären, einen partikulären (= für einige Fälle geltenden) oder einen universellen Subjektterm aufweisen, was in der Aussage durch einen Eigennamen bzw. durch die Verwendung der Quantoren »einige« oder »alle« angezeigt ist. Eine universelle Aussage ist dann wahr, wenn in allen Fällen einer Aussage der Form »*A ist B*« durch intuitive Erkenntnis der einzelnen Dinge bestätigt wird, daß *A* und *B* tatsächlich ein und demselben Ding zukommen. Werden solche Sätze in syllogistische Beweiszusammenhänge gestellt, so ergibt dies *wissenschaftliche Aussagen*. Dies ist der Sinn der ockhamschen These, der Gegenstand der Wissenschaft seien nicht Dinge, sondern Terme, die für Dinge stehen. Dadurch ergibt sich auch eine klare Unterscheidung von Logik und Sätzen der empirischen Wissenschaften: Die Logik liefert kein inhaltliches Wissen, sondern ist eine Wissenschaft, in der mit Zeichen über Zeichen gesprochen wird, und ganz ähnliches gilt für die Mathematik. Daneben gibt es nur Sätze, die ihren Ausgangspunkt von singulären Erfahrungssätzen nehmen, in denen die Zeichen für Dinge stehen (supponieren). Im Prolog zum Kommentar zur *Physik* des Aristoteles führt Ockham aus:

Die Logik wird von den Realwissenschaften deshalb unterschieden, weil diese von Intentionen handelt, und zwar von Universalien, welche für Dinge supponieren; obschon die Termini der Realwissenschaft Intentionen sind, supponieren sie dennoch für Dinge. Die Logik hingegen handelt von Intentionen, welche für Intentionen supponieren. So ist beispielsweise in folgendem Satz »Die Art wird von vielen der Zahl nach Verschiedenen ausgesagt« eine Intention Subjekt, und sie supponiert nur für Intentionen und nicht für extramentale Dinge, denn kein extramentales Ding wird von mehreren ausgesagt, sondern nur konventionelle Laute oder Schriftzeichen. (*Expositio in libros Physicorum Aristotelis. Opera philosophica* IV. *Prologus*. Übers. v. Imbach: *Ockham: Texte zur Theorie der Erkenntnis und der Wissenschaft*. S. 209)

In den empirischen Wissenschaften arbeiten wir mit Sätzen, in denen Termini verwendet werden, die für extramentale Dinge stehen (supponieren), solche Intentionen aber stehen immer für Einzeldinge. Allgemeines gibt es nur als Intentionen, die zur abstraktiven Erkenntnis gehören, zu jener also, die von der Existenz des Einzeldinges absieht, abstrahiert. Allgemeinen Aussagen entspricht somit nur etwas, das im menschlichen Geist, bei Ockham: in der Seele, vorhanden ist, denn – wie im

Zitat oben gesagt – »kein extramentales Ding wird von mehreren ausgesagt«. Diese für die nominalistische zeichentheoretische Wissenschaftsauffassung zentrale These, die manchen bis heute Schwierigkeiten bereitet, besagt also eigentlich etwas ganz Einfaches und Einleuchtendes: Es gibt Einzeldinge und Allgemeinbegriffe, in der Realität aber gibt es nur Einzeldinge, die Allgemeinbegriffe hingegen, mit denen Aussagen über diese Einzeldinge gemacht werden, gibt es nur in unserem Verstand. Ein Beispiel: Ich sehe einen Baum und dann sehe ich noch einen Baum, und wenn ich etwas von Biologie verstehe, kann ich sagen: »Dieser Baum hier ist ein Apfelbaum und der Baum dort ist ein Birnbaum«. Beiden Dingen kommt also das Prädikat »Baum« zu, dies heißt aber nicht, daß es in der Realität etwas gibt, was zunächst »Baumhaftes« ist, und das dann zusätzlich »Apfelhaftiges« oder »Birnhaftiges« ist. Was ich sage, ist nichts anderes, als daß in meinen Satz »Dieser Baum ist eine Apfelbaum« der Terminus »Apfelbaum« für ein bestimmtes Einzelding steht, für das ich in meinem Verstand eine Reihe von Eigenschaftstermini, Prädikate, zusammengestellt habe. Und wenn ich eine Allaussage bilde, wie z. B. »Alle Bäume benötigen Erdreich«, so sage ich nichts anderes, als daß ich in jedem Einzelfall, in dem ich sage »Dies ist ein Baum«, in meiner intuitiven Erkenntnis eines Einzelbaumes auch Erdreich mitvorfinden muß. Die Wissenschaft, die mit Sätzen mit Allgemeinbegriffen arbeitet, bezieht sich also nicht direkt auf die Realität, sondern nur vermittels der singulären Sätze, die sich auf individuelle Dinge beziehen:

Zur Einsicht in das Gesagte muß man wissen, daß jedes Wissen sich auf ein Verknüpftes oder auf Verknüpfte bezieht. [...] Nun sind aber die Verknüpften, welche durch die Naturwissenschaft gewußt werden, nicht aus sinnlichen Dingen oder Substanzen zusammengesetzt, sondern aus Intentionen oder Begriffen der Seele, welche solchen Dingen gemeinsam sind. Und deshalb handelt, im eigentlichen Sinne, die Naturwissenschaft weder von vergänglichen und werdenden Dingen, noch von natürlichen Substanzen, noch von beweglichen Dingen, denn solche Dinge sind in keinem durch die Naturwissenschaft gewußten Schlußsatz Subjekt oder Prädikat. [...] Redet man allerdings metaphorisch und ungenau, dann kann man trotzdem sagen, die Naturphilosophie handle von vergänglichen und beweglichen Dingen, weil sie von Termini, die für solche supponieren, handelt. (Ebd. S. 205 und S. 207)

Ockham weiß also – so wie wir heute auch –, daß wir oft eine ungenaue und abgekürzte Redeweise gebrauchen, in der wir so sprechen, als ob sich die Allgemeinbegriffe der Wissenschaft unmittelbar auf die Dinge bezögen. Solange man sich über diese Redeweise im klaren ist, liegt nach Ockham kein besonderes Problem vor. Wenn wir sagen »Alle Rosen verwelken irgendwann«, so verstehen wir, was damit gemeint ist. In der genauen Sprache der Wissenschaft müssen wir uns jedoch darüber im klaren sein, daß es kein Ding »alle Rosen« gibt, und daß der genannte Satz eben ein Satz der Wissenschaft ist, der als solcher nur in unserem Verstand gebildet wurde, in dem bestimmte Begriffe für einzelne Dinge stehen (supponieren). Verwelken können immer nur einzelne Rosen, und ob das zutrifft, kann nur durch die intuitive Erkenntnis der Einzeldinge festgestellt werden.

> Alle Autoritäten, die sagen, dieses oder jenes Wissen handle von diesen oder jenen Dingen, müssen folgendermaßen ausgelegt werden: Sie handeln von Termini, welche für jene Dinge supponieren. Wenn gesagt wird, ein bestimmtes Wissen handle von werdenden und vergänglichen Dingen, so bedeutet dies, es handle von Termini, die in gewußten Aussagen für derartige werdende und vergängliche Dinge supponieren. (Ebd. S. 209 und S. 211)

Diese – uns heute eher harmlos erscheinende – These war ein Hauptgrund der Angriffe gegen Ockham und der späteren Verurteilung des Nominalismus. Der Hintergrund dabei war stark theologisch mitbedingt. Zu sagen, daß wir in den allgemeinen Aussagen der Wissenschaft nicht von Bäumen, sondern von dem Allgemeinbegriff »Baum« sprechen, konnte noch angehen, daß wir aber in der Theologie nicht von Gott sprechen, sondern (nur) vom Wort »Gott« und von unserem Gebrauch dieses Wortes, rief geradezu Entsetzen hervor.

454 | Ein kurzer Blick zurück zu einem Vergleich mit der Erkenntnistheorie des Thomas von Aquin. Thomas von Aquin nahm an, daß es zwischen der sinnlichen Erkenntnis und der Aussage ein »geistiges Bild« *(species intelligibilis)* gebe, und daß Wahrheit in einer Übereinstimmung *(adaequatio)* dieses Bildes mit der Aussage bestehe (vgl. Kap. XIV, 3). Ockham war der Überzeugung, daß seine Theorie der des Thomas von Aquin schon aus dem Grund vorzuziehen sei, weil sie mit weniger Elementen der Erklärung auskommt, insofern sie keine *species intelligibilis* braucht. Abgesehen davon, daß die Form der *species-intelligibilis*-Theorie, mit der sich Ockham auseinandersetzte, nicht mehr genau die des Thomas ist, bedarf die Behauptung Ockhams doch weiterer, im einzelnen nicht einfacher Analysen. Es sei dazu nur das folgende angemerkt: Thomas von Aquin benötigte die Annahme dieses »geistigen Bildes« u. a. dazu, um den Zusammenhang von Sprache und Wirklichkeit im menschlichen Verstand zu erklären. Für Ockham hingegen sind sinnliche Erfahrung und Aussagen zwei völlig verschiedene Wirklichkeiten, zwischen denen es keinerlei Ähnlichkeit gibt, Wahrheit im Sinne einer Übereinstimmung von Aussagen und sinnlicher Erfahrung kann und braucht daher gar nicht definiert zu werden, es genügt, anzugeben, welche Bedingungen erfüllt sein müssen, damit eine Aussage wahr ist; damit wird auch die Annahme des Vorhandenseins dieses allgemeinen Bildes, also der *species intelligibilis*, überflüssig. Dies bedeutet jedoch, daß Ockhams Theorie zwar mit weniger Erklärungs-Elementen auskommt, aber nicht zuletzt deshalb, weil sie einfach weniger erklärt. Um aber aufgrund des Ökonomieprinzips von einer »besseren« Theorie sprechen zu können, wäre erfordert, daß beide Theorien wirklich genauso viel erklären, und genau dies ist bei den Theorien von Thomas und Ockham eben nicht der Fall.

Ein weiterer Unterschied zu Thomas von Aquin ist aufschlußreich. Bei Thomas gibt es Aussagen, bei denen erfaßt wird, daß der Prädikatterm notwendigerweise im Subjektterm enthalten ist. Solche Aussagen gibt es bei Ockham nicht. Er arbeitet mit einer Logik, in der für die Wahrheit einer Aussage immer nur erforderlich ist, daß der Subjektterm und der Prädikatterm für ein und dasselbe supponieren. Wenn wir sagen »Alle Menschen sind Lebewesen«, so ist für die Wahrheit der Aussage einzig erfordert, daß immer dann, wenn gesagt wird »*A* ist ein Mensch« auch gilt »*A* ist ein Lebewesen«, d. h. daß dem *A* zu Recht – aufgrund einer intuitiven Erkenntnis – sowohl das Prädikat »Mensch« als auch das Prädikat »Lebewesen« zugeschrieben wird. Dies hängt mit der Grundvoraussetzung der Philosophie Ockhams zusammen, nach der die gesamte Welt nicht notwendig, sondern kontingent ist. Dies ist eine These, die sich aus dem Gottes- und dem Schöpfungsbegriff ergibt, und die auch Thomas von Aquin anerkannt hatte. Bei Ockham wird jedoch deutlich, daß dieser Schöpfungsbegriff in der vorausgegangenen Geschichte der Philosophie noch nicht konsequent durchdacht worden war. Sowohl in der islamischen als auch in der jüdischen Philosophie, und – in der Folge von beiden – in der christlichen Philosophie war es die Aufgabe gewesen, sich von dem Emanationsmodell freizumachen, d. h. von der Annahme, die Welt sei mit Notwendigkeit aus dem Einen hervorgegangen. Diesem Emanationsmodell wurde die These gegenübergestellt, die Welt sei durch einen freien Willensakt Gottes geschaffen worden. Implizit war dabei – und zwar auch noch bei Thomas von Aquin – aber weiterhin angenommen worden, daß Gott zwar diese Welt schaffen konnte oder auch nicht, daß er aber, wenn er eine Welt schaffen wollte, eben nur diese Welt schaffen konnte. Damit blieb implizit die Annahme erhalten, daß diese Welt, wenn sie schon überhaupt ist, so sein muß wie sie ist. Es wurde also für ihre bestimmte Form doch eine Notwendigkeit angenommen. Dies ist aber letztlich nicht konsequent, wenn man annimmt, daß Freiheit nicht nur bedeutet, handeln oder nicht handeln zu können, sondern auch, das eine oder das andere tun zu können. Angewandt auf den Schöpfungsbegriff bedeutet dies: Gott hat, wenn er eine Welt schaffen wollte, aus beliebig *vielen möglichen Welten* eben diese eine ausgewählt, ohne daß dafür ein Grund angegeben werden könnte. Diese Auffassung hat zur Folge, daß alle empirischen Sachverhalte in anderen möglichen Welten widerspruchsfrei anders gedacht werden könnten. Daher besteht z. B. zwischen den Termen »Mensch« und »Lachen-Könnendes« kein notwendiger Zusammenhang, da es keinen Wiederspruch bedeutet, sich eine mögliche Welt vorzustellen, in der man zwar von »Menschen« sprechen kann, diesen aber das Prädikat »Lachen-Können« nicht zukommt, weil es dort Dinge gibt, denen zwar auch das Prädikat »Mensch« zukommt, nicht aber die aristotelische kennzeichnende Eigenschaft *(proprium)* des »Lachen-Könnens« *(risibile)*. Notwendigkeit der Prämissen in einem wissenschaftlichen Schlußverfahren besagt daher nach Ockham nur: Da Gott eben diese und nicht eine andere der möglichen Welten wollte, gilt *in dieser Welt* die *für diese* Welt

| 455

allgemein gültige Aussage, daß alles das, was als »Mensch« bezeichnet wird, auch als »Lachen-Könnendes« bezeichnet werden muß. Zu sagen, diese Aussage sei aber »an sich« notwendig, ist nicht möglich. Wir verfügen über keinerlei Einsicht in ein »Wesen« des Menschen, nach der ihm das Proprium »Lachen-Können« mit Notwendigkeit zukommt, einfach deshalb, weil es kein solches »Wesen« gibt. Wir sind hier bei dem modernen Gebrauch von »notwendig« in den Naturgesetzten der empirischen Wissenschaften. Wenn wir sagen: »Es ist notwendig, daß Wasser bei 100 siedet«, so sagen wir eigentlich: »In der uns bekannten Welt stellen wir fest, daß Wasser immer bei 100 siedet«. Irgendeine Vorstellung von Eigenschaften, die Wasser »an sich« zukommen, scheidet aus.

Die eben angeführten Auffassungen Ockhams gehören zu jenen, die uns Ockham als sehr vertraut erscheinen lassen, und Ockham gehört tatsächlich zu den wenigen Autoren, die auch von modernen Wissenschaftstheoretikern und Sprachanalytikern gerne herangezogen werden. Dies geschieht vollkommen zu Recht, trotzdem sollte man jedoch nicht übersehen, daß Ockham auch mit seiner Erkenntnis- und Zeichentheorie durchaus in die Diskussionen seiner Zeit eingebunden bleibt und daß es daher bei ihm Fragestellungen gibt, die von unseren heutigen Voraussetzungen her nur schwer verständlich sind und die dann gelegentlich von

modernen Interpreten einfach beiseite gelassen werden. Dies kann an einem ganz zentralen Punkt gezeigt werden. Ockhams Ausgangspunkt ist die intuitive Erkenntnis, und mit dieser wird ein Urteil über Existenz oder Nichtexistenz eines Gegenstandes gefällt. Im Zusammenhang der im 14. Jhd. zentral gewordenen Frage nach der Allmacht Gottes muß dann die Frage auftauchen, ob Gott nicht in einem Menschen eine intuitive Erkenntnis bewirken könnte, obwohl gar kein entsprechender Gegenstand existiert – dann wäre Gott die Ursache einer falschen Aussage. Diese Frage hatte zu einer Kontroverse zwischen Walter Chatton (1285–1344) und Ockham geführt, beide waren Franziskaner, und letzterer diskutiert diese Frage ausdrücklich in seine Disputationen (*Quodlibeta septem* V, 4 und 5. S. 491–500). Die Antwort, die Ockham gibt, hat nun ihrerseits in der Forschung eine Kontroverse hervorgerufen, die hier nicht entschieden zu werden braucht, die Fragestellung selbst ist aber für uns ein Hinweis, daß die vermeinte »Modernität« von Autoren früherer Perioden gelegentlich auch etwas mit selektiver Wahrnehmung zu tun hat. Die Frage, ob Gott in einem Menschen eine Sinneswahrnehmung eines nicht existierenden Gegenstandes hervorrufen könnte, ist sicher keine der modernen Wissenschaftstheorie. Völlig fremd ist uns aber auch diese Frage Ockhams nicht: Auch in der modernen Wissenschaftstheorie ergibt sich die nicht unwichtige Problematik, ob es Kriterien gibt, eine Halluzination von einer empirischen Tatsachenfeststellung zu unterscheiden. Weggefallen ist dabei »nur« die Frage, was es bedeutet, sich einen Gott vorzustellen, der den Menschen zu falschen Aussagen »verführen« könnte. Diese uns sonderbar vorkommende Vorstellung gehört aber doch zur »Welt« Ockhams und manche seiner erkenntnis- und zeichentheoretischen Analysen sind letztlich nur auf diesem Hintergrund zu verstehen. Manches dieser »Welt« wird bei Anhängern Ockhams noch deutlicher als bei diesem selbst, weshalb jetzt einer derselben kurz besprochen werden soll.

b) Nicolaus von Autrecourt

Bei Ockham lag mit der intuitiven Erkenntnis der Einzeldinge durchaus ein Bezug zur Realität vor. Ockham war kein prinzipieller Skeptiker und in Hinsicht auf Möglichkeiten und Reichweite von Erkenntnis und Wissenschaft durchaus zuversichtlich. Es dürfte jedoch so sein, daß Ockham in späteren Schriften (den *Quodlibeta*) im Unterschied zum frühen *Sentenzenkommentar* sich einer eher skeptischen Position näherte. Es war jedenfalls möglich, von ockhamschen Ausgangspositionen zu weitergehenden Folgerungen zu gelangen. So war es durchaus möglich, die Zuverlässigkeit der sinnlichen Erkenntnis prinzipiell in Frage zu stellen, und damit sind wir bei einem wirklichen erkenntnistheoretischen *Skeptizismus*. Diese Position findet sich bei Nicolaus von Autrecourt, der in den Jahren zwischen 1327 und 1340 – die Datierungen sind unsicher – einige Briefe schrieb, in denen sich verschiedene die ockhamsche Beziehung von Ding und intuitiver Erkenntnis auflösende Thesen finden. Nicolaus sagt dabei seinem Briefpartner Bernhard von Arezzo, von dem keine Schriften erhalten sind, der aber von ockhamschen Lehren ausging:

Ihr müßt eingestehen, daß Ihr über die Existenz der Gegenstände der fünf Sinne nicht sicher seid. Aber was noch schwieriger aufrecht erhalten werden kann: Ihr müßt eingestehen, daß Ihr Eurer Akte nicht sicher seid, nämlich daß ihr seht, daß Ihr hört, ja daß Ihr nicht einmal sicher seid, daß Euch jemand in Erscheinung tritt *(appareat)* oder in Erscheinung getreten ist. [...] Und so folgt auf evidente Weise, daß Ihr der Evidenz Eures Phänomens nicht sicher seid, und folglich seid Ihr nicht sicher, ob etwas für Euch ein Phänomen ist. (*Briefe*. S. 9)

Und weiter:

Und es folgt auch, daß Ihr nicht sicher seid, ob ein Satz wahr oder falsch ist, weil Ihr nicht mit Evidenz sicher seid, ob ein Satz überhaupt existiert oder existiert hat. [...] So also zeigt sich zusammenfassend: Ihr müßt sagen, daß ihr dessen, was außerhalb von Euch liegt, nicht sicher seid. (Ebd. S. 9 und 11)

Es gibt für Nicolaus von Autrecourt nur ein einziges evidentes Prinzip, nämlich das Widerspruchsprinzip (Ebd. S. 15, Nr. 2, und S. 19, Nr. 9). Dies bedeutet, daß nur die – analytischen – Sätze der Logik wirklich Evidenz beanspruchen können, während das Kausalitätsprinzip demgegenüber kein solches evidentes Prinzip ist.

In einer solchen Ableitung *(consequentia)*, in der aus einem Ding *(ex una re)* ein anderes gefolgert würde, wäre der Folgesatz *(consequens)* nicht wirklich identisch mit dem Vordersatz *(antecedens)* oder mit einem Teil des durch den Vordersatz Bezeichneten. Also folgt, daß eine solche Ableitung nicht mit Evidenz bekannt wäre *(evidenter nota)*, d. h. mit der beschriebenen Evidenz des ersten Prinzips. (Ebd. S. 21, Nr. 14)

Auch bei Zusammenhängen, die wir in unserer Erfahrung feststellen, können wir nur von Wahrscheinlichkeiten sprechen:

Weil es mir einmal evident war, daß mir heiß wurde, als ich die Hand ans Feuer hielt, ist es für mich deshalb wahrscheinlich *(probabile est mihi)*, daß mir heiß würde, wenn ich sie jetzt ans Feuer hielte. (Ebd. S. 31, Nr. 25)

Das heißt: Es gibt – auch im Rahmen der *potentia ordinata*, d. h. auch für die konkret existierende Welt – keine Evidenz für einen notwendigen Zusammenhang von Feuer und Erwärmung, ich kann somit von einer Wirkung nicht auf eine Ursache schließen. Diese *Leugnung der Kausalität* ist nicht nur nicht-aristotelisch, sondern eindeutig anti-aristotelisch. Damit ist aber Nicolaus von Autrecourt noch nicht der »Hume des Mittelalters«, denn seine Begründung für diese Leugnung ist letztlich nicht erkenntnistheoretisch, sondern theologisch motiviert. Der allmächtige Gott ist durch nichts gehindert, meine Hand zu erwärmen, ohne daß ein Feuer in der Nähe ist – eine solche Annahme enthält keinen logischen Widerspruch. Wenn wir normalerweise annehmen, daß aus einem bestimmten *A*, z. B. Feuer, ein bestimmtes *B*, z. B. Erwärmung eines Gegenstandes in der Nähe, folgt, so sagen wir, daß das Gegenteil von *B* nicht zusammen mit *A* wahr sein kann. Nicolaus von Autrecourt kannte das Kriterium einer gültigen Folgerung: $a \rightarrow b \Leftrightarrow \mathbf{U}(a \wedge \neg b)$ (vgl. I.8 weiter unten in 3) ganz genau, für ihn gilt dies jedoch nicht für empirische Zusammenhänge:

Durch irgendeine Macht könnte es aber geschehen, daß das Gegenteil des Folgesatzes zusammen mit dem Vordersatz steht. Und wenn einer sagt, die Ableitung sei evident, und zwar mit der Beifügung, daß Gott kein Wunder bewirke, dann wird das zurückgewiesen [...]. (Ebd. S. 31, Nr. 26)

Die Stellung der Thesen des Nicolaus von Autrecourt im Zusammenhang der Geschichte der zweiten Hälfte des 13. und der ersten des 14. Jhd.s entbehrt nicht einer gewissen Ironie: Zunächst wandte sich die Kirche, um die Wunder zu verteidigen, gegen die Aristoteliker, die einen strengen notwendigen Naturzusammenhang annahmen und deshalb keine Wunder zulassen konnten. Jetzt hingegen nimmt jemand an, daß überall und jederzeit Wunder auftreten können, und schließt daraus, daß wir von keinem Kausalzusammenhang sprechen können. Aber auch das paßte den kirchlichen Behörden nicht: Am Wunderglauben wollte man zwar festhalten, daß man aber ganz allgemein dann, wenn man sich ein Glas Wein einschenkte, nicht sicher sein konnte, dort wirklich Wein und nicht Wasser vorzufinden, schien doch keine wünschenswerte Konsequenz. Das Problem ist allerdings ein prinzipielles und für die Kultur des Mittelalters nicht nebensächliches. Die Autoritäten der Kirche wollten, durchaus in Übereinstimmung mit vielen Gläubigen, am Wunderglauben festhalten, und dies bedeutete: Durch die Allmacht Gottes sollte es Ausnahmen vom Naturgesetz geben. Aber: Da man der göttlichen Allmacht keine Häufigkeitsvorschriften machen konnte, hob die Forderung des Wunderglaubens schließlich ihre eigene Voraussetzung, nämlich das Naturgesetz, auf – wenn man die Hände am Feuer wärmte, konnte man nicht mehr unterscheiden, ob dies ein natürlicher Vorgang oder ein sehr häufiges Wunder war. Dies ist eine der letzten Konsequenzen der Interventionen von 1277, und Nicolaus von Autrecourt zog diese Konsequenzen. Wunderglaube konsequent gedacht führt eben zum Skeptizismus, was den Anhängern des Wunderglaubens gewöhnlich nicht auffällt, da sie nicht konsequent denken können. Es ist vielleicht kein Zufall, daß genau zu derselben Zeit, als Nicolaus von Autrecourt seine skeptischen Argumente vorbrachte, die *Destructio destructionis* des Averroes ins Lateinische übersetzt wurde. In dieser Schrift kritisiert Averroes – ohne den Namen des Gegners zu nennen – die skeptischen Argumente al-Ghazalis (vgl. Kap. IX, h und i), dadurch wurden die Argumente selbst aber bekannt. Da diese Übersetzung aus dem Jahre 1328 stammt, dürfte diese Schrift keinen Einfluß auf Nicolaus von Autrecourt ausgeübt haben, ausgeschlossen ist dies aber nicht, denn setzt man die Schriften des Nicolaus erst nach 1330 an, wäre es möglich, daß er die *Destrucitio destructionis* gekannt haben könnte. Das Zusammentreffen zeigt jedenfalls, daß in diesen Jahrzehnten ein Interesse an solchen Argumenten vorhanden war.

1340 wurde ein Verfahren gegen Nicolaus von Autrecourt eröffnet, er erhielt Gelegenheit sich vor Papst Clemens VI. (1342–1352) zu verteidigen und wurde gezwungen eine Reihe von »Irrtümern« zu wiederrufen. Unter diesen Thesen lautete eine, daß es bei Aussagen über natürliche Dinge fast keine Sicherheit *(quasi nulla certitudo)* geben könne, und eine weitere, daß nicht aus der Evidenz einer Sache die einer anderen geschlossen werden könne (DS 1028 und 1029) – dies ist also die eben erwähnte Leugnung des Kausalitätsprinzips. 1347 wurden seine Schriften in Paris öffentlich verbrannt. Während also 1277 der radikale Aristotelismus verurteilt wurde, war fünfzig Jahre später die Verurteilung des Anti-Aristotelismus auf der Tagesordnung: Clemens VI. wandte sich 1346 in einem Schreiben an die Magistri der Pariser Universität, um daran zu erinnern, daß die aristotelischen Schriften eifrig zu studieren seien und warnte vor »neuen« Lehren! Wenn sich Nicolaus von Autrecourt gegen bestimmte aristotelische Lehren wandte, so ist damit natürlich keineswegs gesagt, daß Nicolaus von Autrecourt zu den früheren Positionen der Anti-Aristoteliker zurückkehrte. Er gehört vielmehr in die Linie jener, die den Aristotelismus so weit verfolgten, daß sie schließlich zu einer Kritik desselben geführt wurden. Dasselbe gilt für das Verhältnis von Nicolaus von Autrecourt zu Ockham. Nicolaus gehört in die Diskussionen um den Ockhamismus hinein, radikalisierte aber bestimmte Thesen desselben in einer Weise, daß er zum Kritiker ockhamscher Auffassungen wurde. Die Folgen der Verurteilungen hielten sich indes in Grenzen, denn schon 1350 wurde er zum Domdekan von Metz ernannt. Wie rasch die Entwicklungen sich damals abspielten, kann man daraus ersehen, daß eine Generation später Pierre d'Ailly (um 1350–1420) verschiedene Thesen des Nicolaus von Autrecourt öffentlich verteidigte und trotzdem 1389 Kanzler der Universität Paris und später sogar zum Kardinal ernannt wurde.

c) Die Merton-Schule

In der ersten Hälfte des 14. Jhd.s war es, wie eben schon gesehen, ohne weiteres möglich, zentrale Auffassungen des Aristoteles in Frage zu stellen, und die Kritik von grundlegenden Thesen der aristotelischen *Physik* bereitete dann im 14. Jhd. die moderne Naturwissenschaft vor. Die Orte, an denen diese Anfänge der modernen Physik erarbeitet wurden, waren die Universitäten von Oxford, was zu erwarten war,
460 | und von Paris, was nicht zu erwarten war. Die neue Richtung in Oxford ging von Richard Kilvington (um 1305–1352) aus, dessen *Sophismata* ausführliche Abhandlungen zu Problemen der Sprache der Naturphilosophie darstellen. Obwohl *Sophismata*-Traktate gewöhnlich auf Schul-Disputationen zurückgingen, handelt es sich bei dem Text Kilvingtons um einen, der von Anfang an nur als schriftliche Abhandlung konzipiert war. Es liegt hier also eine nicht-schulgebundene wissenschaftliche Abhandlung vor. Die jetzt entstehende »moderne« Wissenschaft beginnt, sich vom Schulraum zu lösen, sie wird für die Behandlung in der Schule auch zu schwierig. Obwohl in Kilvingtons *Sophismata* kaum Berechnungen verwendet werden, ist es doch auch bei ihm schon ersichtlich, daß die Sprache der Mathematik einen wichtigen Aspekt der Beschreibung physikalischer Vorgänge darstellte. Ein wichtiges Zentrum dieser Mathematisierung der Physik, besonders der Mechanik, war das Merton College in Oxford. Thomas Bradwardine (um 1290–1349) führte diese mathematische Seite der Physik ausdrücklich ein, berühmt ist vor allem sein *Tractatus de proportionibus velocitatum in motibus*. In dieser Schrift setzte Bradwardine sich auseinander mit der folgenden, von Aristoteles in der *Physik* aufgeworfenen Frage: »Ist jede Form von Veränderung *(kínesis)* mit jeder in ein Vergleichsverhältnis zu bringen oder nicht?« (VII, 4, 248a 10–11). Aristoteles meinte, daß nicht alle Bewegungen vergleichbar seien (Ebd. 248b 4–7). Dem stellte Bradwardine die These gegenüber, daß *alle Bewegungen miteinander vergleichbar* seien, da sie nach ihrer Geschwindigkeit gemessen werden können – die wiederum von der bewegenden Kraft und dem Widerstand abhängt – und alle Geschwindigkeiten vergleichbar seien. Wichtig war dabei der bei Bradwardine grundgelegte Gedanke, die Ruhe als den Grenzwert 0 der

Bewegung anzusehen, womit wiederum ein »überflüssiger« eigener Begriff, der der »Ruhe«, eliminiert war. Gleichzeitig wurde damit die Zahl 0 in ihrer Verwendung im Bereich mathematisch-naturwissenschaftlicher Theorien zu einer ganz »normalen« Zahl, der nicht ein sonderbares »Nichts« *(nihil, nullum)* entsprechen mußte, sondern die als Beschreibungselement auf einen physikalisch beobachtbaren Vorgang wie den der Ruhe angewandt werden konnte. Für die exakte Formulierung der bei den Mertonianern diskutierten naturphilosophischen Fragen war die bisherige Sprache der Logik unzureichend, worauf schon Kilvington aufmerksam gemacht hatte. Es fanden daher interessante Weiterentwicklungen statt wie z. B. die umfangreichen Analysen von »es beginnt« *(incipit)* und »es hört auf« *(desinit)*, von »Größtem« *(maximum)* und »Kleinstem« *(minimum)*. Bradwardine war als Logiker, Mathematiker, Physiker und Theologe berühmt und wurde 1348/1349 sogar zum Erzbischof von Canterbury ernannt. Er starb aber kurz darauf, möglicherweise an der Pest. Bradwardine war auch der Lehrer John Wyclifs (um 1330–1384), der für kurze Zeit am Merton College tätig war. So nebenbei: Wyclif war nicht Nominalist, sondern ein geradezu extremer Realist.

Besonders kennzeichnend für die Merton-Schule sind William Heytesbury (um 1312–1372/1373), dessen *Regulae solvendi sophismata* wichtig wurden, und Richard Swineshead (Mitte 14. Jhd.), dessen *Liber calculationum* der Anlaß war, dieser ganzen Bewegung die Bezeichnung *Calculatores* zu verleihen. Tatsächlich spielte der Gedanke der Mathematisierung der Physik und der Mechanik bei allen genannten Autoren eine wichtige Rolle, es muß dabei aber beachtet werden, daß sich diese Entwicklung innerhalb des ganz traditionellen spätmittelalterlichen Rahmens der sprachlogischen Fragestellungen der Naturphilosophie abspielte. Dies gilt auch für die Rolle, die die *Gedankenexperimente* bei Heytesbury spielen. So sagt er z. B., daß es »in der Vorstellung« *(secundum imaginationem)* möglich ist, sich eine immer noch größere Geschwindigkeit auszudenken *(gradum velocitatis infinitum)*, obwohl er dies als physikalisch nicht möglich ansieht. Der Grund für solche Gedankenexperimente lag in der Bestimmung dessen, was logisch möglich, d. h. nicht-widerspruchsvoll denkbar ist. Heytesbury führt solche Vorstellungen »der Disputation halber« *(gratia disputationis)* ein (*Regulae cum sophismatibus*. S. 161 v°b), daß hinter solchen Gedankenexperimenten auch der theologische Gedanke der Allmacht Gottes stand, nach dem Gott alles schaffen könnte, was keinen logischen Widerspruch enthält, ist anzunehmen, wurde aber im Zusammenhang solcher logischer Analysen der Sprache der Physik nicht thematisiert. Von einem wissenschaftsfördernden Einfluß der Verurteilungen von 1277 kann man daher hier nicht sprechen (vgl. Kap. XV, 3). Im *Liber calculationum* Swinesheads stehen ausschließlich Probleme der Naturphilosophie, und das heißt hier: der Physik zur Diskussion, aber auch bei diesem Werk gilt, daß es nicht eigentlich eine Schrift zur Physik oder zur Verwendung mathematischer Berechnungen in der Physik ist, sondern eine Analyse der Sprache der Mathematik in der Physik darstellt. Obwohl also das eigentliche

Interesse der Mertonianer der Logik und nicht der Entwicklung einer mathematisierten Physik galt, haben sie doch faktisch wichtige Anregungen auch für die konkrete weitere Entwicklung der Physik gegeben, so z. B. im Falle ihrer Formulierungen des Gesetzes zur Berechnung der gleichförmig beschleunigten Bewegung eines Körpers. Für die Ausarbeitung einer empirisch und mathematisch orientierten Naturphilosophie und Naturwissenschaft waren die Pariser Philosophen jedoch wichtiger als die Mertonianer.

d) Pariser Naturphilosophen

Die Pariser Schule wurde von Johannes Buridanus (Jean Buridan; um 1295 – um 1358) begründet, der sowohl Logiker als auch Physiker war. Eines der zentralen Probleme der Naturphilosophie war die Erklärung der Bewegung. Ausgangspunkt dieser Diskussion war die aristotelische Theorie von der »natürlichen« Bewegung: Feuer hat die »natürliche« Tendenz, sich nach oben zu bewegen, und der »gewaltsamen« Bewegung: Ein nach oben geworfener Stein wird durch die ihn umgebende, »gewaltsam« nach oben bewegte Luft nach oben getragen (Aristoteles: *Physik* VIII, 10, 266b 25 – 267a 12). Diese Theorie wurde schon von dem spätantiken Aristoteles-Kommentator Johannes Philoponos (5./6. Jhd.) durch die *Impetus-Theorie* ersetzt, die im 13. Jhd. von Petrus Olivi (um 1248–1298) übernommen wurde. Buridan griff diese Theorie auf und verschaffte ihr den Durchbruch. Mit dieser Theorie wird gesagt, daß dem bewegten Gegenstand ein *impetus* gegeben wird, der so lange wirkt, bis er durch Gewicht und Luftwiderstand überwunden ist (Buridanus: *Quaestiones super octo phisicorum libros Aristotelis*). Dieser Impetus (modern: Impuls) wird quantitativ durch die Geschwindigkeit und die Menge der Materie des bewegten Körpers bestimmt. Erst diese Theorie ermöglichte eine durchgehend mechanische Auffassung von der Welt, und Intelligenzen, die die Sterne bewegen, wurden überflüssig. Obwohl Ockham selbst diese Theorie noch nicht vertreten hatte, lag sie doch auf der Linie eines seiner methodologischen Grundprinzipien: Die Theorie, die mit den wenigsten postulierten Kräften usw. auskommt, ist die beste. Auch war es nicht mehr erforderlich, die Bewegung als eigene Wirklichkeit aufzufassen, es genügte, von »bewegten Körpern« zu sprechen.

Der bedeutendste Physiker dieser Zeit war der in Paris tätige Nicolaus Oresme (um 1322–1382), ein Schüler des Buridanus. Er übernahm die Impetus-Theorie seines Lehrers und lieferte mit seinen weiteren Arbeiten wichtige Beiträge zur Entwicklung der Mechanik. Für das schon bei den Mertonianern eingeführte Gesetz der gleichförmig beschleunigten Bewegung erfand er eine geometrische Diagramm-Darstellung. Er entwickelte dabei ein Koordinatensystem, in dem auf der einen Koordinate die Entfernung, auf der anderen die Geschwindigkeit eingetragen wurde, so daß sich für die Darstellung der veränderlichen Geschwindigkeit eine Gerade oder eine Kurve ergab. Sein mechanistisches Weltbild kam dadurch zum Ausdruck, daß er, soweit bekannt als erster, den traditionellen Ausdruck der *machina mundi* (vgl. Kap. VIII, 1, c) durch das Bild der *Weltuhr* interpretierte.

Oresme vertrat den sehr modernen Standpunkt, daß wir im Bereich der Physik überhaupt nur von *Hypothesen* sprechen können. Hypothesen erklären Phänomene, dabei ist es aber durchaus möglich, daß zwei konkurrierende Hypothesen dieselben Phänomene erklären. Dies ist z.B der Fall bei der Hypothese, daß sich die Sonne um die Erde bewegt, und der konkurrierenden, daß sich die Erde um die Sonne bewegt. Beide Hypothesen erklären dieselben Phänomene, wie kann man zu einer Entscheidung kommen, welche von beiden wahr ist? Rationale Überlegung aufgrund von Wesensbegriffen kommt nicht mehr in Frage, auch die *Bibel* hat mit der Frage nichts zu tun, da sie nur unmittelbare Sinneseindrücke beschreibt und in ihr auch keine wissenschaftlichen Theorien aufgestellt werden. Wenn man also zwischen den beiden Theorien wählen muß, so bleibt nur die Möglichkeit, jene zu wählen, die einfacher ist, und das heißt: jene, die mit weniger Grundvoraussetzungen auskommt. Dieses ist wiederum eine Anwendung von Ockhams Ökonomieprinzip. Dieses Prinzip der Ökonomie ist aber kein Kriterium der Wahrheit, denn die Annahme, daß die einfachste Erklärung auch die wahre Erklärung sei, wäre nur – nach damaligen Voraussetzungen – begründet, wenn man auch die Schöpfungstätigkeit Gottes diesem Prinzip unterstellen würde. Diese letztere Voraussetzung wurde aber von Ockham selbst nicht gemacht, da sie mit der für ihn äußerst wichtigen Voraussetzung der Freiheit Gottes in Konflikt geraten müßte. Man konnte also zwar sagen, daß die einfachste Erklärung *für uns* die beste ist, dafür, daß sie auch die ist, die der Wahrheit am nächsten kommt, fehlte jedoch ein brauchbarer metaphysischer Hintergrund. Im konkreten Fall der Drehung von Erde oder Sonne war Oresme im übrigen der Meinung, daß die Theorie der Erdumdrehung die ökonomischere ist, arbeitete diese Theorie aber nicht weiter aus.

Die Anwendung der Mathematik blieb nicht auf die Physik beschränkt. Oresme war auch mit Fragen der *Ökonomie* beschäftigt, wobei geldtheoretische Fragen eine wichtige Rolle spielten. Nikolaus von Oresme erkannte auch, daß die Zeit, in der das Lateinische die einzige Sprache der Wissenschaft war, dem Ende zuging, und so verfaßte er in den späteren Jahren seiner Tätigkeit Aristoteles-Übersetzungen und Kommentare in französischer Sprache *(Économique, Politique, Éthique)*, wobei er zahlreiche Begriffe im Französischen ganz neu bilden mußte.

Im 14. Jhd. verfügte man also über eine gute Logik zur Analyse wissenschaftlicher Theorien, über eine klare Unterscheidung zwischen empirischen und analytischen Sätzen, zwischen empirischen Sätzen und Sätzen empirischer Theorien, über formale Auswahlkriterien konkurrierender Theorien usw. Trotzdem kann man das 14. Jhd. eigentlich nicht als ein Zeitalter bezeichnen, in dem die Wissenschaft eine große Rolle gespielt hätte. Der Grund dafür liegt in den schon genannten äußeren Bedingungen. Der Zerfall äußerer Ordnungen, die Pest, die Angst vor einem drohenden Weltuntergang usw., all dies waren keine Voraussetzungen, die stimulierend auf eine rationale und empirische Erklärung der Welt wirkten. Außerdem gab es keine tragfähige Tradition empirischer Beobachtungspraxis, und der einzige Bereich, in dem eine gute Tradition empirischer Beobachtung und Verwertung solcher Erfahrung vorhanden war, war das Handwerk. Dort kam auch das veränderte Weltverständnis deutlicher und für die Menschen greifbarer zum Ausdruck als in der Wissenschaft. Als Beispiel sei die Entwicklung der *mechanischen Uhren* genannt. Erste Anfänge solcher Uhren finden sich in den Klöstern, da die Zeitmessung im ganzen Mittelalter sakral gewesen war. Die Glocken der Gebetszeiten der Mönche bestimmten den Zeitrhythmus auch der in der Nähe der Klöster oder Kathedralkirchen wohnenden Menschen. Diese Gebetszeiten stellten jedoch keine konstanten Zeiteinteilungen dar, da sie von der Jahreszeit abhängig waren, das Läuten zur Vesper z. B. war im Winter früher als im Sommer. In der zweiten Hälfte des 14. Jhd. führte die mechanische Uhr zur quantitativ neutralen und *profanen Zeitmessung*. Der Uhrenbau wurde aber nicht einfach nur zur Einteilung der Stunden des Tages unternommen, sondern stand oft im Rahmen einer viel weitgehenderen Ambition: Es sollte ein *mechanisches Weltmodell* erstellt werden. So finden wir zu dieser Zeit in Kirchen und vor allem an Rathäusern sehr komplizierte Uhren, die als mechanisches Planetenmodell aufgebaut sind. Die dafür erforderliche Technik war schon bei den Arabern bekannt gewesen. Um 1202 gab es eine solche Uhr an der Moschee in Damaskus und 1332 hatte Sultan Saladin eine solche als Geschenk an Kaiser Friedrich II. gesandt. Auch der Erbauer der berühmten, 1352 fertiggestellten astronomischen Uhr am Straßburger Münster hatte die entsprechende Technik vermutlich bei den Arabern erlernt. Einer der bekanntesten Paduaner Magistri dieser Periode, Giovanni Dondi (1318–1389), wurde berühmt durch das von ihm so genannte Astrarium, ein durch ein Uhrwerk angetriebenes Modell der Bewegung von Sonne, Mond und Planeten, das kurz nach 1364 fertiggestellt wurde. Diese Uhren besaßen einen großen Symbolwert: Der verbreitete Fatalismus und der Glaube an Vorherbestimmung fand hier sein mechanisches Gegenstück. Die Figuren, die in Fensterchen an Kirchtürmen und Rathäusern erschienen, bewegten sich, aber sie bewegten eben nicht sich selbst, sondern wurden von einem für den Zuschauer unsichtbaren Mechanismus bewegt. In diesem Denkrahmen hatte auch die *Astrologie* ihren Ort. Zu den Anhängern der Astrologie zählten aber keinesfalls nur Ungebildete, und die Astrologie war auch kein Konkurrenzunternehmen zur Wissenschaft, sondern gehörte in irgendeiner Form zur Wissenschaft dazu. Suchte man z. B. eine Ursachenerklärung für das eindrucksvollste und bedrohlichste Phänomen des Jahrhunderts, die Pest, so konnten religiöse Fanatiker wie die Geißler diese in den Sünden, ihren eigenen oder vor allem in jenen der Kleriker finden. »Aufgeklärte«, »wissenschaftlich« denkende Menschen suchten sie anderswo, und so wurde 1348 die medizinische Fakultät von Paris auf Anordnung König Philipps VI. aufgefordert, die verborgenen Ursachen der Pest zu erforschen. Die medizinische (!) Fakultät kam nun zu dem Ergebnis, daß die letzte

Ursache in der Konjunktion der Planeten Mars, Jupiter und Saturn im Zeichen des Wassermanns am 24. März 1345 lag, wobei diese »wissenschaftliche« Erklärung sich sogar auf antike Texte berufen konnte, die für das Zusammentreffen von Saturn und Jupiter »Völkersterben und leere Königreiche« vorausgesagt hatten. Unter solchen Bedingungen »wissenschaftlicher Erklärung« hatte ein mechanisches Himmelsmodell eine ungeheure praktische Bedeutung. Nikolaus von Oresme wandte sich aufgrund seiner wissenschaftlichen Haltung in eigens diesem Thema gewidmeten Schriften gegen die Astrologie, konnte jedoch nicht verhindern, daß weiterhin auch durchaus Gebildete astrologischen Vorstellungen anhingen. Wissenschaftliche Forschung im Rahmen einer mechanistischen Weltauffassung und Astrologie bestanden nebeneinander und sind – wenn auch in anderer Form – durchaus gleichzeitige Erscheinungen geblieben.

Nichtsdestoweniger muß anerkannt werden, daß die Naturwissenschaft, vor allem die Physik, die in Oxford und Paris im 14. Jhd. entwickelt wurde, eine große Bedeutung für den weiteren Gang der Wissenschaft gehabt hat. Die Frage der »Vorläufer Galileis« ist im einzelnen umstritten und die Rolle, die den Naturphilosophen des 14. Jhd.s dabei eingeräumt wird, wird heute etwas vorsichtiger beurteilt als noch vor etwa fünfzig Jahren. Historisch ist aber sicher, daß am späteren Studienort Galileis in Padua seit etwa 1350 die Oxforder und Pariser Schriften zur Logik und zur Physik bekannt waren und sich dort ein wichtiges Zentrum naturwissenschaftlicher, vor allem medizinischer Studien herausgebildet hatte (vgl. 3. Teil, Kap. I, 5).

3. Logischer Formalismus

Das 14. Jhd. war eine große Zeit der Logik. Dies können wir uns schon an dem Umfang der Schriften verdeutlichen: Die *Summa logicae* Ockhams umfaßt in der modernen Ausgabe 850 Seiten im Großformat. Außerdem verfaßte Ockham Kommentare zu den *Kategorien* und zu *Peri Hermeneias* des Aristoteles, nochmals 500 Seiten, sowie einen Kommentar zu den *Sophistischen Widerlegungen*, was weitere 300 Seiten hinzufügt, das ergibt insgesamt 1600 Seiten zur Logik. Mit diesem Umfang der Werke zur Logik hält sich Ockham indes durchaus im Rahmen der damals üblichen Traktate. Die Probleme waren sehr kompliziert geworden, so daß der normale Rahmen der Disputationen in den Schulen vor allem in Oxford nicht mehr ausreichte. Aber auch in Paris überschritten die aufgetretenen Fragen das, was im normalen Schulbetrieb behandelt werden konnte. Buridan verfaßte Traktate in ähnlichem Umfang wie Ockham, und diese Reihe läßt sich fortsetzen bis ins folgende Jahrhundert, wo Paulus Venetus (um 1369–1429) mit seiner *Logica magna* eine letzte große Zusammenfassung all dieser logischen Forschung lieferte: Die Britische Akademie der Wissenschaften ist mit der kritischen Edition dieses Werkes bei inzwischen sieben – allerdings zweisprachigen – Bänden angelangt, und hat dabei von den 38 Traktaten, die diese Logik umfaßt, noch nicht einmal die Hälfte bearbeitet.

Was die Magistri zur Herstellung dieser gewaltigen Traktate antrieb, ist bis heute nur zum Teil erklärt. Sicher gibt es eine innere Dynamik einzelner Disziplinen, die Entwicklungen hervorruft, die weit über den Rahmen irgendeiner Anwendung hinausgehen. Diese Tendenz war im Bereich der Logik schon seit dem 12. Jhd. zu beobachten (vgl. Kap. VIII, 2). Ursprünglich hatte die Logik im Mittelalter primär die korrekte Analyse der natürlichen Sprache zum Ziel, diente also der Auslegung von Texten. Dieser Anwendungsbereich kann die Entwicklung der Logik jedoch nur teilweise erklären. Es gibt im 14. Jhd. unter mehreren anderen neuen Traktaten auch jene *Über die Verpflichtungen (De obligationibus)*, die sich u. a. mit der schwierigen Frage selbstreferentieller Sätze befassen – diese sind auch in unserer Gegenwart für das Studium logischer Paradoxien durchaus interessant –, für diese *obligationes* konnte jedoch bis heute kein Fall einer Anwendung in einem der Traktate der Philosophie, der Theologie oder der Naturwissenschaft gefunden werden. Es ging hier also um reine Erforschung der Möglichkeiten und Grenzen der Sprache und der mit ihr möglichen Argumentationen. Im 20. Jhd. haben wir eine ähnliche Entwicklung der Logik erlebt, die dazu führte, daß Forscher sich ihr ganzes Leben lang nur mit der Logik beschäftigt haben, ohne sich irgendwann die Frage einer möglichen Anwendung dieser Forschungen zu stellen. Im 14. Jhd. war dies bei den bedeutendsten Logikern in so extremer Form nicht gegeben. Ockham verfaßte außer seinen Schriften zur Logik auch einen großen Kommentar zu den *Sentenzen* des Petrus Lombardus, einen Kommentar zur *Physik* des Aristoteles und politische Schriften, auf die noch zurückzukommen sein wird. Der Umfang und die Subtilität der logischen Arbeiten Ockhams und der vielen anderen Logiker dieser Periode bleibt jedoch ein auffallendes Faktum. Vielleicht sollte man auch daran denken, daß das 14. Jhd., wie schon erwähnt, eine Zeit ständiger Kriege (England-Frankreich, gescheiterter Kreuzzug usw.), religiöser Krisen, gesellschaftlicher und politischer Wirren und Naturkatastrophen war. Während Pesttote weggetragen wurden und auf der Straße Geißler sich den nackten Rücken blutig schlugen, war möglicherweise die Logik, wo in überprüfbarer Weise von »wahr« und »falsch«, von »gültig« und »ungültig« gesprochen werden konnte, so etwas wie die einzige Zuflucht für Philosophen, um weiterhin behaupten zu können, der Mensch sei entgegen all dem, was man beobachten konnte, doch ein »vernünftiges Lebewesen« *(animal rationale)*.

Soweit man sehen kann, überstieg der Umfang dieser Werke nicht nur das Zeitpensum, das für den Unterricht der Logik in den Universitäten zur Verfügung stand, sondern ging auch weit über das hinaus, was normale Studenten verarbeiten konnten. Über das, was im normalen Schulbetrieb verlangt wurde, sind wir über Studien- und Prüfungsordnungen recht gut unterrichtet. Es ist daher nicht verwunderlich, daß neben den umfangreichen Logik-Traktaten kleine Schultraktate verfaßt wurden, die sich für den Unterricht gut eigneten, da sie einfach Regeln mit Beispielen enthielten, was sich für das weiterhin auf Hören und Auswendiglernen basierende Studium gut eignete. Es gab sogar Erfolgsautoren solcher Schulbücher, wie die Verbreitung der Handschriften zeigt. Einer dieser Autoren war Richard Billingham, ein weiterer Thomas Manlevelt. Die Zuschreibung von Texten mit Bezug auf einzelne Magistri ist allerdings nur relativ gültig, da sie jeweils aus verschiedenen Traktaten Kompilationen herstellten, so daß sich die Texte oft fast wörtlich überschneiden. Auch wurden solche Traktate häufig von einem Magister, der damit arbeitete, ergänzt oder mit kleinen Erklärungen und anderen Beispielen versehen, so daß die Grenzen, wann ein Text noch einem und wann schon einem anderen Autor zuzuschreiben ist, fließend sind. Und auch wenn eine Zuordnung eindeutig ist, nützt sie oft nicht viel, da wir über den Autor häufig keinerlei sonstige Angaben auffinden können.

Unter den neuen Traktaten, die sich zu Beginn des 14. Jhd.s herausbildeten, war einer der wichtigsten der über die Folgerungen *(De consequentiis)*. In diesen Traktaten werden Regeln, die u. a. aus der Topik und aus den Sophismata stammen, unter bestimmten Gesichtspunkten zusammengestellt. Der früheste Traktat dieser Art stammt aus den Jahren um 1300 und wurde von Walter Burleigh (um 1275–1344/1345) zusammengestellt, der später die umfangreiche Schrift *Über die Reinheit der Kunst der Logik (De puritate artis logicae)* in einer längeren und einer kürzeren Version verfaßte, mit der sich auch Ockham auseinandersetzte. Es gibt auch wieder ein kleines Schulbuch eines anonymen Autors, das auf den Folgerungstraktaten Ockhams und Burleighs und anderer Autoren beruhte *(Liber consequentiarum)*, außerdem gab es *Contraconsequentiae*, also Traktate, die sich mit bestimmten Fragen der Folgerungslehre eines bestimmten Autors auseinandersetzten, und dies sind nur ganz wenige Beispiel eines Teilgebiets der Logik. Im ganzen fand also ein reger Austausch in Lehre und Forschung statt, und oft waren daran junge und später nicht bekannt gewordene Magistri beteiligt, was auch einer der Gründe dafür ist, daß sehr viele dieser Traktate bis heute nicht ediert sind.

Da in der bisherigen Darstellung der Geschichte der Philosophie sowohl in der Philosophie der Antike (vgl. 1. Teil, Kap. VIII, 3) wie auch in der des Mittelalters (vgl. 2. Teil, Kap. VII, 3, 2, b) der Frage der *logischen Folgerung* besondere Aufmerksamkeit gewidmet wurde, soll diese Lehre wie sie in zahlreichen englischen Traktaten *De consequentiis* behandelt wird in ihrer einfachsten Form hier kurz dargestellt werden. Nehmen wir einige den meisten Autoren bekannte Regeln aus einem kleinen Schulbuch des Wilhelm von Osma, eines im übrigen völlig unbekannten Magisters. In diesem wie in beinahe allen Traktaten zu diesem Thema wird nicht genau zwischen Konditionalsätzen, die durch »wenn« *(si)* gekennzeichnet sind, und Folgerungen, die durch »folglich« *(ergo)* gekennzeichnet sind, unterschieden. Die Unterscheidung von logischen Gesetzen und logischen Regeln war zwar im Prinzip bekannt, wurde aber faktisch kaum zur Anwendung gebracht. Der Einfachheit halber wird in den folgenden Formalisierungen die Form von Gesetzen verwendet, obwohl dem Wortlaut der Texte nach eher an Regeln gedacht ist. Für jede Folgerung gilt allgemein:

I.8 Falls eine Folgerung vorliegt und – gesetzt den Fall, dies sei möglich – das Antezedens wahr und das Konsequens falsch sein kann, dann ist die Folgerung nicht gültig. (Wilhelm von Osma: *Über die Folgerungen*. S. 5)

Es ist also ein Kriterium oder eine notwendige Bedingung einer gültigen Folgerung, daß es nicht der Fall sein darf, daß das Antezedens wahr, das Konsequens aber falsch ist, d. h.:

$$p \rightarrow q \Leftrightarrow \mathbf{U}(\mathbf{W}p, \mathbf{F}q) \text{ oder: } \mathbf{U}(p \wedge \neg q).$$

Diese Regel zeigt, daß die mittelalterliche Folgerungslehre von Bedingungen ausging, die der heutigen strikten Implikation entsprechen. Es wird dann eine grundlegende Unterscheidung zwischen *formalen* und *materialen Folgerungen* getroffen, wobei bei der formalen Folgerung ein innerer Zusammenhang zwischen Antezedens und Konsequens besteht:

I.1 Jede beliebige Folgerung ist gültig und formal, in der das Konsequens formal im Antezedens begriffen wird *(consequens intelligitur formaliter in antecedente)*. (Ebd. S. 3)

Durch die Bestimmung, daß bei der formalen Folgerung das Konsequens formal im Antezedens begriffen werden muß, zeigt sich, daß für die formale Folgerung die Regel [I.8] nur eine *notwendige*, nicht aber eine *hinreichende* Bedingung der Gültigkeit darstellt. Ähnliche Formulierungen finden sich bei zahlreichen anderen Logikern, so z. B. bei Ockham, Burleigh, Manlevelt und Billingham. Es liegt also bei der formalen Folgerung nicht eine rein durch Wahrheitswerte definierte Implikation vor. Eine hinreichende Bedingung liegt nur dann vor, wenn das Konsequens »formal« im Antezedens begriffen wird *(consequens intelligitur formaliter in antecedente)*. Was aber ist gemeint, wenn gefordert wird, daß das Konsequens »formal« im Antezedens begriffen wird? Dies wird im Traktat Wilhelms von Osma zwar nicht ausdrücklich expliziert, läßt sich aber aus den weiteren Regeln ersehen: Damit sind inhaltliche, aber doch formale Beziehungen zwischen Antezedens und Konsequens gemeint, wie sie vor allem durch die Regeln der Topik und der Syllogistik geliefert werden. Obwohl Abaelards Schriften schon im 13. Jhd. nicht mehr gelesen wurden, liegt hier wieder jener Zusammenhang vor, der uns schon bei diesem begegnet ist (vgl. Kap. VII, 3, b). Dies wird aus einem von Wilhelm von Osma angeführten Beispiel für das *intelligitur in* deutlich: Aus der Aussage »Ein Mensch läuft« folgt die Aussage »Ein Lebewesen läuft« (*Über die Folgerungen* I.1. S. 3). Man könnte hier zwar auch die syllogistische Prämisse »Alle Menschen sind Lebewesen« ergänzen, es ist aber doch zunächst an eine topische Regel zur Erklärung gedacht. Die Herkunft und der Hintergrund der Gültigkeit des Beispiels ist ganz deutlich. In einem bekannten und weitverbreiteten Handbuch der Logik des 13. Jhd.s von William von Sherwood ist zu lesen:

»Ein Mensch läuft, also läuft ein Lebewesen.« Es liegt ein Ort aus der Art *(locus a specie)* vor. Maxime: Was auch immer von einer Art ausgesagt wird, das wird von der Gattung ausgesagt. (William of Sherwood: *Einführung in die Logik*. Hamburg 1995. S. 91)

Also: Die Folgerung von einer Aussage mit dem partikulären Subjekt-Artbegriff »Mensch« zu einer Aussage mit dem partikulären Subjekt-Gattungsbegriff »Lebewesen« ist gültig, und die Beziehung von Art zu Gattung gibt tatsächlich die Möglichkeit, die eine Aussage in der anderen »formal« zu begreifen. Dies ist selbstverständlich nur ein Beispiel dafür, in welcher Weise inhaltlich, aber formal aus einem Antezedens ein Konsequens folgt. Die Regel, die bei Wilhelm von Sherwood angeführt wird, stammt ihrerseits aus der *Topik* des Boethius. Dieses Beispiel und die herangezogene Regel zeigt auch gut, in welcher Weise die Logiker des 14. Jhd.s logische Zusammenhänge aus Traditionen, die bis in die späte Antike reichen, in neue Zusammenhänge hineinstellten. Daß dabei die Kohärenz der neuen Zusammenhänge manchmal nicht gewährleistet war, ist verständlich.

Die zweite Art der Folgerung, also die *materiale* Folgerung, bezieht sich auf Folgerungen, die Abaelard nicht zulassen wollte, die aber schon im 12. Jhd. durchaus bekannt und von anderen Logikern als gültig anerkannt wurden (vgl. z. B. Alexander Neckham in Kap. VII, 3, b):

I.17 Notwendiges folgt auf Beliebiges. (Wilhelm von Osma: *Über die Folgerungen*. S. 9)

I.18 Aus Unmöglichem folgt Beliebiges. (Ebd.)

p	q	$p \to q$
w	w	w
w	f	f
f	w	w
f	f	w

Damit haben wir – allerdings im Rahmen von Modalitäten formuliert – die gesamte Tafel der Wahrheitswerte vor uns. [I.8] liefert die zweite Zeile, [I.18] die dritte und die vierte Zeile, und [I.17] die erste und dritte Zeile. Es bleibt aber bestehen, daß dieses Schema der Tafel der Wahrheitswerte nicht den Rahmen der mittelalterlichen Folgerungslehre liefert: Nur für die materiale Folgerung sind die *Wahrheitswerte* notwendige und hinreichende Bedingung der Gültigkeit, während für die formale Folgerung diese nur die *notwendige*, nicht aber die *hinreichende* Bedingung darstellen; letztere wird, wie gesagt, durch eine Begriffsbeziehung zwischen Antezedens und Konsequens hergestellt. Dieser Sachverhalt macht deutlich, daß die mittelalterlichen Logiker von einem Verständnis ausgegangen sind, das durch unsere moderne Systematik der Aussagen- und Prädikatenlogik nicht adäquat erfaßt werden kann. Die mittelalterlichen Logiker haben das, was hier als materiale Folgerung – also [I.17] und [I.18] – verstanden wurde (die französischen und die von Buridanus abhängigen Logiker zählen noch andere Fälle zur materialen Folgerung) immer mit einer gewissen Skepsis betrachtet. Ockham sagt, diese Folgerungen seien »wenig gebraucht« (*Logica* III-3, c. 38. S. 731), und es gab auch im 14. Jhd. einzelne Logiker, die die Gültigkeit dieser Folgerungen grundsätzlich bestritten. Der Grund für diese Zurückhaltung ist ziemlich klar: Die Logik sollte relevanten Disputationen dienen, stellt aber jemand z. B. ein unmögliches Antezedens auf und folgert daraus einmal eine Aussage und dann deren Gegenteil, so verwendet er zwar eine logisch zulässige Regel, hat aber kein Argument vorgebracht, das irgendeine sachliche Relevanz haben kann.

In den Folgerungstraktaten gibt es dann eine große Anzahl von weiteren Regeln, von denen nur einige aufgeführt seien.

I.2 In jeder gültigen und formalen Folgerung folgt aus dem kontradiktorischen Gegenteil des Konsequens das kontradiktorische Gegenteil des Antezedens. (Wilhelm
 von Osma: *Über die Folgerungen.* S. 3)

$$p \rightarrow q \Leftrightarrow \neg q \rightarrow \neg p$$

Daß es sich hier um eine Äquivalenz handelt, wird bei verschiedenen Autoren ausdrücklich festgestellt, die Regel wird jedoch auch als Kriterium einer gültigen Folgerung aufgefaßt.

Bei den folgenden Regeln handelt es sich um solche, bei denen im Prinzip der Inhalt der Aussagen keinerlei Rolle spielt, die also formal im ganz modernen Sinn der Aussagenlogik sind. Nach dem Verständnis des Wilhelm von Osma, der hier mit Ockham, Burleigh und vielen anderen übereinstimmt, muß jedoch dann, wenn wie in der folgenden Regel eine weitere Folgerung, also z. B. $q \rightarrow r$, gebildet wird, auch diese wiederum eine formale Folgerung im oben genannten Sinn sein.

I.4 Was immer auf das Konsequens folgt, folgt auf das Antezedens. (Ebd.)

$$(p \rightarrow q) \rightarrow [(q \rightarrow r) \rightarrow (p \rightarrow r)]$$

Und ganz entsprechend:

I.5 Was immer dem Antezedens vorangeht, geht auch dem Konsequens voran. (Ebd.)

$$(p \rightarrow q) \rightarrow [(r \rightarrow p) \rightarrow (r \rightarrow q)]$$

Den mittelalterlichen Logikern war natürlich klar, daß bei [I.4] und [I.5] das Umgekehrte nicht gilt, was häufig auch ganz ausdrücklich hinzugefügt wird.

Nach diesen Beispielen von Regeln zur Implikation nun einige zur *Konjunktion*, die bei den mittelalterlichen Logikern als »kopulative Aussage« bezeichnet wurde. Zunächst die Wahrheitsbedingungen:

IV.1 Falls eines der Hauptglieder der kopulativen Aussage falsch ist, dann ist die ganze kopulative Aussage falsch; wenn jedes von beiden wahr ist, dann ist die ganze kopulative Aussage wahr. (Ebd. S. 27)

p	q	$p \wedge q$
w	w	w
w	f	f
f	w	f
f	f	f

Dies ist genau die Definition der Konjunktion entsprechend unseren modernen Wahrheitswerten, die von den Autoren herangezogenen Beispiele zeigen aber, daß sie auch bei der Konjunktion nicht einfach beliebige, völlig unzusammenhängende und andersgeartete Aussagen aneinanderreihen wollten: Es finden sich also Beispiele wie »Sokrates läuft und Platon disputiert«, nicht aber solche wie »Sokrates läuft und die Winkelsumme eines Dreiecks ist gleich der Summe von zwei rechten Winkeln«. Diese Frage wird bei den mittelalterlichen Logikern nicht thematisiert, es kann jedoch die Vermutung geäußert werden, daß sie bei der Konjunktion wie bei der Disjunktion immer an Aussagen dachten, die ein und demselben kategorialen Bereich angehören, daß sie also auch bei diesen Operatoren eine »striktere« Interpretation zugrundelegten als die in der modernen Aussagenlogik angewandte. Nun einige Regeln der Konjunktion: | 471

IV.2 Von einer ganzen kopulativen Aussage zu jedem ihrer Glieder ist eine gültige Folgerung. (Ebd.)

$$(p \wedge q) \rightarrow p \text{ und: } (p \wedge q) \rightarrow q$$

Ausdrücklich wird gesagt, daß das Umgekehrte nicht gilt:

IV.4 Von einem Glied der kopulativen Aussage zur ganzen kopulativen Aussage ist die Folgerung nicht gültig. (Ebd. S. 29)

Bei der *Disjunktion*, also dem »oder«, waren sich die mittelalterlichen Autoren nicht ganz sicher, ob sie ein exklusives oder ein inklusives »oder« verwenden sollten. Verschiedene Autoren scheinen folgende Strategie zu verfolgen: »Normalerweise« wird mit einem exklusiven »oder« gearbeitet, man läßt sich aber für besondere Fälle auch die Option eines inklusiven »oder« offen. Dies bedeutet für diese Logiker, daß eine Festlegung wie im Fall der Konjunktion vermieden werden muß. Wilhelm von Osma nimmt daher zu der Frage der Wahrheitsbedingungen der Disjunktion einfach keine Stellung, d. h., er führt bei der Disjunktion keine zur Konjunktions-Regel [IV.1] entsprechende Regel an, er beschränkt sich also auf »sichere« Regeln, bei denen diese Frage keine Rolle spielt.

V.2 Von einem Glied der disjunktiven Aussage zur ganzen disjunktiven Aussage ist eine gültige Folgerung. (Ebd. S. 31)

$$p \to (p \vee q) \text{ und: } q \to (p \vee q)$$

V.3 Von einer ganzen disjunktiven Aussage mit dem Gegenteil des einen Gliedes zum anderen ihrer Glieder ist eine gültige Folgerung. (Ebd.)

$$[(p \vee q) \wedge \neg p] \to q \text{ und: } [(p \vee q) \wedge \neg q] \to p$$

Interessanterweise fehlt eine Regel, die sagen würde, ob auch $(p \vee q) \wedge p] \to \neg q$ gilt. Unter Voraussetzung einer exklusiven Disjunktion gilt dies nämlich, unter Voraussetzung einer inklusiven Disjunktion hingegen nicht – unser Autor nimmt dazu schlicht keine Stellung. Auch die beiden sogenannten De Morganschen Regeln, die

allerdings nur unter der Voraussetzung eines inklusiven »oder« allgemein gültig sind, waren den mittelalterlichen Autoren bestens bekannt (woher sie diese vermutlich nicht von ihnen erfundenen Regeln bezogen haben, ist allerdings nicht klar):

IV.5 Das kontradiktorische Gegenteil einer kopulativen Aussage ist eine disjunktive Aussage, die aus dem jeweiligen Gegenteil der Glieder jener kopulativen Aussage besteht. (Ebd. S. 29)

$$\neg(p \wedge q) \Leftrightarrow \neg p \vee \neg q$$

V.4 Das kontradiktorische Gegenteil einer disjunktiven Aussage ist eine kopulative Aussage, die aus dem jeweiligen kontradiktorischen Gegenteil der Glieder jener disjunktiven Aussage besteht. (Ebd. S. 31)

$$\neg(p \vee q) \Leftrightarrow \neg p \wedge \neg q$$

Die Logiker dieser Zeit sahen auch, daß es in der Umgangssprache Ausdrücke gibt, die wie selbständige logische Operatoren wirken, die aber durch Zerlegung der Aussagen auf andere zurückgeführt werden können. Darin kommt die Absicht zum Ausdruck, die Zahl der logischen Operatoren gering zu halten, oder anders ausgedrückt: Können wir die formalen Grundbausteine der Sprache auffinden? Die Frage, wie viele logische Operatoren aber eigentlich erforderlich sind, um eine vollständige Logik einer wissenschaftlichen Beschreibungssprache, zu erstellen, wurde jedoch nicht ausdrücklich gestellt. Die Reduktionen, die vorgenommen wurden, sind nichtsdestoweniger interessant und zeigen, daß hier mit viel Scharfsinn ans Werk gegangen wurde. Als Beispiele sei die Analyse von Aussagen mit »außer« genommen. Für »außer«, »ausgenommen« und »wenn nicht« wird folgende Regel aufgestellt ($\overline{B}$ = *nicht-B*).

III.1 Eine beliebige Aussage, in der einer dieser Ausdrücke auf Seiten des Subjekts gesetzt wird, muß durch zwei Exponenten exponiert werden; z. B. wird die Aussage *Jeder Mensch außer Sokrates läuft* so exponiert: *Jeder von Sokrates verschiedene Mensch läuft, und Sokrates läuft nicht.* (Ebd. S. 21)

$$\textit{Jedes A außer B ist C} =_{\text{def}} (A\overline{B} \text{ a } C) \wedge (B \text{ e/o } C)$$

Mit Exposition ist die Analyse einer Aussage gemeint, die zunächst wie eine einfache kategorische Aussage aussieht, die aber in Wirklichkeit mehrer Aussagen (Exponenten) enthält. Der Nutzen einer solchen Analyse liegt darin, daß sich dabei zwar mehr Aussagen als vorher ergeben, die Anzahl der logischen Operatoren dabei aber vermindert wird; in unserem Beispiel: das »außer« verschwindet. – Die Aussage »Sokrates läuft nicht« wird mit »e/o« wiedergegeben, da die mittelalterlichen Logiker sich bei der Quantifizierung singulärer Aussagen nicht sicher waren und sie solche
Aussagen manchmal als partikuläre und dann wieder, allerdings seltener, als univer- | 473
selle Aussagen aufgefaßt haben.

Die hier als Beispiele aufgeführten Regeln stellen nur einen sehr kleinen Ausschnitt aus dem dar, was im 14. Jhd. in den umfangreichen Traktaten wie in den kleinen Handbüchern für die Schulen behandelt wurde. Neben der Logik gab es noch die mit dieser vielfach verknüpfte *Spekulative Grammatik*, also einer Form logischer Linguistik, die in unserer Gegenwart bei Sprachforschern auf großes Interesse stößt, da hier Fragestellungen vorliegen, die sich in manchem mit dem berühren, was Linguisten wie Noam Chomsky behandeln. Auch für diesen Bereich gilt das, was schon zur Logik des 14. Jhd.s gesagt wurde: Zahlreiche Traktate sind noch nicht publiziert, und wir können daher die Entwicklungen bisher nur in großen Zügen überblicken, es muß hier noch sehr viel Detailarbeit geleistet werden, die vermutlich noch sehr viel Interessantes zu Tage fördern wird. Es sei hier nochmals wiederholt, daß sowohl die Logik als auch die rationale oder spekulative Grammatik des 14. Jhd.s ein Gebiet darstellt, das auch für die moderne Forschung – selbst in so entfernt scheinenden Gebieten wie der künstlichen Intelligenz – wichtige Impulse liefern könnte. Was diese Logiker interessierte, war einfach die Frage, wie die »natürliche« Sprache und der »natürliche« Verstand funktioniert und wie man dieses Funktionieren in formal überprüfbare »Systeme« bringen könnte.

Die Logik aus Oxford und Paris fand rasch in ganz Europa Verbreitung. Buridans Logik wurde durch seinen Schüler Albert von Sachsen (um 1316–1390) in die 1365 gegründete Universität von Wien gebracht, deren erster Rektor er wurde. Ebenso aus der Schule von Paris hervorgegangen ist Marsilius von Inghen (um 1340–1396), der

der erste Rektor der Universität Heidelberg wurde. Beide haben auch wiederum einflußreiche Lehrbücher der Logik verfaßt. Die neugegründeten Universitäten im deutschsprachigen Bereich, also Prag, Wien, Erfurt und Heidelberg, standen alle im Zeichen des Einflusses der Pariser und Oxforder Logik und Naturphilosophie, wobei Paris die größere Bedeutung hatte.

4. Das Nominalistenstatut

Die öffentliche Auseinandersetzung um die Philosophie Ockhams setzte schon zu seinen Lebzeiten ein. Ockham selbst, inzwischen in München und mit Schriften zur Politik befaßt, nahm an dieser Auseinandersetzung nicht teil. Ob er davon überhaupt Kenntnis erhielt, wissen wir nicht, daß er aber davon gar nichts erfahren hat, ist eher unwahrscheinlich. Im Jahre 1339 erließ die Universität Paris ein Dekret, in dem es hieß, die Lehre Ockhams dürfe nicht in den offiziellen Lehrplan aufgenommen werden, da es noch nicht feststehe, daß sie nicht Irrtümer enthalte. Wie üblich wurden Strafen gegen jene angedroht, die sich nicht an diese Bestimmungen halten würden, und wie gewöhnlich wurden diese Bestimmungen von den meisten

nicht beachtet. Johannes Buridanus ist der bekannteste jener, die diese Verordnungen offen mißachteten, und die Autoritäten der Universität sahen sich daher veranlaßt, erneut einzuschreiten. Am 29. Dezember 1340 wurde ein neues Dekret veröffentlicht, das als Nominalistenstatut bekannt geworden ist. In diesem Statut wird allerdings in den die Lehre betreffenden Punkten Ockham gar nicht genannt, nur am Ende dieses Statuts wird nochmals auf die Verordnungen des Dekrets von 1339 hingewiesen. Da Ockham im Dekret von 1340 nicht ausdrücklich genannt wird, hat es in der Forschung eine lange Diskussion darüber gegeben, ob mit diesen Verurteilungen Ockham eigentlich gemeint sei. Die Frage ist tatsächlich nicht einfach zu beantworten, da nicht alle verurteilten Thesen sich dem Wortlaut nach bei Ockham finden. Der Sache nach sollte jedoch der Nominalismus getroffen werden, wie er tatsächlich auf Ockham zurückgeht. Die Verurteilungen sind auch deshalb nicht leicht zu beurteilen, weil sie zwar dem Schutz der theologischen Interpretation der Heiligen Schrift gelten, aber doch eindeutige philosophische Implikationen enthalten. Die im Statut vorausgesetzte Position ist, daß es bei allen wissenschaftlichen Aussagen eine erkennbare zugrundeliegende Sache gebe, die die Grundlage wissenschaftlicher Aussagen abgibt. Es ging also im Prinzip wieder um jene Frage, die schon die »Diskussion« zwischen Lutterell und Ockham beherrscht hatte: Liefert uns die Sprache einen Zugang zur Wirklichkeit, wie es die Vertreter der Tradition wollten, oder bewegen wir uns »nur« im Bereich unserer Zeichen mit denen wir uns über die Wirklichkeit verständigen? Diese Gegenüberstellung wird sehr deutlich ausgesprochen:

Desgleichen soll niemand behaupten, es gäbe kein Wissen von den Dingen *(de rebus)*, sondern immer nur von den Zeichen *(signa)*, d. h. von den Begriffen und Ausdrücken *(termini vel orationes)*, denn in den Wissenschaften benutzen wir die Begriffe für die Dinge *(in scientiis utimur terminis pro rebus)*, die wir nicht zu unseren Disputationen tragen können. Unser Wissen ist daher ein Wissen von den Dingen, wenn auch auf dem Weg über die Begriffe oder Ausdrücke. (Übers. in Paqué 1970. S. 11 und S. 13)

Es geht bei diesen Verurteilungen also primär und sehr deutlich um die Bestimmung des Verhältnisses von *Sprache* und *Wirklichkeit* sowie um den Gegenstand wissenschaftlicher Aussagen. Die Zielrichtung des Statuts ist, festzuhalten, daß es bei wissenschaftlichen Aussagen letztlich um die Erkenntnis der Dinge und nicht um die Analyse von sprachlichen Aussagen geht, und damit soll der Nominalismus getroffen und implizit ein erkenntnistheoretischer Realismus festgeschrieben werden. Die Opportunität des Statuts läßt allerdings einige Fragen offen, und auch akademisch war die Frage Nominalismus-Realismus noch durchaus offen. Daß die Zeit des Realismus historisch abgelaufen war, wurde weiter oben im 1. Abschnitt dieses Kapitels erläutert, dies gilt aber eben nur aus unserer historischen Retrospektive, für die streitenden Parteien des 14. Jhd.s war hier noch gar nichts entschieden. Es gab auch im 14. Jhd. ganz hervorragende Philosophen, die sich zum metaphysischen Realismus bekannten. Der aus heutiger Sicht bedeutendste war vermutlich Walter Burleigh (um 1275–1344/1345), m. E. der auch im direkten Vergleich mit Ockham scharfsinnigste Logiker der ersten Hälfte des 14. Jhd.s, ein weiterer war Walter Chatton (1285–1344), der mit Ockham in der Armutsfrage ebenso übereinstimmte, wie er mit dessen Erkenntnistheorie nicht übereinstimmte. Das Problem des Statuts liegt aber möglicherweise gar nicht unbedingt im Nominalisten-Realisten-Streit, sondern in einer Frage intellektueller Disziplin. Ockham und Burleigh haben erkenntnistheoretisch und metaphysisch unvereinbare Positionen vertreten, sie teilten aber einen Standard wissenschaftlicher Diskussion, der von den Autoren des Statuts nicht anerkannt wurde. Wenn die Philosophie nicht auf die »eigentliche Bedeutung der Worte« achtet, wofür ist sie dann überhaupt nützlich? Die Vorstellung von »Sophisterei«, die von den Verfassern des Statuts vorausgesetzt wird, ist für Ockham wie für Burleigh intellektuelle Verantwortungslosigkeit:

Eine Disputation, die nur auf die eigentliche Bedeutung der Worte aus ist und keinen Satz gelten läßt, der nicht in seinem eigentlichen Sinne richtig ist, wird zur bloßen Sophisterei. Bei dialektischen Disputationen und Lehrdisputationen, in denen es um die Suche nach der Wahrheit geht, achtet man nicht allzu sehr auf Worte *(modicam habent de nominibus sollicitudinem)*. (Ebd. S. 11)

»Nicht allzusehr auf Worte zu achten«, wenn es um die »Suche nach Wahrheit« geht, ist eine Forderung, die hinter allen philosophischen Entwicklungen zurückgeblieben ist. Hier ist der Gegensatz zu Ockham ganz klar, aber genauso der zu den damaligen philosophisch verantwortungsbewußten Realisten. Im Rahmen der Artes der mittelalterlichen Universität hatte die Logik die zentrale Rolle innegehabt, und es war die Aufgabe der Logik gewesen, genau auf den Gebrauch der Worte zu achten. In dieser Schulung lag die propädeutische Funktion der Logik für die »höheren« Fakultäten der Theologie, der Rechtswissenschaft und sogar der Medizin. Für die Suche nach der Wahrheit hatte sich dann die Philosophie als Sprachlogik für alle Bereiche, also auch für die Naturphilosophie und die Ethik herausgebildet. In dieser Hinsicht war die Philosophie des 14. Jhd.s tatsächlich die *via moderna*, und auch wenn die Philosophen der Neuzeit diese »Modernität« für langeZeit vernachlässigt haben, sind sie doch im 20. Jhd. auf Umwegen wieder zu diesem primär sprachlogischen Verständnis ihrer Disziplin gelangt (vgl. 3. Teil, Kap. XI, 2, und Kap. XXIV–XXVI). Die Autoren des Nominalistenstatuts der Pariser Universität von 1340 haben nicht nur die Zeichen der Zeit nicht verstanden, sondern haben sich auch von der besten Tradition ihrer eigenen Institution, die maßgeblich auch für fast alle neuen Universitäten geworden war, verabschiedet.

Die Autoren des Statuts wollten sicher den »Ockhamismus« treffen, nur: Diesen als existent angenommenen Ockhamismus hat es gar nicht gegeben, und von einer »Ockhamschen Schule« kann man erst im 15. Jhd. sprechen. Für die Philosophen in England war Ockham einer von mehreren bedeutenden Philosophen, aber nicht der Anführer einer Richtung. Etwas anders war die Situation in Paris, was auch die dortige Reaktion, die in diesem Statut zum Ausdruck kommt, erklärlich macht. Seit der Mitte des 14. Jhd.s standen die Lehren Ockhams dort im Zentrum der Diskussion, aber auch dort kann man nicht wirklich von einer »Ockhamschen Schule« sprechen. Letztlich bleibt uns bei Ockham nichts anderes übrig als Ockhams Texte zu studieren, und da ist sicher noch viel zu finden, der »Ockhamismus«, den das Statut zu bekämpfen suchte, und der auch später noch verfolgt wurde, bleibt jedoch ein schwer greifbares und noch schwerer definierbares Phantom. Das Grundproblem des Kampfes, und es war tatsächlich eher ein Kampf und keine Auseinandersetzung, ist allerdings deutlich. Der Ockhamismus schien den Vertretern des Statuts den Boden unter den Füßen wegzuziehen: Mit Zeichen konnte man seit Augustinus immer schon gut umgehen – was aber, wenn hinter den Zeichen ein »Ding an sich«, eine Realität, nicht mehr greifbar ist? Im Statut kommt die Angst vor dem Phänomenalismus zum Ausdruck, den ja manche moderne Interpreten – m. E zu Recht – schon bei Nicolaus von Autrecourt meinten, feststellen zu können. Auch hier kündigt sich eine Grundproblematik der Philosophie und Wissenschaftstheorie der Neuzeit an: Kant und die Folgen bis zu R. Carnap, A. J. Ayer, N. Goodman und anderen im 20. Jhd.

5. Ethischer Positivismus

Auf die Bedeutung des Individuellen im 14. Jhd. ist schon hingewiesen worden. Wir verbinden heute die Vorstellung von Individualismus mit der von Freiheitsbewußtsein, das 14. Jhd. war aber nicht eine Periode des Freiheitsbewußtseins, und Ockham war nicht der Meinung, daß die Willensfreiheit bewiesen werden könne. Nichtsdestoweniger gehört die Annahme der *Freiheit* zu den Grundvoraussetzungen der ockhamschen Theologie, denn für ihn ist das »Gesetz der Freiheit« in der *Bibel* grundgelegt und er meinte darüber hinaus, daß es empirische Anhaltspunkte für die Freiheit gebe, daß wir also eine Erfahrung der Freiheit hätten, insofern wir die Erfahrung machen, etwas tun zu sollen und es doch nicht zu tun. Ockham brauchte die Annahme der Freiheit des Menschen, um von *sittlicher Verpflichtung* sprechen zu können. Bei der Explikation dieser sittlichen Verpflichtung ging er den Weg konsequent weiter, den Duns Scotus vorgezeichnet hatte: Der Grund der sittlichen Verpflichtung wird ausschließlich in den allmächtigen Willen Gottes verlegt. Diese Auffassung hat zur Folge, daß Ockham und mit ihm die meisten Nominalisten annehmen mußten, daß wir nicht sagen können, etwas sei von Gott angeordnet, weil es sittlich gut ist, sondern etwas sei sittlich gut, weil es von Gott angeordnet ist. Die Vorstellung des absoluten göttlichen Willens in der von Ockham (mit Scotus) angenommenen Form läßt nicht zu, daß der göttliche Wille an irgend etwas – ausgenommen die Vermeidung von logisch Widersprüchlichem, was aber nicht als etwas dem göttlichen Willen Äußerliches angesehen wird – gebunden ist, was nicht er selbst ist. Gebote bzw. Verbote haben somit letztlich nur einen positiven Grund, d. h. sie gehen auf eine göttliche Setzung zurück. Die philosophische Analyse bleibt bei dieser formalen Aussage stehen, denn: *Was* Gott gewollt hat, kann nur er selbst sagen, genau dies ist aber nicht das Gebiet philosophischer Analyse. Die konkrete Ethik wird damit an die positive Moraltheologie abgegeben, und diese kann dann nur sagen: Auch Sittengesetze wie das Verbot der Tötung oder des Ehebruchs sind deshalb verbindlich, weil Gott es so gewollt hat – weiter kommen wir nicht. Der normale Gläubige wird dann einfach den Geboten folgen, der philosophisch Gebildete weiß aber, daß Gott, wenn er gewollt hätte, in einer anderen Welt auch ganz anderes hätte anordnen können. Man kann sich diese Vorstellung leicht klar machen: Eine Welt, in der die Menschen in »Herden« leben, wo es also keine Ehe und somit auch keinen Ehebruch gibt, ist logisch schließlich nicht widersprüchlich. Auch z. B. ein viel weitergehenderes Tötungsverbot – bezogen auf alle Tiere – wäre vorstellbar usw. – Der ethische Positivismus Ockhams ist häufig diskutiert worden, und es wird von manchen neueren Interpreten angenommen, es handle sich hierbei eigentlich um ein Mißverständnis. Man muß allerdings sehen, daß Ockham selbst zu der Annahme eines solchen Positivismus Anlaß gegeben hat. In der jüdischen Religionsphilosophie, die ein breites Gebiet positiver Gesetzte zu »begründen« hatte, war versucht worden, diesen Gesetze in dem Vernunftgebot der Gottesliebe einen rationalen Halt zu geben (vgl. Kap. X). Auch Duns Scotus hatte noch

mit dieser Möglichkeit gerechnet. Bei Ockham wird jedoch sogar das Gebot der Gottesliebe zum positiven Gesetz, das nur deshalb als ethische Verpflichtung angesehen werden kann, weil Gott es so angeordnet hat, und konsequenterweise ist er der Meinung, Gott hätte auch das Gegenteil, also den Gotteshaß anordnen können (*Sentenzenkommentar* II, qu. 15. *Opera theologica* V. S. 353, u. ö.). Sicher ist bei diesen Stellen Vorsicht geboten, da es sich dabei um eine *reportatio*, also um eine Nachschrift der Vorlesungen, und nicht um eine *ordinatio*, also um eine vom Autor durchgesehene Nachschrift, handelt. Nichtsdestoweniger meine ich, daß hier Ockham korrekt wiedergegeben wird, und dies dürfte auch dadurch bestätigt werden, daß Lutterell darauf – verständlicherweise mit großem Entsetzen – zu sprechen kommt. Diese These wurde zudem auch von anderen vertreten. So findet sie sich etwa unter den Sätzen, die Nicolaus von Autrecourt wiederrufen mußte, wieder (DS 1049). Bei dem angeführten Beispiel handelt es sich um eine zwar ganz ernst gemeinte These, bei der aber möglicherweise auch die Absicht vorlag, durch die Formulierung zu provozieren, wie es die Logiker des 14. Jhd.s gerne taten (vgl. weiter unten 7). Was Ockham hiermit zum Ausdruck bringen will, entspricht im Bereich der Ethik dem, was er im Bereich der Naturphilosophie für – theologisch begründet – richtig hält: Die Welt ist eine der vielen möglichen Welten. In jeder der anderen Welten müßten irgendwelche andere – von
478 | Gott gewollte und angeordnete – Naturgesetze oder irgendwelche andere Sittengesetze gelten. Nicht nur physikalische, sondern auch sittliche Gesetze sind also radikal kontingent. Ockham will also die Kontingenz der gesamten Welt in aller Schärfe zum Ausdruck bringen, und Kontingenz (= **K**) bedeutet: Auch das Gegenteil dessen, was der Fall ist (*p*), ist möglich: $\mathbf{K}p =_{\mathrm{def}} p \wedge \neg\mathbf{U}\neg p$. Dies muß für deskriptive wie für normative Sätze gleicherweise gelten. Radikal gedachte Kontingenz bedeutet eben – vom Menschen her gesehen – eine »positivistische« Sicht der Welt in ihrer physikalischen wie in ihrer moralischen Ordnung. Damit ist kein »Willkürgott« konstruiert, wohl aber ein gänzlich freier Gott, der alles außer dem Widersprüchlichen schaffen bzw. anordnen kann. Und, weniger provokativ als bei Ockham formuliert: Ist die Vorstellung eines Gottes, der z. B. zwar die Gottesverehrung anorden könnte, aber ebenso gut auch keinerlei Gottesverehrung wünschen könnte, wirklich so skandalös? – Will man die faktisch existierende Welt aus dem Status einer beliebigen aus unendlich vielen möglichen herausholen, und sie somit nicht mehr »positivistisch« betrachten, so bleibt eigentlich nur das, was Leibniz später versucht hat: Die Welt ist die beste aller möglichen Welten, weil Gott nichts anderes als das Beste schaffen kann (vgl. 3. Teil, Kap. XI, 5). Abgesehen davon, daß es nicht so einfach ist, die faktisch existierende Welt als die beste aller möglichen Welten anzusehen, ist man dann genau wieder bei dem entgegengesetzten Problem, das Ockham gerade lösen wollte: Wie ist dann Gott als frei zu denken, wenn er – um mit seiner göttlichen Vernunft nicht in Widerspruch zu gelangen – doch eigentlich nur die beste aller möglichen Welten schaffen kann? Mit Kant müßte man sagen: Wenn beide Seiten einer metaphysischen Alternative aporetisch enden, ist irgendwo schon in der Fragestellung etwas nicht in Ordnung.

Die menschliche Vernunft wird bei Ockham bei der Frage moralischer Regeln allerdings nicht völlig ausgeschaltet. Da Gott nun einmal die Welt, den Menschen und die Gesellschaft in einer bestimmten Weise geordnet hat *(potentia ordinata)*, kann der Mensch erkennen, daß für ihn wie für das Zusammenleben mit den anderen Menschen bestimmte Handlungen schädlich sind, d. h.: Die Analyse kann aus der konkreten Naturordnung bestimmte Nutzen-Schaden-Relationen erheben. Auf diese Weise gelingt es Ockham auch, zu erklären, wieso Philosophen bestimmte sittliche Vorschriften schon vor der Offenbarung haben erkennen können. Erschwert wird aber diese Erkenntnis wiederum durch die nur theologisch wißbare Tatsache der Erbsünde – wir können also ganz und gar nicht genau wissen, was nun die von Gott gewollte Naturordnung ist und was zur Strafordnung gehört. Offensichtlich waren aber viele Menschen des 14. Jhd.s an all diesen Fragen überhaupt nicht mehr interessiert und meinten, daß es nur eine Naturordnung gebe, daß diese ganze nur geoffenbarte Ordnung, von der die Kirche und die Theologen sprachen, also gar nicht existiere. Bradwardine hatte den Eindruck, in einer Welt von Pelagianern zu leben (vgl. zu diesen Kap. III, 5) und sah sich daher 1344 veranlaßt, eine Schrift gegen diese zu verfassen *(De causa Dei adversus Pelagium)*.

Im philosophisch-theologischen Bereich sehen wir hier die letzten Konsequenzen jener Auseinandersetzung, die etwa 50 Jahre vorher zu den Verurteilungen von 1277 geführt hatte. Bestimmte Theologen wie kirchliche Autoritäten hatten gefürchtet, der »Rationalismus« in Philosophie und Theologie würde die Offenbarung – und so auch die Notwendigkeit kirchlicher autoritativer Vermittlung der Offenbarung – aushöhlen. So hatten die Philosophen der folgenden Zeit, unübersehbar seit Scotus, einen Gottesbegriff um die Vorstellung der Allmacht Gottes konzentriert, der der Offenbarung und dem göttlichen Gesetz allen Raum ließ. Die Vertreter der Offenbarung hatten jetzt im Prinzip alle Autorität, die sie wollten, um sich auf göttliches und somit unhinterfragbares Gesetz berufen zu können, aber sie hatten im Bereich der Theorie keine Möglichkeit mehr, dieses Gesetz als mehr als sehr relativ, d. h. bezogen auf eine faktische Ordnung, zu erklären, und wenn man zu jeder Moralvorschrift eigentlich dazusagen müßte, daß auch ihr Gegenteil möglich und angeordnet sein könnte, so fördert dies sicher nicht den Geltungscharakter der Vorschrift. Überdies waren eben diese die »göttlichen Anordnungen« auslegenden Autoritäten im 14. Jhd. faktisch fragwürdig geworden, aber auch prinzipiell wurden Einwände laut. Ockham wird es mit aller Deutlichkeit klar machen, daß es in dieser radikal kontingenten und endlichen Welt keine unbeschränkte oder gar unfehlbare Autorität geben kann.

Es ist vermutlich so, daß eine ethische und gesellschaftliche Ordnung eher dann plausibel begründet erscheint, wenn auch die Instrumente zu ihrer Durchsetzung vorhanden sind. Genau diese Instrumente waren aber im 14. Jhd. sehr schwach. Die offizielle Rechtsprechung verfiel zusehends, und um sich irgendwie zu schützen, wurde auf Privatinitiative hin die Feme eingerichtet, mit der sich die Menschen selbst positiv ihre eigenen Rechtsgrundsätze und Strafen festlegten. Auch die Magistri der Universität, vor allem natürlich der von Paris, zeichneten sich in der zweiten Hälfte des 14. Jhd.s nicht durch moralische Vorbildlichkeit aus. Sie paßten sich in vielen Fällen jeweils den faktischen Machtverhältnissen, dem positiv Gegebenen also, an und waren durch entsprechende Bestechungsgelder für so ziemlich alles zu haben. Die moralisch klägliche Rolle, die Pariser Professoren zu Beginn des 15. Jhd.s im Prozeß gegen die Jungfrau von Orléans spielen werden (1430), ist nur eine letzte Konsequenz einer Haltung, die sich einfach den Fakten anpaßt und die davon ausgeht, daß dort, wo die Macht ist – in diesem Fall bei den Engländern, wie sie meinten – auch die göttliche Ordnung liegen müßte.

Die meisten Menschen orientierten sich am unmittelbar erfahrbaren Objekt, das weniger qualitativ als vielmehr quantitativ beurteilt wurde – Positivität und Quantität waren maßgebend. Die Speisezettel von Festmählern dieser Zeit wirken barbarisch; auch die Erotik, eines der großen Elemente mittelalterlich symbolisierender Kultur, hatte hier keinen Platz mehr, und an ihre Stelle trat die Sexualität – die »Badehäuser« hatten Hochkonjunktur. Straßenraub gehörte zum Alltag. Die im Norden erst jetzt richtig beginnende Stadtentwicklung, die arme Bauern wie verarmte Ritter gleicherweise anzog und somit die Menschen aus ihrem angestammten Traditionsbereich abzog, ohne ihnen dafür schon ein neues Ordnungsgefüge zu bieten, tat das ihre, um alle auf ein gleiches Niveau primitiven Lebensgenusses hin zu orientieren. Neben Primitivität gab es aber auch Subtilität, und für kurze Zeit zeigten sich neue, schöpferische Möglichkeiten der Kultur. Die Luxemburger Kaiser errichteten in ihrem Einflußbereich eine Umgebung, in der eine neue profane Kultur – mit christlichen Motiven – entstehen konnte. Es handelt sich hier um eine beinahe überzogen verfeinerte Kultur, die aber nicht schon mit einer besonders anspruchsvollen Ethik verwechselt werden darf. Das berühmte künstlerisch und kulturgeschichtlich sehr wertvolle *Stundenbuch* (Gebetbuch) des Duc de Berry ist vor allem ein Zeugnis von Luxus und Eitelkeit, die neben der – malerisch sehr schönen – Darstellung der harten und entbehrungsreichen Arbeit der Bauern stehen. Der Glanz gehörte nicht mehr dem Göttlichen, sondern dem Schmuck und der Kleidung der Damen des Hofes. Der »schöne Stil« charakterisierte mehr die Kunst als das tatsächliche Leben. Auch die bedeutenden Kunstschätze, die uns die Künstler dieser Herrscher hinterlassen haben, dürfen nicht darüber hinwegtäuschen, daß das reale Leben der meisten Menschen und auch das der Herrscher des 14. Jhd.s alles andere als verfeinerte Humanität war. Das epikuräische Prinzip des Genießens mit Vernunfteinsicht hatte hier keine Geltung, denn an solche Vernunfteinsicht glaubten nicht einmal die Theologen, und autoritativ verkündete Gebote hatten wenig Chance, da hinter ihnen keine genügend reale Autorität mehr stand. Die damals erlassenen Verordnungen hinsichtlich der Kleidung, der Zahl der Gerichte bei Festmählern usw. sind nicht mehr als ein Zeichen der Hilflosigkeit angesichts einer zerfallenden Ordnung.

6. Der autonome Staat

Wenn gesagt wird, daß die Kirche nicht mehr die Autorität hatte, wirksam ethische Normen durchzusetzen, so bedeutete dies natürlich nicht, daß sie keine politische Macht mehr gehabt hätte. Ockham selbst hatte erfahren müssen, daß diese Autorität die Macht hatte, seine Lehrtätigkeit zu verhindern und ihn zusammen mit seinem obersten Vorgesetzten, dem Generalminister der Franziskaner, zu exkommunizieren, so daß sie bei einem Fürsten Zuflucht suchen mußten, der sich auch in Konflikt mit dieser kirchlichen Macht befand. Daß es aber einen solchen Fürsten gab, zeigt auch wieder die politischen Machtverhältnisse. Diese Situation erforderte eine theoretische Analyse, und Ockham verfaßte zu diesem Problem einige Schriften, die aber im Vergleich zu seinen logischen, naturwissenschaftlichen und theologischen Schriften zu seiner Zeit weniger einflußreich wurden. Der wirksamste Theoretiker der Politik dieser Zeit war ein anderer Flüchtling bei Ludwig dem Bayern, Marsilius von Padua (um 1290 – vor 1343). Zu der Zeit als Ockham nach München kam, hatte Marsilius allerdings kaum noch realen politischen Einfluß am Hof. Zwischen Marsilius und Ockham scheint auch eine gewisse Rivalität bestanden zu haben. Marsilius von Padua war der wichtigste Aristoteliker seiner Zeit im Bereich der politischen Theorie, vergleichbar nur mit seinem Freund Johannes von Jandun (um 1280–1328).
Marsilius von Padua wollte eine rationale und nach aristotelischen Grundsätzen wissenschaftliche Theorie von Gesellschaft und Staat aufstellen:

In dem ersten [Teil] werde ich das, was mir als Ziel vorschwebt, beweisen mit sicheren, vom menschlichen Geist gefundenen Methoden auf Grund von feststehenden Sätzen, die jedem denkenden Menschen unmittelbar einleuchten, der nicht verdorben ist von Natur, durch eine verkehrte Gewohnheit oder Neigung. (Marsilius von Padua: *Der Verteidiger des Friedens* I, 1, 8. S. 9)

Die Probleme der Politik sollten also mit Methoden behandelt werden, die der menschliche Geist selbst gefunden hatte. Die jetzt im 14. Jhd. anstehende politische Diskussion war natürlich nicht neu. Seit dem frühen Mittelalter hatte die oft konfliktreiche Beziehung von Papst und Kaiser bzw. Königen Stoff zu verschiedenen Stellungnahmen gegeben. Es ging jetzt bei Marsilius von Padua aber nicht einfach um Machtansprüche von Herrschern, sondern um eine eminent philosophisch-theologische Frage. Die Staatsauffassung des Mittelalters war augustinisch gewesen, ohne daß man sagen könnte, es hätte eine ausgearbeitete augustinische Staatstheorie gegeben. Viel eher müßte man sagen: Es gab eben deswegen überhaupt keine eigentliche Staatstheorie. Nach augustinischer Auffassung hatte der Mensch nur ein Ziel, und dieses ist ein übernatürliches: Gottesliebe und Gottesschau. Für dieses Ziel des Menschen ist die Kirche zuständig, und in diesem Denkrahmen konnte der Staat nur eine untergeordnete und unselbständige Stellung einnehmen (vgl. Kap. III, 6). Eine Veränderung war erst durch die Übersetzung der *Politik* des Aristoteles eingetreten: Hier trafen die mittelalterlichen Philosophen und Theologen auf eine Auffassung vom Staat, die radikal von der geltenden verschieden war. Nach Aristoteles war der Mensch ein »politisches Lebewesen«, völlig unabhängig von irgendeiner religiösen Bestimmung des Menschen, die Aristoteles auch gar nicht annahm. Wie schon früher gesagt, hatte Thomas von Aquin sich mit dieser Theorie auseinandergesetzt, und als erster bedeutender Theologe die philosophische Auffassung vertreten, der Staat sei für den Menschen als solchen notwendig (vgl. Kap. XIV, 4). Für Augustinus bzw. seine Interpreten war der Staat erst notwendig geworden durch die Sünde, war so eingebettet in den gnadenhaften Heilsplan Gottes, und konnte so gar nicht unabhängig von diesem gedacht werden. Thomas von Aquin brachte nun das »Kunststück« fertig, den Staat als *societas perfecta* aufzufassen, ihm also seine eigenen, für sich genügenden Zwecke zuzuordnen, und doch dem Menschen nur ein einziges und letztlich übernatürliches Ziel zuzuschreiben. Auch Dante, der unter dem Einfluß thomistischer Philosophie und Theologie stand und der ein Vertreter profaner Kultur war, setzte sich in seinem Traktat *Über die Monarchie* für eine selbständige staatliche Autorität ein. Im 13. und beginnenden 14. Jhd. gab es also durchaus schon Ansätze, die auf die Theorie eines

selbständigen Staates hinausliefen. Wie wenig aber solche Theorien damals von der Kirche akzeptiert wurde, läßt sich daraus ersehen, daß sie keinesfalls verhindern konnten, daß Papst Bonifaz VIII. 1302 in der berühmten Bulle *Unam sanctam* für die Kirche die höchste Autorität forderte, so daß die weltlichen Herrscher ihre Autorität nur in prinzipieller Unterordnung unter die der Kirche ausüben dürften. Geschichtlich kam dies viel zu spät, dieser Anspruch hatte keinerlei Chance auf Verwirklichung. Nur wenig später (1309) wurde Clemens V. gezwungen, seinen Sitz nach Avignon zu verlegen, wo die Päpste dann gänzlich vom französischen König abhängig wurden. Als sich König Philipp IV. von Frankreich gegen die Bulle von Bonifaz VIII. wandte, erhielt die aristotelische Theorie politische Bedeutung bzw. Bedeutung für die Staatsphilosophie. Ein Dominikaner, Johannes von Paris (gest. 1306) verteidigte die Position Philipps IV. mit Argumenten, die fast ausschließlich von Thomas von Aquin stammten. Die Argumentation, die die *autonomen Rechte des Staates* betrafen, wurde bei Johannes von Paris auf die gesellschaftliche Natur des Menschen gegründet, so daß der Staat, der dieser natürlichen Forderung entspricht, keiner weiteren Rechtfertigung bedarf und somit für seinen Bereich unabhängig ist. Bei Johannes von Paris findet auch schon die durch die Entstehung von Nationalstaaten veränderte politische Situation ihren Niederschlag. Er versuchte keine Ableitung der Notwendigkeit einer zum Papst parallelen kaiserlichen Zentralautorität mehr, sondern stellte fest, daß die konkreten Herrschaftsformen von jeweils verschiedenen natürlichen Bedingungen abhängen. Direkt von Gott besitzt kein Herrscher die Macht, die Autorität im Staat geht vielmehr vom Volk aus. Damit war der Gedanke der *Volkssouveränität* ausgesprochen, auch wenn es noch länger Zeit dauern sollte, bis er wirklich zur Grundlage der Theorie des Staates und der Gesetzgebung wurde. Eine Ablehnung der Monarchie folgte daraus bei Johannes von Paris nicht, aber auch Aristoteles hatte aus seiner Staatstheorie keine bestimmte Herrschaftsform als einzig richtige abgeleitet.

Die Problematik lag nun jedoch darin, daß eine konsequent aristotelische Theorie des Staates für eine Gesellschaft nur *eine* übergreifende Gesellschaftsordnung, nämlich den Staat zuließ, d. h. es war nur noch eine Frage der Zeit und der äußeren historischen Situation, bis von dieser Staatstheorie ausgehend die Rechte der Kirche als *societas perfecta* bestritten werden würden. Dies trat nun ein in der Lehre des Marsilius von Padua, genauer in dessen berühmtem Werk *Der Verteidiger des Friedens (Defensor pacis)*. Marsilius von Padua war 1313 Rektor der Universität Paris, und zwischen 1320 und 1324 verfaßte er dort den *Defensor pacis*. 1326 wurde der Inquisitor von Paris auf ihn aufmerksam, Marsilius verließ mit Johannes von Jandun fluchtartig Paris und ging zu Ludwig dem Bayern, wo er rasch eine politische Beraterfunktion erhielt. 1327 wurden seine Thesen von Johannes XXII. verurteilt (DS 941–946). Der Papst hatte den Eindruck, noch nie ein so häretisches Buch wie den *Defensor pacis* gelesen zu haben, und dies ist verständlich, wenn man sieht, wie Marsilius »die keinen Gewaltakt scheuende Macht der römischen Bischöfe und ihrer Helfershelfer« anprangerte (*Der Verteidiger des Friedens* II, 1, 1. S. 99).

Die Theorie, die Marsilius von Padua vertrat, muß von zwei Seiten betrachtet werden. Erstens findet sich darin ein von Marsilius vertretenes Hauptanliegen, die Sicherung des Friedens, das jedoch in einer Weise behandelt wird, die sehr stark auf die besondere Situation des Heimatlandes des Marsilius, Italien, zugeschnitten ist. Zweitens entwickelt Marsilius jedoch eine Reihe von Grundsätzen der Politik, die ganz unabhängig von dieser konkreten politischen Konstellation sind und die schon zu den Grundlagen der nachmittelalterlichen Staatstheorie gehören. In der ersten Hinsicht meinte Marsilius von Padua, daß der Frieden durch die Einmischung des Papstes in die inneren Angelegenheiten der Staaten gefährdet sei. In dieser Form war dies nur im Falle der kleinen italienischen Stadtstaaten zutreffend, die den Papst als italienischen Fürsten stets unmittelbar vor der Haustür stehen hatten. Die Frage hatte aber einen prinzipiellen Aspekt: Marsilius von Padua zog die Konsequenzen aus der Staatstheorie des Aristoteles und bestimmt den Staat als die einzige *societas perfecta*, die prinzipiell neben sich keine andere solche vollkommene Gesellschaft bestehen lassen kann. Diese These stellt keinen neuen Absolutismus dar, sondern will eine einfache aristotelische Einsicht zum Ausdruck bringen: Auf ein und demselben *Staatsgebiet* und in ein und derselben Gesellschaft darf es *nur eine gesetzgebende Institution* geben, sonst ist der Friede in der Gesellschaft nicht zu bewahren. Und so wie es nur *eine* gesetzgebende Institution geben kann, so auch nur *eine* Regierungsgewalt.

In jeder Stadt oder jedem Staat darf es nur *eine* oberste Regierungsgewalt geben. (Ebd. III, 2, 11. S. 184)

Es reicht aber nicht aus, Gesetze zu erlassen, sie müssen auch durchgesetzt werden. Nur Gesetze mit Sanktionen können den gesellschaftlichen Frieden sicherstellen, und nur der Staat hat das Recht, solche Sanktionen zu verhängen. Dies ist das Prinzip des *Gewaltmonopols* des Staates, und daher darf die Kirche nicht als selbständige, mit dem Staat gleichberechtigte und ebenfalls gesetzgebende Institution angesehen werden.

Kein römischer Bischof, Papst genannt, und kein anderer Priester oder Bischof oder geistlicher Diener hat gemeinschaftlich oder einzeln als solcher oder ihr Kollegium eine zwingende Rechtsprechung, die Gut oder Person betrifft über jemand. (Ebd. II, 1, 4. S. 102)

Wird vom »Gesetz Christi« oder vom »Gesetz der Kirche« gesprochen, so muß man sich nach Marsilius von Padua darüber im klaren sein, daß dann »Gesetz« und »Recht« in äquivokem Sinn gebraucht werden. Im politischen Bereich hat dieses

»Gesetz« nur die Kraft eines Ratschlages, nicht aber die eines Gesetzes. Dem Staat steht es jedoch selbstverständlich frei, einen solchen Ratschlag zum positiven Gesetz zu erheben und entsprechend mit Sanktionen zu versehen. Dann ist ein solches Gesetz aber eben wieder geltendes Recht kraft der Autorität des staatlichen Gesetzgebers und nicht kraft der des Ratgebers. Dasselbe gilt auch vom Naturrecht, das Marsilius von Padua durchaus gelten läßt, auch von diesem gilt aber, daß es nicht »Recht« im eigentlichen Sinn darstellt: Solange es nicht positives Gesetz ist, ist es nicht »Recht«, sondern eine Vernunftregel, die nur den sittlich verpflichtet, der sie einsieht.

Daher sind nicht alle wahren Erkenntnisse vom Gerechten und Nützlichen im Staatsleben Gesetze, vielmehr sind sie es nur dann, wenn über ihre Befolgung eine zwingende Vorschrift gegeben ist oder wenn sie als Vorschrift formuliert sind, mag auch eine solche wahre Erkenntnis vom Gerechten und Nützlichen notwendigerweise zu einem vollkommenen Gesetz erforderlich sein. (Ebd. I, 10, 5. S. 42)

Es ist ersichtlich, daß bei Marsilius von Padua der Begriff des *Gesetzes* und des *Rechts* eine zentrale Rolle spielt, die in ihrer Bedeutung über die bestimmte historische Situation hinausgeht. Daher auch die wichtige Frage: Wer ist der legitime *Gesetzgeber*? Bisher hatte man eigentlich nur die Frage gekannt: Wer ist der legitime Herrscher? Die Frage nach dem legitimen Herrscher ist jedoch zweitrangig gegenüber der nach dem legitimen Gesetzgeber. Die Antwort des Marsilius von Padua ist eindeutig: Die Gesetzgebung kommt ausschließlich der *Gesamtheit der Bürger* zu (Ebd. I, 12,

5–6. S. 54–56), und den Einwand, das Volk sei zur Erfüllung dieser Aufgabe nicht fähig, läßt Marsilius – mit Aristoteles (vgl. 1. Teil, Kap. X, 7) – nicht gelten.

Daher spricht nicht die Wahrheit, wer behauptet, die weniger gebildete Menge hindere die Wahl und Annahme des Richtigen oder des allgemeinen Besten. Vielmehr, sie hilft dabei, wenn sie vereinigt ist mit den Gebildeteren und Erfahreneren. Denn mag sie auch richtige und nützliche Vorschläge aus eigener Kraft nicht zu finden wissen, so kann sie doch das von anderen Gefundene und ihr Vorgelegte entscheiden und kann beurteilen, ob es nötig scheint, in dem Entwurf etwas zuzusetzen, zu streichen oder völlig zu ändern oder abzulehnen. (Ebd. I, 13, 7. S. 64)

Dabei wußte Marsilius natürlich, daß das Volk diese Aufgabe gewöhnlich nicht unmittelbar wahrnehmen kann, forderte aber, daß der faktische Gesetzgeber der legitime Repräsentant des Volkes ist, wobei der Repräsentant einer sein kann oder aus einer Gruppe bestehen kann. Dabei unterscheidet er genau zwischen der legislativen und exekutiven Gewalt, wobei die exekutive Gewalt der legislativen untergeordnet ist. Welche bestimmte Form dann diese Regierung hat, ist eine weniger entscheidende Frage, es kann sowohl ein Fürst wie auch eine Gruppe sein. Die Volkssouveränität kommt nach Marsilius allerdings am besten dadurch zum Ausdruck, daß die *Regierung* oder der Regierende *vom Volk gewählt* wird, denn seiner Auffassung nach ist die Wahl »das vollkommenste und beste Verfahren bei der Einsetzung der Regierung« (Ebd. I, 10, 1. S. 39). | 485

Damit war eine Theorie geschaffen, die als Grundlage der modernen Staatsauffassung angesehen werden kann. Schwerer ist es, einzuschätzen, welchen Einfluß sie auf das politische Geschehen der Zeit unmittelbar nach ihrer Entstehung gehabt hat. Unzweifelhaft ist die Bedeutung, die diese Theorie für die Entwicklung des Konziliarismus hatte (vgl. ebd. II, 21. S. 154–166), auch die Thesen Ockhams in seinem *Dialogus* wirkten in diese Richtung. Ohne die Schriften dieser beiden Philosophen hätte sich am Konzil von Konstanz (1414–1418) kaum die Auffassung durchsetzen können, das Konzil stehe über dem Papst. Dies blieb aber nur eine vorübergehende Episode, denn es setzte sich dann doch wieder das durch, was Marsilius von Padua als die »widerrechtliche Anmaßung und Besitzergreifung von zwingenden Rechtsprechungen, die die Bischöfe der Römer jetzt der eigenen Autorität zuschreiben« bezeichnet hatte (Ebd. II, 1, 5. S. 103).

7. Widerstand in Avignon

Das Ergebnis der verschiedenen Entwicklungen des 14. Jhd.s war eine nun nicht mehr übersehbare Distanz von Philosophie und kirchlichen Institutionen, die gesellschaftlich schließlich immer noch maßgebend waren. Die Theologen und kirchli-

chen Autoritäten hatten seit 1277 gewünscht, daß die Philosophen sich auf ihren Bereich beschränken und keine »Übergriffe« in theologische Domänen unternehmen. Die Philosophen akzeptierten diese Grenzziehung und beschäftigen sich immer intensiver mit der Analyse von Sätzen der Wissenschaft und mit der Grundlegung empirischer Wissenschaften. Die Vertreter der Kirche verstanden oft überhaupt nicht, was hier betrieben wurde. So stellte etwa Nicolaus von Autrecourt den Satz auf: »Die Aussagen ›Gott existiert‹ und ›Gott existiert nicht‹ bedeuten ein und dasselbe, wenn auch auf eine andere Weise« *(Quod propositiones: »Deus est«, »Deus non est« penitus idem significant, licet alio modo)*. Dies ist eine vollkommen richtige Analyse, da die Negation für die Bedeutung *(significatio)* eines Wortes tatsächlich nichts ausmacht, nur die Aussage-Weise (Behauptung bzw. Negation) ist verschieden. Nichtsdestoweniger wurde dieser Satz von Papst Clemens VI. im Jahre 1347 verurteilt (DS 1030). Es ist auch nur durch ein enormes Mißverständnis zu begreifen, daß folgender strikt analytischer Satz desselben Nicolaus von Autrecourt verurteilt werden konnte: »Dies ist das erste Prinzip und kein anderes: ›Wenn etwas existiert, dann existiert etwas‹« *(Quod hoc est primum principium et non aliud: Si aliquid est, aliquid est* [DS 1048]). Dieser Satz sagt nämlich nichts anderes aus als: Als Axiom 1 soll gelten: »Unter Voraussetzung der Behauptung, daß etwas existiert, darf
486 | man nicht behaupten, daß es nicht existiert.« Und dies ist gar nichts anderes als das Widerspruchsprinzip. Die kirchlichen Behörden dachten bei *principium* natürlich nicht an ein Axiom der Logik, sondern an Sätze wie »Im Anfang schuf Gott Himmel und Erde« oder »Im Anfang war das Wort«, sie gebrauchten eben eine ganz andere Sprache als die Logiker. Den Philosophen war diese Sprachdistanz von Philosophie und Theologie sehr deutlich geworden, sie hatten ja selbst einiges zu deren Entstehen beigetragen. Es war diesen scharfen Analytikern ganz klar, daß etwa zwischen Glaubenssätzen und logischen Beispielsätzen ein grundlegender Unterschied besteht. Es kommt aber vermutlich doch nicht von ungefähr, daß der Franziskaner Ockham in seiner Folgerungslehre Sätze verwendete, die – wie er wohl wissen mußte – für fromme Ohren, die keine Logik studiert hatten, blasphemisch klingen mußten, z. B.: »Der Mensch ist ein Esel, daher existiert Gott nicht« (*Homo est asinus, igitur Deus non est* [*Logica* III-3, c. 1. S. 589]). Dieser Satz illustriert einfach die Regel, daß aus einem falschen oder unmöglichen Satz jeder beliebige Satz folgt. Ähnlich gilt, daß ein wahrer oder notwendiger Satz aus jedem beliebigen Satz folgt, wofür Ockham dann den Beispielsatz anfführt: »Wenn ein Mensch läuft, dann existiert Gott« (*Si homo currit, Deus est* [Ebd]). Wer seinen Traktat *De consequentiis* nicht ordentlich studiert hatte (vgl. weiter oben in 3 die Regeln [I.17] und [I.18]), der konnte diese Anwendungen der Regeln der materialen Folgerung nicht verstehen, und den kirchlichen Behörden sollte deutlich gemacht werden, daß sie nicht ordentlich studiert hatten. Die Welt der akademischen Diskussionen, in denen Sätze, die so aussahen wie Glaubenssätze, aber in Wirklichkeit nur Beispielsätze für logische Regeln waren, war sehr kompliziert geworden, und die kirchlichen Behörden fürchteten zu Recht,

daß ihnen in diesem unübersichtlichen Terrain die Kontrolle, die sie seit der Gründung der Universitäten ausgeübt hatten, entgleiten würde. Entsprechend griffen sie zur Zensur, was aber die weitere Entwicklung natürlich nicht verhindern konnte.

Die Welt war in vielen Bereichen komplizierter geworden und fast überall griffen die Autoritäten von Avignon ein in der Hoffnung, den Zerfall der – wie sie jedenfalls meinten – von ihnen bis vor einem Jahrhundert kontrollierten Welt verhindern zu können. Der Streit zwischen *Antiqui* und *Moderni*, den wir aus der Philosophie kennen, war nicht auf die Philosophie beschränkt. Ein weiteres Beispiel: In der Musik hatten sich in den ersten Jahrzehnten des 14. Jhd.s wichtige notationstechnische und damit verbundene kompositorische Veränderungen abgespielt, die als *Ars nova* bekannt geworden sind. Maßgebend dafür waren der Mathematiker und Musiktheoretiker Johannes von Muris mit seiner *Notitia artis musicae* (entstanden zwischen 1317 und 1325) sowie der Komponist und Theoretiker Philippe de Vitry mit seiner *Ars nova* (1322/1323); die beiden hatten gemeinsam in Paris gearbeitet. Es war eine Entwicklung in beiden Richtungen: Die Komposition erforderte ein genaueres, auch kleinste Notenwerte verzeichnendes Notationssystem, und dieses wiederum eröffnete neue Möglichkeiten der mehrstimmigen Komposition, die wenig später zu den Meisterwerken des Guillaume de Machaut führte. Auch hier also ging es um ein genau quantifizierbares Maß *(mensura)*, ein Problem, das auch die Mathematiker und Physiker beschäftigte. Ein Meister der älteren Generation wie Jacobus von Lüttich, Autor des monumentalen *Speculum musicae* (1321–1324), kam mit dieser neuen Musik-Welt nicht zurecht, und so wie Lutterell im Fall Ockhams, so wandte auch er sich gegenüber der *Ars nova* an den Papst Johannes XXII., der dieser Entwicklung ebenfalls nicht gewogen war. Und so kam es 1324/25 zu dem Dekret *Docta sanctorum* gegen die *Ars Nova* (die technischen Detailangaben dafür lieferte wohl Jacobus von Lüttich):

Aber etliche Anhänger einer jungen Schule wollen, indem sie eifrig die Tempora mensurieren und neue Noten einführen, lieber ihre eigenen [Gesänge] produzieren als die alten vortragen; in Semibreven und Minimen wird das zur Kirche Gehörige gesungen, durch kleine Notenwerte wird es verunstaltet. Denn sie zerstückeln die liturgischen Melodien durch Hoqueti; durch die mehrstimmigen Sätze machen sie sie liederlich; vulgärsprachliche Tripla und Motetti flicken sie ein – dies alles derart, daß sie zuweilen die Fundamenta [die liturgischen Melodien] des Antiphonars und des Graduales geringschätzen: Sie ignorieren dasjenige, worüber sie ihre Kompositionen errichten. Die Tonarten beachten und unterscheiden sie nicht, vielmehr: sie bringen sie in Unordnung, da zufolge der Menge dieser [kleinen] Noten die natürlichen Aufstiege und die gehörigen Abwärtsbewegungen des Cantus planus, durch welche sich die Tonarten selbst unterscheiden, gegenseitig verdunkeln. Sie eilen, und sie ruhen nicht; sie machen die Ohren trunken, statt sie zu heilen; mit Körperverrenkungen ahmen sie nach, was sie [aus den Noten] hervorbringen – wodurch die zu suchende Andacht *(devotio)* verächtlich und die zu meidende Laszivität offenbar gemacht wird. (Zit. nach J. J. Eggebrecht: *Musik im Abendland.* München 1991. S. 220 f.)

Die Auflösungstendenzen, die weiter oben im ersten Abschnitt schon angesprochen wurden, wurden am päpstlichen Hof in Avignon aufmerksam registriert, und die rasche Folge der Verurteilungen in den 20er Jahren des 14. Jhd.s ist ein deutliches Symptom dafür: 1323 werden die Franziskaner-Spiritualen mit ihren Armutsthesen verurteilt, im selben Jahr wird der *Defensor pacis* des Marsilius von Padua von der Zensur getroffen, 1324 beginnt der Prozeß gegen Ockham, im selben Jahr wird die *Ars Nova* verurteilt, 1328 erfolgt die Exkommunikation Ockhams und 1329 wird dann auch noch posthum Meister Eckhart zum Häretiker erklärt (vgl. Kap. XVIII). Diese Liste ist beachtlich, und sie stellt keinen Zufall dar. Das Mittelalter war sicher nie so christlich wie die Rede vom »christlichen Mittelalter« es nahelegt, aber in irgendeiner Weise waren doch immer das Christentum und die Kirche Bezugspunkt für alle kulturellen Bewegungen der Philosophie wie der Kunst gewesen, und die Kirche hatte auch noch im 13. und 14. Jhd. über die Universitäten entscheidenden Einfluß auf die kulturell führenden Kräfte ausüben können. Diese Periode ging nun ihrem Ende zu und die Amtsträger in Avignon versuchten, diesen Auflösungsprozeß durch Verurteilungen und Verbote aufzuhalten. In einem Bereich allerdings erwies sich der sonst allen *Moderni* so abgeneigte Papst Johannes XXII. selbst als sehr modern: Er gab der päpstlichen Kurie eine moderne bürokratische Form, die eine straffe zentralistische Herrschaft ermöglichte, und stellte diesen ganzen Apparat auf eine gute finanzielle Basis, am päpstlichen Hof kam die Zeit der Juristen sowie der Finanz- und Machtpolitiker.

Dem wachsende Unverständnis der Vertreter der Kirche gegenüber philosophischen Fragen entsprach allerdings auch ein wachsendes Desinteresse der Philosophen an solchen kirchlichen Stellungnahmen. Dies hatte nicht nur äußere, sondern auch durchaus philosophie-immanente Gründe. Im 14. Jhd. hatte es sich bei den Oxforder wie bei den Pariser Philosophen gezeigt, daß nicht mehr die Theologie, sondern die Physik und die Mathematik das primär relevante Gegenüber der Philosophie wurde: Dies wird die für die Neuzeit prägende Konstellation sein. Die Fakultät der Artes hatte ihre eigenen Arbeits- und Forschungsgebiete, sie war nicht mehr (nur) Propädeutik für die »höheren« Fakultäten. Diese Entwicklung findet auch in den Schriften ihren Niederschlag. Noch Ockham hatte nicht nur philosophische Schriften verfaßt, sondern auch einen großen Kommentar zu den *Sentenzen* des Petrus Lombardus. In der auf ihn folgenden Generation gibt es aber bereits Magistri, die keinerlei Interesse an Theologie mehr haben, die ihr Leben lang in der Artistenfakultät bleiben, die sich also mit Aristoteles-Kommentaren und mit Fragen der Logik, der Mathematik und Physik befassen, die nicht Theologie studiert haben und auch keine Zeile zur Theologie mehr schreiben – die Zeit der großen Philosophen-Theologen ging ihrem Ende zu.

- XVIII -

Eckhart, Seuse und die *devotio moderna*

Die Menschen des 14. Jhd.s lebten in einer Zeit großer innerer und äußerer Unsicherheit. Ein Grundzug, der sich an mehreren Punkten gezeigt hat, war die Hinwendung zum *unmittelbar Erfahrbaren*, wo am ehesten Sicherheit zu finden war. Dies konnte sich in Forschung ausdrücken, die sich auf empirische, unmittelbare Sinneserfahrung gründete (Ockham), in einfachem, unreflektiertem und unmittelbar erfahrbarem Genießen (Boccaccio) oder aber auch in der Suche nach innerer unmittelbarer Erfahrung. Und so sehen wir, daß sich im 14. Jhd. nicht nur der Nominalismus ausbreitete, sondern ebenso, daß eine Bewegung der Mystik an Boden gewinnt. Es wäre nun nicht richtig, diese Bewegung als Reaktion auf den nominalistischen Rationalismus anzusehen, dies ist schon historisch nicht möglich, da beide Richtungen | 489
gleichzeitig aufkamen. Auch gab es durchaus Vertreter der Mystik, die gleichzeitig im Bereich der Logik und Erkenntnistheorie Anhänger des Nominalismus waren, so etwa der bedeutende Theologe und Kanzler der Pariser Universität Johannes Gerson (1363–1429). Man wird aber vermutlich der Sachlage nicht gerecht, wenn man ein einfaches zeitliches Nebeneinander annimmt. Das Problem ist längst bekannt, hat aber bisher noch keine befriedigende Lösung gefunden: *Rationalismus* und *Mystik* treten häufig gleichzeitig und oft auch bei ein und denselben Vertretern auf (vgl. auch im 17. Jhd.: Aufklärung und Pietismus). Wie aber ist ihr Verhältnis zu bestimmen? Man könnte annehmen, daß das eine das andere bedingt, dann stellt sich aber die Frage, was eben was bedingt. Bei der Konstruktion eines Bedingungs-Verhältnisses scheint in beiden Richtungen etwas nicht zu stimmen. Nimmt man an, die Mystik ergänze das vom Rationalismus »Übriggebliebene«, so scheint man dem Rationalismus nicht gerecht zu werden, der gar nichts übrig lassen will, gleichzeitig wird man aber auch der Mystik nicht gerecht, die sich schließlich keineswegs als Ergänzung versteht, sondern als etwas in sich Selb- und Vollständiges. Nimmt man das umgekehrte Verhältnis an, nämlich, daß dem Rationalismus eine Mystik zugrundeliege in dem Sinn, daß es eines starken überrationalen oder sogar irrationalen Glaubens in die Möglichkeiten der Vernunft bedarf, um sich auf alle Konsequenzen rationaler Erklärung einzulassen, so nimmt man dem Rationalismus die Spitze und funktionalisiert die Mystik. Wie dem auch sei, die Bewegungen von Rationalismus und Mystik weisen jedenfalls bestimmte gemeinsame Züge auf, so u. a.: Sie sind beide Autoritäten gegenüber kritisch, d. h. sie suchen eine Gewißheit, die nicht auf

der Annahme von Äußerem, Vorgegebenem und Festgesetztem beruht; sie sind auch beide individualistisch (manchmal auch elitär); sie suchen beide möglichst einfache Erklärungen bzw. Einsichten; bei beiden spielt das Paradox eine große Rolle, im Rationalismus als das Skandalon, in der Mystik als die Lösung.

Aufgrund des eben Angedeuteten wäre es falsch, innerhalb der Geschichte der Philosophie zwar den Nominalismus des 14. Jhd.s zu behandeln, die »neue Innerlichkeit« dieser Periode aber einfach in die Religionsgeschichte abzuschieben. Daß dies nicht möglich ist, zeigt sich schon aus der späteren historischen Entwicklung. Es ist jedenfalls auffällig, daß sich – und zwar zu Recht – sowohl die rationalistischen radikalen Aristoteliker als auch die deutschen Mystiker auf Albertus Magnus beriefen. Und auch in der weiteren Entwicklung blieben wiederholt beide Bewegungen miteinander verbunden: Auf Rationalismus und Mystik folgen häufig Systeme, die ohne ihre Wurzeln in beiden gar nicht verständlich sind. So ist zum Beispiel Nikolaus Cusanus in mehrer Hinsicht nicht zu verstehen, wenn man nicht weiß, daß er sich intensiv mit Eckhart beschäftigt hat (vgl. Kap. XIX). Ähnlich ist der Deutsche Idealismus nicht zu begreifen, wenn man nicht sowohl die Elemente des Pietismus wie auch die früherer spekulativer Mystik, die darin enthalten sind, in Betracht zieht. All dies ist nicht neu, schon Ferdinand Christian Baur (1792–1860), ein Zeitgenosse
 von Hegel und Schelling hat in seinem 1835 erschienenen Werk *Die christliche Gnosis oder die christliche Religionsphilosophie in ihrer geschichtlichen Entwicklung* nachdrücklich auf diesen Zusammenhang hingewiesen.

Gemeinsam war all den religiösen Bewegungen des 14. Jhd.s, daß sie von Menschen getragen wurden, die sich von dem immer komplizierter gewordenen Ritual der Kirche und den ebenso immer komplizierter gewordenen Glaubenssätzen der Kirche abwandten, um einen einfacheren Weg zu Gott zu finden. Es gab zwei bis drei Jahrhunderte vorher im islamischen Bereich mit dem Sufismus und im jüdischen Bereich mit der Kabbala ähnliche Bewegungen (vgl. Kap. IX, 3 und Kap. X, 3), und es handelt sich bei dieser auffälligen Parallelität der Entwicklungen ohne Zweifel um keinen Zufall. – Die Abwendung von Ritual und Glaubenssätzen konnte allerdings sehr verschiedene Formen aufweisen, die von der einfachen Übergehung über die kritische Relativierung des Wertes derselben bis hin zur völligen Ablehnung gehen konnte. Eine Distanz zu den offiziellen Institutionen war weit verbreitet, und so taten sich schon im 13. Jhd. Menschen, zunächst Frauen, zusammen, um abseits aller kirchlichen Institutionen in gemeinsamem und bescheidenem Leben eine Gotteserfahrung zu suchen. Die bekannteste dieser Bewegungen ist die der *Beginen*, die, ausgehend von Brabant bald viele Menschen in Deutschland und Frankreich erfaßte, die sich aber bis nach Schlesien, Böhmen und Polen ausbreitete. Es gab auch eine ähnliche, allerdings zahlen- und verbreitungsmäßig wesentlich weniger bedeutende Bewegung von Männern, den Begarden. Der rechtliche Status der Beginen war unklar, und vom 14. bis zum Beginn des 15. Jhd. wurden sie von Vertretern der offiziellen Kirche häufig verfolgt. Verschiedene, angeblich von Beginen und Begarden stammende Sätze über den

»Stand der Vollkommenheit« wurden 1312 am Konzil von Vienne verurteilt (DS 891–899). Die Bedeutung dieser Bewegung kann man sich schon rein äußerlich an dem Faktum klar machen, daß es z. B. in Köln im 15. Jhd. mehr als hundert Beginenhäuser gab. Beginenhöfe sind bis heute in Gent und Brügge erhalten geblieben. Schon vor den Beginen waren im süddeutschen Raum die *Brüder und Schwestern des freien Geistes* aufgetreten, die später auch in Frankreich und Italien Anhänger fanden. Sie waren wenig organisiert und lehnten kirchliche Gnadenvermittlung ebenso ab wie die hierarchischen Ansprüche der Kirche. Bei ihnen verbanden sich pantheistische und quietistische Elemente mit politisch-sozialen Reformideen. Ihr wichtigstes Ziel war das völlige Einswerden mit Gott, das letztlich zur Aufhebung der Individualität führt. Die bekannteste Schrift, die aus dieser Bewegung stammt, ist *Der Spiegel der einfachen Seelen (Miroir des simples âmes)* der Margarete Porete, die mehrmals von kirchlichen Behörden verurteilt wurde, zuletzt 1310. Margarete wurde daraufhin in Paris öffentlich auf dem Scheiterhaufen verbrannt. Nichtsdestoweniger wurde das ursprünglich französisch geschriebene Werk bald ins Lateinische, Italienische und Englische übersetzt und erlangte eine große Verbreitung. Auf eine weitere dieser Bewegungen, die *Brüder und Schwestern des gemeinsamen Lebens* wird weiter unten eingegangen werden. Ähnliche Bewegungen fanden sich an verschiedenen Orten und in verschiedenen Ländern, und es ist oft kaum möglich, die einzelnen Dokumente eindeutig einer bestimmten Gruppe zuzuschreiben. Es handelte sich hier um echte Laien- und Volksbewegungen, die ziemlich tief Wurzel faßten. Auf ihnen konnten später Humanismus und Renaissance vor allem im Norden Europas aufbauen, aber auch in der Reformation wurden bestimmte Elemente dieser Bewegungen wirksam. Der Hinweis, daß es sich hier um echte Volksbewegungen handelte, ist vor allem auch deshalb wichtig, um die nun folgenden bedeutenden Vertreter der Philosophie, die in klarer Beziehung zu diesen Bewegungen standen, nicht als Randphänomene anzusehen, sondern als Repräsentanten einer im 14. Jhd. weit verbreiteten Geisteshaltung. Ihre Wirkung geht, vor allem bei Eckhart, auf der einen Seite sicher darauf zurück, daß sie bedeutende Persönlichkeiten waren, aber auf der anderen Seite eben auch darauf, daß sie, noch dazu volkssprachlich und sprachgewaltig das zum Ausdruck brachten, was viele Menschen suchten und eigentlich auch schon gefunden hatten, wofür ihnen aber die geeignete sprachliche Form fehlte.

1. Eckhart

Zunächst einmal ist es wichtig, den als Meister Eckhart (um 1260–1327) bekannten Dominikanermönch nicht gleich als Prediger und Mystiker einzuführen, sondern zu betonen, daß es sich bei ihm um einen Spitzengelehrten seiner Zeit handelt, der alle Studien in Philosophie und Theologie an den besten Hochschulen mit großem Erfolg beendet hatte und der rasch selbst Professor an der berühmtesten aller Universitäten, nämlich der von Paris, wurde. Eckhart war also alles andere als das, was wir uns manchmal unter einem Volksmissionar vorstellen – er war ein hochgebildeter Intellektueller. Und er war Intellektueller in dem ganz präzisen Sinn, daß er in all seinen Schriften an der These festhielt, daß der Mensch, das, was er ist, durch den Intellekt ist, und daß er gottförmig *(deiformis)* ist, weil Gott in erster und oberster Hinsicht Intellekt ist. – Eckhart studierte in Köln und Paris und hatte später wichtige Ämter bei den Dominikanern inne. Er verfaßte seine Schriften entweder auf Latein oder auf Deutsch. Wenn man, berechtigterweise, seinen Predigten und Traktaten philosophischen Rang zubilligt, so muß man sagen, daß wir hier den *ersten philosophischen Schriften in deutscher Sprache* begegnen. Zunächst aber war die Ausbildung Eckharts ganz lateinisch. Eckhart wurde in Hochheim (in der Nähe von Gotha) in Thüringen geboren, wurde Dominikaner und verbrachte die ersten Jahre im Konvent in Erfurt. Wir sollten nicht übersehen, daß Erfurt zu dieser Zeit ein Zentrum der Sprachphilosophie, besonders der spekulativen Grammatik, war. Thomas von Erfurt, der vermutlich um 1300 in Paris studiert hat, verfaßte die *Novi modi significandi*, die das am weitesten verbreitete und häufig kommentierte Lehrbuch der spekulativen Grammatik wurden. In der spekulativen Grammatik der sogenannten Modisten werden die formalen Strukturen der Sprache untersucht unter Absehung von allen

psychologischen oder metaphysischen Fragen. Wenngleich in anderer Weise, so ging es doch auch Eckhart um formale, rational aufweisbare Strukturen, die er nicht psychologisch, wohl aber metaphysisch deuten wollte. – Es gibt Hinweise darauf, daß Eckhart im Jahre 1277, also zum Zeitpunkt der Pariser Verurteilungen, dort als Student war. Eckhart wurde dann zum weiteren Studium zunächst nach Köln gesandt. Ob er dort noch Albertus Magnus zum Lehrer gehabt hat, ist nicht sicher. Köln war eine sehr gute Schule, aber es war nicht Paris. Und somit wurde der begabte Mönch wieder nach Paris gesandt, wo er 1293/1294 als *Lector sententiarum* tätig war und die *Collatio in libros sententiarum* verfaßte. Nach Beendigung dieser Tätigkeit wurde er Prior in Erfurt und dort verfaßte er sein erstes Werk in deutscher Sprache, die *Reden der Unterweisung*, abgehalten für junge Mönche. Vermutlich waren unter diesen »Kindern« nicht wenige, denen Unterweisungen in lateinischer Sprache kaum besonders verständlich gewesen wären:

Das sind die Reden, die der Vikar von Thüringen, der Prior von Erfurt, Bruder Eckhart, Predigerordens, mit solchen (geistlichen) Kindern geführt hat, die ihn zu diesen Reden nach vielem fragten, als sie zu abendlichen Lehrgesprächen beieinander saßen. (*Deutsche Predigten und Traktate.* S. 53)

Die Grundgedanken Eckharts finden sich schon in dieser frühen Schrift (womit ich nichts über eine »innere Entwicklung« Eckharts entscheiden möchte, über die man erst dann etwas definitiv aussagen wird können, wenn einmal nicht nur die Authentizität, sondern auch die Chronologie seiner Werke so halbwegs feststehen wird):

Wahrlich, darin steckt überall dein Ich und sonst ganz und gar nichts. Es ist der Eigenwille, wenn zwar du's auch nicht weißt oder es dich auch nicht so dünkt: niemals steht ein Unfriede in dir auf, der nicht aus dem Eigenwillen kommt, ob man's nun merke oder nicht. [...] Darum fang zuerst bei dir selbst an und *laß dich*! [...] Denn wer seinen Willen und sich selbst läßt, der hat alle Dinge so wirklich gelassen, als wenn sie sein freies Eigentum gewesen wären und er sie besessen hätte mit voller Verfügungsgewalt. Denn was du nicht begehren *willst*, das hast du alles hingegeben und gelassen um Gottes willen. Darum sprach unser Herr: »Selig sind die Armen im Geist« [Math. 5, 3]. (Ebd. S. 55 f.)

Hier haben wir bereits die Stichworte: »Sich lassen« und »Armut im Geiste«, auf die gleich noch zurückzukommen ist. Eckhart wurde 1302 erneut nach Paris gesandt, wo er zum Magister der Theologie promoviert wurde, weshalb er dann im Deutschen »Meister« genannt wurde. Während dieser Periode verfaßte er im Rahmen öffentlicher Disputationen die *Pariser Quaestionen.* In einer weiteren Disputation setzte er sich mit dem späteren Generaloberen der Franziskaner Gonsalvus de Vallebona (um 1255–1313) auseinander. In diesen *Quaestionen* wird es schon ganz deutlich, daß Eckharts Gottesvorstellung – falls man bei ihm überhaupt von einer »Vorstellung« sprechen darf – ganz und gar jener entgegengesetzt ist, die von der Allmacht Gottes als der wichtigsten Bestimmung ausgeht, wie dies für Duns Scotus und Ockham sowie für die diesen folgenden Philosophen und Theologen gilt. Bei Eckhart steht die Erkenntnis ganz im Zentrum. Die 1. *Quaestio* beschäftigt sich mit der Frage *Ob in Gott Sein und Erkennen dasselbe ist (Utrum in deo sit idem esse et intelligere).* Es handelt sich dabei um eine Auseinandersetzung mit Thomas von Aquin, der in Gott eine reale Identität von Sein und Erkennen angenommen hatte. Eckhart beantwortet die Frage in aufschlußreicher Weise anders, wobei er betont, daß er sich hier von der Meinung anderer, womit natürlich u. a. Thomas gemeint ist, unterscheidet:

Drittens erkläre ich, daß es mir nicht so scheint *(non ita videtur mihi)*, daß Gott erkennt, weil er existiert, sondern eher, daß er existiert, weil er erkennt *(quia intelligit, ideo est)*. Gott ist Intellekt und Erkenntnis, und die Erkenntnis ist das Fundament des Seins *(ipsum intelligere fundamentum ipsius esse)*. (*Quaestiones*. S. 102. Übers. v. F. S.)

Erkenntnis wird also dem *Sein* übergeordnet *(intelligere est altius quam esse* [Ebd. S. 103]) und ist die Grundlage des Seins. Dies wird auch auf die Schöpfungstätigkeit Gottes angewendet:

Und daher ist Gott, der der Schöpfer und nicht erschaffbar ist, Intellekt und Erkennen und nicht Seiendes oder Sein *(intellectus et intelligere et non ens vel esse)*. [...] Sein Wissen ist die Ursache der Dinge *(scientia dei est causa rerum)*. (Ebd. S. 102 und 103. Übers. v. F. S.)

Die Beziehung des Menschen zu Gott geht also in erster Linie über den *Intellekt*, und die Explikation dieser Beziehung ist eine philosophische Aufgabe. Von Mystik kann hier nicht gesprochen werden. Diese *Quaestionen* sind interpretatorisch wichtig, da sie lateinisch abgefaßt sind und somit terminologisch besser überprüfbar sind als die deutschen Werke. Aus diesen *Quaestionen* geht aber deutlich hervor, daß die deutschen Predigten, die häufig auf Nachschriften zurückgehen, keineswegs eine inadäquate oder gar unkorrekte Wiedergabe der Auffassungen Eckharts darstellen. Der »lateinische« Eckhart ist in keiner Weise »orthodoxer« als der »deutsche«. Die letzte Antwort Eckharts auf die Frage nach Sein und Erkennen wird immer die sein, daß alle diese Fragen in einem, allerdings philosophisch reflektierten, Nicht-Wissen zur Ruhe kommen sollen:

Die Meister sagen, Gott sei ein Sein und ein vernünftiges Sein und erkenne alle Dinge. Ich aber sage: Gott ist weder Sein noch vernünftiges Sein noch erkennt er dies oder das. Darum ist Gott ledig aller Dinge – und (eben) darum *ist* er alle Dinge. Wer nun arm im Geiste sein soll, der muß arm sein an allem eigenen Wissen, so daß er nichts wisse, weder von Gott noch von Kreatur noch von sich selbst. Darum ist es nötig, daß der Mensch danach begehre, von den Werken Gottes *nichts* zu wissen noch zu erken-
 nen. (*Deutsche Predigten und Traktate.* S. 306)

Zurückgekehrt nach Deutschland wurde Eckhart Provinzial der sächsischen Provinz der Dominikaner und dann auch noch Verwalter der böhmischen Provinz des Ordens. Möglicherweise schrieb Eckhart während dieser Zeit das *Buch der göttlichen Tröstung* für die Königin Agnes von Ungarn (Ebd. S. 101–139). Auch in dieser Schrift hält Eckhart streng an seinem Programm einer philosophischen Interpretation des Evangeliums fest:

Aus all dieser Lehre, die im heiligen Evangelium geschrieben steht und im natürlichen Licht der vernunftbegabten Seele mit Sicherheit erkannt wird, findet der Mensch wahren Trost für alles Leid. (Ebd. S. 104)

1310 wurde Eckhart zum dritten Mal nach Paris gesandt. Eine solche wiederholte Lehrtätigkeit in Paris war sehr selten. Die erneute Entsendung Eckharts geschah vermutlich deshalb, weil inzwischen die Konkurrenz mit den Franziskanern sich verschärft und Eckhart sich aufgrund seiner *Pariser Quaestionen* als scharfsinniger Vorkämpfer der Dominikaner empfohlen hatte. Während dieser weiteren Pariser Periode verfaßte Eckhart das *Opus tripartitum*, das er nicht vollendete und das auch nur teilweise erhalten ist. Dieses lateinische Werk Eckharts hat – nimmt man Nikolaus Cusanus aus – nur wenig Einfluß in späterer Zeit ausgeübt. Berühmt und weit wirksam wurde Eckhart vor allem durch seine seit 1314 in Straßburg und im Rheintal abgehaltenen *deutschen Predigten*. Die Zuhörer waren vor allem Zuhörerinnen, nämlich Dominikaner-Nonnen. Nicht zuletzt wegen der vielen toten Ritter der Kreuzzüge hatten zahlreiche Witwen und verwaiste Töchter aus dem höheren und niederen Adel in den Klöstern der Dominikanerinnen Zuflucht gesucht und gefunden. Diese Nonnen wurden natürlich von den Dominikanern betreut. Einer der bekanntesten war der auch philosophisch sehr bedeutende Dietrich von Freiberg (um 1240 – um 1318/1320) gewesen, der auch für die philosophische Ausrichtung Eckharts in Bezug auf die Theorie des Intellekts wichtig gewesen ist. Diese Betreuung sollte nun Eckhart übernehmen. Die im Durchschnitt verhältnismäßig jungen Nonnen seiner Zuhörerschaft waren von dem neuen Bewußtsein der Individualität nicht unbeeinflußt geblieben und so konnte ihnen die traditionelle, an »objektiver« Ausübung des Kults und der Gebetsverpflichtungen orientierte Frömmigkeit nicht genügen, es bestand also ein klares Bedürfnis nach einer »subjektiv« erfüllenden Spiritualität. Man muß dabei allerdings sehen, daß Eckhart zwar diesem Bedürfnis, das ja auch sein eigenes war, entgegenkam, daß er ihm aber doch seinen ganz persönlichen Stempel aufprägte. Wie sich sowohl aus der vorausgegangenen wie aus der späteren Frömmigkeitsgeschichte zeigt, gab es nämlich zu dem, was Eckhart vortrug, eine diesem schwärmerischen sozialen Kontext wesentlich besser angepaßte Alternative: eine an Minnegesang und Liebeslyrik orientierte, gefühlsbetonte und Visionen provozierende Christusliebe. Dies war jedoch nicht der Weg Eckharts, der zwar auch eine auf den einzelnen bezogene Weise des Gottsuchens und -findens vorlegte, die aber *nüchtern* und *verstandesbezogen* und in keiner Weise enthusiastisch war. Es gibt in dieser Lehre keine Entrückung *(raptus)*, keine Visionen und ähnliches. Es ist nur das Begreifen einer Einheit mit dem Einen, mit Gott, das sich in der Seele ereignet, wenn diese die erforderliche Abgeschiedenheit erreicht hat. Dies ist aber für Eckhart kein Ausnahmezustand, sondern eine Möglichkeit des ganz normalen Lebens. Wenn man will, kann man dies als eine Form »rationaler Mystik« auffassen. Es wäre unrichtig, wollte man Mystik durch außergewöhnliche Bewußtseinszustände definieren, entscheidend für Mystik ist nur, daß dort das Bewußtsein einer Einheit mit Gott vorliegt. Ob man dabei das sehr vieldeutige Wort »Mystik« gebraucht, ist nicht entscheidend. Vielleicht läßt es sich auch so erklären: Mystik versucht die Grenzen des Verstandes zu überschreiten, und wir kennen seit der späten Antike die Unterscheidung von Verstand und Vernunft (*ratio* und *intellectus*; vgl. 1. Teil, Kap. XVII). Die besondere Form »rationaler Mystik«, die Eckhart vorlegt, besteht in dem Versuch, nicht den Bereich der Vernunft *(intellectus)* durch irgendeine Offenbarung oder eine Ekstase »aufzufüllen«, sondern diese Unterscheidung selbst in der Weise zu überschreiten, aufzuheben, daß auch der Bereich der Vernunft *(intellectus)* mit dem »natürlichen Licht«, also der *ratio*, analysiert wird.

Eckhart legte wenig Wert auf die äußeren Übungen der Frömmigkeit, bei ihm lag der ganze Nachdruck auf der Vereinigung der Seele mit Gott. Menschen, »die in Bußübungen und äußerlicher Übung an ihrem selbstischen Ich festhalten« sind dem äußeren Anschein nach zwar heilig, in Wirklichkeit aber sind sie »Esel, die nichts von der göttlichen Wahrheit verstehen« (Ebd. S. 304). Im Grunde haben alle seine Schriften überhaupt nur das eine Thema: die *Geburt Gottes in der Seele*. Dieser Gedanke ist nicht schlechterdings neu. Auch hier spielten die Schriften des Dionysios Areopagita eine große Rolle. In der Verwendung der Vorstellungen des Dionysios zeigt sich jedoch bei Eckhart eine wichtige Verschiebung, wodurch auch gleich die veränderte Situation des 14. Jhd.s deutlich wird. Die Lehre des Dionysios von der himmlischen und der irdischen Hierarchie (vgl. Kap. II, 2) tritt ganz zurück: Angesichts der einzig entscheidenden Beziehung der Kreatur zu Gott werden alle hierarchischen Unterschiede irrelevant. Die Mystik wird hier standesfrei und laikal. Jeder kann und soll ein »Edler« werden. Für Eckhart ist kein Mensch »so grobsinnig, so verständnislos und so untüchtig« (Ebd. S. 277), daß ihm der aufgezeigte Weg nicht offen stünde. Dieser Weg ist unabhängig von den traditionellen kirchlichen Institutionen, ist also nicht eine Privileg jener, die sich in die Einsamkeit oder in ein Kloster zurückziehen. Aber auch der sakrale Raum der Kirche als Gebäude wird relativiert:

Ich wurde gefragt: manche Leute zögen sich streng von den Menschen zurück und wären immerzu gern allein, und daran läge ihr Friede und daran, daß sie in der Kirche wären – ob dies das Beste wäre? Da sagte ich »Nein!« Und gib acht, warum. Mit wem

es recht steht, wahrlich, dem ist's an allen Stätten und unter allen Leuten recht. Mit wem es aber unrecht steht, für den ist's an allen Stätten und unter allen Leuten unrecht. Wer aber recht daran ist, der hat Gott in Wahrheit bei sich; wer aber Gott recht in Wahrheit hat, der hat ihn an allen Stätten und auf der Straße und bei allen Leuten ebensogut wie in der Kirche oder in der Einöde oder in der Zelle; wenn anders er ihn recht und nur ihn hat, so kann einen solchen Menschen niemand behindern. (Ebd. S. 58 f.)

Für die Geburt Gottes in der Seele ist aber ein sehr klarer Rückzug erforderlich. Die *Abgeschiedenheit*, die Eckhart fordert, ist jedoch keine äußere, sondern eine innere. Mit dieser Abgeschiedenheit ist wesentlich mehr als das gemeint, was in der Tradition etwa bei den Kappadokiern oder bei Augustinus darunter verstanden wurde. Es geht nicht bloß darum, sich von allem Äußeren ab- und der Seele und so Gott zuzuwenden, sondern vor allem darum, in reiner *Armut des Geistes* auch *sich selbst aufzugeben*. Diesem zentralen Thema hat Eckhart eine seiner berühmtesten, aber auch am schwierigsten zu interpretierenden Predigten gewidmet. Eckhart war sich bewußt, daß er dabei über all das hinausging, was in der offiziellen christlichen Tradition gelehrt wurde, und daß er nur schwer verstanden werden konnte, und vermutlich wußte er auch, daß er von nicht wenigen mißverstanden werden würde.

Bischof Albrecht [d. h. Albertus Magnus] sagt, *das* sei ein armer Mensch, der an allen Dingen, die Gott je erschuf, kein Genügen habe, – und das ist gut gesagt. Wir aber sagen es noch besser und nehmen Armut in einem (noch) höheren Verstande: Das ist ein armer Mensch, der nichts *will* und nichts *weiß* und nichts *hat*. Von diesen drei

Punkten will ich sprechen, und ich bitte euch um der Liebe Gottes willen, daß ihr diese Wahrheit versteht, wenn ihr könnt. Versteht ihr sie aber nicht, so bekümmert euch deswegen nicht, denn ich will von so gearteter Wahrheit sprechen, wie sie nur wenige gute Leute verstehen werden. (Ebd. S. 303)

Was meint Eckhart mit »nichts wollen«? Traditionell bedeutete dies, den Eigenwillen aufzugeben und sich ganz dem Willen Gottes zu fügen, eine Auffassung, die auch noch, und sogar verstärkt in der »positivistischen« Ethik eines Ockham oder Nikolaus von Autrecourt zur Zeit Eckharts galt (vgl. Kap XVII, 5). Eckhart verwirft ganz eindeutig eine solche der göttlichen Allmachts-Vorstellung korrespondierende Ethik und Frömmigkeit, die auf einer Unterwerfung des Willens beruht.

Denn, soll der Mensch wahrhaft Armut haben, so muß er seines geschaffenen Willens so ledig sein, wie er's war, als er (noch) nicht war. Denn ich sage euch bei der ewigen Wahrheit: Solange ihr den *Willen* habt, den Willen Gottes zu erfüllen, und Verlangen habt nach der Ewigkeit und nach Gott, solange seid ihr nicht richtig arm. Denn nur das ist ein armer Mensch, der *nichts* will und *nichts* begehrt. (Ebd. S. 304)

Dies könnte man noch als Radikalisierung der »normalen« Tradition auffassen. Anders sieht es jedoch aus, wenn man die metaphysische Begründung hinzunimmt, die Eckhart in seiner Predigt gleich anschließt. Hier wird klar, daß es nicht darum geht, den Willen zu unterwerfen, sondern darum, ihn »abzuwerfen«, von ihm »ledig zu werden«. | 497

Als ich (noch) in meiner ersten Ursache stand, da hatte ich keinen Gott, und da war ich Ursache meiner selbst. Ich wollte nichts, ich begehrte nichts, denn ich war ein lediges Sein und ein Erkenner meiner selbst im Genuß der Wahrheit. Da wollte ich mich selbst und wollte nichts sonst; was ich wollte, das war ich, und was ich war, das wollte ich, und hier stand ich Gottes und aller Dinge ledig. Als ich aber aus freiem Willensentschluß ausging und mein geschaffenes Sein empfing, da hatte ich einen Gott; denn ehe die Kreaturen waren, war Gott (noch) nicht »*Gott*«: er war vielmehr, was er war. Als die Kreaturen wurden und sie ihr geschaffenes Sein empfingen, da war Gott nicht in sich selber Gott, sondern in den Kreaturen war er Gott. Nun sagen wir, daß Gott, soweit er (lediglich) »Gott« ist, nicht das höchste Ziel der Kreatur ist. [...] Darum bitten wir Gott, daß wir »Gottes« ledig werden und daß wir die Wahrheit dort erfassen und ewiglich genießen, wo die obersten Engel und die Fliege und die Seele gleich sind, dort, wo ich stand und wollte, was ich war, und war, was ich wollte. (Ebd. S. 304f.)

Dieser Text, zu dem es durchaus weitere ähnliche Stellen gibt, ist für jede Interpretation höchst problematisch. Schon der Text, wie er oben steht, enthält ja ziemlich viel Interpretation, denn es wurde – sicher mit guten Gründen – vom Herausgeber zwei

Mal »noch« und ein Mal »lediglich« als erforderliche Ergänzung vorgeschlagen, und außerdem wird an drei Stellen »Gott« in Anführungszeichen gesetzt, wobei nicht recht klar wird, warum dies genau an diesen Stellen und nicht auch an anderen geschieht, oder warum es überhaupt geschieht. Vielleicht wäre es besser, den Text ohne Ergänzungen und ohne Anführungszeichen zu lesen. – Mein Interpretations-Vorschlag ist der folgende: Wir haben einen *ersten* Zustand, in dem Ich und Gott ungeschieden sind und es somit keinen Sinn macht, von einem Ich zu sprechen, das einen Gott hat. Es folgt ein deutlich abgesetzter *zweiter* Zustand: »Als ich aber aus freiem Willensentschluß ausging und mein geschaffenes Sein empfing, da hatte ich einen Gott«. Erst in diesem zweiten Zustand sind also Ich und Gott geschieden, und erst hier kann man eigentlich von »Ich« und »Gott« sprechen. Es wird dann ein *dritter* Zustand anvisiert, der offensichtlich die Aufhebung des zweiten darstellt und zum ursprünglichen zurückführt, wo wir also wieder des Ichs und Gottes ledig sind. – Der Punkt des »Umbruchs« ist dort, wo »ich aus freiem Willensentschluß ausging«, und daher ist für die Rückkehr gefordert, nichts zu wollen, d. h. den freien Willensentschluß rückgängig zu machen. Dann aber ist dieser freie Willensentschluß, der eigentlich erst das Ich zum Ich und Gott zu Gott macht, ein »Fall«, ein »Absturz«, der aufgehoben werden soll. Dieses Grundschema ist uns schon begegnet: bei Ori-
498 | genes in dessen *Peri Archôn* (vgl. Kap. I, 5, c). Dieses systematische Hauptwerk des Origenes wurde aber trotz der lateinischen Übersetzung durch Rufinus von den mittelalterlichen Philosophen nicht gelesen. Woher dann die Ähnlichkeit? Die Antwort ist vermutlich verhältnismäßig einfach: Dort wo die Individualität als das eigentlich Nicht-Sein-Sollende aufgefaßt wird, ergibt sich dann, wenn eine metaphysische Erklärung für dessen Vorhandenheit gesucht wird, mit Notwendigkeit irgendein über einen individualitäts-begründenden »Fall« strukturiertes gnostisches oder gnostisierendes Schema. Die Vermutung, daß Eckhart die Problematik der Erlösung des Individuums, die sich ja in voller Schärfe im Mittelalter erst im 14. Jhd. artikulierte, in der *Aufhebung des Individuums*, d. h. im »Entwerden« gesucht hat, wurde schon wiederholt geäußert und ebenso oft wieder bestritten. Ich halte diese Vermutung für zutreffend. Die Diskussion um diesen ganz zentralen Punkt des Eckhart-Verständnisses ist eine, die offensichtlich spätestens kurz nach Eckharts Tod und der Verurteilung seiner Lehre begann. Der Eckhart-Schüler Heinrich Seuse läßt in einer Schrift, die der Verteidigung der Lehre Eckharts dienen sollte, die Frage stellen:

Bleibt dem Menschen sein persönliches Ich *(sin persenlich underscheiden)* in dem Grund des Nichts erhalten? (Seuse: *Das Buch der Wahrheit* VI. S. 53)

Die Antwort Seuses auf diese Frage ist dann deutlich apologetisch und sachlich m. E. auf die Auffassung Eckharts genau *nicht* zutreffend. Mit Berufung auf Augustinus sagt Seuse, daß auch dann, wenn der Mensch mit Gott so vollständig vereinigt ist, daß dieser sein Grund ist, der metaphysische Unterschied bestehen bleibt:

Dies und Das verschwindet, aber nicht nach seinem Wesen, denn da bleibt ein jedes, was es ist *(nút in der wesunge, in der ein ieklichs blibet, daz es ist, als sant Augustinus sprichet)*. (Ebd.)

Wie ganz ähnlich an anderen Stellen (vgl. dazu den folgenden Abschnitt 2), so wird auch hier die Auffassung Eckharts durch die Einordnung in die approbierte Tradition nicht nur entschärft, sondern geradezu aufgehoben – daß Seuse dies in bester Absicht und in der Überzeugung, Eckhart richtig zu interpretieren, getan hat, sei dabei unbestritten. Die von Seuse aufgeworfene Frage zeigt aber in jedem Fall, daß die Antwort, die zu dieser Zeit von Anhängern Eckharts gegeben wurde, häufig nicht die von Seuse, sondern die genau entgegengesetzte war. Auf die Frage: »Bleibt dem Menschen sein persönliches Ich in dem Grund des Nichts erhalten?« wäre die konsequente Antwort Eckharts gewesen: »In dem Grunde des Nichts bleibt dem Menschen sein persönliches Ich *(sin persenlich underscheiden) nicht* erhalten.« Dies läßt sich auch durch die bei Eckhart zentrale Vorstellung der *Gelassenheit* zeigen. Die von Eckhart geforderte Gelassenheit ist sicher nicht nur eine stoisch psychologische Haltung des Gleichmuts, die er durchaus auch im Sinne von »Dein (Gottes) Wille geschehe« fordert, sondern stellt einen metaphysischen Imperativ dar: Der Mensch soll alle Dinge, aber eben auch und vor allem sich selbst »lassen«, sich »vergessen«. Er erreicht sein Ziel dort, wo er nicht nur nichts zum Eigenbesitz mehr *haben*, sondern nichts eigenes mehr *sein* will, so wie dies seinem metaphysischen »Status« entspricht.

Alle Kreaturen sind ein reines Nichts. Ich sage nicht, daß sie geringwertig oder überhaupt etwas seien: sie sind ein reines *Nichts*.« (Eckhart: *Deutsche Predigten und Traktate*. S. 171)

Vom Standpunkt traditioneller Metaphysik aus konnten solche Aussagen nur bedeuten, die Geschöpfe, die ganze Welt, hätten keinen eigenen Seinsakt, und dies klang verdächtig nach Pantheismus (den Begriff »Pantheismus« gab es damals allerdings noch nicht). Und dies schien man auch ausdrücklich bei Eckhart nachlesen zu können, so wenn es heißt:

Gottes Sein ist mein Leben. Ist denn mein Leben Gottes Sein, so muß Gottes Sein mein sein und Gottes Wesenheit meine Wesenheit, nicht weniger und nicht mehr. (Ebd. S. 184)

Und einige Seiten später in der selben Predigt heißt es dann ganz einfach: »Gott und ich, wir sind *eins*« (Ebd. S. 186). Ganz ähnlich sagt Eckhart in der schon zitierten Predigt über die wahre Armut: »Denn mir wird in diesem Durchbrechen zuteil, daß ich und Gott eins sind.« (Ebd. S. 308 f.) Dasselbe schien sich auch aus seiner schon genannen Lehre von der Gottesgeburt in der Seele zu ergeben:

Er gebiert mich als seinen Sohn und als denselben Sohn. Ich sage noch mehr: Er gebiert mich nicht allein als seinen Sohn; er gebiert mich als sich und sich als mich und mich als sein Sein und als seine Natur. [...] Ganz so werde ich in ihn verwandelt, daß er mich als sein Sein wirkt, (und zwar) als eines, *nicht* als gleiches; beim lebendigen Gotte ist es wahr, daß es da keinerlei Unterschied gibt. (Ebd. S. 185 f.)

Dies also nur einige der zahlreichen Stellen, bei denen man schon vermuten kann, daß sie früher oder später bei den Vertretern der offiziellen Lehre der Kirche Befremden und Ablehnung hervorrufen würden. Dies trat ein, als Eckhart nach Köln an das *Studium generale* der Dominikaner geholt wurde, wo früher Albertus Magnus gelehrt hatte. Der Erzbischof von Köln Heinrich von Virneburg (1244–1332) hatte sich schon seit längerer Zeit der Bekämpfung der Beginen, Begarden und der Brüder des freien Geistes gewidmet und es entging ihm natürlich nicht, daß die Lehren Eckharts in verschiedener Hinsicht den Auffassungen dieser Gruppen nahe standen. Eckhart wurde daher zunächst in Köln angeklagt. (Die Akten davon sowie eine Antwort Eckharts sind in einer Abschrift in einer Handschrift des Stadtarchivs Soest überliefert.) Die anstößigen Thesen stammten sowohl aus lateinischen wie aus deutschen Schriften Eckharts. Der Angeklagte Eckhart hatte Gelegenheit, sich vor der
 Kölner Inquisitionskommission zu verteidigen, machte es dabei aber ziemlich klar, daß er diese für zu voreingenommen und beschränkt ansah, um ihn zu verstehen. Außerdem wandte er sich 1327 an den Papst und gab eine öffentliche Erklärung in der Kirche des Dominikanerordens in Köln ab. Diese Erklärung wurde zunächst lateinisch und dann deutsch vorgetragen. Die Einbeziehung der Öffentlichkeit, die einen impliziten Appell an das Urteil des Volkes enthielt, war selbst schon etwas Unerhörtes, zeigt uns aber auch die veränderte gesellschaftliche Situation im 14. Jhd. So wie wir Papst Johannes XXII. inzwischen bei Ockham, Marsilius von Padua und bei der *Ars nova* kennen gelernt haben, war das Ergebnis allerdings voraussehbar. Der Papst war, wie er selbst im Vorwort der Verurteilungsbulle von 1329 *In agro Dominico* (*Auf dem Acker des Herrn* [DS 950–980]. Übers. im Anhang zu *Deutsche Predigten und Traktate.* S. 449–455) sagt, stets wachsam, um im Acker des Herrn jedes Unkraut schon im Keime zu ersticken, damit »die Saat der katholischen Wahrheit fröhlich aufgehe« (Ebd. S. 449). Eckhart wurde zum Vorwurf gemacht, daß er »mehr wissen wollte, als nötig war«, und vor allem wurde bemängelt, daß »dieser irregeleitete Mensch« seine Thesen »vor dem einfachen Volke in seinen Predigten lehrte« (Ebd.). Dies ist aufschlußreich: So wie in den anderen genannten Fällen hatte der Papst in Avignon nicht nur einfach die Besorgnis, daß irgendjemand »falsche« Sätze – oder »falsche« Melodien – vortrug, sondern daß die kirchlichen Autoritäten und somit natürlich in erster Linie er selbst in der inzwischen gewachsenen Öffentlichkeit die Kontrolle verlieren könnten. Er wußte also genauso wie Eckhart um die wachsende Bedeutung der Öffentlichkeit. Die Liste des Kölner Erzbischofs wurde dann am päpstlichen Hof in Avignon überarbeitet, d. h. etwas gekürzt. Die verur-

teilten Sätze finden sich tatsächlich in den Schriften Eckharts, ihre Zusammenstellung zeigt aber, daß die Kommission in Avignon nicht mehr verstanden hat als die in Köln. Dies ist im Prinzip nicht problematisch, denn auch wir verstehen vieles von Eckhart nicht. Problematisch ist allerdings, wenn man, wie die Kommission es tat, einfach einige kurze Sätze aus Eckhart mit der traditionellen scholastischen Philosophie oder Theologie vergleicht, was an der Sache vorbeigehen muß. Daß den Vertretern der Kirche, deren Einfluß auf das Volk in weitem Umfang über Kulthandlungen lief, mit Sätzen wie:

Das äußere Werk ist nicht eigentlich gut und göttlich, und Gott wirkt und gebiert es nicht eigentlich. (Satz 17. Ebd. S. 452)

nicht gefielen, ist leicht erklärlich. Schwieriger wird es bei anderen Thesen wie z. B.:

Desgleichen kann zugegeben werden, daß die Welt von Ewigkeit her gewesen ist. (Satz 2. Ebd. S. 450)

Desgleichen: Auf einmal und zugleich, als Gott war, da er seinen ihm gleich ewigen Sohn als ihm völlig gleichen Gott erzeugte, schuf er auch die Welt. (Satz 3. Ebd.)

Die Frage der Ewigkeit der Welt war schon immer ein zentraler Streitpunkt gewesen.
Nur: Bisher war es dabei immer um ein Problem im Rahmen einer Diskussion um aristotelische naturphilosophische Thesen in ihrem Verhältnis zu Glaubensaussagen gegangen, die als objektive Tatsachenaussagen verstanden wurden. Die Lehre Eckharts läßt sich aber in diesen Rahmen überhaupt nicht einfügen. Für Eckhart gibt es keine als objektive Tatsachenaussagen verstandenen Glaubenssätze – nur »Grobsinnige« können so etwas meinen. Eckhart transformierte alle Aussagen der Philosophie wie der Theologie in solche über die Seele, wir würden heute sagen: in solche über Bewußtseinstatsachen. Auch dafür haben wir in der Geschichte eine Parallele: Während Origenes eher noch im Rahmen eines »objektiven« gnostischen Mythos dachte, hat – durchaus origenistisch konsequent weitergedacht – in der späten Antike Evagrios Pontikos (um 345–399) diesen Mythos vollständig in die Vernunftseele verlegt, in der das Göttliche selbst zur Sprache kommt. Die Seele ist dort der einzige »Ort«, das Medium, in dem sich der universelle gnostische Vorgang abspielt. Und auch bei Eckhart sind alle solchen Aussagen letztlich nicht solche einer individuellen Seele, sondern einer absoluten Vernunft, was die Kommission zwar so im Wortlaut bei Eckehart nicht finden konnte, aber – und in diesem Punkt war sie durchaus scharfsinnig – als seine Auffassung vermutete:

Es ist etwas in der Seele, das unerschaffen und unerschaffbar ist; wenn die ganze Seele solcherart wäre, so wäre sie unerschaffen und unerschaffbar – und dies ist die Vernunft *(intellectus)*. (Zusatz-Satz 1. Ebd. S. 454)

Ob eine solche Transformation als objektiv gedachter Aussagen in solche über Bewußtseinsgehalte ein sinnvolles Programm ist, sei hier dahingestellt. Sie ergibt aber jedenfalls eine Rahmentheorie, die mit einer Theorie physikalischer Welterklärung, wie sie im Streit um Ewigkeit oder Nicht-Ewigkeit der Welt bisher vorgelegen hatte, inkommensurabel ist. (Es macht eben auch nicht viel Sinn etwa die Physik Newtons mit der Naturphilosophie Schellings zu vergleichen.) Wenn man die übliche scholastische Philosophie und Theologie mit dem Denken Eckharts in Beziehung bringen wollte, so müßte man es ganz klar machen, daß dies nur auf der Ebene dessen möglich ist, was weiter oben als der »zweite Zustand« bezeichnet wurde, also als jener, in dem Gott und die Seele und somit die Kreatur unterschieden sind. Eine Diskussion über die Ewigkeit oder Nicht-Ewigkeit der Welt ist nur dort sinnvoll, wo Gott und Welt einander gegenübergestellt sind. Eckhart beschreibt diesen zweiten Zustand aber eben nicht, weil er für ihn an sich interessant wäre, sondern nur, weil er ihn systematisch darlegen muß, um zu zeigen, daß er überwunden, »aufgehoben«, werden muß. Und Entsprechendes gilt auch für eine Theologie und eine Philosophie, die innerhalb der Grenzen dieser Gegenüberstellung konzipiert sind – beide müssen als Moment eines übergeordneten Verstehensprozesses aufgefaßt werden. Eckharts philosophische Theologie stellt keine Alter-
502 | native zur scholastischen Philosophie und Theologie dar, sondern bedeutet den Anspruch deren Überwindung oder »Aufhebung« von einem Standpunkt »höherer« Vernunft aus. Diese Transformation wird bei Eckhart besonders deutlich bei der Frage der Christologie. Für ihn – wie schon für Origenes – sind die Glaubensaussagen über Christus keine solchen über objektive Tatsachen und Ereignisse, sondern bringen das zum Ausdruck, was jede Seele als ihre höchste, anzustrebende und erreichbare Möglichkeit begreifen soll:

> Alles, was die Heilige Schrift über Christus sagt, das bewahrheitet sich völlig an jedem guten und göttlichen Menschen. (Satz 12. Ebd. S. 451)
>
> Der »edle Mensch« ist jener eingeborene Sohn Gottes, den der Vater von Ewigkeit her gezeugt hat. (Satz 21. Ebd. S. 452)

Und da Christus ein und dieselbe Natur mit Gott ist, gilt dies auch für den Menschen:

> Alles, was der göttlichen Natur eigen ist, das alles ist auch dem gerechten und göttlichen Menschen eigen; darum wirkt solch ein Mensch auch alles, was Gott wirkt, und er hat zusammen mit Gott Himmel und Erde geschaffen, und er ist Zeuger des ewigen Wortes, und Gott wüßte ohne einen solchen Menschen nichts zu tun. (Satz 13. Ebd. S. 452 f.)

Papst Johannes XXII. mit seiner Kommission fand – historisch verständlicherweise – solche Sätze teilweise als eindeutig häretisch und teilweise »als überaus übel klingend und sehr kühn und der Häresie verdächtig« (Ebd. S. 454). Zum Zeitpunkt der Veröffentlichung der Verurteilungen war Eckhart allerdings schon tot. Er starb 1328 vermutlich in Avignon. Ob er in Avignon Ockham, der sich ja bis kurz vorher auch dort als Angeklagter aufgehalten hatte, persönlich begegnet ist, ist nicht sicher. Es gibt aber Äußerungen Ockhams über Eckhart, die zeigen, daß er, allerdings aus ganz anderen Gründen als aus jenen des Papstes, nicht viel von den »verstiegenen« Lehren Eckharts hielt. Eine Verständigung wäre vermutlich ziemlich schwierig gewesen. Beide verteidigten z. B. die Armut, Ockham dachte dies aber ganz »empirisch«, Eckhart hingegen »transempirisch«. – In der päpstlichen Bulle wird zum Abschluß behauptet, Eckhart habe seine Irrtümer vor seinem Tode widerrufen (Ebd. S. 455). Dafür liegt kein historisches Zeugnis vor. Eckhart hat wiederholt zu erklären versucht, in welchem Sinn seinen Aussagen ein ganz rechtgläubiger Sinn gegeben werden kann, widerrufen hat er aber dabei nichts. Es soll nicht bezweifelt werden, daß Eckhart selbst meinte, nichts anderes zu lehren, als das, was in der traditionellen Lehre des Christentums in einem höheren Verständnis enthalten ist. Eckhart ist – auch hier wieder ganz ähnlich dem Pistis-Gnosis-Schema des Origenes – überzeugt, daß die Glaubensvorstellungen als Vorstellungen nicht das letzte sind, was gesagt
werden kann. Im Zusammenhang einer Überlegung über die Zeitenthobenheit Gottes und des Menschen im Zustand der Vollendung zieht er in eindeutiger Weise dieses Stufen-Schema heran:

Auch dies ist für weise Leute eine Sache des Wissens und für grobsinnige eine Sache des Glaubens. (Ebd. S. 268)

»Grobsinnig« sind die Pistiker, »weise Leute« sind die Gnostiker, erstere denken auf der Ebene des Glaubens, letztere auf der des Wissens. Für die »weisen Leute« gibt es nur *ein* Wissen und nur *eine* Wahrheit. Autonomes Wissen außerhalb dieses einen Wissens kann es daher nicht geben. Keinesfalls darf der Glaube irgendetwas enthalten, das nicht auch vom Wissen erreichbar wäre. Eckhart war mit Maimonides der Auffassung, daß die Philosophie und die biblischen Texte nur ein und dieselbe Wahrheit enthalten (vgl. Kap. X, 2, h), und damit stand er ganz klar in Gegensatz zu der Unterscheidung der beiden Bereiche, wie Thomas von Aquin sie vorgenommen hatte (vgl. Kap. XIV, 2), und er stand der Sache nach wieder auf der Seite von Origenes (vgl. Kap. I, 5, b). Dies ist aber vermutlich noch nicht wirklich die ganze »Wahrheit« Eckharts. Es gehörte schon immer zum Selbstbewußtsein der wahren Gnostiker seit Klemens von Alexandrien, daß das Wissen des Gnostikers letztlich unmittelbar ist, also der Stufe der Pistis nicht bedarf. Schon rein sprachlich ist das bei Eckhart häufige »Ich aber sage euch« aufschlußreich. Nicht selten kommt bei Eckhart zum Ausdruck, daß er für seine Lehre eine eigene, von aller Tradition unabhängige Wahrheit beanspruchte, so als käme in ihm eine neue und endgültige Offenbarung zur Sprache, eine »unverhüllte Wahrheit«, die »unmittelbar« von Gott kommt:

> Wer diese Rede nicht versteht, der bekümmere sein Herz nicht damit. Denn solange der Mensch dieser Wahrheit nicht gleicht, solange wird er diese Rede nicht verstehen. Denn es ist eine unverhüllte Wahrheit, die da gekommen ist aus dem Herzen Gottes unmittelbar. (*Deutsche Predigten und Traktate.* S. 309)

Damit wird auch deutlich, daß Eckhart nicht einfach Dionysios Areopagita in eine besonders kraftvolle Sprache kleidete, sondern daß er tatsächlich über ihn hinausging in einer Weise, die es nicht zuließ, seine Aussagen einfach als Neuformulierung der alten Gotteslehre aufzufassen. Eckhart braucht für seine Gotteserfahrung keine Kirche und keine Dogmen, ja er kann sogar ohne das Wort »Gott« auskommen und verlangt dies sogar. Im Vergleich zu Eckhart wird die spätere Reformation wirklich nur als solche, d. h. als Reformation erscheinen, während die Lehre Eckharts eine Transformation war.

Wahrscheinlich ist aber auch »Transformation« keine wirklich geeignete Kategorie zur Interpretation Eckharts, ebensowenig wie die vorher – mit sichtlichem Unbehagen – verwendeten Begriffe »Mystik« und »Pantheismus«. Alle diese Kennzeichnungen gehören in die europäische Philosophie- und Kulturgeschichte. Selbstverständlich gehört Eckhart auch in diese Geschichte und es gibt ja auch zahlreiche Studien, die genaue Nachweise über Eckharts Beziehungen zu Dionysios Areopagita, zu Anselm, zu Averroes, dessen aristotelischer Geist-Begriff für ihn besonders wichtig war, zu Albert und Thomas von Aquin, von dessen Auffassungen er sich zusehends entfernte, usw. erbringen. All dies soll in keiner Weise bestritten werden, ist aber eben doch nicht alles, und hilft uns vielleicht gerade dort, wo wir an deutliche Grenzen des Verstehens gelangen, nicht unbedingt weiter. Es ist aber der Forschung schon seit einigen Jahrzehnten aufgefallen, daß sich in den indischen Upanishaden und im Zen-Buddhismus deutliche Parallelen zu Lehren Eckharts finden. Diese Beobachtungen sind zutreffend. Weiter unten wird auch auf die Sprache Heideggers verwiesen werden und interessanterweise stellt sich dort eine ganz ähnliche Frage (vgl. M. Heidegger: *Aus einem Gespräch von der Sprache.* In: ders.: *Unterwegs zur Sprache.* Pfullingen, 3. Aufl. 1965. S. 83–155). Es ergibt sich dann – wie immer – die Frage nach »Abhängigkeiten« und »Einflüssen«, die solche Strukturähnlichkeiten erklären könnten. Vielleicht gibt es keine solchen und dann könnte man an »Archetypen« denken. Den einzigen historischen Ansatzpunkt im Rahmen der europäischen Geschichte der Philosophie sehe ich in der antiken pyrrhonischen Skepsis (vgl. 1. Teil, Kap. XIV, 3). Hier ist jedoch für die Forschung sicher noch viel zu tun. Innerhalb der Geschichte der Philosophie wird seit den Stoikern und seit Augustinus bis herauf zu Descartes immer eigentlich nur nach der Überwindung der Skepsis gefragt worden, und diese *Überwindung des Zweifels* wird dann im Selbstbewußtsein des zweifelnden

Ichs gefunden. Die ursprüngliche Richtung der Skeptiker war jedoch genau die umgekehrte: Die *Überwindung des Ichs* als Selbst, um den Zweifel »verschwinden« zu lassen und der Seele die Ruhe zu vermitteln. Es handelt sich hier nicht um eine alternative philosophische Theorie sondern ganz radikal um eine Alternative zur Philosophie, wie diese sich seit den Vorsokratikern herausgebildet hat. Es wäre dann die Frage, ob und wenn ja, seit wann es in der europäischen Philosophie- und Literaturgeschichte neben der »negativen« Tradition der Skepsis, auch eine »positive« gegeben hat. Die für uns historisch greifbare Grundlagenschrift der antiken Skepsis, der *Grundriss der pyrrhonischen Skepsis* des Sextus Empiricus war jedenfalls schon im 13. Jhd. in einer direkt aus dem Griechischen angefertigten Übersetzung vorhanden, und sie ist uns überliefert in einer Handschrift, die ausgerechnet aus der Mystikerhochburg St. Victor bei Paris stammt (vgl. 1. Teil, Kap. XIV, 3). Sicher hat auch die Tatsache, daß dieser Text fälschlich Aristoteles zugeschrieben wurde, zu seiner Übersetzung geführt, dies reicht jedoch zur Erklärung nicht ganz aus, denn eine Übersetzung war immerhin ein aufwendiges Unternehmen. Es wäre interessant, zu erfahren, wer an der Übersetzung dieses Textes interessiert war und warum dann bei den Mystikern von St. Victor ein Interesse daran bestand, eine Handschrift dieses Textes herzustellen oder zu erwerben. Und weiters: Wurde dieser Text wirklich von niemandem gelesen? Positiv formuliert: Gab es vielleicht im Mittelalter eine aus der Skepsis zumindesten mitmotivierte Mystik, die alle Zweifel nicht überwinden, sondern »hinter sich lassen« wollte, um in der »Gelassenheit« die Wahrheit zu finden?

Die geschichtliche Wirkung Eckharts war nur eine begrenzte. Dies hatte verschiedene Gründe: Eckharts Lehre war nicht gemeinschaftsbildend und konnte so keine dauernde gesellschaftliche Kraft abgeben; sie war primär an der Erkenntnis orientiert und konnte so nicht unmittelbar zu einem praktischen Imperativ werden. Vor allem aber: Die radikale Aufhebung jeder inhaltlich gedachten Offenbarung und Metaphysik konnte zwar im 14. Jhd. schon gedacht werden, ihr fehlte jedoch eine breite und gesellschaftlich akzeptierte Plausibilität, zu sehr wirkte noch auf lange Zeit hin das traditionell gegenständliche Denken auch dort, wo bestimmte Formen desselben abgelehnt wurden.

2. Heinrich Seuse und Johannes Tauler

Nach anfänglicher Verteidigung griff der Orden der Dominikaner nach der Verurteilung Eckharts rigoros gegen dessen Anhänger durch. Dies kennzeichnet auch den Zeitpunkt, seit dem die Kölner Dominikaner-Schule zu einer Thomas-Verteidigung erstarrte (vgl. Kap. XV, 3). Nichtsdestoweniger gab es, vermutlich vor allem in Köln, eine Gruppe, die versuchte, die Texte der Schriften Eckharts zu erhalten und seine Lehren zu verteidigen. Die Textüberlieferung wurde allerdings jetzt schwieriger, die Predigten Eckharts wurden nach dessen Verurteilung meist anonym oder unter anderen Namen weitergegeben, was bis heute bei manchen Texten Fragen zur Authentizität aufwirft. Auch in Hinsicht auf die Verteidigung der Lehren Eckharts war die Situation komplizierter geworden. Neben der Verteidigung der eigentlichen Lehre, wir könnten auch sagen: der »authentischen« Häresie Eckharts, gab es nämlich auch, so vor allem bei den Brüdern des freien Geistes, eine, wie man heute sagen würde, »libertinistische« Anwendung der Lehren Eckharts: Dem »vollkommenen Menschen« wäre alles erlaubt, d.h. es gäbe für ihn keine ethischen Regeln mehr, der Vollkommene könne also nicht mehr sündigen. Den »Beweis« dafür meinten sie auch in der *Bibel* zu finden, so wenn es dort z.B. heißt, daß jeder, der aus Gott geboren ist, nicht sündigt (1 Joh. 1, 9), was dann mit der Lehre Eckharts von der Geburt Gottes in der Seele passend verbunden werden konnte. – Die Aufgabe wäre es daher gewesen, die »authentische« Häresie Eckharts zu verteidigen und gleichzeitig deren illegitime Anwendung zu kritisieren. Heinrich Seuse (um 1295–1366), Dominikaner wie Eckhart und dessen Schüler, versuchte auf der einen Seite diese illegitimen Anwendungen zu bekämpfen (vgl. *Das Buch der Wahrheit* VII. S.57–73), und auf der anderen Seite die Rechtgläubigkeit seines Meisters nachzuweisen. Dem diente seine bekannte Schrift *Das Buch der Wahrheit (Daz bůchli der warheit)*. Die darin verfolgte Strategie besteht darin, Eckhart in die Tradition von Augustinus über

Boethius, Dionysios Areopagita, Bernhard von Clairvaux und Bonaventura bis hin zu Thomas von Aquin einzufügen. Genau dadurch aber brach er den Auffassungen Meister Eckharts die Spitze ab (ich folge hier der Interpretation von Haas 1971 und Flasch 1988, und nicht Sturlese in seiner Einleitung zum *Buch der Wahrheit*). Während Eckhart immer wieder gesagt hatte: »Ein Meister sagte ...« – »Ich aber sage euch« wurde er jetzt zu einem Magister unter anderen Magistern. Man muß dabei allerdings sehen, daß Eckhart an vielen Stellen, allerdings mehr in den lateinischen Schriften wie z.B. in den *Bibel- Kommentaren* als in den deutschen Predigten, wie ein scholastischer Magister gesprochen hat. Bei genauem Hinsehen zeigt sich aber auch dort, so vor allem in den *Pariser Quaestionen*, daß darin letztlich doch nicht einfach eine weitere Variante eines scholastischen Magisters zur Sprache kommt. Ich meine, daß man z.B. in der schon zitierten *Predigt über die Armut des Geistes* (*Deutsche Predigten und Traktate*. S.303–309) dem »authentischen« Eckhart begegnet, und da ist man ziemlich nahe an den Sätzen der Verurteilung durch den Papst. Wie auch bei anderen Verurteilungen, so gilt auch hier: Die Verteidiger der offiziellen Lehre und die Inquisitoren mögen vieles unzureichend verstanden haben, aber sie liefen keinen Phantomen nach. Seuse kann sich daher sehr wohl bei der »Verteidigung« Eckharts auf Stellen aus dessen Werken berufen, nur verteidigt er dann einen Eckhart, der niemals verurteilt worden wäre, wenn er nicht auch anderes gesagt und geschrieben hätte. Auf Seuses Antwort zur Frage der Individualität der vollkommenen Seele ist schon im vorangegangenen Abschnitt hingewiesen worden. Auch an weiteren Punkten zeigt sich, wie Seuse Eckharts Aussagen abschwächt, z.B.: (1) Eckhart stellt Glauben und Wissen gegenüber und will zum Wissen und von dort zur Armut des

Wissens gelangen. Seuse hingegen nimmt an, daß der Mensch zwar zu einem Wissen gelangen kann, daß aber immer auch der Glaube bestehen bleibt (Ebd. VIII. S. 71). (2) Eckhart hielt nichts von äußeren Frömmigkeitsübungen, wogegen Seuse auch für jene, die zu innerer Gelassenheit gelangt sind, annimmt, daß sie solche äußeren Übungen weiter vornehmen (Ebd. VIII. S. 69). (3) Besonders relevant ist der Unterschied der Auffassung von Christus. Während Eckhart fordert, daß jeder Mensch ein Eingeborener würde, richtet Seuse wieder die traditionelle »rechtgläubige« Differenz zwischen Christus und den anderen Menschen auf, so daß es heißt: »Das stimmt allein für Christus und sonst für keinen anderen Menschen.« (Ebd. VII. S. 63). Eckhart sagte, daß dem Vollkommenen alles gegeben ist, was Christus gegeben ist, wogegen Seuse von Christus festhält: »Darum besitzt er das in viel edlerer Weise.« (Ebd. VII. S. 65). Bei Seuse gibt es eine »erleuchtende Unterscheidung«, »wie ein Mensch mit Christus eins werden soll und doch von ihm unterschieden bleibt« (Ebd.), während bei Eckhart die Erleuchtung gerade darin besteht, daß es keine solche Unterscheidung mehr gibt. (4) Und somit muß auch das von Eckhart angestrebte Eins-Werden mit Gott von Seuse abgeschwächt werden, es findet nur »in gewisser Weise *(in etlicher wise)*« statt:

Und so kann der Mensch, wenn er sich in Gott entäußert, in gewisser Weise im Sich- | 507
Verlieren eins sein und nach außen schauend und genießend sein und desgleichen. Das zeige ich dir in einem Vergleich: Das Auge verliert sich, indem es sieht, denn es wird in der Sehtätigkeit eins mit seinem Gegenstand, und doch bleiben beide, was sie sind. (Ebd. VI. S. 41 und S. 43)

Mit Seuses Aussage: »es bleiben beide, was sie sind«, ist die Intention Eckharts aufgegeben. In Eckharts *Kommentar zum Buch der Weisheit* können wir lesen:

Alles, was sich durch seine Ununterschiedenheit unterscheidet, ist um so mehr ununterschieden, je mehr es unterschieden ist. Und umgekehrt, je unterschiedener, desto ununterschiedener, weil es sich durch seine Unterschiedenheit vom Ununterschiedenen unterscheidet. Je mehr also unterschieden, desto ununterschiedener. Und je mehr ununterschieden, desto unterschiedener, wie zuvor. Gott aber ist ein Ununterschiedenes, was sich durch seine Ununterschiedenheit unterscheidet [...]. Wiederum aber ist auch das zu bemerken, daß nichts so eins und ununterschieden ist wie Gott und jedes Geschaffene. (Eckhart: *Kommentar zum Buch der Weisheit* 154 und 155. S. 80)

Dies ist eine Dialektik, wie wir sie in Schellings *System des transzendentalen Idealismus* oder in Fichtes verschiedenen Versionen der *Wissenschaftslehre* finden. – Um eine Wiederaufnahme der »systematischen« Intention Eckharts zu finden, müssen wir lange warten. Wir begegnen ihr aber an vielleicht ganz unvermuteter Stelle, nämlich in Feuerbachs *Wesen des Christentums.* Setzen wir einmal statt »Wissen« »Liebe« (was legitim ist, vgl. das übernächste Zitat), so finden wir bei Feuerbach einen Satz, der genauso gut bei Eckhart stehen könnte (nicht umsonst gehört Eckhart zu den von Feuerbach am häufigsten zitierten Autoren):

Wer ist also unser Erlöser und Versöhner? Gott oder die Liebe? Die Liebe, denn Gott als Gott hat uns nicht erlöst, sondern die Liebe, welche über die Differenz von göttlicher und menschlicher Persönlichkeit erhaben ist. Wie Gott sich selbst aufgegeben aus Liebe, so sollen wir auch der Liebe Gott aufopfern. (*Das Wesen des Christentums.* 5. Kap. *Werke in sechs Bänden.* Hrsg. v. E. Thies. Frankfurt 1974–1976. V. S. 61. Vgl. auch 3. Teil, Kap. XIX, 2)

Möglicherweise stellt sich jetzt aber doch wieder die Frage, ob alle diese Eckhart und Seuse betreffenden Probleme nicht eher in die Theologie oder in die Geschichte der Frömmigkeit gehören als in die der Philosophie. Eine indirekte Antwort auf diese Frage kann bereits durch den Hinweis auf die Geschichte der deutschen Sprache gegeben werden. Eckhart hat, was ja die kirchlichen Behörden besonders störte, seine Lehren in der Volkssprache vorgetragen. Man muß sich dabei klar machen, daß er, um so schwierige und zumindesten eben auch philosophische Themen über-

haupt behandeln zu können, sich diese Sprache bedienen mußte und jedenfalls viele sprachliche Ausdrücke erst schaffen mußte. Eckhart verwendete dabei, um sein Anliegen zum Ausdruck zu bringen, Begriffe, die zum Teil aus der Tradition stammten, besonders von Thomas von Aquin und von Dionysios Areopagita, für die es aber bisher keine volkssprachlichen deutschen Worte gab. Eckhart mußte also in vielen Fällen eigene *Sprachschöpfungen* versuchen. Auch im Lateinischen gibt es Substantivierungen wie *beatitudo* (»Glückseligkeit«), aber die für die deutsche philosophische Sprache ebenso charakteristische wie problematische Eigenheit der häufigen und beinahe durchgehenden Substantivbildungen geht auf den Sprachgebrauch Eckharts und seiner predigenden Nachfolger zurück: »gelazenheit«, »vernunftigkeit«, »geschaffenheit«, »kreaturlicheit«, »nihtekeit« (Nichtigkeit), »ubertreffenlichkeit«, »anderheit« und viele andere. Zahlreiche Predigten Eckharts zeigen sehr deutlich sein Ringen mit den Problemen der deutschen Sprache. So meinte Eckhart z. B., daß die traditionelle Gegenüberstellung von Erkennen und Wille unzureichend sei und daß dahinter eine Einheit stehen müßte, die bei ihm meist ein »Etwas« blieb und nur gelegentlich als »Gemüt« bezeichnet wird.

Das dem Menschen zubestimmte Wirken aber ist: Lieben und Erkennen. Nun ist es eine Streitfrage, worin die Seligkeit vorzüglich liege. Etliche Meister haben gesagt, sie liege in der Liebe, andere sagen, sie liege in der Erkenntnis *und* in der Liebe, und die treffen's (schon) besser. *Wir* aber sagen, daß sie *weder* in der Erkenntnis *noch* in der Liebe liege; es gibt vielmehr ein Etwas in der Seele, aus dem Erkenntnis und Liebe ausfließen; es selbst erkennt und liebt nicht, wie's die *Kräfte* der Seele tun. Wer *dieses*

(Etwas) kennen lernt, der erkennt, worin die Seligkeit liegt. (*Deutsche Predigten und Traktate.* S. 306)

Dieses »Etwas« wird dann bei Johannes Tauler (um 1300–1361) sehr häufig als »Gemüt« bezeichnet, und so brachte er in diesem Zusammenhang einen Begriff in die deutsche Terminologie ein, der sowohl der Philosophie wie auch der Kulturgeschichte ziemliche Probleme aufgeben wird. Dieser Begriff wird im Pietismus, in der Romantik und im Deutschen Idealismus eine große Rolle spielen. Da nun Tauler keine genaue Terminologie anwandte, ist auch die Interpretation von »Gemüt« unklar. Vor allem ist nicht klar, wie er sich genau das Verhältnis von »Seelengrund« *(grunt)* und »Gemüt« *(gemuet)* vorgestellt hat. Manchmal scheint es, als würde er den Seelengrund mit dem Gemüt identifizieren, meist erscheint jedoch das Gemüt als eine Kraft, die, ausgehend vom Seelengrund, die Kräfte des Verstandes und des Willens durchdringt und zur Wiedervereinigung mit dem Seelengrund führt. Im »Seelengrund« findet der Mensch Gott, das Sein und das Nichts, dieses Finden ist jedoch keine Erkenntnis. Ganz ähnlich lesen wir bei Seuse:

Und dieses Nichts nennt man nach allgemeiner Übereinstimmung »Gott«, und es ist in sich selbst das allereigentlichste Sein *(und ist an im selber ein aller weslichostes iht)*.
Hierin erkennt sich der Mensch als eins mit diesem Nichts; dieses Nichts jedoch erkennt sich selber ohne irgendeine Erkenntnistätigkeit. Aber darin ist noch etwas Tieferes verborgen *(Aber es ist hie verborgen neiswaz noch inbaz)*. (*Das Buch der Wahrheit* VI. S. 35)

An diesem Punkt ist Seuse sehr nahe an den Intentionen Eckharts. Wie immer auch die Interpretation solcher Texte aussehen mag, es wird aus diesem Zusammenhang verständlich, daß man im Deutschen auf dem Hintergrund von Gemüt und Seelengrund von der »Tiefe der Vernunft« sprechen kann, während etwa das Französische keine Möglichkeit kennt, von einer »*profondeur de la raison*« zu sprechen. Hier ist die Sprache mit Konnotationen versehen worden, die folgenreich für die Philosophie, vor allem natürlich für die deutschsprachige, waren. Eckhart, Seuse und Tauler haben gerade durch ihre Predigten ins Volk und somit in die Bildung der sich ausbildenden Sprache des Volkes hineingewirkt. Tauler war ein viel gelesener Schriftsteller bis über die Zeit der Reformation hinaus. Alle diese Prediger haben sehr viel zur Wortbildung in der deutschen Sprache beigetragen. Man wird bei dieser ganzen Bewegung den Sprachprozeß gar nicht überschätzen können. Die Volkssprachen wurden in verschiedenen Ländern zu verschiedenen Zeitpunkten auf ein literarisches Niveau mit Breitenwirkung gebracht. Diese Ursprungssituation blieb entscheidend, insofern hier Begriffe geprägt wurden, die später auch die Matrix der Philosophie in der Volkssprache abgegeben haben. So ist sicher ein großer Unterschied, ob etwa das Italienische mit Dantes *Divina Commedia*, dem *Decamerone* Boccaccios und der Lyrik Petracas entstanden ist, oder ob das Deutsche in der Periode seiner Ausbildung gerade in Hinsicht auf die »philosophische« Sprache sich an Hand der Predigtliteratur eines Eckhart, Seuse und Tauler ausgebildet hat. Das Wissen um diesen Zusammenhang ist nicht nur sprachgeschichtlich, sondern auch sprachanalytisch und somit philosophisch äußerst aufschlußreich. So kann z. B. Heidegger die Worte »Gelassenheit« und »Gemüt« wieder aufnehmen, und er findet nicht zu Unrecht metaphysische Assoziationen in diesen Worten, die durch die ganze Sprachtradition vermittelt und in diesem Sinn auch vergegenwärtigbar sind. Wenn Heidegger z. B. sagt:

Aller Mut des Gemüts ist der Widerklang auf die Anmutung des Seyns, die unser Denken in das Spiel der Welt versammelt. (*Aus der Erfahrung des Denkens*. Pfullingen, 2. Aufl. 1965. S. 17)

so wird mancher vielleicht mit einem solchen Satz nicht viel anfangen können. Wenn man ihm jedoch einen Sinn beilegen will, wird man am besten Eckhart, Seuse, Tauler und ähnliche Schriftsteller lesen, um sich in solche Sprache und solches Denken »einzuüben«. Es ist unmöglich, diesen Satz in die Sprache Dantes oder

Boccaccios zu übersetzen: Dort gibt es kein »Gemüt« und das Sein kann dort auch nicht »anmuten«. Dasselbe gilt für das Lateinische, das Französische und das Englische, um nur einige Sprachen zu nennen. Diese Feststellung ist nicht nur übersetzungstechnisch, sondern auch für die Analyse der deutschen philosophischen Sprache und somit für die deutsche Philosophie, jedenfalls für eine bestimmte Tradition derselben, relevant.

3. Ruysbroeck und die *devotio moderna*

Es waren weiter oben die Brüder des freien Geistes genannt worden, die viele Anhänger gewonnen hatten. Jan Ruysbroeck (1293–1381) lehnte zwar viele einzelne Auffassungen derselben ab, sah aber, daß bei ihnen ein echtes Anliegen vorlag, das auch seinen eigenen Bedürfnissen entsprach. Er zog sich daher in das neugegründete Augustinerkloster Groenendaal bei Brüssel zurück und führte dort ein der Kontemplation gewidmetes Leben. Er war eindeutig von Eckhart beeinflußt, ohne jedoch dessen spekulative Begabung zu besitzen, solche Spekulationen lagen aber auch außerhalb seiner Interessen. Er vermied alle Äußerungen, die pantheistisch interpretiert hätten werden können, er vermied auch, bzw. lehnte die Meinung ab, der Mystiker sei im übrigen frei zu tun, was er wolle, wie dies die Brüder des freien Geistes vertraten. Er brachte also diese ganze Bewegung sozusagen auf eine »gute Mitte« zurück, so daß sie nun allgemein akzeptiert werden konnte. In diesem Sinne ist Ruysbroeck auch der eigentliche »Theoretiker« der *Brüder und Schwestern des gemeinsamen Lebens*, die von Geert Groote (1340–1384) gegründet wurden. Von Gründung kann man dabei im eigentlichen Sinn gar nicht sprechen, da es mehr ein Zusammenschluß von Menschen war, die ohne hierarchische Ordnung und ohne strukturelle Bindungen wie Gelübde das neue Lebensideal persönlicher, der Mystik nahestehender Lebensweise verwirklichen wollten. Um 1382 entstand das erste Haus einer solchen Gemeinschaft in Deventer. Diese Gemeinschaften gaben sich selbst demokratisch Ordnungen für das Zusammenleben, die aber immer wieder überarbeitet und den lokalen Gegebenheiten angepaßt wurden. Eckhart hatte die praktische Seite keineswegs vernachlässigt. Er war durchaus der Meinung, daß jemand, der einen anderen Menschen in Bedrängnis sieht, sich sofort dessen Not zuwenden müsse, und war überzeugt, daß dadurch das Streben nach Gelassenheit und der damit verbundenen Einigung mit Gott in keiner Weise unterbrochen würde. Nichtsdestoweniger war bei ihm, der Gott und Erkenntnis gleichsetzte, die praktische Gestaltung von Welt und Gesellschaft doch kein bestimmendes Thema gewesen. Demgegenüber weist die von Groote begründete *devotio moderna* eine durchaus *praktische Tendenz* auf, während sie sich nicht nur scholastischen Spekulationen gegenüber ablehnend, sondern auch Mystik und deren spekulativen Formen gegenüber eher zurückhaltend verhielt. Diese Bewegung fand sehr rasch Anhänger und breitete sich von den Niederlanden bis nach Frankreich und Italien aus. Sie wurde auch ein wichtiger kultureller Faktor. Hier entstand so etwas wie die *frühbürgerliche Kultur*, die christlich, aber laikal war, die sich auf die Innerlichkeit und die Individualität konzentrierte, dabei aber auch den sozialen Bereich stark förderte, die die inneren Werte als das höchste schätzte, dabei aber auch die äußere Kultur verfeinerte. Die für die Bettelmönche charakteristische Form, religiös motivierte Armut durch Betteln zu demonstrieren, wurde strikt abgelehnt, da es zur Verwirklichung des Menschen gehört, sich den Lebensunterhalt selbst zu verdienen. Das *Handwerk* erhielt hier eine eigene Würde und es wurde großer Wert auf die Verbesserung der Haus- und Wohnkultur gelegt. In dieser Hinsicht waren die Brüder des gemeinsamen Lebens, denen Schule und Bildung ein wichtiges Anliegen war, die eigentlichen Wegbereiter des Humanismus im Norden, auch wenn in den ersten Generationen von humanistischen Absichten nicht gesprochen werden kann. Hier wurde *Alphabetisierung* des Volkes in Angriff genommen, das *Buch* trat aus dem Bereich von Kloster, Universität und Hof heraus und erhielt seinen Platz auch im bürgerlichen Leben. Das Abschreiben von Büchern stellte ein wichtiges Element bei den Brüdern und Schwestern des gemeinsamen Lebens dar. Später schlossen sich fast alle Mitglieder der Bewegung der Reformation an.

Das repräsentativste Buch der *devotio moderna* ist die *Nachfolge Christi* des Thomas a Kempis (1380–1471). Wenn man sich vor Augen hält, daß die *Nachfolge Christi* für Jahrhunderte nach der *Bibel* das verbreitetste Buch der Welt war, so kann man einschätzen, einen wie bedeutenden Bildungsfaktor die *devotio moderna* darstellt. Die *Nachfolge Christi* ist sicher kein philosophisches Buch, sondern will religiös-praktische Anweisungen geben, aber gerade so hat sie Entscheidendes für die Grundlagen des modernen Bewußtseins geliefert. Die Selbstkontrolle – unabhängig von äußeren Gesetzen – ist ein wesentliches Element dieser Lebensform. Zahlreiche Anhänger der *devotio moderna* stellten sich eine eigene »Lebensregel« her und »kontrollierten« bzw. »protokollierten« die Einhaltung derselben in Tagebüchern. Die Subjektivität erhält hier ihre Kategorien. Mit der *Nachfolge Christi* und der Praxis der *devotio moderna* erhielten Begriffe wie »Pflicht«, »Gewissensfreiheit« usw. eine weite Verbreitung, und es sind dies Begriffe, die später Grundkategorien der modernen Philosophie werden sollten. Die Selbstverständlichkeit mit der Kant von »Pflicht« als etwas sprechen konnte, was jedem bekannt und sofort einsichtig erscheinen sollte, wäre nicht möglich gewesen ohne die »Bildungsarbeit«, die durch die *devotio moderna* geleistet worden war.

Erst im 14. Jhd. wurden durch die verschiedenen genannten Bewegungen »Gott«, das »Absolute«, das »Eine«, von den Einzelnen, den Subjekten sich angeeignet, d.h. zu ihrem Eigenen, ihnen Innerlichem gemacht. Obwohl diese Bewegungen keine Theorien hervorgebracht haben, die man im strengen Sinn als »philosophisch« bezeichnen kann, haben sie doch etwas sehr Wichtiges bewirkt: Sie haben die Lehren eines Augustinus, eines Dionysios Areopagita und anderer zu einer Bewußtseinstat-

sache, zu einer Erfahrungsgegebenheit gemacht, auch wenn man dies später eher als transzendentale Erfahrung, intellektuelle Anschauung usw. bezeichnen wird. Nehmen wir noch das durch die *devotio moderna* gebildete moralische Bewußtsein hinzu, so hat man so ziemlich alle Bestandteile, die die spätere, besonders die deutsche Philosophie als »das« Bewußtsein darstellen wird: Es ist aber in Wirklichkeit nichts anderes als das Bewußtseins, das sich geschichtlich im 14. Jhd. als das des frühen Bürgertums herausgebildet hat.

- XIX -

Nikolaus von Kues

1. Krise, Umbruch und System

Geschichtlich rückblickend läßt sich ein eigenartiges Phänomen konstatieren: Die Form der Philosophie in kulturell relativ stabilen und in sich gesicherten Perioden weist wesentlich weniger systematische Züge auf als jene, die am Ende solcher Perioden steht. »Systematisch« bedeutet hier nicht »methodisch konsistentes Denken«, das gehört zu jeder Philosophie, sondern den – mehr oder weniger gewaltsamen – Versuch, die Gesamtheit des Denkbaren unter ein Prinzip zu bringen, von einem Prinzip her zu verstehen oder sogar abzuleiten. Systeme solcher Art treten historisch
gesehen in Endperioden auf und können dort, wo sie ursprünglich auftreten, (nicht | 513
dort, wo sie aus irgendwelchen Gründen übernommen oder weitergeführt werden) als Zeichen von Krise, Ende und Umbruch aufgefaßt werden. In diesem Sinn war z. B. Aristoteles und schon gar nicht Sokrates ein »Systemdenker«. Wohl aber traten Systeme in dieser Bedeutung am Ende der Antike auf, bei Plotin und weiteren Neuplatonikern. Und wir sollten auch nicht vergessen, daß schon Parmenides und Platon, die ersten in der Antike, die versucht hatten, »Kulturkrisen« zu bewältigen, in genau diesem Sinn »Systemdenker« waren (vgl. 1. Teil, Kap. IV, 2, c, und Kap. IX, 1). Und ähnlich finden wir auch im Mittelalter zwar Summen, aber keine Systeme im genannten Sinn. Selbst Thomas von Aquin, der methodisch strengste Denker der Scholastik, versuchte nicht, etwa aus *Esse-Essentia* alles Denkbare abzuleiten, gerade das Individuelle blieb ja unableitbar aus solchen Prinzipien. Thomas von Aquin wollte sich einer neuen Situation stellen, er meinte jedoch zu Recht nicht, eine Krise bewältigen zu müssen. Die Krise ergab sich erst am Ende des 13. und in der ersten Hälfte des 14. Jhd.s.

Bei der Darstellung der Tendenzen des 14. Jhd.s war auf verschiedene, bei weitem nicht alle, Kräfte hingewiesen worden, die auf eine deutliche *Desintegration* der Kultur des Mittelalters hindeuteten. Dabei wird keineswegs der Mythos einer mittelalterlichen Einheitskultur vorausgesetzt, der doch nur historische Unkenntnis bezeugen würde. Das Mittelalter war ja alles andere als eine Periode steriler Einheitlichkeit. An vielen Stellen ist auf die sehr bunte Vielgestaltigkeit mittelalterlichen Lebens und Denkens hingewiesen worden, die sich gerade dort zeigt, wo man sich etwas abseits von den »großen« Zeugnissen des Mittelalters bewegt. Es ist aber eben auch wieder

so, daß eine Kultur und Gesellschaft, die übergreifend einen gewissen, wenn auch sehr allgemeinen, Rahmen von Ordnungsprinzipien akzeptiert, viel mehr Spielraum ermöglicht als eine Kultur und Gesellschaft, die auf keinen solchen Konsens bauen kann. Bei diesem Spielraum handelte es sich keineswegs um eine »Narrenfreiheit«, sondern um eine gewisse Toleranz einer Gesellschaft, die sich nicht bedroht fühlt. Es wäre vermutlich ein historischer Irrtum, zu meinen, die neuzeitliche, liberale, bürgerliche Kultur und Gesellschaft sei wesentlich toleranter als die während langer Perioden des Mittelalters. Die Brutalität der Katharerbekämpfung erklärt sich hingegen aus dem instinktiven Bewußtsein der kirchlichen Machthaber, daß hier eine radikale, den Grundkonsens sprengende Bewegung am Werk war. Auch in der islamischen Kultur Spaniens war es mit der Toleranz zu Ende als die Reconquista die Existenz der islamischen Herrschaft als ganze bedrohte. Den Grundkonsens der mittelalterlichen christlichen Gesellschaft(en) darf man keineswegs in irgendwelchen Dogmen suchen – im Mittelalter wurde ja auch ganz erstaunlich wenige Dogmen produziert –, sondern eher in einer »Weltanschauung«: Die mittelalterliche Welt war auf einer Stufenordnung aufgebaut, d.h. auf geglaubten Abstrakta, die aber ganz konkret vorgestellt wurden, wie sie sich etwa in Duccios Maestà in Siena widerspiegeln, oder in dem klaren, aber in jedem Element symbolisch besetzten Aufbau
 einer gotischen Kathedrale. Diese Ordnung war nicht einfach ideelle Abspiegelung der gesellschaftlichen Verhältnisse, sondern ebenso Produzent, formende Kraft, eben dieser Verhältnisse. Die Vorstellung einer solchen Ordnung wurde auch auf den Kosmos übertragen, d.h. dieser wurde nicht wissenschaftlich im modernen oder aristotelisch-antiken Sinn betrachtet, sondern ästhetisch. Die ganz Welt und ebenso die Gesellschaft war ein Symbol und die Aufgabe der Philosophie bestand darin, diese Symbolwelt auf ihren über verschiedene Stufen erreichbaren Urgrund hin transparent zu machen. Am Ursprung dieser »Weltanschauung« stand nicht die *Bibel*, sondern das Werk des Dionysios Areopagita (vgl. Kap. II, 2). Im 14. Jhd. trat die schon im 12. Jhd. einsetzende Auflösung dieser Symbolwelt und dieser religiös-ästhetischen Stufenordnung unübersehbar ins Bewußtsein aufmerksamer Beobachter. Die Vorstellung einer Welt, die in einer nicht mehr analysierbaren göttlichen Willenssetzung gegründet ist, läßt die Welt als faktisches Ergebnis des göttlichen Urgrundes zurück, macht aber diesen selbst nicht mehr transparent. Für Gott gibt es unendlich viele mögliche Welten, die er hätte schaffen können, warum er aber überhaupt eine Welt und warum er gerade diese erschaffen hat, entzieht sich jeder rationalen Begründung und ebenso jeder ästhetischen Darstellung. Die Welt liefert nur das Ergebnisprotokoll eines göttlichen Entschlusses, und auch die Sätze der Wissenschaft sind nur Protokollsätze. Die faktisch existierende Welt trägt keine symbolische Botschaft mehr. Die Annahme einer göttlichen Willenssetzung gehörte selbst zum Grundkonsensus des Mittelalters, allerdings wird der Gedanke einer (analogen) rationalen Durchsichtigkeit derselben zunehmend weniger akzeptiert, bis sie schließlich überhaupt aufgegeben wird. Auf der anderen Seite dieser Willenssetzung bleibt

nur die reine Faktizität der Einzeldinge. Im 14. Jhd. löste sich die mittelalterliche Welt auf, und im 15. Jhd. versuchte Nikolaus Cusanus (1401–1464) nochmals genau diese Welt »systematisch« zusammenzuhalten und zu konstruieren. Dies ist jedenfalls auffällig. Cusanus ist auch der letzte bedeutende Philosoph, der eine wichtige kirchliche Stellung innehatte. Auch dies ist symptomatisch für die historische Grenze, auf der er sich bewegte. Nach Cusanus wird vieles ganz anders. Auf Cusanus folgte Giordano Bruno, der ein deutlicher Zeuge nach-mittelalterlicher Philosophie ist, obwohl er in manchen seiner Vorstellungen gar nicht so weit von jenen des Cusanus entfernt war. Bruno verließ auch die traditionellen kirchlich-gesellschaftlichen Strukturen und war in laikaler und profaner Umgebung tätig. Und dann kamen die Reformatoren, die eine neue kirchliche Ordnung herstellten und damit auch den gesamten bisherigen politischen Rahmen veränderten. Cusanus stand am Ende der mittelalterlichen Kultur und in einer ähnlichen End-Situation versuchte vier Jahrhunderte später Hegel mit ähnlich systematischer Anstrengung der Bedrohung des Auseinanderbrechens der Kultur seiner Zeit zu begegnen. Trotzdem wurde nach Hegel vieles ganz anders. Auf Hegel folgten Feuerbach und Marx, die von Hegel ausgehend die nach-idealistische Philosophie begründeten, und durch Marx wurde auch die bisher geltende gesellschaftliche Ordnung radikal in Frage gestellt und tatsächlich verändert. Cusanus steht am Ende einer Periode, so wie Plotin vor ihm und Hegel nach ihm. – Damit kein Irrtum aufkommt: Ich vertrete keine Zyklus-Theorie der Geschichte, sondern stelle einfach empirisch strukturelle Ähnlichkeiten fest.

Cusanus erkannte die Krise der Kultur seiner Zeit. Er wurde mit den Problemen seiner Gegenwart aber zunächst gar nicht als Philosoph und Theologe konfrontiert, sondern als Jurist, der er von seinem Studium her war, und als Politiker, zu dem er aufgrund seiner Fähigkeiten bald wurde. Bei seinen politischen Tätigkeiten hatte Cusanus nur wenig Erfolg, was aber nicht an mangelnden Fähigkeiten lag, sondern an den weithin unüberbrückbaren Gegensätzen, an denen seine Vermittlungsversuche scheitern mußten. Möglicherweise war seine Suche nach einer Wahrheit jenseits der Gegensätze mitmotiviert durch die wiederholte Erfahrung politischen Mißerfolges. Nach einer ersten Tätigkeit als Rechtsberater des Erzbischofs von Trier erhielt er seit 1432 eine wichtige Rolle am Konzil von Basel. Dort stand die Frage der inneren Ordnung der Kirche im Zentrum der Diskussion, wie sich diese aus den gesellschaftlichen Entwicklungen des vorausgegangenen Jahrhunderts ergeben hatte und wie sie von Marsilius von Padua und Ockham deutlich formuliert worden war (vgl. Kap. XVII, 6). Von England aus hatte John Wyclif (um 1330–1384) eine radikale Reform der Kirche gefordert, und diese Forderung wurde in Böhmen von Johannes Hus (um 1371–1415) aufgenommen und weitergeführt. Es ging im Prinzip um die Forderung einer Demokratisierung und Entpolitisierung der Kirche. Die Grundlage aller Autorität in der Kirche sollte das Volk der Gläubigen sein und dessen Repräsentanten in der Konzilsversammlung sollten über dem Papst stehen *(Conci-*

lium supra papam). Aber schon am Konzil von Konstanz (1415) wurde mit der Verbrennung von Hus klar, daß auch die Vertreter der Konzilsbewegung kein Verständnis für religiöse Volksbewegungen hatten – die »Demokratisierung« reichte nicht sehr weit nach »unten«. Die Diskussion ging am Konzil von Basel (1431–1437) weiter. Cusanus, zu diesem Zeitpunkt noch Laie und Vertreter des Konziliarismus, bemühte sich um eine vermittelnde Lösung, in der die Kirche ihre Repräsentation in Konzil *und* Papst finden sollte *(De concordantia catholica)*. Der Gedanke des Konziliarismus konnte am Basler Konzil nicht durchgesetzt werden und die Wiedervereinigung mit den Hussiten, für die sich Cusanus in verschiedenen Schriften eingesetzt hatte, kam nicht zustande. 1437 war Cusanus Mitglied einer Gesandtschaft in Konstantinopel, wo die Bedingungen für eine Wiedervereinigung der römischen mit der griechisch-orthodoxen Kirche verhandelt werden sollten, die dann allerdings am Konzil von Ferrara-Florenz im folgenden Jahr doch nicht verwirklicht werden konnte. Die Gegensätze waren unüberbrückbar. Während der Rückreise von Konstantinopel fand Cusanus zu der Einsicht, die Wahrheit müsse in für uns unbegreiflicher Weise jenseits aller Gegensätze liegen. Nur wenige Jahre danach (1440) verfaßte Cusanus seine grundlegende Schrift über *Die belehrte Unwissenheit (De docta ignorantia)*. 1448 wurde Cusanus zum Kardinal und zwei Jahre später zum Bischof

von Brixen ernannt. 1450 wurde er als Legat nach Deutschland, Österreich, Holland und Belgien gesandt, um sich dort für eine Reform der Kirche und der Klöster einzusetzen, wobei er aber kaum Erfolge erzielen konnte. Auch in seiner eigenen Diözese Brixen konnte Cusanus sich nicht halten. 1460 wurde er vom Tiroler Herzog Sigismund gezwungen, seinen Bischofssitz zu verlassen, nachdem er vorher vom Herzog gefangengenommen worden war. Cusanus ging daher wieder nach Rom und starb 1464 in Ancona auf einer Reise, auf der er versuchte, Truppen für einen gemeinsamen Widerstand gegen die Türken zu gewinnen.

Der angedeutete historische und politische Hintergrund, der das Leben des Cusanus bestimmte, ist für das Verständnis seines Werkes relevant. Die philosophisch-theologischen Anstrengungen des Cusanus sind aus der Bemühung heraus zu verstehen, das bedrohte Gefüge der mittelalterlichen Welt zusammenzuhalten. Und obwohl er in vieler Hinsicht über Grundvoraussetzungen des Mittelalters hinausging, was seine zeitgenössischen Kritiker auch genau erkannten (vgl. weiter unten 4), blieb er doch im Ganzen an der *Grenze* von mittelalterlichem und dem noch nicht formulierten Denken der folgenden Zeit stehen. Noch 1459 hatte er den Plan einer *Reformatio generalis* der römischen Kirche vorgelegt, die faktisch gegebenen kirchlichen Strukturen ließen dafür aber keinen Raum und die späteren Reformatoren gingen andere Wege. Die Aufgaben, vor die Cusanus sich gestellt fand, waren nicht zu lösen, der Grund für das Mißlingen seiner Versuche lag nicht bei den ja keineswegs mangelnden intellektuellen und diplomatischen Fähigkeiten des Kusaners, sondern darin, daß Grundvoraussetzungen, die nicht nur theoretisch, sondern auch im konkreten Leben der Menschen und der Gesellschaft(en) fraglich geworden waren, sich durch kein System und keine noch so kühnen und genialen theoretischen Konstruktionen mehr retten ließen.

2. Die *coincidentia oppositorum*

Die zentrale und bekannteste Lehre des Cusanus ist die Lehre vom Zusammenfallen der Gegensätze *(coincidentia oppositorum)*. Eigentlich sollte man jedoch gar nicht von einer Lehre sprechen, sondern eher von einer Methode oder einer philosophischen Strategie. Durch die *coincidentia oppositorum* will Cusanus nicht einen Satz, also einen Lehr-Satz aufstellen, zu dem es somit auch einen Gegen-Satz, eine Bestreitung, geben könnte, sondern will zeigen, daß wir dort, wo wir mit Satz und Gegen-Satz arbeiten und in diesem Schema denken, noch gar nicht bei der letzten und tiefsten Ebene des Denkens und Lebens angelangt sind. Die *coincidentia oppositorum* ist nicht »etwas« und ist auch nicht eine Eigenschaft, die man irgendetwas zuschreiben könnte. Sie hat vielmehr die Funktion einer allgemeinsten *Vernunftregel*, in dieser Hinsicht gar nicht unähnlich dem Ökonomieprinzip Ockhams. Damit ist schon gleich gesagt, daß es ganz verkehrt wäre, die *coincidentia oppositorum* als Prädikat Gottes anzusehen, vielmehr stellt sie auch bei der Frage der Eigenschaften Gottes eine Anleitung dar, beim Denken vom Absoluten nicht bei Sätzen stehenzubleiben, die nicht die letzte Einheit zur Sprache bringen können. Es wird damit gesagt, daß diese Einheit überhaupt nicht in Sätzen ausgesprochen werden kann, sie stellt eigentlich einen Fluchtpunkt dar, der sich dem definitiven Aussprechen in Sätzen ebenso entzieht wie dem Versuch, ihn in einer unmittelbaren Anschauung zu »sehen«.

Auch die Annahme einer einzigen und definitiven Offenbarung wird in einem solchen Zusammenhang problematisch. Cusanus ist in diesem Punkt sehr vorsichtig, es ist aber auffällig, daß er in diesem Kontext Aussagen der *Bibel* nicht als autoritative und unüberbietbare Sätze heranzieht. Cusanus kannte die Gegensätze, die aus verschiedenen Offenbarungsansprüchen abgeleitet wurden, und er versuchte, über solche Gegensätze hinauszugelangen. 1453 hatten die Türken unter Sultan Mehmet II. Konstantinopel eingenommen, ein Ereignis, das eine tiefe Erschütterung des Selbstbewußtseins der lateinischen Christen hervorgerufen hatte. Cusanus war später sogar mit dem Versuch, Truppen für die militärische Bekämpfung der islamischen Türken zu finden, befaßt, er war für sich selbst aber schon vorher zu der Einsicht gelangt, daß die Waffen nicht die letzte Antwort auf die »islamische Bedrohung« sein konnten. Noch im selben Jahr 1453 hatte er eine Schrift *Über den Glaubensfrieden (De pace fidei)* verfaßt, in dem er in einer literarischen Vision darstellt, wie sich im Himmel Petrus, Paulus und Vertreter der verschiedensten Völker zusammenfinden, um die in den vielen Formen der Religionen enthaltene *eine*, wahre Religion herauszufinden. Diese Frage beschäftigte ihn auch weiter. Einige

Jahre später begann er die Abfassung der *Cribratio Alcorani*, um die im *Koran* vorhandene Wahrheit herauszusieben (*cribrum* bedeutet das »Sieb«). Daß Cusanus dabei den *Koran* aus christlicher Sicht interpretierte, ist historisch verständlich. Bis es zu einer vergleichenden Religionswissenschaft kommt, müssen noch gut zwei Jahrhunderte vergehen.

Die Vorstellung einer letzten Einheit jenseits aller Gegensätze ist natürlich nicht neu. Sie findet sich bei Parmenides, bei den Neuplatonikern Plotin und Proklos, und in allen ähnlichen Richtungen bis herauf zu Eckhart, dessen Werke Cusanus gut kannte. Cusanus selbst ist sich über diese Herkunft auch durchaus im Klaren. Während die gesuchte Einheit jedoch in dieser Tradition meist als *Ziel* einer alle rationalen Möglichkeiten transzendierenden Mystik angestrebt wird, wird sie bei Cusanus zum Ausgangspunkt theoretischer Überlegungen über eine *rationale Strategie*. In diesem Punkt nimmt Cusanus die Intention Eckharts auf. Cusanus ist jedoch nicht Rationalist in dem Sinn, daß er meint, die letzte Einheit unseres Denkens und Handelns begrifflich erfassen und analysieren zu können, er schließt sich vielmehr Sokrates an mit dem Eingeständnis unseres Nichtwissens. Aber er meint auch wiederum nicht, daß damit schon das letzte Wort gesagt wäre über das hinaus es nur noch Mystik geben könne. Was er sucht ist ein *Wissen* des Nichtwissens:

518 |

Da nun überdies unser Verlangen nach Wissen nicht sinnlos ist, so wünschen wir uns unter den angegebenen Umständen ein Wissen um unser Nichtwissen. Gelingt uns die vollständige Erfüllung dieser Absicht, so haben wir die belehrte Unwissenheit erreicht. Auch der Lernbegierigste wird in der Wissenschaft nichts Vollkommeneres erreichen, als im Nichtwissen, das ihm seinsgemäß ist, für belehrt befunden zu werden. (*Die belehrte Unwissenheit* I, Kap. 1, 4. I, S. 9)

Dies also ist das Programm der *docta ignorantia*, nach der das Hauptwerk des Cusanus seinen Titel erhalten hat, was im Deutschen gewöhnlich durch *Die belehrte Unwissenheit* wiedergegeben wird, der Sache nach würde die *docta ignorantia* des Buchtitels allerdings besser durch *Die wissende Unwissenheit* wiedergegeben. Es geht Cusanus um Erkenntnis und Wissen. Nicht eine allem zu Grunde liegende Einheit kann oder soll auch nur als solche erkannt werden, wohl aber soll durch die Methode der *coincidentia oppositorum* erreicht werden, daß der menschliche Geist über alle Schranken hinausgeht, d.h. keinen Gegensatz als endgültig bestehen läßt. In dieser Hinsicht ist Cusanus kritisch gegenüber aller früheren Metaphysik, in der jeweils ein bestimmter Gesichtspunkt verabsolutiert und somit beschränkt worden war, ohne daß dies jedoch durchschaut worden wäre. Jede Verabsolutierung verhindert das Wissen um das Wissen. Unter der Voraussetzung der Vernunftregel der *coincidentia oppositorum* ist alles menschliche Wissen *Vermutung (coniectura)*, wie es Cusanus in einer eigenen Schrift *De coniecturis* (entstanden zwischen 1440 und 1444) erläutert, in der er den Konsequenzen nachgeht, die sich aus der Einsicht in die belehrte

Unwissenheit ergeben. Selbst der Gegensatz von Sein und Nichts ist kein letzter und absoluter. Cusanus kann sich dabei nicht nur auf Eckhart, sondern schon auf Scotus Eriugena berufen (vgl. Kap. V, 2, c).

Es wäre jedoch zu wenig, Cusanus nur in der Tradition des Neuplatonismus zu sehen. Cusanus bewegt sich auch durchaus im Kontext der spätmittelalterlichen nominalistischen Erkenntnistheorie (vgl. Kap. XVII, 2). Wenn alles Wissen der belehrten Unwissenheit Vermutung bleibt, dann spielt sich der ganze Prozeß des Erkennens im Bereich von *Zeichen* ab, die insgesamt nur den Charakter der Vorläufigkeit haben können. Dies galt auch in der nominalistischen Zeichentheorie. Cusanus arbeitet also zwar mit neuplatonischem Sprachmaterial, verwendet dieses jedoch in einem der platonischen Tradition ganz fremden nicht-realistischen Sinn. Eine Übereinstimmung von Satz und Ding, wie sie Thomas von Aquin in seiner Vorstellung von Wahrheit angenommen hat (vgl. Kap. XIV, 3), kann es bei Cusanus nicht geben. Alle menschliche Erkenntnis kann nicht mehr als *Gleichnisse* hervorbringen Für die Auslegung dieses Vorgangs der Komposition und Dekomposition von Zeichen wird für Cusanus die *Ars* des Raymundus Lullus (vgl. Kap. VI, 1) wichtig, die allerdings von ihm auch wieder ohne ihren realistisch-metaphysischen Hintergrund verwendet wird. Die Lullsche Vorstellung einer Anzahl definitiver und aufzählbarer Grundprädikate, die für Gott und die Schöpfung gelten sollten, ist folglich innerhalb der Methode der *coincidentia oppositorum* nicht anwendbar. Der Prozeß der Kombination von Zeichen ist unabschließbar. Bei Cusanus liegt eine nominalistische *Verselbständigung* des gesamten *Zeichenprozesses* vor – dies ist einer der »modernsten« Aspekte seiner Philosophie. Allerdings läßt Cusanus auch *paradoxe Ausdrücke* nicht nur zu, sondern fordert sie geradezu, da in ihnen die Vernunft- und Zeichenregel der *coincidentia oppositorum* wie in Chiffren besonders wirksam zur Anwendung gebracht wird. Auch mathematisch Unlösbares wie z. B. die Quadratur des Kreises kann als besonders prägnantes Bild verwendet werden. Cusanus schafft aber auch neue Ausdrücke, die ganz gezielt paradox gedacht sind. So wurde in der traditionellen Metaphysik häufig mit der Unterscheidung in Potentialität und Aktualität (Existenz) gearbeitet, wobei Gott dann als das »reine Sein« *(actus purus)* bezeichnet wurde. Dieser Ausdruck verabsolutiert jedoch nach Cusanus wiederum die eine Seite eines Gegensatzes, was nach der Vernunftregel der *coincidentia oppositorum* aufgehoben und in eine Chiffre des Zusammenfallens der Gegensätze »überstiegen« werden muß. Und so vereinigt Cusanus in der späten Schrift *Über das Können-Ist (Trialogus de possest)* von 1460 die unendliche Unbestimmtheit des Könnens *(posse)* mit dem unendlich bestimmten Sein *(est)* zu dem paradoxen Ausdruck *Possest:*

Denn wie könnte die Wirklichkeit sein, wenn es die Möglichkeit nicht gäbe? Gleichewig also sind reine Möglichkeit, Wirklichkeit und beider Verknüpfung. (Ebd. 6. S. 9)

> Da Möglichsein und Wirklichsein in Gott dasselbe sind, ist Gott alles das wirklich, wovon Sein-können ausgemacht werden kann. (Ebd. 8. S. 9)

Will man vom Absoluten angemessen sprechen, so muß man wissen, daß es immer bloß Rätselbilder *(aenigmata)* sind, die nur dann angemessen sind, wenn sie durch die *coincidentia oppositorum* relativiert und somit als immer überschreitbar erkannt sind:

> Aber der Rätselbilder ist kein Ende, da keines so nahe zutrifft, daß es nicht immer ein noch näheres geben könnte. (Ebd. 58. S. 73)

Gerade paradoxe Ausdrücke bringen schon in ihrem Zeichencharakter zum Ausdruck, daß sie nicht gegenständlich und einseitig aufgefaßt werden dürfen, und weisen so den Vorteil auf, daß die Vernunftregel der *coincidentia oppostiorum* nicht erst zusätzlich hinzugebracht werden muß, sondern der Zeichenform schon selbst anhaftet. Der Ausdruck *Possest* ist also kein Gottesname oder Gottesprädikat, sondern eine Chiffre für die Grenze unserer Erkenntnismöglichkeiten, denn es gilt ganz allgemein für alle Aussagen von Gott:

520 |

> Vielmehr halten wir jeden für all das Begreifbare möglichen Namen von ihm fern, weil er darüber erhaben ist. (Ebd. 41. S. 49)

Ein charakteristisches Beispiel der Vorgangsweise des Cusanus findet sich in seinen bekannten Spekulationen über das *Maximum* und das *Minimum*. Wir erinnern uns dabei daran, daß die Frage des *maximum* und *minimum* für die Philosophen und Wissenschaftler des 14. Jhd.s ein, aus der Physik her kommendes, schwieriges logisches Problem dargestellt hatte (vgl. Kap. XVII, 3). Für Cusanus sind jedoch Bestimmungen aus Logik und Physik immer nur Ausgangspunkte, an denen sich sein Verfahren der *coincidentia oppositorum* bewähren muß. Ihn beschäftigt an solchen Begriffen nicht das, was rational analysiert werden kann, sondern der Punkt, an dem diese Verstandestätigkeit an Grenzen stößt. Er geht zwar zunächst von einem ganz traditionellen metaphysischen Begriff aus, nämlich von dem des Größten, über das hinaus es kein Größeres geben kann *(maximum quo maius esse nequit)*, also einer Bestimmung, die Anselm von Canterbury als Denkbares *(id quo maius cogitari nequit)* für seinen »Gottesbeweis« gebraucht hatte (vgl. Kap. VI, 3):

> Da das schlechthin und absolut Größte, dem gegenüber es kein Größeres geben kann, zu groß ist, als daß es von uns begriffen werden könnte – ist es doch die unendliche Wahrheit –, so erreichen wir es nur in der Weise des Nichtergreifens *(non aliter quam incomprehensibiliter attingimus)*. (*Die belehrte Unwissenheit* I, Kap. 4, 11. I, S. 17)

Ein solcher Begriff ist zu groß für uns als daß er begriffen werden könnte, wir erfassen ihn nur in der Weise des Nichtbegreifens. Was wir aber erfassen können, ist, daß dieser Begriff des absolut Größten gar kein absoluter, sondern auch nur ein relativer Begriff ist, der, in und durch die Methode der *coincidentia oppositorum* erhellt, mit dem absolut Kleinsten zusammenfällt:

Das Kleinste aber ist das, dem gegenüber ein Kleineres nicht möglich ist. Da nun das Größte von der oben geschilderten Art ist, so ist einsichtig, daß das Kleinste mit dem Größten zusammenfällt. (Ebd.)

Die größte Quantität ist ja doch die in ihrer Größe nicht übertreffbare Quantität, die kleinste Quantität die in ihrer Kleinheit nicht übertreffbare. Nun löse von der Quantität das Merkmal des Größten und des Kleinsten ab, indem du im Geiste die Eigenschaft des Großen und des Kleinen abhebst, dann siehst du deutlich, daß das Größte und das Kleinste zusammenfallen. Das Größte ist ja ebenso ein Superlativ, wie das Kleinste ein Superlativ ist. Die absolute Quantität ist folglich nicht in stärkerem Grad die größte Quantität als sie die kleinste ist, da in ihr das Kleinste koinzidierend das Größte ist. (Ebd.)

Cusanus ist sich bewußt, daß er hier das Maximum qualitativ, d. h. als Eigenschaft auffaßt, jedoch herkommend von einer quantitativen Vorstellung, und so will er zeigen, daß auch der Gegensatz von Quantität und Qualität kein letzter ist. Bei einer solchen Überlegung könnte man den Eindruck gewinnen, daß Cusanus von der *Mathematik* her Argumente für die *Metaphysik* zu gewinnen sucht, wie er ja auch sonst immer wieder Beispiele aus der Mathematik heranzieht. Dieser Eindruck täuscht jedoch. Cusanus mathematisiert keineswegs die Metaphysik, viel eher könnte man sagen, er versuche, die Mathematik metaphysisch zu transzendieren. Er versteht mathematische Sachverhalte als Bilder, allerdings so, daß in seinem Verfahren eben die mathematischen Gegebenheiten selbst verändert werden. Cusanus steht auch hier auf einer historischen Schwelle. Er sieht, daß die Mathematik immer stärker Modellcharakter für Wissen überhaupt erhalten wird, er versucht jedoch nochmals mit den Erkenntnismitteln des Mittelalters diesen Vorgang aufzufangen. Durch ein qualitatives Überschreiten der Bilder, hier also der mathematischen Gegebenheiten, sollen diese transparent, durchsichtig werden hin auf das »Eigentliche«. Dieser Weg ist aber nicht mehr gangbar: Mathematische Gegebenheiten lassen sich nicht metaphysisch transponieren. Die Schlußfolgerung, die Cusanus meint, ziehen zu können: »Infolgedessen ist das absolut Größte ganz und gar aktuell, da es all das ist, was es sein kann« (Ebd.), läßt sich mit keiner mathematischen Theorie in Verbindung bringen, diese braucht kein aktuell Unendliches und kann kein solches brauchen. Damit soll nicht gesagt sein, daß es nicht wirkliche Beziehungen zwischen Mathematik und Philosophie gibt, wohl aber, daß man nicht mathematische Verhältnisse metaphysisch transponieren oder »übersteigen« kann.

Die Methode des Cusanus ist jedoch grundsätzlicher Art und nicht an seine etwas problematischen Verwendungen mathematischer Sachverhalte gebunden. Entscheidend ist, daß Cusanus erkannt hat, daß es unter den Gegebenheiten seiner Zeit keinerlei definitive Metaphysik mehr geben kann. Cusanus setzt der früheren Metaphysik keine neue entgegen, er bringt vielmehr den *relativen Charakter aller solchen Metaphysik* zum Ausdruck, ohne deshalb das Anliegen der Metaphysik selbst aufzugeben. Das unabschließbare Suchen in der Wissenschaft wie in der Metaphysik – die Sehnsucht – stellt sich daher für Cusanus nicht als der Weg dar, um zur Wahrheit zu gelangen, sondern ist für den Menschen die einzige Möglichkeit, dieser Wahrheit überhaupt gewahr zu werden.

Wenn die denkende Seele mit höchster Sehnsucht getrieben wird, zu unterscheiden und zu wissen – wenn sie dahin gelangt, daß sie die Ursache ihrer so großen Sehnsucht in sich selbst, nämlich in ihrer Unterscheidungskraft, sieht, dann hat sie jedenfalls in sich das Wissen von dem Geber dieser Sehnsucht. Und sie kann nichts erstreben, was sie nicht in sich selbst sieht. Denn was könnte der, der sich nach Wissen
522 | sehnt, noch weiteres verlangen, wenn das Verursachte das Wissen um seine Ursache in sich erschaut? Denn dann hat es den Wesensgrund und die Kunst seiner Erschaffung in sich; und das ist die Erfüllung und Vollendung aller Wissenssehnsucht.
(*Vom Globusspiel* II, 102. S. 81)

Albert der Große und Thomas von Aquin hatten versucht, von einem natürlichen Verlangen nach einer »übersteigenden« Erkenntnis her Metaphysik und Theologie einen Ort und auch ein Ziel zu geben (vgl. Kap. XIV, 2), bei Cusanus gibt es nur mehr diese Sehnsucht selbst, sie selbst ist schon die ganze Metaphysik, ist Ort und zugleich Ziel derselben.

Jede theoretische Position stellt nur eine Vermutung dar, und gleichzeitig eine, die nur eine bestimmte *Perspektive* repräsentiert. Und das Ganze ist nicht die Summe aller Vermutungen und aller perspektivischen Betrachtungen, sondern ist nur ein *idealer Fluchtpunkt*, der aber nicht außerhalb der Perspektiven gesucht werden darf, der vielmehr einzig als inneres Moment dieses ganzen Erkenntnisprozesses gegenwärtig ist, indem er gleichzeitig nicht gegenwärtig ist. Mit dieser Auffassung von Erkenntnis geht Cusanus Wege, die dem mittelalterlichen Denken ganz und gar fremd waren. Bei den mittelalterlichen Philosophen war die Wirklichkeit immer gedacht als eindeutig, auch wenn unsere Erkenntnis häufig getrübt ist und nicht an ihr Ziel gelangt. Und entsprechend konnte es zwar zeitweilig konkurrierende, noch nicht entscheidbare, vorläufige Wahrheiten geben. Im 14. Jhd. konnte man sogar mit einer unendlichen Vielfalt möglicher Welten rechnen, aber innerhalb einer solchen Welt galt dann doch immer nur *eine* Wahrheit. Daß aber die Beschreibung der »realen« Welt und somit Wahrheit in eine große, vielleicht unendliche Anzahl verschiedener und möglicherweise gegensätzlicher Perspektiven auseinanderfällt, von denen keine einzige als *die* wahre ausgezeichnet werden kann, war eine Vorstellung die für mittelalterliche Philosophen nicht einmal Gegenstand einer rationalen Überlegung sein konnte.

Nikolaus von Kues geht also einerseits wirklich in vieler Hinsicht über den Begriff des Wissens, der der gesamten Tradition zugrundegelegen hatte, hinaus, oder sagen wir vielleicht besser: er denkt an diese Grenze heran, andererseits zeigt er aber auch immer wieder, daß er diese Grenze vom Grundkonsens der mittelalterlichen Philosophie her anvisiert. Im Zusammenhang einer Auslegung eines der berühmtesten Topoi der mittelalterlichen Philosophie, des »Ich bin, der ich bin«, wird Gott letztlich doch wieder ganz traditionell als die Form des Seins *(forma essendi)* bezeichnet, und dieser Gottesname wird dann auch so ausgelegt, wie wir es aus der Überlieferung kennen.

Dieser Name führt also den Betrachtenden über allen Sinn, Verstand und alle Vernunft hinaus zur mystischen Schau *(super omnem sensum, rationem et intellectum in mysticam visionem)*, in welcher der Aufstieg *(ascensus)* jeder erkennenden Kraft sein Ende und die Enthüllung des unbekannten Gottes ihren Anfang hat. Wenn nämlich der Wahrheitsuchende, nachdem er alles hinter sich gelassen hat, über sich selbst hinaufgestiegen sein wird und findet, daß er weiter keinen Zugang hat zum unsichtbaren Gott, der ihm unsichtbar bleibt, weil er in keinem Licht seines Verstandes gesehen wird, dann erwartet er in demütigstem Verlangen *(exspectat devotissimo desiderio)* jene allesvermögende Sonne und hofft, daß er durch ihren Aufgang, wenn die Finsternis vertrieben ist, erleuchtet werde, so daß er den Unsichtbaren so weit schaut wie er sich selbst offenbaren will. (*Dreiergespräch über das Können-Ist* 15. S. 19) | 523

Dies ist dann doch wieder der traditionelle Aufstiegsweg von der sinnlichen Erkenntnis, über Verstand und Vernunft hin zur mystischen Schau, und auch das demütige Verlangen nach der Offenbarung ist wieder das der mittelalterlichen Überlieferung. Cusanus schreckte letztlich doch davor zurück, konsequent auszusprechen, daß auch diese metaphysische Position, die den Grundkonsens der mittelalterlichen Philosophie abgegeben hatte, nichts anderes als eine Perspektive und eine Vermutung ist.

3. Die unbegrenzte Welt

Die Vernunftregel der *coincidentia oppositorum* verbietet es Cusanus auch, die mittelalterliche Vorstellung vom Kosmos zu übernehmen. Da jede Erkenntnis anhängig ist von dem Ort, von dem aus sie geschieht, kann es auch *im Kosmos keine privilegierten Orte* geben. Ein solcher privilegierter Ort war in der traditionellen Kosmologie die

Erde, da diese als ruhend angesehen wurde. Als ruhende konnte sie auch als Mittelpunkt des Kosmos betrachtet werden. Auch der andere »Pol«, Gott, war durch die Ruhe ausgezeichnet: Er ist der ruhende, unbewegte Beweger. Cusanus aber kann von seiner Methode aus weder die Vorstellung eines absolut ruhenden Körpers noch die einer eindeutigen Mitte annehmen.

Bei Betrachtung der verschiedenartigen Bewegungen der Sphären ist es deshalb unmöglich, daß diese Weltmaschine diese sinnlich wahrnehmbare Erde oder die Luft oder das Feuer oder irgend etwas anderes als feststehenden und unbeweglichen Mittelpunkt besitzt. Man kommt ja in der Bewegung nicht zum schlechthin Kleinsten, etwa einem feststehenden Mittelpunkt, da das Kleinste mit dem Größten zusammenfallen muß. [...] Die Erde, die nicht Mittelpunkt sein kann, kann also nicht ohne jede Bewegung sein. (*Die belehrte Unwissenheit* II, Kap. 11, 156 f. II, S. 87)

Die Erde steht also nicht mehr im Mittelpunkt des Kosmos und sie verliert ihre Sonderstellung, da sie sich wie alle Himmelskörper bewegt, d. h. sie ist ein Himmelskörper wie alle anderen. Die Annahme einer Bewegung der Erde scheint Nikolaus von Kues in die Linie der neuzeitlichen Astronomie zu stellen, und man hat ihn
524 | gelegentlich als Vorläufer des Kopernikus (1473–1543) angesehen. Dies stimmt jedoch einfach nicht. Denn ein Satz ist nicht an und für sich wahr, sondern er ist wahr innerhalb eines bestimmten theoretischen Bezugsrahmens. Und der theoretische Bezugsrahmen, der Cusanus von der Bewegung der Erde sprechen läßt, ist ein prinzipiell anderer als der des Kopernikus. Kopernikus will mit seiner Behauptung der Erdbewegung etwas erklären, d. h. sie dient als Hypothese zur besseren Erklärung empirischer Daten (vgl. 3. Teil, Kap. II, 1). Bei Cusanus hingegen erklärt die Erdbewegung gar nichts, sie ist einfach eine Folgerung der bewußt über alle empirischen und mathematischen Sätze hinausgehenden spekulativen Methode der *coincidentia oppositorum*, die keine fixierten »einseitigen« Behauptungen wie absolute Ruhe zuläßt. Ähnliches gilt für die Behauptung der *Unbegrenztheit der Welt.*

Der Mittelpunkt der Welt fällt also mit ihrem Umfang zusammen. Die Welt hat demnach keinen Umfang, denn hätte sie einen Mittelpunkt, so hätte sie auch einen Umfang und hätte somit in sich ihren Anfang und ihr Ende. Und die Welt wäre gegen etwas anderes abgegrenzt, und außerhalb der Welt gäbe es etwas anderes und gäbe es Ort. Das alles entspricht nicht der Wahrheit. Da deshalb ein Eingeschlossensein der Welt zwischen einem körperlichen Mittelpunkt und einem Umfang unmöglich ist, so läßt sich die Welt nicht verstehend begreifen, deren Mittelpunkt und Umfang Gott ist. Und obwohl die Welt nicht unendlich ist, so läßt sie sich doch nicht als endlich begreifen, da sie der Grenzen entbehrt, innerhalb deren sie sich einschließen ließe. (*Die belehrte Unwissenheit* II, Kap. 11, 156. II, S. 87)

Auch hier ist ganz deutlich zu sehen, daß es sich um keinerlei auf astronomische Beobachtungen gegründete oder auch nur bezugnehmende Auffassung handelt. Cusanus spricht gar nicht von einer »unendlichen« Welt, sondern von der Welt, die »unbegrenzt« ist *(terminis caret)*. Sie hat deshalb keine Grenzen, weil die Behauptung solcher Grenzen der *docta ignorantia* nicht entsprechen würde. Die Negation der Grenzen ist metaphysisch oder methodologisch begründet und hat nichts zu tun mit einer empirischen Hypothese. Dies zeigt schon der Hintergrund der eben zitierten Stelle. Cusanus nimmt hier eine Formulierung aus der hermetischen Tradition auf, in der von Gott gesagt wird, er sei eine Kugel deren Zentrum überall und deren Umfang nirgends ist. Diese für Cusanus offensichtlich problemlose Übernahme eines hermetischen Spruches ist auch wieder ein Hinweis auf die historische Grenze, an der er steht. Die Philosophen und Literaten des Humanismus standen den Schriften der hermetischen Tradition viel unbefangener, aber auch viel unkritischer gegenüber als die Naturphilosophen des 14. Jhd.s (vgl. 3. Teil, Kap. I, 3). Cusanus überträgt einfach diese – sicher höchst fragwürdige – Bestimmung Gottes auf den Kosmos. Eine solche Übertragung ist bei Cusanus ohne weiteres möglich, insofern für ihn Gott und Welt so ineinander verschränkt sind, daß die Welt als die »Ausfaltung« *(explicatio)* Gottes gedacht werden kann, Gott aber als die »Einfaltung« *(complicatio)* der Welt. Dieses Schema der Ausfaltung und Einfaltung ist nicht das platonische von Urbild und Abbild, da ja bei Cusanus das eine gar nicht ohne das andere gedacht werden kann. Auch an diesem Punkt ist ein Einfluß von Eckhart anzunehmen, Cusanus war einer der wenigen im 15. Jhd., die auch die lateinischen Werke Meister Eckharts kannten. Die durch das Ausfaltung-Einfaltung-Schema ermöglichte Übertragung göttlicher Prädikate auf den Kosmos wie auf den Menschen, so etwa die Aussage, der Mensch sei als das Maß aller Dinge ein »zweiter Gott« (*Über den Beryll* Kap. 6. S. 9), waren natürlich nicht unproblematisch. Man konnte sich ja die Frage stellen, wozu dann die Rede über den »ersten Gott« überhaupt noch nützlich sei. Möglicherweise hat Cusanus selbst geahnt, daß die Rettung der mittelalterlichen Welt auf dem Weg, den er gesucht hatte, nicht möglich war, ja, daß er selbst zum Ende dieser Welt beigetragen hatte. Cusanus selbst wollte das nicht, er hatte jedoch von seinem System aus keine Möglichkeit, zu verhindern, daß von anderen solche reduktive Konsequenzen gezogen wurden. Um solche Konsequenzen zu verhindern, blieb auch hier nur der – nun aber eben nicht mehr konsequente – Rückgriff auf den Grundkonsens des Mittelalters, wie Cusanus ihn in seiner späten Schrift *Über den Beryll* vornimmt:

Und so sage ich mit dem Weisen, daß für alle Werke Gottes es keinen Grund gibt; das heißt, warum der Himmel Himmel und die Erde Erde und der Mensch Mensch ist, dafür gibt es keinen Grund als den, daß der, der (sie) schuf, es so wollte. Darüber hinaus zu forschen ist töricht [...]. (*Über den Beryll* Kap. 30, 51. S. 63)

Cusanus kehrt hier zurück zum Skotismus, den er – unter anderem – eigentlich überwinden wollte. Andere waren dazu nicht mehr bereit. *Das Mittelalter war zu Ende.*

4. Epilog

Cusanus hat keine Summe mehr geschrieben und ein Kommentar zu den *Sentenzen* des Petrus Lombardus – die Pflichtübung jedes Theologen des Mittelalters – hat bei ihm nicht mehr auf dem Programm gestanden, und dies nicht nur deshalb, weil er ja überhaupt nie Magister der Theologie gewesen ist. Der formale Rahmen, in dem philosophische Diskussionen stattfanden, hatte sich verändert, und Cusanus gehörte in dieser Hinsicht bereits in die Zeit des Humanismus und der Renaissance. Seine Schriften lassen sich weder in das theologische noch auch in das philosophische Curriculum der Universitäten des Mittelalters einordnen, und sie wurden dort auch tatsächlich nie verwendet. Es kommt die Zeit des *philosophischen Schriftstellers*. Auch ein dem Gehalt nach so enorm systematischer Denker wie Cusanus stellt sein Denken in einer Form dar, die dem *Essay* schon sehr nahe steht. Ein Magister der

Universität wandte sich primär an *Hörer*, auch wenn es Schulbücher gab, der Schriftsteller des Humanismus wendet sich an *Leser*. Der schriftlich verfaßte Text ist nicht mehr nur ein Mittel der Darstellung, sondern erhält seinen Eigenwert und wird Gegenstand der philosophischen Reflexion. In seiner letzten Arbeit, dem *Breve compendium* wendet sich Cusanus ausdrücklich diesem Thema zu. Im Rahmen der dort entworfenen Zeichentheorie wird die Zeichenbildung der Schrift ganz zentral. Wir sind bereits im Zeitalter des Humanismus, in dem das *Buch* eine ganz zentrale Rolle spielen wird. Cusanus war ein ausgesprochener Bibliophile und seine Bibliothek, die er dem von ihm gestifteten Hospital in Kues als Erbe hinterließ, kann dort bis heute bewundert werden. Dasselbe gilt für einen der bedeutenden Briefpartner des Cusanus, den Kardinal Bessarion (1403–1472), der es sich leisten konnte, die bedeutendste Privatbibliothek griechischer Handschriften, die es außerhalb Griechenlands gab, zusammenzutragen. Auch hier stehen wir an der Grenze des Mittelalters. Sicher besaßen auch im Mittelalter manche Philosophen eine Anzahl von Büchern, aber die Pflege der *Privatbibliothek des Gelehrten* ist kein mittelalterliches Phänomen. Ähnliches gilt für das Verhältnis von gesprochener und schriftlich festgehaltener Rede. Früher war der Dialog auch in seiner literarisch stilisierten Form als gesprochene Rede und Gegenrede verstanden worden war, der eigentlich durch die *Verschriftlichung* eine wesentliche Dimension verliert. Dies war ein altes Argument in Platons *Phaidros* (vgl. 1. Teil, Kap. IX, 8, a), das aber Cusanus aufgrund des damaligen Standes der Platon-Übersetzungen noch nicht kannte. Er tritt also – ohne Auseinandersetzung mit Platon – ganz unplatonisch für die Verschriftlichung als Mittel rationalen Vorgehens ein. Auch hier sind wir wieder beim Übergang der Wissensvermittlung vom Hören zum Lesen, und das heißt zum Sehen. Damit verliert auch die Disputation, die ein wesentliches Mittel des Dialogs und der Diskussion mit anderen Autoren und deren Auffassungen gewesen war, an Bedeutung. Die *Quaestio disputata* überlebt zwar noch eine Zeit lang bei den Schulautoren, ein wirklicher Träger wissenschaftlicher Diskussion ist sie aber nicht mehr. Einen Teil dieser Aufgabe übernimmt jetzt das *Briefschreiben*. Es gab auch im Mittelalter eine Kunst des Briefschreibens, diese diente aber mehr dem Verfassen offizieller Schreiben. In der Renaissance wird das Briefschreiben ein wichtiges Mittel des Gedankenaustausches von Gelehrten. Es beginnt die Zeit der Gelehrten-Korrespondenzen, und mit seinen Briefen gehört Cusanus schon ganz in die Zeit des Humanismus. Jedenfalls in der Form seiner Schriften hat Cusanus die Grenze des Mittelalters klar überschritten – er war nicht mehr ein Magister des Mittelalters.

Johannes Wenck (gest. 1460) schrieb eine scharfe Kritik zur *Docta ignorantia* unter dem Titel *De ignota litteratura*. Diese Schrift ist aufschlußreich, weil aus ihr hervorgeht, daß es schon Zeitgenossen des Cusanus klar war, daß bei diesem Grundlagen des bisherigen Denkens aufgegeben wurden. Wenck verteidigte die scholastische Wissenschaft und er erfaßte sehr genau, daß Cusanus das aristotelische Verständnis des Wissens – das inzwischen das offizielle auch der Kirche geworden war – hinter sich gelassen hatte. Und ebenso sah er auch ganz richtig, daß hier der Einfluß
Eckharts spürbar war. Wissen war bisher in der Schulwissenschaft definierendes, d. h. begrenzendes Wissen, das die Gegenstände unterscheiden und durch Gegensätze in ein Ordnungsgefüge bringen sollte. Nicht umsonst hatte die aristotelische Kategorienschrift das ganze Mittelalter hindurch bei allen Autoren und in allen verschiedenen Lehrrichtungen eine unumstrittene und zentrale Funktion innegehabt. Die Vorstellung eines bewußt und methodologisch die Gegensätze überschreitenden Wissens, das sich in einen unendlichen Prozeß von Vermutungen »verliert«, wie Wenck meinte, löste die Vorstellung von Wissen überhaupt auf. Die *coincidentia oppositorum* erschien ihm – da er sie satzhaft (miß)verstand – als Leugnung des Widerspruchsprinzips, der Grundlage jeden Beweises. Wenck bemerkte auch, daß Cusanus nicht einfach zu Platon zurückkehrte, denn in der Vorstellung der Ein- und Ausfaltung wurden Urbild und Abbild so wie bei Eckhart ununterscheidbar. Cusanus antwortete 1449 mit seiner *Apologia doctae ignorantiae*. Cusanus ging auf die Einwände Wencks ein, er erläuterte sein Vorgehen ohne aber Zugeständnisse zu machen, er machte es aber auch klar, daß die Zeit der scholastischen Philosophie vorbei war, und jetzt nicht nur ein Dionysios Areopagita, sondern auch »verurteilte« Denker wie Scotus Eriugena, Thierry von Chartres und natürlich Eckhart zu ihrem Recht kommen sollten. Cusanus konnte sich eine solche Stellungnahme leisten, er war inzwischen Kardinal und an der Kurie in Rom tätig, wo mit Papst Nikolaus V. (1447–1455) ein Förderer der humanistischen Wissenschaft die Regierung angetreten hatte. Seit dem »Exil« in Avignon hatten die Päpste viel von ihrem politischen Einfluß eingebüßt, der jetzt regierende Papst wollte den päpstlichen Hof zur führen-

den Kulturmacht machen, er holte sogar Lorenzo Valla (1406/1407–1457), den humanistischen und anti-scholastischen Propagator einer völligen Neuordnung der Wissenschaften unter der Führung der Rhetorik, an die römische Kurie (vgl. 3. Teil, Kap. I, 1, e). Was Cusanus nicht wissen konnte, war, daß diese Periode der kulturellen Öffnung nur eine vorübergehende sein würde. Die Autoritäten der Kirche meinten, auf die Herausforderung durch die Reformation durch eine Rückkehr zu Thomas von Aquin – entgegen dessen eigentlichen Intentionen – antworten zu können. Die darauffolgende Schulphilosophie katholischer wie protestantischer Prägung folgte nicht Nikolaus von Kues, sondern der Sache nach Johannes Wenck. Und diese »konfessionellen« Schulphilosophien schieden dann aus den großen Diskussionen der folgenden Zeit aus. Die Philosophie des Cusanus wurde in diesem kirchlich geprägten Bereich nicht mehr wirksam. Aber auch außerhalb dieses Bereichs erlangte sie – außer bei Giordano Bruno (1548–1600) – keine Wirkung. Die eigentliche Absicht des Nikolaus von Kues, die christliche Philosophie universalistisch und im Rückgriff auch auf »häretische« Traditionen für die Zukunft fruchtbar zu machen, war historisch gescheitert. Nicht Öffnung, sondern Abgrenzung stand jetzt auf dem Programm. Auch Cusanus konnte nicht verhindern, daß eine Epoche zu Ende war. Erst – bezeichnenderweise – in der Romantik beschäftigten sich einige
 wieder mit Nikolaus von Kues, und da sind wir wieder beim Deutschen Idealismus. Daß er in der ihm unmittelbar folgenden Periode keinen Einfluß gewann, hat allerdings nicht nur äußere Ursachen, sondern hat seinen Grund wiederum darin, daß er letztlich zwar auf der Grenze, aber eben von der Seite des Mittelalters her stand: Die neuzeitliche Frage der methodologischen Begründung der Wissenschaft, und das hieß zunächst und vor allem: der Naturwissenschaft, war nicht die seine gewesen.

Literaturverzeichnis

Abgekürzt zitierte Werke

CSLM *Corpus scriptorum ecclesiasticorum Latinorum.* Wien 1866 ff.
MGH *Monumenta Germaniae historica.* Hannover 1826 ff.
PG *Patrologiae cursus completus, series Graeca.* Hrsg. v. J.-P. Migne. Paris 1857 ff.
PL *Patrologiae cursus completus, series Latina.* Hrsg. v. J.-P. Migne. Paris 1844 ff.
DS *Enchiridion symbolorum, definitionum et declarationum de rebus fidei et morum.* Hrsg. v. H. Denzinger, neuere Aufl. v. A. Schönmetzer. 33. Aufl., Freiburg 1965 (u.ö.).
LdM *Lexikon des Mittelalters.* München-Zürich 1980–1999.

Gesamtdarstellungen der Geschichte der Philosophie des Mittelalters

Die Aufstellung erfolgt in mehr oder weniger chronologischer Reihenfolge der Entstehung der Werke. Alle im folgenden aufgeführten Werke wurden bei der Herstellung der Vorlesungen verwendet. Handelt es sich um Sammelwerke, werden in den Bibliographien zu den einzelnen Kapiteln die einzelnen Beiträge nicht nochmals gesondert aufgeführt.

Brentano, F.: *Geschichte der mittelalterlichen Philosophie.* Hamburg 1980.
Grabmann, M.: *Die Geschichte der scholastischen Methode.* 2 Bde. Freiburg 1911 (Nachdruck Berlin 1988).
Bréhier, É.: *La philosophie du moyen âge.* Paris 1937 (Nachdruck Paris 1971).
Gilson, É.: *La philosophie au moyen-âge.* 2 Bde. 2. Aufl., Paris 1944 (Nachrucke öfters).
Vignaux, P.: *La pensée au moyen âge.* Paris 1948.
Pieper, J.: *Scholastik. Gestalten und Probleme der mittelalterlichen Philosophie.* München 1978.
Geyer, B.: *Die patristische und scholastische Philosophie.* Basel–Stuttgart 1961.
Vasoli, C.: *La filosofia medioevale.* 6. Aufl., Mailand 1982.
Knowles, D.: *The Evolution of Medieval Thought.* New York 1962.
Maurer, A.: *Medieval Philosophy.* 2. Aufl., Toronto 1982.
Copleston, F. C.: *Geschichte der Philosophie im Mittelalter.* München 1976.
Flasch, K.: *Das philosophische Denken im Mittelalter. Von Augustin bis Machiavelli.* 2. Aufl., Stuttgart 2000.
– (Hrsg.): *Geschichte der Philosophie in Text und Darstellung.* Bd. 2: *Mittelalter.* Stuttgart 1982.
Armstrong, A. H. (Hrsg.): *The Cambridge History of Later Greek and Early Medieval Philosophy.* Cambridge 1967.
Kretzmann, N./Kenny A./Pinborg, J. (Hrsg.): *The Cambridge History of Later Medieval Philosophy.* Cambridge 1982.
Marenbon, J.: *Early Medieval Philosophy (480–1150).* London 1983.
– *Later Medieval Philosophy (1150–1350).* London 1987.
Fumagalli Beonio Brocchieri, M. T./Parodi, M.: *Storia della filosofia medievale.* Rom–Bari 1989.
Heinzmann, R.: *Philosophie des Mittelalters.* Stuttgart 1992.
Price, B. B.: *Medieval Thought. An Introduction.* Oxford 1992.

Schulthess, P./Imbach, R.: *Die Philosophie im lateinischen Mittelalter. Ein Handbuch mit einem bio-bibliographischen Repertorium.* Zürich–Düsseldorf 1996.

Einzelne Perioden

Gombocz, W. L.: *Die Philosophie der ausgehenden Antike und des frühen Mittelalters.* München 1997.

Dronke, P.: *A History of Twelfth-Century Western Philosophy.* Cambridge 1988.

van Steenberghen, F.: *Die Philosophie im 13. Jahrhundert.* Paderborn 1977.

Einzelne Themenbereiche

Assunto, R.: *Die Theorie des Schönen im Mittelalter.* Köln 1987.

Boehner, Ph.: *Medieval Logic. An Outline of its Development from 1250-c.1400.* Manchester 1952 (Nachdruck Manchester 1966).

Broadie, A.: *Introduction to Medieval Logic.* Oxford 1987.

Duby, G.: *Die Zeit der Kathedralen.* 4. Aufl., Frankfurt 1985.

Eco, U.: *Kunst und Schönheit im Mittelater.* München 1993.

Evans, G. R.: *Philosophy and Theology in the Middle Ages.* London–New York 1993.

Fichtenau, H.: *Ketzer und Professoren. Häresie und Vernunftglaube im Hochmittelalter.* München 1992.

Grundmann, H.: *Religiöse Bewegungen im Mittelalter.* Darmstadt 1977.

Gurjewitsch, A. J.: *Das Weltbild des mittelalterlichen Menschen.* München 1980.

Haskins, Ch. H.: *Studies in the History of Medieval Science.* Cambridge 1924.

Hentschel, F. (Hrsg.): *Musik – und die Geschichte der Philosophie und Naturwissenschaften im Mittelalter.* Leiden 1998.

Huizinga, J.: *Herbst des Mittelalters.* 11. Aufl., Stuttgart 1975.

Juschkewitsch, A. P.: *Geschichte der Mathematik im Mittelalter.* Leipzig 1964.

Kern, F.: *Recht und Verfassung im Mittelalter.* Darmstadt 1992.

Gimpel, J.: *La révolution industrielle du Moyen Age.* Paris 1975.

Grant, E.: *Das physikalische Weltbild des Mittelalters.* Zürich–München 1980.

Lambert, M.: *Ketzerei im Mittelalter. Häresien von Bogumil bis Hus.* München 1981.

Le Goff, J.: *Die Intellektuellen im Mittelalter.* 4. Aufl., Stuttgart 2001.

Maier, A.: *Ausgehendes Mittelalter. Gesammelte Aufsätze zur Geistesgeschichte des 14. Jahrhunderts.* Bd. I: Rom 1964. Bd. II: Rom 1967.

Maierù, A.: *Terminologia logica della tarda scolastica.* Rom 1972.

Moody, E. A.: *Studies in Medieval Philosophy, Science, and Logic.* Berkeley–Los Angeles–London 1975.

Murray, A.: *Reason and Society in the Middle Ages.* Oxford 1985.

Pinborg, J.: *Logik und Semantik im Mittelalter.* Stuttgart–Bad Cannstatt 1972.

Zu den einzelnen Kapiteln

I. Die Anfänge

Quellen

Justinus: *Dialog mit dem Juden Tryphon.* Übers. v. Ph. Haeuser. Bibliothek der Kirchenväter. München 1917.

Tertullian: *Die Prozeßeinreden gegen die Häretiker.* Übers. v. A. H. Kellner. In: *Tertullians ausgewählte Schriften* II. Bibliothek der Kirchenväter. München 1915. S. 303–354.

Klemens von Alexandrien: *Teppiche wissenschaftlicher Darlegungen entsprechend der wahren Philosophie (Stromateis).* Übers. v. O. Stählin. Bibliothek der Kirchenväter. 3 Bde. München 1936–1938.

Origenes: *Vier Bücher von den Prinzipien.* Hrsg. u. übers. v. H. Görgemanns/H. Karpp. Darmstadt 1976.

Eusebius: *Kirchengeschichte.* Übers. v. Ph. Haeuser, neu durchges. v. H. A. Gärtner. 3. Aufl., Darmstadt 1989.

Sekundärliteratur

Campenhausen, H. v.: *Griechische Kirchenväter.* 7. Aufl., Stuttgart 1986.

– *Lateinische Kirchenväter.* 6. Aufl., Stuttgart 1986.

Chadwick, H.: *Early Christian Thought and the Classical Tradition. Studies in Justin, Clement, and Origen.* Oxford 1990.

Ivánka, E. v.: *Plato christianus. Übernahme und Umgestaltung des Platonismus durch die Väter.* Einsiedeln 1964.

Waszink, J. H.: *Bemerkungen zum Einfluß des Platonismus im frühen Christentum.* In: Zintzen, C. (Hrsg.): *Der Mittelplatonismus.* Darmstadt 1981. S. 413–448.

van Winden, J. C. M.: *Das Christentum und die Philosophie. Der Beginn des Dialogs zwischen dem Glauben und dem Verstand.* In: Zintzen, C. (Hrsg.): *Der Mittelplatonismus.* Darmstadt 1981. S. 397–412.

Zu Philon

Simon, H./Simon, M.: *Geschichte der jüdischen Philosophie.* München 1984. Kap. I: *Jüdische Philosophie der Antike.* S. 21–36.

Winston, D.: *Hellenistic Jewish Philosophy.* In: Frank, D. H./Leaman, O. (Hrsg.): *History of Jewish Philosophy.* London–New York 1997. S. 38–61.

Zu Justinus

Andresen, C.: *Justinus und der mittlere Platonismus.* In: Zintzen, C. (Hrsg.): *Der Mittelplatonismus.* Darmstadt 1981. S. 319–368.

Hyldahl, N.: *Justin und die griechische Philosophie.* In: Zintzen, C. (Hrsg.): *Der Mittelplatonismus.* Darmstadt 1981. S. 369–396.

Zu Origenes

Berner, W.: *Origenes.* Erträge der Forschung. Darmstadt 1981 (mit ausführlichem Überblick über die Forschungsliteratur).

II. Die Kappadokier und Dionysios Areopagita

Quellen

Basilios: *Ausgewählte Homilien und Predigten. Hexaemeron. Ausgewählte Predigten (Reden).* Übers., mit Einl. u. Anm. vers. v. A. Stegmann. Bibliothek der Kirchenväter. München 1925.

– *Ausgewählte Briefe.* Übers., m. Einl. u. Anm. vers. v. A. Stegmann. Bibliothek der Kirchenväter. München 1925.

Gregor von Nazianz: *Briefe.* Übers., m. Einl. u. Anm. vers. v. M. Wittig. Stuttgart 1981.

– *Reden.* Übers., m. Einl. u. Anm. vers. v. Ph. Haeuser. Bibliothek der Kirchenväter. München 1928.

Gregor von Nyssa: *Große Katechese. Über das Gebet des Herrn. Über die acht Seligkeiten. Gespräch mit Makrina über Seele und Auferstehung. Leben der seligen Makrina.* Übers. v. K. Weiß/E. Stolz. Bibliothek der Kirchenväter. München 1927.

Pseudo-Dionysius Areopagita: *Die Namen Gottes.* Übers., m. Einl. u. Anm. vers. v. B. R. Suchla. Stuttgart 1988.

– *Von den Namen zum Unbenennbaren* (= Auswahl aus *Die Namen Gottes*). Auswahl, Einl. u. Übers. v. E. v. Ivánka. 2. Aufl., Einsiedeln 1981.

– *Über die himmlische Hierarchie. Über die kirchliche Hierarchie.* Übers., m. Einl. u. Anm. vers. v. G. Heil. Stuttgart 1986.

– *Mystische Theologie und andere Schriften.* Übers., m. Einl. u. Anm. vers. v. W. Tritsch. München 1956.

Sekundärliteratur

Balthasar, H. U. v.: *Présence et pensée: Philosophie religieuse de Grégoire de Nysse.* Paris 1942.

Campenhausen, H. v.: *Griechische Kirchenväter.* 7. Aufl., Stuttgart 1986.

Daniélou, J.: *Platonisme et théologie mystique. Essai sur la doctrine spirituelle de Saint Grégoire de Nysse.* 2. Aufl., Paris 1954.

III. Augustinus

Quellen

Augustinus:. Übers. v. C. J. Perl. 5. Aufl., Paderborn 1963 (diese Ausgabe wird für Zitate verwendet). Andere Ausgabe: Übers. u. m. Einl. vers. v. W. Thimme. 2. Aufl., Zürich 1950.

– *Der Lehrer.* Übers. v. C. J. Perl. Paderborn 1974.

– *Die Retractationen in zwei Büchern.* Übers. v. C. J. Perl. Paderborn 1976.

– *Philosophische Frühdialoge. Gegen die Akademiker. Über das Glück. Über die Ordnung.* Übers., m. Einl. u. Anm. vers. v. B. R. Voss / I. Schwarz-Kirchenbauer/W. Schwarz/E. Mühlenberg. Zürich–München 1972.

– *Philosophische Spätdialoge.* Übers. u. m. Anm. vers. v. G. Weigel/K. H. Lütcke. Zürich–München 1973.

– *Selbstgespräche. Von der Unsterblichkeit der*

Seele. Übers., m. Einl. u. Anm. vers. v. H. Müller. München–Zürich 1986.
– *Über das Glück*. Übers., m. Nachw. u. Anm. vers. v. I. Schwarz-Kirchenbauer/W. Schwarz. Stuttgart 1982.
– *Über den freien Willen*. Übers. v. C. J. Perl. Paderborn 1947.
– *Über den Nutzen des Glaubens*. Übers. u. m. Einl. vers. v. A. Hoffmann. Freiburg 1992.
– *Über die Musik*. Übers. v. C. J. Perl. 3. Aufl., Paderborn 1962.
– *Über die wahre Religion*. Übers. u. m. Anm. vers. v. W. Thimme. Stuttgart 1983.
– Vom Gottesstaat. Übers. v. W. Thimme, m. Einl. u. Anm. vers. v. C. Andresen. 2. Aufl., Zürich 1978.
– *Was ist Zeit? (Confessiones* XI/*Bekenntnisse* 11*)*. Übers. u. m. Anm. vers. v. N. Fischer. Hamburg 2000.

Manichäismus: *Die Gnosis*. Bd. 3: *Der Manichäismus*. Übers. u. m. Einl. u. Anm. vers. v. A. Böhling, unter Mitw. v. J. P. Asmussen. Zürich 1995.

Sekundärliteratur

Gesamtdarstellungen

Horn, Ch.: *Augustinus*. München 1995.
Flasch, K.: *Augustin. Einführung in sein Denken*. Stuttgart 1980.
Schöpf, A.: *Augustinus. Eine Einführung in sein Philosophieren*. Freiburg–München 1970.
– *Augustinus*. In: Höffe, O. (Hrsg.): *Klassiker der Philosophie*. Bd. I. München 1981. S. 154–176.

Einzelfragen

Arendt, H.: *Der Liebesbegriff bei Augustin. Versuch einer philosophischen Interpretation*. Berlin 1929.
Courcelle, P.: *Les confessions de Saint Augustin dans la tradition littéraire*. Paris 1963.
Duchrow, U.: *Sprachverständnis und Biblisches Hören bei Augustinus*. Tübingen 1965.
Flasch, K.: *Was ist Zeit? Augustinus von Hippo, das XI. Buch der Confessiones; historisch-philosophische Studie*. Text, Übers., Kommentar. Frankfurt 1993.
Jonas, H.: *Augustin und das paulinische Freiheitsproblem. Eine philosophische Studie zum pelagianischen Streit*. 2. Aufl., Göttingen 1965.
Löwith, K.: *Weltgeschichte und Heilsgeschehen*. Stuttgart 1953. S. 148–159.
Lossky, V.: *Les éléments de Théologie négative dans la pensée de saint Augustin*. In: *Augustinus Magister*. Congrès international augustinien. Paris 1954. Bd. 1. S. 575–581.
Marrou, H. I.: *L'ambivalence du temps de l'histoire chez St. Augustin*. Paris 1930.
– *Augustinus und das Ende der antiken Bildung*. Paderborn 1982.
Simone, R.: *Sémiologie augustinienne*. In: *Semiotica* 6 (1972). S. 1–31.
Wachtel, A.: *Beiträge zur Geschichtstheologie Augustins*. Bonn 1960.

Zum Manichäismus

Baur, F. C.: *Das manichäische Religionssystem nach den Quellen neu untersucht*. Tübingen 1831 (Nachdruck Hildesheim 1973).
Rudolph, K. (Hrsg.): *Gnosis und Gnostizismus*. Darmstadt 1975.
– *Die Gnosis*. 3. Aufl., Göttingen 1994. S. 352–379.
Tajadod, N.: *Die Träger des Lichts. Magier, Ketzer und Christen im alten Persien*. Solothurn–Düsseldorf 1995.
Widengren, G.: *Mani und der Manichäismus*. Stuttgart 1961.
– (Hrsg.): *Der Manichäismus*. Darmstadt 1977.

IV. Das Ende der Antike

Quellen

Boethius: Deutsche Übersetzungen zu den wichtigen logischen Schriften des Boethius fehlen vollständig.
– *De syllogismis hypotheticis*. Hrsg. u. übers. v. L. Obertello. Brescia 1969.
– *In Ciceronis Topica*. Übers., m. Einl. u. Anm. vers. v. E. Stump. Ithaca–London 1988.
– *Die theologischen Traktate*. Übers., m. Einl. u. Anm. vers. v. M. Elsässer. Hamburg 1988.
– *Trost der Philosophie*. Hrsg. u. übers. v. E. Gegenschatz/O. Gigon. 3. Aufl., Zürich–München 1981.
– *Fünf Bücher über die Musik*. Aus der lateinischen in die deutsche Sprache übertragen und mit besonderer Berücksichtigung der griechischen Harmonik sachlich erklärt von

O. Paul. Leipzig 1872 (Nachdruck Hildesheim 1985).
Cassiodor: *Institutiones.* Hrsg. v. R. A. B. Mynors. 2. Aufl., Oxford 1961.
Isidor von Sevilla: *Etymologiarum libri XX.* Hrsg. v. M. Lindsay. Oxford 1911.

Sekundärliteratur

Zu Boethius

Chadwick, H.: *Boethius. The Consolations of Music, Logic, Theology, and Philosophy.* Oxford 1981.
Courcelle P.: *Neuplatonismus in der Consolatio Philosophiae des Boethius.* In: Beierwaltes, W. (Hrsg.): *Platonismus in der Philosophie des Mittelalters.* Darmstadt 1969. S. 73–108.
Ebbesen, St.: *Boethius as an Aristotelian commentator.* In: Sorabji, R. (Hrsg.): *Aristotle Transformed. The Ancient Commentators and their Influence.* London 1990. S. 373–391.
Enders, M.: *Die heilende Kraft der Philosophie. Das Philosophie-Verständnis des Boethius in der Consolatio Philosophiae'.* In: Leibold, G./Löffler, W. (Hrsg.): *Entwicklungslinien mittelalterlicher Philosophie.* Wien 1999. S. 10–35.
Fuhrmann, M./Gruber, J. (Hrsg.): *Boethius.* Darmstadt 1984.
Gibson, M. (Hrsg.): *Boethius. His Life, Thought and Influence.* Oxford 1981.
Gruber, J.: *Kommentar zu Boethius De Consolatione Philosophiae.* Berlin–New York 1978.
Kunzmann, P.: *Boethius und das Dilemma christlicher Philosophie.* In: Leibold, G./Löffler, W. (Hrsg.): *Entwicklungslinien mittelalterlicher Philosophie.* Wien 1999. S. 36–49.
Schrimpf, G.: *Die Axiomenschrift des Boethius (De hebdomadibus) als philosophisches Lehrbuch des Mittelalters.* Leiden 1966.

Zu Cassiodor

Jones, L. W.: *The Influence of Cassiodor on Medieval Culture.* In: *Speculum* 20 (1945). S. 433–442.
– *Further Notes Concerning Cassiodors Influence on Medieval Culture.* In: *Speculum* 22 (1947). S. 254–256.

Zu Isidor von Sevilla

Fontaine, J.: *Isidor de Séville et la culture classique dans l'Espagne Wisigothique.* 2 Bde. Paris 1959.

V. Die Philosophie des frühen Mittelalters

Der Neubeginn im 8. und 9. Jahrhundert

Quellen

Spätantike

Augustinus (?): *De dialectica.* Hrsg. v. J. Pinborg, engl. Übers. v. B. D. Jackson. Dordrecht 1975.
Pseudo-Augustinus: *Categoriae decem.* In: *Aristoteles Latinus* I, 1–5 *(Categoriae).* Bruges-Paris 1961. S. 129–175.
Apuleius: *De philosophia rationali sive Peri Hermeneias qui Apuleio falso tribuitur.* In: *L. Apuleii Opera omnia.* Hrsg. v. G. F. Hildebrand. Leipzig 1842. S. 261–278.
Calcidius: *Timaeus a Calcidio translatus commentarioque instructus.* Hrsg. v. J. H. Waszink. 2. Aufl., London–Leiden 1975.
Cicero: *Topik.* Übers. v. H. G. Zekl. Hamburg 1983.
Macrobius: *Opera* I–II. Hrsg. v. J. Willis. 2. Aufl., Leipzig 1970.
Marius Victorinus: *Liber de definitionibus. Eine spätantike Theorie der Definition.* Übers., m. Einl. u. Anm. vers. v. A. Pronay. Frankfurt 1997.
Martianus Capella: *De nuptis Philologiae et Mercurii.* Hrsg. v. A. Dick, add. et corr. J. Préaux. Stuttgart 1978.

Frühes Mittelalter

Alkuin: *Dialectica.* In: PL 101. Sp. 949–976.
Dunchad: *Glossae in Martianum.* Hrsg. v. C. E. Lutz. Lancaster 1944.
Notker Labeo: *Die Schriften Notkers und seiner Schule.* Bd. I. Hrsg. v. P. Piper. Freiburg–Tübingen 1882.
Remigius von Auxerre: *Commentum in Martianum Capellam, libri* I–II. Hrsg. v. C. E. Lutz. Leiden 1962.

Sekundärliteratur

Beer, R.: *Die Handschriften des Klosters Santa Maria de Ripoll* I. In: *Sitzungsberichte der Kaiserlichen Akademie der Wissenschaften, phil.-hist. Klasse.* Bd. 155. Wien 1908.
Bischoff, B.: *Die Hofbibliothek Karls des Großen.* In: Bischoff, B: *Mittelalterliche Studien.* Bd. 3. Stuttgart 1981. S. 149–169.

Brunhölzl, F.: *Der Bildungsauftrag der Hofschule.* In: Bischoff, B. (Hrsg.): *Karl der Große. Lebenswerk und Nachleben.* Düsseldorf 1965. Bd. 2. S. 28–41.

Jeauneau, E.: *Les écoles de Laon et d'Auxerre au IXe siècle.* In: *Settimane di studio del Centro Italiano di Studi sull'alto Medioevo* XIX. Spoleto 1972. S. 495–522.

Klinkenberg, H. M.: *Der Verfall des Quadriviums im frühen Mittelalter.* In: Koch, J. (Hrsg.): *Artes liberales. Von der antiken Bildung zur Wissenschaft des Mittelalters.* Leiden–Köln 1976. S. 1–32.

Marenbon, J.: *From the Circle of Alcuin to the School of Auxerre. Logic, Theology and Philosophy in the Early Middle Ages.* Cambridge 1981.

Riché, P.: *Die Welt der Karolinger.* 2. Aufl., Stuttgart 1981. S. 230–273.

– *Ecoles et enseignement dans le Haut Moyen Age.* Paris 1989.

Schrimpf, G.: *Wertung und Rezeption antiker Logik im Karolingerreich.* In: Patzig. G./ Scheibe, E./Wieland, W. (Hrsg.): *Logik, Ethik, Theorie der Geisteswissenschaften.* Hamburg 1977. S. 451–456.

Vyver, A. van de: *Les étapes du développement philosophique du Haut Moyen-Age.* In: *Revue belge de philologie et d'histoire* 8 (1929). S. 425–452.

Werner, H.-J.: *»Meliores viae sophiae« Alkuins Bestimmungen der Philosophie in der Schrift »Disputatio de vera philosophia«.* In: Aertsen, J. A./Speer, A. (Hrsg.): *Was ist Philosophie im Mittelalter?* Miscellanea Mediaevalia 26. Berlin–New York 1998. S. 452–459.

Scotus Eriugena

Quellen

Gottschalk: *Œuvres théologiques et grammaticales de Godescalc d'Orbais.* Hrsg. v. D.-C. Lambot. Löwen 1945 (darin: *De praedestinatione.* S. 180–258).

Scotus Eriugena: *Annotationes in Marcianum.* Hrsg. v. C. E. Lutz. Cambridge/Mass. 1939.

– *De praedestinatione.* Hrsg. v. G. Madec. Turnhout 1975.

– *Über die Einteilung der Natur.* Übers. v. L. Noack. Hamburg 1984.

Sekundärliteratur

Beierwaltes, W.: *Das Problem des absoluten Selbstbewußtseins bei Johannes Scotus Eriugena.* In Beierwaltes, W. (Hrsg.): *Platonismus in der Philosophie des Mittelalters.* Darmstadt 1969. S. 484–516.

– *Die Wiederentdeckung des Eriugena im Deutschen Idealismus.* In: *Platonismus und Idealismus.* Frankfurt 1972. S. 188–201.

– *Welt als Metapher. Zur Grundlegung einer mittelalterlichen Ästhetik durch Johannes Scotus Eriugena.* In: *Philosophisches Jahrbuch* 83 (1976). S. 237–265.

– *Eriugena. Grundzüge seines Denkens.* Frankfurt 1994.

Flasch, K.: *Selbstbestimmung oder Prädestination – Eriugena gegen Gottschalk.* In : Flasch, K.: *Einführung in die Philosophie des Mittelalters.* Darmstadt 1987. S. 25–37.

Gregory, T.: *Vom Einen zum Vielen. Zur Metaphysik des Johannes Scotus Eriugena.* In: Beierwaltes, W. (Hrsg.): *Platonismus in der Philosophie des Mittelalters.* Darmstadt 1969. S. 343–365.

O'Meara, J. J.: *Eriugena.* Oxford 1988.

Schrimpf, G.: *Das Werk des Johannes Scotus Eriugena im Rahmen des Wissenschaftsverständnisses seiner Zeit.* Münster 1982.

Neue Texte in der Philosophie des 10. Jahrhunderts

Quellen

Abbo von Fleury: *De syllogismis hypotheticis.* Hrsg. u. übers. v. F. Schupp. Leiden 1997.

Aimon: *Vita Abbonis abbatis Floriacensis.* In: PL 139. Sp. 387C–414A.

Notker Labeo: *Die Schriften Notkers und seiner Schule.* Bd. I. Hrsg. v. P. Piper. Freiburg–Tübingen 1882.

Sekundärliteratur

Riché, P.: *Gerbert d'Aurillac. Le pape de l'an mil.* Paris 1987.

Duby, G.: *L'an mil.* Paris 1980.

Christentum und heidnische Philosophie

Quellen

Manegold von Lautenbach: *Liber contra Wolfel-*

mum. Hrsg. v. W. Hartmann. In: MGH. Quellen zur Geistesgeschichte des Mittelalters 8 (1972).
Petrus Damiani: *De divina omnipotentia.* Hrsg. u. m. franz. Übers. vers. v. A. Cantin. Paris 1972 (zitiert wird nach der Zählung in PL 145, die sich auch in der Ausgabe von Cantin findet).
Ekkehard von St. Gallen: *Confutatio dialecticae.* Hrsg. v. E. Dümmler. In: *Zeitschrift für deutsches Alterthum.* Neue Folge II (1869). S. 64–73.

Sekundärliteratur
Flasch, K.: *Freiheit oder Knechtschaft für Politik und Kultur – Manegold von Lautenbach gegen Wolfhelm von Köln.* In Flasch, K.: *Einführung in die Philosophie des Mittelalters.* Darmstadt 1987. S. 62–78.
Gibson, M.: *Lanfranc of Bec.* Oxford 1978.
Gregory, T.: *Das Opusculum contra Wolfelmum und die antiplatonische Polemik des Manegold von Lautenbach.* In: Beierwaltes, W. (Hrsg.): *Platonismus in der Philosophie des Mittelalters.* Darmstadt 1969. S. 366–380.
Gonsette, J.: *Pierre Damien et la culture profane.* Löwen 1956.
Holopainen, T. J.: *Dialectic and Theology in the Eleventh Century.* Leiden 1996. S. 6–118.

Die Philosophie in Byzanz

Quellen
Johannes Damaskenos: *Dialectica. Version of Robert Grosseteste.* Hrsg. v. O. A. Colligan. St. Bonaventure/New York 1953.

Sekundärliteratur
Ducellier, A.: *Byzanz. Das Reich und die Stadt.* Frankfurt 1990.
Friedmann, I.: *Aristoteles' Analytica bei den Syrern.* Berlin 1898.
Oehler, K.: *Antike Philosophie und byzantinisches Mittelalter.* München 1969.
Ostrogorsky, G.: *Studien zur Geschichte des Bilderstreites.* Breslau 1929.
Pines, Sh.: *A Parallel in the East to the »Logica Vetus«*". In: Beckmann, J. P./Honnefelder, L./Schrimpf, G./Wieland, G. (Hrsg.): *Philosophie im Mittelalter. Entwicklungslinien und Paradigmen.* 2. Aufl., Hamburg 1996. S. 125–129.
Richter, G.: *Die Dialektik des Johannes von Damaskus. Eine Untersuchung des Textes nach seinen Quellen und seiner Bedeutung.* Ettal 1964.

VI. Anselm von Canterbury

Quellen
Anselm: *Cur Deus homo.* Übers. v. F. S. Schmitt. 4. Aufl., Darmstadt 1986.
– *De grammatico.* In: *Opera omnia.* Hrsg. v. F. S. Schmitt. Bd. I. Seckau 1938 (Nachdruck Stuttgart–Bad Cannstatt 1968 u. 1984). S. 141–168.
– *De veritate.* Übers. v. F. S. Schmitt. Stuttgart–Bad Cannstatt 1966.
– *Monologion.* Übers. v. F. S. Schmitt. Stuttgart–Bad Cannstatt 1964.
– *Proslogion.* Übers. v. F. S. Schmitt. Stuttgart–Bad Cannstatt 1961.
Eadmer: *Vita S. Anselmi archiepiscopi Cantuarensis.* In: PL 158. Sp. 49–120.
– *The Life of St. Anselm by Eadmer.* Übers. v. R. W. Southern. Oxford 1963.

Sekundärliteratur
Barth, K.: *Fides quaerens intellectum.* Zürich 1958.
Evans, G. R.: *Anselm and Talking about God.* Oxford 1978.
– *Anselm and a New Generation.* Oxford 1980.
Henry, D. P.: *The Logic of Saint Anselm.* Oxford 1967.
– *Commentary on De grammatico. The Historical-Logical Dimensions of a Dialogue of St. Anselm's.* Dordrecht 1974.
Holopainen, T. J.: *Dialectic and Theology in the Eleventh Century.* Leiden 1996. S. 119–155.
Hopkins, J.: *A Companion to the Study of St. Anselm.* Minneapolis 1972.
Morscher, E.: *Was sind und was sollen die Gottesbeweise? Bemerkungen zu Anselms Gottesbeweis(en).* In: Ricken, F. (Hrsg.): *Klassische Gottesbeweise in der Sicht der gegenwärtigen Logik und Wissenschaftstheorie.* Stuttgart 1991. S. 62–86.
Röd, W.: *Der Gott der reinen Vernunft. Die Aus-*

einandersetzung um den ontologischen Gottesbeweis von Anselm bis Hegel. München 1992.
Southern, R. W.: *Saint Anselm. A Portrait in a Landscape.* Cambridge 1990.
Vuillemin, J.: *Id quo nihil maius cogitari potest. Über die innere Möglichkeit eines rationalen Gottesbegriffes.* In: *Archiv für Geschichte der Philosophie* 53 (1971). S. 279–299.
Wimmer, R.: *Anselms Proslogion als performativ-illokutionärer und als kognitiv-propositionaler Text und die zweifache Aufgabe der Theologie.* In: Ricken, F. (Hrsg.): *Klassische Gottesbeweise in der Sicht der gegenwärtigen Logik und Wissenschaftstheorie.* Stuttgart 1991. S. 174–201.

VII. Abaelard

Quellen

Abaelard: *Die Leidensgeschichte und der Briefwechsel mit Heloisa.* Übers. v. E. Borst. Darmstadt 1984.
– *Dialectica.* Hrsg. v. L. M. de Rijk. 2. Aufl., Assen 1970.
– *Philosophische Schriften. Die Logica Ingredientibus. Die Glossen zu Porphyrius. Die Glossen zu den Kategorien. Die Glossen zu Peri hermeneias. Die Logica Nostrorum petitioni sociorum.* Hrsg. v. B. Geyer. Münster 1919–1933. Übers. in Auszügen in: Wöhler, H.-U. (Hrsg.): *Texte zum Universalienstreit.* Bd. I: *Vom Ausgang der Antike bis zur Frühscholastik.* Berlin 1992. S. 131–183.
– *Scritti di logica. Introductiones dialecticae: Editio super Porphyrium. Glossae in Categorias. Editio super Aristotelem De interpretatione. Logica Ingredientibus: Super Topica glossae.* Hrsg. v. M. dal Pra. 2. Aufl., Florenz 1969.
– *Theologia summi boni.* Übers. v. U. Niggli. Hamburg 1989.
– *Scito te ipsum.* Hrsg. u. engl. Übers. v. D. E. Luscombe. Oxford 1971 (zitiert wird nach dieser Ausgabe). Dt. Übers. v. F. Hommel. Wiesbaden 1947.
– *Gespräch eines Philosophen, eines Juden und eines Christen.* Hrsg. u. übers. v. H.-W. Krautz. Darmstadt 1995.
Adam von Balsham: *Ars disserendi.* In: Minio-Paluello, L. (Hrsg.): *Twelfth Century Logic.* Bd. I. Rom 1956.
Alexander Neckham: *De naturis rerum.* Hrsg. v. Th. Wright. London 1863 (Neudruck Nendeln 1967).
Garlandus Compotista: *Dialectica.* Hrsg. v. L. M. de Rijk. Assen 1959.
Johannes von Salisbury: *Entheticus.* Hrsg. v. R. E. Pepin. In: *Traditio* 31 (1975). S. 127–193.
– *Metalogicon.* Hrsg. v. C. I. Webb. Oxford 1929. Engl. Übers. v. D. D. McGarry. Berkeley–Los Angeles 1955.
Roscelin von Compiègne: *Brief an Abaelard.* In: J. Reiners: *Der Nominalismus in der Frühscholastik.* In: *Beiträge zur Geschichte der Philosophie des Mittelalters* 8/5. Münster 1910. S. 63–80.
Wilhelm von Lucca: *Summa dialectice artis.* Hrsg. v. L. Pozzi. Padua 1975.

Sekundärliteratur

Beonio Brocchieri Fumagalli, M. T.: *La logica die Abelardo.* 2. Aufl., Florenz 1969. Engl. Übers.: *The Logic of Abelard.* Dordrecht 1970.
– *Eloisa e Abelardo.* Mailand 1984.
Bredero, A. H.: *Bernhard von Clairvaux.* Stuttgart 1996.
Buytaert, E. M. (Hrsg.): *Peter Abelard. Proceedings of the International Conference Louvain May 10–12, 1971.* Löwen 1974.
Gilson, É.: *Héloise et Abélard.* 3. Aufl., Paris 1984.
Grane, L: *Peter Abaelard. Philosophie und Christentum im Mittelalter.* Göttingen 1969.
Kretzmann, N.: *The Culmination of the Old Logic in Peter Abelard.* In: Benson, R. L./Constable, G. (Hrsg.): *Renaissance and Renewal in the Twelfth Century.* Oxford 1982. S. 488–511.
Martin, Ch. J.: *Embarrassing Arguments and Surprising Conclusions in the Development of Theories of the Conditionals in the Twelfth Century.* In: Jolivet, J./de Libera, A. (Hrsg.): *Gilbert de Poitiers et ses contemporains.* Neapel 1987. S. 377–400.
Minio-Paluello, L.: *The »Ars disserendi« of Adam of* Balsham *»Parvipontanus«.* In: *Medieval and Renaissance Studies* 3 (1954). S. 116–169.

Pernoud, R.: *Héloise et Abélard*. Paris 1970.

Riché, P.: *Jean de Salisbury et le monde scolaire du XII*[e] *siècle*. In: Wilks, M. (Hrsg.): *The World of John of Salisbury*. Oxford 1984. S. 39–61.

Richter, H. (Hrsg.): *Cluny. Beiträge zu Gestalt und Wirkung der cluniazensischen Reform*. Darmstadt 1975.

Weidemann, H.: *Peter Abaelards Lösung des Universalienproblems*. In: Leibold, G./Löffler, W. (Hrsg.): *Entwicklungslinien mittelalterlicher Philosophie*. Wien 1999. S. 50–63.

VIII. Neuansätze des 12. Jahrhunderts

Quellen

Sammelwerke

Giusberti, F.: *Materials for a Study on Twelfth Century Scholasticism*. Neapel 1982.

de Rijk., L. M.: *Logica Modernorum* I–III. Assen 1962–1967.

Einzelne Autoren

Adelard von Bath: *De eodem et diverso*. Hrsg. v. H. Willner. Münster 1903.

– *Quaestiones naturales*. Hrsg. v. M. Müller. Münster 1934.

Alanus von Lille: *Anticlaudianus*. Hrsg. v. R. Bossuat. Paris 1955.

Alexander Neckham: *De naturis rerum*. Hrsg. v. Th. Wright. London 1863 (Neudruck Nendeln 1967).

Bernardus Silvestris: *Cosmographia*. Hrsg. v. P. Dronke. Leiden 1978.

– *The Cosmographia of Bernardus Silvestris*. Engl. Übers. v. W. Wetherbee. New York 1973.

Bernhard von Chartres: *The »Glosae super Platonem« of Bernard of Chartres*. Hrsg. v. P. E. Dutton. Toronto 1991.

Dominicus Gundissalinus: *De divisione philosophiae*. Hrsg. v. L. Baur. Münster 1903.

Hildegard von Bingen: *Heilkunde*. Übers. v. H. Schipperges. Salzburg 1957.

– *Welt und Mensch*. Übers. v. H. Schipperges. Salzburg 1965.

Hugo von St. Victor: *Didascalicon*. Hrsg. v. Ch. H. Buttimer. Washington 1939.

– *Opera propaedeutica*. Hrsg. v. R. Baron. Notre Dame 1966.

– *Epitome Dindimi in philosophiam*. Hrsg. v. R. Baron. In: *Traditio* 11 (1955). S. 91–148.

Johannes von Salisbury: *Metalogicon*. Hrsg. v. C. I. Webb. Oxford 1929.

– *The Metalogicon*. Engl. Übers. v. D. D. McGarry. Berkeley–Los Angeles 1955.

– *Policraticus* (Auszüge). Engl. Übers. v. C. J. Nederman. Cambridge 1990.

Petrus Abaelardus: *Theologia summi boni*. Übers. v. U. Niggli. Hamburg 1989.

Petrus Lombardus: *Magistri Petri Lombardi sententiae in IV libris distinctae*. Rom 1971.

Roland: *Die Sentenzen Rolands, nachmals Papstes Alexander III*. Hrsg. v. A. M. Gietl. Freiburg 1891 (Nachdruck Amsterdam 1969).

Thierry von Chartres: *De sex dierum operibus*. In: Häring, N. M. (Hrsg.): *Commentaries on Boethius by Thierry of Chartres and his School*. Toronto 1971.

Wilhelm von Conches: *Dragmaticon Philosophiae*. Hrsg. v. I. Ronca. Turnhout 1997.

Wilhelm von Saint-Thierry: *De erroribus Guillelmi de Conchis ad Bernardum*. Hrsg. v. J. Leclerq. In: *Revue Bénédictine* 79 (1969). S. 375–391.

Sekundärliteratur

Gesamtdarstellungen

Benson, R. L./Constable, G. (Hrsg.): *Renaissance and Renewal in the Twelfth Century*. Oxford 1982.

Haskins, C. H.: *The Renaissance of the Twelfth Century*. Cambridge 1927.

Weimar, P. (Hrsg.): *Die Renaissance der Wissenschaften im 12. Jahrhundert*. Zürich–München 1981.

Wieland, G. (Hrsg.): *Aufbruch – Wandel – Erneuerung. Beiträge zur »Renaissance« des 12. Jahrhunderts*. Stuttgart 1995.

Einzelfragen

Chenu, M.-D.: *La théologie au douzième siècle*. 3. Aufl., Paris 1976.

Jolivet, J./de Libera, A. (Hrsg.): *Gilbert de Poitiers et ses contemporains. Aux origines de la logica modernorum*. Neapel 1987.

Gregory, T.: *La nouvelle idée de nature et de savoir scientifique au XII*[e] *siècle*. In: Murdoch, J. E./Sylla, E. D. (Hrsg.): *The Cultural Context of Medieval Learning.* Dordrecht 1975. S. 193–218.

Häring, N. M.: *Die Erschaffung der Welt und ihr Schöpfer nach Thierry von Chartres und Clarenbaldus von Arras.* In: Beierwaltes, W. (Hrsg.): *Platonismus in der Philosophie des Mittelalters.* Darmstadt 1969. S. 161–267.

Kristeller, P. O.: *Beitrag der Schule von Salerno zur Entwicklung der scholastischen Wissenschaft im 12. Jahrhundert.* In: Koch, J. (Hrsg.): *Artes liberales. Von der antiken Bildung zur Wissenschaft des Mittelalters.* Leiden–Köln 1976. S. 84–90.

Liebeschütz, H.: *Das allegorische Weltbild der heiligen Hildegard von Bingen.* Leipzig–Berlin 1930.

Speer, A.: *Die entdeckte Natur. Untersuchungen zu Begründungsversuchen einer »scientia naturalis« im 12. Jahrhundert.* Leiden 1995.

Weisheipl, A.: *Classification of the Sciences in Medieval Thought.* In: *Medieval Studies* 27 (1965). S. 54–90.

Wilks, M. (Hrsg.): *The World of John Salisbury.* Oxford 1984.

IX. Die Philosophie im islamischen Bereich

Quellen (in chronologischer Reihenfolge)

Pseudo-Aristoteles: *Die sogenannte Theologie des Aristoteles.* In: *Die Philosophie bei den Arabern im X. Jahrhundert. Gesamtdarstellung und Quellenwerke.* Bd. XII. Übers. v. F. Dieterici. Leipzig 1883 (Nachdruck Hildesheim 1969).

– *Liber de causis.* Hrsg. v. A. Pattin. Löwen 1966.

Hunain ibn Ishaq: *Über die syrischen und arabischen Galen-Übersetzungen.* Hrsg. u. übers. v. G. Bergsträsser. In: *Abhandlungen für die Kunde des Morgenlandes.* Bd. XVII, Nr. 2. Leipzig 1925.

Al-Farabi: *Commentary and Short Treatise on Aristotle's De Interpretatione.* Übers., Einl. u. Anm. v. F. W. Zimmermann. Oxford 1981.

– *Short Commentary on Aristotle's Prior Analytics.* Übers., Einl. u. Anm. v. N. Rescher. Pittsburgh 1963.

– *Alfarabis Philosophy of Plato and Aristotle.* Übers. v. M. Mahdi. New York 1962.

– *Catalogo de las ciencias (De scientiis).* Hrsg. u. span. Übers. v. A. Gonzales Palencia. Madrid 1953.

– *De ortu scientiarum.* Hrsg. v. C. Baeumker. Münster 1916.

– *Der Musterstaat.* Übers. v. F. Dieterici. Leiden 1895 (Nachdruck Hildesheim 1985).

Al-Sirafi/Abu Bishr Matta: *Das Streitgespräch zwischen Abu Sa'id as-Sirafi und Abu Bisr Matta.* In: Flasch, K./Imbach, R./Mojsisch, B. (Hrsg): *Sprachphilosophie in Antike und Mittelalter.* Bochumer Studien zur Philosophie. Bd. 3. Amsterdam 1986. S. 235–270.

Die Lauteren Brüder: *Die Logik und Psychologie der Araber im zehnten Jahrhundert n. Chr.* In: *Die Philosophie bei den Arabern im X. Jahrhundert. Gesamtdarstellung und Quellenwerke.* Bd. IV. Übers. v. F. Dieterici. Leipzig 1868 (Nachdruck Hildesheim 1969).

Avicenna: *Avicennas Buch der Genesung der Seele. Die Metaphysik.* Halle 1907.

– *Eine arabische Biographie Avicennas.* Übers. v. P. Kraus. In: *Klinische Wochenschrift* 45 (1911). S. 1880–1884.

– *Remarks and Admonitions. Part one: Logic.* Übers. v. S. C. Inati. Toronto 1984.

– *The Propositional Logic of Avicenna. A Translation from al-Shifa: al-Quiyas.* Übers. v. N. Shehaby. Dordrecht–Boston 1973.

Al-Biruni: *In den Gärten der Wissenschaft. Ausgewählte Texte aus den Werken des muslimischen Universalgelehrten.* Übers. v. G. Strohmaier. Leipzig 1991.

Al-Ghazali: *Logica Algazelis.* Hrsg. v. Ch. Lohr. In: *Traditio* XXI (1965). S. 223–290.

– *Der Erretter aus dem Irrtum.* Übers. v. Abd-Elhamid Elschazali. Hamburg 1988.

– *Die Nische der Lichter.* Übers. v. Abd-Elhamid Elschazali. Hamburg 1987.

Averroes: *Middle Commentaries on Aristotle's Categories and De Interpretatione.* Übers. v. Ch. Butterworth. Princeton 1983.

– *Philosophie und Theologie von Averroes.* Übers. v. M. J. Müller. Weinheim 1991.

Ibn Khaldun: *Buch der Beispiele. Die Einführung al-Muqaddima.* Auswahl u. Übers. v. M. Pätzold. Leipzig 1992.

Ibn Taymiyya: *Against the Greek Logicians.* Übers. v. W. B. Hallaq. Oxford 1993.

Sufi: *Gärten der Erkenntnis. Das Buch der vierzig Sufi-Meister.* Hrsg. v. A. Schimmel. 2. Aufl., Düsseldorf–Köln 1985.

Ibn Arabi: *Urwolke und Welt. Mystische Texte des größten Meisters.* München 2002.

Sekundärliteratur

Allgemeiner historischer Hintergrund

Cahen, C.: *Der Islam.* Bd I: *Vom Ursprung bis zu den Anfängen des Osmanenreiches.* Frankfurt 1995.

Hourani, A.: *Die Geschichte der arabischen Völker.* Frankfurt 1992.

Rosenthal, F.: *Das Fortleben der Antike im Islam.* Zürich 1965.

Vernet, J.: *Die spanisch-arabische Kultur in Orient und Okzident.* Zürich 1984.

Gesamtdarstellungen

Al-Azmeh, A.: *Arabic Thought and Islamis Societies.* London–Sydney–Dover 1986.

Corbin, H.: *Histoire de la philosophie islamique.* Paris 1986.

Fakhry, M.: *A History of Islamic Philosophy.* 2. Aufl., London–New York 1983.

Leaman, O.: *An Introduction to Medieval Islamic Philosophy.* Cambridge 1985.

Nasr, S. H./Leaman, O. (Hrsg.): *History of Islamic Philosophy.* 2 Bde. London–New York 1996.

Qadir, C. A.: *Philosophy and Science in the Islamic World.* London–New York 1988.

Rescher, N.: *The Development of Arabic Logic.* Pittsburgh 1964.

Strohmaier, G.: *Denker im Reich der Kalifen.* Leipzig–Jena–Berlin 1979.

Zu einzelnen Autoren und Problemen

Abed, S. B.: *Aristotelian Logic and the Arabic Language in Alfarabi.* New York 1991.

Al-Azmeh, A.: *Ibn Khaldun.* London 1990.

Bachmann, P.: *Galens Abhandlung darüber, daß der vorzügliche Arzt Philosoph sein muß.* In: *Abhandlungen der Göttinger Akademie der Wissenschaften, phil.-hist. Klasse.* Göttingen 1965. S. 1–65.

Chodkiewicz, M.: *La réception du soufisme par l'occident: conjectures et certitudes.* In: Butterworth, Ch. E./Kessel, B. A. (Hrsg.): *The Introduction of Arabic Philosophy into Europe.* Leiden 1994. S. 136–149.

Fakhry, M.: *Philosophy, Dogma and the Impact of Greekt Thought in Islam.* Aldeshot/Hampshire 1994.

Goldziher, I.: *Stellung der alten islamischen Orthodoxie zu den antiken Wissenschaften.* In: *Abhandlungen der königlich Preussischen Akademie der Wissenschaften, phil.-hist. Klasse.* Berlin 1916.

Goodman, L. E.: *Avicenna.* London 1992.

Grunebaum, G. E. v. (Hrsg.): *Logic in Classical Islamic Culture.* Wiesbaden 1970.

Gutas, D.: *Greek Thought, Arabic Culture. The Graeco-Arabic Translation Movement in Baghdad and Early Abbasid Society (2nd–4th/ 8th–10th centuries).* London–New York 1998.

Horten, M.: *Die spekulative und positive Theologie des Islam nach Razi (gest. 1209) und ihre Kritik durch Tusi (gest. 1273).* Leipzig 1912 (Nachdruck Hildesheim 1967).

Leaman, O.: *Averroes and his Philosophy.* Oxford 1988.

Meyerhof, M.: *Von Alexandrien nach Bagdad. Ein Beitrag zur Geschichte des philosophischen und medizinischen Unterrichts bei den Arabern.* In: *Sitzungsberichte der Preussischen Akademie der Wissenschaften, phil.-hist. Klasse.* Berlin 1930.

Netton, I. R.: *Al-Farabi and His School.* London–New York 1992.

O'Leary, de Lacy: *How Greek Science passed to the Arabs.* London 1948.

Peters, F. E.: *Aristotle and the Arabs. The Aristotelian Tradition in Islam.* New York 1968.

Rosenthal, F.: *Greek Philosophy in the Arab World.* Aldershot/Hampshire 1990.

Schimmel, A.: *Mystische Dimensionen des Islam. Die Geschichte des Sufismus.* Köln 1985.

Urvoy, D.: *Ibn Rushd (Averroes).* London 1991.

X. Die jüdische Philosophie des Mittelalters

Quellen (in chronologischer Reihenfolge)

Jehuda Halewi: *Das Buch Al-Chasari.* Übers. aus dem Arabischen v. H. Hirschfeld. Breslau 1885.

Ibn Daud: *Das Buch Emunah Ramah oder: Der erhabene Glaube.* Hrsg. u. übers. v. S. Weil. Frankfurt 1852 (Nachdruck Berlin 1919).

Mose ben Maimon: *Führer der Unschlüssigen.* Übers. v. A. Weiss. Hamburg 1972.

– *Acht Kapitel. Eine Abhandlung zur jüdischen Ethik und Gotteserkenntnis.* Übers. von M. Wolff. 2. Aufl., Hamburg 1992.

– *Maimonides' Arabic Treatise on Logic.* Hrsg. u. Übers. v. I. Efros. In: *Proceedings of the American Academy for Jewish Research* 34 (1966).

Levi ben Gerson: *The War of the Lord. Treatise Three: On Gods Knowledge.* Übers. v. N. Samuelson. Ontario 1977.

Schoeps, H. J.: *Jüdische Geisteswelt. Zeugnisse aus zwei Jahrtausenden.* Köln 1960.

Das Buch Bahir. Übers. v. G. Scholem. Darmstadt 1980.

Der Sohar. Das heilige Buch der Kabbala. Übers. v. E. Müller. Düsseldorf–Köln 1982.

Sekundärliteratur

Gesamtdarstellungen

Frank, D. H./Leaman O. (Hrsg.): *History of Jewish Philosophy.* London–New York 1997.

Guttmann, J.: *Die Philosophie des Judentums.* Wiesbaden 1985.

Nasr, S. H./Leaman, O. (Hrsg.): *History of Islamic Philosophy.* London– New York 1996. Kap. VI: *The Jewish philosophical tradition in the Islamic cultural world.* S. 673–780.

Simon, H./Simon, M.: *Geschichte der jüdischen Philosophie.* München 1984.

Zu einzelnen Autoren und Problemen

Hayoun, M.-R.: *Maimonides. Arzt und Philosoph im Mittelalter. Eine Biographie.* München 1999.

Leaman O.: *Moses Maimonides.* London–New York 1990.

Möbuss, S.: *Der Begriff der scientia bei Levi ben Gerson.* In: Craemer-Ruegenberg, I./Speer, A. (Hrsg.): *Scientia und ars im Hoch- und Spätmittelalter.* Miscellanea Mediaevalia 22. Berlin–New York 1994. S. 653–666.

Scholem G.: *Zur Kabbala und ihrer Symbolik.* Frankfurt 1973.

– *Die jüdische Mystik in ihren Hauptströmungen.* Frankfurt 1980.

Steinschneider, M.: *Die hebräischen Übersetzungen des Mittelalters und die Juden als Dolmetscher.* Berlin 1893 (Nachdruck Graz 1956).

Strauss, L.: *Philosophie und Gesetz. Beiträge zum Verständnis Maimunis und seiner Vorläufer.* Berlin 1935.

Vajda, G.: *Isaac Albalag. Averroiste juif, traducteur et annotateur d'Al-Ghazali.* Paris 1960.

XI. Die Rezeption der Schriften des Aristoteles und der arabischen Wissenschaft

Die Universitäten

Quellen

Grabmann, M.: *Eine für Examinazwecke abgefaßte Quaestionensammlung der Pariser Artistenfakultät aus der ersten Hälfte des XIII. Jahrhunderts.* In: Grabmann, M.: *Mittelalterliches Geistesleben.* München 1936. Bd. 2. S. 183–199.

Lafleur, C.: *Quatre introductions à la philosophie au XIIIe siècle. Texte critique et étude historique.* Montréal–Paris 1988.

Sekundärliteratur

Bataillon, L.-J./Guyot, G./Rouse, R. H. (Hrsg.): *La production du livre universitaire au moyen âge: exemplar et pecia.* Paris 1988.

Cardini, F./Fumagalli Beonio Brocchieri, M. T.: *Universitäten im Mittelalter.* München 1991.

Denifle, H.: *Die Entstehung der Universitäten des Mittelalters bis 1400.* Berlin 1885 (Nachdruck Graz 1956).

Grundmann, H.: *Vom Ursprung der Universität im Mittelalter.* Berlin 1957.

Hamesse, J.: *Manuels, programmes de cours et techniques d'enseignement dans les universités médiévales.* Löwen 1994.

Lafleur, C.: *Les »guides de l'étudiant« de la Faculté des arts de l'Université de Paris au XIIIe siècle.* In: Hoenen, M. J. F. M./Schneider, J. H. J./Wieland, G. (Hrsg.): *Philosophy and Learning. Universities in the Middle Ages.* Leiden 1995. S. 137–199.

Le Goff, J.: *Die Intellektuellen im Mittelalter.* 4. Aufl., Stuttgart 2001.

Schneider, J. H. J.: *Wissenschaftseinteilung und institutionelle Folgen.* In: Hoenen, M. J. F. M./Schneider, J. H. J./Wieland, G. (Hrsg.): *Philosophy and Learning. Universities in the Middle Ages.* Leiden 1995. S. 63–121.

Verger, J.: *Les universités au Moyen Age.* Paris 1973.

Weijers, O.: *Les règles d'examen dans les universités médiévales.* In: Hoenen, M. J. F. M./Schneider, J. H. J. / Wieland, G. (Hrsg.): *Philosophy and Learning. Universities in the Middle Ages.* Leiden 1995. S. 201–223.

Die Übersetzungen und deren Rezeption

Sekundärliteratur

d'Alverny, M.-Th.: *Translations and Translators.* In: Benson, R. L./Constable, G. (Hrsg.): *Renaissance and Renewal in the Twelfth Century.* Oxford 1985. S. 421–462.

Bianchi, L.: *Gli aristotelismi della Scolastica.* In: Bianchi. L./Randi, E.: *Le verità dissonanti.* Rom-Bari 1990. S. 3–31.

Butterworth, Ch. E./Kessel, B. A. (Hrsg.): *The Introduction of Arabic Philosophy into Europe.* Leiden 1994.

Callus, D. A.: *The Function of the Philosopher in Thirteenth-Century Oxford.* In: Wilpert, P. (Hrsg.): *Beiträge zum Berufsbewußtsein des mittelalterlichen Menschen.* Miscellanea Mediaevalia 3. Berlin 1964. S. 153–162.

Grinaschi, M.: *Les traductions latines des ouvrages de la logique arabe et l'abrégé d'Alfarabi.* In: *Archives d'historie doctrinale et littéraire du moyen âge* 39 (1972). S. 41–107.

Lafleur, C.: *Le »Guide de l'étudiant« d'un maître anonyme de la faculté des arts de Paris au XIIIe siècle.* Quebec 1992.

Montgomery Watt, W.: *Der Einfluß des Islam auf das europäische Mittelalter.* Berlin 1989.

Salmon, D.: *The Medieval Latin Translations of Alfarabi's Work.* In: *The New Scholasticism* 13 (1939). S. 245–261.

Zimmermann, A.: *Verzeichnis ungedruckter Kommentare zur Metaphysik und Physik des Aristoteles aus der Zeit von 1250–1350.* Leiden 1971.

– (Hrsg.): *Aristotelisches Erbe im arabisch-lateinischen Mittelalter. Übersetzungen, Kommentare, Interpretationen.* Miscellanea Mediaevalia 18. Berlin 1986.

XII. Robert Grosseteste und Roger Bacon

Quellen

Robert Grosseteste: *Die Philosophischen Werke des Robert Grosseteste, Bischofs von Lincoln.* Hrsg. v. L. Baur. Münster 1912.

– *Commentarius in VIII Libros Physicorum Aristotelis.* Hrsg. v. R. C. Dales. Colorado 1963.

– *Commentarius in Posteriorum Analyticorum libros.* Hrsg. v. P. Rossi. Florenz 1981.

– *Hexaemeron.* Hrsg. v. R. C. Dales/S. Gieben. Oxford 1982.

Roger Bacon: *Opus maius.* Hrsg. v. J. H. Bridges. Oxford 1900.

– *Opus tertium. Opus minus. Compendium studii philosophiae. De secretis operibus artis et naturae et de nullitate magiae.* Hrsg. v. J. S. Brewer. London 1859.

– *Compendium of the Study of Theology.* Übers. v. Th. S. Maloney. Leiden 1988.

– *Summulae dialecticae.* Hrsg. v. A. de Libera. In: *Archives d'historie doctrinale et littéraire du moyen âge.* 53 (1986). S. 139–289 u. 54 (1987). S. 171–278.

Statuta Antiqua Universitatis Oxoniensis. Hrsg. v. S. Gibson. Oxford 1931.

Sekundärliteratur

Crombie, A. C.: *Grosseteste and the Origins of Experimental Science, 1100–1700.* Oxford 1953.

Easton, S. C.: *Roger Bacon and his Search for an Universal Science.* Oxford 1952.

McEvoy, J.: *The Philosophy of Robert Grosseteste.* Oxford 1982.

– (Hrsg.): *Robert Grosseteste: New Perspectives on his Thought and Scholarship.* Turnhout 1995.

Mensching, G.: *Metaphysik und Naturbeherrschung im Denken Roger Bacons.* In: Zimmermann, A./Speer, A. (Hrsg.): *Mensch und Natur im Mittelalter.* Miscellanea Mediaevalia 21. Berlin–New York 1991. S. 129–142.

Molland, G.: *The Quadrivium in the Universities: Four Questions.* In: Zimmermann, A. (Hrsg.): *Scientia und ars im Hoch- und Spätmittelalter.* Miscellanea Mediaevalia 22. Berlin–New York 1994. S. 66–78.

Southern, R. W.: *Robert Grosseteste. The*

Growth of an English Mind in Medieval Europe. 2. Aufl., Oxford 1992.

Tachau K. H.: *Vision and Certitude in the Age of Ockham. Optics, Epistemology and the Foundation of Semantics.* Leiden 1988. S. 3–26.

XIII. Bonaventura und Albertus Magnus

Quellen

Katharer: *Liber de duobus principiis.* Hrsg. von A. Dondaine. Rom 1939.

Bonaventura: *Liber I–IV Sententiarum.* Ausg. Quaracchi. Florenz 1934–1949.

– *Alleingespräch über die vier geistlichen Übungen (Soliloquium de quatuor mentalibus exercitiis).* Übers. v. J. Hosse. München 1958.

– *Über den dreifachen Weg (De triplici via).* Übers. v. M. Schlosser. Freiburg 1993.

– *Pilgerbuch der Seele zu Gott. Die Zurückführung der Künste auf die Theologie (Itinerarium mentis in Deum. De reductione artium ad theologiam).* Übers. v. J. Kaup. München 1961.

– *Das Sechstagewerk (Collationes in Hexaemeron).* Übers. v. W. Nyssen. 2. Aufl., München 1979.

– *Vom Wissen Christi (Quaestiones disputatae de scientia Christi).* Übers. v. A. Speer. Hamburg 1992.

Franz von Assisi: *Die Schriften des heiligen Franziskus von Assisi.* Hrsg. u. übersetzt v. L. Hardick/E. Grau. 6. Aufl., Werl/Westfalen 1980.

Albertus Magnus: *Opera omnia.* Editio Coloniensis. Münster 1951 ff.

– *Opera. omnia.* Editio Parisiensis. Paris 1890–1899.

– *De animalibus.* Hrsg. v. H. Stadler. Münster 1916/1921.

– *De vegetalibus et plantis.* Hrsg. v. E. Meyer/ C. Jessen. Berlin 1867.

Sekundärliteratur

Zu den Katharern

Borst, A.: *Die Katharer.* 3. Aufl., Freiburg 1995.

Le Roy Ladurie, E.: *Montaillou. Ein Dorf vor dem Inquisitor.* Frankfurt 1983.

Moore, R. I.: *The Orignis of European Dissent.* Oxford 1985.

Nelli, R.: *Les Cathares. Hérésie ou démocratie.* Paris 1972.

Runciman, S.: *Häresie und Christentum. Der mittelalterliche Manichäismus.* München 1988.

Werner, E./Erbstösser, M.: *Kleriker, Mönche, Ketzer. Das religiöse Leben im Hochmittelalter.* 2. Aufl., Darmstadt 1992.

Zu Bonaventura

Giocarnis, K.: *Eustratius' of Nicea's Defense of the Doctrine of Ideas.* In: *Franciscan Studies* 24 (1964). S. 159–204.

Gilson, E.: *Die Philosophie des Hl. Bonaventura.* Köln 1960.

Köhn, R.: *Monastisches Bildungsideal und weltgeistliches Wissenschaftsdenken. Zur Vorgeschichte des Mendikantenstreites an der Universität Paris.* In: Zimmermann, A. (Hrsg.): *Die Auseinandersetzungen an der Pariser Universität im XIII. Jahrhundert.* Miscellanea Mediaevalia 10. Berlin–New York 1976. S. 1–37.

Quinn, J. F.: *The Historical Constitution of St. Bonaventure's Philosophy.* Toronto 1973.

Ratzinger, J.: *Die Geschichtsphilosophie des hl. Bonaventura.* München 1959.

Speer, A.: *Bonaventure and the Question of a Medieval Philosophy.* In: *Medieval Philosophy and Theology* 6 (1997). S. 25–46.

Zu Albertus Magnus

Craemer-Ruegenberg, I.: *Albertus Magnus.* München 1980.

Grabmann, M.: *Der hl. Albert der Große. Ein wissenschaftliches Charakterbild.* München 1932.

Meyer, G./Zimmermann, A. (Hrsg.): *Albertus Magnus, Doctor Universalis 1280/1980.* Mainz 1980.

Weisheipl, J. A.: *Albertus Magnus and the Oxford Platonists.* In: *Proceedings of the American Catholic Philosophical Association* 32 (1958). S. 124–139.

Wieland, G.: *Der Mendikantenstreit und die Grenzen von Theologie und Philosophie.* In: Hoenen, M. J. F. M./Schneider, J. H. J./Wieland, G. (Hrsg.): *Philosophy and Learning. Universities in the Middle Ages.* Leiden 1995. S. 17–28.

Zimmermann, A. (Hrsg): *Albert der Große. Seine Zeit, sein Werk, seine Wirkung.* Miscellanea Mediaevalia 14. Berlin–New York 1980.

XIV. Thomas von Aquin

Quellen

Petrus Hispanus: *Tractatus (Summule logicales).* Hrsg. v. L. M. de Rijk. Assen 1972.

Thomas von Aquin: *Commentaria in Aristotelem et alios.* Hrsg. v. R. Busa. Stuttgart–Bad Cannstatt 1980.

– *Die Gottesbeweise in der »Summe gegen die Heiden« und der »Summe der Theologie«.* Übers. v. H. Seidl. Hamburg 1996.

– *Prologe zu den Aristoteles-Kommentaren.* Übers. von F. Cheneval/R. Imbach. Frankfurt 1993.

– *Summe gegen die Heiden (Summa contra gentiles).* Bd 1 u. 2: Übers. v. K. Albert/P. Engelhardt. Darmstadt 1974/1982. Bd. 3, 1 u. 3, 2: Übers. v. K. Allgaier. Darmstadt 1990/1996. Bd. 4: Übers. v. M. H. Wörner. Darmstadt 1996.

– *Summa theologiae (= Die deutsche Thomas-Ausgabe).* Salzburg–Heidelberg 1933 ff. (nicht vollständig).

– *Über das Sein und das Wesen (De ente et essentia).* Übers. u. erl. v. R. Allers. Darmstadt 1980.

– *Über den Lehrer (Quaestiones disputate de veritate, Quaestio XI. Summa theologieae Pars I, quaestio 117, articulus 1).* Übers. von G. Jüssen/G. Krieger/J. H. J. Schneider. Hamburg 1988.

– *Über die Herrschaft der Fürsten.* Übers. von F. Schreyvogl. Stuttgart 1975.

Jacobus von Voragine: *Legenda aurea.* Übers. v. R. Benz. 10. Aufl., Darmstadt 1984.

Sekundärliteratur

Enders, H. W.: *Die quinque viae des Thomas Aquinas.* In: *Wissenschaft und Weisheit* 40 (1977). S. 158–188.

Eckert, W. P.: *Das Selbstverständnis des Thomas von Aquino als Mendikant und als Magister S. Theologiae.* In: Wilpert, P. (Hrsg.): *Beiträge zum Berufsbewußtsein des mittelalterlichen Menschen.* Miscellanea Mediaevalia 3. Berlin 1964. S. 105–134.

– (Hrsg.): *Thomas von Aquin. Interpretation und Rezeption.* Mainz 1974.

Grabmann, M.: *Thomas von Aquin. Persönlichkeit und Gedankenwelt. Eine Einführung.* 8. Aufl., München 1949.

Kluxen, W.: *Die philosophische Ethik bei Thomas von Aquin.* Mainz 1964.

– (Hrsg.): *Thomas von Aquin im Gespräch.* Freiburg–München 1975.

Kretzmann, N./Stump, E. (Hrsg.): *The Cambridge Companion to Aquinas.* Cambridge 1993.

Pieper, J.: *Hinführung zu Thomas von Aquin.* München 1958.

Zimmermann, A. (Hrsg.): *Thomas von Aquin. Werk und Wirkung im Licht neuerer Forschungen.* Miscellanea Mediaevalia 19. Berlin 1988.

XV. Die Dekrete von 1277: Ursachen und Folgen

Quellen

Aegidius Romanus: *De erroribus philosophorum.* Hrsg. m. engl. Übers. v. J. Koch/J. A. Riedl. Milwaukee 1944.

Andreas Capellanus: *De amore deutsch. Der Tractatus des Andreas Capellanus in der Übersetzung Johann Hartliebs.* Hrsg. v. A. Karnein. München 1970.

Boethius von Dacien: *Quaestiones super Librum Topicorum. Tractatus de aeternitate mundi. De summo bono. De somnis.* Hrsg. v. N. G. Green-Pedersen/J. Pinborg. Kopenhagen 1976.

– *Über die Ewigkeit der Welt.* In: Bonaventura, Thomas von Aquin, Boethius von Dacien: *Über die Ewigkeit der Welt.* Einl. von R. Schönberger, Übers. u. Anm. von P. Nickl. Frankfurt 2000.

Bonaventura: *Das Sechstagewerk (Collationes in Hexaemeron).* Übers. von W. Nyssen. 2. Aufl., München 1979.

Siger von Brabant: *De aeternitate mundi.* Hrsg. v. B. Bazán. Löwen–Paris 1972.

– *De anima intellectiva.* Hrsg. v. B. Bazán. Löwen–Paris 1972.

Wilhelm von Ockham: *Opera philosophica*

II. Hrsg. von Ph. Boehner/St. Brown. St. Bonaventure/New York 1978.
Giele, M./van Steenberghen, F./Bazán, B.: *Trois commentaires anonymes sur le Traité de l'âme d'Aristote*. Löwen 1972.
Flasch, K.: *Aufklärung im Mittelalter? Die Verurteilung von 1277. Das Dokument des Bischofs von Paris*. Mainz 1989.

Sekundärliteratur

Bianchi, L.: *Il Vescovo e i Filosofi. La condanna parigina del 1277 e l'evoluzione dell'aristotelismo scolastico*. Bergamo 1990.
– *Loquens ut naturalis*. In: Bianchi, L./Randi, E.: *Le verità dissonanti*. Rom–Bari 1990. S. 33–56
– *1277: A Turning Point in Medieval Philosophy?* In: Aertsen, J. A./Speer, A. (Hrsg.): *Was ist Philosophie im Mittelalter?* Miscellanea Mediaevalia 26. Berlin 1998. S. 90–110.
Courtenay, W. J.: *Schools and Scholars in Fourteenth-Century England*. Princeton 1987.

Hissette, R.: *Enquête sur les 219 articles condamnés à Paris le 7 mars 1277*. Löwen–Paris 1977.
Hödl, L.: *»... sie reden, als ob es zwei gegensätzliche Wahrheiten gäbe." Legende und Wirklichkeit der mittelalterlichen Theorie von der doppelten Wahrheit*. In: Beckmann, J. P./Honnefelder, L./Schrimpf, G./Wieland, G. (Hrsg.): *Philosophie im Mittelalter. Entwicklungslinien und Paradigmen*. 2. Aufl., Hamburg 1996. S. 225–243.
Libera, A. de: *Philosophie et censure. Remarques sur la crise universitaire parisienne de 1270–1277*. In: Aertsen, J. A./Speer, A. (Hrsg.): *Was ist Philosophie im Mittelalter?* Miscellanea Mediaevalia 26. Berlin 1998. S. 71–89.
Miethke, J.: *Papst, Ortsbischof und Universität in den Pariser Theologenprozessen des 13. Jahrhunderts*. In: Zimmermann, A. (Hrsg.): *Die Auseinandersetzungen an der Pariser Universität im XIII. Jahrhundert*. Miscellanea Mediaevalia 10. Berlin 1976. S. 52–94.
Murdoch, J. E.: *1277 and Late Medieval Natural Philosophy*. In: Aertsen, J. A./Speer, A. (Hrsg.): *Was ist Philosophie im Mittelalter?* Miscellanea Mediaevalia 26. Berlin 1998. S. 111–121.
Wielockx, R.: *Autour du procès de Thomas d'Aquin*. In: Zimmermann, A. (Hrsg.): *Thomas von Aquin. Werk und Wirkung im Licht neuerer Forschung*. Miscellanea Mediaevalia 19. Berlin–New York 1988. S. 434–436.
Wilpert, P.: *Boethius von Dacien. Die Autonomie des Philosophen*. In: Wilpert, P./Eckert, W. P. (Hrsg.): *Beiträge zum Berufsbewußtsein des mittelalterlichen Menschen*. Miscellanea Mediaevalia 3. Berlin–New York 1964. S. 135–152.
Wippel, J. F.: *Thomas Aquinas and the Condemnation of 1277*. In: *The Modern Schoolman* 72 (1995). S. 233–277.

XVI. Raymundus Lullus und Duns Scotus

Quellen

Raymundus Lullus: *Das Leben des seligen Raimund Lull. Die »vita coetanea« und ausgewählte Texte zum Leben Lulls aus seinen Werken und Zeitdokumenten*. Übers. v. E.-W. Platzeck. Düsseldorf 1964.
– *Ars brevis*. Übers. v. A. Fidora. Hamburg 1999.
– *Die neue Logik (Logica nova)*. Übers. v. V. Hösle/W. Büchel. Hamburg 1985.
– *Das Buch vom Heiden und den drei Weisen*. Übers. von Th. Pindl. Stuttgart 1998.
– *Vom Freund und dem Geliebten. Die Kunst der Kontemplation*. Übers. von G. Schib Torra. Zürich–Düsseldorf 1998.
Johannes Duns Scotus: *Abhandlung über das erste Prinzip (Tractatus de primo principio)*. Übers. v. W. Kluxen. Darmstadt 1974.
– *Über die Erkennbarkeit Gottes*. Übers. von V. Richter/H. Kraml/G. Leibold. Hamburg 2000.

Sekundärliteratur

Zu Raymundus Lullus

Colomer, E.: *Das Selbstverständnis des Ramon Llull*. In: Wilpert, P. (Hrsg.): *Beiträge zum Berufsbewußtsein des mittelalterlichen Menschen*. Miscellanea Mediaevalia 3. Berlin 1964. S. 163–184.
– *Die Beziehung des Ramon Llull zum Judentum im Rahmen des spanischen Mittelalters*. In: Wilpert, P. (Hrsg.): *Judentum im Mittel-*

alter. Miscellanea Mediaevalia 4. Berlin 1966. S. 183–227.
Fleckenstein, J. O.: *Leibniz's Algorithmic Interpretation of Lulls Art.* In: *Organon* (Warschau) 4 (1967). S. 171–180.
Keicher, O.: *Raymundus Lullus und seine Stellung zur arabischen Philosophie.* Münster 1909.
Lohr, Ch.: *Christianus arabicus, cuius nomen Raimundus Lullus.* In: *Freiburger Zeitschrift für Philosophie und Theologie* 31 (1984). S. 57–88.
Platzeck, E.-W.: *Raimund Lulls Auffassung von der Logik (Was ist an Lulls Logik formale Logik?).* In: *Estudios Lulianos* 2 (1958). S. 5–34 u. S. 273–296.
– *Raimund Lull. Sein Leben -- seine Werke. Die Grundlagen seines Denkens (Prinzipienlehre).* 2 Bde. Düsseldorf 1962/1964.
– *Gottfried Wilhelm Leibniz und Raimund Lull.* In: *Virtus politica.* Festgabe zum 75. Geburtstag von Alfons Hufnagel. Stuttgart 1974. S. 387–409.
– *Der Platonismus bei Raimund Lull.* In: *Philosophisches Jahrbuch* 72 (1964/65). S. 66–83.
Pring-Mill, R. D. F.: *Grundzüge von Lulls ars inveniendi veritatem.* In: *Archiv für Geschichte der Philosophie* 43 (1961). S. 239–266.
Urvoy, D.: *Penser l'Islam. Les présupposés islamiques de l'»Art« de Lull.* Paris 1980.

Zu Duns Scotus
Gilson, É.: *Johannes Duns Scotus. Einführung in die Grundgedanken seiner Lehre.* Düsseldorf 1959.
Honnefelder, L.: *Ens inquantum ens. Der Begriff des Seienden als solchen als Gegenstand der Metaphysik nach der Lehre des Johannes Duns Scotus.* Münster 1979.
– *Scotus und der Scotismus. Ein Beitrag zur Bedeutung der Schulbildung in der mittelalterlichen Philosophie.* In: Hoenen, M. J. F. M./ Schneider, J. H. J./Wieland, G. (Hrsg.): *Philosophy and Learning. Universities in the Middle Ages.* Leiden 1995. S. 249–262.
Richter, V.: *Studien zum literarischen Werk von Johannes Duns Scotus.* München 1988.
Williams, Th. (Hrsg.): *The Cambridge Companion to Duns Scotus.* Cambridge 2002.

XVII. Ockham und die Wissenschaft des 14. Jahrhunderts

Quellen
Albert von Sachsen: *Perutilis logica.* Venedig 1522 (Nachdruck Hildesheim–New York 1974).
Alighieri Dante: *Monarchia.* Übers. v. R. Imbach/Ch. Flüeler. Stuttgart 1989.
Johannes Buridan: *Quaestiones super octo phisicorum libros Aristotelis.* Paris 1509.
– *Tractatus de consequentiis.* Hrsg. v. H. Hubien. Löwen–Paris 1976.
Marsilius von Inghen: *Parva logicalia.* Basel 1489.
– *Treatise on the Properties of Terms. Suppositiones, Ampliationes, Appellationes, Restrictiones, Alienationes.* Hrsg. von E. P. Bos. Dordrecht 1983.
Marsilius von Padua: *Der Verteidiger des Friedens.* Übers. v. W. Kunzmann/H. Kusch. Stuttgart 1971.
Martinus Anglicus: *Über die Verpflichtungen (De obligationibus).* Übers. v. F. Schupp. Hamburg 1993.
Nicolaus von Autrecourt: *Briefe.* Übers. v. D. Perler. Hamburg 1988.
– *Nicolaus of Autrecourt: His Correspondence with Master Giles and Bernard of Arezzo.* Hrsg. v. L. M. de Rijk. Leiden 1994.
Richard Kilvington: *The Sophismata.* Übers. v. N. Kretzmann/B. E. Kretzmann. Cambridge 1990.
Richard Swineshead: *Liber calculationum.* Padua 1477.
Walter Burleigh: *De puritate artis logicae tractatus longior. Tractatus Brevior.* Hrsg. v. Ph. Boehner. St. Bonaventure/New York 1955.
– *De consequentiis.* Hrsg. v. N. J. Green-Pedersen. In: *Franciscan Studies* 18 (1980). S. 102–166.
– *Von der Reinheit der Kunst der Logik. Erster Traktat: Von den Eigenschaften der Termini.* Übers. v. P. Kunze. Hamburg 1988.
Wilhelm Heytesbury: *De sensu composito et diviso. Regulae cum sophismatibus* und weitere Traktate. Venedig 1494.
Wilhelm Ockham: *Scriptum in librum primum, secundum et tertium sententiarum. Opera theologica* I–VII. Hrsg. v. G. Gál u.a. St. Bonaventure/New York 1967–1984.

– *Quodlibeta septem. Opera theologica* IX. Hrsg. v. J. C. Wey. St. Bonaventure/New York 1980.
– *Summa logicae. Opera philosophica* I. Hrsg. v. Ph. Boehner/G. Gál/St. Brown. St. Bonaventure/New York 1974.
– *Expositio in libros Physicorum aristotelis. Opera philosophica* IV–V. Hrsg. v. V. Richter u.a. St. Bonaventure/New York 1985.
– *Dialogus. Auszüge zur politischen Theorie.* Übers. v. J. Miethke. Darmstadt 1994.
– *Summe der Logik. Aus Teil I: Über die Termini.* Übers. v. P. Kunze. Hamburg 1984.
– *Texte zur Theorie der Erkenntnis und der Wissenschaft.* Übers. v. R. Imbach. Stuttgart 1984.
Wilhelm von Osma: *Über die Folgerungen (De consequentiis).* Übers. v. F. Schupp. Hamburg 1991.

Sekundärliteratur

Beckmann, J. P.: *Ockham-Bibliographie 1900–1990.* Hamburg 1992.
– *Wilhelm von Ockham.* München 1995.
Boehner, Ph.: *Collected Articles on Ockham.* St. Bonaventure/New York 1958.
Bos, E. P./Krop, H. A. (Hrsg.): *Ockham and Ockhamists.* Nijmegen 1987.
Bottin, F.: *La scienza degli occamisti. La scienza tardo-medievale dalle origini del paradigma nominalista alla rivoluzione scientifica.* Rimini 1982.
Courtenay, W. J.: *Was there an Ockhamist School?* In: Hoenen, M. J. F. M./Schneider, J. H. J./Wieland, G. (Hrsg.): *Philosophy and Learning. Universities in the Middle Ages.* Leiden 1995. S. 263–292.
Flasch, K.: *Harmonisierung oder Kritik – Lutterells Einwände gegen Wilhelm von Ockham.* In: Flasch, K.: *Einführung in die Philosophie des Mittelalters.* Darmstadt 1987. S. 149–165.
– *Gottesstaat oder Frieden auf Erden – Die Rehabilitierung der politischen Philosophie im Kampf gegen die päpstliche Weltherrschaft.* In: Flasch, K.: *Einführung in die Philosophie des Mittelalters.* Darmstadt 1987. S. 134–148.
Hoffmann, F.: *Die Schriften des Oxforder Kanzlers Johannes Lutterell.* Leipzig 1959.
Imbach, R.: *Wilhelm von Ockham.* In: Höffe, O. (Hrsg.): *Klassiker der Philosophie* I. München 1981. S. 220–244.
Gurjewitsch, A. J.: *Das Individuum im europäischen Mittelalter.* München 1994.
Kaufmann, M.: *Begriffe, Sätze, Dinge. Referenz und Wahrheit bei Wilhelm von Ockham.* Leiden 1994.
Koch, J.: *Neue Aktenstücke zu dem gegen Wilhelm Ockham in Avignon geführten Prozeß.* In: *Recherches de Théologie ancienne et médiévale* 7 (1935). S. 353–380, 8 (1936). S. 79–93 u. S. 168–197.
Lewry, P. O. (Hrsg.): *The Rise of British Logic.* Toronto 1983.
Maier, A.: *Die Vorläufer Galileis im 14. Jahrhundert. Studien zur Naturphilosophie der Spätscholastik.* Rom 1949.
Moody, E. A.: *Truth and Consequence in Medieval Logic.* Amsterdam 1953 (Nachdruck Westport/Connecticut 1976).
Quillet, J. (Hrsg.): *Autour de Nicole Oresme.* Paris 1990.
Paqué, R.: *Das Pariser Nominalistenstatut. Zur Entstehung des Realitätsbegriffs der neuzeitlichen Naturwissenschaft. (Occam, Buridan und Petrus Hispanus, Nikolaus von Autrecourt und Gregor von Rimini).* Berlin 1970.
Ritter, G.: *Via antiqua und via moderna auf den deutschen Universitäten des XV. Jahrhunderts.* Heidelberg 1922.
Schupp, F.: *Logical Problems of the Medieval Theory of Consequences. With the edition of the Liber consequentiarum.* Neapel 1988.
Spade, P. V. (Hrsg.): *The Cambridge Companion to Ockham.* Cambridge 1999.
Vossenkuhl, W./Schönberger, R. (Hrsg.): *Die Gegenwart Ockhams.* Weinheim 1990.
Weinberg, J. R.: *Nicolas of Autrecourt.* New York 1948.
Wolfson, H. A.: *Nicolaus of Autrecourt and Ghazali's Argument against Causality.* In: *Speculum* 44 (1969). S. 234–238.

XVIII. Eckhart, Seuse und die devotio moderna

Quellen

Dietrich von Freiberg: *Abhandlung über den Intellekt und den Erkenntnisinhalt.* Übers. v. B. Mojsisch. Hamburg 1980.
Margareta Porete: *Der Spiegel der einfachen*

Seelen. Übers. v. L. Gnädinger. Zürich–München 1987.
Meister Eckehart: *Das Buch der göttlichen Tröstung*. Übers. v. J. Quint. Frankfurt 1987.
– *Deutsche Predigten und Traktate*. Übers. v. J. Quint. Zürich 1979.
– *Einheit im Sein und Wirken*. Übers. v. D. Mieth. München 1989.
– *Kommentar zum Buch der Weisheit*. Übers. v. K. Albert. Sankt Augustin 1988.
– *Quaestiones Parisienes*. In: Grabmann, M.: *Neuaufgefundene Pariser Quaestionen Meister Eckharts und ihre Stellung in seinem geistigen Entwicklungsgange. Untersuchungen und Texte. Abhandlungen der Bayer. Akad. der Wissenschaften, philos.-philolog. Klasse* XXXII/7. München 1927. (zitiert wird nach dieser Ausgabe). Neuere Ausgabe: *Magistri Ekkardi Quaestiones Parisienses*. Ed. A. Dondaine. Commentariolum de Eckardi Magisterio adiunxit R. Klibanski. Leipzig 1936.
Heinrich Seuse: *Das Buch der Wahrheit*. Übers. v. R. Blumrich, Einl. v. L. Sturlese. Hamburg 1993.
– *Deutsche mystische Schriften*. Übers. v. E. Jungclausen. Düsseldorf 1986.
Thomas von Erfurt: *De modis significandi, sive Grammatica speculativa*. – Aufgrund einer falschen Zuschreibung in: Duns Scotus: *Opera omnia*. Lyon 1939 (Nachdruck Hildesheim 1968). Bd. I. S. 45–76.

Sekundärliteratur

Flasch, K.: *Meister Eckhart und die »Deutsche Mystik«. Zur Kritik eines historiographischen Schemas*. In. Pluta, O. (Hrsg.): *Die Philosophie im 14. und 15. Jahrhundert*. Amsterdam 1988. S. 439–463.
Haas, A. M.: *Nim din selbes war. Studien zur Lehre von der Selbsterkenntnis bei Meister Eckhart, Johannes Tauler und Heinrich Seuse*. Freiburg/Schweiz 1971.
Imbach, R.: *Deus est intelligere. Das Verhältnis von Sein und Denken in seiner Bedeutung für das Gottesverständnis bei Thomas von Aquin und in den Pariser Quaestionen Meister Eckharts*. Freiburg/Schweiz 1976.
Mojsisch, B.: *Meister Eckhart. Analogie, Univozität und Einheit*. Hamburg 1983.
Rizek-Pfister, C.: *Ein Weg zu Meister Eckharts Armutspredigt*. Bern 2000.
Ruh, K.: *Meister Eckhart. Theologe, Prediger, Mystiker*. München 1985.
Schmoldt, B.: *Die deutsche Begriffssprache Meister Eckharts*. Heidelberg 1954.
Théry, G.: *Edition critique des pièces relatives au procès d'Eckhart dans le manuscript 33 b de la Bibliothèque de Soest*. In: *Archives d'histoire doctrinale et littéraire du Moyen Age* 1 (1926). S. 129–268.
Trusen, W.: *Der Prozeß gegen Meister Eckhart. Vorgeschichte, Verlauf und Folgen*. Paderborn 1988.
Ueda, Sh.: *Die Gottesgeburt in der Seele und der Durchbruch zur Gottheit. Die mystische Anthropologie Meister Eckharts und ihre Konfrontation mit der Mystik des Zen Buddhismus*. Gütersloh 1965.
Wolz-Gottwald, E.: *Meister Eckhart und die klassischen Upanishaden*. Würzburg 1984.

XIX. Nikolaus von Kues

Quellen

Nicolai de Cusa: *Die belehrte Unwissenheit (De docta ignorantia)*. Bd. I: Übers. v. P. Wilpert. 3. Aufl., Hamburg 1979. Bd. II: Übers. v. P. Wilpert. 2. Aufl., Hamburg 1977. Bd. III: Übers. v. H. G. Senger. Hamburg 1977.
– *Die höchste Stufe der Betrachtung (De apice theoriae)*. Übers. v. H. G. Senger. Hamburg 1986.
– *Dreiergespräch über das Können-Ist (Trialogus de possest)*. Übers. v. R. Steiger. Hamburg 1973.
– *Kompendium (Compendium). Kurze Darstellung der philosophisch-theologischen Lehren*. Übers. v. K. Bormann. 2. Aufl., Hamburg 1982.
– *Mutmaßungen (De coniecturis)*. Übers. v. W. Happ/J. Koch. Hamburg 1971.
– *Sichtung des Korans (Cribratio Alcorani)*. Übers. v. L. Hagemann/R. Glei. Bd. I: Hamburg 1989. Bd. II: Hamburg 1991. Bd. III: Hamburg 1993.
– *Über den Beryll (De beryllo)*. Übers. v. K. Bormann. 2. Aufl., Hamburg 1977.
– *Vom Globusspiel (De ludo globi)*. Übers. v. G. von Bredow. 2. Aufl., Hamburg 1978.

– *Vom Nichtanderen (De li non aliud)*. Übers. v. P. Wilpert. 2. Aufl., Hamburg 1976.

Johannes Wenck: *De ignota litteratura*. Hrsg. v. E. Vansteenberghe. Münster 1910.

Sekundärliteratur

Blumenberg, H.: *Die Legitimität der Neuzeit*. Frankfurt 1966.

Flasch, K.: *Die Metaphysik des Einen bei Nikolaus von Kues*. Leiden 1973.

– *Wissen oder Wissen des Nicht-Wissens – Johannes Wenck gegen Nikolaus von Kues*. In: Flasch, K.: *Einführung in die Philosophie des Mittelalters*. Darmstadt 1987. S. 181–195.

Hoye, W. J.: *Die Relativierung der Philosophie im Denken des Nikolaus von Kues*. In: Aertsen, J. A./Speer, A. (Hrsg.): *Was ist Philosophie im Mittelalter?* Miscellanea Mediaevalia 26. Berlin–New York 1998. S. 731–737.

Jacobi, K.: *Die Methode der kusanischen Philosophie*. Freiburg–München 1969.

Koyré, A.: *Von der geschlossenen Welt zum unendlichen Universum*. Frankfurt 1980. Kap. I. S. 15–35.

Otto, St.: *Nikolaus von Kues*. In: Höffe, O. (Hrsg.): *Klassiker der Philosophie* I. München 1981. S. 245–261.

Schulz, W.: *Der Gott der neuzeitlichen Metaphysik*. Pfullingen 1957. S. 11–30.

Thiel, D.: *Scientia signorum und Ars scribendi. Zur Zeichentheorie des Nikolaus von Kues*. In: Craemer-Ruegenberg, I./Speer, A. (Hrsg.): *Scientia und ars im Hoch- und Spätmittelalter*. Micellanea Mediaevalia 22. Berlin–New York 1994. S. 107–125

Wörterbuch der philosophischen Begriffe

Begründet von Friedrich Kirchner und Carl Michaëlis, bearbeitet von Johannes Hoffmeister. Vollständig neu herausgegeben von Arnim Regenbogen und Uwe Meyer. PhB 500. 1998. X, 895 Seiten. 978-3-7873-1325-9. Gebunden

Dieses Standardwörterbuch schlüsselt die philosophischen Begriffe von der Antike über das Mittelalter bis hin zum deutschen Idealismus auf. Arnim Regenbogen und Uwe Meyer haben das Wörterbuch vollständig überarbeitet und um die Grundbegriffe der Philosophie der Gegenwart erweitert. Es bleibt dabei – wie der Name sagt – ein reines Wörterbuch der Begriffe und verzichtet auf die Einordnung von Philosophennamen ebenso wie auf allgemeine philosophiegeschichtliche Exkurse.

Auf knappem Raum und in verständlicher Form werden die Bedeutung und Funktion, die sprachliche Herkunft und die historische Ausdifferenzierung der Stichworte erklärt und unter Angabe genauer Belege in den Originalwerken aufgezeigt. Indem dieses Wörterbuch die Herkunft und Zusammensetzung, den Wortsinn und die ursprüngliche Bedeutung sowie den Wandel und die Nuancen der Termini auch durch präzise etymologische Angaben erläutert und durchgängig auf die jeweiligen Nachbar- und Gegenbegriffe verweist, gibt es nicht nur Aufschluß über das richtige Verständnis, sondern auch über den verständigen Gebrauch philosophischer Begriffe.

Das »Wörterbuch der philosophischen Begriffe« ist somit nicht nur für Studium und Lehre, sondern für alle Leser philosophischer Texte ein unentbehrliches und zugleich handliches Nachschlagewerk zur Einführung in die Welt des philosophischen Denkens.

Seit 1886 gehört das einbändige »Wörterbuch der philosophischen Begriffe« zum Bestand der 1868 begonnenen Philosophischen Bibliothek. Begründet von Friedrich Kirchner und Carl Michaëlis und später fortgeführt von Johannes Hoffmeister, hat es einen festen Platz in den Handbibliotheken aller Dozenten und Studenten der Philosophie.

»Diese sicherlich nicht leichte Aufgabe der doppelten Integration von Vergangenem und Gegenwärtigem ist [...] den Bearbeitern des neuen Lexikons gelungen. [...] Deutlichkeit und distanzierende Wissenschaftlichkeit bürgen in der Neubearbeitung für Qualität. [...] Das von Regenbogen und Meyer bearbeitete Lexikon ist in dieser Form derzeit das beste Informationsmedium seiner Kategorie. Es beinhaltet fast alle wichtigen Begriffe, die Artikel sind klar und deutlich formuliert, die Verweise prägnant und hilfreich. Der Leser wird schnell in die Kernproblematik eingeführt und kompetent informiert. [...] Es ist ein Nachschlagewerk, das die Fragen eines Philosophiestudenten nicht unbeantwortet läßt und derzeit nicht überboten wird.«

Philosophischer Literaturanzeiger

Chronik der philosophischen Werke

Die *Chronik der philosophischen Werke* ist weit mehr als ein Nachschlagewerk zu einzelnen Titeln: Sie ermöglicht Entdeckungen, den Nachvollzug neuer und bisher unbeachtet gebliebener Querverbindungen und wechselseitiger Einflüsse, die seit Einführung des Buchdrucks und der damit verbundenen öffentlichen Verbreitung philosophischer Erkenntnisse den Diskurs sehr viel offener und umtriebiger bestimmten und belebten als in den alten Zeiten, in denen das klösterliche Kopieren von Handschriften das einzige und eher hermetisch abgeschlossene Medium war für die Bewahrung und Weitergabe philosophischen Wissens. Die *Chronik der philosophischen Werke* ist damit ein getreuer Spiegel der Entwicklung und Ausdifferenzierung des Denkens in den Zeiten seit Gutenberg, also sowohl Lexikon wie auch Lesebuch für philosophiegeschichtliche Entdeckungsreisen.

Umso größer das Vergnügen über die ›Chronik der philosophischen Werke‹, die sich als Wegweiser durch die Geschichte der westlichen Philosophie anbietet. Mit ihrer Hilfe kann man sich manche Trittleiter basteln. Zum Glück wird es einem nicht leichter als möglich gemacht.

Süddeutsche Zeitung

Es ist ungemein spannend, den Verlauf der Veröffentlichungen zu verfolgen.

Philosophie Magazin

Chronik der philosophischen Werke

Von der Erfindung des Buchdrucks bis ins 20. Jahrhundert

Erarbeitet von Arnim Regenbogen

2011 · ISBN 978-3-7873-2241-1 · 659 Seiten · kartoniert

meiner.de

Geschichte der Philosophie im Überblick

Geschichte der Philosophie im Überblick

Franz Schupp

Neuzeit

Jokers edition

Lizenzausgabe für Jokers edition, Augsburg 2012
ISBN 978-3-86800-512-7 (3 Bände)

Druck und Bindung: C. H. Beck, Nördlingen
Printed in Germany

Inhalt

I. Philosophische Bewegungen des Humanismus und der Renaissance 1

1. Der Wechsel des Zentrums: Italien 1
2. Anthropologie, Ethik und Politik 10
3. Der Platonismus 22
4. Die Platon-Aristoteles-Diskussion 28
5. Aristotelismus 30
6. »Humanistische Logik« – Logik zur Zeit des Humanismus 35
7. Nicht-aristotelische Naturphilosophie 39

II. Der Beginn des neuen Weltbildes 41

1. Die Welt des Kopernikus 41
2. Giordano Bruno 45

III. Francis Bacon 56

1. Die historische Situation 56
2. Erkenntnisfortschritt durch experimentelle Wissenschaft 59
3. Hindernisse des Erkenntnisfortschritts 68
4. Die zukünftige technologisch-wissenschaftliche Welt 78

IV. Galileo Galilei 82

1. Der Wissenschaftsbegriff 82
2. Der philosophische Begriffsrahmen 98
3. Der »Fall Galilei« 101

V. René Descartes 110

1. Zweifel und Begründungskritik 112
2. Die rationalistische Methode 118
3. Die rationalistische Methode und das praktische Leben 125
4. Der Leib-Seele-Dualismus 130
5. Der Cartesianismus als kulturelles Phänomen 131

VI. Blaise Pascal 134

1. Pascals Leben und Werke – ein Interpretationsproblem 134
2. Die vollkommene und die realisierbare Methode 136
3. Die Wahrscheinlichkeit 144
4. Die Mitte bei unbekannten Außenpunkten 151

VII. Baruch de Spinoza 155

1. Die Niederlande: Liberalität in Grenzen 155
2. Die Gewißheit und die absolute Methode 160
3. Definition und Beweis 163
4. Spinoza und die jüdische Philosophie des Mittelalters 167

VIII. Thomas Hobbes 173

1. Der verschiedene Ausgangspunkt 173
2. Philosophie als Rechnen 174
3. Die Staatstheorie: Selbsterhaltung, Zwang und Furcht 179
4. Hobbes und Pufendorf 189

IX. John Locke 194

1. Rationalisten und Empiristen 194
2. Ein Weltmann 196
3. Die Naturgeschichte des menschlichen Denkens 200
4. Das natürliche Gesetz, der Staat und der Privatmann 209

X. Isaac Newton 214

1. Newton, der Größte unter allen 214
2. Experimentalphilosophie 219
3. Der absolute Raum und die absolute Zeit 226
4. Newton, Wissenschaftsentwicklung und Aufklärung 231

XI. Gottfried Wilhelm Leibniz 236

1. Die Barockfigur des »Universalgelehrten« 236
2. Das Projekt der Allgemeinen Wissenschaft *(Scientia generalis)* 237
3. Wahrheit – Wahrscheinlichkeit 249
4. Die »Logik« des Handelns 253
5. Die beste aller möglichen Welten 255
6. Bilanz des Rationalismus 259

XII. *David Hume* 267

1. Die Philosophie des alltäglichen Lebens 267
2. Das Erfahrungsurteil des alltäglichen Lebens und der Wissenschaft 269
3. Bilanz der empiristischen Erkenntnistheorie 275
4. Sittlichkeit und Rechtsordnung 278
5. Das Uhrmacherargument 284

XIII. *Die Philosophie der Aufklärung* 289

1. Die Philosophie der Aufklärung in Frankreich 289
2. Die Philosophie der Aufklärung in Deutschland 305

XIV. *Die Philosophie des 19. Jahrhunderts. Einleitung und Überblick* 316

1. Die Äquivokation des Philosophiebegriffs – das (vorläufige) Ende der philosophischen Kommunikationsgemeinschaft 317
2. Systeme und Kritik der Systeme 328

XV. *Immanuel Kant* 332

1. Der formale Charakter der Philosophie 332
2. Der »sichere Gang einer Wissenschaft« 334
3. Formale und transzendentale Logik 339
4. Erkenntniskritik als Transzendentalphilosophie 343
5. Die Vernunftideen und der transzendentale Schein 345
6. Die Vernunftideen im Gebrauch der praktischen Philosophie 350
7. Die Autonomie der praktischen Vernunft 353

XVI. *Der frühe Deutsche Idealismus: Fichte, Schelling* 362

1. Die Spannung von Reflexion und konkretem Handeln 362
2. Die Ich-Handlung als radikaler Ausgangspunkt 364
3. Der ästhetische Standpunkt im *Systemfragment* 371
4. Sittlichkeit, Gewissen und Staat 376
5. Die Erhebung zum Absoluten 378

XVII. *Georg Wilhelm Friedrich Hegel* 380

1. Praxis, Geschichte, Religion und Philosophie (Jugendschriften) 380
2. System: Die Untrennbarkeit von Methode und Gehalt 384
3. Spekulative Erkenntnis, Negation, Dialektik 389
4. Geschichte und System 396
5. Das Ziel der Geschichte und der Staat 403

XVIII. *Die Spätphilosophie Schellings* 410

1. Der Mythos als Interpretationsproblem 410
2. Mythos – Offenbarung – Vernunft 412
3. Die Kritik der historischen Vernunft: Schelling und Comte 421

XIX. *Ludwig Feuerbach* 425

1. Sinnlichkeit, Natur 425
2. Die Kritik an Hegel 429
3. Feuerbach und Schleiermacher 437

XX. *Karl Marx* 442

1. Marx und der Marxismus 442
2. Kritik und Praxis 444
3. Die Aufhebung der Entfremdung 451

XXI. *Sören Kierkegaard* 460

1. Der Schriftsteller 460
2. Paradox gegen Synthese 462
3. Die drei Stufen der Existenz 466
4. Zur Problematik der Existenzphilosophie 469

XXII. *Arthur Schopenhauer* 473

1. Ein Außenseiter 473
2. Die Welt als Wille und Vorstellung 474
3. Leiden und Erlösung 482

XXIII. *Friedrich Nietzsche* 488

1. Die tragische und die theoretische Daseinsform 488
2. Nihilismus 494
3. Die Überwindung des Nihilismus 496

XXIV. Charles Sanders Peirce 503

1. Wissenschaftsoptimismus 503
2. Die pragmatische Maxime – Wissenschaft als Handlung 505
3. Erkenntnis und Evolution 508
4. Die Theorie der Zeichen 511
5. Pragmatismus und Pragmatizismus 515

XXV. Gottlob Frege 518

1. Die Begriffsschrift 518
2. Sinn und Bedeutung 523
3. Funktion und Begriff, Begriff und Gegenstand 529
4. Frege und das Leibniz-Programm 536

XXVI. Ludwig Wittgenstein 538

1. Wittgenstein in der Wiener Kultur der Jahrhundertwende 538
2. Sagen und Zeigen 548
3. Alle Philosophie ist Sprachkritik 554
4. Sagen und das Unsagbare 557

Literaturverzeichnis 569

- I -

Philosophische Bewegungen des Humanismus und der Renaissance

1. Der Wechsel des Zentrums: Italien

Die Verwendung der Begriffe »Humanismus« und »Renaissance« in der Geschichte der Philosophie ist nicht unproblematisch. Als Periodenbezeichnung wurde» »Renaissance« zunächst in der Kunst- und Literaturgeschichte verwendet. Seine Übertragung auf die Geschichte der Philosophie ist daher nicht selbstverständlich – Entwicklungen in verschiedenen Bereichen verlaufen nicht automatisch synchron. Dazu kommt noch die bekannte Diskussion über frühere Renaissancen, also etwa die karolingische. Gab es überhaupt frühere »Renaissancen«? Wenn ja, | 1
dann wäre dieser Begriff als Bezeichnung einer bestimmten Periode kaum geeignet. Der Begriff »Humanismus« wiederum ist eigentlich zunächst gar kein Perioden-, sondern ein Sachbegriff, und zwar bezogen auf das Studium der klassischen Autoren (also weit entfernt von dem, was heute unter »Humanismus« verstanden wird, aber verwandt mit dem, was wir noch heute unter »humanistischer Bildung« verstehen). Entsprechend wurde dieser Begriff auch auf andere Perioden angewendet. So sprechen zahlreiche Historiker z. B. vom »Humanismus des zwölften Jahrhunderts«. Im 15. und 16. Jhd. nannte man »Humanisten« die Lehrer der vor allem auf die Sprache bezogenen Allgemeinbildung, ein Wortgebrauch, der sich seit dem 15. Jhd. in Italien findet und der im 16. Jhd. in ganz Europa Verbreitung fand. Von da aus wurde »Humanismus« zur Periodenbezeichnung. – Wir können uns vielleicht auf folgenden Minimalnenner einigen: Wir nennen »Philosophie des Humanismus und der Renaissance« einfach die philosophischen Bewegungen der Zeit von der zweiten Hälfte des 14. bis zum Ende des 16. Jhd.s, ohne den Begriffen »Humanismus« und »Renaissance« schon irgendeine philosophische Bedeutung zuzusprechen.

Zur Zeit des Humanismus und der Renaissance verlagert sich das kulturelle Zentrum der für Philosophie maßgeblichen Orte. Waren bis zur ersten Hälfte des 14. Jhd.s Paris und Oxford, zunächst und vor allem also Frankreich und dann England, der Schauplatz der wichtigsten kulturellen und philosophischen Entwicklungen gewesen, so übernahmen zur Zeit des Humanismus und der Renaissance Italien und in etwas geringerem Maße die Niederlande die Führung. Die Gründe dafür waren vielfältig und können hier nicht analysiert werden. Wichtig war jedenfalls, daß in der Periode seit dem 14. Jhd. die Stadtstaaten Italiens – vor allem Florenz und Venedig – die modernen wirtschaftlichen Systeme der industriellen Warenherstellung, der Banken und des Handels entwickelten und so Italien über eine wirtschaftlich wesentlich bessere Grundlage verfügte als die Länder des Nordens, mit Ausnahme der Niederlande. Auch waren die kleinen, teils demokratisch organisierten Stadtstaaten Italiens besser geeignet, neue Entwicklungen aufzunehmen als etwa das schon damals wesentlich zentralistischere und auf Paris konzentrierte Frankreich. Zwischen diesen Stadtstaaten bestand auch im kulturellen Bereich ein starkes Konkurrenzverhältnis, so daß sich für Künstler und Literaten günstige Bedingungen boten. Als dann an vielen Orten die demokratischen Ordnungen durch Fürstenherrschaften ersetzt wurden, wurden die Fürsten, zu denen auch die Päpste zu zählen sind, zu konkurrierenden Mäzenen.

a) Universitäten, Schulen und Akademien

Für die weitere Entwicklung im Bereich der Philosophie war es nicht unerheblich,
2 | daß die *Universitäten Italiens* eine andere Struktur aufwiesen als die von Paris oder Oxford. In Italien gab es seit dem Mittelalter zwei bedeutende Universitäten: Salerno und Bologna. Salerno war das Zentrum medizinischer, Bologna das Zentrum juristischer Studien. Salerno hatte allerdings seine führende Rolle längst verloren, Montpellier war inzwischen als medizinische Schule wesentlich bedeutender. Aber auch die medizinische und naturwissenschaftliche Schule von *Padua* hatte an Bedeutung gewonnen. *Bologna* hingegen war weiterhin die führende Rechtsschule nicht nur Italiens. Kennzeichnend für Italien war, daß die Universitäten keine theologischen Fakultäten besaßen. Dies war u.a. darauf zurückzuführen, daß die Päpste keine Konkurrenz zu Paris und Oxford wünschten. Die Theologie war in Italien primär in den Studienhäusern der Orden angesiedelt und wurde erst spät und nie besonders einflußreich in manchen Universitäten als Studienfach eingeführt. Die seit dem 14. Jhd. in Italien einsetzende Entwicklung der Philosophie hatte also einen ganz anderen Bezugspunkt als dies in Paris oder Oxford der Fall war. In Italien, wo die Universität von Bologna zum Zentrum und Modell wurde, waren *Jurisprudenz* und *Medizin* die entscheidenden Bezugspunkte. Zu Beginn des 14. Jhd.s bildeten sich in Bologna durch Trennung zwei Universitäten heraus: die juridische (die ältere) und die medizinische (die jüngere) Universität. Die Philosophie war diesen beiden Fakultäten (oder Universitäten) themen- bzw. disziplinmäßig verschieden zugeordnet. Der Hauptteil der Philosophie wurde im Zusammenhang mit der medizinischen Fakultät gelehrt. Die wichtigsten Gegenstände waren dabei, wie nicht anders zu erwarten, Logik und Naturphilosophie. Metaphysik und Ethik hingegen waren auch für den philosophischen Doktorgrad nur Wahlfächer. Ganz ähnliches gilt für die etwas jüngere, aber

zunehmend wichtiger werdende Universität Padua. Für die Universitäten wurde sehr viel Geld ausgegeben, Bologna verwendete zeitweilig die Hälfte (!) der gesamten der Stadt jährlich zur Verfügung stehenden finanziellen Mittel für die Universität. Und auch Venedig konnte es sich leisten, erhebliche Beträge in die ihr zugehörige Universität Padua zu investieren.

Die Entwicklung der *humanistischen Studien* brachte in den Lehrbetrieb der Universitäten Modifikationen ein, ohne ihn aber prinzipiell in Frage zu stellen. Die manchmal vertretene Ansicht, die humanistischen Studien stellten eine rein außeruniversitäre Entwicklung dar, läßt sich aber nicht halten. Schon die Bezeichnung *humanista* stammte zunächst aus dem Studentenjargon, in dem Lehrer dieser Disziplin so bezeichnet wurden. Das Interesse an den klassischen Autoren, das durchaus auch außeruniversitäre Wurzeln hatte, nahm ebenso seinen ganz präzisen Ort im System der Universität ein, und zwar in der Rhetorik. Die Rhetorik hatte, vor allem in Verbindung mit der Jurisprudenz, einen wichtigen Platz in der universitären Ausbildung. Bei der Rhetorik ging es, ebenso wie bei Medizin und Jus, um ein ganz konkretes, berufsbezogenes Studium. Wer diese Ausbildung abgeschlossen hatte, wurde entweder Kanzler oder Notar. Der Kanzler oder Fürstensekretär war für die Abfassung politischer Dokumente und Reden zuständig, der Notar für zivile Dokumente. Die in der Stadtverwaltung oder an den Höfen – also außerhalb der | 3
Universität – tätigen Humanisten hatten also ihre humanistische Bildung durchaus schon an den Universitäten erworben. Die Zahl der Menschen, die Universitäten besuchten, nahm im 15. Jhd. in allen Ländern stark zu, während gleichzeitig die Universitäten – mit Ausnahme der italienischen – zusehends langweiliger wurden, denn die interessantesten Leute waren in der Mehrzahl nicht in Universitäten tätig – vgl. u.a. Nikolaus von Kues, Bessarion, Agrippa von Nettesheim, Pico della Mirandola, Machiavelli, Marsilio Ficino, Erasmus von Rotterdam, Montaigne. Die zahlreichen neugegründeten Universitäten im Norden und Osten Europas gingen auf die Initiative von Fürsten und Königen zurück und sollten somit der Ausbildung der Führungskräfte ihrer Staaten dienen, was keine günstige Umgebung für intellektuelle Neuentwicklungen war. Auch die schon früher erwähnten Schulbildungen (vgl. 2. Teil, Kap. XV, 3) waren nicht dazu angetan, im Bereich der Philosophie ein besonders anregendes geistiges Klima herzustellen. Es ist daher verständlich, daß für die begabtesten und gebildetsten Leute die Höfe der Fürsten und Päpste attraktiver waren als die Universitäten. Auch hier hatte Petrarca den Anfang gesetzt, aber auch Marsilius von Padua, der von der Tätigkeit an der Universität in Paris an den Hof Ludwigs von Bayern übersiedelte (vgl. 2. Teil, Kap. XVII, 6), zeigte die Richtung an.

Neben den Universitäten gab es eine große Anzahl anderer Bildungsinstitutionen, die manchmal rasch entstanden und ebenso rasch wieder verschwanden. Dies ging nicht zuletzt darauf zurück, daß die Lehrer – nicht nur an den Universitäten – sehr mobil waren und der Bestand einer Schule oft von der Anziehungskraft eines solchen Lehrers abhing. Fürsten, Städten und einzelnen Privatleuten bot sich hier die Gelegenheit, Initiative zu ergreifen, was natürlich auch dem Ruhm des Initiators dienen sollte. Auf die Florentiner *Platonische Akademie* und die in Neapel gegründete *Accademia Cosentina* wird noch zurückzukommen sein. Es gibt aber noch zahlreiche andere Beispiele, von denen nur eines angeführt sei: Am Hof der Gonzagas in Mantua war der Humanist Vittorino da Feltre (um 1378–1446) tätig, der zunächst die Kinder der Fürstenfamilie erzog, seit 1445 aber in einer vom Fürsten dafür zur Verfügung gestellten Villa eine von den Gonzagas finanzierte Schule für begabte Kinder aus allen Ständen leitete, wo u.a. Naturwissenschaften, Philosophie und Musik, aber auch griechische Grammatik unterrichtet wurden.

b) Texte

Die humanistische Gelehrtentätigkeit entwickelte ihr eigenes Schwergewicht. Aus dem genauen Studium der antiken, schon bekannten Texte ergaben sich Hinweise auf weitere, bisher nicht zur Verfügung stehender Schriften. Es begann also eine gezielte Suche nach Handschriften. Poggio Bracciolini (1380–1459) z. B. entdeckte
4 | in Cluny 1415 zwei Reden Ciceros, ebenso fand er Quintilians *Institutiones oratoriae* (in St. Gallen, 1416/1417) und von Lukrez *De rerum natura* (1417, möglicherweise in Fulda). Vor allem kam die – allerdings nur auf eine verhältnismäßig kleine Gruppe beschränkte – Beschäftigung mit *griechischen Texten* und deren *Übersetzungen* hinzu. Fast alle dem Mittelalter bekannten klassischen Schriften der griechischen Antike wurden neu übersetzt, dazu noch etliche dem Mittelalter nicht bekannte Texte. Im Rahmen der Rezeption griechischer Autoren seit dem 12. Jhd. waren die Texte der griechischen Dichtung und Geschichtsschreibung nicht übersetzt worden. Erst jetzt wurden unter anderem die Epen von Homer, die Tragödien des Aischylos, Sophokles und Euripides und die historischen Schriften von Herodot und Thukydides übersetzt und damit eigentlich erst bekannt. Für die Philosophie wurde besonders wichtig, daß jetzt erstmals – ein eigentlich fast unglaubliches Faktum der Geschichte – der gesamte Text der Dialoge Platons außerhalb von Byzanz bekannt und übersetzt wurde. Dasselbe gilt für die Enneaden Plotins. Bis 1600 wurde so ziemlich der gesamte Bestand der antiken griechischen Literatur zugänglich gemacht. Nach der Mitte des 15. Jhd.s begann der Einfluß dieser Tätigkeit auch über den engeren Bereich des Rhetorikunterrichts hinaus spürbar zu werden, so daß nun auch die klassischen Texte der Medizin und Jurisprudenz nach Maßstäben humanistischer Philologie bearbeitet wurden, ebenso wie die im Rahmen des Medizinstudiums verwendeten Texte der Naturphilosophie und Logik.

c) Geschichte

Ausgehend von der Rhetorik ergab sich für die Humanisten ein weites Arbeitsgebiet, zu dem *Geschichtswissenschaft* ebenso gehörte wie *Moralphilosophie*. Dieser Zusammenhang ist durchaus verständlich: Das Studium der Geschichte hatte lange Zeit, eigentlich noch bis zum Ende des 17. Jhd.s, nur zwei Funktionen: (1) die Legitimation von Herrschaftsansprüchen, daher das Interesse an Chroniken, Urkunden und Genealogien, also ein wichtiges Gebiet der Fürsten- und Stadtsekretäre, und (2) die Exemplifizierung von Handlungsnormen, von Moral, also ein wichtiges Gebiet der Rhetoriker als Verfasser von Festreden usw. Es gab jedoch auch, wie sich bei Machiavelli zeigen wird, Ansätze zu einer Verwendung historischer Fakten zur Gewinnung allgemeiner und für politisches Handeln relevanter Gesetzmäßigkeiten. Diese Verwendung stand aber eher am Rand der Beschäftigung mit Geschichte. Die meisten begnügten sich mit den zwei genannten Funktionen. Die Hofhistoriographen wurden zu einer festen Institution; seit der zweiten Hälfte des 15. Jhd.s waren italienische Humanisten in dieser Funktion bei den Königen in Frankreich, England, Spanien, Polen und beim Deutschen Kaiser tätig.

Die Beschäftigung mit Geschichte wurde auch im polemischen Zusammenhang
mit der Ablehnung der scholastischen Philosophie eingesetzt. So kritisierte z. B. der | 5
bedeutende Florentiner Humanist und Politiker Coluccio Salutati (1331–1406) in der Nachfolge Petrarcas die mittelalterliche Philosophie, weil sie seiner Ansicht nach für die Vervollkommnung des individuellen und gesellschaftlichen Lebens nichts beiträgt. Demgegenüber könnten individuelle sowie institutionelle Beispiele richtigen Handelns aus der Geschichte gewonnen werden. Für Salutati ist natürlich Athen das Beispiel für Florenz – Florenz sollte das neue Athen werden. Dazu bedurfte es allerdings gar nicht dieses Vorbilds, denn Florenz war zu dieser Zeit tatsächlich das kulturelle Zentrum Europas. Eher wurde nachträglich der schon vorhandene Glanz durch die historische Parallelsetzung literarisch überhöht. Ein wirklich historisches Bewußtsein ist jedoch auch in der Zeit des Humanismus und der Renaissance noch nicht entwickelt worden. Zu sehr war noch in Kunst, Literatur und Philosophie die Suche nach überzeitlichen idealen Maßstäben vorherrschend.

d) Theorie der Kunst

Die Renaissance ist für uns in ganz besonderer Weise mit den Namen großer Künstler verbunden: Brunelleschi (1377–1446), Donatello (1386–1466), Masaccio (1401–1428), Ghiberti (1378–1455), Botticelli (1444–1510), Piero della Francesca (1416–1492), Leonardo da Vinci (1452–1519), Michelangelo (1475–1564), Tizian (1488/90–1576) usw. Für die Prachtentfaltung in Kommunen wie an den Fürstenhöfen waren die Künstler noch wichtiger als die humanistischen Rhetoriker. Die

Künstler erhielten in dieser Periode entsprechend auch eine gesellschaftliche Stellung, die sie bisher nicht innegehabt hatten. Der Unterschied zwischen dem Handwerker und dem Maler, Bildhauer und Architekten war unübersehbar geworden. Die meisten Künstler besaßen auch eine gute humanistische Bildung. Schon Brunelleschi hatte auch Studien der Mathematik betrieben und sich zu verschiedenen theoretischen Fragen, so z. B. zu der der Perspektive, geäußert. Nichtsdestoweniger war es noch nicht klar, wie ganz allgemein der Künstler und sein Werk eingeordnet werden sollten. Die Werke dieser Künstler und diese selbst wurden bewundert, aber es gab eigentlich keinerlei theoretischen Hintergrund für die Beurteilung von Kunstwerken. Während die Dichtung und die Musik seit der Antike einen eigenen theoretischen Status und entsprechende Behandlung in speziellen Traktaten gefunden hatten, war ein solcher Status für Gemälde, Skulpturen und Bauwerke noch nicht vorhanden. Es ist daher nicht verwunderlich, daß diese »Lücke« zur Zeit der Renaissance entdeckt wurde. Der einzige Anhaltspunkt aus der Antike war der auch im Mittelalter bekannte Traktat Vitruvs *Decem libri architecturae* (verfaßt zwischen 33 und 22 v. Chr.), der aber seit dem 11. Jhd. nicht mehr herangezogen worden war und der jetzt von Humanisten gleichsam neu entdeckt wurde, nachdem Poggio Braccolini eine Abschrift davon in St. Gallen aufgefunden hatte. Bei Vitruv fand man die
6 | ästhetischen Grundbegriffe von Ordnung, Maß, Proportion und Harmonie. Den entscheidenden Anstoß für die weitere Entwicklung der *Theorie der Architektur* und *Malerei* gab dann Leon Battista Alberti (1404–1472). Alberti war nicht nur Theoretiker, sondern hat sich in späteren Jahren auch als Restaurator antiker Bauten und als Architekt betätigt. Es kommt die Zeit, in der die Künstler selbst »ihre« Philosophie entwickeln, so wie es die Musiker schon im 14. Jhd. begonnen hatten (vgl. 2. Teil, Kap. XVII, 7). Alberti hatte eigentlich Jus studiert und war dann als Sekretär bei einigen Päpsten tätig gewesen, hatte sich aber auch intensiv mit Mathematik, Physik und Optik befaßt. Als Papst Eugen IV. gezwungen wurde, Rom zu verlassen, ging er nach Florenz, und Alberti war in seinem Gefolge, und als das Konzil von Ferrara nach Florenz verlegt wurde, war Alberti wiederum dabei. Er hatte also wiederholt Gelegenheit, im Zentrum der Renaissance-Kunst mit Künstlern und Gelehrten in Kontakt zu treten. Aus diesen Kontakten sind zwei wichtige Schriften hervorgegangen, eine *Über die Malerei* und eine weitere *Über die Architektur*. Es handelt sich hier nicht um Traktate zu einer Philosophie der Kunst, sondern um solche zu einer Theorie der Kunst. Im Traktat über die Malerei wird der Perspektive eine auf den mathematischen Gesetzen der Optik beruhende Begründung gegeben. Hier wird also eine Theorie der Malerei in eine eindeutige Beziehung zu einer wissenschaftlichen Theorie gesetzt. Alberti geht von dem Prinzip aus, daß der Maler nicht die Natur »an sich« darstellen soll, sondern die Natur, so wie wir sie sehen. Die Optik ist ja nicht eine Disziplin, die die Natur als solche wiedergeben soll, sondern eine, die die Sicht des Menschen (*óptein* = sehen) dieser Natur analysieren soll. Im Sehen stellt sich der Mensch aus den Sinnesempfindungen ein Bild her, so wie der Künstler ein

»Schöpfer« seines Bildes ist. Jede Schöpfung ist jedoch regelgeleitetes Handeln. – Hier ist die Theorie der Renaissance ganz weit entfernt von nominalistischen Vorstellungen von »Schöpfung« als unbegründbarer Setzung des Willens und denkt viel eher pythagoreisch-platonisch: Der ganze Kosmos wird vorgestellt als aufgebaut aus geometrischen Grundformen. Entscheidende Elemente der Theorie der Kunst werden dabei aus der mathematik-orientierten Theorie der Musik übernommen, auch wenn dort die Arithmetik maßgebend ist, während in der Malerei, Bildhauerei und Architektur die Geometrie die entscheidende Rolle spielt. So wie in der Musik die richtigen Proportionen der Grund der Harmonie sind, so sind auch in der Malerei und in der Architektur die Proportionen entscheidend für die Schönheit des Kunstwerks, eine Schönheit, die in Albertis Kunstauffassung als eine objektive aufgefaßt wird, auch wenn der Künstler sie in der Malerei aus seiner Sicht, also perspektivisch, darstellt. Die Komposition eines Bildes wird daher Regeln unterworfen, die auch wieder denen der Rhetorik ähnlich sind: Es handelt sich um den Aufbau eines Ganzen aus kleinen Einheiten, so wie eine Rede aus Wörtern und Sätzen zu einem geordneten Ganzen geformt wird. Die Wirkung eines Kunstwerks – eines Bildes oder einer Skulptur – wird dann entsprechend der poetischen und musikalischen Affektenlehre analysiert: Maler und Komponist versuchen, Affekte in das Bild bzw. in die Melodie zu übersetzen, um dann wieder entsprechende Affekte hervorzurufen. Es ist also im ganzen deutlich, daß Alberti sich beim Aufbau der Theorie der Kunst an schon vorhandenen Disziplinen orientiert: Mathematik, Musik, Poetik, Rhetorik.

e) Abkehr von der scholastischen Philosophie

Von den italienischen Humanisten ging eine ablehnende Haltung gegenüber der scholastischen Philosophie aus. Dies hatte schon im 14. Jhd. bei Petrarca (1304–1374) eingesetzt. Die Lebensdaten Petrarcas sind interessant, weil sie uns zeigen, wie fließend der Übergang vom Mittelalter zur Renaissance ist. Die Studienzeit Petrarcas liegt noch *vor* dem Bekanntwerden der großen Schriften Ockhams und Petrarca ist ein Zeitzeuge der Auseinandersetzungen um die Folgen Ockhams im sogenannten Pariser Nominalistenstatut von 1339/1340 (vgl. 2. Teil, Kap. XVII, 4). Petrarca verbrachte den größten Teil seines Lebens in Frankreich, er hatte aber nichts übrig für »das streitsüchtige Paris« (*Über seine und vieler anderer Unwissenheit.* S. 105). Und das heißt: Die Ablehnung der spätmittelalterlichen Philosophie beginnt nicht *nach* dieser, sondern fällt mit der letzten großen Periode der mittelalterlichen Philosophie zeitlich zusammen. Petrarca wollte mit Rückgriff auf Sokrates, Platon, Cicero und Augustinus eine politisch-ethische, *lebensbezogene Wahrheit* zur Neugestaltung des persönlichen und gesellschaftlichen Lebens finden. Er konstruiert dabei eine Wertungsskala von Wissenschaft und Lebenspraxis – »Besser aber ist es, Gutes zu wollen, als das Wahre zu erkennen« (Ebd. S. 109) –, die zwar ihre sachliche Geltung haben mag, die jedoch problematisch wird, wenn daraus eine Geringschätzung der Wissenschaft abgeleitet wird. Petrarca hatte den Eindruck, daß für die von ihm gesuchte Reflexion auf das Subjekt und dessen Handeln die Pariser Logik und Physik nichts zu bieten hatte. Damit hatte er recht, nur war diese Logik und Physik auch gar nicht für einen solchen Zweck entworfen worden. Bei Petrarca liegt daher auch gar keine Kritik der Pariser aristotelischen Naturphilosophie vor, sondern einfach deren Ablehnung. Petrarca bringt sehr deutlich zum Ausdruck, daß er an die Philosophie andere Erwartungen heranträgt, und dies sind tatsächlich solche, die dann von den Philosophen der Renaissance aufgenommen werden. Petrarca geht es um die konkreten Lebensprobleme, aber auch hier erwartet er sich anderes als das, was bisher im Anschluß an die Schriften des Aristoteles geliefert worden ist. Er kennt die aristotelische Ethik:

Er lehrt, ich leugne es nicht, was Tugend ist; doch enthält seine Schrift keine oder nur sehr wenige Worte, die uns anspornen und anfeuern, Worte, die unseren Geist zur Liebe gegenüber der Tugend und zum Haß gegen das Laster treiben und entflammen. Wer das sucht, wird es bei unseren Schriftstellern, vor allem bei Cicero und Annaeus finden [...]. (Ebd. S. 105)

Dies zeigt ganz deutlich, daß Petrarca etwas von der Philosophie des Aristoteles erwartete, was dieser selbst sich gar nicht zum Ziel gesetzt hatte. Aristoteles wollte eine Analyse sittlichen Handelns liefern, er wollte aber weder »anspornen« noch »anfeuern« und hatte auch keinerlei Ambitionen, als Moralprediger aufzutreten. Es ist ebenso klar, daß bei den Erwartungen Petrarcas Cicero und Augustinus in den Vordergrund treten mußten und daß im Vergleich zu Aristoteles Platon als der führende Philosoph (*philosophie princeps* [Ebd. S. 112]), bezeichnet wird, was er ja dann in gewisser Hinsicht auch tatsächlich in der Philosophie der Renaissance sein wird.

Der literarisch wirksamste Kritiker der scholastischen Philosophie war Lorenzo Valla (1406/1407–1457). Manche Humanisten lehnten die mittelalterliche Philosophie ab, weil die Sprache derselben ihnen im Vergleich zum Latein eines Cicero unbeholfen und »verknöchert« erschien. Dieses philologische Element der Kritik fehlt auch bei Valla nicht. Aber bei Valla ist die Analyse doch auch sachbezogen, und zwar in einer durchaus relevanten Weise, und dabei gelangte er zu Ergebnissen, die philosophiegeschichtlich sehr bedeutsam sind. Im Grunde sagt Valla nämlich, daß die Grundkonzeption der mittelalterlichen Philosophie, die mit dem Anspruch angetreten ist, der »christlichen Weisheit« Ausdruck und Form zu geben, einer historischen Überprüfung nicht standhält. Sein Ansatzpunkt ist die Rolle, die die Philosophie des Boethius für die Entwicklung der mittelalterlichen Philosophie gespielt hat, und dabei hat er ganz recht – die Bedeutung von Boethius' *Trost der Philosophie* für die christliche Tradition braucht nicht unterstrichen zu werden. Zweifel an der

»Christlichkeit« dieser Schrift waren schon sehr alt (vgl. 2. Teil, Kap. V, 4, a–c), die Textbasis für die Begründung dieser Zweifel war aber ziemlich dürftig gewesen, und diese Zweifel fanden auch nur wenig Gehör. Valla brachte die Analyse auf eine wesentlich höhere Ebene. Er zeigte, daß die *Consolatio* rein stoisch-platonisch konzipiert und in ihr nichts Christliches enthalten ist. Mit seinem Dialog *Über den freien Willen (De libero arbitrio)* richtet er sich gegen das fünfte Buch der *Consolatio*, mit dem Dialog *Über das wahre und falsche Gut (De vero falsoque bono)* gegen die ersten vier Bücher. In dieser Schrift zeigt er auch, in welcher Weise die Philosophie Epikurs bisher mißverstanden und verzerrt dargestellt worden ist, und wie die Lust *(voluptas)* – durchaus in Unterscheidung von der stoischen und epikureischen Konzeption – auch als christliches Ziel des Lebens aufgefaßt werden kann. Was Valla nachweisen wollte, ist folgendes: Der auf Boethius basierende Versuch der mittelalterlichen Philosophie, stoisch-platonische Metaphysik und christlichen Glauben in eine Einheit zu bringen, ist in zentralen Punkten gescheitert – und er meint, diese Einsicht nütze beiden, den Vertretern des Christentums sowie auch den Philosophen. Diese korrekte kritische Einsicht wurde von späteren Humanisten wie vor allem von Ficino (vgl. weiter unten 3) allerdings nicht beherzigt. Mit einer ähnlichen Kritik setzte Valla an der boethianischen Logik und ihren mittelalterlichen Weiterentwicklungen an. In diesem Zusammenhang geht es Valla aber nicht mehr um historische Einzelfragen, sondern | 9
um einen grundsätzlichen Neuaufbau des gesamten Systems der Philosophie und der Wissenschaften. Dies ist das Thema seiner *Dialecticae disputationes*, die er in verschiedenen Versionen vorlegte. Die zentrale Disziplin, die sich mit der Sprache befaßt, sollte nicht mehr die *Logik* sein, sondern die *Rhetorik* im antiken Sinn, also die auf Recht, Politik und Erziehung bezogene Kunst der richtigen und wirkungsvollen Rede. Valla ist überzeugt, daß dem Menschen in der Sprache die Wirklichkeit begegnet und daß es daher nicht die Aufgabe der Philosophie sein kann, – wie es im Nominalismus geschehen ist – den Abstand von Sprache und Wirklichkeit zu vergrößern, sondern aus dem Ineinander von Wort und Ding heraus zu denken.

Valla war philologisch bestens geschult, und bei ihm werden philologische Methoden auch als historisch-kritisches Instrument eingesetzt. Sein größter Erfolg bei dieser Arbeit war der Nachweis, daß die sogenannte Konstantinische Schenkung – die offizielle Basis der politischen Stellung des Papstes – eine Fälschung ist. An der politischen Realität änderte diese Erkenntnis allerdings nichts.

Auch wenn Italien das Zentrum der humanistischen Bewegung war, so war es doch nicht das einzige Land, in dem sie Fuß faßte. In den Niederlanden war Erasmus von Rotterdam (1469–1536) tätig, durch den die philologische und sprachgeschichtliche Bearbeitung der Texte der *Bibel* zur Norm wurde. Erasmus hatte zwar in Paris studiert, wandte sich aber dann von der scholastischen Philosophie ab und stellte sich – vor allem unter dem Einfluß von Rudolf Agricola (vgl. weiter unten 6) – auf die Seite der humanistischen Ideale. In seinen Schriften entwickelte er keine eigene Philosophie, trat aber immer wieder – so z. B. in seiner bekannten Schrift *Lob der*

Torheit – für einen autoritätsfreien Gebrauch der natürlichen Vernunft ein. In ähnlicher Weise arbeitete Lefèvre d'Etaples (um 1469–1536) in Frankreich, der zwar hauptsächlich durch seine – in Frankreich zunächst auf heftigen Widerstand gestoßenen – textkritischen Arbeiten zur *Bibel* bekannt geworden ist, der sich aber früher sehr intensiv u. a. auch mit der philologisch genauen Interpretation von Aristoteles-Texten befaßt hatte. Auf Petrus Ramus (Pierre de la Ramée), der in Paris tätig war, und Michel de Montaigne wird gleich noch eingegangen werden.

2. Anthropologie, Ethik und Politik

Anthropologie und Ethik waren das eigentliche Gebiet der Humanisten, da ja, wie schon gesagt, die Moralphilosophie die einzige eigentlich philosophische Disziplin war, die sie im Bereich der Universität vertraten. Viele Humanisten, die durch diese Schule gegangen waren und dann im Dienst von Fürsten oder Städten tätig waren, befaßten sich auch in diesen Stellungen mit Vorliebe mit Themen der Moralphilosophie und der darin jeweils enthaltenen Anthropologie. Da sie sich berufsmäßig – als Lehrer wie als Kanzlisten – mit der klassischen Literatur beschäftigten, wurde diese
10 | in ihrer ganzen Breite herangezogen. Die Ethiken des Aristoteles spielten – auch bei den Humanisten – eine bedeutende Rolle, ebenso die Dialoge Platons. Es wurden nun aber auch Schriften der Epikureer, Stoiker und Skeptiker herangezogen, von denen einige Texte jetzt erstmals seit der Antike dem Westen wieder zugänglich wurden. Im Grunde konnte jeder Humanist die ethischen Auffassungen, die er vertreten wollte, durch genügend antike Autoren belegen. Und tatsächlich finden wir auch so ziemlich alle diese ethischen Konzeptionen in der Zeit der Renaissance wieder vertreten. Eine »humanistische Ethik« gibt es ebensowenig wie eine »humanistische Anthropologie«. Es gehörte zu den Kennzeichen der Kultur der Humanisten, daß sie nicht durch eine einheitliche Theorie verbunden waren, sondern durch eine allen gemeinsame »Methode« – diese in einem sehr weiten Sinn gefaßt – der philologischen und historischen Forschung sowie durch einige sehr allgemeine gemeinsame Grundanliegen, die sich vor allem um die Fragen der Bildung des Einzelnen gruppierten. Die Humanisten und die Philosophen der Renaissance waren ganz bewußt Individualisten und wollten auch wieder solche heranbilden. Um ein solches Individuum heranbilden zu können, muß aber der »Ort« des Menschen in der Welt bestimmt werden, und da die »Welt« des Mittelalters zu einem Ende gekommen war, mußte man diesen Ort neu suchen. Nichtsdestoweniger wirkten mittelalterliche Gedanken weiterhin nach. Einer der wichtigsten stammte von Augustinus, auch wenn er jetzt in anderer, »säkularisierter« Form aufgenommen und weitergeführt wurde. In der Erbsündenlehre Augustins (vgl. 2. Teil, Kap. III, 5) war sehr deutlich die Vorstellung eines *idealen* Menschen, eines *unverdorbenen Urmenschen*, also Adams vor dem Sündenfall, enthalten, der dann im weiteren Verlauf der Geschichte

korrumpiert worden war. Aus derselben Tradition stammte die Vorstellung eines »Bades der Wiedergeburt«, durch das die ursprüngliche Natur des Menschen wiederhergestellt werden sollte. Der Gedanke des *Wiedergeboren-Werdens (renascita)* war also primär an der *Natur* und nur sekundär an der *Antike* orientiert, in der man vor allem in der bildenden Kunst diesen idealen Menschen als am besten abgebildet annahm. Der Mensch wird jetzt nackt dargestellt, so wie er es im Paradies war – wir erinnern uns an die berühmte Darstellung Masaccios in der Brancacci-Kapelle in Florenz, einem Gründungsdokument der Renaissancemalerei. Gesucht wurde aber gleichzeitig der »pneumatische«, geisterfüllte Mensch – ein wichtiger Anhaltspunkt dafür war das Paulus-Wort: »Der geisterfüllte Mensch urteilt über alles, ihn aber vermag niemand zu beurteilen« (2 Kor. 2, 15). Dieses Wort war allen in guter bzw. schlechter Erinnerung, seit es Papst Bonifaz VIII. (1294–1303) in seiner berüchtigten Bulle *Unam sanctam* von 1300 verwendet hatte (DS 873), um seinen eigenen Machtanspruch zu rechtfertigen. Dieser Machtanspruch wurde wirksam bestritten, der Gedanke dieses pneumatischen Menschen, der über alles urteilt, blieb aber lebendig. Bonifaz VIII. hatte auch mit der Erfindung des Jubiläumsjahres 1300 das Programm einer Wiederherstellung des Menschen durch einen »völligen Ablaß« erfunden, das dann allerdings zu einer Bereicherungs-Unternehmung mit Förderung des Aberglaubens verkommen ist (einer Tradition, die sich bis zum Jahre 2000 erhalten hat).
Auch bei einem seiner Nachfolger, Clemens VI. (1342–1352), stand offiziell – er brauchte auch Geld für seine verschwenderische Hofhaltung in Avignon – der Gedanke der Wiederherstellung im Vordergrund, als er auf Anregung Cola di Rienzos (gest. 1354) hin für 1350 ein Jubiläumsjahr für alle 50 Jahre vorsah, das nach der Vorstellung des alttestamentlichen Sabbatjahres – wo nach Verschuldung die ursprünglichen Eigentumsverhältnisse wiederhergestellt werden sollten – geformt war. Weiter lebendig war auch die Vorstellung eines »Zeitalters des Geistes«, das Joachim von Fiore verkündet hatte (vgl. 2. Teil, Kap. XII, 2), die von den franziskanischen Spiritualen hochgehalten wurde – die Leitfiguren der Renaissance Dante, Petrarca und Cola die Rienzo waren von den Idealen der Spiritualen beeinflußt. Cola di Rienzo, selbst ein bedeutender Humanist, wußte um die Symbolkraft dieser Traditionen: Es ist sicher kein Zufall gewesen, wenn er den Pfingstsonntag – die Ankunft des Geistes – als das Datum im Jahre 1347 wählte, um das Kapitol einzunehmen. Er ließ sich dann – antikisierend – zum *Tribunus Augustus* ausrufen, aber gleichzeitig – zukunftsträchtig – zum *Miles Spiritus Sancti*, also zum Soldaten des Heiligen Geistes. Ebenso symbolträchtig war sein bei dieser Zeremonie vorgenommenes Bad im Taufbecken des Kaisers Konstantin, wodurch die durch ihn initiierte Wiedergeburt Roms, Italiens und der Welt dargestellt werden sollte. Überall also geht es um die Suche nach einem Neubeginn, der an einem idealen Urbild orientiert war. Diese Vorstellung eines idealen Urmenschen wurden von den Renaissancephilosophen mit ziemlich ähnlichen Vorstellungen aus der gnostischen, hermetischen und kabbalistischen Tradition verbunden, die z. B. für Ficino und Pico della Mirandola eine wichtige Quelle

der Inspiration darstellte. Nach dieser Vorstellung ist in jedem Menschen dieser Urmensch als das höhere, pneumatische, Element enthalten, das nur der Erlösung bedarf. All dies ist eigentlich gar nicht neu. Wie sehr aber die Sicht der Stellung des Menschen auch wieder von jener verschieden war, die der Mensch im geordneten Kosmos des Mittelalters innegehabt hatte, zeigt sich sehr gut in der berühmten Rede des Pico della Mirandola (1463–1494) *Über die Würde des Menschen*. Der Baumeister der Welt hat die Welt geschaffen, und nun geht es um die Erschaffung des Menschen:

> Es gab aber unter den Archetypen keinen, nach dem er einen neuen Sproß bilden konnte, unter den Schätzen auch nichts, was er seinem neuen Sohn als Erbe schenken konnte, und es gab unter den Plätzen der ganzen Erde keinen, den der Betrachter des Universums einnehmen konnte. Alles war bereits voll, alles den oberen, mittleren und unteren Ordnungen zugeteilt. Aber es hätte nicht der väterlichen Allmacht entsprochen, bei der letzten Schöpfung gewissermaßen aus Erschöpfung zu versagen; es hätte nicht seiner Weisheit entsprochen, aus Ratlosigkeit in einer unumgänglichen Angelegenheit unschlüssig zu sein; nicht hätte es seiner wohltätigen Liebe entsprochen, daß der, der die göttliche Großzügigkeit an den anderen loben sollte, gezwungen wäre, sie in Bezug auf sich selbst zu verurteilen. Endlich beschloß der höchste Künstler, daß der, dem er nichts Eigenes geben konnte, Anteil habe an allem, was die einzelnen jeweils für sich gehabt hatten. Also war er zufrieden mit dem Menschen als einem Geschöpf von unbestimmter Gestalt, stellte ihn in die Mitte der Welt und sprach ihn so an: »Wir haben dir keinen festen Wohnsitz gegeben, Adam, kein eigenes Aussehen noch irgendeine besondere Gabe, damit du den Wohnsitz, das Aussehen und die Gaben, die du selbst dir ausersiehst, entsprechend deinem Wunsch und Entschluß habest und besitzest. Die Natur der übrigen Geschöpfe ist fest bestimmt und wird innerhalb von uns vorgeschriebener Gesetze begrenzt. Du sollst dir deine ohne jede Einschränkung und Enge, nach deinem Ermessen, dem ich dich anvertraut habe, selber bestimmen. Ich habe dich in die Mitte der Welt gestellt, damit du dich von dort aus bequemer umsehen kannst, was es auf der Welt gibt. Weder haben wir dich himmlisch noch irdisch, weder sterblich noch unsterblich geschaffen, damit du wie dein eigener, in Ehre frei entscheidender, schöpferischer Bildhauer dich selbst zu der Gestalt ausformst, die du bevorzugst. Du kannst zum Niedrigeren, zum Tierischen entarten; du kannst aber auch zum Höheren, zum Göttlichen wiedergeboren werden, wenn deine Seele es beschließt.« (S. 5 und 7)

Der Schritt, der hier über Cusanus und auch über den Lehrer Mirandolas, Ficino, hinaus getan wird, ist offensichtlich. Der Mensch wird aus jeder Seinshierarchie herausgenommen, er ist nicht mehr wie im Mittelalter als »nach dem Bilde Gottes« gebildet, sondern er ist nur noch von seiner Freiheit her konzipiert, durch welche er *sein eigener Bildhauer* ist. Mirandola vertritt hier nicht eine von ihm erfundene Auf-

fassung, sondern formuliert nur in unübertrefflicher Weise eine, die sich zur Zeit der Renaissance immer mehr durchsetzte. Wird der Mensch als sein eigener Bildhauer angesehen, so muß *Bildung* einen ganz hohen Stellenwert erhalten, allerdings nicht primär als Nachahmung – die *Mimesis* war traditionell zentral für die *Paideia* –, sondern als Selbstformung. Der Humanist war Erzieher *par excellence*. Die pädagogische Literatur der Zeit ist daher auch sehr reichhaltig. Als Autoren finden wir unter vielen anderen so bedeutende wie Enea Silvio Piccolomini (1404–1464, seit 1458 Papst Pius II.), Erasmus von Rotterdam und Juan Vives (1492–1540). Es kann gar kein Zweifel daran bestehen, daß diese und viele andere Humanisten Bildungsprogramme mit strengem ethischen Anspruch aufstellten. Auch Ficinos Programm der von ihm erfundenen und später oft verdreht wiedergegebenen »platonischen Liebe« steckte hohe ethische Ziele: Durch die von jedem einzelnen angestrebte Kontemplation des Göttlichen sind die Menschen, die diesem Ziel nachstreben, auch untereinander in Freundschaft verbunden. Allerdings wurde die Kontemplation als höchstes Ziel, ein ehrwürdiges Relikt der Antike und des Mittelalters, kaum noch wirklich in diesem Sinn verstanden und akzeptiert. Die Menschen der Renaissance wollten *handeln*. Pomponazzi (vgl. zu diesem weiter unten 5) hat dies deutlich gespürt. Für ihn liegt das höchste Ziel des Lebens im Handeln, und der Aristoteliker Pomponazzi wußte ganz genau, daß er hier eine ganz und gar unaristotelische Auffassung vertrat.
Das Modell des Menschen der Renaissance können wir plastisch im Moses des Michelangelo bewundern, der ein gebündelter Ausdruck des Handlungswillens ist. Und so sollte auch die Erziehung der Humanisten nicht zur Kontemplation, sondern zum gesellschaftlichen Handeln hinführen. Dies gilt jedenfalls für die erste Generation, später unter der Herrschaft der Renaissancefürsten steckten sie teilweise ihre Ziele zurück und hoben wieder wie Ficino die Kontemplation hervor.

Es muß aber auch die *Ambivalenz* gesehen werden, die diesem Programm der *Selbstbestimmung* und seiner literarischen Grundlage, den Autoren der Antike, zugrundelag. Schon Pico della Mirandola hat es sehr deutlich ausgesprochen: Es steht dem Menschen frei, sich auf die Ebene des Göttlichen zu erheben oder aber sich auf der Ebene des Viehs festzusetzen. Die Frage, die auftreten mußte, war, woher denn nun konkrete *Maßstäbe* oder Kriterien *des Handelns* genommen werden sollten. Das naheliegendste waren die Beispiele aus der Geschichte. Besondere Bedeutung erhielten natürlich die von antiken Autoren bereitgestellten Beispiele. Damit aber ging auch das der antiken Geschichtsschreibung zugrundeliegende Bewertungsprinzip in die Darstellung humanistischer Exemplifizierung ein. Obwohl dies nicht explizit ausgesprochen wurde, lag es doch in der antiken und dann entsprechend auch in der humanistischen Darstellung nahe, *Größe* zum Bewertungsmaßstab zu machen. Wie aber sollte man »Größe« feststellen? Wohl am ehesten, dachten die Humanisten, indem man den als »groß« ansieht, dem allgemein *Ehre* entgegengebracht wird. Dies entsprach auch einem zentralen Begriff der realen kulturellen und gesellschaftlichen Umgebung, wo die »Ehre« im Alltagsleben des Volkes und vor allem bei den herrschenden Adeligen eine große Rolle spielte. Und diese »Ehre« wiederum war gar nicht weit entfernt von der Vorstellung des »Ruhmes«. Der Ruhm war ja auch für die Humanisten selbst ein ganz wichtiges Anliegen. Der zur Dichterkrönung – die berühmteste war die Petrarcas in Rom im Jahre 1341, aber auch die Enea Silvio Piccolominis durch Kaiser Friedrich III. 1442 in Frankfurt hinterließ einen bleibenden Eindruck – verwendete Lorbeerkranz hatte hohen Symbolwert. Eine Dichterkrönung war tatsächlich die Krönung eines Dichterlebens. Traten solche Kriterien in den Vordergrund, so war die Entwicklung vorgezeichnet, Handlungsunterweisung an *öffentlicher Anerkennung und Effizienz* zu orientieren. Der Unterschied zwischen wirkungsvollem und sittlichem Handeln wurde dabei oft recht undeutlich. Diese Orientierung wurde weniger von jenen Humanisten verfolgt, die im Rahmen der Universitäten lehrten, als vielmehr von jenen, die als Sekretäre und Kanzler im Bereich des politischen Lebens tätig waren. Dies ist mehr als verständlich: In den Kanzleien wurde Effizienz aus der täglichen politischen Erfahrung abgelesen, und die Erfahrung zeigte, daß sich Effizienz keineswegs immer aus sittlichem Handeln ableitete, sondern häufig aus ganz und gar unsittlichem Verhalten – dies galt für Fürstenhöfe ebenso wie für den Hof der Päpste. Es wäre allerdings zu einfach, zu sagen, es handle sich bei den Abhandlungen vieler Humanisten eben nur um Beschreibungen des Faktischen, nicht aber um moralische Werturteile. Denn bis hin zu dem radikalsten und konsequentesten Vertreter dieser Richtung, Niccolò Machiavelli (1469–1527), lag doch in dieser Anerkennung des Faktischen als Norm des Handelns zwar nicht die ausdrückliche Behauptung, daß es auch so sein soll, aber doch jedenfalls das Eingeständnis, daß Überlegungen darüber, was ethisch »richtig« oder »unrichtig« wäre, im Bereich des realen, an Effizienz gemessenen Handelns, nicht viel weiterführen. Machiavelli nennt im *Fürsten* seinen Ausgangspunkt ganz offen:

Aber da es meine Absicht ist, zum Nutzen derer zu schreiben, die mich verstehen, schien es mir richtiger, mich an die tatsächliche Gestalt der Dinge zu halten als an ein Phantasiebild. Viele haben sich Republiken und Fürstentümer ausgemalt, von deren Existenz man nie etwas gesehen noch vernommen hat. Denn zwischen dem Leben, wie es ist und wie es sein sollte, ist ein so gewaltiger Unterschied, daß, wer das, was man tut, aufgibt für das, was man tun sollte, eher seinen Untergang als seine Erhaltung bewirkt; ein Mensch, der immer nur das Gute tun wollte, muß zugrunde gehen unter so vielen, die nicht gut sind. (*Der Fürst* XV. S. 95)

Dies bedeutet dann aber, daß die Theorie politischen Handelns nicht aus irgendwelchen Normen, sondern aus Verallgemeinerungen einer deskriptiven Analyse abgeleitet wird. Machiavellis Traktat ist auch tatsächlich eine scharfe analytische Beschreibung, wie Macht gewonnen und erhalten werden kann. Die Anerkennung des Faktischen als handlungsbestimmend erlaubt die Ableitung von Regeln: Danach folgen die Menschen dem Stärksten, dieser wieder lenkt die Triebe und Affekte der

Menschen so, daß dies der Erhaltung der Staatsmacht dient. Da der Herrscher jedoch ebenso der Korruption unterworfen ist, folgt auf den Alleinherrscher, der schon korrumpierte Nachfolger (Erben) hinterläßt, die Aristokratie, das heißt die Herrschaft mehrerer, die aber durch Machtgier so in Feindschaft untereinander geraten, daß sie sich schließlich gegenseitig ausschalten, so daß das Volk die Herrschaft übernehmen kann. Die Demokratie jedoch wandelt sich bald in Anarchie, so daß wieder der Stärkste zur Herrschaft kommt. Das ganze ist eine permanente Verfallsgeschichte, auch wenn sich nichts einfach und automatisch wiederholt. Im Grunde sind alle Formen der Herrschaft schlecht:

> In diesem Kreislauf haben sich die Regierungen aller Staaten bewegt und tun es immer noch, doch kehren sie selten zu den gleichen Regierungsformen zurück; denn kaum ein Staat besitzt so viel Lebenskraft, daß er solche Umwälzungen mehrmals überstehen könnte, ohne zugrunde zu gehen. […] Nach meiner Meinung sind daher alle diese Staatsformen verderblich […]. (*Discorsi. Gedanken über Politik und Staatsführung* I, 2. S. 15)

Die ganze Staatskunst besteht daher darin, den Verfall des Staates aufzuhalten, d. h.
zu verlangsamen. Gelegentliche Lüge gehört wie vieles andere zu den dafür erforder- | 15
lichen Mitteln, wer hier Skrupel hat, sollte sich besser nicht in den Umkreis der Macht begeben. Genauso gehört es zur erforderlichen Strategie des Herrschers, seine Günstlinge mit Wohltaten gefügig und abhängig zu halten, während er dem Volk gegenüber eher knauserig sein, dies aber als verantwortungsvolle Finanzgebarung ausgeben sollte. Die einzelnen Beobachtungen und Analysen der Machtmechanismen, die Machiavelli vorlegt, sind nicht unbedingt neu, neu ist aber, daß sie ohne irgendeinen ideologischen Überbau, ohne von Sünde, Sorge um eine höhere Gerechtigkeit oder um das ewige Seelenheil der Untergebenen usw. zu reden, dargelegt werden. Die Meinung, daß der Mensch nach dem Guten strebt, wie es die antiken und die mittelalterlichen Philosophen angenommen hatten, hält er für naiv:

> Alle, die über Politik schrieben, beweisen es, und die Geschichte belegt es durch viele Beispiele, daß der, welcher einem Staatswesen Verfassung und Gesetze gibt, davon ausgehen muß, daß alle Menschen schlecht sind und daß sie stets ihren bösen Neigungen folgen, sobald sie Gelegenheit dazu haben. […] Dies ist ein Beweis für meine obige Behauptung, daß die Menschen nur von der Not gezwungen etwas Gutes tun. Wenn ihnen freie Wahl bleibt und sie tun können, was sie wollen, gerät alles sofort in Verwirrung und Unordnung. (*Discorsi. Gedanken über Politik und Staatsführung* I, 3. S. 17 f.)

Allerdings kann Machiavelli auch nicht auf einen weisen Herrscher setzen, der die Menschen zu gutem Handeln zwingt – dazu kennt er die Geschichte zu gut. Wenn er aber dem Herrscher sagt, daß er sich nur an der Macht halten kann, wenn er das Volk auf seiner Seite hat (*Der Fürst* IX. S. 71–75) – »Die beste Festung, die es gibt, ist ein Volk, das den Fürsten nicht haßt« (Ebd. XV. S. 123) –, so steht dahinter aber vielleicht doch mehr als eine reine Maxime des Machterhalts. Machiavelli rechnet mit so etwas wie mit einer – aristotelischen – Einsicht des Volkes, nach der das Volk das erfaßt, was ihm auch im Sinn der Anpassung an historische und politische Veränderungen nützlich ist:

Was die Klugheit und Beständigkeit anlangt, so behaupte ich, daß das Volk klüger und beständiger ist und ein richtigeres Urteil hat als ein Alleinherrscher. Nicht ohne Grund vergleicht man die Stimme des Volkes mit der Stimme Gottes; denn die öffentliche Meinung prophezeit so wunderbar richtig, was geschehen wird, daß es den Anschein hat, als sähe sie vermöge geheimer Kräfte ihr Wohl und Wehe voraus. [...] Ferner sieht man, daß das Volk bei der Besetzung von Ämtern eine viel bessere Auswahl trifft als ein Alleinherrscher. Nie wird man das Volk überzeugen können, daß es von Vorteil sei, einen minderwertigen, verderbten Menschen mit einer hohen Würde zu bekleiden, während man einen Alleinherrscher leicht und mit tausend Mitteln dazu überreden kann. Das Volk empfindet noch Abscheu vor etwas und bewahrt viele Jahrhunderte hindurch
 die gleiche Gesinnung. Bei einem Alleinherrscher kommt dies nicht vor. [...] Außerdem ist zu beobachten, daß Staaten, in denen das Volk regiert, in kürzester Zeit außerordentliche und viel größere Fortschritte machen als solche, die immer unter einem Alleinherrscher gelebt haben. (*Discorsi. Gedanken über Politik und Staatsführung* I, 58. S. 151 f.)

Wer Machiavellis Schriften zur Politik gründlich studiert hat, braucht für den Rest seines Lebens keine politischen Kommentare mehr zu lesen. Machiavellis Traktat ist nur der berühmteste einer ganzen Literaturgattung – Werke, mit denen versucht wird, Verhaltensregeln aus empirischen Sachverhalten abzuleiten. Ein für die Humanisten wichtiges Gebiet war dabei die Erforschung der effizienten Verhaltensregeln der Höflinge – sie waren ja nicht selten selbst solche. Die berühmteste Abhandlung darüber ist der *Cortegiano (Der Höfling)* von Baldassare Castiglione (1478–1529), in der sich die Erfahrungen des Autors am Hof des Herzogs von Urbino niederschlugen: Es geht darum, im Interesse des Fürsten zu arbeiten, aber ebenso darum, daß dies den eigenen Interessen – dazu gehören Ruhm und Geld – dient. Sehr deutlich wird dabei, wie vieldeutig die »Natur« war, von der die Humanisten sprechen konnten: Die »Natürlichkeit«, mit der sich Castigliones Höfling bewegt, ist eine auf Effizienz hin und durch strenge Übung einstudierte »Natur«, also in Wirklichkeit genau kalkulierter Schein. Da die Adressaten dieser Art von Traktaten ja nicht nur die führende (männliche) Oberschicht war, finden wir auch entsprechende Abhandlungen über die Hofdame, über die Handwerker, über die Architekten usw. Was an Ethik darin jeweils enthalten war, hing dann weithin von dem ab, was faktisch in der jeweiligen Umgebung für richtig angesehen wurde.

Nicht alle aber wollten sich dem Diktat des Faktischen beugen. In der Zeit der Renaissance sind auch drei große Staatsutopien entstanden, also Alternativen zu bestehenden gesellschaftlichen und politischen Gegebenheiten. Auf *Atlantis*, die Utopie Bacons, wird in einem späteren Zusammenhang eingegangen werden (vgl. Kap. III, 4). Die erste stammt von Thomas Morus (1477/1478–1535), einem hochgebildeten Humanisten, der mit anderen bedeutenden Humanisten wie Erasmus, Vives und Lefèvres d'Etaples in Kontakt war. Morus war selbst in wichtigen politischen Funktionen tätig gewesen, wurde aber schließlich unter dem Vorwurf des Verrats hingerichtet. Der eigentliche Grund seiner Verurteilung war aber sicher nicht seine Vorstellung eines idealen Staates, sondern sein Widerstand gegen bestimmte Ansprüche des ganz konkreten Herrschers Heinrichs VIII., vor allem gegen den des Königs, auch Oberhaupt der Kirche zu sein. Er richtete – anders als Machiavelli – seine Schrift *Utopia* (gedruckt 1516) nicht an einen Herrscher, denn er wußte sehr wohl, daß Könige niemals den Ratschlägen der Philosophen zustimmen werden (*Utopia* I. S. 28 f.). Auch Morus kannte und beschrieb das Faktische:

Wenn ich daher alle unsere Staaten, die heute irgendwo in Blüte stehen, im Geiste betrachte, und darüber nachsinne, so stoße ich auf nichts anderes, so wahr mir Gott helfe, als auf eine Art Verschwörung der Reichen, die den Namen und Rechtstitel des Staates mißbrauchen, um für ihren eigenen Vorteil zu sorgen. Sie sinnen und hecken sich alle möglichen Methoden und Kunstgriffe aus, zunächst um ihren Besitz, den sie mit verwerflichen Mitteln zusammengerafft haben, ohne Verlustgefahr festzuhalten, sodann um die Mühe und Arbeit der Armen so billig als möglich sich zu erkaufen und zu mißbrauchen. (Ebd. II. S. 111)

Seine Beurteilung der Lage ist dann auch ganz eindeutig: »Wo alle Menschen alle Werte am Maßstab des Geldes messen, da wird es kaum jemals möglich sein, eine gerechte und glückliche Politik zu treiben« (Ebd. I. S. 38). Bei der Frage der Strategie der Verwirklichung eines idealen Staatswesens zieht Morus in der Diskussion sogar auch einen »realistischen« Standpunkt in Erwägung, auch wenn er meint, daß er dann dabei, während er »die Tollheit anderer Leute zu heilen versuchte, selber mit ihnen toll würde« (Ebd. I. S. 36):

Kannst du verkehrte Meinungen nicht gleich mit der Wurzel ausreißen und vermagst du herkömmlich eingewurzelte Übel nicht nach deiner innersten Überzeugung zu heilen, so darfst du deshalb doch nicht gleich den Staat im Stiche lassen und im Sturm das Schiff nicht deshalb preisgeben, weil du den Winden nicht Einhalt gebieten kannst! Du mußt auch nicht den Menschen eine ungewohnte und maßlose Rede mit Gewalt aufdrängen, die ja doch, wie du weißt, bei Andersdenkenden kein Gewicht haben kann, sondern es lieber auf Umwegen versuchen, dich bemühen, nach besten Kräften alles recht geschickt zu behandeln, und was du nicht zum Guten wenden kannst, wenigstens vor dem Schlimmsten zu bewahren. Denn es ist ausgeschlossen, daß alle Verhältnisse gut sind, solange nicht alle Menschen gut sind, worauf wir ja wohl noch eine hübsche Reihe von Jahren werden warten müssen. (Ebd. I. S. 36)

Die Einzelheiten der Vorschläge des Morus für den idealen Staat brauchen hier nicht dargestellt zu werden. Die Grundthese, daß dort, wo es Privateigentum gibt, keine Hoffnung auf ein besseres Staatswesen besteht (Ebd. I. S. 40), sollte eine große, wenn auch nicht unbedingt erfolgreiche Zukunft haben.

Morus war nicht der einzige, der zur Zeit der Renaissance radikale Veränderungen in der Gesellschaft forderte. Dies zeigt ein weiterer utopischer Entwurf, der von Tommaso Campanella (1568–1639) stammt, der sich dabei bewußt von Machiavelli distanzierte. Zunächst hatte Campanella, der aus dem unter spanischer Herrschaft stehenden Kalabrien stammte, auf den spanischen König gesetzt, der ein neues universales und von Häretikern gereinigtes Reich errichten sollte. 1599 war aber in Süditalien ein Jahr von Naturkatastrophen, wodurch das Elend der armen Landbevölkerung noch gesteigert wurde. Die Maßnahmen des Königs in dieser Notsituation waren alles andere als überzeugend. Campanella wollte zusammen mit anderen, zu denen auch Adelige und Kleriker gehörten, die spanischen Herrscher vertreiben und eine Republik ausrufen. Die Verschwörung wurde aber entdeckt und Campanella wurde in Neapel in einen Kerker gesteckt, in dem er die folgenden 27 Jahre verbrachte. Er durfte dort allerdings weiter schreiben und ein Großteil seiner sehr umfangreichen Schriften ist dort entstanden. Das Werk, durch das er in die Geschichte eingegangen ist, ist *Die Sonnenstadt (La città del sole)*, in dem er die Gesellschaft schildert, die er hatte errichten wollen. Seine Leitvorstellung war die *Natur* und dabei gelangte er zu sehr radikalen Vorstellungen, so z. B. zu der, daß sowohl Privateigentum wie Monogamie nicht in der Natur des Menschen begründet sind, sondern nur historisch gewordene Strukturen darstellen. Ausdrücklich verwirft er die gesellschaftlichen Implikationen der aristotelischen Überordnung der Theorie über das herstellende Tun, und so gelangt er zu einer positiven Bewertung der Arbeit. Als er aus dem Kerker entlassen wurde, lebte er zunächst in Rom, mußte dann aber wegen der Nähe der spanischen Herrschaft nach Paris fliehen. Er sah zwar scharfsichtig das kommende Ende der Macht der Spanier, setzte dann aber auf die französischen Könige. Zur Geburt des späteren Ludwig XIV. verfaßte er ein Preisgedicht – daß das Reich dieses Sonnenkönigs nichts mit seiner Sonnenstadt gemeinsam haben würde, konnte er nicht voraussehen.

Manche Humanisten erwarteten sich allerdings nur wenig von politischem Schrifttum – Ficino z. B. wußte wohl von seiner politischen Einflußlosigkeit und äußerte sich nicht zu solchen Fragen. Andere reflektierten ihren Rückzug aus dem öffentlichen Leben. Das beste Beispiel dafür ist Michel de Montaigne (1533–1592), der von seinem Vater ganz im Geiste des italienischen Humanismus erzogen worden war. Montaigne studierte Rechtswissenschaft und hatte dann auch verschiedene öffentliche Ämter inne. Als er nach dem Tode seines Vaters das Erbe zur alleinigen Verfügung hatte, zog er sich auf Schloß Montaigne zurück, um sich nur noch dem Studium zu widmen, nahm aber doch später die Wahl zum Bürgermeister von Bordeaux an.

Die berühmten *Essais* Montaignes entstanden teilweise während der Zeit des völligen Rückzugs und teilweise während der letzten Periode seiner öffentlichen Tätigkeit. Montaigne sah ganz klar die Differenz zwischen dem, was die Gesellschaft mit ihren Regeln von ihm erwartete, und dem, was er durch Eigenbestimmung sein konnte und wollte. Er orientierte sich an der spätantiken Philosophie: Stoa, Epikureismus, Skeptizismus. Der für ihn wichtigste Autor war Seneca. Schon im Zusammenhang der Darstellung dieser Bewegungen der spätantiken Philosophie ist darauf hingewiesen worden, in welch großem Maße die historischen und gesellschaftlichen Bedingungen die Problemstellung der Suche nach einem inneren, unverletzlichen »Selbst« mitbestimmt hatten (vgl. 1. Teil, Kap. XI, 2). Diese äußeren Bedingungen wurden dort allerdings nicht zum ausdrücklichen Gegenstand der Reflexion: Das Allgemeine, dem der Einzelne bzw. seine Seele gegenübergestellt wurde, blieb der Kosmos, auch wenn die Physik, also die Naturphilosophie, selbst nur noch in groben Zügen behandelt wurde – das Allgemeine der politisch-gesellschaftlichen Realität wurde nicht thematisiert. Bei Montaigne ist die Reflexionsrichtung jetzt eine andere: Das Allgemeine, dem sich der Einzelne gegenübergestellt sieht, ist nicht mehr eine allgemeine, letztlich kosmologisch bestimmte Natur des Menschen, sondern es ist das Allgemeine der Gesellschaft, dem gegenüber er sich behaupten muß. In moderner Terminologie könnte man sagen: Die Gesellschaft gibt *Rollen*, also allgemeine Verhaltensmuster, vor, und Montaigne ist durchaus bereit, etwa als Bürgermeister, den diesen Verhaltensmustern entsprechenden Erwartungen zu entsprechen. *Daneben* aber gibt es für ihn eine andere, ganz *persönliche Identität*, die diesen Mustern nicht folgt. Montaigne hofft, die *Natur* zum Leitfaden für die Suche nach dieser Identität nehmen zu können, er sieht die Möglichkeiten des Menschen als Naturwesen jedoch sehr nüchtern. Schon die Natur selbst setzt dem Menschen deutliche Grenzen. Die gesamte Philosophie Montaignes ist von einer skeptischen Haltung getragen – er war ja von den Schriften des Sextus Empiricus sehr beeindruckt. Es ist aber keine pyrrhonische Skepsis, in der das Suchen nach Erkenntnis selbst aufgegeben werden soll, es ist auch nicht die Skepsis der enttäuschten platonischen Dogmatiker, sondern es ist eher eine sokratische Skepsis, die sich der Begrenztheit allen menschlichen Wissens bewußt ist. Vom Pathos des Selbstentwurfs bei Pico della Mirandola und von all den Vorstellungen des idealen Archetyps des Menschen ist bei Montaigne nicht viel übriggeblieben. Die Realität holt das Plänemachen ein: Keiner beginnt am Nullpunkt, und wenn er dort beginnt, wo er ist, ist der Moment für den idealen Entwurf schon vorbei.

Die anderen formen, wie die bildenden Künstler, den Menschen als Einheit; ich erzähle nach, wie er ist. Und zwar stelle ich ein schlecht geglücktes Einzelexemplar dar; hätte ich dieses neu zu gestalten, so würde ich es ganz anders machen, als es ist. Aber jetzt ist es zu spät dazu. Die Linien meines Selbstbildnisses sind nicht falsch gezogen, obwohl sie sich immer ändern und voneinander abweichen: die Welt ist eine ewige Schaukel; ... selbst die Beständigkeit ist weiter nichts als ein langsameres Hin und Her. (*Essais* III, 1. S. 285)

Montaigne durchschaut scharfsichtig und selbstkritisch die Funktion all der großen Idealtypen: Das Idealbild ist nicht etwas, das verwirklicht werden kann, sondern nur etwas, an dem das gemessen werden kann, was faktisch erreicht bzw. nicht erreicht worden ist:

Wir kleinen Leute, die ein Privatleben führen, das sich nur vor uns abspielt, wir müssen in unserem Inneren ein Idealmodell haben, an dem wir die Echtheit unsrer Handlungen prüfen können, und je nach dem Ergebnis dieser Prüfungen können wir dann uns innerlich streicheln oder müssen uns in Zucht nehmen. (Ebd. III, 2. S. 288)

 Statt Platon, der die Idealformen in der Wirklichkeit realisiert sehen will, wird Sokrates, der auf der Suche nach der Erkenntnis der Idealformen ist, zur Leitfigur. Aus den unendlichen Möglichkeiten der Verwirklichung im Äußeren wird eine unendliche Suche im Inneren:

Ich bekenne mich zu keinem anderen Ziel, als mich selbst zu erkennen; dieses Suchen führt mich in so unendliche Tiefen, zu so unendlich verschiedenen Fragestellungen, daß mein Lernen keinen anderen Erfolg hat, als daß ich fühle, wieviel mir zu lernen bleibt. Immer wieder werde ich mir der Unvollkommenheit meiner Selbsterkenntnis bewußt; diesem Umstand verdanke ich die Hinneigung zur Bescheidenheit [...]. Meine Erfahrung hat mich dazu gebracht, daß ich dem menschlichen Verstand seine Unzulänglichkeit vorwerfe; diese Erkenntnis ist, meiner Ansicht nach, das sicherste Ergebnis dessen, was die Welt uns lehrt. Wer sich innerlich zu dieser Schlußfolgerung nicht durchringen kann, weil mein Beispiel oder sein eigenes ihm dazu nicht ausreicht, der mag sie deshalb anerkennen, weil Sokrates, der Meister aller Meister, das Nichtwissen gelehrt hat. (Ebd. III, 13. S. 363 f.)

Die ganz persönliche Natur des Einzelnen ist von nirgends her abzuleiten, sie kann nur vom Einzelnen selbst aufgefunden werden. Nicht eine vorgestellte *Idealform*, sondern die aufgefundene je eigene, individuelle und unverwechselbare *Eigenform* ist entscheidend. Montaigne meint, daß jeder Mensch sein Eigenes in sich *entdecken* könne, daß es aber für ein gelungenes Leben entscheidend sei, dieses Eigene nicht nur zu entdecken, sondern auch wirksam werden zu lassen, es also zu »kultivieren«.

Jeder, der in sich hineinhorcht, entdeckt in sich eine eigene Form, eine Grundgestalt; alles, was zu dieser nicht paßt, versucht man abzuwehren, mag die Beeinflußung von außen oder vom Sturm der inneren Leidenschaften kommen. Ich fühle mich selten von ihr weggestoßen; ich bleibe beinahe immer da, wohin ich gehöre, wie das bei schwer beweglichen Körpern so ist: wenn ich auch nicht immer ganz nahe bei meinem Ich bin, so bin ich doch immer nahebei. (Ebd. III, 2. S. 289)

Der Weg Montaignes, in dem sich ein Einzelner nüchtern distanziert und selbstkritisch und manchmal auch ironisch betrachtet, war nicht jener, dem die Mehrzahl folgte. Aber auch das von Pico della Mirandola idealistisch verkündete Programm der Selbstbestimmung stieß an deutliche faktische Grenzen. Sehr viele bestimmten sich selbst, aber eben weithin nach dem, wie es sie in ihrer Umgebung und nach den dort geltenden Regeln am ehesten weiterbrachte und ihnen eine geachtete Stellung und ein angenehmes Leben sicherte – Selbstbestimmung als bewußte und gewollte Akzeptanz der Fremdbestimmung. Dies schien der Weg des sicheren Erfolgs. Allerdings war diese Sicherheit bei den oft wechselnden Herrschern und bei den dauernden Intrigen zwischen den herrschenden Familien und deren Günstlingen keineswegs außer Gefahr. Tatsächlich gehörten ja, ganz abgesehen von Kriegen und Revolutionen, Dolch und Gift zu den gewöhnlichen Mitteln der Tagespolitik. Das Problem des »Glücks«, das auch als das Problem des *Zufalls* erschien, mußte daher große Bedeutung annehmen. Und so wird die antike Göttin Fortuna wieder in ihr altes antikes Recht eingesetzt und spielt eine nicht unbedeutende Rolle in der ethischen Literatur der Renaissance: Zu Erfolg gehört eben auch *Glück* – der Kluge weiß sein Glück zu nutzen. Sittliches Handeln ohne Glück führt zu nichts. Und es gab dann auch jene, die über eine am Zufallsbegriff orientierte Glücksvorstellung hinausgingen und die den antiken Schicksalsglauben wieder aufgriffen – ein Schicksalsglaube, der aber durch keinen Glauben an eine göttliche Vorsehung »erlöst« ist, ist gewöhnlich pessimistisch. Es ist daher nicht verwunderlich, daß wir – gleichsam als einen zu keiner Harmonie zusammenbringbaren Kontrapunkt zu Mirandolas Selbstbestimmungsideal – in der Renaissance auch einen *pessimistischen Schicksalsglauben* antreffen. Bracciolini verfaßte Schriften mit den kennzeichnenden Titeln *De varietate fortunae* und *De miseria humanae conditionis*, und er war nicht der einzige, der sich mit der Frage des wechselnden Schicksals und dem Elend des menschlichen Lebens auseinandersetzte. Ebenso ist es nicht verwunderlich, daß die Astrologie in dieser Umgebung wieder großen Zulauf erhielt. Daß ein Pico della Mirandola, wie es ja einzig konsequent für ihn war, die *Astrologie* kritisierte und verurteilte, ist selbstverständlich. Es gab aber andere Humanisten, zu denen auch Ficino selbst zählte, die die Astrologie verteidigten. Der Glaube an die Selbstbestimmung wie der an die Unvermeidlichkeit des Schicksals sind eben beide zur Zeit der Renaissance einflußreich gewesen, und es ist nicht leicht zu sagen, was denn eigentlich wichtiger war. Das große Ansehen, das die Astrologie genoß, läßt jedenfalls Zweifel aufkommen, ob die Selbstbestimmung das vorherrschende Leitbild gewesen ist. Der Einfluß der Astrologen bei Herrschern wie beim Volk war jedenfalls groß. Auch die Kirche hielt hier durchaus mit. Der Humanisten-Papst Pius II. bildete dabei eher die Ausnahme. Ein Papst wie Paul III. (1534–1549), aus der bedeutenden Familie der Farnese stammend und humanistisch bestens gebildet, hingegen hielt keine wichtige Versammlung mit seinen engsten Mitarbeitern (Konsistorium) ab, ohne sich die richtige Zeit dafür von seinen Astrologen festlegen zu lassen. Als »Aberglaube« wurde dies alles damals trotz mancher Kritik einiger Humanisten nicht aufgefaßt, denn man richtete vom 14. bis zum 16. Jhd. auch regelrechte Lehrstühle für Astrologie an Universitäten ein. Auch Campanella, durchaus ein Gegner von allem Aberglauben, verfaßte ein umfangreiches Werk zur Astrologie. Im Schicksalsglauben begegnen wir so einer Konstante, die schon in der Antike wirksam war und die die Renaissance nicht nur mit der Antike, sondern auch mit dem Mittelalter verbindet. Und auch der Empiriker Machiavelli wußte (auch aus eigener Erfahrung), daß es auch bei aller Einhaltung der Regeln möglich und gar nicht so selten ist, daß einen das Glück verläßt. Dies gilt mit und ohne astrologischen Glauben. Für den Machterhalt gibt es Regeln, für den Glückserhalt gibt es keine. – Dem Interesse an der Astrologie entsprachen auch zwei weitere ähnliche Gebiete, die in der Renaissance Hochkonjunktur hatten: die hermetische Literatur (vgl. den folgenden Punkt) und die »natürliche Magie«, so u. a. bei Agrippa von Nettesheim und Giordano Bruno (vgl. Kap. II, 2).

3. Der Platonismus

Das philosophische Leitbild der Humanisten war zunächst Cicero gewesen, und zwar dieser als politischer Redner. Es ging dabei um den Aufbau einer um die Interessen des Menschen zentrierten, freien bürgerlichen Gesellschaft. Gegen Ende des 15. Jhd.s trat jedoch die Philosophie Platons immer stärker in den Vordergrund und wurde dann vor allem bei den nicht in der Universität tätigen Philosophen beherrschend. Diese Entwicklung hatte auch äußere Gründe: Die sich durchsetzende Herrschaft der Fürsten ließ den Bürgern nur wenig Spielraum zur Gestaltung der Gesellschaft. Für die an den Höfen tätigen Philosophen, die keinerlei politischen Einfluß hatten, bot sich die religiös und metaphysisch interpretierte Philosophie Platons als Ausweg an. Für das Studium der Schriften Platons lag jetzt eine mit humanistischer Gelehrsamkeit bearbeitete *Textgrundlage* vor. Die Bedeutung dieser Textgrundlage wird sofort deutlich, wenn man bedenkt, daß die mittelalterlichen Philosophen vom gesamten Werk Platons zunächst nur Teile des *Timaios* und seit dem 13. Jhd. dann auch die Dialoge *Menon* und *Phaidon* kannten (auch die islamischen Philosophen hatten nur den *Timaios* und den *Phaidon* in Übersetzungen zur Verfügung, vgl. 2. Teil, Kap. IX, 2, a). Dies ist jedoch für die Kenntnis der Philosophie Platons eine sehr dürftige Basis. Der Platonismus des Mittelalters kam noch aus vielen anderen

Quellen, vor allem natürlich aus den Schriften des Augustinus, aber im ganzen Mittelalter konnte »Platonismus« durch Textbezüge philosophisch nur ungenau identifiziert werden, ganz im Unterschied zu »Aristotelismus« (der allerdings durch die pseudo-aristotelischen Schriften neuplatonisch »kontaminiert« war). Der Unterschied der Lehren des Platonismus und des Neuplatonismus war überhaupt nicht greifbar. Erst jetzt erlaubte es die Textgrundlage, die platonischen Lehren systematisch zu erfassen und von anderen abzugrenzen. Petrarca war vermutlich der erste Gelehrte des Westens, der eine Abschrift von Platon-Texten im griechischen Original besaß. Petrarca selbst war kein Kenner der Philosophie Platons, aber in seiner Polemik gegen Aristoteles und die Scholastik tritt Platon erwartungsgemäß in den Vordergrund (vgl. weiter oben 1). Im 15. Jhd. wurden dann verschiedene Werke Platons aufgrund byzantinischer Manuskripte übersetzt. Der Einfluß griechischer Gelehrter auf Humanismus und Renaissance ist im Bereich des Platonismus stärker gewesen als im Bereich des Aristotelismus, was eben schon damit zusammenhängt, daß die Humanisten Italiens bezüglich der Textgrundlage platonischer Schriften völlig von byzantinischen Abschriften und von der Vermittlung durch byzantinische Gelehrte abhängig waren. In Byzanz waren Platons Werke praktisch immer – deutlich rekonstruierbar seit dem 9. Jhd. – abgeschrieben, textkritisch bearbeitet und in Einzelfällen auch studiert worden (vgl. 2. Teil, Kap. V, 5), und Abschriften dieser Texte gelangten jetzt nach Italien. Das Zentrum des Platonismus wurde zur Zeit der Renaissance *Florenz*. Der Ursprung ist etwas legendär, aber in der Legende ist doch ein historischer Kern enthalten. Zum Konzil von Florenz (1438/1439), das veranstaltet worden war, um eine Wiedervereinigung der römischen mit der griechischen Kirche zu erreichen, waren auch etliche griechische Gelehrte gekommen. Der bedeutendste von diesen, Gemistos Plethon (vor 1360–1452), hielt bei dieser Gelegenheit Vorlesungen über die platonische Philosophie, von denen Cosimo de'Medici so beeindruckt gewesen sein soll, daß er beschloß, in Florenz ein Zentrum platonischer Philosophie zu errichten. So jedenfalls wollte Marsilio Ficino (1433–1499) die Sache sehen. Plethon hatte in Mistra (in der Nähe von Sparta) eine *Platonische Akademie* gegründet, in der die Mitglieder nicht nur Platon studierten, sondern auch in einer Art platonischer Bruderschaft lebten. Der Platonismus wurde dort also nicht nur als Philosophie studiert, sondern lieferte auch eine Lebensform, deren gemeinschaftliche Verwirklichung allerdings nicht von Platons *Staat*, sondern eher von der Inspiration stoischer Freundschafts-Gruppen mit monastischem Einschlag geprägt war. Eine *Platonische Akademie* sollte also auch in Florenz ins Leben gerufen werden. Das neue Athen brauchte natürlich eine neue Akademie! Allerdings konnte das Vorbild der Plethon-Gemeinschaft nur bedingt herangezogen werden, da in Florenz kein Platz für eine quasi-monastische Bruderschaft war – der ausgeprägte Individualismus der Renaissance-Menschen forderte eine andere, lockerere Gesellschaftsform. Historisch sicher ist, daß Cosimo de'Medici um 1458 eine *Platonische Akademie* unter der Leitung Ficinos ins Leben rief (die bis 1522 bestand), für die er 1463 in Careggi eine Villa zur Verfügung stellte. Ficino wurde zum intellektuellen Mittelpunkt von Florenz. Seine Akademie war keine Schule, sondern setzte sich aus einem Kreis von Gelehrten, Intellektuellen und Künstlern zusammen, zu denen u.a. Pico della Mirandola, Leon Battista Alberti und Angelo Poliziano zählten. Der Einfluß der Florentiner *Platonischen Akademie* reichte sehr weit. Johannes Reuchlin (1455–1522) besuchte 1482 und 1490 Florenz, traf mit Ficino und Pico della Mirandola zusammen und war von diesen tief beeindruckt. Der Platonismus der Akademie wurde so nach Deutschland gebracht. Außerdem unterhielt Ficino Korrespondenzen mit Humanisten in ganz Europa – die Briefliteratur war eine ganz charakteristische literarische Ausdrucksform der Humanisten –, so daß sein Einfluß in verschiedener Weise in ganz Europa spürbar war.

Obwohl also zu seiner Zeit der Platonismus im Prinzip »rein« faßbar war, war die Philosophie Ficinos alles andere als ein »reiner« Platonismus. Ficino war ursprünglich in eine durchaus aristotelische Schule gegangen und hatte sich dann auch mit der ganz und gar unplatonischen Philosophie des Lukrez befaßt. Die Hinwendung zu Platon hatte sicher auch etwas mit den ästhetischen und literarischen Interessen seines Dienstherrn zu tun: Cosimo de'Medici beauftragte Ficino mit einer Übersetzung der gesamten Werke Platons. Um 1468 hatte Ficino diese Übersetzung abge-

schlossen. Ficino beschäftigte sich aber auch mit ganz anderen Texten. Noch vor der Übersetzung der Platonischen Schriften schloß er zunächst einmal 1463 eine Übersetzung des *Corpus Hermeticum* ab. Diese Übersetzung, die 1471 gedruckt wurde, wurde ein großer Erfolg. Das *Corpus Hermeticum* ist eine im 2. und 3. Jhd. wahrscheinlich in Ägypten entstandene Sammlung von Texten, die sich als Offenbarung des Hermes Trismegistos präsentiert. Diese Schriften leben aus dem Synkretismus von griechischem und orientalischem Denken, dem wir schon im Mittel- und im Neuplatonismus begegnet sind (vgl. 1. Teil, Kap. XVI, 3, a und 4, b). Das erste Buch, der *Poimandres (Menschenhirt)* ist eine rein gnostische Schrift. Ficino legte dieses Werk aber nicht nur als Übersetzer vor, sondern gründete auf diese und ähnliche Schriften zusammen mit platonischen Gedanken, ganz im Sinne Cosimo de'Medicis, eine ganze Weltanschauung. Die Ficino leitenden Interessen zeigen sich auch an weiteren Übersetzungen, die er nach Abschluß der Platon-Übersetzung anfertigte. Es handelt sich um eine Neuübersetzung der Schriften des Dionysios Areopagita und um Übersetzungen der Schriften Plotins und Jamblichos'. Das ganze sich aus diesen Quellen ergebende »System« faßte er 1482 dann in seiner *Platonischen Theologie (Theologia Platonica)* zusammen. Die größte und nachhaltigste – nicht nur die Philosophie, sondern die gesamte Renaissance-Literatur betreffende – Wirkung übte aber sein Kommentar zu Platons *Symposion* aus.

Die Lehre Ficinos war also kein historisch »reiner« Platonismus – den gab es damals überhaupt nicht. Für Ficino war der Platonismus ebenso wie für Zabarella der Aristotelismus kein einfacher Gegenstand historischer Interpretation, sondern eine lebendige Grundlage, in die auch andere Elemente eingehen sollten und die weiterzudenken war. Philosophie wurde nicht historisierend betrieben, sondern als gegenwärtige Lebensform konzipiert. Dieses Weiterdenken und Weiterleben auf platonischer Grundlage zeigt sich z. B. schon in der Form von Ficinos Kommentar zu Platons *Symposion* (also einem Gastmahl mit Reden): Der Kommentar zum Gastmahl wird selbst in der Form eines Gastmahls (mit Reden) dargestellt, das zu Ehren Platons an dessen angeblichem Geburtstag-Todestag (7. November) abgehalten wird (wobei hier eine bis in die Spätantike reichende Tradition solcher Platon-Gedächtnis-Festessen aufgenommen wird). Platon wird also »verlebendigt«. Aber auch Platon sollte nur als, wenn auch autoritativer, Vermittler einer noch ursprünglicheren Weisheit verstanden werden. Ficino suchte ganz so wie die Neuplatoniker eine bis weit in die Zeit vor Platon reichende Überlieferung einer philosophischen Theologie aufzuspüren, die er in den hermetischen Schriften, in den chaldäischen Orakeln, in orphischen Hymnen, bei Pythagoras, bei Zoroaster, bei Platon und den Neuplatonikern finden wollte. Man wird dabei vor allem an Jamblichos erinnert (vgl. 1. Teil, Kap. XVI, 4), dessen Schriften Ficino sicher nicht nur übersetzt, sondern sich auch lesend angeeignet hatte. Er bereitete so den – sachlich sehr problematischen – Begriff einer *philosophia perennis*, also einer »immerwährenden Philosophie«, vor, der auch wenig später unter dem Eindruck dieser Traditionslinie gebildet wurde. Wir sehen hier also die Rückkehr der antiken Vorstellung einer »Weisheit«, einer alles umfassenden *sapientia*, deren Wurzeln noch vor der Entstehung der Philosophie liegen sollen. Man muß dabei aber sehen, daß das, was hier in der Renaissance in Florenz als die große antike Tradition angesehen wurde, von der man wieder ausgehen wollte, eigentlich gar nicht das darstellte, was wir unter »klassischer« antiker Philosophie verstehen, sondern viel eher die spätantike hellenistische Philosophie des 2. bis 5. Jhd.s, in die zahlreiche gnostische und orientalische Elemente nicht nur nebenbei, sondern maßgeblich eingegangen waren. Mit dieser Rückkehr zu einer einheitlichen »Weisheit« ist auch eine Abkehr von jener Ein- und Aufteilung des Wissens in Bereiche gegeben, wie sie die großen Philosophen-Theologen des 13. und 14. Jhd.s, Albertus Magnus, Thomas von Aquin, Duns Scotus, Ockham u.a., vorgenommen hatten (vgl. 2. Teil, Kap. XIII, 3). Diese Entwicklung, eigentlich eine Rück-Entwicklung, ist nicht unproblematisch, denn sie gab den Hintergrund für Konflikte wie die um Galilei, die wissenschaftstheoretisch und wissenschaftsgeschichtlich eigentlich schon längst überholt waren.

Man kann sich fragen, woher die große Resonanz kam, die Ficino und sein »Platonismus« in der Renaissance fand. Der Grund liegt vermutlich zunächst einmal, abgesehen von allen einzelnen Lehren, in der Grundthese Ficinos, daß diese philosophische Tradition mit der etwas jüngeren Tradition des Christentums übereinstimme. So jedenfalls Ficinos Meinung. Die Übereinstimmung erklärt sich historisch viel eher dadurch, daß es eben genau dieselbe Periode des 2. und 3. Jhd.s war, in der das Christentum – unter genau denselben kulturellen Bedingungen und im Rahmen genau derselben Einflüsse – seine erste theoretische Form gefunden hatte (vgl. 2. Teil, Kap. I, 1). Ganz ähnlich wie Augustinus – der ja in der Renaissance eine große Rolle spielte – gemeint hatte, die Platoniker müßten eigentlich alle unverzüglich Christen werden (vgl. 2. Teil, Kap. III, 1), so dachte Ficino, daß alle Christen eigentlich Platoniker sein sollten. So ergab sich für Ficino auch keine Schwierigkeit, in Florenz in der Kirche Santa Maria degli Angeli öffentliche Kurse über Platon, Plotin und Paulus abzuhalten – so als ob all dies problemlos in den »Raum der Kirche« hineingehöre. Faktisch ergab sich daraus so etwas wie die Vorstellung einer *allgemeinen Religion*, die sich unter verschiedensten Formen in den verschiedenen mythologischen, religiösen und philosophischen Traditionen wiederfindet. Ficino war nicht der einzige, der dieser Vorstellung anhing, Pico della Mirandola vertrat eine ganz ähnliche Überzeugung, und sie waren nicht die einzigen. Um die Gründe darzulegen, die Pico della Mirandola zu einer »eingehenden Beschäftigung mit der Philosophie nicht nur ermutigt, sondern gedrängt haben« (*Über die Würde des Menschen*. S. 33) beginnt er mit den »mosaischen und christlichen Mysterien« sowie der »Theologie der Alten« und fragt sich, wer denn nicht begehren würde, »in solche heiligen Riten eingeweiht zu werden« (Ebd. S. 23), wird dann »fortgerissen durch die sokratischen Verzückungen«, »die Platon im *Phaidros* preist«, die ihn zum himmlischen Jerusalem tragen (Ebd. S. 25), kommt dann auf die »heiligen Namen Apolls« zu sprechen, die zeigen, »daß jener Gott nicht weniger Philosoph als Seher ist« (Ebd. S. 27), befragt weiterhin den »weisen Pythagoras« (Ebd.), wendet sich in der Folge den Schriften der Chaldäer zu, wobei er auch auf Zarathustra zu sprechen kommt (Ebd. S. 29), und erwähnt schließlich die doch recht bunte Gruppe von David, Augustinus und den Kabbalisten (Ebd. S. 31). Er kannte Aristoteles und die Araber, Jamblichos und Plotin, Thomas von Aquin und Duns Scotus (Ebd. S. 43 und 45), beschäftigte sich eingehend mit allen, »damit durch diese Vergleichung mehrerer Lehren und die Diskussion der vielgestaltigen Philosophie jener Glanz der Wahrheit, den Platon in seinen Briefen erwähnt, uns heller erleuchte, wie die aus der Tiefe emporsteigende Sonne« (Ebd. S. 45 und 47). Wie nicht anders zu erwarten, war das Resultat dieses Vorgehens weder bei Pico della Mirandola noch bei Ficino eine begrifflich allzu klare »Theorie«. Gerade darin lag jedoch ihre kulturelle Wirksamkeit. Viele Gebildete der Renaissance sahen sich außerstande, dem dogmatischen Christentum weiter zu folgen, waren aber ebensowenig richtige »Heiden«. Ficinos platonische Theologie, besonders in der Form des *Symposion-Kommentars* – selbst ein literarisches Meisterwerk – gab ein Hilfsmittel an die Hand, zunächst unvereinbar scheinende Vorstellungen miteinander zu verbinden und Konflikte zu umgehen: Man konnte gleichzeitig Nicht-Christ und Christ sein, philosophisch »aufgeklärt« und doch auch wieder »fromm«, »antik« und »modern«, usw.; über alles legte sich ein literarisch-ästhetischer Glanz, ganz undogmatisch, aber auch ziemlich unverbindlich. Scholastische Schärfe der Distinktionen hatte hier keinen Platz – die Ablehnung der mittelalterlichen Philosophie war eben nicht nur sprachlich, sondern auch »ideologisch« motiviert.

Diese Art des »Philosophierens« fand auch in höchsten kirchlichen Kreisen seine Zustimmung, nicht wenige Mitglieder dieser Schicht wollten ja selbst zugleich Christen und Nicht-Christen sein. Francesco Patrizi (1529–1597) verfaßte 1591 eine dem Papst Gregor XIV. gewidmete *Neue Philosophie (Nova de universis philosophia)*, die natürlich ganz ausdrücklich die alte Weisheit wieder zur Geltung bringen, die Philosophie des Aristoteles ersetzen und christlich annehmbar sein sollte. Das Wohlwollen, das Patrizis Philosophie entgegengebracht wurde, läßt sich daraus ersehen, daß er 1592 zum Professor für Platonische Philosophie an der römischen Universität Sapienza ernannt wurde. Daß dieser Lehrstuhl für Platonische Philosophie nach seinem Tod nicht wieder besetzt wurde, ist allerdings kennzeichnend für den weiteren Gang der Geschichte. Die gesuchte Weisheit fand Patrizi ganz im Sinne Ficinos in den mythologischen Überlieferungen, die von Platon und den Neuplatonikern aufgenommen wurden. Patrizi stellte selbst eine Edition und Übersetzung der *Elementatio theologica* des Proklos her. Entsprechend der Konzeption des Proklos (vgl. 1. Teil, Kap. XVII, 4) rückt jetzt auch bei Patrizi der *Parmenides* in den Mittelpunkt der Platon-Interpretation. Proklos hatte ganz bewußt versucht, eine »heidnische«, d. h. nicht-christliche Philosophie und Religion zu verteidigen. Diese Intention wurde von Patrizi selbstverständlich nicht übernommen, und das ganze System des Proklos erhält nun eine christliche Deutung. Die ausdrücklich nicht-christliche Philosophie des Proklos wurde also nach der Übernahme durch Dionysios Areopagita in der späten Antike und der im *Liber de causis* im Mittelalter nun also nochmals in der Renaissance christlich »vereinnahmt«. – Anders als Ficino ging Patrizi aber auf eine ausführliche Aristoteleskritik ein, die, wie zu erwarten, zwar vor allem am Gottesbegriff und an der Seelenlehre des Aristoteles ansetzte, aber doch auf eine prinzipielle Kritik der Metaphysik des Aristoteles abzielte. Andererseits übernahm er im letzten Teil seiner *Philosophia nova*, der Physik, doch wieder aristotelische Thesen, die ganz ähnlich auch bei den Paduaner Aristotelikern vertreten wurden – er selbst hatte ja zunächst Medizin in Padua studiert. Auch diese Strategie war von den Neuplatonikern der Spätantike vorgezeichnet: Aristotelische Prinzipien dürfen für die »niedere«, physische und empirisch erfaßbare Welt gelten, während für die »höhere«, transempirsche Welt die platonische Metaphysik gilt. Der vollständige Titel des Werkes von Patrizi war ein Programm:

Neue Philosophie über das All, in der mit aristotelischer Methode zur ersten Ursache aufgestiegen wird, und dann auf eine neue und besondere platonische Weise die Gesamtheit der Dinge aus dem Schöpfer-Gott abgeleitet wird. *(Nova de universis philosophia, in qua aristotelica methodo ad primam causam ascenditur, deinde nova ac peculiari modo platonica rerum universitas a conditore Deo deducitur)*. Ferrara 1591.

Es ist kaum möglich zu sagen, ob und, wenn ja, welche Zukunft eine solche theosophische Philosophie/Theologie im Sinne Ficinos oder Patrizis gehabt hätte. Am

Beginn des 16. Jhd.s war mit Leo X. (1513–1521) ein Mitglied der Familie der Medici Papst geworden, und dieser war, erzogen von den besten Humanisten seiner Zeit, sicher mehr an Kunst und glänzenden Festen als an diffizilen Fragen der Auslegung von Glaubenswahrheiten interessiert. Am ehesten lag vermutlich tatsächlich eine ja auch sehr ästhetisch ausgerichtete Philosophie wie die eines Ficino oder Patrizi auf der Linie dessen, was Leo X. und die weiteren Renaissance-Päpste sich vorstellten. Die Dinge kamen aber ganz anders. Daß gerade Leo X. mit den Problemen der Reformatoren konfrontiert werden sollte, lag außerhalb von allem, was ihn eigentlich interessierte, und weder er noch einer seiner Nachfolger hat die jetzt einsetzende Diskussion um ein »authentischeres« Christentum verstanden. Es ist hier nicht der Ort, die Reformation zu behandeln. Philosophiegeschichtlich ist nur festzustellen, daß das, was in der Zeit der Renaissance im Bereich der Philosophie diskutiert worden war, dann in den Auseinandersetzungen mit den Reformatoren nicht nur in den Hintergrund gedrängt wurde, sondern dort eigentlich gar keine Rolle spielte. Am Konzil von Trient (1545–1563) wurde eine schon ziemlich erstarrte Form des scholastischen Thomismus zur offiziellen Lehre der Kirche erhoben, und in den späteren protestantischen Universitäten setzte sich eine Schulphilosophie durch, in der auch wieder nicht wenige Elemente aus der scholastischen Philosophie übernommen wurden. Obwohl sich die Diskussionen und einzelne Konflikte mit den offiziellen Vertretern der verschiedenen Konfessionen noch sehr lange hinziehen sollten – selbst Kant mußte sich in seinem *Streit der Fakultäten* noch damit auseinandersetzen –, ist die weitere Entwicklung der Philosophie doch nicht mehr vom Gegenüber zum christlichen Glauben bestimmt. Die nach-scholastische Philosophie der verschiedenen Kirchen war für den weiteren Gang der Philosophie von keiner Bedeutung. Aber die für die weitere Entwicklung der Philosophie entscheidenden Fragen wurden auch nicht von Pico della Mirandola, Ficino und Patrizi, also den für das allgemeine Bewußtsein im Vordergrund stehenden Philosophen der Renaissance, gestellt, sondern von deren weniger bekannten Zeitgenossen Zabarella und Telesio (vgl. weiter unten 5 und 6). Außerdem sollten wir nicht vergessen, daß auch Francis Bacon (vgl. Kap. III) noch ein Philosoph der Renaissance ist, und dort sind wir bereits auf dem Weg in eine andere »Welt«. Geblieben ist trotz aller Ernüchterung der Aufruf der frühen Philosophen der Renaissance, wie er am besten in Pico della Mirandolas Rede zum Ausdruck kommt, sich nicht mehr von vorgegebenen Ordnungen bestimmen zu lassen, sondern die Gestaltung des Lebens selbst in die Hand zu nehmen.

4. Die Platon-Aristoteles-Diskussion

Die scholastische Philosophie wurde zur Zeit des Humanismus und der Renaissance als aristotelisch geprägt aufgefaßt. Dies ist zwar philosophiegeschichtlich nur sehr bedingt korrekt, als Ansatzpunkt der damaligen Diskussion aber durchaus verständlich. Aufgrund der im 15. und 16. Jhd. vorhandenen Textgrundlage der Werke Platons konnte die Frage nach dem Verhältnis von Platonismus und Aristotelismus in einer früher gar nicht möglich gewesenen Weise gestellt werden. Diese Frage wurde allerdings nicht in Richtung der Analyse einer historischen Lehrentwicklung, sondern als *Geltungsfrage* diskutiert. Da die Platonischen Dialoge zunächst aber noch nicht in einer lateinischen Gesamt-Übersetzung vorlagen, ist es nicht verwunderlich, daß diese Diskussion vom griechischen Bereich ausging. Die ganze Fragestellung ist aber doch eher eine der lateinischen als eine der griechischen Philosophie. In dieser Diskussion spielte der schon genannte Gemistos Plethon eine entscheidende Rolle. Plethon verfaßte nach 1439 eine, allerdings für lateinische Leser verfaßte, Streitschrift *De differentiis Aristotelis et Platonis*, in der er die Überlegenheit der platonischen Lehren gegenüber den aristotelischen beweisen und gleichzeitig Platon gegen Aristoteles für eine theologische Verwendung empfehlen wollte. Dabei vertrat er aber keineswegs die vorherrschende Meinung der byzantinischen Gelehrten, bei denen es eine gute aristotelische Tradition gab. Georgios Scholarios griff auch sofort (1443) Plethons Auffassung an und verteidigte die auch im byzantinischen Bereich traditionelle Verwendung aristotelischer Philosophie in der Theologie (vgl. 2. Teil, Kap. V, 5). Um die Mitte des 15. Jhd.s verfaßte dann Georgios Trapezuntios (1396–1484), ein Grieche, der aber in Italien lebte, die Schrift *Comparationes philosophorum Platonis et Aristotelis*, in der er auch wieder die Vorrangstellung des Aristoteles gegenüber Platon verteidigte. Für eine sachgerechte Diskussion war aber diese rein polemische Schrift nicht geeignet und mußte eine Entgegnung hervorrufen. Die kam auch prompt von dem berühmten Kardinal Bessarion (1403–1472). Dieser war als Bischof der griechisch-orthodoxen Kirche am Konzil von Ferrara/Florenz (1438/1439) in leitender Funktion tätig gewesen, war dann zur katholischen Kirche übergetreten und unverzüglich zum Kardinal ernannt worden. Sein Haus in Rom wurde ein Treffpunkt von Gelehrten – genannt *Academia Bessarionis* –, und er stand im Briefwechsel mit Nikolaus von Kues, Marisio Ficino und anderen. Bessarion wurde zum wichtigsten Kontakt- und Schnittpunkt lateinischer und griechischer Philosophie. Er hatte eine große Anzahl griechischer Handschriften nach Italien mitgebracht und erweiterte seinen Bücherbestand ständig, so daß er schließlich die größte Bibliothek griechischer Texte im lateinischen Westen besaß (die heute größtenteils in der Marciana in Venedig erhalten ist). Bessarion hatte bei Plethon studiert und war somit als Platonkenner ausgewiesen, er hatte sich aber auch intensiv mit Aristoteles befaßt, von dessen *Metaphysik* er eine neue lateinische Übersetzung hergestellt hatte. In seiner ursprünglich griechisch abgefaßten, umfangreichen Schrift *In calumniatorem Platonis* verteidigte er die Lehre Platons gegenüber Georgios Trapezuntios. Seine Arbeit hatte aber eine weit über diesen konkreten Anlaß hinausgehende Bedeutung, insofern in ihr zum ersten Mal eine *zusammenhängende Darstellung der Lehre Platons* geliefert wurde. Erst durch diese Darstellung wurde es möglich, von »Platonismus« als einem philosophischen System zu sprechen, das somit einem anderen, also dem aristotelischen, gegenübergestellt werden konnte. In der Bestimmung des Verhältnisses der Lehren der beiden Philosophen blieb Bessarion im Rahmen der spätantiken, vor allem neuplatonischen, Auffassung, daß die Philosophie des Aristoteles für die Fragen der Physik gut geeignet sei, daß aber in der Metaphysik doch Platon der Vorrang zukäme. Bessarion ging auch in sehr sachkundiger Weise auf die Frage ein, in welcher Weise die beiden Philosophen für eine Darstellung der christlichen Lehre gebraucht werden könnten. Daß er hier eine Nähe von Platonismus und Christentum meinte feststellen zu können, ist nicht verwunderlich, da er sich dabei auf Dionysios Areopagita bezog, der zu seiner Zeit ja immer noch als autoritativer Autor des Frühchristentums angesehen wurde, obwohl Lorenzo Valla schon seine Zweifel an dieser Zuschreibung und Datierung geäußert hatte und Valla zum Freundeskreis um Bessarion gehörte. Das Werk Bessarions war eines der ersten, das in Italien gedruckt wurde, und fand schon deshalb große Verbreitung, wie ja überhaupt die Erfindung des Buchdrucks für den Einfluß des Humanismus von ganz entscheidender Bedeutung war. Der Streit um Platon und Aristoteles setzte sich noch ins 16. Jhd. hinein fort. Er wurde aber hauptsächlich von Literaten geführt, die besten Aristoteliker der Zeit beteiligten sich nur wenig daran.

Der Streit um den Vorrang von Platonismus oder Aristotelismus hatte aber eine
30 | weit über den Humanismus und die Renaissance hinausgehende Bedeutung, insofern durch ihn das Bewußtsein dafür geschärft wurde, daß in der griechischen philosophischen Tradition Richtungen vorlagen, die keineswegs auf einen Nenner zu bringen waren. Sogar Ansätze zu einer Historisierung waren vorhanden, so etwa, wenn Bessarion, dem es durchaus klar war, daß Platons *Staat (Politeia)* für aufgeklärte italienische Stadtbürger erhebliche Probleme aufwerfen mußte, »entschuldigend« auf Zeitumstände hinwies und auch darauf, daß Platon selbst in den *Gesetzen (Nomoi)* Korrekturen vorgenommen habe.

Bessarions Werk stellt in Hinsicht auf eine »objektive« Darstellung der Lehren Platons und Aristoteles' zweifellos einen Höhepunkt dar und hätte eigentlich Anlaß zu weiteren Studien in dieser Richtung geben können. Daß es dazu aber dann in der Zeit der Renaissance doch nicht kam, hängt damit zusammen, daß wiederum versucht wurde, aus der platonischen Philosophie eine überzeitlich gültige Weltanschauung zu machen – und damit sind wir wieder bei Marsilio Ficino.

5. Aristotelismus

Es wurde eben gesagt, daß verschiedene bedeutende Vertreter des Humanismus und der Renaissance wie z. B. Petrarca oder Valla sich mit ziemlicher Schärfe gegen die Scholastik gewendet hatten. Der Ausdruck »Scholastik«, d. h. Philosophie der Schule, entstand ja erst zu dieser Zeit und zwar als bewußt polemischer Ausdruck, und Aristoteles galt als der Lehrmeister dieser Schulphilosophie. Die Humanisten strebten aber gerade keine Philosophie der Schule an, sondern eine des – individuellen wie des gesellschaftlichen – Lebens. Daraus könnte der Eindruck entstehen, die Periode des Humanismus und der Renaissance sei eine Zeit der Abkehr von der Scholastik und damit von Aristoteles gewesen. Dieser Eindruck wird noch dadurch verstärkt, daß bei der Darstellung der Philosophie der italienischen Renaissance gewöhnlich die *Platonische Akademie* von Florenz als typische Institution dieser Periode hervorgehoben wird, so daß dann Renaissance-Philosophie mit Platonismus fast gleichgesetzt wird. Dieser Eindruck täuscht jedoch. Es gibt einen Aristotelismus der Renaissance, der einerseits spätmittelalterliche Überlieferungen aufnimmt, der aber andererseits auch ganz und gar in die Bewegung des Humanismus hineingehört. Die Beschäftigung mit Aristoteles fand hauptsächlich an den *Universitäten* statt, von denen die von Padua inzwischen die wichtigste geworden war. Die Universität von Padua war eigentlich die des Kleinstaates Venedig und die traditionell engen Beziehungen Venedigs zu Byzanz wurden wichtig für die Beschaffung griechischer Handschriften von Aristoteles-Texten. Seit dem 14. Jhd. erlebte der Aristotelismus in Italien sogar einen großen Aufschwung, gerade zu der Zeit also, zu der in Paris und Oxford die Bearbeitung und Diskussion Aristotelischer Schriften zurückging. Dieser Aristotelismus entwickelte sich während der ganzen Periode der Renaissance kontinuierlich weiter und wirkte sogar weit über Italien hinaus. Zeitlich reichte sein Einfluß bis ins 17. Jhd. hinein. Entsprechend den besonderen Bedürfnissen vor allem der medizinischen Fakultät wurde besonders die aristotelische Naturphilosophie aus Paris und die aristotelische Logik aus Oxford übernommen. Der Aristotelismus war im 14. und 15. Jhd. in Italien keineswegs ein schon immer bearbeitetes Gebiet, sondern weithin echte Neuentdeckung. Wichtig dafür war, daß unter humanistischem Einfluß eine bessere Textgrundlage erarbeitet wurde. Die humanistischen Aristotelesbearbeiter stützten sich dabei auch auf eine von der mittelalterlichen arabischen Aristotelesrezeption verschiedene Textüberlieferung, nämlich die byzantinische. Diese Textüberlieferung war besser als jene, die die Araber zur Verfügung gehabt hatten, sie war weniger neuplatonisch gefärbt und brachte so einen »authentischeren Aristoteles« ans Licht. Die Texte kamen entweder durch Abschreiben nach Italien oder sie wurden im Zusammenhang mit den Türkenkriegen geraubt. Nach dem Fall von Byzanz im Jahre 1453 flüchteten griechische Gelehrte auch mit ganzen Bibliotheken nach Italien. Dieser »reinere« Aristoteles kam den mehr empirisch interessierten Medizinern der Paduaner Universität entgegen. Die »weltliche« bzw. jedenfalls theologiefreie Interpretation der Schriften des Aristoteles setzte sich hier durch, die Aufteilung des Wissens in Bereiche war hier eine Selbstverständlichkeit. Die Vorstellung einer übergreifenden, Religion und Wissenschaft zusammenfassenden »Weisheit« in der Art Ficinos lag diesen Aristotelikern ganz fern.

Es gab einige aufsehenerregende Diskussionen, so etwa die um den Aristoteliker Pietro Pomponazzi (1462–1525), der die Sterblichkeit der menschlichen Seele lehrte. Er stützte sich dabei auf die spätantike Aristoteles-Interpretation des Alexander von

Aphrodisias (2./3. Jh. n. Chr.), was ihn zur Ablehnung der averroistischen Annahme einer überindividuellen unsterblichen Seele (vgl. 2. Teil, Kap. IX, 2, i) führte. Diese These bedeutete aber, daß die menschliche Seele als Ganze sterblich ist, was wiederum die Kritik anderer Aristoteliker – vor allem die des Agostino Nifo (1473 – nach 1538) hervorrief. Dieser Streit, der an sich nicht besonders bedeutend ist, schärfte jedoch das Bewußtsein um die Verschiedenheit der spätantiken alexandrinischen und der arabischen Aristotelesinterpretation, und dies war nicht unerheblich für ein, allerdings sehr langsam wachsendes historisches Verständnis der Philosophie. Aber auch Bessarion hatte in dieser Hinsicht ja nur einen kleinen Beitrag leisten können. Es folgte, wie zu erwarten war, eine kirchliche Verurteilung (DS 1440), und Pomponazzi vertrat dann – er hatte seinen Averroes doch gut gelesen – die Auffassung, die Vorstellung der Unsterblichkeit mit Lohn und Strafe sei für das Volk erforderlich, um es zu einem sittlichen Leben zu bringen. Und im übrigen betonte er seine Rechtgläubigkeit, was wiederum den Verdacht hervorrufen mußte, er vertrete die Lehre von der doppelten Wahrheit. (Es ist schon erstaunlich, mit welcher Konstanz sich über gut ein halbes Jahrtausend die Argumentationsfiguren zwischen den Offenbarungsreligionen Islam/Judentum/Christentum und aristotelischer Philosophie wiederholten.) Die Diskussion um die Seelenlehre und andere

Thesen Pomponazzis setzte sich bis ins 17. Jhd. und weit über die Grenzen Italiens hin fort. Französische Aufklärer beanspruchten ihn gerne als einen ihrer Vorläufer. Kennzeichnend für diese Sicht ist z. B. das *Dictionnaire historique et critique* von Pierre Bayle (1647–1706). Ob diese Rolle Pomponazzi wirklich zukommt, hängt natürlich von der Frage ab, ob seine Versicherungen der Rechtgläubigkeit nur Taktik waren oder nicht, eine Frage, die aber der Historiker wieder einmal kaum beantworten kann. Pomponazzi, der in Padua und später in Bologna lehrte, konnte aber trotz heftiger Angriffe seine Lehrtätigkeit fortsetzen. In Hinsicht auf die Naturwissenschaften vertrat er rigoros die Auffassung, daß dort alle übernatürlichen Erklärungen wie z. B. göttliche Wunder ausgeschlossen werden müssen, weshalb sein Werk *Über die Ursachen der natürlichen Wirkungen (De naturalium effectuum causis)*, das er klugerweise nicht veröffentlicht hatte und das erst 1556 gedruckt wurde, noch 1590 von der Kirche auf den Index (= Liste der verurteilten Bücher) gesetzt wurde. In einem weiteren – ebenfalls zu seinen Lebzeiten unveröffentlichten, in seinem Inhalt aber doch bekannten – Werk *Über das Schicksal, den freien Willen und die Vorherbestimmung (De fato, de libero arbitrio et de praedestinatione)* stellte er sich gegen Aristoteles auf die Seite des stoischen Schicksalsglaubens mit der dementsprechenden Leugnung des freien Willens, worauf man ihn beschuldigte, die lutherische Lehre von der Prädestination zu verteidigen. Die Situation war ziemlich unübersichtlich geworden: Wer mit der katholischen Lehre nicht übereinstimmte, wurde in Beziehung zu den Reformatoren gesetzt, ganz gleich, ob er irgend etwas mit diesen zu tun hatte oder nicht.

Die Universität Padua wurde, wie schon gesagt, zu einem Zentrum aristotelischer Wissenschaft. Der bedeutendste Aristoteliker war Giacomo Zabarella (1533–1589),

der aus Padua stammte und an der dortigen Universität Logik und später auch Naturphilosophie lehrte. Ausgangspunkt war für Zabarella selbstverständlich die *2. Analytik* des Aristoteles, zu der er auch einen umfangreichen Kommentar verfaßte. Zabarella betrachtete die *2. Analytik* aber nicht als autoritative Vorgabe, sondern als Ausgangspunkt weiterer Überlegungen. Für ihn ist der Aristotelismus zwar der allgemeine und gültige Rahmen, innerhalb dessen aber sehr wohl Weiterbildungen, Vervollkommnungen und auch Korrekturen vorgenommen werden können und müssen. Zabarella behandelte den Methodenbegriff der Wissenschaft völlig metaphysikfrei. Eine wissenschaftliche Theorie ist ein geordnetes Gefüge von Sätzen. Der Begriff des *ordo*, der Ordnung, ist zunächst rein methodologisch gefaßt und kann dann auf verschiedenste Gebiete angewandt werden. Wichtig für die weitere Entwicklung wurde seine klare Unterscheidung zwischen *ordo compositivus (syntheticus)* und *ordo resolutivus (analyticus)* (vgl. z. B. *Opera logica*. Sp. 230e–231a). Der *ordo resolutivus* beschreibt die anzuwendende Strategie bei der Forschung, es ist dies der Weg von den Wirkungen zu den Ursachen, der *ordo compositivus* ist die systematische Darstellung gewonnener Forschungsergebnisse, also der Weg von den Ursachen zu den Wirkungen. Nur die synthetische *(compositive)* Darstellung kann von Prinzipien ausgehen, von denen dann weiteres abgeleitet wird. Diese Form der Darstellung führt allerdings zu keinen neuen Ergebnissen. Forschung fordert jedoch ein Aus- | 33
gehen von bekannten Einzelfakten, von deren Zusammensetzung dann zu allgemeineren Prinzipien fortgeschritten werden kann. Die Induktion (im modernen Sinn des Wortes), also die Verallgemeinerung von Beobachtungsergebnissen von Einzelfällen, gehört nach Zabarella zur *resolutio*, da auch sie von Wirkungen auf Ursachen schließt (Ebd. Sp. 268b–270e). Die systematische Darstellung, d. h. die *compositio*, mag dann durchaus umgekehrt sein; macht man jedoch aus dieser systematischen Darstellung den Begriff der wissenschaftlichen Methode, so hat man keinen für Forschung geeigneten Methodenbegriff. Nichtsdestoweniger hält Zabarella daran fest, daß das letzte *Ziel der Wissenschaft* in der *compositio* zum Ausdruck kommt, da nur in ihr eine Erkenntnis stattfindet, in der ausgehend von Prinzipien Folgesätze logisch abgeleitet werden. Das Methodenideal ist also auch noch bei Zabarella bestimmt von dem Modell der Geometrie, in der es eine *resolutio* überhaupt nicht gibt (Ebd. Sp. 265f–267d). Der Weg von der *resolutio* zur *compositio* liefert jedoch nicht nur zwei verschiedene Darstellungsweisen, sondern bringt auch einen Erkenntnisfortschritt: Unsere Begriffe gehen dabei vom Konfusen zum Distinkten über (Ebd. Sp. 488d–489e). Die später, z. B. bei Descartes und Leibniz, so wichtige Unterscheidung von konfusen und klaren Ideen, stellt also bei Zabarella nicht eine dar, die Begriffe in verschiedene Klassen einteilt, sondern bringt einen Erkenntnisfortschritt zum Ausdruck. – Solche Unterscheidungen erscheinen uns heute recht simpel, dabei übersehen wir aber den historischen Abstand: Wir bemängeln, daß es in dieser Methodologie noch nicht klar war, daß alle empirische Forschung (analytisch im Sinn Zabarellas) von einer Theorie geleitet sein muß (synthetisch im Sinn Zabarellas). Man

muß jedoch sehen, daß der traditionelle Wissenschaftsbegriff – orientiert an metaphysischer Prinzipienerkenntnis – der *ordo syntheticus* gewesen war und man so kaum zu einem geeigneten Methodenbegriff empirischer Forschung gelangen konnte. Zabarella verbindet nun den empirischen Forschungsbegriff, der analytisch gedacht ist, mit dem systematischen Theoriebegriff, der synthetisch (deduktiv) gedacht ist, wobei der letztere für die logische Beweisstruktur entscheidend ist. Die Relevanz der Empirie für die Forschung ist hier schon ziemlich deutlich erfaßt, was noch fehlt, ist der ausdrücklich eingeführte Begriff des Experiments, d. h. der zur Überprüfung einer Theorie planvoll aufgesuchten Erfahrung. Zabarellas Wissenschaftsverständnis blieb traditionell theoretisch. Dies zeigt auch seine Einordnung der *Medizin*, was ihn auch in eine gewisse Spannung zu seinen Kollegen von der in Padua sehr ausgebauten und fortschrittlichen Fakultät der Medizin brachte. Die Medizin gehörte nach der Auffassung Zabarellas nicht zu den Wissenschaften, sondern zu den Künsten. Selbstverständlich anerkannte Zabarella, daß die Mediziner mit der *resolutio*, also dem Suchen nach allgemeineren Ursachen aufgrund von Beobachtungsdaten arbeiteten, und ohne Zweifel ist einiges von dem, was er an Forschungsmethoden bei den Ärzten beobachten konnte, in seine Beschreibung des resolutiven Verfahrens eingegangen. Aber er vertrat dann doch die Auffassung, daß die Medizin

keine Wissenschaft sei, weil sie kein theoretisches, sondern ein praktisches Ziel, nämlich die Heilung des Kranken, hat (Ebd. Sp. 60c–62a). Die systematische Rekonstruktion der in der medizinischen Forschung gewonnen Ergebnisse, also die *compositio*, wird seiner Meinung nach aber nicht mehr in der Medizin, sondern in der Naturphilosophie geleistet. Zabarella hat nicht erkannt, daß es der Weg der Methodologie sein wird, daß jedenfalls ein Teil der Naturphilosophie an die Theorie der empirischen Wissenschaften »abgegeben« werden wird. Letztlich steht hinter dieser Einordnung Zabarellas auch die traditionelle aristotelische Auffassung der wertenden Überordnung der Theorie gegenüber der Praxis, was somit vermutlich der eigentliche Grund dafür ist, daß er das Experiment, das immer noch als etwas eher Handwerkliches, also als eine *téchne*, angesehen wurde, in seiner Relevanz für den Forschungs- und Wissenschaftsbegriff nicht in seiner prinzipiellen Rolle erkennen konnte. Und damit sind wir bei Zabarellas Nachfolger und dessen Kollege. Der Nachfolger Zabarellas war Cesare Cremonini (1550–1631) und mit diesem war Galilei, der seit 1592 in Padua tätig war, befreundet. Es gibt sicher gewisse Gemeinsamkeiten zwischen den Auffassungen der Paduaner Aristoteliker und denen Galileis. Die Unterscheidung in *metodo resolutivo* und *metodo compositivo* spielt eine zentrale Rolle in der Wissenschaftstheorie Galileis (vgl. Kap. IV). Trotzdem ist es kaum richtig, Zabarella und Cremonini als Vorläufer Galileis anzusehen. Zunächst gilt, daß bei Galilei die beiden *metodi* nicht nebeneinander stehen, sondern Elemente an *einem* Forschungsprozeß werden: Der *metodo resolutivo* wird zur Überprüfung einer im *metodo compositivo* aufgestellten Hypothese. Und weiterhin ist zu sagen, daß Galilei die methodologische Rolle der Mathematik als konstitutiv für Naturwissenschaft auffaßte, was keine Forderung der aristotelischen Wissenschaftslehre darstellte. In historischer Hinsicht gilt, daß für die Beziehung von Physik und Mathematik nicht der Aristotelismus, sondern der Platonismus maßgebend wurde. – Der Paduaner Aristotelismus blieb auf lange Zeit hin einflußreich. Die deutschen protestantischen Universitäten waren bis weit in das 17. Jhd. hinein geprägt von dieser Form des Aristotelismus.

6. »Humanistische Logik« – Logik zur Zeit des Humanismus

Der Ausgangspunkt der Auseinandersetzung mit der traditionellen, d. h. der spätmittelalterlichen Logik, war das humanistische Bildungsprogramm, das von der klassischen, vor allem der lateinischen Antike geprägt war. Ein ganz zentrales Bildungsziel war die *wohlgeformte Rede*, für die das Vorbild selbstverständlich in den Schriften des berühmtesten Redners der römischen Antike, also bei Cicero, gesucht wurde. Dazu kamen auch die wiederentdeckten *Institutiones oratoriae* Quintilians. Cicero hatte nicht nur Reden verfaßt, sondern sich auch mit theoretischen Fragen der korrekten und wirkungsvollen Argumentation befaßt, so vor allem in der *Topik*. Diese Schrift war im Mittelalter auch durch den Kommentar des Boethius dazu immer bekannt gewesen. Allerdings war dieser Boethius-Kommentar in der Philosophie des Mittelalters kaum bearbeitet worden, vermutlich deshalb, weil die mittelalterlichen Philosophen mit den vielen Beispielen aus dem römischen Recht nicht viel anfangen konnten. Cicero behandelte in seiner *Topik*, die schon in der Antike sehr einflußreich gewesen war, auch, allerdings in sehr rudimentärer Weise, Probleme der Logik. Schon von da aus gehörte auch die Logik zu dem von den Humanisten bearbeiteten Gebiet. Daß Grammatik und Rhetorik dazugehörten, verstand sich von selbst. Mit dem Bildungsbereich Grammatik–Rhetorik–Logik standen die Humanisten in der mittelalterlichen Tradition der Freien Künste. Allerdings hatte die Rhetorik im Mittelalter nie eine für die Logik formgebende Funktion gehabt. Bei den Humanisten aber stand die *Rhetorik* im Vordergrund. Sie suchten daher mit Rückgriff auf Cicero eine der Bildung, und dies hieß vor allem: der literarischen Bildung, näherstehende Logik zu entwickeln. Dies war das Programm Vallas, wie er es in Auseinandersetzung mit der Tradition vor allem in seinen *Dialecticae disputationes contra Aristotelicos* von 1439 entwickelte: Die Logik sollte wieder von der gesprochenen Sprache ausgehen und sollte der wirkungsvollen Rede dienen. Im Rahmen dieser Aufgabenstellung zieht Valla eine große Anzahl von Argumenten heran, von denen nur eine kleine Gruppe in die Form formal gültiger Argumentationsschemata gebracht werden konnte. Man muß sich dabei vor Augen halten, daß im allgemeinen die Auffassung vertreten wurde, daß eigentlich nur die *Syllogistik* formal gültige Argumente liefert. Bei Valla wird jedoch die *Topik* zur Rahmentheorie des gültigen Argumentierens. Dies hätte eigentlich zu einer neuen Systematik der Logik führen können, tatsächlich ist aber weder Valla noch einem seiner Nachfolger ein solcher systematischer Neuaufbau geglückt.

Von den italienischen Humanisten wurde nur ein allgemeines Bildungsprogramm vorgelegt, der erste Versuch einer Durchführung dieses Programms in Hinsicht auf die Logik stammt von Rudolf Agricola (1443–1485), der aus den Niederlanden stammte, aber in Italien studiert hatte. Bekannt und einflußreich wurde Agricola durch seine Schrift *De inventione dialectica* (abgeschlossen um 1480, gedruckt 1515), in der das Auffinden guter Prämissen behandelt und die Frage der Beurteilung der Argumente, also das traditionell zentrale Gebiet der Logik, nur nebenbei erwähnt wird. Agricola griff dabei auf die Kritik Ciceros an der stoischen Logik zurück. Cicero hatte kritisiert, daß die Stoiker sich zu sehr auf die formale Gültigkeit der Ableitungen konzentriert und zu wenig die Aufgabe des Auffindens *(inventio)* guter Prämissen beachtet hatten. Das Auffinden guter Prämissen und deren logische Analyse stellt eigentlich jene Aufgabe der Logik dar, die Aristoteles in seiner *Topik* behandelt hatte. Agricola setzte dann auch ausdrücklich die *inventio* an den Anfang der Logik, so daß diese den systematischen Vorrang vor der Beurteilung der Gültigkeit der Argumente *(iudicium)* erhielt (*De inventione dialectica* I, 1. S. 7 f., und II, 1. S. 142). Ein Grundproblem der Dialektik Agricolas liegt in dem, was er sich von der Logik erwartete: Die Dialektik soll Verfahren zur Problemlösung bereitstellen, beim Syllogismus ist aber die Lösung eigentlich schon in den Prämissen enthalten. Um an

Problemlösungen arbeiten zu können, muß die Dialektik nach der Auffassung Agricolas vor allem Prämissen heranziehen, die nicht schon die Lösung liefern, sondern die innerhalb einer Diskussion nur die Möglichkeit geben, die wahrscheinlichere Lösung herauszufinden. Die Dialektik wird daher bei ihm definiert als die Kunst, mit *Wahrscheinlichkeits-Gründen* zu argumentieren (*ars probabiliter de qualibet re proposita disserendi* [Ebd. II, 2. S. 155]). Für ein solches Verfahren hat selbstverständlich die Wahrheitsfindung im *Gerichtsprozeß* eine paradigmatische Bedeutung. Von diesem Ausgangspunkt hätte es nahegelegen, eine Wahrscheinlichkeitslogik als umfassende Theorie aufzubauen und dann die deduktive, syllogistische Logik als Grenzfall derselben darzustellen. Eine solche systematische Neuorientierung liegt bei Agricola jedoch nicht vor. Dabei ist allerdings zu berücksichtigen, daß man nicht ausschließen kann, daß Agricola nach der Schrift *De inventione* auch eine *De iudicio* plante. Er starb jedoch schon bald nach Abfassung von *De inventione dialectica*, und so konnte nur das schon vorliegende Werk Einfluß gewinnen. Dieser Einfluß war allerdings ziemlich groß, denn das Buch erlebte viele Auflagen. – Sowohl bei Valla als auch bei Agricola lagen also Ansatzpunkte vor, die dazu hätten führen können, den Begriff der Logik weiter zu fassen und eine formal strenge Theorie aufzubauen, innerhalb derer die Syllogistik dann nur als Teilkalkül aufgetreten wäre. Ein solcher Neuaufbau ist aber den humanistischen Logikern nicht geglückt und sie haben ihn gar nicht versucht, sie blieben am Modell der Logik als Syllogistik verhaftet. Für einen Neuaufbau der Logik im angegebenen Sinn müssen wir bis Leibniz warten.

Agricolas Vorstellungen waren dann auch der Ausgangspunkt für Petrus Ramus (Pierre de la Ramée, 1515–1572). Petrus Ramus wurde der für die weitere Geschichte wichtigste Vertreter der neuen Richtung der Logik, der diese noch dazu in das klassische Zentrum der Logik, d. h. in Paris, einführte. Er schrieb zwar auch ziemlich viele Werke auf Latein, verfaßte aber außerdem das erste eigentlich philosophische Werk auf Französisch, die *Dialectique* von 1555. Ramus erregte seit seiner Magisterarbeit *Aristotelicae animadversiones* Aufsehen durch heftige Angriffe auf die aristotelische Philosophie. Diese Kritik ebenso wie die vielen Dichterzitate, die sich in der *Dialectique* finden, ließen Ramus als typischen und bedeutendsten Vertreter der humanistischen, für Zwecke der Rhetorik und der literarischen Bildung entworfenen Logik erscheinen. Dieser Eindruck täuscht jedoch. Ramus unterschied sehr genau zwischen Rhetorik und Dialektik, d. h. Logik. Eine Unterordnung der Logik unter die Rhetorik kommt für ihn nicht in Frage. Ramus verwendet tatsächlich viele Texte aus literarischen Quellen, diese haben jedoch eine streng logische Funktion in einem pädagogischen, aber auch systematischen Kontext. Ramus vertritt die im Prinzip gut aristotelische Überzeugung, daß die Logik ihre Regeln nicht *erfindet*, sondern sie schon in der Sprache *vorfindet*. Um diese Regeln aufzufinden, zieht also Ramus Texte jener heran, von denen er annimmt, daß sie die Regeln der Sprache besonders gut beherrschen, und dies sind eben die Dichter. Diese dienen ihm aber weder als Autorität noch als nachahmenswerte Vorbilder, sondern als Beispiel korrekten Argumentierens. Die Gültigkeit des argumentativen Vorgehens hängt dann nur von der Gültigkeit der Form der Argumentation ab. Die Angriffe gegen Aristoteles und die Scholastik, mit denen sich Ramus viele Feinde geschaffen hatte, erweisen sich daher als nicht sehr aufschlußreich für das eigentlich bei ihm vorliegende Vorgehen. Er liefert der didaktischen Form und Darbietung nach eine »humanistische Logik«, jedoch keine, welche die logischen Formen selbst betrifft. Soweit es die Regeln der Logik betrifft, hat Ramus durchaus aristotelisch gearbeitet.

Ramus war zu seiner Zeit ein sehr bekannter, gleicherweise geschätzter wie angefeindeter Lehrer. Als er schließlich als Kalvinist im Zusammenhang der Bartholomäusnacht ermordet wurde, stieg seine Wertschätzung in kalvinistischen Ländern sehr stark, während sein Einfluß in Paris bald wieder von den traditionellen Aristotelikern zurückgedrängt wurde. An deutschen Universitäten gab es noch bis ins 17. Jhd. hinein erbitterte Auseinandersetzungen zwischen Anhängern der ramistischen und philippischen Logik (= die von Melanchton ausgehende Logik). Vom eigentlichen Niveau logischer Untersuchungen aus gesehen wird man jedoch sagen müssen, daß die Logik des Petrus Ramus, so einflußreich sie auch zeitweilig war, als eher dürftig anzusehen ist; dasselbe gilt auch für die Logik des Philipp Melanchton (1497–1560), der 1520 sein erstes Lehrbuch zur Logik verfaßte, die *Compendiaria dialectices ratio*. Ausgangspunkt für Melanchton war ebenso wie für Ramus die Dialektik Agricolas. Melanchton gelangte in der Folge aber dann doch zu der Einsicht, daß die Logik nicht auf die Topik beschränkt werden dürfe, wenn mit ihr eine umfassende methodische Grundlegung aller Wissenschaften erreicht werden sollte. Diesem Anliegen entsprach dann ein weiteres Lehrbuch, die *Erotemata dialectices*, die er

1547 verfaßte. Darin wird nicht nur die Erfindung, sondern auch die Beurteilung der Argumente behandelt, was Melanchton zur Darstellung der Syllogistik führte. Die *Erotemata dialectices* wurden zum wichtigsten Lehrbuch der Logik an den lutherischen Universitäten. – Der Streit zwischen Ramisten und Philippisten hat überhaupt nur eine kulturgeschichtliche, in keiner Weise eine sachliche Bedeutung. Es gab damals so etwas wie eine konfessionelle Aufteilung Europas im Bereich der Logik: Lutheraner waren Philippisten, Kalvinisten waren Ramisten, und Katholiken waren traditionelle Aristoteliker. Gegen Ende des 16. Jhd.s setzten sich dann ziemlich allgemein wieder Lehrbücher durch, die nicht viel mehr – bzw. eher weniger – als die traditionelle aristotelische Logik wiedergaben.

Neben dieser »humanistischen Logik« gab es jedoch in Italien auch eine ganz andere Entwicklung. Während in Oxford und Paris das Interesse an der Logik zurückging, wurde diese in der Nachfolge Ockhams und Buridans an den italienischen Universitäten, die mit ihr bisher nur am Rande in Kontakt gewesen waren, eigentlich erst jetzt aufgearbeitet und weitergeführt. Besonders die Schriften der englischen Logiker der Merton-Schule (vgl. 2. Teil, Kap. XVII, 2, c) fanden hier eine Fortführung, wobei auch in diesem Bereich die Lehrer an der Universität von Padua führend waren. So wurde, um nur eines der vielen Beispiele zu nennen, der Traktat über die
38 | Folgerungslehre *(Consequentiae)* des Ralph (Radulfus) Strode (gest. 1387) 1488 und in mehreren Nachdrucken in Venedig mit Kommentaren des Cajetan von Thiene (1387–1465), des Alexander Sermoneta und des Paul von Pergula (gest. 1455) gedruckt. Letzterer hatte selbst ein Lehrbuch der *Logica* ganz im Sinne der englischen Logiker verfaßt, das 1489 auch wieder in Venedig im Druck erschien. Einen gewissen abschließenden Höhepunkt erreichte diese Fortentwicklung mit Paulus Venetus (um 1370–1429), der in Oxford und Paris studiert hatte und dann in Padua Professor wurde. Seine *Logica magna*, die 1499 in Venedig im Druck erschien, ist das umfassendste Lehrbuch der spätmittelalterlichen Logik, und seine kurze Zusammenfassung, die *Logica (parva)* war das erste Buch der Logik, das im Druck erschien (Venedig 1472).

Auf ihrem eigensten Gebiet waren die Humanisten, wenn es darum ging, einen guten griechischen Text der Schriften des Aristoteles herzustellen und dann auf dieser Textgrundlage verbesserte oder neue Übersetzungen zu erarbeiten. Und dies hatte auch Folgen für die Texte der Logik. In den Jahren zwischen 1495 und 1498 erschien in Venedig bei dem berühmten Verleger Aldo Manuzio die griechische Gesamtausgabe der Schriften des Aristoteles (durch die auch die Zusammenfassung der logischen Schriften als *Organon* in den Textkanon eingeführt wurde). Die Kenntnis des Griechischen wurde jetzt zur Voraussetzung der Kommentierung von Aristoteles-Texten. Der Einfluß der Aristoteles-Kommentare des Averroes wurde jetzt zurückgedrängt, da sich die Humanisten mehr auf die spätantiken Aristoteles-Kommentare des Alexander von Aphrodisias, des Themistios, des Simplikios und des Philoponos (vgl. 1. Teil, Kap. XVIII) stützten. Auch strenge Aristoteliker, die nichts mit »humanistischer Logik« zu tun haben wollten, waren doch in philologischer Hinsicht Humanisten. Einer der bedeutendsten dieser Gruppe war Agostino Nifo (um 1470 – um 1540), der hauptsächlich in Padua als Professor der Medizin und Philosophie tätig war und Kommentare zu fast allen Aristotelischen Schriften verfaßte. Auf durchaus aristotelischer Grundlage stellte er die Bedeutung der *Topik* für die Dialektik heraus. Aber auch ihm gelang es nicht, sich von der traditionellen Vorstellung frei zu machen, daß alle formal gültigen Argumente letztlich auf Syllogismen zurückgeführt werden müßten, wie er dies in seinem Logik-Lehrbuch *Dialectica ludicra*, das 1520 gedruckt wurde, vertrat.

Padua blieb ein Zentrum aristotelischer Logik. Der schon genannte Zabarella veröffentlichte gründlich gearbeitete Kommentare zur aristotelischen Logik. Für ihn stellt gut aristotelisch die Logik nur ein Instrument der Wissenschaft dar, ist aber nicht selbst eine solche. Zabarella lehnte sowohl eine metaphysische Erweiterung der Logik, wie dies in der scholastischen Philosophie häufig der Fall war, als auch eine Funktionalisierung derselben für rhetorische Zwecke ab. Rhetorik als solche lehnte er nicht ab, ordnete ihr aber die Aufgabe zu, im politischen Bereich der Überredung der Menschen zu richtigem Handeln zu dienen (*Opera logica*. S. 93–97). – Zabarella ist charakteristisch für den Ort, den die Logik in den italienischen Universitäten hatte, d.h. für den Zusammenhang mit den empirischen Wissenschaften, besonders mit der Medizin. Hier waren weniger die Fragen der Logik im engeren Sinn wichtig, also die Lehre vom Syllogismus, sondern vielmehr die der wissenschaftlichen Methode (vgl. weiter oben 5).

7. Nicht-aristotelische Naturphilosophie

Gleichzeitig mit dem Paduaner Aristotelismus bildete sich auch eine Naturphilosophie heraus, die nicht nur über die scholastisch-aristotelische Physik und Kosmologie hinausging. Daß hier eine ganz andere Richtung der Fragestellung zum Durchbruch kommt, zeigt sich schon daran, daß die Frage der Schöpfung, die die mittelalterliche Diskussion beherrscht hatte, höchstens noch als Randproblem aufscheint, für die Naturphilosophie selbst aber irrelevant ist. Der bedeutendste Vertreter dieser neuen Sicht war Bernardino Telesio (1509–1588), der an der Universität Padua Mathematik, Astronomie und Naturphilosophie studiert hatte. Er selbst widmete sich nach Tätigkeiten an verschiedenen Höfen ausschließlich der Forschung. In Neapel gründete er die *Accademia Cosentina*, wo sich humanistisch gebildete, aber primär an naturphilosophischen und naturwissenschaftlichen Fragen interessierte Gelehrte zusammenfanden. Telesio stand in Gegensatz zu der averroistischen Aristoteles-Interpretation und griff außer auf die Schriften des Aristoteles selbst auf die vorsokratische Naturphilosophie zurück. Er hatte aber auch Epikur – und als guter Humanist im griechischen Originaltext – genau studiert und sich so auch mit der atomistischen

Naturphilosophie Demokrits beschäftigt. Aber auch die medizinischen Vorstellungen Galens spielten bei Telesio eine nicht unerhebliche Rolle. Sein wichtigstes und zusammenfassendes Werk ist *De rerum natura iuxta propria principia libri IX.* Einzig die sinnliche Wahrnehmung ist Ausgangspunkt der Naturerkenntnis. Naturphilosophie wird bei Telesio ohne Rückgriff auf Metaphysik betrieben. Dies zeigt sich schon daran, daß Materie ausschließlich physikalisch aufgefaßt wird. Alles entwikkelt sich kausalursächlich aufgrund der Grundkräfte Wärme und Kälte. Die für die aristotelische Naturphilosophie grundlegende Teleologie scheidet aus, d. h. es wird nur noch nach Wirkursachen, nicht aber nach Zielursachen gefragt. Die Definition von Raum und Zeit, die bei Aristoteles an Körper und Bewegung gebunden war, wird bei Telesio von diesen Bedingungen gelöst, so daß sich ein Raum- und Zeitbegriff ergibt, der deutlich in die Richtung dessen weist, was später bei Newton als »absoluter Raum« und »absolute Zeit« bezeichnet werden wird. Diese Vorstellung eines leeren Raumes ist bei Telesio nicht nur naturphilosophisch, sondern auch naturwissenschaftlich gedacht, so daß hier die Forderung aufgestellt wird, experimentell ein Vakuum herzustellen. Auch die Anthropologie wird rein nach empirischen Prinzipien aufgebaut. Die Vorstellung einer Seele als Form des Körpers scheidet hier aus, die Seele wird als materiell, wenngleich aus sehr feiner Materie bestehend auf-
40 | gefaßt. – Telesio hatte 1565 nur zwei Bücher von *De rerum natura* veröffentlicht. Das Erscheinen des gesamten Werkes im Jahre 1586 rief eine breite Diskussion hervor, und auch die Verurteilung durch die katholische Kirche folgte 1596 erwartungsgemäß. Daß Papst Pius IV. Telesio früher einmal das Amt des Erzbischofs von Cosenza angeboten hatte, zählte jetzt nicht mehr. Der Einfluß des Werkes von Telesio war aber dadurch nicht aufzuhalten: Telesio wurde von Giordano Bruno ebenso genau studiert wie später von Bacon, der ihn den ersten der Modernen nannte. Und auch Descartes, Gassendi, Hobbes und Leibniz kannten und schätzten seine Werke.

Schon kurz nach dem Erscheinen des Werkes von Telesio verfaßte 1591 Campanella eine Verteidigungsschrift mit dem Titel *Philosophia sensibus demonstrata.* Campanella war Dominikaner, hatte aber schon während seiner Studienzeit größte Zweifel an der aristotelischen und thomistischen Philosophie, er hatte die Tradition auch der arabischen und lateinischen Aristoteles-Kommentatoren studiert, aber erst die Lektüre von Telesios *De rerum natura* hatte ihm einen neuen Weg aufgezeigt. Schon die *Philosophia sensibus demonstrata* Campanellas ist als durchgreifende Kritik der aristotelischen Naturphilosophie konzipiert, in der Folge dehnte er diese Kritik dann auch auf die aristotelische Ethik und Politik aus. Obwohl er mit Galilei in grundsätzlichen Punkten nicht übereinstimmte – er nahm mit Telesio keine Bewegung der Erde an –, trat er doch 1616 für Galilei ein, als es darum ging, die Freiheit der Wissenschaft zu verteidigen. Und dies tat Campanella, als er selbst wegen Verschwörung und Häresie im Gefängnis war!

- II -

Der Beginn des neuen Weltbildes

1. Die Welt des Kopernikus

Die Philosophie mußte im Mittelalter ihren Ort und ihre methodische Form in Auseinandersetzung mit einem vom Christentum bestimmten, aber im Prinzip – abgesehen von der Schöpfungslehre – antiken und aristotelisch-ptolemäischen Weltbild finden. Schon der Nominalismus hatte Grundvoraussetzungen dieses metaphysischen Weltbildes in erkenntnistheoretischer Hinsicht in Frage gestellt. Insofern jedoch der Nominalismus mit einer Metaphysik des absoluten göttlichen Willens verbunden gewesen war, konnte das Weltbild zunächst unangetastet bleiben, da der Kosmos eben genau so aus der göttlichen Willenssetzung hervorgegangen gedacht | 41
werden konnte, wie es diesem Weltbild entsprach. Im 14. Jhd. begann jedoch auch eine Kritik an grundsätzlichen Annahmen der aristotelischen Physik (vgl. 2. Teil, Kap. XVII, 2, d). Da diese physikalischen Fragen damals immer im Rahmen einer Naturphilosophie gestellt wurden, waren sie faktisch automatisch auch philosophische Fragen. Und hier begann sich jetzt, eine neue »Front« aufzutun: die *Auseinandersetzung mit empirischen Wissenschaften*. Philosophiegeschichtlich läßt sich hier der *Übergang zur Neuzeit* ansetzen: Das Gegenüber der Philosophie ist zunehmend nicht mehr die Theologie, sondern die Naturwissenschaft. Der oft für die neuzeitliche Philosophie als charakteristisch angesehene Einsatz beim Subjekt – so bei Descartes – hingegen ist bei näherem Zusehen gar nicht so neu und nicht so einschneidend, jedenfalls nicht im Vergleich mit der Bedeutung, die empirische Wissenschaft für das Verständnis von Philosophie jetzt erhält.

Die erste große Auseinandersetzung auf diesem Gebiet stand im Zeichen einer der ältesten Wissenschaften der Menschheit, der *Astronomie*. Der Beginn dieser Auseinandersetzung wird oft als die »kopernikanische Revolution« bezeichnet. Wie oft bei solchen historischen Schlagworten ist auch hier Vorsicht im Gebrauch geboten. Im historischen Rückblick kann die kopernikanische Astronomie in gewisser Hinsicht als Wendepunkt angesehen werden. Im realen geschichtlichen Verlauf handelt es sich aber kaum um eine Revolution, sondern vielmehr um den Beginn eines Prozesses, der aber zunächst noch gar nicht eindeutig und auch noch nicht entschieden war. Vom wissenschaftlichen und methodologischen Standpunkt aus sollte man besser nicht von einer »kopernikanischen Wende« sprechen. In beiden Hinsichten liegt eine »Wende« eigentlich erst bei Johannes Kepler (1571–1630) vor, da erst dieser grundsätzliche Voraussetzungen wie z. B. die Kreisförmigkeit der Bewegungen der Himmelskörper aufgibt (vgl. Kap. IV, 2).

Nikolaus Kopernikus (1473–1543) selbst betrachtete die Frage des heliozentrischen Systems als rein wissenschaftliches Problem, das als solches für ihn weder besondere philosophische noch religiöse Probleme aufwarf. Sein Problem war die Berechnung der Bahnen der Sonne und der Planeten, deren beobachtbare Unregelmäßigkeiten von Ptolemaios (2. Jhd. n. Chr.) durch Ekzentren (d. h. mehrere Kreismittelpunkte) und Epizyklen erklärt worden waren. Kopernikus fand die vorgelegten Erklärungen für unbefriedigend (das heliozentrische System des Aristarchos aus dem 4./3. Jhd. v. Chr. scheint Kopernikus nicht gekannt zu haben):

> Es reichte nämlich nur dann aus, wenn man sich zusätzlich bestimmte Ausgleichskreise vorstellte, auf denen der Stern sich offensichtlich weder auf seinem Abtragskreis noch um seinen ihm eigenen Mittelpunkt mit immer gleicher Geschwindigkeit bewegte. [...] Nachdem ich also dies begriffen hatte, überlegte ich oft, ob nicht etwa eine vernünftigere Anordnung von Kreisen zu finden sei, von welchen alle erscheinende Ungleichmäßigkeit abhinge, wobei diese aber in sich selbst alle gleichmäßig bewegt wären, wie doch die Weise vollkommener Bewegung dies fordert. (Copernicus: *Commentariolus*. In: *Das neue Weltbild*. S. 3 und 5)

Das methodologische Programm, innerhalb dessen Kopernikus seine Berechnungen unternahm, ist keineswegs »revolutionär«, sondern durchaus »konservativ«. Es ist gar nichts anderes als das unter dem Namen »Rettung der Phänomene« (*sózein ta phainómena*, lat. *salvare apparentias*) bekannte Programm des Eudoxos von Knidos (4. Jhd. v. Chr.). Im folgenden Zitat nennt Kopernikus ausdrücklich Eudoxos und bezieht sich in terminologisch eindeutiger Weise auf dieses Programm. Innerhalb dieser Methodologie sollen die astronomischen Phänomene mit Hilfe mathematischer Gesetze erklärt werden. Von »Rettung« wird deshalb gesprochen, weil die beobachteten Unregelmäßigkeiten der Bewegungen der Himmelskörper »wegerklärt«, d. h. auf Regelmäßigkeiten zurückgeführt, werden sollten. Dahinter steht ein metaphysisches Postulat der antiken Kosmologie: Die Himmelskörper sind göttliche Wesen und dürfen daher nur *vollkommene Bewegungen* ausführen – die Unregelmäßigkeiten dürfen also nur für den Beobachter von der Erde aus gelten: Es muß daher eine geometrische Erklärung gefunden werden, welche die scheinbaren Unregelmäßigkeiten auf vollkommene Bewegungen zurückführt. Dieses Programm war erkenntnistheoretisch realistisch gedacht: Es sollte die *wahre Ordnung* der Dinge hinter der *erscheinenden Unordnung* aufgedeckt werden. Die Grundannahmen dieser Astronomie gelten auch noch bei Kopernikus: Es liegt eine Vielzahl von Kreisläufen vor, für die aber gelten soll, daß es sich dabei um mittelpunktsgleiche Kreisläufe und um gleichförmige Bewegungen handelt:

Eine Vielzahl von Kreisläufen am Himmel haben unsere Vorgänger angesetzt, so sehe ich, (und dies) besonders aus dem Grunde, um für die erscheinende Stern-Bewegung Regelmäßigkeit zu wahren *(ut apparentem in sideribus motum sub regularitate salvarent)*. Es schien ja äußerst unsinnig *(absurdum)*, daß ein Himmelskörper angesichts vollkommenster Kugelgestalt nicht immer gleichförmig sich bewegen sollte. Sie hatten aber bemerkt, daß es auch möglich ist, daß durch Zusammensetzung und Überschneidung regelmäßiger Bewegungen ein Gegenstand sich scheinbar ungleichmäßig zu irgendeiner Stelle hinbewegen kann. Dies haben Callippus und Eudoxus mithilfe mittelpunktsgleicher Kreise herzuleiten wohl sich bemüht, nur brachten sie es nicht fertig, mit solchen Annahmen für alle Vorgänge bei der Gestirnbewegung eine Berechnung zu geben. (Ebd. S. 3)

Auch einer der Schüler und Anhänger der kopernikanischen Astronomie, Georg Joachim Rheticus (1514–1574), dessen *Narratio prima* aus dem Jahr 1540 die erste gedruckte Darstellung des kopernikanischen Systems lieferte, interpretiert die Lehre seines Lehrers in genau diesem Sinn einer »Rettung der Phänomene«:

Das erste Buch enthält eine allgemeine Beschreibung des Weltalls und die Grundsätze, mit deren Hilfe er es unternehmen will, die Beobachtungen und Erscheinungen aller Zeiten zu retten. (Rheticus: *Narratio prima.* In: *Das neue Weltbild.* S. 158)

Innerhalb dieses traditionellen methodologischen Programms gelangte Kopernikus zum heliozentrischen System. Kopernikus selbst betrachtete dieses Ergebnis als keineswegs umstürzend. Für seine Annahme der Stellung der Sonne im Mittelpunkt des Planetensystems zog Kopernikus auch nicht nur empirische und mathematische Argumente heran – für ihn galt durchaus auch die metaphysische These: Als Quelle des Lichtes und des Lebens hat die Sonne höchste Vollkommenheit und höchsten Wert, und deshalb kommt ihr angemessenerweise der Ort im Zentrum zu. Der gesamte Kosmos ist für Kopernikus – ganz so wie in Ciceros *Somnium Scipionis* – ein Tempel Gottes, und in diesem erhält die Sonne den ihr gebührenden Ort, wobei Kopernikus sich sogar auf die hermetische Schrift des *Hermes Trismegistos* (vgl. 1. Teil, Kap. XVI, 3, a) beruft. Die ganze Argumentation bewegt sich ganz und gar im Rahmen der weitverbreiteten Auffassungen zur Zeit des Humanismus und der Renaissance.

Inmitten alles dessen aber thront die Sonne. Wer denn wollte in diesem wunderschönen Heiligtum diese Leuchte an einen anderen, besseren Ort setzen als den, von wo aus sie das Ganze gleichzeitig erhellen kann? Zumal doch bestimmte Leute sie durchaus zutreffend »Lampe der Welt« *(lucernam mundi)*, andere ihren »Sinn« *(mentem)*, andere ihren »Lenker« *(rectorem)* nennen. *Trismegistos* (nennt sie) »sichtbaren Gott«, die Elektra des Sophokles die »Alles-Schauende«. So wirklich, wie auf königlichem

Thron sitzend, lenkt die Sonne die um sie herum tätige Sternfamilie. (*De revolutionibus* I, 10. In: *Das neue Weltbild.* S. 137)

Für Kopernikus paßte seine Astronomie also durchaus gut in seinen katholisch frommen Neuplatonismus. Er vermutete jedoch, daß das für andere anders aussehen könnte, und dies war möglicherweise einer der Gründe dafür, daß er sein Werk *De revolutionibus orbium coelestium* erst kurz vor seinem Tode herausgab (*revolutio* bedeutet hier »Umdrehung«). Bei der Herausgabe des Werkes des Kopernikus fügte der protestantische Theologe Andreas Osiander (1498–1552) eine Vorrede hinzu, in der er das kopernikanische System als *kalkulatorische Beschreibung* von Bewegungen von Himmelskörpern hinstellte, *ohne* daß jedoch mit diesen Berechnungen die Behauptung verbunden wäre, daß diesem System selbst ein metaphysisch realistisch gedachter *Wahrheitsanspruch* zukäme.

Ist es doch eigentümliche Aufgabe des Sternforschers, wissenschaftliche Kunde von den Bewegungen am Himmel mithilfe sorgfältiger und kunstfertiger Beobachtung *(artificiosa observatione)* zu sammeln; hierauf deren Gründe *(causas)* – oder doch wenigstens Grundannahmen *(hypotheses)*, wenn er nämlich die wahren Gründe auf keine

Weise ermitteln kann, irgendwelcher Art dafür auszudenken und zu ersinnen *(excogitare et confingere)*, unter deren Voraussetzung eben diese Bewegungen aus Grundsätzen *(ex principiis)* der Geometrie ebenso für die Zukunft wie für die Vergangenheit richtig berechnet *(calculari)* werden können. [...] Es ist nämlich gar nicht notwendig, daß diese Voraussetzungen *(hypotheses)* wahr sein müssen, nicht einmal, daß sie wahrscheinlich *(verisimiles)* sind, sondern es reicht schon dies allein, wenn sie eine mit den Beobachtungen zusammenstimmende Berechnung *(calculum cum observationibus congruentem)* darstellen. (Osiander: Vorrede zu *De revolutionibus.* In: *Das neue Weltbild.* S. 61)

Dies war sicher nicht die Auffassung des Kopernikus, wie auch aus der Darstellung des Rheticus eindeutig hervorgeht. Daß eine solche einschränkende Interpretation erforderlich schien, war nur das Problem des Theologen Osiander, nicht das des Kopernikus selbst. Die Protestanten waren ja der neuen Astronomie gegenüber ebenso ablehnend eingestellt wie die Katholiken. Nichtsdestoweniger bleibt festzuhalten, daß die letztlich gut nominalistische Wissenschaftsauffassung Osianders eigentlich »moderner« ist als die realistische des Kopernikus.

Das Weltbild des Kopernikus weist durchaus noch viele mittelalterliche Züge auf. Im Vergleich zu den kosmologischen Vorstellungen des Nikolaus von Kues (vgl. 2. Teil, Kap. XIX, 3) sind die des Kopernikus sogar recht wenig radikal, sie waren jedoch wegen ihres empirischen Gehalts ungleich folgenreicher. Dies ist eben der entscheidende Unterschied: Die Theorien des Kopernikus bezogen sich auf empirische Daten, auf Beobachtungen, die des Nikolaus von Kues hatten keine solche empirische Basis. Dies bleibt bestehen, auch wenn die philosophischen sowie die kosmologischen Ideen des Nikolaus von Kues möglicherweise um einiges »moderner« wirken als die des Kopernikus.

2. Giordano Bruno

Der Verkünder des kopernikanischen Systems fand sich in Giordano Bruno (1548–1600), der sich auch als Prophet der metaphysischen Konsequenzen verstand, die er darin aufzufinden meinte. – Bruno repräsentiert schon mit seinem Leben den Übergang und den Schritt zum Neuen. Geboren wurde Giordano Bruno in Nola in der Nähe von Neapel. 1565 trat er bei den Dominikanern ein (mit dem Ordensnamen »Giordano«, er hieß eigentlich Filippo), und zwar im nahegelegenen Neapel, wo zwei Jahrhunderte vorher Thomas von Aquin zunächst studiert und später auch gelehrt hatte. Die Ordensschule von Neapel war, wie nicht anders zu erwarten, auf den Thomismus und damit auf den Aristotelismus verpflichtet. Der Aristotelismus, dem Bruno hier begegnete, war primär averroistisch geprägt, und diese Grundlage wird auch später bei Bruno immer wieder spürbar sein. Er beschäftigte sich jedoch schon während dieser Periode der Ausbildung auch mit der platonischen Philosophie des Marsilio Ficino und dürfte auch Schriften des Nikolaus von Kues und des Kopernikus gelesen haben. Neben seiner Hauptbeschäftigung mit philosophischen und astronomischen Studien fand Bruno auch Zeit und Gelegenheit zur Dichtung von Lustspielen und Allegorien. An und für sich war dies aber noch nichts Außergewöhnliches: Dichtung als literarisch-rhetorische Übung wurde von vielen betrieben.

1575 geriet Bruno wegen seiner Zweifel an der traditionellen Interpretation der Trinitätslehre in Schwierigkeiten. Er versuchte, sich im folgenden Jahr bei der Ordensleitung der Dominikaner in Rom zu rechtfertigen, wurde dort aber wegen des Besitzes »häretischer« Schriften – Bibelkommentare des Erasmus von Rotterdam – zusätzlich suspekt. Bruno floh also aus Rom und verließ den Dominikanerorden. Er schlug sich nun zwei Jahre lang in Italien mehr schlecht als recht als Hauslehrer durch. Während dieser Zeit wandte er sich der Naturphilosophie Demokrits, Epikurs und Avencebrols zu. Bei letzterem interessierte ihn besonders die Auffassung, nach der die Materie als in irgendeiner Weise auch zur göttlichen Substanz gehörend aufgefaßt wurde (vgl. 2. Teil, Kap. X, 2, c). Über Studien des Platonismus fand er zurück zu vorsokratischen Vorstellungen der Einheit und Unbegrenztheit des Kosmos. Auch beschäftigte er sich mit kabbalistischen Schriften wie jenen des Agrippa von Nettesheim (1486–1535). Dieser war durch seine Beschäftigung mit Fragen der Magie bekannt geworden, wie schon aus dem Titel seines Werkes *De occulta philosophia* (gedruckt 1531) ersichtlich ist. Dieses Werk, in dem die Magie als Mittel zur Beherrschung der Natur aufgefaßt wird, war zur Zeit der Renaissance und weit über diese hinaus – bis zu Goethes *Faust* – sehr einflußreich. Auch Bruno wird sich in seiner späteren Zeit mit solchen Fragen beschäftigen, so z. B. in der 1590 entstandenen Schriften *De magia* und *De magia mathematica*. Letztere enthält Teile aus mehreren Schriften Agrippas, in denen mit kabbalistischer Magie gearbeitet wird. In Italien gab es aber für Bruno keine beruflichen Möglichkeiten, und so mußte er sich einen neuen Aufenthaltsort suchen. Er ging 1578 nach Genf, wo er, jedenfalls nach den Registern der dortigen Gemeinde, zum Kalvinismus übertrat. Er wandte sich jedoch rasch wieder gegen den Kalvinismus, da er die Lehre von der Unfreiheit des Willens, von der Prädestination und von der Wertlosigkeit der Werke nicht akzeptieren konnte. Vor allem aber fand er den wörtlichen Schriftglauben der Kalvinisten unerträglich, da sich diese aufgrund von Texten der *Bibel* dem neuen kopernikanischen System gegenüber sehr ablehnend verhielten. Damit war aber auch ein weiteres Bleiben in Genf nicht mehr möglich. Bruno ging daher nach Frankreich, zunächst nach Toulouse, wo er zwei Jahre blieb. Dort hielt er Vorlesungen über *De Anima* des Aristoteles. Außerdem beschäftigte er sich mit der Lullschen Kunst, vor allem in ihrer Form als Methode der Gedächtniskunst. Dies konnte auch mit aristotelischer Psychologie in Verbindung gebracht werden – es ging um die Vervollkommnung einer der Fähigkeiten der Seele. Bruno hat sich sein Leben lang mit der *Ars lulliana* beschäftigt

und hat ihr, über die Funktion als Gedächtniskunst, die seine Zuhörer meist interessierte, hinaus, eine den eigentlichen Absichten des Raymundus Lullus viel näher kommende grundlegend logisch-metaphysische Rolle zugesprochen. Lullus suchte nach einer *Ars generalis*, in der logisch-erkenntnistheoretische und kosmologische Prinzipien einander entsprachen. Daß die göttlichen Prädikate ohne Schwierigkeiten auf den Kosmos übertragen werden können, lag ohnedies schon in der Grundstruktur des lullschen Kombinationsverfahrens (vgl. 2. Teil, Kap. XVI, 1). Genau diese Übertragung war auch die Absicht Brunos. Da Bruno häufig nur als Verkünder einer neuen Kosmologie und einer entsprechenden Metaphysik gesehen wird, ist es wichtig darauf hinzuweisen, daß es ihm durchaus klar war, daß dem auch eine neue Logik und Wissenschaftstheorie entsprechen mußte, und die suchte er bei Lullus. – Dann ging Bruno nach Paris, wo er zunächst außerhalb der Universität Vorlesungen im Anschluß an den ersten Teil der *Summa theologica* des Thomas von Aquin hielt. Er beschäftigte sich dort auch weiterhin mit der Lullschen Kunst und widmete König Heinrich III. eine Schrift dazu. Als glänzender Redner und Unterhalter fand er Zugang zum Hof, und so konnte er nach einigen Jahren mit einer Empfehlung des Königs nach England gehen. In Oxford hatte er zunächst Gelegenheit, Vorlesungen zu halten, in denen er seine Gedanken zur Kosmologie und Erkenntnistheorie entwickeln konnte, stieß dort aber auf Widerstand und konnte diese Tätigkeit nicht fortsetzen. Er ging daher nach London, wo er als Kavalier des französischen Gesandten lebte. Bruno schrieb Sonette und genoß das höfische Leben und die Anerkennung, die er dort fand. Königin Elisabeth hörte ihm gerne zu. Die Umgebung, in der er jetzt lebte, war die für ihn günstigste. Shakespeare hat in derselben Umgebung und zur selben Zeit sein Wirkungsfeld gefunden. Der *neue gesellschaftliche Ort der Philosophie* findet sich nun weniger an den Universitäten und viel eher an den Höfen von Fürsten und Königen. Die Philosophen sind jetzt nicht mehr Mönche, sondern häufig – mit wenigen Ausnahmen wie z. B. Spinoza – Höflinge oder wenigstens in irgendeiner Form von den Höfen abhängig. Inwieweit das für die Philosophen als solche ein Vorteil war, sei dahingestellt. Darüber, ob ein Mönch oder ein Fürstenunterhalter mehr Gedankenfreiheit hatte, könnte man lange diskutieren. – In diese zwei Jahre des Aufenthalts in London fällt die Abfassung der wichtigsten Schriften Brunos. Das, was manchmal die »Philosophie des Nolaners« genannt wird, ist in diesen Jahren 1583 und 1584 entstanden, und Bruno hat im weiteren daran immer festgehalten. Ausgehend von den kosmologischen Vorstellungen der Vorsokratiker und der Pythagoreer wollte er eine neue, ausdrücklich nicht-aristotelische Naturphilosophie und Kosmologie entwerfen. Seine Vorstellung war ein Kosmos, in dem es keine »natürlichen« Örter geben sollte, wie sie in der aristotelischen Kosmologie angenommen wurden. An dieser Stelle nun erhielten die wissenschaftlichen Ergebnisse des Kopernikus ihre entscheidende Funktion. Bruno hat also nicht kopernikanische Thesen über ihre Reichweite hinaus universalisiert, sondern diese wissenschaftlichen Ergebnisse in einen philosophisch schon entworfenen Rahmen eingefügt, wodurch sich dann allerdings Folgerungen ergaben, die in den Thesen des Kopernikus gar nicht zugrunde gelegt waren. In London entstanden die wohl bekanntesten Schriften Brunos *Das Aschermittwochsmahl (La cena de le Ceneri), Von der Ursache, dem Prinzip und dem Einen (De la causa, principio et uno)* und *Zwiegespräche vom unendlichen All und den Welten (De l'infinito universo e mondi)*. Die Grundkonzeption Brunos ist in der ersteren Schrift bereits enthalten, wird aber dann in den weiteren in strengerer Form dargestellt. Er schrieb nun nicht mehr auf Latein, sondern auf Italienisch. Die Frage des unmittelbaren Ausdrucks in der »Volkssprache«, die aber auch eine Begrenzung auf einen Sprachbereich bedeutete, und dem »universalen« Latein war noch lange nicht entschieden.

Als er 1585 mit dem französischen Gesandten nach Paris zurückkehrte, war er ein inzwischen durch seine Schriften bekannt gewordener Mann und er hätte auch ohne weiteres in Paris bleiben können, hätte er sich nur mit »harmlosen« und »neutralen« Fragen befaßt. Als er aber begann, öffentlich die Bewegung der Erde und die Unendlichkeit des Weltalls zu vertreten und damit Aristoteles und die Lehren der Kirche angriff, mußte er Paris sofort verlassen. Bruno übersiedelte dann in den protestantischen Teil Deutschlands, wo er sich auch mit den Werken des Paracelsus und des Nikolaus von Kues beschäftigte. Zunächst ging er nach Marburg, provozierte aber dort an der Universität seinen inzwischen schon standardisierten Streit und Konflikt mit den traditionelleren Kollegen. In Wittenberg fand er dann für einige Zeit Zuflucht, wo er an der Universität Vorlesungen über Texte des Aristoteles zur Logik und Naturphilosophie hielt. Zu dieser Zeit schrieb er wieder lateinisch, um seinen Werken größere Verbreitung zu verschaffen. Diesmal ohne äußeren Anlaß verließ er

Wittenberg im Jahr 1588 und ging zunächst nach Prag, dann nach Helmstedt, wo wieder der übliche Konflikt mit Vertretern der lutherischen Kirche auftrat. Dann begab er sich nach Frankfurt und von dort nach Zürich, wo er auch einige Vorlesungen hielt. Ohne daß es nötig gewesen wäre, kehrte Bruno anschließend nach Italien zurück. Der Anlaß war die Aufforderung des venezianischen Patriziers Giovanni Mocenigo, ihm Unterricht in der Lullschen Kunst zu erteilen. Bruno folgte dieser Einladung vermutlich deshalb, weil er dachte, von dort aus an der zu Venedig gehörenden Universität Padua eine Stellung finden zu können. Die Einladung Brunos war aber nur ein Vorwand gewesen: Mocenigo hatte schon von Anfang an die Absicht gehabt, ihn durch die Inquisition anklagen zu lassen. Bruno wurde daher 1592 im Haus Mocenigos verhaftet. Da Venedig eine unabhängige Republik war, mußte der päpstliche Hof einen Auslieferungsantrag stellen, dem auch stattgegeben wurde. Bruno wurde daher in das Gefängnis des Sant'Ufficio (der heutigen Glaubenskongregation) gebracht. Der Prozeß zog sich mehrere Jahre lang hin, da die Inquisitionsgerichte auf einen Widerruf Brunos hofften. Da dieser nicht erfolgte, wurde Bruno verurteilt und 1600 öffentlich verbrannt. – Bruno wird häufig als »Märtyrer des kopernikanischen Systems« bezeichnet. Dies trifft jedoch nicht genau den Sachverhalt. Aus den Akten des Prozesses, soweit diese der Forschung zugänglich sind, ergibt sich, daß Bruno vor allem die Ablehnung des Trinitäts- und Inkarnationsdogmas vorgeworfen wurde. Während des Prozesses selbst brachte Bruno die Rede auf das kopernikanische System, wobei aber die Richter auf diese Frage nicht eingingen. Es wird sich zwar zeigen, daß die Ablehnung des Inkarnationsdogmas in einem systematischen Zusammenhang mit Brunos Weltbild stand, es bleibt aber doch eine historische Tatsache, daß das Inquisitionstribunal selbst weder an diesem Weltbild noch an seinem Zusammenhang mit der Frage der Menschwerdung Gottes interessiert war, sondern sich bloß auf die das christliche Dogma selbst betreffenden Aussagen Brunos bezog.

Bruno war weder selbst empirischer Wissenschaftler noch eigentlich Mathematiker, obwohl er sich in seinen späten lateinischen Schriften mit Fragen der Mathematik beschäftigte. Seine Bedeutung lag vielmehr darin, daß er der Kosmologie, die sich in den beiden folgenden Jahrhunderten durchsetzen sollte, als erster eine umfassende und überzeugende Darstellung gegeben hat. In einem damit gab er der Meinung, daß die Wissenschaft die Befreiung des Menschen bewirken würde, beredten Ausdruck. Und damit sind wir bei einer durchaus neuzeitlichen Grundüberzeugung angelangt. So sagt er in der Vorrede zu den *Zwiegesprächen vom unendlichen All und den Welten*:

Nicht eitel ist daher das Vermögen des Geistes, immer Raum an Raum zu fügen, Masse zur Masse, Einheit zur Einheit, Zahl zur Zahl, mit Hilfe der Wissenschaft, die uns von den Ketten einer so engen Herrschaft erlöst und uns zu freien Bürgern eines so herrlichen Reiches befördert, uns von eingebildeter Armut befreit und mit den unzählbaren Reichtümern dieses unermeßlichen Raumes, dieses herrlichsten Gefildes, so vieler bewohnter Welten beglückt. (Ebd. S. 23)[1]

In diesem wie in vielen anderen Sätzen Brunos kommt nicht eine dürre Aufklärung zur Sprache, sondern die Vitalität eines Vertreters der Renaissance, der *unendliche Möglichkeiten des Menschen* in einem *unendlichen Universum* entdeckt. Dieses Universum ist aber jetzt ein ganz anderes als das des späten Mittelalters, hinter dem immer ein allmächtiger Gott und dessen Willensentschluß gestanden hatte, der sich jeder rationalen Analyse entzog. Das Universum, das Giordano Bruno propagiert, ist durch keinerlei göttlichen Willen eingeschränkt, und es verbirgt sich auch kein Mysterium in ihm, es ist dem forschenden Geist ganz und gar zugänglich. Die Umkehrung gegenüber der Spätscholastik und dem Nominalismus ist dabei offensichtlich. Scotus und Ockham hatten gemeint, Gott hätte auch anderes geschaffen haben können als er tatsächlich geschaffen hat – hätte er alles geschaffen, was er schaffen konnte, wäre er zu einer Naturursache geworden. Die Behauptung einer persönlichen Schöpfungsursache im Unterschied zu einer Naturursache hatte zur Einschränkung dessen geführt, was wirklich geschaffen wurde: Gott hat in freier Entscheidung aus der unendlichen Anzahl möglicher Welten die eine ausgewählt. Bruno behauptet nun genau das Gegenteil: In der Welt sind die Möglichkeiten des Seinsgrundes absolut erschöpft:

Wer also die Unendlichkeit der Schöpfung leugnet, leugnet das Unendlichsein des schaffenden Vermögens. (Ebd. S. 43)

Damit wird die spätscholastische Unterscheidung von *potentia absoluta* und *potentia ordinata* hinfällig. Das existierende Weltall ist nicht eine von vielen möglichen Welten, sondern die einzig mögliche und somit existierende, wobei es aber in diesem unendlichen Weltall unzählige Welten gibt. Eine Schöpfertätigkeit, die aus den möglichen Welten auswählt, gibt es somit nicht, und da gerade mit dieser frei auswählenden Tätigkeit die Personalität Gottes begründet worden war, fällt auch diese weg.

Es ist klar, daß diese Auffassung nicht einfach aus dem kopernikanischen System abgeleitet werden kann. Bruno wußte das auch, er meinte aber, daß die Astronomie des Kopernikus mit der von ihm entworfenen Kosmologie *vereinbar* sei. Die Tatsache, daß eine bestimmte Theorie mit einer umfassenderen vereinbar ist, kann jedoch nicht schon als Bestätigung für die Gültigkeit der umfassenderen Theorie angesehen werden. Bruno benötigte daher eigene, über die Kopernikanische Theorie hinausgehende Argumente. Der Angelpunkt seiner eigenen Argumentation lag dabei in der Behauptung der Unendlichkeit der Welt. »Unendlichkeit« war in der Tradition ein ganz zentrales göttliches Prädikat gewesen. Der Rückgriff auf Kopernikus war in

1 Bei Texten aus älteren Ausgaben wird die Orthographie stillschweigend modernisiert.

diesem Punkt nicht möglich: Kopernikus selbst hatte nicht von der Unendlichkeit der Welt gesprochen, für ihn war die Welt nur »unermeßlich« *(immensum)* gewesen. Bei Bruno wird nun daraus das positive Prädikat der »Unendlichkeit«.

Ich nenne das All als Ganzes unendlich, weil es ohne Rand ist, keine Schranke, keine Oberfläche hat; ich sage aber: das All ist nicht absolut und völlig unendlich, weil jeder Teil, den wir von ihm erfassen können, begrenzt und jede einzelne der unzähligen Welten, die es in sich begreift, begrenzt ist. Ich nenne Gott in seiner Ganzheit unendlich, weil er jegliche Grenze von sich ausschließt und jedes seiner Attribute einzig und unendlich ist, und ich nenne Gott absolut und völlig unendlich, weil er überall ganz ist in der ganzen Welt und in jedem ihrer Teile unendlich und völlig allgegenwärtig ist – im Gegensatz zur Unendlichkeit des Weltalls, welches letztere vollkommen nur im ganzen ist und nicht in jedem seiner Teile, wenn überall mit Bezug auf das Unendliche das ein Teil genannt werden darf, was wir von ihm erfassen können. (Ebd. S. 41)

Solche Gedanken lagen Kopernikus ganz fern, schon eher könnte man an die Lehre von den göttlich-kosmischen Attributen Lulls denken. Die eigentliche Argumentation Brunos ist auch nicht wissenschaftlicher, sondern metaphysischer Art. Bruno legt sie in schlußfolgernder Weise so dar:

1. Nur wenn der schöpferische Ursprung etwas anderes schaffen wollte, als er schaffen will, so könnte er auch ein anderes schaffen, als er schafft. 2. Nun aber kann er nichts anderes schaffen wollen, als was er schaffen will. 3. Folglich kann er nichts anderes schaffen, als was er schafft. Wer also behauptet, seine Schöpfung sei endlich, setzt eine nur endliche Schöpfertätigkeit und ein nur endliches Schöpfungsvermögen voraus. (Ebd. S. 43)

Das Argument ist scholastisch gut. – Man kann allerdings an den Schriften Brunos selbst feststellen, daß er eigentlich wußte, daß all dies mit Kopernikus wenig zu tun hatte. In den *Das Aschermittwochsmahl* genannten Dialogen läßt er zunächst die traditionelle aristotelisch-ptolemäische Weltsicht referieren:

Nundinio sagte darauf, es sei unwahrscheinlich, daß die Erde sich bewege, da sie doch Mittel- und Schwerpunkt des Weltalls sei und als solcher das feste und bleibende Fundament jeder Bewegung. (Ebd. S. 152)

Dem stellt Bruno das neue Weltbild gegenüber:

Der Nolaner antwortete, dasselbe könne derjenige anführen, der die Sonne im Mittelpunkt des Alls und folglich unbeweglich und fest stehen läßt wie Kopernikus und viele andere, die den Umfang der Welt für begrenzt halten. (Ebd.)

Bruno wußte also ganz genau, daß Kopernikus kein unendliches Weltall vertreten hatte. Dann aber fährt er fort:

[...] und wir wissen sicher, daß dieser Raum als Wirkung und Erzeugnis einer unendlichen Ursache und eines unendlichen Prinzips auf unendliche Weise unendlich sein muß. (Ebd. S. 153)

An diesem Punkt wird es ganz deutlich, daß die kosmologische Auffassung des Giordano Bruno von der Unendlichkeit der Welt nicht durch die Theorie des Kopernikus gedeckt ist und auch nicht aus dieser heraus in irgendeiner Weise entwickelt werden kann. Nicht ganz zu Unrecht läßt Bruno von seinem Gesprächspartner berichten:

Er war verdutzt und sprachlos, als sähe er plötzlich ein Gespenst vor sich. (Ebd. S. 154)

Ausgehend von Kopernikus gab es gar keinen Grund, dieses »Gespenst« einzuführen. Bruno muß andere Gründe dafür gehabt haben. Vielleicht sind diese Gründe darin zu suchen, daß Bruno sich auf diese Weise all der Schwierigkeiten entledigen konnte, welche die mittelalterliche Philosophie mit dem Schöpfungsbegriff und dem des schöpferischen Willens Gottes gehabt hatte. Die immer mehr gesteigerte Allmacht Gottes hatte die Faktizität der endlichen Welt und damit auch das Problem des Übels zunehmend unerklärter und unerklärbarer gemacht: Möglichkeit(en) *(potentia absoluta)* und Wirklichkeit *(potentia ordinata)* waren völlig auseinandergetreten. Bei Bruno wird nun *Möglichkeit* und *Wirklichkeit* im unendlichen göttlichen Grund der Welt wie auch in der unendlichen Welt *gleichgesetzt*. Die Frage, warum Gott diese und keine andere – bessere – Welt geschaffen hat, entfällt damit. Die Frage nach Sinn des Übels in dieser Welt kann gar nicht mehr sinnvoll gestellt werden. Es bleibt dann allerdings eine andere Frage: Hat Bruno das Böse am Menschen übersehen oder nicht sehen wollen? Wahrscheinlich hat er es nicht übersehen, aber es stellt für ihn kein Gegenargument dar: Das voll und ganz positive Urteil über die Welt bei Bruno ist nicht begründet im Blick auf den Menschen, sondern im Blick auf die Schönheit und unendliche Größe des Kosmos. Dies sind antike Motive, und Bruno hatte ja wichtige Anstöße von der antiken Kosmologie erhalten. Nicht umsonst hat nicht nur für Bruno die antike Naturphilosophie des Demokrit, des Epikur, des Lukrez und der Stoiker eine so große Bedeutung gehabt – und bei keinem von diesen hat das Böse oder das Übel als Einwand gegen die Ordnung des Kosmos Geltung.

Bei Bruno manifestiert die Unendlichkeit der Welt die Unendlichkeit ihres Grundes, der damit auch jede zeitlich gedachte Priorität vor der Welt verliert. Aber nicht nur zeitlich, sondern auch metaphysisch steht nichts »hinter« dieser Welt. Es kann daher auch »über« dieser Welt keinen Gott geben, der sich verbergen oder offenbaren könnte. *Gott* zeigt sich immer und *überall im Kosmos*, er hat gar keine andere

Existenz und kein anderes Wesen für sich, er ist nur als der Grund der Welt denkbar. Hier werden die Konsequenzen aus der Lehre des Nikolaus von Kues gezogen, die dieser selbst nicht gezogen hatte und nicht hatte ziehen wollen und können.

Es ist klar, daß es daher für Bruno keinen privilegierten Ort und keine privilegierte Zeit für die Manifestation Gottes geben kann. Dies ist auch der systematische Grund, warum Bruno die Vorstellung einer historisch fixierbaren und auf ein Individuum bezogenen Menschwerdung Gottes ablehnen mußte. Die Welt als ganze, das Universum, ist die einzige Offenbarung ihres Grundes, und dieser Grund ist nichts anderes als der Grund des Universums. Der Mensch ist auch gar kein privilegierter Teil des Kosmos, und ein Teil kann ohnedies nicht das Ganze offenbaren. Eine Sonderrolle des Menschen in diesem Universum – wie sie etwa Pico della Mirandola angenommen hatte – gibt es nicht. Der *Mensch* ist nur ein *Teil des Kosmos*, allein der Kosmos als Ganzer kann seinen Grund zum Ausdruck bringen. Damit entfällt natürlich auch die Stellung des Menschen als Mikrokosmos. Mit dieser Reduzierung der Stellung des Menschen und mit der Distanzierung von der Mikro-Makrokosmos-Vorstellung trennt sich Bruno in klarer Weise von Grundauffassungen der meisten Philosophen und Dichter der Renaissance, für die – wie z. B. bei Pico della Mirandola (vgl. Kap. I, 2) – die Sonderrolle des Menschen ein ganz entscheidendes Element

gewesen war. Die Anthropologie wird bei Bruno zu einem Teil der Kosmologie. Dies zu sehen ist wichtig, um zu begreifen, daß die Neuzeit nicht einfach das »Zeitalter der Subjektivität« ist, und schon die Renaissance war nicht einfach eine Zeit der Verherrlichung des Subjekts, sondern ebenso eine Zeit der *Rücknahme des Menschen in die Natur*. Gegenüber der Tendenz der Literaten, das individuelle Leben als das Entscheidende anzusehen, gab es auch die Aufforderung, das universelle, kosmische Leben als Maßstab für den Einzelnen zu nehmen und den Einzelnen im Kosmos wieder aufgehen zu lassen. Die *Natur* ist für Bruno auch der einzige Ort, an dem es Sinn macht, von einer »Seele« zu sprechen. Entscheidend ist ja gar nicht die individuelle Seele, sondern die »Weltseele«, die – aus der platonischen Philosophie stammend – als unpersönliches Prinzip des Kosmos bei Bruno eine große Rolle spielte. Einzig diese Weltseele ist daher unsterblich. Der Sinn des Individuums ist kein anderer als der des Universums.

Bei den Auffassungen Brunos ist zu sehen, daß diese nicht weniger, sondern eher mehr spekulativ sind als die des Mittelalters. Die Vorstellung der Unendlichkeit der Welt, welche die Unendlichkeit des göttlichen Grundes manifestiert, ist nicht schon leichter denkbar als die des unendlichen transzendenten Gottes. Die Unendlichkeit Gottes war im Mittelalter mit keinen Raumvorstellungen verbunden, während der Gedanke einer räumlichen Unendlichkeit des Kosmos unvorstellbar war.

Man kann bei Bruno nicht von wissenschaftlicher Theoriebildung im modernen Sinn des Wortes sprechen. Bestimmte Züge moderner Theoriebildung tauchen jedoch auch bei ihm schon auf. Der »unmittelbare Empirismus« des Aristoteles und der mittelalterlichen Philosophie wird hier grundsätzlich in Frage gestellt. Schon mit dem kopernikanischen System war gefordert, die Relevanz der unmittelbaren Welterfahrung zu relativieren, anzuerkennen, daß mathematische Berechnung fordern kann, die Welt als anders strukturiert anzunehmen, als dies sich von der Sinneserfahrung her ergibt. Nicht die Sinnesdaten selbst werden in Frage gestellt, wohl aber die Zusammenordnung derselben in einer »natürlichen Weltanschauung«. Bei Bruno wird deutlich, daß es nicht nur für die Metaphysik ein Charakteristikum ist, auch mit Begriffen zu arbeiten, denen keinerlei unmittelbare Erfahrung entspricht, sondern daß dies auch in der Wissenschaft der Fall sein kann. Bruno zieht auch hier die erkenntnistheoretische Konsequenz aus dieser neuen Situation. Gleich zu Beginn seiner Schrift *Zwiegespräche vom unendlichen All und den Welten* heißt es:

Freilich gibt es keinen Sinn, der das Unendliche anschaute, keinen Sinn, der uns unmittelbar zwänge, darauf zu schließen; denn das Unendliche kann kein Gegenstand der Sinneswahrnehmung sein [...]. Darum ist dem Zutrauen auf das Zeugnis der Sinne ein Maß zu setzen; nur bei sinnlichen Gegenständen dürfen wir Gewicht darauf legen, und selbst hier ist es nicht ganz unverdächtig, wofern nicht der urteilende Verstand hinzutritt. (Ebd. S. 28)

Der Begriff des Unendlichen wirkt auf uns vielleicht noch sehr metaphysisch. Aber | 53
es gilt eben auch in der modernen empirischen Wissenschaft, daß dort mit zahlreichen Begriffen gearbeitet wird, bei denen es zwar Beziehungen zu empirischen Daten gibt, bei denen hingegen keinerlei Beziehung zu irgendwelchen sinnlichen Vorstellungen möglich ist. Wenn in der modernen Physik von einem »gekrümmten Raum« gesprochen wird, so kann dieser nicht mehr »vorgestellt«, sondern nur noch mathematisch expliziert werden. Die Bedeutung des Verstandes wird also nun größer:

Die Wahrheit also nimmt zwar, als von einem schwachen Anfangspunkte, von der Sinneswahrnehmung zu einem ganz geringen Teile ihren Ausgang, ist aber nicht in der Sinneswahrnehmung. (Ebd. S. 29)

Die Wahrheit ist also nicht in der Sinneswahrnehmung gegeben. Es geht hier nicht bloß um den Zweifel an der Zuverlässigkeit der Sinneswahrnehmung, ein Zweifel, der ja nicht neu war, sondern um die Zumutung, daß die Grundbegriffe der Wissenschaft und die daraus resultierenden Modelle empirischer Wissenschaft unanschaulich sind. Auch das ist im Grunde nicht ganz neu, die vorsokratische Naturphilosophie eines Anaximander, Anaximenes oder Demokrit war von »Vorstellungen« ausgegangen, die keine unmittelbare Korrespondenz in der Erfahrung aufweisen konnten. Aber die antike Naturphilosophie hatte eben noch keine entwickelte empirische Wissenschaft zur Verfügung gehabt. Im Vergleich dazu jedoch war das kopernikanische System ein entwickeltes System empirischer Wissenschaft. Im kopernikanischen System mußte man eine gewisse Unanschaulichkeit akzeptieren, aber die Grundbegriffe dieser Theorie waren doch mit empirischen, meßbaren Daten verbunden. Bei Bruno war das oft nicht der Fall. Die Grundbegriffe, die Bruno verwendete, waren nicht-empirischer Natur und konnten, wie er sagte, auch gar nicht empirischer Natur sein. Ihr erkenntnistheoretischer Status blieb aber ungeklärt. Auf die Frage, wo die Wahrheit ist, antwortet Bruno:

Im sinnlichen Gegenstande, wie in einem Spiegel, im Verstande in der Weise der Argumentation und Sprache, in der Vernunft in der Weise der Grundsätze und Schlußfolgerungen, im Geiste in eigener und lebendiger Gestalt. (Ebd. S. 29)

Diese Aussage klingt beinahe platonisch und war wohl auch etwa so gemeint. Aber ohne platonische Wiedererinnerungslehre oder ohne augustinische Erleuchtungslehre bleibt dieser »Spiegel« eine erläuterungsbedürftige Metapher. Bruno hatte mit seiner Anwendung der Lullschen Kunst eine Korrespondenz einer logisch-metaphysischen und einer wissenschaftlich-kosmologischen Theorie angestrebt, am Schluß jedoch hatte er zwar eine umfassende metaphysische, aber nur eine bloß einen Teilbereich abdeckende wissenschaftliche Theorie. Dies wäre an sich nicht problematisch, Bruno hat allerdings, soweit man sehen kann, keine wissenschaftlichen Anstrengungen unternommen, den empirischen Teil seiner Theorie zu erweitern, d. h.: Er selbst hat keinen Forschungsprozeß in Gang gesetzt. Daß andere aus Brunos Metaphysik dann Anregungen für einen solchen Forschungsprozeß erhalten haben, ist eine andere Frage. Nichtsdestoweniger bleibt es das Verdienst Brunos, daß er – im Unterschied zu Nikolaus von Kues – klar gesehen hat, daß für eine spekulative Kosmologie der Nachweis zumindest der Verträglichkeit mit einer empirisch überprüfbaren Theorie erforderlich ist.

Brunos Art, philosophische Kosmologie zu betreiben, ist nicht schon jene, der die unmittelbare Zukunft gehören wird. Dies bedeutet jedoch nicht, daß Bruno nicht die Philosophie und die Wissenschaft wesentlich beeinflußt hat, und zwar nicht einmal so sehr die seiner unmittelbaren Gegenwart, sondern vielmehr die der nachfolgenden Jahrhunderte. Er war mit seiner Konzeption zu weit über das hinausgegangen, was an Folgerungen aus dem kopernikanischen System einleuchtend scheinen konnte. Sein Einfluß wuchs erst nach den großen durch das Teleskop ermöglichten Entdeckungen, d. h. erst nach Galilei. In der zweiten Hälfte des 17. Jhd.s aber wurden Brunos Vorstellungen dann zu einem entscheidenden Faktor des Weltbildes. Das Weltbild, welches zwischen dem metaphysisch-scholastischen des Mittelalters und dem physikalisch-wissenschaftlichen Newtons steht, wird eigentlich paradigmatisch durch Giordano Bruno repräsentiert. Die aristotelisch-ptolemäische Vorstellung des Kosmos, die auch das ganze Mittelalter hindurch gegolten hatte, ist seit Nikolaus von Kues und, geschichtlich wirksamer, seit Giordano Bruno endgültig überwunden. Der Kosmos wird nunmehr vorgestellt als ein Ganzes, das überall aus denselben Stoffen besteht und überall nach denselben Gesetzen funktioniert, welche Gesetze der Verstand nur – theoretisch vermittelt – aus dem Universum selbst erheben kann. Die *Astronomie* erhielt somit *paradigmatischen Charakter* für Wissenschaft überhaupt, und sie konnte zu Recht diese Funktion übernehmen, denn sie war tatsächlich die fortgeschrittendste Wissenschaft ihrer Zeit. Daß die begeistertsten Propagandisten einer Wissenschaft nicht immer auch schon jene sind, welche die Reichweite und Grenzen ihrer Wissenschaft am kritischsten reflektieren, ist ein nicht seltenes Phänomen.

- III -

Francis Bacon

1. Die historische Situation

Im sechzehnten Jahrhundert wurde England zu einer modernen Großmacht. Es erlebte eine Periode des wirtschaftlichen und kulturellen Aufschwungs, die oft als das »elisabethanische Zeitalter« bezeichnet wird. Wie viel oder wenig Königin Elisabeth I. (1558–1603) tatsächlich an den Erfolgen Englands beteiligt war, mögen die Fachhistoriker entscheiden. In diesem Jahrhundert entwickelten sich in England Handel, industrialisiertes Gewerbe, Wissenschaft und Kunst in großem Ausmaß, insbesondere die Schiffahrt und die dazugehörige Technik erzielten große Erfolge. Die Schiffahrt wurde meist von Seeräubern im Sir-Rang organisiert, denen nach der Besetzung sofort die offiziellen Gesellschaften zur organisierten Ausbeutung der überseeischen Gebiete folgten. Der Übergang von mittelalterlich-feudalistischer zu modern-kapitalistischer Ordnung war voll im Gange, die Londoner Börse wurde tonangebend. Diese Entwicklung brachte England, natürlich nicht allen Engländern, großen Reichtum. Da dieser Reichtum Macht bedeutete, lag ein Konflikt mit der Krone in der Luft. Dies zeigte sich dann besonders zur Zeit Jakobs I. (1603–1625), des Sohnes der Maria Stuart und Nachfolger Königin Elisabeths. In diese Gesellschaft, in der die (englische Kolonial-)Welt »dem Tüchtigen gehörte«, der dafür königliche Privilegien erhielt, wurde Francis Bacon (1561–1626) als Sohn eines der höchsten Verwalter Königin Elisabeths hinein geboren. Seine juristischen Studien, vor allem aber die Familienzugehörigkeit sollten ihm eine politische Karriere sichern. Im Verlauf seiner Studien hielt er sich unter anderem in Paris auf (1577/78) und kam dort mit der modernen Naturwissenschaft und mit der Ablehnung aristotelischer Philosophie in Kontakt. Die wissenschaftspolitischen Ideen Bacons haben daher wahrscheinlich schon in Paris Form angenommen, auch wenn er sie erst später ausdrücklich formuliert hat. Nach England zurückgekehrt wurde er bald Mitglied des Parlaments und begann für seine wissenschaftspolitischen Ideen zu werben. Unterstützung fand er insbesondere bei Lord Essex (1566–1601), einem der wichtigsten Männer in der Umgebung Königin Elisabeths, mit dem ihn seit etwa 1592 eine persönliche Freundschaft verband. Lord Essex ermöglichte es Bacon, seine Ideen der Monarchin selbst vorzutragen. Bacon fand jedoch zunächst keine weitere Gelegenheit, seine Pläne zu verfolgen, da er bei Hof in Ungnade fiel. Anlaß dafür waren die Pläne der Königin, durch eine rasche und hohe Besteuerung das Geld für weitere Aufrüstung gegen den großen Konkurrenten Spanien zu erhalten. Bacon trat zwar immer für englische Machtpolitik ein, wollte jedoch diese Steuern auf einen größeren Zeitraum aufteilen. Die Königin setzte sich aber im Parlament durch, somit hatte Bacon auf der falschen Seite gestanden. Ihm blieb nun Zeit, sich philosophischen und literarischen Studien zu widmen.

Bacons Gönner Essex sollte einen Earl in Irland, der dort nicht die Interessen der Krone, sondern seine eigenen vertrat, im Auftrag der Königin angreifen, zog aber Verhandlungen mit diesem vor. Er wurde daraufhin selbst verhaftet, kam aber wieder frei, wobei ihm Bacon bei der Rechtfertigung gegenüber der Königin behilflich war. Als Essex aber wegen eines bewaffneten Aufstands gegen die Königin 1601 verhaftet wurde, fand sich Bacon gezwungen, unter den Anklägern aufzutreten. Essex wurde als Hochverräter hingerichtet und ausgerechnet Bacon mußte im Auftrag der Königin eine entsprechende – für die Öffentlichkeit bestimmte und 1601 auch publizierte – Darstellung des ganzen Vorgangs verfassen, in der Bacon politisch verständlicherweise nicht für seinen früheren Freund eintreten konnte. Dieses Verhalten Bacons wurde häufig kritisiert, die politische und rechtliche Sachlage ließ ihm aber vermutlich, sofern er überhaupt weiter politisch tätig sein wollte, keine andere Wahl. Trotzdem wurde aus der politischen Karriere zur Zeit Königin Elisabeths nichts. Erst unter ihrem Nachfolger Jakob I. gelang Bacon der politische Durchbruch und damit der Aufstieg in der Staatshierarchie. Der Grund für diese Karriere lag darin, daß er im Parlament die Interessen des Königs vertrat, der eine politische Einheit von England und Schottland anstrebte, was auch Bacons eigenen Vorstellungen von England als einer Großmacht entsprach. 1618 war er schließlich Lordkanzler und hatte damit das höchste Amt der königlichen Verwaltung inne, worauf er dann auch diverse Adelstitel erhielt. 1620 veröffentlichte Bacon die *Instauratio Magna*, deren zweiter Teil, das *Novum Organon*, jenes Werk ist, das Bacon seine herausragende Stellung in der Geschichte der Philosophie sicherte. Bacon wollte jetzt seine bedeutende politische Position für die Verwirklichung seiner wissenschaftspolitischen Ideen nutzen, doch daraus wurde nichts. Schon 1621 wurde er wegen Bestechung angeklagt, eine ungewöhnliche Beschuldigung, denn Bestechung war damals ein Teil des Systems, insofern diese eine Art »direkter Abgaben« darstellte, die den Staatsdienern erst ihre mehr oder weniger aufwendige Lebensführung garantierten. Als Richter nahm Bacon Bestechungsgelder von beiden Parteien, so daß er zu seiner Verteidigung sagen konnte, die Gelder hätten seine Entscheidungen nicht beeinflußt. Die Anklage der Bestechung war daher nur ein Vorwand. In Wirklichkeit ging es um die königlichen Monopolrechte – für die die Inhaber dem König erhebliche Summen zahlen mußten –, die Bacon verteidigte, die aber mit dem entstehenden Kapitalismus nicht mehr vereinbar erschienen und so von einflußreichen Gruppen des Parlaments bekämpft wurden. Bacon hingegen setzte schon aufgrund seines königlichen Amtes, aber auch im Interesse der angestrebten Weltmacht Englands auf eine starke und finanziell vom Parlament unabhängige Stellung des Königs, obwohl er genau erfaßt hatte, daß deren Finanzierung über Vergabe von Monopolen nicht mehr den wirtschaftlichen Gegebenheiten entsprach. König Jakob I. begriff, daß mit Bacon die Rechte der Vergabe von Monopolprivilegien getroffen werden sollten und versuchte, den offenen Konflikt zu vermeiden. Er überredete Bacon, auf eine Verteidigung zu verzichten, Bacon wurde verurteilt und verlor seinen Posten, wurde aber nach einigen Tagen Gefängnis vom König frei gelassen und konnte sich auf sein Landgut zurückziehen. Er hatte nun Zeit, sich ganz den wissenschaftlichen Arbeiten zu widmen, seine finanzielle Basis war allerdings sehr schwach. Er verfaßte zunächst eine Geschichte der jüngeren Vergangenheit Englands und machte sich dann an die Ausarbeitung des 3. Teils der *Instauratio Magna*, also der *Natur- und Experimentalgeschichte zur Grundlegung der Philosophie*. An eine vollständige Durchführung dieses Teils dachte Bacon jedoch nicht, er war nur als ein Programm konzipiert, an dem sich Forschergruppen und ganze Forschergenerationen orientieren sollten. Diese Schrift wurde sogar noch im 17. Jhd. in der *Royal Society* bei der Planung von Forschungsarbeiten herangezogen. Die wissenschaftspolitischen Pläne Bacons fanden also später doch noch eine gewisse Verwirklichung. Besonders deutlich ist der Einfluß auf Leibniz bei dessen zahlreichen Entwürfen zu einer *Scientia generalis* und zu den entsprechenden Plänen zur Errichtung von Akademien. Außer weiteren Arbeiten zur Wissenschaft schrieb Bacon auch die – gewollt oder ungewollt – unvollendet gebliebene *Neu-Atlantis*, also – neben Campanella und Morus – die dritte Utopie der Zeit der Renaissance. Diese Periode des zurückgezogenen Lebens und Arbeitens dauerte jedoch nicht sehr lange, da Bacon am 9. April 1626 starb.

Die radikale Veränderung der Stellung der Philosophie im Zusammenhang der Wissenschaften und die entsprechende Veränderung der Stellung des Philosophen in der Gesellschaft wird schon durch die gesellschaftliche Position Bacons angezeigt: Der letzte große, in der mittelalterlichen Tradition stehende Philosoph am Übergang zur Neuzeit, Nikolaus von Kues, war *Kardinal* – der erste große Philosoph am Beginn der Neuzeit, Bacon, ist *Lordkanzler*. Nicht mehr die Kirche, sondern die Höfe und die von diesen erhoffte Unterstützung sind die Adressaten der Philosophen. Bacons ganzes Streben war darauf gerichtet, empirische Wissenschaft zu organisieren, also Wissenschafts- und Forschungspolitik zu betreiben. Sein Plan war, Institutionen der Forschung zu errichten, die der Förderung des Fortschritts und so der Verbesserung der Lebensbedingungen der Menschen dienen sollten. Dies brachte er vor allem in seiner utopischen Schrift *Neu-Atlantis* (vgl. dazu weiter unten 3) zum Ausdruck, doch die traditionellen Strukturen waren zu seiner Zeit noch zu stark, um eine Verwirklichung dieser Pläne zu ermöglichen. Seit der Revolution Cromwells 1642 entstanden jedoch in England zahlreiche Gruppen, die nach den Zielen Bacons Wissenschaft betreiben wollten. Als dann die Monarchie wieder errichtet wurde, blieb dieser Impuls erhalten und wurde vom König selbst aufgenommen, was 1660 zur Gründung der *Royal Society* führte, die in den folgenden Jahrhunderten eine führende Rolle in der Naturwissenschaft übernahm.

2. Erkenntnisfortschritt durch experimentelle Wissenschaft

Bacon hatte ein umfassendes philosophisches und wissenschaftliches Werk geplant, die schon erwähnte *Instauratio Magna*. Davon hat Bacon nur die beiden ersten Teile vollendet: *De dignitate et augmentis scientiarum* (1623), ein Versuch der Einteilung der Wissenschaften, und das *Novum Organon* (1620), welches die Grundlegung der Wissenschaft enthält. Zum dritten Teil, der die *Phänomene des Universums, oder eine Natur- und Experimentalgeschichte zur Grundlegung der Philosophie* behandeln soll, hat Bacon selbst später einige Abschnitte verfaßt. Wenn man sagt, Bacon habe ein umfassendes Werk geplant, aber nur einzelne Teile vollendet, so ist dies in einer bestimmten Weise zu präzisieren: (1) Bacon war sich im Klaren darüber, daß das von ihm geplante Werk nicht von einem einzelnen, sondern nur als Gemeinschaftsarbeit vieler realisiert werden könnte. (2) Es handelt sich eigentlich gar nicht um ein Werk, das als ein Buch vollendet werden könnte, sondern um den Plan für die Organisation eines Prozesses wissenschaftlicher Forschung.

Bacon hatte deutlich erfaßt, daß es nicht eine vorweg und endgültig definierte Methode der Wissenschaft geben kann. Die *Methode* ist selbst *in den Erkenntnisfortschritt* durch Wissenschaft *hineingezogen* und muß sich daher mit diesem ändern.

Es sind aber vermischte Dinge, die aus der Logik und der eigenen Materie der Wissenschaften selbst hergenommen sind, denn derjenige muß sehr schlecht und enge denken, welcher davor hält, daß die Kunst von Erfindung der Wissenschaften gleich von Anfang, als vollkommen, ausgedacht und vorgelegt werden könne, und eben so hierauf getrieben werden müsse. Aber die Menschen sollen allerdings wissen, daß die gründlichen und echten Erfindungs-Künste mit den Erfindungen selbst wachsen und zunehmen: so daß derjenige, welcher anfänglich die Untersuchung einer Wissenschaft unternimmt, einige nützliche Erfindungs-Regeln haben kann: nach weiterem Fortgang in der Wissenschaft selbst aber ebenfalls auch neue Erfindungs-Regeln, die ihn mit mehr Glück weiter führen, ausdenken könne und müsse. (*Über die Würde und den Fortgang der Wissenschaften* V, 3. S. 469)

Schon der Titel *Novum Organon* zeigt die Grundintention an. Unter der Bezeichnung *Organon* faßte man seit der späten Antike die fünf Bücher des Aristoteles zusammen, welche die Logik und Wissenschaftstheorie enthielten, und diese waren maßgebend auch für die Philosophie und Wissenschaftsauffassung des Mittelalters gewesen. Wenn Bacon nun sein Werk als *Neues Organon* bezeichnet, so will er damit schon im Titel zum Ausdruck bringen, daß die Wissenschaft auf eine *neue Grundlage* gestellt werden muß, durch die eine wirkliche Umgestaltung erreicht werden soll, und dies nicht einfach durch eine Fortentwicklung oder Modifikation der aristotelischen Wissenschaftsauffassung, sondern durch die Schaffung einer gänzlich neuen. Bacon war sich dessen bewußt, und dies zeigt sich deutlich in dem *Pathos*, mit dem er diesen *Neuanfang* verkündet und für den er ausdrücklich Unvoreingenommenheit, ja geradezu eine *tabula rasa*, fordert:

Eine reine Naturphilosophie findet man bisher nicht, sie ist angesteckt und verdorben: in der Schule des Aristoteles durch die Logik, in der Schule Platons durch die natürliche Theologie, in der zweiten Schule Platons, des Proklos und anderer, durch die Mathematik, diese soll die Naturphilosophie eingrenzen, nicht aber befruchten und schöpferisch gestalten. Von einer reinen und unvermengten Naturphilosophie ist Besseres zu erwarten. (*Neues Organon* I, Aph. 96. S. 211)

Niemand bisher ward gefunden, der eine solche Festigkeit und Härte des Geistes aufgebracht hätte, entschlossen, die üblichen Theorien und Begriffe völlig abzulehnen und den so befreiten und gereinigten Verstand von neuem auf das Einzelne zu richten. Daher ist die menschliche Vernunft, welche wir haben, ein eigenartiges Gemisch von vielem Vertrauen und auch vielem Zufall wie auch von kindischen, oberflächlich genommenen Begriffen. Wenn nun jemand im reifen Alter, bei klaren Sinnen und unverdorbenem Geiste sich unvoreingenommen der Erfahrung und den Einzeldingen zuwendet, so kann man Besseres von ihm erhoffen. (Ebd. I, Aph. 97. S. 213)

Diese Einschätzung der aristotelischen Wissenschaftstheorie ist nicht in allen Punkten korrekt, denn Aristoteles hat in vieler Hinsicht durchaus gültige und richtige Auffassungen, z. B. bezüglich der Rolle der Logik für wissenschaftliche Theorienbildung, vertreten. Trotz dieser Problematik bleibt es Bacons Verdienst, als erster mit aller Klarheit eine Auffassung von Wissenschaft proklamiert zu haben, die maßgebend für die kommenden Jahrhunderte werden sollte. Bacon war sich auch darüber im Klaren, daß die im Entstehen begriffene *neue Gesellschaftsstruktur* eine völlig *neue Beziehung zu Wissen und Wissenschaft* bedeutete und daß in dieser neuen Gesellschaft auch bereits Forderungen nach einer solchen »neuen Wissenschaft« laut geworden waren. Die eigentliche Leistung Bacons liegt genau in dieser *Diagnose* und außerdem darin, daß er sie in eine klare und einleuchtende sprachliche Form zu fassen verstand. Die neue Gesellschaft war an technischem und wissenschaftlichem Fortschritt interessiert, den die bestehende Wissenschaft in ihrer traditionellen Form nicht liefern konnte. Die traditionelle Wissenschaft faßte Wissen als *theoria* auf, als *contemplatio*, als Anschauung. Die *praktische Verwertbarkeit des Wissens* war nie ein Motiv der Wissenschaftler gewesen, ganz im Gegenteil wurde die Freiheit von praktischen und technischen Zielsetzungen geradezu als Voraussetzung theoretischer Erkenntnis angesehen. Bacon diagnostizierte richtig, daß in der jetzt anbrechenden Periode nicht

Wissen um seiner selbst angestrebt wurde, sondern Wissen, welches der Verbesserung der Lebensbedingungen dient, Wissen also, das einen konkreten Nutzen erbringt. Bacon lehnt die als *contemplatio* verstandene theoretische Wissenschaft nicht ab, er räumt ihr aber keinen prinzipiellen Vorrang gegenüber dem praktischen Handeln ein, sondern fordert eine Einheit von beiden:

Beide Aussagen, die für das Handeln wie für das Betrachten *(activum et contemplativum)*, sind ein und dieselbe Sache und was im Tätigsein am nützlichsten *(in Operando utilissimum)*, ist im Wissen reine Wahrheit *(in Sciendo verissimum)*. (Ebd. II, Aph. 4. S. 287)

Wir sind also bei der »nützlichen Wahrheit« angelangt, d. h. die Arbeit des Forschers wie auch er selbst werden daran gemessen werden, ob sie bzw. er – in mehr oder weniger unmittelbarer Weise – einen Nutzen für die Gesellschaft darstellen. Mit dieser neuen Definition der Rolle der Wissenschaft und des Wissenschaftlers wurde die Trennung in Theorie und Praxis und damit gleichzeitig die in »Arbeitende« (= Produzierende) und »Forschende« (= privilegierte nicht-Arbeitende) aufgehoben. Der Forschende wird sich in der Neuzeit als Produzierender verstehen, und seine Produkte werden in zunehmendem Maße an dem gemessen werden, was sie für die technische Produktion und damit für die Hebung des Wohlstandes leisten. Die praktische Verwertbarkeit ist allerdings für Bacon nicht das einzige und auch nicht das ausschlaggebende Kriterium für die Bewertung der Ergebnisse der Wissenschaft, wohl aber ein durchaus relevanter Indikator. Von da aus kritisiert Bacon auch den traditionellen, von den Griechen her überlieferten Wissenschaftsbetrieb:

Denn die Früchte und die erfundenen Werke sind gleichsam die Bürgen und Gewährsmänner für die Wahrheit der Philosophien. Aber aus besagten Philosophien der Griechen und ihren Verzweigungen in die einzelnen Wissenschaften hat man innerhalb eines Zeitraumes von nun schon so vielen Jahrhunderten kaum ein einziges Experiment abgeleitet, welches sich auf eine Erleichterung und Verbesserung der Lage der Menschen bezieht, und von welchem man behaupten kann, daß es in der Tat mittels der Spekulationen und Dogmen der Philosophien gewonnen worden ist. (Ebd. I, Aph. 73. S. 157)

Entscheidend dabei, und dies ist der Verdienst Bacons, ist, daß er sah, daß damit nicht nur die *Verwendung* von Wissen und Wissenschaft in einen veränderten Rahmen eintrat, sondern daß auch der *Begriff* von Wissen und die *Methode* von Wissenschaft eine tiefgreifende Veränderung erfuhren. Der jetzt *instrumentelle Charakter* der Wissenschaft erforderte eine Wissenschaft, die selbst aus einem instrumentellen Zusammenhang hervorgegangen ist. Schon gleich zu Beginn des *Novum Organon* sagt Bacon dazu:

Weder die bloße Hand noch der sich selbst überlassene Verstand vermögen Nennenswertes; durch unterstützende Werkzeuge wird die Sache vollendet; man bedarf ihrer nicht weniger für den Verstand als für die Hand. Und so, wie die Werkzeuge die Bewegung der Hand wecken oder lenken, so stützen und schützen in gleicher Weise die Werkzeuge des Geistes die Einsicht. (Ebd. I, Aph. 2. S. 81)

Der Handwerker erhält hier eine gewisse Modellfunktion für Wissen und Wissenschaft, denn dieser erfaßt Zusammenhänge nicht nur durch die *Betrachtung* der Natur, sondern durch das handelnde Bearbeiten von Gegenständen der Natur, und um zu immer besseren Produkten zu gelangen, muß er bessere Verfahren der Bearbeitung durch Ausprobieren erfinden: Damit sind wir beim *Experiment*. Gleichzeitig ist bei der Tätigkeit des Handwerkers immer die praktische Zielsetzung, der Nutzen des Produkts, mitbestimmend, denn die produzierten Gegenstände müssen verkauft werden, und je bessere Methoden der Herstellung der Handwerker erfunden hat, um so mehr Nutzen hat er auch für sich selbst. Aus diesem Zusammenhang heraus ist das, was er erkennt, wieder als neue Technik *verwertbar*. Dem Handwerk sind jedoch gerade aufgrund der Orientierung am Nutzen deutliche Grenzen gesetzt:

 Denn der Handwerker ist an der Erforschung der Wahrheit in keiner Weise interessiert, und er strengt seinen Geist nur so lange und seine Hand nur so weit an, als es zur Vollendung des Werkes selbst nötig ist. Aber auf einen weiteren Fortschritt in den Wissenschaften kann man nur dann mit Recht hoffen, wenn man in die Naturgeschichte eine große Anzahl solcher Experimente aufnimmt und sammelt, die zwar keinen unmittelbaren Nutzen bringen, aber für die Erforschung der Ursachen und Gesetze von großem Wert sind. (Ebd. I, Aph. 99. S. 217)

Es ist ersichtlich, daß dieses Programm bei Bacon keineswegs kurzschlüssig utilitaristisch konzipiert ist. Es geht zunächst einmal wirklich um Forschung und Forschungsergebnisse, die Frage der nutzbringenden Verwertung ist eine zwar auch wichtige, sachlich aber doch sekundäre Frage. Eine zu unmittelbare Bindung an einen zu erwartenden Nutzen ist seiner Meinung nach geradezu forschungshemmend. Bacon trifft dabei die gute Unterscheidung in »lichtbringende« *(lucifera)* und »fruchtbringende« *(fructifera)* Experimente und läßt keinen Zweifel daran, daß es erst einmal auf jene Experimente ankommt, die einen Erkenntnisfortschritt bringen:

Wenn man sich auch müht, klare Wissenschaft und feste Lehrsätze aus den Experimenten zu gewinnen, so wendet man sich dennoch fast immer in übereiltem Eifer vorzeitig der Praxis zu; nicht nur, um aus einer solchen Anwendung Nutzen und Frucht zu ziehen, sondern um aus irgend einem neuen Werke gleichsam die Gewißheit dafür zu gewinnen, daß man auch in den übrigen nicht ohne Nutzen bleiben werde. [...] Ähnlich ist bei jeder Erfahrung zunächst auf die Erforschung der Ursachen und wahren Grundsätze einzugehen; es sind die lichtbringenden, nicht die fruchtbringenden Experimente zu suchen. Denn die richtig erforschten und aufgestellten Grundsätze *(axiomata)* ergeben keine magere, sondern eine üppige Praxis und ziehen Scharen und Massen von Werken nach sich. (Ebd. I, Aph. 70. S. 149)

Bacon warnt also durchaus vor »übereiltem Eifer«, mit dem sofort praktisch verwertbare Ergebnisse erwartet werden. Zunächst einmal muß es um die Erforschung der Ursachen, also um wissenschaftliche Hypothesenbildung gehen. Wir müssen mit Verstand die Natur befragen, um von da aus zu lernen, wie wir uns erfolgreich der Natur bemächtigen können:

Der Mensch, Diener und Erklärer der Natur, schafft und begreift nur so viel, als er von der Ordnung der Natur durch die Sache oder den Geist beobachten kann; mehr weiß oder vermag er nicht. (Ebd. I, Aph. 1. S. 81)

Wissen und menschliches Können ergänzen sich insofern, als ja Unkenntnis der Ursache die Wirkung verfehlen läßt. Die Natur nämlich läßt sich nur durch Gehorsam bändigen; was bei der Betrachtung als Ursache erfaßt ist, dient bei der Ausführung als Regel. (Ebd. I, Aph. 3. S. 81)

Im eben aufgeführten Aphorismus bringt Bacon Wissen *(scientia)* und Macht *(potentia)* in eine enge Verbindung. Vermutlich war es dieser Satz, der Anlaß dazu gegeben hat, Bacon die These »Wissen ist Macht« zuzuschreiben. In dieser Form findet sich diese These aber nicht bei Bacon – Bacons Satz behauptet nämlich etwas weniger: »Wissen und menschliches Können/menschliche Macht fallen zusammen *(coincidunt)*«, wobei auch zu beachten ist, daß *potentia* zwar auch »Macht« bedeuten kann, hier aber vom Übersetzer besser mit »menschliches Können« wiedergegeben wird, wodurch der Satz auch weniger aggressiv klingt. Auch sollte man dabei nicht übersehen, daß Bacon die These eigentlich nicht positiv formuliert, sondern negativ, wie es aus seiner Erläuterung *(quia)* hervorgeht: »Unkenntnis der Ursache zerstört *(destruit)* die Wirkung.« Das heißt: Bei Unkenntnis der Gründe lassen sich nicht die erhofften Wirkungen erzielen. Daraus folgt aber nicht, daß umgekehrt – nun positiv gefaßt – die erhoffte Wirkung die Suche nach den Gründen immer bestimmen muß. Bei Bacon hat auch »reine« Forschung, also Grundlagenforschung, bei der zunächst gar kein Nutzen abzusehen ist, seine Berechtigung. Aus der Erkenntnis einer natürlichen Ursache ergibt sich zwar eine Regel, die zu einer nutzenbringenden Anwendung führen kann, für Bacon hat aber die Erkenntnis auch einen eigenen Wert in sich und ist nicht nur die erforderliche Voraussetzung für die Nutzanwendung.

Es geht also zunächst einmal um »lichtbringende Experimente«. Das Experiment als Element der Methode der Wissenschaft war freilich auch schon vor der Zeit Bacons bekannt – die Alchemie war immer schon als experimentelle Wissenschaft aufgefaßt worden. Neu ist an Bacons Konzeption jedoch, daß das *Experiment* ausdrücklich *in den allgemeinen Begriff der Wissenschaft* aufgenommen wird. Damit wird die frühere strenge Trennung von Verstehen/Begreifen *(epistéme)* und Können/Technik *(téchne)* aufgehoben. Der Begriff der experimentellen Wissenschaft ist erst von Bacon scharf gefaßt worden. Ehe jedoch Experimente durchgeführt werden können, ist genaue Beobachtung der Sachverhalte erforderlich. Beobachtung war seit Aristoteles als entscheidendes Element des wissenschaftlichen Vorgehens angesehen worden. Bacon kritisiert jedoch an dem bisher gegangenen Weg, daß dort immer zu rasch von der Sinneserfahrung zu den allgemeinsten Begriffen und Aussagen fortgeschritten wurde, was nicht nur für den faktischen Wissenschaftsbetrieb, sondern auch für die Methodologie der Wissenschaft gilt: Das entscheidende Problem der Erkenntnistheorie war bisher tatsächlich die Frage der Bildung und Geltung von Allgemeinbegriffen gewesen – der Begriff der Erfahrungswissenschaft war somit von den Erfordernissen der Logik, also der Dialektik, her bestimmt gewesen.

> Jenen ersten Weg betritt der sich selbst überlassene Geist, er geht ihn nach Maßgabe der Dialektik; denn der Geist strebt zu dem Allgemeinsten empor, um da auszuruhen; und nach kurzer Weile wird er der Erfahrung überdrüssig. Aber dieses Übel ist schließlich von der Dialektik verstärkt worden, um die Disputationen mit unwiderstehlicher Glorie zu umgeben. (Ebd. I, Aph. 20. S. 89 und 91)

Man hört schon hier heraus, worauf Bacon hinaus will: Heraus aus dem Hörsaal mit seinen Diskussionen – hinein ins Labor mit seinen Experimenten. Auch hier will Bacon einen wirklich neuen Weg aufzeigen. Zunächst könnte ja der Unterschied des alten und des neuen Weges als ein nur gradueller erscheinen:

> Beide Wege beginnen mit den Sinnen und dem Einzelnen und enden bei dem Allgemeinsten; aber sie weichen unermeßlich voneinander ab *(immensum quiddam discrepant)*; auf dem einen streift man nur flüchtig die Erfahrung und die Einzeldinge; auf dem anderen verweilt man richtig und ordnungsgemäß bei ihnen. Auf dem einen wiederum stellt man bereits am Anfang abstrakte und nutzlose Verallgemeinerungen auf, während der andere stufenweise zu denen emporsteigt, die der Natur in Wahrheit gemäßer sind. (Ebd. I, Aph. 22. S. 91)

Der Unterschied zwischen dem alten und dem neuen Weg ist eben doch nicht nur ein gradueller, sondern ein prinzipieller. Beobachtung als solche ist ja noch gar nicht kennzeichnend für die neue Wissenschaft, dieser entspricht vielmehr nur jene Beobachtung, die *zielgerichtet als Experiment* eingesetzt wird, da nur diese wirklich zu einem Erkenntnisfortschritt führt:

Denn die Sinne für sich allein sind ein gar schwaches und irrtumgebundenes Ding. Auch vermögen Werkzeuge zur Erweiterung und Schärfung der Sinne nicht viel; sondern alle richtigere Interpretation der Natur kommt durch Einzelfälle und geeignete durchführbare Experimente zustande; wo der Sinn nur über das Experiment, das Experiment über die Natur und die Sache selbst entscheidet. (Ebd. I, Aph. 50. S. 113)

Im Gegensatz zu dem antiken und mittelalterlichen Theoriebegriff und der diesem entsprechenden Wissenschaft fordert Bacon eine theorie- und verstandesgeleitete, empirisch-experimentelle Wissenschaft. Daß er ein Zusammenwirken von Theorie und Erfahrung in dem Sinne annahm, daß das reine Zusammentragen empirischer Fakten nicht genügt, hat Bacon in einem einprägsamen Vergleich gezeigt (»Dogmatiker« steht hier für »Rationalisten«):

Die, welche die Wissenschaften betrieben haben, sind Empiriker oder Dogmatiker gewesen. Die Empiriker, gleich den Ameisen, sammeln und verbrauchen nur, die aber, die die Vernunft überbetonen, gleich den Spinnen, schaffen die Netze aus sich selbst. Das Verfahren der Biene aber liegt in der Mitte; sie zieht den Saft aus den Blüten der Gärten und Felder, behandelt und verdaut ihn aber aus eigener Kraft. Dem nicht unähnlich ist nun das Werk der Philosophie; es stützt sich nicht ausschließlich oder hauptsächlich auf die Kräfte des Geistes, und es nimmt den von der Naturlehre und den mechanischen Experimenten dargebotenen Stoff nicht unverändert in das Gedächtnis auf, sondern verändert und verarbeitet ihn im Geiste. Daher könne man bei einem engeren und festeren Bündnisse dieser Fähigkeiten, der experimentellen nämlich und der rationalen, welches bis jetzt noch nicht bestand, bester Hoffnung sein. (Ebd. I, Aph. 95. S. 211)

Hier wird gleichzeitig eine Aussage über die Struktur der Wissenschaft wie auch über die der Philosophie gemacht. So, wie wissenschaftliche Erkenntnis nur aus dem Zusammenspiel von Theorie und Empirie zustande kommt, so braucht auch philosophische Erkenntnis diesen Zusammenhang; Philosophie wird also in eine Beziehung zu empirischer Wissenschaft gesetzt. So zeigt sich auch hier wieder die diagnostische Stärke Bacons in dieser Übergangsperiode: Die Zuordnung von Philosophie und empirischer Wissenschaft wird ein zentrales Thema der Neuzeit sein. Zu der Frage, wie im einzelnen diese Zuordnung beschaffen sein soll, liefert Bacon keine präzise Antwort. In jedem Fall aber trifft die Diagnose Bacons für die gesamte folgende Zeit bis in unsere Gegenwart hinein zu. Der einzige Bereich der Philosophie, der in seinem Status – bei allen internen Diskussionen – unbestritten ist, ist die Wissenschaftstheorie und die mit ihr verbundene Logik, bis hin zu der gelegentlich vertretenen Auffassung, daß Philosophie eigentlich gar keine andere Aufgabe als Logik und Analyse der Wissenschaft und der Mathematik hat, sich also in der Wissenschaftstheorie in einem umfassenden Sinn erschöpft. Und selbst dann, wenn ein

Philosoph diese rigorose Auffassung nicht vertritt, muß er doch wissen, daß seine Aussagen immer an den Standards von Logik und Wissenschaftstheorie gemessen werden.

Bacon sah einige der Probleme, die mit seinem Wissenschaftsverständnis verbunden waren. Das wichtigste dabei war das der *Induktion*, d.h. der Verallgemeinerungen aufgrund von einzelnen Beobachtungen. Man sollte jedoch Bacon nicht in die Vorgeschichte des Induktions-Problems einreihen, wie es von Hume bis Carnap und darüber hinaus bis heute diskutiert wird. Es geht Bacon *nicht* um die *Logik des induktiven Schließens, sondern* um die *forschungspraktische Frage*, wie wir durch methodische Auf- und Zusammenstellung des empirischen Materials zu induktiven Verallgemeinerungen gelangen. Bacon schlägt dafür die Aufstellung von Tabellen vor:

Für eine gegebene Eigenschaft ist zunächst dem Verstand eine Übersicht aller bekannten Fälle vorzulegen, welche in der gleichen Eigenschaft übereinstimmen, auch wenn sie anderweitig noch so verschieden sind. (Ebd. II, Aph. 11. S. 301 und 303)

Dies nennt Bacon die »Tafel des Wesens und des Vorhandenseins« (Ebd. S. 307). Es werden also z. B. alle Fälle *(instantiae)* aufgezählt, wo Gegenstände die Eigenschaft

Wärme aufweisen. Dann folgt eine Tabelle im umgekehrten Sinn:

Fürs zweite ist dem Verstand eine Übersicht der Fälle vorzulegen, wo die betreffende Eigenschaft fehlt. (Ebd. II, Aph. 12. S. 307)

Das Aufstellen einer solchen Negativ-Liste ist natürlich wesentlich problematischer, was Bacon auch genau weiß: »Alles hier aufzuzählen, würde ins Endlose führen« (Ebd.). Er muß sich also mit den »nächsten Fällen« *(instantiae in proximo)* begnügen. Werden z. B. die Strahlen der Sonne als warm empfunden, so fällt auf, daß die des Mondes und der Sterne nicht so empfunden werden (Ebd.). Bacon gibt aber auch Hinweise, wie sich hier experimentell weiterarbeiten ließe: Man könnte z. B. versuchen, ob nicht die Strahlen des Mondes durch Brennspiegel aufgefangen, doch eine minimale Wärme erzeugen (Ebd. S. 311). Das ist ganz klug gedacht. – Im weiteren soll eine Tabelle aufgestellt werden, in der quantitative Veränderungen registriert werden:

Drittens ist für den Verstand eine Übersicht der Fälle aufzustellen, wo die zu untersuchende Eigenschaft in verschiedenen Graden auftritt; sei es, daß sie im selben Gegenstand zu- und abnimmt, oder durch Vergleichen verschiedener Gegenstände. (Ebd. II, Aph. 13. S. 331)

Dabei können bestimmte Faktoren isoliert werden, z. B. kann festgestellt werden, daß die Erwärmung durch die Sonne vom Einfallswinkel und von der Erdnähe abhängt (Ebd. S. 339). Oder: Bewegung vergrößert die Wärme, was sich daran beobachten läßt, daß durch einen Blasebalg die Hitze des Feuers vergrößert wird (Ebd. S. 341). Es geht also auch in diesen Fällen um gezielte Experimente, die fallrelevante und quantifizierbare Ergebnisse liefern. Dann folgt die Formulierung eines Naturgesetzes:

Die Aufgabe und Absicht dieser drei Tafeln pflege ich die für den Verstand eingerichtete vergleichende Übersicht der Fälle zu nennen. Ist diese Übersicht gemacht, so folgt die Induktion selbst. Es muß nämlich über die vergleichende Übersicht aller einzelnen Fälle hinaus eine solche natürliche Bestimmung gefunden werden, die mit einer gegebenen Eigenschaft immer zugleich da ist oder fehlt, mit ihr zu- und abnimmt und die – wie bereits gesagt – ein besonderer Fall einer allgemeinen Eigenschaft ist. (Ebd. II, Aph. 15. S. 349)

Im Fall der Wärme gelangt Bacon zu der – durchaus richtigen – These, daß sie in einer unregelmäßigen Bewegung der kleinsten Teile eines Körpers besteht (Ebd. II, Aph. 20, c. S. 369 und 371). Dabei unterschätzte Bacon allerdings den Grad der Erfindungskraft, der zum Aufstellen solcher Hypothesen erforderlich ist. Er meinte, daß sich durch die geeignete tabellarische Darstellung der empirischen Gegebenheiten diese Hypothese gleichsam aufdrängen müßte. Wir werden auf diese wichtige Frage gleich noch zurückkommen (vgl. die Idole der Bühne im folgenden Punkt). – Zur Überprüfung einer solchen Gesetzlichkeit zieht Bacon dann vorrangige Fälle *(Praerogativae Instantiae)* heran, die er auch »Fälle des Kreuzes« *(Instantiae Crucis)* nennt – woraus unser Ausdruck *crucial experiment* wurde –, weil sie wie ein Wegkreuz funktionieren, an dem sich die Wege trennen (Ebd. II, Aph. 36. S. 439). Besonders wichtig sind dabei negative Instanzen. Von falschen Theorien werden wir dadurch am ehesten befreit, wenn wir nach »negativen Instanzen« suchen, also nach Erfahrungsgegebenheiten, die unsere Theorien widerlegen könnten, und weniger nach solchen, die unsere Theorien stützen. Erst unter diesem Blickwinkel werden auch die stützenden Instanzen wirklich relevant. Ein strenger Falsifikationist im Sinne Poppers ist Bacon aber doch nicht, obwohl er ausdrücklich feststellt, »daß jeder gegensätzliche Fall bereits genügt, ein über die Form aufgestelltes Urteil zu verwerfen« (Ebd. II, Aph. 18. S. 355). Schließlich aber soll der Forscher – nach langer Prüfung – zu einer positiven Aussage gelangen. Daß dies leichter gesagt als getan ist, weiß Bacon:

Dem Menschen ist nur vergönnt, über verneinende Fälle voranzuschreiten, um am Ende nach gänzlichem Ausschluß alles Abwegigen zu einer Bejahung zu gelangen. (Ebd. II, Aph. 15. S. 351)

Ist so das Zurückweisen und Ausschließen Schritt für Schritt geschehen, wird an zweiter Stelle, gleichsam als fester Grund, die bejahende, wahre und scharf umrissene

Form zurückbleiben, während die flüchtigen Meinungen in Rauch aufgegangen sind. Dies ist leicht gesagt, aber nur auf vielen Umwegen zu erreichen. Ich will indes nichts von dem übergehen, was hier fördern kann. (Ebd. II, Aph. 16. S. 351)

3. Hindernisse des Erkenntnisfortschritts

Bacon stellte sein *neues* Verständnis von Philosophie und Wissenschaft mit aller Schärfe dem *alten* Verständnis gegenüber. In dem schon angeführten Aphorismus 22 sagt er, daß sie »unermeßlich voneinander abweichen«. Bacon bestreitet die Kontinuität, er will keinen neuen Wein in alte Schläuche füllen:

Vergeblich könnte man in den Wissenschaften einen großen Zuwachs erwarten, wollte man auf die alten Grundlagen das Neue aufsetzen und ihnen aufpfropfen; die Erneuerung hat vielmehr von den Grundlagen her zu erfolgen, wenn man sich nicht fortwährend bei kümmerlichem und fast unbedeutendem Fortschritt im Kreise herumdrehen will. (Ebd. I, Aph. 31. S. 97)

68 | Er mußte sich daher fragen, welche Faktoren dafür verantwortlich waren, daß bis zu seiner Zeit eine fruchtbare Entwicklung von Wissenschaft und Philosophie nicht stattgefunden hatte. Dies ist eine Standardfrage, die immer mit einem »wir-jetzt«-Pathos verbunden ist: Wenn *wir jetzt* endlich auf der Höhe der Erkenntnis und des Wissens sind, müssen wir uns fragen, was denn *früher* Erkenntnis und Wissen verhindert hat. Mit einem solchen »wir-jetzt«-Pathos ist immer gegeben, daß eine scharfe Trennlinie gezogen wird zwischen dem Vergangenen und dem jetzt Beginnenden, eine Trennlinie, deren Konstruktion der genauen historischen Forschung dann gewöhnlich nicht ganz standhält. Dort, wo eine Philosophie mit einem solchen Pathos der Neuheit auftritt, sollten wir uns immer an die Warnung erinnern, die Charles Sanders Peirce (1839–1914) ausgesprochen hat: »Jede philosophische Lehre, die völlig neuartig sein soll, wird sich wohl immer als völlig falsch erweisen« (*Semiotische Schriften*. Bd. 3. Frankfurt 1993. S. 234). So rigoros wollen wir nicht sein, aber es genügt schon zu sagen: Jede philosophische Lehre, die völlig neuartig sein soll, ist es vermutlich bei genauerem Hinsehen gar nicht, und wenn sie völlig neu wäre, dann wäre sie vermutlich einigermaßen falsch. Bei Bacon trifft ersteres zu: Er gehört in Wirklichkeit nicht mehr ganz in die frühere Periode, aber auch noch nicht ganz in die neue. Auch er steht auf einer Grenze, aber im Unterschied zu Nikolaus von Kues blickt er auf diese Grenze von der anderen Seite her, d. h. von der mit ihm tatsächlich schon beginnenden Neuzeit. Selbst das Pathos des Neuen ist gar nicht so neu: Es trägt bei Bacon manche Züge des Zeitalters des Geistes, das die Franziskaner-Spiritualen beschworen hatten und dessen Anbruch zahlreiche Renaissance-Philosophen verkündeten (vgl. Kap. I, 1). Indem Bacon die Hoffnung auf dieses neue Zeitalter mit

seinen Vorstellungen einer neuen Wissenschaft verband, hat er einiges dazu beigetragen, daß die Wissenschaft später von vielen als Heilslehre verstanden werden konnte. Dies wird auch in seiner utopischen Schrift *Neu-Atlantis* deutlich werden (vgl. weiter unten 4). Von seinem Selbstverständnis aus mußte Bacon dann fragen, was in der Vergangenheit den von ihm eingeforderten Fortschritt verhindert hatte. Seine Antwort darauf gab er in der – wirkungsgeschichtlich äußerst bedeutsamen – Idolenlehre und Idolenkritik, wodurch er zum Begründer der verschiedenen Formen der *Ideologiekritik* wurde. Idole sind nach seiner Definition »Trugbilder« oder »falsche Begriffe«, die sich im menschlichen Geist finden und die unsere Wahrnehmungen und Vorstellungen von der Natur verzerren:

Die Idole und falschen Begriffe, welche vom menschlichen Verstand schon Besitz ergriffen haben und tief in ihm wurzeln, halten den Geist der Menschen nicht nur in der Weise in Beschlag, daß der Wahrheit nur mit Mühe ein Zugang offensteht; sondern auch dort, wo der Zugang gegeben und bewilligt worden ist, werden jene selbst bei der Erneuerung der Wissenschaften wiederum auftauchen als eine rechte Last, wenn die Menschen nicht, vor ihnen gewarnt, sich gegen sie nach Möglichkeit schützen.
(*Neues Organon* I, Aph. 38. S. 99 und 101)

Bacons Diagnose ist auch an diesem Punkt zutreffend: Er nimmt nicht an, daß diese Hindernisse einfach überwunden werden könnten, es kann nur darum gehen, daß sich dadurch, daß sie bewußt gemacht werden, ihr schädlicher Einfluß unter Kontrolle halten läßt. Bacon unterscheidet vier Gruppen solcher »Idole«, die im folgenden kurz erläutert werden sollen.

a) Idole des Stammes (Idola Tribus)

Diese Idole verleiten die Menschen – und zwar alle – dazu, sich das Weltall nach Analogie zu sich selbst vorzustellen:

Die Idole des Stammes sind in der menschlichen Natur selbst, im Stamme selbst oder in der Gattung der Menschen begründet. Es ist nämlich ein Irrtum zu behaupten, der menschliche Sinn sei das Maß der Dinge; ja, das Gegenteil ist der Fall; alle Wahrnehmungen der Sinne wie des Geistes geschehen nach dem Maß der Natur des Menschen, nicht nach dem des Universums. Der menschliche Verstand gleicht ja einem Spiegel, der die strahlenden Dinge nicht aus ebener Fläche zurückwirft, sondern seine Natur mit der der Dinge vermischt, sie entstellt und schändet. (Ebd. I, Aph. 41. S. 101)

Es geht hier also um die Kritik anthropomorpher Vorstellungen im Bereich der Naturerkenntnis. Bacon richtet sich unmittelbar gegen die zur Zeit der Renaissance weiterhin weit verbreiteten Naturspekulationen, in denen der Mensch als Mikrokosmos angesehen wurde, also als Bild des Makrokosmos. Ebenso wendet er sich gegen die traditionelle erkenntnistheoretische Auffassung, der menschliche Geist, wie schon die menschlichen Sinne, lieferten im Prinzip ein ungetrübtes Abbild der Wirklichkeit, eine Auffassung, die in der Ansicht gipfelte, der menschliche Geist enthalte schon die Urbilder der Dinge in sich. Solche Vorstellungen sind Idole des Stammes oder der Gattung, weil sie sich nicht auf Individuen beschränken, sondern bei den Menschen allgemein verbreitet sind. In solchen Idolen der Gattung sieht Bacon eine Fehlerquelle, die sich auf die gesamte bisherige Naturerkenntnis ausgewirkt hat. Dies zeigt sich besonders in seiner öfter geäußerten Kritik an der Teleologie: Da der Mensch auf Ziele hin handle, werde er dazu verleitet, nach letzten Zielursachen im Kosmos zu suchen, also Finalitäten anzunehmen; ein Vorurteil also, das ihn daran hindert, eine konsequent mechanistische Erklärung der Natur zu suchen. Bacons Stellungnahme dabei ist vorsichtig: Er nahm durchaus an, daß es so etwas wie eine göttlich verursachte Finalität geben könne, er lehnte es jedoch strikt ab, diese Vorstellung in irgendeiner Weise in die Forschung hineinzutragen:

70 | Denn die Behandlung der Endursachen in der Physik hat die Untersuchung der echt physikalischen Ursachen behindert und vertrieben und verursacht, daß die Menschen mit Schein und Schatten sich begnügten, und die Untersuchung der wirklich physikalischen Ursachen zum großen Schaden der Wissenschaften nicht strenge genug betrieben. [...] Doch sagen wir dieses nicht diesfalls, daß jene End-Ursachen nicht wahr [...] sein sollten, sondern weil sie in das Gebiet der echten physikalischen Ursachen einfallen, und [für] die Provinz dieser Wissenschaft jämmerlich verheerend war[en]. (*Über die Würde und den Fortgang der Wissenschaften* III, 4. S. 344–346)

Bacon unterscheidet hier zwischen physikalischen und metaphysischen Überlegungen und stellt fest, daß im Bereich der Naturwissenschaft nur mit Wirkursachen gearbeitet werden darf, daß damit jedoch nichts – weder positiv noch negativ – über die Annahme von Finalursachen im Bereich der Metaphysik ausgesagt ist. Bacon folgt hier strukturell jenem Bereichsdenken, das schon in der Hochscholastik eingesetzt hatte und das dann von Kant ausdrücklich ausgearbeitet werden wird. Modern ausgedrückt würden wir sagen: Kausalität und Finalität gehören verschiedenen Sprachen an.

Bei den Menschen findet sich ganz allgemein die Tendenz, sich die Welt möglichst überschaubar, und das heißt geordnet, vorzustellen:

Der menschliche Geist setzt vermöge seiner Natur leichthin in den Dingen eine größere Ordnung und Gleichförmigkeit voraus, als er darin findet; und obgleich vieles in der Natur einzeln und voller Ungleichheit ist, so fügt der Verstand dennoch Gleichlaufendes, Übereinstimmendes und Bezügliches hinzu, was es in Wirklichkeit nicht gibt. (*Neues Organon* I, Aph. 45. S. 105)

In diesem Zusammenhang nimmt Bacon u.a. auch Bezug auf Kopernikus, wenn er von den »Erdichtungen, daß sich alle Himmelskörper in vollkommenen Kreisen bewegen« (Ebd.), spricht. Er hat also richtig erkannt, daß hier metaphysische Voraussetzungen zugrunde liegen, die aus einem menschlichen Wunsch nach einer vollkommenen Ordnung stammen. Bacon ist dabei kein ausdrücklicher Gegner mathematischer Erklärungsmodelle, er will jedoch davor warnen, aus lauter geometrischem Ordnungsstreben die Welt einfach so zu sehen, daß sie sich unserer einfachen Geometrie anpaßt. Allerdings zeigt sich an diesem Punkt, daß der große Propagator der Wissenschaft nicht unbedingt auf dem neuesten Stand der Wissenschaft war. 1609 war Johannes Keplers (1571–1630) *Astronomia nova* erschienen, in der die für die moderne Wissenschaft maßgeblichen Elemente mathematischer Formulierung von Gesetzen und empirischer Überprüfung geradezu paradigmatisch dargestellt waren, wobei die Annahme der kreisförmigen Planetenbahnen aufgegeben wurde.

Zu den alle Menschen betreffenden Hindernissen gehört auch die Tendenz, an der »Meinung der Menge« festhalten zu wollen, weshalb dann »das Ungewöhnliche« abgelehnt wird (Ebd. I, Aph. 49. S. 109). Dies führt dazu, daß nur jene Erfahrungen in Betracht gezogen werden, die mit der herrschenden Auffassung übereinstimmen, während widersprechende entweder gar nicht gesehen oder mit Gewalt zur Übereinstimmung mit der geltenden Theorie gebracht werden:

Der menschliche Verstand zieht in das, was einmal sein Wohlgefallen erregt hat – sei es, weil es so überliefert und geglaubt worden ist, sei es, weil es anziehend ist –, auch alles andere mit hinein, damit es jenes bestätige und mit ihm übereinstimme. Und wenn auch die Bedeutung und Anzahl der entgegengesetzten Fälle größer ist, so beachtet er sie nicht, oder verachtet sie, schafft sie durch Haarspalterei beiseite und verwirft sie, nicht ohne schwerwiegendes und verderbliches Vorurteil, nur damit dadurch das Ansehen jener alten fehlerhaften Beziehungen unangetastet bleibe. (Ebd. I, Aph. 46. S. 107)

Dieses Festhalten an dem einmal Angenommenen und die Blindheit gegenüber allem Entgegenstehenden betreffen Wissenschaft wie Philosophie gleicherweise. Diese Tendenz ist bei allen Menschen vorhanden und kann auch wiederum nicht einfach überwunden, sondern nur dauernd bekämpft werden:

Selbst wenn dabei jene erwähnte Vorliebe und Torheit nicht vorhanden ist, bleibt dennoch dem menschlichen Geist jener eigentümliche und zähe Irrtum, stets mehr vom Bejahenden als vom Verneinenden bewegt und angeregt zu werden; während er doch nach Recht und Ordnung zu beiden sich in gleicher Weise verhalten sollte; ja, bei der Aufstellung eines wahren Satzes ist sogar die Kraft des verneinenden Falles die stärkere von beiden. (Ebd. S. 109)

An diesem Punkt steht die Auffassung Bacons tatsächlich dem Falsifikationsprinzip Poppers ziemlich nahe. – Bacon hat richtig gesehen, daß es zu den Eigenheiten der Menschen gehört, in der Wissenschaft wie auch in allen anderen Bereichen Alternativmeinungen möglichst auszuschalten, und er hat ebenso zu Recht bemerkt, daß die Vernunft es eigentlich gebietet, solche Alternativen ernst zu nehmen. Wir kommen hier wieder zu dem, was Bacon in seiner allgemeinen Wissenschaftslehre darlegt (vgl. weiter oben 2).

b) Idole des Standpunktes oder Idole der Höhle (Idola Specus)

Bacon meint hier jene Fehlerquellen, die aus *individuellen* Bedingungen wie Erziehung, Bildung usw. hervorgehen und die somit im Gegensatz zu den Idolen des Stammes nicht universell, sondern individuell sind (Ebd. I, Aph. 53. S. 115). Treffend

beobachtet Bacon, daß für viele Menschen die Beschäftigung mit Philosophie eigentlich unnütz oder sogar schädlich ist, denn es kommt bei vielen bei dieser Beschäftigung doch immer nur das heraus, was sie immer schon geglaubt haben. Das heißt: Die Voraussetzung dafür, aus dem Studium der Philosophie einen Nutzen zu ziehen, ist die Bereitschaft, möglicherweise liebgewordene Vorstellungen aufzugeben.

Wenn sich nun diese Menschen der Philosophie und der allgemeinen Betrachtung hingeben, dann verdrehen und verderben sie diese aus ihren früheren Phantasiegebilden heraus. (Ebd. I, Aph. 54. S. 117)

Dies ist sicher zutreffend, auch wenn das von Bacon in diesem Zusammenhang herangezogene Beispiel, nämlich Aristoteles, wohl das ungeeignetste der ganzen Philosophiegeschichte ist. – Wenn Bacon immer wieder für institutionelle Organisation des Wissenschaftsbetriebs eintrat, dachte er vermutlich auch daran, durch gegenseitige Kontrolle solche individuell bedingten Fehlerquellen möglichst auszuschalten.

Ein solches bildungsbedingtes Vorurteil liegt auch in der unberechtigten Vorliebe für bestimmte Epochen der Geschichte (Ebd. I, Aph. 58. S. 121), womit Bacon auf die Vorliebe der Renaissance-Philosophen für die Autoren der Antike und die alte mythologische Weisheit anspielt (Ebd. I, Aph. 56. S. 119). Dabei lehnt Bacon die Autoren der Antike keineswegs ab – er selbst schrieb ein kleines Werk über die *Weisheit der Alten (De sapientia veterum)*. In der Vorrede dazu aber sagt er:

Ich weiß sehr wohl, aus welch biegsamem Stoff Sagen gemacht sind, wie gerne sie jeder Richtung folgen, in die man sie zieht, und wie leicht man ihnen mit wenigen Änderungen einen Sinn verleihen kann, den sie niemals in sich trugen. Ebensowenig habe ich vergessen, daß solcher Mißbrauch bereits sehr lange getrieben wird, daß viele nur den Wunsch hatten, für ihre Doktrinen und Erfindungen die Bekräftigung und das Ansehen des Altertums zu erlangen [...]. (*Weisheit der Alten. Vorrede.* S. 9)

Bacon hingegen will nicht seine eigenen Auffassungen in »alter Weisheit« bestätigt finden, sondern geht eher historisierend an die Mythen heran: Sie entstanden zu einer Zeit, als man noch nicht in Beweisform dachte, sondern Parabeln, Rätsel und Gleichnisse verwendete (Ebd. S. 12 f.). Bei seinen eigenen Mythen-Interpretationen entgeht Bacon allerdings auch nicht der »Falle«, also dem Idol, seine eigenen Auffassungen durch die Mythen bestätigt wissen zu wollen. Ein Beispiel: Prometheus stiehlt den Göttern das Feuer, aber die Menschen wissen mit dieser Gabe zunächst nichts anzufangen, woraus Bacon dann folgende »ebenso weise wie nützliche Beobachtung« ableitet:

Sie verweist auf die Leichtfertigkeit und Unbesonnenheit der Menschen bei neuen Experimenten, die, wenn ein Experiment nicht sogleich wunschgemäß gelingt, kopfüber zu ihren alten Gegenständen zurückkehren und sich mit ihnen wieder versöhnen. (*Weisheit der Alten* XXVI. S. 66 f.)

Bei solchen Auslegungen ist beinahe schon etwas vom Geist der Aufklärung zu spüren: Mythen als Sozialgeschichte der Menschheit.

c) Idole der Gesellschaft oder Idole des Marktes (Idola Fori)

Eines der wichtigsten Instrumente der Gesellschaft ist die Sprache. Bacon bestreitet keineswegs die überragende Bedeutung der Sprache im allgemeinen sowie für Philosophie und Wissenschaft im besonderen:

Die Menschen gesellen sich nämlich mittels der Sprache zueinander; aber die Worte werden den Dingen nach der Auffassung der Menge beigeordnet. Daher knebelt die schlechte und törichte Zuordnung der Worte den Geist auf merkwürdige Art und Weise. (*Neues Organon* I, Aph. 43. S. 103)

Bacon will damit sagen: Die Alltagssprache ist als solche noch nicht geeignet als Wissenschaftssprache, denn in vielen Fällen verleitet sie zu falschen Vorstellungen, welche die Forschung behindern. Aber auch die wissenschaftliche Sprache sichert nicht schon einen korrekten Gebrauch der Wörter:

Die Menschen glauben, ihr Verstand gebiete den Worten; es kommt aber auch vor, daß die Worte ihre Kraft gegen den Verstand umkehren; dies machte die Philosophie und die Wissenschaften sophistisch und unfruchtbar. (Ebd. I, Aph. 59. S. 121)

Bacon nennt vor allem zwei Klassen solcher sprachlichen Idole: Zum einen Bezeichnungen von Dingen, die gar nicht existieren, d. h. für die es keinen empirisch-wissenschaftlichen Beweis gibt, wie z. B. »Glück/Zufall *(Fortuna)*«, »erster Beweger *(Primum Mobile)*«, und zum anderen Begriffe, die aus Abstraktionen gewonnen sind, denen jedoch keinerlei klare Definition zugrunde liegt, wie z. B. »feucht«, »schwer« usw. (Ebd. I, Aph. 60. S. 123). Es ist klar, daß es hier um ganz verschiedene Fehlerquellen geht. Die zweite Gruppe von Wörtern kann durch genauere Definitionen im wissenschaftlichen Gebrauch sehr wohl verwendet werden, die erste hingegen nicht (es sei denn, es wird einem Begriff wie »Zufall« eine statistische Interpretation gegeben). Der Ansatzpunkt der Kritik an einem Begriff wie »Zufall« ist klar: Gibt es für bestimmte Ereignisse keine Erklärung, so sprechen wir von »zufälligen Ereignissen«, was eigentlich gar nichts anderes bedeutet als »nicht erklärte Ereignisse«, dann aber wird aus einer solchen Wissenslücke plötzlich – oder langsam – ein eigenes Substantiv, also »der Zufall«, das so verwendet wird, als liefere es eine Erklärung. Dies ist durchaus richtig, allerdings muß darauf hingewiesen werden, daß das, was Bacon zur Sprachkritik in gewollter Absetzung von »scholastischen Spitzfindigkeiten« sagt, sich doch gerade gegenüber den scholastischen, besonders den spätmittelalterlichen, semantischen Untersuchungen als längst diskutiert und trivial erweist. Er erfüllt somit in Hinsicht auf die Sprachkritik seinen Anspruch, ein *Novum Organon* vorzulegen, nicht. Das »Neue«, das er vorzulegen meint, ist als kritisches Instrument nicht auf der Höhe des »Alten«. Dadurch hat Bacon einiges dazu beigetragen, daß die Sprachkritik und Sprachphilosophie der Neuzeit auf einem Niveau begann, das sich gegenüber dem der spätmittelalterlichen Traktate als sehr bescheiden ausnimmt. Locke wird die Anregungen Bacons in der etwas naiven Meinung aufnehmen, bei ihm an einem Ausgangspunkt angelangt zu sein. Und so ging es weiter. Auch Leibniz verfügte nur über eine aus arg vereinfachenden Lehrbüchern stammende Kenntnis der mittelalterlichen Logik und Sprachtheorie. Die moderne Sprachphilosophie hat so durch Jahrhunderte hindurch die mittelalterliche Sprachanalyse nicht zur Kenntnis genommen, durchaus zu ihrem Nachteil. Erst in den 30er Jahren des 20. Jhd.s wurde diese Lücke wahrgenommen.

d) Idole der Bühne oder Idole des Theaters (Idola Theatri)

Unter diesen versteht Bacon all jene hinderlichen Vorurteile, die aus *Weltanschauungen* und weltanschaulich begründeten Philosophien stammen. Er nennt sie »Idole der Bühne«, weil das Theater zu seiner Zeit der wichtigste Ort war, an dem die Fabelwelten dem Menschen begegneten. Welchen Zusammenhang er zwischen der Theaterwelt und dem menschlichen Denken sieht, wird insbesondere im Aphorismus 44 deutlich:

[...] denn so viele Philosophien angenommen oder erfunden worden sind, so viele Fabeln sind nach meiner Auffassung damit geschaffen und für wahr unterstellt worden, welche die Welt als unwirklich und erdichtet haben erscheinen lassen. (Ebd. I, Aph. 44. S. 105)

Der Begriff der Fabelwelten bei Bacon ist ziemlich weit gefaßt. Er umfaßt in baconscher Terminologie sophistische, empirische und abergläubische Irrtümer (Ebd. I, Aph. 62. S. 129). Bei den sophistischen Irrtümern bezieht er sich vor allem auf Aristoteles:

Ein Beispiel der ersten Gruppe liegt besonders offensichtlich bei Aristoteles vor, der die Naturphilosophie durch seine Dialektik verdarb, da er die Welt aus den Kategorien herleitete. (Ebd. I, Aph. 63. S. 131)

Dies trifft sicher nicht zu. Aristoteles hat nicht die Welt aus den Kategorien, sondern die Kategorien aus der Sprache über die Welt abgeleitet (vgl. 1. Teil, Kap. X, 5, b). Wenn Bacon meint, daß die Naturphilosophie durch die Logik verdorben worden sei, kommt darin zum Ausdruck, daß er die Rolle der *Logik* für die wissenschaftliche Theoriebildung verkannt hat, wie auch aus anderen Stellungnahmen hervorgeht: | 75

So, wie die gegenwärtigen Wissenschaften für die Erfindungen von wirklichen Werken nutzlos sind, so ist auch die jetzige Logik nutzlos für die Entdeckung wahrer Wissenschaft. (Ebd. I, Aph. 11. S. 85)

Die in Gebrauch befindliche Logik dient mehr dazu, die Irrtümer (welche auf den alltäglichen Begriffen fußen) zu verankern und zu festigen, als die Wahrheit zu erforschen; so wirkt sie mehr schädlich als nützlich. (Ebd. Aph. 12. S. 85)

Bacon schließt sich mit der Geringschätzung der traditionellen Logik einer weitverbreiteten Haltung seiner Zeit an. Wenn Bacon der Logik in der Wissenschaft nur einen geringen Wert zuerkennt, ist zu fragen, warum er das tat und insbesondere auch, welche Form der Logik er ablehnte. Bacon meinte, die Logik bringe keinen Nutzen zur Auffindung neuer Erkenntnisse in der Wissenschaft und verlangte damit nach inhaltlichen Momenten, die ihm die Logik freilich nicht liefern konnte. Seine Vorstellung von den Aufgaben der Logik war bestimmt von dem, was in der Renaissance allgemein erwartet wurde (vgl. Kap. I, 6): Im Sinne der bekannten Einteilung Ciceros sollte sie sowohl eine Kunst der Erfindung *(inven-*

tio) als auch eine der Beurteilung *(iudicium)* sein (Bacon: *Über die Würde und den Fortgang der Wissenschaften* V, 1. S. 437). Es nützt jedoch alles nichts – für eine solche Erfindungskunst gibt es keine Methode, d. h. es gibt keine Logik der Erfindung von Theorien. Popper hat uns in seiner *Logik der Forschung* nachdrücklich daran erinnert:

Unsere Auffassung [...], daß es eine logische, rational nachkonstruierbare Methode, etwas Neues zu entdecken, nicht gibt, pflegt man oft dadurch auszudrücken, daß man sagt, jede Entdeckung enthalte ein »irrationales Moment«, sei eine »schöpferische Intuition« (im Sinne Bergsons); ähnlich spricht Einstein über »... das Aufsuchen jener allgemeinsten ... Gesetze, aus denen durch reine Deduktion das Weltbild zu gewinnen ist. Zu diesen ... Gesetzen führt kein logischer Weg, sondern nur die auf Einfühlung in die Erfahrung sich stützende Intuition.« (K. R. Popper: *Logik der Forschung*. 3. Aufl. Tübingen 1969. S. 7)

Die Bedeutung der Logik für die Ableitung korrekter Folgerungen im Rahmen einer wissenschaftlichen Theorie – also Logik als *iudicium* – hat Bacon nicht erfaßt, hier wirkte seine Abneigung gegen die aristotelische Logik zu stark nach. Auch andere

zur Zeit der Renaissance hatten wenig Verständnis für diese Rolle der Logik in der Wissenschaft – es handelt sich dabei also um ein Vorurteil, das in baconscher Terminologie als »Idol der Bühne« bezeichnet werden müßte.

Die Irrtümer, die Bacon den Empiristen zuschreibt, die aufgrund einer zu schmalen empirischen Basis, d. h. aufgrund von wenigen Fällen, meinen, zu weitreichenden Theorien gelangen zu können (*Neues Organon* I, Aph. 62. S. 129), brauchen nicht weiter ausgeführt zu werden: Bacon setzt ihnen seine gesamte Forschungskonzeption entgegen (vgl. weiter oben 1).

Als weitere Gruppe der Irrtümer der Bühne führt Bacon jene auf, die dadurch entstehen, daß theologische Vorstellungen in die Philosophie und die Wissenschaften eingeführt werden. Dies sieht er bei Pythagoras, Platon und den christlichen Philosophen, die von der *Genesis* aus Naturphilosophie betreiben wollen. Daraus ergibt sich nach Bacon Schaden für beide, es entsteht nicht nur eine »phantastische Philosophie«, sondern auch eine »ketzerische Religion«, so daß er den guten Rat gibt: »Es ist deshalb nur heilsam, wenn nüchternen Geistes dem Glauben nur das gegeben wird, was des Glaubens ist« (Ebd. I, Aph. 65. S. 135). Daran ist nichts auszusetzen, nur neu ist es nicht: Es ist genau das, was Albertus Magnus mit seiner Trennung von Philosophie, Wissenschaft und Theologie eingefordert hatte (vgl. 2. Teil, Kap. XIII, 3).

Bekämpft werden sollen alle diese Idole durch eine konsequente Anwendung der empirischen Methode. Die Philosophie muß sich daher an der empirischen Naturwissenschaft orientieren – dies hat Bacon präzise diagnostiziert. Dabei liegt bei Bacon ein ausgeprägter Erkenntnis- und Wissenschaftsoptimismus vor. Damit verbunden ist die Baconsche Hoffnung, die Menschen durch Wissenschaft »zur Vernunft bringen« zu können und auf diese Weise gleichsam automatisch dem Wohlergehen der Menschen zu dienen. Wir treffen hier im *Novum Organon* auf die beherrschende Auffassung der folgenden Jahrhunderte, in der die Meinung zum Ausdruck kam, mit einer an der Naturwissenschaft abgelesenen Methode einen Universalschlüssel für alle Probleme in der Hand zu haben:

> Man wird wohl zweifeln, wenn auch der Einwand nicht laut wird, ob ich hier nur von der Naturphilosophie spreche oder ob auch die übrigen Wissenschaften, die Logik, Ethik, Politik, nach meiner Methode vollendet werden sollen. Nun gilt das, was ich hier gesagt habe, gewiß für alles. So wie schon die gewöhnliche Logik, welche durch den Syllogismus regiert, sich nicht bloß auf die Naturwissenschaften, sondern auf alle Wissenschaften erstreckt, so umfaßt auch die meinige, die mittels Induktion voranschreitet, sie alle. Denn die Geschichte und die Tafeln zum Erfinden verfertige ich auch über den Zorn, über die Furcht, die Scham und ähnliches mehr; auch über die Dinge des politischen Lebens; ebenso über die geistigen Vorgänge des Gedächtnisses, des Zusammensetzens, der Teilung, des Urteilens und anderer; nicht weniger über das Warme, das Kalte oder das Licht, das Wachstum oder ähnliches. (Ebd. I, Aph. 127. S. 263 und 265)

Bacon drückt mit seinem Wissenschaftsoptimismus gleichzeitig eine weitere allgemein verbreitete Vorstellung der Neuzeit aus, nämlich den Gedanken, daß die Anwendung der Ergebnisse der Wissenschaft eigentlich kein sonderlich großes Problem darstelle:

> Das Menschengeschlecht mag sich nur wieder sein Recht über die Natur sichern, welches ihm kraft einer göttlichen Schenkung zukommt. Mag ihm das voll zuteil werden. Die Anwendung wird indes die richtige Vernunft und die gesunde Religion lenken. (Ebd. I, Aph. 129. S. 273)

Wir haben in unserer Gegenwart doch einige Zweifel, ob alles so einfach durch die »richtige Vernunft« zur rechten Anwendung gebracht werden kann und ob die »gesunde Religion« dies leistet, läßt auch einige Zweifel offen. Von den Erfindungen, die durch die Wissenschaft gewonnen werden, sagt Bacon uneingeschränkt: Sie »beglücken und tun wohl, ohne jemandem ein Unrecht oder Leid zu bereiten« (Ebd. S. 269), und noch im gleichen Aphorismus führt er als eine der großen neuen Erfindungen neben der Buchdruckerkunst und dem Kompaß ausgerechnet das Schießpulver an. Er dachte dabei sicher nicht nur an die Jagd englischer Landlords, denn er spricht in diesem Zusammenhang ausdrücklich vom »Kriegswesen« (Ebd. S. 271). Sein Vertrauen in die »richtige Vernunft« und die »gesunde Religion« mutet so alles in allem etwas naiv an, dem Blick des Empirikers Bacon sind doch vermutlich nicht wenige Aspekte der menschlichen Natur entgangen. Einer seiner Zeitgenossen, nämlich Shakespeare, war in diesem Bereich wohl der bessere Empiriker, doch Bacon erwähnt ihn nirgends, vermutlich erwartete er sich keine Erkenntnis von solchen »Theaterwelten«. Es ist noch ein weiteres Element aus dem zuletzt zitierten Aphorismus zu nennen, weil es deutlich macht, wie am Beginn der Neuzeit auch die Arroganz der Europäer steht, die sich mit ihrem »wissenschaftlichen Geist« allen anderen Menschen gegenüber als überlegen ansehen:

Man erwäge doch auch einmal den großen Unterschied zwischen der Lebensweise der Menschen in einem sehr kultivierten Teil von Europa und der in einer sehr wilden und barbarischen Gegend Neu-Indiens. Man wird diesen Unterschied so groß finden, daß man mit Recht sagt: »Der Mensch ist dem Menschen ein Gott«, dies nicht bloß wegen der Hilfe und Wohltaten, sondern auch angesichts der Verschiedenheit seiner Lebenslage. Und diese Verschiedenheit bewirken nicht der Himmel, nicht die Körper, sondern die Künste. (Ebd. I, Aph. 129. S. 269)

Die Induktion, die zu solchen Urteilen über andere Kulturen kommt, ist wohl von »Idolen« beherrscht, die durch keine empirischen Wissenschaften bekämpft werden können. Die moderne Wissenschaft beginnt also bei Bacon auch mit erheblicher Arroganz gegenüber anderen Kulturen. Dem Historiker kann es nicht entgehen, daß die Periode des Beginns der modernen Wissenschaften und deren geforderter Nutzanwendung faktisch mit der Periode des beginnenden Kolonialismus zusammenfällt, zu dessen Durchsetzung nicht zuletzt das Schießpulver sich als sehr nützliche Erfindung erwies.

4. Die zukünftige technologisch-wissenschaftliche Welt

Bacon verlor 1621 wegen der schon genannten Bestechungsanklage alle seine Ämter. Kurz darauf verfaßte er die Schrift *Neu-Atlantis*. Es ist jedenfalls auffällig, daß dort den auf der utopischen Insel Ankommenden als erste Überraschung ein Beamter vorgestellt wird, der auf einen »Belohnungsversuch« überhaupt nicht reagiert (Ebd. S. 13). Und auch ein weiterer Beamter, dem Geld angeboten wird, lehnt es ab mit dem Hinweis, daß er für eine Arbeit nicht doppelt entlohnt werden dürfe, weist allerdings auch darauf hin, daß er vom Staat genügend Gehalt beziehe (Ebd. S. 14). Außer dem Nicht-Vorhandensein der Bestechungspraxis ist aber der utopische Staat Bacons in seiner Gesellschaftsform gar nicht so weit vom elisabethanischen England entfernt: Die Regierung ist absolutistisch, es finden sich keinerlei Gleichheitsideale, der gesellschaftliche Unterschied einer Ober- und einer Unterschicht ist streng eingehalten, die Familien sind genau hierarchisch geordnet. Ethisch gibt es sogar strengere Regeln als dies bei Morus der Fall gewesen war.

Soziale Fragen sind in diesem Land nicht mehr Aufgabe privater religiöser Vereinigungen, sondern gehören zu den gesetzlich zu regelnden Aufgaben des Staates. Ein früherer Gesetzgeber hat entsprechend »alle Forderungen der Menschlichkeit berücksichtigt, indem er Vorkehrungen für die Unterstützung notleidender Fremder traf« (Ebd. S. 27). Die Asylpolitik ist ziemlich »modern« geordnet: Die Landeerlaubnis für Gestrandete wird nicht automatisch gegeben, sondern muß von den Behörden gewährt werden. Die Asylanten erhalten für einen gesetzlich festgelegten Zeitraum – sechs Wochen – Aufenthaltserlaubnis, haben aber die Möglichkeit, einen Antrag auf Verlängerung zu stellen. Für die Unterbringung der Asylanten ist ein eigenes Fremdenheim vorgesehen, die Insassen dürfen sich aber ohne besondere Erlaubnis nicht weiter als eineinhalb Meilen von der Stadt entfernen (Ebd. S. 17 f.). Die Politik ist im ganzen ziemlich isolationistisch – Bacon verfügte über Informationen über die Politik Chinas und nahm in *Neu-Atlantis* mitunter ausdrücklich Bezug auf China. Die Politik Chinas war traditionell isolationistisch, da die Herrscher Chinas überzeugt waren, von anderen Ländern ohnedies nichts lernen zu können. Entsprechend gilt für Bacons idealen Staat: Fahrten ins Ausland werden vom Gesetzgeber von *Neu-Atlantis* sehr eingeschränkt (Ebd. S. 28), und den ins Ausland reisenden Bewohnern des Landes ist es gesetzlich verboten, von der Beschaffenheit der eigenen glücklichen Insel zu berichten (Ebd. S. 19). So wie in China werden daher im allgemeinen auch nur selten Fremde ins Land gelassen (die Jesuiten im 17. Jhd. werden sich in China nur als »Mathematiker« und »Wissenschaftler« einschleichen können). Die Frage einer dauernden Aufenthaltserlaubnis ist natürlich problematisch. Der scharfsichtige Diagnostiker Bacon sieht, daß es schwierig werden wird, Menschlichkeit mit Politik in Einklang zu bringen: Ein reicher, wissenschaftlich-technisch überlegener Staat wie *Neu-Atlantis* könnte viele anlocken, und das muß verhindert werden. Da aber diese glückliche Insel geographisch isoliert und durch eine gesetzlich geregelte restriktive Informationspolitik den anderen Ländern nicht bekannt ist, ergibt das politische Kalkül für zufällig gestrandete Fremde eine großzügige – letztlich aber eben von Staatsklugheit und nicht von Menschlichkeit diktierte – Asylpolitik:

Da jener König Menschlichkeit mit Politik verbinden wollte und weil er glaubte, es verstoße gegen die Menschlichkeit, Fremde gegen ihren Willen hier zurückzuhalten, und es widerspreche ebenso der Staatsklugheit, sie zurückkehren und ihre Kenntnisse über diesen Staat enthüllen zu lassen, wählte er folgenden Weg: Er ordnete an, daß von den Fremden, denen die Landung gestattet würde, zu jeder Zeit alle jene abreisen dürften, die es wünschten; daß aber allen jenen, die zu bleiben wünschten, sehr gute Lebensbedingungen und -verhältnisse vom Staate geboten werden sollten. Mit dieser Anordnung bewies er einen solchen Weitblick, daß wir uns – Jahrhunderte nach Erlaß dieses Gesetzes – nicht eines einzigen Schiffes erinnern, das je zurückgekehrt wäre; und nur dreizehn Leute sind uns im Gedächtnis, die – zu verschiedenen Zeiten – die Rückkehr auf unseren Fahrzeugen gewählt haben. (Ebd. S. 27 f.)

Für den Fall, daß es nicht mehr möglich wäre, die idealen Lebensbedingungen dieser Insel der Seligen vor den übrigen Menschen auf der Welt geheimzuhalten, wäre Bacon gezwungen gewesen, aus Gründen der Staatsklugheit eine andere, möglicherweise umgekehrte Asylpolitik gesetzlich vorzuschreiben.

Was Bacons *Neu-Atlantis* vom England seiner Zeit wirklich unterscheidet, ist die *Organisation der Wissenschaft* und der Einfluß derselben auf Staat und Gesellschaft. Zentrales Organ dafür ist das »Haus Salomons«, und dieses hat eine klare Aufgabenstellung:

Der Zweck unserer Gründung ist es, die Ursachen und Bewegungen sowie die verborgenen Kräfte in der Natur zu ergründen und die Grenzen der menschlichen Macht soweit wie möglich zu erweitern. (Ebd. S. 40)

Diese wissenschaftliche Arbeit ist streng und effizient organisiert. Zunächst einmal werden alle anderen Länder auf ihren Wissensstand hin ausspioniert – es wäre ja überflüssig, schon anderswo unternommene Forschung nochmals selbst durchzuführen –, alle dort durchgeführten Experimente werden gesammelt; die dafür Eingesetzten werden ganz offen »Räuber« und »Jäger« genannt. Dann be-

ginnt die eigentliche eigene wissenschaftliche Arbeit mit der Aufstellung von Theorien und neuen Experimenten. Hier führt Bacon nun eine lange Liste wissenschaftlicher Einrichtungen auf, die alle Bereiche wissenschaftlicher Arbeit und technologischer Verwertung von der Mineralogie, Physik, Akustik, Biologie, Zoologie, Geologie, Meteorologie, Medizin, Pharmakologie, Lebensmittelforschung, Energieerzeugung usw. bis zur Herstellung von Unterseeboten und Flugzeugen umfaßt. Man findet dort so ziemlich alles, was in der modernen wissenschaftlich-technischen Welt auch tatsächlich durchgeführt wurde, bis hin zum Doping, also der Herstellung von Mitteln, die »bewirken, daß die Muskeln desjenigen, der sie genießt, härter und zäher werden und seine Körperkraft bei weitem größer als gewöhnlich wird« (Ebd. S. 44).

Mit der wissenschaftlichen Arbeit ist immer schon die Tätigkeit weiterer Spezialisten verbunden, die passend »Wohltäter« genannt werden und »darüber Beratungen anstellen, wie aus ihnen nützliche und praktische Dinge des menschlichen Lebens gewonnen werden können« (Ebd. S. 48). Interessant ist dabei, daß Bacon die Kontrolle über wissenschaftliche und technische Resultate den Organen des »Hauses Salomons« überträgt, hier also der politischen Macht eine deutliche Grenze setzen wollte. Die wissenschaftliche Arbeit unterliegt also nicht politischen Zielvorgaben. Dem dient u.a. das Gebot der Geheimhaltung:

Wenn wir auch einiges davon mit allgemeiner Zustimmung hin und wieder dem König oder Senat enthüllen, so behalten wir das übrige doch vollständig für uns. (Ebd. S. 49)

Es sind die Vertreter des »Hauses Salomon« selbst, welche die Städte besuchen und nach ihrem Ermessen neue, nützliche Erfindungen mitteilen (Ebd. S. 50). Dadurch sollen Krankheiten, Seuchen, Unwetter, Überschwemmungen usw. vorhergesagt werden und: »Wir klären das Volk darüber auf und erteilen ihm Anweisungen, was es zur Abwendung dieser Übel tun soll« (Ebd.). Von öffentlicher Kontrolle wissenschaftlich-technischer Ergebnisse hielt Bacon offensichtlich nicht viel. Die Forschergemeinschaft vergißt auch nicht, sich selbst zu bewundern und zu feiern: Es werden – so wie in unseren alten Universitäten und Akademien der Wissenschaft – Galerien mit Statuen der berühmtesten Erfinder eingerichtet (Ebd. S. 49). Und am Schluß sieht Bacon nichts Bedenkliches darin, vor seiner Abreise aus *Neu-Atlantis* von den Vertretern dieses Landes, in dem er und seine Gefährten alles kostenlos erhalten hatten, als Abschiedsgeschenk 2000 Dukaten anzunehmen. Bacon bleibt Bacon: Der Propagator der wissenschaftlich-technischen Zivilisation soll nicht mit leeren Taschen dastehen.

- IV -

Galileo Galilei

1. Der Wissenschaftsbegriff

Bevor man Galileo Galilei (1564–1642) aus dem heute meist üblichen Blickwinkel des »Falls Galilei« betrachtet, sollte man ihn in seine Zeit hineinstellen und als Vertreter der noch weiterhin prägenden Kultur der Renaissance sehen. Galilei war nicht der Typ des modernen spezialisierten Gelehrten, sondern der universal gebildete Mann der Renaissance *(uomo universale)* so wie ein Leonardo da Vinci. Sein Vater Vincenzo Galilei (um 1520–1591) war ein bedeutender Lautenspieler, Komponist und Musiktheoretiker. Dieser hatte 1581 den *Dialogo della musica antica e della mo-*

derna veröffentlicht, in dem er sich gegen zahlenmystische Spekulationen in der Harmonielehre wandte, an deren Stelle er experimentelle Feststellungen der Konsonanzen in Abhängigkeit von Länge und Spannung von Saiten setzte. (Hier haben wir es tatsächlich mit der experimentellen Prüfung mathematisch formulierter Gesetze zu tun, wovon der junge Galilei-Sohn sicher einiges gelernt hat.) Die Berufung der Renaissance auf die griechische Antike brachte seit der zweiten Hälfte des 15. Jhd.s auch die Aufforderung: Zurück zur Einfachheit der griechischen Musik. Im Gegensatz zum komplizierten Kontrapunkt sollte daher jetzt einstimmiger, instrumental begleiteter Gesang die maßgebende Form werden, was sich dann bei Claudio Monteverdi (1567–1643) auch tatsächlich durchsetzte. Vincenzo Galilei war in Florenz Mitglied der *Camerata dei Bardi*, in der diese Musik praktiziert wurde. Die Worte des Gesangs sollten wieder verstehbar sein – und nur einfache, klar gestaltete Melodien konnten dem entsprechen. Der Maßstab der *nobile semplicità* sollte von der Natur genommen werden. (Der Gedanke der Einfachheit der Theoriebildung spielte auch bei Galileo Galilei eine wichtige Rolle.) Der junge Galileo nahm an diesem musikalischen Leben aktiv teil, und schon in einer zeitgenössischen Biographie – von seinem Schüler Vincenzo Viviani verfaßt, der sich in den letzten Lebensjahren bei Galilei aufhielt – wird berichtet, daß er es auf dem *Cembalo* und der *Laute* zu solcher Vollkommenheit gebracht hatte, daß er auch in öffentlichen Konzerten auftrat. Auch wird von seinen sogar seinen Vater übertreffenden »musikalischen Einfällen« berichtet, woraus hervorgehen dürfte, daß er sich auch als *Komponist* betätigte, und es wird auch gesagt, daß er sich während seines ganzen weiteren Lebens mit Musik beschäftigt hat (V. Viviani: *Lebensbeschreibung des Galilei*. In: Galilei:

Schriften II. S. 217). Galilei war aber auch als *Maler* aktiv tätig, und die Nachricht, daß er in seiner Jugend, wenn es nach seinem Wunsch gegangen wäre, am liebsten Maler geworden wäre, stammt wohl von ihm selbst. Auch in diesem Bereich soll er weiter gearbeitet haben; er stand mit Malern und Architekten in so enger Verbindung, daß einer von ihnen, Ludovico Cigoli (1559–1613), mitteilte, er habe in der Malerei, vor allem hinsichtlich der Perspektive, alles von Galilei gelernt (Ebd. S. 217 f.). Außerdem darf nicht vergessen werden, daß Galileo Galilei *humanistisch bestens gebildet* war, er konnte auch Griechisch, er hatte sich selbstverständlich mit Ovid beschäftigt und konnte fast alle Gedichte Petrarcas und den *Orlando furioso* des Ludovico Ariosto (1474–1533) auswendig und verfaßte sogar Anmerkungen dazu, in denen er Parallelstellen aus den Schriften Torquato Tassos (1544–1595) zusammenstellte (Ebd. S. 238 f.). Diese *breite literarische Bildung* erklärt auch, daß ein nicht geringer Teil seiner öffentlichen Erfolge darauf zurückging, daß seine Schriften in bestem italienischen Stil und mit unübersehbaren Pointen abgefaßt waren. Dieser offensichtlich künstlerisch sehr begabte junge Galilei wurde allerdings von seinem Vater wegen besserer Berufsaussichten veranlaßt, *Medizin* zu studieren, was Galileo aber nach einigen Jahren aufgab, um sich ganz der *Mathematik* zu widmen. Auch in seiner späteren Laufbahn war Galilei immer der Renaissance-Gelehrte: Er fühlte sich an den Höfen – sei es an dem der Medicis in Florenz, sei es an dem der Päpste in Rom –
immer wohler als in einer Republik wie der Venedigs mit der Universität in Padua:

Es ist nicht üblich, selbst von einer glorreichen und großzügigen Republik Besoldung zu beziehen, ohne der Öffentlichkeit zu dienen, denn wer Nutzen von der Öffentlichkeit zieht, muß der Öffentlichkeit Nutzen bringen, [...] aber einem Fürsten oder großen Herrn, der von ihm abhinge, zu dienen, wird mir nie zuwider sein, sondern wohlerwünscht und erstrebt. (*Brief Galileis an Cosimo II de'Medici von 1609.* In: *Schriften* II. S. 20 f.)

Auch später, als er schon im Visier der Inquisition stand, hätte Galilei nach Padua und somit in die Republik Venedig zurückgehen können, wo die römische Inquisition kaum Einfluß hatte. Er zog es aber vor, im Dienste der Medicis in Florenz zu bleiben, die allerdings etwas mehr Rücksicht auf die politischen Interessen des nahen Kirchenstaats nehmen mußten. Galilei kannte die Spiele der Macht an den Fürstenhöfen – zu denen auch der des Papstes gehörte –, wo es nur wenig um wissenschaftliche »Wahrheitssuche« ging, sondern wo ganz andere Interessen im Vordergrund standen. Galilei wußte das ganz genau: Wer sich in dieser Umgebung bewegte, mußte bereit sein, »faule Kompromisse« einzugehen. Und in solchen Zusammenhängen ist auch der »Fall Galilei« zu sehen, der also nicht vereinfachend zum Paradigma des Konflikts von Kirche bzw. Religion und moderner Wissenschaft hochstilisiert werden sollte (vgl. dazu auch weiter unten 3). Es ging somit mindestens ebensosehr um die Frage des Verhältnisses von Wissenschaft und Politik bzw. um die Rolle des Wissenschaftlers, der nicht in den Universitäten, sondern in den Zentren der Macht angesiedelt war. Auch wird manchmal nicht beachtet, daß auch Galilei nicht einfach als der Vertreter »reiner« Wissenschaft aufgetreten ist, insofern auch er religiöse Spekulationen und eine platonisierende realistische Metaphysik mit exakter Forschung in Verbindung brachte, er also genau dasselbe tat wie seine Gegner. In der ganzen Diskussion sind auf beiden Seiten wissenschaftliche und außerwissenschaftliche Gründe und Argumente nur schwer auseinanderzuhalten. Damit soll die historische Dimension dieses Konflikts keineswegs geleugnet werden, bei systematischer Untersuchung des Streits bleibt jedoch am Ende nicht allzuviel übrig, was einer weiteren Sachdiskussion wert wäre. Zu der Trennung von Naturwissenschaft und christlichem Glauben hatte eigentlich schon Albertus Magnus alles Erforderliche gesagt (vgl. 2. Teil, Kap. XIII, 3). Galilei richtete seine Kritik auch eigentlich gar nicht gegen die Kirche, sondern gegen die Aristoteliker, allerdings wußte er natürlich genau, daß die Vertreter der Kirche inzwischen meinten, als Verteidiger des Aristotelismus auftreten zu müssen. Der »Fall Galilei« ist also vor allem kultur- und sozialgeschichtlich interessant. Für die Geschichte der Philosophie ist die Auseinandersetzung zwischen Kirche und moderner Wissenschaft zur Zeit Galileis nur mehr am Rande relevant. Die jetzt wichtigen Diskussionen finden nicht mehr zwischen Kirche und moderner Wissenschaft statt, sondern zwischen Philosophie und Wissenschaft, und zwar geht es zunächst ganz deutlich in *eine* Richtung: Die Philosophen werden durch die Wissenschaft herausgefordert. Die Wissenschaftler richten sich, außer an die Kollegen ihres Fachgebiets, an die Philosophen und nicht mehr an die Vertreter der Kirche. Dies kommt auch bei Galilei, dem Vertreter der Wissenschaft, deutlich zum Ausdruck; so sagt er z. B. im *Sidereus Nuncius* (*Nachricht von neuen Sternen*) von 1610:

> Was aber alles Erstaunen weit übertrifft und was mich hauptsächlich veranlaßt hat, alle Astronomen und Philosophen zu unterrichten, ist die Tatsache, daß ich nämlich vier Wandelsterne gefunden habe, die keinem unserer Vorfahren bekannt gewesen und von keinem beobachtet worden sind. (*Sidereus Nuncius*. S. 84)

Galilei will also die Philosophen über die Auffindung von Wandelsternen unterrichten. Man kann sich jedoch die Frage stellen, ob solche Entdeckungen für die Philosophie überhaupt relevant sind, so daß sich die Philosophen dafür interessieren müßten. Im Sinne der Trennung der Bereiche könnte man ja denken, daß es nach der nunmehr durchgeführten Kompetenz-Abgrenzung von Philosophie und Theologie ein Fehler gewesen wäre, Philosophie wieder an eine andere Disziplin, nun die Naturwissenschaften, und deren Einzelergebnisse anzubinden. Dabei ist jedoch folgendes zu überlegen: Auch in der durch und seit Albertus Magnus und Thomas von Aquin erreichten Abgrenzung von Philosophie und Theologie war die Frage der Aufstellung und Analyse des Begriffs von Wissenschaft eindeutig innerhalb des Kompetenzbereichs der Philosophie geblieben. Die Analyse dessen, was eine wissenschaftliche Beweisführung ist und was die Instrumente einer wissenschaftlichen Argumentation sind, war seit der *2. Analytik* des Aristoteles immer eine zentrale Aufgabe der Philosophie gewesen. Wenn jetzt also geschichtlich die Theologie als »Leitdisziplin« ausschied und die Naturwissenschaften, vor allem die Physik und die Astronomie, diese Rolle übernahmen, so war es eigentlich ganz selbstverständlich, daß sich die Philosophen bei der Bestimmung dessen, was Wissenschaft ist, an diesen avanciertesten Wissenschaften orientierten. Dies ist der Weg, der von Bacon bereits deutlich ausgesprochen worden war, und dies wird den weiteren Weg der Philosophie im 17. und 18. Jhd. bei Descartes, Leibniz, Hume und Kant bestimmen, und im Prinzip gilt dies bis heute. Gegenüber dieser zentralen Aufgabe der Analyse des Begriffs und der Methoden der Wissenschaft sind Einzelergebnisse der wissenschaftlichen Forschung sicher auch wichtig für die Philosophie gewesen, spielen aber doch letztlich nur eine sekundäre Rolle. Es geht also bei Galilei nicht um die Entdeckung der Wandelsterne als solche, sondern um deren Relevanz im Zusammenhang einer umfassenden, und der Meinung Galileis nach neuen wissenschaftlich-astronomischen Theoriebildung.

Genau hier beginnen aber auch die Schwierigkeiten der Interpretation. Die historischen Einordnungen und Beurteilungen der Wissenschaft Galileis weichen nicht nur stark voneinander ab, sondern sind einander gelegentlich sogar extrem entgegengesetzt. Es gibt Auffassungen, die behaupten, Galilei habe überhaupt keine neue Wissenschaft betrieben, da deren Ursprung schon ins 14. Jhd. zurückgehe. Dies war die These des bedeutenden Wissenschaftstheoretikers und Wissenschaftshistorikers Pierre Duhem, der sich dabei vor allem auf das Wissenschaftsverständnis des Nikolaus von Oresme (vgl. 2. Teil, Kap. XVII, 2, d) berief. Nikolaus von Oresme hatte tatsächlich quantitative Überlegungen in den Vordergrund seiner Physik gestellt und dies noch dazu im Zusammenhang mit Untersuchungen, die in den Kontext der für Galilei ganz zentralen Fallgesetze gehören. Demgegenüber wird besonders häufig von denen, die Galilei auch gerne als Quasi-Märtyrer der modernen Wissenschaft hochstilisieren, behauptet, Galilei habe ein schlechterdings neues Wissenschaftsverständnis entworfen. Historisch gesehen ergeben sich bei beiden Auffassungen erhebliche Probleme, und die Diskussion dieser historischen Fragen ist in keiner Weise abgeschlossen. Gegen die Kontinuitäts-These spricht, daß die Parallelen, die deren Vertreter in der Wissenschaft des 14. Jhd.s aufführen können, zwar tatsächlich bestehen, aber bei Galilei selbst gar keine besondere Rolle gespielt haben dürften. Der entscheidende Ausgangspunkt für die Entwicklung der für Galilei zentralen Fallgesetze war nicht durch diese »Vorläufer« bestimmt, sondern durch die Theorie des Archimedes, wie in Galileis Schrift *De motu (Über die Bewegung)* ganz deutlich wird: Galilei verallgemeinerte die Gesetzte, die Archimedes für Körper in Flüssigkeiten aufgestellt hatte, auf alle Körper, ganz gleich in welchem Medium sie sich befinden. Dies bedeutete, daß die Geschwindigkeit, mit der ein Körper fällt (oder aufsteigt), proportional ist zu der Differenz zwischen dem spezifischen Gewicht dieses Körpers und dem des umgebenden Mediums. Wird ein Körper gewaltsam in ein Medium – bei Archimedes in eine Flüssigkeit, bei Galilei in irgendeines – eingetaucht, welches ein größeres spezifisches Gewicht hat, so wird er mit einer Kraft nach oben gedrängt, die gleich ist der Differenz der Gewichte der verdrängten Menge der Flüssigkeit und des verdrängenden Körpers. Damit war die für Aristoteles grundlegende Unterscheidung einer natürlichen und einer gewaltsamen Bewegung, die auch die Grundlage der Unterscheidung von Physik und Mechanik darstellte, beseitigt: Ein Stein der (aristotelisch »gewaltsam«) in die Höhe geworfen wird, folgt den gleichen Gesetzen wie einer, der (aristotelisch »natürlich«) herunterfällt. Aber – und dies widerspricht der Neuheits-These: Diese »revolutionäre« Auffassung blieb bei Galilei in *De motu* eingebettet in eine ganz und gar nicht revolutionäre, traditionelle aristotelische und christliche Kosmologie. Und, was für die Neuheits-These eigentlich noch störender ist: Diese Fallgesetze waren rein axiomatisch-mathematisch gewonnen und ließen sich experimentell damals gar nicht überprüfen. Der entscheidende Test wäre ja der freie Fall in einem Vakuum, und dafür mußte erst einmal die Luftpumpe erfunden werden. – Es ist also nicht unproblematisch, wenn am Beispiel des Galilei das »Prinzip« wissenschaftlichen Fortschritts, das Auftreten eines neuen »Paradigmas« usw. abgelesen werden soll. Die Frage, ob Galilei und seine Methode zum »Paradigma« wissenschaftlichen Fortschritts gemacht werden und somit eine normative Rolle in der Wissenschaftstheorie und eine heuristische Rolle in der Wissenschaftsgeschichte übernehmen kann, soll hier nicht behandelt werden. Wenn man der Frage nach einem Paradigma moderner Wissenschaft nachgehen wollte, so wäre sicher Newton die geeignetere Adresse. Was uns hier im Rahmen der Philosophiegeschichte interessiert, ist aber zunächst einmal einfach die Frage, wie der Wissenschaftsbegriff Galileis aussah, in welcher Weise dieser als »neu« bezeichnet werden kann und welche Bedeutung er für den weiteren Weg der Wissenschaft hatte.

Die großen Differenzen innerhalb der Beurteilung von Galileis Wissenschaft kommen auch daher, daß in Wirklichkeit oft ganz verschiedene Aspekte als Grundlage dieser Betrachtung verwendet werden. Physiker tendieren dahin, bestimmte Resultate, also Sätze oder Gesetze, Galileis zu nehmen und zu fragen, ob es ähnliche Sätze oder Gesetze schon früher gegeben hat. Philosophen wiederum tendieren dahin, bestimmte generelle Aussagen bzw. bestimmte Ausdrücke wie »Schwere« oder »schwer« zu untersuchen, um zu sehen, inwieweit der Gebrauch solcher Ausdrücke bzw. solcher Aussagen bestimmten Traditionen zugeordnet werden kann oder nicht. Der Wissenschaftsbegriff Galileis kommt jedoch erst dann in den Blick, wenn man beide Ansätze zusammennimmt. Dann erst erkennt man nämlich, daß in Galileis Physik gar nicht so sehr »neue« oder »bessere« Sätze oder Gesetze über bestimmte Phänomene am Anfang stehen, sondern vielmehr eine andere Auffassung von »Physik«, wobei die Physik ja eben zum Modellfall der neuzeitlichen Wissenschaft wurde. Damit soll mit aller Vorsicht behauptet werden, daß bei Galilei doch eine neue Wissenschaftstheorie und infolgedessen auch ein neuer Wissenschaftsbegriff vorliegt. Galilei selbst war sich der Neuheit seiner Untersuchungen durchaus bewußt, in seinen *Unterredungen und mathematischen Demonstrationen über zwei neue Wissenszweige, die Mechanik und die Fallgesetze betreffend* aus dem Jahr 1638 beginnt er einen Abschnitt mit dem Satz:

Über einen sehr alten Gegenstand bringen wir eine ganz neue Wissenschaft. (*Unterredungen*, 3. Tag. S. 140)

Galilei ist sich auch der Beziehung seiner Untersuchungen zur Philosophie klar bewußt: Die Frage der Definition von »Bewegung« war seit den Vorsokratikern und Aristoteles ein zentrales Problem der Philosophie:

Nichts ist älter in der Natur als die *Bewegung*, und über dieselbe gibt es weder wenig noch geringe Schriften der Philosophen. Dennoch habe ich deren Eigentümlichkeiten in großer Menge und darunter sehr wissenswerte, bisher aber nicht erkannte und noch nicht bewiesene, in Erfahrung gebracht. (Ebd.)

Der Begriff »Bewegung« ist zentral für Physik und Naturphilosophie. Die Definition dieses Begriffs ist somit entscheidend für die Frage nach dem Verständnis der Disziplin, die diesen Begriff analysiert. Die genauere Analyse dieses *neuen Verständnisses von Wissenschaft* bei Galilei bringt jedoch Schwierigkeiten mit sich. Galilei schrieb Abhandlungen über bestimmte Probleme (Astronomie, Fallgesetze usw.) und schnitt dabei auch immer wieder Fragen der Wissenschaftstheorie an, legte aber nirgends deutlich und zusammenhängend seine Auffassung von Wissenschaft dar. Es läßt sich jedoch zeigen, daß Galilei zwei verschiedene Ebenen der wissenschaftlichen Arbeit unterschied: Zum einen die *theoretische Ebene*, auf der definitorische Begriffsbestimmungen (*a priori*) gegeben sind und Sätze aufgestellt werden, die nicht empirisch überprüft werden brauchen bzw. gar nicht empirisch überprüft werden können; zum anderen gibt es aber auch Sätze, die durch die *experimentelle Prüfung* gestützt und begründet werden müssen. Diese Unterscheidung erscheint uns heute als ziemlich banal, es wird sich jedoch zeigen, daß diese Zusammenordnung historisch gesehen keineswegs auf der Hand lag, obwohl die einzelnen Elemente durchaus schon vor Galilei vorhanden waren. Das Vorgehen Galileis kann (ohne in Details eintreten zu können) an einem Beispiel aus den *Unterredungen und mathematischen Demonstrationen* gezeigt werden. In der Unterredung *Über die örtliche Bewegung* beginnt Galilei mit einer Definition:

Ich nenne diejenige Bewegung gleichförmig, bei welcher die in irgend welchen gleichen Zeiten vom Körper zurückgelegten Strecken unter einander gleich sind. (Ebd. S. 141)

Dies ist eine definitorische Bestimmung von »gleichförmiger Bewegung«, die im Prinzip apriorisch ist, d. h. sie hängt in keiner Weise davon ab, ob es gleichförmige Bewegung überhaupt gibt. In dieser Definition sind nach Galilei vier Axiome enthalten, die somit ebenso empiriefrei sind und allein von der Bestimmung der Begriffe abhängen. Ein Beispiel dafür ist Axiom II:

> Bei gleichförmiger Bewegung entspricht der größeren Strecke eine größere Zeit. (Ebd. S. 141)

Dies folgt tatsächlich aus der angegebenen Definition der Bewegung und ist entsprechend wieder unabhängig davon, ob es eine gleichförmige Bewegung überhaupt gibt. Dieses Axiom stellt nur eine »Wenn ... dann«- Beziehung auf, ohne zu behaupten, daß der im Antezedens angegebenen Definition irgendetwas in der Welt tatsächlich entspricht. Nach der Auflistung der Axiome, die aus der Definition folgen, beginnt Galilei mit einer neuen Überlegung. Hier wird nun der Begriff einer »natürlich beschleunigten Bewegung« eingeführt. Der methodologisch andere Charakter dieser Begriffsbestimmung wird von Galilei ganz klar herausgestellt:

> 88 | Obgleich es durchaus gestattet ist, irgend eine Art der Bewegung beliebig zu ersinnen und die damit zusammenhängenden Ereignisse zu betrachten [...], so haben wir uns dennoch entschlossen, diejenigen Erscheinungen zu betrachten, die bei den frei fallenden Körpern in der Natur vorkommen, und lassen die Definition der beschleunigten Bewegung zusammenfallen mit dem Wesen einer natürlich beschleunigten Bewegung. (Ebd. S. 146 f.)

Die als erstes eingeführte Definition einer »gleichförmigen Bewegung« gehört also zu dem, was Galilei im eben angeführten Zitat als »beliebig zu ersinnen« ansieht – jetzt jedoch wendet er sich den Erscheinungen zu, »die in der Natur vorkommen«. Dadurch, daß Galilei *beschließt*, die Definition der »gleichförmigen Bewegung« mit der der »natürlich beschleunigten Bewegung« zusammenfallen zu lassen, ergibt sich eine empirische Theorie. Die Frage nach dem »Wesen«, von dem Galilei spricht, sei hier zunächst zurückgestellt, wichtiger ist die Beziehung von »Definition« und »Natur«, in der auch die von apriorischen und aposteriorischen Sätzen enthalten ist. Nach der erfolgten Entscheidung, die genannte Definition auf die Erscheinungen der Natur anzuwenden, müssen die Axiome, die aus der Definition folgen, empirisch überprüfbare Sätze liefern. Für Galilei heißt dies, daß die Sätze durch Experimente verifiziert werden müssen:

> Das glauben wir schließlich nach langen Überlegungen als das Beste gefunden zu haben, vorzüglich darauf gestützt, daß das, was das Experiment den Sinnen vorführt, den erläuterten Erscheinungen durchaus entspreche. (Ebd. S. 147)

Auf diese experimentelle Überprüfung folgt die Definition »gleichförmig beschleunigter Bewegung«:

Gleichförmig oder einförmig beschleunigte Bewegung nenne ich diejenige, die von Anfang an in gleichen Zeiten gleiche Geschwindigkeitszuwüchse erteilt. (Ebd. S. 148)

Diese Definition hat also zunächst die gleiche apriorisch-axiomatische Struktur wie die vorher aufgeführte der »gleichförmigen Bewegung«; Galilei sagt auch ausdrücklich, daß er diese Bewegung so »nennt«. (Diese Definition findet sich bereits im 14. Jhd. bei William von Heytesbury). Da sie aber nun nach dem Entschluß, eine empirische Theorie aufzustellen, eingeführt wird, steht sie auch im Kontext einer Theorie, die experimentell überprüft werden kann. Als nächstes wird in mehreren Schritten eine mathematisch formulierte These über die Größe des Zuwachses der Geschwindigkeit aufgestellt:

Man sieht also auch in dieser einfachen Überlegung, daß bei gleichförmiger Beschleunigung die in gleichen Zeiten durchlaufenen Wege sich wie die ungeraden Zahlen 1, 3, 5 verhalten, und faßt man die Gesamtstrecken zusammen, so wird in doppelter Zeit der vierfache Weg, in dreifacher Zeit der neunfache Weg zurückgelegt, und allgemein werden die Wege wie die Quadrate der Zeiten sich verhalten. (Ebd. S. 161)

Es ist ersichtlich, daß Galilei hier unter Verwendung des Begriffs »allgemein« einen Satz aufstellt, der durch keine Induktion gewonnen ist. Es ist ein streng allgemeiner Satz, der aber im Unterschied zu der zu Beginn eingeführten Definition und den darin enthaltenen Axiomen empirisch überprüfbar sein muß. Es ist im Prinzip ein Satz, der eine präzise quantifizierte Voraussage über alle Ereignisse macht, die als »gleichförmige Beschleunigung« bezeichnet werden können. Galilei läßt daher an diesem Punkt der Unterredung seinen Gesprächspartner ein Experiment fordern:

Ob aber die Beschleunigung, deren die Natur sich bedient, beim Fall der Körper eine solche sei, das bezweifle ich noch, und deshalb würden ich und andere, die mir ähnlich denken, es für sehr erwünscht halten, jetzt einen Versuch herbeizuziehen, deren es so viele geben soll, und die sich mit den Beweisen decken sollen. (Ebd. S. 161 f.)

Die Antwort, die Galilei gibt, zeigt sich schon im Stil als prinzipiell und programmatisch:

Ihr stellt in der Tat, als Mann der Wissenschaft, eine berechtigte Forderung auf, und so muß es geschehen in den Wissensgebieten, in welchen auf natürliche Konsequenzen mathematische Beweise angewandt werden; so sieht man es bei allen, die Perspektive, Astronomie, Mechanik, Musik und Anderes betreiben; diese alle erhärten ihre Prinzipien durch Experimente, und diese bilden das Fundament des ganzen späteren Aufbaues. (Ebd. S. 162)

Es folgt nun bei Galilei eine genaue Anweisung für das Experiment der sogenannten »Fallrinne«, das die Überprüfung der angegebenen mathematischen Verhältnisse als der »natürlichen Bewegung« entsprechend nachweist. Demgegenüber dürften die historisch nicht nachweisbaren Experimente am schiefen Turm von Pisa der Legende angehören, da Galilei dafür gar nicht über ausreichende Meßinstrumente verfügte. Für den prinzipiellen Zusammenhang der Forderung nach einem Experiment reichen jedoch die Anweisungen Galileis zur Fallrinne durchaus aus.

Die Elemente des Wissenschaftsbegriffs Galileis werden aus diesem Text genügend deutlich:

(1) Axiomatisierung
(2) Mathematisierung
(3) Empirische Überprüfbarkeit.

Keines dieser Elemente ist schlechterdings neu, was jedoch neu ist, ist ihre methodisch konsequente Zusammenordnung. Wichtig ist hierbei nicht nur die methodische Konsequenz – denn ganz so konsequent war auch Galilei nicht immer –, sondern die *Zusammenordnung* dieser Elemente überhaupt, die es in dieser Form und Allgemeinheit eben früher nicht gegeben hatte. Somit konnte Galilei bei den einzelnen Elementen auf schon bestehende Traditionen zurückgreifen, bei ihrer methodologisch reflektierten Zusammenordnung jedoch nicht. Betrachten wir kurz die einzelnen Elemente.

a) Axiomatisierung

Axiomatische Systeme gab es schon seit der Antike. Die strenge, d. h. formal-logisch korrekte Ableitung der Folgesätze aus – möglichst wenigen – Voraussetzungen war eine Forderung, die auch in der mittelalterlichen Philosophie bekannt war. Das beste bekannte axiomatische System war die Euklidische Geometrie, aber auch empirische Wissenschaften wie die Archimedische Physik waren nach einem solchen strengen Folgerungssystem aufgebaut – Systeme, die Galilei schon aus seiner Studienzeit her kannte (Viviani: *Lebensbeschreibung des Galilei*. In: Galilei: *Schriften* II. S. 221). Wichtige Anregungen dürfte Galilei während seiner Lehrtätigkeit in Padua (1592–1610) aus Kreisen des Paduaner Aristotelismus erhalten haben. In dieser Schule wurde besonders seit Zabarella genau zwischen dem *metodo risolutivo* und dem *metodo compositivo* unterschieden: In der *resolutio* sollten von den Phänomenen ausgehend erste Prinzipien gefunden werden, um dann in der *compositio*, ausgehend von diesen ersten Prinzipien (Axiomen), eine streng logisch geordnete systematische Darstellung der Theorie zu geben (vgl. Kap. I, 5). Galilei übernahm die Unterscheidung von *metodo risolutivo* und *metodo compositivo*, wobei wir in letzterem ein axiomatisches Verfahren sehen können. Der aus dem Paduaner Aristotelismus übernommene Sprachgebrauch darf aber über wichtige Unterschiede in der Auffassung von wissenschaftlichen Theorien zwischen Zabarella und Galilei nicht hinwegtäuschen: Zabarella hatte als Paradigmen die – damals nicht als avancierteste Wissenschaften zu bezeichnende – Medizin und Biologie vor Augen, daher findet sich auch in seiner Methodologie keine prinzipielle Forderung nach *Quantifizierung*, und noch weniger die nach *Mathematisierung*. Außerdem hat auch die systematische Darstellung des *metodo compositivo* im Grunde nur eine Darstellungsfunktion; diese Methode führt also zu keinen neuen Erkenntnissen. Demgegenüber dient bei Galilei der *metodo compositivo* in seiner strengen Ableitungsform bei empirischen Theorien gerade dazu, diese durch genaue *Experimente* überprüfen zu können – diese Methodik hat also eine zentrale Funktion für die Erkenntnis der Gültigkeit von Theorien.

b) Mathematisierung

Axiomatisierung und Mathematisierung sind in der Theoriebildung genau zu unter- | 91
scheiden. Die mathematische Theorie Euklids war axiomatisiert, und jede mathematische Theorie ist axiomatisierbar, aber der Begriff der Axiomatisierung ist nicht dem der Mathematisierung äquivalent. Das formale Mittel der strengen Ableitung der Folgesätze aus ersten Theoriesätzen ist die Logik und nicht die Mathematik, die selbst nur mittels der Logik streng axiomatisch aufbaubar ist. Dieser unumkehrbare Zusammenhang ist in unserer Gegenwart manchmal etwas verwischt, da man von »mathematischer Logik« spricht. Es muß aber klar sein, daß die Logik keine Disziplin der Mathematik ist, und ihr Aufbau, mag er auch noch so sehr von der Mathematik, vor allem von der Algebra, »inspiriert« sein, ist nicht nur unabhängig von der Mathematik, sondern muß es auch sein, sonst könnten ja auch mathematische Theorien nicht auf ihre logische Konsistenz hin überprüft werden.

Galilei war an dem Aufbau einer exakten Naturwissenschaft interessiert. »Exakt« bedeutete für ihn »zahlenmäßig«. Dies war nicht unbedingt neu, das Modell war seit Euklid bekannt. Entscheidend war aber, daß er konsequent und kompromißlos das Prinzip der *generellen Quantifizierung* für naturwissenschaftliche Theorien einführte. Bei naturwissenschaftlichen Gesetzen müssen die Quantitäten in mathematisch darstellbaren Verhältnissen ausgedrückt werden. Galilei wird im *Saggiatore* sagen, daß das Buch der Natur in mathematischer Sprache geschrieben ist. Allerdings sind wir schon im Mittelalter bei Roger Bacon (13. Jhd.) der Vorstellung Gottes als Geometer begegnet, und in zahlreichen mittelalterlichen Miniaturen finden wir Gott mit einem Zirkel dargestellt. Auch die Mathematisierung in der Theoriebildung ist nicht schlechterdings neu, in Oxford hatte es bei Bacon solche Versuche im

Rahmen der Optik gegeben, ebenso bei Thomas Bradwardine (14. Jhd.) und in Paris bei Nikolaus von Oresme (14. Jhd.). Bei all diesen »Vorläufern« fehlt jedoch sowohl die Einbettung dieser Theorien in eine vorausgehende methodologisch reflektierte Definitionslehre als auch vor allem der Zusammenhang solcher Theorien mit einem als wissenschaftstheoretisch relevant angenommenen Experiment. Der Grund für diesen sonderbaren Sachverhalt – denn die angesprochenen Theoretiker nahmen ja auch »Experimente« vor – wird gleich noch besprochen werden.

Gelegentlich könnte man den Eindruck erhalten, Galilei hätte die *Mathematik* im Bereich der Wissenschaft an die Stelle der *Logik* setzen wollen. Dies war jedoch nicht Galileis Absicht. Allerdings ist auch zu beobachten, daß Galilei den Wert der Logik nicht allzu hoch einschätzte. Sein Biograph hat vermutlich von ihm selbst die folgende Mitteilung über die frühe Studienzeit Galileis erhalten:

Als er aber um diese Zeit auch die Logik studieren mußte, so empfand er alsobald einen großen Ekel über die vielen *terminos*, *definitiones*, und *distinctiones*, wie auch über die wunderliche Ordnung und Methode dieser Disziplin, und urteilte, es sei dieses eine fast unnütze Wissenschaft, und könne einem muntern Kopfe kein sonderliches Vergnügen schaffen. (Viviani: *Lebensbeschreibung des Galilei*. In: Galilei: *Schriften* II. S. 216)

Es war ein humanistischer Gemeinplatz, die scholastische Logik als ziemlich unnütz anzusehen, und Galilei stammte aus Florenz, einer der Hochburgen des italienischen Humanismus. Für ganz so unnütz sah aber Galilei die Logik gar nicht an, er meinte nur, daß man das erforderliche logische Rüstzeug doch am besten dort erlernen könnte, wo es erfolgreich angewandt wurde, und das heißt: in der Mathematik:

Die Logik ist, wie Ihr sehr wohl wißt, das Instrument der Philosophie. Aber wie jemand ein vortrefflicher Instrumentenmacher sein kann, ohne die Instrumente spielen zu können, so kann man ein großer Logiker sein, ohne genügende Fertigkeit in Anwendung der Logik zu besitzen [...]. Ein Instrument zu spielen lernt man eben nicht von dem, der es zu bauen, sondern von dem, der es zu spielen versteht; [...] und so lernt man das Beweisen aus der Lektüre der Bücher, die zahlreiche Beweise enthalten, also aus den mathematischen, nicht aber aus den logischen. (Galilei: *Dialog*, 1. Tag. S. 37 f.)

Galilei war eben an der Begründung der empirischen Wissenschaften interessiert, und für diese war die Mathematik das entscheidende Instrument, in der alles enthalten war, was er für seine Beweise benötigte. Die logische Begründung und Überprüfung der Mathematik selbst war nicht sein vordringliches Problem, obwohl er mit der zu seiner Zeit darüber stattfindenden Diskussion durchaus vertraut war (zum folgenden vgl. Feldhay 1998). Den Anstoß dazu hatte die Schrift von Alessandro

Piccolomini (1508–1578) *Commentarium de certitudine mathematicarum scientiarum (Kommentar über die Gewißheit der mathematischen Wissenschaften)* aus dem Jahr 1547 gegeben. Piccolomini hatte die geläufige Anschauung, daß die Mathematik, und hier vor allem die Geometrie, das Modell für den wissenschaftlichen Beweis abgebe, bestritten. Er sagte: (1) Ein mathematischer Beweis liefert mit seinen Vordersätzen keine »Ursachen« für den Schlußsatz, z. B.: Ein rechter Winkel in einem Dreieck ist nicht die Ursache dafür, daß die Summe der beiden anderen Winkel auch gleich einem rechten Winkel ist. (2) Der hohe Grad der Sicherheit in der Mathematik beruht darauf, daß die Quantität, mit der sie arbeitet, nur in der Vorstellung *(quantum phantasiatum)*, nicht aber in der Realität existiert. Daher sind dann die »gemischten« Wissenschaften, d. h. empirische Wissenschaften, die mit Mathematik arbeiten, den »reinen« Tatsachenwissenschaften, die wirkliche Ursachen erforschen, in Hinsicht auf ihren Wissenschaftscharakter unterlegen. Diese Thesen riefen größten Widerstand bei den Mathematikern der Paduaner Universität hervor. Ihr wichtigster Sprecher war Francesco Barozzi, der 1560 in seinem *Opusculum* zu Proklos' *Kommentar zum 1. Buch von Euklids Elementen*, dessen Text er auch edierte, die These des Proklos vertrat, die Vorstellungen mathematischer Gegenstände seien angeboren und somit den auf äußeren Erfahrungen beruhenden Gegenständen überlegen, und mit diesen mathematischen Vorstellungen wären wir dem Wesen der Dinge näher als mit den durch die Sinne vermittelten Vorstellungen. Dies ist also bester Neuplatonismus – und Galilei besaß ein Exemplar des *Opusculum*. Noch schärfer lehnte Pietro Catena, der von 1547–1576 Professor für Mathematik in Padua war, den Rückgriff auf irgendeine Form der Abstraktion am Ursprung der mathematischen Gegenstände ab und verlegte diesen rein in die Seele. Die realen Gegenstände haben dann Teil an diesen abstrakten Gegenständen – dies ist also die platonische Teilhabe-Vorstellung –, so daß dann das mathematisch-naturwissenschaftliche Vorgehen in der Anwendung von Allgemeinem auf Einzelnes liegt und somit gerade durch die Anwendung der Mathematik dem Wesen der Dinge nahekommt. Daraus ergab sich die These, daß die wahre Erkenntnis der Welt nur durch mathematische Methoden möglich ist. – Es hatte also in der zweiten Hälfte des 16. Jhd.s eine breite Diskussion über das Verhältnis der Mathematik zur Philosophie und zu den Naturwissenschaften stattgefunden, die nicht zuletzt durch ein eingehenderes (bzw. aufgrund der Textlage erst jetzt möglichen) Studium antiker Kommentare hervorgerufen worden war. An dieser Diskussion war auch die führende Bildungsinstitution Roms, das *Collegio Romano* der Jesuiten, beteiligt. Während die Jesuiten im Bereich der Philosophie mehr an offizielle Vorgaben gebunden waren, hatten sie beim Studium der Mathematik und Physik größeren Spielraum. Das *Collegio Romano* wurde zu einem Zentrum mathematischer Studien. Die zentrale Gestalt dabei war der bedeutende Mathematiker Christoph Clavius (1537–1612), der weithin die Mathematik-Auffassung Barozzis übernahm. – In der ganzen Diskussion überlagerten sich zwei Fragenkomplexe: Der eine betraf die Rolle der Mathematik für das, was als »wissenschaftliche Erklärung« angesehen werden sollte, eine Frage, die von Aristotelikern und Platonikern verschieden beantwortet wurde. Die andere betraf die Frage der erkenntnis- und wissenschaftstheoretischen Interpretation solcher Erklärungen, eine Frage, die wiederum Realisten und Nominalisten verschieden beantworteten. Die Diskussion um eine rein mathematisch-instrumentalistische und eine mathematisch-realistische Interpretation von Physik und Astronomie war also am *Collegio Romano* gut bekannt. Die Jesuiten des *Collegio Romano* tendierten zu einer realistischen Interpretation (der Jesuitenkardinal Bellarmin wird Galilei, der letztere vertrat, allerdings später erstere Interpretation empfehlen). Galilei ging von diesen Studien und der wissenschaftstheoretischen Einordnung der Mathematik des *Collegio Romano* aus (vgl. Wallace 1984), und er wußte um die Probleme der philosophischen Begründung einer mathematisierten Wissenschaft. Im *Dialog* Galileis kommen faktisch auch die verschiedenen damals gegebenen Antworten zur Sprache, denen gegenüber Galilei seine eigene Position bestimmt. Galilei (= Salviati) bringt ganz deutlich seine eigene Meinung zum Ausdruck:

Wer naturwissenschaftliche Fragen ohne Hilfe der Geometrie behandeln will, unternimmt etwas Unausführbares. (*Dialog*, 2. Tag. S. 215)

Das wurde damals auch von niemandem mehr bestritten. Galilei läßt dann aber Simplicio, der also ganz und gar nicht immer ein »Einfaltspinsel« ist, die Position des aufgeklärten Aristotelikers vertreten:

Signore Simplicio wird anderer Meinung sein, wiewohl ich nicht glaube, daß er zu denjenigen Peripatetikern gehört, die ihren Schülern vom Studium der Mathematik abraten, weil es die wissenschaftliche Befähigung beeinträchtige und sie für beschauliche Zwecke ungeeigneter mache. (Ebd.)

Worauf Simplicio, ganz im Sinne Piccolominis, antwortet:

Ich möchte Plato dieses Unrecht nicht antun, wohl aber sage ich mit Aristoteles, daß er sich allzusehr in sie versenkte, allzusehr in diese seine Geometrie sich verliebte. Denn im Grunde genommen, Signore Salviati, sind diese mathematischen Spitzfindigkeiten in der Theorie wohl richtig, aber auf sinnliche und physische Materie angewendet, stimmen sie nicht. (Ebd.)

Für Simplicio besteht also ein ontologischer Unterschied zwischen mathematischen und physikalischen Gegenständen. Salviati (= Galilei) stellt dem eine nicht weit von der des Clavius entfernte Position gegenüber, die aber diesem gegenüber deutlich verschärft ist: Es gibt für ihn keine Grenze zwischen mathematischem Kalkül und Berechnung physikalischer Eigenschaften:

Insoweit also stimmt das, was *in concreto* eintritt, ganz mit dem überein, was *in abstracto* eintritt. Es wäre in der Tat etwas ganz Neues, wenn die Berechnungen und Operationen mit abstrakten Zahlen schließlich nicht stimmten, sobald man sie *in concreto* auf Gold- und Silbermünzen und Waren anwendet. Wißt Ihr, wie die Sache liegt, Signor Simplicio? Gerade wie der Kalkulator, damit die Zucker-, Seide- und Wollrechnungen stimmen, seine Abzüge für das Gewicht der Kisten, der Verpackung und sonstigen Ballasts machen muß, so muß der Geometer, wenn er die theoretisch bewiesenen Folgewirkungen experimentell studieren will, die störenden Einflüsse der Materie in Abrechnung bringen. Wenn er das versteht, so versichere ich Euch, alles wird akkurat ebenso stimmen wie die zahlenmäßigen Berechnungen. Die Fehler liegen also weder an dem Abstrakten noch an dem Konkreten, weder an der Geometrie noch an der Physik, sondern an dem Rechner, der nicht richtig zu rechnen versteht. (Ebd. S. 220)

Hinter der etwas einfach und vordergründig erscheinenden Haltung Salviatis steckt also eine ganze zeitgenössische Diskussion. Und Simplicio hat durchaus recht, wenn er bei Galilei vermutet, daß er »der Platonischen Ansicht zuneigt« (Ebd. S. 202). Auch in Hinsicht auf den »Fall Galilei« ist also festzuhalten, daß zwischen dem mathematischen Kalkül der Wissenschaft, hier also vor allem dem der Astronomie, und der platonisierenden realistischen Interpretation dieses Kalküls zu unterscheiden ist (vgl. dazu weiter unten 3). Allerdings neigte nicht nur Galilei, sondern auch die Mehrzahl der Jesuiten, also seine späteren Gegner, der platonisierenden Interpretation zu.

c) Empirische Überprüfbarkeit

In der methodologisch begründeten Einbeziehung des Experiments in den *Begriff von Wissenschaft* liegt eine ganz wichtige Leistung Galileis, die ihn von seinen »Vorgängern« deutlich abhebt. Selbstverständlich gab es auch schon früher Experimente; diese waren aber eben nicht – wie schon im Zusammenhang des *Neuen Organons* von Bacon erwähnt – im Kontext der *Wissenschaft* angesiedelt, sondern allein im Bereich der *Technik*, konkret: des Handwerks. Wissenschaft und Technik wurden im traditionellen Bezugsrahmen nicht nur als verschiedene, sondern in manchem sogar als gegensätzliche Bereiche angesehen. Technik wurde nicht in Beziehung zur Wissenschaft gesetzt, im Mittelalter lehrte man z. B. auch Architektur nicht an der Universität. Technik und Physik waren getrennte Bereiche. In der Physik wurde versucht, die Natur zu erklären, d. h. zu sagen, »wie sie ist«, mit der Technik hingegen wurde versucht, die Natur gleichsam zu »überlisten«, d. h. etwas zu produzieren, was die Natur, so »wie sie ist«, nicht hergibt. Daraus erklärt sich, daß technische Anordnungen nicht methodologisch relevant eingesetzt werden konnten, um Natur »wie sie ist« zu erklären. Gerade dieser Einsatz der Technik in einer gewöhnlich künstlich und mit Hilfe von Instrumenten hergestellten Testsituation für die Erklärung der Natur stellt aber ein entscheidendes Element des Experiments dar. Mit der Einbeziehung des Experiments ändert sich daher der *Begriff* von Wissenschaft überhaupt. Die Technik dient nun dazu, die Natur systematisch zu *untersuchen*, d. h. zu befragen, um etwas *über* die Natur zu erfahren und nicht, um etwas *gegen* die Natur zu unternehmen. Damit gewinnen jetzt technisch hergestellte *Instrumente* eine wichtige Rolle in der Wissenschaft, eine Rolle, die sie früher höchstens faktisch, und auch das nur in geringem Maße, nie aber systematisch-methodologisch innegehabt hatten. Der Einsatz des Teleskops, das Galilei eigens für diese Zwecke weiterentwickelte, ist dafür paradigmatisch, ebenso die Entwicklung der »Fallrinne«, einer für praktische technische Zwecke zunächst völlig nutzlosen Erfindung. Der Wissenschaftler muß sich jetzt als Techniker jene Instrumente erfinden, die ihm die Überprüfung seiner Theorien erlauben. Diese Funktion der Technik *innerhalb* der Wissenschaft ist methodologisch ganz und gar verschieden von der technischen Anwendbarkeit wissenschaftlicher Ergebnisse, die Bacon in erster Linie im Auge gehabt hatte.

Die Technik selbst hatte allerdings gerade im Handwerksbetrieb der Renaissance, zu dem auch die Architektur gehörte, sehr bedeutende Fortschritte gemacht. Schon im Mittelalter hatten die Handwerker große technische Fertigkeiten entwickelt (vgl.

den Bau der Kathedralen), seit dem 14. Jhd. gab es profan-technische Entwicklungen (vgl. die Konstruktion der Uhren), und in der Zeit der Renaissance wurden weitere wichtige technische Erfindungen gemacht, die oft auch unglaublich schwierige »Einsichten«, z. B. in die Statik, erforderten. Man erinnere sich nur an die berühmte Konstruktion der Kuppel des Doms von Florenz durch Brunelleschi, deren statische Berechnung noch heute den Mathematikern etliche Probleme aufgibt. Ähnliches gilt für Alberti und Leonardo da Vinci, um nur einige der »Spitzen« dieser Handwerkskunst zu erwähnen. Man kann sich natürlich fragen, ob nicht durch den methodischen Einsatz der Mathematik (z. B. in der Architektur) eine Fähigkeit der »intuitiven Mathematik«, d. h. der technisch-intuitiven Erfassung von Material und Proportionen, verlorengegangen ist. Es ist doch erstaunlich zu sehen, wie z. B. die Architekten-Handwerker des Turms von Pisa, als sie sahen, daß sich die Fundamente gesenkt hatten, ohne Kenntnisse mathematischer Statik die Konstruktion leicht korrigierten, ihn dann ruhig schief fertig bauten – und dieser Turm steht seit mehr als 600 Jahren.

Auch in einem anderen Bereich hatte es wichtige neue Erfindungen gegeben, nämlich in der Kriegstechnik. Dort war auch gelegentlich der Zusammenhang von theoretischer Wissenschaft und Technik, wenn auch nicht generell, so doch in partikulären Bereichen, erkannt worden, zum Beispiel bei Niccolò Tartaglia (1499–1557), der Euklid ins Italienische und Archimedes ins Lateinische übersetzte. Tartaglia beschäftigte sich mit der Konstruktion von Waffen und zog hierfür mathematische Berechnungen heran, wobei er als erster den Winkel größter Schußweite berechnete. So ist es eine zu denken gebende Feststellung, daß die *Neue Wissenschaft (Nova Scientia)*

Tartaglias mit einer Abhandlung über die Schußweite beginnt. Tartaglia gelangte jedoch nicht zu einer prinzipiell und methodologisch reflektierten Neubegründung der Physik. Dies zu leisten, war Galileis Verdienst, der sich dieser Neuheit auch durchaus bewußt war. Er hatte sich mit Experimenten schon während seines dann abgebrochenen Medizinstudiums befaßt, und sein Biograph berichtet im Sinne Galileis: »Er selbst, Galilaeus, ist der erste gewesen, der dieses mit unglaublichem Vorteil in der Astronomie und Geometrie auf die *observationes coelestes* appliziert hat« (Viviani: *Lebensbeschreibung des Galilei*. In: Galilei: *Schriften* II. S. 219). Erst Galilei leitete wirklich jene Phase der Wissenschaft ein, die als die der »experimentellen und instrumentellen Wissenschaft« bezeichnet werden kann, einer Konzeption, die vor ihm schon allein als Begriffskombination nicht denkbar gewesen war. Handwerkstechnik war auf konkrete, praktische Ziele ausgerichtet, nicht auf wissenschaftliche Erkenntnis. Wurde nun instrumentelle Technik in den Wissenschaftsbegriff als methodologisch konstitutiv eingeführt, so konnte dieser Bezug auf die Praxis aber auch nicht eliminiert werden. Bacon hatte dies richtig erkannt und damit Wissenschaft in den Zusammenhang des praktischen Ziels des »Wohls der Menschen« gestellt, ohne diesem Ziel den Erkenntnisfortschritt einfach unterzuordnen. Galilei hingegen nahm die Handwerkstechnik auf, ohne auf ihren nutzbringenden Anwendungszusammenhang zu reflektieren. Gerade durch seine »praxisfernen« Experimente, bei denen an keinerlei technische Anwendung der sich ergebenden theoretischen Resultate gedacht war, konnte der Eindruck von »reiner« und »zweckfreier« Wissenschaft entstehen, eine Vorstellung, die durchaus noch dem antiken und mittelalterlichen Theoriebegriff nahestand. Das Theorieverständnis wurde bei Galilei zwar durch den Einbezug von Technik faktisch verändert, was Galilei natürlich aufgefallen war, er begriff aber das Experiment gleichsam nochmals als »theoretisch«. Die Verbindung von Wissenschaft und praktisch-technologischem Nutzen war nicht das Problem Galileis; in diesem Punkt war Bacon scharfsichtiger gewesen. Unmittelbar einflußreicher wurde aber zunächst Galilei, da er eben nicht nur die Bedeutung der experimentellen Wissenschaft propagierte, sondern sie auch mit Erfolg betrieb.

Wie sich gezeigt hat, ist keines der Elemente des Wissenschaftsbegriffs Galileis schlechthin neu, was neu ist, ist jedoch die Zusammenfassung – nicht äußerlicher, sondern methodologisch reflektierter Art – von Elementen verschiedener Herkunft, die vorher einfach nebeneinander gestanden hatten. Diese Analyse zeigt auch, was die Kategorie »neu« in historischem Kontext sehr häufig bedeutet: eine neuartige Zusammenordnung von Elementen, die bisher als zu verschiedenen Ordnungen gehörend angesehen wurden. Damit wird keineswegs die Originalität entwertet, diese besteht ja vielmehr sehr häufig gerade darin, Dinge mit einem Blick zu erfassen, die vorher einen Standortwechsel erfordert hatten.

2. Der philosophische Begriffsrahmen

Für Galilei – und dies dürfte nicht nur taktisch gemeint gewesen sein – bedeutete die Tätigkeit des Wissenschaftlers, die Gedanken Gottes nachzuzeichnen. Dies ist durchaus im Sinne der Tradition:

Um mich also besser auszudrücken, so erkläre ich, daß zwar die Wahrheit, deren Erkenntnis durch die mathematischen Beweise vermittelt wird, dieselbe ist, welche die göttliche Weisheit erkennt; allerdings aber will ich Euch zugeben, daß die Art und Weise, wie Gott die zahllosen Wahrheiten erkennt, von denen wir nur einige wenige kennen, hoch erhaben über unsere Weise ist. Wir gehen mittels schrittweiser Erörterung weiter von Schluß zu Schluß, während er durch bloße Anschauung begreift. (*Dialog*, 1. Tag. S. 109)

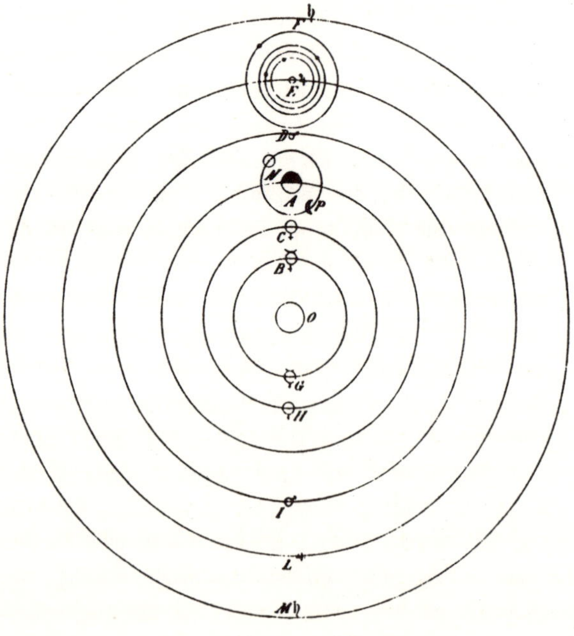

Galilei: *Dialog*, Dritter Tag. S. 338.

Ebenso wichtig wie die formale, erkenntnistheoretische Interpretation der Begriffe waren verschiedene inhaltliche Bestimmungen, die sich aus der neuen Wissenschaft ergaben und die verschiedene bisherige Vorstellungen radikal in Frage stellten. Dazu nur einige Beispiele:

(1) *Der Mensch ist nicht das Maß aller Dinge.* Es war sicher nicht von untergeordneter Bedeutung, daß mit dem ptolemäisch-aristotelischen geozentrischen Weltbild auch eine – nicht aristotelische – anthropozentrische Vorstellung verbunden war: Der Mensch, das Abbild Gottes, stand mit der Erde im Mittelpunkt des Kosmos (und Rom mit dem Stellvertreter Gottes war der Mittelpunkt der Erde). Alles schien final auf den Menschen hin gerichtet und geordnet. Die Welt hatte ihren Sinn als Umwelt des Menschen, und so schien die Kosmologie eine Implikation der Vorsehungs-Lehre zu sein. Diese Vorstellung war – auch dies durchaus nicht aristotelisch – forschungshemmend: Wenn erklärt war, welche wohltuende Wirkung auf den Menschen irgendetwas hatte, so schien das Erklärungsziel erreicht. Die kopernikanische Astronomie rückte den Menschen aus diesem Zentrum – das hatte schon Giordano Bruno deutlich gesehen, und auch Galilei zog diese Konsequenz:

Zuviel maßen wir uns an [...], wenn wir meinen, einzig die Sorge um uns erschöpfe das Wirken der Weisheit und Macht Gottes, darüber hinaus tue und ordne sie nichts. Ich aber möchte, daß wir den Arm Gottes nicht so verkürzen; [...] Ich bin überzeugt, daß die göttliche Vorsehung bei der Lenkung der Menschengeschicke das, was man von ihr erwarten kann, nicht ungetan läßt. Daß aber darum nicht noch andere Ausflüsse ihrer unendlichen Weisheit im Weltall vorhanden sein könnten, möchte ich nach den Eingebungen meiner Vernunft mich nicht bequemen zu glauben [...]. Wenn mir inzwischen gesagt wird, daß ein ungeheurer sternenleerer Raum zwischen den Planetenbahnen und der Sternensphäre unnütz und zwecklos sei und müßig, daß es überflüssig sei eine unermeßliche, alle Fassungsgabe übersteigende Größe den Fixsternen als Behausung anzuweisen, so erwidere ich, daß es frevelhaft ist, unsere schwache Vernunft zum Richter zu setzen über die Werke Gottes, alles das im Weltall eitel oder überflüssig zu nennen, was nicht unserem Nutzen dient. (Ebd. 3. Tag. S. 384 f.)

Für das Wissenschaftsverständnis der folgenden Jahrhunderte ergab sich hier jedoch eine bis heute andauernde Ambivalenz: Einerseits wird der Mensch durch die Wissenschaft – theoretisch – aus dem Zentrum des Kosmos gerückt, andererseits aber wird die Wissenschaft wiederum – praktisch – durch die Nutzen-Funktion auf den Menschen hin zentriert.

(2) *Es gibt nur eine Physik.* In der aristotelischen Wissenschaft war angenommen worden, daß es zwischen den Phänomenen auf der Erde und jenen der Welt der Gestirne einen grundsätzlichen, qualitativen Unterschied gebe. Für Galilei gelten für die Himmelsmechanik dieselben Gesetze wie für die irdische Mechanik.

(3) *Die Natur läßt sich nicht überlisten.* Die Vorstellung, daß sich die Natur überlisten läßt, wurde mehr oder weniger deutlich ausgesprochen und manchmal, wie z. B. bei Roger Bacon (vgl. 2. Teil, Kap. XII, 2), mit Zielen einer »natürlichen Magie« verbunden, so daß man meinte, durch geschickte Anordnung Kräfte in der Natur

vervielfachen zu können. Das Modell dafür gab – irrtümlicherweise – der Brennspiegel ab. Die Physik Galileis ließ keine solche Vorstellung mehr zu: Kräfte ließen sich nur umformen, nicht erzeugen, und jeder Zuwachs an einer Stelle führte zu einer Verminderung an einer anderen.

(4) *Gleichförmige Fortbewegung.* Es entspricht einer »natürlichen« Vorstellung, daß ein bewegter Körper, z. B. eine rollende Kugel, wenn auf ihn nicht eingewirkt wird, irgendwann von selbst zum Stehen kommt. Galilei hingegen behauptete, daß bewegte Körper sich immer mit gleicher Geschwindigkeit fortbewegen, wenn auf sie nicht irgendeine andere Kraft einwirkt. Damit war deutlich, daß sich physikalische Begriffe nicht – jedenfalls nicht ohne kritische Prüfung – an »natürlichen« Vorstellungen orientieren dürfen.

Für die Veränderung des Weltbildes waren jedoch auch die Gesetze Johannes Keplers (1571–1630) von so großer Bedeutung, daß heute manchmal gesagt wird, es habe eigentlich gar keine »Kopernikanische Wende«, sondern eine »Keplersche Wende« gegeben. Galilei und Kepler standen in brieflichem Kontakt seit Kepler seine 1596 erschienene Schrift *Mysterium cosmographicum,* in der er vom kopernikanischen System ausgeht, an Galilei gesandt hatte. Galilei dankte Kepler für das Buch und schrieb in seinem Brief:

Von dem Buch sah ich bis jetzt nur die Einleitung an, aus der ich Eure Absicht gleichwohl schon erfaßte. Und ich freue mich in der Tat gar sehr, bei der Erforschung der Wahrheit einen so bedeutenden Bundesgenossen zu haben, der ein Freund der Wahrheit selbst ist. Es ist nämlich beklagenswert, wie wenige es sind, die nach Wahrheit streben und nicht den verkehrten philosophischen Grundsätzen folgen. [...] Ich würde jedenfalls wagen, meine Überlegungen an die Öffentlichkeit zu bringen, wenn es mehrere von Eurer Art gäbe. Da dem aber nicht so ist, werde ich ein derartiges Unterfangen unterlassen. (*Schriften* II. S. 9)

Auch durch Kepler wurden grundsätzliche traditionelle Vorstellungen in Frage gestellt:

(5) *Elliptische Planetenbahnen.* Das heliozentrische System des Kopernikus hatte nicht alle Fragen der Planetenbahnen befriedigend lösen können. Die Lösung dafür fand Kepler. Das 1. Keplersche Gesetz besagt, daß die Planetenbewegungen durch Ellipsen beschrieben werden können, in deren einem Brennpunkt die Sonne steht. Kepler kam durchaus aus der pythagoreischen und platonischen Tradition, nach der die kreisförmige Bewegung die vollkommenste ist und die Planetenbahnen daher aus Kreisen bestehen bzw. aus solchen (durch Epizyklen) zusammensetzbar sein müssen. Auch Kopernikus war noch von diesen mathematisch-metaphysischen Vorstellungen ausgegangen. Die Annahme elliptischer Planetenbahnen bricht also mit grundsätzlichen kosmologischen und mathematischen Vorstellungen, welche die gesamte Kosmologie bis Kepler beherrscht hatten.

(6) *Nicht-konstante Geschwindigkeit der Planetenbewegungen.* Das 2. Keplersche Gesetz sagt, daß die Geschwindigkeit der Planetenbewegung umgekehrt proportional zum jeweiligen Abstand von der Sonne ist, d. h.: Sind die Planeten der Sonne am nächsten, so bewegen sie sich am schnellsten, sind sie am entferntesten, so bewegen sie sich am langsamsten. Auch diese Vorstellung einer ungleichförmigen Geschwindigkeit der Planetenbewegungen widersprach allen Prinzipien einer vollkommenen Bewegung, wie sie in der traditionellen Astronomie und Kosmologie angenommen worden war.

3. Der »Fall Galilei«

Aus dem »Streit um Galilei« ist inzwischen ein »Streit um den Streit um Galilei« geworden (mit einer unübersehbaren Forschungsliteratur und einer oft mit ziemlicher Polemik geführten Diskussion). Das Problem dabei ist, daß es häufig gar nicht mehr um eine Interpretation historischer Fakten geht, sondern um einen weltanschaulichen Streit über das Verhältnis von Glaube und Wissenschaft oder Kirche und Wissenschaft. Im Zusammenhang der Geschichte der Philosophie sieht die Sachlage weniger dramatisch aus. Für die Philosophie wird mit Galilei eigentlich nur etwas klarer, was vorher schon klar war: (1.) Das maßgebliche Gegenüber der Philosophie wird die Wissenschaft, und (2.) die aristotelische Naturphilosophie und, soweit dadurch betroffen, die Metaphysik wird »überwunden«. Der eigentliche Streitpunkt im »Fall Galilei«, also das heliozentrische Weltbild, stellt demgegenüber eigentlich nur ein, wenn auch sicher sehr wichtiges, einzelwissenschaftliches Ergebnis dar.

Die historisch genaue Rekonstruktion der Vorgeschichte der Verurteilung Galileis ist deshalb so kompliziert, weil sehr viele Faktoren von Bedeutung waren, die nur mittelbar etwas mit der Sachfrage zu tun hatten, aber dennoch eine sehr große Rolle spielten: päpstliche Politik und Intrigen im Vatikan; die überragende und hartnäckig verteidigte wissenschaftliche Stellung des *Collegio Romano* der Jesuiten; die Konkurrenz der »aufklärerischen« *Accademia dei Lincei*; Angst, in der »Bibeltreue« hinter den Protestanten zurückzustehen; Befürchtungen angesichts des modernen atomistischen »Materialismus« usw. Man sollte auch zeitgeschichtlich die Größenordnung des »Falls Galilei« nicht überschätzen. Für die Päpste Gregor XV. (1621–1623) und seinen Nachfolger Urban VIII. (1623–1644) stellten sicher die kriegerischen Auseinandersetzungen in Europa – der Dreißigjährige Krieg (1618–1648) – eine größere Bedrohung dar als Galilei und die kopernikanische Theorie. Und wenn man zu Recht das Vorgehen der Inquisition gegen Galilei kritisiert, sollte man nicht vergessen, das gleichzeitig stattfindende brutale Vorgehen Wallensteins, der auch die »katholische Sache« verteidigte, zu kritisieren: Die Gegner Wallensteins hatten keine Chance, ihre letzten Tage (wie Galilei) auf ihrem Landgut zu verbringen.

Galilei wollte immer im Mittelpunkt öffentlicher Anerkennung stehen, er hatte für ein stilles und zurückgezogenes Gelehrtendasein keinen Sinn. Er hätte auf die Professorenstelle an der Universität Padua, die er früher innegehabt hatte, zurückkehren können, und damit wäre er in der Republik Venedig ansässig gewesen, wo die römische Inquisition gegen den Willen der Republik nichts ausrichten konnte. Galilei zog es aber vor, »Erster Mathematiker und Philosoph des Großherzogs der Toskana« zu bleiben, ein Titel, den er mit den entsprechenden Benefizien seit 1610 innehatte.

Galilei stand zunächst auch in durchaus guten Beziehungen zu bedeutenden Persönlichkeiten der römischen Kurie, so vor allem zu Kardinal Maffeo Barberini, dem späteren Papst Urban VIII. 1614 war Galilei in einer öffentlichen Predigt in Florenz angegriffen worden, und 1615 wurde eine Anklage gegen ihn bei der Römischen Inquisition vorgelegt (*Schriften* II. S. 181–183). Kardinal Robert Bellarmin (1542–1621), der damals einflußreichste Theologe Roms, schlug, um einen Konflikt zu vermeiden, in einem Brief an Paolo Foscarini (um 1565–1616) eine einschränkende Interpretation der kopernikanischen Theorie vor. Foscarini, ein Mitglied des Karmeliterordens, hatte 1615 in einer Schrift Galileis Lehre vertreten und deren Vereinbarkeit mit dem christlichen Glauben nachzuweisen versucht. Der Rat Bellarmins lautete so:

Ich halte dafür, daß Euer Hochwürden und der Herr Galileo klug daran täten, sich darauf zu beschränken, *ex suppositione* und nicht absolut zu sprechen, wie ich immer glaubte, daß Kopernikus gesprochen habe. Indem man von der Annahme spricht, daß die Erde sich bewege und die Sonne still stehe, wird der Schein besser gewahrt, als wenn man die Exzentrizitäten und Epizyklen darlegt; es ist bestens gesagt und entbehrt jeglicher Gefahr; und dies genügt dem Mathematiker. (*Brief Bellarmins an Foscarini.* In: Galilei: *Schriften* II. S. 46)

Galilei war jedoch mit einer solchen restriktiven Interpretation, die vom heutigen Standpunkt aus wissenschaftstheoretisch ganz vernünftig erscheint, auch wenn die Intention Bellarmins natürlich eine ganz andere war, nicht zufrieden. Er nahm an, daß seine Theorien nicht nur mathematische Erklärungsmodelle der Phänomene seien, sondern, wie vorher schon erwähnt, das »Wesen« der Wirklichkeit, die wahre Natur der Dinge, ausdrückten. Dies setzt bei der von Galilei betriebenen Mathematisierung die Annahme voraus, die Wirklichkeit sei »wesentlich« durch Zahlenverhältnisse bestimmt, eine Auffassung, zu der er sich auch ausdrücklich bekannte. Dieser »Essentialismus«, der in der heutigen Wissenschaftstheorie kaum noch angenommen wird, hatte jedoch auf die eigentliche Methode der Wissenschaft Galileis keinen Einfluß, handelte es sich dabei doch um keine innerwissenschaftliche methodologische Frage, sondern um eine *philosophische Interpretation* wissenschaftlicher Sätze. Diese Auffassung Galileis erklärt schon eher seine Auseinandersetzung mit der Kirche, mußte er doch annehmen, mit seinen Theorien die wahren *Gedanken Gottes* nachzuzeichnen, und da trat er in Konkurrenz mit anderen, die meinten die einzigen zu sein, die über die wahre Interpretation der Gedanken Gottes verfügten. Schon 1613 hatte Galilei die Konfliktsituation gesehen, als er sagte, daß »die Heilige Schrift und die Natur in gleicher Weise aus dem göttlichen Wort hervorgegangen sind, jene als Einflößung des Heiligen Geistes, diese als gehorsamste Vollstreckerin der göttlichen Befehle« (*Brief an Benedetto Castelli*. In: *Schriften* I. S. 169). Er hatte auch, durchaus im Sinne der traditionellen Bibel-Hermeneutik, festgestellt, daß es an vielen Stellen der Schrift notwendig sei, »eine von der scheinbaren Bedeutung der Worte abweichende Auslegung zu geben« (Ebd.). Galilei wollte dann auch nachweisen, daß die kopernikanische Astronomie mit der Bibel übereinstimmt. Er baute sich damit allerdings – historisch verständlicherweise – selbst bestimmte Fallen, indem er versuchte, und zwar gar nicht ungeschickt, Bibelexegese zu betreiben, um zu beweisen, daß die dem heliozentrischen System widersprechenden Bibelstellen anders interpretiert werden könnten (Ebd. S. 173–177). Eigentlich stand Galilei aber der schon in der spätmittelalterlichen Philosophie von Scotus bis Ockham und dessen Nachfolgern angezielten Lösung, der Bibel jede Relevanz für naturwissenschaftliche Fragen abzusprechen und sie rein auf Fragen des Heils der Seele zu beschränken, ziemlich nahe:

Ich halte dafür, daß die Autorität der Heiligen Schrift einzig zum Ziele hat, die Menschen von jenen Artikeln und Lehren zu überzeugen, die, unerläßlich für ihr Heil und über jegliche menschliche Erkenntnis hinausgehend, ihnen durch keine andere Wissenschaft und kein anderes Mittel als durch den Mund des Heiligen Geistes selbst glaubwürdig gemacht werden konnten. (Ebd. S. 172)

Letztlich aber blieb Galilei durch seine exegetischen Versuche, mit denen er doch wieder implizit eine »wissenschaftliche Wahrheit« der Bibel akzeptierte, hinter der schon im 14. Jhd. erreichten strengen Unterscheidung des Sprechens *secundum phisicam* und *secundum theologos* (vgl. 2. Teil, Kap. XV, 3) zurück. Er forderte nämlich faktisch eine Auslegung der Heiligen Schriften *secundum phisicam*:

Angesichts dessen, und da es außerdem offenbar ist, daß zwei Wahrheiten einander niemals widersprechen können, ist es das Amt der weisen Ausleger, sich darum zu bemühen, die wahren Sinngebungen der Stellen aus der heiligen Schrift zu finden, die mit jenen natürlichen Schlüssen übereinstimmen, über die wir uns zuvor dank der zutageliegenden Bedeutung oder der zwingenden Beweise Aufschluß und Gewißheit verschafft haben. (*Brief an Benedetto Castelli*. In: *Schriften* I. S. 170)

Aber damit war der Konflikt mit jenen, die sich für die kompetenteren Bibelausleger hielten, kaum zu vermeiden. In diesem Zusammenhang ist nicht zu unterschätzen, daß eine »liberalere« Bibelauslegung, wie Galilei sie vorschlug, nicht in eine Zeit hineinpaßte, in der mit den Protestanten eine im Vergleich zu der der antiken und mittelalterlichen Theologen sehr enge und wörtliche Auslegung der Schrift maßgeblich wurde und die gegenreformatorischen Theologen hier nicht hintenanstehen wollten. 1616 kam es zu einer ersten Verurteilung durch das Heilige Offizium, die aber zunächst nicht veröffentlicht wurde. – Es war einigen guten Theologen durchaus klar, daß der Nachweis, daß das geozentrische System eindeutig in der Bibel enthalten ist, auf ziemlich schwachen Füßen stand. Bellarmin, der persönlich eine große Bewunderung für die Wissenschaft im allgemeinen und auch für den Mathematiker Galilei hatte, rief Galilei 1616 zu sich. Galilei mußte nichts widerrufen (vgl. das *Protokoll Bellarmins.* In: Galilei: *Schriften* II. S. 183 f.), wie ihm Bellarmin selbst bestätigte (Ebd. S. 194). Später ist allerdings eine dem widersprechende, aber nicht unterzeichnete Protokollnotiz in den Akten des Heiligen Offiziums aufgetaucht (Ebd. S. 183), die für spätere Historiker Anlaß zu den verschiedensten Vermutungen (Fälschung?) gegeben hat. – Galilei war enttäuscht über die mangelnde Unterstützung durch die Jesuiten des *Collegio Romano,* von denen er sich aufgrund früherer guter Kontakte mehr erwartet hatte, und er suchte eine Gelegenheit zum Angriff auf diese. Diese bot sich, als 1619 vom *Collegio* eine hauptsächlich von Orazio

Grassi stammende Schrift über die Kometen des Jahres 1618 veröffentlicht wurde, in der u.a. die durchaus gegen Aristoteles gerichtete These vertreten wurde, daß die Kometen nicht der sublunaren Sphäre angehörten. Das Wissenschaftsverständnis Grassis war dabei eigentlich genau dasselbe wie das Galileis. Im selben Jahr ließ Galilei mit dem von ihm verfaßten aber von Mario Guiducci vorgetragenen *Discorso delle comete* antworten. In dieser Schrift trug Galilei eine ziemlich unsachliche Polemik vor und verteidigte den ausschließlich optischen Charakter der Kometen. Darauf antwortete – unter einem Pseudonym – Grassi mit den *Libra astronomica ac philosophica,* wo zwar mit neuen Experimenten argumentiert wurde, aber nun auch zahlreiche Unterstellungen gegenüber dem Gegner vorgenommen wurden. Galilei hatte nun die Jesuiten des *Collegio Romano* als mächtige Gegner vor sich, er wurde aber seinerseits auch wieder von einer einflußreichen Gruppe unter der Führung des Fürsten Federico Cesi unterstützt, die sich 1603 in Rom als *Accademia dei Lincei* zusammengeschlossen hatte. 1621 starb Bellarmin. Obwohl Papst Gregor XV. unter dem Einfluß der Jesuiten stand, erhofften sich die Intellektuellen Roms nach dem Tod des Jesuiten-Kardinals Bellarmin ein günstigeres geistiges Klima und forderten Galilei auf, der Schrift Grassis zu antworten. Dem entsprach Galilei mit dem 1622 fertiggestellten *Saggiatore.* Die Arbeit war einem der Mitglieder der *Accademia,* dem Herzog Virginio Cesarini, gewidmet, der auch ein persönlicher Freund Bellarmins gewesen war. Die Regeln der *Accademia* sahen vor, daß eine gemeinsame Durchsicht und Überarbeitung der von ihr veröffentlichten Schriften vorgenommen werden sollte. Da das Original des *Saggiatore* nicht erhalten ist, ist es nicht möglich, genau zu wissen, wie viele Änderungen vorgenommen worden sind. 1623 ging der

Saggiatore in Druck. Das Buch erhielt die kirchliche Druckerlaubnis von Niccolò Riccardi, einem Dominikaner, dem die Gelegenheit, einer wichtigen Streitschrift gegen den konkurrierenden Orden der Jesuiten zum Durchbruch zu verhelfen, gerade recht kam. Außer dem Imprimatur pries er in diesem Zusammenhang das Buch aber auch, ganz entgegen den Gepflogenheiten, in den höchsten Tönen. Teile des Buches waren schon vor dem Druck bekannt geworden, vor allem natürlich bei den Jesuiten, denen nichts entging, was sich in Rom ereignete. Der *Saggiatore* war somit ein berühmtes Buch, noch bevor es überhaupt erst erschien. Hinzu kam wenige Monate später noch ein günstiger Umstand: Der Papst starb, und der Florentiner Galilei-Freund Barberini, ein moderner Intellektueller, Dichter und Anhänger der Wissenschaften, wurde, nicht ohne Mitwirkung eines Galilei-Verbündeten, des Herzogs Cesarini, als Urban VIII. Papst. Die Ausgangsposition beim Erscheinen des *Saggiatore* war also denkbar günstig, die Herausgeber druckten auf der Titelseite gleich einmal das päpstliche Wappen ab, und Cesarini widmete das stilistisch glänzend geschriebene Buch dem Papst. Urban VIII. erhielt selbstverständlich ein prächtig ausgestattetes Exemplar und amüsierte sich köstlich bei der Lektüre. Galilei reiste im folgenden Jahr nach Rom und traf mehrmals mit dem Papst zusammen. Während der rauschenden Feste erkundigte sich Galilei auch über die Möglichkeiten, kopernikanische Theorien wieder öffentlich vertreten zu können, erhielt aber keine eindeutig positive Antwort. Er kehrte allerdings mit reichlichen Geschenken und einem päpstlichen Empfehlungsschreiben nach Florenz zurück. – Durch den *Saggiatore* hatte sich Galilei allerdings die Feindschaft des *Collegio Romano* endgültig zugezogen. Die von Galilei provozierte Gegnerschaft des *Collegio Romano* war sachlich gesehen eigentlich nicht zwingend, wirkte sich aber später für Galilei verhängnisvoll aus. Am *Collegio* befanden sich nämlich mit Clavius, Christoph Scheiner (1575–1650) und Grassi ganz ausgezeichnete Astronomen und Mathematiker. Clavius war zwar Gegner des kopernikanischen Systems – die Jesuiten unterstützten das System von Tycho Brahe (1546–1601), der der Lehrer Keplers war, da dieses die Erscheinungen auch gut erklärte, sich darüber hinaus aber eher mit der aristotelischen Physik und Philosophie in Übereinstimmung bringen ließ –, stand aber früher zu Galilei in guten Beziehungen und hatte 1611 Bellarmin die Korrektheit der Beobachtungen der Jupitermonde durch Galilei bestätigt. Athanasius Kircher bestätigte später, daß Scheiner, einer der maßgeblichen Astronomen des *Collegio Romano* und wie Galilei ein geschickter Fernrohrerfinder, im Grunde Kopernikaner war, und auch Descartes äußerte diese Vermutung (*Descartes an Mersenne*. In: Galilei: *Schriften* II. S. 127). Auch Scheiner hatte zunächst größte Anerkennung für Galilei, wurde jedoch zu dessen persönlichem, unerbittlichem Gegner, als Galilei dessen Entdeckung der Sonnenflecken nicht zugeben wollte. Sachlich gesehen war die Gegnerschaft von *Collegio Romano* und Galilei eigentlich überflüssig.

Zurückgekehrt nach Florenz begann Galilei die Abfassung seiner Schrift *Dialog über die beiden hauptsächlichsten Weltsysteme, das ptolemäische und das kopernikanische*

(Dialogo sopra i due massimi sistemi del mondo, Tolemaico e Copernicano). Die Arbeit an diesem Dialog wurde mehrmals durch Krankheiten Galileis unterbrochen. 1630 war die Schrift schließlich fertig, und Galilei bemühte sich, die Druckgenehmigung in Rom zu erhalten. Die Drucklegung selbst war nie in Gefahr, da die Republik Venedig sie in jedem Fall zugesichert hatte. 1632 erschien dann der *Dialog* im Druck, womit Urban VIII., der dazu keine Zustimmung gegeben hatte, provoziert wurde, und Urban VIII. war, was seine Eitelkeit betraf, ebenso empfindlich wie Galilei. Beide waren der Überzeugung, die Größten in ihrem Bereich zu sein, und das konnte nur so lange gutgehen, wie sie einander gegenseitig Lob spendeten. Urban VIII. hatte vor allem den berühmten Gelehrten Galilei geschätzt, an dessen Astronomie hatte der Agnostiker Barberini überhaupt kein Interesse. Der »Fehler« Galileis lag darin, daß er meinte, den Papst durch irgendwelche wissenschaftlich beweisbaren Thesen überzeugen zu können. Urban VIII. war ohnedies schon in seinem Selbstvertrauen durch seine ungeschickte Politik während des Dreißigjährigen Krieges empfindlich getroffen. Seit 1630 hatte Gustav Adolf II. mit Unterstützung Richelieus in den Krieg eingegriffen und den Protestanten erhebliche Gewinne gebracht. Dem Papst war es nicht gelungen, Richelieu von seiner pro-protestantischen Politik abzubringen – und die Nerven lagen blank. Der Verkauf des *Dialogs* wurde also durch die päpst-

lichen Behörden verboten, allerdings zu spät, es waren schon alle Exemplare verkauft, und Galilei wurde vor das Inquisitionsgericht in Rom geladen. Das Heilige Offizium trat normalerweise nur dann in Aktion, wenn eine Anzeige vorlag, und die Existenz einer solchen wurde daher auch mit gutem Grund von den Historikern angenommen, allerdings fehlt in den Akten ein entsprechender Text. Mangels historischer Dokumentation nahmen die meisten an, daß (1) die Anklage von den damaligen Erzfeinden Galileis, also den Jesuiten des *Collegio Romano*, ausging, wie es auch Descartes gerüchteweise gehört hatte (*Descartes an Mersenne*. In: Galilei: *Schriften* II. S. 127), und daß sie (2) das kopernikanische System betraf. Es gibt allerdings auch eine andere, von P. Redondi geäußerte und m. E. recht plausible Hypothese, die zwar (1) bestätigt, aber nicht (2). Danach wäre es gar nicht die kopernikanische Astronomie gewesen, die den Anstoß erregt hätte, sondern der Atomismus (Redondi 1991. S. 242–244). Daß der Atomismus als religiös höchst gefährliche Lehre – und zwar als viel gefährlicher als die des kopernikanischen Systems – galt, wußte jeder; und das Problem des Atomismus hatten die Jesuiten auch in ihren eigenen Reihen. Galilei hatte seit seinen frühen Arbeiten zur Bewegungslehre in *De motu* mit atomistischen Vorstellungen gearbeitet. Auch im *Saggiatore* hatte Galilei neben Kopernikus Autoren herangezogen, die eindeutig den Atomismus vertraten: Demokrit, Epikur, Lukrez und solche, die damit in Zusammenhang gebracht werden konnten: Ockham, Telesio. Im *Dialog* war Galilei vorsichtig mit der Nennung von Namen, aber seine Kritik an der aristotelischen Physik beruhte weiterhin darauf, daß er von der Bewegung von atomistisch konzipierten Materie-Korpuskeln ausging. Wer die durchschnittlichen Schulbücher der Philosophie der Zeit, auch und gerade die der Jesuiten, kennt, weiß, welche Angst dort vor atomistischen Lehren bestand: Sie schienen alle in der Nähe von Materialismus und Atheismus zu stehen. Historisch gesehen hat es also durchaus einiges für sich, als Auslöser der Anklagen gegen Galilei Atomismus-Ängste zu sehen. Bei Galilei selbst waren solche Konsequenzen aus dem Atomismus allerdings nicht zu sehen: Für ihn gehörten auch atomistische Elemente in den Rahmen eines im übrigen ganz frommen Schöpfungsglaubens. Allerdings ändert auch die Annahme, daß Atomismus-Ängste der Auslöser der Anklage gegen Galilei waren, nichts daran, daß die Kommission, die sich mit dem *Dialog* befaßte, nicht auf den Atomismus einging, sondern nur am kopernikanischen System Anstoß nahm und ebenso die Verurteilung Galileis dann in der Öffentlichkeit nur mit dem kopernikanischen Weltbild in Verbindung gebracht wurde.

In Hinsicht auf die Interpretation des kopernikanischen Systems hielt sich Galilei im *Dialog* – wie immer es mit der Aufrichtigkeit der Feststellung bestellt sein mag – an das, was ihm schon Bellarmin empfohlen hatte. Galilei sagt selbst im Vorwort:

Zu diesem Zwecke habe ich im Laufe der Unterredung die Partei des Kopernikus ergriffen, wobei ich von seinem System ganz nach mathematischer Weise als von einer Voraussetzung ausgehe und mit Hilfe aller möglichen Kunstgriffe nachzuweisen suche, daß dieses System dem von der Unbewegtheit der Erde zwar nicht schlechthin überlegen ist, wohl aber in Ansehung der Gegengründe, die von den zünftigen Peripatetikern vorgebracht werden. Diese Leute geben sich zufrieden, im Widerspruch mit ihrem Namen, Gespenster zu verehren, ohne umherzuwandeln. (*Dialog. Vorrede.* S. 5)

Daß das System des Kopernikus als rein mathematische Hypothese zu rechtfertigen war, hatten die Mathematiker und Astronomen des *Collegio Romano* selbst bestätigt, und in diesem Punkt hatte sich auch bis 1632 nichts geändert. Und auch im weiteren versichert Galilei:

Verfolgen wir unseren Vorsatz, das Gewicht der Gründe zu prüfen, die von beiden gegnerischen Parteien angeführt werden, ohne irgend eine endgültige Entscheidung zu treffen; das Urteil stellen wir dem anheim, der mehr davon weiß als wir. (Ebd. 3. Tag. S. 386)

Das war mehr als vorsichtig formuliert, und Galilei berief sich auch während des Prozesses darauf, daß Bellarmin ihm bestätigt hatte, daß die Theorie des Kopernikus »*ex suppositione* verwendet und benutzt werden könne« (*Schriften* II. S. 190). Nichtsdestoweniger stellte der *Dialog* eine Provokation dar, da Galilei eben auf höchsten »Rat« hin zur Frage des kopernikanischen Systems überhaupt nichts, auch nichts *ex suppositione*, sagen sollte. Besonders verärgert war Papst Urban VIII., daß ein von ihm häufig geäußertes, aber natürlich nicht von ihm erfundenes Argument von

Galilei einem Einfältigen – Simplicio – in den Mund gelegt wird. Im Zusammenhang der von Galilei für die Erdbewegung herangezogenen Ebbe- und Flut-Bewegung gibt Simplicio zwar zu, daß ihm diese Erklärung »geistvoller erscheint als alle anderen«, fügt dann aber hinzu:

[...] gleichwohl halte ich sie nicht für richtig und beweisend. Meinem geistigen Auge schwebt vielmehr stets eine unerschütterlich feststehende Lehre vor, die mir einst eine ebenso gelehrte wie hochgestellte Persönlichkeit gegeben hat. Ich weiß, daß Ihr beide auf die Frage: Kann Gott vermöge seiner unendlichen Macht und Weisheit dem Elemente des Wassers die abwechselnde Bewegung, die wir an ihm beobachten, nicht auch auf andere Weise mitteilen, als indem er das Meeresbecken bewegt? – ich weiß, sage ich, daß Ihr auf diese Frage antworten werdet, er vermöge und wisse das auf vielfache, unserem Verstande unerfindliche Weise zu tun. Dies zugegeben, ziehe ich aber sofort den Schluß, daß es eine unerlaubte Kühnheit wäre, die göttliche Macht und Weisheit begrenzen und einengen zu wollen in die Schranken einer einzelnen menschlichen Laune. (*Dialog*, 4. Tag. S. 485)

Worauf dann der Gesprächspartner Salviati (= Galilei) ironisch sagt:

Eine bewundernswerte, wahrhaft himmlische Lehre! (Ebd.)

Dieses »Argument« zeigt jedenfalls, welche Bedeutung die Berufung auf die göttliche Allmacht immer noch hatte. Daß diese Berufung in wissenschaftlichem Kontext früher dazu gedient hatte, aristotelische Kosmologie zu bekämpfen (vgl. 2. Teil, Kap. XV, 3), jetzt aber herangezogen wurde, diese zu verteidigen, spielte dabei keine Rolle. Daß Seine Heiligkeit, der Papst (= die »hochgestellte Persönlichkeit«), durch diese Paraphrase Galileis *not amused* war, ist verständlich, und daß die Eitelkeit Urbans VIII. keine Grenzen kannte, hätte der ja ähnlich veranlagte Galilei eigentlich wissen können. Die Folgen bekam Galilei zu spüren. Aufgrund der schon erwähnten historisch mehr als undurchsichtigen Aktennotiz von 1616, die besagt, daß Galilei verboten worden wäre, in irgendeiner Form die Lehre des Kopernikus zu verteidigen, wurde Galilei zu einer lebenslangen Haft verurteilt, die er dann in seiner – sehr schönen und noch heute zu besichtigenden – Villa in Arcetri nahe Florenz verbrachte. Er war inzwischen sehr krank und fast blind, diktierte aber die schon früher begonnenen *Discorsi* weiter. Galilei starb 1641 im Kreise seiner Familie. Dafür, daß Galilei den berühmten Satz am Totenbett: »*Eppur si muove*« (»Und sie bewegt sich doch«) wirklich gesprochen hat, gibt es keinerlei historisches Zeugnis – es handelt sich um eine schöne und kennzeichnende historische Legende. Der treue Biograph Viviani jedenfalls berichtet davon nichts, sondern sagt nur, daß Galilei »mit philosophischer und christlicher Beständigkeit starb« (Viviani: *Lebensbeschreibung des Galilei*. In: Galilei: *Schriften* II. S. 232).

Der *Dialog* fand eine rasche Verbreitung, er wurde ins Lateinische übersetzt und in Holland von dem berühmten Verleger Elzevier in Leiden gedruckt. Daß Galilei, siebzigjährig, krank und fast erblindet, unter dem Druck der Inquisition dem kopernikanischen System »abgeschworen« hatte (*Schriften* II. S. 210 f.), wußten alle in Europa, die sich für solche Fragen interessierten. Daß Galilei es mit dem Widerruf ernst gemeint habe, glaubte niemand. Die Inquisition hatte sich verrechnet: Erst jetzt entstand der »Fall Galilei«, der aber in Wirklichkeit zu einem »Fall katholische Kirche« wurde, sich von seinen historischen Kontingenzen löste und zu dem Topos des wissenschaftsfeindlichen Katholizismus verfestigte. Jetzt stand nicht mehr Galilei vor dem Tribunal des Heiligen Offiziums, sondern die katholische Kirche vor dem Tribunal der wissenschaftlichen Aufklärung.

- V -

René Descartes

René Descartes (1596–1650) studierte viele Jahre lang (1606–1614) am Jesuitenkolleg La Flèche. Seine Abneigung gegen die scholastische Philosophie stammte vermutlich schon aus dieser Zeit. Allerdings erhielt er dort auch eine ganz vorzügliche und für seine späteren Arbeiten richtungsweisende Ausbildung in moderner Mathematik, die dem überlegen war, was man an französischen Universitäten davon lernen konnte. Descartes hat in La Flèche den Geist moderner Wissenschaft mitbekommen, und er bezieht sich auf dieses Kolleg, wenn er sagt, er habe in der Schule gelernt, »daß es in der Mathematik sehr scharfsinnige Erfindungen gibt, die ebensogut dazu geeignet sind, Wißbegierige zu befriedigen, wie auch die Technik zu be-
110 | fördern und die menschliche Arbeit zu verringern« (*Discours* I, 7. S. 11). Auch wurde ihm bereits dort die Ablehnung der in der Periode der Renaissance so beliebten okkulten »Wissenschaften« (vgl. Kap. I, 2, und Kap. II, 2) mitgegeben, von denen er sich nicht mehr täuschen lassen wollte (*Discours* I, 13. S. 15). An eine Karriere in der Universität dachte er nie, und im übrigen hatte er ein bescheidenes Vermögen geerbt, das es ihm ermöglichte, nur für seine Studien zu leben. Er trat dann aber doch in ein Dienstverhältnis ein, und zwar beim Militär: Zunächst ging er nach Holland, wo er ungestört Geometrie studieren konnte, da Holland zu dieser Zeit keinen Krieg führte. Während des Dreißigjährigen Krieges aber verdingte er sich im Bayrischen Heer. Im Winter 1619/1620 befand er sich einmal an einem ruhigen, warmen und ungestörten Ort, war von keinerlei Sorgen geplagt, wie er selbst sagt *(n'ayant, par bonheur, aucuns soins ni passions qui me troublassent)*, und konnte so mit großer Muße *(tout loisir)* seinen Gedanken nachgehen. Und bei dieser Gelegenheit fand er den Grundplan seiner Philosophie (Ebd. II, 1. S. 19). Zurückgekehrt nach Frankreich lebte er zunächst in Paris, nahm dann an einem Krieg gegen die Hugenotten teil und ließ sich schließlich 1629 in Holland nieder, wo er bis 1649 (also bis kurz vor seinem Tod) blieb. Warum er nach Holland ging, ist klar: Zunächst schätzte Descartes, daß zu dieser Zeit Holland in keine Kriege verwickelt war. Außerdem war im 17. Jhd. Holland einer der ganz wenigen Orte in Europa, wo eine relativ große Gedankenfreiheit erlaubt wurde. Mehr als »relativ« kann man auch hier nicht sagen, denn es gab auch unter den holländischen Protestanten ziemlich intolerante Leute, was auch Descartes selbst zu spüren bekam. Auch von Seiten der Universität Leiden wurde er angefeindet. Die Ereignisse um Galilei, die Descartes aufmerksam verfolgte, sollten

ihm recht geben. 1633 erfuhr Descartes von der Verurteilung Galileis und war davon sehr betroffen. Er sah jedoch keinen Grund, zum Verfolgten der wissenschaftlichen und philosophischen Wahrheit zu werden – dies hat etwas mit seinen Grundsätzen der provisorischen Moral zu tun (vgl. weiter unten 3) – und beschloß daher, seine naturphilosophische Arbeit *Le monde* nicht zu veröffentlichen. Sogar die uns heute sehr harmlos erscheinende Schrift *Regeln zur Ausrichtung der Erkenntniskraft (Regulae ad directionem ingenii)*, die er in den Jahren um 1628 verfaßt hatte, ließ er im Schreibtisch liegen; sie wurde erst 1701 gedruckt (möglicherweise gab es aber auch andere Gründe, diese nicht vollendete Schrift nicht zu veröffentlichen). Auch die autobiographisch präsentierte Schrift *Von der Methode des richtigen Vernunftgebrauchs (Discours de la Méthode)* ließ Descartes 1637 anonym in Leiden erscheinen. Der *Discours* erschien zusammen mit der *Géometrie*, der *Dioptrique* und der Schrift *Météores*, so daß der Zusammenhang von philosophischer Methode und Mathematik und Naturwissenschaft schon äußerlich deutlich wurde. 1641 wurden die *Meditationen über die Grundlagen der Philosophie (Meditationes de prima philosophia)* mit Einwänden bedeutender Zeitgenossen (u.a. Mersenne, Arnauld, Hobbes, Gassendi) und den Antworten von Descartes veröffentlicht. Aufgrund eines Briefwechsels mit Königin Christine von Schweden (1625–1689) wurde Descartes von dieser eingeladen, an den Hof in Stockholm zu kommen, wo er ihr Privatlehrer werden sollte. Descartes starb allerdings nur wenige Monate später an einer Lungenentzündung, der Unterricht dürfte also nicht sehr prägend gewesen sein, und weitere Entscheidungen im Leben der Königin gingen sicher kaum auf den Einfluß von Descartes zurück. Königin Christine, die Tochter Gustav Adolfs, war eine ungemein gebildete Frau, die außer Descartes auch mit Hugo Grotius (1583–1655), dem Begründer des Völkerrechts, der von 1634–1645 schwedischer Gesandter in Paris war, in Verbindung stand. Ihre Politik war durchaus aufgeklärt. Sie war aber ein ziemlich unruhiger Geist – Descartes hatte ihr seine Schrift *Die Leidenschaften der Seele (Les passions de l'âme)* übersandt –, sie dankte 1654 ab und wurde katholisch. Descartes hat die Königin sicher nicht zur Konversion aufgefordert. Nichtsdestoweniger geht aus Bemerkungen Christines hervor, daß die Gespräche mit Descartes einen Einfluß auf ihre Entscheidung gehabt haben. Descartes hatte ihr gegenüber eine Lehre vom freien Willen vertreten, die diesem eine wesentlich größere Rolle zusprach als dies im Luthertum der Fall war, was den Auffassungen der Königin entgegenkam. Andererseits vertrat Descartes eine rationale und liberale Interpretation des Katholizismus, was einen Einfluß auf die spätere Haltung Christines gehabt haben dürfte, die sich ja auch wiederum nicht in die Schablonen des nachtridentinischen Katholizismus einfügen ließ. Die Konversion wurde allerdings auch durch drei vom Vatikan abgesandte Jesuiten vorbereitet, unter ihnen der Mathematiker Paolo Casati, die ihr die Aufgeschlossenheit der katholischen Kirche gegenüber naturwissenschaftlicher Forschung darlegten, was kaum der Auffassung von Descartes entsprach, und was, nur etwa 20 Jahre nach der Verurteilung Galileis, sicher auch einige Überzeugungsarbeit erforderte. Nach ihrer

Konversion ließ Christine sich 1655 in Rom nieder, wobei es für den Vatikan eine große Genugtuung war, die »bekehrte« Tochter eines Erzfeindes dort begrüßen und aufnehmen zu können (das Benehmen Christines und ihre Intrigen ließen diese Freude allerdings rasch vergehen). In Rom wurde ihr Palast ein Zentrum kulturellen Lebens, Alessandro Scarlatti (1660–1725) war ihr Kapellmeister und der Bildhauer, Maler und Architekt Gian Lorenzo Bernini (1598–1680) zählte zu ihren Verehrern. Diese Namen zeigen an, daß wir inzwischen in der Zeit des Barock sind (vgl. auch weiter unten 4). Bernini schuf die Kollonaden des Petersplatzes in Rom, eine geometrische, Licht und Schatten wissenschaftlich einbeziehende Gestaltung des Raumes. Raum und Licht waren auch bei Descartes zentrale Fragen: Er erfand die analytische Geometrie und das System der Koordinaten, durch die ein Punkt durch seine Entfernung von zwei Geraden exakt bestimmt werden kann. Und auch zur Optik verfaßte er einen für die Brechungsgesetze des Lichts bedeutsamen Traktat, die *Dioptrique*. – Die Ex-Königin Christine vermachte später ihre reiche Bibliothek ihrem römischen Freund – als sie ihn kennen lernte, war dieser erst 33 Jahre alt –, dem Kardinal Decio Azzolino (1623–1689). Nach dessen Tod kaufte Kardinal Pietro Ottoboni die Bibliothek, und als dieser als Alexander VIII. (1689–1691) Papst wurde, übergab er einen großen Teil der Bibliothek der Päpste, d. h. der Vaticana.

1. Zweifel und Begründungskritik

Die Philosophen der beginnenden Neuzeit wollten sich prinzipiell von der Philosophie der Vergangenheit absetzen, sie wollten, wie wir es bei Bacon und Galilei deutlich sehen konnten, wirklich *Neues* und von neuem beginnen. Damit ist etwas viel Grundsätzlicheres gemeint als nur die Ablösung von Schulen, es liegt darin vielmehr eine neue, kritische Bestimmung des Verhältnisses von *Vernunft und Geschichte*, eine Bestimmung, die ein Kennzeichen all jener Bemühungen darstellt, die wir unter »neuzeitliche Aufklärung« fassen. Dieses, gewöhnlich als »rationalistisch« bezeichnete Element des neuzeitlichen Denkens greift auch über die Unterscheidung von »Rationalismus« und »Empirismus« hinaus: In Hinsicht auf diese Neubestimmung ist der Empirismus nämlich ebenso rationalistisch wie der ausdrücklich so bezeichnete Rationalismus. Diese Neubestimmung muß jedoch historisch genauer gefaßt werden. Die Verteidigung der Selbständigkeit der Vernunft als ein Moment rationaler Aufklärung war auch ein Anliegen der mittelalterlichen Philosophen gewesen, das schon bei Abaelard im 12. Jhd. und dann in den großen Konflikten des 13. Jhd.s seinen deutlichen und folgenreichen Ausdruck gefunden hatte (vgl. 2. Teil, Kap. XV). Die mittelalterlichen Philosophen hatten ihre Selbständigkeit gegenüber Theologie und Kirche zu verteidigen gesucht, eine Auseinandersetzung, die sich jedoch im Rahmen der Begrifflichkeit von »Vernunft« und »Offenbarung« abspielte. In der Philosophie des 17. Jhd.s zeigte es sich jedoch, daß, auch wenn dieser Streit als prinzipiell abgeschlossen angesehen werden konnte – nicht faktisch, wie die Auseinandersetzung um Galilei zeigt –, die Behauptung der Selbständigkeit der Vernunft noch keineswegs auf einem gesicherten Boden stand. Bacon hatte darauf schon in seiner Idolenkritik deutlich hingewiesen, nach ihm mußte in verschiedenster Hinsicht die Selbständigkeit der Vernunft erst kritisch erarbeitet werden: Vorsicht war geboten gegenüber Täuschungen, die aus der Tradition stammten und somit geschichtlich-gesellschaftlich überliefert waren, aber auch gegenüber Täuschungen, die mit der »Struktur« des Menschen selbst verbunden sind, also etwa solchen, die durch die Form der Sprache(n) hervorgerufen werden.

Was sich aber jetzt im 17. Jhd. abspielte, und was an Descartes paradigmatisch gezeigt werden soll, ist nicht einfach eine Kritik traditionell überlieferter Ansichten, sondern vielmehr eine *Kritik des Traditionsverständnisses* überhaupt. Nicht die *Tradition* wird abgelehnt, sondern ein Verständnis von Philosophie, in dem die Tradition als solche in einem *Begründungszusammenhang* auftritt. Nun wäre es wiederum falsch, wollte man der mittelalterlichen Philosophie vorwerfen, sie habe positiv gelehrt, etwas sei wahr, weil es autoritativ überliefert ist – eine solche Sicht wäre zu eindimensional. Dennoch gilt, daß der philosophische Lehrbetrieb des Mittelalters faktisch in einem methodologischen Rahmen stand, der – wie wir heute sagen würden – »hermeneutisch« orientiert war. Die Philosophie hatte eine propädeutische Aufgabe für Disziplinen wie vor allem die Theologie oder die Rechtswissenschaft, die beide hauptsächlich historisch-autoritative Texte interpretierten, und diese Aufgabe wirkte auch auf die Verfahren, die in der Philosophie selbst verwendet wurden, zurück. Eine solche hermeneutische Zielsetzung lag sogar der mittelalterlichen formalen Logik zugrunde, die immer in nicht unerheblichem Maße an der Grammatik orientiert blieb und die in der Semantik eine differenzierte Bedeutungs- und Referenztheorie für die natürliche Sprache entwickelte. Dann aber lag es nahe, auch Philosophie selbst in einer solchen Form zu betreiben, d. h. durch Auslegung autoritativer Texte, auch wenn diese nie als unkritisierbare Autoritäten angesehen wurden. Hieraus ergab sich, daß auch in der Philosophie zu dieser Zeit faktisch häufig doch nicht, jedenfalls nicht in ausreichendem Maße, zwischen dem geschichtlich Bestätigten und dem Begründungszusammenhang des Behaupteten unterschieden wurde. Selbst in einem so »rationalistischen« Ausgangspunkt wie dem Anselms von Canterbury, der nur philosophisch argumentieren will, »so als hätte es Christus nie gegeben«, ist keine Unterscheidung von geschichtlich Überliefertem und rational Beweisbarem enthalten, sondern nur eine zwischen autoritativem Text und (dessen) rationaler Begründung. Es wurden zwar immer einzelne Thesen früherer Philosophen kritisiert; die Meinung, eine prinzipiell *geschichtsfreie Neubegründung*, und damit eine *Erstbegründung* unternehmen zu können, lag jedoch außerhalb der Möglichkeiten dessen, was im Mittelalter überhaupt denkbar war. Im 17. Jhd. wird nun genau zwischen Herkunft (Genese) und Begründung (Geltung) einer Theorie unterschieden. So sagt Descartes im *Discours de la Méthode*:

[...] und ebensowenig rühme ich mich, irgendeine [der Ansichten] zuerst entdeckt zu haben, wohl aber rühme ich mich, daß ich sie weder jemals übernommen habe, weil sie von anderen behauptet wurden, noch auch, weil sie überhaupt nie vertreten worden sind, sondern immer nur, weil meine Vernunft mich von ihnen überzeugt hat. (*Von der Methode* VI, 10. S. 125)

Hier wird deutlich, daß gegenüber dem *Begründungszusammenhang* der *Entstehungs-* oder *Überlieferungszusammenhang* irrelevant ist, d. h. letzterer geht in den Begründungszusammenhang überhaupt nicht ein, ja mehr noch, er *darf* nicht in ihn eingehen. Wie dieser Begründungszusammenhang dann im einzelnen methodisch gesichert wird, darüber gibt es im 17. Jhd. keine Übereinstimmung. Hier wird der Rationalismus eines Descartes andere Wege gehen als der Empirismus Lockes oder Humes. Für alle aber gilt gleicherweise, daß sie den in der Erkenntnistheorie und in der Methodenlehre zu analysierenden Begründungszusammenhang ausdrücklich ungeschichtlich konzipieren. Eine Ausnahme bildet hier nur Gianbattista Vico (1668–1744), der vermutlich auch gerade deshalb zu seiner Zeit keine Wirkung erlangte.

Die geschichtsfreie Neubegründung wird bei Descartes auch auf das eigene Le-
114 | ben, also auf die eigene Geschichte angewandt:

Schon vor einer Reihe von Jahren habe ich bemerkt, wieviel Falsches ich in meiner Jugend als wahr habe gelten lassen und wie zweifelhaft alles ist, was ich hernach darauf aufgebaut, und daß ich daher einmal im Leben alles von Grund auf umstoßen und von den ersten Grundlagen an neu beginnen müsse, wenn ich endlich einmal etwas Festes und Bleibendes in den Wissenschaften ausmachen wolle. (*Meditationen* I, 1. S. 11)

Bei Bruno, Bacon und Galilei begegnen wir dem Pathos des Neuen als historischer Forderung: Sie meinten, in einer Periode zu leben, die alles auf neue Fundamente stellen mußte. Bei Descartes wird dies nun auch auf die individuelle Geschichte angewandt. Es gilt programmatisch: »Einmal im Leben alles von Grund auf umstoßen und von den ersten Grundlagen an neu beginnen!«. Dieser Topos selbst ist gar nicht so neu, aber er bezog sich in früheren Perioden auf Bekehrungs-Erlebnisse wie etwa bei Augustinus (vgl. 2. Teil, Kap. III, 1) oder Lullus (vgl. 2. Teil, Kap. XVI, 1). Im übrigen aber war den Menschen sowohl in der Antike als auch im Mittelalter eine solche *tabula-rasa*-Auffassung ziemlich fremd. In der Neuzeit bis hinein in unsere Gegenwart wird jedoch dieser Topos wirksam bleiben: Viele Menschen träumen davon, einmal im Leben alles umstoßen und alles neu beginnen zu können, und auch Politiker sind immer wieder versucht, davon zu reden, alles »von den ersten Grundlagen an neu zu beginnen«. Man nennt dies dann eine »Wende«. – In den *Regeln zur Ausrichtung der Erkenntniskraft* sagt Descartes:

Nun gut, selbst wenn sie alle [die früheren Philosophen] noch so gerade heraus und offen wären und uns nie etwas Zweifelhaftes für wahr aufdrängen, sondern alles in gutem Glauben darstellen würden, so wären wir dennoch, weil doch kaum etwas von einem gesagt worden ist, dessen Gegenteil nicht ein anderer vorbringt, immer ungewiß, wem man Vertrauen schenken soll. Stimmen zu zählen, um der Meinung beizutreten, die mehr Autoritäten für sich hat, würde auch nichts nützen; denn wenn es sich um einen schwierigen Streitpunkt handelt, so ist es glaublicher, daß seine Wahrheit von wenigen gefunden werden konnte als von vielen. Ja, sogar dann, wenn sie alle untereinander übereinstimmten, würde ihre Lehre dennoch nicht ausreichen: aus uns würden nämlich niemals, sagen wir, Mathematiker werden, mögen wir auch alle Beweise anderer im Gedächtnis haben, wenn wir nicht auch aus eigener Erkenntniskraft befähigt wären, jedes mögliche Problem zu lösen, oder Philosophen, wenn wir alle Beweise des Plato oder Aristoteles gelesen hätten, über vorgelegte Sachen dagegen ein stichhaltiges Urteil zu fällen nicht imstande sind. Auf diese Weise nämlich würden wir offenbar nicht Wissenschaften, sondern historische Kenntnisse erworben haben. (*Regeln* III, 2. S. 15 u. 17)

Wie sehr auch Descartes von der Erfahrung der Vielfalt der philosophischen Meinungen motiviert gewesen sein mag, sein Ansatz, »historische Kenntnisse« und »Wissenschaft« so klar gegenüberzustellen, geht doch grundsätzlich über eine solche Erfahrung hinaus. Dies zeigt schon das Gedankenexperiment der »übereinstimmenden Meinung«, die eben an dieser Gegenüberstellung prinzipiell nichts ändert: Selbst wenn alle eine bestimmte Auffassung für wahr gehalten hätten, würde uns dies doch nur eine »historische Kenntnis« und noch keine »Wissenschaft« liefern. Descartes nimmt in kennzeichnender Weise Bezug auf das Beweisverfahren der Mathematik, da es dort ganz offensichtlich ist, daß weder die Berufung auf eine noch auf viele Autoritäten einen Beweis zu einem gültigen macht. Und selbst der Bericht über einen gültigen Beweis erfordert von dem, der ihn vorbringt, daß er in der Lage ist, den Beweis unabhängig von diesem Bericht selbst durchzuführen. In dieser Unterscheidung von Entstehungszusammenhang (»historische Kenntnisse«) und Begründungszusammenhang (»Wissenschaft«) ist auch der Grund für Descartes' methodischen Zweifel zu suchen. Dieser Zweifel ist eben nicht empirisch durch die Vielfalt der Meinungen begründet, wenn auch davon motiviert, sondern bringt das methodologische Prinzip zum Ausdruck, daß jede – überlieferte oder gegenwärtige – Auffassung in solcher Weise begründet werden muß, daß ihre Geltung *unabhängig* von ihrer Entstehung nachgewiesen wird.

Damit ist zugleich ein gewisser Akzent der Interpretation von Descartes' Philosophie gesetzt, der auch im folgenden seine Bestätigung finden dürfte. Descartes wird manchmal – beinahe existentialistisch – als Sucher nach einem unerschütterlichen Fundament der Gewißheit angesichts einer Vielzahl von unsicheren Traditionen dargestellt. In dieser Hinsicht wurde er in eine Parallele zu Luther gesetzt, so daß

Luthers »Turmerlebnis« des »Glaubens allein« mit dem »Erlebnis« des »Ich denke, also bin ich« bei Descartes verglichen wurde. Wie auch immer der Fall bei Luther liegen mag, bei Descartes geht es ganz undramatisch zu – schon äußerlich handelt es sich nicht um einen kalten Turm, sondern um einen warmen Raum. Auch später, als Descartes in den *Meditationes* die Rolle des Zweifels systematisch ausarbeitet, sagt er von sich, daß es zunächst einmal gar keinen Zweifel daran geben kann, »daß ich, mit meinem Winterrocke angetan, am Kamin sitze« (*Meditationen* I, 6. S. 12). Hier spricht ein Zweifelnder, aber kein Verzweifelter. Descartes' Prinzip des Zweifels antwortet nicht auf eine existentielle Frage, sondern auf die rationale Frage nach einer methodologischen Begründung der Wissenschaft und der Philosophie, und er nahm dabei einfach die schon sehr alte philosophische Ansicht ernst, daß Autorität kein Beweis für die gute Begründung einer Theorie ist. Descartes befand sich in keinerlei existentieller Krise, sein Zweifel hat einen methodologischen, keinen existentiellen Charakter. Deshalb kann Descartes im *Discours* sagen:

[...] daß aber ich, bezüglich all der Meinungen, die ich bisher unter meine Überzeugungen aufgenommen hatte, nichts Besseres unternehmen könne, als sie einmal ernstlich wieder abzulegen, um sie nachher entweder durch andere, bessere zu ersetzen oder

auch durch dieselben, wenn ich sie an der Vernunft gemessen haben würde. Ich war der festen Überzeugung, daß es mir dadurch gelingen würde, mein Leben weit besser zu führen, als wenn ich nur auf alten Fundamenten baute und mich nur auf Grundsätze stützte, die mir in meiner Jugend eingeredet wurden, ohne daß ich je geprüft hätte, ob sie wahr sind. (*Von der Methode* II, 2. S. 23)

Was Descartes hier als Forderung für sich aufstellt, gilt, wie aus anderen Schriften hervorgeht, natürlich ganz allgemein für jeden, der Philosophie oder Wissenschaft betreibt. Descartes lehnt also nicht schon *inhaltlich* traditionelle Auffassungen ab, wohl aber sagt er, daß die Tradition für die Übernahme von Theorien keine Grundlage sei. Die historische Dimension muß also methodologisch eingeklammert und durch ein von Traditions- und Autoritätselementen unabhängiges Prüfungsverfahren ersetzt werden. Bis zu diesem Punkt waren sich Rationalisten wie Empiristen übrigens ziemlich einig, erst bei der Entwicklung der geforderten Prüfungsverfahren werden wichtige Unterschiede auftreten.

Bei der Rolle des theoretischen und methodischen Zweifels in der Philosophie von Descartes muß man allerdings berücksichtigen, daß für ihn doch ein ganz praktisches Problem dahintersteht: das Bedürfnis nach Sicherheit *(certitudo)*:

Nicht daß ich deswegen die Skeptiker nachahmte, die nur zweifeln, um zu zweifeln, und gern so tun, als wären sie immer unentschlossen *(toujours irrésolus)*; denn ich wollte mir im Gegenteil nur Sicherheit verschaffen *(m'assurer)* und lose Erde und Sand beiseitewerfen, um Fels oder Ton zu finden. (Ebd. III, 6. S. 47)

Der methodische Zweifel ist bei Descartes getragen von dem Bewußtsein, daß Gewißheit erreichbar ist, und dieses Bewußtsein ist motiviert von dem Bedürfnis nach Sicherheit. Für Descartes ist Sicherheit so etwas wie ein Rechtsanspruch. Die Haltung der Skeptiker, die »immer unentschlossen« sind, kommt für ihn gar nicht in Frage. Descartes rechnet von Anfang an nicht damit, daß die einzige rational verantwortbare Antwort auf den Zweifel die Skepsis sein könnte. In dieser prinzipiellen Hinsicht steht Descartes Augustinus gar nicht so fern (vgl. 2. Teil, Kap. III, 1). Dies ist schon einem Zeitgenossen, Antoine Arnauld (1612–1694), der wie Descartes Mathematiker und Philosoph, aber auch Theologe war, aufgefallen. Dieser wundert sich darüber, »daß nämlich der hochverehrte Mann genau dasselbe als Grundlage seiner ganzen Philosophie aufgestellt hat, wie der heilige Augustinus« (Arnauld. In: Descartes: *Meditationen*. S. 178). Descartes gibt uns auch einen Hinweis darauf, warum er die, sicher durchaus ernst gemeinte, Frage des Zweifels verhältnismäßig gelassen angehen konnte: Daß es zweifelsfreie Beweise gebe, stand für ihn (von seiner Beschäftigung mit der Mathematik her) schon von Anfang an fest. Es konnte also eigentlich nur darum gehen, diese Beweisverfahren darauf hin zu analysieren, wo der Grund ihrer Stringenz lag, und zu fragen, in welcher Weise solche Verfahren auch auf andere Bereiche angewendet werden konnten:

Man darf daher hieraus wohl mit Recht schließen, daß zwar die Physik, die Astronomie, die Medizin und alle anderen Wissenschaften, die von der Betrachtung der zusammengesetzten Dinge abhängen, zweifelhaft sind, daß dagegen die Arithmetik, die Geometrie und andere Wissenschaften dieser Art, die nur von den allereinfachsten und allgemeinsten Gegenständen handeln und sich wenig darum kümmern, ob diese in der Wirklichkeit vorhanden sind oder nicht, etwas von zweifelloser Gewißheit enthalten. Denn ich mag wachen oder schlafen, so ist doch stets 2 + 3 = 5, das Quadrat hat nie mehr als vier Seiten, und es scheint unmöglich, daß so augenscheinliche Wahrheiten in den Verdacht der Falschheit geraten können. (*Meditationen* I, 9. S. 14)

Descartes führt dann allerdings den aus der nominalistischen Allmachtsvorstellung (vgl. 2. Teil, Kap. XVII, 2, b) stammenden Einwand ein, Gott könne ja bewirken, daß ich immer dann, wenn ich 2 zu 3 addiere, 5 denke, obwohl dies falsch ist (*Meditationen* I, 10. S. 14). Die Fragestellung des »täuschenden Gottes« hat allerdings bei Descartes keinerlei theologische, sondern eine rein erkenntnistheoretische und logische Funktion. Sie dient Descartes einzig zur Radikalisierung und Verallgemeinerung des Zweifels, denn »so sehe ich mich gezwungen, zuzugestehen, daß an allem, was ich früher für wahr hielt, zu zweifeln möglich ist« (Ebd. I, 13. S. 15). Es war aber dann eben »nur« die Frage, in welcher Form eine Erkenntnistheorie und eine Metaphysik aufgebaut werden könnten, welche die Grundlegung dieser sicheren Beweisverfahren darstellten (dafür wird er dann den Beweis eines gütigen Gottes brauchen, der eine solche Täuschung nicht zuläßt). Es war für Descartes nie Gegenstand des

Zweifels, daß es eine solche Grundlage geben müsse. Die von Descartes angestrebte *Mathesis universalis* war nicht die Antwort auf den Zweifel, sondern dessen Voraussetzung.

2. Die rationalistische Methode

Was Descartes unter dem Begriff »Methode« versteht, sagt er in den *Regulae*:

Unter Methode aber verstehe ich zuverlässige und leicht zu befolgende Regeln, so daß, wer sich pünktlich an sie hält, niemals etwas Falsches für wahr unterstellt und, indem er keine geistige Mühe nutzlos verschwendet, sondern sein Wissen Stück für Stück ständig erweitert, die wahre Erkenntnis alles dessen erreicht, wozu er fähig ist. (*Regeln* IV, 1. S. 23)

In dieser Definition von »Methode« sind bereits wichtige Voraussetzungen enthalten, die im folgenden kurz erläutert werden sollen:

1. *Von entgegengesetzten Meinungen kann nur eine wahr sein.* Eine Methode, die zur
118 | Unterscheidung von wahren und falschen Sätzen dienen soll und somit garantiert, daß bei ihrer Anwendung »niemals etwas Falsches für wahr unterstellt« wird, hat nur dann einen Sinn, wenn eben ein Satz immer entweder wahr oder falsch ist. Ausdrücklich stellt Descartes im *Discours* fest, daß oft zu ein und demselben Gegenstand verschiedene Meinungen vorgetragen und – scheinbar – verteidigt werden, daß aber »doch immer nur eine einzige wahr sein kann« (*Von der Methode* I, 12. S. 15).

2. *Jede Wahrheit kann bewiesen werden.* Die Behauptung, es gäbe für vorgelegte Sätze jeweils nur *eine* Wahrheit, bliebe eine reine Behauptung, wenn sie nicht mit dem Verweis auf ein Verfahren begründet würde, durch das die Wahrheit eines Satzes *bewiesen* werden kann. Ein so strenger Begriff von »Wahrheit« und »Beweisbarkeit« bringt es mit sich, daß Sätze, für die nur eine größere oder kleinere Wahrscheinlichkeit festgestellt werden kann, von Descartes stark abgewertet werden. Für ihn gilt »alles bloß Wahrscheinliche für nahezu falsch« (Ebd. I, 12. S. 15). An dieser Stelle muß gesagt werden, daß sich Descartes schon hier eine methodologische Beschränkung auferlegt, die im Bereich der praktischen Philosophie nicht aufrechterhalten werden kann (vgl. weiter unten 3) und auch im Bereich theoretischer Wissenschaften nicht aufrechterhalten werden wird: Im 17. Jhd. wird eine Theorie der Wahrscheinlichkeit entwickelt werden, z. B. von Pascal, Bernoulli, Huygens und Leibniz, die nicht davon ausgeht, daß alles Wahrscheinliche »nahezu falsch« ist (vgl. Kap. VI, 3).

3. *Die Beweismethode ist für alle Wissenschaften einheitlich.* Descartes setzt voraus, daß, so wie der Begriff der Wahrheit nur *einer* ist, auch die Methode nur *eine* sein kann. Als er daher seine Methode gefunden hatte, stellte er fest, daß sie »ebenso

vorteilhaft auf die Schwierigkeiten anderer Wissenschaften anzuwenden« sei (*Von der Methode* III, 13. S. 37). Descartes ist also von der Einheitlichkeit der wissenschaftlichen Methode überzeugt. In diesem Anspruch, eine Universalmethode finden zu können, drückt sich eines der tiefsten Anliegen der Philosophie des 17. Jhd.s aus, welches sich bei den Philosophen, die als »Rationalisten« bezeichnet werden, ebenso findet wie bei jenen, die »Empiristen« genannt werden. Es geht um die Suche nach einem wissenschaftlichen Verfahren, das als die »wahre Methode [...] zur Erkenntnis aller Dinge führt« (Ebd. II, 5. S. 29), die für den Geist erfaßbar sind. Bei seiner Suche nach der wahren Methode geht Descartes von der Logik, der geometrischen Analysis und der Algebra aus:

> Ich hatte, als ich noch jünger war, in den philosophischen Disziplinen ein wenig Logik und in den mathematischen geometrische Analysis und Algebra getrieben, drei Künste oder Wissenschaften, die – wie mir schien – zu meiner Absicht einiges beitragen würden. (Ebd. II, 6. S. 29)

Im weiteren spielte dann allerdings die Mathematik bei Descartes eine wesentlich größere Rolle als die Logik. An der Logik kritisierte Descartes, daß man durch sie nur das erklären kann, was man schon weiß. Dies zeigt, daß Descartes, wie vor ihm schon Bacon, von der Logik mehr erwartete, als das, was diese traditionell überhaupt leisten sollte, nämlich die Überprüfung der formalen Korrektheit von Ableitungen. Das wird auch durch seine Kritik an der »Lullschen Kunst« (vgl. dazu 2. Teil, Kap. XVI, 1) deutlich; das eben angeführte Zitat hat folgende Fortsetzung:

> Bei ihrer Prüfung fiel mir jedoch auf, daß – was die Logik betrifft – ihre Syllogismen und die meisten anderen ihrer Vorschriften vielmehr dazu dienen, anderen zu erklären, was man weiß, oder gar, wie die lullische Kunst, über das, was man nicht weiß, ohne Verstand zu reden, als es zu entdecken. (*Von der Methode* II, 6. S. 29)

Descartes suchte also vermutlich eine Methode, die nicht nur das erklärt, »was man weiß«, sondern die auch zur »Entdeckung« dessen führt, »was man nicht weiß«, allerdings so, daß dort nicht »ohne Verstand« geredet wird. Ein Verfahren, das zur Auffindung von noch nicht Gewußtem dient, stellt eine Aufgabe dar, die schon die humanistischen Logiker an die Logik herangetragen hatten. Es handelt sich also wieder einmal um die *inventio*, die Erfindung oder Auffindung, die seit Cicero als zweiter Teil der Logik neben dem *iudicium*, der Überprüfung des schon Vorliegenden, angesehen wurde. Nicht nur Descartes, sondern auch Leibniz suchte nach einer solchen Methode. Gegenüber der Algebra und der Analysis wendete Descartes ein, daß sie nur auf sehr abstrakte Gegenstände anwendbar und ihre Verfahren daher zu eingeschränkt seien; aus diesem Grund suchte er nach einer neuen Methode:

Das war der Grund, weshalb ich dachte, man müsse eine andere Methode suchen, die, indem sie die Vorteile dieser drei in sich vereinigt, doch frei ist von ihren Mängeln. (Ebd. II, 6. S. 31)

Und so stellte Descartes nun seine berühmten vier Regeln auf, die nach seiner Vorstellung der Forderung genügten, »zuverlässig und leicht zu befolgend« zu sein:

a) Die erste Regel

Die erste besagte, niemals eine Sache als wahr anzuerkennen, von der ich nicht evidentermaßen erkenne, daß sie wahr ist: d. h. Übereilung und Vorurteile sorgfältig zu vermeiden und über nichts zu urteilen, was sich meinem Denken nicht so klar und deutlich darstellte, daß ich keinen Anlaß hätte, daran zu zweifeln. (Ebd. II, 7. S. 31)

Hier wird das *rationalistische Wahrheitskriterium* ganz deutlich ausgesprochen: Nicht die sinnliche Wahrnehmung und damit die empirische Erfahrung gibt den Maßstab ab, sondern der »klare und deutliche Gedankeninhalt«. Es ist bekannt, daß Descartes im weiteren Verlauf des *Discours* nach *der* Wahrheit sucht, die gänzlich unbezweifelbar ist, und daß er schließlich meint, sie in dem Satz »ich denke, also bin ich« (Ebd. IV, 1. S. 53) gefunden zu haben – eine Evidenz, welche er daher als den ersten Grundsatz der Philosophie ansetzen will. Damit wird Descartes aber noch nicht zu dem Denker einer radikalen Subjektbezogenheit, zu dem ihn der spätere Deutsche Idealismus hochstilisieren wollte. Denn wichtiger als der erste Grundsatz der Philosophie ist und bleibt eben die Methode, und die setzt mit dem an, was sich so *klar und deutlich* darstellt, daß es nicht bezweifelt werden kann. Descartes ist also zunächst und vor allem der Vertreter der »klaren und deutlichen Erkenntnis« und erst in einem untergeordneten Sinne der Vertreter der Ich-Gewißheit. Die französische Descartes-Interpretation hat dies, im Unterschied zur deutschen, immer klar gesehen: Das »Ich denke« als erstes Prinzip ist bei Descartes (prinzipiell) austauschbar, die Forderung einer »klaren und deutlichen Erkenntnis« des ersten Prinzips hingegen kann nicht aufgegeben werden. Dies zeigt sich auch darin, daß diesem methodologischen Prinzip gegenüber die Ich-Gewißheit in eine Reihe gestellt werden kann mit weiteren, ganz anders gearteten Wahrheiten, die nur durch die Erkenntnisqualität »intuitiv« zusammengefaßt werden:

So kann jeder intuitiv mit dem Verstande sehen, daß er existiert, daß er denkt, daß ein Dreieck von nur drei Linien, daß die Kugel von einer einzigen Oberfläche begrenzt ist und Ähnliches, weit mehr als die meisten gewahr werden, weil sie es verschmähen, ihr Denken so leichten Sachen zuzuwenden. (*Regeln* III, 5. S. 19)

In einem viel grundsätzlicheren Sinne als im *Cogito, ergo sum* ist die Subjektbezogenheit allerdings bereits in der ersten Regel enthalten. Das Kriterium der Wahrheit liegt nämlich im eigenen Denken, d. h. in der Klarheit und Deutlichkeit, in der sich etwas dem eigenen Denken darstellt. Damit aber hat Descartes »Wahrheit« der intersubjektiven Überprüfung entzogen, und das ist mehr als problematisch. Auch die Voraussetzung, die Descartes offensichtlich macht, daß nämlich alle vernünftigen, d. h. genügend aufmerksamen Menschen dieselben Dinge klar und deutlich einsehen müssen, führt nicht weiter. Denn man kann zur Kritik an dieser Voraussetzung Descartes' eigenen Einwand zu Hilfe nehmen, daß auch aus der übereinstimmenden Behauptung vieler noch nicht die Wahrheit des Behaupteten folgt.

b) Die zweite Regel

> Die zweite [Regel besagt], jedes Problem, das ich untersuchen würde, in so viele Teile zu teilen, wie es angeht und wie es nötig ist, um es leichter zu lösen. (*Von der Methode* II, 8. S. 31)

In dieser Regel übernimmt Descartes das Verfahren der Analysis, verallgemeinert | 121
es jedoch. Als Methode besagt sie: Habe ich einen zusammengesetzten Sachverhalt vor mir, von dem ich daher keine klare und distinkte Erkenntnis habe, muß ich ihn in so viele Elemente zerlegen, bis ich zu jenen Komponenten gelange, bei denen ich über eine klare und distinkte Erkenntnis verfüge. Diese Regel ist zweideutig, da sie so formuliert ist, daß sie zunächst ein »objektivierbares« Verständnis durchaus zuläßt: Man kann eine komplizierte geometrische Figur so lange zerlegen, bis sie als Summe einfachster geometrischer Formen erscheint. Dies würde auch dem Verfahren der von Descartes erfundenen analytischen Geometrie entsprechen, deren Programm darin besteht, geometrische Probleme mit algebraischen Mitteln zu lösen. Soll ein Problem der Geometrie algebraisch gelöst werden, so ist es die Aufgabe des Mathematikers, so viele Gleichungen aufzufinden, wie Unbekannte vorkommen – und genau dies ist das Verfahren, ein Problem »in so viele Teile zu teilen, wie es angeht und wie es nötig ist, um es leichter zu lösen«. Dann folgt jedoch bei Descartes der Übergang in eine andere Ordnung: Die letzten Elemente müssen sich (mir!) so klar und deutlich darstellen, daß ich (!) keinen Anlaß habe, daran zu zweifeln. Die zweite Regel führt somit wieder auf die erste zurück, bzw. baut auf dieser auf, was im Sinne von Descartes durchaus konsequent ist, enthält aber doch einen Übergang inkonsequenter Art: nämlich von der intersubjektiv überprüfbaren Analyse zu der nicht mehr intersubjektiv überprüfbaren Behauptung der Erkenntnis der letzten Elemente, für die nur mehr Evidenz beansprucht werden darf und nach Descartes auch beansprucht werden muß.

c) Die dritte Regel

Die dritte [Regel besagt], in der gehörigen Ordnung zu denken, d. h. mit den einfachsten und am leichtesten zu durchschauenden Dingen zu beginnen, um so nach und nach, gleichsam über Stufen, bis zur Erkenntnis der zusammengesetztesten aufzusteigen, ja selbst in Dinge Ordnung zu bringen, die natürlicherweise nicht aufeinander folgen. (Ebd. II, 9. S. 31)

Wenn Descartes hier von einer »Ordnung der Dinge« spricht, so ist damit selbstverständlich nicht eine ontologische Ordnung etwa im Sinne der aristotelischen Ordnung von vorgeordneter Substanz und nachgeordneten Akzidentien zu verstehen oder von übergeordneter Gattung und untergeordneten Arten, sondern eine logische Ordnung:

Sie [diese Regel] macht nämlich darauf aufmerksam, daß alle Dinge in gewissen Reihen geordnet werden können, nicht zwar sofern man sie auf irgendeine Gattung des Seins bezieht, so wie die Philosophen sie in ihre Kategorien eingeteilt haben, sondern sofern die einen aus den anderen erkannt werden können [...]. (*Regeln* VI, 1. S. 31)

122 | Dies ist das umgekehrte Verfahren der Analysis, also die Synthesis. Die Herleitung von Folgesätzen aus unmittelbar evidenten Sätzen nennt Descartes »Deduktion«:

Gerade von hier aus mag es bedenklich sein, weshalb wir hier außer der Intuition noch eine andere Art der Erkenntnis angefügt haben, die durch Deduktion geschieht, worunter wir all das verstehen, was aus etwas anderem sicher Erkanntem mit Notwendigkeit erschlossen wird. Aber das mußte so geschehen, weil das meiste zuverlässig gewußt wird, obgleich es selbst nicht evident ist, wofern es nur aus wahren und erkannten Prinzipien durch eine zusammenhängende und nirgendwo unterbrochene Tätigkeit des Denkens, welches das einzelne deutlich in der Intuition sieht, deduziert ist, nicht anders als wenn wir das letzte Glied einer langen Kette mit dem ersten zusammenhängend erkennen, obgleich unsere Augen nicht mit einem und demselben Blick auf alle Zwischenglieder, von denen jener Zusammenhang herrührt, achten, wenn sie sie nur alle eins nach dem anderen durchmustert haben, und wir uns erinnern, daß die einzelnen Glieder mit ihren Nachbargliedern vom ersten bis zum letzten zusammenhängen. (Ebd. III, 8. S. 19 und 21)

Abgesehen von der schon diskutierten Problematik der ersten evidenten Sätze fällt hier sofort auf, daß die Überprüfung einer solchen Deduktion wiederum durch nichts anderes geschehen kann als durch die Logik. Es wäre also an diesem Punkt der richtige Ort gewesen, die Deduktionsregeln zu diskutieren: Für diese hätte sich dann für Descartes wiederum die Frage gestellt, ob die einfachsten Gesetze der Logik nun auf Evidenz beruhen oder anders begründet werden müssen. Faktisch tut Descartes jedoch so, als ob das, was »Deduktion« ist, ganz klar wäre, d. h. er diskutiert es gar nicht. Allerdings liefert er in dem Text, der dem eben angeführten Zitat vorausgeht, selbst den Hinweis, daß hier eine Argumentationslücke besteht:

Aber da wird nun diese Evidenz und Gewißheit der Intuition nicht allein bloß für Aussagen, sondern auch für jedes beliebige folgernde Denken erfordert. Denn wenn man z. B. diese Schlußfolgerung nimmt: zwei und zwei ergeben dasselbe wie drei und eins, so muß man nicht nur intuitiv sehen *(non modo intuendum est)*, daß zwei und zwei vier ergeben, und daß drei und eins ebenfalls vier ergeben, sondern darüber hinaus, daß aus diesen beiden Propositionen jene dritte mit Notwendigkeit folgt. (Ebd. III, 7. S. 19)

Die Frage ist dann, ob wir berechtigt sind, nach »darüber hinaus« im Text nochmals »intuitiv sehen« zu ergänzen. Wenn ja, hätten wir zwei ganz verschiedene Evidenzen: eine, die den Sachverhalt selbst betrifft, und eine zweite, gleichsam eine formale Meta-Evidenz, welche die notwendige Folgebeziehung betrifft. Aber meint Descartes dies wirklich?

d) Die vierte Regel

Die letzte [Regel besagt], überall so vollständige Aufzählungen und so allgemeine Übersichten aufzustellen, daß ich versichert wäre, nichts zu vergessen.
(*Von der Methode* II, 10. S. 33)

Diese vierte Regel bringt nichts methodologisch Neues, sondern betrifft die nachträgliche Darstellung, wofür Descartes auch möglichst kurze Zeichenübersetzungen vorschlug (Ebd. II, 11. S. 35).

Was ist nun (mit Leibniz) von dieser cartesianischen Methode zu halten? Es ist bekannt, daß Leibniz sie an verschiedenen Stellen kritisiert hat. Einmal sagt er etwas ironisch: Sie sind so, als empfehle man einem Chemiker: »Nimm, was du nehmen mußt, tu damit, was du tun mußt, und du wirst erhalten, was du wünschst« (C. I. Gerhardt [Hrsg.]: *Die philosophischen Schriften von G. W. Leibniz* IV. Berlin 1880 [Nachdruck Hildesheim 1960]. S. 329). Leibniz will damit sagen: Diese Regeln sind leer, sie stellen keine Methode dar; denn der Ausgangspunkt liefert keine Methode, solange keine Kriterien für die Definition einer klaren und distinkten Erkenntnis vorliegen (*quamdiu non satis exhibentur indicia clari est distincti* [Ebd. S. 328]). Was Analysis ist, hat Descartes auch nicht erläutert (*vera Analysis non est explicata* [Ebd. S. 330]), und ein Ding in kleinste Teile zu zerlegen, liefert nicht schon eine bessere Erkenntnis, wenn man die Verbindungsweisen (die »Gelenke«) nicht kennt (*qui juncturas non novit* [Ebd. S. 330]). Dies ist aber doch nicht alles, was man sagen sollte.

Bei allem Respekt vor Leibniz wird man feststellen müssen, daß er Descartes gegenüber zwar sachlich im Recht ist, daß er aber bei seiner Kritik die historische Tatsache vergißt, daß er selbst eben bereits auf Descartes aufbauen konnte und er daher die selbständig begründende Vernunft als methodische Vernunft in ihrer Berechtigung nicht mehr verteidigen mußte. Descartes wollte zunächst diesem Vernunftbegriff, der *Vernunftgebrauch als Methode* festschreibt, zum Durchbruch verhelfen. In diesem Punkt liegt die Leistung von Descartes, wie auch immer man von späteren Positionen her diesen Vernunftbegriff beurteilen mag. Vor allem aber sollte man nicht übersehen, daß Descartes gleich im Anschluß an die Regeln ausdrücklich sagt, welches Methodenideal dahintersteht, und dieses ist – wie immer man die Formulierung der Regeln beurteilt – genau dasselbe wie das von Leibniz und denjenigen, die in der neuzeitlichen Philosophie diesem Ideal gefolgt sind. Und diese Methode ist alles andere als »leer« oder »trivial«. Dieses Ideal ist nichts anderes als die Verallgemeinerung der Methode der Mathematik:

> Jene langen Ketten ganz einfacher und leichter Begründungen, die die Geometer zu gebrauchen pflegen, um ihre schwierigsten Beweise durchzuführen, erweckten in mir die Vorstellung, daß alle Dinge, die menschlicher Erkenntnis zugänglich sind, ein-
> 124 | ander auf dieselbe Weise folgen, und daß, vorausgesetzt, man verzichtet nur darauf, irgend etwas für wahr zu halten, was es nicht ist, und man beobachtet immer die Ordnung, die zur Ableitung der einen aus den anderen notwendig ist, nichts so fern liege, daß man es schließlich nicht erreichte, und nichts so verborgen sein kann, daß man es nicht entdeckte. (*Von der Methode* II, 11. S. 33)

Die Mathematik spielte bei Descartes ohne Zweifel eine zentrale und maßgebliche Rolle bei der Entwicklung seiner Methodenlehre. Es wäre jedoch verfehlt, Descartes als einen Philosophen anzusehen, der sich rein innerhalb der Mathematik bewegte und der sich nur dort bewegen wollte. Descartes zielte durchaus darauf ab, die Mathematik als Mittel für die Physik und für die Naturwissenschaft im allgemeinen anzuwenden, und er dachte dabei auch an den Nutzen dieser Wissenschaften für die Verbesserung konkreter Lebensbedingungen. In späterer Zeit beschäftigte er sich nur in geringem Maße mit Fragen der Mathematik und wandte sich hauptsächlich Problemen der Physik, der Chemie und der Anatomie zu. Die hauptsächlich in den *Prinzipien der Philosophie* dargelegte Physik von Descartes spielte eine ganz zentrale Rolle in der Naturwissenschaft des 17. und 18. Jhd.s. Descartes wollte die gesamte physikalische Wirklichkeit durch Bewegung von Korpuskeln erklären. Ein Vakuum wird ausgeschlossen, da er Raum und Materie in eins faßt – also ergibt sich die berühmte *Äthertheorie*. Die Bewegung der Korpuskel wird bei Descartes durch Stoßgesetze erklärt, wobei die Gesamtheit der Stoßimpulse im Kosmos als einem geschlossenen System konstant bleibt. Wir haben also einen Erhaltungssatz vor uns. Mit Hilfe solcher Stoßgesetze will Descartes im Rahmen seiner *Wirbel-*

theorie die Planetenbewegung erklären. Die Bedeutung der cartesianischen Physik wird schon dadurch deutlich, daß in den *Principia mathematica* Newtons – schon der Titel spielt auf die *Principia* von Descartes an – eine ständige Auseinandersetzung mit Descartes stattfindet (vgl. Kap. X, 2).

Später wird nicht Descartes' Weg der intuitiven Erkenntnis klarer und deutlicher Begriffe maßgebend sein, wohl aber seine Forderung, jeden wissenschaftlichen oder philosophischen Beweis mit klaren und deutlichen Begriffen zu beginnen. Man wird allerdings keine intuitive Erkenntnis voraussetzen, sondern nur fordern, daß diese Begriffe explizit definiert werden. Auch die Forderung der Vollständigkeit der Aufzählung von Grundbegriffen, Grund-Sätzen und Folgerungsregeln gehört zum methodologischen Bestand aller neuzeitlichen Wissenschaften.

3. Die rationalistische Methode und das praktische Leben

Descartes hatte von Anfang an seine Überlegungen nicht unter dem rein theoretischen Aspekt gesehen, vielmehr ging es ihm immer, und vielleicht sogar zunächst vorrangig, auch um das praktische Leben, um *sittliches Handeln*. Descartes sagt dies selbst ganz deutlich:

Und ich hatte immer großes Verlangen, Wahres von Falschem unterscheiden zu lernen, um in meinen Handlungen klar zu sehen und in diesem Leben sicher zu gehen. (*Von der Methode* I, 14. S. 17)

Allerdings sah Descartes bald, daß der Neuaufbau der Erkenntnis, wie er ihn sich vorstellte, keineswegs so rasch vor sich ging, wie er es wünschte. Und daraus ergab sich die Frage: Was sollte man in der *Zwischenzeit* tun?

Endlich genügt es nicht, das Haus, in dem man wohnt, nur abzureißen, bevor man mit dem Wiederaufbau beginnt, und für Baumaterial und Architekten zu sorgen oder sich selbst in der Architektur zu üben und außerdem den Grundriß dazu sorgfältig entworfen zu haben, sondern man muß auch für ein anderes Haus vorgesorgt haben, in dem man während der Bauzeit bequem untergebracht ist. (Ebd. III, 1. S. 37)

Schon der Ausdruck »bequem untergebracht sein« zeigt, daß die neue Gewißheit, die Descartes suchte, für ihn ein sehr wichtiges, nicht aber ein existentielles Problem in unserem modernen Sinne darstellte. Entsprechend entwarf er eine *Moral auf Zeit*, die er mit fast verblüffender Ehrlichkeit darstellt:

Um also in meinem Tun nicht unentschlossen zu bleiben, solange mich die Vernunft nötigte, es in meinen Urteilen zu sein, und um so glücklich wie möglich weiterleben zu können, entwickelte ich mir eine Moral auf Zeit, die nur aus drei oder vier Grundsätzen bestand, die ich Ihnen gern mitteilen möchte. (Ebd. III, 1. S. 37 u. 39)

Daß uns diese Mitteilung sehr interessiert, ist klar, und sie wird auch gleich besprochen werden. Im ganzen könnte man etwas boshaft sagen, Descartes habe diese »Moral auf Zeit« als so bequeme Unterbringungsart empfunden, daß er später keine Veranlassung sah, diese Unterkunft wieder zu verlassen. Er lebte damit offensichtlich »so glücklich wie möglich«. Die Grundsätze dieser »Moral auf Zeit« sind bei Descartes zwar kategorisch formuliert, sie sind aber innerhalb der Struktur der provisorischen Moral streng genommen immer hypothetisch zu denken, also etwa so: »Da ich gegenwärtig keine ausreichenden Vernunftgründe habe, um mit Sicherheit zu wissen, was die richtige Handlung *A* in der Situation *B* ist, gilt für mich jetzt – d. h. vorläufig, bis auf weiteres – Grundsatz 1, 2, 3.« Es gibt allerdings auch Hinweise darauf, daß Descartes in späterer Zeit annahm, daß die Situation der provisorischen Moral nie ganz überwunden werden könne, da es nie möglich sein würde, alle entscheidungsrelevanten Elemente einer gegebenen Situation zu erfassen. Fest steht jedenfalls, daß Descartes keinen Entwurf einer nicht-provisorischen, d. h. endgültigen Moral vorgelegt hat. Allerdings hat er in Briefen der späteren Zeit auch gesagt,

daß er sich wegen der Befürchtung von Anfeindungen öffentlich gar nicht mehr zu moralischen Fragen äußern wolle. Descartes dachte oder hoffte wohl, daß sich durch wissenschaftliche Rationalität auch die gesellschaftlichen Bedingungen so verändern würden, daß auch dann, wenn für den praktischen Bereich noch keine ausreichenden Vernunftgründe vorlägen, die Anwendung der Grundsätze der provisorischen Moral aufgrund »vernünftiger« gewordener Rahmenbedingungen eine vorläufig ausreichende rationale Rechtfertigung hätte.

a) Der erste Grundsatz

Der erste war, den Gesetzen und Sitten meines Vaterlandes zu gehorchen, an der Religion beharrlich festzuhalten, in der ich durch Gottes Gnade seit meiner Kindheit unterrichtet worden bin, und mich in allem anderen nach den maßvollsten, jeder Übertreibung fernsten Überzeugungen zu richten, die von den Besonnensten unter denen, mit denen ich leben würde, gemeinhin in die Tat umgesetzt werden. (Ebd. III, 2. S. 39)

Descartes selbst hat sich, nicht zuletzt unter dem Eindruck der Verurteilung Galileis, in geradezu extremer Weise an diesen Grundsatz gehalten. Seine wiederholten Versicherungen, an allen Dogmen der katholischen Kirche festzuhalten, sind auffällig. Er versuchte auch, jeden Konflikt mit den Theologen von Paris zu vermeiden, deren Urteilen und Meinungen er sich »höchst willentlich« unterwarf (vgl. *Meditationen. Antwort auf den 4. Einwand.* S. 231). Galilei war von seiner persönlichen Haltung her sicher konsequenter. Er sagte ausdrücklich, »daß zwei Wahrheiten einander niemals widersprechen können« (vgl. Kap. IV, 3), ließ also keinen Raum für eine doppelte Wahrheit, wogegen die Auffassung von Descartes faktisch auf eine solche Theorie hinausläuft. In einem Gespräch mit dem Theologiestudenten Franz Burman (1628–1679) sagte Descartes:

Sicher ist die Theologie auch nicht unseren Folgerungen zu unterwerfen, die wir in der Mathematik und bei anderen Wahrheiten gebrauchen, weil wir sie nicht völlig zu erfassen vermögen. Auch halten wir sie für um so besser, je einfacher wir sie uns bewahren. Und wenn der Autor erführe, daß jemand aus seiner Philosophie theologische Folgerungen zöge und derartigen Mißbrauch mit ihr triebe, würde ihn seine Mühe gereuen. Zwar können und sollen wir beweisen, daß die theologischen Wahrheiten nicht unverträglich mit den philosophischen sind, doch sollen wir jene keinesfalls unserer Prüfung unterziehen *(non debemus eas ullo modo examinare)*. (*Gespräch mit Burman*. S. 109)

Es bleibt die Frage offen, ob Descartes annahm, daß auch diese Situation nur provisorisch sei, oder ob er meinte, daß die Forderung, sich den Sätzen der Theologie zu unterwerfen, definitiv sei. Die Frage stellt sich deshalb, weil es keinen Grund gibt, zu bezweifeln, daß Descartes persönlich am katholischen Glauben festhielt, so daß seine Äußerung nicht (nur) als ein taktisches Manöver angesehen werden kann. Descartes konnte und wollte wohl auch nicht verhindern, daß andere wie der mit ihm befreundete Abraham Heidanus (1597–1678), der 1648 – genau im Jahr des Gesprächs mit Burman – Professor der Theologie in Leiden wurde, aus seiner Philosophie doch Schlüsse in bezug auf die Theologie ableiteten. Das 1686 posthum veröffentlichte *Corpus theologiae christianae* des Heidanus erhielt sofort den Namen *Corpus theologiae cartesianae*. Ob Descartes wirklich seine Bemühungen bereut hat, wissen wir nicht. Descartes war sehr vorsichtig und wollte in Frieden leben.

Zurück zu den Grundsätzen. Gelten in dem Land, in dem man lebt, verschiedene Auffassungen, so wähle man die »gemäßigtsten«,

[...] einmal weil sie für die Praxis immer die bequemsten und wahrscheinlich die besten sind – denn alles Übermaß ist für gewöhnlich schlecht – dann auch, um mich für den Fall eines Fehlgriffs weniger vom wahren Wege zu entfernen, als wenn ich ein Extrem gewählt hätte und dem anderen hätte folgen müssen. (*Von der Methode* III, 2. S. 39)

Es fällt sofort auf, daß in diesem Kontext der Begriff der »Wahrscheinlichkeit« nicht mehr – wie vorher – in die Nähe von »Falschheit« gerückt wird, sondern vielmehr in die Nähe von »Wahrheit«. In den *Regeln* hatte Descartes sehr kategorisch gesagt:

Und so weisen wir mit diesem Grundsatz alle jene bloß wahrscheinlichen Erkenntnisse zurück und beschließen, daß ausschließlich vollkommen Erkanntem, das nicht bezweifelt werden kann, Vertrauen zu schenken ist. (*Regeln* 2, 1. S. 7)

Demgegenüber wird es jetzt sogar als »unbestreitbar wahre Forderung« aufgestellt, »daß wir, wenn es nicht in unserer Macht steht, die wahrsten Ansichten zu erkennen, den wahrscheinlichsten folgen sollten« (*Von der Methode* III, 3. S. 41). Da auch diese Moral, obwohl nicht auf evidenter Erkenntnis beruhend, von einer »unbestreitbaren Forderung« ausgeht, ist sie wohl im Sinne von Descartes als »rational« zu bezeichnen, wenn auch unter dem Zeichen der Vorläufigkeit. Somit gibt es eben doch eine *Rationalität der Wahrscheinlichkeit*, durch die wir bestimmte Aussagen als näher oder weiter von der Wahrheit entfernt beurteilen können, ohne schon im Besitz des absoluten Maßstabs der Wahrheit zu sein. Das Prinzip, »ausschließlich vollkommen Erkanntem, das nicht bezweifelt werden kann, Vertrauen zu schenken«, läßt sich in der Realität des Lebens nicht aufrechterhalten. Und dies hat auch Descartes letztlich anerkannt. Dies ist deshalb interessant, weil der Begriff der »Wahrscheinlichkeit«, obwohl er bei Descartes sehr unscharf bleibt, auch in der Wissenschaftstheorie später so verwendet werden wird, wie ihn Descartes mit positiver Einschätzung in der praktischen Philosophie der Moral auf Zeit verwendet hat, und eben nicht so, wie er ihn mit negativem Vorzeichen in der von ihm angestrebten Grundlegung der Wissenschaft eingeführt hat.

b) Der zweite Grundsatz

Für den Fall, daß jemand im Verlauf der Durchführung seiner Handlung bemerkt, daß er einer Alternative mit der geringeren Wahrscheinlichkeit gefolgt ist, sieht Descartes es als vernünftiger an, den eingeschlagenen Weg weiter zu verfolgen, da bei dauernder Richtungsänderung die Erfolgserwartung nur geringer würde:

Mein zweiter Grundsatz war, in meinen Handlungen so fest und entschlossen zu sein wie möglich und den zweifelhaftesten Ansichten, wenn ich mich einmal für sie entschieden hätte, nicht weniger beharrlich zu folgen, als wären sie ganz gewiß.
(*Von der Methode* III, 3. S. 41)

Daß dieser Grundsatz problematisch ist, ist evident, aber er verschafft »Seelenruhe«:

Und dies war geeignet, mich seit dieser Zeit von aller Reue und allen Gewissensbissen zu befreien, die für gewöhnlich das Gewissen schwacher und unbeständiger Gemüter zu beunruhigen pflegen, die sich wankelmütig gehen lassen und Dinge tun, als seien sie gut, von denen sie später erkennen, daß sie schlecht sind. (Ebd. III, 3. S. 41 und 43)

c) Der dritte Grundsatz

Mein dritter Grundsatz war, stets bemüht zu sein, eher mich selbst zu besiegen als das Schicksal, eher meine Wünsche zu ändern als die Weltordnung und überhaupt mich an den Gedanken zu gewöhnen, daß nichts völlig in unserer Macht steht außer unseren Gedanken. (Ebd. III, 4. S. 43)

Auch hier versucht Descartes wieder eine rationale Begründung zu geben, die in der Einsicht besteht, daß außer unseren Gedanken nichts völlig in unserer Macht steht – eine Maxime, die leicht als stoisch zu identifizieren ist (vgl. 1. Teil, Kap. XII, 2).

Es ist natürlich unbestreitbar, daß diese Moral auf Zeit einen konformistischen Charakter aufweist, d. h. daß diese Moral die Anpassung an die jeweiligen Gegebenheiten empfiehlt. Es ist jedoch zu fragen, ob hier darüber hinaus nicht faktisch ein *anderer Vernunftbegriff* am Werk ist, der schon als immanente Kritik oder wenigstens als Modifikation der vorher besprochenen rationalistischen Methode angesehen werden kann. In der streng rationalistischen Methode nimmt Descartes an, man müsse aus der klaren Unterscheidung von Entstehungs- und Begründungszusammenhang eine Methode gewinnen, die einen absoluten Anfang der Begründung setzt, einen Anfang, der in der Intuition klarer und distinkter Begriffe gefunden werden sollte. | 129
In der praktischen Philosophie des *Discours* sieht Descartes nun, daß dieser *absolute Anfang nicht verfügbar* ist, ohne daß jedoch deshalb die Forderung nach Rationalität aufgegeben werden muß. Vielmehr wird die Vernunft hier unter den Bedingungen der historischen und gesellschaftlichen Gegebenheiten eingesetzt, ohne daß deshalb der Begriff der Wahrheit oder der der prinzipiellen Unterscheidung von Entstehungs- und Begründungszusammenhang aufgegeben wird. Der »Punkt 0« ist nicht verfügbar, er behält aber doch eine kritische, wenn auch nicht erkenntniskonstitutive, Relevanz. Die Begründung muß hier für kontingent *vorgegebenes* Material gefunden werden, wobei die Entscheidungsverfahren nur durch *Abwägen von Wahrscheinlichkeiten* eine Begründung liefern können. Dies ist nicht mehr eine absolute Vernunft, sondern eine Vernunft unter den Bedingungen der Endlichkeit, der Geschichte und der Gesellschaft. Eine Vernunft also, die nicht mehr absolute Setzungen durchführt, sondern kritische Unterscheidungen trifft. Der sich daraus ergebende Vernunftbegriff wäre dabei nicht notwendig an die Anpassungsmaximen Descartes' gebunden, denn es können auch die »ungewöhnlicheren Meinungen« ebenso wie die gewöhnlicheren in die Prüfung einbezogen werden. Er läßt sich also ohne weiteres als »kritischer Rationalismus« verstehen und könnte nicht nur in der Ethik, sondern auch in der Naturwissenschaft Anwendung finden – eine Konsequenz, die Descartes selbstverständlich nicht zieht. Die Maxime des Festhaltens an den zweifelhaftesten Ansichten, wenn man sich einmal für sie entschieden hat, läßt sich dann natürlich nicht mehr aufrechterhalten. Das Ergebnis wäre ein Vernunftbegriff als Hintergrund von Begründungsstrategien, der als »vorläufige Vernunft«, als *raison provisoire*, be-

zeichnet werden könnte, ein Begriff, der im Rahmen des cartesianischen Rationalismus natürlich ein Un-Begriff ist.

4. Der Leib-Seele-Dualismus

Eine ziemlich strenge Unterscheidung von Körper und Seele bzw. Geist hat es in der europäischen Philosophie seit Pythagoras und Platon immer gegeben. Die Mehrzahl der christlichen Philosophen hatte aber mit Thomas von Aquin angenommen, daß es sich dabei doch nur um die Unterscheidung innerhalb *einer Substanz* handelt, wobei man auf die aristotelische Auffassung der Seele als Form des Körpers zurückgreifen konnte. Andere wie Bonaventura hatten aber schon in die Richtung von zwei verschiedenen Substanzen gedacht. Descartes nimmt an, daß es sich beim Körper, der *res extensa*, und dem Geist, der *res cogitans*, um *zwei* verschiedene *Substanzen* handelt. Man könnte nun meinen, dies stelle nur eine Verschärfung der traditionellen Position dar. Wie stark die traditionelle Auffassung bei Descartes mitmotivierend war, sei dahingestellt. Descartes selbst begründet seine Position aber nicht von irgendeiner Unsterblichkeitsproblematik her, sondern ausschließlich von seiner Erkenntnistheorie. Seiner Auffassung nach müssen Dinge, die begrifflich so unterschieden sind, daß jedes von ihnen klar und deutlich gedacht werden kann, ohne auf das andere Bezug zu nehmen, auch real unterschieden sein. Bei »Denken« *(cogitatio)* und »Ausdehnung« *(extensio)* ist dies nach der Auffassung von Descartes der Fall: »Denken«, um als Denken klar und deutlich erkannt zu werden, darf mit nichts von dem, was in »Ausgedehntes« enthalten ist, in Verbindung gebracht werden. Um »Ausdehnung« denken zu können, benötige ich den Begriff »Vorstellungskraft«, der aber mit dem Begriff »Denken« nichts zu tun hat:

Ich erkenne daher, daß nichts von dem allen, was ich mit Hilfe der Einbildungskraft erfassen kann, Bezug hat auf die Kenntnis, die ich von meinem Ich habe, daß ich vielmehr meinen Geist auf das sorgfältigste hiervon abwenden muß, wenn ich mir seine Natur recht deutlich zum Bewußtsein bringen will. Was aber bin ich demnach? Ein denkendes Ding! (*Meditationen* II, 13 f. S. 21)

Der cartesianische Dualismus hat ein erkenntnistheoretisches Problem extrem verschärft: Es wird jetzt sehr schwierig zu erklären, welche Funktion die Sinneserkenntnis für die »eigentliche« Erkenntnis überhaupt noch haben kann. Oder umgekehrt: Es wird jetzt schwierig zu erklären, welche Art von »geistiger« Erkenntnis bei der Erklärung der physikalischen Welt vorliegen soll. Dies erklärt Unsicherheiten bei der wissenstheoretischen Einordnung physikalischer Theorien in den *Prinzipien*. Descartes versuchte, einen Weg über die Mathematik zu eröffnen. Die Mathematik befaßt sich mit den allgemeinen Beziehungen der Quantität, Quantität als Ausdehnung ist aber gleichzeitig die Grundlage der physischen Welt, also der Welt der *res extensa*. Damit ist aber das Problem nur verschoben, denn dann stellt sich ja wiederum die Frage des Verhältnisses von Mathematik und physischer Wirklichkeit, eine Frage die auch schon die Wissenschaftstheoretiker des 16. Jhd.s beschäftigt hatte (vgl. Kap. IV, 1, b). Außerdem kann innerhalb dieses Dualismus nicht erklärt werden, wie Geistiges auf Materielles bzw. die Seele auf den Körper einwirken kann. – Der cartesianische Dualismus wurde und wird häufig kritisiert. Es ist jedoch zu betonen, daß sich dann eine Kritik am Dualismus erübrigt, wenn das rationalistische Erkenntnisideal nicht mehr als gültig anerkannt wird, da dieser Dualismus nur dazu dient, die Unabhängigkeit der Verstandeserkenntnis metaphysisch zu garantieren.

5. Der Cartesianismus als kulturelles Phänomen

Auf den Einfluß, den Descartes auf die Philosophie und Wissenschaft hatte, wird noch wiederholt eingegangen werden müssen. Es gibt jedoch noch einen umfassenderen Bereich, aus dem das cartesianische Denken kam und auf den es auch wieder zurückwirkte. Dieser Bereich ist der der Kultur, welcher in seinen Grenzen natürlich nicht genau definierbar ist. In diesem weiten kulturellen Bereich gilt nun auch, daß
nur das akzeptiert wird, was klar und deutlich erkannt werden kann. Und so wird der *französische Garten* genau nach geometrischen Figuren konstruiert, so als wollte man hier die Natur erst einmal so ordnen, wie sie eigentlich in Wirklichkeit sein sollte. Der Gärtner arbeitete mit Zirkel und Lineal. Charakteristisch für diese Denkweise ist auch das *Menuett*, der wichtigste Tanz jener Zeit, in dem jeder Schritt genau vorgegeben ist und die Paare sich in streng abgezirkelten Bewegungen und in genauer Raumaufteilung einordnen müssen. Ein gutes Beispiel für diese ganz der vollkommenen Ordnung der Bewegung ergebenen Weise des Komponierens, die natürlich nicht auf das Menuett beschränkt ist, ist die Musik von Jean Baptiste Lully (1632–1687). Das ordnungschaffende »Taktstampfen« mit einem mächtigen Stab gehörte zur Aufführungspraxis, Lully selbst wurde ein Opfer derselben, als er sich dabei mit dem Stab den Fuß verletzte und an den Folgen starb. Trotz des späteren Streits zwischen »Lullisten« und »Ramisten« über die wahre Form der Oper verschärfte Jean-Philippe Rameau (1683–1764), der Hofkomponist Ludwigs XIV., diese Ordnungswelt noch und bestand darauf, daß seine Art des Komponierens eine Art Geometrie sei. Und als 1656 Descartes' – allerdings schon 1618 entstandener – *Leitfaden der Musik (Musicae compendium)* in Amsterdam erschien, empfahl der Verleger Johannes Janssonius dieses Werk in einem Vorwort allen »Musik- und Mathematikbeflissenen« *(Musiceque et rerum Mathematicarum studiosis)*. Dies war nicht nur pythagoreisch, sondern auch cartesianisch gedacht.

Überall machte sich das Prinzip der übersichtlichen, deutlich unterscheidenden Ordnung breit. Das gesamte Leben des französischen Hofes war ein einziges, bis in jede Kleinigkeit geregeltes *Zeremoniell*, innerhalb dessen jeder seinen klar und deutlich bestimmten Rang innehatte. Es konnte infolgedessen natürlich nicht unterbleiben, daß auch das Militär in eine solche Ordnung gebracht wurde, und so führte man im 17. Jhd. die allgemeine *Uniformierung* ein. Von da aus war es nicht mehr weit zur Konzeption des Krieges als mathematischer Aufgabe: Im Verlauf des 17. Jhd.s tauchen Traktate über die Kriegskunst nach mathematischer Methode auf, auch der Krieg war ein Problem, das »wissenschaftlich« *modo geometrico* abgehandelt werden mußte. Und das blieb so. In *Meyers Konversations-Lexikon* von 1896 wird einfach festgestellt: »Die *neuere* Kriegskunst beginnt mit dem Aufkommen der Wissenschaften«, wobei darauf hingewiesen wird, daß diese wissenschaftliche Kriegskunst in Frankreich ihren Ausgang genommen hat (X, S. 716).

Die *Académie Française*, ursprünglich ein Literatenklub, erhielt von Kardinal Richelieu 1634 die statutenmäßig festgeschriebene Aufgabe, die Reinheit des Französischen zu sichern, wobei es zunächst einmal darum ging, den Wortschatz der französischen *Sprache* streng zu *reglementieren*, so daß es immer klar und deutlich wäre, was nun wirklich ein Wort des Französischen ist und was nicht. 1694 erschien dann auch das erste offizielle Wörterbuch der *Académie*. Ebenso wie die Sprache wurde dann auch die *Dichtung* geregelt und unter klar geordnete Begriffe gebracht. Das Prinzip der Einheit von Raum, Zeit und Handlung sollte eine klare Überschaubarkeit liefern und damit einen Begründungszusammenhang, der aus jedem historischen Kontext herausgenommen gleichsam apriorische Exemplarität konstruieren sollte. In dieser idealen Ordnung sollte ein Drama jeweils nur *eine* Tugend oder Untugend ins rechte Licht stellen, wobei es erstaunlich ist, wie etwa Jean-Baptiste Molière (1622–1673) in solche Schablonen immer noch Leben hineinzubringen verstand.

Über all dem stand natürlich der Schnittpunkt dieser in Koordinaten gezwängten Welt: der König Ludwig XIV.: »Der Staat, das bin ich« *(L'Étât c'est moi)*, syntaktisch ähnlich dem Ausgangspunkt von Descartes: »Ich denke, also bin ich« *(Je pense, donc je suis)*. Der Staat wird zur Konstruktion, die der Monarch aus absoluter Setzung vornimmt. Der König ist jenes Zentrum, von dem aus alles methodisch geordnet wird. Historisch gesehen wird man sagen müssen, daß nicht nur Ludwig XIV. seine absolutistische Ordnung den anderen auferlegte, sondern daß weithin der »Gesellschaftsgeschmack« dieser anderen auch eine solche Ordnung wünschte. Die Mittel, mit denen der Staat nun nach klaren Begriffen geordnet wurde, waren vor allem Bürokratie, Polizei und stehendes Heer, alles natürlich streng von einem Zentrum aus geleitet und in strengen Formen der Unterordnung wie in Deduktionen eines Beweises gehalten. Schließlich führte den König das Streben nach Einheitlichkeit zur Aufhebung des Edikts von Nantes, welches die Religionsfreiheit garantierte. Wenn es eben nur »eine Wahrheit« gibt und diese eine Wahrheit feststellbar ist, so war kein Grund gegeben, eine andere auch gelten zu lassen. Die Folgen dieses Einheitsstrebens waren allerdings katastrophal: Durch die Aufhebung des Edikts von

Nantes wurde etwa eine halbe Million Hugenotten gezwungen, das Land aufgrund ihres Glaubens zu verlassen, eine Volksgruppe, die im frühen industriellen Frankreich eine führende Rolle gespielt hatte. Der monistische Zwang zur Vereinheitlichung führte hier zur Verarmung im wahrsten Sinne des Wortes – und Friedrich der Große (1740–1786), der viele Hugenotten in Brandenburg aufnahm, freute sich über diese Bereicherung seines Landes.

Es gibt offenkundig eine Nähe der Kultur Frankreichs im 17. Jhd. zur Philosophie von Descartes. Es ist aber festzuhalten: Descartes ist nicht die ideologische Spiegelung des *Grand Siècle* Ludwigs XIV., und ebensowenig ist der Absolutismus des Königs die politische Verwirklichung eines rationalistischen Methodenideals. Dennoch kann die Kultur dieser Periode Anschauungsmaterial für die Philosophie von Descartes liefern, ebenso wie die Philosophie von Descartes wiederum Kategorien zur Verfügung stellt, mit denen man die Kultur dieser Zeit interpretieren kann.

- VI -

Blaise Pascal

1. Pascals Leben und Werke – ein Interpretationsproblem

Das Interpretationsproblem, das Pascals Schriften aufgeben, kann nicht verstanden werden, ohne einen kurzen Blick auf sein Leben (1623–1662) geworfen zu haben. Blaise Pascal stammte aus einer bürgerlichen Familie in Clermont, die im Dienste des Königs stand. Sein Vater war ein hoher, im Steuerwesen beschäftigter Beamter, der sich, vielleicht auch durch seinen Beruf motiviert, für Mathematik interessierte. Pascal selbst arbeitete bereits seit seiner Jugend an mathematischen Problemen. Als die Familie 1631 nach Paris übersiedelte, kam er mit dem Kreis um Marin Mersenne

(1588–1648) in Kontakt. Mit zwölf Jahren war Pascal bereits ein kompetenter Mathematiker, der mitreden konnte. Mersenne war ein bedeutender Mathematiker und Musiktheoretiker und vertrat konsequent den sich herausbildenden modernen Begriff der empirischen Wissenschaft, was für einen katholischen Ordensmann keine Selbstverständlichkeit war. Mersenne unterhielt einen Briefwechsel mit René Descartes, Pierre de Fermat (1601–1665), Pierre Gassendi (1592–1655), Thomas Hobbes, Gilles de Roberval (1602–1675) und anderen, und so waren alle wichtigen Fragen der Zeit Gesprächsthema dieses Kreises. Diskutiert wurden auch die wichtigsten Fragen der Mathematik und Naturwissenschaft. 1640, also mit ungefähr 17 Jahren, verfaßte Pascal eine *Abhandlung über die Kegelschnitte*, die ihn sofort in die erste Reihe der Mathematiker seiner Zeit stellte. Ebenso begabt, wenn auch eher auf literarischem Gebiet, war Pascals Schwester Jaqueline. Ihre Auftritte im Theater begeisterten den allmächtigen Kardinal Richelieu in einem solchen Maße, daß der Vater Pascals eine gute Stellung in der Finanzverwaltung von Rouen erhielt. Sein Sohn Blaise beschäftigte sich dort nicht nur intensiv mit wissenschaftlichen Fragen der Mathematik und Physik, sondern begann auch um 1640 mit der Entwicklung einer Rechenmaschine. Die Legende will wissen, daß dabei auch praktische Bedürfnisse seines Vaters motivierend waren, für solche Zwecke einsetzbar war diese Maschine allerdings nie (später führte Leibniz diese Versuche weiter). Auch in Rouen hatte die Familie zahlreiche kulturell anregende Kontakte, so u.a. zu Pierre Corneille (1606–1684), wiederum vermittelt durch die Leistungen Jaquelines auf der Bühne.

1646 kam Pascal mit dem *Jansenismus* in Berührung, einer religiösen Bewegung innerhalb der katholischen Kirche, welche die Bedeutung der Gnade in einer Weise betonte, die dem Protestantismus nahekam. (Der Jansenismus blieb, repräsentiert auch durch Dichter wie Claudel und Bernanos, in Frankreich bis ins 20. Jhd. gegenwärtig.) In Frankreich war Antoine Arnauld (1612–1694), mit dessen Schriften sich Pascal beschäftigte, der prominenteste Vertreter des Jansenismus. Pascal lebte seit 1647 in Paris im Umkreis des Hofes und arbeitete weiterhin wissenschaftlich. Die bekannteste Veröffentlichung Pascals aus dieser Zeit ist die Schrift *Neue Versuche über die Leere.* Die dort vertretene Verteidigung des Vakuums beruhte auf Experimenten, die Pascal im Anschluß an Evangelista Torricelli (1608–1647), eines Schülers Galileis, durchgeführt hatte. Mit der Verteidigung des Vakuums setzte Pascal sich nicht nur in Gegensatz zu der alten Autorität des Aristoteles, sondern auch zu der zeitgenössischen Autorität des Descartes – Pascal kannte keinen *horror vacui.*

1652 war Pascals Schwester Jaqueline in das Kloster von Port Royal eingetreten, das ein Zentrum der Vertreter des Jansenismus geworden war. Dieses Ereignis beeindruckte selbstverständlich Pascal, und er betrachtete den Lebensstil der Höflinge mit einem kritischeren Blick. 1654 erfolgte ein »Bekehrungserlebnis«, welches er in seinem *Memorial* niederschrieb und fortan immer bei sich trug. Pascal wandte sich in dieser Nacht vom »Gott der Philosophen und Gelehrten« ab und dem »Gott Abrahams, Isaaks und Jakobs« zu (*Über die Religion.* S. 248 f.). Pascal, der seit mehreren Jahren an einer schweren und sehr schmerzhaften Krankheit litt, zog sich 1655 als Gast in das Kloster Port Royal zurück. In den berühmten und zunächst anonym veröffentlichten *Lettres Provinciales* (1656/1657) verteidigte er die von der Sorbonne verurteilten Lehren des Jansenismus. In den letzten Jahren seines Lebens faßte er den Plan, eine Apologie des Christentums zu verfassen, von der jedoch nur Bruchstücke erhalten sind, die nach seinem Tod als die *Pensées* (1670) herausgegeben wurden. Zur gleichen Zeit schrieb er auch die Abhandlung über den *Esprit géométrique (Vom geometrischen Geist),* deren zweite Fassung ohne weiteres in den Zusammenhang der *Pensées* eingereiht werden könnte.

Die Interpretation des Lebens und der Schriften Pascals wurden seit Voltaire mit verschiedenen Wertsetzungen nach einem Schema vollzogen, das von einem »jungen«, »wissenschaftlichen« und einem »älteren«, »religiösen« Pascal ausging. Die Verteidiger »wissenschaftlicher Aufklärung« wollten so von einem »Verrat« Pascals an der Wissenschaft sprechen, während die Verteidiger des Christentums in Pascal einen Denker sehen konnten, der die Nichtigkeit der Wissenschaft durchschaut hatte und sich deshalb der Religion zuwandte. Dieses Schema dürfte nun weder biographisch noch sachlich richtig sein: Biographisch ist es nicht richtig, da Pascal noch 1659, also während seiner letzten Lebensjahre, mit den zu seiner Zeit verfügbaren Methoden der Infinitesimalrechnung eine Abhandlung zu Zykloiden und Ellipsen verfaßte und deren Ergebnisse in einem lange andauernden Streit entschieden verteidigte. Es gibt also keinen »späten« Pascal, der sich völlig von der Wissenschaft abgewandt hatte. Auch die in die spätere Lebensperiode fallende Abhandlung über den *Esprit géométrique* ist geradezu ein Manifest wissenschaftlicher Methode. Man kann also höchstens, in einem sehr vorsichtig gebrauchten Sinne des Wortes, von einer *Verlagerung* des Schwerpunktes der Interessen Pascals sprechen. Daraus folgt aber immer noch nicht, daß der Verfasser der *Pensées* eher der Religionsgeschichte als der Philosophiegeschichte zuzuordnen ist. Mit einer solchen sachlichen Trennung hat man zwar einige Interpretationsprobleme aus der Welt geschafft, man muß jedoch dann selbst die als einheitlich konzipierten Schriften wie die über den *Esprit géométrique* in zwei Teile gliedern und diese Teile verschiedenen Gebieten zuordnen. Demgegenüber ist zu fragen, ob nicht die Werke von Pascal eine Interpretation erfordern, in der die Bereiche Wissenschaft und Religion in einer echten Beziehung zueinander stehen. Pascal kritisierte mit guten Gründen das damals maßgebliche Wissenschaftsideal von Descartes, er wandte sich aber nicht von der Wissenschaft ab.

Die *Pensées* von Pascal liegen in einer großen Zahl von Fragmenten vor, deren Anordnung bis heute umstritten ist, es gibt mehrere diesbezügliche Versuche, es wird aber vermutlich keine definitive Lösung geben. Die Anordnung und Zählung, die sich faktisch durchgesetzt hat, geht auf Léon Brunschvicg zurück, der auch die im folgenden zugrunde gelegte Übersetzung von Ewald Wasmuth folgt.

2. Die vollkommene und die realisierbare Methode

Es geht Pascal bei seiner Darlegung zum *Esprit géométrique* nicht um eine abstrakte Methodenlehre, sondern vielmehr um eine Argumentationslehre. Diese Absicht wird schon im Titel *Vom geometrischen Geist und von der Kunst zu überzeugen* deutlich. Dieser kommunikative Kontext ist bei der Interpretation zu beachten, da Pascal sich von Descartes auch dadurch unterscheidet, daß er in seiner Methodenlehre nicht von einer subjektiven Evidenz ausgeht, sondern auf intersubjektiv abgesicherte »Evidenzen« zurückgreift. Pascal geht davon aus, daß bisher nur die Mathematik, die man damals allgemein unter dem Begriff »Geometrie« zusammenfaßte, die wahre Methode angewandt hat. Allerdings beginnt er mit einem noch höheren Beweisideal:

Vorher aber muß ich von einer noch bedeutenderen und noch vollständigeren Methode eine Ahnung vermitteln. Einer Methode, die die Menschen niemals erreichen können; denn was außerhalb der Geometrie liegt, ist für uns unerreichbar. Und trotzdem ist es notwendig, von ihr zu sprechen, mag es auch unmöglich sein, sie praktisch anzuwenden. – Diese wahre Methode, die die Beweise, wenn man sie haben könnte, vollkommen machen würde, hätte in der Hauptsache in zweierlei zu bestehen: einmal keinen Begriff anzuwenden, dessen Sinn man nicht vorher eindeutig erklärt hat, dann keinen Satz vorzubringen, den man nicht auf Grund bereits bekannter Wahrheiten bewiesen hat, das heißt in einem Wort, alle Begriffe zu definieren und alle Sätze zu beweisen. (*Vom geometrischen Geist.* S. 53)

Man kann sich fragen, welchen Sinn es hat, den Begriff einer für uns unerreichbaren Methode einzuführen. Es könnte der Verdacht auftreten, Pascal wolle so gleich von Anfang an die Vernunft in dem, was ihr erreichbar ist, »demütigen«. Er sagt zwar tatsächlich, daß die Vernunft die Aufgabe hat, »ihre Schwäche in Demut zu erkennen«, dies steht jedoch nicht, wie man vielleicht vermuten könnte, in irgendeinem theologischen Zusammenhang, sondern wird von Pascal im Zusammenhang mit einem Hinweis auf den wirklich nicht theologieverdächtigen Montaigne geäußert, von dem er, wie er ausdrücklich betont, gelernt hatte, daß auch die Geometrie von undefinierten Grundbegriffen ausgeht (*Gespräch Pascals mit Herrn de Saci*. In: *Die Kunst zu überzeugen*. S. 115). Daß Pascal sogar im Bereich der Mathematik einen entscheidenden Ausgangspunkt von Montaigne gewann, ist jedenfalls sehr aufschlußreich und zeigt die Bedeutung, welche die Schriften Montaignes für Pascal hatten. Die Vorstellung einer idealen Methode stellt eine Art Gedankenexperiment dar und dient bei Pascal dazu, unser tatsächliches wissenschaftliches Vorgehen klarer zu beurteilen. Es geht Pascal darum, darauf hinzuweisen, daß wir faktisch in unserer wissenschaftlichen Argumentation, d. h. in unserer wissenschaftlichen Theoriebildung, oft, wenn nicht sogar immer, von *undefinierten Grundbegriffen* und von *unbewiesenen Sätzen* ausgehen. Deshalb sagt Pascal im weiteren:

Diese Methode wäre fraglos vortrefflich, sie ist aber vollkommen unmöglich. Denn es leuchtet ein, daß die ersten Begriffe, die man definieren will, andere voraussetzen, um ihnen zur Erklärung zu dienen, und daß dementsprechend die ersten Sätze, die man beweisen will, andere voraussetzen, die ihnen vorausgehen, so daß man niemals die ersten erreichen wird. (*Vom geometrischen Geist*. S. 55 f.)

Dies gilt allgemein und somit auch für die Geometrie. Pascal nimmt also im Unterschied zu der gesamten Wissenschaftsauffassung von Aristoteles bis Descartes *nicht* an, daß in der Mathematik die ideale Methode tatsächlich verwirklicht sei.

So etwa bemerken wir, daß alle Wissenschaften unendlich in der Ausdehnung ihrer Probleme sind; denn wer zweifelt z. B., daß die Geometrie eine unendliche Unendlichkeit von Lehrsätzen vorzulegen hat? Sie sind sowohl unendlich in der Anzahl wie der Schwierigkeit ihrer Prinzipien; denn, wem ist nicht deutlich, daß die, die man für die letzten ausgibt, nicht in sich selbst bestehen, sondern daß sie sich auf andere stützen, die wieder andere als Grundlage haben, kein Ende duldend. (*Über die Religion*. Fragm. 72. S. 44)

Diese Feststellung Pascals ist sehr wichtig, denn gleich am Anfang der *Pensées* sagt er, daß man in der Geometrie die Prinzipien vollständig übersieht (Ebd. Fragm. 1. S. 19). Dies bedeutet aber eben nicht mehr, als daß man die jeweils vorhandenen und angewandten Prinzipien vollständig überschaut; die Gesamtheit der in der Geometrie überhaupt denkbaren und prinzipiell zur Vollständigkeit erforderlichen Prinzipien kann nicht überschaut werden. Dies ist nach Pascal angesichts der Gegenüberstellung der Geometrie und einer »noch vollständigeren Methode« *prinzipiell* nicht möglich:

Sie [die Geometrie] definiert nicht alles, und sie beweist nicht alles, und darin steht sie hinter jener [idealen Methode] zurück; aber sie setzt nichts voraus als das, was der natürlichen Einsicht klar und zuverlässig erscheint. (*Vom geometrischen Geist.* S. 56)

Auf die »natürliche Einsicht« ist gleich noch zurückzukommen. Zunächst aber ist folgende Feststellung wichtig: Es gibt nach Pascal *keine voraussetzungslose Wissenschaft und keinen absoluten Ausgangspunkt.* Unter dieser – allerdings entscheidenden – Einschränkung kann Pascal sehr wohl die Regeln für ein axiomatisches System aufstellen, die auch für die nachfolgende Zeit maßgebend sein sollten:

Notwendige Regeln für die Definitionen. – Keinen Begriff, der etwas unklar und zweideutig ist, zuzulassen, ohne ihn zu definieren. In den Definitionen nur vollkommen be-
138 | kannte oder bereits erklärte Begriffe zu verwenden.

Notwendige Regeln für die Axiome. – Als Axiom nur zu fordern, was an sich vollkommen evident ist.

Notwendige Regeln für die Beweise. – Alle Sätze zu beweisen und zum Beweis nur Axiome zu benutzen, die an sich völlig evident sind, oder Sätze, die schon bewiesen oder angenommen worden sind. Niemals die Zweideutigkeit der Begriffe dadurch zu mißbrauchen, daß man vernachlässigt, im Geiste die Definitionen zu substituieren, die sie einschränken oder erklären. (Ebd. S. 94 f.)

Ausgangspunkte der Regeln für die richtige Methode können dann allerdings *nicht evidente* Begriffe sein, sondern nur, wie Pascal sagt, *vollkommen bekannte* Begriffe. Unter »vollkommen bekannten« Begriffen versteht Pascal etwas »was allen Menschen bekannt ist« (Ebd. S. 56) und verweist dabei auf Ausdrücke wie »Raum, Zeit, Bewegung, Zahl, Gleichheit« (Ebd. S. 56 f.). Daß Pascal Begriffe wie »Zeit« oder »Zahl« als »vollkommen bekannt« annimmt, könnte verwundern. Wir sollten aber nicht vergessen, daß Newton ganz ähnlich vorgeht, wenn er sagt:

Bis hierher schien es mir richtig zu erklären, in welchem Sinn weniger bekannte Begriffe im Folgenden aufzufassen sind. Zeit, Raum, Ort und Bewegung sind allen wohlbekannt. (*Mathematische Grundlagen der Naturphilosophie. Scholium zu den Definitionen.* Übers. v. E. Dellian. Hamburg 1988. S. 43)

Dies bedeutet, daß in wissenschaftlichen Theorien nach Pascal wie auch nach Newton die »theoriespezifischen« Begriffe definiert werden müssen, aber sehr allgemeine Begriffe, selbst dann, wenn sie ganz zentral für die Theorie sind, als »allgemein bekannt« vorausgesetzt werden, was natürlich nicht heißt, daß nicht zu einem späteren Zeitpunkt, wenn z. B. Schwierigkeiten auftreten oder Einwände vorgebracht werden, auch für diese Begriffe genaue Definitionen gesucht werden müssen. Es geht also nur darum, daß nie *alle* in einer Theorie verwendeten Begriffe definiert werden können. »Vollkommen bekannt« bedeutet bei Pascal daher nicht dasselbe wie »vollkommen erkannt«, sondern stellt eher eine beinahe empirische Gegebenheit dar. In den *Pensées* sagt er dies recht deutlich:

Unsere Seele ist in den Körper gestoßen, wo sie Zahl, Zeit, räumliche Ausdehnungen vorfindet *(trouve)*; sie denkt darüber nach und nennt das Natur, Notwendigkeit, und sie kann nichts anderes glauben. (*Über die Religion.* Fragm. 233. S. 120)

Der wichtige Gedanke dabei ist jedenfalls, daß wir auf solche undefinierten Begriffe dann zurückgreifen dürfen, wenn für sie auch eine *kommunikative Verbindlichkeit* besteht. Pascal ist sich dabei darüber im Klaren, daß diese Verbindlichkeit eine Entscheidung oder eine Abmachung voraussetzt; diese Entscheidung kann jedoch so in *Gewohnheit* eingebettet sein, daß sie uns gar nicht mehr auffällt. So sagt er in den *Pensées*:

Die Gewohnheit ist eine zweite Natur, die die erste aufhebt. Was aber ist Natur? Weshalb soll die Gewohnheit nicht natürlich sein? Ich fürchte, diese Natur selbst ist nur eine erste Gewohnheit, wie die Gewohnheit eine zweite Natur ist. (Ebd. Fragm. 93. S. 62)

Dann ist aber eben diese »natürliche Einsicht« der undefinierten Begriffe nichts anderes als die durch Gewohnheit – und damit gesellschaftlich und geschichtlich – hergestellte Übereinstimmung im Gebrauch von Begriffen: Prinzipien stellen gar keinen Anfang oder *Ursprung an sich* dar, sondern nur einen *für uns*:

Was sind unsere natürlichen Prinzipien anderes als Prinzipien, an die wir uns gewöhnt haben? Die Kinder haben die Gewohnheiten von ihren Eltern erhalten wie die Tiere die zu jagen. Andere Gewohnheit würde andere natürliche Prinzipien geben, das zeigt die Erfahrung. (Ebd. Fragm. 92. S. 62)

Gegenüber Descartes liegt bei Pascal eine Form des Rationalismus vor, die auch im theoretischen Bereich *auf Letztbegründung* ausdrücklich *verzichtet*, weil sie diese als unerreichbar erkannt hat. Die Vorstellung einer idealen Methode dient also dem kritischen Rationalisten dazu einzusehen, daß Letztbegründungen unerreichbar sind. Die axiomatische wissenschaftliche Methode baut auf einem Fundament auf, das durch diese Methode nicht mehr begründet werden kann. Diese Grenzen wissenschaftlicher Vernunft nicht anzuerkennen, ist nach Pascal Unvernunft. Mit dem Verweis auf Gewohnheit, die aus Lernprozessen herrührt, nimmt Pascal hier also in die Begründung der Wissenschaft eine *pragmatische* Dimension auf. Wir sollten die Rolle, die der Gewohnheit bei Pascal, bei Hume (vgl. Kap. XII, 2) und schließlich bei Peirce (vgl. Kap. XXIV, 2) zugesprochen wird, nicht aus den Augen verlieren. – Auch im Bereich der Argumentation verweist Pascal deutlich auf die pragmatischen Faktoren:

Daraus geht klar hervor, daß man, wovon immer man jemanden überzeugen will, auf den Menschen Rücksicht zu nehmen hat, den man überzeugen will. (*Vom geometrischen Geist.* S. 89 f.)

Es geht aber nicht nur darum, daß manche Menschen eben nicht über den »geometrischen Geist« verfügen. Der *Esprit géométrique* kann nach Pascal prinzipiell nicht alles abdecken, was als »vernünftig« angesehen werden kann, neben dem *Esprit géométrique* gibt es auch den *Esprit de finesse*. Letzterer wird wörtlich mit »Feinsinn« wiedergegeben, was aber eigentlich nicht viel weiterhilft, einen wirklichen deutschen äquivalenten Ausdruck gibt es nicht. Dieser *Feinsinn* ist dadurch gekennzeichnet, daß er nicht das eine aus dem anderen ableitet, wie es dem Vorgehen des geometrisch/mathematischen Geistes entspricht, sondern das Einzelne in einem spontanen Urteil im *Zusammenhang des Ganzen* erfaßt:

Man muß sofort mit einem Blick das Ganze übersehen und nicht, zum mindesten bis zu einem gewissen Grade, im Fortschritt der Überlegung. (*Über die Religion.* Fragm. 1. S. 20)

Sicher hat der Feinsinn etwas mit künstlerischer Intuition zu tun, er ist aber nicht einfach auf diese zu beschränken. In jedem Fall ist der Feinsinn, auch wenn Pascal ihn in Verbindung mit Gefühl *(sentiment)* nennt, *kein irrationales Vermögen*, da Pascal ihn auch bei rationalen Entscheidungen ins Spiel bringt (Ebd. Fragm. 4. S. 23). Pascal hat diese Fragen leider nicht eingehender behandelt. Er hat aber eine Diskussion angestoßen, die auch heute noch aktuell ist:

Die Mathematiker, die nichts als Mathematiker sind, haben demnach einen klaren Verstand, vorausgesetzt, daß man ihnen alles durch Definitionen und Prinzipien erklärt, sonst sind sie wirr und unerträglich, denn sie denken nur richtig an Hand deutlich gemachter Prinzipien.

Und die Feinsinnigen, die nichts als feinsinnig sind, sind unfähig, die Geduld aufzubringen, bis zu den ersten Prinzipien der Spekulation und Abstraktion vorzudringen, denen sie in der Welt niemals begegnet sind und die man dort nie braucht. (Ebd. Fragm. 1. S. 21)

Pascal hat also das Problem der »zwei Kulturen« schon gesehen. Er wünscht eindeutig den Menschen, der über das »nichts als« der jeweiligen einen Seite hinausgelangt. Wie das aber funktionieren soll, hat er nicht theoretisiert, wohl aber in seinen *Pensées* praktiziert. Auch im Bereich der Argumentation weist Pascal darauf hin, daß es neben dem an der Mathematik ablesbaren Beweisverfahren auch ein anderes Verfahren gibt, in dem durch »Gefallen« eine Überzeugung hergestellt werden soll. Allerdings merkt er an:

Aber die Art und Weise, durch das Gefallen zu überzeugen, ist unvergleichlich viel schwieriger, feiner, nützlicher und bewunderungswürdiger, und von ihr handle ich nur deshalb nicht, weil ich dazu nicht fähig bin. Ich fühle mich solcher Aufgabe so wenig gewachsen, daß ich ihre Lösung für völlig unmöglich halte. (*Vom geometrischen Geist*. S. 90)

Pascal ist aber überzeugt, daß es auch für dieses Verfahren ebenso sichere Regeln wie für die Mathematik gibt (Ebd.), gesteht aber sein Unvermögen ein, diese aufzufinden. Faktisch verwendet er in seinen *Pensées* aber dennoch jene Methode, in der durch »Gefallen« eine Überzeugung hergestellt werden soll. Die *Pensées* richten sich ja gerade an den *honnête homme*, dessen Diskussionskunst am »Gefallen« orientiert ist. Pascal sagt selbst, daß er Menschen kennt, die diese Kunst beherrschen (Ebd. S. 91), und das sind genau jene, für die er die *Pensées* schrieb. – Die Problematik, der wir hier bei Pascal begegnen, entspricht der alten aristotelischen Frage nach Logik und Topik/Rhetorik. Allerdings schätzte Pascal die Logik nicht sehr hoch ein: Alles, was an ihr nützlich ist, stammt aus der Mathematik:

Alle Welt sucht die Methode, sich nicht zu irren. Die Logiker machen ihren Beruf daraus, dazu anzuleiten, die Mathematiker allein kennen sie, und außer ihrer Wissenschaft und jenen, die sie nachahmen, gibt es keine wahre Beweisführung. (Ebd. S. 101)

Daß die Regeln für die Ableitung in den Beweisen, die er forderte, durchaus – und auch im Sinne einer »mathematisierten« Form – aufgestellt werden können und müssen, hat Pascal nicht gesehen. Hier wird Leibniz einsetzen, der nicht wie Pascal der Meinung war, die erforderlichen Regeln der Logik seien so natürlich, daß man sich bei ihnen gar nicht aufzuhalten brauche (Ebd. S. 52). Pascals Freunde aus Port Royal meinten allerdings, daß man doch ein Handbuch der Logik benötige. Das Ergebnis war – nach leibnizscher wie nach heutiger Auffassung – nicht unbedingt überzeugend: Die sogenannte Logik von Port Royal, also *La Logique ou l'Art de penser (Die*

Logik oder die Kunst des Denkens), die von Arnauld verfaßt wurde, war der Substanz nach eine ganz traditionelle Logik, in der dann im Anhang die weiter oben aufgeführten Regeln der wissenschaftlichen Methode Pascals angefügt wurden (Arnauld: *Die Logik oder die Kunst des Denkens* IV, 3, 3. S. 298–300). Nichtsdestoweniger war der Erfolg dieser Logik – ganz unabhängig von Port Royal – sehr groß; sie wurde zur Schullogik im französischen Bereich, wobei der Beitrag Pascals dabei kaum noch zu bemerken war.

Wenn Pascal behauptete, nichts von dem Überzeugen durch »Gefallen« zu verstehen, so stellt dies eine sehr große Untertreibung dar. Die *Lettres Provinciales* sind das literarisch beste Beispiel für diese Form der Argumentation im Frankreich des 17. Jhd.s. Noch in den letzten Briefen (als die Diskussion an Schärfe und Verbitterung auf beiden Seiten extrem zugenommen hatte) versicherte Pascal selbst, seine Antworten »so kurzweilig zu machen, wie es überhaupt in solcher Art von Polemik möglich ist« (*Lettres Provinciales*. 12. Brief. S. 234). Und von seinen Gegnern sagt er: »Ihre Maximen haben ein gewisses Etwas, das erheiternd wirkt, und an dem sich die Welt immer wieder belustigt« (Ebd.), was diese sicher nicht besonders belustigte. Diese von Arnauld angeregten Briefe erschienen 1656/1657 anonym. 1657 wurden sie dann gesammelt unter dem Pseudonym Louis des Montalte herausgegeben und

sofort von allen Gebildeten Frankreichs gelesen. Erwartungsgemäß provozierten sie Gegenschriften. Der Stil der *Lettres*, ihre feine Ironie mit den sicher plazierten Pointen wurde von Anhängern wie von Gegnern gleicherweise anerkannt. Der Streitpunkt, um den es ging, sei nur kurz angedeutet, ist aber doch interessant, weil er wieder einmal auf den langen Schatten des Augustinus hinweist: Cornelius Jansenius (1585–1638), Bischof von Ypern, hatte das Werk *Augustinus* geschrieben, das 1640 nach dem Tod seines Verfassers erschienen war. In diesem wurde die radikale Gnadenlehre des späten Augustinus (vgl. 2. Teil, Kap. III, 5) ebenso radikal gegen die »neuen Pelagianer« verteidigt. Die »neuen Pelagianer« waren die Jesuiten, die mehr auf Willenseinsatz und rationale Kalküle vertrauten als auf göttliche Gnade. Der Streit zwischen Jansenisten und Jesuiten wurde von der Pariser Gesellschaft mit größtem Interesse und ebenso großem Amusement verfolgt, schließlich wußte jeder, daß z. B. dem Herzog von Liancourt als Jansenistenanhänger die Absolution verweigert worden war. Den zeitgeschichtlichen Ablauf des Streits brauchen wir hier nicht weiter darzustellen. Falls die historisch unsichere Nachricht stimmt, war es der Chevalier de Méré – dem wir bei seiner Rolle zu Pascals Entwicklung des Wahrscheinlichkeitskalküls gleich noch einmal begegnen werden –, der diese Gnadenerörterungen für etwas langweilig hielt, und Pascal auf das damit eng verbundene Gebiet der sogenannten »Jesuitenmoral« hinwies, was dann auch tatsächlich den Hauptgegenstand der weiteren Briefe darstellte und Pascal eigentlich erst richtig das Feld für die Anwendung seiner Kunst des Überzeugens bot. Einer der zentralen Diskussionspunkte dabei war eine Frage der Entscheidungstheorie bei sittlichen Fragen, bei deren Beantwortung verschiedene Wahrscheinlichkeiten der zu betrachtenden Regeln zur Diskussion standen, also: Wie sieht die Lage aus, wenn für oder gegen eine sittliche Entscheidung verschiedene Wahrscheinlichkeiten der »Richtigkeit« sprechen? Es gab eine schon in das 16. Jhd. zurückreichende Richtung, die sagte, daß man, da keine eindeutige Entscheidung möglich ist, auch der Meinung mit der geringeren Wahrscheinlichkeit folgen dürfe. Pascal zitiert – die vielen Texte, die Pascal in den Briefen anführt, wurden ihm vor allem von Arnauld geliefert – z. B. die folgende Frage mit der entsprechenden Antwort:

Darf ein Richter in einer Rechtsfrage nach einer probablen Meinung urteilen, wenn er dabei die viel probablere aufgibt? Jawohl, und sogar gegen seine eigene Überzeugung. (*Lettres Provinciales*. 8. Brief. S. 152)

Dies ist die von den Jesuiten vertretene These des *Probabilismus* (= man darf auch der geringeren Wahrscheinlichkeit folgen), während der Probabiliorismus (= man muß immer der größeren Wahrscheinlichkeit folgen = *Tutiorismus*) natürlich von den Augustinianern vertreten wurde, die der Gegenseite moralischen »Laxismus« vorwarfen (vgl. z. B. ebd. 13. Brief. S. 271). Daß der Probabilismus den Jesuiten als den Beichtvätern der besseren Pariser Gesellschaft – die letzten Briefe richten sich direkt an den Père Annat, den Beichtvater des Königs – häufig auch die Möglichkeit gab, deren sehr »großzügige« Moral zu tolerieren, ist auch unübersehbar (irgendeinen »guten« Grund konnte man für alles finden). Der Hintergrund der Argumentation der Probabilisten war das Prinzip: »Ein zweifelhaftes Gesetz verpflichtet nicht« *(Lex dubia non obligat)*. Zur Zeit Pascals war der Streit in vollem Gange, und auch die kirchlichen Autoritäten waren in ihrer Haltung unsicher, da sie auf der einen Seite den »Laxismus« verurteilten, auf der anderen Seite aber den Probabilismus nicht verurteilen wollten, was dann auch die »Position« Alexanders VII. (DS 2021–2065) und Innozenz XI. (DS 2101–1216) war. Die *Lettres Provinciales* wurden gleich nach ihrem Erscheinen als Gesamtdruck 1657 auf den Index verbotener Bücher gesetzt und im selben Jahr auch von einem französischen Gericht verurteilt. Dieser Streit erklärt jedenfalls zum Teil einen Wahrscheinlichkeitsansatz in der Wette Pascals: Die Wahrscheinlichkeitsverteilung durfte keinesfalls unter 50% angesetzt werden (vgl. den folgenden Punkt), sonst wäre Pascal unter jene Wahrscheinlichkeits-Ansätze gefallen, die von den Jansenisten als moralisch zulässig akzeptiert wurden. – Pascal erwies sich in diesem Streit als einer der ganz großen Prosaschriftsteller und Erfolgsautoren seiner Zeit, der seinen Gegnern gehörigen Respekt abzwang. – Nur so nebenbei: Der Probabilismus-Streit ist bis heute in vielen Gebieten aktuell, so z. B. in der Rechts- und der medizinischen Praxis.

3. Die Wahrscheinlichkeit

Der strenge Gebrauch der Regeln der axiomatischen Methode sichert die Wahrheit der Folgesätze. Da diese Sätze am Anfang aber nicht voraussetzungslos sind, hat auch dieser strenge Wahrheitsbegriff nur eingeschränkte Bedeutung. Daher ist es verständlich, daß Pascal sich unabhängig von dem konkreten Anlaß des Glücksspiels für das Problem der Wahrscheinlichkeit interessierte.

Pascal tat einen entscheidenden Schritt über alle früheren Überlegungen zur Wahrscheinlichkeit hinaus, denn vor ihm sah man in der Wahrscheinlichkeit gewöhnlich einfach einen *geringeren Grad der Wahrheit*. Pascal erkannte, daß der strenge, an der Mathematik und der Logik orientierte Wahrheitsbegriff des axiomatischen deduktiven Systems keine Grade zuließ, bemerkte aber gleichzeitig auch, daß mathematisches Denken im Bereich der Wahrscheinlichkeit ebenso Geltung haben konnte wie im Bereich deduktiver Systeme. Dies bedeutet, daß daraus, daß in den mathematischen Disziplinen Wahrheit erreicht wird, nicht geschlossen werden kann, daß dort, wo strenge Wahrheit nicht erreicht wird, keine mathematischen Methoden angewandt werden können. Der Begriff »mathematische Methoden« kann also auch in jenen Disziplinen Geltung haben, in denen »nur« Wahrschein-
144 | lichkeit erreicht wird.

Pascal begann sich 1654 mit der Wahrscheinlichkeitsrechnung zu beschäftigen. Für diese Fragen hatte es nach der geläufigen Geschichte einen konkreten Anlaß gegeben: Es ging um das Problem, wie der Geldeinsatz bei einem abgebrochenen Glücksspiel zu verteilen sei; also um die Frage, wie hoch bei einem bestimmten Stand des Spieles die Wahrscheinlichkeit für jeden der Teilnehmer ist, einen bestimmten Teil des Einsatzes zu gewinnen. Einer von Pascals mondänen Freunden, der Chevalier de Méré (1607–1684) behauptete später, Pascal diese Aufgabe gestellt zu haben, und Leibniz hat diese Geschichte in seinen *Nouveaux Essais* verewigt (IV, 16, §7. S. 505 f.). Tatsächlich wurden in dem Kreis um den Herzog von Roannez, dem auch Méré, nach Leibniz ein »Spieler und Philosoph«, angehörte, mathematische Fragen diskutiert. In einem interessanten Briefwechsel mit Fermat von 1654 beschäftigte sich Pascal mit den Fragen des Wahrscheinlichkeitskalküls. (Dieser Briefwechsel gilt allgemein als der Beginn des Wahrscheinlichkeitskalküls.) Die Bedeutung, die dieser Kalkül auch außerhalb der rein mathematisch interessanten Probleme bei Pascal haben wird, wird sich weiter unten zeigen. Auch Christiaan Huygens (1628–1695), einer der bedeutendsten Mathematiker und Physiker des Jahrhunderts, beschäftigte sich in diesen Jahren mit Fragen des Wahrscheinlichkeitskalküls, und er versuchte 1655, Pascal zu treffen, traf aber bei einem Abendessen bei Roannez nur Méré. Erst bei einem weiteren Besuch in Paris im Jahre 1660 dürfte er Pascal getroffen haben. Zu diesem Zeitpunkt war aber Huygens, *Tractatus de ratiociniis in aleae ludo*, das erste Lehrbuch der Wahrscheinlichkeitstheorie, schon erschienen (1657). – Um zu verstehen, worum es bei der Spieltheorie geht, hier ein ganz einfaches Beispiel aus der zeitgenössischen Literatur, entnommen aus den *Nouveaux Essais* von Leibniz, der aus seinen Studienjahren in Paris (1672–1676) gut über die Diskussionen informiert war:

Wenn z. B. bei zwei Würfeln der eine Spieler gewinnen soll, wenn er 7 Punkte, der andere, wenn er 9 Punkte hat, so fragt sich: welches Verhältnis findet zwischen ihren Wahrscheinlichkeiten zu gewinnen statt? Ich antworte, daß die Wahrscheinlichkeit für den letzteren nur zwei Drittel der Wahrscheinlichkeit für den ersteren beträgt, denn der erste kann mit zwei Würfeln die 7 auf drei Arten erreichen (nämlich mit 1 und 6 oder 2 und 5 oder 3 und 4), während der andere die 9 nur auf zwei Arten erreichen kann, indem er entweder 3 und 6 oder 4 und 5 wirft. Da nun alle diese Würfe gleich möglich sind, so werden sich die Wahrscheinlichkeiten, die wie die Zahlen der gleichen Möglichkeiten sind, wie 3 zu 2, oder wie 1 zu 2/3 verhalten. (Leibniz, G. W.: *Neue Abhandlungen über den menschlichen Verstand.* Übers. v. E. Cassirer. Hamburg 1996. IV, 16, § 9. S. 505)

Es geht hier also um einen Kalkül der Wahrscheinlichkeit des Eintreffens eines Ereignisses, das auf einer Zufallsanordnung beruht. Dies waren Fragen, mit denen sich auch Fermat und Huygens beschäftigten. Pascal sah jedoch eine Anwendungsmöglichkeit des Wahrscheinlichkeitskalküls, die seinen Zeitgenossen (außer Leibniz, vgl. dazu weiter unten Kap. XI, 3) überhaupt nicht auffiel und die eigentlich erst im 20. Jhd. systematisch ausgebaut wurde: Modelle, die im Rahmen der Spieltheorie entwickelt wurden, die also auf *zufälligen* Kombinationen beruhen, können auf Situationen übertragen werden, die keinerlei zufällige Anordnung der Elemente aufweisen, bei denen *uns* jedoch die zugrundeliegenden Fakten und Regeln nur teilweise bekannt sind (die Begründung dieser Anwendung stellt uns bis heute vor ziemlich schwierige Fragen). Ist in einer solchen Situation eine Entscheidung bzw. eine Handlung erforderlich, so beruht die Rationalität der Entscheidung auf einem Kalkül der zur Verfügung stehenden Wahrscheinlichkeitswerte. Pascal legte also zugrunde, daß spieltheoretische Modelle als Grundlage *rationaler Entscheidung unter Unsicherheit* verwendet werden können. Dies ist der systematisch entscheidende Hintergrund der berühmten Wette, deren grundsätzliche Bedeutung jedoch einfach deshalb erst viel später erfaßt wurde, weil der konkrete Anwendungsfall bei Pascal gleichzeitig einen Grenzfall darstellt und Spieltheoretiker und spieltheoretisch arbeitende Praktiker, also etwa systematische Kasino- oder (heute) Totospieler, sich gewöhnlich nicht besonders für Wetten über das ewige Leben interessieren. Wir folgen jetzt dem Text von Pascals Fragment 233, bei dem es um einen Fall geht, in dem die Wahrscheinlichkeit für Gewinn und Verlust gleich groß ist – es sind natürlich spieltheoretisch andere Situationen denkbar und häufig auch gegeben, in denen dies nicht der Fall ist. Die Ausgangssituation ist folgende:

Wenn es einen Gott gibt, ist er unendlich unbegreifbar; da er weder Teile noch Grenzen hat, besteht zwischen ihm und uns keine Gemeinsamkeit. Also sind wir unfähig zu wissen, was er ist, noch ob er ist. (*Über die Religion*. Fragm. 233. S. 121)

Wenn wir von etwas weder wissen können, daß es existiert und wir nicht einmal wissen, wie wir es durch Angabe irgendwelcher Eigenschaften beschreiben sollen, wir also keine Definition aufstellen können, die uns eine systematische Suche nach diesem erlaubt, ist nach der Methode der »normalen« Wissenschaft an diesem Punkt nichts auszumachen:

Prüfen wir das also, nehmen wir an: Gott ist oder er ist nicht. Wofür werden wir uns entscheiden? Die Vernunft kann hier nichts bestimmen: ein unendliches Chaos trennt uns. (Ebd. S. 122)

Bei dem Versuch, diese Frage zu beantworten, befinden wir uns in der Situation eines Spielers in einem Glücksspiel:

Am äußersten Rande dieser unendlichen Entfernung spielt man ein Spiel, wo Kreuz
 oder Schrift fallen werden. Worauf wollen Sie setzen? Aus Gründen der Vernunft können Sie weder dies noch jenes tun, aus Gründen der Vernunft können Sie weder dies noch jenes abtun. (Ebd. Ich setze jeweils »Sie« für »sie«, da im französ. Text »*vouz*« steht.)

Warum aber soll man denn überhaupt spielen? Wenn es weder für das eine noch für das andere vernünftige Gründe gibt, wäre es dann nicht vernünftiger, die Finger von einem solchen Glücksspiel zu lassen? Pascal formuliert auch selbst diesen Einwand, wenn er sich fragt, ob es nicht »richtig ist, überhaupt nicht auf eines zu setzen« (Ebd.). Dazu sagt Pascal, daß es Situationen gibt, in denen man nicht frei ist zu entscheiden, ob man spielt oder nicht. Die vorliegende Frage ist seiner Ansicht nach in eine solche Situation eingebettet:

Ja, aber man muß auf eines setzen, darin ist man nicht frei, Sie sind mit im Boot. (Ebd.)

Dies ist sicher eine ziemlich heikle Prämisse in der ganzen pascalschen Argumentation. Um im heutigen Sinne eine Entscheidungstheorie aufbauen bzw. anwenden zu können, ist es erforderlich, daß die Entscheidungsmöglichkeiten vollständig aufgezählt werden. Also z. B.: Vor einer Parlamentswahl genügt es nicht, die verschiedenen Parteien, die zur Wahl stehen, aufzuzählen, man muß auch die Möglichkeit, überhaupt nicht zur Wahl zu gehen, als eine der Entscheidungsmöglichkeiten mit einbeziehen. Pascal ist jedoch überzeugt, daß es bei der Frage nach der Existenz

Gottes keine Möglichkeit gibt, die Frage einfach überhaupt nicht zu beantworten. Diese pascalsche Voraussetzung ist vermutlich nicht logisch, sondern nur kulturgeschichtlich zu rechtfertigen. Zur Zeit von Pascal, aber eigentlich auch noch in der nachfolgenden Periode der Aufklärung, konnte sich jemand bereits als Atheist bekennen. Aber zu sagen, in dieser Frage sei überhaupt nichts vernünftig auszumachen, das einzig Vernünftige sei es also, die Frage ohne Stellungnahme auf sich beruhen zu lassen, war damals kaum möglich. Reine Skeptiker wurden rasch zur Gruppe der Atheisten gezählt. Für das Argument selbst ist aber diese kulturgeschichtliche Frage nicht einmal entscheidend, denn es reicht völlig aus, sich *eine* Person vorzustellen, die überzeugt ist, daß sie auf eines setzen muß, für die also die Entscheidungsmöglichkeiten in der pascalschen Anordnung tatsächlich erschöpfend aufgezählt sind. Wenn man, oder zumindest diese eine Person also spielen muß, muß eine Gewinn-Verlust-Rechnung aufgemacht werden:

Wägen wir Gewinn und Verlust für den Fall, daß wir auf Kreuz setzen, daß Gott ist. Schätzen wir diese beiden Möglichkeiten ab. Wenn Sie gewinnen, gewinnen Sie alles, wenn Sie verlieren, verlieren Sie nichts. Setzen Sie also, ohne zu zögern, darauf, daß er ist. (Ebd. S. 123)

Im Falle der Existenz Gottes, der hier von Pascal als Garant einer ewigen Glückseligkeit angesetzt wird, ist der mögliche Gewinn ein unendlicher:

Es gibt aber eine Ewigkeit an Leben und Glück zu gewinnen; und da das so ist, würden Sie, wenn unter einer Unendlichkeit von Fällen nur ein Gewinn für Sie im Spiel läge, noch recht haben, eins gegen zwei zu setzen, und Sie würden falsch handeln, wenn Sie sich, da Sie notwendig spielen müssen, weigern wollten, wenn es unendliche und unendlich glückliche Leben zu gewinnen gibt, ein Leben für drei in einem Spiel zu wagen, wo es für Sie unter einer Unendlichkeit von Fällen einen Gewinn gibt. (Ebd. S. 123 f.)

Pascal äußert jedoch selbst einen weiteren (die Frage der Rationalität bei Entscheidungen unter Risiko betreffenden) Einwand: Müßte man nicht sagen, »es sei ungewiß, ob man gewinnen würde, und gewiß sei, daß man wage« (Ebd. S. 124), also es sei das ganze Spiel unvernünftig? Pascal macht demgegenüber geltend, daß uns dies nur bei dem sicher sehr unsicheren Gewinn des ewigen Lebens so scheint, daß dies aber gar nichts anderes ist, als die ganz normale Spielsituation:

Jeder Spieler wagt mit Gewißheit, um ungewiß zu gewinnen, und trotzdem wagt er, ohne gegen die Vernunft zu verstoßen, sicher das Endliche, um unsicher Endliches zu gewinnen. (Ebd.)

Nicht das Eingehen eines Risikos im Spiel ist schon unvernünftig, wohl aber kann die Höhe des Einsatzes unvernünftig sein. Die Rationalität des Einsatzes bemißt sich danach, ob der Einsatz in einem vernünftigen Verhältnis zu den Gewinnchancen steht, aber auch danach, ob der Einsatz in einem vernünftigen Verhältnis zu dem steht, was der Verlust des Einsatzes für den Wettenden darstellen würde. Deshalb ist der Einsatz auch in eine mathematische Beziehung zu dem zu setzen, was der Spieler besitzt. Angenommen, 1 ist die Einsatzsumme bei jemandem, für den sie 1/1000 seines Vermögens darstellt. Dann ist der Einsatz bei einer Gewinnchance von 1/100 durchaus rational. Bei jemandem hingegen, bei dem die Einsatzsumme 1 die Gesamtheit seines Vermögens darstellt, also bei einem Verhältnis von 1:1 für das Verhältnis von Einsatz und Vermögen, ist die Entscheidung, diesen Einsatz bei einer Gewinnchance von ebenfalls 1:100 zu wagen, jedoch nicht rational. Die Entscheidung geschieht also aufgrund einer komplexen Gewinn-Verlust-Rechnung, wobei die Rationalität nicht nur von den Wahrscheinlichkeiten abhängt, sondern auch vom Einbezug verschiedener Parameter. Deshalb weist Pascal darauf hin, daß einem möglichen unendlichen Gewinn bei gleicher Wahrscheinlichkeit von Gewinn und Verlust ein nur endlicher Wetteinsatz gegenübersteht, wodurch die Wette als vernünftig gerechtfertigt ist:

Es gibt aber hier unendlich viele, unendlich glückliche Leben zu gewinnen, die Wahrscheinlichkeit des Gewinns steht einer endlichen Zahl der Wahrscheinlichkeit des Verlustes gegenüber, und was sie ins Spiel einbringen, ist endlich. (Ebd.)

Dabei ist jedoch zu beachten, daß Pascal durchaus im Sinne der multiplen Parameterwahl nicht einfach auf »unendliche Seligkeit« setzt, sondern zugleich nach der Bedeutung des Einsatzes in bezug auf das konkrete irdische Leben fragt. Er bezieht also auch den ganz konkreten Gewinn »in diesem Leben« mit ein. Wir haben hier also einen weiteren Parameter für die Entscheidung in der Wette: Wenn bei einer Wette mit dem Einsatz neben dem unsicheren Gewinn in einem Bereich auch ein sicherer Gewinn in einem anderen Bereich verbunden ist, so führt dies zu einer Minderung des Risikos (wir kennen dies auch in der Gegenwart: Wenn eine Lotterie für einen wohltätigen Zweck veranstaltet wird, kann man mitwetten, ohne ernsthaft an den Gewinn zu denken). Da bei Pascals Wette der Einsatz in einem sittlichen Leben besteht, bedeutet dies:

Sie werden treu, rechtschaffen, demütig, dankbar, wohltätig, Freund, aufrichtig, wahrheitsliebend sein. Allerdings die verderblichen Vergnügungen, Ruhm, Genüsse werden Sie nicht haben, aber werden Sie nicht anderes dafür haben? Ich sage Ihnen, Sie werden dabei in diesem Leben gewinnen [...]. (Ebd. S. 126)

Bei einer Risikoentscheidung kann auch bei Wiederholung so etwas wie »Gewöhnung« eintreten. Wir kennen dies auch aus dem normalen Leben: Wir kennen die Unfallstatistiken auf den Autobahnen, wissen also um die statistische Höhe der Unfallwahrscheinlichkeit, wenn wir auf eine Autobahn einbiegen. Wenn aber jemand zwanzig Jahre unfallfrei gefahren ist, wird er sich, obwohl sich statistisch kaum etwas geändert hat, sicherer fühlen; er hat sich einfach an den Einsatz »gewöhnt« und denkt nicht mehr an die wenigen Unfallopfer, sondern an die vielen Nicht-Unfallopfer, zu denen er bisher auch gehört hat. Pascal kann zwar im Sinne der »Gewöhnung« sagen, daß Sie

[...] mit jedem Schritt, den Sie auf diesem Wege tun, immer mehr die Gewißheit des Gewinnes und die Nichtigkeit des Einsatzes erkennen. (Ebd.)

Im Falle des Glaubens bleiben wir, genau im Sinne Pascals, immer in der Situation der Unsicherheit. Auch ein durch »Gewöhnung« erzielter »Fortschritt« ändert höchstens etwas in Hinsicht auf die Erfahrung des Gewinns für dieses Leben, nichts aber an der Unsicherheit des Gewinns des ewigen Lebens. Die Situation der Wette und die Unsicherheit des Gewinns ist nicht überschreitbar. Daran läßt auch Pascal keinen Zweifel:

Wenn man sich nur um Sicheres bemühen dürfte, dürfte man sich nicht um die Religion bemühen; denn sie ist nicht sicher. (Ebd. Fragm. 234. S. 127)

An dieser Unsicherheit läßt sich überhaupt nichts ändern und Pascal behauptet nirgends, eine Sicherheit gewonnen zu haben. Allerdings ist auch das Gegenteil nicht sicher:

Es ist nicht sicher, daß sie Wahrheit ist; aber wer würde zu sagen wagen, es sei sicher möglich, daß sie es nicht ist? (Ebd.)

Es wäre aber unvernünftig zu sagen, daß man nur dort handeln könne, wo Sicherheit vorliegt. Pascal verweist zu Recht darauf, daß Handeln unter Unsicherheit zu den ganz normalen Dingen des Lebens gehört, daher fährt er fort:

Aber wieviele Dinge unternimmt man, die ungewiß sind, Reisen über See, Schlachten, die man kämpft. [...] Nun, man handelt vernünftig, wenn man für den morgigen Tag und für das Ungewisse arbeitet. (Ebd.)

Mit dem eben Gesagten ist auch deutlich geworden, daß es in keiner Weise die Absicht Pascals ist, mit seiner Wette einen Gottesbeweis zu führen. Die Wette ist grundsätzlich und strukturell verschieden von allen Gottesbeweisen, sie ist überhaupt kein

Beweis. Was »bewiesen« wird ist einzig, daß eine bestimmte Lebensform, die sich aus der Denkmöglichkeit der Existenz Gottes ergibt, nicht als unvernünftig bezeichnet werden kann, und Pascal ist der Überzeugung, daß unter den – ganz sicheren – Bedingungen der Endlichkeit der Vernunft auch überhaupt nicht mehr erforderlich ist. Seine Wette wurde gelegentlich in eine Linie mit Anselm oder Kierkegaard gestellt. Dies ist jedoch nicht haltbar. Die Wette Pascals hat nichts mit Anselms ontologischem Gottesbeweis (vgl. 2. Teil, Kap. VI, 3) zu tun, und es wäre ein Mißverständnis zu sagen, hier würde nur nicht mehr mit einer deduktiven Logik, sondern mit einer Wahrscheinlichkeitslogik die Existenz Gottes bewiesen. Pascals Wette ist kein Gottesbeweis, sondern ein Angebot einer rationalen Handlungsstrategie. Pascal hält auch gar nichts von metaphysischen Gottesbeweisen, wobei er vor allem den von Descartes vor Augen hat:

Die metaphysischen Gottesbeweise sind so abseits vom Denken der Menschen und so verwickelt, daß sie wenig überzeugen, und sollten sie wirklich einigen nützen, so werden sie nur so lange nützlich sein als man den Beweis vor Augen hat; eine Stunde danach fürchten sie, sich getäuscht zu haben. (Ebd. Fragm. 543. S. 238)

150 | Ebenso aber wäre es ein Fehler, Pascal als »Vorläufer« von Kierkegaards »Paradox« anzusehen, wo Gott durch einen »Sprung« erreicht werden soll (vgl. Kap. XX, 2). In Pascals Argument ist überhaupt nichts paradox, und die von Pascal geforderte Entscheidung ist kein »Sprung«, sondern ein rationaler Kalkül.

Dieser rationale Kalkül wurde z. B. von N. Rescher und W. Stegmüller im Rahmen einer auf Wahrscheinlichkeitskalkülen beruhenden Entscheidungstheorie »durchgerechnet«, was hier nicht wiedergegeben werden muß. Auf ein spieltheoretisches Problem sei jedoch hingewiesen, da es auf einen von Pascal selbst vorgenommenen Ansatz von Wahrscheinlichkeiten zurückgeht. Pascal geht davon aus, daß »die Wahrscheinlichkeit für Gewinn und Verlust gleich groß ist« (Ebd. Fragm. 233. S. 123) und kann daher als Modellspiel den Münzwurf verwenden, der eine solche Gleichverteilung der Wahrscheinlichkeiten wiedergibt, also ein Verhältnis von 1:1. Diese Wahrscheinlichkeitsverteilung wird vielleicht von einem Zweifler zugegeben werden. Möglicherweise gehörten auch die Adressaten der *Pensées*, die zu der Kategorie des *honnête homme* der Pariser zeitgenössischen Gesellschaft zählten, tatsächlich eher in die Gruppe solcher skeptischen Zweifler in der Art von Montaigne. Jedoch wird ein selbstkritischer Atheist die Wahrscheinlichkeit, daß Gott existiert, als viel geringer einschätzen, also etwa mindestens so gering wie die Hoffnung, mit nur einem Lottozettel den Hauptgewinn zu erzielen, und dann ergibt sich ein Verhältnis von 1:1000 mit noch vielen nachfolgenden Nullen. Pascal hat aber auch dies berechtigterweise in seinen Kalkül einbezogen, da er auch den Fall berücksichtigt, wo unter einer Unendlichkeit von möglichen Spielresultaten nur eines das Richtige ist, dem aber wiederum auch nicht ein endlicher, sondern ein unendlicher Gewinn gegenübersteht:

[...] und da das so ist, würden Sie, wenn unter einer Unendlichkeit von Fällen nur ein Gewinn für Sie im Spiel läge, noch recht haben [...]. Überall, wo das Unendliche ist und keine unendlich große Wahrscheinlichkeit des Verlustes der des Gewinns gegenübersteht, gibt es nichts abzuwägen, muß man alles bringen. (Ebd. S. 123 f.)

Pascals Wette hat zwei für die Philosophie wichtige Punkte ins Licht gerückt: (1) Spieltheoretische Modelle können für die Entwicklung einer Entscheidungstheorie unter Unsicherheit verwendet werden. (2) Der Gottesglaube gehört, wenn auch als Grenzfall, in eine Klasse ganz »normaler« menschlicher Entscheidungen unter Unsicherheit, wie wir solchen bei der Berufswahl, bei der Entscheidung für eine Reise und bei vielen anderen Gelegenheiten begegnen. – Nur so nebenbei sei bemerkt, daß selbst dann, wenn man die Argumentation der Wette als gültig akzeptiert, das Ziel Pascals, durch dieses Argument einen wichtigen Schritt hinsichtlich einer Apologie des Christentums geleistet zu haben, dadurch nicht, jedenfalls nicht ausreichend, erreicht ist: Dafür, daß der in der Wette vorausgesetzte Gott genau der Gott Abrahams, Isaaks und Jakobs ist, der sich in Jesus Christus geoffenbart hat – und darauf will ja Pascal hinaus –, müßten noch ganz andere Argumente geliefert werden. Es kann jemand sehr wohl die Argumentation der Wette akzeptieren und doch der Meinung sein, daß er mit dem Christentum weder in der üblichen katho-
lischen noch in der jansenistischen Form etwas zu tun haben will. Die Meinung Pascals, daß das katholisch-jansenistische Christentum unwiderstehlich anziehend sei – »Die christliche Religion, durch ihre Stiftung, so stark, so sanft« (Ebd. Fragm. 289. S. 146) –, ist doch einigermaßen diskutabel. 1710 wurde Port Royal, wo 1670 die *Pensées* Pascals veröffentlicht worden waren, zwar stark, aber sehr unsanft von den nicht-jansenistischen Katholiken zerstört.

4. Die Mitte bei unbekannten Außenpunkten

Pascals Interesse an der Religion steht in keinem Widerspruch zu seinem Interesse an der Wissenschaft. Seine Auffassung und Einschätzung der Wissenschaft ist auch keineswegs »pessimistisch«. Im Bereich der Wissenschaft und besonders im Bereich der Physik ist er der Überzeugung, daß gerade zu seiner Zeit, und nicht zuletzt durch seine eigenen Experimente, wesentliche Fortschritte erzielt wurden, und er teilt auch die Zuversicht aller zeitgenössischen Wissenschaftler, daß sich dieser Fortschritt auch in Zukunft fortsetzen wird:

Das ist der Grund, daß durch ein eigentümliches Vorrecht nicht nur der einzelne Mensch in den Wissenschaften von Tag zu Tag vorwärtskommt, sondern daß alle Menschen gemeinsam in dem Maße, in dem das Weltall älter wird, ständig fortschreiten. (*Abhandlung über die Leere.* In: *Die Kunst zu überzeugen.* S. 26)

An dieser Auffassung hielt Pascal immer fest, und er ließ keinen Zweifel daran, daß es möglich und sehr wahrscheinlich ist, daß unsere Kenntnisse ständig, und, wie er sagt, »leicht zu vermehren« sind (Ebd.). Dies ändert jedoch nichts daran, daß er gleichzeitig in der Einschätzung der Möglichkeiten und der Reichweite der Vernunft und der Wissenschaft wesentlich selbstkritischer war als viele seiner Zeitgenossen. Diese Einschätzung mag zwar auch durch seine Begegnung mit dem Jansenismus motiviert gewesen sein, in ihrer Begründung ist sie nichtsdestoweniger unabhängig von diesem Hintergrund. Pascals Beschreibung der Situation des menschlichen Lebens ist nicht spezifisch jansenistisch, sondern könnte ebensogut bei Montaigne stehen:

> Bedenke ich die kurze Dauer meines Lebens, aufgezehrt von der Ewigkeit vorher und nachher; bedenke ich das bißchen Raum, den ich einnehme, und selbst den, den ich sehe, verschlungen von der unendlichen Weite der Räume, von denen ich nichts weiß und die von mir nichts wissen, dann erschaudere ich und staune, daß ich hier und nicht dort bin; keinen Grund gibt es, weshalb ich gerade hier und nicht dort bin, weshalb jetzt und nicht dann. Wer hat mich hier eingesetzt? Durch wessen Anordnung und Verfügung ist mir dieser Ort und diese Stunde bestimmt worden? *Memoria hospitis unius diei praetereuntis* [Und wie man jemanden vergißt, der nur einen Tag Gast gewesen ist (Weish. Salomons 5, 15)]. (*Über die Religion*. Fragm. 205. S. 114 f.)

Pascal geht aber nicht nur von der Endlichkeit des menschlichen Lebens aus, sondern auch von der unüberschreitbaren Endlichkeit der menschlichen Vernunft. Die Anmaßung der Philosophen, die meinen, die Prinzipien von allem erfaßt zu haben oder wenigstens erfassen zu können, ist Pascal unerträglich. Für Buchtitel wie *De omni scibili (Über alles Wißbare)* des Pico della Mirandola oder *Principia philosophiae* des Descartes hat er nur die Kennzeichnung »protzend« *(fastueux)* (Ebd. Fragm. 72. S. 45). Weder die Gesamtheit des Wissens noch auch nur die vollständige Grundlage dieses Wissens ist uns verfügbar. Selbst in Wissenschaften, bei denen wir selbst mit Definitionen und Axiomen beginnen (wie in der Mathematik) ergibt sich eine Unendlichkeit von Problemen, und dies gilt um so mehr von allen Wissenschaften, bei denen wir die Prinzipien erst durch die Erfahrung aufsuchen müssen. Pascal durchschaute, daß hinter dem üblichen rationalistischen Anspruch der alte Satz vom Menschen als dem Maß der Dinge steht. Dieser Anspruch ist jedoch für ihn nichts anderes als ein Hinweis auf unzureichend selbstkritisches Denken:

> Weil die Menschen versäumten über diese Unendlichkeiten nachzudenken, unterfingen sie sich, die Natur zu erforschen, so als hätten sie irgendein gemeinsames Maß mit ihr. Rätselhaftes Ding, daß sie in einer Anmaßung, die so unendlich wie ihr Gegenstand ist, die Gründe der Dinge verstehen und dahin gelangen wollten, alles zu

wissen. Denn es ist außer Zweifel, daß man diesen Plan nicht fassen kann ohne eine Anmaßung oder eine Fähigkeit, so unendlich wie die Natur. (Ebd. S. 44)

Die Menschen verfügen aber über keine unendlichen Fähigkeiten; nicht nur ihr Leben, sondern auch ihre Vernunft ist endlich. Und dies gilt nicht nur für den einzelnen Menschen, sondern auch für die Menschheit als ganze. Die Leistung Pascals besteht darin, den Rationalismus bis zu Ende gedacht und seine Grenzen begriffen zu haben, ihn aber deshalb nicht schon verworfen, sondern kritisch weitergedacht zu haben. Pascal kannte den Skeptizismus genauso gut wie Descartes. Aber er versuchte nicht, ihn mit einem Gewaltakt der Vernunft zu überwinden, sondern blieb innerhalb der Grenzen der endlichen Vernunft, rationalistisch, skeptisch, aber nochmals kritisch skeptisch gegenüber dem Skeptizismus:

Es ist möglich, daß es wahre Beweise gibt, aber es ist nicht gewiß. Also beweist das zum Ruhme des Skeptizismus nichts, als daß es nicht gewiß ist, daß alles ungewiß sei. (Ebd. Fragm. 387. S. 179)

Pascal begreift das menschliche Leben wie die Wissenschaft nach dem Modell eines Spiels, dessen Ausgangsbedingungen der Mensch nur teilweise kennt, die ihm nicht verfügbar sind und dessen Ende ungewiß ist:

Was also wird er tun, wenn er nichts anderes erkennt als irgendeinen [korr. F. S.] Anschein von der Mitte der Dinge, weil er weder ihren Grund noch ihr Ende erkennt? (Ebd. Fragm. 72. S. 43 f.)

Mitten in diesem Spiel kann der Mensch einige Züge tun: genau dazu braucht er einen Kalkül von Wahrscheinlichkeiten. Ein Beispiel, wie dann nach pascalschen Vorstellungen unsere wissenschaftliche Tätigkeit aufzufassen wäre: Wir sehen einigen Zügen in einem Spiel zu, dessen Regeln wir aber nicht im voraus kennen, und nehmen aufgrund dessen an, einige Regeln erkannt zu haben. Von manchen Regeln wissen wir aber vielleicht gar nichts, weil sie bisher nicht verwendet worden sind. Auch wissen wir nicht, wie es zu der aktuellen Situation des Spiels gekommen ist, bei der wir unsere Beobachtungen begonnen haben. In dieser Situation können wir aufgrund der Regeln, die wir beobachtet haben, dann auch selbst einige Züge tun, den Ausgang des Spieles aber kennen wir ebensowenig wie den Beginn. Wir können höchstens, auch wieder nach einem Wahrscheinlichkeitskalkül, die Gewinnchancen für dieses Spiel zu berechnen suchen. – Ein Beispiel für das praktische Leben: Wir treten in ein (teilweises) Glücksspiel ein, wir können die Vernünftigkeit unseres Einsatzes prüfen, wir können auch selbst einige Würfe mit einem Würfel tätigen, und vor Ende des Glücksspiels können wir den möglichen Gewinn oder Verlust berechnen. Es ist eine für Pascal charakteristische Vorstellung, daß sich der

Mensch, und so auch seine Vernunft, in der *Mitte* befindet; in einer Mitte, deren Grenzwerte ihm nicht vorstellbar sind:

Das ist unsere wirkliche Lage. Sie ist es, die uns unfähig macht, etwas gewiß zu wissen und restlos ohne Wissen zu sein. Auf einer unermeßlichen Mitte treiben wir dahin, immer im Ungewissen und treibend und von einem Ende gegen das andere gestoßen. An welchen Grenzpfahl immer wir uns binden und halten möchten, jeder schwankt und entschwindet, und wenn wir ihm folgen, entschlüpft er unserm Griff und entgleitet uns und flieht in einer Flucht ohne Ende. (Ebd. S. 46 f.)

- VII -

Baruch de Spinoza

1. Die Niederlande: Liberalität in Grenzen

Während mit einem gewissen Recht von einer »cartesianischen Periode« in Frankreich gesprochen werden kann, wäre es völlig verfehlt, von einer »spinozistischen Periode« im Holland des 17. Jhd.s zu sprechen. Eine Beziehung der Philosophie Baruch de Spinozas (1632–1677) zum Holland seiner Zeit läßt sich sowohl in seinen religionsphilosophisch-politischen als auch in seinen metaphysischen Schriften nur auf eine sehr indirekte Weise feststellen. Spinozas Familie war jüdischen Ursprungs und stammte aus Portugal, das damals noch nicht unabhängig von Spanien war. In Spanien und Portugal waren zahlreiche Juden seit dem 13. Jhd. wegen des wach- | 155
senden politischen Drucks offiziell zum katholischen Glauben übergetreten – sie wurden »Marranen« genannt –, ohne dem innerlich wirklich zu folgen, was natürlich auch den Autoritäten nicht unbekannt war. Seit dem 15. Jhd. kam es zu regelrechten Verfolgungen durch die Inquisition und zu Ketzerverbrennungen. Am Ende des 15. Jhd.s wurden die Juden aus Spanien vertrieben und flohen in alle Teile der Welt bis in die heutigen Vereinigten Staaten von Amerika, besonders aber in die Niederlande, da dort größere Religionsfreiheit herrschte. In der Familie Spinozas wurde Portugiesisch gesprochen, die ihm geläufige Schriftsprache war allerdings das Spanische. Hebräisch lernte Spinoza erst später. In den Niederlanden konnten die Marranen das ihnen aufgezwungene Christentum wieder ablegen. Die Juden durften hier zwar, geduldet, ihren Geschäften nachgehen und ihre Religion ausüben, es war ihnen jedoch nicht möglich, öffentliche Ämter zu übernehmen. Immerhin aber entstand in Amsterdam die erste freie und nicht in einem Ghetto lebende jüdische Gemeinde im neuzeitlichen Europa. Diese Gemeinde war offen und hatte auch Kontakte mit Christen, und es gab sogar wissenschaftliche Zusammenarbeit bei Text-Editionen aus der jüdischen Tradition. Einige Christen lernten bei den Juden Hebräisch und besuchten deren Gottesdienste in den Synagogen. Umgekehrt gab es Juden, die Latein lernten und bei den Christen ein und aus gingen. Wenn also Spinoza später eine »geistige Heimat« bei den Kollegianten, einer freichristlichen Laienbewegung, fand, so war dies nichts unbedingt Auffälliges, und als er dort mit einem Arzt in Kontakt trat, in dessen privater Schule er Latein lernte, so war auch dies nicht ungewöhnlich. Nicht wenige gebildete Juden aus Spanien und Portugal hatten an

christlichen Universitäten studiert – sogar Theologie –, beherrschten das Lateinische und schrieben ihre Werke auf Latein. Die jüdischen Gemeinden hatten allerdings mit großen inneren Problemen zu kämpfen. In Spanien war es den Marranen selbstverständlich seit mehr als hundert Jahren gänzlich unmöglich gewesen, irgendeine Form von jüdischem Glaubenszusammenhalt zu bewahren, und entsprechend schwierig war es für die Gemeinden, nach dieser Unterbrechung wieder eine Identität zu finden. Und somit fanden sich alle Formen des spätmittelalterlichen Judentums in niederländischen jüdischen Gemeinden wieder: orthodoxer Talmudismus, Kabbala und letzte Vertreter jüdischer mittelalterlicher Religionsphilosophie (vgl. 2. Teil, Kap. X). Letztere vertraten aber nicht schon automatisch eher liberalere Auffassungen, zu unterschätzen ist aber auch diese Gruppe nicht. Der wichtigste Vertreter dieser Philosophen war Isaac Orobio de Castro (1617–1687), ein ausdrücklicher Gegner der liberal-aufklärerischen Auffassungen des Juan de Prado (um 1612 – nach 1660), der eine ziemlich rationalistisch konzipierte Verteidigung des Judentums vorlegte. Der einzige gemeinsame Nenner in dieser sehr heterogenen jüdischen Gemeinde Amsterdams waren bestimmte äußere Lebensformen, die aber ohne adäquate Interpretation nur einen ziemlich brüchigen Zusammenhalt boten. Dieser aber war für die Gemeinde überlebenswichtig und mußte verteidigt werden. Verstöße dagegen wurden mit Ausschluß sanktioniert. Spinoza war nicht der einzige, der in diesen Jahren aus der jüdischen Gemeinde ausgestoßen wurde. Vermutlich war es die Tatsache, daß er in jungen Jahren diese ihm unbegründet erscheinenden äußeren Formen ablehnte, was 1656 zu dem vor allem von Seiten der Talmud-Lehrer betriebenen Ausschluß aus der Gemeinde führte. Der Ausschluß selbst war aber nur ein Ereignis ganz am Rande der Gemeinde und fand dort kaum Beachtung. Die Philosophiehistoriker überschätzen häufig die Bedeutung dieses Ausschlusses. Daß es sich schon zu diesem Zeitpunkt bei Spinoza um irgendwelche »Abweichungen« von theoretischen Auffassungen des orthodoxen Judentums gehandelt haben könnte, ist eher zu bezweifeln. Solche »Abweichungen« wurden aber von anderen bereits vertreten. Um 1650 scheinen in der jüdischen Gemeinde in Amsterdam radikale Auffassungen sowohl in rationalistischer als auch in mystischer (zu diesen vgl. weiter unten 4) Richtung aufgetreten zu sein. Ein Vertreter dieser rationalistischen Auffassungen war der schon erwähnte Juan de Prado, den Spinoza auch persönlich kannte. Dieser war ein spanischer Arzt, der in Alcalá auch katholische Theologie (!) studiert hatte und Thesen vertrat wie die, daß es außer der natürlichen überhaupt keine Offenbarung gebe und alle Religionen einzig moralischen Zielen dienten. Wie zu erwarten, wurde er aus der Gemeinde ausgeschlossen. Auch Christen vertraten Thesen, die für die Juden relevant waren. So sagt z. B. Isaac La Peyrère (genauere Lebensdaten sind nicht bekannt), ein zu dieser Zeit zeitweilig in Amsterdam lebender liberaler Christ, daß die fünf Bücher Mose gar nicht von Moses verfaßt worden sind. Genau dies vertrat auch Spinoza im Kap. VIII des *Tractatus* gleich in der Überschrift (S. 279). Peyrères Schrift *Die Menschen vor Adam* erschien 1655, sie war »allen Juden und allen Synagogen« gewidmet (Spinoza besaß ein Exemplar davon und verwendete manches daraus in seinem *Tractatus*), erregte aber auch bei vielen Christen Aufsehen und Ablehnung. All diesen Liberalen und Aufklärern war in irgendeiner Form die Auffassung gemeinsam, daß es eine wahre Religion gebe, die vor allen einzelnen Offenbarungsreligionen liegt bzw. die all diesen maßgebend zugrundeliegt. Der Gedanke, auf eine ursprüngliche Religion vor allen partikulären »Offenbarungen« zurückzugehen, war auch politisch im Sinne der Relativierung der verschiedenen Offenbarungsreligionen gedacht, was zu größerer *Toleranz* führen sollte. Auch Spinoza selbst setzte sich in seinem *Tractatus theologico-politicus* für Toleranz ein, die Überschrift von Kap. XX lautet entsprechend:

> Es wird gezeigt, daß es in einem freien Staate jedem erlaubt ist, zu denken, was er will, und zu sagen, was er denkt. (Ebd. S. 601)

Wie wenig Spinoza jedoch der Gesellschaft seiner Zeit in Hinsicht auf Toleranz zutraute, läßt sich daraus ersehen, daß er diese Schrift anonym und unter Angabe eines vorgetäuschten Verlagsorts erscheinen ließ, und sein Hauptwerk, die *Ethica ordine geometrico demonstrata*, gab er zu Lebzeiten überhaupt nicht in Druck. Es wurde erst 1677 veröffentlicht, war aber schon vorher in Abschriften einigen Freunden bekannt.
Dennoch muß gesagt werden, daß Toleranz nicht ein inneres Moment der Philosophie Spinozas war. Er selbst blieb in seinem Denken geprägt von einem Absolutheitsanspruch, der letztlich nur im Offenbarungsanspruch biblisch-jüdischer Tradition seine formale Parallele hat. Zu seiner Zeit wurde er allerdings nicht unter diesem Aspekt gesehen, er galt nach der Veröffentlichung des *Tractatus* vielen eher als Atheist und damit nach damaliger Auffassung als jemand, der die Grundlagen von Moral und Staat bedroht. Spinoza fand zwar Gönner, vor allem in dem Republikaner Jan de Witt (1625–1672), der nach dem Sturz des Statthalters aus dem Haus der Oranier die Politik Hollands bestimmte. Als aber die Unabhängigkeitspolitik de Witts scheiterte und ihm die Schuld dafür zugeschrieben wurde, wurde er vom Volk umgebracht, und die Oranier übernahmen wieder die Herrschaft. Die *Gedankenfreiheit* wurde darauf auch in Holland weitgehend *eingeschränkt*, woran auch die kalvinistischen Theologen höchst interessiert waren. 1674 verboten die niederländischen Behörden den *Tractatus* Spinozas, wobei sich der *Tractatus* in guter Gesellschaft befand, da dem *Leviathan* von Hobbes das gleiche Geschick widerfuhr. – Die Philosophie Spinozas wurde zu keinem Zeitpunkt zu einem kulturellen Faktor, sie blieb so isoliert wie Spinoza selbst – eine Isolation, die nicht die »bewußt gewählte Freiheit des unabhängigen Denkers« ist, sondern mit gleichem Recht als die Konsequenz eines Denkens angesehen werden kann, das durch einen großen Realitätsverlust gekennzeichnet ist. Die Realität Hollands zur Zeit Spinozas wies dabei durchaus Züge auf, die einer kritischen philosophischen Analyse bedurft hätten. Die Niederländer hatten sich in einem mutigen und sehr verlustreichen Kampf gegen den spanischen Absolutismus zur

Wehr gesetzt, und es war ihnen gelungen, die Unabhängigkeit zu erlangen. Die Härte, die dieses kleine Volk im »idealistischen« Freiheitskampf bewiesen hatte, diente nun rasch auch dazu, sich unbarmherzig der Auseinandersetzung um materielle Überlegenheit zu widmen, wobei die gesellschaftlichen und wirtschaftlichen Bedingungen des Lebens, die für Holland und seine Bevölkerung galten, in keiner Weise auch für jene anerkannt wurden, die nun unter den Einfluß der holländischen Handelsmacht gerieten. »Selbstsicherheit« und »Selbstgewißheit« prägten das Bewußtsein der Holländer (und in diesem Sinne war Spinoza durchaus Holländer seiner Zeit, auch wenn er für sich selbst materielle Genügsamkeit als Ziel ansah, ein Standpunkt, der von seinen holländischen Zeitgenossen keineswegs geteilt wurde). Kritisches Denken durfte nicht aufkommen, ließ doch der Kampf um die materielle Vormachtstellung keinen Raum für Zweifel, schon gar nicht für moralische. So erfanden die Holländer damals das (bis heute praktizierte) Mittel, Waren, mitunter ganze Schiffsladungen, zu vernichten, um die Preise künstlich hochzuhalten. Die Holländer verteidigten den freien Handel nur, um ihre Monopolprodukte, Gewürze, Tee, Tonpfeifen, Heringe usw. preisgesichert absetzen zu können. Sie besaßen eine Handelsflotte, die größer war als die aller übrigen Länder zusammen. So konnten sie sich leicht die These des eigentlichen Begründers des Völkerrechts, Hugo Grotius (1583–1655), leisten, welche besagt, das Meer sei grundsätzlich nicht wie Landbesitz aufzufassen, sondern gehöre allen; und ebenso die sehr schöne These, die Entdekkung von Ländern bedeute nicht das Recht auf deren Besitz, denn die Holländer gründeten vor allem Handelsniederlassungen und nur in Ausnahmefällen Kolonien.

Die eigentliche Philosophie der Holländer des 17. Jhd.s war die Überzeugung, Philosophie überhaupt nicht zu brauchen – die eigentlichen und realen Werte waren die Börsenwerte. Dabei waren die Holländer sehr zivilisierte Leute, aber wahrscheinlich auch die ersten, die das Material für die Frage bereitstellten, ob »Kultur« dasselbe sei wie »Zivilisation«. Daß Wissenschaft Nutzen bringen soll und auch bringt, wie es Bacon gefordert hatte, war unbestritten, und diese Einsicht kam auch den holländischen Universitäten zugute, vor allem der von Leiden, die einen berechtigt guten Ruf besaß. Cartesianische Philosophie wurde dort schon früh aufgenommen. Naturwissenschaft, Sprach- und Rechtswissenschaft wurden auf hohem Niveau und mit guter Bezahlung betrieben. Die Wissenschaft und Philosophie Newtons nahm ihren Weg auf den Kontinent zu einem guten Teil über Holland. Mit Christiaan Huygens (1629–1695) kam aus Holland einer der bedeutendsten Mathematiker und Wissenschaftler seiner Zeit, der allerdings hauptsächlich in Paris arbeitete und auch dort nicht an der Universität, sondern in der von Ludwig XIV. bezahlten Pariser *Académie Royale des Sciences.* Der Buchhandel und die Buchproduktion hatten in Holland ihr Zentrum (vgl. den Verleger Elzevier und seine Dynastie), das Analphabetentum war in den Niederlanden auf ein sonst in Europa nirgends erreichtes Maß gesunken. Der holländische Bürger war gebildet, er konnte lesen, schreiben – vor allem aber rechnen. Dies nützte auch der Politik. Jan de Witt, der etwa zwanzig Jahre lang die

Politik der Niederlande bestimmte, war ein ganz vorzüglicher Mathematiker und der erste Politiker, der die Berechnung der Pensionen mit Hilfe der Wahrscheinlichkeitsrechnung auf der Grundlage von Statistiken der durchschnittlichen Lebensdauer der Niederländer durchführte.

Um zu wissen, was die Holländer vom Leben erwarteten, braucht man nur die Bilder von Pieter Paul Rubens (1577–1640) – der auch politisch-diplomatisch für die Unabhängigkeit der Niederlande tätig, aber außerdem ein überzeugter Vertreter der Monarchie war – anzusehen: Aus ihnen spricht die unmittelbare Freude an materiellem Wohlbefinden und ein unangefochten gutes Gewissen. Sie alle feierten den Sieg des holländischen Handels und den Genuß, den dieser Sieg seinen Bürgern gewährte. Bei anderen, weniger begabten Malern entsprachen die Sujets einfach den Wünschen und Vorlieben der durch den Handel reich gewordenen Auftraggeber: Schiffe, Pferde, Blumen, Tafelgeschirr, Genußartikel. So war Kunst selbst weithin zum Gebrauchsgegenstand, zum Dekorationsartikel des wohlausgestatteten Heims oder Palastes geworden. Eine Ausnahme bildete Rembrandt (1609–1669), der aber dann in Armut gestorben ist. Auch Jan Vermeer (1632–1675) produzierte keine solche Gebrauchskunst, aber er war als Kunsthändler eingetragen, und es wurde vermutet, daß er eigentlich nur für sich und eine kleine Kennerelite malte, außerhalb der üblichen Auftraggeber-Maler-Beziehung, und daß er seine Bilder auch gar nicht auf den normalen Kunstmarkt brachte. Der Gebrauchskunst war jeder Ansatz von Kritik oder auch nur von Zweifel fern, sie diente allein der ständigen Selbstbestätigung des wohlhabenden Bürgers. Zweifel war ungesund, Selbstsicherheit ein Zeichen von Gesundheit; schon Symbolik hatte keinen Platz und galt als überflüssig, weil sie auf »Anderes« verwies. Spinoza kannte dieses Bürgertum Hollands: Seine Familie war mit dem Importhandel von getrockneten Früchten und Nüssen beschäftigt, und auch Spinoza war, jedenfalls bis zum Ausschluß aus der jüdischen Gemeinde, in diesem Geschäft tätig.

Spinoza stammte aus der Amsterdamer jüdischen Gemeinde der eingewanderten Marranen. Was ist aus dieser Gemeinde im 17. Jhd. geworden? Am Ende des Jahrhunderts waren ihre Mitglieder eher Niederländer als ehemalige Marranen. Und damit endete auch das vielschichtige geistige Klima, aus dem Spinoza hervorgegangen war. Die Gemeinde hatte ihre innere Sicherheit gewonnen, ihre »Gewißheit«, ihre wirtschaftliche Position war nicht mehr gefährdet. Sie wurde philosophisch desinteressiert, und auch der kabbalistische Enthusiasmus verschwand. 1715 wurden zahlreiche wertvolle Manuskripte aus dieser Tradition in Den Haag einfach versteigert, man brauchte sie nicht mehr. Das Erbe der »abweichlerischen« Gedanken aus der jüdischen Gemeinde von Amsterdam ging, soweit brauchbar, auf die Philosophen der Aufklärung über, die aber im übrigen keinerlei Sympathien für die jüdische Kultur entwickelten. Das Verschwinden dieser Amsterdamer jüdischen Kultur hat auch verhindert, daß dieser wichtige Hintergrund der Philosophie Spinozas entsprechend wahrgenommen wurde.

2. Die Gewißheit und die absolute Methode

In einem sehr formalen Sinne war Spinoza, worauf schon hingewiesen wurde, mit seiner Umwelt in Übereinstimmung: Er suchte *Gewißheit* (lat. *certitudo*). Dieser Begriff der *certitudo* weist ebenso wie der deutsche Begriff »Gewißheit« eine durchgängige Zweideutigkeit auf, die auch schon z. B. im *Lexicon philosophicum* des Goclenius von 1613 ausdrücklich deutlich gemacht worden war: »Gewißheit« kann entweder im *subjektiven* Sinne als unerschütterliches Überzeugtsein (*certitudo assensus* = Gewißheit als zweifelsfreies Bejahen) aufgefaßt werden, oder sie kann im *objektiven* Sinne als Kennzeichnung von als wahr erkannten Sätzen *(certitudo rei cognitae)* interpretiert werden (Ritter: *Historisches Wörterbuch der Philosophie*. III. S. 592). Im ersten Sinne sagen wir »ich bin (mir) gewiß« oder »ich bin sicher, daß ...«; im zweiten Sinne sagen wir »es ist gewiß, daß ...«. – Es ist klar, daß die Holländer der Zeit Spinozas für gewöhnlich unerschütterlich davon überzeugt waren, im Recht zu sein; sie waren also zunächst *subjektiv* gewiß, dann jedoch – aufgrund des Erfolgs ihrer Aktionen – mit Selbstverständlichkeit überzeugt, daß sie *objektiv* Gewisses aussagten. Bei Spinoza handelte es sich aber nicht nur um die Begründung einer gesellschaftlich weit verbreiteten Selbstsicherheit, für ihn ging es auch darum, die unbe-
160 | dingte Gewißheit, welche die jüdische Gemeinde von ihrem gottgegebenen Gesetz zu haben meinte und die Spinoza verloren gegangen war, auf einem neuen Weg wiederzugewinnen. Die höchste Gewißheit, welche die Philosophie und Wissenschaft seiner Zeit zu bieten hatte, war in der Mathematik zu finden und in einer Wissenschaft, die unmittelbar Mathematik anwandte: in der Optik. Spinoza beschäftigte sich daher mit diesen beiden Bereichen. Wenn die Überlieferung berichtet, daß er sich als Linsenschleifer betätigte, so hat dies vermutlich mehr mit seinen wissenschaftlichen Interessen zu tun als mit seinem Lebensunterhalt. Er lebte extrem bescheiden und erhielt von Freunden gelegentliche Unterstützung. Eine Einladung, eine Professur an der Universität Heidelberg anzunehmen, lehnte er ab.

Spinoza versuchte, sein System aus der Einheit von subjektiver und objektiver Gewißheit heraus zu entwickeln. Dies ist ein Ansatz, der für die meisten von uns Verständnisschwierigkeiten hervorruft, die, sachlich bedingt, auch bei der Behandlung des Deutschen Idealismus wieder auftreten werden. Nicht umsonst wurde Spinoza von den Philosophen des Deutschen Idealismus »wiederentdeckt«. Diese Verständnisschwierigkeiten äußern sich vor allem darin, daß man an diese Denkform nicht »von außen« herangehen kann, um sie zu verstehen und zu überprüfen, sondern zum Verstehen immer schon gefordert und vorausgesetzt wird, daß man sich »darin« befindet. Wir – jedenfalls idealistisch unbegabte Leute wie ich – können also im Grunde diese Theorie nicht erklären, sondern nur versuchen, sie umschreibend etwas besser zu verstehen. Der professionelle Rationalist stellt fest, daß Spinoza gar nicht wirklich Rationalist war und daß seine Auffassungen umso unverständlicher erscheinen, je mehr man tatsächlich in Formen des *mos geometricus* denkt. Nehmen wir folgende ganz zentrale Aussage aus der *Abhandlung über die Berichtigung des Verstandes (Tractatus de intellectu emendatione)* von 1677:

Denn um zu wissen, daß ich weiß, muß ich notwendig vorher wissen. Daraus ergibt sich, daß die Gewißheit nichts als die objektive Wesenheit selbst ist, d. h. die Art, wie wir die formale Wesenheit empfinden, ist die Gewißheit selbst. Daraus ergibt sich wieder, daß es zur Gewißheit der Wahrheit keines anderen Kennzeichens bedarf, als daß man die wahre Vorstellung habe: denn, wie wir zeigen, ist es nicht nötig, zu wissen, daß ich weiß, ich wisse. (Ebd. S. 27)

Wir hören hier, »daß die Gewißheit nichts als die objektive Wesenheit selbst ist« und meinen daher zunächst, es mit einer Theorie objektiver Gewißheit zu tun zu haben. Gleich darauf hören wir jedoch, daß diese objektive Wesenheit die Art ist, wie *wir* die formale Wesenheit *empfinden (sentimus)*. Spätestens hier kommt uns der Verdacht, daß Spinoza »objektiv« vielleicht ganz anders versteht als wir. Gerechterweise muß man feststellen, daß Spinoza dies vorher selbst gesagt hat:

Peter z. B. ist etwas Wirkliches; die wahre Vorstellung aber von Peter ist die objektive Wesenheit von Peter und in sich etwas Wirkliches und völlig verschieden von Peter selbst. Da also die Vorstellung des Peter etwas Wirkliches ist, was seine eigentümliche Wesenheit hat, so wird sie auch etwas Erkennbares sein, d. h. der Gegenstand einer anderen Vorstellung, welche Vorstellung objektiv Alles das in sich begreifen wird, was die Vorstellung des Peter formal hat. (Ebd. S. 25 und 27)

Die Objektivität, von der Spinoza hier spricht, ist also eine verstandesimmanente Objektivität, es ist die Objektivität der Vorstellung, des vorgestellten Gegenstandes. Damit ist für den normalen Leser gesagt, daß das, was er mit »subjektiv« und »objektiv« meint, eben vorphilosophisch ist, was ihm allerdings bei seiner Suche nach Verständnis nicht viel weiterhilft. Der Leser versteht jedoch, daß er nun nicht mehr erwarten kann, »Methode« hier in dem Sinne vorzufinden, wie er es von Galilei oder Pascal her gewohnt ist, denn die Methode Spinozas kann sich nur auf Vorstellungen beziehen, was bei der Geometrie verständlich wäre, bei »Peter« aber weniger. Dies wäre eine brauchbare Methode nur für einen Verstand, der »Peter« so hervorbringen könnte wie die Vorstellung eines Dreiecks. Und tatsächlich will Spinoza auf dies hinaus. Normalerweise, also außerhalb der Philosophie Spinozas, suchen wir nach Kennzeichen und Kriterien für die Wahrheit von Aussagen, Spinoza braucht dies nicht und kann es nicht brauchen:

Da also die Wahrheit keines Kennzeichens bedarf, sondern es hinreicht, die objektive Wesenheit der Dinge oder, was dasselbe ist, die Vorstellung zu haben, um allem Zweifel ein Ende zu machen, so folgt daraus, daß es nicht die wahre Methode ist, das

> Kennzeichen der Wahrheit nach der Erlangung der Vorstellungen zu suchen, sondern daß die wahre Methode der Weg ist, die Wahrheit selbst oder die objektiven Wesenheiten der Dinge, oder die Vorstellungen (was Alles dasselbe bedeutet) in gehöriger Ordnung zu suchen. (Ebd. S. 27 und 29)

Die Wahrheit liegt also nicht in Aussagen über Vorstellungen, sondern muß bereits *in* diesen Vorstellungen selbst vorhanden sein; daher sagt Spinoza auch, daß die Wahrheit »sich selbst offenbart« (Ebd. S. 33). Bereits hier kann wohl zu Recht vermutet werden, daß das Modell, das hinter dieser Auffassung steht, das der *revelatio*, der Offenbarung, also des Sich-Selbst-Zeigens der göttlichen Wahrheit ist. Wir erkennen dann alles in Gott, und entsprechend muß die Erkenntnis Gottes ganz am Anfang stehen. Eine sich derart offenbarende Wahrheit ist so überwältigend, daß sie Gewißheit hervorruft in einem Sinne, der »subjektiv« und »objektiv« in einem umfaßt. Daher ist es verständlich, daß Spinoza sagt:

> Nachdem wir diese Methode kennen gelernt haben, sahen wir, daß diese Methode die vollkommenste sein werde, sobald wir die Vorstellung des vollkommensten Wesens haben würden. Daher wird man von Anfang an vor Allem darauf zu achten
> 162 | haben, daß wir sobald als möglich zur Erkenntnis eines solchen Wesens gelangen. (Ebd. S. 35)

Die Methode ist also eine absolute, weil sie durch die Erkenntnis des Absoluten gewonnen wird und folglich:

> [...] jene Methode wird die vollkommenste sein, welche nach der Richtschnur der gegebenen Vorstellung des vollkommensten Wesens zeigt, wie der Geist zu leiten sei. (Ebd. S. 29)

Um die Autonomie des erkennenden Geistes zu wahren – er darf nicht von etwas außerhalb seiner selbst bestimmt sein –, muß Spinoza annehmen, daß diese Vorstellung des vollkommensten Wesens mit dem Geist selber gegeben ist, was in traditioneller Terminologie heißt, daß sie angeboren sein muß. Auch Descartes hatte schließlich Gott dafür gebraucht, um die letzte Garantie seines absoluten Wahrheitsanspruchs zu erhalten. Spinoza ist hier jedoch noch konsequenter: Er leitet »Wahrheit« wie auch »Methode« direkt von der Vorstellung des vollkommensten Wesens ab, von jener Vorstellung also, an und in der sich die Wahrheit selbst vollkommen zeigt; um die wahre Methode zu kennen, muß ich somit nur auf diese Vorstellung und ihre Beschaffenheit reflektieren. Der Schritt zu der Behauptung, der denkende Geist sei selbst Teil des vollkommensten Wesens, insoweit er diese vollkommenste Vorstellung hat (Ebd. S. 57), liegt dann nahe. Hier taucht natürlich das interpretierende Stichwort »Pantheismus« auf. Da es uns an dieser Stelle vor allem auf die

Methode und die Argumentationsformen ankommt, brauchen wir die Frage, wie Spinoza das Verhältnis des menschlichen individuellen Geistes zu diesem »vollkommensten Wesen« näher interpretiert, nicht weiter zu verfolgen. Hier kam es lediglich darauf an zu zeigen, daß Spinozas Methodenauffassung schon vom ersten Ansatz her ***absolute Erkenntnis des Absoluten*** und vollkommenste Vorstellung der vollkommensten Vorstellung ist, genau das auch sein will und das auch von vornherein klarstellt. Diese Vorstellung von Gott muß völlig klar und adäquat sein, und so gelangt Spinoza zu der Feststellung:

Wenn wir aber eine solche Kenntnis von Gott haben, wie vom Dreieck, dann ist aller Zweifel gehoben. (Ebd. S. 61)

Und wer von Gott keine solche Kenntnis wie vom Dreieck hat, der kann auch nicht Spinozist sein, denn ihm bleiben da eben doch einige Zweifel.

3. Definition und Beweis

Spinoza ist der Philosoph, der durch das Stichwort des *mos geometricus* mehr bekannt | 163
geworden ist als irgendein anderer. Der *mos geometricus*, nach dem seine *Ethik* aufgebaut ist, entspricht aber nicht wirklich dem logischen Aufbau etwa der *Elementa* Euklids oder der *Principia mathematica* Newtons, auch wenn Spinoza von *definitio*, also von »Definition«, von *propositio*, also etwa »These« oder »Lehrsatz«, und *demonstratio*, also »Beweis«, spricht. Wir sehen hier sofort den unüberbrückbaren Unterschied zu einem Methodenbegriff und einer Argumentationslehre, wie sie etwa Pascal vorgelegt hatte. Pascal war es klar gewesen, daß auch unsere strengsten Argumentationsformen wie jene der Mathematik von Begriffen und Axiomen ausgehen, die wir nicht nochmals beweisen können: Die vollkommene Methode ist uns nicht verfügbar. Spinoza hingegen geht davon aus, daß uns die vollkommenste Methode verfügbar ist. Bei Pascal liegt eine strenge Analyse des *mos geometricus* vor, die zur Aufdeckung der Grenzen der mathematischen Methode führt; Spinoza wendet diese Methode im Grunde gar nicht an, sondern benutzt den *mos geometricus* nur – ausgehend von einer ganz anderen, nämlich formal offenbarungstheologischen Vorstellung – in einem recht äußerlichen, eigentlich nur metaphorischen Sinne. Für das Verständnis des Textes kann man daher meist einfach von der These zum Scholium übergehen. Was jedoch durch den Anspruch eines *mos geometricus* gleich von Anfang an deutlich werden soll, ist folgendes: Es handelt sich bei dem ganzen System um ein rein apriorisches, d. h. eines, in dem alles aus Begriffen abgeleitet werden soll. Faktisch ist bei Spinoza dann auch wirklich alles schon durch diese Definitionen der Grundbegriffe gegeben, so z. B. bei »Ursache«, »Substanz«, »Gott«, »Ewigkeit« (*Ethik* I, Def. 1, 3, 6, 8. S. 87 und 89).

Als formale Grundelemente seiner *Ethik mit geometrischer Methode begründet* (1677) sieht Spinoza Definitionen und Axiome an, gelegentlich auch Postulate. Definitionen und Axiome als formale Grundelemente der Methode anzunehmen, ist natürlich vollkommen korrekt, was aber versteht Spinoza unter Definition? Er sagt:

Um eine Definition vollkommen nennen zu können, muß sie das innerste Wesen einer Sache ausdrücken und verhüten, daß wir an dessen Stelle nicht gewisse Eigenschaften nehmen. (*Abhandlung über die Berichtigung des Verstandes.* S. 71)

Mit dieser Forderung nach »Wesensdefinitionen« fällt Spinoza hinter den Diskussionsstand des Nominalismus und der modernen Wissenschaft zurück, ohne sich mit ihm auch nur auseinanderzusetzen. In der Mathematik sprach man überhaupt nicht von einem »Wesen« ihrer Gegenstände; wenn in ihr Gegenstände definiert wurden, geschah dies durch Angabe der Eigenschaften des Gegenstandes. Der im gleichen Jahr wie Spinoza geborene Locke widmete den sogenannten »Wesensdefinitionen« eine ausführliche Kritik, wobei er sich im klaren darüber war, hier nichts grundsätzlich Neues zu sagen (vgl. Kap. IX, 2). Und Newton sagt uns in der Naturphilosophie, daß wir zwar Vorstellungen von Eigenschaften der Dinge haben, daß

wir aber keineswegs erkennen, was das eigentliche Wesen irgendeines Dings ist (Newton: *Mathematische Grundlagen der Naturphilosophie. Scholium generale.* Übers. v. E. Dellian. Hamburg 1988. S. 229). Die spinozistische These, daß »die Eigenschaften der Dinge nicht erkannt werden, solange man ihre Wesenheit nicht kennt« (Spinoza: *Abhandlung über die Berichtigung des Verstandes.* S. 73), hätte nicht einmal ein Philosoph der Hochscholastik vertreten. Spinoza konnte diese Forderung wiederum nur aufgrund seines absoluten Wahrheitsbegriffs aufstellen, mit dem er annahm, man könne klare und bestimmte Vorstellungen des Wesens der Dinge aus dem reinen Denken gewinnen (Ebd. S. 69). Er meinte, damit die Gesamtheit der Wirklichkeit, also auch die der Natur, bestimmen zu können. Hier begegnen wir dem Systemgedanken: Zunächst soll alles auf Eines zurückgeführt werden, um dann von dort aus alles zu deduzieren:

Sodann, damit alle Ideen auf eine einzige zurückgeführt werden, werden wir versuchen, sie dergestalt zu verketten und zu ordnen, daß unser Geist, so weit es geschehen kann, objektiv die Formalität der Natur, sowohl in ihrer Ganzheit als in ihren Teilen, darstelle. (Ebd.)

Oder ganz ähnlich:

Ferner ergibt sich aus dem Letztgesagten, daß nämlich eine Vorstellung durchaus mit ihrer formalen Wesenheit übereinstimmen müsse, wiederum, daß unser Geist, um durchaus das Abbild der Natur zu sein, alle seine Vorstellungen aus jener Vorstellung herleiten muß, die den Ursprung und die Quelle der ganzen Natur bildet, damit diese Vorstellung auch selbst die Quelle der übrigen Vorstellungen sei. (Ebd. S. 31)

Es ist klar, daß der Deutsche Idealismus gerade an solche Äußerungen wird anknüpfen können. Problematisch ist hier bei Spinoza der Begriff von »Natur«, denn dieser konnte wiederum nur im Kopf von Spinoza eine klare und bestimmte Vorstellung haben. Bedeutende Zeitgenossen wie Huygens versuchten die Eigenschaften natürlicher Dinge möglichst genau in Theorien zu fassen, aber eben solche Eigenschaften, die nicht aus reinen Denkkonstruktionen stammten. Schon Galilei hatte deutlich zwischen Definitionen unterschieden, die man erfinden kann und die dann aber beliebig sind, und solchen, die man in Aussagen über die Natur verwendet. Und auch Pascal war klar, daß uns keine Definition von »Vakuum« und keine Vernunftüberlegung etwas darüber sagen kann, ob es ein Vakuum gibt, sondern daß hier nur Experimente weiterhelfen können.

Spinoza braucht also als Ausgangspunkt eine apriorische Erkenntnis Gottes. Wie wir aus der Geschichte der Philosophie wissen, gibt es für einen solchen Beweis nur einen einzigen Kandidaten: den sogenannten ontologischen Gottesbeweis Anselms von Canterbury (vgl. 2. Teil, Kap. VI, 3), und einen solchen finden wir daher auch bei Spinoza: | 165

11. Lehrsatz. Gott oder die aus unendlichen Attributen bestehende Substanz, von denen ein jedes ewige und unendliche Wesenheit ausdrückt, ist notwendig da.

Beweis. Verneint man dies, so nehme man, wenn es geschehen kann, an, daß Gott nicht da sei. Also (nach Axiom 7) schließt sein Wesen sein Dasein nicht ein. Nun ist dies (nach L. 7) widersinnig, folglich ist Gott notwendig da. Was zu beweisen war. (*Ethik* I. S. 99)

Zum Verständnis des Beweises benötigen wir also Axiom 7 und Lehrsatz 7. Das Axiom 7 lautet:

Was als nicht daseiend begriffen werden kann, dessen Wesen schließt das Dasein nicht ein. (Ebd. S. 89)

Schon dieses Axiom nimmt sehr viel vorweg: In der Tradition waren die *kontingenten* Dinge als solche definiert worden, deren Wesen das Dasein nicht einschließt. Bei Spinoza wird diese Definition axiomatisch für das gesetzt, was *nicht daseiend* ist, und damit wird gleich einmal vorausgesetzt, daß alles, was ist, notwendig ist, was dann auch tatsächlich ein zentraler Punkt des spinozistischen Systems ist. – Der Lehrsatz 7 lautet:

Zur Natur der Substanz gehört das Dasein.

Beweis. Die Substanz kann nicht von etwas Anderem hervorgebracht werden [...] und ist daher Ursache ihrer selbst, d. h. (nach Def. 1) ihr Wesen schließt notwendig das Dasein in sich, oder zu ihrer Natur gehört das Dasein. Was zu beweisen war. (Ebd. S. 93)

Durch den Verweis auf Lehrsatz 7 wird also der Einschluß der Existenz in das Wesen einfach vom Begriff Gottes auf den der Substanz verschoben. Und nun wird der Lehrsatz 7 durch die Definition 1 »bewiesen«. Die Definition 1 aber lautet:

Unter *Ursache seiner selbst (causa sui)* verstehe ich das, dessen Wesen das Dasein in sich schließt, oder das, dessen Natur nicht anders als daseiend begriffen werden kann. (Ebd. S. 87)

Das Ergebnis ist klar: Spinoza beweist überhaupt nichts, alles, was »bewiesen« wird, ist schon in den Definitionen und Axiomen vorausgesetzt, und wo diese eigentlich herkommen, bleibt unklar. O. Schwemmer hat dieses Verfahren Spinozas treffend als »zirkuläre Selbstanwendung seines aprioristischen Rationalismus« bezeichnet

(*Enzyklopädie Philosophie und Wissenschaftstheorie* 4. S. 42). Hat Spinoza einmal die Existenz Gottes »bewiesen«, so ergibt sich das weitere ohne große Schwierigkeit:

14. Lehrsatz. Außer Gott kann es keine Substanz geben und läßt sich keine begreifen. (*Ethik* I. S. 105)

15. Lehrsatz. Alles, was ist, ist in Gott, und nichts kann ohne Gott sein oder begriffen werden. (Ebd. S. 107)

16. Lehrsatz. Aus der Notwendigkeit der göttlichen Natur muß Unendliches auf unendliche Weise (d. h. Alles, was Gegenstand des unendlichen Verstandes sein kann) folgen. (Ebd. S. 115)

29. Lehrsatz. Es gibt in der Natur nichts Zufälliges, sondern Alles ist aus der Notwendigkeit der göttlichen Natur bestimmt, auf gewisse Weise da zu sein und zu wirken. (Ebd. S. 131)

33. Lehrsatz. Die Dinge haben auf keine andere Weise und in keiner anderen Ordnung von Gott hervorgebracht werden können, als sie hervorgebracht worden sind. (Ebd. S. 137)

Im Prinzip gelangt Spinoza hier zu dem, was auch schon Giordano Bruno gesagt hatte (vgl. Kap. II, 2). Am Schluß des 5. Teils der *Ethik* – ich übergehe hier die gesamte Affektenlehre Spinozas – fordert Spinoza zu einer intellektuellen Gottesliebe auf *(amor intellectualis)*:

Die verstandesmäßige Liebe des Geistes zu Gott ist Gottes Liebe selbst, womit Gott sich selbst liebt, nicht sofern er unendlich ist, sondern sofern er durch die unter der Form der Ewigkeit betrachtete Wesenheit des menschlichen Geistes erklärt werden kann, d. h. die verstandesmäßige Liebe des Geistes zu Gott ist ein Teil der unendlichen Liebe, mit der Gott sich selbst liebt. (Ebd. V. 35. Lehrsatz. S. 545 u. 547)

4. Spinoza und die jüdische Philosophie des Mittelalters

Die Philosophie Spinozas wirkte auf seine Zeitgenossen befremdlich – und sie wirkt auf viele heute noch genauso. Hier begann jemand mit der Gotteserkenntnis und hörte mit der Gottesliebe auf. Dies war ein Programm, das vielleicht in der Philosophie bis ins 13. Jhd. hinein vertreten werden konnte, das aber im wissenschaftsorientierten 17. Jhd. wie ein Fremdkörper wirken mußte. Die meisten Holländer seiner Zeit beschäftigten sich mit anderen Dingen, und die traditionellen Christen sahen in Spinoza – da ja nur der *Tractatus* veröffentlicht war – einen Atheisten. Aber auch die wenigen, denen Abschriften der *Ethica* zugänglich waren, zeigten sich befremdet. Spinoza sprach zwar von Gott, aber der Gott, von dem Spinoza sprach, war nicht der, den die Christen zu kennen meinten: Dieser Gott handelte nicht frei, sondern nach einer Art Naturgesetzlichkeit *(deus sive natura)*, es gab daher auch nichts wie z. B. eine Vorsehung. Es stellte sich also die Frage nach der Persönlichkeit Gottes. Man sah in Spinoza so zwar keinen Atheisten, wohl aber einen Pantheisten.

Es bleibt die Frage, wie und warum Spinoza zu dieser befremdlichen Philosophie gelangte. Es ist in der Geschichtsschreibung der Philosophie üblich geworden zu sagen, Spinoza stamme zwar aus der jüdischen Gemeinde, seine Philosophie gehöre aber ganz in den Zusammenhang der neuzeitlichen Philosophie. So einfach ist aber der Sachverhalt doch wahrscheinlich nicht. Spinoza kannte die *Bibel* (auch das *Neue Testament*) sehr gut und stellte im *Tractatus theologico-politicus* unter Beweis, daß er sich mit der hebräischen Sprache sehr intensiv auseinandergesetzt hatte und auch Fragen der Phonetik, der Syntax und Semantik des Hebräischen behandeln konnte (vgl. z. B. Ebd. VII. S. 251–257). Spinoza verfaßte auch eine *Grammatik* des Hebräischen. Er hatte Hebräisch bereits in der jüdischen Gemeindeschule gelernt, sich aber auch später damit beschäftigt, und seine Kenntnisse gingen über das hinaus, was ein Schüler normalerweise davon erlernte. Die eigentliche Talmud-Schule konnte er nicht besuchen, da sein Stiefbruder gestorben war, und er in der Handelsfirma seines Vaters mitarbeiten mußte. Nach dem Tode seines Vaters (1654) mußte er das Geschäft übernehmen. Da er in den Jahren unmittelbar nach seinem Schulabgang aber noch nicht in Konflikt mit seiner Gemeinde stand, hatte er Gelegenheit, die Bibliothek der Talmud-Schule zu benutzen, und dort befanden sich neben den Talmud-Kommentaren auch Schriften der jüdischen Religionsphilosophie des Mittelalters und der Renaissance. Aus den Schriften Spinozas geht hervor, daß er eine gute

Kenntnis der Schriften des Maimonides, Gersonides und Crescas (vgl. 2. Teil, Kap. X, 2, h, k und l) besaß. Die jüdische Religionsphilosophie war von der Auffassung ausgegangen, daß Philosophie und Religion übereinstimmen müssen und eigentlich nur ein und dasselbe sagen, es lag dort also eine ausdrücklich rationalistische Grundausrichtung vor (vgl. 2. Teil. Kap. X, 1). Seit Maimonides waren mit dieser Grundposition zunehmende Schwierigkeiten verbunden, und schließlich mußte das Scheitern dieses Versuchs eingesehen werden. Spinoza geht davon aus und zieht einen Schlußstrich. Das Programm des Maimonides wird von Spinoza grundsätzlich abgelehnt. Damit werden die mühsamen exegetischen Unternehmungen von Maimonides und anderen, auf irgendeine Weise philosophische Erkenntnisse in die *Bibel* hineinzudeuten und Widersprüche mit solchen wegzudeuten, hinfällig. Spinoza kann eine Auslegung der *Bibel* nach Prinzipien fordern, die in die Vorgeschichte der historisch-kritischen Methode gehören. Damit ist er auf der Höhe der Exegese, wie sie seit Lefèvre d'Etaples und Erasmus von Rotterdam gefordert wurde, er geht aber in seiner Kritik durchaus auch über diese hinaus. Damit könnte also eigentlich das Problem erledigt sein, so wie Spinoza es in der Überschrift des 15. Kapitels des *Tractatus* sagt:

168 | Es wird gezeigt, daß weder die Theologie der Vernunft, noch die Vernunft der Theologie dienstbar ist. (Ebd. S. 445)

Damit wäre eine klare Trennungslinie gezogen, und Spinoza könnte eigentlich zu einer Philosophie übergehen, wie sie in seinem Jahrhundert ein Descartes, ein Hobbes, ein Leibniz oder ein Newton betrieb. Aber genau dies ist bei Spinoza eben nicht der Fall: Für ihn bleibt weiterhin Gott das eigentlich einzige Thema der Philosophie, und die für alle die Genannten wichtigen wissenschaftlichen Bewegungen ihrer Zeit bleiben seinem Denken äußerlich und werden nur terminologisch übernommen. Was er liefert ist ein System, das, wie schon gesagt, befremdlich offenbarungstheologisch wirkte. Vielleicht gibt uns Leibniz einen wichtigen Hinweis: In der *Theodizee* sagt er von Spinoza, daß dieser »in die Kabbala der Schriftsteller seiner Nation tief eingedrungen« ist, und er verweist dabei ausdrücklich auf die Sephirôth (vgl. dazu 2. Teil, Kap. X, 3):

Bei den hebräischen Kabbalisten bedeutet *Malcuth* oder das Reich, die letzte der Sephiroth, daß Gott ganz unwiderstehlich, doch sanft und ohne Zwang regiert, und zwar so, daß der Mensch seinem eigenen Willen zu folgen glaubte, während er den göttlichen Willen vollzieht. [...] Diese Lehre kann einen guten Sinn erhalten. Aber Spinoza [...] hat die Dinge auf die Spitze getrieben. (*Theodizee*, 3. Teil. N. 372. S. 357)

Leibniz war auch selbst an der Kabbala durchaus interessiert, und der Verweis auf diese ist offensichtlich nicht mit einer negativen Wertung versehen. Hat Leibniz, der einen guten Blick für solche Zusammenhänge hatte, sich das nur ausgedacht, oder hatte er dafür Anhaltspunkte? Spinoza stellte *Die Ethik mit geometrischer Methode begründet* um 1675 fertig, und dieses Werk war Freunden auch in Abschriften bekannt. Zu diesen gehörte auch der Mathematiker Ehrenfried Walter von Tschirnhaus (1651–1708), der Spinoza auch persönlich getroffen hatte, und Tschirnhaus wiederum stand in Kontakt mit Leibniz. Leibniz hatte also eine gewisse Kenntnis der *Ethik*. 1676, also nach Fertigstellung der *Ethik* und ein Jahr vor dem Tod Spinozas, traf Leibniz in Den Haag mit Spinoza persönlich zusammen und hatte Gelegenheit zu ausführlichen Gesprächen. Dabei ist zu berücksichtigen, daß Spinoza zu diesem Zeitpunkt schon eine, allerdings auch »berüchtigte« Berühmtheit war, Leibniz hingegen ein Nachwuchswissenschaftler auf Bildungsreise. Eines der Gesprächsthemen zwischen Spinoza und Leibniz war das sogenannte ontologische Argument (vgl. dazu 2. Teil, Kap. VI, 3), das Leibniz in Spinozas Form nicht überzeugte, was er Spinoza dann auch kurz darauf schriftlich mitteilte (vgl. Leibniz: *Sämtliche Schriften und Briefe. Philosophischer Briefwechsel*. I. N. 131. S. 271–273). Ein Jahr später berichtete Leibniz dem Mathematiker Jean Gallois (gest. 1707) von seinen Begegnungen mit Spinoza *(je luy ay parlé plusieurs fois et fort long temps)*, dessen Metaphysik er »befremdlich« *(étrange)* fand und voller Paradoxien *(pleine de paradoxes)*. Leibniz stellte auch fest, daß verschiedene angebliche Beweise Spinozas nicht korrekt sind, gestand aber auch zu, daß dabei auch viele sehr schön *(tres belles)* sind (Ebd. N. 158. S. 379 f.). Von den ausführlichen Gesprächen mit Spinoza berichtete Leibniz nur sehr wenig – wie er ja überhaupt die Bedeutung der Philosophie Spinozas für seine eigene eher nicht hervorheben wollte. Hat Leibniz bei seinen Gesprächen mit Spinoza etwas über den kabbalistischen Hintergrund der *Ethik* erfahren? Wir haben dafür keinen Nachweis. Aber unabhängig davon, ob Leibniz hier auf seine Gespräche mit Spinoza zurückgreifen konnte oder ob er sich den Zusammenhang selbst hergestellt hat, scheint mir der Hinweis, den er in der *Theodizee* gibt, nicht nur richtig, sondern auch die einzige Möglichkeit zu sein, der *Ethik* eine »vernünftige« Erklärung zu geben: Sie ist *Kabbala in cartesianischer Terminologie* (zur Kabbala vgl. 2. Teil, Kap. X, 3). Welche Form der Kabbala Spinoza verwendet hat, ist vielleicht eine sekundäre Frage. Es wäre jedenfalls verwunderlich, wenn ein intellektuell interessierter Jude seiner Zeit sich *nicht* mit irgendwelchen kabbalistischen Schriften befaßt hätte. In der jüdischen Gemeinde von Amsterdam war ein Anhänger der Kabbala, Isaac Aboab de Fonseca (1605–1693) tätig. In Amsterdam entstand auch die sehr bedeutende spekulative Interpretation der Kabbala des Abraham Cohen Herrera (gest. 1635) *Puerto del Cielo*, ein Werk, das 1677 ins Lateinische übersetzt wurde und u.a. auch Newton und Leibniz beeinflußte. Spinoza kannte dieses Werk und vermutlich geht einiges in seiner *Ethik* darauf zurück. Seit 1654 gab es in Amsterdam sogar eine von Menasseh ben Israel gegründete eigene Schule zum Studium jüdischer Mystik. Sein Buch *Die Hoffnung Israels*, in dem Endzeiterwartungen und messianische Hoffnungen zum Ausdruck gebracht werden, war weit verbreitet und wurde in mehrere Sprachen übersetzt. Nicht zu vergessen ist auch, daß zu dieser Zeit ein selbsternannter (allerdings manisch depressiver) Messias namens Sabbatai Zwi (1626–1676), der aus der kabbalistischen Tradition kam, eine richtige Bewegung, den sogenannten Sabbatianismus, hervorgerufen hatte, die sich über ganz Europa verbreitete (und die bis ins 19. Jhd. hinein Anhänger fand). Spinozas Philosophie hat mit dieser Form der Kabbala nichts zu tun, diese Bewegung zeigt aber, daß kabbalistisches Denken auch in den niederländischen jüdischen Gemeinden viel Gehör fand. Von manchen wurde eine Beschäftigung Spinozas mit Schriften des auch aus Portugal stammenden Leone Ebro (Jehuda Abranavel, 1460–1521) vermutet, dessen *Dialoghi d'Amore* – ursprünglich italienisch geschrieben, dann aber auch ins Französische, Lateinische und Hebräische übersetzt – ein in ganz Europa und weit über die jüdischen Gemeinden hinaus bekanntes und verbreitetes Werk war. In diesem wird die kabbalistische These, daß man nur lieben kann, was man erkennt, klar vertreten. Die Wege der Übermittlung sind sicher kaum klar zu ermitteln. Gedanken von Leone Ebro sind bei Giordano Bruno zu finden und Gedanken von Bruno bei Spinoza. Sachlich kommen aber auch andere Formen der Kabbala in Frage. Bei Jakob Cordovero (1522–1570) findet sich die These, daß Gott und die existierenden Dinge in Wirklichkeit nur eine Substanz sind, was eine ganz zentrale These auch des spinozistischen Systems ist (vgl.

G. Scholem, 1980. S. 277. Scholem verweist ebd. auf Spinoza). Daß in der Amsterdamer jüdischen Gemeinde zahlreiche kabbalistische Texte vorhanden waren, zeigt auch die Tatsache, daß Knorr von Rosenroth (gest. 1689) dort jene Manuskripte erwarb, die er dann 1677/1684 in lateinischer Übersetzung als *Kabbala Denudata* herausgab (ein Werk, das auch Leibniz gut bekannt war). In die spekulativen Formen der Kabbala waren die verschiedenen Systeme des Neuplatonismus der jüdischen Religionsphilosophie eingegangen. In all diesen Systemen bestand das Hauptproblem immer darin, die pantheistischen Konsequenzen des Neuplatonismus irgendwie zu umgehen und die dort angelegte Aufhebung der Freiheit nicht zur Geltung kommen zu lassen (vgl. 2. Teil, Kap. X, 2, e). Da Spinoza diese »Hemmungen«, die sich aus der Forderung der Übereinstimmung mit biblischen Grundvoraussetzungen ergeben hatten, nicht mehr hinderten, ergab sich der Pantheismus und die Aufhebung der »normalen« Vorstellung von der Freiheit von selbst. In den neuplatonischen Systemen war es immer ein Problem gewesen, den Hervorgang der Materie aus dem Einen zu erklären. Ibn Gabirol hatte bereits versucht, die Materie in irgendeiner Weise aus dem Wesen Gottes hervorgehen zu lassen (Ebd. Kap. X, 2, c). Bei Spinoza wird dieses Problem, nun allerdings in cartesianischer Terminologie aufgenommen. Bei Descartes gibt es den Dualismus von denkenden und ausgedehnten Dingen (*res extensa/res cogitans*, vgl. weiter oben Kap. V, 4), bei Spinoza werden die *res extensa* und die *res cogitans* einfach zu Attributen Gottes (*Ethica* I, 14. Lehrsatz, 2. Folgesatz. S. 107). Auch der Ursprung des Übels und des Bösen war für die neuplatonische jüdische Religionsphilosophie ein großes Problem gewesen, und die Kabbala hatte versucht, auch für diese Frage eine Antwort bereits im Wesen

Gottes zu finden (vgl. 2. Teil, Kap. X, 3), bei Spinoza stellt das Böse nur eine inadäquate Vorstellung dar (*Ethica* IV, 64. Lehrsatz. S. 475). Die neuplatonische jüdische Religionsphilosophie hatte von der Emanation der Formen aus Gott bzw. dem Einen gesprochen, diese Redeweise ist aber zur Zeit der wissenschaftlichen Aufklärung des 17. Jhd.s nicht mehr möglich. Bei Spinoza wird dieser Hervorgang nach dem Modell notwendiger logisch-mathematischer und naturgesetzlicher Zusammenhänge gedeutet. Auch der Intellektualismus der jüdischen Religionsphilosophie, der von der jüdischen Religion her immer problematisch gewesen war, kann bei Spinoza ungebrochen erhalten bleiben. Der Schlußstein der Philosophie Spinozas ist zwar die Liebe zu Gott, aber eben eine »intellektuelle« Liebe.

Faßt man das spinozistische System als die mechanistische Deutung eines neuplatonisch-kabbalistischen Schemas auf, so bleibt es »befremdlich« wie vorher, aber es wird wenigstens erklärlich, warum es befremdlich wirkt. Es war nicht, wie manche Interpreten meinen, der Zeit »voraus«, eher gilt das Umgekehrte: Jüdische Religionsphilosophie – nun unabhängig von biblischen »Schranken« – in der Sprache des wissenschaftlichen Weltbildes des 17. Jhd.s auszudrücken, war keine Frage der Zeit Spinozas. Bei der Darstellung der jüdischen Philosophie des Mittelalters ist gesagt worden, daß, als die rationalistischen Versuche eines Nachweises der Übereinstimmung von *Bibel* und Philosophie an eine deutlich sichtbare Grenze gelangt waren
und Philosophie und Religion somit getrennte Wege gingen, in der jüdischen Gemeinde die Antwort auf dieses Scheitern auf der einen Seite im Talmud, auf der anderen in der Kabbala gesucht wurde (2. Teil, Kap. X, 3). Die Analyse Spinozas stimmt in sachlicher Hinsicht damit überein, wenn er sagt, daß die Vernunft das »Reich der Wahrheit und Weisheit«, die Theologie aber das »Reich der Frömmigkeit und des Gehorsams« behaupten muß (*Tractatus* XV. S. 455). Gehorsam steht für den Talmud, Frömmigkeit für die Kabbala. Wenn die vorausgegangene von Leibniz nahegelegte Interpretation zutrifft, so wäre Spinoza allerdings letztlich doch wieder den Weg gegangen, das Reich der Vernunft-Wahrheit vom Reich der Frömmigkeit her aufzubauen. Im *Tractatus*, in dem er die Trennung der Bereiche vornimmt, geht er davon aus, daß »die Liebe Gottes das höchste Glück des Menschen ist« (Ebd. IV. S. 139), was als das Ziel der Frömmigkeit in der jüdischen Religionsphilosophie angesehen wurde, und genau zu diesem Ziel will Spinoza dann in der *Ethik* hinführen. Grundintention und Ziel der traditionellen jüdischen Religionsphilosophie bleiben also bei Spinoza erhalten.

In den Jahrzehnten nach Spinozas Tod fand seine Philosophie kaum Anhänger. Von Seiten christlicher Philosophen und von Aufklärern wie Pierre Bayle wurden seine Auffassungen scharf abgelehnt. Breit diskutiert wurde Spinoza erst wieder am Ende des 18. Jhd.s im sogenannten Pantheismusstreit, also bei Moses Mendelssohn, Friedrich Heinrich Jacobi u.a. Ein etwas jüngerer Freund und Zeitgenosse Mendelssohns, Salomon Maimon (1753–1800), der sich aus Verehrung für Maimonides »Maimon« nannte, beschäftigte sich intensiv mit Spinoza, und auch er vermutete, daß sich dessen Philosophie aus der Kabbala heraus entwickelt hat. Maimon wiederum hatte einen bedeutenden Einfluß auf die Philosophen des Deutschen Idealismus, besonders auf Fichte. Die Philosophie Maimons wurde aber auch der Ausgangspunkt, von dem aus osteuropäische jüdische Intellektuelle einen Ausweg aus dem intellektuellen Ghetto suchten, Spinozas *Ethik* wurde ins Hebräische übersetzt und erhielt so etwa die Funktion, die früher einmal der *Führer der Unschlüssigen* des Maimonides gehabt hatte oder jedenfalls haben sollte. So wurde der Ausschluß Spinozas aus der jüdischen Gemeinde faktisch rückgängig gemacht und Spinoza wurde zu einem Repräsentanten jüdisch-religonsphilosophischer Aufklärung. Das hätte er sicher entschieden zurückgewiesen, es trifft aber eben doch vermutlich genau den Sachgehalt seiner Philosophie. Wichtig wurde die Auseinandersetzung mit Spinozas Lehre, wenn auch aus ganz anderen Gründen, für die Romantiker. So meinten Lessing, Herder und Goethe, daß sie Spinozisten seien, wobei es jedoch weniger um das ging, was Spinoza genau gesagt hatte, sondern eher um ein Gefühl der universellen Einheit von Natur, Mensch und Gott. Ähnliches gilt auch für die Verwendung Spinozas im Deutschen Idealismus, wie sie dann vor allem durch Fichte in Gang gesetzt wurde. Dort ging es allerdings schon deutlicher um das, was auch Spinoza versucht hatte, nämlich die Welt aus einem Wissen vom Absoluten abzuleiten. Ist die weiter oben versuchte Einordnung der Philosophie Spinozas zutreffend, so ergibt dies einen wichtigen Hinweis für das Verständnis des Deutschen Idealismus.

- VIII -

Thomas Hobbes

1. Der verschiedene Ausgangspunkt

Auf den ersten Blick könnte man meinen, daß wir mit der Philosophie von Thomas Hobbes (1588–1679) die Gegenposition zum Rationalismus, also den Empirismus, vor uns hätten. Dies könnte sich auch dadurch nahelegen, daß Hobbes in den Jahren zwischen 1622 und 1626 in persönlichem Kontakt zu Bacon stand, der als Vertreter einer empirischen Wissenschaft gelten kann. Tatsächlich fand eine Auseinandersetzung zwischen Hobbes und Descartes, also dem Exponenten des Rationalismus, statt, die in diese Richtung weisen könnte. Hobbes schrieb als Einwand zu den *Meditationes* des Descartes: | 173

Sicherlich hängt die Kenntnis des Satzes »ich existiere« von der ab »ich denke«, wie Descartes selbst es uns richtig gelehrt hat. Aber woher haben wir die Kenntnis des »ich denke«? Sicher doch von nichts anderem, als davon, daß wir keine Tätigkeit, sei sie welche sie wolle, ohne ein zugehöriges Subjekt uns vorstellen können, wie etwa das Tanzen ohne einen Tanzenden, das Wissen ohne einen Wissenden, das Denken ohne einen Denkenden. Mir scheint nun gerade hieraus zu folgen, daß das denkende Ding etwas Körperliches sei; denn die Subjekte aller Tätigkeiten sind, wie es scheint, allein unter dem Begriff von etwas Körperlichem oder Materiellem zu denken. [...] Es folgt aber nicht, daß ich nur vermittelst eines besonderen Denkens denken kann. Denn wenn man auch daran denken kann, gedacht zu haben (was indessen bloße Erinnerung ist), so ist auf alle Fälle ein Denken des Denkens ebenso wie ein Wissen des Wissens unmöglich. Es würde dies zu einer unendlichen Reihe von Fragen führen: woher weißt du, daß du weißt, daß du weißt, daß du weißt? – Da also die Kenntnis des Satzes »ich existiere« von der Kenntnis des anderen »ich denke« abhängt und wir in diesem das Denken von einer denkenden Materie nicht trennen können, scheint die Annahme, daß die denkende Substanz materiell sei, berechtigter zu sein, als die andere, daß sie immateriell sei. (*Vom Körper.* Anhang. S. 165. Vgl. Descartes: *Meditationen.* Hamburg 1972. *Dritte Einwände.* S. 157)

Bei dieser Diskussion ist es ganz deutlich, daß bei Descartes' Vorstellung von »Denkendes« das »immateriell« ebenso schon enthalten ist wie bei Hobbes das »materiell«. Der »Schluß« vom »Denken« zum »immateriellen Denkenden« wie auch der vom »Denken« zum »materiellen Denkenden« läßt sich durch keine Logik und keine Wissenschaft begründen, da der »Schluß in Wirklichkeit nur expliziert, was im jeweiligen Begriff von »Denken« schon enthalten ist oder vorausgesetzt wird. Es handelt sich in diesem Punkt um philosophische *Grundbegriffe*, die *undefiniert* sind; ihr Sinn wird dann zwar durch die Theorien verdeutlicht, welche jedoch nicht nochmals in einer übergeordneten Theorie diskutiert werden können. Man kann solche Grundvoraussetzungen dann mit verschiedenen Namen benennen: »Grundoption«, »Weltanschauung«, »philosophischer Glaube, »philosophisches Paradigma« usw., an der Sache ändert sich nicht sehr viel. Es ist aber entscheidend, bei gegebener Gelegenheit darauf hinzuweisen, um auch die Grenzen philosophischer Rationalität, die ja keineswegs mit dem Rationalismus zusammenfallen, zu begreifen.

Es wird sich jedoch gleich im folgenden Punkt zeigen, daß die Philosophie von Hobbes nicht einfach als »empiristische« Gegenposition zu Descartes verstanden werden kann. Wir finden bei Hobbes einerseits ganz ausgeprägt rationalistische Grundpositionen vertreten, andererseits ist aber das Verständnis von »Vernunft« bei Hobbes von dem eines Descartes grundsätzlich verschieden. Letztlich ist auch der Gegensatz Rationalismus-Empirismus für Hobbes auch nicht unbedingt erhellend. Es geht bei ihm nicht einfach um die für den Rationalismus und Empirismus kennzeichnende Fragestellung des Verhältnisses von Theorie und Erfahrung, sondern um eine Erklärung der Bedingungen des Entstehens von Begriffen und Aussagen, also um eine *genetische Erklärung* von Erkenntnis. Diese Fragestellung geht aber über die des »klassischen« Empirismus, aber auch des »klassischen« Rationalismus hinaus. In das übliche Schulschema läßt sich Hobbes deshalb auch kaum einordnen. Das war auch Hobbes ziemlich klar. Es ist daher verständlich, daß er, obwohl er den auch an den Universitäten Englands wie Frankreichs vorherrschenden Nominalismus einfach übernahm, doch den Eindruck hatte, daß die offiziellen Philosophien der Universitäten ihm weder eine brauchbare Hilfe leisten konnten, noch auch einen ernst zu nehmenden Gegner darstellten. Entsprechend nahm Hobbes eine bewußte Distanz zu den Universitäten seiner Zeit ein, womit er sich aber wiederum mit der Mehrzahl der Philosophen seines Jahrhunderts traf.

2. Philosophie als Rechnen

Hobbes gibt – was unter Philosophen selten ist – eine Begriffsbestimmung von »Philosophie«:

Philosophie ist die rationelle Erkenntnis der Wirkungen oder Erscheinungen aus ihren bekannten Ursachen oder erzeugenden Gründen und umgekehrt der möglichen erzeugenden Gründe aus den bekannten Wirkungen. (*Vom Körper* I, 1, 2. S. 6)

An dieser Bestimmung wird sofort deutlich, daß hier die Wissenschaft das Paradigma der Philosophie liefert: Der Zusammenhang von Ursache und Wirkung ist die entscheidende Frage aller wissenschaftlichen Erklärung. Hobbes faßt wie alle Philosophen und Wissenschaftler des 17. Jhd.s Wissenschaft und Philosophie in eins. Philosophie hat daher wie Wissenschaft Erscheinungen kausal zu erklären. Entscheidend ist dann, was mit »rationeller Erkenntnis« gemeint ist. Die Antwort von Hobbes ist kurz und präzise (rationalistisch):

Unter rationeller Erkenntnis [...] verstehe ich Berechnung. (Ebd.)

Damit sind wir wieder bei der Modellfunktion, welche die *mathematische Methode* bei allen Philosophen des 17. Jhd.s ausgeübt hat. Hobbes hat sich wiederholt längere Zeit in Frankreich aufgehalten und war dabei u.a. auf die *Elemente* Euklids gestoßen, und die Methode der Mathematik, der er hier begegnete, wurde entscheidend für seine Auffassung von Philosophie und Wissenschaft. In Paris begegnete er auch Descartes, Mersenne und Roberval, die ihn in seiner Einschätzung der mathematischen Methode bestärkten. Er trat auch in Kontakt zu Gassendi, dessen Auffassungen ihn wiederum in seinen »materialistischen« Vorstellungen bestärkten. Bei einer Reise nach Italien traf er mit Galilei zusammen. Die Legende erzählt, daß Galilei ihn auf den Gedanken brachte, die Methode der modernen Physik auch auf die Theorie des Rechts und des Staates anzuwenden. Wie immer sich dies historisch verhalten mag, faktisch versuchte Hobbes diese Übertragung tatsächlich. Es wäre jedoch verfehlt, alle anderen Teile der Hobbeschen Philosophie nur als Einleitung zur Staatstheorie aufzufassen, wie es in manchen modernen Interpretationen geschieht. Hobbes wollte ein System der gesamten Philosophie entwerfen, und nur innerhalb dieses Systems sollte die Staatslehre ihren Platz haben. Hobbes war der Überzeugung, daß es eine *einheitliche Methode für Mathematik, Physik, Rechts- und Staatslehre* gibt und für alle diese gilt: Philosophie ist ein *Rechnen mit Begriffen*:

Berechnen heißt entweder die Summe von zusammengefügten Dingen finden oder den Rest erkennen, wenn eins vom andern abgezogen wird. Also ist rationelle Erkenntnis dasselbe wie Addieren und Subtrahieren. (Ebd.)

Bei diesem Rechnen mit Begriffen geht es jedoch nicht um Begriffe des reinen Denkens, sondern um solche, die aus einer Anschauung hervorgehen. Das Beispiel, das Hobbes dafür bringt, ist typisch für seinen Ausgangspunkt: Er *rekonstruiert das Entstehen* von Vorstellungen und Begriffen: Je näher mir ein Gegenstand kommt, um so mehr Eigenschaften erkenne ich (= Addition), und so ergeben sich z. B. »Körper«, dann »belebt«, schließlich »vernünftig«, und diese Begriffe können dann zum Begriff »Mensch« zusammengefügt werden (Ebd. I, 1, 3. S. 7). Kommt mir der Gegenstand noch näher, so kann ich unterscheiden, ob ihm der Name »Peter«

zukommt oder ob er ein » Nicht-Peter« ist (Ebd. I, 2, 15. S. 23). All dies ist vollständig nominalistisch gedacht. Ich erkenne dabei nicht das Wesen eines Gegenstandes, sondern ich ordne ihm nur Eigenschaften zu. Von diesen Eigenschaften kann ich eine Summe bilden, die aber eben nicht mehr als die Summe der Eigenschaften ist und nur kürzer ausgedrückt wird. Entsprechend erkenne ich, je ferner mir ein Gegenstand rückt, um so weniger Eigenschaften (= Subtraktion). Der Ausgangspunkt sind die Phänomene, d. h. die Erfahrungsgegebenheiten. Die Aufgabe der Philosophie ist es dann, die einfachsten Elemente bzw. Kategorien der Erfahrung aufzufinden. Als Beispiel können wir den Begriff »Raum« nehmen: Gehen wir von der Erfahrungsgegebenheit irgendeines Dings aus und nehmen wir von ihr alle besonderen Eigenschaften weg (Subtraktion), so bleibt nur übrig, daß die Anschauung uns etwas in etwas außerhalb von uns darstellt; dieses »außerhalb« nennen wir »Raum«. »Es ist dies zwar nur ein imaginärer Raum, da er lediglich ein Phantasma ist, aber es ist doch eben dieses Ding, das von allen so genannt wird« (Ebd. II, 7, 2. S. 78). Auf ähnliche Weise gelangen wir zu Begriffen wie »Zeit«, »Bewegung«, »Teil« usw. Im weiteren folgt dann im ersten Teil der Schrift *Vom Körper* die Lehre vom Satz und vom Syllogismus (Ebd. I, 3 und 4. S. 27–47), alles eigentlich ganz traditionell – Hobbes folgt hier einfach dem alten Aufbau der Logik in Begriff, Ur-
 teil, Schluß. Dem Anspruch der Überschrift »Rechnung oder Logik« *(computatio sive logica)* entspricht Hobbes aber nur in einem sehr eingeschränkten Sinne: Wie sich bei Leibniz zeigen wird, ist die Analyse des Denkens als Rechenvorgang wesentlich komplexer als dies durch die Operationen von Addition und Subtraktion wiedergegeben wird.

Der erste Teil der *Elemente der Philosophie* trägt die Überschrift *Vom Körper*, und damit ist schon die bei Hobbes vorliegende Voraussetzung (und Einschränkung) des Gegenstandes der Philosophie gegeben. Dies entspricht auch seinem sprachtheoretischen Ausgangspunkt: Dingen, und das heißt: Körpern, werden Eigenschaften zu- oder abgesprochen, und diese Dinge werden mit anderen verglichen:

> Der Gegenstand oder die Materie der Philosophie, die sie behandelt, ist jeglicher Körper, dessen Erzeugung wir begrifflich erfassen und den wir mit Rücksicht hierauf mit andern Körpern vergleichen können; oder auch, bei dem Zusammensetzung und Auflösung statt hat; d. h. jeder Körper, von dessen Erzeugung und Eigenschaften wir Kenntnis haben. (Ebd. I, 1, 8. S. 11 f.)

Vergleiche ich z. B. »Mensch« und »Tier« und frage mich, warum gilt »Mensch« ≠ »Tier«, so kann ich durch Auflösung in die Begriffsbestandteile feststellen, daß sich aus »Mensch – (minus) vernünftig« »Tier« ergibt.

Körper ruhen oder sind in Bewegung, wobei aber Ruhe nur ein Spezialfall von Bewegung ist. Alles, was Gegenstand der Wissenschaft sein kann, ist daher Körper in Bewegung. Das *Modell* der Dinge wie das der Erkenntnis der Dinge ist für Hobbes der *Mechanismus*. Dies war Gemeingut der gesamten Philosophie und Wissenschaft des 17. Jhd.s und findet sich bei Hobbes, der jede Gotteserkenntnis aus der Philosophie ausschließt (Ebd. S. 12), ebenso wie bei Spinoza, der genau mit einer solchen Gotteserkenntnis beginnen will. Das Modell, nicht seine Verwendung, war also standpunkt-unabhängig und theologie-neutral. Bei der am Modell der Herstellung von Mechanismen orientierten rechnenden Erkenntnis, diese besteht ja im Zusammenfügen von Teilen, erhält die sogenannte »genetische Definition« ihre besondere Bedeutung: Wenn Philosophie die Erkenntnis der Dinge aus den erzeugenden Gründen ist, so ist die beste Definition gleich der Beschreibung der Herstellung, also der Genese eines Dings. Beispiel: Führen wir einen Gegenstand an einem Faden um einen unbewegten Punkt, so entsteht ein Kreis. Was wir hier bestimmen, ist jedenfalls die »mögliche Entstehung«:

Ähnlich können wir von einer gegebenen Figur aus ihre Entstehung, wenn auch nicht ihre wirkliche, so doch mögliche, erschließen; denn hat man die Eigenschaften des Kreises erkannt, die wir soeben erklärt haben, so ist es leicht zu bestimmen, ob ein bewegter Körper einen Kreis entstehen läßt oder nicht. (Ebd. I, 1, 5. S. 9)

Hier können wir beobachten, wie die früher angenommenen »Wesensbegriffe« durch operationelle Definitionen ersetzt werden, d. h. anstelle von Wesensbegriffen werden verallgemeinerte und prinzipiell verallgemeinerungsfähige experimentelle Bedingungen angegeben. In der Geometrie geben wir die Herstellungsbedingungen der mathematischen Gegenstände selbst an; in den Naturwissenschaften geben wir, um die Eigenschaft eines Dings zu definieren, an, mit welcher Experiment-Anordnung sie zu beobachten ist. Die Sprache dieser Philosophie ist dementsprechend eine am Paradigma der *Physik* abgelesene rein *deskriptive Sprache*, und auch die *Ethik* kann in keiner anderen Sprache wissenschaftlich behandelt werden. Es geht dort darum, »Seelenbewegungen« wissenschaftlich zu erklären:

Von der Physik muß man zu der Philosophie der Moral übergehen, wobei die Seelenregungen betrachtet werden wie: Begierde, Abneigung, Liebe, Wohlwollen, Hoffnung, Furcht, Zorn, Eifersucht, Neid usw.; welches ihre Ursachen sind und was sie selbst verursachen. (Ebd. I, 6, 6. S. 61)

Ethik und Politik haben aber nicht nur eine empirisch-deskriptive, sondern auch eine apriorisch-konstruktive Seite und stehen hier der Mathematik nahe. Es gibt eine reine Mathematik (in der Arithmetik und der Geometrie) und eine angewandte (in der Physik). Ethik und Politik haben, insofern in ihnen Erklärungen der Seelenbewegungen geliefert werden, methodologisch die gleiche Struktur wie die Physik, sind also angewandte Mathematik. Die Ethik aber, insofern in ihr eine Erklärung der Begriffe »gut« und »böse« gegeben wird, ist ebenso wie die Staatslehre, die Begriffe wie »Gerechtigkeit« analysiert, eine reine, *apriorische Wissenschaft*, weil ihre Grundlagen rein von uns hergestellt sind (genauso wie in der Geometrie). Diese erstaunliche These vertritt Hobbes ausdrücklich:

Außerdem läßt sich die Politik und die Ethik, d. h. die Wissenschaft von Gerechtigkeit und Ungerechtigkeit, von Billigkeit und Unbilligkeit, apriorisch demonstrieren, weil wir die Prinzipien für die Erkenntnis des Wesens der Gerechtigkeit und der Billigkeit und umgekehrt der Ungerechtigkeit und Unbilligkeit, d. h. die Ursachen der Gerechtigkeit, nämlich Gesetze und Abmachungen selbst schaffen. Denn vor der Schaffung von Abmachungen und Gesetzen gab es bei den Menschen keine Gerechtigkeit noch Ungerechtigkeit, noch auch einen Wesensbegriff des allgemeinen Guten oder Schlechten, ebensowenig wie bei den Tieren. (*Vom Menschen* 10. S. 20)

»Wesen« ist hier rein umgangssprachlich zu verstehen. Schon dieser Hinweis auf den A-priori-Charakter der Staatslehre zeigt uns, daß auch die noch zu besprechende Vertragstheorie, auf der seine Theorie der Gesetze aufbaut, nicht als historische Erklärung aufgefaßt werden darf. Damit ist auch schon gleich gesagt, daß es bei Hobbes keine Naturrechtslehre (im traditionellen Sinne) geben kann: Die Vernunft

schafft erst einmal die Grundlagen des Rechts und des Gesetzes, ihr voraus liegen nur biologische Gesetze der Natur.

Aus der so verstandenen – am Modell der Wissenschaft abgelesenen – Methode der Philosophie ergibt sich auch ihre Bedeutung:

Die größte Bedeutung der Philosophie liegt nun darin, daß wir die vorausgeschauten Wirkungen zu unserm Vorteil nutzen und auf Grund unserer Erkenntnis nach Maß unserer Kräfte und unserer Tüchtigkeit absichtlich zur Förderung des menschlichen Lebens herbeiführen können. Denn die bloße Überwindung von Schwierigkeiten oder Entdeckungen verborgener Wahrheiten sind nicht so großer Mühe, wie sie für die Philosophie aufzuwenden ist, wert; und vollends brauchte niemand seine Weisheit anderen mitzuteilen, wofern er damit weiter nichts zu erreichen hofft. Wissenschaft dient nur der Macht! Die Theorie (die in der Geometrie der Weg der Forschung ist) dient nur der Konstruktion! Und alle Spekulation geht am Ende auf eine Handlung oder Leistung aus. (*Vom Körper* I, 1, 6. S. 9)

Deutlicher als hier kann die schon bei Bacon angesprochene Absage an den traditionellen Begriff der Theorie nicht ausgesprochen werden. Erkenntnis als Wert an sich hat hier keinen Platz mehr, es sei denn als empirisch nachweisbares Vergnügen, das solche Erkenntnis manchen Menschen bereitet (*Vom Menschen* 11, 8. S. 24 f.). Es ist jedoch klar, daß mittels einer Philosophie – die ihre eigene Struktur von der so verstandenen Wissenschaft her übernimmt – keinerlei Möglichkeit mehr besteht, wissenschaftliche Entwicklungen zu kritisieren. Die Problematik dieser Position ist nicht zu übersehen. Hobbes spricht ohne Beschönigung aus: »Wissenschaft dient nur der Macht!«. Aber: Dann dient eben auch die Philosophie, die von dieser Wissenschaft her ihren Theoriebegriff gewonnen hat, der Macht, sie ist nun eindeutig nicht mehr »Magd der Theologie« *(ancilla theologiae)*, wird dafür in der Neuzeit aber häufig Schwierigkeiten haben, nicht »Magd der Macht« zu sein. Faktisch diente die Philosophie von Hobbes auch tatsächlich den Interessen der Macht einer absolutistischen Monarchie.

3. Die Staatstheorie: Selbsterhaltung, Zwang und Furcht

Eine der wesentlichen Erfahrungsgegebenheiten für Hobbes war die gesellschaftliche Wirklichkeit seiner Zeit. Seit der Regierung Jakobs I. (1602–1625) kämpften der König und das Parlament um die Macht. Auch Bacon war in diese Auseinandersetzung hineingezogen worden (vgl. Kap. III, 1). Unter Karl I. (1625–1649) spitzte sich die Situation zu, nicht zuletzt durch die in bezug auf die Besteuerung maßlose und in Hinsicht auf die Durchsetzung der Interessen der Krone rücksichtslose und willkürliche Politik des Königs. Als 1628 die *Petion of Rights* vom Parlament verabschiedet wurde, in dem die Rechte des Volkes festgeschrieben wurden, stellte Hobbes eine Übersetzung der *Geschichte des peloponnesischen Krieges* des Thukydides her, wobei es klar war, daß er damit aufzeigen wollte, daß die Demokratie nicht in der Lage ist, die Probleme der Herrschaft zu lösen und den Frieden zu sichern. 1629 löste Karl I. nach der Ermordung seines Günstlings, des Herzogs von Buckingham (1592–1628), das Parlament auf und regierte die folgenden elf Jahre allein. Die traditionell demokratischen Puritaner wurden verfolgt, und die Willkürentscheidungen der Gerichte nahmen zu. Als der König versuchte, auch in Schottland das anglikanische gegen das presbyteranische Recht durchzusetzen, kam es dort 1639 zum Aufstand. Da der König nicht über die Mittel zu einer militärischen Niederschlagung des Aufstands verfügte, war er gezwungen, das Parlament wieder einzuberufen. 1640 nahm Hobbes mit seiner Schrift *The Elements of Law Natural and Politic* zur politischen Lage Stellung. Die Schrift wurde zwar nicht sofort gedruckt, war aber in Abschriften bekannt. Da im selben Jahr das später so genannte »Lange Parlament« in Funktion trat, blieb Hobbes nichts anderes übrig, als ins Exil nach Frankreich zu gehen, denn Hobbes war ein Vertreter der absoluten Macht des Königs. In England ging der Konflikt weiter und wurde durch einen Aufstand in Irland weiter verschärft, da es umstritten war, ob der König oder das Parlament das Recht hatte, ein Heer dorthin zu entsenden. Seit 1642 herrschte der offene Kampf zwischen König und Parlament, der sich wegen der größeren finanziellen Mittel desselben zu Gunsten des Parlaments entwickelte. 1649 wurde Karl I. gefangengenommen, verurteilt und hingerichtet. Die Monarchie wurde abgeschafft und die Republik ausgerufen. Das Parlament war aber wiederum aus Gruppen zusammengesetzt, die verschiedene

Interessen vertraten, so daß Oliver Cromwell (1599–1658), der inzwischen mit militärischen Mitteln die alleinige Macht errungen hatte, 1653 das Parlament auflöste. Versuche, wieder ein funktionsfähiges Parlament zu errichten, schlugen fehl. Hobbes beobachtete all dies zunächst von seinem Exil in Paris aus. Er befand sich dort in Sicherheit und sah aufgrund seiner politischen Auffassungen keinen Grund, nach England zurückzukehren. Als er jedoch 1651 in London den *Leviathan* (englisch) veröffentlichen ließ, war auch der französische Hof wegen der Angriffe auf die katholische Kirche verärgert. Und so ging er doch wieder nach England zurück und arrangierte sich mit Cromwell, hielt sich aber von politischen Tätigkeiten fern. 1658 starb Cromwell und 1660 wurde mit Zustimmung des Parlaments die Monarchie wieder eingeführt. Hobbes brachte später (1668) eine in Hinsicht auf die Kirche etwas entschärfte lateinische Version des *Leviathan* heraus, was auch den Wünschen des englischen Königs – inzwischen waren mit Karl II. die Stuarts wieder an der Regierung – entsprach. Hobbes kannte Karl II. schon aus seiner Zeit in Paris, da er diesem Unterricht in Mathematik gegeben hatte. Der König schätze ihn, die Pension, die er Hobbes zugesprochen hatte, erhielt dieser allerdings nie. Hobbes lebte dann bei der Familie des Barons Cavendish, der er in zwei Generationen als Hauslehrer gedient hatte.

180 | Hobbes nahm die Erfahrungsgegebenheiten des Bürgerkriegs in England zum Anlaß, darüber nachzudenken, ob nicht auch die Gesellschaft einfach ein »Körper« ist, der analysiert, also zerlegt, dann wieder zusammengesetzt und somit berechnet werden könnte, d.h. ob nicht einfach *Staatsphilosophie* wie *Naturphilosophie* aufgebaut werden könnte, nach denselben Prinzipien und mit derselben Methode. Ein funktionierender Staat könnte dann wie eine funktionierende Maschine aufgrund der Kenntnis der entsprechenden Bewegungsgesetze konstruiert werden. Die Ursachenforschung hat in der Technik so viele Vorteile gebracht, warum sollte dies nicht auch beim Phänomen Gesellschaft und Staat möglich sein? Der Bürgerkrieg ist ein unerwünschtes Phänomen, um es zu beseitigen, muß also empirische Ursachenforschung betrieben werden; d.h. der »soziale Körper« muß auf die Gesetze hin untersucht werden, nach denen er funktioniert:

Der Bürgerkrieg ist daher nur möglich, weil man die Ursachen weder von Krieg noch von Frieden kennt; denn nur sehr wenige gibt es, die die Pflichten, durch welche der Friede Festigkeit gewinnt und erhalten wird, d. h. die wahren Gesetze des bürgerlichen Lebens studiert haben. Die Erkenntnis dieser Gesetze ist die Moralphilosophie.
(*Vom Körper* I, 1, 7. S. 10)

»Gesetz« ist hier genauso wie »Naturgesetz« in der Physik zu verstehen. Es wird hier also keinerlei Wertordnung vorausgesetzt, sondern es wird beschrieben und erklärt. Eine solche Ansicht ist nicht schlechterdings neu; sie war schon die Grundlage von Machiavellis *Il Principe* (vgl. Kap. I, 2), eine Schrift, die Hobbes kannte. Der Unterschied zu Machiavellis Konzeption liegt jedoch darin, daß die Rechts- und Staatsphilosophie bei Hobbes in einen prinzipiell systematischen Rahmen gestellt wird. Hobbes war sich durchaus bewußt, der erste zu sein, der eine solche *Staatsphilosophie als wissenschaftliche Theorie* entwickelte:

Was die heutige Zeit von der Barbarei vergangener Jahrhunderte unterscheidet, ist beinahe nur der Geometrie zu verdanken; denn selbst das, was wir der Physik verdanken, verdankt diese erst der Geometrie. Wenn die Moralphilosophen ihre Aufgabe mit gleichem Geschick gelöst hätten, so wüßte ich nicht, was der menschliche Fleiß darüber hinaus noch zum Glück der Menschen in diesem Leben beitragen könnte. Denn wenn die Verhältnisse der menschlichen Handlungen mit der gleichen Gewißheit erkannt worden wären, wie es mit den Größenverhältnissen der Figuren geschehen ist, so würden Ehrgeiz und Habgier gefahrlos werden, da ihre Macht sich nur auf die falschen Ansichten der Menge über Recht und Unrecht stützt, und das Menschengeschlecht würde eines beständigen Friedens genießen, so daß man wohl nie mehr [...] zu kämpfen brauchte. (*Vom Bürger. Widmung.* S. 61)

Hobbes greift daher in seiner Rechts- und Staatsphilosophie auch ausdrücklich auf die Naturphilosophie zurück, d. h. er baut in Wirklichkeit eine Staats-Physik auf. Es geht um eine Physik des »sozialen Körpers«, die in ihren Grundlagen auf eine mechanistische Anthropologie und schließlich auf die allgemeine Bewegungslehre zurückgeführt werden muß. Hobbes wendet daher die bekannte Uhren-Metapher auf den Staat an (*Vom Bürger. Vorwort.* S. 67). Wenn man die einzelnen Teile und die Konstruktionsprinzipien dieses Mechanismus kennt, kann man ihn effizient verwenden, und wenn Defekte auftreten, auch reparieren. So wie aus der Physik die Technik zur Naturbeherrschung entwickelt werden kann, so läßt sich aus der Physik des »sozialen Körpers« eine Technik zur Beherrschung dieses Körpers entwickeln. Genau in diesem Sinne ist das Hauptwerk von Hobbes, die *Elemente der Philosophie*, aufgebaut. Der erste Teil trägt den Titel *Vom Körper*, der zweite *Vom Menschen* und der dritte *Vom Bürger*. Die Grundlage ist der erste Teil, der vom Körper ganz allgemein handelt, alles andere wird als eine bestimmte Unterart der Körper betrachtet.

Der soziale Körper setzt sich aus Individuen zusammen, d. h. aus einzelnen Menschen. Jeder einzelne Mensch strebt nach *Selbsterhaltung*. Die Behauptung des Strebens nach Selbsterhaltung ist nach Hobbes nicht einfach das Ergebnis einer soziologisch empirischen Verallgemeinerung, obwohl sie auch aus einer solchen gewonnen werden kann. Selbsterhaltung geht letztlich auf die Vitalbewegung zurück, deren Störung als Unlust empfunden wird. Selbsterhaltung gründet in keiner Wertsetzung, sondern in einer Naturanlage, das Streben danach wird also primär in biologischer Hinsicht betrachtet:

Das erste Gut ist für jeden die Selbsterhaltung. Denn die Natur hat es so eingerichtet, daß alle ihr eigenes Wohlergehen wünschen. Um das erlangen zu können, müssen sie Leben und Gesundheit wünschen und für beide, soweit es möglich ist, Gewähr für die Zukunft. (*Vom Menschen* 11, 6. S. 24)

Was sich hier zunächst verhältnismäßig banal anhört, hat jedoch nach Hobbes bedeutende Folgen. Die Sicherung des Lebens und der Gesundheit und die Gewähr dieser Sicherheit für die Zukunft bedeutet – unter der bekannten Voraussetzung, daß die materiellen Güter begrenzt sind (*Vom Bürger* 1, 6. S. 81) –, daß nur *Macht* diese Güter sichern kann:

Macht ist, wenn sie bedeutend ist, ein Gut, weil sie uns Mittel zu unserem Schutz gewährt; auf dem Schutz beruht aber unsere Sicherheit. Wenn die Macht nicht bedeutend ist, ist sie unnütz; denn wenn alle anderen gleiche Macht besitzen, so bedeutet sie nichts. (*Vom Menschen* 11, 6. S. 24)

Hier liegt auch schon die *natürliche Grundlage des Konflikts*: Selbsterhaltung erfordert Macht – Macht ist aber nur nützlich, genauer gesagt: Sie besteht überhaupt nur, wenn sie größer ist als die der anderen; also folgt mit Naturnotwendigkeit der Kampf aller gegen alle um die jeweils größere Macht, d. h. der *Krieg aller gegen alle* (*Vom Bürger* 1, 12–13. S. 83 f.). In diesem Zusammenhang führt Hobbes den bekannten Ausspruch *homo homini lupus* ein, also »Der Mensch ist ein Wolf für den Menschen« (Ebd. *Widmung*. S. 59). Dieser Ausspruch wird häufig in dem Sinne verstanden, daß Hobbes damit eine Grundeigenschaft des Menschen, also eine Art anthropologische Konstante, kennzeichnen wollte, die dann nur durch staatliche Zwangs- und Furchtmechanismen in Zaum gehalten werden kann. Die Voraussetzung dieser Interpretation ist, daß Hobbes eine historische Theorie aufstellt, in der zunächst einmal der Naturzustand herrscht, der dann durch einen Vertrag, der zur Gründung des Staates führt, überwunden wird. Dies entspricht aber nicht der Intention von Hobbes. Das 1. Kapitel *Vom Bürger* ist überschrieben mit *Vom Zustand des Menschen außerhalb der bürgerlichen Gesellschaft* (Ebd. S. 75) und nicht *Vom Zustand des Menschen vor der bürgerlichen Gesellschaft*. Und dies bedeutet: Hobbes will hier *keinen historischen Zustand* schildern, sondern einen *theoretischen Alternativzustand* zur faktisch bestehenden bürgerlichen Gesellschaft aufzeigen. Daß der Empiriker Hobbes mit einer solchen Konstruktion arbeitet, sollte nicht besonders überraschen – Gedankenexperimente waren zu seiner Zeit ein gängiges Argumentationsinstrument auch der experimentellen Wissenschaft. Hobbes bekennt sich auch ausdrücklich zu diesem Verfahren, wenn er feststellt:

Denn in der Wissenschaft sucht man nicht so sehr die Ursachen dessen, was gewesen ist, als die Ursachen dessen, was sein könnte. (*Vom Menschen* 11, 10. S. 26)

Das Argument von Hobbes hat also folgende Form: *Wenn* der Zustand der bürgerlichen Gesellschaft zerfällt, d. h. wenn die Anarchie eintritt, *dann* tritt der Naturzustand ein, also jener, in dem der Mensch dem Menschen ein Wolf ist. Der Staat ist also nicht das Mittel, den Wolf zu domestizieren, sondern stellt jene Bedingung dar, unter der der Mensch die Vernunftstrategie »Wolf« *nicht* anwenden muß. Unter der hypothetischen Bedingung eines Zustands *außerhalb* einer staatlichen Ordnung bliebe dem Menschen allerdings tatsächlich nur die Möglichkeit, wenn er vor den Angriffen der anderen nicht fliehen will oder kann, seine Vernunft durch »Mißtrauen, Verdacht, Vorsicht und Vorsorge, damit man nichts zu fürchten braucht« (*Vom Bürger* 1, 2. Anm. S. 79), anzuwenden, also eine Wolfs-Strategie einzusetzen – dies ist ein Gebot der »rechten Vernunft« (Ebd. 1, 7. S. 81. Vgl. ebd. 2, 1. Anm. S. 86 f.). Dieser Zustand müßte jedoch den natürlichen Affekt der Unlust herbeiführen, da dieser allgemeine Kriegszustand mit der dauernden Angst verbunden ist, sich trotz dieser Strategie nicht wirksam schützen, also das Leben nicht erhalten zu können:

> Indes können die Menschen, solange sie sich im Naturzustande, d. h. im Zustande des Krieges befinden, wegen jener Gleichheit der Kräfte und der anderen menschlichen Vermögen nicht erwarten, sich lange zu erhalten. Deshalb ist ein Gebot der rechten Vernunft, den Frieden zu suchen, sobald eine Hoffnung auf denselben sich | 183
> zeigt und solange er nicht zu haben ist, sich nach Hilfe für den Krieg umzusehen. Dies ist ein Gesetz der Natur [...]. (Ebd. 1, 15. S. 85)

Die *Vernunft* ist also nichts anderes als ein strategisches *Mittel zur Sicherung des Überlebens*. Vernunft ist hervorgerufen durch die Furcht vor einem gewaltsamen Tod: Entweder muß die Vernunft Mittel zur Selbstverteidigung entwickeln, oder sie muß den Frieden suchen, der ihr diese Aufgabe abnimmt. Wenn der Krieg aller gegen alle das Überleben nicht gewährleisten kann, sondern vielmehr den Untergang hervorruft, muß die Vernunft die Alternativlösung versuchen, die den Frieden herstellt:

> Also ist folgendes eine Vorschrift oder allgemeine Regel der Vernunft: *suche Frieden, solange nur Hoffnung darauf besteht; verschwindet diese, so schaffe dir von allen Seiten Hilfe und nutze sie; dies steht dir frei.* (*Leviathan* I, 14. S. 119)

Im Naturzustand hat jeder die Freiheit, also das »Naturrecht«, alle Mittel zur Lebenserhaltung einzusetzen; der Versuch, Frieden herzustellen, erfordert also die Einschränkung dieser Freiheit. Daher folgt:

> Aus diesem ersten natürlichen Gesetze ergibt sich das zweite: *sobald seine Ruhe und Selbsterhaltung gesichert ist, muß auch jeder von seinem Rechte auf alles – vorausgesetzt, daß andere dazu auch bereit sind – abgehen und mit der Freiheit zufrieden sein, die er den übrigen eingeräumt wissen will.* (Ebd.)

Dies also ist der *Gesellschaftsvertrag.* Es gilt aber wiederum: Dieser Vertrag ist nicht ein historisch nachweisbares Faktum, sondern die Bedingung der Möglichkeit des Friedens, also der bürgerlichen Gesellschaft, dem gegenüber es nur die Alternative der Anarchie gibt, also des (Zurück-)Fallens in den Naturzustand des Krieges aller gegen alle. Auch wiederum nicht später, sondern strukturell gleichzeitig mit diesem Vertrag und als Bedingung der Möglichkeit des Funktionierens desselben darin enthalten liegt die Übertragung der gesamten Rechte der einzelnen auf den Souverän. Im Unterschied zu anderen Formen des Gesellschaftsvertrags wird dieser in der Konzeption von Hobbes nicht zwischen den Bürgern und einem Souverän abgeschlossen, sondern einzig unter diesen selbst, allerdings so, daß die Vereinbarung untereinander gleichzeitig die Übertragung der Macht an einen Souverän enthält:

> Dies faßt aber noch etwas mehr in sich als Übereinstimmung und Eintracht; denn es ist eine wahre Vereinigung in einer Person und beruht auf dem Vertrage eines jeden mit einem jeden, wie wenn ein jeder zu einem jeden sagte: »*Ich übergebe mein Recht, mich selbst zu beherrschen, diesem Menschen oder dieser Gesellschaft unter der Bedingung, daß du ebenfalls dein Recht über dich ihm oder ihr abtrittst.*« (Ebd. II, 17. S. 155)

184 | Wenn Hobbes hier von *einem* Menschen oder einer Gesellschaft spricht, so denkt er bei letzterer nicht an ein Parlament, sondern an eine Gruppe, welche die Herrschaft gemeinsam ausübt. Seine Theorie beruht ja auf der *Abtretung* der Rechte des einzelnen, nicht aber auf einer parlamentarischen *Vertretung* der Rechte der einzelnen. Daraus ergibt sich die *Definition des Staates*:

> *Staat ist eine Person, deren Handlungen eine große Menge Menschenkraft der gegenseitigen Verträge eines jeden mit einem jeden als ihre eigenen ansehen, auf daß diese nach ihrem Gutdünken die Macht aller zum Frieden und zur gemeinschaftlichen Verteidigung anwende.* (Ebd. S. 155 f.)

Zu beachten ist, daß nach Hobbes diese Person zwar dem Zweck des Friedens und der Verteidigung verpflichtet ist, innerhalb dieser Pflicht aber die ihr übergebene Macht »nach ihrem Gutdünken« anwenden darf. Durch die Erfindung des Staates vereinigen also die Menschen ihren Willen zu einem einzigen, was dann am besten auch durch eine einzige Person repräsentiert wird. Dies bedeutet letztlich, daß ihnen im Staat ihr eigener, abgetretener Wille begegnet:

> Wenn sonach die Übereinstimmung des Willens vieler zu demselben Zwecke nicht genügt, um den Frieden zu erhalten und eine dauernde Verteidigung zu ermöglichen, so muß in bezug auf die zum Frieden und zur Selbstverteidigung notwendigen Mittel *ein* Wille in allen bestehen. Dies ist aber nur möglich, wenn die einzelnen ihren Willen dem Willen eines einzelnen, d. h. *eines* Menschen oder *einer* Versammlung so unter-

werfen, daß dieser Wille für den Willen aller einzelnen gilt, soweit er etwas über das zum gemeinsamen Frieden Notwendige bestimmt. Eine Versammlung aber nenne ich einen Zusammentritt mehrerer Menschen, welche über das, was zu dem gemeinen Besten aller zu tun oder zu unterlassen ist, beratschlagen. (*Vom Bürger* 5, 6. S.128)

Damit also wäre die Herrschaft etabliert, in der einer oder eine Gruppe den Frieden aufgrund des Verzichts aller einzelnen auf ihre Rechte im Tausch gegen die Sicherheit vor den anderen sichert. Nicht das Gemeinwohl aber ist das leitende Motiv, sondern der Schutz des Eigeninteresses. Die Menschen sind jedoch im allgemeinen dazu geneigt, im Einzelfall die Eigeninteressen über die gemeinsamen Interessen zu stellen, was bedeutet, daß es keine Sicherheit für die Einhaltung des Vertrags gibt, solange diese nicht wiederum durch einen wirksamen Mechanismus geschützt ist. Daher die Folgerung von Hobbes:

Es muß noch etwas weiteres geschehen, damit die, welche einmal sich zum Frieden und zu gegenseitiger Hilfe um des gemeinen Besten willen verbunden haben, durch Furcht verhindert werden, sich später, wenn etwa ihr privates Interesse nicht mit dem allgemeinen übereinstimmt, wieder zu trennen. (Ebd. 5, 4. S.126)

Dies stellt die bekannte hobbessche Grundauffassung dar: Gesetze ohne *Sanktionen* sind ineffektiv und entsprechen damit nicht ihrem Zweck. Einzig die *Furcht vor Strafen* sichert den Bestand des Staates. Wenn die Menschen den ursprünglichen Vertrag vergessen (den es historisch ja ohnedies nicht gibt), so ist das weiterhin nicht besonders problematisch und für den Herrscher möglicherweise sogar durchaus von Vorteil. Wenn sie jedoch die Grenzen ihrer Gehorsamspflichten überschreiten, müssen sie wirksam an ihre Verpflichtung erinnert werden, und dies bedeutet: Strafen. Der Vertrag und der gemeinsame Wille reichen eben keineswegs aus, um die natürlichen Triebe einzuschränken. Ihnen muß auf ihrer eigenen Ebene begegnet werden, der fiktive soziale Körper, d.h. der Staat, muß also wieder ganz konkret auf die natürlichen Körper zurückwirken, um funktionieren zu können, d.h. um real wirksam zu sein. Damit die Sache ganz klar ist, gibt Hobbes auch eine Regel für das Strafmaß an: Das effizient rechte Maß der Strafen beruht auf ihrer Unproportionalität (manche Innenminister werden das gerne hören):

Zur Erlangung dieser Sicherheit genügt es nicht, daß jeder der zu einem Staat sich Verbindenden mit den übrigen mündlich oder schriftlich abmacht, nicht zu töten, nicht zu stehlen und ähnliche Gesetze zu beobachten; denn die Schlechtigkeit der menschlichen Gesinnung ist allen offenbar, und die Erfahrung hat nur zu sehr gelehrt, wie wenig (bei Wegnahme der Strafe) die Menschen im Bewußtsein der getanen Versprechen ihre Pflichten einhalten. Für die Sicherheit muß deshalb nicht durch Verträge, sondern durch Strafen gesorgt werden; und genügende Vorsorge ist erst dann getroffen, wenn so hohe Strafen für die einzelnen Vergehen festgesetzt werden, daß aus ihrer Begehung augenscheinlich ein größeres Übel als aus ihrer Unterlassung folgt. Denn alle Menschen wählen mit Naturnotwendigkeit, was ihnen als ein Gut für sie selbst erscheint. (Ebd. 6, 4. S. 133)

Damit schließt sich der Kreis: Der Staat ist in der Furcht begründet, das eigene Leben zu verlieren: Die Menschen geben daher das Recht auf gewaltsame Verteidigung ab; damit diese Rechtsübertragung aber eingehalten wird, muß der Staat durch Furcht vor Strafen, die bis zum Verlust des Lebens gehen können, auf die Menschen einwirken. Die Selbsterhaltung wird institutionell gesichert, indem sich alle, aus Eigennutz natürlich, der gemeinsamen Furcht vor Sanktionen unterwerfen; Sanktionen, die wiederum die Selbsterhaltung bedrohen, die aber auch Selbsterhaltung garantieren. Recht ist hier immer Zwangsrecht, es hat seine Begründung einzig als Mittel der Selbsterhaltung. Rationalität selbst entsteht erst in dieser Zweck-Mittel-Relation; oder: Um nicht getötet zu werden, muß man darauf verzichten, selbst zu töten. Vernunft besteht genau wieder in einem »Rechnen« mit Macht: Wieviel Macht muß ich haben, um nicht selbst übermächtigt zu werden, und auf wieviel Gewalt muß ich verzichten, um nicht selbst Opfer von Gewalt zu werden? Um volle Sicherheit zu

erhalten, muß ich auf jede Form von Gewalt verzichten. Dies ist der natürliche Grund für das Gewaltmonopol des Staates.

Es ist klar, daß in einer solchen Theorie »gut« und »böse« einen neuen Sinn erhalten: Diese Worte enthalten keine Wertung, sondern stellen eine Beschreibung dar. Die Worte »gut« und »böse« erhalten einen Sinn nur innerhalb des Rechts, das selbst einfach der Selbsterhaltung der Menschen dient. Es hat deshalb bei Hobbes auch überhaupt keinen Sinn zu sagen, die Menschen seien von Natur aus »böse«, denn sie unterliegen von Natur aus einfach Bewegungsgesetzen, die durch Ängste und Leidenschaften bestimmt sind. Bei der Beschreibung des Naturzustandes sind Ausdrücke wie »gut« und »böse« gar nicht angebracht:

Wenn man daher die Menschen nicht schon deshalb von Natur böse nennen will, weil sie nicht von Natur die Zucht und den Gebrauch der Vernunft haben, so muß man anerkennen, daß die Menschen von Natur Begierde, Furcht, Zorn und andere tierische Leidenschaften haben können, ohne deshalb von Natur böse erschaffen zu sein. (Ebd. *Vorwort*. S. 69)

Die Ausdrücke »gut« und »böse« gehören einzig in die Sprache, welche die Verhältnisse außerhalb des Naturzustands regelt. Um die Selbsterhaltung zu sichern, wird eine auf Friedenssicherung hin orientierte Mittel-Zweckrationalität eingeführt, und »gut« und »böse« erhalten dann ihre einzige Bedeutung innerhalb dieser Mittel-Zweckrationalität, so wie ein Bestandteil einer Maschine dann »gut« ist, wenn er dem entsprechenden Zweck dient: Ein Zahnrad ist »an sich« weder »gut« noch

»schlecht«, es wird dies erst, wenn sich herausstellt, ob es dem Funktionieren der Maschine dient oder nicht.

Es kommt also alles darauf an zu verhindern, daß die bürgerliche Gesellschaft sich selbst auflöst und der Naturzustand eintritt. »Zurück zur Natur« bedeutet für Hobbes eben nichts anderes als den Krieg aller gegen alle, also die Anarchie. Alle Menschen wünschen daher, aus diesem »elenden und abscheulichen Zustand« (Ebd. S. 69 f.) herauszukommen bzw. nicht in ihn hineinzufallen, und einzig der Staatsvertrag, der gleichzeitig Gewaltverzicht und Sicherheit bedeutet, gibt diese Möglichkeit.

Die strukturelle und prinzipielle Problematik dieser hobbesschen Vertragstheorie ist offensichtlich: Es gibt hier keinen Vertrag zwischen den Bürgern und einem Souverän, sondern *einzig* einen *Vertrag der Bürger untereinander*, die ihre Souveränität einem Herrscher übertragen. Damit aber steht der Souverän außer- und oberhalb der Rechtszone und kann somit auch nicht einer Rechtsverletzung angeklagt werden. Solange er den Frieden schützt, *ist* er Souverän. Ein König im Exil, wie der spätere Karl II., ist überhaupt kein Souverän, während der die Herrschaft faktisch innehabende Cromwell ein solcher ist; und wenn dessen Herrschaft nicht mehr funktioniert, die Anarchie droht und Karl II. die Herrschaft übertragen wird, so ist letzterer dann Souverän. Souveränität ist eine Frage der Fakten, nicht der (eingebildeten) Prinzipien der Moralität, Legalität oder Genealogie. Genügt ein Souverän dem einzigen Zweck seiner Herrschaft, nämlich den Frieden zu sichern, nicht mehr, so schafft er sich selbst ab, da dann wieder der Krieg aller gegen alle einsetzen, also der Naturzustand zurückkehren müßte. Diese Theorie legitimiert natürlich den Absolutismus, man muß aber sehen, daß Hobbes von seinen Voraussetzungen her gar keine andere logische Möglichkeit hatte, als den Souverän *nicht* in eine einklagbare Rechtssituation einzubinden: Sollen die Anarchie und der Krieg aller gegen alle vermieden werden, und dies ist das maßgebliche Ziel der ganzen Staatstheorie von Hobbes, dann darf es keine Möglichkeit für einen Rechtsstreit zwischen Bürgern und Souverän geben: Wer sollte denn einen solchen Streit entscheiden? Der Streit müßte also in Anarchie münden. Hobbes wußte natürlich genau, daß es gute und schlechte Herrscher gibt, seine These lautet jedoch: Ein schlechter Herrscher ist immer noch besser als der Krieg aller gegen alle. Letztlich und persönlich hoffte Hobbes sicher auf einen guten oder wenigstens erträglichen Herrscher. Für seine Theorie ist diese Hoffnung aber nicht konstitutiv. Für sie ist nur die allgemeine, empirisch bestätigbare Hoffnung auf Frieden erforderlich, nicht aber die empirisch leider nicht bestätigbare Annahme einer zumindest überwiegenden Anzahl guter Herrscher. Daß der oder die Herrscher so vernünftig wären, ihre Sanktionsmacht nicht zum eigenen Machtzugewinn und Besitzgewinn zu benutzen, würde einen »kontrafaktischen« Vernunftbegriff voraussetzen, dies aber wäre eine Rechnung, die in der Realität nicht aufgehen würde. Im Begriff »Herrscher« ist »Selbstlosigkeit« nicht enthalten, widerspricht diesem aber auch nicht, ist also *optional*. Hobbes rechnete nicht mit »kontrafaktisch« vernünftigen Souveränen, und er durfte dies auch nicht, sonst hätte er seine Theorie logisch inkonsistent gemacht. Daß solche »kontrafaktische« Vernunft bei den Herrschern vorausgesetzt werden kann, daran zweifeln auch wir heute, vielleicht sogar mehr als Hobbes dies tat. Deshalb hat man später anstelle des Herrschers oder der beratschlagenden Herrschergruppe konkurrierende Institutionen vorgeschlagen, also etwa die Kontrolle der Exekutive durch ein Parlament und eine unabhängige Richterschaft. Eine solche Konkurrenzsituation lehnte Hobbes ab, sie wäre in seinen Augen nichts anderes als die Fortsetzung des Krieges aller gegen alle auf der Ebene der Repräsentation durch Institutionen gewesen. Wir heute versuchen es trotzdem weiter mit solchen auf Gewaltenteilung beruhenden Institutionen; das hat zwar in der Realität nie so recht funktioniert, aber Besseres ist uns bisher auch nicht eingefallen.

Hobbes ist ein recht guter Logiker: Er gibt selbst ganz klar die Konsequenzen an, die sich aus seinem Begriff des Staates ergeben, und er liefert damit auch seinen Gegnern gleich die entscheidenden Angriffspunkte. Es gibt nach Hobbes eine Reihe von »Staatskrankheiten«, also von schädlichen Auffassungen, die zu bekämpfen sind. Zu diesen gehören die folgenden:

 Jeder einzelne Bürger hat das Recht zu entscheiden, was gute und böse Handlungen sind.

Was der Bürger wider sein Gewissen tut, ist Sünde.

Der Oberherr ist den bürgerlichen Gesetzen unterworfen. (*Leviathan* II, 29. S. 269 f.)

Jeder dieser Sätze ist also aufgrund der hobbesschen Definition des Staates zu verneinen, und daraus folgt für eine Diskussion mit Hobbes: Wer auch nur einen dieser Sätze bejaht, der muß konsequenterweise die hobbessche Definition des Staates verneinen. (Auf eine alternative Staatskonzeption, die sich daraus ergibt, daß die hobbesschen »Staatskrankheiten« genau umgekehrt als Zeichen der Gesundheit angesehen werden, wird im nächsten Punkt noch kurz hingewiesen.) – Nehmen wir nur den letzten der Sätze, und wir können sehen, daß Hobbes jedenfalls ein guter Prognostiker des modernen Staates war: Die Herrscher lehnen es häufig ab, vor bürgerliche Gerichte gestellt werden zu können (wozu sie sich auch entsprechende Immunitätsgesetze geschaffen haben, die ihnen aber nie ausreichend erscheinen). Auch wird ein moralisches Urteil über die Herrschenden von diesen gerne als subversiv, also als den Staat bedrohend, deklariert.

Da nach Hobbes die Bürger ihre Rechte uneingeschränkt dem Souverän übergeben haben, hat jeder nur auf so viel Eigentum Anspruch, als ihm der Herrscher zuspricht, der allerdings dann für die Sicherheit dieses Anteils zu sorgen hat. Daraus ergibt sich ein weiterer Satz, dessen Äußerung nach Hobbes als »Staatskrankheit« zu bekämpfen ist:

Jeder Bürger ist ein so unumschränkter Herr seines Vermögens, daß der Staat keinen Anspruch darauf haben kann. (Ebd. S. 271)

Dies ist verhältnismäßig vorsichtig formuliert, aber es wird nicht gesagt, daß der Staat einen Anspruch auf einen Teil des Vermögens hat – dies gilt in jeder Staatstheorie –, sondern es wird gesagt, daß es *keinen* Teil des Vermögens gibt, auf den der Staat *nicht* prinzipiell Anspruch hat. Dies bedeutet im Klartext: Es gibt keine Grenzen der staatlichen Besteuerung, solange nur durch Gleichverteilung der Lasten der Friede nach innen gesichert und genügend Geld für die Verteidigung nach außen vorhanden ist (was auch tatsächlich der Auffassung der Finanzminister der meisten modernen Staaten entspricht). – Besonders gefährlich ist nach Hobbes die letzte »Staatskrankheit«:

Die sechste, offenbar auf den Untergang des Staates abzielende Lehre ist: *die höchste Gewalt kann geteilt werden.* Zieht aber diese *Teilung* nicht notwendig ihre gänzliche *Auflösung* nach sich? Getrennte Macht zerstört sich selbst. (Ebd.)

Auch wer kein Hobbesianer ist, wird beobachten können, daß Hobbes über den Absolutismus seiner Zeit hinaus die faktische Tendenz der Regierungen moderner Staaten korrekt diagnostiziert hat: Sie tendieren sehr häufig dahin, alle Macht in einer Person oder in einer kleinen – nicht-demokratisch organisierten – Gruppe zu vereinigen. Gewaltenteilung wird zwar verbal beschworen, faktisch aber doch von vielen Regierenden als regierungshinderlich empfunden. – Leviathan ist nicht tot.

4. Hobbes und Pufendorf

Die Erklärungskraft der hobbesschen Staats- und Rechtstheorie ist groß. Daß den Theorien von Hobbes gerade auch in unserer Zeit eine ziemlich große Aufmerksamkeit gewidmet wird, ist nicht überraschend. Hobbes hat wie kein anderer vor ihm die Probleme des modernen Staates scharf herausgearbeitet. Zunächst einmal wird die Staatslehre gründlich von allen theologischen Elementen befreit. Weder Rechte noch Pflichten des Menschen können aus irgendeinem göttlichen Recht abgeleitet werden. Dies bedeutet, daß auch noch der letzte Rest augustinischer Staatsauffassung (vgl. 2. Teil, Kap. III, 6) aus der Diskussion verschwindet. Dies hat nichts mit Religionsfeindlichkeit zu tun, sondern zeigt nur die Einsicht, daß die Legitimation des Staates einzig auf »natürlichen« Erkenntnissen beruhen darf, wenn sie in irgendeiner Weise einen allgemeinen Anspruch erheben will. Der Ausgangspunkt darf also im Verständnis von Hobbes nur im souveränen Einzelnen gesucht werden (das Klassenproblem wurde von ihm wie von den Theoretikern des 17. Jhd.s im allgemeinen nicht gesehen). Hobbes war allerdings nicht der einzige zu seiner Zeit, der diesen

Standpunkt vertrat. Auch Samuel von Pufendorf (1632–1694), mit Hugo Grotius der bedeutendste Völkerrechtler des 17. Jhd.s, teilte diesen Standpunkt. Pufendorfs *Acht Bücher vom Natur- und Völkerrecht (De jure naturae et gentium libri octo)* aus dem Jahre 1672 gehörten zu den einflußreichsten Büchern zur Politik im 17. und 18. Jhd. Pufendorf war in keiner Weise weniger »wissenschaftlich« orientiert, er hatte auch Mathematik unterrichtet und wollte wie Hobbes die Theorie des Staates *modo geometrico* aufbauen. Auch er ging wie Hobbes von der deskriptiv nachweisbaren Tatsache des Selbsterhaltungstriebs des Einzelnen aus. Dann aber trennte er sich in entscheidender Hinsicht von der hobbesschen Konzeption: Ohne »naturalistischen Fehlschluß« (vgl. dazu Kap. XII, 3) – Pufendorf führt ausdrücklich die Unterscheidung von natürlichen Dingen *(entia naturalia)* und moralischen »Dingen« *(entia moralia)* ein – sagt er, daß diesem natürlichen Trieb Rechte und Pflichten entsprechen, die in der gesellschaftlichen Natur des Menschen begründet sind und die logisch *vor* dem Staat liegen. Während bei Hobbes Gesellschaft und Staat *in einem* entstehen und *in einem* begründet werden, vertritt Pufendorf entschieden die These von der *Unterscheidung von Staat und Gesellschaft*. Er baut dabei auf das traditionelle aristotelische Verständnis des Menschen als »politischem Lebewesen« auf (vgl. 1. Teil. Kap. X, 7) und formuliert daraus die Definition des Menschen als »Gemeinschaftswesen« oder »Gesellschaftswesen« *(animal sociabile)*. Die Familie als kleinste Gemeinschaft erhält damit dem Staat vorgeordnete Rechte, eine bis in alle Staatstheorien der Gegenwart hinein, bei aller Problematik im Detail, grundlegende Vorstellung. Entscheidend im Unterschied zu Hobbes ist: Pufendorf nimmt Rechte an, die *vor* der Einrichtung des Staates liegen und die somit dem Staat gegenüber geltend gemacht werden können. Pufendorf kann somit auch Rechte wie z. B. das auf Versammlungsfreiheit gegenüber dem Staat einfordern. Und er kann dem Staat gegenüber auch ein Recht auf eine Privatsphäre – heute *privacy* genannt – beanspruchen. Die Menschen besitzen also unveräußerliche Rechte, die ihnen nicht vom Staat *zugestanden* werden, sondern die sie unabhängig von ihm *besitzen*. Und dies bedeutet, daß der Souverän eines Staates, der diese Rechte nicht respektiert, eigentlich seine Legitimität verliert. Pufendorf wollte allerdings ein Recht auf gewaltsamen Widerstand gegen einen solchen nicht zulassen, was nicht konsistent konstruierbar ist. Hier blieb das Problem der rechtlichen und der moralischen Legitimität unbeantwortet. Jedenfalls konnten die von der bürgerlichen Kultur geforderten Freiräume gerechtfertigt und Grenzen der staatlichen Souveränität gesetzt werden. Diese Fragen waren aber auch von höchster politischer Aktualität angesichts der Probleme, die sich aus den englischen, spanischen und französischen Kolonialreichen ergaben. Welche Rechte hatten eigentlich die »Ureinwohner«, und hatten sie überhaupt welche? Diese Fragen wurden später wiederum aktuell bei den Unabhängigkeitserklärungen der Kolonien. Nach Pufendorf hatten die Ureinwohner »natürliche« Rechte gegenüber den Kolonisatoren, und diese hatten wiederum »natürliche« Rechte gegenüber den Souveränen ihrer Ursprungsländer. Pufendorf war vor allem Jurist, und diese haben ja nicht immer die Begabung besonderer Phantasie, er hat aber viele Probleme vorhergesehen, mit denen sich die UNO bis heute herumschlagen muß, ohne schon immer besonders überzeugende Antworten vorweisen zu können.

Die Naturrechtskonzeption Pufendorfs wurde dann von Locke weiterentwickelt und ging über die Philosophie der Aufklärung in die moderne Form der »Menschenrechte« ein. Pufendorf ging dabei von der Vorstellung aus, daß die Menschen bestimmte, wenn auch nur sehr allgemeine, gemeinsame Auffassungen sittlicher Imperative besäßen. Dies wurde jedoch von ihm nicht abstrakt konstruiert, insofern er der Meinung war, diese These müsse sich historisch belegen lassen. Beim heutigen Stand historischer und ethnologischer Kenntnisse sind wir vermutlich etwas vorsichtiger bei der Spezifizierung der Annahme allgemein verbreiteter sittlicher Imperative, aber ganz wollen wir auf diese Vorstellung mangels irgendwelcher brauchbarer Alternativen auch nicht verzichten. Das heißt: Wir meinen zwar, daß es so etwas wie »Menschenrechte« gibt, sind aber recht unsicher, wenn es um eine genau Aufzählung derselben geht.

Die von Pufendorf behandelten Fragen des Völkerrechts zeigen eine weitere Grenze der hobbesschen Theorie: Hobbes liefert keinen Ausgangspunkt für die Frage der Bestimmung des *Verhältnisses der Staaten untereinander.* Nach den Kriterien von Hobbes müßte man sagen, daß sich die Staaten untereinander bis heute im Naturzustand des Kampfes aller gegen alle befinden. Hobbes bietet keinen theoretischen Rahmen zur Entwicklung eines Völkerrechts, ein solches könnte nach seinen Prinzipien erst durch die Abgabe der Souveränität der Einzelstaaten entstehen. Eine Theorie, die letztlich auf einen »Weltherrscher« hinausläuft, wird aber außer in den USA kaum einen Vertreter finden, und letztere werden zumindest in den Nachfolgern der chinesischen Kaiser immer auf einen genügend mächtigen Gegner treffen, der ihnen diese Souveränität streitig macht. Die Staatstheorie von Hobbes hat eben vor allem die im 17. Jhd. bereits weitgehend zentralisierten Staaten von England und Frankreich im Blick und betrachtet diese vor allem von innen her. Pufendorf hingegen, der als Deutscher lange Zeit in Schweden gearbeitet hatte, sah die Probleme, die sich aus den zwischenstaatlichen Beziehungen ergaben. Die Sicht von innen und von außen ist jedoch recht verschieden. Hobbes sah das Problem des »Außen« des Staates nur als eines der Verteidigung. Wir würden heute sagen: Er sah das Problem der Macht nur aus der Sicht des Verteidigungsministers, nicht aber aus der des Außenministers (zwischen denen ja nicht selten Meinungsverschiedenheiten hinsichtlich dessen, was »Macht« ist, bestehen). Pufendorf versuchte, sich dem Problem historisch zu nähern, so in seiner *Einleitung zu der Historie der vornehmsten Reiche und Staaten so itziger Zeit in Europa sich befinden*, das 1682 erschien, worin nach den realen Machtverhältnissen Frankreichs, Englands, Spaniens, Österreichs, Schwedens und Dänemarks gefragt wurde. Die Probleme, die sich durch diese Machtverhältnisse ergaben, waren durch keinen hypothetischen Souverän hobbesscher Prägung zu lösen. Aber Pufendorf wußte schon aus der Realität des sogenannten »Heiligen Römischen Reiches Deutscher Nation«, wie schwierig die Probleme bei Staaten mit ganz verschiedenen Souveränitätsformen lagen. Im Jahre 1667 hatte er unter dem Pseudonym »Severinus de Mozambano«, eines fingierten Besuchers des deutschen Reiches, eine kleine Schrift *Über den Zustand des Germanischen Reiches (De statu imperii germanici)* veröffentlicht. Bei seiner Überlegung über die Machtverhältnisse stellte er das zentrale Problem dar: Es gab zwar einen Souverän, den Kaiser, der Rechte hatte, aber über keine Mittel verfügte, diese Rechte durchzusetzen. Das Ergebnis der Untersuchung war: Das »Heilige Reich« war überhaupt kein Staat moderner Prägung (so wie es ja das Problem der UNO ist, daß sie sich zwar als Staatengemeinschaft versteht, aber eben kein Staat ist, so wie ihr Oberhaupt, der Generalsekretär, zwar mit allen Ehren wie ein Staatsoberhaupt behandelt wird, aber eben keines ist). Die Schrift Pufendorfs *Über den Zustand des Germanischen Reiches* fand ebenso viele begeisterte wie verärgerte Leser: Die Bloßstellung der Unfähigkeit der Verfassung des »Heiligen Reiches«, effizient politische Aufgaben zu lösen, wurde jedem vernünftigen Leser mehr als deutlich gemacht. Pufendorf hatte allen Grund, die Schrift unter einem Pseudonym zu veröffentlichen. Die kritische Schärfe seiner Schrift war allerdings stärker als die konstruktive: Er wußte im Prinzip auch keine Lösung (dasselbe gilt für alle UNO-Kritiker). Die Transformation der Teile des Reiches in moderne Staaten mußte eine große Zahl von kleinen Staaten ergeben, die im Vergleich zu den »großen« Staaten England, Spanien und Frankreich doch nur politische Randphänomene bleiben mußten. Friedrich der Große (1740–1786) hatte dies längst begriffen: Er strebte die Schaffung einer deutschen Großmacht an, die mit England und Frankreich konkurrieren könnte. Dabei wurden auch Prinzipien der Toleranz und der religiösen Neutralität des Staates, die auch Pufendorf vertreten hatte, relevant. Das Prinzip *cuius regio, eius religio* war realgeschichtlich antiquiert und konnte innerhalb einer modernen Staatstheorie nicht mehr aufrechterhalten werden. Daß es konkret politisch zu katastrophalen Folgen führen konnte, zeigte die Aufhebung des Toleranzedikts von Nantes durch Ludwig XIV. im Jahre 1685, die den Großteil der wirtschaftlich und industriell starken Hugenotten (Kalvinisten) zum Verlassen Frankreichs zwang. Friedrich der Große hatte auch dies begriffen und gab ihnen die Möglichkeit, sich in Brandenburg niederzulassen, was zwar zunächst den Widerstand der Lutheraner hervorrief, dann aber zu einem wirtschaftlichen Aufschwung des Landes führte. Thesen der Staatsphilosophie konnten also beinahe wissenschaftlich überprüft werden. 1686 ging Pufendorf von Schweden nach Preußen, wo er 1695 noch die *Geschichte des Großen Kurfürsten* vollenden konnte. Das Problem einer Staatengemeinschaft hat er nicht lösen können. Pufendorf hatte aber erkannt, daß eine mechanistische Erklärung des Staates zwar möglich ist und auch in die Überlegung einbezogen werden muß, daß aber eine Staatsphilosophie, die der Breite der historisch und jeweils aktuell auftretenden Probleme gerecht werden soll, um die Diskussion von Werten *(entia moralia)* nicht herumkommen kann. Ob diese Werte bei den aktuell auftretenden Problemen dabei auf der Strecke bleiben, ist eine ganz andere Frage. Nach der deskriptiven Theorie von Hobbes sind das alles aber ohnedies nur Scheinprobleme von solchen, welche die Mechanik der Macht nicht begriffen haben und die daher ihre Rechenfehler nicht einsehen wollen.

- IX -

John Locke

1. Rationalisten und Empiristen

Mit John Locke (1632–1704) begegnen wir dem, was deutsche Philosophen gerne »angelsächsische Philosophie« nennen, was dann häufig mit »Empirismus« in Verbindung gebracht wird. Mit »angelsächsischer Philosophie« wird ein Zwei-Welten-Modell angesprochen, in dem der »angelsächsischen Philosophie« eine »kontinentale« gegenübergestellt wird. Dieses Zwei-Welten-Modell gilt nicht für das 17. Jhd., wurde aber seit dem 19. Jhd. ins 17. Jhd. zurückdatiert. Anzeichen dafür gab es allerdings auch schon im 17. Jhd. Leibniz ließ sich durch Thomas Burnett (1656–1729)
194 | über alles informieren, was sich in England auf philosophischem und wissenschaftlichem Gebiet tat. Als Leibniz an Burnett einige Bemerkungen zu Lockes *Essay Concerning Human Understanding (Versuch über den menschlichen Verstand)* sandte, übermittelte Burnett an Leibniz die ironische Bemerkung Lockes, daß die Deutschen die Bücher der Engländer ebensowenig lesen wie die Engländer die Bücher der Deutschen (In: Leibniz: *Die philosophischen Schriften* III. Hrsg. v. C. I. Gerhardt. Berlin 1887 [Nachdruck Hildesheim 1978]. S. 208). Dies galt aber nur in sehr beschränkter Hinsicht. Leibniz nahm z. B. alles zur Kenntnis, was Newton schrieb. Auch darf man nicht übersehen, daß das, was gerne als der »typisch britische« Empirismus angesehen wird, eine entscheidende Wurzel gar nicht in England, sondern in Frankreich hatte, nämlich bei Pierre Gassendi (1592–1655). Aber schon die Einteilung in »Rationalisten« und »Empiristen« wäre den Philosophen des 17. Jhd.s völlig unverständlich gewesen diese Bezeichnungen gibt es überhaupt erst seit dem 18. Jhd. Im 17. Jhd. war die philosophische Welt bei allem Streit doch *eine* Welt. Auch wenn zahlreiche Schriften der Philosophen jedenfalls des englischen und französischen Sprachbereichs in der jeweiligen Landessprache geschrieben wurden, folgte doch häufig eine Übersetzung ins Lateinische, um diese Werke der »gelehrten Welt« bekanntzumachen. Das Lateinische blieb weiterhin die Sprache, in der über Sprachgrenzen hinweg kommuniziert werden konnte. Ein Denken in »Schulen« und »Schulzugehörigkeiten« war den Philosophen des 17. Jhd.s fremd. Gassendi setzte sich in den *Fünften Einwänden* mit den *Meditationes* von Descartes auseinander, Hobbes tat dasselbe in den *Dritten Einwänden*, und Descartes antwortete seinerseits auf diese Einwände. Auch wenn wir heute hier unüberwindbare Gegensätze feststellen (vgl.

Kap. VIII, 1), hatten die Philosophen des 17. Jhd.s nicht den Eindruck, daß hier nicht argumentativ Klarheit hergestellt werden könnte. Auch in der Diskussion zwischen Leibniz und Clarke, also zwischen Leibniz und Newton (vgl. Kap. X, 1), waren die beiden gelegentlich darüber verärgert, daß ihr Gesprächspartner sie nicht verstand, sie kamen aber nicht auf den Gedanken zu sagen, daß der andere ihn aufgrund grundlegend verschiedener Ausgangspositionen gar nicht verstehen konnte. Als Lockes *Essay Concerning Human Understanding* 1700 in einer französischen Übersetzung erschien, machte sich Leibniz sofort daran, sich in seinen *Noveaux Essais* mit Lockes Thesen auseinanderzusetzen (die *Nouveaux Essais* sind allerdings erst posthum 1765 erschienen). Die philosophische Kommunikations-Gemeinschaft wurde von niemandem ernsthaft in Frage gestellt. Wenn also im folgenden die Ausdrücke »Rationalismus« bzw. »die Rationalisten« und »Empirismus« bzw. »die Empiristen« gebraucht werden, so muß es klar sein, daß es sich dabei um eine historisch gesehen unangemessene Begrifflichkeit handelt. Nichtsdestoweniger hat diese Etikettierung doch eine gewisse Berechtigung, da bei den unter diesen Bezeichnungen zusammengefaßten Philosophen tatsächlich (bei allen auch vorhandenen Gemeinsamkeiten) grundlegende Verschiedenheiten auszumachen sind. Gemeinsam ist beiden ein uneingeschränktes Vertrauen in den Erkenntnisfortschritt durch die Wissenschaft und ebenso die Überzeugung, daß dieser Fortschritt der Verbesserung der Lebensbedingungen der Menschen dienen soll und auch wird. Es wäre auch verfehlt anzunehmen, daß sich die Rationalisten diesen Erkenntnisfortschritt nur durch Vernunftüberlegungen und die Empiristen nur durch Beobachtung erwarteten. Die Rationalisten schrieben der empirischen Beobachtung eine Rolle zu, die gar nicht geringer war als jene, welche die Empiristen ihr zuordneten, und die Empiristen unterschätzten keineswegs die Bedeutung der Vernunft bei der wissenschaftlichen Verarbeitung empirischer Beobachtungen. Grundsätzlich verschieden ist jedoch ihre Auffassung von der Wissenschaft und die darin enthaltene Theorie der Erkenntnis, und diese Theorie hat auch Auswirkungen auf die gesamte Lebensauffassung, oder umgekehrt: Die verschiedene Lebensauffassung bestimmt die Grundlegung der Theorie. Dies wird im folgenden klarer werden.

Hinter der Unterscheidung in Rationalisten und Empiristen steht auch eine weitere Diskussion, bei der allerdings die Fronten nicht so eindeutig sind. Diese Diskussion hat letztlich theologische Wurzeln: Die Rationalisten nehmen an, daß Gott eine mathematisch strukturierte Welt geschaffen hat. Die Prinzipien dieser Welt lassen sich aber nicht rein durch die Vernunft erkennen, denn Gott hatte verschiedene Möglichkeiten der Konstruktion. Dies ist das nominalistische Erbe des Rationalismus, denn Gott konnte nach dieser Auffassung aus einer prinzipiell unendlichen Anzahl möglicher Welten eine bestimmte auswählen (vgl. 2. Teil, Kap. XV, 3). Leibniz wird mit seiner »besten aller möglichen Welten« versuchen, diesen »Rest« von Unbestimmtheit zu beseitigen (vgl. Kap. XI, 5). Für die Rationalisten gilt: Die Erfahrung und besonders die in der Wissenschaft durchgeführten Experimente dienen uns dazu, diesen göttlichen Konstruktionsplan zu entschlüsseln. Im Prinzip entspricht dies schon der Wissenschaftsauffassung Galileis (vgl. Kap. IV, 1 und 3), und in dieser Hinsicht gehört auch noch Newton zu den Rationalisten (vgl. Kap. X, 4). Eine Grenze dieser Nachkonstruktion des von Gott einmal beschlossenen Konstruktionsplans gibt es für die Rationalisten nicht. Die Empiristen hingegen erheben in keiner Weise den Anspruch, Gottes Pläne zu entschlüsseln, und sie halten eine solche Aufgabenstellung auch für ziemlich überflüssig und wissenschaftlich unerheblich. Damit wird natürlich bei ihnen die Frage der Grenzen wissenschaftlicher Erkenntnis relevant, während diese Frage bei den Rationalisten eigentlich kaum überhaupt gestellt wurde, mit Ausnahme von Pascal, der die Vorstellung, die Pläne Gottes nachkonstruieren zu können, auch aus anderen Gründen für unsinnig hielt (vgl. Kap. VI, 2–4). In Lockes *Essay Concerning Human Understanding* spielt die Frage nach den Grenzen menschlicher Erkenntnis eine ganz wichtige Rolle: Die Philosophie hat verschiedene Aufgaben, eine ganz grundlegende ist es aber, den Menschen über die Grenzen seiner Erkenntnismöglichkeiten aufzuklären. Philosophie wird hier zu einer Schule der vernünftigen Bescheidenheit. Locke führt weder Prinzipien vor, die allen Menschen einsichtig sein müßten, noch auch zwingende (oder als zwingend vorgebrachte) Deduktionen, sondern er appelliert immer wieder

an die einfache Erfahrung des Lesers: Kann dieser seine Überlegungen nicht an seiner eigenen Erfahrung verifizieren, so soll er einfach mit der Lektüre aufhören. Locke ist in seinem Stil – mehr als in seinen politischen Auffassungen – demokratisch; er will nicht belehren, sondern auf einem Konsens aufbauen, ohne den seine Schriften den Boden verlieren würden. Daher schreibt er auch keine Lehrbücher, sondern einfach einen »Versuch« *(Essay)* oder »Gedanken« (*Some Thoughts*; vgl. die Buchtitel weiter unten).

2. Ein Weltmann

Locke war ein echter und universell Gebildeter. Natürlich konnte er nicht in allen Gebieten gleich gründlich ausgebildet sein, von Newtons Werken z. B. hat er vermutlich nur die Grundideen, nicht aber die mathematischen Deduktionen verstanden, aber selbst dies ist schon beachtlich. Dennoch wollte er kein Gelehrter sein, da er meinte, nicht im Besitz eines Wissens zu sein, das ihn vor anderen auszeichnete und das er weitergeben könnte.

Locke stammte aus einer gutsituierten, aber nicht reichen Familie. Sein Vater war Jurist. Ähnlich wie Descartes verfügte er über ein zwar nicht besonders großes, aber doch ausreichendes Erbe, das ihm einen gewissen Spielraum bei seinen Tätigkeiten ließ. Später brachte er es dann aufgrund eigener Aktivitäten zu Reichtum. Locke studierte zunächst in Oxford Philosophie und lehrte auch selbst einige Jahre lang als Lecturer, strebte aber keine Professur an einer Universität an. Die bedeutenden

Philosophen des 17. Jhd.s waren in den meisten Fällen keine Philosophie-Professoren, sondern hatten immer andere Beschäftigungen, die auch meist einträglicher waren als eine Professur. Locke hatte aber auch prinzipielle Gründe für seine Wahl: Er sah Philosophie zwar als eine nützliche und auch durchaus erforderliche Beschäftigung an, er meinte aber nicht, daß diese Beschäftigung einen wirklichen Beruf darstellen sollte. In seinen Traktaten über Erziehung macht er deutlich, daß jeder neben allgemeinen (auch philosophischen) Kenntnissen über eine fachliche berufliche Kompetenz verfügen sollte. Locke studierte dann Chemie und Medizin und war dann später lange Zeit als *Arzt* und persönlicher Berater bei dem späteren Earl of Shaftesbury (1621–1683) tätig. Gegen Ende seines Lebens stand Locke auch mit dessen Enkel, dem dritten Earl of Shaftesbury (1671–1713), in Kontakt, der später ein wichtiger, von Lockes Philosophie maßgeblich beeinflußter, Vertreter der englischen Aufklärung wurde. Im Bereich der Medizin lernte Locke viel von Thomas Sydenham (1624–1689). Anders als die Oxforder Mediziner, die stark chemisch orientiert waren und vor allem Kausalprozesse untersuchen wollten, war Sydenham eher empirisch-statistisch interessiert: Er untersuchte die Häufigkeit von Krankheiten, ihren Verlauf, die Wirksamkeit verschiedener Medikamente usw., ohne dies mit zu viel Kausaltheorien zu verbinden. Sydenham wie Locke waren an Ergebnissen interessiert und, wenn sie Erfolg hatten, keineswegs von der Sorge geplagt, einen »zureichenden Grund« für alles zu finden. Locke selbst war als Arzt und Chirurg erfolgreich und wurde 1668 Mitglied der *Royal Society*, die inzwischen die wichtigste Institution zur Förderung empirischer Forschung in England geworden war.

Bei Shaftesbury wurde Locke mit Fragen der Politik vertraut, und unter dessen Einfluß änderten sich auch seine politischen Auffassungen, die zu Beginn keineswegs liberal gewesen waren. Die wichtigen Stellungnahmen Lockes zu Fragen der Toleranz sind vom Geist Shaftesburys geprägt. Seit seiner Tätigkeit bei Shaftesbury war Locke auch an Problemen der Ökonomie interessiert und vom Jahre 1673 an im *Board of Trade* tätig, wo die Wirtschaftspolitik Englands im Mutterland und in den Kolonien effektiv festgeschrieben wurde. Locke strebte die Freiheit der Wirtschaft vor zu starken staatlichen Eingriffen an. So lehnte er z. B. in einer Schrift von 1692 eine staatliche Festsetzung des Zinssatzes ab, da dies seiner Auffassung nach die wirtschaftliche Entwicklung hemmt *(Some Considerations of the Consequences of the Lowering of Interest, and the Raising of the Value of Money)*. Man wollte die Zinsen damals von seiten des Staates auf 4 % festsetzen, was Locke vom wirtschaftlichen Standpunkt aus zu niedrig schien. Locke war also ein Vertreter einer von politischen Vorgaben unabhängigen Geldpolitik. Dies bedeutet aber nicht, daß er Politik und Wirtschaft grundsätzlich trennen wollte, denn er trat für Schutzzölle, also für Steuern auf Importe ein, um die eigene Wirtschaft zu fördern. Seine Einsichten in wirtschaftliche Zusammenhänge veranlaßten ihn auch seit 1676, eigenes Kapital in den Handel mit den Kolonien zu investieren. Dies tat er mit Erfolg, er wurde dadurch schließlich reich. Locke unternahm 1675–1679 eine auch durch Gesundheitsprobleme motivierte Reise nach Frankreich, wo er in Paris mit Gelehrten vor allem aus dem Umkreis Gassendis in Kontakt kam. Nach seiner Rückkehr nach England wurde er in das politische Schicksal Shaftesburys verwickelt, der aufgrund einer Anklage wegen Hochverrats nach Holland fliehen mußte, wohin ihm gezwungenermaßen auch Locke 1683 folgte. Dort mußte er aus Angst vor englischen Abgesandten lange Zeit versteckt leben, hatte aber auch dort Gelegenheit, mit Gelehrten in Kontakt zu treten. 1685 verfaßte er die *Epistola de Tolerantia (Ein Brief über Toleranz)*, die 1689 anonym erschien, was aber nicht verhindern konnte, daß der Name des Autors bekannt wurde. In dieser Schrift erklärte er die Religion zur Privatsache, auf die der Staat keinen Einfluß nehmen dürfe, womit erstmals eine vom Staat *unabhängige Privatsphäre* ausdrücklich beansprucht wurde, was dann auch andere Bereiche als den der Religion betraf. Von der Antike bis zu Hobbes war nie von einem Rechtsanspruch auf eine Privatsphäre gesprochen worden, dies geschieht erst in der Zeit von Pufendorf und Locke. Wollte man das Recht auf eine Privatsphäre als Menschenrecht, also zum natürlichen Recht gehörend, ansehen, so wäre ein ethnologischer und historischer Nachweis dieses Rechts im Sinne von Pufendorf oder Locke kaum zu führen. Daher ist die Vorstellung, daß Religion Privatsache ist, neu, d. h. sozusagen eine historische und ethnologische »Neuerfindung« am Ende des

17. Jhd.s. Bis zu diesem Zeitpunkt wäre eine solche These als »unnatürlich« empfunden worden. Locke ging es jedoch nicht nur um freie Religionsausübung, sondern auch um die ökonomischen Konsequenzen der Toleranz. Er sah, welche wirtschaftlichen Vorteile religiöse Toleranz in Holland gebracht hatte, und hoffte auf eine ähnliche Entwicklung in England. Toleranz war für ihn also auch mit einer »ideologiefreien« Wirtschaftspraxis verbunden.

Die politisch führenden Gruppen Englands hatten es inzwischen zustande gebracht, den Stuart-König Jakob II. zu vertreiben. Dazu gab es genügend gute Gründe, so war er z. B. stolz darauf, mehr Verräter hingerichtet zu haben als alle seine Vorgänger zusammen. Jakob II. mußte nach der sogenannten *glorious revolution* fliehen, und Wilhelm von Oranien (1689–1702) wurde von den englischen Adeligen zum König erwählt. Machtwechsel sind an sich nicht unbedingt etwas Wichtiges, hier jedoch gelang es, mit dem Machtwechsel ein neues politisches Denken durchzusetzen, und daran war Locke, der 1689 nach England zurückkehren konnte, maßgeblich beteiligt. Locke wurde der wichtigste Mann für die politischen Auffassungen der Partei der *Whigs*, die entscheidend dazu beitrug, daß sich England als der einzige große europäische Staat vom Absolutismus des 17. Jhd.s freimachte. Die *Whigs* hatten sich schon vorher im Parlament dafür eingesetzt, den Herzog von York, den späteren König Jakob II., von der Thronnachfolge auszuschließen, da sie sich dessen absolutistischen Tendenzen und dessen Absicht einer Restauration des Katholizismus wiedersetzten. Wilhelm von Oranien unterschrieb dann das *Bill of Rights*, in dem die Rechte des Parlaments festgeschrieben wurden. Locke machte in diesem Punkt allerdings eine Wandlung seines Denkens durch: Zunächst hatte auch er eine stärker autoritäre Staatsauffassung vertreten und war erst unter dem Einfluß des Lord Shaftesbury zu einer liberaleren Auffassung übergegangen. Dieser von Locke vertretene »Liberalismus« wurde dann eine wichtige Wurzel der Aufklärung.

1690 erschien der *Essay Concerning Human Undestanding*, an dem Locke seit langer Zeit gearbeitet hatte. Dieses Werk Lockes wurde rasch bekannt, 1700 erschien eine französische Übersetzung, im folgenden Jahr eine lateinische, aber erst 1757 eine deutsche. Diese »Verspätung« der deutschen Version ist nicht zufällig.

Entsprechend seinem Interesse an den Problemen der Gesellschaft widmete sich Locke auch den Fragen der Erziehung, so in seinem Traktat *Some Thoughts Concerning Education (Gedanken über Erziehung)*, der 1693 erschien. Wenig später verfaßte er *Some Thoughts Concerning Reading and Study for a Gentlemen* (gedruckt erst 1720). Ziel der Erziehung ist es, Kinder und Jugendliche zu vernünftigen Menschen zu machen, was durch keine Doktrin, sondern nur durch das Eingehen auf die individuellen Fähigkeiten und Bedürfnisse der zu Erziehenden geschehen könne. Auch hier sehen wir wiederum die für Locke bezeichnende Art, an die Dinge heranzugehen: Er hat keine vorausgehende abstrakte Theorie, falls man nicht diese Art des »Herangehens« als Theorie bezeichnet, er verfügt über kein »Menschenbild«, von dem er ein Erziehungsprogramm ableiten könnte, sondern er will zunächst sehen, wie der Einzelne beschaffen ist, will seine Möglichkeiten, seine Fähigkeiten, seine Bedürfnisse erkennen, um von dort aus zu sehen, was daraus entwickelt werden kann. Voraussetzung ist dabei allerdings immer die Annahme eines souveränen, freien Individuums, eine Annahme, die bei Locke allerdings außer Zweifel steht. Bei Locke ist die Freiheit des Menschen immer konkret, sie besteht nicht in der Selbständigkeit eines denkenden Ichs, sondern realisiert sich als die schon mit der Erziehung beginnende Selbständigkeit des Menschen im wirtschaftlichen, religiösen und politischen Bereich. Die wichtigsten Gegenstände des Unterrichts sind daher Naturwissenschaften, Ethik, Recht und Geschichte.

In den letzten Jahren seines Lebens war Locke verstärkt im *Board of Trade* tätig und in diesem Zusammenhang gemeinsam mit Newton, der königlicher Münzmeister geworden war, für die Geldreform Englands zuständig. Er war der Überzeugung, daß Reichtum nicht einfach durch den Besitz von Geld bestimmt wird, sondern vor allem durch die Kapitalnachfrage von seiten der Wirtschaft: Geld ist selbst Produzent von Reichtum, allerdings nur dann, wenn es gebraucht wird. Der Reichtum eines Landes bestimmt sich entsprechend auch weniger durch den Überschuß oder das Defizit der Steuereinnahmen, sondern vor allem durch eine positive oder negative Außenhandelsbilanz. – Im übrigen beschäftigte sich Locke mit Bibelkommentaren, was aber nicht verhindern konnte, daß er von Vertretern der anglikanischen Kirche angegriffen wurde. Locke vertrat die Auffassung, daß nur die Vernunft und somit die natürliche Offenbarung entscheidend ist, und so suchte er in der *Bibel* das, was mit dieser natürlichen Offenbarung übereinstimmt. Was außerhalb der natürlichen Religion liegt, ist rein privater Zustimmung unterworfen, keine Institution kann sich als dafür zuständig erklären. Diese Auffassung war natürlich nicht dazu angetan, die Begeisterung der anglikanischen Bischöfe hervorzurufen.

3. Die Naturgeschichte des menschlichen Denkens

Locke hat in der Geschichte der Erkenntnistheorie einen wichtigen Platz, vermutlich wollte er das allerdings gar nicht. Er schrieb seinen – als sein Hauptwerk in die Philosophiegeschichte eingegangenen – *Versuch über den menschlichen Verstand*, um sich nach der Erledigung dieses Problems wieder anderen, nützlicheren Dingen zuzuwenden, dann allerdings im besseren Wissen um das, was nützlich ist, und um das, was nur Zeitverschwendung ist. Letzteres ist dort der Fall, wo sich der Verstand mit Bereichen befaßt, in denen er ohnedies nichts erreichen kann. Später nannte man solche Untersuchungen »Erkenntniskritik«, Locke wollte wahrscheinlich weniger. Eine These steht für ihn fest:

Die Menschen haben allen Grund, mit dem zufrieden zu sein, was Gott passend für sie erachtet hat, denn er hat ihnen [...] alles, was für die Bequemlichkeit des Lebens und zur Unterweisung in der Tugend erforderlich ist, gegeben und die Behaglichkeiten dieses Lebens sowie den Weg zu einem besseren Dasein in den Bereich ihrer Erkenntnis gestellt. Wie weit ihre Erkenntnis auch hinter einer universalen oder vollkommenen Erfassung dessen, was es auch immer sei, zurückbleiben mag, so sind ihre wichtigen Interessen doch dadurch gewahrt, daß das Licht, das sie haben, ausreicht, um ihnen [korr. aus »sie«. F. S.] zur Erkenntnis ihres Schöpfers und zu einem Einblick in ihre Pflichten zu verhelfen. (*Versuch über den menschlichen Verstand. Einleitung* 5. I. S. 25)

Das gilt auch für alle wissenschaftliche Tätigkeit:

Versuche und Beobachtungen zeitlich aufeinander folgender Vorgänge können wir anstellen, aus denen wir mancherlei Vorteil für unser Behagen und unsere Gesundheit ziehen. Dadurch können wir den Vorrat von Annehmlichkeiten für unser Leben vermehren. Darüber hinaus aber – so fürchte ich – reicht unsere Begabung nicht; auch glaube ich, daß unsere Fähigkeiten nicht imstande sind, weiter fortzuschreiten. (Ebd. IV, 12, 10. II. S. 331)

Locke will mit seiner Philosophie weg von jeglicher Aufgeregtheit, der Arzt Locke hätte vielleicht gesagt: weg von aller philosophischen Hysterie, die dauernd nach absoluten Wahrheiten strebt. Hier begegnen wir einer anderen Lebensauffassung als der der Rationalisten, die den zureichenden Grund von allem erkennen wollten und so nach einem universalen und absoluten Wissen, wenigstens in prinzipieller Hinsicht, strebten. Daß unser Wissen und unsere Erkenntnisfähigkeit begrenzt sind, braucht jemand wie Locke gar nicht eigens zu diskutieren, das steht für ihn fest, ebenso wie aber auch feststeht, daß das, was wir im theoretischen wie im praktischen Bereich erkennen können, für uns für ein vernünftiges, unseren Interessen entsprechendes Leben ausreicht. Die Frage der Erkenntnistheorie hat in diesem Zusammenhang ihre in anderen Kontexten auftretende Schärfe verloren. Dies erklärt, daß manche Unklarheiten, Ungereimtheiten oder theoretische Schwächen in Lockes *Versuch über den menschlichen Verstand*, die Kritiker aus dem Lager der Erkenntnistheorie oder Wissenschaftstheorie ausmachten und bei denen sie sich erstaunt fragten, warum der Autor denn nicht selber darauf gekommen ist, Locke tatsächlich nicht berührten. Locke wollte eben einfach die Grenzen der Erkenntnis auffinden, um festzustellen, wo es sich lohnte weiterzuarbeiten (natürlich nicht philosophisch, sondern medizinisch, ökonomisch, praktisch in einem weiteren Sinne) und wo solche Mühe nur vergebens sein konnte:

Wenn ich durch diese Untersuchung der Natur des Verstandes ermitteln kann, welches seine Kräfte sind, wie weit sie reichen, welchen Dingen sie einigermaßen angemessen sind und wo sie nicht mehr ausreichen, so dürfte das vielleicht von Nutzen sein, um den regen Geist des Menschen zu bewegen, in der Beschäftigung mit Dingen, die seine Fassungskraft übersteigen, größere Zurückhaltung zu üben, um ihm Halt zu gebieten, wenn er am äußersten Rande des ihm zugewiesenen Bereiches angelangt ist, und sich gelassen mit seiner Unwissenheit abzufinden, wenn es sich um Dinge handelt, bei denen eine Prüfung erweist, daß sie jenseits des Bereiches unserer Fähigkeiten liegen. (Ebd. *Einleitung* 4. I. S. 24)

Sich »gelassen mit seiner Unwissenheit abzufinden« ist genau das, was den Rationalisten als unphilosophisches Denken erschien. Für Locke hingegen besteht gerade darin der rechte Gebrauch der Vernunft. In seinen Schriften zur Erziehung wies Locke wiederholt darauf hin, daß es auf eine Verstandesübung ankommt, in der mehr das Abwägen von Wahrscheinlichkeiten als die Anwendung von Prinzipien erlernt wird. Auch dort weist er wiederholt auf die Grenzen des Verstandes hin, die er im Bereich der Erziehung auch ganz individuell betrachtet: Es hat keinen Sinn, sich Aufgaben zu stellen, welche die eigenen Kräfte übersteigen und somit faktisch unlösbar sind.

Die Methode, mit der Locke an die Frage von Reichweite und Grenze unseres Verstandes herangeht, nennt er die »historische, einfache Methode« (Ebd. *Einleitung* 2. I. S. 23), bei der es darum geht, »Ursprung, Gewißheit und Umfang der menschlichen Erkenntnis zu untersuchen« (Ebd. I. S. 22). Gemeint ist damit in einem ersten Schritt eine genetische Methode, d. h. Locke fragt, wie es dazu kommt, daß wir Sätze über die Wirklichkeit aussagen. Dabei ist der bewußt eingeschränkte Ausgangspunkt zu beachten: Locke will weder eine »naturwissenschaftliche Betrachtung des Geistes« liefern (und somit keine Psychologie der Sinne entwerfen), und er will auch nicht fragen, worin das »Wesen« des Geistes besteht (Ebd.). Er wählt also einen Ausgangspunkt, der außerhalb der Naturwissenschaft und außerhalb der Metaphysik liegt. Die *wissenschaftstheoretische Einordnung* von Lockes *Versuch über den menschlichen Verstand* ist somit gar nicht so einfach. Es gab zu seiner Zeit zunächst einmal die Naturphilosophie. Locke nahm wie alle damals an, daß es deren Aufgabe sei, allgemeingültige und notwendige Sätze zur Erklärung von Phänomenen zu liefern. Daneben gab es noch einen Bereich, der damals »Naturgeschichte« genannt wurde. Hier wurden Sätze von Beschreibungen empirischer Phänomene gesammelt und klassifiziert. Als eigentlich »wissenschaftlich« sah man diese Tätigkeit aber nicht an. Locke will nun Naturgeschichte und Philosophie zusammenbringen, was aber dann bedeutet, daß auf den Anspruch strenger »Wissenschaftlichkeit« verzichtet werden muß, da ihm klar ist, daß er auf diesem Weg zu keinen allgemeingültigen und notwendigen Sätzen gelangen kann. Er war jedoch überzeugt, daß der Nutzen und die Fruchtbarkeit dieser Untersuchungen für den »Verlust« der Wissenschaftlichkeit entschädigen, so wie ja auch die damaligen Erfolge im Bereich der »Naturgeschichte« für sich sprachen. Mit seinen Vorstellungen traf er sich mit denen Gassendis, dessen Schriften er kannte, und mit denen des Physikers Robert Boyle (1627–1691), mit dem er persönlich bekannt war. Lockes Ausgangspunkt ist dem

Gassendis sehr nahe: Der menschliche Verstand ist zunächst eine *tabula rasa*, alles, was wir im Verstand vorfinden, stammt aus der Erfahrung. Locke meint, daß dies auch der normalen Erfahrung entspricht. Wir finden in unserem Geist verschiedenste Ideen oder Vorstellungen vor; daß diese nicht angeboren sein können, ist Locke klar. Er setzt sich mit der Annahme angeborener Ideen trotzdem – unter dem Eindruck von Descartes' Philosophie – ausführlich im 1. Buch seines *Versuchs über den menschlichen Verstand* auseinander. Die Frage, woher die Erkenntnis des Menschen kommt, wird von Locke deutlich beantwortet:

Woher hat er all das *Material* für seine Vernunft und für seine Erkenntnis? Ich antworte darauf mit einem einzigen Worte: aus der *Erfahrung*. (Ebd. II, 1, 2. I. S. 108)

Da alle Erkenntnis auf Erfahrung beruht, ist die Bezeichnung »Empirismus« hier berechtigt. Locke unterscheidet allerdings zwei Bereiche der Erfahrung:

Unsere Beobachtung, die entweder auf äußere sinnlich wahrnehmbare Objekte gerichtet ist oder auf innere Operationen des Geistes, die wir wahrnehmen und über die wir nachdenken, liefert unserm Verstand das gesamte *Material* des Denkens. (Ebd.)

Äußere Erfahrungen sind solche, die wir mit Wörtern wie »gelb«, »weiß«, »bitter«, »kalt« usw. bezeichnen (Ebd. II, 1, 3. I. S. 108); diese Erfahrungen sind die *sensations*. Sobald solche Erfahrungen, die von außen an uns herangetragen werden, in unserem Geist sind, machen wir innere Erfahrungen, welche die Operationen des Geistes begleiten, die wir mit Ausdrücken wie z. B. »wahrnehmen«, »denken«, »zweifeln«, »glauben«, »schließen«, »erkennen« und »wollen« bezeichnen (Ebd. II, 1, 4. I. S. 108); diese Operationen sind die *reflexions*. Alle diese Erfahrungen, also *sensations* wie *reflexions*, bezeichnet Locke als »einfache Ideen«. Schließlich gibt es auch einfache Ideen, die wir sowohl bei Sensationen als auch bei Reflexionen gewinnen; diese nennt Locke *Modi*, unter denen vor allem Freude und Schmerz wichtig sind, zu denen aber auch andere wie z. B. Hoffnung, Furcht oder Verzweiflung gehören (Ebd. II, 19 und 20. I. S. 268–276).

Locke hat selbst gesehen, daß dieser (empiristische) Ansatzpunkt gar nicht so sehr erkenntnistheoretisch, sondern vielmehr *sprachkritisch* bestimmt ist, weshalb er auch das gesamte 3. Buch seines *Versuchs über den menschlichen Verstand* den Wörtern widmete. Der Gedanke dabei ist einfach: Wir können bestimmte Begriffe definieren, indem wir sie durch andere Wörter erklären, irgendwann kommen wir jedoch zu bestimmten Wörtern, die wir nicht mehr definieren können, und für deren Verstehen müssen wir auf Erfahrungen verweisen. Dabei nützen uns Erklärungen (Theorien) über das Zustandekommen einer Erfahrung gar nichts: Eine Theorie der Ursachen von Farbempfindungen hilft einem Blinden nicht zu wissen, was mit »rot« gemeint ist. Ebenso nützt eine Erklärung physiologischer Art nichts, wenn man wissen möchte, was »Schmerz« ist. Jemandem, der diese Empfindung nicht kennt, | 203
könnte man doch nur sagen: »Schmerz ist die Erfahrung, die man macht, wenn …«, d. h. man gibt eine Situation an, in der eben diese Erfahrung gemacht wird. Was sich also bei Locke zunächst als die (empiristische) Annahme des Ausgangspunktes von einer theoriefreien Erfahrung gezeigt hatte, erweist sich im weiteren Aufbau als semantisches Sinnpostulat (das nicht mit einem positivistischen Sinnkriterium verwechselt werden darf). Locke will nur sagen, daß es Worte gibt, deren Bedeutung man nur durch Hinweisen vermitteln kann, d. h. durch eine Art der Definition, die man heute *ostensive definition* nennt:

> Wer also nicht schon zuvor die von einem Wort vertretene einfache Idee auf dem entsprechenden Wege in seinen Geist aufgenommen hat, kann nie dazu gelangen, die Bedeutung jenes Wortes durch irgendwelche andere Worte oder Laute, die nach den Regeln der Definition miteinander verbunden sind, zu verstehen. Der einzige Weg dazu ist der, daß man den betreffenden Gegenstand auf seine Sinne einwirken läßt, um so in sich die Idee zu erzeugen, deren Namen man schon erlernt hat. (Ebd. III, 4, 11. II. S. 31)

Locke kommt es also vor allem darauf an, letzte, nicht mehr weiter analysierbare Bedeutungsträger in unserer Sprache aufzuzeigen, die eine Bedeutung einzig durch die Erfahrung haben, und diese nennt er dann »einfache Ideen«. Die Frage der Erkenntnistheoretiker, wie sich Locke die empiristische Auszeichnung »einfacher Ideen« vorgestellt habe, findet somit nur in der Sprachkritik Lockes eine Antwort.

An eine deutliche Grenze seiner Methode gelangt Locke allerdings im Kapitel *Über die Partikel*. Locke weiß genau, wie wichtig für alle Aussagen das ist, was er »Verknüpfung, Einschränkung, Unterscheidung, Gegenüberstellung, Hervorhebung usw.« nennt, und er sagt auch ausdrücklich, daß diese Wörter »keine Namen für irgendwelche Ideen sind« (Ebd. III, 7, 1 f. II. S. 94 f.). Wenn man jedoch bei Locke eine Antwort auf die Frage sucht, was sie nun sind und woher sie kommen, so ist die Antwort äußerst dürftig: Sie sind für ihn »sämtlich Zeichen irgendeiner Tätigkeit oder Andeutung des Geistes« – das ist alles (Ebd. III, 7, 4. II. S. 96). Man hat den Eindruck, daß Locke über dieses für ihn unangenehme Kapitel rasch hinweggehen will. Es kommt aber nicht von ungefähr, daß genau an dem Punkt, an dem die Rationalisten, z. B. Arnauld und Leibniz, einige ihrer besten Leistungen erbracht haben, bei Locke nur die vage Aufforderung steht, »das verschiedene Verhalten seines Geistes beim Reden genau [zu] beobachten« (Ebd. III, 7, 3. II. S. 95). Denn folgende Frage bleibt bestehen: Wenn Worten wie »und«, »oder« usw. keinen einfachen Empfindungen entsprechen, sie aber auch keine zusammengesetzten Ideen sind, woher kommen sie dann? Oder anders gefragt: Zeigen Worte wie »und«, »oder« usw. nicht doch an, daß unsere Erkenntnis nicht ganz ohne empiriefreie Elemente auskommt? Wenn man das Verhalten des Geistes beim Reden genau beobachtet, wie Locke dies fordert, so muß man feststellen, daß man zwar eine Gruppe von Äpfeln sehen kann, nicht aber 1 + 1 Äpfel. Also was ist das »+« oder das »und«? Wenn Locke allerdings von den Partikeln sagt, »dieses Kapitel der Grammatik [sei] vielleicht ebenso stark vernachlässigt worden, wie andere übermäßig durchdacht worden sind« (Ebd.), so zeigt dies eigentlich nur das Nicht-mehr-Kennen der mittelalterlichen Philosophie zu seiner Zeit. Von einem Traktat wie dem *De syncategorematicis* seines englischen Landsmannes William von Sherwood aus dem 13. Jhd., wo solche Fragen sehr genau behandelt worden waren, hatte er offensichtlich niemals etwas gehört. Berücksichtigt man, daß Lockes Sprachphilosophie in einem ganz entscheidenden Sinne sprachkritisch orientiert ist, so ist die schon seit Bacon offenkundige Unkenntnis der Tradition gerade auch der englischen Logiker des Mittelalters, von deren Werken inzwischen auch schon eine ganze Anzahl im Druck erschienen war (vgl. Kap. I, 6), als ein nicht unerheblicher Mangel anzusehen.

Der weitere Gang unserer Erkenntnis besteht dann nach Locke darin, daß wir bestimmte Gruppen einfacher Ideen zu **komplexen Begriffen** zusammenfassen, wobei diese Zusammenfassungen von unserem Geist abhängen. Hier bilden wir also immer Definitionen, durch die ein Gegenstand konstituiert wird. Im einfachsten Fall gehen wir z. B. von Bezeichnungen für Eigenschaften wie etwa »fest« und »flüssig« aus, dann gehören Quecksilber wie Wasser zu den flüssigen Gegenständen, oder wir fassen andere Eigenschaften zusammen, durch die wir den Begriff »Metall« bilden, wo dann Quecksilber zu den Metallen gehört, Wasser dagegen zu den Nicht-Metallen. Da es uns freisteht, solche Gruppen zu bilden, dürfen wir uns nie einbilden, »Wesenheiten« oder »Substanzen« zu erkennen:

Tatsächlich können wir denn auch die Dinge nicht nach ihren realen Wesenheiten ordnen und gruppieren und sie folglich auch nicht benennen (was doch der Zweck solchen Ordnens ist), weil wir jene Wesenheiten nicht kennen. Unsere Fähigkeiten bringen uns in der Kenntnis und Unterscheidung der Substanzen nicht weiter als bis zur Zusammenfassung *jener sinnlich wahrnehmbaren Ideen, die wir an ihnen beobachten.* (Ebd. III, 6, 9. II. S. 56)

Die Auffassung, daß wir die Wesenheiten der Dinge nicht erkennen können, erhielt ihre Plausibilität durch den *Atomismus*. Seit der Renaissance spielte die antike Atomtheorie Demokrits (vgl. 1. Teil, Kap. V, 3, a) eine große Rolle. Telesio hatte den Atomismus Demokrits vertreten (vgl. 3. Teil, Kap. I, 7), auch Galilei hatte mit atomistischen Vorstellungen gearbeitet (vgl. Kap. IV, 3), und auch Lockes Zeitgenosse Newton verwendet sie. Für Gassendi stand diese Theorie im Zentrum seiner Naturphilosophie. Das, was wir als Sinnesempfindungen wahrnehmen, ist die Wirkung von Zuständen, die durch die Größe, Gestalt, Ordnung und Bewegung der Atome determiniert sind, die jedoch unserer Beobachtung unzugänglich sind. Wir sehen also nur die Oberfläche von Dingen, die in ihrem Inneren eine Form haben, welche keine Ähnlichkeit mit dieser Oberfläche hat. Das »Wesen« der Dinge bleibt uns also verborgen. Locke übernahm diese Atomtheorie:

Nehmen wir an, unsere Ideen von Substanzen wären so geartet, daß wir wüßten, durch welche reale Beschaffenheit die an ihnen entdeckten wahrnehmbaren Qualitäten zustandekommen und in welcher Weise sie aus jener Beschaffenheit hervorgehen; dann könnten wir mit Hilfe der in unserem Geist vorhandenen besonderen Ideen von ihren realen Wesenheiten mit größerer Gewißheit ihre Eigenschaften herausfinden und die Qualitäten, die sie haben, oder nicht haben, feststellen, als wir das jetzt mit Hilfe unserer Sinne zu tun vermögen. [...] Wir sind jedoch so weit davon entfernt, zu den Geheimnissen der Natur zugelassen zu werden, daß wir schwerlich je an ihre äußerste Pforte herankommen. (Ebd. IV, 6, 11. II. S. 248 f.)

Locke nahm auch an, daß die Dinge schon in ihrer Atomstruktur in Verbindung mit den übrigen Dingen stehen, und zwar in einer Weise, daß ein Ding eigentlich gar nicht ohne diese Beziehungen richtig erkannt werden kann, wobei wir jedoch auch diese Verbindungen nicht erkennen können. Locke zieht dafür u.a. das Beispiel des zu seiner Zeit häufig diskutierten Magnetsteines heran, dessen wahrnehmbare Qualitäten von weit entfernten Dingen abhängen müssen (Ebd. S. 250), und er stellt zusammenfassend fest:

Alle diese Tatsachen lassen uns deutlich erkennen, daß die Mitwirkung und Betätigung einer Reihe von Körpern, mit denen sie kaum je in Verbindung gebracht werden, unbedingt notwendig ist, um sie zu dem zu machen, als was sie sich uns darstellen, und die

Qualitäten zu erhalten, an denen wir sie erkennen und nach denen wir sie unterscheiden. Wir gehen demnach absolut fehl, wenn wir glauben, daß die Dinge *in sich selbst* die Qualitäten enthielten, die wir an ihnen bemerken. (Ebd. S. 251)

Solche Feststellungen erscheinen uns heute als beinahe selbstverständlich. Man muß aber dabei sehen, daß der Atomismus zur Zeit Lockes eine Theorie war, für die es keinerlei Möglichkeit der empirischen Überprüfung gab. Wir würden heute sagen, daß es sich damals bei der Theorie des Atomismus um eine »außerwissenschaftliche« Annahme handelte. Im Grunde wußte das auch Locke, er nahm aber an, daß diese Theorie fruchtbar und anderen Vermutungen überlegen war. Man muß auch sehen, daß gerade zu seiner Zeit die technische Erfindung des Mikroskops eine ebenso große Aufmerksamkeit hervorrief, wie einige Jahrzehnte vorher die des Teleskops. Das Mikroskop war zwar schon um 1590 von den Brillenschleifern Hans und Zacharias Janssen erfunden, aber erst seit der Mitte des 17. Jhd.s durch Huygens und andere so weiterentwickelt worden, daß es für wissenschaftliche Zwecke eingesetzt werden konnte. Antony van Leeuwenhoek (1632–1723) war es durch seine mikroskopischen Arbeiten erstmals gelungen, Mikroorganismen zu beobachten, was 1673 durch eine Mitteilung an die *Royal Society* bekannt und entsprechend diskutiert wurde. Selbstverständlich konnten solche Beobachtungen in keiner Weise den Atomismus empirisch bestätigen. Der Atomismus des 17. Jhd.s kann also nicht mit dem kopernikanischen oder keplerschen System verglichen werden, das eindeutige kalkulatorische Vorteile bei der Erklärung empirischer Phänomene lieferte. Die Forschungsrichtung auf das unendlich Kleine hin schien aber, angeregt durch das Mikroskop, eine fruchtbare Entwicklung der Wissenschaft einleiten zu können, und die theoretische Voraussetzung dafür war der Atomismus. Die Entscheidung für den Atomismus hat den Gang der Wissenschaft der folgenden Jahrhunderte bis in unsere Gegenwart geprägt, und die Korpuskulartheorie ist inzwischen durch den Fortschritt der Wissenschaft und der Technik (Elektronenmikroskop) zu einer Theorie geworden, die eine so breite empirisch-experimentelle Bestätigung gefunden hat, daß sie beinahe wie eine Vernunfteinsicht wirkt. Man sollte aber nicht vergessen, daß sie dies von Demokrit bis lange über Locke hinaus keineswegs war. So wie die Erkenntnistheorie Lockes als ganze, so ist auch der darin enthaltene Atomismus wissenschaftstheoretisch schwer einzuordnen: Er stellte damals keine physikalische Theorie dar, sollte aber auch keine metaphysische Theorie sein. Wahrscheinlich hätte sich Locke aber gar nicht sonderlich mit dieser Frage beschäftigt: Es handelt sich dabei um eine Vermutung, die erkenntniskritisch und wissenschaftlich fruchtbar sein könnte, eine »Rahmentheorie«, die zu verfolgen sich lohnt, mehr brauchen wir nicht zu wissen.

Das Denken im Rahmen von möglicherweise fruchtbaren Vermutungen führte Locke konsequenterweise zu einer Aufwertung der *Wahrscheinlichkeit*. Descartes hatte in seiner Auffassung vom theoretischen Wissen die Wahrscheinlichkeit deutlich abgewertet. Dies war bedingt durch seinen sehr hoch gesteckten und im Prinzip unbegrenzten Erkenntnisanspruch (vgl. Kap. V, 2). Locke bezieht hier eine Gegenposition, die bestimmt ist von seinem Ausgangspunkt: der Begrenztheit allen Wissens. Von dieser Voraussetzung aus ist die Frage nach der Wahrscheinlichkeit eine, die sich mit einer gewissen Selbstverständlichkeit und ohne die großen »Wahrheitsprobleme« ergibt:

Unser Wissen ist, wie bereits dargelegt, ein sehr beschränktes. [...] Daher werde ich nun, nachdem ich *die Grenzen der menschlichen Erkenntnis und Gewißheit* festgestellt zu haben glaube, im folgenden dazu übergehen, *die verschiedenen Grade und Ursachen der Wahrscheinlichkeit, der Zustimmung und des Glaubens* zu untersuchen. (*Versuch über den menschlichen Verstand* IV, 15, 2. II. S. 344)

Auch hier begegnen wir einer für den weiteren Gang der Wissenschaft wichtigen Umorientierung, die jedoch einer Präzisierung bedarf. Locke arbeitet nicht mit dem Wahrscheinlichkeitskalkül im Sinne von Pascal (vgl. Kap. VI, 3). Es geht ihm also nicht um die kalkulierbare Wahrscheinlichkeit des Eintreffens eines singulären Ereignisses, sondern um das Abwägen der Gründe und Gegengründe, die für eine Aussage sprechen. Da für Locke alle Beobachtungssätze der empirischen Wissenschaften Wahrscheinlichkeits-Aussagen sind, ist es für die Wissenschaften wichtig, die nicht immer gleiche Qualität der Wahrscheinlichkeit näher zu bestimmen. Daraus ergeben sich *Grade der Wahrscheinlichkeit*. Liegt eine sich immer wiederholende Erfahrung vor, die auch mit den Berichten der Erfahrung früherer Menschen übereinstimmt, so handelt es sich um den höchsten Grad der Wahrscheinlichkeit, bei dessen Vorhandensein wir praktisch so verfahren können, als ob es um sicheres Wissen ginge:

Wir ziehen Folgerungen daraus und handeln danach ebenso unbedenklich, wie wenn sie vollkommen bewiesen wären. Wenn zum Beispiel alle Engländer, die Gelegenheit hätten, davon zu sprechen, behaupten würden, es habe im letzen Winter in England gefroren oder man habe dort im Sommer Schwalben gesehen, dann könnte man meines Erachtens daran ebensowenig zweifeln wie an der Tatsache, daß sieben plus vier gleich elf sind. (*Versuch über den menschlichen Verstand* IV, 16, 6. II. S. 353)

Der berühmte Unterschied zwischen Vernunft- und Tatsachenwahrheiten *(verités de raison/verités de fait)*, der für alle Rationalisten so wichtig war und den Locke kannte, bereitete ihm jedenfalls für den Fall, wo die Beobachtung solcher Tatsachen allgemein verbürgt ist, kein besonderes Kopfzerbrechen. Die allgemeine Übereinstimmung der Beobachtungs-Sätze stellt aber trotzdem kein Kriterium der Wahrheit dar, die Aussagen selbst bleiben auch bei vorliegender Übereinstimmung der Urteile der kompetenten Beurteiler »nur« wahrscheinlich, was aber eben für den Fortgang der

Wissenschaft »unbedenklich« ist. – Der zweite Grad der Wahrscheinlichkeit liegt vor, wenn sich etwas in den meisten Fällen so verhält und auch mit der eigenen Erfahrung übereinstimmt. Als Beispiel führt Locke die Aussage an, »daß die meisten Menschen ihren persönlichen Nutzen dem allgemeinen Nutzen vorziehen« (Ebd. IV, 16, 7. II. S. 354 f.). Daß dieser Aussage eine sehr hohe Wahrscheinlichkeit zukommt, bezweifelt niemand, und auch in unserem modernen statistischen Zeitalter ist noch niemand auf den Gedanken gekommen, dieser Aussage einen genauen statistischen Wert zuzuschreiben: Eine solche empirische Untersuchung würde keinen Erkenntnisgewinn bringen. Problematischer wird die Einschätzung, wenn Argumente und Beweise für und gegen eine Auffassung vorgebracht werden können. Dann ergeben sich Einschätzungen, die von Glauben, Annehmen, Vermuten, Zweifeln, Schwanken, Mißtrauen bis zu Nichtglauben gehen können (Ebd. IV, 16, 9. II. S. 356). Hier genaue Kriterien anzugeben, wird natürlich schwierig.

Das Modell, nach dem Locke Regeln für die Bestimmung der Grade der Wahrscheinlichkeit entwickelt, stammt vor allem aus dem Bereich der Rechtspraxis sowie aus der Geschichtsforschung. Locke ist dabei vernünftigerweise sehr kritisch: Gewöhnlich wurde angenommen, daß eine Aussage, für deren Geltung man sich auf eine lange Tradition berufen kann, besonders glaubwürdig sei. Dies überzeugt Locke nicht; er stellt sich dabei gegen die geläufige Meinung, daß die Quantität der Zeugnisse die Wahrscheinlichkeit der Richtigkeit erhöhe. Seiner durchaus vernünftigen Auffassung nach muß man die Wahrscheinlichkeits-Beurteilung bei überlieferten Sätzen geradezu umkehren:

> Auf diesem Wege erlangen Sätze, die anfangs offenbar falsch oder doch recht zweifelhaft waren, durch eine Umkehrung des Gesetzes der Wahrscheinlichkeit das Ansehen von authentischen Wahrheiten; Aussagen, die im Munde ihres Urhebers wenig Glauben fanden oder verdienten, erhalten durch das Alter den Stempel der Ehrwürdigkeit und werden dann als unanfechtbar gepriesen. (Ebd. IV, 16, 10. II. S. 357)

Damit ist keine Abwertung der Geschichtsquellen gegeben. Locke schätzte durchaus das Zeugnis der Geschichte, er warnte aber davor, sich »auf die Zitate von Zitaten« zu verlassen (Ebd. S. 358). Die hier nur angedeuteten Kriterien Lockes hinsichtlich einer historischen Kritik wurden für die Aufklärung wichtig. Aber Locke stand mit seinen Forderungen auch zu seiner Zeit nicht allein. Die kritisch-historische Arbeit, die schon in der Renaissance begonnen hatte, hatte im 17. Jhd. ein beachtliches Niveau erreicht. Große historisch-kritische Ausgaben entstanden. Um nur einige Beispiele zu erwähnen: In Belgien begründete Jean Bolland (1596–1665) eine später nach ihm benannte Schule historisch-kritischer Arbeit (Bollandisten), die dann von Daniel Papebroch (1628–1714) in Antwerpen fortgeführt wurde, wo eine Spezialbibliothek für historische Arbeiten und eine große Sammlung von Manuskripten entstand, welche die Publikation der vielen Bände der *Acta Sanctorum* ermöglichte.

In Mailand arbeitete Ludovico Antonio Muratori (1672–1750), der in der ersten Hälfte des 18. Jhd.s die ersten 27 Bände der *Rerum italicarum scriptores* und anschließend weitere 6 Bände der *Antiquitates Italicae Medii Aevi* veröffentlichte. Und auch Leibniz war lange Zeit mit der Vorbereitung seines *Codex juris gentium diplomaticus* beschäftigt, dessen historisch-kritisches Niveau allerdings nicht unbedingt das beste darstellt, was in diesem Jahrhundert erreicht wurde.

Bei Locke war mit der Entwicklung von Kriterien für die Beurteilung wahrscheinlicher Aussagen u.a. auch die Hoffnung verbunden, Kontroversen im religiösen und politischen Bereich eine rationalere und überprüfbarere Form zu geben. Die Frage von Graden der Wahrscheinlichkeit ist also für Locke ein Problem, das nicht nur für die Einschätzung von wissenschaftlichen Theorien Bedeutung gewinnt, sondern auch etwas mit seinen Stellungnahmen zur Toleranz zu tun hat. Auch bei der Beurteilung historischer Aussagen sollten durch die Einschätzung von Wahrscheinlichkeiten Fortschritte erzielt werden, was wiederum dazu führen sollte, daß die Gesellschaft vernünftiger und somit toleranter würde. Allerdings fand er sich bei der Frage nach »Fortschritt« mit einer prinzipiellen Problematik konfrontiert. Locke war wie alle Gebildeten seiner Zeit beeindruckt vom Fortschritt der Wissenschaften. Innerhalb seiner Naturgeschichte des menschlichen Denkens fand er sich jedoch mit der Schwierigkeit konfrontiert zu erklären, worin denn – in theoretischer Hinsicht – »Fortschritt« der Erkenntnis bestehen soll. Denn »bessere« Ideen gibt es nicht und »bessere« komplexe Begriffe könnte es nur geben, wenn bestimmte Begriffe »näher« an der Wirklichkeit wären als andere, aber all dies will Locke nicht zugestehen. Man muß sich jedoch klarmachen, daß dies eine Schwierigkeit ist, mit der auch die heutige Wissenschaftstheorie zu kämpfen hat, falls man nicht überhaupt vorschlägt, den Begriff »Fortschritt« als letzten Rest einer metaphysischen Auffassung, nämlich der Teleologie, aus ihrem Vokabular zu verbannen.

4. Das natürliche Gesetz, der Staat und der Privatmann

Die praktische Philosophie Lockes steht – soweit es den ganz allgemeinen Rahmen betrifft – genauso wie die theoretische Philosophie unter dem Einfluß Gassendis. Dieser hatte in der Naturphilosophie den Atomismus Demokrits wiederbelebt und ebenso hatte er im Bereich der praktischen Philosophie den damit in Zusammenhang stehenden *Epikureismus* wieder zur Geltung gebracht. Dies bedeutet dann bei Locke, daß das Glück durch Lust bestimmt ist. Lockes Ethik ist also in ihrer Grundlage das, was wir – allerdings in dem historisch korrekten Sinne (vgl. 1. Teil, Kap. XIII, 2) – »hedonistisch« nennen. Dies schließt, wie auch bei Epikur, die Forderung nach dem Gebrauch der Vernunft nicht aus, die Ethik Lockes ist ganz im Gegenteil genauso wie die Ethik Epikurs ausdrücklich eine Vernunftethik. Was »Lust« bedeutet, läßt sich nach Locke nur durch die Erfahrung bestimmen, und diese Erfahrung wird am deutlichsten durch die negative Erfahrung des Unbehagens (*Versuch über den menschlichen Verstand* II, 21, 33. I. S. 301 f.). Nichtsdestoweniger ist der Unterschied zu der antiken Auffassung an einem entscheidenden Punkt zu sehen: Auch die spätantike Ethik wandte sich an den Einzelnen, es wurde dort aber doch angenommen, daß es ein Allgemeines gebe, das als »Glück« *(eudaimonía)* bezeichnet werden könne. Dies ist bei Locke nicht mehr der Fall, es gibt für ihn *keine allgemeine Idee von »Glück«*: Was jemand als »Glück« ansieht, ist nur von seinen privaten Vorlieben und Abneigungen bestimmt, er sucht nicht »*das* Glück«, sondern »*sein* Glück« (Ebd. II, 21, 34. I. S. 311). Und selbst dann, wenn mehrere Menschen zu einem Konsens darüber gelangen, was sie als »Glück« ansehen, wird daraus keine allgemeine Vorstellung von »Glück«. »Glück« ist Privatsache. Es gibt keine glückliche Gesellschaft, sondern bestenfalls eine Ansammlung glücklicher Einzelner, von denen es aber jedem freisteht, sich unter »Glück« das vorzustellen und das anzustreben, was ihm richtig erscheint.

Dieser ganze Bereich der praktischen Philosophie steht allerdings bei Locke unter einem prekären Argumentationsvorbehalt: Alle diese Begriffe sind das, was er »gemischte Modi« nennt, d. h. es handelt sich hier prinzipiell nur um Zusammensetzungen, die unser Geist vornimmt, wobei er Elemente aus den einfachen *sensations*
210 | und *reflexions* zusammenfaßt. Diese Begriffe haben daher keine Basis in der »Wirklichkeit«, es gibt keine einfachen Modi wie »gerecht«. In Lockes sprachkritischer Auffassung gibt es somit keine ethischen oder politischen Begriffe, die eine unbedingte Argumentationsbasis abgeben könnten. Der Sprachvergleich zeigt dies deutlich:

> Denn man kann – ohne lange zu suchen – in einer Sprache zahlreiche Wörter finden, für die es in einer anderen keine entsprechenden gibt. Dies zeigt deutlich, daß die Bewohner eines Landes durch Sitten und Lebensweise veranlaßt worden sind, gewisse komplexe Ideen zu bilden und ihnen Namen zu geben, die andere niemals zu spezifischen Ideen zusammenfaßten. (Ebd. III, 5, 8. II. S. 41)

Diese Auffassung kam selbstverständlich dem inzwischen durch Kolonisation und durch Reiseberichte sehr angewachsenen ethnologischen Kenntnisstand entgegen. Auf dieser Grundlage wäre es allerdings nur möglich gewesen, eine deskriptiv-historische Geschichte der sprachlichen Normbegriffe zu verfassen, aus der man aber nichts Verbindliches hätte ableiten können. Man könnte immer, sei es durch stillschweigende Übereinkunft, sei es durch gesetzliche Regelung, neue Begriffe und so Verhaltensweisen oder Bezeichnungen für »gute« oder »böse« Handlungen bilden. Locke blieb jedoch bei dem eben Gesagten nicht stehen. In seinen *Zwei Abhandlungen über Regierung*, die im gleichen Jahr wie der *Versuch über den menschlichen Verstand* erschienen (1689/1690), geht Locke, ohne dies zu begründen, nicht von diesen Voraussetzungen aus. Er verwendet hier den Begriff des »Naturgesetzes«, in dem z. B. die Vorstellung, daß die Menschen frei und folglich gleich sind, nicht zur Disposition für eine andere Definition steht, und dasselbe gilt für die Grundbegriffe der wichtigsten Güter »Leben«, »Freiheit« und »Eigentum«. In diesem Zusammenhang geht Locke also nicht historisch-genetisch vor, sondern nimmt an, es gebe so etwas wie Vernunftgebote. Er nimmt an, daß Gott in die natürliche Ordnung ein Gesetz hineingelegt hat, das von der Vernunft des Menschen erkannt werden kann. Diese beiden Ausgangspunkte der praktischen Philosophie Lockes sind in der Tat schwer zu vereinbaren. Man könnte es jedoch so sehen, daß Locke hier auf dem Weg zu Kants strenger Trennung in *theoretische* und *praktische* Vernunft ist: Auf der einen Seite – im *Essay* – gibt es nur eine *empirische* Beschreibung des tatsächlichen Verhaltens der Menschen, aber auf der anderen Seite – in den *Zwei Abhandlungen über Regierung* – gibt es eine *normative* praktische Philosophie der Sittlichkeit und des Rechts. Die Menschen gelangen zur Erkenntnis dieses natürlichen Gesetzes allerdings nach Locke durch keinerlei angeborene Ideen und durch keinerlei kategorischen Imperativ, sondern ausschließlich durch einzelne Erfahrungen, die dann verallgemeinert werden. Er meint dabei, daß diese Einsichten »leicht« zu gewinnen seien und eigentlich bei allen Menschen vorhanden sein müßten (vielleicht verließ sich Locke dabei allerdings zu sehr auf die faktisch schon vorhandene Vernünftigkeit der positiven Ordnung Hollands und Englands). Das Recht auf Leben, Freiheit und Eigentum ist nach Locke auch schon im Naturzustand vorhanden. Um diese Güter zu schützen, aber gleichzeitig den Krieg aller gegen alle zu verhindern – hier sind wir gar nicht so weit von Hobbes entfernt – schließen die Menschen einen *Gesellschaftsvertrag*, durch den der Schutz dieser Güter an den Staat delegiert wird, dafür aber auf das Recht der Verteidigung der eigenen Güter und der Bestrafung jener, die dieses Recht nicht beachten, verzichtet wird. Im *Staat* sollen Legislative und Exekutive unterschiedene Gewalten sein, allerdings nicht, weil dies ein Vernunftgebot wäre, sondern deshalb, weil sich eine solche Trennung praktisch bewährt hat. Da die Menschen im Gesellschaftsvertrag auf die ihnen zustehende Gewalt nur freiwillig verzichtet haben, haben sie das Recht, bei Mißbrauch der legislativen oder exekutiven Gewalt auch wiederum mit Gewalt Widerstand zu leisten.

Locke entwickelte im weiteren eine Reihe sehr interessanter Themen: u. a. eine Theorie der Arbeit, aus der das Recht des Produzierenden auf das Produzierte hervorgeht; eine Theorie der Grenzen des Erwerbs, denn es darf nichts verderben; außerdem eine Theorie der Geldwirtschaft, in der begründet wird, warum diese nützlich ist, insofern sie den Anteil am ökonomischen Gewinn auch dem sichert, der keinen eigenen Boden erwerben kann. – Gelegentlich wäre es jedoch für Locke nützlich gewesen, sich an die Sprachtheorie seines *Essyas* etwas mehr zu erinnern. Die Theorie der Normbegriffe, wie er sie dort entwickelt hatte, hätte ihm jedenfalls keine Grundlage etwa dafür gegeben, Eigentumsrecht auf amerikanisches Nomadenland der Indianer aufgrund von landwirtschaftlicher Nutzung zu begründen. Warum sollten die Indianer nicht einen anderen »gemischten Modus« für »Eigentum« und

»Nutzung« bilden als die Engländer, und woher nahmen die Engländer ein Recht, mit ihrem »gemischten Modus« Indianer aus ihrem Gebiet zu vertreiben? Die Nutzung durch Ackerbau ist keineswegs eine bessere Grundlage für den Anspruch eines Eigentumsrechts als die durch Jagd. Hätte er nochmals seinen *Essay* gelesen, so hätte er zwar die Kolonialisierung auch nicht verhindert, er hätte es sich aber erspart, sie zu legitimieren.

Zu den Fragen der praktischen Philosophie gehört bei Locke der Sache nach auch die Religionsphilosophie. In den späteren Jahren verfaßte er die Abhandlung *The Reasonableness of Christianity*, eine Schrift, die für die Philosophie der Aufklärung sehr wichtig werden sollte. Das Problem, das er sich stellte, war das, was später als »*natürliche Religion*« bezeichnet wurde. Für Locke ist die Frage einer Vernunftreligion provoziert durch den Streit zwischen den verschiedenen christlichen Konfessionen, der zu seiner Zeit wiederholt zu Kriegen geführt hatte. Die Vernunftreligion sollte auch das Fundament für das liefern, was Locke schon in den Toleranzschriften dargelegt hatte. Durch die Anerkennung einer gemeinsamen vernünftigen Religion könnte der Friede zwischen den verschiedenen konfessionellen Gruppen gesichert werden. Seiner Auffassung nach enthält das Christentum als Grundlage genau diese Vernunftreligion, was im Bereich der Ethik bedeutet, daß die sittlichen Regeln des *Neuen Testaments* denen der natürlichen Ethik entsprechen. Die Grenzen der Interventionskompetenz des Staates sind durch diese Vernunftreligion umschrieben. Was in den einzelnen Religionen bzw. Konfessionen darüber hinausgeht, ist wiederum Privatsache, d. h. ist der Beurteilung des Einzelnen überlassen. Locke leugnet dabei nicht das Vorhandensein einer Offenbarung, er will nur verhindern, daß deren Auslegungsprobleme gesellschaftliche Konsequenzen haben können. Er selbst verfaßte gegen Ende seines Lebens auch Bibelkommentare, in denen allerdings seine liberal aufgeklärte Haltung deutlich zum Ausdruck kam: Die augustinische Auffassung der Erbsünde (vgl. 2. Teil, Kap. III, 5) war für ihn inakzeptabel, ohne daß er deshalb zu der – für einen Empiriker wirklich recht unwahrscheinlichen – Auffassung gelangte, die Menschen seien von Natur aus gut. Auch in diesem Punkt war er von Hobbes gar nicht so weit entfernt, er meinte aber, daß die Menschen durch die Gottesfurcht, deren Verpflichtung er zu den Erkenntnissen der vernünftigen Religion rechnete, zu einem halbwegs sittlichen Lebenswandel gebracht werden können – wobei man allerdings Locke fragen muß, ob dies empirisch halbwegs bestätigbar ist. Die religionsphilosophischen Thesen Lockes wurden in eine Richtung fortentwickelt, die er selbst nicht gewünscht, die ihn aber möglicherweise auch nicht sonderlich gestört hätte: Er hatte an einer Offenbarung festgehalten, in der Folge blieb jedoch häufig, etwa in John Tolands (1670–1722) *Christianity Not Mysterious* nur eine Vernunftreligion deistischer Prägung übrig: Gott hat einmal eine Welt geschaffen, mit dem weiteren Verlauf derselben aber hat er nichts mehr zu tun.

Die Wirkung der Schriften Lockes trat rasch ein. Im Vergleich zu vielen anderen Philosophen war seine Wirkung – in der französischen wie in der deutschen Philosophie der Aufklärung – auch sehr breit und blieb nicht auf Philosophen-Kollegen beschränkt. Die Verfassung der Vereinigten Staaten ist wie schon die Unabhängigkeitserklärung von Lockes Ideen geprägt. Selbst wenn die Autoren der amerikanischen Verfassung von Locke »abgeschrieben« haben sollten, so wäre das gar nicht negativ zu beurteilen – Verfassungen sind keine Doktorarbeiten, und wenn vernünftige philosophische Gedanken in seltenen Fällen eine realgeschichtliche Wirkung erhalten, so ist das in jedem Fall zu begrüßen.

- X -

Isaac Newton

1. Newton, der Größte unter allen

Es ist in diesem Abschnitt in keiner Weise möglich, die wissenschaftlichen Leistungen von Isaac Newton (1642–1727) darzustellen. Es geht vielmehr einzig um die Frage, welche Bedeutung die newtonsche Wissenschaft für die Philosophie gehabt hat und noch hat. Es wurde in den vorangegangenen Kapiteln wiederholt darauf hingewiesen, daß es kennzeichnend für die Philosophie der Neuzeit ist, daß ihr Gegenüber jetzt die Naturwissenschaft geworden ist. Mit der Wissenschaft Newtons, der hier als der bedeutendste einer großen Gruppe von Wissenschaftlern in verschiedenen Ländern Europas im 17. Jhd. steht, hatte sich die Situation der Philosophie wesentlich verschärft: Die Mathematik, die in diesem Jahrhundert bedeutende Fortschritte machte, schien das adäquate Instrument zu sein, die abstrakten Strukturen der Wirklichkeit zu erklären, eine Aufgabe, die früher der Metaphysik zugesprochen worden war. Die Physik und die Astronomie, die nun zu einer einzigen Wissenschaft vereinigt wurden, lieferten eine Erklärung des physischen Kosmos, neben der eine Naturphilosophie keinen Platz mehr zu haben schien. Das, was Newton unter »Naturphilosophie« verstand, in der die Mathematik eine entscheidende Rolle spielte, deckte den gesamten Bereich dessen ab, was früher unter Physik und Metaphysik verstanden worden war. Mit Newtons Physik, oder besser: mit jenem Verständnis newtonscher Physik, das sich im 18. Jhd. herausbildete, wurde für die Philosophie das Paradigma geliefert, in dem sich neuzeitliche, an der Wissenschaft orientierte Rationalität manifestierte. Selbst die Fragen der natürlichen Theologie schienen in Newtons System eine Antwort zu finden, der gegenüber die traditionelle philosophische Gotteslehre als überholt erscheinen mußte. Blieb noch der Bereich der menschlichen Gesellschaft: Aber auch hier schien es möglich, newtonsche Methoden anzuwenden und eine Physik der Gesellschaft aufzubauen. Es gab bereits im 18. Jhd. solche Versuche, die dann zu Beginn des 19. Jhd.s mit Claude Henri de Saint-Simon (1760–1825) ihren konsequentesten Vertreter fanden. Für Zeitgenossen und Nachfahren Newtons, die weniger scharfsinnig und kritisch als Leibniz oder Kant waren, mußte sich die Frage aufdrängen, ob nicht aus dem Gegenüber von Philosophie und Naturwissenschaft eine Ablösung der Philosophie durch die Naturwissenschaft geworden war. Für die Vorstellung Auguste Comtes (1798–1857) im 19. Jhd., daß zunächst die Metaphysik (die für die ganze Philosophie stand) die Mythologie (und so auch die Theologie) und später die Wissenschaft die Metaphysik abgelöst habe, schien für die letzte Stufe das Beweis- und Anschauungsmaterial durch die Wissenschaftsentwicklung des 17. und 18. Jhd.s geliefert worden zu sein. In dieser Wissenschaftsentwicklung spielte Newton eine überragende Rolle.

Schon zu seiner Zeit wurde Isaac Newton als der bedeutendste Gelehrte seines Jahrhunderts anerkannt. Begonnen hatte sein Leben in wirtschaftlich guten Verhältnissen. Sein Vater starb aber schon vor seiner Geburt, und nachdem seine Mutter wieder geheiratet hatte, wurde er von seiner Großmutter betreut. 1661 begann Newton seine Studien am Trinity College in Cambridge. Sowohl die Aufnahme in diese berühmte Schule als auch das Stipendium, das er dort später erhielt, gingen weniger auf Anzeichen besonderer wissenschaftlicher Begabung als vielmehr auf Beziehungen zurück. Seine intensiven Studien der Mathematik, Optik und Astronomie trugen jedoch bald Früchte. 1668 wurde er Magister Artium, und schon 1669 erhielt er in Cambridge den Lehrstuhl für Mathematik. 1687 erschienen die *Philosophiae naturalis principia mathematica* im Druck, jenes Werk also, das den Ruhm Newtons begründete. 1689 wurde Newton als Vertreter von Cambridge Mitglied des Parlaments. Sein Erfolg als Professor hingegen war nur gering. Er übernahm deshalb 1696 gern ein Amt in der Königlichen Münzverwaltung in London, deren Leiter er 1699 wurde. Schließlich gab er 1701 seine Professur in Cambridge ganz auf. 1699 wurde er Mitglied der Pariser *Académie des Sciences*, und im selben Jahr wurde er auch in die *Royal Society* aufgenommen, deren Präsident er 1703 wurde.

Seine Leistungen in der *Royal Society*, auch in institutioneller Hinsicht, waren beachtlich, vor allem gelang es ihm, die finanzielle Basis dieser bedeutenden Forschungsinstitution zu sichern. Allerdings war, wie sich gleich auch im Prioritätsstreit zeigen wird, der übermächtige Einfluß von Newton auf die Forschungsarbeit der *Royal Society* nicht in jeder Hinsicht positiv: Gegner irgendwelcher Auffassungen Newtons hatten dort kaum eine Möglichkeit, zu Wort zu kommen. 1705 wurde Newton in den Adelsstand erhoben, was aber vermutlich wenig mit seinen wissenschaftlichen Leistungen zu tun hatte. Newton galt seit der glorreichen Revolution von 1688/1689 auch als Exponent der anglikanischen Kirche, da er als entschiedener Gegner der von Jakob II. geplanten Rekatholisierung Englands hervorgetreten war. Als er 1727 starb, wurde er dort begraben, wo man auch die englischen Könige begrub: in der Westminster Abbey.

Newton und Leibniz: Eine schwierige Beziehung

Newton war der Meinung, der Größte im Bereich der Wissenschaft zu sein. Allerdings gab es da im 17. Jhd. einen Konkurrenten: Gottfried Wilhelm Leibniz (1646–1716). Die Beziehung zwischen den beiden war zunächst kollegial und wissenschaftlich. In den Jahren 1672–1676 hatte Leibniz seinen *Infinitesimalkalkül* entwickelt. Seit 1676 stand Newton mit Leibniz in Briefkontakt, den Henry Oldenburg (gest. 1677), der Sekretär der *Royal Society*, für den außer durch Korrespondenzen ziemlich isolierten Newton organisiert hatte. Leibniz wollte sich über den Stand der Arbeiten zum Inifinitesimalkalkül bei englischen Mathematikern erkundigen. Newton antwortete 1676 mit zwei Briefen an Leibniz. Newton stellte darin zwar Ergebnisse seines Kalküls dar, nicht jedoch die methodischen Voraussetzungen, die ihn dazu geführt hatten. Diese deutete er nur in für Leibniz nicht entschlüsselbaren Anagrammen an. Leibniz antwortete 1677 mit der Darstellung seines eigenen Kalküls. 1684 erschien dann in den *Acta Eruditorum* ein Artikel von Leibniz über seinen Infinitesimalkalkül. Leibniz hatte aus dem zweiten Brief Newtons erkennen können, daß dieser ihm in einigen Punkten voraus war, erwähnte dies aber in seinem Artikel nicht. Newton hielt nun den Kalkül von Leibniz für ein Plagiat. Der Vorwurf wurde dann von John Keill (gest. 1721) formuliert. 1711 wandte sich Leibniz an die *Royal Society*, um gegen diesen Vorwurf zu protestieren. Leibniz war wie Newton überzeugt, die Lösung für das Problem der kalkülmäßigen Behandlung von unendlichen Reihen und Grenzwerten gefunden zu haben, das ja nicht nur sie, sondern viele Mathematiker des 17. Jhd.s beschäftigte. Da Leibniz selbst auch Mitglied der *Royal Society* war, konnte er sich so hinsichtlich einer Entscheidung an diese wenden. Newton als Präsident der *Royal Society* berief eine Kommission ein, die über die Priorität der Erfindung des Kalküls entscheiden sollte. Diese hatte allerdings überhaupt keine wirkliche Funktion, da Newton persönlich das Gutachten derselben im *Commercium epistolicum* verfaßte, so daß 1712 die Kommission erwartungsgemäß die Priorität Newton zusprach. Newton schrieb dann noch anonym eine Zusammenfassung der Ergebnisse der Kommission in den *Philosophical Transactions* (Auszug in: Clarke: *Der Briefwechsel mit G. W. Leibniz*. S. 151–154). In den Augen der Öffentlichkeit schien damit Leibniz als Plagiator gebrandmarkt. Es ist daher verständlich, daß seit diesem Zeitpunkt das Verhältnis zwischen Leibniz und Newton mehr als gespannt war. Der nächste Streit, der dann zum Leibniz-Clarke-Briefwechsel führte, hatte eine Vorgeschichte mit theologischen und politischen Implikationen. Leibniz hatte 1710 seine *Theodizee* publiziert. Dort hatte er die Gravitationstheorie mit namentlicher Nennung Newtons kritisiert und angedeutet, daß diese mit den Auffassungen der Theologen des Augsburger Bekenntnisses, also der offiziellen lutheranischen Lehre des Hofes von Hannover, nicht übereinstimme (Leibniz: *Theodizee. Einleitende Abhandlung* 19. Hamburg 1996. S. 47 f.). Die Antwort Newtons kam indirekt. Als Roger Cotes (1682–1716), selbst ein bedeutender Mathematiker und Naturphilosoph, 1713 die *Principia* Newtons in 2. Auflage herausgab, verfaßte er ein umfangreiches Vorwort (In: Newton: *Mathematische Grundlagen*. S. 13–36), in dem die Kritik von Leibniz ihrerseits einer Kritik unterzogen wurde, ohne Leibniz selbst zu nennen. Leibniz äußerte später gegenüber Johann Bernoulli (1667–1748), auch wieder einem bedeutenden Mathematiker, mit dem er eine Korrespondenz über die

Integralrechnung führte, er hätte diesen Angriff verstanden und wüßte zu reagieren. Er verschob die Angelegenheit auf eine quasi-politische Ebene, indem er im November 1715 einen Brief an Caroline, die Prinzessin von Wales sandte, in dem er kurz seine Bedenken über Newtons »sonderbare Ansicht von Gottes Werk« äußerte (Clarke: *Leibniz' Briefwechsel. 1. Brief.* S. 10). Daß er sich an Caroline wandte, ist leicht verständlich: Diese war seine ehemalige Schülerin aus der Zeit von 1700/1701, in der Leibniz sich zur Gründung der späteren Berliner Akademie der Wissenschaften in der Hauptstadt Brandenburgs aufhielt, und er stand mit ihr schon seit längerem in brieflichem Kontakt. Caroline wiederum war die Gemahlin Georgs, des Prinzen von Wales (seit 1727 Georg II.), des Sohnes von König Georg I., der seit 1714 englischer König war. Als Hofhistoriograph des Hannoveraner Kurfürsten war Leibniz mit der Begründung der Ansprüche des Hauses Braunschweig-Lüneburg auf den englischen Thron beschäftigt gewesen, diese Ansprüche wurden dann auch mit der Thronbesteigung Georgs I. tatsächlich mit Erfolg durchgesetzt. Im Mai 1715 hatte Leibniz sich in einem Brief an Caroline als Hofhistoriograph für den englischen Hof empfohlen, damit es, wie er sagte, klar sei, daß er am Hof nicht weniger als der Vorsteher der königlichen Münze, also Newton, in Ansehen stehe. Bei dieser Gelegenheit erwähnte er auch schon seine Einwände gegen die Naturphilosophie Lockes und Newtons, die er auch gleich mit theologischen Fragen in Beziehung setzte (Leibniz: *Werke.* Hrsg. v. O. Klopp. Bd. 11. S. 39). Die Befürchtung englischer Gelehrter und Hofleute, Leibniz könne als Hofhistoriograph nach London kommen, war also nicht grundlos, und so scharten sich die englischen Wissenschaftler treu ergeben um ihre Autorität Newton als dem sichersten Bollwerk gegen diese Bedrohung. Die Angelegenheit war somit auch für Caroline politisch höchst heikel, da der König ja auch das offizielle Oberhaupt der anglikanischen Kirche war, und er somit auch in irgendeiner Weise für »Rechtgläubigkeit« zu sorgen hatte, der »Angeklagte« Newton aber wiederum auch ein hohes Amt am Hofe innehatte. In der Person von Newton waren Wissenschaft und Politik in einer oft nicht ganz durchsichtigen Weise verknüpft, und sehr viele (wenn nicht überhaupt alle) englischen Naturwissenschaftler waren auch in ihren Stellungen von Newton abhängig. Eine, in Analogie zu Newton, nicht immer ganz durchsichtige Verknüpfung von Wissenschaft und Politik lag allerdings auch in der Person von Leibniz vor, und Leibniz verstand es wie Newton, aus dieser Position heraus zu agieren. Caroline übergab das genannte Schreiben daher dem Londoner Hofprediger Samuel Clarke (1675–1729), einem Anhänger Newtons, der mit diesem auch in engem persönlichen Kontakt stand. Und so ergab sich ein Briefwechsel, der jedoch immer über die Prinzessin von Wales lief. Caroline fungierte jedoch nicht nur als Übermittlerin von Briefen, sie war eine außerordentlich gebildete Frau, die sachkompetent an der ganzen Diskussion teilnahm. Sie versuchte auch wiederholt, eine Versöhnung zwischen Leibniz und Newton zu erreichen, da sie u.a. die ganz richtige Auffassung vertrat, daß die beiden größten Gelehrten des Jahrhunderts sich nicht über die Priorität der Erfindung des Infinitesimalkalküls streiten sollten (Leibniz:

Werke. Hrsg. v. O. Klopp. Bd. 11. S. 115). Erfolg hatte sie allerdings keinen. Die Antworten Clarkes geben in eindeutiger Weise genau die Ansichten Newtons wieder, der Leibniz-Clarke-Briefwechsel – Leibniz schrieb französisch, Clarke antworte englisch – stellt also eine authentische Leibniz-Newton-Diskussion dar (vgl. weiter unten 3). Die Korrespondenz endete 1716 durch den Tod von Leibniz. 1717 publizierte Clarke die Korrespondenz. Die historischen Hintergründe mögen etwas »trübe« sein; der Briefwechsel Leibniz-Clarke stellt nichtsdestoweniger einen eindeutigen Höhepunkt der naturphilosophischen Diskussion des 17. Jhd.s dar, die bis in die heutigen Diskussionen über die Grundlagen der Naturphilosophie in der Relativitätstheorie und der Quantenphysik hinein aktuell ist.

Der Prioritätsstreit über den Infinitesimalkalkül war nicht der einzige dieser Art, auf den Newton sich eingelassen hat, es war nur wegen des Kontrahenten Leibniz der spektakulärste. Auch bei der für Newton zentralen Theorie der Gravitation hatte es einen solchen Streit mit Robert Hooke (1635–1703) gegeben. Mit Hooke hatte Newton bereits bei der Theorie des Lichts Streit bekommen. Hooke war 1677 als Nachfolger von Oldenburg Sekretär der *Royal Society* geworden. Trotz des früheren Streits wandte Hooke sich 1679 in einem Brief an Newton mit einer Frage über die Zusammensetzung der Bewegung der Planeten. Diesem Brief folgten weitere, aus

denen hervorgeht, daß Hooke Newton nicht nur die für die Gravitationstheorie entscheidenden Fragen stellte, sondern ihm auch die Vermutung vortrug, daß die nicht kreisförmigen Planetenbahnen durch ein inverses Abstandsgesetz erklärt werden könnten. Als Hooke später, zu Recht, behauptete, an der Entwicklung der Gravitationstheorie beteiligt gewesen zu sein, wies Newton dies zurück.

Die Haltung Newtons im Prioritätsstreit mit Leibniz (und eigentlich auch mit Hooke) hat bei Interpreten zu Recht Fragen hinsichtlich des Charakters von Newton aufgeworfen (im Prinzip kann man aber bei Leibniz ganz ähnliche Fragen stellen). Es geht hier jedoch nicht einfach nur um eine Frage persönlicher »Moralität«, sondern auch um die Feststellung eines deutlich werdenden historischen Wandels. Im Mittelalter hatte es – auch wenn man dies differenzieren muß – einen großen Respekt vor den Autoritäten gegeben. Die neuzeitliche Wissenschaft konnte sich u.a. nur dadurch entwickeln, daß dieser Respekt vor den Autoritäten, vor allem gegenüber der des Aristoteles, verlorenging. Die Autoritätsverehrung hörte damit aber ganz und gar nicht auf, nur: Jetzt hielten nicht wenige (wenn auch sicher nicht alle) Wissenschaftler sich selbst für eine ganz wichtige oder sogar für die einzige Autorität. Damit wurden Erkenntnisse und Entdeckungen zu einem Besitz mit Besitzrechten verbunden. Im Mittelalter gab es zahlreiche und sehr heftige Diskussionen, niemals aber solche um Prioritäten von Thesen eines Autors. Wissen war immer Gemeingut, und jeder schrieb von jedem mit oder ohne Quellenangabe ab, soviel er wollte. Frühere Autoritäten nannte man mit Namen, zeitgenössische hießen meist nur »irgendwelche« *(quidam)*. Bei vielen bedeutenden Werken von Autoren des Mittelalters kennen wir bis heute den Namen des Autors nicht, sie wurden einfach, um ihre Autorität zu vergrößern, einem bekannten Autor zugeschrieben (z. B. Thomas von Aquin, Duns Scotus, Wilhelm von Ockham). Im Mittelalter kannte man z. B. die sogenannten »De Morganschen Regeln« (vgl. 2. Teil, Kap. XVII, 3), es ist aber bis heute nicht gelungen herauszufinden, wer der erste war, der sie verwendet hat. Als sie aber im 19. Jhd. erneut entdeckt wurden, erhielten sie bald den Namen des Entdeckers. Und auch die Bezeichnung »Ockhams Messer« für das Ökonomieprinzip der Erklärung (vgl. 2. Teil, Kap. XVII, 2) stammt nicht aus dem Mittelalter, sondern aus der Neuzeit. Im Mittelalter kannte man die *Ars magna* des Raymundus Lullus (vgl. 2. Teil, Kap. XVI, 1), bei Leibniz heißt sie dann aber nach ihrem Erfinder *Ars lulliana*. Als Edmond Halley (1656–1742), ein – wie Newton es erwartete – ihm selbstlos ergebener Verehrer, der viel für die Fertigstellung von Newtons *Principia mathematica* getan hatte, einen Kometen entdeckte, erhielt der später selbstverständlich die Bezeichnung »Halleyscher Komet«. Der Individualismus, der seit dem 14. Jhd. zunehmend das Bewußtsein der Menschen prägte, machte sich jetzt auch im Bereich der Wissenschaft geltend. Im Mittelalter hatten viele versucht, Heilige zu werden, sie dachten dabei aber sicher nur an den Himmel und nicht an die irdische Heiligenverehrung. Jetzt in der Neuzeit brauchte die Wissenschaft ihre Heiligen mit der entsprechenden Heiligenverehrung: Bacon hatte dies richtig diagnostiziert, als er für sein »Haus der Wissenschaft« Ordensverleihungen und Statuen vorsah (vgl. weiter oben Kap. III, 4). Die Wissenschaftler waren nun eifrig darauf bedacht, in dieser Galerie nicht zu fehlen. Nicht wenige legten, wie z. B. Hume, großen Wert darauf, in einer Autobiographie ihre offizielle Heiligenlegende gleich auch selbst zu schreiben, in der sie so dargestellt wurden, wie die Nachfahren sie sehen sollten: Persönlich unbeeinflußbar, nur der Wahrheit nachstrebend, Ruhm und Geld folgten gleichsam wie ein Schatten von selbst und ganz unbeabsichtigt!

Es gab allerdings noch einen anderen, durchaus positiven Effekt des Streits: Wenn Priorität so wichtig war, dann hatten mathematische Erfindungen einen genau bestimmbaren Zeitpunkt. Dann aber gab es eine Geschichte der Mathematik, und Mathematik war auch eine historische Disziplin, woran bisher eigentlich niemand gedacht hatte. Sätze der Mathematik waren bisher ausschließlich unter ihrem überzeitlichen und geradezu zeitunabhängigen Aspekt betrachtet worden. Es kommt sicher nicht von ungefähr, daß im 18. Jhd. die Forderung auftrat, eine Geschichte der Mathematik zu schreiben.

2. Experimentalphilosophie

Es ist zuvor gesagt worden, daß Newton für die Philosophie deshalb wichtig wurde, weil das Paradigma wissenschaftlicher Rationalität an Newtons Arbeiten abgelesen wurde. Genau hier aber ergibt sich ein ganz erhebliches Problem. Es gibt nämlich eindeutig einen Newton I in der ersten Auflage der *Principia mathematica* von 1687 und einen Newton II in der zweiten Auflage von 1713 (und der dritten Auflage von 1726). Auf eine Formel gebracht: Newton I entspricht dem Wissenschaftsverständnis Galileis, Newton II dem Bacons bzw. dem, was man sich im 17. und dann im 18. Jhd. unter Bacons Wissenschaftsverständnis vorstellte.

Beginnen wir mit dem unproblematischen Teil: In der Wissenschaft wird mit *Experimenten* gearbeitet. Das Programm des Experimentierens war im 17. Jhd. zu einer Selbstverständlichkeit und sogar zu einer Mode geworden: Sehr viele experimentierten, aber eben nicht alle mit der gleichen Erfindungsgabe und so auch nicht alle mit dem gleichen Erfolg. Newton war möglicherweise der Erfindungsreichste und sicher der Erfolgreichste. Sein zentrales Gebiet dabei war die Optik, und seine wichtigsten Entdeckungen veröffentlichte er schon 1672 in den *Philosophical Transactions*. Die Optik war bereits in der Antike eine wichtige Disziplin und auch bei Vorläufern der modernen Wissenschaft wie z. B. Grosseteste eine bevorzugte (vgl. 2. Teil, Kap. XII, 1). Für diese herausgehobene Stellung der Optik war früher auch die metaphysische Qualität des Lichts maßgebend. Im 17. Jhd. aber war die Einsicht wichtiger, daß alle Phänomene der Astronomie durch Licht übermittelt werden, die Frage der Erklärung des Lichts mußte also eine Schlüsselstellung einnehmen. Bei Newton kam noch hinzu, daß Descartes eine Lichtimpulstheorie aufgestellt hatte, die schon deshalb widerlegt werden mußte, weil sie von Descartes stammte. Die auf Experimenten beruhende Lichttheorie Newtons war tatsächlich umstürzend. Er arbeitete zunächst mit Glasprismen, wie sie auch Boyle und Hooke verwendet hatten, und kam zu dem Ergebnis, daß das transparent erscheinende Sonnenlicht aus den *Spektralfarben* zusammengesetzt ist. Da wir dies schon in der Schule gelernt und experimentell vorgeführt bekommen haben, scheint uns dies nicht mehr besonders aufregend. Man muß sich dabei aber klar machen, daß diese Theorie der – nicht experimentell im wahrsten Sinne des Wortes »gebrochenen« – normalen Erfahrung nicht weniger widerspricht als die Behauptung, die Erde bewege sich um die Sonne. Eine Bestätigung seiner Theorie fand Newton durch das von ihm erfundene und nach seinen Angaben gebaute kleine Spiegelteleskop. Die wissenschaftliche Welt war damals fasziniert von solchen Erfindungen, und Newton wurde umgehend in die *Royal Society* aufgenommen. Kritikern seiner Theorie, wie vor allem Hooke, wurden nicht nur Argumente geliefert, sondern sie wurden auch persönlich angegriffen. Die Art dieser Auseinandersetzungen hatte bei der wachsenden Autorität Newtons allerdings auch den Nebeneffekt, daß andere, aber durchaus leistungsfähige Experimente und entsprechende Instrumente (z. B. Refraktoren) wenig Chancen hatten, sich im wissenschaftlichen Gebrauch durchzusetzen. Newton überarbeitete die 1672 erstmals veröffentlichten Ergebnisse seiner Theorie des Lichts später, ergänzte sie durch weitere Experimente zur *Lichtbeugung*, die er in den neunziger Jahren durchführte, und stellte sie 1704 in den *Opticks* zusammenfassend dar. In der zweiten Auflage von 1717 nahm er schließlich Stellung zu einer Frage, der er früher ausgewichen war, um nicht mit »Hypothesen« arbeiten zu müssen: Die *Strahlen des Lichts* bestehen aus sehr kleinen *Körpern*, und sie bewegen sich wellenartig in einem Medium, dem *Äther*. Da die Sterne Licht aussenden, mußte Newton annehmen, daß der gesamte Raum zwischen den Sternen mit Äther erfüllt ist. In der zweiten Auflage fügte Newton auch zwei sehr umfangreiche Abschnitte zur Chemie an. Auch in diesem Punkt bewies er, daß er über das fortgeschrittenste Wissen seiner Zeit verfügte. Somit war für die Astronomie, die Physik und die Chemie der folgenden Zeit eine experimentell abgesicherte Basis und ein weiteres Forschungsprogramm vorgegeben. Für die Verbreitung des newtonschen Programms waren die *Opticks*, die Clarke schon 1706 ins Lateinische übersetzt hatte, wichtiger als die *Principia mathematica*. Dies war schon dadurch bedingt, daß die Optik mathematisch viel weniger anspruchsvoll war als die Kosmologie und daß Newton durch sehr suggestive Fragen *(queries)* zu Erscheinungen, die allen leicht zugänglich waren, im Anhang der *Opticks* jeden Gedanken an alternative Lösungen ausschloß.

Newton erhob mit seinem in den *Principia mathematica* dargestellten System einen umfassenden Anspruch. Zentral war wie schon bei Galilei (vgl. Kap. IV, 1) die Frage der Bewegung. Schon zu Beginn der *Principia* stellt Newton fest:

[...] und deshalb legen wir dieses Werk als *Mathematische Grundlagen der Philosophie* vor. Alle Schwierigkeit der Philosophie besteht wohl darin, daß wir aus den Bewegungserscheinungen die Kräfte der Natur erschließen und alsdann von diesen Kräften ausgehend die übrigen Erscheinungen genau bestimmen. (*Mathematische Grundlagen. Vorwort*. S. 10)

Die gesamten Untersuchungen sollen nach strengen Regeln durchgeführt werden. Im letzten Buch der *Principia mathematica* legt Newton vier Regeln des Philosophierens *(regulae philosophandi)* fest:

Leitsatz I. *Nicht mehr Ursachen der natürlichen Dinge dürfen in den Beweisgang eingeführt werden als die, die wahr sind und zur Erklärung ihrer Erscheinungen zureichen.*

Leitsatz II. *Daher muß man als Ursachen natürlicher Wirkungen derselben Art dieselben Ursachen bezeichnen, soweit es möglich ist.*

Leitsatz III. *Eigenschaften der Körper, die weder gesteigert noch vermindert werden können und die allen Körpern zukommen, an denen es möglich ist, Erfahrungen zu gewinnen, müssen für Eigenschaften aller Körper gehalten werden.* (Ebd. III. S. 169)

Die erste Regel stellt nur eine etwas andere Formulierung von Ockhams »Ökonomieprinzip« dar (vgl. 2. Teil, Kap XVII, 2, a). Die zweite Regel bringt das Kausalprinzip zum Ausdruck und sagt damit gleichzeitig, was unter einem »Naturgesetz« zu verstehen ist. Bis zu diesem Punkt ist alles unproblematisch. Auch das faktische Vorgehen Newtons in den *Principia mathematica* ist dann – jedenfalls für den, der mit

Galileis Wissenschaftsverständnis vertraut ist – eigentlich unproblematisch: Es werden Definitionen eingeführt und es wird dann gezeigt, wie diese Definitionen auf empirische Phänomene angewandt werden können. Und es werden entsprechende Experimente angegeben, durch welche die Berechtigung der Anwendung nachgewiesen wird. Das Verfahren ist *axiomatisch* und *deduktiv*. So wird z. B. in Definition V axiomatisch festgelegt, was mit »Zentripetalkraft« gemeint ist, dann wird gesagt, daß von dieser Art z. B. die Schwere ist, durch welche die Körper zum Mittelpunkt der Erde hinstreben, und dann wird abgeleitet:

Ein Wurfgeschoß würde, wenn die Schwerkraft es ausließe, nicht zur Erde herabgebeugt werden, sondern auf geradem Wege in den Weltraum wegfliegen, und zwar mit gleichförmiger Bewegung, wenn nur der Luftwiderstand beseitigt würde. Aufgrund seiner Schwere aber wird er vom geradlinigen Weg nach innen gezogen und beständig zur Erde hin abgelenkt, und zwar mehr oder weniger im Verhältnis zu seiner Schwere und der Geschwindigkeit seiner Bewegung. (*Mathematische Grundlagen*. S. 39 f.)

Diesem axiomatisch deduktiven Verfahren widerspricht jedoch die vierte Regel des Philosophierens, die Newton aufstellt:

222 |

Leitsatz IV. *In der auf Erfahrung gegründeten Philosophie müssen die durch Induktion aus den Erscheinungen gewonnenen Lehrsätze, ungeachtet entgegengesetzter Hypothesen, entweder genau oder so nahe wie möglich für wahr gehalten werden, solange bis andere Erscheinungen aufgetreten sind, durch die sie entweder genauer gemacht oder Einschränkungen ausgesetzt werden.* (Ebd. III. S. 171)

Entscheidend ist hier die Behauptung, daß die Lehrsätze durch *Induktion* aus den Erscheinungen gewonnen werden sollen. Newton fordert jetzt auch für diese ersten Schritte, die zur Aufstellung eines Lehrsatzes führen, eine empirische Herleitung. Alle Sätze der Physik sollen induktiv aus Erfahrungssätzen abgeleitet werden. Und Newton sagt dann ganz allgemein:

In dieser Philosophie werden Lehrsätze aus Naturerscheinungen abgeleitet und durch Induktion allgemeingültig gemacht. (Ebd. *Scholium generale*. S. 230)

Die Erkenntnistheorie, die hier zum Ausdruck kommt, ist eindeutig *rigoros empiristisch*. Besonders deutlich ist diese empiristische Sicht in dem berühmten *Hypothesen-Verbot (hypotheses non fingo)*. Auch in der weiteren Erklärung einzelner Phänomene zu den Bahnen der Satelliten und zur Mondbahn muß Newton zwar mit »nicht wahrnehmbaren kleinen Abweichungen« rechnen, dies darf aber nicht zu neuen Hypothesenbildungen führen. In der Erläuterung zu Leitsatz 4 sagt er:

Dies muß geschehen, damit nicht der Induktionsbeweis durch Hypothesen aufgehoben werden kann. (Ebd. *Leitsätze des Philosophierens.* S. 171)

Dasselbe wird nochmals wiederholt und ausdrücklich in die Begriffsbestimmung von »experimenteller Philosophie« aufgenommen:

Was immer nämlich sich nicht aus den Naturerscheinungen ableiten läßt, muß *Hypothese* genannt werden, und Hypothesen, sei es metaphysische, sei es physische, sei es solche über verborgene Eigenschaften, sei es solche über die Mechanik, haben in der *experimentellen Philosophie* keinen Platz. (Ebd. *Scholium generale.* S. 230)

Was es aber genau bedeuten soll, etwas »aus den Naturerscheinungen abzuleiten« erklärt Newton nicht. Bei all den eben genannten Stellen handelt es sich allerdings um *Nachträge*, die Newton in der zweiten Auflage der *Principia mathematica* hinzufügte. Entsprechend mußte Newton auch einige »redaktionelle« Änderungen gegenüber der ersten Auflage durchführen. Er gab also nachträglich der Physik der *Principia mathematica* eine (der früheren geradezu entgegengesetzte) wissenschaftstheoretische Interpretation, die noch dazu einigermaßen unklar in ihrem genauen Sinne bleibt. Daß in der Physik zunächst einmal Hypothesen aufgestellt werden, die dann experimentell bestätigt oder gegebenenfalls widerlegt werden, ist ja wohl unbestreitbar. Wenn aber jetzt Lehrsätze »aus den Naturerscheinungen *abgeleitet*« werden sollen, so ist der Begriff der »Ableitung« mehr als unklar: Wie sollen *aus Phänomenen Sätze abgeleitet* werden? Die ganze Frage dieser Änderungen und Hinzufügungen wäre nicht unbedingt erheblich, hätte sich nicht daran ein ganzes und sehr wirksames Konzept von »empirischer Wissenschaft« geknüpft. Von den Nachfolgern Newtons, die vor allem viel zu seiner Popularisierung beigetragen haben, wurde Newton aufgrund dieser »empiristischen« Deutung als Verkörperung des Programms Bacons (vgl. Kap. III, 2) angesehen, auf das Newton selbst gar nicht Bezug genommen hatte. Allerdings muß man sehen, daß Newton selbst dieser nachträglich hergestellten Entwicklungslinie zugestimmt zu haben scheint. So jedenfalls berichtet uns Henry Pemberton (1694–1771), der Herausgeber der dritten Auflage von Newtons *Principia mathematica*, in seinem 1728 (also kurz nach Newtons Tod) erschienenen Buch *A View of Sir Isaac Newton's Philosophy*, und genau diese Sicht übernahm dann Voltaire (vgl. weiter unten) – und damit die französische Aufklärung. Mit d'Alembert ging sie dann autoritativ in die *Encyclopédie* ein. Unter diesen Voraussetzungen vertrat der Newton-Anhänger Pierre de Maupertius (1698–1759) die eigentlich konsequente »experimentalphilosophische« Auffassung, daß auch die Mathematik eine empirische, letztlich auf Sinneseindrücken beruhende Wissenschaft sei (eine Auffassung, die aber kaum Anhänger fand). Es stellt sich also die Frage, was Newton zu dieser »Wendung« veranlaßt hat. Zunächst ist es sicher die Abneigung Newtons gegenüber aller »spekulativen« Naturphilosophie gewesen, wie er sie vor allem in Descartes' Thesen verkörpert sah. Unmittelbar provoziert wurde Newton aber wieder einmal durch Leibniz, der in einem Brief an Nikolaus Hartsoeker (1656–1725) von 1711, der dann 1712 im *Journal de Trevoux* veröffentlicht wurde, Newton (ohne dessen Namen zu nennen) den Vorwurf machte, er habe mit seinem Begriff der Gravitation wiederum eine okkulte Qualität *(une qualité occulte déraisonnable)* eingeführt (Leibniz: *Die philosophischen Schriften*. Hrsg. v. C. I. Gerhardt. Berlin 1887 [Nachdruck Hildesheim 1978]. III. S. 519). Dies klang in den Ohren Newtons wie der Verdacht unseriöser Metaphysik. Newton wollte also seine Physik gegen alle Vorwürfe dieser Art »empirisch« absichern, indem er behauptete, alle Leitsätze seien unmittelbar aus den Phänomenen gewonnen. Daß aber genau am Punkt des Gravitationsprinzips eine Erklärungslücke vorlag, wußte Newton genau. Denn in einer – auch wiederum nachträglichen Stelle – sagt er:

Eine theoretische Erklärung für diese Eigenschaften der Schwere habe ich aus den Naturerscheinungen noch nicht ableiten können, und bloße Hypothesen denke ich mir nicht aus. (*Mathematische Grundlagen. Scholium generale.* S. 230)

Im weiteren 17. und dann ebenso im 18. Jhd. meinten also fast alle, daß mit Newtons

späterer Interpretation von »Experimentalphilosophie« endlich die wahre Methode der Erfahrungswissenschaft gefunden worden sei. Daß dies letztlich doch nicht zutrifft, wird erst Kant mit aller Deutlichkeit sehen und sagen. Es ist nicht zu bezweifeln, daß auch Kant dort, wo er von dem »sicheren Gang einer Wissenschaft« (*Kritik der reinen Vernunft. Vorrede* B XIV) spricht, die Physik Newtons vor Augen hatte, aber: Er verweist in diesem Zusammenhang ausdrücklich auf Galilei (Ebd. B XIII), und seine Beschreibung des Vorgehens der Wissenschaft (vgl. Kap. XV, 2) entspricht nicht Newton II, sondern Newton I.

Der Anspruch Newtons, mit seiner Experimentalphilosophie auch an die Stelle der früheren Metaphysik zu treten, wird ziemlich deutlich im *Scholium generale*, das er der zweiten Auflage der *Principia mathematica* anfügte. Dort macht er deutlich, daß seiner Auffassung nach seine Experimentalphysik auch zur Erkenntnis Gottes führt. Nicht nur Leibniz, sondern auch der anglikanische Bischof George Berkeley (1685–1753) hatte theologische Bedenken gegen die Naturphilosophie Newtons erhoben (Berkeley: *Eine Abhandlung über die Prinzipien der menschlichen Erkenntnis* § 110–117. S. 87–92). Diesen Einwänden wollte Newton mit dem *Scholium generale* entgegentreten:

Dieses uns sichtbare, höchst erlesene Gefüge von Sonne, Planeten und Kometen konnte allein durch den Ratschluß und unter der Herrschaft eines intelligenten und mächtigen wahrhaft seienden Wesens entstehen. (*Mathematische Grundlagen. Scholium generale.* S. 226)

Dies ist im Prinzip die Grundlage des sogenannten physico-theologischen Gottesbeweises, der in der Aufklärung eine wichtige Rolle spielen sollte, bis er dann durch Hume (vgl. Kap. XII, 4) und Kant einer Kritik unterzogen wurde. Der weite Begriff von »Naturphilosophie«, der bis zu und auch noch bei Newton Geltung hatte, ergab die Möglichkeit dieser theologisch-metaphysischen Interpretation naturwissenschaftlicher Erkenntnisse, und Newton beanspruchte ausdrücklich dieses Recht:

Die ganze Vielfalt der nach Ort und Zeit geordneten Dinge konnte einzig und allein aus den Vorstellungen und dem Willen eines wahrhaften Seins, das notwendigerweise existiert, entstehen. [...] Und so viel über Gott; über ihn auf der Grundlage von Naturerscheinungen Aussagen zu machen, gehört unbedingt zur Naturphilosophie. (Ebd. S. 229)

Die Herrschaft Gottes in der Welt hatte für Newton einen ganz konkreten und physikalischen Sinn. Newton und seine Anhänger faßten ihre These, daß Gott ständig in der Welt wirke, nicht metaphorisch, sondern durchaus realistisch auf, und sie meinten, daß dies u. a. genau zu ihrer Annahme der Leugnung eines strengen Energieerhaltungs-Satzes paßte.

Der gegenwärtige Aufbau des Sonnensystems (zum Beispiel) wird gemäß den gegenwärtigen Bewegungsgesetzen mit der Zeit in Verwirrung geraten, und er wird vielleicht dann ausgebessert oder in eine neue Form gebracht werden. Diese Ausbesserung ist aber nur relativ, mit Bezug auf unsere Vorstellungen. In Wirklichkeit und mit Bezug auf Gott sind der gegenwärtige Aufbau, die resultierende Unordnung und die darauffolgende Erneuerung sämtlich gleiche Teile des in Gottes ursprünglichem makellosem Plan enthaltenen Entwurfs. (Clarke: *Briefwechsel. Clarkes 2. Entgegnung.* S. 23)

Leibniz sah dies ganz anders. In seinem Brief an Caroline, der dann zum ersten Brief der Clarke-Leibniz-Korrespondenz wurde, stellt er fest:

Herr Newton und seine Anhänger haben außerdem eine sehr sonderbare Ansicht von Gottes Werk. Nach ihnen muß Gott von Zeit zu Zeit seine Uhr aufziehen. Andernfalls bliebe sie stehen. Er hat nicht genug Einsicht gehabt, um ihr eine immerwährende Bewegung zu geben. Nach ihrer Ansicht ist diese Maschine Gottes sogar derart unvollkommen, daß er sie von Zeit zu Zeit durch einen außergewöhnlichen Eingriff reinigen und sogar flicken muß, wie ein Uhrmacher sein Werk; der ist ein umso schlechterer Meister, je häufiger er es abändern und berichtigen muß. Nach meiner Meinung bleibt darin immer dieselbe Kraft und Stärke erhalten und geht nur von Materie auf Materie über, gemäß den Gesetzen der Natur und der schönen prästabilierten Ordnung. (Ebd. *Leibniz' 1. Brief.* S. 10)

Wir sind vermutlich in der Mehrzahl zunächst geneigt, Leibniz voll und ganz recht zu geben. Die Position von Newton/Clarke scheint uns einen metaphysisch und physikalisch intervenierenden Gott zu implizieren (was unserem mechanistischen Grundverständnis widerspricht). Ganz so einfach ist die Angelegenheit aber doch nicht. Clarke (= Newton) spricht hier von einem »*gegenwärtigen* Aufbau des Sonnensystems«, von »*gegenwärtigen* Bewegungsgesetzen«, die »*mit der Zeit* in Verwirrung geraten«, die dann in eine »*neue Form* gebracht werden«. Dies bedeutet nichts anderes, als daß er in den Begriff »Naturgesetz« einen Zeitfaktor, gleichsam eine historische Dimension, hineinbringt. Sicher stellt er diesen Prozeß in einen absoluten Raum und eine absolute Zeit (vgl. den folgenden Punkt) und außerdem in einen übergeordneten göttlichen Plan hinein, aber die (synchronen) Bewegungsgesetze dieses Prozesses unterliegen selbst nochmals (diachronen) Bewegungsgesetzen, die das in Rechnung stellen, was sich durch physikalische »Abnutzungserscheinungen« ergibt. Und in dieser Hinsicht ist dann Newton doch ziemlich »relativistisch«. Mit der Auffassung einer historischen Dimension der Naturgesetze ist Newton eigentlich »moderner« als jene, die dann – in der Meinung, Newtons Physik weiter zu verfolgen – im 18. Jhd. die, letztlich doch sehr leibnizsche, »klassische Mechanik« entwickelt haben: Bei Jean le Rond d'Alembert (1717–1783), Joseph Louis Lagrange (1736–1813) und William Rowan Hamilton (1805–1865) gelten dann wie bei Descartes und Leibniz die Erhaltungssätze ebenso uneingeschränkt wie die »unveränderlichen Naturgesetze«, und es werden zwei Jahrhunderte vergehen, bis wir bei Charles S. Peirce wieder dem Gedanken einer Entwicklung der Naturgesetze begegnen werden (vgl. Kap. XXIV, 2).

3. Der absolute Raum und die absolute Zeit

Descartes nahm nur einen *relativen Raum* an, das heißt, der Raum ist ohne die Existenz von Körpern nicht denkbar. Ebenso ging er von einer relativen Zeit und einer relativen Bewegung aus. Die Gegenposition eines vom relativen Raum zu unterscheidenden *absoluten Raumes* vertrat schon Newtons Lehrer Isaac Barrow (1630–1677). Wichtiger für die Vorstellung eines absoluten Raumes bei Newton war jedoch die Konzeption von Henry More (1614–1687). More war einer der ersten Vertreter cartesianischer Philosophie in England, er wollte jedoch den radikalen Dualismus von *res cogitans* und *res extensa* (vgl. Kap. V, 4) nicht übernehmen, was er in einem Briefwechsel mit Descartes diesem gegenüber auch äußerte, selbstverständlich ohne ihn überzeugen zu können. Dies bedeutete, daß More die völlige Trennung von Gott – als reiner *res cogitans* – und Raum nicht anerkannte und den unendlichen und leeren Raum in eine unmittelbare Beziehung zu Gott setzte. Der Raum ist nach dieser Auffassung unabhängig von der Existenz von Körpern, er wird bei More sogar zu einem Attribut Gottes, d. h. zu dessen Allgegenwärtigkeit. Dadurch war es ihm möglich, ein ständiges und direktes Einwirken Gottes auf die Welt anzunehmen und ein durchgehendes mechanistisches Weltbild abzulehnen. Hintergrund seiner Vorstellungen war auf der einen Seite der Platonismus, More war der bedeutendste Vertreter des Cambridger Platonismus, auf der anderen Seite die Kabbala (vgl. seine *Conjectura cabbalistica* von 1653), in der immer versucht worden war, die Schöpfung in irgendeiner Weise als innergöttlichen Vorgang zu deuten (vgl. 2. Teil, Kap. X, 3), so daß die Voraussetzung für die Körperwelt, also der *Raum*, zum *Bereich des Göttlichen* gehören mußte. All dies ließ sich wiederum mit Platons Annahme einer *Weltseele* (vgl. 1. Teil, Kap. IX, 7) in Verbindung bringen. Newton war ohne Zweifel von den Gedanken Mores sehr beeindruckt, und nicht ganz zu Unrecht wird Leibniz Newton die Annahme einer göttlichen Weltseele vorwerfen (Clarke: *Briefwechsel. Leibniz' 2. Brief.* S. 20) und Newtons Vorstellung kritisieren, »daß der Raum das Organ sei, dessen Gott sich bedient, um die Dinge wahrzunehmen« (Ebd. *Leibniz' 1. Brief.* S. 10), so daß der unendliche Raum dann als das »*Sensorium* Gottes« aufgefaßt wird (Ebd. *Leibniz' 2. Brief.* S. 17). Leibniz brachte auch zum Ausdruck, daß die von Clarke vorgebrachte Einschränkung, Newton fasse den absoluten Raum nur »*wie* ein Sensorium« auf (Ebd. *Clarkes 1. Entgegnung.* S. 13), keine entscheidende Änderung bedeute (Ebd. *Leibniz' 5. Brief.* S. 90). Die Diskussion zwischen Leibniz und Clarke/Newton fand 1715/1716 statt, und der Briefwechsel Leibniz-Clarke stellt in sachlicher Hinsicht die Fortsetzung des Briefwechsels More-Descartes von 1648/1649 dar. Der zentrale Streitpunkt war neben der schon besprochenen verschiedenen Interpretation der »Uhrmacher«-Metapher die Raum- und Zeitvorstellung: Newton vertrat (wie More) die These eines absoluten Raumes und einer absoluten Zeit – Leibniz (wie Descartes) einen relativen Raum und eine relative Zeit. Gleich zu Beginn der *Principia mathematica* stellt Newton in eindeutiger Weise fest:

Der absolute Raum, der aufgrund seiner Natur ohne Beziehung zu irgendetwas außer ihm existiert, bleibt sich immer gleich und unbeweglich. Der relative Raum ist dessen Maß oder ein beliebiger veränderlicher Ausschnitt daraus, welcher von unseren Sinnen durch seine Lage in Beziehung auf Körper bestimmt wird, mit dem gemeinhin anstelle des unbeweglichen Raumes gearbeitet wird. (*Mathematische Grundlagen.* I. *Scholium zu den Definitionen.* S. 44)

Dies erschien Leibniz unsinnig. Er stellte in ebenso eindeutiger Weise fest:

Diese Herren behaupten also, daß *der Raum* eine wirkliche absolute Wesenheit ist; aber das bringt sie in große Schwierigkeiten. [...] Was mich angeht, so habe ich mehr als einmal betont, daß ich *den Raum* für etwas bloß Relatives halte, wie *die Zeit*; für eine Ordnung des gleichzeitig Bestehenden, wie die Zeit eine Ordnung von Aufeinanderfolgendem ist. Denn der Raum bezeichnet als Ausdruck der Möglichkeit eine Ordnung von Dingen, die zur selben Zeit existieren, insofern sie zusammen existieren, ohne auf ihre besonderen Arten zu existieren einzugehen. (Clarke: *Briefwechsel. Leibniz' 3. Brief.* S. 28)

Die Begründung ist bei Leibniz philosophischer Art: Sie liegt in einem seiner beiden Grundprinzipien, dem des zureichenden Grundes *(principium rationis sufficientis)*:

Man gibt mir den wichtigen *Grundsatz* zu, *daß sich nichts ereignet, ohne daß es einen hinreichenden Grund dafür gibt, weshalb es sich so und nicht anders verhält.* [...] Ich sage also, daß dann, wenn der Raum eine absolute Wesenheit wäre, etwas vorkäme, wofür man unmöglich einen hinreichenden Grund angeben könnte, was gegen unser Axiom ist. Dies beweise ich folgendermaßen. Der Raum ist etwas absolut Gleichförmiges, und ohne darin befindliche Dinge unterscheidet sich ein Punkt des Raumes absolut in nichts von einem anderen Punkt des Raumes. Nun folgt hieraus, vorausgesetzt der Raum ist irgend etwas für sich selbst außer der Ordnung der Körper untereinander, daß es unmöglich einen Grund geben könne, weshalb Gott, bei Aufrechterhaltung derselben Lagen der Körper zueinander, sie im Raum so und nicht anders angeordnet hätte, und weshalb nicht alles entgegengesetzt angeordnet wurde, beispielsweise durch einen Tausch von Osten und Westen. (Ebd. S. 28 f.)

Die Argumentation von Leibniz ist klar: Nimmt man einen absoluten Raum an, so läßt sich die Frage stellen, warum sich der Kosmos gerade an diesem und nicht an einem anderen »Ort« dieses absoluten Raumes befindet, also etwa etwas mehr »oben« oder etwas mehr »unten«. Dies ist aber eine Frage, für die es keine sinnvolle Antwort geben kann und die auch keinerlei wissenschaftliche Relevanz hat, da wir ja überhaupt keine Möglichkeit haben festzustellen, an welcher Stelle des absoluten Raumes sich der Kosmos befindet, also: Die Vorstellung eines absoluten Raumes ist nicht nur *unwissenschaftlich*, sondern sogar *unsinnig*. Diese Argumentation gilt natürlich genauso für die Zeit. Bei Newton gibt es wieder die These einer absoluten Zeit:

Die absolute, wirkliche und mathematische Zeit fließt in sich und in ihrer Natur gleichförmig, ohne Beziehung zu irgendetwas außerhalb ihrer Liegendem, und man nennt sie mit einer anderen Bezeichnung »Dauer«. Die relative Zeit, die unmittelbar sinnlich wahrnehmbare und landläufig so genannte, ist ein beliebiges sinnlich wahrnehmbares und äußerliches Maß der Dauer, aus der Bewegung gewonnen (sei es ein genaues oder ungleichmäßiges), welches man gemeinhin anstelle der wahren Zeit benützt, wie Stunde, Tag, Monat, Jahr. (*Mathematische Grundlagen* I. *Scholium zu den Definitionen.* S. 44)

Die Antwort von Leibniz erfolgt natürlich ebenso prompt: Die Frage, »weshalb Gott nicht alles um ein Jahr früher geschaffen hat« (Clarke: *Briefwechsel. Leibniz' 3. Brief.*

S. 29) ist ebenso sinnlos wie die, warum er den Kosmos nicht etwas weiter oben oder unten geschaffen hat – es gibt dafür keinen zureichenden Grund:

Aber eben dies beweist, daß die Augenblicke außer den Dingen nichts sind, und daß sie ausschließlich in deren aufeinanderfolgender Ordnung Bestand haben [...]. (Ebd. S. 30)

Im Grunde sagt Leibniz: Wenn wir mit Begriffen arbeiten, die zu Fragen führen, auf die mangels eines zureichenden Grundes keine sinnvollen Antworten gegeben werden können, dann sind diese Begriffe selbst unwissenschaftlich und sinnlos. Es muß also darum gehen, einen Begriff von Raum und Zeit zu finden, der keine unwissenschaftlichen und sinnlosen Fragen zuläßt, und ein solcher Begriff ist einzig der eines relativen Raumes und einer relativen Zeit.

Newton dachte im Prinzip im Rahmen der Raum- und Zeitvorstellung des Atomismus in der Form Demokrits: Auch dort bewegen sich die Atome in einem absoluten Raum und sie haben einen Ort und eine Lage in diesem absoluten Raum (vgl. 1. Teil, Kap. V, 3, a). Die Frage ist bis heute aktuell, denn Elementarteilchen in einem absoluten und in einem relativen Raum sind überhaupt nicht »dieselben«. In einer Leibniz-Welt sind Elementarteilchen nur dann unterschieden, wenn sie in verschiedenen Relationen zu anderen Teilchen stehen, sonst sind sie nach dem Prinzip der Identität des Ununterscheidbaren identisch. Demgegenüber ist eine Newton-Welt aus einer großen Zahl identischer Teilchen zusammengesetzt, die zunächst auf den absoluten Raum bezogen sind und die dann in bestimmten Relationen zueinander stehen. Eine Leibniz-Welt ist grundsätzlich verschieden von einer Newton-Welt. Eine Leibniz-Welt besteht nur in einer unendlichen Zahl von Relationen, so aber, daß von jedem Punkt aus das Ganze des Universums beschrieben ist (dies ist der Grundgedanke der Monadenlehre). Eine Newton-Welt kann im Prinzip »von außen« beschrieben werden, eine Leibniz-Welt nicht. Eine Newton-Welt ist daher auch physiko-theologisch gut verwendbar, eine Leibniz-Welt im Prinzip eigentlich nicht (vgl. dazu Kap. XI, 5). Und nicht zuletzt: Eine Newton-Welt ist umso besser, je »einfacher« sie ist, eine Leibniz-Welt ist um so besser, je »komplexer« sie – bei einer möglichst kleinen Anzahl von Grundbausteinen – ist. Daß der Physiker Newton sich für eine Newton-Welt entschied, ist somit verständlich, nicht zu vergessen, daß sie auch dem Theologen Newton eine plausible Lösung bot.

Für den Historiker ergibt sich hier eine schwierige Frage: Leibniz hatte in der Diskussion mit Clarke, die Newton natürlich genau verfolgte und begleitete, die besseren Argumente. Aber: Leibniz hatte zwar vielleicht die bessere Philosophie, es gelang ihm jedoch nicht, bzw. er versuchte es erst gar nicht, eine entsprechende Physik aufzubauen. Newton verstand ohne Zweifel die Argumente von Leibniz, und bei aller Abneigung gegenüber diesem hätte er sicher dessen Argumenten Rechnung getragen, wenn er nicht gute Gründe dafür gehabt hätte, bei seiner Auffassung zu bleiben.

Der Grund dafür dürfte in der zentralen Frage der Bewegung gelegen haben: Vor dem Hintergrund eines absoluten Raumes und einer absoluten Zeit läßt sich jede Bewegung isolieren und mit einem zwar auch nicht unkomplizierten, aber doch übersichtlichen mathematischen Apparat kalkulatorisch beschreiben, der unter diesem Aspekt immer noch »einfach« war. In einem rein relationalen Raum und einer rein relationalen Zeit war es für Newton keineswegs klar, wie eine Theorie der Bewegung aussehen sollte, da dort prinzipiell jede Bewegung auf jede andere Bewegung bezogen war. Da es also nicht möglich war, gleichzeitig eine gute Philosophie und eine brauchbare Physik zu haben, entschied sich Newton für die brauchbare Physik, und dies hieß zu diesem Zeitpunkt: Er ließ sich einfach durch die Argumente von Leibniz nicht beeindrucken und blieb bei der in den *Principia mathematica* entwikkelten Physik. Das Grundproblem dieser Physik hatte er von Galilei übernommen. Galilei hatte die gleichförmige Bewegung definiert als diejenige, bei welcher die von einem Körper in irgendwelchen gleichen Zeiten zurückgelegten Strecken untereinander gleich sind, so daß bei gleichförmiger Bewegung der größeren Strecke eine größere Zeit entspricht (vgl. Kap. IV, 1). Damit man solche Begriffe physikalisch sinnvoll verwenden konnte, benötigte man aber einen physikalischen Bezugsrahmen, der sich nicht selbst auch wieder bewegte, und diesen lieferte der absolute Raum und die

absolute Zeit Newtons. Ebenso war dann eine beschleunigte Bewegung »an sich« definierbar und nicht nur in bezug auf wieder eine andere Bewegung. In diesem Rahmen schien sich das am ehesten formulieren zu lassen, was man von Naturgesetzen erwartete. Dies gilt natürlich vor allem vom bekanntesten der newtonschen Gesetze, dem *Trägheitsgesetz*:

Gesetz I. *Jeder Körper verharrt in seinem Zustand der Ruhe oder der gleichförmig-geradlinigen Bewegung, sofern er nicht durch eingedrückte Kräfte zur Änderung seines Zustands gezwungen wird.* (*Mathematische Grundlagen. Axiome oder Gesetze der Bewegung.* S. 53)

Bei Newton ist diese Bewegung nicht auf irgendeinen physikalisch bestimmbaren Punkt bezogen, sondern auf den absoluten Raum und auf die absolute Zeit. Wie sollte ohne diese Vorstellungen »geradlinige Bewegung« und »konstante Geschwindigkeit« überhaupt definiert werden? Newton wußte natürlich, daß diese theoretische Frage nicht ausreichte, um die Vorstellung eines absoluten Raumes und einer absoluten Zeit einzuführen, sondern daß er vielmehr für seine Unterscheidung einer absoluten und einer relativen Bewegung nach seinen eigenen methodologischen Forderungen eine empirische Basis benötigte:

Die Wirkungen, durch die man absolute und relative Bewegungen voneinander unterscheiden kann, sind die Fliehkräfte von der Achse der Kreisbewegung; denn in einer ausschließlich relativen Kreisbewegung existieren diese Kräfte nicht, in einer wirklichen und absoluten aber sind sie größer oder kleiner, je nach der Menge der Bewegung. (Ebd. S. 49)

Als empirischen Nachweis dafür legte er den berühmten »Eimerversuch« vor (Ebd. S. 49 f.): Bei einem mit Wasser gefüllten Eimer, der an einem verdrillten Seil hängt und auf den kein weiterer Einfluß ausgeübt wird, ergibt sich eine Relativbewegung von Eimer und Wasser, wobei jedoch einmal eine ebene, dann aber eine nach innen gewölbte Wasseroberfläche auftritt (d. h. das Wasser steigt an der Wand des Eimers hoch). Newton meinte, daß die ebene Oberfläche durch die Rotation gegenüber dem relativen, die gewölbte hingegen durch die Rotation gegenüber dem absoluten Raum hervorgerufen würde. Dieses Experiment überzeugte die Mehrzahl seiner Zeitgenossen (Berkeley überzeugte es allerdings nicht) und ebenso die Naturphilosophen des 18. und größtenteils auch des 19. Jhd.s, so daß die Vorstellung eines absoluten Raumes, einer absoluten Zeit und einer absoluten Bewegung vorherrschend blieb. Erst Ernst Mach (1838–1916) kritisierte die newtonsche Interpretation des Versuchs und erklärte die aufgetretene Wölbung als Relativbewegung in Bezug zu den Massen des Fixsternhimmels (Machsches Prinzip). Die Vorstellung des absoluten Raumes – und damit auch die der absoluten Zeit sowie die der absoluten Bewegung – wurde hinfällig und als metaphysischer Rest beseitigt. Damit erhielten auch die leibnizschen Einwände gegen Newton wieder ihre Bedeutung. Aufbauend auf diesen Ergebnissen Machs entwickelte dann Albert Einstein (1879–1955) die allgemeine Relativitätstheorie.

4. Newton, Wissenschaftsentwicklung und Aufklärung

Die Theorien der *Principia mathematica* und der *Opticks* fanden in England rasche Verbreitung, nicht zuletzt dadurch, daß Newton schon zu Lebzeiten eine Institution geworden war und die Vergabe von Professuren der Naturwissenschaft am »Rat« Newtons kaum vorbeikommen konnte. Die Newtonianer hatten ihren inneren Zusammenhalt dadurch, daß sie gleichsam vertragsbedingt Anti-Leibnizianer sein mußten. Die Tätigkeit der Newtonianer an den Universitäten bedeutete wiederum, daß für den Schulbetrieb einfachere Darstellungen geschaffen werden mußten, und diese konnten dann auch außerhalb von Fachkreisen gelesen und teilweise auch verstanden werden. Die Zahl solcher populärer Darstellungen im 18. Jhd. ist beeindrukkend: 17 französische, 11 lateinische und u.a. sogar eine nur für Damen bestimmte italienische von F. Algarotti mit dem Titel *Il Newtonianismo per le dame*. Dieser Newtonianismus stellte aber nicht nur eine Vereinfachung, sondern auch eine nicht unwesentliche Verkürzung der Naturphilosophie Newtons dar. Es ergab sich ein geschlossenes newtonsches, »empirisch begründetes Weltsystem«, also genau das, was man damals wollte und brauchte. Dieses Weltsystem war nicht wirklich das der

Naturphilosophie Newtons, aber es war eben auch wieder Newton selbst, der dieser Verwendung, die ja schon zu seinen Lebzeiten einsetzte, zustimmte. Möglicherweise bemerkte er selbst, daß gerade ein »verkürzter« Newton jene überragende Bedeutung erhalten konnte, die er selbst wünschte. Im Laufe des 18. Jhd.s nahm auch die von der Literatur geförderte Newton-Verehrung in England kultische Formen an.

Auch auf dem Kontinent fand das Hauptwerk Newtons raschen Eingang. Der treue Halley sorgte für gute Besprechungen im *Journal des Sçavants* und in den *Acta Eruditorum*. Allerdings wuchs der Einfluß Newtons auf dem Kontinent erst nach dessen Tod. Zunächst fand der Newtonianismus in Holland Eingang. Entscheidend dafür, daß der Newtonianismus sich in Paris durchsetzen konnte, war natürlich, daß sich die Pariser *Académie des Sciences* zu Newton bekannte, was bedeutete, daß der Cartesianismus die Schlacht verloren hatte. Dieser Prozeß ging selbstverständlich nicht ohne Gegenwehr vor sich. Der Weg, auf dem dieser Widerstand gebrochen wurde, war einigermaßen sonderbar: Gewöhnlich lassen sich zunächst einmal die Fachwissenschaftler von einer neuen Theorie überzeugen, und dann wird ein solcher Umschwung popularisiert. In Frankreich hingegen wurde zunächst ein popularisierter Newtonianismus einflußreich, dem sich dann auch die Mitglieder der *Académie des Sciences* nicht mehr entziehen konnten. Der große

Propagator des newtonschen Systems wurde zunächst Voltaire, dessen Verständnis mathematischer Details der newtonschen Physik sicher sehr begrenzt war. In seinen *Philosophischen Briefen* von 1734 war es außerdem sehr deutlich, daß Newton ihm dazu diente, den Franzosen ihre wissenschaftliche Rückständigkeit und ihr Unvermögen, eine freie wissenschaftliche Diskussion zuzulassen, zu demonstrieren, was nicht dazu angetan war, die Mitglieder der *Académie des Sciences* für die neuen Gedanken zu gewinnen. Die Sachdiskussion wurde dann aber auch wieder von Voltaire durch seine 1738 veröffentlichten *Elemente der Philosophie Newtons für jedermann (Élements de la philosophie de Newton mis à la portée de tout le monde)* angestoßen. Der erforderliche wissenschaftliche Minimalgehalt dieser Schrift wurde von Voltaires Freundin, der Marquise du Châtelet, auf deren Schloß Cirey er sich damals aufhielt, garantiert, die von Mathematik wesentlich mehr verstand als Voltaire (sie übersetzte auch die *Principia mathematica* Newtons ins Französische, und dies sollte die einzige französische Übersetzung bleiben). Diese Schriften – zusammen mit der für einen Skandal immer guten Persönlichkeit Voltaires – sorgten dafür, daß das newtonsche System in allen Pariser Salons diskutiert wurde. Zu dem Kreis von Newtonianern, die sich gelegentlich in Cirey einfanden, gehörte auch der schon genannte Maupertius. Diesem gelang durch Vermessungen während einer Expedition nach Lappland in den Jahren 1736/1737 der empirische Nachweis der von Newton aus theoretischen Gründen geforderten Abplattung der Erde an den Polen. Maupertius leitete dann die wissenschaftliche Rezeption des Newtonianismus in der *Académie des Sciences* ein, die sich etwa seit 1740 endgültig durchsetzte. Maupertius wurde dann von Friedrich dem Großen mit der Reorganisation der Berliner Akademie der Wissenschaften beauftragt, deren Präsident er 1746 wurde.

Der Siegeszug des Newtonianismus ist, wie schon gesagt, nicht gleichzusetzen mit dem Siegeszug der Naturphilosophie Newtons. Im Newtonianismus der Aufklärung und der folgenden Periode wurden große Teile des Denkens Newtons in einer Weise »eingeklammert«, daß sich beinahe das Gegenteil von dem ergab, was er selbst angestrebt hatte. In Wirklichkeit wurde eine newtonsche Physik im Rahmen einer – mit ihr eigentlich unverträglichen – leibnizschen Metaphysik vertreten. Die Grundfrage der Auseinandersetzung zwischen Leibniz und Newton war ja die um die Geltung einer durchgängig mechanistisch-deterministischen Weltauffassung gewesen. Newton hatte eine solche Geltung bestritten, während sie durch die leibnizsche Annahme der besten aller möglichen Welten bestätigt schien: Diese Welt bedarf, wenn sie einmal geschaffen ist, keinerlei nicht-mechanistischer Erklärungen mehr. Leibniz hatte genau gesehen, daß Mores Thesen auch hinter der Überzeugung Newtons standen, daß ein durchgehend mechanistisches Weltbild unzureichend sei. In einem späten Brief von 1714 sagt er von More »und einigen anderen Platonikern«, daß sie irren, wenn sie meinen, »daß es Phänomene gibt, die nicht mechanisch erklärt werden können« (Leibniz: *Die philosophischen Schriften.* Hrsg. v. C. I. Gerhardt. Berlin 1887 [Nachdruck Hildesheim 1978]. III. S. 607). Ob Leibniz hier auch | 233
Newton unter die »Platoniker« zählt, läßt sich nicht sicher sagen; aus dem Briefwechsel mit Clarke geht allerdings klar hervor, daß er genau dies Newton zum Vorwurf machte. Bei dieser Kritik handelt es sich nicht um einen gelegentlichen Streitpunkt, vielmehr kommt hier eine Grundauffassung von Leibniz zum Tragen. Schon 1687 schrieb Leibniz an Arnauld:

Ich wiederhole nochmals, daß man alle Phänomene mit der mechanistischen Philosophie *(par la philosophie machinale)* erklären kann, indem man bestimmte Prinzipien der Mechanik *(certains principes de Mecanique)* voraussetzt. (Leibniz: *Der Briefwechsel mit Antoine Arnauld.* S. 236. Übers. v. F. S.)

Newtons Physik wurde später genau in diesem leibnizschen Sinne interpretiert. Auch Kant ging in seiner Frühschrift *Allgemeine Naturgeschichte und Theorie des Himmels oder Versuch von der Verfassung und dem mechanischen Urspunge des ganzen Weltgebäudes nach Newtonischen Grundsätzen abgehandelt* von 1755 und ebenso in den 1786 – also genau hundert Jahre nach dem Erscheinen von Newtons *Principia mathematica* – veröffentlichten *Metaphysischen Anfangsgründen der Naturwissenschaften* von einem »mechanistischen« Newton aus. Pierre Laplace (1749–1827) konnte gegenüber Napoleon die Hypothese äußern, »Gott« sei überflüssig geworden. Geht man von einer strengen Trennung von Naturwissenschaft und Philosophie aus, so ist gegen eine solche Äußerung nichts einzuwenden. Nur: Mit Newtons Naturphilosophie hat all dies nichts mehr zu tun, und eine etwaige Berufung auf Newton in solchen Zusammenhängen ist zumindest ein Mißverständnis. Newtons Vorstellungen von Naturphilosophie mögen manchen heute befremden, der Historiker hat aber die Aufgabe, auch auf solche »Absonderlichkeiten« hinzuweisen. Und damit kein Zweifel auftaucht: Ich bin nicht der Meinung, daß in unserer Gegenwart der physico-theologische Gottesbeweis wieder hervorgeholt werden könnte. Nichtsdestoweniger ist festzuhalten, daß Newton die Gültigkeit eines solchen Beweises annahm.

Auch ein weiterer Aspekt der Naturphilosophie Newtons wurde ausgeblendet. Newton beschäftigte sich lange und intensiv mit alchemistischer Literatur, die einen erstaunlich großen Anteil in seiner Bibliothek ausmachte, und führte selbst über lange Zeit hin alchemistische Experimente durch. Die Beschäftigung mit alchemistischen Schriften bestärkte ihn auch in der schon von More übernommenen neuplatonischen Auffassung, daß eine mechanistische Auffassung vom Kosmos nicht ausreichte, um alle Phänomene zu erklären. Er wollte dabei nicht irgendwelche okkulten Kräfte zu wissenschaftlichen Erklärungen hinzufügen, sondern meinte einfach, daß für eine vollständige *wissenschaftliche* Erklärung der Phänomene eine mechanistisch konzipierte cartesianische oder leibnizianische Physik unzureichend sei. Er vermutete ganz und gar nicht, in der Alchemie eine Vielzahl unbekannter Kräfte zu finden, sondern meinte, daß auch dort ein und dieselbe »Kraft« die verschiedensten Phänomene erklären könnte, so wie ja auch die Gravitation Phänomene der irdischen wie der himmlischen Physik zu erklären vermochte. Newton war also in verschiedener Hinsicht davon überzeugt, daß das zu seiner Zeit gängige mechanistisch-deterministische Weltbild unzureichend ist.

In alchemistischen Schriften spielte die Mikro-Makrokosmos-Vorstellung immer eine große Rolle. Auch diese Vorstellung nahm Newton auf, wobei er sie allerdings vom Individuum auf die Menschheit erweiterte und sie mit seiner Naturphilosophie in Verbindung brachte. Und so ergab sich für ihn eine Parallelität der *Geschichte des Kosmos* und der *Geschichte der Menschheit*: So wie es im Kosmos einen Verlust an Bewegung gibt, so ist auch die Geschichte der Menschheit eine Verlustgeschichte. Newton übernahm von dem Alchemisten Michael Maier (17. Jhd.) die bekannte mittel- und neuplatonische These einer »ursprünglichen Weisheit« (vgl. 1. Teil, Kap. XVI, 4) und gelangte so zu seiner These: So wie es im Kosmos einen Energieverlust gibt, so gibt es auch in der Geschichte Abnutzungserscheinungen der ursprünglichen Weisheit, die daher in späteren Formen verdorben erscheint. Das wahre ursprüngliche Wissen ist jedoch in Mythen in verschlüsselter Form erhalten geblieben. So vertrat Newton sogar die Überzeugung, daß in der alten Weisheit auch schon ein Grundverständnis der Gravitation vorhanden gewesen war. Und er war auch, wie er es in der erweiterten Form der *Opticks* von 1717 zum Ausdruck brachte, davon überzeugt, das Studium der Naturgesetze könne und müsse dazu dienen, die Sittlichkeit der Menschen zu fördern und dadurch dem ursprünglichen Willen Gottes in der Geschichte zum Durchbruch zu verhelfen.

Wie immer man auch all dies beurteilen mag, es ist jedenfalls festzuhalten, daß zwischen dem Newton des Paradigmas der neuzeitlichen Wissenschaft und dem historischen Newton ein beträchtlicher Abstand besteht. Es gibt Anzeichen dafür, daß in unserer Gegenwart der historische Newton wieder an Aktualität gewinnt. Was von diesem historischen Newton dabei aktuell werden könnte, ist dabei noch ganz offen. Der ganze historische Newton wird es vermutlich nicht sein.

- XI -

Gottfried Wilhelm Leibniz

1. Die Barockfigur des »Universalgelehrten«

In der italienischen Renaissance gab es das Ideal des »universalen Menschen«, der auf allen Gebieten, vor allem der Kunst und Wissenschaft, aber auch der Politik, schöpferisch tätig ist. Beispiele dafür sind Michelangelo, Leonardo da Vinci und auf seine Weise auch Lorenzo il Magnifico. Zur Zeit des Barocks wurde aus dem »universalen Menschen« der »Universalgelehrte«. Davon gab es sehr viele: Pfarrer, Fürstenerzieher, Prinzessinnen, Bibliothekare, Hofräte usw. Sie interessierten sich für alles, waren neugierig auf alles, liefen stets der letzten Neuigkeit nach, diskutierten über
236 | alles und verstanden von all dem oft nicht sehr viel. Während es in der Renaissance die Weltentdecker waren, die den Horizont in geographischer Hinsicht erweiterten, so waren es jetzt die Reisenden und Missionare, die mit ihren Reiseberichten ihren Lesern den Eindruck suggerierten, auch Weltbürger zu sein. Dazu betrieb noch jeder etwas Naturbetrachtung, interessierte sich für cartesianische Metaphysik, für Religionsstreitigkeiten, neue Medizinen, Urkundenforschung, Genealogie und was sonst noch zu erfahren war. Wer sich als Gelehrter fühlte, hatte immer große Veröffentlichungspläne und beklagte sich ständig, daß er wegen der vielen Beschäftigungen nie zur Fertigstellung des großen Werkes gelangte. Kaum daß einer dieser berühmten Gelehrten gestorben war, suchte man im Nachlaß nach den Manuskripten dieser großen Werke, gewöhnlich aber vergebens. »Universalität« war also ein Kennzeichen des Barockzeitalters. Um möglichst vielseitig informiert zu werden und um länderübergreifende Diskussionen durchführen zu können, wurden im 17. Jhd. die ersten großen Zeitschriften gegründet: Das *Journal des Sçavans* in Paris, die *Philosophical Transactions* in London, die *Acta Eruditorum* in Leipzig und das *Giornale de'Letterati* in Italien. Diese Zeitschriften publizierten neben Artikeln auch Rezensionen und gaben damit ihren Lesern die Möglichkeit, breit informiert zu werden. Zu dieser Zeit entwickelte sich jene sonderbare Kategorie von Gelehrten, die jedes Buch kannten, beinahe ohne irgendeines gelesen zu haben. Es gab auch eine ganze Anzahl, oft sehr kurzlebiger, populärer Zeitschriften, die jedermann den Eindruck vermitteln sollten, an den neuesten Entwicklungen der Wissenschaften teilzuhaben. Zur selben Zeit entstanden auch Enzyklopädiepläne, die sogar erste große Erfolge erbrachten, wie z. B. das Ende des 17. Jhd.s erschienene *Dictionnaire historique et critique* von

Pierre Bayle (1647–1706). Für die Anhäufung solchen »universellen Wissens« war auch der Briefwechsel wichtig, denn die Korrespondenzen dienten nicht zuletzt dem Transport von Neuigkeiten, zu denen bei Gelehrten auch neu erschienene Bücher gehörten. Leibniz hat den umfangreichsten Briefwechsel des ganzen 17. Jhd.s beigesteuert. Der dort u.a. stattfindende Transport von Büchertiteln ist ungeheuerlich. Leibniz war modern auch in dem Sinne, daß er faktisch die Vorstellung »Wissen ist Macht« zu der Vorstellung »Information ist Macht« erweiterte und somit nicht zuletzt am Beginn jener Entwicklung steht, in welcher der Unterschied von Wissen und Informiertsein manchmal undeutlich wird.

Bezeichnet man Leibniz als »Universalgenie«, so sagt man zunächst also nur, daß er ein echter Mensch des Barockzeitalters war, in dem es das Kennzeichen des Gebildeten und vor allem des Gelehrten war, universale Interessen zu haben. Leibniz sagte im Alter von 25 Jahren über seinen eigenen, etwas ungewöhnlichen Bildungsweg (N.B. normaler Druck: in der Handschrift in deutscher Schrift, kursiv: in lateinischer Schrift):

Zuförderst, weil mir meine Eltern zeitlich gestorben, und ich fast ohne einige *direction* meiner *studi*en gewesen, habe ich das glück gehabt, vor mich über Bücher von allerhand Sprachen, *Religion*en, und *Scienti*en, wiewohl ohne gebührende ordnung zu kommen, und solche anfangs nur aus trieb der *delectation* zu lesen, davon ich aber unempfindtlich den nuzen geschöpfet, daß ich von gemeinen *praejudiciis* befreyet worden, und auf viel dinge kommen, daran ich sonst nimmermehr gedacht hätte [...].
(A II, 1. S. 159)

In diesem Sinne ist der Gelehrte des 17. Jhd.s »unmodern«, der holländische, spezialisierte Händler hingegen »modern«. Was Leibniz von anderen Universalgelehrten unterschied, war aber, daß er auf den verschiedensten Gebieten tatsächlich schöpferische Beiträge lieferte; was Leibniz mit ihnen gemeinsam hatte, war, daß er nichts – oder fast nichts – beendete und ständig großen, unrealisierbaren Projekten nachlief.

2. Das Projekt der Allgemeinen Wissenschaft *(Scientia generalis)*

Alles Denken ist durch Zeichen vermittelt. Denken ohne Zeichen gibt es nicht. Diese These steht am Beginn alles philosophischen wie auch wissenschaftlichen Denkens bei Leibniz, und Leibniz hat sie während seines ganzen Lebens festgehalten. Mit Hobbes unterscheidet Leibniz zwei Funktionen von Zeichen: ein »Zeichen« (im engeren Sinne) dient der Kommunikation, ein »Kennzeichen« *(nota)* aber dem Gedächtnis. Entscheidend ist jedoch die Funktion der Zeichen für das Denken überhaupt. An diesem Punkt unterscheidet sich Leibniz ganz klar von Locke und all jenen vor ihm, die Denken als einen von Zeichen unabhängigen Vorgang gedeutet hatten und den Zeichen, also auch der Sprache, nur die Funktion der Mitteilung oder Aufbewahrung von Gedanken zusprachen. Für Leibniz hingegen gilt ganz eindeutig:

Irgendwelcher Charaktere allerdings bedarf man wohl stets zum Denken. (*Hauptschriften*. I, S. 7)

Jede menschliche Vernunftüberlegung *(ratiocinatio)* kommt durch irgendwelche Zeichen *(signis)* oder Charaktere *(characteribus)* zustande. (*Die Grundlagen des logischen Kalküls*. S. 17)

Alle unsere Vernunftüberlegung ist nichts anderes als die Verbindung und Substitution von Charakteren, sei es, daß diese Charaktere, Worte, Kennzeichen *(notae)* oder schließlich Bilder *(imagines)* sind. (A VI, 4. S. 922. Übers. von F. S.)

Wenn Leibniz sagt, daß die Tätigkeit der Vernunft nichts anderes ist als die Verbindung und Substitution von Charakteren, so liefert in deutlicher Weise die Mathematik das Modell, so wie auch Hobbes schon Denken als Rechnen aufgefaßt hatte (vgl. Kap. VIII, 2). Vor diesem Hintergrund ist das große Projekt der Allgemeinen

Wissenschaft von Leibniz zu verstehen. Dieses Projekt stellt er programmatisch schon in einer frühen Schrift von 1671 dar. (Leibniz schreibt dabei teilweise in deutscher, teilweise in lateinischer Sprache – hier kursiv gesetzt –, so daß an diesem Text auch deutlich wird, wie wenig »philosophisch geeignet« die deutsche Sprache zu dieser Zeit noch war.) Dort sagt er:

In *Philosophia* habe ich ein mittel funden, das jenige was *Cartesius* und andere *per Algebram et Analysin in Arithmetica et Geometria* gethan, in allen *scientien* zuwege zu bringen *per Artem Combinatoriam*, welche *Lullius* und *P. Kircher* zwar *excolirt*, bey weiten aber in solche deren *intima* nicht gesehen. Dadurch alle *Notiones compositae* der ganzen Welt, in wenig *simplices* als deren *Alphabet reduciret*, und aus solches *alphabets combination* wiederumb alle dinge, samt ihren *theorematibus*, und was nur von ihnen zu *inventiren* müglich *ordinata methodo*, mit der zeit zu finden ein weg gebahnet wird. Welche *invention*, dafern sie wils Gott zu Werck gerichtet, als *mater* aller *inventionen* von mir vor das *importanteste* gehalten wird, ob sie gleich das ansehen noch zur zeit nicht haben mag. (A II, 1. S. 160)

Leibniz gibt hier klar an, woher er seine Inspiration gewonnen hat: Es ist zunächst das kombinatorische Verfahren Lulls und Kirchers (vgl. 2. Teil, Kap. XVI, 1), desweiteren die Methode der Analysis und Synthesis der Renaissance-Aristoteliker (vgl. 3. Teil Kap. I, 5) und schließlich sind es die Beweisverfahren, wie er sie aus der zeitgenössischen Mathematik vor allem von Descartes kannte. Zu einem eingehenden Studium der Mathematik kam Leibniz während seines Aufenthalts in Paris und bei zwei Reisen nach London in den Jahren 1672–1676. Wenig später, vermutlich 1677, schrieb Leibniz in ganz ähnlicher Weise wie im vorangegangenen Text:

Wenn man Charaktere oder Zeichen finden könnte, die geeignet wären, alle unsere Gedanken ebenso rein und streng auszudrücken, wie die Arithmetik die Zahlen oder die analytische Geometrie die Linien ausdrückt, könnte man offenbar bei allen Gegenständen, soweit sie dem vernünftigen Denken unterworfen sind, das tun, was man in der Arithmetik und der Geometrie tut. Denn alle Forschungen, die vom vernünftigen Denken abhängen, würden durch die Umwandlung dieser Charaktere und eine Art Kalkül zustande kommen, was die Erfindung schöner Dinge ganz leicht machen würde. [...] außerdem würde man jeden von dem überzeugen, was man gefunden oder erschlossen hätte, da es leicht sein würde, den Kalkül zu prüfen [...]. Und wenn jemand an dem, was ich vorgebracht haben würde, zweifelte, würde ich zu ihm sagen: »Rechnen wir, mein Herr!«, und Feder und Tinte nehmend, würden wir uns bald aus der Verlegenheit ziehen. (A VI, 4. S. 6. *Fragmente zur Logik.* S. 90 f.)

Wenn Leibniz hier auffordert, zu Feder und Tinte zu greifen, so ist damit mehr als eine rhetorische Formel gemeint: Leibniz zieht hier die Konsequenz der neuzeitlichen Entwicklung, die vom gesprochenen Wort zum verschriftlichten Zeichen führt (vgl. 2. Teil, Kap. XIX, 4). Er braucht manipulierbare »Charaktere«, und diese sind »geschriebene, gezeichnete oder gemeißelte Zeichen« (*Die Grundlagen des logischen Kalküls.* S. 19). Solche Zeichen sind wie Münzen oder Rechensteine zu handhaben. Zeichen dienen also nicht nur der Repräsentation von Dingen, sondern sind das Medium einer *rechnenden Vernunft.* Daher ist auch alle Wissenschaft nichts anderes als ein Zeichenprozeß. Diesen *universellen Zeichenprozeß* suchte Leibniz mit seiner Allgemeinen Wissenschaft *(Scientia generalis) operationalisierbar* zu machen. Der Plan einer allgemeinen Wissenschaft war ein richtiges Barockunternehmen: strengster Rationalismus verbunden mit ziemlich phantastischen Vorstellungen. Leibniz hat diesen Plan während seines ganzen Lebens verfolgt und – bei allen Modifikationen im Detail und Einschränkungen vor allem in seiner späteren Zeit – an der Durchführbarkeit festgehalten. Obwohl er diesem großen Projekt keine Gesamtdarstellung gewidmet, sondern es nur in einer, allerdings großen Anzahl von Entwürfen behandelt hat, stand es doch im Zentrum aller seiner Überlegungen. Dies muß betont werden, da Leibniz vielen doch vor allem durch seine bekannten Werke der *Monadologie*, der *Theodizee* und der *Nouveaux Essais* bekannt ist. Dieses leibnizsche Projekt wird inzwischen häufig als das »Leibnizprogramm« bezeichnet. Der Grundgedanke der Allgemeinen Wissenschaft war verhältnismäßig einfach: Alle unsere Kenntnisse bestehen aus der Kombination einfachster Begriffe; wir brauchen also nur zweierlei zu entdecken, um alle möglichen Erkenntnisse zu gewinnen:

(a) Die einfachsten *Grundbegriffe* aller Wissenschaften und deren Abbildung in geeigneten Zeichen *(Characteristica universalis).*

(b) Die *Gesetze der Kombination* dieser einfachsten Grundbegriffe *(Calculus ratiocinator* bzw. *Calculus logicus)*.

a) Die Grundbegriffe

Es geht also zunächst darum, die Grundbegriffe aller Wissenschaften zu finden. Diese sind undefinierbar, da sie eben nicht aus weiteren Grundbegriffen bestehen. Leibniz sah natürlich, daß es schon aus praktischen Gründen keineswegs so einfach ist, die Grundbegriffe aller Wissenschaften aufzufinden: Dies ist eine Aufgabe, die selbst die zeitlichen Möglichkeiten eines »Universalgelehrten« überstieg. So kam ihm der Gedanke, diese Aufgabe unter Spezialisten der einzelnen Gebiete aufzuteilen. Der früheste Text für dieses große Projekt ist der aus dem Jahre 1679 stammende *Plan einer neuen, nach der entdeckenden Methode abzufassenden Enzyklopädie* (A VI, 4. S. 338–349). Dort schreibt Leibniz:

Da es aber eine große Aufgabe ist, diese Wissenschaften vollkommen genug vorzutragen, und wir vor allem Zeit dazu haben müssen, so ist mein Rat, daß wir, nachdem das Werk unter viele Männer aufgeteilt ist, sobald als möglich wenigstens irgendeinen
240 | allerersten Entwurf davon gestalten, der die Grundlage für die Mitarbeiter bildet, von Tag zu Tag vermehrt und gefeilt werden kann und ein Schritt zu Größerem sein kann. Auch sehe ich nicht, was hindern könnte, daß von zwanzig Gelehrten in zwei Jahren das erledigt werden kann, was gewiß von einem, der eine ausreichende Kenntnis der Dinge besitzt, in zehn Jahren geleistet werden kann. (*Fragmente zur Logik*. S. 72)

Seine Pläne für Akademiegründungen, die auch – nach dem Vorbild der *Académie des Sciences* in Paris und der *Royal Society* in London – in Berlin und St. Petersburg Erfolg hatten, waren prinzipiell auf das Ziel ausgerichtet, Mitarbeiter für die Auffindung der Grundbegriffe der allgemeinen Wissenschaft zu finden und dieser Arbeit eine institutionelle Absicherung zu verschaffen. Methodisch entspricht das Auffinden dieser Grundbegriffe dem, was früher »Analysis« genannt worden war. Das Resultat wäre dann das »Alphabet der menschlichen Gedanken«. Ausgehend von den Grundbegriffen sollten im nächsten Schritt alle Definitionen und Grundsätze der einzelnen Wissenschaften geordnet aufgestellt werden. Die Zusammenstellung solcher Tabellen hatte schon Bacon vorgeschlagen (vgl. Kap. III, 2). Leibniz erhoffte sich dabei aber auch, daß in solchen Tabellen zusammenstimmende Reihen *(harmonicae series)* erscheinen würden, die einen Leitfaden *(filum)* abgeben würden, um zu neuen Sätzen zu gelangen. Der Gedanke des »Ariadnefadens«, der uns im Labyrinth der Gedanken leiten könnte, war eine von Leibniz immer wieder gebrauchte Parabel:

Den in der entdeckenden Ordnung zusammengefügten Sätzen sollen Verzeichnisse oder Kataloge beigegeben werden, in denen die schon gemachten Entdeckungen und

Einsichten zu leichter Verwendung und zur Aufstellung von Kombinationen, wie auf Tafeln, angeordnet werden. Hieraus entspringt viel Neues, an das wir sonst nicht gedacht hätten; und es werden gewisse zusammenstimmende Reihen zu Tage kommen, durch die, wenn man ihrem Faden folgt, sich der Zugang zu Größerem eröffnen wird. (*Fragmente zur Logik*. S. 63)

Leibniz dachte hier an Reihenberechnungen wie in der Mathematik. Bei der Frage, wie diese Erfindungskunst allerdings genauer aussehen könnte, blieb Leibniz ziemlich vage: Wir begegnen hier der in der Geschichte immer wieder aufgetretenen Hoffnung, neben den Regeln der deduktiven Logik *(ars judicandi)* auch Regeln einer »Logik der Entdeckung/Erfindung« *(ars inveniendi)* zu finden (vgl. z. B. Kap. I, 6, und Kap. III, 3, d), eine Hoffnung, die jedoch nie in Erfüllung ging. Es lassen sich zwar bestimmte pragmatische Regeln für Forschungsstrategien entwickeln, Regeln für die Erfindung von neuen Theorien gibt es aber (bisher) noch nicht.

Die Reichweite des Programms war enzyklopädisch. Sie reichte von der Grammatik, der Logik, der Gedächtniskunst und der Topik (Kunst der Auffindung neuer Wahrheiten) bis zur Wissenschaft der Formeln (z. B. der Algebra); weiter folgte die Wissenschaft von den Größen bzw. den Proportionen, dann die Arithmetik, die Geometrie, die Mechanik, die Wissenschaft der Wahrnehmung der einfachen Qualitäten (Farbe, Wärme usw.), die Chemie, die Astronomie, die Biologie und schließlich die moralische Wissenschaft, zu der auch die Staatswissenschaft und die Rechtswissenschaft gehören; außerdem die Geopolitik, zu der die Geschichte und die politische Geographie gezählt wurde, und schließlich die natürliche Theologie. Zum Schluß ist

[...] dieser Enzyklopädie [...] eine Praktik anzufügen, nämlich eine Lehre vom Nutzen der Wissenschaften zur Glückseligkeit oder von den Vorschriften, indem man nämlich in Betracht zieht, daß wir nur Menschen sind. (*Fragmente zur Logik*. S. 72)

Der Sinn dieser Bemerkung ist offenkundig: Daß die Wissenschaften zum Nutzen und zur Glückseligkeit der Menschen dienen sollen, war, wiederum ausgehend von den Prinzipien Bacons, eine allen Philosophen des 17. Jhd.s gemeinsame Vorstellung, die auch Leibniz teilte. Im Unterschied zu anderen meinte er aber nicht, daß Einsicht immer schon zum richtigen Handeln führt; dazu war er eben doch zu gut in der Rechts- und in der Geschichtswissenschaft geschult, und dazu kannte er auch zu gut die Realität der politischen Entscheidungen an verschiedenen Höfen. Er glaubte zwar metaphysisch an die beste aller möglichen Welten, meinte aber nicht, daß sich dadurch schon ein konkreter Fortschrittsautomatismus ergebe; es gab also durchaus Aufgaben für eine »Praktik«.

Dieser Kanon der Wissenschaft – es finden sich bei Leibniz noch verschiedene andere – ist nicht sonderlich originell, wohl aber die Art und Weise, mit der er diese Wissenschaften bearbeiten wollte. Wie bereits gesagt, meinte Leibniz zunächst, die

Grundbegriffe aller Wissenschaften in wenigen Jahren auffinden zu können. Im Laufe seines Lebens wurde er allerdings vorsichtiger. Auch bei der Frage, ob die Grundbegriffe überhaupt als solche sicher zu kennzeichnen seien, zeigte Leibniz größere Zurückhaltung:

Ein primitiver Begriff ist einer, der nicht in andere aufgelöst werden kann [...], ob aber irgendein solcher Begriff von den Menschen deutlich unterschieden erfaßt werden kann, so daß sie nämlich erkennen, daß sie ihn erreicht haben, das kann bezweifelt werden. (A VI, 4. S. 528. Übers. F. S.)

Auch wenn Leibniz die Forderung, die primitiven Begriffe aufzufinden, nie prinzipiell aufgab, meinte er später, man könnte sich vorläufig mit jenen Begriffen zufriedengeben, die den ersten Begriffen *näher* sind. Für die Aufstellung der Gesetze der Kombination reichte es ihm daher aus, die *für uns* letzten Begriffe zu kennzeichnen (A VI, 4, S. 538. *Hauptschriften* I. S. 24). Diesen für uns letzten, primitiven Begriffen müssen dann Zeichen, *Charaktere*, zugeordnet werden. Ein besonders einfaches System wären die *Zahlen*. Um hier ein noch einfacheres als das Dezimalsystem zur Verfügung zu haben, erfand Leibniz das duale Zahlensystem, welches ermöglicht, alle Zahlen nur durch die beiden Zeichen »0« und »1« darzustellen (was zu einem wichtigen Bestandteil der Computertechnik werden sollte). Leibniz verwendete aber meist *Buchstaben* nach dem Vorbild der Algebra. Obwohl Zeichen willkürlich eingeführt werden, ist doch ein Zeichen umso besser, je mehr Eigenschaften des Dings es wiedergibt, ein Gedanke, der wiederum von den Zahlen herrührte: Die arabischen Ziffern sind schon dadurch den römischen überlegen, daß bei ihnen eine längere Zahl immer auch eine größere ist, wovon bei den römischen Zahlen nicht ausgegangen werden kann. Die Zeichen, die in der Umgangssprache verwendet werden, d. h. die Wörter, sind häufig zu ungenau. Leibniz orientiert sich daher bei seiner Forderung einer neuen Wissenschaftssprache, in der »aufgrund der Formbildung und der Konstruktion der Vokabeln die Irrtümer der Vernunftüberlegung [...] aufgedeckt werden könnten« (*Die Grundlagen des logischen Kalküls*. S. 19), wiederum an der Mathematik: Bisher haben nur die Algebraiker und Arithmetiker Kennzeichnungen entwickelt, die jeden Irrtum des Geistes als einen Irrtum im Kalkül aufzeigen (Ebd.). Dies ist das Ideal einer exakten Wissenschaftssprache, die einen logischen Aufbau der Welt ermöglichen sollte.

Der Ausgangspunkt der Wissenschaft liegt dann in den Definitionen und Axiomen, so wie wir dies schon bei Galilei und Newton gesehen haben. Leibniz sagt daher:

Unsere Enzyklopädie muß demnach so geschrieben werden, daß die Aussagen und Beweise der Wahrheiten weder von den Schemata noch vom Kalkül, sondern von den Definitionen, Axiomen und vorangestellten Sätzen [Postulaten] abhängen. (*Fragmente zur Logik*. S. 64)

Leibniz stellte daher immer wieder selbst Listen von Definitionen zusammen – bei denen er allerdings selten über Worte, die mit den ersten Buchstaben des Alphabets beginnen, hinauskam (vgl. z. B. A VI, 4. S. 53–57) –, um die begriffliche Seite der Wissenschaften und der Philosophie aufzufinden. Es war ihm dabei allerdings klar, daß auch hier die Teamarbeit ganzer Abteilungen von Akademien erforderlich wäre. Wäre dieser Teil jedoch gesichert, so müßte jede Wissenschaft streng formal dargestellt werden:

> Sobald wir jedoch eine Wissenschaft hinreichend beherrschen, ist der Kalkül zur Ableitung von Folgerungen, von unterschiedlichen Fällen und Anwendungen, sowie zu einer mit möglichst geringer geistiger Mühe bewerkstelligten Folgerung von beliebig Vorgegebenem späterhin ungemein nützlich. (*Fragmente zur Logik*. S. 64)

Mit dem Prinzip »mit möglichst geringer geistiger Mühe« begegnen wir einem Prinzip, das auch der Computertechnik zugrunde liegt. Tatsächlich war Leibniz der Meinung, daß Folgerungsverfahren mechanisierbar seien, d. h. daß sich Maschinen konstruieren ließen, die mit größerer Leichtigkeit und Schnelligkeit als das menschliche Gehirn Folgerungen durchführen. Um zu zeigen, daß dies keine Phantasterei ist, entwarf er in Fortsetzung der Versuche Pascals eine Rechenmaschine für die Grund- | 243
rechenarten, die er auch bauen ließ und die bis heute in der Landesbibliothek Hannover aufbewahrt wird.

Die universale Charakteristik war ein undurchführbares Unternehmen. Nichtsdestoweniger hat sich der Gedanke von Leibniz für die Wissenschaftstheorie als sehr fruchtbar erwiesen: Eine Wissenschaft kann nicht ohne eine »Bereichscharakteristik« exakt aufgebaut werden, die dann kalkülmäßig streng behandelt wird.

b) Der allgemeine und der logische Kalkül

Leibniz nimmt – wie Descartes oder Pascal – seinen Ausgangspunkt von der Mathematik, seine Analyse ist jedoch schärfer. Er sagt von der *Kunst der Formeln (Ars formularia)* und ihrer Aufstellung:

> [...] und von dieser Wissenschaft gehen viele Regeln aus, welche die Algebraiker und die Geometer für ihren Gebrauch übertragen haben, obwohl jene nicht nur für Größen, sondern auch für andere Betrachtungen Gültigkeit haben. (Ebd. S. 68)

Was Leibniz hier andeutet, ist ein zentraler Gedanke: Weder die Mathematik noch die Logik ist die »Grundtheorie«, vielmehr muß diese in einem ganz allgemeinen und zunächst *uninterpretierten* axiomatischen System gefunden werden, das dann – interpretiert – als formaler Kern in andere Wissenschaften eingehen kann. Und so erfand Leibniz den allgemeinen formalen Kalkül. Er nannte diesen Kalkül auch

»*Specieuese universelle*« (»*speciosa*« war der Terminus Franciscus Vietas (1540–1603) für die Algebra, zu deren Entwicklung Vieta entscheidende Beiträge geliefert hatte). Leibniz entwickelte also einen ganz allgemeinen Kalkül, in dem die verwendeten Zeichen – Variable und Verknüpfungen – zunächst noch nicht interpretiert sind, also noch »nichts« bedeuten, sondern nur für sich stehen. Die Verknüpfungszeichen sind ausschließlich durch die Operationen festgelegt, die mit ihnen im Kalkül durchgeführt werden dürfen. Die als Variable verwendeten Buchstaben können dann verschiedene Interpretationen erhalten, und dasselbe gilt dann natürlich für die Verknüpfungszeichen. Nehmen wir eine einfache Formel:

$A = A$. (Vgl. z. B. *Die Grundlagen des logischen Kalküls*. S. 53, Axiom 3)

Zunächst hindert mich gar nichts, auch eine weitere Formel in meinem Kalkül zuzulassen, nämlich:

$A \neq A$. (Vgl. *Allgemeine Untersuchungen* § 153–154. S. 115)

Leibniz zieht auch diese Möglichkeit in Erwägung. Da diese Formeln zunächst ja nichts bedeuten, könnte ich einen Kalkül aufbauen, in dem beide vorkommen dürfen. Eine spätere mögliche Interpretation wäre dann nach Leibniz z. B. die folgende: »$A = A$« soll bedeuten: »*A ist ein nicht-widersprüchlicher Begriff*« und »$A \neq A$« soll bedeuten: »*A ist ein widersprüchlicher Begriff*«. Leibniz läßt aber dann diesen Zeichengebrauch fallen, da aus einem widersprüchlichen Begriff »nichts in brauchbarer Weise geschlossen werden kann« (Ebd. § 155. S. 115). Dieses leibnizsche Vorgehen ist deshalb aufschlußreich, weil es zeigt, daß – wie es auch bei Leibniz der Fall ist – der Aufbau eines so formalen Kalküls zwar von seiner späteren Interpretation her »inspiriert« ist oder jedenfalls sein kann, prinzipiell jedoch davon unabhängig ist: Die in der Allgemeinen Charakteristik verwendeten Zeichen sind zunächst »*notes indifferents*« (*Opuscules*. S. 531). Die *Zeichen* eines solchen Kalküls können dann in verschiedenster Weise *interpretiert* werden. Werden die Buchstaben als *Größen (grandeurs)* oder als Zahlen *(nombres)* interpretiert, so ergibt sich die Algebra und die Arithmetik, werden sie hingegen als *Punkte* entsprechend der Praxis der Geometrie interpretiert, so ergibt sich ein von der Algebra vollkommen verschiedener Kalkül. Wenn hingegen die Buchstaben als *Begriffe (termes ou notions)* interpretiert werden, so erhält man einen Kalkül, der auch jenen Teil der Wissenschaftssprache enthalten muß, der in der traditionellen aristotelischen Syllogistik behandelt wird (Ebd.). Bei den Begriffen wiederum kann man diese nach ihrem *Inhalt* oder nach ihrem *Umfang* interpretieren. Wenn man z. B. die Aussage »Alle Menschen *(A)* sind Lebewesen *(B)*« nach ihrem Inhalt, also intensional, interpretiert, so bedeutet dies, daß *B* in *A* enthalten ist, also der Begriff *B*, »Lebewesen«, im Begriff *A*, »Mensch«, enthalten ist. Interpretiert man die Aussage »Alle Menschen *(A)* sind Lebewesen *(B)*« hingegen nach ihrem Umfang, also extensional, so bedeutet dies, daß die Individuen, die unter den Begriff »Mensch« fallen, unter den Individuen, die unter den Begriff »Lebewesen« fallen, enthalten sind. Diese extensionale Interpretation kann auch als eine von Klassen aufgefaßt werden, wo also »Mensch« und »Lebewesen« Klassen bezeichnen. Diese doppelte Interpretationsmöglichkeit betont Leibniz öfter (z.B. *Die Grundlagen des logischen Kalküls.* S. 51 und 139. *Allgemeine Untersuchungen* §§ 122 f. S. 91. *Neue Abhandlungen* IV, 17, 8. S. 531 f.). Während in der traditionellen Logik (den »Schulen«) eher der extensionale Standpunkt eingenommen wurde – so wie auch in der modernen Logik – zog Leibniz die intensionale Interpretation des Begriffskalküls vor:

In den Schulen wird in anderer Weise gesprochen, insofern nicht die Begriffe betrachtet werden, sondern die Beispiele, die unter die allgemeinen Begriffe fallen. [...] Ich habe es vorgezogen, die allgemeinen Begriffe bzw. die Ideen und deren Zusammensetzungen zu betrachten, weil sie nicht von der Existenz der Individuen abhängen. (A VI, 4. S. 200. Übers. von F. S.)

Der letzte Grund für diese Bevorzugung des intensionalen Standpunkts liegt in | 245
der Metaphysik: In der Konstruktion der besten aller möglichen Welten (vgl. weiter unten 5) sind die individuellen Substanzen maximal bestimmt, d.h. der vollständige Begriff der individuellen Substanz enthält alle Prädikate, die ihr zukommen. Man bräuchte dort also nicht extensional existierende Individuen unter höhere Klassenbegriffe einzuordnen, sondern erhielte durch die Analyse des Begriffsinhalts der vollständig bestimmten individuellen Substanz alle für diese geltenden wahren Aussagen. Daß allerdings die Kenntnis des vollständigen Begriffs einer individuellen Substanz nur dem göttlichen Verstand möglich ist, gab Leibniz zu. Dem menschlichen Verstand bleibt hier nur die Möglichkeit, sich durch Progressionsregeln ähnlich wie im Infinitesimalkalkül solcher Erkenntnis anzunähern (vgl. *Allgemeine Untersuchungen* § 62–70. S. 55–61). – Eine weitere Möglichkeit der Interpretation eines solchen allgemeinen Kalküls ist jene, in der die Buchstaben als *Aussagen* interpretiert werden, worauf weiter unten noch kurz eingegangen wird. – Wir betrachten hier nun einige Elemente eines solchen allgemeinen, uninterpretierten Kalküls (Leibniz hat eine ganze Reihe solcher Kalküle entwickelt und die Interpretation ist im einzelnen oft ziemlich kompliziert). Zunächst die Definition von »Kalkül«:

Ein Kalkül [...] besteht im Hervorbringen von Relationen, was bewirkt wird durch die Umformungen der Formeln gemäß bestimmten, den Gegebenheiten vorgeschriebenen Gesetzen. (*Die Grundlagen des logischen Kalküls.* S. 23)

Kalküle können mehr oder weniger komplex sein:

Je mehr Gesetze bzw. Bedingungen aber dem in Zukunft Kalkulierenden vorgeschrieben werden, um so zusammengesetzter ist der Kalkül, und ebenso ist jene Charakteristik weniger einfach. (Ebd.)

Hier ein ganz einfacher Kalkül (in etwas modernisierter Schreibung):

(1) $A = B$ ist dasselbe wie: $A = B$/ *ist eine wahre Aussage.*
(2) $A \neq B$ ist dasselbe wie: $A = B$ ist eine falsche Aussage. [Bei Leibniz: *A non* = *B*]
(3) $A = AA$.
(4) $AB = BA$. [»*AB*« bedeutet: Hinzufügung von »*B*« zu »*A*«]
(5) $A = B$ bedeutet, daß das eine für das andere substituiert werden kann bzw. daß sie äquivalent sind.
(6) $A = \overline{\overline{A}}$. [»$\overline{\overline{A}}$« bei Leibniz: »*non-non A*«]
(7) $A = B$ und $A \# B$ sind äquivalent. [»#« bei Leibniz: »*non non* =«]
(8) $A\overline{A} = 0$. [»0« bei Leibniz: »*non Ens*«]
(9) $A \neq B$ und $B \neq A$ sind äquivalent.
246 | (10) $A = B$ und $\overline{A} = \overline{B}$ sind äquivalent.
(11) Wenn $A = B$ dann $AC = BC$ (nicht aber gilt das Umgekehrte).

(Vgl. Die Grundlagen des logischen Kalküls. S. 61 und 63: Axiome 1, 2, 3, 4, 5, 7, 8, 9, 10, 11, 12)

Leibniz gibt solchen Kalkülen dann gewöhnlich zunächst einmal eine *begriffslogische Interpretation*, d. h. die Buchstaben sollen für Begriffe stehen. Damit ist er in dem Bereich, den auch Aristoteles in seiner Syllogistik bearbeitet hatte (vgl. 1. Teil, Kap. X, 3). Da die Syllogistik als bewiesen gültiges logisches System galt, konnte es Leibniz als Adäquatheitskriterium verwenden, d. h.: Das gesamte syllogistische System mußte somit im axiomatischen System von Leibniz kalkülmäßig ableitbar sein. Leibniz suchte daher nach Formeln für die vier Satzformen, die eine ganz formale und automatisch funktionierende Ableitung aller gültigen syllogistischen Modi ermöglichten. Auch hier unternahm er eine große Anzahl von Versuchen, zwei dieser Formelgruppen erwiesen sich aber als besonders günstig:

UA:	*Alle A sind B*	$A = AB$	$A\overline{B} = 0$
UN:	*Kein A ist B*	$A = A\overline{B}$	$AB = 0$
PA:	*Ein A ist B*	$A \neq A\overline{B}$	$AB \neq 0$
PN:	*Ein A ist nicht B*	$A \neq AB$	$A\overline{B} \neq 0$

(1. Formelgruppe: *Allgemeine Untersuchungen* §§ 83–87. S. 69 f. *Die Grundlagen des logischen Kalküls.* S. 53 und 55. 2. Formelgruppe: *Allgemeine Untersuchungen* § 151, S. 113; § 169, S. 119; § 199, S. 129. *Die Grundlagen des logischen Kalküls.* S. 53 und 55)

Zur Verdeutlichung dieser algebraischen Formeln verwendete Leibniz auch die später sogenannten »Eulerschen Kreise«, mit deren Hilfe er das Verhältnis von zwei Aussagen (wie in den untenstehenden Diagrammen) und dann im weiteren – mit jeweils drei Kreisen, entsprechend den drei Begriffen der beiden Prämissen eines Syllogismus – sämtliche syllogistischen Modi darstellte (vgl. *Opuscules*. S. 292–298):

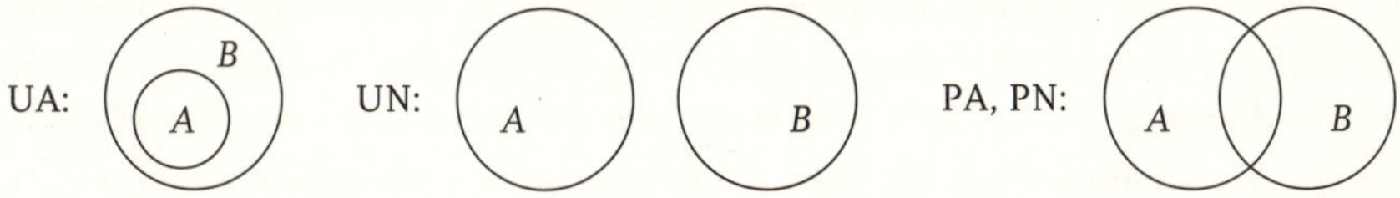

Als Beispiel eines logisch-algebraischen Beweises nehmen wir den bekannten ersten Syllogismus *Barbara*:

Alle A sind B	$A = AB$	[1]
Alle B sind C	$B = BC$	[2]
Alle A sind C	$A = AC$	[3]

Im Beweis soll also [3] aus [1] und [2] mit Hilfe der Axiome abgeleitet werden:

$A = AB$	[1]
$A = ABC$	Substitution von BC für B in [1] mit Hilfe von [2]
$A = AC$	Substitution von A für AB in der vorigen Zeile aufgrund von [1] ergibt [3].

Zur Ableitung aller im syllogistischen System vorkommenden Regeln benötigt Leibniz auch die zweite Formelgruppe; z. B. gilt die sogenannte *conversio simplex* der UN, also:

Kein A ist B = Kein B ist A.

Mit den aufgestellten Axiomen läßt sich jedoch diese Äquivalenz ausgehend von der Formel der ersten Gruppe für die UN, also:

$$(A = A\overline{B}) = (B = B\overline{A})$$

nicht beweisen. Hingegen gelingt ein Beweis dieser Äquivalenz ausgehend von der zweiten Formelgruppe leicht:

$AB = 0$ Wenn $AB = 0$ gilt, dann gilt nach Axiom (4) auch $BA = 0$.

Im einzelnen gibt es bei der Ableitung des gesamten Systems dann noch einige Probleme (z. B. muß für die Gültigkeit der Subalternation, d. h. für den Schluß von einer universellen auf die korrespondierende partikuläre Aussage, angenommen werden, daß die Klasse des Subjektbegriffs, z. B. A, nicht leer ist, also gilt: $A \neq 0$). Einzelheiten brauchen uns aber hier nicht zu beschäftigen. Die vollständige Ableitung des syllogistischen Systems ist jedenfalls durchführbar. – Das axiomatische System leistet aber mehr als dies, z. B.: In der aristotelischen Syllogistik wird nicht mit zusammengesetzten Prädikaten gearbeitet, im leibnizschen System ist dies hingegen ohne weiteres möglich, wie man aus einem einfachen Beispiel sehen kann: Angenommen [1] »*Alle A sind B*«, also: $A = AB$, und [2] »*Alle A sind C*«, also: $A = AC$, so ergibt sich durch Substitution von [2] in der rechten Seite der Gleichung von [1]: $A = ACAB$, woraus unter Voraussetzung von AA = A folgt: $A = ACB$, also: »Alle A sind CB«.

Leibniz ist es also geglückt, jedenfalls einen wichtigen Teil der wissenschaftlichen Beschreibungssprache kalkülmäßig bearbeitbar zu machen. Auch das Problem der Relationenlogik war Leibniz durchaus bewußt, und er setzte sich mit entsprechenden Kalkülversuchen von Joachim Jungius (1587–1657) auseinander (vgl. A VI, 4. S. 1048–1090), er selbst entwickelte jedoch keinen Relationenkalkül.

So viel zur Interpretation des Kalküls als Begriffskalkül. Leibniz sagt jedoch an verschiedenen Stellen, daß die Buchstaben auch als *Aussagen* interpretiert werden können (*Allgemeine Untersuchungen.* S. 25, S. 31, und § 35. S. 40. *Die Grundlagen des*
248 | *logischen Kalküls.* S. 31). Was damit gemeint ist, kann man sich an zwei Beispielen klar machen. Was im Begriffskalkül die UA ist, also »*Alle A sind B*«, hat im Aussagenkalkül (A und B stehen jetzt für Aussagen!) die Entsprechung: »*Wenn A, dann B*«. Durch die aussagenlogische Deutung der Formel für UA läßt sich also die Implikation definieren:

$$A \rightarrow B =_{\mathrm{def}} A\overline{B} = 0,$$

und da »0« bei Leibniz »unmöglich« bedeutet (vgl. z. B. *Die Grundlagen des logischen Kalküls.* S. 35 und 37), ergibt sich:

$$A \rightarrow B = \mathbf{U}(A \wedge \overline{B}),$$

d. h. die moderne strikte Implikation. Das zweite Beispiel wird aus der aussagenlogischen Interpretation von (8) in der Liste der Axiome weiter oben gewonnen:

$$A\overline{A} = 0 \text{ bedeutet: } \mathbf{U}(A \wedge \overline{A}),$$

also das Prinzip vom ausgeschlossenen Dritten.

Nicht jeder allgemeine Kalkül eignet sich für beliebige Interpretationen. So gelten z. B. die Axiome (3), also: $AA = A$ bzw. in einem anderen, aber äquivalenten, leibnizschen Symbolismus $A + A = A$, und (4), also: $AB = BA$, nur in den beiden logischen Kalkülen, nicht aber im arithmetischen Kalkül, da dort $A + A = 2A$ gilt, und $AB = BA$ zwar für die Addition und Multiplikation, nicht aber für die Subtraktion und Division Geltung hat (vgl. z. B. *Die Grundlagen des logischen Kalküls.* S. 127 und 129): Es gilt zwar $A + B = B + A$ und $A \times B = B \times A$, nicht aber $A - B = B - A$ und $A : B = B : A$.

Leibniz stand mit seinen Bemühungen um die Entwicklung einer formalen Logik in seiner Zeit ziemlich alleine da. Die *Institutio logica* (1658) des Pierre Gassendi bot keinen Ausgangspunkt für eine axiomatische Behandlung der Logik. Die meisten meinten, mit einer Logik wie der bekannten *La Logique ou L'Art de penser* (1685) von Antoine Arnauld, für die dasselbe gilt, auszukommen. Das wußte auch Leibniz. Fast alle seine Fragmente zur Logik blieben zu seinen Lebzeiten und noch lange darüber hinaus unveröffentlicht. Leibniz hatte aber Galilei wie auch Descartes gegenüber mit seiner Einschätzung der Rolle der Logik für den Aufbau der Wissenschaft recht. Ebenso war er fast allen seinen Zeitgenossen voraus, die meinten – wie es noch Kant meinen wird –, die Logik sei mit Aristoteles ein für alle Male in ihrer endgültigen Gestalt aufgetreten und daher nicht weiter zu bearbeiten. Daß seine Logik neu und weitreichender als alle bisherigen Formen der Logik war, wußte Leibniz selbst ganz genau. Einmal schrieb er an den Rand eines umfangreichen Logik-Textes: »Hier bin ich hervorragend gut vorangekommen« (*Allgemeine Untersuchungen.* S. 2.) Die moderne Logik hat sich seit der zweiten Hälfte des 19. Jhd.s entwikkelt, ein erheblicher Teil der entsprechenden Texte von Leibniz wurde aber erst 1903 durch Louis Couturat (1868–1914) in den *Opuscules et fragments inédits* veröffentlicht. Seither ist immer wieder deutlich geworden, daß sich in vielerlei Hinsicht bei Leibniz bereits Ansatzpunkte für Fragen der Logik finden, die erst in viel späterer Zeit wieder behandelt wurden. Nimmt man verschiedene Fragmente und verschiedene Ansätze von Leibniz zusammen, so ergibt sich eine Logik, die der Booleschen Algebra äquivalent ist.

Die Hoffnung von Leibniz, alle Fragen, so z. B. auch politische Streitigkeiten oder Konfessionsstreitigkeiten, durch »rechnende Vernunft« lösen zu können, hat sich jedoch als Illusion herausgestellt. Seit Kurt Gödels (1906–1978) Unvollständigkeitssätzen sind die Grenzen der Kalkülisierung sogar im Bereich der Mathematik deutlich geworden. Das »Leibniz-Programm« kann in Teilbereichen verwirklicht werden, eine universelle Geltung hat es nicht.

3. Wahrheit – Wahrscheinlichkeit

Der Ausgangspunkt für das Auffinden wissenschaftlicher Wahrheiten ist bei Leibniz näher dem Pascals als dem Descartes':

Die Sätze in einer jeden Wissenschaft sind entweder Prinzipien oder Folgerungen. Die Prinzipien sind Definitionen oder Axiome oder Hypothesen oder Erscheinungssätze, bei denen die Definitionen zwar an sich frei sind, jedoch dem Sprachgebrauch angepaßt und durch die allgemeine Zustimmung der Sprachgenossen gebilligt werden müssen, damit sie nicht, von verschiedenen Menschen auf verschiedene Weise verstanden, im ganzen Gesellschaftskörper Verwirrung erzeugen. (*Fragmente zur Logik.* S. 61)

Die Begriffe unserer Prinzipien müssen also eine gesellschaftliche Verbindlichkeit aufweisen. Eine Notwendigkeit, daß der einzelne sie klar und deutlich erkennen muß, besteht nicht. Auch die Axiome müssen ganz und gar nicht evident sein; es genügt, wenn sie allgemein für einleuchtend *gehalten* werden:

> Axiome sind Sätze, die von allen für einleuchtend gehalten werden *(quae ab omnibus pro manifestis habentur)*. (Ebd. S. 62)

In der Wissenschaft wird jedoch hauptsächlich mit empirischen Sätzen gearbeitet:

> Erscheinungssätze sind Sätze, die durch die Erfahrung bewiesen werden; ist indessen die Erfahrung nicht leicht zu machen oder von uns selbst nicht gemacht worden, so muß sie durch Zeugen bestätigt werden. Und von zweifelhaften Erfahrungen muß man abstehen, außer wenn sie von großer Bedeutung sind; alsdann ist daran zu erinnern, welchen Grad von Zuverlässigkeit sie haben. (Ebd. S. 62)

Leibniz dachte also daran, Sätze mit einer Art Wahrscheinlichkeits-Koeffizienten zu versehen, und unter den *Graden der Wahrscheinlichkeit* wäre dann »Wahrheit« im
250 | strengen Sinne ein Grenzwert:

> Soweit es geschehen kann, müssen vornehmlich wahre Sätze aufgesucht werden, deren Wahrheitsgrade unterschieden werden müssen; [...]. (Ebd. S. 61)

Dies erklärt auch das Interesse, welches Leibniz den Fragen des Wahrscheinlichkeitskalküls entgegenbrachte. Er kannte die entsprechenden Versuche von Pascal, Fermat und Huygens, die bekanntlich von Problemen des Glücksspiels ausgegangen waren (vgl. Kap. VI, 3). Leibniz unterschied dabei ziemlich deutlich zwischen dem objektiven Teil, also statistischen Erfahrungsgegebenheiten sowie mathematischen Kalkülen der Spieltheorie, und dem subjektiven Teil, also dem, was sich dabei für das denkende oder handelnde Subjekt ergibt. Im mathematischen Bereich des Wahrscheinlichkeitskalküls erreichte Leibniz nicht mehr, als auch Huygens schon erreicht hatte, er erkannte aber – ähnlich wie Pascal, jedoch näher an der »Praxis« – sehr klar die Bedeutung der Wahrscheinlichkeitsrechnung für praktische Belange. Leibniz kannte auch die Renten-Berechnungen Jan de Witts aufgrund der statistisch erhobenen Sterbewahrscheinlichkeit. Wesentliche mathematische Beiträge auf dem Gebiet des Wahrscheinlichkeitskalküls, wie sie etwa Jakob Bernoulli vorlegte, verfolgte Leibniz zwar aufmerksam, ohne aber selbst schöpferische Beiträge zu diesem Thema zu liefern. Er sah jedoch, daß die *Wahrscheinlichkeit* ein Bereich ist, dem sich die Logik erst einmal widmen muß, da sie eben eine *logisch andere*, und nicht einfach eine schwächere *Form des Beweises* darstellt als die der demonstrativen Wissenschaft. In den *Neuen Abhandlungen über den menschlichen Verstand (Nouveaux Essais)* sagt Leibniz dazu:

Ohne jedoch über Worte zu streiten, bin ich der Ansicht, daß die *Untersuchung der Wahrscheinlichkeitsgrade* sehr wichtig sein würde und uns noch fehlt, was ein großer Mangel in unserer Logik ist. Denn wenn man eine Frage nicht schlechthin entscheiden kann, so könnte man doch stets den Grad der Wahrscheinlichkeit *aus den vorliegenden Umständen (ex datis)* bestimmen und folglich vernunftgemäß entscheiden.
(*Neue Abhandlungen über den menschlichen Verstand* IV, 2, §14. S. 390)

Leibniz war sich also im klaren darüber, daß eine rationale Entscheidungstheorie auf einer Theorie objektiver Wahrscheinlichkeiten beruht, deren Formalisierung jedoch im Rahmen der klassischen deduktiven Logik nicht möglich ist. In der Einschätzung der Bedeutung der Wahrscheinlichkeit hat Leibniz wie Pascal den dogmatischen Rationalismus eines Descartes und eines Spinoza eindeutig überwunden:

Ich weiß also nicht, ob die Begründung der *Kunst, die Wahrscheinlichkeiten abzuschätzen*, nicht nützlicher wäre als ein großer Teil unserer demonstrativen Wissenschaften; [...]. (Ebd. S. 391)

Leibniz wollte damit nicht etwa theoretische (demonstrative) und praktische (wahrscheinlichkeitslogische) Wissenschaften einander gegenüberstellen, denn der Zusammenhang, in dem Leibniz hier von Wahrscheinlichkeit spricht, ist gerade die objektive Wahrscheinlichkeit naturwissenschaftlicher Theorien. Es geht Leibniz darum, den Begriff der Wahrscheinlichkeit über den früheren aristotelischen Rahmen der Topik hinaus zu erweitern, wo Wahrscheinlichkeit durch Autoritäten oder allgemein akzeptierte Meinungen bestimmt war. Die Wahrscheinlichkeit einer Aussage oder einer ganzen Theorie ergibt sich nach Leibniz vielmehr vor allem aus der Analyse der vorliegenden empirischen Gegebenheiten *(ex datis)*, und aufgrund einer solchen Analyse kann man dann z. B. sagen:

Die Meinung des Copernicus war, auch als er sie noch fast allein hegte, immerhin unvergleichlich *wahrscheinlicher*, als die der gesamten übrigen Menschheit.
(Ebd. S. 390 f.)

Leibniz unterschied also sehr genau zwischen der deduktiven Strenge einer Theorie und der Wahrscheinlichkeit, die der Theorie als ganzer mitsamt ihren unbewiesenen Axiomen und Definitionen zukommt. Man muß allerdings auch sehen, daß er bei der Frage der Wahrscheinlichkeit doch wieder vom Rationalismus eingeholt wurde.

Leibniz hatte eine im Prinzip einfache Theorie der Wahrheit, die er an unzähligen Stellen wiederholt, z. B. in der *Monadologie*:

Unsere Vernunfterkenntnis beruht auf *zwei großen Prinzipien*: erstens *auf dem des Widerspruchs*, kraft dessen wir alles als *falsch* beurteilen, was einen Widerspruch einschließt, und als *wahr* alles, was dem Falschen entgegengesetzt, will sagen kontradiktorisch ist.

Sie beruht zweitens auf dem Prinzip *des zureichenden Grundes*, kraft dessen wir annehmen, daß sich keine Tatsache als wahr oder existierend, keine Aussage als richtig erweisen kann, ohne daß es einen zureichenden Grund dafür gäbe, weshalb es eben so und nicht anders ist – wenngleich uns diese Gründe in den meisten Fällen nicht bekannt sein mögen. (*Monadologie* §§ 31 und 32. S. 41)

Daraus könnte man ableiten, daß Leibniz annahm, wir könnten die Mehrzahl der wahren Aussagen doch nicht beweisen. Dies ist aber nicht die tatsächliche Auffassung von Leibniz. In den *Generales inquisitiones* findet sich wie an vielen anderen Stellen eindeutig das rationalistische Grundprinzip: »Jede wahre Aussage kann aber bewiesen werden« (*Allgemeine Untersuchungen* § 62. S. 55). Ein Satz ist dann wahr, wenn der Begriff des Prädikats im Begriff des Subjekts enthalten ist, d. h. »*A ist B*« = »*A enthält (continet) B*«. Dies bedeutet allerdings, daß wir auch bei individuellen Dingen alle Prädikate kennen müßten, die einem Subjekt zukommen, um in jedem Fall eindeutig feststellen zu können, ob ein Satz nun wahr ist oder nicht (A VI, 4,
252 | S. 912). Leibniz wußte, daß wir dabei überfordert sind. Er hätte wie Pascal hier stehenbleiben und sich mit der Einschätzung von Wahrscheinlichkeiten begnügen können; dies tat er jedoch nicht, sondern hielt mit allen Mitteln an seiner Wahrheits- und Beweisvorstellung fest. Dies bedeutet, daß letztlich Sätze wie »Die Winkelsumme eines Dreiecks beträgt 180 Grad« und »Adam hat gesündigt« unter den gleichen Wahrheitsbegriff fallen. Die Annäherung an die Wahrheit, von der wir im zweiten Fall sprechen, betrifft also letztlich nur unsere eingeschränkte Erkenntnisfähigkeit. Leibniz sieht natürlich den Unterschied der Beweisbarkeit bei notwendigen und bei kontingenten Aussagen und sagt, daß im ersten Fall eine endliche Reihe von Beweisschritten genügt, im zweiten Fall aber eine unendliche Reihe erforderlich ist (*Allgemeine Untersuchungen* §§ 60–61. S. 49 f.). Will man diesen Unterschied aber dann letztlich doch aufheben, und genau das wollte Leibniz, so bleibt nichts anderes übrig, als den lieben Gott zu bemühen:

Jede wahre Aussage kann bewiesen werden; da nämlich, wie Aristoteles sagt, das Prädikat im Subjekt ist, d. h. der Begriff des Prädikats in dem vollkommen verstandenen Begriff des Subjekts beinhaltet ist, muß sicherlich durch die Analyse der Begriffe in ihre Werte, d. h. in jene Begriffe, die sie enthalten, die Wahrheit aufgezeigt werden können. (Ebd. § 132. S. 101)

Eine wahre notwendige Aussage kann bewiesen werden durch Zurückführung auf identische Aussagen oder durch Zurückführung der entgegengesetzten Aussage auf widersprüchliche Aussagen. (Ebd. § 133. S. 101)

Eine wahre kontingente Aussage kann nicht auf identische Aussagen zurückgeführt werden, sie wird aber trotzdem bewiesen, indem gezeigt wird, daß sie sich durch eine immer weiter fortgesetzte Analyse den identischen Aussagen zwar ständig nähert, jedoch niemals zu diesen gelangt. (Ebd. § 134. S. 101)

Es ist dann ganz konsequent, was Leibniz im folgenden Paragraphen sagt:

Daher besteht zwischen notwendigen und kontingenten Wahrheiten derselbe Unterschied wie zwischen Linien, die sich treffen, und Asymptoten, oder wie zwischen kommensurablen und inkommensurablen Zahlen. (Ebd. § 135. S. 101)

Dies ist alles ganz verständlich. Aber dann meinte Leibniz im § 134 noch hinzufügen zu müssen:

Daher kommt es einzig Gott, der in seinem Geist das gesamte Unendliche umgreift, zu, die Sicherheit aller kontingenten Wahrheiten zu kennen. (Ebd. § 134. S. 101)

Also ist für Gott der Unterschied notwendiger und kontingenter Wahrheiten doch aufgehoben, so als ob Gott eben an der Asymptote so ziehen könnte, daß sie doch wieder zu einer Geraden wird. Warum jedoch braucht Leibniz letztlich diese doch etwas gezwungen wirkende Konstruktion? Eine versuchsweise Antwort auf diese Frage soll weiter unten (Punkt 6) gegeben werden.

4. Die »Logik« des Handelns

Eine besondere Bedeutung hat, wie schon gesagt, die Wahrscheinlichkeit im Bereich des praktischen Handelns. Mathematische Modelle aus der Spieltheorie geben dafür zwar wichtige Hilfsmittel an die Hand, sie können nach Leibniz jedoch noch keine ausreichende Theorie der Argumentation im praktischen Bereich liefern. Leibniz suchte also, wie für die deduktive Logik in der Mathematik, auch für die Wahrscheinlichkeitslogik ein Paradigma, das dann im Bereich konkreter Tatsachen zu einer gesicherten Entscheidung führen sollte. Leibniz fand dieses *Paradigma* im *Recht*, d. h. natürlich vor allem im römischen Recht:

Man muß in der Tat für erwiesen ansehen, daß, so wie die Mathematiker in bester Weise und in höherem Maß als irgend jemand sonst die Logik, d. h. die Vernunftkunst in den notwendigen Dingen, so die Jurisconsulten sie in den kontingenten Dingen ausgeübt haben. (*Opuscules*. S. 211. Übers. F. S. Vgl. auch *Die Grundlagen des logischen Kalküls*. S. 11)

Leibniz konnte bei solchen Überlegungen auf sein Studium des Rechts zurückgreifen, schließlich war er eigentlich Jurist und hatte schon 1667 ein *Specimen certitudinis seu demonstrationum in Jure* verfaßt (A VI, 1. S. 367–430). Die im Detail ziemlich komplizierten Überlegungen können hier nicht diskutiert werden, in welcher Weise jedoch die Rechtspraxis für praktisches Handeln prinzipiell relevant werden kann, wird z. B. aus folgender Fragestellung deutlich: Es gibt Rechtsgeschäfte auf zeitlich nicht genau bestimmte zukünftige Ereignisse hin (z. B. Zahlung einer Rente gegen Übertragung eines Erbes). Das Recht stellt nun bestimmte Bedingungen für die Gültigkeit eines solchen Geschäftes auf, die als allgemeine Regeln vernünftigen Handelns angesichts des unsicheren Zeitpunkts des Eintreffens eines bestimmten Ereignisses übernommen werden können. Ebenso gibt es Rechtsgeschäfte angesichts prinzipieller Unsicherheit des Eintreffens eines Ereignisses (z. B. Testament bei Fehlen eines Nachkommens zum Zeitpunkt der Abfassung der Verfügung), für die es auch wieder Rechtsnormen gibt, die Regelfunktion in anderen Situationen ausüben können. Leibniz versuchte also, aus Rechtsnormen, welche als traditionell erprobte Vernunftregeln galten, Regeln für Handlungen auch in anderen Bereichen zu finden. Auch solche Regeln lassen Formalisierungen zu, wie Leibniz schon in seinen frühen Rechtsdisputationen *De conditionibus* (A VI, 1. S. 97–150) zeigt. Er entwickelte hier Verfahren, die zu einer juristischen Aussagenlogik führen.

Bei allen Fragen, welche die Regeln des Handelns betreffen, trat Leibniz nachdrücklich für *Toleranz* ein, was sich bei ihm aber nicht nur aus ethischen Motiven, sondern auch aus der Kenntnis mathematischer und juristischer Methoden ergab. Die Forderung nach Toleranz resultierte bei Leibniz aus einer sehr differenzierten Sicht von Wahrheit und Wahrscheinlichkeit und ebenso aus der sehr klugen Erfahrung, daß auch jene Wissenschaftler, die mit deduktiven Methoden arbeiten, in der Beurteilung ganzer Theoriekomplexe samt deren Voraussetzungen auch wieder auf Methoden der Abschätzung von Wahrscheinlichkeiten zurückgreifen, wie wir sie aus der Rechtspraxis kennen. Ähnliche Verfahren finden sich in der modernen Wissenschaftstheorie wieder, wo z. B. für die Anerkennung von Basissätzen Verfahren in Analogie zur juristischen Beweisaufnahme vorgeschlagen werden.

Leibniz wußte, daß oft noch so strenge methodologische Forderungen, um zu gesicherten Grundlagen für Entscheidungen zu gelangen, angesichts der konkreten Notwendigkeit des Handelns nichts nützen. In den *Nouveaux Essais* sagt er:

Und es gibt vielleicht niemanden in der Welt, welcher die Muße, die Geduld und die Mittel besäße, alle Beweise und Gegenbeweise betreffs der Fragen, in denen er seine Meinungen hat, zu sammeln, um diese Beweise miteinander zu vergleichen und daraufhin mit Sicherheit zu schließen, daß ihm für eine weitere Kenntnisnahme nichts mehr zu wissen übrig bleibt. Die Sorge für unseren Lebensunterhalt und unsere wichtigsten Interessen leidet indessen keinen Aufschub, und es ist durchaus notwendig, daß unser Urteil sich auch über solche Dinge entscheide, in denen wir zu einer sicheren Erkenntnis zu gelangen unfähig sind. (*Neue Abhandlungen über den menschlichen Verstand* IV, 16, §3. S. 498)

Auch dies ist eine Einsicht, die aus der Rechtspraxis gewonnen werden kann: Ein Indizienbeweis ist prinzipiell nicht abschließbar. Wird ein Wissensstand gefordert, bei dem nichts mehr zu fragen übrig bleibt, so erzeugt man damit in sehr vielen Fällen eine unendliche Prozeßdauer, die aber faktisch einer Verurteilung gleichkommt, was auch wieder nicht gerecht ist. Die Wahrheit bei kontingenten Sätzen erfordert eine unendliche Analyse, die wir nie ganz durchführen können. Wir müssen deshalb mit Regeln für die Einschätzung von Wahrscheinlichkeiten arbeiten, welche die vernünftig zu rechtfertigende Prognose erlauben, daß sich das Urteil über einen in Frage stehenden Satz auch bei weiteren Indizien nicht ändern wird. Unbezweifelbar sind solche Sätze nie; Leibniz gelangt so zu einem sehr weisen Rat:

Da die Menschen also nicht vermeiden können, sich in ihrem Urteil dem Irrtum auszusetzen, und da sie, sofern sie die Sachen nicht von der gleichen Seite betrachten können, zu verschiedenen Ansichten kommen müssen, so müssen sie bei dieser Verschiedenheit ihrer Meinungen untereinander Frieden halten und die Pflichten der Humanität achten, ohne den Anspruch zu erheben, daß der eine auf die Einwendungen | 255
des andern hin eine festgewurzelte Meinung sogleich ändern solle, besonders wenn er Grund zu der Annahme hat, daß sein Gegner aus Interesse oder Ehrgeiz oder aus irgendeinem anderen eigennützigen Motiv handelt. In der Tat haben diejenigen, die den andern durchaus die Notwendigkeit aufdrängen wollen, sich ihren Ansichten zu fügen, häufig die Dinge nicht gründlich genug geprüft. Denn die, welche in der Untersuchung weit genug fortgeschritten sind, um des Zweifels überhoben zu sein, sind in so geringer Zahl und finden so wenig Veranlassung, andere zu verdammen, daß man sich von ihrer Seite eines gewaltsamen Auftretens nicht zu versehen braucht. (Ebd. S. 499 f.)

5. Die beste aller möglichen Welten

Das Problem der Theodizee hat Leibniz seit seiner Jugend beschäftigt. In einem Brief an Herzog Johann Friedrich aus dem Jahre 1671 schreibt er:

Als ich unlängst meine wenige *meditation* vom freien willen des menschen, göttlicher Vorsehung, glück und unglück und versehen oder schickung, Gnadenwahl, mitwirkung mit dem Thun und Lassen der *creaturen*, gerechtigkeit in verlassung des einen, und annehmung des andern und von recht und unrecht, so den Verdammten geschieht, zu papier gebracht [...]. (A II, 1. S. 83)

Bei der Beantwortung dieser Frage, so wie er sie dann viel später in der *Theodizee* vorlegte, wollte sich Leibniz ganz und gar innerhalb der Tradition verstanden wissen: Er wollte nur die Auffassung eines Augustinus oder Thomas von Aquin neu begründen. Nach der *Theodizee* folgt ein *Kurzer Abriß der Streitfrage auf schulgerechte Beweise gebracht*, in dem Leibniz sagt:

> [...] der beste Entschluß [ist] nicht immer der [...], welcher das Übel zu vermeiden strebt, da das Übel ja von einem größeren Gut begleitet sein kann. [...] Wir sind darin der Ansicht des heiligen Augustinus gefolgt, der hundertmal versichert hat, Gott habe das Übel zugelassen, um ein Gut daraus zu gewinnen, d. h. ein größeres Gut; und der Ansicht des Thomas von Aquin, wenn er sagt (Buch 2, *Super libros sententiarum*, dist. 32, quaest. 1, art. 1), die Zulassung des Übels sei auf das Beste für das Universum gerichtet. Wir haben gezeigt, daß der Fall Adams bei den Alten als *felix culpa*, als glückliche Sünde, bezeichnet wurde, da sie mit ungeheurem Gewinn wiedergutgemacht worden ist, nämlich durch die Inkarnation des Gottessohnes, der dem Universum etwas Edleres gegeben hat als alles, was die Kreaturen sonst besessen hätten.
> (*Theodizee. Anhang.* S. 390)

256 | Der konkrete Anlaß zur Abfassung dieser Schrift waren Fragen der Kurfürstin Sophie Charlotte von Brandenburg (1668–1705, Tochter von Kurfürst Ernst August und der Kurfürstin Sophie von Hannover) zu einigen Punkten aus Bayles *Dictionnaire historique et critique*. Bayle war kein Gottesleugner, sondern ein liberaler Calvinist, und vor allem ein ausgezeichneter Kenner der Geschichte und ein scharfer Beobachter seiner Gegenwart. In einem Zeitalter der Religionskriege, die keiner Seite einen Sieg verschafft, sondern nur Tod und Elend hervorgerufen hatten, schien es ihm nicht möglich, auf die Frage einer göttlichen Lenkung der Welt eine schlüssige Antwort zu geben. Bayle kannte sehr gut die dualistischen Auffassungen der Manichäer (vgl. 2. Teil, Kap. III, 1) und, was für die damalige Zeit gar nicht selbstverständlich war, die der Paulikianer (vgl. 2. Teil, Kap. XIII, 1) und wußte um die Erklärungsstärke des metaphysischen Dualismus. Aber er sah auch, daß aus der Ablehnung der Auffassung, die Geschehnisse der Welt seien durch ein gutes und ein böses Prinzip bestimmt, nicht schon die These folgt, daß der Lauf der Welt durch die Annahme eines guten Gottes als deren Prinzip erklärt werden könne. Eher schon schien ihm die *fortuna* oder das Glücksrad der mittelalterlichen Dichter den Lauf der Dinge »erklären« zu können. Das Glücksrad aber als Ausdruck der göttlichen Vorsehung anzusehen, schien ihm auch wieder nicht vernünftig. Also schloß er – wobei er auch von Montaigne einiges gelernt hatte –, daß es das einzig Vernünftige sei, zu der Frage, was die letzten Ursachen der Geschehnisse der Welt und der Geschichte sind, zu schweigen. – Sophie Charlotte bekämpfte in dem später nach ihr benannten Schloß Charlottenburg ihre Langeweile mit Hilfe von Musik und Philosophie, wozu auch ein Briefwechsel mit Leibniz gehörte, von dem allerdings nur wenig erhalten

ist, da das meiste nach ihrem Tod verbrannt wurde. Leibniz hielt sich Ende 1701 bis Anfang 1702 in der Umgebung der späteren Königin auf, welche die Gespräche mit Leibniz u.a. über Fragen der Theodizee schätzte, und Leibniz schrieb sich für diese Gespräche umfangreiches gelehrtes Material zusammen. Nach dem plötzlichen Tod der Königin (1705) faßte Leibniz dieses Material zusammen. So ist die Schrift über die *Theodizee* entstanden. Den Grundgedanken hat jedoch Leibniz außer im schon genannten *Abriß* noch kürzer in drei Paragraphen der *Monadologie* (1714) zusammengefaßt:

Da nun die Ideen Gottes eine unendliche Anzahl von möglichen Welten *(une infinité d'univers possibles)* enthalten und doch nur eine einzige davon existieren kann, so muß es wohl einen zureichenden Grund *(raison suffisante)* für die Wahl Gottes geben, der ihn zu der einen Welt mehr als zu einer anderen bestimmt. (*Monadologie* § 53. S. 51)

Dieser Grund kann nur in der *Angemessenheit* bzw. in den Graden der Vollkommenheit *(degrés de perfection)* gefunden werden, die diese Welten enthalten; jedes Mögliche hat das Recht, Existenz zu beanspruchen, nach Maßgabe der in ihm enthaltenen Vollkommenheit. (Ebd. § 54. S. 51)

Hierin liegt die Ursache für die Existenz des Besten, das von Gott vermöge seiner Weisheit erkannt, vermöge seiner Güte erwählt und vermöge seiner Macht erschaffen wird. (Ebd. § 55. S. 51)

Das Modell ist im Prinzip einfach, und man kann es sich, was bei Leibniz ganz legitim ist, als Computermodell eines Unternehmers verdeutlichen, welches rationalisieren (vernünftig machen!) will. Es werden dazu am Computer verschiedene Unternehmensstrategien entworfen, und für jedes Computermodell wird eine Gewinn- und Verlustkalkulation durchgeführt. Bei Leibniz heißt es ja schließlich auch: »Wenn Gott einen Kalkül anstellt und das Ergebnis verwirklicht, entsteht die Welt« (*Cum Deus calculat et cogitationem exercet fit mundus.* [A VI, 4. S. 22]). Nach Beendigung der Berechnungen wird dann jenes Modell gewählt, bei dem bei kleinstem Verlust der größte Gewinn erzielt wird. Wenn dabei einige Übel mitgegeben sind, so wird dies durch den größeren Gewinn wettgemacht. Am Schluß ergibt sich so eine harmonische Welt, also die beste aller möglichen Welten.

Leibniz erreicht hier sein Ziel, denn er beweist, daß ein weiser und gütiger Gott die beste aller möglichen Welten gewählt hat, eine Lösung, die zu seiner Zeit großen Anklang fand. Man muß sich allerdings das Grundproblem klarmachen: Voraussetzung dieses Kalküls sind zwei Fixpunkte, also zwei nicht zur Diskussion stehende Annahmen: Die *erste* besagt, daß es einen gütigen und weisen Gott gibt, die *zweite* besteht in der Feststellung, daß es in dieser Welt Übel gibt. Das Problem von Leibniz ist nun, diese beiden Annahmen in einer widerspruchsfreien Theorie unterzubringen. Leibniz ist eine »Lösung« dieses Problems unter Voraussetzung dieser Annahmen geglückt. Daß die *Theodizee* von Leibniz schon Voltaire (im *Candide*) nicht überzeugen konnte und auch später bzw. bis heute viele Menschen nicht überzeugt, liegt daran, daß sie die Ausgangsfrage anders formulieren, nämlich: Ist angesichts der Menge und Qualität des in der Welt vorhandenen Übels die Annahme eines gütigen und weisen Gottes überhaupt sinnvoll? Für diese Frage aber ist das Leibniz-Modell grundsätzlich nicht gedacht. Ebenso ist dieses Modell nicht dafür geeignet, einem radikalen Gegenmodell, etwa dem einer dualistischen Metaphysik eines Zoroaster, entgegenzutreten, einem Modell also, das angesichts der Erfahrung des Übels mit zwei Grundprinzipien rechnet, und somit den guten Gott gar nicht mit der Welt, die dann beliebig viel Übel enthalten kann, in Verbindung bringt.

Ich bin mir allerdings gar nicht so sicher, ob die in der *Monadologie* und der *Theodizee* dargestellte Form des Leibniz-Modells wirklich diejenige ist, die Leibniz selbst als (end)gültig erachtete. Vielleicht ist dies nur jene Form, die er für sein Publikum, also für die Königin Sophie Charlotte und ähnlich denkende Zeitgenossen erfand, die von bestimmten Annahmen ausgingen. In der Schrift *Über den ersten Ursprung der Dinge* von 1697 sagt Leibniz:

> Um aber ein wenig deutlicher zu erklären, auf welche Weise aus den ewigen oder
> 258 | wesentlichen bzw. metaphysischen Wahrheiten die zeitlichen, zufälligen oder physischen entstehen, so müssen wir zunächst selbstverständlich anerkennen, wie dadurch, daß etwas eher existiert als nicht existiert, in den möglichen Dingen oder in der Möglichkeit bzw. im Wesen selbst ein Verlangen nach Dasein *(exigentia existendi)* besteht oder – sozusagen – eine Forderung, zu existieren, und – mit einem Wort – daß das Wesen von sich aus nach Dasein strebt. Weiter folgt daraus, daß alles Mögliche oder alles, was eine Wesenheit oder eine mögliche Realität ausdrückt, mit gleichem Rechte nach Dasein strebt – je nach der Größe der Wesenheit oder Realität oder nach dem Grade der Vollkommenheit, den es enthält; denn die Vollkommenheit ist nichts anderes als die Größe der Wesenheit. (GP VII. S. 303. *Fünf Schriften zur Logik und Metaphysik.* S. 41)

Bei Leibniz heißt das dann: Alle Möglichkeiten besitzen einen metaphysischen Seinsdrang, und die stärksten setzen sich durch. Das ist der »metaphysische Mechanismus«, für den gilt, daß »die größte Wirkung sozusagen mit dem kleinsten Aufwand erreicht wird *(ut nempe maximus praestetur effectus, minimo ut sic dicam sumtu)*« (Ebd.):

> Hieraus läßt sich schon wunderbar einsehen, in welcher Weise bei der ersten Hervorbringung der Dinge eine gewisse göttliche Mathematik *(Mathesis quaedam divina)* oder ein metaphysischer Mechanismus *(Mechanismus Metaphysicus)* zur Anwendung kommt und die Bestimmung des Größten ihren Platz hat […], vor allem aber wie in der allgemeinen Mechanik selbst: wenn mehrere schwere Körper miteinander ringen,

dann entsteht letztlich diejenige Bewegung, wodurch sich das stärkste Herabsinken im ganzen ergibt. Denn so, wie alle möglichen Dinge aus dem Grunde der Realität mit gleichem Rechte zum Dasein drängen, so drängen alle gewichtigen Dinge aus dem Grunde der Schwere mit gleichem Rechte zum Absinken; und so, wie hier eine Bewegung entsteht, die das stärkste Absinken dieses schweren Körpers enthält, so entsteht dort eine Welt, durch welche die größte Hervorbringung des Möglichen bewirkt wird. (GP VII. S. 304. *Fünf Schriften.* S. 42 f.)

Wir haben es hier mit einer Art Seins-Darwinismus zu tun: Alles Mögliche drängt nach Verwirklichung, und das Stärkste setzt sich durch. In einer solchen Metaphysik entfällt das Theodizee-Problem. Hier braucht kein Gott »gerechtfertigt« zu werden. Und eigentlich ist dabei gar kein Gott mehr erforderlich. Es reicht eine »göttliche Mathematik« aus, die gar nicht mehr aussagt als der »metaphysische Mechanismus«. Die Schrift von Leibniz läßt allerdings etliche Fragen offen. Worin die »Freiheit des Schöpfers« (GP VII. S. 304. *Fünf Schriften.* S. 43) besteht, sieht man nicht recht, und ebensowenig wird deutlich, wozu der Schöpfer überhaupt noch gebraucht wird. Später sagt Leibniz dann, daß er in »seiner Jugend materialistisch dachte« (GP VII. S. 305. *Fünf Schriften.* S. 44); eine Äußerung, die er jedoch nur darauf bezieht, daß er damals bloß geometrische Gesetzte der Materie ver-
mutete, wohingegen er jetzt annimmt, daß alles nicht nur nach geometrischen, sondern auch nach metaphysischen Gesetzen geschieht. Wir wollen hier nicht über den Begriff »Materialismus« streiten, den Leibniz im übrigen eher so gebraucht, wie er auf Demokrit angewandt werden könnte, und nicht so, wie er seit der Aufklärung verwendet wird. Viele Äußerungen von Leibniz lassen sich jedenfalls am ehesten erklären, wenn man bei ihm ein tendenziell mechanistisches und deterministisches Weltbild voraussetzt. Clarke/Newton haben dies in ihrer Diskussion mit Leibniz sehr deutlich gesehen (vgl. Kap. X, 2 und 3). Und ob für die Erklärung dieses »metaphysischen Mechanismus« wirklich ein Gott erforderlich ist und nicht schon eine »Mathematik« ausreicht, ist eben fraglich, denn eine Mathematik ist weder »göttlich« noch »nicht-göttlich«, sondern ist einfach Mathematik. Gott wird höchstens noch dort gebraucht, wo ein zureichender Grund dafür gefunden werden soll, daß es überhaupt etwas gibt.

6. Bilanz des Rationalismus

Die Rationalisten von Descartes bis Leibniz waren fasziniert von der entstehenden modernen exakten Wissenschaft. Diese lieferte Ergebnisse, die einen echten Fortschritt darstellten und denen gegenüber auch noch so autoritative Theorien der Vergangenheit schlicht und einfach als »falsch« angesehen werden konnten und mußten. Der Begriff der »Wahrheit«, der früher vor allem im Bereich der Metaphysik und

der Offenbarungstheologie angesiedelt gewesen war, trat nun in entscheidender Weise im Bereich der Wissenschaft auf. Sollte also in der Philosophie begriffen werden, was Wahrheit ist und wie sie erreicht werden kann, mußte man sich an die Wissenschaft wenden, nicht so sehr, um deren Ergebnisse zu übernehmen, sondern um von ihr die Methode, also den Weg, zu erlernen und abzulesen, wie Wahres erkannt werden kann. Die moderne Wissenschaft war aber dadurch geprägt, daß sie quantitative Beziehungen aufstellte, und das Mittel dieser Quantifizierung war die Mathematik. Also lag es für die Philosophie nahe, Wahrheit am Modell der Mathematik abzulesen. Die Mathematik in erster und die von der Mathematik abhängige Physik in zweiter Linie erhielten damit eine paradigmatische Funktion für die Philosophie. Der empirische Gehalt der mit mathematischen Methoden arbeitenden Wissenschaften interessierte die Rationalisten nur verhältnismäßig wenig; sie waren größtenteils derart auf die mathematische Methode fixiert, daß ihnen die Eigentümlichkeit empirischer Wissenschaft oft gar nicht richtig in den Blick kam. Die »kleinen« Abweichungen empirischer Phänomene vom mathematischen Kalkül, die für Newton ein großes Problem darstellten, wurden von Leibniz kaum wahrgenommen. Selbstverständlich wußten die Rationalisten, daß man empirische Fakten nicht aus Definitionen und Axiomen ableiten konnte. Für Leibniz stellte zum Beispiel die Un-
260 | terscheidung der Vernunftwahrheiten (*verités de Raisonnement*) und der Tatsachenwahrheiten (*verités de Fait*) eine grundlegende Unterscheidung dar (vgl. z. B. Leibniz: *Monadologie* § 33. S. 41). Diese Unterscheidung war jedoch nicht unproblematisch, da die Struktur von »Wahrheit« von den Vernunftwahrheiten her genommen wurde und so die Tatsachenwahrheiten irgendwo und irgendwie doch noch die Struktur von Vernunftwahrheiten annehmen mußten (vgl. weiter oben 3). Die Unterscheidung von Vernunftwahrheiten und Tatsachenwahrheiten war also eine, die letztlich nur *uns* betraf, nicht die Aussagen über Wahrheiten an sich: Für »Wahrheiten an sich« mußte immer gelten, daß ihr Prädikat im Subjekt enthalten war, ganz nach dem Modell einer mathematischen Definition. Da aber bei kontingenten Tatsachenwahrheiten diese Analyse bis zum Aufzeigen des Enthaltenseins des Prädikatbegriffs im Subjektbegriff mit den Mitteln des menschlichen Intellekts nicht endgültig durchführbar ist, mußte es einen anderen, »mächtigeren« Geist geben, der dies leisten konnte: den göttlichen Geist, der einen »zureichenden Grund« für alles liefert. Dieses Prinzip des *zureichenden Grundes* stellt gleichsam das *Glaubensbekenntnis des Rationalismus* dar: Wenn es nun schon keine faktische Möglichkeit für uns und mit unserer Wissenschaft gibt, alle Tatsachenwahrheiten als Wahrheiten zu beweisen, so muß nach dieser Grundvoraussetzung wenigstens prinzipiell bewiesen werden, daß sie eben nur so und nicht anders sein können. Gott ist damit einfach ein Postulat, das den Rationalismus zusammenhält. Dieses Postulat wird dort erforderlich, wo man einen von der Mathematik her gewonnenen Wahrheitsbegriff aufstellt und diesen als prinzipiellen und normativen ansetzt, so daß auch die Wahrscheinlichkeit letztlich nur für uns gilt. Das eigentliche Glaubensbekenntnis ist dann also ein solcher

Wahrheitsbegriff, verbunden oder identisch mit dem Prinzip des zureichenden Grundes. Gott ist einfach jenes Postulat, das die letzte Begründung liefern muß, warum alles einen Grund hat. Dies erklärt, warum die meisten Rationalisten des 17. Jhd.s, die zunächst von der Wissenschaft und der mathematischen Methode ausgingen, schließlich bei irgendeinem Postulat einer Art philosophischer Gotteslehre landeten. Es gehört zu den, allerdings durchaus verständlichen, Paradoxien der Philosophiegeschichte, daß es hier nur eine Ausnahme gibt: Pascal. Einen Sonderfall bildet also derjenige, der sich ausdrücklicher als irgendein anderer zum Glauben bekannte; aber gerade Pascal hatte auch einen wesentlich weniger anspruchsvollen Rationalismus vertreten, der solch philosophischer Postulate überhaupt nicht bedurfte. Spätestens an diesem Punkt stellt sich die Frage, ob die meisten Rationalisten nicht etwas Wesentliches an der Mathematik wie an der empirischen Wissenschaft übersehen haben. In diesen beiden Wissenschaften ist ein solches Postulat keineswegs enthalten. Man wird zumindest die Frage stellen müssen, ob die Philosophie der Neuzeit nicht unbesehen einen Wahrheitsbegriff aus der Theologie der späten Antike und der Theologie des Mittelalters übernommen hat, der aufgrund seiner Konzeption von vornherein von der menschlichen Vernunft her unerfüllbar war. Die Philosophie hätte also dann einen Problemüberhang übernommen und unkritisiert belassen, an dem sie sich nicht messen konnte und den sie vielmehr als solchen,
d. h. als theologischen, hätte aufdecken müssen. Anders ausgedrückt: Welche Vernunft ist es, welche die Rationalisten voraussetzten? Ist es wirklich die *menschliche*, endliche und geschichtliche Vernunft, die *ratio*, oder vielleicht immer noch die *göttliche Vernunft*, an welcher der menschliche *intellectus* nur teilhat?

Die Rationalisten haben ohne Zweifel sehr viel für die Ausbildung der Wissenschaftstheorie geleistet, vor allem für den axiomatischen Aspekt der Wissenschaft. Auch die Forderung Bacons, daß Wissenschaft prinzipiell in einen pragmatischen, d. h. auf menschliches Handeln bezogenen Kontext zu stellen ist und der Verbesserung der menschlichen Lebensbedingungen dienen soll, blieb erhalten. Diese Forderung wurde fast formelhaft immer wiederholt, jedoch bei den Rationalisten kaum mit einem konkreten Inhalt gefüllt. Es wäre allerdings ungerecht zu sagen, daß Leibniz sich nicht um tatsächliche Verbesserungen auch im technischen Bereich und somit »zum Wohle der Menschen« bemühte. Ein gutes Beispiel dafür sind seine zahlreichen, wenn auch nicht schon sonderlich erfolgreichen Versuche, technische Probleme im Harzbergbau zu lösen (vgl. A I, Supplementband *Harzbergbau*). Im Grunde aber waren die Vertreter des Rationalismus überzeugt, daß die *Wissenschaft* von selbst, gleichsam *automatisch*, dem *Wohle der Menschen* dienen müsse. Hier blieben sie – mehr als sie es wollten – traditionellen theologischen Vorurteilen verhaftet: Die Vernunft übernahm jetzt beinahe mechanistisch gedacht die Aufgabe der Vorsehung, der *providentia*. Auch dies wird wiederum bei Leibniz sehr deutlich: Die Wissenschaft zeichnet hier im Grunde den Plan Gottes nach. Eine universelle Ordnung ist auf jeden Fall vorausgesetzt; »Gott« ist einfach Ausdruck – bei Leibniz natürlich Garant – dieser universellen Ordnung. So heißt es im *Discours de Métaphysique*:

Daher ist das, was als außerhalb der Ordnung stehend gilt, dies nur in bezug auf eine besondere, im Bereiche der Geschöpfe stehende Ordnung. Denn was die universale Ordnung anbetrifft, so ist ihr alles gemäß. Das ist so wahr, daß nicht nur nichts in der Welt geschehen kann, was völlig unregelmäßig wäre, sondern man kann sich so etwas nicht einmal ausdenken. (*Metaphysische Abhandlung* § 6. S. 13)

Macht man diese Voraussetzung nicht, kann man tatsächlich keine Naturwissenschaft betreiben. Etwas anderes ist es aber, Vernunft selbst und somit auch die praktische Vernunft an diesem Modell abzulesen. Genau dies aber taten die Rationalisten. Der Lauf der Welt wurde in etwa so gesehen, wie Leibniz es im folgenden Zitat zum Ausdruck bringt:

So kann man sagen, daß derjenige, der in vollkommener Weise handelt, einem vortrefflichen Geometer gleicht, der die besten Konstruktionen eines Problems zu finden weiß; einem guten Baumeister, der mit seinem Platz und den für das Bauwerk be-

stimmten Mitteln aufs vorteilhafteste umgeht, der nichts Störendes zuläßt und nichts, was der Schönheit, deren es fähig wäre, Abbruch täte; einem guten Familienvater, der sein Vermögen so verwendet, daß nichts ungenutzt und unfruchtbar bleibt; einem tüchtigen Maschinenbauer, der die beabsichtigte Wirkung auf dem einfachsten Wege erreicht, den man wählen kann; und einem gelehrten Autor, der möglichst viele Tatsachen auf kleinstem Raume zusammenfaßt. (Ebd. § 5. S. 11)

Wenn die Welt so ihren Lauf ging, was blieb da noch zu sagen übrig? Ein Theologe wie Jacques-Bénigne Bossuet (1627–1704), ein Briefpartner von Leibniz, konnte hier noch universale Heilsgeschichte erzählen, einem Rationalisten wie Leibniz, der solchen universellen Geschichtstheorien zu Recht mißtraute, blieb nur der leere Rahmen der besten aller möglichen Welten, der sich jedoch zu keiner interpretationskräftigen Hypothese ausbauen ließ. So ergab es sich, daß die Rationalisten, die mit ihrer – bei Descartes sehr deutlichen, bei Leibniz viel vorsichtigeren – Absetzung von der Tradition die Geschichte eigentlich erst richtig entdeckt hatten, nun dieser Geschichte ziemlich hilflos gegenüberstanden. Die Antike und das Mittelalter, denen man häufig Geschichtsbewußtsein abspricht, hatten mit Augustinus oder Joachim von Fiore immerhin hermeneutische Theorien entwickelt, in die Geschichtsfakten eingeordnet und von denen aus die Gegenwart beurteilt werden konnte. Die Rationalisten setzten zwar die kritische Auseinandersetzung mit Geschichtsquellen in Gang – systematische Quellenkritik begann genau zu dieser Zeit –, dennoch kam es zu keiner eigentlichen Auseinandersetzung mit der Geschichte, d. h. mit menschlichem Handeln in der Vergangenheit, und so auch nicht mit dem Handeln in der

Gegenwart. Descartes äußerte sich nicht zum Thema der Geschichte seiner Zeit, Spinoza tat, abgesehen von Appellen zur Toleranz, noch weniger. Leibniz, der sich sein Geld eigentlich als Historiograph des Kurfürsten von Hannover verdiente, sammelte zwar eine Unmenge von Urkunden und veröffentlichte auch einige davon, so z. B. im berühmten *Codex juris gentium diplomaticus*, er sammelte aber Urkunden wie andere Schmetterlinge oder Mineralien. Mit anderen Worten: Diese historische Arbeit diente Leibniz nicht dazu, irgendwelche Einsichten in geschichtliche Vorgänge zu gewinnen, es gab hier keine, eigentlich doch naheliegende Analogie zum bürgerlichen Recht, aus dem Regeln des vernünftigen Handelns hätten abgeleitet werden können (obwohl Leibniz vermutlich irgend so etwas vorgeschwebt haben dürfte). Auch der am meisten mit Fragen der Geschichte befaßte Rationalist war nur Beobachter, Kommentator und Sammler von Fakten, ohne aber zu durchgreifenden Interpretationen historischen Geschehens zu gelangen. So befaßte sich Leibniz z. B. sein ganzes Leben lang mit Religionsgesprächen zwischen Katholiken, z. B. Bossuet, und Protestanten, ohne daß man bei ihm irgendeine wirklich tiefgreifende Erklärung der »Notwendigkeit« der Reformation fände oder irgendeine überzeugende Erklärung dafür, warum eigentlich, außer weil es »harmonischer« ist, die Konfessionen vereinigt werden sollten. So sonderbar es klingen mag, es stimmt aber wahrscheinlich doch: Der berufsmäßige Historiker Leibniz hatte zum Thema der Geschichte nichts sonderlich Erhellendes zu sagen, er verteidigte und rechtfertigte einfach das Bestehende. Eine *Theorie der Geschichte fehlt* bei den Rationalisten.

Es kommt wohl auch nicht von ungefähr, daß die Rationalisten weithin den Bereich realer Geschichte und Politik mieden. Descartes zog sich meist an unbekannte Aufenthaltsorte zurück, Spinoza lebte ganz zurückgezogen, und Leibniz war als Hofhistoriograph von den eigentlichen politischen Entscheidungen ausgeschlossen. Er mußte nur jeweils historische Rechtfertigungen für schon gefallene Entscheidungen liefern, ganz so, wie der Philosoph Leibniz nachträglich die Welt als die beste aller möglichen Welten rechtfertigte. Traktate zur Politik oder zur Wirtschaft wie sie Hobbes oder Locke verfaßt hatten, fehlen bei den Rationalisten. Dies gilt bei Leibniz, der sich so ziemlich zu allen Fragen irgendwann und irgendwo äußerte, nur in einem eingeschränkten Sinne. So verfaßte er z. B. 1695 für E. Ch. B. von Danckelmann (1643–1722), einen wichtigen Politiker am Hofe von Berlin, eine Denkschrift zur Errichtung von Leinenmanufakturen in Brandenburg (A I, 11. S. 167–169). Es ist aber auch hier ersichtlich, daß diese Schrift im Zusammenhang mit den Akademieplänen von Leibniz, also mit seinem zentralen Wissenschaftsprojekt, stand, das er, selbstverständlich unter seiner Leitung, in Berlin verwirklichen zu können hoffte (Ebd. S. 160–167).

Auch die *Ethik* blieb bei den Rationalisten *abstrakt*. Dabei ging Leibniz wie die anderen Rationalisten davon aus, daß es unbedingte und unveränderliche Normen des Handelns gibt. Sittliches Handeln bedeutet, der Vernunft gemäß zu handeln; die oberste Norm ist die Gerechtigkeit, ein Begriff, dem Leibniz zahlreiche Untersuchungen widmete. Alle diese Überlegungen halfen aber nicht weiter, denn: Was »richtig« im Sinne der Gerechtigkeit ist, das bestimmt sich von der universellen Ordnung her, und diese ist wieder nur im Prinzip und nicht in ihrer konkreten Form verfügbar. Leibniz war jedoch (dies zeigt vor allem die *Monadologie*) überzeugt, daß jeder Einzelne ein perspektivisches Spiegelbild des Ganzen ist, also müßten in jeder individuellen Vernunft die Prinzipien der universellen Gerechtigkeit vorhanden sein. Allerdings sah sich Leibniz hier mit jener Schwierigkeit konfrontiert, die er auch in der Wissenschaft vorgefunden hatte: Wir haben im praktischen Bereich noch weniger die einfachen Grundbegriffe zur Verfügung als im theoretischen Bereich. Die Rationalisten waren also überzeugt, es müsse, so wie es eine universelle Grammatik geben sollte, auch ein universelles Normensystem ethischer Verpflichtungen geben. Die Schwierigkeit war nur, daß es jetzt im 17. Jhd. noch viel unklarer war, wie dieses System aussehen sollte, da man nun durch Reisebeschreibungen und Berichte von Missionaren in einem unvergleichlich größeren Maße mit völlig fremden Sitten konfrontiert wurde als im Mittelalter. Das Ergebnis war: Zwischen dem Anspruch einer universellen deduktiven und axiomatisch konstruierbaren Moral und der Vorlage eines konkreten Modells des Handelns öffnete sich – bei Descartes wie bei Leibniz – ein unüberbrückbarer Graben. Die behauptete Selbständigkeit der Vernunft blieb leer – und das gerade dort, wo sie zum Handeln führen sollte. Bei der Frage des Handelns sahen die Rationalisten keinen anderen Ausweg, als auf die Geschichte, also auf die Tradition zurückzugreifen. Das heißt nicht, daß nur wie bei Descartes der Ausweg des allgemeinen Hinweises auf die Sitten des Landes blieb; es war durchaus möglich, die analytische und logische Schärfe des Verstandes auf dieses Material anzuwenden und eine Rechtslogik zu entwickeln, wie es Leibniz tat. Aber auch dort galt: Die aufgefundenen *Grundsätze* waren *historisch vorgegeben*, die Berechtigung ihrer *Verallgemeinerung* blieb *unbewiesen*. Der Plan einer universellen Sprach-Grammatik wird umso problematischer, je mehr er mit den Einzelsprachen konfrontiert wird, dasselbe gilt für eine universelle Normen-Grammatik. Die Vorstellung von Leibniz, im römischen Recht wäre so etwas wie allgemein gültige Normen enthalten, war nicht besser als die Vorstellung, die universelle Grammatik ließe sich am besten am Lateinischen ablesen. Einzig Pascal hatte hier die Dinge beim Namen genannt: Es gibt hier nichts Allgemeines, was uns allgemein und evident scheint, ist nichts anderes als zur Natur gewordene Gewohnheit.

Man kann sich nun natürlich fragen, wie es möglich war, daß ein für uns so offenkundiges Scheitern des Aufbaus einer autonomen Moral bei gleichzeitigem Anspruch, dies leisten zu können, weder für die Rationalisten noch für ihre Umgebung ein besonderes Problem darstellte. Die Erklärung dafür ist recht einfach: Die damalige Gesellschaft fragte die Philosophen gar nicht danach. Die Moral des Volkes war weiterhin vom Christentum bestimmt, die eigentlichen Diskussionen in diesem Bereich waren religiöser Art. Es ging dort z. B. um die Auseinandersetzung zwischen Vertretern einer rigoristischen Moral (Pietisten und Jansenisten) gegenüber einer

»aufgeklärten« Moral (protestantische Landeskirchen, Jesuiten). Diese Auseinandersetzungen reichten weit in die gesellschaftliche Öffentlichkeit hinein, aber niemand erwartete, daß die Philosophen irgend etwas Relevantes zu diesen Fragen zu sagen hatten, was auch tatsächlich nicht der Fall war. Pascal wiederum beschäftigte sich als einziger mit solchen Fragen, er wandte dabei aber eben nicht den *esprit géométrique* an, sondern den *esprit de finesse* (vgl. Kap. VI, 2). Einen solchen *esprit de finesse* gab es jedoch bei den übrigen Rationalisten gar nicht. – Der öffentliche Einfluß christlicher Moral im 17. Jhd. hatte allerdings auch eine heuchlerische Seite: An den katholischen wie an den protestantischen Höfen und in deren Umgebung herrschte längst eine Moral, die sich faktisch vom christlichen Moralkanon emanzipiert hatte, wobei dieser gleichzeitig den Untertanen eingeschärft wurde. Es ist jedoch klar, daß niemand daran interessiert war, diese tatsächlich »autonome Moral« einer Analyse zu unterziehen. Dies konnte erst geschehen, als seit dem späten 17. Jhd. auch das Bürgertum, vor allem in Frankreich und England, begann, sich die Freiheit des Adels im sittlichen Bereich zu eigen zu machen. Zu dieser Zeit wird dann das Problem der Ethik stärker philosophisch diskutiert werden, allerdings weithin unter dem praktischen Aspekt der Erziehung.

Auch in einem anderen wichtigen Bereich der Erfahrung waren die Rationalisten nicht zu Hause: dem der Kunst. Es ist auffallend, daß weder Descartes noch Spinoza oder Leibniz die Kunst in irgendeiner relevanten Weise in ihre Reflexionen einbezogen haben. Nun gibt es bekanntlich eine philosophische Ästhetik erst seit dem 18./19. Jhd., aber dies bedeutet nicht, daß man die Kunst aus philosophischen Analysen vor dieser Zeit ausklammern könnte oder sollte. Das Denken des Mittelalters war weithin nur ästhetisch zu verstehen, nämlich als der Versuch, die Welt auf Gott hin transparent zu machen. Ebenso ist die erste große Emanzipationsbewegung in Europa, die Renaissance, eine primär künstlerische Bewegung gewesen. Demgegenüber lebten und dachten die Rationalisten des 17. Jhd.s in einer Begriffswelt, der keine Anschauung entsprach, sondern nur eine behauptete innere Einsicht. In den Schriften und auch in den Korrespondenzen der Rationalisten fehlt die Kunst so gut wie vollständig. Descartes verfaßte zwar ein *Compendium musicae*, doch auch hier beschäftigt er sich hauptsächlich wieder mit den traditionellen Fragen der mathematischen Bestimmung der Intervalle sowie mit der Frage der Unterordnung der Sinne unter die Vernunft. Konsequenz: Die Melodie, welche allein auf die Sinne wirkt, ist nicht rückführbar auf die Vernunft, dies ist nur bei der Harmonie wegen der dort vorliegenden mathematischen Beziehungen möglich. Mit diesem begrifflichen Instrumentarium war aber die Entwicklung seit Claudio Monteverdi (1567–1643) nicht erfaßbar: In der *seconda pratica* ging es um den Vorrang der Melodie gegenüber der Harmonie. Diese Entwicklung konnte nicht ohne Prinzipien der Rhetorik behandelt werden, aber gerade diese lag den Rationalisten fern. Die Musiker selbst, so z. B. Andreas Werckmeister (1645–1706) übernahmen nun die philosophische Aufgabe, Mathematik und Affektenlehre zu verbinden. Philosophie und Kunst gehen jetzt getrennte Wege. Bacon nahm von seinem dichtenden Zeitgenossen Shakespeare ebensowenig Kenntnis wie Spinoza von seinen malenden Zeitgenossen Rembrandt oder Rubens. In den Registern der Leibniz-Briefe, wo fast alles irgendwo auftaucht, sucht man vergebens nach seinem berühmten Zeitgenossen Dietrich Buxtehude (1637–1707), und selbst zu dem am Hofe von Hannover als Musiker und Diplomat tätigen und nicht unbedeutenden Opernkomponisten Agostino Steffani (1654–1728) hatte Leibniz keinerlei irgendwelche Fragen der Musik betreffende Beziehung. Meldungen über die Oper in Hannover oder Leipzig fallen bei Leibniz nur unter Hofnachrichten. Und auch in der die Musik betreffenden Korrespondenz mit Conrad Henfling war Leibniz nur an den mathematischen Fragen interessiert. Er war sogar in der Lage, eine mehr als zwei Jahre dauernde Italienreise zu unternehmen (1689/1690), ohne daß sich in den Briefen dieser Zeit irgendein relevanter Hinweis auf die Kunst des Landes fände. Auch hier zeigt sich wieder: Die Rationalisten waren in einem solchen Maße an der Vorstellung notwendiger Wahrheiten orientiert, daß sie dem, was sich nicht in solche Sätze fassen ließ, kaum Aufmerksamkeit schenken konnten. Da sie aber außer auf Gebieten wie der Mathematik, der Logik und der Physik solche notwendigen Wahrheiten nicht auffinden konnten, hatten sie am Schluß kaum noch irgend etwas in der Hand. – Es

ist verständlich, daß die Philosophen der Aufklärung des 18. Jhd.s, die viel von den Rationalisten übernahmen, vor allem in Frankreich versuchen werden, den realen Lebensraum der Menschen mit Politik, Geschichte, Kunst und vielem anderen wieder in den Blick zu bekommen.

- XII -

David Hume

1. Die Philosophie des alltäglichen Lebens

Vermutlich der erste Philosoph, der – jedenfalls von einem bestimmten Zeitpunkt seines Lebens an – von den Einkünften aus seinen Schriften leben konnte, war David Hume (1711–1776). Zum Ende seines Lebens hatte er es sogar zu einem gewissen Wohlstand gebracht, worauf er uns in seiner kurzen Lebensbeschreibung auch gebührend aufmerksam macht. In seinen früheren Lebensjahren konnte er allerdings nur durch äußerste Sparsamkeit überleben. Er stammte aus einer nicht besonders wohlhabenden Familie des schottischen Landadels, die es ihm nicht ermöglichen konnte, ohne Erwerb zu leben. Er studierte zunächst Jura, beendete dieses Studium aber nicht, sondern wechselte zur Philosophie über, bevor er versuchte, sich als Handelsangestellter sein Leben zu verdienen. Hume fand jedoch auch daran kein rechtes Gefallen und ging nach Frankreich. In Reims verfaßte er die erste Version seines *Traktats über die menschliche Natur* (1739/1740), die er später nochmals überarbeitete, da sie keinerlei Eingang in die »gelehrte Welt« fand. Etwas mehr Erfolg hatte er mit seiner *Untersuchung über die Prinzipien der Moral.* Hume strebte nun eine Professur in Schottland an, hatte dabei jedoch keinen Erfolg. Bekannt wurde er schließlich weniger durch seine philosophischen Schriften als vielmehr durch eine mehrbändige *Geschichte Englands,* die er verfassen konnte, als es ihm nach Tätigkeiten wie der eines Sekretärs oder Hauslehrers schließlich gelungen war, Bibliothekar der Anwaltskammer in Edinburgh zu werden. Er befaßte sich nun auch mit religionsphilosophischen Fragen. So entstanden die *Naturgeschichte der Religion* (1757) und später die *Dialoge über natürliche Religion* (1779), die er aber nicht in Druck gab. Mit der *Geschichte Englands* verärgerte er die Whigs, die alle politisch wichtigen Positionen innehatten, und mit seiner *Naturgeschichte der Religion* erreichte er dasselbe bei den Vertretern der schottischen protestantischen Kirche. Sogar die Inquisitionskommission der katholischen Kirche setzte 1761 (der Einfachheit halber gleich alle) seine Werke auf den Index der verbotenen Bücher. Als er nach einigem Zögern 1763–1766 als Sekretär an die englische Botschaft in Paris ging und dort mit Kreisen der französischen Aufklärung in Kontakt trat, meinten manche, so z. B. d'Holbach, ihn für ihre Zwecke, d. h. einen militanten Atheismus, einsetzen zu können. Dies war ein Mißverständnis, denn Hume ging es tatsächlich um eine natürliche Geschichte der Religion, also wiederum um empirische Gegebenheiten, nicht aber um einen dogmatischen Atheismus, der selbst auf keiner Erfahrung beruhte. Dennoch fand er im Kreise der Enzyklopädisten um Diderot und d'Alembert (vgl. zu diesen Kap. XIII, 1) mehr Aufnahme als je zuvor, ohne daß dort seine eigentlichen philosophischen Anliegen schon wirklich verstanden worden wären. In den letzten Jahren seines Lebens konnte Hume schließlich seinen Unterhalt aus dem Erlös seiner *Geschichte Englands* (1754–1761) bestreiten; damit war er mehr als Historiker denn als Philosoph bekannt.

Mit Hume verlassen wir das 17. Jhd. und treten in das 18. Jhd. ein. Hume stand wie schon die Rationalisten und Empiristen des 17. Jhd.s unter dem übermächtigen Eindruck der Erfolge, die in den Naturwissenschaften erzielt wurden. Die Vorstellungen von »empirischer Wissenschaft« und »Fortschritt der Erkenntnis« gehörten zu dieser Zeit bereits untrennbar zusammen. Für Hume war es daher klar, daß auch die Philosophie sich auf Erfahrung zu stützen hatte, und zwar in noch konsequenterer Weise, als Locke dies getan hatte. Vor allem aber sollte es darum gehen, eine brauchbare Theorie der Erfahrung und damit der Gesetze, die auf Erfahrung beruhen, zu finden. Die Erfahrung zeigt aber auch, daß die Menschen nur allzu gerne irgendwelchen Produkten der Phantasie nachlaufen, die sich dann in der Realität nicht be-

währen. Die Philosophie sollte sich daher konsequent nur auf das stützen, was von allen Menschen an ihrer eigenen alltäglichen Erfahrung überprüft werden konnte. Nicht die *Einbildungskraft* der Menschen durfte den Rahmen philosophischer Untersuchung abgeben, sondern allein die *Urteilskraft*:

Die *Einbildungskraft* des Menschen ist von Natur hochfliegend, entzückt sich an allem Entlegenen und Außerordentlichen und stürmt ohne Aufsicht in die weitesten Fernen des Raumes und der Zeit, um den Gegenständen aus dem Wege zu gehen, welche Gewohnheit ihr allzu vertraut gemacht hat. Eine gerade *Urteilskraft* beobachtet die gegenteilige Methode, vermeidet alle weit und hoch führenden Untersuchungen, beschränkt sich auf das gewöhnliche Leben und solche Gebiete, die im täglichen Handeln und in der Erfahrung vorkommen. (*Eine Untersuchung über den menschlichen Verstand* XII, 3. S. 189)

Hier begegnen wir schon den wichtigen Zentralbegriffen: *Erfahrung, alltägliches Handeln, gewöhnliches Leben.* Auch die *Wissenschaft* ist nach Hume nichts anderes, als eine auf diese Grundlagen gestützte Tätigkeit, mit der versucht wird, die Erfahrung durch Erkenntnis von Gesetzen zu sichern, bei der aber gleichzeitig vermieden werden muß, die Erfahrung zu überschreiten. Für Hume ist die Philosophie als ganze nichts anderes als die Analyse der Tätigkeiten des alltäglichen Lebens:

Wer eine Neigung zur Philosophie hat, wird seine Nachforschungen fortsetzen, denn er bedenkt, daß neben dem unmittelbaren Vergnügen, das solche Beschäftigung begleitet, philosophische Entscheidungen weiter nichts sind als die in Regeln gebrachten und berichtigten Überlegungen des täglichen Lebens. Aber sie werden sich nie versucht fühlen, über das gewöhnliche Leben hinauszugehen, solange sie die Unvollkommenheit jener Fähigkeiten im Auge behalten, mit denen sie arbeiten, deren engen Bereich und ungenaue Leistungen. (Ebd. S. 190)

Durch diese bewußte Einschränkung auf den Bereich des gewöhnlichen Lebens sah Hume Probleme der gewöhnlichen Erfahrung und somit Probleme der Wissenschaft, die vorher nicht mit dieser Schärfe gesehen worden waren, und so stellte er auch zentrale Fragen bezüglich der wissenschaftlichen Theoriebildung, mit der sich die Philosophie bisher kaum beschäftigt hatte:

Solange wir nicht einen befriedigenden Grund angeben können, warum wir nach tausend Erfahrungstatsachen glauben, daß ein Stein fallen oder das Feuer brennen wird – können wir uns da mit irgend einer bestimmten Anschauung zufrieden geben, die wir über den Ursprung der Welten und den Zustand der Natur von Ewigkeit zu Ewigkeit bilden mögen? (Ebd. S. 190)

Die Probleme der Metaphysik tauchen also nicht erst bei den Fragen der Weltschöpfung auf, sondern schon bei der Frage, wieso wir eigentlich wissen, d. h. wirklich *wissen*, daß ein Stein zur Erde fallen wird, eine Frage, mit der wir über unsere (bisherige) Erfahrung mit der Natur bereits hinausgehen, mit der wir also schon Metaphysik betreiben. Die eigentlichen philosophischen Fragen stellen sich daher im gewöhnlichen Leben, man muß sie nur erst einmal stellen und darf nicht meinen, das, was im gewöhnlichen Leben ungefragt vorausgesetzt und angewandt wird, stelle schon klares und deutliches Wissen dar.

2. Das Erfahrungsurteil des alltäglichen Lebens und der Wissenschaft

Hume ging also von der alltäglichen Erfahrung aus und wollte die philosophischen Probleme dieser Erfahrung analysieren. Dabei sah er jedoch, daß wir sowohl im alltäglichen Leben wie auch in der Wissenschaft diese Erfahrung ständig überschreiten. Diese Überschreitung macht also ein Grundelement sowohl des täglichen Lebens als auch der Wissenschaft aus. Erfahrung bedeutet so viel wie *Lernen aus sinnlichen Empfindungen*. Ein Beispiel: Wir sahen an vergangenen Tagen die Sonne aufgehen, und wir schließen daraus, daß sie auch morgen wieder aufgehen wird; das Brot, das wir in der Vergangenheit gegessen haben, hat unseren Hunger gestillt und uns Kraft gegeben, und wir schließen daraus, daß auch das Brot, das wir morgen kaufen und essen werden, dasselbe bewirken wird. Aber genau hier sieht Hume das Problem: Was heißt denn in diesem Zusammenhang »schließen«, was für ein Urteil liegt hier vor, das uns ermöglicht, aus Erfahrungen der Vergangenheit Voraussagen über die Zukunft zu machen?

Es dürfte also des Interesses wert sein, die Natur jener Evidenz zu erforschen, die uns jede wirkliche Existenz und Tatsache sicherstellt, welche über das gegenwärtige Zeugnis der Sinne oder die Angaben unseres Gedächtnisses hinausgehen. (*Eine Untersuchung über den menschlichen Verstand.* IV, 1. S. 36)

Um hier weiterzukommen, müssen wir nach Hume zunächst die Gegenstände unserer Erkenntnis und die entsprechenden Erkenntnisweisen unterscheiden:

Alle Gegenstände der menschlichen Vernunft und Forschung lassen sich naturgemäß in zwei Arten zerlegen, nämlich in *Beziehungen von Vorstellungen* und in *Tatsachen.* (Ebd. S. 35)

Hinter dieser Unterscheidung steht die leibnizsche Einteilung in Vernunftwahrheiten und Tatsachenwahrheiten. Die erste Gruppe wird in den mathematischen Disziplinen bearbeitet, die Humes Auffassung nach von jeder Erfahrung unabhängig sind und bei denen es deduktive Beweise gibt:

Sätze dieser Art sind durch die reine Tätigkeit des Denkens zu entdecken, ohne von irgend einem Dasein in der Welt abhängig zu sein. Wenn es auch niemals einen Kreis oder ein Dreieck in der Natur gegeben hätte, so würden doch die von Euklid demonstrierten Wahrheiten für immer ihre Gewißheit und Evidenz behalten. (Ebd.)

Die zweite Gruppe umfaßt die Erkenntnis von Tatsachen:

Tatsachen, der zweite Gegenstand der menschlichen Vernunft sind nicht in gleicher Weise als gewiß verbürgt; ebensowenig ist unsere Evidenz von ihrer Wahrheit, wenn auch noch so stark, von der gleichen Art wie bei der vorhergehenden. Das Gegenteil jeder Tatsache bleibt immer möglich [...]. (Ebd.)

Eine solche Erkenntnis können wir nur aus sinnlicher Erfahrung gewinnen. Diese beiden Gruppen von Gegenständen der Erkenntnis unterscheiden sich schon in rein logischer Hinsicht in eindeutiger Weise: Für die erste Gruppe gilt, daß das Gegenteil unmöglich ist, wohingegen für die zweite gilt, daß das Gegenteil nicht unmöglich ist. Das ist nichts prinzipiell Neues, sondern war schon in der aristotelischen und mittelalterlichen Philosophie mit der Unterscheidung in notwendige und kontingente Aussagen bekannt. Wenn ich einen Satz der Mathematik, z. B.: 2 x 2 = 4, nehme, so ist das Gegenteil, nämlich, daß das Produkt von 2 x 2 nicht 4 ist, ein Widerspruch. Der Fall bei Sätzen über Erfahrungstatsachen liegt hingegen anders: Zwar kann auch hier nur einer von zwei kontradiktorischen Sätzen wahr sein, das Gegenteil eines Satzes über eine Erfahrungstatsache beinhaltet jedoch nie einen Widerspruch. Wenn ich sage: »Immer wenn ich meine Hand ins Feuer gehalten habe, habe ich mich verbrannt; hier ist Feuer – ich werde meine Hand hinein halten und mich nicht verbrennen«, so ist dieser Satz zwar möglicherweise falsch (wie ich rasch bemerken werde), er enthält aber keinen Widerspruch. Hier könnte man nun einwenden: »Das ist Unsinn, denn ich weiß ja, daß gleiche Ursachen immer gleiche Wirkungen haben müssen, also widerspreche ich mit einer solchen Behauptung dieser allgemeinen Erkenntnis.« Hume läßt dies jedoch nicht so einfach gelten. Wir sprechen normalerweise sehr wohl über »Ursache« und »Wirkung«:

Alle Denkakte, die Tatsachen betreffen, scheinen sich auf die Beziehung von *Ursache* und *Wirkung* zu gründen. Einzig mit Hilfe dieser Beziehung können wir über die Evidenz unseres Gedächtnisses und unserer Sinne hinausgehen. (Ebd. S. 36)

Aber was sagen wir eigentlich genau, wenn wir über »Ursache« und »Wirkung« sprechen? Das innerste »Wesen« der Dinge, seine »Wirkkräfte« kennen wir nicht; dies ist schon nominalistisch-empiristisches Gemeingut. Und im späten Mittelalter waren bei Nicolaus von Autrecourt (vgl. 2. Teil, Kap. XVII, 2, b) auch schon Zweifel aufgekommen, ob wir überhaupt in sinnvoller Weise von Kausalität sprechen können. Dort gab es dafür aber theologische Gründe; bei Hume geht es einfach um die Analyse menschlichen Wissens: Was wir beim Sprechen von »Ursache« und »Wirkung« tun, ist, zwei Gruppen von Eigenschaften aus der Erfahrung zu verbinden; wir sagen hier also genau genommen nur, daß wir feststellen, daß *ein* Ding mit bestimmten Eigenschaften auf *ein anderes* mit bestimmten Eigenschaften folgt *(post hoc)*. Daraus können wir aber noch nicht ableiten, daß das eine die »Ursache« und das andere die »Wirkung« ist *(propter hoc)*. Es ist also kein vernünftiger Schluß zu sagen:

[...] bloß weil ein Ereignis in einem Falle dem anderen vorhergeht, deshalb sei das eine die Ursache, das andere die Wirkung. Ihr Zusammenhang kann ja willkürlich und zufällig und kein Grund vorhanden sein, das Dasein des einen aus dem Auftreten des anderen abzuleiten. (*Eine Untersuchung über den menschlichen Verstand* V, 1. S. 54)

Prinzipiell ändert sich diese Situation auch durch die Wiederholung der Erfahrung dieser Folge von Wahrnehmungen nicht, ich weiß durch die Wiederholung nicht *mehr* über »Ursachen« und »Wirkungen« (möglicherweise schlafe ich bei Vollmond immer schlecht, ich habe aber keinerlei Grund, deshalb zu behaupten, der Vollmond sei die Ursache meines Schlecht-Schlafens). Nun könnte man sagen, daß die Begrifflichkeit von »Ursache« und »Wirkung« nicht entscheidend ist, entscheidend sei dagegen nur die Regelmäßigkeit der Folge von Erscheinungen, und die ist mir eben durch die Erfahrung gesichert. Aber hier stellt sich für Hume wieder das Anfangsproblem: Was heißt »gesichert«, und was heißt »Regelmäßigkeit«? Wir arbeiten hier mit zwei Sätzen; der erste lautet:

> [...] ich habe gefunden, daß ein solcher Gegenstand immer von einer solchen Wirkung begleitet gewesen ist. (Ebd. IV, 2. S. 45)

Der zweite Satz lautet:

> [...] ich sehe voraus, daß andere Gegenstände, die in der Erscheinung gleichartig sind, von gleichartigen Wirkungen begleitet sein werden. (Ebd.)

Diese beiden Sätze sind nun ganz verschiedener Art, der zweite wird zwar immer zusammen mit dem ersten gebraucht, ist aber deshalb noch nicht daraus ableitbar. Genau dies ist das berühmte Problem der *Induktion*: Wie kann ich aus einer begrenzten Zahl von beobachteten Fällen, in denen *B* auf *A* gefolgt ist, darauf schließen, daß in einer unbegrenzten Anzahl (noch) nicht beobachteter Fälle wiederum *B* auf *A* folgen wird? Um hier nicht zu moderne Vorstellungen hereinzubringen, sei
272 | daran erinnert, daß der Hintergrund der Problematik bei Hume genau jene nominalistische Welt ist, wie sie durch den Allmachtsgedanken der Philosophen-Theologen des Spätmittelalters strukturiert worden war (vgl. 2. Teil, Kap. XVII, 2, b): Es liegt keinerlei Widerspruch in der Annahme, daß Gott morgen die Welt so strukturieren könnte, daß z. B. Wasser nicht mehr erst bei 100 Grad, sondern schon bei 95 Grad siedet: Dann wäre unsere heute empirisch festgestellte Regelmäßigkeit (ein »Naturgesetz«) morgen nicht mehr gültig. Dazu ist nicht einmal die Annahme eines cartesianischen bösen Geistes oder eines täuschenden Gottes nötig, Gott bliebe hier durchaus ein guter, z. B. energiesparender, Gott. Wir hätten gar nichts anderes vor uns, als eine von der heutigen ganz leicht verschiedene mögliche Welt (die vielleicht sogar besser wäre als die gegenwärtige und an die wir uns auch wieder ganz rasch gewöhnen würden). Dies sind nicht nur mittelalterliche Vorstellungen, auch für Newton waren dies Möglichkeiten, mit denen er durchaus rechnete. – Auch die Mathematik, die strenge Deduktionen erlaubt, hilft da nicht weiter, denn ihre Anwendung setzt immer die Gesetzmäßigkeit in den Dingen schon voraus, sie kann dieselbe jedoch nicht beweisen:

> Jeder Teil der angewandten Mathematik geht von der Annahme aus, daß die Natur ihren Vorgängen gewisse Gesetze zugrunde legt [...]. (Ebd. IV, 1. S. 41)

An diesem Punkt könnte man aber sagen, daß der Natur doch tatsächlich Gesetze zugrunde liegen, d. h. daß wir aus der Erfahrung wissen, daß hier eine Regelmäßigkeit vorliegt. Aber wieder wendet Hume zu Recht ein, daß hier ein Zirkel der Beweisführung vorliegt: Wir sollen ja erst *beweisen, daß* wir von Erfahrungen der Vergangenheit oder der Gegenwart auf Ereignisse in der Zukunft schließen dürfen, dann aber können wir nicht sagen, aus der Erfahrung bestimmter Ereignisse in der Vergangenheit ergebe sich, daß es auch in der Zukunft so sein werde (Ebd. IV, 2. S. 46 f.).

Man könnte nun noch einwenden, daß unser Handeln all diese Schwierigkeiten widerlegt, denn unser Tun beruht genau auf dieser Annahme von Regelmäßigkeit. Daß eine solche Annahme gemacht wird, leugnet Hume keineswegs; es fragt sich nur, *warum* wir diese Annahme machen. Die Antwort Humes ist eindeutig:

> [...] anläßlich des beständigen Zusammenhangs zweier Gegenstände, z. B. Hitze und Flamme, Gewicht und Masse, werden wir allein durch Gewohnheit bestimmt, das eine beim Auftreten des anderen zu erwarten. (Ebd. V, 1. S. 55)

Humes Antwort auf die Frage, woher also die in unseren Handlungen mitenthaltene Annahme einer Regelmäßigkeit kommt, ist somit folgende: Wir handeln einfach aus *Gewohnheit.* Obwohl dies unbestreitbar ist, gibt Hume jedoch nicht zu, aus dieser *praktischen Gewißheit* folge schon, daß ihr eine *theoretische Einsicht* in einen Folgerungszusammenhang zwischen vergangener und zukünftiger Erfahrung zugrunde liegt:

> So groß ist der Einfluß der Gewohnheit, daß da, wo sie am stärksten ist, sie nicht nur unsere natürliche Unwissenheit verdeckt, sondern auch sich selbst verbirgt, und nur deshalb nicht da zu sein scheint, weil sie im höchsten Grade vorhanden ist. (Ebd. IV, 1. S. 39)

Hume will damit sagen, daß es weiter gar nicht schlimm ist, wenn wir bestimmte Annahmen aus *Gewohnheit (custom, habit)* machen, nur sollten wir das auch genau sagen und nicht Gewohnheit mit Ursache-Wirkung-Wissen verwechseln. Wir kommen eben nach Hume nicht weiter als bis zur Feststellung der Gewohnheit als dem »letzten aufweisbaren Prinzip all unserer Erfahrungsschlüsse« (Ebd. V, 1. S. 55). Die Gewohnheit ist nach Hume ein »*natürlicher Instinkt*«, durch den bei wiederholten Erfahrungen der Glaube hervorgerufen wird, es müsse sich auch in der Zukunft so verhalten; eine *Vernunfterkenntnis liegt* dabei *nicht vor.* Dieser etwas desillusionierende Hinweis auf die Gewohnheit sollte uns nicht erschrecken, wir sprechen in der Gegenwart in diesem Zusammenhang von der »Ausbildung kognitiver Dispositionen«, was gar nichts anderes ist als die »Gewohnheit« Humes.

Hume wollte vom gewöhnlichen Leben, den alltäglichen Erfahrungen, ausgehen, war aber dann bei seiner Analyse gezwungen zu sagen, daß die Vorstellungen von Ursache und Wirkung keine Basis in den Erfahrungsgegebenheiten haben. Sollte man sie dann nicht besser überhaupt aufgeben? Hume erkannte jedoch, daß die Auflösung der Annahme von Ursache-Wirkung-Beziehungen schwerwiegende lebenspraktische Bedeutung haben müßte und ließ demnach die Brauchbarkeit der Vorstellung von Ursache und Wirkung für die gewöhnliche Lebenspraxis zu: Hume ging es nicht darum, den unbezweifelbaren Zusammenhang von Ursache und Wirkung als *Vorstellung* zu leugnen. Eines jedoch muß klar sein: Diese Vorstellung beruht nicht selbst auf einer Erfahrung, sondern auf einer durch Erfahrungen hervorgerufenen Gewohnheit:

So ist die Gewohnheit die große Führerin im menschlichen Leben. Dieses Prinzip ist es allein, das unsere Erfahrung uns nutzbringend gestaltet und uns für die Zukunft eine Kette gleichartiger Ereignisse erwarten läßt, wie die in der Vergangenheit aufgetretenen. Ohne den Einfluß der Gewohnheit blieben wir gänzlich in Unwissenheit über jede Tatsache, die über das unmittelbar dem Gedächtnis und den Sinnen Gegenwärtige hinausreicht. Wir würden niemals die Mittel den Zwecken anzupassen wissen, noch unsere natürlichen Kräfte zur Erzeugung irgend einer Wirkung anzuwenden verstehen. Es wäre auf einmal mit allem Handeln und mit dem besten Teil geistiger Arbeit vorüber. (Ebd. V, 1. S. 57 f.)

Woher kommt aber die »Festigkeit und Beständigkeit« (Ebd. V, 2. S. 62) dieser
274 | Vorstellung, die »wesentlich ist zur Erhaltung aller menschlichen Geschöpfe« (Ebd. S. 68)? Hume antwortet darauf mit dem Hinweis auf die »übliche Weisheit der Natur«, die dies durch einen »Instinkt« sicherstellt:

Es entspringt mehr der üblichen Weisheit der Natur, einen so notwendigen Akt des Geistes durch einen Instinkt oder eine mechanische Tendenz sicherzustellen; denn diese kann unfehlbar in ihrer Wirksamkeit sein, kann sich beim ersten Auftreten des Lebens und Denkens zeigen und unabhängig von all den mühsam erarbeiteten Deduktionen des Verstandes bleiben. (Ebd. S. 68 f.)

Woher Hume allerdings etwas über die »Weisheit der Natur« weiß, verrät er uns nicht – im Zusammenhang mit der Religionsphilosophie (vgl. weiter unten 5) betont er öfter, daß das Übel in der Welt kategorisch verhindert, von der Welt auf eine weise und gütige Ursache derselben zu schließen. Für die Annahme, daß die Welt eine leibnizsche »beste aller möglichen Welten« sei, besteht seiner Auffassung nach keinerlei Begründung. Ist dann nicht aber auch die Rede von der »Weisheit der Natur« nichts anderes als ein durch Gewohnheit hervorgerufener instinktiver Glaube? – Zurück zu unserem Zusammenhang. Noch einmal: Woher kommt unsere Überzeugung, daß dieser Zusammenhang von Ursache und Wirkung der Natur selbst entspricht? Die Antwort Humes besteht in einer leibnizisch-rationalistischen Vorstellung, einer »prästabilisierten Harmonie«. Diese stellt für Hume allerdings keine metaphysische Wahrheit dar, sondern auch wiederum »nur« eine nützliche, lebenserhaltende Gewohnheit:

Wir finden hier also eine Art prästabilierter Harmonie zwischen dem Laufe der Natur und der Abfolge unserer Vorstellungen; und obgleich die Macht und die Kräfte, welche den ersteren regieren, uns völlig unbekannt sind, so haben doch unsere Gedanken und Vorstellungsbilder, wie wir sehen, dieselbe Bahn verfolgt wie die anderen Naturwerke. Die Gewohnheit ist dasjenige Prinzip, durch welches diese Übereinstimmung bewirkt wurde, die so notwendig ist zur Erhaltung unserer Art und zur Regelung unseres Verhaltens in allen Lagen und Vorkommnissen des menschlichen Lebens. (Ebd. S. 68)

Unsere Vorstellung, daß die Welt nach *Kausalgesetzen* funktioniert und wir aufgrund dieser Gesetze Voraussagen machen können, liefert also keine metaphysischen Wahrheiten, sondern stellt *eine lebenspraktisch nützliche Gewohnheit* dar.

3. Bilanz der empiristischen Erkenntnistheorie

Humes Fragestellung und die Fragen, die diese wiederum provozierten, waren maßgebend für die weitere Geschichte der Philosophie bis in unsere Gegenwart hinein. Einige dieser Fragen seien hier kurz aufgeführt.

(1) Wenn wir aus Gewohnheit erwarten, daß bei bestimmten ähnlichen Phänomenen (»Ursachen«) bestimmte andere ähnliche Ereignisse (»Wirkungen«) eintreten, so heißt das noch nicht, daß die *Erwartung* selbst aus der Gewohnheit stammt. Das würde zumindest erfordern, daß beim Entstehen der Erwartung immer eine bestimmte Anzahl von Fällen vorliegt. Dies ist jedoch nicht der Fall, da wir Erwartungen einer Regelmäßigkeit manchmal auch schon nach nur einem einzigen Fall haben können. Darauf ließe sich allerdings sagen, daß wir dann nach einem assoziativen Analogieverfahren vorgehen, das auf der durch wiederholte Fälle gewonnenen Gewohnheit beruht, damit aber bleibt wieder die Frage, woher wir denn die Erwartung von *Analogien* haben.

Vor allem aber dürfte Humes Theorie der rein rezeptiven Erfahrung gar nicht stimmen. Erfahrung ist wie Wahrnehmung schon selektiv, d. h. die ähnlichen Fälle werden nicht rein als ähnliche Fälle wahrgenommen, sondern sie werden von uns als ähnliche Fälle »konstruiert«. Dies sei an Humes Beispiel »Brot« verdeutlicht: Bei einer Wahrnehmung, auf die wir das Wort »Brot« anwenden, ist schon eine Leistung des Denkens mit im Spiel, die bestimmte Eigenschaften aussondert, so sind hier z. B. die Gestalt, Größe und Farbe nebensächlich. Wir unterscheiden also faktisch bei der Identifizierung von Gegenständen doch wieder zwischen »wesentlichen« und »unwesentlichen« Eigenschaften, was wir aber eigentlich gar nicht mehr dürften. Ganz gleiche Fälle gibt es nie, und die »Ähnlichkeit«, auf deren Annahme Humes Lösungsvorschlag basiert, ergibt sich nicht schon aufgrund der bloßen Wahrnehmung, in der ja unter Humes Voraussetzungen gar nicht zwischen »wesentlichen« und »unwesentlichen« Eigenschaften unterschieden werden kann. Mit anderen Worten: Wenn wir von »Wiederholung« sprechen, so ist das nicht einfach ein *Ergebnis* von Erfahrung, sondern setzt die *Erwartung* einer Wiederholung voraus, durch die erst die »ähnlichen« Fälle hergestellt werden. Dinge sind nicht »an sich«, sondern immer nur unter bestimmten Voraussetzungen, Erwartungen, Interessen usw. »ähnlich«. Schon eine erste Wiederholung ist ohne Erwartung nicht möglich. Es ist demnach nicht denkbar, die Erwartung durch Wiederholung zu erklären, statt dessen müssen wir umgekehrt die Wiederholung durch Erwartung erklären. Damit ist natürlich noch nicht gesagt, was uns berechtigt, von einer Anzahl von unter einer bestimmten Erwartung erfolgten Erfahrungen darauf zu schließen, daß auch andere Erfahrungen unter dieser Erwartung bestimmte Ergebnisse bringen werden. Auch der spontane Übergang des zeitlichen Nacheinander »*B nach A*« zur Behauptung der Ursache-Wirkung-Beziehung »*B aufgrund von A*« läßt sich aus einer rein rezeptiven Erfahrung nicht erklären. Man hat so den Eindruck, daß in der empiristischen Analyse der Erkenntnis doch irgendein unaufgeklärter Rest bleibt, der nicht einfach auf Erfahrung zurückgeht und der auch durch Gewohnheit nicht ausreichend erklärt werden kann. Oder anders gesagt: Es bleibt irgendwo etwas übrig, wofür die Rationalisten eine bessere Erklärung geliefert hatten. Die Rezeptivität kann nicht alles an der Erfahrung erklären, es gibt auch eine spontane Funktion der Vernunft – dies sind die

Fragen, die Kant aufgreifen wird. Der Versuch Kants, Empirismus und Rationalismus unter einer kritischen Fragestellung neu zu behandeln, war also eine Forderung, die sich sowohl aus dem Scheitern einer ausschließlich empiristischen Position als auch aus dem Scheitern einer ausschließlich rationalistischen Position ergab. Kant stellte dabei allerdings die Ausschließlichkeit der beiden Positionen, die es historisch so nie gegeben hatte, erst einmal her.

(2) Es gibt empirisch wiederholt auftretende Erscheinungen (z. B. die Bestechlichkeit von Politikern), bei denen wir uns »weigern«, uns daran zu gewöhnen, d. h. wir betrachten jeden Fall als Einzelfall, der sich nicht wiederholen sollte. Es scheint also keinen Automatismus zu geben, durch den wiederholte Erfahrungen zwangsläufig die Vorstellung von Ursache und Wirkung hervorrufen. Wir haben also einen bestimmten Spielraum, etwas als Gewohnheit anzuerkennen oder abzulehnen. Und somit kann man die Frage stellen, ob es auch »gute« und »schlechte« durch Induktion gewonnene Gesetze gibt. Auch wenn man annimmt, daß es gar nicht die entscheidende Frage ist, *ob* wir eine solche Regelmäßigkeit *begründen*, sondern *wie* wir eine solche Regelmäßigkeit – deren Vorhandensein vorausgesetzt wird – *analysieren* können, ergibt sich die Frage, wann wir von »guten« induktiv gewonnenen Gesetzen sprechen können. Mit anderen Worten: Welche Modelle brauchen wir, um feststellen zu können, wann eine solche Regelmäßigkeit zuverlässig ist, und welche logische Struktur hat die Anwendung einer solchen Regelmäßigkeit? Dies war der Ausgangspunkt für die Fragen der »induktiven Logik«, die seit der Diskussion zwischen Rudolf Carnap und Karl Popper zu den großen Themen der Wissenschaftstheorie des 20. Jhd.s gehören.

(3) Von seiten des Rationalismus kann gegen Hume ein wichtiger Einwand erhoben werden: Mit seinem Verweis auf die Gewohnheit, kann er (vielleicht) die *Entstehung* der Überzeugung von Naturgesetzen erklären, er hat damit jedoch nicht die *Geltung* derselben begründet. Aber genau dies war die Ausgangsfrage seiner *Untersuchung über den menschlichen Verstand.* Dies wäre also der Einwand der Verwechslung von Genese und Geltung, und das hieße (in humescher Terminologie): Hume hätte, so wie er eine *Naturgeschichte der Religion* geschrieben hat, eigentlich nur eine »Naturgeschichte der Naturgesetze« vorgelegt. Nehmen wir an – was m. E. berechtigt ist –, daß Hume diese Problematik bewußt gewesen ist, er aber mit dem Hinweis auf die Gewohnheit alles sagen wollte, was er sagen konnte, so müßte sich daraus ergeben, daß die Unterscheidung von Genese und Geltung in Hinsicht auf die Naturgesetze als nicht letztgültig anzusehen wäre. Und damit wären wir auf dem Weg zur Wissenschaftsauffassung von Peirce und der wissenschaftstheoretischen Richtung des Pragmatismus. Peirce versuchte tatsächlich, über die Unterscheidung von Genese und Geltung einer Überzeugung hinauszugelangen und war auch der Auffassung, daß die entscheidenden Fragen der Wissenschaftstheorie in einer »Naturgeschichte der Naturgesetze« gestellt und beantwortet werden könnten. Daß damit die Frage nach der Begründung von Naturgesetzen *nicht* hinter der nach ihrer Entstehung »verschwindet«, wird sich noch zeigen (vgl. Kap. XXIV, 2 und 3).

(4) Die Rationalisten hatten als Modell der Erkenntnis mathematische Wahrheiten angesetzt. Locke und Hume hingegen gehen von jener Erkenntnis aus, welche die Menschen im alltäglichen Leben und in der alltäglichen Praxis vorfinden. Daß hier Grenzen der Erkenntnis vorliegen, ist von vornherein klar. Damit erhält hier die Wahrscheinlichkeit eine große und geradezu prinzipielle Bedeutung. Hume stellt fest:

Unsere Vernunft muß als eine Art Ursache angesehen werden, deren natürliche Wirkung die Wahrheit ist; zugleich aber müssen wir annehmen, diese Wirkung könne vermöge der Dazwischenkunft anderer Ursachen und der Unbeständigkeit in der Funktion unserer geistigen Kräfte gelegentlich vereitelt werden. Damit schlägt alles Wissen in bloße Wahrscheinlichkeit um. Diese Wahrscheinlichkeit ist größer oder geringer, je nach unseren Erfahrungen über die Zuverlässigkeit oder Trüglichkeit unseres Verstandes und je nach der Einfachheit oder Schwierigkeit der Frage, um die es sich handelt. (*Ein Traktat über die menschliche Natur* I, Teil 4, 1. Abschnitt. I. S. 241)

Auch hier stehen wir an der Wurzel entscheidender Fragen der Philosophie der Gegenwart: Sollen wir von einer »Philosophie der idealen Sprache« oder von einer »Philosophie der normalen Sprache« ausgehen? Und: Sollen wir mit »Wahrheit« oder mit »Wahrscheinlichkeit« beginnen?

4. Sittlichkeit und Rechtsordnung

Zunächst einmal stellt Hume deutlich das Scheitern des rationalistischen Ethikprogramms fest:

Gewisse Philosophen nun haben sehr eifrig die Ansicht verbreitet, daß Sittlichkeit ein möglicher Gegenstand der [demonstrativen] Erkenntnis sei. Obgleich niemand in dieser demonstrativen Erkenntnis des Sittlichen je einen Schritt vorwärts getan hat, gilt es ihnen ausgemacht, daß dieselbe die gleiche Gewißheit erreichen könne wie Algebra und Geometrie. (*Ein Traktat über die menschliche Natur* III, Teil 1, 1. Abschnitt. II. S. 204)

Die Voraussetzung einer solchen rationalistischen Auffassung ist die Annahme, »es gebe ewig gültige Unterschiede des Seinsollenden und Nichtseinsollenden in den Dingen, die für jedes vernünftige Wesen, das über sie nachdenke, dieselben seien« (Ebd. S. 197). Dies müßte aber – aus empirischer Sicht – selbst wieder empirisch nachgewiesen werden, und damit ist man wieder bei der Frage der Induktion. Die Frage ist aber nicht nur, ob es solche unveränderlichen sittlichen Vernunftnormen
278 | gibt, sondern schon viel allgemeiner die, ob die Vernunft überhaupt das sittliche Handeln bestimmt. Dies ist für Hume keine normative Frage, d. h. er fragt nicht: »Soll die Vernunft die Handlungen bestimmen?«, sondern: »Bestimmt die Vernunft die Handlungen?«. Hume will also von Anfang an keine normative Ethik vorlegen, sondern eine empirisch-deskriptive Untersuchung über das sittliche Bewußtsein. Eine solche Wissenschaft beschreibt nicht nur einzelne Ereignisse und Handlungen, sondern kann auch – unter den generellen Einschränkungen der Geltung solcher Aussagen – Verallgemeinerungen durchführen. Die Frage ist allerdings, ob solche deskriptiven Aussagen in irgendeiner Weise für das verwendet werden können, was wir und auch die Menschen zur Zeit Humes unter »Moralität« verstehen. Es ist heute jedem geläufig, daß wir uns vor dem »naturalistischen Fehlschluß«, der von *Ist-Aussagen* zu *Soll-Aussagen* übergeht, hüten müssen, und gewöhnlich wird noch dazu bemerkt, daß Hume es war, der als erster deutlich vor diesem Fehlschluß gewarnt hat. Der berühmte Text lautet:

In jedem Moralsystem, das mir bisher vorkam, habe ich immer bemerkt, daß der Verfasser eine Zeitlang in der gewöhnlichen Betrachtungsweise vorgeht, das Dasein Gottes feststellt oder Beobachtungen über menschliche Dinge vorbringt. Plötzlich werde ich damit überrascht, daß mir anstatt der üblichen Verbindungen von Worten mit *ist* und *ist nicht* kein Satz mehr begegnet, in dem nicht ein *sollte* oder *sollte nicht* sich fände. Dieser Wechsel vollzieht sich unmerklich; aber er ist von größter Wichtigkeit. Dies *sollte* oder *sollte nicht* drückt eine neue Beziehung oder Behauptung aus, muß also notwendigerweise beachtet und erklärt werden. (Ebd. S. 211)

Hier scheint auf den ersten Blick tatsächlich beabsichtigt zu sein, den naturalistischen Fehlschluß auszuschließen. Der Zusammenhang zeigt jedoch, daß es Hume dabei nicht um das ging, was heute mit einer Kritik des »naturalistischen Fehlschlusses« gemeint ist, d.h. um die Feststellung oder Behauptung, daß Sollens-Aussagen niemals aus Seins-Aussagen abgeleitet werden können. Hume fährt nämlich fort:

Gleichzeitig muß ein Grund angegeben werden für etwas, das sonst ganz unbegreiflich scheint, nämlich dafür, wie diese neue Beziehung zurückgeführt werden kann auf andere, die von ihr ganz verschieden sind. (Ebd.)

Das bedeutet, daß Hume zwar die Verschiedenheit der beiden Bereiche anerkennt, aber nicht deren *Trennung* fordert, sondern die *Angabe des Grundes*, der einer *Beziehung der beiden Bereiche* zugrunde liegt, falls man eine solche Beziehung annimmt. Er kritisiert mithin an seinen Vorgängern nicht den Übergang als solchen, sondern die mangelnde Begründung desselben. Hume selbst stellt sich jedoch dann gar nicht die Aufgabe zu fragen, ob eine solche Beziehung überhaupt besteht, und, wenn ja, wie eine Begründung für einen solchen Übergang aussehen könnte, sondern beschränkt sich auf eine deskriptive Untersuchung des moralischen Verhaltens, und dazu gehört auch die Frage nach dem empirisch feststellbaren Ursprung des moralischen Urteils. Das, was wir heute »Deontologie« oder die »Logik imperativischer Sätze« nennen, ist also überhaupt nicht ein Problem Humes. | 279

Hume stellt also als erste Frage die nach dem *Ursprung moralischen Handelns*. Seiner Auffassung nach

[…] kann die Vernunft im eigentlichen und philosophischen Sinne unser Handeln nur in zweierlei Weise beeinflussen. Entweder sie ruft einen Affekt ins Dasein, indem sie uns über die Existenz eines seiner Natur entsprechenden Gegenstandes belehrt; oder sie zeigt uns die Mittel, irgendeinen Affekt zu betätigen, indem sie den Zusammenhang von Ursache und Wirkungen aufdeckt. (Ebd. S. 199 f.)

Entscheidend ist in jedem Fall nicht die Tätigkeit der Vernunft, sondern der vorliegende Affekt. In diesem Zusammenhang spricht er von »Gefühl« als dem Ursprung sowohl des sittlichen Handelns als auch des sittlichen Urteils. »Gefühl« steht bei Hume vor aller begrifflichen Klärung zunächst einmal für die Ablehnung der rationalistischen Gegenposition, in der behauptet wird, die Menschen ließen sich in ihrem Verhalten und in der Beurteilung des eigenen wie des fremden Verhaltens vor allem von der Vernunft leiten. »Gefühl« darf hier jedoch nicht mit dem deutschen subjektivistischen Unterton verstanden werden, sondern in dem mehr Allgemeinheit beinhaltenden Sinne des englischen *sentiment* (im Unterschied zu *feeling*). Hume will sagen, daß es in der menschlichen Natur bestimmte konstante Affekte gibt, auf denen unsere sittlichen Urteile beruhen:

Sittlichkeit wird also viel mehr gefühlt als beurteilt. (Ebd. III, Teil 1, 2. Abschnitt. II. S. 212)

Da es sich um Vorstellungen handelt, ist eine Erfahrungsbasis erforderlich, jedoch nicht unbedingt eine gegenwärtige Erfahrung. Auch erinnerte oder bloß vorgestellte Handlungen rufen Affekte hervor. Das sittliche Urteil bildet sich an bestimmten Erfahrungen, die mit *Gefühlen der Lust oder Unlust* verbunden sind; wird ein solcher Gegenstand aktueller oder möglicher Erfahrung vorgestellt, erweckt seine Vorstellung entsprechend Behagen oder Unbehagen. Das sittliche Urteil ist also kein Schluß, sondern eine *unmittelbar gefühlte Zustimmung*:

Wir fragen nicht erst weiter nach der Ursache dieser Befriedigung; wir *schließen* nicht daraus, daß ein Charakter uns erfreut, daß er tugendhaft sei, sondern, indem wir fühlen, daß er uns in einer bestimmten Weise erfreut, fühlen wir eben damit, daß er tugendhaft ist. (Ebd. S. 213)

Grundlegend für Handlungen wie auch für die Beurteilung derselben sind also die Affekte, alles andere ist nach Hume nur eine Selbsttäuschung:

Wir drücken uns nicht genau und philosophisch aus, wenn wir von einem Kampf zwischen Affekt und Vernunft reden. Die Vernunft ist nur der Sklave der Affekte und soll es sein; sie darf niemals eine andere Funktion beanspruchen, als die, denselben zu dienen und zu gehorchen. (Ebd. II, Teil 3, 3. Abschnitt. II. S. 153)

Es ist nun klar, daß jemand Behagen und Unbehagen fühlt, soweit das Vorgestellte oder das durch eine Handlung Hergestellte ihm nützt: Die Affektkonstante, von der Hume zunächst ausgeht, ist die Selbstliebe. Die Frage ist nur, ob diese Selbstliebe der einzige Faktor des sittlichen Handelns ist. Mit dieser Frage tritt Hume in eine große Diskussion seiner Zeit ein: Hobbes und – jedenfalls dem Verständnis Humes nach – Locke vertraten die Auffassung des sogenannten »moralischen *Egoismus*«, während Shaftesbury (1671–1713; der Enkel des Shaftesbury, dem wir bei Locke begegnet sind) und andere meinten, es gebe einen ebenso ursprünglichen Affekt, der die Menschen zum *Altruismus* bewege. Hume erfaßte klar, daß es mit der Theorie des moralischen Egoismus durchaus möglich ist, eine Gesellschaftsordnung zu begründen, in der dann Gerechtigkeit und sogar Altruismus geübt und sittlich anerkannt werden (Ebd. S. 155 f.). Diese Klarstellung war wichtig, weil dadurch die damals üblichen Vorwürfe gegen den moralischen Egoismus ausgeräumt wurden. Da dies trotz der klaren Analyse Humes manchen bis heute immer noch nicht klar ist, sei nochmals festgestellt: Bei der Diskussion um den moralischen Egoismus und den moralischen Altruismus geht es *nicht* um die Frage, ob jemand eine »egoistische« oder eine »altruistische« Gesellschaft wünscht, sondern einzig um die Frage, wie eine Gesellschaft, in der es neben den unbestreitbaren egoistischen Antrieben auch Gerechtigkeit und Wohltun für andere gibt, begründet wird. Dies ist nicht nur theoretisch, sondern auch praktisch relevant: Möglicherweise sind nämlich gesellschaftliche Maßnahmen, die jedenfalls implizit an den Egoismus appellieren, für Gerechtigkeit und Wohltun effizienter als reine Appelle an die Nächstenliebe. – Nichtsdestoweniger stellte sich Hume nicht auf die Seite dieser Theorie, sondern versuchte nachzuweisen, daß es neben egoistischen auch, wenn auch schwächere, ebenso ursprüngliche *altruistische Affekte* und entsprechend auch altruistische Beurteilungen von Handlungen gibt. Die verschiedenen Gründe, die Hume für seine Auffassung anführt, sind nicht unbedingt überzeugend. Übrigens war Hume als Empiriker durchaus überzeugt, daß die egoistischen Motive überwiegen: Die Handlungen der Menschen sind bestimmt durch »Selbstsucht und [...] begrenzte Großmut« (Ebd. III, Teil 2, 2. Abschnitt. II. S. 242). Die Diskussion über den moralischen Egoismus und den moralischen Altruismus wird sicher noch weitergehen. Nimmt man an, daß eigentlich nur entscheidend ist, daß Gerechtigkeit und Wohlwollen, also Altruismus, geübt werden, ist die Frage nach der Erklärung desselben vielleicht sekundär.

Geht man mit Hume einmal davon aus, daß das Eigeninteresse vom Einzelnen gar nicht ohne den Einbezug der Interessen der Anderen verwirklicht werden kann, so verliert der bisher besprochene Gegensatz seine Schärfe. Der Ausgangspunkt | 281
der Überlegung Humes ist ganz einfach: Die Menschen benötigen zum Überleben Güter, die sie als Einzelne kaum oder nur in unzureichendem Maße herstellen können. Soweit handelt es sich um eine Art Naturordnung. Die Entstehung der *Gesellschaft* liegt also – anders als in der Auffassung von Locke – schon *vor* irgendeinem *Gesellschaftsvertrag*. Das Problem ergibt sich nach Hume einfach daraus, daß die Einzelnen versuchen, einen möglichst großen Teil dieser Güter für sich zu erhalten. Hier ist nun der Ort der Entstehung der *Rechtsordnung*. Der erste Schritt zu einer Rechtsordnung ist die Anerkennung von *Eigentum*. Dies geht allerdings nicht mehr ohne irgendeine – mehr implizite als explizite – Form eines Vertrags. Eine daraus entstehende Rechtsordnung ist vorteilhaft für jeden einzelnen und bemißt sich an diesem Vorteil. Sie hat ihre Geltung in einem »wechselseitigen Einverständnis« (Ebd.), d. h. durch das Bewußtsein des gemeinsamen Nutzens, das bei allen vorhanden ist. Hume geht zunächst von kleinen Einheiten von Interessengemeinschaften aus:

Ich sehe, es liegt in meinem Interesse, einen anderen im Besitz seiner Güter zu lassen, *vorausgesetzt*, daß er in gleicher Weise gegen mich verfährt. Er seinerseits ist sich eines gleichen Interesses bei der Regelung seines Verhaltens bewußt. Wird dies Bewußtsein eines gleichartigen Interesses wechselseitig kundgegeben, ist es also beiden bekannt, so erzeugt es ein entsprechendes Wollen und Verhalten. Und dies kann füglich eine Übereinkunft oder ein wechselseitiges Einverständnis genannt werden. (Ebd. S. 233)

Die gemeinsamen Interessen bestehen allerdings in nichts anderem als in der Erfahrung, daß dies den eigenen Interessen am ehesten entspricht. Der Spielraum, der dadurch eröffnet wird, ist jedoch der Auffassung Humes nach verhältnismäßig groß. Es gibt nach Hume sogar die Möglichkeit zu sehen, daß eine »beschränkte Großmut« (Ebd. II. S. 239) durchaus den Regeln der Klugheit entsprechen kann. Hume meint, daß, primär aus Selbstliebe, allmählich alle Rechtsnormen entstehen:

> In Wahrheit ist Selbstliebe ihr [d. h. der Rechtsnormen] Ursprung; und da die Selbstliebe des einen der des anderen entgegensteht, so müssen sich die verschiedenen Affekte der Interessenten so ausgleichen, daß sie in ein *System* des Verhaltens und der Lebensführung sich zusammenschließen können. Dies System, das das Interesse jedes Individuums umfaßt, ist natürlich dem allgemeinen Wohl günstig, so gewiß dies von den Erfindern nicht beabsichtigt wurde. (Ebd. III, Teil 2, 6. Abschnitt. II. S. 278)

Die Menschen erkennen jedoch, daß ihnen die Einhaltung der Rechtsnormen Gewinn bringt unter der Voraussetzung, daß auch die anderen dasselbe tun. Dies führt zu einem Gefühl der Wertschätzung des Gemeinwohls:

> 282 | *So ist Eigennutz das ursprüngliche Motiv* zur Festsetzung der Rechtsordnung, *aber* Sympathie *für das Allgemeinwohl ist die Quelle der* sittlichen Anerkennung, *die dieser Tugend gezollt wird.* (Ebd. III, Teil 2, 2. Abschnitt. II. S. 243 f.)

Die Befolgung der Rechtsordnung verbinden die Menschen dann mit der Vorstellung der Tugend, die Übertretung der Rechtsordnung mit der Vorstellung des Unrechts (Ebd. S. 233). Hier liegt auch der Ursprung des Gefühls, welches das moralische Urteil begründet: Der erfahrene Nutzen ruft Befriedigung und Zustimmung hervor, und dies wiederum beeinflußt die weiteren eigenen Handlungen wie auch die Beurteilung der Handlungen der anderen.

Hume führte also die Rechtsordnung ein, ohne schon auf Sanktionen zu rekurrieren. Er stellte einfach fest, daß eine Rechtsordnung nur dann funktioniert, und das heißt auch: nur dann Gültigkeit hat, wenn alle daraus erfahrbaren Nutzen ziehen. Bis zu diesem Punkt ist noch nicht von Übertretungen und Strafen die Rede. Die Auffassung von Hobbes war hier eine andere: Die Respektierung des Eigentums der anderen ist ohne Strafandrohung – und somit ohne Staat – gar nicht möglich. Locke wiederum hatte angenommen, daß jeder Einzelne schon vor der Existenz des Staates das Recht hatte, den anderen bei Verletzung des Eigentums zu bestrafen. Hume hingegen meinte, daß das wechselseitige Einverständnis im Prinzip genüge. Ganz ohne Sanktionen kommt jedoch auch Hume nicht aus, nur sind sie bei ihm etwas »sublimiert«: Es gibt »öffentliches Lob« und »öffentlichen Tadel«, welche die Orientierung an der Rechtsordnung unterstützen sollen, da Lob Befriedigung, Tadel aber Unlustgefühle hervorruft (Ebd. S. 244). Die Regeln, welche die gesellschaftliche

Ordnung aufrechterhalten, werden durch Erziehung verstärkt und Lob und Tadel durch solche vorgegebenen und durch Erziehung eingeübten Affekte so »interiorisiert«, daß sich das ergibt, was wir dann »Gewissen« nennen, d. h. ein Gefühl, das Handlungen beurteilt. Das Gemeinwohl als nützlich für das Eigeninteresse zu verstehen, d. h. im Sinne des Gemeinwohls fühlen zu lernen, ist die Aufgabe der Erziehung (Ebd.). Hume vertraute der durch individuelle Erziehung hervorgebrachten Klugheit, d. h. dem Gefühl, daß Rechtschaffenheit nützlich ist, mehr als der durch die Macht der Regierung und durch Mechanismen der Furcht durchgesetzten Rechtsordnung. Der appellative Charakter der Rechtsordnung an den Einzelnen muß funktionieren, sonst verliert die Rechtsordnung ihre Nützlichkeit und ihre Funktionsfähigkeit. Dies ist ein staatstheoretisches Minimalprogramm, aber nicht unbedingt das schlechteste: Es scheint eine empirisch nachweisbare Tatsache zu sein, daß dort, wo das moralische Gefühl oder das Gewissen nicht mehr funktioniert, auch die staatlichen Sanktionen an Grenzen gelangen.

Eine Ordnung der *Gesellschaft* ist nach Hume schon *vor* der Einführung des Staates gegeben, und seiner Auffassung nach »ist Gesellschaft ohne Regierung einer der natürlichsten Zustände der Menschheit« (Ebd. III, Teil 2, 8. Abschnitt. II. S. 291). Der *Staat* ist nichts anderes als ein Notbehelf, der erforderlich wird, wenn die Gesellschaft zu groß wird:

Obgleich die Regierung (oder Staatsgewalt) eine sehr nützliche und für die Menschheit unter Umständen sogar absolut notwendige Erfindung ist, so ist sie doch nicht unter *allen* Umständen notwendig. Es ist den Menschen nicht unmöglich, die Gesellschaft eine Zeit lang zu erhalten, ohne zu dieser Erfindung ihre Zuflucht zu nehmen. (Ebd. S. 289)

Um den Nutzen der Erfindung des Staates aufzuzeigen, analysiert Hume wiederum Affekte: Die Menschen mögen auch durchaus an der Aufrechterhaltung der gesellschaftlichen Ordnung, also dem Allgemeinwohl interessiert sein, wenn aber ein unmittelbarer Nutzen bei einer Übertretung einen starken affektiven Anreiz bietet, werden sie dahin tendieren, diesem zu folgen (Ebd. III, Teil 2, 7. Abschnitt. II. S. 284 f.), wenn nicht ein anderer Affekt dem entgegensteht. Es muß »fühlbare« Vorteile und Annehmlichkeiten geben, die eine genügend starke Motivation zur Einhaltung der Regeln liefern. Da die Nicht-Einhaltung der Regeln der Gesellschaft wiederum Schaden hervorruft, und außerdem häufig in Einzelfällen Streit darüber entsteht, was denn genau die Einhaltung der Regeln fordert, wird als Abhilfe der Staat erfunden:

Aus diesen beiden Dingen, *Ausführung* des Rechtes und *Entscheidung* über dasselbe, ziehen die Menschen den Vorteil der Sicherheit gegen die eigene und fremde Schwäche und Leidenschaft. Unter dem Schutz ihrer Regierung fangen sie an, die Annehmlichkeiten der Gesellschaft und der gegenseitigen Hilfeleistung in Ruhe zu genießen. (Ebd. S. 287)

Hume nimmt nicht an, daß zur Entstehung des Staates und einer Regierung ein ausdrücklicher oder stillschweigender Vertrag erforderlich ist (Ebd. S. 299). Daß eine Regierung die Zustimmung des Volkes erlangen kann, schließt Hume nicht aus, und er hält dies auch für die beste Grundlage derselben, die eigentliche Legitimation einer Regierung ergibt sich aber aus der Erfüllung ihres Zweckes, und genau darin liegt auch die Grenze ihrer Legitimation. Erfüllt eine Regierung diese Funktion nicht, verliert sie ihre Rechtmäßigkeit, ohne daß irgendein Vertrag der Bürger aufgekündigt werden müßte (Ebd. III, Teil 2, 9. Abschnitt. II. S. 303).

5. Das Uhrmacherargument

Im Mittelalter wurde Gott dort, wo man die Welt nach Zahl und Maß geordnet sah, gerne als Geometer vorgestellt, so z. B. bei Grosseteste (vgl. 2. Teil, Kap. XII, 1). Seit der Erfindung mechanischer Uhren (vgl. 2. Teil, Kap. XVII, 2) lag es nahe, die *Welt* mit einer komplizierten *Uhr* zu vergleichen. Das Bild des Kosmos als Uhr wurde im 17. Jhd. häufig gebraucht. Und so lag es nahe, von der kunstvollen Uhr auf einen intelligenten *Uhrmacher* zu schließen. Über die Funktion dieses Uhrmachers waren sich Newton und Leibniz in ganz grundsätzlicher Weise nicht einig, aber beide verwendeten diese Metapher (vgl. 3. Teil, Kap. X, 2). In der einen oder anderen Weise stellte der sogenannte »physico-theologische« Beweis das zentrale Argument der philosophischen Theologie im 17. und 18. Jhd. dar. Es war geradezu ein Lieblingsargument der Aufklärung und blieb dies noch lange Zeit. Auch Hume kannte das Argument (*Dialoge über natürliche Religion* II. S. 23 f.): Aus der erfahrbaren Ordnung der Dinge wird geschlossen, daß »das Universum nicht ursprünglich seine Ordnung und Gestaltung ohne etwas menschlicher Kunst Ähnliches erreichen« kann (Ebd. S. 27). Der Vergleichspunkt ist also die kunstvolle Anordnung des Universums. Das Argument stellt einen Kausalschluß dar, dessen genauere Analyse dann entsprechend dem weiter oben unter 2. Ausgeführten geschehen muß. Für die Gültigkeit eines solchen Kausalschlusses wäre eine wiederholte beobachtbare Folge – »in regelmäßigem Zusammenhang« (*Eine Untersuchung über den menschlichen Verstand* XI. S. 173) – von Ursache und Wirkung erforderlich; über einmalige Fälle können wir überhaupt nichts aussagen:

Kommt aber eine Wirkung vor, die ganz einzigartig ist und in keine bekannte *Gattung* eingeordnet werden kann, so darf nach meiner Ansicht über ihre Ursache überhaupt keine Vermutung oder Ableitung gebildet werden. (Ebd. S. 173)

Genau dies ist aber bei der Beziehung von Welt und Gott der Fall: Die in der göttlichen Hervorbringung der Welt behauptete Ursache-Wirkung-Beziehung läßt sich in keinerlei regelmäßigen Zusammenhang einordnen, da wir überhaupt keine anderen Fälle derselben Gattung kennen. Angewendet auf das Uhrmacher-Argument bedeutet dies: Für die Behauptung, daß die Welt wie ein Uhrwerk hervorgebracht wurde, haben wir keinerlei Vergleichsbasis:

Wie aber dieser Beweis statthaben kann, wo die Gegenstände, wie in dem vorliegenden Fall, einzigartig, individuell, ohne Parallele oder spezifische Ähnlichkeit sind, ist schwer zu erklären. Will irgend jemand mir mit ernster Miene sagen, daß ein geordnetes Universum aus einem Denken und einer Kunst ähnlich der menschlichen entspringen müsse, weil wir davon Erfahrung haben? Um diese Folgerung zu sichern, wäre erforderlich, daß wir von der Entstehung von Welten Erfahrung haben; auf keinen Fall reicht es aus, daß wir Schiffe und Häuser aus menschlicher Kunst und Erfindung haben entspringen sehen. (*Dialoge* II. S. 28)

Hume stellt darüber hinaus aber fest, daß das Argument schon aufgrund seiner inhaltlichen Basis nicht haltbar ist. Die Welt enthält nämlich nicht nur Ordnung, sondern auch ein nicht unerhebliches Maß an Unordnung, Übel und Bösem. Der | 285
Schluß könnte also keinesfalls zu dem guten Gott führen, wie er im Argument vorausgesetzt wird (*Eine Untersuchung über den menschlichen Verstand* XI. S. 166). Die Welt ist in ihrer natürlichen wie in ihrer gesellschaftlichen Realität alles andere als die beste aller möglichen Welten, wie Leibniz – der von Hume ausdrücklich mit seiner »paradoxen Meinung« apostrophiert wird – behauptet hatte (*Dialoge* X. S. 80).

Alle diese Fragen diskutiert Hume in seinen *Dialogen über natürliche Religion*. Dieses Werk ist nicht lange nach der *Untersuchung über den menschlichen Verstand* entstanden (in den fünfziger Jahren), Hume veröffentlichte es zwar auf den Rat von Freunden aus der schottischen anglikanischen Kirche nicht, gab es aber in seinem Testament zur Veröffentlichung frei. Die *Dialoge* stellen keineswegs eine Gelegenheitsarbeit von nebensächlicher Bedeutung dar, Hume hat offensichtlich auch auf die sprachliche Form dieser Arbeit viel Mühe verwendet. In den *Dialogen* werden die drei Grundpositionen der Zeit Humes durch die drei Teilnehmer repräsentiert: Cleanthes vertritt die natürliche philosophische Theologie, Demea (von griech. *dêmos* = »Volk«?) die Offenbarungstheologie und Philo den Skeptiker. Demea zieht sich schon vor dem Ende der Dialoge zurück, womit Hume seine Auffassung klar zum Ausdruck bringt: Die Offenbarungstheologie scheidet aus der Diskussion aus. Philo bringt gegen die natürliche Theologie alle jene skeptischen Argumente vor, die Hume auch in der *Untersuchung über den menschlichen Verstand* verwendet hatte. Gegen Ende der Dialoge läßt Hume aber den Skeptiker Philo mit ausdrücklicher Bezugnahme auf das kopernikanische System sagen:

Und so leiten uns fast alle Wissenschaften unmerklich zur Anerkennung eines ersten intelligenten Urhebers, und ihr Gewicht ist um so größer, als sie nicht direkt auf diese Absicht ausgehen. (*Dialoge* XII. S. 106)

Und Cleanthes bestätigt selbstverständlich erfreut diese »Einsicht«:

Der Vergleich des Weltalls mit einer Maschine menschlicher Erfindung ist so naheliegend und natürlich und durch so viel Fälle von Ordnung und Absicht in der Natur gerechtfertigt, daß er jeder vorurteilsfreien Auffassung unmittelbar einleuchten und allgemeine Zustimmung gewinnen muß. (Ebd. S. 107 f.)

Also wieder das Uhrmacherargument. Und Philo bestätigt dies ausdrücklich:

Daß die Werke der Natur große Ähnlichkeit mit den Erzeugnissen der Kunst aufweisen, liegt auf der Hand; und nach allen Regeln richtigen Schließens [!] müssen wir folgern (wenn wir überhaupt Erörterungen darüber anstellen), daß die Ursachen entsprechende Ähnlichkeit haben. (Ebd. S. 108)

286 | Ist Philo – und somit eigentlich auch Hume – ein bekehrter Skeptiker, der dann keinerlei Zweifel mehr hat? Warum aber sollte der Skeptiker bekehrt werden, wenn doch die Argumente des Vertreters der natürlichen Religion in den *Dialogen* um nichts besser geworden sind als jene, mit denen Hume sich in der *Untersuchung über den menschlichen Verstand* auseinandergesetzt hatte? Daß Hume-Interpreten an diesem Punkt in größte Schwierigkeiten der Auslegung geraten, braucht nicht betont zu werden. Es wurde auch gelegentlich versucht, eine subtile Dialektik zwischen philosophischer Theologie und Skeptizismus als die eigentliche Auffassung Humes zu finden. Aus den *Dialogen* geht das nicht so recht hervor, dort ist der Vertreter der philosophischen Theologie eigentlich immer in der Defensive. Am Schluß wird die natürliche Theologie auf den zugegebenermaßen »zweideutigen« und »unbestimmten« Satz zurückgenommen, »daß die Ursache oder Ursachen der Ordnung im Weltall wahrscheinlich einige entfernte Ähnlichkeit mit menschlicher Intelligenz haben« (Ebd. S. 120). Der Skeptiker Philo hingegen bekennt sich zu einer philosophischen Theologie, die weit über das hinausgeht, wozu er seinen Gegner durch seine kritischen Einwände geführt hat. Es kommt aber noch massiver. Obwohl der Vertreter der Offenbarungsreligion sich bereits verabschiedet hat, läßt Hume Philo dann fortfahren:

Aber glaubt mir, Cleanthes, das natürlichste Gefühl, das ein wohlgestimmtes Gemüt bei dieser Gelegenheit empfinden wird, ist ein sehnsüchtiges Verlangen und Hoffen, daß es dem Himmel gefallen möge, [unsere] tiefe Unwissenheit zu beheben oder doch zu mildern, indem er dem Menschen eine genauere Offenbarung zukommen lasse und Enthüllungen über die Natur, Eigenschaften und Tätigkeiten des göttlichen Gegenstandes unseres Glaubens mache. (Ebd. S. 121)

Kriterien, an denen man eine wahre Offenbarung erkennen könnte, liefert Hume in den *Dialogen* nicht. Und damit der Leser nicht vergißt, daß es der Skeptiker Philo ist, der so spricht, erinnert uns dieser:

Philosophischer Skeptiker zu sein ist bei einem Gelehrten der erste und wesentlichste Schritt auf dem Weg zu einem echten gläubigen Christen. (Ebd.)

Eigentlich läßt uns Hume kaum einen Spielraum der Interpretation: Zum Abschluß stellt er fest, »daß Philos Grundsätze wahrscheinlicher sind als Demeas, daß aber die des Cleanthes der Wahrheit noch näher kommen« (Ebd. S. 122). Es müssen hier zahlreiche Fragen offen bleiben. Glücklicherweise gehört es nicht zu den Aufgaben des Philosophiehistorikers, die persönliche Haltung der Philosophen herauszufinden. So wie wir bei Boethius die Frage offen lassen konnten und mußten, ob er am Ende seines Lebens noch Christ war, so können wir bei Hume die Frage offen lassen, ob er im Laufe seines Lebens doch noch Anhänger der natürlichen Theologie (vgl. auch *Die Naturgeschichte der Religion.* S. 1) oder sogar Christ geworden ist. Sollte dies der Fall gewesen sein, dann müssen wir jedenfalls feststellen, daß er uns irgendwelche Gründe für eine solche Entscheidung nicht mitgeteilt hat. Die Kritik an der philosophischen Theologie in der *Untersuchung über den menschlichen Verstand,* die auch in den *Dialogen* wiederholt wird, ist an keinem Punkt durch eine Gegenkritik entkräftet worden. Vielleicht haben wir aber einfach die literarische Gattung der *Dialoge* nicht richtig verstanden. Man könnte diese Schrift auch rein deskriptiv auffassen, genauso wie seine deskriptive Moralphilosophie, d. h. als eine faktische Darstellung der Dinge aus der Sicht Humes zu seiner Zeit: Die Skeptiker mögen noch so gute Gründe gegen Offenbarungsglauben und natürliche Theologie haben, am Schluß bleibt ihnen doch nichts anderes übrig, als sich zu einer physico-theologischen oder offenbarungs-theologischen Auffassung zu bekennen, welche die Gesellschaft vorschreibt. Der Skeptizismus ist für Hume ohnedies eher ein Schreibtischunternehmen, das an der natürlichen Überzeugung der Menschen nichts ändert. Mit geradezu entwaffnender Aufrichtigkeit teilt er uns mit:

Sollte mich nun aber jemand fragen, ob ich selbst dieser Beweisführung, die eindringlich zu machen ich mir scheinbar so viel Mühe gebe, aufrichtig zustimme, ob ich also wirklich einer jener Skeptiker sei, welche dafür halten, alles sei ungewiß, unser Urteilsvermögen besitze in keiner Sache und in keinerlei Weise einen gültigen Maßstab für Wahrheit und Unwahrheit, so würde ich antworten, diese Frage sei vollkommen überflüssig; weder ich noch irgend sonst jemand sei jemals aufrichtig und konsequent dieser Meinung gewesen. Die Natur nötigt uns mit absoluter und unabwendbarer Notwendigkeit, Urteile zu fällen, ebenso wie sie uns nötigt zu atmen und zu empfinden. (*Ein Traktat über die menschliche Natur* I, Teil 4, 1. Abschnitt. I. S. 245)

Der Skeptizismus und die »Bekehrung« Philos in den *Dialogen* wäre somit gar nicht die Position Humes, sondern eine Beschreibung von Argumenten wie auch die des Cleanthes und des Demea. Die *Dialoge* wären dann auch nichts anderes als ein Teil einer »Naturgeschichte der Religion«. Wäre dies die Absicht Humes gewesen, ergäbe sich kein Problem für seine persönliche Haltung, und es würde auch besser verständlich, warum er die *Dialoge* nicht veröffentlicht hat. Allerdings war seine Sorge unbegründet. Nahm man nämlich den Text der *Dialoge* einfach so, wie er da stand, konnten sich nicht nur Philosophen der Aufklärung sondern sogar Vertreter der anglikanischen Orthodoxie damit einverstanden erklären: Mögen durchaus nicht entkräftete Einwände stehenbleiben, die Hauptsache ist, daß der Skeptiker zum guten Ende zumindest Theist wird und dann sogar noch auf eine Offenbarung hofft. Als die *Dialoge* 1779 im Druck erschienen, wurden sie dann auch in diesem Sinne gelesen.

- XIII -

Die Philosophie der Aufklärung

1. Die Philosophie der Aufklärung in Frankreich

a) Begriff und Ziel der Aufklärung

Der Begriff der Aufklärung zeigt in historischer Hinsicht dieselbe Problematik wie die meisten solcher historischer Etiketten: Geht man näher an die Phänomene der Geschichte heran, so ist man gar nicht mehr so sicher, wo man diese Etiketten aufkleben kann oder ob man sie überhaupt irgendwo aufkleben sollte. Schon die Behandlung der Philosophie der Aufklärung in Frankreich und in Deutschland ist eigentlich nur aus praktischen Gründen zu rechtfertigen, denn »Philosophie« und | 289
»Aufklärung« bedeuteten im 18. Jhd. in Frankreich und Deutschland ganz und gar nicht ein und dasselbe, und das Land, aus dem die meisten Ideen der französischen und auch zahlreiche der deutschen Aufklärung kamen, nämlich England, wird dabei überhaupt nicht aufgeführt. Die wichtigsten aus England kommenden Wurzeln der französischen Aufklärung wurden jedoch schon besprochen: Es sind vor allem die inzwischen standardisiert reduzierte Naturphilosophie Newtons, also die »Experimentalphilosophie«, sowie die Theorie der Erkenntnis, der Politik und der Erziehung Lockes. Diese Philosophie ist also sehr empirisch-wissenschaftlich orientiert, und dies blieb auch ein Kennzeichen der Philosophie in England im 18. Jhd. Im Vergleich zur Aufklärungsphilosophie in Frankreich fehlt in England die gesellschafts- und kirchenkritische Komponente, was seinen Grund in der ganz verschiedenen politischen Situation hat. In England herrschten seit der sogenannten »Glorreichen Revolution« von 1688 verhältnismäßig demokratische und liberale äußere Bedingungen, während in Frankreich mit Ludwig XIV. ein absolutistisches System bestand. Seit der Aufhebung des Edikts von Nantes im Jahre 1685 konnte auch von religiöser Toleranz keine Rede mehr sein, da nun die katholische Kirche das öffentliche Leben kontrollierte. Wiederum anders lag die Situation in Deutschland, das es damals eigentlich noch gar nicht gab. Die politische Situation in den einzelnen Kleinstaaten Deutschlands war sehr verschieden; es konnte also keine gemeinsame Linie verfolgt werden. Aber auch die Träger der Aufklärung in Deutschland stellten eine ganz andere Gruppe dar als in Frankreich, wo es sich vor allem um Literaten handelte. In Deutschland waren die Aufklärer vor allem Professoren, die häufig aus pro-

testantischen Pfarrersfamilien stammten, und höhere Beamte der Staatsverwaltungen, eine Gruppe also, die kaum an grundlegenden Veränderungen der staatlichen oder kirchlichen Ordnung interessiert sein konnte. – Es gibt jedoch auch wieder eindeutige Gemeinsamkeiten: Eine der hervorstechendsten ist es, daß es sich wirklich um eine Bewegung von Philosophen und nicht um isolierte Einzelne handelte, auch wenn unter »Philosophen« manchmal recht Verschiedenes verstanden wurde, und daß die Vertreter der Aufklärung auch dort, wo sie sich im Bereich der Literatur, der Kunst, der Politik, des Rechts und der Geschichtswissenschaft bewegten, dies doch immer im Namen der Philosophie taten.

Sucht man ganz allgemeinste inhaltliche Charakteristika, so könnte man vielleicht sagen: »Aufklärung« steht für Wissenschaftsgläubigkeit, Fortschritt, Freiheit, Souveränität des Individuums, Menschenrechte, Gleichheit aller vor dem Gesetz, Souveränität des Volkes und ähnliches mehr, Begriffe, die allerdings zusammen zu keinem einzigen der klassischen Philosophen der Aufklärung passen. Zusammengenommen aber charakterisieren sie auch nicht die ganze Periode, denn sehr bedeutende Vertreter wie Jean-Jacques Rousseau (1712–1778) standen manchen dieser Vorstellungen schon wieder kritisch oder wenigstens resigniert gegenüber. Die genannten Begriffe wirken wie *Schlagworte*, die nicht genügend deutlich werden lassen, daß

dahinter oft durchaus differenzierte und ganz und gar nicht auf einen einfachen gemeinsamen Nenner zu bringende Überlegungen standen. Nichtsdestoweniger ist es erlaubt, sie auch in dieser simplifizierenden und undifferenzierten Weise einzuführen, denn der Gebrauch von Schlagworten – ganz im Sinne von »Schlag-Wort« – gehörte selbst zum Arsenal der von den französischen Aufklärern in ihrem Kampf um öffentliche Wirkung eingesetzten Waffen. Voltaire (1694–1778) wußte das genau, als er z. B. in seiner Auseinandersetzung mit der Kirche immer wieder seinen Kampfruf »*Écrasez l'infâme*« wiederholte.

Die berühmteste Begriffsbestimmung von »Aufklärung« stammt von Kant, der 1784 schrieb:

Aufklärung ist der Ausgang des Menschen aus seiner selbst verschuldeten Unmündigkeit. Unmündigkeit ist das Unvermögen, sich seines Verstandes ohne Leitung eines anderen zu bedienen. *Selbstverschuldet* ist diese Unmündigkeit, wenn die Ursache derselben nicht am Mangel des Verstandes, sondern der Entschließung und des Mutes liegt, sich seiner ohne Leitung eines anderen zu bedienen. *Sapere aude*! Habe Mut, *dich* deines *eigenen* Verstandes zu bedienen! ist also der Wahlspruch der Aufklärung. (Kant: *Beantwortung der Frage: Was ist Aufklärung?* In: *Werke* VI, S. 53)

Dies schrieb Kant eine Generation nach den ersten sogenannten »Aufklärern«; doch diese verfügten noch nicht über einen solchen Begriff der Aufklärung, auch wenn sie in vielem die von Kant angesprochenen Intentionen erfüllten. Denis Diderot (1713–1784) schrieb in der 1751–1780 entstandenen *Enzyklopädie*, die als »Summe«

des Zeitalters gedacht und geplant war, unter dem Stichwort »aufgeklärt und klarblickend«:

Aufgeklärt sagt man in bezug auf erworbene Kenntnisse, *klarblickend* in bezug auf natürliche Kenntnisse. Diese zwei Eigenschaften verhalten sich zueinander wie das Wissen zum Scharfsinn. [...] Der *aufgeklärte* Mensch weiß, was geschehen ist; der *klarblickende* Mensch ahnt, was geschehen wird: der eine hat viel in Büchern gelesen, der andere versteht in den Köpfen zu lesen. Der *aufgeklärte* Mensch entscheidet sich auf Grund von Autoritäten, der *klarblickende* Mensch entscheidet sich aus Vernunftgründen. [...] Das Genie schafft die Dinge; der *Klarblickende* leitet daraus Prinzipien ab; der *Aufgeklärte* wendet sie an [...]. (Diderot: *Philosophische Schriften* I. S. 289 f.)

Aus dieser Begriffsbestimmung Diderots zeigt sich, daß eher der Begriff des »Klarblickenden« dem entspricht, was wir unter einem »Aufgeklärten« verstehen, und der Begriff des letzteren eigentlich etwas abgewertet erscheint. Dies heißt, daß der Begriff »Aufklärung« bei den Aufklärern selbst noch nicht jene deutliche Wertung besaß, die er später erhalten sollte. Allerdings ist die Bezeichnung, die eine Periode sich selbst gibt oder die ihr später gegeben wird, nicht das Entscheidende, wichtiger sind die in ihr wirksamen gemeinsamen Ziele, und erst diese ermöglichen es, von einer gewissen Zeitspanne als von einer »Periode« zu sprechen. In einem sehr allgemeinen Sinne ist dies für die Periode der Aufklärung möglich. Die Aufklärer waren daran interessiert, Vorurteile zu bekämpfen, den Fortschritt der Wissenschaft zu propagieren und die Rechte des (freien) Individuums zu verteidigen. Im einzelnen zeigen sich jedoch bei den einzelnen Autoren in allen diesen Punkten Unterschiede, die sogar zu scharfen Gegensätzen führen konnten. So liegt auch der *Enzyklopädie* Diderots keine einheitliche theoretische Konzeption zugrunde, schon die große Zahl der Mitarbeiter ließ dies nicht zu. Allerdings muß man dabei berücksichtigen, daß allein schon der Plan einer Enzyklopädie in einem gewissen Sinne ein Programm bedeutete. Wichtiger als das oben zitierte Stichwort »Aufklärung« ist daher das der »Enzyklopädie« selbst, ein Beitrag, der ebenfalls von Diderot verfaßt wurde:

Dieses Wort bedeutet »Verknüpfung der Wissenschaften« [...]. Tatsächlich zielt eine *Enzyklopädie* darauf ab, die auf der Erdoberfläche verstreuten Kenntnisse zu sammeln, das allgemeine System dieser Kenntnisse den Menschen darzulegen, mit denen wir zusammenleben, und es den nach uns kommenden Menschen zu überliefern, damit die Arbeit der vergangenen Jahrhunderte nicht nutzlos für die kommenden Jahrhunderte gewesen sei; damit unsere Enkel nicht nur gebildeter, sondern gleichzeitig auch tugendhafter und glücklicher werden, und damit wir nicht sterben, ohne uns um die Menschheit verdient gemacht zu haben. (Ebd. S. 149)

Es ist leicht zu sehen, daß hinter dieser Auffassung von Wissenschaft, ihrer Organisation und ihrem Nutzen für das Wohl der Menschen ziemlich genau jene Ziele stehen, die schon Bacon aufgestellt hatte, auf den sich Diderot in diesem Zusammenhang auch ausdrücklich bezieht. Wenn Diderot hier von »System« spricht, so darf man sich darunter nicht allzu viel vorstellen. Es handelt sich der Zielsetzung nach tatsächlich um nicht viel mehr als um das, was auch ausdrücklich genannt wird: die Sammlung von Kenntnissen. Den systematischen Unternehmungen eines Descartes, Spinoza oder Leibniz standen die Enzyklopädisten ziemlich ablehnend gegenüber. Nicht »System« sondern »Enzyklopädie« ist das Stichwort für diese Periode. Vorherrschend war das Vertrauen in die Akkumulation des Wissens, nicht zuletzt deshalb, weil das Wissen (noch) überschaubar schien. Alles dies hat auch etwas mit dem zu tun, was wir heute »Eklektizismus« nennen. Dieser Begriff ist bei uns mit einem negativen Unterton versehen, obwohl die meisten von uns in Wirklichkeit Eklektiker sind. Die französischen Aufklärer waren hingegen ganz bewußt Eklektiker und machten dies zu einem durchaus positiv gesehenen Programm. Dabei darf nicht vergessen werden, daß sich die Aufklärer mit der *Enzyklopädie* nicht nur an die »gelehrte Welt« sondern auch an das Volk, womit der Bürger gemeint war, wandten. In dieser Hinsicht kann man eine parallele Stellung und Funktion dieser

»zweiten« Aufklärung gegenüber der »ersten« Aufklärung der Sophisten sehen. Auch die Sophisten hatten nach den großen Systemen der Vorsokratiker versucht, den erreichten Wissensstand nun für die *Bildung der Bürger* fruchtbar zu machen. Es wäre jedoch verfehlt, in den Enzyklopädisten nur Vertreter einer Popularisierung zu sehen. Sie haben darüber hinaus durchaus eigenständig Wissenschaft betrieben, auch wenn keiner von ihnen an das Niveau eines Newton, Leibniz oder Locke herankam. Bei dieser Bemühung, das Wissen über den engen Kreis der Gelehrten hinaus einem größeren Kreise zugänglich zu machen, konnten sie vor allem auf das *Dictionnaire historique et critique* von Pierre Bayle (1647–1706) zurückgreifen. Bayle war ein Kalvinist, der im Zusammenhang mit der Politik Ludwigs XIV., die zur Rücknahme des Toleranzedikts von Nantes führte, Frankreich verlassen hatte und dann in Rotterdam lebte. Er wurde ein einflußreicher Verfechter der religiösen Toleranz, und dazu war historische Aufklärung entscheidend. In seinem *Dictionnaire* arbeitete er mit Textkritik, historischer und philosophisch-rationaler Kritik, brachte dies aber in eine auch für den gebildeten Bürger verstehbare Form, wobei darüber hinaus noch für Unterhaltung gesorgt wurde. Dies war ein Erfolgsrezept: Das *Dictionnaire*, das 1696 in erster Auflage erschienen war, erlebte viele Auflagen und Übersetzungen und wurde in ganz Europa gelesen. Damit war literarisch und gesellschaftlich der Weg für die Aufklärer vorgezeichnet, auch wenn sie der Sache nach andere Wege gingen als Bayle. Um das Wissen einem breiteren Publikum zugänglich zu machen, benötigte man auch andere Zeitschriften als die anspruchsvollen wissenschaftlichen Publikationen der *Philosophical Transactions* und des *Journal des Sçavants*. Bayle gründete daher die *Nouvelles de la république des lettres*, die allerdings nur von 1684–1687 erschienen. In Hamburg gab ein weiterer aus Frankreich vertriebener Kalvinist, Gabriel d'Artis (um 1660 – nach 1730) eine ähnliche Zeitschrift, das *Journal de Hambourg*, heraus, das sich aber auch nur zwei Jahre lang (1694–1696) halten konnte. Daß dies aber einem Bedürfnis der Zeit entsprach, zeigt sich daran, daß zur selben Zeit auch Christian Thomasius in Leipzig die *Monats-Gespräche* herausgab, die allerdings auch nur während weniger Jahre (1688–1690) erschienen (vgl. weiter unten 2, a).

b) Wissenschaft und Fortschritt

Schon das Zitat des Stichworts »Enzyklopädie« von Diderot zeigt etwas von dem Pathos des Fortschritts, das bei den Aufklärern am Werk war. Dieses Pathos ist am stärksten bei Antoine Condorcet (1743–1794) zu spüren, vor allem in dessen *Entwurf einer historischen Darstellung der Fortschritte des menschlichen Geistes (Esquisse d'un tableau historique des progrès de l'esprit humain)* von 1793. Condorcet war aber alles andere als ein reiner Propagandist, er war ein kompetenter Mathematiker und Naturwissenschaftler und verfaßte für die *Enzyklopädie* Artikel zur Analysis, Algebra, Geometrie und zur Wahrscheinlichkeitstheorie. Condorcet bringt im genannten *Entwurf* die von vielen geteilte Auffassung zum Ausdruck, der durch die Wissenschaft erzeugte Fortschritt sei unaufhaltsam:

Dabei wäre zu zeigen [...], warum [...] allein die Wahrheit auf die Dauer triumphieren muß; zu zeigen, durch welche Bande die Natur den Fortschritt der Aufklärung mit dem der Freiheit, der Tugend, der Achtung vor den natürlichen Rechten des Menschen unlöslich verknüpft hat, und wie diese einzig wirklichen Güter [...] unzertrennlich werden müssen von dem Augenblick an, da die Aufklärung gleichzeitig bei einer größeren Anzahl von Nationen in ein bestimmtes Stadium getreten sein und die Gesamtheit eines großen Volkes durchdrungen haben wird, dessen Sprache auf der ganzen Welt verbreitet ist und dessen Handelsbeziehungen den ganzen Planeten umspannen. Ist nur erst einmal die gesamte Klasse der aufgeklärten Menschen eins geworden, so werden nur noch Freunde der Menschheit zu ihr zählen, die im Einverständnis miteinander daran arbeiten, Vervollkommnung und Glück der Menschheit schneller herbeizuführen. (Condorcet: *Entwurf einer historischen Darstellung der Fortschritte des menschlichen Geistes.* S. 36 f.)

Condorcet nahm eine Entwicklung der menschlichen Gesellschaft an, die von den einfachen Anfängen der griechischen Philosophie und Wissenschaft ausgehend zu dem wissenschaftlich aufgeklärten Denken seiner Zeit und den entsprechenden gesellschaftlichen Veränderungen führte – er schrieb den *Entwurf* zur Zeit des Beginns der französischen Revolution. Diese Entwicklung sollte sich nach ihm auch in der Zukunft so fortsetzen, daß mit dem Fortschritt der wissenschaftlichen Erkenntnis auch die praktische Anwendung derselben und damit der gesellschaftliche Fortschritt notwendig verbunden sind. Die Gesetzlichkeit, nach der dieser Prozeß verlaufen sollte, war nach Condorcet mit den Gesetzmäßigkeiten der Naturwissenschaften gleichzusetzen, und diese Entwicklung sollte streng linear verlaufen:

Dies ist die Absicht des Werkes, das ich in Angriff genommen habe; und sein Ergebnis wird sein, durch Vernunftschlüsse und den historischen Fakten gemäß darzutun, daß die Natur der Vervollkommnung der menschlichen Fähigkeiten keine Grenze gesetzt hat; daß die Fähigkeit des Menschen zur Vervollkommnung tatsächlich unabsehbar ist; daß die Fortschritte dieser Fähigkeit zur Vervollkommnung, die inskünftig von keiner Macht, die sie aufhalten wollte, mehr abhängig sind, ihre Grenze allein im zeitlichen Bestand des Planeten haben, auf den die Natur uns hat angewiesen sein lassen. Ohne Zweifel können diese Fortschritte schneller oder langsamer erfolgen; doch niemals werden es Rückschritte sein [...]. (Ebd. S. 31)

Auch Voltaire sah die Geschichte als einen Prozeß der Vervollkommnung der menschlichen Gesellschaft an, wobei die Fortschritte der Vernunft in soziale, politische, wirtschaftliche und kulturelle Zusammenhänge eingebettet sind (wodurch

auch die bisherige, an Chronologien von Herrschern orientierte Darstellung der Geschichte überwunden wurde). Er war allerdings etwas vorsichtiger als Condorcet und rechnete auch mit wiederholten Rückschlägen. Voltaire wollte wie Condorcet die theologisch verfaßte Heilsgeschichte Jaques-Bénigne Bossuets (1627–1704), eine etwas modernisierte augustinische Geschichtstheologie, verabschieden und im Zeitalter der Aufklärung die Frage der Geschichte wissenschaftlich angehen. Aber ihre Hoffnung auf eine ständige und unaufhaltsame Vervollkommnung des Menschen war eben doch nicht das Resultat einer empirischen Untersuchung der Geschichte und der daraus folgenden Möglichkeit einer wissenschaftlichen Prognose, sondern wiederum eine Glaubensüberzeugung: Die Vorstellung von »Fortschritt« nimmt jetzt die Stelle ein, die früher einmal jene der »Vorsehung« innegehabt hatte.

Dieser Fortschrittsglaube war schon seit Generationen zum festen Bestandteil der Überzeugungen der Gebildeten geworden. Und so konnte die Akademie von Dijon 1750 folgende Preisfrage stellen: »Hat der Wiederaufstieg der Wissenschaften und Künste zur Läuterung der Sitten beigetragen?« (»Kunst« wird hier nicht im modernen, sondern im traditionellen Sinne von *ars* als »Fertigkeit« verstanden). Die Akademie erwartete sich selbstverständlich den üblichen Lobpreis auf den Fortschritt von Wissenschaft und Sitten, der immer im Gleichklang vor sich gehen sollte. Die Antwort, die Rousseau gab, entsprach dieser Erwartung in keiner Weise; er stellte vielmehr genau die Gegenthese auf:

In dem Maß, in dem unsere Wissenschaften und Künste zur Vollkommenheit fortschritten, sind unsere Seelen verderbt geworden. (Rousseau: *Schriften zur Kulturkritik.* S. 15)

Rousseau wurde so inmitten der Aufklärung und deren Fortschrittsglauben zum radikalen Kritiker eines der Vorurteile, die in der Aufklärung unaufgeklärt geblieben waren. Die These bzw. Gegenthese Rousseaus im Diskurs von 1750 war allerdings nicht besonders gut begründet: Er konnte bestenfalls zeigen, daß es zwischen dem Fortschritt der Wissenschaften und dem fortschreitenden Verfall der Sitten eine Parallelität gibt. Daß ersteres aber die Ursache des letzteren sei, war damit keineswegs bewiesen. Rousseau bemerkte dies aber selbst und versuchte, diese Begründung durch eine Geschichte der Gesellschaftsordnung im zweiten Diskurs (1755) zu liefern (vgl. dazu weiter unten d). Rousseau gelangte zu seiner Vernunfts- und Fortschrittskritik allerdings nicht direkt durch eine Kritik der im Vernunftbegriff der Aufklärung enthaltenen Vorurteile, sondern dadurch, daß er der *Vernunft* ein ganz anderes Vermögen gegenüberstellte, das dem Menschen den richtigen Weg zeigen sollte: das *Gefühl*. Die einfachen Einsichten des »Herzens« sollten dem Menschen, der sich von der durch Wissenschaft und Zivilisation verdorbenen Umwelt befreit hatte, den wahren Weg zeigen. Dies war für Rousseau nicht reine Theorie. Er war von seiner Ausbildung her eigentlich Musiker, und so wandte er seine Kulturkritik auf dieses Gebiet an, wobei jetzt entsprechend Jean-Philippe Rameau (1683–1764) den Angriffspunkt lieferte. Rameau war der berühmteste Komponist Frankreichs seiner Zeit und wurde als Theoretiker als der »Newton der Musik« angesehen. Er war auch der Mann der Enzyklopädisten, und so stand dort auch die Musik im Zeichen von Philosophie und Fortschritt. D'Alembert (1717–1783) hatte bezogen auf Rameau, diesen »philosophischen Künstler«, in der *Einleitung zur Enzyklopädie* gesagt: »Den größten Fortschritt aber hat von allen Künsten in den letzten fünfzehn Jahren die Musik aufzuweisen« (*Einleitung zur Enzyklopädie.* S. 185 und 187). Rameau war ein treuer Cartesianer, und so ging er vom Vorrang der Harmonie vor der Melodie aus, bei der er befürchtete, sie ließe sich als Ausdruck von Gefühl und Leidenschaft nicht so leicht in eine rationale Ordnung bringen. Als dann 1752 Giovanni Battista Pergolesis (1710–1736) Oper *La serva padrona* zum zweiten Mal in Paris aufgeführt wurde, wurde sie nicht nur wegen ihres gesellschaftskritischen Textes – was es bisher in der Oper nicht gegeben hatte –, sondern auch wegen ihres eindeutigen Vorrangs der Melodie zum Tagesthema der Pariser Gesellschaft, die immer neue Reizthemen benötigte. Es ergab sich der bekannte Buffonistenstreit. Rousseau machte sich sofort an die Arbeit, und noch im selben Jahr 1752 wurde sein Singspiel *Der Dorfwahrsager* uraufgeführt, das ihm einen ungewöhnlich großen Erfolg einbrachte. Einfachheit und unmittelbarer Ausdruck des Gefühls waren auch hier maßgebend. Rousseau wurde so zum frühen Vertreter der »Empfindsamkeit«. Er wollte also die »Rückkehr zur Natur« auch kompositorisch verwirklichen. (Der Ausdruck *retour à la nature* findet sich aber mit diesem Wortlaut in seinen Schriften gar nicht.) Rousseaus Musik steht in Übereinstimmung mit seiner Kulturkritik:

Übermittelt den kommenden Jahrhunderten ein getreues Spiegelbild des Fortschritts und der Errungenschaften unserer Wissenschaften und Künste. Wenn sie euch lesen, werdet ihr ihnen keine Ratlosigkeit über das Problem lassen, das uns heute bewegt. Falls sie nicht noch wahnsinniger als wir sind, werden sie ihre Hände gen Himmel erheben und in der Bitternis ihres Herzens sprechen: »Allmächtiger Gott, der du die Geister lenkst, befreie uns von dem Wissen und den unheilvollen Künsten unserer Väter und gib uns die Einfalt, die Unschuld und die Armut zurück, die einzigen Güter, die uns glücklich und dir wohlgefällig machen können.« (*Schriften zur Kulturkritik*. S. 53)

Rousseau stellte somit der Ideologie eines unaufhaltsamen Fortschritts durch die Wissenschaft eine kritische Utopie gegenüber, nämlich die der Unmittelbarkeit des Gefühls und der Einfalt des Herzens, durch die sich die ursprünglich gute Natur des Menschen aussprechen sollte. Damit wollte Rousseau *keine Ursprungstheorie* aufstellen, sondern ein *normatives Gegenideal*. Dieses sollte keinerlei inhaltliche Normen enthalten, da diese nur durch das individuelle Gewissen bestimmt sein sollten. Wie es nicht selten in der Kulturkritik ist, so war auch Rousseaus Kritik durchschlagender als seine Gegenvorschläge. Er sah richtig, daß Wissenschaft nicht schon automatisch den Fortschritt des Wohls der Menschen bringt, er setzte »Natur« gegen »Zivilisation«, mußte aber einsehen (was viele seiner Nachfolger, die sich auf ihn beriefen, nicht mehr sahen), daß diese Natur uns keinen Leitfaden des konkreten Handelns geben kann:

Daher ist die sanfte Stimme der Natur für uns weder ein untrüglicher Führer mehr, noch die Unabhängigkeit, die wir von ihr erhalten haben, ein wünschenswerter Zustand. Friede und Unschuld sind uns für immer entgangen, bevor wir ihre Wonnen genossen haben. Den beschränkten Menschen der ersten Zeiten war es nicht fühlbar und dem aufgeklärten Menschen der späteren Zeit war es entglitten: so blieb das glückliche Leben des goldenen Zeitalters der Menschenrasse stets ein fremder Zustand, entweder weil sie ihn verkannt hat, als sie ihn genießen konnte, oder weil sie ihn verloren hatte, als sie ihn hätte kennen können. (Ebd. S. 287 f.)

Auf diese Weise konnte Rousseau zwar die Aufklärer beunruhigen, nicht aber erschüttern. Er verurteilte die Wissenschaft und das Wissen, blieb aber den Beweis schuldig, daß die Menschen ohne Wissenschaft wirklich glücklicher wären.

Von einem ganz anderen Ausgangspunkt aus vertrat Étienne Bonnot de Condillac (1714–1780) eine Theorie des Fortschritts der menschlichen Gesellschaft, mit der er auch eindeutige Mängel an der Konzeption der Enzyklopädisten aufdeckte. Condillac gehörte in den Umkreis, aus dem auch die *Enzyklopädie* hervorging. Ob einige der unsignierten Artikel derselben von ihm stammen, ist umstritten. Die Enzyklopädisten hatten die Bedeutung der *Sprache* für die *Erweiterung der Erkenntnis* und so für den gewünschten Fortschritt nicht richtig erkannt. Sie meinten, daß sie sich in diesem Bereich mit Bacons Programm und Lockes Erkenntnistheorie und Sprachkritik zufrieden geben könnten. Diderot, einer der nüchternsten und selbstkritischsten Aufklärer, sah diesen Mangel auch ein:

Aber die Kenntnis der Sprache ist die Grundlage für alle diese großen Hoffnungen; sie werden unerfüllt bleiben, wenn die Sprache nicht in ihrer ganzen Vollkommenheit festgelegt und der Nachwelt überliefert wird, und deshalb ist dieser Gegenstand der allerwichtigste, mit dem Enzyklopädisten sich gründlich beschäftigen sollten. Wir haben dies leider zu spät bemerkt, und diese Unachtsamkeit hat zur Unvollkommenheit unseres ganzen Werkes geführt. Die sprachliche Seite [...] ist schwach geblieben; [...]. (Diderot: *Ausgewählte Artikel aus der Enzyklopädie*. In: *Philosophische Schriften*. I. S. 163)

Condillac sah, daß Lockes Sprachtheorie noch nicht konsequent ausgearbeitet war und die Bedeutung der Sprache für den gesamten Erkenntnisprozeß (und damit für den Prozeß der Entwicklung der menschlichen Gesellschaft) noch nicht ausreichend in den Blick gekommen war. Für Condillac ist die Sprache die notwendige aber auch hinreichende Bedingung für die in der Geschichte stattfindende Entwicklung der Menschheit. Auch der wissenschaftliche Fortschritt ist somit durch eine Entwicklung einer entsprechenden *Wissenschaftssprache* bedingt. Die Probleme der Sprache stellen einen Aspekt dar, den die Enzyklopädisten vernachlässigt hatten, insofern sie der Auffassung gewesen waren, daß mit der newtonschen »Experimentalphilosophie«, so wie sie diese eben verstanden, alles zur Wissenschaftstheorie Erforderliche schon gesagt sei. Condillac hingegen forderte – wobei bei ihm durchaus Anregungen von Leibniz (vermittelt über Christian Wolff) wirksam werden – die Konstruktion einer nach dem Vorbild der Algebra konstruierten Wissenschaftssprache. *Erkenntnis* gibt es nach Condillac nur durch die Vermittlung von *Zeichen*. Condillac ging jedoch nicht den Weg von Leibniz weiter, sondern den von Locke. Ausgangspunkt ist die sinnliche Wahrnehmung. Dies wird bei Condillac in einem rigoros ausschließlichen Sinne verstanden, so daß man bei ihm von einem konsequenten »Sensualismus« sprechen kann. Denken ist für ihn nichts anderes als die Umwandlung von Sinnesempfindungen, die in Zeichen transformiert werden. Der Anfang dieser Entwicklung führt in das Tierreich, denn Condillac spricht auch schon von einer »Sprache der Tiere«. Die cartesianische, auf einer langen Tradition beruhende Festlegung, daß die Sprache ein Kennzeichen des Menschen sei, wird damit überwunden. Die Entwicklung der Menschheit geht dann über einfachste Lautartikulationen, die von Gesten kaum zu unterscheiden sind, zu immer ausgebauteren Sprachkonstrukten entsprechend den weiteren Erfordernissen des technischen und gesellschaftlichen Handelns und der Kommunikation. Wenn wir heute von »Selbstorganisation« des Menschen sprechen, können wir sehen, daß Condillac in diese Richtung gedacht hat. Die Herausbildung der Künste und Wissenschaften liegt am vorläufigen Endpunkt dieser Entwicklung, wobei Condillac aber wie die anderen Aufklärer an einer weiteren Möglichkeit der Vervollkommnung festhält.

c) Religions- und Kirchenkritik

Wissenschaft ist dort, wo sie Erfahrungstatsachen erklären will, notwendigerweise empirisch. Die englischen Vorbilder der Aufklärer, Bacon, Locke und Newton, waren Empiristen, die jedoch den Materialismus, d. h. die durchgängige Erklärung aller Phänomene durch Gesetze aus dem materiellen Bereich, nicht angenommen haben. Viele der Aufklärer folgten dieser Haltung, einige andere vertraten jedoch erstmals seit der Antike (Demokrit) wieder einen durchgehenden Materialismus. Das klassische Werk dafür war Paul Henry Thiry d'Holbachs (1723–1789) *Système de la nature* (1770). Der Salon Holbachs diente über Jahrzehnte hin als Treffpunkt der Enzyklopädisten, die allerdings in der Mehrzahl seine extremen Auffassungen nicht teilten. Nach ihm existiert nichts als die ewige Materie und deren Bewegung, wobei die gesamte Natur, auch die des Menschen, den Gesetzen einer mechanischen Notwendigkeit gehorcht. Ähnliches hatte schon der französische Arzt Julien Offray de La Mettrie (1709–1751) in seinem bekannten Buch *L'homme machine* (1748) vertreten. Hier wurde postuliert, daß alle Denk- und Empfindungsfunktionen des Menschen vollständig auf die körperlichen Organe zurückführbar sind. La Mettrie mußte nach dem Erscheinen dieses Buches nach Berlin fliehen, wo er dann bei Friedrich II. als Arzt und Mitglied der Akademie der Wissenschaften tätig war. Auch Condillac wurden materialistische Thesen zugeschrieben, dieser selbst, er war schließlich Abbé, versuchte jedoch in seinen Schriften, dazu keinen (expliziten) Anlaß zu geben. Er war sehr vorsichtig, da er nicht Opfer von Repressionen werden wollte. Obwohl Vertreter des Materialismus wie La Mettrie und Holbach glaubten, dies sei die einzig mögliche wissenschaftliche Haltung, kommt in ihren Schriften deutlich ein weltanschaulich bedingter Eifer zum Ausdruck. Sie zeigen unmißverständlich, daß sie eine Gegen-Religion mit dogmatischer Unbedingtheit vertreten wollten: Erziehung zum Atheismus gehörte zu ihrem Programm. Nicht ganz so konsequent war es dann, wenn sie, wie alle Vertreter der Aufklärung, für die Freiheit eintraten, aber die brauchten sie ja schon für ihre Erziehungsabsichten. Auch an diesem Punkt ließ die Aufklärung eine erst von Kant in aller Schärfe aufgenommene Frage zurück: Wie läßt sich strenge Notwendigkeit (welche die unbedingte Voraussetzung der empirischen Wissenschaft ist) mit der Annahme der Freiheit verbinden? Bei Holbach wie bei La Mettrie blieb diese Frage völlig unbeantwortet. Der Einfluß der französischen Materialisten wirkte sich vor allem im sogenannten »Vulgärmaterialismus« des 19. Jhd.s aus.

Während dieser beinahe militante Atheismus nicht als Kennzeichen der Aufklärung angesehen werden kann, gehörte der Kampf gegen religiös motivierte *Into-*

leranz, Fanatismus, Aberglaube und *Wunderglaube* zur Aufklärung dazu und machte einen Teil des Selbstverständnisses ihrer Vertreter aus. Sie richteten sich daher nicht gegen die Religion als solche, sondern nur gegen das, was sie als Mißbrauch derselben ansahen, den sie besonders mit dem Katholizismus identifizierten: In den Dogmen der Kirche sahen sie die Intoleranz und im Wunderglauben die Wissenschaftsfeindlichkeit begründet, und in der kirchlichen Hierarchie fanden sie den Grund der Unfreiheit. In jedem Fall war die Verbindung von Kirche und Staat für sie ein Unheil. Mit und seit Voltaire ist »antiklerikal« zu sein eine nicht mehr wegzudenkende Eigenschaft von jedem *philosophe* der französischen Aufklärung.

Voltaire verwandte einen großen Teil seiner Energie und seiner Ironie auf den Kampf gegen religiöse Vorurteile und religiösen Aberglauben. Sein 1764 erstmals veröffentlichtes *Dictionnaire philosophique*, eine der wichtigsten an breite Leserkreise gerichteten Schriften, ist im Grunde eine Kampfschrift gegen religiösen Aberglauben. Darüber hinaus initiierte er eine neue Literaturgattung: Auf der einen Seite schließt sein *Dictionnaire* sich mit seinen alphabetisch geordneten Artikeln an das *Dictionnaire* Bayles und die Ordnung der *Enzyklopädie* an, auf der anderen Seite bringt Voltaire den Stil der Anekdote und der Parodie, aber auch der formfreien Reflexion herein. Wenn auch im Inhalt diametral verschieden, trifft sich Voltaire in der Ausdrucksweise oft mit Pascal – dessen *Pensées* er immer wieder einer scharfen Kritik unterzog – und Montaigne. Voltaire will sich nie vom Konkreten lösen, er will auch nicht belehren, sondern ganz konkret Bewußtsein und so gesellschaftliche Zustände verändern.

Der Weise ist ein Seelenarzt. Er soll seine Mittel denen geben, die ihn darum angehen, und die Gesellschaft der Quacksalber meiden, die ihn unfehlbar verfolgen werden. (Voltaire: *Aus dem Philosophischen Wörterbuch.* S. 157)

Voltaire betrachtete die Aufklärung als *Heilkunde* für die Seelen und das *Dictionnaire* als Handbuch für das Eigenstudium dieser Heilkunde. Die ärgste Krankheit war für ihn der Fanatismus:

Der Fanatismus verhält sich zum Aberglauben wie der Wahn zum Fieber oder die Raserei zum Zorn. Wer in Ekstase verfällt und Visionen hat, wer Träume für Wirklichkeit nimmt und seine Einbildungen für Prophezeiungen, ist ein angehender Fanatiker, von dem viel zu erwarten ist. (Ebd. S. 66)

Nach Beispielen brauchte sich Voltaire nicht lange umzusehen:

Das abscheulichste Beispiel von Fanatismus lieferten die Pariser, als sie in der Bartholomäusnacht ihre Mitbürger, die nicht zur Messe gingen, ermordeten, aus dem Fenster stürzten und in Stücke rissen. (Ebd. S. 66 f.)

Es gibt aber auch Fanatiker ohne Ekstase:

Es gibt kaltblütige Fanatiker. Das sind die Richter, die Menschen nur deshalb zum Tode verurteilen, weil sie anderer Ansicht sind als sie selbst. Die Schuld dieser Richter wiegt um so schwerer, sie verdienen um so mehr den Abscheu der Menschheit, als sie nicht im Affekt handeln [...], sondern auf die Stimme der Vernunft hören könnten. (Ebd. S. 67)

Voltaire war ehrlich überzeugt, daß es nur der Aufklärung bedürfe, um die Menschen vom Fanatismus zu heilen:

Gegen diese Seuche gibt es kein anderes Mittel als den Geist der Philosophie, der, wenn er allmählich um sich greift, schließlich die Sitten der Menschen läutert und den Anfällen des Übels vorbeugt; denn wenn dieses Übel erst einmal Fortschritte macht, muß man flüchten und abwarten, bis die Luft wieder rein ist. (Ebd.)

Es ist nun relativ einfach, darauf hinzuweisen, daß die Aufklärer, die sich so sehr für Toleranz einsetzten und jeden Fanatismus bekämpften, ihrerseits wieder den

ärgsten Fanatismus der Französischen Revolution vorbereiteten, auch wenn sie dies sicher nicht wollten. Daß Aufklärung in Mythos umschlagen kann, ist ein bekanntes Phänomen (vgl. 1. Teil, Kap. VI 3), Aufklärung an sich wird dadurch jedoch noch nicht widerlegt. Was widerlegt wird, sind nicht die Argumente oder die Analysen, wohl aber die Richtigkeit der Überzeugung, daß Argumente und Analysen schon Menschen ändern würden. Sie können es vielleicht, und es gibt auch Beispiele dafür, aber es gibt ebenso viele, wenn nicht mehr Gegenbeispiele. Allerdings haben wir bis heute auch noch keine anderen Möglichkeiten als Argumente gefunden, wenn wir nicht selbst wieder Ideologie und Fanatismus einsetzen wollen.

Der Kampf gegen jede Form des Aberglaubens machte Voltaire außerdem zum Kämpfer für einen »reineren« Glauben. Auch in diesem Punkt sollte man ihn nicht als oberflächlichen Bilderstürmer abtun, denn es liegen hier sehr ernste Überlegungen vor: Das Erdbeben von Lissabon (1755) hatte Voltaire zutiefst erschüttert: Sollte dies die »beste aller Welten« sein, von der Leibniz gesprochen hatte? Wenn aber diese Welt vielmehr »die schlimmste aller Erdkugeln« ist, wie ist dies dann mit der Güte Gottes vereinbar? Voltaires *Candide* ist eine Abrechnung mit Leibniz. Voltaire zieht keine atheistischen Konsequenzen, er ist sogar überzeugt, »daß es heute, seit die Philosophen erkannt haben, daß es kein Wachstum ohne Keim, keinen Keim ohne Plan gibt usw., und daß das Korn nicht aus Moder entsteht, weniger Atheisten denn je gibt« (*Aus dem Philosophischen Wörterbuch*. S. 48). Um gerade nicht Atheist zu werden, so meinte Voltaire, müsse man jedoch Gott alle Attribute versagen, sonst geriete man in alle Schwierigkeiten der Theodizee:

Wenn man sich Gott so gütig und so gerecht vorstellt, wie ein Vater und ein König es sein sollen, gibt es keine Möglichkeit mehr, ihn zu rechtfertigen. Wenn man ihm unendliche Weisheit und Güte zuschreibt, macht man ihn grenzenlos verhaßt, erweckt den Wunsch, daß er nicht existieren möge, und gibt dem Atheisten Waffen in die Hand, und er wird immer sagen dürfen: Es ist besser, überhaupt nicht an einen Gott zu glauben, als Gott gerade das zur Last zu legen, was man bei den Menschen bestrafen würde. Stellen wir also zunächst fest: Es steht uns nicht an, Gott menschliche Eigenschaften zuzuschreiben und ihn uns nach unserem Bilde vorzustellen. Menschliche Gerechtigkeit, Güte und Weisheit passen nicht zu ihm. [...] Für Gott gibt es kein Gut und kein Übel, weder in physischer noch in moralischer Hinsicht. (Ebd. S. 98 f.)

So sonderbar es zunächst scheinen mag: Moralischer Rigorismus führt Voltaire hier zu Konsequenzen der negativen Theologie. Ganz so sonderbar ist dies aber dennoch nicht: Voltaire stand ganz deutlich in der Tradition der frühen Religionskritik des Xenophanes (vgl. 1. Teil, Kap. IV, 1). Geblieben ist von der Religionsvorstellung der Aufklärung später meist nur ein vager Glaube an ein »höchstes Wesen«. Jedenfalls war dies bei Voltaire anders gedacht: Er versuchte die *condition humaine* zu leben, ohne ihre konkrete Form Gott anlasten zu müssen; der Schmerz gehört zum menschlichen Leben:

Die Vorstellung vom schmerzfreien Menschen ist also ebenso widersprüchlich wie die vom unsterblichen Menschen. (Ebd. S. 100)

Alles dies betrifft Gott nicht, denn wir wissen nicht, wie er – abgesehen von der Schöpfung – mit diesem Weltall zusammenhängt; eingreifen könnte er jedenfalls nicht, denn auch die Vorstellung eines solchen Eingreifens ist Aberglaube und Gottes unwürdig. Obwohl Kant von Voltaire nicht viel hielt (im Gegensatz zu Nietzsche) wird er diese Problematik ebenfalls aufnehmen: Wie kann Gott von allen physischen Ereignissen unabhängig gedacht werden (denn alle Versuche der Theodizee sind gescheitert)? Wie kann Gott mit dem moralischen Handeln des Menschen in Beziehung gebracht werden, ohne daß wir ihm selbst moralische Eigenschaften zuschreiben müssen? Dies sind wichtige Fragen, welche die Philosophie weiter beschäftigen werden.

Wie nicht anders zu erwarten, löste das Erscheinen des *Dictionnaire* einen – von Voltaire gewollten – Skandal aus: Das französische Parlament verbot das Buch, es kam außerdem auf den Index. Schließlich hatte Voltaire im *Dictionnaire* selbst gesagt:

Die Inquisition ist bekanntlich eine bewunderungswürdige und wahrhaft christliche Erfindung, um den Papst und die Mönche mächtiger zu machen und ein ganzes Reich zur Heuchelei zu zwingen. (Ebd. S. 106)

Der Erfolg blieb trotzdem nicht aus, der *Dictionnaire* wurde rasch in vielen Auflagen in Frankreich und England gedruckt. In Deutschland fand er keinen Eingang, dort hatte inzwischen die Aufklärung ihre feste akademische Form gefunden, die keinen Raum für eine solche Form der Auseinandersetzung ließ. Auch die kirchlichen Aufsichtsbehörden der beiden Konfessionen hatten nicht die Absicht, sich von solchen literarischen Agitatoren ihren Einflußbereich beschneiden zu lassen, und sie verfügten über die entsprechenden Mittel, um ihre Interessen durchzusetzen.

d) Ethik und Staatslehre

Die Philosophen der Aufklärung waren schon in ihrem Ansatz an konkreten gesellschaftlichen Fragen interessiert gewesen, sie wollten – lange vor Marx' philosophischem Programm – die Welt nicht nur erklären, sondern verändern. Die *philosophes* verstanden sich bei allen weltanschaulichen Verschiedenheiten als eine Bewegung, welche die Selbstbestimmung des Menschen und eine Gesellschaftsordnung, die dies ermöglicht, herbeiführen wollten. Diderot sagte dazu in der *Enzyklopädie*:

Da er [der Philosoph] die Gesellschaft über alles liebt, liegt ihm viel mehr als den anderen Menschen daran, alle seine Kräfte so anzuwenden, daß sie nur Wirkungen ausüben, die der Idee vom rechtschaffenen Menschen entsprechen. (Diderot: *Philosophische Schriften* I. S. 388)

Der Philosoph ist »von den Ideen vom Wohl der gesitteten Gesellschaft erfüllt« (Ebd.). Diese sehr gemäßigten Äußerungen zeigen, daß es den Aufklärern fern lag, an Revolution zu denken. Sie wollten eine schrittweise Verbesserung der Gesellschaft herbeiführen, wobei sie gewöhnlich einfach annahmen, daß aufgeklärte, d. h. vernünftig gewordene Menschen auch bessere Mitglieder der Gesellschaft sein müßten. Allgemein gingen die Philosophen der Aufklärung davon aus, daß es ein allgemeines natürliches moralisches Gesetz gibt, das eigentlich alle vernünftigen Menschen erkennen müßten. Die naturrechtlichen Theorien des Grotius gehörten so zum nicht weiter diskutierten Bestand der Philosophie der Aufklärung. Eine rein kausal-mechanistische Erklärung sittlichen Handelns wurde kaum in Erwägung gezogen. Weder Montesquieu (1689–1755) noch die meisten Aufklärer und nicht einmal die »Materialisten« unter ihnen folgten Hobbes und dessen Erklärung der Entstehung der Gesetze, sondern sie nahmen – eher mit Locke – ein Naturgesetz an, das der Mensch durch seine Vernunft erkennen kann. Zu dieser Natur gehört die Gesellschaftlichkeit, welche in der Familie ein natürliches Fundament hat. Von da aus gelingt es den Aufklärern, sowohl ein allgemeines Vernunftgesetz zu fordern, als auch, entsprechend den besonderen Bedingungen der Völker (klimatische Bedingungen, Lage und Größe des Landes, Ackerbau, Viehzucht und eben auch: Anhäufung und Weitergabe des Wissens und der dafür erforderlichen Institutionen), eine Grundlage für ein positives Gesetz zu finden. Wie naturrechtliche Vorstellungen und ein kulturwissenschaftlich begründeter Werterelativismus vereinbar sein sollten, blieb aber letztlich ungeklärt. Im allgemeinen ist zu sagen, daß die Aufklärer in den praktischen Fragen zwar ihr Hauptanliegen sahen, gleichzeitig aber gerade in diesen am wenigsten Probleme vermuteten: Sie meinten, daß nur Vorurteile, undurchschaute Gebräuche usw. die Menschen daran hinderten, eine vernünftige Gesellschaft aufzubauen. Die Ideale der *Freiheit, Gleichheit* und *Brüderlichkeit* waren ihrer Auffassung nach die notwendige Grundlage des Zusammenlebens, die durch Aufklärung fast automatisch hergestellt werden müßten – so als hätte es die Analysen von Hobbes nie gegeben. So fehlten dann fast gänzlich Analysen ökonomischer und politischer Systeme. Hier zeigte sich verhängnisvoll, daß die Aufklärer ihr Hauptgebiet der Kritik in der Religionskritik sahen: Die Verbindung von Religion und Ökonomie wurde ihnen sehr deutlich (so vor allem Voltaire); demgegenüber bemerkten sie jedoch nicht, daß die Hindernisse der Verwirklichung von Freiheit, Gleichheit und Brüderlichkeit nicht nur religiöser Natur, sondern auch in ebenso großem, wenn nicht sogar größerem Ausmaße gesellschaftlicher und wirtschaftlicher Natur waren.

Rousseau war auch hier wieder der einzige, der einen schärferen Blick hatte. Seiner Auffassung nach haben die Unfreiheit, die Ungleichheit und die mangelnde Brüderlichkeit vor allem ökonomische Gründe. Der Analyse dieser Fragen widmete er sich in seinem Diskurs *Über den Ursprung der Ungleichheit unter den Menschen* von 1755. Die Ungleichheit hat ihren Ursprung im *Privateigentum*: In dem Moment, als ein Mensch ein Stück Land als sein Eigentum beanspruchte, begann die Ungleichheit:

Der erste, der ein Stück Land eingezäunt hatte und dreist sagte: »Das ist mein« und so einfältige Leute fand, die das glaubten, wurde zum wahren Gründer der bürgerlichen Gesellschaft. (Rousseau: *Schriften zur Kulturkritik.* S. 191)

Erst handelt es sich um die Sorge für das Notwendige, dann für das Überflüssige. Darauf folgen die Genüsse, dann die ungeheuren Reichtümer, dann die Untertanen und dann die Sklaven. Es gibt kein Einhalten. [...] Es ist klar, daß man auf das Konto der Einführung des Eigentums, und folglich auf das der Gesellschaft, auch die Morde, die Vergiftungen, die Straßenräubereien und sogar die Strafen für diese Verbrechen setzen muß. (Ebd. S. 115 und 117)

Mit der Ungleichheit des Besitzes begann die Forderung nach dem *Schutz des Eigentums*, den der *Staat* zu leisten hatte. Die Erfindung des Staates aber bedeutet gewolltes *Aufgeben* eines Teils *der Freiheit*. Rousseau wußte aber genau, daß daraus kein Aufruf zur Rückkehr in einen »Naturzustand« folgt:

Was nun? Muß man die Gesellschaft zerstören, Mein und Dein beseitigen, zu einem Leben mit den Bären im Walde zurückkehren? Das ist eine Folgerung in der Art meiner Gegner. (Ebd. S. 125 und 127)

Rousseau weiß von sich selbst, daß er zu den Menschen gehört, »in denen die Leidenschaften für immer die ursprüngliche Einfalt untergraben haben« (Ebd. S. 127), und so gehört er auch zu jenen, für die gilt:

Sie werden die heiligen Bande der Gesellschaft achten, deren Mitglieder sie sind, sie werden ihresgleichen lieben und ihnen mit all ihrer Kraft dienen. Sie werden gewissenhaft den Gesetzen und den Menschen, die deren Urheber und Wächter sind, gehorchen. (Ebd.)

Mit dem Verlust der ursprünglichen Einfachheit ist auch die ursprüngliche Freiheit dahin. Wie immer diese Theorie auch im einzelnen zu beurteilen sein mag, eines hat Rousseau jedenfalls der Aufklärung sehr deutlich vor Augen gehalten: Die Vorstellung, daß sich die Geschichte als Prozeß der sich immer mehr durchsetzenden Vernunft und Wissenschaft und gleichzeitig als Prozeß des wachsenden Wohles der

Menschheit konstruieren läßt, ist mehr als fragwürdig. Und ein weiteres: Das Verhältnis von Individuum und Gesellschaft (und damit von individueller Freiheit und Staat) ist keineswegs so unproblematisch, wie die Aufklärer es annahmen; es ist nicht nur in seiner gegenwärtigen Form, sondern schon in seinem Ursprung ein antagonistisches. Der Staat gehört nach Rousseau nicht zur natürlichen Ausstattung des Menschen. So forderte Rousseau die freie Gründung des Staates, also den Staatsvertrag; die souveränen Einzelnen sollten im Staat in Wirklichkeit niemand anderem gehorchen als sich selbst. Dies ist die Grundthese seiner berühmten Schrift *Vom Gesellschaftsvertrag* (In: *Kulturkritische und politische Schriften* I. S. 381–505). Die Realutopie des Naturzustands schärfte auch den Blick Rousseaus für die politische Wirklichkeit seiner Zeit, er war der einzige, der aus prinzipiellen Gründen vorhersah, daß sich eine Revolution nicht vermeiden ließ:

So hat sich das gesamte Antlitz der Erde gewandelt; allenthalben ist die Natur verschwunden; allenthalben hat menschliche Kunstfertigkeit ihren Platz eingenommen; Unabhängigkeit und natürliche Freiheit sind vor Gesetzen und Sklaverei gewichen, es gibt kein freies Wesen mehr; der Philosoph sucht einen Menschen und findet keinen mehr vor. Doch vergebens trachtet man, die Natur zu vernichten, sie wird wiedergeboren und zeigt sich da, wo man es am wenigsten erwartete. Die den Menschen geraubte Unabhängigkeit sucht ihre Zuflucht in den Gesellschaften, und diese großen, ihren eigenen Antrieben ausgelieferten Körper bringen in dem Maße ihre schrecklicheren Zusammenstöße zustande, wie ihre Massen größer sind als die der Individuen.
(Ebd. II, S. 52)

Die französische Aufklärung hat also gerade dort versagt, wo historische, ökonomische und gesellschaftliche Wurzeln der Unvernunft aufzudecken waren, die über den religiösen Aberglauben hinausgingen. Die Meinung, daß Vernunft und Toleranz sich in einem beinahe notwendigen Prozeß des Fortschritts verwirklichen, zeigt sich – bis heute – als eine unbegründete Glaubensüberzeugung, die selbst der aufklärenden Kritik bedarf.

2. Die Philosophie der Aufklärung in Deutschland

a) Der Unterschied zur französischen Aufklärung

Wie schon betont, ist es eigentlich gar nicht berechtigt, die französische und die deutsche Aufklärung unter einen gemeinsamen Begriff zu fassen, da es sich dabei um zwei ganz verschiedene Phänomene handelt. Sie berühren sich in einigen, aber nicht in den wichtigsten Punkten, haben im ganzen genommen sehr verschiedene Ziele und sind außerdem zu sehr unterschiedlichen Ergebnissen gelangt. Die Verschiedenheit zeigt sich schon im äußeren kulturellen und gesellschaftlichen Rahmen, in dem sich die jeweilige Philosophie der Aufklärung abspielte: Die französischen Aufklärer waren stets mehr Schriftsteller als Wissenschaftler gewesen. Sie versammelten sich zu einem guten Teil um ein großes Werk, die *Enzyklopädie*, hatten aber meist keine nennenswerte Beziehung zur Universität. Die deutsche Aufklärung war demgegenüber eine Bewegung, die sich fast ausschließlich im Rahmen der Universität abspielte. Diesen äußeren Bedingungen kam eine große Bedeutung zu: Die deutschen Universitäten waren direkt von den Landesherren abhängig, und ihre Aufgabe war fest umrissen: Die Ausbildung von Pfarrern, Juristen und (mit Abstand) von Ärzten stand im Mittelpunkt. Die Philosophie der Aufklärung in Deutschland war somit in ganz eminentem Sinne eine *Schulphilosophie*. Dieser gesellschaftliche Rahmen erklärt auch, warum die in Frankreich sehr deutlich religionskritische oder besser: kirchenfeindliche Tendenz der Aufklärung in Deutschland gar nicht aufkommen konnte. Die deutschen Professoren der Philosophie vertraten zwar eine Selbständigkeit ihres Gebietes der Theologie gegenüber, dachten aber in den meisten Fällen in keiner Weise an einen offenen Konflikt mit der Kirche, den sie sich auch kaum hätten leisten können. Der genannte Unterschied lebt bis heute fort: Die französische Philosophie ist auch dort, wo sie zur Universitätsphilosophie geworden ist, immer stark literarisch und politisch geprägt geblieben, während die deutsche Philosophie (mit Ausnahme von Nietzsche, der aber eigentlich primär Philologe war) immer eher »akademisch« geblieben ist. Wichtig sind auch die Orte, an denen sich diese Schulphilosophie entwickelte: Es sind vor allem Halle, Leipzig und etwas später Göttingen, womit wir im Ursprungsgebiet des *Pietismus* sind. Die Pietisten waren individualistisch orientiert, aber das waren auch die frühen deutschen Aufklärer: Es ging zunächst einmal um die Aufklärung des Individuums. Die Pietisten legten weniger Wert auf die theoretische Formulierung ihres Glaubens und betonten vor allem das Handeln. Es handelt sich hier um einen deutlichen Vorrang der Praxis gegenüber der Theorie, auch hier sind wir schon ganz in der Nähe von Kant.

Gemeinsam war allen Philosophen der Aufklärung in Deutschland, daß sie sich von der scholastischen Philosophie frei machen wollten. Dieses Streben verdeutlicht wiederum die zeitliche Verschiebung des deutschen gegenüber dem englischen und französischen Bereich. Die Absetzung von der Scholastik war eine Frage, die Descartes oder Locke beschäftigt hatte, die aber dann für die französischen Aufklärer kein Problem mehr darstellte. Demgegenüber beherrschte bis gegen Ende des 17. Jhd.s der protestantische Aristotelismus die Schulphilosophie der deutschen Universitäten, und davon wollten sich die Professoren der Philosophie lösen. In dieser Absetzbewegung kamen Descartes und Locke zur Geltung, während sich die französischen Aufklärer schon wieder von Descartes absetzten.

Entsprechend der erwähnten Absetzbewegung von der (lateinischen) Scholastik setzten jetzt, wiederum angeregt durch Leibniz, Bemühungen ein, die deutsche Sprache auch für die Philosophie zu verwenden, eine Aufgabe, welche die Aufklärer in Frankreich für das Französische wiederum schon als weithin erledigt vorfanden.

Das Verdienst, eine *deutsche philosophische Terminologie* geschaffen zu haben, gebührt zu einem großen Teil Christian Thomasius (1655–1728) und Christian Wolff (1679–1754), obwohl sie dabei auf die Versuche einzelner Vorläufer zurückgreifen konnten. Als Thomasius 1687/1688 in Leipzig erstmals eine Vorlesung mit dem bezeichnenden Titel *Programm von der Nachahmung der Franzosen* in deutscher Sprache hielt, provozierte er damit einen Skandal. Nicht zu vergessen ist dabei, daß Deutsch die Sprache des Bürgertums, Latein hingegen die Sprache der Bildungselite und Französisch die des Adels war. Die Verwendung des Deutschen enthielt somit bereits auch ein politisches Programm. In diesen Zusammenhang gehörte auch die von Thomasius 1688 gegründete Zeitschrift *Monats-Gespräche.* Ein durchgreifender Erfolg bei der Einführung des Deutschen war aber erst Wolff vergönnt, Thomasius hatte noch mit beinahe unüberwindbaren, und eben auch sachlichen Schwierigkeiten zu kämpfen. Auch Leibniz war sich z. B. noch nicht sicher, ob man im Deutschen eher »Logick« gebrauchen sollte oder die deutschen Formen »Vernunfft Kunst« bzw. »Denck Kunst« (*Die philosophischen Schriften.* Hrsg. v. C. I. Gerhardt, VII. S. 512–527). Die Orthographie war noch in keiner Weise geregelt, Thomasius z. B. schreibt häufig »Erkäntnüß«, während Leibniz in ein und demselben Text einmal »Erkantnüß«, dann »erkentnüß«, »erkändtnüß« und schließlich auch »erkentniß« verwendet (*Sämtliche Schriften und Briefe* VI, 4. Berlin 1999. S. 2666 f.). Schrieb Leibniz hingegen französisch, so wußte er genau, daß nach der damaligen Orthographie einzig *connoissance* korrekt war. Leibniz kannte alle diese Probleme, als er seine *Unvorgreiflichen Gedanken betreffend die Ausübung und Verbesserung der deutschen Sprache* verfaßte. Man muß sich klar machen, daß es noch zu Beginn des 18. Jhd.s nicht möglich war, auch nur einen Brief in deutscher Sprache zu verfassen, ohne dabei auf irgendwelche Französismen oder Latinismen zurückzugreifen (vgl. Kap. XI, 1 und 2). Im Vergleich zum Französischen – wie auch zum Englischen und Italienischen – war die deutsche Sprache terminologisch und orthographisch einfach nicht ausreichend entwickelt. Leibniz weist allerdings darauf hin, daß sogar die Grammatik des Deutschen noch sehr unvollkommen ist (*Unvorgreifliche Gedanken.* S. 42). Das Problem, das Wolff zu lösen hatte, war nicht nur ein Problem der Übersetzung, sondern weithin eines der Wortschöpfung. Man kann dies an dem einfachen Beispiel sehen, daß etwa das Wort »Begriff« damals für seine Zeitgenossen eine höchst befremdliche Neuschöpfung darstellte. Dabei entsprach Wolff mit seinem Eintreten für die deutsche Sprache nicht unbedingt dem Geschmack seiner Zeit: Als Friedrich der Große (1740–1786) die *Preußische Akademie* reorganisierte, geschah diese Arbeit unter französischem Einfluß, dem Friedrich immer sehr offen gegenüberstand; man denke nur an den Aufenthalt Voltaires bei Friedrich dem Großen und die wichtige Rolle französischer Hugenotten am Hofe in Berlin. Seit 1746 war Maupertius (1698–1759), der aus dem Kreise der französischen Aufklärung stammte, Präsident der Akademie in Berlin. Auch sein Nachfolger, der bedeutende Mathematiker Leonhard Euler (1707–1783) schrieb lateinisch oder französisch und stand der deutschen Philosophie Wolffs ausdrücklich ablehnend gegenüber. Wolff lehnte nicht zuletzt aufgrund dieser französischen Vormachtstellung einen Ruf nach Berlin ab.

Die deutschen Aufklärer waren wie die französischen Eklektiker, aber auch hier entspricht dem eine prinzipielle Haltung: Es ging darum, sich von Autoritäten frei zu machen und das (und nur das) aus der Tradition zu übernehmen, was einer kritischen Analyse standhält. Dieser Eklektizismus gehörte nach dem Selbstverständnis der Aufklärer – sie verwenden »eklektisch« in einem ganz positiven Sinne auch in Buchtiteln – zu dem, was Kant als »Mündigkeit« bezeichnen wird. Allerdings ist festzustellen, daß die Auswahl, die getroffen wurde, in verschiedener Hinsicht in der deutschen Aufklärung, jedenfalls in der ersten Periode, verhängnisvoll beschränkt war. Besonders problematisch war dabei, daß sie von den englischen Autoren zu spät ernsthaft Kenntnis nahmen. Die für die französischen Aufklärer so wichtigen Schriften Newtons und Lockes wurden von den deutschen Philosophen der Aufklärung zu spät »entdeckt« und verwertet. Diese Schriften wurden erst in der späten Phase der Philosophie der deutschen Aufklärung wichtig. Damit verbunden ist, daß in der deutschen Aufklärung im Unterschied zur französischen die Technik als Mittel der Verbesserung der Lebensbedingungen des Menschen kaum eine Rolle spielte.

Die französischen Aufklärer dachten von Anfang an an die Aufklärung der Gesellschaft und an die dabei erforderliche Bildung des Volkes. Die deutschen Aufklärer hingegen hatten zunächst einmal die Aufklärung des Individuums (der Oberschicht) im Blick, und erst gegen Ende des 18. Jhd.s, ganz deutlich erst bei den Mitstreitern und Nachfolgern Kants, wird Aufklärung und Mündigkeit auch zu einem politischen Programm. Andererseits beriefen sich die deutschen Philosophen der Aufklärung in zunehmendem Maße auf die Öffentlichkeit, auf das »Publikum«, da eine in allen vorhandene allgemeine »Menschenvernunft« eine Garantie der Wahrheit abgeben sollte. Der Kampf um Gedankenfreiheit, Pressefreiheit und gegen jede Form der Zensur ist auch in diesem Kontext zu sehen.

b) Grundprobleme der deutschen Aufklärung

Der maßgebliche Mann zu Beginn der deutschen Aufklärungsphilosophie war Christian Thomasius, auch wenn er nicht als wirklich bedeutender Philosoph bezeichnet werden kann. Die Fragen der modernen Naturwissenschaft waren ihm fremd, seine Physik ist anti-mechanistisch und schließt sich an die platonische Naturphilosophie der Renaissance an. So lehnte er z. B. aus metaphysischen Gründen das Vakuum ab, und auch die ihm bekannten entsprechenden Experimente beeindruckten ihn nicht. In anderen Bereichen hingegen gab er Anstöße, die weit wirkten. Er setzte sich energisch für Toleranz ein, bekämpfte den Aberglauben und die immer noch bestehenden Hexenprozesse, und es ist nicht zuletzt auf eine von ihm verfaßte Schrift zurückzuführen (vgl. das Lit.-Verz.), daß in Preußen die Folter als Mittel in Gerichtsverfahren abgeschafft wurde. Der Kampf gegen alle Formen von Aberglauben und – im Gefolge von Bacons Idolenkritik – überhaupt gegen alle Arten von Vorurteilen gehörte zum Grundbestand der Aufklärung, auch wenn dies nicht selten auf der Ebene reiner Rhetorik blieb. Thomasius war ein aufrechter Mann und bekam die Konsequenzen seiner Aufklärungstätigkeit selbst zu spüren. Als er in Leipzig für Toleranz gegenüber den Pietisten eintrat, erwirkte die streng lutheranische theologische Fakultät ein Lehr- und Publikationsverbot für ihn. Thomasius ging daher nach Brandenburg, wo er vor allem für die 1694 neu eröffnete Universität Halle wichtig wurde. Dort mußte er allerdings bemerken, daß die Pietisten genauso intolerant waren wie die strengen Lutheraner, so daß er aufgrund eines Verbots nur noch juristische Vorlesungen abhalten durfte und zu anderen Fragen nicht mehr Stellung nehmen konnte. Dies reichte Thomasius: Ursprünglich hatte er dem Pietismus nahegestanden – und in seiner Ethik wird das auch bleibend spürbar sein –, jetzt aber wollte er mit den Pietisten nichts mehr zu tun haben. Thomasius war ursprünglich Jurist und wandte sein besonderes Interesse der Lehre des Handelns, also der Sittenlehre, zu. Zugunsten der *praktischen Regeln* des täglichen Lebens wollte er auf abstrakte Überlegungen weitgehend verzichten, was für diese frühe Periode der Aufklärung kennzeichnend war. In diesem Punkt traf sich das Interesse der frühen Aufklärungsphilosophen mit dem der Pietisten. Thomasius war bei der Aufstellung von Lebensregeln deutlich von antiker Ethik beeinflußt, die seit der Renaissance eine wichtige Rolle gespielt hatte. Die Glückseligkeit der Menschen wurde dort in der Gemütsruhe gesehen; diese wurde jetzt mit dem antiken und von Leibniz aufgenommenen Gedanken der Harmonie interpretiert. Obwohl Thomasius eine christliche

Sittenlehre entwickeln wollte, zeigt sich doch, daß bei Anweisungen im Konkreten auch zahlreiche epikureische Elemente gegenwärtig sind, die der weltlichen Kultur Leipzigs oder Berlins durchaus entgegenkamen.

Das wichtigste Ziel der Ethik ist nach Thomasius, den Menschen zu einer vernünftigen Liebe zu erziehen, denn die Sittenlehre soll »die Artzney-Mittel wider die unvernünfftige Liebe zeigen« (*Einleitung zur Sittenlehre. Vorrede* 4. S. B5). Wenn Thomasius von »vernünfftiger Liebe« spricht, so weiß er, daß andere, gemeint ist u. a. natürlich Hobbes, dann sofort eine »vernünfftige Selbst-Liebe« als Grundlage der Ethik einführen. Thomasius ist im Gegensatz dazu der Auffassung, daß Liebe immer die Beziehung zu etwas bzw. zu einem anderem beinhaltet, so daß man sich gar nicht selbst lieben kann. Er spricht daher »von der vernünfftigen Liebe anderer Menschen als dem einigen Mittel, die Gemüths-Ruhe zu erhalten überhaupt« (*Einleitung zur Sittenlehre* IV. S. K5). Thomasius war aber nicht naiv: Er war auch der Auffassung, daß die Menschen in der Realität zu einer vernünftigen Liebe gar nicht fähig sind, sondern immer die unvernünftige Liebe vorherrscht. Damit sind wir wieder bei Augustinus (vgl. 2. Teil, Kap. III, 5), bei Luther und auch bei den Pietisten. Es ist schon eigenartig: In der Einschätzung des faktisch existierenden Menschen sind Hobbesianer und Augustinianer gar nicht so weit voneinander entfernt.

Nach Thomasius ist der Mensch schon von Anfang an ein Gesellschafts- und Sprachwesen:

Die Bestien haben alle und jede einen innerlichen Trieb sich selbst zu erhalten und sich selbst das Vergnügen, dessen sie fähig sind, zu geben. Und ob sie schon nicht leichtlich andere Bestien einerlei Art und Geschlecht verletzen, so suchen sie doch auch nicht in dem Wohlsein der anderen das geringste Vergnügen, weil sie von dem Schöpffer zu keiner Gesellschaft unter sich gewidmet sind. Aber der Mensch wäre ohne Gesellschaft nichts [...]. Die Gedanken sind eine innerliche Rede. Wozu brauchte er diese innerliche Rede, wenn niemand wäre, mit dem er seine Gedanken kommunizieren sollte? (*Einleitung zur Sittenlehre* II, 73–75. S. 88 f.)

Den Menschen vom Tier durch Gesellschaftlichkeit und Sprachlichkeit zu unterscheiden, ist eine traditionelle Auffassung, die jedoch, wie schon in der nächsten Generation Condillac zeigen wird (vgl. weiter oben 1, b), der empirischen Überprüfung nicht standhält. Das Programm einer »Experimentalphilosophie« war in der deutschen Aufklärung noch nicht angekommen (das wird auch noch für Wolff gelten).

Die Sittenlehre des Thomasius im einzelnen darzustellen, lohnt sich nicht. Wichtig ist jedoch ihre systematische Stellung und ihre Ausrichtung, da diese über die Aufklärung hinaus in der deutschen Philosophie maßgeblich wurde. Die gesamte philosophische Arbeit des Juristen Thomasius stand unter einer praktischen Zielsetzung. Der Jurist weiß, daß es bei der Beurteilung konkreter sittlicher Handlungen nicht nur ethischer Prinzipien, sondern auch praktischer Menschenkenntnis bedarf, die sich viel schwerer als erstere in ein Regelsystem bringen läßt. Alles dies ist bei Thomasius ziemlich konkret gehalten und stützt sich auf psychologische Beobachtungen, und im Ergebnis ist es von der Praxis pietistischer Seelenführung nicht weit entfernt. Thomasius orientiert sich am Sokrates der *Apologie*, er sieht sich als Philosoph in der Rolle des fragenden Erziehers. Die Philosophie ist für ihn von einem Nutzen für die Selbsterkenntnis her bestimmt, die dem Menschen dazu dient, sein »Wesen« zu verwirklichen. Thomasius sah auch sehr deutlich, daß Wahrheitserkenntnis nicht nur eine intellektuelle Frage ist, sondern auch viel mit einer Haltung des Willens zu tun hat. Er verbindet dann Anweisungen zu einer praktischen *Lebensklugheit* mit einem *sittlichen Zweck*. – Für Thomasius ist es kennzeichnend, daß er, ganz im Stile des Pietismus, sehr persönlich denkt und schreibt, so daß selbst der Aufbau seiner philosophischen Lehrbücher einen persönlichen, individuell geprägten Zug aufweist. Dabei blieb Thomasius immer selbstkritisch, was er auch ganz konkret dadurch zum Ausdruck brachte, daß er seinen Studenten nahelegte, auch die Vorlesungen anderer Professoren zu besuchen. Es hat auch etwas sowohl mit seinen Vorstellungen von Toleranz und Selbstkritik als auch mit seiner Kenntnis der Rechtspraxis zu tun, daß er der *Wahrscheinlichkeit* eine viel größere Bedeutung beimaß als dies in der rationalistischen Tradition der Fall war. Mit Problemen des Wahrscheinlichkeitskalküls seiner Zeit hingegen beschäftigte er sich nicht.

Das Anliegen von Christian Wolff war ein anderes. Er sagt selbst von der Situation in Halle:

> Die Mathematik war eine unbekannte und ungewohnte Sache, von der Solidität hatte man keinen Geschmack, und in der Philosophie dominierte H. Thomasius, dessen sentiment aber und Vortrag nicht nach meinem Geschmack waren. (*Christian Wolffs eigene Lebensbeschreibung*. S. 146)

Wolff ging es darum, *Philosophie als strenge Wissenschaft* aufzubauen. Er war aber zunächst und zumeist Lehrer, und seine Philosophie ist daher vor allem *Schulphilosophie*. So steht auch das Werk Wolffs in seinem systematischen Aufbau ganz im Gegensatz zu dem enzyklopädischen Werk der französischen Aufklärer – obwohl diese »eklektisch« ganze Artikel fast wörtlich aus Schriften von Wolff übernahmen – und auch zu dem viel individueller geprägten Werk des Thomasius. Die Bedeutung Wolffs liegt jedoch historisch genau in dieser Erarbeitung einer systematischen Schulphilosophie und viel weniger in einzelnen Elementen dieser Philosophie. Erst unter dieser Voraussetzung wird das System der kantischen Philosophie oder werden dann die Systeme des Deutschen Idealismus möglich. Die Philosophie hatte sich seit der Renaissance ausdrücklich von den Summen der scholastischen Philosophie abgesetzt, die französischen Aufklärer waren diesem Weg gefolgt. Wolff erneuerte nun den scholastischen Aufbau einer Schulphilosophie unter neuen Voraussetzungen.

Wolff stammte aus einer Handwerkerfamilie in Breslau. Dort war die Mehrheit der Bevölkerung protestantisch, die Herrscher aber katholisch. Dies gab häufig Gelegenheit zu Diskussionen zwischen den Schülern des lutherischen Gymnasiums und jenen des Breslauer Jesuitenkollegs, wobei Wolff aber rasch erkannte, daß sie zu nichts führten. Auch die Erinnerungen aus dem Dreißigjährigen Krieg wirkten weiter fort. Wolff wollte ein gesichertes Fundament finden und wandte sich der Philosophie zu, wobei er sich aber zunächst eingehend mit Mathematik beschäftigte. Seine erste Lehrtätigkeit in Leipzig war auch der Mathematik gewidmet, und eine seiner ersten Arbeiten sandte er an Leibniz. Auf Empfehlung von Leibniz erhielt er dann 1706 eine Professur für Mathematik in Halle. Bevor er diese Stellung antrat, traf er sich mit Leibniz, und dem folgte eine über viele Jahre gehende Korrespondenz. Wolff blieb Leibniz auch zu Diensten, als es darum ging, ein von Leibniz verfaßtes aber anonym weitergegebenes Verteidigungsschreiben im Prioritätsstreit mit Newton (vgl. Kap. X, 1) in Umlauf zu bringen und an Zeitschriften zu senden. In der Korrespondenz mit Leibniz ging es aber nicht nur um mathematische, sondern auch um allgemeine philosophische Fragen. Leibniz äußerte sich nicht selten sehr kritisch zu den Entwürfen Wolffs, dieser wiederum nahm die Einwände sehr ernst, hatte aber keineswegs die Absicht, einfach die Gedanken von Leibniz weiterzugeben. Die wahrscheinlich zunächst von Gegnern eingeführte Bezeichnung »Leibniz-Wolffsche Philosophie«, die auch von Kant und fortan im weiteren 19. Jhd. gebraucht wurde, zeigte sich allerdings nach dem Erscheinen zahlreicher unbekannter Werke Wolffs (vgl. weiter unten) als nicht zutreffend. Wolff hatte von Leibniz einige Gedanken, wie den der prästabilierten Harmonie, den der Möglichkeit als logische Grundbestimmung oder den Satz vom zureichenden Grund, übernommen. So beginnt z. B. seine *Deutsche Logik* mit den folgenden Feststellungen:

Was Welt-Weisheit ist.

§ 1. Die Welt-Weisheit ist eine Wissenschaft aller möglichen Dinge, wie und warum sie möglich sind.

Was Wissenschaft ist.

§ 2. Durch die Wissenschaft verstehe ich eine Fertigkeit des Verstandes, alles, was man behauptet, aus unwidersprechlichen Gründen unumstößlich darzuthun. Welche Gründe unwidersprechlich sind, und wie man etwas auf eine unumstößliche Weise darthut, wird in gegenwärtigen Gedancken von dem Gebrauche der Kräfte des Verstandes in Erkäntniß der Wahrheit dargethan werden.

Was möglich ist.

§ 3. Möglich nenne ich alles, was seyn kan, es mag entweder würcklich da seyn, oder nicht.

Alles hat einen Grund, warum es ist.

§ 4. Weil von nichts sich nichts gedencken lässet; so muß alles, was seyn kan, einen zureichenden Grund (oder eine raison) haben, daraus man sehen kan, warum es vielmehr ist, als nicht ist [...]. (*Vernünftige Gedanken von den Kräften des menschlichen Verstandes und ihrem richtigen Gebrauche in Erkenntnis der Wahrheit.* S. 115)

Im weiteren zeigt sich aber, daß Wolff von den uns heute bekannten, damals noch nicht veröffentlichten Arbeiten von Leibniz zu den logischen Kalkülen (vgl. Kap. XI, 2) keine Kenntnis hatte. Allerdings scheint er auch die schon 1666 veröffentlichte *Dissertatio de Arte Combinatoria* von Leibniz nicht gekannt zu haben. Wolffs wichtigste Grundlage dürften die 1684 in den *Acta Eruditorum* veröffentlichten *Meditationes de Cognitione, Veritate et Ideis* (Leibniz: A VI, 4, S. 585–592. *Hauptschriften* I. S. 9–15. Vgl. das Lit.-Verz. zu Kap XI) gewesen sein. Lockes *Versuch über den menschlichen Verstand* hingegen wurde von Wolff nicht berücksichtigt. Damit sind die Grenzen der Logik und Wissenschaftslehre Wolffs schon deutlich.

Die Einschätzung der Philosophie Wolffs war lange Zeit ziemlich negativ, in den letzten Jahrzehnten wurde versucht, eine eigenständige Bedeutung derselben herauszustellen. Ganz überzeugend sind diese Versuche nicht. In der berühmten Vorrede zur 2. Auflage der *Kritik der reinen Vernunft* hat auch Kant darauf hingewiesen, wieviel auch seine eigene Philosophie der »strengen Methode des berühmten Wolff«
 verdankt ([B XXXVI]. S. 22). Unter den angeführten Kennzeichen, um den »sicheren Gang einer Wissenschaft zu nehmen«, nämlich »gesetzmäßige Feststellung der Prinzipien, deutliche Bestimmung der Begriffe, versuchte Strenge der Beweise, Verhütung kühner Sprünge in Folgerungen« (Ebd.) findet sich aber keines, das nicht auch bei Leibniz oder schon bei Descartes gefordert worden wäre.

Was Wolff schuf, war also eine Schulphilosophie, die er zunächst deutsch und dann lateinisch abfaßte; sie bestand aus Logik, Metaphysik, Ethik, Politik, Physik und Physiologie, zu der Anatomie, Biologie usw. gezählt wurden. Es ist hier sofort sichtbar, daß diesem Aufbau die aristotelische Wissenschaftseinteilung zugrunde liegt. Aristoteles war ausdrücklich empirisch orientiert gewesen, es hätte daher naheliegen müssen, wenn man schon dieses Schema wieder aufgreifen wollte, die einzelnen Teile im Sinne des modernen Wissenschaftsbegriffs zu bearbeiten, also etwa dem methodologischen Anliegen eines Bacon zu folgen. Wolff tat dies jedoch nicht. Unter dem Einfluß Descartes' und des Mathematikers Tschirnhaus (1651–1708), vor allem aber, weil er sich selbst als Mathematiker verstand, rationalisierte er dieses ganze System, machte also aus ihm eine universelle Begriffslehre. »Aufklärung« bedeutet hier also vor allem: klare Begriffe. Aus der folgenden Aufgabenstellung Wolffs für die Philosophie hört man deutlich das Programm von Descartes und Leibniz heraus:

In der Philosophie darf man keine Ausdrücke verwenden, die man nicht zuvor durch eine genaue Definition expliziert hat. Wenn wir in der Philosophie nur solche Ausdrücke benutzen, die durch eine genaue Definition expliziert worden sind, dann ist der Sinn der Sätze gewiß. Weil aber die Philosophie eine Wissenschaft ist, muß alles, was in ihr behauptet wird, auch bewiesen werden. Weil nun ohne weiteres klar ist, daß eine These nicht bewiesen werden kann, bevor ihr Sinn gewiß ist, deshalb muß der Sinn aller philosophischen Sätze gewiß sein, und deshalb darf man nur solche Ausdrücke benutzen, die vorher durch eine genaue Definition expliziert worden sind. (Wolff: *Philosophia rationalis sive logica* IV, § 116. S. 53. Übers. nach Ciafardone: *Die Philosophie der deutschen Aufklärung*. S. 147)

Alles weitere muß nach strengen Regeln aus den ersten Sätzen abgeleitet werden:

Die Philosophie ist eine Wissenschaft, und deshalb muß sie ihre Sätze auf dem Wege gültiger Schlußfolgerung aus gewissen und unerschütterten Prinzipien herleiten. [...] *so dürfte dies das oberste Gesetz der philosophischen Methode sein, daß man dasjenige vorausschicken muß, mit dessen Hilfe das Folgende erkannt und ausgewiesen wird.* (Ebd. § 118 und § 133. S. 54 u. 66. Übers. nach Ciafardone: Ebd. S. 148 f.)

Das ist gemeint, wenn er in den Titeln all seiner deutschen Schriften jeweils »*Vernünftige Gedanken von* ...« setzt. Allerdings kommt dabei der cartesianische Ausgangspunkt vom Selbstbewußtsein kaum zum Tragen, die ganze Philosophie wird zu einer objektiven Substanzenlehre. Diese Philosophie fand weite Verbreitung, und man sollte sich im klaren darüber sein, daß sie – ungewollt – maßgebend wurde für das Verständnis dessen, was man sich so ganz allgemein unter »scholastischer Philosophie« und »scholastischer Metaphysik« vorstellt (der gegenüber viele eine gar nicht unberechtigte Abneigung haben). Sie ist aber eigentlich nicht die Philosophie der mittelalterlichen Scholastik, sondern die Schulphilosophie der deutschen Aufklärung. Nicht umsonst fand die Philosophie Wolffs auch in der katholischen Philosophie rasch Eingang.

Der Einfluß von Wolff hat ein Ausmaß, das uns heute überdimensional vorkommt. Er war eine öffentlich bekannte Persönlichkeit seit seiner frühen Tätigkeit. Dies hat auch etwas mit den äußeren Umständen zu tun: Aufgrund von Streitigkeiten mit den Pietisten in Halle, vor allem mit August Hermann Francke (1663–1727), wurde Wolff 1723 unter Androhung der Todesstrafe gezwungen, Halle innerhalb von zwei Tagen zu verlassen, und man verbrannte seine Bücher. Das Ereignis wurde in ganz Europa kommentiert. Endlich hatten auch die Protestanten ihren Galilei. Wolff erhielt eine Professur in Marburg und wurde 1740 von Friedrich II. wieder in seine frühere Stelle in Halle eingesetzt. Zu diesem Zeitpunkt war jedoch die große Zeit Wolffs schon vorbei. Wolff wurde aber auch bekannt durch sein immenses Werk, mit dessen Umfang nur das Werk von Albertus Magnus konkurrieren kann. Es gab jetzt erstmals eine deutsche Philosophie, die auch im Ausland ernst genommen wurde. Verständlicherweise waren die Schüler oder Anhänger Wolffs an allen protestantischen Universitäten der deutschen Länder anzutreffen.

Um die Mitte des 18. Jhd.s setzte eine Reaktion gegen Wolffs Philosophie ein. Sie ging in zwei Richtungen: (1) Durch Übersetzungen wurden u.a. die Schriften von Locke, Hume, Montesquieu und Condillac bekannt. 1765 wurden erstmals die *Neuen Versuche über den menschlichen Verstand* von Leibniz veröffentlicht, und durch die große Ausgabe von Leibniz-Schriften durch Dutens von 1768 wurde klar, daß Wolff ein sehr verkürztes Bild der leibnizschen Philosophie geliefert hatte. Johann Heinrich Lambert (1728–1777) und Johannes Nicolaus Tetens (1736–1807) versuchten, eine Verbindung zwischen dem Empirismus Lockes und dem Rationalismus von Leibniz herzustellen. Dies ist die Richtung, die dann auch Kant verfolgen wird. (2) In Abkehrung vom Rationalismus Wolffs wurde versucht, den von Thomasius in der frühen Aufklärung angestrebten Vorrang des Handelns wieder zur Geltung zu bringen und gleichzeitig die Unableitbarkeit der Erfahrung aus den Begriffen zu sichern. Dieses Anliegen verfolgte Christian August Crusius (1715–1775), und auch Kant wird es in seine vorkritische Philosophie einbeziehen. In der zweiten Hälfte des 18. Jhd.s nahm die sogenannte »Popularphilosophie« einerseits die anthropologischen Fragen und die praktische Ausrichtung der Philosophie von Thomasius wieder auf, ließ aber auch Anregungen aus der englischen und französischen Aufklärung zur Geltung kommen. Damit wurde die enge Bindung der früheren Philosophen der deutschen Aufklärung an das orthodoxe Luthertum gelockert und auch hier eine aufgeklärtere Haltung möglich. Diese Populärphilosophie kam eindeutig den Interessen des Bürgertums entgegen. Die bekanntesten Vertreter dieser Bewegung sind Moses Mendelssohn (1729–1786), ein energischer Vertreter der Gewissensfreiheit, und Gotthold Ephraim Lessing (1729–1781), dessen *Nathan der Weise* als Manifest aufgeklärter Toleranz verstanden wurde. Lessing brachte in seiner bekannten Schrift über *Die Erziehung des Menschengeschlechts* (1780) auch den Gedanken einer zukünftigen »vernünftigeren« Gesellschaft zum Ausdruck. Vernunft und Geschichte werden nicht mehr in einem Gegensatz gesehen. Die menschliche Vernunft – an der sich auch die historischen Gestalten der Religionen messen müssen – läßt eine unbegrenzte Vervollkommnung zu. Gegenüber französischen Vertretern ähnlicher Vorstellungen wirkt Lessings Konzeption, in der es immer noch einen göttlichen Erziehungsplan gibt, weniger »aufklärerisch«, was aber vielleicht nicht der Fall ist, denn hier bleibt es wenigstens deutlich (= »aufgeklärt«), wo solche Vorstellungen herkommen.

Im ganzen wird man wohl sagen müssen, daß im Vergleich zur vorangegangenen Periode des Rationalismus und des Empirismus weder die französischen noch die deutschen Philosophen der Aufklärung in Sachfragen oder in methodologischer Hinsicht entscheidend Neues geliefert haben. Die Schriften der deutschen Philosophen der Aufklärung finden mit Ausnahme der Dichtungen Lessings heute kaum noch Leser, und daran wird sich auch in Zukunft nicht viel ändern. Dabei sollte jedoch nicht vergessen werden, daß es ihr Verdienst war, die Grundlagen der Philosophie der Neuzeit so ins allgemeine Bewußtsein gebracht zu haben, daß die Philosophie des ausgehenden 18. und beginnenden 19. Jhd.s von diesen Grundlagen als von Selbstverständlichkeiten ausgehen konnte. Damit war sie nicht mehr gezwungen, sich gegenüber der Theologie oder der scholastischen Philosophie zu verteidigen oder zu rechtfertigen. In positiver Hinsicht bedeutet es, daß Kant, der in seinen *Kritiken* immer die Grenzen der Vernunft aufzuzeigen versuchte, um streng innerhalb der Grenzen einer endlichen, menschlichen Vernunft zu bleiben, dies nicht mehr eigens begründen mußte. Schließlich sollte man nicht vergessen, daß unsere heutigen, oft recht vagen, aber doch weiterhin maßgeblichen Wertvorstellungen weithin aus der Aufklärung stammen, und ebenso sollte man wissen, daß die verhältnismäßig zivilisierten Lebensbedingungen der meisten Länder Europas, die wir bei aller Kritik doch nicht missen wollen, nicht zuletzt durch die Anstrengungen der Aufklärer entstanden sind.

- XIV -

Die Philosophie des 19. Jahrhunderts. Einleitung und Überblick

Die Philosophie des 19. Jhd.s nimmt in dieser Vorlesung einen verhältnismäßig großen Raum ein. Diese Philosophie ist vorwiegend eine deutsche Philosophie, denn auch der dänische Philosoph Kierkegaard erhielt seine große Bedeutung eigentlich erst durch die Übersetzung seiner Werke ins Deutsche. Ich bin mir ganz und gar nicht sicher, ob dieser breite Raum den Proportionen der Sache gerecht wird. Diese Vorlesungen sind jedoch auch als eine Auftragsarbeit entstanden (vgl. das Vorwort zum ersten Band), und in den Schulen Deutschlands spielen Kant, Hegel, Fichte, Schelling, Feuerbach, Marx, Schopenhauer und Nietzsche eine große Rolle. Dieser
316 | Rolle war in dieser Vorlesung zu entsprechen. Die ebenfalls deutschen Philosophen Frege und Wittgenstein, letzterer war allerdings Österreicher, der die deutsche Einbürgerung – er war Jude – als entsetzlich empfand, spielen trotz aller Reformversuche eine geringere Rolle. Dies ist jedoch nicht gerechtfertigt, und es ist eine der Aufgaben, denen sich diese Vorlesungen zu stellen versuchen, dies aufzuzeigen.

Die Breite der Darstellung scheint mir trotzdem gerechtfertigt, weil im 19. Jhd. die Grundlagen für Entwicklungen gelegt wurden, die bis in unsere Gegenwart hineinreichen. Für die Behauptung, diese Periode sei abgeschlossen und wir würden inzwischen in der Postmoderne leben, fehlt bisher eine ausreichende Begründung. Es ist durchaus ebenso begründbar zu sagen, daß die Situation der Gegenwart in entscheidender Hinsicht bestimmt ist durch die Entwicklungen der Wissenschaft, der Wirtschaft und der Politik, wie sie sich im 17. Jhd. mit Newton, Leibniz und Hobbes herausgebildet haben. Wir können also durchaus auch sagen, daß wir uns weiterhin in der Periode der Moderne und nicht in der Postmoderne befinden. Es ist allerdings nicht einfach, die Rolle der Philosophie in dieser Periode zu bestimmen. Daß sie eine wichtige Rolle gespielt hat, ist nicht zu übersehen, als Beweis dafür genügt etwa der Hinweis, daß in dieser Zeit das *Kommunistische Manifest* entstand, welches auch ein philosophischer Text ist. Die Rolle der Philosophie in dieser Periode ist aber keineswegs eindeutig. Es wurde nicht nur von positivistischen Gegnern jeder Philosophie, sondern auch von einigen Philosophen die These vertreten, daß die Zeit der Philosophie überhaupt vorbei sei. Während in früheren Perioden die Philosophen ihre Aufgabe zunächst gegenüber der Theologie – so im Mittelalter – und dann gegenüber der Wissenschaft – so in der Neuzeit – verteidigt hatten, wird im 19. Jhd., von recht verschiedenen Positionen aus, wie etwa von Fichte, Marx und Nietzsche, die »Aufhebung« der Philosophie selbst ins Auge gefaßt. Von ganz anderen Voraussetzungen her gelangt Wittgenstein zu dem Ergebnis einer Art Aufhebung der Philosophie, jedenfalls wenn es darum geht, von der Philosophie eine Gruppe philosophischer Lehrsätze zu erwarten. Dem stellt Wittgenstein lapidar gegenüber:

Die Philosophie ist keine Lehre, sondern eine Tätigkeit. (*Tractatus* 4.112)

Im folgenden soll nur mit kurzen und oberflächlichen Schlagworten auf einige Entwicklungen hingewiesen werden, die in der Zeit vom ausgehenden 18. bis zum ausgehenden 19. Jhd. stattgefunden haben. Dazu sei zunächst ein Schema eingeführt, welches die wichtigsten Personen aufführt und zugleich einen Hinweis für das weitere Vorgehen in der Vorlesung liefert:

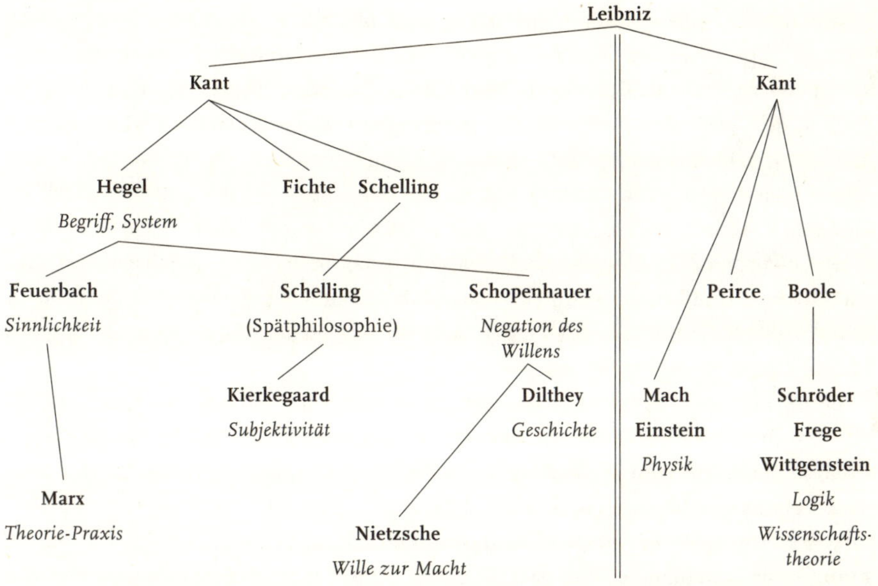

1. Die Äquivokation des Philosophiebegriffs – das (vorläufige) Ende der philosophischen Kommunikationsgemeinschaft

Zunächst einige kurze Definitionen. Mit dem *Begriff äquivok* wird gesagt, daß es sich bei gleichen Wörtern um verschiedene Begriffe handelt, d. h. um Begriffe, die trotz gleichen Wortlauts ganz Verschiedenes bedeuten; als *univok* bezeichnet man demgegenüber Begriffe, die genau dasselbe bedeuten. *Analog* schließlich sind Begriffe, die Gemeinsames und Unterschiedliches bedeuten, die also eine teilweise, nicht aber

eine völlig gleiche Bedeutung haben. – Nun gab es niemals einen univoken Begriff von »Philosophie«, doch die Unterschiede der Ansichten in Hinsicht auf Ziele und Methoden der Philosophie waren nie so groß, daß man von einer Äquivokation des Philosophiebegriffs hätte sprechen müssen. Die Philosophen verstanden sich bei allen Unterschieden ihrer Ansichten und bei aller Polemik untereinander als eine Kommunikationsgemeinschaft, d. h. sie konnten miteinander über ihre Definitionen von »Philosophie« sprechen und taten dies auch. Dies ist ein sehr pragmatisches Kriterium, welches verdeutlicht, daß der Philosophiebegriff immer ein *analoger* Begriff war. Die einzelnen Definitionen wiesen sowohl Unterschiede als auch Gemeinsamkeiten auf, die Differenzen zwischen den einzelnen Auffassungen gingen jedoch nie so weit, daß die gemeinsame Gesprächsgrundlage zerstört worden wäre. Aristoteles kritisierte in entscheidenden Punkten Platon, er meinte, daß manche Auffassungen Platons falsch, nicht aber, daß sie unphilosophisch seien. Man kann im Mittelalter die Philosophen – etwas oberflächlich und schematisch – in Realisten und Nominalisten einteilen, der Universalienstreit bleibt aber doch eine innerphilosophische Frage, keine der beiden Gruppen sprach der anderen das Recht ab, sich »Philosophen« zu nennen. Dasselbe gilt für spätere Perioden: Es gab bei aller Verschiedenheit der Ansichten zwischen den Philosophen, die wir heute als »Empiristen«
318 | und »Rationalisten« des 17. Jhd.s einander gegenüberstellen, eine echte Diskussion. Alle meinten, von ihrer Position aus zu den Auffassungen der anderen etwas zu sagen zu haben, es mußte also einen gemeinsamen Nenner geben. Für den Rationalisten Leibniz war der Empirist Locke ein selbstverständlicher Gesprächspartner, und auch Newton und Leibniz konnten – auch sehr persönlich gefärbte – Streitgespräche führen, aber keinem von den beiden wäre es eingefallen zu denken, der andere könnte ihn prinzipiell nicht verstehen.

Betrachten wir hingegen uns dagegen die Situation am Ende des 19. Jhd.s, wie sie sich uns in dem obigen Schema darstellt: Die Gruppen rechts und links vom Trennstrich lebten sozusagen in verschiedenen Welten und sprachen völlig verschiedene Sprachen. Es gibt keinerlei Anzeichen dafür, daß sie meinten, von Gegenständen zu sprechen, die gemeinsame Berührungspunkte hatten, in vielen Fällen wußten sie kaum etwas voneinander. Um gerecht zu sein, muß man allerdings sagen, daß die Philosophen der rechten Seite unseres Schemas, also etwa Peirce oder Frege, doch von einigen der linken Seite – zumindest von Hegel – einige Kenntnisse hatten, während Schopenhauer von Boole oder Nietzsche von Frege vermutlich überhaupt keine Kenntnis nahm. Eine Auseinandersetzung zwischen Nietzsche und Frege übersteigt selbst die kühnste Phantasie. Wenn wir also die Werke dieser Philosophen heute unter den gemeinsamen Begriff »Philosophie« fassen, so ist dies sehr problematisch, denn in diesem historischen Zeitraum liegt nicht einmal ein analoger, sondern vielmehr ein *äquivoker* Philosophiebegriff vor. Wir haben eine Philosophie A und eine Philosophie B vor uns und sehen nicht recht, wie zu diesen beiden Begriffen ein gemeinsamer Oberbegriff angegeben werden könnte. Wir haben uns an diese

Situation gewöhnt, und an einigen Universitäten wurde sie sogar institutionalisiert, indem man der Philosophie A und der Philosophie B jeweils ein eigenes Institut zuordnete, und entsprechend studieren Studentinnen und Studenten dann an dem einen oder dem anderen Institut und brauchen von der jeweils anderen Seite keine Kenntnis zu nehmen, außer sie sind persönlich besonders neugierig. Auch der Sprachgebrauch hat dieser Situation inzwischen Rechnung getragen, wir sprechen heute ganz selbstverständlich von verschiedenen »Philosophien«, eine Pluralbildung die noch im 17. Jhd. undenkbar war. Und wir haben auch die Bezeichnung eines »philosophischen Pluralismus« erfunden, was gut klingt, da Pluralismus etwas zu tun hat mit Liberalität und Toleranz. Dennoch sollten wir vorsichtig sein, denn dieser Pluralismus kann auch etwas zu tun haben mit einer Mode oder Indifferenz, d. h. mit der Auffassung, im Grunde sei eben alles gleichermaßen gültig und somit gleichgültig. Es gibt auch, und zwar auf beiden Seiten, Immunisierungsstrategien, die eine echte Auseinandersetzung scheinbar überflüssig machen: Die Vertreter der linken Seite halten die Vertreter der rechten Seite gerne für verkappte Mathematiker; Buchtitel wie Freges *Grundlagen der Arithmetik* oder Whitehead/Russells *Principia mathematica* liefern dafür ein Alibi. Die Vertreter der rechten Seite hingegen halten die Vertreter der linken Seite für Literaten, und wer wollte dem bei der Lektüre etwa von Camus' *Der Mythos von Sisyphus* schon unbedingt widersprechen, wenn dieser doch 1957 den Nobelpreis für Literatur erhielt? Schon in den dreißiger Jahren des 20. Jhd.s war der Trennungsstrich zwischen den beiden Philosophien unübersehbar. Wir brauchen uns nur an zwei repräsentative Werke erinnern: 1927 erschien Heideggers *Sein und Zeit*, und nur ein Jahr später (1928) wurde Carnaps *Der logische Aufbau der Welt* publiziert. Die Grenzen dessen, was zur Philosophie gerechnet werden soll, werden wahrscheinlich immer fließend bleiben, aber dies sollte nicht zur Beliebigkeit führen. Ich beziehe dabei folgende Position: Dort, wo versucht wird, nicht nur intersubjektiv überprüfbar zu argumentieren, sondern wo auch der Versuch unternommen wird, die Regeln korrekter Argumentation genau, was nicht notwendigerweise heißt: formal, darzustellen, liegt Philosophie vor (die größere Nähe dieser Position zur rechten Seite unseres Schemas sei dabei zugegeben).

Die *Bruchstelle* läßt sich verhältnismäßig leicht und sogar objektiv feststellen, und zwar an Hand der Autorennamen, die bei den jeweiligen Philosophen zitiert werden. Bei der Gruppe rechts findet sich noch eine ziemlich häufige Bezugnahme auf Kant; dagegen kommen Hegel oder Schopenhauer selbst bei einem sehr breit interessierten Mann wie Ernst Schröder nur noch in der einen oder anderen Anmerkung vor – und auch dort eher als Kuriosität denn als sachlicher Beitrag –, Autoren wie Marx oder Kierkegaard werden überhaupt nicht erwähnt. Bei der Gruppe links und deren Nachfolgern im 20. Jhd. findet sich – sicher mit Ausnahmen wie Husserl oder Cassirer – kaum noch ein Bezug zu der Gruppe rechts. Dadurch wird unmißverständlich deutlich, daß Kant für beide Seiten der letzte sachlich relevante gemeinsame Bezugspunkt ist, während mit Fichte–Schelling–Hegel der Bruch einsetzt. Es ist aber schon jetzt zu vermuten, daß die Philosophie Kants auf den beiden Seiten ein verschiedene Rolle spielen wird: Für die Philosophen der rechten Seite unseres Schemas ist es die Wissenschaftstheorie Kants, die im Vordergrund steht, für die Philosophen der linken Seite hingegen ist es ausschließlich die Transzendentalphilosophie. Das Todesjahr von Schelling (1854) fällt zum Beispiel genau mit dem Erscheinen von Booles *Laws of Thought* zusammen, aber es wird niemandem einfallen, in diesem Werk in irgendeiner Weise eine Fortsetzung der Fragen zu sehen, die Schelling etwa im *System des transzendentalen Idealismus* (1800) behandelt hatte, obwohl sich diese Schrift ebenfalls mit Denkgesetzen befaßt. Ein Begriff wie »Denkgesetze« war äquivok geworden. Noch offensichtlicher wird die Äquivokation z. B. beim Begriff »Paradox«. Wenn Kierkegaard von »Paradox« spricht (vgl. Kap. XXI, 2), so läßt sich außer vagen Assoziationen kein gemeinsamer Begriffsinhalt mit dem finden, was wir heute etwa unter den »Paradoxien der Implikation« verstehen (was aber der Sache nach auch schon viel früher bekannt war; vgl. *ex impossibile sequitur quodlibet* und *necessarium sequitur ex quolibet* im 2. Teil, Kap. VII, 3).

Die Bruchstelle hat auch etwas mit dem verschiedenen Weg zu tun, den die angelsächsische (empiristische) und die deutsche (rationalistische und dann idealistische) Philosophie gingen. Auch hier gilt allerdings: Die angelsächsische Philosophie war aufnahmebereiter für die deutsche als umgekehrt. Wolff sperrte sich gegen das angelsächsische Denken; Kant sah, daß diese Sperre eine Engführung bedeutete und versuchte, sie in seinem Denken nicht zur Sperre werden zu lassen, sie vielmehr konstruktiv zu überwinden. Er hatte mit seiner Arbeit Erfolg und ist so der letzte »kontinentale« Denker, den Engländer oder Amerikaner wirklich verstehen können. Die deutschen Idealisten, die sich als seine Nachfolger betrachteten, meinten dagegen, daß Tübingen, Jena und Berlin das Zentrum des Denkens seien. London, Cambridge oder Oxford sahen sie als finstere Provinz an, falls sie davon überhaupt etwas zur Kenntnis nahmen. Seit dieser Zeit bekam das Wort »Idealismus« im Deutschen eine wertende Bedeutung, so daß schließlich »Idealist« im Deutschen gleichbedeutend wurde mit »für Ideale, d. h. Werte, eintretend«. An dieser Stelle begann ein *deutscher Sonderweg* der Philosophie, der auch deutlich als solcher erkannt und angesprochen wurde. Problematisch ist allerdings, daß das, was eigentlich ein nationaler Sonderweg war, von vielen – auch von Engländern und Amerikanern, aber auch von Franzosen und Italienern – zunächst als Weg der Philosophie schlechthin anerkannt wurde. Es gab englische, amerikanische, französische und englische Hegelianer. Dennoch ist nicht zu übersehen, daß die Philosophie des deutschen Idealismus als ausdrücklich »deutsch« angesehen wurde, man damit allerdings gleichzeitig behauptete, diese deutsche Philosophie sei die Philosophie schlechthin. In einer bedenkenswerten Schrift mit dem bezeichnenden Titel *Über das Wesen deutscher Wissenschaft* aus dem Jahre 1811 erklärt Schelling:

> Verwunderungswert hat manchen insbesondere geschienen, wie die Liebe metaphysischer Untersuchungen unter den Deutschen nicht, wie unter allen anderen Nationen, gealtert, vielmehr immer neu sich verjüngt hat. Sie scheinen zu meinen, daß sie auch darin besser fremdem Beispiel gefolgt hätten. Diese scheinen das Wesen ihres eignen Volks nicht zu erkennen, und haben darum auch sein Schicksal nicht begriffen. Zu eigentümlich von Gemüt und Geist ist dieses Volk gebildet, um auf dem Weg anderer Nationen mit diesen gleichen Schritt zu halten. Es muß seinen eignen Weg gehen, und wird ihn gehen, und sich nicht irren noch abwenden lassen, wie es immer vergebens versucht wurde. Seine Aufgabe ist eine ganz eigentümliche, die Richtung seiner Entwicklungen und Fortschritte eine notwendige. (*Über das Wesen deutscher Wissenschaft.* S. 379 f.)

> Dies ist das Ziel deutschen Geistes, jenes Gelübde das, was ihn arm erscheinen läßt gegen den Reichtum, demütig gegen den Übermut anderer Nationen, der Stachel seines Eifers, der, während jene die höchsten Untersuchungen abgeschlossen und Prinzipien vorhanden wähnen, über die es keine höheren gebe, ihn antreibt, aufs neue die Grundfesten aller Erkenntnis aufzurühren und in unabsehbare Tiefen hinabzusteigen. (Ebd. S. 380 f.)

Dies sind schon bedenkliche Sätze: Die Philosophie der anderen Länder ist stehen- | 321
geblieben, nur die deutsche Philosophie steigt in »unabsehbare Tiefen« hinab! Dies war dann auch der Kontext, in dem man die Vorstellung von den Deutschen als dem Volk der »Dichter und Denker« – schon diese Kombination ist aufschlußreich – erfinden konnte. In dieser Zeit und in dieser kulturellen Umgebung wird nun Spinozas Philosophie für die Deutschen Idealisten aktuell. Daß dadurch eine Abkehr von der in England und Frankreich geltenden Philosophie geschieht, wird bewußt in Kauf genommen. Im Zuge der Spinoza-Erneuerung läßt Schelling auch Jakob Böhme (1575–1624), den auch Hegel als ersten deutschen Philosophen ansieht – einen Vertreter der philosophischen Mystik und der spekulativen, mit Alchemie, Astrologie und Kabbala durchsetzten Philosophie –, als klares Zeugnis »deutschen Geistes« wieder aufleben, wobei »selige Anschauung« sowie »labyrinthisches« und »dunkles« Denken offenbar als Kennzeichen besonderer Qualität gilt.

> Durch Sinn und Verständnis gehört Spinoza den Deutschen an, den französische und englische Atheisten für ihres gleichen gehalten, und dessen Lehre mit geringen Ausnahmen einem verschlossenen Buch glich vor der Eröffnung seines Sinnes durch die deutschen Männer Lessing und Jacobi. Das unverwerflichste Zeugnis dieser Wahrheit und Richtung des deutschen Geistes hat der hocherleuchtete Mann Jacob Böhme abgelegt, der aus reiner Begeisterung und keiner anderen Lehre noch Eingebung als der seines Innern teilhaftig und in seliger Anschauung wie bezaubert festgehalten sein labyrinthisches und dem Dunkel der Natur ähnliches Gedicht von der Natur der Dinge und dem Wesen Gottes gedichtet hat. (Ebd. S. 384)

Es geht also ganz im Sinne des Deutschen Idealismus darum, nur der Eingebung des eigenen Innern nachzugehen. Gegenüber dieser Tiefe deutscher Metaphysik erscheint Schelling der Empirismus einfach »flach«.

Diese innere Metaphysik, welche den Staatsmann, den Helden, die Heroen des Glaubens und der Wissenschaft gleichermaßen inspiriert, ist etwas, das von den sogenannten Theorien, wodurch Gutmütige sich täuschen ließen, und von der flachen Empirie, welche den Gegensatz von jenen ausmacht, gleich weit abstößt. (Ebd. S. 385)

Diese Philosophie kann gar nicht »deutsch« genug sein, die Absonderung von ausländischer Philosophie wird zum Programm, die deutsche Philosophie muß das »reine deutsche Metall« bearbeiten.

Bei diesem Verhältnis der deutschen Nation zu den übrigen müssen wir, um die wahre Wesenheit ihres Geistes, die ursprüngliche Richtung ihres Sinns zu gewinnen, das alles aussondern, was durch die Buhlerei der Väter und Großväter mit ausländischen Völkern erzeugt wurde, oder als fremder Zusatz das reine deutsche Metall auch seiner inneren Natur nach verändert hat. (Ebd. S. 390)

Paradoxerweise hat Schelling bei all seiner Begeisterung für das rein Deutsche dieser Philosophie die Problematik dieses alle ausländische Kritik oder nur allen ausländischen Einfluß ab- und zurückweisenden Denkens deutlich ausgesprochen:

Der Deutsche zeigt seine angeborene Treue selbst im Verkehrten, es nicht verlassend, sondern ausbildend bis zur vollkommenen Erscheinung der Nichtigkeit. (Ebd. S. 385)

Der Gedanke einer Treue selbst im Verkehrten, wodurch dieses Verkehrte bis zur vollkommenen Erscheinung der Nichtigkeit ausgebildet wird, läßt uns in seiner prophetischen Weitsicht heute erschrecken und wirft die bedrückende Frage auf, ob diese Art der Philosophie nicht auch ihren Beitrag zur späteren politischen Treue selbst im Verkehrten geleistet hat.

Daß solche Gedanken auch in der zweiten Hälfte des 19. Jhd.s verbreitet waren, läßt sich aus einem anderen Beispiel sehen. Selbst der scharfe Kulturkritiker Nietzsche konnte sich dieser Mystifizierung des deutschen Wesens zunächst nicht entziehen, später erkannte er dies allerdings als schweren Irrtum. 1876 verherrlichte er die ganz deutsche Kunst Wagners. Dessen Gesamtkunstwerk hatte für Nietzsche philosophische Bedeutung, es ist »ein ungeheures Gedankensystem ohne die begriffliche Form des Gedankens« (*Richard Wagner in Bayreuth.* S. 413), Wagner philosophiere in Tönen (Ebd. S. 408). Wie zu erwarten, darf bei Wagner auch die Tiefe nicht fehlen: »so steigt sein Weltblick in die Tiefe, nochmals, und jetzt hinab bis zum Grunde« (Ebd. S. 407). Diese ganz deutsche Musik soll nach Nietzsche die erkrankte Menschheit heilen und erlösen.

Wenn nun, in einer solchermaßen verwundeten Menschheit, die Musik unserer deutschen Meister erklingt, was kommt da eigentlich zum Erklingen? Eben nur die *richtige Empfindung*, die Feindin aller Konvention, aller künstlichen Entfremdung und Unverständlichkeit zwischen Mensch und Mensch [...]. (Ebd. S. 388)

An der universellen Bedeutung dieser deutschen philosophischen Musik kann für Nietzsche gar kein Zweifel bestehen. Nietzsche sagt von Wagner:

Seine Gedanken sind, wie die jedes guten und großen Deutschen, *überdeutsch*, und die Sprache seiner Kunst redet nicht zu Völkern, sondern zu Menschen. *Aber zu Menschen der Zukunft*. (Ebd. S. 430)

Alles dies geht aber natürlich nur in der deutschen Sprache, die anderen Sprachen philosophisch überlegen ist.

Dagegen empfand er mit tiefem Stolze die auch jetzt noch vorhandene Ursprünglichkeit und Unerschöpflichkeit dieser Sprache, die tonvolle Kraft ihrer Wurzeln, in welchen er, im Gegensatz zu den höchst abgeleiteten, künstlich rhetorischen Sprachen der romanischen Stämme, eine wunderbare Neigung und Vorbereitung zur Musik, zur wahren Musik ahnte. Es geht eine Lust an dem Deutschen durch Wagners Dichtung [...]. (Ebd. S. 414)

Die Vorstellung der besonderen Geeignetheit der deutschen Sprache für die Philosophie blieb auch weiterhin erhalten. Noch Heidegger war überzeugt, daß Philosophie eigentlich nur in der griechischen und der deutschen Sprache möglich sei.

Seit der Periode des Deutschen Idealismus setzte sich also ein deutscher Sonderweg in der Philosophie durch, dessen Folgen wir bis heute spüren. Der Historiker kommt nicht darum herum festzustellen, daß sich inzwischen die Situation umgekehrt hat: Seit dieser Zeit läuft die deutsche Philosophie, wenn sie diesen Sonderweg nicht weiter verfolgen will, immer wieder der angelsächsischen hinterher. Dabei hat dieser andere Weg der Philosophie, der selbstverständlich nicht in das nachidealistische Denken paßte, selbst wiederum zu einem guten Teil im deutschen Sprachraum seinen Ursprung. Aber: Die Philosophie von Frege, vom Wiener Kreis, von Wittgenstein und anderen wurde zunächst in England und Amerika aufgenommen und kam von dort – mit mehr als einer Generation Verspätung – in den deutschen Bereich zurück. Frege und Wittgenstein wurden nicht von der deutschen Philosophie für sich entdeckt, sondern zunächst einmal von dem Engländer Russell. Und daß Carnap, Popper und viele andere dieser Philosophen als Juden Deutschland und Österreich verlassen mußten, steht vielleicht doch nicht ganz beziehungslos zu der »deutschen« Philosophie. Die »deutsche« Philosophie hat ihre Quittung erhalten: Will man die großen deutschen Philosophen der analytischen Philosophie des 20. Jhd.s, jedenfalls deren spätere Werke, lesen, muß man gut englisch können!

Die Angelegenheit hat manchmal auch etwas sonderbare Seiten. Es gibt inzwischen so etwas wie eine analytische »Weltphilosophie«. Was soll man also mit Heidegger, Sartre, Camus, aber auch mit späteren Philosophen wie Michel Foucault oder Jacques Derrida, die alle in irgendeiner Weise aus der Tradition der linken Seite unseres Schemas herkommen, anfangen, wo sind sie einzuordnen? In britischen und amerikanischen Verlagskatalogen wurde hierfür längst eine Lösung gefunden: In ihnen wurde die Rubrik »*Continental Philosophy*« eingeführt (vgl. das »*Continental Breakfast*« auf den Speisekarten internationaler Hotels). Dies ist nicht unbedingt ein Kompliment. Es gibt eine »*African Philosophy*«, eine »*Far Eastern Philosophy*« und ähnliche mehr. Unausgesprochen ist in dem Ausdruck »*Continental Philosophy*« die Vorstellung einer universalen Philosophie, also einer »Weltphilosophie«, vorausgesetzt, der lokale Philosophien gegenübergestellt werden.

Als man im 20. Jhd. versuchte, wieder eine Brücke zwischen den beiden Gruppen zu schlagen, setzte man verständlicherweise bei Kant, dem einzigen Bezugspunkt

beider Gruppen, ein, also im sogenannten Neukantianismus (Hermann Cohen, Ernst Cassirer, Heinrich Rickert u. a.). Kant liefert bis in die Gegenwart hinein den möglichen Ausgangspunkt für die Wiederaufnahme einer gestörten oder sogar abgebrochenen philosophischen Kommunikation zwischen den verschiedenen Gruppen. Aber auch dies sollte man sich nicht zu einfach vorstellen. In unserem Schema wird dies dadurch verdeutlicht, daß der Name Kants auf der linken wie auf der rechten Seite erscheint. Daß er aber zweimal erscheint und nicht als Ausgangspunkt einer Gabelung, hat seinen Grund: Der Kant der rechten Seite ist in Wirklichkeit ein anderer als der Kant der linken Seite. Kants Lehre war offensichtlich die Grundlage für sehr verschiedene, durchaus entgegengesetzte Entwicklungen. Dies wird in den kommenden Vorlesungen bis zum Ende derselben deutlich werden.

Die unterschiedliche Ausgangsbasis der beiden Gruppen läßt sich noch deutlicher machen, wenn man einen Bezugspunkt *vor* Kant wählt, nämlich Leibniz. Dieser Bezugspunkt ist deshalb besonders aufschlußreich, weil er auf indirektem Wege den Unterschied der beiden Philosophiebegriffe gut charakterisiert, wobei dieser indirekte (historisch zurückgreifende) Weg ein sachlich direkter ist, insofern die – ablehnende oder zustimmende – Stellungnahme zu Leibniz in beiden Gruppen eine systematisch zentrale Rolle spielt. Die Rolle Kants ist dabei doppelgesichtig. Einerseits hat Kant Entscheidendes für die Trennung von Logik und Metaphysik geleistet, was zwar nicht die Absicht von Leibniz gewesen war, wohl aber in der Konsequenz von dessen Philosophie lag, und Kant hat in diesem Zusammenhang auch den formalen Charakter der Philosophie überhaupt sehr deutlich gemacht (vgl. Kap. XV, 1). Andererseits aber hatte Kant keinerlei Verständnis für das leibnizsche Programm einer Allgemeinen Charakteristik, d.h. einer universellen Zeichensprache, und eines logischen Kalküls. Für ihn war dies eine Art logischer Alchemie, eine Formelsprache, bei der schließlich doch keine Ergebnisse erzielt werden (Kant: *Principiorum primorum*. S. 389 f.). Kant ging dort, wo er die Logik für den systematischen Aufbau seiner Erkenntniskritik benötigte, nicht von einem logischen Kalkül im Sinne von Leibniz aus, sondern von einer Neuordnung der traditionellen Logik. Kant erkannte also voll und ganz den formalen Charakter der Logik an, behinderte mit seiner Autorität dann aber den weiteren Aufbau einer solchen Logik wiederum teilweise.

Hegel wendet sich ausdrücklich gegen das Formalisierungskonzept von Leibniz:

Dieser Umstand der analytischen Bezeichnung der Vorstellungen bei der hieroglyphischen Schrift, welcher *Leibniz* verführt hat, diese für vorzüglicher zu halten als die Buchstabenschrift, ist es vielmehr, der dem Grundbedürfnisse der Sprache überhaupt, dem Namen, widerspricht, für die unmittelbare Vorstellung, welche, so reich ihr Inhalt in sich gefaßt werden möge, für den Geist im Namen einfach ist, auch ein einfaches unmittelbares Zeichen zu haben, das als ein Sein für sich nichts zu denken gibt, nur die Bestimmung hat, die einfache Vorstellung als solche zu bedeuten und sinnlich vorzustellen. Nicht nur tut die vorstellende Intelligenz dies, sowohl bei der Einfachheit der Vorstellungen zu verweilen, als auch sie aus den abstrakteren Momenten, in welche | 325 sie analysiert worden, wieder zusammenzufassen, sondern auch das Denken resumiert den konkreten Inhalt aus der Analyse, in welcher derselbe zu einer Verbindung vieler Bestimmungen geworden, in die Form eines einfachen Gedankens. Für beide ist es Bedürfnis, auch solche in Ansehung der Bedeutung einfache Zeichen, die, aus mehreren Buchstaben oder Silben bestehend und auch darin zergliedert, doch nicht eine Verbindung von mehreren Vorstellungen darstellen, zu haben. (Hegel: *Enzyklopädie der philosophischen Wissenschaften* § 459. S. 372 f.)

Dieses Zitat zeigt, daß Hegel offensichtlich keinerlei Zugang zu Leibniz als dem Begründer einer formalen, axiomatisch aufgebauten Logik hatte. Die hegelsche Logik hat zu einer leibnizschen keinerlei Verbindung. Die Logik wurde aufgrund ihres formalen Charakters von vielen kritisiert und abgelehnt, und zwar nicht nur von Hegelianern. Die Kritik traf nicht nur Leibniz, sondern auch Kant. Ein Beispiel dafür ist im 19. Jhd. ein sehr anerkannter und einflußreicher Philosoph, Adolf Trendelenburg (1802–1872), der viele hundert Seiten *Logische Untersuchungen* verfaßt hat. Er kannte die Lullsche Kunst, er kannte von Leibniz die *Ars combinatoria* und auch das 1840 erstmals veröffentlichte *Non inelegans specimen demonstrandi in abstractis* und begriff durchaus den algebraischen Charakter dieser leibnizschen Logik; aber gerade eine solche Logik lehnte er ab (vgl. *Logische Untersuchungen* I. S. 20–24). Ganz entsprechend fällt auch das Urteil Trendelenburgs über Kant aus:

Die formale Logik hat sich dadurch behauptet, daß sie sich nach den Seiten hin, wo ihre Mängel hervortraten, starr abschloß. Sie schob die Ergänzung andern Wissenschaften zu und glaubte sich auf ihrem Gebiete Herrin, weil sie alle Abhängigkeit auf sich beruhen ließ. – Kant rühmte diese Beschränkung. Es sei nicht Vermehrung, sondern Verunstaltung der Wissenschaften, wenn man ihre Grenzen in einander laufen lasse; die Grenze der Logik sei dadurch genau bestimmt, daß sie eine Wissenschaft sei, welche nichts als die formalen Regeln alles Denkens ausführlich darlege und streng beweise. Kant mag Recht haben, so lange man die Felder der Wissenschaften neben einander abmarkt, wie verschiedener Herren Eigentum. Eine solche Ansicht, die die Dinge im Raum fertig neben einander stellt, muß der Entwicklung Platz machen, die das Verwandte aus dem gemeinsamen Grunde zu begreifen trachtet. (Ebd. S. 33)

Wenn Trendelenburg die formale Logik mit ihrer Trennung von der Metaphysik ablehnt, so wendet er sich deshalb nicht schon hegelscher Dialektik und Metaphysik zu. An der hegelschen Philosophie kritisierte er deren Abkoppelung von den empirischen Wissenschaften, was eine korrekte Diagnose war, die auch z. B. von Dilthey aufgenommen wurde. – Worum es Trendelenburg bei seiner Kritik geht, ist klar: Er will eine »Fundamentalphilosophie« begründen (Ebd.), die für ihn die Metaphysik ist. – Trendelenburg wurde allerdings wichtig für die weitere Entwicklung der formalen Logik im Sinne von Leibniz, was er natürlich überhaupt nicht beabsichtigt hatte. Das erneute Interesse an der leibnizschen Logik geht nämlich auf Trendelenburgs Schrift *Über Leibnizens Entwurf einer allgemeinen Charakteristik* von 1856 zurück. Dort verwendet er auch den Ausdruck »Begriffsschrift«, der dann zum Buchtitel des für die weitere Entwicklung maßgebenden Werkes von Frege wurde. Auf Frege und dessen Berufung auf Leibniz werden wir noch ausdrücklich zu sprechen kommen (vgl. Kap. XXV). Ganz ähnlich berief sich auch Ernst Schröder auf die leibnizsche Charakteristik. Im ersten Band der *Vorlesungen über die Algebra der Logik* aus dem Jahre 1890 schrieb er über sie:

Diese Namen [*calculus ratiocinator, spécieuse générale*] zeigten schon das Ziel, das *Leibniz* vor Augen hatte: es war eine adäquate und allgemeine Bezeichnung des Wesens der Begriffe durch eine solche Zergliederung in ihre Elemente, daß dadurch eine Behandlung derselben durch Rechnung möglich werden sollte; sein Unternehmen, sagte *Leibniz*, müsse zustande kommen *characteribus et calculo* als eine *combinatoria characteristica*. [...] *Leibniz* erwartet einen Einblick und eine Übersicht, durch welche mitten in der sich ausdehnenden Masse der Erkenntnis dennoch die Wissenschaften sich abkürzen, und insbesondere hofft er durch die Einsicht in die einfachen Elemente und deren Verbindungsweisen auch fortschreitende Erkenntnis des Besonderen, Entdeckungen und Erfindungen. Die Verwirklichung des gedachten Ideals einer wissenschaftlichen Klassifikation und systematischen Bezeichnung alles Benennbaren muß aber nach dem oben von uns Angeführten zur Voraussetzung haben: die vollendete Kenntnis der die Begriffselemente zu verknüpfen bestimmten Grund*operationen* und die Bekanntschaft mit deren Gesetzen. Diese Vorarbeit hat die Logik zu leisten, und solange sie – wie dermalen – unvollendet ist, können Versuche erwähnter Art von Erfolg nicht gekrönt sein. (*Vorlesungen über die Algebra der Logik* I. S. 95).

Es gilt allerdings für Schröder wie für Frege, daß Leibniz nur in einem ganz allgemeinen Sinne Inspirator war und auch zur Legitimation der eigenen Versuche herangezogen wurde, bei der Entwicklung der logischen Kalküle selbst jedoch kaum eine Rolle spielte. Eine wichtige Rolle konnte er schon deshalb nicht spielen, weil die wichtigsten diesbezüglichen Texte von Leibniz erst 1903 von Louis Couturat veröffentlicht wurden. – Die angeführten Zitate von Hegel und Schröder zeigen deutlich, was in der Auseinandersetzung mit Leibniz bei den beiden Gruppen zur Diskussion steht: Die Gruppe links mit ihrem Anführer Hegel meinte die Flachheit von Leibniz' Auffassungen vom Begriff endgültig überwinden zu müssen oder bereits überwunden zu haben, während die andere Gruppe meinte, gerade Leibniz habe den richtigen Weg zu begrifflich exaktem Denken, zu genauer Begriffs- und Ableitungslehre gewiesen. Entsprechend kann auch – positionsbedingt – vermutet werden, daß die Bedeutung der Philosophie von Leibniz in der Zukunft im gleichen Maße zunehmen dürfte wie die von Hegel abnehmen wird. Um es mit einem hegelschen Terminus zu sagen: Es geht um zwei sehr verschiedene Konzeptionen einer »Anstrengung des Begriffs«, denen somit auch andere und kaum vergleichbare Begriffe von »Philosophie« entsprechen. Machen wir uns dies noch einmal klar, indem wir dem Philosophieverständnis Schellings, der in »unabsehbare Tiefen hinabzusteigen« wünscht (vgl. weiter oben), die Auffassung Wittgensteins gegenüberstellen:

Die meisten Sätze und Fragen, welche über philosophische Dinge geschrieben worden sind, sind nicht falsch, sondern unsinnig. Wir können daher Fragen dieser Art überhaupt nicht beantworten, sondern nur ihre Unsinnigkeit feststellen. Die meisten Fragen und Sätze der Philosophen beruhen darauf, daß wir unsere Sprachlogik nicht verstehen. [...]

Und es ist nicht verwunderlich, daß die tiefsten Probleme eigentlich *keine* Probleme sind. (*Tractatus* 4.003)

Auch bei Wittgenstein gibt es »tiefe Erkenntnis«, aber eine solche sieht dann etwa so aus: »Die Logik muß für sich selbst sorgen« (*Tagebücher*. S. 90. Vgl. *Tractatus* 5.473). Um einen solchen Satz zu verstehen, ist einige analytische Arbeit erforderlich, am Schluß aber sollen wir nur etwas klarer wissen, was wir immer schon gewußt haben.

Mit der Philosophie des frühen Wittgenstein ist die Zeitgrenze der Vorlesung erreicht. Dieser Abschluß ist natürlich nicht zufällig. Wittgenstein sagt in einem berühmten Satz des *Tractatus logico-philosophicus*: »Alle Philosophie ist ›Sprachkri-

tik‹« (*Tractatus* 4.0031). Dieser Satz gilt nicht nur für den frühen, sondern auch für den späteren Wittgenstein, und er gilt nicht nur für Wittgenstein, sondern er gilt für die maßgebliche Ausrichtung der Philosophie des 20. Jhd.s bis in unsere Gegenwart hinein. Man braucht also nicht in spezifischer Weise ein Wittgenstein-Anhänger zu sein, wenn man die Auffassung vertritt, alle Philosophie – die Philosophie der Natur, der Wissenschaft, der Ethik, der Kunst, der Kultur usw. – sei Kritik der Sprachen, die sich mit jenen Bereichen beschäftigen. Welche Rolle in dieser Sprachkritik dann die Logik spielt, ist eine weitere Frage, die hier nicht entschieden zu werden braucht. Es ist bekannt, daß auch Wittgenstein selbst in diesem Punkt in seiner frühen und seiner späten Philosophie eine unterschiedliche Position vertreten hat, und auch bis in unsere Gegenwart hinein besteht hier bei verschiedenen Philosophen, die doch alle Philosophie als Sprachkritik betreiben, keine Übereinstimmung. – Bei dieser Gelegenheit sei auch gesagt, daß dieser Endpunkt der (bisherigen) Geschichte der Philosophie auch entscheidend für die gesamte Darstellung in den drei Bänden dieser Vorlesungen gewesen ist: Es wurde immer – bei Platon, Aristoteles, den Stoikern, bei Augustinus, Abaelard und Ockham bis herauf zu Locke und Leibniz – besonderer Wert auf die Darstellung der jeweiligen Sprachphilosophie und Logik gelegt. Für manche Teilnehmer der Vorlesung und für manche Leser ist der Raum, der diesen
328 | Fragen gewidmet wurde, vielleicht – etwa im Vergleich zu Fragen der Ethik oder der Staatsphilosophie – zu groß, aber sie wissen jetzt wenigstens, warum dies so ist.

2. Systeme und Kritik der Systeme

Sehen wir uns nun nur die *linke* Seite des Schemas an. Es springt sofort ins Auge, daß hier Hegel eine ganz zentrale Stellung einnimmt. Die deutsche Philosophie des 19. Jhd.s war in einem ganz eminenten Sinne eine Auseinandersetzung mit Hegel. Auch dies soll nun, wiederum nur mit einigen Schlagworten, verdeutlicht werden.

Hegel hatte ein universales, d. h. im Prinzip allumfassendes Begriffssystem entworfen. In sich wurde dieses System, und zwar nicht nur von Hegel und dessen Nachfolgern, sondern auch von seinen Gegnern, als vollkommen verstanden, es gab also keine Möglichkeit, daran etwas zu verbessern oder es weiter auszubauen. Auch die Möglichkeit gleichsam an Hegel vorbei eine *andere* Philosophie aufzubauen, gab es angesichts der überragenden Erscheinung dieses Werkes nicht. Hegels Philosophie entsprach in ihrem Gehalt auch dem in der ersten Hälfte des 19. Jhd.s im deutschsprachigen Raum herrschenden allgemeinen Bewußtsein, wenn auch vielleicht nur in der Weise, daß es einem verunsicherten Bewußtsein jene Sicherheit zu vermitteln schien, die ihm abging. Sollte also in irgendeiner Form Kritik an diesem herrschenden Bewußtsein geübt werden, so konnte und mußte dies in Auseinandersetzung mit jenem Werk geschehen, das eindrucksvoll genau diesem Bewußtsein entsprach. Eine solche Kritik konnte jedoch nicht systemimmanent erfolgen, sondern nur dadurch, daß das *ganze System* als *einseitig* bezeichnet, so kritisiert und aufgehoben wurde. Aber: Ein Bewußtsein als einseitig zu kritisieren und somit aufzuheben, das war eben wiederum eine zentral hegelianische Argumentationsfigur. Hegel blieb also auch in der Kritik an der hegelschen Philosophie präsent.

Eine solche Kritik konnte an verschiedenen Punkten ansetzen: So wandte etwa Feuerbach ein, die hegelsche Philosophie sei, entgegen ihrer eigenen erklärten Absicht, in Wirklichkeit der empirischen und sinnlichen Wirklichkeit gegenüber fremd, ja mehr noch: sie sei in ihrer Abstraktion und in der daraus resultierenden Abstraktheit selbst die Entfremdung von der sinnlichen Wirklichkeit. An die Stelle der Abstraktheit, d. h. dem von der Wirklichkeit Abgezogen-Sein des absoluten Geistes, sollte der lebendige Menschengeist treten. Dieser aber ist geprägt von der Sinnlichkeit, die in der Natur wurzelt. *Sinnlichkeit* und *Natur* werden hier zu zentralen Begriffen, oder besser: sie werden bei Feuerbach zu jener Wirklichkeit, die dem abstrakten System der Philosophie Hegels gegenübergestellt wird. Die Natur und der Mensch als Produkt dieser Natur sind vor und außerhalb jeder Philosophie vorhanden, sie sind in ihrer Wirklichkeit die reale Kritik an jeder Philosophie des absoluten Geistes.

Auch Marx stellte das hegelsche System in seiner Grundlage systematisch in Frage. Er versuchte aufzuzeigen, daß es keine »reinen« Begriffe gibt, da hinter allen theoretischen Gebilden *praktische Interessen* stehen, die *gesellschaftlich bedingt* sind. Philosophie darf daher nicht einfach eine Theorie des Bewußtseins sein, da eine veränderte gesellschaftliche Praxis auch eine veränderte Theorie bedeutet. Die Form reiner Theorie ist also selbst einseitig, da sie den Bezug der Theorie zur Praxis übersieht, sie entfremdet den Menschen vom gesellschaftlichen Sein und liefert ihn so diesem hilflos aus. Auch das von Marx ins Zentrum der Diskussion gerückte Problem des Verhältnisses von Theorie und Praxis ist also eines, welches das gesamte System Hegels betrifft. Marx verdeutlichte diese Tatsache selbst, als er sagte, er wolle das hegelsche System »vom Kopf auf die Füße« stellen.

Ganz anders, aber nicht weniger grundsätzlich, setzte Kierkegaard an. Hegel hatte mit seinem System die spekulative Vermittlung von Einzelnem und Allgemeinem, von Endlichem und Unendlichem versucht bzw. behauptet, diese Vermittlung geleistet zu haben. Dem stellte Kierkegaard die Behauptung entgegen, daß eine Synthese von Endlichem und Unendlichem grundsätzlich unmöglich ist: Die Differenz von Endlichem und Unendlichem ist so beschaffen, daß sie durch keine Reflexion und so auch durch keine Philosophie begriffen werden kann. Gegen den systematischen Zentralbegriff der »Synthese« bei Hegel setzt Kierkegaard den Begriff des »*Paradoxes*«, der jede mögliche Synthese und so auch jedes mögliche System der Reflexionsphilosophie sprengt. Nach Kierkegaard ist deshalb jeder Philosoph, der meint, ein spekulatives System des Denkens entwerfen zu können, das auch Existenz in sich begreift, der wahren, realen Existenz entfremdet. Nur echte *Subjektivität* vermag *Exi-*

stenz zu erfassen, diese aber läßt sich nicht spekulativ und systematisch mit Objektivität vermitteln oder versöhnen.

Schelling, aus dem deutschen Idealismus kommend und selbst ein großer systematischer Denker des spekulativen Idealismus, hatte in seiner Spätphilosophie über den deutschen Idealismus hinausgeführt. Die Konstruktion der *Geschichte* im Begriff des absoluten Geistes bei Hegel setzt im Prinzip ein Begreifen der Universalgeschichte und damit deren prinzipielles Vollendetsein voraus. Schelling setzte dem ein Begreifen entgegen, das keinen begreifbaren Abschluß der Geschichte voraussetzte, ein *Begreifen*, das selbst *unvollendet* bleiben muß, wie auch die Geschichte unvollendet ist. Das hegelsche System wird bei Schelling also vom Begriff der Geschichte her aufgesprengt. An diesem Punkt setzte auch Dilthey ein, der jede systematische Konstruktion der Geschichte ablehnte. Dahinter stand auch die sich seit dem 19. Jhd. stark entwickelnde *positive Geschichtsforschung*, die dem Begriff einer Universalgeschichte und einer rationalen Konstruktion der Geschichte einfach den Boden entzog: Die ungeheure Breite des Materials ließ sich einfach nicht begrifflich nachkonstruieren, schon gar nicht in einem universalen System. Es war aber nicht nur die Fülle des Materials, die solche Versuche zum Scheitern brachte, sondern die Einsicht, daß es nicht *einen* Verlauf der Geschichte gibt, sondern viele einzelne Verläufe, die sich zwar kreuzen und überschneiden können, die sich aber nicht nach allgemeinen und überall anwendbaren Prinzipien in eine übergreifende, linear verlaufende Ordnung bringen ließen.

Als letzte Gruppe der Opposition gegen Hegel sei jene erwähnt, welche die Einseitigkeit spekulativer, theoretischer Philosophie überhaupt kritisiert und die sich damit auch gegen eine mehr als zwei Jahrtausende alte europäische Tradition der Vorrangstellung der Vernunft stellt. Die Problematik selbst ist allerdings alles andere als neu, sie hatte sich aus dem Zusammentreffen der griechischen Philosophie mit ihrem Vorrang der Theorie und der christlichen willensbestimmten Sünden- und Erlösungsauffassung ergeben. Origenes (vgl. 2. Teil, Kap. I, 5, c) und Augustinus (vgl. 2. Teil, Kap. III, 5) sind dafür die frühen Zeugen, die Problematik blieb aber auch im ganzen Mittelalter bestimmend und fand im späten Mittelalter bei Ockham und anderen einen sehr klaren Ausdruck (vgl. 2. Teil, Kap. XVII, 5). Dennoch blieb der Vorrang des Verstandes gegenüber dem Willen und ebenso der Vorrang der Theorie gegenüber der Praxis bestehen. Hegel steht in dieser Tradition und verleiht ihr dem Anspruch und der Form nach einen unüberbietbaren Ausdruck. Bei aller Gegensätzlichkeit sind sich Schopenhauer und Nietzsche darin einig, daß nicht der Verstand, sondern der *Wille* die eigentlich bestimmende Kraft im Menschen ist. Schopenhauer meint – in Kritik und Ablehnung der vorherrschenden europäischen Tradition –, daß nur die *Negation des Willens* die Erlösung des Menschen durch die *Aufhebung des Selbst* bringen kann. Der Gegensatz zwischen Schopenhauer und Hegel war überdeutlich. Zeitgeschichtlich betrachtet unterlag Schopenhauer klar, während er seit dem 20. Jhd. eine weit größere Wirksamkeit hat, als ihm oft zuerkannt wird.

Ganz anders stellt sich Nietzsches Position dar: Nietzsche sieht im *Willen zur Macht* gerade jene Kraft, die im Menschen seiner Zeit wieder erweckt werden müsse. Der Wille zur Macht wird hier gegen den Willen zur logischen Wahrheit gestellt, der die in Hegel gipfelnde europäische Tradition bestimmt hatte. »Sinn« ist nicht etwas, was gefunden und begriffen, sondern nur erfunden und gewollt werden kann.

Wir kehren nun zu beiden Seiten unseres Schemas zurück. Es wurden in dieser Einleitung nur Schlagworte geliefert, die als solche noch nicht sehr viel sagen. Auch wenn man ihnen eine mehr oder weniger klare Bedeutung zuschreiben kann, sagen sie doch noch nicht aus, *warum* sie aufgestellt wurden, und das heißt auch: welche geschichtlich-gesellschaftlichen Erfahrungen dahinter stehen. Man muß berücksichtigen, welche geschichtlichen Ereignisse in dieser Periode stattgefunden haben, einer Periode, die etwa von der Französischen Revolution bis zu den Jahren vor dem Ausbruch des ersten Weltkriegs reicht. Um auch weitere und nicht unproblematische Schlagworte aufzunehmen: Es ist die Periode der Herrschaft des Bürgertums bis zur Krise des Bürgertums. Es ist eine Periode, die in der Malerei vom französischen Klassizismus bis zur Schwelle jener Bewegung führte, die, wie es z. B. bei Picasso, Kandinsky und anderen sichtbar ist, alle vorgegebenen Formen auflöst, um etwas völlig Neues aus ihnen zusammenzusetzen, womit eine andere Struktur des Raumes der malerischen Anschauung verbunden ist. Es ist auch jene Periode, die in | 331
der Musik von der klassischen Harmonie Haydns, Mozarts und Beethovens bis an die Schwelle jener Bewegung führt, die diese Harmonielehre prinzipiell aufgibt und mit Schönberg in der Zwölftonmusik ein völlig anderes Strukturprinzip der Komposition entwirft. Es ist jene Periode, die das autonome Selbstbewußtsein – das Erbe der Aufklärung – in allen Dimensionen (von denen die Philosophie nur eine ist) erforschte, bis dieses autonome Selbstbewußtsein schließlich selbst als sehr prekärer Begriff erkannt wurde, wozu die Tiefenpsychologie Freuds den entscheidenden Beitrag leistete. Und es ist nicht zuletzt jene Periode, die im Bereich der Naturwissenschaft mit dem Sieg der Newtonschen Physik begann, unter deren Eindruck Kant seine Philosophie entwarf, in der ein newtonscher Raum und eine newtonsche Zeit als transzendentale Formen der Anschauung eine zentrale Rolle spielen. Am Ende dieser Periode steht die Physik von Ernst Mach (1838–1916), die dann zur Relativitätstheorie Albert Einsteins (1679–1955) führte, welche den kategorialen Rahmen von Raum und Zeit völlig neu bestimmte. Nicht zuletzt sei auf die Paradoxien der Mengenlehre verwiesen, die Russell 1902 Frege mitteilte, wodurch eine Grundlagenkrise in der Mathematik hervorgerufen wurde. Dies sind nur einige Hinweise, die aber deutlich machen, daß in den ersten zwei Jahrzehnten des 20. Jhd.s in so gut wie allen Bereichen die Grundlagen neu bestimmt werden mußten. Damit sind wir an der Grenze dessen, was man als die Philosophie der Gegenwart bezeichnen kann, und damit auch an der Zeitgrenze dieser Vorlesungen.

- XV -

Immanuel Kant

1. Der formale Charakter der Philosophie

Die Selbständigkeit der Philosophie ist ein Problem, das so alt ist wie die Philosophie selbst: Am Beginn der (europäischen) Philosophie steht die Abgrenzung gegenüber dem Mythos, die Philosophie der christlichen Antike und die des Mittelalters mußte gegenüber der Theologie abgegrenzt werden, und in der Neuzeit stellte sich die Frage der Abgrenzung und Eigenständigkeit der Philosophie gegenüber der Wissenschaft. Die eigentliche Frage dabei war immer: Worin besteht die Selbständigkeit der Philosophie; worin besteht ihr eigenständiger, von niemand anderem leistbarer Beitrag
332 | zum kulturellen Leben einer Periode? Zunächst waren für lange Zeit *Inhalte* für die Abgrenzung bestimmend gewesen. Seit Petrus Lombardus im 12. Jhd. hatte sich ein Kanon typisch philosophischer Fragen herausgebildet (vgl. 2. Teil, Kap. VIII, 4), in dem z. B. die allgemeine Gotteslehre der Philosophie, die Lehre vom dreifaltigen Gott hingegen der Theologie zugeordnet wurde. In Hinsicht auf die Frage, worin die eigentliche Aufgabe der Philosophie besteht, wurde im Nominalismus der spätmittelalterlichen Philosophie ein sehr »moderner« Standpunkt vertreten: Das Spezifische der Philosophie wurde hier nicht in bestimmten Inhalten, sondern in der *sprachtheoretischen Analyse* von Begriffen und Sätzen – die philosophischer oder theologischer Natur sein konnten – und in der Analyse der Argumentationsformen gesehen, mit denen solche Inhalte begründet werden. Ähnliches gilt für die frühe Neuzeit: Die Philosophie wurde hier vor allem als *Methodenlehre* und gleichzeitig als allgemeine *Erkenntnistheorie* verstanden. Dies machen schon zahlreiche Buchtitel deutlich. So nannte Bacon seine Programmschrift *Neues Organum der Wissenschaft*; von großer Bedeutung waren Descartes' Schrift *Von der Methode des richtigen Vernunftgebrauchs und der wissenschaftlichen Forschung* sowie seine *Regeln zur Ausrichtung der Erkenntniskraft*; Locke schrieb die *Untersuchungen über den menschlichen Verstand*, auf die Leibniz mit den *Neuen Untersuchungen über den menschlichen Verstand* antwortete, um nur einige Beispiele zu nennen.

Die Philosophen der Neuzeit hatten also alle mit mehr oder weniger großer Deutlichkeit erkannt, daß die methodologischen und formalen Probleme das eigentliche Gebiet der Philosophie sind. Immanuel Kant (1724–1804) zog mit aller Schärfe die Konsequenz aus der vorausgegangenen Entwicklung und sagte, »das *Formale* in unserer Erkenntnis« sei »das hauptsächlichste Geschäft der Philosophie« (*Von einem neuerdings erhobenen vornehmen Ton in der Philosophie* VIII. S. 404). Wie Kant dieses Formale bestimmte, wird sich noch genauer zeigen. Zunächst ist es jedoch entscheidend, an Hand eines weiten und bewußt ungenauen Begriffs von »formal« die Bedeutung der kantischen Philosophie zu begreifen, denn gerade darin liegt es begründet, daß Kant bis heute im gesamten westlichen Denken eine Orientierungsfunktion besitzt, wie sie kein anderer Philosoph seit Platon und Aristoteles erlangt hat. Diese Bedeutung ist nicht gebunden an die bestimmte Form der Transzendentalphilosophie, die Kant seiner formalen Philosophie gegeben hat. Es zeigt sich nämlich immer wieder, daß auch viele von jenen, die der Transzendentalphilosophie ablehnend gegenüberstehen, deshalb noch in keiner Weise Kants Anliegen, das Formale als Hauptgeschäft der Philosophie anzusehen, ablehnen.

Der Ausdruck »Formalismus« diente Max Scheler (1874–1928) als kritischer und polemischer Begriff in der Auseinandersetzung mit Kant, vor allem mit dessen Ethik. Der Buchtitel *Der Formalismus in der Ethik und die materiale Wertethik* (Halle 1913/1916) stellt ein Programm dar. Scheler wollte damit darauf hinweisen, daß in Kants Denken keine inhaltlichen (materialen) Gehalte vorhanden sind, sondern daß dort nur formale, allgemeinste Strukturen behandelt werden. Es ist an dieser Stelle nicht notwendig, genauer in diese Diskussion einzutreten, aber gerade dieser polemische | 333 Begriff zeigt, daß Scheler die Struktur und Intention kantischen Denkens richtig charakterisiert hat: Kant wollte darauf hinweisen, daß die Philosophie eben keine eigenen Gehalte hat, weder im theoretischen noch im praktischen Bereich und ebensowenig in der Behandlung der Fragen der Kunst. Der philosophische Gebrauch des Verstandes und der Vernunft ist formal, d. h. es wird zunächst und zumeist nach der Form des Begreifens gefragt. Selbst zu denken, d. h. sich seines eigenen Verstandes und seiner eigenen Vernunft zu bedienen, ist Aufklärung (auf die Unterscheidung von Verstand und Vernunft wird weiter unten noch ausdrücklich eingegangen). Sich seines Verstandes und seiner Vernunft bedienen heißt in erster Linie, *Regeln* des Verstandes- und Vernunftgebrauchs zu finden, die allgemein anerkannt werden können und müssen, denen die inhaltlichen, materialen *Kenntnisse* gegenübergestellt werden. Dies bedeutet nichts anderes, als die formalen Fragen des Verstandes- und Vernunftgebrauchs als die erste Aufgabe der Philosophie anzusehen. Kant sagt dazu:

> *Selbstdenken* heißt den obersten Probierstein der Wahrheit in sich selbst (d. i. in seiner eigenen Vernunft) suchen; und die Maxime, jederzeit selbst zu denken, ist die *Aufklärung*. Dazu gehört nun eben so viel nicht, als sich diejenigen einbilden, welche die Aufklärung in *Kenntnisse* setzen; da sie vielmehr ein negativer Grundsatz im Gebrauche seines Erkenntnisvermögens ist, und öfter der, so an Kenntnissen überaus reich ist, im Gebrauche derselben am wenigsten aufgeklärt ist. Sich seiner *eigenen* Vernunft bedienen will nichts weiter sagen, als bei allem dem, was man annehmen soll, sich selbst fragen: ob man es wohl tunlich finde, den Grund, warum man etwas annimmt,

> oder auch die Regel, die aus dem, was man annimmt, folgt, zum allgemeinen Grundsatz seines Vernunftgebrauchs zu machen? (*Was heißt: Sich im Denken orientieren?* VIII. S. 146 f., Anm.)

Mit der Betonung dieser Formalität der Philosophie zieht Kant eine Konsequenz aus der Geschichte der Philosophie, wie sie in dieser Strenge vor ihm nicht gezogen worden war, und auch den nachfolgenden Generationen immer wieder Schwierigkeiten bereiten sollte. Viele selbst in unserer Gegenwart können sich damit immer noch nicht abfinden. Kant erkannte, daß die Philosophie keine Weltanschauung ist, d. h. daß sie *weder ein Weltbild* entwerfen *noch ein Wertesystem* hervorbringen kann. Philosophie ist vielmehr »nur« ein *kritisches Instrument* zur Überprüfung schon vorhandener Sätze, die von Dingen oder von Werten handeln. Durch die Philosophie werden an solche Sätze formale Kriterien angelegt, um sie zu analysieren, zu überprüfen, zu ordnen, zu systematisieren usw. Die Inhalte selbst kann jedoch die Philosophie nie hervorbringen, diese stammen immer aus anderen Bereichen, aus der Wissenschaft, der Religion, der Kunst, dem Alltagsleben und was immer man hier noch aufzählen will.

Stellt man dieses Verständnis von Philosophie in die lange Reihe der philosophi-
334 | schen Tradition, so zeigt sich, daß hier Philosophie auf jenen Bereich eingeschränkt wird, den Aristoteles im (später) so genannten *Organon* behandelt hatte. Gegenüber der mit Wolff noch einmal aufgelebten (vgl. Kap. XIII, 2) Tradition einer Philosophie, die auf so gut wie alle Fragen inhaltliche Antworten geben will, führt Kant also eine sehr *kritische Selbstbeschränkung* ein: Philosophie wird hier allein als kritisches Instrument gesehen und muß so unweigerlich bei jenen, die in der Philosophie eine Weltanschauung, Trost, einen Religionsersatz, eine inhaltliche Lebenshilfe oder ähnliches erwarten, Enttäuschung hervorrufen. Selbstverständlich gab es nach Kant und gibt es bis heute jene, die ein inhaltliches, materiales Philosophieverständnis vertraten und vertreten. Der Streit um den formalen Charakter der Philosophie ist bis heute nicht abgeschlossen. Tatsache ist jedoch, daß das auf den ersten Blick spröde, unergiebige und inhaltsleere Philosophieverständnis Kants bis heute immer wieder zum Orientierungspunkt einer kritisch aufgeklärten Philosophie wurde. Demgegenüber wurden viele Alternativen aufgestellt, mit denen versucht wurde, die kantische Selbstbeschränkung und Selbstbescheidung zu überwinden, ohne daß dies jedoch zu einem überzeugenden und dauerhaften Erfolg geführt hätte.

2. Der »sichere Gang einer Wissenschaft«

Kant hatte sich, wie es zu dieser Zeit fast eine Selbstverständlichkeit war, seit seiner Studienzeit in besonderer Weise für die Naturwissenschaften interessiert, und war – wie nicht anders zu erwarten – besonders durch das Werk Newtons beeindruckt.

Kant lehrte in Königsberg selbst mehrere naturwissenschaftliche Disziplinen, so physische Geographie und Mechanik, außerdem hielt er Vorlesungen über Mathematik. Seine Tätigkeit sowohl im Bereich der Philosophie als auch in dem der Naturwissenschaften und der Mathematik führte Kant zu der folgenden drängenden Frage: Woher kommt es, daß in den Naturwissenschaften und in der Mathematik eindeutige Fortschritte erzielt wurden, während dies in der Philosophie nicht der Fall ist? Warum werden in der Philosophie immer wieder verschiedenste Meinungen vorgetragen, ohne daß es zu einer Entscheidung über deren Wahrheit kommt? In der Philosophie gibt es bisher – mit den Worten Kants – nur ein »bloßes Herumtappen« (*Kritik der reinen Vernunft* [B VII]. III. S. 7). Kants Ausgangspunkt für diese Frage ist eindeutig: Während die anderen Disziplinen den »sicheren Gang einer Wissenschaft« (Ebd.) eingeschlagen haben und auf diesem Wege Fortschritte erzielen konnten, ist dies der Philosophie noch nicht geglückt. Eine Ausnahme bildet hier nur die Logik, die allerdings nach Kants Verständnis mit Aristoteles sofort »geschlossen und vollendet« war (Ebd. [B VIII]. III. S. 7). Um den Grund für die Differenz zwischen der Philosophie und den anderen Wissenschaften auffinden zu können, blickt Kant in die Geschichte zurück. Hierbei brauchen wir die Darstellung der Geschichte, wie Kant sie bietet, nicht im einzelnen zu verfolgen, es kommt vielmehr auf deren systematisches Ergebnis an. Kant stellt sich also die Frage: Wo begann der sichere Gang einer Wissenschaft, und was waren seine Gründe? Bei seinem Rückblick stellt Kant fest, daß es schon den Griechen der Antike gelungen ist, die Mathematik auf den sicheren Weg der Wissenschaft zu bringen.

Dem ersten, der den *gleichschenkligen* [*oder*: gleichseitigen] *Triangel* demonstrierte (er mag nun *Thales* oder wie man will geheißen haben), dem ging ein Licht auf; denn er fand, daß er nicht dem, was er in der Figur sah, oder auch dem bloßen Begriffe derselben nachspüren und gleichsam davon ihre Eigenschaften ablernen, sondern durch das, was er nach Begriffen selbst a priori hineindachte und darstellte (durch Konstruktion), hervorbringen müsse, und daß er, um sicher etwas a priori zu wissen, er der Sache nichts beilegen müsse, als was aus dem notwendig folgte, was er seinem Begriffe gemäß selbst in sie gelegt hat. (Ebd. [B XI f.]. III. S. 9)

Kant setzt an dieser Stelle eine wichtige Unterscheidung voraus: Es gibt Wissenschaften, die *a priori* vorgehen und Wissenschaften, die *a posteriori* vorgehen. Wissenschaften, die *a priori* vorgehen, sind solche, die ihre Erkenntnisse *unabhängig von der Erfahrung* gewinnen, also *nicht* durch das Ablesen von Eigenschaften an einer empirisch sichtbaren Figur. Sie gewinnen ihre Erkenntnisse aber auch *nicht aus dem bloßen Begriff heraus*, also nicht durch die Analyse von vorgegebenen Begriffen, wie es die Metaphysik – wie sie Kant in der Leibniz-Wolffschen Philosophie sah – bisher tat. Stattdessen erhalten die Wissenschaften, die *a priori* vorgehen, ihre Einsichten durch *Konstruktion*, d. h. durch das, was sich mit den Begriffsbestimmungen ergibt, die der

Verstand selbst von dem Gegenstand *hervorbringt*, d.h. er bringt das »hervor« oder »heraus«, was er selbst »hinein« dachte. Die Erkenntnis ergibt sich dabei, indem der Verstand sieht, daß er unter Voraussetzung bestimmter, selbst aufgestellter Begriffe *mit Notwendigkeit* andere Begriffe folgern kann. So folgt z.B. aus »gleichseitiges Dreieck« die Bestimmung »gleiche Größe der Winkel«. Dies ist nicht einfach eine Begriffsanalyse, da im Begriff des »Dreiseits« weder der Begriff des »Winkels« noch der Begriff der »gleichen Größe der Winkel bei gleicher Länge der Seiten« enthalten ist. Woher also kommt diese »neue« Erkenntnis? Zu Beginn seiner Überlegungen in der *Kritik der reinen Vernunft* stellt Kant sich daher die Frage, was in der Mathematik die Bedingung der Möglichkeit solcher *erkenntniserweiternder* Sätze durch reine Konstruktion ist. Die Antwort lautet, daß diese Konstruktion sich im Medium der reinen Anschauung von Raum und Zeit vollzieht. Daß dies die einzig mögliche oder auch nur die beste Erklärung für die Geltung der Sätze der Mathematik ist, wird heute allerdings nicht mehr angenommen. Zunächst einmal entscheidend ist aber der Gedanke der *Konstruktion* als Mittel der Erweiterung der Kenntnisse, die Frage der Bedingung der Möglichkeit dieser Konstruktion kann dann in verschiedener Weise beantwortet werden.

Wir kommen zur zweiten Gruppe der Wissenschaften, jenen also, die *a posteriori*
336 | vorgehen, d.h. den empirischen Wissenschaften. Die Naturwissenschaft begann erst viel später, der Auffassung Kants nach – der man im großen und ganzen zustimmen kann (vgl. Kap. III u. IV) – etwa seit Bacon und Galilei, den sicheren Weg einer Wissenschaft zu gehen. Auch hier spricht Kant wiederum, wie schon bei der Mathematik, von einer »Revolution der Denkart« (*Kritik der reinen Vernunft* [B XII]. III. S.10). Die Vertreter der modernen Naturwissenschaft haben nach Kant begriffen, daß nicht einfach die *Beobachtung*, sondern das *Experiment* den Ausschlag gibt.

Sie begriffen, daß die Vernunft nur das einsieht, was sie selbst nach ihrem Entwurfe hervorbringt, daß sie mit Prinzipien ihrer Urteile nach beständigen Gesetzen vorangehen und die Natur nötigen müsse auf ihre Fragen zu antworten, nicht aber sich von ihr allein gleichsam am Leitbande gängeln lassen müsse; denn sonst hängen zufällige, nach keinem vorher entworfenen Plane gemachte Beobachtungen gar nicht in einem notwendigen Gesetze zusammen, welches doch die Vernunft sucht und bedarf. Die Vernunft muß mit ihren Prinzipien, nach denen allein übereinkommende Erscheinungen für Gesetze gelten können, in einer Hand, und mit dem Experiment, das sie nach jenen ausdachte, in der anderen, an die Natur gehen, zwar um von ihr belehrt zu werden, aber nicht in der Qualität eines Schülers, der sich alles vorsagen läßt, was der Lehrer will, sondern eines bestallten Richters, der die Zeugen nötigt, auf die Fragen zu antworten, die er ihnen vorlegt. (Ebd. [B XIII]. III. S.10)

So nebenbei sei bei dieser Gelegenheit auf die glänzende sprachliche Form Kants hingewiesen. Kant baut zwar, dem Stil seiner Zeit entsprechend, lange Sätze, diese sind aber klar und durchsichtig konstruiert. Auch die Metapher des Richters, die bis in die moderne Wissenschaftstheorie hinein gebraucht wird, ist klar und erhellend.

Kant zieht hier die Konsequenz aus der Diskussion zwischen Rationalismus und Empirismus: Empirische Wissenschaft beruht weder allein auf der Beobachtung noch allein auf rationaler Konstruktion, sondern auf dem Experiment, in dem Beobachtung aufgrund einer rationalen Konstruktion durchgeführt wird. Es ist dabei interessant zu beobachten, daß Kant sich auf die ursprüngliche Wissenschaftstheorie Newtons bezieht und nicht auf die von Newton später durchgeführte empiristische Umdeutung derselben (vgl. Kap. X, 2). So wie in der Mathematik war es eine autonome Tätigkeit der Vernunft, welche die empirische Wissenschaft auf eine gesicherte methodologische Basis stellte, die es ihr somit ermöglichte, den sicheren Gang einer Wissenschaft einzuschlagen. Daraus ist für die Philosophie eine Lehre zu ziehen:

Ich sollte meinen, die Beispiele der Mathematik und Naturwissenschaft, die durch eine auf einmal zustande gebrachte Revolution das geworden sind, was sie jetzt sind, wäre[n] merkwürdig genug, um dem wesentlichen Stücke der Umänderung der Denkart, die ihnen so vorteilhaft geworden ist, nachzusinnen, und ihnen, soviel ihre Analogie, als Vernunfterkenntnisse, mit der Metaphysik verstattet, hierin wenigstens zum Versuche nachzuahmen. (*Kritik der reinen Vernunft.* [B XV f.]. III. S. 11) | 337

Es wurde in der Vorlesung wiederholt darauf hingewiesen, daß es für die Philosophie der Neuzeit kennzeichnend ist, daß ihr maßgebliches Gegenüber die Wissenschaft wird. Dies macht Kant jetzt ganz explizit und erhebt es zum Programm. Daraus ergibt sich auch die Stellungnahme Kants zum früheren Vorgehen in der Philosophie. In der bisherigen Philosophie wurde nach Kant angenommen, die Begriffe müßten sich nach den Gegenständen richten (Ebd. [B XVI]. III. S. 11 f.). Entsprechend der vorher verwendeten Metapher bedeutet dies, daß die Philosophen den Verstand als Schüler und nicht als Richter aufgefaßt haben. Was also in der Philosophie erforderlich ist, ist eine »Revolution der Denkungsart«, die sie auf den sicheren Weg einer Wissenschaft bringen soll. Es ist eine »Revolution«, d. h. eine Umkehrung der Betrachtungsweise, ähnlich jener Umkehrung der Betrachtungsweise bei Kopernikus, die sich auf die Himmelsbewegungen bezog (Ebd. S. 12). Es wird nun nicht mehr angenommen, daß sich der Verstand nach den Gegenständen der Erfahrung richtet, sondern daß vielmehr die

[...] Erfahrung selbst eine Erkenntnisart ist, die Verstand erfordert, dessen Regel ich in mir, noch ehe mir Gegenstände gegeben werden, mithin a priori voraussetzen muß, welche in Begriffen a priori ausgedrückt wird, nach denen sich also alle Gegenstände der Erfahrung notwendig richten und mit ihnen übereinstimmen müssen.
(Ebd. [B XVII f.] III. S. 12)

Die Frage ist dann, wie ich diese »Regel in mir« auffinden kann. Hier setzt nun die ausdrücklich *transzendentale Fragestellung* bei Kant ein, die bei ihm zum Programm wird. Transzendental heißt: Die Frage nach den Bedingungen der Möglichkeit von Erkenntnis stellen. Die sehr bekannte Formulierung dieses Programms lautet bei Kant:

> Ich nenne alle Erkenntnis transzendental, die sich nicht sowohl mit Gegenständen, sondern mit unserer Erkenntnisart von Gegenständen, insofern diese a priori möglich sein soll, überhaupt beschäftigt. Ein System solcher Begriffe würde Transzendental-Philosophie heißen. (Ebd. [B 25]. III. S. 43)

Es geht also in der Philosophie nicht um die Erkenntnis bestimmter Gegenstände, sondern um das Erfassen der *Erkenntnisweise* von Gegenständen. Das Erfassen dieser Erkenntnisweise ist nicht nur für die Philosophie die zentrale Aufgabe, sondern liefert gleichzeitig damit eine Grundlage aller Wissenschaft. Die Philosophie soll also nach Kant nicht nur in Analogie zur Wissenschaft aufgebaut, sondern auch als deren letzte Basis aufgezeigt werden. Die Erkenntnistheorie stellt damit auch die letzte Ebene der Wissenschaftstheorie dar.

Der Fortschritt der Wissenschaft ist nur möglich, wenn als Bedingung der Mög-
338 | lichkeit aller besonderen, einzelnen und versuchsweisen Konstruktionen des Verstandes ein einheitliches, und das heißt: Einheit herstellendes System allgemeinster Verstandesbegriffe vorausgesetzt wird. Es muß also ein allgemeinstes Koordinatensystem, ein Raster, eine Matritze geben, das die Einheit aller empirischen Erkenntnis und aller empirischen Theoriebildung abgibt, das aber selbst nicht empirischer Art sein darf, sondern *a priori*, d.h. – nicht zeitlich, sondern logisch-systematisch – *vor* aller Erfahrung liegen muß. Das Auffinden dieser reinen Verstandesbegriffe und die Bestimmung ihres Anwendungsbereichs, also ihrer *Reichweite* und ihrer *Grenzen*, stellt nach Kant die zentrale Aufgabe der theoretischen Philosophie als der Kritik der reinen (theoretischen) Vernunft dar. Die Frage ist dann, wie dieses System apriorischer Begriffe, welche die Bedingung der Möglichkeit aller Gegenstandserkenntnis liefern, aufgefunden werden kann. Kant sieht in der *Logik* einen *Leitfaden*, der das Auffinden der reinen Verstandesbegriffe ermöglicht. Damit sind wir bei dem, was im folgenden Punkt dargestellt werden soll. Es wird damit auch deutlich, warum seit Kants Erkenntniskritik die Logik – welche auch immer, denn es gibt mehr als eine Logik – eine Schlüsselfunktion für die gesamte Philosophie einnimmt. Die These Kants gilt auch dann weiter, wenn sich, wie es tatsächlich der Fall ist, die Annahme Kants, die Logik sei schon vollendet, als falsch herausstellen sollte. Die These, die Logik sei in ihrer aristotelischen Form vollendet, war übrigens schon zur Zeit Kants falsch, wenn man an die leibnizsche Logik denkt (vgl. Kap. XI, 2). Dennoch läßt sich von Kant her begründen, warum die große Entwicklung der Logik seit dem Beginn des 20. Jhd.s nicht nur ein historisches Faktum, sondern eine philosophiegeschichtliche Notwendigkeit darstellt.

3. Formale und transzendentale Logik

Kants Grundgedanke ist folgender: Der Mensch ist einer Vielzahl von sinnlichen Eindrücken ausgesetzt. Aber wodurch werden diese Eindrücke zu Gegenständen und darüber hinaus zu einem System von Gegenständen, also zu einer Welt? Dies ist nur möglich, indem der *Verstand*, und dieser wiederum unter der Leitung der *Vernunft*, eine *Einheit herstellt*, also die Empfindungen und Eindrücke unter einheitliche und Ordnung stiftende Gesichtspunkte stellt. Es geht hier also um die allgemeinste, einheitliche und Einheit hervorbringende Ordnungsfunktion zunächst des Verstandes und dann der Vernunft. Kant geht dabei aus von der Frage: *Woran kann man feststellen, wie der Verstand Ordnung stiftet?* Kants Antwort lautet: Am Gebrauch der logischen Regeln, d. h. an der Art und Weise, wie der Verstand diese anwendet. Die *Logik* kann somit als *Leitfaden* der Untersuchung dienen. Kant macht sich hier die Grenze, d. h. die prinzipielle Beschränkung der Logik, die in ihrer reinen Formalität besteht, zunutze.

Die Grenze der Logik aber ist dadurch ganz genau bestimmt, daß sie eine Wissenschaft ist, welche nichts als die formalen Regeln alles Denkens (es mag a priori oder empirisch sein [...]) ausführlich darlegt und strenge beweist. Daß es der Logik | 339
so gut gelungen ist, diesen Vorteil hat sie bloß ihrer Eingeschränktheit zu verdanken, dadurch sie berechtigt, ja verbunden ist, von allen Objekten der Erkenntnis und ihrem Unterschiede zu abstrahieren, und in ihr also der Verstand es mit nichts weiter, als sich selbst und seiner Form, zu tun hat. (*Kritik der reinen Vernunft*. [B VIII f.]. III. S. 8)

Die Logik hat es also nur mit den reinen Formen des Verstandes zu tun, sie kann somit dazu dienen, die gesuchte Ordnung und Einheit stiftende Tätigkeit des Verstandes zu identifizieren. Voraussetzung dafür ist allerdings, daß die Logik – im Unterschied zu allen anderen philosophischen Disziplinen – schon eine Vollständigkeit und Geschlossenheit erreicht hat, die es erlaubt, sie als sicheren Leitfaden der Analyse der Tätigkeit des Verstandes zu gebrauchen. Dies ist die systematische Bedeutung der schon erwähnten These Kants, die Logik sei seit Aristoteles »allem Ansehen nach geschlossen und vollendet« (Ebd. [B VIII]. III. S. 7). Die Logik wird also von Kant als adäquater Ausdruck einer anthropologischen Grundstruktur angenommen, von der aus eine rückschließende Analyse dieser Grundstruktur selbst unternommen werden kann. Kant wollte also die formale Logik nicht durch eine neue, transzendentale Logik ersetzen, sondern vielmehr die aristotelische formale Logik, die sich mit den Formen des Denkens überhaupt beschäftigt, dazu verwenden, um die allgemeinsten Formen der Erkenntnis aufzufinden. Die zentrale These Kants dazu lautet:

> Dieselbe Funktion, welche den verschiedenen Vorstellungen *in einem Urteile* Einheit gibt, die gibt auch der bloßen Synthesis verschiedene[r] Vorstellungen *in einer Anschauung* Einheit, welche, allgemein ausgedrückt, der reine Verstandesbegriff heißt. Derselbe Verstand also, und zwar durch eben dieselben Handlungen, wodurch er in Begriffen, vermittelst der analytischen Einheit, die logische Form eines Urteils zustande brachte, bringt auch, vermittelst der synthetischen Einheit des Mannigfaltigen in der Anschauung überhaupt, in seine Vorstellungen einen transzendentalen Inhalt, weswegen sie reine Verstandesbegriffe heißen, die a priori auf Objekte gehen, welches die allgemeine Logik nicht leisten kann. (Ebd. [B 105]. III. S. 92)

Selbstverständlich ist es ein und derselbe Verstand, der mit ein und derselben Handlung beides, die analytische und die synthetische Einheit, leistet (↑, ↓), wohingegen unser Weg der Erkenntnis von der analytischen zur synthetischen Einheit geht (⇓). Diese These sei in einem Schema verdeutlicht:

Einheit in einem *Urteil*		= *analytische Einheit*
↑		
Verstand	⇓	⇓
340 ↓		
Einheit der Synthesis verschiedener Vorstellungen in einer *Anschauung*		= *synthetische Einheit*

Bevor wir nun zu den »reinen Verstandesbegriffen« kommen, machen wir uns den Gedankengang Kants an empirischen Begriffen klar. Als Beispiel nehmen wir folgenden (nicht von Kant stammenden) Satz (Kant spricht von »Urteil«, um dadurch den Charakter der Tätigkeit und die Nähe zum Urteilsspruch des Richters, vgl. weiter oben, deutlich zu machen, und kann dabei auf den traditionellen Begriff *iudicium* zurückgreifen):

»Dieser Nagel ist aus Metall.«

Wir haben in der sinnlichen Empfindung aber weder einen Nagel, noch etwas, das aus Metall ist. Erst wenn wir durch eine Verstandestätigkeit, also durch eine explizite oder durch eine im allgemeinen Sprachgebrauch implizite Definition die Merkmale von »Nagel« und »Metall« festgelegt haben, *sehen* wir wirklich einen Gegenstand, von dem wir sagen können, er sei ein Nagel, und er sei aus Metall. Jedes empirische Urteil über Sinnesempfindungen setzt also schon eine Tätigkeit des Verstandes voraus. Wir haben zunächst bloße Sinneseindrücke (Farben, Formen, Bewegung usw.), die wieder von anderen bloßen Sinneseindrücken umgeben sind, einen Vorstellungsinhalt oder einen Gegenstand haben wir jedoch nicht. Erst wenn wir die Einheit des Begriffs »Nagel« bzw. »Metall« – d. h. alle Merkmale, die in ihm als Einheit gefaßt sind – auf diese Sinneseindrücke anwenden, ergibt sich ein Gegenstand; wir fassen also bestimmte Eindrücke zu einem Gegenstand zusammen.

Der für Kants Absicht entscheidende Gedanke ist nun folgender: Allen *konkreten*, auf einzelne Gegenstände oder Sachverhalte bezogenen *Urteilen* liegen allgemeinste *Urteilsformen* zugrunde, also allgemeinste Satzstrukturen. Die allgemeinste sieht folgendermaßen aus:

S(ubjekt) ist P(rädikat).

Genau solche allgemeinste Urteilsformen werden von der formalen Logik behandelt. Schon Aristoteles hatte in seiner Logik mit der Aufstellung der allgemeinsten Urteilsformen begonnen, diese also in Gruppen gebracht (vgl. 1. Teil, Kap. X, 3, c):

Alle S sind P	universell bejahend
Kein S ist P	universell verneinend
Einige S sind P	partikulär bejahend
Einige S sind nicht P	partikulär verneinend

Kant sagt daher, man müsse aufgrund dieser allgemeinsten Urteilsformen und den ihnen zugrundeliegenden allgemeinsten Begriffen *analytischer Einheit* (= formale Logik) jene allgemeinsten Begriffe *synthetischer Einheit* auffinden können, welche – bezogen auf die allgemeinsten Bedingungen der Möglichkeit von Anschauung überhaupt (Raum und Zeit = transzendentale Ästhetik) – die Bedingung der Möglichkeit der Gegenstandskonstitution abgeben. Es geht ihm also um die Auffindung der *reinen Verstandesbegriffe* (= transzendentale Logik). Die reinen Verstandesbegriffe sind dann die Kategorien, deren Einteilung sich wiederum aus einer Einteilung der verschiedenen Formen der Urteile ergeben muß.

analytische Einheit (allgemeinste Subjekt-Prädikat-Beziehungen)		*reine Logik*
↑		
Verstand	⇓	⇓
↓		
synthetische Einheit (reine Verstandesbegriffe)		*transzendentale Logik*

Diese allgemeine Struktur ist wichtiger als die konkrete Durchführung, die Kant in der *Urteilstafel* (Ebd. [B 95]. III. S. 87) und der daraus hergeleiteten *Kategorientafel* (Ebd. [B 106]. III. S. 93) vorlegt. Zur Urteilstafel ist folgendes zu sagen: Kant wollte den Anschein erwecken, diese Tafel stamme aus der traditionellen Logik. Dies ist aber nicht der Fall, d. h.: In dieser Form stammt sie von ihm selbst. Damit legt sich der Verdacht einer zirkulären Argumentation nahe. Kant war sich dieser Tatsache allerdings bewußt. Er versuchte daher, die Urteilstafel damit zu rechtfertigen, daß er sagte, früher, d. h. bei Aristoteles, seien die Grundbegriffe nur induktiv zusammengestellt worden, erst jetzt könnten sie aus der Einsicht in die Einheit der Verstandestätigkeit einheitlich geordnet werden (Ebd. [B 107]. III. S. 93). Der Verdacht einer zirkulären Argumentation Kants ist damit allerdings noch nicht beseitigt.

Die Herleitung – Kant nennt dies »Deduktion« – der Kategorien aus den Urteilsformen ist in den einzelnen Fällen verschieden leicht einsichtig. Da es uns hier nur auf das Grundprinzip ankommt, nehmen wir zwei Beispiele, durch welche die Herleitung leichter ersichtlich wird:

kategorisches Urteil: *S ist P.*		Urteil
↑		
Verstand	⇓	⇓
↓		
Inhärenz (Substanz/Akzidenz)		Verstandesbegriff (Kategorie)

In der Behauptung des kategorischen Urteils wird einem Subjekt eine Eigenschaft, ein Prädikat, zugesprochen, was voraussetzt, daß eine Einheit zwischen Subjekt und Prädikat besteht. Durch dieselbe Tätigkeit wird in der reinen Anschauung (Raum, Zeit) die Einheit des Mannigfaltigen durch die reinen Verstandesbegriffe Substanz/Akzidenz hergestellt. Dies sind somit reine »Rahmenbegriffe«, die dann, wenn in der reinen Anschauung eine bestimmte empirische Empfindung oder Wahrnehmung auftritt, die Einheit und damit den Gegenstand dieses Mannigfaltigen herstel-
342 | len, so daß sich etwa das (empirische) Urteil »Dieser Nagel (Substanz) ist aus Metall (Akzidenz)« ergibt. Ein zweites Beispiel:

hypothetisches Urteil: *Wenn A, dann B.*		Urteil
↑		
Verstand	⇓	⇓
↓		
Kausalität (Ursache/Wirkung)		Verstandesbegriff (Kategorie)

Die gleiche Verstandestätigkeit, die im hypothetischen Urteil zwei Begriffe in eine wenn-dann-Beziehung setzt, erwirkt in der reinen Anschauung (Raum, Zeit) einen allgemeinsten »Rahmenbegriff«, der zwei Anschauungen als Ursache und Wirkung miteinander verbindet. Wiederum: Liegt eine bestimmte, konkrete Wahrnehmung vor, so wird durch diese Tätigkeit des Verstandes die Einheit der nun geordneten, d.h. aufeinander bezogenen Gegenstände hergestellt. So wird z.B. aus Gruppen noch nicht geordneter Empfindungen des Tastsinns oder des Gesichtssinns das empirische Urteil »Es regnet (Ursache), daher ist die Straße naß (Wirkung)« möglich. Es handelt sich hier um eine Tätigkeit des Verstandes, denn es gibt zwar eine Sinnesempfindung, die mit »Regen« bezeichnet werden kann, und eine, die mit »nasse Straße« bezeichnet werden kann, es gibt aber keine, die mit »daher« bezeichnet werden kann. Kausalität ist eben keine Sinnesempfindung, und sie beruht auch nicht auf Sinnesempfindungen. Wir können von ihr nur sprechen aufgrund einer Kategorie, die im Verstand *a priori*, d.h. vor aller Sinneserfahrung, vorhanden ist.

Kant gibt damit auch eine Antwort auf die Probleme, die Hume in Hinsicht auf die Kausalität aufgeworfen hatte (vgl. Kap. XII, 2): Eine rein empiristische Erklärung von Ursache und Wirkung ist nicht möglich, und auch der Rückgriff auf die Gewöhnung führt nicht weiter. Ohne die Annahme einer Tätigkeit der Vernunft gibt es für die Vorstellung von Ursache und Wirkung keine Erklärung. Dies ist der rationalistische Beitrag zur kantischen Lösung des Problems.

4. Erkenntniskritik als Transzendentalphilosophie

In dem bisher Gesagten ist Kants transzendentale Erkenntniskritik schon enthalten. Jede Erkenntnis setzt sich – nicht getrennt, sondern in ein und demselben Vorgang – aus zwei Bestandteilen zusammen: Das eine sind die Empfindungen, ihre Quelle ist eine »an sich« nicht erkennbare Außenwelt (bei Kant: »Ding an sich«); das andere sind einerseits die Formen der reinen Anschauung (Raum und Zeit) und andererseits die reinen Verstandesbegriffe (Kategorien). Der Gegenstand, also das Objekt der Erkenntnis, wird immer durch das Zusammenwirken dieser Faktoren *hervorgebracht*. Diese Bestandteile lassen sich allerdings nur theoretisch in der Analyse des Erkenntnisvorgangs trennen, keiner von ihnen tritt irgendwo rein auf, und die Erkenntnis eines Gegenstandes besteht daher auch nicht in der Zusammensetzung von verschiedenen Bestandteilen, sondern ist immer schon ein zusammengesetztes Ganzes, d. h. die konkrete (= zusammengewachsene) Erkenntnis eines bestimmten Gegenstandes. Die Kategorien sind gleichsam das Netz (oder der Filter), das der Verstand über die Empfindungen legt, wodurch dem Gegenstand der Erkenntnis seine Form aufgeprägt, genau dadurch aber auch der Gegenstand der Erkenntnis erzeugt wird. Damit ist schon gesagt, daß wir prinzipiell über »Dinge an sich«, die außerhalb und vor unserer Erkenntnis gedacht werden, nichts aussagen können. Eigentlich ist schon der Ausdruck »Ding« in »Ding an sich« unangemessen. Erkenntnis gibt es nur dort, wo den Empfindungen durch die reine Anschauung und durch die reinen Verstandesbegriffe ihre Stelle und ihre Form zugewiesen wird.

Mit dieser Theorie meint Kant den Gegensatz von Empirismus und Rationalismus überwunden zu haben. Von bleibender Bedeutung an der Theorie Kants ist die These, daß in jeder Erkenntnis eine apriorische, d. h. vor aller Erfahrung liegende und strukturell von dieser unabhängige Tätigkeit des Verstandes am Werk ist. Diese These gilt auch dann weiter, wenn man nicht annimmt, daß diese Tätigkeit des Verstandes aufgrund anthropologischer Konstanten vor sich geht. Man würde gegenwärtig eher annehmen, daß es geschichtlich gewordene Strukturen der Sprache – in denen auch die Logik enthalten ist – sind, welche die Kategorien liefern, die die Gegenstände unserer Erkenntnis hervorbringen. Auch in diesem Fall aber bleibt bestehen, daß die Gegenstandswelt unserer Erfahrung von Kategorien her (mit)geprägt ist, die nicht schon aus der Erfahrung stammen, sondern dieser gegenüber apriorisch, wenn auch nicht apriorisch im Sinne von »überzeitlich« sind, sondern sprachlich-geschichtlich, denen somit frühere und sprachlich-geschichtlich vielleicht etwas verschiedene Kategorien vorausliegen können.

Im Auffinden der reinen Verstandesbegriffe und in der Grenzziehung ihrer Reichweite sah Kant die einzig sinnvolle und einzig mögliche Aufgabe der theoretischen Philosophie. Die Durchführung dieser Aufgabe ist nichts anderes als die Kritik der reinen Vernunft.

Die schwierigsten und dunkelsten Teile der *Kritik der reinen Vernunft* beschäftigen sich allerdings genau mit jenen Fragen, die den Übergang von Begriffen zu Anschauungsformen betreffen (= Schematismus der reinen Verstandesbegriffe), die also die Hervorbringung des konkreten, d. h. aus Begriff und Anschauung zusammengewachsenen Gegenstandes ermöglichen sollen.

> Nun ist klar, daß es ein Drittes geben müsse, was einerseits mit der Kategorie, andererseits mit der Erscheinung in Gleichartigkeit stehen muß, und die Anwendung der ersteren auf die letzte[re] möglich macht. Diese vermittelnde Vorstellung muß rein (ohne alles Empirische) und doch einerseits *intellektuell*, andererseits *sinnlich* sein. Eine solche ist das *transzendentale Schema*. (*Kritik der reinen Vernunft*. [B 177]. III.
> 344 | S. 134)

Kants Lösung bleibt dunkel, und wenn Kants Darlegungen dunkel erscheinen, so ist dies bei der sonstigen Klarheit seiner Sprache ein Hinweis darauf, daß er für ein Problem keine für ihn ausreichende und definitive Lösung gefunden hatte. Dafür sei als Beispiel Kants Schema zur Bestimmung von »Zahl« gegeben:

> Das reine Bild aller Größen *(quantorum)* vor dem äußeren Sinne, ist der Raum; aller Gegenstände der Sinne aber überhaupt, die Zeit. Das reine *Schema* der *Größe* aber *(quantitatis)*, als eines Begriffs des Verstandes, ist die *Zahl*, welche eine Vorstellung ist, die die sukzessive Addition von Einem zu Einem (gleichartigen) zusammenbefaßt. Also ist die Zahl nichts anderes, als die Einheit der Synthesis des Mannigfaltigen einer gleichartigen Anschauung überhaupt, dadurch, daß ich die Zeit selbst in der Apprehension der Anschauung erzeuge. (Ebd. [B 182]. III. S. 137)

Die Zahl wird also im Rahmen eines Schemas bestimmt, das einerseits intellektuell, andererseits sinnlich sein soll. Woher aber die sukzessive Addition von Einem zu Einem kommen soll, bleibt wieder unklar; und warum diese Vorstellung Raum und Zeit benötigt, bleibt ebenso unklar. Daß diese letztere Annahme aber eine zumindest poblematische, mit größerer Wahrscheinlichkeit aber falsche Analyse ist, zeigte die weitere Diskussion. Frege kritisierte sie ausdrücklich: Zahlen sind nicht Eigenschaften von Gegenständen, sondern von Begriffen (vgl. Kap. XXV, 3). Dies wäre dann doch wieder die rationalistische Lösung. Mit Frege ist aber die Diskussion über den Begriff der Zahl keineswegs beendet, und sie hat bis heute keinen allgemein überzeugenden Abschluß gefunden.

Die kantische Problematik des Schematismus der reinen Verstandesbegriffe zeigt, daß Kant durch einen neuen Theorienansatz zwar den alten Gegensatz von Empirismus und Rationalismus überwinden kann, daß dieser aber in neuer Form an anderer Stelle wieder auftaucht: Auf die Frage, wie etwas einerseits intellektuell und andererseits sinnlich sein kann, lassen sich allerdings nur dunkle Lösungsvorschläge geben. Man sollte Kant aber hier keine ungerechten Vorwürfe machen, denn die Lösungen, welche die antike und die mittelalterliche Philosophie für den Übergang von Sinnlichkeit zum Begriff in der Abstraktionslehre angeboten hatten, waren nicht weniger bedenklich. Auch der Zusammenhang zwischen Theoriesätzen und empirischen Protokollsätzen, wie ihn die gegenwärtige Wissenschaftstheorie diskutiert, hat in keiner Weise eine definitive Lösung gefunden. Die formale Verhältnisbestimmung von Verstandeskategorien und sinnlicher Anschauung, wie Kant sie geliefert hat, findet sich auch bei vielen, die seine Transzendentalphilosophie nicht akzeptieren, so etwa in der Verhältnisbestimmung von Theorie und Erfahrung, wie sie häufig in der heutigen Wissenschaftstheorie vorgenommen wird. So lesen wir z.B. bei Popper:

Es gibt keine reinen Beobachtungen: sie sind von Theorien durchsetzt und werden von Problemen und Theorien geleitet. (K. R. Popper: *Logik der Forschung*. 3. Aufl., Tübingen 1969, S. 76) 345

5. Die Vernunftideen und der transzendentale Schein

Erkenntnis findet also nach Kant nur dort statt, wo das empirische Moment der Erfahrung und das apriorische Moment der Verstandeskategorien zusammentreffen. Es ist jedoch auch möglich, auf die *Gesamtheit* – die Totalität, nicht die Summe! – aller so bedingten Erkenntnis zu reflektieren. Diese Reflexion ist jedoch nach Kant nicht eine, die nachträglich vorgenommen wird, sondern sie ist als vereinheitlichende und Einheit hervorbringende Tätigkeit in jeder konkreten Erkenntnis eines Gegenstandes immer schon mitgegeben. Terminologisch unterscheidet Kant diese Tätigkeit, die er als eine der *Vernunft* bezeichnet, von der bisher genannten Tätigkeit des *Verstandes*.

Also ist der transzendentale Vernunftbegriff kein anderer, als der von der *Totalität* der *Bedingungen* zu einem gegebenen Bedingten. Da nun das *Unbedingte* allein die Totalität der Bedingungen möglich macht, und umgekehrt die Totalität der Bedingungen jederzeit selbst unbedingt ist; so kann ein reiner Vernunftbegriff überhaupt durch den Begriff des Unbedingten, sofern er einen Grund der Synthesis des Bedingten enthält, erklärt werden. (*Kritik der reinen Vernunft* [B 379]. III. S. 251)

Man kann sich dies am Beispiel zweier Vernunftbegriffe – »Welt« und »Ich« – in einem vereinfachenden Schema klarmachen:

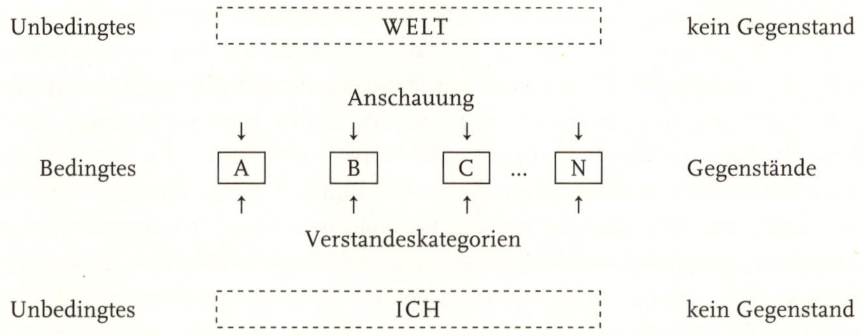

Aus Empfindungen innerhalb der transzendentalen Anschauung von Raum und Zeit ergeben sich durch die Kategorien des Verstandes die Gegenstände der Erkenntnis. Ich erkenne zunächst also eine Anzahl von Gegenständen. Nun stelle ich mir alle weiteren wirklichen und möglichen Gegenstände der Erkenntnis vor und sehe dar-
346 | über hinaus alle zusammen als Einheit. Dies ergibt einen Begriff von »Welt«. Ebenso stelle ich mir den Träger aller wirklichen und möglichen Verstandes- und synthetisierenden Anschauungstätigkeit als Einheit vor. Dann habe ich einen Begriff von »Ich«. Die Frage ist nur, welche Funktion diese Begriffe von »Welt« und von »Ich« haben und was sie mir eigentlich liefern. Dahinter steht die Frage, was denn eigentlich diese Einheit, diese Totalität, bedeutet. Die naheliegende und »normale« Analyse sieht – an einem Beispiel erörtert – etwa so aus: Ich habe – in einer kleinen Welt – zunächst verschiedene einzelne Gegenstände A, B, C, ... N, also etwa Zahnrädchen, Federn, Zeiger usw. vor mir, und aus diesen setze ich dann etwas Ganzes zusammen, z. B. eine Uhr, die also jetzt meine kleine Welt darstellt. Die geordnete und zusammengefügte Gesamtheit der einzelnen Gegenstände ergibt also einen neuen Gegenstand, ein Ganzes höherer Komplexität. In Wirklichkeit bleibe ich aber hier auf der Ebene einer Summe und erreiche nicht das, was Kant unter Totalität anzielt. Ganz ähnlich könnte jemand täglich protokollarisch Eintragungen in sein Tagebuch über das machen, was er jeweils an einem Tag durchgeführt hat, und wenn er dies dann in eine erzählende biographische Einheit bringt, so könnte man sagen, es wird das dargestellt, was das »Ich« des Erzählers ist, es ergäbe sich also der neue Gegenstand der Lebensbeschreibung des Erzählers. Aber auch hier gelangen wir nicht über das hinaus, was eine Summe ist. Kant geht es aber um etwas anderes, es geht ihm um das, was vorher im Zitat als die »Totalität der Bedingungen zu einem gegebenen Bedingten« bezeichnet wurde. In unseren Beispielen ist folgendes gemeint: Der Konstruktionsplan, der die Konstruktion der Uhr ermöglichte, ist nicht selbst ein Gegenstand meiner kleinen, nun geordneten und zusammengefügten Welt; und ähnlich ist der

Erzähler der Biographie als Erzähler nicht selbst ein Gegenstand der Erzählung. Sowohl der Einheit stiftende Konstruktionsplan als auch der Einheit stiftende Erzähler sind Bedingungen der Möglichkeit der Einheit, aber nicht selbst ein Gegenstand wie die hervorgebrachten Gegenstände. Man kann sich die Sache auch in Analogie zum Mengenparadox folgendermaßen klarmachen: Das ICH, das alle äußeren und inneren Handlungen des Ich zusammenfaßt, kann nicht noch einmal als eine solche Handlung vorgestellt werden, sonst brauche ich, um jetzt wieder eine Einheit von allen diesen Handlungen herzustellen, wieder ein weiteres Einheit stiftendes Ich und so fort bis ins Unendliche. Die Einheit aller Bedingungen aber ist der Definition nach schon das Unbedingte. Es geht hier Kant nur um den logisch strengen Begriff von »un-bedingt«, d. h. von etwas, das nicht selbst nochmals bedingt ist.

> Daher sind die reinen Vernunftbegriffe von der Totalität in der Synthesis der Bedingungen wenigstens als Aufgaben, um die Einheit des Verstandes, womöglich, bis zum Unbedingten fortzusetzen, notwendig und in der Natur der menschlichen Vernunft gegründet, es mag auch übrigens diesen transzendentalen Begriffen an einem ihnen angemessenen Gebrauch in concreto fehlen, und sie mithin keinen anderen Nutzen haben, als den Verstand in die Richtung zu bringen, darin sein Gebrauch, indem er aufs äußerste erweitert, zugleich mit sich selbst durchgehends einstimmig gemacht | 347
> wird. (Ebd. [B 380]. III. S. 251 f.)

Das Verständnis dieses Gedankens bereitet vielen ziemliche Schwierigkeiten und sie vermuten hier irgendetwas Mysteriöses, was auch dadurch hervorgerufen wird, daß sie an den heute gelegentlich vorkommenden vagen Gebrauch des »Unbedingten« denken, der häufig nur dazu dient, das Wort »Gott« nicht in den Mund nehmen zu müssen. Der Begriff des Unbedingten bei Kant hat aber überhaupt nicht Mysteriöses an sich. Obwohl Beispiele in diesem Bereich immer problematisch sind, möchte ich das von Kant Angezielte an einem Beispiel erläutern: Um einen Satz einer Sonate spielen oder auch nur richtig hören zu können, muß man die Sonatenform kennen. Die Sonatenform ist die *Bedingung der Möglichkeit* eines Satzes einer Sonate, die einzelnen Töne machen nur Sinn innerhalb dieser Form. Die Sonatenform selbst kann aber *kein Gegenstand* einer Komposition oder einer Aufführung sein, sie hat keine Töne (kantisch: Es gibt für sie keine Anschauung). – Vorausgreifend kann man sich diesen Zusammenhang – m. E. ganz zu Recht – auch in der Terminologie Wittgensteins von »Sagen« und »Sich-Zeigen« (vgl. Kap. XXVI, 2) klarmachen: Den Gegenständen entsprechen *Sätze*, die man also *sagen* kann, das, was die Einheit aller dieser Sätze ausmacht, ihre *logische Form* also, das *zeigt sich* zwar an und in den Sätzen, es kann aber selbst nicht in Sätzen ausgesagt werden (Damit keine Verwechslung entsteht: Das »Sich-Zeigen« Wittgensteins entspricht dem weiter unten noch zu besprechenden heuristischen Gebrauch Kants und nicht dem ostensiven, wie die Wortwurzel *ostendere* = »zeigen« nahelegen könnte!).

Die Vernunft hat also die Funktion, die Einheit der Erkenntnis herzustellen. So setzt die Vernunft die reinen Vernunftbegriffe oder Ideen »Welt«, »Seele« und »Gott« («Gott« = Zweckmäßigkeit der Einheit aller Dinge) mit Notwendigkeit voraus. Dann aber zeigt sich nach Kant die entscheidende Grenze der Erkenntnis: Diese Ideen liefern keine Gegenstände der Erkenntnis und können sie auch gar nicht liefern, denn sie sind als Totalität oder als Ganzheit nie ein mögliches Objekt der Erkenntnis. Es gibt keine Empfindung, keine Wahrnehmung von etwas »Totalem«. Man kann sie jedoch auch nicht aus Einzelnem erschließen, denn die Kategorie der Kausalität ist wiederum an Erfahrung gebunden und kann daher nicht auf Gegenstände jenseits aller Erfahrung angewandt werden. Ebenso kann man auf diese Ideen nicht andere Gegenstandskategorien – wie z. B. »Substanz« – anwenden. Tut man dies trotzdem, verfällt man dem »transzendentalem Schein«, d. h. einer Täuschung bezüglich des erkenntnistheoretischen Status dieser Ideen. Die Kategorien haben nur dort eine Funktion, wo Gegenstände der Erfahrung konstituiert werden, dies ist aber auch die Grenze ihrer Anwendbarkeit. Da es für die Vernunftbegriffe keine Anschauung gibt, sind sie keine Gegenstände, und deshalb können und dürfen die Kategorien des Verstandes nicht auf sie angewandt werden. Im Schema weiter oben wird dies dadurch gezeigt, daß die gestrichelt umrahmten Be-
348 | griffe *keine* Gegenstände bezeichnen. Werden sie als solche wie die fest umrahmten Gegenstandsbegriffe aufgefaßt, so liegt eine Täuschung vor, es handelt sich dann um Schein-Gegenstandsbegriffe.

Kant spricht hier von *Vernunft* im Unterschied zum *Verstand*. In der philosophischen Tradition denken wir bei »Vernunft« an *intellectus* und bei »Verstand« an *ratio*, eine Unterscheidung, die seit der antiken neuplatonischen Philosophie immer eine große Rolle gespielt hat (vgl. 1. Teil, Kap. XVII, 4). Diese Unterscheidung steht sicher im Hintergrund der kantischen Konstruktion, und Kant war sich dieser Herkunft auch bewußt. Eine einfache Übertragung dieses traditionellen Schemas auf die kantische Philosophie wäre jedoch ein Irrtum. Bei dem Schema von *intellectus* und *ratio* ist mit *intellectus* an ein der *ratio* gegenüber *höheres* Vermögen gedacht, d. h. an ein Vermögen, das dann in Funktion tritt, wenn der Bereich der *ratio* überschritten wird. Genau dies ist aber bei Kant nicht der Fall: Die Vernunft ist ein Vermögen, das untrennbar von der Tätigkeit des Verstandes ist, das eine entscheidende, Einheit stiftende Funktion für die Erkenntnisse des Verstandes hat. Genau dann, wenn die Vernunft als höheres Vermögen mit eigenen Gegenständen der Erkenntnis aufgefaßt wird, tritt sie in den Bereich des Scheins ein. Kant schreibt also der Vernunft eine Funktion zu, die eigentlich genau das bestreitet, was mit dem traditionellen *intellectus* gemeint war. Dieser Punkt ist entscheidend, denn der Deutsche Idealismus wird wiederum eine intellektuelle Anschauung annehmen, und die in diesen Vorlesungen daran geübte Kritik ist kantisch (und wittgensteinisch) geprägt.

Die Vernunft ist der Bereich der Ideen. Die Ideen haben eine wichtige Funktion: Sie sind *regulativ* für die Erkenntnis, d. h. sie richten die Erkenntnis auf eine immer größere systematische Einheit der einzelnen Erkenntnisse aus. Auf diese Einheit hinzustreben ist nicht etwas, das neben oder über der Verstandeserkenntnis der einzelnen Gegenstände steht.

> Wenn man nun zeigen kann, daß, obgleich dreierlei transzendentalen Ideen (*psychologische, kosmologische*, und *theologische*) direkt auf keinen ihnen korrespondierenden Gegenstand und dessen *Bestimmung* bezogen werden, dennoch alle [*oder*: als] Regeln des empirischen Gebrauchs der Vernunft unter Voraussetzung eines solchen *Gegenstandes in der Idee* auf systematische Einheit führen und die Erfahrungserkenntnis jederzeit erweitern, niemals aber derselben zuwider sein können: so ist es eine notwendige *Maxime* der Vernunft, nach dergleichen Ideen zu verfahren. (*Kritik der reinen Vernunft* [B 699]. III. S. 443)

Die Ideen sind aber nicht *erkenntniskonstitutiv*, denn sie konstituieren keine Erkenntnis des Ganzen, weil Totalität als Unbedingtes eben kein Gegenstand theoretischer Erkenntnis sein kann. Entscheidend hingegen ist ihre *erkenntnisregulative* Funktion:

> Und dieses ist die transzendentale Deduktion aller Ideen der spekulativen Vernunft, nicht als *konstitutiver* Prinzipien der Erweiterung unserer Erkenntnis über mehr Gegen- | 349
> stände, als Erfahrung geben kann, sondern als *regulativer* Prinzipien der systematischen Einheit des Mannigfaltigen der empirischen Erkenntnis überhaupt, [...]. (Ebd.)

Kant verdeutlicht diesen Punkt noch einmal, indem er sagt, die Idee sei nur ein »heuristischer« und nicht ein »ostensiver Begriff« (Ebd.), d. h. die Ideen liefern nur ein *Prinzip* der Tätigkeit *des Suchens* – Heuristik ist die Kunst des Suchens – nach weiteren Gegenständen der Erkenntnis und deren Einheit, sie sind aber selbst eben kein Gegenstand der Erkenntnis, man kann nicht auf sie hinzeigen (*ostendere* = »hinzeigen«).

Genau an diesem Punkt setzt die Kritik Kants an aller spekulativen Metaphysik, Psychologie und Theologie ein, denn diese geben alle vor, Ideen könnten Objekte der Erkenntnis werden. Besonders bekannt ist in diesem Bereich die Kritik Kants an den kosmologischen Gottesbeweisen und die Kritik an Behauptungen über die Ewigkeit oder Nicht-Ewigkeit der Welt. Daß bei allen diesen sogenannten »Beweisen« transzendentaler Schein am Werke ist, versucht Kant in der transzendentalen Dialektik dadurch aufzuzeigen, daß der Vertreter der einen Position jeweils durch den Beweis der Unmöglichkeit der gegenteiligen Position die Richtigkeit der eigenen Theorie nachzuweisen meint. Die eigentliche Kritik Kants besteht jedoch darin, nachzuweisen, daß jeweils *beide* Positionen dem transzendentalen Schein erliegen. So wird z. B. im kosmologischen Gottesbeweis die Totalität der Gegenstände, die Welt also, als Gegenstand aufgefaßt, und auf diesen Gegenstand wird die Kategorie der Kausalität angewandt. Dies aber ist transzendentaler Schein: Die Kategorie der Kausalität gilt nur für die Beziehung von Gegenständen *innerhalb* der Welt der Erscheinungen, sie läßt sich jedoch nicht auf die Welt-Totalität anwenden, weil diese kein Gegenstand der Erfahrung sein kann.

Auch hier ist wieder zu sagen: Die Kritik Kants ist im Einzelnen manchmal nicht recht stichhaltig, doch daraus folgt freilich nicht, daß die von Kant kritisierte spekulative Metaphysik, Psychologie und Theologie richtig sind. Es legt sich vielmehr die schon vielfach überprüfte Vermutung nahe, daß es der Mühe wert ist, die schwachen Punkte der Kritik aus Kants eigenen (und später dazugewonnenen) Erkenntnissen konstruktiv zu korrigieren. Im Unterschied zu Hegels System ist Kants Philosophie im einzelnen »verbesserungsfähig«, was aber nicht *gegen*, sondern *für* Kants System spricht.

In diesem Zusammenhang ist es wichtig zu sehen, daß Kant den Begriff »Dialektik«, der später beliebt wurde, in strikt kritischem Sinne gebraucht: *Dialektik* ist jener Teil der *Kritik der reinen Vernunft*, in dem der transzendentale Schein aufgedeckt wird. Bei Kant wird der Dialektik keine konstruktive Bedeutung für Erkenntnis zugeschrieben. Für ihn ist Dialektik

> […] die *Logik des Scheins*. Eine sophistische Kunst, seiner Unwissenheit, ja auch seinen
> 350 | vorsätzlichen Blendwerken den Anstrich der Wahrheit zu geben, daß man die Methode
> der Gründlichkeit, welche die Logik überhaupt vorschreibt, nachahmte, und ihre Topik
> zu Beschönigung jedes leeren Vorgebens benutzte. (Ebd. [B 86]. III. S. 81)

Der Deutsche Idealismus kann in einem ganz allgemeinen Sinne dadurch gekennzeichnet werden, daß seine Vertreter meinten, diese Beschränkung Kants aufheben zu können und zu müssen, so daß Dialektik nicht mehr als die Kritik des dialektischen Scheins auftritt sondern – positiv gewendet – als die Methode der Auffindung der Wahrheit. Dialektik bewegt sich dann im Medium einer (behaupteten) intellektuellen Anschauung und ist die innere Explikation derselben. Dialektik wird hier zum Verfahren der idealistischen Kritik und Überwindung der »Beschränktheit« der Philosophie Kants. An diesem Punkt scheiden sich die Geister bis heute. Logiker und Dialektiker sprechen verschiedene Sprachen, für die Logiker bleibt die Dialektik eine Logik des Scheins, für die Dialektiker ist die Logik nur ein Teilbereich, dessen Beschränkung überwunden werden muß.

6. Die Vernunftideen im Gebrauch der praktischen Philosophie

Wie schon gesagt, gebraucht Kant für die Funktion und den Gebrauch der Ideen innerhalb der theoretischen Philosophie eine sehr »moderne« Formulierung: Die Ideen sind eigentlich nur *heuristische* und *nicht ostensive* Begriffe. Sie *zeigen* auf keinen Gegenstand und können somit auch nicht aussagen, wie er beschaffen wäre, wohl aber weisen sie in die Richtung, in der wir die größte systematische Einheit unserer Erkenntnisse *suchen* sollen, immer im Wissen darum, daß diese im theoretischen Vernunftgebrauch prinzipiell nicht gefunden werden kann. Kant sagt von diesem heuristischen Gebrauch, es sei ein »Als-ob«-Gebrauch:

Alsdann heißt es z. B.: die Dinge der Welt müssen so betrachtet werden, *als ob* sie von einer höchsten Intelligenz ihr Dasein hätten. (*Kritik der reinen Vernunft*. [B 698 f.]. III. S. 443)

Die Vernunft arbeitet also so, als ob es etwas gebe, was Welt, was Ich und was der letzte Grund von allem, also im Sinne Kants eine höchste Intelligenz, ist, im strengen Wissen darum, daß die *theoretische* Vernunft zu keiner Erkenntnis von Gegenständen gelangen kann, die diesem Als-ob-Gebrauch entsprechen. Kant nimmt jedoch an, daß es außer diesem Als-ob-Gebrauch der Ideen noch einen anderen gibt, einen Gebrauch, in dem es zu echten Aussagen kommt, die über alle mögliche Erfahrung hinausgehen. Allerdings ist dies im Bereich der theoretischen Vernunft nicht möglich, wohl aber in dem der *praktischen Vernunft*, also, wie Kant dies ausdrückt, »in praktischer Absicht«. Hier liegt eine wichtige Interpretationsfrage vor, eine Frage, die nicht nur für die Kant-Interpretation zentral ist, sondern der darüber hinaus | 351
eine eminent wichtige philosophische und praktische Bedeutung zukommt. Kant sagt in diesem Zusammenhang:

Nun bleibt uns immer noch übrig, nachdem der spekulativen Vernunft alles Fortkommen in diesem Felde des Übersinnlichen abgesprochen worden, zu versuchen, ob sich nicht in ihrer praktischen Erkenntnis Data finden, jenen transzendenten Vernunftbegriff des Unbedingten zu bestimmen, und auf solche Weise, dem Wunsche der Metaphysik gemäß, über die Grenze aller möglichen Erfahrung hinaus mit unserem, aber nur in praktischer Absicht möglichen Erkenntnisse a priori zu gelangen. Und bei einem solchen Verfahren hat uns die spekulative Vernunft zu solcher Erweiterung immer doch wenigstens Platz verschafft, wenn sie ihn gleich leer lassen mußte, und es bleibt uns also noch unbenommen, ja wir sind gar dazu durch sie aufgefordert, ihn durch praktische Data derselben, wenn wir können, auszufüllen. (Ebd. [B XXI f.]. III. S. 14)

Kants Formulierung »und es bleibt uns also noch unbenommen« könnte folgenden Zusammenhang nahelegen: Das eigentliche Geschäft der Philosophie ist das der theoretischen Vernunft, welchem Kant in der *Kritik der reinen Vernunft* nachgeht. Gleichsam als Anhang wird dann noch die praktische Vernunft behandelt, wie Kant es in der – wie man meinen könnte, schon durch den viel geringeren Umfang als weniger wichtig angesehenen – *Kritik der praktischen Vernunft* unternimmt. Dieser praktische Bereich stände unter dem Vorzeichen »es bleibt uns un-

benommen«, uns damit zu beschäftigen, d. h. er wäre für die Reflexion nicht unbedingt erforderlich, wer sich aber damit befassen möchte, der kann und möge dies tun. Ausgehend von einer solchen Interpretation seiner Aussage wird Kant als der »Zertrümmerer der Metaphysik« gefeiert oder angefeindet, je nach Position. Man muß jedoch das Zitat wirklich bis zu Ende lesen. Kant sagt zwar »es bleibt uns also noch unbenommen« , fährt aber dann sogleich fort: »ja wir sind gar dazu durch sie [die theoretische Vernunft] aufgefordert, ihn [d. h. den verschafften Platz] durch praktische Data [...] auszufüllen«. Es ließe sich daher auch genau die umgekehrte Interpretation aufstellen: Die *Kritik der reinen Vernunft* wäre nur die Voraussetzung und die Vorarbeit und somit nicht mehr als das »Platz-Schaffen« für die praktische Vernunft. Ist also die *Kritik der praktischen Vernunft* ein Anhang *ad libitum* zur *Kritik der reinen Vernunft*, oder ist die *Kritik der reinen Vernunft* die Vorarbeit für die *Kritik der praktischen Vernunft*? Vermutlich ist es das Vernünftigste, weder die praktische Philosophie als bloßen Anhang zur theoretischen noch die theoretische als bloße Vorbereitung zur praktischen Philosophie aufzufassen, sondern stattdessen – in der vermutlichen Absicht Kants – jeden Bereich in seiner methodischen Eigenständigkeit, aber auch in der von Kant gesehenen Verbindung aufzufassen. Jedenfalls ist eine reine Beschränkung auf die *Kritik der reinen Vernunft*
352 | und somit ein Abbruch der philosophischen Arbeit an diesem Punkt von Kant her nicht zu rechtfertigen. Kant läßt die Möglichkeit nicht offen, die Philosophie auf das Gebiet der theoretischen Vernunft zu beschränken. Eine solche Philosophie wäre unvollständig. Kant spricht in der praktischen Philosophie von einem »*Schlußstein* von dem ganzen Gebäude eines Systems der reinen, selbst der spekulativen Vernunft« (vgl. das erste Zitat in 7). – Um die Relevanz der Auffassung Kants zu zeigen, blicken wir kurz voraus auf den letzten Abschnitt der Vorlesung (vgl. Kap. XXVI). Wittgenstein, der Kant geradezu verehrte, kann sich *nicht* auf Kant berufen, wenn er im *Tractatus* sagt:

Wir fühlen, daß selbst, wenn alle *möglichen* wissenschaftlichen Fragen beantwortet sind, unsere Lebensprobleme noch gar nicht berührt sind. Freilich bleibt dann eben keine Frage mehr; und eben dies ist die Antwort. (*Tractatus* 6.52)

Allerdings ist zu sagen, daß der spätere Wittgenstein (und schon der frühe Wittgenstein in seinen Briefen) eigentlich den Weg Kants wieder aufgenommen hat, auch wenn sich dabei keine Metaphysik im Sinne Kants, wohl aber eine sprachkritische Analyse von Sätzen auch aus dem Bereich der Ethik, der Kunst und sogar der Religion ergibt.

7. Die Autonomie der praktischen Vernunft

Die praktische Philosophie Kants ist jedoch nicht – wie Kant uns nahelegen möchte – einfach eine Fortsetzung dessen, was in der theoretischen Philosophie grundgelegt wurde, sondern hat bei Kant einen selbständigen Ansatz. Dies zeigt sich schon daran, daß die Ideen der praktischen Vernunft nicht wirklich dieselben sind wie die der theoretischen Vernunft: Während Kant bei der theoretischen Vernunft von »Gott«, »Ich« («Seele«) und »Welt« spricht, geht es bei der praktischen Vernunft um »Freiheit«, »Unsterblichkeit« und »Gott«. (Wie diese beiden Gruppen von Ideen zusammenhängen, ist ein eigenes Interpretationsproblem.) Der Ausgangspunkt in der praktischen Vernunft ist die Freiheit.

> Der Begriff der Freiheit, sofern dessen Realität durch ein apodiktisches Gesetz der praktischen Vernunft bewiesen ist, macht nun den *Schlußstein* von dem ganzen Gebäude eines Systems der reinen, selbst der spekulativen Vernunft aus, und alle anderen Begriffe (die von Gott und Unsterblichkeit), welche als bloße Ideen in dieser ohne Haltung bleiben, schließen sich nun an ihn an und bekommen mit ihm und durch ihn Bestand und objektive Realität, d.i. die *Möglichkeit* derselben wird dadurch *bewiesen*, daß Freiheit wirklich ist; denn diese Idee offenbart sich durchs moralische Gesetz. | 353
> (*Kritik der praktischen Vernunft* [4 f.]. V. S. 3 f.)

Der Grundgedanke ist folgender: Das moralische Gesetz wird als Realität vorgefunden, die Bedingung der Möglichkeit des moralischen Gesetzes aber ist die Freiheit. Die Freiheit ist damit zwar der *Seinsgrund* des moralischen Gesetzes, der Ordnung der Erkenntnis nach ist jedoch das moralische Gesetz der *Erkenntnisgrund* der Freiheit. Das moralische Gesetz ist der *einzige* Erkenntnisgrund, den es für die Freiheit gibt, d. h. es gibt keine empirische Forschung, die irgendwo auf die Freiheit stoßen könnte, und es gibt auch in der Erfahrung keinen Bewußtseinsgegenstand »Freiheit«. Da das moralische Gesetz kein Phänomen ist, kann die Freiheit auch kein Gegenstand der theoretischen Vernunft sein. Dies bedeutet, daß eine Handlung, die ein empirisches Phänomen ist, einerseits zu den Gegenständen der theoretischen Vernunft zählt und dort unter dem Gesichtspunkt durchgängiger Kausalität, und das heißt durchgängiger Determination durch Ursachen, betrachtet wird, daß sie aber andererseits, insofern sie eine *moralische* Handlung ist, in der praktischen Philosophie unter dem Gesichtspunkt der Freiheit betrachtet wird. Diese doppelte Betrachtungsweise mag manchen als philosophischer Trick erscheinen, sie ist aber nicht nur kantisch-philosophisch, sondern gehört zu den Voraussetzungen unserer wissenschaftlichen und gesellschaftlichen Praxis: Ein Vertreter empirischer Psychologie fragt nach Motiven einer Handlung, um diese zu *erklären*, und je vollständiger und in diesem Sinne deterministischer seine Erklärung ist, umso besser ist sie. Ein Richter hingegen *beurteilt* eine Handlung, wobei er von der Freiheit und bis zum

Beweis des Gegenteils von der Zurechnungsfähigkeit eines Beschuldigten ausgeht. Der Psychologe darf mit seiner Erklärung nicht irgendwo haltmachen und sagen, er habe keine motivationsbestimmte Erklärung für eine Handlung. Es ist aber nicht seine Aufgabe, eine Handlung moralisch zu beurteilen. Und der Richter kann und darf von einem Psychologen, der als Sachgutachter herangezogen wird, nicht erwarten, einen Beweis für die Freiheit eines Beschuldigten zu erhalten. Nichtsdestoweniger ist es seine Aufgabe, ein Urteil über Schuld oder Unschuld zu fällen, und dabei muß er von der Freiheit des Handelnden ausgehen.

Das moralische Gesetz besteht nach Kant nicht in einzelnen Vorschriften, sondern im kategorischen Imperativ, der als *Kriterium* der Moralität einzelner Handlungen seine Anwendung findet. Dieser Imperativ ist der *Maßstab, nicht* jedoch das *Prinzip* einer Deduktion einzelner Handlungsnormen, er kann also nicht als Ausgangssatz zur Ableitung konkreter Gesetze verwendet werden. Die klarste und zusammenhängendste Darstellung des kantischen Imperativs findet sich in der *Grundlegung zur Metaphysik der Sitten.* Der Ausgangspunkt ist der folgende: Ein Imperativ kann hypothetisch oder kategorisch sein. Ein *hypothetischer* Imperativ fordert eine Handlung als Mittel für einen anderen Zweck; der *kategorische* Imperativ fordert mit *Notwendigkeit* eine Handlung (oder besser: eine bestimmte Art
354 | des Handelns) ohne Beziehung auf einen anderen Zweck.

> Der kategorische Imperativ ist also ein einziger und zwar dieser: *handle nur nach derjenigen Maxime, durch die du zugleich wollen kannst, daß sie ein allgemeines Gesetz werde.* (*Grundlegung zur Metaphysik der Sitten* IV. S. 421)

Was Kant hier zum Ausdruck bringt, ist das, was heute unter dem Stichwort »Universalisierbarkeit« diskutiert wird, d.h. ein moralisches Gesetz ist dadurch gekennzeichnet, daß mit ihm der Anspruch gegeben ist, es müsse prinzipiell für alle Menschen gelten. Konkreter gesagt: Ich soll mich bei jeder moralischen Handlung fragen, ob ich will, daß die Prinzipien meiner Handlung ein allgemeines Gesetz werden. Es gehört übrigens nur dazu, daß ich dies *wollen* kann, und dem steht nicht entgegen, daß ich *weiß*, daß es nicht als allgemeines Gesetz akzeptiert wird (z. B. die Ablehnung der Todesstrafe, die bei konkretem Vorliegen eines entsprechend brutalen Falles in den meisten Staaten keine Mehrheit finden würde). Man muß also damit rechnen, daß der Fall eintreten kann, wo unter ein und demselben kategorischen Imperativ der eine die Handlung *A* und ein anderer die Handlung *Nicht-A* will. Die Maxime einer sittlichen Handlung, die dem kategorischen Imperativ entspricht, steht somit zwar unter der Forderung der Universalisierbarkeit, diese Handlungsmaxime kann jedoch durch eine Überprüfung, etwa durch eine Umfrage, als sittliche Maxime weder bestätigt noch auch widerlegt werden; d.h. selbst wenn tatsächlich alle Menschen ihr zustimmen sollten, ergibt dies nur eine empirische Tatsache, nicht aber eine sittliche Maxime als solche.

Kant muß sich jedoch fragen, ob es überhaupt einen kategorischen Imperativ gibt, denn dafür muß vorausgesetzt werden, daß etwas existiert, was einen Wert *an sich* hat, ohne Beziehung auf einen anderen Zweck, sonst wäre es eben ein hypothetischer Imperativ. Für Kant ist die aus dem Erbe der Aufklärung gewonnene Antwort klar und eindeutig:

Nun sage ich: der Mensch und überhaupt jedes vernünftige Wesen *existiert* als Zweck an sich selbst, *nicht bloß als Mittel* zum beliebigen Gebrauche für diesen oder jenen Willen, sondern muß in allen seinen sowohl auf sich selbst als auch auf andere vernünftige Wesen gerichteten Handlungen jederzeit *zugleich als Zweck* betrachtet werden. (Ebd. IV. S. 428)

Aus diesem Zitat wird deutlich, daß Kant keine konkreten Regeln des Handelns vorlegt, sondern eine allgemeinste, *formale* Richtschnur des Handelns konstruiert, an der alles konkrete Handeln gemessen werden soll. Damit sind wir wieder beim formalen Charakter seiner Philosophie, und gerade im Bereich der Ethik lieferte diese »Inhaltsleere« den Ansatzpunkt vielfacher Kritik. Es sei an dieser Stelle jedoch eine Bemerkung erlaubt: Was Kant hier in einem etwas altertümlichen und gewundenen Deutsch sagt, hat bis heute eine sehr große kritische Relevanz, und zwar eine größere als alle inhaltlichen Vorstellungen von »Gutem«, »Gerechtigkeit«, »Solidarität« usw. Ein großer Teil des sozialen und politischen Unbehagens heute geht darauf zurück, daß diese kantische Regel nicht beachtet wird oder – wenn sie denn einmal beachtet wird – es kaum gelingt oder auch nur versucht wird, dies als Anwendung dieser Regel deutlich zu machen. Dafür nur kurz einige Beispiele: In Schule und Berufsausbildung dürfte der Lehrer nach Kants formaler Maxime die Lernenden nie als Mittel betrachten, sei es als Mittel für sein eigenes Einkommen, sei es als Mittel für ein bestimmtes Produktionssystem, z. B. für den »Industriestandort Deutschland«. Im Gegensatz dazu haben aber viele in der Ausbildung Stehende den Eindruck, daß ihre Lehrer nicht wirklich an ihnen interessiert sind (»mein Lehrer nimmt mich gar nicht ernst«) oder daß sie etwa von jenen, die Studienordnungen verfassen, einfach als prinzipiell auswechselbare Ersatzteile für einen Produktionsmechanismus betrachtet und entsprechend ausgebildet werden. Dasselbe wiederholt sich verstärkt im Berufsleben. Ähnliches zeigt sich auch im Gesundheitswesen, wo die Menschen wiederum den Eindruck haben, daß es gar nicht um sie als Zweck geht, sondern um sie als Kostenfaktor der Politik oder als Gewinnfaktor beim Arzt oder im Krankenhaus. Auf einem anderen Gebiet, der Entwicklungshilfe, fragt man sich oft, ob es hier wirklich um die anderen Menschen als Selbstzweck geht oder um die Erschließung zukünftiger Märkte sowie um die damit verknüpfte Bedingung politischen »Wohlverhaltens«. Mit solchen Handlungen werden andere Menschen als Mittel betrachtet. – Dasselbe gilt auch bei individuellen sogenannten »Wohltaten« für Hilfsbedürftige in aller Welt. Man kommt oft nicht um den Verdacht herum,

daß die Spende in sehr vielen Fällen dem Zweck dient, sich mit gutem Gewissen von den Bildern des Elends abzuschirmen (was nicht heißen soll, daß nicht Spenden auch aus solchen Motiven heraus legitim und in jedem Fall hilfreich sind). Ebenso geraten Regierungen, Parteien, Gewerkschaften und Kirchen heute nicht deshalb in Schwierigkeiten, weil sie vielleicht gelegentlich (oder auch öfter) falsche Entscheidungen treffen, sondern deshalb, weil es ihnen häufig nicht mehr gelingt zu zeigen, daß es ihnen um die Menschen, die sie angeblich vertreten, als Zweck geht. Dadurch drängt sich der Verdacht auf, daß die Menschen von vielen Vertretern dieser Institutionen eben nur als Mittel zur Verteidigung der Macht, der wirtschaftlichen Interessen oder von irgend etwas anderem verwendet werden. In allen diesen Bereichen zeigt sich so, daß es nur vordergründig die einzelnen materialen Mängel oder Verfehlungen sind, die uns wirklich betreffen und verletzen, sondern vielmehr die dahinter stehende formale Grundverfehlung, die bei uns den Eindruck hervorruft, nicht als Zweck, sondern als Mittel angesehen zu werden, moderner ausgedrückt: instrumentalisiert zu werden. Die Kritik an einer Gesellschaft und deren Handlungssystemen, die den einzelnen zu einem beliebig auswechselbaren Mittel für andere Zwecke (Produktion, Macht usw.) ansieht, stammt somit weder von Marx noch aus der Frankfurter Schule, sondern von dem pedantischen Königsberger Professor Im-
356 | manuel Kant.

Einen Menschen, der sich an das moralische Gesetz hält, nennt Kant »tugendhaft« und alles, was sich aus dem moralischen Gesetz ergibt, nennt Kant »Pflicht«. Jemand ist tugendhaft, wenn er das, was er als Pflicht erkannt hat, was er also tun soll, auch wirklich ausführt. Kant ist allerdings sehr optimistisch (und sehr preußisch), wenn er meint, daß aus dem *Sollen* automatisch auch das *Können* folgt. Hier zeigt sich der Einfluß der Aufklärung, die der sokratischen und stoischen Ethik gegenüber den christlichen Rahmenbedingungen ethischen Handelns wieder zum Durchbruch verholfen hatte. Die christliche Lehre hatte (im Dogma oder Mythos – wie man es nennen will – der »Erbsünde«) damit gerechnet, daß ein Mensch zwar das Gute sollen und wollen kann, er aber doch in vielen Fällen nicht fähig ist, es auch durchzuführen (vgl. 2. Teil, Kap. III, 5). Kant ist demgegenüber, wie es wenigstens auf den ersten Blick aussieht, überzeugt, daß ein Mensch, der erkennt, was er tun soll, d. h. was seine Pflicht ist, auch immer in der Lage ist, dies auszuführen. Auf den zweiten Blick – nämlich in den Schriften, die nicht direkt den Fragen der Moralität gewidmet sind – sieht man allerdings, daß Kant in Hinsicht auf die Fähigkeiten der Menschen ganz und gar nicht so optimistisch war und daß er durchaus bereit war, Tatsachen auch dann in Rechnung zu stellen, wenn sie seiner Theorie eigentlich nicht entsprachen. Kant stellt ganz einfach fest, daß wir für die These, daß die Menschen einen *natürlichen Hang zum Bösen* haben, angesichts der Menge der Tatsachen gar keinen Beweis benötigen (*Die Religion innerhalb der Grenzen der reinen Vernunft* VI. S. 32 f.). Dieser natürliche Hang zum Bösen ist nach Kant nicht eine leichte und die moralischen Fähigkeiten nicht entscheidend beeinträchtigende Schwäche. Kant sagt sogar, daß dieses Böse *radikal* ist, was sich daraus ergibt, daß der Mensch »die Triebfeder der Selbstliebe und ihrer Neigungen zur Bedingung der Befolgung des moralischen Gesetzes macht« (Ebd. VI. S. 36), was genau dem widerspricht, was Kant unter Moralität versteht. Trotz des Vorhandenseins dieses natürlichen (was ist hier »Natur«?) Hanges zum Bösen hält Kant an der Freiheit fest. Dies bringt Kant in eine äußerst schwierige Situation.

> Wenn nun ein Hang dazu in der menschlichen Natur liegt, so ist im Menschen ein natürlicher Hang zum Bösen; und dieser Hang selber, weil er am Ende doch in einer freien Willkür gesucht werden muß, mithin zugerechnet werden kann, ist moralisch böse. Dieses Böse ist *radikal*, weil es den Grund aller Maximen verdirbt; zugleich auch als natürlicher Hang durch menschliche Kräfte nicht zu *vertilgen* [...].
> (Ebd. VI. S. 37)

Auf die Frage, woher dieses Böse im Menschen kommt, weiß Kant keine Antwort:

> Der Vernunftursprung aber dieser Verstimmung unserer Willkür [...] bleibt uns unerforschlich, weil er selbst uns zugerechnet werden muß [...]; für uns ist also kein begreiflicher Grund da, woher das moralisch Böse in uns zuerst gekommen sein könne.
> (Ebd. VI. S. 43)

Ebenso ehrlich gibt Kant zu, daß er nicht weiß, wie es dann, wenn einmal das radikal Böse im Menschen vorhanden ist, zu einer Abkehr vom Bösen, die in einer Umkehr der Triebfedern bestehen müßte, kommen sollte:

> Wie es nun möglich sei, daß ein natürlicherweise böser Mensch sich selbst zum guten Menschen mache, das übersteigt alle unsere Begriffe, denn wie kann ein böser Baum gute Früchte bringen? (Ebd. VI. S. 44 f.)

Der einzige Ausweg, den Kant aus dieser Situation sieht, ist der Rückgriff auf das, was eigentlich der Ausgangspunkt der ganzen Problematik gewesen war: Das Verhältnis von Sollen und Können, jetzt allerdings mit einem einschränkenden Nebensatz, der die Auffassung Kants in eine nicht unproblematische Nähe zur augustinischen Gnadenlehre rückt:

> Denn ungeachtet jenes Abfalls erschallt doch das Gebot: wir *sollen* bessere Menschen werden, unvermindert in unserer Seele; folglich müssen wir es auch *können*, sollte auch das, was wir tun können, für sich allein unzureichend sein, und wir uns dadurch nur eines für uns unerforschlichen höheren Beistandes empfänglich machen.
> (Ebd. VI. S. 44 f.)

Die gesamte Überlegung Kants über das radikal Böse hat erwartungsgemäß die Kant-Interpreten vor sehr große Probleme gestellt, und ob Kant überhaupt eine Lösung gefunden hat, kann wirklich bezweifelt werden. Es werden hier viele Ausdrücke wie »kein begreiflicher Grund«, »übersteigt alle unsere Begriffe«, »unerforschlicher höherer Beistand« verwendet, die nicht gut in das Vokabular eines kritischen Rationalisten, der Kant war, passen. Dennoch sollten wir anerkennen, daß Kant diese Probleme angeht, obwohl er in keiner Weise vom System her gezwungen war, diese Frage aufzugreifen. Es hätte sich auch nahelegen können, die Angelegenheit zu verharmlosen, also einfach von einer Schwäche einzelner Menschen oder der Mehrzahl der – eben schwachen – Menschen zu sprechen, dem der sittlich autonome und entsprechend willensstarke Mensch gegenübergestellt wird. Dies wäre die stoisch-pelagianische Antwort gewesen (vgl. 2. Teil, Kap. III, 5), die auch der Aufklärung nahelag. Kant geht nicht diesen einfachen Weg und bringt sich damit in Schwierigkeiten, die er nicht mehr bewältigen kann. Aber er sieht damit Tatsachen in die Augen, die empirisch gegeben und nicht wegdiskutierbar sind, und es gehört eben zu einem kritischen Rationalisten, Tatsachen auch dann anzuerkennen, wenn er keine gute Erklärung für sie liefern kann.

Am Ende des 19. und zu Beginn des 20. Jhd.s wurde der Optimismus bezüglich
358 | des Verhältnisses von Sollen und Können von einer ganz anderen Seite in Frage gestellt: Die Psychoanalyse zeigte, daß die Ebene der Erkenntnis des Sollens der des Bewußtseins angehört, daß die Ebene des Könnens und somit die des Durchführens von Handlungen aber so stark vom Unter- und vom Unbewußten her beeinflußt wird, daß mit der Erkenntnis des Sollens noch keineswegs die hinreichenden Bedingungen für das Können des Durchführens gegeben sind. Ganz ähnlich zeigt die Gesellschaftswissenschaft, daß die Bildungseinflüsse, das soziales Umfeld usw. Faktoren sind oder jedenfalls sein können, die verhindern, daß einem vielleicht prinzipiell eingesehenen Sollen auch das praktische Können folgt. Es ist nicht unsere Aufgabe, im Rahmen der Geschichte der Philosophie darzustellen, wie alle diese Faktoren im einzelnen wirken. Es sei daher auch dahingestellt, ob daraus tatsächlich ein Hang der Menschen zum Bösen folgt. Man kann aber jedenfalls sagen, daß Kant den Mut gehabt hat, den etwas naiven und unaufgeklärten Optimismus vieler Aufklärer in Hinsicht auf die Natur des Menschen in Frage gestellt zu haben. Sowohl die heutige Wissenschaft als auch die Erfahrung der Geschichte nicht nur vor, sondern auch nach Kant scheint ihm dabei recht zu geben.

Kant hatte einen realistischen Blick auch in Hinsicht auf einen weiteren, mit dem eben besprochenen zusammenhängenden Punkt. Auch hier erkannte er, daß etwas im Mechanismus des sittlichen Handelns nicht recht funktionierte. Die historischen Positionen, die das Problem ans Licht gebracht hatten, identifizierte Kant präzise: Für die Epikuräer war die Lust das höchste Gut, und sie meinten, daß die Tugend als Mittel zur Lust als Glückseligkeit erstrebenswert sei, so daß dementsprechendes Handeln gleich Tugend sei; für die Stoiker hingegen war die Tugend das höchste Gut, und sie meinten, daß das Bewußtsein der tugendhaften Handlung schon Glückseligkeit bedeute (vgl. *Kritik der praktischen Vernunft* [200–202]. V. S. 111 f.). Kant sieht hierin die *Antinomie* der praktischen Vernunft: Wir müssen im höchsten Gut (dem Ziel und Grund alles moralischen Handelns) die *Tugend* und *Glückseligkeit* als notwendig verbunden betrachten (Ebd. [204]. V. S. 113). Die Erfahrung zeigt jedoch, daß diese Verbindung nicht durchgängig besteht, d. h. es gibt Tugendhafte, die nicht glücklich sind, und es gibt Glückliche, die nicht tugendhaft sind. Dies ist das alte Ärgernis jeder Morallehre, die in irgendeiner Weise behaupten will, daß Tun und Ergehen zusammenhängen. Kant nimmt in diesem Zusammenhang Bezug auf die Erfahrung Hiobs und kommt zu dem realistischen Ergebnis *Über das Mißlingen aller philosophischen Versuche in der Theodizee* (VIII. S. 253–271), womit natürlich vor allem die beste aller möglichen Welten von Leibniz (vgl. Kap. XI, 5) gemeint ist. Eine Welt, in der Hiob-Schicksale nicht selten sind, kann tatsächlich nicht durch eine göttliche Weisheit, welche die beste aller möglichen Welten geschaffen hat und durch ihre Vorsehung lenkt, vernünftig gerechtfertigt werden. Wenn also sittliches Handeln nicht, jedenfalls in vielen Fällen nicht, zur Glückseligkeit führt, ist nicht dann die Forderung sittlichen Handelns selbst illusorisch? In kantischer Sprache:

Ist also das höchste Gut nach praktischen Regeln unmöglich, so muß auch das moralische Gesetz, welches gebietet, dasselbe zu befördern, phantastisch und auf leere eingebildete Zwecke gestellt, mithin an sich falsch sein. (*Kritik der praktischen Vernunft* [205]. V. S. 114)

Dies ist nun die Stelle, an der für Kant die Postulate *Unsterblichkeit* und *Gott* ihren systematischen Ort erhalten. Das moralische Gesetz an sich verspricht noch keine Glückseligkeit. Da es jedoch als das notwendige Gesetz der praktischen Vernunft erkannt wird, muß es Bedingungen der Möglichkeit geben, unter denen es nicht falsch ist, unter denen sich also die Antinomie von Pflicht zur Tugend und Glückseligkeit auflöst. Kant greift hier auf das zurück, was er als den rationalen Gehalt des Christentums ansieht.

Die *Heiligkeit* der Sitten wird ihnen [den Menschen] in diesem Leben schon zur Richtschnur angewiesen, das dieser proportionierte Wohl aber, die *Seligkeit*, nur als in einer Ewigkeit erreichbar vorgestellt; weil *jene* immer das Urbild ihres Verhaltens in jedem Stande sein muß, und das Fortschreiten zu ihr schon in diesem Leben möglich und notwendig ist, *diese* aber in dieser Welt, unter dem Namen der Glückseligkeit, gar nicht erreicht werden kann (soviel auf unser Vermögen ankommt) und daher lediglich zum Gegenstande der Hoffnung gemacht wird. (Ebd. [232]. V. S. 128 f.)

Und weiter:

> Denn der Glückseligkeit bedürftig, ihrer auch würdig, dennoch aber derselben nicht teilhaftig zu sein, kann mit dem vollkommenen Wollen eines vernünftigen Wesens, welches zugleich alle Gewalt hätte, wenn wir uns auch nur ein solches zum Versuche denken, gar nicht zusammen bestehen. (Ebd. [199]. V. S. 110)

Kant sagt also folgendes: Der als unbedingt erkannte kategorische Imperativ, der somit die Grundlage aller praktischen Vernunft ist, setzt die vernünftige Forderung voraus, daß Pflicht und Glückseligkeit zur Deckung gebracht werden können. In der empirischen Welt von Raum und Zeit ist dies jedoch nicht der Fall. Daher setzt die *Wirklichkeit des kategorischen Imperativs* (eine Wirklichkeit der praktischen Vernunft) die *Wirklichkeit der Bedingungen* voraus, die diese Deckung möglich machen, und dies sind eben die *Unsterblichkeit* (d. h. nicht: Fortsetzung der Existenz *nach* der empirischen Zeitreihe, dies ist undenkbar und der theoretischen Vernunft widersprechend, sondern *außerhalb* der Zeitreihe) und *Gott*, d. h. eine dieser Wirkung der Deckung von Sittlichkeit und Glückseligkeit angemessene Ursache (Ebd. [223 f.]. V. S. 123 f.). – Diese Lösung Kants überzeugt heutzutage nicht mehr recht.
360 | Damit ist aber das von Kant gestellte Problem nicht beseitigt, es wird eigentlich sogar verschärft. Daß Sittlichkeit und Glückseligkeit häufig nicht zur Deckung gelangen, kann natürliche oder gesellschaftliche Ursachen haben. Damit, daß natürliche Ursachen, z. B. unverschuldete Krankheiten, die Glückseligkeit trotz Tugend in vielen Fällen verhindern, ist eine Tatsache, mit der man sich noch abfinden könnte: Es besteht kein Grund anzunehmen, daß sich naturgesetzlich bestimmte Vorgänge nach der Sittlichkeit des physischen Trägers bestimmen sollten. Anders sieht es im Bereich der gesellschaftlichen Bedingungen aus. Wir müssen in Hinsicht auf diese einfach feststellen, daß die bisherigen Versuche, den Trägern sittlicher Lebensführung eine bestimmte Glückseligkeit innerhalb der Gesellschaft zu sichern, nicht unbedingt sonderlich erfolgreich waren. Und wir müssen auch zugeben, daß der Rückgriff auf die stoische Position, nach der die Sittlichkeit schon für sich selbst und ausreichend Glückseligkeit bedeutet, kaum überzeugt, worauf auch Kant hingewiesen hat. Manchmal zeigt eine nicht überzeugende Lösung, daß eine Frage falsch gestellt war. Im vorliegenden Fall trifft dies jedoch nicht zu: Auch wenn uns die Lösung Kants nicht überzeugt, kommen wir doch nicht umhin zuzugeben, daß er das Problem richtig gesehen hat. Wittgenstein meinte, daß man die Lösung des Problems des Lebens am Verschwinden dieses Problems bemerkt (*Tractatus* 6.521). Das von Kant und von vielen vor ihm aufgezeigte Problem verschwindet aber leider bisher nicht, und somit wissen wir, daß wir noch keine Lösung dafür gefunden haben. Allerdings könnte die Lösung gar nicht von der Philosophie gefunden werden, sondern müßte in einer veränderten gesellschaftlichen, ökonomischen und politischen Wirklichkeit bestehen.

Eine abschließende Bemerkung zur Relevanz der Religionsphilosophie Kants, die er auch in seiner Schrift *Der Streit der Fakultäten* verdeutlichte. Das Verhältnis der Ideen der theoretischen und der praktischen Vernunft ist wie folgt zu bestimmen: Bei der theoretischen Vernunft handelt es sich um Bedingungen der systematischen Einheit des Verstandes, die jedoch zu keiner Erkenntnis von Gegenständen führen; bei der praktischen Vernunft handelt es sich um Postulate, die zwar die Wirklichkeit des Erforderten enthalten, ohne daß aber diese Wirklichkeit zu einer objektiven werden könnte. Diese Wirklichkeit ist und bleibt subjektiv, nicht im Sinne von Willkürlichkeit oder Beliebigkeit, sondern in dem strengen Sinne von notwendiger Bedingung der Freiheit voraussetzenden kategorischen Bestimmtheit des Willens durch das moralische Gesetz. Daraus ergibt sich auch der Rahmen der kantischen Religionsphilosophie: Sie muß aus der praktischen Philosophie heraus entwickelt werden und ist letztlich mit dieser identisch, alles andere ist irrelevant oder irreführend. Dies bedeutet, daß der rationale Gehalt des Christentums in der Praxis und in der Theorie des Handelns liegt, daß er aber keine theoretischen Informationen liefert. Der theoretisch scheinende Gehalt des Christentums muß also auf seinen praktischen Gehalt hin analysiert werden. Was dieser Interpretation nicht standhält, ist nicht rational, sondern, mit Kant gesprochen, beliebig, es kann nie als verpflichtend anzunehmen bezeichnet werden. Kants *Religion innerhalb der Grenzen der bloßen Vernunft* ist somit | 361
sachlich ein Bestandteil der *Kritik der praktischen Vernunft*.

- XVI -

Der frühe Deutsche Idealismus: Fichte, Schelling

1. Die Spannung von Reflexion und konkretem Handeln

Kants Philosophie läßt sich bei aller Schwierigkeit im einzelnen lehren, sie war schließlich als solche konzipiert. Bei Johann Gottlieb Fichte (1762–1814) wird dies fast unmöglich, denn Fichtes Philosophie ist vom Anfang bis zu ihrem Ende gleichzeitig Reflexion und Verkündigung, und sie war auch so angelegt. Man könnte sagen: Fichte muß die Menschen erst einmal durch seine Verkündigung bekehren, damit sie seine Philosophie verstehen können. Von Fichte stammt der bekannte Satz:

362 | Was für eine Philosophie man wähle, hängt sonach davon ab, was man für ein Mensch ist. (*Erste Einleitung in die Wissenschaftslehre.* III. S. 18)

Kant hätte einen solchen Satz nie gesagt, denn er war genau im umgekehrten Sinne davon überzeugt, daß es von der – jedenfalls impliziten – Philosophie, die jemand wählt, abhängt, was für ein Mensch er ist. Auch wenn es von Fichte vielleicht nicht ganz so gemeint war, kann durch diesen Satz doch eine Beliebigkeit begründet werden, die mit Kants strenger Forderung von Überprüfbarkeit und Allgemeingültigkeit nicht in Einklang zu bringen ist. Daß Fichte an den Universitäten, an denen er lehrte (Jena und Berlin) in Schwierigkeiten geriet, lag wahrscheinlich nicht nur an seinem ein wenig unbequemen Charakter, sondern auch an seinem Denken, das freilich wiederum durch seinen Charakter geprägt war, und er meinte ja, wie eben im Zitat zum Ausdruck gekommen ist, dies solle auch so sein.

Um Fichte richtig verstehen zu können, müßte man zunächst das Bild begreifen, welches sich die Deutschen in jener Zeit von der Französischen Revolution machten, und dieses Bild ist ganz und gar nicht identisch mit jener Französischen Revolution, von der wir historische Nachricht haben. Zudem müßte man wissen, was die Romantik war, und dies ist wiederum bis heute ein Begriff, unter den sich so gut wie alles fassen läßt. Darüber hinaus müßte man Fichte in seiner sehr wechselhaften Entwicklung verfolgen. Alles dies ist in diesem Rahmen nicht möglich. Ich kann also nichts anderes tun, als (mit zugegebenermaßen sehr geringer Kompetenz) auf einige Anliegen Fichtes hinzuweisen. Noch eine Einschränkung ist notwendig: Ohne so problematische Begriffe wie »Spannung«, »Polarität«, »Widerspruch« (nicht im eindeutigen Sinne von »kontradiktorisch«) usw. ist eine Darstellung der Philosophie Fichtes nicht möglich. Alle diese Begriffe sind jedoch solche, von denen ich keine klaren Definitionen liefern kann.

Beginnen wir mit dem, was Fichte unter »Philosophie« versteht. Es war ein langer Weg, bis die Vorherrschaft des antiken, primär an der Theorie orientierten Verständnisses von »Philosophie« gebrochen wurde. Daß die praktische Philosophie nicht nur ein Bereich neben der theoretischen ist, sondern daß theoretische Erkenntnis selbst auch eine Praxis ist, wurde nur langsam erkannt. Das Experiment als eine Handlung, die zu theoretischer Erkenntnis führt, spielte in diesem Prozeß eine wichtige Rolle. Kant, für den Erkenntnis immer zugleich Erfahrung und Handlung war, reflektierte diesen Prozeß und lieferte damit einen ganz entscheidenden Ausgangspunkt für Fichte, wobei allerdings bei Fichte der für Kant wesentliche Bezugspunkt der empirischen Wissenschaften und der Mathematik völlig in den Hintergrund trat. Für Fichte war allerdings auch der kantische Handlungscharakter der Erkenntnis noch zu theoretisch, und so taucht bei ihm in unübersehbarer Weise das folgende, später von Marx weitergeführte Problem auf: Müßte die Philosophie nach dem neuen Verständnis nicht als ganze zur Handlung, zum konkreten Tun werden? Doch wenn dies geschieht, löst sich dann *Reflexion* nicht in *Handlung* auf? Fichte | 363
konnte weder für sich noch in seiner Philosophie dieses Problem lösen. Er wollte handeln und ging dabei beinahe gewalttätig vor, mit dem Eifer und dem Fanatismus eines Sektenpredigers. Fichte wollte gestalten und die Welt verändern, er nannte sich selbst einen »Priester der Wahrheit«. Und so finden wir neben den verschieden Fassungen der *Wissenschaftslehre* (womit etwas ganz anderes gemeint ist als heute) eine Reihe von Schriften, mit denen er in die konkreten Geschehnisse seiner Zeit handelnd eingreifen wollte: Schon 1793 verfaßte er (wegen der Gefährlichkeit der Themen anonym) die *Zurückforderung der Denkfreiheit von den Fürsten Europas* und die *Beiträge zur Berichtigung der Urteile des Publikums über die französische Revolution*. Das bekannteste dieser Werke sind die *Reden an die deutsche Nation*, die er im konkreten Sinne des Wortes 1807/1808 als Reden in Berlin hielt, und dies zu einer Zeit, da Berlin faktisch unter französischer Herrschaft stand, womit er ein großes persönliches Risiko einging. In diesen Reden, die tatsächlich politischen Einfluß auf die im Jahre 1813 beginnende Befreiung hatten, verkündete Fichte, die politische Erneuerung Deutschlands könne nur durch eine sittliche Erneuerung erreicht werden. Inhaltlich knüpfte er dabei an *Die Grundzüge des gegenwärtigen Zeitalters* an, auch dies populäre Vorträge, die er 1804/1805 in Berlin gehalten hatte und in denen er ganz im Geiste der Aufklärung und Kants als Prinzip aufgestellt hatte, »alle seine Verhältnisse mit Freiheit nach der Vernunft einzurichten« (*Die Grundzüge des gegenwärtigen Zeitalters*. IV. S. 458). Hierbei handelte es sich um eine Forderung, die Realität aber war eine ganz andere: Fichte sah sich einer Zeit gegenüber, die »in nichts sich gleichbleibend [ist], als in dieser allgemeinen Oberflächlichkeit und Wandelbarkeit, und in

dem Grundprinzip, daß in diesem Leichtnehmen eben die rechte Wahrheit bestehe« (Ebd. S. 467). Ein solches Zeitalter »muß daher notwendig eine große Leere empfinden, die sich als unendliche, nie gründlich zu hebende, und immer wiederkehrende Langeweile offenbart« (Ebd. S. 468). Dies ist nur eines der Beispiele dafür, wie Fichte die Unkultur seines Zeitalters geißelte, das seiner Meinung nach nur in den Niedergang der politischen und gesellschaftlichen Organisationen führen konnte. Einige Jahre später, als dieser Niedergang tatsächlich in politischer Ohnmacht und Unfreiheit evident wurde, sah er darin eine Chance zu sittlicher und politischer Erneuerung (nicht unähnlich einem Isaias und Jeremias!). Dementsprechend wollte er auch im Befreiungskampf selbst nicht abseits stehen und bot seine rhetorischen Talente als Freiwilliger an, was aber den Militärs kein sehr wirksames Kriegsmittel schien, so daß er nicht in das Heer aufgenommen wurde. Anders seine Frau, die sich jedoch bei der Krankenpflege im Lazarett eine Krankheit zuzog und Fichte ansteckte, was dann die Ursache für seinen Tod war. Fichte erlebte und erlitt die Ohnmacht der Philosophie angesichts des realen Geschehens, seine Reflexion führte ihn dabei von der die Welt formenden Handlung der Vernunft als Freiheit zu der sich selbst in Mystik transzendierenden Freiheit.

2. Die Ich-Handlung als radikaler Ausgangspunkt

Fichte war von seinem Ausgangspunkt her Kantianer. Er verehrte Kant und schrieb, um mit ihm in Kontakt zu treten, 1792 den *Versuch einer Kritik aller Offenbarung*. Als der Verleger dieses Werk anonym herausbrachte, nahmen alle an, dieses Werk sei von Kant, so vollständig war es aus dem Denken Kants heraus entwickelt. Als dann Fichte als Verfasser bekannt wurde, verschaffte ihm das sofort Berühmtheit und einen Lehrstuhl an der Universität Jena.

Kant war von einer Trennung der Bereiche der theoretischen und der praktischen Vernunft ausgegangen, eine Unterscheidung, die sich im Prinzip an dem grundlegenden Unterschied des Vernunftgebrauchs in der Mathematik und in den empirischen Wissenschaften auf der einen und in der Ethik (Moral) auf der anderen Seite orientierte. Fragt man jedoch nach dem Handlungsbezug der Vernunft, so sieht man sofort, daß auch die theoretische Vernunft bei Kant aktive, handelnde Vernunft ist. Es ist ja die *Tätigkeit* des Verstandes und der Vernunft, die unter Voraussetzung empirischer Empfindung in der Anschauung durch die Verstandeskategorien den Gegenstand der Erkenntnis *herstellt*. Dennoch blieb bei Kant ein grundsätzlicher Unterschied zwischen der Tätigkeit der theoretischen und der praktischen Vernunft. Kant war aber auch überzeugt, daß die Trennung von theoretischer und praktischer Vernunft und somit von Natur und Freiheit nicht das letzte Wort sein durfte, wenn man an der Einheit der Vernunft – auch bei genauem Auseinanderhalten der Bereiche – als Voraussetzung festhalten wollte. Wie sollte die Vernunft denn Einheit herstellen, wenn sie selbst keine Einheit war? Kant hatte sich in der *Kritik der Urteilskraft* diesem Problem der Einheit von Natur und Freiheit gestellt. Dort bearbeitete er u.a. die Frage nach der Einheit und Verschiedenheit von Naturschönem und Kunstschönem, wobei er also zumindest als Problemstellung die Einheit in der Ästhetik suchte. Eine letzte Einheit von theoretischer und praktischer Vernunft fand Kant aber nicht.

Hier setzten Fichte und Schelling an. Die Prinzipien der drei *Kritiken* Kants sollten auf eine Einheit zurückgeführt bzw. aus einem letzten Prinzip heraus spekulativ konstruiert werden. Das Programm, das sich hier ergab, war sehr anspruchsvoll, denn es mußte sehr viel in eine Einheit gebracht werden: theoretische und praktische Vernunft, Notwendigkeit/Natur und Freiheit, Bedingtes und Unbedingtes, Ich und Welt, Naturschönes und Kunstschönes. Im Jahre 1790 war Kants letzte *Kritik*, die *Kritik der Urteilskraft*, erschienen. Die Frage der Einheit der Vernunft war also auf der Tagesordnung der nächsten Generation von Philosophen. Unmittelbar auf der Grundlage der *Kritiken* Kants konnte man jedoch nicht weiterkommen, dazu hatte Kant zu überzeugende Argumente für seine kritischen Abgrenzungen geliefert. In diesem Moment der Diskussion erhielt die 2., erweiterte Auflage (1. Aufl., 1785) von Friedrich Heinrich Jacobis (1743–1819) *Über die Lehre des Spinoza in Briefen an den Herrn Moses Mendelssohn* von 1789 eine weitreichende Bedeutung. Diese Schrift wurde von jenen, die über Kant hinausgehen wollten, geradezu begierig aufgegriffen. Hier wurde eine Vernunft postuliert, die nicht nur kritisch und regulativ über den Verstand hinausging, sondern die konstitutiv Erkenntnis lieferte. Jacobi selbst hielt zwar den Spinozismus für Pantheismus, er wies aber auf die Philosophie Spinozas als der einzigen Möglichkeit hin, einer reinen Vernunftphilosophie eine vollendete Gestalt zu geben. Man muß sich aber im klaren darüber sein, daß es sich dabei nicht um eine Fortentwicklung kantischer Philosophie handelte, sondern um ein radikales Überschreiten derselben. Voraussetzung dafür war etwas, was Kant immer strikt für unmöglich gehalten hatte: die Annahme einer *intellektuellen Anschauung*. Kant erlebte noch die neuen Versuche und sagte 1796 zu der Philosophie, die mit der Annahme einer solchen intellektuellen Anschauung arbeitete.

Wer sich also im Besitz der letzteren [der intellektuellen Anschauung] dünkt, wird auf den erstern [den diskursiven Verstand] mit Verachtung herabsehen; und umgekehrt, ist die Gemächlichkeit eines solchen Vernunftgebrauchs eine starke Verleitung, ein dergleichen Anschauungsvermögen dreist anzunehmen, imgleichen eine darauf gegründete Philosophie bestens zu empfehlen; welches sich auch aus dem natürlichen selbstsüchtigen Hange der Menschen, dem die Vernunft schweigend nachsieht, leicht erklären läßt. [...] Mit Wissenschaften, welche Arbeit erfordern, als Mathematik, Naturwissenschaft, alte Geschichte, Sprachkunde usw., selbst mit der Philosophie, sofern sie sich auf methodische Entwicklung und systematische Zusammenstellung der Begriffe einzulassen genötigt ist, kann mancher wohl auf pedantische Art *stolz* tun;

> aber keinem andern, als dem Philosophen der *Anschauung*, der nicht durch die herkulische Arbeit des Selbsterkenntnisses sich von unten hinauf, sondern sie überfliegend, durch eine ihm nichts kostende Apotheose von oben herab demonstriert, kann es einfallen, *vornehm* zu tun: weil er da aus eigenem Ansehen spricht, und keinem deshalb Rede zu stehen verbunden ist. (Kant: *Von einem neuerdings erhobenen vornehmen Ton in der Philosophie*. VIII. S. 389 f.)

Gut, daß Kant dies gesagt hat, so brauche ich es nicht zu sagen, und Kant kann das ja auch wirklich besser! Kant wußte genau, wo eine solche intellektuelle Anschauung herkommen mußte, wenn man sie behaupten wollte. Nicht umsonst verwendete er den Ausdruck »Apotheose«, was im ursprünglichen Wortsinne bedeutet »von *(apò)* Gott *(theós)*«. Um über den Verstand *(ratio)* in erkenntniserweiternder Weise hinausgehen zu können, benötigte man in der Tradition eine göttliche Offenbarung, der Ausdruck »intellektuelle Anschauung« entspricht hier einer Vision *(visio)*. Von Visionen zu sprechen, ist jedoch am Ende des 18. Jhd.s nicht mehr möglich. Friedrich Wilhelm Joseph Schelling (1775–1854) war sich über die Problematik völlig im klaren:

> Wunderbar ziehen sich diese Ideen durch alle Schwärmereien der verschiedensten
> 366 | Völker und Zeitalter hindurch. Der vollendete Dogmatismus, indem er die intellektuale Anschauung für objektiv nimmt, unterscheidet sich von allen Träumereien der Kabbalisten, der Brachmanen, der Sinesischen Philosophen, so wie der neuen Mystiker, durch nichts als die äußere Form, im Prinzip sind sie alle einig. Nur unterscheidet sich ein Teil der Sinesischen Weisen sehr vorteilhaft von den übrigen durch seine *Aufrichtigkeit*, da er das höchte Gut, die absolute Seligkeit – im Nichts bestehen läßt. Denn wenn Nichts das heißt, was schlechterdings kein *Objekt* ist, so muß das Nichts gewiß da eintreten, wo ein Nicht-Objekt doch noch wirklich angeschaut werden soll, d. h. wo alles Denken und aller Verstand ausgeht. (*Philosophische Begriffe über ›Dogmatisus und Kritizismus‹*. I. S. 250)

Dennoch hält Schelling an der intellektuellen Anschauung fest. Um also doch über den Verstand hinausgehen zu können, benötigt man jetzt, nach der Kritik aller von außen herantretenden Offenbarung, eine intellektuelle Anschauung, die im Ich verankert ist, nur: An der Struktur des Versuchs, über die *ratio* hinauszugehen, änderte sich dabei nichts:

> Diese intellektuale Anschauung tritt dann ein, wo wir für uns selbst aufhören *Objekt* zu sein, wo, in sich selbst zurückgezogen, das anschauende Selbst mit dem angeschauten identisch ist. In diesem Moment der Anschauung schwindet für uns Zeit und Dauer dahin: nicht *wir* sind in der Zeit, sondern die Zeit – oder vielmehr nicht sie, sondern die reine absolute Ewigkeit ist *in uns*. Nicht wir sind in der Anschauung der objektiven Welt, sondern sie ist in unsrer Anschauung verloren. (Ebd. S. 243)

An diesem Punkt wurde die Philosophie Spinozas für die jungen und begeisterten Deutschen Idealisten wichtig. Schelling wußte, daß Spinoza von einer solchen intellektuellen Anschauung ausging, dessen Fehler es aber seiner Meinung nach war, diese Anschauung – die in Wirklichkeit eine Anschauung seiner selbst ist – objektiviert zu haben (Ebd.). Objektivierte intellektuelle Anschauung des Selbst ist das, was Schelling als »Schwärmerei« bezeichnet:

Hier, mein Freund, stehen wir am Prinzip aller Schwärmerei. Sie entsteht, wenn sie zum System wird, durch nichts anderes als durch die objektivisierte intellektuale Anschauung, dadurch, daß man die Anschauung seiner Selbst für die Anschauung eines Objekts außer sich, die Anschauung der inneren intellektualen Welt für die Anschauung einer übersinnlichen Welt außer sich hält. (Ebd. S. 243 f.)

Macht sich der Philosoph frei von dieser objektivierenden Täuschung, so hat er die intellektuelle Anschauung des Selbst, er muß also nur Spinozas objektivierte intellektuelle Anschauung als eine des eigenen Selbst begreifen, um den Ausgangspunkt der Reflexion zu finden. Schelling erklärt dementsprechend in einem Brief an Hegel, daß und in welcher besonderen Weise er Spinozist geworden ist:

| 367

Ich bin indessen Spinozist geworden. Staune nicht. Du wirst bald hören, wie? Spinoza war die Welt (das Objekt schlechthin im Gegensatz gegen das Subjekt) – *Alles*, mir ist es das *Ich*. [...] Vom *Unbedingten* muß die Philosophie ausgehen. Nun fragt sich's nur, worin dies Unbedingte liegt, im Ich oder im Nicht-Ich. Ist diese Frage entschieden, so ist *Alles* entschieden. Mir ist das höchste Prinzip aller Philosophie das reine, absolute Ich, d. h. das Ich, inwiefern es bloßes Ich, noch gar nicht durch Objekte bedingt, sondern durch *Freiheit* gesetzt ist. Das A und O aller Philosophie ist Freiheit. [...] Es gibt keine übersinnliche Welt für uns als die des absoluten Ichs. – *Gott* ist nichts als das absolute Ich, insofern es *Alles* Theoretische zernichtet hat, in der *theoretischen* Philosophie als = 0 ist. (Schelling: *Briefe und Dokumente*. II. S. 65)

Vom Ich aus kann das Ein und Alles, also das *hen kai pan* des Parmenides gefunden werden, und ganz entsprechend gilt der Grundsatz des Parmenides, daß *Denken* und *Sein eins sind*. Aber auch hier muß daran erinnert werden, daß bei Parmenides das ganze nur unter der Annahme einer Offenbarung funktionierte (vgl. 1. Teil, Kap. IV, 2, c). Bei Schelling wird alles dies in das Ich verlegt, was sich dann so anhört:

Alles ist nur im Ich und für das Ich. Im Ich hat die Philosophie ihr *hen kai pan* gefunden [...] Auf meinem Ich ruht alles Dasein: mein Ich ist alles, in ihm und zu ihm ist alles, was ist. (Schelling: *Werke*. I. S. 117)

Diese Stelle findet sich in Schellings Schrift *Vom Ich als Prinzip der Philosophie oder über das Unbedingte im menschlichen Wissen* aus dem Jahre 1795 (Schelling: *Werke.* I. S. 73–168). Ausgebaut wird alles dies dann 1800 in Schellings *System des transzendentalen Idealismus,* in dem nun wirklich die Gesamtheit des Wissens aus *einem* Prinzip abgeleitet, das »Ein und Alles« also systematisch aus- und durchgeführt werden soll. Dort sagt Schelling programmatisch:

Der Zweck des gegenwärtigen Werkes ist nun eben dieser, den transzendentalen Idealismus zu dem zu erweitern, was er wirklich sein soll, nämlich zu einem System des gesamten Wissens [...]. Das Mittel übrigens, wodurch der Verfasser seinen Zweck, den Idealismus in der ganzen Ausdehnung darzustellen, zu erreichen versucht hat, ist, daß er alle Teile der Philosophie in Einer Kontinuität und die gesamte Philosophie als das, was sie ist, nämlich als fortgehende Geschichte des Selbstbewußtseins, für welche das in der Erfahrung Niedergelegte nur gleichsam als Denkmal und Dokument dient, vorgetragen hat. (Ebd. II. S. 330 f.)

Im Prinzip ist dies auch bei Fichte nicht viel anders. Sicher gibt es wichtige Unterschiede zwischen der frühen Philosophie Schellings und der Fichtes, besonders im Bereich der Bedeutung der Naturphilosophie (natürlich in deren idealistischer Version), die bei Schelling eine viel zentralere Rolle spielt als bei Fichte. Dies sind aber eher Fragen für die Spezialisten des Deutschen Idealismus. Der Ausgangspunkt ist aber bei beiden doch sehr ähnlich. Bei Fichte setzt sich das Ich in einer *Tathandlung,* es ist reine Tätigkeit.

Also das Setzen des Ich durch sich selbst ist die reine Tätigkeit desselben. Das *Ich setzt sich selbst*, und es *ist*, vermöge dieses bloßen Setzens durch sich selbst; und umgekehrt: Das Ich *ist*, und es *setzt* sein Sein, vermöge seines bloßen Seins. – Es ist zugleich das Handelnde, und das Produkt der Handlung; das Tätige, und das, was durch die Tätigkeit hervorgebracht wird; Handlung und Tat sind Eins und eben dasselbe; und daher ist das: *Ich bin* Ausdruck einer Tathandlung; aber auch der einzigen möglichen, wie sich aus der ganzen Wissenschaftslehre ergeben muß. (Fichte: *Grundlage der gesamten Wissenschaftslehre.* I. S. 290)

Es muß an dieser Stelle auffallen, daß die Übersetzung des Begriffs »reine Tätigkeit« ins Lateinische (das Fichte gut beherrschte) den *actus purus* ergibt, also einen der traditionellen Gottesbegriffe. Auf diese Beziehung wurde in der Sekundärliteratur häufig hingewiesen, und ebenso oft bezeichnete man diese Beziehung als Mißverständnis. Es scheint mir aber doch kein Mißverständnis zu sein. Warum nicht, werden wir gleich noch sehen. Das Ich setzt sich also selbst (= Spinozas *causa sui*) im weiteren setzt das Ich das Nicht-Ich als beschränkt durch das Ich.

> Das Ich sowohl als das Nicht-Ich sind, beide durch das Ich, und im Ich, gesetzt, als *durcheinander gegenseitig* beschränkbar, d.i. so, daß die Realität des Einen die Realität des Andern aufhebe, und umgekehrt. (Ebd. S. 320)

Solche Sätze klingen für unsere Ohren absurd. Allerdings ist die Sache bei Fichte komplizierter aufgebaut, denn ein reflektierendes (d. h. auf *etwas* zurückschauendes) Bewußtsein gibt es eben erst, nachdem einmal das Nicht-Ich und somit alles gesetzt ist, was uns als »Welt« erscheint. Mit anderen Worten: An der Erfahrungs- und Erscheinungswelt ändert sich durch diesen Idealismus gar nichts, nur wird durch die transzendentale Reflexion alles auf ein setzendes Ich zurückgeführt. Die Subjekt-Objekt-Identität ist hier auf eine radikale Spitze getrieben.

Ein kritischer Mann wie Kant sah, daß sich in einer solchen Philosophie wie der Wissenschaftslehre Fichtes alles auflöst. Kant kannte die *Wissenschaftslehre* Fichtes, die dieser ihm auch zugesandt hatte, zunächst nur aus einer Rezension, aber, was er über diese Rezension schrieb, gilt eben auch für das Werk Fichtes. Kant schrieb diesbezüglich treffend am 5. April 1798 an Johann Heinrich Tieftrunk:

> Aber die Recension für Fichte (welche mit vieler Vorliebe des Recensenten abgefaßt ist) sieht mir wie eine Art von Gespenst aus, was, wenn man es gehascht zu haben | 369
> glaubt, man keinen Gegenstand, sondern immer nur sich selbst und zwar hiervon auch nur die Hand die danach hascht vor sich findet. – Das bloße Selbstbewußtsein und zwar nur der Gedankenform nach, ohne Stoff, folglich ohne daß die Reflexion darüber etwas vor sich hat, worauf es angewandt werden könne und selbst über die Logik hinausgeht, macht einen wunderlichen Eindruck auf den Leser. Schon der Titel (Wissenschaftslehre) erregt, weil jede systematisch geführte Lehre Wissenschaft ist, wenig Erwartung für den Gewinn, weil sie eine *Wissenschaftswissenschaft* und so ins unendliche andeuten würde. (Kant: *Briefe. Gesammelte Schriften.* XII. S. 241)

Kant hat aber doch in Fichtes *Wissenschaftslehre* gelesen, denn er teilt uns zu Fichtes Buch mit: »dessen Durchlesung ich aber, weil ich es weitläufig und meine Arbeit zu sehr unterbrechend fand, zur Seite legte« (Ebd.). Wir können Kant für seine Mitteilungen dankbar sein; wenn wir das Durchlesen dieser Philosophie für unsere Arbeit zu sehr unterbrechend finden, sind wir in guter Gesellschaft. Unterstützung dabei finden wir auch bei Schopenauer. Das Verhältnis von Fichte zu Kant, dessen Vollender er wohl sein wollte, sieht Schopenhauer boshaft folgendermaßen:

> Wie nämlich im alten deutschen Puppenspiel dem Kaiser, oder sonstigen Helden, allemal der Hanswurst beigegeben war, welcher Alles, was der Held gesagt oder getan hatte, nachher in *seiner* Manier und mit Übertreibung wiederholte; so steht hinter dem großen *Kant* der Urheber der Wissenschaftslehre [= Fichte], richtiger Wissenschaftsleere. Wie dieser Mann seinen, dem Deutschen philosophischen Publiko gegen-

über ganz passenden und zu billigenden Plan, mittelst einer philosophischen Mystifikation Aufsehn zu erregen, um in Folge desselben seine und der Seinigen Wohlfahrt zu begründen, vorzüglich dadurch ausführte, daß er *Kanten* in allen Stücken *überbot*, als dessen lebendiger Superlativ auftrat und durch Vergrößerung der hervorstechenden Teile ganz eigentlich eine Karikatur der Kantischen Philosophie zu Stande brachte; so hat er dieses auch in der Ethik geleistet. (Schopenhauer: *Preisschrift über die Grundlage der Moral* § 11. VI. S. 221)

Solche Stellen, von denen es bei Schopenhauer zahlreiche, vor allem auch Hegel betreffende, ähnliche gibt, werden selbstverständlich von Anhängern des Deutschen Idealismus als unsachliche Polemik zurückgewiesen. Ganz so Unrecht hatte Schopenhauer aber doch nicht. Kant hatte z. B. das Problem daß er keine Einheit finden konnte, die zwischen dem Naturschönen, das im Hinblick auf den Begriff der Natur als notwendiges Geschehen gedacht war, und dem Kunstschönen, das im Hinblick auf die Hervorbringung des Kunstwerks als Ergebnis der Freiheit zu verstehen war, vermittelte. Ein einfacher Weg, die Einheit der Vernunft in diesen beiden Bereichen zu finden, war der, das Naturschöne unter den des Kunstschönen zu subsumieren (nach dem Modell Gottes als des *artifex*, der als Künstler die Natur schafft). Damit
 war das Problem Kants der Unterscheidung der Bereiche von Natur und Freiheit beseitigt. Bei dieser Konzeption der frühen Wissenschaftslehre Fichtes wie auch der Naturphilosophie des frühen Schelling sollte man jedoch auch sehen, daß sie nicht nur den Köpfen der Philosophen entsprungen war, sondern auch einem Grundzug u.a. der Dichtung der Zeit entsprach: Für Friedrich Schiller (1759–1805) etwa wurde alles, auch die Natur, zur Vorstellungswelt des Theaters. Er entwarf die Natur als Kunstwerk. Er hatte die Schweiz nie gesehen und schilderte im *Wilhelm Tell* die natürliche Umgebung, die Sitten und vieles mehr so überzeugend, daß diese Darstellung sogar in Reiseführer einging. Bei Schiller (ganz im Unterschied zu Goethe) ist die Natur, z. B. ein See, ein Gewitter usw., ein handelnder Schauspieler in der Vorstellungswelt des Theaters, hier wird tatsächlich Natur durch die Vorstellung »hervorgebracht«. Der Dichter erfindet die Natur als Entfaltung seines dichterischen Ichs. Auch in der Musik wird die Selbstentfaltung des Ichs zu einem wichtigen Faktor. Was das Genie in der Dichtung ist, das ist der Virtuose – und viel weniger der Komponist – in der Musik (die Virtuosen dieser Periode waren aber alle gleichzeitig Komponisten). Der erst jetzt als solcher durch Nicolò Paganini (1782–1840) erfundene Virtuose steigerte die technischen Möglichkeiten des ausübenden Musikers ins bisher für unmöglich Gehaltene und überschritt alle vorher geltenden Grenzen (was für die Entwicklung der Violintechnik durchaus nützlich war). Aber dieses Virtuosen-Individuum schaffte sich auch gleichzeitig seine eigene Mystifikation. Franz Liszt (1811–1886) wird – auf dem Klavier – Paganini nicht nur folgen, sondern sogar noch übertreffen. Die Musik wird zur Selbstentfaltung des virtuosen Individuums, das sich auch gleich sein Nicht-Ich, sein Publikum, mitschafft. Die Damen der bes-

seren Gesellschaft fielen angesichts der Zauberkünste der Virtuosen tatsächlich in Ohnmacht und wurden erst durch ein Adagio des Künstlers wieder zum Bewußtsein gebracht – wissend, im neuen Bewußtsein nur noch als Nicht-Ich, als Um-Welt und Verehrerin des Künstlers ein Existenzrecht zu haben. Der Künstler schuf sich seine Welt so, wie Fichte und Schelling sich die ihre schufen. Es war eine Künstlerphilosophie, die Kunst konnte zum Leitfaden werden, an dem sich die Philosophie einüben und somit einsichtig machen ließ, und entsprechend wurde sie auch wiederum von Künstlern begeistert aufgenommen. Philosophie und Kunst gingen ein Bündnis ein. Damit sind wir beim folgenden Punkt.

Vorher aber noch eine Bemerkung: Manche Leser, vor allem solche, die der Philosophie des Deutschen Idealismus in irgendeiner Weise nahestehen, werden diese kurzen Bemerkungen über die frühe Philosophie Fichtes und Schellings unzureichend, oberflächlich und polemisch finden. Dazu eine autobiographische Notiz: Ich habe mich einige Jahre lang vor allem mit der frühen Philosophie Schellings befaßt und dann meine Habilitationsschrift über die theologische Verwendung dieser Philosophie verfaßt (*Die Evidenz der Geschichte. Theologie als Wissenschaft bei J. S. Drey*. Innsbruck 1970). Später aber ging es mir wie Hans Jonas in seiner Auseinandersetzung mit dem Existentialismus und der Gnosis (vgl. Kap. XXI, 4), der später herausfand, daß sich der Existentialismus so gut zur Auslegung der Gnosis verwenden ließ, weil ersterer eben gar nichts anderes als letztere ist. Ganz ähnlich stellte ich später fest, daß sich Schellings Philosophie, und dasselbe gilt noch mehr für Hegel, so gut in der Theologie anwenden ließ, weil sie selbst nichts anderes als eine transzendental gewendete Offenbarungstheologie ist. Ob dieses Zirkelverfahren für die Theologie einen Nutzen bringt, ist hier nicht unser Thema. Für die Darstellung der Geschichte der Philosophie aber bedeutet dies ganz einfach, daß Schellings frühe Philosophie ebenso wie die Fichtes hinter den bei Kant erreichten Standpunkt kritischen Denkens zurückfällt, was ja auch schon der ältere Zeitgenosse von Fichte und Schelling, nämlich Kant selbst, genau gesehen hat (vgl. weiter oben). Fichte, der Verfasser der *Kritik aller Offenbarung*, vertritt dann selbst nichts anderes als eine, nun allerdings rein im Subjekt als innerer Vorgang stattfindende Offenbarungs-Philosophie, und bei Schelling ist es nicht viel anders.

3. Der ästhetische Standpunkt im *Systemfragment*

Der von der Ästhetik bestimmte Vernunftbegriff läßt sich am besten an dem berühmten *Systemfragment* von 1796 erläutern. Die Tatsache, daß seine Verfasserschaft umstritten ist (es wird von verschiedenen Interpreten entweder Schelling, Hegel oder Hölderlin zugeschrieben, ich halte mit der Mehrzahl der Interpreten Schelling für den wahrscheinlichsten Verfasser), macht diesen Text besonders relevant, da in ihm offensichtlich Ideen zum Ausdruck kommen, die den bedeutendsten Vertretern der Frühform des Deutschen Idealismus gemeinsam waren. Der Ausgangspunkt der Argumentation im *Systemfragment* ist genau wie bei Fichte die absolute Freiheit als schöpferisches Prinzip. Es handelt sich also um eine praktische Philosophie, die auch den Gegenstand der Natur in sich begreift. Der Text beginnt wie folgt (die »...« gehören zum Text):

... eine Ethik. Da die ganze Metaphysik künftig in die Moral fällt – wovon Kant mit seinen beiden praktischen Postulaten nur ein Beispiel gegeben, nichts erschöpft hat, so wird diese Ethik nichts anders als ein vollständiges System aller Ideen, oder, was dasselbe ist, aller praktischen Postulate sein. Die erste Idee ist natürlich die Vorstellung von mir selbst, als einem absolut freien Wesen. Mit dem freien selbstbewußten Wesen tritt zugleich eine ganze Welt – aus dem Nichts hervor – die einzig wahre und gedenkbare Schöpfung aus Nichts. (Schelling: *Systemfragment.* S. 65)

Der Unterschied zu Kant wird sofort klar: Auch Kant beginnt in der praktischen Philosophie mit dem »freien selbstbewußten Wesen«, in keiner Weise aber tritt damit zugleich »eine ganze Welt aus dem Nichts hervor«. Im weiteren wird folgendes – wiederum wie bei Fichte – klar: Die Beziehung der Philosophie zur Natur-

wissenschaft, die Kant so streng und genau analysiert und reflektiert hatte, geht hier verloren.

Hier werde ich auf die Felder der Physik herabsteigen; die Frage ist diese: Wie muß eine Welt für ein moralisches Wesen beschaffen sein? Ich möchte unserer langsamen an Experimenten mühsam schreitenden Physik einmal wieder Flügel geben. (Ebd.)

Hier wird nun einiges von dem, was Kant gelehrt hatte, entweder vergessen oder auf den Kopf gestellt. Kant hatte an der Naturwissenschaft ablesen wollen, was »Fortschritt« und »sicherer Gang einer Wissenschaft« ist, um daraus Schlüsse für die Philosophie zu ziehen (vgl. Kap. XV, 2). Der Autor des *Systemfragments* will nun umgekehrt der »mühsam schreitenden Physik einmal wieder Flügel geben«, denn mit ihren Experimenten schreitet sie nur mühsam voran. Kant hingegen hatte richtig die neuzeitliche Wissenschaft (vgl. Kap. III, 2, und IV, 1) analysiert: Es ist gerade das Experiment, das die entscheidende Rolle im Verständnis und in der Praxis der Wissenschaft darstellt, das den raschen und ständigen Fortschritt der Wissenschaft hervorgerufen hat und weiterhin sicherstellt (vgl. Kap. XV, 2). Bei Kant soll nicht die Philosophie der Physik, sondern die Physik der Philosophie Flügel geben, damit das Herumtappen der Philosophie endlich aufhört. Wie diese »Flügel« in Schellings Naturphilosophie im Einzelnen aussehen, möchte ich hier nicht weiter ausführen, ein Beispiel soll genügen: Voraussetzung ist eine Dualität, die in ständiger Potenzierung eine zugrundeliegende Einheit hervorbringen soll. Daraus ergibt sich bei Schelling in seiner *Spekulativen Physik* von 1799 dann z. B. folgendes für den *Sauerstoff*:

Der Sauerstoff ist also Bedingung des elektrischen Prozesses, weil Elektrizität nur unter Bedingung der Trennung entgegengesetzter Affinitätssphären möglich, und der *Sauerstoff* nur das Trennende ist. Er ist Bedingung des Verbrennungsprozesses, weil dieser einen Übergang beider ineinander voraussetzt. Aber kein Übergang ohne Trennung. Beide Prozesse beruhen also auf demselben Gegensatz, nur daß dieser Gegensatz, der bei jenem ein vermittelter, bei diesem ein unvermittelter wird. [...] So treibt uns der Verbrennungsprozeß auf eine ins Unendliche zurückgehende Heterogeneität; denn welches wird endlich im Universum das absolut Unverbrennliche sein, mit dem zuletzt alles, und das mit nichts mehr verbrennt? – Man sieht leicht, daß diese Kette durch beständige Vermittlung ins Unendliche zurückreicht, und daß so, da aller chemische Prozeß reduzibel ist auf den Verbrennungsprozeß, jeder chemische Prozeß bedingt ist durch die letzten Faktoren des Universums, deren Übergehen ineinander die absolute Homogeneität herbeiführen würde. (*Einleitung zu dem Entwurf eines Systems der Naturphilosophie oder über den Begriff der spekulativen Physik.* II. S. 248 f.)

Ähnliches kann man bei Hegel lesen. Dort z. B. wird *Elektrizität* so behandelt:

Die einzelne Begebenheit des Blitzes zum Beispiel wird als allgemeines aufgefaßt, und dies allgemeine als das *Gesetz* der Elektrizität ausgesprochen: die Erklärung faßt als- | 373
dann das *Gesetz* in die *Kraft* zusammen, als das Wesen des Gesetzes. Diese Kraft ist dann *so beschaffen*, daß wenn sie sich äußert, entgegengesetzte Elektrizitäten hervortreten, die wieder ineinander verschwinden, das heißt *die Kraft ist gerade* so *beschaffen, wie das Gesetz*; es wird gesagt, daß beide gar nicht unterschieden seien. Die Unterschiede sind die reine allgemeine Äußerung oder das Gesetz, und die reine Kraft; beide haben aber *denselben* Inhalt, *dieselbe* Beschaffenheit; der Unterschied als Unterschied des Inhalts, d. h. der *Sache* wird also auch wieder zurückgenommen. (*Phänomenologie des Geistes.* IX. S. 95)

Schelling selbst verstand durchaus einiges von Naturwissenschaft. Seine Naturphilosophie aber bewegte sich doch in einem anderen Raum. Die Physik wurde durch solche Ausführungen nicht beflügelt, auch wenn heutige Anhänger der romantischen Naturphilosophie gerne darauf hinweisen, daß der eine oder andere Naturwissenschaftler des 19. Jhd.s sich damit – vor allem mit Schriften Schellings – beschäftigt hat. Es wird z. B. darauf hingewiesen, daß Hans Christian Oersted (1777–1851), der 1820 den Elektromagnetismus entdeckte, ein Anhänger der Naturphilosophie Schellings war. Allerdings ging seine Entdeckung auf einen Zufall und nicht auf die Lektüre von Schriften Schellings zurück. Schelling wiederum hat die Entdeckungen von Michael Faraday (1791–1867) bekannt gemacht. Dafür, daß die weiteren Forschungen zur elektromagnetischen Feldtheorie von Schelling inspiriert sind, fehlt aber doch der Beweis. Man mag heute gelegentlich in Schellings Naturphilosophie geniale Intuitionen identifizieren, daß diese aber für die Entwicklung der

Wissenschaften tatsächlich relevant waren, konnte bisher nicht nachgewiesen werden. Man wird eher sagen müssen, daß die Physik weiter den »sicheren Gang einer Wissenschaft« ging, wie Kant ihn beschrieben hatte, und sich um die romantische Naturphilosophie kaum oder gar nicht kümmerte. Während Kant Grundlagen für spätere Wissenschaftstheorien schuf, die auch dann, wenn man sie später modifizierte oder auch fallen ließ, als Ausgangspunkt anerkannt wurden, leitetete die romantische Naturphilosophie den Entfremdungsprozeß von Philosophie und Wissenschaft im 19. Jhd. ein. (Wir sind hier am Ursprung des Doppelstrichs in unserem Schema in Kap. XIV, 1). Die eigentliche, in Kants aufklärerischem Fortschrittsbegriff unanalysiert und unkritisiert gebliebene Frage wurde jedoch nicht aufgegriffen, obwohl sie sich beim absoluten Ansatz vom handelnden Subjekt her aufgedrängt hätte, wenn man auf die »Felder der Physik herabsteigen« wollte. Wird hier im *Systemfragment* von Physik und Moral gesprochen, so hätte sich eigentlich eine sehr interessante Frage ergeben, die auch im 19. Jhd. schon hätte gestellt werden können und die durch eine kleine, aber sachgemäße Ergänzung verdeutlicht werden kann: »Wie muß eine wissenschaftlich-technologische Welt für ein moralisches Wesen beschaffen sein?« Oder moderner ausgedrückt: »Wie muß der ethisch verantwortbare Umgang des Menschen mit der Wissenschaft und der Technik aussehen?«

Diese entscheidende Frage wurde von den Philosophen des Deutschen Idealismus aber nicht aufgegriffen. Erst die Philosophie des 20. Jhd.s stellte sich ihr – mit Verspätung. Das Verhältnis von Freiheit bzw. Moralität und Wissenschaft war nicht das maßgebliche Thema der frühen Deutschen Idealisten, dieses war ein anderes, das jetzt noch kurz zu besprechen ist.

Im *Systemfragment* zeigt sich, daß der Denkrahmen, von dem aus die Philosophie angegangen wird, die Ideen von *Freiheit* und *Kunst* sind. Freiheit wird dabei selbst in ihrer Form von der Kunst her gedacht: Freiheit ist schöpferisches Hervorbringen, und genau dies gilt dann von der Vernunft, die somit in ihrem Anfang und Ende ästhetisch ist.

Zuletzt die Idee, die alle vereinigt, die Idee der Schönheit, das Wort in höherem platonischem Sinne genommen. Ich bin nun überzeugt, daß der höchste Akt der Vernunft, der, in dem sie alle Ideen umfaßt, ein ästhetischer Akt ist, und daß Wahrheit und Güte nur in der Schönheit verschwistert sind. Der Philosoph muß ebensoviel ästhetische Kraft besitzen, als der Dichter. Die Menschen ohne ästhetischen Sinn sind unsere Buchstabenphilosophen. Die Philosophie des Geistes ist eine ästhetische Philosophie. (Schelling: *Systemfragment*. S. 66)

Dahinter steht nicht nur eine besondere Schätzung der Kunst, sondern darüber hinaus auch eine ausdrücklich romantische Geschichtsphilosophie. Einer der wichtigsten Vertreter derselben war Johann Gottfried Herder (1744–1803) mit seinem bekannten Werk *Ideen zur Philosophie der Geschichte der Menschheit*. Herder und seine Nachfolger standen unter dem Eindruck der Gedanken Rousseaus, der seine Kritik an der Gegenwart nicht durch eine historische, sondern eher zeitkritische und utopische Vorstellung von der Menschheit in einem ursprünglichen, unverdorbenen Zustand meinte stützen zu können; einer Menschheit also, die nicht durch die gegenwärtige Zivilisation und Wissenschaft verdorben wäre. Dies war die Grundthese von Rousseaus Abhandlung über die Frage *Hat der Wiederaufstieg der Wissenschaften und Künste zur Läuterung der Sitten beigetragen?*, einer Schrift, die eine radikale Kritik der Aufklärungsphilosophie beinhaltet und die dementsprechend von den Aufklärern abgelehnt worden war (vgl. Kap. XIII, 2). Die Romantiker, die sich gerade von der, wie sie es nannten, »flachen« Aufklärungsphilosophie absetzen wollten, sahen somit in Rousseau ihren idealen Vorkämpfer. Diese Geschichtsphilosophie trat jedoch häufig in der Form einer Ursprungsromantik auf und konnte sich in dieser Abart kaum noch auf Rousseau berufen: Man träumte von einer idealen Zeit in (ferner) Vergangenheit und (naher) Zukunft, in der die Dichtung die Stelle universalen Wissens einnehmen sollte. Und so versteht man auch, warum es im *Systemfragment* heißt:

> Die Poesie bekommt dadurch eine höhere Würde, sie wird am Ende wieder, was sie am Anfang war – Lehrerin der Menschheit; denn es gibt keine Philosophie, keine Geschichte mehr, die Dichtkunst allein wird alle übrigen Wissenschaften und Künste überleben. (Schelling: *Systemfragment*. S. 66)

Die *Philosophie* soll also der *Dichtung* weichen oder programmatisch in ihr aufgehen. Fichte und Schelling hatten in Berlin zu dem Kreis der Frühromantiker um Johann Ludwig Tieck (1773–1853), Novalis (1772–1801), August Wilhelm Schlegel (1767–1845), Friedrich Schlegel (1772–1829), Friedrich Ernst Daniel Schleiermacher (1768–1834) u.a. gehört. Hier galt die These, daß die Kunst das höchste Bedürfnis des Menschen ist – Hegel wird sich später ausdrücklich dagegen wenden –, und die Kunst stellte jenen Bereich dar, in dem sich die Philosophen des frühen Deutschen Idealismus zu Hause fühlten. Eigentlich war aber bei den Frühromantikern nicht die Dichtung, sondern die Musik die höchste der Künste. 1797 waren Wilhelm Heinrich Wackenroders (1773–1794) *Herzensergießungen eines kunstliebenden Klosterbruders* erschienen, und 1799 erschienen Aufsätze von ihm zusammen mit solchen Tiecks unter dem Titel *Phantasien über die Kunst für Freunde der Kunst*. Bei Wackenroder und Tieck wurde die Kunst, vor allem die *Musik*, als eine andere Welt, die gleichzeitig die Negation der erfahrbaren Welt ist, zu einer Welt der Erlösung und somit zur *einzig wahren Welt*. E. T. A. Hoffmann (1776–1822) beschrieb diese Welt als eine Welt des Unendlichen, Unaussprechlichen und Geheimnisvollen, als ein Geisterreich und eine Geisterwelt. Von dieser anderen Welt gab es kein Zurück in die reale Welt, was lag also näher, als sie zur einzig wahren Welt zu deklarieren? Die Philosophie der Frühromantiker war genau ein solches Geisterreich, und Kant sah dies deutlich (vgl.

weiter oben). Die überragende Bedeutung, welche die Kunst und besonders die Musik im 19. Jhd. erhielt, so daß sie schließlich zum Religionsersatz werden konnte, verdankte sicher viel diesen Frühromantikern. Ob dies zum Nutzen der Dichtung und der Musik geschah, sei hier dahingestellt, denn den Anspruch, der damit verbunden war, konnten Dichtung und Musik nicht einlösen. Für die Musik stellte dies kein Problem dar, denn dieser Anspruch wurde nicht von den Musikern, sondern von den über sie »phantasierenden« Literaten erhoben (erst in der zweiten Hälfte des 19. Jhd.s, also bei Richard Wagner, hegte ein Musiker selbst diesen Anspruch). Für die Philosophie allerdings gilt: Diese Dichterphilosophen und ihre Nachfolger haben viel dazu beigetragen, daß im 20. Jhd. die Philosophie dieser Art selbst einfach als Dichtung angesehen wurde und man schließlich Metaphysiker als Musiker ohne Talent bezeichnete (R. Carnap).

4. Sittlichkeit, Gewissen und Staat

Fichte sah bald, daß die Vorstellung einer absolut setzenden Freiheit, die keinerlei Außer-Sich zuläßt, mit sich selbst in Widerspruch gerät. Die in der Vorstellung vorhandenen freien Anderen entsprechen eben nur dann der Setzung der eigenen Freiheit, wenn sie wirklich als freie Andere, d.h. als unabhängige freie Menschen gedacht werden. Damit aber ergibt sich das Problem des Verhältnisses der freien Menschen zueinander, also das Problem von Gesellschaft und Staat. Zunächst einmal war aber die ***Ablehnung des Staates*** durch die Vertreter der Frühform des Deutschen Idealismus radikal. Dazu heißt es im *Systemfragment*:

Nur was Gegenstand der Freiheit ist, heißt Idee. Wir müssen also über den Staat hinaus! – Denn jeder Staat muß freie Menschen als mechanisches Räderwerk behandeln; und das soll er nicht; also soll er aufhören. Ihr seht von selbst, daß hier all die Ideen, vom ewigen Frieden usw. nur untergeordnete Ideen einer höheren Idee sind. Zugleich will ich hier die Prinzipien für eine Geschichte der Menschheit niederlegen und das ganze elende Menschenwerk von Staat, Verfassung, Regierung, Gesetzgebung – bis auf die Haut entblößen. (Schelling: *Systemfragment*. S. 65)

Fichte formulierte seine Thesen ebenso scharf. In seiner *Sittenlehre* ist das *Gewissen* das einzig normierende Prinzip der Freiheit, und er meinte, daß das Gewissen prinzipiell nicht irren könne (vgl. *Das System der Sittenlehre*. S. 142). Dem Gewissen gegenüber gibt es schlechterdings keine Autorität, und es darf nach Fichte auch gar keine geben, wenn wir von Sittlichkeit sprechen. Damit sind wir bei seinem berühmten Ausspruch:

Wer auf Autorität hin handelt, handelt sonach notwendig gewissenlos. (Ebd. S. 172)

Es ist offensichtlich, daß hinter dieser Auffassung auch das Bestreben des Bürgertums steht, sich von der monarchischen Autorität frei zu machen, wie dies wenige Jahre vorher in der Französischen Revolution seinen unübersehbaren Ausdruck erhalten hatte. Es muß jedoch darüber hinaus gesehen werden, daß Fichte hier auf die vor allem im Pietismus radikal ausgelegte protestantische These der Gewissensfreiheit zurückgreift, die das Gewissen als Ruf Gottes interpretiert, dem gegenüber es keine übergeordnete Instanz gibt. Der theologische Hintergrund wird auch sprachlich deutlich, wenn Fichte in der *Bestimmung des Menschen* schreibt:

> Es soll schlechthin etwas geschehen, weil es nun einmal geschehen soll: dasjenige, was das Gewissen nun eben von mir, von mir, der ich in diese Lage komme, fordert; daß es geschehe, dazu, lediglich dazu bin ich da; um zu erkennen, habe ich Verstand; um es zu vollbringen, Kraft. Durch diese Gebote des Gewissens allein kommt Wahrheit und Realität in meine Vorstellungen. Ich kann jenen die Aufmerksamkeit und den Gehorsam nicht verweigern, ohne meine Bestimmung aufzugeben. Ich kann daher der Realität, die sie herbeiführen, den Glauben nicht versagen, ohne gleichfalls meine Bestimmung zu verleugnen. Es ist schlechthin wahr, ohne weitere Prüfung und Begründung, es ist das erste Wahre, und der Grund aller anderen Wahrheit und Gewißheit, daß ich jener Stimme folgen soll. (*Die Bestimmung des Menschen.* III. S. 355)

Damit ist auch das Prüfungsverfahren aufgehoben, das Kant durch die Universalisierbarkeit der Maximen der Moral einführen wollte. Hegel, der sich rasch von dem frühen Deutschen Idealismus getrennt hatte, erkannte das Anarchistische in dieser Theorie und kritisierte sie, ohne den Namen Fichtes zu nennen, in seiner Rechtsphilosophie, in der er Subjektives und Objektives, individuelles Gewissen und allgemeines Recht zu vermitteln suchte (vgl. Kap. XVII, 4). Für Fichte blieb eine solche Vermittlung mit objektivem Recht und objektivem Staat unmöglich. Das Recht hat nach ihm nur die Funktion, die Rahmenbedingungen für das Zusammenleben freier Individuen zu sichern. Das Recht kann immer nur hypothetisch sein, d. h. es sagt: *wenn* du das und das tust, *dann* wirst du bestraft; kategorisch ist hingegen nur der Anspruch des Gewissens. Anders als bei Kant findet sich aber bei Fichte auch keine Suche nach Kriterien für den kategorischen Anspruch des Gewissens, von seinem Ausgangspunkt her kann es solche Kriterien gar nicht geben. Im Grunde ist in einer solchen Konzeption gerade noch die *Gesellschaft* als Vereinigung freier, nach dem Gewissen handelnder Menschen denkbar, diese Gesellschaft aber steht im Gegensatz zum *Staat*. Nicht der Staat ist der Ort der Verwirklichung des Einzelnen und seiner Freiheit, sondern der Kommunikationsprozeß freier Individuen. Wären Vernunft und Sittlichkeit in einer Gemeinschaft freier Individuen gesichert, so könnte und müßte der Staat aufhören zu existieren.

Wir heute haben bei solchen Thesen erhebliche Schwierigkeiten und müssen feststellen, daß eine absolute Entgegensetzung von Gewissen und Staat bzw. Gesellschaft nicht weiterführt. Es kommt vielmehr darauf an zu fragen, wie ein Staat aussehen muß, damit die Freiheit des Gewissens gewährt bleibt, und wie auf der anderen Seite das Gewissen aussehen muß, damit nicht die Rechte anderer verletzt werden (auch Terroristen können sich auf die unbedingte Forderung der Stimme des Gewissens berufen und tun dies auch). Um mit Kant zu sprechen: Auch das Gewissen steht unter der Forderung des kategorischen Imperativs und unter der Maxime, daß andere Menschen Zweck an sich und nicht Mittel sein dürfen. Jede Berufung auf das Gewissen bei einer Handlung, die in das Leben anderer eingreift, muß darauf geprüft werden, ob das darin Geforderte zur allgemeinen Regel des Handelns gemacht werden kann. Es sei noch einmal an Kant erinnert, der feststellt:

> Ob eine Handlung überhaupt recht oder unrecht sei, darüber urteilt der Verstand, nicht das Gewissen. (*Die Religion innerhalb der Grenzen der bloßen Vernunft.* VI. S. 185)

Das Gewissen findet hier ein Kriterium vor, das nicht zur Disposition steht, und das heißt eben, daß die Unbedingtheit des Gewissensanspruchs, wie ihn die frühen Deutschen Idealisten vertreten haben, unhaltbar ist.

378 |

5. Die Erhebung zum Absoluten

Fichte war über die Anerkennung anderer freier Persönlichkeiten zur Erkenntnis der Nicht-Absolutheit des jeweils eigenen Bewußtseins gelangt. Als Konsequenz hätte die Leugnung des Absoluten überhaupt naheliegen können, da diese Philosophie vom Selbstbewußtsein als absoluter Setzung ausgegangen war. Dies war jedoch vom Grundansatz Fichtes und des ganzen Deutschen Idealismus her undenkbar. Zudem war Fichte durch den Nihilismusstreit, in dem im Jahre 1800 von Jacobi die These vertreten worden war, die Transzendentalphilosophie Fichtes sei im Grunde Nihilismus, stark getroffen worden. Eine Grundlage blieb jedoch für Fichte unerschüttert: der absolute, unbedingte Anspruch des Gewissens. Hier meinte er, eine unbezweifelbare, zwingende Evidenz gefunden zu haben, eine Evidenz, die so zum Ausgangspunkt der Reflexion über ein absolutes Fundament des Wissens genommen werden konnte. Ist jedoch das Bewußtsein nicht als in sich gegründetes Absolutes zu begreifen, kann diese Evidenz nicht im Bewußtsein als Für-sich-Sein gegründet sein, es muß vielmehr in dieser Evidenz ein notwendiges Sein zur Erscheinung kommen, das sich zwar im Bewußtsein manifestiert, aber nicht von diesem produziert wird. Fichte hält jedoch daran fest, daß dort, wo der Anspruch von Notwendigkeit und Absolutheit auftritt, die Grundlage desselben in einer absoluten Selbsttätigkeit, einer Tathandlung liegen muß. Diese Annahme führte zum Gottesbegriff der späten Philosophie Fichtes. Wie dieser formuliert wird, läßt sich sowohl den späten Formen der Wissenschaftslehre als auch der Schrift von der *Bestimmung des Menschen* aus dem Jahre 1800 entnehmen. Der Charakter der letzteren Schrift zeichnet sich durch sehr persönliche und dialogische Züge aus, wie sie sich ganz ähnlich in den *Bekenntnissen* des Augustinus oder in den Schriften Eckharts finden. Bei Fichte können wir dann Sätze wie die folgenden lesen:

> Alles unser Leben ist Sein Leben. Wir sind in seiner Hand, und bleiben in derselben, und niemand kann uns daraus reißen. Wir sind ewig, weil Er es ist. – Erhabener lebendiger Wille, den kein Name nennt, und kein Begriff umfaßt, wohl darf ich mein Gemüt zu dir erheben; denn du und ich sind nicht getrennt. Deine Stimme ertönt in mir, die meinige tönt in dir wieder; und alle meine Gedanken, wenn sie nur wahr und gut sind, sind in dir gedacht. – In dir, dem Unbegreiflichen, werde ich mir selbst, und wird mir die Welt vollkommen begreiflich, alle Rätsel meines Daseins werden gelöst, und die vollendetste Harmonie entsteht in meinem Geiste. – Am besten fasset dich die kindliche, dir ergebene Einfalt. [...] Ich will nicht versuchen, was mir durch das Wesen der Endlichkeit versagt ist, und was mir zu nichts nützen würde; wie du an dir selbst bist, will ich nicht wissen. Aber deine Beziehungen und Verhältnisse zu mir, dem Endlichen, und zu allen Endlichen, liegen offen vor meinem Auge: werde ich, was ich sein soll! – und sie umgeben mich in hellerer Klarheit, als das Bewußtsein meines eigenen Daseins. Du *wirkest* in mir die Erkenntnis von meiner Pflicht, von meiner Bestimmung | 379
> in der Reihe der vernünftigen Wesen; *wie*, das weiß ich nicht, noch bedarf ich es zu wissen. (*Die Bestimmung des Menschen*. S. 399–401)

Es wäre aber nicht richtig, diese Entwicklung bei Fichte einfach als die auch bei anderen Romantikern feststellbare spätere Hinwendung zur Religion zu interpretieren und darin gleichzeitig die ersten Anzeichen der etwa um 1815 einsetzenden Reaktion zu sehen. Fichte denkt hier vielmehr nur die Absolutsetzung der Subjektivität der neuzeitlichen Philosophie zu Ende. Da diese Subjektivität aber ihre Wurzeln in einer lange vor Beginn der Neuzeit liegenden Glaubenshaltung und Mystik hat (vgl. 2. Teil, Kap. XVIII, 1 und 3), wird sie nun von dieser Herkunft unter veränderten Bedingungen eingeholt. Diese veränderten Bedingungen zeigen sich vor allem in der Bedeutung des Willens: Die Mystik war zunächst intellektualistisch orientiert und hatte immer Schwierigkeiten, dem Willen und der Freiheit einen systematisch relevanten Platz zu geben. Erst seit Eckhart glaubte die deutsche Mystik, im »Gemüt« eine Fähigkeit entdeckt zu haben, welche die Zweiheit von Verstand und Wille übergreift bzw. vor einer solchen liegt. So versteht es sich auch, daß jetzt im Deutschen Idealismus, der besonders bei Fichte vom Willen ausgeht, das Gemüt jene vermittelnde Basis liefert, von der aus das bürgerliche Bewußtsein von Autonomie und die mystischen Wurzeln des Individualismus wieder vereinigt werden können: Das moderne (deutsche) Bewußtsein des spätbürgerlichen Individuums spricht das aus, was in den mystischen Wurzeln des frühbürgerlichen Individuums enthalten ist, und was in dieser früheren Zeit in der deutschen Sprache seinen Niederschlag gefunden hat.

- XVII -

Georg Wilhelm Friedrich Hegel

1. Praxis, Geschichte, Religion und Philosophie (Jugendschriften)

Georg Wilhelm Friedrich Hegel (1770–1831) kam 1788 ins Tübinger Stift zum Studium der Theologie. Unter den dortigen Studenten waren ab 1790 auch zwei weitere: Schelling und Hölderlin. Der Zufall – hegelianisch ausgedrückt: die Vernunft in der Geschichte – brachte es mit sich, daß diese drei während zwei Jahren gemeinsam, zeitweilig sogar als Zimmergenossen, in Tübingen studierten. Die Disziplin im Tübinger Stift war streng, und die Theologie an der Universität war so, daß sie bei vielen Studenten zur Ablehnung der Theologie der protestantischen Orthodoxie oder
380 | der Theologie überhaupt führte. Die Wirkung der Aufklärung, der Hegel schon während seiner Schulzeit begegnet war, begann sich auch in Tübingen bemerkbar zu machen. Ein weiterer und nicht weniger entscheidender Einfluß aber ging von der zu dieser Zeit unmittelbar miterlebbaren französischen Revolution aus. Hier konnte man erfahren, daß gesellschaftliche Systeme nicht unveränderlich waren, daß der zunächst rein theoretisch konzipierte Ausgang aus der Unmündigkeit der Menschen zur konkreten Praxis werden konnte. Der Gedanke, daß nun ein Zustand von Gerechtigkeit, Freiheit und Gleichheit politisch durchgesetzt werden sollte, rief geradezu eschatologische Hoffnungen hervor. In Tübingen gab es sogar so etwas wie eine geheime Verschwörung zur Durchsetzung solcher Ideen im Bereich des Stifts, an der auch Schelling und Hegel beteiligt waren.

Hegel und Schelling standen zu dieser Zeit auch unter dem Einfluß der Gedanken Winckelmanns und Lessings, durch die das klassische – insbesondere das griechische – Altertum zu einer Idealvorstellung geworden war. Bei den Griechen, so meinte man, wäre die ideale Einheit alles Lebendigen, von Natur, Mensch und Gottheit, verwirklicht gewesen. Das »Ein und Alles« der griechischen Philosophie wurde bei den Tübinger Studenten nicht bloß als eine Formel verstanden, sondern drückte ein echtes Lebensgefühl aus. Dies war einer der Faktoren, die den Boden für die Spinoza-Rezeption (vgl. Kap. XVI, 2) bereiteten.

Auf philosophischem Gebiet kam natürlich den Schriften Kants eine überragende Bedeutung zu. Es war jedoch weniger die *Kritik der reinen Vernunft*, die hier einflußreich war, als vielmehr die *Kritik der praktischen Vernunft*, eine Schrift, in der man das Ideal der freien sittlichen Persönlichkeit, die, autonom gegenüber jeder gesellschaftlichen oder religiösen Autorität, ihr eigener Gesetzgeber ist, zu finden glaubte. Der Aufklärer Kant wurde jedoch bei den Tübingern schon in recht romantischem Licht gelesen. Aus dem Studium der Geschichte auf dem Hintergrund der kantischen praktischen Philosophie und Religionskritik ergab sich für die Studenten der Theologie im Tübinger Stift eine eminent historische und gesellschaftskritische Frage: Wenn wirklich, wie Kant meinte, die praktische Philosophie, die die Freiheit des Individuums voraussetzte und forderte, den rationalen Kern und die ursprüngliche Lehre des Christentums darstellte, wie konnte es dann im Lauf der Geschichte dazu kommen, daß diese Lehre zu einem Instrument der Herrschaft wurde? Ein solches Herrschaftssystem begegnete den jungen Studenten ganz konkret in den Strukturen des Tübinger Stifts. Es war zu vermuten, daß die Wurzeln dieser Verkehrung geschichtlich weit zurückliegen mußten. Hegel vermutete in den *Theologischen Jugendschriften*, daß schon gleich am Beginn des Christentums ein großes Mißverständnis steht, das mit dem Verhältnis von Individuum und Gesellschaft zu tun hat.

Dieses Bild der Vollkommenheit, das Christus aufstellt, trägt in sich selber den Beweis, wie sehr Christus bei seinem Unterricht nur die Bildung und Vollkommenheit des einzelnen Menschen vor Augen hatte, und wie wenig es sich auf eine Gesellschaft im Großen ausdehnen läßt. (*Theologische Jugendschriften.* S. 360) | 381

Es ergab sich für Hegel also die Frage, wie es dazu kommen konnte, daß der Einzelne höchst vollkommen, das Allgemeine, d. h. die aus diesen einzelnen bestehende Gesellschaft, aber höchst unvollkommen ist. Hegel meinte, den Grund dafür im Übergang des Christentums von einer Individualreligion zu einer Volksreligion gefunden zu haben.

Die christliche Religion als Volksreligion erfordert eine öffentliche Kirchenzucht, und diese ist der Natur ganz unangemessen, fruchtet nichts, schadet mehr wegen der großen Schande. (Ebd. S. 356)

Im Prinzip lehnt also Hegel die Kirche als Organisation ebenso ab wie Schelling im *Systemfragment* den Staat, was auch wieder der Auffassung des jungen Fichte entspricht (vgl. Kap. XVI, 4). Der Ausgangspunkt der Entgegensetzung von Individuum und organisierter Gesellschaft – Staat und Kirche – bei Fichte, Schelling und Hegel ist also ziemlich ähnlich. Hegel fragt daher nach den Gründen der Entstehung dieses Gegensatzes. Hegels Ansicht zufolge sollen

[...] allgemeine Gründe aufgesucht werden, durch welche es möglich geworden, daß man frühzeitig christliche Religion als Tugendreligion verkennen, sie anfangs zu einer Sekte, und nachher zu einem positiven Glauben machen konnte. (*Theologische Jugendschriften.* S. 156)

Der Irrweg wurde also dort eingeschlagen, wo aus einem Bild der Vollkommenheit ein Tugendkanon gebildet wurde, und dieser samt dem Urheber desselben zum Gegenstand eines positiven Glaubens gemacht wurde. Die Denkfigur der Verkehrung eines Ideals in einen positiven Gegenstand des Bewußtseins – eine Denkfigur, die deutlich kantische Wurzeln hat (vgl. Kap. XV, 5) – wird also schon hier von Hegel verwendet. Hegel verfolgte diesen Weg nicht direkt weiter. Erst später wird er wieder zu Fragen historisch-systematischer Erklärung zurückkehren (vgl weiter unten 4). Seine Auseinandersetzung mit theologischen Fragen führte (unter dem Einfluß Hölderlins?) in eine ganz andere Richtung. Kant dachte die Freiheit als Selbstbestimmung und als durch das Moralgesetz erkannt. Und Hegel stimmt zwar mit Kant darin überein, daß »nur praktische Vernunft einen Glauben an Gott gründen« kann (*Theologische Jugendschriften*. S. 361), dann aber geht er einen anderen Weg. Schon Kants Antinomie der praktischen Philosophie, die darin besteht, daß in diesem Leben Pflicht und Glückseligkeit oft nicht zur Deckung gelangen, läßt Hegel nicht bestehen (das Hiob-Problem, das Kant beschäftigt hatte, vgl. Kap. XV, 7, tritt somit gar nicht auf).

Für das, was ihr aufgegeben habt, sagt Jesus, ist der Erwerb des Bewußtseins, der
382 | Pflicht allein gelebt zu haben, ein reichlicher Ersatz in diesem Leben, und in alle Ewigkeit. (*Theologische Jugendschriften*. S. 114)

Aber schon die Pflicht wird bei Hegel anders aufgefaßt als bei Kant. Der kategorische Imperativ hat bei Kant seine rationale Basis in der Forderung nach der Möglichkeit der Verallgemeinerung moralischer Maximen. Damit aber unterwirft sich nach Hegel der Einzelne dem Allgemeinen.

Moralität ist nach Kant die Unterjochung des Einzelnen unter das Allgemeine, der Sieg des Allgemeinen über sein entgegengesetztes Einzelnes – eher Erhebung des Einzelnen zum Allgemeinen, Vereinigung – Aufhebung der beiden Entgegengesetzten durch Vereinigung. (Ebd. S. 387)

Hegel wirft also Kant vor, das Problem des *Gegensatzes von Einzelnem und Allgemeinem* in der Moralität und damit auch in der Freiheit nicht richtig erfaßt zu haben. Hegel sah hier ein Prinzip der Herrschaft, der Entzweiung und des Widerspruchs am Werk. Einzelnes und Allgemeines stehen einander hier unversöhnt gegenüber. Deshalb suchte Hegel eine von Kant verschiedene Interpretation der Moralität bzw. der Praxis des Christentums: Durch Jesus können wir erkennen, daß Moralität und so Freiheit »Aufhebung der beiden Entgegengesetzten durch Vereinigung ist« (Ebd. S. 387). Nicht die *Pflicht* gibt uns den wahren Schlüssel zum Wesen der Freiheit, sondern die jeden Gegensatz überwindende *Liebe*.

> [...] die Liebe hat gesiegt, heißt nicht, wie die Pflicht hat gesiegt, sie hat die Feinde unterjocht, sondern sie hat die Feindschaft überwunden. (Ebd. S. 296)

Wodurch aber ist solch eine Vereinigung und Überwindung von Entgegengesetzten möglich? Und zunächst: Wodurch ist überhaupt Freiheit als *Überwindung von Gegensätzen* erkennbar? Nach Hegel ist diese Erkenntnis nur aufgrund einer schon *vorausgesetzten Vereinigung* möglich. Die Vorstellung des Vorhandenseins einer solchen Vereinigung der Gegensätze ist dann bei Hegel der *Glaube*.

> Glauben ist die Art, wie das Vereinigte, wodurch eine Antinomie vereinigt ist, in unserer Vorstellung vorhanden ist. Die Vereinigung ist die Tätigkeit; diese Tätigkeit, reflektiert als Objekt ist das Geglaubte. Um zu vereinigen, müssen die Glieder der Antinomie als widerstreitende, ihr Verhältnis zueinander als Antinomie gefühlt oder erkannt werden; aber das Widerstreitende kann als Widerstreitendes nur dadurch erkannt werden, daß schon vereinigt worden ist; die Vereinigung ist der Maßstab, an welchem die Vergleichung geschieht, an welchem die Entgegengesetzten, als solche, als Unbefriedigte erscheinen. Wenn nun gezeigt wird, daß die entgegengesetzten Beschränkten als solche nicht bestehen könnten, daß sie sich aufheben müßten, daß sie also, um möglich zu sein, eine Vereinigung voraussetzen, (schon um zeigen zu können, daß sie | 383
> Entgegengesetzte seien, wird die Vereinigung vorausgesetzt) so wird damit bewiesen, daß sie vereinigt werden müssen, daß die Vereinigung sein soll. Aber die Vereinigung selbst, daß sie ist, ist dadurch nicht bewiesen, sondern diese Art von Vorhandensein der Vorstellung von derselben wird geglaubt; [...]. (Ebd. S. 382 f.)

Dieser Text, zu dem es eine ganze Anzahl ähnlicher Stellen gibt, zeigt den Ursprung dessen auf, was später in dem für Hegel charakteristischen Sinn *Dialektik* genannt wird. Dieser Ursprung ist ganz und gar theologischer Art, die hegelsche Dialektik ist in ihrem Ursprung wie in ihrem Ziel eine Interpretation des Glaubens, so wie Hegel sich diesen eben vorstellte. Es geht dabei keineswegs um ein vorgegebenes abstraktes Schema, sondern um die Lösung eines konkreten, historischen, aus der christlichen Theologie stammenden Problems: Wie kann ein Einzelnes bzw. ein Einzelner paradigmatische Kraft, also Geltung für eine Allgemeinheit besitzen oder erlangen? Oder: Wie ist das Verhältnis von Einzelnem und Allgemeinen zu begreifen oder zu glauben? Wenn, wie Hegel annimmt, das Leben und Handeln Jesu als das einer lebendigen Persönlichkeit universelle Bedeutung haben soll, wenn diese Bedeutung aber nicht in eine unfrei machende despotische Objektivität des Allgemeinen ausarten soll, dann muß im konkreten Handeln und Reden Jesu eine objektive Form (d. h. eine Religion) zur Sprache kommen, die die Verwirklichung der Subjektivität ermöglicht, in dieser also gerade Leben schafft. Eine urteilende Moralität als Tätigkeit universellen Urteilens schafft dies jedoch nicht, sondern bringt statt dessen die von Kant aufgezeigte Antinomie von Tugend und Glückseligkeit hervor, die eine dem gegenwärtigen Leben transzendente Versöhnung postulieren muß. Demgegenüber sieht Hegel an Jesus, daß die wahre Tätigkeit der Freiheit nicht Verurteilung, sondern Versöhnung ist. Aus diesem Grunde beruft er sich auf Joh. 3,17 (vgl. auch Math. 18,11): »Gott hat seinen Sohn nicht in die Welt geschickt, daß er die Welt richte, sondern daß die Welt durch ihn gerettet werde« (*Theologische Jugendschriften*. S. 310). Aber auch diese Rettung muß gegenüber der traditionellen Auffassung (vgl. dazu z. B. 2. Teil, Kap. VI, 2) neu interpretiert werden. Eine rein von außen kommende Erlösung ist nach Kant nicht mehr denkbar, wäre reine Heteronomie, eine rein vom Inneren des Subjekts kommende Erlösung, also rein autonome Selbstbestimmung wäre aber gar keine Erlösung, also eine Widerspruch zum Begriff derselben. Das Absolute darf daher nicht rein in der aktuellen Tätigkeit und gleichzeitig nicht rein jenseits aktueller Tätigkeit gedacht werden, sondern muß zugleich in diese und außerhalb derselben gesetzt werden.

> Das Ideal können wir nicht außer uns setzen, sonst wäre es ein Objekt – nicht in uns allein, sonst wäre es kein Ideal. (*Theologische Jugendschriften*. S. 377)

Ist die Vereinigung die Liebe, so ist die Gottheit diese Liebe, die von der Einbildungs-
384 | kraft zum Wesen gemacht wird (Ebd. S. 376). Das Ideal ist also im Prozeß der Vereinigung wirksam: Es ist der Grund, der auf der einen Seite Entzweiung erkennen läßt, andererseits aber auch die Entzweiung zu überwinden wirkt. Das Ideal ist somit nicht rein subjektiv, sondern wird in der Praxis der Freiheit jeweils objektiv.

Um die Vermittlung von Einzelnem und Allgemeinem verstehen zu können, muß sich die Philosophie daher auf den Standpunkt der Praxis der Religion stellen. Sie ist jedoch nicht einfach Glaube, sondern wesentlich Reflexion, insofern sie den Grund bzw. die Gründe der Entzweiung aufzudecken sucht. Das Begreifen sowohl von Entzweiung als auch von Versöhnung aus ihrem Grunde und die Darstellung des Begreifens ist ein System, und die Methode der Darstellung desselben ist die Dialektik. Dialektik, System und das Absolute in der Geschichte sind somit Vorstellungen, die Hegel aus der Reflexion über den aus religiöser Praxis gewonnenen Begriff der Freiheit gewonnen hat. Diese Verhältnisbestimmung von Religion und Philosophie, die Hegel in seinen Jugendschriften entwirft, wird für sein ganzes späteres System bestimmend bleiben.

2. System: Die Untrennbarkeit von Methode und Gehalt

Der Einstieg in Hegels System ist äußerst schwierig. Wir sind gewohnt, uns an das Verständnis einer Sache dadurch heranzuarbeiten, daß wir entweder zunächst von bestimmten Phänomenen ausgehen, die uns aus irgendeinem Grund erklärungsbedürftig scheinen, und dann fragen, mit welcher Methode wir sie erklären können, oder aber von einer bestimmten Methode ausgehen und dann fragen, wie groß die Reichweite dieser Methode ist, d. h. welche Phänomene wir damit erklären können. Wir können auch mit Kant ohne weiteres annehmen, daß die Gegenstände unserer Erkenntnis durch die Kategorien des Verstandes geformt sind, bei der weiteren Erforschung dieser so konstituierten Gegenstände wird jedoch auch bei Kant wiederum mit der Unterscheidung in Forschungs-Gegenstand und Forschungs-Methode gearbeitet. Ein Problem ergibt sich erst in der modernen Physik (Quantenphysik, Korpuskular/Wellen-Theorie(n) des Lichts), wo die instrumentellen Anordnungen des Beobachters und somit die Methoden der Erforschung mit der Konstitution des erforschten Gegenstandes in eine Wechselbeziehung treten. Aber auch hier bleibt die Unterscheidung von Gegenständen der Erkenntnis und Methoden der Erforschung dieser Gegenstände leitend, und die besonderen Probleme, die hier auftreten, werden ausgehend von diesen Leitbegriffen expliziert.

Wenn wir mit solchen Vorstellungen von Gegenstand und Methode an die Lektüre hegelscher Schriften herangehen, sind wir dauernd verwirrt. Wir sehen nicht recht, mit welcher Methode Hegel arbeitet, da sie nicht ohne große Probleme von den Gegenständen unterschieden werden kann. Dies stellt eine grundlegende Schwierigkeit dar, die wir schon bei der Lektüre der *Phänomenologie des Geistes* haben. Die Methode scheint sich zugleich mit dem behandelten Gegenstand herauszuentwickeln, eine vorausliegende und abtrennbare Methode scheint es nicht zu geben. Wenn wir dagegen an Schriften abstrakterer Natur, wie die *Logik* herangehen, von der wir uns Aufschluß über die Methode erwarten, geht es uns genau umgekehrt, d. h. wir haben den Eindruck, Hegel rede hier gar nicht einfach über Gesetze oder Regeln des Argumentierens, sondern immer auch schon über die Inhalte der Argumente. Wenn wir als den Gegensand der Überlegungen Hegels die Metaphysik, in einem ganz allgemeinen Sinn genommen, annehmen, so können wir in traditioneller Terminologie sagen: Wir haben den Eindruck, daß bei Hegel Logik und Metaphysik nicht sauber getrennt und unterschieden werden, wir haben also ungenaues Denken vor uns. Diese Problematik war natürlich Hegel selbst völlig klar, und er wußte selbstverständlich, daß die Logik als formale Disziplin, die den Inhalten gegenübergestellt wird, als die Grundlage der Methode angesehen wurde. Gerade diese *Formalität*, die auch für Kant der Ausgangspunkt gewesen war, weist Hegel aber als Beschränkung und *Beschränktheit* zurück. In der *Logik* sagt er dazu:

Außerdem, daß die Logik den Geist in ihren toten Inhalt zu empfangen hat, muß ihre *Methode* diejenige sein, wodurch sie allein fähig ist, reine Wissenschaft zu sein. In dem Zustande, in dem sie sich befindet, ist kaum eine Ahnung von wissenschaftlicher Methode zu erkennen. Sie hat ungefähr die Form einer Erfahrungswissenschaft. Erfahrungswissenschaften haben für das, was sie sein sollen, ihre eigentümliche Methode, des Definierens und des Klassifizierens ihres Stoffes, so gut es geht, gefunden. Auch die reine Mathematik hat ihre Methode, die für ihre abstrakten Gegenstände und für

> die quantitative Bestimmung, in der sie sie allein betrachtet, passend ist. Ich habe über diese Methode und überhaupt das Untergeordnete der Wissenschaftlichkeit, die in der Mathematik statt finden kann, in der Vorrede zur Phänomenologie des Geistes, das Wesentliche gesagt; [...] Bisher hat die Philosophie ihre Methode noch nicht gefunden; sie betrachtete mit Neid das systematische Gebäude der Mathematik und borgte sie, wie gesagt, von ihr, oder behalf sich mit der Methode von Wissenschaften, die nur Vermischungen von gegebenem Stoffe, Erfahrungssätzen und Gedanken sind, – oder half sich mit dem rohen Wegwerfen aller Methode. Das Nähere desjenigen, was allein die wahrhafte Methode der philosophischen Wissenschaft sein kann, fällt in die Abhandlung der Logik selbst; denn die Methode ist das Bewußtsein über die Form der inneren Selbstbewegung. (*Wissenschaft der Logik* I. GW XI. S. 24)

Die Methode der Erfahrungswissenschaften durch Definition und Klassifikation zu beschreiben, ist natürlich angesichts dessen, wie u.a. Descartes, Galilei, Newton, Leibniz und Kant diese Methode beschrieben hatten, völlig unzureichend, aber das wollen wir übergehen. Die Bedeutung der Mathematik und der Wissenschaften war Hegel aber nicht entgangen. Auf die zunächst etwas rätselhafte Bestimmung der Logik als der Methode, welche »das Bewußtsein über die Form der inneren Selbstbewegung«
386 | ist, werden wir noch zurückkommen (vgl. weiter unten 3). Wir gehen jetzt aber zunächst nicht den Weg der absteigenden *Logik*, sondern den der aufsteigenden *Phänomenologie*, wo Hegel schon in der Einleitung mit der Feststellung beginnt:

> Es ist eine natürliche Vorstellung, daß, eh in der Philosophie an die Sache selbst, nämlich an das wirkliche Erkennen dessen, was in Wahrheit ist, gegangen wird, es notwendig sei, vorher über das Erkennen sich zu verständigen, das als das Werkzeug, wodurch man des Absolten sich bemächtige, oder als das Mittel, durch welches hindurch man es erblicke, betrachtet wird. Die Besorgnis scheint gerecht [...].
> (*Phänomenologie des Geistes.* GW IX. S. 53)

Hegel geht also aus von der auch für uns natürlichen Vorstellung der Unterscheidung von Werkzeug (Methode) und Sache (Gegenstand), und erkennt auch an, daß die Besorgnis, diese Unterscheidung zu mißachten, gerechtfertigt ist. Im weiteren geht aber Hegel dann *nicht* auf die in der natürlichen Vorstellung geforderte Unterscheidung ein, sondern, wie wir heute sagen würden, hinterfragt sie: Woher kommt es eigentlich, daß wir am Ausgangspunkt eine gesicherte Methode haben wollen? Seine Antwort: Dieses Streben nach einer gesicherten Methode, d.h. nach Sicherheit, stammt daher, daß wir Furcht vor dem Irrtum haben, und wir meinen, daß uns nur eine klar umschriebene Methode vor Irrtum schützen könne. Und so fragt Hegel weiter: Woher wissen wir denn eigentlich, daß uns Furcht vor Irrtum wirklich zur Sicherheit in der Erkenntnis führt? Vielleicht ist gerade diese Furcht vor dem Irrtum selbst ein großer Irrtum! Mit Hegels Worten:

Inzwischen, wenn die Besorgnis, in Irrtum zu geraten, ein Mißtrauen in die Wissenschaft setzt, welche ohne dergleichen Bedenklichkeiten ans Werk selbst geht und wirklich erkennt, so ist nicht abzusehen, warum nicht umgekehrt ein Mißtrauen in dies Mißtrauen gesetzt, und besorgt werden soll, daß diese Furcht zu irren schon der Irrtum selbst ist. (Ebd. S. 54)

Hegel will also einen Gegensatz in dieser natürlichen Vorstellung aufzeigen, der darin besteht, daß wir in ihr unbefragt voraussetzen, daß das, was wir unter den Bedingungen der Furcht vor Irrtum erkennen, am ehesten der Wahrheit entspricht, und er stellt dem gegenüber, daß man doch ebenso annehmen könne, daß gerade die Furcht vor dem Irrtum der größte Irrtum ist. Hegel sagt nun nicht, daß die zweite Annahme die wahre oder die richtige ist, sondern fragt oder hinterfragt weiter: Wenn die Basis der natürlichen Vorstellung Furcht vor Irrtum ist, und wenn die gegenteilige Annahme, nämlich, daß diese Furcht selbst ein Irrtum ist, gleichermaßen möglich ist, dann können wir uns eben auf eine solche natürliche Vorstellung überhaupt nicht verlassen. Und damit hat Hegel sein erstes Ziel erreicht: Er braucht die Frage nach der Unterscheidung von Methode und Gegenstand der Untersuchung überhaupt nicht zu beantworten. Die Frage nach der Unterscheidung von Methode und Gehalt wird im hegelschen System auch tatsächlich nie direkt beantwortet, denn Hegel zeigt gleich zu Beginn, daß diese Unterscheidung zwar Ausgangspunkt, nie aber Resultat sein kann, und daß sie im Prozeß des Erkennens in Frage gestellt und überwunden werden muß. Wir sehen, daß das Vorgehen Hegels uns mit einer Art Spirale in Kegelform konfrontiert: Immer dann, wenn der Kreis vollendet zu sein scheint, liegt in Wirklichkeit eine ganz leicht höhere Ebene und ein ganz geringfügig kleinerer (oder größerer, je nach der Reflexionsrichtung) Radius vor. Das heißt zum einen, daß die ganze Fragestellung ein wenig anders geworden ist, zum anderen aber auch, daß die Zwischenschritte eigentlich – im mathematischen Beispiel – infinitesimal sind. Um im mathematischen Beispiel zu bleiben: Wenn man genau hinsieht, merkt man, daß in Wirklichkeit schon die Ausgangsthese bei Hegel etwas schief bzw. auf- oder absteigend angesetzt ist. Die Ausgangsfrage wird ja bei Hegel nicht beantwortet, sondern hinterfragend auf eine andere Ebene verlegt. Das ärgert den Vertreter der natürlichen Vorstellung, während Hegel ihm sagt, genau darauf käme es ihm an: Erst wenn man in die Bewegung der Begriffe eintritt, merkt man, daß die natürlichen Vorstellungen schief sind. Was für den Vertreter der natürlichen Vorstellung gerade ist, ist für Hegel schief, und was der Vertreter der natürlichen Vorstellung für schief ansieht, ist für Hegel gerade (natürlich in dialektischem Verständnis).

Manchen wird die ganze Gesprächsführung Hegels sonderbar vorkommen. Sie ist es aber nicht, wir kennen sie aus nicht seltenen privaten und öffentlichen Diskussionen. Ich möchte dies ganz respektlos an einem einfachen Beispiel erklären. Ich stelle in einem Gesprächskreis die Frage ob die Erhöhung der Krankenkassen-Beiträge gerechtfertigt ist, und ich möchte über erforderliche und nicht erforderliche Leistun-

gen der Krankenkassen und über sinnvolle Möglichkeiten der Einsparung reden, bin aber auch bereit, zu akzeptieren, daß für eine adäquate Gesundheitsvorsorge die Erhöhung unumgänglich ist. Ich möchte also auf die Frage, ob die Erhöhung gerechtfertigt ist, eine begründete klare Antwort mit »Ja« oder mit »Nein«. Ein Gesprächspartner, der die Diskussion an sich zieht, geht aber auf diese Fragen gar nicht ein, sondern hinterfragt meine Frage: Bin ich vielleicht knapp bei Kasse und ärgere mich also über die drohende Erhöhung? Oder habe ich vielleicht Angst vor einer schweren Krankheit und bin besorgt, daß die Krankenkasse mir dann nicht die entsprechenden Leistungen gewährt, usw.? Das heißt, mein Gesprächspartner redet gar nicht über die Sache, sondern über mein Bewußtsein, das diese Sache für mich persönlich zum Problem werden läßt. Er redet zwar mit mir, aber gleichzeitig immer über mich bzw. über mein Bewußtsein. Ich kann nun irgendwann sagen, daß wir doch aneinander vorbeireden, worauf mein Gesprächspartner wiederum fragt, was mich wohl dazu bringt, zu meinen, daß wir aneinander vorbeireden, wo er doch ständig genau mit mir und über mich redet. Und wenn ich schließlich verärgert die Gesprächsrunde verlasse, mit der Bemerkung, mit diesem Menschen könne man nicht vernünftig über Sachprobleme diskutieren, wird er dann ganz »vernünftig« den anderen erklären, was mich zu einer so unkontrollierten Reaktion veranlaßt hat, d. h. er er-
388 | klärt nochmals mein Bewußtsein hinterfragend meine abfällige Bemerkung und mein Weggehen. Er hat alles erklärt und die Ausgangsfrage ist verschwunden. Und ein Beobachter der Diskussion wird vielleicht den Eindruck gewonnen haben, ich sei ein ganz oberflächlicher Mensch (vgl. »natürliches Bewußtsein«), der nicht bereit ist, sich den eigentlichen tieferen Fragen seiner eigenen Existenz und seines Bewußtseins zu stellen. Wir heute kennen diese Art der Gesprächsführung von Psychotherapeuten, von Sozialpsychologen und manchmal auch von Pädagogen. Aber auch zur Zeit Hegels gab es sie, und zwar bei den Seelenführern des Pietismus. Und Hegel kam aus Kreisen des schwäbischen Pietismus. Diese Seelenführer waren gar nicht an einer bestimmten Handlung oder an bestimmten Fakten interessiert, sondern an der inneren Haltung, hegelianisch: an dem »Bewußtsein«, das damit verbunden war. Es ging um eine gute oder eine böse Absicht, und bei einer schlechten Handlung ging es auch wieder um das nachfolgende Bewußtsein, nämlich um die Reue. Es ging immer um das »innere Leben«.

Bereits hier, nach nicht mehr als zwei Seiten der Einleitung (im Prinzip ist es dasselbe wie nach 500 Seiten, denn das Prinzip ist in der gesamten Schrift immer dasselbe), kann man nun leicht verärgert die *Phänomenologie des Geistes* und damit die ganze hegelsche Philosophie beiseite legen und sich sagen, man wolle sich nicht länger an der Nase herumführen lassen. (Legt man Hegel tatsächlich beiseite, so braucht man keinerlei Komplexe davon zurückzubehalten, man befindet sich dabei in guter und zahlreicher Gesellschaft!) Man kann sich aber auch fragen: Wird denn in der tatsächlich betriebenen Wissenschaft Methode und Gehalt wirklich so genau unterschieden, wie wir dies in den Einführungen zur Wissenschaftstheorie gelegentlich hören? Wird dort wirklich so genau mit dem kontradiktorischen Gegensatz gearbeitet, wie wir dies gerne hätten? Eine ganz einfache Theorie sollte also z. B. behaupten »Alle Schwäne sind weiß« und die gegnerische sollte genau den kontradiktorischen Gegensatz dazu behaupten, nämlich »Es gibt einen Schwan, der nicht weiß ist«. Nur: So geht es in der Wissenschaft nicht zu. Wenn dort »Anomalien« auftreten, d. h. Gehalte, die mit einer Theorie nicht vereinbar sind, wird nach einer neuen Theorie gesucht. Ist dann eine neue Theorie gefunden, die diese Anomalien beseitigt, so arbeitet diese. wenn man genau hinsieht, stets mit neuen Grundvoraussetzungen und mit anderen methodischen Prinzipien, so daß zwischen der ursprünglichen und der neuen Theorie das besteht, was wir mit »Inkommensurabilität« bezeichnen (T. S. Kuhn: *Die Struktur wissenschaftlicher Revolutionen*. Frankfurt 1973). Die Problemlösung ist also gegenüber der ursprünglichen Problemstellung durchaus »schief«, eigentlich ist das Problem in der neuen Theorie zwar beseitigt, deshalb ist aber das Problem in der alten Theorie noch nicht gelöst. Auch hier liegt eine Art Spiralbewegung vor. Ist man bei Anerkennung dieses Sachverhalts deshalb schon Hegelianer? Das sollen am besten die Hegelianer selbst entscheiden.

3. Spekulative Erkenntnis, Negation, Dialektik

Hegel stellt dem natürlichen Wissen nicht einfach ein spekulatives Wissen gegenüber, sondern meint, das spekulative Wissen werde gerade durch die Kritik der natürlichen Vorstellungen und des natürlichen Wissens erreicht, und dieser Prozeß komme dadurch in Gang, daß die Widersprüche des natürlichen Wissens aufgezeigt und reflektiert werden. Genau dieser Prozeß ist das, was Hegel als »Dialektik« bezeichnet, und diesen dialektischen Fortgang der Erkenntnis nennt er »spekulativ«.

In diesem Dialektischen, wie es hier genommen wird, und damit in dem Fassen des Entgegengesetzten in seiner Einheit, oder des Positiven im Negativen besteht *das Spekulative*. Es ist die wichtigste, aber für die noch ungeübte, unfreie Denkkraft schwerste Seite. (*Wissenschaft der Logik* I. GW XI. S. 27)

Die Frage ist daher, wie das Denken auf diesen Weg der spekulativen Dialektik gebracht wird. Hegel ist der Meinung, daß dies durch den *Skeptizismus* geschieht, wobei er nicht nur eine bestimmte Periode in der Geschichte der Philosophie meint, sondern auch eine bestimmte Stufe des Denkens, eine Form des Bewußtseins. Der Skeptizismus ist daher nicht nur ein Moment der geschichtlichen Entwicklung, sondern ein bleibendes Moment der dialektischen Bewegung des Bewußtseins.

Das *dialektische* als negative Bewegung, wie sie unmittelbar *ist*, erscheint dem Bewußtsein zunächst als etwas, dem es preisgegeben, und das nicht durch es selbst ist. Als

> *Skeptizismus* hingegen ist sie Moment des Selbstbewußtseins [...]. Das skeptische Selbstbewußtsein erfährt also in dem Wandel all dessen, was sich für es befestigen will, seine eigne Freiheit als durch es selbst sich gegeben und erhalten; [...]. (*Phänomenologie des Geistes.* GW IX. S. 119 f.)

Hegel nimmt hier nicht einfach die Tradition des methodischen Zweifels von Descartes auf – dieser kann in Wirklichkeit kein Bewußtsein verändern – sondern geht tiefer zur echten *Verzweiflung*, in der der Sinn von allem fraglich wird. Erst im Durchgang durch den radikalen Skeptizismus kann das Bewußtsein das, was es vorher nur *an sich* besaß, *für sich* gewinnen, d. h. das was vorher nur faktischer Besitz war, wird nun etwas, das in Freiheit und somit bewußt übernommen wird.

> Im Skeptizismus erfährt das Bewußtsein in Wahrheit sich als ein in sich selbst widersprechendes Bewußtsein; es geht aus dieser Erfahrung eine *neue Gestalt* hevor, [...]. Diese neue Gestalt ist hierdurch ein solches, welches *für sich* das gedoppelte Bewußtsein seiner als des sich befreienden, unwandelbaren und sichselbstgleichen, und seiner als des absolut sich verwirrenden und verkehrenden, – und das Bewußtsein dieses seines Widerspruchs ist. (Ebd. S. 121)

390 | Wiederum ist uns das Pathos solcher Sätze fast peinlich, aber wir können uns auch fragen: Hat Hegel hier nicht etwas sehr Richtiges gesehen? Sehen wir die Freiheit des Denkens und Handelns nicht gerade von denen bedroht, denen aufgrund ihrer unerschütterlichen Selbstsicherheit das skeptische Bewußtsein als Moment ihres Denkens fehlt, die daher selbst kein freies Wissen besitzen und die folglich auch den anderen die Freiheit verweigern? Was Hegel sagen will, läßt sich vielleicht am Besten an einem Beispiel erörtern: Jemand wählt als Student ein Fach, weil er sich zu ihm hingezogen fühlt, weil es ihn interessiert, oder weil er oder irgendjemand sonst meint, er hätten eine besondere Eignung oder Begabung dafür. Dann lernt er die Inhalte dieses Faches sowie pädagogische Theorien – und schließlich wird er Lehrer. Dasselbe gilt natürlich für andere Fächer ebenso, und es gilt in gleicher Weise für den Arzt, den Richter usw. All dies ist nach Hegel in Wirklichkeit nicht freies Wissen und freie Handlung. Es ist jedoch möglich, daß diesem Lehrer durch einen äußeren Anlaß, z. B. das Scheitern in einer Klasse, oder durch einen inneren Anlaß, z. B. durch die radikale Frage, ob den Schülern durch den Unterricht wirklich etwas dem Leben Dienliches vermittelt wird, diese ganze Tätigkeit fraglich wird, und damit auch der Nutzen alle der Kenntnisse, die sich dieser Lehrer für diese Tätigkeit angeeignet hat, problematisiert wird, und zwar nicht so, daß dies durch leichte Veränderungen wieder in Ordnung gebracht werden könnte, sondern so, daß dieser Lehrer sich fragt, ob es überhaupt sinnvoll ist, diese Tätigkeit weiter auszuüben. Man nennt so etwas eine »Krise«. Die Selbstsicherheit, mit der die Zeugen Jehowas oder Vertreter von Elektro-Haushaltsgeräten auftreten, ist damit für immer dahin. Für

den Mathematiklehrer bleibt dann 2 × 2 immer noch gleich 4, fraglich wird nur, ob dieses Rechnen-Lernen den Schülern überhaupt etwas bringt, und wenn ja, was es denn eigentlich bringt; auch Karl der Große bleibt fränkischer König, aber fraglich wird, ob die Beschäftigung mit Geschichte überhaupt eine sinnvolle, nicht bloß durch Bildungstraditionen sanktionierte Beschäftigung darstellt. Und auch für den Richter bleibt ein Verbrecher weiterhin ein Verbrecher, fraglich wird nur, ob durch die richterliche Tätigkeit die Welt wirklich besser und gerechter wird. D. h.: Am »An sich« der Tatsachen und des Wissens von ihnen ändert sich gar nichts. Fraglich jedoch wird, ob dieses Wissen und diese Fähigkeiten für den Lehrer und für die anderen wirklich einen Nutzen bringen. Und auch ein Arzt kann sich eines Tages plötzlich, ohne daß sich an seiner Fähigkeit, einen Herzschrittmacher einzubauen, irgendetwas ändert, die Frage stellen, daß er zwar dem Leben dient, er aber überhaupt nicht weiß, wozu das Leben, das er so erfolgreich verlängert, denn eigentlich dient. Dies sind die Erfahrungen des Widerspruchs, die zum Skeptizismus führen. Gelingt es jemandem, sich aus dieser Situation heraus – praktisch von Neuem – die früher erlernten Kenntnisse und Fähigkeiten nun frei anzueignen, so gewinnt er ein völlig neues, nun freies Bewußtsein dieser Tätigkeit und der damit verbundenen Inhalte, d. h. er hat sie nun »für sich« erarbeitet. Der Skeptizismus ist damit aber nicht einfach als zeitliche Periode des Lebens überwunden, sondern vielmehr als | 391
Element der gewonnenen Freiheit in der neuen Stufe des Bewußtseins »aufgehoben« worden. Jemand, der durch eine solche Krise gegangen ist, ist dann nicht unsicherer, sondern im Gegenteil sicherer, aber zugleich nachdenklicher, also jemand, mit dem man reden kann. Allerdings muß gesagt werden: Um das einzusehen, brauchten wir nicht Hegel. Die schon genannten Seelenführer des Pietismus wußten all das schon längst, und auch sie hatten das schon aus einer langen Tradition übernommen. Man nannte dies »Bekehrung« oder »Umkehr« (*metánoia*). Wir werden gleich noch in einem aus dieser Umkehr-Tradition stammenden Text entscheidende Wurzeln der hegelschen Philosophie identifizieren können.

Man sieht, daß »Widerspruch« für Hegel etwas ganz anderes meint als logische Negation, auch wenn er von Negation in der *Logik* spricht. Es hat eben etwas mit einer Krise des Bewußtseins zu tun. Wie dieser Weg des durch Negation fortschreitenden Bewußtseins vor sich geht, zeigt Hegel in der *Wissenschaft der Logik*.

Es sind hier Gestalten des Bewußtseins, deren jede in ihrer Realisierung sich zugleich selbst auflöst, ihre eigene Negation zu ihrem Resultate hat, – und damit in eine höhere Gestalt übergegangen ist. (*Wissenschaft der Logik* I. GW XI. S. 24 f.)

Durch die Negation, gezeigt an dem Prozeß der Verzweiflung, vermittelt sich eine höhere Gestalt und damit ein freieres, bestimmteres Verhältnis zur Sache. Daher ist die Negation selbst setzend, also Position: Sie ist »die *Negation der bestimmten Sache*, die sich auflöst, somit bestimmte Negation« (Ebd. GW XI. S. 25). Die bestimmte

Negation Hegels ist also ausdrücklich nicht rein formal, sondern zugleich und vor allem inhaltlich gedacht.

> Indem das Resultierende, die Negation, *bestimmte* Negation ist, hat sie einen Inhalt. Sie ist ein neuer Begriff, aber der höhere, reichere Begriff als der vorhergehende; denn sie ist um dessen Negation oder Entgegengesetztes reicher geworden; enthält ihn also, aber auch mehr als ihn, und ist die Einheit seiner und seines Entgegengesetzten. (Ebd.)

Es ist klar, daß diese bestimmte Negation nichts mit der Negation der traditionellen Logik zu tun hat, denn in letzterer liefert die Negation eines Satzes in keiner Weise einen neuen Begriff, ist also um nichts reicher als der ursprüngliche Satz. Hegel hat nicht versucht, diese Funktion der Negation als *bestimmter Negation* genauer zu definieren, ihr Sinn sollte wiederum nicht abstrakt ge- oder erklärt, sondern durch den Fortgang und Aufbau des gesamten Systems interpretiert werden. Es steht jedoch fest, daß es sich weder um einen kontradiktorischen noch um einen konträren Gegensatz handelt, wie wir sie aus der Logik kennen, es geht hier vielmehr immer um Widersprüche und Unvereinbarkeiten im Bewußtsein, die »abgearbeitet« werden
392 | müssen.

Wollte man eine Verständnishilfe für die Negation bei Hegel suchen, so dürfte man sich gar nicht an die Logik wenden, sondern an die Mystik, so sonderbar dies auf den ersten Blick erscheinen mag. Die Mystiker sprechen, z. B. sehr ausdrücklich bei Johannes vom Kreuz (1542–1591) von einer »dunklen Nacht der Seele«, die die letztgültige und radikale Negation aller weltlichen Inhalte und Bestimmungen ist, und aus der dann ein völlig neues Verhältnis der Seele – hegelianisch wieder: des »Bewußtseins« – zu allen konkreten Dingen hervorgeht. Die »dunkle Nacht der Seele« ist bei Hegel die »Leere«. Hegel sagt vom Absoluten, daß sich in seinem ersten Begriff alle Bestimmtheit des Seins und der Reflexion auflöst.

> Insofern fällt das *Bestimmen* dessen, *was das Absolute sei*, negativ aus, und das Absolute selbst erscheint nur als die Negation aller Prädikate und als das Leere. (*Wissenschaft der Logik* I. GW XI. S. 663)

Hegel kannte kaum Johannes vom Kreuz, wohl aber kannte er Scotus Eriugena, und bei diesem finden wir ausdrücklich gesagt, daß Gott oftmals mit dem Worte »Nichts« bezeichnet wird (Zitat im 2. Teil, Kap. V, 2). Und auch Eckhart gebraucht ausdrücklich für Gott das Wort »Nichts«. Gott ist namenlos, er ist zugleich ein Nichts und ein Etwas. Dies erläutert Eckhart in einer Predigt über das Bekehrungserlebnis, in dem Saulus vom Pferd stürzt, zunächst blind wird, und dann als der bekehrte Paulus aus dieser Krise hervorgeht:

Der eine Grund ist der, daß Gott namenlos ist. Hätte sie [die Seele] ihm (einen) Namen geben sollen, so hätte man sich dabei etwas (Bestimmtes) denken müssen. Gott aber ist über alle Namen, niemand kann so weit kommen, Gott aussprechen zu können. [...] »Paulus stand auf von der Erde, und mit offenen Augen sah er nichts.« Ich kann nicht sehen, was Eins ist. Er sah nichts: das war Gott. Gott ist ein Nichts, und Gott ist ein Etwas. Was etwas ist, das ist auch nichts. Was Gott ist, das ist er ganz. [...] Siehst du irgend etwas oder fällt irgend etwas in dein Erkennen, so ist das nicht Gott; eben deshalb nicht, weil er weder dies noch das ist. [...] Wer aber mit nichts von Gott redet, der redet zutreffend von ihm. Wenn die Seele in das Eine kommt und darin eintritt in eine lautere Verwerfung ihrer selbst, so findet sie dort Gott als in einem Nichts. [...] Drittens, warum er nichts sah: das Nichts war Gott. Ein Meister sagt: Alle Kreaturen sind in Gott als ein Nichts, denn er hat aller Kreaturen Sein in sich. Er ist ein Sein, das alles Sein in sich hat. (Meister Eckhart: *Predigten*. Predigt 71. In: *Deutsche Werke*. III. Stuttgart 1976. S. 221–226. Übers. nach: Meister Eckhart: *Deutsche Predigten und Traktate*. Übers. von J. Quint. Zürich 1979. S. 331 f.)

Die Negation hat bei Hegel die Funktion der Katharsis, also der Reinigung durch die »Leere«, und dies ist ganz ähnlich der »lauteren Verwerfung« bei Eckhart. Die Negation ist aber gleichzeitig als Resultat die höchste Bestimmung des Absoluten. Solche | 393
Bestimmungen finden sich tatsächlich in der Mystik. Traditionell ist die Mystik des Nichts als der absoluten Dunkelheit identisch mit einer Mystik des alles Sehen überblendenden Über-Lichts, das gleichzeitig alles, was ist, erleuchtet. Auch diese Vorstellung findet sich bei Hegel wieder und er war sich über diesen Zusammenhang, etwa mit der rationalen Mystik Plotins (vgl. dazu 1. Teil, Kap. XVII, 1, c), durchaus im Klaren.

Auf gleiche Weise ist in der *orientalischen* Vorstellung der *Emanation* das Absolute das sich selbst erleuchtende Licht. Allein es erleuchtet sich nicht nur, sondern *strömt* auch *aus*. Seine Ausströmungen sind *Entfernungen* von seiner ungetrübten Klarheit; die folgenden Ausgeburten sind unvollkommener als die vorhergehenden, aus denen sie entstehen. Das Ausströmen ist nur als ein *Geschehen* genommen, das Werden nur als ein fortgehender Verlust. So verdunkelt sich das Sein immer mehr, und die Nacht, das Negative, ist das Letzte der Linie, das nicht in das erste Licht zurück kehrt. (*Wissenschaft der Logik* I. GW XI. S. 378)

Was Hegel anschließend an dieser Vorstellung kritisiert, ist nicht diese selbst, sondern der dort seiner Meinung nach sichtbare Mangel an Reflexion (Reflexion = Zurück-Beugung des Lichtstrahls; Spekulation = Widerspiegelung!). Hegel stellt also eine Einseitigkeit fest, die schon bei Spinoza (Ebd. GW XI. S. 376 f.) und Leibniz eingesetzt habe. Bei Leibniz spiegle jede Monade das Universum in Ideen, also ideell wider, ohne daß aber die philosophische Entwicklung in spekulativen Begriffen durchgeführt worden wäre (Ebd. GW XI. S. 378 f.). Diese Einseitigkeit will Hegel aufheben und zwar in dem doppelten Weg der (aufsteigenden) Phänomenologie und der (absteigenden) Logik. Die Philosophie als Ganze ist somit nichts anderes als die »*eigene* Auslegung des Absoluten, und nur ein *Zeigen dessen, was es ist*« (Ebd. GW XI. S. 370). Das Absolute ist zugleich die »absolute Einheit der Form und des Inhalts« (Ebd. GW XI. S. 379). Die *Philosophie* zeigt nur was ist, sie ist selbst nur ein Moment in der *Selbstauslegung des Absoluten*.

> In der Tat aber ist das Auslegen des Absoluten sein *eigenes* Tun, und das *bei sich anfängt*, wie es *bei sich ankommt*. Das Absolute, nur als absolute Identität, ist es *bestimmt*; nämlich als *identisches*; es ist durch die Reflexion *so gesetzt*, gegen die Entgegensetzung und Mannigfaltigkeit; oder es ist nur das *Negative* der Reflexion und des Bestimmens überhaupt. (Ebd. GW XI. S. 372)

Alle Reflexion kann daher nur bestimmend auslegen, was das Absolute ist, dies geschieht jedoch so, daß diese Auslegung selbst zum Absoluten gehört als dessen fortschreitende Bestimmung. Hegel nimmt jetzt nicht mehr wie in seiner frühen Periode – mit Fichte und Schelling – auf eine intellektuelle Anschauung Bezug,
394 | deren Auslegung das Absolute wäre, sondern konstruiert in der spekulativen Dialektik selbst die höchste Einheit.

> Das Wahre ist das Ganze. Das Ganze aber ist nur das durch seine Entwicklung sich vollendende Wesen. Es ist von dem Absoluten zu sagen, daß es wesentlich *Resultat*, daß es erst am *Ende* das ist, was es in Wahrheit ist; und hierin eben besteht seine Natur, Wirkliches, Subjekt, oder sich selbst Werden, zu sein. (*Phänomenologie des Geistes*. GW IX. *Vorrede*. S. 19)

In diesem Sinn ist Denken nicht abstrakt, sondern konkret und muß daher schließlich beim Konkretesten, nämlich beim Subjekt, d. h. beim Subjekt-Sein des Absoluten, anlangen: Das spekulative Denken muß das Absolute als Person erfassen.

> Das Reichste ist daher das Konkreteste und *Subjektivste*, und das sich in die einfachste Tiefe zurücknehmende, das Mächtigste und Übergreifendste. Die höchste zugeschärfteste Spitze ist die *reine Persönlichkeit*, die allein durch die absolute Dialektik, die ihre Natur ist, ebenso sehr *Alles in sich befaßt* und hält, weil sie sich zum Freiesten macht, – zur Einfachheit, welche die erste Unmittelbarkeit und Allgemeinheit ist. (*Wissenschaft der Logik* II. GW XII. S. 251)

Wir sind also dort angelangt, wo Hegel ankommen will: Beim Absoluten als Person. Und wir wollen an diesem Punkt auch diese kurzen Hinweise auf den Gang der *Phänomenologie* und der *Logik* abbrechen. Wir haben damit natürlich Hegel noch nicht verstanden. Ein wirkliches Verständnis könnte man aber nur dann erreichen, wenn man sich auf den von Hegel schon in den theologischen Jugendschriften deutlich ausgesprochenen Standpunkt stellte: *Philosophie ist spekulative Auslegung der Religion*, und zwar nicht der Religion im Allgemeinen, sondern der christlichen Religion. Das Absolute in diesem Sinne ist nicht einfach der letzte Teil des Systems, sondern es ist dieses selbst, die absolute Dialektik ist die Dialektik des Absoluten. Hegel nimmt hier die Tradition der christlichen Neuplatoniker auf, versucht aber, sich dem Problem, dem diese im Zusammentreffen mit der biblischen Lehre nie ganz gerecht werden konnten, zu stellen: dem Problem, daß das Eine, das Alles ist, Freiheit und Persönlichkeit ist. So erhält bei Hegel auch die Negation nicht logische Bestimmungen, sondern solche des Gefühls und des Willens: »Schmerz«, »Geduld« und »Arbeit«. Ist es wirklich nur ein Zufall, wenn in der *Genesis* als Folgen des Heraustretens aus der einfachen Einheit mit Gott, das als Greifen nach dem »Baum der Erkenntnis« bildhaft ausgedrückt wird, »Schmerz« und »Arbeit« angeführt werden? Bei Hegel lesen wir:

Das Leben Gottes und das göttliche Erkennen mag also wohl als ein Spielen der Liebe mit sich selbst ausgesprochen werden; diese Idee sinkt zur Erbaulichkeit und selbst zur Fadheit herab, wenn der Ernst, der Schmerz, die Geduld und Arbeit des Negativen darin fehlt. (*Phänomenologie des Geistes.* GW IX. S. 18)

Die Voraussetzung, die Hegel aus der christlichen Theologie übernimmt, ist jedoch nicht nur die der Persönlichkeit Gottes, sondern auch die von der Menschwerdung, dem Tod und der Auferstehung Christi. Wie anders als auf diesem Hintergrund könnten wir im Rahmen der Entwicklung des absoluten Wissens an entscheidender Stelle beim Umschlagen des Negativen des Todes in das Sein die folgenden Sätze verstehen?

Der Tod, wenn wir jene Unwirklichkeit so nennen wollen, ist das furchtbarste, und das Tote fest zu halten, das, was die größte Kraft erfordert. Die kraftlose Schönheit haßt den Verstand, weil er ihr dies zumutet was sie nicht vermag. Aber nicht das Leben, das sich vor dem Tode scheut und vor der Verwüstung rein bewahrt, sondern das ihn erträgt, und in ihm sich erhält, ist das Leben des Geistes. Er gewinnt seine Wahrheit nur, indem er in der absoluten Zerrissenheit sich selbst findet. Diese Macht ist er nicht als das Positive, welches von dem Negativen wegsieht, wie wenn wir von etwas sagen, dies ist nichts oder falsch, und nun, damit fertig, davon weg zu irgend etwas anderem übergehen; sondern er ist diese Macht nur, indem er dem Negativen ins Angesicht schaut, bei ihm verweilt. Dieses Verweilen ist die Zauberkraft, die es in das Sein umkehrt. (*Phänomenologie des Geistes.* GW IX. *Vorrede.* S. 27)

Hegel selbst spricht in diesem Zusammenhang von »geistigem Auferstehen« (*Phänomenologie des Geistes.* GW IX. S. 418). Dieser Vorgang betrifft aber nicht nur den

Menschen, sondern ist ein Moment des Absoluten selbst, insofern »durch das *Geschehen* der eigenen Entäußerung des göttlichen Wesens, durch seine geschehene Menschwerdung und seinen Tod das göttliche Wesen mit seinem Dasein versöhnt ist« (Ebd.). An diesem Punkt findet Hegel dann auch die Lösung für sein anfängliches Problem der Versöhnung des Einzelnen mit dem Allgemeinen, das ja von Anfang an ein christologisches gewesen war (vgl. weiter oben 1).

> Der *Tod* des göttlichen Menschen *als Tod* ist die *abstrakte* Negativität, das unmittelbare Resultat der Bewegung, die nur in die *natürliche* Allgemeinheit sich endigt. Diese natürliche Bedeutung verliert er im geistigen Selbstbewußtsein, oder er wird sein so eben angegebner Begriff; der Tod wird von dem, was er unmittelbar bedeutet, von dem Nichtsein *dieses Einzelnen* verklärt zur *Allgemeinheit* des Geistes, der in seiner Gemein[d]e lebt, in ihr täglich stirbt und aufersteht. (Ebd.)

Die Philosophie ist also nichts anderes als die Selbstauslegung Gottes, wie sie uns in der Form der christlichen Religion gegeben ist, nun aber in die Form des Begriffs gebracht wird. Damit wird diese Philosophie auch an einen ganz bestimmten Ort in der Geschichte gestellt, sie ist somit selbst ein Resultat der Geschichte und ist gleich-
396 | zeitig als System das Begreifen dieser Geschichte.

4. Geschichte und System

Hegel ging von der Überzeugung aus, daß das Wahre immer nur das Ganze sein kann. Das Ganze aber ist nur als das Resultat der vollendeten Entwicklung denkbar. Hegel war wie seine Zeitgenossen der Meinung, daß sich in der Französischen Revolution ein entscheidender und weiterführender Schritt in der Entwicklung der Geschichte ereignet hatte. Man glaubte, gleichsam Augenzeuge eines offenkundigen und allen öffentlich sichtbaren Fortschritts in der Geschichte gewesen zu sein. Für Hegel, der in der Geschichte die Selbstauslegung der absoluten Vernunft sah, war die Französische Revolution somit auch ein Moment, in dem sich die Vernunft in der Geschichte durchgesetzt hatte. Dies war jedoch nur ein Anlaß, auf die philosophische Bedeutung von Geschichte zu reflektieren, nicht schon der prinzipielle Grund. Die entscheidenden *Träger der Entwicklung* in der Geschichte sind bei Hegel nicht mehr wie in der früheren Geschichtsschreibung die Herrscher, sondern die *Völker*. In den *Vorlesungen über die Philosophie der Weltgeschichte* sagt Hegel:

> Das Vernünftige ist das an und für sich Seiende, wodurch alles seinen Wert hat. Es gibt sich verschiedene Gestalten; in keiner ist es deutlicher Zweck als in der, wie der Geist sich in den vielförmigen Gestalten, die wir Völker nennen, selbst expliziert und manifestiert. (*Vorlesungen über die Philosophie der Weltgeschichte*. S. 29)

Hier zeigt sich deutlich der Hintergrund der Romantiker, die das Volk als Träger des Geistes in seinen vielfältigen Gestalten entdeckt hatten, und die diesen Geist von der individualistisch konzipierten Vernunft, wie die Rationalisten und Aufklärer sie verstanden hatten, absetzen wollten. Es ist daher leicht verständlich, warum die Romantiker begannen, Volkslieder und Märchen zu sammeln: Sie waren überzeugt, daß in diesen Texten die ursprüngliche, anonyme, und universelle Poesie, der echte, authentische, Ausdruck der Seele und des Geistes eines Volkes aufbewahrt wäre. Die bekanntesten dieser Sammlungen stammen von Jakob (1785–1863) und Wilhelm Karl Grimm (1786–1859). Solche Volksidentitäten wurden aber nicht nur einfach vergleichend nebeneinander gestellt, sondern in eine Entwicklung eingeordnet. Schon eine Generation vor Hegel hatte Herder in seinen *Ideen zur Philosophie der Geschichte der Menschheit* der Überzeugung Ausdruck verliehen, daß es Gesetze in der Geschichte gebe, nach denen sich in der geschichtlichen Zeitenfolge Vernunft und Humanität immer weiter ausbilden. Die Geschichte der Völker galt als Zeugnis für diesen Fortschritt. Für Hegel fanden sich hier Ansatzpunkte für seine eigene Arbeit.

Hegel dachte im Grunde aus der biblischen Vorstellung einer zielgerichteten Geschichte heraus, in der sich die Vernunft und der Wille Gottes offenbart.

Wir müssen in der Geschichte einen allgemeinen Zweck aufsuchen, den Endzweck der | 397
Welt, nicht einen besonderen des subjektiven Geistes oder des Gemüts, ihn müssen wir durch die Vernunft erfassen, die keinen besonderen endlichen Zweck zu ihrem Interesse machen kann, sondern nur den absoluten. (*Vorlesungen über die Philosophie der Weltgeschichte*. S. 29)

Daß Vernunft sich in der Geschichte manifestiert, war eine zwar vom Glauben verbürgte, aber deshalb noch nicht philosophisch erwiesene Annahme. Sie ließ sich nicht apriorisch beweisen, sondern konnte nur aus der Durchführung des Ganzen, d. h. aus dem spekulativen Begreifen der Geschichte heraus als begreifbar nachgewiesen werden. Wiederum war die Voraussetzung, daß die Wahrheit das Ganze ist, und das Einzelne nur vom Ganzen her als vernünftig begreifbar ist. Was in der Geschichte als Einzelnes, als bloßes Faktum, erscheint, muß daher vom Ganzen her in einen notwendigen Zusammenhang gebracht werden. Und so fährt Hegel fort:

Den Glauben und Gedanken muß man zur Geschichte bringen, daß die Welt des Wollens nicht dem Zufall anheimgegeben ist. (Ebd.)

Diese Glaubensvoraussetzung ist jedoch sogleich auch ein Gedanke, d. h. ein Moment der Vernunft. Daher sagt Hegel:

Die philosophische Betrachtung hat keine *andere Absicht, als das Zufällige zu entfernen.* (Ebd.)

Das Zufällige muß sich also in der Philosophie und durch die Philosophie als das in Wirklichkeit Notwendige erweisen. Notwendigkeit aber gibt es im geschichtlichen Verlauf nur dort, wo alle Ereignisse auf einen allgemeinen Endzweck der Welt hin geordnet sind.

> Daß in den Begebenheiten der Völker ein letzter Zweck das Herrschende, daß Vernunft in der Weltgeschichte ist, – nicht die Vernunft eines besonderen Subjekts, sondern die göttliche, absolute Vernunft, – ist eine Wahrheit, die wir voraussetzen; ihr Beweis ist die Abhandlung der Weltgeschichte selbst: sie ist das Bild und die Tat der Vernunft. Vielmehr aber liegt der eigentliche Beweis in der Erkenntnis der Vernunft selber; in der Weltgeschichte erweist sie sich nur. Die Weltgeschichte ist nur die Erscheinung dieser einen Vernunft, eine der besonderen Gestalten, in denen sie sich offenbart, ein Abbild des Urbildes, das sich in einem besonderen Elemente, in den Völkern, darstellt. (Ebd. S. 29 f.)

Wenn wir solche Sätze hören, erfaßt uns eine gewisse Beklommenheit. Wie können wir jetzt, am Beginn des 21. Jhd.s, von der Weltgeschichte als einer Erscheinung der Vernunft sprechen? Ist die Geschichte des vergangenen wie der wenigen Jahre un-
398 | seres Jahrhunderts nicht eher der Beweis des Gegenteils? Und auch der Blick auf das Ganze hilft uns nicht viel weiter: Je weiter wir den historischen Gesichtskreis erweitern, umso mehr aufs Ganze gesehen Unvernünftiges finden wir vor. Oder ist es nicht einfach sinnlos, nach einem Sinn der Geschichte überhaupt zu suchen? Auf diese Antwort Nietzsches werden wir noch zurückkommen (vgl. Kap. XXIII, 2). Mit Kant täte man sich hier leichter, denn man könnte eine Differenzierung in diese Beurteilung der Geschichte als Verwirklichung der Vernunft hineinbringen: Innerhalb der theoretischen, d. h. der beschreibenden Vernunft, erklärt man, soweit dies eben geht, die Ursachen, Hintergründe und Motive all dieser geschichtlichen Ereignisse. Und mit der Annahme eines natürlichen Hanges der Menschen zum Bösen sind viele Ereignisse verhältnismäßig leicht zu erklären, oder umgekehrt: Diese Ereignisse legen die Annahme eines ursprünglichen Hanges zum Bösen sehr nahe, was ja auch die Richtung der Überlegung Kants ist. Damit würde im Rahmen der theoretischen Vernunft vernünftig das weithin Unvernünftige in der Geschichte der Menschheit erklärt. Im Bereich der praktischen Vernunft dagegen könnten wir dann vieles von dem, was geschehen ist, als unmoralisch verurteilen. Man könnte dann also sagen, daß sich zwar in der Vergangenheit unzähliges Unvernünftiges ereignet hat, daß aber doch in praktischer Absicht eine, in der theoretischen Vernunft nicht beweisbare Hoffnung besteht, daß die Menschen in Zukunft moralischer handeln werden, auch wenn dazu in der beschreibbaren Geschichte kaum Anhaltspunkte zu finden sind. Eine Hoffnung moralischer Art für die Zukunft ist ja durch Tatsachen der Vergangenheit nicht zu widerlegen. Das war auch die einzige Chance für Kant als überzeugten Moralisten, die Hoffnung auf eine vernünftigere und sittlichere

Zukunft nicht aufzugeben. Die Hoffnung der praktischen Philosophie kann hier durchaus als Utopie, also als *nirgends vollendet* und *verwirklicht*, angesehen werden, aber als eine, die einen regulativen und kritischen Charakter für die Gegenwart hat. Mehr braucht man hier für die Vernunft in der Geschichte nicht. Bei Hegel ist dies alles viel schwieriger, denn ihm geht es natürlich nicht allein darum, die Fakten der Geschichte zu rechtfertigen, bei ihm muß sich der Geist zwar zunächst durch die reale Geschichte hindurcharbeiten, er muß in ihr aber *irgendwo und irgendwie vollendet und verwirklicht* sein, damit er sich dann in der Geschichte des Bewußtseins als spekulativer Begriff vollenden kann. Ein historisches Phänomen als vereinzeltes kann jedoch nie Vollendung und Notwendigkeit zum Ausdruck bringen. Eine solche Wahrheit kann sich erst dort zeigen, wo die einzelne Erscheinungsform als notwendige Durchgangsform des Ganzen aufgezeigt werden kann. Erst dann und erst dort wird auch die Zufälligkeit aufgehoben, die dem historischen Phänomen als purem Ereignis oder Faktum immer anhaftet. Dies gilt auch für die Geschichte des Bewußtseins, das sich in dieser Geschichte zur Vollendung bringt. Erst die historisch erreichte Form des Bewußtseins, das Bewußtsein als Resultat, ist somit als reflektiertes und sich systematisch durchsichtig gewordenes Bewußtsein auch der letzte Schlüssel zum Begreifen der historischen Phänomene. Dazu aber muß es vollendet sein. Vollendet aber ist das Bewußtsein erst als Subjekt. Um als Subjekt Resultat der | 399
Geschichte sein zu können, muß sich in der Geschichte das *Absolute als Subjekt* gezeigt haben. Und da sind wir eben wieder bei der Vorstellung, daß *Gott*, das Absolute, sich in der Geschichte *als Mensch, als Subjekt*, geoffenbart hat (nicht nur für uns, sondern auch für sich).

Man kommt eben bei Hegel immer wieder auf dasselbe zurück: Er philosophiert von Glaubensvoraussetzungen aus, und das heißt hier: Er nimmt die Glaubensvorstellung, daß Gott Mensch geworden ist, und übersetzt dies in den philosophischen Begriff, daß sich das Absolute in der Geschichte in seiner definitven Form schon geoffenbart hat. Die Philosophie hat daher keinen anderen *Gehalt* als die (christliche) Religion, doch sie reflektiert diesen Gehalt in einer anderen *Form:* Die Religion hat ihre Inhalte in der Form der *Vorstellung* (auch Dogmen sind Sätze über Vorstellungen), die Philosophie hat sie in der Form des *Begriffs*. Dieses Verhältnis ist selbst wiederum erst geschichtlich geworden, es hat sich während und in der Geschichte des Christentums herausgebildet. Auch dies konstruiert Hegel dialektisch: Im Mittelalter waren Christentum und Philosophie noch eine ungeschiedene Einheit. Später setzten sich Christentum und Philosophie in einen Gegensatz zueinander, so daß die Philosophie schließlich in der Aufklärung völlige Selbständigkeit gegenüber dem Christentum beanspruchte. In der letzten, nun anstehenden Epoche wird die neue Einheit erreicht: Die Philosophie ist ihrer *Form* nach selbständig, ihrem *Gehalt* nach ist sie jedoch identisch mit dem Christentum.

In dieser Konstruktion von Form und Gehalt, hat Hegel eine in historischer Hinsicht sehr scharfe Analyse vorgelegt, die bis heute ein Anstoß zum Nachdenken sein könnte und sollte. Er sagt ganz einfach: Es ist eine Illusion, wenn man meint, die Philosophie könne selbständig Gehalte, z. B. also Werte oder Vorstellungen (Symbole) oder Ideen erfinden, eine Illusion, die nur dadurch aufkommen konnte, daß Philosophie nicht genügend in geschichtlichem Kontext gesehen wurde. Wird sie in diesem Kontext begriffen, so zeigt sich sofort, daß sie ihre Gehalte immer von anderen Bereichen erhält: aus der Religion, der Kunst (die selbst in enger Beziehung zu Religion steht), dem Recht, der Wissenschaft usw. Die Selbständigkeit philosophischen Denkens, d. h. der autonome Anteil der Philosophie, besteht in der Formalität, also in der spezifischen Form des Begreifens von Inhalten, nicht jedoch in den Inhalten selbst. Letztlich reflektiert Hegel hier genau das, was die in dieser Hinsicht strengere Philosophie Kants klar zum Ausdruck gebracht hatte: Das eigentliche Geschäft der Philosophie ist das Formale. Gerade diese wichtige Einsicht Hegels wurde jedoch weder von seinen Nachfolgern noch von seinen an ihm orientierten Gegnern richtig ausgeschöpft. Dazu gab aber Hegel selbst mehr als genügend Anlaß, insofern er in seiner *Logik* nicht die formale Aufgabe der Philosophie gegenüber *vorgegebenen* Gehalten darlegte, was er eher in der *Phänomenologie des Geistes* ausarbeitete, sondern nun den Anspruch erhob, mit den Formen auch die Gehalte konstruieren zu können.

Die Frage ist nun, was der Gehalt dieser von Hegel reflektierten Religion des Chri-
400 | stentums ist. Nach Hegel besagt der Gehalt des Christentums, wird dieser auf seinen spekulativen Begriff gebracht, daß die zeitliche Geschichte des absoluten Geistes das geschichtliche Zu-sich-selbst-Kommen des absoluten Geistes im menschlichen Bewußtsein ist. Das Christentum darf hier natürlich nicht isoliert betrachtet werden, sondern muß als Periode der Geschichte der Religionen aufgefaßt werden, wenn auch als prinzipiell letzte. Die besondere Relevanz des Christentums besteht also darin, erfüllendes Resultat der Geschichte zu sein. Die Religion kann bei Hegel als Schlüssel des Verständnisses der Weltgeschichte genommen werden, weil für Hegel die jeweilige Religion die Wurzel von Sittlichkeit, Recht, Verfassung, Wissenschaft und Kunst ist. Deshalb kann er sagen, »daß die Geschichte der Religionen mit der Weltgeschichte zusammenfällt« (*Enzyklopädie* § 562. S. 444). Daß dies so ist, wurde jedoch nach Hegels Auffassung erst durch das Christentum offenbar, das dadurch zugleich *Mittelpunkt* und *Höhepunkt* der Weltgeschichte, und damit auch Mittel- und Höhepunkt der Geschichte des absoluten Geistes ist. In den *Vorlesungen über die Philosophie der Weltgeschichte* sagt Hegel, daß die Offenbarung Gottes in Jesus Christus das »Prinzip« ist, »die Angel, um welche sich die Weltgeschichte dreht. Bis hierher und von daher geht die Geschichte.« (*Vorlesungen über die Philosophie der Weltgeschichte.* S. 722) Was in Jesus Christus geoffenbart wird, ist Versöhnung, und der spekulative Begriff von »Versöhnung« ist eben der für Hegels gesamte Philosophie und somit auch für seine Dialektik zentrale Begriff der »Vermittlung«. In Jesus Christus ist die Versöhnung Gottes mit der Welt manifest geworden. Versöhnung ist das Prinzip der Weltgeschichte, denn es ist das absolute Prinzip als das Prinzip des Absoluten: Gott hat sich in die Welt hinein entäußert, um die Welt aus der Entfremdung

zurückzuholen, und dies ist gleichzeitig die Versöhnung des Absoluten mit sich selbst (vgl. z.B. *Phänomenologie des Geistes.* GW IX. S. 418). Die Versöhnung Gottes mit der Welt bringt dem Menschen seine Freiheit wieder. Auch dieser in der Geschichte des Christentums immer behauptete Zusammenhang erhält bei Hegel seine ganz spezifische spekulative Begründung: Unfreiheit bedeutet bei Hegel, daß die Vernunft gegenüber dem anderen ihrer selbst, wie dieses in der Vorstellung gegeben ist, keine Selbständigkeit besitzt. Dies war schon dort deutlich geworden, wo gezeigt wurde, daß die Freiheit des Wissens nur im Durchgang durch den Skeptizismus erlangt werden kann (vgl. weiter oben 3). Geht der Mensch im Äußeren, im reinen An-sich der Dinge, völlig auf, so übt dieses Äußere als Unbegriffenes Herrschaft über ihn aus. Freiheit bedeutet daher nach Hegel die Aufhebung dieser Entfremdung, nicht durch Rückzug in sich selbst, sondern durch das Bei-sich-Sein im Anderen seiner selbst (hier sehen wir, wie Hegel nur abstrakter das formuliert, was er in den Jugendschriften als »Liebe« bezeichnet hatte). Genau dies ist nun in der Menschwerdung geschehen: Gott ist frei ganz im Anderen seiner selbst, in der Welt. Ist dies der Höhepunkt der Geschichte der Welt, so kann und muß Hegel die gesamte Geschichte durch das Prinzip wachsender Freiheit erklären. Mit »wachsend« kann selbstverständlich kein kontinuierlicher Fortschritt gemeint sein, dieses Wachsen muß vielmehr durch qualitative Umbrüche geschehend gedacht werden. So | 401
kommt Hegel zu der bekannten Konstruktion der Geschichte der Freiheit: Im alten Orient war nur *einer* frei, nämlich der despotische Herrscher; in Griechenland und Rom waren *einige* frei, nämlich die Bürger im Unterschied zu den Sklaven; erst durch das Christentum setzte sich die Einsicht durch, daß *jeder* Mensch als Mensch frei ist (*Vorlesungen über die Philosophie der Weltgeschichte.* S. 62 f.). Hegel meinte natürlich nicht, daß seit dem Eintritt des Christentums in die Weltgeschichte wirklich alle frei seien, wohl aber glaubte er, daß damit das endgültig wahre Prinzip der Freiheit manifest geworden sei, so daß eine darüber hinausgehende Offenbarung nicht möglich ist. Damit ist für die Geschichte ein eindeutiges Ziel gegeben: Die Verwirklichung der schon jetzt letztgültig offenbar gewordenen Freiheit.

All dies kommt uns vielleicht etwas sonderbar oder verstiegen vor. Aber wir sollten es einfach zur Kenntnis nehmen, denn Hegel sagt dem Gehalt nach nicht mehr als das, was die Christen glauben: Durch die Sünde sind die Menschen mit Gott entzweit worden, durch Christus hat Gott die Welt wieder mit sich versöhnt; dies ist der Sinn der ganzen Geschichte der Menschheit. Und daß diese Geschichte gleichzeitig die wirkliche Geschichte Gottes ist, dies war eine Grundüberzeugung der Autoren des *Alten Testaments* und sie kommt auch im Johannesprolog des *Neuen Testaments* zum Ausdruck. Wer diese Vorstellungen teilt, der kann – muß aber natürlich nicht – auch Hegels begriffliche Rekonstruktion derselben teilen. Der einzige Glaubenssatz, der hinzukommt, ist ein formaler, nämlich daß diese Geschichte philosophisch rekonstruiert werden kann, so in der *Phänomenologie des Geistes*, und dann nochmals von Anfang an konstruiert werden kann, so in der *Wissenschaft der Logik*, und daß Hegel dies geleistet hat. Dies ist eine bloße Feststellung, die wir bei Hegel selbst nachlesen können. Hegel ordnet seine Philosophie dabei auch in die Geschichte der Philosophie ein, wobei allerdings zu sagen ist, daß die Philosophen-Theologen seit dem 13. Jhd. die Unterscheidung von Philosophie und Theologie sehr genau und ganz und gar nicht im Sinne Hegels getroffen haben (vgl. 2. Teil, Kap. XIII, 3).

> Demgegenüber ist zu sagen, daß der Inhalt der Philosophie, ihr Bedürfnis und Interesse, mit der Religion ganz gemeinschaftlich ist. Der Gegenstand der Religion wie der Philosophie ist die ewige Wahrheit, Gott und nichts als Gott und die Explikation Gottes. Die Philosophie expliziert nur sich, indem sie die Religion expliziert, und indem sie sich expliziert, expliziert sie die Religion Der denkende Geist ist es, der diesen Gegenstand, die Wahrheit durchdringt, der in dieser Beschäftigung Genuß der Wahrheit und Reinigung des subjektiven Bewußtseins ist. So fallen Religion und Philosophie in eins zusammen. Die Philosophie ist in der Tat selbst Gottesdienst, wie die Religion. [...] Diese Verknüpfung ist nichts Neues; sie fand schon bei den vorzüglicheren der Kirchenväter statt, die sich besonders in die neupythagoreische, neuplatonische und neuaristotelische Philosophie tief hineinstudiert haben. [...] Die gleiche Verknüpfung der Theologie und Philosophie sehen wir auch im Mittelalter. Scholasti-
> 402 | sche Philosophie ist ein und dasselbe mit der Theologie; diese ist Philosophie, und die Philosophie ist Theologie. (*Vorlesungen über die Philosophie der Religion.* I. S. 63–65)

Die Philosophie ist also für Hegel Theologie. Das sollten wir immer vor Augen haben, wenn wir oder falls wir Hegel lesen. Ob diese Philosophie eine gute Theologie ist, brauchen wir hier nicht zu beurteilen (m. E. ist die eigentlich untheologische Philosophie Kants nicht nur eine bessere Philosophie, sondern auch eine bessere Theologie als die theologische Philosophie Hegels). Es ist jedenfalls eine Theologie, die aus der Tradition der Gnosis lebt. Daß dies so ist, ist keinesfalls eine neue Einsicht, und sie stammt auch nicht aus einer kritischen Auseinandersetzung mit Hegels Philosophie, sondern wurde von einem Anhänger derselben in allen Einzelheiten ausgearbeitet und dargestellt. Nur wenige Jahre nach Hegels Tod legte 1835 Ferdinand Christian Baur (1792–1860) seine Arbeit *Die christliche Gnosis oder die christliche Religions-Philosophie in ihrer geschichtlichen Entwicklung* vor. Baur behandelt dort die antike Gnosis, Klemens von Alexandrien, Plotin, Augustinus, Böhme, und gelangt schließlich über Schelling und Schleiermacher zu Hegel. Man kann hier ohne weiteres u. a. noch Scotus Eriugena und Meister Eckhart hinzufügen, Baurs These wird dadurch historisch noch besser gestützt. Baur gelangt abschließend zu der Feststellung, daß Hegels Philosophie sich nicht dem Wesen, sondern nur der Form nach von der Gnosis unterscheidet (Ebd. S. 735). Stellt man allerdings Texte von Plotin, Scotus Eriugena (vgl. 2. Teil, Kap. V, 3) und Eckhart solchen Hegels gegenüber, wird man sich sogar die Frage stellen müssen, ob sich Hegels Philosophie auch nur der Form nach von der Gnosis unterscheidet. Ebenso wird das Interesse an

Spinoza verständlich, denn dessen Philosophie ist nichts anderes als eine Rekonstruktion der Kabbala, und ist somit auch wieder eine bestimmte Form der Gnosis (vgl. Kap. VII, 4).

5. Das Ziel der Geschichte und der Staat

Religion und Staat gehören nach Hegel nicht nur engstens zusammen, sondern sind in ihrer Grundlage eigentlich ein und dasselbe.

Im allgemeinen ist die Religion und die Grundlage des Staates eins und dasselbe; sie sind an und für sich identisch. (*Vorlesungen über die Philosophie der Religion.* I. S. 339)

Wir müssen hier eine ganz kurze Überlegung einfügen, die über Hegel hinausgeht bzw. die die These Hegels als schlichtweg falsch erklärt. Religiöse Vorstellungen oder Werte haben in der Vergangenheit bei der Ausbildung von Staaten ohne jeden Zweifel eine große Rolle gespielt. Der moderne Rechtsstaat der westlichen Gesellschaften ist aber grundsätzlich laikal, d. h. er steht im Gegensatz zu Hegels These. Wo immer auch Wertvorstellunge herkommen mögen (Frage der Genese), werden sie für Staaten relevant, so müssen sie durch Vernunftüberlegungen gerechtfertigt werden und können nur durch den Willen des Gesetzgebers zur verbindlichen Regel der Gesellschaft werden (Frage der Geltung). Daher gilt umgekehrt in moderner Terminologie: Jede Vorstellung, nach der die Grundlage des Staates und der Religion identisch ist, ist fundamentalistisch und prinzipiell intolerant. Dies gilt auch dann, wenn Wertvorstellungen des Christentums in die sogenannten »Menschenrechte« eingegangen sein sollten, was ja öfter behauptet als bewiesen wurde. Toleranz und Religionsfreiheit ist nur dort möglich, wo der Staat und seine Gesetzgebung der Religion bzw. den Religionen, die es auf seinem Staatsgebiet gibt – das Recht und das Gesetz ist territorialbezogen und nur vermittelt über das Staatsgebiet personalbezogen – grundsätzlich religions-neutral ist. – Zurück zu Hegels (falscher) These der Identität von Grundlage des Staates und Religion. Im Christentum wurde das Prinzip von Freiheit als Versöhnung aufgestellt, und somit sollte nach Hegel entsprechend der Einheit von Religion und Staat die Verwirklichung dieses Prinzips durch die Sittlichkeit und den Staat geschehen.

Diese Bearbeitung der Subjektivität, diese Reinigung des Herzens von seiner unmittelbaren Natürlichkeit, wenn sie durch und durch ausgeführt wird und einen bleibenden Zustand schafft, der ihrem allgemeinen Zweck entspricht, vollendet sich als Sittlichkeit, und auf diesem Weg geht die Religion hinüber in die Sitte, den Staat. [...] Der Staat ist die wahrhafte Weise der Wirklichkeit; in ihm kommt der wahrhafte, sittliche Wille zur Wirklichkeit und lebt der Geist in seiner Wahrhaftigkeit. (Ebd.)

Bei Hegel liegt der Versuch vor, der Auseinanderentwicklung bzw. dem Auseinanderfallen von Ethik und Staat bzw. Recht entgegenzuwirken und diese systematisch zu vermitteln. Das Problem war zur Zeit Hegels aktuell (und ist es immer noch). Bei Fichte war der Gegensatz von Gewissen und Staat ganz ausdrücklich formuliert worden, dem will Hegel eine Vermittlung dieses Gegensatzes gegenüberstellen. Die Freiheit des einzelnen und die Wirklichkeit des Staates sollen keinen Gegensatz darstellen.

In der Religion ist der Mensch frei vor Gott; indem er seinen Willen dem göttlichen gemäß macht, so ist er dem höchsten Willen nicht entgegen, sondern er hat sich selbst darin [...]. Der Staat ist nur die Freiheit in der Welt, in der Wirklichkeit. Es kommt hier wesentlich auf den Begriff der Freiheit an, den ein Volk in seinem Selbstbewußtsein trägt, denn im Staat wird der Freiheitsbegriff realisiert, und zu dieser Realisierung gehört wesentlich das Bewußtsein der an sich seienden Freiheit. [...] Es ist Ein Begriff der Freiheit in Religion und Staat. Dieser Eine Begriff ist das Höchste, was der Mensch hat, und er wird von dem Menschen realisiert. (Ebd. I. S. 339 f.)

Was Hegel hier fordert oder vielmehr als im Prozeß der Verwirklichung begriffen

hinstellt, ist sehr viel. Er meint, die durch Christus vermittelte Einsicht der versöhnten Einheit des Geistes mit Gott müsse sich in der Wirklichkeit als Prozeß der Versöhnung in seiner gesellschaftlichen Dimension auswirken: Die religiösphilosophische Versöhnung wäre somit Grundlage für die politische und Freiheit erwirkende Versöhnung. Das durch und in Christus vermittelte Glaubens-Wissen wäre somit gleichzeitig die Grundlage und das Prinzip eines politischen Wissens und einer politischen Verwirklichung. In diesem Prozeß sollte die Subjektivität des einzelnen mit der Objektivität des Staates versöhnt werden, insofern die objektive Wirklichkeit die Verwirklichung der versöhnten Subjektivität darstellt. Hegel verkündet hier *politisches Heilswissen*, das den Staat in seiner aktuellen Verwirklichung rechtfertigt. Man hat Hegel aufgrund dieser Auffassung eine Vergöttlichung des Staates und somit eine reaktionäre Staatsideologie vorgeworfen. Dieser Vorwurf ist jedenfalls in dieser Form nicht ganz haltbar, denn Hegel stand der politischen Wirklichkeit seiner Gegenwart auch durchaus kritisch gegenüber. Aus dem Bild dessen, was nach Hegel sein sollte, ergab sich eine Stellungnahme zu dem, was nicht war, oder besser: was in seiner Zeit nicht war, aber sein sollte. Er stand dabei, kurz vor seinem Tod, unter dem Eindruck der Julirevolution von 1830, in deren Vorfeld der französische König Karl X. (1824–1830) die Freiheit der Presse aufgehoben und ein Gesetz erlassen hatte, das praktisch alle Wahlen, die der Opposition die Mehrheit gaben, für ungültig erklärte. Nach Hegels Prinzip konnte und durfte eine solche, dem modernen Freiheitsbewußtsein nicht entsprechende Herrschaftsform nicht lange bestehen. Nach der Revolution, in der das Volk den König verjagte, wobei das Heer praktisch nichts tat, um die Herrschaft des Königs zu retten, sagte Hegel daher von Karl X.: »Nach dem Formellen der Konstitution war der Monarch keiner Verantwortlichkeit ausgesetzt; aber dies Formelle hat nicht standgehalten; die Dynastie ist vom Thron gestürzt worden« (Ebd. I. S. 347). Der neue König war der »Bürgerkönig« Louis Philippe (1830–1848), der tatsächlich durch und durch von bürgerlichem Bewußtsein geprägt war, dem es jedoch nicht gelang, aus diesem Bewußtsein heraus eine wirkliche Herrschafts- und Staatsform zu gestalten. Abhängig von den Bankiers und Parteimännern konnte er nicht verhindern, daß zu seiner Zeit die Korruption zu einer vorher in Frankreich nie erreichten Höhe gelangte. Die einzelnen versuchten sich hier durch die Schwäche des Staates Gewinn zu schaffen und diese Schwäche durch Korruption aufrechtzuerhalten. Hier machte sich nun der einzelne das Allgemeine untertan. Hegel erkannte und benannte diese Schwächen des unbeschränkten Liberalismus, der faktisch wieder zu der Herrschaft der wenigen zurückführte, einer im Prinzip eben ebenso wie der Despotismus überwundenen Herrschaftsform. Hegel war überzeugt, daß Freiheit, sollte sie universell werden, institutionell gesichert werden mußte. Dies ist also wieder das Problem der Vermittlung von Einzelnem und Allgemeinem. Doch damit tritt wiederum fast automatisch ein Gegensatz auf. Denn man sieht,

[...] daß, wenn nun die Prinzipien der wirklichen Freiheit zu Grunde gelegt sind und diese sich zu einem System des Rechts entwickeln, daraus gegebene, positive *Gesetze* entstehen und diese die Form von juridischen Gesetzen überhaupt in Beziehung auf die Individuen erhalten. Die Erhaltung der Gesetzgebung ist den Gerichten anheimgegeben; wer das Gesetz übertritt, wird vor Gericht gezogen, und die Existenz des Ganzen wird in solche juridische Form überhaupt gesetzt. Ihr gegenüber steht dann die Gesinnung, das Innere, welches gerade der Boden der Religion ist. Es sind so zwei Seiten sich einander entgegen, die der Wirklichkeit angehören – die positive Gesetzgebung und die Gesinnung in Ansehung derselben. (*Vorlesungen über die Philosophie der Religion.* I. S. 345 f.)

Es tritt also hier wiederum ein Gegensatz von Innen und Außen, von *Gesinnung* und *Gesetz* auf, der gar nicht so verschieden ist von dem von *Gewissen* und *Staat* bei Fichte. Hegel aber forderte ja die Überwindung dieses Gegensatzes. Hegel meinte nun keineswegs, daß dieser Gegensatz zu seiner Zeit etwa in Preußen schon aufgehoben sei. Er sagt vielmehr ganz allgemein, daß seine Zeit an diesem Widerspruch und an der herrschenden Bewußtlosigkeit dieses Widerspruchs leide, und daß seine Zeit noch sehr weit davon entfernt sei, diesen Widerspruch von Staatsverfassung (Gesetz) und Freiheitsbewußtsein bzw. Freiheitswille des Individuums aufgelöst zu haben (Ebd. I. S. 346 f.). In keinem Staat ist also bisher die Freiheit angemessen verwirklicht. Eine einfache Legitimierung des bestehenden Staates durch Hegel läßt sich also aus diesen Texten nicht ableiten.

Dem stehen aber andere Äußerungen Hegels gegenüber, so vor allem in der *Rechtsphilosophie*, wo z. B. im § 260 ohne weitere Differenzierung gesagt wird:

Der Staat ist die Wirklichkeit der konkreten Freiheit. [...] Das Prinzip der modernen Staaten hat diese ungeheure Stärke und Tiefe, das Prinzip der Subjektivität sich zum *selbständigen Extreme* der persönlichen Besonderheit vollenden zu lassen, und zugleich es in die *substantielle Einheit zurückzuführen* und so in ihm selbst diese zu erhalten. (*Vorlesungen über die Rechtsphilosophie.* II. S. 246 f.)

Hegel stellt sich hier sehr eindeutig auf die Seite des bestehenden Staates. Ob dabei ein persönlich opportunistischer Hegel zum Vorschein kommt (die veröffentlichte Form der *Rechtsphilosophie* weicht erheblich von der ursprünglichen Fassung ab) ist eine Frage, die hier nicht weiter verfolgt werden soll. Es taucht an dieser Stelle aber ein Grund- und Strukturproblem hegelscher Dialektik auf: Hegels Voraussetzung ist die absolute Versöhnung oder Vermittlung, d. h. die Totalität. Das Absolute kann nach Hegel begriffen werden und zwar in dem anderen seiner selbst, in der Wirklichkeit der Welt. Hegel nimmt einen Übergang vom absoluten zum objektiven Geist an, dieser Übergang soll in der Wirklichkeit stattfinden, und zwar nicht als ein nur glaub-
 bares Mysterium der Geschichte, sondern als etwas, das tatsächlich erkannt und begriffen werden kann. Damit hat sich Hegel eine ungeheure Beweislast aufgebürdet. Das einzelne reale Geschehen in der Geschichte wird hiermit keineswegs einfach zum Vernünftigen erklärt, wie Hegel manchmal zu Unrecht unterstellt wird. Ganz im Gegenteil gibt das hegelsche Denken die Möglichkeit einer dialektischen Kritik am Bestehenden. In seiner allgemeinen Form ist die universelle, totale Versöhnung in Christus in der Vorstellung des »Reiches Gottes« offenbar geworden, die aber zunächst im Gegensatz zum Bestehenden steht. So sagt Hegel in den *Vorlesungen über die Philosophie der Religion*:

Dies Reich Gottes, die neue Religion, hat also an sich die Bestimmung der Negation gegen das Vorhandene; das ist die polemische Seite, das revolutionäre Verhalten gegen die Bestimmtheiten in jener Äußerlichkeit, in dem Bewußtsein und Glauben der Menschen. (*Vorlesungen über die Philosophie der Religion.* III. S. 241)

Dies ist die eine Seite. Hegel kann von seinem Grundansatz her jedoch keine radikale Eschatologie annehmen, in der das Reich Gottes prinzipiell die reale Geschichte transzendiert und dieser gegenüber immer nur der kritischer Maßstab wäre. Dies wäre die Position Kants, und genau an dieser hatte Hegels Kritik angesetzt. Der Schritt von den regulativen Ideen der praktischen Philosophie Kants zum spekulativen Begriff Hegels ist eben das Problematischeste an Hegels Philosophie. Hegel *muß* das Wirklichwerden des Reiches Gottes in der Geschichte, des Absoluten im Anderen seiner selbst, im Objektiven, identifizieren. Auch *darf* das Bewußtsein nicht schlechthin der Wirklichkeit gegenüber fremd sein. Kommt also, und dies ist der ungeheuerliche Anspruch Hegels, der absolute Geist in der Philosophie zur Sprache, so *muß* auch in der Wirklichkeit Versöhnung, wenn schon nicht als faktisch vollendete, so doch als prinzipiell schon gegebene aufzeigbar sein. Hegel gerät hier gleichsam in Zugzwang. Wenn für ihn, wie er selbst sagt, die *Weltgeschichte das Weltgericht* ist, die Weltgeschichte aber der absolute Geist im Anderen seiner selbst ist, so darf das Weltgericht nicht nur Verurteilung beinhalten, sondern muß auch Freispruch proklamieren können, sonst würde der absolute Geist selbst als gescheitert verurteilt werden müssen. Hegel hätte also nicht schon den preußischen Staat als partikuläres Geschehen rechtfertigen müssen, das Strukturproblem der Notwendigkeit von Rechtfertigung wäre trotzdem geblieben. (Diesen Legitimationszwang hat der orthodoxe Marxismus geerbt.) Von daher versteht sich ein Satz wie der des §360 der *Rechtsphilosophie*:

Die Gegenwart hat ihre Barbarei und unrechtliche Willkür und die Wahrheit hat ihr Jenseits und ihre zufällige Gewalt abgestreift, so daß die wahrhafte Versöhnung objektiv geworden ist, welche den *Staat* zum Bilde und zur Wirklichkeit der Vernunft entfaltet […]. (*Vorlesungen über Rechtsphilosophie.* II. S. 816)

407

So ist also doch die wahrhafte Versöhnung objektiv geworden. Hegel kommt um diese Annahme nicht umhin. In der Einleitung zu den *Grundlinien der Philosophie des Rechts* schreibt Hegel:

So soll denn diese Abhandlung, insofern sie die Staatswissenschaft enthält, nichts anderes sein als der Versuch, den *Staat als ein in sich Vernünftiges zu begreifen* und *darzustellen.* Als philosophische Schrift muß sie am entferntesten davon sein, einen *Staat, wie er sein soll,* konstruieren zu sollen; die Belehrung, die in ihr liegen kann, kann nicht darauf gehen, den Staat zu belehren, wie er sein soll, sondern vielmehr, wie, das sittliche Universum, erkannt werden soll. […] Das, *was ist* zu begreifen, ist die Aufgabe der Philosophie, denn das, *was ist,* ist die Vernunft. […] Die Vernunft als die Rose im Kreuze der Gegenwart zu erkennen und damit dieser sich zu erfreuen, diese vernünftige Einsicht ist die *Versöhnung* mit der Wirklichkeit, welche die Philosophie denen gewährt, an die einmal die innere Anforderung ergangen ist, *zu begreifen* […]. (*Grundlinien der Philosophie des Rechts. Vorrede.* S. 15 f.)

Es scheint nicht richtig, von einem »revolutionären« jungen Hegel und einem »reaktionären« alten Hegel zu sprechen (bei der Abfassung der *Rechtsphilosophie* war Hegel außerdem gar nicht »alt«, sondern war gerade mal 50 Jahre alt). Ebenso fraglich scheinen Versuche zu sein, Äußerungen wie die zuletzt angeführte als »Inkonsequenzen« oder »Opportunismus« zu bezeichnen, und so nur den »progressiven« Hegel als den »eigentlichen« Hegel übrigzulassen. Es bleibt vielmehr die Frage, ob sich hier nicht zeigt, daß Hegel zu solchen Konsequenzen gezwungen war, wenn er die theologische Programmatik seiner Jugendzeit philosophisch einlösen wollte. Es ergab sich aus seinem philosophischen System unabweisbar der Anspruch, einen absoluten Endzweck nicht nur im Glauben festzuhalten, sondern diesen auch im Begriff verfügbar zu haben, und zwar so, daß dieser absolute Endzweck nicht nur subjektiv, sondern auch objektiv ist, und somit treibende Kraft der Geschichte ist. Diese Kraft offenbart sich in Negativität, Schmerz und Zerrissenheit, aber sie offenbart sich. Hegel schließt die (als Zusammenfassung und Resultat gedachte) Einleitung zur *Phänomenologie des Geistes* mit der Behauptung, daß »das ganze Reich der Wahrheit des Geistes«, »das ganze System« erreichbar sei (*Phänomenologie des Geistes*. GW IX. S. 61).

> Indem es [d. h. das Bewußtsein] zu seiner wahren Existenz sich forttreibt, wird es einen Punkt erreichen, auf welchem es seinen Schein ablegt, mit fremdartigem, das nur für es und als ein anderes ist, behaftet zu sein, oder wo die Erscheinung dem Wesen gleich wird, seine Darstellung hiemit mit eben diesem Punkte der eigentlichen Wissenschaft des Geistes zusammenfällt; und endlich indem es selbst dies sein Wesen erfaßt, wird es die Natur des absoluten Wissens selbst bezeichnen. (Ebd. S. 61 f.)

408 |

Dies ist die sichtbare Grenze des hegelschen Anspruchs. Die mit dem Anspruch der Vernünftigkeit auftretende Behauptung der Verfügbarkeit eines solchen absoluten Wissens, in der enthalten ist, daß alles Fremdartige letztlich aufgehoben werden kann, scheitert an der Erfahrung eben dieses Bewußtseins, das weder Irrationales noch Absurdes eliminieren kann. Damit aber zeigt sich die Behauptung absoluten Wissens als selbst irrational und absurd oder als an der Wirklichkeit nicht ausweisbar. Es muß daran erinnert werden: Der Anspruch absoluter Vernunft ist gnostischer Herkunft, und als solcher ist er das Eingeständnis und die Anerkennung einer als unversöhnbar erfahrenen Wirklichkeit. Der gnostische Anspruch absoluten Wissens in Verbindung mit der Behauptung, daß das Absolute sich in dieser Welt verwirklicht hat, ist inkonsequent und uneinlösbar. Eine solche Behauptung absoluten Wissens kann nicht modifiziert, sondern nur kritisiert werden. Dies ist ein zentraler Punkt der weiteren Geschichte der Philosophie des 19. Jhd.s.

An dieser Konstruktion läßt sich jedoch Hegels zeitgeschichtliches Interesse ablesen. Er sah, daß die Kultur wie die Gesellschaft seiner Zeit vom Auseinanderfallen der sie bisher zusammenhaltenden Kräfte bedroht war. Sein ganzes System war der ungeheure Versuch, noch einmal die Einheit europäischer Kultur zu retten. Er versuchte, jene Einheit im Begriff zu retten, die in der Wirklichkeit bereits zerfallen war. Dies ist ein weiterer Hinweis darauf, daß Systeme, d. h. Versuche, alles Erfahrbare und Denkbare unter einem Prinzip zusammenzufassen, an Zeitpunkten kultureller und gesellschaftlicher Krisen auftreten: So war es am Ausgang der Antike mit den neuplatonischen Systemen (4./5. Jhd.), so war es am Ausgang des Mittelalters im

System der *coincidentia oppositorum,* dem Zusammenfallen der Gegensätze, bei Nikolaus von Kues (15. Jhd.), und so ist es nun bei Hegel, der in seinem System die Einheit der Geschichte als Gehalt und die Philosophie als Reflexion dieses Gehalts aufstellen will. Hegel wollte gewaltsam – und Gewaltsamkeit ist ein Charakteristikum jeden Systems – noch einmal eine schon verloren gegangene Einheit herstellen, sein System ist somit nicht Ausdruck einer bestehenden und vorhandenen Einheit, sondern Ausdruck einer zu Ende gegangenen Einheit, was Hegel jedoch als geschichtliche Wahrheit nicht anerkennen wollte.

- XVIII -

Die Spätphilosophie Schellings

1. Der Mythos als Interpretationsproblem

Im Jahre 1841 wurde Schelling zum Professor an der Universität Berlin ernannt, mit der Aufgabe, dort im Sinne des Königs Friedrich Wilhelm IV. (1840–1861) eine (reaktionäre) Bastion gegen den wachsenden Linkshegelianismus aufzurichten. Neben Kierkegaard (vgl. Kap. XXI) und Jacob Burckhardt (1818–1897), dem später bedeutend gewordenen Historiker, saß auch Friedrich Engels (1820–1895) unter seinen Hörern. Dieser berichtete (anonym) in einer Zeitung: »Wenn ihr jetzt hier in Berlin irgendeinen Menschen, der auch nur eine Ahnung von der Macht des Geistes über
410 | die Welt hat, nach dem Kampfplatze fragt, auf dem um die Herrschaft über die öffentliche Meinung Deutschlands in Politik und Religion, also über Deutschland selbst gestritten wird, so wird er euch antworten, dieser Kampfplatz sei in der Universität, und zwar das Auditorium Nr. 6, wo Schelling seine Vorlesungen über Philosophie der Offenbarung hält.« (Marx–Engels *Werke*, Erg. Bd. 2. Teil. Berlin 1967. S. 163) Dieses Urteil hielt jedoch, jedenfalls in der zeitgenössischen öffentlichen Meinung, nicht lange stand. Die Zuhörer waren bald enttäuscht, anstelle von Reden an die Nation und vordergründiger Zeitkritik hielt Schelling hintergründige Vorlesungen über die Philosophie der Religion. Dies entsprach nicht dem Zeitgeschmack, und auch die Linkshegelianer ließen sich von dieser Philosophie nicht beeindrucken. Auch Engels wandte sich von der Spätphilosophie Schellings radikal ab, wie aus seiner Kritik in der 1842 erschienen Schrift *Schelling und die Offenbarung. Kritik des neuesten Reaktionsversuchs gegen die freie Philosophie* (Ebd. S. 173–221) deutlich wird.

Schelling beschäftigte sich in seinen Vorlesungen mit den Fragen, die Mythos und Offenbarung für die Philosophie, und dies hieß: für die historische Erscheinung der Vernunft, aufwarfen. Eines der zentralen Probleme rationaler Aufklärung wurde seit dem Auftreten einer solchen als ausdrücklichem Programm in der Verhältnisbestimmung von *Mythos* und *Logos* formuliert. In der griechischen Antike, so vor allem bei Platon, wurde ein geschichtlich weittragendes Interpretationsmodell aufgestellt: Die Vernunft, der Logos, setzt den *Mythos als Vorstufe* voraus. Dadurch sollte gleichzeitig die Philosophie ihre Legitimation erhalten und die Macht des Mythos gebrochen werden. Doch auch schon vor Platon versuchten die Griechen, den Übergang von Mythologie zur Philosophie durch ein Transformationsverfahren zu erreichen, das unter der Bezeichnung »Allegorie« in die Geschichte eingegangen ist, ein Verfahren, das Platon allerdings eher vermeiden wollte. Mit der allegorischen Interpretation wurde versucht, in den *individuellen Gestalten* der Mythen verbildlichte, also anschaulich gemachte, *allgemeine Begriffe* der Philosophie zu entdecken und aufzudecken. Dieses Verfahren übernahm die christliche Theologie, vermittelt durch die alttestamentliche allegorisierende Exegese Philons von Alexandrien, und baute es zu dem komplexen hermeneutischen Verfahren des mehrfachen Schriftsinns aus (vgl. 2. Teil, Kap. 1, 5, b). Die allegorisierende Auslegung von Mythen ist in der Philosophie ein weithin, beinahe universell angewandtes Verfahren geblieben, soweit diese sich überhaupt mit Mythen, wozu hier natürlich auch die biblischen Texte gezählt werden, beschäftigte. Dennoch ist dieses Verfahren von der Sache her nicht unproblematisch. Es kann leicht dazu herangezogen werden, immer neue philosophische (oder theologische) Begriffe durch allegorisierende Interpretation immer derselben Texte zu legitimieren: Der allegorisierenden Methode haftet so der Verdacht der Beliebigkeit an. Obwohl Vertreter hegelscher Philosophie dies strikt zurückweisen würden, muß man doch die Frage stellen, ob nicht auch Hegels Verfahren, insbesondere das der Interpretation der für seine Philosophie zentralen Vorstellung der Menschwerdung Gottes, letztlich als allegorisierend zu bezeichnen ist.

In heutiger Terminologie kann man sagen, daß bei diesem Verfahren der Allego- | 411
rese eine Transformation auf der Ebene der Semantik gesucht wird, d. h. man bemüht sich zu zeigen, daß ein Begriff *A* der Philosophie oder der Theologie mit einer Vorstellung *B* aus der mythologischen Tradition übereinstimmt. Hinter diesem semantischen Verfahren steht der Gedanke einer Unterscheidung von »Wesen« und »Einkleidung«, von »Schale« und »Kern«, und so wird es auch von Schelling charakterisiert, wobei er in Hinsicht auf die Verwendung dieser Unterscheidung Mythologie und Offenbarung, also das *Alte* und das *Neue Testament*, richtigerweise in eine Gruppe zusammenfaßt. Hier gilt,

[...] daß man beide (Mythologie und Offenbarung) durch eine ganz gleiche Unterscheidung von Form und Inhalt, von Wesentlichem und bloß zeitgemäßer Einkleidung zu rationalisieren, d. h. auf einen vernünftigen oder den meisten vernünftig scheinenden Sinn zurückzubringen suchte. (*Philosophie der Mythologie.* I. S. 248)

Wenn Schelling jetzt, in seiner späten Periode, eine solche semantische Korrespondenztheorie ablehnt, so setzt er sich damit gleichzeitig von der Philosophie seiner Jugend ab, wo er gemeint hatte, daß die Ideen ästhetisch, d. h. mythologisch, gemacht werden müßten, um vom Volk verstanden werden zu können (vgl. Kap. XVI, 3). So hieß es im *Systemfragment*:

So müssen endlich Aufgeklärte und Unaufgeklärte sich die Hand reichen, die Mythologie muß philosophisch werden, um das Volk vernünftig, und die Philosophie muß mythologisch werden, um die Philosophen sinnlich zu machen. (*Systemfragment.* S. 66 f.)

Dies ist zwar dem Geiste nach romantisch in seiner Wertschätzung der Mythologie, mit der Vorstellung, daß sich Mythologie in Philosophie übersetzen läßt, wird aber doch noch ganz im Sinne des auch in der Aufklärung weiterhin geltenden Verfahrens der Allegorisierung argumentiert.

2. Mythos – Offenbarung – Vernunft

In seiner Spätphilosophie erkannte Schelling, daß durch ein allegorisierendes Verfahren semantischer Reduktion des Mythos und mythologischer Vorstellungen auf philosophische Begriffe zwei Wirklichkeiten unvermittelt kurzgeschlossen werden, was nur dadurch geschehen kann, daß die eigentliche Wirklichkeit – das heißt: das Wirken und die Wirkung beider – unanalysiert, also verdeckt bleibt. Er wandte sich daher nun diesem spezifischen Wirken von Mythos, Offenbarung und Vernunft zu, in heutiger Terminologie könnten wir sagen: Er entwirft eine historische Pragmatik
412 | von Mythos, Offenbarung und Philosophie, um durch diese historische Rekonstruktion der Herkunft von Vernunft eine *Selbstaufklärung der Vernunft in pragmatischer Absicht* zu leisten. Die Vernunft ist aber – in klarer Unterscheidung zu Hegels Auffassung – nicht als das prinzipiell schon vollendete gegenwärtige Resultat zu verstehen, sondern als Antizipation einer nur umrißhaft entwerfbaren Zukunft.

Die philosophische Religion, wie sie von uns gefordert ist, *existiert nicht.* Aber sofern sie durch ihre Stellung die Bestimmung hat, die begreifende der vorausgehenden, von Vernunft und Philosophie unabhängigen Religionen zu sein, insofern ist sie *Zweck* des Prozesses von Anfang, also das nicht heut oder morgen, aber doch gewiß zu Verwirklichende und nie Aufzugebende, das so wenig als die Philosophie selbst unmittelbar, sondern auch nur in Folge einer großen und langandauernden Entwicklung erreicht wird. (*Philosophie der Mythologie.* I. S. 255)

Nach Schelling existiert die philosophische Religion deshalb noch nicht, weil einerseits die historische Rekonstruktion der Vernunft noch nicht geleistet, bei der Selbstaufklärung der Vernunft also deren geschichtlicher Ort noch nicht genügend begriffen worden ist, und weil andererseits das adäquate Aufzeigen dieses Ortes die Vernunft als an einem Ort des Übergangs stehend erweist, die endgültige Form der Vernunft also auf die Zukunft verweist. Die Philosophie hat somit die Aufgabe, diesen Prozeß der Geschichte und sich selbst als vorläufiges Resultat desselben zu begreifen. Dieses Begreifen wäre aber nur dann tatsächlich möglich, wenn das Vorausgehende, also Mythos und Offenbarung, sich geschichtlich endgültig ausgewirkt hätte, doch dies kann nach Schelling nur vom Mythos in eindeutiger Weise behauptet werden.

Nicht semantische Allegorese, sondern vielmehr pragmatisches Begreifen des Wirkens von Mythos und Offenbarung ist daher erforderlich. Dies bedeutet, daß es nicht darum gehen kann, irgendwelche Gehalte im Mythos als Vorformen philosophischer Inhalte zu begreifen, sondern darum, die Prinzipien des Werdens und der Wirkung des Mythos zu erfassen.

> Die Hauptfrage in Ansehung der *Mythologie* ist die Frage nach der Bedeutung. Aber die Bedeutung der Mythologie kann nur die Bedeutung des *Prozesses* sein, durch den sie entsteht. (Ebd. S. 194)

Es geht also um das Begreifen der Wirkkräfte von Prozessen. Das Grundprinzip der Periode, in welcher der Mythos entsteht, ist das der *Natur*. Es handelt sich aber in der Spätphilosophie Schellings dabei nicht wie in seiner frühen Periode um Naturphilosophie im traditionellen und üblichen Sinne, sondern um »Natur« als Kennzeichnung des Bewußtseins der Menschen einer bestimmten historischen Periode. Die Natur wird also jetzt bei Schelling als eine bestimmte *geschichtliche* Größe eingeführt und dann insbesondere dadurch charakterisiert, daß in ihr das Bewußtsein | 413 *unfrei*, d. h. zwanghaft beherrscht ist von seinen Vorstellungen. Diese Vorstellungen sind zwar vom Bewußtsein selbst produziert, sie erscheinen aber im Bewußtsein so wie die Natur als ein objektiv Gegenüberstehendes. Schelling bezieht sich hier nicht auf das individuelle Bewußtsein als solches, sondern auf das Bewußtsein, das durch das gemeinsame Bewußtsein eines Volkes geprägt ist. Die Mythen verschiedener Völker mögen unterschiedlich sein, den verschiedenen Völkern jener frühen Periode der Menschheit aber ist gemeinsam, daß ihr Bewußtsein strukturell von den Wirkkräften des Mythos als Natur geprägt ist. Natur bedeutet hier die Unmöglichkeit bzw. die Unfähigkeit, sich durch Reflexion in kritische Distanz zu den Vorstellungen zu setzen, die daher gar nicht als solche, d. h. als Vorstellungen, erkannt werden.

> Weil die Mythologie nicht ein künstlich, sondern ein natürlich, ja unter der gegebenen Voraussetzung mit Notwendigkeit Entstandenes ist, lassen sich in ihr nicht *Inhalt* und *Form*, *Stoff* und *Einkleidung* unterscheiden. [...] es ist alles in ihr so zu verstehen wie sie es ausspricht, nicht als ob etwas anderes gedacht, etwas anderes gesagt wäre. Die Mythologie ist nicht *allegorisch*, sie ist *tautegorisch*. Die Götter sind ihr wirklich existierende Wesen, die nicht etwas anderes *sind*, etwas anderes *bedeuten*, sondern *nur das bedeuten*, *was sie sind*. (Ebd. S. 195 f.)

Dies ist eine eindeutige Absage an jede allegorische Erklärung. Eine *allegorische* Erklärung unterlegt den Gestalten eine andere (*állos* = »anderes«) Bedeutung, eine *tautegorische* (*to autós* = »dasselbe«) Erklärung sagt demgegenüber, daß mit den mytholo-

gischen Gestalten nicht etwas anderes, sondern genau das und nur das behauptet wird, was von ihnen im Mythos berichtet wird. Erst durch eine solche nicht-interpretierende Darstellung und Erklärung der Mythologie zeigt sich diese in ihrer ganzen Fremdheit gegenüber dem heutigen Bewußtsein. Genau dieses Begreifen der Fremdheit ist aber nach Schelling entscheidend für das Verstehen des mythologischen Prozesses. Daher betont er, daß wir uns von jenem Zustand der ältesten Menschheit keinen unmittelbaren Begriff machen können. Dies ist eine für das Verständnis von Geschichte im allgemeinen ganz wichtige Einsicht: Zu einem adäquaten Verständnis historisch weit entfernter Perioden (und in vieler Hinsicht ist auch das Mittelalter für uns eine weit entfernte Periode, die, hermeneutisch gesehen, vielleicht sogar noch weiter entfernt ist als die Antike) gehört auch das Eingeständnis, daß wir ganz zentrale Vorstellungen dieser Menschen letztlich *nicht* begreifen können. Eine Hermeneutik, mit der behauptet wird, sich durch entsprechendes »Einfühlen« das Verständnis auch solcher Vorstellungen begreifbar machen zu können, gibt sich einer Illusion hin. Dies sei überspitzt an einem Beispiel erklärt (solche Beispiele ziehe ich einfach heran, ohne nachzuprüfen, ob Schelling sie vielleicht selbst verwendet): Es reicht nicht aus zu sagen, im Mittelalter hätten die Menschen an Engel und Teufel *geglaubt*, und man müsse sich eben in diese Mentalität »einfühlen«. Es wäre rationa-
414 | listisch-allegorisierend falsch zu sagen, es handle sich dabei um Personifizierungen des Guten und Bösen. Richtig ist es hingegen zu sagen, daß es für die Menschen im Mittelalter Engel und Teufel gab, d.h. daß sie *tatsächlich existierten*, genauso wie Bäume und Steine existierten, und da gelangen wir mit unserem »Einfühlen« an eine deutliche Grenze. Solche Fremdheit gilt auch für die Geschichte der Philosophie. Auch dies kann wiederum an einem Beispiel erläutert werden: Wir meinen häufig – auch Hegel meinte dies, und viele meinen dies auch heute noch –, daß wir es z. B. bei Heraklit mit einem Philosophen zu tun haben, den wir in die Geschichte der Metaphysik und der Dialektik einordnen können. Die Frage ist jedoch, ob Heraklit wirklich ein Philosoph in diesem Sinne war und ob er nicht eher ein *Sophos* war, ein Weiser also, dessen Sprachform *vor* der begrifflichen Sprache der Philosophie liegt, die noch im oder an der Grenze des Mythos lag, so daß eine Unterscheidung zwischen heraklitischer Bildsprache und begrifflichem Gehalt der Sache überhaupt nicht entspricht (vgl. 1. Teil, Kap. IV, 4, c). In der Terminologie Schellings ausgedrückt: Vielleicht sollten wir aufhören, Heraklits Sprüche allegorisch zu interpretieren, sondern sie tautegorisch stehenlassen. Dann aber befinden wir uns an jener Grenze, wo wir uns mit Schelling »keinen unmittelbaren Begriff machen können«.

Also [...] befindet sich die älteste Menschheit allerdings in einem Zustand von Unfreiheit, von dem wir unter dem Gesetz einer ganz anderen Zeit Lebenden uns keinen unmittelbaren Begriff machen können, mit einer Art von *stupor* geschlagen (*stupefacta quasi et attonita*) und von einer fremden Gewalt ergriffen, außer *sich*, d.h. aus ihrer eigenen Gewalt, gesetzt. (*Philosophie der Mythologie*. I. S. 192 f.)

Was wir jedoch nach Schelling begreifen können, ist die Bedeutung des gesamten Prozesses, innerhalb dessen dieser bestimmte Zustand des Bewußtseins steht. Das Ergriffensein des mythologischen Bewußtseins bedeutete die Unmöglichkeit, das Verhältnis von Vorstellendem und Vorgestelltem zu reflektieren. Die Unfreiheit bestand in der Unmöglichkeit, sich selbstbestimmend zu diesem Verhältnis zu verhalten, d. h. es gab keine Möglichkeit, sich für oder gegen das im Mythos Vorgestellte zu entscheiden. Dort aber, wo die Vorstellung gar nicht als solche reflektiert werden kann, darf man nicht von Vorstellung sprechen; man sagt hier besser, daß »der mythologische Prozeß nicht etwas bloß *Vorgestelltes* [ist], sondern etwas, *das sich wirklich ereignet*« (Ebd. S. 247). Es ist der natürliche Prozeß der natürlich sich erzeugenden Religion, es ist Theogonie – Gottwerden – im eigentlichen Sinne dieses Wortes.

Der mythologische Prozeß drängt jedoch gerade durch die sich immer stärker ausbildende Objektivität seiner Gegenstände auf eine Krise hin, in der das Subjekt als solches hervortritt und in seiner Stellung zu dieser Objektivität sich selbst herausbilden muß. Das Subjekt ist also selbst ein Produkt der Geschichte, etwas, das entstanden ist, nicht etwas, das es immer schon gegeben hat, das nur als solches früher noch nicht begriffen wurde. Die historische Grenze, an der dieses Subjekt sich herausbildet, ist nach Schelling in den Mysterienreligionen des Hellenismus erreicht,
wo bereits eine *bewußte* Identifikation mit dem religiösen Gehalt ins Blickfeld tritt, | 415
weshalb das, was wir die »Offenbarung« nennen, auch genau dort entstehen konnte: Geoffenbart wird etwas *jemandem*, also einem, dem als Subjekt etwas anderes gegenübertritt. Innerhalb der Mythologie gibt es diesen Gegensatz noch nicht, er bedeutet genau die nächste Stufe, die über die Mythologie hinausführt. Wohl aber fordert der mythologische Prozeß in seiner höchsten Ausbildung den Gegensatz von Mythologie und Offenbarung bereits heraus. Die Mythologie provoziert also am Ende ihr eigenes Ende. So sagt Schelling:

> Kein wahrer Aufgang ist ohne Folge und Fortgang, die natürliche Religion zieht von selbst, und schon des Gegensatzes wegen die geoffenbarte nach sich. (Ebd. S. 246)

Das entscheidend Neue innerhalb der geoffenbarten Religion ist jedoch *nicht* der *Inhalt*, sondern vielmehr die neue Bedeutung, die durch ein *neues Verhältnis* von Mensch und religiöser Vorstellung entsteht. Wiederum: Mythologie und Offenbarung unterscheiden sich nicht durch eine verschiedene Semantik, sondern durch eine verschiedene Pragmatik. Nach Schelling hat daher die Offenbarung ihre materiellen Voraussetzungen sehr wohl in der Mythologie.

> Den *Stoff*, in dem sie sich auswirkt, *schafft* sie sich nicht, sie findet ihn unabhängig von sich vor. Ihre formelle Bedeutung ist, Überwindung der bloß natürlichen, unfreien Religion zu sein; aber eben darum hat sie diese in sich, wie das Aufhebende das Aufgehobene in sich hat. (Ebd. S. 248)

In unserem heutigen Begriffsrahmen kann man diese Rekonstruktion Schellings wie folgt ausdrücken: Die Entmythologisierung, die das Christentum mit sich brachte, betraf die *Form*, nicht den *Gehalt*. Die Offenbarung brachte also keine anderen, neuen Inhalte, sondern sie setzte den Menschen, der dadurch erst zum Subjekt wurde, in ein neues Verhältnis zum Göttlichen, wobei letzteres ihm durchaus weiterhin in Vorstellungen gegeben ist, die aus dem Mythos stammen. Darin ist für Schelling auch der Begriff von »über-natürlich« expliziert (Ebd. S. 246): Gegen das natürliche, und das heißt: unfreie Verhältnis wird nun ein freies Verhältnis gesetzt, der Mensch ist also über die Natur im vorher besprochenen Sinne hinaus. Diese Auffassung des Übernatürlichen verlöre aber jeden Sinn, wenn es nicht bei formeller Verschiedenheit die materiale Identität mit dem Natürlichen, dem Mythologischen, in sich enthielte. Da der Gehalt der Offenbarung weiterhin ein mythologischer bleibt, gilt auch hier, daß eine allegorisierend-philosophische Interpretation nach Schelling nicht möglich ist und entsprechende Versuche, zu denen eben auch die hegelschen gehören, daher zum Scheitern verurteilt sein müssen. Die Periode der Offenbarung ist also jene, die durch die *freie Annahme* absoluter göttlicher Autorität gekennzeichnet ist. Dies setzt freie Subjektivität voraus, und in genau diesem formellen Sinne wird das Christentum zu Recht als Befreiung von der blinden Macht des
 Heidentums verstanden (Ebd. S. 247). Es handelt sich aber beim Christentum, also bei der auf Offenbarung beruhenden Religion, genauso wie bei dem auf Natur beruhenden Mythos um eine »von der Vernunft unabhängige Religion« (Ebd.). Doch auch wenn nun im Christentum das Subjekt gegenüber der Offenbarung frei ist, tritt diese ihm noch immer als *äußere Macht* entgegen, und aus diesem Grunde kann das Christentum in seiner Formalität, d. h. in seiner pragmatischen Struktur, nicht die letzte Stufe sein. So wie die Mythologie die Offenbarung provozierte und vermittelte, so wird nun die Offenbarung die *philosophische Religion* vermitteln.

> [...] die letzte und höchste Offenbarung also, indem sie die ungeistige Religion innerlich überwindet, das Bewußtsein gegen sie in Freiheit setzt, vermittelt auf diese Art selbst die *freie* Religion, die Religion des Geistes, die, weil es ihre Natur ist nur mit Freiheit gesucht und mit Freiheit gefunden zu werden, nur als philosophische sich vollkommen verwirklichen kann. (Ebd. S. 255)

Das Bewußtsein muß daher von der Offenbarung frei gesetzt werden, um zur letzten Form, also zur freien, philosophischen Religion fortzuschreiten (Ebd. S. 258). Entsprechend dem Übergang von der Mythologie zur Offenbarung kann nach Schelling auch der Übergang von der Offenbarung zur philosophischen Religion nur in einer neuen Pragmatik, d. h. in einer neuen Formalität des Verhältnisses von Subjekt und Vorgestelltem, bestehen. Genau hier liegt jedoch die geschichtliche Problematik seiner Zeit, die Schelling scharf in den Blick bekam.

> Durch einen unaufhaltsamen Fortschritt, zu dem das Christentum selbst mitwirkte, mußte das Bewußtsein, nachdem von der Kirche, auch von der Offenbarung selbst unabhängig werden, aus der unfreien Erkenntnis, in der es auch gegen diese sich noch befand, in den Stand des gegen sie vollkommen freien, zunächst nun freilich erkenntnislosen Denkens versetzt werden. (Ebd. S. 260)

Was heißt hier »erkenntnislos«? Die Philosophie der Neuzeit konzentrierte sich seit Descartes auf die formelle Freiheit des Denkens und die Absetzung von jeder Heteronomie. In diesem Sinne ist sie ihrer Aufgabe – ihre formale Autonomie zu erlangen – gerecht geworden, aber sie ist nun in den Stand des erkenntnis- und inhaltslosen Denkens versetzt worden (womit Schelling auch seine eigene frühe Philosophie, eine in diesem Sinne »negative« Philosophie, kennzeichnet). Bei einer solchen inhaltslosen Freiheit kann es nicht sein Bewenden haben, da die Philosophie sonst in eine abstrakte Einseitigkeit verfiele und sich auch sich selbst gegenüber unaufgeklärt verhielte. Denn die formelle Freiheit, zu der die Philosophie gelangt ist, ist eine aus einem geschichtlichen Prozeß hervorgegangene, einem Prozeß, in dem sich die Freiheit jeweils gegenüber einer bestimmten Materialität durchsetzen mußte, nicht um diese Materialität zu kritisieren oder zu negieren, sondern um sich langsam und schrittweise von dem notwendigen und somit autoritativen Verhältnis dieser gegenüber zu befreien. Befreiung von als autoritativ vorgegebenen Inhalten bedeutet also nur die Befreiung von dem autoritativen Charakter des Vorgegeben-Seins, nicht eine Ablösung von den Inhalten selbst. Für Schelling besteht die Aufgabe nun darin, den Schritt von der inhaltslosen Freiheit zur philosophischen Religion zu tun.

> Wenden wir den schon ausgesprochenen Grundsatz auch auf sie an, kann wirkliche Religion von wirklicher wesentlich und dem Inhalte nach nicht verschieden sein, so könnte die philosophische wirkliche Religion nur sein, wenn sie die Faktoren der wirklichen Religion, wie sie in der natürlichen und geoffenbarten Religion sind, nicht weniger als diese in sich hätte: nur in der *Art*, wie sie dieselben enthielte, könnte ihr Unterschied von jener liegen, und dieser Unterschied würde ferner kein anderer sein können, als daß die Prinzipien, welche in jener als unbegriffene wirken, in ihr als begriffene und verstandene wären. (Ebd. S. 250)

Philosophische Religion wäre also doppelt vermittelt: durch Mythologie und Offenbarung. Die philosophische Religion wäre als freie dadurch gekennzeichnet, daß in ihr das, was in Mythologie und Offenbarung als wirklich behauptet wird, in seiner Konstruierbarkeit begriffen wird. Verstehen der Konstruierbarkeit bedeutet aber, die Bedingungen der Möglichkeit dieser Gehalte zu begreifen. Damit ist keine Konstruktion im Sinne der hegelschen Logik gemeint, sondern ein Auffinden der inneren Strukturen des geschichtlich in Mythologie und Offenbarung Vorgegebenen. Eine

Ablösung vom historisch Vorgegebenen gibt es jetzt für Schelling nicht mehr. Dies bedeutet auch, daß er keine Vernunftreligion im Sinne der Aufklärung anerkennt.

Daher es innerhalb der Vernunftwissenschaft keine Religion, also überhaupt keine *Vernunftreligion* gibt. [...] Daß man von Gott nichts *wisse*, ist das Resultat des echten, jedes sich selbst verstehenden Rationalismus. Mit dem Übertritt in die positive Philosophie kommen wir erst in das Gebiet der Religion und der Religionen, und können auch jetzt erst erwarten, daß uns die *philosophische* Religion entsteht, um welche es bei dieser ganzen Darstellung zu tun ist, d. h. die Religion, welche die wirkliche[n] Religionen, die mythologische und die geoffenbarte, reell zu begreifen hat [...]. (Ebd. 568 f.)

Bei seinen umfangreichen Untersuchungen zur positiven Religion im 2. Band seiner *Philosophie der Mythologie* kommt Schelling zu Ergebnissen, die ein Licht auf die gesamte Philosophie des Deutschen Idealismus werfen können. Hegel hatte Christus als Mittelpunkt der gesamten historischen Entwicklung gesehen. Schelling greift viel weiter aus und fragt nach der Herkunft der Formel vom »Ein und Alles«, die im frühen wie im späteren Deutschen Idealismus eine ganz zentrale Rolle gespielt hatte. Einen wichtigen Ursprung findet er in den vedischen Texten. Diese Texte wurden dem Westen zur Zeit Schellings erstmals zugänglich, vor allem durch die Arbeiten des überragenden französischen Orientalisten Eugène Burnouf (1801–1852), dessen Schriften Schelling kannte und ausgiebig verwendete. Burnouf hatte 1826 den *Essai sur le Pali* und 1845 die *Introduction à l'histoire du Bouddhisme* veröffentlicht. Die zweite wichtige Quelle für Schelling waren die Schriften des englischen Orientalisten Henry Thomas Colebrook (1765–1837), der in zahlreichen Essays über andere Kultur- und Rechtsbereiche auch den indischen philosophischen Systemen große Aufmerksamkeit gewidmet hatte. Es ist wohl nicht übertrieben zu sagen, daß Schelling sich in den Texten, die er bei diesen Orientalisten antraf, mit seinen eigenen Gedanken wiederfand. Er erkannte aus dem Studium dieser Arbeiten, worauf die mystische Lehre der Vedas abzielt.

Ihre höchste Absicht ist, Unifikation des menschlichen Wesens mit Gott.
(*Philosophie der Mythologie*. II. S. 478)

Diese Vereinigung aber ist eine Wiedervereinigung mit dem Göttlichen, die eine vorangegangene Entzweiung voraussetzt. Die Vereinigung mit dem Göttlichen, also die Wiederherstellung des »Ein und Alles«, wird in der Mystik gesucht (Ebd. S. 479), so daß es nicht verwunderlich ist, daß die diesbezüglichen Texte kein wirkliches theoretisches System liefern.

Es läuft meist bloß auf die Versicherung hinaus, daß alles Eins, und zwar im Brama Eins sei [...]. Eine positive Erklärung der höchsten Einheit findet sich nirgends, wohl aber jene negative, die sich unter der Form einer gleichen *Negation* oder einer gleichen *Position* entgegengesetzte Bestimmungen ausspricht, z. B. heißt es: Gott ist außer allem Ort und Gott ist nicht außer allem Ort; Gott ist groß und er ist nicht groß; er umgibt und er umgibt nicht; er ist Licht und er ist nicht Licht; er ist und ist auch nicht der Löwe, der alles verzehrt (wahrscheinlich bezieht sich dies auf die allgemeine Resorption oder Zurücknahme der Dinge in Gott). (Ebd. S. 480. Die Erklärung in der Klammer im Text stammt von Schelling.)

Ein besser ausgestaltetes System findet Schelling in der Lehre der Yogas vor:

Was in den theosophischen Teilen der Vedas schon als das höchste Ziel vorgestellt wurde, Unification des menschlichen Wesens mit Gott, ist also auch, nur mannigfaltiger ausgebildet und dargestellt, der letzte Inhalt der Yogalehre, wie sie in der Bhagwadgita vorgetragen ist. (Ebd. S. 490)

Schelling fragt sich, was wohl das beste deutsche Wort für diese Unifikation sei, und er findet tatsächlich das beste Äquivalent dafür, wobei er dabei nur auf einen der Ausdrücke zurückzugreifen braucht, den wir aus der Sprache der Mystiker des 14. Jhd.s kennen und der bei den Pietisten ebenso beliebt war wie bei Wackenroder, | 419
Tieck, Novalis und Hölderlin: die »Innigkeit«:

Ein bekannter Philosoph [welcher?], der sich auch mit der Bhagwadgita abgegeben, hat es *Andacht* übersetzen wollen. Aber ein Denk-Andächtiger käme mir fast vor, wie ein Denk-Gläubiger. Humboldt übersetzt das Wort durch Vertiefung. Mich wundert, daß niemand auf das deutsche *Innigkeit* gefallen ist, das zugleich den Begriff der Innheit, des in-sich, in seiner Tiefe – nicht in der Peripherie, in der Welt der getrennten Eigenschaften Sein, und zugleich den Begriff der Einheit und der Einigkeit in sich schließt. Ferner läßt sich auch das Wort Innigkeit mit allen jenen Bestimmungen verbinden, die es im Indischen erhält: es gibt eine Tat-Innigkeit, Innigkeit, die auch im Handeln besteht, durch die allein der Widerspruch aufzulösen ist, in den der Mensch durch die Notwendigkeit überhaupt zu handeln versetzt ist. Denn wer handelt, tritt damit aus sich selbst heraus und verläßt die Ruhe, in der allein die Gottgleichheit besteht. [...] Der Mensch befreit sich von diesem Widerspruch, wenn er zwar handelt, aber als ob er *nicht* handelte, nämlich ohne seiner Handlung sich anzunehmen, und mit der vollkommenen Ruhe über den Erfolg. Dann vereinigt er *beide* Systeme, das, was dem tätigen und handelnden Leben allein Wert zugesteht, und das andere, welches den wahren Wert des Lebens in die reine Erkenntnis setzt und das beschauliche Leben über das tätige erhebt. (Ebd. S. 488 f.)

So hat Schelling die schon im frühen Deutschen Idealismus gesuchte Einheit von theoretischer und praktischer Philosophie (vgl. Kap. XVI, 1) gefunden, und wir hören aus berufenem Munde, welcher Art die Philosophie des Deutschen Idealismus ist: Es ist keine Denk-Andacht, wohl aber eine Denk-Innigkeit. Zur Sicherheit lassen wir uns »Innigkeit« noch von Heidegger interpretieren:

Das Heilige ist in seinem Ursprung das »veste Gesetz«, jene »strenge Mittelbarkeit«, in die alle Bezüge alles Wirklichen vermittelt sind. Alles ist nur, weil es in die Allgegenwart des Unversehrlichen gesammelt, in diesem inne ist:

Alles ist innig.

[...] Alles ist nur, indem es aus der Innerlichkeit des Allgegenwärtigen hervorscheint. Das Heilige ist die Innigkeit selbst, ist »das Herz«. (Heidegger: *Erläuterungen zu Hölderlins Dichtung.* In: Ders.: *Gesamtausgabe* Bd. 4. Frankfurt 1981. S. 73)

Auch das »Herz«, von dem Heidegger spricht, hat seine Vorgeschichte, bei der wir in der Philosophie der Neuzeit auf Tauler und Seuse, aber auch auf Feuerbach verweisen können (vgl. Kap. XIX, 3), und nicht zu vergessen ist dabei die Bedeutung die die Erkenntnis des »Herzens« für Pascal gehabt hat, von der er im Zusammenhang des *Esprit de finesse* spricht (vgl. Kap. VI, 2). Wer dann allerdings meint, daß er

anstelle der Schriften der Deutschen Idealisten oder Heideggers doch lieber gleich das *Bhagavadgita*, Eckharts *Predigten* oder dessen *Buch der göttlichen Tröstung* lesen könnte, der ist auch nicht schlecht beraten. Pascal gehört aber nicht in diese Gruppe.

Es ist im vorliegenden Zusammenhang weder möglich, noch erforderlich, die schellingsche Konstruktion der Entwicklung des mythologischen Bewußtseins weiter zu verfolgen. Auch brauchen wir nicht der Frage nachzugehen, wie Schelling im einzelnen das Verhältnis der vedischen Philosophie und der Lehre des Buddhismus bestimmt (vgl. *Philosophie der Mythologie.* II. S. 488–510). Was uns hier interessiert ist eine allgemeinere Frage. Wir waren bei Hegel bei der Feststellung Baurs stehengeblieben, daß es sich bei der Philosophie Hegels um eine Form der Gnosis handelt (vgl. Kap. XVII, 4), und Hegel selbst hatte auf die Kirchenväter als jene verwiesen, die seine Art der Philosophie schon vertreten hatten. Der spekulative Begründer dieser Art der Philosophie aber ist Klemens von Alexandrien, und Schelling weist uns ausdrücklich auf die bekannte Tatsache hin, daß Klemens von Alexandrien indische Lehren kannte, die aller Wahrscheinlichkeit nach buddhistischer Herkunft sind (*Philosophie der Mythologie.* II. S. 512). Bei Plotin liegt ein ähnlicher Fall vor (vgl. 1. Teil, Kap. XVII, 1, c). Wie bekannt, ist das Verhältnis der Gnosis zu fernöstlicher Philosophie umstritten. Dennoch gibt es gute Gründe für die Annahme, daß hier Beziehungen vorliegen. Die Frage kann sogar noch weiter zurückverfolgt werden bis zu Pythagoras (vgl. 1. Teil, Kap. III, 1 und 2), wodurch dann auch der entscheidend pythagoreisch denkende Platon in diese Herkunftslinie einzuordnen wäre. Wir müssen also damit rechnen, daß es in der europäischen Philosophie eine fernöstliche, vor allem buddhistisch geprägte Unterströmung gibt, die im Prinzip eine Theorie der Einheit ist, die alle Unterschiede als letztlich nicht existierend betrachtet. Das Ziel dieser Lehre wird häufig in einem Jenseits aller Lehre, einer Mystik, gesucht. Für diese Theorie ist es auch charkteristisch, daß sie eine Trennung von Religion und Philosophie nicht kennt. Wir kommen bei all dem immer wieder auf eine Gruppe von Philosophen, die für diese Art des Denkens besonders relevant ist: Außer den eben schon genannten sind dies u.a. Scotus Eriugena, Eckhart, Nikolaus von Kues, Spinoza – und dann eben Schelling und Hegel. Wir sollten uns auch daran erinnern, daß die entscheidende Rolle in der hegelschen Umkehr des Bewußtseins der Skeptizismus spielte (3. Teil, Kap. XVII, 3), und genau bei der pyrrhonischen Skepsis war wiederum schon in der antiken Philosophie die Frage fernöstlichen Einflusses aufgetreten (vgl. 1. Teil, Kap. XIV). Schopenhauer wird sich dann ausdrücklich auf die fernöstliche Philosophie berufen (vgl. 3. Teil, Kap. XXII). Er wendet sich zwar gegen die gesamte Philosophie des Deutschen Idealismus, man kann sich aber fragen, warum er dies tut. Tut er es nicht vielleicht einfach deshalb, weil er bei den Deutschen Idealisten die Konsequenz vermißt, welche diese Herkunft in Hinsicht auf die Nicht-Identität des Subjekts eigentlich fordert? Wenn wir die gewaltsamen Anstrengungen sehen, die Hegel unternehmen mußte, um das Eine als Subjekt denken zu können, so legt sich diese Vermutung tatsächlich nahe.

3. Die Kritik der historischen Vernunft: Schelling und Comte

Dem absoluten System und der absoluten Vernunft wird bei Schelling der Abschied gegeben. Die Vernunft wird als Produkt einer Entwicklung gesehen, deren Ziel noch nicht erreicht ist, und selbst dieses Ziel kann nicht wirklich angegeben werden, sondern läßt sich nur in allgemeinen, formalen Umrissen erahnen. Die Philosophie des späten Schelling hat ein offenes Ende. Der späte Schelling reflektiert als einziger der Deutschen Idealisten wirklich die historische Dimension der Vernunft. Es ist einfach nicht so, daß in der Philosophie, und damit in der realen Geschichte selbst, in ihren geschichtlichen Perioden bloß ein anderer *Gebrauch* der Vernunft gemacht wird, sondern es ist eine *andere Vernunft*, die in diesen Perioden am Werk ist. Wahre Aufklärung und damit auch wahre Philosophie wird nur dort erreicht, wo die Vernunft ihr geschichtliches Vermittelt-Sein historisch rekonstruktiv einholt. Das Problematische an Schellings Konstruktion besteht dann allerdings darin, daß er diese historische Dimension nur in Beziehung zu den historischen Perioden der Mythologie und der Offenbarung bestimmt, nicht aber in Beziehung zur modernen Wissenschaft, die ja sicher eine ganz entscheidende Periode in der Geschichte der Vernunft darstellt. Was Schelling am Problem Mythos-Offenbarung-Vernunft reflektiert, ist jedoch nicht einfach nur ein Problem der Religionsphilosophie, sondern vielmehr eines der Geschichtserkenntnis und der Erkenntnistheorie überhaupt. Dies gilt, obwohl die Beschränkung Schellings auf die Gebiete von Religion und Offenbarung als

Mangel angesehen werden kann und muß. Gerade das bei Schelling in seiner frühen Periode so ausgeprägte Interesse an der Naturphilosophie hätte ihn eigentlich dazu führen können, nicht nur die Perioden des Mythos und der Offenbarungsreligion, sondern auch die Periode der neuzeitlichen Wissenschaft in Hinsicht auf ihr besonderes Verständnis von Vernunft zu reflektieren. Kants Philosophie, in der die historische Position der Philosophie in Bezug auf die Wissenschaft der Neuzeit genau und konsequent reflektiert wird, hätte dazu eigentlich Anlaß geben müssen. Trotz dieser Einschränkungen bleiben Grundeinsichten aus der Spätphilosophie Schellings wichtig. Zunächst einmal sieht Schelling ganz deutlich, daß es allgemeine *Bedingungen der Erkenntnis*, insbesondere bezüglich deren *Form*, gibt, die (1.) historisch und somit *nicht unveränderlich* sind und die (2.) sich der reflektierenden Erkenntnis, also der transzendentalen Reflexion, in einer bestimmten Periode *prinzipiell entziehen*. Beides stellt die beste und sachlich einzig weiterführende Kritik der kantischen Transzendentalphilosophie dar, da durch sie die Vernunft noch einmal auf ihre – nun *historischen* – Bedingungen der Möglichkeiten hin analysiert wird oder jedenfalls hätte analysiert werden können. Man könnte also auch sagen, es handele sich um eine »Kritik der historischen Vernunft«. Es gilt also: Erst dann, wenn uns diese Bedingungen des Erkennens und Vorstellens *fremd* geworden sind, d. h. genau dann, wenn sie nicht

mehr die aktuellen Bedingungen unseres Erkennens und Vorstellens sind, können wir sie reflektierend begreifen. Dies bedeutet aber zugleich, daß wir – nun nicht nur im Gegensatz zur Auffassung Kants, sondern auch zu der Hegels – die Bedingungen unseres gegenwärtigen Erkennens nicht adäquat erfassen können, wiederum genau deshalb, weil sie uns noch *nicht fremd* geworden sind. Für unsere Erkenntnis vergangener Perioden stellt dies nach Schelling eine wichtige Einsicht dar: Wir können diese Bedingungen erst dann wirklich begreifen, wenn sie uns fremd geworden sind, d. h. wenn uns ihr gesamter pragmatischer Lebenszusammenhang nur noch im Begriff, jedoch nicht mehr als Lebenswirklichkeit verfügbar ist. Die Form des Erkennens ist dann eine andere geworden. Wir können uns dies auch ohne Bezugnahme auf Schelling klar machen. So konnte zum Beispiel die griechische Kunst und Literatur, vor allem die des 5. Jhd.s v. Chr. (vgl. 1. Teil, Kap. V, Vorbemerkungen), für spätere Perioden genau dann zur »Klassik« werden, als sie nicht mehr das war, was sie für die Menschen jener Zeit war. Eine Periode, die sich selbst als »klassisch«, d. h. maßstabgebend, ansehen würde, wäre eine Absurdität. Mozart hätte bei aller gar nicht bescheidenen Selbsteinschätzung für die Vorstellung, ein »Klassiker« der »Wiener Klassik« zu sein, nur ein Opern-Gelächter in A-Dur zur Verfügung gehabt. Erst der Verlust der Selbstverständlichkeiten einer Periode ermöglicht uns das Verständnis der letzten und unausgesprochenen Voraussetzungen dieser Periode. Das Wissen, daß etwas endgültig *vorbei* und *verloren* ist, gibt uns die Möglichkeit, in ein wirklich begreifendes Verhältnis zu diesem Vergangenen in seinen allgemeinen, formalen Grundlagen zu treten. Erst seit uns die Welt nicht mehr auf Gott hin transparent ist und keine Kunst uns das mehr suggerieren kann, verstehen wir die formale Bedeutung der mittelalterlichen Glasmalerei in den gotischen Kathedralen, die zu jener Zeit eine selbstverständliche Handwerksarbeit in jeder Kirche war, die über genügend Geld dafür verfügte, und bei der die Handwerker keinerlei lichtmetaphysischen Gedanken nachgingen. – Schelling will die Bedeutung des Historischen in keiner Weise vermindern, ganz im Gegenteil: Das Vergangene hat *für uns* erst dann seine wirkliche Bedeutung erlangt, wenn es als Vergangenes begriffen ist, d. h. wenn wir erfassen, daß wir seinen Gehalt besitzen können, ohne die Form, in der es ursprünglich entstanden ist, wiederholen zu können. (Dies gilt sogar für den winzigen Abschnitt der Geschichte, den ein menschliches Leben einnimmt: Der »Sinn« – oder »Unsinn« – dieses Lebens wird umso besser erkannt, je mehr dieses Leben vergangen ist.) Erst mit dem gewachsenen historischen Bewußtsein entwickelten sich im 18. Jhd. im großen Stile die Museen, in denen jedoch *alle* Gegenstände ihrem ursprünglichen pragmatischen Kontext entfremdet sind.

Die Spätphilosophie Schellings ist jeder restaurativen Romantik, der sie manchmal zugerechnet wird, entgegengesetzt. Was sie jedoch mit der Romantik und vor allem auch mit der Aufklärung verbindet, ist die Vorstellung von der Geschichte als Entwicklung oder als Prozeß, dessen prinzipielles Resultat wir, wenn schon nicht wissen, so doch wenigstens ahnen können. Schelling glaubte eben noch an einen »unaufhaltsamen Fortschritt« (*Philosophie der Mythologie*. I. S. 260). Genau dies war eine der historischen Bedingungen der Vernunft seiner Zeit, die dieser Periode so selbstverständlich waren, daß sie nicht nochmals reflektiert werden konnten. Erst die spätere Skepsis gegenüber diesem Begriff weist diesen als eine formale Bedingung des Denkens auf, die sich der kritischen Reflexion der Periode entzog. In der zweiten Hälfte des 19. Jhd.s war die Vorstellung eines unaufhaltsamen Fortschritts noch nicht zur Vergangenheit geworden. Auch Marx und in einem ganz anderen Kontext Peirce hielten an der Vorstellung eines unaufhaltsamen Fortschritts fest. Wir nähern unser aber auch schon der Grenze, an der die Selbstverständlichkeit dieser Vorstellung ihre Wirkung verliert. Erste Zweifel an der Gültigkeit dieser Vorstellung traten aber auch schon im 19. Jhd. auf, wenn auch unter so ganz verschiedenen Formen wie der des Weges in die Ungeschichtlichkeit bei Kierkegaard und der des Gedankens einer Wiederkehr des Gleichen bei Nietzsche.

Wie ungebrochen die Vorstellung des Fortschritts in der ersten Hälfte des 19. Jhd.s war, läßt sich bei Auguste Comte (1798–1857), einem Zeitgenossen Schellings, sehen. In Frankreich hatte sich die Philosophie der französischen Aufklärung durchgesetzt. Comte baute auf den Thesen Condorcets auf (vgl. Kap. XIII, 1, c) und entwickelte dann sein berühmtes *Dreistadiengesetz*, das er schon um 1822, also 30 Jahre vor den historischen Reflexionen Schellings, formulierte. Mit diesem Gesetz wird folgendes behauptet: Es gibt ein Kindheitsstadium der Menschheit, das von mythologisch/theologischen Vorstellungen geprägt ist, die im Sinne Comtes einen rein fiktiven Charakter haben. Auf dieses erste Stadium folgte jenes der Metaphysik, das von abstrakteren Vorstellungen bestimmt ist. Dieses Stadium stellt nur einen

Übergang dar (vgl. die Pubertät als Übergang nach der Kindheit). Schließlich kommt die Menschheit beim philosophisch/wissenschaftlich positiven Stadium an (vgl. die *Rede über den Geist des Positivismus* I, 1. S. 4–41), das dem Stadium des reifen, erwachsenen Menschen entspricht. Diesen drei Stadien des Denkens entsprechen gesellschaftliche Strukturen: In der ersten Periode überwiegen die militärischen Strukturen, in der zweiten die juridischen und in der dritten die wissenschaftlich-industriellen. Der Ablauf der drei Stadien ist nach Comte so bestimmt, daß die früheren Stadien gegenüber dem letzten keine wirklich eigene Bedeutung haben.

> Obgleich zunächst in jeder Hinsicht unentbehrlich, muß das erste Stadium hinfort stets als bloß provisorisch und vorbereitend aufgefaßt werden; dem zweiten, das tatsächlich nur eine auflösende Abart des ersten darstellt, kommt stets nur eine vorübergehende Bestimmung zu, um schrittweise zum dritten hinzuführen; in dem, als dem allein vollständig normalen (normgemäßen) in jeder Beziehung die endgültige Herrschaft der menschlichen Vernunft besteht. (Ebd. S. 5).

Es braucht wohl nicht hervorgehoben zu werden, daß nicht Schellings, sondern Comtes Geschichtsauffassung im 19. und 20. Jhd. dominierte. Die Auffassung Schel-
424 | lings war kaum bekannt. Bis heute gilt für viele Menschen, und zwar auch für solche, die nie etwas von Comte gehört haben, dieses Dreistadiengesetz ungebrochen. Man kann von Schelling her die Sache allerdings auch ganz anders sehen: Die Auffassung Comtes würde dann zur Mythologie der Neuzeit, oder jedenfalls der späten Neuzeit, die sich gleichsam naturhaft aufdrängte und zu der die Menschen daher auch keine selbstbewußte und kritische Distanz gewinnen konnten. Aber auch unabhängig von der Geschichtsauffassung Schellings gibt es in unserer Gegenwart genügend Gründe für Zweifel an der Geltung dieses Dreistadiengesetzes. Comte sah das erste Stadium als rein vorübergehend und das dritte als normal an. Damit kann man aber in keiner Weise erklären, warum im positiven, normalen Stadium, die von diesem aus gesehen irrationalen Kräfte des ersten Stadiums weiterhin vorhanden und wirksam sind und man sogar den Eindruck gewinnen kann, daß mit dem Sich-Durchsetzen des positiven Geistes proportional auch das Bedürfnis nach magischen und mythologischen Gehalten wächst. Die verschiedenen weltweit wirksamen Esoterik-Bewegungen der letzten Jahrzehnte des 20. und des beginnenden 21. Jhd.s stellen sicher keine Bestätigung des Dreistadiengesetzes dar. Mit Schellings Konzeption tut man sich da leichter: Die philosophische Religion und somit die Vernunft existiert historisch noch gar nicht, wir sind weiterhin irgendwo an der Grenze von Offenbarung und philosophischer Religion, und wir haben die Mythologie vielleicht zeitweilig verdrängt, aber noch keineswegs ein freies Verhältnis zu ihr gewonnen.

- XIX -

Ludwig Feuerbach

1. Sinnlichkeit, Natur

Bei ganz verschiedenem Resultat sind Feuerbach und Kierkegaard doch echte Zeitgenossen und echte Repräsentanten des Bürgertums vor 1848. Dieses Bürgertum hatte in seiner Lebenspraxis die traditionelle Theologie und Metaphysik bereits hinter sich gelassen. Wenn daher Ludwig Feuerbach (1804–1872) als sein zentrales Anliegen die Religionskritik ansieht, so will er damit nicht ein bestimmtes Bewußtsein hervorrufen, sondern diesem schon bestehenden Bewußtsein eine neue Dimension verleihen, die gleichzeitig das bisherige bestätigt und kritisiert. Daß das reale aufgeklärte Bewußtsein jedoch nicht auch schon die bestehenden institutionellen Herrschafts- | 425
verhältnisse bestimmte, mußte Feuerbach gleich zu Beginn seiner Laufbahn erleben: Als er 1830 anonym, aber bald als Autor bekannt, die seine Grundthesen bereits beinhaltende Schrift *Gedanken über Tod und Unsterblichkeit* (I. S. 77–349) veröffentlichte, hatte er sich damit definitiv eine Laufbahn an der Universität unmöglich gemacht. Es ging ihm dabei ganz ähnlich wie einige Jahre später David Friedrich Strauß (1808–1874), dem Autor des *Leben Jesu,* das 1835 erschien. Feuerbach gehört wie Schelling und Hegel in die große Gruppe der Philosophen des 19. Jhd.s, die von der protestantischen Theologie herkamen. Daß er diese in Heidelberg und nicht in Tübingen studiert hatte, ist dabei sekundär. Dann aber ging er zum Studium der Philosophie nach Berlin, um Hegel zu hören. In Berlin promovierte er auch.

Feuerbachs Ausgangspunkt war der konkrete, lebendige und sinnliche Mensch, der Mensch als Naturwesen. In seinen *Grundsätzen der Philosophie der Zukunft* aus dem Jahre 1843 sagt Feuerbach deutlich, wo die Philosophie ansetzen muß:

> Die neue Philosophie macht den *Menschen* mit *Einschluß der Natur,* als der Basis des Menschen, zum *alleinigen, universalen* und *höchsten Gegenstand der Philosophie* – die *Anthropologie* also, mit *Einschluß der Physiologie, zur Universalwissenschaft.* (*Grundsätze der Philosophie der Zukunft* § 55. III. S. 319)

Die Philosophie, die vom Menschen und der Natur ausgeht, steht im Gegensatz zu der Philosophie des Geistes, wie sie die deutsche Philosophie der Jahrzehnte vor ihm gepflegt hatte, allen voran natürlich Hegel. Diese Philosophie des Geistes mit ihrer anthropologischen Implikation der Abwertung der Körperlichkeit des Menschen ist eine Nachfolgerin der immer noch von Augustinus bestimmten Theologie. Feuerbach will demgegenüber aber ganz prinzipiell klarstellen, daß die Zeit der Verbindung von Philosophie und Theologie schon lange vorbei und das Gegenüber der Philosophie die Wissenschaft im Sinne der Naturwissenschaft ist:

Alle Wissenschaften müssen sich auf die *Natur* gründen. [...] *Die Philosophie muß sich wieder mit der Naturwissenschaft, die Naturwissenschaft mit der Philosophie verbinden.* Diese auf gegenseitiges Bedürfnis, auf innere Notwendigkeit gegründete Verbindung wird dauerhafter, glücklicher und fruchtbarer sein als die *bisherige Mesalliance* zwischen der Philosophie und Theologie. (*Vorläufige Thesen zur Reformation der Philosophie.* III. S. 243)

Feuerbach geht dann allerdings nicht in die Richtung einer an Galilei oder Newton orientierten Philosophie, die weiter zur Wissenschaftstheorie führen würde. Ihm geht es um die *Natur des Menschen*. Auch hier könnte man natürlich von der Naturwissenschaft ausgehen, und Feuerbach erinnert auch gelegentlich daran, was er selbst dann aber betreibt, ist doch eher das, was wir gewöhnlich »philosophische

Anthropologie« nennen. Feuerbach geht es in seiner Anthropologie darum, den wirklichen, ganzen Menschen zu erfassen. Dies erfordert eine radikale Umkehr, eine Reform der Philosophie. Die Philosophie ging bisher von Abstraktionen und Abstraktem aus, Feuerbach hingegen will vom konkreten, lebendigen Menschen, vom sinnlichen Menschen, ausgehen:

Wenn die *alte Philosophie* zu ihrem Ausgangspunkt den Satz hatte: *Ich bin ein abstractes, ein nur denkendes Wesen, der Leib gehört nicht zu meinem Wesen*; so beginnt dagegen die *neue* Philosophie mit dem Satze: *Ich bin ein wirkliches, ein sinnliches Wesen*: *Der Leib gehört zu meinem Wesen; ja, der Leib in seiner Totalität ist mein Ich, mein Wesen selber.* Der alte Philosoph dachte daher in einem *fortwährenden Widerspruch* und *Hader mit den Sinnen*, um die sinnlichen Vorstellungen abzuwehren, die abstrakten Begriffe nicht zu verunreinigen; der neue Philosoph dagegen denkt *im Einklang und Frieden mit den Sinnen.* [...] die *neue* Philosophie [...] ist die *offenherzig sinnliche* Philosophie. (*Grundsätze der Philosophie der Zukunft* § 37. III. S. 302)

Solche Sätze klingen in unseren heutigen Ohren – hoffentlich – ganz selbstverständlich, sie waren es aber damals, zwölf Jahre nach Hegels Tod, ganz und gar nicht. Eine »offenherzig sinnliche Philosophie«, also eine, die auch mit Herz und Magen philosophiert, galt vielen als »unphilosophisch« (und so ganz überwunden ist diese Haltung bis heute noch nicht). In einer solchen Philosophie muß nämlich gegen ihre eigene Geschichte philosophiert werden, und der Philosoph muß mit dem philosophieren, was im Menschen *nicht* philosophiert:

Der Philosoph muß das im Menschen, was *nicht* philosophiert, was vielmehr *gegen* die Philosophie ist, dem abstrakten Denken *opponiert*, das also, was bei Hegel nur zur *Anmerkung* herabgesetzt ist, in den *Text* der Philosophie aufnehmen. [...] *Die* Philosophie hat daher nicht *mit sich*, sondern mit ihrer *Antithese*, mit der *Nichtphilosophie* zu beginnen. Dieses vom Denken unterschiedene, unphilosophische, absolut *antischolastische* Wesen in uns ist das Prinzip des Sensualismus. (*Vorläufige Thesen zur Reformation der Philosophie.* III. S. 234)

Feuerbach weiß natürlich genau, daß er hier gegen den Zeitgeschmack und gegen die Wünsche des Publikums angeht. Sein Publikum denkt zwar in Wirklichkeit genauso sensualistisch wie er, es will aber nicht, daß dies offen ausgesprochen wird, eine »offenherzig sinnliche Philosophie« erfüllt also nicht die Aufgabe, die ihr zugeordnet wird, nämlich die Menschen, die wünschen, getäuscht zu werden, idealistisch zu täuschen, was ja Hegel, ohne dies natürlich zu beabsichtigen, nach Feuerbachs Meinung so hervorragend geleistet hatte. Die Menschen leben und denken sinnlich, diese Tatsache soll aber die Philosophie durch Tiefsinn verschleiern und wegdeuten. Gegen diese Unwahrhaftigkeit und Täuschung kämpft Feuerbach an. Dies erfordert Mut zur »Oberflächlichkeit« gegen »Tiefsinn«:

Das, was ist, *so, wie es ist* – also das Wahre *wahr* ausgesprochen, *scheint oberflächlich*; das, was ist, *so wie es nicht ist* – also das Wahre *unwahr*, *verkehrt* ausgesprochen, *scheint tief* zu sein. (Ebd. S. 321)

Feuerbach wendet sich deutlich und oft sehr scharf gegen den schon mit Hegels Sprache verbundenen Schein des Tiefsinns und fordert als formale Kennzeichen der neuen Philosophie »Wahrhaftigkeit, Einfachheit, Bestimmtheit« (Ebd.). Ebenso macht er darauf aufmerksam, daß die Vernachlässigung der Sinnlichkeit und der Natur ein besonderes Kennzeichen der deutschen Philosophie ist, obwohl dieser Mangel bereits auf Descartes zurückgeht. Feuerbach stellt daher dem »Phlegma der deutschen Metaphysik« das »sanguinische Prinzip des französischen Sensualismus und Materialismus« gegenüber und fordert zu einer Vereinigung dieser beiden auf (Ebd. S. 235).

Es wäre aber verfehlt, die Sinnlichkeit, von der Feuerbach spricht, mit dem gleichzusetzen, was bisher im englischen oder französischen Empirismus und Sensualismus damit gemeint war. Dort war damit gewöhnlich die Vorstellung verbunden gewesen, in der Sinnlichkeit einen unmittelbaren und somit undiskutierbaren Ausgangspunkt zur Verfügung zu haben. Die Sinnlichkeit, von der Feuerbach ausgeht, kann aber nicht mit solchen Maßstäben früherer erkenntnistheoretischer Prinzipien erfaßt werden. Feuerbach weiß, daß mit der Sinnlichkeit, von der er spricht, ebenso wie mit der Natur, die in dieser Sinnlichkeit zum Ausdruck kommt, keine Unmittelbarkeit behauptet wird, insofern diese selbst nur als Resultat einer geschichtlichen

Entwicklung und somit als vermittelte zu begreifen sind. Die Sinnlichkeit, die Feuerbach meint, hat somit nichts mit der altbekannten unmittelbaren Sinneserfahrung der Empiristen zu tun, sie ist uns gar nicht unmittelbar gegeben, sondern vielmehr das Ergebnis einer Negation, nämlich der Negation des Übersinnlichen. Sinnlichkeit ist also bei Feuerbach gerade nicht der unmittelbare Ausgangspunkt, sondern steht unter dem Bewußtsein kritischer Vermittlung (vgl. *Wider den Dualismus von Leib und Seele, Fleisch und Geist.* IV. S. 165–195). Die Ursprünglichkeit sinnlicher Erfahrung freizulegen heißt, ständig Kritik an jenen Formen des Denkens zu üben, die der Sinnlichkeit fremd oder entfremdet sind.

Die Philosophie der Zukunft hat die Aufgabe, die Philosophie aus dem Reiche der »abgeschiedenen Seelen« in das Reich der *bekörperten*, der *lebendigen* Seelen wieder einzuführen, aus der göttlichen, nichtsbedürftigen Gedankenseligkeit in das *menschliche Elend* herabzuziehen. (*Grundsätze der Philosophie der Zukunft. Vorwort.* III. S. 247)

Sinnlichkeit und Natur sind auch in dem Sinne bei Feuerbach nicht empiristisch gedacht, insofern beide im Rahmen einer Anthropologie konzipiert sind, die von vornherein nicht von einem isolierten Individuum ausgeht. Der »Mensch« ist für

Feuerbach überhaupt nicht definierbar, ohne ihn sofort als »Mitmensch und mit Mitmenschen« zu definieren. Dem cartesianischen, für sich allein denkenden Ich, das auch noch lange nach Descartes den Ausgangspunkt der Philosophie darstellte, wird bei Feuerbach eine klare Absage erteilt.

Der *absolute Philosoph* sagte oder dachte wenigstens analog dem *L'état c'est moi* [Der Staat, das bin ich] des aboluten Monarchen und dem *L'être c'est moi* [Das Sein, das bin ich] des absoluten Gottes von sich *als Denker* natürlich, nicht als Menschen: *La verité c'est moi* [Die Wahrheit, das bin ich]. Der menschliche Philosoph sagt dagegen: *Ich bin auch im Denken, auch als Philosoph Mensch mit Menschen.* (*Grundsätze der Philosophie der Zukunft* § 63. III. S. 321)

Der Mensch ist also bei Feuerbach nicht nur das denkende Ich der rationalistischen Philosophie, aber auch nicht nur das sinnlich empfindende Ich der empiristischen Philosophie, sondern immer der Mensch in Beziehung zu anderen Menschen. Feuerbachs Sinnlichkeit ist eine *zwischenmenschliche Sinnlichkeit.* Und diese zwischenmenschliche Sinnlichkeit ist für Feuerbach auch der Ursprung der Vernunft. Der einzelne Mensch rein in seiner Individualität betrachtet hat daher auch gar keine Vernunft und kann als solcher auch gar nicht zur Vernunft gebracht werden.

Alle unsere Ideen entspringen darum auch aus den Sinnen; darin hat der Empirismus vollkommen recht; nur vergißt er, daß das wichtigste, wesentlichste Sinnenobjekt des Menschen *der Mensch selbst* ist, daß nur im Blicke des Menschen in den Menschen das

Licht des Bewußtseins und Verstandes sich entzündet. Der Idealismus hat daher recht, wenn er *im* Menschen den Ursprung der Ideen sucht, aber unrecht, wenn er sie aus dem isolierten, als für sich seiendem Wesen, als Seele fixierten Menschen, mit einem Worte: aus dem Ich ohne ein sinnlich gegebenes Du ableiten will. Nur durch Mitteilung, nur aus der Konversation des Menschen mit dem Menschen entspringen die Ideen. Nicht allein, nur selbander [d. h. gemeinsam] kommt man zu Begriffen, zur Vernunft überhaupt. (Ebd. §42. III. S. 306)

Die Dialektik Feuerbachs ist daher grundsätzlich eine *zwischenmenschliche Dialektik*:

Die wahre Dialektik ist kein Monolog des einsamen Denkers mit sich selbst, sie ist ein Dialog zwischen Ich und Du. (Ebd. §64. III. S. 321)

Hegel hatte eine große *Logik* verfaßt, wenn also Feuerbach die Logik prinzipiell anders auffaßte, so wäre dies ein Anlaß gewesen, eine entsprechende dialogische Logik zu entwickeln. Dies war jedoch nicht der Fall. Eine dialogische Logik wurde – von völlig anderen Ansätzen ausgehend – erst im 20. Jhd. vor allem von Paul Lorenzen (geb. 1915) entwickelt. Der Einfluß Feuerbachs in Bezug auf eine Dialogik ging in eine ganz andere Richtung, nämlich in die des Personalismus des 20. Jhd.s bei Martin Buber (1878–1965), Maurice Blondel (1861–1949) und vielen anderen.

2. Die Kritik an Hegel

Feuerbach begann als Student Hegels und als Hegelianer, der Hegel auch öffentlich verteidigte (vgl. *Kritik des »Anti-Hegel«*. II. S. 63–128). 1826 aber sagt er: »Ich bin nun fertig mit Hegel.« (*Fragmente zur Charakteristik meines philosophischen Curriculum vitae*. IV. S. 200) und stellt sich die Frage:

Wie verhält sich die Hegelsche Philosophie zur Gegenwart und Zukunft? Ist sie nicht die vergangene Welt als Gedankenwelt? Ist sie mehr als eine Erinnerung der Menschheit an das, was sie war, aber nicht mehr ist? (Ebd. S. 201)

Feuerbach erkannte sogleich, daß die hegelsche Philosophie mehr ist als die Erinnerung an etwas Vergangenes. Deshalb ist sie aber nicht schon das gegenwärtig Geforderte. Feuerbach diagnostizierte richtig den Endcharakter der hegelschen Philosophie, den geradezu verzweifelten Versuch, den Untergang einer vergangenen Kultur aufzuhalten (vgl. Kap. XVII, 5).

Die Hegelsche Philosophie ist der letzte großartige Versuch, das verlorene, untergegangene Christentum durch die Philosophie wiederherzustellen, und zwar dadurch,

> daß, wie überhaupt in der neuern Zeit, die *Negation* des Christentums *mit dem Christentum selbst identifiziert* wird. (*Grundsätze der Philosophie der Zukunft* § 21. III. S. 279 f.)

Nach Feuerbach litt seine Gegenwart an dem »unseligen Widerspruch«, Unvereinbares vereinbaren zu wollen, so u. a. Glaube und Unglaube, Christentum und Heidentum (Ebd. S. 280). Genau diesem Bedürfnis entsprach die Philosophie Hegels, sie war damit der höchste Ausdruck dieses falschen Bewußtseins. Dieses falsche Bewußtsein mußte also negiert, der Selbsttäuschung mußte eine »Selbstenttäuschung« entgegengesetzt werden (vgl. *Vorläufige Thesen zur Reformation der Philosophie.* III. S. 241). Daher war es erforderlich, Hegel zu kritisieren. Beginnen wir mit einem ausdrucksstarken Zitat (bitte zweimal lesen!). Es geht dabei zunächst nur um die Charakterisierung des hegelschen Systems, die mir richtig erscheint, ohne daß damit schon irgendetwas über die Philosophie Feuerbachs gesagt ist.

> Die Hegelsche Philosophie ist *rationelle Mystik* – daher einzig in ihrer Art, daher zugleich anziehend, zugleich aber auch abstoßend ebensowohl für mystisch-spekulative Gemüter, welchen die Verbindung des Mystischen mit dem Rationellen ein unerträglicher Widerspruch ist, weil der Begriff sie enttäuscht, den mystischen Reiz der dunkeln Vorstellung zerstört, als für rationelle Köpfe, denen die Verbindung des rationellen Elements mit dem Mystischen zuwider ist. (*Zur Kritik der Hegelschen Philosophie.* III. S. 44)

Daß diese Form rationeller Mystik einzig in ihrer Art ist, stimmt natürlich nicht. So genau meint aber Feurbach das selbst nicht, denn er stellt Hegel in eine sehr klare Entwicklungslinie, und er hat recht, wenn er in Hegel den »deutschen Proklus« (zu Proklus/Proklos vgl. 1. Teil, Kap. XVII, 4) sieht und feststellt, daß die »absolute Philosophie« nichts anderes als die »wiedergeborene alexandrinische Philosophie« ist (*Grundsätze der Philosophie der Zukunft* § 29. III. S. 294). Daß diese Entwicklungslinie noch viel weiter zurückverfolgt werden kann, wurde schon festgestellt (vgl. Kap. XVIII, 2). Vermutlich hat aber auch Feuerbach diesen Ursprung erkannt, wenn er das hegelsche Nichts als Gegensatz des Seins ein »Produkt der orientalischen Einbildungskraft« nennt (*Zur Kritik der Hegelschen Philosophie.* III. S. 48). In der neueren Geschichte der Philosophie gilt jedenfalls:

> *Spinoza* ist der Urheber der spekulativen Philosophie. *Schelling* ihr Wiederhersteller, *Hegel* ihr Vollender. (*Vorläufige Thesen zur Reformation der Philosophie.* III. S. 223)

Tatsächlich einmalig an Hegels rationaler Mystik ist, daß er sie in die Form eines vollendeten Systems gebracht hat, was auch Feuerbach unterstreicht (vgl. *Zur Kritik der Hegelschen Philosophie.* III. S. 16). Für einen aufklärerischen Positivisten könnte mit der Charakterisierung der Philosophie Hegels als »rationaler Mystik« die Angelegenheit erledigt sein. Dies war aber bei Feuerbach, der alles andere als ein platter Aufklärer war, nicht der Fall. Feuerbachs Grundthese bestand darin, daß in den religiösen und den theologischen Vorstellungen ein *Potential menschlicher Möglichkeiten* verborgen lag, das es aufzudecken galt. Daher war auch Hegels Philosophie, die vollständig aus dieser Herkunft lebte, relevant für die Aufklärung dieses Potentials. Und da Hegel dieses Potential systematisiert hatte, war er der beste Ausgangspunkt für eine solche systematischen und grundsätzlichen Entschlüsselung. Wir wenden uns daher der Kritik Feuerbachs an der hegelschen Philosophie zu. Feuerbachs Kritik an Hegel erfolgt im Grunde in zwei Schritten:

(1) Feuerbach erkennt, daß Hegels absoluter Geist, die systematische Klammer des gesamten hegelschen Systems, nichts anderes als eine rationalisierte Form des Gottes der früheren Theologie ist.

Der »absolute Geist« ist der »abgeschiedene Geist« der Theologie, welcher in der Hegelschen Philosophie noch als *Gespenst* umgeht. (*Vorläufige Thesen zur Reformation der Philosophie*. S. 226)

Es ist, so nebenbei bemerkt, ganz amüsant, zu beobachten, daß Kant in der Philosophie Fichtes ebenso ein Gespenst vor sich zu haben meinte (vgl. Kap. XVI, 2), wie
jetzt Feuerbach bei Hegel einem Gespenst begegnet – der Deutsche Idealismus hat eben etwas »Gespenstisches« an sich.

(2) Im weiteren analysiert Feuerbach die theologische Vorstellung des absoluten Geistes und damit theologische Vorstellungen überhaupt als Projektion des Menschen.

Die Theologie ist *Gespensterglaube*. Die *gemeine* Theologie hat aber ihre Gespenster in der sinnlichen Imagination, die *spekulative* Theologie in der unsinnlichen Abstraktion. (*Vorläufige Thesen zur Reformation der Philosophie*. S. 227)

Der eigentliche Ursprung der hegelschen Philosophie ist nur dadurch verborgen, daß er in abstrakter Gestalt erscheint.

Der *absolute Geist* Hegels ist nichts anderes als der *abstrakte*, von sich selbst abgesonderte, sogenannte *endliche* Geist, wie das unendliche Wesen der Theologie nichts anderes ist als das *abstrakte* endliche Wesen. (Ebd. S. 226)

Diese beiden Schritte sollen im folgenden etwas näher erläutert werden. Man muß dabei jedoch immer folgendes vor Augen haben: Feuerbach stellt seine Thesen zwar an Hand einer Hegelkritik dar – zu seiner Zeit hatte die Absonderung und Entfremdung des endlichen, sinnlichen Geistes seine beste Darstellung in Hegels Philosophie gefunden –, er ist aber der Überzeugung, daß es dabei um ein Strukturproblem geht, das sich in seiner geschichtlichen Form verschieden darstellt, in seiner Struktur aber immer dasselbe ist. Die Philosophie ist bisher immer vom Abstrakten zum Konkreten vorangegangen, vom Idealen zum Realen (Ebd. S. 231). Darin war eine bestimmte Wertung enthalten: Man sah das endliche, sinnliche Wesen des Menschen, seinen Körper, als niedrig an und versuchte ihm daher ein höheres, unendliches Wesen, den Geist, die Seele, hinzuzufügen. Dem Verhältnis Ideal-Real sowie Abstrakt-Konkret entspricht jenes von Seele-Körper und von Höheres-Niedrigeres. Nach Feuerbach wird der Mensch damit jedoch von sich selbst abgezogen, abstrahiert und entfremdet.

Abstrahieren heißt das *Wesen* der Natur *außer die Natur*, das *Wesen* des Menschen *außer den Menschen*, das *Wesen* des Denkens *außer den Denkakt* setzen. Die Hegelsche Philosophie hat den Menschen *sich selbst entfremdet*, indem ihr ganzes System auf diesen Abstraktionsakten beruht. (Ebd. S. 227)

Feuerbach stellt damit ein Scheitern der hegelschen Philosophie nach deren eigenen Intentionen fest: Hegel wollte die Dinge selbst erfassen und erfahren, indem er diese Erfahrung aber als Phänomenologie des *Geistes* ansetzte, war er schon wieder genau

dort, wo eben nicht unmittelbare Erfahrung gegeben ist, sondern *Abstraktion*, denn der Geist sucht immer das Allgemeine, das Allgemeine ist aber eben nicht das *Konkrete*, das Einzelne. Hegel selbst mußte diese Schwierigkeit eingestehen: Er meinte zwar, das Wahre sei das Konkrete, suchte dieses aber auf der Ebene des das Allgemeine denkenden Geistes, wo dann ein Unbegriff wie das *Concretum Universale* herauskommen mußte, ein Begriff, der die Schwierigkeit paradox ausdrückt, aber nicht auflöst. Hegel mußte daher das Allgemeine und das Einzelne ineinanderfließen lassen (vgl. *Grundsätze der Philosophie der Zukunft* § 28. III. S. 289). Wenn Feuerbach von »Abstraktion« spricht, so meint er dies ausschließlich polemisch. Hegels abstrakte Philosophie ist jedoch nach Feuerbach ein genaues Spiegelbild des realen, d. h. von sich entfremdeten Bewußtseins der Menschen seiner Zeit, die zwar nicht mehr an den in der Geschichte wirkenden absoluten Geist glauben, die aber trotzdem immer noch an jener Wertung festhalten, die den Menschen in seiner sinnlichen Konkretheit entwertet und ihn damit von sich entfremdet. Eine neue, »sinnliche« Philosophie kann daher nicht unmittelbar bei der sinnlichen Erfahrung ansetzen, da diese in dieser Periode gar nicht als unmittelbare erreichbar ist; sie muß als Kritik, als Negation dieses entfremdeten Bewußtseins auftreten, und das heißt gleichzeitig als Negation jener Philosophie, die genau dieses Bewußtsein ausspricht.

Die unmittelbare, sonnenklare, truglose Identifikation des durch die Abstraktion vom Menschen entäußerten Wesens des Menschen *mit* dem Menschen kann nicht auf positivem Wege, kann nur als die *Negation* der Hegelschen Philosophie aus ihr abgeleitet, kann überhaupt *nur begriffen*, nur *verstanden* werden, wenn sie *als die totale*

Negation der spekulativen Philosophie begriffen wird, ob sie gleich die *Wahrheit* derselben ist. Alles steckt zwar in der Hegelschen Philosophie, aber immer zugleich mit seiner *Negation*, seinem *Gegensatze*. (*Vorläufige Thesen zur Reformation der Philosophie*. III. S. 227)

Feuerbach stellt also als Programm nicht eine einfache Kritik oder eine einfache Gegenthese gegen das herrschende Bewußtsein und dessen philosophisch-hegelianischen Ausdruck auf, sondern will die *Wahrheit* dieses herrschenden Bewußtseins, die in ihm in verkehrter Form (d. h. »zugleich mit seiner Negation«) enthalten ist, aufdecken. Feuerbach versteht seine Aufgabe in einem ganz eminenten Sinne als hermeneutisch, aber nicht wie Schleiermacher (dessen Vorlesungen er in Berlin gehört hatte) es wollte, nämlich als einfachen Nachvollzug, sondern vielmehr als kritisches Aufdecken des faktisch bestehenden Bewußtseins, das gegenüber sich selbst falsch, entfremdet, unaufgeklärt und somit unfrei ist. Um einen Ansatzpunkt, einen *Schlüssel* zum wahren Bewußtsein, zu finden, dem auch eine sinnliche Anschauung entspricht, zieht Feuerbach die *Kunst* heran. Auch dieser Ansatzpunkt ist wiederum zeitkritisch zu verstehen. Feuerbach will die Anthropologie als das wahre Wesen der Religion, der Theologie und der spekulativen Philosophie aufzeigen, für viele Menschen seiner Zeit aber hatte längst die Kunst die Stelle eingenommen, die | 433
früher die Religion innegehabt hatte (trotz und gegen Hegels These, die Kunst habe aufgehört, dem höchsten Bedürfnis des Menschen zu entsprechen). In der Kunst kommt das Bewußtsein zum Ausdruck, daß im Endlichen das Unendliche gegenwärtig und das Unendliche somit eine Dimension des Endlichen ist.

Der *augenfällige* Beweis, daß der absolute Geist der sogenannte endliche, subjektive Geist ist, also jener nicht von diesem abgesondert werden kann und darf – ist die *Kunst*. Die Kunst geht aus dem Gefühl hervor, daß das diesseitige Leben das wahre Leben, das *Endliche* das *Unendliche* ist – aus der Begeisterung für ein *bestimmtes, wirkliches* Wesen als das *höchste*, das *göttliche* Wesen. [...] Die Griechen erhoben sich nur dadurch zur Vollendung der plastischen Kunst, daß ihnen *unbedingt* und *unbedenklich* die menschliche Gestalt für die höchste Gestalt, für die Gestalt der Gottheit galt. (Ebd. S. 228)

Aus solchen Worten hört man sicher auch die Begeisterung der Zeit Feuerbachs für die griechische Kunst heraus. Dies ändert aber nichts daran, daß die Frage Feuerbachs berechtigt ist, welches die Gründe für die Entwicklung der griechischen Kunst und besonders der Plastik mit der menschlichen Gestalt im Zentrum derselben sind. Und auch die These Feuerbachs, daß der Grund für diese Vollkommenheit darin liegt, daß es sich dabei um eine Kunst handelte, in der es keinerlei Unterschied zwischen der Darstellung von Göttern und Menschen gab, in der also die menschliche Gestalt als göttlich betrachtet wurde, ist durchaus überlegenswert. Feuerbach weist auch darauf hin, daß die Christen demgegenüber beim Christusbild größte Schwierigkeiten hatten, weil Christus Mensch und auch wieder nicht Mensch sein sollte (Ebd.). Daher erwartete Feuerbach, daß sich mit dem neuen, nicht zuletzt auch durch seine Philosophie zum Ausdruck gebrachten Bewußtsein auch für die Kunst neue Möglichkeiten ergeben.

Das entschiedene, zu Fleisch und Blut gewordene Bewußtsein, daß das Menschliche das Göttliche, das Endliche das Unendliche, ist die Quelle einer neuen Poesie und Kunst, die an Energie, Tiefe und Feuer alle bisherige übertreffen wird. Der Glaube an das Jenseits ist ein absolut unpoetischer Glaube. Der Schmerz ist die Quelle der Poesie. Nur wer den Verlust eines endlichen Wesens als einen unendlichen Verlust empfindet, hat die Kraft zu lyrischem Feuer. (Ebd.)

Auch an diesem Punkt ist eine Hegel-Interpretation und eine Hegel-Kritik sichtbar: Hegel hatte den Schmerz, die Negativität in das Absolute selbst verlegt (vgl. Kap. XVII, 3), Feuerbach holt dies in das Menschliche zurück. Daß die Kunst, die dies zum Ausdruck bringt, erst in der Zukunft liegt, wie Feuerbach meint, ist allerdings zu bezweifeln. Schon 1503 war die berühmte griechische Plastik der Laokoon-Gruppe, der klassische Ausdruck des Schmerzes, entdeckt worden, und die drei Versionen der *Pietà* Michelangelos stehen dem in nichts nach. Die von Feuerbach reklamierte Vermenschlichung geht also – und nicht nur im Bereich der Kunst – spätestens auf die Zeit der Renaissance zurück.

Die Kunst entschlüsselt die Bedeutung der Sinnlichkeit. Die Sinnlichkeit ist im Bereich der Vorstellung die Phantasie, die Vorstellungskraft und die Imagination, und genau aus diesem Bereich heraus leben die Religionen. In den Vorstellungen der Religionen drücken sich in bildhafter Weise die Wünsche der Menschen aus: »Wie die Wünsche der Menschen, so sind ihre Götter« (*Wider den Dualismus von Leib und Seele, Fleisch und Geist.* IV. S. 150). Das wahre Wesen der *Theologie* ist daher die *Anthropologie*, auf sie müssen alle religiösen, in Theologie und Philosophie rationalisierten Vorstellungen zurückgeführt werden. Die Frage ist dann natürlich, wie es dazu kommen konnte, daß diese Vorstellungen objektiv wurden, d. h. wie es kommen konnte, daß sie nicht in ihrem Ursprung begriffen wurden und die Menschen so meinten, darin von einer *anderen* Wirklichkeit zu reden. Feuerbach sieht den Grund darin, daß wir es hier nicht mit Vorstellungen des einzelnen Menschen, sondern mit *Vorstellungen der Gattung* oder zumindest von überindividuellen Einheiten von Menschen zu tun haben. Wir begegnen hier wieder der von den frühen Romantikern hervorgehobenen Bedeutung der Völker und deren kollektiver Poesie (vgl. Kap. XVII, 4). In solchen Vorstellungen drücken sich in Feuerbachs Interpretation die unendlichen Möglichkeiten des Menschen aus, die jedem einzelnen gegenüber *etwas anderes* sind und die doch letztlich *nichts anderes* als die unendlichen Möglichkeiten der Gattung Mensch zum Ausdruck bringen. Einzeln ist die menschliche Kraft *beschränkt*, vereinigt aber wird sie *unbeschränkt*, geradezu *unendlich*:

Der einzelne Mensch *für sich* hat das *Wesen* des Menschen *nicht in sich*, *weder in sich als moralischem*, *noch in sich als denkendem Wesen*. Das *Wesen* des Menschen ist nur in der Gemeinschaft [...]. *Einsamkeit* ist *Endlichkeit* und *Beschränktheit*, *Gemeinschaftlichkeit* ist *Freiheit* und *Unendlichkeit*. (*Grundsätze der Philosophie der Zukunft* §§ 61 und 62. III. S. 321)

Da es nun zwar kollektiv wachsende Vorstellung, Imagination, gibt, nicht jedoch kollektive Reflexion, glauben alle einzelnen, mit einer objektiven, ihnen gegenüberstehenden Wirklichkeit konfrontiert zu sein. Doch schon in diesen Vorstellungen selbst finden wir genügend Hinweise auf das wahre, d. h. das menschliche Wesen der Religion. Auch wenn diese Hinweise wiederum in objektiver Form erscheinen, kann die genetisch kritische Reflexion, die das wahre Wesen der Religion aufdeckt, an solchen Punkten am leichtesten ansetzen. Einen solchen Ansatzpunkt findet Feuerbach in besonderer Weise in der Vorstellung der Inkarnation, also der *Menschwerdung Gottes*, die auch für Hegel eine ganz zentrale Bedeutung gehabt hatte (vgl. Kap. XVII, 3 und 4). Für Feuerbach hat diese Vorstellung jedoch nicht wie für Hegel | 435
eine erkenntniskonstitutive, sondern eine hermeneutisch erkenntniskritische Bedeutung. Die Frage, warum Gott Mensch geworden ist, das *Cur Deus homo* Anselms, wird von Feuerbach gleichsam beim Wort genommen:

Die Inkarnation ist nichts anderes als die tatsächliche, sinnliche Erscheinung von der *menschlichen Natur* Gottes [...]. Wenn der *menschgewordne* Gott in der Inkarnation als das erste gesetzt und betrachtet wird, so erscheint freilich die Menschwerdung als ein unerwartetes, frappierendes, wunderbares, geheimnisvolles Ereignis. Allein der *menschgewordne* Gott ist nur die Erscheinung des *gottgewordnen* Menschen, was freilich *im Rücken* des religiösen *Bewußtseins* liegt; denn der Herablassung Gottes zum Menschen geht notwendig die Erhebung des Menschen zu Gott vorher. Der Mensch war schon in Gott, war schon *Gott selbst*, ehe Gott Mensch wurde. (*Das Wesen des Christentums*. V. S. 56 f.)

In der Inkarnation wird die Kraft der Liebe, welche die einzelne Kraft eines Menschen übersteigt, anschaulich vorgestellt. Was aber Hegel noch als objektiv seiendes und subjektiv werdendes Geschehen dachte, sieht Feuerbach von vornherein als subjektives Geschehen, das objektiviert, also zu einer objektiven Vorstellung geworden ist. Die Philosophie hat daher, so Feuerbach gegen Hegel, nicht die Aufgabe, diese objektive Vorstellung rational nachzukonstruieren, sondern sie statt dessen aus ihrer Entstehung her zu erklären. Es geht also nicht darum, das Endliche aus dem Unendlichen abzuleiten, sondern umgekehrt die Herkunft des Unendlichen aus dem Endlichen aufzudecken:

> Die Aufgabe der wahren Philosophie ist nicht, das Unendliche als das Endliche, sondern das Endliche als das *nicht* Endliche, als das Unendliche zu erkennen, oder, nicht das Endliche in das Unendliche, sondern das Unendliche in das Endliche zu setzen. (*Vorläufige Thesen zur Reformation der Philosophie*. III. S. 229)

Wird dieses Prinzip auf die Vorstellung der Menschwerdung Gottes angewandt, so wird deutlich, daß darin von einer Liebe gesprochen wird, die den Menschen liebt um des Menschens willen, ohne irgendeinen anderen Zweck. Diese unendliche Liebe wurde im Glauben an die Menschwerdung aus dem Wesen des Menschen herausgenommen und so zu einem Objekt der Anbetung gemacht. Um die Kraft der Liebe wieder frei zu setzen, muß sie wieder an ihren Ursprungsort im Menschen zurückversetzt werden. Dieses Zurückholen bedeutet aber, daß die objektivierende Vorstellung aufgegeben werden muß (vgl. auch 2. Teil, Kap. XVIII, 1 und 2):

> Denn wenn es auch eine eigennützige Liebe unter den Menschen gibt, so ist doch die wahre menschliche Liebe, die allein dieses Namens würdige diejenige, welche dem andern zuliebe das Eigne opfert. Wer ist also unser Erlöser und Versöhner? Gott oder die Liebe? Die Liebe, denn Gott als Gott hat uns nicht erlöst, sondern die Liebe, welche
> 436 | über die Differenz von göttlicher und menschlicher Persönlichkeit erhaben ist. Wie Gott sich selbst aufgegeben aus Liebe, so sollen wir auch der Liebe Gott aufopfern; denn *opfern wir nicht Gott der Liebe auf, so opfern wir die Liebe Gott auf*, und wir haben trotz des Prädikats der Liebe den Gott, das böse Wesen des religiösen Fanatismus. (*Wesen des Christentums*. V. S. 61)

Damit, daß die Menschwerdung Gottes als objektivierende Vorstellung aufgegeben wird, ist schon gleichzeitig gesagt, daß sie bei Feuerbach nicht als historisches Ereignis aufgefaßt werden kann, wie dies noch bei Hegel der Fall gewesen war:

> *Inkarnation* und *Historie* sind *absolut unverträglich* miteinander; wo die Gottheit selbst in die Geschichte eintritt, hört die Geschichte auf. (*Zur Kritik der Hegelschen Philosophie*. III. S. 11 f.)

An dem eben angeführten Beispiel wird deutlich, was Feuerbach in seiner Religionskritik anstrebte: Nicht einfache Kritik, sondern Rückführung der Gehalte der Religion in ihren anthropologischen Grund, damit aber gleichzeitig utopische Anreicherung des Wesens des Menschen. Was in den religiösen Vorstellungen und deren philosophischen Abstraktionen ausgesprochen wird, ist nicht in seinem Gehalt, sondern nur in der ihm zugeschriebenen Form das Unwahre:

> Die Wahrheit des Endlichen wird von der absoluten Philosophie nur auf *indirekte, verkehrte* Weise ausgesprochen. Wenn das Unendliche nur ist, nur *Wahrheit* und *Wirklich-*

keit hat, wenn es *bestimmt*, d. h. wenn es nicht als Unendliches, sondern als *Endliches* gesetzt wird, so ist ja in Wahrheit das *Endliche* das *Unendliche.* (*Vorläufige Thesen zur Reformation der Philosophie.* III. S. 229)

Feuerbach kritisiert also nur das Unendliche als Abstraktes und Objektiviertes, d. h. von seinem menschlichen Ursprung Abgezogenes und ihm Gegenübergesetztes, nicht das Unendliche als solches. Das Unendliche, abstrakt und objektiviert aufgefaßt, hat das Endliche seiner Grenzenlosigkeit beraubt und es damit erst wirklich verendlicht. Durch die von Feuerbach geforderte Kritik soll das *unendliche Potential* – der unendliche Spielraum der Möglichkeiten des Menschen –, das in den religiösen Vorstellungen schon vorhanden ist, für den Menschen verfügbar werden, d. h. dessen unendliche Möglichkeiten freisetzen. Das Endliche wird dadurch nicht einfach zum Unendlichen, sondern zum Nicht-Endlichen, zu einem Endlichen also, das über seine Schranken hinausgehen kann und soll. Daß Hegel solche Un-Endlichkeit als »schlechte Unendlichkeit« bezeichnet hatte, ist für Feuerbach nicht erheblich, denn ihn interessiert nicht das Unendliche als solches, sondern vielmehr geht es ihm um die unbegrenzten Möglichkeiten des Endlichen, Konkreten und Sinnlichen, das nur dadurch schlecht gemacht wird, daß es als das Begrenzte angesehen
wird. Hegels »wahre Unendlichkeit« ist wiederum nur eine objektivierende Abstrak- | 437
tion. Das konkrete Lebewesen Mensch zeigt aber gerade in der unendlichen Weite seiner Phantasie, daß es gar nicht so endlich und beschränkt ist:

Das Unendliche ist das *wahre Wesen* des Endlichen – das *wahre* Endliche. Die Spekulation ist nichts als die *wahre* und *universale Empirie.* (Ebd. S. 230)

Feuerbachs gesamtes Unternehmen dreht sich um diesen einen Punkt: die Aufdekkung des anthropologischen Gehalts der Religion, vor allem natürlich des Christentums. Die Kritik an Hegel, der wir bei Feuerbach ständig begegnen, wird dabei im Grunde nur als eine bestimmte, zeitgeschichtlich geforderte Form der Kritik verstanden. Die Rückführung der Religion und der Theologie bzw. der darauf beruhenden spekulativen Philosophie auf die Anthropologie versteht Feuerbach als grundsätzliche, Hegel stellt den Höhepunkt, nicht den Ausgangspunkt der Entfremdung dar.

3. Feuerbach und Schleiermacher

Wir lesen die Schriften Feuerbachs gewöhnlich von Marx her. Dies hat durchaus seine Berechtigung, und wir werden diesen Weg auch verfolgen (vgl. Kap. XX). Dabei aber wird ein anderer Aspekt der Philosophie Feuerbachs nicht genügend berücksichtigt: Feuerbachs Philosophie gehört in wesentlicher Hinsicht in die Geschichte der protestantischen Theologie und der Frömmigkeit des 19. Jhd.s. Zahlreiche Menschen des deutschen Bürgertums in der ersten Hälfte des 19. Jhd.s hatten sich von den kirchlich-dogmatischen Formen des Christentums gelöst. Diese Entwicklung war natürlich nicht neu und gehört zu dem, was wir mit »Modernität« bezeichnen, was aber seine Wurzeln schon im Humanismus und in der Renaissance hat. Schon dort war es als Problem aufgetaucht, wie man gleichzeitig Christ und Nicht-Christ sein könne, und Marsilio Ficino hatte mit seiner *Platonischen Theologie* und vor allem mit seinem Kommentar zu Platons *Symposion* einen möglichen und begrifflich entsprechend unscharfen Kompromiß-Weg aufgezeigt (vgl. Kap. I, 3). Das Problem zieht sich durch die gesamte Neuzeit hindurch und war in der ersten Hälfte des 19. Jhd.s in einem aufgeklärten Bürgertum, das meinte, die politischen Fragen der Überwindung des Absolutismus im Prinzip gelöst zu haben, unübersehbar aktuell. Das traditionell-dogmatische Christentum wurde ziemlich allgemein abgelehnt oder jedenfalls nicht mehr beachtet. Fichte, Schelling, Hegel und auch Feuerbach, die alle von der protestantischen Theologie herkamen, sind für die ausdrückliche Ablehnung die besten Zeugen. Aber auch katholische Theologen hatten das Problem erkannt, und nicht von ungefähr hatte sich in Tübingen eine entsprechende Bewegung herausgebildet, die sich konsequenterweise mit der Philosophie des frühen Schelling und dann auch Hegels rezeptiv auseinandersetzte. Diese sogenannte »Tübinger Schule« wurde aber von den Funktionsträgern der offiziellen katholischen Kirche zum Schweigen gebracht. Es setzte nun jene Ideenpolitik ein, die sich der gesamten intellektuellen Bewegung der Neuzeit widersetzte. Zeichen dafür sind die Entwicklung der Neuscholastik, die dann schließlich 1879 zur Erhebung des gründlich aus seinem historischen Kontext entfernten Thomas von Aquin zum offiziellen Philosophen der katholischen Kirche führte (vgl. 2. Teil, Kap. XIV, 1), sowie die Erklärung der Unfehlbarkeit des Papstes im Jahre 1870. Die katholische Kirche schied damit etwa seit 1850 aus der intellektuellen Diskussion aus. Versuche, sich dem zu widersetzen und den Kontakt mit der modernen Kultur wieder aufzunehmen, wie sie dem sogenannten »Modernismus« um 1900 zugrunde lagen, wurden erneut unterdrückt. Anders verlief die Geschichte der protestantischen Theologie im 19. Jhd. Dort gab es zwar auch eine starre Orthodoxie, es gab aber auch den Versuch, auf die Forderungen des Denkens der Neuzeit, und das hieß damals auch auf die Bedürfnisse des bürgerlichen Publikums, einzugehen. Der wichtigste Vertreter dieser Bewegung war Friedrich Schleiermacher (1768–1834), dessen Lebensdaten sich also fast genau mit denen Hegels decken und der zudem seit 1810 als Professor der Theologie an der neu gegründeten Universität in Berlin tätig war, wo ab 1818 auch Hegel als Professor der Philosophie lehrte. Und Feuerbach war nach Berlin gekommen, um nicht nur bei Hegel, sondern auch bei Schleiermacher zu studieren. Schleiermacher war in eine Schule der Herrenhuter gegangen, also einer pietistischen, aus Mähren stammenden Bewegung. Religion bestand für die Herrenhuter nicht in einem Glauben an Lehrsätze, sondern in gelebter Frömmigkeit, Religion beruhte dieser Auffassung nach auf dem *Gefühl*. Die Anlage dazu hatte danach jeder Mensch, sie mußte nur entsprechend geweckt werden. Für Schleiermacher wird dann Religion in dem »Gefühl schlechthinniger Abhängigkeit« bestehen. Er verfaßte 1799, zunächst anonym, wie es damals bei solchen Schriften häufig geschah, seine berühmte Schrift *Über die Religion. Reden an die Gebildeten unter ihren Verächtern*. Dort sagt er ganz klar von der Religion:

Ihr Wesen ist weder Denken noch Handeln, sondern Anschauung und Gefühl. (*Über die Religion*. S. 29)

Mit »weder Denken« setzt Schleiermacher sich von Hegel ab und mit »noch Handeln« von Kant. Die Wahl des Ausdrucks »Gefühl« war mehr als problematisch. Er konnte bei dieser Wahl des Ausdrucks »Gefühl« nicht verhindern, daß andere hier eine subjektivistische und emotionale Interpretation der Religion vorzufinden glaubten, und genau das wollten sie ja auch. Und man wird vielleicht auch sagen müssen, daß von Schleiermacher her in den Reden *Über die Religion* eine solche Interpretation auch nicht wirklich ausgeschlossen ist. Diese Interpretation hat nicht nur im deutschen sondern auch in den verschiedensten Formen des amerikanischen Protestantismus großen Einfluß erlangt. Erst mit seinem sytematischen Werk *Der christliche Glaube* liegt eine etwas andere Interpretation vor. Dort legt Schleiermacher »Gefühl« aus als eine Identität von Subjekt und Objekt, was also eher im Sinn des Deutschen Idealismus ist. Aber auch dort ist das emotionale Element nicht ausgeschlossen. Für die Gefühlstheologie Schleiermachers, dieses »einfache Hausmittel«, das »alle die Mühe der von dem denkenden Begriffe geleiteten Vernunfteinsicht und Erkenntnis erspart« (Hegel: *Grundlinien der Philosophie des Rechts*. Hamburg 1995. S. 9), hatte Hegel natürlich nichts übrig (Schleiermacher war ihm ganz allgemein ziemlich unsympathisch). Das Gefühl benötigt nach Schleiermacher einen Ausdruck, und diesen findet es in einer Anschauung. Dies ist aber nicht die leere intellektuelle Anschauung der Philosophen des frühen Deutschen Idealismus, sondern eine durch *Phantasie* erfüllte Anschauung.

Ihr, hoffe ich, werdet es für keine Lästerung halten, daß Glaube an Gott abhängt von der Richtung der Phantasie; Ihr werdet wissen, daß Phantasie das höchste und ursprünglichste ist im Menschen und außer ihr alles nur Reflexion über sie; Ihr werdet es wissen, daß Eure Phantasie es ist, welche für Euch die Welt erschafft, und daß ihr keinen Gott haben könnt, ohne Welt. (Ebd. S. 38)

Hier lagen natürlich die Berührungspunkte mit den Frühromantikern (vgl. Kap. XVI, 3). Auch Feuerbach lernte von Schleiermacher. Feuerbach sucht keine gedachte, sondern eine gelebte Wahrheit. Deren »Sitz« ist das Herz. Auf Denken sollte aber nicht verzichtet werden, dazu war Feuerbach doch zu sehr Schüler Hegels.

Die neue Philosophie, welche den wesentlichen und höchsten Gegenstand des Herzens, den Menschen, auch zum wesentlichen und höchsten Gegenstand des Verstandes macht, begründet daher eine vernünftige Einheit von Kopf und Herz, von Denken und Leben. (Feuerbach: *Grundsätze der Philosophie der Zukunft* § 59. III. S. 320)

Neben Kopf und Herz gibt es aber nach Feuerbach noch ein weiteres Vermögen im Menschen, nämlich das *Gemüt* (vgl. dazu 2. Teil, Kap. XVIII, 2), und gerade dieses ist die Fähigkeit der Vorstellung von Unbegrenztem. Und genau an diesem Punkt erhalten auch das Fühlen und die Phantasie ihren Ort.

Die Basis der Philosophie ist das *Denken* und das Herz – denn zum Denken gehört nicht nur ein wohlorganisierter Kopf, sondern auch ein gesundes, freies Herz –, die Basis der Religion das *Gemüt* und die *Phantasie*. Das Gemüt scheut und verschmäht die *Bestimmung* und *Begrenzung*, die im Begriffe der Wissenschaft überhaupt liegt, obgleich sie nicht das Wesen, sondern nur die Form derselben ausmacht. Dem Gemüte ist darum die Wissenschaft nur die Sphäre des *Endlichen*, weil ihm die Bestimmung nur als *Schranke* erscheint. Das Gemüt hüllt seinen Gegenstand in ein gewisses mysteriöses Helldunkel und gibt sich dadurch, je weniger es ihn bestimmt, um so mehr Stoff zum Deuten und Fühlen; [...] Die dem Gemüte *entsprechende intellektuelle* Tätigkeit ist die *Phantasie*. Dem Gemüte ist die Vernunft eine endliche, nur die Phantasie die *unendliche* Tätigkeit; [...] (*Über Philosophie und Christentum in Beziehung auf den der Hegelschen Philosophie gemachten Vorwurf der Unchristlichkeit.* II. S. 273 f.)

Religion wird also in Verbindung zu Gemüt, Gefühl und Phantasie gesetzt. Und dann wird das Gemüt und damit die Religion in Beziehung zum Ton und zur Musik, die Philosophie aber in Beziehung zum Wort gesetzt (Ebd.), was wiederum genau der Auffassung der über Musik schreibenden Frühromantiker entspricht (vgl. Kap. XVI, 3). Eine rigorose Trennung von Religion und Philosophie kann Feuerbach aber nicht vornehmen, denn die Unendlichkeit der Phantasie benötigt er ja, um das unendliche Potential der menschlichen Fähigkeiten entschlüsseln zu können. Also kann er auch Vernunft von Gemüt und Gefühl nicht ganz trennen. Gemüt, Gefühl, Herz, Liebe, Phantasie, Kunst, Musik, all dies verbunden mit einem Unendlichkeitsstreben und einer Unendlichkeitssehnsucht: Dies ergab wieder etwas, was man durchaus als »Religion« bezeichnen konnte, was auch Feuerbach selbst ausdrücklich feststellte:

Die neue Philosophie dagegen, als die Philosophie des Menschen, ist auch wesentlich die *Philosophie für den Menschen* [...]; sie tritt an die Stelle der Religion, sie hat das *Wesen* der Religion in sich, sie ist in Wahrheit *selbst Religion*. (*Grundsätze der Philosophie der Zukunft* § 67. III. S. 322)

Feuerbach konnte also immer wieder seinen Atheismus betonen, schon seinen Zeitgenossen fiel es jedoch auf, daß es sich dabei um einen ziemlichen *frommen Atheismus* handelte. Genau dies aber entsprach den Bedürfnissen des bürgerlichen Publikums. Auch wenn man nicht mehr an einen persönlichen und welttranszendenten Gott glaubte und ebensowenig an ein historisches Ereignis der Menschwerdung Gottes, konnte man problemlos weiter Weihnachten feiern, das Fest der alles transzendierenden Liebe, und das Gefühl, die Phantasie und die musikalische Ausschmükkung kam bei all dem auch nicht zu kurz. Feuerbach hatte Hegel vorgeworfen, rationale Mystik zu betreiben, und eine solche wiederholt Feuerbach nicht, aber er betreibt nun dafür *emotionale Mystik*. Das ist eigentlich gar nicht verwunderlich. Das Bewußtsein, das die deutschen Philosophen der ersten Hälfte des 19. Jhd.s analysierten, ist eben gar nicht, wie schon gesagt (vgl. Kap. XVI, 5), das Bewußtsein des Menschen »an sich«, sondern jenes Bewußtsein, das sich im späten Mittelalter herausgebildet hatte und das über die Frömmigkeitsliteratur bis in den Pietismus des 19. Jhd.s hinein weitertransportiert worden war. Und im späten Mittelalter gab es neben der stark intellektualistisch geprägten Mystik Eckharts eben auch eine andere, gefühlsbetonte Liebesmystik, wie sie z. B. von Heinrich Seuse vertreten wurde (vgl. 2. Teil, Kap. XVIII). Wenn Seuse die Worte »Empor die Herzen« (*Sursum corda*) sang, so zerfloß ihm »Herz und Seele in schmerzlichem Verlangen und in Sehnsucht«, die | 441
sein Herz »sogleich außer sich brachten« (*Deutsche mystische Schriften*. S. 37). Wir sagen hier natürlich nichts, was nicht auch Feuerbach wußte. Diese Texte kannte Feuerbach besser als irgendein Philosophiehistoriker heute. Entscheidend für Feuerbach wie für seine Zeitgenossen war aber nur, daß Herz und Gemüt in unendlicher Sehnsucht überflossen, ob dieses Herz und dieses Gemüt dann atheistisch waren oder nicht, wußten diese wohl selbst nicht ganz genau, und überdies war ihnen die Antwort auf diese Frage auch ziemlich gleichgültig.

- XX -

Karl Marx

1. Marx und der Marxismus

Es gibt den Begriff der »Wirkungsgeschichte«, und es wird manchmal behauptet, die Wirkungsgeschichte müsse zur Auslegung von Texten hinzugenommen werden, um die Texte selbst richtig verstehen zu können. Diese Auffassung hat ohne Zweifel ihre Berechtigung, jedoch zeigen sich gerade bei den Schriften von Karl Marx (1818–1883) auch die großen Probleme, die mit ihr verbunden sind: In welcher Weise gehört die Geschichte des Marxismus zur Interpretation der Schriften von Marx? Und wenn sie dazugehört, welcher Marxismus gehört dazu? Es gab und
442 | gibt verschiedene und untereinander unvereinbare Richtungen des Marxismus. Die Frage der Wirkungsgeschichte hat aber auch einen ganz alltäglichen Charakter. Jeder, und nicht nur der, der sich mit Philosophie beschäftigt, meint zu wissen, was ein »Marxist« ist. Dies zeigt sich deutlich an folgender Dialogsituation: Sagt jemand, er sei »Leibnizianer«, so wird *er* meist gefragt, was er denn darunter verstehe, denn im allgemeinen verbindet man mit Leibniz nur eine Lehre von fensterlosen Monaden, unter denen sich niemand irgendetwas Vernünftiges vorstellen kann. Bezeichnet sich hingegen jemand als »Marxist«, dann wird *von den anderen* behauptet, daß sie wissen, was damit gemeint ist. Der »Leibnizianer« hat also das Recht, sich zu erklären, der »Marxist« nicht. Auch dies gehört zur Wirkungsgeschichte der Philosophie von Marx. Die Diskussion um Marx und den Marxismus ist ideologisch belastet, und faktisch kommt keine Marxinterpretation an dieser Situation vorbei. Um so dringlicher ist die Auseinandersetzung mit den Schriften von Marx, da oft von »Marxismus« gesprochen wird, ohne daß jene, die davon sprechen, auch nur eine Zeile von Marx gelesen haben. In jedem Fall ist es erforderlich, genau zwischen der Philosophie von Marx und den verschiedenen Marxismen zu unterscheiden. Die Unterscheidung von »marxistischer« und »marxscher« Philosophie will vielen noch immer nicht in den Kopf. Und gelegentlich wird schon die Forderung, eine solche Unterscheidung vorzunehmen, als Ablenkungsmanöver oder Verschleierungstaktik unverbesserlicher »Linker« angesehen. Aber erst dann, wenn die ideologischen Vorbehalte der Gegner wie auch der Verteidiger der marxistischen Ideologie ausgeräumt sind, wird es möglich sein, die Philosophie von Marx für die Philosophie wiederzugewinnen.

Marx hat in drei Ländern gelebt: in Deutschland, in Frankreich und in England. Auch seine Theorie lebt aus drei ganz verschiedenen, diesen Ländern entsprechenden Quellen, wobei Marx jede dieser Quellen in Abhängigkeit von den anderen veränderte. Diese drei Quellen sind (1.) die englische Nationalökonomie, vor allem die von Adam Smith (1723–1790) und David Ricardo (1722–1823); (2.) der französische Sozialismus, vor allem mit Pierre-Joseph Proudhon (1809–1865), einem französischen Anarchisten; zu diesem Pariser Kreis gehörte aber auch der russische Anarchist Michail Bakunin (1814–1876); und (3.) die deutsche idealistische und nachidealistische Philosophie, also vor allem die Hegels und Feuerbachs. Die für Marx charakteristische Integration dieser drei Elemente wurde vom späteren Marxismus nicht weitergeführt. Schon Friedrich Engels (1820–1895) leitete eine rein ökonomietheoretische Interpretation ein, die für den östlichen Marxismus maßgebend wurde, während Georg Lukacs (1885–1971) und Karl Korsch (1886–1961) eine primär philosophie-, gesellschafts- und kulturkritische Interpretation begannen, die für den westlichen Marxismus maßgeblich blieb. Mit ähnlicher Intention wurde von Ernst Bloch (1885–1977), Antonio Gramsci (1891–1937), Max Horkheimer (1895–1973), Theodor W. Adorno (1903–1969), Herbert Marcuse (1898–1979) und vielen anderen versucht, die Philosophie von Marx nicht nur zu interpretieren, sondern auch weiterzuführen. Möglicherweise ist ein Verständnis der Philosophie von Marx über diese Autoren besser zu gewinnen als über spezialisierte Sekundärliteratur zu Marx.

Im folgenden soll nun nicht die Weiterentwicklung des Marxismus besprochen werden, sondern Marx in den Zusammenhang der geistesgeschichtlichen Entwicklung des 19. Jhd.s gestellt werden. Dabei kann allerdings nicht ganz von der weiteren Geschichte der Marxinterpretation abgesehen werden. Zumindest *eine* sehr umstrittene These der Gegenwart wird hier übernommen: Die sogenannten »Pariser Manuskripte« (enthalten vor allem in MEW Erg. Bd. 1. Teil), also Frühschriften von Marx, sollen nicht als Dokumente einer später überwundenen Periode angesehen werden, sondern (so ähnlich wie bei Hegel) als Schlüssel zu den späteren Schriften. Die wichtigsten Texte dazu aus dem Jahre 1844 sind unter dem Titel *Philosophie und Nationalökonomie* erstmals 1932 veröffentlicht worden. In seinen späteren Schriften seit 1858 hat Marx das zentrale Thema der Arbeit fast ausschließlich unter dem ökonomischen Aspekt, Lohn und Profit, behandelt. Dadurch entstand der Eindruck, daß Marx eine Theorie ökonomischer Gesetze aufstellen wollte, um mit ihr zu behaupten, die Entwicklung der Gesellschaft steuere mit gleichsam naturgesetzlicher Notwendigkeit auf eine neue, kommunistische Gesellschaftsordnung zu. Diese Interpretation des *Kapitals* wurde von den orthodoxen Marxisten ebenso angenommen wie von ihren Gegnern, nur daß die ersteren annahmen, diese Gesetze seien wahr, die letzteren hingegen, sie seien falsch. Durch diese Interpretation wurde aber die ursprüngliche, in den »Pariser Manuskripten« ganz deutlich enthaltene, aber auch im *Kapital* weiter vorhandene, an der Auseinandersetzung mit Hegels Philosophie des Geistes orientierte »humanistische« Philosophie von Marx in den Hintergrund gedrängt bzw. überhaupt nicht wahrgenommen.

2. Kritik und Praxis

Marx gehörte während seiner Studienzeit in Berlin einer Gruppe an, die sich sowohl mit hegelscher Philosophie als auch mit den konkreten politisch-sozialen Verhältnissen in Preußen auseinandersetzte. Eine Philosophie, die wie die Hegels eine Rechtfertigung der Wirklichkeit anstrebte, auch wenn in dieser offenkundige Unfreiheit herrschte, konnte nicht wahr sein. Damit wurde die hegelsche Philosophie nicht einfach abgelehnt, wohl aber mußte der Grund für diese Fehlleistung gesucht werden. Dies führte bei Marx zu einer radikalen Kritik der Philosophie Hegels, die aber auch in ihrer Kritik Hegel verpflichtet blieb. Marx verdeutlichte dies selbst mit der bekannten Metapher, die Philosophie Hegels müsse vom Kopf auf die Füße gestellt werden oder das Innere der hegelschen Philosophie müsse nach außen gekehrt werden und umgekehrt. Hegel sah die Aufgabe der Philosophie darin, den Geist mit der Wirklichkeit zu versöhnen. Daraus hatte sich für ihn die Folgerung ergeben, es

sei nicht die Aufgabe der Philosophie, den Staat zu beschreiben, wie er sein soll, sondern so, wie er ist (vgl. Kap. XVII, 5). Dies war für die Linkshegelianer unannehmbar. Wenn der Staat nicht so ist, wie er sein soll und sich die Menschen mit diesem real existierenden Staat in keiner Weise versöhnen können oder sollen, betraf dies nicht nur die politische Philosophie, sondern erforderte eine Umkehrung des hegelschen Philosophieverständnisses überhaupt. Daß die Philosophie nicht nur die Aufgabe hat, die geschichtliche Wirklichkeit des Menschen zu interpretieren, sondern ebenso, diese mitzugestalten, steht für Marx von Anfang an fest. Damit erscheint auch die Religionskritik Feuerbachs, die Marx durchaus übernimmt, als nur ein Zwischenstadium, das zu einer Kritik der Gesellschaft und der Politik führen muß. Schon Ende 1843/Anfang 1844 schrieb Marx programmatisch:

> Es ist also die *Aufgabe der Geschichte*, nachdem das *Jenseits der Wahrheit* verschwunden ist, die *Wahrheit des Diesseits* zu etablieren. Es ist zunächst die *Aufgabe der Philosophie*, die im Dienste der Geschichte steht, nachdem die *Heiligengestalt* der menschlichen Selbstentfremdung entlarvt ist, die Selbstentfremdung in ihren *unheiligen Gestalten* zu entlarven. Die Kritik des Himmels verwandelt sich damit in die Kritik der Erde, die *Kritik der Religion* in die *Kritik des Rechts*, die *Kritik der Theologie* in die *Kritik der Politik*. (*Zur Kritik der Hegelschen Rechtsphilosophie*. MEW 1. S. 379)

Die Philosophie soll also im Dienste der Geschichte stehen, und die entscheidende Aufgabe, die es in der Geschichte zu verwirklichen gilt, ist die Aufhebung der menschlichen Selbstentfremdung. Damit stellt sich für Marx das entscheidende Problem des Verhältnisses von *Theorie* und *Praxis*. Wir begegnen hier wiederum einer Problemstellung, die wir – in Fortsetzung der kantischen Fragestellung – auch bei Fichte angetroffen haben. Dort war vom Primat der *praktischen Vernunft* gesprochen worden (vgl. Kap. XVI, 1), während Marx dies nun weiterführt und sagt, die Frage der Wahrheit sei keine theoretische Frage und auch keine Frage der praktischen *Vernunft*, sondern eine Frage der *Praxis*. Mit »Praxis« ist hier selbstverständlich immer schon »politische Praxis« gemeint. In diesem Zusammenhang kennen wir alle die 11. Feuerbachthese von Marx (diese Thesen wurden 1845 abgefaßt):

Die Philosophen haben die Welt nur verschieden *interpretiert*, es kömmt drauf an, sie zu *verändern*. (*Thesen über Feuerbach* 11. MEW 3. S. 7)

Ganz ähnlich sagt Marx in einer weiteren These zu Feuerbach:

Die Frage, ob dem menschlichen Denken gegenständliche Wahrheit zukomme – ist keine Frage der Theorie, sondern eine *praktische* Frage. In der Praxis muß der Mensch die Wahrheit, i. e. Wirklichkeit und Macht, Diesseitigkeit seines Denkens beweisen. (*Thesen über Feuerbach* 2. Ebd. S. 5)

Das Entscheidende dabei ist, diesen Satz selbst nicht noch einmal als theoretischen zu verstehen, sondern als Bestreitung der Möglichkeit von weltverändernder *Theorie* überhaupt. Marx gesteht den Philosophen und der Philosophie keine Kompetenz zu, Rezepte dafür zur Verfügung zu haben, was der »wahre Mensch« und die »wahre Gesellschaft« ist. Marx kannte natürlich genau die Auffassung Hegels, welcher der Philosophie die Möglichkeit absprach, die Welt darüber zu belehren, wie sie sein sollte (vgl. Kap. XVII, 5), und er kannte auch die Utopien eines Morus oder eines Campanella, die sich erfolglos ideale Staaten und ideale Gesellschaften ausgemalt hatten. Marx selbst hatte tatsächlich während seiner Zeit in Paris und Brüssel gemeint, eine normative Anthropologie aufstellen zu können, um von da aus kritische Orientierungspunkte der Praxis zu gewinnen. In diesem Sinne suchte Marx nach einer normativen Utopie und postulierte den Vorrang der Theorie vor der Praxis:

Indessen ist das gerade wieder der Vorzug der neuen Richtung, daß wir nicht dogmatisch die Welt antizipieren, sondern erst aus der Kritik der alten Welt die neue finden wollen. [...] Der Kritiker kann also an jede Form des theoretischen und praktischen Bewußtseins anknüpfen und aus den *eignen* Formen der existierenden Wirklichkeit die wahre Wirklichkeit als ihr Sollen und ihren Endzweck entwickeln. [...] Er unterstellt überall die Vernunft als realisiert. Er gerät aber ebenso überall in den Widerspruch seiner ideellen Bestimmung mit seinen realen Voraussetzungen. (*Brief von Marx an Ruge*, 1843. MEW 1. S. 344 f.)

Marx verzichtete in der späteren Zeit auf solche übergeschichtlichen Leitlinien. Sollte also durch die Philosophie eine geschichtswirksame Kritik geleistet werden, so konnte diese selbst nicht eine theoretische Erfindung, also wiederum eine Phantasie wie die religiösen Träume sein, sondern sie mußte aus der kritischen Interpretation der tatsächlich bestehenden Welt hervorgehen. Die Handlungsorientierungen müssen nun durch rein praxisimmanente Verständigung, d. h. Kooperation aufgrund gleich erfahrener Entfremdung, geschehen. Die Philosophie hat daher keine Anweisung für eine bestimmte Praxis zu liefern und kann dies auch gar nicht, sondern ist selbst nur ein Akt der Verstärkung von Handlungspotentialen, die Theorie liefert höchstens Kommunikations- und Artikulationshilfen. Diese Theorie darf keinesfalls neben dem praktischen politischen Handeln stehen, d. h. Marx fordert vom Philosophen Eingreifen in die Politik. Dies ist der Sinn der »Aufhebung der Philosophie«, was nicht das Ende der Philosophie bedeutet, sondern Verwirklichung deren aufklärerisch-emanzipatorischen Anspruchs. Damit verbunden ist aber ein radikales Umdenken:

Wir sind *philosophische* Zeitgenossen der Gegenwart, ohne ihre *historischen* Zeitgenossen zu sein. [...] Mit einem Worte: *Ihr könnt die Philosophie nicht aufheben, ohne sie zu*

verwirklichen. [...] Es fragt sich: Kann Deutschland zu einer Praxis *à la hauteur des principes* [auf der Höhe der Prinzipien] gelangen, d. h. zu einer *Revolution*, die es nicht nur auf das *offizielle Niveau* der modernen Völker erhebt, sondern auf die *menschliche Höhe*, welche die nächste Zukunft dieser Völker sein wird? [...] Die Theorie ist fähig, die Massen zu ergreifen, sobald sie *ad hominem* demonstriert, und sie demonstriert *ad hominem*, sobald sie radikal wird. Radikal sein ist die Sache an der Wurzel fassen. Die Wurzel für den Menschen aber ist der Mensch selbst. (*Zur Kritik der Hegelschen Rechtsphilosophie.* MEW 1. S. 383–385)

Es bleibt aber dabei, daß die »neue Welt« aus der »alten Welt« heraus erfunden werden muß, und dies ist nur möglich, wenn die inneren Widersprüche, also auch der Gegensatz von idealer und realer Welt, »an der Wurzel« gefaßt werden. Auch wenn es keine konkrete und inhaltliche Utopie geben kann, haben daher doch die Wunschvorstellungen der Menschen ihre kritische Bedeutung, was Marx von Feuerbach übernimmt. Es kommt also darauf an, den Widerspruch der in Wunschvorstellungen ausgedrückten ideellen Bestimmungen zu den real gegebenen Verhältnissen aufzudecken. Wenn der Mensch sich ideale Welten ersinnt – dies ist die hermeneutisch wichtige Einsicht Feuerbachs –, um der Wirklichkeit zu entkommen, so müssen diese Idealvorstellungen als Ausdruck der Bedürfnisse verstanden werden, denen gegenüber die Wirklichkeit sich als mangelhaft erweist:

Feuerbach geht von dem Faktum der religiösen Selbstentfremdung, der Verdopplung der Welt in eine religiöse und eine weltliche aus. Seine Arbeit besteht darin, die religiöse Welt in ihre weltliche Grundlage aufzulösen. Aber daß die weltliche Grundlage sich von sich selbst abhebt und sich ein selbständiges Reich in den Wolken fixiert, ist nur aus der Selbstzerrissenheit und Sichselbstwidersprechen dieser weltlichen Grundlage zu erklären. Diese selbst muß also in sich selbst sowohl in ihrem Widerspruch verstanden als praktisch revolutioniert werden. (*Thesen über Feuerbach* 4. MEW 3. S. 6)

Es genügt also nicht, mit Feuerbach den anthropologischen Sinn der religiösen Wunschvorstellungen zu entschlüsseln, sondern es kommt darauf an, »an der Wurzel« die Bedingungen zu verändern, die es für den Menschen erforderlich gemacht haben, solche Wunschvorstellungen, die einen Widerspruch zur realen Welt darstellen, zu bilden.

Entscheidend ist es daher, die Widersprüche der realen Welt aufzudecken. Die Widersprüche der realen Welt identifiziert Marx im *Arbeitsprozeß* und in der Situation des arbeitenden Menschen seiner Zeit. Damit wendet er sich den Problemen der Ökonomie zu, denn Arbeit findet im Zusammenhang bestimmter ökonomischer Verhältnisse statt. Arbeit bedeutet für Marx Produzieren, und er stellt fest, daß der ökonomische Zustand seiner Zeit dadurch charakterisiert ist, daß der Arbeitende von dem von ihm produzierten Gegenstand entfremdet ist. Dies setzt das Vergegenständlichungsmodell Hegels voraus: Das handelnde Subjekt setzt einen Zweck außerhalb seiner selbst. Die *Verwirklichung dieses Zwecks*, gleichzeitig die *Verwirklichung des Subjekts* im anderen seiner selbst, also im Materiellen, ist das Resultat der Handlung als Produziertes, als *Produkt*. Gegenüber Hegel wendet Marx jedoch ein, daß diese Selbstverwirklichung des Menschen in der Arbeit in der realen gesellschaftlichen Situation seiner Zeit nicht zustandekommt, weil das Materielle, an dem sich die Arbeit als Handlung vollzieht, etwas dem Subjekt gegenüber Fremdes ist, da es sich im Besitz von anderen befindet. Konkret gesagt: Die Ökonomie seiner Zeit beruhte darauf, daß die Produktionsmittel nicht Besitz des Arbeitenden waren (was ja auch heute noch gilt). Der Arbeitende ist ihnen gegenüber fremd und ist somit auch dem Produkt der Arbeit, das nicht sein *eigenes* ist, entfremdet. Damit setzt der Handelnde gleichzeitig die Zwecke seiner Handlung, also der Arbeit, nicht autonom, sie sind ihm im Rahmen der industriellen Produktion unverfügbar vorgegeben und daher heteronom. Dies bedeutet, daß der Arbeitende sowohl in seinem Handlungszweck als auch in der materiellen Grundlage und somit in dem Produkt seiner Arbeit von sich selbst entfremdet ist. Die Entfremdung setzt sich notwendig dadurch fort, daß die Produkte als Waren in Geldwert umgesetzt werden (zur universellen Bedeutung des Geldes vgl. auch weiter unten), so daß der Produzierende seine eigenen, nun jedoch fremd gewordenen Produkte durch den Kauf zurückgewinnen muß, wobei sie inzwischen einen dem Preis der Herstellung durch Arbeit und dem Preis der materiellen Grundlage gegenüber höheren Wert erhalten haben. Der Arbeitende erfährt so den Widerspruch, daß er von seinen eigenen, ihm entfremdeten Produkten nicht den Teil erhält, der ihm als Produzierendem zusteht. Damit gewinnt Marx die einander korrespondierenden Begriffe »entfremdete Arbeit« und »Kapital« (d.h. Besitz der Produktionsmittel). Wenn jedoch gesagt wird, daß der Arbeitende diesen Widerspruch »erfährt«, so stimmt dies nach Marx aber nicht wirklich, denn die Arbeitenden sind zwar objektiv diesem Widerspruch unterworfen, es ist ihnen aber nicht bewußt, daß sie selbst – ungewollt – die von den Besitzern des Kapitals gezwungenen Hersteller dieses Widerspruchs sind.

Diese am Vergegenständlichungsmodell orientierte Analyse entfremdeter Arbeit wird bei Marx jedoch in einem noch weiteren Kontext durchgeführt, nämlich in dem einer universalen *Geschichtsphilosophie*. Diese ergibt sich wiederum dadurch, daß Marx Feuerbachs Hegelkritik in seinem an der Ökonomie orientierten Konzept anwendet: Hegel hatte die Geschichte als Entäußerung Gottes in der Welt(geschichte) verstanden, hatte also die Geschichte als das Werden, als die Vergegenständlichung Gottes in der Geschichte ausgelegt. Feuerbach hatte demgegenüber die Theologie auf die Anthropologie zurückgeführt und Religion als die Projektion der gesamten Kräfte und Möglichkeiten der menschlichen Gattung analysiert. Marx nimmt nun die anthropologische Interpretation Feuerbachs auf, wendet sie aber (was Feuerbach nicht getan hatte) auf die Geschichte an. Damit wird für Marx die Geschichte zum Entwicklungsprozeß der Vergegenständlichung der Kräfte der Menschengattung

und gleichzeitig zum Herstellungsprozeß ihrer eigenen Entfremdung. Das jeweilige historische menschliche Wesen ist die jeweilige gesellschaftliche Verwirklichung seiner Kräfte. Der Ausgangspunkt für Marx ist wiederum Feuerbach:

Feuerbach löst das religiöse Wesen in das *menschliche* Wesen auf. Aber das menschliche Wesen ist kein dem einzelnen Individuum inwohnendes Abstraktum. In seiner Wirklichkeit ist es das Ensemble der gesellschaftlichen Verhältnisse.

Feuerbach, der auf die Kritik dieses wirklichen Wesens nicht eingeht, ist daher gezwungen:
1. von dem geschichtlichen Verlauf zu abstrahieren und das religiöse Gemüt für sich zu fixieren, und ein abstrakt – *isoliert* – menschliches Individuum vorauszusetzen.
2. Das Wesen kann daher nur als »Gattung«, als innere, stumme, die vielen Individuen *natürlich* verbindende Allgemeinheit gefaßt werden.

Feuerbach sieht daher nicht, daß das »religiöse Gemüt« selbst ein gesellschaftliches Produkt ist und daß das abstrakte Individuum, das er analysiert, einer bestimmten Gesellschaftsform angehört.

Alles gesellschaftliche Leben ist wesentlich *praktisch*. Alle Mysterien, welche die Theorie zum Mystizism[us] veranlassen, finden ihre rationelle Lösung in der menschlichen Praxis und in dem Begreifen dieser Praxis. (*Thesen über Feuerbach* 6–8. MEW 3. S. 6 f.)

Sprechen wir daher von der Entfremdung des Arbeitenden von seinen Produkten, so sprechen wir nicht von dem Einzelnen als solchem, sondern von der Gesellschaft in einem bestimmten Stadium der Geschichte der Gattung Mensch. Nicht einfach das Individuum als solches ist daher im gegenwärtigen Zustand das entfremdete, sondern das Individuum als Teil der Gesellschaft. Ist der Mensch aber von sich selbst entfremdet, dann gibt es für ihn kein reines Bewußtsein, sein Bewußtsein und somit seine Theorie ist zwangsläufig genauso entfremdet. Die Menschen sind sich also in diesem Zustand, der nach Marx auch in seiner Zeit gegeben ist, nicht bewußt, daß sie selber die Produzierenden genau jener Verhältnisse sind, die zu ihrer eigenen Entfremdung führen.

Auch das Eingreifen der Menschen in die *Natur* ist durch die Praxis der Menschen so bestimmt, daß sie gar keiner reinen Natur mehr begegnen können. Ein reiner Naturzustand des Menschen ist daher eine reine Illusion. Die Verhältnisse haben sich gegenüber den Menschen verselbständigt und treten den Menschen daher als etwas Fremdes gegenüber, sie werden als etwas angesehen, das »naturwüchsig entsteht« (*Die Deutsche Ideologie*. MEW 42. S. 127), und entsprechend werden die Gesetze der Ökonomie wie Naturgesetze aufgefaßt, die man zwar mehr oder weniger gut praktisch anwenden kann, die aber nicht selbst als Produkt der menschlichen Tätigkeit begriffen werden. Wenn wir diese Analyse von Marx mit jener Schellings (vgl. Kap. XVIII, 2) in Zusammenhang bringen, so können wir sagen: Die (ja auch heute noch herrschenden) als Naturgegebenheit aufgefaßten Produktionsverhält-
nisse sind jener Mythos, der sich bis in die Gegenwart hinein durchhält.

Die selbstproduzierte Vergegenständlichung des Bewußtseins zeigt sich in besonderer Schärfe am *Geld*. Was Marx dazu sagt, darf nicht in moralisierendem Sinne mißverstanden werden, es geht hier vielmehr um die Analyse eines tatsächlichen, vom Menschen selbst produzierten Entfremdungsprozesses, der am Ende das Selbstbewußtsein des Menschen betrifft, so daß auch eine rein ökonomische Analyse ethisch und humanistisch relevant ist:

> Das *Geld*, indem es die *Eigenschaft* besitzt, alles zu kaufen, indem es die Eigenschaft besitzt, alle Gegenstände sich anzueignen, ist also der *Gegenstand* im eminenten Sinn. Die Universalität seiner *Eigenschaft* ist die Allmacht seines Wesens; es gilt als allmächtiges Wesen. [...] Was durch das *Geld* für mich ist, was ich zahlen, d. h. was das Geld kaufen kann, das *bin ich*, der Besitzer des Geldes selbst. So groß ist die Kraft des Geldes, so groß ist meine Kraft. Die Eigenschaften des Geldes sind meine – seines Besitzers Eigenschaften und Wesenskräfte. Das, was ich *bin* und *vermag*, ist also keineswegs durch meine Individualität bestimmt. (*Ökonomisch-philosophische Manuskripte aus dem Jahtre 1844*. MEW Ergänzungsband. 1. Teil. S. 563 f.)

Das Geld ist entscheidend für den *Warencharakter aller Dinge*. Dieser Charakter gilt dann nicht nur für die vom Menschen hervorgebrachten Dinge, sondern auch für seine natürliche Umwelt. Werden die Felder eines Bauern in Geld- und Verkaufswert gemessen, so erhalten auch sie Warencharakter. Das gleiche gilt für die Produkte des

Bauern. Der Gedanke eines der Natur angemessenen Lebens verliert hier jeden Sinn, das Leben des Bauern ist genauso vergegenständlicht und entfremdet wie das des Industriearbeiters. Wir verstehen dies in unserer Gegenwart noch besser: Wasser ist längst zu einer Ware geworden, aber selbst die Luft wird in Geldwert gemessen, ein Haus in einer nicht luftverschmutzten Gegend hat sogleich einen höheren Wert, wir kaufen also auch die bessere natürliche Umwelt. Auch die Umwelt ist eine Ware (heute kann sogar Unterschreiten von Umweltverschmutzung durch Länder der dritten Welt an die großen Umweltverschmutzer der ersten Welt verkauft werden). Das Geld ist somit zur universalen Bestimmung des »Wesens« der Dinge geworden, und dies bestimmt rückwirkend das Selbstbewußtsein der Menschen als Besitzer oder Nicht-Besitzer, also deren »Selbstwert-Gefühl«. Hier ist aber »Selbstwert« von jeglicher ethischen Beurteilung abgelöst und rein ökonomisch konzipiert. Jeder bewertet sich nach seinem Kontostand und nach dem Wert seiner Aktien, also nach seinem Anteil am Kapital. Das Geld wird zu einer Macht, die wie die Natur wirkt, die Menschen haben nur noch die Möglichkeit, über eine bestimmte Menge des Geldes zu verfügen, nicht aber über das Geld selbst. Ein vom Menschen geschaffenes Produkt hat sich also verselbständigt und übt jetzt eine nicht mehr unter der Kontrolle des Menschen stehende Macht auf sein Bewußtsein aus, es entfremdet somit
450 | die Menschen von sich selbst. Das Geld aber, das den Wert von allem bestimmt, kennt selbst keinen Wert im moralischen oder menschlichen Sinne, es hat vielmehr die Macht, beliebige solcher Werte in ihr Gegenteil zu verwandeln:

Als diese *verkehrende* Macht erscheint es dann auch gegen das Individuum und gegen die gesellschaftlichen etc. Bande, die für sich das *Wesen* zu sein behaupten. Es verwandelt die Treue in Untreue, die Liebe in Haß, den Haß in Liebe, die Tugend in Laster, das Laster in Tugend, den Knecht in den Herrn, den Herrn in den Knecht, den Blödsinn in Verstand, den Verstand in Blödsinn. Da das Geld als der existierende und sich betätigende Begriff des Wertes alle Dinge verwechselt, vertauscht, so ist es die allgemeine *Verwechslung* und *Vertauschung* aller Dinge, also die verkehrte Welt, die Verwechslung und Vertauschung aller natürlichen und menschlichen Qualitäten. (Ebd. S. 566)

Es geht Marx dann aber keineswegs um die Abschaffung des Geldes, eine Rückkehr in die Naturalienwirtschaft würde am Vergegenständlichungsprozeß nichts ändern. Es geht ihm vielmehr darum, diesen Prozeß und die darin enthaltene Entfremdung kritisch bewußt zu machen und damit in seiner Macht zu brechen. Das Programm von Marx ist dabei primär humanistisch. Die vom Geldwert bestimmte Vertauschbarkeit aller Dinge sollte gebrochen werden:

Setze den *Menschen* als *Menschen* und sein Verhältnis zur Welt als ein menschliches voraus, so kannst du Liebe nur gegen Liebe austauschen, Vertrauen nur gegen Vertrauen etc. [...] Jedes deiner Verhältnisse zum Menschen – und zur Natur – muß eine *bestimmte*, dem Gegenstand deines Willens entsprechende *Äußrung* deines *wirklichen individuellen* Lebens sein. Wenn du liebst, ohne Gegenliebe hervorzurufen, d. h. wenn dein Lieben als Lieben nicht die Gegenliebe produziert, wenn du durch deine *Lebensäußrung* als liebender Mensch dich nicht zum *geliebten Menschen* machst, so ist deine Liebe ohnmächtig, ein Unglück. (Ebd. S. 567)

3. Die Aufhebung der Entfremdung

Marx ist der durchaus überlegenswerten Überzeugung, daß dort, wo in der Geschichte Bewußtsein tatsächlich verändert wurde, dies nicht durch eine Theorie, sondern durch konkretes Handeln erreicht wurde:

Diese Geschichtsauffassung [...] erklärt nicht die Praxis aus der Idee, erklärt die Ideenformationen aus der materiellen Praxis und kommt demgemäß auch zu dem Resultat, daß alle Formen und Produkte des Bewußtseins nicht durch geistige Kritik, durch Auflösung ins »Selbstbewußtsein« oder Verwandlung in »Spuk«, »Gespenster«, »Sparren« etc., sondern nur durch den praktischen Umsturz der realen gesellschaftlichen Verhältnisse, aus denen diese idealistischen Flausen hervorgegangen sind, aufgelöst | 451
werden können – daß nicht die Kritik, sondern die Revolution die treibende Kraft der Geschichte auch der Religion, Philosophie und sonstigen Theorie ist. (*Die Deutsche Ideologie*. MEW 3. S. 37 f.)

Die Theorien, welche die Menschen aufstellen, und somit auch die Philosophie als ganze, sind für Marx ein Produkt der herstellenden Tätigkeit des Menschen, das seine »Objektivität« nur dadurch gewinnt, daß die Menschen in ihrem Bewußtsein auch diesen Produkten entfremdet sind. Die Philosophie ist nichts anderes als die »ideale Verlängerung« der realen Geschichte (*Zur Kritik der Hegelschen Rechtsphilosophie*. MEW 1. S. 383). Diese Auffassung wurde im orthodoxen Marxismus zu der bekannten Unterbau-Überbaulehre ausgebaut, dort aber als ein linearer Vorgang angesehen, der nur in eine Richtung geht. Dies ist eine Verkürzung der marxschen Auffassung. Bei Marx selbst ist auch dieses Verhältnis von Wirklichkeit und Theorie dialektisch gedacht. Die Theorie ist zwar kein selbständiger Bereich neben oder über der geschichtlich-gesellschaftlichen Wirklichkeit, indem sie aber mit ihrer Kritik die Widersprüche dieser Realität bewußt macht, die dort zwar tatsächlich vorhanden, aber nicht bewußt sind, geht sie über das hinaus, was sie als bloße Verdoppelung dieser Realität wäre. Die bisherige Philosophie stellte jedoch tatsächlich nur eine solche Verdoppelung dar, und da die auch dort geübte Kritik rein theoretisch blieb, veränderte sie an der Realität, die diese Vorstellungen hervorgebracht hatte, auch überhaupt nichts:

Diese Summe von Produktionskräften, Kapitalien und sozialen Verkehrsformen, die jedes Individuum und jede Generation als etwas Gegebenes vorfindet, ist der reale Grund dessen, was sich die Philosophen als »Substanz« und »Wesen des Menschen« vorgestellt, was sie apotheosiert und bekämpft haben, ein realer Grund, der dadurch nicht im Mindesten in seinen Wirkungen und Einflüssen auf die Entwicklung der Menschen gestört wird, daß diese Philosophen als »Selbstbewußtsein« und »Einzige« dagegen rebellieren. (*Die Deutsche Ideologie*. MEW 3. S. 38)

Die unter diesen Voraussetzungen theoretisch entwickelbaren Ideen bleiben »Gespenster«, die kein reales Bewußtsein verändern können. Nicht Ideen, sondern faktische Verhältnisse ändern die Strukturen:

Diese vorgefundenen Lebensbedingungen der verschiedenen Generationen entscheiden auch, ob die periodisch in der Geschichte wiederkehrende revolutionäre Erschütterung stark genug sein wird oder nicht, die Basis alles Bestehenden umzuwerfen, und wenn diese materiellen Elemente einer totalen Umwälzung, nämlich einerseits die vorhandenen Produktivkräfte, andrerseits die Bildung einer revolutionären Masse, die nicht nur gegen einzelne Bedingungen der bisherigen Gesellschaft, sondern gegen

die bisherige »Lebensproduktion« selbst, die »Gesamttätigkeit«, worauf sie basierte, revolutioniert – nicht vorhanden sind, so ist es ganz gleichgültig für die praktische Entwicklung, ob die *Idee* dieser Umwälzung schon hundertmal ausgesprochen ist – wie die Geschichte des Kommunismus dies beweist. (Ebd. S. 38 f.)

Daher stellte sich für Marx die Frage, ob und wo in seiner Zeit und das heißt in seiner geschichtlichen Periode eine »revolutionäre Masse« vorhanden wäre, welche die bisherige »Lebensproduktion« und damit die »Gesamttätigkeit« radikal verändern könnte. Bekannterweise identifizierte er schließlich die Arbeiterklasse als jenes Subjekt, dem die Erfüllung dieser welthistorischen Aufgabe zukommt. Nach Marx kann das System des Kapitalismus gar nicht anders, als nach immer größerer Anhäufung des Kapitals zu streben, d. h. den Wert der Arbeit im Vergleich zum Wert des erarbeiteten Produkts immer mehr herabzusetzen. Marx sieht hier einen weltgeschichtlichen Prozeß. Das bekannteste Dokument zur Geschichte und zur Forderung der Aufhebung der Entfremdung des Menschen ist das 1847/1848 verfaßte *Manifest der Kommunistischen Partei* (MEW 4. S. 459–493). Dem *Manifest* liegt eine universalgeschichtliche These zugrunde, die gleich im ersten Satz ausgesprochen wird:

Die Geschichte aller bisherigen Gesellschaft ist die Geschichte von Klassenkämpfen. (Ebd. S. 462).

Diese These wurde als deskriptiv-wissenschaftliche Theorie aufgefaßt. Als solche stimmt sie aber einfach nicht. Obwohl wahrscheinlich in den meisten Kämpfen, die wir aus der Geschichte kennen, wirtschaftliche Interessen eine große, wenn auch nicht die einzig entscheidende Rolle gespielt haben, waren es doch nicht primär Klassenkämpfe, sondern Stammeskämpfe. Dies gilt nicht nur für frühere Perioden, sondern auch für die Gegenwart, wie wir es in Afrika und jetzt sehr deutlich in Afghanistan beobachten können. Von »Klassen« kann man in diesen Gesellschaften nur im Inneren derselben sprechen, ob dieser Begriff dort aber wirklich adäquat angewandt werden kann, ist mehr als unklar. Das wußte auch Marx, und so verwendete er den allgemeineren Begriff von »Unterdrückern« und »Unterdrückten« (Ebd.). Für seine Zeit, in der mit mehr Recht als bei früheren Perioden von »Klassen« gesprochen werden kann, beobachtet Marx, daß sich hier die Klassengegensätze vereinfacht und universalisiert haben (wir sprechen heute von »Globalisierung« des Systems und der damit verbundenen Gegensätze):

Die Bourgeosie hat durch ihre Exploitation des Weltmarkts die Produktion und Konsumation aller Länder kosmopolitisch gestaltet. Sie hat zum Bedauern der Reaktionäre den nationalen Boden der Industrie unter den Füßen weggezogen. Die uralten nationalen Industrien sind vernichtet und werden noch täglich vernichtet. Sie werden verdrängt durch neue Industrien, deren Einführung eine Lebensfrage für alle zivilisierten Nationen wird, durch Industrien, die nicht mehr einheimische Rohstoffe, sondern den entlegensten Zonen angehörige Rohstoffe verarbeiten und deren Fabrikate nicht nur im Lande selbst, sondern in allen Weltteilen zugleich verbraucht werden. [...] Die nationale Einseitigkeit und Beschränktheit wird mehr und mehr unmöglich [...]. Die wohlfeilen Preise ihrer Waren sind die schwere Artillerie, mit der sie alle chinesischen Mauern in den Grund schießt, mit der sie den hartnäckigsten Fremdenhaß der Barbaren zur Kapitulation zwingt. [...] Mit einem Wort, sie schafft sich eine Welt nach ihrem eigenen Bilde. (Ebd. S. 466)

Es ergibt sich also ein Gegensatz von Unterdrückern und Unterdrückten, der nicht nur universalhistorisch die gesamte Geschichte durchzieht, sondern auch inzwischen, und das heißt schon zur Zeit von Marx, in einem einzigen System kosmopolitisch alle Gesellschaften der Menschheit umfaßt. Gemäß der hegelschen Dialektik wird hier von Marx vorausgesetzt, daß ein innerhalb eines Systems und von den Vertretern des Systems selbst und frei gewirkter Ausgleich unmöglich ist. Seiner Meinung nach *müssen* die Gegensätze immer weiter auseinandertreiben, d.h. die Ausbeutung der Arbeiter *muß* im gesellschaftlichen Prozeß immer extremer werden:

In Zeiten endlich, wo der Klassenkampf sich der Entscheidung nähert, nimmt der Auflösungsprozeß innerhalb der herrschenden Klasse, innerhalb der ganzen alten Gesellschaft einen so heftigen, so grellen Charakter an, daß ein kleiner Teil der herrschenden Klasse sich von ihr lossagt und sich der revolutionären Klasse anschließt, der Klasse, welche die Zukunft in ihren Händen trägt. (Ebd. S. 471)

Ebenso *muß* dann an einem bestimmten Punkt die Umkehrung des Prozesses, in gesellschaftlichen Verhältnissen: die Revolution, mit Notwendigkeit einsetzen. Dies ist die *Negation der Negation*. Die Bewußtmachung der erforderlichen revolutionären Umkehr geschieht durch jenen »kleinen Teil« der herrschenden Klasse – zu der sich Marx selbst zählt – der aufgrund seiner Bildung über die nötigen kritisch-analytischen Instrumente verfügt, der aber nicht mehr als einen verstärkenden Einfluß des schon vorhandenen Bewußtseins ausüben kann. Wie dies nach Marx vor sich gehen sollte, ist bekannt: Die Ausbeuter werden enteignet und der Besitz der Produktionsmittel wird Gemeinbesitz der Gesellschaft, die Entfremdung ist damit aufgehoben. Was sich aus der Negation der Negation ergibt, ist, wiederum nach den Prinzipien hegelscher Dialektik, nicht einfach eine andere Position, sondern eine neue Stufe der Verhältnisse und damit eine neue Stufe des Bewußtseins. Genauere Angaben über die nachkapitalistische Gesamttätigkeit kann und will Marx nicht machen. Die konkreter bestimmte marxistische Utopie eines idealen Endzustands stammt nicht von ihm selbst. Marx kann nur die Negation der Negation aussprechen, also etwa die klassenlose Gesellschaft, ohne darüber hinaus genauere inhaltliche Bestimmungen liefern zu können, da er dadurch der Theorie wieder Möglichkeiten geben würde, die er ihr vorher genommen hat. Die grundlegende geschichtsphiloso-
 phische Kategorie der Selbstkonstitution der menschlichen Gattung durch Arbeit gibt nur die Möglichkeit der formalen Vorhersage, daß die Aufhebung entfremdeter Arbeit das »aufgelöste Rätsel der Geschichte« ist:

Dieser Kommunismus ist als vollendeter Naturalismus = Humanismus, als vollendeter Humanismus = Naturalismus, er ist die *wahrhafte* Auflösung des Widerstreites zwischen dem Menschen mit der Natur und mit dem Menschen, die wahre Auflösung des Streits zwischen Existenz und Wesen, zwischen Vergegenständlichung und Selbstbestätigung, zwischen Freiheit und Notwendigkeit, zwischen Individuum und Gattung. Er ist das aufgelöste Rätsel der Geschichte und weiß sich als diese Lösung. (*Ökonomisch-philosophische Manuskripte aus dem Jahre 1844*. MEW Ergänzungsband. 1. Teil. S. 536)

Da das *Manifest der Kommunistischen Partei* inzwischen seine Funktion als Bürgerschreck verloren hat, ist eine gelassenere philosophiegeschichtliche Interpretation desselben möglich geworden. Es geht hier aber nicht nur um dieses Dokument, sondern um die gesamte Geschichtstheorie von Marx, die im *Manifest* nur kurz angedeutet wird. Daß es sich dabei um keine wissenschaftliche Theorie im Sinne der Wissenschaft der Neuzeit handelt, braucht nicht weiter erörtert zu werden (vgl. Popper 1969 und 1970). Was ist sie aber dann? Dazu ein Blick in die Geschichte: Für Aristoteles war es klar, daß die Geschichte kein Gegenstand einer Theorie sein kann, weil in ihr keine allgemeinen Gesetze festgestellt werden können, welche die gesamte bisherige Geschichte betreffen und welche auch mit Notwendigkeit in der

Zukunft gelten müssen. Tatsächlich gibt es in der gesamten griechischen Philosophie Abhandlungen zur Physik, zur Biologie, zur Mathematik, zur Metaphysik, zur Poetik usw., aber es gibt keinen Traktat zu einer Philosophie der Geschichte. Der Historiker Thukydides gelangte zu einigen Verallgemeinerungen, die wir heute als »Selbstverständlichkeiten« *(truisms)* bezeichnen würden, so z. B.:

[...] da ihr so gut wißt wie wir, daß im menschlichen Verhältnis Recht gilt bei Gleichheit der Kräfte, doch das Mögliche der Überlegene durchsetzt, der Schwache hinnimmt. (*Geschichte des Peloponnesischen Krieges. Sechzehntes Jahr* [89]. S. 433)

Aufgrund solcher im Alltagsleben bestätigter Verallgemeinerungen meinte aber bei den Griechen niemand, dadurch ließe sich eine Wissenschaft oder eine Philosophie der Geschichte konstruieren. Die Situation veränderte sich mit Augustinus. Dieser verfaßte nämlich den *Gottesstaat.* Augustinus interessierten wissenschaftstheoretische Fragen sehr wenig, und daher erklärte er auch nicht, was seine Schrift *Vom Gottesstaat (De civitate Dei)* unter dieser Hinsicht eigentlich darstellt. Zudem gab es die Unterscheidung von Philosophie und Theologie damals überhaupt noch nicht. Von unserem heutigen Standpunkt aus gesehen handelt es sich dabei um eine auf der *Bibel* und auf den manichäischen Überzeugungen des Augustinus beruhende *Geschichtstheologie/-mythologie.* Für Augustinus ist die gesamte Geschichte nach dem Prinzip eines Kampfes von göttlichem und irdischem Reich (*civitas Dei–civitas terrena)* konstruiert (vgl. 2. Teil, Kap. III, 6). Eine selbständige *Geschichtsphilosophie* hat sich nie entwickelt, und nach aristotelischen Prinzipien der Wissenschaft konnte sich eine solche auch nicht entwickeln. Auch im Mittelalter änderte sich daran nichts. Joachim von Fiore (1131–1202) konnte im 12. Jhd. eine von Augustinus verschiedene Theorie der Geschichte entwickeln, aber auch bei ihm war eine solche nur von theologischen Voraussetzungen her möglich. Der Unterschied bestand »nur« darin, daß Augustinus (wie Hegel) im Prinzip nur zwei Perioden der Geschichte kannte: vor und nach Christus (entsprechend dem Prinzip Alter und Neuer Bund), während Joachim von Fiore drei Perioden annahm (nach einem trinitarischen Prinzip; vgl. 2. Teil, Kap. XII, 2): eine des Vaters (Altes Testament), eine des Sohnes (Neues Testament) und dann eine zukünftige oder eben anbrechende Periode des Geistes (so wie auch Marx eine neue Periode der Geschichte anbrechen sieht). Daß eine Theorie der Geschichte unter theologischen Voraussetzungen entwickelt wird, gilt weithin auch für die Neuzeit: Der hier immer wieder angepriesene Fortschrittsglaube zeigt mehr als deutlich seine theologische Herkunft aus der Vorstellung eines linearen Geschichtsverlaufs und aus der Hoffnung auf die Ankunft des Gottesreiches. Hegel schließlich machte die theologische Herkunft seiner Geschichtstheorie in jeder Hinsicht ganz ausdrücklich deutlich. Und wenn Marx die Philosophie von Hegel vom idealistischen Kopf auf die materialistischen Füße stellen wollte, so ist eigentlich alles klar: Die Geschichtstheorie von Marx ist die säkularisierte Form bisheriger Geschichtstheologie. Mit den Worten Karl Löwiths (1897–1973): »Der historische Materialismus ist Heilsgeschichte in der Sprache der Nationalökonomie« (Löwith, 1967. S. 48). Dabei ist noch festzustellen, daß die Sprache der Nationalökonomie ein ziemlich äußerliches sprachliches Mittel bleibt, an den entscheidenden Stellen bricht jedoch die Sprache der Heilsgeschichte bei Marx ganz offen durch (vgl. in den Zitaten vorher »das aufgelöste Rätsel der Geschichte«, der »Kampf, der sich der Entscheidung nähert«; die Liste ließe sich beliebig verlängern). Marx war sich über die Herkunft seiner Sprache ganz im klaren und spielte hervorragend mit diesem semantischen Material. Hier ein kleines Beispiel aus der Auseinandersetzung mit Max Stirners (1806–1856) Werk *Der Einzige und sein Eigentum.* Das ganze spielt auf dem »Leipziger Konzil«, und es spricht »Sankt Max«, dessen Buch »bekanntlich gegen 1844 aus dem Himmel herabgefallen« war (*Die Deutsche Ideologie.* MEW 3. S. 101):

Im Anfang war das Wort, der Logos. In ihm war das Leben, und das Leben war das Licht der Menschen. Und das Licht scheinet in die Finsternis und die Finsternis hat es *nicht begriffen.* Das war das wahrhaftige Licht, es war in der Welt und die Welt kannte es nicht. Es kam in *sein Eigentum*, und die Seinen nahmen ihn nicht auf. Wie viele ihn aber aufnahmen, denen gab er Macht, Eigentümer zu werden, die an den Namen des Einzigen glauben. Aber wer hat den Einzigen je gesehen? (Ebd. S. 253)

Marx arbeitete also wie Hegel mit der traditionellen Geschichtsphilosophie/-theologie. An dieser Stelle ist jedoch eine Unterscheidung wichtig: In der biblisch-christlichen Geschichtsauffassung gab es nämlich zwei doch recht verschiedene Formen der Eschatologie, die gewöhnlich als die »präsentische« und die »futurische« Eschatologie gekennzeichnet werden. Die ursprüngliche, jüdisch-prophetische Eschatologie ist jene, die auf einen zukünftigen Messias wartet, der die Heilszeit einleitet, die dann schließlich in einem Weltgericht gipfelt. Diese prophetische Eschatologie ist auf ein zukünftiges Ziel der Geschichte gerichtet, an dem schließlich alle Völker zum Berge Zions strömen und alle Ungerechtigkeit und alles Leid überwunden sein werden. Bei den Christen, die glaubten, daß der Messias schon gekommen sei, wurde dieser ersten Ankunft eine zweite gegenübergestellt, welcher der Entscheidungskampf zwischen dem Christus und dem Antichrist vorausgehen sollte. Neben dieser eindeutig futurischen Eschatologie, die von den Synoptikern (in den Evangelien des Markus, Matthäus und Lukas repräsentiert), entwickelte sich jedoch eine andere Form, nämlich eine präsentische Eschatologie, in der dieses ganze geschichtliche Schema in ein Geschehen in der Seele uminterpretiert wurde. Der bekannteste Autor dieser Richtung ist der Evangelist Johannes. Dies stellt die gnostische Version der Eschatologie dar, die eigentlich gar keine Theorie der Geschichte der Menschheit ist, sondern eine der individuellen Seele. In dieser gnostischen Form wurde die Menschwerdung Gottes zum entscheidenden »Ereignis«, das auch sofort als die ständig geschehende Gottesgeburt in jeder gläubigen Seele ausgelegt werden konnte. Mit der präsentischen Eschatologie des Johannes sind wir wieder bei der Geschichte des 19. Jhd.s. Dort war nämlich das *Johannesevangelium* der wichtigste biblische Text, und dies gilt für Fichte und Hegel ebenso wie für Schleiermacher. Für Hegel ist dann entsprechend die Menschwerdung Gottes zentral, denn damit ist auch das Entscheidende in der Geschichte schon geschehen, und vermittelt durch dieses »Ereignis« ist auch das absolute System im Denken (so wie bei den Gnostikern in der Seele) schon verfügbar. Aber genau an diesem Punkt geht Marx nicht den Weg der präsentisch-eschatologischen Version Hegels (= Johannes) mit, sondern geht auf die futurisch-messianische Form der Synoptiker zurück, was eigentlich bedeutet: Er geht auf die authentisch jüdischen Wurzeln des Christentums zurück. Marx war letztlich doch selbst authentisch prophetisch-messianischer Jude, der das Heraufkommen des Gottesreiches ersehnte und dabei, wie alle Propheten des Judentums, nicht nur zusehen, sondern praktisch an diesem Herbeikommen mitwirken wollte. Sein auserwähltes Volk war allerdings nicht mehr das rassisch bestimmte Volk Israels im Exil, sondern universell die Klasse der Unterdrückten und Ausgebeuteten aller Völker, die aber doch, und gerade weil sie die Unterdrückten sind, das auserwählte Volk, die Bringer des Lichts und der Gerechtigkeit, sind. Diese Auserwählten sind somit auch die wahren Bürger des Gottesreiches, so wie die des *Gottesstaates* des Augustinus, denen die Unterdrücker des irdischen Reiches des Augustinus gegenüberstehen. Allerdings wird, anders als bei Augustinus und mit Joachim von Fiore, der Anbruch einer neuen Geschichtsepoche erwartet und verkündet. Es kommt also für Marx nur darauf an, das Weltgericht aus seinen himmlischen Höhen auf die Erde herunterzuholen, die Weltgeschichte somit nicht nur wie bei Hegel als Weltgericht *anzusehen*, sondern praktisch dazu zu *machen*. Die ganze Weltgeschichte ist ein Kampf zwischen dem Gottesstaat und dem Reich des Bösen. Die moralische Aufgabe der Propheten ist es, dies den Menschen immer wieder klarzumachen. Noch einmal mit Löwith: »Das *Kommunistische Manifest* ist in erster Linie ein prophetisches Dokument« (Löwith, 1967. S. 46). Sogar die berüchtigte Forderung der Aufhebung des Privateigentums von Marx hat seine eindeutige Parallele in der christlichen Urgemeinde, wenn von dieser berichtet wird: »Und alle, die gläubig geworden waren, bildeten eine Gemeinschaft und hatten alles gemeinsam. Sie verkauften Hab und Gut und gaben davon allen, jedem so viel, wie er nötig hatte« (Apg. 2, 44 f.). – Im Zusammenhang mit Marx wurde immer wieder auf den »Vorläufer« Thomas Müntzer (1468–1525) hingewiesen, was völlig richtig ist. Die Frage ist nur, ob man mit »Vorläufer« schon die Sache wirklich ausreichend erfaßt hat. Müntzer stammte (wie Marx) aus gutbürgerlicher Familie, war bestens gebildet und hatte die Schriften von Tauler und Seuse, aber auch von Joachim von Fiore gelesen. Er verbündete sich mit Bergarbeitern und Bauern und war maßgeblich an den Bauernaufständen in Thüringen beteiligt. Es gab also in der frühen Neuzeit neben mystischen auch revolutionäre Bewegungen, und wenn daher wiederholt gesagt wurde, daß die Philosophie des Deutschen Idealismus, zu der Marx in »umgekehrter« Form auch gehört, nicht »das« Bewußtsein des Menschen reflektierte, sondern jenes, das sich in der frühen Neuzeit herausbildete (vgl. Kap. XVI, 5, und XIX, 3), so kommt bei Marx nun die »unbürgerliche« Seite dieses Bewußtseins zur Sprache.

Marx kannte die Geschichte und er kannte die Philosophie Hegels sehr gut. Hegel war in seiner frühen Zeit von der Frage ausgegangen, wie aus der Botschaft Jesu, die Freiheit, Liebe und Gerechtigkeit forderte, eine Kirche werden konnte, die das genaue Gegenteil von dem ist, was ihr Urheber wollte (vgl. Kap. XVII, 1). Daß aus der ursprünglichen Botschaft Jesu ein dogmatisch erstarrtes System wurde, das einen Unfehlbarkeitsanspruch erhob, einen Personenkult etablierte, das sich in einer zentralistischen Machtbürokratie einmauerte und alle »Abweichler« bespitzelte und verfolgte, war und ist genügend bekannt. Es hätte sich also für Marx die Reflexion nahelegen können, wie es verhindert werden könnte, daß auch aus seiner eigenen Botschaft von einer gerechteren Welt, in der es nicht mehr Unterdrücker und Unterdrückte geben sollte, die gleichen Mechanismen wie bei der Kirche/den Kirchen dazu führen, daß daraus am Ende wieder ein Instrument der Unterdrükkung wird. Diese Meta-Reflexion fehlt bei Marx, und das hatte schlimme Folgen.

Bekanntlich ist manches nicht so vor sich gegangen, wie Marx und die Marxisten
458 | es sich vorgestellt haben. Dennoch sollten wir Äußerungen wie: »Der Marxismus ist durch die Geschichte widerlegt worden« und ähnlichen Behauptungen etwas zurückhaltend gegenüberstehen. Bei der Behauptung, der Marxismus sei faktisch widerlegt worden, wird z. B. häufig auf das Scheitern der Planwirtschaft hingewiesen. Das Argument ist jedoch nicht stichhaltig. Das Modell der Planwirtschaft gehört nicht zur marxschen Theorie, und Marx hatte für sein zukünftiges Reich der Gerechtigkeit, wie schon gesagt, nur ganz allgemeine und formale Forderungen zur Verfügung. Es wurde gegen Marx eingewandt, daß dieser annahm, die Gegensätze in der Gesellschaft müßten sich notwendig immer weiter verstärken, bis es zu einer revolutionären Veränderung kommt. In diesem Zusammenhang wird dann gerne darauf verwiesen, daß diese Gegensätze doch schon seit langem am Verhandlungstisch beseitigt werden und selbst richtige Arbeitskämpfe heute nach strengen Regeln vor sich gehen. Dies ist richtig, auf der anderen Seite wäre es aber möglicherweise gefährlich, naiv zu meinen, diese friedlichen Konfliktlösungen müßten immer funktionieren. Die gesellschaftliche Situation hat sich seit dem 19. Jhd. sehr verändert, heute sind auch die Arbeitenden die Besitzenden und die Arbeitslosen sind die von der Realität wirklich Entfremdeten. Niemand ist heute in der Lage zu sagen, wie groß die Zahl der Arbeitslosen werden muß oder wie gering deren ihnen zugestandener Anteil am Besitz der Gesellschaft werden kann, ohne daß sich daraus eine »revolutionäre Masse« bildet. Ebenso kann niemand garantieren, daß sich nicht eines Tages Millionen Verhungernde aus der dritten Welt auf den Marsch in die reichen Länder aufmachen. Wir kennen alle die Bilder von den mit Flüchtlingen aus den verschiedensten Ländern überfüllten Schiffen. – Auch wenn der Marxismus in unserer

Gegenwart keine geschichtsmächtige Kraft mehr ist – was viele begrüßen und einige bedauern –, sollte man doch gegenüber der manchmal daraus abgeleiteten Überzeugung, der Kapitalismus sei das aufgelöste Rätsel der Geschichte, eine gesunde Skepsis bewahren. Bei konträr Entgegengesetzten kann bekanntlich nur *eines* wahr sein, nichts garantiert uns aber, daß nicht *beide* falsch sind.

- XXI -

Sören Kierkegaard

1. Der Schriftsteller

Hegel hatte ein System schaffen wollen und verwirklichte es teilweise, jedenfalls legte er in der *Enzyklopädie* die Grundzüge des Ganzen dar. Der Gegensatz zwischen Hegel und Kierkegaard tritt so schon in der Art ihrer Schriften zutage. Hegel wollte so schreiben, daß eigentlich nicht mehr das Individuum Hegel schreibt, sondern sich das Absolute durch das Medium Hegel offenbart. Bei Sören Kierkegaard (1813–1855) findet sich *kein systematischer Aufbau*. Kierkegaard betrachtete sich als Schriftsteller, und als solcher verwendete er eine ganze Anzahl
460 | verschiedener literarischer Ausdrucksformen, zu denen nicht zuletzt die sehr persönliche Form des Tagebuchs gehört. Doch allem Anschein nach waren auch diese Schriften von vornherein zur Veröffentlichung konzipiert, d. h. die sich als zufällig präsentierende Form des Schreibens war vermutlich immer schon von einer Absicht der allgemeinen Form der Mitteilung diktiert. Vor allem aber ist auffällig, daß Kierkegaard oft anonym, bzw. unter einem Pseudonym schrieb; eine Methode, die sicherlich auch dem Zweck diente, den einheitlichen Charakter eines »Werkes« schon von Anfang an auszuschließen, d. h. jeden systematischen Anspruch zu zerstören. Kierkegaard ist nicht *ein* Autor, der *sein* Werk der Öffentlichkeit übergibt, sondern er ist *irgend jemand*, ein sehr bewußter Einzelner, der die Öffentlichkeit von verschiedenen Seiten her herausfordert oder auch angreift. In der frühen Neuzeit war es der Einzelne, der sich gegenüber dem Allgemeinen durchsetzen mußte. Jetzt im 19. Jhd. ist es der Einzelne, der sich vor einer übermächtigen Allgemeinheit schützen und, wenn er sie kritisieren will, sich vor dem Zugriff dieser Allgemeinheit verbergen muß. Das Problem ist weitreichend: Kierkegaard verbirgt sich hinter einer Anonymität, um seine Individualität zu schützen; in der späteren Zeit bis in die unsere wird dann allerdings eine Anonymität geschaffen werden, hinter der keine Individualität mehr steht. Hier gibt es nichts mehr zu schützen. Wie immer man sonst auch den Schriftsteller Kierkegaard beurteilen mag, so muß man seinen Scharfsinn anerkennen, mit dem er gesehen hat, daß die Individualität, die als Errungenschaft der Neuzeit gilt, keine gesellschaftliche Selbstverständlichkeit geworden ist, sondern sich wiederum in einer anonymen Masse auflösen kann.

Obwohl Kierkegaard sehr empfindlich auf jede Kritik an seinen Schriften reagierte, schrieb er doch in erster Linie für sich selbst, aber gerade dieses Schreiben *für sich*, bei dem der Autor selbst ganz und gar mit im Spiel ist, ist der richtige Ausdruck des existentiell betroffenen Schriftstellers Kierkegaard. Doch auch wenn er ganz und gar für sich schreibt, enthalten seine Texte dennoch eine Botschaft, eine Mitteilung, er schreibt also auch *für andere*. Dies wird jedoch bei Kierkegaard sofort wieder verfremdet, denn es darf keine Autorität geben, auf die gehört wird, und so verstellt er durch das Pseudonym bzw. die Pseudonyme wiederum den Blick auf den Autor. Als Schriftsteller will er nicht *belehren*, sondern *provozieren*, d.h. bei jedem Leser individuelle und subjektive Reaktionen hervorrufen. Kierkegaard tritt als Schriftsteller mit dem Leser in einen Dialog, verschwindet aber gleichsam sofort wieder und überläßt den Leser und den Text sich selbst: Der Leser soll ein Einzelner werden. Kierkegaard versteht sich nicht als Wissender, er will nur dem Leser helfen, das zu Bewußtsein zu bringen, was er schon von sich aus wissen könnte. Hegel doziert und Kierkegaard provoziert, und diese Unterschiedlichkeit ist von Kierkegaard beabsichtigt. Kierkegaard wollte genau das nicht tun, was Hegel tat. Nach der Auffassung Kierkegaards liegt hierbei eine Parallele zu Sokrates vor, dessen »Hebammenkunst« das Modell seiner »indirekten Mitteilung« abgeben soll. Dies gilt allerdings nur für den Sokrates Kierkegaards, denn der historische Sokrates stellte sich einer öffentlichen Diskus- | 461
sion und hatte als Ziel, zu intersubjektiv verbindlichen Aussagen zu gelangen. Hegel war der Lehrer auf dem Katheder, der regelmäßig seiner Vorlesungspflicht nachkommen mußte und der dies, da er bewundert wurde, auch gerne tat. Kierkegaard war der Schriftsteller, der Gelegenheitsschriften verfaßte, er wandte sich an keine Hörer, sondern an ein Publikum. Er rief Polemiken hervor, und wenn er angegriffen und verhöhnt wurde, genoß er auch dies (mit »Märtyrergesinnung«). Hegel war mit sich selbst zufrieden, wie eben jemand zufrieden sein konnte, in dem sich der »absolute Geist« aussprach. Kierkegaard war an sich selbst verzweifelt, wie nur jemand an sich verzweifeln kann, der, wie Kierkegaard meinte, unter einem Fluch steht (sein Vater hatte in seiner Jugend aus Verzweiflung Gott verflucht, war aber dann zu einem strengen Pietisten geworden). Hegel lebte ein zufrieden bürgerliches Leben, Kierkegaard meinte, nicht die charakterlichen Vorzüge (vor allem die radikale Offenheit) mitzubringen, um seine Verlobte Regine Olsen zu heiraten, und war dann wieder tief verzweifelt, als diese einen anderen heiratete. Kierkegaard konnte sich all dies leisten: Er hatte von seiner Familie her genügend Geld, um Theologie zu studieren, aber nicht Pfarrer werden zu müssen; er konnte schreiben, was er wollte, denn er brauchte nicht vom Erlös seiner Bücher zu leben.

Es ist daher nicht einfach billige und bösartige Kritik, wenn man sagt: Vieles an der existentiellen Verzweiflung und an der Suche nach einem authentischen Selbst, das Kierkegaard vorlebte und über das er, offensichtlich aus einem inneren Bedürfnis heraus, schrieb, war ohne Zweifel echt erlebt und gemeint, aber es waren eben auch Probleme, die sich (nur) ein in gesicherter Existenz Lebender leisten konnte.

Die existentiellen Probleme Kierkegaards waren keine Existenzfragen, die hatte er nämlich nicht. Er hatte während seiner Studienzeit das Leben auf den Boulevards und in den Cafés genossen, wo er als geistreicher Konversationspartner bekannt war. Später erkannte und kritisierte er die Geistlosigkeit und Banalität dieser Lebensform und meinte, daß die Öde solchen Lebens zur Verzweiflung treiben müsse. Vor diesem Hintergrund forderte er von den Menschen eine Umkehr, eine radikal andere Existenzentscheidung. Was Kierkegaard jedoch nicht sah, war, daß die Armut, die damals in Dänemark überall herrschte, eine Verzweiflung hervorbringen konnte, die durch keine existentiellen Entscheidungen zu überwinden war. Es bleibt problematisch, daß den existentiellen Problemen Kierkegaards so etwas wie der Charakter von Luxus anhaftet. Nicht umsonst wurden Kierkegaards Schriften bei Henrik Ibsen (1828–1906) und August Strindberg (1849–1912) wirksam, dort allerdings unter bewußter Absehung von allen theologischen Folgerungen. Strindberg zeichnet oft in beinahe unerträglicher Schärfe und Bitterkeit jene Welt des Bürgertums, das an nichts mehr glaubt und das nur davon lebt, den oder die anderen zu übervorteilen: Um über jemanden Macht zu gewinnen, kauft einer dessen Schuldscheine; aus dem Wissen über geheime Verbrechen eines anderen gewinnt einer die Möglichkeit der Erpressung und wird so selbst zum Verbrecher; die Frau hat eigentlich nur die Auf-
462 | gabe, den Mann zu vernichten usw. Es ist eine Welt, in der jeder die anderen auszunutzen versucht und in der dies auch tatsächlich, wenigstens einigen, gelingt. Doch es gelingt eben nur deshalb, weil es neben diesen Bürgern andere gibt, die allesamt ausgenutzt werden. Die zwischenmenschliche Bösartigkeit bei Strindberg ist das Spiel einer Gesellschaft, die sich dies leisten kann, weil sie nichts anderes zu tun hat. Die Verzweiflung Kierkegaards und der Gestalten Strindbergs ist nicht jene der schlesischen Weber, die sich 1844 von dem anrückenden Militär erschießen ließen, als sie wegen des Hungers einen Aufstand begannen, und es ist auch nicht die Verzweiflung jener englischen Arbeiter, die 1839 in Birmingham die Stadt verwüsteten und die Fabriken in Brand setzten, bis der Herzog von Wellington den Aufstand niederschlug.

2. Paradox gegen Synthese

Die Frage des Verhältnisses von Endlichem und Unendlichem ist seit Plato eine Urfrage der europäischen Metaphysik. In dieser Hinsicht gipfelt die europäische Metaphysik in Hegel, der diese Urfrage systematisch und in einem System aufarbeiten wollte und meinte, diese Aufgabe auch tatsächlich erledigt zu haben. Bei Hegel wird auch das Endliche reflektiert, aber eben als Moment des Unendlichen, des Absoluten. Der Einzelne, das Individuum, das Subjekt als solches, ist damit das noch Unbegriffene, das in seinem Stellenwert erst dort begriffen ist, wo es im Zusammenhang der Verwirklichung des absoluten Geistes erfaßt wird. In der erreichten Synthese kann der Einzelne und Endliche als solcher gar nicht mehr thematisiert werden, da er nun mit dem Unendlichen »versöhnt« ist. Hegels Anspruch nach hat die Philosophie – die im Geist des Philosophen zwar subjektiv, gleichzeitig jedoch Vollzug des Objektiven ist – die Vermittlung des Endlichen mit dem Unendlichen, die Versöhnung des Einzelnen mit dem sich in der und durch die Weltgeschichte verwirklichenden absoluten Geist erreicht. Gegen diesen hegelschen Anspruch verwirklichter Versöhnung durch die Philosophie haben sich verschiedene Philosophen wie Kierkegaard, Schopenhauer, aber auch Marx gewandt. Sie alle bestehen darauf, daß angesichts der unversöhnten Welt jede Behauptung einer an sich versöhnten Welt falsch ist. Somit muß das System, das eine solche Synthese behauptet, kritisiert werden, da es nur den Blick auf die Wirklichkeit verstellt.

Kierkegaard geht bei seiner Kritik dieses Systems von den Widersprüchen aus, die der Einzelne in seinen existentiellen Bedingungen erfährt und die sich jeder Versöhnung auch nur im Denken entziehen. Der erste dieser Widersprüche ist bereits der vom Denken und Sein.

> Hier wird nun keinen Augenblick vergessen, daß das Subjekt existierend ist, und daß das Existieren ein Werden ist, und daß daher jene Wahrheit von der Identität von
> Denken und Sein eine Schimäre der Abstraktion ist und in Wahrheit nur ein sehnsüch- | 463
> tiges Verlangen der Kreatur, nicht weil die Wahrheit dies nicht etwa wäre, sondern weil der Erkennende ein Existierender ist, und somit die Wahrheit nicht dies für ihn sein kann, solange er existiert. Wird das nicht festgehalten, so gehen wir sofort mit Hilfe der Spekulation in das phantastische Ich-Ich hinein, das die neuere Spekulation zwar gebraucht hat, aber wovon sie nicht erklärt hat, wie das einzelne Individuum dazu in Beziehung stehe, und Herrgott, mehr als ein einzelnes Individuum ist doch nun einmal kein Mensch. (*Abschließende unwissenschaftliche Nachschrift* I. S. 187)

Existieren ist Werden, also Veränderung. Die *Identität des Ichs*, von der die Philosophen meinten sprechen zu können, ist genau jener Punkt, der nur durch eine von aller konkreten Existenz absehenden Abstraktion erreicht wird. Diese *abstrakte Identität* ist aber für den konkret existierenden Menschen *irrelevant*. Gerade die *Ganzheit* der Existenz, die einzig eine solche Identität dem Menschen verfügbar machen würde, ist dem Menschen *nie erreichbar*. Der Mensch erfährt sich als stets in einem Prozeß befindlich, als immer wieder von neuem vor die Wahl und Entscheidung gestellt, so daß jede Vorstellung einer erreichten Identität, die eine Ganzheit voraussetzen müßte, als illusorisch erscheint. In dieser Situation ist dem Menschen *keinerlei objektive Wahrheit* vorgegeben, an der er seine subjektive Wahl und so seine subjektive Wahrheit feststellen könnte. (Auch dies setzte allerdings wieder die vermögende Freizeitgesellschaft des gehobenen Bürgertums voraus: Die Menschen, die jeden Morgen an die Arbeit gehen müssen, um ihr Existenzminimum zu erwirtschaften, stehen normalerweise vor gar keiner Wahl!) Subjektiv kennt und weiß der

Mensch nach Kierkegaard nur von dem *Streben* nach Wahrheit und so von »wahrhafter Existenz«. Es ist ihm jedoch kein Standpunkt außerhalb seiner selbst gegeben, von dem aus er einen objektiven Vergleich anstellen könnte, so wie es die traditionelle Auffassung von Wahrheit wollte: Vergleichen von Ding und Vorstellung. Die Situation der Unverfügbarkeit von Wahrheit wird durch den *Zweifel* ganz deutlich, der nach Kierkegaard den Anfang zur höchsten Form des Daseins darstellt: Der Zweifel Kierkegaards ist hier in keiner Weise ein methodischer Zweifel an der Wahrheit objektiver Aussagen, die das Subjekt existentiell gar nicht betrifft, vielmehr werden in diesem Zweifel dem Menschen verschiedene ihn betreffende Möglichkeiten des Existierens, des Sich-Verhaltens, deutlich, zwischen denen er wählen muß. Da sich diese Entscheidungssituation als je einmalige nicht wiederholt, bedeutet die Entscheidung für eine der Möglichkeiten Endgültigkeit. Durch die Entscheidung wird Endgültigkeit hergestellt, ohne daß diese Endgültigkeit objektive Gültigkeit im Sinne der objektiven Wahrheit beanspruchen könnte. Dies stellt einen Widerspruch dar, den die Reflexion nicht aufheben kann und darf.

> Der Weg der objektiven Reflexion macht das Subjekt zu dem Zufälligen und damit die Existenz zu etwas Gleichgültigem, Verschwindendem. Fort vom Subjekt geht der Weg
> 464 | zur objektiven Wahrheit, und während das Subjekt und die Subjektivität gleichgültig werden, wird die Wahrheit es auch, und gerade dies ist ihre objektive Gültigkeit; denn das Interesse ist, ebenso wie die Entscheidung, die Subjektivität. (Ebd. I. S. 184)

Dahinter steht auch eine kultur- und gesellschaftskritische Intention: Kierkegaard wirft – wie in der Theorie der Stufen noch deutlicher werden wird – den Menschen seiner Zeit vor, daß sie oberflächlich und gleichgültig geworden sind, und er meint, daß eine philosophische Theorie, die das Subjektive hinter einer universalen Objektivität verschwinden läßt, solche Gleichgültigkeit geradezu legitimiert. Demgegenüber versteht sich Kierkegaard als ausdrücklich subjektiver Denker, der dadurch gekennzeichnet ist, daß er die Gleichgültigkeit, das Desinteresse an der eigenen Existenz, überwindet.

> Die Aufgabe des subjektiven Denkers besteht darin, *sich selbst in Existenz zu verstehen.* (Ebd. II. S. 55)

Dieses Verstehen darf nicht wieder ein objektivierendes sein, die Existenz darf nicht zu einem Gegenstand werden. Nach Kierkegaard erfaßt nur der Mensch, der in seiner subjektiven Entscheidung meint, alles gewinnen oder alles verlieren zu können, die Wahrheit. Er muß also die objektive Gleich-Gültigkeit von allem überwinden. Während nach traditioneller Auffassung gerade die Leidenschaft den »klaren Blick« trübt, ist *Wahrheit* für Kierkegaard immer mit *Leidenschaft* verbunden:

In der Leidenschaft ist das existierende Subjekt in der Ewigkeit der Phantasie unendlich gemacht, und doch zugleich am allerbestimmtesten es selbst. (Ebd. I. S. 188)

Was Kierkegaard hier fordert ist mehr als Interesse im üblichen Sinne des Wortes, es ist Einsatz der ganzen Person. Nur die Leidenschaft öffnet überhaupt den Blick für die Unendlichkeit, nur die Leidenschaft bringt den Menschen zu Leistungen, die er sich sonst nie zugetraut hätte, und nur sie eröffnet daher dem Menschen Möglichkeiten, die ihm sonst verschlossen blieben. Leidenschaft allein ermöglicht die *Grenzüberschreitung* vom Endlichen zum Unendlichen: Nicht Überschreitung im Sinne eines Prozesses, sondern Überschreitung im Sinne eines *Sprunges*. Es muß ein Wissen um eine *qualitative Differenz* erreicht werden, die neue Qualität dieses Wissens wird aber nur in einem Sprung erreicht. Genau dies bedeutet für Kierkegaard »Existenz« als »Hinaus-Stehen«. Daher kann eine solche Überschreitung auch immer nur »Ereignis« oder »Moment« sein, sie kann nie besessen werden und in diesem Sinne auch *nie Gegenstand objektiver Erkenntnis* sein.

Nur momentweise kann das einzelne Individuum existierend in einer Einheit von Unendlichkeit und Endlichkeit sein, die über dem Existieren hinausliegt. Dieser Moment ist der Augenblick der Leidenschaft. (Ebd. I. S. 187) 465

Das Höchste der Innerlichkeit eines existierenden Subjekts ist Leidenschaft; der Leidenschaft entspricht die Wahrheit als ein Paradox, und daß die Wahrheit das Paradox wird, ist gerade in ihrem Verhältnis zu einem existierenden Subjekt begründet. (Ebd. I. S. 189)

Aus dieser Bestimmung wird sofort deutlich, daß es nicht möglich ist, »Wahrheit« im Sinne von Paradox durch eine Definition festzulegen, denn Definieren würde wieder bedeuten, objektiv und intersubjektiv an etwas heranzugehen, das nur in einem Verhältnis des existierenden Subjekts zu seinen Möglichkeiten bzw. Unmöglichkeiten besteht. Bei der paradoxen Wahrheit geht es daher nicht um Darstellung oder Erklärung dieses Verhältnisses, sondern nur um die existentielle Verwirklichung desselben. Nicht das *Was, sondern einzig* das *Wie* dieses Verhältnisses steht auf dem Spiel. Die Möglichkeit des existentiellen In-die-Tat-Setzens der paradoxen Wahrheit entspringt aus der existentiellen Verzweiflung, aus der sich der Mensch nach Kierkegaard nur durch einen Sprung, einen Akt der Notwehr, retten kann, in dem gegen alle Erwartung (Para-dox = gegen den Anschein) das Absolute als Subjekt gefordert wird. Die Evidenz, daß in diesem Sprung wirklich Wahrheit erreicht wird, findet Kierkegaard darin, daß die Not der Verzweiflung – für den Moment des Glaubens – gewendet wird, sich also Gott als Notwendigkeit zeigt. Auch diese Evidenz ist keine objektive, anschaubare und überprüfbare, sondern ist eine, die sich nur momenthaft ereignet, sie widerfährt dem Menschen, der sich auf das Risiko des Sprunges einläßt.

Auf diese Weise wird Gott freilich ein Postulat, aber nicht in der unfruchtbaren Bedeutung, worin man dies Wort sonst nimmt. Vielmehr wird deutlich, daß die einzige Art, wie ein Existierender in ein Verhältnis zu Gott kommt, die ist, daß der dialektische Widerspruch die Leidenschaft zur Verzweiflung bringt und mithilft, mit der »Kategorie der Verzweiflung« (Glauben) Gott zu erfassen; so daß das Postulat weit davon entfernt ist, das Willkürliche zu sein, sondern gerade Notwehr ist; so daß Gott nicht ein Postulat ist, sondern das, daß der Existierende Gott postuliert – eine Notwendigkeit ist. (Ebd. I. S. 191, Anm.)

»Notwendigkeit« wird also von Kiergeaard interpretiert als das, was eine Not wendet, es ist eine »Notwehr«. Dies ist ein gutes Beispiel dafür, wie bei Kierkegaard alle Begriffe der traditionellen Logik und Metaphysik eine neue existentielle Interpretation erhalten. Dies ist bei der Lektüre von Texten Kierkegaards immer zu berücksichtigen: Ohne diese existentielle Interpretation erscheinen sie sonst häufig wie solche einer idealistischen Philosophie, von deren Sprache Kierkegaard auch tatsächlich ausging.

466 | **3. Die drei Stufen der Existenz**

Bei den drei Stufen der Existenz handelt es sich um drei mögliche Existenzweisen, denen phänomenologisch bestimmte Typen zugeordnet werden können. Der Übergang von der einen Stufe auf die andere ist nie durch eine kontinuierliche Entwicklung möglich, sondern bedeutet immer einen Sprung. Die drei Stufen der Existenz sind daher keine aufeinanderfolgenden Stadien, sondern Ebenen des Verhältnisses, die der Mensch in Beziehung zu seinem Handeln setzten kann bzw. setzt.

a) Die ästhetische Existenz

»Ästhetisch« bedeutet hier, ganz gemäß dem ursprünglichen Sinne des Wortes, »wahrnehmungshaft«. Wahrnehmung wird dabei nicht in einem Gegensatz zu Reflexion gesehen, ganz im Gegenteil: Die ästhetische Existenz ist eine in höchstem Sinne reflektierende. Nicht umsonst ist Hegel im Sinne von Kierkegaard ein typischer Vertreter ästhetischer Existenz, der es sich somit gefallen lassen muß, mit Don Juan in ein und dieselbe Gruppe gefaßt zu werden. Auch der Dichter gehört dazu, und es kommt wohl nicht von ungefähr, daß Kierkegaard gerade bei der Schilderung der ästhetischen Existenz in *Entweder-Oder* eine seiner glänzendsten schriftstellerischen Leistungen lieferte. Der Mensch auf der Stufe der ästhetischen Existenz ist durch die Beobachtung und Reflexion gekennzeichnet, die aber ohne eigene innere Teilnahme geschieht: Beobachtung und Reflexion sind *distanziert* und objektiv, sie erfolgen von außen. Auch sich selbst gegenüber verhält sich der Mensch auf dieser Stufe distanziert: Er erfährt sich als *Genießender*, und er genießt sich als Genießenden. Charakteristisch dafür ist Kierkegaards *Tagebuch des Verführers*, in dem der Verführer als jener geschildert wird, der das Vergnügen sucht, ohne sich jedoch binden zu wollen, d. h. *ohne Verantwortung* für sein Tun zu übernehmen. Dieser Mensch bleibt in *Distanz zu sich selbst*, ebenso wie er in Distanz zu den anderen steht: Er ist für sich selbst nur Objekt, nicht Subjekt. Dies zeigt sich nicht zuletzt wieder in der Stilform, die Kierkegaard hier anwendet: Es ist die Sprache der Ironie, die Distanz schafft, ohne sich selbst einzusetzen. Die ästhetische Existenz ist nichts anderes als die des Boulevard-Kierkegaard selbst samt seiner bürgerlich verfeinerten Umgebung, die er schließlich in ihrer Oberflächlichkeit durchschaut hat.

b) Die ethische Existenz

Der Übergang zur ethischen Existenz setzt eine qualitative Veränderung der Haltung des Menschen voraus. Der Umschlag kann jedoch dadurch vorbereitet werden, daß der Mensch durch die Unersättlichkeit des Wunsches nach Genuß an der Sinnhaftigkeit eines solchen der ästhetischen Existenz verhafteten Lebens zu | 467
zweifeln beginnt. Dies kann und soll bis zur *Verzweiflung* an diesem Leben führen. (Man kann sich dabei an die durch Skepsis hervorgerufene Verzweiflung bei Hegel erinnern.) Der eigentliche Umschlag ereignet sich jedoch erst dort, wo der Mensch einsieht, daß der Grund seiner Verzweiflung gar nicht in den Objekten seines – praktischen oder theoretischen – Genusses liegt, sondern einzig darin, daß er völlig an die Objekte verloren ist, daß er somit in diesem Verlorensein gar nicht er selbst ist. Der erforderte Sprung besteht daher darin, daß er sich selbst als den begreift, der *seine Möglichkeiten selbst wählen* und damit über sein Leben *selbst entscheiden* kann und muß. Erst durch dieses Begreifen wird er ein *Einzelner*, ein Subjekt, während er vorher einfach Element einer Masse war; erst dadurch kommt auch die Dimension des Ethischen in die Existenz, die erst dadurch eröffnet wird, daß ein autonomes, seine Handlungen verantwortendes Subjekt sich als solches setzt. Durch diese Dimension des Ethischen muß sich nicht einmal notwendig eine andere Handlung in ihrer Bestimmtheit ergeben, denn ein Mensch kann durchaus das, was er vorher als objektiv Vorgegebenes getan hat, nun als frei Gewähltes tun. Entscheidend ist nur, daß der Maßstab nun nicht mehr der Genuß, sondern Gut und Böse ist. Was allerdings Gut und Böse ist, kann und will Kierkegaard nicht sagen, denn dies wäre schon wieder eine Verobjektivierung. – Das Paradigma für die ethische Existenz ist für Kierkegaard Sokrates, denn dieser (kierkegaardsche Sokrates) betrieb Philosophie nicht, um zu theoretischen Erkenntnissen zu gelangen, sondern um Selbsterkenntnis und richtiges Handeln zu erreichen.

c) Die religiöse Existenz

Auch die ethische Existenz, wie sie von Sokrates gefordert wird, nennt Kierkegaard »Religiosität«, es ist die Religiosität A. Es ist dies eine Religiosität, die auf der Voraussetzung beruht, daß sich das Ewige, absolut Gültige, im Menschen befindet (das *Daimonion* bei Sokrates) und so durch Fragen aufgedeckt werden kann. Es ist letztlich eine Religiosität, die auf der Voraussetzung der *Identität* beruht. Es gibt jedoch auch eine andere, entgegengesetzte Voraussetzung, nämlich die, daß der Mensch von Gott entfremdet ist und daher in einer von ihm unaufhebbaren *Differenz* zum Unendlichen steht. Dies führt zur Religiosität B, in der mit der Immanenz gebrochen wird. Anders als die vom Menschen selbst aufhebbare Entfremdung von sich selbst, wie sie in der ästhetischen Existenz vorliegt, ist bei dieser Entfremdung eine Distanz vorhanden, die der Mensch von sich aus nicht überwinden kann. Die Erfahrung der Grenze der ethischen Existenz wird dort gemacht, wo, z.B. bei »Schicksalsschlägen«, die autonome Wahl einer solchen Situation gar nicht möglich ist. Diese Möglichkeit begleitet jedoch die gesamte Existenz, was bedeutet, daß diese Existenz als solche prinzipiell gefährdet ist. Dies nennt Kierkegaard »Angst«; sie besteht im Unterschied zur »Furcht« nicht gegenüber einzelnen Ereignissen, sondern in der Grunderfahrung, daß die Einheit der Existenz letztlich durch Freiheit nicht verfügbar ist. Diese Analyse wird vor allem in der Schrift *Die Krankheit zum Tode* durchgeführt, wo auch die Sünde nicht als einzelne Handlung, sondern als Situation des Menschen gekennzeichnet wird, aus der sich der Mensch von sich aus nicht befreien kann (dies ist gar nichts anderes als die existentielle Interpretation der alten augustinischen Erbsündenlehre).

In nichts ist der Mensch von Gott so verschieden wie darin, daß er, und das ist jeder Mensch, Sünder ist und es »vor Gott« ist. [...] Als Sünder ist der Mensch von Gott geschieden durch den tief klaffenden Abgrund der Qualität. Und selbstverständlich ist Gott abermals vom Menschen durch den gleichen klaffenden Abgrund der Qualität verschieden, wenn er Sünden vergibt. (*Die Krankheit zum Tode*. S.123)

Eine spekulative Lösung wie die Hegels, in der das Endliche mit all seiner Kontingenz in das Unendliche »aufgehoben« und mit diesem »versöhnt« wird, ist für Kierkegaard kein gangbarer Weg, da das Unendliche sich nur in einem Akt der Freiheit ereignen kann, aber gerade diese Freiheit in ihrer Realisierbarkeit in der durch Angst und Sünde gekennzeichneten Situation in Frage gestellt ist. Die einzige Lösung ist der *paradoxe Glaube*: Das Paradigma dafür gibt Jesus ab, denn hier findet sich der Glaube, daß das Unendliche zum Endlichen herabgestiegen ist (»Menschwerdung Gottes«), daß die qualitative Differenz also von der dem Menschen unverfügbaren Seite her überwunden wurde. Der paradoxe Glaube besagt daher, daß der Mensch glaubt, in seiner eben so verfaßten Existenz gerechtfertigt zu sein, d.h. daß seine

Existenz genau so, wie sie ist, gerechtfertigt ist. Eine theoretische Erklärung kann und darf dieser paradoxe Glaube nicht liefern, denn alles wesentliche Erkennen besteht in einem nicht objektivierbaren Verhältnis zur Existenz und zum Existieren.

Ist das Individuum paradox-dialektisch, jeder Rest von ursprünglicher Immanenz vernichtet, und aller Zusammenhang abgeschnitten, das Individuum angebracht im Äußersten der Existenz: so haben wir das *Paradox-Religiöse*. Die paradoxe Innerlichkeit ist die größtmögliche, denn selbst die dialektischste Bestimmung, wenn sie doch innerhalb der Immanenz ist, hat gleichsam eine Möglichkeit von Ausflucht, von einem Abspringen, von einem Zurücknehmen hinein in das Ewige dahinten, es ist, als ob doch nicht alles eingesetzt wäre. Der Bruch aber macht die Innerlichkeit zur größtmöglichen. (*Abschließende unwissenschaftliche Nachschrift* II. S. 284)

4. Zur Problematik der Existenzphilosophie

Die Schriften Kierkegaards werfen keine Probleme auf, solange man sie als Ausdruck eines Bourgeois ansieht, der mit sich und seiner Umgebung nicht zurecht
kam und eine Lösung dafür in einer exaltierten Form von Religion suchte. Dann | 469
wäre Kierkegaard ein Fall für die Religionspsychologie oder -pathologie. Man könnte allerdings Kierkegaard auch beim Wort nehmen und ihn als Schriftsteller ansehen, der einzig in das Gebiet der Literaturkritik gehört, so wie ja auch im allgemeinen ein, in manchem Kierkegaard gar nicht so unähnlicher Schriftsteller wie F. M. Dostojewski (1821–1881) keinen Platz in der Geschichte der Philosophie erhält. Ob Kierkegaard ein guter oder schlechter Schriftsteller ist, bräuchte dann den Philosophiehistoriker nicht weiter zu beunruhigen. Das Einfachste wäre also, Kierkegaard in der Geschichte der Philosophie überhaupt nicht zu behandeln. Dies würde auch keineswegs eine inakzeptable Lösung darstellen: In Bertrand Russells *Philosophie des Abendlandes* (7. Aufl., Darmstadt 1997) z. B. taucht der Name Kierkegaard nicht einmal im Namensregister auf, und ich möchte nicht verheimlichen, daß ich für diese Position Russells durchaus Verständnis habe und sie im Prinzip für richtig halte. Damit hier kein Mißverständnis entsteht, sei klargestellt: Es ist *nicht* die Tatsache, daß Kierkegaard über Glauben und Religion spricht, warum seine Schriften nicht zur Philosophie gehören, sondern einzig und allein seine grundsätzliche Haltung, »Wahrheit« in dem für ihn charakteristischen Sinn jenseits aller Logik und Argumentation anzusiedeln. Man kann eine sehr weite und »liberale« Auffassung von Philosophie vertreten und auch der Überzeugung sein, daß es keine Definition von »Philosophie« gibt, die all das abdeckt, was unter »Philosophie« verstanden wird (vgl. 1. Teil, Kap. I), es bleibt jedoch eine Grenze bestehen, welche die Philosophie von nicht-philosophischen literarischen Unternehmungen abgrenzt, und dies ist die Verpflichtung auf Argumentation. Offen bleibt dabei immer noch, was genau als Argumenta-

tion gelten soll, und die Diskussionen über Logik und Topik im Laufe der Geschichte haben gezeigt, daß auch hier der Spielraum recht groß ist. Dort jedoch, wo, wie es eben bei Kierkegaard der Fall ist, die Argumentation und damit die Forderung, Aussagen intersubjektiv überprüfbar zu machen, von vornherein als entfremdetes Denken angesehen wird und an die Stelle von Argumentation Appelle treten, hat man es nicht mehr mit Philosophie zu tun und auch nicht mit »Philosophischen Brocken«, wie eine der Schriften Kiergegaards heißt, sondern mit »Erbaulichen Reden«, wie Kierkegaard selbst andere seiner Schriften betitelt. Damit soll auch nicht gesagt werden, daß Kierkegaard nicht an zahlreichen Stellen, vor allem in seiner Hegelkritik, durchaus argumentiert, es geht nur darum, daß er an den entscheidenden Punkten seiner »Mitteilung« jede Form argumentativen Denkens abweist. Der klarste Fall dafür besteht in seiner Verwendung des *Paradoxes*, das für ihn die *Lösung* bedeutet, während für alle Formen argumentativen Denkens Paradoxien als *Aufgabe* betrachtet werden:

Das Dialektische am Problem fordert Gedankenleidenschaft – nicht um es verstehen zu wollen, sondern um zu verstehen, was es heißt, in der Weise mit dem Verstande zu brechen, und mit dem Denken, und mit der Immanenz, um denn den letzten Fußhalt
470 | der Immanenz, die Ewigkeit dahinten, zu verlieren und, angebracht im Äußersten der Existenz kraft des Absurden zu existieren. (*Abschließende unwissenschaftliche Nachschrift* II. S. 281)

Es soll niemandem verwehrt werden, »mit dem Verstande zu brechen« und »im Äußersten der Existenz kraft des Absurden zu existieren«, nur hat dies mit einer auf Argumentation und Begründung insistierenden Philosophie nichts zu tun. Die Problematik des Begründungsdefizits haben im 20. Jhd. auch jene erkannt, die im übrigen durchaus von Kierkegaard beeinflußt wurden. Das beste Beispiel dafür ist Martin Heidegger (1889–1976), der in *Sein und Zeit* (1927) versuchte, eine Fundamentalontologie aufzubauen, in der Bestimmungen wie z. B. »In-der-Welt-Sein«, »Geworfenheit«, »Sorge«, »Sein zum Tode« transzendental aufgewiesen werden sollen. Dies soll einfach so stehen bleiben, da eine Diskussion der Existenz-/Existentialphilosophie des 20. Jhd.s den Rahmen dieser Vorlesung überschreiten würde. Am konsequentesten hat wahrscheinlich Karl Barth (1886–1968) in seiner »dialektischen Theologie« das Anliegen Kierkegaards aufgenommen, wo von vornherein auf jede philosophische Begründung verzichtet wird.

Man kann jedoch auch fragen, wo der Ursprung des Existenzverständnisses Kierkegaards liegt. Im Sinne von Kierkegaard ist eine solche Frage selbst bereits ein Mißverständnis, da objektivierend nach einem *Außerhalb* von etwas gefragt wird, was nur *innerhalb* eines subjektiven Denkens verstanden werden kann. Fragen wir trotzdem, denn sonst bliebe dem Nicht-Existentialisten nur die Möglichkeit, das Denken Kierkegaards überhaupt nicht zu behandeln (vgl. Russell). Zunächst einmal wird man sich daran erinnern müssen, daß das Bewußtsein der Individualität, das sich im 14. Jhd. herausgebildet hat, keineswegs eines war, das mit großer Selbstsicherheit auftrat, sondern geprägt war durch Angst und Irrationalität angesichts sich auflösender Ordnungen (vgl. 2. Teil, Kap. XVII, 1). Die Welt wurde als eine angesehen, die keine inneren, notwendigen Ordnungsprinzipien hat, sondern von Gott aus einer Unzahl möglicher Welten ohne irgendeinen Grund außerhalb des göttlichen Willens ausgewählt wurde. Das Gegenüber dieses Individuums war ein Gott, dessen absolute Macht sich jeder rationalen Analyse entzog (Ebd. 5) und bei dem sogar die Frage auftauchen konnte, ob er auch nur an die Regel des Widerspruchsprinzips gebunden sei. Die Kultur der Renaissance und der darauffolgenden Jahrhunderte der Neuzeit hatte diesen dunklen Hintergrund durch die Überzeugung verdrängt, daß Wissenschaft und Technik zu einer ständigen Vervollkommnung des Einzelnen und der Gesellschaft führen müßten. Im Bewußtsein des Individuums der Neuzeit liegen also zwei geradezu entgegengesetzte Tendenzen, und das Pathos, mit dem die eine oder die andere vertreten wird, erklärt sich nicht zuletzt daraus, daß die jeweils entgegengesetzte Tendenz lautstark übertönt werden soll. Vorherrschend bis in die erste Hälfte des 19. Jhd.s war das Pathos des unaufhaltsamen Fortschritts in einer Welt, die sich dem rationalen und wissenschaftlichen Erkennen immer mehr erschließt. Dort, wo aus irgendwelchen Gründen ein Zweifel an dieser These auftaucht, tritt jedoch die andere Tendenz wieder hervor und wird dann mit ebensolchem Pathos vertreten: Genau dies ist bei Kierkegaard der Fall. Seine Vorstellung der Existenz als der eines Einzelnen ist die eines Vereinzelten, welcher sich aus keiner rational erkennbaren Struktur der Welt her verstehen kann. Er versteht sich als reine Faktizität, irgendwo und irgendwann in eine ihm fremde Welt geworfen. So ähnlich hatten sich viele Menschen im 14. Jhd. gefühlt, die von der Angst vor dem Pesttod herumgetrieben wurden und den Grund der Pest und ihrer Angst in ihren Sünden suchten. Und diesem Individuum stand auch im 14. Jhd. wie bei Kierkegaard ein Gott gegenüber, der sich jedem rationalen Verständnis entzog, »in Kraft nämlich des Absurden, in kraft dessen, daß bei Gott kein Ding unmöglich ist« (Kierkegaard: *Furcht und Zittern.* S. 47). Es ist durchaus kennzeichnend, daß bei mehreren Autoren des 14. Jhd.s wie bei Kierkegaard die Erzählung von Gott, der von Abraham die Opferung seines Sohnes Isaak fordert, eine hermeneutische Schlüsselstellung erhielt.

Bei der Frage nach der Herkunft der Vorstellung des Vereinzelten in einer sinnentleerten Welt muß man aber vermutlich noch weiter in der Geschichte zurückgehen. Das Individuum war im 14. Jhd. nur »wiederentdeckt« worden. Sein Ursprung liegt schon in der späten Antike (vgl. 1. Teil, Kap. XI, 2). Auch dort stand diese »Entdeckung« im Zusammenhang mit der Auflösung vorgegebener Ordnungen. Die »Welt« wurde zu einem reinen Leerraum, in dem sich Existenz zwar vollzieht, der aber letztlich irrelevant ist, da es nur auf das innere Verhältnis der Existenz zum welttranszendenten Licht ankommt. Damit war aber hier keine Möglichkeit mehr gegeben, Kritik an den realen Bedingungen des Lebens zu üben, wie diese durch Wissenschaft, Kultur oder Gesellschaft bestimmt sind; dies alles ist sekundär, und eine solche Kritik wäre im Bereich des Äußeren und der Äußerlichkeit stehengeblieben und wurde daher nicht angestrebt. Auch Kierkegaard bewegt sich »hineingeworfen« in einen solchen wertlosen Raum, in dem die reale Welt entleert worden ist, deren reale Veränderung oder Verbesserung gar nicht sein Problem sein konnte. Einzig die Innerlichkeit des Subjekts mußte eine Umkehr erleben, mußte »abspringen«. Diese weltlose Existenz ist genau die der Gnosis – nur daß bei Kierkegaard der Erkenntnisanspruch, der im Wort »Gnosis« enthalten ist, gegen »Sagen« oder »Verkünden« eingetauscht wird. Daß es sich bei der Existenz- oder Existentialphilosophie letztlich um Gnosis handelt, hat Hans Jonas (1903–1993), einer der bedeutendsten Gnosisforscher des 20. Jhd.s, deutlich, wenn auch erst spät erkannt. Er machte sich in *Gnosis und spätantiker Geist* (Bd. I, Göttingen 1934, Bd. II, Göttingen 1954) mit dem hermeneutischen Schlüssel heideggerscher Existentialphilosophie an die Erklärung der antiken Gnosis, was ganz hervorragend funktionierte. Die spätere Analyse führte Hans Jonas jedoch in eine andere, umgekehrte Richtung:

Erst später, als ich dem Glauben an einen Universalschlüssel abgesagt hatte, begann ich mich zu fragen, warum dieser eine so gut in diesem Fall funktioniert hatte. War ich
472 | gerade mit der rechten Art Schlüssel an die rechte Art Schloß geraten? Wenn ja, *was* war es dann im Verhältnis von Existentialismus und Gnosis, das die letztere auf die Berührung des ersteren hin sich erschließen ließ? [...] Mit anderen Worten, die interpretativen Funktionen kehren sich um und werden reziprok – Schloß wird zu Schlüssel und Schlüssel zu Schloß. Die »existentialistische« Lesung der Gnosis, so gut gerechtfertigt (oder soweit wie gerechtfertigt) durch ihren hermeneutischen Erfolg, lädt als zu ihrem natürlichen Gegenstück zum Versuch einer »gnostischen« Lesung des Existentialismus ein. (Jonas: *Gnosis, Existentialismus und Nihilismus.* S. 6)

Hans Jonas hat diese »gnostische« Lesung des Existentialismus überzeugend durchgeführt (Ebd. S. 7–25), und sie gilt dann selbstverständlich auch für Kierkegaard, der am Ursprung der modernen Existentialphilosophie steht. Hier spricht ein in die Welt geworfener »Seelenfunke«, der in dieser Welt fremd ist und in ihr keinen Sinn finden kann. Wenn diese Lesung des Existentialismus stimmt, und dies trifft m. E. zu, so hat es gar keinen Sinn zu fragen, ob dieser Existentialismus wahr oder falsch, philosophisch sinnvoll oder sinnlos ist. Statt dessen muß man fragen, wo genau und warum es in der Mitte des 19. Jhd.s und dann wieder im 20. Jhd., insbesondere seit den 30er Jahren und – mit Unterbrechung durch den Krieg – dann wieder in der Zeit nach dem 2. Weltkrieg, historische und kulturelle Bedingungen gegeben hat, die einem gnostischen Lebensgefühl den Weg geebnet haben. Damit sind wir bei Fragen, die analytisch und argumentativ geklärt werden können, die aber den Rahmen dieser Vorlesungen überschreiten.

Arthur Schopenhauer

1. Ein Außenseiter

Arthur Schopenhauer (1788–1860) unterscheidet sich bereits in Herkunft und Studiengang erheblich von der bisher besprochenen Gruppe. Er kam aus einer wohlhabenden Kaufmannsfamilie in Danzig und konnte während seines ganzen Lebens von seinem Erbe leben. Doch wenn es nötig war, zeigte er durchaus Geschick in Geldangelegenheiten, z. B. als es darum ging, beim Bankrott der Bank, bei der er sein Geld investiert hatte, seine Interessen zu wahren. Er sollte zunächst Kaufmann werden, brach die Ausbildung jedoch ab und holte privat die Studien nach, die für die Universität erforderlich waren. Im Unterschied zu den meisten anderen deutschen | 473
Philosophen seiner Zeit war Schopenhauer ein weitgereister Mann, der die Welt kannte und mehrere moderne Sprachen beherrschte. An der Universität Göttingen studierte er, wiederum im Unterschied zu den Vertretern der genannten Gruppe, nicht Theologie, sondern zunächst Medizin und später Philosophie. Er hörte in Berlin Vorlesungen von Schleiermacher und Fichte und promovierte 1813 in Jena mit der Arbeit *Über die vierfache Wurzel des Satzes vom zureichenden Grund.* Seit diesem Zeitpunkt hatte Schopenhauer auch Kontakt zu Goethe, auf dessen Einfluß Schopenhauers Interesse an der Antike, seine Abkehr von der Unendlichkeitssehnsucht der Romantiker und seine Skepsis gegenüber der Geschichte zurückging. Besonders wichtig wurde der Einfluß des Orientalisten Friedrich Majer, durch dessen Werke Schopenhauer mit der indischen Philosophie in Kontakt kam. Die Gedanken von der Ureinheit aller Dinge, der Nichtigkeit der aus dem Urgrund entsprungenen Welt der Erscheinungen und des durch Kontemplation erreichbaren erlösenden Friedens beeindruckten Schopenhauer zutiefst.

1819 erschien Schopenhauers Hauptwerk *Die Welt als Wille und Vorstellung.* Das Buch fand jedoch kaum Leser. 1820 begann die Auseinandersetzung mit Hegel, welcher sogar Schopenhauers Habilitationskommission angehörte. Die Auseinandersetzung mit Hegel war bei Schopenhauer ebenso grundsätzlich wie bei den bisher genannten Kritikern Hegels, auch wenn seine Kritik ganz anderer Art war. Schopenhauer machte diese Auseinandersetzung auch äußerlich sichtbar, insbesondere dadurch, daß er seine Vorlesungen zur selben Stunde ansetzte wie Hegel. Allerdings fand er sich schon bald vor einem leeren Hörsaal wieder. Schopenhauer zog sich verbittert zurück und lebte von seinem ererbten Vermögen. Erst als 1851 die populärer konzipierte Schrift *Parerga und Paralipomena* erschien, begann sein Einfluß zu wachsen. Dieser Einfluß war größer außerhalb des Kreises der offiziellen Philosophie, die an den Universitäten gelehrt wurde und für die Schopenhauer immer wieder scharfe und bissige Worte fand (*Über die Universitäts-Philosophie.* VII. S. 157–218). Schopenhauer war ein glänzender Stilist, der in seine Schriften seine breite literarische Bildung einbrachte. Besonders Künstler und Schriftsteller wurden von der Philosophie Schopenhauers angezogen. Der bekannteste von ihnen war Richard Wagner (1813–1883), aber auch Leo Tolstoi (1828–1910) gehörte dazu. Besonders wichtig wurde die Philosophie Schopenhauers für Nietzsche, der eigentlich durch sie zu seinen eigenen philosophischen Arbeiten gebracht wurde. Im 20. Jhd. sind u. a. Arnold Schönberg (1874–1951), Ludwig Wittgenstein (1889–1951) und Thomas Mann (1875–1955) zu erwähnen.

2. Die Welt als Wille und Vorstellung

Bei der Interpretation der Philosophie Schopenhauers besteht eine ganz grundsätz-
474 | liche Schwierigkeit, auf die allerdings Schopenhauer selbst gleich in der Vorrede zu seinem Hauptwerk *Die Welt als Wille und Vorstellung* hingewiesen hat: Für das Verständnis dieses Werkes ist die Kenntnis von Kants Philosophie die notwendige Voraussetzung; wer außerdem noch »in der Schule des göttlichen Plato geweilt hat«, wird noch besser vorbereitet sein. Damit wären wir durchaus im Bereich dessen, was in unsere Philosophiegeschichte des 19. Jhd.s paßt. Aber dann verweist Schopenhauer auf ein Drittes:

Ist er aber gar noch der Wohltat der *Veda's* teilhaft geworden, deren uns durch die Upanischaden eröffneter Zugang, in meinen Augen, der größte Vorzug ist, den dieses noch junge Jahrhundert vor den früheren aufzuweisen hat, [...] hat also, sage ich, der Leser auch schon die Weihe uralter Indischer Weisheit empfangen und empfänglich aufgenommen; dann ist er auf das allerbeste bereitet zu hören, was ich ihm vorzutragen habe. (*Die Welt als Wille und Vorstellung. Vorrede zur ersten Auflage.* I. S. 11)

Diese Vorrede ist selbstverständlich allen Interpreten bekannt, die Frage ist nur, ob sie die Konsequenzen daraus auch wirklich ziehen. Viele gehen doch wieder davon aus, daß Schopenhauer mit seiner Lehre vom Willen die kantische Frage nach dem Ding an sich beantworten will, wozu Schopenhauer selbst von der ersten Seite seines Hauptwerks an genügend Anlaß gibt. Unter dieser Voraussetzung ergibt sich dann ein System des transzendentalen Idealismus, in dem allerdings verschiedene Widersprüche aufgezeigt werden können. Nimmt man den Hinweis Schopenhauers auf die indische Philosophie jedoch ernst, so ergibt sich eine andere Sicht seiner Philoso-

phie: Seine gesamte Lehre von der *Welt als Wille und Vorstellung* führt dann konsequent zum letzten Abschnitt dieses Werkes, nämlich *Zur Lehre von der Verneinung des Willens zum Leben* (IV, 48. IV. S. 706–742). Alles in diesem Werk dient dann nur der Vorbereitung dieses Abschnitts, und unter dieser Voraussetzung dürfte es kaum noch irgendwelche erheblichen Widersprüche geben. Man kommt so zu einer »buddhistischen« Lesung der Philosophie Schopenhauers. Dagegen wurde gelegentlich eingewendet, es handele sich bei Schopenhauer doch nur um ein »europäisches Mißverständnis« des Buddhismus. Dies dürfte aber nicht zutreffen. Edward Conze (1904–1979), ein wirklicher Kenner des Buddhismus, der jedoch auch durch die Schule deutscher neukantianischer Philosophie gegangen ist, stellte fest: »Obwohl Schopenhauer nur zu ganz wenigen Originalzeugnissen Zugang hatte, schuf er das buddhistische Gedankengebäude von kantianischen Voraussetzungen aus mit einer solchen Genauigkeit, daß man geradezu glauben könnte, er erinnere es aus einem früheren Leben.« (Conze: *Eine kurze Geschichte des Buddhismus.* Frankfurt 1986. S. 161) Dies ist vielleicht etwas zu viel behauptet, denn es bleiben doch bestimmte Unterschiede, wohl aber besteht die Berechtigung, den Buddhismus als hermeneutische Voraussetzung für das Verständnis von Schopenhauers Philosophie zu nehmen. Buddhismus und Deutscher Idealismus bedeutet auch nicht ein Zusammenbringen von einander völlig Fremdem (vgl. Kap. XVIII, 2), da es in der buddhisti- | 475
schen Schule des Großen Fahrzeugs *(Mahayana)*, die sich seit dem 1. Jhd. v. Chr. entwickelt hat, Systeme gegeben hat, die durchaus im Sinne des Idealismus aufgefaßt und interpretiert werden können. Unter solchen buddhistischen Voraussetzungen werden Sätze Schopenhauers wie die folgenden ohne weiteres verständlich:

Diesem nun entspricht es, daß meine Lehre, wenn auf ihrem Gipfelpunkte angelangt, einen *negativen* Charakter annimmt, also mit einer Negation endet. (*Die Welt als Wille und Vorstellung* IV, 48. IV. S. 716)

Bei dieser Sicht der Philosophie Schopenhauers wird dann auch die Vorgeschichte seines Denkens, so wie er sie sieht, aufschlußreich: Er verweist u. a. auf Klemens von Alexandrien (Ebd. S. 727–730) sowie auf Plotin, Scotus Eriugena und die Sufis (Ebd. S. 716 f.). Aufschlußreich ist Schopenhauers Sicht der Philosophie des Scotus Eriugena (vgl. 2. Teil, Kap. V, 2), den Schopenhauer einen »bewunderungswürdigen Mann« nennt (*Fragmente zur Geschichte der Philosophie* § 9. VII. S. 74). Aus Schopenhauers Sicht, die m. E. richtig ist, war Scotus Eriugena gezwungen, eine letztlich nicht-christliche Philosophie in eine jüdisch-christliche Form zu bringen, was nicht wirklich gelingen kann.

Der tiefere Grund dieser Übelstände ist, daß die Lehre von der *Erlösung* der Menschheit und der Welt, welche offenbar indischen Ursprungs ist, eben auch die indische Lehre voraussetzt, nach welcher der Ursprung der Welt (dieses Sansara der Buddha-

> isten) selbst schon vom Übel, nämlich eine sündliche Tat des Brahma ist, welcher Brahma nun wieder wir eigentlich selbst sind: denn die indische Mythologie ist überall durchsichtig. (Ebd. S. 75)

Schopenhauer erkannte daher auch richtig, daß die Ablehnung der Vorstellung einer ewigen Hölle – wie sie Gottschalk mit Augustinus vertreten hatte – bei Eriugena (vgl. 2. Teil, Kap. V, 2, a) die letzte Wurzel im Gedanken des universellen Mitleids, der »hindostanischen Milde« hat (Ebd. S. 76). Schopenhauer wußte auch, daß Eriugenas Philosophie auf die des Dionysios Areopagita (vgl. 2. Teil, Kap. II, 2) zurückgeht, wobei er allerdings, auch wieder zu Recht, meint, daß Eriugena dem Dionysios Areopagita weit überlegen ist. Wenn nun die Philosophie Eriugenas letztlich indischen Ursprungs ist, so muß auch die des Areopagita dorther stammen. Obwohl dieser wohl nicht in Alexandrien, sondern eher im syrischen Raum lebte, hat Schopenhauer doch mit seiner Vermutung sachlich recht:

> Da er indessen wahrscheinlich in Alexandrien lebte, so glaube ich, daß er auf eine anderweitige, uns unbekannte Art, auch der Kanal gewesen ist, durch welchen ein Tröpfchen indischer Weisheit bis zu Eri[u]gena gelangt sein mag. (*Fragmente zur*
> 476 | *Geschichte der Philosophie* § 9. VII. S. 78)

Und ganz entsprechend stellt Schopenhauer zu Eckhart fest:

> Überhaupt, wenn man von den Formen, welche die äußern Umstände herbeiführen, absieht und den Sachen auf den Grund geht, wird man finden, daß Schakia Muni [= Buddha] und Meister Eckhard das Selbe lehren; nur daß Jener seine Gedanken geradezu aussprechen durfte, dieser hingegen genötigt ist, sie in das Gewand des Christlichen Mythos zu kleiden und diesem seine Ausdrücke anzupassen. (*Die Welt als Wille und Vorstellung* IV, 48. IV. S. 718)

Diese Sicht der Geschichte ist m. E. nach zutreffend, und es wurde in diesen Vorlesungen auch an den entsprechenden Stellen auf diese Zusammenhänge hingewiesen (vgl. 2. Teil, Kap. I, 4, und Kap. XVIII, 1). Es gibt in der westlichen Philosophie, nicht zuletzt im Skeptizismus (vgl. 1. Teil, Kap. XIV) und im Neuplatonismus (vgl. 1. Teil, Kap. XVII, 1), einen »verborgenen Buddhismus«. Für nicht zutreffend halte ich hingegen die in diesem Zusammenhang von Schopenhauer geäußerte Meinung, daß das Christentum nicht mit dem Judentum, sondern mit dem Buddhismus verwandt sei (*Die Welt als Wille und Vorstellung* IV, 48. IV. S. 730). Diese Frage ist allerdings im vorliegenden Zusammenhang nicht entscheidend.

Schopenhauer führte später sein philosophisches Grundanliegen – die Erfahrung des Leidens und die Frage nach der Erlösung davon – auf eine »vorphilosophische« Erfahrung zurück, die ganz so wie die des Buddha gewesen sein soll:

In meinem 17ten Jahre, ohne alle gelehrte Schulbildung wurde ich vom *Jammer des Lebens* so ergriffen, wie Buddha in seiner Jugend, als er Krankheit, Alter, Schmerz und Tod erblickte. (*Der handschriftliche Nachlaß* IV, 1. S. 96)

Schopenhauer bezieht sich dabei auf folgendes Erlebnis in seiner Jugend: Im Hafen von Toulon hatte er Galeerensklaven gesehen, deren Leiden bei ihm einen tiefen und bleibenden Eindruck hinterlassen hatten. Schopenhauer stilisiert dieses Erlebnis nach der Buddhalegende, in der berichtet wird, daß der reiche Fürstensohn bei einem Ausgang aus seinem Palast plötzlich mit der Erfahrung von Krankheit, Leid und Tod konfrontiert wurde, woraufhin er alles zurückließ und sich aufmachte, den Weg zur Erlösung zu finden, an dessen Ziel er der Buddha, also der Erleuchtete, wurde. Auch Schopenhauer machte sich also auf diesen Weg, auch wenn die Konsequenzen für sein konkretes Leben weniger einschneidend waren als jene, die der Buddha zog.

Schopenhauer sah es als die erste Aufgabe der Philosophie an, die Welt und den Menschen darin zu verstehen. Der Ausgangspunkt sollte empirisch sein: Was dem Menschen zunächst in seiner Erfahrung begegnet, ist die Welt der Erscheinungen. Was aber sind diese Erscheinungen in Wirklichkeit? In kantische Terminologie gebracht bedeutet dies, daß nach dem Ding an sich gefragt werden muß. Dabei machte | 477
Schopenhauer folgende Feststellung: Wir haben von allen Dingen nur Vorstellungen, ohne das Ding an sich zu kennen. Nur an einem Punkt kennen wir von einem Ding sowohl die Vorstellung als auch das Ding an sich: bei unserem Körper, oder noch genauer bei den Bewegungen unseres Körpers. Als bewegter Körper sind wir für uns selbst ein Gegenstand der Erkenntnis in Raum und Zeit, also eine Vorstellung; zugleich aber erfahren wir uns auch als *Wollende*, welche die Ursache der Körperbewegung sind, und damit als Ding an sich. Der Wille (nicht die Erkenntnis) ermöglicht uns also die Innensicht eines Dinges, eines Dinges an sich (*Die Welt als Wille und Vorstellung* I, 2, § 18. I. S. 142–146). Von hier aus geht Schopenhauer einen Schritt weiter: Der *Wille* ist das innerste *Wesen aller Dinge*. Dies ist ein Analogieschluß, wie Schopenhauer selbst sagt (Ebd. I, 2, § 19. I. S. 148 f.). Rational ist dieser Schluß nicht zu rechtfertigen, und dies zeigt deutlich, daß Schopenhauer hier eine vorausliegende Grundthese zwar *im Rahmen* kantischer Problematik, jedoch nicht wirklich *aus* der kantischen Fragestellung heraus entwickelt. Der eigentliche Grund von Schopenhauers Annahme des Willens als Wesen der Welt liegt in seiner Erlösungsvorstellung: Wenn die Erlösung vollständig durch die Negation des Willens erreicht werden soll, dann muß der Grund für die Notwendigkeit der Erlösung, das Leiden also, vollständig aus irgendeinem Willen heraus erklärt werden. Schopenhauer nimmt also den Willen als den Grund der gesamten Wirklichkeit an. Das »Wesen« dieses Willens kann nach Schopenhauer nur angedeutet werden, eine *rationale Erklärung* oder auch nur Beschreibung desselben ist *nicht möglich*, denn Erklärungen mit den entsprechenden Kategorien von Ursache und Wirkung gehören nur der Welt

der Erscheinungen an. Die eigene, vorurteilslose Erfahrung zeigt aber doch einiges, und nach Schopenhauer sogar sehr viel vom Wesen dieses Willens an. Dieser Wille ist *unpersönlich*, der Mensch wird zunächst einmal von »etwas« angetrieben, seine Wünsche entstehen vor allen bewußten Willensakten. Schopenhauer verallgemeinert dies nun auf das Wesen der Welt hin: Alles ist von einem solchen Willen getrieben, die Welt der Erscheinungen ist nichts anderes als das Bild dieses Willens auf allen Stufen der Wirklichkeit.

> So sehn wir denn hier, auf der untersten Stufe, den Willen sich darstellen als einen blinden Drang, ein finsteres, dumpfes Treiben, fern von aller unmittelbaren Erkennbarkeit. (Ebd. I, 2, § 27. I. S. 201)

Der *Wille* ist eine *grundlose, ziellose und blinde Kraft*. Jede Art einer Teleologie ist ausgeschlossen. Dieser Wille bringt die einzelnen Gestalten der Erscheinung der Natur hervor, es ist eine endlose und ziellose Kette des Wünschens und Begehrens. Der Wille als Wille ist somit Grund dessen, was hervorgebracht wird, und damit der Grund der Welt. Als unersättlicher Wille ist er gleichzeitig der Grund des letztlichen Scheiterns von allem einzelnen Streben. Der Wille scheint immer auf ein Ziel gerichtet zu sein, aber in Wirklichkeit hat er eben keines.

478 |

> In der Tat gehört Abwesenheit alles Zieles, aller Grenzen zum Wesen des Willens an sich, der ein endloses Streben ist. (Ebd. I, 2, § 29. I. S. 217)

Und da der Wille als Begehren auf ein Ziel gerichtet ist, das Erreichen aber immer ein neues Begehren, also ein weiteres Ziel hervorruft, es aber kein endgültiges Ziel gibt, muß der Wille notwendigerweise scheitern. Der Wille, der prinzipiell scheitern muß, bringt Leiden hervor.

> Denn alles Streben entspringt aus Mangel, aus Unzufriedenheit mit seinem Zustande, ist also Leiden, so lange es nicht befriedigt ist; keine Befriedigung aber ist dauernd, vielmehr ist sie stets nur der Anfangspunkt eines neuen Strebens. Das Streben sehen wir überall vielfach gehemmt, überall kämpfend; so lange also immer als Leiden: kein letztes Ziel des Strebens, also kein Maß und Ziel des Leidens. (Ebd. I, 4, § 56. II. S. 388)

Daher gilt in einem ganz allgemeinen Sinn, daß alles *Leben* wesentlich *Leiden* ist (Ebd. II. S. 389). Dies kann die Vernunft zwar erkennen, sie hat aber aus sich heraus keine Möglichkeit, eine Vorstellung der Überwindung des Leidens auszudenken. Die *Vernunft* ist selbst auch nichts anderes als ein *Mittel des* letztlich blinden *Willens*, sie geht aus dem Unbefriedigtsein des Willens hervor und erschöpft sich in dieser Funktion. Die Vernunft arbeitet mit den Kategorien von Mittel und Zweck, ist also aus dem Streben heraus entstanden, und sie kann sich daher von sich aus nicht eingestehen, daß es letztlich gar keinen Zweck gibt. Bei den Tieren funktioniert der Wille kraft des Instinkts noch verhältnismäßig gut. Die Überlebenschancen des Menschen sind jedoch im Umfeld der gewachsenen Mannigfaltigkeit der Erscheinungen und des Kampfes um das Überleben ziemlich prekär geworden. Der blinde Wille schafft sich daher für diese Existenzform ein neues Instrument.

> Der Wille, der bis hieher im Dunkeln, höchst sicher und unfehlbar, seinen Trieb verfolgte, hat sich auf dieser Stufe ein Licht angezündet, als ein Mittel, welches notwendig wurde, zur Aufhebung des Nachteils, der aus dem Gedränge und der komplizierten Beschaffenheit seiner Erscheinungen eben den vollendetesten erwachsen würde. (Ebd. I, 2, § 27. I. S. 202)

Der Grund der Vernunft ist damit ein schlechthin irrationaler:

> Die Erkenntnis überhaupt, vernünftige sowohl als bloß anschauliche, geht also ursprünglich aus dem Willen selbst hervor, gehört zum Wesen der höheren Stufen seiner Objektivation, als eine bloße *mechane*, ein Mittel zur Erhaltung des Individuums und der Art, so gut wie jedes Organ des Leibes. Ursprünglich also zum Dienste des Willens, zur Vollbringung seiner Zwecke bestimmt, bleibt sie ihm auch fast durchgängig | 479
> gänzlich dienstbar. (Ebd. I, 2, § 27. I. S. 204)

Schopenhauer sagt hier, daß die Erkenntnis dem Willen »*fast* durchgängig« dienstbar bleibt. Auf dieses »fast« ist noch zurückzukommen: Denn wenn die Vernunft zur Gänze dem Willen dienstbar wäre, könnte Schopenhauer überhaupt keine Lösung für die Fragen, die sich aus dem Leiden ergeben, annehmen. Eine Lösung ist hingegen möglich, wenn sich die Vernunft *gegen* den Willen und somit gegen den Grund des Leidens richten kann. Zunächst aber ergibt sich, daß mit der Vernunft als höherer Objektivation des Willens auch das Leiden gesteigert sein muß.

> Denn wie die Erscheinung des Willens vollkommener wird, so wird auch das Leiden mehr und mehr offenbar. [...] In gleichem Maße also, wie die Erkenntnis zur Deutlichkeit gelangt, das Bewußtsein sich steigert, wächst auch die Qual, welche folglich ihren höchsten Grad im Menschen erreicht, und dort wieder um so mehr, je deutlicher erkennend, je intelligenter der Mensch ist: der in welchem der Genius lebt, leidet am meisten. (Ebd. I, 4, § 56. II. S. 388)

Mit den höheren Stufen der Objektivation des Willens ist auch die Vereinzelung dieser Objektivationen verbunden. Die höheren Stufen bringen also mit der Differenzierung auch eine Aufspaltung mit sich. Diese Vereinzelung ist aber nichts Ursprüngliches und nichts, was eine Bedeutung in sich selbst hätte, denn der Wille – und somit für Schopenhauer Kants Ding an sich – ist in seinem Ursprung nur einer.

> So ist in allen mannigfaltigen Erscheinungen, welche neben einander die Welt füllen, oder nach einander als Begebenheiten sich verdrängen, doch nur der *eine Wille* das Erscheinende, dessen Sichtbarkeit, Objektität das Alles ist, und der unbewegt bleibt mitten in jedem Wechsel: er allein ist das Ding an sich: alles Objekt aber ist Erscheinung, Phänomen, in Kants Sprache zu reden. (Ebd. I, 2, §27. I. S. 205)

Dem *Individuum* kommt daher nur ein abgeleiteter, letztlich *unerheblicher Status* zu, je mehr man sich, auch im Erkennen des Wesens der Dinge, dem Ding an sich nähert, um so mehr verschwindet das Individuum. Die Vereinzelung der Dinge gehört nur der Welt der Erscheinungen an. Fragt man nach dem Zusammenhang der einzelnen Dinge in kausaler Hinsicht, so erscheinen sie als Vereinzelte, die ein Vorausgehendes und ein Folgendes haben, aber dies ist nur ihr Erscheinungsbild. Das Einzelne als nach dem *principium individuationis* Abgespaltenes ist nur auf dieser Oberfläche angesiedelt, im Erfassen des Dings an sich löst sich dieser Schein wieder völlig auf, das Individuum ist Nichts.

> Wohl sehn wir das Individuum entstehn und vergehn: aber das Individuum ist nur Erscheinung, ist nur da für die im Satz vom Grunde, dem *principio individuationis*,
> 480 | befangene Erkenntnis: für diese freilich empfängt es sein Leben wie ein Geschenk, geht aus dem Nichts hervor, leidet dann durch den Tod den Verlust jenes Geschenks und geht ins Nichts zurück. (Ebd. I, 4, §54. II. S. 348)

Mit dieser Auffassung vom Individuum als einem letztlich aufzulösenden Schein sind wir genau bei einem Kriterium angelangt, das für das fernöstliche, vor allem das buddhistische Denken kennzeichnend ist und das auch an früheren Punkten der Darstellung der Geschichte der Philosophie als Anzeichen für die Präsenz dieses Denkens des Ostens angeführt wurde (vgl. z. B. 1. Teil, Kap. XVII, 1, c). Die Eigennamen als Kennzeichen der Individuen stellen die große sprachliche Täuschung dar, hinter ihnen steht jedoch keine Substanz. Das *karma* enthält nur einzelne Manifestationen, deren Zusammentreffen gelegentlich den Schein eines sich durchhaltenden Einzelnen hervorruft, ein Schein, der sich jedoch bald wieder auflöst. Das Festhalten-Wollen an diesem Schein ist die eigentliche Ursache des Leidens.

Die Sicht des Lebens, die sich aus dieser Metaphysik ergibt, ist das, was Schopenhauers »Pessimismus« genannt wird. Der Begriff ist legitim, weil Schopenhauer offensichtlich immer wieder gegen den – natürlich leibnizschen – Optimismus polemisiert, so wenn er z. B. sagt:

> Die Welt ist folglich so schlecht, wie sie möglicherweise sein kann, wenn sie überhaupt noch sein soll. [...] Der Optimismus ist im Grunde das unberechtigte Selbstlob des eigentlichen Urhebers der Welt, des Willens zum Leben, der sich wohlgefällig in seinem Werke spiegelt: und demgemäß ist er nicht nur eine falsche, sondern auch eine

verderbliche Lehre. Denn er stellt uns das Leben als einen wünschenswerten Zustand, und als Zweck desselben das Glück des Menschen dar. Davon ausgehend glaubt dann jeder den gerechtesten Anspruch auf Glück und Genuß zu haben: werden nun diese, wie es zu geschehn pflegt, ihm nicht zu Teil; so glaubt er, ihm geschehe Unrecht, ja er verfehle den Zweck seines Daseins; – während es viel richtiger ist, Arbeit, Entbehrung, Not und Leiden, gekrönt durch den Tod, als Zweck unsers Lebens zu betrachten (wie dies Brahmanismus und Buddhaismus und auch das echte Christentum tun); weil diese es sind, die zur Verneinung des Willens zum Leben leiten. (*Die Welt als Wille und Vorstellung* II, 4, 46. IV. S. 684)

Schopenhauer erkannte korrekt den logischen Zusammenhang von Optimismus und der Forderung nach einer Theodizee, also einer Rechtfertigung Gottes oder des Sinnes der Welt angesichts des Leidens. Für den Pessimisten erledigt sich die Frage der Theodizee von selbst. Die Kritik des Optimismus beruht offensichtlich nicht auf einer Analyse von dessen Argumenten, die ja auch gar nicht so schwer anzugreifen wären, sondern auf der vorausgesetzten Grundoption für die »schlechte Welt«. Wir sind hier wieder bei Schopenhauers Grunderfahrung vom Leben als Leiden und von der Welt als Jammertal. Angesichts dessen muß der Optimismus ganz einfach als Oberflächlichkeit oder Naivität erscheinen. | 481

In einer solchen Welt, wo keine Stabilität irgend einer Art, kein dauernder Zustand möglich, sondern Alles in rastlosem Wirbel und Wechsel begriffen ist, Alles eilt, fliegt, sich auf dem Seile, durch stetes Schreiten und Bewegen, aufrecht erhält, – läßt Glückseligkeit sich nicht ein Mal denken. Sie kann nicht wohnen, wo Platos »beständiges Werden und nie Sein« allein Statt findet. Zuvörderst: Keiner ist glücklich, sondern strebt sein Leben lang nach einem vermeintlichen Glücke, welches er selten erreicht und auch dann nur, um enttäuscht zu werden: in der Regel aber läuft zuletzt Jeder schiffbrüchig und entmastet in den Hafen ein. Dann aber ist es auch einerlei, ob er glücklich oder unglücklich gewesen, in einem Leben, welches bloß aus dauerloser Gegenwart bestanden hat und jetzt zu Ende ist. (*Parerga und Paralipomena* II, § 144. IX. S. 308 f.)

Der im Menschen zum Ausdruck kommende Wille, der eben letztlich auch nur zielloser Trieb ist, treibt den Menschen dazu, nach der Befriedigung jeweils neu erwachender Bedürfnisse zu streben, jeweils neu sich ergebende Nöte zu überwinden. Immer dann jedoch, wenn er das Ziel erreicht hat, zeigt sich die Erfüllung als nichtig, denn entweder entstehen sofort wieder neue Bedürfnisse und Nöte oder, wenn dies in seltenen Fällen nicht eintritt, es folgt nur die Langeweile, die auch wieder keine Befriedigung liefert.

Daß hinter der *Not* sogleich die *Langeweile* liegt, welche sogar die klügeren Tiere befällt, ist eine Folge davon, daß das Leben keinen *wahren echten Gehalt* hat, sondern

> bloß durch Bedürfnis und Illusion in *Bewegung* erhalten wird: sobald aber diese stockt, tritt die gänzliche Kahlheit und Leere des Daseins zu Tage. (Ebd. II, § 146. IX. S. 311)

Das Leben des Einzelnen ist also nichts anderes als ein Moment in einer unendlichen, ziellosen Kette von Manifestationen eines irrationalen Willens. Eigentlich ist es schon nicht richtig, von »Moment« zu sprechen, denn dies setzt eine Zeitordnung voraus, die jedoch selbst nur Schein ist, denn der Urwille kennt keine solche Ordnung, so wie das *karma* eine Abfolge nur vorspiegelt. Die Vorstellung eines Selbstzwecks des Lebens des Einzelnen ist eine Illusion und eine Selbsttäuschung, die sich spätestens am Ende des Lebens als solche erweist (Ebd. § 145–147. IX. S. 310 f.). Und so ist der Lebenslauf des Menschen in der Regel derart, daß dieser, von den immer wieder auftauchenden Hoffnungen genarrt, dem Tode in die Arme tanzt (Ebd. § 145. IX. S. 310). Wenn dieses unser Dasein der letzte Zweck der Welt wäre, so wäre es der albernste Zweck, der je gesetzt wurde, möchten nun wir selbst oder ein anderer ihn gesetzt haben (Ebd. § 146. IX. S. 310 f.):

> Am richtigsten werden wir das Leben fassen als einen *desengaño*, eine Enttäuschung: darauf ist, sichtbarlich genug, Alles abgesehen. (Ebd. § 147. IX. S. 313)

482 |

Für den, der die Regie des Schauspiels durchschaut hat, ist die Illusion aufgehoben, die Vorstellung ist zu Ende.

3. Leiden und Erlösung

Ausgehend von der eben geschilderten Lage stellt sich Schopenhauer nun folgende Frage: Wenn der Wille uns doch nur zu einem sinnlosen Streben antreibt, das nie Erfüllung erreichen kann, gibt es dann überhaupt eine Möglichkeit, diesem sinnlosen Leiden zu entrinnen? Die von Schopenhauer vorgelegte Lösung kann nicht einfach über eine rationale Analyse der Welt gehen. Eine solche Möglichkeit gäbe es nur, wenn wir zur *Erkenntnis der Sinnlosigkeit alles Strebens* kämen. Wie aber sollen wir zu dieser Erkenntnis gelangen, wo doch die Vernunft auch nur ein Instrument genau dieses sinnlosen Strebens ist? Einen vernunftgeleiteten Weg, zu dieser Einsicht zu gelangen, kann es also nicht geben. Schopenhauer sieht jedoch einen Weg durch die *Kunst* eröffnet, die daher bei ihm – ganz in Gegensatz zu Hegel – die Stelle des höchsten Vermögens des Menschen einnimmt. Schopenhauer meint, daß es Momente des Stillstands gibt, Augenblicke der *Loslösung vom Willen*, die uns eine Ahnung von der Aufhebung des Willens und damit von der Individualität geben. Solche Momente sind in der Erfahrung der Kunst gegeben, in der es zur willenlosen Wahrnehmung, zum reinen, von keinem Interesse getriebenen Anschauen oder Anhören kommt.

> Denn in dem Augenblicke, wo wir, vom Wollen losgerissen, uns dem reinen willenlosen Erkennen hingegeben haben, sind wir gleichsam in eine andere Welt getreten, wo Alles, was unsern Willen bewegt und dadurch uns so heftig erschüttert, nicht mehr ist. [...] wir sind nicht mehr das Individuum, es ist vergessen, sondern nur noch reines Subjekt der Erkenntnis: wir sind nur noch da als das *eine* Weltauge, was aus allen erkennenden Wesen blickt, im Menschen allein aber völlig frei vom Dienste des Willens werden kann, wodurch aller Unterschied der Individualität so gänzlich verschwindet [...]. (*Die Welt als Wille und Vorstellung* I, 3, §38. I. S. 254)

Soll die Kunst die Funktion des Leitfadens zur Erkenntnis der Welt haben, so darf sie nicht eine erlösende Gegen-Welt sein, wie sie es bei Wackenroder oder Tieck gewesen war, sondern muß genau diese Welt darstellen, allerdings so, daß dieses Anschauen »völlig frei vom Dienste des Willens« ist. Die Kunst stellt also nur in ihrer Form, nicht in ihrem Gehalt eine »andere Welt« dar, ihr Gegenstand ist auch nichts anderes als dieses Leiden. Wird dieses jedoch in der reinen Form dargestellt, so gewährt es einen Trost, wenn auch nur für Augenblicke.

> Alles beruht darauf, daß [...] das Ansich des Lebens, der Wille, das Dasein selbst, ein stetes Leiden und teils jämmerlich, teils schrecklich ist; dasselbe hingegen als Vorstel- | 483
> lung allein, rein angeschaut, oder durch die Kunst wiederholt, frei von Qual, ein bedeutsames Schauspiel gewährt. (Ebd. I, 3, §52. I. S. 335)

Wir können uns diesen Gedanken an einem – so weit ich sehe, bei Schopenhauer nicht angeführten – Beispiel verdeutlichen: In Mozarts *Don Giovanni* ist das stets unerfüllte Streben, das von einem Objekt zum nächsten eilt und doch schließlich scheitert, dargestellt. Der Gegenstand des Dargestellten ist nichts anderes als die Vorspiegelung von Zielen, deren Erreichen erneut die Erfahrung des Unbefriedigtseins hervorruft.

> Nun aber die Unersättlichkeit des individuellen Willens, vermöge welcher jede Befriedigung einen neuen Wunsch erzeugt und sein Begehren, ewig ungenügsam, ins Unendliche geht. (*Parerga und Paralipomena* II, 1, §145. IX. S. 310)

Am Schluß sieht Don Giovanni die Sinnlosigkeit seines Lebens in keiner Weise ein, er wird einfach, gescheitert, vom Boten des Todes abgeführt. Diese Sinnlosigkeit des Lebens »durch die Kunst wiederholt, frei von Qual« gibt jedoch die Möglichkeit einer Erkenntnis, die unter »normalen« Bedingungen unerträglich wäre. Das Leiden, somit zwar dargestellt, aber in der Kunst »verklärt«, losgelöst vom individuellen Wollen, ist »die allein unschuldige Seite des Lebens« (*Die Welt als Wille und Vorstellung* I, 3, §52. I. S. 334). Dabei sind alle Leidenschaften des Zuschauers aufgehoben, es geht um die reine Wahrnehmung der Form, bei der sich der Einzelne nicht mehr als Einzelner erfährt, sondern als zeitloser und überindividueller »Träger« der Wahrnehmung. Der Zuschauer oder Zuhörer soll gerade nicht als Individuum »nachempfinden«, sondern rein anschauen oder anhören, er soll in der Erfahrung der Kunst sein Ich vergessen, so wie auch im Kunstschaffenden der individuelle Mensch vom Künstler ganz verschieden ist (Ebd. I. S. 327). Die höchste Form der Kunst ist die *Musik*:

> Die Musik ist also keineswegs, gleich den anderen Künsten, das Abbild der Ideen, sondern *Abbild des Willens selbst*, dessen Objektität auch die Ideen sind: deshalb eben ist die Wirkung der Musik so sehr viel mächtiger und eindringlicher, als die der anderen Künste: denn diese reden nur vom Schatten, sie aber vom Wesen. (Ebd. I. S. 324)

Kann die Musik also das Wesen von allem darstellen, erhält sie philosophischen Rang. Anders als bei Hegel entspricht die Kunst, und hier vor allem die Musik, bei Schopenhauer sehr wohl dem höchsten Bedürfnis des Geistes, so daß »eine vollkommen richtige, vollständige und in das Einzelne gehende Erklärung der Musik, also eine ausführliche Wiederholung dessen was sie ausdrückt in Begriffen zu geben, [...] die wahre Philosophie sein würde« (Ebd. I. S. 332). Die Musik ist für Schopenhauer »eine unbewußte Übung in der Metaphysik, bei der der Geist nicht weiß, daß er philosophiert« (Ebd.). Je begriffs- und damit je sprachfreier die Musik ist, um so eher kann sie das Wesen der Erscheinungen zum Ausdruck bringen. Und dies bedeutet, daß der Text, der gelegentlich verwendet wird, eine ganz untergeordnete Rolle spielen muß. Für Schopenhauer lieferten die Opern von Giachino Rossini (1792–1868), die zu dieser Zeit in Berlin und an anderen Orten größte Erfolge erzielten, das beste Beispiel einer solchen Musik, da in ihnen ganz unabhängig von individuellen Begebenheiten *der* Schmerz, *das* Entsetzen, *die* Lustigkeit usw. ihren Ausdruck findet (Ebd. I. S. 329). Wagners Vorstellung vom Musikdrama, das zunächst vom Wortgeschehen her gedacht ist, findet hier keine Stütze.

Diese Erlösung durch die Kunst ist jedoch auf kurze Augenblicke beschränkt, die Kunst kann somit nicht die endgültige Antwort liefern. Es kommt der Moment, wo vom Spiel zum Ernst übergegangen werden muß (Ebd. I. S. 335). Die wahre Richtung einer dauerhaften Erlösung muß dort gesucht werden, »wohin die Verneinung des Willens zum Leben den Weg eröffnet« (Ebd. § 144. I. S. 309). Die *Verneinung des Willens* darf jedoch nicht selbst ein Akt des Willens sein, sondern muß in einem langsamen *Absterben*, im *Entsagen* und in der *Askese* bestehen. Der Selbstmord ist daher als Erlösung ausgeschlossen: Der Selbstmörder verneint nicht das Leben, sondern nur die Bedingungen, unter denen es sich vorfindet (Ebd. I, 4, § 69. II. S. 492), seine Handlung ist eine Auflehnung und damit eine, die vom Willen, nicht aber von der Verneinung des Willens diktiert ist. Beim Weg des langsamen Absterbens des Willens verweist Schopenhauer immer wieder auf die Asketen der östlichen wie der westlichen Kulturen. Er weiß aber auch, daß nur wenige diesen Weg beschreiten und die meisten Menschen nur auf dem Weg des vom Schicksal verhängten Leidens und schließlich in der Nähe des Todes zu dieser Einsicht gebracht werden (Ebd. I, 4, § 68. II. S. 484). Der entscheidende Punkt der geforderten Entsagung betrifft die Individualität. Wird die Vielheit als Abspaltung und somit als Schein durchschaut, und wird konsequenterweise auch die Individualität als Schein erkannt, kommt es darauf an, die *Individualität* selbst *absterben* zu lassen. Das Absterben des Bewußtseins der Einzelheit wird vor allem im Mitleid erreicht, welches das Leiden aller anderen als das eigene Leiden ansieht. Wer im Mitleiden die Schranke aller Individualität durchbricht, wer das Leiden aller als sein eigenes empfindet, wem so schließlich alles Begehren und Wünschen abgestorben ist, der ist zum »Heiligen« geworden, der hat die Erlösung erreicht, die somit allein im Aufgeben seiner selbst als Selbst besteht.

Der Mensch gelangt zum Zustande der freiwilligen Entsagung, der Resignation, der wahren Gelassenheit und gänzlichen Willenlosigkeit. [...] Sein Wille wendet sich, bejaht nicht mehr sein eigenes, sich in der Erscheinung spiegelndes Wesen, sondern verneint es. (*Die Welt als Wille und Vorstellung* IV, § 68. II. S. 470)

An diesem Punkt ist der Einfluß der Upanischaden und des Buddhismus überdeutlich, so daß sich am Ende nun das gesamte System Schopenhauers von dieser Herkunft her verstehen läßt. Schopenhauer hat diese Herkunft nie verheimlicht, er sieht daher auch die Mystik als die andere Seite und als die richtige Ergänzung seiner Philosophie an: | 485

Meine Philosophie unterscheidet sich von der *Mystik* dadurch, daß diese von Innen anhebt und ich von Außen: ich meine dies: Der Mystiker geht aus von seiner innern individuellen Erfahrung, in welcher er sich erkennt als das Centrum der Welt und das ewige alleinige Wesen. Allein mitteilbar ist hievon nichts, als eben Behauptungen, die man auf sein Wort glauben soll: Überzeugen kann er nicht. Ich dagegen gehe aus von der bloßen Erscheinung, die allen gemeinsam ist, die Reflexion über welche sich also vollkommen mitteilen läßt: und da nur von solchen Erfahrungen die Rede ist, die allen gemein sind, so ist Überzeugung möglich. [...] Daher ist die Mystik eine vortreffliche Ergänzung meiner Philosophie: und wer mich gelesen hat, wird sehr wohl tun, das Mystische im Upanischad [...] und endlich die Mystik der Sufis zu lesen. Denn sie alle geben das Positive, da wo ich als Philosoph nur Negatives geben konnte. (*Der handschriftliche Nachlaß*. III. S. 345)

Die »Leseanweisung« Schopenhauers würde ich allerdings umkehren, d. h.: Um Schopenhauers Philosophie zu verstehen, wird es das beste sein, sich zunächst einmal mit der indischen Philosophie, dem Buddhismus und der sufistischen Mystik (vgl. 2. Teil, Kap. IX, 3) zu beschäftigen. Diese Umkehrung bedeutet dann allerdings, daß auch Schopenhauers Behauptung, mit seiner Philosophie überzeugen zu können, relativiert werden muß.

Schopenhauer geht also ganz klar den Weg von der Kunst zur Religion. Für Schopenhauer liefert die Kunst den Vorschein, das momenthafte Aufblitzen der Möglichkeit der Erlösung, nicht diese selbst; diese kann nur im tatsächlichen Absterben des Willens erreicht werden. Genau diesen Schritt tut Wagner nicht: Er will an der Vorstellung der »Kunstreligion«, der Kunst als Religion, die also selbst schon die Erlösung vermittelt, festhalten. Die Überwindung des Willens zum Leben wird bei Wagner zum Grundmotiv im *Ring der Nibelungen* und in *Tristan und Isolde*, während die Erlösung durch Mitleid im *Parsifal* leitend ist. Wagner meint jedoch, daß sich die Erlösung schon im Musikdrama selbst abspiele und daß dieser Vorgang den Zuhörer/Teilnehmer in seinem Bewußtsein endgültig verändern würde. Deshalb wird für ihn das Musikdrama zur Kultveranstaltung, zum Bühnenweihfestspiel, ein Anspruch, den dieses letztlich doch nicht einlösen kann.

Wir begegnen in Schopenhauer somit tatsächlich dem großen Außenseiter der Philosophie des 19. Jhd.s. Er allein denkt bewußt von ganz anderen Quellen her als die anderen, die nicht nur aufgrund ihrer Herkunft, sondern auch in ihrem ganzen Denken die griechische und christliche Prägung nicht verleugnen können. Es ist aber auch so, daß der Außenseiter eine Innenseite der europäischen Tradition klarer und schärfer gesehen hat als alle anderen (mit Ausnahme vielleicht des späten Schelling, vgl. Kap. XVIII, 2): Er ist der einzige, der genau erfaßt hat, daß eine ganz wesentliche Traditionslinie der »europäischen« Philosophie nicht-europäischen, fernöstlichen Ursprungs ist. In dieser Lehre geht es um die Erlösung durch Aufhebung der Individualität. Diese Lösung ist bei den genannten Autoren – Klemens von Alexandrien, Dionysios Ariopagita, Scotus Eriugena, Eckhart – tendentiell immer gegeben, sie wird aber dann immer irgendwie so »umgebogen«, daß das Individuum doch erhalten bleibt, was aber eben nur die äußerlichen Behauptungen betrifft. Ein weiteres: In allen aus dem griechischen Denken herkommenden Philosophien herrscht der Primat des Intellekts, des Verstandes, vor; in allen aus dem biblisch-christlichen Bereich herkommenden Philosophien wird zwar dem Willen eine größere Rolle zugesprochen, der Wille wird dabei aber immer als Manifestation des Einzelnen angesehen. Entsprechend wird hier der vorherrschende Grund der Welt als personal vorgestellt, dem ein ebenso personal gedachter Mensch gegenübersteht, und damit wird dem Individuum und seiner gesellschaftlichen Organisation ein zentraler und unaufgebbarer Wert beigemessen. Das Symbol dieser Wertorientierung ist das – biblisch-religiös oder säkularisiert-politisch gedachte – »Reich Gottes«. In der indischen Philosophie und Religion begegnet uns ein völlig anderes metaphysisches Wertsystem: Der Buddhismus strebt nach der völligen »Leere«, ihrem Erfassen muß das Begreifen der Welt als Nichtigkeit vorausgehen. Ziel ist das völlige Eingehen in das Leere, in dem die als Leiden gewertete Individualität aufgehoben (aber *nicht* im hegelschen Sinne bewahrt) wird. Das Symbol der Wertorientierung ist das »Nirwana«, das daher konsequenterweise in der europäischen Philosophie kein brauchbares Äquivalent haben kann. Während Philosophien, die aus der griechisch-christlichen Tradition herkommen, immer auf eine theoretische oder praktische Beherrschung der Welt und der Gesellschaft abzielen, in der die eigene Identität und die der anderen gesichert und vervollkommnet wird, zielt die Philosophie, die aus der indischen Tradition kommt, auf Mitleiden mit den anderen, um sich selbst und die anderen aus der Identität, die durch Eigenwillen geprägt ist, zu erlösen. Während die einen die Welt beherrschen und verändern wollen, wollen die anderen sie aufheben. In diesem Sinne formulierte Schopenhauer die radikalste Alternative zu Hegel, wobei man eigentlich gar nicht mehr von Kritik sprechen kann, denn eine solche setzt allgemeinste ähnliche Grundvoraussetzungen voraus.

Es ist daher nicht verwunderlich, daß in einer Zeit wie unserer Gegenwart, in der Zweifel am Fortschritt, am »Reich Gottes auf Erden« und an der Möglichkeit der Aufhebung sozialer Entfremdung aufkommen, die Anziehungskraft der radikalen Alternative zunimmt. Ob dabei Schopenhauer genannt wird, ist unerheblich, denn sein System ist prinzipiell nicht »originell«, sondern bringt nur in europäischer Sprache die Alternative der metaphysischen Lebensauffassung des fernen Ostens zum Ausdruck.

- XXIII -

Friedrich Nietzsche

1. Die tragische und die theoretische Daseinsform

Bei Marx war der Fortschrittsglaube, der seine Plausibilität weithin vom Fortschritt
der Wissenschaft gewonnen hatte, ungebrochen. Kierkegaard und Schopenhauer
hatten diese Fortschrittsgläubigkeit in Frage gestellt, keiner von ihnen hatte jedoch
den Zusammenhang von *Fortschrittsglauben* und *Wissenschaftsgläubigkeit* als aus-
drückliches Problem gefaßt. Bei Friedrich Nietzsche (1844–1900) wird nun Wissen-
schaft zum ersten Mal ausdrücklich problematisiert. Als einziger Vorläufer kann
Rousseau angesehen werden, dessen Schriften Nietzsche schätzte. Doch auch Nietz-
488 | sche selbst ging der Zusammenhang von Problematisierung der Wissenschaft und
Problematisierung des Fortschrittsglaubens erst langsam auf. Rückblickend sagte er
in dem in den achtziger Jahren entstandenen *Versuch einer Selbstkritik* zu seinem
frühen Werk *Die Geburt der Tragödie*:

Was ich damals zu fassen bekam, etwas Furchtbares und Gefährliches, ein Problem mit Hörnern, nicht notwendig gerade ein Stier, jedenfalls ein *neues* Problem: heute würde ich sagen, daß es das *Problem der Wissenschaft* selbst war – Wissenschaft zum ersten Male als problematisch, als fragwürdig gefaßt. (*Die Geburt der Tragödie. Versuch einer Selbstkritik.* I. S. 10)

Nietzsche hatte erkannt, daß das Problem der Wissenschaft oder die Wissenschaft als Problem gar nicht auf dem Boden der Wissenschaft erfaßt werden konnte. Aus diesem Grund wählte er schon in diesem Frühwerk einen ganz anderen Gesichtspunkt: Er stellte sich die Aufgabe, »die Wissenschaft unter der Optik des Künstlers zu sehen, die Kunst aber unter der des Lebens« (Ebd. S. 11). Nietzsche, der von Beruf eigentlich Altphilologe war, griff dieses Problem im Zusammenhang einer kulturgeschichtlich orientierten Auseinandersetzung mit der griechischen Antike auf. Bei seiner Analyse ging es ihm jedoch nicht um eine einfache historische Arbeit – er kritisierte z. B. Johann Joachim Winckelmanns (1717–1768) Bild des glücklichen, heiteren griechischen Menschen –, sondern um die kritische Interpretation seiner Gegenwart, die er als Konsequenz einer in der griechischen Antike angelegten (Fehl-)Entwicklung betrachtete. In der frühen Periode seiner Arbeiten stellte Nietzsche einen entscheidenden Einschnitt und Umbruch fest: den Übergang von der *tragischen* Weltauslegung der Griechen zu der auf *wissenschaftliche* Rationalität hinzielenden sokratischen Weltauslegung. In der späteren Periode nahm Nietzsche diese Epochendifferenz auf und interpretierte die spätere Epoche als jene, die durch den *moralischen* Menschen gekennzeichnet ist, so wie er durch das Christentum hervorgebracht wurde. Dazu sagt er interpretierend in seinem *Versuch einer Selbstkritik*:

Gegen die Moral also kehrte sich damals, mit diesem fragwürdigen Buche, mein Instinkt, als ein fürsprechender Instinkt des Lebens, und erfand sich eine grundsätzliche Gegenlehre und Gegenwertung des Lebens, eine rein artistische, eine *antichristliche*. Wie sie nennen? Als Philologe und Mensch der Worte taufte ich sie, nicht ohne einige Freiheit – denn wer wüßte den rechten Namen des Antichrist? – auf den Namen eines griechischen Gottes: ich hieß sie die *dionysische*. (Ebd. S. 15)

Seiner eigenen Interpretation nach ging es Nietzsche also in seiner früheren wie in seiner späteren Periode um ein und dasselbe, wenn er zunächst den sokratisch-wissenschaftlichen und später den christlich-moralischen Menschen als *lebensfeindlich* kritisierte. Der Grundgedanke Nietzsches dabei ist, daß ein Dasein, das aus seiner ganzen Fülle heraus lebt, auch in der Lage sein muß, »das Harte, Schauerliche, Böse, | 489
Problematische des Daseins« (Ebd. S. 10) nicht nur zu integrieren, sondern als zum inneren Bestand des Daseins gehörend zu akzeptieren. Nietzsche nennt eine solche Daseinsinterpretation »pessimistisch«, da der Mensch sich darin mit dem Leidcharakter des Daseins identifiziert: Daraus geht dann ein »Pessimismus der Stärke« (Ebd. S. 9) hervor. Diesem *Pessimismus der Stärke* steht der *Optimismus der Schwäche* gegenüber: Dieser meint, durch Wissenschaft oder Moral (oder durch beides) das Leid und das Dunkle des Daseins wegrationalisieren zu können bzw. zu müssen. Dieser Gegensatz gab Nietzsche einen Schlüssel an die Hand, um die Geschichte der griechischen Antike zu interpretieren.

Wie? wenn die Griechen, gerade im Reichtum ihrer Jugend, den Willen *zum* Tragischen hatten und Pessimisten waren? wenn es gerade der Wahnsinn war, um ein Wort Platos zu gebrauchen, der die *größten* Segnungen über Hellas gebracht hat? Und wenn, andererseits und umgekehrt, die Griechen gerade in den Zeiten ihrer Auflösung und Schwäche immer optimistischer, oberflächlicher, schauspielerischer, auch nach Logik und Logisierung der Welt brünstiger, also zugleich »heiterer« und »wissenschaftlicher« wurden? (Ebd. S. 13)

Insofern die Menschen im Europa der späteren Jahrhunderte diese griechische Konzeption übernommen haben, gehören auch sie in die Geschichte des Optimismus hinein. Und dies bedeutet nichts anderes als die Vorherrschaft der Vernünftigkeit und des Utilitarismus, die aber gleichzeitig Manifestationen absinkender Lebenskraft darstellen, also als *décadence* zu gelten haben. Um der Schwäche und dem Absinken begegnen zu können, geht es daher zunächst einmal darum, den Sinn des Tragischen zu bestimmen. Das tragische Lebensgefühl, das sich in der Tragödie ausspricht, kommt nach Nietzsche aus zwei Grundtrieben: dem *Dionysischen* und dem *Apollinischen*. Das Dionysische steht dabei für das *Maßlose, Grenzenlose, Unendliche und Ekstatische*. Deshalb setzt Nietzsche dafür Dionysios, den Gott des Rausches und der Verzückung, als Symbol, eine Verzückung, »in deren Steigerung das Subjektive zu völliger Selbstvergessenheit hinschwindet« (Ebd. S. 24). Der Dithyrambus, ein enthusiastisch-ekstatisches Chorlied in freien Rhythmen, das im Kult des Dionysos verwendet wurde, ist zugleich sprachlicher Ausdruck des Ekstatischen und Mittel zur Erreichung desselben.

> Im dionysischen Dithyrambus wird der Mensch zur höchsten Steigerung aller seiner symbolischen Fähigkeiten gereizt; etwas Nieempfundenes drängt sich zur Äußerung, die Vernichtung des Schleiers der Maja, das Einssein als Genius der Gattung, ja der Natur. (Ebd. S. 28)

Demgegenüber ist das Apollinische das *Maßgebende, Begrenzende* und *Bestimmende*.
490 | Entsprechend dieser Funktion ist das Apollinische das die Einheit Herstellende, das *Individualisierende*, im Gegensatz zum Dionysischen, welches nicht nur das Nicht-Individualisierte ist, sondern eigentlich sogar das, was der Individualisierung entgegenstrebt, insofern es alle Begrenzung zu überschreiten sucht. Diese beiden Lebens- und Kunsttriebe stehen einander zwar gegenüber, sie sind jedoch nach der Auffassung Nietzsches dadurch verbunden, daß der Urgrund des Dionysischen von sich aus die Ordnungsfunktion des Apollinischen hervortreibt.

> Je mehr ich nämlich in der Natur jene allgewaltigen Kunsttriebe und in ihnen eine inbrünstige Sehnsucht zum Schein, zum Erlöstwerden durch den Schein gewahr werde, um so mehr fühle ich mich zu der metaphysischen Annahme gedrängt, daß das Wahrhaft-Seiende und Ur-Eine, als das Ewig-Leidende und Widerspruchsvolle, zugleich die entzückende Vision, den lustvollen Schein zu seiner steten Erlösung braucht [...]. (Ebd. S. 32)

Aus diesen beiden Kunsttrieben ging die attische Tragödie des Sophokles und des Aischylos hervor, die jedoch nicht als »Schauspiel« im modernen Sinne aufgefaßt werden darf, sondern als symbolisch vermittelte und vermittelnde Grundauffassung des Daseins. Im griechischen Theater der frühen Zeit gab es keine Zuschauer, sondern nur Teilnehmer, was schon darin zum Ausdruck kommt, daß das Schauspiel sich nicht *vor*, sondern *in der Mitte* unter den Teilnehmern abspielte (Rundarena). Es gibt keine Religion neben der Tragödie, diese ist vielmehr, soweit es überhaupt eine gibt, ein Element innerhalb derselben. In der Tragödie und in der ihr entsprechenden tragischen Daseinsbewältigung ist das Dasein in sich gerechtfertigt, es braucht also keine Erlösung von außerhalb, es ist autonom. Das Dasein findet seinen Sinn ausschließlich in sich, ohne jedes Erfordernis eines Verweises auf Transzendierendes. Vernunft ist hier immanente und konkrete menschliche Vernunft, und so gibt es auch keine Illusion der Auflösbarkeit von Leid und Schmerz. Die Vernunft geht selbst aus diesem leidvollen und widersprüchlichen Grund des Lebens hervor und strebt nicht danach, ihn zu überschreiten. Die Möglichkeit, mit dem so verfaßten Dasein fertig zu werden und es darüber hinaus noch zu bejahen, gibt einzig die *Kunst* und *nicht die Vernunft*. Daß für Nietzsche Schopenhauers *Die Welt als Wille und Vorstellung* den Weg zur Philosophie bereitet hatte, ist an diesem Punkt nicht zu übersehen: Die Kunst liefert die einzige Möglichkeit der Daseinsbewältigung.

> Hier, in dieser höchsten Gefahr des Willens, naht sich, als rettende, heilkundige Zauberin, die *Kunst*: sie allein vermag jene Ekelgedanken über das Entsetzliche oder Absurde des Daseins in Vorstellungen umzubiegen, mit denen sich leben läßt: diese sind das *Erhabene* als die künstlerische Bändigung des Entsetzlichen und das *Komische* als die künstlerische Entladung vom Ekel des Absurden. (Ebd. S. 48 f.)

Die Tragödie spricht aus, ohne zu lehren, daß alles Vorhandene gerecht und un- | 491
gerecht und in beidem gleich berechtigt ist (Ebd. S. 60). Die alte Tragödie ist ein Ereignis und eine Form des Lebens, die alles enthält, was über das Leben gesagt werden kann.

Das Ende dieser Einheit des Daseins und der tragischen Lebensbewältigung kommt durch eine Entwicklung, für welche die Namen Sokrates und Euripides stehen. Sokrates sagt: »nur der Wissende ist tugendhaft«, und dem entspricht die künstlerische Maxime des Euripides: »alles muß verständig sein, um schön zu sein« (Ebd. S. 72). So treten *Rationalität* und *Moral* mit dem Anspruch auf, dem Menschen die Richtung weisen zu können. Entsprechend erscheint die Tragödie nicht mehr als Lebensform, an welcher der Mensch partizipiert und zu der er selbst gehört, sondern als ausdrückliche Lehrinstanz. Die Bühne wird zum Ort des Lehrers, der Zuschauer zum Belehrten, Bühne und Zuschauerraum erhalten eine Richtung, der alte Kreis der Teilnehmer existiert nicht mehr. Es etabliert sich damit ein »Wissen« bzw. eine »Moral«, das bzw. die zusammen mit der Dialektik als der Methode, Menschen vernünftig und sittlich zu machen, einen *Optimismus* hervorbringt, mit dem man behauptet, das Glück herstellen zu können: »Tugend ist Wissen; es wird nur gesündigt aus Unwissenheit; der Tugendhafte ist der Glückliche« (Ebd. S. 81). Gegenüber dem tragischen Menschen tritt damit der *theoretische Mensch* mit seinem Glauben an die Erforschbarkeit der Natur des Menschen und aller Dinge und dem Glauben an die Wissenschaft als Universalheilmittel auf (Ebd. S. 84–86). Es ist jedoch unvermeidlich, daß dieser Optimismus an Grenzen stößt, nämlich dort, »wo er in das Unaufhellbare starrt« (Ebd. S. 87), wo also die Theorie keine Erklärung mehr liefert und die Moral keine brauchbare Regel zur Bewältigung der Situation kennt. Nietzsche glaubte, daß seine Zeit an dieser Grenze angelangt sei und fragte sich daher, ob es eine »Lösung« bzw. eine Ausflucht gebe. Der einfache Weg zurück zum tragischen Daseinsverständnis ist nach dem Weg der theoretischen Wissenschaft nicht mehr gangbar, ebenso wird aber der wissenschaftsgläubige Optimismus schließlich zur Resignation gezwungen.

> Hier beschäftigt uns die Frage, ob die Macht, an deren Entgegenwirken die Tragödie sich brach, für alle Zeit genug Stärke hat, um das künstlerische Wiedererwachen der Tragödie und der tragischen Weltbetrachtung zu verhindern. Wenn die alte Tragödie durch den dialektischen Trieb zum Wissen und zum Optimismus der Wissenschaft aus ihrem Gleise gedrängt wurde, so wäre aus dieser Tatsache auf einen ewigen Kampf zwischen *der theoretischen* und *der tragischen Weltbetrachtung* zu schließen; und erst nachdem der Geist der Wissenschaft bis an seine Grenze geführt ist, und sein Anspruch auf universale Gültigkeit durch den Nachweis jener Grenzen vernichtet ist, dürfte auf eine Wiedergeburt der Tragödie zu hoffen sein: für welche Kulturform wir das Symbol des *musiktreibenden Sokrates*, in dem früher erörterten Sinne, hinzustellen hätten. (Ebd. S. 95)

492 | Nietzsche hat hier, am Ende des 19. Jhd.s, die Problematik des 20. Jhd.s bereits scharf identifiziert: Der Glaube an die universale Herrschaft von Wissenschaft und Moral und an die Lösbarkeit aller Probleme durch diese Mittel gerät an eine Grenze, an der dieser Glaube sich als »bodenlos« erfährt und so dem Zerfall preisgegeben ist. Das Rätselhafte und Vernichtende auf dem Grund des Daseins ist nicht aufgehoben, das wissenschaftliche, theoretische Bewußtsein ist jedoch gegenüber dieser Dimension notwendigerweise hilflos, und so bricht es, da durch kein apollinisches Element gebannt, an den Rändern der Rationalität unkontrolliert und unkontrollierbar hervor.

In dieser Periode seines Denkens meinte Nietzsche jedoch noch immer, daß die Kunst ihre heilende Funktion wieder ausüben könnte und orientierte daran seinen geschichtstheoretischen Entwurf. Bei dieser neuen Kunst dachte er hauptsächlich an Wagner, den er von zahlreichen persönlichen Begegnungen her kannte. In der vierten der *Unzeitgemäßen Betrachtungen*, die Richard Wagner in Bayreuth gewidmet ist (*Unzeitgemäße Betrachtungen, viertes Stück. Richard Wagner in Bayreuth*. I. S. 367–434), bringt Nietzsche mit einer für uns heute geradezu bestürzenden Begeisterung seine Verehrung für Wagner und dessen Werk zum Ausdruck. *Tristan und Isolde* wird zum *opus metaphysicum* (Ebd. S. 408) und der *Ring der Nibelungen* zur eigentlichen Philosophie.

> Der Ring des Nibelungen ist ein ungeheures Gedankensystem ohne die begriffliche Form des Gedankens. Vielleicht könnte ein Philosoph etwas ganz Entsprechendes ihm zur Seite stellen, das ganz ohne Bild und Handlung wäre und bloß in Begriffen

zu uns spräche: dann hätte man das gleiche in zwei disparaten Sphären dargestellt, einmal für das Volk und einmal für den Gegensatz des Volkes, den theoretischen Menschen. An diesen wendet sich also Wagner nicht; denn der theoretische Mensch versteht von dem eigentlich Dichterischen, dem Mythus, gerade so viel als ein Tauber von der Musik, das heißt beide sehen eine ihnen sinnlos scheinende Bewegung. Aus der einen von jenen disparaten Sphären kann man in die andre nicht hineinblicken. (Ebd. S. 413)

Damit war die geschichtsphilosophische These verbunden, die Wiedergeburt der Tragödie hätte schon stattgefunden. Die Ernüchterung folgte bei Nietzsche rasch. Er begriff, daß für Wagner die Musik immer nur ein Mittel (*Der Fall Wagner* II. S. 924), das Eigentliche hingegen die Erlösungs-Botschaft war, deren Inhalt in der Schopenhauerschen Philosophie der Entsagung und der Resignation bestand (Ebd. S. 908 f.), also genau in dem Gegenteil dessen, was Nietzsche nun in seiner späteren Phase anstrebte.

Jede Kunst, jede Philosophie darf als Heil- und Hilfsmittel des wachsenden oder des niedergehenden Lebens angesehen werden: sie setzen immer Leiden und Leidende voraus. Aber es gibt zweierlei Leidende, einmal die an der *Überfülle* des Lebens Leiden- | 493
den, welche eine dionysische Kunst wollen und ebenso eine tragische Einsicht und Aussicht auf das Leben – und sodann die an der *Verarmung* des Lebens Leidenden, die Ruhe, Stille, glattes Meer *oder* aber den Rausch, den Krampf, die Betäubung von Kunst und Philosophie verlangen. Die Rache am Leben selbst – die wollüstigste Art Rausch für solche Verarmte! ... Dem Doppel-Bedürfnis der letzteren entspricht ebenso Wagner wie Schopenhauer – sie verneinen das Leben, sie verleumden es, damit sind sie meine Antipoden. (*Wir Antipoden.* II. S. 1047)

Die geschichtstheoretische Hoffnung, die Musik Wagners sei der Beginn eines neuen Dionysischen Zeitalters war also zerbrochen. In der späteren *Selbstkritik* an der *Geburt der Tragödie* gab Nietzsche dies auch rückhaltlos zu:

In der Tat, inzwischen lernte ich hoffnungslos und schonungslos genug von diesem »deutschen Wesen« denken, insgleichen von der jetzigen deutschen Musik, als welche Romantik durch und durch ist und die ungriechischeste aller möglichen Kunstformen [...]. Abseits freilich von allen übereilten Hoffnungen und fehlerhaften Nutzanwendungen auf Gegenwärtigstes, mit denen ich mir damals mein erstes Buch verdarb, bleibt das große dionysische Fragezeichen, wie es darin gesetzt ist [...]. (*Die Geburt der Tragödie. Versuch einer Selbstkritik.* I. S. 16 f.)

Die Grundfrage, wie das Leben in seiner Fülle auch mit allem »Negativen« bejaht werden könne, blieb somit für Nietzsche durchaus bestehen.

2. Nihilismus

Nietzsche sah sich somit gezwungen, die Frage nach der Möglichkeit der Bejahung des Lebens, wie sie in der attischen Tragödie gegeben war, erneut aufzunehmen. Allerdings ist dabei zu beachten, daß er in seinen späteren Werken das Dionysische anders versteht als in der *Geburt der Tragödie.* Das Dionysische umfaßt jetzt auch das Apollinische, es repräsentiert also das Grenzenlose schon in der formgebenden Begrenzung. Da die Wiedergeburt der Tragödie, die diese Bejahung in einem ermöglichen und symbolisieren sollte, nicht stattgefunden hatte, stellte er sich aber auch die Frage, welche gegenwärtigen Gründe eine solche Bejahung unmöglich machten. Die Fragestellung bleibt die gleiche: Woher kommt der theoretische und moralische Mensch, der unfähig geworden ist, sein Leben in allen seinen Dimensionen zu bejahen? Um diesen Menschen und die durch ihn gekennzeichnete Periode zu charakterisieren, verwendet Nietzsche den Begriff »Nihilismus«, den er aus der Tradition der russischen Anarchisten übernahm, die er vor allem durch Dostojewski vermittelt kannte. Mit »Nihilismus« bezeichnet Nietzsche die Gesamtheit der europäischen Kultur, die aus der Idee des moralischen und des damit verbundenen theoretischen Menschen hervorgegangen ist.

494 |

Der Glaube, daß die Welt, die sein sollte, *ist*, wirklich existiert, ist ein Glaube der Unproduktiven, die *nicht eine Welt schaffen wollen*, wie sie sein soll. Sie setzen sie als vorhanden, sie suchen nach Mitteln und Wegen, um zu ihr zu gelangen. [...] Dieselbe Spezies Mensch, noch eine Stufe *ärmer* geworden, *nicht mehr im Besitz der Kraft* zu interpretieren, des Schaffens von Fiktionen, macht den *Nihilisten.* Ein Nihilist ist der Mensch, welcher von der Welt, wie sie ist, urteilt, sie sollte *nicht* sein, und von der Welt, wie sie sein sollte, urteilt, sie existiert nicht. Demnach hat dasein (handeln, leiden, wollen, fühlen) keinen Sinn [...]. (*Aus dem Nachlaß der Achtzigerjahre.* III. S. 549)

Nihilismus ist somit der Name für die Krankheitsgeschichte des europäischen Menschen, die *décadence.* Ihr liegt zum einen die Moral zugrunde, in der immer eine Verneinung des Lebens enthalten ist, und zum anderen der theoretische Optimismus, mit dem beansprucht wird, alle Probleme mit Hilfe der Wissenschaft lösen zu können. Obwohl die Moral das Leben verneint, hat sie doch in der europäischen Geschichte eine große Wirksamkeit entfaltet. Der Grund dafür liegt in ihrer Zweideutigkeit. Denn während sie *dieses,* d. h. das diesseitige Leben, *verneint, bejaht* sie ein *anderes,* ein jenseitiges Leben. Der ursprüngliche Trieb zur Bejahung des Lebens ist also nicht schlechterdings aufgehoben, sondern verbogen, gleichsam abgelenkt. Die in der Moral enthaltene Verneinung des Lebens ist zwar schon seit Jahrhunderten erkannt worden, gerade wegen ihrer Zweideutigkeit aber kommt sie nicht an ein rasches Ende, sondern bringt nur ein langsames und somit langwieriges Siechtum hervor. Die Menschen möchten sich einerseits von den Fesseln der Moral freimachen, haben aber andererseits nicht den Mut und die Kraft, die dafür erforderlichen radikalen Änderungen durchzuführen. Die *décadence* ist eine lange Geschichte schlechter Kompromisse.

In diesem Zusammenhang stellt sich die Frage, wie es überhaupt zu einer solchen Verbiegung und Verkehrung kommen konnte. Nietzsche antwortet darauf, daß dem Willen zum Leben noch ein tieferer Wille zugrunde liegt: der *Wille zur Macht*. Jene aber, die nicht die Kraft haben, das Leben auch mit seiner Dunkelheit, seiner Absurdität und seinem Schrecklichen zu bejahen, die sich aber doch behaupten wollen, müssen einen Gegen-Willen aufrichten; einen Willen, durch den dieses Leben und diese Welt schlecht gemacht wird und mit dem sie dafür ein anderes Leben und eine andere Welt erfinden, in der sie entschädigt werden. Es ist klar, daß in dieser Entwicklung das Christentum für Nietzsche eine wichtige Rolle spielt, doch er bleibt dabei nicht stehen, sondern zeigt, daß die Philosophie, jedenfalls seit Platon, der Advokat dieser Gegen-Welt ist.

> Die Geschichte der Philosophie ist ein *heimliches Wüten* gegen die Voraussetzungen des Lebens, […] gegen das Parteinehmen zugunsten des Lebens. Die Philosophen haben nie gezögert, eine Welt zu bejahen, vorausgesetzt, daß sie dieser Welt widerspricht, daß sie eine Handhabe abgibt, von dieser Welt schlecht zu reden. Es war | 495
> bisher die große *Schule der Verleumdung*: und sie hat so sehr imponiert, daß heute noch unsere sich als Fürsprecherin des Lebens gebende Wissenschaft die Grundposition der Verleumdung *akzeptiert* hat und diese Welt als scheinbar, diese Ursachenkette als bloß phänomenal handhabt. *Was* haßt da eigentlich? Ich fürchte, es ist immer *die Circe des Philosophen*, die Moral, welche ihnen diesen Streich gespielt, zu allen Zeiten Verleumder sein zu müssen… Sie glaubten an die moralischen »Wahrheiten«, sie fanden da die obersten Werte, – was blieb ihnen übrig, als, je mehr sie das Dasein begriffen, um so mehr zu ihm nein zu sagen? (Ebd. S. 736 f.)

Innerhalb dieser Verneinung des Lebens ist das Christentum einzureihen, das nach Nietzsche »Platonismus fürs Volk« ist und sich in die große Bewegung des Ressentiments des schwachen Willens gegen den tragischen Urgrund des Lebens einreiht. In all diesen Bewegungen wollen die Menschen herrschen, sie können es jedoch nur, indem sie das Leben verurteilen: Aus der Verneinung schöpfen sie ihre Kraft und *erschöpfen* sich gleichzeitig in ihr. Stärker hingegen wäre es, die Widersprüche des Daseins zu bejahen, *immanent* zu bleiben, nicht vor dem Dunklen in unserem Leben zu fliehen. Die Nihilisten ertragen dies jedoch nicht. Die Wurzel ihrer Flucht- und Verweigerungsstrategie ist die Moral, die das Leben aufteilt, es teilweise verurteilt und ihm teilweise eine transzendente Wiedergutmachung verspricht. Als wirksames Instrument der Verneinung schafft sich der Nihilismus einen spezifischen Begriff der *Wahrheit* und entsprechend einen Begriff der *Rationalität*, jenen nämlich, in dem keine Widersprüche bestehen dürfen. Der *Ausschluß von Widersprüchen* erfordert zwangsläufig und scheinbar rational, daß bei unübersehbaren Absurditäten ein Ausgleich geschaffen werden muß. Diese Rationalität wird damit selbst zur *Logik des Scheins*, die den Schein, d.h. eine Scheinwelt, erst produziert. Diese jeden Widerspruch verbietende Rationalität ist jedoch schwach, da sie dem Menschen immer nur *eine* Sichtweise gestattet; es ist alles auf die Perspektive »wahr-falsch« festgelegt. Die »objektive Wahrheit« entspricht so dem »objektiven Sittengesetz«: In beiden wird eine Vielheit der Perspektiven nicht zugelassen. Einzig der Wille zuzulassen, daß die Wirklichkeit selbst oft widersprüchlich ist und sich nicht in ein widerspruchsfreies System einarbeiten läßt, gibt nach Nietzsche die Möglichkeit, sich dieser Wirklichkeit zu stellen. Hier wird Hegel in seinen Grundvoraussetzungen angegriffen. Hegel beginnt zwar mit einem Widerspruch, läßt ihn jedoch nicht bestehen, sondern fordert, ihn abzuarbeiten, d.h. aufzuheben. Es gibt bei Hegel nur eine einzige Perspektive, die jedoch nicht als solche zugegeben wird, sondern die die Verneinung von Perspektiven bedeutet, ganz entsprechend dem Wahrheitsverständnis der *décadence*. Die Verneinung der Vielheit der Perspektiven aber bedeutet Nihilismus.

3. Die Überwindung des Nihilismus

496 | »Nihilismus« ist bei Nietzsche, und zwar von ihm selbst so gedacht, zweideutig:

Nihilismus. Er ist *zweideutig*:

A. Nihilismus als Zeichen der *gesteigerten Macht des Geistes*: der *aktive* Nihilismus.

B. Nihilismus als Niedergang und Rückgang der Macht des Geistes: der passive Nihilismus. (Aus dem Nachlaß der Achtzigerjahre. III. S. 557)

Es geht also einzig um die Überwindung des passiven, müden Nihilismus. Die Überwindung des passiven Nihilismus erfordert, daß die bisherigen Werte entwertet werden, daß wir also zu einer *Umwertung der Werte* gelangen. Die Werte von Wahrheit und Moral müssen daher nicht nur modifiziert, sondern als ganze kritisiert werden.

Schaffen wir die wahre Welt ab: und um dies zu können, haben wir die bisherigen obersten Werte abzuschaffen, die Moral ... Es genügt nachzuweisen, daß auch die Moral *unmoralisch* ist, in dem Sinne, in welchem das Unmoralische bis jetzt verurteilt worden ist. Ist auf diese Weise die Tyrannei der bisherigen Werte gebrochen, haben wir die »wahre Welt« abgeschafft, so wird eine *neue Ordnung der Werte* von selbst folgen müssen. Die scheinbare Welt und die *erlogene* Welt – ist der Gegensatz. Letztere hieß bisher die »wahre Welt«, die »Wahrheit«, »Gott«. *Diese* haben wir abzuschaffen. (Ebd. S. 737)

Nietzsche erkannte als einer von ganz wenigen, daß im traditionellen Begriff von »Wahrheit« ein theologischer Problemüberhang weiterhin vorhanden war, der eine Überforderung darstellte (vgl. Kap. XI, 5) und der auch in der Philosophie des Deutschen Idealismus weiter wirkte.

Man hat nur das Wort »Tübinger Stift« auszusprechen, um zu begreifen, *was* die deutsche Philosophie im Grunde ist – eine *hinterlistige Theologie* ... (*Der Antichrist* 10. II. S. 1171)

«Wahrheit«, »wahre Welt«, »Moral« und »Gott« werden von Nietzsche als die Vorstellungen nebeneinandergestellt, die abgeschafft werden müssen. Es ist dabei jedoch zu betonen, daß Nietzsche diese Vorstellungen nicht direkt angriff und auch nicht angreifen wollte, sondern daß er sie einfach aus dem Grunde ablehnte, weil er erkannt hatte, daß mit den in ihnen enthaltenen unerreichbaren und unerfüllbaren Forderungen den Menschen die Möglichkeit genommen worden war, der wirklichen Welt und dem wirklichen Leben ins Auge zu schauen. Nihilismus ist die Auffassung, die wahre Welt sei eine andere, bessere, für uns aber unerreichbare, von der wir nur durch göttliche Kundgabe wissen und die wir nur durch göttliche Hilfe erreichen können. Nietzsche ist konsequenterweise überzeugt, daß diese »neue Ordnung« | 497
nicht eine andere der gleichen Art sein kann, sondern eine qualitativ neue Ordnung sein muß, die daher auch nicht mehr unter den bisherigen Begriff der »Ordnung« fällt, ebenso wie die neuen Werte nicht mehr unter den bisherigen Begriff des »Wertes« fallen. Denn »Ordnung« und »Wert« im bisherigen – nihilistischen – Sinne setzten immer ein Ziel voraus, auf das hin Ordnungen entworfen wurden, einen höchsten Wert, von dem aus bewertet werden konnte; all dies sind aber Elemente der Gegen-Welt. Es kommt also darauf an zu akzeptieren, daß die Welt kein Ziel hat und auch diese Akzeptanz nicht wiederum im Schema einer Ordnung zu denken ist.

Hätte die Welt ein Ziel, so müßte es erreicht sein. Gäbe es für sie einen unbeabsichtigten Endzustand, so müßte er ebenfalls erreicht sein. Wäre sie überhaupt eines Verharrens und Starrwerdens, eines »Seins« fähig, hätte sie in allem ihrem Werden nur *einen* Augenblick diese Fähigkeit des »Seins», so wäre es wiederum mit allem Werden längst zu Ende, also auch mit allem Denken, mit allem »Geiste«. Die Tatsache des »Geistes« *als eines Werdens* beweist, daß die Welt kein Ziel, keinen Endzustand hat und des Seins unfähig ist. (*Aus dem Nachlaß der Achtziger Jahre.* III. S. 458 f.)

Um die Wirklichkeit bejahen zu können, muß also darauf verzichtet werden, eine Ordnung festmachen zu wollen, die ein inneres Ziel der Wirklichkeit ausmacht. Betrachtet man die Wirklichkeit von verschiedenen, einander durchaus auch *widersprechenden Perspektiven*, so wird jede als definitiv und ausschließlich erscheinende Ordnung verhindert. Aber gerade dadurch nähern wir uns der Wirklichkeit, die schließlich selbst widersprüchlich sein kann. Gegenüber der alten Wahrheitsauffassung wird nun der Mut erforderlich, nicht mehr zu wollen, daß alle Perspektiven in einer Gesamtschau zusammengefaßt werden. Die Vorstellungen von »Wahrheit« und »System« sind nach Nietzsche unvereinbar, und dies trennt ihnt radikal von der Philosophie Hegels.

Der Übergang vom Nihilismus zu einer Position jenseits des Nihilismus kann nicht von einem »Außen« der geschichtlichen Entwicklung kommen, da es für Nietzsche kein solches »Außen« gibt und prinzipiell nicht geben darf, soll dem Menschen nicht wieder eine neue Heteronomie auferlegt werden. Heteronomie ist aber eben gerade die Wurzel des Nihilismus. Der Nihilismus muß daher von innen her bis zum Ende getrieben werden, er muß sich ganz auswirken. Sein Ende kommt dort in den Blick, wo »Moralität« und »Wahrheit«, die selbst aus Schwäche hervorgegangen sind, sich in ihrer Wirksamkeit erschöpfen, d. h. sich als Schwäche zeigen. Dies meinte Nietzsche in seiner Gegenwart feststellen zu können. – Eine Beurteilung dieses Urteils ist nicht einfach und wird, weil sie ja auch wieder nur perspektivisch vorgenommen wird, auch nicht definitiv sein können. Jedenfalls waren zur Zeit Nietzsches die Symptome der Erschöpfung bei der »Moralität« schon recht deutlich sichtbar, wohingegen der Wissenschaftsoptimismus kaum Zeichen der Erschöp-
498 | fung zeigte.

Nicht Kritik, sondern Bejahung des Lebens in all seinen Dimensionen ist Nietzsches Ziel, er suchte das *nach-nihilistische Dionysische*. Er wußte, daß Philosophie dabei nicht mehr als Reflexion, sondern als Wille zur Bejahung des Lebens, und das heißt: als Wille zur Macht verstanden und damit zwangsläufig auch gelebt werden müßte. Philosophie erfordert den Mut zu vorurteilslosem, nichts ausschließendem Leben und so zu nichts ausschließendem Sehen. Nur daraus kann der »neue Weg zum Ja« hervorgehen.

Philosophie, wie ich sie bisher verstanden und gelebt habe, ist das freiwillige Aufsuchen auch der verabscheuten und verruchten Seiten des Daseins. Aus der langen Erfahrung, welche mir eine solche Wanderung durch Eis und Wüste gab, lernte ich alles, was bisher philosophiert hat, anders ansehn – die *verborgene* Geschichte der Philosophie, die Psychologie ihrer großen Namen kam für mich ans Licht. »Wie viel Wahrheit *erträgt*, wie viel Wahrheit *wagt* ein Geist?« – dies wurde für mich der eigentliche Wertmesser. Der Irrtum ist eine *Feigheit* ... jede Errungenschaft der Erkenntnis *folgt* aus dem Mut, aus der Härte gegen sich, aus der Sauberkeit gegen sich ... Eine solche *Experimental-Philosophie*, wie ich sie lebe, nimmt versuchsweise selbst die Möglichkeiten des grundsätzlichsten Nihilismus vorweg: ohne daß damit gesagt wäre, daß sie bei einer Negation, beim Nein, bei einem Willen zum Nein stehen bliebe. Sie will vielmehr bis zum Umgekehrten hindurch – bis zu einem *dionysischen Ja-sagen* zur Welt, wie sie ist, ohne Abzug, Ausnahme und Auswahl –, sie will den ewigen Kreislauf – dieselben Dinge, dieselbe Logik und Unlogik der Verknotung. Höchster Zustand, den ein Philosoph erreichen kann: dionysisch zum Dasein stehn –: meine Formel dafür ist *amor fati.*

Hierzu gehört, die bisher *verneinten* Seiten des Daseins nicht nur als *notwendig* zu begreifen, sondern als wünschenswert: und nicht nur als wünschenswert in Hinsicht auf die bisher bejahten Seiten (etwa als deren Komplemente oder Vorbedingungen), sondern um ihrer selber willen, als der mächtigeren, fruchtbareren, *wahreren* Seiten des Daseins, in denen sich sein Wille deutlicher ausspricht.

Insgleichen gehört hierzu, die bisher allein *bejahte* Seite des Daseins abzuschätzen; zu begreifen, woher diese Wertung stammt und wie wenig sie verbindlich für eine dionysische Wertabmessung des Daseins ist: ich zog heraus und begriff, *was* hier eigentlich ja sagt (der Instinkt der Leidenden einmal, der Instinkt der Herde andererseits und jener dritte, der *Instinkt der meisten* gegen die Ausnahmen –).

Ich erriet damit, inwiefern eine stärkere Art Mensch notwendig nach einer anderen Seite hin sich die Erhöhung und Steigerung des Menschen ausdenken müßte: *höhere Wesen*, jenseits von Gut und Böse, jenseits von jenen Werten, die den Ursprung aus der Sphäre des Leidens, der Herde und der meisten nicht verleugnen können –
ich suchte nach den Ansätzen dieser umgekehrten Idealbildung in der Geschichte (die Begriffe »heidnisch«, »klassisch«, »vornehm« neu entdeckt und hingestellt). (Ebd. S. 834 f.)

Die Suche nach dem »höheren Wesen« ist die nach dem *Übermenschen*, der dadurch gekennzeichnet ist, daß er alle Seiten des Lebens bejaht. Als Beispiele findet Nietzsche Jesus, der dadurch charakterisiert ist, daß er auch im Tod das leidvolle Dasein nicht verurteilt, der also über jedes Gefühl von Ressentiment überlegen ist (*Der Antichrist* 40. III. S. 1202), so daß Nietzsche Dionysios und den Gekreuzigten in eine Linie stellen kann. Hier wird deutlich, wie vorsichtig man bei der Interpretation von Nietzsches »Übermenschen« sein muß (zu dessen einseitigen Interpretationen Nietzsche allerdings selbst schon gelegentlich Anlaß gab).

Die bei Nietzsche nicht aufgelöste und nicht auflösbare Problematik des neuen Menschen oder des Übermenschen liegt darin, daß er Gegensätzliches verwirklichen soll. Dies war schon Nietzsches Problematik in der *Geburt der Tragödie*, wo er die Lösung im »musiktreibenden Sokrates« (vgl. oben 1) suchte, in dem also das Dionysische und Musikalische mit dem Rationalen und Moralischen in eine Einheit gebracht werden sollte, wobei Nietzsche aber auch nicht mehr als diese Chiffre als Postulat aufstellte, denn es waren ja gerade das Logische und das Ethische, welche das Ende der alten Tragödie herbeigeführt hatten. Auch in seiner späten Philosophie der Fragmente aus den achtziger Jahren bleibt diese Problematik bestehen. Als Stichworte kann man der »*Weise*« und der »*Starke*« nennen (vgl. Müller-Lauter, 1971). Der

»neue Mensch« sollte sowohl weise als auch stark sein. Aber auch hier ist nicht zu sehen, wie der Weise auch der Starke sein könnte und umgekehrt. Der *Weise* wäre dadurch gekennzeichnet, daß er *keine Perspektive ausschließt*: Er ist bereit und fähig, alle Erkenntnisse der Vergangenheit aufzunehmen, aber er legt sich dabei auf keine einzige fest, und so bleibt er immer offen für neue Erkenntnisse und Perspektiven. Er unterdrückt keine Dimension der Welt oder des Lebens und somit auch keinen anderen Menschen. Renaissancegelehrte wie Pico della Mirandola, aber auch wie Montaigne (vgl. Kap. I, 2) gehören zu diesen, aber auch ein Universalgelehrter wie Leibniz. Allen diesen ist aber gemein, daß sie sich im realen und politischen Leben nicht »durchsetzen« konnten. – Das Streben nach Erkenntnis in allen Dimensionen ist auch ein Streben nach Macht, denn die *Stärke* des Weisen besteht darin, daß er fähig ist, alle Gegensätze in sich aufzunehmen. Aber diese Stärke bedeutet auf der anderen Seite auch wieder *Schwäche*, denn das Verstehen von so Vielem macht es dem Weisen unmöglich, sich in seinem Handeln eindeutig festzulegen. Der Weise (mit seiner Weite der Kenntnisse und der Vielzahl der Perspektiven) ist bei der Verwirklichung seiner Absichten vorsichtig und selbstkritisch und somit den Beschränkteren, welche die Begrenztheit ihrer Perspektive gerade wegen ihrer Begrenztheit mit Durchsetzungskraft, aber auch mit Rücksichtslosigkeit verbinden, in der Wirklich-
500 | keit des realen Lebens unterlegen. Genau dies erfaßt der *Starke*, denn er *beschränkt sich selbst* in seiner Perspektive. Zu ihm gehört das bewußte Vergessen und der Wille, alles, was nicht mit der eigenen Perspektive übereinstimmt, auszuschließen und zu unterdrücken. Der Starke erfährt zwar auch Gegensätze und Widersprüche, aber er nimmt sie nicht in sich auf, sondern überwindet sie. Er hält an dem fest, wofür er sich einmal entschieden hat und setzt diese Perspektive mit allen Mitteln durch. Wir müssen hier nicht unbedingt an Hobbes denken, sondern dürfen uns durchaus an die »beschränkten« Regeln der praktischen Philosophie von Descartes erinnern (vgl. Kap. V, 3). Aber auch diese Stärke ist wiederum Schwäche. Dies hat sich schon aus der Idee der Moralität und der objektiven Wahrheit ergeben, die aus genau einer solchen absolut gesetzten Perspektive hervorgegangen ist. Die Verneinung, die in solcher Stärke liegt, richtet sich schließlich gegen sich selbst. Der Starke wird unfähig, der ständigen Veränderung zu begegnen, die immer neue Gegensätze und Widersprüche hervorbringt, und dieser Veränderung kann ohne das Akzeptieren von Widersprüchen auf die Dauer kein Widerstand geleistet werden. Der Starke müßte also gerade aus seinem Willen zur Macht heraus fähig sein, andere Perspektiven aufzunehmen. Doch dies würde bedeuten, daß er zum Weisen wird, womit die Problematik von der anderen Seite her von Neuem beginnen müßte.

Nietzsche versagt es sich in radikaler Ehrlichkeit, hier eine einfache »Synthese« anzusetzen. Der »Mischtyp« ist für ihn gerade jener, der die Gegensätze, und so eben auch den von Weisheit und Stärke, nicht akzeptieren will und der so keinesfalls der »neue Mensch« sein kann. Nietzsche will vielmehr, daß jeder Typ zur höchsten Steigerung kommt. Ob und wie eine Vereinigung der beiden Typen möglich sein sollte, konnte Nietzsche nicht angeben. Daß er es dennoch nicht aufgegeben hat, davon als dem zukünftig zu Verwirklichenden zu sprechen, stellt wohl den einzigen Glaubenssatz Nietzsches dar. Und so heißt es bei Nietzsche – wohl als das Letzte, was er sagen konnte:

Aber irgendwann, in einer stärkeren Zeit, als diese morsche, selbstzweiflerische Gegenwart ist, muß er uns doch kommen, der *erlösende Mensch* der großen Liebe und Verachtung [...]. Dieser Mensch der Zukunft, der uns ebenso vom bisherigen Ideal erlösen wird als von dem, *was aus ihm wachsen mußte*, vom großen Ekel, vom Willen zum Nichts, vom Nihilismus, dieser Glockenschlag des Mittags und der großen Entscheidung, der den Willen wieder frei macht, der Erde ihr Ziel und dem Menschen seine Hoffnung zurückgibt, dieser Antichrist und Antinihilist, dieser Besieger Gottes und des Nichts – *er muß einst kommen* ... (*Zur Genealogie der Moral*. II. S. 836 f.)

Daß er selbst nicht der war, der diesen zukünftigen Menschen schon darstellte, wußte Nietzsche. Dies überließ er einem »Zukünftigeren«, einem, der stärker wäre als er selbst (Ebd.).

Die Philosophie des 20. Jhd.s ist in Hinsicht auf die Kulturkritik über Nietzsche nicht hinausgekommen, auch die radikalen Vertreter der sogenannten Postmoderne haben bisher im Prinzip nichts gesagt, was nicht schon bei Nietzsche steht. Sie können nur diagnostizieren – oder wenigstens meinen sie, diagnostizieren zu können, denn ganz so überzeugend ist dies nicht –, daß sich der von Nietzsche vorhergesagte Zerfall des Fortschrittsglaubens und des Wissenschaftsoptimismus weiter fortgesetzt hat. Die Suche nach der Einheit des Starken und Weisen ist heute jedoch noch ebenso problematisch wie am Ende des 19. Jhd.s, und es ist nicht einmal erwiesen, daß die Suche nach einer solchen Einheit überhaupt noch besteht. Heute ist es ganz und gar nicht klar, ob nicht das Streben nach Gut-Informiert-Sein, was Macht bedeutet, noch irgendetwas zu tun hat mit Wissen und Vielheit der Perspektiven. Eher schon hat sich der Starke in erheblichem Maße weiterentwickelt, der bereit ist, alles Wissen beiseite zu schieben, um seine beschränkte Perspektive durchzusetzen, auch wenn alles Wissen ihm sagt, daß er dadurch zukünftiges Leben nicht nur mindert, sondern sogar zerstört.

Nietzsche hat in seiner späten Philosophie immer wieder von der Wiederkehr des Gleichen gesprochen und diese als einen Grundpfeiler seiner Auffassung angesehen. Was er genau damit gemeint hat, ist bis heute sehr umstritten. Bei einer Minimalinterpretation könnte man sagen, er hätte damit zum Ausdruck bringen wollen, daß es keine irreversiblen Vorgänge gibt, und das hieße dann in bezug auf den zukünftigen nicht-nihilistischen Menschen, daß ein solcher immer möglich sein müßte. Die Menschen hätten also immer die Möglichkeit zu einer unbeschränkten Bejahung des Lebens. Genau dies aber ist uns inzwischen mehr als fraglich geworden. Wir müssen damit rechnen, daß der Wille zur Macht irreversible Prozesse in Gang gesetzt hat, man denke z. B. an die Klima-Veränderungen, so daß die Bejahung des Lebens, sollte sie überhaupt noch eintreten, nur noch die Bewahrung eines irreversibel beschädigten Lebens bedeuten könnte, d. h. das Erbe eines lebensfeindlichen Triebes wäre nicht mehr zu beseitigen. In der Terminologie der Krankheitsgeschichte: Die Krankheit könnte in ihrem Zustand nur noch stabilisiert, aber nicht mehr geheilt werden. Trotz seiner Auffassung von der Wiederkehr des Gleichen blieb Nietzsche einer – wenn auch welt-immanenten – Eschatologie verhaftet. An eine Apokalypse konnte und wollte er nicht denken. Eine nüchtern bescheidene Experimentalphilosophie der Schadensbegrenzung, um das Schlimmste zu verhindern, paßt nicht zum heroischen Gestus der Experimentalphilosophie Nietzsches.

- XXIV -

Charles Sanders Peirce

1. Wissenschaftsoptimismus

Während in Europa mit Nietzsche der Zweifel an der Wissenschaft und der in ihr enthaltenen Idee der Wahrheit aufkam – allerdings ohne zunächst viel Gehör zu finden –, orientierten sich die Philosophen in Amerika, die damit erstmals in die philosophischen Diskussionen eintraten, an der Wissenschaft, um die Frage nach Wahrheit zu klären. Ausgangspunkt war die *Kritik der reinen Vernunft* Kants. Dabei gingen die amerikanischen Philosophen aber einen Weg, der von dem des Deutschen Idealismus sehr verschieden war. Die entscheidende Grundlage für diese Ausrichtung wurde von Charles Sanders Peirce (1839–1914) gelegt. Der Unterschied zu | 503
den Philosophen des Deutschen Idealismus zeigt sich schon an einem nicht nur äußerlichen Merkmal: Während die Mehrzahl der Deutschen Idealisten in irgendeiner näheren Beziehung zur Theologie standen, war Peirce zunächst einmal empirischer Wissenschaftler. Das Vertrauen von Peirce in die Leistungsfähigkeit der empirischen Wissenschaft war ungebrochen:

> Andererseits sind alle Anhänger der Wissenschaft von der frohen Hoffnung beseelt, daß der Prozeß der Untersuchung, wenn er nur weit genug vorwärts getrieben wird, eine sichere Lösung für jede Frage, auf die er angewendet werden kann, bringen wird. (*Wie unsere Ideen zu klären sind.* In: *Schriften.* S. 205 [5.407])

Peirce stammte aus einer Familie und einer kulturellen Umgebung, in der Wissenschaft eine ganz zentrale Rolle spielte. Es war die Zeit, in der an der Ostküste Amerikas und vor allem in den New-England-Staaten das Bewußtsein wuchs, die Vereinigten Staaten müßten nun auch auf kulturellem und wissenschaftlichem Gebiet eine führende Stellung erringen und Europa gegenüber selbständig und konkurrenzfähig werden. Vorbild und Anknüpfungspunkt blieb dabei Europa, wobei aber durchaus ein selbständiges Auswahlprinzip zum Tragen kam. So hatte z. B. für die 1876 gegründete Universität von Baltimore, an der dann auch Peirce tätig war, die Universität Göttingen das Modell abgegeben, und dort standen Mathematik und Naturwissenschaften im Vordergrund. Es herrschte also eine »Aufbruchstimmung« in der Kultur und Wissenschaft Amerikas. Die Geschichte der Familie Peirce ist beinahe paradigmatisch: Ein armer Weber wanderte aus England aus, die Nachkommen werden über den Handel reich, schließlich studiert einer aus der Familie – der Großvater von Peirce – in Harvard und wird dort Bibliothekar, und dessen Sohn wird dann selbst Professor für Mathematik, Astronomie und Naturphilosophie in Harvard. Aber auch Kunst spielte in der Umgebung von Peirce eine wichtige Rolle: Eine Schwester der ersten Frau von Peirce, die bedeutende Pianistin Amy Fay, hatte bei Franz Liszt und bei Clara Schumann studiert. Der Vater von Peirce war aber nicht nur Professor in Harvard, sondern außerdem Leiter des *United States Coast and Geodetic Survey*, einer außerordentlich erfolgreichen Institution, die nicht nur praktische Zwecke wie z. B. Vermessungsarbeiten verfolgte, sondern auch ausdrücklich wissenschaftliche Forschung zum Ziel hatte. Die Verbindung wissenschaftlicher Tätigkeit mit praktischen Aufgaben war unter amerikanischen Wissenschaftlern eine Selbstverständlichkeit. Nach dem Bachelor of Arts fand Peirce beim *Coast Survey* eine Anstellung. Peirce absolvierte dann noch ein Studium der Chemie, blieb aber weiterhin beim *Coast Survey* tätig, und die Stellung dort sollte auch sein einziges festes Arbeitsverhältnis bleiben. Seit 1864 hielt Peirce Vorlesungen an der Harvard Universität. Dabei konzentrierte sich sein Interesse von Anfang an auf die *Logik* sowie die Theorie und *Begründung der empirischen Wissenschaften*, und dies sind auch die beiden Bereiche der Philosophie, in denen er einflußreich wurde. Peirce blieb aber immer aktiv empirischer Wissenschaftler. So unternahm er z. B. für den *Coast Survey* eine Europareise, um den besten Ort für wissenschaftliche Untersuchungen der Sonnenfinsternis des Jahres 1870 zu bestimmen. Er wählte Catania auf Sizilien und war dort auch selbst Mitglied der unter der Leitung seines Vaters stehenden Forschergruppe. Später ließ er in Berlin nach eigenen Plänen ein Instrument für Pendelversuche herstellen und betrieb photometrische Forschungen im Bereich der Astronomie. Seit 1876 war Peirce auch an der neu gegründeten Universität in Baltimore im Fach Logik tätig und konnte sich dort Hoffnungen auf eine Professur machen. 1884 wurde jedoch der Vertrag mit der Universität nicht erneuert (vermutlich deshalb, weil er ein Jahr zuvor geschieden worden war). 1891 kündigte er seine Stellung beim *Coast Survey*, als die Leitung dieser Institution eine wissenschaftliche Arbeit von Peirce als überarbeitungsbedürftig beurteilte, was sich später, für Peirce allerdings zu spät, als grobes Fehlurteil herausstellte. Peirce war seit dieser Zeit ohne feste Stellung und lebte in immer prekärer werdenden wirtschaftlichen und gesundheitlichen Verhältnissen in Milford (Pennsylvania), schließlich starb er in Armut. Er arbeitete jedoch bis ans Ende seines Lebens intensiv und hinterließ ein umfangreiches, viele Gebiete umfassendes Schrifttum, das noch nicht vollständig veröffentlicht ist.

Hinter dem Interesse an der Wissenschaft und dem damit verbundenen Wissenschaftsoptimismus steht bei Peirce nicht eine naive Wissenschaftsgläubigkeit, sondern das allgemeine Vertrauen in den *Erfolg regelgeleiteten Handelns*: Wissenschaft ist selbst nichts anderes als eine bestimmte Art regelgeleiteten Handelns. Die Erschließung des ungeheuer ausgedehnten Landes der Vereinigten Staaten war in vollem Gange, die Vermessungsarbeiten des *Coast and Geodetic Survey* waren eine wichtige Grundlage für den Bau von Eisenbahnlinien und Straßen, die Erfolge der dadurch mitermöglichten industriellen Entwicklung ließen sich nicht übersehen. So wie das Land durch regelgeleitetes Handeln erschlossen wurde, so sollte auch die Natur durch solches Handeln erschlossen werden. Es gab in den Vereinigten Staaten keinen Grund, am Erfolg solchen Handelns zu zweifeln. An eine Kultur- oder Wissenschaftskritik im Sinne von Nietzsche konnte in einem solchen Kontext überhaupt nicht gedacht werden.

2. Die pragmatische Maxime – Wissenschaft als Handlung

Der gesamte *Erkenntnisprozeß* ist eingebettet in den *Lebensprozeß* des Menschen, der in einer Interaktion von Mensch und Welt besteht. Dieser Prozeß wird gesteuert von dem Bemühen des Menschen, sich so an seine Lebensbedingungen anzupassen, daß das Überleben gesichert wird. Was die Menschen wünschen, sind feste *Überzeugungen*, die ihre Verhaltensweise zufriedenstellend regeln. Dieser Zustand wird unterbrochen, wenn in einer bestimmten Situation keine eingeübte Verhaltensweise zur Verfügung steht: Dies ruft das Auftreten eines *Zweifels* hervor. Dieser Zweifel ist aber nicht mit dem Pathos versehen, das z. B. bei Descartes oder, ganz anders, bei Kierkegaard vorliegt, es geht hier vielmehr um einen ganz alltäglichen Vorgang: Jemand weiß z. B. nicht, ob er im Bus sein Ticket besser mit Kleingeld oder mit einer Banknote bezahlen soll (vgl. *Wie unsere Ideen zu klären sind.* In: *Schriften.* S. 187 f. [5.394]). Der Zweifel wirkt wie ein biologischer Reiz, und er ist nach Peirce überhaupt nichts anderes (vgl. *Die Festlegung einer Überzeugung.* In: *Schriften.* S. 157 [5.373]). Ein solcher Zweifel ruft einen *Denkprozeß* hervor, einen anderen Ursprung des Denkens gibt es nicht. Denken zeigt einen *Mangel* an: das Fehlen einer Regel, die das Verhalten leitet. Der Denkprozeß hat dann die Funktion, diesen Mangel zu beheben, d. h. eine verhaltenssteuernde Überzeugung herzustellen.

Zweifel ist ein unangenehmer und unbefriedigender Zustand, in dem wir Anstrengungen machen, uns von ihm zu befreien und den Zustand der Überzeugung zu erreichen suchen. Dieser dagegen ist ein ruhiger und befriedigter Zustand, den wir nicht aufgeben oder in eine Überzeugung von irgendetwas anderem verändern möchten. (Ebd. S. 156 [5.372])

Ein solcher Zustand des Zweifels wird durch die Herausbildung einer neuen Überzeugung überwunden, und in diesem Prozeß bildet sich ein *Gedanke* heraus. Dieser Gedanke besteht jedoch nicht in einem abstrakten Begriffs- bzw. Satzinhalt, sondern in einer *Verhaltensgewohnheit*. In diesem Zusammenhang hat Peirce seine später berühmt gewordene *pragmatische Maxime* aufgestellt:

Um die Bedeutung eines Gedankens zu entwickeln, haben wir daher einfach nur zu bestimmen, welche Verhaltensweisen er erzeugt, denn was ein Gegenstand bedeutet, besteht einfach in den Verhaltensweisen, die er involviert. (*Wie unsere Ideen zu klären sind.* In: *Schriften*. S. 193 [5.400])

Dasselbe formuliert Peirce auch als Regel:

Überlege, welche Wirkungen, die denkbarerweise praktische Relevanz haben könnten, wir dem Gegenstand unseres Begriffs in unserer Vorstellung zuschreiben. Dann ist unser Begriff dieser Wirkungen das Ganze unseres Begriffs des Gegenstandes. (Ebd. S. 195 [5.402])

Was damit gemeint ist, erläutert Peirce am Beispiel der Festlegung der Bedeutung des Prädikats »hart«. Was meinen wir eigentlich, wenn wir von einem Ding sagen, es sei »hart«?

Offensichtlich dies: daß es von vielen anderen Substanzen nicht geritzt werden wird. Der ganze Begriff dieser Eigenschaft wie der jeder anderen, liegt in ihren gedachten Wirkungen. (Ebd. S. 195 [5.403])

Diese Bestimmung kann leicht Anlaß zu dem Mißverständnis geben, Peirce hätte die Bedeutung von Begriffen einfach auf die Beschreibung von individuellen Verhaltensweisen reduzieren wollen, was eine subjektivistische Interpretation von Begriffs- bzw. Satzinhalten nahelegen würde. Ein anderer Mensch könnte ja unter »hart« verstehen, daß das heftige Auftreffen auf einen solchen Gegenstand einen Schmerz hervorruft. Peirce läßt jedoch keine subjektivistische Auslegung seiner pragmatischen Maxime zu. Er weiß, daß wir gewöhnlich, im Alltagsleben wie in der Wissenschaft, nach einer Überzeugung suchen, die wir für *wahr* halten können. Eine solche Meinung muß daher unabhängig von den verschiedenen Meinungen der einzelnen Menschen sein. Peirce vertritt dabei die Auffassung, daß uns die faktische Praxis, die in der Wissenschaft angewendet wird, einen Hinweis darauf gibt, was wir unter wahren Theorien und so unter wahren Gedanken verstehen sollen:

Es ist sicherlich wichtig zu wissen, wie unsere Ideen zu klären sind, aber sie können noch so klar sein, ohne doch wahr zu sein. Wie wir sie als wahr erweisen können, haben wir als nächstes zu studieren. Wie man solche lebenskräftigen und fruchtbaren Ideen ins Leben ruft, die sich in Tausende von Formen vervielfältigen und sich überall hin ausbreiten, die die Zivilisation vorwärtsbringen und die Würde des Menschen ausmachen, – das ist eine Kunst, die sich noch nicht auf Regeln zurückführen läßt; aber die Geschichte der Wissenschaft verrät einiges von diesem Geheimnis. (Ebd. S. 208 f. [5.410])

Die wissenschaftliche Tätigkeit ist auch nur ein – wenn auch ein besonders wichtiges – Mittel, eine Überzeugung hervorzurufen. Die Menschen sind von sich aus ganz und gar nicht zum Forschen und Entdecken angelegt. Die aristotelische Vorstellung, daß die Menschen durch das Erstaunen zur Forschung angeregt würden, erscheint als zwar edel, aber auch als etwas unrealistisch. Die Menschen werden zur Forschung eher durch eine Notsituation gezwungen. Nicht eine »theoretische Neugier«, sondern eine »theoretische Notlage« provoziert Forschung. Forschung wird wie Denken ganz allgemein durch einen Zweifel und den Mangel einer brauchbaren Überzeugung hervorgerufen. Die Anstrengung, einen Zweifel zu überwinden, wird nach Peirce in einem ganz allgemeinen Sinne als »Forschen« bezeichnet (*Die Festlegung einer Überzeugung.* In: *Schriften.* S. 157 [5.374]), und in diesem Zusammenhang tritt das Bedürfnis auf, zu wahren Überzeugungen zu gelangen. Die Vorstellungen von »Wahrheit« und »Falschheit« gehören deshalb »ausschließlich zur erfahrungsmäßigen Methode, eine Meinung festzulegen« (*Wie unsere Ideen zu klären sind.* In: *Schriften.* S. 203 [5.406]). Der Forschungsprozeß kommt also, wie jede Handlung, die nicht schon auf einer Verhaltensgewohnheit beruht, durch einen Zweifel in Gang. Und dieser Zweifel soll durch eine Überzeugung überwunden werden, die allerdings später selbst wieder in Zweifel gezogen werden kann. Dem pragmatischen Ausgangspunkt nach besteht der Zweck des Forschens darin, *Verhaltensgewohnheiten* hervor- | 507
zurufen, die einer Überzeugung entsprechen.

Was aber ist dann eine Überzeugung? [...] Wir haben gesehen, daß sie genau drei Eigenschaften hat: Erstens ist sie etwas, dessen wir uns bewußt sind, zweitens bringt sie die Erregung des Zweifels zur Ruhe, und drittens schließt sie die Einrichtung einer Regel des Handelns in unserer Natur ein – oder kürzer: eine *Verhaltensgewohnheit.* (Ebd. S. 190 [5.397])

Dieser Prozeß, in dem eine Überzeugung hervorgerufen wird, spielt sich aber nicht einfach im Denken ab – deshalb die wiederholte Kritik des Nominalismus bei Peirce –, sondern ist bestimmt und kontrolliert durch das, was Peirce als »Realität« bezeichnet. Peirce verleiht dieser Realität keinerlei metaphysische Qualität und leitet den Realismus auch nicht transzendental ab, sondern führt ihn statt dessen auf einen *Konsens* zurück. Der Gedanke der Realität ist einfach als allgemeine und überindividuelle Überzeugung der im Forschungsprozeß Tätigen gültig.

Das Reale ist also das, in dem schließlich früher oder später Information und schlußfolgerndes Denken resultieren würden und das daher unabhängig von meinen und deinen Einfällen ist. So zeigt eben der Ursprung des Begriffs der Realität, daß dieser Begriff wesentlich den Gedanken einer GEMEINSCHAFT einschließt, die ohne definitive Grenzen ist und das Vermögen zu einem definiten Wachstum der Erkenntnis besitzt. (*Einige Konsequenzen aus vier Unvermögen.* In: *Schriften.* S. 76 [5.311])

Im Forschungsprozeß wird vom gesunden Menschenverstand vorausgesetzt, daß es eine Realität gibt, an der sich unsere Meinungen stoßen können, die also einen Widerstand gegen unsere Handlungen darstellt, die somit Zweifel und das Bedürfnis, zu einer wahren Meinung zu gelangen, hervorruft. Diese Überzeugung von einer unabhängigen Realität gewinnt, wie alle anderen auch, ihre Kraft aus einem Konsens. Hier erhält der kritische Realismus Kants seine pragmatische Wendung.

> Es war das Wesen seiner [d. h. Kants] Philosophie, das reale Objekt als vom Verstand bestimmt zu betrachten. Das bedeutet nichts anderes, als jeden Begriff und jede Anschauung, die notwendig in die Erfahrung eines Objekts eingeht und nicht vorübergehend und zufällig ist, als objektiv gültig zu betrachten. Kurz, es heißt, die Realität als das normale Produkt der geistigen Tätigkeit zu betrachten und nicht als eine unerkennbare Ursache. Diese realistische Theorie ist also eine im hohen Grad praktische und dem gesunden Menschenverstand entsprechende Einstellung. Wo auch immer allgemeine Übereinstimmung vorherrschend ist, wird der Realist nicht derjenige sein, der die allgemeine Überzeugung durch unnütze und fiktive Zweifel stört. Denn nach ihm ist es ja ein Konsensus oder das allgemeine Bekenntnis, das die Realität konstituiert. (*Frasers Ausgabe der Werke von George Berkeley.* In: *Schriften.* S. 118 [8.15 f.])

508 | Unter dieser Voraussetzung können die an der Forschung Beteiligten versuchen, bei überraschenden (d. h. Zweifel hervorrufenden) Phänomenen eine Erklärung zu suchen, die intersubjektiv gültig ist, da sie an der konsenshaft bestätigten Wirklichkeit überprüft werden kann. Der offensichtlich erfolgreiche Forschungsprozeß stellt somit den Rahmen für die *Konsenstheorie der Wahrheit* dar, die allgemein als charakteristisch für den Pragmatismus angesehen wird. Dies ist ohne Zweifel zutreffend, nur wäre es verfehlt, diese Theorie als Alternative zur *Korrespondenztheorie der Wahrheit* (vgl. zu dieser: 2. Teil, Kap. XIV, 3, a) anzusehen, da es bei Peirce durchaus in systematischer Verbindung mit der Konsenstheorie auch eine semiotische Version der Korrespondenztheorie gibt. Peirce spricht in diesem Zusammenhang von einer »rationalen Wahrnehmung« der Gültigkeit einer Aussage, d. h. der Überzeugung, daß eine Aussage mit der Realität übereinstimmt (*Über die Einheit kategorischer und hypothetischer Propositionen.* In: *Semiotische Schriften* I. S. 242).

3. Erkenntnis und Evolution

Ursprünglich war der Pragmatismus primär eine Logik und eine Methodenlehre. Peirce verstand unter »Pragmatismus« eine »Maxime der Logik« (*Vorlesungen über Pragmatismus.* S. 3). Schon der Ausdruck »Maxime« zeigt, daß es sich beim Pragmatismus im Sinne von Peirce *nicht* um ein *System*, sondern um ein *Verfahren* handelt. Vor allem in späterer Zeit – etwa seit 1890 – hat Peirce allerdings versucht, der auf

Verhaltensgewohnheiten beruhenden pragmatischen Erkenntnis- und Wissenschaftstheorie eine weitere Fundierung zu geben, die in einer *evolutionären Kosmologie* besteht, in der das Sich-Herausbilden von Naturgesetzen und sogar die Entstehung von Raum und Zeit selbst durch Verhaltensgewohnheiten erklärt werden soll. Bei diesen Entwürfen kann man mit bestimmten Einschränkungen von einem »System« sprechen. Der Ausgangspunkt für solche Überlegungen war für Peirce u. a. die Feststellung, daß es keineswegs selbstverständlich ist, daß die Menschen überhaupt gültige Naturgesetze finden. Bei reinem »Raten« wären Treffer sehr unwahrscheinlich, und die Berufung auf Experimente hilft auch nicht viel weiter, da die Zahl der Theorien sehr groß sein kann und es sehr lange dauern könnte, bis alle getestet würden. Peirce beobachtete jedoch, daß z. B. Galilei bei der Auffindung der Gesetze der Mechanik sehr wenig mit Experimenten arbeitete und häufig an die »natürliche Einsicht« appellierte. Dies interpretierte Peirce in der Weise, daß er annahm, unser Verstand bringe eine Art natürlicher Disposition für solche Gesetze mit, die gleichsam biologisch begründet ist.

Es ist also so, daß unserem Verstand, da er unter dem Einfluß von Phänomenen gebildet wurde, die den Gesetzen der Mechanik unterliegen, gewisse Begriffe eingeprägt werden, die einen Bestandteil jener Gesetze bilden, so daß wir diese Gesetze leicht erraten können. Hätten wir ohne solche natürliche Eingebung blind nach einem Gesetz zu suchen, das auf die Phänomene paßte, so würden unsere Chancen, ein solches Gesetz zu finden, wie eins zu unendlich stehen. (*Die Architektonik von Theorien.* In: *Schriften.* S. 269 [6.10])

Damit werden nicht von neuem apriorische Verstandesmuster eingeführt, es geht bei Peirce nur um evolutionsgeschichtlich geformte Veranlagungen. In diesem größeren Zusammenhang stellt sich die menschliche Erkenntnis, die in regelbildenden Verhaltensgewohnheiten besteht, als korrespondierend zur Evolution von Regeln dar, die sich aus einem ursprünglich regellosen Zustand, einem Chaos also, herausgebildet haben. Die Naturgesetze sind selbst das variable, aber trendbestimmte Produkt einer Entwicklung.

Gleichförmigkeiten in der Funktionsweise von Dingen sind durch Verhaltensbildung entstanden. Gegenwärtig wird der Ablauf der Ereignisse approximativ durch Gesetze bestimmt. In der Vergangenheit war diese Annäherung in geringerem Maße, in Zukunft wird sie in höherem Maße vollkommen sein. Die Tendenz, Gesetzen zu gehorchen, ist immer gewachsen und wird immer weiter wachsen. Wir blicken zurück auf einen Punkt in der unendlich entfernten Vergangenheit, als es noch kein Gesetz, sondern nur Unbestimmtheit gab; [...] und zu jedem bestimmbaren Zeitpunkt in der Zukunft wird es eine leichte Abweichung von der Gesetzmäßigkeit geben.
(*Eine Vermutung über das Rätsel.* In: *Religionsphilosophische Schriften.* S. 165 f.)

Peirce nimmt also keinen Determinismus an. Die heute beobachtbare Ordnung ist aus einem Zustand entstanden, in dem Irregularität herrschte, die Ordnung ist selbst ein Produkt des Zufalls. Gesetze haben sich durch reinen Zufall aus Unregelmäßigkeiten und Unbestimmtheiten heraus entwickelt (Ebd. S. 165). Daß Zufall am Anfang des kosmologischen Prozesses stehen soll, erscheint nur uns heute als sonderbar. Früher war dies nicht so. Peirce verweist auf Demokrits und Aristoteles' Zufallslehre (Ebd. S. 160):

Den Alten schien an diesen Vorstellungen nichts merkwürdig zu sein, sie hielten sie für selbstverständlich; merkwürdig wäre die Behauptung gewesen, es gäbe keinen Zufall. Wir stehen also unter keinem inneren Zwang, an eine vollständige Kausalität zu glauben, wenn sich nicht Tatsachen finden, die dafür eintreten. (Ebd. S. 161)

Die Wissenschaft braucht also nicht die Annahme, daß alles mit jener Notwendigkeit determiniert sei, die in unserem normalen heutigen Verständnis von Kausalität enthalten ist. Es reicht völlig aus, mit guten Approximationen zu rechnen.

Als erstes muß die Behauptung weichen, jedes Ereignis im Universum sei durch Ur-
 sachen im Rahmen unantastbarer Gesetzlichkeit genau determiniert. Es gibt keinen Grund für die Annahme, daß dies mit absoluter Genauigkeit der Fall ist. Die Erfahrung zeigt, daß sich dies in wunderbarem Ausmaß annäherungsweise so verhält, und das ist alles. (Ebd. S. 159 f.)

Peirce geht daher auch nicht von einem mechanistischen Modell der Welt als Voraussetzung der Wissenschaft aus. Er nimmt sogar – wie dies dann auch durch die seit 1900 diskutierte Quantentheorie bestätigt wurde – an, daß um so mehr Unbestimmtheit auftreten wird, je tiefer wir in die Struktur der Materie eindringen und je »näher« wir somit dem Ursprung sind.

Wollen wir weiteres über Moleküle und Atome herausfinden, so müssen wir eine Naturgeschichte der Naturgesetze ausfindig machen, die jene Funktion erfüllen kann, welche die Annahme einfacher Gesetze zu Beginn der Entwicklung der Dynamik erfüllte. (*Die Architektonik von Theorien.* In: *Schriften.* S. 270 [6.12])

Für die Wissenschaftstheorie ergibt sich damit eine »liberale« Auffassung von Naturgesetzen und deren Überprüfung durch Experimente.

Wir wissen genau, daß sich immer dann, wenn wir versuchen, ein Naturgesetz durch Experimente zu verifizieren, Unstimmigkeiten zwischen den Beobachtungen und der Theorie einstellen. Zu Recht beziehen wir diese Unstimmigkeiten auf Beobachtungsfehler; doch warum soll es nicht ähnliche Abweichungen aufgrund dessen geben, daß die Tatsachen den Gesetzen nur unvollständig gehorchen? (*Eine Vermutung über das Rätsel.* In: *Religionsphilosophische Schriften.* S. 160)

Wenn wir uns an die Entwicklung der Vorstellung von Naturgesetzen und der dieser entsprechenden Auffassung von Wissenschaft bei Galilei erinnern (vgl. Kap. IV, 1), so können wir sehen, daß wir mit Peirce an eine Grenze gelangt sind: Bei Galilei stand der Wissenschaftler einem Kosmos gegenüber, den er durch mathematisch formulierte Gesetze erforschen wollte. Jetzt bei Peirce ist die Forschung wie jeder Erkenntnisvorgang eine Handlung, die sich zwischen Mensch und Welt, zu der er auch wieder selbst gehört, vollzieht, und die Forschung dient der Anpassung des Menschen an einen evolutionären Prozeß der Welt. Da diese Evolution nicht streng determiniert ist, kann und darf auch der Erkenntnis- und Forschungsprozeß nicht von der Zielvorstellung strenger Gesetzlichkeit bestimmt sein. Galilei nahm an, daß dort, wo der Kalkül auf die Phänomene nicht genau zutrifft, entweder der Kalkül nicht richtig ist oder bestimmte Randbedingungen nicht berücksichtigt wurden. Peirce hingegen nimmt an, daß der *Naturprozeß Unbestimmtheiten und Zufälligkeiten* enthält und daher ein streng mechanistisches Erklärungsmodell inadäquat und erklärungshemmend wäre: Für den Geometergott Galileis und der vorausgegangenen Tradition hat Peirce keinen Gebrauch mehr. Die einzig vernünftige handlungsrelevante Anpassung an die Natur besteht nach Peirce in Überzeugungen, die sich als Annäherungen verstehen, und zwar nicht deshalb, weil der Mensch eben nicht mehr zu leisten imstande ist, sondern weil die Realität selbst so beschaffen ist, daß sich aus Zufallskombinationen leistungsfähige Trends herausbilden. | 511

Die Approximation ist notwendigerweise das Material für den Aufbau unserer Philosophie. (*Eine Vermutung über das Rätsel.* In: *Religionsphilosophische Schriften.* S. 161)

4. Die Theorie der Zeichen

Der gesamte Interaktionsprozeß von Mensch und Welt ist vermittelt durch Zeichen. Daher galt für Peirce von seinen frühesten Schriften an die Grundthese:

Wir haben kein Vermögen, ohne Zeichen zu denken. (*Einige Konsequenzen aus vier Unvermögen.* In: *Schriften.* S. 42 [5.265])

All unsere Gedanken sind Zeichen [...]. (*Minutiöse Logik.* In: *Semiotische Schriften* I. S. 392)

Die zeichentheoretische Orientierung der Philosophie war seit Hobbes, Locke und vor allem seit Leibniz als eine, wenn nicht sogar *die* analytische Aufgabe der Philosophie erkannt worden. Peirce steht damit jeder Behauptung einer unmittelbaren Intuition im Sinne von Platon oder Descartes ausdrücklich kritisch gegenüber.

Wir haben kein Vermögen der Intuition, sondern jede Erkenntnis wird von vorhergehenden Erkenntnissen logisch bestimmt. (*Einige Konsequenzen aus vier Unvermögen.* In: *Schriften.* S. 42 [5.265])

Mit der Theorie der Zeichen sind wir daher an eine Grenze gelangt, die aber gleichzeitig die Grundlage darstellt, von der aus der gesamte Aufbau des Wissens zu geschehen hat. Diese Grundlage mußte nun unter den durch Kant geschaffenen Voraussetzungen weiter verfolgt werden. Peirce entwickelte also eine semiotische Erkenntnistheorie und ganz allgemein eine Philosophie innerhalb der Grenzen der zeichenbestimmten Vernunft. Die *Zeichentheorie* wird somit bei Peirce zur *Grundlagenwissenschaft.* Im Prinzip war dies schon bei Leibniz in seiner *Characteristica universalis* gefordert (vgl. Kap. VIII, 2), der Großteil dieser Leibniz-Texte war allerdings zu der Zeit, zu der Peirce seine Zeichentheorie entwickelte, noch nicht veröffentlicht. Der unmittelbare Anknüpfungspunkt für Peirce liegt daher in der Sprachphilosophie Lockes und der Kategorienlehre Kants. Der pragmatische Ausgangspunkt kommt jedoch auch hier bei Peirce zum Tragen. In den traditionellen Zeichentheorien, etwa jener der Stoiker (vgl. 1. Teil, Kap. XII, 2), des Augustinus (vgl. 2. Teil, Kap. III, 3) oder Ockhams (vgl. 2. Teil, Kap. XVII, 2) war immer vor allem die Beziehung von Zeichen und Ding bzw. die von Bezeichnendem und Bezeichnetem analysiert worden. Es war natürlich allen klar, daß es auch Zeichenbenutzer gibt; diese Beziehung wurde aber nicht ausdrücklich in den Zeichenbegriff einbezogen. Kant war in der Kategorienlehre davon ausgegangen, daß die Vorstellungen durch eine Synthesis apriorischer Kategorien des erkennenden Subjekts und von außen herkommender, aposterioischer Empfindungen zustande kommen. Auf diese Weise war das denkende und vorstellende Subjekt in die Konstitution von Vorstellungen einbezogen worden. Peirce hält allerdings die kantische Unterscheidung von Apriori und Aposteriori für unbegründet, da alle Begriffe aus dem Interaktionsprozeß mit der Realität hervorgehen. Damit wird für ihn die gesamte Grundlegung der Kategorien der transzendentalen Ästhetik Kants und so die Transzendentalphilosophie überhaupt hinfällig. Geschichtlich unveränderliche Formen des Verstandes lassen sich nach Peirce nicht nachweisen. Es gibt keine allen anderen vorausliegenden grundlegenden und invarianten Begriffe, da alle Begriffe in Beziehung zu wieder anderen Begriffen stehen, so daß es keine Urbegriffe geben kann. Kantisch bleibt jedoch bei Peirce die entscheidende Relation des Zeichens zu dem es verwendenden Subjekt, die daher im Rahmen der pragmatistischen Erkenntnistheorie ausdrücklich in den Begriff des Zeichens eingeführt wird:

Die dritte Bedingung der Existenz eines Zeichens besteht darin, daß es sich an den Geist richtet. Es genügt nicht, daß es sich in einer Relation zu seinem Objekt befindet, sondern es muß sich um eine solche Relation zum Objekt handeln, bei der der Geist in eine bestimmte Relation zum Objekt gebracht wird, nämlich in die Relation des Von-ihm-Wissens. (*Logik als die Untersuchung der Zeichen.* In: *Semiotische Schriften* I. S. 188)

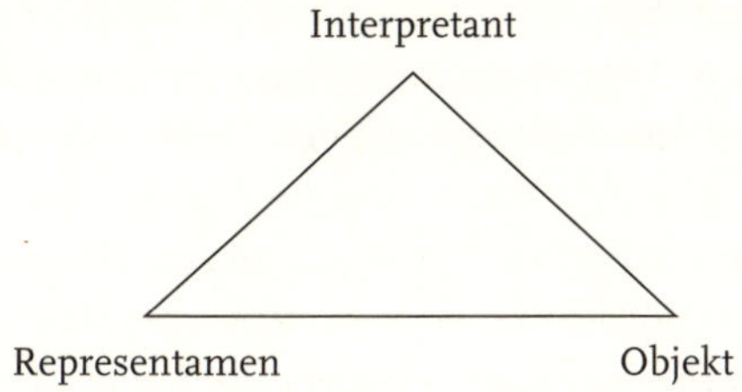

Ein Zeichen hat drei Bezüge, die im sogenannten Semiotischen Dreieck dargestellt werden. Ein Zeichen besteht in einer *dreistelligen Relation*, die in keiner Weise in zwei zweistellige Relationen aufgelöst werden kann (*Ein Überblick über den Pragmatizismus.* In: *Schriften.* S. 520). Zunächst einmal haben wir ein Gebilde, das mit irgendeinem Sinn wahrgenommen werden kann *(Representamen)*. Jedes *Zeichen* steht in | 513
einer Relation zu etwas, für das es steht, also dem *Objekt*, und in einer Relation zu etwas, das es im Geist dessen, der das Zeichen versteht (dem Zeicheninterpreten), hervorruft, also dem *Interpretanten* (nicht zu verwechseln mit dem interpretierenden Zeichenbenutzer!). Der Interpretant kann ein Gefühl, eine Handlung oder wiederum ein Zeichen sein. Ist er wiederum ein Zeichen, so ergibt sich ein Zeichenprozeß, der besonders dort relevant wird, wo Zeichen nicht von ein und demselben Interpreten weiter interpretiert, sondern an andere Interpreten gerichtet werden, in denen also wiederum ein Interpretant hervorgerufen wird. Das Zeichen ist also ein *Kommunikationsmedium* (*Die Grundlagen des Pragmatizismus.* In: *Semiotische Schriften* II. S. 338 f.). Der letzte logische Interpretant eines Zeichens ist, ganz konsequent innerhalb der pragmatischen Zeichentheorie, eine *Verhaltensgewohnheit.*

Es kann bewiesen werden, daß die einzige geistige Wirkung, die derart hervorgebracht werden kann und die kein Zeichen ist, aber eine allgemeine Verwendung hat, eine *Änderung einer Verhaltensgewohnheit (habit-change)* ist. (*Ein Überblick über den Pragmatizismus.* In: *Schriften.* S. 513 [5.476])

Wird das Zeichen als dreistellige Relation aufgefaßt, dann ist das Instrument der Darstellung des Zeichens in der *Relationenlogik* zu finden. Die Logik der Relationen spielt bei Peirce eine zentrale Rolle und nimmt jene grundlegende Stellung ein, die bei Kant die Kategorienlehre hatte. Peirce hat selbst bedeutende Beiträge zur Entwicklung der Relationenlogik geliefert (vgl. z. B. *Die Logik der Relative.* In: *Semiotische*

Schriften I. S. 269–335). Zeichentheorie und Logik stehen bei Peirce nicht als getrennte Bereiche nebeneinander, sondern sind prinzipiell ein und dasselbe, denn er faßt die »Logik als Wissenschaft von den allgemeinen Eigenschaften der Zeichen« auf (*Eine intellektuelle Autobiographie.* In: *Semiotische Schriften* I. S. 73). Auch die Geltung der Logik geht bei Peirce auf den Konsens zurück. Dies betrifft natürlich nur die Geltung der Logik als ganzer, nicht die der einzelnen Deduktion. Die einzelne Deduktion steht nicht im Belieben des Ableitenden. Daß jedoch in der alltäglichen oder in der wissenschaftlichen Diskussion Logik angewandt werden kann, ist nur aufgrund eines Willens zur Gemeinsamkeit möglich. Daher sagt Peirce pointiert:

Die Logik wurzelt im sozialen Prinzip. Um logisch zu sein, dürfen die Menschen nicht selbstsüchtig sein; und in Wirklichkeit sind sie auch nicht so selbstsüchtig, wie man immer glaubt. (*Die Lehre vom Zufall.* In: Schriften. S. 218 [2.654])

Es mag seltsam erscheinen, daß ich drei Gefühle als unerläßliche Forderungen der Logik in den Vordergrund stelle, nämlich das Interesse an einer unbeschränkten Gemeinschaft, das Anerkennen der Möglichkeit, dieses Interesse zum höchsten überhaupt zu machen, und die Hoffnung auf die unbegrenzte Fortdauer geistiger Aktivität.
514 | (Ebd. S. 220 [2.655])

Die Logik selbst als Ganzes geht somit aus einem sozialen Interesse hervor: dem »Interesse an einer unbeschränkten Gemeinschaft«. Der Prozeß der Zeichenbildung ist daher schon seiner Struktur nach eingebettet in einen gesellschaftlichen und ethisch-politischen Kontext. Daher gibt es bei Peirce, so wie es eine »Ethik der Logik« gibt, auch eine »Ethik der Terminologie« (*Was heißt Pragmatismus?* In: *Schriften.* S. 431 [5.414]). Zu meinen, Peirce vermenge hier deskriptive und normative Disziplinen und vermische theoretische und praktische Philosophie, geht am Grundanliegen des Pragmatismus vorbei: Es geht dort gerade darum, Begriffe und Argumente aus und in einem Handlungszusammenhang zu verstehen, der vor jeder Trennung von Theorie und Praxis liegt. Die Unterscheidung von Sätzen über Tatsachen und über Werte wird dadurch nicht aufgehoben oder aufgegeben, sie mußte aber innerhalb des Pragmatismus neu gestellt werden. Wir stehen hier am Ende eines geschichtlichen Prozesses, in dem schrittweise die aristotelische Unterscheidung von *Theoria, Praxis* und *Poiesis* (vgl. 1. Teil, Kap. X, 1) aufgehoben wird. Die neuzeitliche Wissenschaft hat seit Galilei die *Poiesis* in die *Theoria* integriert, insofern das technisch und instrumentell vermittelte Experiment in den Begriff der Wissenschaft aufgenommen wird (vgl. 3. Teil, Kap. IV, 1). Bei Peirce wird nun auch die *Praxis* (das Handeln) in den Begriff der Wissenschaft und somit auch in den der Wahrheit integriert.

Ziel aller – immer zeichenvermittelten – Denkprozesse ist eine Überzeugung, die sich bewährt, die also als Verhaltensgewohnheit Zweifel beseitigen und Handeln steuern kann. Die Bewährung einer Überzeugung geschieht durch induktive Bestätigung, aus einer solchen Verhaltensregel ergibt sich dann eine Anweisung für künftiges Handeln. Das präziseste Paradigma des Handelns liefert die wissenschaftliche Forschungstätigkeit. Die jeweilige Summe solcher Verhaltensregeln stellt das jeweils verfügbare Wissen dar. Die *Akkumulation* des Wissens (damals ein unproblematischer Begriff) stellt für Peirce den einzig denkbaren Fortschritt in der Geschichte dar, den *Lernprozeß der Menschheit.*

Worum aber geht es allen, was ist diese Zivilisation, die das Ergebnis der Geschichte, aber niemals vollendet ist? Wir können nicht erwarten, zu einem vollen Begriff davon zu gelangen, aber wir können sehen, daß es ein allmählicher Prozeß ist, daß er als eine Realisation von Ideen im Bewußtsein und in den Werken des Menschen impliziert und daß er aufgrund der menschlichen Fähigkeit zu lernen stattfindet und durch die Erfahrung, die ständig auf ihn Ideen einströmen läßt, die er sich noch nicht angeeignet hat. Wir können sagen, daß es der Prozeß ist, wodurch der Mensch, in all seiner erbärmlichen Unbedeutendheit, mehr und mehr vom Geiste Gottes erfaßt wird, von dem Natur und Geschichte erfüllt sind. (*Wie unsere Ideen zu klären sind.* In: *Schriften.* S. 211, Anm. 19)

Hier begegnen wir also wiederum dem Begriff und dem Pathos von »Fortschritt durch Wissenschaft«, wie er bei Bacon am Beginn der Neuzeit im *Novum Organum* programmatisch zum Ausdruck gekommen war, wie er bei Kant seine erkenntniskritische Form erhalten hatte, und wie er nun bei Peirce seine handlungstheoretische, pragmatische Wendung erhält. | 515

Der normative Begriff von »Fortschritt«, der an der Wissenschaft abgelesen wird, konnte im Kontext genau dieser Wissenschaft allerdings nicht selbst noch einmal einer kritischen Reflexion unterzogen werden.

5. Pragmatismus und Pragmatizismus

Der von Peirce konzipierte Pragmatismus wurde zunächst nicht durch ihn und seine Schriften bekannt, sondern durch William James (1842–1910). Ein erhebliches Problem lag allerdings darin, daß James und ein weiterer wichtiger Vertreter des Pragmatismus, John Dewey (1859–1952), eigentlich andere wissenschaftliche und philosophische Interessen verfolgten als Peirce, auf den sie sich beriefen. Für Peirce ist die Psychologie nur eine Einzelwissenschaft, die vom allgemeinen Begriff der Wissenschaft her normiert ist. Maßgebend ist für ihn einzig die Logik als allgemeine Zeichentheorie und von dieser sagt Peirce:

[...] meine Prinzipien hindern mich absolut, auch nur den geringsten Gebrauch von Psychologie in der Logik zu machen. (*Vorlesungen über Pragmatismus* VI, 157. S. 104)

Peirce ging es um objektive und intersubjektiv überprüfbare Aussagen der Wissenschaft. James war wie Peirce empirischer Wissenschaftler, aber als Mediziner auch besonders an der sich damals entwickelnden empirischen Psychologie interessiert. Er rief das erste amerikanische Institut (Laboratorium) für empirische psychologische Forschung ins Leben und war somit von seinem wissenschaftlichen Hintergrund her weniger auf die Kommunikationsgemeinschaft der Forschergemeinschaft ausgerichtet, sondern mehr an den Bedürfnissen des einzelnen Subjekts orientiert. Er war in Harvard zeitweilig Professor der Philosophie, dann aber auch wieder der Psychologie. Der psychologische Hintergrund wird auch in der Deutung des Pragmatismus durch James deutlich. Wahrheit scheint bei ihm fast ausschließlich im Rahmen subjektiver Bedürfnisse konzipiert. Ähnliches gilt auch für Dewey, bei dem Logik und Zeichenprozesse faktisch nur als individuelle Denkprozesse analysiert werden. Der gesellschaftliche Aspekt fehlt aber bei Dewey nicht. Dewey hat den Zusammenhang zwischen wissenschaftlicher Forschung und demokratischer Ordnung klar erfaßt und nicht zuletzt darauf hingewiesen, daß all dies in den Erziehungsprozeß eingehen muß, in dem es nicht um passives Lernen, sondern um handlungsorientiertes und handlungsorientierendes Aneignen von Wissen gehen muß. Während die Arbeiten von Peirce nur verhältnismäßig wenigen Fachkollegen bekannt

waren, gelang es James (seit einem 1898 gehaltenen und 1904 unter dem Titel *The Pragmatic Method* veröffentlichten Vortrag), den Pragmatismus seiner Prägung einer breiten Öffentlichkeit bekanntzumachen. Der extremste Vertreter dieser Form des Pragmatismus, in der Wahrheit und wissenschaftliche Erkenntnis rein aus individuellen menschlichen Bedürfnissen heraus verstanden wurde, war der amerikanische Philosoph F. C. S. Schiller (1864–1937). Peirce war mit dieser Entwicklung überhaupt nicht einverstanden und erfand daher 1905 für die von ihm vertretene Form der Philosophie den Ausdruck »Pragmatizismus« (ein Ausdruck, der sich aber nicht durchsetzte). Mehr Aufmerksamkeit rief dennoch die von James vertretene Form des Pragmatismus hervor. Dies hing auch damit zusammen, daß die von James und Dewey vertretene Auffassung des Pragmatismus auffallende Ähnlichkeiten mit der europäischen Lebensphilosophie der ersten Jahrzehnte des 20. Jhd.s zeigte, wie sie z.B. Maurice Blondel (1861–1949) vertrat. Dies wurde auf dem 3. Internationalen Kongreß für Philosophie im Jahre 1908 in Heidelberg sehr deutlich. Seit 1905 gab es also faktisch zwei sehr verschiedene Formen des Pragmatismus. Die von James vertretene Version fand auch in Italien mit Giovanni Vailati (1863–1909) sowie Giovanni Papini (1881–1956) und in Frankreich mit Edouard Le Roy (1870–1966) Vertreter, und im Prinzip blieb auch die Zeichentheorie von C. W. Morris (1901–1979) mit ihrem behavioristischen Ausgangspunkt auf der Linie von James. Den eigentlichen wissenschaftlichen, logischen und zeichentheoretischen Intentionen von Peirce folgte hingegen C. I. Lewis (1883–1964), dessen Arbeiten zur Algebra der Logik bis heute maßgebend sind. Von da aus ergab sich auch eine Diskussion mit Vertretern des logischen Positivismus, die an ähnlichen Problemen arbeiteten, so

z. B. mit Rudolf Carnap (1891–1970). Im weiteren verfolgte vermutlich Willard van Orman Quine (geb. 1908) am ehesten das weiter, was Peirce anstrebte: eine wissenschaftsorientierte Philosophie, in der die Logik die zentrale Stellung einnimmt.

Die Semiotik als Grundlagenwissenschaft im Sinne von Peirce ist erst im Verlauf des 20. Jhd.s in ihrer Bedeutung anerkannt und weiterentwickelt worden. Trotz des inzwischen großen zeitlichen Abstands dürfte die Bedeutung der Philosophie von Peirce weiter zunehmen. Er war vermutlich in verschiedenen Punkten nicht nur seiner, sondern auch unserer Gegenwart voraus.

- XXV -

Gottlob Frege

1. Die Begriffsschrift

Gottlob Frege (1848–1925) war eigentlich Mathematiker und entwickelte seine Logik zunächst einmal, um logische Zusammenhänge in mathematischen Beweisen streng überprüfen zu können. Sein Ausgangspunkt war aber gleichzeitig einer, der durchaus in den Rahmen der traditionellen Philosophie seit ihren Ursprüngen gehört. Spätestens seit den Sophisten, den Stoikern und Aristoteles war es klar, daß der normale Sprachgebrauch nicht schon logische und semantische Korrektheit garantiert. Deshalb gab es seit der Antike die Unterscheidung von Grammatik und
518 | Logik, wobei der Logik innerhalb der Philosophie ein sachlicher Vorrang vor der Grammatik eingeräumt wurde. Der folgende Satz Freges könnte sich ebenso bei Aristoteles, bei Chrysipp oder bei Ockham finden:

Die Sprache ist nicht in der Weise durch logische Gesetze beherrscht, daß die Befolgung der Grammatik schon die formale Richtigkeit der Gedankenbewegung verbürgte. (*Über die wissenschaftliche Berechtigung einer Begriffsschrift.* In: *Begriffsschrift.* S. 108)

Frege war allerdings der Überzeugung, »daß die Logik sich bisher immer noch zu eng an Sprache und Grammatik angeschlossen hat« (*Begriffsschrift. Einleitung.* S. XIII). Weder die Umgangssprache, die selbst ein Zeichensystem ist, noch die Schrift, mit der die Umgangssprache wiederum in einem Zeichensystem abgebildet wird, noch die Grammatik als Regelsystem für die Umgangssprache liefern eine Garantie dafür, daß nicht Mißverständnisse und Argumentationsfehler auftreten. Deshalb ist nach Frege für die Darstellung strenger Argumentationen eine neue Zeichensprache, eine Begriffsschrift, erforderlich, die auch, und zwar nicht nur dem Formalismus, sondern auch dem Ziel nach (vgl. auch unten 4), über das hinausgehen sollte, was Freges Vorgänger und Zeitgenossen wie George Boole (1815–1864) und Ernst Schröder (1841–1902) vorgelegt hatten. Frege will also nicht die Umgangssprache durch eine formalisierte Sprache ersetzen, sondern nur eine Zeichensprache entwickeln, die eine präzise und vollständige Überprüfung umgangssprachlich formulierter Zusammenhänge ermöglicht. Frege gibt ein genaues Kriterium für die Wahl seiner Zeichen an:

Im Allgemeinen wird immer *das* Zeichen die mannigfachste Anwendung zulassen und die übersichtlichsten Ausdrücke ergeben, welches den einfachsten Inhalt hat. [...] Man möchte die Wahl von Urzeichen mit einfachem Inhalte schon deswegen für geboten halten, weil man durch inhaltsreichere Zeichen einfachere Inhalte nicht ausdrücken könne. (*Booles rechnende Logik und die Begriffsschrift.* In: *Nachgelassene Schriften.* S. 41)

Als Grundbestand an Zeichen benötigt Frege vier: ein Zeichen für einen Gedankeninhalt, eines für die Verneinung, eines für die Bedingung und eines für das Urteil (vgl. *Begriffsschrift.* S. 1–13, und *Booles logische Formelsprache und meine Begriffsschrift.* In: *Nachgelassene Schriften.* S. 59). Zur Darstellung verwendet Frege Strichzeichen: Ein einfacher waagerechter Strich bedeutet einen *Inhalt* (Inhaltsstrich), ein davorgesetzter senkrechter Strich besagt, daß es sich bei dem ganzen um ein *Urteil* handelt (Urteilsstrich); wird ein Inhaltsstrich mit einem anderen durch einen senkrechten Strich verbunden, so wird dadurch die *Bedingtheit* ausgedrückt. Die *Negation* wird durch einen kurzen senkrechten Strich dargestellt, der rechts vom Bedingungsstrich gesetzt den zweiten Teil der Bedingung (= das Konsequens) verneint, links davon gesetzt hingegen die ganze Bedingung:

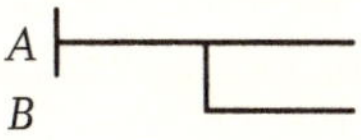

Wenn *B*, dann *A*

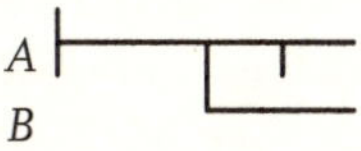

Wenn *B*, dann nicht *A*

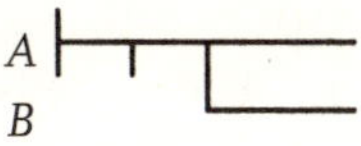

Nicht (wenn *B*, dann *A*)

Es geht dabei nur um Sätze, die wahr oder falsch sein können, also um Behauptungssätze (die in der traditionellen Logik und auch bei Frege »Urteil« genannt werden), bei denen Frege aber ausdrücklich zwischen Inhalt und Beurteilung desselben unterscheidet. In den Behauptungssätzen ist also der Inhalt des Satzes – bei Frege auch »Gedanke« genannt – und die Anerkennung der Wahrheit – das Urteilen – zu unterscheiden (*Der Gedanke.* S. 35). Der vertikale Strich am Beginn der angeführten Zeichen zeigt an, daß es sich um Urteile handelt. Befehls-, Wunsch- und Bittsätze sowie indirekte Rede sind nicht in die Untersuchung einbezogen (Ebd. S. 33–35; vgl. auch *Über Sinn und Bedeutung.* S. 50–55). Mit Hilfe der vier aufgeführten Zeichen lassen sich tatsächlich alle Operationen der Logik der Aussagen darstellen und auf ihre Korrektheit hin überprüfen. Das Zeichensystem, das Frege in der *Begriffsschrift* entwickelt und in den *Grundgesetzen der Arithmetik* angewendet hat, hat sich allerdings nicht durchgesetzt und braucht daher in einer Überblicksvorlesung auch nicht genauer dargestellt zu werden. Das Notierungssystem, das weithin übernommen wurde, ist vielmehr das von Alfred North Whitehead (1861–1947) und Bertrand Russell (1872–1970) in den *Principia mathematica* von 1910 entwickelte, die aber im Vorwort ausdrücklich darauf hinweisen, daß sie die leitenden Grundgedanken ihres Werkes von Frege übernommen haben (Ebd. *Preface*. S. VIII). Schon in *The Principles of Mathematics* aus dem Jahre 1901 hatte Russell in einem Anhang eine Zusammenfassung der Ergebnisse von Freges Werk gegeben (Ebd. S. 501–522). Der Vorteil der Whitehead-Russellschen Notationsweise liegt in der einfacheren Handhabbarkeit, nicht zuletzt in typographischer Hinsicht. Dies ändert nichts am Verdienst Freges. Es gibt allerdings auch Vorteile in Freges Symbolismus; z. B. benötigt er keine Klammern, und auch die Übersichtlichkeit ist bei seinen Ableitungen besser.

Frege geht von vier Möglichkeiten der Verknüpfung von beurteilbaren Inhalten aus, die mit *A* und *B* bezeichnet werden:

		A	*B*
I. *A* wird bejaht, und *B* wird bejaht;	I. *A* und *B*	w	w
II. *A* wird bejaht, und *B* wird verneint;	II. *A* und nicht *B*	w	f
III. *A* wird verneint, und *B* wird bejaht;	III. nicht *A* und *B*	f	w
IV. *A* wird verneint, und *B* wird verneint.	IV. nicht *A* und nicht *B*	f	f

(1. Spalte: *Begriffsschrift* § 5. S. 5. – 2. Spalte: *Booles rechnende Logik und die Begriffs-*
520 | *schrift*. In: *Nachgelassene Schriften*. S. 40. – 3. Spalte: heutige Wahrheitswerttafel)

Eine möglichst einfache Beziehung von zwei beurteilbaren Inhalten *A* und *B* kann durch die Verneinung eines der vier Fälle gewonnen werden (vgl. *Booles logische Formelsprache und meine Begriffsschrift*. In: *Nachgelassene Schriften*. S. 55). Frege wählt die Verneinung des dritten Falles als Ausgangspunkt, was nichts anderes ist als die Definition der *materialen Implikation* – bei Frege »Bedingtheit« genannt –, also: »Wenn *B*, dann *A*«, d. h.: $B \rightarrow A$.

A	*B*	$B \rightarrow A$
w	w	w
w	f	w
f	w	f
f	f	w

Die Wahl dieses Ausgangspunktes ist bei Frege dadurch begründet, daß es sich hier um den einfachsten Fall handelt, wie man aus der weiter oben dargestellten graphisch-begriffsschriftlichen Darstellung von »Wenn *B*, dann *A*« ersehen kann. Für die Wahl dieses Ausgangspunktes führt Frege auch einen Konvenienzgrund an:

Ich wählte die Verneinung des dritten Falles wegen des leichten Überganges zum Schließen und wegen der nahen Verwandtschaft dieses Inhaltes zu dem wichtigen Verhältnis von Grund und Folge. (*Booles rechnende Logik und die Begriffsschrift*. In: *Nachgelassene Schriften*. S. 42)

Bei der Bedingtheit ist die Verwandtschaft zu Grund und Folge allerdings nur in einer begrenzten Anzahl von Fällen dem Gebrauch der Umgangssprache entsprechend. Es gilt also nicht allgemein: (logische) Bedingtheit = (umgangssprachlich) »Wenn ... dann«. Frege sagt dies auch ganz klar (das »wenn« enthält also »mehr« als die logische Bedingtheit):

Die ursächliche Verknüpfung, die in dem Worte »wenn« liegt, wird jedoch durch unser Zeichen nicht ausgedrückt, obgleich ein Urteil dieser Art nur auf Grund einer solchen gefällt werden kann. (*Begriffsschrift* § 5. S. 6)

Mit Hilfe der Bedingtheit (materiale Implikation) lassen sich dann alle anderen logischen Grundzeichen («und«, »oder«) definieren, »denn mittels eines Verneinungszeichens kann man aus jedem der vier Fälle jeden anderen herstellen« (*Booles logische Formelsprache und meine Begriffsschrift*. In: *Nachgelassene Schriften*. S. 56). Frege weiß, daß dieser Ausgangspunkt von der Bedingtheit (Implikation) nicht notwendig ist, es ist z. B. ebenso möglich, von der ersten Zeile, also I. im Schema weiter oben, auszugehen und die drei weiteren zu verneinen, also dem »und« (vgl. *Begriffsschrift* § 7. S. 12 f.). Frege geht gelegentlich auch diesen Weg (vgl. *Gedankengefüge*. S. 75 f.), möglicherweise deshalb, weil das »und« von allen logischen Zeichen dem Gebrauch der Umgangssprache am nächsten kommt.

Betrachtet man den Fall der Bedingtheit, wo aus *B nicht-A* folgt, und verneint man dies, so bedeutet dies: »der Fall, wo *A* und *B* bejaht werden, tritt ein«, was auch in der folgenden Weise ausgedrückt werden kann: »beide, *A* und *B* sind Tatsachen« (*Begriffsschrift* § 7. S. 12), d. h. $\neg(B \rightarrow \neg A) \Leftrightarrow B \wedge A$, was äquivalent ist mit $A \wedge B$. Dies ist nichts anderes als das »und«, also die *Konjunktion*.

A	*B*	$A \wedge B$
w	w	w
w	f	f
f	w	f
f	f	f

Desweiteren kann der Fall der Bedingtheit betrachtet werden, wo aus *nicht-B A* folgt. Dies entspricht der Verneinung der vierten Zeile der vier Möglichkeiten der Verknüpfung, also IV. im Schema weiter oben. D.h. »der Fall, wo *A* verneint und die Verneinung von *B* bejaht wird, besteht nicht« oder »beide, *A* und *B* können nicht verneint werden« (Ebd. S. 10 f.), d. h.: $\neg B \rightarrow A \Leftrightarrow \neg(\neg B \wedge \neg A) \Leftrightarrow B \vee A$, da gilt: $\neg(\neg B \wedge \neg A) \Leftrightarrow \vee\neg B \vee \neg\neg A) \Leftrightarrow B \vee A$. $B \vee A$ wiederum ist äquivalent mit $A \vee B$. Dies ergibt das »oder, also die *Disjunktion*, wobei das »oder« hier als *nicht-ausschließendes* verstanden wird.

A	B	$A \vee B$
w	w	w
w	f	w
f	w	w
f	f	f

Die Frage der Wahl des nicht-ausschließenden »oder« ist nach Frege einzig eine Frage der Zweckmäßigkeit. Das nicht-ausschließende »oder« ist inhaltsärmer, da es mehr Fälle einschließt als das ausschließende »oder«, und insofern es inhaltsärmer ist, ist es einfacher, und die Einfachheit ist für Frege ein Maßstab für die Einführung eines Zeichens (vgl. *Booles logische Formelsprache und meine Begriffsschrift*. In: *Nachgelassene Schriften*. S. 55 f.). Das ausschließende »oder« läßt sich dann ausdrücken als »(A oder B) und nicht (A und B)«. Frege geht dabei wieder von einer Bedingtheit aus, nämlich von $(\neg B \rightarrow A) \wedge (B \rightarrow \neg A)$, was äquivalent ist mit $(B \vee A) \wedge \neg(B \wedge A)$ (vgl. *Begriffsschrift* §7. S. 12).

Die von Frege als *grundlegend* angenommene *Schlußweise* (Ebd. §6. S. 7 f.) ist nichts anderes als der bekannte *modus ponens*:

522 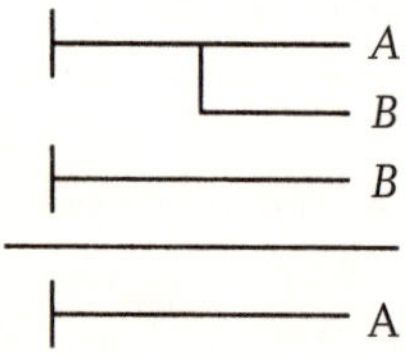 in der heute üblichen Schreibweise:

$$\begin{array}{l} B \rightarrow A \\ \underline{B\qquad} \\ A \end{array}$$

Als nächstes führt Frege ein Zeichen für Allgemeinheit ein. Dadurch wird ausgedrückt: »Alle a sind F«, wobei a eine Variable für Gegenstände, F hingegen eine Variable für Prädikate ist. Ein Negationsstrich rechts vom a über dem Halbkreis des Inhaltsstriches bedeutet: »Alle a sind *nicht-F*«, ein Negationsstrich links vom a hingegen bedeutet: »Nicht alle a sind F«. Frege benötigt nur einen Quantor, da »nicht alle« dasselbe wie »einige« (= »mindestens eines«) ausdrückt.

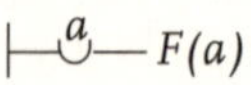

Mit Hilfe dieser Zeichen können alle logischen Satzformen der klassischen aristotelischen Logik (vgl. 1. Teil, Kap. X, 3, c) in eindeutiger Weise ausgedrückt werden (vgl. *Begriffsschrift* §11 f. 12. S. 19–24). Um diese Beziehung klar zum Ausdruck zu bringen, stellt Frege das klassische logische Quadrat (vgl. 1. Teil, Kap. X, 3, d) in seiner Begriffsschrift dar. Die traditionelle universell affirmative Aussage (UA) mit ihrem klassischen Beispiel: »Alle Menschen sind Lebewesen« erhält dann die Form: »Für jeden Gegenstand a gilt: »Wenn a ein Mensch ist, dann ist a auch ein Lebewesen«, die UA wird also von Frege als Bedingtheit (Implikation) aufgefaßt (vgl. *Über Begriff*

und Gegenstand. S. 72). Warum dies bei Frege so sein *muß*, wird weiter unten in 3 kurz erläutert. In der heute üblichen Symbolisierung (*M* = »Mensch«, *L* = »Lebewesen«) gilt also: $\forall_{(a)}(M_{(a)} \rightarrow L_{(a)})$. Selbstverständlich läßt sich dann problemlos das gesamte syllogistische System in der Begriffsschrift darstellen.

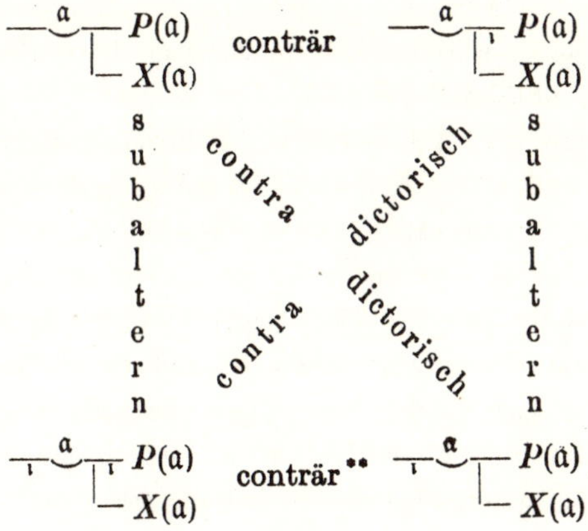

** Sollte offenbar »subconträr« sein. Anm. d. Hrsg. | 523

Frege: *Begriffsschrift* § 12. S. 24

2. Sinn und Bedeutung

Frege unterscheidet in seiner Semantik »Bedeutung«, »Sinn« und »Vorstellung«. Dabei ist sofort zu beachten, daß Frege »Bedeutung« in einer Weise gebraucht (Bedeutung eines Eigennamens = Gegenstand), die in der heutigen Sprachphilosophie keine Verwendung mehr findet:

Die Bedeutung eines Eigennamens ist der Gegenstand selbst, den wir damit bezeichnen; die Vorstellung, welche wir dabei haben, ist ganz subjektiv; dazwischen liegt der Sinn, der zwar nicht mehr subjektiv wie die Vorstellung, aber doch auch nicht der Gegenstand selbst ist. (*Über Sinn und Bedeutung.* S. 44)

Die Vorstellung, die jeder einzelne mit einem Wort verbindet ist also »ganz subjektiv« und scheidet damit aus der logischen Analyse der Sprache aus. Es bleiben also Sinn und Bedeutung. Es ist durchaus möglich, daß zwei *Eigennamen* einen verschiedenen Sinn, aber ein und dieselbe Bedeutung haben. Dies ist z. B. der Fall bei »Morgenstern« und »Abendstern«, die sich zwar auf ein und denselben Gegenstand beziehen, aber einen verschiedenen Sinn haben. Daß ein verschiedener Sinn vorliegt, läßt sich daraus erkennen, daß es in zahlreichen Kontexten nicht möglich ist, das eine

Wort für das andere zu substituieren: Es ist z. B. sinnlos zu sagen: »Der Abendstern kann am Morgen beobachtet werden.« Der Sinn ist also die Weise des Gegebenseins, dies ist bei Eigennamen der bezeichnete Gegenstand, bei Prädikatoren der bezeichnete Begriff. Vom Sinn eines Begriffs ist zu unterscheiden der Umfang des Begriffs als der Klasse der Gegenstände, die unter diesen Begriff fallen. Es ist auch möglich, daß ein Eigenname, z. B. »Odysseus«, zwar einen Sinn hat, wir aber nicht sicher sind, ob er auch eine Bedeutung hat, also im Verständnis von Frege: ob ihm auch ein Gegenstand entspricht (Ebd. S. 47).

Als nächstes stellt Frege die Frage nach Sinn und Bedeutung in Hinsicht auf einen ganzen *Behauptungssatz*. Der Sinn eines solchen Satzes besteht in dem, was Frege den *Gedanken* nennt, der ausdrücklich nicht als psychologischer Vorgang, sondern als objektiver Inhalt aufgefaßt wird und somit als ein »Inhalt, der fähig ist, gemeinsames Eigentum von vielen zu sein« (Ebd. S. 46). Es wird hier allerdings nur von solchen Sätzen in direkter Rede gesprochen, bei indirekter Rede oder bei epistemischen Kontexten, z. B. »ich glaube, daß ...«, gilt dies nicht. Die Bedeutung eines Behauptungssatzes soll wie die eines Namens der Gegenstand sein. Daraus ergibt sich für Frege – und überraschend für alle, die sich mit dieser Auffassung zum ersten Mal befassen – folgendes: Die *Bedeutung* eines Behauptungssatzes besteht in seinem
524 | *Wahrheitswert* (Ebd. S. 48):

> Jeder Behauptungssatz, in dem es auf die Bedeutung der Wörter ankommt, ist also als Eigenname aufzufassen, und zwar ist seine Bedeutung, falls sie vorhanden ist, entweder das Wahre oder das Falsche. (Ebd.)

Frege weiß genau, daß die Bezeichnung der Wahrheitswerte als Gegenstände »als willkürlicher Einfall und vielleicht als bloßes Spiel mit Worten erscheinen« mag (Ebd.). Es liegt tatsächlich nahe zu sagen: Wenn Frege als Bedeutung eines Eigennamens den entsprechenden Gegenstand annimmt, so müßte er als die Bedeutung (also als den Gegenstand) eines Behauptungssatzes das Zutreffen des entsprechenden Sachverhalts (das Bestehen einer Tatsache) annehmen. Frege formuliert den Einwand in einer bestimmten Weise:

> Man könnte versucht sein, das Verhältnis des Gedankens zum Wahren nicht als das des Sinnes zur Bedeutung, sondern als das des Subjekts zum Prädikate anzusehen. (Ebd. S. 49)

Frege nimmt dabei nicht auf die traditionelle Auffassung Bezug, in der (z. B. bei Aristoteles) die Wahrheit einer Aussage darin besteht, daß dem Subjekt das Prädikat zukommt, oder (wie bei Leibniz) Wahrheit als Enthaltensein des Prädikatbegriffs im Subjektbegriff verstanden wird (vgl. Kap. XI, 3), sondern er bezieht sich auf die Analyse, in der z. B. in dem Satz »Der Gedanke, daß 5 eine Primzahl ist, ist wahr« der Satzteil

»Der Gedanke, daß 5 eine Primzahl ist« als Subjekt, »wahr« hingegen als Prädikat aufgefaßt wird. Diese Analyse ist jedoch nach Frege nicht korrekt, da man durch Zusammenfügen von Subjekt und Prädikat immer wieder einen Gedanken erhält, nicht aber den Schritt vom Gedanken zur Bedeutung vollziehen kann. Man muß sich bei der Analyse Freges vor Augen halten, daß er genau zwischen Inhalt und Behauptung desselben unterscheidet, wobei er die Wahrheit einzig auf die Behauptung bezieht, und streng genommen wird tatsächlich auf die Frage: »Ist 5 eine Primzahl?« nur mit »Ja« oder »Nein« geantwortet, und genau dieselbe Antwort »Ja« oder »Nein« erfolgt z. B. auf die Frage: »Ist London die Hauptstadt Englands?«. Aus der Wahrheitsauffassung Freges ergibt sich also die von ihm selbst gezogene Konsequenz:

> Wenn nun der Wahrheitswert eines Satzes dessen Bedeutung ist, so haben einerseits alle wahren Sätze dieselbe Bedeutung, andererseits alle falschen. (*Über Sinn und Bedeutung.* S. 50)

Um zu einer Erkenntnis zu gelangen, reicht jedoch die Bedeutung nicht aus, man muß dabei immer auch den Gedanken berücksichtigen. Frege fährt daher fort:

> Wir sehen daraus, daß in der Bedeutung des Satzes alles einzelne verwischt ist. Es | 525
> kann uns also niemals auf die Bedeutung eines Satzes allein ankommen; aber auch der bloße Gedanke gibt keine Erkenntnis, sondern erst der Gedanke zusammen mit seiner Bedeutung, d. h. seinem Wahrheitswerte. (Ebd.)

Sätze, die dieselbe Bedeutung haben, können füreinander substituiert werden, wie Frege mit Berufung auf Leibniz feststellt (Ebd. S. 49 f.):

> Wenn unsere Vermutung richtig ist, daß die Bedeutung eines Satzes sein Wahrheitswert ist, so muß dieser unverändert bleiben, wenn ein Satzteil durch einen Ausdruck von derselben Bedeutung, aber anderem Sinn ersetzt wird. (Ebd. S. 49)

Es wird vielleicht ganz nützlich sein, sich einmal klarzumachen, daß all die Verständnisschwierigkeiten, die sich bei der Konzeption Freges und den darauf beruhenden Wahrheitswerttafeln ergeben, vor allem bei der materialen Implikation, nicht (nur) in der bestimmten Festlegung der Tafeln bestehen, sondern in der Grundlage dieser gesamten Konstruktion. Wenn es bei der wahrheitserhaltenden Substitution *nur* auf den Wahrheitswert – ohne Berücksichtigung des Sinnes des Satzes – ankommt, darf man beliebige wahre Sätze für beliebige andere wahre Sätze substituieren, ohne daß sich der Wahrheitswert verändert. Man kann z. B. die folgende gültige Implikation aufstellen: »Wenn es regnet, ist die Straße naß.« Nach dem angegebenen Verfahren darf man z. B. für das Konsequens eine andere wahre Aussage, also etwa »Die Quadratwurzel von 4 ist 2« einsetzen, so daß sich ohne Änderung des Wahrheitswertes ergibt: »Wenn es regnet, ist die Quadratwurzel von 4 2«, was dem »normalen« Leser zumindest sonderbar vorkommen wird. Um nicht ungerecht zu sein: Frege war sich ganz im klaren über die Konsequenzen seiner Auffassung und wußte genau, daß bei der »Beleuchtung« dieser Auffassung durch Beispiele zahlreiche sonderbare Satzverbindungen konstruiert werden konnten, und er stellt selbst fest:

> Freilich würde auch hier die Beleuchtung meistens unpassend werden: der Gedanke würde leicht abgeschmackt erscheinen; aber das hat mit seinem Wahrheitswerte nichts zu tun. (Ebd. S. 60)

Es muß noch einmal auf das weiter oben angeführte Zitat verwiesen werden, wo Frege es ganz deutlich macht, daß dann, wenn nur der Wahrheitswert und nicht auch der Sinn eines Satzes berücksichtigt wird, es zu keiner Erkenntnis kommt.

Es stellen sich hier aber doch ganz wesentliche Fragen einer »Philosophie der Logik«. Die Frage, auf die Freges *Begriffsschrift* eine Antwort zu geben sucht, ist die folgende: Wie kann der logische Zusammenhang der mathematischen Beweise dargestellt werden? Aus dieser Frage ergibt sich die weitere Frage: Was sind logische Gegenstände? Frege ist es nach dem Urteil von Fachleuten, zu denen ich nicht gehö-
526 | re, in den *Grundgesetzen der Arithmetik* tatsächlich geglückt, den logischen Zusammenhang der Beweise der Arithmetik lückenlos darzustellen. Frege stieß bei seinem Programm der Ableitung der Mathematik aus der Logik (Logizismus) mit der ihm 1902 von Russell zur Kenntnis gebrachten Paradoxie der Mengenlehre auf eine deutliche systematische Grenze (*Gottlob Freges Briefwechsel*. S. 59), die er auch vorbehaltlos anerkannte (Ebd. S. 60–63. Vgl. auch *Grundgesetze* II. *Nachwort*. S. 253–265). Mit Russells »Gewaltlösung« der Typentheorie wollte er sich nicht beruhigen. Ob es eine Alternative zu Russells Lösung gibt, ist eine Frage, die bis heute nicht befriedigend beantwortet werden konnte und die deshalb hier auch nicht weiter behandelt werden kann oder soll. Eine Alternative stellt Wittgensteins Kritik der formalen Begriffe dar, die die Voraussetzung des Mengenparadoxes, die Legitimität des Begriff einer »Menge aller Mengen« bestreitet (vgl. Kap. XXVI, 2), die aber nur von wenigen akzeptiert wird.

Für die Philosophie der Logik stellt sich eine allgemeinere Frage: Ist eine Logik, die für die Überprüfung mathematischer Beweise entwickelt wurde, auf andere Bereiche übertragbar und, wenn ja, in welchem Umfang? Sind vielleicht weitere »Zusatzbedingungen«, »Anwendungsregeln« usw. erforderlich? Im vorliegenden Zusammenhang einer Geschichte der Philosophie soll hier nur auf eine ganz alte Frage verwiesen werden. Für das Schließen in allen Bereichen ist der *Folgerungsbegriff* von zentraler und entscheidender Bedeutung. Auch Frege geht von der Bedingtheit beim Aufbau der Logik aus (vgl. weiter oben), da alle anderen logischen Grundzeichen durch diese und die Negation definiert werden können. Die Frage ist nur: Ist die in Freges Logik festgelegte Bedingtheit genau das, was in Philosophie und Wissenschaft unter »Folgerung« verstanden wird oder verstanden werden soll? Der Folgerungsbegriff ist jedenfalls seit den Megarikern und Stoikern in der Philosophie umstritten (vgl. 1. Teil, Kap. VIII, 3, und Kap. XII, 1). Mittelalterliche Logiker wie z. B. Abaelard, Ockham und andere britische Logiker nahmen an, daß die Forderung, in einer gültigen Folgerung dürfe es nicht möglich sein, daß das Antezedens wahr und das Konsequens falsch ist – also die Definition durch Wahrheitswerte so wie auch bei Frege –, zwar eine notwendige, nicht aber eine hinreichende Bedingung für eine gültige Folgerung ist. Letztere bestehe in einer weiteren (vor allem durch topische Regeln bestimmten) Beziehung zwischen Antezedens und Konsequens (vgl. 2. Teil, Kap. VII, 3, b, und Kap. XVII, 3). Die Frage, ob für Folgerungen in der Mathematik die notwendige auch gleichzeitig die hinreichende Bedingung sei, wurde bei diesen Autoren nicht thematisiert. Das Problem wurde aber dort deutlich, wo es um die beiden heute sogenannten Paradoxien der materialen Implikation (bei den frühen englischen Logikern des Mittelalters *consequentia materialis* genannt) ging, die Abaelard überhaupt ablehnte und der Ockham und andere sehr zurückhaltend gegenüberstanden. Ohne Modalitäten – also im Sinne Freges – formuliert (was gelegentlich auch bei mittelalterlichen Logikern vorkommt), besagen diese das folgende:

(1) $A \rightarrow (\neg A \rightarrow B)$ Aus Falschem folgt Beliebiges *(ex falso sequitur quodlibet)*
(2) $A \rightarrow (B \rightarrow A)$ Wahres folgt aus Beliebigem *(verum sequitur ex quolibet)*

Demgegenüber wird von Logikern der Zeit nach Frege bis in unsere Gegenwart hinein versucht, logische Systeme zu entwerfen, in denen diese »Beliebigkeit« eliminiert wird. Wichtige Grundlagen dafür wurden 1935 von Gerhard Gentzen (1909–1945) im sogenannten »Kalkül des natürlichen Schließens« entwickelt. Es soll also ein Begriff der Folgerung entwickelt werden, in der $A \rightarrow B$ nur dort Geltung hat, wo A für die Ableitung von B auch tatsächlich erforderlich, also relevant, ist. Deshalb werden solche Logiksysteme auch unter dem Begriff »Relevanzlogiken« zusammengefaßt. Entscheidend für den Folgerungsbegriff der Relevanzlogik ist es, daß $A \rightarrow B$ nur dann gilt, wenn es mindestens eine Variable gibt, die sowohl in A als auch in B enthalten ist. Dies stellt zumindest eine notwendige Bedingung für das dar, was mittelalterliche Logiker mit dem Prinzip »das Konsequens muß im Antezedens verstanden werden« *(consequens intelligitur in antecedente)* oder ähnlichen Festlegungen gefordert hatten. Verschiedene solcher Systeme der Relevanzlogik sind dann so konstruiert, daß sich durch Hinzufügung von (1) oder (2) – (1) und (2) sind unter Voraussetzung der doppelten Negation äquivalent – die inzwischen klassische Aussagenlogik Freges ergibt, womit die klassische Aussagenlogik nicht zum Normal- und Normfall der Logik, sondern zu einem Ausnahme- oder Spezialfall wird.

Daran läßt sich vielleicht eine noch allgemeinere Überlegung anschließen. Die Logik Freges hat sich bei der Überprüfung der Beweise der Arithmetik bewährt. Sein Ziel der Begriffsschrift war folgendes:

Ich will die wenigen Zeichen, die ich einführe, mit den schon vorhandenen Zeichen der Mathematik zu einer einzigen Formelsprache verschmelzen. (*Über den Zweck der Begriffsschrift.* In: *Begriffsschrift.* S. 100)

Aber: Was folgt daraus? Es ist seit den Pythagoreern und Platon eine immer wiederkehrende Frage, inwieweit sich die *Mathematik* auf die *Gesamtheit der Wirklichkeit* anwenden läßt, und damit ist weiter zu fragen, inwieweit die Mathematik und ihre Erkenntnismittel Modellcharakter für die Philosophie als ganze haben können. Damit hängt auch die Frage zusammen, in welchen Bereichen eine für den Beweiszusammenhang der Mathematik entwickelte deduktive Logik Anwendung finden kann. Frege stellt seine Logik in eine Traditionslinie, in der sehr weitreichende positive Antworten auf diese Fragen gegeben wurden:

Das Schließen aber und das Definieren ist logischen Gesetzen unterworfen. Daraus folgt, daß die Logik für die Mathematik eine größere Wichtigkeit hat als für andere Wissenschaften. Wenn man nun die Logik zur Philosophie rechnet, so ergibt sich hieraus das Bestehen einer besonders engen Verbindung zwischen Mathematik und Philosophie, was durch die Geschichte der Wissenschaften bestätigt wird (Plato, Descartes, Leib-
528 | niz, Newton, Kant). (*Logik in der Mathematik.* In: *Nachgelassene Schriften.* S. 219)

Es hat sich jedoch an verschiedenen Stellen gezeigt, daß dieses mathematische und letztlich euklidische Erkenntnismodell an deutliche Grenzen stößt und daß, damit zusammenhängend, neben der an dieser Vorstellung von Erkenntnis und der ihr entsprechenden deduktiven Logik in allen Bereichen empirischer Wissenschaften die Wahrscheinlichkeit und die entsprechende induktive Logik eine entscheidende Bedeutung erhält. Dies war schon im 17. Jhd. Mathematikern wie Pascal, Fermat, Leibniz, Huygens und Bernoulli klar geworden (vgl. Kap. VI, 3, und Kap. XI, 3). Es fällt auf, daß Frege sich mit diesen Fragen nicht beschäftigt hat. Ihm geht es in seiner Logik nur um das, »bei dem das Wahrsein überhaupt in Frage kommen kann« (*Aufzeichnungen für Ludwig Darmstaedter.* In: *Nachgelassene Schriften.* S. 273). Sicher ging es Frege primär um den Nachweis logisch korrekter Beweisführung in der Arithmetik, und diese ist wiederum eine Grundlage des Wahrscheinlichkeitskalküls. Allerdings stellt der Wahrscheinlichkeitskalkül auch spezifische Fragen einer Logik der Wahrscheinlichkeit. Freges einziger bedeutender Schüler Rudolf Carnap (1891–1970) hat daher konsequenterweise einen guten Teil seiner Arbeiten der Entwicklung einer induktiven Logik gewidmet.

Mit diesen Bemerkungen über das Verhältnis von Mathematik und Philosophie ist in keiner Weise beabsichtigt, Freges Arbeiten sowie die Arbeiten jener, die ihm folgten, wiederum in die Mathematik »abzuschieben«, was die gleiche verhängnisvolle Situation der ersten Hälfte des 20. Jhd.s hervorrufen müßte. Nicht nur einzelne Ergebnisse, sondern die gesamte strenge sprachanalytische und sprachkritische Methode Freges ist inzwischen für die Philosophie unaufgebbar geworden, wie auch noch an zwei Beispielen im folgenden Punkt deutlich gemacht werden soll. Es geht nur darum zu sagen, daß nicht einfach und unkritisch Ergebnisse aus der Grundlagenforschung der Mathematik und der daran orientierten Logik als unmittelbar für den gesamten Bereich der Philosophie gültig angesehen werden können. Ein Beispiel dafür ist die für manche recht bequeme, aber ganz ungerechtfertigte »philosophische Anwendung« des Unvollständigkeitssatzes Kurt Gödels (1906–1978), der im Zusammenhang mit der Auseinandersetzung des Logizismus-Programms Freges entstanden ist und besagt, daß ein ausreichendes und widerspruchsfreies formales System der Arithmetik wahre Sätze auslassen muß und seine Widerspruchsfreiheit nicht mit den in ihm formalisierten Mitteln bewiesen werden kann. Daraus kann zunächst überhaupt nichts über oder gegen die Forderung abgeleitet werden, in irgendeiner philosophischen Theorie alle als wahr angenommenen Sätze vollständig aufzuführen und deren Widerspruchsfreiheit nachzuweisen.

3. Funktion und Begriff, Begriff und Gegenstand

Ausgehend von den Wahrheitswerten von Sätzen läßt sich auch verstehen, wie Frege | 529
das Wort »Begriff« analysiert. Es geht ihm dabei ausschließlich um den logischen, nicht um den psychologischen Gebrauch dieses Wortes (*Über Begriff und Gegenstand.* S. 66), den er als »Vorstellung« auch kennt (vgl. weiter oben). Aber auch der bisherige, an der Grammatik orientierte Gebrauch von »Subjekt« und »Prädikat« ist nach Frege unzureichend. Frege schlägt einen neuen Weg ein, der sich auch tatsächlich durchgesetzt hat:

Insbesondere glaube ich, daß die Ersetzung der Begriffe *Subjekt* und *Praedicat* durch *Argument* und *Function* sich auf die Dauer bewähren wird. (*Begriffsschrift. Vorwort.* S. XIII)

Der Ausgangspunkt bei Frege ist der Gebrauch von Funktionen in der Mathematik (so nebenbei: Das Wort »Funktion« wurde von Leibniz als Fachterminus für geometrische Größen in die Mathematik eingeführt). Ein Ausdruck wie z. B. »x^2« ist eine *Funktion*, wobei für x verschiedene *Argumente*, also Zahlen wie 1, 2, 3 usw., eingesetzt werden können. Eine Funktion »für sich allein ist unvollständig, ergänzungsbedürftig, oder ungesättigt zu nennen« (*Funktion und Begriff.* S. 21 f.). Wird die Funktion durch ein Argument ergänzt, so erhält man den *Funktionswert.* So ergibt sich für die Funktion x^2 mit dem Argument 1 der Funktionswert 1, mit dem Argument 2 der Funktionswert 4 usw. Frege läßt auch das Zeichen für »Gleichheit« in Funktionen zu. Eine Funktion dieser Art hat einen Funktionswert, der immer einer der beiden Wahrheitswerte, d. h. entweder »wahr« oder »falsch«, ist. Für die Funktion $x^2 = 1$ ergeben die Argumente 1 und –1 für x den Funktionswert »wahr«, für alle anderen

Zahlen den Funktionswert »falsch«. Frege erweitert dann den Funktionsbegriff in der Weise, daß als Argumente nicht nur *Zahlen*, sondern *beliebige Gegenstände* zugelassen werden (Ebd. S. 29). Die einer mathematischen Gleichung entsprechende sprachliche Form ist ein Behauptungssatz:

> Behauptungssätze im allgemeinen kann man ebenso wie Gleichungen oder analytische Ausdrücke zerlegt denken in zwei Teile, von denen der eine in sich abgeschlossen, der andere ergänzungsbedürftig, ungesättigt ist. So kann man z. B. den Satz
>
> »Caesar eroberte Gallien«
>
> zerlegen in »Caesar« und »eroberte Gallien«. Der zweite Teil ist ungesättigt, führt eine leere Stelle mit sich, und erst dadurch, daß diese Stelle von einem Eigennamen ausgefüllt wird oder von einem Ausdrucke, der einen Eigennamen vertritt, kommt ein abgeschlossener Sinn zum Vorschein. (Ebd.)

Man kann also z. B. den Funktionsausdruck »*x* ist eine Hauptstadt« bilden, für den die Argumente »London«, »Paris« usw. – wird das Ganze als Behauptung geäußert – den Wert »wahr« ergeben, die Namen von Provinzdörfern und beliebiger anderer
530 | Gegenstände, die nicht Hauptstadt sind, hingegen den Wert »falsch«. Für einen spezifischeren Ausdruck, d. h. für einen Ausdruck mit geringerem Begriffsumfang – der Umfang eines Begriffs ist bestimmt durch die Anzahl der Fälle, für die sich der Wert »wahr« ergibt (Ebd. S. 28) –, also z. B. für »*x* ist die Hauptstadt Englands«, hingegen ergibt nur der Name »London« als Argument den Wert »wahr«, die Namen nicht nur aller anderen Städte, sondern auch beliebiger anderer Gegenstände, wie z. B. »Cäsar«, ergeben jedoch den Wert »falsch«. Durch jeden Begriff wird die Gesamtheit der Gegenstände so eingeteilt, daß dann, wenn irgendein Eigenname als Argument in den als Funktion verstandenen Begriff eingesetzt wird, sich immer in einem Behauptungssatz entweder »wahr« oder »falsch« ergibt. Daher gilt ganz allgemein:

> Ein Begriff ist eine Funktion, deren Wert immer ein Wahrheitswert ist. (Ebd. S 28)

Es wird hier verständlich, warum Frege *nicht* mit einer Logik der *Begriffe* beginnen *kann*, sondern nur mit einer Logik der *Aussagen*: Nur letztere haben einen Wahrheitswert, während Begriffe für sich genommen »ungesättigt« sind, eine »leere Stelle« mit sich führen. Und es wird auch verständlich, warum Frege umgangssprachliche Sätze mit zwei Begriffen in zwei Sätze umformen *muß*, d. h. er hat keine andere Möglichkeit als z. B. den Satz: »Alle Menschen sind Lebewesen« umzuformen in die Verknüpfung von zwei Aussagen, nämlich: »Wenn *x* ein Mensch ist, dann ist *x* auch ein Lebewesen« (vgl. auch *Logische Allgemeinheit*. In: *Nachgelassene Schriften*. S. 278–281). Frege war sich, obwohl er sich zu dieser Zeit noch nicht näher mit den entsprechenden Texten von Leibniz befaßt hatte, völlig im klaren darüber, daß er nur der allgemeinen Intention von Leibniz folgte, nicht aber dessen Programm einer von der Begriffslogik ausgehenden Systematik (vgl. dazu Kap. XI, 2), und er wußte auch, daß der Titel *Begriffsschrift* für das, was er tatsächlich vorlegte, etwas irreführend war:

Das Eigenartige meiner Auffassung der Logik wird zunächst dadurch kenntlich, daß ich den Inhalt des Wortes »Wahr« an die Spitze stelle, und dann dadurch, daß ich den Gedanken sogleich folgen lasse als dasjenige, bei dem Wahrsein überhaupt in Frage kommen kann. Ich gehe also nicht von den Begriffen aus und setze aus ihnen den Gedanken oder das Urteil zusammen, sondern ich gewinne die Gedankenteile durch Zerfällung des Gedankens. Hierdurch unterscheidet sich meine Begriffsschrift von ähnlichen Schöpfungen Leibnizens und seiner Nachfolger trotz des von mir vielleicht nicht glücklich gewählten Namens. (*Aufzeichnungen für Ludwig Darmstaedter.* In: *Nachgelassene Schriften.* S. 273)

Damit sind wir also bei der systematischen Vorordnung der Aussagenlogik vor der Prädikatenlogik, was auch für die moderne Logik weitgehend maßgeblich wurde. Daß damit nicht nur ein wesentlicher Unterschied zur leibnizschen, sondern ebenso zur aristotelischen Logik gegeben war, wußte Frege auch wiederum genau: | 531

In der Tat, es ist einer der bedeutendsten Unterschiede meiner Auffassungsweise von der booleschen und ich kann wohl hinzufügen von der aristotelischen, daß ich nicht von den Begriffen, sondern von den Urteilen ausgehe. (*Über den Zweck der Begriffsschrift.* In: *Begriffsschrift.* S. 101)

Frege hat diese These in noch allgemeinerer Form als einen seiner Grundsätze formuliert:

Nach der Bedeutung der Wörter muß im Satzzusammenhange, nicht in ihrer Vereinzelung gefragt werden. (*Die Grundlagen der Arithmetik. Einleitung.* S. 10)

Wie gezeigt, hat dieser Grundsatz bei Frege eine klare logisch-systematische Stellung. Dies muß betont werden, da in der sprachanlytischen Philosophie des 20. Jhd.s bis in unsere Gegenwart hinein – auch bei Wittgenstein, und zwar nicht nur beim späteren, sondern auch schon beim frühen (vgl. *Tractatus* 3.3) – dieser Grundsatz eine viel weiter gehende Verwendung gefunden hat, die nicht schon als eine Fortsetzung der sprachphilosophischen Prinzipien Freges angesehen werden kann.

Die Logik Freges ist also aufgebaut auf der strikten Unterscheidung von Eigennamen (Namen für Individuen) und Allgemeinbegriffen. Ein Blick zurück: In der aristotelischen Syllogistik wird ausschließlich mit Allgemeinbegriffen gearbeitet, an der Subjektstelle steht niemals ein Individuenname. Erst in der spätantiken Logik finden sich Individuennamen an der Subjektstelle, z. B. in der Standardfolgerung: »Wenn Sokrates ein Mensch ist, dann ist Sokrates ein Lebewesen«, was mit Hinzunahme der weiteren Prämisse »Alle Menschen sind Lebewesen« als gültiger Syllogismus angesehen wurde. Da es aber an Subjektstelle nur allgemein oder partikulär gebrauchte Begriffe geben sollte, tauchte das – in der mittelalterlichen Logik nie geklärte – Problem auf, ob solche Individuennamen durch eine universelle oder eine partikuläre Quantifizierung interpretiert werden sollten. Die Unklarheit über die Unterscheidung von Individuennamen und Allgemeinbegriffen in der mittelalterlichen Logik wird besonders deutlich in dem sogenannten Porphyrianischen Baum, der in unzähligen Traktaten des Mittelalters verwendet wurde. Dort werden zunächst Allgemeinbegriffe in ein Schema der Unterordnung gebracht, es wird also »Substanz« eingeteilt in »körperlich« – »unkörperlich« usw., bis man dann bei »Mensch« anlangt; dann aber folgt:

Mensch
/ \
Sokrates Platon

532 | (Vgl. z. B. William of Sherwood: *Introductiones in logicam/Einführung in die Logik*. Hamburg 1995. S. 53.)

Frege hat es – ohne sich auf das hier angeführte Beispiel zu beziehen – ganz klargemacht, daß bei den ersten Unterteilungen im Vergleich zur letzten zwei ganz verschiedene logische Sachverhalte durcheinandergebracht werden. Die Subordination von Begriffen (»Mensch« ist »Körper« untergeordnet) ist streng von dem Fallen eines Gegenstandes unter einen Begriff (im logischen Gebrauch von »Gegenstand« ist auch Sokrates ein Gegenstand) zu unterscheiden. Hier ist die logische Analyse der Sprache entscheidend, da, wie Frege richtig konstatiert, »die Sprache Beides in gleicher Form ausdrückt (Frege: *Booles rechnende Logik und die Begriffsschrift*. In: *Nachgelassene Schriften*. S. 20). – Duns Scotus hatte das Problem gesehen, faktisch aber durch seine *haecceitas* (also etwa: *Socrateitas*) Individuennamen wiederum zu Allgemeinbegriffen gemacht (vgl. 2. Teil, Kap. XVI, 2), was natürlich eine recht problematische Notlösung ist. Auch Leibniz erfaßte – im Zusammenhang mit der extensionalen Betrachtungsweise – mit seiner scharfen Unterscheidung von Allgemeinbegriffen und Individuen das Problem genau, hat es aber dann in der von ihm bevorzugten intensionalen Logik »vorgezogen, die allgemeinen Begriffe bzw. die Ideen und deren Zusammensetzungen zu betrachten, weil sie nicht von der Existenz der Individuen abhängen« (vgl. das Zitat in Kap. XI, 2).

An Subjektstelle steht also bei Frege immer ein Name für einen individuellen Gegenstand, an Prädikatstelle hingegen steht ein Allgemeinbegriff.

Wir können kurz sagen, indem wir »Prädikat« und »Subjekt« im sprachlichen Sinn verstehen: Begriff ist Bedeutung eines Prädikates, Gegenstand ist, was nie die ganze Bedeutung eines Prädikates, wohl aber die Bedeutung eines Subjekts sein kann. (*Über Begriff und Gegenstand.* S. 72)

Frege hat hier logische Klarheit gegenüber einer Tradition geschaffen, in der dieser Unterschied oft nicht mit der erforderlichen Schärfe gesehen wurde. Es muß allerdings hinzugefügt werden, daß diese logische Klarheit beim Urvater der Logik, also bei Aristoteles, eigentlich schon in aller Schärfe vorhanden war: Subjekt/Gegenstand und Prädikat/Begriff bei Frege entsprechen der Ersten und Zweiten Substanz bei Aristoteles: Die Erste Substanz ist ein »Dieses da«, die nur an Subjekt- und niemals an Prädikatstelle stehen kann. Daß diese eindeutige logische Klarheit dann durch die Einleitung des Porphyrios zu den *Kategorien* entscheidend und historisch verhängnisvoll wirksam verwischt wurde, ist nicht Aristoteles anzulasten (vgl. 1. Teil, Kap. X, 5, b).

Frege entwickelte in der *Begriffsschrift* eine formale Logik, die der Überprüfung der Beweise in der Arithmetik dienen sollte. Aber schon in dieser grundlegenden Arbeit bringt er seine Überzeugung zum Ausdruck, daß diese Logik eine allgemeine Bedeutung für die Philosophie erlangen könnte. | 533

Wenn es eine Aufgabe der Philosophie ist, die Herrschaft des Wortes über den menschlichen Geist zu brechen, indem sie die Täuschungen aufdeckt, die durch den Sprachgebrauch über die Beziehungen der Begriffe oft fast unvermeidlich entstehen, indem sie den Gedanken von demjenigen befreit, womit ihn allein die Beschaffenheit des sprachlichen Ausdrucksmittels behaftet, so wird meine Begriffsschrift, für diese Zwecke weiter ausgebildet, den Philosophen ein brauchbares Werkzeug werden können. (*Begriffsschrift. Einleitung.* S. XII f.)

In welcher Weise Freges Analysen für ganz zentrale Fragen aus der Geschichte der Philosophie relevant werden können, läßt sich an zwei weiteren Beispielen zeigen, bei deren genauer Darstellung auch wiederum eine grundlegende Unterscheidung Freges zum Tragen kommt: Der Ausgangspunkt ist Freges Auffassung, daß *Zahlangaben* nicht Gegenstände betreffen, sondern *Eigenschaften von Begriffen* sind. Wir müssen dabei allerdings Begriffe erster und Begriffe zweiter Stufe unterscheiden. Unter Begriffe erster Stufe fallen Gegenstände, unter Begriffe zweiter Stufe fallen Begriffe.

Wenn ich in Ansehung derselben äußeren Erscheinung mit derselben Wahrheit sagen kann: »dies ist eine Baumgruppe« und »dies sind fünf Bäume« oder »hier sind vier Compagnien« und »hier sind 500 Mann«, so ändert sich dabei weder das Einzelne noch das Ganze, das Aggregat, sondern meine Benennung. Das ist aber nur

> das Zeichen der Ersetzung eines Begriffes durch einen andern. Damit wird uns [...] nahe gelegt, daß die Zahlangabe eine Aussage von einem Begriffe enthalte. Am deutlichsten ist dies vielleicht bei der Zahl 0. Wenn ich sage: »die Venus hat 0 Monde«, so ist gar kein Mond oder Aggregat von Monden da, von dem etwas ausgesagt werden könnte; aber dem *Begriffe* »Venusmond« wird dadurch eine Eigenschaft beigelegt, nämlich die, nichts unter sich zu befassen. (*Die Grundlagen der Arithmetik* §46. S. 60)

Mit der Anzahl 0 wird also dem Begriff »Venusmond« (einem Begriff erster Stufe) die Nullzahl beigelegt, also die Eigenschaft zugeschrieben, in keinem Gegenstand verwirklicht zu sein (ein Begriff zweiter Stufe), d. h. es gibt keinen Gegenstand, der unter den Begriff »Venusmond« fällt. Der Anzahlbegriff als Begriff zweiter Stufe beschreibt den Umfang (die Extension) eines Begriffs erster Stufe. Frege weist darauf hin, daß hier der normale Sprachgebrauch verwirrend ist:

> Der Ausdruck »vier edle Rosse« erweckt den Schein, als ob »vier« den Begriff »edles Ross« ebenso wie »edel« den Begriff »Ross« näher bestimmt. Jedoch ist nur »edel« ein solches Merkmal; durch das Wort »vier« sagen wir etwas von einem Begriffe aus.
> 534 | (Ebd. §52. S. 64)

Der Begriff zweiter Stufe »*x* ist vierzahlig« beschreibt den Begriff erster Stufe »*x* ist ein edles Ross«. – Wird von einem Begriff die Verneinung der Eigenschaft der Nullzahligkeit ausgesagt, so wird damit *Existenz* behauptet. Aber auch mit der Behauptung von Existenz wird wiederum die *Eigenschaft eines Begriffs* und nicht eines Gegenstandes ausgesagt. Und deshalb ist der sogenannte ontologische Gottesbeweis Anselms von Canterbury, in dem Existenz als Eigenschaft eines Gegenstandes aufgefaßt wird (vgl. 2. Teil, Kap. VI, 3 und 4) logisch ungültig.

> In dieser Beziehung hat die Existenz Ähnlichkeit mit der Zahl. Es ist ja Bejahung der Existenz nicht Anderes als Verneinung der Nullzahl. Weil Existenz Eigenschaft des Begriffes ist, erreicht der ontologische Beweis von der Existenz Gottes sein Ziel nicht. (*Die Grundlagen der Arithmetik* §52. S. 64. Vgl. auch *Über den Begriff der Zahl.* In: *Nachgelassene Schriften.* S. 111)

Auch der zeitgenössische Kritiker Gaunilo und später Kant haben erklärt, daß Existenz keine Eigenschaft eines Gegenstandes ist, sie haben aber nicht klargemacht, was denn dann im logischen Sinne genau unter »Existenz« verstanden werden soll. Auch in diesem Punkt hat Frege von seinen Voraussetzungen aus Klarheit geschaffen. Ob Freges Voraussetzungen die einzig möglichen sind, sei hier dahingestellt. In der intensionalen Logik von Leibniz und der Konstruktion der möglichen Welten z. B. ergibt sich ein völlig anderes Verständnis von »Existenz«.

Besonders die platonische Philosophie liefert zahlreiche Ansatzpunkte für eine kritische Auseinandersetzung: Sind die Ideen nun einzelne Gegenstände oder Begriffe? Auf diese Frage wird man bei Platon nie eine klare Antwort erhalten. Aber auch bei zahlreichen einzelnen Aussagen wird man in größte Schwierigkeiten geraten, wenn man ihnen einen klaren Sinn zuschreiben will. Frege selbst meinte, mit Bezugnahme auf Platons *(Großen) Hippias* (wahrscheinlich bezogen auf die Stelle 300e–302b), daß Platon Zahlenangaben als Aussagen von einem Begriff auffaßte (*Aufzeichnungen für Ludwig Darmstaedter*. In: *Nachgelassene Schriften*. S. 273). Ob dies allerdings mit den zahlreichen anderen Stellen, an denen Platon über Zahlen spricht, konsistent ist, bleibt doch mehr als fraglich. Wenn Platon etwa sagt, daß selbst die Bewegungen der Himmelskörper hinter den Bewegungen zurückbleiben, »in welchen sich die wahre Schnelligkeit und die wahre Langsamkeit nach der wahren Zahl und nach den durchgängig wahren Figuren gegeneinander bewegen« (Platon: *Staat* 529d), so hat man den Eindruck, daß Platon hier Zahlen als Eigenschaften von Gegenständen ansieht, und auch Wahrheit nicht Aussagen, sondern Begriffen (»Schnelligkeit«, »Zahl«) oder Gegenständen (Schnelligkeit, Zahl) zugeschrieben wird. Allerdings wird man auch hier hinzufügen müssen, daß schon Aristoteles in diesen Fragen einige Klarheit gebracht hat. Freges sprachanalytische und sprachkritische Philosophie gehört also durchaus in jene Traditionslinie, die mit den *Kategorien* des Aristoteles begann, demgegenüber der Ausgangspunkt Freges von den Urteilen anstelle von den Begriffen, worin er den Unterschied seiner Logik zu der des Aristoteles sieht, als sekundär einzuschätzen ist. In einem, und keineswegs sekundären Punkt steht Frege allerdings doch Platon sehr nahe: Frege sagt von dem Gedanken, daß er »unabhängig davon wahr [ist], ob irgend jemand ihn für wahr hält« (Frege: *Der Gedanke*. S. 43 f.) und erläutert dies dann in folgender Weise:

Man sieht ein Ding, man hat eine Vorstellung, man faßt oder denkt einen Gedanken. Wenn man einen Gedanken faßt oder denkt, so schafft man ihn nicht, sondern tritt nur zu ihm, der schon vorher bestand, in eine gewisse Beziehung, die verschieden ist von der des Sehens eines Dinges oder Habens einer Vorstellung. (Ebd. S. 44, Anm.)

An diesem Punkt wird man doch an den platonischen Ideenhimmel (oder das stoische *lékton*) – wenn auch in Aussagenform – erinnert. Der Hintergrund dieser Auffassung ist in Freges Auseinandersetzung mit dem Psychologismus zu finden:

Um jedes Mißverständnis auszuschließen und die Grenze zwischen Psychologie und Logik nicht verwischen zu lassen, weise ich der Logik die Aufgabe zu, die Gesetze des Wahrseins zu finden, nicht die des Fürwahrhaltens oder Denkens. (Ebd. S. 31)

Die Kritik des Psychologismus war ein häufig wiederkehrendes Motiv bei Frege (vgl. z. B. *Die Grundlagen der Arithmetik. Einleitung*. S. 6–11). Sie wird häufig Edmund Husserl (1859–1938) zugeschrieben und findet sich auch tatsächlich bei diesem, geht aber auf Frege zurück, der mit Husserl in Briefkontakt stand und mit ihm über diese Fragen diskutierte. Man kann sich allerdings die Frage stellen, ob Freges Kritik des Psychologismus nicht noch sehr stark von einer Subjektiv-Objektiv-Dichotomie bestimmt war, die schon zu seiner Zeit, etwa bei Peirce (vgl. Kap. XXIV, 4), in dieser Form nicht mehr galt.

4. Frege und das Leibniz-Programm

Leibniz ist nicht nur einer der von Frege am meisten zitierten Autoren, sondern er lieferte Frege gleichsam das Programm. In der Einleitung zur *Begriffsschrift* bezieht er sich ausdrücklich auf Leibniz' Allgemeine Charakteristik und dessen *Calculus ratiocinator* (*Begriffsschrift. Einleitung* S. XI). Daß dieses Leibniz-Programm (vgl. dazu Kap. XI, 2) zu umfassend war, um gleich verwirklicht werden zu können, war Frege klar:

Wenn eine Aufgabe in ihrer vollen Allgemeinheit unlösbar scheint, so beschränke man
 sie vorläufig; dann wird vielleicht durch allmähliche Erweiterung ihre Bewältigung gelingen. Man kann in den arithmetischen, geometrischen, chemischen Zeichen Verwirklichungen des Leibnizschen Gedankens für einzelne Gebiete sehen. Die hier vorgeschlagene Begriffsschrift fügt diesen ein neues hinzu und zwar das in der Mitte gelegene, welches allen anderen benachbart ist. (*Begriffsschrift. Einleitung.* S. XII)

Frege kannte zum Zeitpunkt der Abfassung der *Begriffsschrift* nur wenig von Leibniz, er hat sich jedoch später mit den wenigen damals bekannten einschlägigen Schriften von Leibniz, vor allem dem *Non inelegans specimen demonstrandi in abstractis* (Leibniz: *Die Grundlagen des logischen Kalküls.* Hamburg 2000. S. 86–111) befaßt (vgl. Frege: *Booles rechnende Logik und die Begriffsschrift.* In: *Nachgelassene Schriften.* S. 9–52) und gelangte beim Vergleich der booleschen und der leibnizschen Logik zu der Feststellung:

Bis hierher findet sich Alles mit nur äußerlichen Abweichungen schon bei *Leibniz*, von dessen hierher gehörenden Arbeiten *Boole* wohl nichts erfahren hat. (*Über den Zweck der Begriffsschrift.* In: *Begriffsschrift* S. 99)

Diese Bemerkung von Frege ist nur zum Teil richtig, denn Boole hat zwar seine Logik ohne Kenntnis der Logik von Leibniz entwickelt, wurde aber bald nach der Veröffentlichung seiner *Laws of Thought* von 1854 von anderen auf diesen »Vorläufer« hingewiesen, er hat also sehr wohl etwas von den Arbeiten von Leibniz erfahren. Frege hielt die Arbeiten von Boole als nur zu dem gehörig, was Leibniz den *Calculus ratioci-*

nator genannt hatte, während er selbst auch das schaffen wollte, was Leibniz in der Allgemeinen Charakteristik angestrebt hatte (*Begriffsschrift.* S. 98). Daß Frege dies gelungen sei, wurde von Ernst Schröder bestritten (vgl. Rezension zu Freges *Begriffsschrift*, 1880), der die Auffassung vertrat, Freges *Begriffsschrift* gehöre nur in die Linie dessen, was Leibniz im *Calculus ratiocinator* angestrebt habe, was aber von anderen – also vor allem von Boole und von ihm selbst – in angemessenerer Form schon geleistet worden sei. Die Frage, ob die Logik Freges in die Geschichte der Verwirklichung des Leibniz-Programms gehört, wovon Frege fest überzeugt war, und, wenn ja, ob andere dies nicht vielleicht besser geleistet haben, ist auch nach der Veröffentlichung von Freges *Nachgelassenen Schriften*, die Genaueres über seine Leibniz-Kenntnis mitteilen, von der Sache her noch lange nicht entschieden. Darüber, daß Frege in die Geschichte der leibnizschen Forderung der Entwicklung einer exakten Wissenschaftssprache gehört, gibt es jedoch keine Diskussion. In diese Geschichte gehören aber sehr viele. Und daß Frege in systematisch entscheidenden Punkten – vgl. weiter oben den Ausgangspunkt der Logik vom Begriff oder von der Aussage – nicht dem Leibniz-Programm folgte, sagt Frege selbst mit aller Deutlichkeit. Die Subjekt-Prädikat-Analyse von Frege ist unvereinbar mit der Subjekt-Prädikat-Analyse jedenfalls der intensionalen Logik von Leibniz. Leibniz gab in eindeutiger Weise einer intensionalen (auf Begriffsinhalten beruhenden) Logik den Vorzug, während Frege keinen Zweifel daran läßt, daß seine Logik extensional (auf Begriffsumfängen beruhend) aufgebaut ist. Grundlegende Unterschiede zwischen Frege und Leibniz sind also vorhanden. Außer in einem ganz allgemeinen Sinne, der aber keine klare Zuordnung ermöglicht, kann m. E. die Logik von Frege nicht als die Weiterentwicklung der Logik von Leibniz verstanden werden, es handelt sich vielmehr um alternative Logiken. Welche Logik allerdings die »bessere« ist, ist damit überhaupt nicht entschieden. Aber welches wären die Kriterien für eine »gute« Logik? Man kann dabei auf technische Vorteile, also die leichtere Handhabbarkeit, verweisen. Dies war vor allem die Argumentation von Russell. Ob dies allerdings unbedingt für die Frege-Logik spricht, ist nicht schon ausgemacht. Man könnte auch eine andere Linie verfolgen, die allerdings dem Psychologismus-Verdikt Freges widerspricht. Es ist im Kontext gegenwärtiger Fragestellungen ganz und gar nicht gesagt, daß es nicht eine sinnvolle Forschungsaufgabe darstellt, z. B. kognitionswissenschaftlich zu überprüfen, ob sich eine Frege-Logik oder eine Leibniz-Logik besser für die Entwicklung von Programmen künstlicher Intelligenz eignet. Möglicherweise wird sich herausstellen, daß unter diesem Gesichtspunkt doch einer Leibniz-Logik der Vorzug zu geben ist, da diese genauso exakt wie die Frege-Logik aufgebaut werden kann, aber gleichzeitig dem »natürlichen Vernunftgebrauch« eher entspricht.

- XXVI -

Ludwig Wittgenstein

1. Wittgenstein in der Wiener Kultur der Jahrhundertwende

Schon vor den Einzelproblemen der Interpretation stellt Ludwig Wittgensteins (1889–1951) *Tractatus* als ganzer die Interpreten vor eine schwierige und bis heute umstrittene Frage (der *Tractatus* wird im folgenden ohne weitere Angabe nur mit den entsprechenden Nummern zitiert). Die Nummern 1–6.4 behandeln die Fragen der Logik wissenschaftlicher Sätze, die Nummern 6.41–7 Ausdrücke wie »Sinn der Welt«, »Sätze der Ethik«, »der Wille«, »der Tod«, »das Mystische«, »unsere Lebensprobleme«, »Unaussprechliches« und schließen mit dem berühmten Satz 7:
538 | »Wovon man nicht sprechen kann, darüber muß man schweigen«, der schon dadurch bemerkenswert ist, daß es bei dem extrem sprachbewußten Wittgenstein sicher einen Unterschied macht, ob man *von* etwas oder *über* etwas schweigen muß. Es gibt im Prinzip zwei Möglichkeiten der Interpretation des Gesamtzusammenhangs: (1.) Das Zentrum des *Tractatus* liegt in 1–6.4, die restlichen Sätze sind eine Art Anhang. (2.) Der *Tractatus* zielt eigentlich auf die Sätze 6.4–7 ab, der große erste Teil, so wichtig er auch für sich selbst ist, stellt nur die Basis und die Rechtfertigung dieser abschließenden Sätze dar. Das Problem ist strukturell ähnlich jenem, dem wir bei der Frage der Verhältnisbestimmung von Kants theoretischer und praktischer Vernunft begegnet sind (vgl. Kap. XV, 6). Keine der beiden genannten Interpretationsrichtungen vernachlässigt irgendetwas an Wittgensteins Schrift, und doch ergibt sich eine recht verschiedene Sicht der Dinge. Eine textimmanente Entscheidung über die richtige Sicht ist nicht möglich. – Bei der Frage der Interpretation des *Tractatus* ist ein weiterer Aspekt nicht unerheblich: Wittgenstein ging 1929 endgültig nach Cambridge, wo Russell, Wittgensteins einflußreicher Förderer, der wichtigste Vertreter der Philosophie der logischen Analyse der Sprache war. Russell hatte die Schriften Freges erstmals wirklich in die philosophische Diskussion eingeführt. Da die Philosophie Freges und Russells im *Tractatus* eine unübersehbar große Rolle spielte, wurde der *Tractatus* im englischsprachigen Raum – der deutschsprachige begann sich überhaupt erst in den 70er Jahren des 20. Jhd.s dafür zu interessieren – von den Schriften dieser Autoren her gelesen, und dies ergab selbstverständlich eine Interpretation, wie sie der oben als (1.) aufgeführten entspricht. Wittgenstein, der später auch britischer Staatsbürger wurde, wurde also als britischer

Philosoph interpretiert, und seine Herkunft aus Wien war zunächst nicht mehr als ein biographisches Detail. Daß dieser Hintergrund jedoch auch für die Auffassung des *Tractatus* entscheidend ist – eine in der Wittgenstein-Forschung allerdings durchaus nicht allgemein akzeptierte These –, wurde aber auch nicht von den deutschsprachigen Wittgenstein-Interessierten hervorgehoben, sondern von den beiden Amerikanern Allan Janik und dem Wittgensteinschüler Stephen Toulmin in deren 1972 erschienenem Buch über *Wittgensteins Wien.* Die folgenden Ausführungen beruhen größtenteils auf dieser Arbeit.

Vor diesem Hintergrund erhalten auch einige Aussagen, die natürlich allen Interpreten immer schon bekannt waren, ein besonderes Gewicht. Als es 1919 um die Veröffentlichung des *Tractatus* ging, schrieb Wittgenstein an Ludwig von Ficker (1880–1967), den Herausgeber der Zeitschrift *Der Brenner,* über sein Buch:

Von seiner Lektüre werden Sie nämlich – wie ich bestimmt glaube – nicht allzuviel haben. Denn Sie werden es nicht verstehen; der Stoff wird Ihnen ganz fremd erscheinen. In Wirklichkeit ist er Ihnen nicht fremd, denn der Sinn des Buches ist ein Ethischer. Ich wollte einmal in das Vorwort einen Satz geben, der nun tatsächlich nicht darin steht, den ich Ihnen aber jetzt schreibe, weil er Ihnen vielleicht ein Schlüssel sein wird: Ich wollte nämlich schreiben, mein Werk bestehe aus zwei Teilen: aus dem, der hier vorliegt, und aus alledem, was ich *nicht* geschrieben habe. Und gerade dieser zweite Teil ist der Wichtige. Es wird nämlich das Ethische durch mein Buch gleichsam von Innen her begrenzt; und ich bin überzeugt, daß es, *streng*, NUR So zu begrenzen ist. Kurz, ich glaube: Alles das, was *viele* heute *schwefeln*, habe ich in meinem Buch festgelegt, indem ich darüber schweige. Und darum wird das Buch, wenn ich mich nicht sehr irre, vieles sagen, was Sie selbst sagen wollen, aber Sie werden vielleicht nicht sehen, daß es darin gesagt ist. Ich würde Ihnen nun empfehlen, das *Vorwort* und den *Schluß* zu lesen, da diese den Sinn am Unmittelbarsten zum Ausdruck bringen. (Wittgenstein: *Briefwechsel.* S. 96 f.)

Wittgenstein war also davon überzeugt, daß auch jemand, der den logischen Apparat des *Tractatus* nicht versteht, den Sinn seines Buches verstehen kann. Andererseits hatte er aber den Eindruck, daß Russell und Frege, die von der Logik her der Sache eigentlich näher stehen müßten, den wesentlichen Sinn des *Tractatus* nicht erfaßt haben. In einem Brief aus dem Jahre 1919 – Wittgenstein war damals in Gefangenschaft in Monte Cassino – schrieb Wittgenstein an Russell:

Nun habe ich die Befürchtung, daß Du meine wesentliche Behauptung, zu der die ganze Sache mit den logischen Sätzen nur ein Zusatz ist, nicht erfaßt hast. [...]

Ich habe mein M.S. auch an Frege geschickt. Er hat mir vor einer Woche geschrieben und ich entnehme daraus, daß er von dem Ganzen kein Wort versteht. Meine einzige

Hoffnung ist also, *Dich* bald zu sehen und Dir alles zu erklären, denn es ist schon SEHR bedrückend, von keiner einzigen Seele verstanden zu werden! (Ebd. S. 88)

Daß und warum der Sinn des *Tractatus* ein *ethischer* ist, wird uns noch beschäftigen (vgl. weiter unten 4). Zunächst folgen wir einer weiteren Bemerkung Wittgensteins zu seinen eigenen Arbeiten:

Es ist, glaube ich, eine Wahrheit darin, wenn ich denke, daß ich eigentlich in meinem Denken nur reproduktiv bin. Ich glaube, ich habe nie eine Gedankenbewegung *erfunden*, sondern sie wurde mir immer von jemand anderem gegeben. [...] So haben mich Boltzmann, Hertz, Schopenhauer, Frege, Russell, Kraus, Loos, Weininger, Spengler, Sraffa beeinflußt. (*Vermischte Bemerkungen*. S. 43)

Ein Blick auf die aufgeführten Namen. Der Physiker Heinrich Hertz (1857–1894) hatte durch seine Arbeit *Die Prinzipien der Mechanik, in neuem Zusammenhang* (1894) entscheidende Anregungen für die wissenschaftstheoretische Diskussion gegeben. Die Abbildtheorie von Hertz hat, wie es die Erwähnung im *Tractatus* deutlich macht, auf Wittgenstein bei der Entwicklung seiner eigenen Bildtheorie eingewirkt (vgl.

4.04). Ludwig Boltzmann (1844–1909), der vor allem als Begründer der statistischen Mechanik für die Entwicklung der Naturwissenschaft (Quantenphysik) im 20. Jhd. wichtig wurde, faßte eine wissenschaftliche Theorie als einen Raum theoretischer Möglichkeiten auf. Eine dem entsprechende Konzeption findet sich im *Tractatus* an verschiedenen Stellen, so u. a. in 3.4: »Der Satz bestimmt einen Ort im logischen Raum.« Wittgenstein hatte nach Abschluß seines Ingenieurstudiums die Absicht gehabt, bei Boltzmann in Wien zu studieren, was durch den Selbstmord Boltzmanns verunmöglicht wurde. Über die Bedeutung, die Frege und Russell für Wittgenstein und dessen *Tractatus* gehabt haben, muß nicht eigens gesprochen werden, dies ist genügend bekannt und dokumentiert. Piero Sraffa (1898–1983) war Wirtschaftswissenschaftler und hatte gute Kontakte mit seinem Fachkollegen John Maynard Keynes (1883–1946), der Wittgenstein seit längerem kannte und mit dem er auch in Briefwechsel stand. Sraffa wurde von Keynes 1927 nach Cambridge zu Vorlesungen eingeladen, wo er dann auch blieb. 1929 wurde er mit Wittgenstein bekannt und traf ihn häufig. Die Bekanntschaft mit Sraffa hat für Wittgenstein erst in der späteren Cambridger Periode Bedeutung erlangt, braucht also hier nicht weiter verfolgt zu werden.

Die Liste der Namen im obigen Zitat ist somit bisher nicht überraschend. Alle stehen im Zusammenhang mit Fragen der Logik und der Theorie der Wissenschaften. In diesem Zitat finden sich jedoch weitere Namen, die auf den ersten Blick nicht schon in diesen Zusammenhang gehören. Zunächst Schopenhauer. Die Philosophie Schopenhauers wurde im Wien der Zeit um die Jahrhundertwende sehr einflußreich. Dies ist natürlich kein ausreichender Grund dafür, daß Wittgenstein sich mit ihr beschäftigte. Es bleibt also die Frage: Warum Schopenhauer? Darauf wird noch

zurückzukommen sein. Dann führt Wittgenstein den Wiener Psychologen Otto Weininger (1880–1903) an, den Autor von *Geschlecht und Charakter*. Letzteres war eines der meistgelesenen und meistdiskutierten Bücher im Wien des Jahrhundertbeginns, heute würden wir es ein »Kultbuch« nennen. Mit Weininger sind wir bei der für die Wiener Kultur der Jahrhundertwende wichtigen jüdischen Intelligenzschicht, zu der auch die Familie Wittgensteins selbst zählte. Weininger ging aus von Platons Androgyn-Mythos und von Schopenhauers *Metaphysik der Geschlechtsliebe* und entwickelte daraus Thesen der generellen, aber in jedem Menschen anders proportionierten Bisexualität des Menschen. Vor allem diese Thesen erregten Aufsehen. Daneben vertrat Weiniger aber auch eine radikalisierte kantische These einer reinen, tautologischen Logik und einer rigorosen Ethik, und dies dürfte ziemlich genau das wiedergeben, was Wittgenstein, mit anderen formalen Mitteln als Weininger, im *Tractatus* vorlegte. Sicher sind bei Wittgenstein Logik und Ethik streng geschieden, aber Wittgenstein faßte eben die Logik – so wie Weininger – auch als eine ethische Aufgabe auf, aber das gehört schon wieder zu dem, was nicht »gesagt« werden kann, was sich aber »zeigen« muß (vgl. dazu weiter unten 2 und 4). Mit Weininger sind wir auch wieder bei einem Selbstmord, diesmal besonders in Szene gesetzt: Weininger beging Selbstmord in dem Haus, in dem Beethoven gestorben ist. Selbstmorde waren in dieser Wiener Kultur ein auffällig häufiges Phänomen, und es gehört in diese Welt
des *fin de siècle* der Österreichisch-Ungarischen Kaiserlich-Königlichen Monarchie, des Kakaniens Musils. Wir erinnern uns an den spektakulären Selbstmord des Erzherzogs Rudolf mit seiner Geliebten Maria Vetsera 1889 in Mayerling. Auch der Bruder Gustav Mahlers beging Selbstmord, wahrscheinlich auch der Dichter Georg Trakl (1887–1914), den Wittgenstein treffen wollte, was aber durch den Tod Trakls verhindert wurde (vgl. *Briefwechsel*. S. 64 f.). Und vergessen wir nicht: Zwei der Brüder Wittgensteins begingen Selbstmord (der älteste Bruder Hans war musikalisch überbegabt, erhielt jedoch von seinem Vater nicht die Erlaubnis, sich ganz der Musik zu widmen), und auch Ludwig Wittgenstein trug sich Zeit seines Lebens mit Selbstmordgedanken. Mahler komponierte zwischen 1901 und 1904 ein Lied auf den Text »Ich bin der Welt abhanden gekommen« (nach einem Gedicht von Friedrich Rükkert, das er aber für seine Komposition stark veränderte), das als Motto für sein ganzes Werk stehen könnte. In diesem Zusammenhang können wir uns auch an die berühmte Formel von Karl Kraus (1874–1936) erinnern, der die letzte Periode der Kaiserlich-Königlichen Monarchie Österreichs als »Versuchsstation des Weltuntergangs« bezeichnet hat. Unter den Autoren, die ihn beeinflußt haben, führt Wittgenstein auch Oswald Spengler (1880–1936) an, der durch sein Werk *Der Untergang des Abendlandes* bekannt war. Spengler suchte die »Lösung« des Problems des Untergangs in einer Erlösung im Sinne des russischen Christentums, wie es etwa durch Dostojewski repräsentiert wird, und letzterer war auch wieder einer der Autoren, die Wittgenstein beeindruckten (vgl. weiter unten 4). Wittgenstein selbst beabsichtigte später, nach Russland zu übersiedeln (vgl. weiter unten). Alles dies ist nicht nur

individualpathologisch zu erklären. Die genannten Schriftsteller und Künstler lebten im Bewußtsein, daß eine Welt im Untergang begriffen war – sie lebten ja alle in der deutlich ihrem Ende zugehenden Welt der Österreichisch-Ungarischen Monarchie –, was dann im Ersten Weltkrieg seinen gewaltsamen Ausdruck fand. Die Verzweiflung vieler Menschen in und an dieser Welt, die sie wie »die letzten Tage der Menschheit« (K. Kraus) erlebten, saß sehr tief. Wittgenstein gehörte zu ihnen. Desweiteren nennt Wittgenstein Karl Kraus und den Wiener Architekten Adolf Loos (1870–1933). Dazu gleich noch mehr. Was bei dieser Liste auffällt, ist die offensichtlich große Bedeutung, die der kulturelle Kontext im Wien der Jahrhundertwende für Wittgenstein gespielt hat.

Daß hier nicht eine zufällige Konstellation vorliegt, läßt sich aus einer ganz anderen Perspektive zeigen. Arnold Schönberg (1874–1951), der für die Entwicklung der Zwölftonmusik maßgebliche Komponist und Musiktheoretiker, erwähnt in der Widmung zu *Stil und Gedanke* neben den Schülern und Kollegen Anton Webern (1883–1945), Alban Berg (1885–1935), Heinrich Jalowetz, Alexander von Zemlinsky (1871–1942) und Franz Schreker (1878–1934) auch wieder Adolf Loos und Karl Kraus, und sagt von diesen allen:

542 | Sie gehören zu jenen, mit denen man die Prinzipien der Musik, der Kunst, der künstlerischen und bürgerlichen Moral nicht zu erörtern brauchte. Es bestand ein stilles und klares gegenseitiges Einverständnis in all diesen Dingen. Außer daß jeder von uns ständig daran arbeitete, jene Prinzipien zu vertiefen und strenger zu fassen und sie bis ins letzte zu verfeinern. (Schönberg: *Stil und Gedanke.* S. 5)

Es gab also im Wien der ersten Jahrzehnte des 20. Jhd.s kulturelle Gemeinsamkeiten, die über einzelne Zirkel hinausgingen. Menschen, die in ganz verschiedenen gesellschaftlichen Umgebungen lebten, hatten gemeinsame Anliegen, Grundüberzeugungen und Interessen. Ein Element, das Männer wie Kraus, Loos, Schönberg und Wittgenstein verband, war, daß sie alle versuchten, die Vermischung verschiedener Ebenen oder Bereiche, die alle zu einer »Schlamperei des Denkens« führten, nicht nur zu bekämpfen, sondern durch Alternativen zu beenden. Die Frage der *Form* war ein *ethisches* Problem, und vielleicht sogar *das* ethische Problem, geworden. Hier war eine Gruppe von Rigoristen an der Arbeit, von der jeder in seinem Bereich – in Literatur, Architektur, Musik, Philosophie usw. – überzeugt war, daß Form nicht nur ein fachspezifisches, sondern auch und sogar primär ein übergreifend ethisches Problem der Wahrhaftigkeit sei. Vor diesem Hintergrund wird z. B. ein erstaunlicher Satz wie der folgende von Schönberg verständlich:

Dennoch gibt sich dem Künstler die Schönheit, ohne daß er sie gewollt hat, denn er hat ja nur die Wahrhaftigkeit angestrebt. (Schönberg: *Harmonielehre.* S. 393)

Der manchen schwer verständliche Satz Wittgensteins »Ethik und Aesthetik sind eins« (6.421) hat in dieser vielen gemeinsamen Überzeugung seinen Ursprung. Wahrhaftigkeit gehörte zur Form, und es gab damals ein Pathos der Wahrhaftigkeit wie ein Pathos der Form. Alle diese »Alternativen« waren überzeugt, daß die ethische Forderung, die der Künstler, der Schriftsteller oder der Philosoph an sich selbst bei seiner Tätigkeit stellt, eine Forderung ist, die ihn als ganzen Menschen betrifft. Webern, ein Schüler Schönbergs, schrieb von dessen Unterricht:

Dies ist eine Erziehung zur äußersten Wahrhaftigkeit gegen sich selbst. Sie ergreift neben dem rein-musikalischen auch alle anderen Gebiete des menschlichen Lebens. Ja, wahrlich, man erfährt bei Schönberg mehr als Kunstregeln. (Alban Berg u. a.: *Arnold Schönberg.* S. 86)

Und auch von Wittgensteins Schülern wird berichtet, daß der Einfluß, der von ihm ausging, untrennbar mit seiner Persönlichkeit zusammenhing. Er wollte und konnte keine philosophischen Gehalte lehren, weil er überzeugt war, daß es gar keine solchen gibt, vielmehr wollte er eine Form des Denkens, ein unerbittlich der Wahrhaftigkeit verpflichtetes Stellen von Fragen, mitteilen, aber genau dies konnte nicht gesagt werden, sondern mußte sich in einem Denkstil zeigen, und dieser war nicht von der Person zu trennen. Philosophie war für Wittgenstein eine Tätigkeit (4.112), und diese Tätigkeit sollte paradigmatisch werbend und anziehend sein. Ohne Zweifel strebte Wittgenstein in seinem *Tractatus* an, daß sich schon in dessen Form etwas zeigt, was nicht gesagt werden kann. Es geht auch bei ihm wie bei Schönberg um Stil und Gedanke. Er sagt selbst von seinem *Tractatus*, dieser sei »streng philosophisch und zugleich literarisch« (*Briefwechsel.* S. 95). Bei all der logischen Strenge, die Wittgenstein im *Tractatus* fordert, sollte man auch nicht vergessen, was er im Vorwort schreibt:

Sein Zweck wäre erreicht, wenn es einem, der es mit Verständnis liest, Vergnügen bereitete. (*Vorwort.* S. 9)

Daß es auch eine Aufgabe der Philosophie ist, Vergnügen zu bereiten – und auch die Logik kann dies – wird häufig vergessen oder als unterhalb der Würde der Philosophie liegend abgelehnt. Wittgenstein hatte keine solche Scheu. In seinem *Tractatus* liegt auch ein ästhetischer Anspruch. Wittgenstein besaß nicht nur das, was Pascal den *esprit géometrique*, sondern auch das, was dieser den *esprit de finesse* nannte (vgl. Kap. VI, 2). Wittgensteins Verständnis von Philosophie ist vielleicht gar nicht sehr von dem Pascals verschieden. Dies ist auch einem der besten Kenner der Person und der Philosophie Wittgensteins, Georg Henrik von Wright (geb. 1916), aufgefallen.

Nehmen wir jetzt noch eine Zeitachse hinzu: 1906 erschien von Robert Musil (1880–1942) *Die Verwirrungen des Zöglings Törleß*, wo schon alle die Probleme enthalten sind, die dann im *Mann ohne Eigenschaften* breit ausgearbeitet werden; 1908 verfaßte Loos den Artikel *Ornament und Verbrechen;* 1911 erschien Schönbergs *Harmonielehre,* und 1918 stellte Wittgenstein seinen *Tractatus logico-philosophicus* fertig. Wir können noch die bekannte Schrift von Wassili Kandinsky (1866–1944) *Über das Geistige in der Kunst* aus dem Jahre 1912 hinzunehmen, die zwar nicht in Wien, sondern in München entstanden ist, die aber in den Zusammenhang des *Blauen Reiters* gehört, an dem ja wiederum der Wiener Schönberg aktiv – als Maler – teilnahm. In dem kurzen Zeitraum von nur wenig mehr als einem Jahrzehnt entstanden also Werke, die maßgebend für Literatur, Musik, Kunst und Philosophie im ganzen 20. Jhd. werden sollten.

Ludwig Wittgenstein wurde 1889 in Wien geboren. Sein Vater war Großindustrieller im Bereich der Stahlindustrie. Das Haus der Wittgensteins war ein kulturelles Zentrum. Wittgensteins Vater, selbst ein guter Geiger, förderte die Kultur und besonders die Musik. Für alle Mitglieder der Familie bedeutete Kultur vor allem Musik. Johannes Brahms (1833–1897), Gustav Mahler (1860–1911) und Bruno Walter (1876–1962) gehörten zu den häufig anwesenden Gästen im Hause Wittgenstein. Joseph Joachim (1831–1907), einer der berühmtesten Geiger seiner Zeit, war mit den Wittgensteins verwandt und in deren Familie aufgewachsen. Einer der Brüder

Wittgensteins, Paul (1887–1961), wurde später als Pianist bekannt (er hatte im Ersten Weltkrieg einen Arm verloren und Ravel schrieb für ihn das Klavierkonzert für die linke Hand). Eine Schwester Wittgensteins, Hermine, war Malerin. Ihre Begeisterung für Gustav Klimt (1862–1918) veranlaßte den Vater, den Bau der Sezession mitzufinanzieren. Eine weitere Schwester Wittgensteins, Margarete, beschäftigte sich mit Philosophie, Psychologie und Soziologie. Sie war u. a. mit Sigmund Freud (1856–1939) befreundet. Auch Ludwig Wittgenstein befaßte sich mit Schriften Freuds, lehnte aber die Psychoanalyse als mit pseudo-wissenschaftlichen Erklärungen arbeitend, ab (vgl. *Vermischte Bemerkungen.* S. 527). Wahrscheinlich war es auch Margarete, welche die Werke Kierkegaards und Schopenhauers in der Familie bekannt machte.

Eine der kulturell einflußreichsten Persönlichkeiten des Wiener Kulturlebens war Karl Kraus, der Herausgeber und später fast alleinige Autor der *Fackel.* Daß Kraus eine große Rolle für ihn gespielt hat, sagt Wittgenstein selbst öfter. Kraus wurde bei den Wittgensteins schon deshalb gelesen, weil dieser auch den Vater Wittgensteins gelegentlich angegriffen hatte. Das Hauptziel der Polemik von Karl Kraus war das journalistische Feuilleton, das meinungsbildend die Presse beherrschte. Das Feuilleton ist nach Kraus dadurch gekennzeichnet, daß in ihm Wirklichkeit und Phantasie und ebenso Objektives und Subjektives untrennbar verbunden sind. Und da dieses Subjektive die Meinungen und Vorurteile der kulturellen Oberschicht enthielt, wurden diese im Journalismus als die einzig mögliche Interpretation der Wirklichkeit hingestellt und durch den Einfluß der Presse gleichzeitig zementiert. Für Kraus war damit unmittelbar auch ein ethisches Problem gegeben: Die schriftstellerische Tätigkeit sollte von Wahrhaftigkeit geprägt sein. Und damit wurde er zum unerbittlichen Kritiker der damaligen Wiener Gesellschaft, die ihre innere Haltlosigkeit hinter etikettengeformtem Verhalten heuchlerisch verbarg. Die Kritik von Scheinsätzen war auch ein zentrales Anliegen von Wittgenstein. Kraus faßte seine Gedanken häufig in scharfe, kurze Aphorismen, und auch der Stil Wittgensteins im *Tractatus* ist aphoristisch und verzichtet auf jedes überflüssige oder auch nur ausschmückende Wort. Damit sind wir beim nächsten Vertreter der Wiener Kultur der Jahrhundertwende: Der Architekt Adolf Loos bekämpfte im Bereich von Kunst und Architektur eine ähnliche Schlamperei des Denkens und Darstellens. In der Wiener Kunstauffassung jener Zeit diente Kunst der Verschönerung des Lebens, dem Leben sollte ein schöner Schein gegeben werden. Eines der hervorstechendsten Mittel dafür war das Ornament. Gebrauchsgegenstände, aber auch Häuser, wurden mit Ornamenten verziert, das normale Leben sollte so mit Kunst drapiert werden. Loos lehnte dies grundsätzlich ab: Es sollte streng unterschieden werden zwischen Gebrauchsgegenständen und Kunstwerken. Der Gebrauchsgegenstand sollte seiner eigenen Gesetzlichkeit folgen und nicht als quasi-Kunstwerk hingestellt werden. Dies ist der Ursprung des funktionalen Designs. Die Prinzipien der Architektur waren bei Loos nicht bloß Theorie, in Wien kann man noch heute Häuser sehen, die von Loos gebaut wurden. Das wahrscheinlich bekannteste ist das Haus am Michaelerplatz, das um 1911 in Wien heftigste Kontroversen auslöste. Dies ist allerdings auch ein Symptom für die kulturelle und gesellschaftliche Rückständigkeit des damaligen Wien, in den Vereinigten Staaten, deren Architektur Loos kannte, hätte ein solches Gebäude kaum Aufsehen erregt. Wittgensteins *Tractatus* ist sicher »avantgardistischer« als das Loos-Haus. Wittgenstein kannte Loos schon durch die Kontakte seiner Familie mit dem Architekten. Später, seit 1926, arbeitete Wittgenstein mit dem Loos-Schüler Paul Engelmann (1891–1965) beim Entwurf eines Hauses für Wittgensteins Schwester Margarete (verh. Stonborough) zusammen. Wittgenstein war ja von seiner Ausbildung her Ingenieur. Mit Engelmann verband ihn eine lange andauernde Freundschaft, von der wir auch durch einen in vielem sehr aufschlußreichen Briefwechsel informiert sind.

Obwohl Arnold Schönberg nicht dem Kreis angehörte, der in der Familie Wittgenstein verkehrte, gehörte er doch ganz wesentlich zu dem kulturellen Umkreis im Wien des Jahrhundertbeginns. Auch bei Schönberg ging es u.a. um die Auseinandersetzung mit einer Schlamperei des Denkens. Er widersetzte sich energisch jeder Vorstellung von Musik, bei der diese einfach zur höheren Unterhaltung diente. Im übrigen vertrat er eine kompromißlose musikalische Logik – ein von Schönberg häufig und an zentralen Stellen gebrauchter Ausdruck – des musikalischen Gedankens. Vom »musikalischen Gedanken« spricht auch Wittgenstein im *Tractatus* 4.014, obwohl zwischen Wittgenstein und Schönberg keinerlei direkter Kontakt bestand. Die Zwölftonmusik wurde von Schönberg und seinen Schülern Anton von Webern und Alban Berg nicht als eine mögliche, sondern als die zu ihrer Zeit notwendige Form der Musik angesehen. Wittgenstein hat, soweit man sieht, diese Entwicklung der Musik nicht selbst begleitet, obwohl er bis an sein Lebensende an Fragen der Musik sehr interessiert blieb, was sich auch in der häufigen Erwähnung der Musik in seinen späteren Schriften zeigt. Wenn Wittgenstein im *Tractatus* verdeutlichen will, daß zwei so verschiedene Wirklichkeiten wie Sprache und Welt in einem Abbildverhältnis stehen, so greift er sofort auf das Beispiel von Notensprache und der tatsächlich aufgeführten Musik zurück (vgl. 4.014). Auch er war überzeugt, daß sein *Tractatus* eine notwendige Entwicklung der Philosophie zum Ausdruck bringt, so wie das Schönberg für seine Form der Komposition beanspruchte.

Die alten Formen waren zerbrochen, neue mußten gefunden werden. Auch die alten Regeln professioneller Tradition trugen nicht mehr. Es ist auffällig, daß nicht wenige der Genannten unprofessionelle »Quereinsteiger« waren: Musil hatte Maschinenbau studiert und arbeitete zunächst auch als Ingenieur, hatte in Philosophie mit einer Arbeit über Ernst Mach promoviert, war dann aber als Bibliothekar der Technischen Hochschule in Wien und später in verschiedenen Ministerien tätig und beschäftigte sich nur »nebenbei« mit dem Schreiben. Auch Wittgenstein war eigentlich Ingenieur, wurde dann Volksschullehrer und hatte überhaupt nicht die Absicht, Professor der Philosophie zu werden. Und auch Schönberg hatte nicht Musik und Komposition studiert, sondern war zunächst Angestellter in einer Privatbank und war als Komponist Autodidakt. Und gelegentlich malte er auch. Kandinsky wiederum hatte Ökonomie und Rechtswissenschaft studiert und war zunächst als Jusdozent tätig, ehe er sich der Malerei zuwandte. Die Suche nach neuen Formen wurde nicht als Beruf, sondern als Berufung aufgefaßt, und alle Genannten hatten auch dementsprechend ein ziemlich ausgeprägtes Sendungsbewußtsein.

Die Situation an der Wiener Universität repräsentiert ziemlich genau unseren Doppelstrich des Schemas in Kap. XIV. 1895 wurde der Prager Physiker und Wissenschaftstheoretiker Ernst Mach (1838–1916) auf den Wiener Lehrstuhl für Philosophie berufen. Diese Berufung wurde und wird von einigen als konsequente Hinwendung der Philosophie zur Naturwissenschaft angesehen – Philosophie hat unter diesem Blickwinkel gar keine andere Funktion als Wissenschaftstheorie – und sie wurde und wird von anderen als Verrat an der Philosophie angesehen, eine Auffassung, die ich nicht teile. Die universitätspolitischen Hintergründe dieser Berufung waren allerdings tatsächlich skandalös: Der Lehrstuhl gehörte eigentlich Franz Brentano (1838–1917), dessen Weggang von der Universität Wien klerikal-konservative Kreise im Ministerium erzwungen hatten. Der Nachfolger Machs wurde dann wiederum ein Physiker, nämlich Ludwig Boltzmann, bei dem ja auch Wittgenstein studieren wollte. Genau in dieser Linie stand dann die Berufung von Moritz Schlick (1882–1936), mit dem der Wiener Kreis begann. Es könnte sich also nahelegen, und für viele Interpreten ist dies auch tatsächlich der Fall gewesen, Wittgensteins Philosophie unter die des Logischen Positivismus einzureihen. Daß dies allerdings ein Mißverständnis ist, wird sich noch zeigen (vgl. weiter unten 4). – Den zweiten Lehrstuhl für Philosophie an der Universität Wien hatte seit 1896 Friedrich Jodl (1849–1914) inne, der auch vorher Professor in Prag, dem universitären Vorhof der Wiener Universität, gewesen war. Jodl war nicht nur Herausgeber der Werke Feuerbachs, sondern baute auch seine eigene anti-idealistische Philosophie von Feuerbach her auf, erhielt aber auch Anregungen von Comte. Jodl war ein aufrechter Aufklärer und wollte auch ganz konkret dazu beitragen, im Sinne Feuerbachs den Himmel auf die Erde zurückzuholen. Er widmete sich intensiv der Volksaufklärung, oft zum Ärger der Wiener Bürger und der diese stützenden Ministerien. Bei Jodl promovierte nicht nur der schon genannte Otto Weininger, sondern auch Martin Buber (1878–1965) mit einer Arbeit, in der er sich mit Meister Eckhart, Nikolaus von Kues und Jakob Böhme auseinandersetzte. Von da aus wandte sich Buber der philosophischen Interpretation des jüdischen Chassidismus und des chinesischen Taoismus zu. Hier treffen wir also wieder auf die wiederholt erwähnten Wurzeln des gesamten idealistischen Denkens. Später entwickelte Buber jedoch jenes Dialogdenken, durch das er vor allem bekannt wurde, wodurch sich die Beziehung des Personalismus zur Philosophie Feuerbachs bestätigt (vgl. auch Kap. XIX, 1).

Schließlich ist noch der Austromarxismus zu erwähnen, dessen bekanntester Vertreter Max Adler (1873–1937) ist. Auch Leo Trotzki (1879–1940) hielt sich von 1907–1914 in Wien auf, hatte dort aber keinerlei Einfluß. Die Fragen der Austromarxisten waren sicher nicht die der Großindustriellen-Familie Wittgenstein. Die Wittgensteins wußten aber natürlich einiges von den Lebensbedingungen des Industrieproletariats in Wien. Wittgenstein hat später sein ererbtes Vermögen verschenkt. Während der ersten Jahre in Cambridge lernte er Russisch und hatte die Absicht, sich mit irgendeinem Beruf – nicht als Philosoph natürlich, er hatte zu dieser Zeit die Absicht, Medizin zu studieren – in der Sowjetunion niederzulassen, ein Plan, den er aber nach einer Reise dorthin im Jahre 1935 aufgab. Sein Interesse für Rußland war sicher hauptsächlich durch seine Verehrung für Leo Tolstoi (1828–1910) und Fjodor M. Dostojewski (1821–1881) motiviert, und der bei diesen zum Ausdruck kommenden »russischen Seele« fühlte sich Wittgenstein verwandt. Aber es bleibt doch auch erwähnenswert, was Keynes 1935 dem russischen Botschafter in London, Iwan Michailowitsch Maiski (1888–1975), über Wittgenstein berichtete, als dieser ihn bat, ihn bei dem russischen Botschafter einzuführen (*Briefwechsel*. S. 190–192):

Ich muß es ihm selbst überlassen, Ihnen mitzuteilen, weshalb er nach Rußland gehen möchte. Er gehört nicht der Kommunistischen Partei an, doch er empfindet viel Sympathie für die Lebensform, für die die neue russische Regierung seiner Überzeugung nach einsteht. (Ebd. S. 192)

2. Sagen und Zeigen

Wittgensteins *Tractatus logico-philosophicus* ist eines der maßgeblichen philosophischen Werke des 20. Jhd.s. Der bekannte Ökonom und Wahrscheinlichkeitstheoretiker Keynes schrieb 1924 an Wittgenstein:

Ich weiß immer noch nicht, was ich über Ihr Buch sagen soll, außer daß ich das Gefühl habe, daß es ein außerordentlich wichtiges und geniales Werk ist. Ob es nun richtig oder falsch ist, es dominiert, seit es geschrieben wurde, alle grundlegenden Diskussionen in Cambridge. (*Briefwechsel*. S. 139)

Es geht wohl vielen bis heute so wie damals Keynes. Aber das Gefühl, daß es sich um ein außerordentlich wichtiges und geniales Werk handelt, ohne zu wissen, ob es richtig oder falsch ist, ist natürlich genau im Sinne der Philosophie Wittgensteins etwas, das dringend einer Klärung bedarf. Genau dies schärft uns Wittgenstein ein:

4.112 Der Zweck der Philosophie ist die logische Klärung der Gedanken.
Die Philosophie ist keine Lehre, sondern eine Tätigkeit.

Ein philosophisches Werk besteht wesentlich aus Erläuterungen.
Das Resultat der Philosophie sind nicht »philosophische Sätze«, sondern das Klarwerden von Sätzen.
Die Philosophie soll die Gedanken, die sonst, gleichsam, trübe und verschwommen sind, klar machen und scharf abgrenzen.

Und da sind wir beim zweiten Satz der Feststellung von Keynes. Ob der *Tractatus* heue alle grundlegenden Diskussionen dominiert, mag dahingestellt sein, er ist aber jedenfalls in allen solchen grundlegenden Diskussionen präsent, ohne daß es doch wirklich schon geklärt wäre, *was* denn eigentlich präsent ist und *warum* es präsent ist. Vielleicht liegt die Antwort auf diese Frage in Wittgensteins These: »Alle Philosophie ist Sprachkritik« (vgl. weiter unten 3). Diese Auffassung scheint tatsächlich die Philosophie des 20. Jhd.s bis in unsere Gegenwart hinein zu dominieren, auch wenn die Auffassung, daß die Philosophie keine Lehre, sondern eine Tätigkeit ist, von kaum einer der verschiedenen Richtungen der sprachanalytischen Philosophie im Sinne von Wittgenstein vertreten wird. Daß die Philosophie eine Tätigkeit ist, kann in der Auffassung Wittgensteins nicht gesagt werden, es muß sich zeigen. Dies gilt daher auch für die Logik. Das Resultat sollen keine philosophischen Sätze sein. Kommentierende Erläuterungen zum *Tractatus* Wittgensteins sind daher eigentlich sinnlos und überflüssig. Wenn Wittgenstein solche Erläuterungen für erforderlich gehalten hätte, hätte er sie selbst geschrieben. Er schrieb aber den *Tractatus* in der Überzeugung, daß jene, die ihn verstehen, keine weiteren Erläuterungen brauchen und jene, die ihn nicht verstehen, auch durch noch so viele Erläuterungen zu keinem Verständnis gebracht werden können. Der Text des *Tractatus* sollte für sich sprechen, ohne weitere Erläuterungen. Dennoch muß man eingestehen, daß der *Tractatus* große Probleme der Interpretation aufwirft, und so gibt es auch schon mehrere Kommentare zum *Tractatus* – ganz abgesehen von der inzwischen unübersehbar gewordenen Sekundärliteratur zu Einzelfragen –, die aber in der Beantwortung von Grundfragen nicht übereinstimmen. Es wäre jedoch völlig unmöglich und auch nicht zweckentsprechend, hier nun eine Kurzfassung dieser Kommentare zu liefern. Daß das, was im *Tractatus* steht, nicht von allen verstanden werden würde, hat Wittgenstein selbst vermutet, er hat aber auch gemeint, daß andere ihn sofort verstehen würden. Am Beginn des Vorworts zum *Tractatus* steht der Satz:

Dieses Buch wird vielleicht nur der verstehen, der die Gedanken, die darin ausgedrückt sind – oder doch ähnliche Gedanken – schon selbst einmal gedacht hat. (*Vowort.* S. 9)

Es wurde aber schon darauf hingewiesen, daß Wittgenstein den Eindruck hatte, daß auch ein Mann wie Frege ihn nicht verstand. Am 6. Oktober 1919 schrieb Wittgenstein an Russell:

Mit Frege stehe ich in Briefwechsel. Er versteht kein Wort von meiner Arbeit und ich bin schon ganz erschöpft vor lauter Erklärungen. (*Briefwechsel.* S. 93)

Es ist also so, daß das Verstehen des *Tractatus* nicht schon dadurch garantiert ist, daß jemand die formale Logik beherrscht. Die Angelegenheit wird dadurch noch etwas verwirrender, daß die Logik, die Wittgenstein im *Tractatus* verwendet, weithin die von Frege in der Notation von Russell ist. Wenn Frege also kein Wort davon verstanden hat, konnte es nicht an der Kenntnis der formalen Logik liegen, und wenn Wittgenstein vom Verstehen bzw. Nicht-Verstehen des *Tractatus* spricht, dürfte es sich somit nicht um das Verstehen der technischen Fragen der Logik im *Tractatus* handeln. Da wir uns mit einigen technischen Fragen dieser Logik schon im Zusammenhang mit der Logik Freges beschäftigt haben, soll dieser Punkt hier auch nicht weiter ausgeführt werden. Allerdings ist es wichtig zu sehen, daß Wittgenstein den formalen Apparat der Logik grundsätzlich anders auffaßt als Frege und Russell, und genau dies war es wahrscheinlich, was diese beiden nicht verstehen konnten. Frege und Russell versuchten, formale Begriffe wie z. B. »Funktion« oder »Zahl« aufzustellen, unter die dann Gegenstände fallen, so daß sich z. B. der Satz »1 ist eine Zahl« ergibt (vgl. 4.1272). Für Wittgenstein hingegen gilt, daß die Frage nach der Existenz solcher formaler Begriffe unsinnig ist (vgl. 4.1274):

4.126 [...] Daß etwas unter einen formalen Begriff als dessen Gegenstand fällt, kann nicht durch einen Satz ausgedrückt werden. Sondern es zeigt sich an dem

Zeichen dieses Gegenstandes selbst. (Der Name zeigt, daß er einen Gegenstand bezeichnet, das Zahlenzeichen, daß es eine Zahl bezeichnet etc.)

4.12721 Der formale Begriff ist mit einem Gegenstand, der unter ihn fällt, bereits gegeben. Man kann also nicht Gegenstände eines formalen Begriffs *und* den formalen Begriff selbst als Grundbegriffe einführen. Man kann also z. B. nicht den Begriff der Funktion, und auch spezielle Funktionen (wie Russell) als Grundbegriffe einführen; oder den Begriff der Zahl und bestimmte Zahlen.

Wittgenstein vertritt – mit Bezug auf Ockhams »Messer« (vgl. 2. Teil, Kap. XVII, 2) – die Auffassung, daß unnötige, d. h. überflüssige Zeichen bedeutungslos sind:

5.47321 Occams Devise ist natürlich keine willkürliche, oder durch ihren praktischen Erfolg gerechtfertigte Regel: Sie besagt, daß *unnötige* Zeicheneinheiten nichts bedeuten. [...]

Solche formalen Begriffe sind also nicht nur überflüssig, sondern bedeutungslos. Was bei Frege und Russell als »formale Begriffe« gesucht wurde, ergibt einen *circulus*
550 | *vitiosus* (vgl. 4.1273). Wird z. B. »Begriff« durch »Funktion« definiert, so kann der Begriff »Funktion« wieder nur durch »Funktion« definiert werden, was ein zirkuläres Verfahren darstellt.

4.126 [...] Die formalen Begriffe können ja nicht, wie die eigentlichen Begriffe, durch eine Funktion dargestellt werden.
Denn ihre Merkmale, die formalen Eigenschaften, werden nicht durch Funktionen ausgedrückt.

Die Verwechslung der formalen Begriffe mit eigentlichen Begriffen ist ein Fehler, von dem Wittgenstein feststellt, daß er nicht nur Freges und Russells Logik, sondern die gesamte frühere Logik betrifft. Worum es bei diesen formalen Begriffen geht, ist, das »allgemeine Glied einer Formenreihe« zu bestimmen, dies aber läßt sich ohne formale Begriffe durchführen.

4.1273 [...] Wir können das allgemeine Glied der Formenreihe bestimmen, indem wir ihr erstes Glied angeben und die allgemeine Form der Operation, welche das folgende Glied aus dem vorhergehenden Satz erzeugt.

Durch dieses Verfahren benötigt Wittgenstein auch nicht ständig Begriffe höherer Ordnung, muß also nicht ständig Metasprachen einführen, was wiederum zu einem *regressus in infinitum* führen müßte. Das Logische ist also nicht etwas, das in Sätzen ausgesprochen werden könnte, sondern das sich in diesen Sätzen selbst

»zeigt«. Es ist deshalb zu vermuten, daß das Verstehen, auf das es Wittgenstein ankommt, nicht *in* der Logik selbst, sondern in seiner Auffassung *von* der Logik liegt. Diese Auffassung ist bei Wittgenstein durch die Gegenüberstellung von »Sagen« und »Zeigen« charakterisiert. Daß damit gleichzeitig das zentrale philosophische Anliegen Wittgensteins erfaßt ist, geht aus einer Feststellung hervor, die er in einem Brief an Russell über seinen *Tractatus* macht:

Die Hauptsache ist die Theorie über das, was durch Sätze – d. h. durch Sprache – gesagt (und, was auf dasselbe hinausläuft, *gedacht*) und was nicht durch Sätze ausgedrückt, sondern nur gezeigt werden kann. Dies ist, glaube ich, das Hauptproblem der Philosophie. (*Briefwechsel.* S. 88)

Als Hilfe zum Verständnis des Unterschiedes von Sagen und Sich-Zeigen sei nochmals auf die schon früher (vgl. Kap. XV, 5) angeführte Analogie aus dem Bereich der Musik verwiesen: Eine Sonate oder ein Menuett kann gespielt und gehört werden – das entspricht dem Sagen –, wogegen die Sonatenform oder die Menuettform weder gespielt noch gehört werden kann, sondern nur in einem konkreten Musikstück zum Ausdruck kommen kann – und dies entspricht dem Sich-Zeigen. Ebenso kann man nur *im* ¾ Takt spielen, man kann aber keinen ¾ Takt als solchen spielen. Im Bereich | 551
der Musik ist dies klar. Wittgenstein sah aber klar, daß dies im Bereich der Sprache wesentlich weniger klar ist, da man mit der Sprache – im Unterschied zur Musik – auch über die Sprache selbst sprechen kann, und genau an diesem Punkt beginnen die Mißverständnisse, da dann oft nicht mehr klar unterschieden wird, was *in* der Sprache *gesagt* werden kann, und was nur *durch die* Sprache *gezeigt* werden kann.

Damit ein Satz etwas *sagt*, muß er *wahr* oder *falsch* sein können. Wittgenstein geht dabei von Elementarsätzen aus:

4.25 Ist der Elementarsatz wahr, so besteht der Sachverhalt; ist der Elementarsatz falsch, so besteht der Sachverhalt nicht.

4.26 Die Angabe aller wahren Elementarsätze beschreibt die Welt vollständig. Die Welt ist vollständig beschrieben durch die Angabe aller Elementarsätze plus der Angabe, welche von ihnen wahr und welche falsch sind.

Zunächst einmal geht es aber um den *Sinn* eines Satzes, in dem die Frage von wahr oder falsch als tatsächliche Übereinstimmung mit der Wirklichkeit noch nicht einbezogen ist.

4.2 Der Sinn des Satzes ist seine Übereinstimmung und Nichtübereinstimmung mit den Möglichkeiten des Bestehens und Nichtbestehens der Sachverhalte.

Entscheidend ist hier nur die *Möglichkeit* des Bestehens der Sachverhalte.

4.022 Der Satz *zeigt* seinen Sinn.
Der Satz *zeigt*, wie es sich verhält, *wenn* er wahr ist.

Der Anordnung der Zeichen in einem Satz entspricht eine *Sachlage* (vgl. 3.21). Nichtsdestoweniger bleiben wir auch hier auf einer rein sprachlich-logischen Ebene:

3.1432 Nicht: »Das komplexe Zeichen ›aRb‹ sagt, daß a in der Beziehung R zu b steht«, sondern: *Daß* »a« in einer gewissen Beziehung zu »b« steht, sagt, *daß* aRb.

Ein Elementarsatz besteht nur aus einer Verkettung von Namen (vgl. 4.22). Um dies zu erläutern, verweist Wittgenstein auf die Hieroglyphenschrift und stellt dazu fest, daß aus ihr die Buchstabenschrift wurde, ohne daß das Wesentliche der *Abbildung* dabei verloren ging: die Abbildung der Tatsachen, die sie beschreibt (vgl. 4.016). Was damit gemeint ist, erklärt Wittgenstein in folgender Weise:

552 | „  “

Wenn in diesem Bild der rechte Mann den Menschen A vorstellt, und bezeichnet der linke den Menschen B, so könnte etwa das ganze aussagen »A ficht mit B«. Der Satz in Bilderschrift kann wahr oder falsch sein. Er hat seinen Sinn unabhängig von seiner Wahr- oder Falschheit. An ihm muß sich alles Wesentliche demonstrieren lassen.
Man kann sagen, wir haben zwar nicht die Gewißheit, daß wir alle Sachverhalte in Bildern aufs Papier bringen können, wohl aber die Gewißheit, daß wir alle *logischen* Eigenschaften der Sachverhalte in einer zweidimensionalen Schrift abbilden können. (*Tagebücher.* S. 95)

Dem »R« der logischen Analyse des Satzes entspricht also in diesem Beispiel der Ausdruck »ficht mit«. Der Satz zeigt also eine Sachlage, einen Sachverhalt, und nach Wittgenstein verstehen wir diesen Sinn des Satzzeichens, ohne daß er uns erklärt wurde (vgl. 4.02 und 4.021). Damit ist jedoch nur eine mögliche Sachlage im logischen Raum dargestellt (vgl. 2.202, 2.203 und 2.22). Der Satz *zeigt* aber nicht nur etwas, sondern *sagt* auch etwas:

4.022 Und er *sagt*, *daß* es sich so verhält.

Damit ist gegeben, daß der Satz wahr oder falsch sein muß (vgl. 2.222).

2.221 Was das Bild darstellt, ist sein Sinn.

2.222 In der Übereinstimmung oder Nichtübereinstimmung seines Sinnes mit der Wirklichkeit besteht seine Wahrheit oder Falschheit.

Einzig ein Satz, der wahr oder falsch sein kann. Stellt die Beschreibung eines Sachverhalts der Welt dar.

4.023 Die Wirklichkeit muß durch den Satz auf ja oder nein fixiert sein.
Dazu muß sie durch ihn vollständig beschrieben werden.
Der Satz ist die Beschreibung eines Sachverhalts.

Darin kommt zum Ausdruck, daß der Satz ein Bild, ein Modell der Wirklichkeit ist, wie wir sie uns denken (vgl. 4.01). Es ist nicht Wittgensteins Absicht im *Tractatus*, die erkenntnistheoretische Frage zu beantworten, *wie* die Wahrheit oder Falschheit eines Satzes festgestellt werden kann. Wittgenstein bleibt auch hier bei einer rein logischen Analyse, d. h. um eine Darstellung einer Sachlage im *logischen*, nicht im *empirischen Raum*. Es gehört aber zur vollständigen logischen Analyse des Satzes, daß seine Möglichkeitsbedingungen der Wahrheit und Falschheit dargestellt werden. Daß ein Satz wahr oder falsch sein muß, wird symbolisch als »(W F) p« dargestellt (vgl. 4.31). Die Elementarsätze sind die Wahrheitsfunktion ihrer selbst (vgl. 5), alle weiteren Sätze sind Resultate von Wahrheitsoperationen mit den Elementarsätzen (vgl. 5.3). Bei den weiteren Sätzen wird mit den bekannten logischen Junktoren gearbeitet, die Sätze verbinden, also vor allem »und«, »oder«, »wenn ... dann«. Sätze, die etwas sagen, müssen immer wahr oder falsch sein können. Auch dies läßt sich wieder in den bekannten Tabellen darstellen (vgl. Kap. XXV, 1) oder linear, z. B. für »wenn ... dann« auf folgende Weise: »(W F W W) (p, q)«, d. h. »wenn *p*, dann *q*« ist nur dann falsch, wenn *p* wahr, *q* aber falsch ist (vgl. 5.101).

Hätten wir alle Elementarsätze zur Verfügung und wüßten wir von allen, ob sie wahr oder falsch sind, und wüßten wir auch von allen logischen Verbindungen derselben, ob sie wahr oder falsch sind, hätten wir ein vollständiges Abbild der Welt.

4.51 Angenommen, mir wären *alle* Elementarsätze gegeben: Dann läßt sich einfach fragen: welche Sätze kann ich aus ihnen bilden. Und das sind *alle* Sätze und *so* sind sie begrenzt.

Wir werden hier an das Leibniz-Programm erinnert, nur daß Leibniz von Begriffen ausgeht (vgl. Kap. XI, 2) und Wittgenstein von Sätzen.

Bisher hatten wir es immer mit Sätzen zu tun, die wahr oder falsch sein können, und diese Sätze sagen etwas. Eine völlig andere Situation liegt dort vor, wo eine Verbindung von zwei oder mehreren Sätzen immer wahr oder immer falsch ist. Im ersten Fall liegt eine *Tautologie* vor, im zweiten eine *Kontradiktion* (vgl. 4.46). In diesen Fällen ist ein Vergleich mit der Wirklichkeit weder erforderlich noch auch nur möglich.

4.462 Tautologie und Kontradiktion sind nicht Bilder der Wirklichkeit. Sie stellen keine mögliche Sachlage dar. Denn jene läßt *jede* mögliche Sachlage zu, diese *keine*. [...]

4.463 [...] Die Tautologie läßt der Wirklichkeit den ganzen – unendlichen – logischen Raum; die Kontradiktion erfüllt den ganzen logischen Raum und läßt der Wirklichkeit keinen Punkt. Keine von beiden kann daher die Wirklichkeit irgendwie bestimmen.

In solchen Fällen brauche ich nur die Zeichen selbst anzusehen, um zu erfassen, daß die Verbindung immer wahr oder immer falsch ist. Nehme ich einen Satz wie z. B. »Es schneit oder es schneit nicht«, d. h. »$p \vee \neg p$«, so zeigt mir der Zeichengebrauch, daß er immer wahr ist, der Blick aus dem Fenster ist für die Erkenntnis der Wahrheit völlig irrelevant. Ebenso zeigt mir bei dem Satz »Es schneit und es schneit nicht«, d. h. »$p \wedge \neg p$«, der Zeichengebrauch, daß er – ohne Blick aus dem Fenster – immer falsch ist. Da »Sinn« bei Wittgenstein auf die Übereinstimmung oder Nicht-Übereinstimmung eines Satzes mit der Wirklichkeit bezogen ist, und nur solche Sätze etwas sagen, sind Tautologie und Kontradiktion sinnlos (vgl. 4.461). Es muß allerdings genau zwischen »sinnlos« und »unsinnig« unterschieden werden:

4.4611 Tautologie und Kontradiktion sind aber nicht unsinnig; sie gehören zum Symbolismus, und zwar ähnlich wie die »0« zum Symbolismus der Arithmetik.

Tautologie und Kontradiktion zeigen an ihrem Zeichengebrauch, daß sie nichts sagen und nichts sagen können, und dies selbst kann nicht gesagt werden:

4.1212 Was gezeigt werden *kann*, *kann* nicht gesagt werden.

Und da alle Sätze der Logik Tautologien sind, sagen alle Sätze der Logik dasselbe, nämlich nichts (vgl. 5.43). Beweise in der Logik dienen ausschließlich als mechanische Hilfsmittel zum Erkennen der Tautologie (vgl. 6.1263). Sätze über die Logik, also etwa eine metalogische Begründung der Logik, sind somit Scheinsätze. Nach Wittgenstein muß die Logik für sich selbst sorgen (vgl. 5.473).

3. Alle Philosophie ist Sprachkritik

Die Überschrift des Abschnitts stammt aus dem *Tractatus* (4.0031). Man könnte nun meinen, daß damit Wittgensteins Auffassung von der Aufgabe der Philosophie doch jener Freges ziemlich nahesteht. Dies ist aber nicht der Fall, da bei Wittgenstein eine grundlegend andere Auffassung von Sprache und damit auch von Sprachkritik vorliegt. Frege wie Russell meinten, daß wir durch die natürliche Sprache manchmal irregeführt würden, so daß es also darauf ankäme, durch die logische Analyse der Sätze und eine künstliche Sprache diese Fehler zu korrigieren. Dies ist auch die Auffassung vieler Vertreter der analytischen Philosophie des 20. Jhd.s, so etwa die von Rudolf Carnap (1891–1970). Wittgenstein hingegen ist der Auffassung, daß die Sprache durchaus gut funktioniert, daß aber unser Gebrauch und vor allem unser logisches Verständnis der Sprache manchmal nicht korrekt sind. Daraus ergeben sich auch die meisten Probleme der Philosophie, in der häufig Scheinsätze, also unsinnige Sätze, verwendet werden.

4.003 Die meisten Sätze und Fragen, welche über philosophische Dinge geschrieben worden sind, sind nicht falsch, sondern unsinnig. Wir können daher Fragen dieser Art überhaupt nicht beantworten, sondern nur ihre Unsinnigkeit feststellen. Die meisten Fragen und Sätze der Philosophen beruhen darauf, daß wir unsere Sprachlogik nicht verstehen.
(Sie sind von der Art der Frage, ob das Gute mehr oder weniger identisch sei als das Schöne.)
Und es ist nicht verwunderlich, daß die tiefsten Probleme eigentlich *keine* Probleme sind.

Eine ganz zentrale Frage des logisch korrekten Gebrauchs der Sprache wurde schon mit der Unterscheidung von Sagen und Zeigen besprochen. Aus dieser Unterscheidung ergibt sich die Forderung: Es darf nur das gesagt werden, was gesagt werden kann. Das klingt banal, ist es aber nicht.

6.53 Die richtige Methode der Philosophie wäre eigentlich die: Nichts zu sagen, als was sich sagen läßt, also Sätze der Naturwissenschaft – also etwas, was mit Philosophie nichts zu tun hat –, und dann immer, wenn ein anderer etwas Metaphysisches sagen wollte, ihm nachzuweisen, daß er gewissen Zeichen in seinen Sätzen keine Bedeutung gegeben hat. Diese Methode wäre für den anderen unbefriedigend – er hätte nicht das Gefühl, daß wir ihn Philosophie lehrten – aber *sie* wäre die einzig streng richtige.

Wittgenstein formuliert hier genau jenes Problem, das weiter oben (Kap. XIV, 1) durch den Doppelstrich angedeutet worden ist: Wer von Hegel, Kierkegaard, Schopenhauer, aber auch vom Metaphysikkritiker Nietzsche herkommt, muß die Methode Wittgensteins für unbefriedigend halten, »er hätte nicht das Gefühl, daß wir ihn Philosophie lehrten«: Der Philosophiebegriff ist äquivok geworden. – Es nützt jetzt gar nicht viel, darauf hinzuweisen, daß Wittgenstein selbst doch im *Tractatus* nicht nur Sätze der Naturwissenschaft sagt. Er bringt eine große Menge von Sätzen vor, die seiner eigenen Auffassung nach unsinnig sind. Daraus aber schließen zu wollen, daß er doch wieder Metaphysik betreibt, wäre eine Fehleinschätzung. Wittgenstein teilt uns selbst mit, wie wir mit seinen unsinnigen Sätzen umgehen sollen:

6.54 Meine Sätze erläutern dadurch, daß sie der, welcher mich versteht, am Ende als unsinnig erkennt, wenn er durch sie – auf ihnen – über sie hinausgestiegen ist. (Er muß sozusagen die Leiter wegwerfen, nachdem er auf ihr hinaufgestiegen ist.)
Er muß diese Sätze überwinden, dann sieht er die Welt richtig.

Damit ist aber nicht gemeint, daß mit Wittgensteins *Tractatus* die Philosophie am Ende sei. Dies gilt ja schon für Wittgenstein selbst nicht. Auf seine eigene spätere Philosophie wollen wir aber nicht mehr eingehen. Aber auch mit dem im *Tractatus* zur Sprache gebrachten, eigentlich: in ihm »gezeigten«, Programm ist die sprachlogische Klärung unserer Sätze nicht schon abgeschlossen, denn Sätze ohne Bedeutung können immer wieder auftreten. Die Abgrenzung des Denkbaren vom Undenkbaren ist nicht schon definitiv abgeschlossen. Somit bleibt für die Philosophie weiterhin die Aufgabe, das »bestreitbare Gebiet« zu begrenzen:

4.113 Die Philosophie begrenzt das bestreitbare Gebiet der Naturwissenschaft.

4.114 Sie soll das Denkbare abgrenzen und damit das Undenkbare.
Sie soll das Undenkbare von innen durch das Denkbare begrenzen.

4.115 Sie wird das Unsagbare bedeuten, indem sie das Sagbare klar darstellt.

4.116 Alles was überhaupt gedacht werden kann, kann klar gedacht werden. Alles was sich aussprechen läßt, läßt sich klar aussprechen.

Da sich ja die Naturwissenschaft weiter entwickelt, muß auch die Grenze immer wieder von neuem festgelegt werden. Es kommt allerdings darauf an, diese *Grenze »von innen«* her festzulegen. Es gilt somit, jenen logischen Fehler zu vermeiden, den die Deutschen Idealisten geradezu zum Angelpunkt ihrer transzendentalen Argumentation gemacht hatten, nämlich: Das Wissen um eine Grenze bedeutet immer schon, über die Grenze hinaus zu sein. Nach Wittgenstein hingegen rennen wir zwar immer wieder von innen her gegen diese Grenze an (vgl. weiter unten 4), jede Behauptung jedoch, über diese Grenze hinauszugelangen, liefert nur Scheinsätze, deren Unsinnigkeit nachgewiesen werden muß. Wir dürfen nicht vergessen, daß ein ganz entscheidender Anstoß zur Entwicklung der Analytischen Philosophie George Edward Moores (1873–1958) Artikel *Die Widerlegung des Idealismus (The Refutation of Idealism)* aus dem Jahre 1903 gewesen ist. Und es war Moore selbst, der seinen Cambridger Kollegen Russell aufforderte, in derselben Richtung zu arbeiten. Dies war der Ausgangspunkt der Analytischen Philosophie, auch wenn sich Moore und Russell in ihrer Auffassung von der Tragweite der logischen Analyse der Sprache unterschieden. Wittgenstein kannte die Auffassung beider, und er kannte ebenso die vor allem auf Russells Analyse beruhende Auffassung der Mitglieder des Wiener Kreises. Wittgenstein unterscheidet sich aber nicht nur in seiner Auffassung von der Sprache und deren logischer Analyse von den meisten Vertretern der Analytischen Philosophie, sondern auch, insofern er nicht meint, daß mit der Feststellung der Sinnlosigkeit der Sätze etwa von Schopenhauer und Kierkegaard die Sache schon erledigt wäre.

4. Sagen und das Unsagbare

Wittgensteins *Tractatus* gehört in den weiter oben angedeuteten Umkreis des Strebens nach streng verantwortbaren Formen, und auch mit dem *Tractatus* wird versucht, einer Schlamperei des Denkens zu begegnen. Es geht in ihm um die Abgrenzung von Sätzen der Wissenschaft und dem, was mit Sätzen der Wissenschaft nicht gesagt werden kann. Dazu zieht Wittgenstein u. a. die formalen Systeme der Aussagen- und Prädikatenlogik von Frege und Russell heran. Wittgenstein hatte Frege in Jena besucht, und dieser hatte ihm empfohlen, zu Russell nach Cambridge zum Studium zu gehen. Tatsächlich ging Wittgenstein 1912 nach Cambridge und gehörte dort rasch zu dem engeren Kreis um Russell und Moore. Zu Beginn des Ersten Weltkriegs kehrte Wittgenstein aber nach Österreich zurück und wurde Freiwilliger im Heer. Er war zunächst an der Ostfront eingesetzt und geriet dann gegen Kriegsende in Italien in Gefangenschaft. Während dieser Kriegszeit entstand der *Tractatus*. Im *Tractatus* geht Wittgenstein ohne Zweifel von der Logik Freges und Russells aus. Die Frage ist nur, und hier beginnt die Interpretationsdiskussion, zu welchem Zweck er diese Logik gebrauchte. Tatsächlich gebrauchte er sie ja nicht nur, sondern setzte sich mit ihr auseinander und gelangte auch zu durchaus eigenen Auffassungen. War es nun seine Absicht, Freges und Russells Logik und Wissenschaftsauffassung weiterzuentwickeln, oder ergab sich dies nur, beinahe möchte man sagen: so ganz »nebenbei«, aus anderen, übergeordneten Interessen?

Ich mache, um hier einer Antwort etwas näherzukommen, einen kleinen Umweg. Wittgenstein hatte nach der Abfassung des *Tractatus* zunächst die Beschäftigung mit der Philosophie aufgegeben. Er war der im *Tractatus* dokumentierten Auffassung gewesen, die Fragen der Philosophie im Prinzip endgültig gelöst zu haben. Er wurde zunächst Volksschullehrer, dann Gärtner in einem Kloster. Den größten Teil seines ererbten Vermögens hatte er über Ludwig von Ficker an notleidende Künstler und Schriftsteller weitergeben lassen. Dann beschäftigte er sich mit dem schon erwähnten Hausbau, bei dem allerdings Engelmann die Hauptarbeit leistete (die Bezeichnung »Wittgensteinhaus« ist also nur sehr eingeschränkt berechtigt). Andere aber lasen den *Tractatus* sehr aufmerksam. Moritz Schlick, seit 1922 Professor der Philosophie in Wien, war vom *Tractatus* äußerst beeindruckt und wünschte schon

1924, mit Wittgenstein in Kontakt zu treten. Schlick gilt als Begründer des Wiener Kreises, war allerdings selbst nicht Österreicher, sondern Deutscher. 1927 trafen sich Schlick und Wittgenstein auch tatsächlich. Seinem Co-Architekten Paul Engelmann berichtete er darüber: »Wir haben uns gegenseitig für verrückt gehalten« (*Wittgenstein und der Wiener Kreis*. S. 15). Es kam dann aber doch zu Gesprächen mit Schlick und anderen Mitgliedern des Wiener Kreises, zu denen u.a. Herbert Feigl (1902–1988), Rudolf Carnap und Friedrich Waismann (1896–1959) gehörten. Es handelte sich dabei aber nicht um jene fast geheimbundartigen Zusammenkünfte, die später offiziell als die des Wiener Kreises in die Geschichte eingegangen sind. Außer den Mitgliedern gab es gelegentlich auch andere Teilnehmer. Die Nachrichten über diese Gespräche gehen auf Aufzeichnungen von Waismann zurück.

Wittgenstein, sehr beschäftigt mit anderen Dingen und besonders mit seiner Architektur, war nicht immer bereit, über Philosophie zu sprechen. Manchmal zog er es vor, Gedichte vorzulesen – besonders die von Rabindranath Tagore – für gewöhnlich den Zuhörern den Rücken kehrend. Dennoch gab es viele Gelegenheiten, bei denen er Bemerkungen oder weitläufige Auslegungen seiner Ansichten machte, die man aufklärend und anregend fand. (Ebd. S. 15)

Was Wittgenstein mit dieser Lese- und Vortragshaltung zum Ausdruck bringen wollte, sagt er vielleicht in einem Brief an Norman Malcolm (1911–1990), in dem er möglicherweise seine eigene Darstellungsform interpretiert:

Weißt du, wenn Tolstoi einfach eine Geschichte erzählt, macht er auf mich unendlich mehr Eindruck, als wenn er sich an den Leser wendet. Wenn er dem Leser den Rücken kehrt, scheint er mit am *aller*ausdrucksvollsten. [...] Seine Philosophie scheint mir durchaus wahr, wenn sie in der Erzählung *verborgen* ist. (Malcolm: *Erinnerungen an Wittgenstein*. S. 157)

Wittgenstein, der seinen Zuhörern den Rücken zukehrt, erinnert uns an Schönberg, der auch Maler war, und der sich einmal in einem Selbstporträt von hinten porträtierte, also auch dem Betrachter den Rücken zukehrt (vgl. A. Berg u.a.: *Arnold Schönberg*. S. 58, oder Kandinsky/Marc: *Der blaue Reiter*. S. 158). Wittgenstein wollte etwas zeigen, was er nicht sagen konnte. Er war offensichtlich nicht oft bereit, über philosophische Fragen zu sprechen. Die Mitglieder des Wiener Kreises wollten aber die Gespräche doch fortsetzen. Schlick bringt in einem Brief seinen Wunsch zum Ausdruck, die Zusammenkünfte fortzusetzen und fügt hinzu: »Daß dabei von Wissenschaft nicht die Rede sein soll, will ich gerne versprechen.« (*Wittgenstein und der Wiener Kreis*. S. 16) Wir können aus dem Verhalten Wittgensteins gegenüber einem Kreis von Wissenschaftlern, die an seinem *Tractatus* höchst interessiert waren, entnehmen, daß Wittgenstein mit seinem berühmt gewordenen Satz:

6.52 Wir fühlen, daß selbst, wenn alle *möglichen* wissenschaftlichen Fragen beantwortet sind, unsere Lebensprobleme noch gar nicht berührt sind. [...]

nicht ein Bonmot im Anhang zu den Fragen der Logik und der Wissenschaft formulierte, sondern etwas zum Ausdruck bringen wollte, was tatsächlich sein Leben in den Jahren während und nach der Abfassung des *Tractatus* bestimmte. Er sah aber auch die beinahe unüberwindlichen Schwierigkeiten, über solche Probleme zu sprechen, besonders mit den Mitgliedern des Wiener Kreises (seinem Freund Engelmann gegenüber war er da in seinen Briefen viel aufgeschlossener). Bei Wittgenstein wäre es wahrscheinlich auch nicht richtig zu sagen, die Biographie sei rein äußerlich und habe mit dem Werk nichts zu tun. Die Biographie dürfte doch einen Hinweis auf genau dieses Werk geben, nämlich, daß die abschließenden Punkte des *Tractatus* für Wittgenstein alles andere als persönliche, die Auffassung von Wissenschaft nicht berührende Punkte darstellen. Ein Mann wie Schlick, dessen große wissenschaftliche und kulturelle Bildung außer Diskussion steht, was auch Wittgenstein anerkannte, hatte erfaßt, daß Wittgenstein damals nur sehr ungern über Wissenschaftslogik und ähnliche Fragen sprach, und er sicherte ihm deshalb, um den Gesprächsfaden nicht abreißen zu lassen, zu, daß über Wissenschaft überhaupt nicht gesprochen werden würde. Die Art der Fragen, die besprochen werden konnten, | 559
läßt sich aus einer späteren Aufzeichnung Waismanns über ein Gespräch mit Wittgenstein entnehmen, das sich auf Schlicks Buch *Fragen der Ethik* bezieht. Diese Aufzeichnung liefert uns auch gleichzeitig einen interessanten Hinweis auf den Hintergrund des Denkens von Wittgenstein, der diesem selbst – er war an Fragen der Geschichte der Philosophie verhältnismäßig wenig interessiert und über diese auch nicht besonders gut informiert – vermutlich kaum bewußt war:

Schlick sagt, es gab in der theologischen Ethik zwei Auffassungen vom Wesen des Guten: nach der flacheren Deutung ist das Gute deshalb gut, weil Gott es will; nach der tieferen Deutung will Gott das Gute deshalb, weil es gut ist. Ich meine, daß die erste Auffassung die tiefere ist: gut ist, was Gott befiehlt. Denn sie schneidet den Weg einer jeden Erklärung, »warum« es gut ist, ab, während gerade die zweite Auffassung die flache, die rationalistische ist, die so tut, »als ob« das, was gut ist, noch begründet werden könnte.

Die erste Auffassung sagt klar, daß das Wesen des Guten nichts mit den Tatsachen zu tun hat und daher durch keinen Satz erklärt werden kann. Wenn es einen Satz gibt, der gerade das ausdrückt, was ich meine, so ist es der Satz: Gut ist, was Gott befiehlt. (*Wittgenstein und der Wiener Kreis.* S. 115)

Es ist klar, daß Wittgenstein hier keine theologischen Aussagen machen will, sondern nur an Hand von theologischen Auffassungen erläutern will, wie er Ethik versteht. Es ist aber aufschlußreich, daß er ganz genau jene Auffassung vertritt, die von Duns Scotus, Ockham und den späteren Nominalisten des 14. Jhd.s verteidigt wurde (vgl. 2. Teil, Kap. XVII, 5). Die strenge Trennung von Tatsachen und Werten hat dort ihren Ausgangspunkt, und Wittgenstein zieht nur die letzte Konsequenz dieser Auffassung. Dort war die Welt zu einer reinen Ansammlung kontingenter Tatsachen geworden. Auch für Wittgenstein ist alles So-Sein zufällig, und in dieser Welt reiner Tatsachen gibt es keinen Wert. Wittgenstein sagt alles dies ausdrücklich in seinem *Tractatus*:

6.41 Der Sinn der Welt muß außerhalb ihrer liegen. In der Welt ist alles wie es ist und geschieht alles wie es geschieht; es gibt *in* ihr keinen Wert – und wenn es ihn gäbe, so hätte er keinen Wert.
Wenn es einen Wert gibt, der Wert hat, so muß er außerhalb alles Geschehens und So-Seins liegen. Denn alles Geschehen und So-Sein ist zufällig.
Was es nicht-zufällig macht, kann nicht *in* der Welt liegen, denn sonst wäre dies wieder zufällig.
Es muß außerhalb der Welt liegen.

560 | 6.432 *Wie* die Welt ist, ist für das Höhere vollkommen gleichgültig. Gott offenbart sich nicht *in* der Welt.

Im 14. Jhd. war bei radikalen Vertretern der ockhamschen Philosophie, zum großen Entsetzen ihrer Gegner, in konsequenter Fortsetzung dieser Kontingenz-Auffassung auch die Geltung des Kausalitätsprinzips als metaphysisches Gesetz geleugnet worden (vgl. 2. Teil, Kap. XVII, 2, b). Auch dies finden wir bei Wittgenstein wieder:

6.36311 Daß die Sonne morgen aufgehen wird, ist eine Hypothese; und das heißt: wir *wissen* nicht, ob sie aufgehen wird.

6.37 Einen Zwang, nach dem Eines geschehen müßte, weil etwas anderes geschehen ist, gibt es nicht. Es gibt nur eine *logische* Notwendigkeit.

6.371 Der ganzen modernen Weltanschauung liegt die Täuschung zugrunde, daß die sogenannten Naturgesetze die Erklärungen der Naturerscheinungen seien.

Dies ist eine rein nominalistische Welt. Gott schafft die Tatsache *A* und die Tatsache *B*, und wenn sich das wiederholt, meinen wir, das müsse so sein. Die Nominalisten nahmen aber an, daß Gott sehr wohl die Tatsache *A* nochmals schaffen könnte, und dann die Welt untergehen lassen könnte, so daß also keine Tatsache *B* mehr folgt. Einen inneren, notwendigen Zusammenhang zwischen *A* und *B* gibt es nicht, es gibt nur die Tatsachen *A* und *B*. Dies ist auch die Welt Wittgensteins:

1 Die Welt ist alles, was der Fall ist.
1.1 Die Welt ist die Gesamtheit der Tatsachen [...].

Die Folge von Tatsachen liefert keine Erklärung derselben, eine solche Erklärung in den »sogenannten Naturgesetzen« anzunehmen ist nur eine Täuschung. Wittgenstein wußte, daß hinter dieser Täuschung ein Glaube steckt, so wie früher der an Gott oder an das Schicksal (vgl. 6.372). Alles dies hat aber mit den Lebensproblemen nichts zu tun. Denn bei allen diesen Erklärungen geht es immer nur um das »wie« der Welt, während für Wittgenstein das »daß« der Welt das Mystische ist (vgl. 6.44). Wittgenstein vermutete, daß irgendein Zusammenhang zwischen dem Dasein der Welt und dem Ethischen besteht (*Wittgenstein und der Wiener Kreis*. S. 118). Leider hat er sich zu diesem überlegenswerten Gedanken nur andeutungsweise geäußert. Bei beidem geht es nach Wittgenstein um etwas »Höheres«. – Wir können versuchsweise fragen, wie Wittgenstein dieses »Höhere« suchte, von dem er sich die Lösung des Problems des Lebens erhoffte, obwohl er sagt:

6.521 Die Lösung des Problems des Lebens merkt man am Verschwinden dieses Problems. (Ist nicht dies der Grund, warum Menschen, denen der Sinn des Lebens nach langem Zweifeln klar wurde, warum diese dann nicht sagen konnten, worin dieser Sinn bestand.)

Wittgenstein zog sich mehrmals für längere Zeit von der Welt, deren »wie« für das »Höhere« vollkommen gleichgültig ist, zurück, und führte ein völlig weltabgewandtes, geradezu eremitenhaftes Leben. Nach seinen Studien bei Russell sonderte sich Wittgenstein in einer einsamen selbstgebauten Holzhütte in Norwegen von der Welt ab, wo er bis zum Ausbruch des ersten Weltkriegs blieb. Wittgenstein scheint erst 1928 wieder mehr Interesse an der Philosophie gewonnen zu haben. Der jedenfalls äußere Anlaß war ein Vortrag Jan Brouwers (1881–1966), des Begründers der intuitionistischen Mathematik. 1929 ging Wittgenstein nach Cambridge und legte dort seinen inzwischen schon berühmt gewordenen *Tractatus* als Dissertation vor und wurde 1930 Fellow am *Trinity College* in Cambridge. 1936 unterbrach er seine Lehrtätigkeit und ging für ein Jahr wiederum in die Einsamkeit nach Norwegen. Dann nahm er seine Lehrtätigkeit in Cambridge wieder auf, gab aber 1947 seine Professur auf und ging nach Irland, wo er wiederum in völliger Einsamkeit lebte. Manche Biographen führen diesen Hang zum Rückzug aus der Welt einfach auf die besondere Persönlichkeit Wittgensteins (oder auf dessen Homosexualität) zurück, ohne sich zu fragen, ob dies vielleicht etwas mit der Ethik und den Lebensproblemen zu tun hat, von denen Wittgenstein ausdrücklich im *Tractatus* spricht. – Wittgenstein stand unter dem Eindruck einer zerfallenden Welt (vgl. weiter oben 1). Vom Wissenschafts- und Fortschrittsoptimismus der Vertreter des Wiener Kreises, die in der Zeit nach dem Ersten Weltkrieg hofften, nach dem Zusammenbruch der alten Welt die neue

Welt nun rational verstehen und ordnen zu können, trennte ihn ein unüberbrückbarer Abgrund. Es kommt nicht von ungefähr, daß Wittgenstein in dem zu Beginn angeführten Zitat der Autoren, die für ihn Bedeutung gehabt haben, auch Schopenhauer, auf den er sich auch an anderen Stellen bezieht, nennt. Schopenhauers Auffassung nach ist es eine reine Illusion, in der Welt einen Sinn finden zu wollen. Schopenhauer war der Meinung, daß die einzige Möglichkeit, für kurze Momente von dem unsinnigen Streben des Individuums, sich in dieser Welt zu behaupten, frei zu werden, die Erfahrung der Musik sei: reines, subjektfreies Wohlgefallen (vgl. Kap. XXIII, 3). In den *Vermischten Bemerkungen* kommt Wittgenstein immer wieder auf die Musik zu sprechen. Mit seinem Freund Moore, dessen Nachfolger als Professor der Philosophie in Cambridge Wittgenstein 1939 wurde, sprach er auch über Musik (Moore war selbst ein ganz guter Pianist), und die beiden stimmten z. B. in dem sicheren Urteil über den außerordentlichen Rang von Schuberts Quintett op. 163 überein (vgl. *Briefwechsel.* S. 221). Wir wissen auch von Wittgenstein, daß er öfter mit umfangreichen Partituren zu einem Kollegen ging, um sich Stücke auf dem Klavier vorspielen zu lassen. Für Wittgenstein hatte die Musik eine sehr große, bei den Wittgenstein-Interpreten vermutlich noch nicht wirklich genügend ernstgenommene Bedeutung. In einem Gespräch über seine *Philosophischen Untersuchungen*

sagte er:

> Ich finde es unmöglich, in meinem Buch auch nur ein einziges Wort zu sagen über alles das, was die Musik für mich in meinem Leben bedeutet hat. Wie kann ich dann darauf hoffen, daß man mich versteht? (Drury: *Gespräche mit Wittgenstein.* S. 220)

Die Musik spielte für Wittgenstein eine große Rolle. Konnte das »Unsagbare« vielleicht zwar nicht gesagt, wohl aber in Töne gesetzt und gehört werden? – Wir müssen aber noch etwas Weiteres heranziehen. Wittgenstein hat sich nachweisbar mit zwei Autoren beschäftigt, die im Wien der ersten Jahrzehnte des 20. Jhd.s viel gelesen wurden: Kierkegaard und Tolstoi. Dies sind Namen, von denen wir eigentlich nicht erwarten, ihnen im Zusammenhang mit Wittgenstein zu begegnen. Kierkegaard wurde zu dieser Zeit in Österreich, ausgehend von dem Kreis der Autoren, die sich um die Innsbrucker Zeitschrift *Der Brenner* versammelt hatten, bekannt (Wittgenstein hielt allerdings den *Brenner* als eine christliche Zeitschrift für Unsinn; vgl. *Briefwechsel.* S. 120). Kierkegaard vertrat die Auffassung, daß die Fragen des Lebens prinzipiell nicht beantwortbar sind, sie können von dieser Welt aus überhaupt nicht gestellt werden. Kierkegaard setzte hier das Paradox ein, das nur in einem Sprung erreicht werden kann (vgl. Kap. XXI, 3 und 4). Wittgenstein bringt dieses kierkegaardsche Paradox ausdrücklich in Zusammenhang mit dem Problem der Grenze der Sprache, also dem Problem des *Tractatus*, und ebenso mit der Frage der Ethik in dem Sinne, in dem er davon im *Tractatus* spricht:

Trotzdem rennen wir gegen die Grenze der Sprache an. Dieses Anrennen hat auch Kierkegaard gesehen und es sogar ganz ähnlich (als Anrennen gegen das Paradoxon) bezeichnet. Dieses Anrennen gegen die Grenzen der Sprache ist die *Ethik*.
(*Wittgenstein und der Wiener Kreis*. S. 68)

Für Kierkegaard gibt es keinen Weg von der Welt der Tatsachen zur Welt der Werte und des Sinns, die beiden Bereiche sind völlig getrennt. Und für diesen »höheren« Bereich gibt es für Kierkegaard auch eigentlich keine Sprache. Es gibt dafür bei Kierkegaard nur eine »indirekte Mitteilung«. Wittgenstein anerkannte eine solche »indirekte Mitteilung« (auch wenn er diesen Begriff nicht gebrauchte) in der Kunst. In Bezug auf ein Gedicht von Uhland sagt er einmal:

Wenn man sich nicht bemüht das Unaussprechliche auszusprechen, so geht *nichts* verloren. Sondern das Unaussprechliche ist, – unaussprechlich – in dem Ausgesprochenen *enthalten*. (*Briefwechsel*. S. 78).

Die Sätze des *Tractatus* ab 6.41 sind eine solche Form »indirekter Mitteilung«. Von der Welt der Tatsachen aus, also von dem aus, »*wie* die Welt ist« (6.432), läßt sich überhaupt nichts über das »Höhere« mitteilen:

6.42 Darum kann es auch keine Sätze der Ethik geben. Sätze können nichts Höheres ausdrücken.
6.421 Es ist klar, daß sich die Ethik nicht aussprechen läßt.

Hier sind wir im Umkreis von Kierkegaard und Schopenhauer. Wittgenstein parodierte einmal den Satz Schopenhauers »Moral predigen ist leicht, Moral begründen schwer« in konsequenter Fortführung so: »Moral predigen ist schwer, Moral begründen unmöglich« (*Wittgenstein und der Wiener Kreis*. S. 118). Für Wittgenstein persönlich war aber vermutlich Tolstoi noch wichtiger als Kierkegaard und Schopenhauer. Daß bei Kierkegaard und Tolstoi eine große Ähnlichkeit der Auffassungen vorliegt, ohne daß irgendeine Abhängigkeit besteht, ist oft hervorgehoben worden. Von dem großen Eindruck, den Tolstois Schriften auf Wittgenstein gemacht haben, spricht eine Eintragung in sein Tagebuch, die er während des Kriegsdienstes 1914 schrieb: »Gestern fing ich an in Tolstois Erläuterungen zu den Evangelien zu lesen. Ein herrliches Werk.« (*Briefwechsel*. S. 73) Darauf bezieht er sich auch in einem Brief an Ludwig von Ficker aus dem Jahre 1915:

Vor einer Woche erhielt ich Ihren Brief vom 11ten. Am selben Tag erlitt ich durch eine Explosion in der Werkstätte einen Nervenschock und ein paar leichte Verletzungen, konnte also nicht gleich antworten. Dies schreibe ich im Spital. [...] Ihre traurige Nachrichten verstehe ich nur zu gut. Sie leben sozusagen im Dunkel dahin und haben das erlösende Wort nicht gefunden. Und wenn ich, der so grund verschieden von Ihnen bin, etwas raten will, so scheint das vielleicht eine Eselei. Ich wage es aber trotzdem. Kennen Sie die »*Kurze Erläuterung des Evangeliums*« von Tolstoi? Dieses Buch hat mich seinerzeit geradezu am Leben erhalten. Würden Sie sich dieses Buch kaufen und es lesen?! Wenn Sie es nicht kennen, so können Sie sich auch nicht denken, wie es auf den Menschen wirken kann. Wären Sie jetzt hier so möchte ich vieles sagen. (*Briefwechsel*. S. 72 f.)

Auch Russell wußte von diesem Hintergrund von Wittgensteins *Tractatus*. Das problematische Verhältnis von Logik und Mystik war ihm durchaus bekannt. Schon 1914 äußerte er sich dazu in einem Aufsatz zu *Mysticism and Logic*. Russell bezog sich dabei auf Heraklit, Parmenides, Platon, Spinoza und unter den neueren Autoren auf Henri Bergson (1859–1841). Wittgenstein konnte in diesem Zusammenhang natürlich noch nicht erwähnt werden. Russell blieb dabei durchaus auf der üblichen Linie einer Gegenüberstellung von Logik und intuitiver Ganzheitsschau, er behandelte also die ganze Frage – wittgensteinisch gesprochen – auf der Ebene des Sagens, nicht des Sich-Zeigens. Russell hat die Probleme Wittgensteins wohl gar nicht als wirklich philosophische, sondern eher als individual-psychologische oder -pathologische betrachtet. Dennoch ist sein Bericht von 1919 an Lady Ottoline aufschlußreich:

Ich habe Dir viel Interessantes mitzuteilen. […] Wittgenstein war eine Woche lang hier, und jeden Tag haben wir miteinander über sein Buch diskutiert. Mittlerweile halte ich noch mehr davon als früher; ich bin sicher, daß es ein wirklich großartiges Buch ist, obgleich ich mir nicht so sicher bin, daß es auch richtig ist. Ich habe ihm gesagt, ich könne es nicht widerlegen, und daß ich sicher bin, es sei entweder alles richtig oder alles falsch, was ich für das Kennzeichen eines guten Buches halte; es würde allerdings Jahre dauern, bis ich zu einer Entscheidung darüber gelangen könne. Damit war er natürlich nicht zufrieden, doch mehr konnte ich nicht sagen.

Aus seinem Buch hatte ich schon einen Anflug von Mystik herausgespürt, war aber doch erstaunt, als ich herausfand, daß er ganz zum Mystiker geworden ist. Er liest solche Leute wie Kierkegaard und Angelus Silesius und denkt ernsthaft darüber nach, Mönch zu werden. Dies hat alles mit William James' Varieties of Religious Experience angefangen und nahm (was ja nicht unnatürlich ist) während des Winters zu, den er vor dem Krieg allein in Norwegen verbrachte, als er nahezu verrückt war. Dann geschah während des Kriegs etwas Merkwürdiges. Er ging dienstlich in das Städtchen Tarnow in Galizien und stieß durch Zufall auf einen Buchladen, in dem es jedoch anscheinend nichts als Ansichtskarten gab. Er ging jedoch hinein und fand, daß es dort nur ein Buch gab, nämlich Tolstois Schrift über die Evangelien. Dieses Buch kaufte er nun bloß deshalb, weil es kein anderes gab. Er las es und las es noch einmal, und von da an hatte er es immer bei sich, im Feuergefecht und zu jeder Zeit. Alles in allem mag er Tolstoi aber nicht so gern wie Dostojewski (insbesondere Karamasow). Er ist tief in mystische Denk- und Empfindungsweisen eingedrungen, aber ich glaube (obgleich er dem nicht zustimmen würde), daß er an der Mystik am höchsten ihr Vermögen schätzt, ihn vom Denken abzuhalten. [...] (Wittgenstein: *Briefwechsel.* S. 100 f.)

Es geht hier überhaupt nicht darum, Wittgenstein irgendeine Form christlichen Glaubens zuzuschreiben (er war zwar jüdischer Abstammung, in seiner Familie war aber ein ethisch rigoroser Protestantismus maßgebend, fast ein Modellfall der Max-Weber-Theorie über den Zusammenhang von Protestantismus und Kapitalismus). Wittgenstein sagte selbst, daß er keinen Glauben habe (vgl. *Briefwechsel.* S. 81). Aber es ist doch auffällig, daß er sich zu der Zeit, während der er den *Tractatus* verfaßte, auch intensiv, und wie er sagte, »lebenserhaltend«, mit Tolstois Evangelien-Auslegung beschäftigte. Ganz gleich, ob Wittgenstein das folgende Tolstoi-Zitat kannte oder nicht, es kommt in ihm Tolstois Auffassung über das Verhältnis von Wissenschaft und Lebensfragen deutlich zum Ausdruck, und es ist ganz genau auch die Auffassung Wittgensteins im *Tractatus*:

Wendet man sich an die Gruppe der Wissenschaften, die sich nicht mit der Lösung der Fragen des Lebens beschäftigen, die nur auf die besonderen, ihrer Wissenschaft eigenen Fragen antworten, so bewundert man wohl voll Entzücken die Kraft des menschlichen Geistes, weiß aber im vorhinein, daß sie auf die Fragen des Lebens keine Antwort haben. Diese Wissenschaften ignorieren geradezu die Frage des Lebens. (Tolstoi: *Meine Beichte.* S. 52)

Von der Wissenschaft darf man sich also nach Tolstoi gar keine Antwort auf die Fragen des Lebens erwarten. Aber auch die Philosophie kann auf diese Fragen keine Antwort geben, weil es darauf überhaupt keine Antwort gibt. Dies ist die einzige Auskunft, die Tolstoi gibt, und genau dasselbe gilt auch für Wittgenstein.

Ich mag demnach diese spekulativen Antworten der Philosophie drehen und wenden wie ich will, ich erhalte nichts, was einer Antwort ähnlich sähe – und nicht etwa deshalb, weil die Antwort, wie in dem klaren Gebiet der Erfahrungswissenschaften, sich nicht auf meine Frage bezieht, sondern weil es hier, obwohl die ganze geistige Arbeit sich gerade auf meine Frage richtet, eine Antwort nicht gibt, und weil man statt der Antwort die Frage zurückerhält, nur in noch komplizierterer Form. (Tolstoi: *Meine Beichte.* S. 57)

Wittgenstein war von den Fragen der Sprache der Wissenschaft und der Mathematik fasziniert und widmete ihr einen großen Teil seiner Arbeit, er war begeistert von der Kraft der Logik, und er war gleichzeitig überzeugt, daß alles dies für die Probleme des Lebens und des Todes nicht nur nichts aussagt, sondern grundsätzlich nichts aussagen kann. Wittgenstein analysierte scharf die Sprache, mit der wir von dieser Welt in der Wissenschaft sprechen, und er benannte die Grenze der Sprache, die gleichzeitig die Grenze der Welt ist (vgl. 5.6, 5.61 und 5.62). Aber er persönlich und mit seinen eigenen Lebensfragen war von Anfang an nicht in dieser Welt zu Hause. Seine Lebensprobleme lagen ganz woanders. Wahrscheinlich zog er sich deshalb immer wieder aus dieser Welt auch räumlich zurück, ging in die Einsamkeit, was eben mehr oder eigentlich etwas ganz anderes ist als der Rückzug des vielbeschäftigten Mannes an einen Hort der Ruhe. Obwohl die orthodoxen Wittgensteinianer dies als Verrat ansehen werden, würde ich doch folgendes sagen: Wittgensteins Haltung hat etwas von einem Gnostiker an sich. Ein Logiker, der gleichzeitig ein Gnostiker ist, bedeutet keinen Widerspruch. Gnosis bedeutet Erfassen der Welt als Leid und gleichzeitig Erkenntnis. 1916 schrieb Wittgenstein in sein Tagebuch:

> Wie kann der Mensch überhaupt glücklich sein, da er doch die Not dieser Welt nicht abwehren kann?
> Eben durch das Leben der Erkenntnis.
> Das Leben der Erkenntnis ist das Leben, welches glücklich ist, der Not der Welt zum

> Trotz. (*Tagebücher.* S. 173 f.)

Dies ist die Haltung eines Gnostikers, der die Welt – als Lebensproblem, nicht als Tatsachenfeststellung – als Not erfährt, der aber Glück in der Erkenntnis findet. Die Tatsachen der Welt ändern sich dadurch in keiner Weise, und dennoch ist die Welt des Glücklichen eine andere als die des Unglücklichen (vgl. 6.43). Unter den Erkenntnissen ist aber auch die, daß alle metaphysischen Sätze sinnlos sind (vgl. 6.53). Beinahe alles von dem, was die Philosophen von der ganzen linken Seite unseres Schemas in Kap. XIV gesagt haben, wird im Sinne Wittgensteins zu »transzendentalem Geschwätz« (vgl. *Briefwechsel.* S. 81), einfach deshalb, weil sie meinten, etwas sagen zu können, was innerhalb der Grenzen der Sprache nicht gesagt werden kann. Das war zwar auch die Überzeugung Russells und der Mitglieder des Wiener Kreises, für diese war aber damit die Frage erledigt – für Wittgenstein nicht:

> 6.522 Es gibt allerdings Unaussprechliches. Dies *zeigt* sich, es ist das Mystische.

Das »es gibt« ist im Sinne von Wittgenstein selbstverständlich ein sinnloser Ausdruck und darf in keiner Weise als metaphysischer Satz verstanden werden. Aber Wittgenstein läßt zu, daß sich etwas »zeigt«: »das Mystische«.

Mythos – Logos, Logik – das Mystische. Wir haben die Vorlesung im 1. Teil mit dem von den Griechen postulierten Übergang vom Mythos zum Logos begonnen (vgl. 1. Teil, Kap. I, Vorbemerkungen). Dieses Postulat wurde und konnte jedoch nicht eingelöst werden, der pythagoreisch-platonische Mythos blieb präsent. Den Griechen

war es durchaus bewußt, daß mit Pythagoras und auch mit dem Skeptizismus etwas Fremdes in ihre Kultur eingedrungen war (vgl. 1. Teil, Kap. III, 1 und 2, und Kap. XIV). Es soll daher – nicht schon als These, aber als Denkanstoß – folgende Vermutung geäußert werden: Es gab seit dem Ursprung der europäischen Philosophie eine griechische und eine nicht-griechische Vernunftauffassung, wobei die Herkunft der letzteren fernöstlich ist. Diesen beiden liegt ein grundlegend verschiedenes Verständnis von der Aufgabe der Philosophie, ihren Methoden und ihren Zielen zugrunde. Die Wurzel eines äquivoken Philosophiebegriffs ist so alt wie die Philosophie selbst. Man kann diesen Unterschied simplifizierend so kennzeichnen: Mit dem einen Verständnis – repräsentiert durch Aristoteles – soll mit der Philosophie die Welt *erklärt* und gestaltet werden. Entscheidend wichtige Mittel bei diesem Versuch sind die *Wissenschaften* und die *Logik*. In beiden sind klare *Unterscheidungen* erforderlich. Mit dem anderen Verständnis wird versucht, den Menschen, vor allem seine Seele, zu *erlösen*. Die Seele soll in eine ursprüngliche *Einheit* zurückgeführt werden. Ein wichtiges Mittel ist dabei die schrittweise Aufhebung aller Unterscheidungen. Hier soll die Welt nicht erklärt werden, die Welt ist irrelevant für die Seele. Das Ziel liegt in der Seele, und diese ist außerhalb der Welt. Dies ist *Mystik*. – Die gesamte Geschichte der Philosophie ist von einer mehr oder weniger ausdrücklichen Auseinandersetzung um dieses verschiedene und letztlich unvereinbare Verständnis
von Vernunft durchzogen. In der späten Antike versuchte man es mit einer Hierarchie des Wissens: Aristoteles und seine Logik sollten die »niedere«, weltbezogene Philosophie liefern, Platon bzw. der gnostisierende Neuplatonismus hingegen die »höhere« Philosophie, und entsprechend wurden dem menschlichen Erkennen zwei verschieden Funktionen oder Vermögen – Verstand *(ratio)* und Vernunft *(intellectus)* – zugeschrieben (vgl. 1. Teil, Kap. IX, 4, und Kap. XV–XVII). Die christliche Philosophie des Mittelalters, die das Mythische für die Verortung der Offenbarung benötigte, übernahm dieses Schema. Erst am Ende des Mittelalters – als Konsequenz eines »radikalen« Aristotelismus (vgl. 2. Teil, Kap. XI und XV) –, im 14. Jhd., traten die beiden Bereiche deutlich auseinander und einander gegenüber. Auf der einen Seite dominierten mit Ockham und seiner Gefolgschaft Logik und Wissenschaft in einer radikal kontingent gewordenen Welt (vgl. 2. Teil, Kap. XVII, 2 und 3), auf der anderen Seite bildete sich mit Eckhart eine Mystik heraus, in der allerdings der sagbare Gehalt des Mythos aufgegeben wird und nur ein »armer Mensch« bleibt, der »nichts *will* und nichts *weiß* und nichts *hat*« (vgl. 2. Teil, Kap. XVIII, 1). Ockham und Eckhart waren möglicherweise 1327 gleichzeitig (als Häresieverdächtige angeklagt) in Avignon. Ob sie sich getroffen haben, ist nicht bekannt, aber sie hätten einander kaum verstehen können, sie sprachen verschiedene Sprachen, anders ausgedrückt: Der eine sagte etwas, und der andere sagte, daß er nichts sagen konnte. In der Neuzeit wurde die Radikalität dieser Positionen zunächst nicht durchgehalten. Der Mythos wurde wiederum mit »Sagbarem« aufgefüllt, und die radikale Kontingenz der Welt wurde wiederum metaphysisch aufgefangen. Auch bei Galilei, Newton und Leibniz findet sich noch immer ein

in seinen Grenzen unscharfes und ungeklärtes Nebeneinander von Logik, Wissenschaft und Mythos. Erst im 19. Jhd. grenzen sich die beiden Bereiche wieder scharf voneinander ab, und da sind wir bei dem Trennungsstrich in unserem Schema (vgl. Kap. XIV), der aber nur das klar herausstellt, was prinzipiell immer schon da war. Wittgenstein radikalisiert jene Positionen, die bereits im 14. Jhd. vorhanden waren. Wittgenstein ist Ockham und Eckhart in einem und doch getrennt durch die Grenze der Sprache, die das Sagbare und Denkbare vom Unsagbaren und Undenkbaren scharf abgrenzt. Indem er das Sagbare klar darstellt, »bedeutet« er das Unsagbare (vgl. 4.115). Im Anrennen gegen die Grenze der Sprache »zeigt« sich ihm etwas, das aber prinzipiell nicht in Sätzen ausgesprochen werden kann. Der Mythos hat keinen Gehalt, nichts Sagbares mehr, aber gegenüber dem formalen Ort der Logik – auch die Logik zeigt sich ja nur, und kann nicht »gesagt« werden! – bleibt der formale Ort – aber eben nichts anderes als dieser – des Mythos im Mystischen erhalten. Und dieses Sich-Zeigen des Mystischen trennte Wittgenstein von den Grundüberzeugungen Russells ebenso wie von denen der Mitglieder des Wiener Kreises. Wittgenstein wußte das und schrieb einmal, kurz nach der Fertigstellung des *Tractatus*, an Russell: »Sei herzlichst gegrüßt und *glaube nicht, daß alles Dummheit ist, was du nicht verstehen wirst.*« (*Briefwechsel.* S. 87)

Literaturverzeichnis

Gesamtdarstellungen der Philosophie der Neuzeit

Die Aufstellung erfolgt in mehr oder weniger chronologischer Reihenfolge der Entstehung der Werke. Alle im folgenden aufgeführten Werke wurden bei der Herstellung der Vorlesungen verwendet. Handelt es sich um Sammelwerke, werden in den Bibliographien zu den einzelnen Kapiteln die einzelnen Beiträge nicht nochmals gesondert aufgeführt.

Vorländer, K.: *Philosophie der Neuzeit.* Bd. 4: *Descartes, Hobbes, Spinoza, Leibniz.* Hamburg 1978.

– *Philosophie der Neuzeit.* Bd. 5: *Die Aufklärung.* Hamburg 1976.

Erdmann, J. E.: *Philosophie der Neuzeit.* Bd. 6 u. 7: *Der deutsche Idealismus.* Hamburg 1971.

Friedell, E.: *Kulturgeschichte der Neuzeit.* München 1996.

Löwith, K.: *Von Hegel zu Nietzsche. Der revolutionäre Bruch im Denken des 19. Jahrhunderts.* New York 1941 (2., leicht gekürzte Aufl., Stuttgart 1950. Nachdruck Hamburg 1999).

Châtelet, F. (Hrsg.): *Die Philosophie der Neuzeit (16. und 17. Jhd.). Geschichte der Philosophie* III. Frankfurt 1974.

– *Die Aufklärung. Geschichte der Philosophie* IV. Frankfurt 1974.

Höffe, O. (Hrsg.): *Klassiker der Philosophie* I: *Von den Vorsokratikern bis David Hume.* 3. Aufl., München 1994.

– *Klassiker der Philosophie* II: *Von Immanuel Kant bis Jean-Paul Sartre.* 2. Aufl., München 1985.

Röd, W. (Hrsg.): *Geschichte der Philosophie.*

– Bd. 7: Röd, W.: *Die Philosophie der Neuzeit 1.* Von Francis Bacon bis Spinoza. München 1978.

– Bd. 8: Röd, W.: *Die Philosophie der Neuzeit 2. Von Newton bis Rousseau.* München 1984.

Speck, J. (Hrsg.): *Grundprobleme der großen Philosophen. Philosophie der Neuzeit.* Bd. I. Göttingen 1979.

– *Grundprobleme der großen Philosophen. Philosophie der Neuzeit.* Bd. II. Göttingen 1976.

Otto, St. (Hrsg.): *Geschichte der Philosophie in Text und Darstellung.* Bd. 3: *Renaissance und frühe Neuzeit.* Stuttgart 1984.

Gawlick, G. (Hrsg.): *Geschichte der Philosophie in Text und Darstellung.* Bd. 4: *Empirismus.* Stuttgart 1980.

Specht, R. (Hrsg.): *Geschichte der Philosophie in Text und Darstellung.* Bd. 5: *Rationalismus.* Stuttgart 1979.

Bubner, R. (Hrsg.): *Geschichte der Philosophie in Text und Darstellung.* Bd. 6: *Deutscher Idealismus.* Stuttgart 1978.

Blum, P. R. (Hrsg.): *Philosophen der Renaissance.* Darmstadt 1999.

Kreimendahl, L. (Hrsg.): *Philosophen des 17. Jahrhunderts.* Darmstadt 1999.

– *Philosophen des 18. Jahrhunderts.* Darmstadt 2000.

Fleischer, M. / Hennigfeld, J. (Hrsg.): *Philosophen des 19. Jahrhunderts.* Darmstadt 1998.

Zu den einzelnen Kapiteln

I. Philosophische Bewegungen des Humanismus und der Renaissance

Quellen

DS = *Enchiridion symbolorum, definitionum et declarationum de rebus fidei et morum.* Hrsg.v. H. Denzinger, neuere Aufl., v. A. Schönmetzer. 33. Aufl., Freiburg 1965 (u.ö.).

Agricola, R.: *De inventione dialectica libri tres.* Köln 1528 (Nachdruck Hildesheim 1976).
Alberti, L. B.: *Das Standbild. Die Malkunst. Grundlage der Malerei.* Hrsg. v. O. Bätschmann, übers. v. Ch. Schäublin. Darmstadt 2000.
Campanella, T.: *Die Sonnenstadt.* Übers. v. Ch. Wywra. München 1988.
– *Philosophische Gedichte.* Hrsg. u. übers. v. Th. Flasch. Mit einem einleitenden Essay und kommentiert von K. Flasch. Frankfurt 1996.
Erasmus von Rotterdam: *Ausgewählte Schriften.* Bd. 2 (darin übers. v. A. Hartmann: *Lob der Torheit*). Darmstadt 1975. Bd. 4 (darin übers. v. W. Lesowsky: *Gespräch oder Unterredung über den freien Willen*). Darmstadt 1969.
Ficino, M.: *Théologie Platonicienne de l'immortalité des âmes.* 3 Bde. Hrsg. v. R. Marcel. Paris 1964–1970.
– *Über die Liebe oder Platons Gastmahl.* Übers. v. K. P. Hasse, Einl. v. P. R. Blum. Hamburg 1984.
Machiavelli, N.: *Der Fürst.* Übers. v. E. Merian Genast. Stuttgart 1961.
– *Discorsi. Gedanken über Politik und Staatsführung.* Übers. v. R. Zorn. 3. Aufl., Stuttgart 1954.
Manetti, G.: *Über die Würde und Erhabenheit des Menschen.* Übers. v. H. Leppin, Einl. v. A. Buck. Hamburg 1990.
Melanchton, Ph.: *Erotemata dialectices.* In: *Corpus Reformatorum.* Bd. XIII. Halle-Braunschweig 1846.
Montaigne, M. de: *Die Essais* (Auswahl). Übers. v. A. Franz. Stuttgart 1980.
Morus, Th.: *Utopia.* Übers. von G. Ritter. Darmstadt 1979.
Paul von Pergula: *Logica.* Ed. M. A. Brown. St. Bonaventure / New York 1961.
Paulus Venetus: *Logica magna.* Oxford 1978ff. (bisher unvollständig).
– *Logica (parva).* Venedig 1472 (Nachdruck Hildesheim 1970).
Petrarca, F.: *Über seine und vieler anderer Unwissenheit.* Übers. v. K. Kubusch. Hamburg 1993.
– *De vita solitaria.* Buch I. Kritische Textausgabe und ideengeschichtlicher Kommentar v. K. A. E. Enenkel. Leiden 1990.
Pico della Mirandola, G.: *Über die Würde des Menschen.* Übers. v. N. Baumgarten. Hamburg 1990.
Pomponazzi, P.: *Abhandlung über die Unsterblichkeit der Seele.* Übers. v. B. Mojsisch. Hamburg 1990.
Ramus, P.: *Dialecticae institutiones. Aristotelicae animadversiones.* Paris 1543 (Nachdruck Stuttgart–Bad Cannstatt 1964).
– *Dialectique.* Hrsg. v. M. Dassonville. Genf 1964.
Valla, L.: *De vero falsoque bono.* Köln 1509. Neu hrsg. v. M. de Panizza Lorch. Bari 1970.
– *Über den freien Willen (De libero arbitrio).* Übers. v. E. Keßler. München 1987.
Zabarella, J.: *Opera logica.* Köln 1597 (Nachdruck Hildesheim 1966).

Sekundärliteratur

Ashworth, E. J.: *Language and Logic in the Post-Medieval Period.* Dordrecht 1974.
Burdach, K.: *Reformation, Renaissance, Humanismus. Zwei Abhandlungen über die Grundlage moderner Bildung und Sprachkunst.* 2. Aufl., Berlin–Leipzig 1926 (Nachdruck Darmstadt 1978).
Burkhardt, J.: *Die Kultur der Renaissance in Italien.* 10. Aufl., Stuttgart 1976.
Cassirer, E.: *Individuum und Kosmos in der Philosophie der Renaissance.* Darmstadt 1994.
Garin, E.: *La cultura filosofica del Rinascimento italiano.* Florenz 1961.
Gerl, H.-B.: *Einführung in die Philosophie der Renaissance.* Darmstadt 1989.
Heller, A.: *Der Mensch der Renaissance.* Köln–Lövenich 1982.
Klibansky, R.: *Plato's Parmenides in the Middle Ages and the Renaissance.* In: Klibansky, R.: *The Continuity of the Platonic Tradition During the Middle Ages.* London 1939.
Kristeller, P. O.: *Acht Philosophen der italienischen Renaissance.* Weinheim 1985.
– *Humanismus und Renaissance.* 2 Bde. 2. Aufl., München 1997.
Panofsky, E.: *Die Renaissancen der europäischen Kunst.* Frankfurt 1979.
Poppi, A.: *La dottrina della scienza in Giacomo Zabarella.* Padua 1972.
Schmitt, Ch. B. / Skinner, Qu. / Kessler, E.

(Hrsg.): *The Cambridge History of Renaissance Philosophy*. Cambridge 1988.
Randall, J. H.: *The School of Padua and the Emergence of Modern Science*. Padua 1961.
Vasoli, C.: *La dialettica e la retorica dell'Umanesimo. »Invenzione« e »Metodo« nella cultura del XV e XVI secolo*. Mailand 1968.

II. Der Beginn des neuen Weltbildes

Quellen

Bruno, G.: *Das Aschermittwochsmahl*. Übers. v. F. Fellmann, Einl. v. H. Blumenberg. Frankfurt 1969.
– *Die Kabbala des Pegasus*. Übers. v. K. Neubauer, Einl. v. M. Ciliberto. Hamburg 2000.
– *Von der Ursache, dem Prinzip und dem Einen*. Übers. v. A. Lasson, Einl. v. W. Beierwaltes. 7. Aufl., Hamburg, 1993.
– *Zwiegespräche vom unendlichen All und den Welten*. Übers. v. L. Kuhlenbeck. 2. Aufl., Jena 1904 (Nachdruck Darmstadt 1980).
Copernicus, N.: *Das neue Weltbild. Drei Texte. Commentariolus, Brief gegen Werner, De revolutionibus* I. Im Anhang eine Auswahl aus der *Narratio prima* des G. J. Rheticus. Hrsg. u. übers. v. H. G. Zekl. Hamburg 1990.

Sekundärliteratur

Blumenberg, H.: *Die Genesis der kopernikanischen Welt*. Frankfurt 1981.
Koyré, A.: *Von der geschlossenen Welt zum unendlichen Universum*. Frankfurt 1980. Kap. II. S. 36–62.
Mittelstraß, J.: *Die Rettung der Phänomene. Ursprung und Geschichte eines antiken Forschungsprinzips*. Berlin 1962.

III. Francis Bacon

Quellen

Bacon, F.: *Neues Organon (Novum Organon)*. 2 Bde. Hrsg. v. W. Krohn, übers. v. R. Hoffmann u. bearb. v. G. Korf. Hamburg 1990.
– *Über die Würde und den Fortgang der Wissenschaften (De dignitate et augmentis scientiarum)*. Übers. v. J. H. Pfingsten. Pest 1783 (Nachdruck Darmstadt 1966).
– *Weisheit der Alten (De sapientia veterum)*. Übers. v. M. Münkler. Frankfurt 1991.
– *Neu-Atlantis*. Übers. v. G. Gerber. Berlin 1984.
Kepler, J.: *Neue Astronomie*. Hrsg. v. M. Caspar. München–Berlin 1929.

Sekundärliteratur

Gaukroger, St.: *Francis Bacon and the Transformation of Early Modern Philosophy*. Cambridge 2001.
Krohn, W.: *Francis Bacon*. München 1987.

IV. Galileo Galilei

Quellen

Galilei, Galileo: *Schriften, Briefe, Dokumente*. Hrsg. v. A. Mudry. 2 Bde. München 1987.
– *Nachricht von neuen Sternen (Sidereus Nuncius). Dialog über die Weltsysteme (Auswahl)*. Hrsg. v. H. Blumenberg. Frankfurt 1980.
– *Dialog über die beiden hauptsächlichsten Weltsysteme, das ptolemäische und das kopernikanische*. Übers. v. E. Strauss. Leipzig 1891.
– *Unterredungen und mathematische Demonstrationen über zwei neue Wissenszweige, die Mechanik und die Fallgesetze betreffend*. Darmstadt 1973.
Kepler, J.: *Das Weltgeheimnis (Mysterium cosmographicum)*. Hrsg. v. M. Caspar. Augsburg 1923.

Sekundärliteratur

Blumenberg, H.: *Die kopernikanische Wende*. Frankfurt 1965.
Butts, R. E. / Pitt, J. C. (Hrsg.): *New Perspectives on Galileo*. Dordrecht 1978.
Drake, S.: *Galileo Studies: Personality, Tradition, and Revolution*. Ann Arbor 1970.
Gilbert, N.: *Concepts of Method in the Renaissance*. New York 1960.
Koyré, A.: *Etudes Galiléennes*. Paris 1939.
Machamer, P. (Hrsg.): *The Cambridge Companion to Galileo*. Cambridge 1998.
Maier, A.: *Die Vorläufer Galileis im 14. Jahrhundert. Studien zur Naturphilosophie der Spätscholastik*. Rom 1949.
Mittelstraß, J.: *Neuzeit und Aufklärung*. Berlin–New York 1970.

Moody, E. A.: *Galileo and His Precursors.* In: Moody, E. A.: *Studies in Medieval Philosophy, Science and Logic.* Berkeley–Los Angeles–London 1975. S. 393–408.

Fischer, K.: *Galileo Galilei.* München 1983.

Redondi, P.: *Galilei, der* Ketzer. München 1991.

Renn, J. (Hrsg.): *Galileo in Context.* Cambridge 2001.

Wallace, W. A.: *Galileo and his Sources: The Heritage of the Collegio Romano in Galileos Science.* Princeton 1984.

– *Dialectics, Experiments and Mathematics in Galileo.* In: Machamer, P. / Pera, M. / Baltas, A. (Hrsg.): *Controversies in Science.* Oxford 1999.

– *Prelude to Galileo. Essays on Medieval and Sixteenth-Century Sources of Galileo's Thought.* Dordrecht 1981.

V. René Descartes

Quellen

Descartes, R.: *Von der Methode des richtigen Vernunftgebrauchs und der wissenschaftlichen Forschung (Discours de la Méthode).* Übers. v. L. Gäbe. Hamburg 1969.

– *Meditationen über die Grundlagen der Philosophie mit den sämtlichen Einwänden und Erwiderungen.* Übers. v. A. Buchenau. Hamburg 1972.

– *Regeln zur Ausrichtung der Erkenntniskraft (Regulae ad directionem ingenii).* Übers. v. H. Springmeyer / L. Gäbe / H. G. Zekl. Hamburg 1973.

– *Leitfaden der Musik (Musicae compendium).* Übers. v. J. Brockt. Darmstadt 1978.

– *Die Leidenschaften der Seele (Les passions de l'âme).* Übers. v. K. Hammacher. 2. Aufl., Hamburg 1996.

– *Gespräch mit Burman.* Übers. v. H. W. Arndt. Hamburg 1982.

– *Prinzipien der Philosophie.* Übers. v. A. Buchenau. 8. Aufl., Hamburg 1992.

Sekundärliteratur

Cottingham, J. (Hrsg.): *The Cambridge Companion to Descartes.* Cambridge 1992.

Perler, D.: *René Descartes.* München 1998.

Röd, W.: *Descartes. Die Genese des Cartesianischen Rationalismus.* 3. Aufl., München 1995.

Schultz, U.: *Descartes. Biographie.* Darmstadt 2001.

VI. Blaise Pascal

Quellen

Pascal, B.: *Die Kunst zu überzeugen und die anderen kleineren philosophischen und religiösen Schriften.* Übers. v. E. Wasmuth. Heidelberg 1963.

– *Briefe an einen Freund in der Provinz (Lettres Provinciales).* Übers. v. A. Schorn. Köln 1968.

– *Über die Religion (Pensées).* Übers. v. E. Wasmuth. 5. Aufl., Frankfurt 1987.

Arnauld, A.: *Die Logik oder die Kunst des Denkens (La Logique ou l'Art de penser).* Übers. v. Ch. Axelos. Darmstadt 1972.

Sekundärliteratur

Guardini, R.: *Christliches Bewußtsein – Versuche über Pascal.* 4. Aufl., Mainz–Paderborn 1991.

Hacking, I.: *The Emergence of Probability.* Cambridge 1975. S. 57–72.

Kambartel, F.: *Pascal und die Wissenschaftskritik.* In: *Hochland* 67 (1964 / 65). S. 254–263.

Sabalat, T.: *Pascals »Wette« – Ein Spiel um das ewige Leben.* Marburg 2000.

Schobinger, J. P.: *Pascals Reflexionen über die Geometrie im allgemeinen. »De l'esprit géométrique« und »De l'art de persuader«.* Mit dt. Übersetzung und Kommentar. Basel–Stuttgart 1974.

Scholz, H.: *Pascals Forderungen an die mathematische Methode.* In: Scholz, H.: *Mathesis Universalis. Abhandlungen zur Philosophie als strenger Wissenschaft.* Basel–Stuttgart 1961. S. 115–127.

Stegmüller, W.: *Probleme und Resultate der Wissenschaftstheorie und Analytischen Philosophie.* I, 3. 2. Aufl., Berlin 1983. S. 442f.

Strömholm, S.: *Montaigne und Pascal. Zwei Einsprüche gegen den vernunftrechtlichen Optimismus.* Göttingen 1972.

Wasmuth, E.: *Der unbekannte Pascal. Versuch einer Deutung seines Lebens und seiner Lehre.* Regensburg 1962.

VII. Baruch de Spinoza

Quellen

Spinoza, B.: *Abhandlung über die Berichtigung des Verstandes (Tractatus de intellectus emendatione).* In: Spinoza: *Werke.* Bd. II. Hrsg. v. K. Blumenstock. 3. Aufl., Darmstadt 1980. S. 1–83 (zitiert wird nach dieser Ausgabe). Andere Ausgabe: *Abhandlung über die Verbesserung des Verstandes.* Übers. v. A. Buchenau, hrsg. v. W. Bartuschat. 6. Aufl., Hamburg 1987.

– *Die Ethik mit geometrischer Methode begründet (Ethica ordine geometrico demonstrata).* In: Spinoza: *Werke.* Bd II. Hrsg. v. K. Blumenstock. 3. Aufl., Darmstadt 1980. S. 84–567 (zitiert wird nach dieser Ausgabe). Andere Ausgabe: *Ethik in geometrischer Ordnung dargestellt.* Übers. v. W. Bartuschat. Hamburg 1999.

– *Theologisch-politischer Traktat (Tractatus theologico-politicus).* In: Spinoza: *Werke.* Bd. I. Hrsg. v. G. Gawlick / F. Niewöhner (zitiert wird nach dieser Ausgabe). Andere Ausgabe: *Theologisch-politischer Traktat.* Übers. v. C. Gebhardt, neu bearb. v. G. Gawlick. 3. Aufl., Hamburg 1994.

Jacobi, F. H.: *Über die Lehre des Spinoza in Briefen an den Herrn Moses Mendelssohn.* Bearb. v. M. Lauschke. Hamburg 2000.

Leibniz, G. W.: *Versuche in der Theodizee über die Güte Gottes, die Freiheit des Menschen und den Ursprung des Übels.* Übers. v. A. Buchenau. Hamburg 1996.

Sekundärliteratur

Bartuschat, W.: *Baruch de Spinoza.* München 1996.

Feldmann, S.: *Spinoza.* In: Frank, D. H. / Leaman, O. (Hrsg.): *History of Jewish Philosophy.* London–New York 1997. S. 612–635.

Guttmann, J.: *Die Philosophie des Judentums.* Wiesbaden 1985. S. 278–300.

Popkin, R.: *Spinoza's Earliest Philosophical Years: 1655–1661.* In: *Studia Spinoziana* 4 (1988). S. 37–54.

– *The Jewish Community of Amsterdam.* In: Frank, D. H. / Leaman, O. (Hrsg.): *History of Jewish Philosophy.* London–New York 1997. S. 600–611.

Scholem, G.: *Die jüdische Mystik in ihren Hauptströmungen.* Frankfurt 1980.

VIII. Thomas Hobbes

Quellen

Hobbes, Th.: *Vom Körper (Elemente der Philosophie I).* Übers. v. M. Frischeisen-Köhler. 2. Aufl., Hamburg 1967.

– *Vom Menschen. Vom Bürger (Elemente der Philosophie* II u. III*).* Übers. v. M. Frischeisen-Köhler, Neuausgabe von G. Gawlick. 2. Aufl., Hamburg 1977.

– *Leviathan.* Übers. v. J. P. Mayer. Stuttgart 1978 (für Zitation verwendet; diese Ausg. enthält nur Teil I und II, Teil III und IV sind aber heute nur noch von historischem Interesse). Andere Ausgabe: *Leviathan oder Stoff, Form und Gewalt eines bürgerlichen und kirchlichen Staates.* Hrsg. v. I. Fetscher, übers. v. W. Euchner. Neuwied–Berlin 1966.

– *Naturrecht und allgemeines Staatsrecht in Anfangsgründen.* Übers. v. F. Tönnies. Berlin 1926 (Nachdruck Darmstadt 1976).

– *Elements of Law Natural and Politic.* London 1889.

Pufendorf, S. v.: *Acht Bücher vom Natur- und Völker-Rechte.* Frankfurt 1711 (Nachdruck Hildesheim 1998).

Sekundärliteratur

Behme, Th.: *Samuel von Pufendorf: Naturrecht und Staat.* Göttingen 1995.

Kersting, W.: *Thomas Hobbes zur Einführung.* Hamburg 1992.

Schelsky, H.: *Thomas Hobbes. Eine politische Lehre.* Berlin–München 1981.

Schmitt, C.: *Der Leviathan in der Staatslehre des Thomas Hobbes. Sinn und Fehlschlag eines politischen Symbols.* Hamburg 1938 (Nachdruck Köln 1982).

Tönnies, F.: *Thomas Hobbes, Leben und Lehre.* 3. Aufl., Stuttgart 1925. Neu hrsg. v. K.-H. Ilting. Stuttgart–Bad Cannstatt 1971.

Weiß, U.: *Das philosophische System von Thomas Hobbes.* Stuttgart–Bad Cannstatt 1980.

Willms, B.: *Thomas Hobbes. Das Reich des Leviathan.* München 1987.

IX. John Locke

Quellen

Locke, J.: *Versuch über den menschlichen Verstand.* Übers. v. C. Winckler, neu hrsg. v. R. Brandt. 2 Bde. Hamburg 1981.

– *Ein Brief über Toleranz.* Übers. v. J. Ebbinghaus. Hamburg 1996.

– *Zwei Abhandlungen über Regierung.* Übers. v. W. Euchner. Frankfurt 1977.

– *Gedanken über Erziehung.* Übers. v. H. Wohlers. 2. Aufl., Stuttgart 1980.

– *The Reasonableness of Christianity.* London 1958.

Sekundärliteratur

Aaron, R.: *John Locke.* 3. Aufl., Oxford 1971.

Brandt, R.: *John Locke und die Auseinandersetzungen über sein Denken.* In: *Grundriß der Geschichte der Philosophie. Die Philosophie des 17. Jahrhunderts.* Begründet v. Fr. Überweg. Bd. 3. Basel 1988. S. 607–713.

Chappell, V. (Hrsg.): *The Cambridge Companion to Locke.* Cambridge 1994.

Euchner, W.: *John Locke zur Einführung.* Hamburg 1996.

Specht, R.: *John Locke.* München 1989.

X. Isaac Newton

Quellen

Newton, I.: *Mathematische Prinzipien der Naturlehre (Principia mathematica).* Übers. v. J. Ph. Wolfers. Berlin 1872 (Nachdruck Darmstadt 1963).

– *Mathematische Grundlagen der Naturphilosophie (*= Auszüge aus den *Principia mathematica).* Übers. v. E. Dellian. Hamburg 1988.

– *Optik oder Abhandlungen über Spiegelungen, Brechungen, Beugungen und Farben des Lichts.* Übers. v. W. Abendroth. Leipzig 1898 (Nachdruck Braunschweig 1983).

Berkeley, G.: *Eine Abhandlung über die Prinzipien der menschlichen Erkenntnis.* Übers. v. F. Überweg, neu hrsg. v. A. Klemmt. Hamburg 1979.

Clarke, S.: *Der Briefwechsel mit G. W. Leibniz von 1715/1716.* Übers. v. E. Dellian. Hamburg 1990.

Leibniz, G. W.: *Die Werke von Leibniz.* Hrsg. v. O. Klopp. Bd. 11 (*Correspondenz von Leibniz mit Caroline*). Hannover 1884 (Nachdruck Hildesheim 1973).

– *Der Briefwechsel mit Antoine Arnauld.* Hrsg. u. übers. v. R. Finster. Hamburg 1997.

Mach, E.: *Die Mechanik in ihrer Entwicklung. Historisch-kritisch dargestellt.* Leipzig 1883 (Nachdruck Darmstadt 1976).

Sekundärliteratur

Bechler, Z.: *Contemporary Newtonian Research.* Dordrecht 1982.

Cohen, I. B./Smith, G. E. (Hrsg.): *The Cambridge Companion to Newton.* Cambridge 2002.

Fleckenstein, J. O.: *Der Prioritätsstreit zwischen Leibniz und Newton.* Basel–Stuttgart 1956.

Koyré, A.: *Newtonian Studies.* London 1965.

– *Von der geschlossenen Welt zum unendlichen Universum.* Frankfurt 1980. Kap. VII–XII. S. 144–249.

Kutschmann, W.: *Isaac Newton.* In: Böhme, G. (Hrsg.): *Klassiker der Naturphilosophie.* München 1989. S. 171–186.

Mittelstraß, J.: *Die Galileische Wende.* In: Landgrebe, L. (Hrsg.): *Philosophie und Wissenschaft. 9. Deutscher Kongreß für Philosophie. Düsseldorf 1969.* Meisenheim 1972. S. 285–318.

Schneider, I.: *Isaac Newton.* München 1988.

Westfall, R. S.: *Never at Rest. A Biography of Isaac Newton.* Cambridge 1980.

XI. Gottfried Wilhelm Leibniz

Quellen

Leibniz, G. W.:

A = *Sämtliche Schriften und Briefe.* Hrsg. von der Akademie der Wissenschaften zu Berlin. Berlin 1923ff. (zitiert nach Reihe und Band).

GP = *Die philosophischen Schriften von Leibniz.* Hrsg. v. C. I. Gerhardt. Berlin 1875–1890 (Nachdruck Hildesheim 1978).

– *Opuscules et fragments inédits de Leibniz.* Hrsg. v. L. Couturat. Paris 1903.

Verwendete Übersetzungen

– *Philosophische Werke.* Übers. v. A. Buchenau/E. Cassirer. Hamburg 1904. Neuaus-

gabe Hamburg 1996. Bd. 1 u. 2: *Hauptschriften zur Grundlegung der Philosophie.* Übers. v. A. Buchenau, Anm. v. E. Cassirer. Bd. 3: *Neue Abhandlungen über den menschlichen Verstand.* Übers. v. E. Cassirer. Bd. 4: *Versuche in der Theodicée über die Güte Gottes, die Freiheit des Menschen und den Ursprung des Übels.* Übers. v. A. Buchenau.
– *Das Glaubensbekenntnis des Philosophen (Confessio philosophi).* Übers. v. O. Saame. 2. Aufl., Frankfurt. 1994.
– *Metaphysische Abhandlung (Discours de la Métaphysique).* Übers. v. H. Herring. 2. Aufl., Hamburg 1985.
– *Specimen Dynamicum.* Übers. v. H. G. Dosch/G. W. Most/E. Rudolph. Hamburg 1982.
– *Vernunftprinzipien der Natur und der Gnade. Monadologie.* Übers. v. A. Buchenau, hrsg. v. H. Herring. 2. Aufl., Hamburg 1982.
– *Allgemeine Untersuchungen über die Analyse der Begriffe und Wahrheiten (Generales inquisitiones de Analysi Notionum et Veritatum).* Übers. v. F. Schupp. 2. Aufl., Hamburg 1993.
– *Die Grundlagen des logischen Kalküls*. Übers. v. F. Schupp/St. Weber. Hamburg 2000.
– *Fragmente zur Logik.* Übers. v. F. Schmidt. Berlin 1960.
– *Fünf Schriften zur Logik und Metaphysik.* Übers. v. H. Herring. Stuttgart 1966.

Weitere Übersetzungen (mit lateinischem bzw. französischem Text)
– *Philosophische Schriften.* Bd. 1: *Kleine Schriften zur Metaphysik.* Übers. v. H. H. Holz. 2. Aufl., Darmstadt 1985. Bd. 2: *Die Theodizee.* Übers. v. H. Herring. Darmstadt 1985. Bd. 3: *Neue Abhandlungen über den menschlichen Verstand.* Übers. v. W. v. Engelhardt/H. H. Holz. Darmstadt 1985. Bd. 4: *Schriften zur Logik und zur philosophischen Grundlegung von Mathematik und Naturwissenschaft.* Übers. v. H. Herring. Darmstadt 1992. Bd. 5: *Briefe von besonderem philosophischem Interesse. Briefe der zweiten Schaffensperiode.* Übers. v. W. Wiater. Darmstadt 1989.

Sekundärliteratur
Aiton, E. J.: *Leibniz. A Biography.* Bristol–Boston 1985.
Belaval, Y.: *Leibniz. Initiation à sa philosophie.* Paris 1975.
Burkhardt, H.: *Logik und Semiotik in der Philosophie von Leibniz.* München 1980.
Gurwitsch. A.: *Leibniz. Philosophie des Panlogismus.* Berlin 1974.
Heinekamp, A./Schupp, F. (Hrsg.): *Leibniz' Logik und Metaphysik.* Darmstadt 1988.
Jolley, N. (Hrsg.): *The Cambridge Companion to Leibniz.* Cambridge 1995.
Kaehler, K. E.: *Leibniz' Position der Rationalität. Die Logik im metaphysischen Wissen der »natürlichen Vernunft«.* Freiburg–München 1989.
Kauppi, R.: *Über die leibnizsche Logik. Mit besonderer Berücksichtigung des Problems der Intension und der Extension.* Helsinki 1960.
Lenzen, W.: *Das System der Leibniz'schen Logik.* Berlin 1990.
Liske, M.-Th.: *Gottfried Wilhelm Leibniz.* München 2000.
Martin, G.: *Leibniz. Logik und Metaphysik.* 2. Aufl., Berlin 1967.
Mates, B.: *The Philosophy of Leibniz. Metaphysics and Language.* Oxford 1986.
Parkinson, G. H. R.: *Logic and Reality in Leibniz's Metaphysics.* Oxford 1969.
Rescher, N.: *Leibniz. An Introduction to his Philosophy.* Oxford 1979.
Russell, B.: *A Critical Exposition of the Philosophy of Leibniz.* 8. Aufl., London 1975.

XII. David Hume

Quellen
Hume, D.: *Eine Untersuchung über den menschlichen Verstand.* Hrsg. v. R. Richter. Hamburg 1973.
– *Ein Traktat über die menschliche Natur.* Übers. v. Th. Lipps, neu hrsg. v. R. Brandt. Hamburg 1978.
– *Eine Untersuchung über die Prinzipien der Moral.* Übers. v. C. Winckler. Hamburg 1962.
– *Die Naturgeschichte der Religion. Über Aberglaube und Schwärmerei. Über die Unsterblichkeit der Seele. Über Selbstmord.* Übers. v. L. Kreimendahl. Hamburg 1984.
– *Dialoge über natürliche Religion.* Übers. v. F. Paulsen, korrigiert u. neu hrsg. v. G. Gawlick. 6. Aufl., Hamburg 1993.

– *Politische und ökonomische Essays.* Übers. v. S. Fischer. Hamburg 1988.

Sekundärliteratur

Kulenkampff, J.: *David Hume.* München 1989.
Norton, D. F. (Hrsg.): *The Cambridge Companion to Hume.* Cambridge 1993.
Streminger, G.: *David Hume. Sein Leben und sein Werk.* Paderborn 1994.

XIII. Die Philosophie der Aufklärung

Quellen

Aufklärung in Frankreich

D'Alembert, J. le Rond: *Einleitung zur Enzyklopädie.* Hrsg. v. G. Mensching. Hamburg 1997.
Bayle, P.: *Historisches und Critisches Wörterbuch [...] ins Deutsche übersetzt; auch mit einer Vorrede und verschiedenen Anmerkungen [...] versehen von Johann Christoph Gottsched.* 4 Bde. Leipzig 1741–1744 (Nachdruck Hildesheim 1974–1978).
– *Historisches und kritisches Wörterbuch. Eine Auswahl der philosophischen Artikel.* Übers. v. G. Gawlik/L. Kreimendahl. Hamburg 2002.
Condillac, E. B. de: *Essai über den Ursprung der menschlichen Erkenntnisse.* Hrsg. v. U. Rikken. Leipzig 1977.
– *Die Logik oder die Anfänge der Kunst des Denkens. Die Sprache des Rechnens.* Hrsg. v. G. Klaus. Berlin 1959.
Condorcet, M. J.: *Entwurf einer historischen Darstellung der Fortschritte des menschlichen Geistes.* Hrsg. v. W. Alff. Frankfurt 1963.
Diderot, D.: *Philosophische Schriften.* Bd. I. Übers. v. Th. Lücke. Berlin 1967.
La Mettrie, J. O. de: *Die Maschine Mensch.* Übers. v. C. Becker. Hamburg 1994.
Montesquieu, Ch. de Secondat: *Vom Geist der Gesetze* (Auswahl). Übers. v. K. Weigand. Stuttgart 1980.
Rousseau, J.-J.: *Schriften zur Kulturkritik. (Über Kunst und Wissenschaft. Über den Ursprung der Ungleichheit unter den Menschen).* Übers. v. K. Weigand. 3. Aufl., Hamburg 1978.
– *Kulturkritische und politische Schriften.* Hrsg. v. M. Fontius. 2. Bde. Berlin 1989.
Voltaire: *Aus dem philosophischen Wörterbuch.* Hrsg. v. K. Stierle. Frankfurt 1967.
– *Candide oder der Optimismus.* Über. v. W. Tschöke. München–Wien 2002.

Aufklärung in Deutschland

Kant, I.: *Kritik der reinen Vernunft.* In: *Gesammelte Schriften.* Hrsg. von der Preußischen Akademie der Wissenschaften. Bd. III. Berlin 1911.
Lambert, J. H.: *Texte zur Systematologie und zur Theorie der wissenschaftlichen Erkenntnis.* Hrsg. v. G. Siegwart. Hamburg 1988.
Leibniz, G. W.: *Unvorgreifliche Gedanken betreffend die Ausübung und Verbesserung der deutschen Sprache.* Hrsg. v. U. Pörksen. Stuttgart 1983.
– *Neue Abhandlungen über den menschlichen Verstand.* Übers. v. E. Cassirer. Hamburg 1996.
Mendelssohn, M.: *Phädon oder über die Unsterblichkeit der Seele.* Hrsg. v. D. Bourel. Hamburg 1979.
Tetens, J. N.: *Sprachphilosophische Versuche.* Hrsg. v. H. Pfannkuch. Hamburg 1971.
Thomasius, Chr.: *Einleitung zur Sittenlehre.* Halle 1692 (Nachdruck Hildesheim 1968).
– *Einleitung zur Vernunftlehre.* Halle 1691 (Nachdruck Hildesheim 1968).
– *Über die Folter. Untersuchungen zur Geschichte der Folter.* Übers. v. R. Lieberwirth. Weimar 1960.
– *Vom Laster der Zauberei. Über die Hexenprozesse.* Übers. v. R. Lieberwirth. Weimar 1967.
Wolff, Chr.: *Philosophia rationalis sive logica.* Frankfurt–Leipzig 1740 (Nachdruck Hildesheim 1983).
– *Einleitende Abhandlung über Philosophie im allgemeinen (Discursus praeliminaris de philosophia in genere).* Hist.-krit. Ausgabe. Hrsg. u. übers. v. G. Gawlick/L. Kreimendahl. Stuttgart–Bad Cannstatt 1996.
– *Vernünftige Gedanken von den Kräften des menschlichen Verstandes und ihrem richtigen Gebrauche in Erkenntnis der Wahrheit.* Hrsg. v. H. W. Arndt. Hildesheim 1965.
– *Briefwechsel zwischen Leibniz und Wolff.* Hrsg. v. C. I. Gerhardt. Halle 1860 (Nachdruck Hildesheim 1971).

– *Christian Wolffs eigene Lebensbeschreibung.* Hrsg. mit einer Abhandlung über Wolff v. H. Wuttke. Leipzig 1841 (Nachdruck Königstein 1982).

Sekundärliteratur

Cassirer, E.: *Die Philosophie der Aufklärung.* Hamburg 1998.

Ciafardone, R.: *Die Philosophie der deutschen Aufklärung. Texte und Darstellung.* Stuttgart 1990.

Gerlach, H.-M.: *Christian Wolff – seine Schule und seine Gegner.* Hamburg 2001.

Kondylis, P.: *Die Aufklärung im Rahmen des neuzeitlichen Rationalismus.* München 1986.

Scheiders, W.: *Die wahre Aufklärung. Zum Selbstverständnis der deutschen Aufklärung.* Freiburg-München 1974.

– (Hrsg.): *Christian Thomasius, 1655–1728. Interpretation zu Werk und Wirkung.* Hamburg 1989.

Wundt, M.: *Die deutsche Schulphilosophie im Zeitalter der Aufklärung.* Tübingen 1945 (Nachdruck Hildesheim 1964).

XIV. Die Philosophie des 19. Jahrhunderts. Einleitung und Überblick

Quellen

Boole, G.: *The Laws of Thought.* London 1854 (Nachdruck La Salle/Illinois 1952).

Camus, A.: *Der Mythos von Sisyphos. Ein Versuch über das Absurde.* Düsseldorf 1956.

Carnap, R.: *Der logische Aufbau der Welt.* 4. Aufl., Hamburg 1974.

Frege, G.: *Begriffsschrift und andere Aufsätze.* Hrsg. v. I. Angelelli. Darmstadt 1973.

– *Die Grundlagen der Arithmetik. Eine logisch mathematische Untersuchung über den Begriff der Zahl.* Hrsg. v. Ch. Thiel. Hamburg 1986.

Hegel, G. F. W.: *Enzyklopädie der philosophischen Wissenschaften im Grundrisse.* 8. Aufl., Hamburg 1991.

Heidegger, M.: *Sein und Zeit.* 10. Aufl., Tübingen 1963.

Kant, I.: *Principiorum primorum cognitionis metaphysicae nova dilucidatio.* In: *Gesammelte Schriften.* Hrsg. von der Preußischen Akademie der Wissenschaften. I. Berlin 1910. S. 385–416.

Leibniz, G. W.: *Opuscules et fragments inédits.* Hrsg. v. L. Couturat. Paris 1903 (Nachdruck Hildesheim 1966).

– *Non inelegans specimen demonstrandi in abstractis.* In: Leibniz, G. W.: *Die Grundlagen des logischen Kalküls.* Übers. v. F. Schupp/St. Weber. Hamburg 2000. S. 86–115.

Nietzsche, F.: *Unzeitgemäße Betrachtungen, viertes Stück. Richard Wagner in Bayreuth.* In: Nietzsche: *Werke.* Ausg. K. Schlechta. Darmstadt 1966. I. S. 367–434.

Schelling, F. W. J.: *Das System des transzendentalen Idealismus.* Ausg. M. Schröter. München 1927 (Nachdruck München 1965). II. S. 327–634.

– *Über das Wesen deutscher Wissenschaft. Fragment.* Ausg. M. Schröter. München 1927 (Nachdruck München 1965). IV. S. 377–394.

Schröder, E.: *Vorlesungen über die Algebra der Logik.* I. Leipzig 1890 (Nachdruck New York 1966).

Trendelenburg, A.: *Logische Untersuchungen.* 1. Aufl., 1840, 3. Aufl., 1870 (Nachdruck der 3. Aufl., Hildesheim 1964).

– *Über Leibnizens Entwurf einer allgemeinen Charakteristik.* In: Trendelenburg, A.: *Historische Beiträge zur Philosophie.* 3. Bd. Berlin 1867. S. 1–47.

Whitehead, A. N./Russell, B.: *Principia mathematica.* Cambridge 1910. 2. Aufl., Cambridge 1927 (Nachdruck Cambridge 1973).

Wittgenstein, L: *Tractatus logico-philosophicus. Tagebücher. Philosophische Untersuchungen.* Frankfurt 1960.

XV. Immanuel Kant

Quellen

Kant, I.: *Gesammelte Schriften.* Hrsg. von der Preußischen Akademie der Wissenschaften. Berlin 1900 ff. (Zitiert wird nach dieser Ausgabe, zusätzlich: *Kritik der reinen Vernunft*: Seitenzahlen der 2. Aufl. von 1787 mit B in eckigen Klammern; *Kritik der praktischen Vernunft*: Seitenzahlen der 1. Aufl. von 1788 in eckigen Klammern.) Die Modernisierung der Orthographie wurde aufgrund folgender Ausgaben vorgenommen:

– *Von einem neuerdings erhobenen vornehmen Ton in der Philosophie.* In: Kant, I.: *Werke in zehn Bänden.* Hrsg. v. W. Weischedel. Darmstadt 1968. Bd. 5. S. 377–397.
– *Was heißt: Sich im Denken orientieren?* In: Ebd. S. 267–283.
– *Über das Mißlingen aller philosophischen Versuche in der Theodizee.* In: Ebd. Bd. 9. S. 105–124.
– *Kritik der reinen Vernunft.* Hamburg 1956.
– *Kritik der praktischen Vernunft.* Hamburg 1963.
– *Die Religion innerhalb der Grenzen der bloßen Vernunft.* Hamburg 1966.
– *Grundlegung zur Metaphysik der Sitten.* Hamburg 1965.
– *Briefe.* Hrsg. v. J. Zehbe. Göttingen 1970.

Kant-Lexikon

Eisler, R.: *Kant-Lexikon.* Berlin 1930 (Nachdruck Hildesheim 1964).

Sekundärliteratur

Bohatec, J.: *Die Religionsphilosophie Kants in der Religion innerhalb der Grenzen der bloßen Vernunft.* Hamburg 1938 (Nachdruck Hildesheim 1966).
Cassirer, E.: *Kants Leben und Lehre.* Berlin 1918 (Nachdruck Darmstadt 1994).
Gerhard, V./Kaulbach, F.: *Kant.* Darmstadt 1979.
Heimsoeth, H.: *Studien zur Philosophie I. Kants.* Bd. 1: *Metaphysische Ursprünge und ontologische Grundlagen.* 2. Aufl., Bonn 1971. Bd. 2: *Methodenbegriffe der Erfahrungswissenschaften und Gegensätzlichkeiten spekulativer Weltkonzeption.* Bonn 1970.
Höffe, O.: *Kant.* München 1992.
Martin, G.: *Immanuel Kant. Ontologie und Wissenschaftstheorie.* 2. Aufl., Berlin 1968.
Prauss, G. (Hrsg.): *Kant. Zur Deutung seiner Theorie von Erkennen und Handeln.* Köln 1973.
Scheler, M.: Der Formalismus in der Ethik und die materiale Wertethik. 5. Aufl., Bern–München 1966.

XVI. Der frühe Deutsche Idealismus: Fichte, Schelling

Quellen

Fichte, J. G.: *Sämtliche Werke.* Hrsg. v. F. Medicus. Hamburg 1910 (Nachdruck Darmstadt 1962). (Wird nur eine Bandangabe mit römischen und eine Seitenangabe mit arabischen Ziffern aufgeführt, so bezieht sich dies auf diese Ausgabe.) – Eine neue Gesamtausgabe wird im Auftrag der Bayerischen Akademie der Wissenschaften bearbeitet.
– *Grundlage der gesamten Wissenschaftslehre.* Hamburg 1961.
– *Das System der Sittenlehre nach den Prinzipien der Wissenschaftslehre.* Hamburg 1963.
– *Die Bestimmung des Menschen.* Hamburg 1962.
– *Die Grundzüge des gegenwärtigen Zeitalters.* Hamburg 1956.
Hegel, G. W. F.: *Phänomenologie des Geistes.* Hamburg 1988 (seitengleich mit Hegel, G. W. F.: *Gesammelte Werke.* Hrsg. von der Rheinisch-Westfälischen Akademie der Wissenschaften. Bd. IX. Hamburg–Düsseldorf 1980).
Herder, J. G.: *Ideen zur Philosophie der Geschichte der Menschheit.* Hrsg. v. M. Bollacher. Frankfurt 1989.
Hoffmann, E. T. A.: *Werke.* Bd. V: *Schriften zur Musik.* München 1963.
Jacobi. F. H.: *Über die Lehre des Spinoza in Briefen an den Herrn Moses Mendelssohn.* Hamburg 2000.
Kant, I.: *Von einem neuerdings erhobenen vornehmen Ton in der Philosophie.* In: *Gesammelte Schriften.* Hrsg. von der Preußischen Akademie der Wissenschaften. Bd. VIII. Berlin 1923. (Modernisierung der Orthographie nach: Kant: *Werke in zehn Bänden.* Hrsg. v. W. Weischedel. Darmstadt 1968. Bd. 5. S. 377–397.)
– *Briefe* III. In: *Gesammelte Schriften.* Bd. XII. 2. Aufl., Berlin 1922. (Modernisierung der Orthographie nach: Kant: *Briefe.* Hrsg. v. J. Zehbe. Göttingen 1970.)
Schelling, F. W.: *Werke.* Ausg. M. Schröter. München 1927–1954 (Nachdruck München 1962–1971). Eine neue Gesamtausgabe

wird im Auftrag der Bayerischen Akademie der Wissenschaften bearbeitet.
– *Briefe und Dokumente*. Hrsg. v. H. Fuhrmans. 3 Bde. Bonn 1962–1975.
– *Systemfragment*. In: Zeltner, H.: *Schelling*. Stuttgart 1954. S. 65–67.
Schopenhauer, A.: *Werke in zehn Bänden*. Zürich 1977.
Tieck, J. L.: *Phantasien über die Kunst für Freunde der Kunst*. Hamburg 1799.
Wackenroder, W. H.: *Herzensergießungen eines kunstliebenden Klosterbruders*. Berlin 1797.

XVII. Georg Wilhelm Friedrich Hegel

Quellen

Hegel, G. W. F.: *Gesammelte Werke* (GW). Hrsg. von der Rheinisch-westfälischen Akademie der Wissenschaften. Hamburg 1968 ff. (noch nicht vollständig). (Die *Phänomenologie des Geistes* und die *Logik* wird nach dieser Ausgabe zitiert.)
– *Phänomenologie des Geistes*. Hamburg 1988 (seitengleich mit GW IX).
– *Wissenschaft der Logik. Die objektive Logik I. 1. Buch: Das Sein*. 2. Aufl., Hamburg 1999 (seitengleich mit GW XI). *2. Buch: Die Lehre vom Wesen*. 2. Aufl., Hamburg 1999 (seitengleich mit GW XI). *Wissenschaft der Logik II. Die subjektive Logik. Die Lehre vom Begriff*. Hamburg 1994 (seitengleich mit GW XII).
– *Enzyklopädie der philosophischen Wissenschaften im Grundrisse*. Hamburg 1991.
– *Vorlesungen über die Philosophie der Weltgeschichte*. Bd 1: *Die Vernunft in der Geschichte*. 6. Aufl., Hamburg 1994. Bd 2–4: *Die orientalische Welt. Die griechische und die römische Welt. Die germanische Welt* (durchgehende Seitenzählung von Bd. 1–4). Hamburg 1988.
– *Vorlesungen über Rechtsphilosophie*. Stuttgart 1974.
– *Grundlinien der Philosophie des Rechts*. 5. Aufl., Hamburg 1995.
– *Vorlesungen über die Philosophie der Religion*. Teil 1: *Einleitung in die Philosophie der Religion. Der Begriff der Religion*. Hamburg 1955. Teil 2: *Die bestimmte Religion*. Hamburg 1994. Teil 3: *Die vollendete Religion*. Hamburg 1995.
– *Hegels theologische Jugendschriften*. Hrsg. v. H. Nohl. Tübingen 1907 (Nachdruck Frankfurt 1966).
Baur, F. Chr.: *Die christliche Gnosis oder die christliche Religions-Philosophie in ihrer geschichtlichen Entwicklung*. Tübingen 1835 (Nachdruck Darmstadt 1967).

Sekundärliteratur

Düsing, K.: *Das Problem der Subjektivität in Hegels Logik*. 3. Aufl., Bonn 1995.
Gadamer, H.-G.: *Hegels Dialektik. Sechs hermeneutische Studien*. 2. Aufl., Tübingen 1980.
Henrich, D.: *Hegel im Kontext*. Frankfurt 1971.
Pöggeler, O.: *Hegels Idee der Phänomenologie des Geistes*. 2. Aufl., Freiburg–München 1993.
Popper, K.: *Hegel und der neue Mythos von der Horde*. In: Popper, K. R.: *Die offene Gesellschaft und ihre Feinde*. 2. Aufl., Bern–München 1970. II. S. 36–101.
– *Hegelian Dialectic*. In: Popper, K. R.: *Conjectures and Refutations*. 3. Aufl., London 1969. S. 324–331.
Schick, F. *Hegels Wissenschaft der Logik – Metaphysische Letztbegründung oder Theorie logischer Formen?* Freiburg 1994.
Schnädelbach, H. (Hrsg.): *Hegels Philosophie. Kommentare zu den Hauptwerken*. 3 Bde. Frankfurt 2000.
Theunissen, M.: *Hegels Lehre vom absoluten Geist als theologisch-politischer Traktat*. Berlin 1970.

XVIII. Die Spätphilosophie Schellings

Quellen

Schelling, F. W.: *Philosophie der Mythologie*. In: Schelling, F. W.: *Sämmtliche Werke*. Hrsg. v. K. F. A. Schelling. Stuttgart 1856–1861. Bd. XI u. XII (Nachdruck Darmstadt 1966; zitiert wird nach diesem Nachdruck, die beiden Bde. werden als I u. II angegeben).
– *Systemfragment*. In: Zeltner, H.: *Schelling*. Stuttgart 1954. S. 65–67.
Bhagavadgita. Das Lied der Gottheit. Übers. v. R. Boxberger. Stuttgart 1980.
Burnouf, E.: *Essai sur le Pali*. Paris 1826.
– *Introduction à l'histoire du Bouddhisme*. Paris 1845.

Colebrook, H. Th.: *Miscellaneous Essays by Henry Thomas Colebrook.* 2 Bde. London 1873.
Comte, A.: *Rede über den Geist des Positivismus.* Übers. v. I. Fetscher. 3. Aufl., Hamburg 1979.
Eckhart: *Deutsche Predigten und Traktate* (darin auch *Das Buch der göttlichen Tröstung*). Übers. v. J. Quint. Zürich 1979.

Sekundärliteratur
Baumgartner, H. M./Korten, H.: *Schelling.* München 1996.
Czuma, H.: *Der philosophische Standpunkt in Schellings Philosophie der Mythologie und Offenbarung.* Innsbruck 1969.
Habermas, J.: *Dialektischer Idealismus im Übergang zum Materialismus – geschichtsphilosophische Folgerungen aus Schellings Idee einer Contraction Gottes.* In: Habermas, J.: *Theorie und Praxis. Sozialphilosophische Studien.* Frankfurt 1978. S. 172–227.
Sandkühler, H. J. (Hrsg.): *F. W. J. Schelling.* Stuttgart–Weimar 1998.
Schulz, W.: *Die Vollendung des Deutschen Idealismus in der Spätphilosophie Schellings.* 2. Aufl., Pfllullingen 1975.
Volkmann-Schluck, K.-H.: *Mythos und Logos. Interpretationen zu Schellings Philosophie der Mythologie.* Berlin 1969.
Zeltner, H.: *Schelling.* Stuttgart 1954.

XIX. Ludwig Feuerbach

Quellen
Feuerbach, L.: *Werke in sechs Bänden.* Hrsg. v. E. Thies. Frankfurt 1974–1976.
Schleiermacher, F.: *Über die Religion. Reden an die Gebildeten unter ihren Verächtern.* Hamburg 1970.
– *Der christliche Glaube.* 2. Bde. Berlin 1960 (nach der 2. Aufl. von 1830).
– *Ästhetik. Über den Begriff der Kunst.* Hamburg 1984.
– *Dialektik.* Hamburg 1986.
Seuse, H.: *Deutsche mystische Schriften.* Übers. v. G. Hofmann. Düsseldorf 1986.
Strauß, D. F.: *Das Leben Jesu. Kritisch bearbeitet.* 2 Bde. Tübingen 1835/1836 (Nachdruck Darmstadt 1969).

Sekundärliteratur
Barth, K.: *Die protestantische Theologie im 19. Jahrhundert.* 2. Aufl., Zürich 1952.
Braun, H. J.: *Die Religionsphilosophie Ludwig Feuerbachs. Kritik und Annahme des Religiösen.* Stuttgart–Bad Cannstatt 1972.
Geiselmann, R.: *Die katholische Tübinger Schule.* 2. Aufl., Freiburg 1966.
Schmidt, A.: *Emanzipatorische Sinnlichkeit. Feuerbachs anthropologischer Materialismus.* München 1973.
Tillich, P.: *Vorlesungen über die Geschichte des christlichen Denkens.* Teil II: *Aspekte des Protestantismus im 19. und 20. Jahrhundert.* Stuttgart 1972.

XX. Karl Marx

Quellen
Marx, K./Engels, F.: *Werke.* 42 Bde. Berlin 1956ff. (= MEW, hier zur Zitation verwendet). Die hauptsächlich verwendeten Texte finden sich auch in folgender Ausgabe:
– *Frühe Schriften.* Bd. I u. II. Hrsg. v. H.-J. Lieber und P. Furth. Darmstadt 1971. Darin: *Kritik des Hegelschen Staatsrechts.* In: Bd. I. S. 258–426. *Zur Kritik der Nationalökonomie – Ökonomisch-philosophische Manuskripte.* In: Bd. I. S. 506–665. *Thesen über Feuerbach.* In: Bd. II. S. 1–4. *Die deutsche Ideologie.* In: Bd. II. S. 5–655. *Manifest der kommunistischen Partei.* In: Bd. II. S. 813–858.
Stirner, M.: *Der Einzige und sein Eigentum.* Leipzig 1845 (Nachdruck Stuttgart 1972).
Augustinus: *Vom Gottesstaat.* Übers. v. W. Thimme. 2. Aufl., Zürich 1978.
Thukydides: *Geschichte des Peloponnesischen Krieges.* Übers. v. G. P. Landmann. Zürich–München 1991.

Sekundärliteratur
Adorno, Th. W.: *Negative Dialektik.* Frankfurt 1966.
Bloch, E.: *Das Prinzip Hoffnung.* Frankfurt 1959.
Euchner, W.: *Marx.* München 1982.
Gramsci, A.: *Philosophie der Praxis.* Frankfurt 1967.
Horkheimer, M.: *Kritische Theorie.* 2 Bde. Frankfurt 1968.

Lefebvre, H.: *Metaphilosophie. Prolegomena.* Frankfurt 1975.
Löwith, K.: *Weltgeschichte und Heilsgeschehen. Die theologischen Voraussetzungen der Geschichtsphilosophie.* Stuttgart 1967. S. 38–54.
Popper, K.: *Die offene Gesellschaft und ihre Feinde.* 2. Aufl., Bern–München 1970. II. S. 102–259.
– *Das Elend des Historizismus.* 2. Aufl., Tübingen 1969.
Schmied-Kowarzik, W.: *Die Dialektik der gesellschaftlichen Praxis. Zur Genesis und Kernstruktur der Marxschen Theorie.* Freiburg–München 1981.

XXI. Sören Kierkegaard

Quellen

Kierkegaard, S.: *Abschließende unwissenschaftliche Nachschrift zu den philosophischen Brokken* I u. II. Übers. v. H. M. Junghans. Düsseldorf 1957/1958.
– *Entweder-Oder.* Übers. v. E. Hirsch. Düsseldorf 1956/1957.
– *Erbauliche Reden.* Übers. v. E. Hirsch. Düsseldorf 1956.
– *Furcht und Zittern.* Übers. v. E. Hirsch. Düsseldorf 1962.
– *Die Krankheit zum Tode.* Übers. v. E. Hirsch. Düsseldorf 1957.
– *Philosophische Brocken.* Übers. v. E. Hirsch. Düsseldorf 1960.
– *Aus dem Tagebuch des Verführers.* Übers. v. F. Droop. München 1946.
Heidegger, M: *Sein und Zeit.* 15. Aufl., Tübingen 1979.

Sekundärliteratur

Hirsch, E.: *Kierkegaard-Studien.* 2. Bde. Gütersloh 1930/1933 (Nachdruck Vaduz 1978).
Jonas, H.: *Gnosis, Existentialismus und Nihilismus.* In: Jonas, H.: *Zwischen Nichts und Ewigkeit. Drei Aufsätze zur Lehre vom Menschen.* Göttingen 1963.
Schrey, H.-H. (Hrsg.): *Sören Kierkegaard.* Darmstadt 1971.
Schulz, W.: *Sören Kierkegaard. Existenz und System.* Pfullingen 1967.
Schweppenhäuser, H.: *Kierkegaards Angriff auf die Spekulation. Eine Verteidigung.* Frankfurt 1967.

XXII. Arthur Schopenhauer

Quellen

Schopenhauer, A.: *Werke in zehn Bänden.* Zürich 1977 (in den Zitaten wird zunächst die werkinterne Angabe gemacht, dann folgt mit römischen Ziffern die Band- und mit arabischen Ziffern die Seitenangabe nach den *Werken in zehn Bänden*).
– *Der handschriftliche Nachlaß.* Hrsg. v. A. Hübscher. München 1985.

Sekundärliteratur

Hübscher, A.: *Arthur Schopenhauer: Leben und Werk in Texten und Bildern.* Frankfurt 1989.
Malter, R.: *Der eine Gedanke. Hinführung zur Philosophie Arthur Schopenhauers.* Darmstadt 1988.
Son, G.: *Schopenhauers Ethik des Mitleids und die indische Philosophie. Parallelität und Differenz.* Freiburg 2001.

XXIII. Friedrich Nietzsche

Quellen

Nietzsche, F.: *Sämtliche Werke.* Kritische Studienausgabe. Hrsg. v. G. Colli/M. Montinari. 15 Bde. Berlin–New York–München 1980.
– *Werke in drei Bänden.* Hrsg. v. K. Schlechta. Darmstadt 1966 (zitiert wird nach dieser Ausgabe).

Sekundärliteratur

Fleischer, M.: *Der »Sinn der Erde« und die Entzauberung des Übermenschen. Eine Auseinandersetzung mit Nietzsche.* Darmstadt 1993.
Gerhardt, V.: *Friedrich Nietzsche.* München 1992.
Kaufmann, W.: *Nietzsche. Philosoph – Psychologe – Antichrist.* 2. Aufl., Darmstadt 1988.
Müller-Lauter, W.: *Nietzsche. Seine Philosophie der Gegensätze und die Gegensätze seiner Philosophie.* Berlin 1971.
Ottmann, H. (Hrsg.): *Nietzsche-Handbuch. Leben – Werk – Wirkung.* Stuttgart–Weimar 2000.

Salaquarda, J. (Hrsg.): *Nietzsche.* 2. Aufl., Darmstadt 1996.

XXIV. Charles Sanders Peirce

Quellen

Peirce, Ch. S.: *Collected Papers.* 6 Bde. Hrsg. v. C. Hartshorne/P. Weiss. Cambridge/Mass. 1931–1935 (die in Zitaten in eckigen Klammern angegebenen Nummern beziehen sich auf diese Ausgabe).
– *Naturordnung und Zeichenprozeß. Schriften über Semiotik und Naturphilosophie.* Übers. v. B. Kienzle. 2. Aufl., Frankfurt 1998.
– *Schriften zum Pragmatismus und Pragmatizismus.* Übers. v. G. Wartenberg. 2. Aufl., Frankfurt 1976.
– *Semiotische Schriften.* 3 Bde. Übers. v. Chr. Kloesel/H. Pape. Frankfurt 1993.
– *Religionsphilosophische Schriften.* Übers. v. H. Deuser/H. Maaßen. Hamburg 1995.
– *Vorlesungen über Pragmatismus.* Hrsg. v. E. Walther. Hamburg 1991.
James, W.: *Der Pragmatismus. Ein neuer Name für einige alte Denkweisen.* Übers. v. W. Jerusalem. Hamburg 1977.
Morris, Ch.: *Zeichen, Sprache und Verhalten.* Übers. v. A. Eschbach/G. Kopsch. Düsseldorf 1973.

Sekundärliteratur

Apel, K. O.: *Der Denkweg von Charles S. Peirce.* Frankfurt 1975.
Oehler, K.: *Charles Sanders Peirce.* München 1993.

XXV. Gottlob Frege

Quellen

Boole, G.: *The Laws of Thought.* London 1854 (Nachdruck La Salle/Illinois 1952).
– *Studies in Logic and Probability.* La Salle/Illinois 1952.
Frege, G.: *Begriffsschrift, eine der arithmetischen nachgebildete Formelsprache des reinen Denkens.* Halle 1879 (Nachdruck mit E. Husserls und H. Scholz' Anmerkungen hrsg. v. I. Angelelli. Darmstadt 1973).
– *Logische Untersuchungen.* Hrsg. v. G. Patzig. Göttingen 1966. Darin: *Der Gedanke.* S. 30–53. *Die Verneinung.* S. 54–71. *Gedankengefüge.* S. 72–91.
– *Funktion, Begriff, Bedeutung. Fünf logische Studien.* Hrsg. v. G. Patzig. 3. Aufl., Göttingen 1969. Darin: *Funktion und Begriff.* S. 17–39. *Über Sinn und Bedeutung.* S. 40–65. *Über Begriff und Gegenstand.* S. 66–80.
– *Grundgesetze der Arithmetik.* Bd. I: Jena 1893. Bd. II: Jena 1903 (Nachdruck in einem Bd. Hildesheim 1966).
– *Die Grundlagen der Arithmetik. Eine logisch mathematische Untersuchung über den Begriff der Zahl.* Hrsg. v. Ch. Thiel. Hamburg 1986.
– *Nachgelassene Schriften.* Hrsg. v. H. Hermes/F. Kambartel/F. Kaulbach. 2. Aufl., Hamburg 1983.
– *Wissenschaftlicher Briefwechsel.* Hrsg. v. G. Gabriel/H. Hermes/F. Kambartel/Ch. Thiel/A. Veraart. Hamburg 1976. Auswahl daraus: *Gottlob Freges Briefwechsel mit D. Hilbert, E. Husserl, B. Russell, sowie ausgewählte Einzelbriefe Freges.* Hrsg. v. G. Gabriel/F. Kambartel/Ch. Thiel. Hamburg 1980 (zitiert wird nach dieser Ausgabe).
Gentzen, G.: *Untersuchungen über das logische Schließen.* Neudruck in: Berka, K./Kreiser, L. (Hrsg.): *Logik-Texte. Kommentierte Auswahl zur Geschichte der modernen Logik.* Darmstadt 1983. S. 206–262.
Russell, B.: *The Principles of Mathematics.* London 1903 (Nachdruck London 1979).
Schröder, E.: *Vorlesungen über die Algebra der Logik.* 3 Bde. Leipzig 1890–1910 (Nachdruck New York 1966).
– *Der Operationskreis des Logikkalkuls.* Leipzig 1877 (Nachdruck Darmstadt 1966).
– Rezension zu Freges *Begriffsschrift.* In: *Zeitschrift für Mathematik und Physik, historisch-literarische Abteilung* 25 (1880). S. 81–94.
Whitehead, A. N./Russell, B.: *Principia mathematica.* Cambridge 1910. 2. Aufl., Cambridge 1927 (Nachdruck Cambridge 1973).

Sekundärliteratur

Angelelli, I.: *Studies on Gottlob Frege and Traditional Philosophy.* Dordrecht 1967.
Gabriel, G./Dathe, U. (Hrsg.): *Gottlob Frege – Werk und Wirkung.* Paderborn 2000.
Kenny, A.: *Frege. An Introduction to the Foun-*

der of Modern Analytical Philosophy. Oxford 2000.
Kreiser, L.: *Gottlob Frege. Leben – Werk – Zeit*. Hamburg 2001.
Patzig, G.: *Gottlob Frege und die logische Analyse der Sprache*. In: Patzig, G.: *Sprache und Logik*. Göttingen 1970. S. 77–100.
Peckhaus, V.: *Logik, Mathesis universalis und allgemeine Wissenschaft. Leibniz und die Wiederentdeckung der formalen Logik im 19. Jahrhundert*. Berlin 1997. S. 287–296.
Scholz, H.: *Gottlob Frege*. In: Scholz, H.: *Mathesis universalis. Abhandlungen zur Philosophie als strenger Wissenschaft*. Darmstadt 1961. S. 268–278.
Sommers, F.: *Fege or Leibniz?* In: Schirn, M. (Hrsg.): *Studien zu Frege*. Bd. 3: *Logik und Semantik*. Stuttgart 1976. S. 11–34.
Thiel, Ch.: *Sinn und Bedeutung in der Logik Gottlob Freges*. Meisenheim 1965.
– *From Leibniz to Frege: Mathematical Logic between 1679 and 1879*. In: Cohen, L. J./Los, J./Pfeiffer, H./Podewski, K.-P. (Hrsg.): *Logic, Methodology and Philosophy of Science*. Amsterdam 1982. S. 755–770.

XXVI. Ludwig Wittgenstein

Quellen

Wittgenstein, L.: *Logisch-philosophische Abhandlung. Tractatus logico-philosophicus. Kritische Edition*. Hrsg. v. B. McGuiness/ J. Schulte. Frankfurt 1989.
– *Tractatus logico-philosophicus. Tagebücher. Philosophische Untersuchungen*. Frankfurt 1960 (zitiert wird nach dieser Ausgabe).
– *Briefwechsel*. Hrsg. v. B. McGuiness/G. H. von Wright. Frankfurt 1980.
– *Ludwig Wittgenstein und der Wiener Kreis. Gespräche aufgezeichnet von Friedrich Waismann*. Frankfurt 1984.
– *Vermischte Bemerkungen*. Hrsg. v. G. H. von Wright. Frankfurt 1994.
Berg, A./Gütersloh, P. v./Horwitz, K./Jalowetz, H./Kandinsky, W./Königer, P./Linke, K./ Neumann, R./Stein, E./Webern, A. v./Wellesz, E.: *Arnold Schönberg*. München 1912.
Buber, M.: *Nachwort* zu *Reden und Gleichnisse des Tschuang-Tse*. Frankfurt 1990. S. 113–141.
– *Ich und Du*. 9. Aufl., Heidelberg 1977.
James, W.: *Die Vielfalt religiöser Erfahrung. Eine Studie über die menschliche Natur*. Freiburg 1979.
Kandinsky, W.: *Über das Geistige in der Kunst*. 10. Aufl., Bern 1953.
Kandinsky, W./Marc, F.: *Der blaue Reiter*. Neu hrsg. v. K. Lankheit. München 1958.
Loos, A.: *Ornament und Verbrechen*. In: Loos, A.: *Sämtliche Schriften in zwei Bänden*. Wien 1962. I. S. 276–288.
Moore, G. E.: *Die Widerlegung des Idealismus*. In: Moore, G. E.: *Eine Verteidigung des Common Sense. Fünf Aufsätze aus den Jahren 1903–1941*. Frankfurt 1969. S. 49–80.
Musil, R.: *Der Mann ohne Eigenschaften*. Hamburg 1992.
– *Die Verwirrungen des Zöglings Törleß*. In: *Gesammelte Werke*. Bd. 6. Hamburg 1978. S. 7–140.
Russell, B.: *Mysticism and Logic including A Free Man's Worship*. 3. Aufl., London 1986.
Schönberg, A.: *Harmonielehre*. 4. Aufl., Wien 1949.
– *Gesammelte Schriften*. Bd. 1: *Stil und Gedanke. Aufsätze zur Musik*. Hrsg. v. I. Vojtech. Frankfurt 1976.
Spengler, O.: *Der Untergang des Abendlandes. Umrisse einer Morphologie der Weltgeschichte*. 12. Aufl., München 1995.
Tolstoi, Leo: *Kurze Auslegung des Evangeliums*. Übers. v. F. W. Ernst. Berlin 1891.
– *Meine Beichte*. Übers. v. R. Löwenfeld. München 1990.
– *Was ist Kunst?* Übers. v. M. Feafanow. München 1993.
Weininger, O: *Geschlecht und Charakter. Eine prinzipielle Untersuchung*. Wien 1903 (Neudruck München 1980).

Sekundärliteratur

Black, M.: *A Companion to Wittgenstein's Tractatus*. Cambridge 1964.
Drury, M. O'C.: *Gespräche mit Wittgenstein*. In: Rhees, R. (Hrsg.): *Ludwig Wittgenstein. Porträts und Gespräche*. Frankfurt 1987. S. 142–235.
Glock, H.-J.: *Wittgenstein-Lexikon*. Darmstadt 2000.

Hintikka, M. B./Hintikka J.: *Untersuchungen zu Wittgenstein*. Frankfurt 1996.

Janik, A./Toulmin, St.: *Wittgensteins Wien*. Wien 1998.

Kenny, A.: *Wittgenstein*. Frankfurt 1974.

Malcolm, N.: *Erinnerungen an Wittgenstein*. Frankfurt 1987.

Nautz, J./Vahrenkamp, R. (Hrsg.): *Die Wiener Jahrhundertwende. Einflüsse, Umwelt, Wirkungen*. 2. Aufl., Wien 1996.

Schorske, C. E.: *Fin-de-Siècle Vienna, Politics and Culture*. Cambridge 1981.

Schulte, J.: *Wittgenstein. Eine Einführung*. Stuttgart 1997.

Sluga, H. D./Stern, D. G. (Hrsg.): *The Cambridge Companion to Wittgenstein*. Cambridge 1997.

Stenius, E.: *Wittgensteins Traktat*. Frankfurt 1969.

Vossenkuhl, W.: *Ludwig Wittgenstein*. München 1995.

Waismann, F.: *Logik, Sprache, Philosophie*. Stuttgart 1976.

White, G.: *Ockham and Wittgenstein*. In: Vossenkuhl, W./Schönberger, R. (Hrsg.): *Die Gegenwart Ockhams*. Weinheim 1990. S. 165–188.

Wright, G. H. v.: *Ludwig Wittgenstein. Biographische Skizze*. In: Malcolm, N.: *Ludwig Wittgenstein. Ein Erinnerungsbuch*. München 1958. S. 7–33.

– *Wittgenstein*. Frankfurt 1968.

Wörterbuch der philosophischen Begriffe

Begründet von Friedrich Kirchner und Carl Michaëlis, bearbeitet von Johannes Hoffmeister. Vollständig neu herausgegeben von Arnim Regenbogen und Uwe Meyer. PhB 500. 1998. X, 895 Seiten. 978-3-7873-1325-9. Gebunden

Dieses Standardwörterbuch schlüsselt die philosophischen Begriffe von der Antike über das Mittelalter bis hin zum deutschen Idealismus auf. Arnim Regenbogen und Uwe Meyer haben das Wörterbuch vollständig überarbeitet und um die Grundbegriffe der Philosophie der Gegenwart erweitert. Es bleibt dabei – wie der Name sagt – ein reines Wörterbuch der Begriffe und verzichtet auf die Einordnung von Philosophennamen ebenso wie auf allgemeine philosophiegeschichtliche Exkurse.

Auf knappem Raum und in verständlicher Form werden die Bedeutung und Funktion, die sprachliche Herkunft und die historische Ausdifferenzierung der Stichworte erklärt und unter Angabe genauer Belege in den Originalwerken aufgezeigt. Indem dieses Wörterbuch die Herkunft und Zusammensetzung, den Wortsinn und die ursprüngliche Bedeutung sowie den Wandel und die Nuancen der Termini auch durch präzise etymologische Angaben erläutert und durchgängig auf die jeweiligen Nachbar- und Gegenbegriffe verweist, gibt es nicht nur Aufschluß über das richtige Verständnis, sondern auch über den verständigen Gebrauch philosophischer Begriffe.

Das »Wörterbuch der philosophischen Begriffe« ist somit nicht nur für Studium und Lehre, sondern für alle Leser philosophischer Texte ein unentbehrliches und zugleich handliches Nachschlagewerk zur Einführung in die Welt des philosophischen Denkens.

Seit 1886 gehört das einbändige »Wörterbuch der philosophischen Begriffe« zum Bestand der 1868 begonnenen Philosophischen Bibliothek. Begründet von Friedrich Kirchner und Carl Michaëlis und später fortgeführt von Johannes Hoffmeister, hat es einen festen Platz in den Handbibliotheken aller Dozenten und Studenten der Philosophie.

»Diese sicherlich nicht leichte Aufgabe der doppelten Integration von Vergangenem und Gegenwärtigem ist [...] den Bearbeitern des neuen Lexikons gelungen. [...] Deutlichkeit und distanzierende Wissenschaftlichkeit bürgen in der Neubearbeitung für Qualität. [...] Das von Regenbogen und Meyer bearbeitete Lexikon ist in dieser Form derzeit das beste Informationsmedium seiner Kategorie. Es beinhaltet fast alle wichtigen Begriffe, die Artikel sind klar und deutlich formuliert, die Verweise prägnant und hilfreich. Der Leser wird schnell in die Kernproblematik eingeführt und kompetent informiert. [...] Es ist ein Nachschlagewerk, das die Fragen eines Philosophiestudenten nicht unbeantwortet läßt und derzeit nicht überboten wird.«

Philosophischer Literaturanzeiger